Esencial
Diccionario de la
LENGUA ESPAÑOLA

Esencial
Diccionario de la
LENGUA ESPAÑOLA

LAROUSSE

Dirección editorial Jordi Induráin Pons

Dirección de la obra Sofía Acebo García

Redacción David Aguilar España, David Morán Pérez, Mar Oñate García, Mercè Pujol Vila e Irene Renau Araque

Informática editorial Marc Escarmís Arasa

Primera edición: 2005
Segunda edición (ampliada): 2009

Mallorca, 45, 3ª - 08029 Barcelona
Tel.: 93 241 35 05 Fax: 93 241 35 07
larousse@larousse.es ■ www.larousse.es

ISBN: 978-84-8016-514-3
Dep. Legal: B-5046-2009
Imprime: Litografía Rosés
Impreso en España - Printed in Spain

PRESENTACIÓN

Este nuevo *Diccionario esencial de la lengua española Larousse* nace con la intención de convertirse en una obra práctica, concebida con un doble propósito: el de ser al mismo tiempo completa, porque ofrece el máximo de información posible, y manejable, por su formato reducido.

A diferencia de los diccionarios generales, en los cuales se pretende registrar todo el léxico perteneciente a la lengua general (es decir, la lengua empleada en los actos de comunicación habituales, lejos de los ámbitos marcadamente técnicos y especializados), los diccionarios esenciales presentan la dificultad de ser selectivos. De entre el enorme caudal de palabras existentes en nuestra lengua, se han escogido las principales y se han definido de manera sucinta y clara con el objetivo –siempre presente– de dar cabida, en un volumen de cómodo formato, a la mayor cantidad posible de definiciones y otros datos.

Y siguiendo tal procedimiento se ha conseguido que este diccionario, que cuenta con un total de 27 300 entradas y más de 50 000 significados y locuciones, sea un reflejo de la lengua utilizada en el español actual. En la obra se han mantenido las voces que tienen un uso real en la lengua de hoy y se han incorporado algunos neologismos para satisfacer las necesidades de todos los usuarios.

Por sus características, el nuevo *Diccionario esencial de la lengua española Larousse* es una herramienta útil para cualquier hispanohablante que quiera tener a mano una obra en la que consultar y verificar el significado de las palabras y, también, para estudiantes y extranjeros con ciertos conocimientos de español.

Además de las definiciones de las diferentes palabras y locuciones, este diccionario presenta algunas informaciones adicionales, entre las cuales se deben destacar las siguientes:

• Indicaciones ortográficas y gramaticales

La información sobre cuestiones ortográficas, gramaticales, de pronunciación y de uso aparece en diversas partes de los artículos del diccionario. Son indicaciones variadas que advierten de participios irregulares (en *escribir* se anuncia el participio *escrito*), dobles femeninos (el femenino de *abogado* puede ser *abogado* o *abogada*), superlativos irregulares *(paupérrimo, sapientísimo...)*, uso de mayúsculas en algunas acepciones (*estado* y *Estado, iglesia* e *Iglesia...*), uso de tildes diacríticas (*solo* y *sólo, este* y *éste...*), variantes (*alzheimer* o *enfermedad de Alzheimer, zoológico* o *parque zoológico...*), pronunciación de extranjerismos y otras palabras *(dumping, e-mail, ertzaina, single...)*, etc.

Las indicaciones que afectan a una palabra en todas sus acepciones se encuadran en el apartado de observaciones, al final del artículo (introducidas por la abreviatura **OBS**). Las indicaciones que únicamente afectan a alguna de las acepciones se señalan al final de las mismas (introducidas por el icono □).

Asimismo, todos los verbos irregulares contenidos en esta obra van acompañados de un número, o de un número y una letra, que remiten a los modelos de conjugación que se encuentran en las páginas 801 a 818. Por ejemplo, en *arrendar* se indica como modelo el número 32 (correspondiente al verbo *pensar*), lo cual significa que *arrendar* se conjuga en todos sus tiempos verbales siguiendo las mismas irregularidades que *pensar* (es decir, diptongación de *e* en *ie* en algunas formas verbales: *arr*ie*ndo*, *arr*ie*ndas*, *arr*ie*nda*...).

• Peculiaridades del español de América y de España

Siguiendo la tradición lexicográfica de Larousse, en este diccionario se presta especial atención a las particularidades lingüísticas de nuestro idioma a ambos lados del Atlántico.

Por ello se han incluido en la obra centenares de acepciones y locuciones propias de la lengua de los diferentes países y áreas geográficas de habla española. Pero a las tradicionales marcas para señalar estas acepciones y locuciones hay que sumar en esta obra la presencia de geosinónimos (palabras que comparten un mismo significado pero que tienen distinta distribución geográfica).

> **guajolote** s.m. **1** EL SALV, HOND, MÉX Pavo (ave gallinácea). **GEOSIN** *chompipe, pisco.* **2** MÉX Tonto, bobo.

• Apéndice gramatical

Al final del diccionario se ha incluido un compendio gramatical que recoge los conceptos esenciales de la ortografía, la morfología, la sintaxis y la conjugación verbal que permiten al usuario resolver las dudas que en el repertorio alfabético que compone el diccionario no se han podido consignar. Así, por ejemplo, se explica cuándo se han de acentuar los monosílabos, si se ha de poner puntos a las siglas, cuáles son las letras que representan al fonema /b/, cómo se forma el plural de los sustantivos acabados en *-s*, cuáles son los pronombres que sustituyen el complemento directo, qué complementos pueden acompañar al núcleo del sintagma verbal, cuál es el presente de indicativo del verbo *caber*, etc.

ESTRUCTURA DEL ARTÍCULO

entrada

abad, desa s. **1** Superior de un monasterio. ◆ s.m. **2** Superior de algunas colegiatas.

categoría gramatical / **cambio de categoría gramatical**

dominical adj. **1** Relativo al domingo. ◆ adj. y s.m. **2** Se dice de la revista que se vende los domingos acompañando a un periódico.

conjugación

cablegrafiar (1e) v.tr. Transmitir mensajes por cable submarino.

entrada doble / **plural irregular**

chalé o **chalet** (pl. *chalés* o *chalets.*) s.m. Edificio destinado a vivienda de una familia rodeado de un terreno ajardinado.

homógrafos

1. **euro** s.m. *Formal.* Viento que sopla del este.

2. **euro** s.m. Unidad monetaria de la mayoría de los países de la Unión Europea.

indicaciones geográficas

chancar v.tr. **1** AMÉR Triturar, machacar. **2** CH, PERÚ Vencer, derrotar. **3** CH, ECUAD Realizar mal una cosa. **4** PERÚ Estudiar con ahínco, empollar.

geosinónimos

bolígrafo s.m. Instrumento para escribir que tiene en su interior un tubo de tinta y en la punta una bolita metálica. **GEOSIN** *birome, pluma, pluma atómica.*

indicaciones de nivel de lengua / **notas gramaticales**

leso, a adj. **1** *Formal.* Que ha sido dañado o perjudicado. □ Va antepuesto al sustantivo. **2** AMÉR SUR Tonto.

definición

gajo s.m. Parte diferenciada en que se divide la carne de algunas frutas.

acepciones numeradas

inclinación s.f. **1** Acción de inclinar. **2** Tendencia que una persona o cosa tiene hacia algo. **3** Cariño especial o afición.

remisión

camicace ▷ kamikaze.

subentrada / **observaciones gramaticales**

antiguo, a adj. **1** Que existe desde hace mucho tiempo. **2** Que existió o sucedió hace mucho tiempo. **3** Que ha dejado de existir o de tener las características que poseía en el pasado. **4** Que está pasado de moda. ◆ **antiguos** s.m.pl. **5** Personas que han vivido en la Antigüedad.
OBS Superlativo: antiquísimo.

términos compuestos y locuciones

leña s.f. **1** Conjunto de troncos, ramas y trozos de madera seca para hacer fuego. **2** *Fam.* Golpes o palos que se dan como castigo. ◇ **echar leña al fuego** Hacer que una situación conflictiva lo sea todavía más.

A

1. **a** (pl. aes) s.f. Primera letra del alfabeto español; su nombre es a.

2. **a prep. 1** Introduce el complemento indirecto. **2** Introduce el complemento directo cuando se trata de personas y, en ocasiones, de animales o de cosas personificadas. **3** Indica dirección, destino u orientación. **4** Indica el lugar o posición en que está alguien o algo. **5** Indica el momento en que ocurre algo. **6** Indica distancia en el espacio o en el tiempo entre dos cosas. **7** Indica el final de un intervalo de lugar o de tiempo. **8** Indica el instrumento, el medio o la manera con que se hace una cosa. **9** Indica una intención o finalidad. **10** Indica la parte que corresponde en un reparto. **11** Indica el precio de una cosa. **12** Entra en la formación de locuciones temporales, modales, de lugar, etc. **13** Aparece detrás de ciertos verbos, adjetivos y sustantivos. ◇ **a + infinitivo** Introduce una orden o mandato. ◇ **a la** o **a lo** Indica el estilo o manera como se realiza determinada cosa. ◇ **a por** ESP Indica que se va a buscar determinada cosa. ◇ **a que** Se usa para expresar convencimiento de que determinada cosa ha ocurrido u ocurrirá. □ Se usa para expresar un reto o una apuesta.
OBS Con el artículo masculino **el**, forma la contracción **al**.

ábaco s.m. **1** Instrumento para hacer cálculos manualmente. **2** Pieza en forma de paralelepípedo de base cuadrada que remata el capitel, aumentando su saliente.

abacorar v.tr. **1** AMÉR Acosar o asir a alguien. **2** CUBA, P RICO, PERÚ, VENEZ Hostigar a alguien para que haga algo.

abad, desa s. **1** Superior de un monasterio. ◆ s.m. **2** Superior de algunas colegiatas.

abadejo s.m. **1** Pez marino comestible parecido al bacalao. **2** Bacalao.

abadía s.f. **1** Monasterio gobernado por un abad o una abadesa. **2** Conjunto de bienes y terrenos pertenecientes a este monasterio.

abajeño, a adj. y s. AMÉR Se dice de la persona que procede de las costas o tierras bajas de un país.

abajo adv. **1** Hacia un lugar o parte más bajos. **2** En un lugar o parte más bajos. **3** En dirección a la parte inferior de algo. ◆ **interj. 4** Se usa para expresar una protesta.

abalanzarse v.prnl. Lanzarse con ímpetu o rapidez hacia una persona o cosa.

abalear v.tr. **1** AMÉR Disparar balas a alguien. **2** AMÉR Herir o matar a balazos.

abalorio s.m. **1** Cuenta o bolita de vidrio perforada que sirve para hacer collares y adornos parecidos. **2** Adorno llamativo de poco valor.

abanderado, a s. Persona que lleva la bandera en un desfile o una procesión.

abanderar v.tr. Ponerse al frente de una causa, un movimiento o una organización para representarlo o defenderlo.

abandonar v.tr. **1** Dejar sin atención ni cuidado a una persona, animal o cosa. **2** Apartarse o retirarse de un lugar. ◆ **v.tr. e intr. 3** Renunciar a seguir haciendo una cosa que se había iniciado, o a hacer algo que se tenía pensado. ◆ **v.tr. 4** Dejar una cosa, como una actividad, un cargo o una ideología. **5** Dejar caer con suavidad una parte del cuerpo. ◆ **v.tr. y prnl. 6** Confiar o dejar el cuidado de cierta cosa a algo o alguien. ◆ **abandonarse** v.prnl. **7** Declararse vencido o sin fuerzas para continuar en un empeño. **8** Descuidar el cuidado personal o las obligaciones.

abandono s.m. Acción y efecto de abandonar o abandonarse.

abanicar v.tr. Dar aire con un abanico o con otro objeto moviéndolo de un lado a otro.

abanico s.m. **1** Instrumento en forma de medio círculo que sirve para dar o darse aire manualmente. **2** Conjunto de cosas o posibilidades entre las que se puede elegir.

abaratar v.tr. Hacer que una cosa sea más barata.

abarca s.f. ESP Calzado rústico de cuero que se ata con correas.

abarcar v.tr. **1** Ceñir o rodear con los brazos o con las manos alguna cosa. **2** Incluir o contener una cosa dentro de sí a otra u otras. **3** Tomar alguien a su cargo muchos asuntos al mismo tiempo. **4** Alcanzar con la vista. **5** AMÉR Adquirir y retener cosas con ánimo de lucro o especulación. **6** ECUAD Empollar los huevos la gallina.

abarrotar v.tr. Llenar por completo algo, especialmente un lugar amplio.

abarrote s.m. **1** Fardo pequeño de los usados para completar la carga de una embarcación. ◆ **abarrotes** s.m.pl. **2** AMÉR Artículos alimenticios y domésticos, como conservas, bebidas, papel, especias, velas, etc.

abarrotería s.f. AMÉR CENTRAL Puesto o tienda donde se venden abarrotes al por menor.

abarrotero, a s. AMÉR Persona que tiene una tienda de abarrotes.

abasí o **abbasí** (pl. abasíes o abbasíes) adj. y s.m. y f. De la dinastía árabe fundada en el siglo VIII por Abu-l-Abbas.

abastecer (30) v.tr. Proporcionar a una persona lo que necesita para su mantenimiento o para el funcionamiento de una cosa.

abastecimiento s.m. Suministro o entrega de lo que se necesita de determinada cosa.

abastero, a s. **1** AMÉR Persona que abastece o provee de frutas, hortalizas, ganado y otros géneros de consumo. **2** CH, CUBA Persona que compra reses vivas, las sacrifica y vende su carne al por mayor.

abasto s.m. **1** Provisión de víveres o bastimentos. **2** AMÉR SUR Mercado de alimentos en el que se vende, fundamentalmente, carne al por menor. **3** VENEZ Tienda de comestibles y artículos para el hogar. ◇ **dar abasto** Ocuparse de todas las exigencias que genera una actividad.

abatí s.m. **1** AMÉR Maíz. **2** AMÉR Aguardiente de maíz.

abatible adj. Se dice del mueble o parte de él que puede pasar de la posición vertical a la horizontal y viceversa.

abatido, a adj. Que ha perdido la energía, la fuerza o el ánimo.

abatimiento s.m. Falta de energía, fuerza o ánimo.

abatir v.tr. **1** Derribar o tirar al suelo. **2** Inclinar o colocar en posición horizontal lo que estaba vertical. **3** Hacer que una persona pierda la energía, la fuerza o el ánimo. ◆ **abatirse** v.prnl. **4** Caer repentinamente un mal sobre alguien o algo.

abbasí ▷ abasí.

abdicación s.f. **1** Renuncia voluntaria a la soberanía de un pueblo o a una dignidad, cargo o derecho. **2** Documento en el que consta esta renuncia.

abdicar v.tr. e intr. **1** Renunciar voluntariamente a una dignidad, un cargo o un derecho. ◆ v.intr. **2** Renunciar a un derecho, una ideología o una creencia.

abdomen s.m. **1** Región o parte del cuerpo de los animales vertebrados situada entre el tórax y la pelvis. **2** Parte posterior del cuerpo de insectos, crustáceos y otros animales invertebrados, situada a continuación del tórax o cefalotórax.

abdominal adj. **1** Relativo al abdomen. ◆ adj. y s.m. **2** Se dice de los músculos que están situados en el abdomen. ◆ s.m. y adj. **3** Ejercicio gimnástico en el que se trabajan y fortalecen los músculos del abdomen.

abducir (10) v.tr. Secuestrar los extraterrestres a una persona.

abductor adj. y s.m. Se dice del músculo que sirve para hacer un movimiento de abducción.

abecé s.m. Abecedario (serie de letras).

abecedario s.m. Serie ordenada de las letras de un idioma.

abedul s.m. **1** Árbol caducifolio con ramas que crecen hacia arriba y hojas pequeñas. **2** Madera de este árbol.

abeja s.f. Invertebrado del filo artrópodos, clase insectos, que produce cera y miel.

abejaruco s.m. Pájaro de color marrón y amarillo en su parte superior y verde azulado en la inferior, pico largo y curvado y cola alargada.

abejorro s.m. Invertebrado del filo artrópodos, clase insectos.

aberración s.f. **1** Acción o comportamiento que se aparta claramente de lo que se considera natural, correcto, lógico o lícito.

aberrante adj. Que se aparta de lo que se considera natural, correcto, lógico o lícito.

abertura s.f. **1** Acción de abrir o abrirse una cosa. **2** Espacio abierto en una superficie. **3** Separación que hay en una cosa entre dos partes que la integran. **4** Diámetro del objetivo de un telescopio, una cámara fotográfica, etc., por el cual pasa la luz.

aberzale o **abertzale** adj. Relativo al movimiento político y social partidario del nacionalismo vasco.
OBS Pronunc. 'aberzale' o 'abertsale'.

abetal s.m. Bosque en el que el abeto es la especie dominante.

abeto s.m. **1** Árbol conífero de tronco alto y recto (hasta 60 m de altura), copa en forma de cono, ramas horizontales, hojas aciculares perennes y fruto en forma de piña cilíndrica. **2** Madera de este árbol.

abierto, a 1 Participio irregular de abrir. ◆ adj. **2** Persona que tiene facilidad para manifestar sus sentimientos y para relacionarse con los demás. **3** Persona que acepta con tolerancia ideas o modos de comportamiento distintos de los suyos. **4** Que se produce de manera clara, ostensible y franca. **5** Se dice del terreno que es llano o raso, sin accidentes u obras que impidan el paso o ver a lo lejos. ◆ s.m. y adj.

6 Prueba o torneo deportivo en el que pueden participar jugadores profesionales y aficionados.

abigarrado, a adj. **1** Que tiene muchos colores, generalmente mal combinados. **2** Que está compuesto de elementos distintos reunidos desordenadamente.

abigarrar v.tr. Componer una cosa con elementos muy diversos y sin conexión.

abisal adj. **1** Se dice de la zona marina que está a una profundidad de más de 2 000 metros. **2** Relativo a esta zona marina.

abisinio, a adj. y s. De Abisinia (antiguo país de África, actualmente Etiopía).

abismal adj. Relativo al abismo.

abismo s.m. Lugar de gran profundidad, imponente y peligroso.

abjurar v.tr. e intr. Renunciar públicamente a una creencia, especialmente de tipo religioso.

ablación s.f. **1** Extirpación de un órgano o parte del cuerpo. **2** En geología, acción erosiva de un río, el viento o el mar sobre un relieve, o del calor sobre un glaciar.

ablacionar v.tr. Extirpar un órgano o tejido corporal, especialmente el clítoris.

ablandar v.tr. **1** Poner blanda una cosa. **2** Moderar o suavizar el rigor y la severidad de una persona. **3** Conmover a una persona.

ablande s.m. AMÉR Tiempo durante el cual un automóvil nuevo debe marchar sin rebasar una velocidad determinada para que las piezas del motor se ajusten adecuadamente.

ablativo s.m. y adj. Caso o relación sintáctica en algunas lenguas con declinación, como el latín, que expresa relaciones similares a la del complemento circunstancial.

ablución s.f. **1** Formal. Acción de lavar o lavarse una persona. **2** Purificación ritual por medio del agua de algunas religiones. **3** Ceremonia de purificar el cáliz y lavarse los dedos que hace el sacerdote católico después de tomar el vino. ◆ **abluciones** s.f.pl. **4** Vino y agua con que el sacerdote católico realiza la ablución.

abnegación s.f. Sacrificio o renuncia de los deseos e intereses propios.

abocar v.tr. Verter el contenido de un recipiente en otro.

abochornar v.tr. **1** Provocar una sensación de calor que ahoga y dificulta la respiración. **2** Sonrojar a una persona por hacerle sentir vergüenza o bochorno.

abocinado, a adj. Que tiene forma cónica semejante al extremo de una bocina.

abofetear v.tr. Dar bofetadas a una persona.

abogacía s.f. Profesión del abogado.

abogaderas s.f.pl. Fam. AMÉR SUR Argumentos capciosos que se emplean para evadir una situación complicada.

abogado, a s. **1** Persona legalmente autorizada para defender a sus clientes en juicio, representarlos o aconsejarlos. **2** Persona que intercede para que dos partes lleguen a un acuerdo. ◇ **abogado del diablo** Persona que contradice los argumentos de otra para comprobar su veracidad, sin que ello signifique que se opone a dichos argumentos. ◇ **abogado de oficio** Abogado que asigna un juez o un tribunal para defender o representar a la persona que carece de recursos económicos para pagar a uno particular.

OBS Doble femenino: **abogado** o **abogada**.

abogar v.intr. Declararse a favor de determinada persona o cosa.

abolición s.f. Anulación de una ley o de una costumbre mediante una disposición legal.

abolicionismo s.m. Doctrina que defiende la abolición o derogación de una ley o costumbre.

abolicionista adj. y s.m. y f. Se dice de la persona que es partidaria del abolicionismo.

abolir v.tr. Suspender o dejar sin vigor una ley o una costumbre mediante una disposición legal. (Solo se usa en los tiempos y personas cuya terminación contiene la vocal i: **abolía, aboliendo**, etc.)

abolladura s.f. Depresión producida en una superficie a causa de un golpe o una presión.

abollar v.tr. Hacer una o varias abolladuras.

abombar v.tr. **1** Dar a una superficie forma redondeada o curvada hacia afuera. **2** VENEZ Inflar un cuerpo con gas u otra sustancia. ◆ **abombarse** v.prnl. **3** AMÉR Pudrirse un líquido o un alimento. **4** ARG Quedar imposibilitada una caballería para andar, por el calor y el cansancio. **5** CH, ECUAD, NIC Perder una persona el dominio de sí misma por exceso de alcohol.

abominable adj. Que se considera moralmente malo y merecedor de condena.

abominar v.tr. e intr. **1** Rechazar y condenar enérgicamente una cosa que causa aborrecimiento o repulsión. **2** Sentir rechazo o aborrecimiento por una persona o cosa.

abonado, a adj. y s. Se dice de la persona que es dueña de un abono.

1\. **abonar** v.tr. Echar abono o fertilizante a la tierra.

2\. **abonar** v.tr. Pagar una cuota o una cantidad de dinero que se debe.

1\. **abono** s.m. Sustancia que se echa a la tierra para enriquecerla y hacerla más productiva.

2\. **abono** s.m. **1** Acción de abonar o pagar una cuenta o un dinero que se debe. **2** Carnet, pase o documento que da derecho al uso periódico o limitado de un servicio o una instalación.

abordaje s.m. **1** Acción y efecto de abordar. ◇ **al abordaje** Pasando de un barco a otro para entrar en lucha.

abordar v.tr. e intr. **1** Acercarse un barco a otro hasta tocarlo, especialmente para entrar en lucha. ◆ v.tr. **2** Acercarse a una persona, especialmente con cierto acoso, para hablar con ella. **3** Empezar a tratar un tema o asunto.

aborigen adj. **1** Originario del territorio en que vive. ◆ s.m. y f. y adj. **2** Persona que es un habitante primitivo del territorio en que vive.

aborrecer (30) v.tr. **1** Tener odio o aversión. **2** Abandonar los animales a sus crías.

abortar v.intr. **1** Sufrir o provocar una interrupción del embarazo. ◆ v.tr. e intr. **2** Interrumpir una acción o proceso antes de que se complete.

abortista adj. y s.m. y f. Que es partidario de legalizar el aborto voluntario.

aborto s.m. **1** Interrupción natural o artificial del embarazo. **2** Interrupción de una acción o un proceso antes de que se complete. **3** Fam. Ser o cosa deforme, fea y repugnante.

abotagar o **abotargar** v.tr. **1** Atontar o entorpecer el entendimiento. ◆ **abotagarse** o **abotargarse** v.prnl. **2** Hincharse o inflamarse el cuerpo o una parte de él, generalmente a causa de una enfermedad.

abotonar v.tr. **1** Cerrar o ajustar una prenda de vestir metiendo los botones en los ojales. **2** NIC Adular.

abovedar v.tr. Dar a la cubierta de un recinto forma de bóveda o cubrirlo con una bóveda.

abra s.f. AMÉR Lugar sin árboles en un bosque, monte o selva, o entre dos montañas.

abracadabra s.m. Palabra cabalística a la que se atribuían poderes mágicos.

abrasar v.tr. **1** Quemar, reducir a brasas. **2** Secar una planta el excesivo calor o frío. **3** Producir dolor, picor o escozor la sed o alguna sustancia. ◆ v.intr. **4** Estar muy caliente una cosa. ◆ **abrasarse** v.prnl. **5** Sentir demasiado calor.

abrasión s.f. Acción de arrancar, desgastar o pulir algo por rozamiento o fricción.

abrasivo, a adj. **1** Que desgasta o pule por fricción, especialmente una superficie. ◆ s.m. **2** Material duro que sirve para pulir, cortar o afilar otro material más blando.

abrazadera s.f. Pieza que sirve para sujetar ciñendo.

abrazadora s.f. COL, VENEZ Abrazadera.

abrazar v.tr. y prnl. **1** Rodear con los brazos y apretarlos como muestra de amor o afecto. ◆ v.tr. **2** Rodear con los brazos y apretarlos. **3** Adherirse a una creencia o unas ideas. **4** Contener o incluir algo un conjunto de cosas.

abrazo s.m. Muestra de afecto o saludo que consiste en rodear y estrechar entre los brazos.

abrebotellas s.m. Utensilio que sirve para quitar las chapas metálicas de las botellas.

abrecartas s.m. Utensilio con forma de cuchillo que sirve para abrir los sobres de las cartas.

abrelatas s.m. Utensilio que sirve para abrir las latas o botes de conservas.

abrevadero s.m. Fuente o lugar donde bebe el ganado.

abrevar v.tr. **1** Dar de beber al ganado. ◆ v.intr. **2** Beber, especialmente el ganado.

abreviación s.f. Reducción de la extensión de algo.

abreviar (1d) v.tr. **1** Hacer una cosa más corta o más breve. ◆ v.intr. **2** Fam. Aumentar la velocidad en una acción.

abreviatura s.f. Letra o conjunto de letras, generalmente seguidas de un punto, que reducen en la escritura la extensión de una o más palabras.

abridor s.m. Utensilio que sirve para abrir latas, botes de conservas o botellas.

abrigar v.tr. **1** Proteger a alguien o algo del frío y los agentes climáticos. **2** Tener una idea o sentimiento.

abrigo s.m. **1** Prenda de vestir, larga, gruesa y con mangas, que se pone sobre otras prendas y sirve para protegerse del frío. **2** Cosa que abriga. **3** Protección contra el frío u otro fenómeno atmosférico. **4** Lugar protegido del viento; generalmente, cavidad natural en las rocas.

abril s.m. **1** Cuarto mes del año. ◆ **abriles** s.m.pl. **2** Años de edad de una persona.

abrillantador, ra adj. **1** Que se usa para dar brillo a una cosa. ◆ s.m. **2** Producto que sirve para abrillantar.

abrillantar v.tr. Dar brillo a una cosa.

abrir v.tr. **1** Hacer que el interior de un espacio o lugar tenga comunicación directa con el exterior. **2** Separar de su marco las hojas de una puerta, ventana o un balcón de forma que se pueda pasar o asomarse a través del hueco. ◆ v.intr. y prnl. **3** Separarse de su marco las hojas de una puerta, ventana o un balcón de forma que se pueda pasar o asomarse a través del hueco. **4** Separar o levantar la tapa que cubre una caja, olla u otro objeto semejante. **5** Extender o estirar lo que estaba plegado o encogido. **6** Despegar, destapar o desenvolver una cosa de modo que sea posible ver lo que contiene. **7** Descorrer el pestillo o cerrojo o levantar la aldaba con que se asegura una puerta, ventana o balcón. **8** Hacer un paso, practicar una abertura. **9** Permitir la entrada a un lugar. **10** Dar comienzo a algo que se desarrolla durante un período concreto. **11** Comenzar, dar principio a la actividad de una corporación o de un establecimiento. **12** Ir a la cabeza o delante. ◆ v.intr. y prnl. **13** Aclarar o mejorar el tiempo. **14** Extenderse los pétalos de un capullo. ◆ **abrirse** v.prnl. **15** Comunicar una persona a otra sus pensamientos y preocupaciones. **16** Fam. Irse,

separarse de otras personas. **17** Fam. AMÉR Retirarse de una empresa o negocio en el que se está involucrado porque conlleva riesgos o responsabilidades que no se quieren asumir. **18** Fam. ARG, URUG Desviarse de la ruta o dirección prevista. **19** Fam. ARG, URUG, VENEZ Hacerse a un lado para que pase una persona, un grupo o un vehículo.
OBS Participio: **abierto**.

abrochar v.tr. Cerrar o ajustar una cosa, especialmente una prenda de vestir, con botones, broches, corchetes u otros cierres.

abrogar v.tr. Suspender o dejar sin vigor una ley o costumbre mediante una disposición legal.

abroncar v.tr. **1** Regañar o corregir duramente a una persona. **2** Protestar o mostrar enfado mediante gritos y ruidos.

abrumador, ra adj. **1** Que agobia con esfuerzos físicos o sufrimientos. **2** Que confunde o desconcierta con un exceso de amabilidad, atenciones, burlas o suaves reprensiones.

abrumar v.tr. **1** Agobiar o atosigar con penosos esfuerzos físicos o sufrimientos. **2** Confundir o desconcertar, especialmente con un exceso de atenciones, burlas o suaves reprensiones.

abrupto, a adj. **1** Terreno lleno de rocas, cortes y pendientes pronunciadas. **2** Áspero y brusco.

absceso s.m. Acumulación de pus en un tejido orgánico.

abscisa s.f. Primera coordenada de un punto representado en unos ejes cartesianos.

absenta s.f. **1** Planta empleada para aromatizar licores de alta graduación. **2** Bebida alcohólica preparada con ajenjo y otras hierbas aromáticas.

absentismo s.m. **1** Costumbre de ausentarse de un acto al que se debería asistir. **2** Costumbre de abandonar el desempeño de las funciones y deberes propios de un cargo.

ábside s.m. Cabecera de la nave de una iglesia que sobresale en la fachada posterior, está abovedada y tiene planta semicircular o poligonal.

absolución s.f. Acción de absolver.

absolutismo s.m. Sistema político que se distingue por la reunión de todos los poderes en un sola persona o cuerpo.

absolutista adj. **1** Relativo al absolutismo. ◆ **adj. y s.m. y f. 2** Se dice de la persona que es partidaria de este sistema político.

absoluto, a adj. **1** Ilimitado, sin restricciones. **2** Expresa la máxima cualidad de algo. ◇ **en absoluto** Se emplea para negar algo con rotundidad, en frases negativas; indica del todo en frases afirmativas.

absolutorio, a adj. Que absuelve.

absolver (28) v.tr. **1** Declarar un juez o tribunal que una persona que estaba acusada de algo queda libre de la acusación o es inocente. **2** Perdonar un sacerdote, en nombre de Dios, los pecados de una persona.

absorbente adj. **1** Que retiene los líquidos o los gases fácilmente. **2** Se dice de la actividad que ocupa por completo la atención o el tiempo de una persona. ◆ **adj. y s.m. y f. 3** Se dice de la persona que tiene un carácter dominante y siempre trata de imponer su voluntad.

absorber v.tr. **1** Atraer y retener un cuerpo sólido en su interior a otro en estado líquido o gaseoso. **2** Aspirar o atraer un cuerpo hacia el interior de otro o de un objeto. **3** Ocupar por completo la atención o el tiempo de una persona. **4** Consumir totalmente cierta cosa. **5** Incorporar una entidad política o comercial a otra más importante.

absorción s.f. Acción y efecto de absorber.

absorto, a adj. **1** Que tiene la atención puesta intensamente en un pensamiento o en una acción, con descuido de cualquier otra cosa. **2** Que queda admirado ante un espectáculo, noticia, suceso, etc.

abstemio, a adj. y s. Se dice de la persona que nunca toma bebidas alcohólicas.

abstención s.f. Renuncia a hacer algo, especialmente al derecho de dar un voto.

abstencionismo s.m. Actitud de quien renuncia a dar el voto en unas elecciones.

abstenerse (48) v.prnl. **1** Privarse de una cosa. **2** No participar en algo a que se tiene derecho, especialmente en una votación.

abstinencia s.f. Renuncia voluntaria a algo por razones religiosas o morales.

abstracción s.f. **1** Separación mental de las cualidades de una cosa y de su realidad física para considerarlas aisladamente. **2** Idea o cosa abstracta, poco definida o alejada de la realidad. **3** Atención fija en lo que se hace o en lo que se piensa hasta llegar a aislarse de lo demás. **4** Representación artística de personas o cosas de manera abstracta.

abstracto, a adj. **1** Se dice de la cualidad que se considera sin tener en cuenta el objeto en que se halla. **2** Se dice del arte o artista que no representa objetos, sino sus características o cualidades. **3** Se dice del sustantivo que expresa una realidad que no se percibe por los sentidos.

abstraer (49) v.tr. **1** Separar en la mente las cualidades esenciales de una cosa y de su realidad física para considerarlas aisladamente. ◆ **abstraerse** v.prnl. **2** Poner toda la atención en lo que se hace o en lo que se piensa hasta llegar a aislarse de todo lo demás.

abstraído, a adj. Persona aislada de todo cuanto le rodea.

abstruso, a adj. Difícil de comprender.

absuelto, a 1 Participio irregular de absolver. ◆ adj. **2** Libre de culpa.

absurdo, a adj. **1** Contrario a la lógica o a la razón. ◆ s.m. **2** Dicho o hecho sin lógica.

abubilla s.f. Pájaro de cuerpo marrón rojizo, alas con franjas blancas y negras, pico largo, que tiene en la cabeza un penacho de plumas que puede levantar y abrir en forma de abanico.

abuchear v.tr. Manifestar ruidosamente el público su desagrado.

abucheo s.m. Manifestación colectiva y ruidosa de desagrado en un espectáculo.

abuelo, a s. **1** Padre o madre del padre o de la madre de una persona. **2** Persona anciana. ◆ **abuelos** s.m.pl. **3** Padres del padre o de la madre de una persona. **4** Antepasados o progenitores de una persona. ◇ **no tener,** o **no necesitar, abuela** Se dice de la persona que se alaba demasiado a sí misma.

abuenar v.tr. **1** Fam. AMÉR Apaciguar a una persona encolerizada. ◆ **abuenarse** v.prnl. **2** Fam. ARG, URUG Reanudar sus relaciones dos o más personas que se encontraban enemistadas.

abulense adj. y s.m. y f. De Ávila.

abulia s.f. Falta de voluntad, energía o ánimo.

abúlico, a adj. y s. Se dice de la persona que no tiene voluntad, energía o ánimo.

abultado, a adj. **1** Que forma o tiene bulto. **2** Grande o voluminoso.

abultar v.tr. **1** Aumentar el tamaño, la cantidad o el grado de algo. **2** Hacer que algo parezca más grande o importante de lo que es en realidad. ◆ v.intr. **3** Ocupar determinado espacio.

abundancia s.f. **1** Existencia de una gran cantidad de una cosa. **2** Buena situación económica.

abundante adj. **1** Que abunda en algo. **2** Que es numeroso o se da en gran cantidad.

abundar v.intr. **1** Existir en gran cantidad. **2** Tener abundancia de la cosa que se expresa. **3** Apoyar una idea u opinión.

abur interj. Fam. Se usa para despedirse.

aburguesarse v.prnl. Acostumbrarse a la forma de vida burguesa.

aburrido, a adj. **1** Que produce aburrimiento. **2** Que está cansado o molesto por la falta de diversión o de interés. ◆ adj. y s. **3** Que no se divierte con nada o que aburre.

aburrimiento s.m. **1** Fastidio provocado por la falta de diversión o de interés. **2** Cosa pesada o aburrida.

aburrir v.tr. **1** Fastidiar una cosa a alguien porque no le divierte o no le interesa. **2** Cansar algo, fastidiar por su insistencia o persistencia.

abusado, a adj. y s. **1** GUAT, MÉX Se dice de la persona que muestra habilidad para comprender las cosas y obtener provecho o beneficio de determinadas situaciones. ◆ interj. **2** Fam. MÉX Se usa para advertir a alguien de que una situación de riesgo se va a producir de inmediato.

abusar v.intr. **1** Hacer uso excesivo o inadecuado de una cosa en perjuicio propio o ajeno. **2** Aprovecharse de forma excesiva del trabajo, las atenciones o la benevolencia de alguien. **3** Obligar a una persona a tener relaciones sexuales en contra de su voluntad.

abusivo, a adj. Que excede de lo justo, normal o adecuado.

abuso s.m. Uso injusto, indebido o excesivo de una persona o cosa en perjuicio ajeno.

abusón, na s. y adj. Fam. ESP, MÉX Persona que se aprovecha de su situación de superioridad en perjuicio ajeno.

abyecto, a adj. Formal. Vil y despreciable en extremo.

a. C. o **a. de C.** Abreviatura de **antes de Cristo**.

acá adv. **1** Aquí, en este lugar. **2** Precedido de ciertas preposiciones y de adverbios que indican tiempo anterior, sirve para referirse al momento presente.

acabado, a adj. **1** Perfecto o completo. **2** Que está destruido, malparado, agotado o consumido. ◆ s.m. **3** Conjunto de retoques que contribuyen a la mejor presentación de un producto u objeto.

acabangarse v.prnl. AMÉR CENTRAL Sentirse inquieto, preocupado o atemorizado.

acabar v.tr. **1** Hacer que una cosa llegue a su fin. ◆ v.tr. y prnl. **2** Consumir completamente. ◆ v.intr. **3** Llegar al fin o al último momento. **4** Terminar una relación. **5** Destruir completamente una cosa o matar a una persona. **6** Indica la manera en que termina una acción o un objeto. ◇ **acabar de + infinitivo** Se emplea para indicar que una acción se ha producido poco antes del momento en que se habla.

acabe s.m. COL Término, fin.

acabose s.m. ◇ **ser el acabose** Ser una cosa un desastre.

acacia s.f. **1** Árbol de hojas alternas, ovaladas y lisas y flores olorosas en racimos; de algunas de sus especies se obtiene la goma arábiga. **2** Madera de este árbol.

academia s.f. **1** Institución pública formada por personas destacadas en las letras, las artes o las ciencias, que se dedica al estudio y a otros fines culturales o científicos. **2** Local o edificio donde se reúnen los miembros de esta institución. **3** Centro de enseñanza privado.

académico, a adj. Relativo a una academia.

acadio, a adj. y s. **1** Del imperio de Acad. ◆ s.m. y adj. **2** Lengua semítica hablada en este imperio.

acaecer (30) v.intr. Formal. Ocurrir o producirse un hecho.

acahual s.m. **1** MÉX Girasol. **2** MÉX Hierba alta y de tallo algo grueso de las que crecen en los sembrados.

acalambrarse v.prnl. MÉX Paralizarse una persona por alguna emoción fuerte.

acalentado, a adj. y s. AMÉR CENTRAL, BOL, P RICO, PERÚ Persona que tiene una temperatura por encima de lo normal.

acalenturado, a adj. y s. C RICA, CH, MÉX Acalentado.

acallar v.tr. **1** Hacer que cesen los gritos, quejas, voces, risas o llantos. **2** Calmar o apaciguar.

acalorado, a adj. Se dice de la discusión o pelea que se sostiene con pasión y vehemencia.

acalorar v.tr. **1** Dar o causar calor. **2** Sofocar a alguien el exceso de calor, trabajo o actividad física. **3** Producir pasión o entusiasmo. ◆ **acalorarse** v.prnl. **4** Excitarse en una discusión o hablar de algo con mucha pasión.

acampada s.f. Acción y efecto de acampar.

acampanar v.tr. Dar forma de campana.

acampar v.intr. Instalarse en un lugar al aire libre para vivir temporalmente en él.

acanalado, a adj. **1** Que pasa por un canal o lugar estrecho. **2** Que tiene forma alargada y abarquillada como la de los canales. **3** Que tiene canales o estrías marcadas en hueco.

acanalar v.tr. **1** Hacer uno o varios canales o estrías en algún lugar u objeto. **2** Dar forma de canal o de teja larga y abarquillada.

acantilado s.m. **1** Costa marina formada por rocas de gran altura cortadas casi verticalmente. **2** Terreno escarpado.

acanto s.m. **1** Planta herbácea de hojas largas, rizadas, espinosas, dispuestas en pares opuestos y flores blancas con tonos violetas o verdes. **2** Adorno del capitel corintio que imita las hojas de esta planta.

acaparador, ra adj. y s. Persona que acapara.

acaparar v.tr. **1** Acumular cosas que también los demás desean o necesitan. **2** Ocupar por completo la atención o el tiempo de una persona.

acápite s.m. AMÉR Párrafo aparte, especialmente de un texto legal.

acaramelar v.tr. **1** Dar un baño a un alimento con caramelo u otra sustancia dulce. ◆ **acaramelarse** v.prnl. **2** Darse los enamorados muestras de amor.

acariciar (1d) v.tr. **1** Hacer caricias. **2** Desear una cosa con la esperanza de conseguirla.

ácaro s.m. y adj. **1** Arácnido de tamaño microscópico, respiración traqueal o cutánea y abdomen fusionado con el tórax; en muchos casos es parásito de otros animales y plantas. ◆ **ácaros** s.m.pl. **2** Grupo taxonómico, con categoría de orden, constituido por estos arácnidos.

acarrear v.tr. **1** Llevar una carga de un lugar a otro. **2** Transportar algo en carro. **3** Hacer una cosa que ocurra otra como reacción o respuesta a ella. **4** Fam. MÉX Llevar personas a un acto público dándoles a cambio una pequeña compensación.

acartonado, a adj. y s. ARG, URUG, VENEZ Se dice de la persona que tiene un comportamiento excesivamente formal y poco espontáneo.

acartonar v.tr. Poner rígido como el cartón.

acaso adv. **1** Indica la posibilidad de que ocurra lo que se expresa. **2** Se emplea en frases interrogativas para expresar una duda. ◇ **por si acaso** Se emplea para indicar la posibilidad de que ocurra aquello de que se habla.

acatanca s.f. ARG, BOL, PERÚ Variedad de escarabajo que frecuenta los excrementos.

acatar v.tr. Aceptar y cumplir una orden.

acatarrar v.tr. **1** MÉX Incomodar a una persona, especialmente con una pretensión o una solicitud. ◆ **acatarrarse** v.prnl. **2** Contraer un catarro.

acaudalado, a adj. Rico, adinerado.

acaudalar v.tr. Reunir una gran cantidad de una cosa, especialmente de dinero o de bienes.

acaudillar v.tr. Dirigir o guiar como jefe o caudillo a un grupo de personas.

acceder v.intr. **1** Mostrarse conforme con lo que otro solicita o quiere. **2** Ceder en la propia opinión. **3** Tener paso o entrada a un lugar. **4** Alcanzar una condición o grado superior.

accelerando adv. En música, aumentando gradualmente la velocidad de ejecución.
OBS Pronunc. 'achelerando'.

accesible adj. **1** Lugar que tiene acceso o entrada, que permite llegar hasta él. **2** Persona de trato fácil. **3** Que puede ser entendido.

accésit s.m. Recompensa inmediatamente inferior al premio en un certamen.
OBS Invariable en número.

acceso s.m. **1** Acción de acercarse o aproximarse. **2** Entrada o paso por donde se entra o se llega a un sitio. **3** Posibilidad de comunicar o tratar con alguien o de tener al alcance una cosa. **4** Aparición repentina de cierto estado físico o psíquico.

accesorio, a adj. **1** Que depende de una cosa principal o es menos importante que esta. ◆ s.m. **2** Herramienta u objeto auxiliar o de adorno en una cosa, actividad o disciplina.

accidentado, a adj. **1** Agitado, movido o con dificultades. **2** Se dice del terreno que es difícil de atravesar por sus desniveles. ◆ **adj. y s.** **3** Se dice de la persona que ha sufrido un accidente.

accidental adj. **1** Secundario. **2** Que se produce por azar o accidente. **3** Se dice del cargo que se ocupa de manera provisional.

accidente s.m. **1** Suceso imprevisto que altera la marcha normal o prevista de las cosas. **2** Elemento que no forma parte de la naturaleza o la esencia de una cosa. **3** Alteración de la uniformidad de un terreno.

acción s.f. **1** Hecho o acto voluntario. **2** Actividad o movimiento. **3** Sucesión de hechos o actos relacionados entre sí que constituye el argumento de una narración, obra teatral o película cinematográfica. **4** Sucesión rápida y viva de hechos o actos movidos, intensos y con frecuencia violentos. **5** Enfrentamiento entre dos ejércitos contrarios. **6** Efecto o influencia producido por la actividad de una cosa en otra. **7** Título cuyo valor nominal representa cada una de las partes en que se divide el capital de una sociedad o empresa. **8** Documento que representa el valor de una de estas partes.

accionar v.tr. Poner en funcionamiento o movimiento un mecanismo.

accionariado s.m. Grupo de personas que tienen acciones de una empresa.

accionista s.m. y f. Persona que posee una o más acciones de una empresa.

acebo s.m. **1** Arbusto o árbol silvestre de hojas perennes, brillantes, duras y espinosas, con flores pequeñas y blancas y fruto en forma de pequeñas bolas rojas. **2** Madera de este árbol.

acebuche s.m. **1** Olivo silvestre. **2** Madera de este árbol.

acechar v.tr. Vigilar, esperar o perseguir con cautela para no ser notado.

acecho s.m. Acechanza. ◇ **al acecho** Observando o vigilando a escondidas.

acéfalo, a adj. **1** Que no tiene cabeza. **2** Se dice de la comunidad que carece de jefe.

aceitar (1i) v.tr. **1** Untar algo con aceite. **2** Fam. ARG, CH, PAR, URUG Sobornar a una persona.

aceite s.m. **1** Sustancia animal o vegetal que se encuentra en los tejidos orgánicos y que forma las reservas de energía de los seres vivos. **2** Líquido graso que se encuentra en la naturaleza o que se obtiene, por destilación, de algunos minerales, y que tiene usos industriales.

aceitera s.f. **1** Recipiente destinado a contener una pequeña cantidad de aceite. ◆ **aceiteras** s.f.pl. **2** Conjunto de dos recipientes para aceite y vinagre.

aceitero, a adj. **1** Relativo al aceite. ◆ s. **2** Persona que se dedica a fabricar o vender aceite.

aceituna s.f. Fruto del olivo, de tamaño pequeño, forma ovalada, color verde o negro y con hueso duro en su interior.

aceitunado, a adj. De color verde oscuro parecido al de las aceitunas.

aceituno, a s.m. **1** Olivo. ◆ adj. **2** AMÉR Aceitunado.

aceleración s.f. Aumento gradual de la velocidad en un movimiento o acción. ◇ **aceleración de la gravedad** Variación de la velocidad que experimenta un cuerpo al ser atraído por la Tierra.

acelerado, a adj. **1** Que implica aceleración. **2** Se dice de la persona que está nerviosa.

acelerador, ra adj. **1** Que acelera. ◆ s.m. **2** Mecanismo que sirve para regular la entrada del combustible en el motor y que permite aumentar o disminuir la velocidad de un motor. **3** Pedal o cualquier otro dispositivo que acciona este mecanismo.

acelerar v.tr. **1** Hacer más rápido o más vivo un movimiento o un proceso. ◆ v.tr. e intr. **2** Aumentar la velocidad de un vehículo o de su motor accionando su acelerador. ◆ **acelerarse** v.prnl. **3** Fam. Ponerse nervioso o apurarse.

acelerón s.m. Aceleración brusca e intensa.

acelga s.f. Planta herbácea anual de hojas grandes comestibles, lisas y con el nervio central muy desarrollado.

acémila s.f. **1** Mula o macho que se usa para llevar carga. **2** Fam. y desp. Persona ruda.

acendrar v.tr. **1** Purificar los metales con fuego en una pasta de cenizas de huesos, limpia y lavada. **2** Eliminar cualquier defecto o falta del carácter de una persona. **3** Dejar una cosa sin manchas ni defectos.

acento s.m. **1** Rasgo prosódico que destaca en la palabra una sílaba más intensa, más larga o de tono más alto. □ También acento prosódico, acento de intensidad o acento tónico. **2** Tilde o rayita que se pone sobre la vocal de una sílaba portadora de acento prosódico cuando le corresponde según las reglas de acentuación. □ También acento ortográfico, acento gráfico o acento gramatical. **3** Pronunciación particular con que se distingue el modo de hablar de las personas que proceden de un lugar determinado. **4** Entonación particular que caracteriza determinados estilos de dicción o declamación. ◇ **acento agudo** Acento que tiene forma de raya pequeña que baja de derecha a izquierda (´). ◇ **acento circunflejo** Acento que tiene forma de ángulo con el vértice hacia arriba (^). ◇ **acento grave** Tilde que tiene forma de raya pequeña que baja de izquierda a derecha (`). ◇ **acento métrico** Elemento constitutivo del verso cuya aparición regular engendra el ritmo.

acentuación s.f. Acción y efecto de acentuar.

acentual adj. Relativo al acento.

acentuar (1b) v.tr. **1** Pronunciar una sílaba distinguiéndola de las demás de la misma palabra por ser más intensa, más larga o de tono más alto. **2** Poner acento ortográfico a una letra o palabra. **3** Poner de relieve especialmente una idea o asunto para que otros lo tengan en cuenta. ◆ **acentuarse** v.prnl. **4** Crecer o hacerse algo cada vez más claro.

acepción s.f. Sentido en que se puede tomar una palabra o expresión.

aceptable adj. Que puede ser aceptado.

aceptación s.f. Acción y efecto de aceptar.

aceptar v.tr. **1** Recibir voluntariamente algo que se ofrece. **2** Considerar que algo está bien, darlo por bueno o suficiente. **3** Mostrarse conforme con una idea o asunto de otro. **4** Considerar satisfactorias unas excusas o explicaciones. **5** Reconocer que se tiene cierta obligación o responsabilidad sobre algo. **6** Obligarse a pagar una letra de cambio.

acequia s.f. Zanja o canal pequeño que conduce agua para regar.

acera s.f. **1** Parte de la calle situada a cada lado de la calzada, pavimentada y ligeramente más elevada. **GEOSIN** andén, vereda. **2** Hilera de casas a cada lado de la calle. ◇ **ser de la acera de enfrente,** o **de la otra acera** Fam. Ser homosexual.

acerado, a adj. **1** Que es de acero o tiene alguna característica que se considera propia del acero. **2** Que tiene mala intención y agresividad. **3** Se dice del órgano o parte, vegetal o animal, cilíndrico y punzante.

acerbo, a adj. **1** Áspero en el sabor y en el olor. **2** Cruel o duro.

acerca adv. ◇ **acerca de** Indica de qué materia o asunto trata cierta cosa.

acercamiento s.m. Colocación en una posición más cercana.

acercar v.tr. **1** Poner a menor distancia. **2** Fam. Llevar a alguien a un lugar, especialmente en un vehículo. ◆ **acercarse** v.prnl. **3** Estar próxima a suceder alguna cosa.

acero s.m. **1** Aleación de hierro y pequeñas cantidades de carbono que posee gran dureza y elasticidad. **2** Formal. Arma blanca, especialmente la espada. ◇ **acero inoxidable** Acero aleado con una parte de cromo; es muy resistente a la oxidación. ◇ **de acero** Duro y fuerte, de gran resistencia.

acérrimo, a adj. **1** Formal. Superlativo de acre. **2** Decidido, convencido y tenaz en relación con algo.

acertado, a adj. Que está hecho con acierto.

acertante adj. y s.m. y f. Se dice de la persona que ha acertado en algo.

acertar (32) v.tr. **1** Dar en el lugar previsto o propuesto. **2** Dar con lo cierto o lo adecuado. **3** Dar un resultado correcto por azar. ◆ v.tr. e intr. **4** Hacer algo con acierto. **5** Dar con la persona o cosa que se buscaba. ◇ **acertar a + infinitivo** Conseguir por casualidad.

acertijo s.m. Enigma para entretenerse en acertarlo.

acervo s.m. Conjunto de bienes o valores morales o culturales.

acetato s.m. Sal formada por combinación del ácido acético y una base.

acético, a adj. **1** Relativo al vinagre. **2** Se dice del ácido que se produce oxidando alcohol etílico.

acetileno s.m. Gas inestable, incoloro, combustible, tóxico y de olor dulce que se desprende al ponerse en contacto el agua con el carburo de calcio.

acetilsalicílico adj. Se dice del ácido que calma el dolor, baja la fiebre y reduce el reúma.

acetona s.f. Compuesto orgánico, líquido, incoloro, transparente, de olor característico, volátil e inflamable, que se usa como disolvente.

achacar v.tr. Atribuir.

achacoso, a adj. Que sufre achaques.

achanchar v.tr. **1** Fam. AMÉR Hacer que una persona pierda vigor, volviéndose indolente y abandonándose en su trabajo o en su aspecto personal. **2** Fam. ARG URUG Engordar. ◆ **achancharse** v.prnl. **3** Fam. ARG Perder potencia un motor por problemas de carburación. **4** COL, ECUAD, PERÚ Llevar una persona una vida sedentaria.

achantar v.tr. **1** Fam. Causar miedo, acobardar. ◆ **achantarse** v.prnl. **2** Fam. Callarse por resignación o cobardía.

achaque s.m. Molestia pequeña pero frecuente debida a una enfermedad o a la edad.

achatar v.tr. Poner chato, hacer que una cosa sea más aplastada o que sobresalga menos entre otras de la misma especie o género.

achicar v.tr. **1** Disminuir el tamaño, las dimensiones o la duración de una cosa. **2** Causar miedo o hacer que alguien se sienta inferior. **3** Sacar el agua de un lugar.

achicharrar v.tr. **1** Quemar, freír, tostar o asar un alimento, sin consumirlo por completo. ◆ v.tr. e intr. **2** Calentar demasiado. ◆ **achicharrarse** v.prnl. **3** Fam. Notar un calor excesivo por efecto de un agente externo, como el sol.

achichinque s.m. MÉX Persona que acompaña a otra y cumple fielmente sus órdenes.

achicoria s.f. Planta herbácea de flores azules y hojas y raíces de sabor amargo.

achiguarse v.prnl. **1** ARG, CH Combarse una cosa. **2** ARG, CH Echar panza una persona.

achilado, a adj. COL Que ha perdido el frescor y la lozanía de tiempos pasados.

achinado, a adj. Que tiene rasgos o facciones parecidos a los de los chinos.

achiquitar v.tr. **1** AMÉR Amilanar, acobardar. **2** ARG, COL, GUAT, MÉX, URUG Achicar una cosa, disminuir su tamaño.

achispar v.tr. Poner casi ebrio.

acholado, a adj. y s. **1** Fam. CH Se dice de la persona que tiene la tez de color oscuro. **2** Fam CH Se dice de la persona que siente vergüenza. **3** Fam. y desp. VENEZ Se dice de la persona que tiene modales poco refinados.

acholar v.tr. CH, ECUAD, PERÚ Avergonzar, amilanar.

achuchar v.tr. **1** ESP Dar achuchones a una persona. **2** ESP Apremiar o presionar a una persona para que haga algo. **3** ESP Incitar a una persona o a un animal contra otros.

achuchón s.m. **1** Fam. Golpe o empujón. **2** Fam. ESP Caricia o abrazo que se da en muestra de afecto. **3** Fam Indisposición súbita y pasajera.

achucuyar v.tr. AMÉR CENTRAL Abatir, acobardar.

achura s.f. ARG, URUG Menudos, despojos o intestinos de una res.

achurar v.tr. **1** ARG, URUG Quitar las achuras a una res. **2** ARG, URUG Apuñalar.

aciago, a adj. Desgraciado, nefasto o que presagia desgracias y mala suerte.

acíbar s.m. **1** Planta tropical de hojas perennes, largas y carnosas. **2** Jugo de esta planta.

acicalar v.tr. Adornar o arreglar a una persona.

acicate s.m. **1** Estímulo. **2** Espuela con una sola punta de hierro.

acicular adj. Que tiene forma de aguja.

acidez s.f. **1** Cualidad de ácido. **2** Sensación desagradable de calor en el estómago o en la garganta provocada por una mala digestión.

ácido, a adj. **1** Que tiene un sabor fuerte y áspero. **2** Se dice de la persona de carácter desagradable. ◆ s.m. **3** Sustancia química capaz de formar sales al combinarse con un óxido metálico u otro tipo de base. **4** Droga alucinógena procedente del ácido que deriva de los alcaloides que se encuentran en el centeno.

acierto s.m. **1** Elección de la solución correcta entre varias posibilidades. **2** Acción que tiene éxito u obtiene el resultado adecuado. **3** Habilidad al hacer una cosa.

ácimo adj. Ázimo.

acimut s.m. Azimut.

aclamación s.f. Muestra de entusiasmo y aprobación.

aclamar v.tr. **1** Mostrar una multitud su entusiasmo y aprobación hacia una o más personas, generalmente mediante voces y aplausos. **2** Designar a una o más personas para un cargo u honor por acuerdo unánime.

aclarado s.m. ESP, MÉX Limpieza con un líquido de algo que está impregnado de otra sustancia.

aclarar v.tr. **1** Hacer más claro, quitar la oscuridad o lo que dificulta la claridad o transparencia de una cosa. **2** Hacer que algo sea más fácil de entender, dando más detalles o una explicación más sencilla. **3** Hacer que una sustancia sea menos densa o espesa. **4** Aumentar los espacios o intervalos que hay en una cosa. **5** ESP, MÉX Volver a lavar con agua sola para quitar el jabón. **6** Mejorar una capacidad o una habilidad. **7** Hacer más audible la voz. ◆ v.intr. y prnl. **8** Mejorar el tiempo atmosférico, despejarse el cielo. ◆ **aclararse** v.prnl. **9** Fam. Poner uno en claro sus propias ideas.

aclimatación s.f. Acción y efecto de aclimatar.

aclimatar v.tr. Adaptar un ser vivo a un clima, situación o ambiente nuevos.

acné s.m. Enfermedad de la piel que consiste en la inflamación de las glándulas sebáceas y la aparición de espinillas y granos.

acobardar v.tr. Causar miedo.

acodar v.tr. **1** Dar a una cosa forma de codo doblándola en ángulo recto. ◆ **acodarse** v.prnl. **2** Apoyarse con los codos.

acogedor, ra adj. Hospitalario, cómodo.

acoger v.tr. **1** Recibir o admitir una persona a otra en su casa o en su compañía. **2** Proteger, servir de refugio o amparo. **3** Considerar que algo está bien, darlo por bueno o suficiente. **4** Recibir a una persona o un hecho de cierta manera. ◆ **acogerse** v.prnl. **5** Refugiarse en un lugar. **6** Ampararse en una ley, derecho, costumbre o norma. **7** Usar como disculpa o pretexto.

acogida s.f. Acción de acoger.

acojonante adj. Vulg. ESP Que impresiona.

acojonar v.tr. Vulg. ESP Causar miedo.

acolchar v.tr. **1** Poner lana, algodón, gomaespuma u otro material blando entre dos telas y coserlas para que no se mueva. **2** Forrar una superficie dura con material blando para amortiguar posibles golpes.

acólito s.m. **1** Clérigo que ha recibido la cuarta de las órdenes menores y que tiene potestad para ayudar en la celebración de la misa y para administrar la eucaristía. **2** Niño que ayuda al sacerdote en la misa. **3** Persona que acompaña y sirve a otra. □ Frec. despectivo.

acomedirse v.prnl. AMÉR Ofrecerse a prestar un servicio.

acometer v.tr. **1** Atacar rápidamente con violencia. ◆ v.tr. e intr. **2** Embestir o lanzarse con violencia contra algo. ◆ v.tr. **3** Comenzar una empresa o trabajo. **4** Venir súbitamente el sueño, una enfermedad, un deseo, etc. **5** Empalmar un ramal con la cañería o galería principal.

acometida s.f. **1** Ataque o agresión rápida y violenta. **2** Empalme o ramal secundario de un conducto. **3** Toma para el suministro de agua o energía eléctrica a una instalación particular.

acomodación s.f. Acomodamiento.

acomodado, a adj. Se dice de la persona que goza de buena posición económica.

acomodador, ra s. Persona que en un espectáculo público indica a los asistentes la situación de sus localidades.

acomodamiento s.m. Acción de acomodar.

acomodar v.tr. **1** Colocar a una persona en un lugar adecuado o cómodo. **2** Colocar el acomodador al público en sus localidades. **3** Colocar u ordenar una cosa de forma conveniente. **4** Amoldar o adaptar una cosa armónicamente. **5** Conciliar o concertar cosas de manera que sean compatibles y no estén en oposición. **6** Procurar un empleo. ◆ **acomodarse v.prnl. 7** Conformarse, aceptar o avenirse a algo.

acomodo s.m. Lugar donde instalarse.

acompañamiento s.m. **1** Persona o grupo de personas que acompaña a alguien. **2** Alimento complemento de un plato principal. **3** Grupo de personas que representan papeles de poca importancia en una obra de teatro. **4** Conjunto de elementos armónicos de una composición musical, generalmente acordes, que sirven para sostener o acompañar a la parte principal. **5** Ejecución de este soporte armónico.

acompañante adj. y s.m. y f. Se dice de la persona que acompaña a otra.

acompañar v.tr. **1** Estar con otra persona o ir junto a ella. ◆ **v.tr. e intr. 2** Hacer compañía una persona, animal o cosa a otra u otras. ◆ **v.tr. 3** Compartir un afecto o un estado de ánimo. **4** Existir algo en una persona, especialmente una cualidad o circunstancia. **5** Coincidir o existir un fenómeno a la vez que otro. **6** Ir una cosa junto a otra o añadida a ella. **7** Tocar una música secundaria o de fondo mientras otro canta o toca.

acompasado, a adj. **1** Que sigue un ritmo o compás. **2** Que acostumbra hablar pausadamente.

acompasar v.tr. Adaptar o acomodar una cosa a otra.

acomplejado, a adj. y s. Se dice de la persona que tiene algún complejo.

acomplejar v.tr. Hacer que una persona se sienta inferior al mostrarle sus defectos o considerar ella que los tiene.

acondicionador s.m. **1** Aparato para regular la temperatura y la humedad del aire en un local. **2** Sustancia que se echa en el pelo después de lavarlo para desenredarlo.

acondicionamiento s.m. Acción de acondicionar.

acondicionar v.tr. **1** Poner una cosa en las condiciones adecuadas para un fin. **2** Climatizar un espacio cerrado.

acongojar v.tr. Causar sufrimiento, pena o preocupación intensa.

aconsejar v.tr. Indicar a alguien lo que cree que debe hacer, o cómo hacerlo, en una situación determinada.

aconsonantar v.tr. **1** Hacer que tengan rima consonante un poema o unas palabras. ◆ **v.intr. 2** Tener una palabra rima consonante con otra.

acontecer (30) v.intr. Formal. Ocurrir o producirse un hecho.

acontecimiento s.m. Suceso que ocurre.

acopiar (1d) v.tr. Reunir en gran cantidad cosas que son o pueden ser necesarias.

acoplado s.m. AMÉR SUR Vehículo sin motor, destinado a ir remolcado.

acoplamiento s.m. Acción de acoplar o acoplarse.

acoplar v.tr. **1** Unir dos piezas o elementos de manera que encajen perfectamente. **2** Adaptar a una situación o ambiente distinto del que se procede. ◆ **acoplarse v.prnl. 3** Unirse sexualmente un animal macho y la hembra.

acoquinar v.tr. Fam. Inspirar temor y hacer perder el ánimo y el valor.

acorazado s.m. Buque de guerra de grandes dimensiones, blindado y con potente artillería.

acorazar v.tr. **1** Revestir una cosa con planchas de hierro o de acero. ◆ **acorazarse v.prnl. 2** Hacerse fuerte o prepararse para soportar algo.

acordar (11) v.tr. **1** Resolver algo varias personas de común acuerdo. **2** Afinar un instrumento musical o la voz. ◆ **acordarse v.prnl. 3** Recordar, traer a la propia memoria.

acorde adj. **1** Que está conforme o de acuerdo. **2** Que está en consonancia o en armonía con algo. ◆ **s.m. 3** Conjunto de tres o más notas musicales combinadas armónicamente y ejecutadas a la vez.

acordeón s.m. **1** Instrumento musical de viento formado por un fuelle rectangular y dos armazones (uno a cada lado) provistos de filas de botones (o con teclas como las del piano en el lado de la mano derecha). **2** AMÉR CENTRAL, BOL, CUBA Papelito con apuntes que los estudiantes ocultan para copiar de él en los exámenes. **GEOSIN** ayuda memoria, chivo, chuleta, machete, plagio.

acordonar v.tr. **1** Formar un cerco en torno a un lugar con un cordón de personas, generalmente policías o soldados. **2** Ceñir o sujetar con un cordón.

acorralar v.tr. **1** Meter el ganado en el corral. **2** Llevar a una persona o un animal hasta un lugar de estrechos límites e impedirle la salida. **3** Dejar confundido y sin respuesta.

acortar v.tr. Disminuir la longitud, la duración o la cantidad de algo.

acosar v.tr. **1** Perseguir a una persona o animal sin darle tregua ni descanso para detenerlo o cazarlo. **2** Perseguir o molestar con peticiones, preguntas o quejas continuas e insistentes.

acoso s.m. **1** Persecución sin tregua ni descanso. **2** Molestia causada por la insistencia de alguien con sus peticiones o preguntas. ◇ **acoso sexual** Acoso de una persona a otra para obtener de ella favores sexuales.

acostar (11) v.tr. **1** Echar o tender a una persona para que duerma o descanse, especialmente en la cama. ◆ **acostarse v.prnl. 2** Tener relaciones sexuales una persona con otra.

acostumbrar v.tr. **1** Hacer que una persona tome cierta costumbre o hábito. ◆ v.intr. **2** Tener costumbre o hábito de hacer una determinada cosa. **3** Suceder con frecuencia una cosa. ◆ **acostumbrarse** v.prnl. **4** Adquirir cierta costumbre o hábito.

acotación s.f. **1** Limitación del uso de una cosa. **2** Nota, advertencia o comentario puesto al margen de un escrito o impreso. **3** Texto que aparece en las obras teatrales con indicaciones relativas al escenario, el movimiento de los actores y otros aspectos sobre la realización de la obra.

acotamiento s.m. Acción y efecto de acotar.

1. **acotar** v.tr. **1** Limitar el uso de una cosa. **2** Marcar los límites de un terreno para reservar su uso y aprovechamiento. **3** Hacer más corto o limitado.

2. **acotar** v.tr. **1** Poner notas, advertencias o comentarios al margen de un escrito o impreso. **2** Indicar en un plano o croquis las dimensiones de cada uno de sus elementos a escala.

acracia s.f. Doctrina política que pretende la desaparición del estado y de sus organismos e instituciones representativas y defiende la libertad del individuo sobre todo poder.

ácrata adj. y s.m. y f. Se dice de la persona que es partidaria de la acracia.

1. **acre** s.m. Medida de superficie anglosajona que equivale a 40,47 metros cuadrados.

2. **acre** adj. **1** Ácido, áspero y picante en el sabor y en el olor. **2** Rudo o poco agradable.
OBS Superlativo: **acérrimo.**

acrecentar (32) v.tr. Hacer más grande, fuerte o intenso.

acreditación s.f. Documento que acredita a una persona.

acreditar v.tr. **1** Demostrar con un documento que una persona es quien dice ser o está autorizada para hacer algo. **2** Asegurar por medio de un documento que una cosa es auténtica.

acreedor, ra adj. y s. **1** Se dice de la persona que tiene derecho a pedir que se cumpla una obligación, especialmente que se le pague una deuda. **2** Se dice de la persona que merece aquello que se expresa o es digno de ello.

acribillar v.tr. **1** Llenar de agujeros, de heridas o de picotazos. **2** Importunar o molestar mucho a alguien, generalmente con preguntas.

acrílico, a adj. **1** Se dice del ácido que se presenta en forma líquida, soluble en agua, sin color, con olor muy fuerte y que se usa para hacer pinturas y en la industria. ◆ adj. y s.m. **2** Se dice de la fibra textil sintética o el material plástico que se obtiene por una reacción química del ácido acrílico o de sus derivados.

acriollarse v.prnl. AMÉR Adquirir un extranjero las costumbres propias del país hispanoamericano en que vive.

acrisolar v.tr. **1** Purificar los metales en el crisol. **2** Confirmar la solidez de una virtud o cualidad moral al ponerla a prueba o al ser practicada con frecuencia.

acrítico, a adj. Que carece de sentido crítico.

acritud s.f. Falta de amabilidad y de trato agradable.

acrobacia s.f. **1** Ejercicio gimnástico o deportivo de gran dificultad. **2** Ejercicio espectacular de un avión en el aire.

acróbata s.m. y f. Persona que realiza acrobacias en un espectáculo público.

acrobático, a adj. Relativo a la acrobacia.

acromático, a adj. **1** Formal. Que carece de color. **2** Se dice del cristal o sistema óptico que transmite la luz blanca sin descomponerla en los colores que la constituyen.

acrónimo s.m. Palabra formada por las primeras letras de las palabras de una expresión.

acrópolis s.f. Lugar más alto y mejor fortificado de las ciudades griegas de la Antigüedad, donde se situaban los principales templos y edificios públicos.

acta s.f. **1** Documento en el que están escritos los asuntos tratados o acordados en una junta o reunión. **2** Certificación oficial de un hecho. **3** Documento en que figura la elección de una persona para un cargo. ◆ **actas** s.f.pl. **4** Documento en el que se exponen los trabajos presentados en ciertas reuniones o encuentros de carácter técnico o científico.

actinia s.f. Invertebrado marino del filo celentéreos, de cuerpo blando y de colores vivos.

actínido adj. y s.m. Se dice del elemento químico cuyo número atómico está comprendido entre el 89 y el 103, ambos incluidos.

actinio s.m. Elemento químico de símbolo Ac y número atómico 89.

actitud s.f. **1** Manera de comportarse u obrar una persona ante cierto hecho o situación. **2** Postura del cuerpo que revela una intención o un estado de ánimo.

activación s.f. **1** Comienzo del funcionamiento de una cosa. **2** Aumento o aceleración del movimiento o del funcionamiento de una cosa.

activar v.tr. **1** Poner en funcionamiento un mecanismo o provocar una reacción química. **2** Aumentar la intensidad o la rapidez de una cosa. **3** Hacer radiactiva una sustancia.

actividad s.f. **1** Estado de lo que se mueve, funciona o ejerce una acción. **2** Capacidad de obrar o de tener un efecto. **3** Rapidez de acción. **4** Conjunto de trabajos o acciones que se hacen con un fin determinado o son propias de una persona, una profesión o una entidad. **5** Trabajo, deber o conjunto de cosas que hay que hacer. **6** Número de átomos de una sustancia radiactiva que se desintegran por unidad de tiempo.

activista adj. y s.m. y f. Se dice de la persona que interviene activamente en la propaganda del partido o sociedad a que pertenece.

activo, a adj. **1** Que produce el efecto que le es propio. **2** Que trabaja con energía y rapidez. **3** Que realiza su función o trabajo en el momento en que se habla. **4** En lingüística, se dice del sujeto que designa a la persona o cosa que realiza la acción designada por el verbo. ◆ adj. y s.f. **5** Se dice de la voz verbal que expresa que el sujeto realiza la acción designada por el verbo. ◆ s.m. **6** Valor total de lo que posee una sociedad de comercio. ◇ **en activo** Que está trabajando o prestando un servicio.

acto s.m. **1** Hecho o acción. **2** Hecho público. **3** Cada una de las partes en que se divide una obra de teatro. ◇ **acto de contrición** Arrepentimiento por haber ofendido a Dios. ◇ **acto seguido** Inmediatamente después. ◇ **en el acto** En este mismo momento, de forma inmediata.

actor, triz s. **1** Persona que interpreta un papel en el teatro, la televisión, la radio o el cine. ◆ adj. y s. **2** Se dice de la persona que ha puesto la demanda en un juicio. □ Femenino: actora.

actuación s.f. **1** Hecho o conjunto de hechos realizados por una persona o una cosa. **2** Efecto, trabajo o función realizada. **3** Representación o muestra del trabajo de un cantante, un actor o un grupo de ellos.

actual adj. **1** Que existe, ocurre o se usa en el momento en que se habla. **2** Propio del tiempo presente.

actualidad s.f. Momento o tiempo presente.

actualización s.f. Adaptación al presente de una cosa desfasada, que ha quedado anticuada.

actualizar v.tr. Poner al día, adaptar al momento presente.

actuar (1b) v.intr. **1** Realizar una acción, comportarse de determinada manera. **2** Realizar una persona o cosa actos propios de su naturaleza o, una persona, las funciones propias de un oficio o un cargo. **3** Representar un papel o desarrollar una función, especialmente en una película u obra de teatro. **4** Producir una sustancia el efecto que le es propio.

acuarela s.f. **1** Técnica de pintura sobre papel o cartón con colores diluidos en agua que no utiliza pigmento blanco, sino que se vale directamente del blanco del papel. **2** Pintura hecha con esta técnica. **3** Color que, diluido en agua, permite pintar con esta técnica.

1. **acuario** s.m. **1** Depósito de agua acondicionado para tener animales y plantas acuáticos. **2** Edificio destinado a mostrar al público animales acuáticos.

2. **acuario** adj. y s.m. y f. Se dice de la persona que ha nacido entre el 21 de enero y el 18 de febrero.
OBS Se escribe normalmente con mayúscula inicial; es invariable en número.

acuático, a adj. **1** Relativo al agua. **2** Que vive o se desarrolla en el agua.

acuchillar v.tr. Herir o matar con un cuchillo u otra arma blanca.

acuciar (1d) v.tr. Apremiar, estimular o dar prisa a una persona para que realice algo.

acudir v.intr. Ir a un lugar por propia iniciativa o por haber sido llamado.

acueducto s.m. Canal o conducto artificial que sirve para llevar agua de un lugar a otro.

acuerdo s.m. **1** Decisión tomada en común por varias personas sobre alguna cosa. **2** Relación pacífica mantenida entre personas o países. **3** Documento en el que se exponen las obligaciones y derechos que aceptan las partes que lo firman. ◇ **de acuerdo** Con unión y conformidad. □ Se usa para afirmar o aceptar algo.

acuicultura s.f. Técnica de criar y fomentar la reproducción de especies animales o vegetales en agua dulce o salada.

acuífero, a adj. **1** Relativo al agua. ◆ s.m. **2** Capa subterránea de roca permeable.

acullá adv. Formal. En un lugar lejos del que habla, generalmente en contraposición a otro adverbio de lugar.

acullico s.m. AMÉR Bola hecha con hojas de coca que los indios quechuas y aimaras mantienen en la boca para mitigar la sed y el hambre.

aculturación s.f. Proceso de recepción de otra cultura y de adaptación a ella.

acumulación s.f. Reunión y amontonamiento progresivo de un gran número de cosas.

acumulador, ra s.m. Aparato o dispositivo que sirve para acumular o almacenar energía.

acumular v.tr. Juntar y amontonar progresivamente personas, animales o cosas en gran cantidad.

acunar v.tr. Mecer o balancear suavemente a un niño en una cuna o en brazos.

1. **acuñar** v.tr. **1** Imprimir un objeto de metal, especialmente una moneda o una medalla, mediante un cuño o troquel. **2** Crear una expresión que logra cierta popularidad o pasa a formar parte de la lengua común.

2. **acuñar** v.tr. Sujetar o ajustar una cosa con cuñas.

acuoso, a adj. **1** Que tiene mucha agua. **2** Se dice de la fruta que tiene mucho jugo. **3** Que se parece al agua. **4** Que se encuentra disuelto en agua.

acupuntura s.f. Método terapéutico de origen oriental que consiste en clavar agujas en puntos especiales del cuerpo.

acure s.m. VENEZ Conejillo de Indias.

acurrucarse v.prnl. Doblarse y encogerse una persona o animal para ocupar el menor espacio posible, generalmente por miedo o frío.

acusación s.f. **1** Atribución a una persona de un delito, una culpa o una falta. **2** Cargo del que se culpa a una persona. **3** Parte que en un juicio se encarga de demostrar la culpabilidad del acusado.

acusado, a adj. **1** Que destaca y se percibe con claridad. ◆ s. **2** Persona a quien se acusa de un delito en un proceso judicial.

acusar v.tr. **1** Atribuir a una persona la responsabilidad de un hecho que va en contra de la ley o la moral o que perjudica injustamente a otra. **2** Mostrar o revelar cierta cosa un dispositivo o aparato. **3** Notificar que se ha recibido una carta o un mensaje. **4** Manifestar, mostrar algo a causa de una cosa o como consecuencia de ella.

acusativo s.m. y adj. Caso o relación sintáctica que indica el complemento directo.

acuse s.m. Nota en que se da cuenta de la recepción de cartas, oficios u otros documentos. ◇ **acuse de recibo** Documento postal con el que se certifica haber recibido determinada notificación o comunicación.

acusica adj. y s.m. y f. Fam. CUBA, ESP, P RICO Se dice de la persona que tiene costumbre de acusar o decir las faltas de los demás. □ Se usa en el lenguaje infantil.

acústica s.f. Parte de la física que se ocupa de la producción, transmisión, recepción y control del sonido.

acústico, a adj. **1** Relativo al órgano del oído. **2** Relativo a la acústica o al sonido.

acutí s.m. ARG, PAR Agutí.

ad hoc Expresión latina con la que se indica que algo es especialmente adecuado.

1. **adagio** s.m. Proverbio o refrán de origen culto con contenido moral o doctrinal.

2. **adagio** adv. **1** Indica que una composición musical o parte de ella debe interpretarse con un tempo o ritmo moderadamente lento. ◆ s.m. **2** Pieza musical o movimiento (parte) de una sonata, sinfonía, etc., que se interpreta con este tempo.
OBS Pronunc. aprox. 'adayio'.

adalid s.m. **1** Caudillo militar. **2** Guía o líder de un movimiento, escuela o tendencia.

adaptación s.f. Acción y efecto de adaptar o adaptarse.

adaptador, ra adj. y s. **1** Que adapta. ◆ s.m. **2** Instrumento que sirve para acoplar elementos eléctricos distintos.

adaptar v.tr. **1** Ajustar o acomodar una cosa a otra. **2** Modificar una cosa para que desempeñe una función distinta de la original. **3** Dar a una obra intelectual forma distinta de la original para que pueda ser difundida por un medio y entre un público distintos de aquellos para los que fue concebida. ◆ **adaptarse** v.prnl. **4** Acomodarse o ajustarse a una situación o un lugar distinto del habitual.

addenda s.f. Adenda.

adecentar v.tr. Poner decente un lugar.

adecuado, a adj. Que se ajusta o acomoda a ciertas condiciones o circunstancias.

adecuar (1c) v.tr. Ajustar o acomodar una cosa a otra.

adefesio s.m. Persona, animal o cosa muy fea, ridícula o extravagante.

adelantado, a adj. **1** Se dice de la persona que muestra cualidades físicas o intelectuales más desarrolladas de lo que le corresponde por su edad. ◆ adj. y s. **2** Se dice de la persona que tiene ideas o actitudes propias de un tiempo futuro. ◇ **por adelantado** Antes de que ocurra o se haga otra cosa.

adelantamiento s.m. Acción y efecto de adelantar.

adelantar v.tr. **1** Mover o llevar a alguien o algo hacia adelante. **2** Pasar un vehículo, un corredor, etc., a estar delante de otro que va más lento. **3** Hacer que una cosa ocurra antes del tiempo previsto o normal. **4** Pagar una cantidad de dinero antes de la fecha señalada. **5** Comunicar la voluntad de hacer una cosa o informar de una noticia antes de lo que se esperaba. **6** Ser indicio o señal de una cosa que ocurrirá a continuación. **7** Fam. Conseguir o llegar a tener. **8** Hacer que un reloj señale un tiempo que todavía no ha llegado. ◆ v.intr. y prnl. **9** Marcar un reloj un tiempo posterior al real. ◆ v.intr. **10** Progresar o avanzar. **11** Ganar tiempo al hacer determinada cosa. ◆ **adelantarse** v.prnl. **12** Actuar una persona con mayor rapidez de movimientos o ideas que otra. **13** Ocurrir algo antes del tiempo previsto.

adelante adv. **1** Hacia el frente. **2** Más allá en el tiempo o en el espacio. **3** Se emplea pospuesto a un sustantivo de lugar para indicar que se avanza por él. ◆ interj. **4** Se emplea para indicar a alguien que puede pasar, después de haber pedido permiso para ello. **5** Se emplea para dar ánimo a alguien. ◇ **en adelante** A partir del momento presente. ◇ **salir adelante** Vencer las dificultades de una situación.

adelanto s.m. **1** Anticipo. **2** Progreso.

adelfa s.f. **1** Arbusto tóxico perenne de flores blancas, rojas o rosáceas y hojas largas, que crece en lugares húmedos. **2** Flor de esta planta.

adelgazante adj. Que adelgaza o sirve para adelgazar.

adelgazar v.intr. **1** Perder peso o grosor una persona, quedarse delgada. ◆ v.tr. **2** Dejar con menor peso o tamaño. ◆ v.tr. e intr. **3** Hacer parecer más delgado.

ademán s.m. **1** Movimiento o actitud del cuerpo o de una de sus partes con que se manifiesta un estado de ánimo o una intención. ◆ **ademanes** s.m.pl. **2** Conjunto de acciones de una persona con las que muestra su buena o mala educación.

además adv. Expresa la idea de agregación. ◇ **además de** Expresa una información nueva.

adenda o **addenda** s.f. Conjunto de textos que se añaden a una obra escrita ya terminada o a una de sus partes.

adensar v.tr. Hacer más denso o espeso.

adentrarse v.prnl. Entrar en la parte más interna y oculta de algo.

adentro adv. **1** Se usa para expresar movimiento a o hacia la parte interior de algo. **2** Precedido de algunos sustantivos indica dirección hacia la parte interior del objeto designado. ◆ **adentros** s.m.pl. **3** Interior de una persona, sus pensamientos y sus sentimientos.

adepto, a adj. y s. **1** Afiliado a una secta o una asociación. **2** Se dice de la persona que es partidaria de una persona o una idea.

aderezar v.tr. **1** Echar especias u otras sustancias a una comida. **2** Arreglar algo o a alguien para embellecerlo.

aderezo s.m. **1** Condimento. **2** Adornos con los que se arregla una persona o a una cosa.

adeudar (1i) v.tr. **1** Tener deudas, deber dinero. **2** Cargar, anotar una cantidad en el debe de una cuenta.

adherencia s.f. **1** Unión de una cosa a otra mediante una sustancia que las aglutina. **2** Capacidad de una cosa para mantener esta unión con otra. **3** Parte añadida a una cosa. **4** Resistencia al deslizamiento entre dos cuerpos que se encuentran en contacto.

adherir (45) v.tr. **1** Unir mediante una sustancia aglutinante. ◆ **adherirse** v.prnl. **2** Estar de acuerdo con una idea u opinión. **3** Unirse o afiliarse a un grupo o asociación.

adhesión s.f. Unión y acuerdo con una idea u opinión.

adhesivo, a adj. y s. **1** Que puede unirse o pegarse. ◆ adj. y s.m. **2** Se dice del papel y el plástico que van provistos de una sustancia adhesiva y se pueden pegar fácilmente a una superficie. ◆ s.m. **3** Sustancia que sirve para unir fuertemente dos superficies.

adicción s.f. Inclinación difícil de evitar.

adición s.f. **1** Acción que consiste en añadir una cosa a otra. **2** Operación que consiste en unir varias cantidades en una sola. **3** Parte añadida en una obra.

adicional adj. Que se añade a una cosa.

adicto, a adj. y s. **1** Se dice de la persona que tiene adicción a algo. **2** Persona que está de acuerdo con una idea y la defiende.

adiestrar v.tr. **1** Enseñar a desarrollar una habilidad manual o un ejercicio físico. ◆ **adiestrarse** v.prnl. **2** Hacerse diestro en una habilidad manual o un ejercicio físico.

adinerado, a adj. Persona que es rica.

adiós s.m. **1** Despedida. ◆ interj. **2** Se usa para despedirse. **3** Fam. Se usa para indicar sorpresa o contrariedad.

adiposo, a adj. **1** Que tiene la naturaleza de la grasa. **2** Se dice del tejido constituido por células que contienen una o más gotas de grasa y que forman una capa debajo de la piel.

aditivo, a s.m. y adj. Sustancia que se añade, especialmente en la industria alimentaria.

adivinación s.f. **1** Facultad para conocer hechos del futuro. **2** Hecho del futuro que se conoce mediante esta facultad.

adivinador, ra adj. y s. Persona que adivina.

adivinanza s.f. Pasatiempo o juego que consiste en averiguar el sentido oculto de un poema, de una frase o expresión.

adivinar v.tr. **1** Conocer un hecho del futuro mediante el uso de la magia o de procedimientos que nada tienen que ver con la ciencia o la razón. **2** Descubrir lo desconocido mediante la intuición y la imaginación.

adivino, a s. Persona que adivina o predice el futuro.

adjetivación s.f. **1** Aplicación de uno o más adjetivos a un sustantivo. **2** Conjunto de adjetivos o modo de adjetivar de una obra, autor, período o estilo. **3** Atribución de la función de adjetivo a una palabra que no lo es.

adjetivar v.tr. **1** Aplicar uno o más adjetivos a un sustantivo. **2** Dar valor de adjetivo a una palabra o expresión. **3** Aplicar adjetivos.

adjetivo, a s.m. **1** Palabra que acompaña al sustantivo para calificarlo o determinarlo. ◆ adj. **2** Que funciona como un adjetivo. **3** Relativo al adjetivo. **4** Se dice de la oración subordinada que funciona como un adjetivo. ◇ **adjetivo calificativo** Adjetivo que expresa una cualidad del sustantivo.

adjudicar v.tr. **1** Conceder o dar una cosa a la que aspiran varias personas o entidades. **2** Atribuir una cosa a alguien o declarar que le corresponde. ◆ **adjudicarse** v.prnl. **3** Conseguir un premio o triunfo en una competición.

adjudicatario, a adj. y s. Se dice de la persona o entidad que recibe una cosa.

adjuntar v.tr. Unir una cosa a otra.

adjunto, a adj. **1** Que está unido o que va con otra cosa. ◆ adj. y s. **2** Se dice de la persona que acompaña o ayuda a otra en un cargo o trabajo. **3** Se dice del profesor de universidad de categoría inferior al agregado. ◆ adv. **4** Formal. Junto a algo que ya ha sido mencionado anteriormente.

adlátere s.m. y f. Persona que realiza su trabajo al lado de otra. □ Frec. despectivo.

adminículo s.m. Objeto pequeño y simple que se emplea como ayuda para algo.

administración s.f. **1** Conjunto de funciones cuyo fin es administrar. **2** Cargo de administrador. **3** Oficina o lugar donde se administra un negocio o un organismo. **4** Conjunto de medios y personas que administran una empresa o un organismo. □ Con mayúscula inicial cuando hace referencia a la administración de un país o estado en concreto. **5** Acción de aplicar o hacer tomar una medicina.

administrador, ra adj. y s. **1** Se dice de la persona que se ocupa de la economía de una persona, una casa o una empresa. ◆ s. **2** Persona que administra los bienes de otros.

administrar v.tr. **1** Organizar los bienes económicos propios o ajenos. **2** Distribuir ordenadamente una cosa. **3** Aplicar o hacer tomar una medicina. **4** Repartir, dar o conferir un sacramento. **5** Gobernar, dirigir.

administrativo, a adj. **1** Relativo a la administración. ◆ adj. y s. **2** Se dice de la persona que trabaja en las tareas de administración de una empresa o institución pública.

admiración s.f. **1** Emoción que produce a alguien una persona o cosa por tener esta características extraordinarias. **2** Sorpresa o extrañeza que alguien causa o siente. **3** Signo ortográfico que se coloca al principio (¡) y al final (!) de una palabra o frase para expresar sorpresa, exclamación o emoción.

admirador, ra adj. y s. Se dice de la persona que admira a una persona o cosa.

admirar v.tr. **1** Tener en gran estima a una persona o cosa por lo extraordinario de sus cualidades. **2** Provocar sorpresa o admiración. **3** Observar o contemplar a una persona o una cosa que parece extraordinaria por sus cualidades o su actuación. ◆ **admirarse** v.prnl. **4** Sorprenderse o extrañarse mucho de algo.

admisible adj. Que puede ser admitido.

admisión s.f. Acción de admitir.

admitir v.tr. **1** Aceptar a una persona o animal en un sitio o en un grupo. **2** Aceptar o permitir una cosa. **3** Reconocer que una cosa es verdad.

admonición s.f. Amonestación o reprensión.

admonitorio, a adj. Que llama la atención sobre un error o una conducta equivocada.

ADN s.m. Sigla de **ácido desoxirribonucleico**, ácido nucleico que contiene la información genética de un ser vivo.
OBS Pronunc. 'a-de-ene'.

adobar v.tr. **1** Preparar la carne u otro alimento con ingredientes como sal, vinagre, aceite y especias para conservarlo o darle sabor. **2** Curtir las pieles.

adobe s.m. Ladrillo que se hace con una masa de barro y paja secada al sol.

adobo s.m. **1** Mezcla hecha con sal, vinagre, aceite y especias que se usa para conservar y dar sabor a las carnes y otros alimentos. **2** Acción de adobar.

adocenado, a adj. Mediocre o vulgar.

adoctrinar v.tr. Enseñar a una persona principios y doctrinas.

adolecer (30) v.intr. **1** Tener determinado defecto. **2** Padecer una enfermedad.

adolescencia s.f. Período de la vida desde la pubertad hasta la edad adulta.

adolescente adj. y s.m. y f. **1** Se dice de la persona que está en la adolescencia. ◆ adj. **2** Relativo a la adolescencia o a los adolescentes.

adonde adv. Indica el lugar en que ocurre una acción o al que se dirige una cosa, tiene antecedente y equivale a **el cual, la cual**.

adónde adv. Equivale a **a qué lugar, a qué parte** y funciona como interrogativo.

adondequiera adv. A cualquier lugar.

adonis s.m. Hombre joven y bello.

adopción s.f. **1** Acción legal por la que una persona toma como hijo propio a uno que ha nacido de otros padres. **2** Consideración como propias de ideas o costumbres ajenas. **3** Toma de una decisión o de un acuerdo.

adoptar v.tr. **1** Tomar legalmente como hijo propio a uno que ha nacido de otros padres. **2** Elegir o tomar algo como propio. **3** Hacerse alguien suya una manera de pensar o de actuar. **4** Tomar una resolución. **5** Adquirir una determinada configuración.

adoptivo, a adj. **1** Se dice de la persona que ha sido adoptada. **2** Se dice de la persona que adopta. **3** Se dice de la persona o cosa que se toma y elige como propia aunque no lo sea.

adoquín s.m. Piedra labrada en forma de bloque rectangular para pavimentar.

adoquinado s.m. **1** Pavimento o suelo hecho con adoquines. **2** Conjunto de adoquines.

adoquinar v.tr. Revestir con adoquines un suelo o pavimento.

adorable adj. Que resulta muy agradable e inspira cariño, simpatía y admiración.

adoración s.f. **1** Acción de adorar. **2** Amor muy profundo. **3** Ceremonia o culto que se da a lo que es o se considera divino.

adorar v.tr. **1** Rendir culto a alguien o algo que se considera como divinidad o que está relacionado con ella. **2** Amar mucho a alguien. **3** Considerar muy buena o agradable una cosa, gustar de algo en extremo.

adormecer (30) v.tr. **1** Hacer caer a alguien en estado de somnolencia. **2** Calmar un dolor o una pena o hacer disminuir su fuerza. ◆ **adormecerse** v.prnl. **3** Quedarse alguien medio dormido. **4** Quedar sin sensibilidad una parte del cuerpo durante un tiempo corto.

adormidera s.f. Planta herbácea de hojas anchas, flores blancas y fruto en cápsula.

adornar v.tr. **1** Embellecer con adornos. ◆ v.tr. e intr. **2** Servir de adorno una cosa a otra.

adorno s.m. Cosa que sirve para embellecer a una persona, animal o cosa, o un lugar.

adosado, a adj. ESP Se dice de la casa unifamiliar que está construida junto a otra u otras de similares características.

adosar v.tr. Poner una cosa contigua a otra en la que se apoya por alguno de sus lados.

adquirir (4) v.tr. **1** Pasar a tener o llegar a tener algo, bueno o malo. **2** Comprar una cosa de cierto valor. **3** En derecho, apropiarse de algo que no pertenece a nadie.

adquisición s.f. **1** Acción de adquirir una cosa. **2** Cosa que se compra.

adrede adv. Deliberadamente, con intención de causar el efecto de que se trata.

adrenalina s.f. Hormona segregada por las glándulas suprarrenales.

adriático, a adj. Relativo al mar Adriático.

adscribir v.tr. **1** Destinar a alguien a un empleo o servicio. **2** Atribuir o asignar una cosa a otra. **3** Considerar a una persona como perteneciente a determinado grupo o ideología.
OBS Participio: **adscrito**.

adscrito, a **1** Participio irregular de **adscribir**. ◆ adj. **2** BOL, CH, PAR, PERÚ Se dice del delegado que no es titular y al que asiste a un congreso, concilio o similares, solamente con derecho a voz.

adsorber v.tr. Retener líquidos o gases la superficie de cuerpos sólidos.

adsorción s.f. Acción de adsorber.

aduana s.f. **1** Administración encargada de cobrar las tasas impuestas a las mercancías importadas o exportadas. **2** Oficina de esta administración.

aduanero, a adj. **1** Relativo a la aduana. ◆ s. **2** Persona que trabaja en una aduana.

aducir (10) v.tr. Exponer pruebas y argumentos para demostrar o justificar algo.

aductor adj. y s.m. Se dice del músculo que sirve para hacer un movimiento de aducción.

adueñarse v.prnl. **1** Hacerse dueño de una cosa. **2** Apoderarse, hacerse dominante algo en una persona o grupo.

adulador, ra adj. y s. Que adula.

adular v.tr. Alabar de forma exagerada a una persona para ganarse su favor.

adulterar v.tr. **1** Alterar o hacer perder la pureza de algo. **2** Falsificar una cosa su sentido.

adulterio s.m. **1** Relación sexual que una persona casada mantiene con otra que no es su cónyuge. **2** Falsificación, fraude.

adúltero, a adj. **1** Relativo al adulterio. ◆ adj. y s. **2** Que comete adulterio.

adulto, a adj. y s. Se dice del ser vivo que ha llegado a la madurez biológica.

adusto, a adj. **1** Se dice de la persona que es seca y seria en el trato. **2** Se dice del terreno o paisaje que está seco o quemado.

advenedizo, a adj. y s. Desp. Se dice de la persona que es extranjera, desconocida o intrusa.

advenimiento s.m. **1** Llegada o venida. **2** Ascenso de un sumo pontífice o un rey al trono.

advenir (51) v.intr. Venir o llegar.

adventicio, a adj. **1** Que sucede de manera accidental. **2** Se dice del animal o vegetal que se desarrolla en un lugar distinto del habitual.

adverbial adj. **1** Relativo al adverbio. **2** Que hace las funciones propias de un adverbio. ◆ adj. y s.f. **3** Se dice de la oración o proposición que en la oración compleja funciona como un adverbio. **4** Se dice de la locución que desempeña la función de adverbio.

adverbio s.m. Parte invariable de la oración que acompaña al verbo y modifica su significado indicando cómo se produce la acción en cuanto al tiempo, lugar, modo, intensidad, etc.

adversario, a adj. y s. Se dice de la persona o grupo que es rival, competidor o contrario.

adversativo, a adj. **1** Que denota oposición. ◆ adj. y s.f. **2** Se dice de la oración que indica oposición o restricción al significado de otra oración. **3** Se dice de la conjunción o partícula que introducen una oración adversativa.

adversidad s.f. **1** Situación contraria, de mala suerte o infortunio. **2** Carácter opuesto y desfavorable que presenta una cosa.

adverso, a adj. Contrario o negativo.

advertencia s.f. Acción y efecto de advertir.

advertir (45) v.tr. **1** Llamar la atención o avisar de alguna cosa a alguien. **2** Darse cuenta de una cosa. **3** Observar, percibir. **4** Prevenir a alguien, hacerle saber algo por anticipado.

adviento s.m. Período que comprende las cuatro semanas anteriores al día de Navidad.

advocación s.f. **1** Denominación del santo bajo cuya protección se encuentra un lugar religioso y nombre que se da a ese lugar. **2** Nombre con que se venera a la Virgen o a otro personaje sagrado.

adyacente adj. **1** Que está muy próximo o unido a otra cosa. **2** Se dice del ángulo que, en relación con otro, tiene un lado común y los otros en prolongación.

aéreo, a adj. **1** Que está o se hace en el aire. **2** Relativo al aire. **3** Relativo a la aviación. **4** Ligero, sutil, vaporoso.

aeróbic o **aerobic** s.m. Técnica gimnástica que se basa en el control del ritmo respiratorio y generalmente se practica con música.

aerobio, a adj. y s. **1** Se dice del organismo que necesita el oxígeno para vivir o desarrollarse. ◆ adj. **2** Se dice del proceso que se desarrolla con utilización de oxígeno libre.

aerodinámica s.f. Parte de la mecánica que estudia el movimiento de los gases.

aerodinámico, a adj. **1** Se dice del vehículo o móvil cuya forma ofrece poca resistencia al aire. **2** Relativo a la aerodinámica.

aeródromo s.m. Lugar destinado al aterrizaje y despegue de aviones.

aeroespacial adj. Relativo a la aviación y la astronáutica conjuntamente.

aerofagia s.f. Ingestión o toma de aire de manera espasmódica o por contracciones musculares involuntarias.

aerogenerador s.m. Generador de energía eléctrica que aprovecha la fuerza del viento.

aerógrafo s.m. Aparato que sirve para pulverizar pintura mediante aire a presión sobre la superficie que se quiere pintar o dibujar.

aerolínea s.f. Organización o compañía de transporte aéreo.

aerolito s.m. Meteorito formado principalmente por silicatos.

aeromodelismo s.m. Actividad que consiste en construir y hacer volar pequeños modelos de aviones que se dirigen desde el suelo.

aeromozo, a s. AMÉR SUR, MÉX Persona que se encarga de atender a los pasajeros de los aviones comerciales.

aeronáutica s.f. **1** Disciplina técnica y científica que se ocupa de la navegación aérea. **2** Conjunto de medios destinados a la construcción y mantenimiento técnico de vehículos capaces de volar.

aeronáutico, a adj. Relativo a la aeronáutica.

aeronaval adj. Relativo a las fuerzas armadas del aire y de la marina.

aeronave s.f. Vehículo capaz de desplazarse por el aire o por el espacio.

aeroplano s.m. Avión.

aeropuerto s.m. Lugar destinado al aterrizaje y despegue de aviones.

aerosol s.m. Recipiente para almacenar un líquido a presión y poder lanzarlo al exterior, generalmente en forma de diminutas gotas.

aerostática s.f. Estudio del equilibrio de los gases.

aerostático, a adj. Relativo a la aerostática.

aerostato o **aeróstato** s.m. Aparato para volar cuya suspensión en el aire se debe al empleo de un gas más ligero que el propio aire.

aerotransportador s.m. Avión que se usa para transportar tropas, mercancías, etc.

aerovía s.f. Vía o ruta establecida para el vuelo de aviones comerciales.

afable adj. Se dice de la persona que trata a los demás con amabilidad y atención.

afamado, a adj. Que tiene fama.

afamar v.tr. Hacer famoso a alguien o dar fama a algo, generalmente en sentido favorable.

afán s.m. **1** Deseo intenso y ferviente que mueve a hacer una cosa. **2** Actitud de quien se entrega a una actividad con esfuerzo e interés. ◆ **afanes** s.m.pl. **3** Trabajo excesivo y penoso.

afanar v.tr. **1** Fam. Robar con habilidad y sin violencia. ◆ **afanarse** v.prnl. **2** Trabajar con apremio, procurar con vehemencia la consecución de una cosa.

afanoso, a adj. **1** Se dice de la persona que trabaja mucho y de manera constante y aplicada. **2** Se dice de la actividad o trabajo que exige mucho esfuerzo y dedicación.

afasia s.f. **1** Pérdida del habla o dificultad al hablar causada por una lesión en el sistema nervioso central. **2** Alteración de la capacidad perceptiva del lenguaje.

afección s.f. **1** Enfermedad o dolencia de determinada parte del organismo. **2** Propensión, inclinación del sentimiento.

afectación s.f. Falta de naturalidad o sencillez en la manera de hablar o de comportarse.

afectado, a adj. **1** Que padece una enfermedad o está aquejado o molesto por alguna cosa. **2** Que muestra afectación.

afectar v.tr. **1** Perjudicar o influir desfavorablemente. **2** Atañer, tocar. **3** Causar impresión una cosa en una persona. **4** Mostrar afectación. **5** Dar a entender, aparentar o fingir algo que no es cierto.

afectividad s.f. **1** Conjunto de sentimientos y emociones de una persona. **2** Inclinación a sentir cariño y afecto.

afecto, a adj. **1** Seguidor o partidario de una persona o cosa. ◆ s.m. **2** Sentimiento de simpatía o cariño hacia una persona o cosa.

afectuoso, a adj. Que muestra afecto.

afeitado, a s.m. **1** Corte del pelo a ras de la piel. ◆ adj. y s.m. **2** Se dice del toro que tiene cortadas las puntas de los cuernos.

afeitar (1i) v.tr. **1** Cortar el pelo de la cara o de otra parte del cuerpo a ras de la piel. **2** Cortar las puntas de los cuernos de los toros.

afeite s.m. Cosmético.

afelpado, a adj. Que es semejante a la felpa.

afeminado, a adj. Se dice del hombre que tiene movimientos y actitudes que se consideran propios de las mujeres.

afeminar v.tr. Hacer perder a uno las cualidades viriles.

afer s.m. Affaire.

aféresis s.f. Supresión de algún sonido al principio de una palabra.

aferrar v.tr. **1** Agarrar con fuerza. ◆ **aferrarse** v.prnl. **2** Insistir, con fuerza y convicción, en mantener una idea, opinión o posición.

affaire s.m. **1** Negocio o asunto ilegal o escandaloso. **2** Relación amorosa o sexual que dura poco tiempo.
OBS Pronunc. aprox. 'afer'.

afgano, a adj. y s. De Afganistán (país de Asia).

AFI s.m. Sigla de **alfabeto fonético internacional**, sistema convencional de transcripción.
OBS Pronunc. 'afi'.

afianzamiento s.m. Consolidación de una opinión, idea o circunstancia.

afianzar v.tr. **1** Poner firme una cosa, reforzarla o sujetarla bien. ◆ **afianzarse** v.prnl. **2** Asegurarse alguien una base sólida y estable.

afiche s.m. AMÉR Cartel o impreso, generalmente de gran tamaño, que se emplea para propaganda o con fines informativos y que se fija en paredes y lugares públicos.

afición s.f. **1** Gusto o interés por una cosa. **2** Actividad aparte del trabajo habitual. **3** Conjunto de personas que van regularmente a ver un espectáculo o una competición deportiva.

aficionado, a adj. y s. **1** Se dice de la persona que gusta de una cosa o tiene interés por ella. **2** Que practica una actividad por placer y sin recibir dinero a cambio. **3** Que asiste regularmente a un espectáculo o competición.

aficionar v.tr. **1** Hacer que una persona adquiera afición o interés por algo. ◆ **aficionarse** v.prnl. **2** Adquirir afición o interés por una cosa.

afiebrar v.tr. **1** COL Fam. Provocar cierta cosa un interés inusual en alguien. ◆ **afiebrarse** v.prnl. **2** AMÉR Tener temperatura más alta de lo normal.

afijación s.f. Formación de palabras nuevas añadiendo un prefijo o un sufijo.

afijo, a s.m. y adj. Partícula que se une a una palabra o a una raíz para formar palabras nuevas.

afilado, a adj. **1** Que es delgado y puntiagudo y corta muy bien. **2** Se dice de la parte del cuerpo que es muy alargada, delgada y acabada en punta, como la cara, la nariz o los dedos.

afilador, ra s. Persona que se dedica a afilar cuchillos y otros instrumentos cortantes.

afilar v.tr. Sacar filo a un instrumento cortante o punta a un lápiz.

afiliación s.f. Acción de afiliar.

afiliar (1d) v.tr. Hacer a una persona miembro de un partido político, un sindicato, etc.

afín adj. Que tiene afinidad con otro u otros.

afinación s.f. **1** Acción de afinar.

afinador, ra s. **1** Persona que tiene por oficio afinar instrumentos musicales. ◆ s.m. **2** Aparato que sirve para afinar.

afinar v.tr. **1** Hacer que una cosa sea lo más perfecta, precisa o exacta posible. **2** Poner en el tono justo un instrumento musical. **3** Hacer fino o delgado. **4** Hacer más educada a una persona. **5** Ajustar al máximo la calidad, el precio o condición de una cosa. ◆ v.intr. **6** Cantar o tocar un instrumento con la entonación adecuada.

afincarse v.prnl. Establecerse en un lugar y fijar en él la residencia.

afinidad s.f. **1** Parecido o semejanza de una persona o cosa con otra. **2** Coincidencia de gustos, caracteres u opiniones entre dos o más personas. **3** Relación de parentesco entre una persona y la familia de su cónyuge.

afirmación s.f. **1** Expresión en la que se declara una cosa como cierta o verdadera. **2** Palabra, expresión o gesto que sirve para afirmar.

afirmar v.tr. **1** Declarar una cosa o decir que una cosa es verdad. **2** Poner firme una cosa, reforzarla o sujetarla bien. ◆ v.intr. **3** Decir que sí. ◆ **afirmarse** v.prnl. **4** Ratificarse.

afirmativo, a adj. Que indica o expresa afirmación.

aflatarse v.prnl. HOND, NIC Afligirse, entristecerse.

aflautado, a adj. Se dice del sonido agudo y de poca intensidad.

aflicción s.f. **1** Tristeza, pena, congoja. **2** Cosa que provoca este sentimiento.

afligir v.tr. **1** Causar aflicción a alguien. **2** Causar sufrimiento físico. ◆ **afligirse** v.prnl. **3** Sentir pena o tristeza.

aflojar v.tr. **1** Disminuir la presión o la fuerza de una cosa. **2** Fam .ESP Dar una cantidad de dinero u otra cosa. ◆ v.intr. **3** Perder una cosa fuerza o intensidad. **4** Fam. Dejar de emplear el vigor o la fuerza que se acostumbraba al hacer algo.

aflorar v.intr. **1** Salir a la superficie, brotar, especialmente un mineral o un líquido. **2** Mostrarse o surgir algo que estaba oculto o interno.

afluencia s.f. **1** Llegada de personas o cosas en gran cantidad. **2** Formal. Abundancia.

afluente adj. **1** Que afluye. ◆ s.m. **2** Corriente de agua que desemboca en otra corriente, como un río.

afluir (23) v.intr. **1** Llegar una gran cantidad de personas o cosas a un lugar. **2** Desembocar un río en otro, en un lago o en el mar. **3** Moverse un líquido u otra cosa hacia un lugar.

afonía s.f. Falta de voz, total o parcial.

afónico, a adj. Que tiene afonía.

aforismo s.m. Sentencia breve que se toma como regla en alguna ciencia o arte.

aforístico, a adj. Relativo al aforismo.

aforo s.m. Capacidad total de un recinto destinado a espectáculos públicos.

afortunado, a adj. y s. **1** Que tiene buena suerte. ◆ adj. **2** Que conlleva buena suerte o felicidad. **3** Acertado u oportuno.

afrancesar v.tr. Imprimir rasgos, cualidades o costumbres francesas.

afrenta s.f. Acto o dicho con que se muestra poca estimación por alguien y se pone en duda su honradez o su honor.

afrentar v.tr. Decir o hacer a una persona algo que le supone un desprecio o humillación.

africado, a adj. **1** Se dice del sonido consonántico que se pronuncia combinando una oclusión y una fricación en el mismo punto de articulación y con los mismos órganos.

africano, a adj. y s. De África.

afrikáans s.m. y adj. Variedad de la lengua holandesa que se habla en la República Sudafricana.

afro adj. **1** Relacionado con las costumbres o usos africanos o que tiene alguna de sus características. **2** Se dice del peinado de rizos muy pequeños.
OBS Invariable en número.

afroamericano, a adj. y s. Persona que es de origen africano y vive en América.

afrodisíaco, a o **afrodisiaco, a** adj. y s.m. Se dice del alimento que excita el apetito sexual.

afrontar v.tr. **1** Disponerse en actitud de oposición ante un problema, responsabilidad, etc., para tratar de resolverlos o llevarlos a cabo sin eludirlos. **2** Poner a una persona o una cosa frente a otra.

afrutado, a adj. Que tiene cierto sabor o aroma a fruta, especialmente el vino.

after hours s.m. Bar musical o discoteca que abre a altas horas de la madrugada y permanece abierto hasta entrada la mañana.
OBS Pronunc. aprox. 'after auars'.

after shave o **aftershave** s.m. Loción que se aplica sobre la cara para proteger la piel después del afeitado.
OBS Pronunc. aprox. 'aftersheif'.

afuera adv. **1** Fuera del lugar en el que está. **2** En la parte exterior de un lugar. ◆ **afueras** s.f.pl. **3** Alrededores de una población.

agachar v.tr. **1** Inclinar hacia abajo la cabeza o la parte superior del cuerpo. ◆ **agacharse** v.prnl. **2** Ponerse de cuclillas o encoger el cuerpo hacia el suelo.

agalla s.f. **1** Órgano respiratorio de los peces. **2** COL, ECUAD Codicia. **3** ECUAD Palo con un gancho para colgar y descolgar cosas. ◆ **agallas** s.f.pl. **4** Coraje, valor y determinación.

agalludo, a adj. **1** AMÉR SUR, CUBA, P RICO, R DOM Fam. Ambicioso, codicioso. **2** ARG, CH, P RICO Fam. Animoso, decidido.

ágape s.m. Formal. Banquete o comida para celebrar un acontecimiento.

agarradera s.f. **1** Agarradero (parte de una cosa para agarrarla o para agarrarse). ◆ **agarraderas** s.f.pl. **2** CH, ESP Influencias con que se cuenta para conseguir algo.

agarradero s.m. **1** Parte de un objeto que sirve para asirlo o cogerlo con la mano. **2** Parte de un objeto o de un edificio que sirve para poder cogerse o sujetarse a él. **3** Persona o cosa que sirve de apoyo, ayuda o pretexto.

agarrado, a adj. **1** Fam. Se dice de la persona tacaña. ◆ **adj. y s.m. 2** Se dice del baile en el que la pareja se rodea con los brazos.

agarrador s.m. Paño o almohadilla que se utiliza en la cocina para agarrar los recipientes que están muy calientes.

agarrar v.tr. **1** Coger o sujetar a alguien o algo fuertemente. **2** Fam. Contraer una enfermedad o pasar a tener cierto estado. ◆ **v.intr. y prnl. 3** Arraigar una planta en un terreno, una maceta, etc. ◆ **agarrarse** v.prnl. **4** Reñir una persona con otra agrediéndose físicamente. **5** Quedarse adherida una cosa a otra, en especial un guiso al fondo del recipiente al quemarse ligeramente. ◇ **agarrarla** Fam. Emborracharse.

agarre s.m. Adherencia.

agarrón s.m. Acción de agarrar o coger con fuerza.

agarrotamiento s.m. Rigidez, falta de flexibilidad o movimiento.

agarrotar v.tr. Dejar sin flexibilidad o movimiento.

agasajar v.tr. **1** Tratar con afecto, atención y amabilidad a alguien. **2** Dar u ofrecer una cosa como muestra de afecto o de consideración.

ágata s.f. Variedad de cuarzo dura, translúcida y con franjas concéntricas de colores.

agazaparse v.prnl. Agacharse, encogerse o echarse al suelo.

agencia s.f. **1** Empresa que se dedica a resolver asuntos ajenos o a prestar otros servicios. **2** Sucursal de una empresa. **3** Oficina o despacho del agente. **4** CH Casa de empeños o préstamos.

agenciar (1d) v.tr. Conseguir algo, especialmente con habilidad o maña.

agenda s.f. **1** Libro o cuaderno para anotar lo que se ha de hacer y otros datos que a una persona le interesa recordar. **2** Programa de actividades o de trabajo de un período determinado.

agente s.m. y f. **1** Persona que trabaja en una agencia o sucursal. **2** Persona que gestiona alguna cosa en nombre de otra a la que representa. **3** Persona que realiza una determinada actividad o misión por cuenta de un gobierno o una organización. **4** Miembro de la policía encargado de velar por la seguridad y el orden públicos. ◆ **adj. 5** Que obra o actúa. ◆ **adj. y s.m. 6** Palabra o sintagma que designa la persona, animal o cosa que realiza la acción expresada por el verbo. ◆ **s.m. 7** Persona o cosa que tiene poder para producir un efecto.

ágil adj. **1** Que se mueve de manera rápida y con soltura. **2** Se dice del movimiento que se realiza con rapidez y soltura. **3** Vivo o rápido.

agilidad s.f. Cualidad de ágil.

agilipollar v.tr. ESP Volver gilipollas a alguien.

agilizar v.tr. Hacer ágil.

agitación s.f. **1** Acción de agitar. **2** Estado de nerviosismo o excitación.

agitador, ra adj. y s. **1** Que agita. **2** Se dice de la persona que causa agitación, promueve protestas o desórdenes sociales.

agitanar v.tr. Dar aspecto gitano.

agitar v.tr. **1** Mover una cosa rápidamente y con fuerza a un lado y otro. **2** Mover un recipiente rápidamente y con fuerza para que se disuelva o mezcle bien su contenido. **3** Hacer que una persona se sienta nerviosa o agitada.

aglomeración s.f. **1** Acción de aglomerar. **2** Conjunto grande de personas o cosas reunidas en un lugar, muy juntas y generalmente desordenadas. **3** ESP Conjunto urbano formado por una gran ciudad y las localidades, pueblos o ciudades, más pequeñas que la rodean. □ También aglomeración urbana.

aglomerado s.m. Material compuesto por pequeños fragmentos de distintos materiales prensados y unidos con un aglutinante.

aglomerar v.tr. **1** Reunir o amontonar personas o cosas de la misma especie, generalmente sin orden. **2** Unir fragmentos o partículas de una o más sustancias para obtener una masa compacta y cohesionada.

aglutinar v.tr. **1** Unir dos o más cosas con una sustancia de manera que se forme una masa compacta. **2** Reunir realidades distintas de manera que resulte un todo homogéneo.

agnosticismo s.m. Doctrina filosófica que considera que el entendimiento humano no puede comprender lo absoluto, especialmente la existencia de Dios.

agnus s.m. Oración o canto litúrgico que en la misa católica acompaña a la fracción del pan.

agnusdéi o **agnus Dei** (pl. agnusdéis o agnus Dei) s.m. Agnus.

agobiar (1d) v.tr. **1** Causar a una persona agobio o desasosiego. **2** Causar a una persona sensación de ahogo.

agobio s.m. **1** Desasosiego debido al trabajo excesivo, o a algo a lo que hay que enfrentarse o que se tiene que soportar. **2** Cosa o circunstancia que produce ese desasosiego. **3** Fatiga o sensación de ahogo.

agolparse v.prnl. Reunirse o acumularse de golpe muchas personas o cosas en un lugar.

agonía s.f. **1** Estado que precede a la muerte en las enfermedades en las que la vida se extingue gradualmente. **2** Angustia o dolor muy intensos. **3** Decadencia que presagia el final de una civilización, sociedad o movimiento.

agónico, a adj. **1** Relativo a la agonía o propio de este estado que precede a la muerte. ◆ adj. y s.m. y f. **2** Agonizante.

agonizante adj. **1** Que agoniza. ◆ adj. y s.m. y f. **2** Se dice de la persona o animal que agoniza.

agonizar v.intr. **1** Estar muriéndose una persona o animal. **2** Estar una cosa a punto de extinguirse. **3** Sentir mucha angustia o dolor.

ágora s.f. Plaza pública de las ciudades de la antigua Grecia.

agorafobia s.f. Miedo enfermizo a permanecer en espacios vacíos y descubiertos.

agorero, a adj. **1** Que presagia males o desgracias. ◆ adj. y s. **2** Se dice de la persona que adivina o predice desgracias o males futuros.

agostar v.tr. **1** Secar el exceso de calor la vegetación. **2** Debilitar a alguien o algo.

agosto s.m. Octavo mes del año. ◇ **hacer alguien su agosto** Hacer un buen negocio aprovechando una ocasión oportuna.

agotador, ra adj. Que agota o cansa mucho.

agotamiento s.m. **1** Acción de agotar o agotarse. **2** Cansancio o fatiga intensos.

agotar v.tr. **1** Cansar o fatigar mucho a alguien hasta dejarle sin fuerzas. **2** Extraer todo el líquido de un recipiente o un lugar, o consumirlo completamente. **3** Hacer que una cosa material o inmaterial se acabe o llegue a su fin.

agraciado, a adj. **1** Se dice de la persona que tiene gracia o atractivo físico. ◆ adj. y s. **2** Se dice de la persona que ha obtenido un premio en un sorteo o rifa.

agraciar (1d) v.tr. **1** Favorecer o premiar a alguien, especialmente con una gracia o un don. **2** Premiar a alguien en un sorteo o rifa.

agradable adj. **1** Que agrada o complace. **2** Amable y considerado.

agradar v.intr. Causar agrado.

agradecer (30) v.tr. Manifestar gratitud.

agrado s.m. **1** Placer moderado que se siente ante algo que produce una buena impresión. **2** Amabilidad y consideración en el trato.

agramatical adj. Que no se ajusta a las reglas de la gramática.

agrandar v.tr. Hacer más grande una cosa.

agrario, a adj. Relativo a la agricultura.

agravante adj. **1** Que agrava o hace más grave algo negativo o perjudicial. ◆ adj. y s.m. o f. **2** Se dice de la circunstancia o factor que agravan un delito o falta.

agravar v.tr. **1** Hacer más grave algo negativo o perjudicial. ◆ **agravarse** v.prnl. **2** Ponerse una persona enferma grave o más grave.

agraviar (1d) v.tr. **1** Hacer que una persona se sienta ofendida, humillada o despreciada. **2** Perjudicar a una persona en sus derechos.

agravio s.m. **1** Dicho o hecho con que se agravia a alguien. **2** Perjuicio que se hace a una persona en sus derechos o intereses. ◇ **agra-**

vio comparativo Daño u ofensa que se hace a una persona o cosa al tratarla peor o de modo diferente que a otra de su misma condición.

agraz adj. y s.m. Se dice de la uva que todavía no está madura.

agredir v.tr. Atacar a alguien para hacerle daño física o moralmente.

agregado, a adj. y s. **1** Se dice del profesor de categoría inmediatamente inferior a la de catedrático. ◆ s. **2** Funcionario de una embajada que desempeña funciones especiales. ◆ s.m. **3** Conjunto de cosas que forman un todo. ◆ adj. **4** En botánica, se dice de las flores o frutos que están unidos en un mismo tallo. ◆ s.m. **5** En química, conjunto de partículas que se reúnen interactuando entre sí. **6** AMÉR, Pequeño aparcero o arrendatario de un pedazo de tierra. ◆ adj. y s. **7** ARG, CH, PAR, URUG Se dice de la persona que vive en una casa ajena y en la que realiza alguna tarea a cambio de alojamiento y comida. ◆ s.m. **8** ARG, URUG Hombre de condición humilde que en las estancias sirve de peón o ayuda en los quehaceres domésticos recibiendo a cambio únicamente el sustento.

agregar v.tr. Sumar o unir una parte a un conjunto de elementos o a un todo.

agremiar (1d) v.tr. Hacer que un grupo de personas formen un gremio.

agresión s.f. **1** Ataque violento. **2** Acción contraria a un derecho del individuo.

agresividad s.f. **1** Cualidad de agresivo. **2** Actitud de la persona agresiva.

agresivo, a adj. **1** Se dice de la persona o animal que tienden a agredir o atacar. **2** Se dice de la persona audaz y decidida para emprender una tarea o enfrentarse a una dificultad. **3** Que implica o denota agresividad. ◆ s.m. y adj. **4** Sustancia o producto que ataca o destruye ciertas materias.

agresor, ra adj. y s. Que agrede o ataca con violencia, en especial causando un daño físico.

agreste adj. **1** Se dice del terreno abrupto o con vegetación salvaje. **2** Se dice de la persona de modales rudos o toscos. **3** Formal. Que es salvaje o no ha sido cultivado o educado.

agriar (1f) v.tr. **1** Poner agria una cosa. **2** Volver áspero o malhumorado a alguien o algo.

agrícola adj. Relativo a la agricultura.

agricultor, ra s. Persona que se dedica a la agricultura.

agricultura s.f. Cultivo de la tierra destinado a obtener productos de ella. ◇ **agricultura de regadío** Agricultura basada en el uso de técnicas para regar los plantíos de árboles frutales, hortalizas, etc., y generalmente organizada en terrenos de cultivo poco extensos. ◇ **agricultura de secano** Agricultura que se desarrolla en grandes extensiones de terreno en el que se plantan cereales y otros productos que no necesitan riego. ◇ **agricultura de subsistencia** Agricultura destinada a cultivar productos básicos para el consumo propio.

agrietar v.tr. Producir una grieta.

agrimensor, ra s. Persona que se dedica a medir las dimensiones de los terrenos.

agringarse v.prnl. AMÉR Adoptar las costumbres de los gringos o parecerse a ellos.

agrio, a adj. **1** Que tiene un sabor fuerte y áspero, como el del vinagre o el del limón. **2** Áspero o poco agradable. ◆ **agrios** s.m.pl. **3** Conjunto de frutas de sabor ácido o agridulce.

agrisado, a adj. Que tiene un tono gris.

agronomía s.f. Ciencia que estudia todo lo relacionado con el cultivo de la tierra.

agrónomo, a s. Que se dedica a la agronomía.

agropecuario, a adj. Relativo a la agricultura y la ganadería.

agroquímica s.f. Industria química con aplicaciones en la agricultura.

agrupación s.f. **1** Agrupamiento. **2** Conjunto de personas u organismos asociados con un fin determinado.

agrupamiento s.m. Unión de elementos para formar un grupo.

agrupar v.tr. **1** Unir elementos para formar un grupo. **2** Reunir a un conjunto de personas con intereses comunes para cierto fin.

agua s.f. **1** Líquido incoloro, inodoro e insípido, compuesto de dos partes de hidrógeno por una de oxígeno (H_2O), que se encuentra en la naturaleza formando los ríos, lagos y mares. **2** Líquido que se consigue mezclando o disolviendo en agua sustancias vegetales, como frutos, plantas o flores. **3** Disolución en agua de ciertas sustancias químicas. **4** Lado inclinado de la cubierta de un edificio. **5** Lluvia. ◆ **aguas** s.f.pl. **6** Agua contenida en el mar, un lago, etc., o que corre por un río u otra corriente. **7** Zona del mar cercana a una costa o que corresponde a un país. **8** Sustancia que se expulsa del cuerpo. **9** Reflejos o brillos de ciertas telas y piedras o de otros objetos. ◇ **agua bendita** Agua bendecida por el sacerdote. ◇ **agua blanda** Agua con pocas sales disueltas. ◇ **agua corriente** Agua que fluye, que no está estancada, como la que mana de los grifos de las casas. ◇ **agua de colonia** Colonia (líquido de olor agradable). ◇ **agua de cristalización** Moléculas de agua que cristalizan con algunas sales incluyéndose en su estructura. ◇ **agua de Seltz** Seltz. ◇ **agua destilada** Agua a la que se le han eliminado las sales que contenía. ◇ **agua dulce** Agua con escaso contenido en sales, como la de los ríos. ◇ **agua dura** Agua con muchas sales disueltas. ◇ **agua fuerte** Aguafuerte. ◇ **agua mineral** Agua que procede de un manantial y lleva disueltas sustancias minerales. ◇ **agua nieve** Aguanieve. ◇ **agua oxi-**

genada Líquido compuesto por partes iguales de oxígeno e hidrógeno (H_2O_2), que se usa para desinfectar. ◇ **agua pasada** Cosa que ha ocurrido ya, que ha perdido importancia en el presente. ◇ **aguas jurisdiccionales** o **aguas territoriales** Aguas que bañan las costas de un estado y pertenecen a su jurisdicción hasta un límite determinado. ◇ **aguas mayores** Formal. Excrementos sólidos de una persona. ◇ **aguas menores** Formal. Orina de una persona. ◇ **aguas negras** o **aguas residuales** Aguas que proceden de viviendas, ciudades o zonas industriales y arrastran sus residuos. ◇ **agua viva** Agua de manantial. ◇ **como agua de mayo** Se usa para indicar lo bien recibida que es una persona o cosa. ◇ **entre dos aguas** Con duda o cautela entre dos opciones o cosas opuestas. □ Con una actitud equívoca, tratando de satisfacer al mismo tiempo a dos partes opuestas. ◇ **estar con el agua al cuello** Estar en una dificultad o tener un problema de muy difícil solución. ◇ **hacer agua** Empezar a llenarse de agua una embarcación por alguna grieta. □ Empezar una cosa a amenazar ruina. ◇ **quedar en agua de borrajas** Quedar en nada algo que se pretendía. ◇ **romper aguas** Romperse antes del parto la bolsa de líquido amniótico que rodea al feto.

aguacate s.m. **1** Árbol tropical de origen americano con grandes hojas siempre verdes, flores en espiga y fruto comestible. **2** Fruto de este árbol. **3** AMÉR CENTRAL Persona floja o de poco ánimo.

aguacero s.m. Lluvia abundante, repentina y de corta duración.

aguachirle s.f. ESP Bebida o alimento líquido que tienen poco sabor o sustancia.

aguada s.f. **1** Paraje natural donde hay agua potable y es posible surtirse de ella. **2** Técnica pictórica que emplea colores diluidos en agua que se superponen al ser aplicados sobre el papel o cartón. **3** Dibujo realizado con tinta china diluida en agua. **4** Obra realizada mediante estas técnicas.

aguadilla s.f. Broma que se hace a una persona en el agua consistente en sumergirle la cabeza durante unos instantes.

aguado, a adj. Se dice del alimento o la bebida que contiene demasiada agua.

aguafiestas s.m. y f. Persona que estropea una diversión.

aguafuerte o **agua fuerte** s.m. o f. **1** Disolución de ácido nítrico que se usa para hacer grabados y para otros usos. **2** Técnica de grabado que consiste en imprimir un dibujo con esta sustancia sobre una plancha de metal. **3** Estampa o lámina grabada mediante esta técnica.

aguaje s.m. AMÉR CENTRAL, COL, ECUAD Aguacero.

aguamarina s.f. Variedad de berilo, transparente y de color azul parecido al del mar.

aguamiel s.f. **1** AMÉR Bebida preparada con agua y caña de azúcar. **2** MÉX Jugo del maguey.

aguanieve o **agua nieve** s.f. Lluvia fina mezclada con copos de nieve.

aguantar v.tr. **1** Tener una cosa encima o asida impidiendo que se caiga. **2** Soportar algo sin caerse, romperse, doblarse, enfermar, etc. **3** Sufrir con paciencia a una persona o una cosa desagradables o molestas. **4** Resistir el paso del tiempo en buen estado. ◆ **v.tr. y prnl. 5** Contener o reprimir, especialmente un sentimiento.

aguante s.m. Capacidad para aguantar.

aguar (1a) v.tr. **1** Añadir agua, generalmente en exceso, a una bebida o un alimento. **2** Estropear una diversión. ◆ **aguarse** v.prnl. **3** Llenarse de agua un lugar.

aguardar v.tr. **1** Esperar a alguien o a que suceda o se produzca algo en un sitio y durante un tiempo determinado. **2** Esperar algo que se sabe que sucederá o se producirá. **3** Esperar un tiempo o una circunstancia determinados para hacer algo. ◆ **v.intr. 4** Tener que ocurrir algo a alguien en un futuro. **5** Dar tiempo a que suceda o se produzca algo para actuar.

aguardiente s.m. Bebida alcohólica muy fuerte que se obtiene por destilación del vino, de ciertas frutas o de otras sustancias.

aguarrás s.m. Líquido aceitoso empleado como disolvente de pinturas, barnices y esmaltes y como materia prima en la industria farmacéutica y en la fabricación de corcho.

aguatero, a s. AMÉR Aguador.

aguatinta s.f. **1** Variedad del aguafuerte que ofrece resultados parecidos a la acuarela. **2** Lámina impresa obtenida mediante esta técnica.

aguazal s.m. Terreno bajo con agua estancada.

agudeza s.f. **1** Cualidad de lo que es agudo o termina en punto. **2** Capacidad de percibir con detalle o perfección las cosas a través de la vista, el oído o el olfato. **3** Capacidad para entender la naturaleza de las cosas. **4** Dicho agudo o ingenioso.

agudizar v.tr. Hacer algo agudo o más agudo.

agudo, a adj. **1** Que termina en punta afilada. **2** Se dice del sentido de la vista, del olfato o del oído que perciben con detalle las cosas. **3** Se dice de la persona capaz de entender la naturaleza de las cosas, especialmente de las complicadas o confusas. **4** Ingenioso u ocurrente. **5** Se dice del dolor físico o moral intenso. **6** Se dice de la enfermedad o el síntoma que aparecen de forma repentina y violenta pero duran poco. **7** Se dice del sonido o la voz que tienen una frecuencia de vibraciones mayor que la normal. **8** Se dice del ángulo de menos de 90 grados.

agüero s.m. **1** Cosa que presagia un acontecimiento futuro. **2** Suerte.

aguerrido, a adj. Se dice de la persona valiente y esforzada.

aguijón s.m. **1** Órgano punzante situado en el extremo del abdomen de ciertos insectos. **2** Cosa que incita o estimula a hacer algo. **3** Punta de hierro que tienen algunas varas.

aguijonear v.tr. **1** Picar con el aguijón. **2** Estimular.

águila s.f. **1** Ave rapaz diurna de gran envergadura, pico fuerte y curvado en la punta, potentes garras afiladas, vista muy aguda y vuelo muy rápido. **2** Persona de mente muy despierta. ◇ **águila imperial** Águila de color negruzco con una mancha clara en la nuca y que generalmente anida en los árboles. ◇ **águila real** Águila de mayor tamaño que la común, de color pardo oscuro y cola cuadrada, que anida generalmente en las rocas.

aguileño, a adj. **1** Se dice de la nariz alargada y curvada hacia abajo. **2** Se dice de la cara que tiene la nariz así. **3** Relativo al águila.

aguilucho s.m. **1** Cría del águila. **2** Ave rapaz diurna de menor tamaño que el águila.

aguinaldo s.m. Regalo, generalmente dinero, que se da en Navidad o en Reyes.

aguja s.f. **1** Barrita pequeña de metal muy fino, que tiene un extremo terminado en punta y el otro con un agujero por donde se pasa un hilo para coser o bordar. **2** Pequeño tubo metálico de diámetro muy pequeño, con un extremo cortado en diagonal y el otro provisto de un casquillo para adaptarlo a una jeringuilla e introducir sustancias en el organismo. **3** Barra pequeña muy delgada, generalmente metálica, de tamaño y forma variados y a menudo con un extremo acabado en punta, que se usa para distintos fines. **4** Barra de metal, hueso u otro material, acabada en punta, que se usa para hacer labores de bordado, calceta o ganchillo. **5** Pieza de adorno que se lleva sujeta al vestido y sirve también para unir dos piezas. **6** Alfiler grande que se lleva como adorno en el vestido o que sirve para sujetar un tocado u otra cosa parecida. **7** Cosa que tiene forma alargada y puntiaguda o afilada. **8** Remate de una torre, estrecho, alto y con forma cónica. **9** Raíl movible que sirve para cambiar de vía los trenes. ◇ **buscar una aguja en un pajar** Indica la dificultad de hallar algo.

agujerear v.tr. Hacer uno o más agujeros.

agujero s.m. **1** Abertura más o menos redonda en un cuerpo. **2** Déficit o pérdida de dinero en un negocio. ◇ **agujero de ozono** Agujero producido por la disminución del ozono de la estratosfera debido a la presencia de determinados gases. ◇ **tapar agujeros** Pagar deudas pendientes.

agujetas s.f.pl. Dolor muscular que se siente un tiempo después de haber realizado un esfuerzo físico no habitual.

aguoso, a adj. **1** Que tiene mucha agua. **2** Se dice de la fruta que tiene mucho jugo, o que tiene mucha agua y resulta insípida. **3** Que se parece al agua.

agur interj. Fam. Se usa para despedirse.

agustino, a adj. y s. **1** Se dice del religioso que pertenece a alguna de las órdenes que siguen las reglas de san Agustín. ◆ adj. **2** Relativo a alguna de estas órdenes.

agutí s.m. Mamífero roedor americano del tamaño de un conejo, de cuerpo alargado y pelaje anaranjado o marrón.

aguzanieves s.f. Ave insectívora de pico largo y recto, vientre blanco o amarillo y cuello, pecho, alas y cola negros o grisáceos.

aguzar v.tr. **1** Hacer más agudo un objeto que acaba en punta. **2** Hacer más afilado un objeto cortante. **3** Disponer los sentidos para aumentar su capacidad y percibir mejor algo.

ah interj. **1** Indica que la persona que habla ha comprendido algo o se ha dado cuenta de ello. **2** Indica admiración, sorpresa o pena. **3** Indica satisfacción o alegría.

ahí adv. **1** En ese lugar. **2** A ese lugar. **3** En ese tiempo o momento. **4** En lo relacionado con ese asunto o hecho. ◇ **ahí me las den todas** Expresión que indica que no importa un suceso porque afecta a los demás. ◇ **ahí mismo** Se usa para indicar que un lugar está muy cerca. ◇ **de ahí que** Por la razón que se ha expresado. ◇ **por ahí** Más o menos, aproximadamente. □ En un lugar indeterminado, no lejano.

ahijado, a s. Cualquier persona respecto a sus padrinos.

ahijar (1g) v.tr. **1** Adoptar a alguien como hijo propio. **2** Poner a una hembra su propia cría o la de otra hembra para que la críe.

ahínco s.m. Empeño o interés.

ahíto, a adj. **1** Que está lleno o saciado de comida. **2** Que está cansado o molesto.

ahogadilla s.f. ESP Aguadilla.

ahogado, a s. Persona que ha muerto ahogada, en especial dentro del agua.

ahogar v.tr. **1** Matar a una persona impidiéndole que respire. **2** Causar a alguien sensación de ahogo. **3** Agobiar o angustiar a alguien una situación o sentimiento. **4** Perjudicar a las plantas el exceso de agua u otra sustancia o el estar muy juntas. **5** Apagar el fuego, en especial cubriéndolo con una manta o similar. **6** Interrumpir o impedir que un proceso se desarrolle completamente. **7** Reprimir la exteriorización natural de un sentimiento. **8** Dificultar la acción de un motor al permitir que entre en el carburador excesiva cantidad de combustible.

ahogo s.m. **1** Dificultad al respirar. □ Suele usarse en plural. **2** Dificultad económica. □ Suele usarse en plural. **3** COL Salsa para rehogar.

ahondar v.tr. **1** Hacer más hondo o profundo. **2** Excavar un hoyo en un terreno. ◆ v.tr. e intr. **3** Examinar un asunto a fondo.

ahora adv. **1** En este momento. **2** Hace poco tiempo. **3** Dentro de poco tiempo. ◆ conj. **4** Ahora bien. ◇ **ahora bien** Sin embargo. ◇ **por ahora** Por el momento.

ahorcamiento s.m. Acción de ahorcar.

ahorcar v.tr. Colgar a una persona por el cuello hasta que muera por asfixia.

ahorita adv. Fam. Enseguida, al momento.

ahorquillado, a adj. Que tiene forma de horquilla en el extremo.

ahorrador, ra adj. y s. Se dice de la persona que reserva parte del dinero que obtiene para futuras necesidades.

ahorrar v.tr. **1** Reservar una parte del dinero que se obtiene para futuras necesidades. ◆ v.tr. y prnl. **2** Gastar menos dinero u otra cosa de lo que sería normal. **3** Evitar algo inconveniente.

ahorrativo, a adj. **1** Relativo al ahorro. **2** Se dice de la persona que tiende a ahorrar.

ahorro s.m. **1** Gasto o consumo menor de lo que sería normal o estaría previsto. ◆ **ahorros** s.m.pl. **2** Cantidad de dinero que se reserva para futuras necesidades.

ahuecar v.tr. **1** Poner hueca o cóncava una cosa quitándole la materia interior. **2** Poner más blanda y menos densa o compacta una cosa. **3** Dar a la voz un tono más grave del habitual. ◆ v.intr. **4** Fam. Irse, marcharse. ◆ **ahuecarse** v.prnl. **5** Sentirse muy importante.

ahuizote s.m. **1** C RICA, NIC Agüero, brujería. **2** MÉX Persona que molesta continuamente.

ahulado, a s.m. **1** AMÉR CENTRAL Chanclo. ◆ adj. **2** AMÉR CENTRAL, MÉX Se dice del tejido impermeabilizado con hule o caucho.

ahumado, a adj. **1** Se dice del objeto transparente de color grisáceo o negruzco. ◆ adj. y s.m. **2** Se dice del alimento que se ahúma.

ahumar (1h) v.tr. **1** Exponer algo a la acción del humo para conservarlo y darle un sabor especial. **2** Llenar de humo un lugar. **3** Ennegrecer una cosa con humo. ◆ v.intr. **4** Desprender humo una cosa. ◆ **ahumarse** v.prnl. **5** Tomar un guiso sabor a humo.

ahuyentar v.tr. **1** Hacer que una persona o un animal huyan. **2** Hacer desaparecer una cosa inmaterial que resulta desagradable.

aikido s.m. Arte marcial japonés que se utiliza para la defensa personal.

aimara o **aimará** adj. y s.m. y f. De un pueblo indígena que habita la región del lago Titicaca. ◆ s.m. y adj. **2** Lengua hablada por estas personas.

aindiado, a adj. y s. AMÉR Se dice de la persona que se parece a los indios en las facciones y el color de la piel.

airado, a adj. **1** Que está enfadado o irritado. **2** Se dice del modo de vida que es licencioso y desordenado.

airar (1g) v.tr. Hacer que una persona sienta ira.

airbag (pl. airbags.) s.m. Dispositivo de seguridad en un vehículo consistente en una bolsa que se infla automáticamente en caso de colisión violenta.
OBS Pronunc. aprox. 'áirbag' o 'érbag'.

aire s.m. **1** Mezcla gaseosa que envuelve la Tierra y forma la atmósfera. **2** Corriente que se produce en la atmósfera al variar la presión. **3** Fam. Pedo (ventosidad). **4** Conjunto de rasgos que se perciben en una persona o cosa inmediatamente después de verla. **5** Semejanza entre dos o más personas que se percibe en los rasgos de la cara. **6** Canción popular. **7** Velocidad con que se ejecuta una obra musical. ◆ **aires** s.m.pl. **8** Actitud vanidosa con que se presenta una persona ante los demás. ◇ **al aire libre** Fuera de un lugar cerrado. ◇ **cambiar de aires** Irse a vivir a otro lugar o a otro ambiente. ◇ **en el aire** Fam. En una situación insegura, a la espera de que se resuelva. □ Referido a un programa de radio o televisión, que se está emitiendo. ◇ **saltar por los aires** Fam. Reventar algo por explosión.

aireación s.f. Acción de airear o ventilar una cosa o un lugar.

airear v.tr. **1** Exponer a la corriente de aire una cosa o un lugar que han estado cerrados. **2** Dar a conocer una cosa a un gran número de personas. ◆ **airearse** v.prnl. **3** Tomar el aire.

airón s.m. **1** Conjunto de plumas levantadas que tienen en la cabeza ciertas aves. **2** Adorno de plumas que se pone en cascos, sombreros o tocados femeninos.

airoso, a adj. **1** Que tiene aire, gracia o garbo en sus movimientos. **2** Que hace una cosa difícil o complicada con éxito y lucimiento.

aislacionismo s.m. Actitud del país que no participa en asuntos internacionales.

aislacionista adj. Relativo al aislacionismo.

aislado, a adj. **1** Que está incomunicado. **2** Único o excepcional.

aislador, ra adj. **1** Aislante. ◆ s.m. y adj. **2** Aislante.

aislamiento s.m. **1** Acción de aislar. **2** Situación de la persona, animal o cosa aislados.

aislante adj. **1** Que aísla. ◆ s.m. y adj. **2** Cuerpo o sustancia que aísla.

aislar (1g) v.tr. **1** Poner o dejar a una persona o una cosa en un lugar separado de donde están otras, o sin contacto o comunicación con ellas. **2** Separar a una persona o animal del trato de los demás. **3** Poner un cuerpo fuera del alcance de la propagación de energía calorífica, sonora, etc., mediante el uso de materiales aislantes.

ajar v.tr. **1** Hacer que una cosa pierda su buen aspecto. **2** Hacer que una persona o una parte de su cuerpo pierdan su aspecto sano o saludable.

ajardinar v.tr. **1** Dotar un lugar de jardines. **2** Convertir un terreno en jardín.

ajedrecista s.m. y f. Jugador de ajedrez.

ajedrecístico, a adj. Relativo al ajedrez.

ajedrez s.m. **1** Juego de mesa en el que participan dos personas, cada una de las cuales tiene 16 piezas que puede mover, según ciertas reglas, sobre un tablero dividido en 64 cuadros o escaques, alternativamente blancos y negros. **2** Conjunto de piezas y tablero de este juego.

ajedrezado, a adj. Que tiene cuadros claros y oscuros, como un tablero de ajedrez.

ajenjo s.m. **1** Planta herbácea aromática con pequeñas flores amarillas agrupadas y hojas de color verde claro. **2** Licor elaborado con esta planta.

ajeno, a adj. **1** Que pertenece o corresponde a otra persona. **2** Que no pertenece a un grupo o no tiene relación con una actividad. **3** Que está desprevenido o ignora cierta cosa. **4** Que se muestra desinteresado o indiferente ante un problema.

ajetrear v.tr. Someter a una persona a una actividad o trabajo, generalmente de tipo físico, intensos.

ajetreo s.m. Actividad o trabajo.

ají s.m. **1** Variedad de pimiento pequeño y muy picante que se usa como condimento. **2** Salsa que se prepara con estos pimientos. ◇ **estar,** o **ponerse, como un ají picante** Fam. ARG, URUG Enojarse mucho una persona.

ajiaceite s.m. Salsa hecha con aceite y ajos.

ajillo s.m. Salsa hecha con ajos fritos y otros ingredientes, como perejil o guindilla.

ajimez s.m. Ventana dividida en el centro por una columna fina o parteluz, sobre la cual voltean dos arcos gemelos.

ajo s.m. **1** Planta herbácea de hojas largas y flores blancas, cuyo bulbo es comestible. **2** Bulbo de esta planta. □ También cabeza de ajos. **3** Parte separable del bulbo de esta planta. □ También diente de ajo. **4** Asunto.

ajoaceite s.m. Ajiaceite.

ajoblanco s.m. Sopa fría hecha con migas de pan, ajo, almendras, agua, aceite y vinagre.

ajolote s.m. Anfibio parecido a la salamandra.

ajonjolí (pl. ajonjolíes o ajonjolís) s.m. **1** Planta herbácea de tallo recto, con las flores blancas o rosas en forma de campana. **2** Semilla de esta planta.

ajuar s.m. **1** Conjunto de ropa, muebles y joyas que lleva la mujer cuando se casa o cuando entra en una orden religiosa. **2** Conjunto de muebles y ropa de uso común en las casas. **3** Canastilla con ropa y todo lo necesario para un recién nacido.

ajuntar v.tr. **1** Fam. Querer a una persona como amigo. ◆ **ajuntarse** v.prnl. **2** Fam. Ir a vivir juntas dos personas como si estuvieran casadas.

ajustado, a adj. **1** Justo, adecuado o recto. **2** Que tiene un escaso margen de diferencia.

ajustador s.m. COL, CUBA, P RICO Sostén (prenda interior femenina). **GEOSIN** brasier, sujetador.

ajustar v.tr. **1** Juntar o unir dos o más cosas adaptándolas y sin dejar espacio entre ellas. **2** Hacer justa o adecuada una cosa. **3** Hacer que una cosa esté de acuerdo con otra. **4** Tratar un asunto y llegar a un acuerdo. **5** Comprobar una deuda o cuenta y pagarla. ◆ v.tr. y prnl. **6** MÉX, NIC Cumplir años. ◆ **ajustarse** v.prnl. **7** Conformarse o aceptar algo.

ajuste s.m. Acción y efecto de ajustar o ajustarse. ◇ **ajuste de cuentas** Daño que se hace a alguien en respuesta a un daño recibido.

ajusticiar (1d) v.tr. Ejecutar a un condenado a pena de muerte.

al Contracción de la preposición a y el artículo masculino el. ◇ **al + infinitivo** Indica que la acción expresada por el infinitivo se produce al mismo tiempo que otra.

ala s.f. **1** Miembro o apéndice que en número par tienen algunos animales, como las aves y algunos insectos, y que les sirven para volar. **2** Parte plana que se extiende a cada lado del fuselaje o cuerpo central de un avión. **3** Parte inferior del sombrero que rodea la copa y sobresale de ella. **4** Alero de un edificio. **5** Parte lateral de un edificio en el que se puede distinguir un cuerpo principal y central. **6** Parte lateral de un recinto. **7** Conjunto de personas que, dentro de un partido político o grupo, adoptan una posición ideológica separada de la línea general. ◇ **ahuecar el ala** Fam. Irse de un lugar. ◇ **ala delta** Aparato sin motor, muy ligero, que sirve para volar planeando. ◇ **cortar las alas a alguien** Poner dificultades o inconvenientes. ◇ **dar alas a alguien** Animar o estimular. ◇ **del ala** Fam. ESP Se dice de una determinada cantidad de dinero que se debe pagar por algo.

alabanza s.f. Reconocimiento de los méritos o cualidades de una persona o de una cosa.

alabar v.tr. **1** Decir de alguien o algo sus virtudes o méritos. ◆ **alabarse** v.prnl. **2** Presumir o vanagloriarse de una cualidad o capacidad.

alabarda s.f. Arma constituida por un mango largo de madera y una punta de lanza atravesada por una cuchilla aguda por un lado y con forma de media luna por el otro.

alabardero s.m. Soldado armado con una alabarda.

alabastro s.m. Variedad de yeso o calcita, blanca y translúcida, parecida al mármol.

alabear v.tr. Dar forma combada o curva a una superficie plana.

alabeo s.m. Efecto de alabear.

alacena s.f. Armario con puertas y estantes, hecho generalmente en un hueco de la pared.

alacrán s.m. Invertebrado de la clase arácnidos, de respiración traqueal, con dos apéndices articulados y movibles (pedipalpos) alrededor de la boca y una cola compuesta por seis segmentos y terminada en un aguijón venenoso con el que captura a sus presas.

alado, a adj. **1** Que tiene alas. **2** Formal. Muy ligero o veloz.

alamán, na adj. Relativo a una confederación guerrera de tribus germánicas establecidas en el siglo III en la orilla derecha del Rin.

alambicado, a adj. Se dice del lenguaje, la expresión o el estilo excesivamente rebuscados.

alambique s.m. Aparato utilizado para destilar líquidos.

alambrada s.f. Valla hecha de alambre.

alambrar v.tr. Cercar con una alambrada.

alambre s.m. Hilo o varilla fina de metal.

alambrista s.m. y f. Equilibrista que hace ejercicios de acrobacia sobre una cuerda o alambre.

alameda s.f. **1** Terreno poblado de álamos. **2** Paseo con árboles.

álamo s.m. **1** Árbol caducifolio de tronco alto de hasta 30 m de altura, con hojas en forma de corazón o redondeadas y corteza blanquecina. **2** Madera de este árbol.

alano, a adj. y s. De un pueblo nómada que invadió la Galia a principios del siglo V y posteriormente la Península Ibérica.

alantoides adj. y s.m. o f. Se dice de la membrana que tiene forma de saco y rodea el embrión de los mamíferos, las aves y los reptiles.

alarde s.m. Exhibición vanidosa de una cualidad u otra cosa.

alardear v.intr. Hacer alarde.

alargado, a adj. Más largo que ancho.

alargador s.m. Pieza o dispositivo para alargar algo.

alargamiento s.m. **1** Acción de alargar o alargarse. **2** Parte que se ha añadido a otra para alargarla o porción de esta que se alarga.

alargar v.tr. **1** Hacer una cosa más larga en el espacio o en el tiempo. **2** Extender o estirar algo. **3** Coger una cosa para dársela a otra persona que está más alejada de ella. ◆ **alargarse** v.prnl. **4** Extenderse en una explicación o discusión más tiempo del necesario.

alarido s.m. Grito fuerte.

alarma s.f. **1** Señal sonora o visual que avisa de un peligro. **2** Mecanismo o dispositivo que activa una señal sonora o visual para avisar de algo. **3** Inquietud causada por la posibilidad de un peligro.

alarmante adj. Que alarma.

alarmar v.tr. **1** Avisar a alguien de un posible peligro. **2** Causar alarma.

alarmismo s.m. Tendencia a propagar rumores inciertos o a exagerar peligros reales.

alarmista adj. y s.m. y f. Se dice de la persona proclive al alarmismo.

alauí (pl. alauíes) adj. Relativo a una dinastía marroquí fundada en 1659.

alavés, sa adj. y s. **1** De Álava (provincia del País Vasco).

alazán, na adj. y s. Se dice del caballo que tiene el pelo del color de la canela.

alba s.f. **1** Momento inicial del día, desde que empieza a aparecer la luz hasta que sale el Sol. **2** Primera luz del día, antes de salir el Sol. **3** Prenda de vestir blanca y larga hasta los pies que usan los sacerdotes católicos para decir misa y en otras ceremonias. **4** Composición de la poesía provenzal que expresa la pena de los amantes al separarse al amanecer.

albacea s.m. y f. Persona encargada de hacer cumplir la última voluntad de un difunto y de custodiar sus bienes hasta que se repartan.

albacetense adj. y s.m. y f. Albaceteño.

albaceteño, a adj. y s. De Albacete (ciudad y provincia de Castilla-La Mancha).

albacora s.f. Pez marino parecido al atún.

albahaca s.f. Planta herbácea muy aromática, con el tallo recto ramoso, hojas pequeñas muy verdes y flores blancas o rosadas.

albanés, sa adj. y s. **1** De Albania (país de Europa). ◆ s.m. y adj. **2** Lengua de Albania.

albañil s.m. Persona que se dedica a la construcción de edificios y de otras obras en las que se emplean ladrillos, arena, cal, cemento y materiales semejantes.

albañilería s.f. **1** Oficio de los albañiles. **2** Obra o trabajo de un albañil.

albarán s.m. Nota de entrega de una cosa que debe firmar la persona que la recibe y devolvérsela a la persona que la ha llevado.

albarda s.f. Pieza del aparejo de las caballerías, a modo de almohadones de paja, que se coloca sobre el lomo para que la carga no se lo lastime.

albaricoque s.m. **1** Fruto del albaricoquero, comestible, redondeado, de piel amarillenta o rojiza y carne suave y amarilla con un hueso liso en el centro. **2** Albaricoquero.

albaricoquero s.m. Árbol pequeño de hojas acorazonadas y brillantes, flores grandes, blancas y con la base roja.

albariño s.m. y adj. **1** Vino blanco de poca graduación y de sabor ácido y muy ligero. **2** Variedad de uva con que se elabora este vino.

albatros s.m. Ave palmípeda marina de gran tamaño, de plumaje blanco manchado de oscuro en las alas, con el pico grande y ganchudo, y las alas largas y estrechas.

albedrío s.m. Facultad para obrar según la propia voluntad.

alberca s.f. **1** Depósito de agua construido con muros de ladrillo o piedra que sirve para regar. **2** MÉX Piscina. **GEOSIN** pileta.

albergar v.tr. **1** Proporcionar a una persona un lugar para que resida en él temporalmente. **2** Servir un lugar de vivienda para alguien. **3** Contener una cosa otra determinada. **4** Tener una idea en la mente o cierto sentimiento.

albergue s.m. **1** Lugar que sirve para protegerse de las inclemencias o de cualquier peligro. **2** Casa con muchas habitaciones y camas donde se pueden alojar o refugiar varias personas temporalmente. **3** Establecimiento benéfico que sirve para acoger provisionalmente a personas necesitadas.

albero s.m. **1** Tierra suelta de color amarillento o rojizo con la que se cubre el ruedo de las plazas de toros, los caminos o los jardines. **2** Zona central de la plaza de toros.

albino, a adj Que padece una carencia de pigmentación en la piel, ojos y pelo.

albis ◇ **in albis** loc. Expresión latina que indica que no se tiene ningún dato, información o conocimiento de un asunto o materia.

albo, a adj. Formal. Blanco.

albóndiga s.f. Bola pequeña elaborada con carne o pescado picados y mezclados con pan, huevos y especias.

albor s.m. **1** Primera luz del día, antes de salir el Sol. **2** Principio u origen de algo, o momento en que una cosa comienza a tener existencia o ser. □ Suele usarse en plural con valor singular.

alborada s.f. **1** Tiempo del amanecer. **2** Composición poética o musical de carácter popular que se dedica al amanecer. **3** Música militar que se toca al amanecer.

albornoz s.m. Prenda de vestir para secarse después del baño, larga y abierta por delante, con mangas y cinturón.

alborotador, ra adj. y s. Que alborota.

alborotar v.tr. **1** Agitar o mover algo de manera que quede desordenado. **2** Perturbar un lugar promoviendo desorden. **3** Agitar a alguien. ◆ v.intr. **4** Hacer ruido o gritar y moverse. ◆ **alborotarse** v.prnl. **5** Agitarse las olas del mar.

alboroto s.m. **1** Vocerío o estrépito. **2** Desorden de cosas en un lugar. **3** Disturbio o alteración del orden público. **4** Agitación que siente alguien. **5** AMÉR CENTRAL Palomita de maíz.

alborozo s.m. Alegría o regocijo grandes.

albricias interj. Expresión con la que se manifiesta alegría ante una buena noticia, un descubrimiento, etc.

albufera s.f. ESP Laguna natural que se forma en una bahía o entrada de mar cuya boca ha quedado cerrada por cordones de arena.

álbum (pl. álbumes) s.m. **1** Libro o cuaderno en cuyas hojas se colocan fotografías, cromos, sellos y cosas semejantes que se guardan o coleccionan. **2** Disco de música o conjunto de ellos. **3** Estuche con varias fundas colocadas a modo de libro para guardar discos de música.

albumen s.m. Tejido vegetal que envuelve el embrión de ciertas semillas y les sirve de alimento en el período inicial de germinación.

albúmina s.f. Proteína de reserva que es el componente principal de la clara del huevo; se encuentra también en la sangre y en la leche.

albura s.f. **1** Formal. Blancura perfecta. **2** Capa blanda y blanquecina que se halla inmediatamente debajo de la corteza en los troncos y los tallos leñosos.

alcabala s.f. Impuesto indirecto de la Corona de Castilla.

alcachofa s.f. **1** Hortaliza de hojas grandes, gruesas y espinosas que rodean el tallo, en cuyo extremo crece un capítulo o cabezuela en el que sale la flor. **2** Capítulo o cabezuela de esta hortaliza, en forma de piña, cuyas partes blandas y blanquecinas son comestibles antes de que se desarrolle la flor. **3** ESP Pieza con agujeros pequeños que se ajusta a un tubo o cañería y sirve para esparcir el agua.

alcahuete, a s. Persona que facilita o encubre las relaciones amorosas de dos amantes.

alcahuetear v.intr. **1** Hacer de alcahuete. **2** Fam. Chismorrear. ◆ v.tr. **3** ARG, URUG Adular a una persona para conseguir un favor. **4** C RICA Educar mal a un niño por concederle excesivos caprichos o por consentirlo.

alcaide s.m. **1** Director de un penal o centro penitenciario. **2** Hasta fines de la Edad Media, persona que tenía a su cargo algún castillo o fortaleza.

alcalde, esa s. Persona que preside un ayuntamiento.

alcaldía s.f. **1** Cargo de alcalde. **2** Oficina del alcalde o ayuntamiento.

álcali s.m. Óxido o hidróxido metálico soluble en agua que tiene propiedades básicas.

alcalimetría s.f. Determinación de la cantidad de álcali existente en una disolución.

alcalinidad s.f. Cualidad que tiene una sustancia alcalina.

alcalino, a adj. **1** Se dice de la sustancia química que tiene propiedades básicas. **2** Que contiene álcali o tiene alguna de sus propiedades.

alcalinotérreo adj. Se dice del elemento químico metálico que tiene propiedades parecidas a las de los metales alcalinos.

alcaloide s.m. Compuesto químico orgánico nitrogenado, de caracter básico (o alcalino) y de origen vegetal que constituye el excitante de ciertos productos.

alcance s.m. **1** Distancia que puede ser alcanzada por una persona o cosa. **2** Extensión que tiene la influencia o importancia de una persona o cosa. **3** Inteligencia, talento o capacidad. □ Suele usarse en plural con valor singular. ◇ **al alcance** Referido a una persona o cosa, que puede ser alcanzado.

alcancía s.f. Recipiente cerrado con una ranura estrecha y alargada para echar monedas.

alcanfor s.m. Sustancia sólida, blanca y de olor fuerte que se usa generalmente para preservar la ropa de la polilla.

alcano s.m. Hidrocarburo saturado con enlaces sencillos entre los átomos de carbono.

alcantarilla s.f. **1** Conducto subterráneo para recoger el agua de lluvia y las aguas residuales de una población. **2** Abertura en el suelo de las calles tapada con una reja de hierro que sirve para recoger el agua de lluvia.

alcantarillado s.m. Red de alcantarillas.

alcanzar v.tr. **1** Llegar una persona o cosa hasta otra que está delante en un recorrido o a cierta distancia. **2** Llegar a tocar o coger una cosa con la mano. **3** Igualar una persona el resultado de otra en el mismo proceso. **4** Llegar a tener una cosa que se había perseguido. **5** Llegar a entender una cosa o a una persona. ◆ **v.intr. 6** Ser una cosa bastante o suficiente para un fin.

alcaparra s.f. **1** Arbusto de tallos espinosos, hojas redondeadas, flores grandes y blancas y fruto (alcaparrón) parecido a un higo pequeño. **2** Yema de la flor de este arbusto, de color verde oscuro, usada en aperitivos o condimentos.

alcaraván s.m. Ave zancuda de color pardo rayado de negro por el dorso y el pecho, y de color blanco por el vientre.

alcarreño, a adj. y s. De La Alcarria (comarca de las provincias de Guadalajara y Cuenca).

alcatraz s.m. Ave palmípeda marina de plumaje muy blanco con partes de las alas y de la cola negras, pico y cuello largos, y alas apuntadas.

alcaudón s.m. Ave de entre 17 y 25 cm de altura, pico fuerte y ganchudo, plumaje ceniciento y alas y cola negras con manchas blancas.

alcayata s.f. Clavo con la cabeza doblada en ángulo recto que sirve para colgar cosas de él.

alcazaba s.f. Recinto fortificado dentro de una ciudad musulmana medieval amurallada.

alcázar s.m. **1** Fortaleza de origen musulmán situada en un lugar estratégico y construida a modo de castillo. **2** Castillo o palacio que es la residencia de un rey o un príncipe, o del gobernador de una ciudad.

alce s.m. Mamífero rumiante parecido al ciervo, pero muy corpulento, con el hocico ancho y caído y los cuernos planos en forma de pala con grandes recortes en los bordes.

alcista adj. Que tiende al alza o aumento.

alcoba s.f. Habitación de una vivienda que se usa para dormir.

alcohol s.m. **1** Nombre genérico de una familia de compuestos químicos de carbono, hidrógeno y oxígeno que siempre contienen el grupo funcional hidroxilo (–OH). **2** Bebida que contiene alcohol etílico.

alcoholemia s.f. Cantidad de alcohol en la sangre.

alcohólico, a adj. **1** Relativo al alcohol (líquido). **2** Que contiene alcohol. ◆ **adj. y s. 3** Se dice de la persona que padece alcoholismo.

alcoholímetro s.m. Aparato que sirve para medir la cantidad de alcohol presente en el aire espirado por una persona.

alcoholismo s.m. **1** Enfermedad crónica causada por el consumo excesivo de bebidas alcohólicas, que provoca una dependencia. **2** Consumo excesivo de bebidas alcohólicas.

alcoholizar v.tr. **1** Añadir alcohol a un líquido. ◆ **alcoholizarse** v.prnl. **2** Adquirir una persona la enfermedad del alcoholismo.

alcorán s.m. Libro fundamental de la religión musulmana.
OBS Con mayúscula inicial excepto para referirse al objeto físico: **un alcorán lujoso.**

alcornoque s.m. **1** Árbol robusto de la familia de la encima, de no más de 20 m de altura, hojas perennes de color verde oscuro, copa amplia y fruto (bellota) en cápsula; tiene la madera muy dura y la corteza gruesa, de la cual se extrae el corcho. **2** Madera de este árbol. **3** Persona torpe y poco inteligente.

alcorque s.m. Hoyo que se hace en la tierra alrededor del pie de una planta para retener el agua del riego o recoger la de la lluvia.

alcoyano, a adj. y s. De Alcoy (localidad de Alicante).

alcurnia s.f. Antecesores de una familia.

alcuza s.f. **1** Recipiente en que se guarda el aceite para su uso diario. **2** AMÉR Conjunto de recipientes para poner aceite, vinagre, sal y especias en la mesa. **3** COL, CUBA, P RICO Botella de barro para el agua.

aldaba s.f. **1** Pieza de metal, generalmente de hierro o bronce, fijada a una puerta para llamar dando golpes con ella. **2** Travesaño o barra de metal o madera que sirve para asegurar desde dentro una puerta o ventana tras cerrarla.

aldabón s.m. Aldaba (pieza de metal).

aldabonazo s.m. **1** Golpe que se da con la aldaba. **2** Aviso o llamada de atención.

aldea s.f. Población más pequeña que el pueblo y que suele depender de otra mayor.

aldeano, a adj. **1** Relativo a la aldea. ◆ **s. y adj. 2** Persona que es de una aldea.

aldehído s.m. Compuesto químico orgánico, de fórmula general R–CHO, procedente de la oxidación moderada de un alcohol primario.

aleación s.f. **1** Acción de alear. **2** Material de características y propiedades parecidas a las de un metal, formado por la fusión de un metal con uno o más elementos químicos.

alear v.tr. Hacer una aleación.

aleatorio, a adj. **1** Que depende del azar o de la suerte. **2** Se dice del estilo de música que se compone deliberadamente según el azar y no según reglas compositivas.

aleccionar v.tr. Enseñar a una persona sobre cómo debe comportarse o hablar.

aledaño, a adj. **1** Que está al lado o contiguo. ◆ **aledaños** s.m.pl. **2** Terreno que hay alrededor de una población, otro terreno u otro lugar.

alegación s.f. **1** Acción de alegar. **2** Argumento, razón o prueba que se alega.

alegal adj. Que carece de legalidad.

alegar v.tr. **1** Presentar argumentos, razones o pruebas como defensa o disculpa. **2** AMÉR Discutir dos personas.

alegato s.m. **1** Argumento, razón o prueba que se alega. **2** Escrito en el que un abogado alega. **3** AMÉR Discusión o altercado.

alegoría s.f. Figura retórica que consiste en representar una idea abstracta a través de símbolos o imágenes poéticas.

alegórico, a adj. Relativo a la alegoría.

alegrar v.tr. **1** Causar alegría. **2** Hacer más alegre, viva y animada una cosa.

alegre adj. **1** Que siente alegría. **2** Que tiende a sentir y mostrar alegría. **3** Se dice del color que es vivo, como el amarillo o el rojo, o la cosa que tiene colores vivos. **4** Se dice de la persona que es despreocupada.

alegreto o **allegretto** adv. **1** Tiempo más lento que el alegro. ◆ s.m. **2** Composición interpretada con este tiempo.

alegría s.f. **1** Sentimiento de placer que tiene una persona cuando se produce un suceso favorable o cuando obtiene una cosa que deseaba, y que suele expresarse externamente con una sonrisa, con risas, etc. **2** Falta de responsabilidad o de preocupación.

alegro o **allegro** adv. **1** Tiempo moderadamente vivo. ◆ s.m. **2** Composición interpretada con este tiempo.

alejamiento s.m. **1** Acción de alejar o alejarse. **2** Efecto de alejar o alejarse.

alejandrino, a adj. y s. **1** De Alejandría (ciudad de Egipto). ◆ adj. **2** Relativo a Alejandro Magno. ◆ adj. y s.m. **3** Se dice del verso que tiene catorce sílabas y está dividido en dos hemistiquios.

alejar v.tr. **1** Poner lejos o más lejos a una persona o cosa. **2** Apartar un pensamiento.

alelado, a adj. Que se comporta sin darse mucha cuenta de lo que ocurre, torpe y sin viveza.

alelar v.tr. Poner lela a una persona.

alelí Alhelí.

alelo s.m. Cada una de las alternativas que puede presentar el gen que controla un determinado carácter.

aleluya s.m. o f. **1** Canto litúrgico católico en que se repite la palabra **aleluya** como voz de júbilo. ◆ s.f. **2** Pareado de versos octosílabos de carácter popular y escaso valor poético. ◆ interj. **3** Expresión que indica alegría.

alemán, na adj. y s. **1** De Alemania (país de Europa). ◆ s.m. y adj. **2** Lengua germánica que se habla en Alemania, Austria y parte de Suiza.

alentar (32) v.tr. **1** Dar aliento o ánimos a una persona. **2** Hacer más intenso un sentimiento, una idea o una actividad.

alerce s.m. Árbol de la familia del pino, alto y de tronco derecho.

alergénico, a adj. Que produce alergia.

alergia s.f. Respuesta inmunológica del organismo cuando entra en contacto con ciertas sustancias, caracterizada por una especial sensibilidad, generalmente de carácter inofensivo.

alérgico, a adj. **1** Relativo a la alergia. ◆ adj. y s. **2** Que tiene alergia.

alergólogo, a s. Médico especialista en el estudio y tratamiento de las alergias.

alero s.m. **1** Borde de un tejado que sobresale de la pared. **2** Jugador de baloncesto que juega en el lado izquierdo o derecho de la cancha.

alerón s.m. **1** Pieza móvil y de forma rectangular a lo largo del borde trasero de las alas de un avión. **2** Pieza saliente y alargada en la parte trasera de la carrocería de algunos coches.

alerta adj. **1** Que está atenta, vigilante. ◆ s.f. **2** Voz o señal que avisa de un peligro. **3** Situación en la que se debe vigilar o poner atención. ◆ adv. **4** Con atención, vigilando. ◇ **alerta roja** Situación de gran peligro.

alertar v.tr. Avisar de un peligro.

aleta s.f. **1** Miembro del cuerpo de los peces, mamíferos marinos y otros animales, de forma plana y más o menos triangular, que sirve para desplazarse en el agua. **2** Calzado de goma para darse impulso en el agua. **3** Reborde de la parte inferior de la nariz, a ambos lados del tabique nasal.

aletargamiento s.m. Estado de adormecimiento e inactividad.

aletargar v.tr. **1** Producir aletargamiento. ◆ **aletargarse** v.prnl. **2** Quedarse en estado de aletargamiento.

aletear v.intr. Producir aleteo.

aleteo s.m. Movimiento repetido de las alas de un ave o de las aletas de un pez.

alevín s.m. **1** Pez de agua dulce de corta edad. ◆ s.m. y f. **2** Joven que se inicia en una profesión.

alevosía s.f. Cautela para asegurar la ejecución de un delito.

alevoso, a adj. **1** Que se realiza con alevosía. **2** Que actúa con alevosía.

aleya s.f. Versículo del Corán.

alfa s.f. Nombre de la primera letra del alfabeto griego; se escribe A/α; y se transcribe como a. ◇ **alfa y omega** Principio y fin.

alfabético, a adj. Relativo al alfabeto.

alfabetizar v.tr. **1** Enseñar a leer y escribir. **2** Poner en orden alfabético.

alfabeto s.m. **1** Abecedario. **2** Conjunto de signos empleados en un sistema de comunicación. ◇ **alfabeto Morse** Sistema telegráfico de señales en el que a cada letra, número o signo de puntuación le corresponde una combinación de rayas, puntos y espacios. □ También código Morse o simplemente morse.

alfajor s.m. ESP Dulce hecho con una pasta de almendras, piñones o nueces, pan rallado y tostado, miel y especias.

alfalfa s.f. Planta herbácea de hojas compuestas, flores de color violeta y semillas en vaina, que se cultiva como alimento del ganado.

alfanumérico, a adj. Que está compuesto por letras y números.

alfar s.m. Alfarería (taller).

alfarería s.f. **1** Oficio del alfarero. **2** Taller en el que trabaja el alfarero. **3** Establecimiento en el que se venden recipientes y objetos de barro.

alfarero, a s. Persona que se dedica a hacer recipientes y otros objetos de barro.

alféizar s.m. Repisa o pieza horizontal en la base del hueco de una ventana.

alfeñique s.m. Persona de aspecto delicado y constitución física débil.

alférez s.m. y f. Oficial del ejército de tierra y del aire con grado inferior al de teniente.

alfil s.m. Pieza del ajedrez que se mueve en diagonal y puede recorrer en un solo movimiento todos los cuadros libres en una dirección.

alfiler s.m. **1** Aguja pequeña y delgada con punta en uno de sus extremos y una bolita o cabecilla en el otro. **2** Pieza de adorno que se lleva sujeta al vestido con una aguja y sirve también para unir dos piezas.

alfiletero s.m. **1** Tubo pequeño con tapa que sirve para guardar alfileres y agujas. **2** Almohadilla para clavar los alfileres.

alfiz s.m. Ornamento arquitectónico árabe formado por una moldura, generalmente rectangular, que enmarca el arco de una puerta o ventana.

alfombra s.f. **1** Pieza de tela muy gruesa con la que se cubre el suelo de una habitación, escalera, rellano u otro lugar. **2** Conjunto de cosas extendidas que cubren el suelo.

alfombrilla s.f. Alfombra pequeña para diversos usos.

alforja s.f. Saco para transportar cosas que consiste en una tira ancha de un material fuerte con una bolsa en cada extremo, que se echa a hombros de una persona o a lomos de un animal de carga. □ Suele usarse en plural con valor singular. ◇ **pasarse a la otra alforja** CH Excederse una persona en moderación y cortesía.

alga s.f. Vegetal clorofílico sin raíces ni vasos, que vive en el agua o en ambientes húmedos.

algarabía s.f. Griterío o parloteo bullicioso.

algarada s.f. Vocerío o alboroto formado por un grupo de personas que protesta o discute.

algarroba s.f. **1** Fruto del algarrobo. **2** Planta de la familia del haba, de tallos inclinados, flores blancas y semillas en vaina. **3** Semilla de esta planta.

algarrobo s.m. Árbol de hasta 15 m de altura, hojas perennes de color verde oscuro y fruto (algarroba) en vaina.

algazara s.f. Algarabía.

álgebra s.f. Rama de las matemáticas que representa las expresiones aritméticas mediante números, letras y otros símbolos.

algebraico, a adj. Relativo al álgebra.

algecireño, a adj. y s. De Algeciras (localidad de Cádiz).

álgido, a adj. **1** Se dice del momento del proceso o de la evolución de una cosa que es el más importante o de máximo interés. **2** Formal. Que está muy frío. **3** Se dice de la enfermedad o la etapa de una enfermedad que va acompañada de un frío intenso.

algo pron. **1** Cosa que no está determinada o no se quiere determinar. **2** Cantidad indeterminada y pequeña de una cosa. ◆ adv. **3** En pequeña cantidad o en grado bajo. ◇ **algo así** o **algo así como** Indica aproximación o parecido. ◇ **algo de** Indica una cantidad pequeña e indeterminada de una cosa. ◇ **algo es algo** Expresión que indica conformidad o acuerdo con una cosa menos importante o adecuada que la que se esperaba obtener.

algodón s.m. **1** Algodonero. **2** Borra o pelusa blanca y suave que cubre las semillas del algodonero. **3** Fibra que se hace con esta borra una vez limpia y esterilizada. **4** Tejido hecho con esta fibra. ◇ **entre algodones** Con muchas atenciones y cuidados.

algodonero, a adj. **1** Relativo al algodón. ◆ s. **2** Persona que se dedica a recoger el algodón. ◆ s.m. **3** Arbusto de hojas alternas, flores amarillas con manchas rojas y fruto en una cápsula que contiene semillas envueltas en una borra o pelusa de fibras blancas y suaves (algodón).

algoritmo s.m. En aritmética y programación informática, conjunto ordenado de instrucciones sistemáticas.

alguacil s.m. **1** Empleado subalterno que ejecuta las órdenes de una autoridad administrativa. **2** Oficial inferior de justicia, que ejecuta las órdenes de un tribunal.

alguacilillo s.m. Hombre que ejecuta las órdenes del presidente en las corridas de toros y lleva los trofeos al torero.

alguien pron. **1** Una o varias personas indeterminadas. **2** Persona concreta conocida por el hablante pero cuya identidad no se determina.

algún det. Apócope de **alguno**.
OBS Se usa ante sustantivos masculinos en singular, y también ante sustantivos femeninos en singular que empiecen por **a-** o **ha-** tónicas.

alguno, a det. y pron. **1** Una o varias personas o cosas indeterminadas o que no se quieren determinar. **2** Cantidad indeterminada o que no se quiere determinar. ◆ det. **3** En oraciones negativas y después del sustantivo, equivale a **ninguno** (ni una sola persona o cosa).

alhaja s.f. **1** Joya de gran valor, generalmente con piedras y metales preciosos. **2** Persona de gran valor y excelentes cualidades.

alhajero s.m. AMÉR Joyero.

alharaca s.f. Demostración exagerada de un sentimiento.

alhelí o **alelí** (pl. alhelíes o alhelís o aleliés o alelís) s.m. **1** Planta herbácea de jardín de hojas alargadas de color verde pálido, flores en espiga en el extremo del tallo y fruto en cápsula. **2** Flor de esta planta, de colores varios, como el rosa o el blanco, y olor perfumado.

aliado, a adj. y s. **1** Se dice del estado que forma parte de una alianza y se une con otros para lograr un fin común. **2** Se dice de la persona que se alía o une con otra.

aliadófilo, a adj. Partidario de las naciones aliadas en cualquiera de las dos guerras mundiales.

aliaga s.f. Arbusto espinoso de hojas elípticas o lanceoladas y flores amarillas.

alianza s.f. **1** Unión o pacto entre personas, grupos sociales o estados para un fin común. **2** Documento con el que se sella este pacto. **3** Anillo de boda.

aliar (1e) v.tr. **1** Unir o hacer concordar varias cosas para obtener un resultado. ◆ **aliarse** v.prnl. **2** Unirse en un pacto dos o más personas, estados o grupos sociales.

alias s.m. **1** Nombre por el que se conoce a una persona, distinto del suyo propio, generalmente usado para ocultar su identidad. ◆ adv. **2** Se utiliza antepuesto al sobrenombre o apodo por el que se conoce a una persona.

alicaído, a adj. **1** Se dice del ave que tiene las alas caídas. **2** Que está abatido o débil.

alicantino, a adj. y s. De Alicante (ciudad y provincia de la Comunidad Valenciana).

alicatado s.m. **1** ESP, MÉX Revestimiento o capa de azulejos que se pone en una pared, un zócalo o en otra superficie. **2** ESP, MÉX Acción de alicatar.

alicatar v.tr. ESP, MÉX Revestir o cubrir con azulejos una pared u otra superficie.

alicate s.m. Tenacillas de acero de puntas fuertes.
OBS Suele usarse en plural con valor singular.

aliciente s.m. Estímulo, incentivo.

alícuota adj. Referido especialmente a una cantidad, generalmente económica, que es proporcional.

alien adj. y s.m. Se dice del ser que es extraterrestre.

alienación s.f. **1** Alteración temporal o permanente de la razón y de los sentidos. **2** Pérdida de la personalidad, la identidad o las ideas propias de una persona o de un colectivo debido a la influencia o dominación de otra u otras.

alienado, a adj. y s. Que padece alienación.

alienante adj. Que aliena.

alienar v.tr. Causar alienación.

alienígena s.m. y f. y adj. Ser vivo que procede de otro planeta.

aliento s.m. **1** Aire que sale por la boca al respirar. **2** Aire que se inspira para respirar. **3** Ánimo o ayuda moral.

alifático, a adj. Se dice del hidrocarburo de cadena abierta.

aligátor o **aligator** s.m. Reptil muy parecido al cocodrilo, pero de tamaño un poco menor (de 2 a 6 m de longitud), el hocico más aplanado y redondeado.

aligerar v.tr. **1** Hacer que una cosa sea más ligera quitándole peso. **2** Hacer que una cosa, como un sentimiento o una preocupación, sea más ligera, menos grave o dolorosa. ◆ v.tr. e intr. **3** Acelerar la velocidad con que se hace una cosa.

aligustre s.m. Arbusto de hojas aovadas y brillantes de color verde oscuro, flores blancas y olorosas agrupadas en ramilletes y frutos en forma de baya redonda y negra.

alijo s.m. **1** Conjunto de género o mercancías de contrabando, que se transporta o compra de modo ilegal. **2** Acción de alijar.

alimaña s.f. **1** Animal salvaje que ataca o hace daño a los animales domésticos o a la caza menor. **2** Animal, especialmente el salvaje o no domesticado.

alimentación s.f. **1** Acción de alimentar o alimentarse. **2** Conjunto de productos para alimentarse. **3** Suministro de energía a una máquina o aparato.

alimentador, ra adj. **1** Que alimenta. ◆ s.m. **2** Dispositivo que suministra energía o munición a una máquina.

alimentar v.tr. **1** Dar alimento a un ser vivo para que obtenga sustancias nutritivas y energía. ◆ v.intr. **2** Servir de alimento. ◆ v.tr. **3** Dar a una persona lo necesario para vivir. **4** Dar a una cosa, especialmente una máquina o aparato, la materia o energía necesarias para que se mantenga o funcione. **5** Fomentar un sentimiento, un estado de ánimo, una opinión, etc.

alimentario, a adj. Relativo a los alimentos o a la alimentación.

alimenticio, a adj. Que alimenta o sirve para alimentar.

alimento s.m. **1** Producto, natural o elaborado, que toman los seres vivos y que proporciona al organismo las sustancias nutritivas y la energía que necesitan para vivir. **2** Cosa que sostiene o mantiene vivo un sentimiento.

alimoche s.m. Ave rapaz diurna de la familia del buitre, de hasta 65 cm de longitud.

alimón ◇ **al alimón** loc. Indica que dos o más personas hacen una cosa a la vez, en colaboración, conjuntamente.

alineación s.f. **1** Colocación de varias cosas o personas en línea recta. **2** Conjunto de cosas alineadas o colocadas en línea recta. **3** Conjunto de jugadores que forman parte de un equipo. **4** Vinculación o asociación de una persona a una tendencia ideológica.

alineamiento s.m. **1** Colocación de varias cosas o personas en línea recta. **2** Conjunto de cosas alineadas o colocadas en línea recta. **3** Inclusión de un jugador en un equipo. **4** Vinculación o asociación de una persona a una tendencia ideológica.

alinear v.tr. Colocar en alineación.

aliñar v.tr. **1** Echar especias u otras sustancias a una comida para que tenga más sabor o el sabor deseado. **2** Arreglar el aspecto físico de una persona. **3** CH Arreglar los huesos dislocados.

aliño s.m. **1** Preparación de un alimento con las especias y sustancias necesarias. **2** Especia o sustancia o conjunto de ellas que se echa a una comida para que tenga más sabor o el sabor deseado. **3** Buen orden en la limpieza de una cosa o un lugar, y en el modo de arreglarse una persona.

alioli s.m. Salsa hecha principalmente con aceite y ajos machacados.

alisante adj. Se dice del producto cosmético que alisa la piel.

alisar v.tr. **1** Poner lisa una cosa quitándole las asperezas, los salientes o las arrugas. **2** Arreglar ligeramente el pelo con el peine o los dedos.

alisio adj. y s.m. Se dice del viento que sopla todo el año en las capas bajas de la atmósfera desde los trópicos hacia el ecuador, en dirección noreste en el hemisferio norte y en dirección sureste en el hemisferio sur.
OBS Suele usarse en plural.

alistamiento s.m. Inscripción en una lista, especialmente en la de los jóvenes que van a hacer el servicio militar.

1. **alistar** v.tr. **1** Apuntar o inscribir a una persona en una lista. ◆ **alistarse** v.prnl. **2** Unirse o inscribirse voluntariamente a un ejército o a un grupo organizado.

2. **alistar** v.tr. **1** Dejar lista una cosa o a una persona. **2** C RICA, NIC Preparar y coser las piezas del calzado.

aliteración s.f. Figura retórica que consiste en repetir uno o varios sonidos en una palabra o frase.

aliviar (1d) v.tr. **1** Hacer que una cosa sea más ligera quitándole peso. ◆ v.tr. e intr. **2** Hacer que una cosa, especialmente una molestia física o una enfermedad, sea menos grave o dolorosa.

alivio s.m. **1** Disminución de una carga, un peso, un dolor, una molestia, etc. **2** Cosa que contribuye a disminuir la intensidad de una pena, una molestia o un dolor. **3** Sensación placentera que experimenta una persona cuando una cosa alivia o disminuye un dolor.

aljama s.f. **1** Edificio donde una comunidad judía se reúne para rezar o realizar ceremonias religiosas. **2** Edificio donde una comunidad musulmana se reúne para rezar o realizar ceremonias religiosas.

allá adv. **1** Indica de forma imprecisa un lugar lejano a la persona que habla. **2** Se utiliza seguido de pronombre personal de segunda o tercera persona para expresar que el hablante se inhibe de lo que haga la persona denotada por el pronombre, de modo que lo que esta haga es de su responsabilidad. **3** Indica de modo impreciso un tiempo pasado lejano al presente. ◇ **el más allá** Mundo que hay después de la muerte.

allanamiento s.m. **1** Acción de allanar (poner llano). **2** Acción de allanar (hacer fácil). **3** Entrada por la fuerza y sin permiso en la casa de una persona.

allanar v.tr. **1** Poner llano o plano. **2** Hacer fácil una cosa eliminando problemas o dificultades. **3** Entrar por la fuerza y sin permiso en la casa de una persona. ◆ **allanarse** v.prnl. **4** Conformarse o aceptar una cosa.

allegado, a adj. **1** Se dice del familiar o amigo que mantiene una relación estrecha con una persona. ◆ s. **2** Formal. Pariente o familiar.

allegretto ▷ alegreto.

allegro ▷ alegro.

allende adv. Formal. Más allá de.

allí adv. **1** Indica de forma imprecisa un lugar lejano a la persona que habla, pero de forma más precisa que allá. **2** Indica de modo impreciso un tiempo pasado lejano al presente.

alma s.f. **1** Parte inmaterial del ser humano que es capaz de sentir y pensar y que, con el cuerpo o parte material, constituye la esencia humana. **2** Esta parte de la persona, separada del cuerpo tras la muerte, según algunas religiones. **3** Parte del ser humano que se mueve por la moral, los sentimientos y los afectos, y que se opone a la parte mental o racional. **4** Persona, ser humano. **5** Persona que da vida, ánimo, fuerza o alegría a un lugar o una situación. **6** Interés, esfuerzo o voluntad que se pone en hacer una cosa. **7** Hueco interior de algunos objetos. ◇ **alma en pena** Persona solitaria y melancólica. ◇ **alma mía** o **mi alma** Expresión que se usa como apelativo cariñoso. ◇ **caerse el alma a los pies** Sufrir una decepción por no corresponderse la realidad con lo que se esperaba. ◇ **clavarse en el alma** Producir mucha pena o dolor. ◇ **como alma que lleva el diablo** Con gran velocidad y precipitación o nerviosismo. ◇ **estar con,** o **tener, el alma en vilo** Estar una persona preocupada por algún peligro o temer que suceda alguna desgracia. ◇ **partir el alma a alguien** Dar una cosa o persona mucha pena a alguien. ◇ **salir del alma** Surgir una cosa espontáneamente de una persona.

almacén s.m. **1** Local o edificio que sirve para guardar mercancías u otras cosas en gran cantidad. **2** Establecimiento donde se venden productos al por mayor. ◇ **grandes almacenes** ESP Establecimiento grande y dividido en secciones donde se venden todo tipo de productos.

almacenar v.tr. **1** Guardar mercancías u otras cosas, especialmente en un almacén. **2** Reunir o guardar una cosa en grandes cantidades.

almadraba s.f. **1** Pesca del atún. **2** Lugar donde se pesca y donde después se prepara el atún. **3** Red o cerco de redes con que se pesca el atún.

almadreña s.f. ESP Zueco de madera con tacos en la parte inferior que lo levantan del suelo, para andar por lugares embarrados.

almanaque s.m. Registro impreso o calendario de todos los días del año ordenados por meses y por semanas, que generalmente incluye información sobre las fases de la Luna y sobre las festividades religiosas y civiles.

almazara s.f. Molino o establecimiento donde se extrae el aceite de las olivas.

almeja s.f. Invertebrado del filo molusco, comestible, generalmente marino, pequeño y con dos valvas blanquecinas casi ovaladas y surcadas de pequeñas estrías concéntricas.

almena s.f. Bloque de piedra con forma de prisma que remata los muros de las antiguas fortificaciones o castillos.

almendra s.f. Fruto seco comestible, de forma ovalada y color marrón, con una corteza muy dura y carne blanca en su interior.

almendrado, a adj. **1** Que tiene forma parecida a la de una almendra. **2** Que lleva almendras. ◆ s.m. **3** ESP Dulce hecho con una pasta de almendras, harina y miel o azúcar.

almendro s.m. Árbol caducifolio de hasta 12 m, de hojas alargadas y estrechas, flores olorosas, blancas o rosas y fruto comestible.

almeriense adj. y s.m. y f. De Almería (ciudad y provincia de Andalucía).

almíbar s.m. Líquido dulce hecho con azúcar disuelta en agua y espesada a fuego lento.

almibarado, a adj. Se dice de la persona que es demasiado dulce o amable en su trato.

almidón s.m. Polisacárido de color blanquecino formado por glucosa; se encuentra en las células vegetales.

almidonar v.tr. Mojar un tejido, generalmente una prenda de vestir, con almidón disuelto en agua para que, al plancharlo, quede tieso.

almimbar s.m. Púlpito de una mezquita.

alminar s.m. Torre de una mezquita, elevada y poco gruesa, desde la que el almuédano convoca a los musulmanes a la oración.

almirante s.m. Militar del cuerpo de generales de la Armada que tiene categoría inmediatamente superior a la de vicealmirante.

almirez s.m. Mortero de metal para machacar o moler.

almizcle s.m. **1** Sustancia grasa de olor fuerte y color entre rojo y marrón que se extrae de una glándula de una especie de ciervo (almizclero) y se emplea en cosmética y perfumería. **2** HOND Sustancia grasa que tienen algunas aves en una bolsa junto a la cola.

almogávar s.m. Soldado medieval, principalmente de la Corona de Aragón y generalmente de infantería.

almohada s.f. Saco de tela, generalmente rectangular, relleno de un material blando, como espuma o plumas, que sirve para apoyar la cabeza cuando se está tumbado en la cama. ◇ **consultar algo con la almohada** Fam. Pensar y decidir con tranquilidad sobre un asunto.

almohade adj. y s.m. y f. De una antigua dinastía musulmana que reinó en el norte de África y en la Península Ibérica durante la segunda mitad del siglo XII y la primera del XIII.

almohadilla s.f. **1** Cojín pequeño que se coloca sobre un asiento. **2** CH Agarrador para la plancha.

almohadillado, a adj. y s.m. **1** Se dice del objeto o la superficie de un objeto que están rellenos de lana, algodón, espuma u otro material blando. ◆ s.m. **2** Decoración del muro de un edificio consistente en hacer sobresalir los sillares o piedras que lo forman.

almohadón s.m. **1** Cojín, generalmente grande y cuadrado, que se coloca en una cama o asiento. **2** Funda de tela suave en la que se mete una almohada.

almoneda s.f. **1** Subasta pública de muebles y otros objetos, generalmente a bajo precio. **2** Establecimiento donde se realiza esta subasta.

almorávide o **almorávid** adj. y s.m. y f. De una antigua dinastía musulmana que reinó en el norte de África y en la Península Ibérica en la segunda mitad del siglo XI y la primera del XII.

almorrana s.f. Hemorroide.
OBS Suele usarse en plural con valor singular.

almorta s.f. **1** Planta herbácea leguminosa de tallo ramoso y flores blancas o azules. **2** Semilla de esta planta, comestible, de forma redondeada y con depresiones.

almorzar (11) v.tr. e intr. Tomar el almuerzo.

almuecín s.m. Almuédano.

almuédano s.m. Musulmán que desde el minarete se encarga de llamar, mediante un canto, a los fieles para que acudan a rezar.

almuerzo s.m. **1** Alimento que se toma a mediodía; generalmente es el principal y más completo del día. **2** ESP, MÉX Comida ligera que se toma a media mañana. **3** Acción de almorzar.

almunia s.f. **1** Huerto o granja. **2** En las ciudades musulmanas medievales, villa o casa de campo en las proximidades de una ciudad.

alocado, a adj. **1** Movido o inquieto. ◆ adj. y s. **2** Que se comporta de forma irreflexiva.

alocución s.f. Discurso, generalmente breve, que un jefe o superior dirige a sus subordinados o que es pronunciado por una autoridad.

áloe o **aloe** s.m. **1** Planta tropical de hojas perennes, largas y carnosas de las cuales se extrae un jugo resinoso y una fibra muy resistente a la humedad. **2** Jugo de esta planta, resinoso y muy amargo, que se emplea como laxante.

alófono s.m. Variante que se da en la pronunciación de un fonema.

alojamiento s.m. **1** Acción de alojar. **2** Lugar en el que se aloja una persona.

alojar v.tr. **1** Proporcionar a una persona un lugar para que resida en él temporalmente. ◆ **alojarse** v.prnl. **2** Vivir una persona durante un tiempo en un establecimiento de hospedería o en una casa que no es la suya. **3** Estar introducida o metida una cosa dentro de otra.

alón s.m. Ala entera de un ave cuando se le han quitado las plumas.

alondra s.f. Pájaro cantor de unos 15 cm de largo, plumaje pardo con bandas oscuras y cresta corta y redonda.

alopecia s.f. Caída o pérdida del cabello debida a una enfermedad de la piel.

alótropo s.m. Elemento que puede existir en varias formas sólidas, líquidas o gaseosas.

1. **alpaca** s.f. Metal blanco, de brillo y dureza parecidos a la plata, que se consigue con una aleación o mezcla de cobre, cinc y níquel.

2. **alpaca** s.f. **1** Mamífero rumiante americano parecido a la llama, de pelo rizado muy largo y fino, generalmente blanco, marrón o gris. **2** Pelo de este animal, que se utiliza como materia textil. **3** Tela de algodón brillante que se utiliza para confeccionar ropa de verano.

alpargata s.f. Calzado de lona con suela de esparto, cáñamo o goma, que se ajusta al pie sin cordones o con unas cintas atadas al tobillo.

alpinismo s.m. Deporte que consiste en ascender o escalar altas montañas.

alpinista s.m. y f. Que practica el alpinismo.

alpino, a adj. **1** Relativo a los Alpes. **2** Relativo a las montañas muy altas.

alpiste s.m. **1** Planta de unos 50 cm de altura, hojas alargadas y flores y semillas en espiga en el extremo de los tallos. **2** Semilla pequeña de esta planta, que se usa como alimento para pájaros.

alqueno s.m. Hidrocarburo insaturado cuya molécula contiene al menos un doble enlace y en el que cada doble enlace se establece siempre entre dos átomos de carbono consecutivos.

alquibla s.f. Muro de la mezquita, o punto del horizonte, que está orientado hacia La Meca.

alquilar v.tr. Dar o tomar una cosa para usarla por un tiempo a cambio de una cantidad de dinero y con unas condiciones determinadas.

alquiler s.m. **1** Acción de alquilar. **2** Cantidad de dinero que se paga por alquilar.

alquimia s.f. Antigua ciencia que se basaba en la experimentación sobre las transformaciones de la materia y en la especulación filosófica.

alquimista s.m. y f. Persona que se dedicaba a practicar la alquimia.

alquino s.m. Hidrocarburo que contiene al menos un triple enlace entre dos átomos de carbono.

alquitrán s.m. Sustancia densa y pegajosa, de color oscuro y olor fuerte, que se obtiene por destilación del petróleo, la madera, el carbón vegetal u otra materia orgánica.

alquitranar v.tr. Cubrir con alquitrán.

alrededor adv. **1** En torno a una persona o cosa, rodeándola completamente. ◆ **alrededores** s.m.pl. **2** Zona que rodea un lugar o una población. ◇ **alrededor de** Referido a una medida o cantidad, más o menos, aproximadamente.

alta s.f. **1** Ingreso o inscripción en un cuerpo, un grupo o una empresa, o en un servicio determinado. **2** Permiso que un médico da a un enfermo para que vuelva a su actividad normal. **3** Documento en que consta este ingreso o este permiso.

altanería s.f. Altivez, soberbia.

altanero, a adj. Que muestra altanería.

altar s.m. **1** Mesa consagrada, generalmente rectangular y de piedra o madera, desde donde el sacerdote oficia la misa. **2** Piedra, montículo o lugar elevado donde se celebran ritos en algunas religiones. ◇ **llevar a alguien al altar** Casarse con una persona, especialmente por la iglesia. ◇ **poner,** o **tener, a alguien en un altar** Mostrar gran consideración y admiración por una persona y alabar sus cualidades.

altavoz s.m. ESP Aparato que reproduce en voz alta los sonidos transmitidos mediante modulaciones eléctricas. **GEOSIN** altoparlante, bocina, parlante.

álter ego s.m. Expresión latina con que se hace referencia a una persona con quien otra se identifica enormemente, tanto que puede actuar como si fuera ella misma.

alterable adj. **1** Que puede alterarse o ser alterado. **2** Que se altera o trastorna con facilidad.

alteración s.f. **1** Acción de alterar o alterarse. **2** Perturbación o trastorno del estado normal de una cosa. **3** Altercado o perturbación del orden público. **4** Enfado o sobresalto.

alterar v.tr. **1** Cambiar las características, la esencia o la forma de una cosa. **2** Perturbar o trastornar el estado normal de una cosa. **3** Hacer que una persona pierda la tranquilidad.

altercado s.m. Enfrentamiento en forma de discusión o pelea violenta.

alternador s.m. Aparato o dispositivo electromagnético que genera corriente eléctrica alterna mediante la transformación de energía mecánica en energía eléctrica.

alternancia s.f. Cambio sucesivo en el estado o en la situación de dos personas o cosas, de modo que mientras una ocupa un puesto o desempeña una función, la otra no lo hace, y viceversa.

alternante adj. Que alterna.

alternar v.tr. e intr. **1** Hacer cosas por turnos y sucesivamente. ◆ **v.intr. 2** Tener trato social o relación personal y amistosa. **3** Tratar con los clientes una mujer contratada para ello en una sala de fiestas u otro local de diversión.

alternativa s.f. **1** Posibilidad de elegir entre opciones o soluciones diferentes. **2** Opción o solución que es posible elegir entre varias. **3** Acto por el cual un torero concede a un novillero el derecho a matar toros y a convertirse, por tanto, también en torero.

alternativo, a adj. **1** Que se dice, hace u ocurre alternándose sucesivamente. **2** Se dice de la opción o solución que puede elegirse entre otras que se proponen. **3** Que se opone a lo convencional o establecido.

alterne s.m. Acción de relacionarse en locales públicos los empleados con los clientes.

alterno, a adj. **1** Que se dice, se hace u ocurre alternándose sucesivamente. **2** Que se produce cada dos períodos iguales.

alteza s.f. Tratamiento que se da a los hijos de los reyes, a los infantes de España y a los príncipes soberanos.

altibajos s.m.pl. Sucesión o alternancia de cambios bruscos.

altillo s.m. **1** Armario de pequeña altura empotrado en la parte alta de una pared o en el techo. **2** Compartimento superior de un armario que tiene puertas independientes. **3** Habitación en la parte más alta de una casa o establecimiento. **4** COL Parte más alta de un local destinado a almacén.

altímetro s.m. Instrumento que sirve para medir la altura de un punto determinado respecto a un lugar de referencia.

altiplanicie s.f. Altiplano.

altiplano s.m. Meseta muy extensa y a gran altitud.

altisonante adj. Que se caracteriza por emplear palabras y construcciones demasiado cultas y rebuscadas.

altitud s.f. Distancia vertical que separa un punto respecto de otro.

altivez s.f. Característica que tiene una persona altiva.

altivo, a adj. Que se muestra distante y orgulloso por creerse más importante que los demás, especialmente al hablar o comportarse.

1. **alto, a** adj. **1** Que tiene una altura mayor de lo normal. **2** Que está situado en un lugar con altura con respecto al suelo o al nivel del mar. **3** De mucha cuantía o intensidad. **4** Que ocupa un lugar superior en la escala social o en otra escala. **5** Se dice del sonido o la voz que son fuertes o intensos. **6** Se dice del sonido o la voz que tienen una frecuencia de vibraciones mayor que la normal. ◆ **s.m. 7** Dimensión perpendicular a la base de un cuerpo o una figura y considerada por encima de esta, desde la parte inferior a la superior. **8** Parada o detención que se hace en una actividad o un desplazamiento. **9** Lugar elevado sobre el terreno que lo rodea. **10** Voz femenina más grave, sobre la cual está la de mezzosoprano. ◆ **s.m. y f. 11** Persona que tiene esta voz. ◆ **adv. 12** Con altura con respecto al suelo o al nivel del mar. **13** Con un sonido o tono de voz fuerte o intenso. ◆ **s.m. 14** AMÉR Conjunto de cosas compuestas, generalmente sin orden, unas sobre otras. ◆ **altos s.m.pl. 15** ARG CH, PAR, URUG Pisos superiores de una casa. ◇ **pasar algo por alto** Ignorar una cosa, no darle importancia ni prestarle atención. ◇ **por todo lo alto** Con mucho lujo y gasto.

2. **alto** Se utiliza para ordenar a una persona que se detenga.

altoparlante s.m. AMÉR Aparato que transforma las modulaciones eléctricas de una corriente alterna en modulaciones perceptibles por el oído humano. **GEOSIN** altavoz, bocina, parlante.

altorrelieve s.m. Relieve cuyas figuras sobresalen del plano en más de la mitad de su volumen, resultando casi independientes respecto del fondo.

altozano s.m. **1** Monte de poca altura aislado en un terreno llano. **2** AMÉR Atrio de una iglesia.

altramuz s.m. **1** Planta herbácea de tallo erecto, hojas en forma de estrella, flores blancas, azules o violetas agrupadas en grandes espigas y fruto en legumbre. **2** Semilla de esta planta.

altruismo s.m. Actitud o característica de la persona que pretende conseguir el bien de los demás de manera desinteresada.

altruista adj. **1** Que está hecho con altruismo. ◆ adj. y s.m. y f. **2** Que actúa con altruismo.

altura s.f. **1** Altitud. **2** Dimensión de los cuerpos perpendicular sobre su base. **3** Lugar elevado sobre el terreno que lo rodea. ◇ **de altura** Se dice de la navegación o la pesca que se hace en alta mar.

alubia s.f. **1** Planta leguminosa. **GEOSIN** fríjol, habichuela, judía, poroto. **2** Fruto comestible de esta planta, con forma de vaina flexible y alargada que encierra las semillas en hilera. **GEOSIN** chaucha, ejote, fríjol, habichuela, judía, poroto. **3** Semilla comestible contenida en esta vaina, de color blanco o rojizo y forma arriñonada. **GEOSIN** fríjol, habichuela, judía, poroto.

alucinación s.f. Visión o sensación no real.

alucinante adj. Que causa sorpresa.

alucinar v.intr. **1** Tener visiones o sensaciones que son producto de un trastorno mental. **2** Fam. Experimentar gran sorpresa. **3** Fam. Decir o hacer cosas insensatas o carentes de sentido común. ◆ v.tr. **4** Fam. Gustar mucho.

alucinógeno, a s.m. y adj. Sustancia que produce alucinaciones.

alud s.m. **1** Masa grande de nieve que se desliza por la ladera de una montaña de manera violenta y ruidosa. **2** Lo que se desborda y precipita con ímpetu.

aludir v.intr. **1** Referirse a una persona o cosa sin nombrarla de manera expresa. **2** Mencionar o hacer referencia a una persona o cosa.

alumbrado, a s.m. **1** Conjunto de luces eléctricas que alumbran un lugar. ◆ adj. y s. **2** Se dice de la persona que pertenecía a una secta existente en España en el siglo XVI.

alumbramiento s.m. **1** Parto. **2** Proceso de inspiración y creación.

alumbrar v.tr. e intr. **1** Dar luz. ◆ v.tr. **2** Poner un alumbrado. ◆ v.tr. e intr. **3** Parir la mujer. ◆ v.tr. **4** Formar en el pensamiento una idea.

alúmina s.f. Óxido de aluminio que forma feldespatos y arcillas.

aluminio s.m. Elemento químico de símbolo Al y número atómico 13; es un metal ligero y dúctil, de color y brillo semejantes a los de la plata e inoxidable.

alumnado s.m. Conjunto de alumnos.

alumno, a s. **1** Persona matriculada en un centro docente. **2** Persona que recibe educación o conocimientos de otra.

alunizaje s.m. Descenso de una nave espacial sobre la superficie de la Luna hasta detenerse.

alunizar v.intr. Hacer un alunizaje.

alusión s.f. Referencia a una cosa de manera breve y poco precisa cuando se trata otro tema.

alusivo, a adj. Que hace alusión a un tema.

aluvial adj. Se dice del terreno que se ha creado por aluvión de materiales arrastrados por las corrientes de agua.

aluvión s.m. **1** Corriente de agua que ha sufrido una crecida brusca y se deplaza de manera rápida y violenta. **2** Conjunto de materiales y sedimentos terrestres arrastrados por esta corriente de agua. **3** Cantidad grande de personas o cosas agolpadas.

aluzar v.tr. **1** AMÉR Alumbrar, iluminar. **2** P RICO Examinar los huevos al trasluz.

alveolar adj. **1** Relativo a los alveolos. **2** Se dice del sonido o fonema consonántico con punto de articulación en los alvéolos. ◆ adj. y s.f. **3** Se dice de la consonante que se articula en este punto, como la «n» y la «l».

alvéolo o **alveolo** s.m. **1** Cavidad de la mandíbula de los animales vertebrados en la que está insertado el diente. **2** Cavidad pequeña de los pulmones, donde desembocan cada uno de los bronquiolos. **3** Casilla hexagonal de las que forman las abejas y otros insectos en el panal.

alverja s.f. **1** Planta herbácea trepadora de la familia del guisante. **2** Semilla de esta planta. **3** AMÉR Guisante.

alza s.f. **1** Subida o elevación. **2** Trozo de material en el zapato para hacerlo más alto.

alzacuello s.m. Cuello duro usado por los eclesiásticos.

alzada s.f. Altura de un animal cuadrúpedo.

alzado, a s.m. **1** Diseño de un objeto o de un edificio representado frontalmente en proyección geométrica y vertical y sin tener en cuenta la perspectiva. ◆ adj. **2** ESP, GUAT, MÉX Se dice del precio que se fija por adelantado como pago por una mercancía, una obra o un servicio. **3** AMÉR Soberbio, insolente. **4** AMÉR SUR Se dice del animal doméstico que se hace montaraz o está en celo.

alzamiento s.m. **1** Movimiento de abajo a arriba. **2** Levantamiento, sublevación militar.

alzar v.tr. **1** Mover de abajo hacia arriba. **2** Aumentar la intensidad o el volumen de la voz.

3 Hacer un edificio, un monumento u otra obra de construcción. **4** Subir o elevar el precio o el valor de una cosa. **5** Poner fin a una pena, castigo o prohibición. ◆ **alzarse** v.prnl. **6** Ponerse en pie. **7** Rebelar, sublevar. **8** AMÉR Fugarse un animal doméstico al campo o al monte y hacerse montaraz.

alzheimer s.m. Enfermedad mental progresiva que se caracteriza por una degeneración de las células nerviosas del cerebro y una disminución de la masa cerebral. □ También enfermedad de Alzheimer.

a. m. Abreviatura de la expresión latina ante merídiem, 'antes del mediodía'.

ama s.f. Criada principal a cuyo cargo está el cuidado de una casa y la dirección de los otros miembros del servicio. □ También ama de llaves. ◇ **ama de brazos** AMÉR Niñera. ◇ **ama de casa** Mujer que se dedica a cuidar de su casa.

amabilidad s.f. Cualidad de amable.

amable adj. Que se comporta con simpatía, educación y de modo agradable.

amacayo s.m. AMÉR Flor de lis.

amachinarse v.prnl. AMÉR Amancebarse.

amado, a s. Persona a la que se ama.

amaestramiento s.m. Entrenamiento.

amaestrar v.tr. Enseñar, adiestrar.

amagar v.tr. e intr. **1** Dejar ver la intención de hacer o decir algo. ◆ **v.intr. 2** Aparecer manifestaciones de una enfermedad o suceso.

amago s.m. **1** Gesto que indica el inicio de un movimiento que no llega a consumarse. **2** Indicio o señal.

amainar (1i) v.intr. Perder fuerza o intensidad un fenómeno atmosférico.

amalgama s.f. **1** Aleación de metales. **2** Mezcla de personas o cosas distintas.

amamantar v.tr. Dar de mamar a las crías.

amancebarse v.prnl. Desp. Convivir y mantener relaciones sexuales dos personas sin estar casadas entre sí.

1. **amanecer** (30) **v.impersonal 1** Aparecer la claridad del día. ◆ **v.intr. 2** Estar en un lugar, en una situación o en un estado determinados al hacerse de día.

2. **amanecer** s.m. **1** Período inicial del día, desde que empieza a aparecer la luz hasta que sale el Sol. **2** Principio u origen de algo.

amanerado, a adj. **1** Afectado, forzado. **2** Afeminado.

amaneramiento s.m. **1** Falta de naturalidad y variedad en el estilo. **2** Actitud o comportamiento considerado propio de las mujeres.

amansar v.tr. **1** Domesticar a un animal. **2** Calmar el ánimo violento de una persona.

amante adj. y s.m. y f. **1** Se dice de la persona que ama a otra. **2** Se dice de la persona que tiene gran afición por algo. ◆ s.m. y f. **3** Persona con la que se mantiene relaciones sexuales al margen del matrimonio.

amanuense s.m. y f. Persona que se dedica a copiar textos o a escribir al dictado.

amañar v.tr. **1** Preparar o alterar el resultado de algo para engañar a los demás y obtener un beneficio. ◆ **amañarse** v.prnl. **2** Tener maña o destreza para hacer algo.

amapola s.f. **1** Planta silvestre de flores rojas, con cuatro pétalos y semilla negruzca. **2** Flor de esta planta.

amar v.tr. Sentir amor por una persona o cosa.

amarar v.intr. Descender un vehículo aéreo hasta la superficie del agua.

amargar v.intr. **1** Tener algo sabor amargo. ◆ v.tr. **2** Dar sabor amargo a algo. **3** Causar disgusto.

amargo, a adj. **1** Que tiene sabor áspero, fuerte y algo desagradable. **2** Desapacible y triste.

amargor s.m. Sabor amargo.

amargura s.f. **1** Amargor. **2** Disgusto o tristeza, especialmente por insatisfacción.

amarillear v.intr. Tirar a amarillo.

amarillento, a adj. Que amarillea.

amarillo, a s.m. y adj. **1** Color como el del oro o el limón maduro. ◆ **adj. 2** Que es de este color. **3** Se dice de la piel que ha perdido el color rosado y ha quedado más clara de lo normal. **4** Se dice de la raza humana que se caracteriza por tener la piel de color amarillento y los ojos rasgados.

amarraje s.m. Impuesto que se aplica a las embarcaciones por amarrar en un puerto.

amarrar v.tr. **1** Atar o asegurar mediante cuerdas, cadenas, etc. **2** Sujetar una embarcación por medio de amarras. **3** Fam. Asegurar.

amarre s.m. Acción de amarrar.

amartelado, a adj. Se dice de la persona que da muestras físicas de amar con gran pasión.

amasar v.tr. **1** Mezclar una materia, generalmente en polvo, con un líquido hasta formar una masa compacta y blanda. **2** Reunir progresivamente una gran cantidad de bienes.

amasijo s.m. **1** Mezcla desordenada de cosas diferentes. **2** Porción de masa de harina.

amateur adj. y s.m. y f. Que practica una actividad, generalmente deportiva o artística, por placer y sin recibir dinero a cambio.

amatista s.f. Cuarzo transparente de color violeta que se usa como piedra preciosa.

amatorio, a adj. Relativo al amor.

amazacotado, a adj. **1** Se dice de la sustancia que está compacta y dura, cuando debería estar esponjosa. **2** Se dice de la obra artística difícil de entender por tener un estilo recargado.

amazona s.f. **1** Mujer que monta a caballo. **2** Mujer de una antigua raza guerrera formada solo por mujeres según la mitología griega.

amazónico, a adj. Relativo al Amazonas (río de América del Sur) o a sus territorios ribereños.

ambages ◇ **sin ambages** loc. De manera clara y directa, sin insinuaciones o rodeos.

ámbar s.m. **1** Mineral compuesto de una resina fósil de las coníferas, de color entre amarillo y naranja, translúcida, muy ligera y dura. ◆ s.m. y adj. **2** Color como el de esta resina fósil. ◆ adj. **3** Que es de este color. □ Invariable en número.

ambición s.f. Pasión por conseguir poder, riqueza o fama.

ambicionar v.tr. Tener una ambición.

ambicioso, a adj. y s. **1** Que tiene ambición. ◆ adj. **2** Se dice del plan, proyecto u obra muy importante y difícil de lograr o desarrollar.

ambidextro, a adj. y s. Que tiene la misma habilidad en la mano izquierda que en la derecha.

ambidiestro, a adj. y s. Ambidextro.

ambientación s.f. Acción y efecto de ambientar.

ambientador s.m. Producto para perfumar el ambiente.

ambiental adj. Relativo al ambiente.

ambientalista adj. Favorable a la defensa del medio ambiente.

ambientar v.tr. **1** Enmarcar una obra artística en una época o sociedad determinadas. **2** Crear el ambiente deseado en un lugar. **3** Adaptar a un ser vivo a unas condiciones de vida distintas. **4** Dar a un lugar un ambiente alegre y bullicioso.

ambiente s.m. **1** Atmósfera o aire de un lugar. **2** Conjunto de circunstancias, físicas y morales, que rodean a una persona o cosa.

ambigüedad s.f. **1** Cualidad de lo que es ambiguo. **2** Cosa o dicho ambiguos.

ambiguo, a adj. Que puede entenderse de varias maneras.

ámbito s.m. **1** Espacio comprendido en unos límites determinados. **2** Espacio en el que se enmarcan determinadas disciplinas.

ambivalencia s.f. **1** Condición de lo que se presta a dos interpretaciones opuestas. **2** Estado de ánimo en el que conviven dos emociones o sentimientos opuestos.

ambivalente adj. Que tiene ambivalencia o relativo a ella.

ambón s.m. Púlpito que se halla a ambos lados del altar mayor o a los lados del coro.

ambos, as det. y pron. Uno y otro, los dos.

ambrosía s.f. **1** Comida o bebida deliciosos. **2** Alimento de los dioses.

ambulancia s.f. Automóvil para el transporte de personas heridas o enfermas.

ambulante adj. Que va de un lugar a otro.

ambulatorio, a adj. **1** Se dice del tratamiento médico que no exige que el enfermo permanezca ingresado en un hospital. ◆ s.m. **2** ESP Dispensario, consultorio.

ameba s.f. Organismo microscópico del reino protoctista constituido por una sola célula.

amedrentar v.tr. Asustar, atemorizar.

amelcochado, a adj. **1** Se dice del dulce que tiene el punto espeso de la melcocha. **2** AMÉR De color rubio.

amén s.m. **1** Se usa al final de algunas oraciones cristianas para indicar asentimiento. **2** Se usa para indicar asentimiento.

amenaza s.f. **1** Advertencia que hace una persona de su intención de causar un daño. **2** Persona o cosa que puede suponer un daño.

amenazador, ra adj. Que amenaza.

amenazar v.tr. **1** Proferir amenazas. **2** Existir indicios de que va a ocurrir un hecho adverso, una desgracia o un desastre.

amenizar v.tr. Hacer amena cierta cosa.

ameno, a adj. Que hace pasar el tiempo de manera agradable.

amento s.m. Inflorescencia formada por muchas flores, generalmente unisexuales, dispuestas en un eje común, como en una espiga.

americana s.f. Chaqueta de vestir con solapas, abierta por delante y con botones. **GEOSIN** leva, saco, vestón.

americanismo s.m. **1** Amor o admiración por América. **2** Palabra o modo de expresión propio del español hablado en América

americanista s.m. y f. Especialista en el estudio de América.

americano, a adj. y s. **1** De América. **2** Fam. De Estados Unidos (país de América del Norte).

americio s.m. Elemento químico de símbolo Am y número atómico 95 del grupo de los actínidos.

amerindio, a adj. y s. De los indios del continente americano.

ameritar v.tr. **1** AMÉR Merecer. **2** AMÉR Reconocer los méritos.

amerizaje s.m. Acción de amerizar.

amerizar v.intr. Descender un vehículo aéreo hasta la superficie del agua.

ametralladora s.f. Arma de fuego automática, parecida a un fusil, que dispara de forma sucesiva y rápida gran número de balas.

ametrallar v.tr. Disparar con ametralladora.

amianto s.m. Mineral compuesto de silicatos de calcio y magnesio, que se emplea en tejidos resistentes al fuego.

amiba s.f. Ameba.

amicísimo, a adj. Formal. Superlativo de amigo.

amida s.f. Compuesto orgánico de fórmula $R{-}CO{-}NH_2$.

amigable adj. **1** Que se comporta con simpatía y de modo agradable. **2** Que se distingue por la amistad.

amígdala s.f. Cada uno de los órganos de color rojo y de pequeño tamaño situados a ambos lados de la garganta del ser humano y de algunos animales.

amigdalitis s.f. Inflamación de las amígdalas.

amigo, a adj. y s. **1** Que mantiene una relación de amistad con otra u otras personas. **2** Que gusta de una cosa o tiene interés por ella. **OBS** Superlativo: amicísimo o amiguísimo.

amiguismo s.m. Tendencia a favorecer a los amigos en cargos de trabajo.

amilanar v.tr. Atemorizar a alguien.

amino s.m. Radical químico compuesto por un átomo de nitrógeno y dos de hidrógeno.

aminoácido s.m. Sustancia química orgánica que constituye el componente básico de las proteínas.

aminorar v.tr. Disminuir la cantidad, el tamaño, el valor o la intensidad de una cosa.

amistad s.f. **1** Relación de confianza y afecto desinteresado entre personas. ◆ **amistades** s.f.pl. **2** Conjunto de personas con las que se tiene esta relación. **3** Fam. Influencias, contactos.

amistoso, a adj. **1** Que se distingue por la amistad. **2** Se dice del encuentro deportivo que está fuera de competición oficial.

amnesia s.f. Pérdida de la memoria.

amnésico, a adj. y s. Que tiene amnesia.

amnios s.m. Membrana a modo de saco lleno de líquido acuoso que rodea y protege el embrión de reptiles, aves y mamíferos.

amniótico, a adj. **1** Relativo al amnios. **2** Se dice del líquido que envuelve al embrión.

amnistía s.f. Perdón de delitos.

amnistiar (1e) v.tr. Conceder la amnistía.

amo, a s. **1** Persona que tiene la propiedad de una cosa. **2** Persona que tiene a otras que trabajan a su servicio. **3** Persona que tiene predominio o autoridad sobre los demás.
OBS La forma femenina se usa con los artículos el y un, excepto cuando hay alguna palabra entre artículo y sustantivo.

amodorrado, a adj. Que está adormilado.

amodorrar v.intr. Provocar ganas de dormir.

amoldar v.tr. **1** Poner una cosa de acuerdo con otra. ◆ **amoldarse** v.prnl. **2** Adaptarse.

amonestación s.f. **1** Advertencia severa por un error o falta. ◆ **amonestaciones** s.f.pl. **2** Publicación que se hace, en una iglesia, de los nombres de quienes van a casarse.

amonestar v.tr. Reprender severamente.

amoniaco o **amoníaco** s.m. **1** Gas incoloro de olor fuerte y penetrante. **2** Producto químico en forma líquida, elaborado a partir de este gas, que se usa para la limpieza.

amonio s.m. Ion derivado del amoníaco por adición de un catión de hidrógeno procedente del agua.

amontonamiento s.m. Acumulación de personas o cosas de manera desordenada.

amontonar v.tr. **1** Reunir cosas de manera desordenada. ◆ **amontonarse** v.prnl. **2** Reunirse desordenadamente.

amor s.m. **1** Afecto intenso que se tiene hacia una persona, animal o cosa. **2** Sentimiento intenso de atracción emocional y sexual que se tiene hacia una persona. **3** Afición apasionada que se tiene hacia una cosa. **4** Persona, animal o cosa que es objeto del cariño de alguien. **5** Cuidado, atención y gusto que se pone al hacer una cosa. ◆ **amores** s.m.pl. **6** Relaciones sentimentales. ◇ **amor propio** Consideración y estima que uno siente por sí mismo. ◇ **hacer el amor** Realizar el acto sexual una persona con otra. ◇ **por amor al arte** De manera desinteresada o gratuita. □ Frec. irónico.

amoral adj. Que carece de valor moral.

amoralismo s.m. Doctrina filosófica que niega la existencia en la conciencia de una dependencia de los conceptos del bien y del mal.

amoratarse v.prnl. Ponerse de color morado.

amorcillo s.m. Figura de un niño desnudo y alado con la que se representa a Cupido.

amordazar v.tr. Poner mordaza.

amorfo, a adj. **1** Sin forma determinada. **2** Se dice del cuerpo cuyas partículas forman una estructura interna desordenada. **3** Se dice del cuerpo cuyas partículas (átomos, moléculas o iones) no están geométricamente ordenadas, sino dispuestas al azar.

amorío s.m. Relación amorosa superficial.

amoroso, a adj. **1** Relativo al amor. **2** Que demuestra o siente amor.

amortajar v.tr. Vestir el cuerpo de un difunto con la mortaja.

amortiguador, ra adj. **1** Que amortigua. ◆ s.m. y adj. **2** Mecanismo de algunas máquinas que sirve para amortiguar las sacudidas.

amortiguar (1a) v.tr. Disminuir la intensidad o fuerza de una cosa.

amortización s.f. Acción de amortizar.

amortizar v.tr. **1** Recuperar el dinero invertido en una empresa. **2** Pagar el total de una deuda o parte de ella.

amotinado, a adj. y s. Que se amotina.

amotinar v.tr. Hacer que un grupo de personas adopte una actitud de oposición a la autoridad.

ampalagua s.f. ARG, URUG Boa, serpiente.

amparar v.tr. **1** Dar amparo. ◆ **ampararse** v.prnl. **2** Servirse de una persona o cosa para protegerse.

amparo s.m. Ayuda o protección dada a una persona o animal para evitarle un sufrimiento, peligro o daño.

ampere o **amperio** (pl. amperes o amperios) s.m. Unidad de intensidad de la corriente eléctrica del Sistema Internacional.
OBS Pronunc. 'amper'.

amperímetro s.m. Instrumento que mide la intensidad de una corriente eléctrica.

amperio s.m. Ampere.

ampliación s.f. **1** Aumento del tamaño, la intensidad o la duración de una cosa. **2** Copia de una fotografía, un plano, etc., a mayor tamaño.

ampliar (1e) v.tr. Hacer una ampliación.

amplificación s.f. Acción de amplificar.

amplificador s.m. **1** Aparato o dispositivo que aumenta la amplitud o la intensidad de un fenómeno físico, especialmente el que amplifica la intensidad de una corriente eléctrica que llega hasta él. **2** Aparato portátil de forma parecida a una caja que consta de un amplificador y un altavoz, y sirve para conectar a él instrumentos musicales como la guitarra eléctrica o el teclado, o dispositivos como un micrófono.

amplificar v.tr. Aumentar la intensidad de una magnitud física mediante un aparato.

amplio, a adj. **1** Que tiene una extensión o un espacio mayor de lo normal. **2** Se dice de la prenda de vestir que es ancha.

amplitud s.f. **1** Extensión o espacio mayor que el normal. **2** Anchura de una prenda de vestir.

ampolla s.f. **1** Bolsa pequeña llena de líquido que se forma en la piel debido a una quemadura, un roce o una enfermedad. **2** Tubo de cristal cerrado por ambos extremos para contener algo, generalmente un medicamento.

ampuloso, a adj. Se dice del estilo o modo de expresión hinchado y redundante.

amputar v.tr. Separar enteramente del cuerpo un miembro o parte de él.

amsterdamés, sa adj. y s. De Amsterdam (capital de los Países Bajos).

amueblar v.tr. Dotar de muebles un lugar.

amuermar v.intr. Fam. ESP Causar aburrimiento.

amuleto s.m. Objeto que se lleva encima y al que se le atribuye poderes sobrenaturales.

amurallar v.tr. Rodear un lugar con murallas.

anabaptismo s.m. Doctrina religiosa protestante de origen alemán (siglo XVI).

anabolismo s.m. Fase del metabolismo en la que se produce la síntesis de moléculas a partir de otras más simples.

anabolizante s.m. y adj. Sustancia química que sirve para facilitar la síntesis y asimilación de materia energética por las células.

anacoluto s.m. Falta de correlación entre los elementos de una oración o período.

anaconda s.f. Serpiente semiacuática no venenosa de las selvas de América del Sur.

anacoreta s.m. y f. Persona que vive sola en lugar apartado o entregada a la contemplación.

anacrónico, a adj. Que presenta anacronismo.

anacronismo s.m. Error que resulta de situar a una persona o cosa en un período que no se corresponde con el que le es propio.

anacrusa s.f. Nota o conjunto de notas no acentuadas o en tiempo débil que preceden al primer tiempo acentuado o fuerte de un compás.

ánade s.m. o f. Ave acuática de pico ancho y aplanado, cuello largo, plumaje denso y patas cortas adaptadas a la natación.

anadiplosis s.f. Figura retórica que consiste en repetir la última parte de un grupo sintáctico o de un verso, al principio del siguiente.

anaerobio, a o **anaeróbico, a** adj. y s. **1** Se dice del organismo que vive y se desarrolla en ausencia del oxígeno. ◆ adj. **2** Se dice del proceso que se desarrolla en ausencia de oxígeno libre.

anafase s.f. Tercera fase de la mitosis.

anafe s.m. Hornillo portátil.

anáfora s.f. **1** Figura retórica que consiste en la repetición de una o varias palabras al principio de frase o verso. **2** Referencia a un término o una parte anterior del discurso.

anafórico, a adj. Relativo a la anáfora.

anagrama s.m. **1** Palabra o expresión que tiene las mismas letras o sonidos que otra, aunque cambiadas de orden. **2** Dibujo, formado por letras, que distingue a una empresa.

anal adj. Relativo al ano.

anales s.m.pl. Publicación periódica anual en que se registran los acontecimientos históricos importantes de cada año.

analfabetismo s.m. **1** Desconocimiento de la lectura y la escritura. **2** Falta de instrucción elemental de un país. **3** Falta de cultura o conocimientos elementales.

analfabeto, a adj. y s. **1** Se dice de la persona que no sabe leer ni escribir. **2** Que no tiene cultura o conocimientos elementales.

analgésico, a s.m. y adj. Sustancia o medicina que hace que un dolor o molestia sea menos intenso o desaparezca.

análisis s.m. **1** Separación de las partes de un todo hasta llegar a conocer sus principios y elementos. **2** Estudio minucioso de un asunto, una obra artística, etc. **3** Estudio de las oraciones de un texto y sus componentes. **4** Examen químico o bacteriológico que permite establecer un diagnóstico médico. ◇ **análisis sintáctico** Análisis de las relaciones sintácticas que se establecen entre los componentes de una oración.

analista s.m. y f. **1** Persona que se dedica a hacer análisis médicos. **2** Persona que se dedica a analizar un asunto social, político, técnico o económico.

analítica s.f. Examen químico o bacteriológico.

analítico, a adj. Relativo al análisis.

analizar v.tr. Hacer un análisis.

analogía s.f. Relación de semejanza.

analógico, a adj. **1** Relativo a la analogía. **2** Se dice del aparato o instrumento de medición que representa las variaciones o cambios de cualquier fenómeno físico mediante variaciones equivalentes de un indicador físico. **3** Que funciona mediante esta equivalencia sin pasar a un sistema de dígitos.

análogo, a adj. Que tiene analogía.

anamorfosis s.f. Dibujo o pintura que ofrece una imagen distorsionada, confusa y deforme que tan solo puede apreciarse correctamente si se observa desde un determinado ángulo.

ananá o **ananás** s.m. **1** Planta originaria de América. **2** Fruto de esta planta, de forma redondeada y tamaño grande, con corteza rugosa y áspera, terminado en un penacho de hojas y de carne amarilla y jugosa.

anapesto s.m. Pie de la poesía clásica formado por dos sílabas breves y una larga.

anaquel s.m. Tabla o lámina horizontal que se coloca en una pared, dentro de un armario o en una estantería para colocar objetos sobre ella.

anaranjado, a adj. Que tiende a naranja.

anarcosindicalismo s.m. Movimiento anarquista que intenta alcanzar sus ideales revolucionarios mediante la actividad sindical y la liberación de la clase obrera.

anarquía s.f. **1** Anarquismo. **2** Desorganización en un organismo por falta de autoridad.

anárquico, a adj. **1** Relativo a la anarquía. ◆ adj. y s. **2** Anarquista.

anarquismo s.m. Doctrina política que pretende la desaparición del estado y de sus organismos e instituciones representativas y defiende la libertad del individuo por encima de cualquier autoridad.

anarquista adj. **1** Relativo al anarquismo. ◆ adj. y s.m. y f. **2** Que cree en el anarquismo.

anatema s.m. o f. **1** Excomunión. **2** Formal. Maldición.

anatomía s.f. **1** Ciencia que estudia la estructura, forma y relaciones de las diferentes partes del cuerpo de los seres vivos. **2** Forma o aspecto exterior del cuerpo de un ser vivo.

anatómico, a adj. **1** Relativo a la anatomía. **2** Se dice del objeto construido para que se adapte perfectamente al cuerpo humano.

anca s.f. **1** Mitad lateral de la parte posterior de algunos animales o sus patas traseras. **2** Parte posterior del lomo de una caballería. □ Suele usarse en plural con valor singular.

ancestral adj. **1** Relativo a los ancestros. **2** Muy antiguo.

ancestro s.m. Antepasado.

ancho, a adj. **1** Que tiene anchura (amplitud). **2** Que abarca una extensión o un espacio mayor de lo normal. ◆ s.m. **3** Anchura.

anchoa s.f. **1** Boquerón curado en sal. **2** Pez marino de pequeño tamaño y cuerpo alargado de color azul por encima y plateado por el vientre.

anchura s.f. **1** En una superficie, dimensión frontal y horizontal. **2** Diámetro de un orificio. **3** Extensión o espacio mayor que el normal.

anciano, a adj. y s. De edad avanzada.

ancla s.f. Instrumento de hierro, en forma de arpón o de anzuelo, que, sujeto a una cadena, se echa desde una embarcación al fondo del mar para impedir que esta se mueva.

anclaje s.m. Acción de anclar.

anclar v.tr. e intr. **1** Sujetar una embarcación mediante un ancla. ◆ v.tr. **2** Sujetar algo al suelo o a una base con firmeza. ◆ **anclarse** v.prnl. **3** Aferrarse a una idea o posición.

ancón s.m. **1** Ensenada pequeña para fondear. **2** MÉX Rincón de un cuarto.

áncora s.f. Formal. Ancla.

andadas s.f.pl. ◇ **volver a las andadas** Volver a cometer el mismo error o la misma falta.

andaderas s.f.pl. Andador.

andador s.m. Aparato formado por una estructura de barras con ruedas o soportes que sirve para ayudar a andar.

andadura s.f. **1** Movimiento para trasladarse de un lugar a otro. **2** Desarrollo de un trabajo, actividad o proceso a lo largo del tiempo.

andalucismo s.m. **1** Palabra o modo de expresión propio del español hablado en Andalucía. **2** Admiración por Andalucía.

andalucista adj. Relativo al andalucismo.

andalusí (pl. andalusíes) adj. Relativo a Al-Ándalus.

andaluz, za adj. y s. **1** De Andalucía (comunidad autónoma española). ◆ s.m. y adj. **2** Variedad del español hablada en Andalucía.

andamio s.m. Armazón desmontable de madera o metal utilizado en la construcción o reparación de edificios.

1. **andante** adj. Que anda.

2. **andante** adv. **1** Movimiento moderadamente lento. ◆ s.m. **2** Composición interpretada con este movimiento.

andantino s.m. **1** Movimiento más vivo que el andante. ◆ adv. **2** Composición interpretada con este movimiento.

andanza s.f. Aventura o peripecia que experimenta una persona.
OBS Suele usarse en plural.

1. **andar** (5) v.intr. **1** Moverse o trasladarse de un lugar a otro dando pasos. **2** Moverse o trasladarse de un lugar a otro. **3** Funcionar un mecanismo. **4** Tener una persona un determinado estado de ánimo o salud. **5** Acercarse o aproximarse a una cantidad. **6** Estar realizándose una acción. ◆ v.intr. y prnl. **7** Actuar o comportarse de determinada manera.

2. **andar** s.m. Manera de caminar peculiar de una persona.
OBS Suele usarse en plural con valor singular.

andarivel s.m. **1** ARG, ECUAD Calle de una pista de atletismo, una piscina o un hipódromo. **2** CUBA Especie de batea para cruzar los ríos.

andén s.m. **1** Acera generalmente elevada situada a los lados de la vía o de la calzada en las estaciones de tren o de autobús, respectivamente, para que los pasajeros entren y salgan de ellos con facilidad. **2** AMÉR SUR Grada o terraza que los indios quechuas y aimaras construyen en las faldas de los cerros para ampliar sus terrenos de cultivo. **3** AMÉR CENTRAL, COL Acera de la calle. **GEOSIN** banqueta, vereda.

andino, a adj. Relativo a los Andes (cordillera de América del Sur).

andorrano, a adj. y s. De Andorra (país de Europa).

andrajo s.m. Pedazo de tela vieja, rota o sucia.

andrajoso, a adj. y s. **1** Que viste con andrajos. ◆ adj. **2** Que está viejo, roto y sucio.

androceo s.m. Conjunto de estambres de una flor.

andrógeno s.m. Hormona sexual que provoca la aparición de los caracteres secundarios masculinos.

andrógino, a adj. **1** Se dice del ser vivo que es macho y hembra a la vez. **2** Se dice de la mujer que tiene rasgos corporales que no se corresponden con los propios de su sexo.

androide s.m. Robot con aspecto, movimientos y funciones propios de los seres humanos.

andropausia s.f. **1** Desaparición progresiva de la actividad de las glándulas sexuales del hombre. **2** Período en que se produce esta desaparición.

andurrial s.m. Lugar poco frecuentado.

anea s.f. **1** Planta de tallos altos y cilíndricos, con las hojas largas y estrechas dispuestas en dos filas a lo largo del tallo y las flores en forma de espiga. **2** Hoja seca de esta planta.

anécdota s.f. **1** Relato breve de un suceso curioso. **2** Detalle accidental y sin importancia.

anecdotario s.m. Conjunto de anécdotas.

anecdótico, a adj. Que tiene carácter de anécdota.

anegar v.tr. **1** Cubrir el agua un lugar. ◆ **anegarse** v.prnl. **2** Llenarse por completo de algo.

anejo, a adj. y s.m. Se dice de la cosa que está unida a algo de lo que depende.

anélido adj. y s.m. **1** Se dice del gusano de piel fina cuyo cuerpo está dividido en anillos, cada uno de los cuales posee órganos reproductores, digestivos, etc., y posee respiración cutánea o branquial como la lombriz de tierra y la sanguijuela. ◆ **anélidos** s.m.pl. **2** Grupo taxonómico constituido por estos animales.

anemia s.f. Disminución anormal de la cantidad de glóbulos rojos o de hemoglobina.

anémico, a adj. **1** Relativo a la anemia. ◆ adj. y s. **2** Se dice de la persona que padece anemia.

anemógamo, a adj. Se dice de la flor o planta que es polinizada por la acción del viento.

anemómetro s.m. Instrumento que sirve para medir la velocidad de los fluidos.

anémona o **anemona** s.f. **1** Planta herbácea con tallo horizontal subterráneo, pocas hojas y flores de color vivo. **2** Flor de esta planta.

anestesia s.f. **1** Pérdida temporal del conocimiento o de la sensibilidad de una parte del cuerpo provocada por la administración de una sustancia química. **2** Sustancia química que sirve para anestesiar.

anestesiar (1d) v.tr. Administrar anestesia.

anestesista s.m. y f. Médico especialista en anestesia.

anexión s.f. Unión de una cosa a otra.

anexionar v.tr. Unir una cosa a otra.

anexionismo s.m. Tendencia política que defiende la anexión de territorios extranjeros.

anexionista adj. **1** Relativo al anexionismo. ◆ adj. y s.m. y f. **2** Se dice de la persona que es partidaria del anexionismo.

anexo, a adj. y s.m. Se dice de la cosa que está unida a algo de lo que depende.

anfetamina s.f. Sustancia química que excita el sistema nervioso, aumenta la resistencia física y disminuye el apetito.

anfibio, a adj. y s.m. **1** Se dice del animal de piel desnuda y sangre fría que pasa la primera parte de su vida en el agua respirando a través de branquias y experimenta una metamorfosis en que las branquias son sustituidas por pulmones. ◆ **anfibios** s.m.pl. **2** Grupo taxonómico, con categoría de clase, constituido por estos animales. ◆ adj. **3** Se dice del vehículo que puede moverse por agua además de por tierra o aire.

anfibología s.f. **1** Ambigüedad de una palabra u oración. **2** Figura retórica que consiste en emplear intencionadamente voces o expresiones con doble sentido.

anfígeno adj. y s.m. Se dice de cada uno de los elementos que componen el decimosexto grupo de la tabla periódica.

anfipróstilo adj. y s.m. Se dice del edificio con un pórtico de columnas en dos de sus fachadas.

anfiteatro s.m. **1** Edificio de planta elíptica o circular, formado por un escenario o espacio llano central cubierto de arena con gradas alrededor, donde se celebraban, en la Roma imperial, algunos espectáculos públicos. **2** Conjunto de gradas escalonadas, generalmente en forma de semicírculo.

anfitrión, na adj. y s. Que invita y recibe a otras personas.

ánfora s.f. Cántaro o vasija de forma ovoidal, cuello estrecho y largo, con dos asas y base en punta con pie o sin él.

ángel s.m. **1** En algunas religiones, espíritu puro, servidor y mensajero de Dios, que en ocasiones se aparece a los seres humanos. **2** Cualidad del carácter de una persona que la hace atractiva o simpática para los demás. **3** Persona muy buena, simpática y servicial.

angelical adj. **1** Relativo a los ángeles. **2** Que se caracteriza por una bondad, pureza o belleza considerada propia de los ángeles.

ángelus s.m. Oración católica en conmemoración del anuncio de la concepción de Cristo.

angina s.f. **1** Amígdala. ◆ **anginas** s.f.pl. **2** Inflamación de las amígdalas. ◇ **angina de pecho** Obstrucción de las arterias del corazón que provoca dolor y angustia.

angiospermo, a adj. y s.f. **1** Se dice de la planta cuyos óvulos se hallan protegidos en una cavidad cerrada. ◆ **angiospermas** s.f.pl. **2** Grupo taxonómico constituido por estas plantas.

anglicanismo s.m. Conjunto de principios, instituciones y doctrinas de la iglesia oficial de Inglaterra.

anglicano, a adj. **1** Relativo al anglicanismo. ◆ adj. y s. **2** Se dice de la persona que profesa esta doctrina religiosa.

anglicismo s.m. Palabra o modo de expresión propio de la lengua inglesa.

angloamericano, a adj. **1** Relativo a ingleses y americanos conjuntamente. ◆ adj. y s. **2** De Estados Unidos (país de América del Norte).

anglofilia s.f. Simpatía hacia lo inglés.

anglófilo, a adj. y s. Que tiene anglofilia.

anglofobia s.f. Odio u oposición a lo inglés.

anglófobo, a adj. y s. Que tiene anglofobia.

anglófono, a adj. y s. **1** Que tiene el inglés como lengua nativa. ◆ adj. **2** Que está habitado por población de habla inglesa.

anglosajón, na adj. **1** Relativo a los pueblos anglos y sajones de origen germánico. **2** De origen y cultura inglesa. ◆ s.m. y adj. **3** Lengua antigua de Inglaterra.

angoleño, a adj. y s. De Angola (país de África).

angora s.f. **1** Raza de gatos, conejos y cabras originaria de Turquía (país de Europa), caracterizada por el pelaje abundante, sedoso y largo. **2** Lana obtenida de estos conejos y cabras.

angosto, a adj. Estrecho y reducido.

1. **angostura** s.f. **1** Falta de anchura y espacio. **2** Lugar de paso estrecho y difícil de atravesar.

2. **angostura** s.f. Bebida de sabor amargo que se extrae de la corteza de una planta americana y que se usa para hacer combinados.

ángstrom o **angstromio** (pl. ángstrom o ángstroms o angstromios) s.m. Unidad de longitud equivalente a la diezmillonésima parte de un milímetro.

anguila s.f. Pez comestible parecido a la serpiente, de cuerpo alargado, cilíndrico y resbaladizo, sin aletas abdominales.

angula s.f. Cría de la anguila.

angular adj. **1** Que tiene forma de ángulo. **2** Relativo al ángulo.

ángulo s.m. **1** Cada una de las partes en que queda dividido un plano por dos semirrectas que parten de un mismo punto. **2** Esquina en la que se unen dos superficies. **3** Manera particular de valorar o considerar una cosa. ◇ **ángulo de incidencia** Ángulo que forma el rayo que incide sobre una superficie y la normal a esta en el punto de incidencia. ◇ **ángulo de reflexión** Ángulo que forma el rayo reflejado sobre una superficie y la normal a esta en el punto de incidencia. ◇ **ángulo de refracción** Ángulo que forma el rayo refractado sobre una superficie y la normal a esta en el punto de incidencia. ◇ **ángulo muerto** Pequeña porción de un campo visual que queda fuera de la vista. ◇ **ángulos complementarios** Ángulos cuya suma es 90°. ◇ **ángulos consecutivos** Ángulos que tienen en común un vértice y un lado. ◇ **ángulos contiguos** Ángulos que están uno a continuación del otro.

anguloso, a adj. **1** Que tiene ángulos o esquinas. **2** Se dice del rostro de una persona que tiene formas salientes y pronunciadas.

angustia s.f. **1** Sufrimiento y preocupación intensos provocados por un peligro o una amenaza. **2** Sensación de malestar que se tiene en el estómago cuando se quiere vomitar. □ Suele usarse en plural con valor singular.

angustiar (1d) v.tr. Causar angustia.

angustioso, a adj. **1** Que causa angustia. **2** Que muestra una gran angustia.

anhelar v.tr. Desear intensamente.

anhelo s.m. Deseo intenso.

anheloso, a adj. **1** Que muestra anhelo o ansia por algo. **2** Se dice de la respiración fatigosa.

anhídrido s.m. Óxido (compuesto formado por oxígeno y otro elemento químico). ◇ **anhídrido carbónico** Dióxido de carbono.

anhidro, a adj. Se dice de la sustancia o el compuesto que no tiene agua.

anidar v.intr. **1** Hacer un nido un ave para vivir en él. **2** Formarse o residir un pensamiento o sentimiento en el interior de una persona.

anilla s.f. **1** Pieza en forma de circunferencia que sirve para colgar o sujetar objetos. **2** Aro que se coloca en la pata de un ave. ◆ **anillas** s.f.pl. **3** Aparato de gimnasia formado por dos aros metálicos que penden de cuerdas.

anillado, a adj. **1** Que tiene uno o más anillos. **2** Que tiene el cuerpo formado por anillos.

anillar v.tr. **1** Sujetar con anillas. **2** Poner anillas a los animales. ◆ **anillarse** v.prnl. **3** Colocarse una persona en una parte de su cuerpo un anillo como adorno.

anillo s.m. **1** Aro que se lleva en un dedo como adorno o como símbolo de un estado o cargo. **2** Segmento en que se divide el cuerpo de algunos animales, como los anélidos o los artrópodos. **3** Saliente o adorno circular que rodea algunos cuerpos o espacios cilíndricos. **4** Capa circular, fina y ancha, formada por diversos materiales y gases, que rodea a algunos planetas. **5** Capa leñosa circular, concéntrica a otras, que se forma en el tronco de los árboles cada año. ◇ **caérsele a alguien los anillos** ESP Rebajarse y perder la categoría o el prestigio personal. ◇ **como anillo al dedo** De manera muy adecuada.

ánima s.f. **1** Alma de una persona fallecida. **2** Según la Iglesia católica, alma que se purifica en el purgatorio. **3** Hueco interior del cañón de un arma de fuego. ◆ **ánimas** s.f.pl. **4** Toque de campanas de una iglesia que llama a la oración por las almas del purgatorio.

animación s.f. **1** Agilidad en las acciones, palabras o movimientos. **2** Ambiente alegre y ruidoso. **3** Técnica para diseñar los movimientos de los dibujos animados. **4** Conjunto de técnicas para fomentar la participación.

animado, a adj. **1** Que tiene alma. **2** Que tiene vida. **3** Que tiene un comportamiento activo y alegre. **4** Muy interesante y divertido. **5** Que tiene un ambiente alegre.

animador, ra adj. y s. **1** Que anima. ◆ s. **2** Persona que se dedica a animar a un grupo de personas. **3** Persona que se dedica a la animación cinematográfica.

animadversión s.f. Sentimiento de oposición o antipatía.

animal s.m. y adj. **1** Ser vivo pluricelular, generalmente dotado de capacidad de movimiento y sensibilidad. ◆ adj. **2** Relativo al animal (ser vivo). **3** Relativo a la parte irracional de la persona. ◆ adj. y s.m. y f. **4** Fam. Se dice de la persona que hace un uso excesivo de la fuerza, es violento o tiene malos modos. **5** Fam. Se dice de la persona que es torpe o poco inteligente. ◆ **animales** s.m.pl. **6** Grupo taxonómico constituido por estos seres vivos.

animalada s.f. Acción o comentario que causa sorpresa por exagerado o torpe.

animar v.tr. **1** Dar fuerza moral a una persona. **2** Estimular a una persona para que se decida a hacer una cosa. **3** Infundir alegría, vivacidad o diversión a cosas inanimadas o a una reunión de personas. **4** Infundir fuerza y vigor a un ser vivo. **5** Realizar la animación de dibujos o imágenes modeladas. ◆ **animarse** v.prnl. **6** Reunir valor para hacer o decir una cosa.

anímico, a adj. **1** Relativo al ánimo. **2** Relativo al alma.

animismo s.m. Creencia que atribuye un alma a todos los seres y fenómenos de la naturaleza.

ánimo s.m. **1** Estado emocional de una persona. **2** Fuerza moral y energía que impulsan a la actividad. □ Suele usarse en plural con valor singular. **3** Intención o voluntad. **4** Aplicación de los sentidos en un asunto. ◆ interj. **5** Se usa para dar fuerza moral o energía.

animosidad s.f. **1** Enemistad, antipatía. **2** Valor, esfuerzo.

animoso, a adj. Que actúa con animosidad.

aniñado, a adj. Que tiene características o rasgos propios de un niño, o que actúa como tal.

anión s.m. Ion con carga negativa.

aniquilar v.tr. **1** Destruir y acabar completamente con la vida. **2** Reducir a la nada.

anís s.m. **1** Planta herbácea de flores blancas y semillas pequeñas y aromáticas, originaria de las zonas mediterráneas. **2** Semilla de esta planta. **3** Licor hecho con aguardiente aromatizado con esta semilla. **4** Golosina en forma de bola hecha con un grano de anís cubierto con un baño de azúcar. ◇ **estar hecho un anís** AMÉR SUR Ir una persona bien vestida, elegante y limpia.

anisar v.tr. Echar anís a una cosa.

anisete s.m. Licor hecho con aguardiente y azúcar y aromatizado con anís.

aniversario s.m. **1** Día en que se cumple un número exacto de años desde que se produjo un acontecimiento. **2** Celebración con que se conmemora este día.

ano s.m. Orificio del cuerpo en el que termina el tubo digestivo.

anoche adv. En la noche de ayer.

1. **anochecer** (30) **v.impersonal 1** Desaparecer la luz solar y hacerse de noche. ◆ **v.intr. 2** Estar en un lugar, en una situación o en un estado determinados al hacerse de noche.

2. **anochecer** s.m. Parte del día durante la cual desaparece la luz solar y se hace de noche.

anodino, a adj. Insustancial, insignificante.

ánodo s.m. Electrodo o polo positivo de un generador eléctrico.

anofeles adj. y s.m. Se dice del mosquito que pertenece a un género caracterizado por tener una larga prolongación como boca y palpos tan largos como esta.

anomalía s.f. Cambio o desviación respecto de lo que es normal, regular, natural o previsible.

anómalo, a adj. Que presenta anomalía.

anonadar v.tr. **1** Dejar a una persona sin capacidad de reacción o respuesta ante una sorpresa. **2** Hacer que una persona se sienta humillada y se valore en menos de lo debido. **3** Reducir a la nada. **4** Disminuir mucho una cosa.

anonimato s.m. Condición de anónimo.

anónimo, a adj. **1** Se dice del autor de una obra o acto de nombre desconocido o que no se da a conocer. **2** Se dice de la obra o acto de autor desconocido o que no se da a conocer. **3** Se dice de la persona que no es famosa ni conocida por muchos. ◆ **s.m. 4** Escrito no firmado.

anorak (pl. anoraks) s.m. ESP Prenda exterior de vestir hecha de tejido impermeable y forrada, con mangas largas, abierta por delante con botones o cremallera; llega más abajo de la cintura y generalmente tiene capucha.

anorexia s.f. Enfermedad nerviosa que se manifiesta por la pérdida del apetito. □ También anorexia nerviosa.

anoréxico, a adj. **1** Relativo a la anorexia. ◆ **adj. y s. 2** Que padece anorexia.

anormal adj. Que no es normal.

anormalidad s.f. Calidad de anormal.

anotación s.f. Acción y efecto de anotar.

anotar v.tr. **1** Escribir en un papel un dato o información, generalmente breve. **2** Poner notas explicativas a un texto. **3** En el baloncesto y otros deportes, conseguir uno o varios tantos. ◆ **anotarse** v.prnl. **4** Conseguir tantos o triunfos en una competición deportiva.

anquilosar v.tr. **1** Dejar sin flexibilidad o movimiento, especialmente una parte del cuerpo. **2** Disminuir el desarrollo de una actividad o la facilidad con que esta se llevaba a cabo.

ánsar s.m. Ave acuática de patas rojas y pico cónico y fuerte, con las plumas de color blanco en el vientre, rosa en el pecho y casi gris en el resto del cuerpo.

anschluss s.m. Anexión de Austria a Alemania hecha por Hitler.
OBS Pronunc. aprox. 'anslus'.

ansia s.f. **1** Deseo intenso de hacer o conseguir una cosa. **2** Sufrimiento y preocupación intensos provocados por un peligro.

ansiar (1e) v.tr. Desear algo con ansia.

ansiedad s.f. **1** Preocupación o inquietud causadas por la inseguridad o el temor, que puede llevar a la angustia. **2** Estado de intensa excitación y nerviosismo.

ansioso, a adj. y s. Que siente ansia.

antagónico, a adj. Opuesto.

antagonismo s.m. **1** Incompatibilidad u oposición entre personas, opiniones o ideas. **2** Enfrentamiento o enemistad entre dos o más personas que aspiran a lograr una misma cosa.

antagonista adj. **1** Antagónico. ◆ **adj. y s.m. y f. 2** Se dice de la persona que actúa de manera contraria y opuesta a otra.

antaño adv. En un tiempo pasado.

antártico, a adj. Relativo al polo sur y a las regiones que lo rodean.

1. **ante** s.m. **1** Mamífero rumiante parecido al ciervo, pero muy corpulento, con el hocico ancho y caído y los cuernos planos en forma de pala con grandes recortes en los bordes. **2** Piel curtida de tacto muy delicado y sin brillo.

2. **ante** prep. **1** En presencia de, delante de. **2** Teniendo en cuenta lo que se expresa o en comparación con ello.

anteanoche adv. En la noche anterior a la de ayer.

anteayer adv. En el día anterior al de ayer.

antebrazo s.m. Parte del brazo que va desde el codo hasta la muñeca.

antecámara s.f. Habitación que precede a la sala principal de un palacio o una casa grande.

antecedente adj. **1** Que antecede. ◆ **s.m. 2** Hecho, comentario o circunstancia del pasado que influye en hechos posteriores. **3** En gramática, primer término de una oración gramatical; se trata de un sustantivo, pronombre o proposición a que hace referencia un pronombre relativo. ◇ **poner a alguien en antecedentes** Informar a alguien de las circunstancias que preceden a un asunto.

anteceder v.tr. Ir delante en el tiempo o el espacio.

antecesor, ra s. **1** Persona que precedió en un puesto o cargo a determinada persona. **2** Antepasado, ascendiente.

antediluviano, a adj. **1** Muy antiguo, pasado de moda. **2** Anterior al diluvio universal.

antedormitorio s.m. Dormitorio o sala que está antes del dormitorio principal.

antelación s.f. Adelanto en el tiempo de un hecho o circunstancia.

antemano ◇ **de antemano** loc. Indica adelanto en el tiempo respecto de un hecho o circunstancia.

antena s.f. **1** Parte de un aparato de radio o televisión que tiene contacto directo con el exterior, a través de la cual se pueden recibir o emitir ondas electromagnéticas. **2** Apéndice articulado, fino y alargado, que algunos grupos de artrópodos tienen a ambos lados de la cabeza y que funciona como órgano del tacto o del olfato. ◆ **antenas** s.f.pl. **3** Fam. Orejas.

anteojo s.m. **1** Aparato óptico que reproduce la imagen de un objeto alejado, a un tamaño mayor del observado a simple vista. ◆ **anteojos** s.m.pl. **2** Aparato óptico para ver a distancia con los dos ojos, formado por dos tubos, uno para la visión de cada ojo, que tienen en su interior una combinación de prismas y lentes. **3** Gafas sin patillas que se sujetan a la nariz. **4** AMÉR Gafas, lentes.

antepasado, a s. **1** Persona de la que descienden otra u otras. ◆ adj. **2** Anterior a un tiempo ya pasado.

antepecho s.m. **1** Baranda que cierra un lugar alto para impedir que las personas se caigan. **2** Reborde inferior de una ventana que permite que las personas se apoyen e impide las caídas.

antepenúltimo, a adj. y s. Que ocupa el lugar inmediatamente anterior al penúltimo.

anteponer (36) v.tr. Poner por delante.

anteposición s.f. Acción de anteponer.

anteproyecto s.m. **1** Texto provisional aprobado por un gobierno. **2** Conjunto de trabajos anteriores al proyecto definitivo de una obra.

antepuesto, a Participio irregular de anteponer.

antera s.f. Extremo superior del estambre de una flor, que contiene el polen.

anteridio s.m. Órgano sexual masculino de ciertas especies primitivas.

anterior adj. **1** Que está antes en el tiempo o el espacio. **2** Que está situado en la parte de delante de una cosa vista frontalmente.

anterioridad s.f. Circunstancia de ser una cosa anterior a otra.

anterozoide s.m. Célula sexual masculina móvil que se produce en el anteridio.

antes adv. **1** En tiempo anterior. **2** Más cerca en el espacio, con referencia a un punto concreto. **3** Se emplea para expresar preferencia. ◆ adj. **4** Que va inmediatamente delante de otra cosa en un orden determinado. ◆ conj. **5** Por el contrario. ◇ **antes bien** Indica oposición en relación con lo que se ha expresado anteriormente.◇ **cuanto antes** Lo más pronto posible.

antesala s.f. Habitación que precede a la sala.

antiácido, a adj. y s. **1** Se dice de la sustancia que se opone a la acción de los ácidos o que es resistente a ellos. ◆ s.m. **2** Sustancia que neutraliza el exceso de acidez.

antiaéreo, a adj. **1** Que actúa ante los ataques aéreos. ◆ adj. y s.m. **2** Se dice del cañón utilizado en la defensa del espacio aéreo.

antiamericanismo s.m. Actitud contraria a los Estados Unidos de América y a la influencia que este país ejerce en el resto del mundo.

antibiótico, a s.m. y adj. **1** Sustancia que destruye o frena el desarrollo de otras células; se utiliza para eliminar infecciones. ◆ adj. **2** Relativo a este medicamento.

anticaspa adj. Que elimina la caspa.
OBS Invariable en número.

anticelulítico, a s.m. y adj. Se dice del producto que ayuda a combatir la celulitis.

anticelulitis adj. Anticelulítico.

anticíclico, a adj. Que se opone a la repetición regular de algo cada cierto tiempo.

anticiclón s.m. Zona de la atmósfera en la que la presión atmosférica es más alta.

anticipación s.f. **1** Adelanto en el tiempo de un hecho o circunstancia. **2** Rapidez que permite a una persona llegar a un lugar o desarrollar una actividad antes que los demás.

anticipado, a adj. Que se anticipa. ◇ **por anticipado** Con antelación.

anticipar v.tr. **1** Hacer que una cosa ocurra antes del tiempo previsto o normal. **2** Pagar una cantidad de dinero antes de la fecha señalada. ◆ **anticiparse** v.prnl. **3** Actuar una persona con mayor rapidez de movimientos o ideas que otra.

anticipo s.m. Cantidad que se paga anticipadamente.

anticlerical adj. **1** Relativo al anticlericalismo. ◆ adj. y s.m. y f. **2** Se dice de la persona que es partidaria del anticlericalismo.

anticlímax s.m. **1** Gradación retórica descendente. **2** Parte de una obra literaria o dramática que sigue al clímax.

anticlinal adj. y s.m. Se dice del pliegue de terreno cuyas capas más antiguas están situadas en el núcleo o centro.

anticoagulante s.m. y adj. Sustancia que retrasa la coagulación de la sangre.

anticodón s.m. Conjunto de tres nucleótidos de la molécula de ARN de transferencia que es complementario a otro triplete de la secuencia de ARN mensajero (codón).

anticoncepción s.f. Conjunto de métodos y sustancias empleados como contraconceptivos.

anticonceptivo, a adj. y s.m. Se dice del método o sustancia que impide el embarazo.

anticongelante adj. **1** Que impide la congelación. ◆ s.m. y adj. **2** Líquido que impide la congelación del agua que refrigera un motor.

anticonstitucional adj. Que es contrario al contenido de la Constitución de un estado.

Anticristo s.m. En la religión cristiana, ser maligno, enemigo de Jesucristo y de su Iglesia.

anticuado, a adj. **1** Que está pasado de moda o que no se usa desde hace tiempo. ◆ adj. y s. **2** Que no sigue las costumbres modernas.

anticuario, a s. **1** Persona que se dedica a estudiar muebles y objetos antiguos de valor y a comerciar con ellos. ◆ s.m. **2** Establecimiento donde se venden estos muebles y objetos.

anticuerpo s.m. Proteína producida por los linfocitos de la sangre como respuesta a la presencia de un antígeno en el organismo.

antideportivo, a adj. Que no se ajusta a las normas de corrección y juego justo.

antidopaje adj. Se dice del análisis o control para detectar el uso de sustancias estimulantes.
OBS Invariable en número.

antidoping adj. Antidopaje.
OBS Invariable en número.
OBS Pronunc. aprox. 'antidopin'.

antídoto s.m. **1** Sustancia que contrarresta o anula la acción de un veneno. **2** Medio para evitar o prevenir un mal físico o moral.

antidroga adj. Que se opone al consumo o al tráfico de drogas.
OBS Invariable en número.

antiedad adj. Que lucha contra el envejecimiento.
OBS Invariable en número.

antiesclavista adj. **1** Que está en contra de la esclavitud. ◆ adj. y s.m. y f. **2** Se dice de la persona que está en contra de la esclavitud.

antiespasmódico, a adj. y s.m. Que alivia o calma los espasmos o convulsiones.

antiestético, a adj. Feo o de mal gusto.

antieuropeísta adj. Contrario al europeísmo.

antifaz s.m. **1** Pieza alargada de tela u otra materia semejante, con agujeros para los ojos, con que se cubre la parte superior de la cara. **2** Pieza alargada de tela con la que se cubren los ojos.

antífona s.f. Texto breve, generalmente de la Biblia, que se canta o reza antes y después de los salmos y de los cánticos en las horas canónicas.

antifranquista adj. **1** Que es contrario al franquismo. ◆ adj. y s.m. y f. **2** Se dice de la persona que es contraria al franquismo.

antífrasis s.f. Figura retórica que consiste en llamar a una persona o cosa con palabras que significan lo contrario de lo que se debería decir.

antigás adj. Que sirve para prevenir los efectos de un gas tóxico.
OBS Invariable en número.

antígeno s.m. Sustancia que, al introducirse en el organismo, es considerada extraña y provoca la formación de anticuerpos.

antiglobalización adj. Que se muestra contrario a la globalización.
OBS Invariable en número.

antigoteo adj. Que evita el goteo.
OBS Invariable en número.

antigualla s.f. Objeto muy antiguo.

antiguamente adv. Hace mucho tiempo.

antigüedad s.f. **1** Existencia desde hace mucho tiempo. **2** Período histórico pasado, muy alejado de la actualidad. □ Se escribe normalmente con mayúscula inicial. **3** Período continuado durante el cual una persona ha realizado un trabajo o actividad. ◆ **antigüedades** s.f.pl. **4** Muebles u objetos antiguos de valor.

antiguo, a adj. **1** Que existe desde hace mucho tiempo. **2** Que existió o sucedió hace mucho tiempo. **3** Que ha dejado de existir o de tener las características que poseía en el pasado. **4** Que está pasado de moda. ◆ **antiguos** s.m.pl. **5** Personas que han vivido en la Antigüedad.
OBS Superlativo: **antiquísimo**.

antihéroe s.m. Personaje de una obra de ficción que carece de las características ideales del héroe tradicional.

antihistamínico, a s.m. y adj. Sustancia para combatir los efectos de las alergias.

antiincendios adj. Que apaga los incendios.

antiinflamatorio, a adj. y s.m. Que disminuye una inflamación.

antillano, a adj. y s. De las Antillas (archipiélago de América Central).

antílope s.m. Nombre común de diversos mamíferos rumiantes salvajes de cuerpo esbelto, patas largas y delgadas, y cuernos finos sin ramificaciones, como la gacela, el impala o el ñu.

antimanchas adj. Que evita las manchas.

antimateria s.f. Tipo de materia formada por antipartículas.

antimigratorio, a adj. Contrario a todo lo relacionado con la migración.

antimilitarismo s.m. Actitud contraria al militarismo.

antimonio s.m. Elemento químico de símbolo Sb y número atómico 51.

antimosquitos adj. Que evita las picaduras de mosquitos.

antimundialización adj. Antiglobalización.

antinatura adj. Que va contra las leyes naturales.
OBS Invariable en número.

antinatural adj. No natural.

antiniebla adj. Se dice del sistema de iluminación que ayuda a ver a través de la niebla.
OBS Invariable en número.

antinorteamericanismo s.m. Antiamericanismo.

antioxidante adj. y s.m. Se dice de la sustancia que evita la oxidación.

antipapa s.m. Papa elegido de manera irregular y, en consecuencia, no reconocido.

antiparras s.f.pl. Fam. ESP Gafas, anteojos.

antipartícula s.f. Partícula elemental simétrica de otra con igual masa pero con propiedades contrarias.

antipatía s.f. Sentimiento de rechazo o disgusto hacia alguien o algo.

antipático, a adj. y s. Que inspira antipatía.

antipatizar v.intr. **1** AMÉR Sentir antipatía. **2** AMÉR Discrepar en genio e inclinaciones.

antipirético, a s.m. y adj. Sustancia o medicamento para reducir o eliminar la fiebre.

antípoda adj. y s.m. o f. **1** Se dice del lugar de la Tierra que está situado diametralmente opuesto a otro. □ Como sustantivo suele usarse en plural. ◆ adj. y s.m. y f. **2** Que habita en un lugar de la superficie de la Tierra diametralmente opuesto a otro. ◆ **antípodas** s.m. o f.pl. **3** Posición totalmente contraria u opuesta.

antiquísimo, a adj. Superlativo de antiguo.

antirreglamentario, a adj. Que es contrario a lo que dice el reglamento.

antirrepublicano, a adj. y s. Se dice de la persona que es contraria al régimen republicano.

antirretroviral adj. y s.m. Que sirve para contrarrestar el virus de la inmunodeficiencia humana.

antirrobo adj. y s.m. Se dice del aparato o mecanismo destinados a impedir robos.

antisemita adj. **1** Relativo al antisemitismo. ◆ adj. y s.m. y f. **2** Se dice de la persona que es partidaria del antisemitismo.

antisemitismo s.m. Doctrina o actitud de rechazo hacia los judíos.

antiséptico, a adj. **1** Relativo a la antisepsia. ◆ adj. y s.m. **2** Se dice de la sustancia o método que previene contra la infección.

antisocial adj. **1** Que es contrario a la sociedad o perjudicial para ella. ◆ adj. y s.m. y f. **2** Se dice de la persona que antepone el beneficio propio a la necesidad social.

antiterrorismo s.m. Conjunto de actividades policiales y legales contra el terrorismo.

antiterrorista adj. y s.m. y f. Que se opone al terrorismo o tiene como objetivo combatirlo.

antítesis s.f. **1** Oposición completa y absoluta entre personas, cosas, conceptos o proposiciones. **2** Figura retórica que consiste en contraponer dos significados contrarios.

antitetánico, a adj. y s.m. Se dice de la sustancia o vacuna que evita o combate los efectos del tétanos.

antitético, a adj. Que denota antítesis.

antivirus s.m. y adj. Que evita o combate los virus.

antojadizo, a adj. y s. Se dice de la persona que frecuentemente tiene antojos o caprichos.

antojarse v.prnl. **1** Ser deseada una cosa de manera intensa e inesperada sin causa razonable justificada. **2** Ser considerada una cosa como probable.

antojo s.m. Deseo intenso, caprichoso y pasajero.

antologar v.tr. Recoger en antología.

antología s.f. Colección constituida por fragmentos de obras literarias, musicales, científicas, etc.

antológico, a adj. **1** Relativo a la antología. **2** Que tiene una calidad excepcional.

antonimia s.f. Significación contraria de dos palabras.

antónimo, a adj. y s.m. Se dice de la palabra que tiene un significado contrario al de otra.

antonomasia s.f. Figura retórica que consiste en usar un nombre común o un apelativo en lugar del nombre propio para hacer referencia a una persona o cosa, y viceversa.

antorcha s.f. **1** Trozo de madera con material inflamable en un extremo. **2** Instrumento de forma alargada que puede mantener una llama encendida en uno de sus extremos.

antracita s.f. Tipo de carbón de color negro, que arde con dificultad.

ántrax s.m. **1** Inflamación dura y dolorosa en el tejido situado bajo la piel, producida por una bacteria. **2** Enfermedad infecciosa y contagiosa del ganado bovino y ovino.

antro s.m. **1** Local público de mal aspecto frecuentado por personas de mala reputación. **2** Desp. Lugar sucio y de mal aspecto.

antropocéntrico, a adj. Relativo al antropocentrismo.

antropocentrismo s.m. Concepción filosófica que considera al ser humano como centro del Universo y el fin absoluto de la naturaleza.

antropofagia s.f. Formal. Costumbre humana de comer carne de su misma especie.

antropófago, a adj. y s. Formal. Caníbal.

antropoide o **antropoideo, a** adj. **1** Que se parece al ser humano en sus características externas. ◆ adj. y s.m. **2** Se dice del primate que presenta el hocico reducido, un aumento progresivo de la capacidad craneal y los ojos en posición frontal. ◆ **antropoides** s.m.pl. **3** Grupo taxonómico constituido por estos primates.

antropología s.f. Ciencia que estudia la especie humana en cuanto a su evolución biológica, su comportamiento social y cultural y sus aspectos geográficos e históricos.

antropológico, a adj. Relativo a la antropología.

antropólogo, a s. Persona que se dedica al estudio de la antropología.

antropomórfico, a adj. **1** Relativo al antropomorfismo. **2** Se dice de la cosa o vegetal que tiene un aspecto parecido al del ser humano.

antropomorfismo s.m. Doctrina o creencia basada en atribuir aspecto y personalidad humana a animales, cosas y personajes divinos.

antropomorfo, a adj. **1** Que se parece al ser humano. ◆ adj. y s.m. **2** Se dice del primate que tiene algunos caracteres que lo hacen parecido a un homínido. ◆ **antropomorfos** s.m.pl. **3** Grupo taxonómico constituido por estos primates.

antroponimia s.f. Estudio del origen y el significado de los nombres propios de persona.

antropónimo s.m. Nombre de persona.

antropopiteco s.m. Mamífero homínido que vivió en el pleistoceno.

antropozoico, a adj. y s.m. **1** Se dice de la era geológica que sigue a la era terciaria. ◆ adj. **2** Relativo a esta era geológica.

anual adj. **1** Que se repite cada año. **2** Que dura un año.

anualidad s.f. Cantidad de dinero que se cobra o se paga una vez al año.

anuario s.m. Libro o publicación que se edita anualmente con todos los datos de lo ocurrido durante el año anterior.

anudar v.tr. **1** Hacer uno o más nudos. **2** Unir con uno o más nudos.

anulación s.f. Acción de anular.

1. **anular** adj. y s.m. **1** Se dice del dedo de la mano situado entre los dedos corazón y meñique. ◆ adj. **2** Que tiene forma de anillo.

2. **anular** v.tr. **1** Dejar sin efecto o valor. **2** Suspender algo que se tenía previsto o programado. **3** Impedir que una persona lleve a cabo con normalidad un trabajo o actividad.

anunciación s.f. **1** Acción y efecto de anunciar. **2** Anuncio que el arcángel san Gabriel hizo a la Virgen María de que iba a ser madre de Jesucristo. □ Se escribe con mayúscula inicial.

anunciante adj. y s.m. Que anuncia.

anunciar (1d) v.tr. **1** Comunicar a alguien una noticia o información. **2** Hacer publicidad de un producto o servicio para convencer al público de que lo compre o lo use. **3** Adelantar lo que va a suceder en el futuro a partir de algunos indicios, datos o informaciones. **4** Dar a conocer el nombre o la presencia de una persona a otra.

anuncio s.m. Acción y efecto de anunciar.

anuro adj. y s.m. **1** Se dice del anfibio que cuando es adulto carece de cola y que posee largas extremidades posteriores desarrolladas para el salto. ◆ **anuros** s.m.pl. **2** Grupo taxonómico constituido por estos anfibios.

anverso s.m. Cara o lado principal de una superficie.

anzuelo s.m. Objeto curvo de metal y con punta muy afilada, sujeto al extremo de un hilo, en el que se coloca el cebo para pescar.

añadido s.m. Añadidura.

añadidura s.f. Parte que se añade a un conjunto de elementos o a un todo. ◇ **por añadidura** Además.

añadir v.tr. **1** Sumar o unir una parte a un conjunto de elementos o a un todo. **2** Completar con palabras un contenido.

añagaza s.f. Medio que se emplea con habilidad y astucia para engañar o conseguir algo.

añal adj. y s.m. Se dice del cordero, ternero o cabrito que tiene un año o poco más.

añejo, a adj. **1** Que tiene más de un año. **2** Antiguo, que existe desde hace mucho tiempo.

añicos s.m.pl. Trozos muy pequeños en que queda dividido un objeto al romperse.

añil s.m. **1** Arbusto de hojas compuestas y flores en racimo o espigas, de cuyas hojas y tallos se obtiene un colorante. **2** Sustancia, de color azul oscuro parecido al violeta, que se obtiene de esta planta, o de modo sintético, y que se usa en tintorería y pintura. ◆ s.m. y adj. **3** Color azul oscuro parecido al violeta, como el de esta sustancia. ◆ adj. **4** Que es de este color.

año s.m. **1** Tiempo que tarda la Tierra en dar una vuelta alrededor del Sol. **2** Período de 365 días (366 en los años bisiestos), desde el día 1 de enero hasta el 31 dediciembre. □ También año civil. **3** Período de doce meses contando desde un día cualquiera. ◇ **año académico** Período que va desde el comienzo de un curso hasta su final. ◇ **año lunar** Tiempo que emplea la Luna en dar una vuelta alrededor del Sol, que equivale a 354 días. ◇ **año luz** Unidad de longitud empleada en astronomía. ◇ **años mozos** Años de juventud de una persona. ◇ **entrado en años** Se dice de la persona de edad avanzada.

añojo, a s. ESP Becerro o cordero de un año cumplido.

añoranza s.f. Sentimiento que causa el recuerdo de un bien perdido.

añorar v.tr. Sentir añoranza por alguien o algo.

aorta s.f. Arteria principal del sistema circulatorio de los vertebrados y de algunos invertebrados.

aovado, a adj. Que tiene forma de huevo.

aovar v.intr. **1** Poner huevos un animal. ◆ v.tr. **2** Dar forma de huevo a una cosa.

apabullar v.tr. Confundir o intimidar a una persona hasta dejarla sin posibilidad de reacción o de respuesta.

apacentar (32) v.tr. **1** Conducir el ganado a terrenos con pasto y cuidarlo mientras pace. ◆ v.intr. y prnl. **2** Pacer el ganado.

apache adj. y s.m. y f. **1** Relativo a una tribu india nómada de América del Norte. ◆ s.m. y f. **2** Malhechor de los bajos fondos de París.

apacheta s.f. **1** AMÉR SUR Montículo de piedras levantado por los indios en los Andes para el culto divino. **2** AMÉR SUR Lugar en el que se alza este montículo.

apacible adj. **1** Se dice del lugar que resulta agradable porque no presenta agitación, movimiento o ruido. **2** Se dice de la condición atmosférica que es tranquila y agradable. **3** Se dice de la persona que es amable y considerada.

apaciguar (1a) v.tr. **1** Establecer la paz o la tranquilidad donde había un enfrentamiento. **2** Calmar el ánimo violento o excitado.

apadrinar v.tr. **1** Acompañar como padrino a una persona cuando esta se bautiza, se casa o recibe un honor. **2** Ayudar y proteger a una persona que comienza a trabajar.

apagado, a adj. **1** Que es de poca intensidad. **2** Que ha perdido energía y vitalidad.

apagar v.tr. **1** Hacer que deje de arder un fuego o un cuerpo en combustión. **2** Hacer que un sistema eléctrico deje de tener contacto con una fuente de energía e interrumpa su funcionamiento. **3** Hacer más suave o más débil un sentimiento, restarle importancia o extinguirlo. **4** Hacer que pierda intensidad un color, una luz o un sonido.

apagón s.m. Interrupción brusca e inesperada del suministro de energía eléctrica.

apaisado, a adj. Que es más ancho que alto colocado en su posición normal de uso.

apalabrar v.tr. Llegar a un acuerdo o compromiso mediante palabras.

apalancar v.tr. **1** Apoyar una barra o palanca sobre un punto y aplicar una fuerza en ella para levantar o mover un cuerpo situado en el extremo opuesto. ◆ **apalancarse** v.prnl. **2** Fam. Acomodarse en un lugar o situación y quedarse en él sin realizar mayores esfuerzo.

apaleamiento s.m. Acción de apalear.

apalear v.tr. Dar golpes con un palo o con otro objeto contundente.

apalizar v.tr. Vencer a un adversario deportivo por una diferencia abrumadora.

apañado, a adj. **1** ESP Se dice de la persona que es hábil y se da maña para hacer algo. **2** ESP Adecuado para el destino que se le quiere dar. ◇ **estar,** o **ir, apañado** Fam. ESP Tener un problema o estar en una situación difícil de resolver. □ ESP Estar equivocado o mantener falsa confianza en algo.

apañar v.tr. **1** Limpiar y poner en orden o en las condiciones adecuadas. **2** Resolver una situación difícil o problemática con habilidad y eficacia. **3** Hacer que una cosa estropeada deje de estarlo, especialmente si es de manera improvisada. **4** Fam. Sustraer una cosa ilícitamente. **5** ARG, NIC, PERÚ Disculpar o proteger a una persona que ha cometido una falta para que no sea descubierta. ◆ **apañarse** v.prnl. **6** Darse maña para hacer una cosa. ◇ **apañárselas.** Hallar la solución a los problemas por uno mismo.

apaño s.m. **1** Arreglo que se hace para que una cosa vuelva a funcionar para salir del paso. **2** Treta, engaño o artificio para conseguir algo.

aparador s.m. **1** Mueble ancho de mediana altura y con cajones que se coloca en el comedor. **2** Taller artesanal. **3** AMÉR CENTRAL, COL, ESP, MÉX Espacio cerrado con cristales y situado al frente o a la entrada de un establecimiento, para exponer los productos ante el público. **GEOSIN** escaparate, vidriera.

aparato s.m. **1** Conjunto de piezas y elementos que, montados adecuadamente, desarrollan un trabajo o función práctica y que funcionan mediante el aporte de algún tipo de energía. **2** Instrumento necesario para desarrollar una actividad específica. **3** Conjunto de órganos que, en un animal o una planta, desempeñan una misma función dentro del organismo. **4** Conjunto de personas que deciden la política de un partido o del gobierno. **5** Vehículo aéreo; especialmente, avión. **6** Teléfono. **7** Pompa u ostentación que rodea a algo o a alguien para darle importancia. ◇ **aparato circulatorio** Aparato que distribuye la sangre por todos los órganos del cuerpo. ◇ **aparato digestivo** Aparato que interviene en la ingestión y digestión de los alimentos y en la absorción de sus sustancias nutritivas. ◇ **aparato reproductor** Aparato cuya función es la reproducción. ◇ **aparato respiratorio** Aparato con que los animales toman del medio el oxígeno para vivir.

aparatoso, a adj. **1** Se dice del hecho que resulta espectacular y desmedido. **2** Se dice del objeto exagerado, ostentoso o estrafalario.

aparcamiento s.m. **1** ESP Acción de aparcar. **2** ESP Parte de la vía pública o del interior de un edificio destinada a que aparquen los vehículos.

aparcar v.tr. **1** ESP Colocar un vehículo en un lugar de la vía pública o en una zona señalizada del interior de un edificio. **2** Detener la actividad o el trabajo sobre un asunto con la intención de retomarlo más adelante.

aparcería s.f. Contrato mediante el cual el propietario de un terreno agrícola o de una instalación ganadera cede su explotación a una o más personas a cambio del pago de una cantidad de dinero, de una parte de los beneficios o frutos, o de otra forma de compensación.

aparcero, a s. Persona que, sola o con otras, explota un terreno agrícola o una instalación ganadera mediante un contrato de aparcería.

apareamiento s.m. Acción y efecto de aparear.

aparear (30) v.tr. **1** Unir sexualmente a un animal macho con la hembra. **2** Juntar una cosa con otra formando pareja.

aparecer v.intr. y prnl. **1** Mostrarse o dejarse ver, generalmente de manera inesperada. ◆ v.intr. **2** Encontrarse lo que estaba perdido o extraviado. **3** Llegar de improviso.

aparecido, a s. Imagen de una persona muerta que se muestra visible a los ojos de alguien.

aparejador, ra s. ESP Persona que se dedica a dibujar planos y a realizar diversos trabajos técnicos relacionados con la construcción de edificios.

aparejar v.tr. **1** Hacer los preparativos oportunos y disponer los elementos necesarios para desarrollar un trabajo. **2** Poner los aparejos a un animal. **3** Dotar a un barco del aparejo necesario para la navegación.

aparejo s.m. **1** Conjunto de instrumentos, herramientas y objetos necesarios para realizar una actividad. □ Suele usarse en plural con valor singular. **2** Disposición de los elementos necesarios para desarrollar una actividad. **3** Conjunto de correas y otros elementos que se sujetan al cuerpo de un animal, especialmente a una caballería, para montarlo, cargarlo o trabajar con él. **4** Conjunto de palos, velas, cabos y otros elementos necesarios para que un barco navegue. **5** Modo en que quedan colocados los materiales en la construcción de un muro, especialmente los ladrillos y sillares.

aparentar v.tr. e intr. **1** Dar a entender o fingir lo que no se es o no se tiene. ◆ v.tr. **2** Tener una persona el aspecto de una edad que generalmente no se corresponde con la real.

aparente adj. **1** Que parece y no es. **2** Perceptible por la vista.

aparición s.f. **1** Presencia de una persona o cosa en un lugar donde puede ser vista. **2** Acción de aparecer lo que estaba oculto o en un lugar desconocido. **3** Visión de un ser sobrenatural. **4** Imagen de una persona muerta que se muestra visible a los ojos de una persona.

apariencia s.f. **1** Manera de aparecer o presentarse a la vista o al entendimiento una persona o cosa. **2** Característica o conjunto de características que parece poseer una persona o cosa y que realmente no tiene. ◇ **guardar las apariencias** Atenerse a las normas y conveniencias sociales.

apartado, a adj. **1** Que está lejos en el espacio con referencia a un punto determinado. ◆ s.m. **2** Parte de un texto escrito que trata sobre un tema. **3** Parte de un documento legal u oficial que forma con otras iguales una serie numerada y ordenada.

apartamento s.m. Vivienda más pequeña que un piso, generalmente con una o dos habitaciones, cocina y servicio.

apartamiento s.m. **1** Separación de una persona o cosa del lugar, estado o cargo que ocupa. **2** Lugar alejado.

apartar v.tr. **1** Separar, alejar. **2** Quitar algo o a alguien de un lugar para dejarlo libre.

aparte adv. **1** En un lugar distinto, separado del resto. **2** En un lugar apropiado para no ser visto u oído por otras personas. **3** Exceptuando o dejando de lado lo que se menciona. ◆ adj. **4** Distinto de algo o de lo general. ◆ s.m. **5** Fragmento de una obra de teatro que un personaje dice hablando para sí o con otro y suponiendo que no lo oyen los demás. ◇ **aparte de** Excepto.

apartheid s.m. Doctrina de segregación o discriminación racial de la población que no sea de raza blanca.
OBS Pronunc. aprox. 'aparjeid'.

apasionado, a adj. y s. Se dice de la persona que siente apasionamiento.

apasionamiento s.m. **1** Excitación, vehemencia y pasión con que se discute de algo o se defienden las ideas y opiniones. **2** Pasión intensa por algo o alguien.

apasionante adj. Que provoca entusiasmo.

apasionar v.tr. **1** Provocar sentimientos de pasión. ◆ **apasionarse** v.prnl. **2** Sentir una gran pasión por una persona o cosa.

apatía s.f. **1** Manifestación de desinterés, indiferencia o falta de entusiasmo por lo que se hace. **2** Falta de vigor o energía.

apático, a adj. y s. Se dice de la persona que actúa con apatía.

apátrida adj. y s.m. y f. Se dice de la persona que carece de nacionalidad legal.

apdo. Abreviatura de apartado.

apeadero s.m. **1** Estación de tren o parada de autobús de poca importancia destinada únicamente a recoger y dejar viajeros. **2** Poyo para montar en una cabalgadura.

apear v.tr. **1** Bajar de un vehículo o del animal en el que se va montado. **2** Eliminar a una persona o equipo de una competición deportiva. ◆ **apearse** v.prnl. **6** ARG, BOL, CUBA, MÉX Comerse los alimentos con las manos.

apechugar v.intr. Fam. Cargar con una responsabilidad.

apedrear v.tr. **1** Lanzar piedras contra alguien o algo. **2** Matar a pedradas. ◆ v.impersonal **3** Granizar. ◆ **apedrearse** v.prnl. **4** Estropearse la cosecha por efecto del pedrisco.

apego s.m. Sentimiento de afecto.

apelación s.f. Acción de apelar.

apelar v.tr. e intr. **1** Solicitar a un juez o tribunal que anule o enmiende la sentencia dictada por otro de inferior rango por considerarla injusta. ◆ v.intr. **2** Solicitar ayuda para solucionar un asunto.

apelativo, a adj. y s.m. **1** Se dice del sustantivo que se aplica a personas o cosas pertenecientes a conjuntos de seres que tienen las mismas características. **2** Se dice de la palabra que sirve para llamar la atención del oyente o para dirigirse a él. ◆ adj. **3** Se dice de la función del lenguaje que sirve para llamar la atención del oyente para provocar en él una reacción. ◆ s.m. **4** Palabra que sirve para calificar a una persona o cosa.

apella s.f. Asamblea de los ciudadanos de Esparta.

apellidar v.tr. **1** Dar un apelativo calificativo a una persona o cosa. ◆ **apellidarse** v.prnl. **2** Tener un apellido determinado.

apellido s.m. Nombre que sigue al nombre propio de una persona y que se transmite de padres a hijos.

apelmazar v.tr. Poner compacta y dura una cosa que debiera ser más esponjosa y blanda.

apelotonar v.tr. **1** Poner unas cosas sobre otras de manera desordenada o descuidada. ◆ **apelotonarse** v.prnl. **2** Reunirse en un lugar un conjunto numeroso de personas, animales o cosas de manera desordenada.

apenar v.tr. **1** Causar pena o tristeza. ◆ **apenarse** v.prnl. **2** AMÉR Sentir vergüenza.

apenas adv. **1** Con dificultad y casi sin llegar a conseguirlo. **2** Escasamente. ◆ conj. **3** Indica un tiempo o un momento cercano a un hecho.

apéndice s.m. **1** Parte que se añade a un todo del que se considera una prolongación. **2** Parte del cuerpo de un animal que sobresale de su tronco, a excepción de las extremidades. **3** Prolongación delgada del intestino ciego. □ También apéndice cecal o apéndice vermiforme.

apendicitis s.f. Inflamación del apéndice.

aperar v.tr. **1** AMÉR Proveer de lo necesario. **2** COL, ARG Poner los aperos al caballo.

apercibir v.tr. **1** Preparar lo necesario para alguna cosa. **2** Avisar a alguien de algo. **3** Advertir de una próxima sanción en caso de cometer un error o una falta. ◆ **apercibirse** v.prnl. **4** Percatarse una persona de algo.

aperitivo, a adj. **1** Que abre el apetito. ◆ s.m. **2** Bebida o alimento que se toma antes del almuerzo o la cena.

apero s.m. **1** Instrumento que sirve para trabajar la tierra o para desarrollar las tareas agrícolas. **2** Conjunto de animales destinados a las tareas agrícolas. **3** Lugar donde se refugian el ganado y los pastores por la noche. **4** Conjunto de útiles para cualquier oficio. ◆ **aperos** s.m.pl. **5** ARG, CH, P RICO, VENEZ Útiles de montar a caballo, más lujosos que los de uso diario.

apertura s.f. **1** Acción de abrir. **2** Inauguración de un local, curso, asamblea etc.

aperturar v.tr. Dar comienzo a un acto.

aperturismo s.m. Actitud tolerante y receptiva.

aperturista adj. **1** Relativo al aperturismo. ◆ adj. y s.m. y f. **2** Se dice de la persona que es partidaria del aperturismo.

apesadumbrar v.tr. Causar pesadumbre.

apestado, a adj. y s. Que padece la peste.

apestar v.tr. **1** Contagiar la enfermedad de la peste. ◆ v.intr. **2** Despedir mal olor. **3** Fam. Dar muestras un asunto de ser ilegal o inmoral.

apestoso, a adj. **1** Que despide mal olor. **2** Fam. Que molesta o aburre.

apétalo, a adj. Que no tiene pétalos.

apetecer (30) v.intr. **1** Causar deseo o apetito una cosa que satisface los sentidos. ◆ v.tr. **2** Formal. Desear una cosa.

apetecible adj. Que apetece.

apetencia s.f. Deseo.

apetito s.m. **1** Ganas de comer. **2** Tendencia a satisfacer una necesidad o deseo.

apetitoso, a adj. **1** Que produce ganas de comer. **2** Apetecible.

apiadarse v.prnl. Sentir pena y dolor por la desgracia o sufrimiento que padece una persona.

apical adj. **1** Relativo al ápice. **2** Se dice del sonido consonántico que se pronuncia haciendo que el ápice de la lengua toque los dientes, los alveolos o el paladar.

ápice s.m. **1** Punta o extremo de una cosa, especialmente el de la lengua. **2** Parte muy pequeña e insignificante de una cosa.

apícola adj. Relativo a la apicultura.

apicultor, ra s. Persona que se dedica a la apicultura.

apicultura s.f. Técnica de criar abejas.

apilar v.tr. Poner unas cosas sobre otras.

apiñar v.tr. Juntar o reunir apretadamente.

apiñonado, a adj. MÉX De color moreno como el de la cáscara del piñón.

apio s.m. Hortaliza de tallo grueso, hojas largas y flores muy pequeñas, de olor y sabor muy fuertes y característicos.

apirético, a adj. **1** Que está relacionado con la ausencia de fiebre. ◆ adj. y s.m. **2** Se dice de la sustancia que reduce la fiebre.

apisonadora s.f. Vehículo de gran tamaño que se desplaza sobre cilindros muy pesados y sirve para apretar y allanar la tierra.

apisonar v.tr. Apretar y allanar la tierra u otra superficie.

aplacar v.tr. Calmar el ánimo violento.

aplanadora s.f. AMÉR Apisonadora.

aplanar v.tr. **1** Poner plano o llano. **2** Dejar a una persona sin ánimo o energía.

aplastante adj. **1** Que aplasta. **2** Rotundo, total o completo.

aplastar v.tr. **1** Reducir el grosor de un cuerpo por medio de la fuerza hasta provocar la pérdida de su forma original. **2** Apabullar a una persona hasta dejarla sin respuesta. **3** Vencer, superar o dominar por completo al adversario.

aplatanar v.tr. Fam. Atontar a una persona o hacer que se deje llevar por la pereza o la apatía.

aplaudir (3c) v.tr. e intr. **1** Golpear repetidamente una con otra las palmas de las manos. ◆ v.tr. **2** Demostrar aprobación.

aplauso s.m. Acción de aplaudir.

aplazamiento s.m. Acción de aplazar.

aplazar v.tr. **1** Retrasar o suspender la ejecución de una cosa. **2** ARG, EL SALV, URUG Calificar a una persona con una nota de suspenso.

aplicable adj. **1** Que puede ser aplicado o puesto en práctica. **2** Que sirve igualmente para una o varias personas o cosas.

aplicación s.f. **1** Acción y efecto de aplicar o aplicarse. **2** Adorno de un objeto hecho con un material distinto. **3** Programa informático que realiza una función determinada. **4** Operación matemática por la que se hace corresponder a todo elemento de un conjunto un solo elemento de otro conjunto.

aplicado, a adj. **1** Que desarrolla una actividad con interés. **2** Se dice de la ciencia considerada en su aspecto más práctico.

aplicar v.tr. **1** Poner una cosa sobre otra o en contacto con ella para conseguir un fin determinado. **2** Hacer uso de una cosa o ponerla en práctica para conseguir un fin determinado. **3** Emplear un concepto general en un caso particular. ◆ **aplicarse** v.prnl. **4** Dedicar esfuerzo y atención en el desarrollo de una actividad.

aplique s.m. **1** Lámpara que se fija a una pared. **2** Adorno de un objeto hecho con un material distinto.

aplomo s.m. Actitud serena y segura ante una situación comprometida o un problema.

apnea s.f. Suspensión de la respiración.

apocado, a adj. y s. Que tiene mucha timidez.

apocalipsis s.m. **1** Fin catastrófico o violento. **2** Fin del mundo.

apocalíptico, a adj. **1** Relativo al Apocalipsis (libro de la Biblia en el que se describe el fin del mundo). **2** Relativo al apocalipsis.

apocar v.tr. **1** Hacer que una persona se sienta humillada y se valore en menos de lo debido. ◆ **apocarse** v.prnl. **2** Acobardarse, cohibirse o comportarse con demasiada timidez.

apocopar v.tr. Suprimir uno o más sonidos finales de una palabra para crear una nueva.

apócope s.f. **1** Supresión de uno o más sonidos en posición final de palabra. **2** Palabra que resulta de esta supresión.

apócrifo, a adj. **1** Se dice del texto escrito que no pertenece a la persona o a la época a la que se atribuye. **2** Se dice del texto bíblico que no está reconocido por la Iglesia.

apodar v.tr. Poner un apodo.

apoderado, a adj. y s. Se dice de la persona que ha sido autorizada por otra para representarla y actuar en su nombre.

apoderar v.tr. **1** Otorgar poderes. ◆ **apoderarse** v.prnl. **2** Hacerse dueño de una cosa.

apodo s.m. Nombre con el que se sustituye el propio de una persona.

ápodo, a adj. y s.m. Que no tiene patas.

apódosis s.f. En una oración condicional, proposición principal.

apófisis s.f. Parte saliente de un hueso por la que se articula a otro hueso o en la que se inserta un músculo.

apogeo s.m. **1** Momento o situación de mayor intensidad, grandeza o calidad en un proceso. **2** Distancia máxima entre la Tierra y cualquier astro.

apolillarse v.prnl. **1** Deteriorarse una cosa a causa de la polilla. **2** Quedarse anticuado y pasado de moda. **3** Perder una habilidad o una capacidad por falta de práctica y renovación.

apolíneo, a adj. **1** Formal. Relativo a Apolo. **2** Se dice del hombre con un cuerpo muy bello y bien formado.

apolítico, a adj. y s. Se dice de la persona que no muestra ningún interés por la política.

apología s.f. Discurso o texto en el que se alaba, apoya o defiende a una persona o cosa.

apoltronarse v.prnl. **1** Fam. Sentarse con comodidad, extendiendo y recostando el cuerpo. **2** Acomodarse en una situación o cargo y permanecer en él sin esforzarse.

apoplejía s.f. Interrupción del riego sanguíneo de una parte del cerebro producida por un derrame, embolia o trombosis.

apoquinar v.tr. Fam. Pagar.

aporrear v.tr. Golpear.

aporreo s.m. Serie de porrazos.

aportación s.f. **1** Acción y efecto de aportar. **2** Conjunto de bienes aportados.

aportar v.tr. Proporcionar algo que ayuda al logro de un fin.

aporte s.m. Aportación.

aposentar v.tr. **1** Proporcionar habitación a una persona durante un tiempo. ◆ **aposentarse** v.prnl. **2** Establecerse una persona durante un tiempo en una casa que no es la suya.

aposento s.m. Habitación de una casa.

aposición s.f. Construcción gramatical en la que un sustantivo o sintagma nominal va yuxtapuesto a otro sustantivo, pronombre o sintagma nominal, respecto al cual ejerce una función adjetiva, explicándolo o especificándolo.

apósito s.m. Venda, gasa, algodón o tela esterilizada que se aplica sobre una herida.

aposta o **a posta** adv. Con intención de producir el efecto que se produce.

1. **apostar** (11) v.tr. y prnl. **1** Pactar dos o más personas que el que acierte alguna cosa o gane en algún juego se llevará el premio esta-

blecido. **2** Exponer una cantidad de dinero para tomar parte en una apuesta.

2. **apostar** v.tr. Poner a una persona en un lugar para un determinado fin.

apóstata s.m. y f. Persona que abandona sus ideales o su religión públicamente.

apostilla s.f. Nota o notas que sirven para comentar, aclarar o completar un texto.

apostillar v.tr. Poner apostillas a un texto.

apóstol s.m. **1** Cada uno de los doce discípulos de Jesucristo que, según los evangelios, tenían la misión de predicar la fe cristiana. **2** Persona que propaga una doctrina o una idea.

apostólico, a adj. Relativo a los apóstoles.

apostrofar v.tr. Dirigir apóstrofes a alguien.

apóstrofe s.m. o f. **1** Formal. Figura retórica que consiste en interrumpir el discurso para dirigir la palabra a una persona.

apóstrofo s.m. Signo ortográfico (') que se usa para indicar que se ha suprimido una vocal, y para otros usos.

apostura s.f. Elegancia y compostura.

apotema s.f. **1** Perpendicular trazada desde el centro de un polígono regular a cualquiera de sus lados. **2** Altura de cada una de las caras laterales de una pirámide.

apoteósico, a adj. **1** Que recibe la admiración y alabanza de mucha gente. **2** Que es brillante por ser el momento culminante.

apoteosis s.f. Parte final, brillante y muy impresionante de algo.

apoyapiés adj. Que sirve para apoyar en ella los pies.

apoyar v.tr. **1** Colocar una persona o cosa sobre otra de modo que descanse en ella. **2** Estar a favor de determinada persona y confiar en ella. **3** Tener su base una cosa sobre otra. **4** Basar una opinión en el criterio de otra persona. **5** Aprobar o dar por bueno.

apoyatura s.f. **1** Apoyo. **2** Nota musical que va delante de otra como adorno.

apoyo s.m. **1** Persona, cosa o parte de ella sobre la que se apoya otra. **2** Ayuda o confianza.

apreciable adj. **1** Que puede ser notado o apreciado por los sentidos. **2** Considerable, de bastante importancia. **3** Digno de ser apreciado.

apreciación s.f. Valoración de algo.

apreciar (1d) v.tr. **1** Captar o percibir algo por los sentidos o por la inteligencia. **2** Reconocer el valor, el mérito o las cualidades de una persona o cosa. **3** Sentir cariño o afecto por alguien. **4** Poner precio a una cosa.

aprecio s.m. **1** Cariño o afecto. **2** Reconocimiento del valor de una persona o cosa.

aprehender v.tr. **1** Prender a una persona que ha cometido un delito. **2** Capturar un botín o una mercancía de contrabando. **3** Formal. Asimilar o comprender una idea.

aprehensión s.f. Acción de aprehender.

apremiar (1d) v.tr. **1** Meter prisa. ◆ **v.intr.** **2** Ser urgente la realización de una cosa.

apremio s.m. **1** Prisa que se ejerce sobre alguien para que haga algo con rapidez. **2** Falta de tiempo, espacio o dinero para hacer algo. **3** Mandamiento judicial o administrativo por el que se obliga al cumplimiento de una cosa.

aprender v.tr. **1** Llegar a saber una cosa por medio del estudio o la práctica. **2** Grabar una cosa en la memoria.

aprendiz, za s. **1** Persona, generalmente joven, que aprende algún oficio practicándolo con alguien que ya lo sabe. **2** Persona que se halla en el primer grado de un oficio.

aprendizaje s.m. Adquisición de los conocimientos necesarios para ejercer una función.

aprensión s.f. Sensación de desagrado que se siente hacia una persona o cosa.

aprensivo, a adj. Que tiene aprensión.

apresar v.tr. **1** Detener a una persona y encerrarla en prisión. **2** Sujetar con fuerza, privando de la libertad de movimientos.

aprestar v.tr. **1** Preparar o disponer lo necesario para una cosa. ◆ **aprestarse** v.prnl. **2** Prepararse o disponerse a hacer algo.

apresto s.m. **1** Preparación a que se someten los tejidos para que tengan mayor consistencia o rigidez. **2** Sustancia que se aplica a los tejidos para que tengan mayor consistencia o rigidez.

apresurado, a adj. Se dice de la cosa que se hace con prisas o que muestra apresuramiento.

apresurar v.tr. **1** Aumentar la velocidad con que se hace una cosa. ◆ **apresurarse** v.prnl. **2** Darse prisa.

apretado, a adj. **1** Demasiado ajustado o apiñado. **2** Estrecho o con poco margen.

apretar (32) v.tr. **1** Coger una persona o cosa con las manos o los brazos y sujetarla con fuerza. **2** Quedar demasiado ajustada una prenda de vestir. **3** Hacer fuerza o presión sobre una cosa. **4** Aumentar la tirantez de algo para que haga mayor presión. ◆ **v.intr.** **5** Presionar a alguien a que haga algo. ◆ **apretarse** v.prnl. **6** Juntarse mucho entre sí varias personas en un lugar demasiado estrecho.

apretón s.m. **1** Acción de apretar con fuerza y rapidez. **2** Fam. Necesidad repentina de defecar.

apretujar v.tr. **1** Apretar con fuerza o repetidamente. ◆ **apretujarse** v.prnl. **2** Juntarse mucho entre sí varias personas.

apretura s.f. **1** Falta de espacio. **2** Falta o escasez de algo, especialmente de alimentos. **3** Aprieto.

aprieto s.m. Asunto de difícil solución.

aprisa adv. Con rapidez.

aprisco s.m. Lugar cercado donde los pastores recogen el ganado por la noche.

aprisionar v.tr. **1** Sujetar con fuerza, privando de la libertad de movimientos. **2** Meter en prisión.

aprobación s.f. Acción de aprobar.

aprobado s.m. Calificación o nota que indica que un alumno ha alcanzado el nivel de conocimientos exigido como mínimo.

aprobar (11) v.tr. **1** Considerar que algo está bien, darlo por bueno o suficiente. **2** Declarar apta a una persona en un examen u oposición. **3** Ser declarada apta una persona en un examen.

aprobatorio, a adj. Que aprueba o implica aprobación.

apropiación s.f. Acción de adueñarse de algo.

apropiado, a adj. Adecuado.

apropiar (1d) v.tr. **1** Adecuar una cosa a otra. ◆ **apropiarse** v.prnl. **2** Adueñarse de algo.

aprovechable adj. Se dice de la cosa que aún puede ser aprovechada.

aprovechado, a adj. **1** Se dice de la persona que es muy diligente, estudiosa o pone mucho interés en lo que hace. ◆ adj. y s. **2** Se dice de la persona que saca beneficio de las situaciones favorables, generalmente sin escrúpulos.

aprovechamiento s.m. Obtención de un beneficio o un provecho.

aprovechar v.tr. **1** Hacer buen uso de una cosa, sacarle el máximo rendimiento, beneficio o utilidad. ◆ v.intr. **2** Ser útil o buena una cosa a alguien. **3** Adelantar en el aprendizaje de una materia. ◆ **aprovecharse** v.prnl. **4** Servirse de una persona o cosa para sacarle un beneficio. ◇ **que aproveche** ESP Se utiliza para desear a una persona que disfrute de la comida.

aprovisionamiento s.m. Suministro o entrega de lo que se necesita.

aprovisionar v.tr. Abastecer de provisiones.

aproximación s.f. **1** Colocación en una posición más cercana. **2** Acercamiento a un asunto o problema. **3** Cantidad o cifra cercana al número correcto, pero que no es exacta.

aproximado, a adj. Que se acerca más o menos a lo exacto.

aproximar v.tr. **1** Poner a menor distancia una cosa. **2** Poner en relación amistosa a dos o más personas. **3** En matemáticas, determinar un valor cercano al valor exacto, pero que lo excede o no lo alcanza. ◆ **aproximarse** v.prnl. **4** Acercarse o ponerse a menor distancia.

aproximativo, a adj. Aproximado.

áptero, a adj. **1** Que no tiene alas. **2** Se dice del edificio que tiene pórtico de columnas, pero sin columnas en sus fachadas laterales.

aptitud s.f. Capacidad para realizar satisfactoriamente una tarea o desempeñar un cargo.

apto, a adj. **1** Que tiene aptitud para hacer una cosa. **2** Adecuado o útil para un fin.

apuesta s.f. Pacto o acuerdo entre dos o más personas según el cual quien acierte una cosa o gane en un juego se llevará el premio que se haya establecido.

apuesto, a adj. Que tiene aspecto agradable.

apuntado, a adj. Que acaba en punta.

apuntador, ra s. Persona que ayuda a los actores a recordar su papel durante la representación.

apuntalar v.tr. Sujetar alguna cosa con puntales, especialmente un edificio.

apuntar v.tr. **1** Tomar nota por escrito. ◆ v.tr. e intr. **2** Señalar hacia algo o alguien. **3** Dirigir un arma hacia el objetivo. ◆ v.tr. **4** Señalar la conveniencia de una cosa. **5** Decir a alguien en voz baja algo que no recuerda o que no sabe. ◆ v.intr. **6** Empezar a mostrarse o a salir alguna cosa. ◆ **apuntarse** v.prnl. **7** Conseguir un tanto en una competición.

apunte s.m. **1** Nota que se toma por escrito. **2** Dibujo del natural que se hace rápidamente y con pocas líneas. **3** Voz del apuntador. ◆ **apuntes** s.m.pl. **4** Notas que se toman cuando se escucha la explicación de un profesor.

apuñalar v.tr. Herir a alguien con un objeto punzante, como un cuchillo o puñal.

apurado, a adj. **1** Pobre, apurado. **2** Dificultoso, peligroso. **3** Apresurado.

apurar v.tr. **1** Acabar o agotar una cosa. **2** Llevar hasta el límite. **3** Cortar mucho el pelo de la barba. **4** Meter prisa a una persona. **5** Correr prisa algo a alguien. ◆ **apurarse** v.prnl. **6** Darse prisa. **7** Preocuparse o afligirse.

apuro s.m. **1** Asunto o problema de difícil solución. **2** Escasez de dinero. **3** Vergüenza.

aquejar v.tr. Afectar una enfermedad o un mal a una persona o cosa.

aquel, lla det. y pron. **1** Indica o señala algo que está más lejos, en el espacio o el tiempo, de las personas que hablan. □ Cuando funciona como pronombre, se debe escribir con tilde si existe riesgo de ambigüedad. ◆ adj. **2** Pospuesto al sustantivo, comporta un matiz despectivo o indeterminado. ◆ s.m. **3** Encanto o atractivo indeterminado que tiene una persona o cosa.

aquelarre s.m. Reunión de brujos.

aquello pron. **1** Indica o señala lo que está más lejos, en el espacio o el tiempo, de las personas que hablan. **2** Indica o señala una cosa conocida o nombrada anteriormente.

aquenio, a s.m. Fruto seco que contiene una sola semilla que no está soldada a su envoltura externa.

aqueo, a adj. y s. De Acaya (antigua región de Grecia).

aquí adv. **1** En este lugar, al lado de la persona que habla o en dirección al lugar donde se encuentra la persona que habla. **2** En este momento, en el momento en que se está hablando.

aquiescencia s.f. Consentimiento o aceptación de una decisión tomada por otra persona.

aquilatar v.tr. **1** Determinar o juzgar con cuidado el valor, importancia o trascendencia de algo. **2** Rebajar todo lo posible el precio de algo.

ar interj. Expresión que utiliza un mando militar para indicar el momento en que se debe comenzar a cumplir la orden dada.

ara s.f. Formal. Mesa consagrada, montículo o piedra donde se realizan rituales religiosos. ◇ **en aras de** En honor o en interés de.

árabe adj. y s.m. y f. **1** De Arabia (península del sudoeste de Asia). **2** Se dice del pueblo que en el primer milenio se asentó en Arabia y a sus descendientes. ◆ s.m. y adj. **3** Lengua semítica que se habla en distintos países de Asia y de África. ◆ adj. y s.m. y f. **4** De donde se habla esta lengua.

arabesco s.m. Adorno pintado o labrado en frisos, cenefas o zócalos, compuesto por figuras geométricas y motivos florales.

arábigo, a adj. Árabe.

arabismo s.m. Palabra o expresión propio de la lengua árabe y que se usa en otro idioma.

arabista s.m. y f. Persona que se dedica al estudio de la lengua y la cultura árabes.

arácnido adj. y s.m. **1** Se dice del artrópodo que se caracteriza por tener cuatro pares de patas, carecer de antenas y alas y tener el cuerpo dividido en cefalotórax y abdomen. ◆ **arácnidos** s.m.pl. **2** Grupo taxonómico constituido por estos artrópodos.

aracnofobia s.f. Miedo a las arañas.

arado s.m. Instrumento para arar.

aragonés, sa adj. y s. **1** De Aragón (comunidad autónoma española). ◆ s.m. y adj. **2** Variedad del español hablada en Aragón.

aragonesismo s.m. **1** Amor o admiración por Aragón. **2** Palabra o expresión propio del español hablado en Aragón.

arameo, a adj. y s. **1** De un pueblo bíblico que habitó en el antiguo país de Aram. ◆ s.m. **2** Conjunto de lenguas semíticas, de la misma familia que el hebreo y el fenicio.

arancel s.m. Impuesto que grava las mercancías que entran en un país.

arancelario, a adj. Relativo al arancel.

arándano s.m. **1** Planta con ramas angulosas, hojas ovaladas, flores blancas o rosadas y fruto comestible. **2** Fruto de esta planta, redondeado y de color negro azulado.

arandela s.f. Pieza delgada, circular y con un orificio en el centro.

araña s.f. **1** Arácnido que tiene unos órganos en la parte posterior del cuerpo con los que produce una sustancia en forma de hilo que le sirve para trasladarse y para construir telarañas. **2** Lámpara de techo con muchos brazos.

arañar v.tr. **1** Herir superficialmente la piel de alguien con las uñas o con un objeto punzante. **2** Rayar ligeramente una superficie lisa y dura.

arañazo s.m. Herida superficial, rasguño.

arar v.tr. Hacer surcos en la tierra con el arado.

araucano, a adj. y s. **1** De Arauco (Chile). ◆ s.m. y adj. **2** Lengua precolombina de Chile y Argentina.

arbitraje s.m. Acción o efecto de arbitrar.

arbitral adj. Relativo al árbitro.

arbitrar v.tr. **1** Actuar de árbitro en una competición deportiva. **2** Obtener o reunir recursos o medios. ◆ v.tr. e intr. **3** Actuar como juez o mediador en un conflicto entre varias partes.

arbitrariedad s.f. **1** Forma de actuar que se basa solamente en la voluntad y en el capricho y no en la razón. **2** Hecho o dicho que no es justo.

arbitrario, a adj. **1** Que actúa con arbitrariedad. **2** Que depende solamente de la voluntad o capricho de alguien.

arbitrio s.m. **1** Capacidad para juzgar o decidir. **2** Voluntad o deseo que obedece al capricho y no a la razón. **3** Medio extraordinario que se propone para conseguir un fin determinado. ◆ **arbitrios** s.m.pl. **4** Derechos o impuestos con que se arbitran gastos públicos.

árbitro, a s. **1** Persona que en una competición de ciertos deportes se encarga de hacer cumplir el reglamento. **2** Persona elegida como juez por dos partes que están en conflicto.

árbol s.m. **1** Planta leñosa de por lo menos 5 m de altura, cuyas ramas empiezan a crecer a cierta altura del suelo. **2** Cuadro descriptivo que representa de forma gráfica las relaciones de dependencia que tienen los elementos de un conjunto. **3** Palo de un navío. ◇ **árbol genealógico** Árbol que representa de forma gráfica las relaciones, orígenes y descendencia de una familia.

arbolado, a adj. **1** Que está poblado de árboles. ◆ s.m. **2** Conjunto de árboles.

arboladura s.f. Conjunto de palos y vergas que sostienen las velas de una embarcación.

arboleda s.f. Lugar poblado de árboles.

arbóreo, a adj. **1** Relativo al árbol. **2** Que se parece al árbol.

arborescente adj. Que por su forma o aspecto recuerda a un árbol.

arborícola adj. Que vive en los árboles.

arbotante s.m. Arco exterior que descarga el empuje de las bóvedas sobre un contrafuerte separado del muro.

arbustivo, a adj. Relativo a los arbustos.

arbusto s.m. Planta leñosa de menos de 5 m de altura, cuyas ramas crecen desde la base.

arca s.f. **1** Caja resistente de gran tamaño, generalmente de madera, con tapa plana y cerradura, que se usa para guardar ropa u otros objetos. **2** Caja pequeña y resistente, de metal o madera, con tapa y cerradura, que sirve para guardar objetos de valor. ◆ **arcas** s.f.pl. **3** Lugar donde se guarda el dinero de una colectividad. ◇ **arca de Noé** Embarcación que construyó Noé para salvar del diluvio universal a su familia y a una pareja de animales de cada especie.

arcabucero s.m. **1** Soldado que iba armado con un arcabuz. **2** Fabricante de arcabuces.

arcabuz s.m. Arma de fuego antigua, alargada y parecida a un fusil, que se disparaba prendiendo la pólvora mediante una mecha.

arcada s.f. **1** Movimiento violento del estómago que se produce antes de vomitar. **2** Serie de arcos de una construcción. **3** Espacio vacío entre dos columnas o muros de un puente.

arcaico, a adj. **1** Que pertenece a un pasado lejano o proviene de un período histórico antiguo. **2** Anticuado.

arcaísmo s.m. **1** Voz o frase que no están en uso. **2** Conservación o imitación de lo antiguo.

arcaizante adj. **1** Que tiene o usa arcaísmos. **2** Que tiende a lo arcaico o se parece a ello.

arcángel s.m. Ser o espíritu celestial de categoría superior a la de los ángeles.

arcano, a adj. **1** Formal. Secreto. ◆ s.m. **2** Secreto o misterio que es muy difícil de entender.

arce s.m. Árbol de madera muy dura y generalmente salpicada de manchas, ramas opuestas, hojas sencillas, lobuladas y angulosas y fruto ligero rodeado de una especie de alas.

arcén s.m. Espacio entre la calzada y la cuneta en una carretera.

archidiócesis s.f. Diócesis dirigida por un arzobispo.

archiduque, esa s.m. **1** Noble de categoría superior a la de duque. **2** Príncipe de la casa de Austria. ◆ s.f. **3** Princesa de la casa de Austria. **4** Mujer o hija de un archiduque.

architonema s.m. Conjunto de rasgos distintivos comunes a dos fonemas cuya oposición deja de existir en determinado contexto.

archimillonario, a adj. y s. **1** Fam. Multimillonario. ◆ adj. **2** Se dice de la cantidad que es muy elevada o asciende a muchos millones.

archipiélago s.m. Grupo de islas.

archivador s.m. Mueble, caja o carpeta para archivar.

archivar v.tr. Guardar papeles o documentos en un archivo en un determinado orden.

archivística s.f. Técnica de conservación y catalogación de archivos.

archivo s.m. **1** Lugar en el que se guardan de forma ordenada documentos. **2** Conjunto de estos documentos. **3** Archivador. **4** Conjunto de información organizado y grabado como una unidad en un soporte informático. □ También archivo electrónico.

archivolta s.f. Arquivolta.

arcilla s.f. Suelo o roca sedimentaria de grano muy fino compuesta principalmente de silicatos y que mezclada con agua se puede modelar y cocida se endurece.

arcilloso, a adj. **1** Que tiene arcilla. **2** Parecido a la arcilla.

arcipreste s.m. **1** Sacerdote que, por nombramiento del obispo, tiene autoridad sobre un grupo de curas, iglesias y parroquias de un territorio determinado. **2** Sacerdote principal de una catedral.

arco s.m. **1** Porción de una línea curva continua comprendida entre dos puntos. **2** Objeto o figura que tiene esta forma. **3** Estructura de una construcción que tiene generalmente forma curva y que cubre un hueco entre dos columnas o pilares. **4** Arma formada por una vara flexible cuyos extremos se hallan unidos por una cuerda muy tirante, y que sirve para lanzar flechas. **5** Vara delgada ligeramente curva cuyos extremos están unidos por un conjunto de cerdas tirantes, con que se rozan las cuerdas de algunos instrumentos musicales para tocarlos. ◇ **arco de medio punto** Arco que tiene la forma de una semicircunferencia. ◇ **arco de triunfo** o **arco triunfal** Monumento con uno o más arcos construido para celebrar una victoria o un acontecimiento. ◇ **arco insular** Conjunto de islas volcánicas dispuestas en forma de arco que se forman cuando una placa oceánica se hunde bajo otra placa oceánica. ◇ **arco iris** Banda de colores con forma de arco que aparece en el cielo cuando los rayos del sol atraviesan las gotas de lluvia.

arconte s.m. Magistrado que desempeñaba funciones de gobierno en diversas ciudades de la antigua Grecia, especialmente en Atenas.

ardentísimo, a adj. Formal. Superlativo de ardiente.

arder v.intr. **1** Estar una cosa en combustión o quemándose. **2** Estar muy caliente una cosa o desprender mucho calor. **3** Experimentar una pasión o un sentimiento intenso.

ardid s.m. Medio que se emplea con habilidad y astucia para conseguir algo.

ardiente adj. **1** Que está lleno de pasión. **2** Que quema o es muy caliente. **3** Que causa ardor o parece que quema.
OBS Superlativo: **ardentísimo**.

ardilla s.f. **1** Mamífero roedor de pequeño tamaño, color marrón, gris o rojo oscuro, con una gran cola de pelo denso y suave; vive en los bosques. **2** Persona muy astuta.

ardite s.m. **1** Cosa de poco valor. **2** Antigua moneda castellana de poco valor.

ardor s.m. **1** Calor muy intenso. **2** Sensación de calor vivo en una parte del cuerpo. **3** Sentimiento muy fuerte, apasionado o entusiasta.

arduo, a adj. Que requiere mucho esfuerzo.

área s.f. **1** Zona o superficie acotada. **2** Medida de superficie, de símbolo a, que es igual a 100 metros cuadrados. **3** Superficie comprendida dentro de un perímetro. **4** En algunos deportes de pelota, parte delimitada del terreno de juego situada delante de la meta. **5** Espacio en el que se produce determinado fenómeno o que se distingue por tener ciertas características. **6** Conjunto de materias o conocimientos relacionados entre sí y que son propios de una actividad o disciplina. ◇ **área de servicio** Lugar habilitado en una carretera para el estacionamiento de los vehículos.

arena s.f. **1** Sedimento de grano medio-fino constituido por partículas minerales de composición diversa. **2** Materia formada por pequeñas partículas de un cuerpo sólido. **3** Zona central de la plaza de toros, cubierta de tierra, en la cual se torea. **4** Lugar en el que se lucha, especialmente en un anfiteatro o circo romano.

arenal s.m. Extensión de terreno arenoso.

arenga s.f. Discurso en tono solemne y elevado que se pronuncia para levantar el ánimo.

arenilla s.f. **1** Arena fina. **2** Conjunto de partículas de cualquier tipo de material que son semejantes o parecidas a la arena. **3** Cálculo renal o biliar que tiene el aspecto de la arena menuda. **4** Salitre reducido a granos finos para fabricar pólvora.

arenisca s.f. Roca sedimentaria formada a partir de arenas, cuyos granos quedan unidos por un cemento que le da dureza.

arenoso, a adj. **1** Que tiene arena. **2** De características similares a la arena.

arenque s.m. Pez marino comestible parecido a la sardina, pero de mayor tamaño.

areola o **aréola** s.f. **1** Enrojecimiento de los bordes de una zona inflamada. **2** Círculo de color oscuro que rodea el pezón.

areómetro s.m. Instrumento que sirve para medir la densidad relativa o los pesos específicos de los líquidos y la concentración de las disoluciones.

areópago s.m. Tribunal supremo de la antigua Atenas, encargado de juzgar asuntos criminales. □ Se escribe con mayúscula inicial.

arete s.m. Aro pequeño de metal que se lleva en la oreja como adorno.

arévaco, a adj. y s. De un pueblo celtíbero establecido en la zona correspondiente al actual alto Duero (provincias de Soria y Segovia).

argamasa s.f. Mezcla de cal o cemento, arena y agua que se usa en la construcción.

argelino, a adj. y s. De Argelia (país de África).

argentar v.tr. Formal. Platear.

argentinismo s.m. **1** Palabra o modo de expresión propio del español hablado en Argentina. **2** Amor o admiración por Argentina.

argentino, a adj. y s. **1** De Argentina (país de América del Sur). ◆ s.m. y adj. **2** Variedad del español hablada en Argentina.

argolla s.f. **1** Aro grueso de metal que, fijo en algún sitio, sirve para asegurar algo a él. **2** Juego que consiste en tratar de hacer pasar por una argolla fija en el suelo unas bolas de madera, impulsándolas con unas palas cóncavas. **3** AMÉR Anillo matrimonial. **4** C RICA, PERÚ Grupo de presión que, por lo general, no actúa abiertamente. **5** MÉX Anillo sin piedra ni adorno sobresaliente alguno. ◇ **formar argolla** AMÉR CENTRAL Establecer un monopolio.

argón s.m. Elemento químico de símbolo Ar y número atómico 18.

argonauta s.m. **1** Héroe de la mitología griega. **2** Molusco marino de aspecto similar al pulpo, de cuerpo comprimido y con ocho tentáculos.

argot (pl. argots) s.m. Jerga.

argucia s.f. Argumento falso presentado con habilidad e ingenio.

argüir (23) v.tr. **1** Alegar razones o argumentos en favor o en contra de alguna opinión. **2** Deducir como consecuencia natural.

argumentación s.f. Aportación de argumentos en favor o en contra de una opinión.

argumental adj. Relativo al argumento.

argumentar v.tr. Dar razones o argumentos.

argumentario s.m. Conjunto de argumentos.

argumento s.m. **1** Razón que se da a favor o en contra de una opinión. **2** Sucesión de hechos o acciones relacionados entre sí que constituye el núcleo principal de una narración.

aria s.f. Composición musical formada por una melodía que se canta y un acompañamiento instrumental, que generalmente forma parte de una ópera, un oratorio u otro género dramático.

aridez s.f. Calidad de árido.

árido, a adj. **1** Que no tiene o no recibe lluvia o que no tiene humedad atmosférica. **2** Poco ameno o entretenido. ◆ **áridos** s.m.pl. **3** Granos, legumbres y frutos secos a los que se aplican medidas de capacidad.

aries adj. y s.m. y f. Se dice de la persona que ha nacido entre el 21 de marzo y el 19 de abril.
OBS Se escribe normalmente con mayúscula inicial.
OBS Invariable en número.

ariete s.m. **1** Máquina militar que se empleaba antiguamente para derribar murallas, puertas y otros obstáculos. **2** Delantero centro de un equipo de fútbol.

ario, a adj. y s. **1** De un pueblo indoeuropeo que desde el Neolítico habitó la India y otras regiones de Asia Menor. **2** De una supuesta raza de estirpe nórdica que los nazis consideraban superior al resto de razas y etnias.

arisco, a adj. Poco amable o difícil de tratar.

arisquear v.intr. ARG, URUG Mostrarse arisco.

arista s.f. **1** Línea recta de intersección de dos planos o dos superficies de un poliedro que se cortan. **2** Borde de un objeto cortado o trabajado. **3** Filamento áspero que es la prolongación de la cáscara que envuelve el grano de trigo y de otras plantas gramíneas. ◆ **aristas** s.f.pl. **4** Dificultades o problemas que presenta algo.

aristocracia s.f. **1** Nobleza. **2** Élite. **3** Gobierno ejercido por la nobleza.

aristócrata s.m. y f. Persona que pertenece a la aristocracia.

aristocrático, a adj. De la aristocracia.

aristotelismo s.m. Sistema filosófico de Aristóteles (384-322 a. C.) y de sus seguidores.

aritmética s.f. Parte de las matemáticas que estudia las propiedades de los números y las operaciones que se pueden realizar con ellos.

aritmético, a adj. Relativo a la aritmética.

arlequín s.m. Personaje cómico de teatro, procedente de la antigua comedia italiana.

arma s.f. **1** Instrumento, máquina o medio que sirve para atacar o defenderse. **2** Defensa natural de un animal. **3** Medio para conseguir una cosa o un fin determinado. **4** Sección del ejército de tierra. ◆ **armas** s.f.pl. **5** Profesión o carrera militar. **6** Tropas militares. **7** Signos heráldicos de un escudo. ◇ **arma bacteriológica** o **arma biológica** Sustancia elaborada en laboratorio, que se arroja al enemigo para contagiarlo de una enfermedad. ◇ **arma de doble filo** Medio que se emplea para conseguir un fin y que puede tener un efecto no deseado. ◇ **arma de fuego** Arma que utiliza una materia explosiva para lanzar proyectiles.

armada s.f. **1** Conjunto de las fuerzas navales de un estado. **2** Conjunto de embarcaciones de guerra que participan en una acción.

armadillo s.m. Mamífero de dorso y cola protegidos por placas córneas articuladas de manera que le permiten enrollarse en forma de bola cuando es atacado.

armado, a adj. **1** Que está provisto de armas. **2** Que se produce con intervención del uso de armas. **3** Fam. Que tiene unos atributos sexuales bien desarrollados.

armador, ra s. **1** Persona que se dedica a la construcción de barcos. **2** Persona o empresa que prepara y equipa un barco.

armadura s.f. **1** Conjunto de piezas de metal articuladas que los guerreros de la Edad Media llevaban puesto para protegerse del enemigo. **2** Conjunto de piezas o elementos que sirve como soporte y esqueleto de otra cosa.

armamentista adj. **1** Relativo a la producción de las armas de guerra. ◆ adj. y s.m. y f. **2** Se dice de la persona que es partidaria del armamentismo. **3** AMÉR CENTRAL Se dice de la persona que es partidaria del militarismo.

armamento s.m. **1** Conjunto de armas de un ejército, de un cuerpo armado o de un soldado. **2** Proceso por el que un país aumenta el número y poder de sus armas.

armar v.tr. **1** Proporcionar armas. **2** Preparar todo lo necesario para la guerra o para cualquier otra actividad. **3** Juntar y ajustar las piezas de un juego, aparato o mueble. **4** Originar, provocar, especialmente una riña o un escándalo. ◆ **armarse** v.prnl. **5** Adoptar una determinada actitud para resistir una contrariedad.

armario s.m. Mueble con puertas, generalmente provisto de perchas, estantes y cajones.

armatoste s.m. Desp. Objeto que es grande y pesado y resulta poco útil.

armazón s.m. o f. Conjunto de piezas que sirve como soporte y esqueleto de una cosa.

armella s.f. Anillo de metal con un tornillo o clavo para fijarlo en algo sólido.

armenio, a adj. y s. **1** De Armenia. ◆ s.m. **2** Grupo de lenguas que se hablan en Armenia.

armería s.f. **1** Establecimiento en el que se venden armas. **2** Lugar en el que se guardan y se exhiben armas. **3** Arte de fabricar armas.

armiño s.m. Mamífero carnívoro de pequeño tamaño, piel muy suave y cola larga con la punta de color negro.

armisticio s.m. Acuerdo que firman dos o más países en guerra cuando deciden dejar de combatir durante cierto tiempo.

armonía o **harmonía** s.f. **1** Proporción y correspondencia adecuada entre las cosas. **2** Relación buena o de paz entre personas o grupos. **3** Unión y combinación de notas musicales emitidas simultáneamente.

armónica s.f. Instrumento musical de viento compuesto por un pequeño soporte alargado de madera o metal con varias ranuras en las que hay una serie de lengüetas interiores que suenan al soplar o aspirar por las ranuras.

armónico, a adj. Relativo a la armonía.

armonio s.m. Instrumento musical de teclado parecido al órgano.

armonioso, a adj. **1** Que suena bien y es agradable al oído. **2** Se dice de la relación o convivencia que es amistosa y pacífica.

armonizar v.intr. **1** Estar en armonía. ◆ v.tr. **2** Crear armonía entre las partes de un todo o entre los elementos que deben concurrir a un mismo fin.

ARN s.m. Sigla de **ácido ribonucleico.** □ Se usa la abreviación internacional RNA, del inglés ribonucleic acid.
OBS Pronunc. 'a-erre-ene'.

arnés s.m. **1** Correa o tirante que se ajusta al cuerpo y que se utiliza como sujeción. ◆ **arneses** s.m.pl. **2** Conjunto de las correas, la silla y otros efectos que se ponen a las caballerías para montarlas o engancharlas al carro.

árnica s.f. **1** Planta medicinal de hojas ovaladas y flores grandes, amarillas y de olor fuerte. **2** Tintura que se obtiene de su flor y raíz.

aro s.m. **1** Pieza de material rígido, especialmente metálico, en forma de circunferencia. **2** Juguete en forma de circunferencia que los niños hacen girar por el suelo con la ayuda de un palo o un hierro largo y delgado. ◇ **pasar,** o **entrar, por el aro** Ser convencida u obligada una persona a hacer algo que no quería. **3** AMÉR Adorno que una persona se pone o lleva colgando de alguna parte del cuerpo. **GEOSIN** pendiente.

aroma s.m. Olor muy agradable.

aromático, a adj. Que tiene olor agradable.

aromatizar v.tr. Dar olor agradable a una cosa.

arpa o **harpa** s.f. Instrumento musical de cuerda de gran tamaño formado por un marco de forma más o menos triangular (que se apoya en el suelo por el vértice) dentro del cual están situadas verticalmente una serie de cuerdas que se hacen vibrar con los dedos de ambas manos.

arpegiar (1d) v.tr. Tocar arpegios.

arpegio s.m. Serie de tres o más notas musicales tocadas no simultáneamente sino una después de la otra.

arpía o **harpía** s.f. **1** Desp. Mujer mala y perversa. **2** Ser mitológico con cabeza de mujer y cuerpo de ave de rapiña.

arpillera o **harpillera** s.f. Tejido fuerte y áspero, generalmente de estopa, que se usa sobre todo para hacer sacos y para embalar.

arpón s.m. Instrumento de pesca formado por una barra larga en uno de cuyos extremos tiene una punta de hierro con púas vueltas hacia atrás para que hagan presa después de clavarse.

arponear v.tr. Pescar con arpón.

arquear v.tr. **1** Doblar una cosa de modo que tome forma de arco. ◆ **arquearse** v.prnl. **2** Quedar una cosa doblada en forma de arco.

arquegonio s.m. Órgano reproductor femenino de algunas algas y plantas sin semillas, como los helechos y los musgos, que está formado por una prolongación hueca en cuya base se encuentra el óvulo.

arqueolítico, a adj. De la Edad de Piedra.

arqueología s.f. Ciencia que investiga las civilizaciones antiguas mediante el estudio de los restos que han perdurado.

arqueológico, a adj. De la arqueología.

arqueólogo, a s. Persona que se dedica a la arqueología.

arquería s.f. Arcos de una construcción.

arquero, a s.m. **1** Soldado que peleaba con arco y flechas. ◆ s. **2** Persona que practica el tiro con arco. **3** En algunos deportes, portero.

arquetípico, a adj. **1** Relativo al arquetipo. **2** Que sirve de arquetipo.

arquetipo s.m. Modelo ideal, patrón.

arquitecto, a s. Persona que se dedica a la arquitectura.
OBS Doble femenino: **arquitecto** o **arquitecta.**

arquitectónico, a adj. De la arquitectura.

arquitectura s.f. Arte y técnica de diseñar, proyectar y construir edificios, obras urbanísticas y otras construcciones.

arquitrabado s.m. Sistema constructivo arquitectónico fundamentado en el pilar y el dintel como elementos sustentantes, cubiertos por un techo de madera plana o con maderos y tablas ensamblados.

arquitrabe s.m. Parte inferior del entablamento, que descansa sobre una columna.

arquivolta s.f. Cada uno de los arcos concéntricos inscritos unos en otros que dan forma abocinada a muchas portadas románicas.

arrabal s.m. **1** Barrio o zona que está fuera del recinto de una población o en la periferia, especialmente el habitado por personas de bajo nivel económico. **2** Población aneja a otra mayor. ◆ **arrabales** s.m.pl. **3** Alrededores.

arrabalero, a adj. y s. **1** Que vive en un arrabal. **2** Que es maleducado.

arrabio s.m. Hierro colado obtenido de la primera fusión en los altos hornos y que no ha recibido ningún tratamiento de refino.

arracimarse v.prnl. Unirse en racimo.

arraigar (1i) v.intr. **1** Echar raíces una planta. **2** Hacerse firme y duradero un sentimiento o una costumbre. ◆ v.tr. **3** Hacer firme y duradero un sentimiento o una costumbre. ◆ **arraigarse** v.prnl. **4** Establecerse una persona de forma fija en un lugar.

arraigo s.m. Fijación firme y duradera.

arramblar v.intr. Coger o llevarse con codicia o de forma indebida todo lo que hay en un lugar.

arrancada s.f. **1** Salida violenta o brusca de una persona o un animal. **2** Comienzo del movimiento de una máquina o un vehículo.

arrancar v.tr. **1** Separar una cosa del lugar en el que estaba fija, tirando con fuerza. **2** Quitar con violencia. **3** Conseguir una cosa de una persona con esfuerzo o con violencia. **4** Sacar o apartar a una persona contra su voluntad de un lugar, un estado, una situación o una actividad. **5** Poner en marcha un vehículo o una máquina.

◆ v.intr. **6** Comenzar a funcionar o moverse un vehículo o una máquina. **7** Fam. Comenzar a hacer una cosa. **8** Tener una cosa su nacimiento o punto de partida en otra.

arranque s.m. **1** Comienzo, origen o principio. **2** Manifestación violenta y repentina de un sentimiento o un estado de ánimo. **3** Valor o decisión para hacer algo. **4** Mecanismo que pone en funcionamiento un motor.

arras s.f.pl. **1** Conjunto de las trece monedas que entrega el novio a la novia durante la ceremonia de la boda. **2** Cantidad de dinero u objeto de valor que se da para asegurar el cumplimiento de una obligación o un pago.

arrasar v.tr. **1** Destruir totalmente un territorio o lo que hay en él. ◆ **v.intr. 2** Fam. Imponerse. ◆ **v.intr. y prnl. 3** Quedar el cielo despejado de nubes. ◆ **arrasarse** v.prnl. **4** Llenarse los ojos de lágrimas.

arrastrado, a adj. **1** Pobre, mísero o lleno de privaciones. **2** Se dice de ciertos juegos de cartas en que es obligatorio seguir a la carta jugada.

arrastrar v.tr. **1** Llevar a una persona o cosa por el suelo tirando de ella. **2** Tirar para llevar tras de sí. **3** Impulsar a una persona a pensar o actuar de determinada manera. **4** Soportar penosamente algo desde hace tiempo. **5** Tener como consecuencia inevitable. ◆ **v.intr. 6** Colgar rozando el suelo. **7** Realizar, en algunos juegos de naipes, cierta jugada que obliga a los demás jugadores a seguir uno de los cuatro palos. ◆ **arrastrarse** v.prnl. **8** Humillarse vilmente. **9** Moverse y avanzar con el cuerpo pegado al suelo.

arrastre s.m. Acción de arrastrar. ◇ **para el arrastre** En situación lamentable.

arrayán s.m. Arbusto oloroso, de ramas flexibles, con las hojas de color verde intenso, pequeñas y duras, flores blancas y bayas de color negro azulado.

arre interj. Se usa para hacer que las caballerías anden o para que lo hagan más deprisa.

arreador s.m. **1** Capataz de operarios del campo. **2** AMÉR Látigo que se usa para arrear.

arrear v.tr. **1** Hacer que una caballería camine o que lo haga más deprisa. ◆ **v.intr. 2** Fam. Acelerar el paso. ◆ **v.tr. 3** Fam. Dar un golpe. **4** ARG, MÉX Robar ganado.

arrebatar v.tr. **1** Quitar con violencia o con rapidez. **2** Atraer o llevar consigo con fuerza irresistible. **3** Conmover enormemente. **4** Marchitar el calor las mieses. ◆ **arrebatarse** v.prnl. **5** Enfadarse, irritarse.

arrebato s.m. Manifestación violenta y repentina de un sentimiento o un estado de ánimo.

arrebol s.m. **1** Color rojo de las nubes iluminadas por el Sol. **2** Color rojo de las mejillas.

arrebolar v.tr. Poner del color del arrebol.

arrebujar v.tr. **1** Arrugar o amontonar sin orden una cosa flexible. **2** Cubrir bien o envolver con la ropa de la cama.

arrechucho s.m. **1** Fam. Indisposición pasajera y de poca gravedad. **2** Fam. Ataque de ira.

arreciar (1d) v.intr. Hacerse cada vez más intenso.

arrecife s.m. Conjunto de rocas, extensiones de coral y otros materiales que está justo por encima o por debajo de la superficie del mar.

arrecirse v.prnl. Quedarse paralizado o entumecido a causa del frío.

arreglar v.tr. **1** Poner en regla o en orden. **2** Modificar una cosa que está estropeada para que deje de estarlo y vuelva a funcionar. **3** Solucionar una situación difícil o problemática con habilidad y eficacia. **4** Echar especias u otras sustancias a las comidas para que tengan más sabor. **5** Asear y vestir a alguien. ◆ **arreglarse** v.prnl. **6** Ponerse de acuerdo dos o más personas que discuten sobre algo. **7** Encontrar la manera de solucionar un problema. ◇ **arreglárselas** Ingeniárselas para salir de un apuro.

arreglista s.m. y f. Persona que se dedica al arreglo de composiciones musicales.

arreglo s.m. **1** Orden y colocación correcta o adecuada. **2** Manipulación que se hace para que una cosa que está estropeada vuelva a funcionar o a parecer nueva. **3** Aseo y cuidados personales que se realizan antes de salir a la calle, acudir a un lugar, recibir a alguien, etc. **4** Acuerdo entre dos o más personas que discuten sobre algo. **5** Solución de una situación difícil o problemática. **6** Adaptación de una composición musical para que pueda ser interpretada por voces o instrumentos para los que no fue escrita. ◇ **con arreglo a** Según, conforme a.

arrellanarse v.prnl. Sentarse con comodidad, extendiendo y recostando el cuerpo.

arremangar v.tr. **1** Recoger hacia arriba la parte de abajo de las mangas o de una prenda de vestir. ◆ **arremangarse** v.prnl. **2** Decidirse de manera enérgica a hacer algo.

arremeter v.intr. Atacar con ímpetu y furia.

arremetida s.f. Ataque impetuoso y con furia.

arremolinarse v.prnl. **1** Apiñarse sin orden una gran cantidad de personas. **2** Girar de forma rápida el aire, el agua, el polvo o el humo.

arrendajo s.m. **1** Pájaro de unos 35 cm de longitud, parecido al cuervo, de plumaje pardo o rosado con la cola y las alas negras. **2** AMÉR Pájaro americano parecido a este pero de plumaje negro con algunos puntos amarillos.

1. **arrendar** (32) v.tr. **1** Dar una cosa para usarla por un tiempo a cambio de una cantidad de dinero. **2** Tomar una cosa para usarla por un tiempo pagando a cambio una cantidad de dinero.

2. **arrendar** v.tr. Atar la caballería con riendas.

arrendatario, a adj. y s. Se dice de la persona que toma en arrendamiento o alquiler una cosa.

arreos s.m.pl. Conjunto de correas y otros objetos que se ponen a las caballerías.

arrepentido, a adj. y s. Que se arrepiente.

arrepentimiento s.m. Pesar que se siente por haber hecho algo indebido.

arrepentirse (45) v.prnl. Sentir arrepentimiento.

arrestar v.tr. Privar provisionalmente de libertad a una persona.

arresto s.m. **1** Detención provisional de una persona. **2** Pena de privación de libertad, impuesta por un juez, de menos de seis meses. **3** Valor o determinación para hacer algo. □ Suele usarse en plural con valor singular.

arrianismo s.m. Herejía religiosa del siglo III que negaba la divinidad de Jesucristo.

arriano, a adj. **1** Relativo al arrianismo. ◆ adj. y s. **2** Que creía en esta herejía religiosa.

arriar (1e) v.tr. **1** Bajar una bandera a lo largo de su mástil, o una vela de una embarcación a lo largo de su palo. **2** Aflojar o soltar un cabo, cadena, etc., de una embarcación.

arriba adv. **1** Hacia un lugar o parte más altos. **2** En un lugar o parte más altos. **3** En dirección a la parte superior de algo. ◆ interj. **4** Se usa para expresar que se está a favor de algo.

arribar v.intr. **1** Llegar un barco a puerto. **2** Dejarse impulsar un barco por el viento.

arribeño, a adj. y s. AMÉR Se dice de la persona que procede de las tierras altas de un país.

arribista s.m. y f. Persona que quiere progresar rápidamente y para conseguirlo utiliza todos los medios a su alcance, tanto si son éticos o no.

arriero, a s. Persona que se dedica al transporte de animales de carga.

arriesgado, a adj. **1** Que implica riesgo. ◆ adj. y s. **2** Se dice de la persona que suele arriesgarse en sus acciones.

arriesgar v.tr. Exponer a riesgo o peligro.

arrimar v.tr. **1** Poner una persona o cosa junto a otra. ◆ **arrimarse** v.prnl. **2** Buscar la protección de una persona.

arrimo s.m. **1** Acción de arrimar o arrimarse. **2** Formal. Apoyo, amparo o protección.

arrinconar v.tr. **1** Poner una cosa en un rincón o sitio apartado para retirarla del uso. **2** Llevar a una persona o un animal hasta un lugar de estrechos límites e impedirle la salida. **3** Apartar a alguien de un puesto o privarlo de los privilegios que tienen los que están a su alrededor.

arriscado, a adj. **1** Formal. Atrevido, valiente. **2** CH, COL, MÉX Vuelto hacia arriba.

arritmia s.f. Falta de ritmo o regularidad.

arroba s.f. **1** Signo tipográfico (@) que se utiliza en las direcciones de correo electrónico y que generalmente va entre el nombre del usuario y el del servidor. **2** Unidad de peso antigua equivalente a 11,502 kilogramos. **3** Unidad de capacidad de líquidos.

arrobar v.tr. Producir un intenso sentimiento de placer o admiración.

arrocero, a adj. **1** Relativo al arroz. ◆ s. **2** Persona que se dedica a cultivar o vender arroz.

arrodajarse v.prnl. AMÉR CENTRAL Sentarse con las piernas cruzadas, como hacen los orientales.

arrodillar v.tr. **1** Hacer que alguien hinque una o las dos rodillas en el suelo. ◆ **arrodillarse** v.prnl. **2** Ponerse de rodillas.

arrogancia s.f. **1** Actitud de la persona orgullosa y soberbia. **2** Valor y decisión.

arrogante adj. Que tiene arrogancia.

arrogarse v.prnl. Atribuirse sin derecho una facultad, jurisdicción u otra cosa inmaterial.

arrojadizo, a adj. Se dice del arma u objeto que se puede arrojar o lanzar a distancia.

arrojado, a adj. Resuelto, osado.

arrojar v.tr. **1** Enviar un objeto a través del aire con fuerza en una dirección, especialmente mediante un rápido movimiento del brazo. **2** Dejar caer al suelo. **3** Despedir de sí, echar. **4** Presentar o dar como resultado. ◆ v.tr. e intr. **5** Vomitar. ◆ **arrojarse** v.prnl. **6** Precipitarse hacia una persona o cosa o hacia un lugar más bajo.

arrojo s.m. Osadía, valor.

arrollador, ra adj. Que arrolla.

arrollar v.tr. **1** Llevar por delante, atropellar o arrastrar. **2** Formar un rollo con una cosa. **3** Vencer, superar o dominar por completo.

arropar v.tr. **1** Cubrir o abrigar con ropa. **2** Proteger o defender.

arrostrar v.tr. Hacer frente a los peligros o dificultades con valor y entereza.

arroyo s.m. **1** Corriente pequeña de agua que puede secarse en verano. **2** Cauce por donde corre esta agua.

arroz s.m. **1** Planta gramínea del grupo de los cereales, de hojas largas y ásperas y espiga grande, que se cultiva en terrenos húmedos o inundados; sus frutos (granos de arroz), blancos y harinosos, son muy usados en alimentación. **2** Frutos de esta planta. ◇ **arroz basmati** Arroz de sabor suave y seco y aroma característico.

arrozal s.m. Terreno sembrado de arroz.

arruga s.f. Pliegue o surco pequeño que se hace en la piel, la ropa u otra cosa flexible.

arrugar v.tr. **1** Hacer arrugas en algo. ◆ **arrugarse** v.prnl. **2** Fam. Acobardarse.

arruinar v.tr. **1** Causar ruina. **2** Destruir.

arrullar v.tr. **1** Emitir arrullos la paloma o la tórtola. **2** Cantar arrullos para dormir a un niño.

arrullo s.m. **1** Canto grave y monótono que emiten los machos de las palomas y tórtolas para atraer a las hembras. **2** Canción suave y monótona con que se intenta dormir a un niño.

arrumaco s.m. **1** Demostración de cariño con gestos o ademanes. **2** Atuendo extravagante.
OBS Suele usarse en plural.

arsenal s.m. **1** Depósito de armas y otro material de guerra. **2** Lugar en el que se construyen y reparan embarcaciones.

arsénico s.m. Elemento químico de símbolo As y número atómico 33.

art déco s.m. **1** Estilo artístico que se empezó a desarrollar en los años veinte como reacción al art nouveau. ◆ adj. **2** Relativo a este estilo artístico. □ Invariable en número.
OBS Pronunc. aprox. 'ar decó'.

art nouveau s.m. **1** Denominación que recibió en Francia el movimiento artístico de finales del siglo XIX y principios del XX que en España se denominó Modernismo. ◆ adj. **2** Relativo a este movimiento artístico. □ Invariable en número.
OBS Pronunc. aprox. 'ar nuvó'.

arte s.m. o f. **1** Obra o actividad con la que el ser humano muestra simbólicamente un aspecto de la realidad o un sentimiento valiéndose de la materia, la imagen y el sonido. **2** Conjunto de reglas y conocimientos necesarios para hacer bien algo o para desarrollar una actividad. **3** Habilidad para hacer bien algo. **4** Utensilio que sirve para pescar. ◇ **artes marciales** Conjunto de deportes de origen oriental basados en la lucha cuerpo a cuerpo. ◇ **bellas artes** Conjunto de artes que se valen del color, la forma, el lenguaje, el sonido y el movimiento para expresar algo. ◇ **como por arte de magia** Sin explicación lógica y de una forma que sorprende. ◇ **malas artes** Medios o procedimientos poco éticos.
OBS Suele usarse el singular en masculino y el plural en femenino.

artefacto s.m. **1** Máquina o aparato, en especial el que es grande o está hecho con poca técnica. **2** Carga o aparato que se usa para provocar una explosión.

artejo s.m. Segmento articulado que, junto con otros, forma las extremidades de los animales artrópodos.

arteria s.f. **1** Vaso sanguíneo que recibe la sangre del corazón y la distribuye por todo el cuerpo. **2** Vía de comunicación importante.

arterial adj. Relativo a la arteria.

arteriosclerosis s.f. Enfermedad del sistema vascular que consiste en el endurecimiento y aumento del grosor de las paredes arteriales.

artero, a adj. Se dice de la persona que no tiene buena intención y usa el engaño y la astucia para conseguir un beneficio.

artesa s.f. Recipiente rectangular, generalmente de madera, cuyos cuatro lados se van estrechando hacia el fondo.

artesanal adj. Relativo a la artesanía.

artesanía s.f. **1** Técnica para fabricar objetos o productos a mano, generalmente decorativos o de uso común. **2** Objeto fabricado con esta técnica.

artesano, a s. **1** Persona que se dedica a la artesanía. ◆ adj. **2** Artesanal.

artesiano adj. Se dice del pozo que se practica entre dos capas subterráneas impermeables.

artesón s.m. Compartimento hueco, adornado con molduras o pinturas, utilizado en la decoración de los techos.

artesonado s.m. Techo adornado con artesones.

ártico, a adj. Relativo al polo norte.

articulación s.f. Acción y efecto de articular.

articulado, a adj. **1** Que tiene articulaciones. **2** Se dice del lenguaje oral del ser humano, al estar formado por un número determinado de sonidos que se combinan de manera diferente para formar palabras con significado. ◆ adj. y s.m. **3** Se dice de la extremidad de un artrópodo que está formada por piezas que se articulan entre sí. ◆ s.m. **4** Conjunto de artículos de una ley, un tratado o un reglamento.

articular v.tr. **1** Unir dos piezas de modo que sea posible el movimiento entre ellas. **2** Pronunciar un sonido colocando los órganos del aparato fonador correctamente. **3** Unir distintos elementos para formar un conjunto ordenado.

articulatorio, a adj. Relativo a la articulación de los sonidos del lenguaje.

articulista s.m. y f. Persona que escribe artículos para periódicos o publicaciones semejantes.

artículo s.m. **1** Texto publicado en un periódico, una revista o un libro, generalmente breve. **2** Producto u objeto que se compra o se vende. **3** Determinante que acompaña al sustantivo. **4** Parte de un tratado, ley o documento oficial que forma, junto con otras, una serie numerada y ordenada. **5** Parte que en un diccionario se dedica a la definición de la palabra con que se encabeza. ◇ **artículo de primera necesidad** Producto que es indispensable para la vida.

artífice s.m. y f. **1** Autor o creador de una cosa. **2** Persona que hace trabajos artísticos o delicados con las manos. **3** Artista de alguna de las bellas artes.

artificial adj. **1** Que ha sido hecho por el ser humano y no por la naturaleza. **2** Que no es sincero, que es falso o fingido.

artificiero s.m. Miembro de un cuerpo armado especializado en el manejo de explosivos.

artificio s.m. **1** Máquina o aparato. **2** Truco o habilidad para imitar una cosa, disimular sus imperfecciones o producir un efecto. **3** En una obra artística, exceso de elaboración y falta de naturalidad. **4** Maestría con que está hecho algo. **5** Sistema pirotécnico capaz de originar efectos explosivos.

artificioso, a adj. Que carece de naturalidad.

artillería s.f. **1** Conjunto de los cañones, morteros y otras máquinas de guerra que disparan proyectiles a gran distancia. **2** Cuerpo militar destinado a usar estas máquinas. **3** Arte de construir, conservar y usar las armas, máquinas y municiones de guerra. ◇ **artillería de campaña** o **artillería de batalla** Artillería que forma parte del ejército destinado a operaciones en el campo de batalla.

artillero, a adj. **1** Relativo a la artillería. ◆ s.m. **2** Soldado que sirve en un cuerpo de artillería de un ejército. **3** Persona que, en las explotaciones petrolíferas, coloca las cargas explosivas y les prende fuego.

artilugio s.m. **1** Mecanismo o aparato de manejo complicado. **2** Artimaña, ardid.

artimaña s.f. Medio que se emplea con habilidad y astucia para engañar o conseguir algo.

artiodáctilo adj. y s.m. **1** Se dice del mamífero ungulado que tiene en cada pata un número par de dedos, como el ciervo y el jabalí ◆ **artiodáctilos** s.m.pl. **2** Grupo taxonómico constituido por estos mamíferos.

artista s.m. y f. **1** Persona que se dedica a una o varias de las bellas artes. **2** Persona que trabaja profesionalmente en un espectáculo como cantante, actor o bailarín. **3** Persona que hace muy bien una cosa o destaca en una actividad.

artístico, a adj. **1** Relativo al arte. **2** Que está hecho con arte.

artritis s.f. Inflamación de las articulaciones de los huesos.

artrópodo adj. y s.m. **1** Se dice del animal invertebrado de cuerpo segmentado, exoesqueleto quitinoso, y patas y antenas compuestas por piezas articuladas. ◆ **artrópodos** s.m.pl. **2** Grupo taxonómico, con categoría de filo, constituido por estos animales.

artrosis s.f. Enfermedad crónica que produce el desgaste de las articulaciones de los huesos.

arveja s.f. **1** Planta herbácea trepadora de la familia del guisante, de hojas compuestas y flores blanquecinas o violetas. **2** Semilla de esta planta, que se da de comer a las aves de corral. **3** ARG, BOL, CH, COL, PAR, URUG Planta de tallo trepador, flores blancas y fruto en vaina que encierra las semillas dispuestas en hilera. **GEOSIN** guisante, chícharo. **4** ARG, BOL, CH, COL, PAR, URUG Semilla comestible de esta planta, de forma redonda y color verde oscuro. **GEOSIN** guisante, chícharo.

arzobispado s.m. **1** Dignidad de arzobispo. **2** Territorio en el que el arzobispo ejerce jurisdicción. **3** Sede arzobispal.

arzobispo s.m. Obispo que tiene jurisdicción sobre otros obispos.

as (pl. ases) s.m. **1** Naipe o cara del dado que representa el número 1. **2** Persona que sobresale mucho en una actividad o profesión.

asa s.f. Pieza, generalmente curva, que sobresale de un objeto y sirve para cogerlo con la mano.

asado s.m. Carne asada.

asador, ra s.m. **1** Varilla puntiaguda en la que se ensarta y pone al fuego lo que se quiere asar. **2** Aparato que sirve para asar. **3** Restaurante en el que sirven comidas asadas. ◆ s. **4** Persona que se dedica a asar.

asadura s.f. ESP Conjunto de las entrañas de un animal.
OBS Suele usarse en plural con valor singular.

asalariado, a adj. y s. Se dice de la persona que percibe un salario por su trabajo.

asaltacunas s.m. y f. Fam. Persona que mantiene relaciones con alguien de edad mucho menor.

asaltante adj. y s.m. y f. Se dice de la persona que asalta un lugar o a otra persona.

asaltar v.tr. **1** Entrar repentina y violentamente en un lugar con la intención de apoderarse de él o para robar. **2** Atacar por sorpresa a una persona con la intención de robarle. **3** Acometer repentinamente a alguien con peticiones o preguntas. **4** Acudir de repente a la mente un pensamiento o una idea.

asalto s.m. **1** Ataque repentino y violento que se hace con la intención de robar o de apoderarse de un lugar. **2** Cada una de las partes de que consta un combate de boxeo.

asamblea s.f. **1** Reunión de miembros de un colectivo u organización para decidir sobre asuntos comunes. **2** Conjunto de representantes políticos que constituyen un cuerpo deliberante.

asambleísta s.m. y f. Persona que forma parte de una asamblea.

asar v.tr. **1** Cocinar un alimento sometiéndolo a la acción directa del fuego. ◆ **asarse** v.prnl. **2** Fam. Tener mucho calor.

asaz adv. Formal. Bastante, muy.

asbesto s.m. Mineral compuesto de silicato de calcio y magnesio.

asca s.f. Cada una de las células con forma de saco en las que se producen las esporas de los hongos ascomicetos.

ascendencia s.f. Conjunto de ascendientes.

ascendente adj. Que asciende o sube.

ascender (33) v.intr. **1** Subir a un lugar más alto. **2** Costar cierta cantidad de dinero. **3** Pasar de una categoría o puesto menos importante a otro más alto o de más importancia. ◆ v.tr. **4** Hacer pasar de una categoría o puesto menos importante a otro más alto o de más importancia.

ascendiente s.m. y f. **1** Individuo (persona o animal) del que descienden otro u otros. ◆ s.m. **2** Influencia o autoridad moral.

ascensión s.f. **1** Subida a un lugar más alto. **2** Día en que se celebra la subida de Cristo a los cielos. □ Se escribe con mayúscula inicial.

ascenso s.m. **1** Subida a un lugar más alto. **2** Aumento de la cantidad o la intensidad de algo. **3** Terreno inclinado considerado de abajo arriba. **4** Paso a un puesto más importante.

ascensor s.m. Aparato que sirve para subir y bajar personas o cosas de un piso a otro.

ascensorista s.m. y f. Persona que se dedica a manejar un ascensor.

asceta s.m. y f. Persona que se dedica a la práctica del perfeccionamiento espiritual mediante un estilo de vida austero y sencillo.

ascética s.f. **1** Corriente de literatura religiosa en prosa y en verso que se desarrolló especialmente en el siglo XVI. **2** Ascetismo.

ascetismo s.m. **1** Ejercicio y práctica de un estilo de vida austero y sencillo para conseguir la perfección espiritual. **2** Doctrina en la que se basa este estilo de vida.

asco s.m. **1** Sensación de disgusto o rechazo causada por una persona o cosa. **2** Alteración del estómago causada por algo desagradable que produce ganas de vomitar. ◇ **hacer ascos a algo** Mostrar repugnancia.

ascomiceto o **ascomicete** adj. y s.m. **1** Se dice del hongo que produce esporas sexuales agrupadas en ascas, como las levaduras, las trufas y algunos hongos parásitos de insectos. ◆ **ascomicetos** o **ascomicetes** s.m.pl. **2** Grupo taxonómico constituido por estos hongos.

ascórbico adj. Se dice del ácido presente en ciertas frutas y vegetales; es una sustancia cristalina, soluble en agua, sensible a la luz y al calor; se conoce también como **vitamina C**.

ascua s.f. Trozo de materia sólida que arde sin llama. ◇ **arrimar alguien el ascua a su sardina** ESP Tomar una persona la decisión que más favorece sus intereses. ◇ **en,** o **sobre, ascuas** En estado de impaciencia o inquietud.

asear v.tr. Limpiar a una persona para que tenga un aspecto agradable y cuidado.

asediar (1d) v.tr. **1** Rodear una ciudad, una fortaleza u otro lugar para atacar a las fuerzas enemigas de dentro. **2** Molestar continuamente.

asedio s.m. Acción y efecto de asediar.

asegurado, a adj. **1** Que es objeto de un seguro. ◆ adj. y s. **2** Que ha contratado un seguro.

asegurar v.tr. **1** Afirmar que una cosa es verdad, que una noticia es cierta. **2** Hacer que una persona o cosa esté firme o bien sujeta. **3** Firmar un documento en el que se establece cómo alguien cubrirá ciertos riesgos a cambio de una prima. ◆ **asegurarse** v.prnl. **4** Comprobar una cosa para estar completamente seguro.

asemejar v.tr. **1** Hacer semejante una cosa a otra. ◆ **asemejarse** v.prnl. **2** Parecerse.

asentamiento s.m. **1** Colocación de una cosa en un lugar de manera que permanezca firme y segura. **2** Establecimiento de una población en un lugar. **3** Lugar en el que se establece un pueblo.

asentar (32) v.tr. **1** Poner una cosa en un lugar para que quede firme. **2** Establecer los principios o las bases sobre las que se consolida algo inmaterial. **3** Anotar algo en un libro o registro, especialmente de cuentas. ◆ **asentarse** v.prnl. **4** Establecerse un grupo de personas en un lugar. **5** Depositarse en el fondo de un líquido la materia sólida que está flotando en él.

asentir (45) v.intr. Mostrar acuerdo o conformidad con lo que alguien ha propuesto o afirmado.

aseo s.m. **1** ESP Habitación en la que están el váter y otros elementos que sirven para el aseo. **2** Limpieza, pulcritud.

asépalo, a adj. Que carece de sépalos.

asepsia s.f. **1** Ausencia de bacterias y microbios que puedan provocar una infección. **2** Método o procedimiento para evitar que las bacterias o cualquier otro organismo infecten un cuerpo, un objeto o un lugar.

aséptico, a adj. Relativo a la asepsia.

asequible adj. Que puede ser conseguido.

aserción s.f. Declaración de que una cosa es cierta.

aserradero s.m. Lugar donde se asierra la madera u otra cosa.

aserruchar v.tr. AMÉR Cortar con serrucho.

aserto s.m. Aserción.

asesinar v.tr. Matar a una persona con premeditación u otras agravantes.

asesinato s.m. Muerte que se da a una persona con premeditación u otras agravantes.

asesino, a adj. y s. **1** Que asesina. ◆ adj. **2** Dañino.

asesor, ra adj. y s. Que asesora.

asesoramiento s.m. Consejo u opinión que una persona da sobre un tema.

asesorar v.tr. **1** Dar consejo u opinión técnica. ◆ **asesorarse** v.prnl. **2** Tomar consejo.

asesoría s.f. **1** Lugar donde trabaja el asesor. **2** Oficio del asesor.

asestar v.tr. Dar un golpe, clavar un arma blanca o disparar un arma de fuego.

aseveración s.f. Aserción.

aseverar v.tr. Declarar que una cosa es cierta.

aseverativo, a adj. Que indica aseveración.

asexuado, a adj. Que no tiene sexo.

asexual adj. **1** Asexuado. **2** Se dice de la reproducción que se produce sin intervención de los dos sexos.

asfaltado s.m. **1** Acción de asfaltar. **2** Revestimiento de asfalto.

asfaltar v.tr. Cubrir con asfalto una superficie.

asfáltico, a adj. **1** Relativo al asfalto. **2** Que contiene asfalto.

asfalto s.m. Sustancia densa y pegajosa derivada del petróleo crudo, de color negro y muy impermeable que se usa para cubrir superficies, especialmente calles y carreteras.

asfixia s.f. **1** Falta de oxígeno en la sangre provocada por un fallo en la respiración. **2** Sensación de agobio.

asfixiar (1d) v.tr. Causar asfixia.

así adv. **1** De esta manera. ◆ adj. **2** De esta clase, de este estilo. ◆ adv. **3** Se usa para expresar deseo o maldición. **4** Se usa para expresar extrañeza o admiración. ◆ conj. **5** Aunque, por más que. **6** En consecuencia, por lo tanto. ◇ **así como** o **así que** Tan pronto como, en el momento en que. ◇ **así mismo** Formal. Asimismo.

asiático, a adj. y s. De Asia.

asidero s.m. **1** Parte de un objeto que sirve para asirlo o cogerlo con la mano. **2** Parte de un objeto o de un edificio que sirve para poder cogerse o sujetarse a él. **3** Persona o cosa que sirve de apoyo, ayuda o pretexto.

asiduidad s.f. Constancia o frecuencia en la realización de algo.

asiduo, a adj. y s. Frecuente, constante.

asiento s.m. **1** Mueble o lugar para sentarse. **2** Parte de un mueble u objeto donde alguien se sienta. **3** Lugar en que alguien o algo está asentado. **4** Parte de un recipiente que sirve de base o apoyo. **5** Materia sólida que después de haber estado flotando en un líquido se queda en el fondo del recipiente. **6** Apunte o anotación que se hace en un registro o libro, especialmente de cuentas. ◇ **tomar asiento** Sentarse.

asignación s.f. **1** Acción y efecto de asignar. **2** Sueldo.

asignar v.tr. **1** Determinar que una cosa le corresponde a una persona. **2** Fijar un día para hacer una cosa, ponerse de acuerdo en una fecha.

asignatario, a s. AMÉR Persona a quien se asigna una herencia o legado.

asignatura s.f. Materia que se enseña en un curso y que forma parte de un programa.

asilar v.tr. **1** Dar asilo. ◆ **asilarse** v.prnl. **2** Tomar asilo.

asilo s.m. **1** Establecimiento benéfico en el que se acoge a personas pobres o que no tienen casa. **2** Lugar de refugio inviolable para personas extranjeras que son perseguidas en su país por motivos políticos. **3** Ayuda o protección que se da o se recibe. ◇ **asilo político** Protección que un estado da a una persona extranjera que es perseguida en su país por motivos políticos.

asilvestrado, a adj. Se dice del animal doméstico o domesticado que se vuelve salvaje.

asimetría s.f. Falta de simetría.

asimétrico, a adj. Que no tiene simetría.

asimilación s.f. Acción y efecto de asimilar.

asimilar v.tr. **1** Transformar un organismo los alimentos que toma en sustancias útiles para la vida. **2** Comprender una persona lo que está aprendiendo e incorporar los conocimientos nuevos a los que ya tenía. **3** Aceptar un hecho, idea o creencia. **4** Aceptar una situación o adaptarse a ella. **5** Hacer que algo sea similar a otra cosa. **6** En fonética, propagar un sonido a otro contiguo los rasgos articulatorios. ◆ **asimilarse** v.prnl. **7** Formal. Parecerse una cosa a otra.

asimismo o **así mismo** adv. Formal. De la misma manera, igualmente.

asíndeton (pl. asíndetos) s.m. Figura retórica que consiste en suprimir las conjunciones entre las partes de una oración o varias oraciones.

asintomático, a adj. Que no presenta síntomas.

asíntota s.f. Línea recta que, prolongada indefinidamente, se acerca progresivamente a una curva sin llegar a encontrarla.

asir (6) v.tr. **1** Formal. Coger con fuerza, especialmente con la mano. ◆ **asirse** v.prnl. **2** Valerse una persona de un pretexto.

asirio, a adj. y s. **1** De Asiria. ◆ s.m. y adj. **2** Lengua semítica hablada antiguamente en esta región.

asistencia s.f. **1** Concurrencia a un lugar y permanencia en él durante un tiempo. **2** Conjunto de personas presentes en un local o acto. **3** Ayuda o cuidado que se da a una persona. **4** Persona o conjunto de personas que prestan ayuda o cuidados. □ Suele usarse en plural con valor singular.

asistenta s.f. **1** ESP Mujer que realiza labores domésticas en una casa a cambio de una retribución económica. **2** ▷ asistente.

asistente adj. y s.m. y f. Que asiste. □ Doble femenino: asistente o asistenta. ◇ **asistente social** Persona que se dedica a asesorar a personas que carecen de recursos económicos.

asistido, a adj. Que se realiza con ayuda de medios técnicos.

asistir v.intr. **1** Estar presente en un lugar o en un acto. **2** Realizar en una casa los trabajos domésticos a cambio de dinero. ◆ v.tr. **3** Ayudar a una persona, atenderla o cuidarla. **4** Estar la razón o el derecho de parte de una persona.

asma s.f. Enfermedad del aparato respiratorio caracterizada por la presencia de respiración difícil, tos y sensación de ahogo.

asmático, a adj. **1** Relativo al asma. ◆ adj. y s. **2** Se dice de la persona que padece asma.

asno, a s. Mamífero cuadrúpedo doméstico más pequeño que el caballo, con grandes orejas, cola larga y pelo áspero y grisáceo.

asociación s.f. **1** Unión de personas, entidades o cosas para un fin. **2** Relación que se establece entre dos ideas cuando una sugiere la otra. **3** Conjunto de personas que se han unido con un fin.

asociacionismo s.m. Tendencia a formar asociaciones para defender intereses comunes.

asociado, a s. Persona que forma parte de una asociación o sociedad.

asocial adj. Se dice de la persona que no se integra en la sociedad o se manifiesta contrario a la vida social.

asociar (1d) v.tr. **1** Unir a una persona, entidad o cosa con otra u otras para un fin. **2** Relacionar dos ideas.

asociativo, a adj. Que induce a la asociación de ideas o que es el resultado de ella.

asocio s.m. AMÉR Asociación, colaboración.

1. **asolar** (1 u 11) v.tr. Destruir totalmente un territorio o lo que hay en él.

2. **asolar** v.tr. Secar el campo o echar a perder sus frutos el calor o la sequía.

asomar v.intr. **1** Empezar a mostrarse una persona o cosa. ◆ v.tr. **2** Sacar o mostrar una cosa por una abertura o por detrás de alguna parte.

asombrar v.tr. Causar asombro.

asombro s.m. **1** Gran admiración o sorpresa. **2** Persona o cosa que causa admiración o sorpresa.

asombroso, a adj. Que causa asombro.

asomo s.m. **1** Acción de asomar o asomarse. **2** Muestra o indicio de una cosa. ◇ **ni por asomo** Fam. De ninguna manera.

asonancia s.f. Igualdad de las vocales en la terminación de dos palabras a partir de la tónica.

asonantar v.tr. **1** Hacer que tengan rima asonante unos versos o unas palabras. ◆ v.intr. **2** Tener una palabra rima asonante con otra.

asonante adj. Que tiene asonancia.

asorocharse v.prnl. AMÉR SUR Padecer soroche.

aspa s.f. **1** Conjunto formado por dos o más brazos unidos en forma de X y que gira movido por la fuerza del viento o la electricidad. □ Suele usarse en plural con valor singular. **2** Figura en forma de X. **3** ARG, URUG Cuerno de un animal.

asparagina s.f. Aminoácido natural que interviene en el metabolismo del nitrógeno en los vegetales.

aspaviento s.m. Demostración excesiva o exagerada de un sentimiento.
OBS Suele usarse en plural.

aspecto s.m. **1** Conjunto de rasgos o características que muestra una persona o cosa. **2** Categoría gramatical que informa sobre las características de la acción verbal, independientemente del tiempo en que se produce.

aspectual adj. Relativo al aspecto verbal.

aspereza s.f. Calidad de áspero. ◇ **limar asperezas** Conciliar pareceres contrarios.

áspero, a adj. **1** Que tiene la superficie rugosa y es desagradable al tacto. **2** Poco delicado o amable en el trato.
OBS Superlativo: **asperísimo** o **aspérrimo**.

aspérrimo, a adj. Formal. Superlativo de áspero.

aspersor s.m. Mecanismo que esparce o dispersa un líquido a presión.

áspid o **áspide** (pl. áspides) s.m. **1** Serpiente venenosa de color verde amarillento con manchas pardas, de hasta 2 m de longitud y con cuello extensible. **2** Víbora de pequeño tamaño que se encuentra en los Pirineos.

aspillera s.f. Abertura larga y estrecha practicada en un muro para disparar por ella.

aspiración s.f. Acción y efecto de aspirar.

aspirado, a adj. **1** Se dice del sonido consonántico que se pronuncia espirando un soplo sordo velar o uvular. ◆ s.f. y adj. **2** Letra que representa este sonido.

aspirador, ra adj. **1** Que aspira fluidos u otras cosas. ◆ s.m. **2** Aparato o máquina que aspira fluidos u otras cosas. **3** Aspiradora.

aspiradora s.f. Electrodoméstico que sirve para aspirar el polvo y otras partículas del suelo.

aspirante adj. y s.m. y f. Se dice de la persona que aspira a conseguir un empleo o distinción.

aspirar v.intr. **1** Tener como objetivo hacer o conseguir determinada cosa. ◆ v.tr. **2** Introducir aire u otra sustancia gaseosa en los pulmones. **3** Atraer una máquina hacia su interior un líquido, un gas, el polvo o cualquier otra sustancia. **4** Pronunciar un sonido con aspiración.

aspirina s.f. Medicamento compuesto de ácido acetilsalicílico y que se emplea para quitar el dolor y bajar la fiebre.

asquear v.tr. e intr. Causar asco o fastidio.

asqueroso, a adj. Que produce asco. □ Frec. insulto.

asta s.f. **1** Prolongación de hueso de forma cónica, generalmente curvada y acabada en punta, que crece en la parte superior de la frente de algunos animales. **2** Palo o barra en que se coloca una bandera. **3** Palo de una lanza o de una alabarda.

astado, a adj. y s.m. Que tiene astas.

ástato o **astato** s.m. Elemento químico de símbolo At y número atómico 85.

astenia s.f. Debilidad o falta de energía.

astenosfera s.f. Capa del interior de la Tierra que se extiende aproximadamente entre los 50 y los 150 km de profundidad, formada principalmente por rocas plásticas parcialmente fundidas que pueden deformarse.

asterisco s.m. Signo ortográfico en forma de estrella (*) empleado para indicar una remisión, una nota a pie de página, una forma irregular, una forma incorrecta, o para otros fines.

asteroide s.m. Pequeño cuerpo rocoso del sistema solar que gira alrededor del Sol en una órbita elíptica.

astigmatismo s.m. Defecto de la vista debido a una curvatura irregular de la córnea que hace que se vean algo deformadas las imágenes y poco claro el contorno de las cosas.

astilla s.f. Fragmento irregular que salta de una materia o que queda en ella al partirla.

astillero s.m. **1** Lugar donde se construyen y reparan embarcaciones. **2** Percha para las lanzas o armas semejantes. **3** MÉX Lugar donde se corta la leña.

astracanada s.f. ESP Obra teatral cómica con situaciones disparatadas.

astrágalo s.m. **1** Hueso corto del pie. **2** Anillo que rodea el fuste de la columna.

astral adj. Relativo a los astros.

astringente adj. y s.m. **1** Se dice de la sustancia que contrae los tejidos orgánicos y seca las heridas. **2** Se dice de la sustancia que hace difícil la expulsión de los excrementos.

astro s.m. **1** Cuerpo celeste del firmamento, como las estrellas y los planetas. **2** Persona que destaca en una profesión.

astrofísica s.f. Parte de la astronomía que estudia los astros utilizando la física.

astrofísico, a adj. **1** Relativo a la astrofísica. ◆ s. **2** Persona que estudia la astrofísica.

astrolabio s.m. Instrumento que se usó para observar la altura de los astros.

astrología s.f. Estudio de la influencia de los astros sobre las personas.

astrológico, a adj. Relativo a la astrología.

astrólogo, a s. Persona que se dedica a la astrología.

astronauta s.m. y f. Persona que pilota o forma parte de la tripulación de una nave espacial.

astronáutica s.f. Ciencia y tecnología de la navegación espacial.

astronáutico, a adj. De la astronáutica.

astronave s.f. Vehículo empleado en la navegación espacial.

astronomía s.f. Ciencia que estudia los astros.

astronómico, a adj. **1** Relativo a la astronomía. **2** Que es enorme o exagerado.

astrónomo, a s. Persona que se dedica a la astronomía.

astucia s.f. **1** Calidad de astuto. **2** Ardid, artimaña.

astur adj. y s.m. y f. De un antiguo pueblo celta establecido en la zona correspondiente a la actual provincia de León y casi toda la de Asturias.

asturianismo s.m. **1** Amor o admiración por Asturias. **2** Palabra o modo de expresión propio del español hablado en Asturias.

asturiano, a adj. y s. **1** De Asturias (comunidad autónoma española). ◆ s.m. y adj. **2** Variedad dialectal hablada en Asturias.

asturleonés, sa o **astur-leonés, sa** adj. **1** Relativo a Asturias y León. ◆ s.m. y adj. **2** Dialecto romance nacido en el reino de León.

astuto, a adj. Hábil para engañar o evitar engaños.

asueto s.m. Descanso de la actividad laboral u ocupación de una persona.

asumir v.tr. **1** Aceptar una obligación o una responsabilidad. **2** Tomar conciencia de algo.

asunción s.f. **1** Aceptación de una obligación o responsabilidad. **2** En la religión católica, ascensión de la Virgen María a los cielos. □ Se escribe con mayúscula inicial.

asunto s.m. **1** Tema o materia de que se trata. **2** Tema o argumento de una obra literaria o de una película. **3** Negocio u ocupación.

asustadizo, a adj. Que se asusta fácilmente.

asustar v.tr. **1** Dar un susto. **2** Causar miedo.

atacante adj. y s.m. y f. **1** Que ataca. **2** Se dice del jugador o equipo deportivo que se dirige hacia la meta o campo contrarios.

atacar v.tr. e intr. **1** Acometer con violencia contra una persona o cosa para hacerle daño o derrotarla. ◆ v.tr. **2** Criticar con dureza a una persona, una organización o una idea. **3** Actuar una enfermedad o una sustancia química sobre algo. **4** Empezar a ejecutar un sonido o una composición musical. **5** Venir repentinamente una sensación o una enfermedad.

atadijo s.m. Paquete pequeño y mal hecho.

atadura s.f. **1** Acción de atar. **2** Cosa que se usa para atar. **3** Unión o relación fuerte entre dos personas o cosas. □ Suele usarse en plural. **4** Cosa que impide o retrasa el desarrollo de una acción. □ Suele usarse en plural.

atajar v.intr. **1** Hacer el camino más corto yendo por un atajo. ◆ v.tr. **2** Cortar el paso o interrumpir un proceso o una acción.

atajo s.m. **1** Camino más corto que otro para ir a un lugar. **2** Grupo pequeño de ganado. **3** Desp. Conjunto o grupo de personas o cosas.

atalaya s.f. Torre construida sobre un lugar elevado que sirve para vigilar.

atañer (47) v.intr. Tocar a una persona una responsabilidad u obligación.

ataque s.m. **1** Acción de atacar. **2** Crítica dura. **3** Acceso repentino de una enfermedad o de un sentimiento.

atar v.tr. **1** Unir o sujetar con una cuerda, cordel u otra cosa parecida, haciendo una ligadura o nudo. **2** Impedir o quitar el movimiento.

atarazana s.f. **1** Lugar en el que se construyen y reparan embarcaciones. **2** AMÉR Lugar donde se guarda el vino en toneles.

1. **atardecer** (30) v.impersonal Caer la tarde.

2. **atardecer** s.m. Última parte de la tarde.

atareado, a adj. Se dice de la persona que está muy ocupada con su trabajo.

atascar v.tr. **1** Obstruir o tapar un conducto con alguna cosa. **2** Poner obstáculos al desarrollo de un proceso o de una acción. ◆ **atascarse** v.prnl. **3** Quedarse detenido en un lugar sin poder moverse o avanzar.

atasco s.m. **1** Obstrucción de un conducto. **2** Acumulación excesiva de vehículos que impide la circulación normal por un lugar.

ataúd s.m. Caja en la que se deposita el cadáver que se va a enterrar.

ataurique s.m. Motivo decorativo en forma de flores y hojas típico del arte islámico.

ataviar (1e) v.tr. Arreglar, vestir o adornar a una persona o cosa de determinada manera.

atávico, a adj. Se dice del comportamiento que imita o mantiene costumbres o formas de vida propias de otras épocas.

ateísmo s.m. Doctrina que niega la existencia de Dios.

atemorizar v.tr. Asustar.

atemperar v.tr. **1** Moderar la intensidad o el exceso de algo. **2** Adecuar una cosa a otra.

atemporal adj. Que no hace referencia a un tiempo específico.

atenazar v.tr. **1** Sujetar con fuerza. **2** Dejar parado o sin capacidad de movimiento o de acción. **3** Causar aflicción o tortura a alguien.

atención s.f. **1** Aplicación intensa de los sentidos a un asunto. **2** Demostración de respeto, cortesía o afecto. ◆ **atenciones** s.f.pl. **3** Obligaciones que hay que atender. ◆ interj. **4** Se emplea para pedir la aplicación de los sentidos a un asunto o para avisar de algo. ◇ **a la atención de** Indica que un envío va dirigido al nombre que se expresa a continuación. ◇ **en atención a** Teniendo en cuenta aquello de que se habla.

atender (33) v.tr. e intr. **1** Aplicar intensamente los sentidos a un asunto. ◆ v.tr. **2** Tener en cuenta alguna cosa. **3** Tener cuidado de una persona o cosa y ocuparse de ella. **4** Satisfacer un ruego. ◆ v.intr. **5** Responder un animal o una persona a un nombre determinado.

ateneo s.m. **1** Asociación cultural que fomenta los conocimientos científicos, literarios y artísticos de los que pertenecen a ella. **2** Local donde se reúnen los miembros de esta asociación.

atenerse (48) v.prnl. Ajustarse o someterse a una cosa que se ha dicho o hecho.

ateniense adj. y s.m. y f. De Atenas.

atentado s.m. **1** Acción violenta contra alguien para matarlo o contra una cosa para destruirla. **2** Ataque u ofensa contra algo que se considera bueno o justo.

atentar v.intr. Cometer un atentado.

atento, a adj. **1** Que pone atención. **2** Muy amable y educado.

atenuante adj. y s.f. Que hace que disminuya la gravedad de un delito.

atenuar (1b) v.tr. Disminuir la intensidad, la gravedad o la importancia de algo.

ateo, a adj. y s. Que niega la existencia de Dios.

aterciopelado, a adj. Que es parecido al terciopelo.

aterido, a adj. Que está paralizado o entumecido a causa del frío.

aterirse v.prnl. Quedarse paralizado o entumecido a causa del frío. (Solo se usa en los tiempos y personas cuya terminación contiene la vocal i: se atería, ateriéndose, etc.).

aterrado, a adj. Que siente terror.

aterrador, ra adj. Que causa terror.

1. **aterrar** v.tr. Aterrorizar.

2. **aterrar** (32) v.tr. **1** Hacer caer al suelo un edificio o una construcción. **2** Cubrir con tierra.

aterrizaje s.m. Acción de aterrizar.

aterrizar v.intr. Posarse en tierra un vehículo aéreo después de efectuar el descenso.

aterrorizar v.tr. Causar terror.

atesorar v.tr. **1** Acumular y guardar dinero o cosas de valor. **2** Tener virtudes.

atestado s.m. **1** Documento oficial en el que se explica cómo se ha producido un accidente o un delito. ◆ **atestados** s.m.pl. **2** Documento auténtico, original, que garantiza lo que se dice en él.

atestar (1 o 32) v.tr. Llenar algo por completo de personas o cosas.

atestiguar (1a) v.tr. e intr. Testificar.

atiborrar v.tr. **1** Llenar algo en demasía. **2** Llenar el estómago de alimento o bebida hasta no poder más.

ático, a s.m. **1** Piso o apartamento construido en la azotea de un edificio. **2** Ornamentación arquitectónica construida sobre la cornisa. ◆ adj. y s. **3** Del Ática o de Atenas. ◆ s.m. y adj. **4** Variedad dialectal del griego clásico hablada antiguamente en el Ática.

atildado, a adj. Muy pulcro y elegante. □ Frec. despectivo.

atildamiento s.m. Arreglo cuidadoso.

atildar v.tr. **1** Arreglar a una persona cuidadosa y excesivamente. **2** Poner tildes a las letras.

atinado, a adj. Que está hecho con tino.

atinar v.intr. Dar con lo cierto o correcto.

atingir v.tr. AMÉR Tener relación o conexión una cosa con otra.

atípico, a adj. Que se aparta de los rasgos representativos del género a que pertenece.

atirantar v.tr. **1** Poner tirante una cosa. **2** Sujetar con tirantes una cosa.

atisbar v.tr. **1** Observar con atención y disimulo. **2** Ver con dificultad por la distancia o la falta de luz. **3** Intuir o sospechar algo por indicios.

atisbo s.m. Muestra o indicio de una cosa.

atiza interj. ESP Expresión de sorpresa.

atizar v.tr. **1** Remover o alimentar el fuego para que arda más. **2** Hacer más fuerte o intenso un sentimiento o una discordia. **3** Golpear.

atlante s.m. Estatua de hombre que sirve de columna.

atlántico, a adj. Relativo al océano Atlántico o a los territorios situados en sus costas.

atlas s.m. Libro formado por varios mapas.

atleta s.m. y f. **1** Persona que practica el atletismo. **2** Persona fuerte y musculosa.

atlético, a adj. Relativo al atletismo.

atletismo s.m. Conjunto de prácticas deportivas que incluye pruebas de velocidad, saltos y lanzamientos.

atmósfera o **atmosfera** s.f. **1** Capa gaseosa que envuelve a un astro; especialmente, la que rodea a la Tierra. **2** Ambiente que rodea a una persona o cosa. **3** Unidad de presión.

atmosférico, a adj. Relativo a la atmósfera.

atolladero s.m. **1** Lugar del que resulta difícil salir o por el que es difícil avanzar. **2** Situación incómoda y comprometida.

atolón s.m. Isla de coral, en forma de anillo, con una laguna interior y rodeada por mar.

atolondrado, a adj. **1** Que hace las cosas deprisa y sin pensar. **2** Que tiene perturbados los sentidos.

atómico, a adj. **1** Relativo al átomo. **2** Que emplea la energía producida por la desintegración del átomo.

atomizador s.m. Aparato que se coloca en la boca de un recipiente y sirve para esparcir líquidos pulverizándolos en partículas pequeñas.

atomizar v.tr. Dividir algo en partes muy pequeñas.

átomo s.m. **1** Parte más pequeña de un elemento químico que conserva las propiedades de dicho elemento. **2** Cantidad muy pequeña de una materia.

atonal adj. Se dice de la música o composición musical que no sigue las normas tonales tradicionales.

atónito, a adj. Que queda asombrado, sin respuesta o reacción, ante una sorpresa.

átono, a adj. Se dice de la vocal, sílaba o palabra que se pronuncia sin acento de intensidad.

atontar v.tr. **1** Volver tonto a alguien. **2** Aturdir.

atontolinar v.tr. Fam. Atontar, aturdir.

atorar v.tr. **1** Obstruir o tapar un conducto con alguna cosa. ◆ **atorarse** v.prnl. **2** Detenerse alguien en lo que está haciendo o diciendo debido a algún obstáculo o dificultad.

atormentar v.tr. Dar tormento.

atornillar v.tr. **1** Introducir o apretar un tornillo haciéndolo girar en torno a su eje mediante un atornillador. **2** Sujetar con tornillos. **3** Presionar u obligar a una persona a hacer algo.

atorrante s.m. ARG Vagabundo, pordiosero.

atosigar v.tr. Presionar a una persona metiéndole prisa para que haga algo.

ATP s.m. Sigla de **adenosintrifosfato**, nucleótido que constituye la fuente de energía para la mayoría de reacciones químicas que tienen lugar en las células vivas.

atracada s.f. CUBA, MÉX, NIC Atracón.

atracadero s.m. Lugar en el que pueden atracar embarcaciones pequeñas.

atracador, ra s. Persona que atraca para robar.

1. **atracar** v.tr. **1** Asaltar para robar. ◆ v.intr. **2** Ponerse una embarcación junto al muelle o junto a otra, asegurándola para que no se mueva.

2. **atracar** v.tr. Llenar el estómago de alimento o bebida hasta no poder más.

atracción s.f. **1** Acción de atraer (acercar). **2** Fuerza que atrae. **3** Interés o inclinación hacia alguien o algo. **4** Persona, animal o cosa que atrae. **5** Puesto, mecanismo o actuación que forma parte de un espectáculo o lugar de diversión.

atraco s.m. Asalto para robar.

atracón s.m. **1** Fam. Ingestión excesiva de comida. **2** Fam. Exceso en una actividad.

atractivo, a adj. **1** Que atrae. **2** Que llama la atención y despierta el interés de los demás. ◆ s.m. **3** Conjunto de características favorables de una persona o cosa que atraen.

atraer (49) v.tr. **1** Traer o hacer venir hacia sí alguna cosa. **2** Despertar interés, agradar.

atragantarse v.prnl. Estar una persona sin poder tragar algo que se atraviesa en la garganta.

atrancar v.tr. **1** Asegurar una puerta o una ventana con una tranca o cerrojo. **2** Obstruir o tapar un conducto con alguna cosa. ◆ **atrancarse** v.prnl. **3** Detenerse alguien en lo que está haciendo o diciendo debido a algún obstáculo.

atrapar v.tr. **1** Coger, alcanzar o apresar a alguien o algo que huye, se mueve o se escapa. **2**

Descubrir a alguien haciendo una cosa de manera secreta. **3** Conseguir un beneficio. **4** Fam. Contraer una enfermedad.

atraque s.m. **1** Acción de atracar una embarcación en un puerto o muelle. **2** Lugar en el que atracan embarcaciones.

atrás adv. **1** Hacia la parte que está a las espaldas de uno. **2** En la zona posterior a aquella en la que se encuentra lo que se toma como punto de referencia. **3** En las últimas filas de un grupo de personas. **4** En la parte opuesta a la fachada o entrada principal de un edificio. **5** En el fondo o parte más alejada de un lugar.

atrasar v.tr. **1** Retrasar. ◆ **atrasarse** v.prnl. **2** Quedar alguien rezagado en una actividad.

atraso s.m. **1** Efecto de atrasar. **2** Falta de desarrollo. ◆ **atrasos** s.m.pl. **3** Cantidad de dinero que no se ha recibido en su momento.

atravesar (32) v.tr. **1** Colocar una cosa en un lugar de manera que pase de una parte a otra, especialmente para impedir el paso. **2** Colocar una cosa encima de otra dispuesta en sentido oblicuo. **3** Pasar de un lado de una cosa o lugar hasta el lado contrario. **4** Pasar un cuerpo penetrándolo de parte a parte. **5** Pasar temporalmente por una situación determinada. ◆ **atravesarse** v.prnl. **6** Ponerse o quedar una cosa en medio cerrando el paso.

atrayente adj. Que atrae.

atreverse v.prnl. Hacer algo arriesgado.

atrevido, a adj. y s. **1** Que actúa con atrevimiento.

atrevimiento s.m. **1** Hecho de atreverse a hacer una cosa. **2** Falta de respeto.

atrezo s.m. Conjunto de utensilios y otras cosas que se emplean en una representación.
OBS Pueden encontrarse las grafías italianas atrezzo y attrezzo.

atribución s.f. Acción de atribuir.

atribuir (23) v.tr. **1** Adjudicar un hecho o una cualidad a una persona o cosa. **2** Determinar o señalar que una actividad o un deber pertenece a alguien por razón de su cargo.

atribular v.tr. Causar una tribulación.

atributivo, a adj. y s.m. **1** Se dice del verbo copulativo. **2** Se dice del adjetivo que se une directamente con el sustantivo. ◆ adj. y s.f. **3** Se dice de la oración que tiene como núcleo del predicado un verbo atributivo.

atributo s.m. **1** Cualidad o característica propia de una persona o una cosa, especialmente algo que es parte esencial de su naturaleza. **2** Símbolo que sirve para reconocer a una persona o cosa.

atril s.m. Mueble para sostener libros o papeles.

atrincherar v.tr. **1** Defender o hacer fuerte un lugar con construcciones o trincheras. ◆ **atrincherarse** v.prnl. **2** Ponerse en trincheras o lugares semejantes a cubierto del enemigo. **3** Obstinarse en una opinión o una actitud.

atrio s.m. **1** Espacio exterior y limitado a la entrada de algunas iglesias y de otros edificios. **2** Patio interior cercado de pórticos.

atrocidad s.f. **1** Cualidad de atroz. **2** Cosa atroz.

atrofia s.f. **1** Falta de desarrollo de una parte del cuerpo por defecto o ausencia de nutrición o de actividad. **2** Parada o detención en el desarrollo de una actividad.

atrofiar (1d) v.tr. Producir o padecer atrofia.

atrojarse v.prnl. MÉX Aturdirse, aturullarse.

atronador, ra adj. Se dice del ruido que es muy intenso y puede dejar sorda a una persona.

atropellar v.tr. **1** Pasar un vehículo por encima de una persona o un animal o chocar contra ellos. **2** Empujar o derribar a alguien, especialmente para abrirse paso. **3** Ofender o no respetar mediante el abuso de poder o la utilización de la fuerza. ◆ **atropellarse** v.prnl. **4** Apresurarse demasiado al realizar una acción.

atropello s.m. Acción y efecto de atropellar.

atroz adj. **1** Muy cruel. **2** Muy grande o intenso.

ATS s.m. y f. ESP Sigla de **auxiliar técnico sanitario**, persona titulada que se dedica al cuidado de enfermos.
OBS Pronunc. 'a-te-ese'.

atuendo s.m. Atavío, vestido.

atufar v.tr. **1** Hacer que algo se llene de tufo (mal olor). ◆ v.intr. **2** Fam. Despedir mal olor. ◆ **atufarse** v.prnl. **3** Avinagrarse el vino. **4** BOL Atontarse, perder la serenidad y actuar de forma atolondrada.

atún s.m. Pez marino comestible de hasta 4 m de longitud, dorso azul oscuro y vientre plateado; abunda en el Mediterráneo y el Atlántico.

aturdimiento s.m. Perturbación de los sentidos o del entendimiento de una persona provocada por un golpe, un ruido o una impresión.

aturdir v.tr. Causar aturdimiento.

aturrullar o **aturullar** v.tr. Confundir o alterar a una persona dejándola sin saber qué hacer.

atusar v.tr. **1** Alisar el pelo o arreglar ligeramente el peinado pasando superficialmente la mano o el peine. **2** Recortar e igualar el follaje de las plantas. ◆ **atusarse** v.prnl. **3** Adornarse o arreglarse, especialmente si se hace en exceso.

audacia s.f. Intrepidez o sagacidad para hacer algo arriesgado.

audaz adj. Que tiene audacia.

audible adj. Se dice del sonido que es emitido con la intensidad suficiente para ser oído bien.

audición s.f. **1** Percepción de un sonido por medio del sentido auditivo. **2** Concierto, recital o lectura en público. **3** Prueba que hace un músico, actor o bailarín ante el empresario o director de un espectáculo para que lo juzguen.

audiencia s.f. **1** Conjunto de personas que están presentes en un espectáculo público o que oyen un programa de radio o de televisión. **2** Acto en el que un soberano u otra autoridad recibe a las personas que quieren hablar con él. **3** Acto judicial en el que los litigantes tienen ocasión de exponer sus argumentos ante el tribunal. **4** Tribunal de justicia que trata las causas de un territorio determinado. □ Se escribe con mayúscula inicial. **5** Lugar en el que se reúne este tribunal. □ Se escribe con mayúscula inicial.

audífono s.m. Aparato que sirve para mejorar la audición de las personas que padecen sordera.

audiofrecuencia s.f. Intervalo de frecuencias de las ondas sonoras que el oído de los seres humanos puede percibir.

audioguía s.f. Mecanismo sonoro que sirve de guía para los visitantes de un museo.

audiovisual adj. **1** Relativo a los aparatos de grabación y reproducción de imagen y sonido. ◆ s.m. **2** Reproducción de imágenes combinada con sonidos.

auditar v.tr. Analizar la gestión de una empresa.

auditivo, a adj. **1** Relativo al sentido del oído. **2** Que sirve para oír.

auditor, ra s. **1** Persona que se dedica a auditar. ◆ s.m. **2** Asesor jurídico de un tribunal militar o eclesiástico.

auditoría s.f. **1** Empleo de auditor. **2** Tribunal o despacho del auditor. **3** Efecto de auditar.

auditorio s.m. **1** Conjunto de personas que asisten a una conferencia, coloquio, concierto, espectáculo, etc. **2** Edificio, sala o local de gran capacidad especialmente acondicionado para dar conferencias, conciertos, etc.

auge s.m. Momento de mayor intensidad de un proceso, un estado o una cualidad. ◇ **cobrar auge** Adquirir mayor importancia.

augur s.m. Sacerdote que en la antigua Roma practicaba la adivinación mediante la interpretación del vuelo de las aves y de otros signos.

augurar v.tr. Anunciar lo que va a ocurrir en el futuro mediante la interpretación de señales.

augurio s.m. Señal, presagio o aviso.

augusto, a adj. **1** Formal. Que produce o merece respeto y admiración. ◆ s.m. **2** Título que llevaron los emperadores romanos y sus esposas a partir de Octavio.

aula s.f. Sala de un centro docente donde se dan y reciben clases. ◇ **aula magna** Aula de mayor tamaño e importancia.

aullar (1h) v.intr. Dar aullidos.

aullido s.m. **1** Grito quejumbroso y prolongado que emiten el lobo, el perro y otros animales parecidos. **2** Sonido parecido.

aumentado, a adj. Se dice del intervalo mayor o justo al que se añade un semitono.

aumentar v.intr. **1** Hacerse más grande o más intensa una cosa. ◆ v.tr. **2** Hacer que una cosa sea más grande o intensa.

aumentativo, a adj. y s.m. Se dice del sufijo o a la palabra que aumenta la magnitud del significado de una palabra.

aumento s.m. **1** Crecimiento en tamaño, cantidad, calidad o intensidad. **2** Cantidad que se aumenta. **3** Poder de amplificación de la imagen que tiene una lente.

aun adv. **1** Expresa encarecimiento o ponderación. ◆ conj. **2** Introduce una dificultad real o posible, a pesar de la cual puede ser, ocurrir o hacerse una cosa. ◇ **aun así** A pesar de lo que se expresa.

aún adv. **1** Hasta ahora o hasta el momento en que se habla. **2** Indica mayor fuerza o grado en una comparación.

aunar (1h) v.tr. Unir y armonizar.

aunque conj. **1** Introduce proposiciones concesivas e indica dificultad para que se cumpla lo propuesto en la oración principal. **2** Se emplea para unir proposiciones adversativas y expresa corrección o rectificación de lo dicho en la proposición anterior.

aúpa interj. Expresión con que se anima a alguien. ◇ **de aúpa** Muy grande o intenso.

aupar (1h) v.tr. **1** Levantar o subir, especialmente a un niño. **2** Ayudar a conseguir o alcanzar una cosa.

aura s.f. **1** Irradiación luminosa que algunas personas dicen percibir alrededor de los seres vivos. **2** Formal. Aliento o aire que se despide al respirar. **3** Formal. Viento suave y agradable.

aureola o **auréola** s.f. **1** Círculo luminoso que se representa encima o detrás de las cabezas de las imágenes divinas. **2** Admiración o fama que alcanza una persona por sus méritos o virtudes. **3** Corona o anillo que se ve alrededor de la Luna en los eclipses de Sol.

aurícula s.f. **1** Cavidad de la parte superior o anterior del corazón de mamíferos, aves, reptiles y anfibios. **2** Pabellón de la oreja. **3** Prolongación de la parte anterior del limbo de las hojas.

auricular adj. **1** Relativo al oído. **2** Relativo a las aurículas del corazón. ◆ s.m. **3** Parte o pieza de un aparato destinado a recibir sonidos con la que se oye al acercarla al oído. ◆ **auriculares** s.m.pl. **4** Aparato que consta de dos de estas piezas que se acoplan a los oídos.

aurífero, a adj. Que lleva o contiene oro.

auriñaciense adj. y s.m. Se dice de la época prehistórica que precede al solutrense.

aurora s.f. **1** Luz rosada que aparece en el cielo inmediatamente antes de la salida del Sol. **2** Momento en que aparece esta luz. **3** Principio o primeros tiempos de una cosa.

auscultar v.tr. **1** Explorar los sonidos producidos por los órganos de las cavidades del pecho y del abdomen con el oído o con la ayuda de los instrumentos adecuados. **2** Sondear o intentar averiguar el pensamiento de otras personas.

ausencia s.f. **1** Falta de una persona del lugar donde está habitualmente. **2** Tiempo en que una persona falta del lugar donde está habitualmente. **3** Falta o privación de una cosa. **4** Abstracción de una persona de la realidad que le rodea. ◇ **brillar algo o alguien por su ausencia** No estar en el lugar esperado.

ausentarse v.prnl. Estar una persona ausente.

ausente adj. y s.m. y f. **1** Se dice de la persona que se ausenta.

auspiciar (1d) v.tr. Propiciar, fomentar, patrocinar.

auspicio s.m. **1** Protección, favor. **2** Agüero, presagio.
OBS Suele usarse en plural.

austeridad s.f. **1** Sencillez y moderación. **2** Cumplimiento riguroso de las normas morales.

austero, a adj. **1** Que no tiene lujos ni adornos excesivos e innecesarios. **2** Que es severo en cumplir las normas.

austral adj. **1** Relativo al Sur, especialmente al polo y al hemisferio. ◆ s.m. **2** Unidad monetaria de Argentina desde 1985 hasta 1992.

australiano, a adj. y s. De Australia.

australopiteco s.m. Mamífero homínido que vivió hace millones de años.

austriaco, a o **austríaco, a** adj. y s. De Austria (país de Europa).

austrohúngaro, a adj. y s. Del antiguo imperio de Austria y Hungría.

1. **autarquía** s.f. **1** Sistema económico que permite a un estado bastarse con sus propios recursos. **2** Doctrina política y económica que propugna este sistema. **3** Estado o situación de la persona que se basta a sí misma.

2. **autarquía** s.f. **1** Capacidad de una persona para controlarse y gobernarse a sí misma. **2** Autocracia.

autenticidad s.f. Cualidad de auténtico.

auténtico, a adj. **1** Cierto, verdadero. **2** Que está autorizado o legalizado y tiene valor oficial. **3** Que es coherente con su pensamiento.

autentificar v.tr. Autorizar o legalizar

autismo s.m. Concentración de la vida psíquica de una persona hacia su mundo interior.

autista adj. y s.m. y f. Que padece autismo.

1. **auto** s.m. **1** Breve composición dramática en la que aparecen personajes bíblicos y alegóricos. **2** Decisión judicial sobre un asunto secundario o parcial que no requiere sentencia. ◆ **autos** s.m.pl. **3** Conjunto de partes y materiales de un proceso judicial. ◇ **auto de fe** Proclamación de las sentencias dictadas por los tribunales de la Inquisición, seguida de la abjuración o retractación de los errores, o de la ejecución de las penas.

2. **auto** s.m. Automóvil.

autoaprendizaje s.m. Sistema de aprendizaje autónomo sin profesor.

autoayuda s.f. Acción que realiza uno mismo para conseguir un determinado fin.

autobiografía s.f. Relato en el que una persona narra su propia vida.

autobiográfico, a adj. Se dice del libro o el escrito en que el autor relata su biografía.

autobombo s.m. Elogio desmesurado y público que hace alguien de sí mismo.

autobús s.m. Vehículo automóvil de transporte público con capacidad para un gran número de pasajeros. **GEOSIN** camión, colectivo, guagua, micro.

autocar s.m. ESP Autobús, especialmente el que realiza largos recorridos por carretera.

autoclave s.f. Recipiente herméticamente cerrado que se emplea para destruir gérmenes mediante el vapor a presión.

autocorrección s.f. Corrección que una persona o entidad hace de sí misma.

autóctono, a adj. Que tiene su origen en el mismo lugar en el que vive o se encuentra.

autodefinido s.m. Pasatiempo similar a un crucigrama, pero donde la definición de cada palabra se da en la casilla anterior.

autodeterminación s.f. Facultad y derecho que tienen los pobladores de un territorio o unidad territorial para decidir libremente sobre su estatuto y su futuro político.

autodidacto, a adj. y s. Se dice de la persona que aprende por sí misma.
OBS Doble masculino: **autodidacto** o **autodidacta**.

autoedición s.f. Sistema informático que permite compaginar y diseñar las páginas de una publicación con o sin ilustraciones.

autoescuela s.f. ESP Centro de enseñanza en el que se enseñan las normas de circulación y a conducir vehículos automóviles.

autoevaluación s.f. Evaluación de los propios conocimientos, aptitudes, etc.

autogiro s.m. Aeronave provista de un rotor de eje vertical que gira libremente.

autogobierno s.m. Sistema de administración de un territorio que goza de autonomía.

autógrafo, a adj. y s.m. **1** Se dice del texto que está escrito de la mano de su propio autor. ◆ s.m. **2** Firma de una persona famosa.

autoinducción s.f. Inducción generada en un circuito por las variaciones que experimenta la corriente eléctrica que circula por él.

autómata s.m. **1** Aparato provisto de un mecanismo interior que le permite ciertos movimientos. **2** Máquina electrónica fabricada para realizar automáticamente movimientos y acciones propios de un ser animado. ◆ **s.m. y f. 3** Persona sin voluntad propia.

automático, a adj. **1** Se dice del mecanismo que funciona por sí solo o que realiza, total o parcialmente, su proceso sin ayuda de una persona. **2** Que se hace sin pensar o de forma involuntaria. **3** Que se produce necesaria e inmediatamente al ocurrir determinadas circunstancias.

automatismo s.m. **1** Componente de una máquina o sistema que permite ejecutar una o varias acciones sin intervención manual. **2** Ejecución de movimientos y actos sin intervención de la voluntad.

automatizar v.tr. Hacer automático un movimiento.

automoción s.f. **1** Estudio o descripción de las máquinas que se desplazan por la acción de un motor, especialmente del automóvil. **2** Sector de la industria relacionado con el automóvil.

automotor, ra adj. **1** Se dice de la máquina, instrumento o aparato que ejecuta determinados movimientos sin la intervención directa de una acción exterior. ◆ **s.m. 2** Vagón de ferrocarril dotado de sus propios motores.
OBS Doble femenino: **automotora** o **automotriz**.

automotriz ▷ automotor, ra.

automóvil adj. **1** Que se mueve por sí mismo. ◆ **s.m. 2** Vehículo de cuatro ruedas con motor que puede ser guiado por una vía terrestre sin necesidad de carriles y que se usa para el transporte de personas.

automovilismo s.m. **1** Deporte que consiste en participar en carreras de velocidad, habilidad y resistencia conduciendo un automóvil. **2** Conjunto de conocimientos relativos al automóvil.

automovilista s.m. y f. Persona que conduce un automóvil.

automovilístico, a adj. Relativo al automóvil o al automovilismo.

autonomía s.f. **1** Facultad o poder de una entidad territorial integrada en otra superior para gobernarse de acuerdo con sus propias leyes y organismos. **2** Entidad política y territorial más importante en que se divide el Estado español, dotada de autonomía legislativa y competencias ejecutivas en todo aquello que no sea común con el resto del Estado. **3** Estado y condición de la persona o del grupo de personas que no dependen de otros en determinados aspectos. **4** Capacidad máxima de una máquina, en especial un vehículo, para funcionar sin necesidad de reponer combustible.

autonómico, a adj. Relativo a la autonomía.

autonomismo s.m. Doctrina que defiende la autonomía de las comunidades históricas de España.

autónomo, a adj. **1** Que goza de autonomía o independencia. ◆ **adj. y s. 2** Se dice de la persona que trabaja por cuenta propia. ◆ **adj. 3** Se dice de la parte del sistema nervioso que regula las funciones vegetativas del organismo.

autopista s.f. Carretera de circulación rápida con calzadas separadas de dos o más carriles para cada sentido de la circulación, cruces a distinto nivel, curvas muy abiertas y pendientes limitadas.

autopolinización s.f. Transmisión del polen de la antera al estigma de una misma flor.

autopropulsión s.f. Propulsión de una máquina por su propia fuerza motriz.

autopsia s.f. Apertura y examen de un cadáver para conocer las causas de su muerte.

autor, ra s. **1** Persona que hace una cosa o es causa de ella. **2** Persona que realiza una obra científica, literaria o artística. **3** Persona que comete un delito, induce a cometerlo o colabora en él.

autoría s.f. Calidad de autor.

autoridad s.f. **1** Facultad, derecho o poder de mandar o gobernar sobre algo que está subordinado. **2** Persona que tiene esa facultad o poder. **3** Capacidad de influir sobre los demás por ser importante o destacar en una actividad. **4** Persona que tiene esta capacidad. **5** Texto que se cita en apoyo de lo que se dice.

autoritario, a adj. Que impone su poder de forma absoluta.

autoritarismo s.m. Carácter o sistema autoritario.

autorización s.f. **1** Concesión de autoridad. **2** Documento que autoriza.

autorizar v.tr. **1** Conceder autoridad, facultad o derecho para hacer una cosa. **2** Aprobar o dar por bueno.

autorradio s.m. Receptor de radio diseñado para ser instalado en un vehículo automóvil.

autorretrato s.m. Retrato de una persona hecho por ella misma.

autoservicio s.m. Establecimiento en el que el cliente se sirve a sí mismo.

autosoma s.m. Cromosoma no sexual.

autostop o **auto-stop** s.m. Forma de viajar por carretera que consiste en pedir transporte gratuito a los conductores.

autostopista s.m. y f. Que practica el autostop.

autosuficiente adj. **1** Que se basta a sí mismo. **2** Que habla o actúa con presunción.

autótrofo, a adj. **1** Se dice del organismo capaz de elaborar su propia materia orgánica, de la que se nutre, a partir de sustancias inorgánicas. **2** Se dice de la forma de alimentación propia de estos organismos.

autovía s.f. ESP Carretera parecida a la autopista, pero con cruces que pueden estar al mismo nivel y abundantes entradas y salidas.

1. **auxiliar** (1f) v.tr. Ayudar a una persona.

2. **auxiliar** adj. **1** Que auxilia o sirve de ayuda. ◆ adj. y s.m. **2** Se dice del verbo que se usa en la conjugación activa y pasiva para formar los tiempos compuestos y las perífrasis verbales. ◆ adj. y s.m. y f. **3** Se dice de la persona que ayuda a otra o colabora con ella en un cargo o en un trabajo. **4** Se dice del profesor que ayuda o sustituye al catedrático titular. ◇ **auxiliar administrativo** Persona que trabaja en una oficina con categoría inferior a la de administrativo. ◇ **auxiliar de vuelo** Persona que atiende a los pasajeros y a la tripulación en los aviones.

auxilio s.m. **1** Ayuda, socorro. ◆ **interj. 2** Se usa para pedir ayuda en una situación de peligro o necesidad.

av. o **avda.** Abreviatura de **avenida**.

aval s.m. **1** Firma que se pone al pie de una letra u otro documento de crédito para responder de su pago en caso de no hacerlo la persona que está obligada a ello. **2** Documento en el que alguien responde de la conducta de una persona.

avalancha s.f. Alud.

avalar v.tr. Garantizar mediante un aval.

avance s.m. **1** Movimiento hacia adelante. **2** Progreso o mejora. **3** Cosa o acción que se presenta como anticipo o adelanto de algo. **4** ESP, MÉX Conjunto de fragmentos de una película que se proyectan antes de su estreno con fines publicitarios.

avanzadilla s.f. Grupo de soldados destacado del cuerpo principal para observar al enemigo.

avanzado, a adj. **1** Se dice de la edad que es de muchos años. **2** Que está lejos de su comienzo o próximo al final. **3** Innovador.

avanzar v.intr. **1** Ir hacia adelante. **2** Acercarse a su fin o transcurrir un tiempo determinado. **3** Progresar o mejorar en algo. ◆ v.tr. **4** Mover hacia adelante.

avaricia s.f. Afán excesivo de poseer y conseguir riquezas para atesorarlas.

avaricioso, a adj. y s. Que tiene avaricia.

avariento, a adj. y s. Avaricioso.

avaro, a adj. y s. **1** Avaricioso. **2** Tacaño.

avasallar v.tr. **1** Someter o dominar sin tener en cuenta los derechos de los demás. **2** Ofender o faltar al respeto mediante el abuso de poder.

avatar s.m. Situación o vicisitud contraria a la buena marcha de algo.
OBS Suele usarse en plural.

avda. o **av.** Abreviatura de **avenida**.

ave s.f. **1** Animal vertebrado, ovíparo, de sangre caliente y respiración pulmonar, con un pico córneo, dos patas, las extremidades anteriores en forma de alas y el cuerpo cubierto de plumas. ◆ **aves** s.f.pl. **2** Grupo taxonómico, con categoría de clase, constituido por estos animales. ◇ **ave de paso** Ave que viaja de una región a otra en ciertas estaciones del año, como la cigüeña o la golondrina. — Persona que no permanece durante mucho tiempo en un mismo lugar

avecinarse v.prnl. Acercarse o aproximarse una fecha o acontecimiento.

avefría s.f. Ave zancuda de plumaje verde oscuro en el dorso y blanco en el vientre, con un penacho de cinco o seis plumas encorvadas por la punta.

avejentar v.tr. Hacer que alguien parezca viejo o más viejo.

avellana s.f. Fruto seco comestible, pequeño y redondo, de color marrón, con una corteza muy dura y carne blanca en su interior.

avellano s.m. **1** Árbol de 3 a 4 m de altura, muy poblado de ramas, de fruto comestible (avellana). **2** Madera de este árbol.

avemaría s.f. **1** Oración católica que comienza con las palabras con que el arcángel san Gabriel saludó a la Virgen María.

avena s.f. **1** Planta gramínea del grupo de los cereales, de cañas delgadas, hojas estrechas y flores en panoja que produce una semilla que sirve de alimento a las personas y los animales. **2** Semilla de esta planta. ◇ **avena loca** Variedad de avena silvestre que crece en caminos y márgenes de campos de cereales.

avenida s.f. **1** Calle ancha de una población, generalmente con árboles a los lados. **2** Camino que va a un pueblo o paraje determinado. **3** Aumento brusco del caudal de un río o arroyo.

avenir (51) v.tr. **1** Poner de acuerdo o reconciliar a varias personas que estaban enemistadas. ◆ **avenirse** v.prnl. **2** Llevarse bien una persona con otra. **3** Conformarse con algo o amoldarse a ello. **4** Estar en armonía o conformidad una cosa con otra.

aventajado, a adj. Que sobresale o destaca entre otras de su misma clase.

aventajar v.tr. Sacar o llevar ventaja una persona o cosa a otras.

aventar (32) v.tr. **1** Poner al aire o al viento una cosa. **2** Echar al aire el grano y la paja de los cereales para separarlos. **3** Dar aire a alguien o algo. **4** Dar a conocer una cosa a un gran número de personas. **5** Arrastrar el viento una cosa. **6** Fam. Hacer salir a una persona o cosa de un lugar. **7** COL Atacar, lanzarse al ataque sobre el oponente. **8** CUBA, MÉX Exponer al aire y al sol el azúcar partido. ◆ **aventarse** v.prnl. **9** Llenarse de aire un cuerpo. **10** Fam. Huir, escaparse.

aventura s.f. **1** Suceso extraño o poco frecuente. **2** Hecho o situación peligrosa o que es de resultado incierto y poco seguro. **3** Fam. Relación amorosa o sexual pasajera.

aventurado, a adj. Arriesgado, atrevido.

aventurar v.tr. **1** Arriesgar o poner en peligro algo o a alguien. **2** Decir o afirmar una cosa atrevida o de la que se tiene duda o cierto recelo. ◆ **aventurarse** v.prnl. **3** Atreverse a hacer algo arriesgado o peligroso.

aventurero, a adj. y s. **1** Que le gustan las aventuras o que las busca. **2** Que se gana la vida o trata de triunfar en la sociedad usando medios desconocidos. ◆ adj. **3** CUBA, MÉX Se dice del trigo sembrado fuera de tiempo o sembrado en secano.

avergonzar (11) v.tr. **1** Causar en alguien un sentimiento de vergüenza. ◆ **avergonzarse** v.prnl. **2** Sentir vergüenza.

avería s.f. Daño, rotura o fallo en un mecanismo que impide o perjudica el funcionamiento de una máquina o un vehículo.

averiar (1e) v.tr. Producir una avería.

averiguación s.f. Indagación que se lleva a cabo para saber la verdad sobre algo o alguien.

averiguar (1a) v.tr. Indagar en un asunto hasta saber la verdad que se busca.

averno s.m. Formal. Infierno.

averroísmo s.m. Sistema filosófico de Averroes (filósofo hispanomusulmán del siglo XII).

aversión s.f. Sentimiento de rechazo o repugnancia exagerada hacia una persona o cosa.

avestruz s.m. Ave no voladora que alcanza hasta 2 m de altura (es la mayor de todas las aves conocidas), de cuello largo, cabeza pequeña y patas largas y robustas que le permiten correr a grandes velocidades; vive en África.

avezado, a adj. Se dice de la persona que está acostumbrada o habituada a una cosa.

aviación s.f. **1** Sistema de navegación aérea por medio de aparatos más pesados que el aire. **2** Fuerzas aéreas de un estado.

1. **aviador, ra** s. **1** Persona que tripula o gobierna un aparato de aviación. **2** Persona que sirve en la aviación de un ejército.

2. **aviador, ra** adj. y s. AMÉR Que presta dinero a un labrador, ganadero o minero.

aviar (1e) v.tr. **1** Fam. Preparar o disponer algo con un fin. **2** Fam. Arreglar u ordenar. ◆ v.intr. **3** Fam. Darse prisa en la ejecución de una cosa. ◇ **aviárselas** Fam. Buscar la manera de solucionar un problema o de hacer una cosa.

avícola adj. Relativo a la avicultura.

avicultor, ra s. Persona que se dedica a la avicultura.

avicultura s.f. Técnica de criar y fomentar la reproducción de aves.

avidez s.f. Deseo fuerte e intenso de tener o conseguir una cosa.

ávido, a adj. Que siente avidez.

avieso, a adj. Que es perverso o de malas inclinaciones.

avilés, sa adj. y s. De Ávila.

avinagrar v.tr. **1** Poner agria una cosa. ◆ **avinagrarse** v.prnl. **2** Hacerse áspero el carácter de una persona.

avío s.m. **1** Preparación o disposición de algo. **2** Conveniencia o provecho. **3** Provisión de comida. ◆ **avíos** s.m.pl. **4** Instrumentos, herramientas o medios necesarios para hacer algo.

avión s.m. Vehículo con alas, más pesado que el aire, que vuela generalmente propulsado por uno o varios motores y se usa para el transporte aéreo. ◇ **avión comercial** Avión que pertenece a una empresa y se emplea para transportar personas y mercancías. ◇ **avión de bombardeo** Avión de gran tamaño que se emplea para lanzar bombas. ◇ **avión de caza** Avión de pequeño tamaño y gran velocidad destinado principalmente a reconocimientos y combates aéreos. □ También simplemente caza.

avioneta s.f. Avión pequeño que se usa generalmente para vuelos cortos y a poca altura.

avisado, a adj. **1** Que es hábil e inteligente y se da cuenta de lo que puede ocurrir. **2** Que actúa con cautela y precaución.

avisar v.tr. **1** Dar aviso o noticia de un hecho a alguien. **2** Advertir a alguien de una cosa. **3** Llamar a una persona para que preste un servicio.

aviso s.m. **1** Noticia que se comunica a alguien. **2** Escrito que advierte de algo. **3** Indicio de algo. ◇ **andar,** o **estar, sobre aviso** Estar prevenido y preparado para lo que pueda pasar.

avispa s.f. Insecto parecido a la abeja, pero de cuerpo menos peludo, coloreado con rayas negras y amarillas y con el abdomen muy estrecho en la unión con el tórax.

avispado, a adj. Que es muy vivo y espabilado.

avispar v.tr. **1** Hacer más avispada y lista a una persona. **2** CH Infundir miedo, espantar.

avispero s.m. **1** Panal o nido de avispas. **2** Conjunto de avispas que viven en este lugar. **3** Negocio o asunto complicado y enredado que puede ser peligroso y causar disgusto. **4** Reunión de personas que se mueven y hacen ruido.

avistar v.tr. **1** Alcanzar con la vista lo que está lejos. ◆ **avistarse** v.prnl. **2** Reunirse una persona con otra para tratar un asunto.

avitaminosis s.f. Carencia de una o varias de las vitaminas requeridas por el organismo.

avituallamiento s.m. Acción y efecto de avituallar.

avituallar v.tr. Abastecer de vituallas.

avivar v.tr. **1** Hacer que una cosa sea más viva o más animada. **2** Hacer que una discusión sea más acalorada.

avoceta s.f. Ave zancuda de cuerpo blanco con manchas negras o marrones y pico largo y delgado, puntiagudo y encorvado hacia arriba.

avutarda s.f. Ave zancuda de unos 80 cm de longitud, cuerpo grueso de color pardo rojizo con manchas blancas y negras, cuello alargado y alas pequeñas.

axial adj. Relativo al eje.

axila s.f. **1** Hueco que se forma en la unión de la parte interior del brazo con el cuerpo. **2** Punto de unión de una parte de una planta con la rama o tronco que lo sostiene.

axilar adj. Relativo a la axila.

axioma s.m. **1** Expresión de un juicio tan claro y evidente que se admite sin necesidad de demostración. **2** Principio evidente que constituye el fundamento de una ciencia.

axis s.m. Segunda vértebra del cuello.

axón s.m. Prolongación alargada que parte del cuerpo de la neurona y termina en una ramificación que comunica con otras células.

axonometría s.f. Sistema de representación gráfica de una figura de tres dimensiones en un plano por medio de las proyecciones obtenidas de rectas que forman entre sí ángulos de 120°.

ay interj. **1** Expresión que indica pena, dolor o temor. ◆ s.m. **2** Quejido o suspiro. ◇ **¡ay de mí!** o **¡ay de nosotros!** Expresión con la que una persona se lamenta de una cosa.

ayate s.m. MÉX Tela rala.

ayatolá s.m. Superior religioso de los chiitas islámicos.

ayer adv. **1** En el día inmediatamente anterior al de hoy. **2** En un tiempo pasado próximo al presente. ◆ s.m. **3** Tiempo pasado.

ayo, a s. Persona que en una casa acomodada se encarga del cuidado de los niños.
OBS La forma femenina se usa con los artículos el y un, excepto cuando hay alguna palabra entre artículo y sustantivo.

ayocote s.m. MÉX Variedad de frijol.

ayote s.m. MÉX Calabaza comestible.

ayuda s.f. **1** Colaboración desinteresada que se presta en una necesidad o un peligro. **2** Persona o cosa que ayuda. **3** Cantidad de dinero que se da a una persona para un fin. ◇ **ayuda humanitaria** Conjunto de alimentos, medicinas y personal especializado que se envía a un territorio con problemas graves.

ayudamemoria s.m. ARG, BOL, CH, CUBA, NIC Papelito con apuntes que los estudiantes ocultan para copiar de él en los exámenes. **GEOSIN** acordeón, chivo, chuleta, machete, plagio.

ayudante s.m. y f. y adj. Que ayuda.

ayudar v.tr. **1** Prestar colaboración desinteresada en una necesidad o un peligro. ◆ v.tr. e intr. **2** Colaborar una cosa en la realización de otra. ◆ **ayudarse** v.prnl. **3** Valerse del auxilio o la ayuda de una persona o cosa.

ayunar v.intr. Abstenerse total o parcialmente de comer y beber durante un tiempo.

ayunas ◇ **en ayunas** loc. **1** Sin haber tomado alimento desde la noche anterior. **2** Sin comprender una cosa en absoluto.

ayuno s.m. Acción de ayunar.

ayuntamiento s.m. **1** Grupo de personas integrado por un alcalde y varios concejales que se encarga de administrar y gobernar un municipio. □ Con mayúscula inicial cuando hace referencia a uno en concreto. **2** Edificio en el que trabaja este grupo de personas. □ Con mayúscula inicial cuando hace referencia a uno en concreto. **3** Formal. Coito.

azabache s.m. **1** Mineral negro y brillante, duro, compacto y poco pesado, que es una variedad del carbón y se usa en joyería o para hacer adornos. ◆ s.m. y adj. **2** Color negro brillante, como el de este mineral. ◆ adj. **3** Que es de este color. □ Invariable en número.

azada s.f. Instrumento de labranza formado por una pala de metal con un filo cortante, unida a un mango largo de madera con el que forma un ángulo agudo.

azadón s.m. Azada de pala un poco curva y más larga que ancha.

azafata s.f. **1** Empleada que se dedica a atender a los pasajeros en un avión o en un tren. **2** ESP Empleada que se dedica a recibir e informar a los visitantes en ciertos actos.

azafrán s.m. **1** Planta de hojas estrechas y tallo formado por bulbos aéreos con una flor morada en el extremo. **2** Condimento aromatizante y colorante constituido por los estigmas de la flor de esta planta, de color rojo anaranjado. ◆ s.m. y adj. **3** Color amarillo anaranjado como el que se obtiene con este condimento. ◆ adj. **4** Que es de este color. □ Invariable en número.

azahar s.m. Flor del naranjo, el limonero y otros árboles parecidos.

azalea s.f. Planta de jardín de tallo leñoso, hojas pequeñas, ovaladas y caducas y flores blancas, rosadas o rojas.

azar s.m. Casualidad, hecho fortuito. ◇ **al azar** Sin reflexión ni orden o sin una intención determinada.

azarar v.tr. Azorar.

azarearse v.prnl. **1** AMÉR CENTRAL, ARG, BOL, CH Azorarse, avergonzarse. **2** CH, PERÚ Irritarse.

azaroso, a adj. Que tiene abundantes percances, riesgos, contratiempos o dificultades.

aziliense s.m. Época prehistórica que sucede al magdaleniense.

ázimo o **ácimo** adj. Se dice del pan que se elabora sin levadura.

azimut o **acimut** s.m. Ángulo que forma el plano vertical de un astro con el meridiano del punto de observación.

azor s.m. Ave rapaz diurna, parecida al halcón, con el dorso oscuro, el vientre blanco con manchas pardas y una franja blanca sobre cada ojo.

azorar v.tr. Inquietar, turbar.

azoro s.m. AMÉR Turbación.

azotaina s.f. Conjunto de azotes.

azotar v.tr. **1** Dar azotes. **2** Dar golpes el viento, la lluvia, las olas, etc., de forma repetida. **3** Atacar o castigar, generalmente un fenómeno natural, una población, un país o una zona amplia persistentemente.

azote s.m. **1** Golpe no muy fuerte dado con la mano a una persona, especialmente en el trasero, como castigo. **2** Instrumento para azotar a una persona como castigo, formado por un conjunto de cuerdas anudadas provistas de puntas y unidas a un mango. **3** Golpe dado a una persona con este instrumento. **4** Golpe del viento, la lluvia, las olas, etc., repetido y generalmente violento.

azotea s.f. **1** Cubierta plana de un edificio sobre la cual se puede andar. **2** Fam. Cabeza.

azteca adj. y s.m. y f. **1** Del pueblo indígena que dominó el centro y el sur de México hasta ser vencido por los españoles en el siglo XVI. ◆ s.m. y adj. **2** Lengua precolombina todavía hablada actualmente en México.

azúcar s.m. o f. **1** Glúcido que se extrae sobre todo de la caña de azúcar y de la remolacha, que se encuentra normalmente en estado sólido, en granos diminutos con forma de cristales, generalmente de color blanco, que tiene sabor muy dulce y es soluble en agua. **2** Hidrato de carbono soluble y de sabor dulce, como la glucosa, lactosa o sacarosa. ◇ **azúcar cande** o **azúcar candi** Azúcar poco refinado que forma cristales grandes, incoloros o de color pardusco. ◇ **azúcar glas** o **azúcar lustre** Azúcar reducido a un polvo muy fino que se usa en repostería. ◇ **azúcar moreno** Azúcar no refinado de color pardusco.

azucarar v.tr. **1** Endulzar un alimento echándole azúcar. **2** Cubrir con azúcar.

azucarera s.f. **1** Empresa que se dedica a la fabricación o venta de azúcar. **2** Azucarero (recipiente).

azucarería s.f. **1** Fábrica o comercio de azúcar. **2** CUBA, MÉX Tienda en que se vende azúcar.

azucarero, a adj. **1** Relativo al azúcar. ◆ s. **2** Persona que se dedica a la fabricación de azúcar. ◆ s.m. **3** Recipiente para guardar el azúcar y servirlo en la mesa.

azucarillo s.m. ESP Masa pequeña y compacta de azúcar en forma de cubo.

azucena s.f. **1** Planta de jardín, con raíz en forma de bulbo, de tallo alto y erecto con una flor en el extremo. **2** Flor de esta planta, grande, blanca y muy olorosa.

azufre s.m. Elemento químico de símbolo S. y número atómico 16; se usa para obtener ácido sulfúrico y fabricar pólvora.

azul s.m. y adj. **1** Color como el del cielo sin nubes o como el del mar en un día soleado. ◆ adj. **2** Que es de este color. ◆ s.m. **3** Sustancia colorante que tiñe de azul, usada especialmente en pintura y cerámica. ◇ **azul celeste** Azul que es claro. ◇ **azul cobalto** Azul que es más oscuro que el celeste y más claro que el marino. ◇ **azul eléctrico** Azul que es un poco lila y muy brillante. ◇ **azul marino** Azul que es muy oscuro. ◇ **azul turquesa** Azul que es un poco verdoso. □ También simplemente turquesa.

azulado, a adj. Que tiene un tono azul.

azulejo s.m. Pieza de arcilla cocida, de poco grosor y generalmente cuadrada, con la cara superior vidriada y con un estampado o relieve, que se usa para revestir paredes o suelos.

azulino, a adj. Azulado.

azulón, na s.m. y adj. **1** Color azul muy intenso. ◆ adj. **2** Que es de este color.

azumbre s.m. o f. Medida antigua para líquidos equivalente a 2,016 litros.

azur s.m. y adj. En heráldica, color azul oscuro.

azuzar v.tr. **1** Incitar o estimular a un animal, especialmente un perro, para que ataque. **2** Incitar o presionar a una persona para que haga una cosa, generalmente contra alguien.

B

b s.f. Segunda letra del alfabeto español; su nombre es be.

baba s.f. **1** Saliva abundante que sale de la boca y fluye por la comisura de los labios. **2** Líquido espeso y pegajoso que producen ciertos animales y plantas. **3** VENEZ Caimán. ◇ **caérsele la baba a alguien** Fam. Experimentar una persona gran admiración y placer por alguien o algo. ◇ **mala baba** Fam. ESP Mala intención o mal carácter.

babear v.intr. **1** Echar baba por la boca. **2** Experimentar gran admiración y placer.

babeo s.m. Caída continuada de baba.

babero s.m. **1** Pieza de tela u otra materia que se coloca en el pecho sujeta al cuello para no mancharse de babas o con los alimentos. **2** Babi.

babi s.m. Bata que se pone a los niños.

Babia n.pr. ◇ **estar en Babia** Fam. Estar una persona despistada o sin prestar atención.

babilla s.f. **1** Conjunto de musculatura y tendones que articulan el fémur con la tibia y la rótula en las patas traseras de los cuadrúpedos. **2** MÉX Humor o líquido que, por fracturas de huesos o desgarraduras de tejidos, se derrama e impide la buena consolidación de estos.

babilónico, a o **babilonio, a** adj. y s. **1** De Babilonia. ◆ **s.m. y adj. 2** Lengua semítica oriental hablada antiguamente en Babilonia.

bable s.m. Conjunto de hablas no unificadas, pertenecientes al dialecto leonés, que se extienden por Asturias, Santander y León.

babor s.m. Lado izquierdo de una embarcación, mirando de la parte trasera a la delantera.

babosa s.f. Molusco terrestre parecido al caracol pero carente de concha.

babosada s.f. **1** Fam. AMÉR CENTRAL, CH, COL, MÉX, PAN Simpleza, cuestión poco importante. **2** Fam. AMÉR CENTRAL, CUBA, P RICO Dicho o hecho grosero.

babosear v.tr. Llenar de babas.

baboso, a adj. **1** Que echa abundante baba por la boca. **2** Fam. y desp. Se dice de la persona que es excesivamente aduladora. **3** Fam. Se dice de la persona que aún no tiene la edad suficiente para lo que hace o intenta hacer.

babucha s.f. **1** Zapato ligero, sin cordones ni tacón, hecho de piel o cuero. **2** Zapatilla de uso doméstico parecida a este zapato.

baby boom s.m. **1** Generación con un alto índice de nacimientos. **2** Período próspero. **OBS** Pronunc 'beibi bum'.

baca s.f. CUBA, ESP, URUG Estructura resistente que se coloca sobre el techo de un automóvil y sirve para llevar maletas y otros objetos.

bacaladilla s.f. Pez marino comestible de color gris, cuerpo alargado y mandíbula prominente.

bacalao s.m. **1** Pez marino comestible de color oscuro, cuerpo alargado, cabeza grande y con un saliente carnoso alargado en la punta de la mandíbula inferior. ◆ **s.m. y adj. 2** ESP Bakalao. ◇ **cortar el bacalao** Fam. Tener el mando o el poder de decisión último y más importante en un grupo o un asunto.

bacanal s.f. **1** Fiesta que en la antigua Roma se celebraba en honor de Baco. **2** Fiesta desenfrenada.

bacante s.f. Mujer consagrada al culto de Baco.

bacarrá o **bacará** s.m. Juego de cartas en el que el banquero juega contra los demás.

bachata s.f. CUBA, P RICO Juerga, parranda.

bache s.m. **1** Agujero o desnivel en la superficie de un camino. **2** Disminución o interrupción pasajera en el progreso de una actividad. **3** Momento difícil en la vida de una persona. **4** Zona atmosférica de baja densidad.

bachicha s.m. y f. ARG, CH, URUG Fam. Inmigrante italiano.

bachiller s.m. y f. **1** Persona que ha aprobado los estudios correspondientes al bachillerato. **2** Persona que está cursando estos estudios. ◆ s.m. **3** Fam. ESP Bachillerato.

bachillerato s.m. **1** Conjunto de estudios, posterior a la educación secundaria obligatoria, que capacita para el acceso a la universidad. **2** ESP Conjunto de estudios que se cursaba antes del ingreso en la universidad. **3** ESP Conjunto de estudios que antiguamente correspondía al primer grado de los estudios universitarios. **4** Grado académico al terminar estos estudios.

bacía s.f. Recipiente metálico circular, de borde muy ancho y con una escotadura semicircular, usado por los barberos para remojar las barbas.

bacilo s.m. Bacteria de forma cilíndrica.

backgammon s.m. Juego de mesa en el que participan dos jugadores con quince fichas, blancas o negras, cada uno.
OBS Pronunc. aprox. 'bacgamon'.

bacón o **beicon** s.m. ESP Tocino ahumado de cerdo con vetas de carne magra.
OBS Puede encontrarse la grafía inglesa **bacon** (pronunciada 'beicon').

bacteria s.f. Organismo microscópico unicelular procariota.

bacteriano, a adj. Relativo a las bacterias.

báculo s.m. **1** Bastón largo con el extremo superior curvo. **2** Persona o cosa que sirve de apoyo.

badajo s.m. Pieza que cuelga del interior de una campana y que la hace sonar al golpearla.

badajocense adj. y s.m. y f. De Badajoz.

badana s.f. **1** Piel curtida de carnero u oveja. ◆ s.m. y f. **2** Fam. Persona vaga y de poco juicio. □ Suele usarse en plural con valor singular. ◇ **zurrar la badana a alguien** Fam. ESP Dar una paliza a una persona. □ Fam. ESP Ganar o vencer al contrario con claridad.

badén s.m. **1** Depresión del terreno en un camino o carretera. **2** Parte de la acera que está rebajada al nivel de la calzada.

bádminton s.m. Deporte parecido al tenis que se practica en una pista mucho menor y en el que participan dos jugadores o dos parejas.
OBS Puede encontrarse la grafía inglesa **badminton**.

bafle s.m. Altavoz de un equipo de alta fidelidad o caja que contiene uno o más altavoces.
OBS Puede encontrarse la grafía inglesa **baffle**.

bagaje s.m. **1** Conjunto de conocimientos y experiencias. **2** Equipaje militar que lleva un ejército en marcha.

bagatela s.f. **1** Cosa poco importante. **2** Composición musical escrita en género ligero.

bagaudas s.m.pl. Campesinos de la Galia e Hispania que se sublevaron varias veces.

bagual, la adj. **1** ARG, BOL, URUG Se dice de la persona que es grosera o carece de civismo y cultura. ◆ s.m. **2** ARG, BOL, URUG Potro o caballo no domado.

baguette s.f. Barra de pan larga y estrecha.
OBS Pronunc. aprox. 'baguet'.

bah interj. Indica desprecio o falta de interés.

bahía s.f. Parte de mar que entra en la tierra formando una concavidad amplia.

bailador, ra adj. y s. **1** Que baila o es aficionado a bailar. ◆ s. **2** Persona que baila danzas populares.

bailaor, ra s. ESP Persona que se dedica a bailar flamenco.

bailar (1i) v.tr. e intr. **1** Mover el cuerpo siguiendo el ritmo de una pieza musical. ◆ v.tr. **2** Hacer que gire rápidamente un objeto alrededor de su eje manteniendo el equilibrio sobre uno de sus extremos. ◆ v.intr. **3** Girar un objeto rápidamente alrededor de su eje manteniendo el equilibrio sobre uno de sus extremos. **4** Moverse una cosa que está en una posición inestable.

bailarín, na s. Persona que baila.

baile s.m. **1** Acción de bailar. **2** Fiesta donde se baila. **3** Confusión en el orden de conceptos, palabras y números, o cambio por otros muy parecidos. ◇ **baile de san Vito** Denominación popular del corea, enfermedad nerviosa que se caracteriza por los movimientos involuntarios, rápidos y violentos que sufre el enfermo.

baja s.f. **1** Fin de la relación laboral o profesional que unía a una persona con un cuerpo, asociación o empresa. **2** Documento en el que un médico certifica que una persona debe abandonar durante un tiempo su puesto de trabajo. **3** Persona que ha tenido que abandonar el desarrollo de una actividad por una causa determinada. **4** Situación de la persona que ha abandonado temporalmente su trabajo por enfermedad. **5** Persona muerta, desaparecida o inutilizada en un combate o una guerra. **6** Disminución del valor o de la cuantía de una cosa. ◇ **a la baja** Indica que el precio o valor de una cosa disminuye o tiende a ser cada vez menor.

bajada s.f. **1** Camino o calle inclinados que van de un lugar a otro más bajo. **2** Trayecto desde una posición elevada a otra más baja. **3** Disminución del valor, la cuantía o la intensidad de una cosa. ◇ **bajada de bandera** Tarifa que marca un taxímetro al ponerlo en marcha.

bajamar s.f. **1** Fin del reflujo del mar. **2** Tiempo que este dura.

bajante s.m. o f. Tubería de desagüe que recoge las aguas residuales y fecales.

bajar v.intr. **1** Trasladarse de un lugar a otro que está más bajo. **2** Salir de un vehículo o dejar de estar montado en él. **3** Hacerse más pequeño el valor, la cuantía o la intensidad de una cosa. ◆ v.tr. **4** Hacer más pequeño el valor, la cuantía o la intensidad de una cosa. **5** Poner en un lugar más bajo. **6** Recorrer el trayecto inclinado que va de un lugar a otro más bajo. **7** Inclinar o dirigir hacia el suelo. **8** Copiar o transferir información en la memoria de un ordenador.

bajareque s.m. **1** AMÉR CENTRAL Pared de palos entretejidos con cañas y barro. **2** CUBA Cabaña o choza.

bajativo s.m. ARG, COL, CH, PAR, URUG, VENEZ Licor que se toma después de las comidas para facilitar la digestión.

bajel s.m. Formal. Buque, barco.

bajero, a adj. **1** Que se usa o se pone debajo de una cosa. **2** ARG, URUG Se dice de la manta que se pone sobre el lomo del caballo para ensillarlo.

bajeza s.f. Acción inmoral y despreciable.

bajial s.m. PERÚ Terreno bajo que se inunda en invierno.

bajío s.m. **1** Elevación del fondo de un mar, río o lago que dificulta o impide la navegación. **2** AMÉR Terreno bajo.

bajista adj. **1** Que tiende a la baja o disminución. ◆ s.m. y f. **2** Persona que toca el bajo.

1. **bajo, a** adj. **1** Que tiene una altura menor de lo normal. **2** Que está situado en un lugar con poca altura con respecto a la superficie de la tierra o cercano al nivel del mar. **3** Que tiene poco valor, o es de poca cuantía o intensidad. **4** Se dice del grupo social que no tiene recursos económicos y ocupa el lugar inferior en la escala social. **5** Inmoral y despreciable. **6** Que está inclinado hacia el suelo o mira al suelo. **7** Se dice del sonido o la voz que tiene una frecuencia de vibraciones menor de la normal. ◆ s.m. **8** Piso inferior, situado a la altura de la calle, de una casa que tiene dos o más plantas. **9** Borde inferior de una prenda de vestir. **10** Elevación del fondo de un mar, río o lago que dificulta o impide la navegación. **11** Instrumento musical de cuerda, de forma semejante a la del violín pero de tamaño mucho mayor y de tono mucho más grave. **12** Instrumento parecido a la guitarra eléctrica pero con cuatro cuerdas gruesas de sonido grave. □ También bajo eléctrico. **13** Voz masculina más grave, sobre la cual está la de barítono. **14** Hombre que tiene esta voz. **15** Melodía o voz más grave de una composición musical que constituye la base armónica sobre la que se forman los acordes y el resto de melodías. ◆ **bajos** s.m.pl. **16** ESP, MÉX Parte inferior externa de un vehículo. ◆ adv. **17** Con un sonido o tono de voz suave y débil. **18** Con poca altura con respecto a la tierra, próximo al nivel del mar.

2. **bajo** prep. **1** Indica que una persona o cosa está debajo de otra. **2** Indica que una persona debe obediencia y está sometida a las órdenes de otra o a una serie de reglas.

bajón s.m. **1** Disminución brusca e intensa de una actividad. **2** Deterioro brusco e intenso en el estado de ánimo o de salud de una persona.

bajorrelieve s.m. Relieve cuyas figuras sobresalen ligeramente del plano.

bajura s.f. Falta de elevación.

bala s.f. **1** Proyectil de las armas de fuego. **2** Conjunto de bala y casquillo. **3** Paquete de mercancías grande, apretado y atado. ◇ **bala perdida** Fam. Persona alocada y amante de la diversión. ◇ **como una bala** Fam. Muy rápido, con gran velocidad. ◇ **ni a bala** AMÉR De ninguna manera.

balacera s.f. AMÉR Tiroteo.

balada s.f. **1** Canción de rock, pop u otro género parecido, de ritmo lento y suave. **2** Composición poética de la lírica medieval cultivada en Francia y Occitania. **3** Composición musical medieval para cantar esta forma poética. **4** Composición poética del romanticismo cultivada en Alemania e Inglaterra.

baladí (pl. baladíes o baladís) **adj.** Que tiene poca importancia o poco interés.

balalaica o **balalaika** s.f. Instrumento musical de cuerda típico de la música popular rusa.

balance s.m. **1** Examen periódico de las cuentas de una empresa que consiste en comparar sus ingresos y gastos. **2** Documento en el que consta este examen. **3** Revisión de los aspectos positivos y negativos de una situación. **4** Resultado de un hecho, generalmente trágico, que se recoge en cifras. **5** Sistema que regula el equilibrio entre los dos altavoces de un equipo.

balancear v.tr. Mover una cosa colgante u oscilante.

balanceo s.m. Movimiento al balancear.

balancín s.m. **1** Mecedora. **2** Asiento colgante provisto de toldo. **3** Juguete en forma de asiento con las patas sobre una base que se balancea. **4** Barra muy larga que usan los equilibristas para mantener el equilibrio. **5** Pieza de algunas máquinas que consiste en una barra unida a un eje, cuyo movimiento es oscilatorio y sirve para transformar o regular otro movimiento.

balanza s.f. **1** Instrumento que sirve para pesar. **2** Mecanismo o aparato de cualquier clase que sirve para pesar. ◇ **balanza comercial** o **balanza de comercio** Cálculo comparativo entre las importaciones y exportaciones de mercancías de un país durante un período, generalmente un año. ◇ **balanza de pagos** Cálculo comparativo entre los cobros, pagos y préstamos económicos de un país con el extranjero durante un período, generalmente un año.

balar v.intr. Emitir una oveja o un cordero su voz.

balaustrada s.f. Línea de balaustres coronada por una repisa.

balaustre o **balaústre** s.m. Columna pequeña, generalmente de piedra o madera, que con otras de igual figura forma una balaustrada.

balay s.m. AMÉR Cesta de mimbre o de paja.

balazo s.m. Impacto de bala.

balbucear v.tr. e intr. Balbucir.

balbuceo s.m. **1** Acción de balbucear. **2** Palabra o conjunto de palabras pronunciadas así.

balbucir v.tr. e intr. Decir algo articulando mal las palabras o pronunciándolas de manera entrecortada y poco comprensible, por no saber hablar bien o por estar muy influido por una emoción. (No se usa en la primera persona del singular del presente de indicativo, en las del presente de subjuntivo ni en la tercera del singular y del plural y la primera del plural del imperativo; en su lugar se emplean las formas correspondientes de **balbucear**).

balcánico, a adj. y s. **1** De los Balcanes. ◆ adj. **2** Relativo a los montes Balcanes.

balcón s.m. **1** Plataforma saliente de un edificio a la que se accede por una puerta que está cerrada en la cara exterior por una barandilla, una balaustrada o un muro bajo. **2** Barandilla, balaustrada o muro bajo que cierra esta plataforma por la cara exterior. **3** Lugar elevado del terreno.

balconcillo s.m. **1** Localidad con barandilla que en las plazas de toros suele haber sobre la salida del toril o sobre una puerta. **2** BOL, PERÚ Camino al borde de un precipicio.

balda s.f. ESP Estante, anaquel.

baldaquín o **baldaquino** s.m. **1** Tela de seda que se suspende a modo de dosel sobre un trono, catafalco o lecho. **2** Dosel o cubierta decorativa de piedra o madera tallada, sostenida por columnas o sobresaliente de una pared, que cubre un altar, púlpito u otro lugar semejante.

baldar v.tr. Dejar agotado o dolorido por un gran esfuerzo realizado o un daño físico recibido.

1. **balde** s.m. Recipiente de forma cilíndrica, un poco más ancho por la boca que por el fondo, y con un asa en el borde superior. **GEOSIN** cubeta, cubo.

2. **balde** ◇ **de balde** Indica que una cosa se da o se hace gratis, sin cobrar dinero ni obtener nada a cambio. ◇ **en balde** Indica que una cosa se hace inútilmente, sin conseguir el propósito deseado.

baldío, a adj. y s.m. **1** Se dice del terreno que no se cultiva ni se aprovecha para pastos. ◆ adj. **2** Que es inútil y no da ningún resultado.

baldosa s.f. Pieza de cerámica, piedra u otro material para cubrir paredes o suelos.

1. **balear** adj. y s.m. y f. **1** De las islas Baleares (comunidad autónoma de España). ◆ s.m. y adj. **2** Variedad dialectal del catalán hablada en las islas Baleares.

2. **balear** v.tr. Disparar balas a alguien o algo.

baleo s.m. AMÉR Tiroteo.

balido s.m. Voz de algunos mamíferos rumiantes, como la oveja, la cabra o el gamo.

balín s.m. **1** Bala de pequeño calibre. **2** Pieza de plomo de pequeño tamaño que sirve de munición para armas de aire comprimido.

balística s.f. Parte de la física que estudia la trayectoria, el alcance y los efectos de los proyectiles, como balas, misiles o bombas.

baliza s.f. Señal fija o móvil que se coloca en la tierra o sobre el agua para marcar una zona.

ballena s.f. Mamífero marino, del orden de los cetáceos, que puede superar los 30 m de longitud, con extremidades superiores convertidas en aletas y la cola dividida en dos lóbulos; respira a través de uno o dos orificios situados en la parte superior de la cabeza.

ballenato s.m. Cría de la ballena.

ballenero, a adj. **1** Relativo a la caza y al aprovechamiento industrial de la ballena. ◆ adj. y s.m. **2** Se dice del barco equipado para cazar ballenas.

ballesta s.f. **1** Arma para disparar flechas formada por un arco montado horizontalmente sobre una pieza alargada y perpendicular de madera, dotada de un canal para colocar la flecha, un mecanismo para tensar la cuerda del arco y un gatillo. **2** Muelle en forma de arco formado por láminas de metal flexible superpuestas, que sirve de suspensión en vehículos.

ballet (pl. ballets) s.m. **1** Danza que ejecutan uno o más bailarines siguiendo el ritmo de una composición musical. **2** Composición musical compuesta para ejecutar esta danza. **3** Conjunto de bailarines y personal técnico que participa en la puesta en escena de esta danza.
OBS Pronunc. aprox. 'balé'.

balneario s.m. Establecimiento público dotado de instalaciones para ofrecer baños medicinales, curas y atenciones médicas.

balompié s.m. Deporte que se juega entre dos equipos de once jugadores y que consiste en meter un balón en la portería del contrario.

balón s.m. **1** Pelota de cuero, plástico u otro material flexible, esférica u ovalada, y rellena de aire. **2** CH, COL, ESP, PERÚ Recipiente hecho de un material sólido o flexible que sirve para contener un gas. ◇ **balón de oxígeno** Ayuda que momentáneamente permite resolver una dificultad. ◇ **balón medicinal** Balón que pesa mucho y sirve para hacer ejercicios físicos de rehabilitación o desarrollo muscular.

balonazo s.m. Golpe con un balón (pelota).

baloncestista s.m. y f. Persona que practica el baloncesto.

baloncesto s.m. Deporte que se practica en una cancha y se juega entre dos equipos de cinco jugadores; consiste en meter el balón en la canasta del contrario, que está a unos 3 m del suelo, lanzándola con las manos.

balonmano s.m. Deporte que se practica en una cancha y se juega entre dos equipos de siete jugadores; consiste en meter el balón en la portería del contrario lanzándola con las manos.

balonvolea s.m. Deporte que se practica en una cancha dividida en dos mitades iguales por una red y se juega entre dos equipos de seis jugadores; consiste en hacer que el balón toque el suelo del campo contrario lanzándolo con los brazos o con las manos por encima de la red.

balsa s.f. **1** Embarcación consistente en una plataforma hecha con troncos o listones de madera unidos entre sí. **2** Depósito de agua estancada en el hueco de un terreno hundido o deprimido. **3** Depósito de gran tamaño construido para contener agua de regadío. ◇ **balsa de aceite** Lugar o situación tranquilos o estables, carentes de movimiento o agitación.

balsámico, a adj. **1** Relativo al bálsamo (crema o líquido). **2** Que alivia o reconforta.

bálsamo s.m. **1** Crema o líquido compuesto de sustancias medicinales, generalmente de aroma intenso, que se aplica sobre la piel. **2** Sustancia resinosa y aromática de algunos árboles que se extrae por exudación o por incisión y se usa en perfumería y medicina. **3** Ayuda o consuelo para aliviar un dolor o una pena.

balsero, a s. Persona que va en una balsa, especialmente las que desde Cuba quieren llegar a Estados Unidos de manera ilegal.

báltico, a adj. **1** Relativo al mar Báltico o a sus territorios. **2** Relativo a los países bálticos. **3** Se dice de las lenguas indoeuropeas habladas principalmente en estos países.

baluarte s.m. **1** Fortificación exterior. **2** Amparo, defensa.

bamba s.f. **1** Composición musical originaria del Caribe, de ritmo muy vivo y alegre. **2** Baile que se ejecuta al ritmo de esta música.

bambalina s.f. Tira de lienzo o papel pintado que cuelga de uno a otro lado de un escenario.

bamboleo s.m. Movimiento a un lado y otro de modo alternativo, continuado e irregular.

bambú (pl. bambúes o bambús) s.m. Planta tropical de 1 a 50 m de altura, con el tallo en forma de caña que se ramifica cuando es muy alto.

banal adj. Que tiene poco valor o importancia.

banalidad s.f. **1** Cualidad de banal. **2** Cosa banal que se dice o se hace. ◆ **banalidades** s.f.pl. **3** Monopolios que explotaban los señores medievales.

banalizar v.tr. Convertir algo importante en banal.

banana s.f. Fruto del bananero, comestible, de forma alargada y algo curvada, color blanco y piel lisa y amarilla que se despega con facilidad.

bananal s.m. Lugar poblado de bananeros.

bananero, a adj. **1** Relativo a la banana. **2** Se dice del país que tiene una organización estatal frágil dominada por un grupo oligárquico. ◆ s.m. **3** Banano.

banano s.m. **1** Planta tropical de tallo alto, parecida a la palmera, con hojas grandes y partidas, cuyo fruto es la banana. **2** Banana.

banca s.f. **1** Actividad mercantil que consiste en hacer operaciones financieras con el dinero de los clientes depositado en un banco. **2** Conjunto de empresas que se dedican a esa actividad. **3** Persona que, en ciertos juegos de azar, hace de depositario del dinero. **4** Banco (asiento). **5** Asiento unido a una mesa.

bancada s.f. **1** Asiento alargado y sin respaldo de una embarcación sobre el que se sientan los remeros. **2** Parte del basamento de una máquina herramienta que sirve de soporte a las mesas o carros de esta.

bancal s.m. Zona de terreno horizontal y llana que hay en un terreno inclinado que se aprovecha para el cultivo.

bancario, a adj. Relativo a la banca.

bancarrota s.f. Cesión o quiebra de una empresa o negocio.

banco s.m. **1** Empresa u organismo que se dedica a hacer operaciones financieras con el dinero depositado por sus clientes o accionistas. **2** Edificio u oficina perteneciente a esta institución y destinado a la atención al público. **3** Lugar de un establecimiento sanitario en el que se conservan órganos y líquidos del cuerpo humano. **4** Grupo numeroso de peces de la misma especie que se agrupan para desplazarse y alimentarse juntos. **5** Asiento largo y estrecho para varias personas. **6** Mesa fuerte y robusta, generalmente de madera, para hacer sobre ella trabajos de artesanía. ◇ **banco de arena** Elevación de arena o tierra del fondo del mar, de un río o lago, cercana a la superficie. ◇ **banco de datos** Conjunto de datos de una materia organizado en una base de datos de forma que pueda ser consultado por el usuario.

banda s.f. **1** Grupo de músicos que tocan instrumentos principalmente de viento o que tocan música de rock, jazz u otro género similar. **2** Grupo de delincuentes armados que operan de manera organizada. **3** Bandada. **4** Tira de tela que se lleva cruzada sobre el pecho para distinguir a una persona que merece respeto u honor. **5** Línea que limita los lados más largos de un terreno de juego. **6** Costado de una embarcación. **7** Borde interior de una mesa de billar. ◇ **banda ancha** Capacidad de un aparato electrónico, como un sintonizador o un amplificador, para dejar pasar un amplio margen de frecuencias. ◇ **banda sonora** Conjunto de temas musicales que forman parte de la música de una película o una serie de televisión. ◇ **cerrarse en banda** No cambiar de opinión ni admitir otro criterio que el propio, generalmente en una negociación o discusión.

bandada s.f. **1** Grupo numeroso de animales de la misma especie que van juntos. **2** Grupo numeroso de personas.

bandazo s.m. **1** Inclinación brusca de una embarcación por efecto del viento o de las olas. **2** Cambio brusco en la dirección de un vehículo. **3** Cambio imprevisto y brusco en la manera de pensar, ser o actuar.

bandeja s.f. **1** Recipiente con el borde muy bajo y de fondo llano que sirve para llevar, servir o presentar cosas, generalmente alimentos. **2** Recipiente similar a este que forma parte de una máquina u otra cosa. **3** ESP Pieza alargada que cubre el espacio que hay en la parte trasera de los automóviles entre los asientos y el cristal.

bandera s.f. Pieza rectangular o triangular de tela unida a una asta, con franjas de colores o figuras simbólicas, que se emplea como insignia o señal. ◇ **bandera blanca** Bandera que se enarbola o muestra en señal de rendición o de paz. ◇ **de bandera** Excelente en su clase.

banderilla s.f. **1** Palo adornado que se clava al toro en la cerviz. **2** ESP Aperitivo o tapa que se elabora con trozos pequeños de alimentos pinchados en serie en un palillo.

banderillear v.tr. e intr. Clavar las banderillas.

banderillero, a s. Torero subalterno que pone las banderillas y ayuda al matador.

banderín s.m. Bandera pequeña, generalmente de forma triangular, que se usa como adorno. ◇ **banderín de enganche** Oficina donde se inscriben los voluntarios para el servicio militar o el ejército. □ Reclamo para ganar adeptos a una causa o colaboradores para un trabajo.

banderola s.f. Bandera pequeña de forma cuadrada que se usa como insignia.

bandido, a s. **1** Ladrón que asalta a una persona o a un grupo cuando se hallan de viaje o en lugar despoblado. **2** Persona perversa o canalla.

1. **bando** s.m. Comunicado oficial publicado por una autoridad, generalmente un alcalde.

2. **bando** s.m. **1** Grupo de personas que comparten las mismas ideas o intereses. **2** Bandada de aves o banco de peces.

bandolera s.f. Tira larga y estrecha de cuero que cruza el pecho y la espalda desde un hombro hasta la cadera opuesta y sirve especialmente para llevar colgada un arma de fuego. ◇ **en bandolera** Cruzando por el pecho y la espalda desde un hombro hasta la cadera opuesta.

bandolero, a s. Bandido (ladrón).

bandoneón s.m. Instrumento musical de viento parecido al acordeón, pero de menor tamaño y con botones a ambos lados en vez de teclado.

bandurria s.f. Instrumento musical de cuerda formado por una caja en forma de pera unida a un mástil con seis pares de cuerdas.

bangaña s.f. AMÉR CENTRAL, COL, CUBA, P RICO, R DOM Vasija hecha con la cáscara dura de ciertos frutos, como las calabazas, los cocos, etc.

banjo o **banyo** s.m. Instrumento musical de cuerda formado por una caja redonda de metal cubierta con una piel tensa como la de un tambor, unida a un mástil largo y estrecho de cuatro a nueve cuerdas; se toca con una púa.
OBS Pronunc. aprox. 'banyo'.

banner s.m. Anuncio publicitario de pequeñas dimensiones incluido en una página web.
OBS Pronunc. 'báner'.

banquero, a s. Propietario o dirigente de un banco (empresa u organismo).

banqueta s.f. **1** Asiento bajo, individual, sin respaldo ni brazos y de tres o cuatro patas. **2** MÉX Acera de la calle. **GEOSIN** andén, vereda.

banquete s.m. **1** Comida especial a la que asisten muchas personas y con la que se celebra un acontecimiento. **2** Comida abundante.

banquillo s.m. **1** Asiento en el que se coloca un acusado ante el tribunal en un juicio. **2** Banco o conjunto de asientos del terreno de juego para el entrenador y los jugadores de reserva.

banquisa s.f. Capa de hielo que se forma en la superficie de los mares polares, cerca de la costa.

bantú (pl. bantúes o bantús) **adj. y s.m. y f.** **1** De un conjunto de pueblos de raza negra que habita el centro y el sur de África. ◆ **s.m. y adj.** **2** Lengua que pertenece al grupo lingüístico hablado por estos pueblos.

banyo s.m. Banjo.

bañadera s.f. **1** AMÉR Bañera. **2** ARG Vehículo de muchas plazas, algo más pequeño que un autobús y descubierto, que se usa para brindar servicios de paseo. **3** URUG Vehículo de muchas plazas, generalmente viejo, en el que se transportan grupos de personas que van a un mismo destino y que contrataron el servicio previamente.

bañador s.m. **1** Prenda de vestir que se usa para bañarse y tomar el sol. **SIN** traje de baño. **2** ESP Prenda de baño femenina, elástica, de una sola pieza y que cubre todo el tronco. **GEOSIN** malla, traje de baño.

bañar v.tr. **1** Meter el cuerpo de una persona o animal o parte de él en el agua u otro líquido. **2** Rociar o mojar con abundante agua u otro líquido. **3** Meter una cosa o parte de ella en un líquido. **4** Cubrir una cosa con una capa fina de un líquido o una sustancia. **5** Estar en contacto el agua de un mar, río o lago con un territorio.

bañera s.f. Recipiente grande para bañarse.

bañista s.m. y f. Persona que se baña.

baño s.m. **1** Acción y efecto de bañar. **2** Capa fina de un líquido o una sustancia que cubre una cosa. **3** Exposición de un cuerpo a la acción directa y abundante del sol, la luz o el aire. **4** Habitación en la que están el váter, la ducha o la bañera y otros elementos que sirven para el aseo. **5** Bañera. ◆ **baños** s.m.pl. **6** Balneario, establecimiento público dotado de las instalaciones necesarias para ofrecer baños medicinales. ◇ **baño de María** o **baño María** Método para calentar sustancias o líquidos, especialmente alimentos, que consiste en colocarlos en un recipiente sumergido parcialmente en otro que contiene agua y que se somete a la acción del fuego. □ También se escribe con minúscula: baño de maría o baño maría.

baobab (pl. baobabs) s.m. Árbol de la sabana africana con el tronco de hasta 20 m de altura y con un diámetro de hasta 23 m.

baptismo s.m. Doctrina religiosa protestante originada en Holanda en el siglo XVII.

baptista adj. **1** Relativo al baptismo. ◆ **adj. y s.m. y f. 2** Que profesa el baptismo.

baptisterio s.m. Edificio o anexo de un templo, generalmente de pequeñas dimensiones y planta circular o poligonal, donde se encuentra la pila bautismal y tiene lugar la ceremonia del bautismo.

baquelita s.f. Resina sintética que se emplea en la fabricación de plásticos, pinturas, etc.

baqueta s.f. **1** Palo delgado y largo con que se tocan algunos instrumentos de percusión. **2** Varilla para limpiar las armas de fuego.

baquía s.f. **1** AMÉR Destreza o habilidad para los trabajos manuales. **2** AMÉR Conocimiento práctico del campo.

baquiano, a adj. y s. **1** Se dice de la persona que tiene experiencia en tareas rurales o conoce las particularidades agrícolas de un lugar. **2** AMÉR Se dice de la persona que conoce las sendas, vados, etc., de una zona de un país.

1. **bar** s.m. Establecimiento en el que se sirven bebidas y algunas comidas.

2. **bar** o **baro** s.m. Unidad de presión atmosférica del Sistema Internacional.

baraja s.f. **1** Conjunto de naipes o cartas con los que se realizan diversos juegos de mesa. **2** Conjunto de elementos entre los que se puede escoger. ◇ **romper la baraja** Poner fin de manera brusca a un acuerdo o una negociación.

barajar v.tr. **1** Mezclar y cambiar de orden repetidas veces las cartas de una baraja. **2** Considerar un conjunto de elementos entre los que se ha de elegir. **3** Manejar cifras, nombres o datos diversos. **4** Esquivar con habilidad un obstáculo o problema. **5** AMÉR SUR Coger un objeto al vuelo. ◆ **v.tr. e intr. 6** ARG, URUG Entrenarse una persona de campo en el manejo del cuchillo usando uno de madera.

baranda s.f. Barandilla (serie de barras).

barandilla s.f. **1** Antepecho compuesto de balaustres. **2** CH, PERÚ, P RICO Tabla que se pone en ambos lados de un carro para que no se caiga lo que va en él. **3** MÉX Madero que hace de puente para cruzar un arroyo o una acequia.

baratija s.f. Cosa pequeña de poco valor.

baratillo s.m. Tienda o puesto en que se venden cosas a bajo precio.

barato, a adj. **1** Que cuesta poco dinero. **2** Que cuesta poco esfuerzo. **3** Desp. Se dice del recurso, expresión u otra cosa no material que es de poca calidad. ◆ **adv. 4** Por poco precio.

barba s.f. **1** Parte de la cara debajo de la boca, que corresponde a la mandíbula inferior. **2** Pelo fuerte que nace al hombre en esta parte de la cara y en las mejillas. □ Suele usarse en plural con valor singular. **3** Pelo que nace debajo de la boca de algunos animales. ◆ **barbas** s.f.pl. **4** Borde desigual de las hojas de un libro o de un conjunto de pliegos de papel. **5** Filamentos que nacen del eje de las plumas de las aves. ◇ **por barba** Por persona, cada uno. ◇ **subirse a las barbas de alguien** Perder el respeto o el temor a un superior.

barbacana s.f. **1** Obra de fortificación, avanzada y aislada, para la defensa de puertas y otros accesos. **2** Muro bajo que cierra los alrededores de algunas iglesias.

barbacoa s.f. **1** Utensilio portátil o construcción que sirve para asar carne, pescado, etc., al aire libre. **2** Alimento asado en este utensilio o esta construcción. **3** AMÉR Tejido hecho con cañas o juncos y sostenido con maderos hincados en tierra, que sirve de camastro. **4** AMÉR Casa pequeña construida sobre un árbol o sobre maderos gruesos hincados en tierra. **5** AMÉR Andamio o mirador en que se pone la persona que cuida los maizales. **6** GUAT, MÉX Estructura artesanal compuesta por un conjunto de palos de madera verde que se colocan a manera de parrilla sobre un hoyo cavado en la tierra, en el que se enciende fuego, y que sirve para asar carne. **7** GUAT, MÉX Carne asada de este modo.

barbado, a adj. Que tiene barba.

barbaridad s.f. **1** Acción o comentario necio, imprudente o brutal. **2** Cantidad muy grande.

barbarie s.f. **1** Fiereza, crueldad. **2** Falta de cultura o atraso en un pueblo.

barbarismo s.m. **1** Incorrección en el uso del lenguaje que consiste en pronunciar o escribir mal las palabras o en utilizar palabras equivocadas o inexistentes en la lengua. **2** Voz o giro extranjero.

bárbaro, a adj. y s. **1** De un conjunto de pueblos que, procedentes de Europa y Asia, se extendieron por Europa y ocuparon el Imperio romano en el siglo V d. C. ◆ **adj. y s. 2** Que tiene poca civilización o cultura. **3** Que es violenta, cruel y actúa sin compasión o humanidad. ◆ **adj. 4** Fam. Espléndido, muy bueno o grande. ◆ **adv. 5** Fam. Muy bien.

barbechar v.tr. Arar la tierra y dejarla preparada para la siembra o para que se regenere.

barbecho s.m. Terreno de cultivo que permanece sin sembrar durante uno o más años para que se regenere. ◇ **en barbecho** Referido a un terreno de cultivo, sin sembrar para que se regenere.

barbería s.f. Tienda y oficio del barbero.

barbero, a s.m. **1** Hombre que se dedica a cortar y arreglar el pelo, la barba o el bigote a los clientes. ◆ **adj. 2** MÉX Se dice de la persona que es aduladora o muestra admiración exagerada.

barbilampiño, a adj. Que tiene la barba poco poblada.

barbilla s.f. Punta de la barba.

barbitúrico s.m. Sustancia química que se usa como fármaco tranquilizante.

barbo s.m. Pez comestible de agua dulce de unos 40 cm de longitud, lomo pardo y vientre claro, cuerpo grueso cubierto de escamas y varios apéndices carnosos a modo de barba.

barboquejo o **barbuquejo** s.m. Cinta con que se sujeta un sombrero, gorra, etc., por debajo de la barbilla.

barbotar o **barbotear** v.tr. Decir una cosa de forma atropellada y confusa.

barbudo, a adj. Que tiene mucha barba.

barbuquejo s.m. Barboquejo.

barca s.f. Embarcación pequeña que se usa para pescar o navegar en las costas, ríos o lugares de aguas poco profundas y tranquilas.

barcarola s.f. Canción popular italiana, especialmente de los gondoleros venecianos.

barcaza s.f. Barca grande y descubierta que se usa para tareas auxiliares.

barcelonés, sa adj. y s. De Barcelona (ciudad y provincia de Cataluña).

barchilón, na s. AMÉR Enfermero de hospital o cuidador de enfermos.

barcino, a adj. y s. ARG Se dice de la persona que cambia con frecuencia de partido político.

barco s.m. Embarcación grande de madera o metal impulsada por velas o por motor.

bardana s.f. Planta de tallos gruesos y flores de color púrpura o rosa, con el cáliz espinoso.

baremo s.m. Escala de valores que se emplea para evaluar.

bareto s.m. Fam. ESP Bar, especialmente el de poca categoría.

bargueño s.m. Mueble de madera con adornos de talla y marquetería que tiene muchos cajones pequeños.

barla s.f. Unidad de presión del sistema cegesimal que es la presión de una dina por centímetro cuadrado.

baricentro s.m. Centro de gravedad de un cuerpo; en un triángulo, punto en el que se cortan las medianas.

bario s.m. Elemento químico de símbolo Ba y número atómico 5; se usa en la fabricación de pinturas.

barisfera s.f. Núcleo o capa central del globo terrestre.

baritina s.f. Mineral compuesto de sulfato de bario que se usa en la fabricación de pinturas.

barítono s.m. **1** Voz masculina entre el tenor y el bajo. **2** Hombre que tiene esta voz.

barjoleta adj. AMÉR Mentecato.

barlovento s.m. Parte de donde viene el viento. ◇ **a barlovento** En la dirección del viento.

barman (pl. bármanes) s.m. Camarero que trabaja en la barra de un bar.

barniz s.m. **1** Disolución de una o más resinas en un aceite o una sustancia volátil que se utiliza para recubrir superficies y hacerlas resistentes al aire y la humedad. **2** Conocimiento superficial de una cosa.

barnizado s.m. Acción de barnizar.

barnizar v.tr. Aplicar una capa de barniz.

baro s.m. Bar (unidad de presión).

barógrafo s.m. Instrumento que registra la presión atmosférica medida por el barómetro.

barométrico, a adj. Relativo al barómetro.

barómetro s.m. Instrumento para medir la presión de la atmósfera.

barón, nesa s. **1** Miembro de la nobleza de categoría inferior a la de vizconde. ◆ s.m. **2** Título que recibían los grandes señores de la Corona de Aragón en la Edad Media.

barquilla s.f. Cesto grande de material ligero y resitente en el que van los tripulantes de un globo aerostático.

barquillo s.m. Hoja delgada de pasta de harina con azúcar y canela u otra esencia, a la que se da forma de canuto.

barra s.f. **1** Pieza larga y delgada de un material rígido, generalmente metal, que tiene forma rectangular o cilíndrica. **2** Objeto de forma alargada, más largo que ancho. **3** Mostrador alargado de un bar, restaurante o establecimiento público similar. **4** Elevación del fondo de un mar o río por acumulación de arena, generalmente en la entrada de un puerto, que dificulta o impide la navegación. **5** Línea vertical que corta un pentagrama para indicar separación de compás. ◇ **barra americana** Bar o establecimiento público similar en el que hay mujeres de alterne. ◇ **barra de equilibrio** Aparato de gimnasia femenina que consiste en una barra rectangular horizontal, elevada del suelo a 1,20 m, sobre la cual una gimnasta debe hacer diversos ejercicios. ◇ **barra de labios** Pequeña barra cilíndrica de pintura para dar color a los labios, introducida en un estuche también cilíndrico que permite usarla sin mancharse. ◇ **barra libre** Posibilidad de consumir bebidas libremente en un bar o establecimiento similar durante una fiesta.

barrabasada s.f. **1** Travesura grande. **2** Acción mala y perjudicial.

barraca s.f. **1** Casa pequeña y mal construida con materiales de baja calidad. **2** Vivienda rural característica de las huertas de Valencia y Murcia, hecha de barro y con tejado de cañas a dos aguas. ◇ **barraca de feria** Construcción provisional desmontable que se destina a espectáculos, diversiones, etc., en las fiestas populares.

barracón s.m. Construcción de un solo piso, de planta rectangular, con un solo espacio interior y generalmente de materiales ligeros.

barracuda s.f. Pez marino de hasta 3,5 m de longitud, cuerpo muy alargado, hocico prominente y mandíbulas armadas de fuertes dientes.

barragana s.f. Desp. Mujer que convive y mantiene relaciones sexuales con un hombre sin estar casada con él.

barrancal s.m. Sitio con muchos barrancos.

barranco s.m. **1** Terreno rocoso, alto y cortado en plano inclinado. **2** Hondonada profunda hecha en la tierra, generalmente por una corriente de agua.

barraquismo s.m. ESP Concentración de barracas, chabolas u otras viviendas de este tipo.

barrena s.f. **1** Herramienta para hacer agujeros en madera, paredes y otras superficies duras. **2** Barra de hierro con una o ambas puntas cortantes para agujerear peñascos, sondar terrenos, etc. ◇ **caer,** o **entrar, en barrena** Descender un avión, generalmente por accidente, en posición vertical y con una trayectoria helicoidal. □ Descender bruscamente la importancia o la intensidad de una actividad.

barrenar v.tr. Perforar una superficie con una barrena o con un barreno (barrena grande).

barrendero, a s. Persona que se dedica a barrer, generalmente los lugares públicos.

barrenillo s.m. **1** Escarabajo diminuto que vive bajo la corteza de algunos árboles. **2** Enfermedad que producen las larvas de este insecto en los árboles.

barreno s.m. **1** Barrena grande que se usa para hacer agujeros de gran tamaño, generalmente en la roca. **2** Agujero hecho con una barrena (herramienta). **3** Agujero relleno de materia explosiva hecho en una roca o en una obra de fábrica para hacerla volar.

barreño s.m. ESP Recipiente grande de forma cilíndrica y poco profundo que se usa generalmente para fregar o lavar en él.

barrer v.tr. **1** Limpiar el suelo arrastrando la basura o la suciedad con una escoba. **2** Dejar un lugar vacío o llevarse todo lo que había en él. ◆ **v.tr. o intr. 3** Derrotar clara y fácilmente un deportista o equipo a sus adversarios. ◆ **v.tr. 4** Hacer una exploración o revisión en determinada cosa o lugar.

barrera s.f. **1** Valla o cualquier otro obstáculo fijo o móvil que impide el paso por un lugar. **2** Barra móvil fijada por uno de sus extremos que puede levantarse o bajarse para permitir o impedir, respectivamente, el paso de un vehículo por un lugar. **3** Cerco de madera que rodea el ruedo de una plaza de toros. **4** Serie de jugadores en un partido de fútbol, balonmano y otros deportes que se colocan hombro con hombro delante de su portería para protegerla. **5** Cosa, material o inmaterial, o persona que impide o dificulta la consecución o el desarrollo de algo. ◇ **barrera arquitectónica** Parte de una construcción que impide o dificulta la circulación de una persona paralítica o con otras minusvalías físicas. ◇ **barrera del sonido** Conjunto de fenómenos aerodinámicos cuando la velocidad de una aeronave se aproxima a la del sonido (unos 340 m/s).

barretina s.f. Gorro típico catalán hecho de paño negro o rojo.

barriada s.f. **1** Barrio. **2** Parte de un barrio.

barrial s.m. AMÉR Barrizal.

barrica s.f. Barril de tamaño medio para contener vino, cerveza y otros líquidos.

barricada s.f. Conjunto de obstáculos amontonados formando una barrera para parapetarse tras ellos.

barrido s.m. **1** Acción y efecto de barrer. **2** Proceso por el que un dispositivo explora sistemáticamente una zona reconociéndola punto por punto para transformar las imágenes en señales eléctricas que, al llegar a un receptor, vuelven a convertirse en imágenes. ◇ **servir lo mismo para un barrido que para un fregado** Fam. ESP Ser una persona útil para todo.

barriga s.f. **1** Cavidad del cuerpo del ser humano y los animales vertebrados en la que se contienen los órganos principales del aparato digestivo, genital y urinario. **2** Parte exterior de esta cavidad. **3** Parte intermedia de un recipiente más abultada que el resto.

barrigudo, a adj. De barriga grande.

barril s.m. **1** Recipiente de madera para contener líquidos u otros productos o sustancias, formado por una serie de tablas arqueadas unidas por aros de metal y cerrado en los extremos con tapas redondas. **2** Recipiente cilíndrico de metal para contener un producto químico o corrosivo. **3** Unidad de medida de petróleo para contabilizar su producción y venta que equivale a 158,98 litros.

barrilete s.m. **1** Barril (recipiente) pequeño. **2** Instrumento de hierro en figura de siete con que los carpinteros aseguran sobre el banco los materiales que trabajan. **3** Pieza cilíndrica y móvil de un revólver donde se ponen los cartuchos.

barrillo s.m. Barro (grano pequeño).

barrio s.m. **1** Zona en que se considera dividida una población grande. **2** Conjunto de personas que viven en una de estas zonas de una población. ◇ **barrio histórico** Conjunto de edificios de una población que es antiguo o más antiguo que el resto. ◇ **el otro barrio** Fam. El otro mundo, lo que hay después de la muerte.

barriobajero, a adj. Que obra o habla sin educación ni formas.

barritar v.intr. Dar barritos un elefante.

barrito s.m. Voz del elefante.

barrizal s.m. Terreno lleno de barro.

1. **barro** s.m. **1** Masa blanda y compacta que resulta de la unión de tierra y agua. **2** Material hecho de una mezcla de agua y arcilla o tierra rojiza que se moldea y, al cocerse en un horno, se vuelve duro e impermeable.

2. **barro** s.m. Grano pequeño y rojizo que sale en la cara.

barroco, a s.m. **1** Movimiento cultural y artístico desarrollado en Europa desde finales del siglo XVI hasta mitad del XVIII. □ Se escribe normalmente con mayúscula inicial. **2** Período histórico durante el cual se desarrolló este movimiento. □ Se escribe normalmente con mayúscula inicial. ◆ adj. **3** Relativo a este movimiento o período. **4** Que tiene una gran complejidad que hace difícil su comprensión.

barroquismo s.m. Cualidad de barroco.

barrote s.m. Barra gruesa y fuerte.

barruntar v.tr. Conjeturar o presentir que va a ocurrir una cosa.

barrunto s.m. **1** Sospecha o presentimiento de que va a ocurrir una cosa. **2** Indicio primero o débil de una cosa.

bartola ◇ **a la bartola** loc. Fam. Sin cuidado, despreocupadamente.

bartolina s.f. MÉX Calabozo mal acondicionado.

bartulear v.intr. CH Cavilar.

bártulos s.m.pl. Conjunto de bultos en que se guardan las pertenencias para viajar.

barullo s.m. Ruido, desorden y confusión grandes, generalmente provocados por un grupo de muchas personas.

basa s.f. Asiento del fuste de una columna, pedestal o estatua.

basal adj. **1** Que está en la base de una cosa. **2** Que se produce en un organismo cuando este está en reposo y en ayunas.

basamento s.m. **1** Parte baja de un edificio sobre la que se levanta el resto de la obra. **2** Cuerpo formado por la basa y el pedestal de la columna.

basar v.tr. Asentar sobre una base.

basca s.f. **1** Sensación de malestar que se tiene en el estómago antes de vomitar. □ Suele usarse en plural con valor singular. **2** Fam. ESP Conjunto de personas, especialmente amigos.

báscula s.f. Aparato para medir pesos, formado por una bandeja o plataforma donde se coloca lo que se quiere pesar y un indicador.

bascular v.intr. **1** Oscilar, tener movimiento vertical de vaivén. **2** Inclinarse hacia atrás la caja de un camión u otro vehículo similar de modo que la carga que lleva en ella resbale y caiga por su peso.

base s.f. **1** Parte de una cosa en la que esta se apoya. **2** Cosa que sirve de apoyo a otra. **3** Conjunto de principios iniciales a partir de los que se elabora, establece o crea una cosa. **4** Instalación en la que se encuentran el personal y los aparatos necesarios para desarrollar una actividad. **5** Conjunto de personas que pertenecen a una asociación, sindicato o partido político y no tienen cargo en la organización. □ Suele usarse en plural con valor singular. **6** Línea recta de una figura geométrica sobre la que parece que descansa el conjunto. **7** Número que se multiplica por sí mismo tantas veces como indica el exponente. **8** En química, sustancia derivada de la unión de agua con un óxido metálico. **9** Sustancia química capaz de aceptar un protón. ◆ s.m. y f. **10** Jugador de un equipo de baloncesto cuya función principal es organizar el juego de su equipo. ◆ s.f. **11** Esquina de las cuatro que tiene un campo de béisbol. ◇ **a base de** Teniendo como base o componente principal. ◇ **a base de bien** Mucho, abundantemente. ◇ **base aérea** Instalación preparada para el despegue, aterrizaje, mantenimiento y conservación de aviones militares. ◇ **base de datos** Programa informático capaz de almacenar, relacionados y estructurados, gran cantidad de datos para ser consultados o gestionados eficientemente. □ Conjunto de datos e informaciones almacenados en este programa.

basicidad s.f. Propiedad química que caracteriza a un cuerpo básico.

básico, a adj. **1** Que forma parte de los principios iniciales a partir de los que se elabora, establece o crea una cosa. **2** Que es lo más importante y necesario. **3** En química, se dice de la sustancia que tiene la propiedad de combinarse con los ácidos para formar sales.

basidio s.m. Cada una de las células que, en los hongos basidiomicetos, forma las esporas por gemación.

basidiomiceto o **basidiomicete** adj. y s.m. **1** Se dice del hongo que se reproduce por basidios. ◆ **basidiomicetos** o **basidiomicetes** s.m.pl. **2** Grupo taxonómico, con categoría de filo, constituido por estos hongos.

basileus s.m. **1** Título que recibía el rey de Persia y, desde el año 630, el emperador bizantino. **2** Soberano de la Antigüedad con gran poder.

basílica s.f. **1** Iglesia cristiana grande y notable por su antigüedad o por los privilegios de que goza. **2** Edificio público de los antiguos romanos, de planta rectangular, que servía de tribunal y de lugar de reunión y contratación.

basilisco s.m. **1** Animal mitológico con cuerpo de serpiente, patas de ave y alas espinosas que tenía el poder de matar con la vista. **2** Fam. Persona furiosa que se deja llevar por la ira y grita o riñe con brusquedad. **3** Reptil de la familia de la iguana, de hasta 1 m de longitud, con una cresta dorsal y otra sobre la cabeza, cola larga y cuerpo verde esmeralda.

básket o **básquet** s.m. Baloncesto.

básquetbol s.m. AMÉR Baloncesto.

basta Palabra que se usa para mandar o pedir tajantemente que se ponga fin a una cosa.

bastante adj. **1** Que basta o es suficiente. ◆ **det. y pron. 2** Indica una cantidad o número elevado de personas o cosas, que basta o es suficiente. ◆ **adv. 3** Ni mucho ni poco, en cantidad o nivel que basta o es suficiente. **4** Antepuesto a un adverbio o adjetivo, aumenta la intensidad de lo que estos expresan.

bastar v.intr. Ser suficiente, no hacer falta más.

bastardía s.f. Cualidad de bastardo.

bastardilla adj. y s.f. Se dice del tipo de letra de imprenta cursiva.

bastardo, a adj. y s. **1** Se dice de la persona que ha nacido de una mujer que no es la esposa de su padre. □ Frec. insulto. ◆ **adj. 2** Que se aparta de sus características originales o degenera de su naturaleza.

bastetano, a adj. y s. De Bastetania.

bastidor s.m. **1** Estructura o armazón que deja un hueco en el medio y sirve para sostener otros elementos. **2** Armazón de metal que soporta el motor y la carrocería de un vehículo. **3** Parte del decorado de una representación teatral que hay a los lados del escenario, por donde suelen entrar y salir los actores. **4** Bancada de una máquina herramienta.

bastión s.m. **1** Baluarte. **2** Persona o cosa que protege y defiende del ataque adversario.

1. **basto** s.m. **1** Carta de la baraja española en la que aparecen representados uno o varios garrotes. ◆ **bastos** s.m.pl. **2** Palo de la baraja española que se representa con uno o varios garrotes. ◇ **pintar bastos** Volverse problemática, difícil o peligrosa una situación.

2. **basto, a** adj. **1** Que está elaborado con materiales de poca calidad y de manera poco cuidada. **2** Que tiene la superficie rugosa o áspera. **3** Se dice de la persona ruda o grosera.

bastón s.m. **1** Vara o palo que sirve para apoyarse al andar. **2** Insignia de mando o autoridad. **3** Barra fina y alargada que usan los esquiadores para ayudarse en sus desplazamientos. **4** Bastoncillo (estructura anatómica).

bastonazo s.m. Golpe dado con un bastón.

bastoncillo s.m. **1** ESP Palillo de plástico con algodón en sus extremos que sirve para limpiarse los oídos. **2** Estructura anatómica pequeña y alargada, especialmente la que forma parte de la retina y recibe las impresiones incoloras.

basura s.f. **1** Conjunto de cosas que se tiran porque son desperdicios, como restos de comida, envases, barreduras, etc. **2** Recipiente o bolsa donde se tira este conjunto de desperdicios. **3** Fam Cosa de muy mala calidad. □ Siempre en aposición a otro sustantivo: contrato basura. **4** Fam. Persona despreciable que se comporta con maldad y carece de virtudes.

basural s.m. AMÉR Basurero (lugar). **GEOSIN** botadero, vertedero.

basurero, a s. **1** Persona que se dedica a recoger la basura de las poblaciones y la lleva a los vertederos. ◆ s.m. **2** Lugar donde se tiran las basuras y otros residuos de una población. **GEOSIN** basural, botadero, vertedero.

bata s.f. **1** Prenda de vestir larga, con mangas y abierta por delante, que se pone sobre otras prendas y sirve para abrigar y estar más cómodo en casa. **2** ESP Prenda de vestir larga, con mangas y atada con botones o un cinturón, que se usa para proteger la ropa de manchas o por razones de higiene y asepsia. ◇ **bata de cola** ESP Prenda de vestir femenina usada para bailar flamenco.

batacazo s.m. **1** Caída o golpe violento que sufre una persona o un animal. **2** Resultado desastroso e inesperado que se obtiene en un proceso en que se había empleado mucha energía.

batalla s.f. **1** Lucha o enfrentamiento con armas entre dos ejércitos o dos grupos numerosos de personas. **2** Esfuerzo intenso y continuado por vencer un obstáculo y conseguir un fin. ◇ **batalla campal** Enfrentamiento violento que se produce de manera imprevista e improvisada entre dos grandes grupos de civiles. ◇ **de batalla** De uso diario, para la vida o el trabajo cotidiano.

batallar v.intr. **1** Luchar con armas, pelear. **2** Disputar, debatir. **3** Trabajar, afanarse.

batallita s.f. Relato breve en el que una persona cuenta acontecimientos de su vida.

batallón s.m. **1** Unidad de infantería compuesta por varias compañías. **2** Grupo numeroso de personas.

batata s.f. **1** Planta de tallos que crecen tendidos por el suelo, flores grandes, rojas por dentro y blancas por fuera, y varios tubérculos comestibles. **2** Tubérculo comestible de esta planta, de forma alargada y de color marrón por fuera y amarillento o blanco por dentro.

bate s.m. Palo cilíndrico que sirve para golpear la pelota en el juego del béisbol.

bateador, ra s. Jugador que batea

batear v.tr. e intr. Golpear el bateador la pelota con el bate en el juego del béisbol.

batería s.f. **1** Aparato que sirve para acumular y suministrar energía eléctrica. □ También batería eléctrica. **2** Instrumento musical de percusión formado por varios tambores y platos metálicos que se tocan con baquetas (palos) y con mazos accionados por pedales. ◆ **s.m. y f. 3** Baterista. ◆ s.f. **4** Conjunto de cañones y otras armas pesadas que se colocan en fila dispuestos para disparar. **5** Serie de elementos relacionados entre sí que se expone o presenta. ◇ **batería de cocina** Conjunto de recipientes, como ollas, cazos y sartenes, generalmente con un diseño común y que se utilizan para cocinar. ◇ **en batería** ESP En paralelo; referido al modo de aparcar vehículos colocándolos uno al lado del otro.

baterista s.m. y f. Persona que toca la batería.

batial adj. **1** Se dice de la zona del talud continental que está a una profundidad de entre 200 y 2 000 m. **2** Relativo a esta zona.

batiburrillo o **batiborrillo** s.m. Mezcla confusa y desordenada de cosas.

batida s.f. **1** Registro sistemático y organizado de un terreno o lugar en busca de una persona o cosa. **2** Recorrido sistemático y organizado de un terreno en busca de caza.

batido s.m. ESP, MÉX, R DOM Bebida que se hace triturando y mezclando componentes líquidos y sólidos, especialmente leche, frutas o helado.

batidor, ra adj. **1** Que bate. ◆ s.m. **2** Utensilio manual de cocina que sirve para batir alimentos.

batidora s.f. Aparato de cocina que sirve para triturar, mezclar o batir alimentos.

batiente s.m. **1** Parte del marco de una puerta o ventana sobre la que se cierra la hoja. **2** Hoja de una puerta o ventana. **3** Zona de una costa, dique o espigón donde golpean las olas del mar.

batín s.m. ESP Bata de casa que no llega a las rodillas y se cierra por delante con un cinturón.

batir v.tr. **1** Mover una sustancia líquida removiéndola y agitándola varias veces con un instrumento o aparato para que se mezclen bien sus componentes u obtener una sustancia compacta y homogénea. **2** Dar golpes de modo continuado a una cosa. **3** Golpear de lleno el viento o el agua en una superficie de modo continuado. **4** Mover con fuerza un ave las alas. **5** Registrar de manera sistemática y organizada un terreno o lugar en busca de una persona o cosa, o en busca de caza. **6** Vencer al enemigo en una lucha. **7** Vencer al adversario en una competición deportiva. **8** Superar una marca o un récord, especialmente si es deportivo. ◆ **batirse** v.prnl. **9** Luchar o competir una persona con otra, especialmente por un desafío.

batiscafo s.m. Embarcación submarina preparada para sumergirse a grandes profundidades y dotada de sistemas especiales de exploración.

batracio adj. y s.m. **1** Se dice del animal de piel desnuda y sangre fría, considerado el primer vertebrado terrestre, aunque sigue dependiendo del agua para su reproducción y desarrollo embrionario. ◆ **batracios** s.m.pl. **2** Grupo taxonómico constituido por estos animales.

baturro, a adj. y s. **1** Se dice de la persona que pertenece al campesinado aragonés. ◆ adj. **2** Relativo a la cultura y folclore aragoneses.

batuta s.f. Vara pequeña y fina que usa el director de una orquesta o de una banda.

baudio s.m. Unidad de medida de la velocidad de transmisión de señales que se expresa en símbolos por segundo.

baúl s.m. Caja grande rectangular con una tapa generalmente arqueada, que se usa para guardar ropa u otras cosas o para llevar equipaje.

bauprés s.m. Palo de la proa de un barco de vela, grueso y horizontal pero un poco inclinado hacia arriba.

bautismal adj. Relativo al bautismo.

bautismo s.m. **1** Sacramento del cristianismo que consiste generalmente en echar agua bendita sobre la cabeza de una persona y en virtud del cual esta pasa a ser miembro de la Iglesia. **2** Bautizo (ceremonia cristiana). **3** Primera vez que una persona hace una cosa importante o significativa. ◇ **bautismo de aire** Primera vez que una persona pilota un avión o viaja en él como pasajero.

bautista s.m. y f. Formal. Persona que bautiza.

bautizar v.tr. **1** Administrar el sacramento del bautismo. **2** Poner un nombre a un animal o una cosa, o un apodo a una persona. **3** Rebajar el vino con agua.

bautizo s.m. **1** Ceremonia cristiana en la que se administra el sacramento del bautismo. **2** Fiesta con que se celebra este sacramento.

bauxita s.f. Mineral compuesto de óxido hidratado de aluminio que constituye una fuente importante del aluminio comercial.

baya s.f. **1** Fruto carnoso y jugoso, de forma redondeada, que contiene semillas rodeadas de pulpa, como la uva y el tomate. **2** Fruto pequeño que dan algunas variedades de árboles y arbustos silvestres.

bayeta s.f. **1** ESP Paño que sirve para limpiar superficies y absorber líquidos. **2** Tela de lana poco tupida y de textura elástica. ◇ **bayeta de la tierra** ARG, BOL, PERÚ Tejido basto de lana pura, hilada a mano, en rueca, del que los quechuas y aimaras fabrican la mayor parte de su ropa de trabajo.

bayo, a adj. y s. Se dice del caballo o yegua que tiene el pelo de color amarillento.

bayoneta s.f. Arma blanca, parecida a un cuchillo, que se ajusta a la boca del fusil.

bayunco, a adj. AMÉR CENTRAL Rústico, grosero.

baza s.f. **1** En algunos juegos de cartas, conjunto de naipes que echan sobre la mesa los jugadores durante una jugada. **2** Número de naipes que recoge el que gana una partida de cartas. **3** Cada una de las jugadas de un juego de naipes. **4** Característica o conjunto de características que conceden cierta ventaja. ◇ **jugar una baza** Aprovechar una oportunidad. ◇ **meter baza** Fam. Intervenir en una conversación.

bazar s.m. **1** Establecimiento en el que se venden objetos y aparatos diversos. **2** Mercado público de los países árabes.

bazo s.m. Órgano vascular situado a la izquierda del estómago, cuya función consiste en eliminar los glóbulos rojos envejecidos y fabricar glóbulos blancos.

bazofia s.f. **1** Comida de aspecto y sabor muy desagradables. **2** Basura, desechos.

bazooka o **bazuca** s.m. o f. Arma portátil de infantería que consiste en un tubo metálico abierto por los dos extremos que dispara proyectiles de propulsión a chorro.

be s.f. Nombre de la letra b. ◇ **be por be** Meticulosamente.

beamontés, sa o **beaumontés, sa** adj. **1** Relativo a la facción que apoyaba los derechos del príncipe de Viana al trono de Navarra. ◆ s. **2** Miembro de esta facción.

beat s.m. y adj. **1** Movimiento literario que surgió en los años cincuenta en Estados Unidos como oposición a la sociedad contemporánea y los valores de la clase media. ◆ adj. **2** Relativo a este movimiento. ◆ s.m. **3** Estilo de música básicamente rítmica surgido en Inglaterra en los años sesenta con influencias de la música negra.
OBS Pronunc. 'bit'.

beatificación s.f. Acción y efecto de beatificar.

beatificar v.tr. Declarar el Papa que alguien goza de eterna bienaventuranza y se le puede dar culto.

beatífico, a adj. **1** Relativo a la beatitud. **2** Que demuestra gran bondad y paz espiritual.

beatitud s.f. Bienaventuranza completa. ◇ **Su Beatitud** Tratamiento que se da al Papa.

beatnik (pl. beatniks) s.m. y adj. **1** Movimiento juvenil que surgió entre los años cincuenta y setenta en Estados Unidos y que se caracterizó por el rechazo militante de ciertos valores sociales y por una actitud vitalista. ◆ s.m. y f. **2** Persona que era seguidora de este movimiento.
OBS Pronunc. 'bítnic'.

beato, a adj. y s. **1** Se dice de la persona que ha sido beatificada por el Papa. **2** Desp. Se dice de la persona que se muestra muy devota y religiosa, generalmente de modo exagerado y fingido.

beatus ille s.m. Expresión latina que significa 'tópico o tema literario en el que se ensalza un tipo de vida sencilla y retirada en el campo, lejos de la ciudad'.
OBS Pronunc. 'beatus ile'.

beaumontés, sa ▷ beamontés, sa.

bebé s.m. Niño que acaba de nacer y que aún no anda.

bebedero s.m. Recipiente en el que se pone agua para que beban los animales.

bebedizo s.m. **1** Bebida medicinal. **2** Bebida a la que se le atribuyen efectos mágicos, especialmente el de conseguir el amor de quien lo toma. **3** Bebida venenosa.

bebedor, ra adj. **1** Que bebe. ◆ adj. y s. **2** Que toma bebidas alcohólicas en exceso.

beber v.tr. **1** Tomar un líquido por la boca. ◆ v.intr. **2** Aprender o conocer algo a partir de determinada fuente. **3** Tomar bebidas alcohólicas.

bebible adj. Que se puede beber.

bebida s.f. **1** Sustancia líquida que se bebe. **2** Hábito de tomar bebidas alcohólicas.

bebido, a adj. Casi borracho.

bebop s.m. Estilo de jazz nacido en los años cuarenta que se caracteriza por enfatizar la improvisación melódica mediante los rápidos solos interpretados al piano o con un instrumento de viento.
OBS Pronunc. 'bibop'.

beca s.f. Ayuda económica que se concede a una persona para que pague los gastos que le supone cursar unos estudios, desarrollar un proyecto de investigación, etc.

becada s.f. Ave zancuda, parecida a la perdiz, con un plumaje que forma dibujos claroscuros y le permite camuflarse perfectamente entre la maleza.

becar v.tr. Conceder una beca a una persona.

becario, a s. Que disfruta de una beca.

becerro, a s. Cría de la vaca menor de uno o dos años.

bechamel o **besamel** o **besamela** s.f. Salsa blanca y cremosa que se hace con leche, harina, mantequilla o aceite y sal.

becquerel (pl. becquerels) s.m. Unidad de medida de actividad radiactiva del Sistema Internacional, de símbolo Bq.

becuadro s.m. Signo (♮) que se coloca delante de una nota musical previamente alterada para indicar que vuelve a su entonación natural.

bedel, la s. Empleado subalterno de los centros oficiales de enseñanza.
OBS Doble femenino: **bedel** o **bedela**.

beduino, a adj. y s. Relativo a un pueblo árabe nómada que vive en las zonas desérticas del norte de África.

befa s.f. Burla grosera y ofensiva.

befar v.tr. y prnl. Hacer befa o burla.

begonia s.f. Planta de jardín, de tallos carnosos, hojas grandes y verdes en forma de corazón y flores pequeñas.

behaviorismo s.m. Doctrina psicológica basada en la observación objetiva de la conducta.
OBS Pronunc. aprox. 'bejaviorismo'.

behaviorista adj. **1** Relativo al behaviorismo. ◆ adj. y s.m. y f. **2** Se dice de la persona que es partidaria del behaviorismo.
OBS Pronunc. aprox. 'bejaviorista'.

beicon s.m. Bacón.

beige o **beis** s.m. y adj. **1** Color castaño muy claro, como el de la arena. ◆ adj. **2** Que es de este color. □ Invariable en número.
OBS Pronunc. aprox. 'beis'.

béisbol s.m. Deporte que se practica con un bate y una pelota, entre dos equipos de nueve jugadores, en un campo cuadrado con una base en cada ángulo, que el equipo atacante debe recorrer antes de que el rival intercepte la pelota.

bejuco s.m. Nombre genérico con que se designa a diversas plantas tropicales de tallos largos, delgados y flexibles.

bejuquear v.tr. AMÉR Apalear o varear a una persona o animal.

bel o **belio** s.m. Unidad de sonoridad o percepción sonora que equivale a una intensidad diez veces mayor que la intensidad mínima que puede ser apreciada por el oído.

bel canto s.m. Estilo de canto operístico que se caracteriza por la belleza sonora y el virtuosismo.

beldad s.f. Formal. Belleza, hermosura.

belén s.m. Representación del nacimiento de Jesucristo mediante figuras y maquetas.

belfo, a adj. **1** Que tiene el labio inferior más grueso que el superior. ◆ s.m. **2** Labio del caballo y otros animales.

belga adj. y s.m. y f. De Bélgica (país de Europa).

belicismo s.m. Ideología política y social que es partidaria del uso de la violencia.

belicista adj. **1** Relativo al belicismo. ◆ adj. y s.m. y f. **2** Que cree en el belicismo.

bélico, a adj. Relativo a la guerra.

belicoso, a adj. **1** Que incita al uso de la fuerza y la violencia o que amenaza con emplearlas. **2** Se dice de la persona o grupo que tiende a actuar de modo violento o agresivo.

beligerancia s.f. Cualidad de beligerante.

beligerante adj. y s.m. y f. **1** Se dice del país que está en guerra con otro. **2** Se dice de la persona o grupo que se muestra opuesto y enfrentado a otra persona o grupo o a una cosa.

belio s.m. Bel.

bellaco, a adj. y s. **1** Se dice de la persona que es despreciable porque actúa con maldad y falta de honradez. **2** AMÉR Se dice de la caballería que es difícil de gobernar. **3** ECUAD, PAN Valeroso.

belladona s.f. **1** Planta herbácea de hojas alargadas alternas, flores acampanadas de color púrpura y fruto carnoso. **2** Sustancia que se extrae de esta planta, usada para dilatar la pupila del ojo y calmar las convulsiones musculares.

bellaquería s.f. Acción o dicho propio de un bellaco.

belle époque s.f. Período comprendido entre los años 1890 y 1914, en Francia, caracterizado por la prosperidad económica y cultura.
OBS Pronunc. aprox. 'bel epoc'.

belleza s.f. **1** Conjunto de cualidades de las cosas o de las personas, cuya manifestación sensible produce placer, deleite o admiración. **2** Persona muy bella.

bello, a adj. **1** Que tiene belleza. **2** Que es moralmente buena.

bellota s.f. Fruto de la encina o el roble, pequeño y alargado, con una cáscara dura dentro de la cual está la semilla, que es comestible.

beluga s.f. **1** Mamífero marino del orden de los cetáceos, de 3 a 5 m de longitud. ◆ s.m. **2** Tipo de caviar ruso muy selecto que se obtiene de un esturión blanco de gran tamaño que habita en los mares Caspio y Negro.

bemol s.m. **1** Signo (♭) que se coloca a la izquierda de una nota musical para indicar que dicha nota se entona o toca un semitono más baja. ◆ adj. y s.m. **2** Se dice de la nota musical que está alterada por este signo. ◇ **tener bemoles** Fam. ESP Tener valor o atrevimiento para hacer algo. □ Fam. ESP Ser algo muy difícil.

benceno s.m. Hidrocarburo aromático, líquido, incoloro e inflamable que se obtiene de la gasolina de petróleo.

benchmarking s.m. En gestión empresarial, punto de referencia.
OBS Pronunc aprox 'benchmarkin'.

bencina s.f. Primitiva denominación del benceno.

bendecir (37) v.tr. **1** Invocar o pedir la protección divina a favor de una persona o cosa. **2** Otorgar Dios, la Virgen o un santo la gracia y protección divinas a una persona.
OBS Participio irregular **bendito**.

bendición s.f. **1** Acción y efecto de bendecir. **2** Aprobación o consentimiento de una autoridad. **3** Cosa muy buena o que produce una gran alegría.

bendito, a adj. y s. **1** Se dice del lugar o la cosa que ha sido bendecida o consagrada. **2** Que merece agradecimiento y alabanza, dichoso. □ Va antepuesto al sustantivo. ◆ s. **3** Persona o cosa muy buena. ◇ **¡bendito sea Dios!** Expresión que indica alegría o sorpresa.

benedictino, a adj. **1** Relativo a la orden de san Benito de Nursia, fundada a principios del siglo VI. ◆ adj. y s. **2** Se dice del religioso que pertenece a esta orden.

beneficencia s.f. **1** Ayuda social o económica desinteresada. **2** Conjunto de instituciones que ayudan de manera desinteresada a quienes carecen de recursos económicos.

beneficiar (1d) v.tr. **1** Hacer bien, producir un beneficio o provecho. **2** Tratar el mineral que se extrae de una mina para obtener y aprovechar el metal que contiene. ◆ **beneficiarse** v.prnl. **3** Sacar provecho de una persona o cosa, aprovecharse. **4** Vulg. Tener relaciones sexuales con una persona ajena a la pareja.

beneficiario, a adj. y s. Se dice de la persona que obtiene un beneficio o provecho.

beneficio s.m. **1** Bien que se hace o se recibe. **2** Provecho, compensación moral o material por una obra realizada. **3** Cantidad de dinero que se obtiene gracias a una inversión.

beneficioso, a adj. Que produce un bien.

benéfico, a adj. **1** Relativo a la beneficencia. **2** Que hace bien o es beneficioso.
OBS Superlativo: **beneficentísimo.**

benemérito, a adj. Que merece premio y agradecimiento por sus servicios. ◇ **el Benemérito Instituto** o **la Benemérita** La Guardia Civil (cuerpo de seguridad español).

beneplácito s.m. Aprobación, permiso.

benevolencia s.f. Bondad.

benévolo, a adj. Que muestra buena voluntad y afecto.

bengala s.f. **1** Artificio luminoso que se utiliza para hacer señales a distancia. **2** Varilla o palito con pólvora en uno de sus extremos que, al arder, produce una luz muy viva y desprende chispas de distintos colores.

bengalí (pl. bengalíes) **adj. y s.m. y f. 1** De Bengala (región del sur de Asia). ◆ **s.m. y adj. 2** Lengua indoeuropea, derivada del sánscrito, que se habla en diferentes regiones de Bengala.

benignidad s.f. Cualidad de benigno.

benigno, a adj. **1** Que se caracteriza por la buena voluntad, comprensión y simpatía hacia una persona o grupo. **2** Templado y agradable. **3** En medicina, que no reviste gravedad.

benimerín adj. y s.m. y f. De una antigua dinastía musulmana que sustituyó a los almohades durante los siglos XIII y XIV.

benjamín, na s. **1** Hijo menor de una familia que tiene varios. **2** Persona que tiene menos edad de las que forman un equipo o grupo.

beodo, a adj. y s. Ebrio o borracho.

berberecho s.m. Molusco bivalvo comestible, que vive en la arena de las playas.

berberisco, a ▷ beréber.

berbiquí (pl. berbiquíes o berbiquís) s.m. Instrumento provisto de una broca o barrena, usado para taladrar.

beréber o **bereber** o **berebere** adj. y s.m. y f. **1** Relativo a un pueblo que habitaba la antigua región de la Berbería. ◆ **s.m. y adj. 2** Lengua hablada por este pueblo.

berenjena s.f. **1** Planta de huerta, de hojas grandes, ovaladas y cubiertas de pelos, con flores grandes de color morado. **2** Fruto de esta planta, de forma alargada, de color blanco por dentro y morado por fuera.

berenjenal s.m. **1** Plantación de berenjenas. **2** Fam. Asunto problemático de difícil solución.

bergamota s.f. **1** Variedad de lima (fruta) muy aromática cuya esencia se emplea en perfumería. **2** Variedad de pera jugosa y aromática.

bergante s.m. Hombre pícaro, granuja.

bergantín s.m. Barco de vela ligero de dos palos.

beriberi s.m. Enfermedad motivada por la falta de vitamina B_1, cuyos síntomas son dolores musculares, parálisis e insuficiencia cardíaca.

berilio s.m. Elemento químico de símbolo Be y número atómico 4.

berilo s.m. Mineral compuesto de silicato de aluminio y berilio que se presenta en cristales hexagonales de diferentes colores.

berkelio s.m. Berquelio.

berlina s.f. **1** Tipo de automóvil de cuatro a seis plazas con cuatro puertas laterales y una trasera, generalmente usado como vehículo familiar. **2** Antiguo coche de caballos con cuatro ruedas usado para el transporte de personas.

berlinés, sa adj. y s. De Berlín.

bermejo, a s.m. y adj. **1** Color rojo como el de la sangre o el de los tomates maduros. ◆ **adj. 2** Que es de este color.

bermellón s.m. **1** Polvo muy fino de cinabrio del que se obtiene pintura de color rojo muy intenso. ◆ **adj. 2** De color rojo muy intenso.

bermudas s.m. o f.pl. Pantalón deportivo corto que llega hasta las rodillas.

bernardo, a adj. y s. **1** Se dice del religioso que pertenece a la orden del Císter, fundada en el siglo XI, que conserva la austeridad de la orden benedictina. ◆ **adj. 2** Relativo a esta orden.

berquelio o **berkelio** s.m. Elemento químico de símbolo Bk y número atómico 97.

berrear v.intr. **1** Dar berridos el becerro, el ciervo u otros animales semejantes. **2** Llorar o gritar un niño con fuerza. **3** Fam. Cantar mal, dando voces y desentonando.

berreo s.m. **1** Acción de berrear. **2** Llanto o grito fuerte de un niño. **3** ECUAD Berrinche.

berrido s.m. **1** Voz del becerro, del ciervo y de otros animales semejantes. **2** Fam. Grito o lloro estridente de una persona o nota alta y desentonada que hace alguien al cantar.

berrinche s.m. Enfado o disgusto grande que se manifiesta de manera exagerada con gestos, voces o llanto.

berrinchudo, a adj. AMÉR Se dice de la persona que se enoja con facilidad.

berro s.m. Planta herbácea de tallos gruesos que crece en lugares con mucha agua y cuyas hojas se comen en ensalada.

berza s.f. Variedad de col.

berzas adj. y s.m. y f. ESP Berzotas.

berzotas adj. y s.m. y f. Fam. ESP Se dice de la persona que es torpe o poco inteligente.

besamel o **besamela** s.f. Bechamel.

besar v.tr. **1** Tocar con los labios, contrayéndolos y separándolos, una parte del cuerpo de una persona o una cosa en señal de amor, afecto, o a veces como saludo o señal de respeto. **2** Hacer ademán de ello. **3** Rozar.

beso s.m. Acción y efecto de besar. ◇ **beso de Judas** Beso que se da con falsa intención. ◇ **beso de paz** Beso que se da como muestra de amistad.

bestia s.f. **1** Animal de cuatro patas, especialmente el doméstico que se usa para carga. ◆ adj. y s.m. y f. **2** Se dice de la persona que hace un uso excesivo de la fuerza física, es violento o tiene malos modos. **3** Fam. Se dice de la persona que es torpe, inculta o poco inteligente. ◇ **a lo bestia** Fam. Con violencia y sin cuidado. □ En una cantidad o tamaño desmesurados.

bestial adj. **1** Brutal o irracional. **2** Muy grande, extraordinario.

bestialidad s.f. **1** Acción o comentario que causa sorpresa y rechazo por ser bestia. **2** Hecho muy cruel y violento. ◇ **una bestialidad** Fam. Cantidad grande y excesiva, muchísimo.

bestiario s.m. Colección de fábulas, leyendas e historias sobre animales reales o imaginarios.

best-seller o **best seller** s.m. Libro que ha obtenido un gran éxito de ventas.
OBS Pronunc. aprox. 'bes-séler'.

besucón, na adj. y s. Se dice de la persona que tiene la afición de besar mucho a los demás.

besugo s.m. **1** Pez marino comestible, que mide de 60 a 80 cm, de carne blanca muy apreciada, generalmente de color entre gris y rojo. **2** Fam. ESP Persona torpe y poco inteligente.

besuquear v.tr. Besar de manera repetida.

besuqueo s.m. Conjunto de besos que se dan repetidamente.

beta s.f. Nombre de la segunda letra del alfabeto griego; se escribe Β/β y se transcribe como **b**.

betatrón s.m. Aparato electromagnético destinado a acelerar electrones.

bético, a adj. y s. De la Bética (antigua región romana del sur de España).

betlemita adj. y s.m. y f. **1** De Belén (ciudad de Israel donde, según la tradición, nació Jesús). ◆ adj. **2** Relativo a la orden de Belén. ◆ adj. y s.m. y f. **3** Que pertenece a esta orden.

betún s.m. **1** Mezcla hecha con ceras y tintes para limpiar y dar brillo al calzado. **2** Sustancia de origen natural que contiene hidrógeno y carbono, que arde con llama y humo espeso.

bianual adj. **1** Que ocurre dos veces al año. **2** Que dura dos años.

biatlón s.m. Competición deportiva que consiste en una carrera de esquí de fondo que incluye una prueba de tiro al blanco.

biberón s.m. Recipiente cilíndrico que tiene una tetina y sirve para alimentar con leche u otro líquido a niños y animales recién nacidos.

biblia s.f. Conjunto de los libros sagrados del cristianismo y el judaísmo.
OBS Con mayúscula inicial excepto para referirse al objeto físico: **una biblia con ilustraciones.**

bíblico, a adj. Relativo a la Biblia.

bibliobús s.f. ESP Autobús acondicionado para ofrecer los servicios de una biblioteca pública.

bibliofilia s.f. Afición grande a los libros, especialmente a los que son raros o curiosos y a las ediciones valiosas.

bibliografía s.f. **1** Catálogo ordenado de libros, artículos, reseñas y textos sobre una materia determinada o un autor en concreto. **2** Ciencia o técnica que estudia la descripción y clasificación sistemática de libros, impresos y otros materiales para proporcionar información a investigadores, estudiantes y profesionales.

bibliográfico, a adj. Relativo a la bibliografía.

bibliógrafo, a s. Persona versada en el estudio bibliográfico.

bibliología s.f. Ciencia que estudia los libros en su aspecto técnico e histórico.

biblioteca s.f. **1** Edificio o local en el que se tienen numerosos libros guardados y ordenados para facilitar su consulta y que el público pueda leerlos o llevárselos en préstamo. **2** Colección de libros que se guardan en este edificio. **3** Colección de libros o tratados semejantes entre sí. **4** Colección de libros que guarda una persona en su casa o en su lugar de trabajo. **5** Mueble grande con estantes en el que se colocan libros.

bibliotecario, a s. Persona que tiene a su cargo el cuidado y marcha de una biblioteca.

biblioteconomía s.f. Disciplina que estudia la administración, conservación y organización de las bibliotecas.

biblista s.m. y f. Persona que se dedica al estudio de la Biblia.

bicameral adj. Se dice del sistema legislativo de un Estado que está formado por dos cámaras.

bicapitalidad s.f. Condición de existir dos capitales en un mismo territorio.

bicarbonato s.m. Sal derivada del ácido carbónico en la que se ha sustituido uno de sus hidrógenos por un metal. ◇ **bicarbonato de calcio** Sal blanca que produce la formación de estalactitas y estalagmitas. ◇ **bicarbonato de sodio** Sal que se toma para calmar el dolor de estómago producido por una mala digestión.

bicefalia s.f. Sistema de organización en que dos líderes comparten las tareas de dirección.

bicéfalo, a adj. Que tiene dos cabezas.

bicentenario, a adj. **1** Que tiene doscientos años o más. ◆ s.m. **2** Fecha en que se cumplen doscientos años desde un acontecimiento. **3** Fiesta con que se conmemora esta fecha.

bíceps s.m. y adj. Músculo que tiene uno de sus extremos dividido en dos inserciones.

bicha s.f. **1** Fam. ESP Culebra, reptil, generalmente entre personas supersticiosas. **2** Figura fantástica con forma de mujer, de medio cuerpo para arriba, y de animal en la parte inferior.

bicho s.m. **1** Fam. Animal, especialmente el que es pequeño y desagradable. **2** ESP Toro de lidia. **3** Fam. Persona mala, de carácter violento y cruel. **4** AMÉR Animal extraño, feroz o dañino. ◇ **bicho raro** Persona de carácter o costumbres poco comunes o extrañas para los demás. ◇ **matar el bicho** AMÉR SUR Tomar bebidas alcohólicas.

bici s.f. Fam. Bicicleta.

bicicleta s.f. **1** Vehículo de dos ruedas unidas a un armazón triangular, con un manillar y un sillín, movido por dos pedales. **2** Movimiento de piernas como el que se hace al pedalear.

bicicletada s.f. Salida popular en bicicleta.

biciclo s.f. Bicicleta antigua con una rueda de mayor tamaño que la otra.

bicicross s.m. Modalidad de ciclismo que se practica en un circuito con obstáculos.

bicoca s.f. Cosa de buena calidad o valor que se consigue a bajo precio o con poco esfuerzo.

bicolor adj. Que tiene dos colores.

bicoque s.m. AMÉR Coscorrón (golpe dado con los nudillos en la cabeza de una persona).

bidé s.m. Recipiente de loza bajo y ovalado que sirve para el aseo íntimo.

bidón s.m. Recipiente grande y cilíndrico, normalmente metálico y con cierre hermético, que sirve para contener o transportar líquidos.

biela s.f. Pieza de una máquina que sirve para transmitir potencia de una articulación a otra o transformar un movimiento de vaivén rectilíneo en un movimiento circular, o viceversa.

bieldo s.m. Instrumento que sirve para aventar las mieses y mover el cereal cortado.

bielorruso, a adj. y s. De Bielorrusia. ◆ s.m. y adj. **2** Lengua hablada en Bielorrusia.

1. **bien** adv. **1** De modo adecuado o correcto, como es debido y convenientemente. **2** Con comodidad, de manera conveniente. **3** Con buena salud, sano, en buen estado. **4** De manera agradable o feliz y sin inconvenientes. **5** Bastante, mucho o muy. **6** De buena gana, con mucho gusto. **7** Funciona como nexo distributivo o disyuntivo. ◆ adj. **8** De buena posición social. ◆ interj. **9** Expresión que se usa para indicar afirmación o asentimiento. ◇ **¡qué bien!** Expresa satisfacción, alegría y felicidad. ◇ **bien que mal** De manera poco clara y llena de obstáculos o dificultades. ◇ **poner bien** Hablar bien de una cosa o persona. ◇ **si bien** Aunque. ◇ **tener a bien** Dignarse hacer algo.

2. **bien** s.m. **1** Cosa que es útil y buena para una persona o un grupo y que produce felicidad. **2** Idea abstracta de todo lo que es moralmente bueno o perfecto, aquello hacia lo que los seres humanos tienden como preferido, útil, deseable, etc., y de cuyo estudio se ocupa la ética. ◆ **bienes** s.m.pl. **3** Conjunto de riquezas u otros bienes materiales que se poseen. ◇ **bienes comunales** Bienes que pertenecen al común del pueblo. ◇ **bienes gananciales** Bienes obtenidos por el marido o la mujer durante el tiempo que han estado casados. ◇ **bienes inmuebles** o **bienes raíces** Bienes que no se pueden mover del lugar en el que están, tales como tierras o viviendas. ◇ **bienes muebles** Bienes que pueden ser trasladados sin alterar su naturaleza o calidad, tales como dinero, joyas, obras de arte, muebles, vehículos y objetos.

bienal adj. **1** Que se repite cada dos años. **2** Que dura dos años. ◆ s.f. **3** Exposición artística o cultural que se repite cada dos años.

bienaventurado, a adj. **1** Afortunado y feliz. ◆ adj. y s. **2** Se dice de la persona que goza de la felicidad y de la gracia eterna.

bienaventuranza s.f. **1** Fortuna y felicidad. **2** Estado de felicidad y gracia eterna. **3** Cada uno de los ocho motivos expresados por Jesucristo según los cuales una persona puede ser considerada bienaventurada.

bienestar s.m. **1** Satisfacción, tranquilidad de espíritu. **2** Estado de una persona cuyas condiciones económicas le permiten vivir con holgura.

bienhablado, a adj. Se dice de la persona que habla sin emplear expresiones vulgares.

bienintencionado, a adj. y s. Se dice de la persona que tiene buena intención.

bienio s.m. **1** Período de dos años. **2** Incremento económico que se efectúa sobre un sueldo o salario por cada dos años de servicio activo.

bienvenida s.f. Recibimiento en el que se manifiesta gran alegría por la llegada de una persona o grupo.

bienvenido, a adj. y s. **1** Que se recibe con agrado o alegría. ◆ interj. **2** Expresión con la que se saluda la llegada de alguien.

bies s.m. Tira de tela cortada de manera oblicua respecto al hilo de la costura, que se emplea para adornar o reforzar el borde de una prenda de ropa. ◇ **al bies** De manera oblicua.

bifásico, a adj. Se dice del sistema eléctrico que tiene dos corrientes eléctricas alternas iguales, procedentes del mismo generador.

bifaz s.m. Herramienta del paleolítico inferior y medio, que consistía en una pieza de sílex tallada por sus dos caras.

bífido, a adj. Dividido en dos partes.

bífidus s.m. Bacilo con propiedades dietéticas que se utiliza en la fabricación de yogures.

bifloro, a adj. Que tiene o encierra dos flores.

bifocal adj. **1** Que tiene dos focos. ◆ adj. y s.f.pl. **2** Se dice de la lente que tiene dos focos, uno para corta distancia y otro para ver de lejos.

bifurcación s.f. **1** División o separación de una cosa en dos ramales, brazos o puntas. **2** Punto o lugar donde se produce esta división.

bifurcarse v.prnl. Dividirse o separarse en una bifurcación.

big band (pl. big bands) s.f. Gran conjunto u orquesta de jazz.
OBS Pronunc. aprox. 'big-ban'.

big bang s.m. Gran explosión que dio origen al universo.

bigamia s.f. Estado de bígamo.

bígamo, a adj. y s. Se dice de la persona que tiene dos cónyuges a la vez.

bigote s.m. **1** Pelo fuerte que nace sobre el labio superior. □ Suele usarse en plural con valor singular. **2** Conjunto de pelos largos y erectos que tienen algunos animales sobre el labio superior. □ Suele usarse en plural con valor singular. **3** Parte de la cara que está sobre el labio superior. □ Suele usarse en plural con valor singular. ◆ **bigotes** s.m.pl. **4** Constancia, firmeza y tesón en la toma de decisiones. ◇ **de bigotes** Fam. ESP Se usa para ponderar o alabar de forma exagerada las buenas cualidades de una cosa.

bigotudo, a adj. **1** Que tiene un bigote grande o con mucho pelo. ◆ s.m. **2** Pájaro de pequeño tamaño, de plumaje de color canela y cola larga, que vive en los cañizales.

bigudí (pl. bigudíes o bigudís) s.m. Pinza larga y plana que sirve para enrollar un mechón de cabello y dejarlo ondulado.

bikini s.m. Biquini.

bilabial adj. **1** Se dice del fonema o sonido consonántico en cuyo punto de articulación intervienen los dos labios. ◆ adj. y s.f. **2** Se dice de la consonante que se articula en este punto.

bilateral adj. De las dos partes, lados o aspectos que tienen relación con una cosa.

bilbaíno, a adj. y s. De Bilbao.

bilbilitano, a adj. y s. De Calatayud.

biliar adj. Relativo a la bilis.

bilingüe adj. y s.m. y f. **1** Que habla o utiliza dos lenguas. ◆ adj. **2** Que está escrito en dos lenguas. **3** Se dice del territorio, región o país en el que la mayoría de sus habitantes hablan dos lenguas.

bilingüismo s.m. Condición de un individuo o de una población bilingües.

bilis s.f. **1** Líquido viscoso, de color amarillo verdoso y de sabor amargo, segregado por el hígado, que facilita la digestión de las grasas. **2** Sentimiento de amargura e irritabilidad.

billar s.m. **1** Juego que consiste en impulsar con unos tacos bolas de marfil o de otro material similar sobre una mesa rectangular cubierta por un tapete verde. **2** Establecimiento público donde hay mesas para practicar este juego. **3** Mesa para practicar este juego.

billete s.m. **1** Papel rectangular impreso o grabado que emite el banco central de un país, que tiene valor de dinero. **2** Papel pequeño impreso, generalmente de forma rectangular, que se compra y da derecho a entrar en determinados lugares. **3** Papel pequeño impreso que acredita la participación en un sorteo o lotería.

billetera s.f. Billetero.

billetero s.m. Cartera pequeña y plana para guardar billetes.

billón s.m. Un millón de millones.

billonésimo, a adj.num.ordin. **1** Que ocupa el lugar número 1 000 000 000 000 en una serie ordenada. ◆ adj.num.partit. **2** Se dice de cada una de las partes que resultan de dividir un todo en un billón de partes iguales.

bimbo s.m. Fam. Pan de molde.

bimembre adj. Que está compuesto de dos miembros o partes.

bimensual adj. Que se hace u ocurre dos veces al mes.

bimestral adj. **1** Que ocurre o se repite cada dos meses. **2** Que dura dos meses.

bimestre s.m. Período de dos meses.

bimotor adj. y s.m. Que tiene dos motores.

binario, a adj. **1** Que está compuesto por dos elementos o unidades. **2** Se dice del compás musical que está compuesto por dos tiempos, generalmente uno fuerte y uno débil, o al ritmo musical basado en este tipo de compás.

bingo s.m. **1** Juego de azar que se juega entre varias personas, en el cual los jugadores tienen unos cartones con números y los van marcando a medida que coinciden con los números que se cantan de las bolas que van saliendo por azar. **2** Premio que se obtiene cuando se marcan todos los números de un cartón. **3** Local público en el que se practica este juego. ◆ interj. **4** Fam. Se usa para expresar que se ha acertado algo.

binocular adj. y s.m. **1** Se dice del aparato óptico o sistema de visión que permite mirar con los dos ojos simultáneamente. ◆ **binoculares** s.m.pl. **2** Aparato óptico para ver a distancia con los dos ojos.

binóculo s.m. Gafas sin patillas que se sujetan únicamente a la nariz.

binomio s.m. Expresión algebraica formada por dos términos (llamados monomios) unidos por las operaciones de la suma o la resta.

biodegradable adj. Se dice del producto o sustancia que puede biodegradarse.

biodegradar v.tr. Separar los componentes de una sustancia orgánica mediante la acción de determinados organismos, principalmente bacterias.

biodiversidad s.f. Variedad de especies de seres vivos que viven en un lugar.

bioelemento s.m. Elemento químico que que forma parte de las biomoléculas o moléculas que constituyen los seres vivos.

bioética s.f. Estudio de los aspectos éticos de las ciencias de la vida (medicina y biología, principalmente), así como de las relaciones del ser humano con los restantes seres vivos.

biofísica s.f. Parte de la biología y de la física que estudia los fenómenos físicos ligados a los sistemas biológicos.

biofísico, a adj. **1** Relativo a la biofísica. ◆ s. **2** Persona que se dedica a la biofísica.

biogeoquímico, a adj. Se dice del ciclo o proceso en el que median factores bióticos, geológicos y químicos.

biografía s.f. Historia de la vida de una persona.

biográfico, a adj. Relativo a la biografía.

biógrafo, a s. Persona que escribe una biografía.

biología s.f. Ciencia que estudia los seres vivos.

biológico, a adj. Relativo a la biología.

biólogo, a s. Persona especialista en biología.

bioma s.m. Conjunto de comunidades de seres vivos que se extiende a lo largo de una gran área geográfica.

biomasa s.f. **1** Materia orgánica producida por los seres vivos como consecuencia de sus actividades vitales. **2** Suma de la masa total de organismos vivos que habitan en una zona.

biombo s.m. Mampara plegable compuesta por bastidores articulados que pueden extenderse o plegarse.

biomolécula s.f. Molécula constituyente de los seres vivos.

biomolecular adj. Relativo a la biomolécula.

biónica s.f. Ciencia que estudia los seres vivos para la aplicación en la tecnología.

biopsia s.f. Examen de un trozo de tejido de un ser vivo para completar un diagnóstico.

bioquímica s.f. Parte de la biología y la química que estudia los fenómenos químicos que forman parte de la naturaleza de los seres vivos.

bioquímico, a adj. **1** Relativo a la bioquímica. ◆ s. **2** Persona especialista en bioquímica.

biorritmo s.m. Todo fenómeno periódico en los reinos animal y vegetal.

biosfera s.f. **1** Capa de la esfera terrestre; comprende desde unos 10 km de altitud en la atmósfera hasta los fondos oceánicos. **2** Conjunto de seres vivos que habitan en esta zona.

biosíntesis s.f. Proceso celular mediante el cual los organismos vivos elaboran sustancias químicas complejas a partir de otras más sencillas.

biotecnología s.f. Conjunto de técnicas aplicadas a la obtención de productos mediante la actividad metabólica de organismos vivos.

bioterrorismo s.m. Empleo criminal de microorganismos patógenos, toxinas o sustancias dañinas contra la población.

bioterrorista adj. Relativo al bioterrorismo.

biotipo s.m. Conjunto de características morfológicas y fisiológicas de un organismo vivo, que se considera representativo de su especie.

biotopo s.m. Conjunto de condiciones físicas y químicas de una zona determinada, habitada por un conjunto específico de organismos.

bióxido s.m. Óxido cuya molécula contiene dos átomos de oxígeno.

bipartición s.f. **1** División de una cosa en dos partes. **2** En biología, división celular que da lugar a dos células hijas de tamaño similar.

bipartidismo s.m. Sistema político en el que predominan dos grandes partidos políticos.

bipartito, a adj. Formado por dos partes.

bípedo, a adj. y s. Se dice del animal que se sostiene, anda, corre o salta sobre dos pies.

biplano s.m. Avión de cuatro alas.

biplaza adj. y s.m. Se dice del coche deportivo de dos plazas.

biquini o **bikini** s.m. Traje de baño femenino compuesto de dos piezas (sujetador y braga).

birlar v.tr. Fam. ESP Quitar algo a alguien de forma engañosa y sin que se dé cuenta.

birmano, a adj. y s. **1** De Birmania (antiguo país de Asia, actualmente Myanmar). ◆ s.m. y adj. **2** Lengua tibetana que se habla en la zona sudoriental de Asia.

birome s.m. ARG, URUG Bolígrafo. **GEOSIN** pluma, pluma atómica.

birra s.f. Fam. Cerveza.

birrete s.m. Gorro de forma prismática con una borla en la parte superior, que sirve de distintivo a profesionales como catedráticos, magistrados, jueces y abogados en actos oficiales.

birria s.f. **1** Fam. ESP Persona o cosa fea, de poco valor o importancia. **2** COL, MÉX, PAN Capricho.

bis s.m. **1** Pieza que se repite al final de un concierto.

bisabuelo, a s. Padre o madre del abuelo o de la abuela de una persona.

bisagra s.f. Mecanismo de metal o plástico compuesto por dos piezas unidas por un eje común, que se fijan en dos superficies separadas, una fija y otra móvil, para juntarlas y permitir el giro de una sobre otra.

bisbisear v.tr. e intr. Musitar.

bisbiseo s.m. Sonido ininteligible, continuo y suave que se produce al bisbisear.

biscote s.m. ESP Rebanada cuadrada de pan tostado, seca y dura, que se puede conservar durante mucho tiempo.

biscuit s.m. **1** Bizcocho (dulce). **2** Helado muy cremoso. **3** Porcelana mate.

bisección s.f. En geometría, división de una figura en dos partes iguales.

bisector, triz adj. **1** En geometría, se dice del plano o la recta que divide en dos partes iguales. ◆ s.m. **2** Plano que pasa por la arista de un ángulo diedro y lo divide en dos diedros iguales.

bisectriz s.f. Semirrecta que parte del vértice de un ángulo y lo divide en dos partes iguales.

bisel s.m. **1** Corte oblicuo en el borde de una superficie. **2** Parte de la embocadura de ciertos tipos de flautas.

biselar v.tr. Hacer un bisel en una superficie.

bisemanal adj. Que se hace u ocurre dos veces por semana.

bisexual adj. **1** Que tiene órganos sexuales masculinos y femeninos. ◆ **adj. y s.m. y f. 2** Que siente atracción sexual por personas de ambos sexos.

bisiesto adj. y s.m. Se dice del año de 366 días, que resulta de añadir el día 29 al mes de febrero, cada cuatro años.

bisilábico, a ▷ bisílabo, a.

bisílabo, a adj. Que tiene dos sílabas.

bismuto s.m. Elemento químico de símbolo Bi y número atómico 83.

bisnieto, a o **biznieto, a** s. Hijo o hija del nieto o de la nieta de una persona.

bisolvón s.m. Jarabe usado para calmar la tos.

bisonte s.m. Mamífero rumiante, parecido al buey, de cuerpo grande y robusto.

bisoñé s.m. Peluca que cubre solamente la parte anterior de la cabeza.

bisoñez s.f. Cualidad de bisoño.

bisoño, a adj. y s. Se dice de la persona que no tiene experiencia o es nueva en una profesión.

bistec o **bisté** (pl. bistecs o bistés) s.m. Filete o trozo alargado de carne de vaca.

bisturí s.m. Instrumento de cirugía en forma de cuchillo pequeño.

bisutería s.f. **1** Conjunto de objetos para el adorno personal que imitan a las joyas, pero hechos con materiales de poco valor. **2** Industria que se dedica a fabricar estos objetos.

bit (pl. bits o bites) s.m. En informática y otras disciplinas, unidad mínima de información.

bitácora s.f. En un barco, armario fijo a la cubierta y cercano al timón, donde se guarda la brújula.

bíter s.m. Bebida de gusto amargo y color.
OBS Puede encontrarse la grafía inglesa **bitter**.

bitoque s.m. **1** AMÉR Cánula de la jeringa. **2** AMÉR CENTRAL Cloaca o alcantarilla. **3** ARG, MÉX, URUG Grifo.

biunívoco, a adj. En matemáticas, correspondencia única entre dos elementos.

bivalente adj. Se dice del elemento químico que actúa con doble valencia.

bivalvo, a adj. y s.m. **1** Se dice del molusco que tiene una concha dividida en dos valvas. ◆ **bivalvos** s.m.pl. **2** Grupo taxonómico, con categoría de clase, formado por estos animales.

bivitelino, a adj. Se dice del mamífero que ha sido engendrado a partir de un óvulo diferente al óvulo del que se ha originado su hermano.

bizantino, a adj. y s. **1** De Bizancio. ◆ **adj. 2** Se dice de la discusión que es demasiado sutil o insignificante, o que no conduce a nada.

bizarro, a adj. **1** Se dice de la persona que es valiente y noble en su manera de actuar. **2** Se dice de la persona que es muy generosa.

bizco, a adj. y s. **1** Que bizquea. **2** Fam. Pasmado o asombrado.

bizcocho s.m. **1** Dulce hecho con una masa de harina, huevos y azúcar que se cocina al horno. **2** Pan sin levadura y cocido dos veces para conservarlo más tiempo. **3** Objeto cocido, de loza o porcelana, sin barniz ni esmalte y con aspecto de mármol blanco.

biznieto, a s. Bisnieto.

bizquear v.intr. **1** Tener la mirada o los ojos desviados de la dirección normal por padecer estrabismo. **2** Poner la mirada o los ojos desviados de la dirección normal para simular estrabismo.

blanca s.f. **1** Nota musical cuya duración equivale a dos negras. **2** Ficha del dominó que en alguna de sus mitades no tiene marcado ningún punto. ◇ **sin blanca** ESP Sin nada de dinero.

blanco, a s.m. y adj. **1** Color como el de la nieve o el de la leche. ◆ **adj. 2** Que es de este color. **3** De color más claro que otras cosas de la misma especie. ◆ **adj. y s. 4** Se dice de la persona cuya raza se caracteriza por el color pálido de la piel. ◆ **adj. 5** Que no tiene antecedentes penales ni ha participado en ningún delito. ◆ **s.m. 6** Persona o cosa sobre la que se dispara para probar la puntería. **7** Persona o cosa a la que se dirige una acción, un deseo o un pensamiento. **8** En un escrito, hueco que queda sin llenar. ◇ **blanco de España** Carbonato de calcio utilizado como pintura para blanquear. ◇ **en blanco** Sin entender, sin recordar o sin pensar nada. — Sin dormir.

blancor s.m. Blancura.

blancura s.f. Cualidad de la cosa que es blanca.

blancuzco, a adj. Que tiene un tono blanco.

blandengue adj. y s.m. y f. **1** Se dice de la persona que tiene poca fuerza o resistencia moral o física. ◆ **adj. 2** Se dice de la cosa que es muy blanda. ◆ **s.m. 3** ARG Lancero de caballería cuya misión era cuidar las fronteras con los pueblos indios.

blandir v.tr. Mover un arma agitándola en el aire. (Solo se usa en los tiempos y personas cuya terminación contiene la vocal i: **blandía, blandiendo**, etc.)

blando, a adj. **1** Que se dobla o se deforma con facilidad. **2** Se dice del mineral que se raya con facilidad. **3** Que es demasiado benévolo. **4** Se dice de la persona que tiene poca fuerza moral o física.

blandura s.f. Cualidad de blando.

blanquear v.tr. **1** Poner blanca o más blanca una cosa. **2** Pintar de blanco edificios y paredes o aplicar una capa de cal o yeso blanco diluidos en agua. **3** Convertir en dinero legal el que se ha conseguido ilegalmente.

blanquecino, a adj. Que tiende a blanco.

blanqueo s.m. Acción de blanquear.

blanquillo s.m. y adj. Variedad de trigo.

blasfemar v.intr. Decir blasfemias.

blasfemia s.f. **1** Palabra o expresión injuriosa contra Dios, la Virgen, los santos o los objetos sagrados. **2** Palabra o expresión injuriosa.

blasfemo, a adj. y s. **1** Que dice blasfemia. ◆ adj. **2** Que contiene blasfemia.

blasón s.m. **1** Escudo de armas de un linaje, ciudad o persona. **2** Cada figura, insignia o símbolo de un escudo de armas. **3** Arte de explicar y entender los escudos de armas.

blasonar v.intr. Vanagloriarse o presumir de algo.

blastocele o **blastocelo** s.m. Cavidad de la blástula (fase del desarrollo de un embrión) rellena de líquido.

blastocisto s.m. Fase del desarrollo del embrión de los mamíferos, equivalente a la blástula.

blástula s.f. Fase del desarrollo embrionario en la que las células se presentan en forma de esfera hueca.

blazer s.m. **1** Chaqueta de sport, para hombre o mujer, semejante a una americana cruzada con cuello y solapa. **2** Chaqueta que visten los miembros de un equipo deportivo o de una escuela, adornada normalmente con un escudo.
OBS Pronunc. aprox. 'bléiser'.

bledo s.m. Planta comestible, de tallo verde o rojizo, flores rojas y hojas de color verde oscuro. ◇ **no importar, o no valer, un bledo** No importar (o no valer) nada.

blenorragia s.f. Enfermedad infecciosa de transmisión sexual que consiste en la inflamación de las vías urinarias y el aparato genital.

blindaje s.m. Conjunto de materiales que se usan para blindar.

blindar v.tr. Proteger con planchas de hierro o acero contra las balas, las explosiones o el fuego.

blitz s.m. Incursión policial por sorpresa.

bloc (pl. blocs) s.m. Conjunto de hojas de papel para escribir o dibujar, unidas por uno de sus lados y que se pueden separar con facilidad.

blocar v.tr. **1** Bloquear, impedir el movimiento de una persona o cosa. **2** En el fútbol, detener el balón el portero sujetándolo con ambas manos.

blonda s.f. Encaje de seda.

bloque s.m. **1** Masa sólida grande, generalmente trozo grande de piedra u otro material sin labrar. **2** Edificio grande de muchos pisos. **3** Conjunto de cosas homogéneas, con características comunes. **4** Agrupación de países con un fin determinado, especialmente político y económico. ◇ **en bloque** En conjunto.

bloquear v.tr. **1** Cortar el paso o impedir el movimiento por un lugar. **2** Impedir o frenar el desarrollo normal de un proceso. **3** Inmovilizar la autoridad una cantidad de dinero para que su dueño no pueda disponer de él. **4** Impedir o paralizar el funcionamiento de un aparato o mecanismo. **5** Impedir militarmente que un lugar, puerto o ejército tenga comunicación con el exterior. ◆ **bloquearse** v.prnl. **6** Quedarse una persona paralizada, perder la capacidad de pensar y de reaccionar.

bloqueo s.m. Acción y efecto de bloquear.

blues s.m. Estilo musical nacido en el sur de Estados Unidos a finales del siglo XIX como derivación de las canciones de los esclavos negros de las plantaciones.
OBS Invariable en número.
OBS Pronunc. 'blus'.

blusa s.f. Prenda exterior femenina, de tela fina, que cubre la parte superior del cuerpo y se abrocha por delante o por detrás.

boa s.f. **1** Serpiente de gran tamaño, no venenosa, que vive en América del Sur y que ahoga a su presa enrollándose en su cuerpo. ◆ s.m. **2** Prenda de vestir hecha de piel o plumas que se pone en el cuello.

boato s.m. Ostentación exterior de riqueza.

bobada s.f. **1** Dicho o hecho tonto o poco inteligente. **2** Cosa de poca importancia.

bobalicón, na adj. y s. Fam. Se dice de la persona boba, tonta o de poca inteligencia.

bobería s.f. Bobada.

bobina s.f. **1** Cilindro formado por hilo, cable, alambre o papel enrollado a un canuto de cartón, madera o metal. **2** Arrollamiento de hilo conductor que, al ser conectado a una corriente, genera un campo magnético a su alrededor. **3** Soporte cilíndrico alrededor del cual se enrolla este hilo.

bobo, a adj. y s. **1** Se dice de la persona que es tonta, poco inteligente o posee escaso entendimiento. ◆ s.m. **2** En la comedia clásica, personaje que hace reír por su poca inteligencia. **3** AMÉR CENTRAL, CUBA, MÉX, P RICO, R DOM Pez de agua dulce de hasta 70 cm de largo, piel sin escamas y carne blanca, agradable al paladar.

boca s.f. **1** Abertura inicial del tubo digestivo que comunica con el exterior, a través de la cual los animales ingieren los alimentos. **2** Entrada o salida. **3** Abertura u orificio. **4** Órgano de la palabra o del habla. **5** Persona o animal a quien se mantiene o se da de comer. **6** Conjunto de los dos labios de la cara de una persona. **7** Gusto o sabor de los vinos. **8** Tenaza en que terminan las patas delanteras de los crustáceos. **9** En ciertas herramientas, parte afilada con que se corta o aprieta. **10** Abertura que tienen la guitarra y otros instrumentos en la caja de resonancia. ◇ **abrir,** o **hacer, boca** Despertar el apetito con comida o bebida antes de la comida o al inicio de esta. ◇ **a pedir de boca** Muy bien, según se desea. ◇ **boca a boca** Sistema de respiración artificial que consiste en aplicar la boca a la de una persona accidentada a fin de insuflarle aire. ◇ **de boca en boca** o **en boca de todos** Ser cosa de la que todos hablan, ser objeto de murmuraciones. ◇ **hablar por boca de ganso** Fam. Decir lo que otra persona sugiere. ◇ **hacerse la boca agua** Sentir una persona el deseo de comer algo que ve o imagina y que le apetece mucho. ◇ **partir la boca a alguien** Fam. Pegar en la cara a una persona.

bocabajo adv. Boca abajo.

bocacalle s.f. **1** Entrada de una calle. **2** Calle secundaria que va a dar a otra.

bocadillo s.m. **1** ESP Panecillo o trozo de pan partido en dos mitades, entre las que se coloca otro alimento, generalmente frío. **2** ESP En los tebeos, espacio en forma de globo que encuadra las palabras de los personajes.

bocado s.m. **1** Mordisco. **2** Cantidad de alimento que cabe de una vez en la boca. **3** Cantidad pequeña de comida. **4** Trozo de una cosa arrancado violentamente.

bocajarro ◇ **a bocajarro** loc. **1** Desde muy cerca, referido a la acción de disparar, chutar, etc. **2** De improviso, sin preparación alguna.

bocamanga s.f. Parte de la manga que está más cerca de la mano o muñeca.

bocana s.f. Paso estrecho de mar que sirve de entrada a una bahía, puerto o fondeadero.

bocanada s.f. **1** Cantidad de aire, humo o líquido que se toma de una vez en la boca o se expulsa de ella. **2** Llegada repentina de una cantidad de aire o calor que se va rápidamente.

bocata s.m. Fam. ESP Bocadillo (panecillo).

bocazas s.m. y f. y adj. Fam. ESP Persona que habla demasiado y sin discreción.

bocel s.m. En arquitectura, moldura lisa, convexa y de forma semicircular.

bocera s.f. **1** Herida que se forma en las comisuras de los labios de una persona. **2** Mancha de comida o bebida en la parte exterior de los labios. □ Suele usarse en plural.

boceto s.m. **1** Esbozo o proyecto con los rasgos principales. **2** Obra artística que no tiene forma acabada.

boche s.m. **1** CH Alboroto. **2** CH Fiesta con mucha gente. **3** P RICO Discusión o riña. **4** VENEZ Desprecio que se hace a una persona.

bochorno s.m. **1** Calor intenso y sofocante. **2** Aire muy caliente, propio del verano. **3** Vergüenza que produce sonrojo.

bochornoso, a adj. Que causa bochorno.

bocina s.f. **1** Aparato que usaban los coches antiguos para avisar. **2** Dispositivo eléctrico de los automóviles modernos cuyo fin es el de emitir señales acústicas. **3** Instrumento con forma de cono que se usa para amplificar o reforzar un sonido emitido. **4** Instrumento musical de viento, hueco, en forma de cuerno de toro, que tiene un sonido parecido al de la trompa. **5** CUBA, GUAT, MÉX, PAN, P RICO, R DOM Aparato que transforma las modulaciones eléctricas de una corriente alterna en modulaciones perceptibles por el oído humano. **GEOSIN** altavoz, altoparlante, parlante.

bocinazo s.m. Sonido fuerte producido por una bocina.

bocio s.m. Desarrollo excesivo del tamaño de la glándula tiroides.

bocón s.m. AMÉR Trabuco.

boda s.f. **1** Ceremonia civil o religiosa en que dos personas se casan. **2** Fiesta con que se celebra esta unión. ◇ **bodas de diamante** Sesenta aniversario del día en que dos personas se casaron.

bodega s.f. **1** Lugar en el que se elabora, almacena y cría el vino. **2** Establecimiento en el que se vende y se sirve vino. **3** Establecimiento industrial para la producción de gran cantidad de vino. **4** Espacio bajo la cubierta inferior de un barco donde se lleva la carga.

bodegón s.m. Composición pictórica en la que se representa una naturaleza muerta.

bodeguero, a s. Persona que posee una bodega o que trabaja en ella.

bodoque s.m. **1** Bordado redondo y en relieve que sirve de adorno. ◆ **adj. y s.m. y f. 2** Se dice de la persona de poco entendimiento. ◆ **s.m. 3** MÉX Chichón.

bodorrio s.m. Fam. y desp. ESP Boda desigual o sin aparato ni concurrencia.

bodrio s.m. Cosa de muy mala calidad, mal hecha o de mal gusto.

body s.m. Prenda femenina que cubre todo el cuerpo menos las extremidades.
OBS Pronunc. 'bodi'.

body-art s.m. Corriente artística surgida en la década de 1960, en la que el cuerpo constituye la obra de arte o es su medio de expresión.

bóer (pl. bóers) **adj. y s.m. y f.** Se dice del colono holandés establecido en el África austral a mediados del siglo XVII.

bofe s.m. Pulmón, especialmente el de ciertos animales y que se destina para el consumo.

bofetada s.f. **1** Golpe dado con la mano abierta en la cara. **2** Desprecio que causa humillación.

bofetón s.m. Bofetada fuerte.

boga s.f. Acción de bogar o remar. ◇ **en boga** Indica que una cosa está de moda.

bogar v.intr. Remar, mover los remos en el agua.

bogavante s.m. Crustáceo marino comestible, parecido a la langosta, cuya especie de carne es muy apreciada y de gran valor comercial.

bohemia s.f. Conjunto de personas que comparten una forma de vida libre y poco organizada, sin ajustarse a las convenciones sociales.

bohemio, a adj. y s. **1** De Bohemia. ◆ adj. **2** De origen gitano. ◆ adj. y s. **3** Se dice de la persona que lleva una vida caracterizada por la bohemia. ◆ s.m. y adj. **4** Lengua checa, especialmente el dialecto checo que se habla en Bohemia.

boicot s.m. Acción dirigida contra alguien o algo, que consiste en la interrupción del desarrollo normal de un proceso o de un acto como medida de protesta o presión.

boicotear v.tr. Hacer boicot.

boina s.f. Prenda de vestir que cubre la cabeza, hecha de lana o paño, chata, redonda, de una sola pieza y sin visera.

boj s.m. **1** Arbusto de unos 4 m de altura, con hojas duras y brillantes, que tiene una madera dura y compacta. **2** Madera de este arbusto.

bojote s.m. AMÉR Bulto, paquete.

bol s.m. Recipiente semejante a una taza grande sin asa.

bola s.f. **1** Cuerpo esférico de cualquier material. **2** Fam. Mentira. **3** En algunos juegos de naipes, lance del que gana todas las bazas. **4** ARG, URUG Piedra esférica que, atada a un cordel, lanzan como arma de caza los indios. **5** VENEZ Especie de empanada de forma esférica, hecha con masa de harina de maíz. ◆ **bolas** s.f.pl. **6** Vulg. Testículos. **7** Juego de niños en el que hay que hacer rodar bolitas de cristal, pegar a una con otra y meterlas en un agujero, según ciertas reglas. ◇ **a mi, tu, etc., bola** Fam. ESP Sin preocuparse de nada más que lo propio. ◇ **correr la bola** Dar a conocer una noticia o un rumor falsos. ◇ **en bolas** Fam. Sin ropa, desnudo.

bolchevique adj. **1** Relativo al bolchevismo. ◆ adj. y s.m. y f. **2** Se dice de la persona que es partidaria de este sistema de gobierno.

bolchevismo s.m. Sistema de gobierno ruso dirigido por Lenin.

boleadoras s.f.pl. Instrumento usado en América para cazar animales, formado por dos o tres bolas de piedra unidas por los extremos de unas cuerdas o tiras de cuero.

bolera s.f. Local en el que se juega a los bolos.

1. **bolero** s.m. **1** Música, canción y danza típica española derivada de la seguidilla. **2** Música y canción de origen antillano, lenta y melódica y de tema sentimental.

2. **bolero, a** adj. y s. Fam. Que dice mentiras.

boleta s.f. **1** Billete de entrada a un lugar. **2** Documento que se entrega a los militares para indicarles dónde deben alojarse. **3** AMÉR Papel impreso que se emplea para votar, multar u otros fines administrativos. **4** AMÉR Factura o recibo de una compra. **5** MÉX Documento oficial que sirve como registro o comprobante de algo. ◇ **hacer boleta a alguien** Fam. ARG, URUG Matar a una persona. ◇ **hacer la boleta a alguien** Fam. ARG, URUG Sancionar o multar a un conductor que transgrede una regla de tráfico.

boletería s.f. AMÉR Taquilla donde se venden billetes.

boletín s.m. **1** Publicación periódica de carácter científico o cultural. **2** Publicación periódica de carácter oficial. **3** En un programa de radio o televisión, transmisión breve y concisa de noticias.

boleto s.m. **1** En una rifa o sorteo, impreso que rellena el apostante con sus pronósticos. **2** En un transporte o local, billete o entrada.

boli s.m. Fam. ESP Bolígrafo.

boliche s.m. **1** En el juego de la petanca, la bola más pequeña. **2** Adorno en forma de esfera en que rematan ciertas partes de algunos muebles. **3** P RICO Tabaco malo.

bólido s.m. **1** Automóvil para carreras deportivas. **2** Masa mineral que atraviesa la atmósfera a gran velocidad y deja una estela luminosa.

bolígrafo s.m. Instrumento para escribir que tiene en su interior un tubo de tinta y en la punta una bolita metálica. **GEOSIN** birome, pluma, pluma atómica.

bolillo s.m. Palito de forma cilíndrica que se usa para hacer encajes.

bolinero, a adj. CH Alborotador, bullicioso.

bolinga adj. Fam. ESP Borracho.

bolívar s.m. Unidad monetaria de Venezuela.

boliviano, a adj. y s. De Bolivia.

bollería s.f. **1** ESP Establecimiento donde se elaboran y venden bollos. **2** ESP Conjunto de bollos de diversas clases.

bollo s.m. **1** Dulce esponjoso, hecho con una masa de harina, leche, huevos y azúcar. **2** Fam. Abolladura. **3** Fam. Bulto que sale en la cabeza a causa de un golpe. **4** Fam. Desorden, confusión.

1. **bolo** s.m. **1** Trozo de palo labrado, de forma alargada y con base plana, que puede tenerse en pie. ◆ **bolos** s.m.pl. **2** Juego que consiste en derribar con una bola cierto número de bolos.

2. **bolo** s.m. Píldora mayor que la ordinaria.

boloñesa s.f. Salsa hecha con un sofrito de tomate y carne picada.

1. **bolsa** s.f. **1** Saco de papel, plástico u otro material flexible, con o sin asas, que se usa para llevar o guardar cosas. **2** Arruga que forma un tejido cuando queda mal ajustado. **3** Estructura orgánica en forma de saco que contiene un líquido o protege a un órgano. **4** Abultamiento de la piel debajo de los ojos. **5** Acumulación espontánea de un fluido en una cavidad. **6** Dinero, riqueza o bienes materiales de una persona. **7** ESP Beca que recibe una persona por parte de una institución u organismo para pagar los gastos que le supone cursar unos estudios. **8** MÉX Bolsa de mano de cuero, tela u otro material resistente que usan las mujeres para llevar objetos personales. **GEOSIN** bolso.

2. **bolsa** s.f. **1** Lugar donde se reúnen los que compran y venden valores de comercio públicos y privados. **2** Actividad de comprar y vender valores de comercio. ◇ **bolsa de trabajo** Sección donde se publican anuncios de demanda y oferta de trabajo.

bolsear v.tr. AMÉR CENTRAL, MÉX Robar algo del bolsillo de alguien.

bolsillo s.m. **1** Pieza que se cose en las prendas de vestir y que sirve para meter pequeñas cosas. **2** Cantidad de dinero que tiene una persona. ◇ **de bolsillo** Pequeño y manejable, adecuado para ser llevado en el bolsillo.

bolsiquear v.tr. AMÉR SUR Bolsear.

bolsista s.m. y f. Persona que se dedica a la compra y venta de valores de comercio.

bolso s.m. AMÉR SUR, ESP Bolsa de mano de cuero, tela u otro material resistente que usan las mujeres para llevar objetos personales. **GEOSIN** bolsa.

bolsón s.m. **1** Tablón que cubre el suelo de los molinos de aceite. **2** AMÉR CENTRAL Bolsa con correa que los estudiantes utilizan para llevar libros y cuadernos. **3** ARG, PERÚ Cartera de mano de las mujeres. **4** BOL Bloque de mineral puro que se encuentra en una veta.

1. **bomba** s.f. **1** Artefacto explosivo provisto de un mecanismo que lo hace estallar en determinadas condiciones provocando muchos daños. **2** Noticia inesperada y sorprendente. □ También noticia bomba. **3** Masa de lava arrojada por un volcán que adopta una forma redondeada o de pera. **4** AMÉR Borrachera. ◆ adv. **5** Muy bien, de forma extraordinaria.

2. **bomba** s.f. Aparato con un motor que se utiliza para extraer, elevar o impulsar líquidos y gases de un lugar a otro.

bombacha s.f. AMÉR SUR Prenda interior femenina, de tejido suave, que cubre desde la cintura hasta la ingle. **GEOSIN** braga, calzón, calzonarias, pantaleta.

bombacho adj. y s.m. Se dice del pantalón que es ancho y se ajusta por debajo de la rodilla. **OBS** Suele usarse en plural con valor singular.

bombarda s.f. **1** Antigua máquina militar consistente en un cañón de gran calibre que lanzaba proyectiles de piedra. **2** Antiguo instrumento de viento parecido al clarinete.

bombardear v.tr. **1** Arrojar bombas desde una aeronave. **2** Hacer fuego violento y sostenido de artillería contra un objetivo enemigo. **3** Presionar a alguien, haciéndole muchas preguntas y acusaciones de manera insistente. **4** Someter un cuerpo a la acción de ciertas radiaciones.

bombardeo s.m. Acción de bombardear.

bombardero, a s.m. **1** Avión militar de gran tamaño que se emplea para lanzar bombas. ◆ adj. **2** Que bombardea.

bombardino s.m. Instrumento musical de viento, de metal, con pistones y tubo encorvado, y de sonido grave.

bombardón s.m. Instrumento de viento parecido al bombardino, pero de sonido más grave.

bombear v.tr. **1** Impulsar un fluido por medio de una bomba. **2** Dar forma redondeada y convexa a una cosa.

bombeo s.m. **1** Convexidad o curvatura de una cosa. **2** Acción de bombear.

bombero, a s. **1** Persona especializada en la extinción de incendios y en prestar ayuda en casos de siniestro. **2** Persona que tiene por oficio manejar una bomba hidráulica. ◆ adj. y s. **3** AMÉR SUR Se dice del juez árbitro que favorece abiertamente a uno de los dos bandos que compiten deportivamente, en detrimento del otro.

bombilla s.f. **1** Globo de vidrio en forma de pera en el que se ha hecho el vacío y hay un filamento metálico que se pone incandescente al paso de la corriente eléctrica y sirve para dar luz. **GEOSIN** bombillo, foco. **2** AMÉR Tubo delgado para tomar refrescos.

bombillo s.m. **1** Aparato con sifón usado en desagües, retretes, etc. **2** AMÉR CENTRAL, COL, CUBA, P RICO, R DOM, VENEZ Bombilla eléctrica. **GEOSIN** foco.

bombín s.m. **1** Sombrero de ala estrecha y copa baja, rígida y redondeada. **2** Bomba pequeña, para llenar de aire los neumáticos de una bicicleta. **3** Mecanismo que mueve los cierres de una cerradura al introducir la llave.

bombo s.m. **1** Tambor de gran tamaño y sonido grave, que se toca con un mazo grande. **2** Persona que toca este instrumento. **3** Caja redonda y giratoria que contiene las bolas o papeletas de un sorteo. **4** Fam. Alabanza exagerada.

bombón s.m. **1** Dulce de pequeño tamaño hecho con chocolate y que puede estar relleno. **2** Fam. Persona muy atractiva físicamente.

bombona s.f. **1** Recipiente metálico que se usa para contener gases a presión y líquidos muy volátiles. **2** Garrafa.

bombonera s.f. Caja u objeto decorativo para guardar bombones.

bonachón, na adj. y s. Se dice de la persona de carácter tranquilo y amable.

bonaerense adj. y s.m. y f. De Buenos Aires.

bonanza s.f. **1** Serenidad y tranquilidad, especialmente del tiempo o del mar. **2** Tiempo sereno y tranquilo en el mar. **3** Prosperidad o buena situación.

bondad s.f. **1** Inclinación natural a hacer el bien. **2** Dulzura, afabilidad, suavidad de carácter. **3** Calidad de bueno. ◇ **tener la bondad de + infinitivo** Fórmula oracional que se utiliza para hacer una petición cortés.

bondadoso, a adj. Que tiene bondad.

bonete s.m. Gorro pequeño y bajo, de cuatro picos, que usan los eclesiásticos y seminaristas.

bongo o **bongó** (pl. bongos, bongós o bongoes) s.m. **1** Instrumento musical de percusión, parecido a un tambor pequeño, que se toca con los dedos y es de origen caribeño. ◆ **bongos** o **bongós** o **bongoes** s.m.pl. **2** Instrumento musical de percusión formado por dos tambores pequeños unidos lateralmente.

boniato s.m. **1** Planta de flores grandes, rojas por dentro y blancas por fuera, y tubérculos comestibles. **2** Tubérculo de esta planta, de forma alargada y de color marrón por fuera y amarillento por dentro, de sabor dulce y comestible.

bonificación s.f. Cantidad de dinero que se añade al sueldo o que se descuenta de un precio.

bonificar v.tr. Conceder una bonificación.

bonísimo, a adj. Formal. Superlativo de bueno.

bonito, a adj. **1** Se dice de la persona o cosa que tiene un conjunto de características que lo hacen estética o artísticamente agradable de ver u oír. **2** Agradable y enternecedor. ◆ s.m. **3** Pez marino comestible, de poco menos de 1 m de largo y color azul plateado, con rayas oblicuas.

bono s.m. **1** Papel que se puede canjear por dinero o por otro tipo de artículos, productos o servicios. **2** Tarjeta que da derecho a usar un servicio durante cierto tiempo o un determinado número de veces. **3** Título de deuda emitido por el Estado u otra corporación pública.

bonobús s.m. Billete de abono que da derecho a realizar varios viajes en autobús.

bonometro s.m. Abono que da derecho a viajar un número de veces en el metro.

bonotrén s.m. ESP Abono que da derecho a viajar en un tren o ferrocarril.

bonsái (pl. bonsáis) s.m. Árbol enano que se cultiva en macetas pequeñas y al que se cortan brotes y raíces para que no crezca.

bonzo s.m. Sacerdote o monje budista. ◇ **quemarse a lo bonzo** Prenderse fuego una persona viva.

boñiga s.f. Excremento de vacuno o de caballerías.

book (pl. books) s.m. Álbum de fotografías que reflejan la trayectoria profesional de un artista, modelo, etc.
OBS Pronunc. 'buc'.

boom s.m. Éxito, popularidad o prosperidad inesperados y repentinos.
OBS Pronunc. 'bum'.

boomerang o **bumerán** (pl. boomerangs o bumeranes) s.m. Objeto de madera, de forma plana y curva, que al lanzarse con la mano produciendo un movimiento giratorio, vuelve al punto de partida.
OBS Pronunc. aprox. 'bumerán'.

boquear v.intr. Abrir la boca una persona o un animal, especialmente cuando está a punto de expirar o morir.

boquera s.f. Herida que se forma en las comisuras de los labios de una persona.

boquerón s.m. Pez marino comestible, de pequeño tamaño y cuerpo alargado de color azul por encima y plateado por el vientre.

boquete s.m. Agujero o abertura, generalmente de gran tamaño.

boquiabierto, a adj. Se dice de la persona que tiene la boca abierta por admiración.

boquilla s.f. **1** Tubo pequeño, generalmente provisto de un filtro, en uno de cuyos extremos se pone el puro o cigarrillo para fumarlo. **2** Parte de un cigarrillo que no se fuma y por donde se aspira el humo. **3** Pieza pequeña y hueca que se adapta al tubo de varios instrumentos musicales de viento y que sirve para producir el sonido al soplar por ella. **4** Parte de la pipa que se introduce en la boca. **5** Extremo por el que se enciende el cigarro puro. **6** Orificio de salida de un recipiente.

boquillero, a adj. y s. CUBA, P RICO Charlatán.

bórax s.m. Mineral compuesto de ácido bórico, sosa y agua.

borbónico, a adj. **1** Relativo a los Borbones. ◆ adj. y s. **2** Partidario de esta dinastía.

borbotar v.intr. Hacer ruido el agua u otro líquido cuando hierve o brota.

borboteo s.m. Ruido del agua al borbotar.

borbotón s.m. Erupción de agua u otro líquido que surge de abajo hacia arriba o de dentro hacia fuera formando burbujas.

borceguí (pl. borceguíes o borceguís) s.m. Calzado antiguo que llega hasta más arriba del tobillo, abierto por delante y que se ajusta por medio de cordones.

borda s.f. Borde superior del costado de un barco.

bordado, a s.m. **1** Labor de adorno hecha en relieve en una tela, con aguja e hilo. **2** Figura en relieve cosida con hilos de colores. ◆ adj. **3** Perfecto, bien acabado. ◇ **bordado de realce** Bordado que tiene un acusado relieve.

bordadura s.f. Bordado (labor de costura).

bordar v.tr. **1** Realizar bordados. **2** ESP Hacer una cosa muy bien, con perfección.

1. **borde** s.m. **1** Línea que limita la parte exterior o más alejada del centro de una cosa. **2** Contorno alrededor de la boca de una vasija. ◇ **al borde de** Muy cerca, a punto de suceder.

2. **borde** adj. **1** Se dice de la planta no injertada ni cultivada. ◆ **adj. y s.m. y f. 2** Fam. ESP Desp. Se dice de la persona que tiene mal carácter.

bordear v.tr. **1** Andar o pasar por el borde o cerca del borde u orilla de una cosa. **2** Rodear un lugar. **3** Hallarse un conjunto de cosas en el borde u orilla de otra.

bordillo s.m. COL, ESP, MÉX, VENEZ Línea de piedra que se coloca al borde de una acera o andén.

bordo s.m. **1** Lado o costado exterior de una embarcación. **2** MÉX Vallado de césped y estacas para formar un embalse temporal. ◇ **a bordo** Dentro de una embarcación o aeronave.

bordón s.m. **1** Bastón con el mango adornado y más alto que una persona. **2** Persona que guía y sostiene a otra. **3** Formal. Verso quebrado que se repite al final de cada copla. **4** Cuerda gruesa de ciertos instrumentos musicales, que da los sonidos bajos. **5** COL, PAN Benjamín, hijo menor de una familia.

boreal adj. Relativo al Norte, especialmente al polo y al hemisferio.

borgiano, a adj. Relativo a Jorge Luis Borges.

borla s.f. **1** Conjunto de hebras o pequeños cordones reunidos formando una bola u otra figura que se cose a la tela y se emplea como adorno en sombreros, cortinas o muebles. **2** Bola hecha de algodón u otro material suave, que sirve para aplicar polvos cosméticos en la cara. **3** Distintivo del birrete de los graduados universitarios.

borne s.m. Pieza metálica en forma de botón que sirve para comunicar un aparato eléctrico o una máquina con un hilo conductor.

boro s.m. Elemento químico de símbolo B y número atómico 5.

borona s.f. **1** Pan de maíz. **2** AMÉR Migaja de pan.

borra s.f. **1** Lana de poco valor, empleada para rellenar cojines, balones, etc. **2** Pelusa sucia que se forma debajo de los muebles, en los bolsillos, los pliegues de la ropa, etc., cuando no se limpian con frecuencia.

borrachera s.f. Trastorno temporal de las capacidades físicas y mentales a causa del consumo excesivo de alcohol.

borracho, a adj. y s. **1** Que tiene trastornadas temporalmente las capacidades físicas y mentales a causa de un consumo excesivo de alcohol. **2** Que se emborracha habitualmente. ◆ **adj. 3** Que está dominado por un sentimiento muy fuerte. **4** Se dice del pastel que está mojado en vino, licor o almíbar.

borrador s.m. **1** Utensilio que sirve para borrar lo escrito en una pizarra. **2** Primera redacción de un escrito. **3** En comercio, libro de cuentas o apuntes provisionales. **4** Goma de borrar.

borraja s.f. Planta de hojas y tallos ásperos, comestible.

borrar v.tr. e intr. **1** Hacer desaparecer lo dibujado o escrito o la marca dejada en una superficie. ◆ **borrarse** v.prnl. **2** Desaparecer lo dibujado o escrito o la marca dejada en una superficie.

borrasca s.f. **1** Zona de baja presión atmosférica, que se caracteriza por vientos fuertes y lluvias abundantes. **2** Tormenta que se caracteriza por la violencia del viento.

borrascoso, a adj. **1** Que causa o puede causar borrascas. **2** Agitado, violento.

borrego, a s. **1** Cordero de entre uno y dos años. ◆ **adj. y s. 2** Desp. Se dice de la persona cándida, que se somete a la voluntad de otra sin rebelarse ni protestar. ◆ **s.m. 3** AMÉR CENTRAL, CUBA, MÉX Noticia que se considera falsa y tendenciosa. ◆ **s. 4** C RICA Gorrino, cerdo pequeño y bien alimentado.

borrico, a s. **1** Mamífero cuadrúpedo doméstico más pequeño que el caballo, con grandes orejas, cola larga y pelo áspero y grisáceo. ◆ **adj. y s. 2** Fam. Se dice de la persona que es torpe o poco inteligente. ◆ **s.m. 3** Borriqueta.

borrón s.m. **1** Mancha de tinta en el papel. **2** Hecho deshonroso. **3** Dibujo en el que se trazan las líneas generales y la composición que tendrá una pintura. ◇ **borrón y cuenta nueva** Expresión que indica que se olvida o perdona un error o una falta.

borronear v.tr. Llenar un papel de borrones.

borroso, a adj. Impreciso.

boscaje s.m. Bosque pequeño.

boscoso, a adj. Con bosque espeso.

bosnio, a adj. y s. De Bosnia-Herzegovina.

bosque s.m. Ecosistema terrestre en el que abundan los árboles.

bosquejar v.tr. Hacer un bosquejo.

bosquejo s.m. **1** Primer diseño de una obra de arte o proyecto, hecho de manera provisional, con los elementos esenciales y sin detalles. **2** Exposición de una idea en líneas generales.

bosquimán, na o **bosquimano, a** adj. y s. De un grupo étnico del sudeste de África.

bossa nova s.f. Estilo musical brasileño creado en la década de 1950 a partir de la samba.

bostezar v.intr. Hacer un bostezo.

bostezo s.m. Movimiento involuntario que consiste en abrir la boca e inspirar y espirar lenta y profundamente, causado por el sueño, el cansancio, el hambre o el aburrimiento.

1. **bota** s.f. **1** Calzado que cubre el pie y parte de la pierna. **2** Calzado deportivo que cubre el pie hasta el tobillo. **3** AMÉR Bolsa u odre impermeable que se usa para sacar, con ayuda de un torno, agua o mineral de las minas. **4** COL, P RICO, R DOM Vaina de cuero con que se cubren los espolones de los gallos de pelea cuando los encierran. ◇ **ponerse las botas** ESP Sacar provecho de algo. □ ESP Disfrutar de un placer, especialmente de comer.

2. **bota** s.f. **1** Recipiente para beber vino hecho de cuero, en forma de pera y con una boca muy estrecha por donde sale el líquido en forma de chorro muy fino. **2** Cuba de vino.

botada s.f. AMÉR Acción de botar (echar o expulsar a una persona de un lugar).

botadero s.m. CH, COL, PERÚ Basurero (lugar). **GEOSIN** basural, vertedero.

botado, a adj. y s. **1** AMÉR Se dice del niño que ha sido abandonado y criado en un orfanato. **2** Fam. AMÉR Se dice del objeto que se vende a bajo precio por el escaso valor que tiene. **3** Fam. CH Se dice de la persona que queda tirada en el suelo por el efecto de algún producto que ha consumido o por el abandono propio o ajeno.

botador, ra s.m. **1** Herramienta de hierro para arrancar clavos o meter sus cabezas. ◆ adj. **2** AMÉR Que malgasta el dinero.

botadura s.f. Acción de echar una embarcación al agua, especialmente si es la primera vez.

botafumeiro s.m. Incensario grande consistente en un brasero con cadenas y tapa.

botánica s.f. Ciencia que estudia los vegetales.

botánico, a adj. **1** Relativo a la botánica. ◆ s. **2** Persona que se dedica a la botánica.

botar v.tr. **1** Hacer que un cuerpo elástico dé botes o saltos al lanzarlo contra una superficie dura. **2** Hacer una botadura. **3** Fam. Echar o expulsar a una persona de un lugar. ◆ v.intr. **4** Cambiar de dirección un cuerpo elástico al chocar contra una superficie dura. **5** Dar saltos o botes.

botarate s.m. **1** Fam. Persona que tiene poco juicio y actúa de manera alocada o insensata. **2** AMÉR Derrochador.

botavara s.f. Palo horizontal que, junto con el mástil, sirve para sujetar una vela.

1. **bote** s.m. **1** Movimiento hacia arriba que da una pelota o cualquier cuerpo elástico al chocar contra una superficie dura. **2** Salto o brinco. ◇ **a bote pronto** Sin tiempo para reflexionar.

2. **bote** s.m. **1** Recipiente con tapa, cilíndrico, generalmente de cristal, cerámica o lata, que sirve para guardar y conservar alimentos o bebidas. **2** ESP Categoría de un sorteo que no ha tenido acertantes y cuyo premio se acumula para el siguiente. ◇ **tener en el bote a alguien** Fam. Haber conquistado la confianza de alguien.

3. **bote** s.m. Barca pequeña sin cubierta.

4. **bote** s.m. ◇ **estar de bote en bote** Fam. Estar un lugar completamente lleno de gente.

botella s.f. **1** Recipiente alto y cilíndrico, generalmente de cristal o plástico y de cuello estrecho, que sirve para contener líquidos. **2** AMÉR Sinecura, empleo o cargo de poco trabajo y notable retribución.

botellazo s.m. Golpe dado con una botella.

botellín s.m. Botella pequeña.

botellón s.m. **1** AMÉR Damajuana. **2** ESP Práctica de reunirse en la calle para tomar alcohol.

botica s.f. Establecimiento donde se hacen y venden medicinas, en especial antiguamente. ◇ **haber de todo, como en botica** Fam. Haber gran cantidad de cosas diversas.

boticario, a s. Farmacéutico de una botica.

botija s.f. Vasija de barro redonda y de cuello corto y estrecho, que sirve para contener agua.

botijo s.m. Vasija de barro poroso, panzuda y con un asa en la parte superior, con una boca para llenarla y un pitorro para beber.

botillería s.f. **1** Establecimiento donde se hacían y vendían bebidas heladas y refrescos. **2** CH Tienda de vinos y licores embotellados.

1. **botín** s.m. Calzado que cubre el pie y llega hasta el tobillo, generalmente de cuero.

2. **botín** s.m. **1** Conjunto de pertenencias que se toma del ejército vencido. **2** Conjunto de bienes robados.

botiquín s.m. Armario pequeño, caja o maleta con medicamentos y utensilios quirúrgicos para primeros auxilios.

botón s.m. **1** Pieza pequeña, generalmente redonda, que sirve para abrochar una prenda de vestir pasándola por el ojal y a veces, simplemente como adorno de esta. **2** Pieza pequeña que se oprime en ciertos aparatos eléctricos para hacerlos funcionar. **3** Yema, brote o renuevo de una planta. **4** Parte central de las flores de la familia de las compuestas. **5** MÉX Yunta de animales de tiro o de labranza, que se lleva, dispuesta de antemano, para refuerzo o reemplazo de otra u otras. ◇ **al divino botón** ARG, BOL, CH, URUG Se usa cuando se hace algo sin tener una base cierta, sin fundamento, en vano, inútilmente. ◇ **botón de muestra** Ejemplo.

botonadura s.f. **1** Conjunto de botones de una prenda de vestir. **2** Parte de una prenda de vestir donde van colocados los botones y ojales.

botones s.m. Mozo uniformado que se dedica a hacer recados en algunos establecimientos.

botulismo s.m. Intoxicación producida por la ingestión de embutidos o conservas en mal estado.

bourbon s.m. Variedad de whisky estadounidense.

OBS Pronunc. 'burbon'.

boutique (pl. boutiques) s.f. Tienda especializada en artículos de moda, especialmente prendas de vestir.
OBS Pronunc. aprox. 'butic'.

bóveda s.f. Cubierta de forma curva que cierra el espacio comprendido entre dos muros o varios pilares. ◇ **bóveda celeste** Parte del espacio sobre la Tierra en el que están las nubes y donde se ven el Sol, la Luna y las estrellas. ◇ **bóveda craneal** Parte superior e interna del cráneo.

bóvido, a adj. y s.m. **1** Se dice del animal mamífero rumiante, con cuernos óseos persistentes, no ramificados, envueltos en una vaina córnea, como el toro o la cabra. ◆ **bóvidos** s.m.pl. **2** Grupo taxonómico, con categoría de familia, constituido por estos animales.

bovino, a adj. **1** Relativo al toro o la vaca. ◆ adj. y s.m. **2** Se dice de una subfamilia de los bóvidos que comprende el toro, la vaca, el buey, etc. ◆ **bovinos** s.m.pl. **3** Grupo taxonómico constituido por estos animales.

box (pl. boxes) s.m. En automovilismo y motociclismo, zona del circuito donde se instalan los servicios mecánicos de los participantes.

boxeador, ra s. Persona que se dedica al deporte del boxeo.

boxear v.intr. Practicar el boxeo.

boxeo s.m. Deporte de combate en el que los dos adversarios se enfrentan a puñetazos.

bóxer (pl. bóxers) s.m. y f. y adj. **1** Perro parecido al dogo alemán y al bulldog. ◆ s.m. **2** ESP Modelo de calzoncillo o bañador masculino que es parecido a los pantalones de boxeador.
OBS Puede encontrarse la grafía inglesa **boxer**.

boy (pl. boys) s.m. ESP Hombre joven que se dedica al espectáculo del striptease en un local.

boy scout (pl. boy scouts) s.m. y f. Persona asociada al movimiento juvenil internacional del escultismo.
OBS Pronunc. aprox. 'boy-escaut'.

boya s.f. **1** Cuerpo flotante que se sujeta al fondo del mar, de un lago o de un río, que sirve de señal. **2** Corcho que se pone en una red de pescar para que no se hunda.

boyante adj. **1** Que se encuentra en un momento favorable y próspero. **2** Se dice de la embarcación que no se hunde en el agua por no llevar casi carga.

boyero, a s. **1** Persona que cuida o conduce bueyes. ◆ s.m. **2** ARG, BOL, URUG Ave de pequeño tamaño, con el pico cónico bastante largo, que sigue al ganado vacuno y equino.

bozal s.m. **1** Aparato que se pone en la boca de ciertos animales para que no muerdan. **2** Esportilla que se pone en la boca de las caballerías y otras bestias de labor para que no estropeen los sembrados.

bozo s.m. Vello muy fino que sale a los jóvenes sobre el labio superior antes del bigote.

bracear v.intr. **1** Mover repetidamente los brazos. **2** Mover los brazos para avanzar en el agua al nadar.

braceo s.m. Acción de bracear.

bracero s.m. Persona que trabaja en el campo.

bráctea s.f. Hoja que nace del pedúnculo de una flor o de la rama de una inflorescencia y que se diferencia de las hojas propiamente dichas por su tamaño, color y forma.

braga s.f. **1** ESP Prenda interior femenina, de tejido suave, que cubre desde la cintura hasta la ingle, con dos aberturas por donde pasan las piernas. **GEOSIN** bombacha, calzón, calzonarias, pantaleta. □ Suele usarse en plural con valor singular. **2** ESP Prenda inferior de un traje de baño femenino de dos piezas. **3** ESP Prenda de vestir que consiste en una tira ancha, corta y cosida por sus extremos, que se pasa por la cabeza y se pone alrededor del cuello. ◇ **en bragas** Fam. ESP Sin dinero o sin los medios necesarios para afrontar una situación.

bragado, a adj. Se dice del animal que tiene la zona de la entrepierna de diferente color que el resto del cuerpo.

braguero s.m. **1** Aparato ortopédico que sirve para contener las hernias. **2** ARG, BOL, CH, PERÚ Calzón elástico que usan los deportistas para proteger los genitales. **3** MÉX Cuerda que se coloca bordeando el cuerpo de un toro, para que pueda ser montado a pelo.

bragueta s.f. Abertura que hay en la parte alta y delantera de un pantalón.

brahmanismo s.m. Religión de la India que tiene como dios supremo a Brahma.

braille s.m. **1** Sistema de escritura y lectura para ciegos que utiliza puntos en relieve. **2** Alfabeto que usa este sistema. □ También alfabeto Braille.

bramadero s.m. **1** Lugar al que acuden los ciervos y otros animales en celo. **2** AMÉR Poste al cual se amarra a los animales para herrarlos, domesticarlos o matarlos.

bramante s.m. Cordel de cáñamo, fino y resistente, usado sobre todo para liar paquetes.

bramar v.intr. Dar bramidos.

bramido s.m. **1** Voz característica de ciertos animales salvajes, como el toro y el ciervo. **2** Grito fuerte, con el que manifiesta su ira una persona o animal. **3** Ruido fuerte que produce el aire o el agua.

brandada s.f. ESP Plato que se prepara con bacalao desmenuzado muy fino.

brandy (pl. brandys o brandies) s.m. Bebida alcohólica de alta graduación obtenida por destilación del vino y envejecida en toneles.

branquia s.f. Órgano respiratorio de los peces y otros animales acuáticos.

branquial adj. Relativo a las branquias.

braña s.f. ESP Prado de pastos con agua situado en la ladera de una montaña.

braquial adj. Relativo al brazo.

brasa s.f. Trozo de carbón o de leña que arde y se quema sin hacer llama.

brasero s.m. Recipiente de metal, poco profundo y generalmente redondo, en el que se depositan brasas, que se pone normalmente debajo de una mesa camilla y sirve para calentarse cuando hace frío.

brasier s.m. AMÉR CENTRAL, COL, MÉX, VENEZ Sostén (prenda interior femenina). **GEOSIN** ajustador, sujetador.

brasileñismo s.m. Palabra o modo de expresión propio del portugués hablado en Brasil.

brasileño, a adj. y s. **1** De Brasil (país de América del Sur). ◆ **s.m. y adj. 2** Variedad del portugués hablada en Brasil.

bravata s.f. Amenaza pronunciada con arrogancia para atemorizar a alguien.

braveza s.f. **1** Valentía o determinación para afrontar situaciones complicadas. **2** Agresividad natural de ciertos animales.

bravío, a adj. **1** Se dice del animal que es salvaje y feroz y no está domesticado. **2** Se dice de la planta silvestre, que no está cultivada y se cría naturalmente en los campos. **3** Se dice del mar cuando está embravecido y agitado.

bravo, a adj. **1** Se dice del animal que es agresivo y violento. **2** Muy valiente. **3** Se dice del mar cuando está embravecido y agitado. **4** Se dice de la zona o terreno áspero, escabroso e irregular. ◆ **interj. 5** Expresión que indica alegría, aprobación o aplauso.

bravucón, na adj. y s. Desp. Se dice de la persona que dice bravatas y amenaza con pelea.

bravuconada s.f. Acción o dicho propio de un bravucón.

bravura s.f. **1** Valentía o determinación. **2** Agresividad natural de ciertos animales.

braza s.f. **1** Medida de longitud que usan los marineros para medir la profundidad y que equivale a 1,6718 m. **2** Estilo de natación en que los brazos y las piernas se encogen y se estiran simultáneamente.

brazada s.f. **1** Movimiento de los brazos que se hace cuando se nada, que consiste en extenderlos y recogerlos. **2** Cantidad de una cosa que se puede abarcar con los brazos. **3** AMÉR Braza (medida de longitud).

brazal s.m. Tira de tela que ciñe el brazo por encima del codo y que sirve de distintivo.

brazalete s.m. **1** Aro que se lleva como adorno por encima de la muñeca. **2** Brazal.

brazo s.m. **1** Miembro del cuerpo humano que une el hombro con la mano, incluyendo o no a esta. **2** Parte del brazo que va desde el hombro hasta el codo. **3** En cierto tipo de asientos, soporte lateral que sirve para apoyar ese miembro del cuerpo. **4** Pata delantera en los cuadrúpedos. **5** Rama de árbol. **6** En una balanza, cada una de las dos mitades de la barra horizontal. **7** Parte de una palanca a uno y otro lado del punto de apoyo. **8** Cada uno de los lados de la barra horizontal de una cruz. ◇ **a brazo partido** Con gran empeño, esfuerzo y energía. ◇ **brazo de gitano** Pieza de repostería hecha con una capa de bizcocho que se rellena de crema, nata o dulce de frutas. ◇ **brazo de la nobleza** Estado o cuerpo de los nobles que representaba a su estamento en las Cortes del Reino. ◇ **brazo de mar** Canal ancho y largo del mar que penetra tierra adentro. ◇ **brazo derecho** Persona que hace por otra trabajos de mucha importancia y que es de su plena confianza. ◇ **con los brazos abiertos** Con afecto y cordialidad o con la mejor voluntad y disposición. ◇ **dar alguien su brazo a torcer** Rendirse o ceder.

brazuelo s.m. Parte de la pata delantera de los animales cuadrúpedos que va desde el codo hasta la rodilla.

brea s.f. **1** Compuesto viscoso y oscuro utilizado para asfaltar, calafatear o impermeabilizar superficies. **2** Sustancia viscosa de la destilación de la hulla o del petróleo. **3** ARG, CH Arbusto que produce una resina utilizada como brea. **4** CUBA, GUAT, MÉX Desp. Dinero, especialmente si se duda de su honrada procedencia.

break o **break-dance** s.m. Estilo de baile urbano consistente en movimientos bruscos, poses y piruetas sobre el suelo.
OBS Pronunc aprox 'breic' o 'breic dens'.

brebaje s.m. Desp. Bebida desagradable.

breca s.f. Pez marino comestible de unos 20 cm de longitud, cabeza y ojos grandes, lomo rojizo y vientre plateado.

brecha s.f. **1** Abertura o grieta. **2** Herida, especialmente en la cabeza.

brécol s.m. CUBA, ESP Bróculi.

brega s.f. **1** Briega. **2** Conjunto de acciones y faenas que se llevan a cabo en una plaza de toros desde que sale el toro al ruedo hasta que muere, siguiendo las artes del toreo.

bregar v.intr. **1** Trabajar con entrega, esfuerzo e interés. **2** Luchar contra las dificultades.

breña s.f. Tierra escabrosa y poblada de maleza.

brete s.m. Dificultad, situación comprometida.

bretón, na adj. y s. **1** De Bretaña. ◆ **s.m. y adj. 2** Lengua céltica que se habla en Bretaña.

breva s.f. Primer fruto de la higuera, mayor que el segundo, el higo. ◇ **no caerá esa breva** ESP Expresión que denota la dificultad de alcanzar algo muy deseado.

breve adj. **1** Que tiene poca longitud o duración. ◆ **s.m. 2** Documento pontificio. ◇ **en breve** Muy pronto.

brevedad s.f. Corta extensión de una cosa o duración de un período. ◇ **a la mayor brevedad** Lo más pronto posible.

breviario s.m. Libro que contiene las oraciones eclesiásticas de todo el año.

brezo s.m. Arbusto pequeño de tallos ramosos, hojas estrechas y flores pequeñas, moradas, blancas o rojas, de madera muy dura.

bribón, na adj. y s. Se dice de la persona que es despreciable porque actúa con maldad.

bricolaje s.m. Conjunto de trabajos manuales y pequeñas reparaciones de ocio.

brida s.f. **1** Freno del caballo, con riendas y correaje para sujetarlo a la cabeza del animal. **2** Reborde de un tubo, en forma de arandela plana, que sirve para ajustar o empalmar otro tubo.

bridge s.m. Juego de cartas que se practica con la baraja francesa.
OBS Pronunc. aprox. 'brich'.

brie s.m. Queso de vaca de pasta blanda y cremosa de color amarillo dorado.
OBS Pronunc. 'bri'.

briega s.f. Acción de bregar.

brigada s.f. **1** Reunión de varios regimientos. **2** Conjunto organizado de personas que realizan un trabajo o llevan a cabo una actividad. ◆ s.m. y f. **3** Militar del cuerpo de suboficiales que tiene categoría inmediatamente superior a la de sargento primero. ◇ **brigada mixta** Unidad militar equivalente en efectivo a las brigadas de una sola arma, pero formada por fuerzas de distintas armas.

brigadier s.m. Antiguo grado militar que corresponde al actual de general de brigada, en el ejército, y al de contraalmirante, en la marina.

brigadista adj. Se dice de la persona que pertenece a una brigada militar.

brik (pl. briks) s.m. Envase de cartón opaco impermeabilizado con aluminio que se usa para envasar líquidos.

brillante adj. **1** Que brilla. **2** Que destaca o sobresale por su talento o belleza. ◆ s.m. **3** Diamante tallado por las dos caras.

brillantez s.f. **1** Luz que refleja o emite un cuerpo. **2** Lucimiento o ventaja de una persona sobre otras a causa de su talento o hermosura.

brillantina s.f. Cosmético que sirve para dar brillo al cabello.

brillar v.intr. **1** Emitir luz propia o reflejada. **2** Destacar o sobresalir una persona por su talento o hermosura.

brillo s.m. **1** Lustre o resplandor. **2** Lucimiento o gloria.

brilloso, a adj. AMÉR Brillante, reluciente.

brincar v.intr. Dar brincos.

brinco s.m. **1** Salto dado con ligereza. **2** Salto repentino con el que alguien se impulsa hacia arriba separando los pies del suelo.

brindar v.intr. **1** Manifestar, al ir a beber, el bien que se desea a personas o cosas. ◆ v.tr. **2** Ofrecer o mostrar una cosa a alguien. **3** Dedicar el torero a una o más personas la faena que va a realizar. ◆ **brindarse** v.prnl. **4** Ofrecerse a hacer algo libremente y de buena voluntad.

brindis s.m. Acción de brindar al beber.

brío s.m. Fuerza, ánimo o energía con la que se ejecuta una acción.

brioche s.m. Bollo esponjoso de forma redondeada.
OBS Pronunc. aprox. 'briosh'.

briofito, a o **briófito, a** adj. y s.f. **1** Se dice del organismo vegetal que, a diferencia de las plantas vasculares, carece de un verdadero sistema conductor y presenta una estructura intermedia entre el talo de las algas y los tejidos de las plantas superiores. ◆ **briofitas** o **briófitas** s.f.pl. **2** Grupo taxonómico, con categoría de filo o división, constituido por estas plantas.

brisa s.f. Viento suave, fresco y agradable.

brisca s.f. Juego de naipes en el que se dan tres cartas a cada jugador y se descubre otra que indica el palo de triunfo.

británico, a adj. y s. **1** De Gran Bretaña. **2** Del Reino Unido.

britano, a adj. y s. **1** De Britania. ◆ adj. **2** Formal. Británico.

brizna s.f. **1** Filamento o parte muy delgada de una cosa, especialmente de una planta. **2** Cantidad pequeña de una cosa.

broca s.f. **1** Herramienta de acero templado, con filos cortantes de forma helicoidal, que se inserta a una taladradora eléctrica para hacer agujeros. **2** Clavo usado por los zapateros para sujetar la suela a la horma. **3** Carrete de hilo dentro de la lanzadera.

brocado, a adj. **1** Se dice del tejido que tiene dibujos que parecen bordados. ◆ s.m. **2** Tejido fuerte de seda con dibujos que parecen bordados, de distinto color que el del fondo.

brocal s.m. Borde de piedra o ladrillo que se coloca alrededor de la boca de un pozo.

brocearse v.prnl. **1** AMÉR SUR Agotarse una mina. **2** AMÉR SUR Estropearse un negocio.

brocha s.f. Instrumento formado por un conjunto de cerdas sujetas al extremo de un mango, más ancho y fuerte que el pincel, y que sirve para pintar o para extender una sustancia líquida. ◇ **de brocha gorda** Fam. Se dice del pintor de paredes, puertas y ventanas.

broche s.m. **1** Cierre de metal formado por dos piezas, una de las cuales engancha o encaja en la otra. **2** Aguja o alfiler con una joya, esmalte, etc., que se lleva prendido en la ropa como adorno o para sujetar una parte del vestido. ◇ **broche de oro** Final feliz de un acto o reunión.

brocheta s.f. **1** Varilla en la que se ensartan trozos de alimentos para asarlos. **2** Esta varilla con los trozos de alimentos ensartados.

brócoli o **bróculi** s.m. Variedad de col, parecida a la coliflor pero de color verde.

broker s.m. y f. Persona que actúa como intermediario en operaciones de compra y venta.

broma s.f. **1** Acción o dicho cuya finalidad es divertir o hacer reír. **2** Molusco marino de forma alargada que perfora las maderas sumergidas en el mar para alimentarse.

bromatología s.f. Ciencia que estudia los alimentos.

bromear v.intr. Hacer bromas.

bromista adj. y s.m. y f. Se dice de la persona que hace bromas o que siempre está de broma.

bromo s.m. Elemento químico de símbolo Br y número atómico 35; se utiliza en la fabricación de aditivos para gasolinas, drogas y colorantes.

bromuro s.m. **1** Ion formado al captar un electrón el átomo de bromo. **2** Compuesto químico binario (haluro) que contiene un ion de este tipo.

bronca s.f. **1** Discusión muy fuerte o enfrentamiento físico. **2** Reprensión fuerte y severa. **3** Manifestación colectiva y ruidosa de protesta y desagrado ante un espectáculo o concentración pública. **4** AMÉR Rabia o resentimiento que se tiene hacia alguien o algo.

bronce s.m. **1** Aleación metálica de cobre y estaño, dura, de color amarillo rojizo, fácil de obtener y de trabajar; se usa en la fabricación de válvulas, cojinetes, objetos de ornamentación, recipientes, etc. **2** Tercer premio en una competición. ◆ **s.m. y adj. 3** Color como el del bronce, amarillo rojizo.

bronceado s.m. **1** Acción de broncear. **2** Color moreno de la piel.

bronceador, ra adj. y s.m. Se dice del producto cosmético que broncea.

broncear v.tr. e intr. **1** Poner morena la piel la acción del sol o de un aparato eléctrico. ◆ **broncearse** v.prnl. **2** Ponerse moreno.

bronco, a adj. **1** Tosco, áspero. **2** Se dice del sonido o a la voz que es áspera. **3** Se dice de la persona de genio poco agradable.

broncoconstricción s.f. Reducción del calibre bronquial por tumefacción de la mucosa o por contracción de la capa muscular.

broncodilatador, ra s.m. y adj. Sustancia que dilata el diámetro de los bronquios.

bronconeumonía s.f. Inflamación de los bronquios y del tejido pulmonar.

bronquial adj. Relativo a los bronquios.

bronquio s.m. Cada uno de los conductos en que se divide la tráquea.

bronquiolo o **bronquíolo** s.m. Cada uno de los conductos pequeños en que se ramifican los bronquios dentro de los pulmones.

bronquítico, a adj. **1** Relativo a la bronquitis. ◆ **adj. y s. 2** Se dice de la persona que padece bronquitis.

bronquitis s.f. Inflamación aguda de los bronquios, caracterizada por tos y expectoración.

brontosaurio s.m. Dinosaurio que existió en la era secundaria.

brotar v.intr. **1** Nacer o salir una planta de la tierra. **2** Echar una planta nuevos tallos, hojas o flores. **3** Manar agua u otro líquido. **4** Aparecer granos o alguna erupción en la piel. **5** Nacer o empezar a manifestarse una cosa.

brote s.m. **1** Tallo nuevo de una planta. **2** Aparición o principio de una cosa.

broza s.f. **1** Conjunto de ramas, hojas secas y otros restos de plantas que hay en los bosques y jardines. **2** Conjunto de desperdicios o desechos.

brucelosis s.f. Enfermedad infecciosa del ganado caprino, vacuno y porcino que se transmite al ser humano por la ingestión de sus productos, en especial los derivados lácteos.

bruces Se usa en las expresiones. ◇ **darse de bruces con algo o alguien** Encontrarse de frente y de manera inesperada con alguien. □ Dar con la cara en una parte o caerse dando con ella en el suelo. ◇ **de bruces** Con la cara hacia abajo, contra el suelo.

bruja 1 ▷ brujo, a. ◆ **s.f. 2** Lechuza.

brujería s.f. Conjunto de conocimientos, prácticas y técnicas que se emplean para dominar de forma mágica el curso de los acontecimientos.

brujo, a s. **1** Persona que practica la brujería. ◆ **s.f. 2** Desp. Mujer fea o mala. ◆ **adj. 3** Que hechiza, que atrae irresistiblemente. **4** CUBA, MÉX, P RICO Empobrecido.

brújula s.f. Instrumento formado por una esfera y una aguja imantada en su centro que indica siempre el norte magnético.

bruma s.f. Niebla, especialmente la que se produce en el mar.

brumoso, a adj. Que tiene bruma

bruñir (20) v.tr. **1** Pulir o frotar una superficie, especialmente de metal o piedra, para que brille. **2** Realizar una operación mecánica que deja un acabado brillante o que elimina las últimas asperezas de un metal. **3** AMÉR CENTRAL Molestar, fastidiar.

brusco, a adj. **1** Áspero y desagradable en el trato. **2** Que se produce u ocurre de manera imprevista, sin preparación o aviso. **3** Impetuoso, precipitado.

brusquedad s.f. **1** Aspereza y falta de amabilidad en el trato. **2** Acción, movimiento o procedimiento bruscos.

brut adj. y s.m. Se dice del champán o cava que no lleva azúcar añadido.

brutal adj. **1** Que es violento y cruel y carece de compasión o humanidad. **2** Se dice de la persona grosera y ruda. **3** Muy grande, fuerte o intenso. **4** Fam. Se dice de la cosa que es magnífica o maravillosa.

brutalidad s.f. **1** Violencia o crueldad intensas. **2** Hecho o dicho intensamente violento o cruel. **3** Acción o comentario que causa sorpresa y rechazo por ser especialmente torpe, equivocado o exagerado.

bruto, a adj. y s. **1** Que es torpe, poco inteligente o de escasa formación. **2** Que tiene malos modos. **3** Que hace un uso excesivo de la fuerza física, es violento o tiene malos modos. ◆ adj. **4** Se dice del peso o cantidad de una cosa sin descontar la tara, los impuestos, etc. **5** Se dice de la cosa que es tosca y no está trabajada. ◇ **en bruto** Se dice del producto que no ha sido trabajado ni manipulado por el ser humano.

buc (pl. bucs) s.m. ESP Mesita auxiliar de oficina con cajones.

bucal adj. Relativo a la boca.

bucanero s.m. Pirata que saqueaba las posesiones españolas en América en los siglos XVII y XVIII.

buceador, ra adj. y s. Que practica el submarinismo.

bucear v.intr. Nadar y mantenerse bajo la superficie del agua.

buceo s.m. Acción y efecto de bucear.

buche s.m. **1** Parte del aparato digestivo que poseen la mayoría de las aves consistente en una bolsa donde depositan los alimentos. **2** Fam. Estómago de las personas. **3** Cantidad de líquido que cabe en la boca.

bucle s.m. **1** Rizo de cabello en forma de espiral. **2** En informática, conjunto de instrucciones que se ejecutan de forma repetida.

bucólica s.f. Composición del género bucólico.

bucólico, a adj. **1** Se dice del género poético que trata de la vida plácida y feliz de unos pastores idealizados y de sus relaciones amorosas. **2** Relativo a este género poético. ◆ adj. y s. **3** Que cultiva este género poético.

budín s.m. **1** Dulce hecho con frutas y bizcocho o pan remojados en leche. **2** Comida no dulce que se confecciona con arroz, tapioca o pescado formando una masa pastosa cocida.

budismo s.m. Doctrina religiosa que tuvo su origen en las ideas de Buda en el siglo VI a. C.

budista adj. **1** Relativo al budismo. ◆ adj. y s.m. y f. **2** Que cree en el budismo.

buen adj. Apócope de **bueno**.
OBS Se usa ante sustantivos masculinos en singular.

buenaventura s.f. **1** Adivinación del futuro que se hace examinando las líneas de la mano. **2** Buena suerte.

buenazo, a adj. y s. Fam. Que es bondadoso.

bueno, a adj. **1** Que tiene inclinación natural a hacer el bien. **2** Que cumple con sus deberes. **3** Adecuado o conveniente. **4** Que tiene mucha calidad. **5** Que tiene las cualidades propias de la función que desempeña. **6** Agradable a los sentidos. **7** Sano, con buena salud. **8** Mayor de lo normal en tamaño, cantidad o intensidad. ◆ adv. **9** Expresión que se utiliza para indicar aprobación o conformidad. ◇ **de buenas a primeras** De repente y sin aviso. ◇ **estar bueno** Fam. ESP Tener un cuerpo muy atractivo.
OBS Superlativo: **bonísimo** o **buenísimo**. Antepuesto a un sustantivo masculino singular adopta la forma **buen**.

buey s.m. **1** Toro castrado que se utiliza para labores del campo. **2** Crustáceo marino comestible, parecido al centollo.

búfalo, a s. **1** Mamífero parecido al toro, de cuerpo robusto, cuernos largos y gruesos muy juntos en la base y el pelo de color marrón o gris. **2** Bisonte americano.

bufanda s.f. Prenda de vestir que consiste en una tira larga y amplia de tela con que se envuelven y abrigan el cuello y la boca.

bufar v.intr. **1** Resoplar con fuerza y furor el toro, el caballo y otros animales. **2** Mostrar enfado o ira grandes. ◆ **bufarse** v.prnl. **3** Salirle bolsas a una superficie.

bufé s.m. Comida en la que los alimentos están dispuestos en mesas o mostradores de manera que los comensales se puedan servir ellos mismos.

bufete s.m. **1** Despacho en el que trabajan uno o más abogados. **2** Mesa de escribir con cajones.

bufido s.m. Acción y efecto de bufar.

bufo, a adj. **1** Que es ridículo y grotesco e inspira risa y desprecio. ◆ s. **2** Persona que hace el papel de gracioso en la ópera italiana.

bufón, na s. Personaje que hace reír.

buga s.m. Fam. ESP Coche, vehículo automóvil.

buganvilla s.f. Arbusto trepador de jardín, de flores pequeñas, rojas, anaranjadas o moradas.

buhardilla s.f. **1** Parte más alta de una casa, justo debajo del tejado, que tiene el techo inclinado. **2** Ventana que se abre en un tejado.

búho s.m. Ave rapaz nocturna de ojos muy redondos y grandes, con plumas en la cabeza a modo de orejas y el pico corvo.

buhonero s.m. Persona que va de casa en casa vendiendo utensilios y objetos de poco valor.

buitre s.m. Ave rapaz de gran tamaño, de color negro o marrón, con la cabeza y el cuello sin plumas, que vive en grupos y se alimenta generalmente de animales muertos.

buitrear v.tr. **1** Fam. Consumir o utilizar una cosa de otra persona, sin pagar nada a cambio. ◆ v.intr. **2** Fam. Aprovecharse de los demás.

buitrón s.m. Agujero que los ladrones hacen en techos o paredes para robar.

buje s.m. Pieza cilíndrica que reviste por el interior el cubo de una rueda u otra pieza que gira alrededor de un eje.

bujía s.f. Pieza de un motor de combustión interna que produce la chispa eléctrica.

bula s.f. **1** Documento que lleva el sello pontificio. **2** Sello de plomo de estos documentos.

bulbo s.m. **1** Tallo subterráneo de ciertas plantas, de forma redondeada, donde se guardan sustancias de reserva. **2** Estructura de forma redondeada. ◇ **bulbo piloso** Parte abultada de la raíz del pelo de los mamíferos.

bulboso, a adj. **1** Que tiene forma de bulbo. **2** Que tiene bulbos.

buldog o **bulldog** (pl. buldogs o bulldogs) s.m. y adj. Perro de una raza que se caracteriza por tener cuerpo robusto, patas cortas, cabeza grande y cuadrada y hocico aplanado.
OBS Pronunc. aprox. 'buldog'.

buldózer s.m. Bulldozer.

bulé s.f. Senado de las ciudades de la antigua Grecia.

bulería s.f. Cante y baile flamenco de ritmo vivo y que se acompaña con palmas.

bulevar s.m. Calle o avenida ancha.
OBS Puede darse la grafía francesa **boulevard**.

búlgaro, a adj. y s. **1** De Bulgaria. ◆ s.m. y adj. **2** Lengua eslava que se habla en Bulgaria.

bulimia s.f. Hambre excesiva. □ También bulimia nerviosa.

bullabesa s.f. Sopa de pescado y marisco a la que se añaden especias, aceite y vino.

bullanguero, a adj. y s. Se dice de la persona a la que le gustan mucho las fiestas.

bulldog s.m. y adj. Buldog.

bulldozer o **buldózer** s.m. Máquina excavadora, generalmente montada sobre un vehículo oruga y provista de una pala frontal.
OBS Pronunc. aprox. 'buldóser'.

bullicio s.m. Ambiente alegre y ruidoso producido por mucha gente reunida.

bullicioso, a adj. Que tiene o provoca bullicio.

bullir (16) v.intr. **1** Hervir el agua u otro líquido. **2** Moverse, agitarse.

bulo s.m. ESP Noticia falsa que se propaga.

bulto s.m. **1** Volumen o tamaño de una cosa. **2** Cuerpo del que solo se distingue la forma. **3** Abultamiento o elevación en una superficie. **4** Paquete, bolsa, maleta o cualquier otro equipaje. ◇ **a bulto** De manera aproximada y sin realizar ningún cálculo ni medición. ◇ **escurrir el bulto** Fam. Esquivar un trabajo, peligro o compromiso.

bumerán s.m. Boomerang.

bungaló o **bungalow** (pl. bungalós o bungalows) s.m. Casa pequeña, de un solo piso y estructura sencilla, construida generalmente en zonas turísticas.
OBS Pronunc. 'bungaló' o 'bungalou'.

búnker s.m. Reducto fortificado.

bunsen s.m. Mechero de laboratorio que funciona con gas.

buñuelo s.m. Masa de harina y otros ingredientes, como frutas o pescados, frita en aceite.

buque s.m. **1** Embarcación con el fondo cóncavo que navega movida generalmente por el viento o por un motor; suele ser de grandes dimensiones. **2** Casco de una embarcación, sin las máquinas, velas ni palos. ◇ **buque escuela** Embarcación que sirve para que los cadetes de la marina de guerra completen su formación. ◇ **buque insignia** Embarcación en que va el jefe de una escuadra o división naval.

burbuja s.f. Glóbulo de aire o gas que se forma dentro de un líquido y sube a la superficie o flota en el aire.

burbujear v.intr. **1** Hacer burbujas. ◆ v.tr. **2** Hacer pasar una corriente de un gas a través de un líquido, lo cual provoca burbujas en él.

burdel s.m. Casa de prostitución.

burdeos s.m. y adj. **1** Color rojo oscuro, como el del vino de Burdeos. ◆ adj. **2** Que es de este color. ◆ s.m. **3** Vino de color rojo oscuro elaborado en la zona de Burdeos (Francia).

burdo, a adj. Tosco, grosero, basto.

bureta s.f. Tubo largo de vidrio graduado.

burgalés, sa adj. y s. De Burgos.

burgo s.m. Pequeño núcleo de población que depende de otra población más importante.

burgomaestre s.m. Primera autoridad municipal de algunas ciudades alemanas, holandesas, suizas, etc.

burgués, sa adj. **1** Relativo a la burguesía. ◆ adj. y s.m. **2** Persona que pertenece a esta clase social. ◆ adj. y s. **3** Se dice de la persona que tiende a la estabilidad y a la comodidad.

burguesía s.f. Clase social formada por personas acomodadas que poseen propiedades y capital.

buril s.m. Instrumento de acero con un extremo puntiagudo y en forma de prisma que sirve para grabar metales.

burka s.m. o f. Manto que el régimen talibán (1996-2001) impuso a las mujeres afganas.

burla s.f. **1** Hecho o dicho con que se intenta poner en ridículo a una persona o cosa. **2** Engaño.

burladero s.m. Trozo de valla situada delante de la barrera en la plaza de toros para que el torero pueda burlar al toro.

burlar v.tr. **1** Hacer creer algo falso. **2** Esquivar una amenaza. ◆ **burlarse** v.prnl. **3** Hacer burla.

burlesco, a adj. Que manifiesta burla.

burlón, na adj. **1** Que manifiesta o implica burla. ◆ adj. y s. **2** Que le gusta mucho burlarse de la gente o de las cosas.

buró s.m. Escritorio con pequeños compartimentos y cajoncitos en su parte superior.

burocracia s.f. **1** Conjunto de actividades y trámites que hay que seguir para resolver un asunto de carácter administrativo. **2** Colectivo formado por el conjunto de los empleados públicos. **3** Influencia excesiva de los empleados públicos en los negocios del Estado.

burócrata s.m. y f. Persona que ocupa un puesto en la administración del Estado.

burocrático, a adj. Relativo a la burocracia.

burofax s.m. Fax que se envía como una carta.

burrada s.f. **1** Acción o comentario que causa sorpresa y rechazo por ser especialmente torpe, equivocado o exagerado. **2** Tamaño o cantidad grande de una cosa.

burro, a s. **1** Mamífero cuadrúpedo doméstico más pequeño que el caballo, con grandes orejas, cola larga y pelo áspero y grisáceo. ◆ adj. y s. **2** Fam. Se dice de la persona que es torpe, poco inteligente o de escasa formación. **3** Fam. Se dice de la persona que hace un uso excesivo de la fuerza física, es violenta o tiene malos modos. ◆ s.m. **4** Juego de naipes. **5** Argot. ESP Heroína (droga). ◇ **apearse,** o **bajarse,** o **caer, del burro** Convencerse de algo después de haber defendido lo contrario durante mucho tiempo. ◇ **no ver tres en un burro** No ver nada o ver muy mal.

bursátil adj. Relativo a la bolsa.

burujo s.m. Bulto generalmente redondeado que se forma con varias partes de una cosa que estaban o debían estar sueltas.

1. **bus** s.m. Vehículo automóvil de transporte público para gran número de pasajeros.

2. **bus** s.m. Circuito que conecta los componentes de un ordenador.

busca s.f. **1** Acción de buscar. ◆ s.m. **2** Aparato electrónico que sirve para recibir un mensaje de aviso.

buscador, ra adj. **1** Que busca. ◆ s. **2** Persona que se dedica a buscar alguna cosa que le haga rico, como oro, petróleo o marfil. ◆ s.m. **3** Herramienta informática de búsqueda de información en Internet.

buscapleitos s.m. y f. AMÉR Picapleitos.

buscar v.tr. Hacer lo necesario para encontrar a una persona o cosa. ◇ **buscárselas** Fam. Apañárselas para subsistir.

buscavidas s.m. y f. Fam. Persona que tiene habilidad para salir adelante en la vida.

buscón, na adj. y s. **1** Que busca. **2** Se dice de la persona que se dedica a hacer robos o estafas de poca importancia. ◆ s.f. **3** Prostituta.

búsqueda s.f. Busca, investigación.

busquillo s.m. CH, PERÚ Fam. Buscavidas.

busto s.m. **1** Escultura o pintura del cuerpo humano que comprende la cabeza y la parte superior del tórax, sin los brazos. **2** Parte del cuerpo humano que va desde la cintura hasta la cabeza. **3** Pechos de la mujer.

bustrófedon s.m. Escritura de derecha a izquierda y de izquierda a derecha, alternativamente, empezando cada línea donde termina la anterior.

butaca s.f. **1** Sillón que tiene el respaldo inclinado hacia atrás. **2** Asiento y billete de entrada de teatros y cines.

butanero, a s. **1** ESP Persona que tiene por oficio repartir y vender bombonas de butano. ◆ adj. y s.m. **2** Que transporta butano.

butano s.m. **1** Hidrocarburo saturado de cuatro átomos de carbono; se emplea como combustible doméstico e industrial. ◆ s.m. y adj. **2** ESP Color anaranjado como el de las bombonas que se usan para transportar este gas. ◆ adj. **3** ESP Que es de este color. □ Invariable en número.

butifarra s.f. Embutido de color rosado, de forma cilíndrica y alargada, hecho con carne de cerdo cruda y picada.

butifarrada s.f. Comida popular de butifarras.

butrón s.m. Agujero que los ladrones hacen en techos o paredes para robar.

buzo s.m. Persona que bucea con un equipo especial que le permite respirar bajo el agua.

buzón s.m. **1** Receptáculo instalado en la vía pública o acoplado a una puerta con una ranura por donde se echan las cartas y papeles del correo. **2** Fam. Boca muy grande.

bypass s.m. **1** Conducto artificial o trasplantado mediante el cual se comunican dos puntos de una arteria para evitar una zona dañada o en mal estado. **2** Operación quirúrgica que se practica para colocar este conducto.
OBS Invariable en número.
OBS Pronunc. aprox. 'baipás'.

byte s.m. Conjunto de 8 bits que recibe el tratamiento de una unidad y que constituye el mínimo elemento de memoria direccionable de un ordenador.
OBS Pronunc. aprox. 'bait'.

C

c s.f. **1** Tercera letra del alfabeto español; su nombre es ce. **2** En la numeración romana, tiene el valor de cien. □ Se escribe con mayúscula.

cabaça s.f. Instrumento sonoro formado por una calabaza hueca cubierta de una red con cuentas anudadas.
OBS Pronunc. 'cabasa'.

cabal adj. **1** Sensato. **2** Exacto o justo en su peso o medida. ◇ **no estar alguien en sus cabales** Actuar imprudentemente o estar loco.

cábala s.f. **1** Interpretación mística y alegórica del Antiguo Testamento realizada por los judíos y algunos cristianos. **2** Suposición o conjetura.

cabalgadura s.f. Animal sobre el que se puede montar.

cabalgar v.tr. e intr. **1** Montar en un caballo u otra cabalgadura. ◆ **v.intr. 2** Estar una cosa sobre otra.

cabalgata s.f. Conjunto de jinetes, carrozas y otras atracciones que desfilan por las calles en alguna celebración o fiesta popular.

caballa s.f. Pez marino comestible, semejante en forma y color a la sardina, pero de mayor tamaño y con líneas negras en el lomo.

caballada s.f. Fam. AMÉR Animalada.

caballeresco, a adj. **1** Relativo a la caballería medieval. **2** Se dice de la acción o el comportamiento que es cortés, noble y amable.

caballería s.f. **1** Animal doméstico, como el caballo, el burro o el mulo, que sirve para montar en él o para transportar cosas. **2** Cuerpo de un ejército formado por soldados montados a caballo. **3** Institución feudal formada por los caballeros medievales u hombres pertenecientes a la nobleza que se dedicaban al ejercicio de las armas.

caballeriza s.f. Instalación cerrada y cubierta preparada para la estancia de caballerías.

caballero, a s.m. **1** Hombre que se comporta con cortesía, nobleza y amabilidad. **2** Hombre adulto. **3** Tratamiento de respeto y cortesía que se da a los hombres adultos. **4** Hombre de la pequeña nobleza. ◆ **adj. 5** Se dice de la perspectiva en que los objetos se representan en un plano a partir de un eje vertical, un eje horizontal y un eje de profundidad.

caballerosidad s.f. Comportamiento propio del hombre que obra como un caballero, con cortesía, nobleza y amabilidad.

caballeroso, a adj. **1** Se dice del hombre que se comporta como un caballero. **2** Se dice de la acción que es cortés, noble y amable.

caballete s.m. **1** Soporte para apoyar sobre él tablones o maderas. **2** Armazón de madera utilizado por los pintores para colocar el lienzo en el que pintan.

caballito s.m. **1** Juguete con forma de caballo sobre el que se puede montar. ◆ **caballitos** s.m.pl. **2** ESP Carrusel (atracción de feria). ◇ **caballito de mar** Pez marino de muy pequeño tamaño, con la cola prensil y el hocico largo y tubular, cuya cabeza recuerda la de un caballo.

caballo s.m. **1** Mamífero équido, macho, de cuerpo fuerte, orejas pequeñas, cola cubierta de largo pelo y patas terminadas en casco; es herbívoro, se domestica con facilidad y se suele usar para montar en él. □ La hembra del caballo es la yegua. **2** Carta de la baraja española que lleva el número 11 y representa a un caballo con su jinete. **3** Pieza del ajedrez con figura de caballo. **4** Potro de saltos. **5** Argot. ESP Heroína (droga). ◇ **a caballo** Sobre una caballería o sobre otra cosa en posición semejante. □ Entre dos períodos o situaciones diferentes, participando de ambas. ◇ **caballo de vapor** o **caballo de fuerza** Unidad de potencia que equivale a 750 vatios, aproximadamente.

cabaña s.f. **1** Casa en el campo, pequeña y tosca, hecha con ramas, troncos y materiales de poco valor. **2** Conjunto de cabezas de ganado de un mismo tipo o lugar.

cabaré s.m. Establecimiento nocturno en que se hacen espectáculos de música y baile.
OBS Puede encontrarse la grafía francesa cabaret.

cabe prep. Formal. Indica que una cosa o persona está junto a otra o muy cerca de ella.

cabecear v.tr. e intr. **1** En fútbol, golpear la pelota con la cabeza. ◆ **v.intr. 2** Mover la cabeza en señal de negación o de afirmación. **3** Dar cabezadas la persona que se está durmiendo. ◆ v.tr. **4** CH Formar las puntas o cabezas de los cigarros.

cabecera s.f. **1** Extremo de la cama donde se coloca la almohada y se pone la cabeza al dormir. **2** Pieza vertical que limita la cama por este extremo. **3** Principio u origen de algunas cosas. **4** Lugar principal, normalmente de una mesa. **5** Texto que figura al comienzo de un escrito, en especial un periódico. **6** Adorno que en los libros se pone a la cabeza de una página o capítulo. **7** Extremo más oriental de una iglesia de planta longitudinal, situado al final de las naves, donde se halla el presbiterio.

cabecilla s.m. y f. Persona que está al frente de un grupo o movimiento de protesta.

cabellera s.f. **1** Conjunto de cabellos, especialmente cuando son largos y abundantes y caen sobre los hombros. **2** Cola de un cometa.

cabello s.m. **1** Pelo que nace en la cabeza de las personas. **2** Conjunto de cabellos. ◇ **cabello de ángel** Dulce en forma de hilos de color claro que se hace de calabaza en almíbar y se suele usar como relleno de otros dulces.

cabelludo, a adj. Que tiene mucho cabello.

caber (7) v.intr. **1** Poder ser contenida una cosa dentro de otra. **2** Poder entrar alguien o algo por una abertura o paso. **3** Tener una cosa el tamaño necesario para poder colocarse o ajustarse alrededor de otra. **4** Ser algo posible o natural. **5** Corresponder o pertenecer algo a una persona o situación. **6** Fam. Tocar o corresponder en un reparto o al dividir una cantidad.

cabestrillo s.m. Banda de tela o aparato ortopédico que se cuelga del cuello o del hombro para sostener la mano o el brazo lesionados.

cabestro s.m. **1** Buey manso que se pone delante de la manada de toros para guiarla. **2** Persona torpe y que se deja influir fácilmente por los demás.

cabeza s.f. **1** Parte superior del cuerpo del ser humano, y superior o anterior de muchos animales, donde se encuentran algunos órganos de los sentidos y el cerebro. **2** Parte superior del cuerpo del ser humano y de algunos mamíferos donde se encuentran los órganos de los sentidos y el cerebro, pero sin considerar la cara. **3** Capacidad de pensar, imaginar o recordar. **4** Persona en una distribución o repartimiento de cosas. **5** Animal de un rebaño, cuando se cuenta. **6** Parte o pieza, generalmente redondeada, colocada en el extremo de una cosa y opuesta a la punta. **7** Pieza de un aparato electrónico (de grabación o reproducción de sonido o imagen, o de lectura o grabación de datos) que sirve para leer o borrar lo grabado en determinado soporte. ◇ **agarrarse la cabeza** ARG, URUG Expresar una persona preocupación por algo que ha ocurrido o que ocurre. ◇ **a la cabeza** o **en cabeza** En el primer puesto. ◇ **arrancar la cabeza a alguien** ARG, URUG Cobrar un precio desmedido por algún producto a una persona. ◇ **cabeza cuadrada** Fam. Persona que no suele cambiar de opinión porque es de ideas fijas. ◇ **cabeza de ajo** o **cabeza de ajos** Conjunto de los dientes o partes que forman el bulbo de un ajo, cuando todavía están unidos. ◇ **cabeza de chorlito** o **cabeza loca** Fam. Persona que piensa poco las cosas o que tiene poco juicio. ◇ **cabeza de familia** Persona de mayor autoridad o responsabilidad en una familia. ◇ **cabeza de partido** Pueblo o ciudad del que dependen otros para la administración de justicia. ◇ **cabeza de turco** Persona sobre la que se hace recaer una culpa compartida por varios. ◇ **cabeza dura** Fam. Persona a la que le cuesta mucho comprender las cosas. ◇ **cabeza hueca** Fam. Persona irresponsable y de poco juicio. ◇ **cabeza rapada** Miembro de un grupo urbano y juvenil de comportamiento violento y que se caracteriza por llevar el pelo rapado. ◇ **calentarse,** o **romperse, la cabeza** Pensar una cosa intensamente o durante mucho tiempo. ◇ **de cabeza** Con la parte superior del cuerpo por delante. □ Directa y rápidamente. □ Muy nervioso o agobiado por tener que hacer muchas cosas muy urgentemente. □ Sin ayudarse de la escritura ni de ningún otro medio para dar una solución. ◇ **echarle cabeza a algo** COL Pensar intensamente en una cosa. ◇ **no levantar cabeza** No lograr salir de una situación poco favorable. ◇ **perder la cabeza** Dejarse llevar por la ira y actuar sin pensar. □ Actuar sin juicio o sin razonar o volverse loco.

cabezada s.f. Inclinación involuntaria de la cabeza cuando se dormita sin tenerla apoyada. ◇ **dar,** o **echar, una cabezada** Dormir durante un corto período.

cabezal s.m. **1** Dispositivo, generalmente móvil, de algunos aparatos que sirve para poner en él la pieza que realiza la función principal. **2** Cabeza (pieza de un aparato electrónico).

cabezazo s.m. Golpe en la cabeza o con la cabeza.

cabezón, na adj. y s. **1** Fam. Que tiene la cabeza grande o muy grande. **2** Fam. Testarudo.

cabezonería s.f. Acción propia de una persona terca.

cabezota adj. y s.m. y f. Fam. ESP Testarudo.

cabezudo, a adj. y s. Que tiene la cabeza grande o muy grande.

cabezuela s.f. Conjunto de flores simples que nacen juntas y apretadas en un receptáculo común, haciendo el efecto de una sola flor.

cabida s.f. **1** Espacio o capacidad que tiene una cosa para contener otra. **2** Extensión de un terreno.

cabildo s.m. **1** Comunidad de eclesiásticos que tienen algún beneficio o prebenda en una catedral. **2** Ayuntamiento de una ciudad. **3** Junta o reunión celebrada por los miembros de esta corporación. **4** Corporación que en las islas Canarias representa a los pueblos de cada isla y administra sus intereses comunes o particulares. **5** AMÉR Municipio.

cabina s.f. **1** Cuarto o recinto pequeño y cerrado reservado para el conductor o piloto. **2** Habitación o espacio pequeño en el que hay un teléfono público de uso individual.

cabizbajo, a adj. Se dice de la persona que tiene la cabeza inclinada hacia abajo por estar preocupado, triste o avergonzado.

cable s.m. **1** Hilo metálico para conducir la energía eléctrica y para transmitir señales telefónicas o de televisión. **2** Conjunto de hilos de fibra de vidrio u otro material para transportar información en forma de sonidos o imágenes. **3** Trenzado de cuerdas o hilos metálicos para soportar grandes pesos o tensiones. ◇ **cruzársele los cables a alguien** Fam. Bloqueársele la mente a una persona y actuar de forma descontrolada e ilógica. ◇ **echar un cable a alguien** Fam. Prestar ayuda a una persona que se encuentra en una situación apurada.

cableado s.m. Conjunto de cables de una instalación eléctrica o de telecomunicaciones.

cablear v.tr. Tender o instalar cables de fibra óptica en un lugar.

cablegrafiar (1e) v.tr. Transmitir mensajes por cable submarino.

cabo s.m. **1** Extremo o punta de una cosa alargada. **2** Resto que queda de una cosa alargada. **3** Lengua de tierra que entra en el mar. **4** Miembro del ejército que tiene categoría inmediatamente superior a la de soldado de primera e inmediatamente inferior a la de cabo primero. **5** Cuerda, especialmente la que se utiliza en las maniobras náuticas. **6** Hebra larga, delgada y flexible que se obtiene al entrelazar fibras textiles de origen vegetal o animal. ◇ **al cabo de** Indica que una cosa es posterior a otra en el espacio o en el tiempo. ◇ **atar,** o **juntar,** o **unir, cabos** Relacionar datos para averiguar o aclarar algo. ◇ **cabo primero** Miembro del ejército que tiene categoría inmediatamente superior a la de cabo e inmediatamente inferior a la de sargento. ◇ **de cabo a rabo** Desde el principio hasta el fin. ◇ **estar al cabo de la calle** ESP Estar perfectamente enterado de un asunto. ◇ **llevar a cabo algo** Hacer una cosa.

cabotaje s.m. Navegación o tráfico marítimo entre los puertos de un mismo país sin perder de vista la costa.

cabra s.f. Mamífero rumiante doméstico de pelo fuerte y áspero, cola corta y, generalmente, con cuernos curvados hacia atrás y un mechón de pelo en la barbilla. ◇ **estar como una cabra** Fam. Mostrar poco juicio y muchas rarezas o extravagancias.

cabracho s.m. Pez marino comestible de color rojizo, cabeza grande, mandíbula prominente y una espina venenosa en la parte dorsal.

cabrales s.m. Queso de pasta blanda y olor y sabor muy fuertes, que se elabora con leche de vaca, oveja o cabra en Asturias.

cabrear v.tr. **1** Fam. ESP Enfadar mucho o poner de mal humor a alguien. **2** Fam. BOL, CH Aburrir o cansar a una persona con una situación o una conducta. ◆ v.intr. **3** CH Ir saltando y brincando.

cabreo s.m. Fam. ESP Enfado o malhumor.

cabrero, a s. **1** Pastor de cabras. ◆ s.m. **2** CUBA Pájaro poco más grande que el canario, de plumaje amarillo en el cuerpo y negro en la cabeza.

cabrestante s.m. Torno de eje vertical con una cuerda o cable que se va enrollando en él a medida que gira y que sirve para mover pesos.

cabrío, a adj. Relativo a la cabra.

cabriola s.f. Brinco durante el cual se cruzan varias veces los pies en el aire.

cabriolé s.m. **1** Coche de caballos, generalmente de dos ruedas, ligero y con capota plegable. **2** Automóvil descapotable.

cabrito s.m. **1** Cría de la cabra desde que nace hasta que deja de mamar. **2** Vulg. Cabrón, hombre casado con una mujer que le es infiel. □ Frec. despectivo. **3** Fam. Persona que actúa con mala intención.

cabrón, na s. **1** Vulg. Persona que actúa con mala intención. □ Frec. insulto. ◆ s.m. **2** Macho de la cabra. **3** Vulg .Hombre casado con una mujer que le es infiel. □ Frec. insulto.

cabronada s.f. Vulg. Acción que molesta, especialmente si está hecha con mala intención.

cabuya s.f. **1** Planta de hojas grandes y carnosas que nacen directamente de la raíz y están bordeadas de pinchos, originaria de terrenos secos de América. **2** Fibra que se extrae de las hojas de esta planta. **3** AMÉR Cuerda que se elabora con esta fibra.

caca s.f. **1** Fam. Excremento. **2** Fam. Se usa con los niños y entre ellos para designar cualquier cosa sucia o que no deben tocar. **3** Fam. y desp. Cosa mal hecha o de mala calidad.

cacahuate s.m. MÉX Cacahuete.

cacahuero, a s. AMÉR Persona que cultiva, trabaja o comercia con el cacao.

cacahuete s.m. **1** Fruto seco de tamaño pequeño y alargado, con la cáscara poco dura y semillas comestibles. **2** Semilla de este fruto. **3** Planta que da este fruto.

cacao s.m. **1** Árbol tropical de flores encarnadas y fruto en una vaina grande con muchas semillas en su interior, las cuales son el principal ingrediente del chocolate. **2** Semilla de este árbol. **3** Polvo sacado de estas semillas una vez tostadas. **4** Fam. ESP Situación confusa.

cacaraña s.f. GUAT, MÉX Hoyo o señal en el rostro de una persona.

cacarañar v.tr. **1** GUAT Ocasionar cacarañas la viruela. **2** MÉX Pellizcar algo blando dejándolo lleno de hoyos.

cacarear v.intr. **1** Dar cacareos el gallo o la gallina. ◆ v.tr. **2** Alabar demasiado las cosas propias.

cacastle s.m. MÉX Armazón que se pone sobre la espalda para transportar cosas en él.

cacatúa s.f. **1** Ave trepadora de pico grueso y muy encorvado, plumaje de colores vistosos y un penacho de plumas en la cabeza. **2** Fam. y desp. Mujer fea, vieja y arreglada en exceso.

cacereño, a adj. y s. De Cáceres (ciudad y provincia de Extremadura).

cacería s.f. **1** Partida de caza, excursión de varias personas para cazar. **2** Conjunto de los animales cazados.

cacerola s.f. Recipiente de metal, cilíndrico, más ancho que hondo y con mango o dos asas, que se usa para cocinar.

cacerolada s.f. Protesta pública que se lleva a cabo golpeando cacerolas y otros recipientes.

cacha s.f. **1** Pieza que cubre cada lado del mango de un cuchillo, una navaja o la culata de un arma de fuego. □ Suele usarse en plural con valor singular. **2** Fam. ESP Nalga.

cachaco, a adj. y s.m. **1** COL Se dice del hombre joven, elegante y atento. **2** COL, ECUAD, VENEZ Lechuguino. ◆ s. **3** PERÚ Agente de policía.

cachalote s.m. Cetáceo parecido a la ballena, de enorme y alargada cabeza y boca provista de dientes únicamente en la mandíbula inferior.

cachar v.tr. **1** AMÉR CENTRAL Hurtar, robar. **2** Fam. AMÉR CENTRAL, CH, COL Dar cornadas un animal. **3** AMÉR CENTRAL, ARG, CH, COL, PAR, URUG Agarrar al vuelo cualquier objeto pequeño que es lanzado por el aire. **4** Fam. AMÉR CENTRAL, ARG, CH, ECUAD, PAR, URUG Hacer una broma a una persona con el fin de provocar una situación graciosa pero sin intención de ofenderla. **5** Fam. ARG, CH, MÉX Descubrir a una persona en una actitud incorrecta. **6** Fam. ARG, CH, PAR, URUG Captar una idea o un chiste con rapidez. **7** Fam. ARG, NIC, PERÚ, URUG Asir una cosa con fuerza y decisión. ◆ **cacharse** v.prnl. **8** Fam. CH, PAN, PERÚ Realizar el acto sexual con alguien.

cacharrería s.f. Establecimiento en el que se venden cacharros.

cacharro s.m. **1** Recipiente que se usa en la cocina. **2** Objeto que no sirve para nada o que no tiene valor.

cachas adj. y s.m. y f. ESP Se dice de la persona que tiene un cuerpo fuerte y desarrollado.

cachaza s.f. Lentitud y sosiego.

caché s.m. **1** Cotización que tiene fijada un artista por su actuación. **2** Toque de distinción y estilo personal.

cachear v.tr. Registrar a una persona para ver si lleva algo oculto bajo la ropa.

cachelos s.m.pl. ESP Guiso gallego preparado con patatas, carne o pescado y otros ingredientes.

cachemir s.m. Tejido fino fabricado con pelo de cabra de Cachemira o lana de oveja merina.

cachemira s.f. Cachemir.

cacheo s.m. Acción de cachear.

cachete s.m. **1** Golpe que se da con la palma de la mano. **2** Mejilla, especialmente cuando es abultada. **3** C RICA, GUAT Ayuda o protección que se da o se concede a una persona.

cachimba s.f. **1** Pipa para fumar. **2** AMÉR Hoyo lleno de agua.

cachimbo s.m. **1** AMÉR Cachimba. **2** CUBA Plantación azucarera pequeña.

cachiporra s.f. **1** Palo con un extremo muy abultado o en forma de bola que se emplea para golpear. ◆ adj. **2** CH Que muestra orgullo por las cualidades o actos propios y tiene un deseo excesivo de ser reconocido por los demás.

cachirulo s.m. Pañuelo de cuadros rojos y negros, o violetas y negros, que llevan los hombres en Aragón como parte del traje regional.

cachivache s.m. Fam. y desp. Objeto.

cacho s.m. **1** Fam. Trozo arrancado, cortado o roto de una cosa. **2** ESP Se usa como refuerzo del significado de un apelativo despectivo. **3** AMÉR Cuerno de un animal. **4** AMÉR SUR Cubilete de cuerno o de cuero para jugar a los dados.

cachondearse v.prnl. Fam. ESP Burlarse.

cachondeo s.m. **1** Fam. ESP Burla. **2** ESP Juerga o diversión animada.

cachondo, a adj. **1** Fam. ESP Que siente excitación sexual. ◆ adj. y s. **2** Fam. ESP Se dice de la persona que es divertida y bromista.

cachorro, a s. Cría de un mamífero, especialmente el perro.

cachudo, a adj. AMÉR Se dice del animal de cuernos grandes.

cachumbo s.m. AMÉR Cáscara leñosa de algunos frutos, de la que se hacen vasijas y tazas.

cacique s.m. **1** Persona que valiéndose de su influencia o riqueza interviene abusivamente en la política y administración de una comunidad. **2** Jefe de algunas tribus de indios de la América Central y del Sur.

caciquismo s.m. **1** Influencia o dominio del cacique en la vida social y política de una comunidad. **2** Intervención abusiva de una persona en un asunto determinado, sirviéndose de su poder e influencia.

caco s.m. Fam. Ladrón.

cacofonía s.f. Combinación o repetición de sonidos que produce un efecto acústico desagradable.

cacofónico, a adj. Relativo a la cacofonía.

cacto o **cactus** s.m. Planta con espinas y tallos grandes y carnosos, que acumula agua en su interior; es típica de las zonas desérticas.

CAD Sigla de la expresión inglesa **Computer Aided Design**, diseño asistido por ordenador. □ Normalmente en aposición a otro sustantivo: programas CAD.

cada det. **1** Establece una correspondencia distributiva entre los miembros numerables de una serie y los miembros de otra. **2** Designa uno por uno la totalidad de los elementos de un conjunto o de una serie. **3** Indica un gran tamaño o cantidad respecto a la palabra que va detrás.

cadalso s.m. **1** Tablado elevado que se instala para celebrar un acto solemne. **2** Tablado que se usa para llevar a cabo la ejecución de los condenados a muerte.

cadáver s.m. Cuerpo sin vida de una persona o un animal.

cadavérico, a adj. **1** Relativo al cadáver. **2** Pálido y desfigurado como un cadáver.

cadena s.f. **1** Conjunto de piezas enlazadas unas a continuación de las otras. **2** Serie de piezas metálicas iguales enlazadas entre sí para comunicar un movimiento. **3** Sucesión de fenómenos, acontecimientos o hechos relacionados entre sí. **4** Conjunto de máquinas e instalaciones dispuestas para que un producto industrial pase sucesivamente de una a otra en su proceso de fabricación. □ También cadena de montaje. **5** Conjunto de establecimientos o industrias de una misma organización. **6** Red de emisoras de radio o televisión. **7** Equipo de sonido formado por varios aparatos. ◇ **cadena alimentaria** o **cadena trófica** Esquema lineal que representa el conjunto de relaciones jerárquicas mediante las cuales se transmite el alimento (materia y energía) entre los organismos de un determinado ecosistema. ◇ **cadena perpetua** Pena de privación de libertad que dura toda la vida del condenado.

cadencia s.f. Repetición regular o medida de los sonidos o los movimientos.

cadencioso, a adj. Que tiene cadencia.

cadeneta s.f. Labor hecha con hilo y una aguja que imita la forma de una cadena delgada.

cadera s.f. **1** Parte saliente a cada lado del cuerpo por debajo de la cintura formada por los huesos superiores de la pelvis. **2** Parte lateral del anca de un animal cuadrúpedo. **3** Primera pieza de la pata de un insecto.

cadete s.m. y f. **1** Persona que estudia en una academia militar. **2** Deportista que, por su edad, pertenece a la categoría posterior a la de infantil y anterior a la de juvenil.

cadi s.m. Persona que lleva los palos del golfista.

cadí (pl. cadíes.) s.m. Magistrado musulmán de las causas civiles y religiosas.

cadmio s.m. Elemento químico de símbolo Cd y número atómico 48; es un metal de transición maleable de color blanco plateado.

caducar v.intr. **1** Perder su validez o efectividad un documento, ley o derecho. **2** Estropearse o dejar de ser apto para el consumo un alimento o una medicina.

caducidad s.f. Acción y efecto de caducar.

caducifolio, a adj. Se dice del árbol o la planta de hoja caduca.

caduco, a adj. **1** Muy antiguo o fuera de uso. **2** Se dice del órgano de una planta, generalmente una hoja, que se desprende durante una época del año. **3** De poca duración. **4** Se dice de la persona vieja y decrépita.

caedizo, a adj. Se dice del órgano vegetal, generalmente una hoja, destinado a caerse.

caer (8) v.intr. **1** Moverse de arriba abajo por el propio peso. ◆ **v.intr. y prnl. 2** Perder el equilibrio hasta dar contra el suelo o en una superficie firme. ◆ **v.intr. 3** Estar colgada, suspendida o inclinada una cosa. **4** Tomar una cosa cierta forma al colgar. ◆ **v.intr. y prnl. 5** Desprenderse o soltarse una cosa del lugar o el objeto al que estaba unida. ◆ **v.intr. 6** Descender o bajar mucho. **7** Pasar a un estado físico, moral o económico inferior o desfavorable. **8** Acabarse alguna cosa o perder la posición. **9** Dejar de estar vivo un organismo. **10** Venir a dar una persona o un animal en una trampa, un engaño o una situación difícil. **11** Llegar rápidamente o por sorpresa para causar un daño. **12** Ir o dirigirse con violencia hacia una persona o cosa. **13** Acercarse a su ocaso el sol, el día o la tarde. **14** Fam. Acordarse de una cosa o entenderla. **15** Coincidir o corresponder una cosa con determinada fecha. **16** Estar situado en un lugar o cerca de él. **17** Fam. Corresponder a una persona un cosa que se reparte o se sortea. **18** Sentar bien o mal una cosa a una persona. **19** Producir una determinada impresión el carácter de una persona. **20** No aparecer el nombre de una persona en una lista. **21** Ir a parar a un sitio sin proponérselo o sin esperarlo. ◇ **caer,** o **caerse, redondo** Fam. Ir a dar contra el suelo por perder el conocimiento o por otra causa. ◇ **caer bajo** Realizar una persona una acción indigna o despreciable.

café s.m. **1** Arbusto tropical de hoja perenne, flores blancas y olorosas y fruto pequeño que contiene dos semillas grandes. **2** Semilla o conjunto de semillas de este árbol. **3** Bebida de color oscuro y sabor algo amargo que se hace por infusión de esta semilla tostada y molida. **4** Establecimiento público en el que se sirve esta bebida y otras consumiciones. ◆ **s.m. y adj. 5** Color marrón oscuro, como el del grano de café tostado.

cafeína s.f. Sustancia excitante contenida en el café, el té, la cola, el mate, el cacao, etc.

cafetal s.m. Terreno plantado de cafetos.

cafetera s.f. **1** Máquina para preparar café. **2** Recipiente en que se sirve el café.

cafetería s.f. Establecimiento público en el que se sirve café y otras consumiciones.

cafeto s.m. Café (arbusto).

cafre adj. y s.m. y f. **1** Fam. y desp. Bruto, bestia. □ Frec. insulto. **2** De Cafrería (antigua región del sudeste de África).

cagada s.f. Vulg. Equivocación.

cagado, a adj. y s. Desp. Cobarde.

cagalera s.f. **1** Fam. Diarrea. **2** Fam. Sentimiento de miedo muy intenso.

cagar v.intr. **1** Vulg. Defecar, hacer de vientre. ◆ **cagarse** v.prnl. **2** Vulg. Sentir un miedo muy fuerte. ◇ **cagarla** Vulg. Cometer una equivocación grave.

cagarrina s.f. **1** Fam. ESP Excremento. ◆ **cagarrinas** s.f.pl. **2** Fam. ESP Diarrea.

cagarruta s.f. Fam. ESP Porción de excremento.

cagueta s.f. **1** Fam. Diarrea. ◆ adj. y s.m. y f. **2** Fam. Cobarde.

caída s.f. **1** Acción de caer o caerse. **2** Cuesta o inclinación de una superficie hacia abajo. **3** Pérdida de la fuerza o de la importancia de una cosa. **4** Manera de caer las telas, cortinas o ropajes; por ejemplo, formando pliegues.

caído, a adj. **1** Se dice de la persona o animal que tiene muy inclinada o más baja de lo normal la parte del cuerpo que se indica. ◆ adj. y s. **2** Se dice de la persona que ha muerto en la lucha por una causa. **3** Desfallecido, abatido.

caima adj. AMÉR Se dice de la persona que es lerda, sosa y sin gracia alguna.

caimán s.m. Reptil parecido al cocodrilo, pero de tamaño menor, cabeza más ancha y corta y hocico más chato.

cairota adj. y s.m. y f. De El Cairo (capital de Egipto).

caja s.f. **1** Recipiente, generalmente con tapa, que sirve para guardar o llevar cosas. **2** Caja o recipiente destinado a guardar dinero. **3** Recipiente que contiene o protege un mecanismo. **4** Parte hueca de un instrumento musical de cuerda en la que se produce la resonancia. □ También caja de resonancia. **5** Parte del cuerpo que contiene o protege un conjunto de órganos. **6** Lugar donde se hacen los pagos y los cobros en un establecimiento. **7** Recipiente, generalmente de madera y con tapa, en el que se coloca a una persona muerta para enterrarla. □ También caja de muerto o caja de muertos. **8** Estructura hueca o pieza en que está alojado un mecanismo o dispositivo. **9** Tambor metálico de poca altura y con ambas bases cerradas por un parche o membrana. ◇ **caja boba** o **caja tonta** Desp. Aparato de televisión. ◇ **caja de ahorros** Institución financiera de características similares a las de un banco, pero que capta principalmente pequeños capitales privados y que destina parte de sus beneficios a obras sociales. □ También simplemente caja. ◇ **caja de caudales** o **caja fuerte** Caja hecha con materiales muy resistentes, y a veces empotrada en una pared, que se usa para guardar con seguridad dinero u objetos valor. □ También simplemente caja. ◇ **caja de Pandora** Caja que, según la mitología, fue entregada por Zeus a Pandora y, al ser abierta por ella imprudentemente, extendió los males entre la humanidad. □ Asunto o cosa que, si no se trata cuidadosamente, puede provocar desgracias o situaciones muy negativas. ◇ **caja de reclutamiento** o **caja de reclutas** Organismo militar que se encarga de alistar y dar destino a quienes se incorporan al servicio militar. ◇ **caja negra** Caja que contiene un mecanismo que graba toda la información relativa al vuelo de un avión. ◇ **caja registradora** Máquina que se usa para calcular y guardar el importe de las ventas en los comercios. □ También simplemente caja. ◇ **caja torácica** Cavidad de los vertebrados limitada por las costillas, la columna vertebral y el esternón. ◇ **despedir,** o **echar, a alguien con cajas destempladas** Echar a una persona de un lugar con enfado y malos modos. ◇ **hacer caja** Calcular el importe de las entradas y salidas de dinero, generalmente al final de un período.

cajero, a s. **1** Persona que se dedica a atender los pagos y cobros en una entidad bancaria. **2** Persona que se dedica a cobrar a los clientes en ciertos establecimientos.

cajetilla s.f. ESP Paquete de cigarrillos o de tabaco picado.

cajón s.m. **1** Caja sin tapa de un mueble que se puede meter y sacar del hueco en que encaja. **2** Caja grande, cuadrada o rectangular, sin tapa, y generalmente de madera, que sirve para guardar o llevar cosas pesadas. **3** CH Paso entre dos alturas poco distantes por cuyo fondo corre un río. ◇ **cajón de sastre** Conjunto de cosas diversas y desordenadas y sitio en el que se reúnen. ◇ **de cajón** Fam. Evidente, lógico.

cajonera s.f. **1** Conjunto de cajones de un mueble. **2** Mueble formado solamente por cajones.

cal s.f. Óxido de calcio. ◇ **a cal y canto** Indica que algo se cierra o está cerrado completamente. ◇ **cal muerta** Cal hidratada. ◇ **cal viva** Cal sin agua. ◇ **una de cal y otra de arena** Indica alternancia de cosas diversas o contrarias.

1. **cala** s.f. ESP Parte pequeña del mar que entra en la tierra y suele estar rodeada de rocas.

2. **cala** s.f. **1** Trozo pequeño que se corta de una fruta para probarla. **2** Agujero que se hace en un terreno o en una obra de fábrica para reconocer su profundidad, composición o estructura. **3** Parte más baja del interior de una embarcación.

calabacera s.f. Calabaza (planta).

calabacín s.m. Calabaza pequeña de forma cilíndrica con carne blanca cubierta por una corteza verde.

calabaza s.f. **1** Fruto comestible de gran tamaño y forma redonda, de pulpa carnosa de color amarillo o naranja, con muchas semillas en su interior. **2** Planta que produce este fruto. **3** Fam. Cabeza de una persona. **4** Fam. ESP Suspenso en una asignatura. ◇ **dar calabazas a alguien** Suspender un examen a un alumno. □ Rechazar a un pretendiente amoroso.

calabobos s.m. Lluvia muy fina y continua.

calabozo s.m. **1** Celda incomunicada de una cárcel. **2** Prisión subterránea.

calada s.f. ESP Chupada dada a un cigarrillo. **GEOSIN** pitada, fumada.

caladero s.m. ESP Lugar a propósito para echar las redes de pesca.

calado s.m. **1** Labor o adorno hecho en una tela, papel o madera consistente en una serie de agujeros que forman un dibujo. **2** Profundidad que alcanza en el agua la parte sumergida de una embarcación. **3** Distancia que hay entre el fondo del mar y la superficie del agua.

calador, ra s.m. BOL, CH, PERÚ Punzón cónico para pinchar un saco de grano, harina o productos similares y sacar una muestra de su contenido sin abrir los bultos y sin dejar marca.

caladora s.f. Máquina herramienta de corte, portátil, dotada de una hoja de sierra corta.

calagurritano, a adj. y s. De Calahorra (localidad de La Rioja).

calamar s.m. Molusco marino de cuerpo alargado y oval, con ocho tentáculos cortos y dos largos alrededor de la cabeza.

calambre s.m. **1** Contracción involuntaria y dolorosa de un músculo. **2** Temblor del cuerpo producido por el paso de una descarga eléctrica.

calambur s.m. Juego de palabras.

calamidad s.f. **1** Desgracia, adversidad o infortunio que afecta a muchas personas. **2** Fam. Persona a la que todo le sale mal por torpeza o mala suerte. **3** Fam. Cosa mal hecha.

calamitoso, a adj. **1** Que constituye una calamidad, es causa de calamidades o va acompañado de ellas. **2** Infeliz.

cálamo s.m. Instrumento antiguo para escribir consistente en una caña o pluma cortada oblicuamente.

calandria s.f. Ave parecida a la alondra.

calaña s.f. Manera de ser de una persona.

calapé s.m. AMÉR Tortuga asada en su concha.

calar v.tr. e intr. **1** Penetrar un líquido en un cuerpo poroso o permeable. ◆ v.tr. **2** Atravesar con un instrumento un cuerpo de lado a lado. **3** Adornar una tela, papel o madera haciéndole agujeros que forman un dibujo. **4** Cortar un trozo pequeño de una fruta, generalmente de un melón o de una sandía, para probarla. **5** Fam. Conocer o adivinar las verdaderas cualidades o intenciones de una persona. **6** Fam. Comprender el motivo, razón o secreto de una cosa. **7** Sumergir algo en el agua, especialmente las redes o artes de pesca. ◆ **calarse** v.prnl. **8** Mojarse una persona hasta que el agua penetra en la ropa y llega hasta el cuerpo. **9** Ponerse un sombrero ajustándolo bien. **10** ESP Pararse un motor por estar frío o no llegarle la cantidad suficiente de combustible.

calavera s.f. **1** Conjunto de huesos que forman la cabeza. ◆ s.m. **2** Hombre de poco juicio o libertino. ◆ s.f. **3** MÉX Conjunto de luces de posición que los vehículos con motor llevan en la parte posterior.

calcado, a adj. Fam. Muy parecido o casi igual.

calcáneo s.m. Hueso corto del talón del pie.

calcañar s.m. Parte posterior de la planta del pie.

calcar v.tr. **1** Sacar copia, generalmente de un texto o un dibujo, por contacto del original con el papel o tela en el que se reproduce. **2** Copiar, imitar o reproducir fielmente una cosa.

calcáreo, a adj. Que tiene calcio.

calce s.m. Calzo (cuña).

calceta s.f. **1** Tejido de punto que se hace a mano. **2** Grillete de presidiario.

calcetín s.m. Prenda de vestir de punto, generalmente de lana o algodón, que cubre el pie y la pierna hasta la rodilla.

cálcico, a adj. Relativo al calcio.

calcificación s.f. **1** Asimilación de sales de calcio durante el proceso de formación de los huesos. **2** Acumulación patológica de sales de calcio en un tejido orgánico que no es el óseo. **3** Formación de depósitos de carbonato cálcico a partir de un agua dura.

calcificar v.tr. **1** Producir carbonato de cal por medios artificiales. **2** Dar a un tejido orgánico propiedades calcáreas mediante la adición de sales de calcio. ◆ **calcificarse** v.prnl. **3** Modificarse o degenerar un tejido orgánico por la acumulación de sales de calcio.

calcinar v.tr. **1** Destruir mediante el fuego. **2** Someter los minerales a altas temperaturas para que desaparezcan el agua y el carbono.

calcio s.m. Elemento químico de símbolo Ca y número atómico 20; es un metal muy blando, de color blanco brillante y, combinado con el oxígeno, forma la cal.

calcita s.f. Mineral formado por carbonato de calcio cristalizado.

calco s.m. **1** Copia, imitación o reproducción idéntica o muy parecida al original. **2** Adaptación de una palabra extranjera traduciendo su significado completo o el de cada uno de sus elementos formantes.

calcografía s.f. Arte y técnica de estampar imágenes por medio de planchas de cobre.

calcolítico, a adj. y s.m. **1** Se dice del período prehistórico que es el primero de la Edad de los Metales, y que se caracteriza por el uso del cobre en la fabricación de armas y herramientas. ◆ adj. **2** Relativo a este período prehistórico.

calcomanía s.f. **1** Papel con una imagen al revés preparada con una sustancia pegajosa para que se pueda traspasar por contacto a una superficie lisa. **2** Imagen de este papel impresa por contacto en una superficie lisa. **3** ARG, MÉX, URUG Adhesivo (lámina de papel o plástico). **GEOSIN** autoadhesivo, pegatina.

calcopirita s.f. Mineral compuesto de sulfuro natural de cobre y hierro, no muy duro, de color amarillo claro.

calculador, ra adj. y s. Se dice de la persona que hace las cosas después de haberlas pensado con cuidado y únicamente en función del interés material que pueden reportarle.

calculadora s.f. Máquina que sirve para realizar operaciones aritméticas mediante un procedimiento mecánico o electrónico.

calcular v.tr. **1** Hacer las operaciones matemáticas necesarias para averiguar un resultado. **2** Creer o suponer una cosa considerando otras.

cálculo s.m. **1** Operación o conjunto de operaciones matemáticas que son necesarias para averiguar un resultado. **2** Suposición o juicio. **3** Acumulación anormal de pequeños trozos de materia mineral u orgánica que se forma en algunos órganos huecos del cuerpo, generalmente en las vías urinarias y biliares.

calda s.f. **1** Introducción de combustible en un horno de fundición. ◆ **caldas** s.f.pl. **2** Aguas termales.

caldario s.m. Sala de las termas romanas donde se tomaban baños de vapor.

caldear v.tr. **1** Dar mucho calor, especialmente en un sitio cerrado. **2** Hacer que se levanten los ánimos o que se pierda la calma. **3** Poner el hierro al rojo para trabajarlo.

caldeo, a adj. y s. De Caldea (antigua región de Asia). ◆ s.m. y adj. **2** Antigua lengua semítica que hablaba este pueblo.

caldera s.f. **1** Recipiente metálico dotado de una fuente de calor donde se calienta o hace hervir el agua, especialmente para la calefacción de un edificio. **2** Vasija de metal con dos asas, grande y de fondo redondeado, que se usa para calentar una cosa o poner a cocer algo dentro de ella.

caldereta s.f. ESP Guiso elaborado con pescado, cordero o cabrito.

calderilla s.f. ESP Dinero que está en forma de monedas, no en billetes.

caldero s.m. Caldera pequeña de fondo redondeado.

calderón s.m. **1** Signo ortográfico (¶) con el que antiguamente se señalaba un párrafo. **2** Signo musical que indica la suspensión más o menos larga del compás. **3** MÉX Planta cuyo jugo se utiliza en medicina como insecticida.

caldo s.m. **1** Alimento líquido que resulta de cocer en agua carne, pescado o verdura. **2** Vino.

caldoso, a adj. Que tiene mucho caldo.

calé adj. y s.m. y f. **1** Gitano. ◆ adj. **2** Relativo a este pueblo.

calefacción s.f. **1** Calentamiento de un lugar. **2** Conjunto de aparatos que forman un sistema y sirven para calentar un lugar.

calefactor s.m. Aparato eléctrico que convierte el aire de un lugar en aire caliente.

caleidoscópico, a o **calidoscópico, a** adj. Que está constituido por elementos que cambian rápidamente.

caleidoscopio o **calidoscopio** s.m. Tubo con dos o tres espejos inclinados en su interior y varias piezas sueltas de colores en uno de sus extremos que se pueden ver por el otro formando distintas figuras simétricas a medida que se va girando el tubo.

calendario s.m. **1** Registro impreso de los días del año ordenados por meses y por semanas. **2** Sistema de división del tiempo por días, semanas, meses y años. **3** Plan ordenado del conjunto de las actividades previstas durante un período.

calendas s.f.pl. Primer día de cada mes del antiguo calendario romano.

caléndula s.f. Planta de jardín de flores compuestas de color anaranjado y hoja lanceolada, abundante en el Mediterráneo.

calentador, ra adj. **1** Que hace subir la temperatura de una cosa. ◆ s.m. **2** Aparato o recipiente para calentar una cosa.

calentamiento s.m. **1** Aumento de la temperatura mediante la transmisión de calor. **2** Serie de ejercicios deportivos para entrar en calor.

calentar (32) v.tr. e intr. **1** Transferir calor a un cuerpo para hacer subir su temperatura. ◆ v.tr. **2** Fam. Causar incomodidad o perturbar la tranquilidad de alguien. **3** Fam. Excitar o avivar el apetito sexual. ◆ v.tr. e intr. **4** Fam. Dar golpes a una persona. ◆ v.tr. **5** Hacer que se levanten los ánimos o que se pierda la calma. **6** Aumentar la velocidad de una cosa. ◆ v.tr. e intr. **7** Hacer ejercicios deportivos para entrar en calor.

calentón s.m. Calentamiento brusco e intenso, especialmente de un motor.

calentura s.f. Fiebre.

calenturiento, a adj. y s. **1** Que se excita y altera en exceso. **2** Que tiene síntomas de fiebre.

calesa s.f. Coche de caballos de dos o cuatro ruedas con la caja abierta por delante y con capota plegable.

calibrador s.m. Instrumento para calibrar.

calibrar v.tr. **1** Medir el diámetro de un objeto cilíndrico. **2** Dar a un objeto cilíndrico el diámetro que se desea. **3** Graduar exactamente un aparato o instrumento. **4** Estudiar con detalle la trascendencia de una cosa.

calibre s.m. **1** Diámetro interior de un objeto cilíndrico hueco. **2** Diámetro de un proyectil o de un alambre. **3** Importancia o trascendencia de una cosa. **4** Instrumento que sirve para medir con precisión la longitud o el diámetro de objetos pequeños.

calidad s.f. **1** Propiedad o conjunto de propiedades inherentes a una cosa que permiten caracterizarla y valorarla como igual, mejor o peor que las restantes de su especie. **2** Carácter de una persona. ◇ **en calidad de** Que realiza la acción con la función o cargo que se expresa.

cálido, a adj. **1** Que está caliente o que produce calor. **2** Que muestra afecto y cordialidad. **3** Que produce sensación de temperatura más alta que lo que le rodea. **4** Se dice del color que pertenece a la escala del rojo y del amarillo o se basa en la mezcla de ambas.

calidoscópico, a adj. Caleidoscópico.

calidoscopio s.m. Caleidoscopio.

calientapiés s.m. Aparato de calefacción que se coloca bajo los pies de una persona sentada. OBS Invariable en número.

calientaplatos s.m. Aparato o utensilio para mantener calientes los platos cocinados.

caliente adj. **1** Que tiene una temperatura alta o más alta de lo normal. **2** Que muestra sentimientos pasionales. **3** Fam. Que acaba de suceder. **4** Que produce sensación de temperatura alta o retiene el calor. **5** Se dice del color que pertenece a la escala del rojo y del amarillo o se basa en la mezcla de ambas. **6** Fam. Que siente excitación sexual.

califa s.m. Jefe supremo musulmán que, como sucesor de Mahoma, ejercía el poder civil y religioso en todo el Imperio musulmán.

califato s.m. **1** Dignidad de califa. **2** Territorio que gobernaba un califa. **3** Tiempo durante el que gobernaba un califa o dinastía de califas. **4** Período histórico en el que hubo califas.

calificación s.f. **1** Valoración de la suficiencia o no suficiencia de la persona que se examina. **2** Puntuación o palabra con la que se expresa esta valoración.

calificado, a adj. Se dice de la persona que goza de autoridad, mérito y prestigio.

calificar v.tr. **1** Valorar el grado de suficiencia o la insuficiencia de los conocimientos mostrados por un alumno u opositor en un examen o ejercicio. **2** Expresar un adjetivo la cualidad de un sustantivo.

calificativo, a adj. **1** Que determina o expresa unas cualidades. ◆ s.m. **2** Juicio o expresión para calificar una cosa o a una persona.

californiano, a adj. y s. De California (región de América del Norte).

californio s.m. Elemento químico artificial de símbolo Cf y número atómico 98; es un metal radiactivo sólido.

caligrafía s.f. **1** Arte de escribir a mano con letra bella y correctamente formada. **2** Conjunto de rasgos característicos de una escritura.

caligrafiar (1e) v.tr. Escribir a mano con letra bella y correctamente formada.

caligráfico, a adj. Relativo a la caligrafía.

caligrama s.m. Poema o escrito en que las letras forman un dibujo que tiene relación con el contenido.

calima s.f. Calina.

calimba s.f. CUBA Hierro para marcar los animales.

calimocho s.m. ESP Bebida que se prepara mezclando vino tinto y refresco de cola.

calina s.f. Niebla ligera formada por vapor de agua o partículas de polvo en suspensión.

cáliz s.m. **1** Vaso sagrado para consagrar el vino en la misa. **2** Cubierta exterior de la flor formada por hojas duras, generalmente de color verde (sépalos), por las que se une al tallo.

caliza s.f. Roca sedimentaria formada básicamente por calcita (carbonato de calcio).

calizo, a adj. Que tiene calcio.

callado, a adj. **1** Poco hablador o reservado. **2** Que transcurre en silencio.

callar v.intr. y prnl. **1** No hablar. **2** Dejar de hablar o de hacer ruido o producir un sonido. ◆ v.tr. y prnl. **3** No decir lo que se siente o se sabe.

calle s.f. **1** Vía pública de una población generalmente limitada por dos filas de edificios o solares. **2** En una población, lugar descubierto y fuera de cualquier edificio o local. **3** Camino o zona bordeada por dos líneas o hileras de cosas paralelas entre sí. ◇ **dejar a alguien en la calle** Quitarle a una persona sus bienes o el empleo con que se mantenía. ◇ **llevar,** o **traer, a alguien por la calle de la amargura** Hacer sufrir mucho a una persona.

calleja s.f. Callejuela.

callejear v.intr. Andar por las calles sin dirección fija ni objetivo.

callejero, a adj. **1** Relativo a la calle. **2** Se dice de la persona a la que le gusta callejear. ◆ s.m. **3** ESP Lista o guía que contiene el nombre de las calles de una ciudad, generalmente acompañada de un plano para localizarlas.

callejón s.m. **1** Calle o paso largo y estrecho entre paredes, casas o elevaciones del terreno. **2** Espacio entre la barrera y el muro en el que comienza el tendido de una plaza de toros. ◇ **callejón sin salida** Asunto o problema muy difícil o de solución imposible.

callejuela s.f. Calle corta y estrecha.

callicida s.m. Sustancia que sirve para curar o quitar los callos.

callista s.m. y f. Persona que se dedica a quitar los callos de los pies.

callo s.m. **1** Dureza que por roce o presión se forma generalmente en los pies o en las manos. **2** Fam. y desp. ESP Persona muy fea. ◆ **callos** s.m.pl. **3** ESP Guiso hecho con trozos del estómago de la vaca, la ternera o el carnero.

callosidad s.f. Dureza más extensa y menos profunda que el callo.

calma s.f. **1** Tranquilidad, ausencia de agitación y nervios en la forma de actuar. **2** Falta de ruido y movimiento en un lugar. **3** Estado de la atmósfera cuando no hay viento y del mar cuando no hay olas. **4** Suspensión o reducción momentánea de una actividad, un estado o situación. **5** Falta de apresuramiento.

calmante s.m. y adj. Sustancia o medicamento que calma el dolor o la excitación nerviosa.

calmar v.tr. **1** Disminuir o hacer desaparecer el dolor o la excitación nerviosa. **2** Disminuir o hacer desaparecer la fuerza de algo. ◆ **calmarse** v.prnl. **3** Serenarse el tiempo, el viento o el oleaje.

calmoso, a adj. **1** ESP Se dice de la persona que es muy tranquila. **2** ESP Que está en calma.

caló s.m. Lengua del pueblo gitano español.

calor s.m. **1** Temperatura alta del ambiente. **2** Sensación que produce un cuerpo caliente. **3** Energía que pasa a otro cuerpo con menos temperatura. **4** Afecto. **5** Viveza o energía al hacer una cosa. ◇ **al calor de** Con la ayuda o amparo de algo o de alguien.

caloría s.f. **1** Unidad de energía térmica, de símbolo cal, que equivale al calor necesario para elevar un grado centígrado la temperatura de un gramo de agua. **2** Unidad de medida del contenido energético de los alimentos.

calórico, a adj. **1** Relativo al calor. **2** Relativo a las calorías.

calorífero, a adj. Que conduce o propaga el calor.

calorífico, a adj. **1** Que produce calor. **2** Relativo al calor.

calorífugo, a adj. Que impide o dificulta la transmisión del calor.

calorímetro s.m. Instrumento para determinar el calor específico de un cuerpo y para medir la cantidad de calor absorbido o cedido en un proceso físico o químico.

calostro s.m. Primera leche que da la hembra después de parir.
OBS Suele usarse en plural con valor singular.

calotipo s.m. Método fotográfico que consiste en utilizar un papel sensible recubierto de yoduro de plata para obtener imágenes granuladas de color sepia o violado.

calumnia s.f. Acusación falsa hecha contra alguien con la intención de causarle daño.

calumniador, ra adj. y s. Se dice de la persona que calumnia.

calumniar (1d) v.tr. Acusar falsamente a alguien con la intención de causarle daño.

caluroso, a adj. **1** Que siente calor o lo produce. **2** Que tiene o muestra afecto y sinceridad.

calva s.f. **1** Parte de la cabeza de la que se ha caído el pelo. **2** Parte de una piel, felpa u otro tejido semejante que ha perdido el pelo. **3** Calvero (zona o claro sin árboles).

calvario s.m. Sufrimiento intenso y prolongado o sucesión de padecimientos y desgracias.

calvero s.m. Zona o claro sin árboles en el interior de un bosque.

calvicie s.f. Falta de pelo en la cabeza.

calvinismo s.m. Doctrina religiosa protestante que tuvo su origen en las ideas del teólogo francés Juan Calvino en el siglo XVI.

calvinista adj. **1** Relativo al calvinismo. ◆ adj. y s.m. y f. **2** Se dice de la persona partidaria del calvinismo.

calvo, a adj. y s. Se dice de la persona que ha perdido total o parcialmente el pelo de la cabeza.

calza s.f. **1** Prenda de vestir que, según la época, cubre toda la pierna (como una media) o parte del muslo (como un pantalón corto bombacho). □ Suele usarse en plural con valor singular. **2** Antigua prenda de vestir masculina que cubría toda la pierna o parte de ella. □ Suele usarse en plural con valor singular. **3** ARG, ESP, MÉX, R DOM Calzo.

calzada s.f. **1** Parte de la calle o de la carretera destinada a la circulación de vehículos. **2** Camino ancho y empedrado.

calzado, a adj. y s. **1** Se dice del religioso que pertenece a una orden en la que, por regla, se permite llevar los pies cubiertos. ◆ adj. **2** Se dice del animal que tiene de distinto color los extremos de las patas. ◆ s.m. **3** Prenda de vestir que sirve para cubrir y resguardar exteriormente el pie y a veces también la pierna.

calzador s.m. Utensilio rígido que sirve para ayudar a meter el pie en el calzado.

calzar v.tr. **1** Cubrir el pie y a veces la pierna con el calzado. **2** Llevar puestos o usar objetos que se adaptan al pie o a la mano. **3** Proporcionar calzado. **4** Poner una cuña o calzo para inmovilizar una rueda o impedir que cojee un mueble. **5** Rellenar con oro un diente o muela. **6** COL, ECUAD Eliminar la acción de la caries obturando las picaduras. **7** GUAT Firmar al pie de un escrito. **8** MÉX Cubrir ciertas hortalizas con tierra para que se hagan blancas y tiernas.

calzo s.m. Cuña que se pone entre el suelo y la rueda de un vehículo para inmovilizarlo o bajo la pata de un mueble para impedir que cojee.

calzón s.m. **1** Pantalón que llega hasta la mitad del muslo o hasta la rodilla, generalmente usado por los hombres. □ Suele usarse en plural con valor singular. **2** AMÉR SUR, GUAT, MÉX Braga (prenda interior femenina). **GEOSIN** bombacha, braga, calzonanias, pantaleta.

calzonarias s.f.pl. BOL, COL, ECUAD, GUAT Braga (prenda interior femenina). **GEOSIN** bombacha, braga, calzón, pantaleta.

calzonazos s.m. ESP Hombre de carácter débil que se deja dominar con facilidad.

calzoncillo s.m. Prenda de ropa interior masculina que generalmente cubre desde la cintura hasta parte de los muslos.
OBS Suele usarse en plural con valor singular.

CAM Sigla de la expresión inglesa **Computer Aided Manufacturing**, fabricación asistida por ordenador. □ Normalmente en aposición a otro sustantivo: equipos CAM.

cama s.f. **1** Mueble formado por una armazón sobre la que se pone un colchón, almohadas y ropas y que sirve para que las personas duerman o descansen sobre él. **2** Objeto que tiene forma parecida a este mueble. **3** Lugar donde se echan los animales para descansar o dormir. **4** Plaza para un enfermo en un hospital o para un alumno en un internado. ◇ **cama elástica** Lámina de goma sujeta por muelles que sirve para saltar encima. ◇ **cama marinera** ARG, BOL, URUG Cama nido. ◇ **cama nido** ESP Cama compuesta por dos superficies que se guardan una bajo la otra formando un solo mueble. ◇ **cama turca** Cama sin cabecera ni pies. ◇ **estar en,** o **guardar, cama** Descansar echado en la cama durante un tiempo para curar una enfermedad.

camada s.f. Conjunto de las crías de ciertos mamíferos que nacen de una vez.

camafeo s.m. Piedra preciosa de gran dureza, generalmente ónice, que tiene tallada una figura en relieve.

camal s.m. PERÚ Matadero principal.

camaleón s.m. Reptil arborícola cuya piel cambia de color adaptándose al del lugar en el que se encuentra.

camaleónico, a adj. Que cambia de opinión o de actitud según le conviene.

camalote s.m. AMÉR Nombre de ciertas plantas acuáticas que crecen en las orillas de los ríos y lagunas, de hojas y flores flotantes.

camambú s.m. AMÉR Planta silvestre de flor amarilla que da un fruto blanco y muy dulce.

cámara s.f. **1** Aparato que sirve para registrar imágenes estáticas o en movimiento. **2** Recinto o espacio cerrado por paredes. **3** Corporación u organismo que se ocupa de los asuntos públicos de una comunidad o propios de una actividad. **4** Órgano de un sistema político encargado de legislar. **5** Espacio en el interior de un mecanismo. **6** Cuerpo hueco de goma que está alojado en el interior de algunos objetos y que se infla con aire a presión. **7** Habitación o pieza principal de una casa que puede tener diversos empleos, o habitación o sala de uso privado o restringido. **8** Espacio destinado a la carga en un arma de fuego. ◆ s.m. y f. **9** Persona que se dedica al manejo de un aparato que permite recoger imágenes en movimiento. ◇ **cámara alta** Órgano de representación de las distintas partes de un país. ◇ **cámara baja** Órgano legislativo que representa directamente a los ciudadanos de un país. ◇ **cámara de gas** Recinto cerrado herméticamente que se llena de gases tóxicos para ejecutar a una o más personas. ◇ **cámara lenta** Rodaje acelerado de una secuencia para que al reproducirla a la velocidad normal cause un efecto de lentitud en los movimientos. ◇ **cámara oscura** Aparato óptico a manera de caja cerrada con un orificio en una de sus paredes a través del cual pasan los rayos luminosos, que por medio de una lente forman una imagen invertida de los objetos exteriores sobre la pared opuesta.

camarada s.m. y f. **1** Compañero de partido o de ideas políticas. **2** Compañero con el que se tiene una relación de amistad y confianza.

camarera s.f. ESP Mesa pequeña con ruedas que sirve para llevar comidas o bebidas.

camarero, a s. **1** Persona empleada en un bar, restaurante o establecimiento semejante para servir comidas o bebidas. **2** Persona que limpia y arregla las habitaciones en un establecimiento hotelero o los camarotes en un barco de pasajeros.

camarilla s.f. Conjunto de personas que influyen de forma extraoficial en los negocios de Estado o en los actos y decisiones de una autoridad superior.

camarón s.m. **1** Crustáceo marino comestible, muy parecido a la gamba, pero más pequeño. **2** C RICA Propina. **3** CH Vehículo con dos ruedas que se utiliza en los aserraderos para trasladar troncos. **4** PERÚ Camaleón (persona). **5** R DOM Espía.

camarote s.m. Habitación de un barco.

camastro s.m. Desp. Cama pobre, de mal aspecto y muy incómoda.

cambado, a adj. y s. AMÉR Patizambo (persona que tiene las piernas torcidas).

cambalache s.m. Trueque o intercambio de cosas de poco valor. □ Frec. despectivo.

cambar v.tr. ARG, VENEZ Combar algo.

cambiante adj. **1** Que cambia. ◆ **cambiantes** s.m.pl. **2** Cambios de tonalidad de algunos cuerpos, como las telas, según la luz.

cambiar (1d) v.tr. **1** Modificar una cosa para convertirla en algo distinto u opuesto. **2** Dar una cosa a cambio de otra. ◆ **v.tr. e intr. 3** Poner de manera distinta de como era o estaba. **4** Remplazar o sustituir una cosa por otra. **5** Hacer que una persona o cosa pase a ocupar otro sitio. ◆ **v.tr. 6** Intercambiar algunas acciones, especialmente ideas, palabras, miradas o risas. **7** Dar o tomar valores o monedas por sus equivalentes. ◆ **v.intr. 8** Quitar una velocidad y poner otra distinta en un vehículo automóvil. ◆ **cambiarse** v.prnl. **9** Quitarse una ropa y ponerse otra distinta. **10** Dejar de vivir en un lugar e irse a otro distinto.

cambiavía s.m. COL, CUBA, MÉX Guardagujas.

cambiazo s.m. **1** Cambio importante y generalmente realizado de manera inesperada. **2** Cambio o sustitución de una cosa por otra que se hace con engaño.

cambio s.m. **1** Modificación de una cosa para convertirla en algo distinto u opuesto. **2** Variación o alteración de un estado por otro. **3** Sustitución o reemplazo de una cosa por otra. **4** Entrega de una cosa por otra. **5** Dinero en monedas pequeñas, especialmente las que se dan en equivalencia de otras. **6** Valor relativo de la moneda de un país en relación con la de otro. **7** Mecanismo que sirve para pasar de una velocidad a otra en un vehículo. ◇ **a cambio** Como compensación. ◇ **a la primera,** o **a las primeras, de cambio** De repente, sin avisar. ◇ **en cambio** Por el contrario.

cámbium s.m. Capa de células dispuesta entre el xilema y el floema que contribuye al engrosamiento de la planta.

camboyano, a adj. y s. De Camboya. ◆ s.m. y adj. **2** Lengua hablada en este país.

cámbrico, a adj. y s.m. **1** Se dice del período geológico que es el primero de la era paleozoica o primaria y precede al período ordovícico; se extiende desde hace unos 570 millones de años hasta hace unos 500 millones. ◆ **adj. 2** Relativo a este período geológico.

cambucho s.m. **1** CH Funda de paja que se pone a las botellas para que no se rompan. **2** CH Cesta o canasto. **3** CH Tugurio.

camelar v.tr. **1** Fam. Ganar la voluntad de una persona con halagos o engaños. **2** Fam. Intentar enamorar a una persona tratándola de manera delicada y agradable. **3** MÉX Ver.

camelia s.f. **1** Arbusto procedente de Oriente, de hojas perennes de color verde brillante y hojas blancas sin olor. **2** Flor de este arbusto.

camélido adj. y s.m. **1** Se dice del mamífero rumiante carente de pezuñas y cuernos, con el cuello vertical y el estómago sin libro, que vive en los climas desérticos, como el camello, el dromedario, la llama y la vicuña. ◆ **camélidos** s.m.pl. **2** Grupo taxonómico, con categoría de familia, constituido por estos mamíferos.

camello, a s. **1** Mamífero rumiante de cuello largo, cabeza pequeña y cuerpo voluminoso con dos jorobas. ◆ **s.m. 2** Argot. ESP Persona que vende droga en pequeñas cantidades.

camelo s.m. **1** Fam. Noticia que se hace pasar por verdadera sin serlo. **2** Fam. Burla o broma.

camembert s.m. Queso de leche de vaca blando y recubierto por una fina capa de moho blanco.
OBS Pronunc. aprox. 'cámember'.

cameo s.m. Intervención o participación breve de una persona famosa en una película.

camerino s.m. Habitación donde los artistas se visten y maquillan para actuar.

camerunés, sa adj. y s. De Camerún.

camicace ▷ kamikaze.

camilla s.f. **1** Cama estrecha y portátil que se lleva sobre varas o ruedas y que sirve para transportar enfermos o heridos. **2** ESP Mesa redonda con una tarima para colocar un brasero y cubierta hasta el suelo con una tela para guardar el calor. □ También mesa camilla.

camillero, a s. Persona encargada de llevar la camilla que transporta enfermos y heridos.

camilucho, a adj. y s. AMÉR Se dice del indio o gaucho que trabaja como jornalero.

caminante adj. y s.m. y f. **1** Se dice de la persona que camina. ◆ **s.m. 2** CH Ave parecida a la alondra, de pico largo y plumaje de color terroso.

caminar v.intr. **1** Moverse o trasladarse de un lugar a otro dando pasos. **2** Dirigirse a un lugar o a una meta o avanzar hacia ellos. ◆ **v.tr. 3** Recorrer una distancia a pie.

caminata s.f. Paseo a pie largo y cansado.

camino s.m. **1** Franja de terreno más o menos ancha utilizada para ir por ella de un lugar a otro. **2** Acción de recorrer el espacio que hay entre dos puntos. **3** Recorrido que se hace para ir de un lugar a otro. **4** Procedimiento o medio para hacer o conseguir una cosa. ◇ **abrir,** o **abrirse, camino** Ir allanando escollos y venciendo dificultades para conseguir lo que una persona se propone. ◇ **camino de** En dirección a un lugar; hacia un lugar. ◇ **de camino** De paso, al ir a otra parte o al tratar de otro asunto. ◇ **llevar camino de** Actuar una persona o desarrollarse una cosa de modo que pueda predecirse lo que va a pasar. ◇ **ponerse en camino** Emprender un viaje.

camión s.m. **1** Vehículo automóvil grande y potente, de cuatro o más ruedas, que se usa para el transporte de cargas pesadas o voluminosas. ◇ **camión cisterna** Camión para el transporte de fluidos. **2** MÉX, VENEZ Autobús. **GEOSIN** colectivo, guagua, micro.

camionero, a s. Persona que se dedica a conducir camiones.

camioneta s.f. **1** Vehículo automóvil menor que el camión que sirve para el transporte de toda clase de mercancías. **2** Fam. Autobús.

camisa s.f. **1** Prenda de vestir de tejido fino que cubre el cuerpo desde el cuello hasta más abajo de la cintura y se abre de arriba abajo por delante. **2** Piel seca que se desprende periódicamente de la serpiente y otros reptiles cuando ya les ha salido otra nueva. **3** Revestimiento interior o envoltura externa de algunas piezas mecánicas para evitar su deterioro o para aumentar el rendimiento de un motor. ◇ **cambiar de camisa** Cambiar interesadamente de ideas o de partido. ◇ **camisa de fuerza** Prenda de tela fuerte abierta por detrás y con mangas cerradas por sus extremos que se pone a los locos cuando es preciso inmovilizarlos. ◇ **meterse en camisa de once varas** Fam. Ocuparse una persona de cosas difíciles que no le incumben o que no será capaz de realizar. ◇ **no llegarle la camisa al cuerpo a alguien** Fam. Estar muy preocupado o temer por algún posible peligro.

camisero, a adj. **1** Relativo a la camisa (prenda de vestir). ◆ s. **2** Persona que se dedica a fabricar o vender camisas.

camiseta s.f. Prenda de vestir o deportiva que se pone directamente sobre el cuerpo cubriéndolo hasta más abajo de la cintura.

camisola s.f. **1** Camisa amplia y ligera que se lleva por fuera. **2** ESP Camiseta deportiva.

camisón s.m. **1** Prenda de vestir de una sola pieza, generalmente femenina, que se usa para dormir y cubre desde el cuello hasta las piernas. **2** COL, CH, VENEZ Traje de mujer.

camita adj. y s.m. y f. De los pueblos del noreste de África que, según la tradición, descienden de Cam, segundo hijo de Noé

camomila s.f. Manzanilla (planta y flor).

camorra s.f. Riña o enfrentamiento ruidoso y violento entre dos o más personas.

camorrista adj. y s.m. y f. Fam. Se dice de la persona que suele armar camorra fácilmente.

camote s.m. **1** AMÉR Batata. **2** AMÉR Bulbo. **3** AMÉR Enamoramiento. **4** AMÉR Amante. **5** CH, PERÚ Mentira. **6** ECUAD, MÉX Tonto, bobo. **7** EL SALV Moratón, cardenal. **8** GUAT Pantorrilla.

campal adj. **1** Se dice de la batalla o lucha que ocurre en espacio abierto, fuera de una población. **2** Se dice de la pelea o discusión que es muy violenta o salvaje.

campamento s.m. **1** Lugar al aire libre acondicionado para acampar en él o albergar provisionalmente a alguien. **2** Período del servicio militar en que los reclutas reciben la instrucción básica.

campana s.f. **1** Instrumento metálico en forma de copa invertida, que suena al ser golpeado por el badajo que cuelga en su interior o por un martillo exterior. **2** Objeto de forma parecida a la de este instrumento. ◇ **echar las campanas al vuelo** Contar a la gente con júbilo una noticia favorable. ◇ **oír campanas y no saber dónde** Tener alguien una idea poco exacta de alguna noticia o suceso.

campanada s.f. **1** Golpe que da el badajo o el martillo en una campana y sonido que produce. **2** Noticia que provoca admiración, escándalo o sorpresa.

campanario s.m. Torre, espadaña o armadura, generalmente de una iglesia, donde se colocan las campanas.

campanilla s.f. **1** Campana pequeña y con mango. **2** Masa carnosa de tejido muscular que cuelga del velo del paladar a la entrada de la garganta. **3** Flor que tiene la corola en forma de campana. **4** Nombre de diversas plantas herbáceas cuyas flores tienen la corola en forma de campana.

campanólogo, a s. Persona que toca piezas musicales haciendo sonar con una baqueta o palo fino varias campanas o vasos de cristal puestos en serie.

campante adj. **1** Fam. Tranquilo y despreocupado. **2** Fam. Orgulloso de uno mismo.

campánula s.f. Planta de jardín con hojas vellosas y flores azules o blancas en forma de campanilla agrupadas en ramilletes.

campaña s.f. **1** Conjunto de actividades o de esfuerzos que se realizan durante cierto tiempo y están encaminados a conseguir un fin. **2** Expedición militar. **3** Campo llano sin montes ni relieves abruptos.

campeador adj. y s.m. Se dice del guerrero que sobresalía en el campo de batalla con acciones señaladas.

campear v.intr. **1** Andar o pacer por el campo un animal. **2** Combatir en campo abierto.

campechano, a adj. Se dice de la persona que es sencilla y cordial.

campeón, na adj. y s. **1** Que gana o vence en una competición. **2** Se dice de la persona que supera a los demás en un aspecto determinado. **3** Que destaca por defender una causa o doctrina.

campeonato s.m. **1** Competición en la que se disputa un premio y el título de campeón, especialmente en ciertos juegos o deportes. **2** ESP Victoria o triunfo que se consigue en dicha competición. ◇ **de campeonato** Fam. Extraordinario, muy grande o muy bueno.

campera s.f. ARG, CH, URUG Prenda de vestir corta y ajustada a la cintura, generalmente de línea deportiva y material resistente, que se suele cerrar con una cremallera. **GEOSIN** cazadora.

campero, a adj. **1** Relativo al campo. **2** AMÉR Se dice del animal que está adiestrado para el paso de ríos, montes y sendas peligrosas.

campesinado s.m. **1** Conjunto de los campesinos de un lugar. **2** Clase social que forman los campesinos.

campesino, a adj. **1** Campestre. ◆ adj. y s. **2** Se dice de la persona que vive y trabaja en el campo.

campestre adj. Relativo al campo.

camping (pl. campings.) s.m. **1** Lugar al aire libre acondicionado para acampar en él o alojarse temporalmente. **2** Actividad que consiste en instalarse en tiendas de campaña.
OBS Pronunc. aprox. 'campin'.

campiña s.f. Espacio grande de terreno llano dedicado al cultivo.

campista s.m. y f. **1** Persona que practica el camping o está acampada. **2** AMÉR Persona que arrienda minas. **3** AMÉR CENTRAL, VENEZ Campesino, ganadero.

campo s.m. **1** Terreno fuera de los núcleos de población. **2** Terreno o conjunto de terrenos que se cultivan. **3** Conjunto de tierras, poblaciones rurales y formas de vida agrarias, en contraposición a ciudad. **4** Terreno que se dedica a un uso determinado. **5** Espacio ocupado por una persona, equipo o ejército que lucha o compite contra otros. **6** Materia de estudio o parcela del conocimiento. **7** Porción de espacio en el que se manifiesta una fuerza o un fenómeno físico. ◇ **a campo través** o **a campo traviesa** o **a campo travieso** Atravesando un terreno sin seguir un camino. ◇ **campo de concentración** Lugar en el que se recluye a prisioneros de guerra y a otras personas por motivos políticos. ◇ **campo santo** Camposanto.

camposanto o **campo santo** s.m. Cementerio, en la religión católica.

campus s.m. Conjunto de terrenos y edificios de una universidad.

camuflaje s.m. Acción y efecto de camuflar.

camuflar v.tr. **1** Disimular la presencia de tropas o material de guerra dándoles una apariencia engañosa. **2** Ocultar o esconder algo haciendo que parezca otra cosa.

can s.m. **1** Perro (animal). **2** Canecillo.

cana s.f. **1** Pelo que se ha vuelto blanco. **2** ARG, BOL, URUG Cárcel o lugar en que se retiene a los presos. ◇ **echar una cana al aire** Fam. Salirse ocasionalmente de la vida normal y permitirse una diversión, generalmente referido al sexo. ◇ **peinar canas** Fam. Ser viejo.

canadiense adj. y s.m. y f. De Canadá (país de América del Norte).

canal s.m. o f. **1** Conducto o cauce artificial por donde se conduce el agua u otro líquido. **2** Conducto del cuerpo, generalmente hueco y fino. **3** Conducto o vía natural por donde se mueven los gases o los líquidos en el interior de la Tierra. **4** Teja fina y muy combada que se usa para formar en los tejados los conductos por donde corre el agua de lluvia. **5** Vía o medio utilizado para comunicar un mensaje. **6** Banda de frecuencias por la que se emiten las ondas de la radio y la televisión. **7** Paso natural o artificial por el que se comunican dos mares. ◇ **abrir algo en canal** Cortar o rasgar un cuerpo de arriba abajo.

canalización s.f. Acción de canalizar.

canalizar v.tr. **1** Construir canales, generalmente para conducir gases o líquidos. **2** Conducir gases o líquidos a través de canales. **3** Regularizar el cauce de un río o arroyo. **4** Orientar o dirigir hacia un fin determinado.

canalla adj. y s.m. y f. Desp. Se dice de la persona despreciable y de comportamiento malvado.

canallada s.f. Obra propia de un canalla.

canalón s.m. Conducto que recibe el agua de los tejados y la conduce a tierra.

canana s.f. Cinturón ancho con compartimentos para llevar cartuchos.

cananeo, a adj. y s. De Canaán (antigua región del sudoeste de Asia).

canapé s.m. **1** Aperitivo formado con una rebanada pequeña de pan sobre la que se coloca un alimento. **2** Asiento alargado y blando, con brazos y respaldo o sin ellos, en el que puede sentarse o tenderse una persona. **3** Soporte rígido y acolchado sobre el que se coloca el colchón en una cama.

canario, a adj. y s. **1** De las islas Canarias (comunidad autónoma española). ◆ **s.m. y adj. 2** Variedad del español hablada en las islas Canarias. ◆ **s. 3** Pájaro de plumaje amarillo, verdoso o casi blanco, muy apreciado por su canto y que se suele criar como ave doméstica.

canarismo s.m. **1** Amor o admiración por la cultura y las tradiciones de las islas Canarias. **2** Palabra o modo de expresión propio del español hablado en Canarias.

canasta s.f. **1** Cesto de mimbre u otro material flexible de boca ancha y generalmente con dos asas. **2** Aro metálico por el que hay que pasar la pelota en el baloncesto. **3** Tanto conseguido en el baloncesto al introducir la pelota por este aro. **4** Juego de cartas con dos o más barajas francesas.

canastilla s.f. **1** Cesta pequeña hecha de mimbre de uso doméstico. **2** Conjunto de ropa que se prepara para el niño que va a nacer.

canasto s.m. Canasta alta y con dos asas.

cáncamo s.m. Tornillo que tiene una anilla en uno de los extremos.

cancán s.m. Baile originario de Francia, ligero y atrevido en el que se levantan las piernas hasta la altura de la cabeza.

cancel s.m. **1** Puerta suplementaria ajustada a la principal por el lado exterior, generalmente con tres hojas, una de frente y dos laterales, y cubierta por un techo, para proteger la casa del ruido y el viento. **2** AMÉR División vertical hecha en una habitación mediante un marco.

cancela s.f. Verja baja que se pone en la entrada de algunas casas.

cancelación s.f. Acción y efecto de cancelar.

cancelar v.tr. **1** Dejar sin efecto o valor una cosa. **2** Suspender lo que se tenía previsto o programado. **3** Saldar por completo una deuda o una cuenta.

cáncer s.m. **1** Crecimiento y división incontrolados de las células de una parte del organismo que se extiende invadiendo y destruyendo los tejidos circundantes. **2** Cosa que destruye o daña gravemente a una parte de la sociedad y es difícil de combatir o frenar. ◆ **adj. y s.m. y f. 3** Se dice de la persona que ha nacido entre el 22 de junio y el 22 de julio, tiempo en que el Sol, visto desde la Tierra, recorre la constelación de Cáncer, cuarto signo del Zodiaco. □ Se escribe normalmente con mayúscula inicial. Invariable en número.

cancerbero s.m. **1** Perro mitológico de tres cabezas. **2** Portero o guardián severo. **3** Portero de un equipo de fútbol.

cancerígeno, a adj. Que produce cáncer o favorece su aparición.

canceroso, a adj. **1** Que presenta las características del cáncer. **2** Que padece cáncer.

1. **cancha** s.f. **1** Local o terreno de juego destinados a la práctica de determinados deportes. **2** Suelo construido con piedra o cemento donde se juega al frontón o trinquete. **3** AMÉR Terreno o local llano y despejado. **4** AMÉR Hipódromo. **5** AMÉR Parte más ancha del cauce de un río. **6** ARG, C RICA, CH Habilidad adquirida con la experiencia. **7** ARG, BOL, PAR, URUG Corral o cercado espacioso donde se almacenan cosas. **8** CH En minería, terreno donde se acumula, seca y prepara el salitre antes de su embarque. **9** COL, PAR, VENEZ Cantidad que cobra el dueño de una casa de juego por cada apuesta que en ella se realiza. ◆ **interj. 10** AMÉR Se usa para pedir que abran paso. ◇ **dar cancha a alguien** Dar a alguien plena confianza para que resuelva un asunto a su manera. □ ARG, C RICA, CH Dejarle a una persona alguna ventaja. ◇ **estar alguien en su cancha** Fam. CH, PAR Estar una persona en su óptimo momento. ◇ **hacer cancha** Fam. MÉX Conseguir una persona una situación conveniente en la vida. ◇ **tener cancha** Fam. ARG, C RICA, CH, PAR, PERÚ, URUG Tener una persona habilidad en algo gracias a los conocimientos adquiridos mediante la experiencia.

2. **cancha** s.f. AMÉR Maíz o habas tostados.

canchal s.m. Terreno en la base de una ladera en el que hay acumulación de fragmentos de roca desprendidos de la montaña.

canchero, a adj. y s. **1** AMÉR Se dice de la persona que tiene una cancha de juego o cuida de ella. **2** Fam. ARG, CH, PAR, PERÚ, URUG Se dice de la persona que es experta en alguna actividad. **3** Fam. CH Se dice de la persona que busca trabajos de poca duración y poco esfuerzo.

canciller s.m. **1** Jefe o presidente del Gobierno en algunos países europeos. **2** Empleado auxiliar de una embajada o consulado.

cancillería s.f. **1** Cargo u oficio de canciller. **2** Oficina o departamento especial de las embajadas, consulados, etc. encargada de la redacción de los documentos. **3** Ministerio o centro diplomático desde el cual se dirige la política exterior de un país.

canción s.f. **1** Composición musical, especialmente la que es cantada. **2** Cosa que se repite con insistencia y resulta molesta, especialmente un sonido o lo dicho por alguien. **3** Composición poética culta de origen italiano, de asunto amoroso y tono melancólico. **4** Poema lírico dividido en estancias o estrofas de versos endecasílabos y heptasílabos. ◇ **canción de cuna** Canción que se canta para que los niños pequeños se duerman. ◇ **canción española** Canción popular de origen andaluz y flamenco.

cancionero s.m. Colección de letras de las canciones de uno o varios autores.

candado s.m. Cerradura suelta que asegura puertas, cofres, etc.

candeal adj. y s.m. **1** Se dice del trigo que tiene la espiga cuadrada y da una harina muy blanca y de buena calidad. **2** Se dice del pan hecho con esta harina.

candela s.f. **1** Vela que se enciende y sirve para dar luz. **2** Fam. Materia combustible encendida. **3** Unidad de intensidad luminosa del Sistema Internacional, de símbolo **cd**.

candelabro s.m. Candelero con dos o más brazos que se sostiene por su pie o sujeto a una pared.

candelaria s.f. Planta de hojas amarillas, largas y muy apretadas, con efectos terapéuticos.

candelero s.m. Utensilio consistente en un cilindro hueco unido a un pie por una pequeña columna, que sirve para sujetar y mantener derecha una candela o vela. ◇ **en el candelero** Que disfruta en estos momentos de mucha fama, éxito o autoridad.

candente adj. **1** Se dice del cuerpo que está de color rojo o blanco por efecto de una temperatura muy alta. **2** Se dice de la cuestión, tema o asunto que es de máxima actualidad y puede resultar polémico.

candidato, a s. **1** Persona que solicita y pretende un cargo, premio o distinción. **2** Persona propuesta para un cargo, premio o distinción.

candidatura s.f. **1** Solicitud o aspiración a un cargo, a un premio o a una distinción. **2** Propuesta o presentación que se hace de una persona para alguna dignidad o cargo. **3** Lista de candidatos que un partido presenta.

candidez s.f. **1** Falta de malicia, astucia o hipocresía al actuar. **2** Ingenuidad o inocencia.

cándido, a adj. y s. **1** Se dice de la persona que está falta de malicia o hipocresía al actuar. **2** Se dice de la persona que es inocente o ingenua.

candil s.m. Utensilio para alumbrar formado por un recipiente lleno de aceite, una mecha sumergida en él que asoma por un pico y un gancho para colgarlo.

candilejas s.f.pl. Línea de luces situada en la parte anterior de un escenario teatral.

candor s.m. Ingenuidad o inocencia.

candoroso, a adj. Que tiene candor.

canear v.tr. Fam. ESP Golpear repetidamente a una persona.

canecillo s.m. Saliente arquitectónico en forma de viga o repisa que sostiene la parte voladiza de una cornisa.

canela s.f. **1** Segunda corteza de las ramas del canelo, de color marrón claro, olorosa y de sabor agradable. **2** Fam. Persona o cosa de mucha calidad o que gusta mucho.

canelón s.m. Pasta alimenticia en forma de rollo, hecha de harina de trigo y con un relleno de carne, pescado o verdura.

canesú (pl. canesús.) s.m. Pieza superior de un vestido o de una camisa a la que se unen el cuello, las mangas y el resto de la prenda.

caney s.m. **1** CUBA Recodo o curva cerrada que forma un río. **2** CUBA, VENEZ Especie de cabaña redonda y de techo cónico.

cangilón s.m. Recipiente de barro o de metal atado a la rueda de una noria u otra máquina para sacar agua de un pozo o una corriente de agua.

cangrejo s.m. Crustáceo, marino o de río, con el cuerpo cubierto por un caparazón y cinco pares de patas; las patas delanteras suelen ser más grandes y tienen forma de pinzas. ◇ **cangrejo ermitaño** Cangrejo que carece de caparazón abdominal y se introduce en la concha vacía de algún molusco para protegerse. □ También simplemente ermitaño.

canguelo s.m. Fam. ESP Miedo muy grande o intenso.

canguro s.m. **1** Marsupial con las patas posteriores muy desarrolladas y una robusta cola que le sirve de apoyo cuando está quieto; la hembra tiene una bolsa (marsupio) en el vientre, donde lleva a sus crías. ◆ s.m. y f. **2** ESP Persona, generalmente joven, que cuida niños a domicilio.

caníbal adj. y s.m. y f. **1** Se dice de la persona que come carne humana. **2** Se dice del animal que come carne de otros de su misma especie.

canibalismo s.m. Costumbre de la persona o animal caníbales.

canica s.f. ESP Bolita de materia dura, generalmente de vidrio, con que los niños juegan.

caniche adj. y s.m. Se dice del perro que pertenece a una raza de tamaño generalmente pequeño y de pelo rizado y lanoso.

canícula s.f. Período del año en que es más fuerte el calor.

cánido adj. y s.m. **1** Se dice del mamífero carnívoro de cabeza generalmente pequeña, orejas grandes, hocico alargado, dedos provistos de uñas fijas, cinco dedos en las patas delanteras y cuatro en las traseras, y cuerpo esbelto con el vientre hundido. ◆ **cánidos** s.m.pl. **2** Gupo taxonómico, con categoría de familia, constituido por estos mamíferos.

canijo, a adj. y s. **1** Se dice del ser vivo que está muy delgado o débil. **2** Se dice de la persona que es pequeña o de baja estatura.

canilla s.f. **1** Parte más delgada de la pierna de una persona. **2** Carrete metálico en el que se enrolla el hilo en las máquinas de coser. **3** Grifo de las cubas. **4** ARG Pierna. **5** ARG Grifo. **6** MÉX Fuerza.

canillera s.f. Pieza de la armadura que cubre y protege la espinilla.

canino, a adj. **1** Relativo al perro. ◆ adj. y s.m. **2** Se dice del diente puntiagudo y fuerte situado entre los dientes incisivos y las muelas de los animales vertebrados. ◆ adj. y s.f. **3** Se dice del hambre que es muy fuerte.

canje s.m. Trueque o cambio de una persona o cosa por otra según ciertas condiciones.

canjear v.tr. Dar una cosa a cambio de otra.

cannabis s.m. **1** Variedad de cultivo del cáñamo común. **2** Polvo oscuro obtenido de las flores, hojas y tallos desecados de esta planta, y que sirve para fabricar varias drogas.

cano, a adj. Se dice del pelo, barba o bigote que está blanco o lleno de canas.

canoa s.f. **1** Embarcación ligera, estrecha y alargada que navega sin timón, a remo o con motor, con las partes delantera y trasera acabadas en punta. **2** AMÉR Canal para conducir agua. **3** CH Canal del tejado, generalmente de cinc. **4** C RICA, CH, COL, CUBA, NIC, P RICO Artesa o cajón de forma oblonga que sirve para dar de comer a los animales y para otros usos.

canódromo s.m. Instalación preparada para celebrar carreras de galgos.

canon s.m. **1** Norma, regla o precepto. **2** Modelo que reúne las características perfectas en su especie. **3** Cantidad de dinero que se paga. **4** Regla sobre la disciplina o el dogma establecida por la Iglesia católica en un concilio. **5** Composición musical formada por dos o más voces con la misma melodía que van entrando sucesivamente.

canónico, a adj. **1** Que está de acuerdo con las normas y reglas de la Iglesia. **2** Que se ajusta a las características de un canon de normalidad o perfección.

canónigo s.m. Sacerdote de la Iglesia católica que forma parte del cabildo de una catedral.

canonizar v.tr. Declarar el Papa oficialmente santa a una persona y autorizar su culto.

canoro, a adj. Se dice del ave o pájaro que tiene un canto agradable y melodioso.

canoso, a adj. Que tiene canas.

canotier (pl. canotiers.) s.m. Sombrero de paja de copa plana y corta y ala recta.
OBS Pronunc. aprox. 'canotié'.

canovismo s.m. Sistema político de la Restauración española que consistía en una alternancia pactada en el gobierno entre el partido conservador y el progresista.

canovista adj. Relativo al canovismo.

cansado, a adj. **1** Que produce cansancio o fatiga. **2** Pesado por aburrido o por insistente.

cansancio s.m. **1** Debilidad o falta de fuerza provocada por un esfuerzo o trabajo. **2** Aburrimiento, desagrado o hastío.

cansar v.tr. **1** Causar un esfuerzo o un trabajo pérdida de las fuerzas o sensación de debilidad. **2** Causar una cosa o persona aburrimiento o desagrado. ◆ **cansarse** v.prnl. **3** Experimentar pérdida de las fuerzas o sensación de debilidad. **4** Experimentar aburrimiento o desagrado.

cansera s.f. **1** Cansancio. **2** COL, MÉX Tiempo perdido en un empeño.

cansino, a adj. Lento, pesado.

cantábrico, a adj. **1** De Cantabria (comunidad autónoma española). **2** De la cordillera Cantábrica, del mar Cantábrico o de sus costas.

cántabro, a adj. y s. **1** De Cantabria (comunidad autónoma española). **2** De un pueblo prerromano que vivía en la actual Cantabria, La Lora (Burgos) y el alto Pisuerga.

cantamañanas s.m. y f. ESP Persona informal, irresponsable y que no merece crédito.

cantante s.m. y f. Persona que se dedica a cantar por profesión o afición.

cantaor, ra s. Cantante de flamenco.

1. **cantar** v.tr. **1** Formar una persona con su voz sonidos melodiosos y variados o que siguen una melodía musical. ◆ v.intr. **2** Producir sonidos armoniosos o emitir su voz un animal. **3** Emitir sonidos estridentes algunos insectos. **4** Fam. Confesar o revelar lo secreto. **5** Fam. ESP Despedir un olor fuerte y desagradable. ◆ v.tr. **6** Anunciar o decir algo en voz alta y con una entonación especial. **7** Anunciar en voz alta una jugada que permite añadir puntos en ciertos juegos de cartas. **8** Alabar y decir cosas buenas de algo o de alguien.

2. **cantar** s.m. Breve composición poética con música, hecha para ser cantada. ◇ **cantar de gesta** Poema épico medieval en lengua romance.

cantárida s.f. Insecto de la familia del escarabajo, de color verde metálico.

cantarín, na adj. Fam. Se dice de la persona aficionada a cantar.

cántaro s.m. Recipiente de barro o metal, generalmente con una o dos asas, de boca y pie estrechos y la parte del centro más ancha. ◇ **llover a cántaros** Llover en abundancia y con fuerza.

cantata s.f. Composición musical de tema profano o religioso para ser interpretada por un coro, solistas y orquesta.

cantautor, ra s. Cantante que interpreta principalmente sus propias canciones.

cante s.m. Canto o composición en verso para ser cantada, de carácter popular, especialmente el gitano-andaluz. ◇ **cante hondo** o **cante jondo** Cante flamenco de música y letra intensas, expresivas y trágicas, que puede ir acompañado de baile.

cantera s.f. **1** Lugar de donde se extrae piedra y otros materiales usados en la construcción. **2** Lugar u organismo donde se forman y de donde salen personas bien preparadas para desarrollar determinada actividad.

cantería s.f. Arte de labrar las piedras destinadas a obras de construcción.

cantero s.m. **1** Persona que se dedica a extraer la piedra de las canteras o a labrarla para las construcciones. **2** Extremo de una cosa dura que puede partirse con facilidad. **3** AMÉR Espacio delimitado para flores y plantas en un jardín, parque o avenida.

cántico s.m. Composición poética que se puede adaptar a una música, generalmente de carácter religioso.

cantidad s.f. **1** Propiedad de lo que puede ser contado o medido. **2** Número de unidades, tamaño o proporción de una cosa. **3** Suma de dinero. **4** Gran número o abundancia de personas o de cosas. **5** Duración de un sonido. ◆ adv. **6** Fam. Mucho.

cantiga o **cántiga** s.f. Subgénero lírico medieval que floreció en la poesía galaicoportuguesa y fue cultivado por los trovadores.

cantimplora s.f. Recipiente aplanado para llevar agua en viajes y excursiones.

cantina s.f. Establecimiento público en el que se sirven o se venden bebidas y comidas.

cantinela s.f. Cosa que se repite con insistencia y resulta molesta.

1. **canto** s.m. **1** Formación de sonidos vocales armoniosos o rítmicos por parte de una persona. **2** Arte o técnica de cantar o emitir sonidos armoniosos con la voz humana. **3** Composición musical cantada. **4** Emisión de sonidos armoniosos o rítmicos, o simplemente de su voz, por parte de un animal. **5** Emisión de sonidos estridentes por parte de algunos insectos. **6** Alabanza y ensalzamiento para destacar una virtud. **7** Composición poética de tono elevado o solemne. **8** Parte en que se dividen ciertos poemas épicos. ◇ **canto gregoriano** o **canto llano** Canto litúrgico cristiano de una sola melodía, sin acompañamiento de instrumentos y de ritmo libre.

2. **canto** s.m. **1** Borde o filo que limita la forma de un objeto delgado. **2** Esquina o extremo de un objeto. **3** Lado opuesto al filo en un arma blanca. **4** Corte del libro opuesto al lomo. **5** Trozo de piedra. ◇ **canto rodado** Trozo de piedra liso y de forma redondeada. ◇ **de canto** De lado, sobre el borde o filo de un objeto delgado.

cantón s.m. **1** División administrativa y territorial de algunos países dotada de cierta autonomía política. **2** Esquina de un edificio.

cantonal adj. Relativo al cantón (división administrativa y territorial).

cantonalismo s.m. Sistema político que defiende la partición del Estado en cantones.

cantonera s.f. ESP Pieza que se pone en las esquinas de las tapas de un libro, un mueble u otra cosa y que sirve para reforzarlo o adornarlo.

cantor, ra adj. **1** Se dice del pájaro que puede emitir sonidos melodiosos y variados. ◆ **adj. y s. 2** Cantante, especialmente de música religiosa.

cantoral s.m. Libro grande que contenía la letra y la música de los himnos religiosos que se cantaban en las iglesias.

cantueso s.m. Planta aromática parecida a la lavanda, de flores violeta en espiga.

canturrear v.intr. Cantar a media voz y generalmente de manera descuidada.

cánula s.f. **1** Tubo pequeño que se emplea en medicina para evacuar o introducir líquidos en el cuerpo. **2** Extremo de la jeringa.

canutas ◇ **pasarlas canutas** Fam. ESP Encontrarse en una situación muy difícil.

canutillo s.m. **1** Hilo de oro o plata rizado que se usa para bordar. **2** Tubo pequeño de vidrio usado en trabajos de pasamanería.

canuto s.m. **1** Tubo pequeño y estrecho generalmente abierto por los dos extremos. **2** Argot. ESP Porro (cigarrillo de droga). **3** AMÉR CENTRAL, VENEZ Mango de la pluma de escribir.

caña s.f. **1** Tallo hueco y dividido en segmentos por nudos de algunas plantas gramíneas. **2** Planta gramínea propia de lugares húmedos, con tallos huecos y nudosos, hojas anchas y ásperas y flores que nacen de un eje común. **3** ESP Vaso alto y estrecho. **4** Parte más delgada de la pierna de una persona. **5** Hueso largo de las extremidades de un cuadrúpedo. ◇ **caña de azúcar** Planta parecida a la caña, de cuyo tallo se extrae el azúcar.

cañada s.f. **1** Camino por el que pasa el ganado trashumante. **2** Paso entre dos alturas poco distantes.

cañaduz s.f. COL Caña de azúcar.

cañamazo s.m. **1** Tela tosca de cáñamo. **2** Tejido con los hilos muy separados que se emplea para bordar sobre él o como guía.

cañamiel s.f. Caña de azúcar.

cáñamo s.m. **1** Planta de unos 2 m de altura, de tallo recto, hueco y velloso, hojas opuestas y divididas y flores verdes, que se cultiva para sacar su fibra y sus semillas. **2** Fibra vegetal que se extrae del tallo de esta planta. ◇ **cáñamo índico** Cannabis (planta).

cañamón s.m. Semilla del cáñamo.

cañavera s.f. Planta parecida a la caña, pero con el tallo más delgado y no tan alto.

cañaveral s.m. Cañizal.

cañería s.f. Conducto formado por caños o tubos empalmados por donde se distribuye el agua o el gas.

cañero, a adj. Fam. ESP Se dice de la música que tiene mucha potencia o fuerza.

cañí (pl. cañís.) **adj. y s.m. y f.** De raza gitana.

cañizal s.m. Lugar poblado de cañas.

caño s.m. **1** Tubo por donde sale un chorro de agua o de otro líquido. **2** Tubo corto, especialmente el que forma con otros las tuberías.

cañón s.m. **1** Arma de artillería que dispara proyectiles de gran calibre mediante un tubo largo dispuesto sobre una base generalmente móvil. **2** Tubo alargado y estrecho de las armas de fuego por donde sale el proyectil. **3** Pieza hueca y alargada, en forma de tubo, de algunos objetos. **4** Parte hueca y dura de la pluma de un ave. **5** Foco de luz concentrada que se usa en el teatro y en otros espectáculos. **6** Pluma que empieza a nacer. **7** Parte más dura del pelo de la barba o del bigote inmediata a la raíz. **8** Paso estrecho entre dos montañas.

cañonazo s.m. **1** Disparo hecho con un cañón. **2** Ruido, marca, señal o efecto provocado por este disparo.

caoba s.f. **1** Árbol de tronco recto y grueso, hojas compuestas, flores pequeñas y blancas que nacen de un eje común, y cuya madera es muy apreciada en ebanistería. **2** Madera de este árbol. ◆ **s.m. y adj. 3** Color marrón rojizo, como el de esta madera. ◆ **adj. 4** Que es de este color. □ Invariable en número.

caolín s.m. Arcilla blanca muy pura usada para la fabricación de objetos de porcelana.

caos s.m. Desorden o confusión muy grandes.

caótico, a adj. Desordenado y confuso.

capa s.f. **1** Prenda de vestir larga y suelta, sin mangas y abierta por delante, que se lleva sobre los hombros y encima de la ropa. **2** Pieza de tela grande con vuelo y de colores vivos que se usa para torear. **3** Porción de materia que cubre una cosa o se extiende sobre ella. **4** Zona o parte extendida por encima o por debajo de otra u otras con las que constituye un todo. **5** Grupo o estrato social. **6** Pretexto o apariencia que se usa para encubrir algo. ◇ **de capa caída** En decadencia, en una situación mala o peor que otra anterior. ◇ **defender a capa y espada** Defender encarecidamente.

capacho s.m. Cesta con dos asas que sirve para transportar fruta y otros objetos.

capacidad s.f. **1** Posibilidad de que una cosa contenga otra u otras dentro de unos límites. **2** Conjunto de condiciones intelectuales para el cumplimiento de una función o el desempeño de un cargo. **3** Relación entre la carga eléctrica de un conductor aislado y su potencial eléctrico. **4** Medida del volumen de un cuerpo.

capacitar v.tr. Hacer a una persona capaz para algo o darle el derecho de hacer una cosa.

capar v.tr. Extirpar o inutilizar los órganos genitales de un hombre o de un animal macho.

caparazón s.m. **1** Cubierta dura con que protegen las partes blandas del cuerpo algunas clases de animales. **2** Cubierta.

capataz, za s. **1** Persona que manda y vigila a un grupo de trabajadores. **2** Persona encargada de labrar y administrar una hacienda.

capaz adj. Que tiene capacidad para algo.

capazo s.m. Espuerta grande.

capcioso, a adj. Artificioso, engañoso, que conduce a error.

capea s.f. Festejo taurino en el que se lidian becerros o novillos por aficionados.

capear v.tr. **1** Torear con la capa a un toro. **2** Entretener a alguien con engaños y evasivas. **3** Eludir hábilmente alguna dificultad. **4** Hacer frente una embarcación al mal tiempo mediante las adecuadas maniobras.

capellán s.m. Sacerdote, especialmente el que cuida el servicio religioso de una capilla o de una colectividad.

caperuza s.f. **1** Gorro acabado en punta hacia atrás. **2** Pieza con que se cubre o protege el extremo de algunos objetos.

capicúa adj. y s.m. Se dice del número, palabra o frase que se lee igual de izquierda a derecha que de derecha a izquierda.

capilar adj. **1** Relativo al cabello. ◆ adj. y s.m. **2** Se dice del tubo que tiene un diámetro interior semejante al grosor de un pelo. **3** Se dice del vaso sanguíneo muy fino que enlaza las venas con las arterias.

capilaridad s.f. Propiedad física de un líquido en virtud de la cual este sube o baja al entrar en contacto con un cuerpo.

capilla s.f. **1** Iglesia de pequeñas dimensiones con un solo altar. **2** Parte de una iglesia que tiene altar o en la que se venera una imagen. **3** Edificio contiguo a una iglesia, o que, formando parte de ella, tiene altar y advocación particular. **4** Grupo de músicos que pertenecen a una iglesia, capilla u otro edificio de culto cristiano. **5** Fam. Pequeño grupo de seguidores de una persona o idea. □ Frec. despectivo. ◇ **capilla ardiente** Lugar en que se coloca a una persona muerta para velarla y rendirle honores.

capirotada s.f. **1** AMÉR Plato criollo a base de carne, maíz tierno tostado, queso, manteca y especias. **2** MÉX Dulce que se prepara con trozos de pan blanco remojado en miel, queso rallado, cacahuetes, almendras, pasas y otros ingredientes. **3** Fam. MÉX Fosa común en que son enterradas las personas pobres.

capirote s.m. **1** Gorro acabado en punta y con forma cónica que forma parte del hábito que llevan algunos penitentes y cofrades en las procesiones de Semana Santa. **2** Caperuza de cuero con que se cubre la cabeza de las aves de cetrería para mantenerlas quietas.

cápita ◇ **per cápita** loc. Por cabeza, por persona.

capital adj. **1** Muy grave o importante. **2** Se dice de cada uno de los siete pecados que son origen de otros. **3** Se dice de la pena que es la de muerte. **4** Se dice de la letra mayúscula. ◆ s.m. **5** Conjunto de bienes que posee una persona o una sociedad, especialmente en dinero o en valores. **6** En un interés bancario, cantidad de dinero inicial a la que se aplica un tanto por ciento de interés (anual, trimestral, etc.) para calcular el capital final. **7** Elemento o factor de la producción constituido por aquello que se destina a la obtención de un producto. ◆ s.f. **8** Población principal de un país, de una comunidad autónoma, de una provincia o de un distrito. **9** Población con una posición destacada en algún aspecto o actividad.

capitalidad s.f. Condición o circunstancia de ser una población la capital.

capitalismo s.m. Sistema económico y social basado en la propiedad privada de los medios de producción, en la importancia del capital como generador de riqueza y en la asignación de los recursos a través del mecanismo del mercado.

capitalista adj. **1** Relativo al capital o al capitalismo. ◆ adj. y s.m. y f. **2** Se dice de la persona que es partidaria del capitalismo. **3** Se dice de la persona que pone el capital en un negocio.

capitalizar v.tr. **1** Fijar el capital que corresponde a un determinado rendimiento o interés. **2** Añadir a un capital los rendimientos o intereses que este ha producido. **3** Aprovechar una situación o una acción en beneficio propio.

capitán, na s. **1** Militar del cuerpo de oficiales de los ejércitos de Tierra y Aire que tiene categoría inmediatamente superior a la de teniente e inmediatamente inferior a la de comandante. ◆ s.m. **2** Oficial del cuerpo de jefes de la Armada. **3** Persona que manda un buque mercante o un barco de pasajeros. ◆ s. **4** Persona que dirige o representa a un grupo, especialmente a un equipo deportivo. ◇ **capitán de corbeta** Oficial de la Armada que tiene categoría inmediatamente superior a la de teniente de navío e inmediatamente inferior a la de capitán de fragata. ◇ **capitán de fragata** Oficial de la Armada que tiene categoría inmediatamente superior a la de capitán de corbeta e inmediatamente inferior a la de capitán de navío. ◇ **capitán de navío** Oficial de la Armada que tiene categoría inmediatamente superior a la de capitán de fragata e inmediatamente inferior a la de contraalmirante. ◇ **capitán general** Jefe superior de una región militar, aérea o naval. □ Oficial del cuerpo de generales que tiene el grado más alto del ejército español.

capitanear v.tr. **1** Mandar un grupo de soldados como capitán. **2** Mandar un grupo de personas o una acción, aunque no sea militar.

capitanía s.f. Empleo de capitán.

capitel s.m. Pieza decorada según diferentes estilos que remata una columna, una pilastra o un pilar por su parte superior.

capitolio s.m. **1** Edificio majestuoso y elevado, especialmente el dedicado al gobierno. **2** Lugar más alto y defendido de las ciudades de la antigua Grecia.

capitoste s.m. y f. Fam. y desp. Persona con mucha influencia y mando.

capitulación s.f. Acuerdo político o militar en el que se establecen las condiciones de una rendición.

1. **capitular** adj. **1** Relativo al cabildo (corporación). **2** Relativo al capítulo de una orden religiosa. ◆ adj. y s.f. **3** Se dice de la letra con que se inicia un capítulo, cuando resalta en tamaño por algún ornamento.

2. **capitular** v.intr. **1** Rendirse según determinadas condiciones estipuladas con el enemigo. **2** Abandonar una discusión o pugna. ◆ v.tr. **3** Pactar o acordar algo dos o más personas.

capítulo s.m. **1** Cada una de las partes principales en que se divide un escrito o narración para una mejor ordenación y fácil entendimiento de su materia. **2** Cada una de las partes en que está dividida una serie radiofónica o televisiva. **3** Asunto o materia. **4** Reunión o asamblea de canónigos o religiosos de una orden para tratar distintos asuntos. **5** Inflorescencia formada por un conjunto de flores simples que nacen juntas y apretadas en un receptáculo común.

capo s.m. Jefe de una mafia.

capó s.m. Cubierta de metal que tapa el motor de un automóvil.

capoeira s.f. Expresión corporal brasileña que mezcla la danza y las artes marciales con el fin de satisfacer el ansia de libertad corporal y la búsqueda de autocontrol de una persona.

capón adj. y s.m. **1** Se dice del animal macho que ha sido castrado. ◆ s.m. **2** Pollo que se castra cuando es pequeño y que se ceba para comerlo. **3** ESP Golpe dado a alguien en la cabeza con el nudillo del dedo corazón. **4** ARG, URUG Carnero capado.

caporal s.m. **1** Persona que tiene a su cargo el ganado de labranza en una hacienda. **2** Persona que encabeza un grupo de gente y lo manda.

capota s.f. Cubierta o techo plegable que tienen algunos vehículos.

capote s.m. **1** Pieza de tela grande con vuelo y de colores vivos que se usa para torear. **2** Prenda de abrigo parecida a la capa, pero con mangas y con menos vuelo. **3** CUBA Cubierta encerada o de material plástico con que se protege el café que se echa a secar en los tendales. ◇ **echar un capote** Fam. ESP Prestar ayuda a una persona.

cappa s.f. Kappa.

capricho s.m. **1** Determinación que se toma arbitrariamente, por un antojo pasajero. **2** Deseo intenso, imprevisto y pasajero de una cosa. **3** Persona, animal o cosa que se desea. **4** Hecho que carece de fundamento razonable. **5** Obra de arte que rompe con los modelos acostumbrados por medio del ingenio y la fantasía.

caprichoso, a adj. y s. **1** Se dice de la persona que frecuentemente tiene antojos o caprichos. ◆ adj. **2** Que no está sujeto a leyes o reglas.

capricornio adj. y s.m. y f. Se dice de la persona que ha nacido entre el 22 de diciembre y el 20 de enero, tiempo en que el Sol, visto desde la Tierra, recorre la constelación de Capricornio, décimo signo del Zodiaco. □ Se escribe normalmente con mayúscula inicial. Invariable en número.

cápsula s.f. **1** Envoltura de material soluble con que se recubren algunos medicamentos. **2** Cabina cerrada y desprendible de una nave o satélite espacial en la que están los mandos de control. **3** Tapa de metal flexible o plástico con que se cierran herméticamente las botellas una vez taponadas.

captar v.tr. **1** Percibir una cosa por medio de los sentidos o de la inteligencia. **2** Darse cuenta una persona de una cosa. **3** Recibir o recoger ondas de radio o de televisión o lo que por ellas se transmite. **4** Atraer la atención, la voluntad, el afecto o el sentimiento de una persona.

captura s.f. **1** Apresamiento de una persona fugitiva. **2** Apresamiento de una persona, animal o cosa que ofrece resistencia. **3** Animal o cosa que se ha apresado.

capturar v.tr. **1** Apresar a una persona a la que se persigue. **2** Apresar a un animal o cosa.

capucha s.f. **1** Gorro acabado en punta que va unido a un abrigo, capa u otra prenda de vestir. **2** Capuchón.

capuchino, a adj. **1** Relativo a una orden religiosa fundada por Mateo de Bascio en el siglo XVI. ◆ adj. y s. **2** Se dice del religioso que pertenece a esta orden. ◆ s.m. y adj. **3** Café mezclado con leche hirviendo con mucha espuma.

capuchón s.m. Pieza con que se cubre y protege el extremo de algunos objetos.

capullo, a s.m. **1** Flor que todavía no ha abierto los pétalos. **2** Cubierta ovalada que fabrica la larva de algunos insectos para encerrarse en ella y convertirse en adulto. **3** Vulg. ESP Glande. ◆ **adj. y s. 4** Fam. y desp. ESP Estúpido.

1. **caqui** o **kaki** s.m. y adj. **1** Color que está entre el ocre amarillento y el verde grisáceo, como el uniforme militar de muchos ejércitos. ◆ adj. **2** Que es de este color.

2. **caqui** o **kaki** s.m. **1** Árbol de origen japonés, de hojas alternas y fruto comestible. **2** Fruto de este árbol, redondo y carnoso, de color rojo o anaranjado y sabor dulce.

cara s.f. **1** Parte anterior de la cabeza de una persona y de algunos animales en la que están la boca, la nariz y los ojos. **2** Semblante o expresión del rostro que refleja un sentimiento o un estado de ánimo. **3** Aspecto o apariencia que presenta una cosa y por la cual produce determinada impresión. **4** Superficie de un objeto laminar. **5** Parte delantera o frontal. **6** Parte o lado anterior y principal de una superficie, especialmente de una moneda o una medalla. **7** Cada una de las superficies planas que limitan un poliedro. **8** Falta de vergüenza o descaro al hablar u obrar. ◆ **adj. y s.m. y f. 9** Fam. ESP Caradura. ◇ **cara a cara** Delante o a la vista de otro, sin esconderse. ◇ **cara dura** Fam. Caradura. □ Fam. Falta de vergüenza o de respeto. ◇ **cruzar la cara a alguien** Darle una bofetada a una persona. ◇ **dar la cara** Hacerse responsable de los propios actos sin esconderse o echar la culpa a otros. ◇ **echar algo en cara a alguien** Recordar a una persona un servicio o favor que se le ha prestado y reprocharle su falta de correspondencia. ◇ **plantar cara a alguien** Hacer frente a algo o a alguien o presentarle oposición o resistencia.

caraba s.f. ◇ **ser la caraba** ESP Ser algo o alguien extraordinario y fuera de lo normal.

carabela s.f. Barco de vela de tres palos largos, muy ligero, de una sola cubierta y popa plana.

carabina s.f. Arma de fuego parecida al fusil pero de menor longitud.

carabinero s.m. **1** Miembro de un cuerpo especial encargado de perseguir el contrabando. **2** Soldado que usaba carabina.

carabiniero (pl. carabinieri.) s.m. Miembro de la policía militarizada de Italia.

caracol s.m. **1** Molusco, terrestre o acuático, provisto de una concha enrollada en forma de espiral, un pie carnoso que les sirve para arrastrarse y uno o dos pares de tentáculos en la cabeza. **2** Concha de este animal. **3** Rizo del pelo. **4** Parte del oído medio de los vertebrados que tiene forma parecida a la de la concha de este animal.

caracola s.f. **1** Caracol marino. **2** Concha de este animal.

carácter (pl. caracteres.) s.m. **1** Conjunto de cualidades y circunstancias por las que una persona o cosa se distingue de las demás. **2** Manera de ser o de reaccionar de las personas. **3** Energía o temperamento. **4** Señal, marca o dibujo que se imprime, pinta o graba. **5** Símbolo que representa una letra, un dígito numérico, un signo de puntuación o un signo especial de control con un significado específico para el ordenador. **6** En biología, rasgo de un ser vivo que permite diferenciarlo de otros.

característica s.f. Cualidad o circunstancia particular de una persona o cosa.

característico, a adj. Que es típico de la naturaleza o circunstancias de una persona o cosa y sirve para distinguirlas de otras.

caracterización s.f. **1** Determinación de los rasgos característicos de una persona o cosa. **2** Maquillaje o vestimenta de un actor.

caracterizar v.tr. **1** Distinguir o diferenciar un rasgo a una persona o cosa de las demás. **2** Presentar o describir una cosa con sus rasgos característicos de manera que resulte inconfundible. **3** Representar un actor su papel en el cine o en el teatro con los rasgos que corresponden al personaje representado. ◆ **caracterizarse v.prnl. 4** Distinguirse o diferenciarse una persona o cosa de las demás por un rasgo. **5** Pintarse la cara o vestirse un actor para un papel determinado.

caradura adj. y s.m. y f. Fam. Sin vergüenza.

carajillo s.m. ESP Bebida caliente hecha con café caliente y un licor.

carajo s.m. **1** Vulg. Pene. ◆ **interj. 2** Fam. Expresión que indica enfado o sorpresa. ◇ **irse al carajo** Fam. Fracasar un proyecto.

caramanchel s.m. **1** ECUAD Tienda portátil que se sitúa en los soportales para vender baratijas. **2** PERÚ Cobertizo construido en el campo para resguardarse de la intemperie.

caramba interj. Expresión que indica admiración, sorpresa o enfado.

carámbano s.m. Trozo de hielo largo y acabado en punta que se forma cuando se congela el agua que gotea.

carambola s.f. **1** Jugada de billar que consiste en que la bola impulsada choque con otras dos. **2** Resultado afortunado obtenido por suerte, sin que haya sido previsto.

caramelizar v.tr. **1** Transformar el azúcar en caramelo. **2** Dar un baño con caramelo u otra sustancia dulce.

caramelo s.m. **1** Pasta que se hace derritiendo azúcar y sin que cristalice al enfriarse. **2** Golosina hecha con azúcar fundido y aromatizada con esencia de frutas u otros ingredientes.

caramillo s.m. Flautilla de caña, madera o hueso que produce un sonido muy agudo.

carantoña s.f. ESP Caricia u otra demostración de cariño que se hace a una persona, generalmente para conseguir algo de ella.

carapacho s.m. **1** Caparazón de una tortuga, un cangrejo y otros animales. **2** AMÉR Guiso propio de algunos pueblos costeros que se elabora en la concha de los mariscos.

carátula s.f. Cubierta o portada de un libro o de los estuches de discos, casetes o vídeos.

caravana s.f. **1** Grupo de personas que viajan juntas, a pie o con sus medios de transporte. **2** Fila de vehículos que marchan con lentitud y a poca distancia unos de otros debido al denso tráfico. **3** ESP Vehículo con motor propio o remolcado por un automóvil que está acondicionado para vivir en él. **GEOSIN** casa rodante, roulotte. ◆ **caravanas** s.f.pl. **4** ARG, BOL, CH Pendientes grandes, generalmente alargados, hechos de oro u otro metal precioso y de fino acabado artístico.

caray interj. Expresión que indica admiración, sorpresa o enfado.

carbohidrato s.m. Hidrato de carbono.

carbón s.m. Roca sedimentaria de origen orgánico que procede de la transformación de restos vegetales que fueron sepultados por sedimentos y que se emplea como combustible. ◇ **carbón de leña** o **carbón vegetal** Carbón poroso que se obtiene al quemar la madera y se usa como combustible. ◇ **carbón de piedra** o **carbón mineral** Carbón que procede de la lenta descomposición de grandes masas vegetales acumuladas bajo tierra.

carbonada s.f. Guiso americano, típico de Argentina, Chile y Perú, compuesto de pedazos de carne, rebanadas de mazorcas de maíz, calabaza, patatas y arroz.

carbonara s.f. Salsa hecha con nata líquida, trozos de tocino o jamón, huevo y especias.

carbonario, a adj. Relativo a la sociedad secreta derivada de la masonería y de ideología liberal y revolucionaria que actuó en Italia, Francia y España en la primera mitad del siglo XIX.

carbonato s.m. Sal que se forma a partir de la combinación del ácido carbónico con un radical simple o compuesto.

carboncillo s.m. **1** Palillo o barrita de madera carbonizada que sirve para dibujar. **2** Dibujo hecho con este utensilio.

carbonera s.f. **1** Lugar donde se guarda el carbón. **2** Pila de leña cubierta de tierra y preparada a manera de horno para hacerla carbón.

carbonería s.f. **1** Establecimiento en el que se vende carbón. **2** CH Instalación destinada a hacer carbón de la leña mediante el empleo de altos hornos.

carbonero, a adj. **1** Relativo al carbón. ◆ s. **2** Persona que se dedica a hacer o vender carbón.

carbónico, a adj. Se dice de la mezcla o combinación química que contiene ácido carbónico, carbonatos o dióxido de carbono.

carbonífero, a adj. **1** Se dice del terreno que contiene carbón. ◆ adj. y s.m. **2** Se dice del período geológico que es el quinto de la era paleozoica o primaria, sigue al período devónico y precede al período pérmico; se extiende desde hace unos 345 millones de años hasta hace unos 280 millones de años. ◆ adj. **3** Relativo a este período geológico.

carbonilla s.f. Partícula de carbón que queda como resto cuando este ha sido movido o quemado.

carbonizar v.tr. Reducir a carbón un cuerpo orgánico.

carbono s.m. Elemento químico de símbolo C y número atómico 6; es el principal componente de las sustancias orgánicas.

carboxilo s.m. Grupo característico de los ácidos orgánicos formado por un átomo de carbono, dos de oxígeno y uno de hidrógeno.

carbunco o **carbunclo** s.m. Enfermedad infecciosa y contagiosa del ganado bovino y ovino, producida por una bacteria.

carburador s.m. Pieza del motor de explosión en la que se efectúa la carburación.

carburante s.m. Sustancia química, compuesta de hidrógeno y carbono, que, mezclada con un gas, se emplea como combustible.

carburar v.intr. **1** Mezclarse en los motores los gases o el aire atmosférico con carburantes gaseosos o con vapores de carburantes líquidos para hacerlos combustibles o detonantes. **2** Fam. Dar un buen rendimiento una persona o cosa. **3** Fam. Tener capacidad de pensar.

carburo s.m. Compuesto binario de carbono y otro elemento químico, generalmente metálico.

carca adj. y s.m. y f. Fam. y desp. ESP Se dice de la persona o cosa anticuada o de ideas extremadamente conservadoras o retrógradas.

carcaj s.m. Bolsa en forma de tubo ancho por arriba y estrecho por abajo para guardar flechas.

carcajada s.f. Risa impetuosa y ruidosa.

carcajearse v.prnl. **1** Reírse a carcajadas. **2** Burlarse de una persona o cosa.

carcamal adj. y s.m. Desp. Se dice de la persona que está vieja y achacosa.

carcasa s.f. Armazón exterior que sirve de soporte o protección de un mecanismo u objeto.

cárcava s.f. Hoya o zanja formada en el terreno, generalmente árido, por la erosión producida por las corrientes de agua.

carcavón s.m. Hoya o zanja grande que forma la crecida de un río en un terreno movedizo.

cárcel s.f. Edificio o local acondicionado para encerrar a los condenados a una pena o a los presuntos culpables de un delito.

carcelario, a adj. Relativo a la cárcel.

carcelero, a s. Persona que trabaja en una cárcel cuidando y vigilando a los presos.

carcinógeno, a adj. Que produce cáncer o favorece su aparición.

carcinoma s.m. Cáncer formado a expensas del tejido epitelial de los órganos, con tendencia a difundirse y reproducirse.

carcoma s.f. **1** Insecto coleóptero muy pequeño y de color oscuro cuya larva roe la madera. **2** Polvo que va dejando este insecto al roer la madera. **3** Acción o cosa que causa la destrucción lenta de algo.

carcomer v.tr. **1** Roer la madera la carcoma. **2** Destruir algo lentamente.

cardar v.tr. **1** Peinar con fuerza las fibras textiles antes de hilarlas. **2** Peinar con fuerza el pelo de las personas de la punta a la raíz para que quede hueco. **3** Sacar suavemente el pelo de un tejido con un cepillo metálico.

1. **cardenal** s.m. **1** Prelado de la Iglesia católica que, con otros, forma el Sacro Colegio y tiene como función aconsejar al Papa y elegir su sucesor cuando muere. **2** Ave americana de plumaje y pico rojos, y con una cresta eréctil.

2. **cardenal** s.m. Mancha amoratada o amarillenta que aparece bajo la piel a consecuencia de un golpe o por otra causa.

cardencha s.f. Planta herbácea de tallo espinoso coronado por una flor de color púrpura envuelta en su base por hojas duras y espinosas.

cardenillo s.m. Capa de óxido de color verde que se forma sobre los objetos de cobre por la acción de la humedad.

cárdeno, a adj. **1** De color amoratado. **2** Se dice del toro cuyo pelo es negro y blanco.

cardíaco, a o **cardiaco, a** adj. **1** Relativo al corazón (órgano). ◆ adj. y s. **2** Se dice de la persona que padece del corazón.

cardias s.m. Orificio que comunica el esófago con el estómago en los vertebrados.

cardillo s.m. Planta silvestre, compuesta, con hojas rizadas y espinosas y flores amarillas, que nace en sembrados y barbechos.

cardinal adj. **1** Que es lo principal y más importante. ◆ adj. y s.m. **2** Se dice del adjetivo o pronombre numeral que indica únicamente cantidad o número. ◆ adj. **3** Se dice de cada uno de los cuatro puntos del horizonte que sirven para orientarse.

cardiograma s.m. Gráfico que se obtiene con el cardiógrafo y representa la intensidad y el ritmo de los movimientos del corazón.

cardiología s.f. Parte de la medicina que se ocupa del estudio y tratamiento de las enfermedades del corazón.

cardiólogo, a s. Médico especialista en cardiología.

cardiopatía s.f. Enfermedad del corazón.

cardiovascular adj. Relativo al corazón y a los vasos sanguíneos.

cardo s.m. **1** Planta anual de hojas grandes y espinosas, pencas generalmente comestibles y flores azules en cabezuela. **2** Fam. Persona arisca o desagradable. **3** Fam. y desp. Persona muy fea. ◇ **cardo borriquero** Cardo alto, de hojas rizadas y flores de color púrpura.

cardumen o **cardume** s.m. Banco de peces.

carear v.tr. **1** Interrogar a dos personas juntas para averiguar la verdad confrontando lo que dicen y observando sus reacciones. **2** Comparar o confrontar una cosa con otra. **3** AMÉR Enfrentar a un gallo contra otro en las riñas.

carecer (30) v.intr. No tener algo.

carena s.f. **1** Parte sumergida del casco de un barco. **2** Acción de carenar.

carenar v.tr. Hacer la reparación del casco de un barco en un dique u otro lugar parecido.

carencia s.f. Falta de una cosa.

carencial adj. Relativo a la carencia de sustancias alimenticias o de vitaminas.

carente adj. Que carece de algo.

careo s.m. Acción de carear.

carero, a adj. Se dice del comerciante o establecimiento que suele vender caro.

carestía s.f. Carencia o escasez de alguna cosa necesaria, especialmente de víveres.

careta s.f. **1** Máscara o mascarilla de cartón u otro material para cubrirse la cara. **2** Máscara de alambres que usan los colmeneros o los que practican esgrima para protegerse la cara.

carey s.m. **1** Tortuga de mar con las patas delanteras más largas que las traseras para poder nadar y cuyos huevos son comestibles. **2** Materia córnea obtenida del caparazón de esta tortuga. **3** CUBA Bejuco de hojas anchas y tan ásperas que pueden utilizarse para lijar.

carga s.f. **1** Colocación de un peso sobre una persona, animal o vehículo, generalmente para transportarlo. **2** Cosa transportada, especialmente géneros y mercancías. **3** Peso sostenido por una estructura. **4** Recipiente intercambiable con la sustancia o materia necesaria para el funcionamiento de una máquina o un aparato. **5** Cantidad de sustancia explosiva que se usa para volar algo o que se pone en un arma de fuego. **6** Cantidad de energía eléctrica contenida en un cuerpo u objeto. **7** Ataque resuelto y con fuerza de un ejército contra el enemigo. **8** Molestia, situación penosa o esfuerzo que recae sobre una persona y que la cansa o la hace sufrir. **9** Impuesto o tributo que recae sobre lo que se posee.

cargado, a adj. **1** Se dice del tiempo o estado atmosférico que es bochornoso o muy caluroso y molesto. **2** Se dice de la atmósfera de un local que es impura y está llena de humos y olores desagradables. **3** Se dice de la bebida que es muy fuerte o concentrada.

cargador, ra adj. y s.m. **1** Que carga o sirve para cargar. ◆ s. **2** Persona que se dedica a cargar mercancías en un medio de transporte. ◆ s.m. **3** Pieza del arma de fuego donde se colocan las municiones.

cargamento s.m. Conjunto de mercancías que transporta una embarcación o un vehículo.

cargante adj. ESP Que molesta, fastidia o aburre, generalmente por pesado.

cargar v.tr. **1** Poner un peso sobre una persona, animal o vehículo para transportarlo. **2** Proveer a una máquina o aparato de lo que necesita para funcionar. **3** Dotar o proveer a alguien o algo de una cosa en abundancia. **4** Atribuir la culpa de una cosa a alguien. **5** Imponer sobre una persona o cosa un gravamen o impuesto. **6** Anotar en una cuenta las cantidades de dinero que corresponden al debe. ◆ **v.tr. e intr. 7** ESP Molestar, hartar o aburrir. ◆ **v.intr. 8** Tomar o aceptar un peso físico o moral. **9** Apoyarse una cosa sobre otra. **10** Atacar o acometer con fuerza y resolución. ◆ **cargarse** v.prnl. **11** Llenarse o llegar a tener mucho de una cosa. **12** ESP Romper, estropear o suprimir. **13** ESP Matar a un ser vivo. **14** ESP Suspender a un estudiante en una prueba.

cargo s.m. **1** Empleo, dignidad u oficio. **2** Persona que desempeña este empleo. **3** Persona que tiene un empleo muy importante. **4** Custodia, cuidado o dirección de una cosa. **5** Falta de la que se acusa a una persona. **6** Cantidad que una persona debe pagar en una cuenta a su nombre. ◇ **a cargo** Al cuidado de alguien. □ A cuenta de alguien. ◇ **hacerse cargo de algo** Encargarse de una persona o cosa. □ Comprender o considerar todas las circunstancias que concurren en un hecho.

carguero, a adj. **1** Que lleva o puede llevar carga. ◆ s.m. **2** Vehículo de carga, especialmente un buque.

cariacontecido, a adj. Se dice de la persona que tiene una expresión preocupada o triste.

cariar (1d) v.tr. Producir caries en un diente.

cariátide s.f. Estatua con figura de mujer vestida hasta los pies que sirve de columna o pilastra.

caribe adj. y s.m. y f. **1** De un pueblo indígena del norte de América del Sur y de las Antillas. ◆ s.m. y adj. **2** Lengua precolombina hablada por este pueblo.

caribeño, a adj. **1** Relativo al mar Caribe o a sus territorios. ◆ s. y adj. **2** Persona que es de un país bañado por el mar Caribe.

caribú (pl. caribúes o caribús.) s.m. Reno de las regiones frías de América del Norte.

caricato, a s. **1** Imitador cómico de personajes públicos. ◆ s.m. **2** Cantante de ópera que hace el papel cómico y burlesco. **3** AMÉR Caricatura (dibujo).

caricatura s.f. **1** Dibujo en el que, con intención crítica o humorística, se deforman exageradamente los rasgos característicos del modelo que se sigue. **2** Descripción o relato con que se ridiculiza a una persona o cosa exagerando sus rasgos característicos.

caricaturesco, a adj. Relativo a la caricatura.

caricaturista s.m. y f. Persona que dibuja caricaturas.

caricaturizar v.tr. Representar o imitar a una persona o cosa con una caricatura.

caricia s.f. **1** Muestra de cariño que consiste en rozar suavemente con la mano el cuerpo de una persona o de un animal. **2** Sensación agradable causada por el roce suave de algo.

caridad s.f. **1** Sentimiento o actitud que impulsa a interesarse por los demás y a querer ayudar a los necesitados. **2** Ayuda o auxilio que se da a los necesitados. **3** Virtud teologal del cristianismo que consiste en amar a Dios sobre todas las cosas y al prójimo como a nosotros mismos.

caries s.f. Destrucción que afecta a los tejidos duros del organismo, especialmente los dientes.

carillón s.m. **1** Conjunto de campanas grandes convenientemente afinadas y ordenadas para producir melodías. **2** Reloj provisto de uno de estos juegos de campanas, que suena cuando dan las horas. **3** Instrumento musical de percusión formado por varios tubos o placas de metal que suenan al ser golpeadas.

carimbo s.m. ARG, BOL, P RICO, PERÚ, URUG Hierro para marcar los animales.

cariño s.m. **1** Afecto intenso que se tiene hacia una persona, animal o cosa a la que se quiere cuidar y conservar. **2** Expresión y señal de amor o afecto. **3** Delicadeza o cuidado con que se hace o se trata una cosa.

cariñoso, a adj. Que muestra cariño.

cariocinesis s.f. Proceso de división de una célula que se caracteriza por la duplicación de todos sus elementos.

cariotipo s.m. Conjunto de cromosomas de una célula o un individuo, ordenados según su tamaño, forma y características.

carisma s.m. **1** Cualidad o don que tiene una persona para atraer a los demás por su presencia o su forma de hablar. **2** En la religión cristiana, gracia o don concedido por Dios a algunos seres humanos para que realicen determinadas funciones para el bien general de la comunidad.

carismático, a adj. **1** Relativo al carisma. **2** Que tiene carisma.

caritativo, a adj. **1** Relativo al sentimiento de la caridad. **2** Se dice de la persona que se interesa por los demás y que se siente impulsada a ayudar a los necesitados.

cariz s.m. Aspecto que presenta un asunto.

carlinga s.f. Espacio interior de un avión donde se hallan el piloto y los ayudantes de vuelo.

carlismo s.m. Movimiento político español, de carácter conservador, tradicionalista y foralista, que surgió en 1833 para apoyar las pretensiones al trono de Carlos María Isidro de Borbón, hermano de Fernando VII.

carlista adj. **1** Relativo al carlismo. ◆ **adj. y s.m. y f. 2** Se dice de la persona que es partidaria del carlismo.

carmelita adj. **1** Relativo a la orden religiosa del Carmelo. ◆ **adj. y s.m. y f. 2** Se dice del religioso que pertenece a esta orden.

carmesí (pl. carmesíes.) **s.m. y adj. 1** Color granate intenso. ◆ **adj. 2** Que es de este color.

carmín s.m. **1** Pintalabios. **2** Colorante de color rojo intenso que se saca de la cochinilla. ◆ **s.m. y adj. 3** Color rojo intenso. ◆ **adj. 4** Que es de este color. □ Invariable en número.

carnada s.f. Trozo pequeño de carne que se usa como cebo para pescar o cazar.

carnal adj. **1** Relativo al cuerpo y no al espíritu. **2** Relativo a los instintos del cuerpo o al deseo sexual. **3** Se dice de la persona que tiene un parentesco consanguíneo con otra.

carnaval s.m. **1** Período que comprende los tres días anteriores al miércoles de ceniza. **2** Fiesta popular que se celebra en estos días y que consiste en mascaradas, bailes y comparsas por las calles.

carnaza s.f. **1** Carne de animal muerto que sirve de alimento a ciertos animales salvajes. **2** Carnada.

carne s.f. **1** Parte blanda del cuerpo del ser humano y de los animales formada por los músculos. **2** Alimento consistente en esta parte del cuerpo de los animales preparada para comer. **3** Parte blanda de las frutas y frutos que está bajo la cáscara. **4** Cuerpo humano como parte material del ser humano, en oposición al espíritu. ◇ **carne de cañón** Persona o grupo de personas a las que se expone sin miramientos a sufrir cualquier clase de daño. ◇ **de carne y hueso** Sensible a las experiencias y vicisitudes como los demás. ◇ **echar carnes** Ponerse gordo el que estaba delgado. ◇ **en carne viva** Sin la piel que cubre el cuerpo, generalmente por causa de un accidente.

carné o **carnet** s.m. Tarjeta de identificación.

carnero s.m. Mamífero rumiante ovino, macho, con grandes cuernos estriados y enrollados en espiral y cuerpo cubierto de lana espesa.

carnet s.m. Carné

carnicería s.f. **1** Establecimiento en el que se vende carne destinada al consumo. **2** Destrozo y gran mortandad.

carnicero, a s. **1** Persona que se dedica a vender carne destinada al consumo. ◆ **adj. y s. 2** Se dice del animal que mata a otros animales para comer su carne. **3** Cruel, sanguinario.

cárnico, a adj. Relativo a la carne comestible.

carnívoro, a adj. **1** Se dice del animal que se alimenta o puede alimentarse de carne. **2** Se dice de la planta que se nutre de insectos.

carnosidad s.f. **1** Masa irregular de carne que sobresale en alguna parte del cuerpo. **2** Carne que crece en una herida mal curada.

carnoso, a adj. **1** Que tiene la textura o la consistencia de la carne. **2** Que es grueso o tiene mucha carne. **3** Se dice del vegetal o fruto que es tierno, jugoso y tiene mucha pulpa.

caro, a adj. **1** Se dice de la mercancía que es de precio elevado o superior al habitual. **2** Formal. Amado, querido. ◆ **adv. 3** A un precio alto.

carolingio, a adj. Relativo a Carlomagno (rey de los francos, 742-814).

carota adj. y s.m. y f. Fam. ESP Caradura.

caroteno s.m. Pigmento de color amarillo anaranjado que se encuentra en ciertos vegetales, como la zanahoria o el tomate.

carótida adj. y s.f. Se dice de cada una de las dos arterias que están a uno y otro lado del cuello y llevan la sangre a la cabeza.

1. **carpa** s.f. Pez de agua dulce comestible, con cuatro pequeñas barbas bajo la boca.

2. **carpa** s.f. Toldo grande sostenido por una estructura y que cubre un recinto amplio.

carpe díem s.m. Expresión latina con que se designa el tópico o tema literario en el que se anima a aprovechar el momento presente sin esperar el futuro.

carpelo s.m. Hoja modificada que con otras compone el gineceo u órgano sexual femenino de algunas plantas.

carpeta s.f. **1** Pieza de cartón u otro material que, doblada por la mitad y cerrada generalmente con gomas, sirve para guardar papeles. **2** ARG, URUG Habilidad para tratar a la gente.

carpetazo s.m. ◇ **dar carpetazo** Suspender arbitrariamente la tramitación de una solicitud o expediente. □ Dar por terminado un asunto.

carpintería s.f. **1** Taller o lugar de trabajo de un carpintero. **2** Arte y técnica de trabajar la madera y de hacer objetos con ella.

carpintero, a s. Persona que se dedica a fabricar o arreglar objetos de madera.

carpo s.m. Conjunto de ocho huesos, dispuestos en dos filas, que forman parte de la muñeca.

1. **carraca** s.f. **1** Antigua embarcación grande de transporte. **2** Aparato o máquina vieja o que funciona mal.

2. **carraca** s.f. **1** Instrumento musical de percusión formado por una rueda de madera y un mango, que produce un sonido seco. **2** Pájaro de cabeza, alas y pecho azules y dorso castaño, con el pico largo y curvado.

carrasca s.f. Encina, generalmente pequeña y sin haber tomado aún forma de árbol.

carrasco s.m. **1** Carrasca. **2** AMÉR Terreno amplio poblado de arbustos y árboles.

carraspear v.intr. Hacer con la garganta una tos ligera para quitarle la carraspera o aclararla.

carraspeo s.m. Acción de carraspear.

carraspera s.f. Aspereza en la garganta que pone ronca la voz.

carrera s.f. **1** Acción de ir de un sitio a otro corriendo. **2** Acción de darse mucha prisa en una actividad o trabajo. **3** Competición de velocidad entre personas, animales o vehículos. **4** Conjunto de estudios, repartidos en cursos, que capacitan para ejercer una profesión. **5** Ejercicio de una profesión o arte. **6** Recorrido o trayecto que hace un coche de alquiler. **7** Curso o recorrido de un planeta o estrella en el espacio. **8** Calle que antes fue camino. **9** Línea de puntos sueltos en una media o en otro tejido. ◇ **a la carrera** Con mucha prisa o rapidez. ◇ **hacer carrera** Prosperar.

carrerilla s.f. ◇ **de carrerilla** ESP De memoria y sin comprender lo que se dice. ◇ **tomar,** o **coger, carrerilla** Retroceder unos pasos para tomar impulso.

carreta s.f. Carro largo, angosto y más bajo que el ordinario, con un madero que sobresale al que se ata el yugo.

carrete s.m. **1** Cilindro generalmente con el eje hueco, con rebordes o discos en sus bases, en el que se enrollan hilos, cables u otro material flexible. **2** ESP Rollo de película de una máquina fotográfica.

carretera s.f. Camino público ancho y pavimentado para la circulación de vehículos.

carretero s.m. **1** Persona que fabrica carros o carretas o que los conduce. **2** Persona que se comporta sin educación o blasfema con frecuencia. ◇ **fumar como un carretero** Fam. ESP Fumar mucho. ◇ **hablar como un carretero** ESP Decir palabras injuriosas u ofensivas.

carretilla s.f. **1** Carro pequeño de mano compuesto por un cajón para la carga, una rueda delantera, dos mangos posteriores para dirigirlo la persona que lo empuja y dos pies para descansarlo. **2** ARG, CH Mandíbula o quijada.

carriel s.m. AMÉR Maletín de mano hecho de cuero, usado especialmente en viajes.

carril s.m. **1** Parte de una carretera u otra vía pública destinada al tránsito de una sola fila de vehículos. **2** Barra de hierro que, paralela a otra igual, sirve para construir el camino sobre el que circulan los trenes.

carrillo s.m. Mejilla, especialmente la parte central más carnosa.

carrizo s.m. Planta parecida a la caña que se cría cerca de arroyos y charcas.

carro s.m. **1** Vehículo de transporte formado por un armazón montado sobre dos ruedas, con un tablero y una o dos varas para enganchar los animales de tiro. **2** Armazón con ruedas y sin varas que sirve para transportar cosas. **3** Pieza de algunas máquinas o aparatos que tiene un movimiento horizontal rectilíneo. **4** AMÉR Coche, automóvil. **5** CH, EL SALV, MÉX, P RICO, PAN Vagón de un tren. ◇ **carro comedor** MÉX, P RICO, PAN Vagón de tren en el que se pueden adquirir bebidas o alimentos. ◇ **carro convertible** AMÉR CENTRAL, COL, P RICO, PERÚ Vehículo que tiene capota o techo que se puede plegar o retirar. □ También simplemente convertible. ◇ **carro de combate** Tanque grande de guerra. ◇ **carro de reja** CH Vagón de tren cerrado con madera o hierros colocados en forma de rejas que se usa para el transporte de animales. ◇ **carro dormitorio** CH, EL SALV, MÉX Vagón de tren que dispone de departamentos con camas. ◇ **parar el carro** Fam. Moderarse o contener el enfado o una acción violenta, dejando de hablar o de comportarse de forma inconveniente. ◇ **subirse al carro** Fam. Adoptar una actitud favorable a alguna corriente mayoritaria tan solo por conveniencia.

carrocería s.f. Parte de un vehículo asentada sobre el bastidor que recubre el motor y otros elementos y en cuyo interior se instalan los pasajeros y la carga.

carromato s.m. Carro grande cubierto por un toldo, de dos ruedas y dos varas para enganchar uno o más animales de tiro.

carroña s.f. Carne descompuesta, especialmente la de los animales muertos.

carroñero, a adj. **1** Relativo a la carroña. ◆ adj. y s. **2** Se dice del animal que se alimenta de carroña.

carroza s.f. **1** Coche tirado por caballos grande, lujoso y ricamente engalanado. **2** Vehículo muy adornado que se usa en las fiestas públicas. **3** Coche fúnebre. ◆ adj. y s.m. y f. **4** Fam. ESP Se dice de la persona que es mayor y tiene usos y costumbres pasados de moda.

carruaje s.m. Vehículo formado por una armazón de madera o metal montada sobre ruedas destinado al transporte de personas.

carrusel s.m. **1** Tiovivo. **2** Espectáculo en el que un grupo de jinetes que actúa en círculo realiza con sus caballos una serie de vistosos ejercicios.

carst o **karst** s.m. Relieve geológico cuyas formas son debidas a la acción erosiva, principalmente del agua, sobre un terreno de rocas de escasa consistencia, como calizas o yesos.

carta s.f. **1** Escrito que una persona envía a otra para comunicarle alguna cosa. **2** Cartulina rectangular pequeña que lleva por una de sus caras el dibujo de una figura o de un número determinado de objetos y que, junto con otras, forma una baraja y sirve para jugar. **3** Lista de comidas y bebidas que se pueden elegir en un restaurante, cafetería u otro establecimiento semejante. **4** Mapa. **5** Documento en el que se registra un título, derecho u obligación. ◇ **carta**

astral Representación de la posición de los planetas y las estrellas en el momento del nacimiento de una persona. ◇ **carta blanca** Poder para obrar con libertad en un asunto. ◇ **carta de ajuste** Señal fija que se recibe en los aparatos de televisión y que permite ajustar la imagen. ◇ **echar las cartas** Hacer combinaciones con las cartas de una baraja para tratar de adivinar el futuro u otras cosas ocultas.

cartabón s.m. Instrumento de dibujo lineal con forma de triángulo rectángulo escaleno con ángulos de 30 y 60 grados.

cartaginés, sa adj. y s. De Cartago (antigua ciudad y república del norte de África, destruida por los romanos el 146 a. C.).

cartapacio s.m. **1** Cartera o carpeta para guardar libros y papeles. **2** Cuaderno para escribir o tomar notas.

cartearse v.prnl. Escribirse cartas dos o más personas.

cartel s.m. **1** Escrito o dibujo que se coloca en lugares públicos para comunicar una noticia, dar un aviso o hacer publicidad de alguna cosa. **2** Fama o reputación.

cártel o **cartel** s.m. **1** Convenio y agrupación de empresas similares que, conservando su individualidad, evitan la mutua competencia y regulan la producción, venta y precios de determinados productos industriales. **2** Asociación de personas que persiguen fines ilícitos.

cartela s.f. Placa de metal u otro material al pie de un cuadro o de una estatua en el que se escribe el nombre del autor, una explicación u otra cosa.

cartelera s.f. **1** Sección de los periódicos y algunas revistas donde se anuncian los espectáculos públicos. **2** Armazón con la superficie adecuada para fijar en ella carteles o anuncios publicitarios.

carteo s.m. Envío recíproco de cartas entre dos o más personas.

cárter s.m. **1** Depósito de lubricante del motor de un automóvil. **2** Cubierta de metal que, en un automóvil u otra máquina, protege el depósito o un mecanismo.

cartera s.f. **1** Utensilio pequeño de piel o material similar, de forma aplanada y rectangular y doblado por la mitad, con diversos apartados y divisiones en su interior, que se lleva en el bolsillo y que sirve para guardar billetes, tarjetas y pequeños documentos. **2** Utensilio cuadrangular de piel u otro material flexible, con asa y tapa, que sirve para llevar papeles o libros. **3** Empleo de ministro de un país. **4** Conjunto de clientes de un negocio. **5** Conjunto de valores de un negocio. **6** AMÉR Bolso de mujer. **7** CH, CUBA, GUAT, PERÚ Bolsa para llevar cosas.

carterista s.m. y f. Ladrón de carteras.

cartero, a s. Persona que se dedica a repartir las cartas y los paquetes del correo.

cartesianismo s.m. Sistema filosófico de Descartes (filósofo francés del siglo XVII) y de sus seguidores.

cartesiano, a adj. **1** Relativo a Descartes (filósofo francés del siglo XVII) o al cartesianismo. **2** Se dice de la persona, escrito o pensamiento que es extremadamente metódico, lógico o racional. ◆ adj. y s.m. y f. **3** Se dice de la persona que es partidaria del cartesianismo.

cartilaginoso, a adj. Relativo al cartílago o que tiene semejanza con este tejido orgánico.

cartílago s.m. Tejido de sostén del organismo, duro y flexible, de resistencia inferior a la del hueso, que reviste las articulaciones y facilita el movimiento.

cartilla s.f. **1** ESP Cuaderno pequeño dispuesto para anotar en él determinados datos de carácter oficial o personal. **2** ESP Cuaderno o libro pequeño con las letras del alfabeto y los primeros ejercicios para aprender a leer.

cartismo s.m. Movimiento obrero que pretendía una reforma social y electoral en el Reino Unido y cuya actividad política se desarrolló especialmente entre 1837 y 1848

cartografía s.f. **1** Técnica de trazar mapas geográficos. **2** Ciencia que estudia los mapas y cómo realizarlos.

cartógrafo, a s. Persona que se dedica a la cartografía.

cartomancia o **cartomancía** s.f. Adivinación del futuro por medio de las cartas o naipes.

cartón s.m. **1** Lámina gruesa y dura hecha con varias capas de pasta de papel fuertemente unidas o con pasta de trapo, papel viejo u otras materias. **2** Recipiente o envase hecho de este material. **3** Caja que lleva diez paquetes de cigarrillos. **4** Dibujo o pintura sobre papel o lienzo que sirve como modelo para realizar un tapiz, un mosaico o un fresco del mismo tamaño.

cartuchera s.f. **1** Caja, normalmente de cuero, donde lleva el soldado la munición que le corresponde. **2** Cinto ancho con compartimientos para llevar cartuchos.

cartucho s.m. **1** Cilindro de metal, de cartón o de plástico que encierra la carga de pólvora y municiones necesaria para realizar un disparo con un arma de fuego. **2** Hoja de papel o cartón enrollada en forma de cono que sirve para contener cosas. **3** Recipiente intercambiable con la sustancia o materia necesaria para el funcionamiento de un aparato. **4** Envoltorio cilíndrico de monedas de una misma clase.

cartuja s.f. **1** Monasterio o convento en el que viven cartujos. **2** Orden religiosa fundada por san Bruno en la segunda mitad del siglo XI. □ Se escribe normalmente con mayúscula inicial.

cartujo, a adj. **1** Relativo a la orden religiosa de la Cartuja. ◆ adj. y s. **2** Se dice del religioso que pertenece a esta orden.

cartulina s.f. Cartón delgado, liso y flexible.

casa s.f. **1** Edificio o parte de él donde viven una o más personas. **2** Familia o conjunto de sus miembros que viven juntos. **3** Descendencia o linaje que tiene el mismo apellido y viene del mismo origen. **4** Establecimiento de comercio o industria. **5** Terreno de juego propio. ◇ **caérsele a alguien la casa encima** Encontrarse una persona mal y a disgusto en ella. ◇ **casa consistorial** Edificio en el que se reúnen los que dirigen y administran un pueblo o ciudad. ◇ **casa rodante** AMÉR Vehículo con motor propio o remolcado por un automóvil que está acondicionado para vivir en él. **GEOSIN** caravana, roulotte. ◇ **de,** o **para, andar por casa** ESP Que se usa en familia o en situaciones de mucha confianza. ◇ **echar,** o **tirar, la casa por la ventana** Gastar mucho dinero en una ocasión determinada.

casabe s.m. AMÉR Cazabe.

casaca s.f. Prenda de vestir masculina que consiste en una especie de chaqueta ajustada al cuerpo con faldones largos que llegan hasta la parte posterior de la rodilla.

casadero, a adj. Que está en edad de casarse.

casado, a adj. y s. Se dice de la persona que está unida a otra persona en matrimonio.

casamentero, a adj. y s. Se dice de la persona que es aficionada a proponer o concertar casamientos.

casamiento s.m. Boda.

casanova s.m. Hombre que es conocido por sus numerosas aventuras amorosas.

casar v.tr. **1** Unir a dos personas en matrimonio la autoridad religiosa o civil que tiene poder para ello. ◆ **v.tr. e intr. 2** Unir o ajustar una cosa con otra. ◆ **v.tr. 3** Disponer o preparar la boda de una persona, especialmente el padre o tutor de esta. ◆ **casarse v.prnl. 4** Unirse en matrimonio dos personas.

cascabel s.m. **1** Bola metálica hueca, con un asa para colgarla y una estrecha abertura rematada en dos orificios, que tiene dentro trozos de metal para que, al moverla, suene. ◆ **s.f. 2** Serpiente muy venenosa que tiene al final de la cola un conjunto de anillos que el animal hace vibrar al sentirse amenazado. □ También serpiente de cascabel. ◆ **s.m. 3** COL, MÉX Nombre que se da a varias plantas por la cualidad que tienen sus semillas, cuando están secas, de sonar. ◇ **poner el cascabel al gato** Tener el valor de enfrentarse a una situación difícil.

cascabillo s.m. Cáscara fina que cubre el grano del trigo y otros cereales.

cascada s.f. Caída de una corriente de agua desde cierta altura.

cascado, a adj. **1** Se dice de la voz o el sonido que no tiene la sonoridad que le es propia. **2** ESP Que está muy gastado o sin fuerza ni vigor por haber trabajado mucho o por el uso.

cascajo s.m. **1** Conjunto de fragmentos de piedra y otros materiales quebradizos. **2** Conjunto de frutos secos de cáscara dura.

cascanueces s.m. Instrumento parecido a unas tenazas que se usa para partir nueces.

cascar v.tr. **1** Romper una cosa frágil o quebradiza o hacerle grietas o agujeros. **2** Perder la voz o volverla ronca. **3** Fam. ESP Pegar o golpear a alguien. ◆ **v.intr. 4** Fam. ESP Hablar mucho.

cáscara s.f. **1** Cubierta exterior, dura y quebradiza, de algunas cosas, especialmente de los huevos y de algunos frutos. **2** Corteza de los árboles. **3** Piel gruesa de una fruta.

cascarón s.m. Cáscara de un huevo, especialmente la que queda al salir el pollo.

cascarrabias s.m. y f. Fam. Persona que se enfada con facilidad o protesta por todo.

cascarria s.f. Cazcarria.

casco s.m. **1** Pieza redondeada de metal o plástico que cubre y protege la cabeza. **2** ESP Recipiente de cristal cuando está vacío. **3** Fragmento o trozo de un objeto quebradizo que se ha roto o de una bomba después de estallar. **4** Parte en que se divididen algunas frutas. **5** Parte, generalmente en forma de media esfera, que se ha separado o cortado de un alimento. **6** Cuerpo o armazón de una embarcación o un avión sin las máquinas ni los aparejos. **7** Uña grande y dura de una caballería donde se clava la herradura. **8** ESP Núcleo de una población donde los edificios están agrupados, a diferencia de los de las afueras. □ También casco urbano. **9** Copa del sombrero. ◆ **cascos s.m.pl. 10** ESP Auriculares. ◇ **alegre,** o **ligero, de cascos** Fam. Despreocupado y falto de formalidad o sensatez. ◇ **calentarse,** o **romperse, los cascos** Fam. ESP Estudiar o pensar mucho sobre una cosa.

cascote s.m. Trozo de material procedente de un edificio derribado o una obra de albañilería.

caserío s.m. **1** Conjunto de casas en el campo que no llegan a constituir un pueblo. **2** Casa aislada en el campo con fincas cercanas y dependientes de ella.

casero, a adj. **1** Que se hace o se cría en casa. **2** Que se realiza en familia, con confianza y sin formalidades. **3** Se dice de la persona a la que le gusta mucho estar en casa. **4** Se dice del árbitro o arbitraje que favorece al equipo en cuyo campo se juega. ◆ **s. 5** Persona dueña de una casa que la da en alquiler a otra u otras.

caserón s.m. Casa muy grande y destartalada.

caseta s.f. **1** Casa pequeña que solamente tiene el piso bajo; tiene diversos usos, pero no se habita. **2** Construcción provisional desmontable que se destina a espectáculos, diversiones, etc., en las fiestas populares. **3** Cuarto en el que se cambian de ropa los bañistas. **4** Vestuario o lugar para cambiarse de ropa las personas que hacen deporte.

casete s.m. o f. **1** Caja pequeña de plástico que contiene una cinta magnética en la que se puede grabar y reproducir el sonido. ◆ s.m. **2** Aparato que puede grabar o reproducir el sonido haciendo girar la cinta contenida en esta caja.
OBS Puede encontrarse la grafía francesa cassette.

casetón s.m. Adorno de madera en forma de cuadrado u otra figura regular, cóncavo y con algún ornamento, que forma un artesonado.

cash s.m. Dinero en efectivo.

casi adv. **1** Indica que falta muy poco para que se cumpla o complete lo significado por la palabra a la que acompaña. **2** Fam. Expresa indecisión o duda.

casilla s.f. **1** Cada uno de los espacios de un papel dividido por líneas verticales y horizontales destinado a anotar de forma separada y ordenada cifras y otros datos. **2** Compartimiento que con otros compone el tablero de distintos juegos de mesa. **3** Cada uno de los compartimientos de un casillero o mueble. ◇ **casilla postal** ARG Apartado de correos. ◇ **sacar a alguien de sus casillas** Fam. Hacer perder la paciencia o enfadar a una persona.

casillero s.m. **1** Mueble dividido en huecos o partes para tener clasificados documentos y objetos. **2** Marcador o tablero en el que se anotan los puntos o tantos que consigue un jugador o equipo deportivo.

casimir s.m. Tejido fino fabricado con pelo de cabra de Cachemira o con lana de oveja merina.

casino s.m. **1** Establecimiento público en el que hay juegos de azar, espectáculos, conciertos y otras diversiones. **2** Asociación de carácter recreativo y cultural. **3** Edificio o conjunto de instalaciones de esta asociación.

casiterita s.f. Mineral compuesto de bióxido de estaño, de color pardo y negro muy brillante, que constituye la principal mena del estaño.

caso s.m. **1** Ocasión, situación o conjunto de circunstancias. **2** Suceso o acontecimiento, cosa que ocurre. **3** Asunto de que se trata. **4** Persona que enferma, considerada aisladamente. **5** Relación sintáctica que una palabra de carácter nominal mantiene con las demás de una oración según la función que desempeña. ◇ **en caso de que** Si ocurre la cosa que se dice. ◇ **en cualquier caso** o **en todo caso** Pase lo que pase, cualquiera que sea la situación. ◇ **en todo caso** Sirve para atenuar una negación anterior. ◇ **hacer al caso** Tener relación con el asunto de que se trata. ◇ **hacer caso** Prestar atención. □ Obedecer, obrar como se ha ordenado. ◇ **hacer caso omiso** No tener en cuenta una orden o recomendación. ◇ **poner por caso** Poner como ejemplo, dar por supuesto. ◇ **ser un caso** Ser poco corriente, salirse de lo normal. ◇ **venir al caso** Tener relación con el asunto de que se trata.

casorio s.m. Fam. y desp. Casamiento hecho sin reflexión o con poco lucimiento.

caspa s.f. Conjunto de escamas blancas y muy pequeñas que se forman en el cuero cabelludo.

cáspita interj. Denota extrañeza, admiración o enfado.

casposo, a adj. Que tiene caspa.

casquería s.f. Establecimiento en el que se venden vísceras, pezuñas y otras partes comestibles de la res que no son carne.

casquete s.m. **1** Cubierta de tela o cuero que se ajusta a la cabeza. **2** Pieza de la armadura que cubría la parte superior de la cabeza. **3** Vulg. ESP Acto sexual.

casquillo s.m. **1** Cartucho de metal vacío. **2** Parte metálica de una bombilla por la que se conecta al circuito eléctrico. **3** Pieza de metal, generalmente cilíndrica, con la que se refuerza, protege o cubre el extremo de algunas cosas.

casquivano, a adj. Se dice de la persona que es despreocupada e insensata y no tiene formalidad.

cassette ▷ casete.
OBS Pronunc. aprox. 'caset'.

casta s.f. **1** Familia y ascendencia de una persona. **2** Raza, clase o condición de un animal. **3** Grupo social, claramente diferenciado de otros por su rango, en que se divide la población de la India. **4** Grupo que en algunas sociedades forma una clase especial y tiende a permanecer separado de los demás por su raza, religión o costumbres. **5** Especie o calidad de una cosa. **6** Cada una de las clases en que se dividen los insectos sociales.

castaña s.f. **1** Fruto del castaño, comestible, del tamaño de una nuez, que tiene forma de corazón y está cubierto por una cáscara dura y flexible de color marrón. **2** Moño, con la forma de este fruto, en la parte posterior de la cabeza. **3** Fam. ESP Castañazo. **4** Fam. ESP Borrachera. **5** Fam. Cosa aburrida o de mala calidad.

castañazo s.m. Fam. ESP Golpe fuerte.

castañero, a s. Persona que asa y vende castañas en un puesto en la calle.

castañeta s.f. **1** Sonido que se produce al hacer que la yema del dedo medio resbale sobre la del pulgar y choque contra la mano. **2** Castañuela.

castañetear v.intr. Sonarle a una persona los dientes dando los de una mandíbula contra los de la otra, generalmente de miedo, frío o nerviosismo.

castaño, a s.m. **1** Árbol de unos 20 m de altura, de tronco grueso y copa ancha, hojas lanceoladas, flores blancas y fruto comestible (castaña). ◆ s.m. y adj. **2** Color marrón oscuro, como el de la cáscara de la castaña. ◆ adj. **3** Que es de este color. ◇ **pasar de castaño oscuro** Ser una cosa demasiado grave o intolerable.

castañuela s.f. Instrumento musical de percusión formado por dos piezas cóncavas generalmente de madera que, unidas al pulgar por un cordón, se tocan haciéndolas chocar una contra otra con los demás dedos de la mano. ◇ **como unas castañuelas** Muy alegre.

castellanismo s.m. **1** Palabra o modo de expresión propio de la lengua castellana y que se usa en otro idioma. **2** Palabra o modo de expresión propio del español hablado en Castilla.

castellanizar v.tr. Dar a una cosa carácter castellano; especialmente, dar forma castellana a una palabra de otra lengua.

castellano, a adj. y s. **1** De Castilla (actual territorio de las comunidades autónomas de Castilla y León y Castilla-La Mancha). **2** Del antiguo condado y reino de Castilla. ◆ **s.m. y adj. 3** Lengua hablada en España, en Hispanoamérica y en otras zonas del mundo. **4** Variedad del español hablada en la zona central de España.

castellanohablante adj. **1** Se dice del territorio de habla española. ◆ **adj. y s.m. y f. 2** Se dice de la persona que habla español sin dificultad, bien por ser su lengua materna, bien por tener gran dominio de ella.

castellano-leonés, sa adj. y s. De Castilla y León (comunidad autónoma española).

castellano-manchego, a adj. y s. De Castilla-La Mancha (comunidad autónoma española).

castellonense adj. y s.m. y f. De Castellón (ciudad y provincia de la Comunidad Valenciana).

casticismo s.m. **1** Afición a lo castizo en las costumbres y modales. **2** Actitud de quienes evitan los extranjerismos y prefieren el empleo de voces y giros castizos o de su propia lengua.

castidad s.f. Renuncia a todo placer sexual.

castigar v.tr. **1** Imponer un castigo a quien ha cometido una falta o un delito. **2** Hacer padecer física o moralmente a alguien. **3** Estropear o dañar alguna cosa.

castigo s.m. **1** Pena que se aplica por haber cometido una falta. **2** Persona, animal o cosa que causa sufrimientos, trabajos y molestias.

castillo s.m. **1** Edificio o conjunto de edificios fortificados para la guerra con murallas, torres, fosos y otras fortificaciones. **2** Parte alta o principal de la cubierta de una embarcación que comprende desde el palo trinquete hasta la proa. ◇ **forjar,** o **hacer,** o **levantar, castillos en el aire** Fam. Abrigar ilusiones o esperanzas sin fundamento.

casting (pl. castings.) s.m. Proceso de selección de actores o modelos.
OBS Pronunc. aprox. 'castin'.

castizo, a adj. **1** De buen linaje. **2** Típico, puro o genuino de un país o región. **3** Se dice del lenguaje que es puro, sin extranjerismos.

casto, a adj. **1** Se dice de la persona que renuncia a todo placer sexual o se atiene a lo que se considera lícito desde unos principios morales o religiosos. **2** Exento de sensualidad o provocación erótica.

castor s.m. Mamífero roedor adaptado a la vida acuática, de pelo castaño y cola aplastada de forma oval y escamosa, que construye diques en los ríos.

castración s.f. Extirpación o inutilización de los órganos genitales masculinos.

castrar v.tr. Extirpar o inutilizar los órganos genitales masculinos.

castrato (pl. castrati.) s.m. Cantante masculino de ópera que, castrado antes del cambio de la voz en la pubertad, conservaba la voz aguda del niño pero con una gran potencia, similar a la de una soprano o contralto.

castrense adj. Relativo al ejército o a la vida y profesión militar.

castrista adj. **1** Relativo al político cubano Fidel Castro (nacido en 1927) o a su gobierno. ◆ adj. y s.m. y f. **2** Se dice de la persona que es partidaria de las ideas de este político.

castro s.m. Poblado prerromano fortificado situado en una elevación de terreno.

casual adj. Que ocurre sin que se pueda prever ni evitar.

casualidad s.f. **1** Combinación de circunstancias que no se pueden prever ni evitar. **2** Acontecimiento fortuito.

casuística s.f. Consideración de los diversos casos particulares que se pueden prever en determinada materia.

casulla s.f. Vestidura que se pone el sacerdote sobre el alba para celebrar la misa.

cata s.f. **1** Prueba de un alimento o una bebida para examinar su sabor. **2** Porción de alguna cosa que se prueba o examina.

catabolismo s.m. Conjunto de procesos metabólicos (reacciones químicas) llevados a cabo por los seres vivos en los que se produce la ruptura de moléculas grandes en otras más pequeñas, con lo que se libera energía.

cataclismo s.m. **1** Desastre de grandes proporciones que afecta a todo el planeta o a parte de él producido por un fenómeno natural. **2** Fam. Trastorno, disgusto o contratiempo grande que altera la vida cotidiana, social o política.

catacumbas s.f.pl. Cementerio subterráneo de Roma y algunas otras ciudades del Imperio romano que los cristianos usaron para enterrar a sus muertos y mártires.

catadióptrico, a adj. **1** Se dice del sistema óptico que trabaja por reflexión y refracción. ◆ s.m. **2** Dispositivo de señalización con propiedades de este tipo.

catador, ra s. Persona que se dedica a probar alimentos o bebidas para informar de sus propiedades.

catadura s.f. **1** Prueba de un alimento o una bebida para examinar su sabor. **2** Aspecto físico o apariencia externa. □ Frec. despectivo.

catáfora s.f. Anticipación de algo que va a mencionarse después en el discurso.

catalán, na adj. y s. **1** De Cataluña (comunidad autónoma española). ◆ **s.m. y adj. 2** Lengua románica hablada en Cataluña y en otras zonas de la antigua Corona de Aragón.

catalanismo s.m. **1** Amor o admiración por la cultura y las tradiciones de Cataluña. **2** Palabra o modo de expresión propio de la lengua catalana y que se usa en otro idioma. **3** Movimiento que pretende el reconocimiento político de Cataluña y defiende sus valores históricos y culturales.

catalanista adj. **1** Relativo al catalanismo (movimiento político). ◆ **adj. y s.m. y f. 2** Se dice de la persona que es partidaria del catalanismo.

catalanohablante adj. y s.m. y f. **1** Que habla catalán como lengua materna o tiene gran dominio de este idioma. ◆ **adj. 2** Se dice del país o territorio que está habitado por población de habla catalana.

catalejo s.m. Instrumento óptico, en forma de tubo alargado, que permite ver como si estuviera cerca lo que está lejos.

catalepsia s.f. Trastorno nervioso repentino que se caracteriza por la inmovilidad y rigidez del cuerpo y la pérdida de la sensibilidad.

catálisis s.f. Proceso de cambio de velocidad de las reacciones químicas mediante la acción de una sustancia que permanece inalterada al final del proceso.

catalizador s.m. Sustancia que hace más rápida o más lenta la velocidad de una reacción química sin participar en ella.

catalizar v.tr. **1** Atraer y reunir en un solo grupo cosas de distinto origen o de diferentes características, especialmente fuerzas, ideas o sentimientos. **2** Causar o provocar un proceso o una reacción. **3** Hacer más rápida o más lenta la velocidad de una reacción química mediante la adición de un catalizador.

catalogación s.f. Acción de catalogar.

catalogar v.tr. **1** Apuntar, registrar ordenadamente libros, documentos u otros objetos formando catálogo de ellos. **2** Incluir una cosa en un catálogo. **3** Considerar o suponer que alguien o algo posee determinadas cualidades o que forma parte de un partido o clase.

catálogo s.m. Lista en la que se registran, describen y ordenan, siguiendo determinadas normas, personas, cosas o sucesos que tienen algún punto en común.

catamarán s.m. Embarcación deportiva de vela o motor que consta de dos cascos estrechos y alargados en forma de patines y de una plataforma que se coloca sobre ellos.

catanga s.f. **1** ARG, BOL Carrito tirado por un caballo para transportar fruta. **2** ARG, CH Variedad de escarabajo que frecuenta los excrementos. **3** COL Canasto para pescar.

cataplasma s.f. Medicamento en forma de pasta blanda que se aplica sobre alguna parte del cuerpo con fines calmantes o curativos.

cataplines s.m.pl. Fam. Testículos.

catapulta s.f. **1** Máquina de guerra antigua con la que se lanzaban piedras o saetas. **2** Mecanismo lanzador empleado para facilitar el despegue de aviones en espacios reducidos.

catapultar v.tr. **1** Dar un fuerte impulso a alguien o hacerlo subir a un lugar material o inmaterial de forma muy rápida. **2** Disparar o lanzar con una catapulta.

catar v.tr. **1** Probar un alimento o una bebida para examinar su sabor. **2** Experimentar por primera vez la impresión o sensación que produce alguna cosa.

catarata s.f. **1** Caída de una corriente de agua desde cierta altura a causa de un desnivel brusco del terreno. **2** Enfermedad del ojo que consiste en la opacidad del cristalino producida por la formación de una especie de telilla que impide el paso de la luz.

cátaro, a adj. **1** Relativo a un movimiento religioso cristiano de los siglos XI y XII, declarado hereje por la Iglesia católica. ◆ **adj. y s. 2** Se dice de la persona que era seguidora de este movimiento.

catarrino, a adj. y s.m. **1** Se dice del simio de cráneo voluminoso, tabique nasal estrecho y cola muy corta y no prensil, como el papión, el mandril o el macaco. ◆ **catarrinos s.m.pl. 2** Grupo taxonómico, con categoría de superfamilia, constituido por estos simios.

catarro s.m. Malestar físico, provocado generalmente por los cambios bruscos de temperatura, que se caracteriza por la inflamación de las mucosas y el aumento de la secreción nasal.

catarsis s.f. Eliminación de los recuerdos que perturban la mente o el equilibrio nervioso.

catártico, a adj. Relativo a la catarsis.

catastral adj. Relativo al catastro.

catastro s.m. **1** Censo estadístico donde figuran las propiedades rústicas y urbanas de una población, país o territorio y el nombre de sus propietarios. **2** Impuesto que pagaban al rey nobles y plebeyos sobre todas las rentas fijas y posesiones que produjeran frutos anuales.

catástrofe s.f. **1** Suceso desdichado en el que hay gran destrucción y muchas desgracias y que altera gravemente el desarrollo normal de las cosas. **2** Persona o cosa mal hecha, de mala calidad o que produce mala impresión.

catastrófico, a adj. **1** Relativo a la catástrofe. **2** Desastroso, muy malo.

catastrofismo s.m. Tendencia pesimista a predecir catástrofes.

catastrofista adj. **1** Que tiende a predecir catástrofes. ◆ adj. y s.m. y f. **2** Se dice de la persona que tiende a predecir catástrofes.

catavinos s.m. y f. Persona que se dedica a probar o catar vinos para informar de su calidad y de sus propiedades.

cate s.m. **1** ESP Golpe ligero dado en la cabeza con la mano abierta. **2** Fam. ESP Suspenso en una prueba o examen.

1. **catear** v.tr. Fam. ESP Suspender en una prueba o examen.

2. **catear** v.tr. **1** AMÉR Explorar los terrenos en busca de alguna veta minera. **2** AMÉR Allanar la policía o una autoridad una casa ajena. **3** AMÉR Registrar la policía a una persona para comprobar que no lleva armas.

catecismo s.m. **1** Libro de instrucción o enseñanza de la doctrina cristiana. **2** Obra que contiene la exposición resumida de alguna ciencia o arte.

catecúmeno, a s. Persona que se está instruyendo en los principios de la doctrina católica para recibir el bautismo.

cátedra s.f. **1** Empleo y plaza de catedrático. **2** Departamento o sección dependiente de la autoridad de un catedrático. **3** Asignatura o materia que enseña un catedrático. **4** Aula en que se enseña una asignatura. **5** Asiento o lugar situado en alto desde el que un profesor da clase. ◇ **sentar cátedra** Hacer o decir cosas con autoridad y de forma concluyente en relación con una materia.

catedral s.f. Iglesia principal, generalmente de gran tamaño, de una diócesis que es sede del obispo y su cabildo.

catedralicio, a adj. Relativo a la catedral.

catedrático, a s. Profesor que tiene la categoría más alta en centros oficiales de enseñanza secundaria o en la universidad.

categoría s.f. **1** Jerarquía de una persona o cosa en una clasificación según su importancia o grado. **2** Grado o nivel en una profesión, carrera o actividad. **3** Clase o grupo de una ciencia en que se distinguen los elementos que lo componen. **4** Concepto filosófico que junto con otros permite una primera clasificación, en grupos muy amplios, de todos los seres reales o mentales. ◇ **de categoría** Importante o bueno, que destaca en su especie por su valor o prestigio.

categórico, a adj. Que afirma o niega de manera absoluta, sin condiciones ni alternativas.

catenaria s.f. **1** Curva que forma una cadena, cuerda, etc., suspendida entre dos puntos situados en distinta vertical, bajo la acción de su propio peso. **2** Cable de tendido eléctrico en ferrocarriles o metropolitanos.

catequesis s.f. Enseñanza o instrucción de los principios y dogmas de la doctrina cristiana.

catequista s.m. y f. Persona que se dedica a enseñar catequesis.

catequizar v.tr. **1** Instruir a alguien en una doctrina, especialmente en la doctrina católica. **2** Convencer a una persona para que haga o permita hacer una cosa contraria a su voluntad.

catering (pl. caterings.) s.m. Servicio de suministro de bebidas y comidas preparadas para un grupo de personas.
OBS Pronunc. aprox. 'cáterin'.

caterva s.f. Desp. Multitud de personas o cosas sin orden ni organización, o consideradas despreciables y de poca importancia.

catéter s.m. Tubo largo, delgado y flexible, empleado en medicina para explorar conductos o para quitar las acumulaciones de materia que impiden la circulación de los líquidos.

1. **cateto** s.m. Cada uno de los dos lados que forman el ángulo recto de un triángulo rectángulo.

2. **cateto, a** s. Desp. ESP Persona sin formación ni cultura y de costumbres toscas.

catinga s.f. AMÉR Olor fuerte y desagradable.

catión s.m. Ion con carga positiva.

catiusca o **katiuska** s.f. Bota de goma, impermeable, para proteger los pies del agua.

catódico, a adj. Relativo al cátodo.

cátodo s.m. Electrodo o polo negativo de un generador eléctrico.

catolicismo s.m. **1** Doctrina religiosa de la Iglesia católica romana que reconoce al Papa como su jefe supremo en la Tierra. **2** Comunidad de los pertenecientes a la Iglesia católica.

católico, a adj. **1** Relativo al catolicismo. ◆ adj. y s. **2** Se dice de la persona que profesa el catolicismo.

catorce adj.num.cardin. **1** Diez más cuatro. ◆ adj.num.ordin. **2** Que ocupa el lugar número 14 en una serie ordenada. ◆ s.m. **3** Número 14.

catorceavo, a adj.num.partit. Se dice de cada una de las partes que resultan de dividir un todo en catorce partes iguales.

catre s.m. **1** Cama estrecha, sencilla y ligera para una sola persona. **2** Fam. Cama.

catsup s.f. Salsa de tomate con vinagre, azúcar y especias.

caucasiano, a adj. Relativo al Cáucaso (cordillera del sudeste de Europa).

caucásico, a adj. **1** Caucasiano. **2** Se dice del grupo de lenguas hablado en la región del Cáucaso (cordillera del sudeste de Europa). **3** Relativo a la raza blanca. ◆ adj. y s. **4** Se dice de la raza blanca o a la persona que pertenece a ella.

cauce s.m. **1** Concavidad del terreno, natural o artificial, por donde corre un río, canal o acequia. **2** Modo o norma para realizar una cosa.

caucho s.m. Sustancia impermeable, elástica y resistente que se obtiene a partir del jugo lechoso de ciertas plantas tropicales.

caucus s.m. **1** Reunión de los miembros de un partido de los Estados Unidos para elegir candidatos. **2** Reunión privada de los miembros de un partido político que se realiza para discutir cuestiones de política o liderazgo.

1. **caudal** s.m. **1** Cantidad de agua que lleva una corriente o que fluye de un manantial o fuente. **2** Cantidad de dinero y bienes de una persona. **3** Gran cantidad de una cosa.

2. **caudal** adj. Relativo a la cola de un animal.

caudaloso, a adj. **1** Se dice de la corriente que lleva mucha agua. **2** Que tiene mucho dinero o muchos bienes.

caudillo s.m. Persona que guía y manda a un grupo de personas, especialmente a un ejército o gente armada.

caula s.f. AMÉR Treta, ardid.

caulículo s.m. Vástago que surge del interior de las hojas de acanto que ornamentan el capitel corintio, y que se enrosca en los ángulos del ábaco.

causa s.f. **1** Origen de una cosa o suceso. **2** Motivo o razón para obrar de una manera determinada. **3** Fin, idea o proyecto que se defiende o por el que se trabaja. **4** Pleito judicial. ◇ **a causa de** Indica el motivo por el que se ha producido un resultado.

causal adj. **1** Relativo a la causa. ◆ **adj. y s.f. 2** Se dice de la proposición que expresa el motivo por el cual sucede lo indicado en la oración principal. **3** Se dice de la conjunción usada para unir esta proposición a la principal.

causalidad s.f. Relación entre causa y efecto.

causante adj. **1** Que es causa de una acción o de una cosa. ◆ **adj. y s.m. y f. 2** Se dice de la persona que es causa de una acción o de una cosa. ◆ **s.m. y f. 3** Persona de quien proviene el derecho que alguien tiene.

causar (1i) v.tr. Producir o ser el origen de un efecto o resultado.

cáustico, a adj. **1** Se dice de la sustancia que quema y destruye los tejidos orgánicos. **2** Mordaz y sarcástico.

cautela s.f. Cuidado y reserva que se pone al hacer algo para prevenir posibles riesgos o para no ser notado.

cautelar adj. Que sirve para prevenir la consecución de determinado fin o precaver lo que pueda dificultarlo.

cauteloso, a adj. **1** Que obra con cuidado y reserva. **2** Que encierra cautela.

cautivador, ra adj. Que cautiva, especialmente con su gracia o encanto.

cautivar v.tr. **1** Atraer irresistiblemente la atención, simpatía o amor de una persona mediante algo que le resulta física o moralmente atractivo. **2** Apresar o quitar la libertad a una persona.

cautiverio s.m. **1** Estado de la persona a la que se ha privado de la libertad, especialmente durante una guerra. **2** Estado del animal salvaje al que se ha privado de la libertad.

cautividad s.f. Cautiverio.

cautivo, a adj. y s. **1** Que no tiene libertad. **2** Se dice de la persona que se siente atraída por una cualidad determinada, o dominada por alguna cosa.

cauto, a adj. Se dice de la persona que actúa o se comporta con cautela y precaución e intenta evitar o prevenir un peligro.

1. **cava** s.f. Acción de cavar la tierra.

2. **cava** s.f. **1** Bodega subterránea en la que se elaboran ciertos vinos. ◆ **s.m. 2** Vino blanco espumoso, al estilo del champán, que se elabora en España.

3. **cava** adj. y s.f. Se dice de cada una de las dos venas que recogen la sangre de todo el cuerpo y la conducen al corazón.

cavar v.tr. **1** Levantar y remover la tierra con una herramienta para cultivarla. **2** Hacer un agujero, foso o zanja.

caverna s.f. Cavidad ancha y profunda bajo la tierra o entre las rocas.

cavernícola adj. y s.m. y f. Se dice del habitante de los tiempos prehistóricos que vivía en las cavernas.

cavernoso, a adj. **1** Relativo a la caverna. **2** Se dice de la voz, tos o sonido que es grave y áspero. **3** Que tiene muchas cavernas.

caviar s.m. Alimento que se prepara con las huevas del esturión frescas, aderezadas con sal y prensadas.

cavidad s.f. Espacio hueco en el interior de un cuerpo, especialmente en el de los seres vivos.

cavilación s.f. Reflexión profunda.

cavilar v.intr. Pensar de forma profunda y minuciosa, a veces con preocupación.

cayado s.m. **1** Bastón, generalmente de madera, con el extremo superior curvo. **2** Báculo pastoral de los obispos.

cayo s.m. Isla pequeña, llana y arenosa, muy común en el mar de las Antillas y en el golfo de México.

caza s.f. **1** Búsqueda y persecución de animales para atraparlos o matarlos. **2** Animal o conjunto de animales que se buscan o persiguen para atraparlos o matarlos o que se han atrapado o matado. **3** Acción de buscar o perseguir una cosa que se desea conseguir. ◆ **s.m. 4** Avión de pequeño tamaño y gran velocidad destinado principalmente a reconocimientos y combates aéreos. □ También avión de caza.

◇ **caza de brujas** Persecución debida a prejuicios políticos o sociales. ◇ **caza mayor** Caza de animales grandes. ◇ **caza menor** Caza de animales pequeños.

cazabe o **casabe** s.m. **1** AMÉR Harina de la raíz de la mandioca. **2** AMÉR Torta hecha con esta harina.

cazabombardero s.m. Avión de combate preparado para derribar otros aviones y para lanzar bombas sobre un objetivo.

cazador, ra adj. y s. **1** Se dice de la persona que caza animales. **2** Se dice del animal que por instinto persigue y caza otros animales.

cazadora s.f. ESP Prenda de vestir corta y ajustada a la cintura, generalmente de línea deportiva y material resistente, que se suele cerrar con una cremallera. **GEOSIN** campera.

cazalla s.f. Aguardiente seco y fuerte fabricado en Cazalla de la Sierra (Sevilla).

cazar v.tr. **1** Buscar o perseguir animales para atraparlos o matarlos. **2** Conseguir algo con habilidad, especialmente una cosa buena o difícil. **3** Descubrir algo, especialmente una cosa oculta o un error. **4** Entender con rapidez mental.

cazatalentos s.m. y f. Persona o entidad que se dedica a buscar individuos idóneos para su contratación por empresas que los necesitan.

cazcarria o **cascarria** s.f. Salpicadura de barro en los bajos de la ropa.
OBS Suele usarse en plural.

cazo s.m. **1** AMÉR CENTRAL, ESP, MÉX Recipiente cilíndrico, más ancho que alto y con mango largo, hecho de metal o de porcelana, para cocer o calentar alimentos. **2** ESP Cucharón. **3** ESP Persona torpe. **4** Argot. ESP Proxeneta.

cazoleta s.f. **1** Hueco de la pipa de fumar en el que se coloca el tabaco. **2** Pieza de metal de las espadas y sables entre el puño y la hoja para proteger la mano.

cazón s.m. Tiburón de hasta 2 m de largo, con la boca semicircular y los dientes afilados y cortantes, cuya piel seca se utiliza como lija.

cazuela s.f. **1** Recipiente de cocina de base circular, ancho y poco profundo, generalmente de barro y con dos asas y tapa, que se usa para guisar. **2** Guiso hecho en este recipiente, generalmente con carne, patatas y legumbres.

cazurro, a adj. y s. **1** ESP Se dice de la persona que es torpe, ignorante y simple. **2** ESP Se dice de la persona que es ruda, tosca o basta.

CD s.m. Sigla de compact disc, disco compacto.

CD-ROM s.m. **1** Disco de 12 cm de diámetro con gran capacidad para almacenar sonidos, imágenes y otras informaciones grabadas que se pueden reproducir por medio de un rayo láser y un sistema informático adecuado. **2** Aparato acoplado al ordenador que permite la lectura de las informaciones contenidas en este disco.

ce s.f. Nombre de la letra c. ◇ **ce cedilla** o **ce con cedilla** Nombre de la letra ç. □ También simplemente cedilla.

cebada s.f. **1** Planta cereal muy parecida al trigo, pero menos alta y de semillas más alargadas y puntiagudas. **2** Semilla o conjunto de semillas de esta planta.

cebado, a adj. AMÉR Se dice de la fiera que ha probado carne humana y por ello es más temible.

cebador, ra adj. **1** Se dice de la persona que ceba. ◆ s.m. **2** Dispositivo necesario para el encendido de algunos objetos eléctricos.

cebar v.tr. **1** Alimentar a un animal para que aumente de peso o se ponga gordo. **2** Atraer con un cebo a un animal. **3** Alimentar o avivar un sentimiento. **4** Preparar convenientemente una máquina o ponerle el combustible necesario para que funcione. ◆ **cebarse** v.prnl. **5** Causar un intenso dolor, de manera deliberada e innecesaria, a una persona que no puede defenderse.

cebiche o **ceviche** o **seviche** s.m. AMÉR Plato de pescado o marisco crudo, troceado y condimentado con cebolla, ají y zumo de limón.

cebo s.m. **1** Trozo de alimento, o algo que lo simula, que se pone en el anzuelo, el cepo y otras trampas para pescar o cazar. **2** Alimento de un animal. **3** Cosa agradable o interesante que se ofrece, a veces de forma engañosa, para incitar a hacer algo.

cebolla s.f. **1** Hortaliza de tallo delgado y hueco, hojas largas y estrechas y flores blancas, con un bulbo comestible del que nace una raíz fibrosa. **2** Bulbo subterráneo de esta planta, de olor fuerte y sabor picante.

cebolleta s.f. **1** Cebolla común que se vuelve a plantar después del invierno y que se come tierna antes de florecer. **2** Planta parecida a la cebolla, pero con el bulbo más pequeño.

cebollino s.m. **1** Simiente de cebolla lista para ser trasplantada. **2** Cebolleta (planta). **3** Fam. y desp. Persona torpe y tonta.

cebra s.f. Mamífero équido de pelo amarillento con rayas verticales o inclinadas marrones o negras que vive en las sabanas africanas.

cebú (pl. cebúes.) s.m. Mamífero bovino de África y la India, parecido al toro, con una o dos gibas de grasa en la espalda.

ceca s.f. Establecimiento donde se fabricaba moneda.

cecear v.intr. Hablar pronunciando la s como la z.

ceceo s.m. Fenómeno del habla que consiste en pronunciar la s como la z.

cecina s.f. Carne salada y secada al sol, al aire o al humo.

cedazo s.m. Utensilio que se usa para separar las partes finas y gruesas de una materia y que está formado por una tela metálica muy fina o rejilla que está sujeta a un aro.

ceder v.tr. **1** Transferir o traspasar voluntariamente a otro el disfrute de una cosa, acción o derecho. ◆ v.intr. **2** Disminuir o desaparecer la resistencia de una persona. **3** Disminuir o desaparecer la fuerza o intensidad de algo. **4** Romperse o soltarse una cosa que ha estado sometida a una fuerza excesiva.

cedilla s.f. **1** Nombre de la letra ç. □ También ce cedilla o ce con cedilla. **2** Signo en forma de coma de la parte inferior de esta letra.

cedro s.m. **1** Árbol de tronco alto y recto, con la copa en forma de cono, hojas perennes y el fruto en forma de piña. **2** Madera de este árbol.

cédula s.f. Documento, generalmente oficial, en el que se reconoce una deuda o una obligación de otro tipo.

cefalea s.f. Dolor de cabeza intenso y persistente.

cefálico, a adj. Relativo a la cabeza (parte del cuerpo).

cefalópodo adj. y s.m. **1** Se dice del molusco que tiene la cabeza grande rodeada de una corona de tentáculos que sirven para desplazarse y asir a las presas, como el calamar y el pulpo. ◆ **cefalópodos** s.m.pl. **2** Grupo taxonómico, con categoría de clase, constituido por estos moluscos.

cefalorraquídeo, a adj. Relativo a la cabeza y a la columna vertebral.

cefalotórax s.m. Parte anterior del cuerpo de los arácnidos y muchos crustáceos constituida por la fusión de la cabeza con el tórax y separada del abdomen.

cegar (32) v.intr. **1** Perder el sentido de la vista. ◆ v.tr. **2** Hacer perder el sentido de la vista, generalmente de forma pasajera a causa de una luz intensa. **3** Quitar la capacidad de razonar o de darse cuenta con claridad de las cosas. **4** Tapar o cerrar un hueco o una entrada. ◆ **cegarse** v.prnl. **5** Perder la lucidez.

cegato, a adj. y s. Fam. Se dice de la persona que no ve bien. □ Frec. despectivo.

cegesimal adj. Se dice del sistema de pesos y medidas que tiene por unidades básicas el centímetro, el gramo y el segundo.

ceguera s.f. **1** Falta completa del sentido de la vista. **2** Pasión que quita la capacidad de razonar con claridad.

ceja s.f. **1** Parte de la cara que sobresale por encima de cada uno de los ojos, curvada y cubierta de pelo. **2** Pelo que cubre esta parte de la cara. **3** Parte saliente de un objeto, generalmente en un libro o un vestido. ◇ **metérsele algo a alguien entre ceja y ceja** Obstinarse u obsesionarse una persona con una cosa.

cejar v.intr. **1** Aflojar o ceder en un negocio, empeño o discusión. **2** Andar hacia atrás.

cejijunto, a adj. **1** Que tiene las cejas muy pobladas y juntas o poco separadas. **2** Ceñudo.

cejilla s.f. **1** Pieza suelta que se ajusta al mástil de un instrumento de cuerda, como la guitarra, y sirve para apretar todas las cuerdas a la vez y elevar por igual la entonación del instrumento. **2** Presión que se hace colocando el dedo índice completamente recto sobre todas las cuerdas de la guitarra u otro instrumento similar.

celada s.f. **1** Medio hábil y engañoso por el que se coloca a una persona en situación difícil o se la obliga a hacer, decir o aceptar algo que no quería. **2** Pieza de las antiguas armaduras que cubría y protegía la cabeza.

celador, ra s. Persona que, en un centro público, se dedica a vigilar el cumplimiento de las normas y el mantenimiento del orden o a hacer otras tareas de apoyo.

celar v.tr. **1** Procurar con cuidado el cumplimiento de las leyes y de toda clase de obligaciones. **2** Observar o vigilar.

celda s.f. **1** Habitación de una cárcel donde se encierra a los presos. **2** Habitación individual de un convento o colegio. **3** Celdilla.

celdilla s.f. Cada una de las casillas hexagonales que forman un panal.

celebérrimo, a adj. Superlativo de **célebre**.

celebración s.f. **1** Encuentro o acto solemne en el que intervienen varias personas. **2** Fiesta o acto con que se celebra una fecha o un acontecimiento. **3** Aplauso o aclamación.

celebrar v.tr. **1** Llevar a cabo un encuentro o acto solemne o participar en él. **2** Organizar una fiesta o participar en ella con ocasión de una fecha o de un acontecimiento. **3** Alegrarse por una cosa o alabarla. **4** Decir misa.

célebre adj. Se dice de la persona o cosa que tiene fama o es muy conocida.
OBS Superlativo: **celebérrimo**.

celebridad s.f. **1** Popularidad y admiración pública de que disfruta una persona. **2** Persona que tiene fama y es muy conocida.

celemín s.m. Medida de capacidad tradicional para el grano y otros productos; en Castilla equivale a 4,625 litros.

celentéreo, a adj. y s.m. **1** Se dice del invertebrado acuático de estructura sencilla cuyo cuerpo está formado por dos capas, una externa y otra interna, que rodean una gran cavidad digestiva y está provisto de tentáculos. ◆ **celentéreos** s.m.pl. **2** Grupo taxonómico, con categoría de filo, constituido por estos animales.

celeque adj. AMÉR CENTRAL Se dice de la fruta que es tierna.

celeridad s.f. Rapidez en el movimiento o la ejecución de una cosa.

celesta s.f. Instrumento musical similar a un piano de pared, de tamaño algo menor, en el que los macillos producen el sonido golpeando unas láminas o barras metálicas colgadas sobre unos resonadores.

celeste s.m. y adj. **1** Color azul claro, como el del cielo despejado. ◆ adj. **2** Que es de este color. **3** Relativo al cielo o firmamento.

celestial adj. **1** Relativo al cielo. **2** Delicioso, perfecto o encantador.

celestina s.f. Mujer que facilita o encubre las relaciones amorosas o sexuales de dos amantes a cambio de dinero.

celíaco, a o **celiaco, a** adj. Relativo al vientre o a los intestinos.

celibato s.m. Estado de la persona que no se ha casado, especialmente por motivos religiosos.

célibe adj. y s.m. y f. Soltero, especialmente por motivos religiosos.

cello o **chelo** s.m. Instrumento musical de cuerda, de forma semejante a la del violín pero mucho mayor, aunque no tan grande como el contrabajo.
OBS Pronunc. 'chelo'.

1. **celo** s.m. **1** Cuidado, diligencia e interés con que alguien hace las cosas que tiene a su cargo. **2** Período de la vida de algunos animales en el que aumenta su apetito sexual y las hembras están preparadas para la reproducción. **3** Estado de un animal durante este período. ◆ **celos** s.m.pl. **4** Sentimiento de inquietud y pesar que se tiene al saber o sospechar que la persona amada siente preferencia por otra. **5** Recelo que siente una persona al creer que un afecto u otro bien que disfruta o pretende puede ser alcanzado por otro.

2. **celo** s.m. ESP Cinta de papel de plástico transparente que es adhesiva por una de sus caras y se usa para unir o sujetar cosas.

celofán s.m. Papel transparente de colores que está hecho de un material impermeable y se usa para envolver. □ También papel de celofán.

celosía s.f. Enrejado tupido hecho con listones de madera u otro material que se pone en las ventanas o se usa para separar espacios.

celoso, a adj. **1** Se dice de la persona que tiene celos o es propensa a tenerlos. **2** Se dice de la persona que pone mucho cuidado e interés al hacer una cosa.

celota o **zelota** o **zelote** s.m. y f. Miembro de un grupo judío religioso y político que se oponía al Imperio romano y lideró revueltas importantes en el siglo I d C.

celta adj. y s.m. y f. **1** De un grupo de pueblos indoeuropeos que ocuparon Europa occidental y Galacia (Asia Menor) entre los siglos IX y I a C. ◆ s.m. **2** Grupo de lenguas indoeuropeas habladas por este conjunto de pueblos.

celtíbero, a o **celtibero, a** o **celtibérico, a** adj. y s.m. y f. De un pueblo de la España primitiva asentado en la Celtiberia.

céltico, a adj. Celta.

célula s.f. **1** Elemento constitutivo fundamental de los seres vivos, generalmente microscópico y dotado de vida propia, que, según la teoría celular, constituye la unidad morfológica y fisiológica de los seres vivos. **2** Grupo, dentro de una organización mayor, que funciona de modo independiente.

celular adj. **1** Relativo a la célula (elemento fundamental de los seres vivos). **2** Se dice del vehículo que está acondicionado para trasladar a personas arrestadas o presas. ◆ s.m. **3** AMÉR Teléfono portátil. **GEOSIN** móvil.

celulitis s.f. Inflamación del tejido celular situado debajo de la piel que da a esta un aspecto rugoso o acolchado.

celuloide s.m. **1** Material plástico y muy flexible que se emplea en la industria fotográfica y cinematográfica para la fabricación de películas. **2** Arte, técnica e industria de la cinematografía.

celulosa s.f. Glúcido polisacárido estructural formado por la unión de moléculas de glucosa.

cementerio s.m. **1** Lugar, generalmente cercado y descubierto, en el que se entierran los cuerpos muertos de las personas. **2** Lugar en el que se acumulan materiales o productos inservibles.

cemento s.m. **1** Material de construcción en polvo, formado por sustancias calcáreas y arcillosas, que forma una masa sólida y dura al mezclarse con agua. **2** Tejido óseo que envuelve la raíz de los dientes. ◇ **cemento armado** Mezcla compacta hecha con grava, arena y cemento que va reforzada con alguna estructura metálica en su interior.

cena s.f. **1** Última comida del día, que se toma al atardecer o por la noche. **2** Alimentos que se toman en esta comida. **3** Acción de tomar esta comida.

cenáculo s.m. Reunión habitual y poco numerosa de personas con aficiones comunes.

cenador s.m. Espacio cubierto, generalmente redondo, cercado y revestido de plantas trepadoras que hay en ciertos jardines.

cenagal s.m. **1** Lugar lleno de cieno. **2** Situación o problema difícil.

cenagoso, a adj. Lleno de cieno.

cenar v.tr. e intr. Tomar la última comida del día, al atardecer o por la noche.

cencerro s.m. Campana pequeña de metal, generalmente tosca y con los lados rectos, que se cuelga al cuello de las reses.

cenefa s.f. Banda de adorno, generalmente formada con motivos repetidos.

cenicero s.m. Recipiente en el que se dejan la ceniza y los restos de los cigarrillos.

cenicienta s.f. Persona o cosa que se desprecia o no se tiene en cuenta sin que lo merezca.

ceniciento, a adj. De color gris claro como el de la ceniza.

cenit o **cénit** o **zenit** o **zénit** s.m. **1** Punto del círculo celeste superior al horizonte que corresponde verticalmente a un lugar de la Tierra. **2** Situación del Sol cuando alcanza el punto más alto de elevación sobre el horizonte. **3** Punto culminante o momento de apogeo de una persona o de una cosa.

cenital adj. **1** Relativo al cenit. **2** Se dice de la luz natural que penetra a través de una ventana o claraboya abierta en el techo.

ceniza s.f. **1** Polvo gris claro que queda después de arder o quemarse completamente una cosa. ◆ **cenizas** s.f.pl. **2** Restos o residuos minerales de una persona muerta después de haber sido incinerada.

cenizo, a adj. **1** Ceniciento. ◆ adj. y s.m. **2** Fam. ESP Se dice de la persona que trae o tiene mala suerte. ◆ s.m. **3** Fam. ESP Mala suerte.

cenobio s.m. Formal. Monasterio.

cenobita s.m. y f. Persona que profesa la vida monástica.

cenozoico, a adj. y s.m. **1** Se dice de la era geológica que sigue a la era mesozoica o secundaria y precede a la era neozoica o cuaternaria; se extiende desde hace unos 65 millones de años hasta hace unos 2 millones de años. **2** Se dice de la era geológica que, según algunas escuelas actuales, sigue a la era mesozoica y es la última de las eras en que se divide la historia geológica de la Tierra; se extiende desde hace unos 65 millones de años hasta la actualidad. ◆ adj. **3** Relativo a esta era geológica.

censal adj. Relativo al censo.

censar v.tr. **1** Incluir o registrar en el censo. ◆ v.intr. **2** Hacer el censo de un territorio.

censo s.m. **1** Padrón o lista oficial de los habitantes de un país, una provincia o una ciudad, donde figuran sus datos personales, su propiedades o bienes y otras informaciones. **2** Contrato por el que se obliga al propietario de un bien inmueble al pago de una pensión o renta anual.

censor, ra adj. y s. **1** Se dice de la persona que critica o tiene inclinación a criticar a los demás, especialmente con severidad. ◆ s. **2** Persona encargada por la autoridad de revisar publicaciones y otras obras y de someterlas a las modificaciones y prohibiciones necesarias para que se ajuste a lo permitido.

censura s.f. **1** Crítica o juicio negativo que se hace de algo, especialmente del comportamiento ajeno. **2** Sometimiento de una obra a las modificaciones y prohibiciones que el censor considere convenientes. **3** Organismo oficial encargado de ejercer esta labor.

censurable adj. Que puede o merece ser censurado.

censurar v.tr. **1** Juzgar negativamente alguna cosa. **2** Formar un juicio sobre una cosa después de haberla examinado, especialmente sobre una obra destinada al público, para ver si, en el aspecto político, moral o religioso, puede publicarse o exhibirse entera o parcialmente. **3** Suprimir o modificar en una obra destinada al público lo que el censor ha creído conveniente.

cent (pl. cents.) s.m. Céntimo de euro.

centauro s.m. Animal mitológico mitad hombre y mitad caballo.

centavo, a s.m. **1** Céntimo de determinadas monedas, como el dólar o el peso. ◆ adj.num. partit. **2** Se dice de cada una de las partes que resultan de dividir un todo en cien partes iguales.

centella s.f. **1** Rayo de baja intensidad. **2** Chispa que salta al golpear una piedra con un objeto de metal. **3** Persona o cosa muy rápida.

centellear v.intr. **1** Despedir rayos de luz de diversa intensidad y color. **2** Brillar con mucha intensidad.

centena s.f. Conjunto formado por 100 unidades.

centenar s.m. Centena.

centenario, a adj. **1** Relativo a la centena. **2** Que tiene cien años o más. ◆ adj. y s. **3** Se dice de la persona que tiene cien o más años de edad. ◆ s.m. **4** Fecha en que se cumplen uno o varios centenares de años desde que se produjo un acontecimiento. **5** Fiesta o celebración con que se conmemora esta fecha.

centeno s.m. **1** Planta cereal muy parecida al trigo, pero de espigas más delgadas y vellosas. **2** Semilla o conjunto de semillas de esta planta.

centesimal adj. Que está dividido en cien partes.

centésimo, a adj.num.ordin. **1** Que ocupa el lugar número 100 en una serie ordenada. ◆ adj.num.partit. **2** Se dice de cada una de las partes que resultan de dividir un todo en cien partes iguales.

centiárea s.f. Unidad de medida agraria equivalente a una centésima parte del área.

centígrado, a adj. **1** Se dice de la escala de temperatura que se divide en cien grados. **2** Relativo a esta escala de temperatura.

centigramo s.m. Medida de masa, de símbolo cg, que es igual a la centésima parte de un gramo.

centilitro s.m. Medida de volumen, de símbolo cl, que es igual a la centésima parte de un litro.

centímetro s.m. Medida de longitud, de símbolo cm, que es igual a la centésima parte de un metro.

céntimo s.m. **1** Centésima parte de ciertas unidades monetarias, como el euro o la peseta, o moneda con ese valor. ◆ adj.num.partit. **2** Se dice de cada una de las partes que resultan de dividir un todo en cien partes iguales.

centinela s.m. y f. **1** Soldado que guarda, vigila y defiende una posición determinada. **2** Persona que vigila o está en observación de algo.

centollo s.m. Crustáceo marino comestible con una concha casi redonda.

central adj. **1** Que está en el centro o entre dos extremos. **2** Que es lo principal o más importante. **3** Que ejerce su acción sobre todo el conjunto, territorio o sistema del que forma parte. ◆ **s.f. 4** Oficina o establecimiento principal del que dependen otros del mismo tipo. **5** Instalación en la que se produce energía eléctrica a partir de otras formas de energía. ◆ **s.m. y f. 6** Jugador de fútbol que juega en el centro de la defensa. ◆ **adj. 7** Se dice de la vocal que se articula entre el paladar duro y el velo del paladar.

centralismo s.m. Doctrina que defiende la concentración del poder político o administrativo en un organismo central que absorbe funciones propias de órganos locales o regionales.

centralista adj. **1** Relativo al centralismo. ◆ **adj. y s.m. y f. 2** Se dice de la persona que es partidaria del centralismo.

centralita s.f. **1** ESP Aparato que conecta una o varias líneas telefónicas externas con los teléfonos instalados en los locales de un organismo, entidad o empresa. **2** Lugar donde se encuentra instalado este aparato.

centralización s.f. Acción de centralizar.

centralizar v.tr. **1** Reunir cosas distintas o de diversa procedencia en un lugar común o bajo una misma dirección. **2** Asumir un poder central las atribuciones y funciones políticas y administrativas que corresponden a un poder local o regional.

centrar v.tr. **1** Colocar una cosa haciendo coincidir su centro con el de otra. **2** Dirigir la atención o el interés hacia un objetivo o un asunto. **3** Atraer alguien o algo la atención o el interés. **4** Hacer que alguien se sienta psicológicamente seguro y estable en un lugar, ambiente o situación. ◆ **v.tr. e intr. 5** Pasar la pelota de la parte exterior al centro del campo, especialmente en el fútbol. ◆ **centrarse v.prnl. 6** Concentrar la atención en un asunto o en uno de sus aspectos.

céntrico, a adj. Relativo al centro, especialmente de una población.

centrifugación s.f. Acción de centrifugar.

centrifugado s.m. Acción de centrifugar.

centrifugadora s.f. Máquina que sirve para centrifugar.

centrifugar v.tr. Someter un objeto o sustancia a una rotación muy rápida para obtener por la fuerza centrífuga su secado o la separación de los componentes unidos o mezclados.

centrífugo, a adj. Se dice de la fuerza que tiende a alejarse del centro alrededor del cual gira.

centriolo s.m. Conjunto de nueve microtúbulos dispuestos en forma de cilindro que se encuentra junto con otro en las células animales y de muchos protoctistas, que intervienen en la división celular.

centrípeto, a adj. Se dice de la fuerza que tiende a acercarse al centro alrededor del cual gira.

centrismo s.m. Tendencia o ideología política de los partidos de centro, intermedia entre la derecha y la izquierda.

centrista adj. **1** Relativo al centrismo. ◆ **adj. y s.m. y f. 2** Se dice de la persona que es partidaria del centrismo.

centro s.m. **1** Punto o lugar que está en medio, equidistante de los límites o extremos. **2** Lugar o recinto donde se desarrolla una actividad con un fin determinado. **3** Persona o cosa principal que atrae la atención o el interés. **4** Parte de una población donde hay más actividad administrativa, comercial y cultural. **5** Conjunto de ideas, tendencias y organizaciones políticas que están entre la derecha y la izquierda, y pretenden conciliar elementos de ambas. **6** Lugar donde se concentra una actividad o donde se desarrolla con mayor intensidad. **7** Jugada de ataque en un partido de fútbol y de otros deportes que consiste en pasar el balón desde un lateral del campo hacia un compañero que avanza por la parte central. **8** Punto interior de un círculo situado a igual distancia de todos los de la circunferencia correspondiente. **9** Punto interior de una esfera situado a igual distancia de todos los de la superficie. **10** Punto que equidista de todos los vértices de un polígono regular, que se corresponde con el centro de la circunferencia circunscrita al polígono. **11** Punto por el que pasan todas las rectas que unen puntos homólogos o transformados por la homotecia. **12** Vasija o elemento decorativo que se coloca como adorno en el centro de una mesa. **13** HOND, MÉX Chaleco.

centroamericano, a adj. y s. De América Central (conjunto de países del centro del continente americano).

centrocampista s.m. y f. Jugador de fútbol u otros deportes de equipo que juega en el centro del campo y tiene como misión contener los avances del equipo contrario y ayudar a su propia defensa y su delantera.

centroderecha s.m. o f. Espacio ideológico situado entre el centro y la derecha políticos.

centroeuropeo, a adj. y s. De Europa central.

centroizquierda s.m. o f. Espacio ideológico situado entre el centro y la izquierda políticos.

centrómero s.m. Estrechamiento o constricción principal de las cromátidas, que constituye el lugar por el que el cromosoma se une al huso acromático durante la división celular.

centrosoma s.m. Nombre que recibe el conjunto formado por el par de centriolos con la zona amorfa que los rodea.

centuplicar v.tr. Multiplicar una cifra o cantidad por cien.

céntuplo, a adj. y s.m. Que es cien veces el número o cantidad de cierta cosa.

centuria s.f. **1** Período de cien años. **2** Compañía del ejército de la antigua Roma compuesta por cien soldados.

centurión s.m. Oficial del antiguo ejército romano que tenía a su mando una centuria.

cenutrio, a s. Fam. ESP Persona torpe y lenta para comprender o ejecutar una cosa.

ceñido, a adj. Que se ajusta al cuerpo.

ceñir (9) v.tr. **1** Apretar, ajustar o rodear la cintura u otra parte del cuerpo con una prenda de vestir u otra cosa. **2** Llevar un objeto ajustado a una parte del cuerpo. **3** Rodear o envolver una cosa a otra. ◆ **ceñirse** v.prnl. **4** Limitarse o atenerse concretamente a lo que se trata. **5** Moderarse en los gastos o amoldarse a lo que se tiene.

ceño s.m. **1** Espacio que separa las dos cejas. **2** Gesto de disgusto arrugando el entrecejo.

ceñudo, a adj. Se dice de la persona que arruga el entrecejo.

cepa s.f. **1** Tronco de la vid del que brotan los sarmientos; por extensión, toda la planta. **2** Parte del tronco de las plantas que está bajo la tierra unida a la raíz. **3** Origen de una familia.

cepellón s.m. Tierra que se deja pegada a las raíces de los vegetales para trasplantarlos.

cepillar v.tr. **1** Poner lisa una superficie de madera o metal con un cepillo. **2** Limpiar algo de polvo o suciedad con un cepillo. **3** Pasar el cepillo por el pelo para peinarlo o desenredarlo. ◆ **cepillarse** v.prnl. **4** Fam. ESP Matar a una persona o un animal. **5** Fam. ESP Catear o suspender a alguien que se examina. **6** Vulg. ESP Poseer sexualmente a una persona. **7** Fam. ESP Gastar el dinero con rapidez y sin medida. **8** ESP Terminar o resolver un asunto en poco tiempo.

cepillo s.m. **1** Instrumento de diversos tamaños y formas hecho de hilos o pelos gruesos fijos en una base y cortados al mismo nivel, que se usa generalmente para limpiar. **2** Herramienta de carpintería para alisar y pulir la madera. **3** Caja cerrada provista de una pequeña ranura por la que se introducen las limosnas. ◇ **cepillo de dientes** Cepillo pequeño y con mango que se usa para limpiarse la boca. □ También simplemente cepillo.

cepo s.m. **1** Trampa para cazar animales provista de un mecanismo que se cierra y aprisiona al animal cuando este lo toca. **2** Instrumento que sirve para inmovilizar la rueda de un automóvil que ha cometido una infracción de tráfico. **3** Cepillo (caja para recoger limosnas).

ceporro, a adj. y s. **1** ESP Se dice de la persona que es torpe y poco inteligente.

cera s.f. **1** Sustancia sólida, blanda y fundible que producen las abejas y que se emplea principalmente para hacer velas. **2** Sustancia amarillenta segregada por las glándulas de los oídos. **3** Producto químico de limpieza que se usa para dar brillo.

cerámica s.f. **1** Objeto o conjunto de objetos fabricados con barro, loza o porcelana. **2** Arte o técnica de fabricar estos objetos.

ceramista s.m. y f. Persona que se dedica a fabricar objetos de cerámica.

cerbatana s.f. Tubo estrecho en el que se introducen dardos u otros proyectiles para dispararlos soplando por uno de sus extremos.

1. **cerca** adv. En un punto próximo o inmediato; a corta distancia. ◇ **cerca de** Aproximadamente, más o menos. □ Junto a. ◇ **de cerca** A poca distancia.

2. **cerca** s.f. Tapia o muro que rodea un terreno.

cercado s.m. **1** Cerca, valla. **2** Lugar rodeado y limitado por una cerca.

cercamiento s.m. Acción de cercar.

cercanía s.f. **1** Proximidad en el espacio o en el tiempo. ◆ **cercanías** s.f.pl. **2** Conjunto de zonas cercanas a un lugar o que lo rodean.

cercanías s.m. Tren que comunica una población importante con otras vecinas. □ También tren de cercanías.

cercano, a adj. Que está próximo.

cercar v.tr. **1** Poner límites a un lugar rodeándolo con una cerca. **2** Rodear mucha gente a una persona o cosa. **3** Asediar una fortaleza o plaza.

cercén ◇ **a cercén** loc. Indica que está cortado completamente y en redondo.

cercenar v.tr. **1** Cortar la extremidad de una persona o cosa. **2** Reducir la cantidad, el tamaño o la importancia de una cosa.

cerceta s.f. Ave acuática del tamaño de un pato pequeño, de plumaje variado, que se alimenta de vegetales y animales.

cerciorarse v.prnl. Asegurarse de lo cierto.

cerco s.m. **1** Línea o cosa semejante que rodea a otra o que deja una marca en ella. **2** Cerca, valla. **3** Marco que delimita algunas cosas, especialmente una puerta o ventana. **4** Asedio de una ciudad.

cerda s.f. **1** Pelo grueso y duro que tienen las caballerías en la cola y en la crin y otros animales, como el cerdo y el jabalí, en el cuerpo. **2** Pelo o filamento de un cepillo.

cerdada s.f. **1** Acción que molesta o causa un perjuicio. **2** Acción o cosa sucia o asquerosa.

cerdo, a s. **1** Mamífero doméstico de cuerpo grueso, patas cortas, cabeza grande, orejas caídas, hocico chato y casi cilíndrico y cola en forma de hélice, que se cría para aprovechar su carne. ◆ adj. y s. **2** Desp. Se dice de la persona que no cuida su aseo personal.

cereal adj. y s.m. **1** Se dice de la planta que produce semillas en forma de granos de las que se hacen harinas. ◆ **cereales** s.m.pl. **2** Conjunto de las semillas de estas plantas. **3** Alimento elaborado con estas semillas.

cerebelo s.m. Centro nervioso encefálico.

cerebral adj. **1** Relativo al cerebro (parte del encéfalo). ◆ **adj. y s.m. y f. 2** Se dice de la persona que toma decisiones fríamente.

cerebro s.m. **1** Parte del encéfalo constituida por una masa de tejido nervioso que se encuentra en la parte anterior y superior de la cabeza. **2** Talento, capacidad de juicio o de entendimiento. **3** Persona que posee capacidad para desarrollar con perfección actividades intelectuales. **4** Persona que piensa o dirige una acción. ◇ **cerebro electrónico** Aparato electrónico capaz de desarrollar actividades propias del pensamiento humano.

ceremonia s.f. **1** Acto o serie de actos públicos y formales que se realizan de acuerdo con las reglas o ritos fijados por la ley o por la costumbre. **2** Solemnidad o formalidad excesiva en el trato o en la manera de actuar. ◇ **sin ceremonias** Con sencillez.

ceremonial adj. **1** Relativo a la ceremonia. ◆ **s.m. 2** Conjunto de reglas y formalidades que ordenan la celebración de ciertas ceremonias.

ceremonioso, a adj. Se dice de la persona que trata y gusta de ser tratada con ceremonias.

cereza s.f. **1** Fruto del cerezo, comestible, pequeño y redondeado, de color rojo oscuro y con hueso, que tiene pulpa dulce y jugosa. ◆ **s.m. y adj. 2** Color como el de este fruto. ◆ **adj. 3** Que es de este color. □ Invariable en número.

cerezo s.m. **1** Árbol frutal de unos cinco metros de altura, tronco liso y abundante en ramas, copa espesa, hojas lanceoladas, flores blancas y fruto comestible. **2** Madera de este árbol.

cerilla s.f. ESP Fósforo para encender fuego. **GEOSIN** cerillo, mixto.

cerillo s.m. **1** GUAT, MÉX, PERÚ Fósforo para encender fuego. **GEOSIN** cerilla, mixto. **2** CUBA Árbol silvestre cuya madera es muy apreciada en carpintería.

cerio s.m. Elemento químico de símbolo Ce y número atómico 58.

cerner (33) v.tr. **1** Separar lo grueso de lo fino en una materia, generalmente reducida a polvo, haciéndola pasar a través de un cedazo o criba. ◆ **v.intr. 2** Estar una planta, especialmente la vid, el olivo y el trigo, en el momento en el que se desprende el polen y se produce la fecundación. ◆ **cernerse** v.prnl. **3** Amenazar de cerca un mal. **4** Mantenerse un ave en el aire aleteando sin avanzar.

cernícalo s.m. **1** Ave rapaz de unos 40 cm de longitud, cabeza abultada, plumaje rojizo con manchas negras y pico y uñas fuertes. ◆ **adj. y s.m. 2** Fam. ESP Se dice de la persona que es poco hábil o que no sabe comportarse.

cernir (14) v.tr. Cerner (separar).

cero adj.num.cardin. **1** Se emplea para designar el número de elementos de un conjunto vacío. ◆ **adj.num.ordin. 2** Que se encuentra en el origen o es el punto de partida de una serie ordenada o antecede a lo que va numerado. ◆ **s.m. 3** Número 0. **4** Punto a partir del cual se empieza a contar en una escala, en un contador, etc. ◇ **al cero** ESP Se dice del pelo que está rapado o afeitado. ◇ **de,** o **desde, cero** Desde el principio, sin contar con recursos ni con lo ya existente. ◇ **ser un cero a la izquierda** No valer para nada.

cerrado, a adj. **1** Que no tiene comunicación con el exterior. **2** Que es poco inteligente o no comprende. **3** Riguroso o estricto. **4** Espeso o denso. **5** Se dice de la persona o al modo de hablar que conserva un fuerte acento local. **6** Se dice del cielo que está cubierto de nubes. **7** Se dice de la oscuridad que es muy intensa.

cerradura s.f. Mecanismo que cierra una tapa, puerta, etc., generalmente con llave.

cerrajería s.f. **1** Establecimiento en el que se fabrican, arreglan o venden cerraduras, llaves y otros objetos de metal. **2** Oficio del cerrajero.

cerrajero, a s. Persona que se dedica a fabricar o arreglar cerraduras y otros objetos de metal.

cerrar (32) v.tr. **1** Hacer que el interior de un espacio o lugar no tenga comunicación directa con el exterior. **2** Encajar una persona en su marco la hoja de una puerta o ventana o la tapa de una caja, especialmente si se asegura con una cerradura o algún otro mecanismo de cierre. **3** Juntar partes movibles del cuerpo o de cosas articuladas. **4** Encoger, doblar o plegar lo que estaba extendido. **5** Impedir el acceso o entrada a un lugar. **6** Impedir el paso a un fluido por un conducto. **7** Pegar o disponer una carta o paquete de modo que no sea posible ver lo que contiene sin despegarlo o romperlo. **8** Ir el último en una sucesión o fila. ◆ **v.intr. y prnl. 9** Quedar encajada en su marco la hoja de una puerta o ventana o la tapa de una caja. ◆ **cerrarse** v.prnl. **10** Encapotarse el cielo.

cerrazón s.f. **1** Estado del cielo cuando está cubierto de nubes oscuras y amenaza tempestad. **2** Torpeza o falta de capacidad para entender una cosa. **3** Actitud del que se mantiene excesivamente firme en sus ideas u opiniones.

cerrero, a adj. y s. AMÉR Se dice de la persona que es inculta y grosera.

cerril adj. **1** Que tiene modos toscos y groseros. **2** Que se mantiene excesivamente firme en sus ideas, intenciones u opiniones. **3** Se dice de la persona que es poco inteligente o no comprende. **4** Se dice del ganado no domado.

cerro s.m. Elevación natural del terreno, de poca altura y aislada. ◇ **irse por los cerros de Úbeda** Decir algo que nada tiene que ver con el asunto del que se habla.

cerrojo s.m. **1** Barra de hierro que pasa a través de las anillas de un soporte y que sirve para cerrar una puerta, una ventana u otra cosa semejante. **2** Mecanismo que cierra la recámara de algunas armas.

certamen s.m. **1** Concurso abierto para estimular con premios determinadas actividades o competiciones culturales. **2** Reunión literaria para discutir sobre algún aspecto concreto.

certero, a adj. **1** Se dice del tirador o disparo que da en el blanco. **2** Razonable y conforme a la verdad. **3** Que sabe o está bien informado.

certeza s.f. Conocimiento seguro y claro.

certidumbre s.f. Certeza.

certificado, a adj. **1** Se dice del envío postal que se manda por correo con la garantía, que consta por escrito, de que llegará a su destino. ◆ s.m. **2** Documento que certifica.

certificar v.tr. **1** Declarar cierta o verdadera una cosa. **2** Garantizar la recepción de un envío postal.

certísimo, a adj. Superlativo de **cierto**.

cervantino, a adj. Relativo a Miguel de Cervantes.

cervecería s.f. **1** Establecimiento en el que se sirve cerveza y otras consumiciones. **2** Fábrica de cerveza.

cerveza s.f. Bebida alcohólica de color amarillento y sabor amargo obtenida de la fermentación de la cebada y otros cereales.

cervical adj. **1** Relativo a la cerviz. ◆ adj. y s.f. **2** Se dice de cada una de las vértebras o huesos pequeños que forman la parte de la columna vertebral correspondiente al cuello.

cérvido adj. y s.m. **1** Se dice del mamífero rumiante que se caracteriza por la presencia, en los ejemplares machos, de cuernos ramificados que se renuevan cada año, como el ante y el reno. ◆ **cérvidos** s.m.pl. **2** Grupo taxonómico constituido por estos animales.

cérvix s.m. Parte inferior del útero.

cerviz s.f. Parte posterior del cuello que en el ser humano y en la mayoría de los mamíferos consta de siete vértebras.

cesación s.f. Acción de cesar.

cesante adj. y s.m. y f. **1** Se dice del empleado público que ha sido privado de su cargo o empleo. **2** CH, CUBA, MÉX Se dice de la persona que está desempleada después de que se le ha rescindido el contrato laboral.

cesanteado, a adj. y s. AMÉR Se dice de la persona que ha sido despedida de su trabajo.

cesantear v.tr. AMÉR Despedir del trabajo a una persona.

cesar v.intr. **1** Llegar a su fin una cosa. **2** Interrumpir o dejar de hacer cierta cosa que se estaba haciendo. **3** Dejar de desempeñar un cargo.

césar s.m. **1** Título de la persona que gobernaba el Imperio romano. **2** Formal. Emperador.

cesárea s.f. Operación quirúrgica para extraer el feto.

cese s.m. **1** Acción y efecto de cesar. **2** Documento en el que se hace constar la cesación en un cargo o empleo.

cesio s.m. Elemento químico de símbolo Cs y número atómico 55.

cesión s.f. Renuncia voluntaria que se hace de un bien en favor de otra persona.

césped s.m. Hierba menuda y espesa que cubre un terreno.

cesta s.f. **1** Recipiente de mimbre u otro material flexible, con dos asas que sirve para llevar objetos, especialmente el de boca redondeada y más ancho que alto. **2** Aro metálico, sujeto horizontalmente a un tablero vertical, del que cuelga una red sin fondo y por el que hay que pasar la pelota en el juego del baloncesto. ◇ **cesta de la compra** Precio del conjunto de alimentos y productos que consume cada día una familia.

cestería s.f. **1** Establecimiento en el que se hacen y se venden cestas. **2** Arte o técnica de hacer estos objetos.

cesto s.m. Cesta grande.

cestodo adj. y s.m. **1** Se dice del gusano de aspecto semejante a la solitaria, de cuerpo como una cinta y segmentado, que vive parásito en cavidades del cuerpo de los animales superiores y del ser humano. ◆ **cestodos** s.m.pl. **2** Grupo taxonómico constituido por estos animales.

cesura s.f. Corte o pausa exigida por el ritmo, que divide un verso en dos partes.

ceta s.f. Zeta.

cetáceo adj. y s.m. **1** Se dice del mamífero acuático con forma de pez, generalmente de gran tamaño, dotado de aleta caudal, con la piel lisa, las extremidades anteriores convertidas en aletas, las aberturas nasales en lo alto de la cabeza, y sin extremidades posteriores. ◆ **cetáceos** s.m.pl. **2** Grupo taxonómico, con categoría de orden, constituido por estos mamíferos.

cetme s.m. Fusil ligero que permite hacer disparos de uno en uno o en cortas ráfagas.

cetona s.f. Compuesto orgánico que procede, generalmente, de la deshidratación de ciertos alcoholes.

cetrería s.f. **1** Arte de criar, amaestrar y cuidar las aves para la caza. **2** Caza en que se emplean halcones y otras aves rapaces.

cetrino, a adj. De color amarillo verdoso.

cetro s.m. **1** Vara de metal precioso usada por los reyes como símbolo de su poder y dignidad. **2** Dignidad de rey o emperador. **3** Reinado de un rey o emperador. **4** Superioridad de una persona con respecto a las demás en el desarrollo de una actividad. ◇ **empuñar el cetro** Formal. Mandar con autoridad o gobernar.

ceugma o **zeugma** s.m. Figura retórica que consiste en omitir una palabra en una oración porque, al haber aparecido poco antes, ya se sobreentiende.

ceutí (pl. ceutíes.) adj. y s.m. y f. De Ceuta.

ceviche s.m. Cebiche.

cf. o **cfr.** Abreviatura de la palabra latina **confer**, 'compárese', 'confróntese', que se utiliza en escritos para remitir a un párrafo o libro.

CFC s.m. Sigla de **clorofluorocarbono**, compuesto químico de flúor, cloro, carbono e hidrógeno.

ch s.f. Dígrafo que en español representa el sonido consonántico africado, palatal y sonoro; su nombre es che.

chabacanería s.f. **1** Falta de buen gusto, vulgaridad. **2** Acción o expresión que demuestra mal gusto y falta de educación.

chabacano, a adj. Grosero, vulgar.

chabola s.f. **1** ESP Vivienda pobre que suele edificarse en los suburbios. **2** Casa en el campo, pequeña y tosca.

chabolismo s.m. ESP Concentración de barracas, chabolas u otras viviendas de este tipo.

chabolista adj. **1** Relativo a la chabola o al chabolismo. ◆ s.m. y f. **2** Persona que vive en una chabola (vivienda pobre).

chacal s.m. Mamífero parecido al lobo, pero de menor tamaño, que se alimenta de carroña.

1. **chácara** s.f. AMÉR Chacra.

2. **chácara** s.f. COL Monedero.

chacarero, a adj. **1** AMÉR Relativo a la chacra. ◆ s. **2** AMÉR Persona que es dueña de una chacra. **3** AMÉR Persona que está al frente de una chacra o trabaja en ella.

1. **chacha** s.f. Fam. Mujer que se dedica a realizar trabajos domésticos en una casa distinta de la suya a cambio de dinero.

2. **chacha** s.f. GUAT Ave gallinácea de plumaje pardo y liso, que vive en América del Sur.

chachachá o **cha-cha-cha** s.m. **1** Composición musical originaria de Cuba, derivada de la rumba y el mambo. **2** Baile que se ejecuta al ritmo de esta música.

cháchara s.f. Fam. Conversación intrascendente.

chachi adj. **1** Fam. ESP Muy bueno o estupendo. ◆ adv. **2** Fam. ESP Muy bien o estupendamente.

chacina s.f. Conjunto de embutidos y fiambres hechos con carne de cerdo.
OBS Suele usarse en plural con valor singular.

chacolí (pl. chacolíes.) s.m. Vino ligero de sabor agrio que se elabora en el País Vasco.

chacra s.f. AMÉR Granja, pequeña finca rural dotada de vivienda y terreno para el cultivo y la crianza de animales domésticos. ◇ **ser,** o **venir, de la chacra** Fam. CH Mostrarse sorprendida una persona, generalmente crédula e ingenua, al enterarse de algo conocido por todos.

chador s.m. Velo con que las mujeres de religión musulmana se cubren el rostro.

chafar v.tr. **1** ESP Aplastar o estropear algo, especialmente una cosa que está erguida o es blanda o frágil. **2** ESP Estropear o echar a perder algo, especialmente un proyecto. **3** Fam. ESP Cortar a una persona en una conversación.

chaflán s.m. ESP En un edificio, plano largo y estrecho que, en lugar de esquina, une dos superficies planas que forman ángulo.

chal s.m. Pañuelo mucho más largo que ancho que se lleva sobre los hombros.

chala s.f. AMÉR SUR Hoja que envuelve la mazorca del maíz, usada en algunos sitios para liar cigarrillos.

chalado, a adj. y s. **1** Fam. ESP Loco, chiflado. **2** Fam. ESP Se dice de la persona que está muy enamorada.

chalán, na adj. y s. **1** Se dice de la persona que negocia, especialmente con ganado, y es muy hábil para ello. ◆ s.m. **2** COL, PERÚ Picador.

chalé o **chalet** (pl. chalés o chalets.) s.m. Edificio destinado a vivienda de una familia rodeado de un terreno ajardinado.

chaleco s.m. Prenda de vestir sin mangas que cubre el cuerpo hasta la cintura. ◇ **chaleco antibalas** Chaleco que sirve para protegerse contra las balas.

chalet s.m. Chalé.

chalina s.f. **1** Corbata ancha que se ata con una lazada grande. **2** ARG, BOL, URUG Bufanda que se utiliza para proteger de los efectos del frío la boca y la garganta.

chalote s.m. Planta angiosperma parecida a la cebolla.

chalupa s.f. ESP Embarcación pequeña, con cubierta y dos palos para las velas.

chamaco, a s. AMÉR CENTRAL, MÉX Niño, joven.

chamal s.m. ARG, CH Paño grande con el que se cubren los indios araucanos.

chamán s.m. Hombre que, en algunas culturas, se considera que tiene el poder de comunicar con los dioses y curar enfermedades.

chamanismo s.m. Práctica de carácter adivinatorio relacionada con los chamanes.

chamba s.f. Fam. Suerte.

chambelán s.m. En las antiguas cortes reales, noble que acompañaba y servía al rey.

chambergo, a adj. **1** Chaquetón. ◆ adj. y s.m. **2** Se dice del sombrero de ala ancha levantada por un lado y sujeta a la copa con una presilla o un adorno.

chambonear v.tr. e intr. Fam. AMÉR Hacer las cosas con torpeza, sin arte ni aseo.

chamiza s.f. Planta gramínea silvestre y medicinal de tallo alto y flexible que se emplea para techar chozas.

chamizo s.m. **1** Árbol o madero chamuscado o medio quemado. **2** Choza o cabaña con la cubierta de chamiza. **3** Desp. Local o vivienda pobre, sucia y desordenada.

1. **champán** s.m. Vino blanco espumoso.

2. **champán** s.m. Embarcación grande de fondo plano para navegar por los ríos.

champaña s.m. Champán (vino).

champiñón s.m. Hongo comestible con forma de sombrero redondeado con un pie.

champú (pl. champús) s.m. Jabón líquido que se usa para lavar el pelo.

chamuchina s.f. Fam. y desp. CH, CUBA, ECUAD, HOND, PERÚ Populacho.

chamuscar v.tr. **1** Quemar la parte superficial de una cosa o las puntas de algo filamentoso. ◆ **chamuscarse** v.prnl. **2** COL Enfadarse.

chamusquina s.f. Acción de chamuscar. ◇ **oler a chamusquina** Fam. ESP Causar una cosa sospechas de que va a acabar mal.

chancaca s.f. **1** AMÉR Pasta de maíz o trigo tostado molido con miel o azúcar moreno y preparado de diversas maneras. **2** AMÉR CENTRAL, CH, PERÚ Dulce sólido en forma de tabletas que se elabora con melaza de caña de azúcar y cacahuete molido.

chancar v.tr. **1** AMÉR Triturar, machacar. **2** CH, PERÚ Vencer, derrotar. **3** CH, ECUAD Realizar mal una cosa. **4** PERÚ Estudiar con ahínco, empollar.

chance s.m. **1** Oportunidad para intervenir en una actividad. ◆ **s.m. o f. 2** AMÉR Oportunidad u ocasión para obtener o conseguir algo.

chancha s.f. Fam. ARG Vehículo especialmente acondicionado para trasladar personas detenidas por la autoridad. ◇ **ser chancha de dos caras** CH Proceder con falsedad o con doblez.

chanchería s.f. AMÉR Charcutería.

chancho, a s. **1** AMÉR Cerdo (animal). ◆ **adj. y s. 2** Desp. AMÉR Se dice de la persona que es muy sucia. **3** Fam. y desp. AMÉR Se dice de la persona que está muy gorda. ◇ **chancho eléctrico** Fam. AMÉR Electrodoméstico para encerar el suelo. ◇ **hacerse el chancho,** o **el chancho rengo** ARG, HOND, NIC, PAR, URUG Fingir o simular una persona que no ve o no entiende algo. ◇ **pillar chanchito a alguien** CH Sorprender a una persona en el preciso instante en que está cometiendo una falta.

chanchullero, a adj. y s. Fam. Persona enredada en chanchullos.

chanchullo s.m. Fam. Acción ilícita, desde un punto de vista moral o legal, para conseguir un fin o para sacar provecho.

chancillería s.f. Tribunal superior de justicia del antiguo reino de Castilla.

chancla s.f. Chancleta.

chancleta s.f. **1** Calzado que no cubre el pie, sin talón o con él doblado, formado por una suela y dos tiras. **2** AMÉR Mujer, especialmente la recién nacida.

chanclo s.m. Zapato de madera que se emplea para pisar sobre el barro.

chándal (pl. chándales.) s.m. ESP Prenda de vestir deportiva.

chanfaina s.f. **1** ESP Guisado de carne con diversos ingredientes. **2** ESP Sofrito hecho con cebollas, berenjenas, pimientos, tomates y calabacín.

changa s.f. **1** AMÉR Chanza, broma. **2** AMÉR SUR Oficio del maletero (que transporta maletas).

chanquete s.m. Pez marino comestible, de cuerpo pequeño, translúcido y alargado y color blanco rosado.

chantaje s.m. Presión que se hace sobre una persona para sacar provecho, generalmente económico, por medio de amenazas.

chantajear v.tr. Hacer chantaje a alguien.

chantajista s.m. y f. Persona que chantajea.

chantillí s.m. Crema de nata batida.
OBS Puede encontrarse la grafía **chantilly**.

chantre s.m. Canónigo que se encargaba antiguamente de dirigir el coro.

chanza s.f. Dicho o burla que tiene gracia.

chao interj. Fam. Expresión para despedirse.

chapa s.f. **1** Superficie delgada y lisa, generalmente de madera o metal. **2** Carrocería del automóvil. **3** Distintivo o insignia, generalmente de metal, que llevan los policías. **4** Tapón metálico, generalmente dentado, que cierra herméticamente algunas botellas. ◆ **chapas** s.f.pl. **5** Juego infantil en que se utilizan estos tapones.

chapado, a adj. Cubierto con chapas. ◇ **chapado a la antigua** Se dice de la persona que está muy apegada a ideas anticuadas.

chapar v.tr. **1** Cubrir una superficie con una chapa. **2** Fam. ESP Estudiar mucho. **3** Argot. ESP Cerrar.

chaparro, a adj. y s. **1** Se dice de la persona que está gruesa y tiene poca altura. ◆ **s.m. 2** Chaparra.

chaparrón s.m. **1** Lluvia muy intensa y de corta duración. **2** Fam. ESP Riña o reprimenda fuerte.

chapata s.f. ESP Barra de pan ancha y aplanada con poca miga y corteza muy crujiente.

chapeado, a adj. **1** Chapado. **2** COL, MÉX Que tiene buen color de cara.

chapear v.tr. **1** Chapar (cubrir con chapa). ◆ **chapearse** v.prnl. **2** CH Enriquecerse.

chapela s.f. Boina amplia típica del País Vasco.

chapista s.m. y f. Persona que se dedica a trabajar la chapa.

chapistería s.f. **1** Taller donde se trabaja la chapa metálica. **2** Arte de trabajarla.

chapitel s.m. Remate en forma piramidal de una torre.

chapó s.m. **1** Modalidad del juego de billar que se disputa en una mesa grande y generalmente entre cuatro jugadores. ◆ **interj. 2** Fam. Expresión que se usa para indicar satisfacción.

chapotear v.intr. Agitar los pies o las manos en el agua o en el barro produciendo ruido.

chapoteo s.m. **1** Acción de chapotear. **2** Ruido que produce el agua al ser chapoteada.

chapucero, a adj. y s. **1** Fam. ESP Se dice de la persona que hace las cosas sin técnica ni cuidado o con un acabado deficiente. ◆ **adj. 2** Fam. ESP Que se ha hecho sin técnica ni cuidado o con un acabado deficiente.

chapurrear v.tr. e intr. Fam. Hablar con dificultad y de manera incorrecta una lengua.

chapuza s.f. **1** Fam. ESP Trabajo hecho sin técnica ni cuidado o con un acabado deficiente. **2** Fam. ESP Trabajo ocasional.

chapuzas s.m. y f. Fam. ESP Persona que hace las cosas sin técnica ni cuidado.

chapuzón s.m. **1** Acción de chapuzar o chapuzarse. **2** Baño breve.

chaqué s.m. Prenda de vestir masculina, parecida a la chaqueta, que a partir de la cintura se abre hacia atrás formando dos faldones.

chaqueta s.f. **1** Prenda exterior de vestir, con mangas largas, abierta por delante, que se ajusta al cuerpo y llega más abajo de la cintura. ◇ **cambiar de chaqueta** Fam. y desp. ESP Cambiar de partido o de ideología por interés.

chaquetero, a adj. y s. Fam. y desp. ESP Que cambia de partido o ideología por interés.

chaquetilla s.f. Chaqueta más corta que la ordinaria, de forma diferente y casi siempre con adornos.

chaquetón s.m. Prenda de vestir de abrigo más larga que la chaqueta.

chaquira s.f. **1** AMÉR Cuenta o abalorio de variado material que se utiliza para hacer adornos femeninos. **2** AMÉR Cuenta o abalorio de variado material que los españoles usaron durante la conquista de América como mercancía.

charada s.f. Pasatiempo en el que se tiene que adivinar una palabra a partir de las pistas que se dan sobre su significado.

charanga s.f. **1** Grupo de música cubana. **2** Banda de música de carácter popular y festivo que tiene solamente instrumentos de viento y especialmente de metal.

charango s.m. Instrumento musical de cuerda, parecido a la bandurria, con la caja formada por el caparazón de un armadillo.

charca s.f. Charco grande de agua.

charco s.m. Pequeña cantidad de un líquido, generalmente de agua, que queda detenida en un hoyo o cavidad de la tierra o sobre el suelo. ◇ **cruzar,** o **pasar, el charco** Fam. Atravesar el mar, especialmente el océano Atlántico.

charcutería s.f. ESP Establecimiento en el que se venden embutidos y fiambres.

charla s.f. **1** Fam. Conversación, especialmente la que se mantiene por pasatiempo, sobre temas poco importantes. **2** Fam. Conversación en la que se desaprueba el modo de obrar de una persona. **3** Conferencia que se da sin solemnidad ni excesivas preocupaciones formales.

charlar v.intr. Fam. Conversar.

charlatán, na adj. y s. **1** Que habla mucho y sobre cosas intrascendentes. **2** Que cuenta cosas que no debería contar. **3** Que engaña a alguien aprovechándose de su inexperiencia o ingenuidad.

charles s.m. Instrumento de percusión de la batería formado por dos platos metálicos colocados en posición horizontal y ajustados por el centro a un palo que termina en un pie.
OBS Pronunc. aprox. 'chals'.

charlestón s.m. **1** Baile de origen estadounidense, de ritmo rápido, para pareja o grupo. **2** Composición musical para acompañar este baile.

charlotada s.f. **1** ESP Espectáculo taurino de carácter cómico. **2** ESP Actuación pública colectiva que resulta grotesca o ridícula.

charnego, a s. Desp. ESP Persona que ha emigrado a Cataluña procedente de una región española de habla no catalana.

charnela s.f. Bisagra, gozne de puertas, ventanas, etc.

charol s.m. Barniz muy lustroso y permanente, que conserva su brillo y se adhiere perfectamente a la superficie del cuerpo a que se aplica.

charquear v.tr. AMÉR Hacer charqui.

charqui s.m. AMÉR Cecina.

charrada s.f. Baile popular típico de los charros de Salamanca.

charro, a adj. y s. **1** Se dice del aldeano o campesino de Salamanca. ◆ **adj. 2** Relativo a los aldeanos o campesinos de Salamanca. ◆ **adj. y s. 3** Se dice del jinete mexicano que viste un traje especial compuesto de chaqueta con bordados, pantalón ajustado, camisa blanca y sombrero de ala ancha y copa alta y cónica.

chárter adj. y s.m. **1** Se dice del vuelo que ha sido contratado expresamente para un determinado viaje y al margen de los vuelos regulares. ◆ **s.m. 2** Avión que realiza estos vuelos.

chas interj. Se utiliza para expresar que una cosa o persona aparece repentinamente.

chasca s.f. **1** Leña menuda obtenida de la poda de los árboles. **2** AMÉR Maraña.

chascar v.intr. **1** Producir cierta cosa un chasquido. ◆ v.tr. **2** Hacer que una cosa produzca un chasquido. **3** Fam. Engullir.

chascarrillo s.m. Cuento breve o frase de sentido equívoco y gracioso.

chasco s.m. **1** Decepción que causa un hecho inesperado o adverso. **2** Burla o engaño.

chasconear v.tr. **1** CH Enredar o enmarañar algo. **2** CH Tirar del pelo o arrancarlo.

chasis s.m. Armazón que sostiene una estructura o mecanismo.

chaski o **chasque** s.m. AMÉR SUR Chasqui.

chasquear v.intr. **1** Producir cierta cosa un chasquido. ◆ v.tr. **2** Hacer que una cosa produzca un chasquido. **3** Dar un chasco o burla a alguien.

chasqui o **chasque** o **chaski** s.m. AMÉR SUR Entre los incas, mensajero o correo.

chasquido s.m. **1** Sonido seco que se produce cuando se rompe o raja una cosa. **2** Sonido seco similar al anterior, como el que se produce con la lengua al separarla con rapidez del paladar o el que hacen el látigo y la honda cuando se sacuden con violencia.

chat (pl. chats.) s.m. Comunicación en tiempo real que se realiza entre varios usuarios cuyos ordenadores están conectados a una red.

chatarra s.f. **1** Conjunto de trozos o de objetos de metal viejo, especialmente de hierro. **2** Fam. ESP Conjunto de monedas de poco valor.

chatarrero, a s. Persona que se dedica a recoger, almacenar o vender chatarra.

1. **chatear** v.intr. Fam. ESP Tomar chatos de vino.

2. **chatear** v.intr. Participar en un chat.

chato, a adj. **1** Se dice de la nariz que es pequeña y aplastada. ◆ adj. y s. **2** Se dice de la persona que tiene la nariz así. ◆ adj. **3** Más plano, más aplastado o menos alto que otras cosas de la misma especie o género. ◆ s. **4** Fam. ESP Se usa como apelativo afectivo dirigido a las personas. ◆ s.m. **5** ESP Vaso bajo y ancho que se usa en las tabernas. **6** ESP Bebida que se toma en este vaso.

chaucha s.f. AMÉR SUR Judía (vaina). **GEOSIN** alubia, ejote, fríjol, habichuela, poroto.

chauvinismo o **chovinismo** s.m. Preferencia excesiva por todo lo nacional.
OBS Pronunc. 'chovinismo'.

chauvinista o **chovinista** adj. y s.m. y f. Se dice de la persona que practica el chovinismo.
OBS Pronunc. 'chovinista'.

chaval, la s. Fam. ESP Muchacho.

chaveta s.f. Clavija de acero que se coloca en el agujero de una barra para impedir que se salgan las piezas que esta sujeta.

chavo s.m. **1** Antigua moneda de cobre. **2** Fam. ESP Dinero, en general.

1. **che** s.f. Nombre del dígrafo ch.

2. **che** interj. Se emplea en Valencia, Argentina, Bolivia, Paraguay y Uruguay para llamar a una persona o pedir su atención.

chécheres s.m.pl. COL, C RICA Trastos.

checo, a adj. y s. **1** De la República Checa. ◆ s.m. y adj. **2** Lengua hablada en este país.

checoslovaco, a adj. y s. De Checoslovaquia.

chef (pl. chefs) s.m. Jefe de cocina.

cheli s.m. **1** Fam. ESP Jerga que utiliza palabras y expresiones castizas y marginales. ◆ adj. **2** ESP Relativo a esta jerga.

chelín s.m. **1** Antigua moneda inglesa, vigésima parte de la libra esterlina. **2** Unidad monetaria de Austria (hasta su sustitución por el euro en el año 2002) y de algunos países africanos.

chelo s.m. Violonchelo.
OBS Puede encontrarse la grafía italiana **cello**.

chepa s.f. Fam. ESP Joroba.

cheque s.m. Documento con el que se puede retirar del banco una cantidad de dinero.

chequeo s.m. Reconocimiento médico completo.

chequera s.f. **1** Talonario de cheques. **2** AMÉR Cartera para guardar el talonario de cheques.

cherokee adj. y s.m. y f. De una tribu india que vivía en los estados de Tennessee y Carolina del Norte.
OBS Pronunc. 'cheroqui'.

chévere adj. **1** CUBA, VENEZ Benévolo, indulgente. **2** ECUAD, P RICO, VENEZ Bonito, gracioso.

chibcha adj. y s.m. y f. **1** Relativo a un antiguo pueblo precolombino habitante de las sierras de Colombia y Ecuador. ◆ s.m. **2** Conjunto de lenguas de este pueblo.

chic adj. Elegante, distinguido y a la moda.
OBS Invariable en número.

chicano, a adj. y s. De la comunidad mexicana que vive en Estados Unidos.

1. **chicha** s.f. Fam. ESP Carne comestible.

2. **chicha** s.f. **1** Bebida alcohólica procedente de América que se hace fermentando maíz en agua azucarada. **2** CH Bebida obtenida del zumo de la uva o de la manzana. ◇ **no ser ni chicha ni limonada** Fam. No valer para nada.

chícharo s.m. **1** CUBA, HOND, MÉX Planta de tallo trepador, flores blancas y fruto en vaina. **GEOSIN** arveja, guisante. **2** CUBA, HOND, MÉX Semilla comestible de esta planta, de forma redonda y color verde oscuro. **GEOSIN** arveja, guisante.

chicharra s.f. **1** Insecto de color verde oscuro, cabeza gruesa, ojos salientes y cuatro alas transparentes que produce un sonido estridente. **2** Fam. Persona muy habladora.

chicharro s.m. Pez marino comestible de cuerpo carnoso y espinas fuertes y agudas.

chicharrón s.m. **1** Residuo que queda después de derretir la manteca del cerdo y de otros animales. ◆ **chicharrones** s.m.pl. **2** Fiambre formado por trozos de carne de distintas partes del cerdo prensados en moldes.

chiche s.m. **1** AMÉR Juguete infantil. **2** AMÉR Alhaja, joya de bisutería u objeto pequeño que se regala en bautizos, cumpleaños u otras fiestas infantiles. **3** Fam. AMÉR SUR Objeto que es de buen gusto, delicado y bonito. ◆ s.m. o f. **4** Fam. AMÉR CENTRAL Pecho de la mujer. ◆ adj. **5** EL SALV Se dice de la persona muy blanca o rubia.

chichón s.m. Bulto que sale en la cabeza a causa de un golpe.

chichonera s.f. Gorro con tiras de goma que sirve para proteger de los chichones.

chicle s.m. Goma de mascar aromatizada.

chico, a adj. **1** Pequeño, de poco tamaño. ◆ adj. y s. **2** Se dice de la persona que tiene poca edad. ◆ s. **3** Recadero, aprendiz.

chicotazo s.m. AMÉR Golpe dado con un chicote (látigo).

chicote s.m. **1** Pedazo de cuerda o extremo de ella. **2** AMÉR Látigo.

chicotear v.tr. **1** AMÉR Dar con un chicote (látigo). **2** AMÉR Producir un ruido característico una cosa dura y flexible cuando se agita o mueve.

chiflado, a adj. y s. Fam. Loco, que ha perdido el juicio.

chiflar v.intr. **1** Silbar con un silbato o imitar su sonido con la boca. **2** Fam. Gustar mucho una cosa o una persona. ◆ **chiflarse** v.prnl. **3** Fam. Querer mucho una cosa o a una persona. **4** Fam. Volverse loco.

chifonier s.m. Mueble más alto que ancho, con cajones de arriba abajo.
OBS Puede encontrarse la grafía **chiffonier**.

chihuahua s.m. y f. y adj. Perro de compañía perteneciente a una raza de pequeño tamaño, grandes orejas y sin pelo.

chií o **chiita** adj. y s.m. y f. De una de las dos grandes divisiones del mundo islámico.

chilaba s.f. Túnica con capucha que llevan los árabes.

chile s.m. Variedad de pimiento pequeño y muy picante que se usa como condimento.

chileno, a adj. y s. De Chile.

chilindrón s.m. ESP Guiso hecho con trozos de carne de ave, cerdo o cordero rehogados.

chillar v.intr. **1** Dar chillidos. **2** Hablar en un tono muy alto. **3** Destacar demasiado los colores por estar mal combinados.

chillido s.m. Grito agudo y molesto.

chillón, na adj. y s. Que chilla.

chillout o **chill out** s.m. **1** Estilo de música electrónica que toma aportaciones de numerosos géneros musicales. ◆ adj. **2** Relativo a este estilo musical. □ Invariable en número.
OBS Pronunc. aprox. 'chil aut'.

chimenea s.f. **1** Espacio de una casa donde se hace fuego provisto de un conducto por donde sale el humo al exterior. **2** Conducto que sirve para dar salida a los humos. **3** Conducto por el que un volcán expulsa lava y otros materiales de erupción.

chimpancé s.m. Mono de brazos largos, cabeza grande, barba y cejas prominentes, nariz aplastada y cubierto de pelo de color pardo.

china s.f. **1** ESP Piedra pequeña y generalmente redondeada. **2** Argot. ESP En el lenguaje de la droga, trozo de hachís prensado. ◇ **tocarle la china a alguien** Fam. Corresponder a una persona la peor parte.

chinchar v.tr. **1** Fam. Molestar. ◆ **chincharse** v.prnl. **2** Fam. Aguantarse o sufrir con paciencia.

chinche s.f. **1** Insecto pequeño de color rojo oscuro y alas cortas, que produce irritantes picadas. ◆ adj. y s.m. y f. **2** Fam. Se dice de la persona que es molesta y pesada. ◆ s.f. **3** Chincheta.

chincheta s.f. Clavo corto de cabeza grande y circular y punta afilada.

chinchilla s.f. Mamífero roedor parecido a la ardilla, pero de mayor tamaño y con el pelo de color gris, muy suave.

chinchón s.m. Aguardiente anisado de fuerte graduación.

chinga s.f. AMÉR CENTRAL, VENEZ Resto de un cigarro o cigarrillo que se deja sin fumar. **GEOSIN** colilla, magaya, pucho, yegua.

chingar v.tr. **1** Fam. Molestar, fastidiar. **2** Fam. Hacer fracasar un proyecto. **3** Vulg. Realizar el acto sexual.

1. **chino, a** adj. y s. **1** De China. ◆ s.m. y adj. **2** Lengua que se habla en China. **3** Colador en forma de embudo. ◆ **chinos** s.m.pl. **4** Juego que consiste en adivinar el número de piedras, monedas u otra cosa semejante que guardan en la mano los que participan en él.

2. **chino, a** adj. y s. **1** AMÉR Vulg. Mestizo. ◆ s. **2** AMÉR Calificativo cariñoso. **3** AMÉR SUR Criado, sirviente.

chip (pl. chips) s.m. Pieza de silicio pequeña y con forma cuadrada o rectangular en cuyo interior hay un circuito integrado con millones de componentes.

chipa s.m. **1** AMÉR Cesto de paja que sirve para transportar cosas delicadas, como fruta y legumbres. **2** COL Rodete que sirve para sostener en la cabeza una vasija redonda.

chipirón s.m. ESP Calamar pequeño.

chipriota adj. y s.m. y f. De Chipre.

chiquero s.m. Compartimiento del toril.

chiquillada s.f. Hecho o dicho que se considera propio de un chiquillo.

chiquillo, a adj. y s. Que tiene poca edad.

chiquitín, na adj. y s. Fam. Se dice del niño que es de corta edad.

chiribita s.f. **1** Chispa o brillo, especialmente en los ojos. ◆ **chiribitas** s.f.pl. **2** Fam. Conjunto de puntos muy pequeños de luz que se ponen delante de los ojos e impiden ver con claridad.

chirigota s.f. **1** Fam. Dicho o burla que no lleva mala intención. **2** ESP Comparsa de carnaval.

chirimbolo s.m. **1** Fam. Objeto o utensilio de forma extraña o complicada que no se sabe cómo nombrar. **2** Fam. Objeto redondo.

chirimía s.f. Instrumento músico de viento parecido al clarinete, con diez agujeros y boquilla con lengüeta de caña.

chirimiri o **sirimiri** s.m. Lluvia muy fina.

chirimoya s.f. Fruto del chirimoyo, comestible, de color verde, pulpa blanca de sabor dulce y semillas de color negro.

chirimoyo s.m. Árbol tropical de hojas largas y puntiagudas.

chiringuito s.m. ESP Quiosco o puesto sencillo de bebidas y comidas situado al aire libre.

chiripa s.f. Fam. Suerte.

chirla s.f. Molusco con dos valvas parecido a la almeja, pero de menor tamaño.

chirona s.f. Fam. ESP Cárcel, prisión.

chirriar (1e) v.intr. Producir chirridos.

chirrido s.m. Sonido agudo, continuado y desagradable.

chisme s.m. **1** Fam. ESP, MÉX Objeto pequeño y de poco valor. **2** Fam. ESP, MÉX Objeto o utensilio de forma extraña o complicada que no se sabe cómo nombrar. **3** Fam. Noticia o comentario, verdadero o falso, sobre las vidas ajenas, con el cual se habla mal de alguien.

chismorrear v.intr. Fam. Contar chismes.

chismorreo s.m. Acción de chismorrear.

chismoso, a adj. y s. Fam. Se dice de la persona a la que le gusta contar chismes.

chispa s.f. **1** Partícula encendida que salta de una materia que arde o del roce de dos objetos. **2** Descarga de luz entre dos cuerpos con carga eléctrica. ◇ **echar chispas** Fam. Estar muy enfadado.

chispazo s.m. Salto de una chispa.

chispeante adj. **1** Que brilla con mucha intensidad o que echa chispas. **2** Que es agudo, inteligente e ingenioso.

chispear v.impersonal **1** Llover muy poco, solamente gotas pequeñas. ◆ v.intr. **2** Brillar con mucha intensidad. **3** Echar chispas.

chisporrotear v.intr. Fam. Despedir chispas reiteradamente el fuego o un cuerpo que arde.

chist interj. Se usa para llamar la atención de alguien o imponer silencio.

chistar v.intr. Llamar la atención de una persona haciendo un sonido parecido a ¡chist!

chiste s.m. **1** Historia breve, narrada o dibujada, cuyo objetivo es hacer reír. **2** Situación graciosa. **3** Fam. Burla.

chistera s.f. Sombrero de ala estrecha y copa alta, casi cilíndrica y plana por arriba.

chistorra s.f. Embutido de origen navarro, parecido al chorizo, pero más delgado.

chistoso, a adj. **1** Se dice de la persona que cuenta chistes o hace gracias. **2** Gracioso.

chistu s.m. Flauta recta de madera con embocadura de pico, típica del País Vasco.

chistulari s.m. y f. Persona que toca el chistu.

chitón interj. Se usa para pedir silencio.

chivar v.tr. **1** Fam. ESP Delatar. **2** AMÉR Fastidiar o molestar a una persona. **3** AMÉR Engañar a una persona. ◆ **chivarse** v.prnl. **4** Fam. ESP Contar una cosa de una persona para causarle daño. **5** AMÉR SUR, GUAT Enfadarse, sentir irritación.

chivatazo s.m. Fam. ESP Delación, denuncia.

chivato, a s. **1** ESP Soplón, delator. ◆ s.m. **2** ESP Dispositivo que sirve para avisar de cualquier anormalidad.

chivo, a s. **1** Cría de la cabra desde que deja de mamar hasta que tiene edad de procrear. **2** CUBA, GUAT, P RICO, R DOM Papelito con apuntes que los estudiantes ocultan para copiar de él en los exámenes. **GEOSIN** acordeón, ayudamemoria, chuleta, machete, plagio. ◇ **chivo expiatorio** Persona a la que, con cualquier motivo o excusa, se le echa la culpa cuando las cosas van mal.

chocante adj. Que produce extrañeza.

chocar v.intr. **1** Encontrarse violentamente dos o más cosas. **2** Enfrentarse o indisponerse. **3** Resultar raro o extraño.

chocarrero, a adj. De mal gusto.

chocha s.f. **1** Ave zancuda, parecida a la perdiz. □ También chocha perdiz. **2** Molusco con dos valvas, parecido a la almeja, pero de menor tamaño.

chochear v.intr. Fam. Hacer o decir una persona cosas sin sentido, por tener disminuidas las facultades mentales a causa de la edad.

chocho, a adj. **1** Se dice de la persona que tiene disminuida su capacidad mental a causa de la edad. **2** Fam. Se dice de la persona que parece que está atontada a causa del cariño o la afición hacia algo. ◆ s.m. **3** Semilla del altramuz. **4** Vulg. ESP Vulva.

choclo s.m. AMÉR SUR Mazorca tierna de maíz.

1. **choco** s.m. ESP Sepia pequeña.

2. **choco, a** adj. y s. **1** AMÉR Se dice de la persona o animal que tiene el cuerpo mutilado. **2** CH Se dice de la persona que tiene el pelo crespo. **3** COL Se dice de la persona que tiene la cara muy morena. ◆ s.m. **4** AMÉR SUR Perro de aguas. **5** PERÚ Mono (animal).

chocolate s.m. **1** Pasta comestible de color marrón hecha de cacao y azúcar molidos y mezclados, generalmente, con canela o vainilla. **2** Bebida espesa de color marrón elaborada con esta pasta deshecha y cocida en agua o leche. **3** Argot. Hachís.

chocolatería s.f. Establecimiento en el que se sirve, fabrica o vende chocolate.

chocolatina s.f. ESP Tableta delgada y pequeña de chocolate.

chófer o **chofer** s.m. Persona que conduce un automóvil por oficio.

chollo s.m. Fam. ESP Cosa que se considera buena y que se consigue con muy poco esfuerzo.

cholo, a adj. y s. **1** AMÉR Se dice del mestizo de sangre blanca e india. **2** AMÉR Se dice del indio que adopta las costumbres occidentales.

chomba s.f. **1** ARG Prenda de vestir de tejido ligero, con cuello, que cubre la parte superior del cuerpo hasta la cintura. **GEOSIN** polo. **2** BOL, CH, PERÚ Suéter. **GEOSIN** jersey.

chompipe s.m. AMÉR CENTRAL Pavo. **GEOSIN** guajolote, pisco.

chóped s.m. ESP Chopped.

chopo s.m. Álamo.

chopped o **chóped** s.m. ESP Embutido en forma de tripa gruesa y parecido a la mortadela. **OBS** Pronunc. 'chóped'.

choque s.m. **1** Encuentro violento de dos o más cosas. **2** Enfrentamiento, discusión o pelea. **3** Combate de corta duración.

choricear o **chorizar** v.tr. Fam. ESP Robar.

1. **chorizo** s.m. Embutido hecho con carne de cerdo picada y pimentón, curado al humo.

2. **chorizo, a** s. Fam. ESP Ladrón.

chorlito s.m. Ave zancuda, acuática y corredora, con pico recto y corto, y patas y alas largas.

chorrada s.f. **1** Fam. ESP Tontería, estupidez. **2** Fam. ESP Adorno excesivo o innecesario.

chorrear v.tr. e intr. **1** Dejar caer o soltar una cosa el líquido que contiene o que ha absorbido. ◆ v.intr. **2** Caer un líquido formando un chorro.

chorreo s.m. **1** Acción de chorrear. **2** Gasto continuo.

chorreón s.m. Chorro de líquido que sale de forma repentina o inesperada.

chorrera s.f. **1** Adorno de tela en forma de volante. **2** Lugar por donde cae una pequeña cantidad de agua u otro líquido.

chorretón s.m. Chorreón.

chorro s.m. **1** Líquido o gas que, con más o menos fuerza, sale por una abertura estrecha. **2** Caída continua de cosas iguales y de pequeño tamaño. **3** Salida abundante e impetuosa de algo. ◇ **como los chorros del oro** Fam. ESP Se dice de la cosa que está muy limpia y reluciente.

chotacabras s.m. Pájaro de color gris con rayas negras en la cabeza, cuello y espalda.

chotearse v.prnl. Fam. Burlarse.

chotis s.m. **1** Baile para pareja originario de Escocia, de ritmo lento, que es típico de Madrid. **2** Música de este baile.

choto, a s. ESP Cabrito (cría de la cabra). ◇ **estar como una chota** Fam. Estar chiflado.

chova s.f. Ave parecida al cuervo.

chovinismo s.m. Chauvinismo.

chovinista adj. y s.m. y f. Chauvinista.

choza s.f. Casa de campo, pequeña y tosca, construida con maderas.

christmas s.m. ESP Tarjeta postal que se envía para felicitar la Navidad.
OBS Pronunc. aprox. 'crismas'.

chubasco s.m. Lluvia fuerte, repentina y de corta duración, acompañada de mucho viento.

chubasquero s.m. ESP Impermeable corto y generalmente con capucha.

chúcaro, a adj. y s. **1** AMÉR Se dice del ganado que es salvaje, arisco o bravío. **2** AMÉR Se dice de la persona que es huraña, arisca, poco comunicativa o díscola.

chuchería s.f. **1** Producto comestible de pequeño tamaño y generalmente dulce. **2** Objeto de poca importancia, pero delicado.

1. **chucho, a** s. Fam. y desp. Perro, especialmente el que no es de raza o no tiene dueño.

2. **chucho** s.m. **1** CUBA Aguja, pincho. **2** CUBA Conmutador, llave de la luz.

chuchurrío, a adj. **1** Fam. ESP Se dice de la planta o flor que está marchita. **2** Fam. ESP Decaído o triste.

chueco, a adj. y s. AMÉR Se dice de la persona que tiene las piernas torcidas.

chueta s.m. y f. Desp. ESP Persona descendiente de judíos conversos de las Islas Baleares.

chufa s.f. Planta de tubérculos comestibles con los que se prepara horchata.

chufla s.f. Fam. Burla o guasa.

chulapo, a s. Fam. ESP Chulo.

chulear v.intr. y prnl. **1** Fam. ESP Presumir. ◆ v.tr. y prnl. **2** ESP Reírse de una persona. ◆ v.tr. **3** ESP Vivir un chulo de las ganancias de las prostitutas.

chulería s.f. **1** ESP Presunción o insolencia. **2** ESP Dicho o hecho jactancioso o insolente.

1. **chuleta** s.f. **1** Costilla con carne de ternera, buey, cerdo o cordero que se destina al consumo. **2** C RICA, ESP, P RICO, VENEZ Papelito con apuntes que los estudiantes ocultan para copiar de él en los exámenes. **GEOSIN** acordeón, ayudamemoria, chivo, machete, plagio. **3** Fam. Bofetada.

2. **chuleta** adj. y s.m. y f. Fam. ESP Chulo, presuntuoso.

chulla adj. ARG, BOL, ECUAD, PERÚ Se dice de la cosa que, yendo siempre en par, queda sola.

chulo, a adj. y s. **1** Fam. ESP Se dice de la persona que es insolente y presuntuosa. ◆ adj. **2** Fam. ESP, MÉX Bonito y vistoso. ◆ s.m. **3** Fam. ESP Hombre que vive de las ganancias de las prostitutas que controla o protege. ◆ s. **4** ESP Madrileño castizo.

chumbera s.f. Nopal.

chumbo s.m. Fruto de la chumbera. □ También higo chumbo.

chuminada s.f. Fam. ESP Tontería.

chungo, a adj. **1** Fam. ESP Que tiene mal aspecto o está estropeado. **2** Fam. ESP Falso.

chuño s.m. AMÉR SUR Patata deshidratada por el frío, que conserva sus cualidades.

chupa s.f. Fam. ESP Cazadora de piel.

chupada s.f. Acción de chupar.

chupado, a adj. **1** Fam. Muy flaco y con aspecto enfermizo. **2** Fam. ESP Muy fácil.

chupar v.tr. **1** Sacar o extraer con los labios y la lengua el jugo o la sustancia de una cosa. **2** Lamer o humedecer la superficie de una cosa con la boca y la lengua. **3** Absorber un líquido o humedad. ◆ **chuparse** v.prnl. **4** Quedarse delgado o flaco.

chupatintas s.m. y f. Fam. y desp. Oficinista.

chupete s.m. Objeto de goma en forma de pezón que se da a los niños para que chupen.

chupetear v.tr. Chupar algo con frecuencia.

chupetón s.m. **1** Acción de chupar con fuerza. **2** Marca o señal temporal que queda en la piel después de chuparla con fuerza.

chupi adj. **1** Fam. ESP Muy bueno o estupendo. ◆ adv. **2** Fam. ESP Muy bien o estupendamente.

chupinazo s.m. **1** Disparo potente hecho con una especie de mortero en los fuegos artificiales. **2** Fam. Chut potente.

chupito s.m. **1** ESP Vaso pequeño de licor o aguardiente. **2** ESP Sorbo pequeño de vino u otra bebida alcohólica.

chupón, na adj. y s. **1** Que chupa mucho. ◆ s.m. **2** Vástago que brota en un árbol y lo perjudica chupándole la savia.

chupóptero, a s. Desp. Persona que, sin trabajar ni realizar ningún esfuerzo, intenta conseguir el máximo de ganancias y beneficios.

churrasco s.m. Carne asada a la brasa.

churrería s.f. Establecimiento en el que se hacen y venden churros.

churrete s.m. Fam. ESP Mancha de un alimento o un líquido que chorrea.

churrigueresco, a adj. Dícese de un estilo arquitectónico barroco, muy recargado de adornos.

churro, a adj. y s. **1** Se dice de la oveja que es de una raza caracterizada por tener la lana larga y basta. ◆ s.m. **2** Masa de harina de forma alargada y cilíndrica que se fríe en aceite. **3** Fam. ESP Cosa mal hecha o de poca calidad. ◇ **mezclar las churras con las merinas** Fam. ESP Confundir o mezclar personas o cosas diferentes.

churruscar v.tr. Tostar o asar demasiado.

chusco, a adj. **1** Fam. Que tiene gracia y picardía. ◆ s.m. **2** Panecillo o mendrugo de pan.

chusma s.f. **1** Desp. Grupo de gente vulgar y despreciable. **2** Fam. Diversión o juerga. **3** AMÉR En una comunidad india, conjunto de los que no son aptos para la guerra.

chuspa s.f. AMÉR SUR Bolsa para llevar cosas.

chusquero adj. y s.m. Fam. Se dice del militar que ha ascendido sin pasar por la academia.

chut s.m. En el fútbol y otros deportes, lanzamiento fuerte del balón con el pie.

chutar v.intr. **1** En el juego del fútbol, lanzar el balón con el pie. ◆ **chutarse** v.prnl. **2** Argot. ESP Inyectarse droga. ◇ **ir que chuta** Fam. ESP Indica que algo es suficiente.

chute s.m. Argot. ESP Pico (inyección de una dosis de droga).

chuzar v.tr. COL Punzar, pinchar.

chuzo s.m. ESP Palo con un pincho de hierro en un extremo que sirve para atacar o defenderse. ◇ **caer chuzos de punta** ESP Llover con mucha fuerza o intensidad.

Cía. Abreviatura de **compañía**.

cianhídrico, a adj. y s.m. Se dice de un ácido muy venenoso, gas o líquido, volátil e incoloro.

cianuro s.m. Compuesto químico muy tóxico.

ciática s.f. Dolor muy fuerte causado por la inflamación del nervio ciático.

ciático, a adj. **1** Relativo a la ciática. ◆ adj. y s.m. **2** Se dice del nervio que se distribuye en los músculos posteriores del muslo y de la pierna.

ciberataque s.m. Ataque a través del ciberespacio.

cibernauta s.m. y f. Persona que mediante un ordenador y a través de la red informática Internet accede a bases de datos.

cibernética s.f. Ciencia que estudia los mecanismos de comunicación, regulación y control de sistemas complejos, especialmente sistemas informáticos.

cibernético, a adj. **1** Relativo a la cibernética. ◆ s.m. y f. y adj. **2** Que se dedica a la cibernética.

ciborio s.m. Baldaquino que corona un altar.

cicatería s.f. Cualidad de cicatero.

cicatriz s.f. **1** Señal que queda en la piel u otro tejido orgánico al curarse una herida. **2** Impresión en el ánimo de un hecho doloroso.

cicatrizar v.intr. y prnl. **1** Cerrarse y curarse completamente una herida. ◆ v.tr. **2** Hacer que una herida cicatrice.

cicerone s.m. y f. Persona que explica y muestra a un visitante los lugares y obras de interés.

ciclamen s.m. Planta herbácea, perenne, de flores aisladas blancas o rosadas.

cíclico, a adj. **1** Relativo a un ciclo. **2** Que ocurre en ciclos.

ciclismo s.m. Deporte que se practica en bicicleta.

ciclista adj. **1** Relativo al ciclismo. ◆ s.m. y f. **2** Persona que monta en bicicleta.

ciclo s.m. **1** Serie de etapas o estados por los que pasa un acontecimiento o fenómeno que se repiten en el mismo orden hasta llegar a una etapa o estado a partir de los cuales vuelven a repetirse en el mismo orden. **2** Serie de actos de carácter cultural relacionados entre sí. **3** Parte de las que constituyen un plan de estudios, formada por una serie determinada de cursos y asignaturas. **4** Conjunto de tradiciones épicas relacionada con un período determinado, un grupo de acontecimientos o un personaje heroico.

ciclocross o **ciclo-cross** s.m. Modalidad de ciclismo por terrenos muy accidentados.

cicloide s.f. Curva plana descrita por un punto de una circunferencia que gira sobre una recta.

ciclomotor s.m. Motocicleta de pequeña cilindrada.

ciclón s.m. **1** Viento muy fuerte. **2** Región de la atmósfera donde la presión es mucho más baja que en las zonas circundantes.

cíclope s.m. Gigante de la mitología griega con un solo ojo en medio de la frente.

ciclóstomo adj. y s.m. **1** Se dice del pez carente de mandíbula, de cuerpo cilíndrico parecido al de la anguila y sin aletas. ◆ **ciclóstomos** s.m.pl. **2** Grupo taxonómico, con categoría de subclase, constituido por estos peces.

ciclotrón s.m. Aparato que sirve para acelerar partículas subatómicas.

cicuta s.f. **1** Planta herbácea silvestre, de tallo hueco y ramoso, hojas triangulares y flores blancas. **2** Veneno que se obtiene de esa planta.

cidra s.f. Fruto del cidro, de color amarillo, muy parecido al limón, pero de mayor tamaño.

cidro s.m. Árbol de tronco liso y ramoso, hoja perenne, flores rosadas y fruto comestible.

ciego, a adj. y s. **1** Que no ve por estar privado del sentido de la vista. ◆ adj. **2** Incapaz de darse cuenta de una cosa evidente, de percibirla o comprenderla. **3** Se dice de la persona que está dominada o poseída por un sentimiento o pasión muy fuertes. **4** Se dice del sentimiento o inclinación que se sienten muy intensos. **5** Se dice de la abertura u orificio cerrados o tapados. **6** Fam. ESP Se dice de la persona que está atiborrada de algo, en especial de comida, bebida o droga. ◆ s.m. **7** Parte del intestino grueso comprendida entre el final del intestino delgado y el colon. □ También intestino ciego. **8** Fam. ESP Borrachera o estado similiar debido al consumo de drogas. ◇ **a ciegas** Sin poder ver. □ Sin reflexionar.

cielo s.m. **1** Espacio infinito que rodea la Tierra. **2** Parte superior de ciertas cosas o que cubre ciertas cosas. **3** Lugar en el que los santos, los ángeles y los bienaventurados gozan de la presencia eterna de Dios. □ Se escribe normalmente con mayúscula inicial. **4** Dios o la divina providencia. **5** Persona agradable o atenta. □ Se usa como apelativo cariñoso. ◆ interj. **6** Se usa como exclamación. ◇ **caído,** o **llovido, del cielo** Fam. Muy oportuno o providencial. ◇ **mover,** o **remover, cielo y tierra** Hacer todas las gestiones posibles para el logro de una cosa.

ciempiés s.m. Artrópodo terrestre cuyo cuerpo, formado por anillos, está provisto de numerosas patas.

cien adj.num.cardin. **1** Noventa más diez. ◆ adj.num.ordin. **2** Que ocupa el lugar número 100 en una serie ordenada. ◆ s.m. **3** Número 100. ◇ **a cien** Fam. ESP Con mucha excitación.

ciénaga s.f. Terreno cenagoso.

ciencia s.f. **1** Conjunto organizado de conocimientos sobre una materia determinada, a los que se llega mediante la observación y análisis de sus fenómenos, causas y efectos. **2** Conjunto de las ciencias que tienen el mundo natural o físico o la tecnología como materias de estudio. **3** Conjunto de conocimientos necesarios para desarrollar alguna actividad. ◆ **ciencias** s.f.pl. **4** Conjunto de conocimientos relacionados con las matemáticas, la física, la química, la biología, la geología y cualquier materia que obedece a leyes matemáticas y físicas. ◇ **a ciencia cierta** Indica que algo se sabe o se conoce con absoluta certeza o seguridad. ◇ **ciencia infusa** Fam. Se usa de forma irónica referido al conocimiento que se adquiere sin haberlo estudiado o aprendido. ◇ **ciencias ocultas** Conocimientos y prácticas relacionados con la magia, la alquimia, la astrología y materias semejantes.

cienciología s.f. Escuela práctica de filosofía basada en el hedonismo.

cienmilésimo, a adj.num.ordin. **1** Que ocupa el lugar número 100 000 en una serie ordenada. ◆ adj.num.partit. **2** Se dice de cada una de las partes que resultan de dividir un todo en cien mil partes iguales.

cieno s.m. Barro blando en el fondo del agua de un lago o un estanque.

científico, a adj. **1** Relativo a la ciencia. **2** Que se ajusta a los principios y métodos de una ciencia. ◆ s. y adj. **3** Persona que se dedica a la ciencia.

ciento adj.num.cardin. **1** Noventa más diez. ◆ **adj.num.ordin. 2** Que ocupa el lugar número 100 en una serie ordenada. ◆ **s.m. 3** Número 100. **4** Conjunto formado por 100 unidades. ◇ **ciento y la madre** Fam. Mucha gente.

cierne o **en ciernes** ◇ **en cierne** o **en ciernes** loc. Que está en sus comienzos.

cierre s.m. **1** Acción de cerrar. **2** Cosa con que se cierra algo. **3** Momento a partir del cual no se admiten originales para la edición de un periódico o revista que está en prensa.

ciertamente adv. Indica afirmación o asentimiento como respuesta a una pregunta.

cierto, a det. **1** Que es verdadero o no puede ponerse en duda. **2** Que no está determinado de forma precisa o no se quiere determinar. □ Va antepuesto al sustantivo. **3** Que se da en pequeña cantidad o intensidad. □ Va antepuesto al sustantivo. ◆ **adv. 4** Ciertamente.
OBS Superlativo: **certísimo.**

ciervo, a s. Mamífero rumiante salvaje, de patas largas, cola muy corta y pelo áspero, corto, marrón o gris.

cierzo s.m. Viento frío que sopla del norte.

cifra s.f. **1** Cada uno de los signos con los que se representan las cantidades numéricas. **2** Cantidad numérica. **3** Sistema de signos para escribir algo en clave.

cifrar v.tr. **1** Escribir un mensaje en cifra. **2** Valorar cuantitativamente algo.

cigala s.f. Crustáceo marino comestible, de color rojo, con el cuerpo alargado cubierto por un caparazón duro y con cinco pares de patas.

cigarra s.f. Insecto de color verde oscuro, con cabeza gruesa, ojos salientes y cuatro alas transparentes, que emite un sonido estridente.

cigarrería s.f. AMÉR Establecimiento en el que se venden cigarros.

cigarrillo s.m. Cilindro pequeño y delgado hecho con tabaco picado y envuelto en un papel muy fino que se fuma.

cigarro s.m. **1** Rollo de hojas de tabaco para fumar. □ También **cigarro puro. 2** Cigarrillo.

cigoto o **zigoto** s.m. Célula resultante de la unión de dos gametos.

ciguatera s.f. **1** AMÉR Enfermedad de algunos peces y crustáceos. **2** AMÉR Intoxicación por la ingestión de estos animales enfermos.

cigüeña s.f. Ave zancuda de cuello largo y con el pico y las patas largos y rojos.

cigüeñal s.m. Pieza del motor que transforma el movimiento rectilíneo de los pistones en rotativo, o viceversa.

cilantro s.m. Hierba de tallo largo y flores rojas.

ciliado, a adj. **1** Que está provisto de cilios. ◆ **adj. y s.m. 2** Se dice del protozoo provisto de cilios por lo menos en una fase del ciclo biológico. ◆ **ciliados** s.m.pl. **3** Grupo taxonómico, con categoría de filo, constituido por estos protozoos.

cilicio s.m. Cinturón o faja con puntas o pinchos que se ajusta al cuerpo para mortificarse.

cilindrada s.f. Cantidad de combustible que cabe en el cilindro o los cilindros de un motor.

cilíndrico, a adj. **1** Relativo al cilindro. **2** Que tiene forma de cilindro.

cilindro s.m. **1** Cuerpo geométrico formado por una superficie lateral curva y cerrada y dos planos paralelos que forman sus bases. **2** Objeto que tiene esta forma. **3** Pieza de un motor donde se mezcla y se quema el combustible. **4** Mecanismo que mueve los cierres de una cerradura cuando se introduce la llave. ◇ **cilindro hidráulico** Cilindro que, en una instalación hidráulica, actúa mediante la presión que ejerce un fluido líquido, generalmente aceite

cilio s.m. Filamento vibrátil corto de los muchos que recubren la membrana de algunas células.

cima s.f. **1** Parte más alta de una montaña, un árbol u otra cosa alta. **2** Apogeo, máximo esplendor. **3** Inflorescencia en la que cada pedúnculo sustenta una sola flor.

cimacio s.m. Pieza que se coloca en ocasiones entre el capitel y el arquitrabe.

cimarrón, na adj. **1** Se dice del animal doméstico que ha huido y se ha hecho salvaje. **2** Se dice de la planta silvestre de cuya especie hay otra cultivada. ◆ **adj. y s. 3** Se dice de los antiguos esclavos americanos que huían buscando la libertad y se refugiaban en las montañas. ◆ **adj. y s.m. 4** ARG, BOL, PAR, URUG Se dice del mate amargo, sin azúcar.

cimarronada s.f. AMÉR Manada de cimarrones.

címbalo s.m. Instrumento musical de percusión que consta de dos platillos de metal.

cimborrio o **cimborio** s.m. Construcción de planta poligonal que se levanta sobre el crucero de algunas iglesias.

cimbra s.f. **1** Armazón de madera o metal que se usa como plantilla para construir un arco u otra estructura curva. **2** Curva de la superficie interior de un arco o bóveda.

cimentar (32) v.tr. **1** Poner los cimientos. **2** Establecer unos principios.

cimiento s.m. **1** Parte sobre la que se asienta un edificio u otra construcción. **2** Principio o fundamento de algo.
OBS Suele usarse en plural con valor singular.

cimitarra s.f. Sable de hoja curva que se ensancha a medida que se aleja de la empuñadura.

cinabrio s.m. Mineral compuesto de mercurio y azufre, muy pesado y de color rojo oscuro.

cinamomo s.m. **1** Árbol ornamental de madera dura y aromática, tronco recto, flores blancas y fruto parecido a una cereza pequeña. **2** Árbol ornamental de hojas parecidas a las del olivo y flores muy olorosas.

cinc o **zinc** (pl. cines o zines.) **s.m.** Elemento químico de símbolo Zn y número atómico 30.

cincel **s.m.** Herramienta para labrar piedra o metal a golpe de martillo, que consiste en una barra de acero alargada y plana con doble bisel por un extremo.

cincha **s.f.** Faja de cuero u otro material con que se asegura la silla o la albarda sobre la cabalgadura.

cinchar **v.tr.** **1** Apretar la cincha. ◆ **cincharse** **v.prnl.** **2** ARG, URUG Empeñarse en que algo se haga de cierta manera.

cincho **s.m.** **1** Aro de hierro con que se aseguran las tablas de los toneles, los maderos ensamblados y cosas semejantes. **2** Faja o cinturón.

cinco **adj.num.cardin.** **1** Cuatro más uno. ◆ **adj.num.ordin.** **2** Que ocupa el lugar número 5 en una serie ordenada. ◆ **s.m.** **3** Número 5. ◇ **no tener ni cinco** o **estar sin cinco** Fam. No tener nada de dinero.

cincuenta **adj.num.cardin.** **1** Cuarenta más diez. ◆ **adj.num.ordin.** **2** Que ocupa el lugar número 50 en una serie ordenada. ◆ **s.m.** **3** Número 50.

cincuentavo, a **adj.num.partit.** Se dice de cada una de las partes que resultan de dividir un todo en cincuenta partes iguales.

cincuentena **s.f.** **1** Conjunto formado por cincuenta unidades. **2** Edad comprendida entre los cincuenta y los cincuenta y nueve años.

cincuentenario, a **s.m.** Fecha en que se cumplen cincuenta años de un suceso.

cincuentón, na **adj. y s.** Fam. Se dice de la persona que tiene una edad comprendida entre los cincuenta y los cincuenta y nueve años.

cine **s.m.** **1** Establecimiento donde se proyectan películas. **2** Cinematografía. ◇ **cine mudo** Conjunto de películas cinematográficas de los orígenes del cine que se producían sin voz ni sonido. ◇ **de cine** Se dice de la cosa que resulta extraordinaria o impresionante. □ De forma excelente, muy bien.

cineasta **s.m. y f.** Persona que dirige, produce o realiza películas cinematográficas.

cineclub (pl. cineclubes o cineclubs.) **s.m.** Asociación que difunde la cultura cinematográfica.

cinéfilo, a **adj. y s.** Se dice de la persona que es muy aficionada al cine.

cinefórum (pl. cinefórums.) **s.m.** Coloquio que se desarrolla tras la proyección de una película cinematográfica.

cinegética **s.f.** Arte de la caza.

cinemascope **s.m.** Técnica cinematográfica para dar sensación de mayor perspectiva, que consiste en comprimir lateralmente las imágenes durante el rodaje y ampliar el campo visual.

cinemateca **s.f.** Lugar donde se guardan ordenados para su conservación, exhibición y estudio filmes o películas.

cinemática **s.f.** Parte de la mecánica que estudia el movimiento sin tener en cuenta las causas que lo producen.

cinematografía **s.f.** Arte y técnica de proyectar imágenes en movimiento en una pantalla a partir de fotogramas o imágenes fijas.

cinematográfico, a **adj.** Relativo a la cinematografía.

cinematógrafo **s.m.** Aparato que permite proyectar imágenes.

cinerama **s.m.** Técnica cinematográfica que, mediante la proyección de tres imágenes yuxtapuestas, ofrece sensación de relieve.

cinética **s.f.** **1** Parte de la física que estudia el movimiento producido por las fuerzas. **2** Parte de la química que se ocupa de las características mecánicas que influyen en los procesos químicos.

cinético, a **adj.** Relativo al movimiento.

cineticomolecular o **cinético-molecular** **adj.** Cinético (teoría).

cíngaro, a ▷ zíngaro, a.

cínico, a **adj. y s.** **1** Que miente o comete actos vergonzosos con descaro, sin ocultarse ni sentir vergüenza. ◆ **adj.** **2** Impúdico, inmoral. **3** Relativo a cierta escuela filosófica.

cinismo **s.m.** Calidad de cínico.

cinquillo **s.m.** Juego de naipes.

cinta **s.f.** **1** Tira de tela larga y estrecha que sirve para atar, ajustar o adornar una prenda de vestir. **2** Tira larga y estrecha de papel, plástico u otro material flexible. **3** Caja pequeña de plástico que contiene una banda magnética en la que se puede grabar y reproducir imagen o sonido. **4** Película de cine. **5** Mecanismo formado por una banda metálica o plástica que se mueve automáticamente y sirve para transportar maletas y mercancías. □ También cinta transportadora. ◇ **cinta aislante** Cinta con una solución adhesiva en una de sus caras que sirve para cubrir los empalmes de los conductores eléctricos. ◇ **cinta magnética** Cinta recubierta de polvo magnetizable en la que se registran, en forma de señales magnéticas, sonidos o imágenes que pueden reproducirse.

cinto **s.m.** Cinturón, especialmente el de la vestimenta militar.

cintura **s.f.** **1** Parte más estrecha del tronco del cuerpo humano, entre las costillas y la cadera. **2** Parte de la prenda de vestir que cubre esta zona del cuerpo. **3** En anatomía, cada uno de los grupos de huesos que unen las extremidades de los animales vertebrados con la columna vertebral.

cinturón s.m. **1** Tira larga y estrecha que sirve para ceñir o ajustar una prenda de vestir a la cintura. **2** Cada uno de los grados en artes marciales. ◇ **apretarse el cinturón** Disminuir los gastos.

cipote s.m. **1** Vulg. ESP Pene, miembro viril. **2** ESP Hombre torpe o bobo. **3** AMÉR CENTRAL Chiquillo.

ciprés s.m. **1** Árbol de tronco derecho, ramas cortas que forman una copa espesa y cónica y hojas perennes. **2** Madera de este árbol.

circense adj. Relativo al circo.

circo s.m. **1** Espectáculo variado en el que intervienen payasos, acróbatas, malabaristas, magos y domadores con sus fieras amaestradas. **2** Carpa u otro recinto en que se ofrece ese espectáculo. **3** Construcción rectangular alargada en que en la antigua Roma se celebraban ciertos espectáculos. ◇ **circo glaciar** Depresión semicircular de fondo cóncavo y paredes escarpadas donde se acumulan la nieve y el hielo y se forma un glaciar. □ También simplemente circo.

circón s.m. Mineral compuesto de silicato de circonio, incoloro o de color rojo, verde o gris.

circonio o **zirconio** s.m. Elemento químico de símbolo Zr y número atómico 40.

circonita s.f. Variedad de circón de color blanco, gris o marrón que se utiliza en joyería.

circuito s.m. **1** Espacio limitado que recorre una cosa, como un fluido, un vehículo, etc., y que termina en el mismo punto en el que empieza. **2** Instalación con edificios y graderíos en el recorrido que deben hacer vehículos en competición. **3** Conjunto de pruebas puntuables para un campeonato, clasificación, etc. **4** Recorrido turístico, previamente fijado, que suele terminar en el mismo punto de partida. ◇ **circuito eléctrico** Conjunto de conductores, resistencias y otros elementos por el que circula la corriente eléctrica. □ También simplemente circuito. ◇ **circuito hidráulico** Circuito de una máquina o un mecanismo que funciona o es movido por la acción del agua o de otro líquido. ◇ **corto circuito** Cortocircuito.

circulación s.f. **1** Desplazamiento de algo por un lugar siguiendo una dirección determinada. **2** Desplazamiento de un fluido a través de un conducto. **3** Tránsito o paso de vehículos por las vías públicas. **4** Transmisión de información entre la gente. ◇ **en circulación** En situación de ser utilizado. ◇ **retirar de la circulación** Impedir que algo, en especial un producto comercial o moneda, sea utilizado por el público. □ Hacer que una persona deje de intervenir en un asunto o una actividad en que intervienen varias.

1. **circular** adj. **1** Que tiene forma de círculo. **2** Que describe un círculo. ◆ s.f. **3** Escrito dirigido a varias personas para comunicarles algo.

2. **circular** v.intr. **1** Moverse, andar o desplazarse por un lugar siguiendo una dirección determinada. **2** Moverse o desplazarse un fluido a través de un conducto. **3** Pasar una información de unas personas a otras. **4** Ser utilizados una moneda o billete determinados por la gente.

circulatorio, a adj. Relativo a la circulación.

círculo s.m. **1** Figura geométrica delimitada por una circunferencia. **2** Circunferencia. **3** Grupo de personas que se relacionan habitualmente entre sí. **4** Asociación de personas que comparten alguna afición. **5** Lugar donde se reúnen los miembros de esta asociación. ◇ **círculo máximo** Círculo de una esfera cuyo radio es igual al radio de la esfera. ◇ **círculo vicioso** Razonamiento o situación en que dos cosas son a la vez causa y efecto de la otra.

circuncentro s.m. Punto que se obtiene al cortar las mediatrices de un triángulo y es el centro de la circunferencia circunscrita a un triángulo.

circuncidar v.tr. Cortar total o parcialmente el prepucio (piel móvil que cubre el glande).

circuncisión s.f. Escisión del prepucio.

circundante adj. Que circunda.

circundar v.tr. Rodear una cosa a otra.

circunferencia s.f. Línea curva cerrada cuyos puntos están siempre a la misma distancia de otro punto llamado centro. ◇ **circunferencia circunscrita** Circunferencia que pasa por todos los vértices de un polígono. ◇ **circunferencia inscrita** Circunferencia tangente a todos los lados de un polígono. ◇ **circunferencias concéntricas** Circunferencias con el mismo centro.

circunflejo adj. Se dice del acento gráfico que tiene forma de ángulo con el vértice hacia arriba (^).

circunlocución s.f. Circunloquio.

circunloquio s.m. Manera de explicar algo que podría decirse de forma breve o directa dando un rodeo de palabras.

circunscribir v.tr. **1** Reducir o ceñir algo a ciertos límites o términos. **2** Limitar o rodear un lugar. **3** Trazar una figura geométrica de manera que quede otra dentro de ella tocando todas las líneas o superficies que la limitan.
OBS Participio: circunscrito.

circunscripción s.f. **1** División de un territorio hecha con fines administrativos. **2** Acción de circunscribir.

circunscrito, a 1 Participio irregular de circunscribir. ◆ adj. **2** Se dice de la figura geométrica que circunscribe a otra.

circunspección s.f. Seriedad, prudencia.

circunspecto, a adj. Se dice de la persona que habla o se comporta con circunspección.

circunstancia s.f. **1** Condición que acompaña, causa o determina a una persona, una cosa o un hecho determinados. **2** Estado de una persona o una cosa en un momento determinado. **3** Situación concreta.

circunstancial adj. Que depende de alguna circunstancia determinada, o es debido a ella.

circunvalación s.f. Rodeo de un lugar.

cirílico, a adj. y s.m. **1** Se dice del alfabeto utilizado en ruso y otras lenguas eslavas. ◆ adj. **2** Relativo a este alfabeto.

cirio s.m. **1** Vela de cera larga y gruesa. **2** Fam. ESP Alboroto o jaleo.

cirro s.m. Nube blanca en forma de filamentos o franjas muy estrechas.

cirrosis s.f. Enfermedad del hígado caracterizada por la proliferación anormal del tejido celular, atrofia y posterior degeneración.

ciruela s.f. Fruto comestible del ciruelo, redondo, de carne jugosa y dulce de color blanco o rojizo y piel fina de color verde o morado. ◇ **ciruela claudia** Ciruela de color verde claro. ◇ **ciruela pasa** Ciruela que se ha dejado secar.

ciruelo s.m. Árbol frutal de tronco fuerte y robusto, hojas ovales y flores blancas o rojizas.

cirugía s.f. Parte de la medicina que se ocupa de curar enfermedades mediante operaciones quirúrgicas. ◇ **cirugía estética** Especialidad de la cirugía cuyo fin es el embellecimiento de cualquier parte del cuerpo humano.

cirujano, a s. Médico especialista en cirugía.

cisco s.m. **1** Carbón vegetal en trozos pequeños. **2** Fam. ESP Alboroto o jaleo.

cisma s.m. **1** Escisión en el seno de una Iglesia o de una organización semejante. **2** Ruptura o escisión que ocurre en el seno de un partido político, un movimiento artístico, etc.

cisne s.m. **1** Ave palmípeda acuática de cuello largo y curvo, patas cortas y alas grandes. **2** ARG, BOL, PERU, URUG Brocha para ponerse polvos cosméticos en la cara. ◆ adj. **3** VENEZ Se dice del caballo de pelaje pardusco.

Cister o **Císter** s.m. Orden religiosa que observa la regla benedictina.

cisterciense adj. y s.m. **1** Relativo al Cister ◆ adj. y s.m. y f. **2** Se dice del fraile o la monja que pertenecen a la orden del Cister. ◆ adj. **3** Se dice de la arquitectura propia de los monasterios del Cister en los siglos XII y XIII.

cisterna s.f. **1** Depósito de agua de un retrete o váter. **2** Tanque o depósito destinado al transporte de líquidos. □ Siempre en aposición a otro sustantivo: camión cisterna. **3** Depósito, generalmente subterráneo, que sirve para recoger y conservar el agua de la lluvia o de una corriente natural.

cisticerco s.m. Larva de la tenia que vive enquistada en el hígado, el pulmón y los músculos del animal en que parasita.

cistitis s.f. Inflamación de la vejiga urinaria.

cisura s.f. **1** Grieta o hendidura muy fina. **2** Surco largo y profundo que divide los lóbulos pulmonares y algunos lóbulos de los hemisferios del cerebro.

cita s.f. **1** Encuentro previamente acordado entre dos o más personas en una fecha, hora y lugar determinados. **2** Reproducción de las palabras dichas o escritas por otra persona.

citación s.f. Orden por la que un juez convoca a una persona para que comparezca ante él.

citar v.tr. **1** Convocar a una persona a una reunión, en especial un juez mediante citación, señalando una fecha, hora y lugar determinados. **2** Reproducir las palabras que otra persona ha dicho o escrito. **3** Mencionar el nombre de una persona o una cosa.

cítara s.f. Instrumento musical de cuerda originario de la antigua Grecia, parecido a la lira, con la caja de resonancia plana, de madera.

citocinesis s.f. División del citoplasma de una célula que, tras la división nuclear, da lugar a dos células hijas.

citoesqueleto s.m. Conjunto de fibras del citoplasma que constituyen el soporte de la estructura celular.

citología s.f. **1** Parte de la biología que estudia la estructura y función de la célula. **2** Análisis de un conjunto de células extraídas del cuerpo.

citoplasma s.m. Parte de la célula que contiene el núcleo.

citrato s.m. Sal formada por combinación del ácido cítrico con una base.

cítrico, a adj. **1** Relativo a los cítricos o al ácido cítrico. ◆ adj. y s.m. **2** Se dice del ácido orgánico, cristalino y de color blanco que se obtiene del zumo del limón. ◆ **cítricos** s.m.pl. **3** Conjunto de frutas de sabor ácido o agridulce.

ciudad s.f. **1** Población generalmente grande cuyos habitantes se dedican principalmente a actividades no agrícolas (comerciales, industriales y de servicios). **2** Conjunto de edificios e instalaciones destinado a un fin. **3** Título de algunas poblaciones que gozaban de mayor preeminencia que las villas. ◇ **ciudad dormitorio** Ciudad residencial situada dentro del área urbana de otra ciudad más grande, que carece de buena parte del comercio y otros servicios y cuya población trabaja en la ciudad próxima. ◇ **ciudad satélite** Ciudad próxima a otra mayor de la cual depende administrativamente.

ciudadanía s.f. **1** Condición de ciudadano de un país. **2** Conjunto de ciudadanos de un país.

ciudadano, a adj. **1** Relativo a la ciudad o a la ciudadanía. ◆ s. **2** Miembro de la comunidad organizada de un estado que posee unos derechos y está obligado a cumplir ciertas normas y deberes. **3** Persona que vive en una ciudad.

ciudadela s.f. Recinto fortificado en el interior de una ciudad.

ciudadrealeño, a adj. y s. De Ciudad Real (ciudad y provincia de Castilla-La Mancha).
OBS Pronunc. 'ciudad-realeño', con [r] vibrante múltiple.

cívico, a adj. **1** Se dice de la persona que actúa con civismo. **2** Propio de las personas que actúan con civismo.

civil adj. **1** Relativo a los ciudadanos. **2** Relativo a los derechos y obligaciones de los ciudadanos. ◆ **adj. y s.m. y f. 3** Se dice de la persona que no es militar ni eclesiástico. ◆ **adj. 4** Propio de estas personas. ◆ **s.m. y f. 5** Fam. ESP Miembro de la Guardia Civil.

civilización s.f. **1** Conjunto de costumbres, ideas, creencias, cultura y conocimientos científicos y técnicos que caracterizan a un grupo humano, como un pueblo o una raza, en un momento de su evolución. **2** Acción de civilizar.

civilizado, a adj. **1** Que se comporta con civismo. **2** Propio de estas personas.

civilizar v.tr. **1** Llevar a un país o pueblo la civilización de otro más adelantado. **2** Educar a una persona en el civismo.

civismo s.m. Comportamiento de la persona que cumple con sus deberes de ciudadano, respeta las leyes y contribuye al bienestar de los demás miembros de su comunidad.

cizalla s.f. **1** Herramienta para cortar en frío planchas de metal. **2** Herramienta, semejante a la guillotina, que sirve para cortar papel, cartón o cartulina.

cizaña s.f. Planta gramínea que crece espontáneamente entre los cereales y los daña. ◇ **meter,** o **sembrar, cizaña** Crear discordia.

cizañero, a adj. y s. Se dice de la persona que suele meter o sembrar cizaña (discordia).

clac (pl. clacs.) s.m. **1** Palabra con la que se representa el sonido de un golpe seco, como el de una palmada o una pieza que encaja en otra deslizándose. ◆ **s.f. 2** ESP Claque.

clamar v.intr. **1** Gritar o dar voces, en especial para quejarse. ◆ **v.tr. 2** Exigir con vehemencia algo, como justicia o venganza.

clamidia s.f. Infección de transmisión sexual causada por la bacteria del mismo nombre.

clamor s.m. **1** Grito de una multitud que protesta o está entusiasmada. **2** Grito fuerte o lastimero.

clamoroso, a adj. **1** Que produce clamor. **2** Extraordinario, fuera de lo común.

clan s.m. **1** Grupo social formado por un número de familias que descienden de un antepasado común y que reconocen la autoridad de un jefe. **2** Grupo cerrado de personas unidas por algún interés o idea comunes.

clandestinidad s.f. Situación de clandestino.

clandestinizar v.tr. Situar un grupo u organización política fuera de la ley.

clandestino, a adj. **1** Que se hace o se produce de espaldas a la ley. ◆ **adj. y s. 2** Se dice de la persona que desarrolla alguna actividad de espaldas a la ley.

claque s.f. ESP Conjunto de personas encargadas de aplaudir en un espectáculo a cambio de una remuneración o una entrada gratuita.
OBS Pronunc. 'clac' o 'claque'.

claqué s.m. Tipo de baile en el que se repiquetea con la punta y el tacón de los zapatos.

claqueta s.f. Pizarra utilizada en cinematografía para indicar el título de la película y el número de plano que va a rodarse.

clara s.f. **1** Sustancia transparente y espesa que rodea la yema del huevo. **2** Bebida que se hace mezclando cerveza con gaseosa o limonada.

claraboya s.f. Ventana acristalada abierta en un techo o en la parte alta de una pared.

clarear v.impersonal **1** Aparecer la claridad del día al amanecer. **2** Ir desapareciendo las nubes que encapotan el cielo. ◆ **v.intr. y prnl. 3** Transparentarse un tejido. ◆ **v.intr. 4** Amanecer el día. **5** Hacerse algo menos denso o espeso.

clarete s.m. y adj. Vino que es algo más claro que el vino tinto.

claridad s.f. **1** Cualidad de claro. **2** Manera clara de expresarse alguien. **3** Luz tenue pero que permite ver. **4** Lucidez mental que permite comprender o percibir ideas, sensaciones, etc.

clarificar v.tr. **1** Hacer que algo sea más fácil de entender, dando más detalles o una explicación más sencilla. **2** Hacer que una sustancia sea menos densa o espesa.

clarín s.m. Instrumento musical de viento de la familia del metal, parecido a la corneta.

clarinete s.m. Instrumento musical de viento compuesto de llaves, boquilla y lengüeta sencilla.

clarinetista s.m. y f. Persona que toca el clarinete.

clarisa adj. y s.f. Se dice de la religiosa que pertenece a una orden fundada por santa Clara de Asís en 1212.

clarividencia s.f. **1** Facultad paranormal de adivinar el futuro o ver cosas que otras personas no pueden ver. **2** Claridad (lucidez mental).

clarividente adj. y s.m. y f. **1** Se dice de la persona que posee clarividencia. ◆ **adj. 2** Propio de estas personas.

claro, a adj. **1** Que recibe o tiene mucha luz. **2** Que está despejado, sin nubes. **3** Que es transparente y no tiene impurezas que lo enturbien. **4** Se dice del color que se acerca más al blanco que otro de la misma tonalidad. **5** De color claro. **6** Que se percibe o se distingue bien, sin interferencias. **7** Evidente, que no ofrece dudas. **8** Comprensible o fácil de entender. **9** Se dice de la persona que se expresa de manera comprensible, sencilla y directa. **10** Poco denso o espeso. ◆ s.m. **11** Espacio despejado dentro de un conjunto de cosas que ocupan una extensión. ◆ adv. **12** De manera clara, definida o precisa. **13** Se usa para indicar afirmación o asentimiento. **14** Se usa como exclamación para expresar que algo se acaba de entender. ◇ **a las claras** ESP Con claridad, sin disimulo ni engaño. ◇ **tenerlo,** o **llevarlo, claro** Fam. ESP Se usa para expresar la dificultad de conseguir lo que se desea.

claroscuro s.m. Efecto resultante de la distribución adecuada de luces y sombras en pintura, fotografía, cine, etc.

clase s.f. **1** Conjunto de elementos con características comunes que resulta de una clasificación basada en criterios como la calidad, condición, etc. **2** Conjunto de personas que tienen la misma condición social o que ejercen la misma profesión. **3** Conjunto de características que diferencian una cosa de otras de su misma naturaleza o especie y permiten valorarla. **4** Refinamiento o distinción. **5** Categoría de cada una de las partes que constituyen un medio de transporte establecida según su grado de confort. **6** Categoría taxonómica de clasificación de los seres vivos inferior a la de filo y superior a la de orden. **7** Conjunto de alumnos de una escuela que tienen el mismo nivel de estudios y asisten juntos a la misma aula. **8** Sesión en la que el profesor de una materia imparte la lección. **9** Sala de un centro de enseñanza donde se imparten estas sesiones.

clasicismo s.m. **1** Tendencia o estilo artístico y literario que se caracteriza por tomar como modelo las formas propias de la tradición grecorromana. **2** Cualidad de clásico.

clasicista adj. **1** Relativo al clasicismo. ◆ adj. y s.m. y f. **2** Se dice del autor que se adscribe en el clasicismo artístico.

clásico, a adj. y s.m. **1** Se dice del autor u obra que es considerado como modelo digno de imitación. ◆ adj. **2** Relativo a la historia o la cultura de la Antigüedad grecolatina. **3** Sobrio, poco llamativo y de corte tradicional. **4** Se dice de la persona que tiene gustos estéticos tradicionales. **5** Típico o representativo de la persona o cosa de que se trata. □ Va antepuesto al sustantivo. **6** Se dice de la música o la danza que pertenecen a la tradición culta, especialmente la occidental.

clasificación s.f. **1** Acción de clasificar o clasificarse. **2** Lista de elementos ordenados según algún criterio.

clasificado, a adj. Se dice del documento o la información que son secretos o reservados.

clasificador, ra adj. **1** Que clasifica o sirve para clasificar. ◆ s.m. **2** Mueble, carpeta o cosa con departamentos para clasificar.

clasificar v.tr. **1** Ordenar o poner por clases o conjuntos de elementos con características comunes. **2** Incluir un elemento en una clase determinada. ◆ **clasificarse** v.prnl. **3** Conseguir el resultado o puesto necesario para participar en una fase posterior.

clasismo s.m. Tendencia o afán de una clase social por diferenciarse de las demás.

clasista adj. y s.m. y f. **1** Se dice de la persona que es partidaria de la diferencia de clases. ◆ adj. **2** Relativo a la diferencia de clases.

claudicar v.intr. Ceder, rendirse o renunciar.

claustro s.m. **1** Galería abierta y soportada por columnas o pilares alrededor de un patio o jardín interior de un monasterio o templo. **2** Reunión de los miembros de una universidad u otro centro de enseñanza.

claustrofobia s.f. Miedo enfermizo a permanecer en lugares cerrados muy pequeños.

cláusula s.f. **1** Apartado de ciertos documentos, como un contrato o un testamento. **2** Conjunto de palabras con sentido completo que forma parte de otra unidad lingüística mayor.

clausura s.f. **1** Acción y efecto de clausurar. **2** Vida retirada que llevan determinadas comunidades de religiosos sin salir del convento. **3** Parte del recinto de un monasterio a la que no pueden acceder personas que no pertenecen a la comunidad religiosa.

clausurar v.tr. **1** Terminar un congreso, certamen o exposición con un acto solemne. **2** Cerrar temporal o definitivamente un edificio o un establecimiento.

clavado, a adj. **1** Que está fijo o inmóvil. **2** Exacto. **3** Fam. Muy parecido o casi igual.

clavar v.tr. **1** Introducir un clavo u otra cosa aguda en otra, generalmente mediante golpes. **2** Sujetar o fijar una cosa a otra con clavos. **3** Fam. ESP Cobrar una cantidad de dinero que se considera excesiva.

clave s.f. **1** Conjunto de signos convencionales que sirven para escribir y leer mensajes secretos. **2** Conjunto de reglas y correspondencias que sirven para descifrar esos signos. **3** Información o dato que permite explicar o entender algo, aclarar un enigma o resolver una duda. **4** Persona o cosa importante, decisiva o necesaria para algo. □ Normalmente en aposición a otro sustantivo. **5** Signo que se coloca al principio del pentagrama e indica qué posición ocupa una nota determinada. **6** Piedra central con que se cierra un arco o bóveda por la parte superior. ◆ s.m. **7** Clavicémbalo.

clavecín s.m. Clavicémbalo.

clavel s.m. **1** Planta de tallos nudosos, hojas estrechas y flores de distintos colores. **2** Flor de esta planta, muy aromática y de colores vivos.

clavicémbalo s.m. Instrumento musical de cuerda y teclado.

clavicordio s.m. Instrumento musical de cuerda percutida, uno de los antecedentes del piano.

clavícula s.f. Hueso largo que une el omóplato con el esternón.

clavija s.f. **1** Pieza pequeña y cilíndrica, cónica o piramidal, que se introduce en un agujero para ensamblar, sujetar o conectar una cosa. **2** Pieza de un enchufe que se introduce en los orificios de la toma de corriente.

clavijero s.m. Pieza de madera o metal situada en el extremo del mástil de un instrumento de cuerda, en la que encajan las clavijas.

clavo s.m. **1** Pieza pequeña de metal, larga, delgada, con cabeza y terminada en punta, que sirve para sujetar o fijar una cosa a otra. **2** Capullo seco de la flor del clavero. ◇ **agarrarse,** o **aferrarse, a un clavo ardiendo** Aprovechar cualquier medio o circunstancia para conseguir lo que se desea. ◇ **como un clavo** Exacto.

claxon s.m. Bocina de un vehículo automóvil.

clema s.f. Componente eléctrico que facilita el empalme de dos cables conductores.

clemencia s.f. Benevolencia o falta de rigor al castigar o juzgar.

clemente adj. Que juzga o castiga con clemencia.

clementina s.f. Variedad de mandarina.

cleptómano, a adj. y s. Se dice de la persona que padece un trastorno patológicos que le impulsa a robar.

clerecía s.f. **1** Clero. **2** Estado o condición de clérigo.

clerical adj. **1** Relativo al clero. **2** Partidario del clero y de su influencia en asuntos de Estado.

clericalismo s.m. Influencia del clero en los asuntos de Estado, en especial si es excesiva.

clérigo s.m. Hombre que ha recibido alguna de las órdenes sagradas del cristianismo.

clero s.m. Conjunto de los clérigos. ◇ **clero regular** Conjunto de los sacerdotes y diáconos de la Iglesia católica pertenecientes a una comunidad de religiosos.

clic (pl. clics.) s.m. Palabra con la que se representa el sonido de un golpecito seco.

cliché s.m. **1** Plancha con un texto o una imagen fotográfica grabados que sirve para reproducir numerosos ejemplares en papel. **2** Idea o expresión muy repetidas.

cliente, a s. Persona que utiliza los servicios de un profesional o de una empresa.
OBS Doble femenino: **clienta** o **cliente**.

clientela s.f. Conjunto de clientes.

clima s.m. **1** Conjunto de condiciones atmosféricas propias de una región. **2** Conjunto de circunstancias o ambiente que rodean a una persona o situación.

climaterio s.m. Período de la vida en que cesa la actividad de los órganos reproductores del hombre o de la mujer.

climático, a adj. Relativo al clima.

climatización s.f. Sistema o aparato para climatizar un recinto.

climatizar v.tr. Dar a un recinto cerrado las condiciones de temperatura, presión y humedad adecuadas o necesarias.

climatología s.f. **1** Ciencia que estudia el clima. **2** Clima característico de un lugar.

climatológico, a adj. De la climatología.

clímax s.m. **1** Punto culminante de un proceso. **2** Momento culminante o de máxima tensión o importancia en una narración.

climograma s.m. Gráfico en el que se representan las precipitaciones que se han producido y las temperaturas que se han alcanzado en un lugar a lo largo de un año.

clínex o **kleenex** s.m. Pañuelo de papel.
OBS Pronunc. 'clínex'.

clínica s.f. **1** Establecimiento hospitalario destinado a proporcionar asistencia o tratamiento médico a determinadas enfermedades. **2** Parte práctica de la enseñanza de la medicina que se ocupa del examen de los enfermos y del tratamiento de las enfermedades en presencia de los estudiantes. □ También medicina clínica.

clínico, a adj. **1** Relativo a la medicina clínica. ◆ s. **2** Médico.

clip s.m. **1** Grapa para sujetar varios papeles. **2** Horquilla para el cabello.

clisé s.m. Cliché.

clítoris s.m. Pequeño órgano eréctil situado en la vulva y por encima de la vagina.

cloaca s.f. **1** Conducto subterráneo para recoger el agua de lluvia y las aguas residuales de una población. **2** Parte terminal del intestino de los peces, anfibios, reptiles, aves y de ciertos mamíferos.

1. **clon** s.m. Reproducción exacta de un organismo a partir de una célula originaria.

2. **clon** s.m. y f. Payaso, especialmente el que lleva la cara pintada de blanco y un traje muy llamativo.
OBS Puede encontrarse la grafía inglesa **clown**.

clonación s.f. Acción de clonar.

clonar v.tr. Producir clones.

clónico, a adj. ESP Se dice del ordenador que reproduce un modelo patentado con piezas de distintas marcas.

clorar v.tr. Tratar el agua añadiéndole cloro.

clorato s.m. **1** Sal del ácido clórico. **2** Anión procedente de esta sal.

clórico, a adj. **1** Relativo al cloro. **2** Se dice del ácido compuesto por un átomo de cloro, uno de hidrógeno y tres de oxígeno.

cloro s.m. Elemento químico de símbolo Cl y número atómico 17.

clorofila s.f. Pigmento de naturaleza lipídica de color verde que se halla en las plantas, en la mayoría de las algas y en numerosas bacterias.

cloroformo s.m. Líquido incoloro, de olor dulce, muy fuerte, que se usa como disolvente y antiguamente se empleaba como anestésico.

cloroplasto s.m. Orgánulo de las células vegetales que contiene la clorofila.

cloruro s.m. **1** Compuesto químico binario de cloro y un metal. **2** Anión de esta sal. ◇ **cloruro sódico** o **cloruro de sodio** Sal común.

closet s.m. AMÉR Armario.

clown (pl. clowns.) s.m. Clon (payaso). OBS Pronunc. aprox. 'claun'.

club o **clube** (pl. clubs o clubes.) s.m. **1** Asociación de personas con intereses comunes que realizan actividades recreativas, deportivas o culturales. **2** Local donde se reúnen estas personas. **3** Bar en el que se sirven bebidas y se pone música y que a menudo está acondicionado para bailar.

clueca adj. **1** Se dice del ave que está en período de empollar. ◆ **adj. y s.f. 2** Se dice de la gallina que está empollando los huevos.

cluniacense adj. **1** Relativo al monasterio o a la orden religiosa de Cluny. ◆ **adj. y s.m. 2** Se dice del clérigo que pertenecía a esta orden.

cnidario adj. y s.m. **1** Se dice del invertebrado de estructura simple y simetría radial cuyo cuerpo consta de una única cavidad comunicada con el exterior. ◆ **cnidarios** s.m.pl. **2** Grupo taxonómico constituido por estos animales.

coacción s.f. Fuerza física o presión psicológica que se ejerce sobre una persona para obligarla a decir o hacer algo contra su voluntad.

coaccionar v.tr. Ejercer coacción.

coagulación s.f. Proceso por el cual un líquido se condensa y se vuelve semisólido, adquiriendo un aspecto parecido al del gel.

coagular v.tr. Hacer que una sustancia líquida, en especial la leche o la sangre, se ponga semisólida.

coágulo s.m. Porción de una sustancia, como leche o sangre, coagulada.

coalición s.f. Unión de diferentes partidos políticos o instituciones económicas o sociales.

coartada s.f. Prueba que presenta un acusado para demostrar que no se encontraba en el lugar del delito a la hora en que sucedió.

coartar v.tr. Limitar o restringir.

coatí s.m. Mamífero carnívoro de América Central y del Sur, de pelaje rojizo gris o pardo, hocico y cuerpo alargados y cola larga con anillos negros.

coaxial adj. Se dice del conjunto de elementos que tienen un eje común.

coba s.f. ESP Halago o adulación.

cobalto s.m. Elemento químico de símbolo Co y número atómico 27.

cobarde adj. y s.m. y f. **1** Que se asusta fácilmente ante cualquier peligro, dificultad o dolor. ◆ **adj. 2** Propio de estas personas.

cobardía s.f. Cualidad de cobarde.

cobaya s.m. o f. **1** Mamífero roedor de unos 30 cm de longitud, orejas cortas, cuerpo grueso y pelaje espeso; se alimenta de vegetales. **2** Persona o animal sometidos a observación o experimentación para comprobar algo.

cobea s.f. AMÉR CENTRAL Planta enredadera de hermosas flores violáceas.

cobertizo s.m. **1** Construcción hecha con materiales toscos que sirve para resguardar de la intemperie personas, animales o cosas. **2** Parte del tejado que sobresale de la pared y sirve para resguardarse de la lluvia o el sol.

cobertura s.f. **1** Acción de cubrir. **2** Cosa que cubre o recubre otra. **3** Conjunto de prestaciones que ofrece un servicio.

cobija s.f. AMÉR Pieza grande y cuadrangular de tejido grueso y tupido que sirve para abrigar.

cobijar v.tr. **1** Dar cobijo o protección a alguien, generalmente del frío o la lluvia. ◆ **cobijarse** v.prnl. **2** Hallar consuelo, amparo o protección.

cobijo s.m. **1** Lugar que sirve para protegerse de las inclemencias o de cualquier peligro. **2** Protección, amparo o consuelo que se encuentra en alguien o algo.

cobla s.f. Conjunto de músicos que interpreta sardanas (baile popular catalán).

cobra s.f. Serpiente muy venenosa que se caracteriza por dilatar las costillas de la parte anterior del esqueleto.

cobrador, ra s. Que se encarga de cobrar dinero.

cobrar v.tr. **1** Recibir una cosa, en especial dinero, como pago de algo. **2** Tomar, adquirir o empezar a tener una cosa no material. **3** Causar víctimas. **4** En caza, recoger las piezas cazadas. ◆ **v.tr. e intr. 5** Recoger una cuerda o algo similar que está tirado. ◆ **v.intr. 6** Fam. Recibir golpes o un castigo corporal. ◆ **cobrarse** v.prnl. **7** Recibir algo en compensación de un favor o un daño.

cobre s.m. **1** Elemento químico de símbolo Cu y número atómico 29. **2** Conjunto de objetos de cobre, en especial los utensilios de cocina. ◆ **s.m. y adj. 3** Color rojo pardo semejante al de este metal. ◆ **adj. 4** Que es de este color. □ Invariable en número.

cobrizo, a s.m. y adj. **1** Color rojo pardo semejante al del cobre. ◆ **adj. 2** Que es de este color.

cobro s.m. Acción de cobrar. ◇ **a cobro revertido** Se dice de la llamada telefónica que paga la persona que la recibe.

coca s.f. **1** Arbusto de flores blancas y fruto rojo de cuyas hojas se extrae la cocaína. **2** Hoja de este arbusto, de la que se extrae la cocaína. **3** Cocaína.

cocaína s.f. Sustancia alcaloide que se extrae de las hojas de la coca.

cocainómano, a adj. y s. Se dice de la persona que es adicta a la cocaína.

cocal s.m. AMÉR Lugar poblado de cocoteros.

cocción s.f. Acción de cocer.

cóccix s.m. Coxis.

cocear v.intr. Dar coces un animal cuadrúpedo.

cocer (28) v.tr. **1** Someter un alimento crudo a la acción de un líquido que hierve, generalmente agua, para cocinarlo. **2** Someter una masa de harina o barro a la acción del calor de un horno para que pierda humedad y adquiera dureza. ◆ v.intr. **3** Hervir un líquido. **4** Fermentar una sustancia líquida. ◆ **cocerse** v.prnl. **5** Fam. Tramarse o prepararse algo sin que se manifieste todavía al exterior. **6** Fam. Sentir calor excesivo.

cochambroso, a adj. **1** Que está lleno de cochambre o porquería. **2** Que está muy sucio, viejo y estropeado.

coche s.m. **1** Vehículo automóvil de cuatro ruedas para circular por tierra que se dirige mediante un volante y está destinado al transporte de personas. **2** Plataforma o cabina de un tren que es arrastrada por la locomotora. **3** Vehículo tirado por caballos. **4** Cochecito. ◇ **coche bomba** Coche al que se le ha colocado un explosivo. □ Plural: coches bomba. ◇ **coche cama** Coche de tren que dispone de departamentos con camas o literas. □ Plural: coches cama. ◇ **coche de línea** ESP Autobús que realiza un servicio regular de viajeros entre dos poblaciones. ◇ **coche escoba** ESP Coche que en una carrera de ciclistas recoge a los que se retiran. □ Plural: coches escoba. ◇ **coche fúnebre** Automóvil o coche de caballos diseñado para trasladar cadáveres al cementerio.

cochecito s.m. Armazón con cuatro o más ruedas y asiento acolchado que sirve para llevar sentado o estirado a un niño que aún no camina.

cochera s.f. Garaje para guardar coches, en especial los grandes de transporte público.

cochero, a s. Persona que se dedica a conducir coches de caballos.

cochinada s.f. **1** Fam. Acción sucia. **2** Fam. Acción deshonesta o injusta que perjudica a alguien. **3** Fam. Acción indecorosa o indecente.

cochinilla s.f. **1** Insecto cuya hembra constituye una grave plaga para las plantas.

cochinillo s.m. Cría del cerdo que todavía mama.

cochino, a s. **1** Mamífero doméstico de cuerpo grueso, patas cortas, cabeza grande, orejas caídas, hocico chato y casi cilíndrico y cola en forma de hélice, que se cría para aprovechar su carne. ◆ adj. y s. **2** Se dice de la persona que va sucia o no cuida su aseo personal. ◆ adj. **3** Que está sucio. ◆ adj. y s. **4** Se dice de la persona que actúa de forma deshonesta o indecente. □ Frec. insulto.

cochiquera s.f. Sitio de una granja donde se guardan los cerdos.

cocido s.m. Guiso de carne troceada, hortalizas, garbanzos y tocino hervidos en agua y a fuego lento.

cociente s.m. Resultado que se obtiene al dividir una cantidad por otra.

cocina s.f. **1** Lugar de una casa donde se cocina. **2** Aparato que sirve para calentar y cocinar alimentos. **3** Arte de elaborar o preparar los alimentos para comerlos. **4** Conjunto de platos que cocina una persona determinada o que son típicos de un lugar.

cocinar v.tr. Preparar o combinar alimentos para que puedan ser comidos.

cocinero, a s. Persona que se dedica a cocinar.

1. **coco** s.m. **1** Fruto del cocotero, que tiene una cáscara fibrosa y otra muy dura, pulpa blanca comestible y una cavidad central llena de un líquido dulce. **2** Cocotero. **3** Fam. Cabeza de una persona.

2. **coco** s.m. **1** Bacteria de forma más o menos esférica. **2** Larva que se cría en frutos, semillas y otras cosas comestibles.

3. **coco** s.m. **1** Personaje imaginario con que se asusta a los niños para que obedezcan. **2** Fam. Persona muy fea.

cocodrilo s.m. Reptil acuático grande, de color marrón oscuro y cuerpo cubierto de escamas muy duras, con cuatro patas y membranas entre los dedos, cola larga y aplanada lateralmente, dientes fuertes y afilados y hocico alargado.

cocoliche s.m. ARG Jerga de algunos inmigrantes italianos que mezclan su lengua con el español.

cocotero s.m. Árbol tropical de tronco esbelto y gran altura, cuyo fruto (coco) es comestible.

cóctel o **coctel** s.m. **1** Bebida compuesta de una mezcla de licores y zumo u otras bebidas, que se sirve fría. **2** Reunión de personas con motivo de una celebración en la que se sirven principalmente bebidas y canapés. **3** Comida fría compuesta de una mezcla de varios tipos de marisco, en especial gambas y langostinos, lechuga y salsa. ◇ **cóctel molotov** Explosivo incendiario de fabricación casera consistente en una botella llena de algún combustible y provista de una mecha.

coctelera s.f. Recipiente para preparar un cóctel.

cocuyo s.m. **1** Insecto parecido a la luciérnaga, con dos manchas amarillentas a los lados del tórax por las que emite una luz azulada por la noche; es propio de la América tropical. **2** CUBA Insecto parecido al anterior, pero que no emite luz. **3** CUBA Árbol de madera dura que se emplea en construcciones rústicas.

coda s.f. **1** Parte final de una composición musical, que con frecuencia repite, con ciertas modificaciones, uno de los motivos principales de la misma. **2** En gramática, consonante o grupo de consonantes con que termina una sílaba.

codazo s.m. Golpe dado con el codo.

codear v.intr. **1** Mover los codos o golpear con ellos. ◆ **v.tr. 2** AMÉR SUR Pedir algo con insistencia y maña. ◆ **codearse v.prnl. 3** Tratarse de igual a igual una persona con otra.

codeína s.f. Sustancia alcaloide obtenida del opio y empleada en medicina.

codera s.f. **1** Remiendo o pieza de adorno que cubre la parte del codo en una prenda de vestir. **2** Deformación o desgaste en las prendas de vestir por la parte del codo.

códice s.m. Libro manuscrito anterior a la invención de la imprenta.

codicia s.f. Deseo excesivo de poder.

codiciar (1d) v.tr. Desear en exceso poder.

codicioso, a adj. y s. Que siente codicia.

codificación s.f. Acción de codificar.

codificador, ra adj. **1** Que codifica. **2** Relativo a la codificación. ◆ **s.m. 3** Dispositivo que efectúa automáticamente la codificación de un mensaje literal en otro código.

codificar v.tr. **1** Reunir leyes o normas en un código. **2** Enunciar un mensaje mediante un código determinado de palabras, letras, números o signos. **3** En informática, expresar una información en el lenguaje simbólico del ordenador.

código s.m. **1** Conjunto ordenado de leyes. **2** Sistema de signos y reglas que permite componer y comprender un mensaje. **3** Combinación de letras o de números que identifican un producto o a una persona, permiten realizar determinadas operaciones o manejar algunos aparatos. **4** Conjunto de normas y reglas sobre cualquier materia. ◇ **código civil** Código que recoge las leyes que afectan a las personas, bienes, modos de propiedad, obligaciones y contratos. ◇ **código genético** Relación de correspondencia entre los nucleótidos de un ácido nucleico y los aminoácidos de una proteína. ◇ **código postal** Combinación de números que se asigna a una población.

codillo s.m. Parte superior de las patas delanteras de los cuadrúpedos que comprende la articulación del brazo junto al pecho y la parte entre esta articulación y la rodilla.

codo s.m. **1** Parte posterior y prominente de la articulación del brazo con el antebrazo. **2** Parte de la manga de una prenda de vestir que cubre esta parte. **3** Trozo de tubo doblado en ángulo o en arco, que sirve para variar la dirección de una tubería. **4** Codillo. **5** Medida de longitud equivalente a unos 42 cm, tomada de la distancia que hay del codo a la punta de los dedos. ◇ **codo a,** o **con, codo** De forma conjunta. □ Junto a una persona o cosa. ◇ **codo a codo** Fam. Competición muy reñida. ◇ **hablar por,** o **hasta, los codos** Fam. Hablar mucho.

codominancia s.f. Forma de dominancia que se da cuando la expresión de los dos alelos se manifiesta a la vez en un individuo heterocigoto.

codón s.m. Conjunto de tres nucleótidos de una serie de un ARN mensajero que codifican un aminoácido concreto.

codorniz s.f. Ave de la familia de los faisanes, más pequeña que la perdiz, con el plumaje de color marrón, irregularmente manchado de negro, con bandas transversales amarillas y crema.

coeducación s.f. Educación que se imparte juntamente a jóvenes de ambos sexos.

coeficiente s.m. **1** Número que indica la cantidad de veces por las que debe multiplicarse una expresión matemática. **2** Número que expresa el valor de una propiedad o un cambio en relación con las condiciones en que se produce. **3** Factor numérico de un monomio. **4** Número que se escribe delante de cada especie en una ecuación química y que indica el número de moléculas o moles de ella que entra en juego en esa reacción química.

coercitivo, a adj. Que reprime o impide hacer algo.

coetáneo, a adj. **1** Que coincide en un mismo tiempo con otra cosa. ◆ **adj. y s. 2** Se dice de la persona que es de la misma época que otra.

coexistir v.intr. Existir una persona o cosa al mismo tiempo que otra sin perjudicarse entre ellas.

cofia s.f. Prenda femenina de vestir para sujetar parcialmente el cabello que forma parte de ciertos uniformes, como el de enfermera, camarera o sirvienta.

cofrade s.m. y f. Persona que es miembro de una cofradía.

cofradía s.f. **1** Congregación que forman algunos devotos, con permiso de la autoridad y bajo una advocación religiosa. **2** Asociación de personas de un mismo oficio.

cofre s.m. Caja pequeña y resistente de metal o madera, con tapa y cerradura.

cogedor s.m. Especie de pala para recoger basura.

coger v.tr. **1** Rodear con la mano o con otro órgano prensil (el pico, la boca, etc.) un objeto o un ser animado, o una parte de estos, presionando para retenerlos, sostenerlos o sujetarlos. **2** Recoger o recolectar algo. **3** Pasar a tener una cosa que es de otra persona, en especial de forma indebida o sin pedirle permiso. **4** Llevar una persona consigo a alguien o algo. **5** Usar un medio de transporte. **6** Fam. Contratar a alguien para que realice un trabajo o para prestar un servicio. **7** Fam. Captar una emisión de radio o televisión. **8** Fam. Ocupar una cosa cierto espacio. **9** Sorprender a una persona cometiendo un delito o falta, o cuando está desprevenida. **10** Capturar o apresar a una persona o animal que huyen o que están en movimiento. **11** Fam. Pasar a tener cierto estado, como una enfermedad, un enfado o una borrachera. **12** Fam. Entender o comprender algo. ◆ **v.tr. e intr. 13** Fam. Tomar una determinada dirección. ◆ **v.intr. 14** Hallarse un lugar en una posición determinada con respecto a alguien o algo. **15** Fam. Caber.

cogida s.f. Acción de coger.

cognición s.f. Formal. Conocimiento, capacidad del ser humano para comprender.

cognitivo, a adj. Formal. Relativo a la cognición o conocimiento.

cognoscitivo, a adj. En filosofía, relativo al conocimiento.

cogollo s.m. **1** Parte interior, tierna y más apretada de la lechuga, berza y otras hortalizas. **2** Parte nuclear o más importante de algo.

cogorza s.f. Fam. ESP Borrachera.

cogote s.m. Parte superior y posterior del cuello, donde este se une con la cabeza.

cohabitar v.intr. Vivir juntas dos o más personas.

cohecho s.m. **1** Soborno a un juez o funcionario público para que, contra la justicia o el derecho, haga lo que se le pide. **2** Acción de cohechar la tierra.

coherencia s.f. **1** Relación lógica y adecuada de las partes que forman un todo. **2** Relación lógica entre la forma de pensar de una persona y su forma de actuar.

coherente adj. Que presenta coherencia.

cohesión s.f. Unión íntima o estrecha entre los elementos de algo.

cohete s.m. **1** Artificio pirotécnico que asciende y estalla en el aire. **2** Proyectil que vuela por propulsión a chorro.

cohibido, a adj. Que siente vergüenza y no se comporta con naturalidad o libertad.

cohibir (3b) v.tr. Hacer que una persona sienta vergüenza y no se comporte con naturalidad.

cohombro s.m. **1** Variedad de pepino, de fruto largo y torcido. **2** Fruto de esta planta.

cohorte s.f. **1** Conjunto de personas que acompañan o siguen a otra. **2** Unidad militar romana que era la décima parte de una legión.

coima s.f. AMÉR Dinero con que se soborna a un funcionario.

coimero, a s. ARG, CH, PAR, PERÚ, URUG Persona que percibe sobornos.

coincidencia s.f. Acción y efecto de coincidir.

coincidir v.intr. **1** Ajustarse una cosa con otra. **2** Encontrarse una persona con otra de forma casual en un lugar determinado. **3** Estar una persona de acuerdo con otra. **4** Ocurrir dos o más cosas en el mismo momento.

coiné s.f. Koiné.

coito s.m. Acción de introducir el pene en la vagina para eyacular.

cojear v.intr. **1** Andar con dificultad. **2** Moverse un mueble por tener mal asiento.

cojera s.f. Impedimento físico que no permite andar de modo normal.

cojín s.m. Almohadón.

cojinete s.m. Pieza cilíndrica en que se apoya y gira el eje de un mecanismo.

cojo, a adj. **1** Se dice de la persona o animal que cojean. ◆ **adj. y s. 2** Se dice de la persona que padece cojera de forma permanente. ◆ **adj. 3** Se dice del mueble que cojea. **4** Se dice del razonamiento o idea que están incompletos.

cojón s.m. **1** Vulg. ESP Testículo. ◆ **cojones** s.m.pl. **2** Vulg. ESP Valor o atrevimiento. ◇ **hasta los cojones** Vulg. ESP Indica que se está harto de una situación o de una persona. ◇ **por cojones** Vulg. ESP Sin existir un motivo justificado. ◇ **salir de los cojones** Vulg. ESP Se usa para expresar que algo se hace por antojo, sin una razón específica. ◇ **tocar,** o **hinchar, los cojones a alguien** Vulg. ESP Molestar o fastidiar. ◇ **un cojón** Vulg. ESP Mucho.

cojonudo, a adj. Vulg. ESP Estupendo.

cok s.m. Coque.

col s.f. ESP, MÉX Hortaliza comestible de hojas verdes muy anchas y arrugadas y tan unidas y apretadas entre sí que forman una especie de pelota. **GEOSIN** repollo. ◇ **col de Bruselas** ESP, MÉX Hortaliza parecida a la col, pero de pequeño tamaño. **GEOSIN** repollo de Bruselas.

1. **cola** s.f. **1** Apéndice en la parte posterior del cuerpo de algunos animales, o prolongación de la columna vertebral en los vertebrados, que desempeña distintas funciones. **2** Conjunto de plumas fuertes y más o menos largas que tienen las aves en la rabadilla (extremo posterior del cuerpo). **3** Prolongación posterior de ciertas cosas. **4** Parte posterior o última de una cosa, por oposición a la parte delantera o al comienzo. **5** Fila de personas o vehículos que guardan turno para algo. **6** Coleta (peinado). **7** Fam. ESP Pene. ◇ **cola de caballo** Coleta que se hace con todo el cabello recogido en lo alto de la nuca.

2. **cola** s.f. Sustancia pastosa que sirve para adherir cosas.

3. **cola** s.f. **1** Árbol de hojas perennes, flores sin corola en espigas, fruto de color verde y se-

millas en receptáculos semejantes a vainas. **2** Semilla de este árbol, que tiene propiedades tónicas y reconstituyentes. **3** Sustancia extraída de estas semillas.

colaboración s.f. Acción y efecto de colaborar.

colaboracionismo s.m. Actitud del colaboracionista.

colaboracionista adj. y s.m. y f. Se dice de la persona que colabora con un régimen político que se considera opresivo o con las fuerzas enemigas que han ocupado su país.

colaborador, ra s. Persona que colabora en una tarea realizada en común con otras.

colaborar v.intr. **1** Trabajar con alguien en una tarea común, en especial cuando se hace como ayuda o de forma desinteresada. **2** Realizar trabajos para un periódico, una revista, un programa de radio o televisión, etc., sin formar parte de la plantilla. **3** Dar una cantidad de dinero o medicinas, alimentos, ropa, etc., para financiar una empresa, campaña u obra benéfica.

colación s.f. Formal. Comida ligera, en especial la que se toma por la noche en días de ayuno. ◇ **sacar,** o **traer, algo o a alguien a colación** Fam. Mencionar a alguien o algo relacionados con el tema de conversación.

colada s.f. **1** ESP Lavado de la ropa sucia de una casa. **2** ESP Ropa lavada. **3** Masa de lava incandescente que discurre por la ladera de un volcán hasta que se solidifica. □ También colada volcánica. **4** Operación que se realiza en un alto horno al dar salida a un chorro de metal fundido. **5** Metal fundido que se introduce en un molde.

coladero s.m. **1** Lugar por donde es fácil colarse o introducirse. **2** Fam. Centro de enseñanza donde resulta fácil aprobar. **3** Fam. Asignatura que resulta fácil aprobar.

colado, a adj. Fam. ESP Se dice de la persona que está muy enamorada de alguien.

colador s.m. Utensilio que sirve para separar las partes sólidas de un líquido o sustancia.

colage s.m. Collage.

colágeno, a s.m. **1** Proteína que forma fibras y se encuentra en los tejidos conjuntivo, cartilaginoso y óseo de los animales. ◆ adj. **2** Relativo al colágeno.

colapsar v.tr. **1** Producir colapso en algo. ◆ v.intr. y prnl. **2** Sufrir una persona o cosa un colapso.

colapso s.m. **1** Paralización repentina o disminución importante de una actividad debidas al ritmo excesivo. **2** Destrucción o ruina de un sistema u organización. **3** Bajada repentina de la presión arterial acompañada de una insuficiencia circulatoria grave, que causa gran debilitamiento en el individuo.

colar (11) v.tr. **1** Hacer pasar un líquido por un colador o filtro para separar las partículas sólidas que contiene. **2** Hacer pasar algo por un lugar estrecho. **3** Introducir algo en un lugar para que circule o se transmita. ◆ v.intr. **4** Fam. Hacer creer algo con engaño. ◆ **colarse** v.prnl. **5** Fam. Introducirse una persona en un lugar a escondidas o sin permiso. **6** Fam. ESP Equivocarse, en especial cuando se habla. **7** Fam. ESP Enamorarse de alguien.

colateral adj. **1** Que está situado a uno y otro lado de un elemento principal. ◆ adj. y s.m. y f. **2** Se dice del familiar que no lo es por línea directa.

colcha s.f. Cobertura de la cama que sirve de abrigo y adorno.

colchón s.m. Parte de la cama sobre la que se acuestan las personas.

colchonería s.f. Establecimiento en el que se confeccionan o se venden colchones.

colchoneta s.f. **1** Colchón delgado que se usa para dormir o para realizar ejercicios gimnásticos. **2** Colchón inflable.

colear v.intr. **1** Mover un animal la cola, en especial cuando lo hace repetidamente. **2** Durar un asunto o sus consecuencias.

colección s.f. Conjunto de cosas de la misma clase reunidas y clasificadas.

coleccionar v.tr. Reunir colecciones.

coleccionista s.m. y f. Persona que colecciona.

colecta s.f. Recaudación de donativos.

colectividad s.f. Conjunto de individuos agrupados.

colectivismo s.m. Sistema político y económico que defiende la transferencia de los medios de producción a la colectividad bajo el control del Estado.

colectivización s.f. **1** Acción de colectivizar. **2** Efecto de colectivizar.

colectivizar v.tr. Hacer colectivo lo que era particular o privado.

colectivo, a adj. **1** Que pertenece a una colectividad. ◆ s.m. **2** Grupo de personas asociadas por intereses laborales o profesionales comunes. **3** ARG, BOL, CH, PERÚ Autobús. **GEOSIN** camión, guagua, micro.

colector, ra adj. **1** Que colecta. ◆ s. y adj. **2** Persona que se encarga de recoger algo. ◆ s.m. y adj. **3** Conducto, generalmente subterráneo, que recoge los residuos de otros conductos. ◆ s.m. **4** Electrodo de un transistor.

colédoco s.m. y adj. Conducto formado por el punto de unión de los conductos cístico y hepático, y que desemboca en el duodeno.

colega s.m. y f. **1** Persona que tiene la misma profesión que otra. **2** Fam. ESP Amigo, compañero. □ Frec. apelativo cariñoso.

colegiado, a adj. y s. **1** Se dice de la persona que pertenece a un colegio profesional. ◆ s. **2** Árbitro.

colegial adj. **1** Relativo al colegio (centro de enseñanza). ◆ s. **2** Alumno de un colegio. □ Femenino: colegiala.

colegiala ▷ colegial.

colegiata s.f. Iglesia que se compone de dignidades y canónigos pero no llega a ser catedral.

colegio s.m. **1** Centro destinado a la enseñanza primaria o secundaria. **2** Corporación oficial constituida por personas de la misma profesión. **3** Lugar donde se reúnen estas personas. ◇ **colegio mayor** Residencia de estudiantes universitarios.

colegir (31) v.tr. Sacar una conclusión por medio de un razonamiento a partir de una situación anterior o de un principio general.

coleóptero adj. y s.m. **1** Se dice del insecto que tiene un aparato bucal masticador y un par de alas duras llamadas élitros, bajo las cuales se pliegan las alas membranosas, como el escarabajo y la luciérnaga. ◆ **coleópteros** s.m.pl. **2** Grupo taxonómico, con categoría de orden, constituido por estos insectos.

cólera s.f. **1** Enfado muy grande y violento. ◆ s.m. **2** Enfermedad infecciosa y grave producida por bacterias del género *Vibrio*. ◇ **montar en cólera** Enfadarse mucho.

colérico, a adj. Que está muy enfadado.

colesterol s.m. Lípido de las células eucariotas.

coleta s.f. Peinado que se hace recogiendo todo el cabello o un mechón y sujetándolo con un lazo o goma. ◇ **cortarse la coleta** ESP Retirarse el torero. □ Fam. ESP Abandonar una actividad.

coletazo s.m. **1** Golpe dado con la cola. **2** Última manifestación de una actividad u otra cosa que está a punto de desaparecer.

coletilla s.f. Fam. Comentario breve que se añade a algo que se acaba de decir o escribir.

colgado, a adj. y s. **1** Fam. ESP Se dice de la persona que está bajo los efectos de una droga o que es adicto a ella. ◆ adj. **2** Fam. ESP Se dice del drogadicto que se ha quedado sin droga. **3** Fam. ESP Que no tiene amigos. **4** Fam. Que se ha quedado solo esperando a que algo sucediera. **5** Fam. ESP Chiflado, loco.

colgador s.m. Utensilio para colgar la ropa.

colgajo s.m. Cosa que cuelga.

colgante adj. **1** Que cuelga. ◆ s.m. **2** Joya o adorno que se lleva colgando de un collar.

colgar (11) v.tr. **1** Poner una cosa suspendida de otra sin que apoye o descanse la parte inferior. **2** Suspender a una persona o un animal por el cuello con una cuerda hasta causarle la muerte por asfixia. **3** Atribuir o achacar a alguien algo malo y generalmente falso. **4** Fam. Bloquear un ordenador o un programa que se está ejecutando. **5** Fam. Abandonar una profesión o actividad. ◆ v.tr. e intr. **6** Cortar o terminar una conversación telefónica. ◆ v.intr. **7** Estar sostenido por encima del suelo sujeto solamente por su parte superior. ◆ **colgarse** v.prnl. **8** Agarrarse a una persona o una cosa dejando caer el peso del cuerpo sobre ella. **9** ESP Adquirir dependencia de una persona o una cosa, en especial de una droga.

colibrí (pl. colibrís o colibríes) s.m. Ave pequeña con el plumaje de colores vivos y el pico largo y estrecho con el que liba el néctar de las flores; es originaria de América.

cólico s.m. **1** Dolor agudo en un órgano interno acompañado de sudores, retortijones y vómitos. **2** Dolor agudo debido a la oclusión o cierre de un conducto interno.

coliflor s.f. Variedad de col que presenta una gran masa redonda, blanca y granulosa.

coligarse v.prnl. Asociarse.

colilla s.f. ESP Resto de un cigarro o cigarrillo. GEOSIN chinga, magaya, pucho, yegua.

colín s.m. Pieza pequeña de pan sin miga y crujiente, muy fina y alargada.

colina s.f. Elevación natural del terreno, de poca altura y bordes suaves.

colindante adj. Que colinda.

colirio s.m. Medicamento líquido que se aplica a los ojos.

coliseo s.m. Teatro o sala de espectáculos con capacidad para muchas personas.

colisión s.f. **1** Choque de dos o más cuerpos en movimiento, especialmente vehículos. **2** Conflicto entre ideas, intereses o sentimientos.

colisionar v.intr. Producirse una colisión.

colista adj. y s.m. y f. ESP Que ocupa alguno de los últimos puestos en una competición.

colitis s.f. Inflamación del colon.

collado s.m. Elevación natural del terreno, de poca altura y bordes suaves.

collage o **colage** (pl. collages o colages) s.m. **1** Técnica pictórica que consiste en pegar materiales diversos como papel, arena, tela o fotografías sobre un lienzo o una tabla. **2** Obra artística realizada mediante esta técnica.
OBS Pronunc. aprox. 'colash'.

collar s.m. **1** Joya o adorno que se lleva alrededor del cuello. **2** Cadena o correa que se pone alrededor del cuello de un animal. **3** Parte del pelaje o plumaje que rodea el cuello de un animal y es de distinto color al resto del cuerpo.

collarín s.m. Aparato ortopédico que se coloca alrededor del cuello para inmovilizar las vértebras cervicales.

collarino s.m. Moldura pequeña que rodea la parte superior del fuste de una columna.

colleja s.f. Fam. Golpe dado en la nuca con la palma de la mano.

colmado s.m. ESP Tienda donde se venden comestibles y a veces productos de limpieza.

colmar v.tr. **1** Llenar un recipiente hasta el borde. **2** Dar a alguien abundancia de algo. **3** Satisfacer completamente a alguien o algo.

colmena s.f. Receptáculo o recipiente donde las abejas se alojan y forman los panales.

colmenar s.m. Lugar donde hay colmenas.

colmenilla s.f. Seta comestible, consistente, carnosa y de sombrerillo aovado.

colmillo s.m. **1** Diente puntiagudo situado entre los incisivos y los molares, cuya función es desgarrar el alimento. **2** Diente incisivo alargado y en forma de cuerno que tienen los elefantes a cada lado de la mandíbula superior.

colmo s.m. **1** Grado máximo al que puede llegar algo que se expresa. **2** Porción del contenido de un recipiente que sobrepasa sus bordes.

colocación s.f. **1** Acción de colocar o colocarse. **2** Situación o posición en que se halla alguien o algo. **3** Puesto de trabajo.

colocar v.tr. **1** Poner a una persona o una cosa en un lugar, posición u orden determinados. **2** Proporcionar un puesto de trabajo a alguien. **3** Vender un producto o mercancía a un público determinado. **4** Fam. Hacer que una persona se quede o compre algo que no deseaba o no es de su gusto. ◆ **colocarse** v.prnl. **5** Fam. ESP Pasar a sentir los efectos alucinatorios de una droga.

colocón s.m. Fam. ESP Estado de la persona que se halla bajo los efectos de una droga.

colodrillo s.m. Parte posterior e inferior del cráneo.

colofón s.m. **1** Nota final de un libro en que se indica el nombre del impresor, la fecha y el lugar de impresión, y otros datos relacionados con esta. **2** Frase o acto que pone fin a algo.

coloidal adj. Relativo a los coloides.

coloide s.m. y adj. Sustancia de partículas muy pequeñas dispersas en un medio continuo sin llegar a formar una auténtica disolución.

colombiano, a adj. y s. De Colombia.

colombino, a adj. Relativo a Cristóbal Colón.

colon s.m. Parte del intestino grueso comprendida entre el ciego y el recto.

colón s.m. Unidad monetaria de Costa Rica y El Salvador.

1. **colonia** s.f. **1** Grupo de personas del mismo origen geográfico, de la misma etnia o religión que se establecen en un lugar alejado de su punto de origen. **2** Lugar donde se establece este grupo de personas. **3** Territorio alejado de las fronteras de un país extranjero y dominado por este administrativa, militar y económicamente. **4** Conjunto de viviendas construido al mismo tiempo y según un plan urbanístico común, generalmente a las afueras de una ciudad y para uso de los trabajadores de la empresa que promueve su construcción. **5** Conjunto de animales pertenecientes a la misma especie que vive en un lugar concreto durante un período limitado. **6** Lugar destinado a albergar a un grupo numeroso de personas, en especial de niños o jóvenes, durante un período vacacional. □ Suele usarse en plural con valor singular.

2. **colonia** s.f. Sustancia líquida elaborada con agua, alcohol y esencias de frutas o flores que se usa de perfume. □ También agua de colonia.

coloniaje s.m. AMÉR Sistema de gobierno aplicado por España en sus colonias de América.

colonial adj. Relativo a las colonias.

colonialismo s.m. Sistema político que defiende el establecimiento y la conservación de colonias (territorios).

colonialista adj. Relativo al colonialismo.

colonización s.f. Acción de colonizar.

colonizador, ra adj. y s. **1** Que coloniza. **2** Relativo a la colonización.

colonizar v.tr. Convertir un país o un territorio en colonia sometiéndolo administrativa, militar o económicamente.

colono s.m. **1** Persona que se establece en una colonia. **2** Persona que tiene arrendada una finca de labor y se encarga de cultivarla.

coloquial adj. **1** Se dice del lenguaje, palabra o expresión que son propios de la conversación cotidiana de los hablantes. **2** Relativo al coloquio.

coloquio s.m. **1** Diálogo o conversación. **2** Reunión en que dos o más participantes debaten sobre un tema determinado delante de un público. **3** Género literario no teatral en forma de diálogo en verso o prosa.

color s.m. **1** Impresión que producen en la retina los rayos de luz reflejados y absorbidos por un objeto. **2** Sustancia para pintar o teñir. **3** Color distinto al blanco, negro o gris. **4** Lápiz con mina de color. **5** Tono de la cara que refleja el estado físico o anímico de la persona. **6** Carácter peculiar o nota distintiva. **7** Tendencia o corriente de opinión. **8** En música, cualidad de un sonido, en especial el timbre. ◆ **colores** s.m.pl. **9** Combinación de colores que se adoptan como símbolo o distintivo de una nación, una entidad deportiva, etc. ◇ **dar color a algo** Animar o alegrar algo. ◇ **no haber color** Indica que una cosa no se puede comparar con otras por ser mucho mejor que estas. ◇ **sacar los colores a alguien** Hacer enrojecer de vergüenza a alguien.

coloración s.f. **1** Acción de colorear. **2** Color o tono de una cosa. **3** Colorido (distribución).

colorado, a adj. De color más o menos rojo.

colorante adj. **1** Que colorea o sirve para colorear. ◆ s.m. y adj. **2** Sustancia, generalmente en polvo, que se usa para dar color o teñir.

colorear v.tr. **1** Dar color a una cosa. **2** Animar o alegrar algo. ◆ v.intr. **3** Tomar ciertos frutos el color rojo propio de la madurez.

colorete s.m. Cosmético que se aplica en las mejillas para dar color.

colorido s.m. **1** Distribución y combinación de colores en algo. **2** Color, carácter peculiar o nota distintiva.

colorín s.m. **1** Ave cantora de pequeño tamaño, color marrón por el lomo, negro, blanco y rojo en la cabeza, y negro con manchas blancas y amarillas en las alas y la cola. **2** Color vivo, brillante y llamativo, especialmente si contrasta con otros. □ Frec. despectivo.

colorista adj. **1** Que tiene mucho color. ◆ adj. y s.m. y f. **2** Se dice del pintor que emplea con buen gusto y de forma adecuada el color. **3** Se dice del escritor que emplea abundantes adjetivos calificativos para mayor expresividad.

colosal adj. **1** Que tiene proporciones extraordinarias. **2** Muy bueno o de gran calidad.

coloso s.m. **1** Escultura gigantesca que representa una figura humana. **2** Persona, grupo social o país muy importantes o influyentes en un ámbito determinado.

columbrar v.tr. **1** Ver desde lejos una cosa sin distinguirla claramente. **2** Deducir algo a partir de indicios.

columna s.f. **1** Elemento arquitectónico de soporte, rígido, más alto que ancho y normalmente cilíndrico o poligonal que sirve para soportar la estructura horizontal de un edificio, un arco u otra construcción. **2** Montón de cosas colocadas unas sobre otras a modo de columna. **3** Sección vertical de una página impresa o manuscrita separada de otra por un espacio en blanco. **4** Artículo periodístico que ocupa esta sección.

columnata s.f. Serie de columnas dispuestas en una o varias filas que sirven de adorno o como elemento de soporte de una construcción.

columnista s.m. y f. Periodista o colaborador que escribe regularmente una columna.

columpiar (1d) v.tr. **1** Impulsar a la persona que está en un columpio para que se balancee. **2** Balancear una cosa acompasadamente. ◆ **columpiarse** v.prnl. **3** Mover el cuerpo de un lado a otro al andar. **4** Fam. Equivocarse.

columpio s.m. Asiento o tabla que se suspende de unas cuerdas para mecerse.

colza s.f. Variedad de nabo de cuyas semillas se obtiene aceite.

1. **coma** s.f. **1** Signo ortográfico de puntuación (,) que indica una pausa breve en la lectura y una división entre las palabras o frases que componen una oración. **2** Signo matemático, de la misma forma que el anterior, que se emplea para separar los decimales de un número entero.

2. **coma** s.m. Estado patológico de sueño profundo en el que se pierde la conciencia, la sensibilidad y la movilidad.

comadre s.f. **1** Madrina de un niño. **2** Nombre que se dan entre sí la madre y la madrina de un niño. **3** Mujer que se reúne con otras para chismorrear.

comadreja s.f. Mamífero carnívoro de color marrón rojizo por el lomo y blanco por el vientre, cuerpo alargado y flexible, patas cortas y cabeza pequeña con ojos brillantes.

comadrón, na s. Auxiliar médico que ayuda en los partos.

comanche adj. y s.m. y f. **1** Relativo a una tribu de indios que habitó en un territorio que comprendía zonas de lo que actualmente son Texas y Nuevo México. ◆ **s.m. y adj. 2** Lengua hablada por esta tribu.

comandancia s.f. **1** Empleo de comandante. **2** Puesto de mando, edificio u oficina de un comandante. **3** Territorio bajo la autoridad militar de un comandante.

comandante s.m. **1** Oficial de los ejércitos de Tierra y Aire. **2** Persona que está al mando de un avión o de un barco.

comandar v.tr. Mandar un ejército, una plaza, un destacamento, etc.

comandita s.f. Sociedad en la que se aportan fondos sin contraer obligación mercantil.

comando s.m. **1** Grupo de soldados especiales que se introduce en terreno enemigo o realiza otras misiones peligrosas. **2** Grupo de personas que pertenecen a una organización armada, guerrillera o terrorista que lucha contra el sistema establecido y realiza atentados. **3** Miembro de una de estas organizaciones.

comarca s.f. Territorio pequeño que abarca varias poblaciones y tiene características físicas y culturales homogéneas.

comarcal adj. Relativo a la comarca.

comatoso, a adj. **1** Relativo al coma (estado patológico). **2** Que está en coma.

comba s.f. **1** ESP Juego de niños que consiste en pasar saltando a través de una cuerda que dos personas mueven describiendo círculos con el brazo. **2** ESP Saltador (cuerda para practicar este juego). **3** Forma curvada que adquiere una plancha, una lámina o un objeto delgado de metal, madera u otro material rígido de gran superficie en ciertas condiciones de presión.

combar v.tr. Dar forma curvada a una plancha, una lámina o un objeto delgado de metal, madera u otro material rígido de gran superficie.

combate s.m. Lucha contra obstáculos de toda clase. ◇ **fuera de combate** En situación de no poder continuar la lucha.

combatiente adj. **1** Que combate o lucha. ◆ **s.m. y f. 2** Soldado de un ejército.

combatir v.intr. **1** Luchar con las armas en un combate. ◆ **v.tr. 2** Enfrentarse físicamente una persona o animal con otros. **3** Oponerse a alguien o algo con argumentos o razones. **4** Atacar una enfermedad, un daño, un mal.

combativo, a adj. **1** Que tiene tendencia natural a combatir. **2** Que sirve para el combate.

combinación s.f. **1** Acción de combinar. **2** Conjunto de cosas combinadas para un fin determinado. **3** Conjunto limitado de números o elementos que pueden disponerse de distinta manera. **4** Clave o código que permite abrir o hacer funcionar un mecanismo, un proceso, etc. **5** Unión íntima de dos o más elementos químicos que tiene propiedades distintas a las de sus constituyentes. **6** Prenda de vestir femenina de tejido delicado que se pone debajo de un vestido o una falda, encima de la ropa interior.

combinado s.m. **1** Conjunto de personas o cosas combinadas o mezcladas para un fin determinado. **2** Bebida compuesta de una mezcla de licores y zumo u otras bebidas.

combinar v.tr. **1** Unir o mezclar dos o más cosas con un fin determinado. **2** Organizar o disponer personas, cosas o acciones de forma que se favorezca el funcionamiento o desarrollo de algo. **3** Unir un elemento con otro para formar un compuesto. ◆ **v.intr. 4** Formar dos o más cosas un conjunto bello o armónico.

combinatoria s.f. Parte de las matemáticas que estudia las combinaciones, variaciones y permutaciones de un número finito de objetos.

combustible adj. **1** Que puede arder o que arde con facilidad. ◆ **s.m. y adj. 2** Sustancia que al arder produce calor o energía aprovechables, como el carbón o la leña.

combustión s.f. **1** Acción de arder o quemarse un cuerpo o sustancia. **2** Proceso de oxidación de una sustancia en que se desprende calor y, a veces, da luz.

comecocos s.m. Fam. Persona o cosa que anula la capacidad de pensar y decidir.

comedero s.m. Recipiente o lugar donde se pone la comida para los animales.

comedia s.f. **1** Obra de teatro o película con elementos o sucesos que divierten y hacen reír, y con un desenlace feliz. **2** Acción con que se finge para conseguir una cosa. ◇ **comedia de costumbres** Comedia en que se describe la vida social cotidiana de un lugar y un momento histórico concretos. ◇ **comedia de enredo** Comedia de tema generalmente amoroso cuya trama está basada en una sucesión de situaciones equívocas que confunden a los personajes.

comediante, a s. Persona que se dedica a representar comedias.

comedido, a adj. Que actúa con comedimiento.

comedimiento s.m. Moderación o prudencia en la forma de hablar o comportarse.

comediógrafo, a s. Persona que escribe comedias.

comedor, ra adj. **1** Se dice de la persona o animal que comen mucho. ◆ **s.m. 2** Sala o parte de una casa destinada a comer. **3** Conjunto de muebles que se usan para comer y que están en esta sala. **4** Establecimiento o local donde se sirven comidas al público.

comendador s.m. **1** Miembro de una orden civil que tiene dignidad superior a la de caballero. **2** Miembro de una orden militar que tenía bajo su cargo una casa o convento.

comensal s.m. y f. Persona que come con otras en la misma mesa.

comensalismo s.m. Asociación biológica externa entre dos especies para beneficio alimenticio de una de ellas, sin causarse perjuicio.

comentar v.tr. **1** Expresar oralmente dos o más personas sus juicios, opiniones u observaciones acerca de algo. **2** Describir algo oralmente o por escrito para expresar lo que se entiende, una opinión, etc. **3** Informar a alguien de algo, normalmente de pasada o sin profundizar.

comentario s.m. Exposición oral o escrita de algo en que se describe lo que se entiende o se emite un juicio u opinión.

comentarista s.m. y f. Persona que se dedica a comentar noticias de actualidad.

comenzar (32) v.tr. **1** Iniciar una acción determinada. ◆ **v.intr. 2** Tener algo principio en un tiempo o lugar determinados. ◇ **comenzar a + infinitivo** Pasar a realizar o a suceder la acción que expresa el verbo en infinitivo.

comer v.tr. e intr. **1** Tomar alimento por la boca, en especial un alimento sólido, masticándolo y tragándolo para que pase al estómago. **2** Tomar los alimentos que componen la comida principal del día. ◆ **v.tr. y prnl. 3** Gastar o consumir algo completamente. **4** Fam. Desgastar, destruir o corroer una materia. **5** Hacer una cosa que otra destaque menos. ◆ **v.tr. 6** En ciertos juegos de tablero, hacer retirar una ficha a un jugador, o hacer que vuelva a empezar. **7** Fam. Producir un sentimiento negativo, como los celos o la envidia, gran desazón o desasosiego a alguien. **8** Fam. Producir picor intenso. **9** Fam. Se usa para expresar venganza contra alguien por un perjuicio sufrido. ◆ **comerse v.prnl. 10** Fam. Omitir una palabra o parte de ella al hablar o al escribir. **11** Fam. Hacer un calzado que los calcetines o medias se deslicen hacia adelante y queden arrugados en la punta. **12** Fam. Chocar contra algo y llevárselo por delante. ◇ **no,** o **ni, comer ni dejar comer** Fam. No aprovechar una cosa para uno mismo ni dejar que la aprovechen los demás. ◇ **sin comerlo ni beberlo** Fam. Sin haber hecho nada para merecer un perjucio o un provecho.

comercial adj. **1** Relativo al comercio. **2** Se dice del producto que tiene fácil aceptación en el mercado por estar poco elaborado.

comercializar v.tr. Hacer que un producto se venda al público dándole las condiciones adecuadas y organizando campañas publicitarias.

comerciante s.m. y f. **1** Persona que posee un comercio o establecimiento comercial. **2** Persona que comercia con algo.

comerciar (1d) v.intr. Comprar, vender o cambiar uno o más productos para obtener un beneficio económico.

comercio s.m. **1** Establecimiento donde se venden productos. **2** Actividad de comerciar con productos. **3** Conjunto de comerciantes y actividades comerciales de un país, una zona, etc. **4** Formal. Trato o relación sexual ilegal.

comestible adj. **1** Que puede ser comido. ◆ s.m. **2** Producto que sirve como alimento.

cometa s.f. **1** Juguete que consiste en una armazón muy ligera cubierta de papel, plástico o tela que se sujeta mediante un cordel y se echa al aire para que las corrientes lo eleven. ◆ s.m. **2** Astro formado por un pequeño núcleo sólido y una cola brillante.

cometer v.tr. Realizar un delito, una falta, etc.

cometido s.m. Obligación o función propia de alguien o algo.

comezón s.f. **1** Picor intenso en el cuerpo o en una parte de este. **2** Desazón o desasosiego.

cómic (pl. cómics) s.m. Secuencia de representaciones gráficas acompañadas por texto, que relatan una acción.

comicios s.m.pl. **1** Formal. Elecciones, conjunto de actos para escoger representantes de gobierno. **2** Junta que tenían los antiguos romanos para tratar de los negocios públicos.

cómico, a adj. **1** Relativo a la comedia. **2** Que hace reír. ◆ s. y adj. **3** Artista que se dedica a hacer reír o que hace papeles cómicos.

comida s.f. **1** Sustancia sólida que se come y sirve de alimento. **2** Acción de tomar alimentos a una hora determinada del día, en especial al mediodía. **3** Alimento que se toma a mediodía; generalmente es el principal y más completo del día. ◇ **reposar la comida** Descansar después de comer para facilitar la digestión.

comidilla s.f. Fam. ESP Tema de murmuración.

comienzo s.m. Principio u origen de algo.

comillas s.f.pl. Signo ortográfico que se usa delante y detrás de una palabra o un conjunto de palabras y que sirve para indicar que se citan de otro texto o que deben entenderse de un modo especial; pueden ser simples (‘ ’) o dobles (« »).

comilón, na adj. y s. Se dice de la persona que come mucho o que disfruta comiendo.

comilona s.f. Fam. Comida abundante.

comino s.m. **1** Planta de hojas agudas y flores pequeñas, blancas o rojas, que produce una semilla comestible. **2** Semilla de esta planta, de color marrón, olor intenso y sabor amargo, que se usa como condimento y en medicina. ◇ **un comino** Fam. Nada.

comisaría s.f. **1** Oficina de un comisario. **2** Oficina donde trabajan varios agentes de policía bajo las órdenes de un comisario. **3** Cargo de comisario.

comisario, a s. **1** Persona que desempeña un cargo o una función especial por encargo o delegación de una autoridad superior. **2** Oficial de policía que es la máxima autoridad de una comisaría.

comisión s.f. **1** Conjunto de personas elegidas para realizar una labor determinada. **2** Porcentaje del precio de un producto vendido que percibe el vendedor. **3** Acción de cometer un delito, una falta o un error.

comisionar v.tr. Encargar una comisión.

comisura s.f. Punto de unión de los bordes de algunos órganos del cuerpo.

comité s.m. Conjunto de personas elegidas para desempeñar una labor determinada en representación de un colectivo.

comitiva s.f. Conjunto de personas que acompaña a una persona importante o principal.

como adv. **1** Introduce el segundo término de una comparación de igualdad. **2** Indica el modo de ser o suceder algo. **3** Indica aproximación o semejanza. ◆ conj. **4** Ante un verbo en subjuntivo, indica condición o exigencia para que se cumpla una cosa. **5** Indica causa o motivo por el cual sucede una cosa. ◆ prep. **6** Indica función o condición. **7** Ante un sustantivo, indica que la persona solo se considera en el aspecto que designa el sustantivo. **8** Introduce un ejemplo. ◇ **como quiera** Comoquiera.

cómo adv. **1** Introduce una pregunta sobre el modo de suceder o ser algo. **2** Introduce una pregunta sobre la causa o razón de algo. ◆ s.m. **3** Introduce una oración exclamativa que expresa sorpresa o admiración por el modo de suceder o ser algo. **4** Manera de suceder algo.

cómoda s.f. Mueble ancho de mediana altura y con cajones que se usa para guardar ropa.

comodidad s.f. **1** Cualidad de cómodo. **2** Cosa que proporciona bienestar físico y descanso. **3** Bienestar que proporciona la ausencia de problemas e inconvenientes en lo que se hace.

comodín s.m. En algunos juegos de naipes, carta que puede tomar distintos valores según convenga al jugador que lo posee.

cómodo, a adj. **1** Que proporciona bienestar físico y descanso. **2** Que es fácil o no exige molestias o excesivo esfuerzo. **3** Se dice de la persona que se siente bien o se encuentra a gusto.

comodón, na adj. y s. Fam. Se dice de la persona a la que le gusta mucho la comodidad.

comoquiera o **como quiera** adv. De cualquier manera. ◇ **comoquiera que** Formal. Puesto que. □ Indica cualquier manera de hacer, suceder o ser una cosa.

compact disc s.m. **1** Compacto (disco). □ También disco compacto o simplemente compact. **2** Compacto (aparato).
OBS Pronunc. aprox. 'cómpac disc'.

compactación s.f. Acción de compactar.

compactar v.tr. Hacer compacta una cosa.

compacto, a adj. **1** Que está muy apretado. **2** Se dice del equipo o conjunto de personas que actúan de manera coordinada. ◆ **adj. y s.m. 3** Se dice del equipo que está formado por varios aparatos. ◆ **s.m. 4** Disco de 12 cm de diámetro en el que se graba sonido, generalmente música, y que se reproduce por medio de un rayo láser. □ También disco compacto o compact disc. **5** Aparato para reproducir el sonido grabado en este disco.

compadecer (30) **v.tr. y prnl.** Sentir compasión por alguien.

compadre s.m. **1** Padrino de un niño. **2** Nombre que se dan entre sí el padre y el padrino de un niño. **3** Fam. Amigo, compañero, colega.

compaginar v.tr. **1** Hacer que una cosa sea compatible con otra. **2** Disponer las páginas de un texto para su impresión.

compañerismo s.m. Actitud leal y solidaria propia de compañero.

compañero, a s. **1** Persona que comparte con otra u otras la estancia en un lugar, los estudios, un trabajo, la práctica de un deporte u otra actividad. **2** Persona con la que se mantiene una relación amorosa y se convive sin estar casada con ella. **3** Persona que forma pareja con otra en un juego. **4** Objeto que forma pareja o juego con otro u otros.

compañía s.f. **1** Hecho de acompañar o estar con alguien. **2** Persona o conjunto de personas que acompañan a alguien. **3** Empresa o sociedad mercantil. **4** Grupo de personas que se dedican a representar un espectáculo artístico. **5** Unidad militar compuesta por varias secciones y mandada por un capitán.

comparación s.f. **1** Acción de comparar dos o más cosas. **2** Similitud o equivalencia entre dos cosas.

comparar v.tr. **1** Examinar dos o más cosas para encontrar parecidos y apreciar diferencias entre ellas. **2** Establecer una relación de similitud o equivalencia entre dos o más cosas.

comparativo, a adj. **1** Que compara o sirve para comparar. ◆ **adj. y s.m. 2** Se dice del adjetivo o al adverbio que expresan comparación. ◆ **adj. y s.f. 3** Se dice de la oración que expresa una comparación entre dos acciones, procesos o estados o entre dos personas o cosas, estableciendo su igualdad o desigualdad.

comparecencia s.f. Acción de comparecer.

comparecer (30) **v.intr.** Presentarse una persona en un lugar al que había sido convocada.

comparsa s.f. **1** Conjunto de personas vestidas con los mismos disfraces o con disfraces sobre el mismo tema que participan en una celebración de carácter popular, como un carnaval. **2** Conjunto de personas que representan papeles de poca importancia en una obra de teatro o cinematográfica o en otro espectáculo y aparecen en escena sin apenas hablar. ◆ **s.m. y f. 3** Persona que forma parte de este conjunto.

compartimentalizar v.tr. Proyectar o efectuar la subdivisión interna de una parte ya acotada.

compartimento o **compartimiento** s.m. División de las varias que hay en una cosa, en especial en un recinto.

compartir v.tr. **1** Usar o tener una cosa en común con otros. **2** Dividir en partes una cosa para repartirla entre varios. **3** Comunicar a otra u otras personas ideas o sentimientos particulares. **4** Tener la misma opinión que otra persona.

compás s.m. **1** Instrumento de dibujo y medición, compuesto por dos varillas articuladas por un extremo. **2** Brújula, en especial la de navegación. **3** Unidad de tiempo de una composición musical.

compasillo s.m. Compás musical que tiene la duración de cuatro negras.

compasión s.f. Sentimiento de tristeza que produce el ver padecer a alguien y que impulsa a aliviar, remediar o evitar su dolor.

compasivo, a adj. Que siente lástima por la desgracia o el sufrimiento ajenos.

compatibilidad s.f. Cualidad de compatible.

compatible adj. **1** Que puede existir, ocurrir o hacerse al mismo tiempo que otra cosa o de manera conjunta. **2** Se dice del programa informático que puede funcionar en un ordenador o conjuntamente con otros programas sin necesidad de hacer ninguna modificación.

compatriota s.m. y f. Persona que es de la misma patria que otra.

compendio s.m. **1** Resumen de un asunto o una materia. **2** Conjunto de las características más importantes y significativas de un hecho, un asunto o una materia.

compenetración s.f. Buen entendimiento entre dos o más personas debido a la semejanza en su forma de pensar, actuar y sentir.

compenetrarse v.prnl. Haber compenetración entre dos o más personas.

compensación s.f. **1** Anulación o igualación de los efectos de una cosa con la acción contraria. **2** Cosa o acción con que compensan o disminuyen un daño o perjuicio irreparables.

compensar v.tr. **1** Anular o igualar los efectos de una cosa con una acción contraria. **2** Dar una cosa o hacer algo para disminuir un daño o perjuicio irreparables. ◆ **v.tr. e intr. 3** Merecer la pena una cosa a pesar de no ser idónea.

competencia s.f. **1** Rivalidad o lucha entre dos o más personas en condiciones similares para conseguir una misma cosa o superar al rival. **2** Empresa o conjunto de ellas que compite con otra por fabricar o vender el mismo producto y en condiciones similares de mercado. **3** Capacidad de la persona que es competente, que realiza su trabajo o desempeña su función de modo adecuado. **4** Responsabilidad u obligación que compete o corresponde a una persona que ocupa un cargo o a una institución. **5** Autorización legal para intervenir en un asunto.

competente adj. **1** Experto, apto. **2** Se dice de la persona o la institución a la que competen o corresponden unas determinadas responsabilidades y obligaciones.

competer v.intr. Corresponder a una persona una obligación o responsabilidad.

competición s.f. **1** Lucha o enfrentamiento entre dos o más personas que compiten para conseguir una misma cosa. **2** Prueba deportiva en la que los participantes compiten unos contra otros.

competidor, ra adj. y s. Que compite.

competir (31) v.intr. **1** Luchar con otros para conseguir un mismo fin. **2** Igualar una cosa a otra en calidad o perfección.

competitividad s.f. Capacidad de competir.

competitivo, a adj. Que compite.

compilación s.f. Acción y efecto de compilar.

compilador, ra s.m. y adj. Programa informático que traduce un programa escrito en un lenguaje de alto nivel al lenguaje del ordenador.

compilar v.tr. Reunir en una misma obra extractos de diferentes libros o documentos sobre un mismo tema.

compincharse v.prnl. Hacerse compinche.

compinche s.m. y f. Fam. Amigo o compañero con el que una persona se pone de acuerdo para hacer una cosa, especialmente una mala acción.

complacencia s.f. Satisfacción o agrado que siente una persona.

complacer (30) v.tr. **1** Satisfacer una persona los deseos o gustos de otra. **2** Causar satisfacción o placer a una persona. ◆ **complacerse** v.prnl. **3** Sentir alegría, agrado o satisfacción.

complaciente adj. Que complace.

complejidad s.f. Cualidad de complejo.

complejo, a adj. **1** Que se compone de distintos elementos o partes. **2** Difícil de entender o explicar. **3** Se dice del número que está formado por la suma algebraica de un número real con uno imaginario. ◆ **s.m. 4** Conjunto o unión de varios elementos. **5** Conjunto de edificios o establecimientos situados en un mismo lugar y en los que se desarrolla una misma actividad. **6** Sentimiento inconsciente y desfavorable que una persona tiene con relación a sí misma y que afecta negativamente a su personalidad y conducta.

complementar v.tr. Dar complemento.

complementario, a adj. **1** Que sirve para complementar una cosa, completándola o mejorándola. **2** Se dice del color primario o secundario que contrasta vivamente con su opuesto y que, de mezclar dos luces de ambos colores, el resultado sería una luz blanca.

complemento s.m. **1** Cosa, cualidad o circunstancia que se añade a una cosa y la completa o mejora. **2** En sintaxis, palabra o palabras que completan la significación de algún elemento de la oración. **3** Parte de un atuendo que completa el vestido o traje, sin ser parte de ellos. ◇ **complemento agente** Complemento que, en una frase pasiva, designa la persona, animal o cosa que realiza la acción expresada por el verbo.

completar v.tr. Añadir a una cosa una o más partes que le faltan.

completas s.f.pl. Oficio religioso del clero católico, posterior al de vísperas, que se celebra por la noche, antes de retirarse a dormir.

completo, a adj. **1** Que tiene todos sus elementos o partes. **2** Que está acabado o perfeccionado. **3** Que se realiza totalmente o en todos sus aspectos. **4** Se dice del lugar que tiene todas sus plazas llenas u ocupadas. ◇ **al completo** Sin que falte ninguna persona.

complexión s.f. Naturaleza de un organismo vivo en relación con el desarrollo, estructura y funcionamiento de su cuerpo.

complicación s.f. **1** Acción de complicar una cosa. **2** Cosa que complica algo.

complicado, a adj. Difícil de entender o explicar.

complicar v.tr. **1** Hacer difícil o más difícil una cosa. **2** Comprometer o implicar a una persona en un asunto difícil o perjudicial.

cómplice adj. **1** Que muestra complicidad o colaboración. ◆ **s.m. y f. 2** Persona que ayuda a cometer un delito sin ser el autor de este.

complicidad s.f. **1** Condición que tiene una persona que colabora en un delito. **2** Colaboración o ayuda en la ejecución de una acción, generalmente preparada en secreto.

complot (pl. complots.) s.m. Acuerdo secreto entre varias personas para realizar una acción contra alguien.

complutense adj. y s.m. y f. De Alcalá de Henares (localidad de Madrid).

componente adj. y s.m. **1** Se dice del elemento que forma parte de una cosa o a la parte de una cosa que, junto con otras, la compone. ◆ **s.m. y f. 2** Persona que forma parte de un grupo o un equipo. ◆ **s.m 3** En matemáticas, parte que relaciona un vector con un eje de coordenadas.

componer (36) v.tr. **1** Formar una cosa colocando de manera ordenada o armoniosa sus diversas partes. **2** Formar diversas personas o elementos un grupo o conjunto. **3** Escribir una obra musical o literaria, generalmente poética. **4** Formar varias sustancias una mezcla o disolución. **5** AMÉR Arreglar los huesos dislocados, salidos de su lugar. ◇ **componérselas** Hallar la solución a los problemas por uno mismo.

comportamiento s.m. Manera de comportarse una persona, un animal o una cosa.

comportar v.tr. **1** Tener como resultado o producir como consecuencia directa. ◆ **comportarse** v.prnl. **2** Portarse, conducirse.

composición s.f. **1** Acción y efecto de componer. **2** Parte de la música que estudia las reglas para la formación del canto y del acompañamiento. **3** Disposición de los distintos elementos que forman parte de una obra artística. ◇ **composición de fuerzas** Acción de componer un conjunto de fuerzas para obtener una sola.

compositivo, a adj. **1** Que forma parte de una composición. **2** Se dice del afijo o palabra que forma parte de una palabra compuesta.

compositor, ra s. Persona que compone obras musicales.

compost s.m. Materia orgánica procedente de residuos agrícolas y de la jardinería tratados para acelerar su descomposición y ser utilizados como fertilizante.

compostaje s.m. **1** Compost. **2** Tratamiento de los residuos orgánicos con cal y tierra para fabricar compost.

compostar v.tr. Crear compost.

compostelano, a adj. y s. De Santiago de Compostela (ciudad capital de Galicia).

compostura s.f. Comedimiento y moderación al hablar o actuar.

compota s.f. Dulce que se hace con fruta troceada y cocida en agua y azúcar.

compra s.f. **1** Obtención de una cosa a cambio de dinero. **2** Cosa que se obtiene a cambio de dinero.

comprador, ra adj. y s. Que compra.

comprar v.tr. **1** Obtener una cosa a cambio de dinero. **2** Ofrecer dinero u objetos de valor a una persona para conseguir un favor o un beneficio.

compraventa s.f. Comercio en el que una persona compra un producto, generalmente usado, para venderlo después.

comprender v.tr. **1** Tener una persona idea clara de lo que dice o hace otra, o de lo que sucede. **2** Considerar justos o razonables unos actos o sentimientos. **3** Incluir o contener una cosa dentro de sí a otra u otras.

comprensión s.f. **1** Acción o facultad de comprender.

comprensivo, a adj. Capaz de comprender.

compresa s.f. Tejido de algodón u otro material que se dobla dos o más veces y se usa para cubrir heridas, contener hemorragias o empapar líquidos.

compresión s.f. **1** Reducción del volumen de una cosa sometiéndola a una presión. **2** Aumento de la presión del carburante en el cilindro de un motor de explosión.

compresor s.m. Aparato que sirve para comprimir un líquido o un gas aplicándole presión.

comprimido s.m. Porción pequeña y sólida de una sustancia medicinal, de forma generalmente redonda.

comprimir v.tr. Reducir a menor volumen.

comprobación s.f. Acción de comprobar.

comprobante s.m. Documento o recibo que deja constancia de la realización de algo o que acredita lo que alguien dice.

comprobar (11) v.tr. Confirmar mediante pruebas o demostraciones.

comprometer v.tr. **1** Poner a una persona o cosa en una situación difícil o peligrosa. ◆ **comprometerse** v.prnl. **2** Aceptar una responsabilidad u obligación.

comprometido, a adj. Difícil o peligroso.

compromisario, a adj. y s. Se dice de la persona que representa a otras que han delegado en ella para realizar o resolver un asunto.

compromiso s.m. Acción y efecto de comprometerse.

compuerta s.f. Mecanismo formado por una hoja grande y fuerte a modo de puerta, o bien por dos hojas distanciadas unos metros una de otra, que se levantan o bajan para permitir o impedir, respectivamente, el paso de una cosa, como el agua, un vehículo o personas

compuesto, a 1 Participio irregular de componer. ◆ adj. **2** Que se compone de distintos elementos o partes. ◆ adj. y s.m. **3** Se dice de la palabra que está formada por la unión de dos o más palabras que ya existen en la lengua. ◆ s.m. **4** Mezcla o unión de personas o cosas distintas que componen un todo. **5** Sustancia que se forma combinando dos o más elementos químicos en una proporción fija. □ También compuesto químico. ◆ adj. y s.f. **6** Se dice de la planta que posee flores pequeñas agrupadas entre sí de manera que parecen formar una sola flor. ◆ **compuestas** s.f.pl. **7** Grupo taxonómico, con categoría de familia, constituido por estas plantas.

compulsar v.tr. Certificar oficialmente que un documento es una copia legal de un original.

compulsivo, a adj. Se dice de la persona que actúa inducida por un impulso fuerte que no puede controlar.

compungido, a adj. Que está triste por una cosa que ha hecho mal o por el dolor ajeno.

computacional adj. Relativo a la tecnología informática.

computador s.m. Computadora. **GEOSIN** ordenador.

computadora s.f. Máquina capaz de tratar información automáticamente mediante operaciones matemáticas y lógicas realizadas con mucha rapidez y controladas por programas informáticos. **GEOSIN** computador, ordenador.

computar v.tr. **1** Contar o calcular con números una cantidad, especialmente de tiempo. **2** Tener en cuenta o considerar un dato como equivalente de otro en un caso determinado.

cómputo s.m. Cálculo de una cantidad.

comulgar v.intr. **1** Tomar la comunión. **2** Estar de acuerdo con una idea o un sentimiento.

común adj. **1** Compartido por dos o más personas o cosas. **2** Habitual, abundante o normal. **3** Se dice del nombre que designa a personas o cosas pertenecientes a conjuntos que tienen las mismas características. ◆ s.m. **4** La mayoría de la gente, especialmente de una comunidad.

comuna s.f. **1** Comunidad de personas que vive y se organiza de manera autónoma, generalmente fuera de los núcleos urbanos, y comparte las propiedades y el poder. **2** AMÉR Municipio o ayuntamiento.

comunal adj. **1** Común a todos los miembros de una comunidad, especialmente a los de un municipio. **2** AMÉR Relativo a la comuna.

comunero, a adj. **1** Relativo a las luchas del partido de las Comunidades de Castilla contra el rey Carlos I en 1520. ◆ s. **2** Persona que luchó a favor del partido de las Comunidades.

comunicación s.f. **1** Acción y efecto de comunicar o comunicarse. **2** Escrito en que se comunica algo.

comunicado, a adj. **1** Se dice del lugar que está en contacto con otros lugares mediante una vía de comunicación. ◆ s.m. **2** Escrito en el que se comunica públicamente una noticia.

comunicante adj. Que comunica o se comunica.

comunicar v.tr. **1** Hacer saber una cosa una persona a otra. **2** Hacer partícipe una persona a otra de sus sentimientos o emociones. **3** Transmitir y recibir información por medio de un código común a emisor y receptor. **4** Unir o poner en relación dos lugares o espacios. ◆ v.intr. **5** ESP Dar el teléfono una señal, generalmente intermitente, que indica que la línea está ocupada.

comunicativo, a adj. **1** Relativo a la comunicación. **2** Se dice de la persona que tiene facilidad para comunicarse con los demás.

comunidad s.f. **1** Conjunto de personas que viven juntas bajo ciertas reglas o que tienen los mismos intereses o características. **2** En biología, conjunto de las distintas especies que comparten un mismo espacio físico y que interaccionan entre sí y con el medio. ◇ **comunidad autónoma** Entidad política y territorial más importante en que se divide el Estado español. □ También simplemente comunidad.

comunión s.f. **1** Sacramento de la Eucaristía y la acción de darlo o recibirlo. **2** Ceremonia cristiana que se celebra durante un servicio religioso y en la que se recibe este sacramento. **3** Unión o acuerdo en las ideas, las opiniones o los sentimientos.

comunismo s.m. Sistema de organización social en el que se establece la abolición de la propiedad privada, la comunidad de bienes y la supresión de las clases sociales.

comunista adj. **1** Relativo al comunismo. ◆ adj. y s.m. y f. **2** Se dice de la persona que es partidaria del comunismo.

comunitario, a adj. **1** Relativo a la comunidad. ◆ adj. y s. **2** De la Unión Europea.

comúnmente adv. Indica que algo se produce con frecuencia y es habitual que ocurra.

con prep. **1** Indica el instrumento, medio o modo de hacer o producirse una cosa. **2** Indica que se está junto a otra persona, animal o cosa o en su compañía. **3** Indica que una cosa tiene o contiene otra. **4** Indica relación o comunicación. **5** Delante de infinitivo, indica condición. **6** Indica que una cosa se produce a pesar de otra.

conativo, a adj. Se dice de la función del lenguaje que sirve para llamar la atención del oyente o para influir o actuar sobre él.

conato s.m. Acción o suceso que se inicia pero no continúa.

concatenación s.f. Enlace de objetos, hechos o ideas unos con otros como en una cadena.

concatenar v.tr. Enlazar hechos o ideas que suceden en serie o cadena.

concavidad s.f. **1** Característica que tienen las cosas convexas, de forma curva y hundidas en la parte central. **2** Lugar o superficie que tiene forma cóncava.

cóncavo, a adj. Que tiene forma curva y está hundido en la parte central, como un cuenco o una cuchara.

concebir (31) v.tr. e intr. **1** Empezar a gestar una mujer o la hembra de un animal en su útero a un hijo. **2** Formar en la mente una idea, una opinión o un proyecto. ◆ v.tr. **3** Empezar a sentir un afecto, un deseo o una emoción. **4** Comprender, tener idea clara de una cosa.

conceder v.tr. **1** Dar una cosa a una persona quien tiene autoridad o poder para ello, especialmente un favor o permiso. **2** Atribuir una cualidad o condición a una persona o cosa.

concejal, la s. Persona que forma parte del gobierno de un ayuntamiento.
OBS Doble femenino: concejal o concejala.

concejo s.m. **1** Corporación municipal integrada por un alcalde y varios concejales que se encarga de administrar y gobernar un municipio. **2** Edificio en el que trabaja este grupo de personas. **3** Reunión o junta celebrada por los miembros de este grupo de personas. **4** Término municipal sobre el que un concejo o ayuntamiento tiene jurisdicción. **5** Junta o reunión de un grupo de personas.

concentración s.f. **1** Reunión o acumulación de personas, animales o cosas en un solo punto. **2** Atención fija en lo que se hace o en lo que se piensa hasta llegar a aislarse de lo demás. **3** Relación que existe entre la cantidad de una sustancia disuelta y la del disolvente en una disolución. **4** Aislamiento de un equipo deportivo antes de un partido o una competición. **5** Reunión de muchas personas en un lugar para hacer una petición o una manifestación pública.

concentrado, a adj. **1** Se dice de la persona que tiene la atención fija en una cosa, sin distraerse. ◆ s.m. y adj. **2** Sustancia, generalmente alimenticia, a la que se ha eliminado gran parte del líquido que contenía. **3** Disolución que tiene un valor de concentración elevado.

concentrar v.tr. **1** Reunir o acumular en un solo punto. **2** Hacer que una sustancia se vuelva más densa. **3** Hacer que una disolución aumente su valor de concentración. ◆ **concentrarse** v.prnl. **4** Poner toda la atención en lo que se hace o en lo que se piensa hasta llegar a aislarse de todo lo demás. **5** Reunirse y aislarse un equipo deportivo antes de un partido o una competición.

concéntrico, a adj. Se dice de la figura o el sólido que comparte el mismo centro que otro.

concepción s.f. Acción y efecto de concebir.

concepcionista adj. **1** Relativo a la orden franciscana llamada de la Inmaculada Concepción. ◆ adj. y s.f. **2** Se dice de la religiosa perteneciente a esta orden.

conceptismo s.m. Estilo literario caracterizado por la complicación conceptual.

conceptista adj. **1** Se dice del estilo que es propio del conceptismo. ◆ adj. y s.m. y f. **2** Se dice del escritor que cultiva el conceptismo.

concepto s.m. **1** Representación abstracta de una cosa real o irreal que se forma en la mente de una persona. **2** Concepción (opinión o juicio). ◇ **en concepto de** Con el carácter de.

conceptual adj. Relativo al concepto.

conceptualismo s.m. Doctrina de la filosofía medieval entre el nominalismo y el realismo.

concernir (14) v.intr. Tocar a una persona una responsabilidad u obligación, o una cosa que tiene interés para ella.

concertado, a adj. ESP Se dice del colegio de propiedad privada que recibe una subvención estatal.

concertar (32) v.tr. **1** Pactar o llegar a un acuerdo dos o más personas o entidades sobre un asunto determinado. **2** Hacer que coincida o concuerde una cosa con otra. ◆ v.intr. **3** Coincidir o concordar una cosa con otra. **4** Coincidir dos palabras en algunas de sus características morfológicas.

concertina s.f. Acordeón pequeño de forma hexagonal, muy usado en las fiestas populares.

concertista s.m. y f. Músico que realiza un concierto como solista.

concesión s.f. Acción y efecto de conceder.

concesionario, a s. y adj. Que recibe o transfiere una concesión.

concesiva adj. y s.f. **1** Se dice de la proposición subordinada que expresa una objeción o dificultad para el cumplimiento de lo que se dice en la oración principal, sin que este obstáculo impida su realización. **2** Se dice de la conjunción que introduce una oración de esta clase.

concha s.f. **1** Cubierta dura que protege el cuerpo de algunos animales invertebrados. **2** Material que se obtiene del caparazón de la tortuga carey, de aspecto córneo, duro y translúcido, usado para hacer objetos lujosos. **3** Cubierta baja que se coloca en un escenario, de espaldas al público, para ocultar al apuntador.

conchabar v.tr. **1** AMÉR SUR Contratar a una persona como sirviente. ◆ **conchabarse** v.prnl. **2** Ponerse de acuerdo dos o más personas para hacer una cosa, especialmente ilícita.

conciencia s.f. **1** Conocimiento que el ser humano tiene de su propia existencia, del estado en que se encuentra y de lo que hace. **2** Facultad del ser humano para elaborar juicios personales de carácter moral y ético sobre lo que está bien y lo que está mal, con relación a sí mismo y a los demás. ◇ **a conciencia** Poniendo todo el empeño y atención.

concienciar (1d) v.tr. Hacer que una persona tome conciencia de una cosa en relación con los valores éticos y morales de esta.

concienzudo, a adj. Se dice de la persona que hace las cosas con cuidado y pone todo su empeño y atención.

concierto s.m. **1** Espectáculo en el que se interpretan obras musicales. **2** Composición musical escrita para uno o varios instrumentos solistas y una orquesta. **3** Acuerdo entre dos o más personas o entidades sobre un asunto.

conciliar (1d) v.tr. **1** Hacer que dos o más personas que estaban enfrentadas se pongan de acuerdo. **2** Hacer que dos ideas, opiniones, circunstancias, etc., opuestas o diferentes se unan y hagan compatibles.

concilio s.m. Reunión de autoridades de la Iglesia católica, como los obispos y el Papa, para decidir sobre temas referentes a los dogmas o la organización eclesial.

concisión s.f. Cualidad de lo que es conciso.

conciso, a adj. Que expresa las ideas con claridad y las menos palabras posibles.

concitar v.tr. Promover desunión, discordia o malos sentimientos de una persona contra otra.

conciudadano, a s. Persona de una ciudad con respecto a las demás de la misma ciudad.

cónclave s.m. **1** Reunión de los cardenales para elegir papa. **2** Reunión de varias personas para tratar un asunto.

concluir (23) v.tr. e intr. **1** Hacer que una cosa llegue a su fin. **2** Llegar a una decisión, un juicio o una solución después de haber reflexionado sobre el asunto.

conclusión s.f. **1** Fin de una cosa. **2** Decisión, juicio o solución a los que se llega después de haber reflexionado sobre el asunto. ◇ **en conclusión** Por último, finalmente, para acabar.

concluyente adj. Se dice de la prueba, el hecho o el argumento que elimina toda duda o incertidumbre acerca de un asunto.

concomitancia s.f. Característica de una cosa que se produce acompañada de esta o conjuntamente con ella.

concordancia s.f. **1** Correspondencia entre varias cosas. **2** En gramática, relación sintagmática entre miembros de la misma frase o sintagma por la que determinados morfemas de género, número y persona se repiten.

concordar (11) v.intr. **1** Coincidir, ajustarse correctamente una cosa con otra. **2** Coincidir una palabra con otra en algunas de sus características morfológicas.

concordia s.f. Relación pacífica.

concreción s.f. Acción y efecto de concretar.

concretar v.tr. Señalar, fijar o establecer una cosa de modo concreto, preciso o específico.

concreto, a adj. **1** Considerado en sí mismo, de modo particular. **2** Que es real y se puede percibir con los sentidos. **3** Que se expresa o determina de un modo preciso o específico. **4** Se dice del sustantivo que designa cosas materiales. ◆ s.m. **5** AMÉR Hormigón armado.

concubina s.f. Desp. Mujer que convive y mantiene relaciones sexuales con un hombre sin estar casada con él.

concupiscencia s.f. Formal. Deseo de bienes y placeres materiales, especialmente deseo sexual, generalmente desordenado o exagerado.

concurrencia s.f. **1** Acción de concurrir. **2** Conjunto de personas que concurren.

concurrido, a adj. Se dice del lugar o espectáculo u otro acto similar en el que concurren o se juntan muchas personas.

concurrir v.intr. **1** Juntarse en un mismo lugar muchas personas. **2** Coincidir cualidades o circunstancias en una misma persona o cosa. **3** Tomar parte con otros en un concurso, una competición, unas elecciones, etc.

concursante s.m. y f. y adj. Persona que participa en un concurso.

concursar v.intr. Participar en un concurso.

concurso s.m. **1** Prueba o competición en la que una o más personas se enfrentan a las mismas dificultades para evaluar quién es el mejor y otorgarle un premio. **2** Proceso de selección de un organismo oficial para otorgar un empleo o un contrato con dicho organismo, por el que pasan varias personas o entidades con las mismas condiciones.

condado s.m. **1** Título y dignidad de conde. **2** Territorio que poseía y gobernaba un conde o condesa, especialmente en época feudal.

condal adj. Relativo al condado.

conde, esa s. Título nobiliario de categoría inferior al de marqués y superior al de vizconde.

condecoración s.f. **1** Cruz, medalla u otra insignia que recibe una persona como premio por sus méritos, como el valor o el servicio a los demás. **2** Acción de condecorar a una persona.

condecorar v.tr. Conceder una condecoración.

condena s.f. Pena o castigo que impone una autoridad, generalmente un juez, a una persona por haber cometido un delito o una falta.

condenado, a adj. y s. **1** Que es culpable de un delito o falta y cumple una pena por ello. ◆ adj. **2** Fam. Maldito. □ Frec. irónico Va antepuesto al sustantivo.

condenar v.tr. **1** Decidir una autoridad que una persona es culpable de un delito o falta e imponerle la pena que le corresponda. **2** Desaprobar y rechazar una cosa que se considera mala o perjudicial, especialmente si es un rechazo público o se declara abiertamente. **3** Tapiar o cerrar permanentemente una habitación, una puerta, una ventana, etc. ◆ **condenarse** v.prnl. **4** Causar una persona su propia perdición o condena a causa de sus pecados y cumplir pena en el Infierno.

condensación s.f. Acción y efecto de condensar.

condensador s.m. **1** Aparato que convierte un gas en líquido por medio de agua o aire frío. **2** Dispositivo para almacenar energía eléctrica, formado por dos conductores eléctricos separados por un material aislante o dieléctrico y conectado uno de ellos a un generador. □ También condensador eléctrico.

condensar v.tr. **1** Hacer que un gas pase al estado líquido o sólido. **2** Hacer que una materia o sustancia pase a un estado más denso, generalmente reduciendo su temperatura o eliminando parte del líquido que contiene. **3** Reducir el contenido de un escrito o un discurso a poca extensión, conservando lo esencial.

condescendiente adj. Que se acomoda fácilmente a la voluntad o al gusto de los demás.

condestable s.m. Oficial que antiguamente ejercía, en nombre del rey, la primera autoridad del ejército.

condición s.f. **1** Requisito, situación o circunstancia que es necesaria o se exige para que sea posible una cosa. **2** Característica que forma parte del carácter o modo de ser de una persona. **3** Clase o categoría social de una persona. ◆ **condiciones** s.f.pl. **4** Estado o situación de una persona o cosa.

condicional adj. **1** Que depende de una o más condiciones o requisitos. ◆ adj. y s.f. **2** Se dice de la proposición subordinada que expresa una condición para que se efectúe la acción, el proceso o el estado expresado por la oración principal. **3** Se dice de la conjunción que introduce esta clase de proposición. ◆ s.m. y adj. **4** Tiempo del verbo que sirve para expresar una acción futura en relación con el pasado o una probabilidad también en el pasado, o una acción posible si se cumple una condición previa.

condicionar v.tr. Hacer depender una cosa de una o más condiciones.

condimentar v.tr. Echar especias u otras sustancias a una comida.

condimento s.m. Sustancia para condimentar.

condolencia s.f. Manifestación del dolor o pesar por una pena de otra persona, especialmente la muerte de alguien querido.

condón s.m. Preservativo masculino.

condonar v.tr. Perdonar una pena o una deuda.

cóndor s.m. Ave rapaz diurna de la familia del buitre, de unos 3 m de ancho con las alas extendidas, cabeza y cuello desnudos y con la piel rugosa, un collar de plumas blancas en el cuello y plumaje de color negro azulado.

conducción s.f. **1** ESP, MÉX Acción de conducir. **2** Conjunto de conductos dispuestos para el paso de un líquido o gas.

conducir (10) v.tr. **1** ESP, MÉX Dirigir un vehículo utilizando los mandos necesarios para que marche. **GEOSIN** manejar. **2** Guiar o dirigir hacia un lugar. **3** Guiar o dirigir a un grupo de personas en su actuación, modo de pensar o comportamiento. **4** Llevar una cosa a otra como consecuencia. **5** Transmitir o propagar de un lugar a otro una corriente eléctrica, un fluido, una radiación, etc. ◆ **conducirse** v.prnl. **6** Actuar una persona de una manera determinada en su relación con los demás.

conducta s.f. Comportamiento de una persona o un animal.

conductismo s.m. Doctrina psicológica basada en la observación del comportamiento.

conductista adj. **1** Relativo al conductismo. ◆ adj. y s.m. y f. **2** Se dice de la persona que es partidaria del conductismo.

conductividad s.f. Propiedad de los cuerpos o materiales que permiten el paso del calor o la electricidad a través de sí, o que son buenos conductores de estos.

conductivo, a adj. Relativo a la conducción de la electricidad o del calor a través de un cuerpo.

conducto s.m. **1** Tubo que sirve para conducir generalmente líquidos o gases y llevarlos de un lugar a otro. **2** Medio a través del cual se lleva a cabo un fin.

conductor, ra adj. y s. **1** Que conduce. **2** Se dice del cuerpo o material que permite el paso del calor o la electricidad a través de sí, o que es óptimo para ello.

conectar v.tr. Poner en contacto, unir.

conectividad s.f. Proceso mediante el que se establece una buena comunicación entre dos lugares distantes.

conectivo, a adj. Se dice del tejido del organismo animal que sirve para unir y dar estructura a las diferentes partes del cuerpo.

conector, ra adj. y s.m. **1** Que conecta, une o emplama dos elementos de un sistema. ◆ s.m. **2** Pieza de un aparato o sistema eléctrico que sirve para conectarse con otros elementos.

conejera s.f. Madriguera del conejo.

conejo, a s. Mamífero roedor de orejas largas, cola corta y pelo espeso, con las patas traseras más largas que las delanteras que le permiten desplazarse dando saltos; se alimenta de vegetales. ◇ **conejillo de Indias** Persona o animal sometidos a observación o experimentación para comprobar algo.

conexión s.f. **1** Acción de conectar. **2** Relación o enlace entre personas, ideas, cosas, etc.

conexo, a adj. Que está conectado o guarda una relación con el resto de partes.

confabulación s.f. Acción y efecto de confabularse.

confabularse v.prnl. Ponerse de acuerdo dos o más personas en secreto para actuar conjuntamente en contra de otra.

confección s.f. **1** Elaboración o fabricación de una cosa a partir de la combinación de sus componentes, especialmente si requiere cierto cuidado. **2** Acción de confeccionar una prenda de vestir, cortando la tela según la forma deseada y cosiéndola. **3** Prenda de vestir que se vende hecha, a diferencia de la que se encarga a medida.

confeccionar v.tr. **1** Hacer o fabricar una cosa a partir de la combinación de sus componentes, especialmente si requiere cierto cuidado o elaboración. **2** Preparar un documento o una obra reuniendo y ordenando datos diversos.

confederación s.f. **1** Unión o pacto entre personas, grupos sociales o estados para un fin común. **2** Organismo, entidad o estado resultante de este pacto o unión.

confederado, a adj. Relativo a una confederación.

conferencia s.f. **1** Exposición que hace una persona en un acto público sobre un tema para enseñarlo o divulgarlo. **2** Reunión internacional de representantes políticos y de organismos o entidades sociales o económicas para tratar un tema en común, discutirlo y hacer propuestas y pactos. **3** Comunicación telefónica que se establece entre provincias o países distintos. ◇ **conferencia de prensa** ESP Reunión que convoca una persona para informar a los periodistas sobre un suceso determinado.

conferenciante s.m. y f. Persona que expone un tema en una conferencia.

conferencista s.m. y f. AMÉR Conferenciante.

conferir (45) v.tr. **1** Conceder un derecho, cargo o poder importante una autoridad con poder para ello. **2** Otorgar a una persona o cosa una cualidad no material.

confesar (32) v.tr. **1** Decir o revelar una persona a otra u otras sus actos, ideas o sentimientos ocultos. **2** Reconocer una persona ante otra u otras un error o una falta ya evidentes o conocidos. **3** Declarar una persona católica sus pecados al sacerdote en el sacramento de la penitencia para que le conceda el perdón o absolución. **4** Escuchar el sacerdote católico esta declaración de los pecados del fiel.

confesión s.f. **1** Acción y efecto de confesar. **2** Credo religioso y conjunto de personas que lo profesan.

confesional adj. Que tiene relación con una religión o pertenece a ella.

confesionario s.m. Mueble alto y ancho colocado en algún lugar de una iglesia, en cuyo interior se sienta el sacerdote para escuchar, generalmente a través de una celosía o enrejado, la confesión de los fieles.

confeso, a adj. Se dice de la persona que reconoce ser autor del delito que se le atribuye.

confesor s.m. Sacerdote católico que confiesa a los fieles en el sacramento de la penitencia.

confeti s.m. Conjunto de pedacitos de papel con colores variados que se arroja haciéndolo llover sobre la gente en fiestas.

confiado, a adj. **1** Que confía en cualquiera. **2** Que está seguro de sí mismo.

confianza s.f. **1** Impresión u opinión firme que se tiene de que una persona o cosa será o se desarrollará según las expectativas que se tenían de ella, por buena fe o intuición más que por pruebas materiales de ello. **2** Cercanía, facilidad y sinceridad en el trato entre amigos, parientes u otras personas. ◆ **confianzas** s.f.pl. **3** Familiaridad en el trato.

confiar (1e) v.intr. **1** Tener una persona la impresión u opinión firme de que alguien o algo será o se desarrollará según sus expectativas, por buena fe o intuición más que por pruebas materiales. ◆ v.tr. **2** Poner una cosa o persona importante, valuosa o preciada bajo el cuidado o la custodia de alguien que se considera fiable. ◆ **confiarse** v.prnl. **3** Tener excesiva seguridad en algo.

confidencia s.f. Secreto particular o íntimo que se cuenta en confianza a otra persona.

confidencial adj. Se dice de la información que se confía a otra persona de modo reservado y que esta guarda y no puede divulgar.

confidente, a s. **1** Persona a quien otra confía una información, especialmente de carácter íntimo o personal. **2** Persona que se dedica a observar o escuchar lo que otros hacen o dicen con la intención de comunicárselo en secreto al que tiene interés en saberlo.

OBS Doble femenino: confidente o confidenta.

configuración s.f. Disposición de las partes que componen una cosa. ◇ **configuración electrónica** Disposición de los electrones de un átomo en sus diferentes orbitales según un orden creciente de energías.

configurar v.tr. Dar o adquirir determinada forma o configuración.

confín s.m. Límite o frontera de un territorio, país o accidente geográfico.

OBS Suele usarse en plural con valor singular.

confinamiento s.m. **1** Destierro de una persona a la que se le asigna un lugar en el que permanecerá como prisionera. **2** Encierro de una cosa material o inmaterial dentro de unos límites, especialmente estrechos.

confinar v.tr. Destinar a confinamiento.

confirmación s.f. **1** Acción y efecto de confirmar. **2** Sacramento de la religión católica en virtud del cual una persona renueva y confirma su unión con la Iglesia.

confirmar v.tr. **1** Hacer que una creencia u opinión se den como ciertas de modo claro y firme cuando antes solo se tenían algunos datos que las apoyaban. **2** Hacer firme y definitiva una decisión o un acuerdo que ya había sido convenido o pactado. **3** Hacer firme y definitivo el poder o las cualidades de una persona. **4** Administrar el sacramento de la confirmación.

confiscar v.tr. Quitar la justicia o el gobierno de un estado una propiedad u otro bien a una persona o empresa y tomarla para la hacienda pública.

confitar v.tr. Cubrir con una capa de azúcar una fruta o fruto seco, o cocer una fruta en almíbar y dejarla secar.

confite s.m. Golosina hecha básicamente de azúcar en forma de bolita.

confitería s.f. Establecimiento donde se elaboran y venden dulces, como pasteles, pastas y bombones.

confitura s.f. Conserva dulce hecha con frutas confitadas o en mermelada.

conflictivo, a adj. Que causa o tiene conflictos, especialmente una persona en el ámbito social.

conflicto s.m. **1** Oposición o enfrentamiento entre personas o cosas. **2** Asunto o problema de difícil solución. **3** Guerra o enfrentamiento armado derivados de una oposición o rivalidad prolongadas.

confluencia s.f. **1** Unión en un mismo lugar de varios ríos o carreteras, o de varias cosas, como ideas o circunstancias. **2** Lugar donde confluyen o van a unirse varios ríos o caminos.

confluir (23) v.intr. **1** Ir a juntarse en un mismo punto varios ríos o caminos. **2** Coincidir varias cosas, como ideas o circunstancias, en un mismo lugar o momento.

conformar v.tr. **1** Dar a una cosa el aspecto, la estructura o el conjunto de rasgos que la caracterizan y la hacen ser como es. **2** Ajustar la forma, el aspecto o la estructura de una cosa con otra. ◆ **conformarse** v.prnl. **3** Aceptar una cosa o situación que no es óptima o que no satisface completamente.

conforme adj. **1** Se dice de la persona o cosa que está de acuerdo o en correspondencia con otra. ◆ adv. **2** Denota una relación de conformidad o correspondencia en el modo de hacer una cosa. ◇ **conforme a** Ajustándose o estando de acuerdo con una cosa o persona.

conformidad s.f. Calidad o actitud de conforme.

conformismo s.m. Actitud de la persona que se conforma fácilmente.

conformista adj. y s.m. y f. Que se conforma fácilmente.

confort s.m. Comodidad o bienestar físicos.

confortable adj. Que proporciona comodidad y bienestar físicos.

confortar v.tr. **1** Dar ánimos, apoyo y consuelo a una persona para que sea fuerte en una situación triste o adversa. **2** Renovar las fuerzas y el vigor a una persona cansada o débil.

confraternizar v.intr. **1** Tratarse dos personas con gran afecto, amistad y confianza. **2** Llegar a establecer trato o amistad personas separadas por diferencias sociales, de intereses, etc.

confrontación s.f. Acción de confrontar.

confrontar v.tr. **1** Poner una cosa frente a otra para averiguar la verdad o falsedad de ambas. ◆ v.intr. **2** Poner una cosa o a una persona frente a otra por oposición o enfrentamiento.

confucianismo s.m. Conjunto de doctrinas morales, políticas y religiosas defendidas por Confucio (pensador chino del siglo V a. C.).

confundir v.tr. **1** Mezclar cosas o personas diversas de modo que no puedan distinguirse unas de otras. **2** Tomar por equivocación una cosa por otra o no hacer la distinción debida. **3** Perturbar o causar desorden para hacer caer a una persona en el error.

confusión s.f. **1** Acción y efecto de confundir. **2** Falta de orden y claridad.

confuso, a adj. **1** Que está falto de claridad y orden y es difícil de entender por la mezcla de cosas o personas diversas que no pueden distinguirse unas de otras. **2** Se dice de la persona que no sabe claramente qué hacer o decir ante una situación.

conga s.f. **1** Baile de origen cubano, de ritmo rápido y alegre. **2** Música compuesta para este baile. **3** Instrumento musical de percusión parecido al tambor pero muy alargado.

congelación s.f. Acción de congelar.

congelado, a adj. **1** Que está muy frío. ◆ adj. y s.m. **2** Se dice del alimento que ha sido sometido a un proceso de congelación.

congelador s.m. **1** Compartimento de un frigorífico donde se guardan congelados los alimentos. **2** Aparato que sirve para congelar.

congelar v.tr. **1** Pasar un líquido al estado sólido al bajar su temperatura por debajo de cierto valor. **2** Pasar un alimento o una parte del cuerpo de su estado normal a estar duro y rígido por haber sido sometido a una temperatura igual o inferior a los 0 °C. **3** Bloquear o inmovilizar provisionalmente un proyecto. **4** Bloquear o inmovilizar provisionalmente una cantidad de dinero sin que pueda aumentar o disminuir. **5** Mantener provisionalmente inactiva una cantidad de dinero de una persona sin que pueda hacerse uso de ella. ◆ **congelarse** v.prnl. **6** Pasar mucho frío.

congénere adj. y s.m. y f. Se dice de la persona o el animal que comparte con otro el mismo origen genético.

congeniar (1d) v.intr. Llevarse bien dos personas por tener caracteres, ideas o gustos parecidos.

congénito, a adj. Que se engendra juntamente con otra cosa.

congestión s.f. **1** Acumulación excesiva de personas o vehículos en un lugar, por lo que resulta difícil circular. **2** Acumulación excesiva de sangre u otro fluido en una parte del cuerpo.

congestionar v.tr. Producir una congestión.

conglomerado s.m. **1** Mezcla de personas o cosas de origen y naturaleza distinta. **2** Material compacto compuesto por pequeños fragmentos o partículas de distintos materiales prensados y unidos con un aglutinante. **3** Roca sedimentaria formada por trozos de diversas rocas o minerales aglutinados por un cemento.

conglomerante s.m. y adj. Material que sirve para unir fragmentos o partículas de una o más sustancias y compactarlas.

congoja s.f. Sufrimiento y preocupación intensos provocados por un peligro o amenaza.

congoleño, a adj. y s. Del Congo.

congosto s.m. Desfiladero entre montañas.

congraciar (1d) v.tr. Conseguir la benevolencia o el afecto de una persona.

congratular v.tr. **1** Causar alegría a una persona un hecho agradable o feliz. ◆ **congratularse** v.prnl. **2** Alegrarse o complacerse una persona por un hecho agradable o feliz.

congregación s.f. **1** Acción de congregar varias personas que generalmente tienen algún rasgo en común, como realizar una misma labor, tener las mismas creencias, etc. **2** Comunidad formada por religiosos seculares, que no viven sujetos a una regla monástica sino integrados en el mundo laico. **3** Grupo de personas devotas que se organiza y reúne para hacer prácticas religiosas y labores sociales, generalmente contando con los servicios de un sacerdote.

congregar v.tr. Reunir a un conjunto de personas, en especial a una congregación.

congresista s.m. y f. **1** Persona que asiste a un congreso o participa en él. **2** Miembro de un congreso (asamblea legislativa) o del Congreso de los Diputados.

congreso s.m. **1** Reunión de personas que se proponen estudiar un tema social, cultural o científico determinado o exponer asuntos relacionados con él. **2** Reunión de personas que pertenecen un mismo grupo, asociación o partido, para estudiar y debatir asuntos de interés común. **3** Asamblea legislativa nacional o parlamento de algunos países. □ Con mayúscula inicial cuando hace referencia al congreso de un país en concreto. ◇ **Congreso de los Diputados** Conjunto de personas elegidas directamente por el pueblo para elaborar las leyes de un Estado. □ También simplemente Congreso. □ Edificio donde se reúnen estas personas para elaborar las leyes. □ También simplemente Congreso.

congrio s.m. Pez marino comestible de gran tamaño, con el cuerpo alargado y casi cilíndrico, de color negro o gris, similar a la anguila.

congruencia s.f. **1** Relación lógica y coherente entre varias cosas. **2** Relación existente entre dos números que, divididos por un tercero, llamado módulo, dan el mismo resto.

congruente adj. Que tiene congruencia.

cónico, a adj. **1** Que tiene forma de cono. **2** Relativo al cono.

conífero, a adj. y s.f. **1** Se dice de la planta gimnosperma que tiene las hojas permanentes en forma de escamas o agujas, frutos en forma de piña y flores unisexuales. ◆ **coníferas** s.f.pl. **2** Grupo taxonómico, con categoría de orden, constituido por estas plantas.

conjetura s.f. Juicio formado a partir de datos incompletos o supuestos.

conjugación s.f. **1** Conjunto de las distintas formas del verbo con las que se expresan las variaciones de voz, modo, tiempo, aspecto, número y persona. **2** Unión de elementos distintos que forman un conjunto lógico, coherente o armonioso.

conjugar v.tr. **1** Enunciar las distintas formas de un verbo para expresar las variaciones de voz, modo, tiempo, aspecto, número y persona. **2** Conjuntar.

conjunción s.f. **1** Unión de elementos distintos que forman un conjunto lógico, coherente o armonioso. **2** Parte invariable de la oración que une gramaticalmente palabras o proposiciones y señala la relación existente entre ellas. **3** En astronomía, situación relativa de dos planetas u otros cuerpos celestes que se ven alineados y superpuestos.

conjuntiva adj. y s.f. Se dice de la membrana mucosa muy delgada que cubre la parte interior del párpado y llega hasta la parte anterior del globo del ojo de los vertebrados.

conjuntivitis s.f. Inflamación de la conjuntiva.

conjuntivo, a adj. **1** Que junta y une. **2** Relativo a la conjunción gramatical o a las funciones que esta realiza. ◆ adj. y s.m. **3** Se dice del tejido del un organismo animal que sirve para unir y dar estructura a las diferentes partes del cuerpo.

conjunto, a adj. **1** Que se hace a la vez o con un fin común. **2** Contiguo a otra cosa. ◆ s.m. **3** Grupo de elementos considerados como un todo homogéneo. **4** Grupo musical integrado por varias personas. **5** Varias prendas de vestir que hacen juego. **6** En matemáticas, total de elementos que tienen una característica o propiedad que los distingue de otros.

conjura s.f. Acuerdo secreto entre varias personas para realizar una acción contra alguien.

conjurar v.tr. **1** Impedir o evitar un daño o peligro, especialmente al demonio, con exorcismos. **2** Pronunciar unas palabras mágicas para comunicar con los espíritus. **3** Tomar juramento. **4** Rogar con insistencia, en nombre de algo convincente. ◆ v.intr. y prnl. **5** Ponerse de acuerdo varias personas para hacer algo, especialmente si es ilícito o perjudicial para otro.

conjuro s.m. **1** Serie de palabras mágicas que se pronuncian para comunicar con los espíritus. **2** Serie de palabras mágicas que se pronuncian para conseguir algo que se desea. **3** Acto mediante el cual se conjura, exorciza o ahuyenta el mal.

conllevar v.tr. **1** Tener como resultado o producir como consecuencia directa. **2** Compartir con otro los trabajos. **3** Soportar los defectos, mal carácter o penas de otra persona.

conmemoración s.f. Acción de conmemorar.

conmemorar v.tr. Recordar a una persona o hecho, especialmente si se celebra con una ceremonia o fiesta.

conmemorativo, a adj. Que conmemora.

conmigo pron. Forma del pronombre personal de primera persona **mí**, que se usa cuando va acompañado por la preposición **con**.

conminar v.tr. Amenazar a una persona con un castigo si no hace lo que se le ordena.

conmiseración s.f. Sentimiento de pena y dolor por la desgracia o sufrimiento que padece otra persona.

conmoción s.f. **1** Alteración violenta del ánimo de una persona causada generalmente por la sorpresa que provoca un acontecimiento desagradable. **2** Movimiento sísmico muy perceptible, aunque de leve intensidad.

conmocionar v.tr. Producir una conmoción.

conmovedor, ra adj. Que causa emoción.

conmover (28) v.tr. **1** Producir un emoción intensa. **2** Provocar en una persona pena y dolor la desgracia o sufrimiento que padece otra.

conmutador s.m. **1** Interruptor que actúa sobre dos circuitos eléctricos abriendo uno de ellos y cerrando el otro, o viceversa. **2** AMÉR Centralita telefónica.

conmutar v.tr. **1** Cambiar o sustituir una cosa por otra, especialmente una pena o castigo por otro de menor grado o rigor. **2** Cambiar el orden de las cantidades en una operación matemática.

conmutativo, a adj. Se dice de la propiedad de una operación matemática que permite el cambio de orden de las cantidades que la integran sin alterar el resultado.

connatural adj. Propio de la naturaleza de un ser viviente o conforme con ella.

connivencia s.f. **1** Formal. Acuerdo a que llegan dos o más personas para realizar algo ilícito. **2** Formal. Tolerancia de un superior en relación con las faltas que cometen sus subordinados.

connotación s.f. **1** Relación que se establece entre varias cosas. **2** Valor secundario que un hablante asocia de manera subjetiva al significado real de una palabra.

connotado, a adj. AMÉR Se dice de la persona que es famosa por su conducta o profesión.

connotar v.tr. **1** Establecer relaciones entre varias cosas. **2** Tener una palabra, además de su significado propio o específico, otro secundario y subjetivo por su asociación con otras ideas.

connotativo, a adj. Se dice de la palabra que tiene un significado secundario y subjetivo por su asociación con otras ideas.

cono s.m. **1** Cuerpo geométrico limitado por una base circular y una superficie curva formada por los infinitos segmentos que parten de la base y se unen en un punto llamado vértice. **2** Objeto o figura que tiene esta forma. **3** Montaña o agrupación de ceniza, lava, etc., de forma cónica, que se forma alrededor de un cráter. **4** Célula de la retina de los vertebrados que es receptora de la luz y permite la visión de los colores.

conocedor, ra adj. y s. Que tiene conocimiento de algo.

conocer (30) v.tr. **1** Comprender por medio de la razón la naturaleza, cualidades y relaciones de las cosas. **2** Comprender por medio de la propia experiencia. **3** Tener trato o relación con una persona. **4** Distinguir una cosa como distinta de otras. **5** Tener informaciones y conocimientos sobre algo, especialmente sobre una materia o ciencia. **6** Tener relaciones sexuales con una persona.

conocido, a adj. **1** Distinguido, ilustre, acreditado. ◆ s. **2** Persona con la que se tiene trato, pero sin llegar a la amistad.

conocimiento s.m. **1** Capacidad del ser humano para comprender por medio de la razón la naturaleza, cualidades y relaciones de las cosas. **2** Conjunto de datos o noticias relativos a una persona o cosa. **3** Conjunto de las facultades sensoriales de una persona en la medida en que están activas. **4** Facultad humana de aprender, comprender y razonar. **5** Capacidad para razonar y ser consciente del mundo exterior. ◆ **conocimientos** s.m.pl. **6** Conjunto de datos e ideas que se conocen acerca de algo.

conque conj. Introduce una oración que es resultado o consecuencia de la oración anterior.

conquense adj. y s.m. y f. De Cuenca.

conquista s.f. **1** Acción y efecto de conquistar. **2** Cosa o persona conquistada.

conquistador, ra adj. y s. Que conquista.

conquistar v.tr. **1** Conseguir el dominio y control de una población o de un territorio como consecuencia de una guerra. **2** Conseguir un premio o beneficio con el esfuerzo y el trabajo. **3** Conseguir el amor de una persona. **4** Conseguir la confianza, la simpatía y la voluntad de una persona.

consabido, a adj. **1** Conocido por todos. **2** Que se hace a menudo o por costumbre.

consagración s.f. **1** Acción y efecto de consagrar. **2** Momento de la misa en que el sacerdote consagra el pan y el vino.

consagrar v.tr. **1** Dar a algo o a alguien fama o prestigio. **2** Dedicar esfuerzo y trabajo a un fin. **3** Ofrecer o dedicar una cosa o lugar a Dios, a la Virgen o a un santo. **4** Pronunciar el sacerdote en la misa las palabras por las que el pan y el vino se convierten en el cuerpo y la sangre de Cristo.

consanguíneo, a adj. **1** Se dice de la persona que desciende de los mismos antepasados que otra. ◆ adj. y s. **2** Se dice del hermano que solo lo es por vínculo paterno.

consanguinidad s.f. Parentesco natural entre personas que descienden de los mismos antepasados.

consciencia s.f. Conocimiento que el ser humano tiene de su propia existencia, del estado en que se encuentra y de lo que hace.

consciente adj. **1** Se dice de la persona que siente, piensa y actúa con conocimiento de lo que hace. **2** Se dice del sentimiento, idea o acto que se lleva a cabo con conocimiento de lo que se hace. **3** Se dice de la persona que tiene capacidad para percibir estímulos sensibles y comprender lo que sucede a su alrededor.

consecución s.f. Obtención de una cosa que se intenta o se desea.

consecuencia s.f. **1** Hecho o acontecimiento que se sigue o resulta de otro. **2** Correspondencia lógica entre las ideas de una persona y su comportamiento. ◇ **a consecuencia de** Por efecto o como resultado de una cosa anterior.

consecuente adj. y s.m. y f. **1** Se dice de la persona que mantiene correspondencia lógica entre sus ideas y su comportamiento. ◆ adj. **2** Que depende o resulta de otra cosa.

consecutivo, a adj. **1** Que sigue o sucede sin interrupción a otra cosa. ◆ adj. y s.f. **2** Se dice de la proposición subordinada adverbial que expresa una acción, proceso o estado que sigue o resulta de otro anterior. **3** Se dice de la conjunción que introduce una proposición subordinada, que es resultado de una oración anterior.

conseguir (31) v.tr. Obtener algo que se merece, solicita o pretende.

consejero, a s. **1** Persona que aconseja o a la que se pide consejo. **2** Persona que forma parte de algún consejo.

consejo s.m. **1** Opinión que se da o se recibe sobre lo que se debe hacer o el modo de hacerlo. **2** Corporación consultiva encargada de informar al Gobierno sobre determinada materia, o de realizar una determinada labor legislativa, administrativa o judicial en un organismo. **3** Departamento de una empresa, entidad o asociación que se encarga de su dirección y administración. **4** Reunión que celebran los miembros de este departamento. ◇ **Consejo de Estado** Órgano supremo consultivo del Gobierno. ◇ **consejo de guerra** Tribunal de justicia integrado por miembros del ejército que aplica el código de justicia militar.

consenso s.m. Consentimiento.

consensuar (1b) v.tr. **1** Adoptar una decisión por asentimiento o consentimiento, especialmente el de todas las personas que pertenecen a una corporación. **2** Acordar algo por mayoría, incluso antes de someterlo a votación.

consentido, a adj. y s. Que está acostumbrado a hacer siempre su voluntad.

consentimiento s.m. **1** Aprobación o permiso para que se realice una cosa. **2** Aceptación de las voluntades entre los que contratan algo.

consentir (31) v.tr. e intr. **1** Permitir que se haga una cosa o el modo de hacerla. ◆ v.tr. **2** Ser indulgente con una persona, especialmente si es un niño o un inferior.

conserje s.m. y f. Persona que se encarga del cuidado, vigilancia y limpieza de un establecimiento o edificio público.

conserjería s.f. **1** Dependencia que ocupa el conserje. **2** Cargo de conserje.

conserva s.f. Alimento preparado de modo conveniente y envasado herméticamente para mantenerlo comestible durante mucho tiempo.

conservación s.f. Acción de conservar.

conservador, ra adj. y s. **1** Se dice de la persona, organismo o gobierno que es partidario de mantener los valores políticos, sociales y morales tradicionales y que se opone a reformas o cambios radicales en la sociedad. ◆ s. **2** Persona encargada de la conservación de los fondos documentales de un museo o archivo o de una de sus secciones.

conservadurismo s.m. **1** Tendencia política que defiende el sistema de valores políticos, sociales y morales tradicionales. **2** Actitud de defensa de la tradición y rechazo de las reformas en una materia o disciplina. **3** Actitud de cautela por temor a perder lo que se tiene.

conservante adj. **1** Que conserva. ◆ s.m. y adj. **2** Sustancia que se añade a un alimento para mantener sin alteración sus cualidades durante mucho tiempo.

conservar v.tr. **1** Mantener y cuidar una cosa para que no pierda sus características y propiedades con el paso del tiempo. **2** Guardar una cosa con cuidado. **3** Continuar teniendo una cosa, especialmente cierto estado, condición, actitud, etc. **4** Mantener costumbres, virtudes o defectos. **5** Hacer conservas. ◆ **conservarse** v.prnl. **6** Mantener un determinado aspecto.

conservatorio, a s.m. **1** Centro de educación, generalmente oficial, donde se imparte música, canto y otras artes relacionadas. ◆ adj. **2** Que conserva alguna cosa.

considerable adj. **1** Que es lo bastante grande, numeroso o importante como para ser tenido en cuenta. **2** Digno de consideración.

consideración s.f. **1** Reflexión que se hace con atención y cuidado para formar una opinión acerca de una cosa. **2** Opinión que se forma tras esta reflexión. **3** Respeto o atención con el que se trata a una persona o cosa. ◇ **de consideración** Importante, grave.

considerado, a adj. **1** Que se comporta con respeto y atención hacia los demás. **2** Que recibe muestras de atención y respeto.

considerar v.tr. **1** Reflexionar con atención y cuidado sobre una cuestión para formar una opinión sobre ella. **2** Formar una opinión razonada sobre un asunto o persona. **3** Tratar a alguien con respeto.

consigna s.f. **1** Orden o instrucción que se da a un subordinado o a los miembros de una agrupación política o sindical. **2** Lema o frase que gritan en una manifestación las personas que participan en ella. **3** ESP Dependencias de una estación, aeropuerto, etc., donde los viajeros pueden guardar temporalmente el equipaje.

consignatario, a s. **1** Persona, entidad o empresa a la que va destinada una mercancía. **2** Representante del armador de un barco.

consigo pron. Forma del pronombre personal reflexivo de tercera persona **sí** que se usa cuando va acompañado por la preposición **con**.

consiguiente adj. Que depende o resulta de otra cosa. ◇ **por consiguiente** Indica que una cosa es la consecuencia de otra anterior.

consistencia s.f. **1** Cualidad de la materia que resiste sin romperse ni deformarse fácilmente. **2** Unión y relación adecuada de todas las partes que forman un todo. **3** Cohesión entre las partículas de una masa o cuerpo.

consistente adj. **1** Que resiste un esfuerzo normal sin romperse ni deformarse. **2** Que une y relaciona las partes de un conjunto y les da unidad y coherencia.

consistir v.intr. **1** Estar fundada un cosa en otra. **2** Estar formado por varios elementos.

consistorial adj. ESP Relativo al consistorio.

consistorio s.m. **1** ESP Corporación o grupo de personas integrado por un alcalde y varios concejales que se encarga de administrar y gobernar un municipio. **2** ESP Edificio en el que trabaja este grupo de personas. **3** ESP Junta o reunión celebrada por los miembros de este grupo de personas. **4** Reunión que el Papa celebra con los cardenales.

consola s.f. **1** Tablero con mandos, teclas e indicadores desde el que se controla una máquina. **2** Mesa alargada y estrecha, por lo general sin cajones y con un segundo soporte en la parte baja, que se coloca junto a la pared y sirve de adorno.

consolación s.f. Ayuda o motivo que contribuye a disminuir la intensidad de una pena o de un dolor.

consolador, ra adj. **1** Que consuela. ◆ s.m. **2** Pene artificial para simular el coito.

consolar (11) v.tr. Dar consuelo.

consolidación s.f. **1** Adquisición de firmeza, solidez y estabilidad. **2** Reparación de un hueso fracturado.

consolidar v.tr. **1** Dar a una cosa firmeza, solidez y estabilidad. **2** Volver a juntar lo que se había roto, de modo que quede firme. **3** Dar carácter perpetuo a una deuda pública.

consomé s.m. Caldo de carne concentrado.

consonancia s.f. **1** Relación de acuerdo o de correspondencia entre varias personas o cosas. **2** Relación armoniosa entre varios sonidos o notas musicales.

consonante adj. y s.f. **1** Se dice del sonido que se produce por el choque o roce del aire con los órganos de la articulación. **2** Se dice de la letra que representa este sonido. ◆ adj. **3** Se dice de la rima conseguida entre dos palabras por la igualdad de los sonidos vocálicos y consonánticos a partir de la última vocal acentuada. **4** Que tiene una relación de consonancia.

consonántico, a adj. **1** Relativo al sonido o letra consonante. **2** Relativo a la consonancia.

consonantización s.f. Proceso por el cual una vocal se convierte en consonante.

consorcio s.m. **1** Asociación de personas o empresas con intereses comunes para participar conjuntamente en un proyecto o negocio importante. **2** Participación con otras personas en la misma suerte.

consorte s.m. y f. **1** Formal. Esposo o esposa de una persona. **2** Se usa en aposición a ciertos títulos (como **rey, reina, príncipe** o **princesa**) para indicar que comparte el título por matrimonio, pero no sus atribuciones.

conspicuo, a adj. Se dice de la persona que es ilustre o sobresaliente por alguna cualidad.

conspiración s.f. Acción y efecto de conspirar.

conspirador, ra s. Que conspira.

conspirar v.intr. Llegar a un acuerdo varias personas para hacer algo, especialmente si es ilícito o perjudicial para otro.

constancia s.f. **1** Dedicación y firmeza en las actitudes y las ideas o en la realización de las cosas. **2** Certeza de algo que se ha hecho o dicho. **3** Registro, prueba o testimonio de que un hecho es verdadero y exacto.

constante adj. **1** Que consta. **2** Se dice de la persona que tiene voluntad firme y continuada en la determinación de hacer una cosa o en el modo de realizarla. **3** Que se prolonga durante largo tiempo con la misma intensidad y sin interrupción. **4** Que se repite con cierta frecuencia manteniendo la misma intensidad. ◆ adj. y s.f. **5** Se dice del valor o la cantidad que permanece fija en un cálculo o proceso matemático.

constar v.intr. **1** Ser determinado hecho, para una persona, verdadero y exacto. **2** Aparecer una persona o una cosa registrada en un documento o escrito. **3** Estar formado o compuesto por varios elementos.

constatar v.tr. Comprobar un hecho.

constelación s.f. Grupo de estrellas que presentan una figura convencional determinada.

consternación s.f. Abatimiento que provoca el conocimiento de una desgracia.

consternar v.tr. Producir consternación.

constipado s.m. ESP Catarro, resfriado.

constiparse v.prnl. ESP Acatarrarse, resfriarse.

constitución s.f. **1** Manera en que está compuesto algo o forma en que se estructuran sus elementos formantes. **2** Naturaleza de un organismo vivo en relación con el desarrollo, estructura y funcionamiento de su cuerpo. **3** Estructura de una persona o cosa y los elementos que la forman. **4** Efecto de constituir. **5** Conjunto de leyes que fija la organización política de un estado. □ Con mayúscula inicial cuando hace referencia a la constitución de un estado en concreto. **6** Sistema de gobierno de un estado.

constitucional adj. **1** Relativo a la Constitución. ◆ **adj. y s.m. y f. 2** Se dice de la persona que es partidaria de la Constitución de un estado. ◆ **adj. 3** Relativo a la constitución física de un organismo vivo.

constitucionalidad s.f. Conformidad con el contenido de la Constitución de un estado.

constituir (23) v.tr. **1** Formar o componer. **2** Ser o suponer. **3** Establecer. ◆ **constituirse** v.prnl. **4** Aceptar una obligación o un cargo.

constitutivo, a adj. Que define una cosa y la distingue de otras.

constituyente adj. y s.m. **1** Que forma parte de un todo. **2** Se dice de las Cortes, congreso o asamblea que han sido convocados para elaborar o reformar la Constitución de un estado. ◆ **s.m. y f. 3** Persona elegida como miembro de esta asamblea.

constreñir (9) v.tr. **1** Disminuir o reducir a límites menores. **2** Hacer presión u oprimir un conducto hasta cerrarlo parcial o totalmente. **3** Obligar a alguien a que haga algo.

construcción s.f. **1** Acción y efecto de construir. **2** Edificio u obra de arquitectura o ingeniería construida. **3** Disposición sintáctica adecuada de las palabras y las oraciones.

constructivismo s.m. Corriente de las artes plásticas, surgida en la Unión Soviética en la segunda década del siglo XX, caracterizada por una construcción geométrica de las formas.

constructivo, a adj. **1** Relativo a la construcción. **2** Que construye o sirve para construir.

constructor, ra adj. y s. Se dice de la persona o empresa que construye edificios, obras de arquitectura o ingeniería.

construir (23) v.tr. **1** Fabricar una obra material de acuerdo con una técnica de trabajo compleja y usando gran cantidad de elementos. **2** Elaborar una teoría o proyecto a partir de la combinación de diversos conceptos. **3** Disponer de determinada manera los elementos de una obra artística. **4** Unir y ordenar debidamente las palabras o las oraciones.

consubstancial ▷ consustancial.

consuegro, a s. Suegro o suegra del hijo o de la hija de una persona.

consuelo s.m. Ayuda o motivo que contribuye a disminuir la intensidad de una pena o de un dolor.

consuetudinario, a adj. Que se basa en la costumbre.

cónsul s.m. y f. **1** Diplomático que representa y protege los intereses económicos, administrativos o legales de los ciudadanos de una nación en una ciudad de un estado extranjero. ◆ **s.m. 2** Hombre que recibía por un año la máxima autoridad civil y militar en la antigua República romana.

consulado s.m. **1** Lugar o edificio donde trabaja el cónsul. **2** Conjunto de personas que trabajan bajo la dirección de un cónsul para representar y proteger los intereses de su nación en una ciudad de un estado extranjero. **3** Cargo o dignidad de cónsul.

consulta s.f. **1** Acción y efecto de consultar. **2** Lugar donde el médico recibe, examina y atiende a sus pacientes. **3** Examen y atención que un médico presta a sus pacientes.

consultar v.tr. **1** Pedir opinión o consejo acerca de una cosa. **2** Tratar un asunto con otras personas para conocer su punto de vista. **3** Buscar información en un libro, un fichero, etc.

consultivo, a adj. **1** Se dice de la junta u organismo establecido para ser consultado por los gobernantes. **2** Se dice de la materia que debe someterse a consulta.

consultoría s.f. **1** Oficio del consultor. **2** Lugar donde trabaja el consultor.
OBS Puede encontrarse la grafía inglesa consulting.

consultorio s.m. **1** Establecimiento donde se presta atención médica a enfermos que no requieren ser internados en un hospital. **2** Lugar donde el médico recibe, examina y atiende a sus pacientes. **3** Sección de un medio de comunicación, especialmente de la radio o la prensa, dedicada a responder a las consultas del público acerca de materias técnicas.

consumación s.f. Realización completa y total de una acción o proceso.

consumado, a adj. Se dice de la persona que destaca por sus buenas cualidades.

consumar v.tr. Acabar por completo una acción o proceso.

consumición s.f. **1** Comida o bebida que se toma en un bar u otro establecimiento público. **2** Destrucción o extinción completa de una materia.

consumido, a adj. **1** Se dice de la persona o animal que está muy delgado y con mal aspecto físico. **2** Se dice de la persona que suele afligirse y apurarse por cualquier motivo.

consumidor, ra adj. y s. **1** Que consume. **2** Se dice de la persona que consume bienes y servicios. ◆ s.m. **3** Organismo de un ecosistema que se alimenta de otros organismos.

consumir v.tr. **1** Comprar o usar un producto, especialmente alimentos y bebidas, para satisfacer necesidades o gustos. **2** Usar, disfrutar o servirse de un producto o de una cosa no material. **3** Destruir por completo una materia. **4** Hacer perder peso y deteriorar físicamente. **5** Causar o sentir desasosiego.

consumismo s.m. Tendencia al consumo de productos de modo excesivo y sin necesidad.

consumista adj. y s.m. y f. Se dice de la persona que consume productos de modo excesivo.

consumo s.m. **1** Compra o uso de un producto, especialmente alimentos y bebidas, para satisfacer necesidades o gustos. **2** Uso, disfrute o servicio que se obtiene de un producto o de una cosa no material.

consustancial o **consubstancial** adj. **1** De la misma sustancia, naturaleza o esencia que otra cosa. **2** Que forma parte de las características esenciales de una cosa.

contabilidad s.f. Sistema de control y registro de los gastos e ingresos y demás operaciones económicas que realiza una empresa.

contabilizar v.tr. Registrar una operación económica en un libro de cuentas para llevar la contabilidad.

contable adj. **1** Que puede ser contado o cuantificado. **2** Relativo a la contabilidad económica. **3** Se dice del sustantivo que designa una realidad que se puede contar. ◆ s.m. y f. **4** Persona que lleva la contabilidad económica de una empresa.

contactar v.tr. Establecer trato personal.

contacto s.m. **1** Proximidad entre varias cosas de modo que se toquen entre sí. **2** Trato o relación personal. **3** Persona con la que otra debe contactar para recibir instrucciones o trabajar conjuntamente. **4** Unión entre las dos partes de un circuito que permite el paso de la corriente eléctrica. **5** Mecanismo que se usa para establecer esta unión. ◆ **contactos** s.m.pl. **6** Fam. Personas con las que se mantienen relaciones sociales o económicas.

contado, a adj. Escaso, raro o poco frecuente. ◇ **al contado** Se dice de la forma de pago con dinero en efectivo, abonando la cantidad de inmediato.

contador, ra adj. y s. **1** Que cuenta. ◆ s.m. **2** Aparato para registrar ciertas magnitudes o efectos mecánicos.

contagiar (1d) v.tr. **1** Transmitir una enfermedad un ser vivo a otro. **2** Transmitir una persona una idea o sentimiento a otra. ◆ **contagiarse** v.prnl. **3** Contraer una enfermedad por contacto con el germen o virus que la causa.

contagio s.m. Transmisión de una enfermedad por contacto directo o indirecto.

contagioso, a adj. Que se contagia.

contáiner (pl. contáiners.) s.m. Contenedor (recipiente metálico).

contaminación s.f. Acción y efecto de contaminar o contaminarse.

contaminante adj. y s.m. Que contamina.

contaminar v.tr. e intr. **1** Transmitir al agua, la atmósfera u otra cosa sustancias capaces de perjudicar su estado o la salud de los seres vivos. ◆ v.tr. **2** Alterar o dañar el estado original de pureza o limpieza de una cosa. **3** Transmitir una enfermedad un ser vivo a otro. ◆ **contaminarse** v.prnl. **4** Contraer una enfermedad por contacto con el germen o virus que la causa.

contante ◇ **contante y sonante** Se dice del pago realizado al contado.

contar (11) v.tr. **1** Enumerar consecutivamente la cantidad de elementos que hay en un conjunto. **2** Expresar los números ordenados consecutivamente. **3** Tener una edad. **4** Explicar una historia real o inventada. **5** Considerar una cosa según la importancia, clase u opinión que le corresponde. ◆ v.intr. **6** Considerar a una persona o cosa útil, conveniente o de confianza para algo. **7** Tener o disponer de una cualidad.

contemplación s.f. **1** Acción de contemplar. ◆ **contemplaciones** s.f.pl. **2** Respeto y consideración con que actúa una persona al decir o hacer una cosa, para no molestar a los demás.

contemplar v.tr. **1** Mirar con interés, atención y detenimiento, especialmente por placer y de manera pasiva. **2** Reflexionar con atención y cuidado sobre una cuestión para formar una opinión sobre ella. **3** Complacer a una persona o ser condescendiente con ella. **4** Reflexionar detenida e intensamente sobre Dios, sus atributos divinos y los misterios de la fe.

contemplativo, a adj. Relativo a la contemplación.

contemporáneo, a adj. **1** Que existe en la época actual, que pertenece al presente. ◆ adj. y s. **2** Se dice de la persona que existió al mismo tiempo que otra persona o cosa o que pertenece a la misma época que ella.

contemporizar v.intr. Adaptarse al gusto y voluntad de los demás por algún fin en particular.

contención s.f. **1** Detención del movimiento de un cuerpo, un líquido o un gas. **2** Control sobre un sentimiento o impulso para moderar su intensidad. **3** Detención o moderación del aumento de una cantidad.

contencioso, a adj. y s.m. Se dice del asunto o materia que es motivo de reclamación legal cuya solución depende de una sentencia judicial.

contender (33) v.intr. **1** Atacar, golpear y herir al contrario y defenderse de sus ataques. **2** Luchar con otros para conseguir un mismo fin. **3** Defender varias personas opiniones o intereses opuestos en una conversación.

contendiente adj. y s.m. y f. Se dice de la persona o grupo que contiende.

contenedor, ra adj. **1** Que contiene. ◆ s.m. **2** Recipiente metálico que se usa para meter la basura y los materiales que ya no sirven. **3** Recipiente metálico de forma rectangular y gran tamaño para el transporte de mercancías a grandes distancias.

contener (48) v.tr. **1** Tener o incluir una cosa dentro de otra. **2** Hacer referencia a un tema o asunto a lo largo de una exposición. **3** Detener, sujetar o reprimir.

contenido, a adj. **1** Se dice del sentimiento o impulso que no se expresa abiertamente. ◆ s.m. **2** Materia incluida en el interior de un espacio. **3** Tema o asunto sobre el cual se escribe o se trata.

contentar v.tr. **1** Satisfacer un deseo, una ilusión o una necesidad. ◆ **contentarse** v.prnl. **2** Aceptar una cosa de buen grado.

contento, a adj. **1** Que está alegre, feliz y satisfecho. **2** Fam. Se dice de la persona que está excitada por haber bebido alcohol. ◆ s.m. **3** Alegría, felicidad y satisfacción.

contertulio, a s. Persona que participa con otras en una tertulia.

contesta s.f. AMÉR Respuesta, contestación.

contestación s.f. **1** Información o juicio que se da a una pregunta, petición u opinión ajena. **2** Desacuerdo y oposición que se expresa contra una cosa.

contestador, ra adj. **1** Que contesta. ◆ s.m. **2** Aparato eléctrico conectado al teléfono que emite y graba mensajes.

contestar v.tr. **1** Dar una información o juicio a una pregunta, petición u opinión ajena. **2** Expresar desacuerdo y oposición contra una cosa. ◆ v.intr. **3** Replicar de modo brusco.

contestatario, a adj. y s. Que expresa desacuerdo y oposición contra valores u opiniones socialmente establecidos.

contexto s.m. **1** Conjunto de circunstancias que condicionan un hecho. **2** Situación o conjunto de circunstancias en que se encuentran el emisor y el receptor durante el proceso de comunicación y que permiten, en ocasiones, entender correctamente el mensaje.

contextualizar v.tr. Poner en un determinado contexto.

contextura s.f. **1** Disposición y unión de las partes que componen un todo. **2** Contexto que rodea un hecho. **3** Naturaleza de un organismo vivo en relación con el desarrollo, estructura y funcionamiento de su cuerpo. **4** Configuración del cuerpo humano.

contienda s.f. Lucha, enfrentamiento o discusión.

contigo pron. Forma del pronombre personal de segunda persona del singular ti, que se usa cuando va acompañado por la preposición con.

contigüidad s.f. Contacto entre dos cosas que están una junto a la otra.

contiguo, a adj. Que ocupa un lugar inmediato o lindante a otra cosa.

continencia s.f. **1** Control sobre un sentimiento o impulso para moderar su intensidad. **2** Moderación en la satisfacción de un deseo, especialmente el sexual.

continental adj. **1** Relativo al continente. **2** Relativo al conjunto de países que forman un continente.

continente adj. **1** Que contiene. **2** Que practica la continencia. ◆ s.m. **3** Gran extensión de tierra firme separada por los océanos. **4** Cosa que contiene dentro de sí a otra. **5** Aspecto del rostro y compostura que presenta el cuerpo de una persona.

contingencia s.f. **1** Posibilidad de que una cosa suceda o no suceda. **2** Cosa que puede suceder o no, especialmente un problema que se plantea de manera no prevista.

contingente adj. **1** Que puede suceder o no suceder. **2** Que no existe por sí mismo, sino que depende de otro. ◆ s.m. **3** Suceso posible. **4** Conjunto organizado de soldados. **5** Parte proporcional que cada uno pone cuando son varios los que contribuyen a un mismo fin. **6** Cantidad que se señala a un país o a un industrial para la compra, venta o producción de determinadas mercancías.

continuación s.f. **1** Ampliación en el tiempo del desarrollo de una acción que ya había empezado. **2** Cosa con la que se continúa otra.

continuador, ra adj. Que sigue y continúa una cosa empezada por otro.

continuar (1b) v.tr. e intr. **1** Seguir con lo empezado. ◆ v.intr. **2** Existir algo durante un tiempo. ◆ v.intr. y prnl. **3** Extender a lo largo de una superficie.

continuidad s.f. **1** Circunstancia de suceder o hacerse algo sin interrupción. **2** Unión entre las partes que forman un todo.

continuo, a adj. **1** Que no se interrumpe y se prolonga durante largo tiempo con la misma intensidad. **2** Que se repite con cierta frecuencia manteniendo la misma intensidad. **3** Que está formado por partes unidas entre sí.

contonearse v.prnl. Mover de manera exagerada los hombros y las caderas al andar.

contoneo s.m. Movimiento exagerado de los hombros y las caderas al andar.

contorno s.m. **1** Conjunto de líneas que limitan una figura o una composición artística. **2** Forma que presenta un objeto cuando está sobre un fondo más claro que él. **3** Zona que rodea un lugar o una población. □ Suele usarse en plural con valor singular.

contorsión s.f. Contracción extraña de una parte del cuerpo, los rasgos de la cara o cualquier músculo.

contorsionista s.m. y f. Artista circense o acróbata que flexiona su cuerpo y logra posiciones muy difíciles e inusitadas.

contra prep. **1** Indica oposición o acción contraria. **2** Indica contacto o apoyo. **3** Indica cambio de una cosa por otra. ◆ s.m. **4** Dificultad, circunstancia o razón que impide hacer una cosa. □ Suele usarse en plural. ◆ interj. **5** Se emplea para indicar sorpresa o disgusto.

contraalmirante o **contralmirante** s.m. Militar del cuerpo de generales de la Armada que tiene categoría inmediatamente superior a la de capitán de navío.

contraargumento s.m. Argumento elaborado para contrarrestar o contrastar otros razonamientos que demuestran algo.

contraatacar v.tr. e intr. Hacer un contraataque.

contraataque s.m. **1** Reacción que responde al ataque anterior de un enemigo o para recuperar posiciones perdidas. **2** Reacción ofensiva de un equipo deportivo ante el avance del contrario.

contrabajo s.m. **1** Instrumento musical de cuerda, de forma semejante a la del violín pero de tamaño mucho mayor. ◆ s.m. y f. **2** Persona que toca este instrumento.

contrabandista s.m. y f. Persona que se dedica al contrabando.

contrabando s.m. **1** Producción, transporte o comercio ilegal de productos sin pagar los impuestos correspondientes. **2** Producción, transporte o comercio ilegal de productos prohibidos por las leyes a los particulares. **3** Mercancías o géneros prohibidos o introducidos de forma fraudulenta.

contracción s.f. **1** Acción y efecto de contraer o contraerse. **2** Unión de dos palabras o dos sílabas en una sola.

contraceptivo, a adj. y s.m. Contraconceptivo.

contrachapado, a adj. y s.m. Se dice del tablero que está formado por varias capas finas de madera encoladas, de modo que sus fibras quedan entrecruzadas.

contracorriente s.f. Corriente con dirección opuesta a aquella de la que procede.

contráctil adj. Capaz de contraerse por sí mismo.

contracto, a adj. **1** Que está contraído. **2** Se dice del artículo el cuando se fusiona con las preposiciones a o de.

contractual adj. Relativo al contrato.

contractura s.f. Contracción involuntaria y duradera de un músculo.

contradecir (13) v.tr. **1** Decir o hacer lo contrario que otra persona. ◆ **contradecirse** v.prnl. **2** Decir una persona lo contrario de lo que antes había dicho, sin anunciar o reconocer que ha cambiado de opinión.

contradicción s.f. **1** Afirmación que expresa lo contrario de lo dicho por uno mismo o por otros. **2** Actitud o comportamiento contrario a lo dicho por uno mismo o por otros. **3** Afirmación y negación que se oponen una a otra y no pueden ser verdaderas a la vez.

contradicho, a Participio irregular de contradecir.

contradictorio, a adj. Que tiene contradicción con otra cosa.

contraer (49) v.tr. **1** Encoger, estrechar o reducir a menor tamaño. **2** Desarrollar una enfermedad por el contacto con el germen o virus que la causa. **3** Adquirir una costumbre o vicio por el contacto con otra persona. **4** Aceptar una obligación o compromiso.

contraespionaje s.m. Servicio de defensa de un país contra el espionaje.

contrafagot (pl. contrafagotes.) s.m. **1** Fagot de grandes dimensiones y afinado una octava más grave que el fagot ordinario. ◆ s.m. y f. **2** Persona que toca este instrumento.

contrafuerte s.m. **1** Parte de una obra que sobresale de un muro para reforzarlo. **2** Pieza de cuero con que se refuerza el calzado por el talón.

contrahecho, a adj. y s. Se dice de la persona o cosa que tiene torcido o deformado el cuerpo.

contrahierba s.f. **1** AMÉR Nombre genérico de varias plantas que la medicina herbolaria utiliza como contravenenos. **2** AMÉR Infusión antipirética que se prepara con estas plantas. **3** AMÉR Contraveneno, antídoto.

contraindicación s.f. Efecto perjudicial que puede tener el empleo de un medicamento.

contralmirante s.m. Contraalmirante.

contralto s.m. **1** Voz femenina más grave, sobre la cual está la de mezzosoprano. ◆ s.m. y f. **2** Persona que tiene esta voz.

contraluz s.m. o f. Aspecto que presenta una cosa mirándola desde el lado opuesto a la luz.

contramaestre s.m. **1** Suboficial de la Armada que dirige a los marineros bajo las órdenes del oficial. **2** Jefe o vigilante de los obreros en algunos talleres o fábricas.

contramano ◇ **a contramano** loc. Indica la dirección opuesta a la que debe ir una persona o vehículo.

contraorden s.f. Orden que es contraria a otra anterior o la invalida.

contrapartida s.f. **1** Compensación. **2** Anotación compensatoria hecha en un libro de contabilidad para corregir un error.

contrapelo ◇ **a contrapelo** loc. En sentido contrario a la inclinación natural del pelo.

contrapeso s.m. **1** Peso o carga que iguala a otra para conseguir un equilibrio. **2** Cosa que compensa o iguala a otra para hacer disminuir o desaparecer su efecto.

contrapié ◇ **a contrapié** loc. **1** Indica que una persona o cosa están en una posición contraria a la natural. **2** Indica que una cosa sucede en un mal momento.

contrapoder s.m. Poder que intenta contrarrestar el poder establecido.

contraponer (36) v.tr. **1** Comparar, cotejar. **2** Oponer una idea, persona o cosa a otra para impedir su acción.

contraportada s.f. **1** Página anterior a la portada. **2** Última página de un periódico o revista.

contraposición s.f. Acción de contraponer.

contraprestación s.f. Servicio o pago que se hace en correspondencia a lo que se ha recibido o recibirá

contraproducente adj. De efectos opuestos a los que se pretende.

contraprogramar v.tr. e intr. Planificar la programación una cadena de televisión en función de lo programado por otras.

contrapuesto, a adj. Que se opone.

contrapunto s.m. **1** Arte de combinar varias líneas melódicas superpuestas. **2** Contraste que existe entre dos cosas.

contrariado, a adj. Que está disgustado por una contrariedad.

contrariar (1e) v.tr. Ocasionar un disgusto por una contrariedad.

contrariedad s.f. **1** Oposición entre dos cosas. **2** Suceso imprevisto o contratiempo que retrasa o impide hacer lo que se desea. **3** Disgusto de escasa importancia.

contrario, a adj. **1** Que tiene un sentido o significación completamente diferente. **2** Opuesto a una cosa. **3** Nocivo, perjudicial. ◆ s. y adj. **4** Persona que compite con otra. **5** Persona enemiga de otra.

contrarreforma s.f. Movimiento religioso, cultural y político con el que el catolicismo se opuso a la reforma luterana.
OBS Se escribe normalmente con mayúscula inicial.

contrarreloj s.f. y adj. Prueba ciclista en la que se debe recorrer una distancia en el menor tiempo posible.

contrarrestar v.tr. **1** Hacer frente a un ataque. **2** Disminuir el efecto o la importancia de una cosa con una acción contraria.

contrarrevolucionario, a adj. **1** Relativo a la contrarrevolución. ◆ adj. y s. **2** Que es partidario de la contrarrevolución.

contrasentido s.m. Acción, actitud o razonamiento sin lógica.

contraseña s.f. Palabra, frase o señal secreta que permite el acceso o el paso por un lugar.

contrastar v.intr. **1** Mostrar características muy distintas u opuestas dos cosas cuando se comparan entre sí. ◆ v.tr. **2** Comprobar la exactitud, autenticidad o calidad de una cosa.

contraste s.m. **1** Diferencia notable u oposición que presentan dos cosas cuando se comparan entre sí. **2** Hecho de contrastar.

contrata s.f. **1** ESP Contrato para la ejecución de obras o la prestación de un servicio. **2** ESP Documento que asegura este contrato.

contratación s.f. **1** Operación de contratar. **2** Comercio y trato de género vendible.

contratar v.tr. **1** Acordar las condiciones y el precio por el que una persona o empresa se compromete a realizar un trabajo o a prestar un servicio. **2** Emplear a alguien para un trabajo.

contratenor s.m. **1** Voz masculina más aguda que la de tenor. **2** Hombre que tiene esta voz.

contratiempo s.m. **1** Suceso imprevisto que retrasa o impide hacer lo que se desea. **2** En música, valor rítmico que se ataca en el tiempo débil de un compás en vez de en el fuerte.

contratista s.m. y f. Persona o empresa a quien se encarga por contrato la realización de una obra o servicio.

contrato s.m. **1** Acuerdo, generalmente escrito, por el que dos partes se comprometen a respetar y cumplir una serie de condiciones. **2** Documento en que figura este acuerdo firmado.

contratuerca s.f. Tuerca auxiliar que se superpone a otra para evitar que esta se afloje.

contraveneno s.m. Sustancia que contrarresta o anula la acción de un veneno.

contravenir (51) v.tr. Actuar en contra de una ley, norma o pacto.

contrayente s.m. y f. Persona que contrae un compromiso, especialmente el matrimonio.

contribución s.f. **1** Cuota destinada a algún fin, principalmente la que se impone para atender las cargas del Estado. **2** Ayuda, colaboración o participación en el logro de un fin.

contribuir (23) v.intr. **1** Dar una cantidad de dinero como pago de un impuesto. **2** Ayudar, colaborar o participar en el logro de un fin.

contribuyente adj. **1** Que contribuye. ◆ s.m. y f. **2** Persona que legalmente está obligada a pagar impuestos estatales.

contrición s.f. Arrepentimiento por haber pecado y ofendido a Dios.

contrincante s.m. y f. Persona que compite con otra.

control s.m. **1** Dirección o dominio de una organización o sistema. **2** Dominio que una persona tiene de sus propias emociones, ideas o actos. **3** Examen u observación cuidadosa que sirve para hacer una comprobación. **4** Lugar o recinto donde se realiza este examen.

controlador, ra adj. y s. **1** Que ejerce la dirección o el dominio de una organización o sistema. ◆ s.m. **2** Programa informático o rutina que enlaza un dispositivo periférico al sistema operativo.

controlar v.tr. **1** Dirigir o dominar una organización o sistema. **2** Examinar y observar con atención para hacer una comprobación. **3** Contener o dominar una emoción o un sentimiento. ◆ **controlarse** v.prnl. **4** Dominar y contener las propias emociones, sentimientos o ideas.

controversia s.f. Discusión larga y reiterada.

controvertido, a adj. Que provoca controversia.

contubernio s.m. **1** Acuerdo entre varias personas para hacer algo ilícito o perjudicial para otro. **2** Convivencia con otra persona, con fines oscuros o malintencionados.

contumacia s.f. Tenacidad en el error.

contumaz adj. Formal. Se dice de la persona que se mantiene firme en su comportamiento, ideas o intenciones, a pesar de castigos, advertencias o desengaños.

contundencia s.f. **1** Capacidad de un razonamiento o una evidencia para convencer sin dejar lugar a discusión por la convicción o la energía con que se expone. **2** Fuerza o energía con que se golpea algo.

contundente adj. Que se caracteriza por su contundencia.

contusión s.f. Lesión causada al golpear o comprimir una parte del cuerpo sin producir herida exterior.

contusionar v.tr. Producir una contusión.

contuso, a adj. y s. Se dice de la persona que ha recibido una contusión.

conurbación s.f. Unión de núcleos urbanos de tamaño similar.

convalecencia s.f. **1** Recuperación de las fuerzas perdidas después de una enfermedad o de un tratamiento médico. **2** Período que dura esta recuperación.

convalecer (30) v.intr. Recuperar las fuerzas perdidas después de una enfermedad o de un tratamiento médico.

convaleciente adj. y s.m. y f. Que convalece.

convalidación s.f. Acción de convalidar.

convalidar v.tr. **1** Dar validez académica a los estudios realizados y aprobados por una persona en otro país, centro docente o especialidad. **2** Confirmar, ratificar o dar valor y firmeza, especialmente a los actos jurídicos.

convección s.f. Forma de transferencia del calor en un fluido mediante el movimiento interno de masas del propio fluido que tienen distinta densidad.

convencer v.tr. **1** Conseguir mediante razones que una persona actúe o piense de un modo que inicialmente no era el deseado. **2** Agradar algo o alguien a una persona.

convencimiento s.m. **1** Seguridad que tiene una persona de la verdad o certeza de lo que piensa o siente. **2** Capacidad para convencer.

convención s.f. **1** Acuerdo entre personas, empresas, instituciones o países. **2** Norma o práctica aceptada socialmente por un acuerdo general o por la costumbre. **3** Reunión de muchas personas que se proponen estudiar un tema político, cultural o científico, y elegir a sus representantes.

convencional adj. **1** Que se acepta por acuerdo entre personas, empresas, instituciones o países. **2** Que es muy común o no tiene nada de espontáneo u original.

convencionalismo s.m. Idea o costumbre que se acepta o practica por comodidad, acuerdo o conveniencia social.

conveniencia s.f. **1** Beneficio o utilidad que se obtiene de una cosa. **2** Conformidad o correspondencia entre dos cosas distintas. **3** Acuerdo o convenio al que llegan varias personas. ◆ **conveniencias** s.f.pl. **4** Beneficios y rentas que se obtienen de los bienes y haciendas.

conveniente adj. **1** Que conviene. **2** Beneficioso y útil para un fin.

convenio s.m. **1** Acuerdo entre dos o más grupos sociales o instituciones por el que ambas partes aceptan una serie de condiciones y derechos. **2** Documento legal en que figura este acuerdo, firmado por representantes de las dos partes.

convenir (51) v.intr. **1** Ser beneficioso para un fin. **2** Ser provechoso o útil. **3** Corresponder una cosa a otra. ◆ v.tr. **4** Llegar a un acuerdo sobre un asunto o un precio.

convento s.m. **1** Edificio donde vive una comunidad de religiosos. **2** Comunidad que vive en este edificio.

convergencia s.f. **1** Reunión en un punto de varias líneas o trazados. **2** Lugar donde ocurre esta reunión. **3** Coincidencia de ideas y tendencias sociales, políticas, culturales o económicas.

convergente adj. Que converge.

converger v.intr. **1** Reunirse varias líneas en un punto. **2** Coincidir varias ideas o acciones en un mismo objetivo.

conversación s.f. Comunicación mediante la palabra entre varias personas que alternativamente exponen sus ideas y matices. ◇ **dar**

conversación Entretener a una persona hablando con ella.

conversador, ra adj. y s. Se dice de la persona que tiene una conversación agradable.

conversar v.intr. Hablar dos o más personas entre ellas.

conversión s.f. **1** Transformación o cambio de una cosa en otra. **2** Transformación de las obligaciones o valores mobiliarios en acciones. **3** Aceptación de una doctrina religiosa o una ideología que anteriormente no se conocía o no se admitía. **4** Cambio de una persona que lleva mala vida a una buena.

converso, a adj. y s. Se dice de la persona que ha aceptado una doctrina religiosa o ideología que anteriormente no conocía o no admitía.

convertible s.m. AMÉR CENTRAL, COL, P RICO, PERÚ Vehículo que tiene capota o techo que se puede plegar o retirar. □ También carro convertible.

convertir (14) v.tr. **1** Cambiar una persona o cosa en otra distinta. **2** Hacer que alguien adquiera una doctrina religiosa o una ideología que anteriormente no conocía o no admitía.

convexidad s.f. Cualidad de convexo.

convexo, a adj. Que presenta una curvatura más saliente en el centro que en los bordes.

convicción s.f. **1** Seguridad que tiene una persona de la verdad o certeza de lo que piensa o siente. **2** Capacidad para convencer a los demás. ◆ **convicciones** s.f.pl. **3** Ideas religiosas, éticas o políticas en las que cree una persona.

convicto, a adj. y s. Se dice del acusado cuyo delito ha sido probado legalmente.

convidado, a s. Persona que está invitada, especialmente a un banquete o convite.

convidar v.tr. **1** Pedir a una persona que participe en un acontecimiento o celebración. **2** Pagar lo que otra persona consume.

convincente adj. **1** Que consigue que una persona actúe o piense de un modo que inicialmente no era el deseado o elegido. **2** Que agrada o satisface.

convite s.m. **1** Banquete o celebración a que uno es convidado. **2** Acción de convidar.

convivencia s.f. **1** Vida en compañía de otras personas. **2** Reunión en la que reina el compañerismo y la fraternidad.

convivir v.intr. Vivir en compañía de otro u otros.

convocar v.tr. **1** Citar a una persona, señalando el día, hora y lugar para un acto o encuentro. **2** Anunciar públicamente un acto en el que pueden participar muchas personas.

convocatoria s.f. Anuncio o escrito con que se convoca.

convoy (pl. convoyes) s.m. **1** Conjunto de vehículos terrestres o marítimos que acompañan a otros para protegerlos. **2** Conjunto de vehículos terrestres o marítimos protegidos así.

convulsión s.f. **1** Contorsión involuntaria, violenta y repetida de una parte del cuerpo o de un músculo. **2** Agitación política, social o económica de carácter violento que rompe la normalidad. **3** Sacudida producida por un terremoto.

convulsionar v.tr. Producir una convulsión política, social o económica.

conyugal adj. Relativo a los cónyuges.

cónyuge s.m. y f. Formal. Esposo o esposa.

coña s.f. **1** Fam. ESP Broma. **2** Fam. ESP Cosa molesta o desagradable.

coñac (pl. coñacs o coñás) s.m. Bebida alcohólica de alta graduación obtenida por destilación del vino y envejecida en toneles de roble.

coñazo s.m. Vulg. ESP Cosa muy molesta o pesada. ◇ **dar el coñazo** Vulg. ESP Fastidiar o molestar, hacerse muy pesado.

coño s.m. **1** Vulg. ESP Parte externa del aparato genital femenino. ◆ **interj. 2** Vulg. ESP Expresión que indica sorpresa, admiración o disgusto.

cooficial adj. Que comparte la categoría de oficial.

cooperación s.f. Actuación con otra persona para lograr un fin.

cooperante s.m. y f. Persona que coopera.

cooperar v.intr. **1** Trabajar con otras personas en una tarea común. **2** Facilitar el trabajo de una persona ayudándola y ahorrándole problemas. **3** Ayudar un país a otro menos avanzado para que se desarrolle.

cooperativa s.f. Empresa o sociedad formada por productores, vendedores o consumidores de un producto cuyo objetivo es el beneficio común de los socios.

cooperativismo s.m. Tendencia a la cooperación en el orden económico y social.

coordenada s.f. y adj. Línea que sirve para determinar la posición de un punto, y eje o plano a que aquella línea se refiere. ◇ **coordenadas geográficas** Par de magnitudes, latitud y longitud, que sirven para determinar la posición de un punto en la superficie de la Tierra.

coordinación s.f. **1** Acción y efecto de coordinar. **2** Relación mental que se establece entre dos sintagmas u oraciones.

coordinado, a adj. **1** Que está unido por coordinación.

coordinador, ra adj. y s. Se dice de la persona que coordina el trabajo de otras personas.

coordinante adj. Que puede coordinar o coordina.

coordinar v.tr. **1** Combinar personas, medios técnicos y trabajos para una acción común. **2** Disponer ordenadamente una serie de cosas de acuerdo con un método o sistema determinado.

copa s.f. **1** Vaso con pie que sirve para tomar líquidos. **2** Líquido que contiene este vaso, especialmente si es una bebida alcohólica. **3** Trofeo de metal con forma parecida a la de este vaso. **4** Competición deportiva en la que se gana este trofeo como premio. **5** Carta de la baraja española en la que aparecen representadas una o varias copas. **6** Conjunto de ramas y hojas de la parte superior de un árbol. **7** Parte hueca de un sombrero que se ajusta a la cabeza. ◆ **copas** s.f.pl. **10** Palo de la baraja española que se representa con una o varias copas. ◇ **como la copa de un pino** ESP Muy grande, evidente o importante.

copago s.m. Sistema de pago en el cual dos o más partes asumen un porcentaje del total.

copar v.tr. **1** Conseguir en un concurso, elección o clasificación la mayor parte de los premios o las primeras posiciones. **2** Ocupar por completo la atención o el tiempo de una persona. **3** Cercar por sorpresa a alguien, cortando la retirada. **4** Apostar todo el dinero en el juego.

copete s.m. **1** Mechón de pelo levantado que se lleva sobre la frente. **2** Porción de contenido que desborda un recipiente. ◇ **de alto copete** Que es muy lujoso.

copetín s.m. AMÉR Copa de licor que se toma de aperitivo.

copey s.m. Árbol tropical americano muy alto, de gran ramaje, con flores rojas y amarillas con aspecto de cera, de fruto redondo, pequeño y venenoso.

copia s.f. **1** Reproducción por escrito y con exactitud de lo mismo que se lee o escucha. **2** Papel o conjunto de papeles escritos por este medio. **3** Reproducción instantánea sobre papel mediante un sistema fotoeléctrico. **4** Reproducción exacta de una obra artística. **5** Obra hecha de esta manera.

copiar (1d) v.tr. **1** Hacer una copia. ◆ v.tr. e intr. **2** Reproducir por fraude.

copihue s.m. Planta enredadera muy abundante en algunas zonas de América del Sur, de flor roja o blanca y fruto verde.

copiloto s.m. y f. Piloto auxiliar.

copión, na adj. y s. **1** Fam. Que acostumbra a copiar en los exámenes. **2** Fam. Que se comporta o viste de manera semejante a otra persona. ◆ s.m. **3** Copia de la filmación de una película utilizada para el montaje de esta.

copioso, a adj. Que es numeroso.

copista s.m. y f. **1** Persona que se dedicaba a copiar textos o a escribir al dictado. **2** Persona que hace copias de un original ajeno. **3** Persona que recogía la literatura oral por escrito.

copla s.f. **1** Canción popular española. **2** Estrofa de cuatro versos octosílabos, con rima asonante en los pares (aa).

copo s.m. **1** Pequeña formación de nieve cristalizada que cae de las nubes. **2** Porción redondeada de fibras de cáñamo, lino, lana o algodón que está en disposición de hilarse. **3** Pequeña porción, en forma de escama, de ciertos productos.

copón s.m. Copa grande, generalmente de oro o plata, que contiene las sagradas formas para la comunión de los fieles, según el rito católico. ◇ **del copón** Vulg. Muy bueno, grande o extraordinario.

coproducción s.f. Producción hecha conjuntamente con varias personas o empresas.

copropiedad s.f. Propiedad que se tiene de una cosa juntamente con otra u otras personas.

copropietario, a adj. y s. Se dice de la persona que tiene una cosa en copropiedad.

coprotagonista s.m. y f. Protagonista de una película o una obra de teatro juntamente con otro u otros actores.

copto, a s. y adj. **1** Cristiano de Egipto y Etiopía. ◆ s.m. **2** Antiguo idioma de los egipcios que se conserva en la liturgia de estos cristianos.

cópula s.f. Penetración del órgano genital del macho en el de la hembra.

copulación s.f. Cópula.

copular v.intr. Realizar el acto sexual dos personas o dos animales.

copulativo, a adj. **1** Que une dos cosas. ◆ adj. y s.m. **2** Se dice del verbo con un significado mínimo cuya función es unir el sujeto con un atributo. ◆ adj. y s.f. **3** Se dice de la oración que tiene como núcleo del predicado un verbo copulativo. **4** Se dice de la conjunción que sirve para unir dos palabras, sintagmas y proposiciones del mismo rango sintáctico.

copyright (pl. copyrights.) s.m. Derecho exclusivo de un autor o editor a explotar una obra literaria, científica o artística, que dura un determinado número de años.
OBS Pronunc. aprox. 'copirrait'.

coque s.m. Combustible sólido que se obtiene de la destilación destructiva de carbón mineral.

coquetear v.intr. **1** Actuar con coquetería. **2** Mostrar interés o simpatía en un asunto sin llegar a un compromiso serio.

coquetería s.f. **1** Comportamiento de una persona para agradar o atraer sentimentalmente a otra con medios estudiados y por mera vanidad. **2** Habilidad de una persona para arreglarse y vestirse bien. **3** Cuidado y gusto en los modales y adornos.

coqueto, a adj. y s. **1** Se dice de la persona que suele comportarse con coquetería. **2** Se dice de la persona que se arregla y viste bien.

coquina s.f. Molusco marino comestible de pequeño tamaño, con las valvas finas, ovales y aplastadas.

coraje s.m. **1** Valor, energía y voluntad para afrontar situaciones difíciles o adversas. **2** Fam. Rabia e irritación que sufre una persona.

corajina s.f. ESP Arrebato o explosión de ira.

1. **coral** s.m. **1** Animal marino invertebrado de pequeño tamaño que pasa toda su vida fijo a las rocas del fondo del mar. **2** Materia sólida de color llamativo que constituye el esqueleto de este animal.

2. **coral** adj. **1** Relativo al coro. **2** Se dice de la obra literaria o cinematográfica que refleja el comportamiento y los sentimientos de una gran cantidad de personajes. ◆ **s.f. 3** Agrupación de cantantes. ◆ **s.m. 4** Composición vocal armonizada a cuatro voces, de ritmo lento y solemne y tema religioso.

coralífero, a adj. Que tiene corales.

coralino, a adj. Relativo al coral.

corán s.m. Libro fundamental de la religión musulmana.

OBS Con mayúscula inicial excepto para referirse al objeto físico: **un corán lujoso.**

coraza s.f. **1** Cubierta resistente de metal que sirve para proteger el pecho y la espalda. **2** Cubierta dura con que protegen las partes blandas del cuerpo algunas clases de animales. **3** Protección o defensa ante un peligro u ofensa exterior. **4** Blindaje de acero o hierro para proteger un vehículo o un lugar.

corazón s.m. **1** Órgano muscular de los animales vertebrados y de algunos invertebrados que impulsa la sangre a todo el cuerpo a través del sistema circulatorio. **2** Dibujo o figura que representa este órgano. **3** Capacidad de sentir afecto, pena o compasión. **4** Coraje para afrontar situaciones difíciles o adversas. **5** Parte íntima de una persona, donde están sus buenos sentimientos. **6** Parte central, interior o más importante de algo. **7** Carta de la baraja francesa en la que aparecen uno o varios dibujos de color rojo en forma de corazón. ◆ **adj. y s.m. 8** Se dice del dedo de la mano situado entre los dedos índice y anular. ◆ **corazones** s.m.pl. **9** Palo de la baraja francesa que se representa con uno o varios dibujos de color rojo en forma de corazón. ◇ **con el corazón en la mano** Con la mayor sinceridad posible. ◇ **de corazón** o **de todo corazón** Con toda sinceridad. ◇ **el corazón en un puño** Indica una gran angustia o ansiedad.

corazonada s.f. Sensación que tiene una persona de que una cosa va a ocurrir.

corbata s.f. Pieza de tela estrecha y alargada que se coloca alrededor del cuello de la camisa y se ata con un nudo.

corbatín s.m. Corbata con extremos muy cortos que se abrocha por detrás.

corbeta s.f. **1** Embarcación de guerra que se usa para la escolta de otros barcos. **2** Velero de guerra, de tres palos y vela cuadrada.

corcel s.m. Formal. Caballo esbelto, de gran alzada y bella figura.

corchea s.f. Nota musical cuya duración equivale a la mitad de una negra.

corchete s.m. **1** ESP Cierre de metal formado por dos piezas, una en forma de gancho y la otra de anilla, que se enganchan. **2** Signo de ortografía que tiene forma de paréntesis rectangular.

corcho s.m. **1** Tejido vegetal de gran espesor que recubre la parte exterior del tronco y las ramas de algunos árboles. **2** Tapón cilíndrico de este material que se usa para cerrar botellas. **3** Tabla o plancha de este material.

córcholis interj. Fam. Expresión que indica sorpresa, admiración o disgusto.

corcova s.f. Deformación de la columna vertebral o de las costillas que provoca que la espalda o el pecho, o ambos, tengan una forma abultada y curva anormal.

cordada s.f. Grupo de alpinistas sujetos por una misma cuerda, por precaución.

cordado, a adj. y s.m. **1** Se dice del animal que tiene un cordón central en el esqueleto o columna vertebral, como los mamíferos o los reptiles. ◆ **cordados** s.m.pl. **2** Grupo taxonómico constituido por estos animales.

1. **cordal** s.m. Pieza pequeña y curva de madera colocada en la parte inferior de un instrumento musical de cuerda.

2. **cordal** adj. y s.f. Se dice de la muela que nace en cada uno de los extremos de las encías.

cordel s.m. Cuerda delgada. ◇ **a cordel** En línea recta.

cordero, a s. Cría de la oveja que no pasa de un año.

cordial adj. **1** Que muestra amabilidad y amistad. ◆ **adj. y s.m. 2** Se dice del medicamento que fortalece el corazón y reconforta a un enfermo.

cordialidad s.f. **1** Amabilidad y amistad en el trato. **2** Sinceridad y claridad al expresarse.

cordillera s.f. Serie de montañas de características comunes unidas entre sí.

córdoba s.m. Unidad monetaria de Nicaragua.

cordobés, sa adj. y s. De Córdoba.

cordófono s.m. Instrumento musical que suena al vibrar una o varias de sus cuerdas.

cordón s.m. **1** Cuerda generalmente cilíndrica hecha con fibra o hilo fino. **2** Hilo metálico que se usa para conducir la energía eléctrica. **3** Órgano de forma delgada, alargada y flexible parecida a una cuerda cilíndrica. **4** Conjunto de personas colocadas en fila a cierta distancia unas de otras para impedir el paso y cortar la comunicación. **5** Franja de arena acumulada en el agua cercana a la costa. **6** ARG, CH, CUBA Bordillo de la acera. ◇ **cordón litoral** Acumulación de arenas que forma una laguna en un antiguo golfo, aislándolo del mar.

cordura s.f. Capacidad de pensar y obrar con prudencia, sensatez y juicio.

corea s.m. Enfermedad nerviosa que se caracteriza por los movimientos involuntarios, rápidos y violentos que sufre el enfermo.

coreano, a adj. y s. **1** De Corea del Norte o de Corea del Sur (países de Asia, en la península de Corea). ◆ s.m. y adj. **2** Lengua hablada en la península de Corea.

corear v.tr. **1** Cantar, recitar o hablar varias personas a la vez. **2** Vitorear una multitud a una persona, generalmente mediante voces y aplausos. **3** Asentir sumisamente a la opinión de otro.

coreografía s.f. **1** Arte de componer y dirigir bailes o danzas. **2** Conjunto de pasos y figuras de un baile o danza. **3** Técnica de representar en el papel los pasos de un baile.

coreografiar v.tr. Crear una coreografía.

coreógrafo, a s. Persona que se dedica a componer y dirigir coreografías.

corimbo s.m. Conjunto de flores o frutos que nacen en distintos puntos del tallo de una planta pero que acaban teniendo la misma altura.

corindón s.m. Mineral compuesto de óxido alumínico cristalizado.

corintio, a adj. **1** Se dice del estilo arquitectónico clásico que adorna la parte superior de las columnas con hojas de acanto. ◆ adj. y s. **2** De Corinto (ciudad de la antigua Grecia).

corion s.m. Membrana exterior del embrión de reptiles, aves y mamíferos.

corista s.f. **1** Mujer que se dedica a bailar y cantar en el coro de un espectáculo musical. ◆ s.m. y f. **2** Persona que canta formando parte del coro en una función musical.

cormo s.m. Estructura morfológica de las plantas en las que se distinguen raíz, tallo y hojas.

cormofito, a o **cormófito, a** adj. y s. Se dice del vegetal cuyo aparato vegetativo es un cormo.

cormorán s.m. Ave palmípeda parecida al ganso, con plumaje de color gris oscuro, alas negras y cuello blanco; nada y vuela muy bien.

cornada s.f. **1** Golpe dado por un animal con la punta del cuerno. **2** Herida causada por la punta de un cuerno de un animal.

cornamenta s.f. **1** Cuernos de un animal. **2** Representación simbólica de la infidelidad.

cornamusa s.f. **1** Instrumento musical de viento formado por una bolsa que se llena de aire, a la que se une una flauta y otro tubo largo y grueso que produce un sonido continuo. **2** Trompeta larga de metal de pabellón muy ancho, que en el medio del tubo hace una rosca muy grande.

córnea s.f. Tejido delgado, duro y transparente, situado en la parte anterior del globo del ojo, por delante del iris y la pupila.

cornear v.tr. Dar una o más cornadas.

corneja s.f. **1** Ave con plumaje de color negro o negro con manchas blancas, muy parecida al cuervo, pero de menor tamaño. **2** Ave rapaz nocturna parecida al búho, pero mucho más pequeña.

córneo, a adj. Que tiene forma de cuerno.

córner s.m. En fútbol y otros deportes de equipo, jugada en la que la pelota sale del campo cruzando una de las líneas de meta, después de ser tocada por un jugador contrario.

corneta s.f. **1** Instrumento musical de viento de la familia del metal, parecido a la trompeta, pero de menor tamaño. ◆ s.m. y f. **2** Persona que toca este instrumento.

cornete s.m. Pequeña lámina de hueso de figura abarquillada situada en el interior de las fosas nasales.

cornetín s.m. **1** Instrumento musical de viento de la familia del metal, parecido al clarín, formado por tres pistones. **2** Instrumento musical de viento de la familia del metal, parecido a la corneta, pero de menor tamaño y sin llaves.

cornezuelo s.m. Hongo parásito del centeno y de otras plantas gramíneas.

cornisa s.f. **1** Saliente o voladizo con molduras que remata el borde superior de la pared de un edificio, debajo del tejado. **2** Saliente o voladizo que rodea un edificio marcando la separación entre los pisos. **3** Borde saliente y rocoso de una montaña.

corno s.m. Instrumento musical de viento de la familia del metal formado por un tubo enroscado circularmente que es estrecho por un extremo y se va ensanchando hasta terminar en un ancho pabellón en forma de cono; se toca pulsando una serie de pistones que tiene en el tubo.

cornudo, a adj. **1** Que tiene cuernos. **2** Se dice de la persona a la que se le ha sido infiel.

coro s.m. **1** Grupo de personas, generalmente muy numeroso, que cantan simultáneamente una pieza musical. **2** Pieza o fragmento musical compuesto para ser cantado por un grupo numeroso de personas. **3** Grupo de actores que explican y comentan la acción en la tragedia clásica. **4** Lugar de la iglesia destinado a los religiosos que rezan y cantan durante la misa o los oficios divinos. **5** Canto o rezo a las horas canónicas en una iglesia o convento. ◇ **a coro** Hablar o cantar varias personas lo mismo a la vez.

coroides s.f. Membrana del ojo, situada entre la esclerótica y la retina, que se prolonga hacia delante en el iris.

corola s.f. Conjunto de pétalos, generalmente coloreados, que están en el interior del cáliz de la flor y protegen los órganos de reproducción.

corolario s.m. Razonamiento, juicio o hecho que es consecuencia lógica de lo demostrado o sucedido anteriormente.

corona s.f. **1** Cerco que se coloca sobre la cabeza en señal de premio o como símbolo de nobleza o dignidad. **2** Aro cubierto de flores o ramas que se coloca junto a los muertos o a los monumentos que los recuerdan como símbolo de admiración y respeto. **3** Estado o territorio gobernado por un rey o una reina. **4** Institución que representa la dignidad y el poder de un rey o una reina. **5** Unidad monetaria de Dinamarca, Suecia, Noruega, Islandia y otros países. **6** Círculo luminoso que parece rodear a algunos astros. **7** Objeto o pieza con forma de aro. **8** Parte de un diente que sobresale de la encía.

coronación s.f. Acción de coronar.

coronar v.tr. **1** Colocar una corona en la cabeza de una persona. **2** Llegar al punto más alto, de mayor intensidad, grandeza o calidad. **3** Llegar a la zona más alta de un lugar.

coronario, a adj. **1** Se dice de la vena o arteria que distribuye la sangre por el corazón. **2** Relativo al sistema circulatorio del corazón. **3** Que está dispuesto en forma de corona.

coronel s.m. Militar de los ejércitos de Tierra y Aire que tiene categoría inmediatamente superior a la de teniente coronel e inmediatamente inferior a la de general de brigada.

coronilla s.f. **1** Parte superior y posterior de la cabeza humana. **2** Corte de pelo en forma de círculo rasurado que llevaban algunos religiosos en esta zona de la cabeza.

corpiño s.m. Prenda de vestir femenina sin mangas que se ajusta al cuerpo por debajo del pecho hasta la cintura para darle forma.

corporación s.f. **1** Cuerpo u organismo generalmente de interés público y a veces reconocido por la autoridad. **2** Conjunto de personas que pertenecen a un mismo cuerpo o institución y se dedican a un fin común. ◇ **corporación municipal** ESP Ayuntamiento.

corporal adj. Relativo al cuerpo.

corporativismo s.m. Doctrina económica y social que preconiza la creación de instituciones profesionales corporativas.

corporativo, a adj. Relativo a la corporación.

córpore insepulto Expresión latina que se aplica a la misa o funeral que se celebra de cuerpo presente.

corpóreo, a adj. **1** Que tiene cuerpo, volumen o consistencia. **2** Relativo al cuerpo.

corpulencia s.f. Grandeza, robustez.

corpulento, a adj. Se dice de la persona o animal que tiene un cuerpo grande, robusto.

corpus s.m. Conjunto extenso de textos de diversas clases, ordenados y clasificados que sirven como base de una investigación.

corpúsculo s.m. Cuerpo muy pequeño, generalmente referido a la célula, molécula, partícula o elemento de un organismo.

corral s.m. **1** Lugar cerrado y descubierto que sirve para guardar el ganado. **2** Lugar en una plaza de toros donde permanecen los animales en espera de ser lidiados.

correa s.f. **1** Tira larga y estrecha de cuero. **2** Tira larga y estrecha que se usa para sujetar una prenda de vestir a la cintura. **3** Tira circular de material resistente que sirve para transmitir movimiento rotativo de una rueda o polea a otra. ◇ **tener correa** Fam. Soportar con paciencia una situación difícil o incómoda.

correaje s.m. Conjunto de correas.

correcaminos s.m. Ave de hasta 60 cm de longitud, con el dorso de color negro y ocre, la parte ventral de color claro, las alas negras con listas blancas, y la cola azul violáceo.

corrección s.f. **1** Indicación de una falta, error o defecto con la intención de quitarlo o enmendarlo. **2** Enmienda o modificación que reemplaza a una falta, error o defecto. **3** Ausencia de faltas, errores o defectos. **4** Comportamiento que está conforme con las normas sociales.

correccional s.m. **1** Establecimiento penitenciario donde, por medio de una educación especial, se trata de recuperar socialmente a delincuentes menores de edad penal. ◆ **adj. 2** Que lleva a la corrección.

correctivo, a adj. y s. **1** Que enmienda o modifica una falta, defecto o problema. ◆ **s.m. 2** Castigo que se aplica para corregir una falta o delito, generalmente poco importante.

correcto, a adj. **1** Que no tiene faltas, errores o defectos. **2** Acertado o adecuado. **3** Que está conforme con las normas sociales. **4** Educado, de conducta irreprochable.

corrector, ra adj. y s. **1** Que corrige faltas, defectos o problemas. ◆ **s. 2** Persona que se dedica a corregir.

corredera s.f. **1** Canal o ranura por donde se desliza un mecanismo. **2** La pieza que se desliza.

corredizo, a adj. Se dice del nudo que se hace con una sola cuerda de manera que la cuerda se deslice y apriete con facilidad.

corredor, ra adj. y s. **1** Que es capaz de correr a gran velocidad. ◆ **s. 2** Deportista que participa en una carrera de competición. **3** Persona que se dedica a actuar como intermediario en operaciones financieras. ◆ **s.m. 4** Espacio largo y estrecho dentro de una casa o un edificio que comunica unas habitaciones con otras.

correduría s.f. **1** Cargo del corredor de asuntos comerciales o financieros. **2** Oficina o lugar donde trabaja este corredor.

corregidor s.m. Antiguo magistrado que administraba justicia en nombre del rey en un territorio.

corregir (31) v.tr. **1** Señalar una falta, error o defecto con la intención de quitarlo o enmendarlo. **2** Llamar la atención a una persona y expresar severamente desaprobación por lo que ha hecho. **3** Moderar la actividad de una cosa.

correlación s.f. Correspondencia o relación que mantienen dos o más cosas entre sí.

correlativo, a adj. Que tiene o indica una correlación.

correligionario, a adj. y s. Se dice de la persona que comparte con otras personas una misma doctrina religiosa, política o ideológica.

correntoso, a adj. AMÉR Se dice del río o curso de agua que tiene corrientes muy rápidas e impetuosas.

correo s.m. **1** Servicio público que se encarga del transporte y la entrega de cartas y paquetes enviados por unas personas a otras. **2** Conjunto de cartas y paquetes que se transportan, envían, entregan o reciben. **3** Vehículo que transporta correspondencia. ◆ **correos** s.m.pl. **4** Organismo que se encarga del transporte y entrega de cartas y paquetes que envía una persona a otra. **5** Establecimiento en el que se reciben, clasifican, reparten y entregan estas cartas y paquetes. ◇ **correo electrónico** Sistema que permite el intercambio de mensajes entre distintos ordenadores interconectados a través de una red.

correoso, a adj. **1** Que se puede doblar y estirar sin que se rompa. **2** Se dice del alimento que se ha vuelto difícil de masticar. **3** Se dice de la persona o equipo deportivo que tiene mucha resistencia física.

correr v.intr. **1** Moverse de un lugar a otro de forma rápida, de manera que los pies o las patas se separen del suelo a la vez durante un momento entre un paso y el siguiente. **2** Hacer algo rápidamente o a más velocidad de la normal. **3** Fluir un río o una corriente de agua por su cauce. **4** Ir algo de un lugar a otro, extendiéndose a lo largo de una porción de territorio. **5** Soplar el viento en una dirección. **6** Pasar o transcurrir el tiempo. **7** Dar a conocer entre un gran número de personas. **8** Estar a cargo de una persona o corresponderle una obligación o cometido. **9** Transcurrir el tiempo. ◆ v.tr. **10** Estar expuesto a un peligro o circunstancia adversa. **11** Estirar lo que está recogido o plegado, especialmente una cortina. **12** Mover algo de un lugar a otro. **13** Ir detrás de una persona o cosa con el fin de darle alcance. **14** Participar en una carrera deportiva. ◆ **correrse** v.prnl. **15** Disolverse o extenderse tinta por una superficie. **16** Moverse hacia un lado. **17** Vulg. ESP Tener un orgasmo.

correría s.f. **1** Viaje corto. **2** Incursión rápida sobre tierra enemiga.

correspondencia s.f. **1** Conjunto de cartas y paquetes que se transportan, envían, entregan o reciben. **2** Relación de dependencia y unión que existe o se establece entre varias cosas.

corresponder v.intr. **1** Tener relación de dependencia dos o más cosas entre sí. **2** Estar a cargo de una persona una obligación o cometido. **3** Actuar con una persona en consecuencia con una acción suya anterior. **4** Sentir amor hacia una persona en la misma medida que se recibe de ella.

correspondiente adj. Que tiene relación de correspondencia con otra persona o cosa.

corresponsal adj. y s.m. y f. Se dice del periodista que informa a un medio de comunicación de las noticias que suceden desde otra población o un país extranjero.

corretear v.intr. **1** Correr en varias direcciones, especialmente jugando. **2** Andar vagando de un lado a otro, sin rumbo fijo.

correvedile o **correveidile** s.m. y f. Fam. Persona que se dedica a informar de noticias y rumores que afectan a otros.

corrida s.f. **1** Marcha rápida en la que los pies o las patas se separan del suelo a la vez durante un momento entre un paso y el siguiente. **2** Espectáculo público que consiste en torear seis novillos o toros en una plaza cerrada.

corrido, a adj. **1** Que ha viajado mucho o tiene mucha experiencia. **2** Que está avergonzado o confundido. **3** Se dice de la parte de un edificio que está contigua o seguida en relación con otra.

corriente adj. **1** Que es muy común o no tiene nada especial. **2** Que sucede a menudo. **3** Se dice del período que va transcurriendo. ◆ s.f. **4** Desplazamiento de un fluido líquido a lo largo de un canal, conducto o cauce. **5** Volumen de fluido líquido que se desplaza de esta manera. **6** Circulación de cargas eléctricas a través de un conductor. □ También corriente eléctrica. **7** Tendencia de ideas o sentimientos que es común a un grupo de personas. ◇ **al corriente** Sin retraso, con exactitud. □ Informado con detalle y exactitud. ◇ **contra corriente** En contra de la opinión general. ◇ **seguir,** o **llevar, la corriente** Mostrar aparentemente conformidad con todo lo que alguien hace o dice.

corrillo s.m. Corro de personas que se ponen a hablar o discutir entre sí separadas del resto.

corrimiento s.m. **1** Deslizamiento de un material o de una sustancia de un lugar a otro. **2** Vergüenza que se siente ante los demás al hacer algo que se considera ridículo o humillante.

corro s.m. **1** Círculo formado por un grupo de personas. **2** Juego de niños que consiste en formar un círculo cogidos de las manos y cantar dando vueltas en círculo. **3** Espacio más o menos circular.

corroborar v.tr. Dar como cierta una creencia u opinión de cuya certeza no se estaba seguro previamente aportando nuevos datos.

corroer (41) v.tr. **1** Desgastar lentamente una cosa. **2** Desgastar progresivamente una superficie por rozamiento o por reacción química.

3 Destruir lentamente el interior de un cosa. **4** Causar malestar o angustia de manera continuada durante mucho tiempo.

corromper v.tr. **1** Descomponer químicamente o deteriorar una sustancia orgánica, animal o vegetal. **2** Dar dinero o regalos a una persona para conseguir un trato favorable o beneficioso, especialmente si es injusto o ilegal. **3** Pervertir.

corrosión s.f. **1** Desgaste progresivo de una superficie por rozamiento o por una reacción química. **2** Desgaste lento de una cosa. **3** Destrucción lenta del interior de una cosa.

corrosivo, a adj. Que corroe.

corrupción s.f. **1** Entrega o aceptación de dinero o regalos para conseguir un trato favorable o beneficioso. **2** Alteración de la forma o la estructura original y verdadera. **3** Degeneración de la moral y las costumbres. ◇ **corrupción de menores** Delito que se comete al obligar o inducir a una persona menor de edad a realizar un acto ilegal.

corrupto, a adj. Que está corrompido.

corrusco s.m. Parte del pan más dura y tostada que corresponde generalmente a los extremos.

corsario, a adj. y s. **1** Se dice del barco que se dedicaba a asaltar y destruir las naves piratas y enemigas con la autorización del gobierno de su nación. **2** Se dice de la persona que formaba parte de la tripulación de este barco.

corsé s.m. Prenda interior femenina de material resistente y sin mangas que se ajusta al cuerpo desde el pecho hasta más abajo de la cintura.

corsetería s.f. Establecimiento donde se hace o vende ropa interior femenina.

corso, a adj. y s. De Córcega (isla francesa).

cortacésped s.m. o f. Máquina que sirve para cortar la hierba o el césped.

cortado, a adj. y s. **1** Tímido. **2** Se dice de la persona que queda aturdida, sin respuesta o reacción, ante un hecho inesperado. ◆ **adj. 3** Se dice del estilo literario que se caracteriza por frases cortas. ◆ **s.m. 4** Café que lleva solamente un poco de leche. □ También café cortado.

cortafrío o **cortafríos** s.m. Herramienta alargada de metal, de punta afilada y plana.

cortafuego o **cortafuegos** s.m. **1** Franja de terreno que se deja sin vegetación en un bosque o campo de cultivo para impedir el avance de un incendio. **2** Pared de fábrica, sin nada de madera, que se levanta con el fin de que no se propague un incendio.

cortante adj. Que corta.

cortapisa s.f. Condición o problema que limita y dificulta la realización de una cosa.

cortaplumas s.m. Navaja de hoja pequeña para diversos usos.

cortapuros s.m. Instrumento de metal, parecido a una pequeña guillotina, en el que se introduce la punta del puro para cortarla.

cortar v.tr. **1** Dividir o separar la superficie de algo con un instrumento o cosa afilada. **2** Separar una parte de una cosa con un instrumento afilado. **3** Cruzar dos o más líneas o superficies entre sí. **4** Interrumpir la continuidad de una acción o un proceso. **5** Dividir un montón de cartas o naipes en dos o más grupos. **6** Sentir un frío intenso y tener la sensación de que traspasa la piel. ◆ **v.intr. 7** Tener un objeto, especialmente un instrumento afilado, un filo bueno o malo. **8** Hacer el camino más corto entre dos puntos escogiendo el trayecto más adecuado entre varios posibles. ◆ **cortarse** v.prnl. **9** Separarse las sustancias que integran la leche, una salsa o una crema. **10** Sentir vergüenza o excesivo respeto.

cortaúñas s.m. Instrumento de metal parecido a unos alicates para cortar las uñas.

1. **corte** s.m. **1** Filo de un instrumento afilado. **2** Acción y efecto de cortar. **3** Arte de cortar prendas de vestir. **4** Apariencia, conjunto de rasgos. ◇ **corte de mangas** Fam. Gesto que se hace golpeando un brazo con la mano del otro a la altura del codo. □ Se trata de un ademán obsceno y ofensivo.

2. **corte** s.f. **1** Población donde reside el rey u otro gobernante similar y tiene en ella su gobierno. **2** Conjunto de las personas que componen la familia y la comitiva del rey u otro gobernante similar. **3** Tribunal de justicia de algunos países. □ Se escribe con mayúscula inicial. ◆ **Cortes** s.f.pl. **4** Asamblea legislativa de España, formada por una o dos cámaras, según las épocas. ◇ **hacer la corte** Tratar a una persona con amabilidad y cortesía, en especial si se tiene la intención de seducirla o de ganar su amor.

cortejar v.tr. Enamorar o tratar de enamorar a una persona.

cortejo s.m. **1** Conjunto de personas que forman parte del acompañamiento en una ceremonia. **2** Conjunto de actitudes y acciones que lleva a cabo una persona para cortejar a otra. **3** En etología, comportamiento empleado por los animales para atraer a una pareja con fines de reproducción.

cortés adj. Que demuestra cortesía.

cortesano, a adj. **1** Relativo a la corte de personas que acompañaba al rey. ◆ **s.m. 2** Hombre que antiguamente trabajaba en la corte al servicio del rey o de su familia.

cortesía s.f. **1** Comportamiento atento y afable o acto en el que se demuestra atención y cordialidad hacia las personas. **2** Regalo de poca importancia que se da como muestra de afecto y consideración.

córtex s.m. Capa externa y diferenciada de un órgano de un ser vivo.

corteza s.f. **1** Capa o conjunto de capas de fibra vegetal dura que cubre o envuelve los tallos y las frutas de algunas plantas y árboles. **2** Parte exterior, resistente o dura, que cubre o envuelve ciertas cosas. **3** Parte exterior de una cosa no material. **4** Capa más externa de la Tierra, separada del manto por la discontinuidad de Mohorovicic. □ También corteza terrestre. ◇ **corteza cerebral** Capa más superficial del cerebro, formada por la sustancia gris.

corticoide s.m. y adj. Sustancia que tiene una actividad similar a la de las hormonas de las glándulas situadas al lado de los riñones.

cortijo s.m. Hacienda y casa de labor de Andalucía.

cortina s.f. **1** Trozo de tela o de otro material semejante que se cuelga de la parte superior de una puerta, ventana o hueco para cubrirlo. **2** Masa densa de una sustancia o material que se despliega como este trozo de tela. **3** Cosa que encubre u oculta algo. **4** Parte de muralla que se encuentra entre dos baluartes.

cortinaje s.m. Conjunto de cortinas.

cortisona s.f. **1** Hormona segregada por la corteza de las glándulas suprarrenales de los vertebrados. **2** Sustancia corticoide que se emplea como medicina.

corto, a adj. **1** Que tiene longitud, extensión o duración escasa o menor de la normal y necesaria. **2** Se dice de la persona que es poco inteligente o no entiende las cosas con facilidad. ◆ s.m. **3** Cortometraje. ◇ **a la corta o a la larga** Más pronto o más tarde. ◇ **atar corto a alguien** Tener bajo control a una persona y mostrarse severo con ella para que cumpla con sus obligaciones.

cortocircuitar v.tr. Actuar adelantándose a algo y cortando el circuito previsto.

cortocircuito o **corto circuito** s.m. Aumento brusco de la intensidad de una corriente que se produce en una instalación eléctrica por la unión directa de dos conductores de distinta fase.

cortometraje s.m. Película de cine cuya duración no es mayor de 35 minutos.

coruja s.f. Ave rapaz nocturna más pequeña que el búho, de cara redonda, pico corto y encorvado, ojos grandes con el iris amarillo y plumaje blanco y leonado con manchas pardas.

coruñés, sa adj. y s. De La Coruña.

corva s.f. Parte de la pierna opuesta a la rodilla por donde esta se dobla.

1. **corvejón** s.m. Corva de un cuadrúpedo.

2. **corvejón** s.m. Ave palmípeda parecida al ganso, con plumaje de color gris oscuro, alas negras y cuello blanco; nada y vuela muy bien.

corzo, a s. Mamífero rumiante parecido al ciervo, de pelo rojo oscuro o gris, cuernos cortos y rabo muy pequeño.

cosa s.f. **1** Hecho, cualidad, idea u objeto sobre el que se puede pensar o hablar. **2** Objeto sin vida. **3** Asunto o tema sobre el que se trata. ◇ **a cosa hecha** De forma voluntaria y con intención. ◇ **ser poca cosa** Tener poco tamaño, importancia o valor.

cosaco, a adj. y s. **1** De un antiguo pueblo pastor y guerrero que se estableció en el sur de Rusia. ◆ s.m. **2** Soldado ruso perteneciente a un cuerpo de caballería ligera.

coscorrón s.m. Golpe fuerte y doloroso en la cabeza que no tiene consecuencias graves.

coscurro s.m. Corrusco.

cosecante s.f. Razón trigonométrica de un ángulo equivalente a la inversa del seno del mismo ángulo.

cosecha s.f. **1** Conjunto de frutos que se recogen de la tierra en la época del año en que están maduros. **2** Trabajo que consiste en recoger estos frutos. **3** Época del año en que se recogen estos frutos. **4** Conjunto de actos o ideas que son propias de una persona.

cosechadora s.f. Máquina que corta las mieses, separa el grano y expulsa la paja.

cosechar v.tr. e intr. **1** Recoger los productos del campo o de un cultivo cuando están maduros. ◆ v.tr. **2** Obtener el resultado de un trabajo o de un comportamiento.

coseno s.m. Cociente entre el cateto contiguo de un ángulo y la hipotenusa.

coser v.tr. **1** Unir con hilo dos piezas de tejido o un objeto a una pieza de tejido, generalmente sirviéndose de una aguja. **2** Realizar figuras en relieve con hilos de colores utilizando una aguja enhebrada. **3** Unir con grapas. **4** Producir numerosas heridas con un arma blanca o con un arma de fuego. ◇ **coser y cantar** Fam. Expresión que indica la facilidad y soltura con que se hace una cosa.

cosido s.m. Unión con hilo de dos piezas de tejido o un objeto y una pieza de tejido.

cosificar v.tr. **1** Considerar y tratar como cosa a una persona o animal. **2** Convertir algo en cosa.

cosmética s.f. Técnica de fabricación y empleo de sustancias o productos para cuidar y embellecer el pelo o la piel.

cosmético, a adj. y s.m. **1** Se dice de la sustancia o producto que sirve para limpiar, cuidar y embellecer el pelo o la piel, especialmente la de la cara. ◆ adj. **2** Relativo a la cosmética.

cósmico, a adj. Relativo al cosmos.

cosmología s.f. Parte de la astronomía que estudia el universo.

cosmonauta s.m. y f. Persona que pilota o forma parte de la tripulación de una nave espacial.

cosmopolita adj. y s.m. y f. **1** Se dice de la persona a la que le gusta viajar mucho, conoce diversos países y culturas y considera que cualquier parte del mundo es su patria. ◆ adj. **2** Se dice del lugar o ambiente que es frecuentado por personas de países, culturas y características sociales muy diferentes.

cosmopolitismo s.m. Cualidad de cosmopolita.

cosmos s.m. **1** Universo concebido como un todo armonioso y ordenado, opuesto al caos. **2** Espacio exterior a la Tierra.

coso s.m. **1** Plaza o sitio cerrado donde se celebran corridas de toros. **2** Calle principal en algunas poblaciones.

cosquillas s.f.pl. Excitación nerviosa que produce risa involuntaria provocada por el roce suave de algo en algunas partes del cuerpo.

cosquilleo s.m. Sensación que producen las cosquillas.

1. **costa** s.f. **1** Franja de tierra que está junto a una gran extensión de agua, especialmente junto al mar. **2** Parte de esta gran extensión de agua más próxima a la tierra. **3** Franja amplia de territorio de un país que está próxima al mar.

2. **costa** s.f. **1** Cantidad que se paga por una cosa. ◆ **costas** s.f.pl. **2** Gastos producidos por un proceso judicial. ◇ **a costa de** Por cuenta de otro.

costado s.m. **1** Parte lateral del cuerpo humano que está entre el pecho y la espalda, debajo del brazo. **2** Parte izquierda o derecha de un cuerpo o de un objeto. **3** Flanco de un ejército. **4** Paredes laterales del casco de un barco. ◆ **costados** s.m.pl. **5** Líneas genealógicas de los abuelos paternos y maternos.

costal adj. **1** Relativo a las costillas. ◆ s.m. **2** Saco grande de tela resistente y ordinaria que sirve para transportar grano, semillas, etc.

costar (11) v.intr. **1** Tener un precio o un valor determinado. **2** Causar el gasto o pago de una cantidad de dinero. **3** Causar un determinado desgaste, esfuerzo o sacrificio.

costarricense adj. y s.m. y f. De Costa Rica.

costarriqueño, a adj. y s. Costarricense.

coste s.m. **1** Cantidad de dinero que vale una cosa o que cuesta hacerla o producirla. **2** Desgaste, esfuerzo o sacrificio que causa la realización u obtención de una cosa.

1. **costear** v.tr. Pagar el coste total, especialmente cuando deben hacerse pagos sucesivos.

2. **costear** v.tr. Navegar una embarcación recorriendo las aguas cercanas a la costa.

costero, a adj. Relativo a la costa.

costilla s.f. **1** Hueso largo y delgado que sale de la columna vertebral y se curva hacia el pecho formando el tórax. **2** Fam. Mujer casada, en relación con su cónyuge. ◆ **costillas** s.f.pl. **3** Parte posterior del cuerpo humano, desde los hombros hasta la cintura. ◇ **medir las costillas a alguien** Golpear repetidamente a una persona.

costillar s.m. **1** Conjunto de costillas, especialmente las de un animal. **2** Parte del cuerpo en que están las costillas.

1. **costo** s.m. Coste.

2. **costo** s.m. Argot. Hachís.

costoso, a adj. **1** De precio elevado o superior al habitual o al que parece adecuado en comparación con otra mercancía semejante. **2** Que causa un gran desgaste, esfuerzo o sacrificio.

costra s.f. Capa de una sustancia que se pone dura o se seca sobre una superficie.

costumbre s.f. **1** Manera de actuar que se repite con frecuencia o con regularidad. **2** Práctica usual que ha adquirido categoría de precepto. ◆ **costumbres** s.f.pl. **3** Conjunto de elementos que caracterizan la conducta de una persona o grupo social.

costumbrismo s.m. Tendencia artística y literaria que pretende exponer en las obras las costumbres típicas de un lugar.

costumbrista adj. **1** Relativo al costumbrismo. ◆ adj. y s.m. y f. **2** Se dice del artista que emplea el costumbrismo en sus obras.

costura s.f. **1** Unión con hilo de dos piezas de tejido o un objeto y una pieza de tejido, generalmente sirviéndose de una aguja. **2** Porción de hilo con la que se lleva a cabo esta unión y zona donde se halla. **3** Conjunto de piezas de tejido u objetos que se cosen y utensilios utilizados para hacerlo. **4** Técnica de coser y confeccionar prendas de vestir. ◇ **alta costura** Diseño y creación de prendas lujosas y exclusivas.

costurera s.f. Mujer que, como profesión, corta y cose ropa.

costurero s.m. **1** Recipiente donde se guardan los utensilios necesarios para coser, como hilo, agujas, tijeras o dedal. **2** Cuarto de costura.

1. **cota** s.f. **1** Número que, en un mapa o plano topográfico, señala la altura de un punto sobre el nivel del mar. **2** Altura sobre el nivel del mar de un punto de la Tierra.

2. **cota** s.f. Armadura con que antiguamente se cubría el cuerpo para defenderlo.

cotangente s.f. Razón trigonométrica de un ángulo equivalente a la inversa de la tangente del mismo ángulo.

cotarro s.m. **1** Fam. Conjunto de personas reunidas que se hallan excitadas, inquietas o intranquilas. **2** Fam. Ambiente social determinado. **3** Fam. Actividad o negocio que desarrolla una persona.

cotejar v.tr. Comparar una cosa con otra, especialmente datos o documentos, teniéndolas a la vista para encontrar parecidos o diferencias.

cotejo s.m. Examen de varias cosas para encontrar parecidos o diferencias.

cotidiano, a adj. Que ocurre o se repite todos los días.

cotiledón s.m. Hoja primera que, sola o junto con otras, se forma en el embrión de una planta fanerógama.

cotiledóneo, a adj. Se dice de la planta que tiene un embrión con uno o más cotiledones.

cotilla s.m. y f. Fam. ESP Persona que se dedica a informar de noticias y rumores que afectan a otros, generalmente para criticar.

cotillear v.intr. **1** Fam. ESP Chismorrear.

cotilleo s.m. **1** Fam. ESP Noticia o comentario, verdadero o falso, sobre las vidas ajenas. **2** Fam. ESP Divulgación e intercambio de estas noticias.

cotillón s.m. **1** Baile y fiesta que se celebra en una fecha señalada. **2** Conjunto de adornos y objetos divertidos que suelen usarse en este tipo de baile y fiesta.

cotización s.f. Acción y efecto de cotizar.

cotizar v.tr. e intr. **1** Pagar una cantidad de dinero fija y proporcional por pertenecer a un grupo, organización o institución. ◆ **v.tr. 2** Valorar a una persona o cosa social o económicamente. ◆ **v.intr. 3** Hacer público el precio de una acción o de un valor que cotiza en bolsa o en un mercado económico.

coto s.m. **1** Terreno cercado o limitado de forma visible, reservado para un uso y aprovechamiento particular, especialmente para la caza o la pesca. **2** Propiedad o derecho que pertenece a unas pocas personas o empresas. **3** Poste de piedra u otra señal que se clava en el suelo y señala el límite de un terreno o indica la dirección o distancias de una vía o un camino. **4** Tasa o precio oficial de un producto. ◇ **poner coto a algo** Limitar.

cotorra s.f. **1** Ave parecida al papagayo, pero de menor tamaño, de plumaje de varios colores entre los que domina el verde, con las alas y la cola largas y terminadas en punta. **2** Fam. Persona que habla de manera excesiva y molesta.

coturno s.m. Calzado de suela de madera o corcho usado principalmente por actores de teatro trágico de la antigua Grecia y Roma.

coulomb o **culombio** (pl. coulombs o culombios) s.m. Unidad de carga eléctrica del Sistema Internacional, de símbolo C, que equivale a la cantidad de electricidad que transporta una corriente de intensidad de un ampere en un segundo.
OBS Pronunc. aprox. 'culom'.

country s.m. Estilo de música y baile popular originado en Estados Unidos.
OBS Pronunc. aprox. 'cauntri'.

cowboy (pl. cowboys.) s.m. Vaquero de los ranchos norteamericanos.
OBS Pronunc. aprox. 'caubói'.

coxal adj. **1** Relativo a la cadera. ◆ **s.m. y adj. 2** Hueso plano, de forma irregular y con diferentes concavidades, y que junto con otro forma la pelvis.

coxis s.m. Hueso final de la columna vertebral formado por la unión de las últimas vértebras.

coyol s.m. **1** AMÉR CENTRAL, MÉX Palmera de mediana altura de cuyo tronco se extrae una bebida agradable. **2** AMÉR CENTRAL, MÉX Fruto de esta planta, de cuyo hueso, negro y muy duro, se fabrican botones, cuentas de rosario, etc.

coyote s.m. Mamífero carnívoro de pelo marrón amarillento, parecido al lobo, pero de menor tamaño.

coyuntura s.f. **1** Combinación de elementos y circunstancias que caracterizan una situación. **2** Momento oportuno y adecuado para obrar. **3** Unión de un hueso con otro.

coyuntural adj. Relativo a una coyuntura.

coz s.f. **1** Movimiento violento hacia atrás de una o ambas patas traseras de un animal cuadrúpedo. **2** Patada violenta hacia atrás que lanza una persona.

CPU s.f. Sigla de la expresión inglesa **Central Processing Unit**, unidad central de proceso.
OBS Pronunc. 'ce-pe-u'.

crack (pl. cracks.) **s.m. 1** Deportista de calidad o habilidad extraordinaria. **2** Droga derivada sintéticamente de la cocaína. **3** Crash.
OBS Pronunc. 'crac'.

cracker s.m. y f. Persona que accede a un sistema informático sin autorización.
OBS Pronunc. 'cráquer'.

crampón s.m. Pieza metálica que se fija a la suela del calzado para no resbalar sobre el hielo o la nieve.

craneal adj. Relativo al cráneo.

cráneo s.m. Caja ósea que forma la parte superior de la cabeza y que encierra y protege el cerebro, el cerebelo y el bulbo raquídeo.

craneoencefálico, a adj. Relativo al cráneo y el encéfalo.

crápula s.m Hombre de vida licenciosa.

craqueo s.m. Proceso químico industrial de tratamiento de los productos procedentes de la destilación fraccionada del petróleo.

crash s.m. Quiebra financiera del sistema económico de un grupo importante de empresas, de un país o de un grupo de países.
OBS Invariable en número.
OBS Pronunc. 'crash'.

craso, a adj. Se dice del disparate o ignorancia que es tan grande que no se puede disculpar.

cráter s.m. **1** Boca de volcán. **2** Agujero circular en la tierra provocado por una explosión. **3** Depresión circular en la superficie de la Luna.

crátera s.f. Vaso de boca ancha y con dos asas.

creación s.f. **1** Acción de crear. **2** Cosa creada.

creacionismo s.m. **1** Doctrina filosófica opuesta al evolucionismo. **2** Tendencia literaria europea según la cual las palabras deben valorarse por su capacidad para crear belleza y sugerir imágenes.

creador, ra adj. **1** Que crea o es capaz de crear. ◆ s. **2** Persona que realiza una obra científica, literaria o artística. ◆ **s.m. 3** Según algunas religiones, Dios, ser eterno que es autor de todo lo que existe. □ Se escribe con mayúscula inicial.

crear v.tr. **1** Producir una cosa a partir de la nada. **2** Producir una obra a partir de la capacidad artística, imaginativa o intelectual de su autor. **3** Hacer que una cosa comience a existir por primera vez. **4** Hacer aparecer una cosa cuya existencia depende de la existencia de otra.

creatividad s.f. Capacidad y facilidad para inventar o crear.

creativo, a adj. **1** Se dice de la persona que tiene creatividad. **2** Que tiene relación con la creación o es resultado de ella. ◆ **s. 3** Persona encargada de crear e idear.

crecepelo s.m. Sustancia que supuestamente hace crecer el pelo o evita su caída.

crecer (30) v.intr. **1** Aumentar el tamaño del organismo de un ser vivo. **2** Aumentar la cantidad, el tamaño o la importancia de algo. **3** Aumentar el tamaño de la parte iluminada de la Luna. ◆ **crecerse** v.prnl. **4** Tomar mayor autoridad, importancia o valor.

creces ◇ **con creces** loc. De manera abundante y generosa.

crecida s.f. **1** Aumento brusco del nivel de agua de un arroyo, río u otra corriente. **2** Porción de agua que se desplaza por la corriente tras este aumento.

crecido, a adj. **1** De gran estatura, valor o cuantía. **2** Que tiene mucho ánimo y confianza.

creciente adj. **1** Que crece. **2** Se dice de la fase de la Luna que está entre las fases de luna nueva y luna llena.

crecimiento s.m. **1** Aumento del tamaño del organismo de un ser vivo. **2** Aumento de la cantidad, el tamaño o la importancia de una cosa.

credencial adj. **1** Que autoriza a una persona para representar a otras. ◆ **s.f. 2** Documento que un Estado da a sus representantes en otros países. **3** Documento que demuestra que un empleado está en posesión de una plaza o puesto.

credibilidad s.f. Cualidad de creíble.

crédito s.m. **1** Cantidad de dinero que presta una entidad bancaria a cambio de garantizar su devolución y de pagar un precio por disfrutarlo. **2** Confianza que uno merece de que pagará sus deudas. **3** Aceptación de una cosa como cierta o verdadera. **4** Buena fama.

credo s.m. **1** Oración que contiene los principios fundamentales de la fe católica. □ Se escribe normalmente con mayúscula inicial. **2** Conjunto de principios ideológicos o religiosos de un grupo.

credulidad s.f. Facilidad que tiene una persona para creer lo que otros le cuentan.

crédulo, a adj. y s. Que cree con facilidad.

creencia s.f. **1** Idea o pensamiento que se cree verdadero o seguro. **2** Conjunto de principios ideológicos o religiosos de un grupo. □ Suele usarse en plural con valor singular.

creer (26) v.tr. **1** Considerar posible o probable una cosa, aunque sin llegar a tener una seguridad absoluta. ◆ **v.tr. e intr. 2** Tener fe en principios religiosos. **3** Considerar una cosa como verdadera o segura, especialmente si para ello no se cuenta con demostración. ◆ **v.intr. 4** Tener confianza en las posibilidades de éxito de una persona o cosa.

creíble adj. Que parece verdadero y cierto.

creído, a adj. y s. Que muestra orgullo excesivo por las cualidades o actos propios.

crema s.f. **1** Pasta hecha con leche, huevos, azúcar y otros ingredientes que se emplea especialmente en pastelería como relleno. **2** Puré poco espeso que se toma como sopa. **3** Sustancia grasa y espesa que se forma en la superficie de la leche. **4** Preparación cosmética o terapéutica para el cuerpo. **5** Pasta hecha de ceras. ◆ **adj. 6** Que tiene un tono entre el blanco y el amarillo. □ Invariable en número.

cremación s.f. Incineración de cadáveres.

cremallera s.f. **1** ESP Cierre que se cose en los bordes de una abertura o en una prenda de vestir, consistente en dos hileras de dientes que se engranan. **GEOSIN** zíper. **2** Barra metálica con dientes en uno de sus cantos para engranar con un piñón y convertir un movimiento circular en rectilíneo o viceversa. ◆ **s.m. 3** Tren cuya locomotora dispone de ruedas dentadas que encajan en un carril. □ También tren cremallera.

crematístico, a adj. Relativo al dinero.

crematorio, a adj. **1** Relativo a la cremación. ◆ **s.m. 2** Edificio destinado a la cremación.

cremoso, a adj. **1** Con la consistencia o apariencia de la crema. **2** Que tiene mucha crema.

crepado s.m. Técnica usada en peluquería para conseguir volumen en el cabello.

crepe s.m. Torta muy fina hecha con leche, huevos y harina.

OBS Pronunc. 'crep'.

crepidoma s.m. Base sobre la que se eleva la planta rectangular de un templo griego.

crepitar v.intr. Dar chasquidos, especialmente la madera al arder.

crepuscular adj. Relativo al crepúsculo.

crepúsculo s.m. **1** Claridad de la luz del sol al amanecer y al anochecer. **2** Tiempo que dura esta claridad. **3** Final o decadencia de lo que fue famoso o importante.

crescendo s.m. **1** Aumento progresivo de la intensidad de una nota o un pasaje musical. **2** Parte de una composición musical que se ejecuta de este modo.
OBS Pronunc. aprox. 'creshendo'.

crespo, a adj. Se dice del pelo rizado.

crespón s.m. **1** Trozo de tela negra que se usa en señal de luto. **2** Tela o gasa fina de textura rugosa.

cresta s.f. **1** Carnosidad de color rojo que tienen en la cabeza algunas aves, como el gallo. **2** Conjunto de plumas levantadas que tienen algunas aves en la parte superior de la cabeza. **3** Peinado que imita la carnosidad o las plumas levantadas de algunas aves. **4** Cumbre de una montaña, en especial si acaba en peñascos agudos. **5** Parte más alta de una ola coronada de espuma. **6** Intensidad máxima en el desarrollo de una actividad o un fenómeno.

cretácico, a o **cretáceo, a** adj. y s.m. Se dice del período geológico que es el tercero y último de la era mesozoica o secundaria.

cretense adj. y s.m. y f. **1** De Creta (isla griega). **2** De una antigua civilización que floreció en esta isla en el segundo milenio a C.

cretino, a adj. y s. Que es poco inteligente y posee escaso entendimiento.

cretona s.f. Tela resistente de algodón.

creyente adj. y s.m. y f. Que cree.

cría s.f. **1** Alimentación y cuidado que recibe un animal o bebé recién nacido hasta que puede valerse por sí mismo. **2** Niño o animal mientras se está criando. **3** Conjunto de hijos que tienen los animales en un parto o en un nido.

criadero s.m. **1** Lugar en el que se crían animales. **2** Terreno en el que se plantan árboles pequeños y otras especies vegetales para que crezcan. **3** Lugar en el que abunda una cosa.

criadilla s.f. Testículo de animal que se destina al consumo humano. ◇ **criadilla de tierra** Hongo subterráneo comestible.

criado, a s. Persona que sirve a otra.

criador, ra s. Profesional de la cría de animales.

crianza s.f. **1** Acción y efecto de criar. **2** Educación, cortesía o urbanidad de una persona. **3** Proceso de elaboración y cuidado del vino.

criar (1e) v.tr. **1** Alimentar y cuidar a un animal o bebé recién nacido hasta que puede valerse por sí mismo. **2** Educar, enseñar y cuidar a un niño o a un joven.

criatura s.f. **1** Niño recién nacido o de pocos años. **2** Ser vivo, en especial el ser humano. **3** Ser vivo de naturaleza desconocida, generalmente de carácter fantástico o inventado.

criba s.f. **1** Utensilio para cribar, consistente en una lámina metálica agujereada, sujeta a un cerco de madera. **2** Selección que se efectúa entre varias cosas o personas para separar las que se consideran buenas de las que no lo son.

cribar v.tr. Hacer pasar una materia por una criba para separar las partes finas.

crimen s.m. **1** Acción voluntaria de matar o herir de gravedad a una persona. **2** Acción de gran maldad o irresponsabilidad que tiene consecuencias graves.

criminal adj. **1** Relativo al crimen. ◆ adj. y s.m. y f. **2** Que ha cometido o intentado cometer un crimen. ◆ adj. **3** Se dice de la ley cuyo objetivo es perseguir y castigar el crimen.

criminalista adj. y s.m. y f. **1** Que se dedica al estudio de los crímenes y a la identificación de los criminales. **2** Especialista en derecho penal.

criminalizar v.tr. Considerar criminal un hecho o una acción.

criminología s.f. Parte del derecho que estudia los hechos criminales.

crin s.f. Conjunto de cerdas del cuello, cerviz o cola de ciertos animales, especialmente el caballo. □ Suele usarse en plural con valor singular. ◇ **crin vegetal** Hilo flexible que se extrae del esparto. □ También simplemente crin.

crío, a s. Niño que se está criando.

criollo, a adj. y s. **1** Se dice de la persona que es descendiente de padres europeos y nacida fuera de Europa. ◆ adj. **2** Característico de la cultura y la tradición de un país hispanoamericano.

crioscopia s.f. Técnica con la que se determina el peso molecular y otras propiedades de una sustancia disuelta en un líquido, observando el descenso del punto de congelación de esta disolución.

cripta s.f. **1** Recinto subterráneo en que se acostumbraba a enterrar a los muertos. **2** Piso subterráneo de una iglesia.

críptico, a adj. **1** Relativo a la criptografía. **2** Que no es comprensible para la mayoría de las personas.

criptógamo, a adj. y s.f. **1** Se dice de la planta que no tiene visible los órganos de reproducción. ◆ **criptógamas** s.f.pl. **2** Grupo taxonómico constituido por estas plantas.

criptografía s.f. Arte de escribir en clave secreta o de un modo enigmático.

criptograma s.m. Documento escrito mediante criptografía.

criptón s.m. Kriptón.

críquet s.m. Juego de pelota practicado con bates de madera.

crisálida s.f. Fase larvaria intermedia del desarrollo de ciertos insectos, como la mariposa.

crisantemo s.m. **1** Flor de colores variados e intensos, con gran cantidad de pétalos. **2** Planta originaria de China que da esta flor.

criselefantino, a adj. **1** Se dice de la técnica de la antigüedad, especialmente griega, que empleaba oro y marfil para la realización de enormes estatuas. **2** Se dice de la estatua hecha con esta técnica.

crisis s.f. **1** Mutación considerable que se produce en una enfermedad, ya sea para mejoría o empeoramiento. **2** Situación grave y difícil que pone en peligro la continuidad o el desarrollo de un proceso físico, histórico o espiritual. **3** Escasez o falta de lo necesario.

crisma s.f. **1** Fam. Cabeza de una persona. ◆ s.m. o f. **2** Óleo consagrado para unciones sacramentales.

crismón s.m. Monograma de Cristo.

crisol s.m. **1** Recipiente de material muy resistente al calor que sirve para fundir un metal a temperaturas muy altas. **2** Parte inferior de un alto horno para contener el metal fundido.

crispación s.f. **1** Fam. Irritación, enfurecimiento o enojo grande. **2** Contracción brusca y momentánea de un músculo.

crispar v.tr. Fam. Causar crispación.

cristal s.m. **1** Vidrio endurecido, frágil, generalmente incoloro y transparente, que se obtiene al fundir a elevada temperatura diversas sustancias (principalmente arena silícea) y enfriarlas con rapidez. **2** Objeto de esta materia. **3** Mineral formado por la solidificación en determinadas condiciones de ciertas sustancias que han sido fundidas o disueltas y que toma la forma de un sólido geométrico.

cristalera s.f. Puerta o aparador con cristales.

cristalería s.f. **1** Establecimiento en el que se fabrican o venden objetos de cristal. **2** Conjunto de estos objetos.

cristalero, a s. Persona que se dedica a fabricar, vender o colocar cristales.

cristalino, a adj. **1** De cristal o semejante a él. **2** Se dice del cuerpo cuyas partículas están estructuradas en forma de cristales. ◆ s.m. **3** Parte del ojo en forma de cristal transparente y esférico que está situada detrás del iris del ojo.

cristalización s.f. Adquisición de la forma y estructura propias de un cristal.

cristalizar v.intr. **1** Adquirir un mineral la forma y estructura cristalina que es propia de su clase. **2** Tomar forma clara y definida un asunto, proceso o idea. ◆ v.tr. **3** Hacer que una sustancia tome la forma y la estructura del cristal.

cristalografía s.f. Parte de la geología que estudia los cristales.

cristaloide s.m. Sustancia que se difunde rápidamente en una disolución y que, a diferencia de los coloides, puede atravesar una membrana porosa.

cristiandad s.f. Conjunto de los pueblos y naciones en los que el cristianismo es la religión mayoritaria.

cristianismo s.m. Conjunto de las religiones fundadas en la persona y las enseñanzas de Jesucristo.

cristiano, a adj. **1** Relativo al cristianismo. ◆ adj. y s. **2** Se dice de la persona que cree en esta doctrina religiosa. ◆ s. **3** Fam. Persona sin determinar.

cristino, a adj. y s. Se dice de los liberales que, durante la primera guerra carlista, apoyaban a la regente María Cristina y su hija Isabel.

cristología s.f. Parte de la teología que estudia la figura de Jesucristo.

criterio s.m. **1** Regla o norma conforme a la cual se establece un juicio o se toma una determinación. **2** Opinión, juicio o decisión que se adopta sobre una cosa. **3** Capacidad para adoptar esta opinión, juicio o decisión.

critérium s.m. Conjunto de pruebas deportivas de alto nivel.

crítica s.f. **1** Conjunto de opiniones o juicios que se hacen al criticar un asunto o una obra. **2** Conjunto de profesionales que se dedican a emitir este tipo de opiniones o juicios.

criticar v.tr. **1** Examinar y juzgar un asunto. **2** Expresar opiniones o juicios negativos y contrarios sobre una cosa. **3** Examinar y juzgar una obra artística o del conocimiento para determinar sus valores.

criticismo s.m. Doctrina filosófica que considera que la base del conocimiento es una combinación entre la percepción del mundo exterior y la razón humana.

crítico, a adj. **1** Relativo a la crítica. **2** Relativo a la crisis. ◆ s. **3** Persona que se dedica a la crítica de obras de arte o del conocimiento.

criticón, na adj. Se dice de la persona que suele criticar y hablar mal de los demás.

croar v.intr. Emitir la rana su voz.

croata adj. y s.m. y f. **1** De Croacia. ◆ s.m. y adj. **2** Lengua eslava que se habla en Croacia.

crocanti s.m. Pasta dura hecha de caramelo con trocitos de almendra dentro.

croché s.m. **1** Labor de ganchillo. **2** En boxeo, golpe que se da con el brazo doblado en ángulo. **OBS** Puede encontrarse la grafía francesa crochet.

croissant (pl. croissants.) s.m. Bollo de hojaldre esponjoso con forma de media luna. **OBS** Pronunc. aprox. 'cruasán'.

crol s.m. Estilo de natación que consiste en un movimiento rotatorio de los brazos al tiempo que se mueven los pies de arriba abajo.

cromático, a adj. **1** Relativo a los colores. **2** Se dice de la escala musical que está formada por los doce semitonos de una octava.

cromátida s.f. Filamento que, junto con otro, forma un cromosoma.

cromatina s.f. Conjunto de ácidos nucleicos y proteínas asociadas a él que existe en el núcleo de las células eucariotas.

cromatismo s.m. **1** Desarrollo amplio y variado de colores. **2** Aplicación del sistema cromático en la composición.

crómlech (pl. crómlechs.) s.m. Monumento megalítico formado por varios menhires dispuestos en círculo.

cromo s.m. **1** Estampa de pequeño tamaño con representaciones muy diversas y que suele coleccionarse. **2** Elemento químico de símbolo Cr y número atómico 24.

cromoplasto s.m. Plasto que contiene pigmentos, como la clorofila.

cromosfera s.f. Zona exterior de la envoltura gaseosa del Sol, de color rojo y constituida principalmente por hidrógeno inflamado.

cromosoma s.m. Corpúsculo en forma de filamento que se halla en el interior del núcleo de una célula y que contiene los genes.

cromosómico, a adj. De los cromosomas.

crónica s.f. **1** Texto histórico que recoge los hechos en el orden cronológico en el que sucedieron. **2** Género periodístico que agrupa los comentarios sobre una serie de hechos de actualidad considerados panorámicamente.

crónico, a adj. **1** Se dice de la enfermedad que se padece a lo largo de mucho tiempo. **2** Se dice del problema que se repite con frecuencia desde tiempo atrás.

cronista s.m. y f. Autor de una crónica.

crono s.m. Tiempo que tarda un deportista en completar una carrera.

cronoescalada s.f. Prueba ciclista contrarreloj disputada en una gran pendiente que el corredor ha de subir.

cronología s.f. **1** Ciencia que tiene por objeto determinar el orden y la fecha de sucesos históricos. **2** Conjunto de hechos históricos ordenados de acuerdo con las fechas en que sucedieron.

cronológico, a adj. Relativo a la cronología.

cronometrar v.tr. Computar el tiempo con un cronómetro.

cronómetro s.m. Reloj de precisión que mide fracciones de tiempo muy pequeñas.

cróquet s.m. Juego que consiste en hacer pasar bajo unos aros clavados en el suelo una bola de madera golpeándola con un mazo.
OBS Puede encontrarse la grafía inglesa croquet.

croqueta s.f. Masa de forma ovalada compuesta de distintos alimentos picados y ligados con bechamel, que se reboza y fríe.

croquis s.m. Dibujo rápido, hecho a ojo sin precisión ni detalles, en el que se representan las líneas principales o más significativas y las cotas de un espacio o un objeto.

cross s.m. Prueba deportiva que se realiza en el campo y suele consistir en una carrera con obstáculos naturales que deben salvarse.

crótalo s.m. **1** Serpiente muy venenosa que tiene al final de la cola un conjunto de anillos que el animal hace vibrar al sentirse amenazada. **2** Formal. Castañuela.

crotorar v.intr. Emitir la cigüeña su voz.

cruasán s.m. Croissant.

cruce s.m. **1** Acción y efecto de cruzar o de cruzarse. **2** Punto donde se cruzan dos líneas o caminos. **3** Paso de peatones. **4** Interferencia en un canal de comunicación.

cruceiro s.m. Antigua unidad monetaria de Brasil.

crucería s.f. Arcos o nervios que al cruzarse forman una bóveda.

crucero s.m. **1** Viaje turístico por mar. **2** Buque de guerra muy veloz, dotado de fuerte armamento y con un radio de acción muy amplio. **3** Espacio en una iglesia donde se cruzan la nave mayor o central con la transversal. **4** Cruz de piedra que solía colocarse en el cruce de los caminos.

crucial adj. Muy importante y decisivo para el desarrollo o solución de una cosa.

crucificar v.tr. **1** Clavar en una cruz a una persona. **2** Fam. Perjudicar a un persona.

crucifijo s.m. Figura que representa a Jesucristo.

crucifixión s.f. **1** Acción de crucificar a una persona en una cruz. **2** Representación artística de Jesucristo clavado en la cruz.

crucigrama s.m. Pasatiempo que consiste en rellenar un casillero con palabras cruzadas.

crudelísimo, a adj. Superlativo de **cruel**.

crudeza s.f. Calidad de crudo.

crudo, a adj. **1** Que no está cocinado. **2** Que se muestra de forma realista, desagradable y cruel. **3** Que es frío y desapacible. **4** Se dice del color que tiene un tono entre blanco y amarillo, como el de la lana sin blanquear. **5** Que no ha sido trabajado o elaborado por el ser humano. **6** Fam. Muy difícil y complicado de conseguir o sacar adelante. ◆ **adj. y s.m. 7** Se dice del petróleo sin refinar.

cruel adj. **1** Que se complace en hacer o ver sufrir. **2** Que causa sufrimiento y dolor intensos.
OBS Superlativo: **crudelísimo** o **cruelísimo**.

crueldad s.f. **1** Calidad de cruel. **2** Acción cruel.

cruento, a adj. Cruel y violento.

crujía s.f. **1** Pasillo o corredor largo con accesos a ambos lados. **2** Espacio que hay entre dos muros de carga o entre dos filas de pilares o columnas.

crujido s.m. Sonido producido al crujir.

crujiente adj. Se dice del material o alimento que cruje al ser comprimido, doblado o roto.

crujir v.intr. Hacer cierto ruido algunas cosas al rozarse, romperse o sometidas a una tensión.

crupier s.m. y f. Persona que trabaja en un casino o casa de juego y se encarga de dirigir y organizar el juego.
OBS Puede encontrarse la grafía francesa **croupier.**

crustáceo, a adj. y s. **1** Se dice del animal invertebrado con respiración branquial que tiene dos pares de antenas y el cuerpo cubierto por un caparazón duro y flexible, como el cangrejo o el centollo. ◆ **crustáceos** s.m.pl. **2** Grupo taxonómico constituido por estos animales.

cruz s.f. **1** Cualquier figura formada por dos líneas que se atraviesan o cortan perpendicularmente. **2** Condecoración con esta forma que se concede en reconocimiento y premio del valor o la virtud. **3** Patíbulo formado por un palo levantado del suelo verticalmente y atravesado en su parte superior por otro más corto en la que antiguamente se clavaba al condenado a muerte. **4** Símbolo del cristianismo que representa este patíbulo, en que murió Jesucristo. **5** Sufrimiento o dolor que se soporta durante mucho tiempo. **6** Reverso de una moneda. **7** Parte alta del lomo de algunos animales cuadrúpedos donde se unen los huesos de las patas delanteras a la columna. ◇ **cruz gamada** Cruz que tiene los cuatro brazos doblados en ángulo recto. ◇ **cruz griega** Cruz que tiene los cuatro brazos iguales.

cruzada s.f. **1** Campaña de guerra hecha por los ejércitos cristianos contra los musulmanes. □ Suele usarse en plural con valor singular. **2** Campaña, en especial con fines religiosos.

cruzado, a adj. y s.m. **1** Participante en una cruzada. ◆ adj. **2** Se dice del caballero que posee la cruz de una orden militar. **3** Se dice del animal nacido de padres de distinta raza. **4** Se dice de la prenda de vestir que se abrocha sobreponiendo un delantero sobre otro.

cruzar v.tr. **1** Atravesar un lugar, pasar de un lado a otro. **2** Colocar una cosa sobre otra formando una figura parecida a la de una cruz. **3** Trazar dos rayas paralelas en un cheque para que solamente pueda cobrarse por medio de una cuenta corriente y no en efectivo. **4** Intercambiar dos personas miradas, gestos o palabras. **5** Fecundar un animal macho a una hembra de una especie o raza distinta. **6** Interrumpir el paso por un camino, carretera u otra vía poniendo algo en medio. ◆ **cruzarse** v.prnl. **7** Pasar en dirección contraria. **8** Encontrarse o tener trato con una persona. **9** Coincidir en un punto dos calles, caminos, etc.

cta. Abreviatura comercial de **cuenta.**

cta. cte. Abreviatura comercial y mercantil de **cuenta corriente.**

ctenóforo adj. y s.m. **1** Se dice del animal marino de cuerpo gelatinoso, sin esqueleto, provisto de cilios y con simetría radial. ◆ **ctenóforos** s.m.pl. **2** Grupo taxonómico, con categoría de filo, constituido por estos animales.

cu (pl. cúes o cus.) s.f. Nombre de la letra q.

cuaderna s.f. Pieza curva que, a modo de costilla, forma el armazón de un barco.

cuadernillo s.m. Conjunto de cinco hojas o pliegos de papel unidos.

cuaderno s.m. Conjunto de piezas rectangulares de papel dobladas y unidas en forma parecida a un libro.

cuadra s.f. **1** Instalación cerrada y cubierta preparada para la estancia de caballos u otros animales de carga. **2** Conjunto de caballos que pertenecen a un propietario. **3** Lugar muy sucio y desordenado. **4** AMÉR En un área urbana, distancia que hay entre una esquina y la siguiente. **5** AMÉR Unidad de longitud que equivale a unos 100 m; en algunos países puede oscilar entre 80 y 90 m y en otros entre 100 y 150 m. **6** URUG Unidad de superficie que se emplea para medir campos y que equivale a una cuadra cuadrada.

cuadrada s.f. Nota musical que equivale a dos redondas.

cuadrado, a s.m. y adj. **1** Figura geométrica de cuatro lados iguales y cuatro ángulos rectos. ◆ adj. **2** De forma igual a esta figura. **3** Se utiliza con unidades de longitud para convertirlas en unidades de superficie. **4** Fam. Se dice de la persona que posee un cuerpo con una estructura fuerte, grande y ancha. ◆ s.m. **5** Resultado de multiplicar un número por sí mismo.

cuadragésimo, a adj.num.ordin. **1** Que ocupa el lugar número 40 en una serie ordenada. ◆ adj.num.partit. **2** Se dice de cada una de las partes que resultan de dividir un todo en cuarenta partes iguales.

cuadrangular adj. **1** Que tiene o forma cuatro ángulos. ◆ adj. y s.m. **2** Se dice de la competición deportiva que no tiene carácter oficial y se disputa entre cuatro equipos.

cuadrángulo, a adj. y s.m. Se dice de la figura geométrica que tiene cuatro ángulos.

cuadrante s.m. **1** Cuarta parte de un círculo o una circunferencia. **2** Cuarta parte de una herencia. **3** Instrumento formado por una estructura graduada en forma de cuarto de círculo en la que están marcados los grados y que se usa para medir ángulos. **4** Reloj de sol.

cuadrar v.tr. **1** Dar forma de cuadro o de cuadrado. ◆ v.tr. e intr. **2** Hacer que coincida en una cuenta o balance la cifra total resultante del debe y del haber. ◆ v.intr. **3** Corresponder lógicamente dos cosas entre sí. ◆ v.tr. **4** AMÉR Sentar bien o mal en una persona una cosa. **5** Fam. CH, ECUAD, P RICO, R DOM Aportar importantes beneficios materiales a una persona, de modo que cambie radicalmente su situación económica. ◆ v.tr. e intr. **6** COL, PERÚ Estacionar un vehículo. ◆ **cuadrarse** v.prnl. **7** Ponerse erguido y con los talones juntos. **8** Mantenerse firme en una actitud. **9** VENEZ Destacarse una persona por algún rasgo físico o intelectual o por su conducta.

cuadratura s.f. Forma cuadrada de un objeto.

cuádriceps o **cuadríceps** s.m. y adj. Músculo situado en la zona anterior del muslo.

cuadrícula s.f. Conjunto de cuadrados que resultan de cortarse perpendicularmente dos series de rectas paralelas.

cuadriculado, a adj. **1** Que tiene rayas dispuestas en forma de cuadrícula. **2** Fam. Se dice de la persona que tiene un modo de entender la vida o el trabajo muy estricto y rígido.

cuadriga s.f. Carro tirado por cuatro caballos.

cuadrilátero, a adj. **1** Que tiene cuatro lados. ◆ s.m. **2** Figura geométrica de cuatro lados. **3** Tarima elevada en la que se disputan los combates de boxeo.

cuadrilla s.f. **1** Conjunto organizado de personas que realizan un trabajo o llevan a cabo una actividad determinada. **2** Conjunto de toreros que lidian los toros bajo las órdenes de un matador o un rejoneador.

cuadringentésimo, a adj.num.ordin. **1** Que ocupa el lugar número 400 en una serie ordenada. ◆ adj.num.partit. **2** Se dice de cada una de las partes que resultan de dividir un todo en cuatrocientas partes iguales.

cuadrívium o **cuadrivio** s.m. Conjunto de cuatro materias relacionadas con las matemáticas (arimética, música, geometría y astrología o astronomía).

cuadro s.m. **1** Figura plana que tiene cuatro lados iguales que forman cuatro ángulos rectos. **2** Objeto que tiene esta forma. **3** Dibujo, pintura o lámina que se cuelga en la pared como adorno. **4** Situación o espectáculo que causa una impresión intensa en la persona que lo presencia. **5** Parte en que se divide un acto en una obra de teatro, señalada por un cambio de decorado. **6** Conjunto formado por las personas que dirigen un grupo, asociación, empresa o sociedad. **7** Conjunto de datos o informaciones sobre un asunto o materia que se ordenan y relacionan con líneas o signos gráficos. **8** Armazón de una bicicleta o de una moto. ◇ **cuadro clínico** Conjunto de los síntomas característicos de una enfermedad.

cuadrumano, a o **cuadrúmano, a** adj. y s.m. Se dice del mamífero que tiene cuatro extremidades prensiles.

cuadrúpedo, a adj. y s. Se dice del animal mamífero de cuatro patas.

cuádruple adj. y s.m. **1** Cuádruplo. ◆ adj. **2** Que está formado por cuatro elementos o se repite cuatro veces.

cuadruplicar v.tr. Hacer cuatro veces mayor.

cuádruplo, a adj. y s.m. Que es cuatro veces el número o cantidad de cierta cosa.

cuajada s.f. Sustancia grasa y sólida de color blanco que se extrae del suero de la leche.

1. **cuajar** v.tr. **1** Hacer que una sustancia líquida se vuelva más espesa y compacta. **2** Cubrir o llenar por completo. ◆ v.intr. y prnl. **3** Volverse una sustancia líquida más espesa y compacta. ◆ v.intr. **4** Formar la nieve una capa sólida sobre una superficie. **5** Obtener el resultado deseado.

2. **cuajar** s.m. Parte final del estómago de los rumiantes.

cuajarón s.m. Masa de una sustancia que se ha cuajado o solidificado.

cuajo s.m. Fermento contenido en el estómago de las crías de los rumiantes que aún no pacen y que permite cuajar la leche.

cual pron. **1** Designa a una persona, animal o cosa de la que se ha hablado antes. ◆ adv. **2** Formal. Como, del modo o manera que.

cuál pron. **1** Expresa pregunta por un elemento diferenciado de los que pertenecen a un conjunto. **2** Expresa admiración o sorpresa.

cualesquiera det. y pron. Plural de cualquiera.

cualidad s.f. Conjunto de propiedades que se consideran particulares y distintivas.

cualificado, a adj. **1** Que posee autoridad o prestigio y merece respeto. **2** Que posee la cualificación necesaria para realizar un trabajo.

cualificar v.tr. **1** Poseer una persona la autoridad o el prestigio necesarios para que sus juicios y acciones merezcan el respeto general. **2** Poseer la preparación necesaria para realizar un trabajo técnico que exige conocimientos y una práctica específica. **3** Atribuir o apreciar en una cosa cualidades específicas y distintivas.

cualitativo, a adj. Relativo a la cualidad.

cualquier (pl. cualesquier. Va antepuesto al sustantivo.) det. Cualquiera.

cualquiera det. y pron. **1** Designa a una persona o cosa indeterminada entre varias, sin preferencia por ninguna de ellas. □ Plural: cualesquiera. ◆ s.m. y f. **2** Desp. Persona vulgar o poco importante. □ Plural: cualquieras o cualquiera. ◆ s.f. **3** Desp. Prostituta o mujer de mala reputación en lo moral. □ Plural: cualquieras o cualquiera.

OBS Antepuesto a un sustantivo adopta la forma cualquier.

cuan adv. Formal. Indica un sentido comparativo o de equivalencia.

cuán adv. Formal. Sirve para ponderar el grado o intensidad de lo que se dice.

cuando conj. **1** Indica el tiempo o el momento en que ocurre una acción. **2** Indica una condición. **3** Se usa con valor continuativo, de modo equivalente a **puesto que**. **4** Se usa con valor concesivo, de modo equivalente a **aunque**. ◆ adv. **5** En el tiempo o el momento en que ocurre una cosa. **6** Durante el momento que se especifica.

cuándo adv. **1** En qué tiempo o en qué momento ocurre una cosa. ◆ s.m. **2** Momento en que ocurre una cosa.

cuantía s.f. Número de unidades, tamaño o proporción de una cosa.

cuantificar v.tr. Calcular el número de unidades, tamaño o proporción de una cosa.

cuantioso, a adj. Grande en cantidad.

cuantitativo, a adj. Relativo a la cantidad.

1. **cuanto, a** det. **1** Indica la totalidad de elementos que se expresan o se dan a entender. **2** Indica una cantidad que depende de otra o tiene relación con otra. ◆ adv. **3** Indica una cantidad o proporción que está en correlación con otra. ◇ **en cuanto** Tan pronto como.

2. **cuanto** s.m. Cantidad más pequeña de energía que un sistema puede intercambiar con su entorno.

cuánto, a adj. y pron. **1** Expresa interrogación o admiración relacionada con cantidad, número o intensidad. ◆ adv. **2** En qué grado o manera, hasta qué punto.

cuáquero, a adj. **1** Relativo al cuaquerismo. ◆ adj. y s. **2** Creyente de esta doctrina religiosa.

cuarcita s.f. Roca silícea muy dura formada principalmente por cuarzo.

cuarenta adj.num.cardin. **1** Treinta más diez. ◆ adj.num.ordin. **2** Que ocupa el lugar número 40 en una serie ordenada. ◆ s.m. **3** Número 40. ◇ **cantar las cuarenta a alguien** Fam. Decir claramente a una persona las quejas que se tienen contra ella.

cuarentavo, a adj.num.partit. Se dice de cada una de las partes que resultan de dividir un todo en cuarenta partes iguales.

cuarentena s.f. **1** Conjunto formado por cuarenta unidades. **2** Período de aislamiento al que son sometidas las personas que pueden portar una enfermedad contagiosa.

cuarentón, na adj. y s. Fam. Se dice de la persona que tiene entre cuarenta y cuarenta y nueve años de edad.

cuaresma s.f. Tiempo de la liturgia católica que dura 40 días.
OBS Se escribe normalmente con mayúscula inicial.

cuarta s.f. Intervalo de la escala musical entre una nota y la cuarta superior o inferior a esta.

cuartear v.tr. **1** Partir o dividir en cuartos o en partes. **2** Dividir el cuerpo de una persona o un animal en cuartos o partes. **3** MÉX Azotar con un látigo. ◆ **cuartearse** v.prnl. **4** Abrirse gran número de grietas en una superficie.

cuartel s.m. **1** Edificio o instalación donde viven los soldados cuando están de servicio. **2** Lugar provisional donde viven los soldados cuando están en campaña. ◇ **sin cuartel** Sin tregua ni descanso, sin darle un momento de tranquilidad al enemigo o adversario.

cuartelillo s.m. **1** ESP Edificio en que se aloja una sección de soldados. **2** ESP Edificio o local donde se halla un puesto de la policía, de la guardia civil o urbana, etc.

cuarterón s.m. Adorno en forma de cuadro que tienen algunas puertas o ventanas.

cuarteta s.f. Estrofa de cuatro versos octosílabos de rima consonante.

cuarteto s.m. **1** Estrofa de cuatro versos endecasílabos de rima consonante. **2** Conjunto de cuatro músicos. **3** Composición musical escrita para ser interpretada por este conjunto.

cuartilla s.f. Cuarta parte de un pliego de papel.

cuarto, a adj.num.ordin. **1** Que ocupa el lugar número 4 en una serie ordenada. ◆ adj. num.partit. **2** Se dice de cada una de las partes que resultan de dividir un todo en cuatro partes iguales. ◆ s.m. **3** Parte del espacio de una casa o edificio separada por paredes de las demás. **4** Período de quince minutos, cada uno de los cuatro en que se divide una hora. **5** Parte de las cuatro en que se considera dividido el cuerpo de los cuadrúpedos y las aves. ◆ **cuartos** s.m.pl. **6** Fam. ESP Dinero o riquezas. ◇ **cuarto creciente** Fase de la Luna entre la luna nueva y la luna llena, en la cual permanece iluminada su mitad derecha. ◇ **tres cuartos de lo mismo** ESP Se utiliza para indicar que lo dicho para una cosa o persona es también aplicable a otra.

cuarzo s.m. Mineral muy duro de aspecto cristalino que forma parte de la composición de muchas rocas.

cuate, a adj. y s. **1** GUAT, MÉX Amigo, camarada. **2** MÉX Gemelo, mellizo. **3** MÉX Igual o muy semejante.

cuaternario, a adj. **1** Que consta de cuatro elementos. ◆ adj. y s.m. **2** Se dice del período geológico que, según algunas escuelas actuales, sigue al período terciario. ◆ adj. **3** Relativo a este período geológico. **4** Se dice del compás musical que está compuesto por cuatro tiempos.

cuatrero, a adj. y s. Que se dedica a robar animales, especialmente ganado vacuno y caballar.

cuatriciclo s.m. ARG, URUG Quad. **GEOSIN** cuatrimoto.

cuatrienal adj. **1** Que se repite cada cuatro años. **2** Que dura cuatro años.

cuatrienio s.m. Período de cuatro años.

cuatrillizo, a adj. y s. Se dice de la persona que ha nacido de un mismo parto con otros tres.

cuatrimestral adj. **1** Que se repite cada cuatro meses. **2** Que dura cuatro meses.

cuatrimestre s.m. Período de cuatro meses.

cuatrimoto s.m. CH, MÉX Quad. **GEOSIN** cuatriciclo.

cuatrimotor s.m. Avión que tiene cuatro motores.

cuatro adj.num.cardin. **1** Tres más uno. **2** Se utiliza para indicar poca cantidad de cierta cosa. ◆ adj.num.ordin. **3** Que ocupa el lugar número 4 en una serie ordenada. ◆ s.m. **4** Número 4.

cuatrocientos, as adj.num.cardin. **1** Trescientos más cien. ◆ adj.num.ordin. **2** Que ocupa el lugar número 400 en una serie ordenada. ◆ s.m. **3** Número 400.

cuba s.f. Recipiente hecho de tablas curvas unidas y reforzadas con aros.

cubalibre s.m. Bebida alcohólica compuesta de ron, ginebra o coñac y refresco de cola.

cubano, a adj. y s. De Cuba.

cubata s.m. Fam. Cubalibre.

cubertería s.f. Conjunto de cucharas, tenedores, cuchillos y otros útiles para el servicio de mesa.

cubeta s.f. **1** Recipiente poco profundo y generalmente de forma rectangular, utilizado para contener líquidos o soluciones químicas. **2** MÉX Balde (recipiente). **GEOSIN** cubo.

cubetera s.f. ARG, CH, PAR, PERÚ, URUG Cubitera.

cubicar v.tr. **1** Determinar la capacidad o el volumen de un cuerpo. **2** Elevar un número o expresión matemática al cubo (tercera potencia).

cúbico, a adj. **1** Que tiene forma de cubo. **2** Se utiliza con unidades de longitud para convertirlas en unidades de volumen. **3** Se dice de las medidas de volumen.

cubículo s.m. Habitación muy pequeña.

cubierta s.f. **1** Cosa que se pone encima de otra para cubrirla o taparla. **2** Envoltura que cubre los diferentes pliegos impresos y cosidos de un libro. **3** Parte exterior de la techumbre de un edificio. **4** Banda exterior del neumático de una rueda que está en contacto con el suelo. **5** Suelo de un barco.

cubierto, a 1 Participio irregular de cubrir. ◆ s.m. **2** Instrumento que se usa para coger o cortar los alimentos del plato. **3** Servicio de mesa que se pone a la persona que va a comer. **4** Comida que se da en un restaurante por un precio fijo.

cubil s.m. Lugar cubierto que sirve de guarida a algunos animales salvajes.

cubilete s.m. Vaso ensanchado hacia la boca.

cubilote s.m. Horno de fundición para obtener hierro dulce a partir de la fusión de hierro y arrabio. □ También horno de cubilote.

cubismo s.m. Movimiento artístico de vanguardia de principios del siglo XX.

cubista adj. **1** Relativo al cubismo. ◆ adj. y s.m. y f. **2** Que practica el cubismo.

cubitera s.f. Recipiente para hacer o servir cubitos de hielo.

cubito s.m. Trozo pequeño de hielo de forma generalmente cúbica que se añade a una bebida para enfriarla.

cúbito s.m. Hueso más largo y grueso de los dos que unen el codo con la mano.

1. **cubo** s.m. **1** CUBA, ESP, MÉX, P RICO, R DOM Balde (recipiente). **GEOSIN** cubeta. **2** Pieza central en que encajan los radios de una rueda.

2. **cubo** s.m. **1** Poliedro regular limitado por seis caras cuadradas. **2** Resultado de multiplicar un número o expresión matemática tres veces por sí mismo.

cubrecama s.m. Pieza grande de tela que cubre la cama y sirve de adorno y de abrigo.

cubrir v.tr. **1** Tapar una cosa con otra. **2** Proteger o resguardar colocando una superficie por encima. **3** Extender sobre una superficie. **4** Proteger de un daño o peligro. **5** Ocultar, disimular. **6** Recorrer una distancia. **7** Rellenar un hueco o un recipiente hasta completar su contenido. **8** Seguir el desarrollo de una actividad para informar sobre ella. **9** Ocupar un puesto de trabajo, cargo o plaza. **10** Unir sexualmente el animal macho con la hembra. ◆ **cubrirse** v.prnl. **11** Ponerse el sombrero u otro objeto semejante en la cabeza. **12** Llenarse el cielo de nubes.
OBS Participio: **cubierto**.

cucaña s.f. **1** Palo resbaladizo por el que se ha de trepar o andar para coger el premio atado a un extremo. **2** Diversión o juego que consiste en competir por alcanzar este premio.

cucaracha s.f. Insecto de cuerpo alargado y aplanado, de color negro o pardo, con las alas anteriores duras y las seis patas casi iguales.

cuchara s.f. Instrumento cóncavo y oval con mango usado para comer.

cucharada s.f. Porción en una cuchara.

cucharilla s.f. Cuchara pequeña que suele usarse para tomar el postre, servirse azúcar o agitar un alimento líquido.

cucharón s.m. Cuchara grande que se usa para servir la comida.

cuchichear v.intr. Hablar en voz baja o muy cerca del oído de una persona.

cuchicheo s.m. Sonido ininteligible, continuo y suave que se produce cuando una persona habla en voz baja.

cuchilla s.f. Hoja ancha y cortante de un solo filo con o sin mango.

cuchillada s.f. **1** Golpe dado con un cuchillo, una navaja u otra arma blanca. **2** Herida que de este golpe resulta.

cuchillería s.f. Establecimiento en el que se fabrican, venden o afilan cuchillos.

cuchillo s.m. Utensilio formado por una hoja de metal afilada por un solo lado y con mango que se usa para cortar.

cuchitril s.m. Habitación pequeña, miserable.

cuchufleta s.f. Dicho burlesco o gracioso.

cuclillas o **en cuclillas** ◇ **de cuclillas** o **en cuclillas** loc. Con las piernas completamente flexionadas, de modo que los muslos queden apoyados en las pantorrillas.

cuclillo s.m. Cuco.

cuco, a adj. **1** Hábil para engañar o para evitar el engaño. **2** Fam. ESP Bonito o bien hecho. ◆ s.m. **3** Pájaro de pequeño tamaño de color gris, azulado por encima, cola negra con pintas blancas y alas marrones.

cucú (pl. cucúes o cucús.) s.m. **1** Canto característico del cuclillo o cuco. **2** Reloj que contiene un cuco mecánico.

cucuiza s.f. AMÉR Cuerda delgada y algo burda que se elabora con fibra de pita.

cucurbitáceo, a adj. y s.f. **1** Se dice de la planta rastrera o trepadora de tallo sarmentoso, hojas alternas, flores unisexuales de cinco sépalos, cinco pétalos y cinco estambres. ◆ **cucurbitáceas** s.f.pl. **2** Grupo taxonómico, con categoría de familia, constituido por estas plantas.

cucurucho s.m. **1** Hoja de papel o cartón enrollada en forma de cono que sirve para contener cosas. **2** Lámina de barquillo o galleta enrollada en forma de cono. **3** Gorro acabado en punta y con forma cónica.

cuelgue s.m. Fam. Estado producido por el efecto de una droga.

cuello s.m. **1** Parte del cuerpo que une cabeza y tronco. **2** Tira de tela unida a la parte superior de los vestidos, para cubrir más o menos la garganta. **3** Parte más estrecha y degada de un recipiente o de otra cosa.

cuenca s.f. **1** Territorio cuyas aguas afluyen al mismo río, lago o mar. **2** Territorio situado en una depresión y rodeado de montañas. **3** Cavidad del cráneo en la que se encuentra el ojo.

cuenco s.m. Recipiente ancho, hondo, sin asas ni borde.

cuenta s.f. **1** Operación o conjunto de operaciones matemáticas necesarias para averiguar un resultado. **2** Papel en que consta esta operación matemática. **3** Cantidad de dinero que una persona o empresa tiene en el banco. **4** Explicación o justificación del comportamiento de una persona. **5** Obligación o responsabilidad que una persona tiene sobre algo o alguien. **6** Bola pequeña de distintos materiales que tiene un agujero en el centro y sirve para hacer rosarios y objetos de adorno. **7** Conjunto de asuntos, negocios o relaciones personales que tienen en común dos o más personas. ◆ **cuentas** s.f.pl. **8** Conjunto de cifras y datos acerca de los gastos e ingresos de dinero y demás operaciones económicas que realiza una empresa. ◇ **caer en la cuenta** Comprender o enterarse una persona de una cosa que no entendía o de la que no se había enterado. ◇ **cuenta atrás** Enumeración inversa de las unidades de tiempo que falta para un acontecimiento. ◇ **dar cuenta de algo** Acabar una cosa destruyéndola o consumiéndola. ◇ **tener,** o **tomar, en cuenta** Considerar importante y digno de atención o cuidado.

cuentacuentos s.m. y f. Persona que se dedica a narrar relatos breves.

cuentagotas s.m. Instrumento para verter un líquido gota a gota.

cuentakilómetros s.m. Aparato que en los vehículos registra el número de kilómetros recorridos e indica la velocidad a la que circula.

cuentarrevoluciones s.m. Aparato que registra las revoluciones de un motor.

cuentista adj. y s.m. y f. **1** Que se dedica a contar o a escribir cuentos. **2** Se dice de la persona que miente o exagera mucho.

cuento s.m. **1** Narración breve en que predominan los elementos imaginativos o fantásticos. **2** Género literario constituido por estas narraciones. **3** Relato falso o exagerado con el que se pretende engañar, generalmente para presumir o llamar la atención de los demás. ◇ **venir a cuento** Tener relación una cosa con el asunto de que se trata. ◇ **vivir del cuento** Vivir a costa de engañar y aprovecharse de los demás.

cuerazo s.m. AMÉR Latigazo.

cuerda s.f. **1** Conjunto de hilos torcidos o entrelazados que forman un objeto cilíndrico, delgado, alargado y flexible. **2** Hilo más o menos fino y elástico, hecho de metal, nailon u otros materiales, que se tensa sobre la caja armónica de un instrumento musical. **3** Pieza de metal flexible y alargada que mueve un mecanismo mecánico. **4** Segmento que une dos puntos de una circunferencia. **5** Parte de un circuito o de una pista de atletismo que está más próxima al centro. **6** Longitud de esta parte. **7** Conjunto de voces de la misma tesitura que hay en un coro o una coral. ◆ **cuerdas** s.f.pl. **8** Conjunto de instrumentos musicales de cuerda, o de los instrumentistas que los tocan, de una orquesta u otra agrupación musical. ◇ **cuerdas vocales** Ligamentos formados por fibras membranosas que están situados en la cavidad laríngea. ◇ **en la cuerda floja** En situación poco segura o peligrosa.

cuerdo, a adj. y s. **1** Que está en su juicio. **2** Que tiene buen juicio y actúa de manera prudente, reflexiva y responsable.

cueriza s.f. AMÉR Azotaina.

cuerno s.m. **1** Protuberancia ósea o quitinosa, generalmente curvada y acabada en punta, que crece en la parte superior de la cabeza de algunos animales. **2** Sustancia dura de que está constituida esta prolongación. **3** Objeto o figura que tiene forma parecida a esta prolongación. **4** Antena de ciertos animales e insectos. **5** Instrumento musical de viento, hueco, en forma de cuerno de toro, que tiene un sonido parecido al de la trompa. ◆ **cuernos** s.m.pl. **6** Representación simbólica de la infidelidad de un miembro de la pareja. ◇ **cuerno de la abundancia** Símbolo de la abundancia, representado por un gran cuerno del que salen toda clase de bienes y riquezas. ◇ **irse al cuerno** Fracasar un proyecto. ◇ **romperse los cuernos** Fam. Trabajar o esforzarse mucho.

cuero s.m. Piel de algunos animales mamíferos terrestres; especialmente, después de curada y preparada para su uso por el ser humano. ◇ **cuero cabelludo** Piel de la cabeza humana donde nace el pelo. ◇ **en cueros (vivos)** Desnudo.

cuerpo s.m. **1** Conjunto de las partes que forman el organismo de los seres vivos; en los mamíferos y muchos otros animales está formado por cabeza, tronco (tórax y abdomen) y extremidades; en filosofía y religión complementa al alma, parte no material del ser humano. **2** Parte principal de la estructura física de una persona o animal, diferenciado de la cabeza y las extremidades. **3** Persona o animal sin vida. **4** Parte de una prenda de vestir que cubre el tronco. **5** Trozo limitado de materia; en general, cualquier objeto. **6** Figura que tiene tres dimensiones (longitud, altura y anchura). □ También cuerpo geométrico. **7** Parte unida a otra u otras, pero que puede ser considerada independientemente. **8** Parte principal de un libro u otro escrito. **9** Conjunto de personas que ejercen una misma profesión. **10** Tamaño de los caracteres de imprenta. ◇ **a cuerpo** Sin prenda de abrigo. ◇ **a cuerpo de rey** Con todas las comodidades posibles. ◇ **dar,** o **tomar, cuerpo** Empezar a hacerse realidad una idea o proyecto. ◇ **en cuerpo y alma** Con total dedicación y atención.

cuervo s.m. Pájaro omnívoro de color negro brillante, con alas grandes, cola redondeada y pico grueso, fuerte y más largo que la cabeza.

cuesco s.m. **1** Fam. Pedo ruidoso. **2** Hueso que tiene una fruta en su interior.

cuesta s.f. Terreno en pendiente. ◇ **a cuestas** Sobre los hombros o las espaldas. ◇ **ir cuesta abajo** Disminuir la importancia o la actividad.

cuestión s.f. **1** Pregunta que se plantea para averiguar la verdad de una cosa. **2** Asunto que atrae la atención general.

cuestionar v.tr. Poner en duda.

cuestionario s.m. **1** Lista de preguntas. **2** Formulario donde se recogen estas preguntas.

cuestor s.m. Funcionario superior de la antigua Roma encargado de la hacienda pública.

cueva s.f. Cavidad subterránea o entre las rocas abierta de manera natural o excavada por un animal o por el ser humano.

cuezo s.m. Recipiente de madera, de base cuadrada y más ancho que alto, que sirve para amasar el yeso y otras cosas parecidas.

cuidado s.m. **1** Asistencia e interés que se le prestan a una persona o cosa. **2** Acción de cuidar. ◆ **interj. 3** Expresión con la que se llama la atención a alguien para que evite un peligro.

cuidador, ra adj. y s. Que se encarga del cuidado de una persona, un animal o un lugar.

cuidadoso, a adj. Que hace las cosas con cuidado y atención.

cuidar v.tr. e intr. **1** Vigilar o ayudar con interés a una persona o cosa. ◆ v.tr. **2** Poner interés y atención en una actividad o responsabilidad. ◆ **cuidarse** v.prnl. **3** Preocuparse una persona por su propio bienestar, especialmente por su salud.

cuita s.f. Formal. Pena.

culata s.f. **1** Parte posterior de un arma de fuego. **2** Pieza de metal que se ajusta al bloque de un motor de explosión y cierra el cuerpo de los cilindros. **3** Extremo de un cilindro hidráulico o neumático.

culé adj. y s.m. y f. Fam. Relativo al FC Barcelona.

culebra s.f. Serpiente.

culebrina s.f. Relámpago con forma de línea ondulada.

culebrón s.m. Fam. Telenovela que consta de gran cantidad de episodios.

culinario, a adj. Relativo a la culinaria.

culminación s.f. Grado superior y final al que llega un proceso o actividad.

culminante adj. Que representa el momento de mayor importancia, intensidad o calidad.

culminar v.intr. **1** Llegar al punto más alto, de mayor intensidad, grandeza o calidad. ◆ v.tr. **2** Terminar una actividad o proceso.

culo s.m. **1** Parte del cuerpo de un animal vertebrado constituida por el extremo superior y posterior de los muslos y la zona inferior de la espalda o el lomo. **2** Parte de una prenda de vestir que cubre esta parte del cuerpo. **3** Fam. Ano. **4** Parte carnosa y redondeada que corresponde al extremo superior y posterior del muslo en su unión con la espalda. **5** Extremo inferior o posterior de una cosa, generalmente de un recipiente. **6** Pequeña cantidad de líquido que queda en el fondo de un recipiente. ◇ **caerse de culo** Fam. Sorprenderse o admirarse mucho de algo. ◇ **con el culo al aire** Fam. En una situación de difícil salida o solución. ◇ **culo de mal asiento** Fam. ESP Persona muy nerviosa.

culombio s.m. Coulomb.

culón, na adj. y s. Se dice de la persona que tiene el trasero muy grande.

culpa s.f. **1** Falta cometida conscientemente, pero sin intención de perjudicar. **2** Responsabilidad que acarrea un acto realizado incorrectamente. **3** Causa o motivo de un hecho que provoca un daño o perjuicio.

culpabilidad s.f. Cualidad de culpable.

culpabilizar v.tr. Culpar.

culpable adj. y s.m. y f. Se dice de la persona que tiene la culpa de una cosa.

culpar v.tr. Atribuir la culpa a una persona o a alguien.

culteranismo s.m. Estilo literario del Barroco que busca la afectación y cierta sonoridad del lenguaje por medio de la expresión artificiosa.

culterano, a adj. **1** Se dice del estilo que es propio del culteranismo. ◆ **adj. y s. 2** Se dice del escritor que cultiva el culteranismo.

cultismo s.m. Palabra que ha entrado en un idioma procedente de una lengua clásica.

cultivable adj. Que se puede cultivar.

cultivador, ra adj. y s. Que cultiva.

cultivar v.tr. **1** Trabajar la tierra y cuidar las plantas que crecen en ella para que den fruto y produzcan un beneficio. **2** Hacer que se desarrollen organismos microscópicos sobre una sustancia preparada para favorecer su aparición. **3** Criar seres vivos con fines científicos o industriales. **4** Desarrollar una actividad intelectual con placer y dedicación. **5** Desarrollar, mantener y mejorar una relación de conocimiento, amistad o amor con otra persona.

cultivo s.m. **1** Acción y efecto de cultivar. **2** Tierra o plantas cultivadas. ◇ **cultivo intensivo** Cultivo que permite sacar mucho rendimiento a la tierra no dejándola descansar.

culto, a adj. **1** Que posee cultura. **2** Se dice de la lengua o a la variedad estándar de una lengua que se utiliza como vehículo de cultura. ◆ **s.m. 3** Homenaje de veneración y respeto que se rinde a un ser divino o sagrado. **4** Admiración hacia alguien o algo.

cultura s.f. **1** Conjunto de conocimientos e ideas adquiridos gracias al desarrollo de las facultades intelectuales. **2** Conjunto de conocimientos, ideas, tradiciones y costumbres que caracterizan a un pueblo o a una época.

cultural adj. Relativo a la cultura.

culturismo s.m. Conjunto de ejercicios y actividades que sirven para desarrollar los músculos del cuerpo.

culturista s.m. y f. Persona que practica el culturismo.

culturizar v.tr. Educar, ilustrar, dar cultura.

cumbia s.f. Baile popular, originario de Panamá, Colombia y otros países latinoamericanos.

cumbre s.f. **1** Punto más alto de una montaña o de una elevación del terreno. **2** Punto más alto o grado mayor de perfección que se puede alcanzar. **3** Reunión de los máximos representantes políticos o militares de varias naciones.

cumpleaños s.m. Aniversario del nacimiento de una persona.

cumplido, a adj. **1** Se dice de la persona que actúa de acuerdo con lo que es adecuado u obligado según las normas sociales y de cortesía. ◆ **s.m. 2** Muestra de cortesía y educación que se hace para agradar o halagar a una persona.

cumplidor, ra adj. y s. Que cumple.

cumplimiento s.m. **1** Acción y efecto de cumplir o cumplirse. **2** Acción que se hace por pura cortesía.

cumplir v.tr. e intr. **1** Actuar con rigor y seriedad de acuerdo con una obligación, una promesa o una orden. ◆ **v.tr. 2** Llegar a tener o completar un tiempo determinado. **3** Llegar el momento en que termina una obligación o un período determinado. ◆ **cumplirse** v.prnl. **4** Llegar a producirse lo que se anticipa.

cúmulo s.m. **1** Coincidencia en tiempo y lugar de gran número de cosas. **2** Nube blanca de forma plana en su parte inferior y redondeada en su parte superior.

cuna s.f. **1** Cama pequeña en la que duermen los bebés. **2** Lugar de nacimiento. **3** Estirpe.

cundir v.intr. **1** Progresar en el desarrollo de un trabajo o actividad. **2** Hacer llegar una cosa a muchas personas, generalmente una noticia, idea o sentimiento negativo. **3** Dar mucho de sí, extenderse. **4** Permitir un aprovechamiento mayor y más útil.

cuneiforme adj. Se dice de la escritura que representa los caracteres y las palabras con símbolos en forma de cuñas y clavos.

cuneta s.f. Zanja a los lados de un camino.

cunicultura s.f. Técnica de criar y fomentar la reproducción de los conejos.

cuña s.f. **1** Pieza de madera o metal acabada en ángulo agudo, que se introduce entre dos elementos o en una grieta o ranura y se emplea sobre todo para inmovilizar o afirmar cosas. **2** Recipiente de plástico con esta forma que sirve para recoger los excrementos de los enfermos. **3** Breve espacio publicitario en radio o televisión.

cuñado, a s. Hermano o hermana del cónyuge, o cónyuge del hermano o la hermana, o cónyuge del hermano o hermana del cónyuge.

cuño s.m. **1** Molde que se usa para grabar un objeto de metal, especialmente una moneda. **2** Impresión o señal que deja este molde en un objeto de metal. **3** Conjunto de características de una cosa que revelan su origen o procedencia. ◇ **de nuevo cuño** De reciente aparición.

cuota s.f. **1** Cantidad de dinero que se paga por pertenecer a un grupo, asociación u organización. **2** Parte o porción fija y proporcional de un todo. ◇ **cuota de mercado** Índice que señala el nivel de participación de una empresa en el mercado en el que opera.

cupé s.m. Coche cerrado de dos asientos.

cuplé s.m. Canción ligera de letra satírica.

cupletista s.f. Artista que canta cuplés.

cupo s.m. Parte fija y proporcional de un todo.

cupón s.m. Parte con un valor fijo y proporcional en que está dividido un documento, y que puede cortarse de él y usarse individualmente o con otras.

cúprico, a adj. Relativo al cobre.

cúpula s.f. **1** Cubierta con forma de media esfera que cierra un espacio de planta central poligonal o circular. ◆ s.m. **2** Envoltura rígida, en el extremo de la bellota y otros frutos.

cura s.m. **1** Sacerdote de la Iglesia católica. ◆ s.f. **2** Curación. **3** Tratamiento a que se somete a un enfermo o herido.

curación s.f. Acción y efecto de curar o curarse.

curanderismo s.m. Práctica de los curanderos.

curandero, a s. Persona que ejerce la medicina sin tener título oficial.

curar v.intr. y prnl. **1** Recuperar la salud. ◆ v.tr. **2** Aplicar los remedios necesarios para eliminar una enfermedad, herida o daño físico. **3** Secar un alimento para que adquiera un sabor particular y se conserve durante un largo período sin estropearse. **4** Curtir pieles de animales u otras materias. ◆ **curarse** v.prnl. **5** CH Emborracharse.

curare s.m. Veneno negro y amargo de origen vegetal que contiene alcaloides.

curasao s.m. Licor fabricado con corteza de naranja y otros ingredientes.

curativo, a adj. Que sirve para curar.

curda s.f. Fam. Borrachera, embriaguez.

curdo, a ▷ kurdo, a.

curia s.f. **1** Conjunto de funcionarios y rectores, laicos y religiosos, que forman parte de la administración y el gobierno de la Iglesia católica. **2** Conjunto de abogados, jueces y otros funcionarios de la administración de justicia.

curio s.m. Elemento químico de símbolo Cm y número atómico 96.

curiosear v.tr. e intr. **1** Procurar enterarse con disimulo de una información. ◆ v.intr. **2** Mirar sin gran interés o por distracción.

curiosidad s.f. **1** Interés en conocer una cosa. **2** Interés por enterarse de datos referentes a la vida privada de las personas. **3** Circunstancia, hecho u objeto extraños.

curioso, a adj. **1** Que tiene interés por conocer una cosa. **2** Que se considera digno de interés por ser llamativo, raro o poco conocido. **3** ESP Que está limpio, bien arreglado o dispuesto.

curita s.f. Tira pequeña de esparadrapo o de otro material con una gasa en el centro que se pega sobre una herida pequeña para protegerla. **GEOSIN** tirita.

currante, a s. Fam. ESP Trabajador. **OBS** Doble femenino: **currante** o **curranta**.

currar v.intr. **1** Fam. ESP Trabajar, especialmente en un puesto bajo o poco cualificado. ◆ v.tr. **2** Fam. ESP Pegar o golpear a alguien. ◆ **currarse** v.prnl. **3** Fam. ESP Trabajar o esforzarse mucho para conseguir cierta cosa.

curricular adj. Relativo al currículo.

currículo s.m. **1** Plan de estudios. **2** Currículum.

currículum o **currículo** (pl. currículum o currículos.) s.m. Relación de datos personales, títulos académicos o profesionales y trabajos hechos por una persona. □ También currículum vítae.

curro s.m. Fam. ESP Trabajo.

curruca s.f. Ave cantora de plumaje pardo en el dorso y blanco en la parte inferior, con la cabeza negruzca y el pico recto y delgado.

currusco s.m. Cuscurro.

curry s.m. Sustancia de origen hindú que se obtiene de la mezcla de diversas especias, como clavo, azafrán o jengibre.

cursar v.tr. **1** Estudiar una asignatura o materia en un centro de enseñanza. **2** Hacer que una orden o documento administrativo sea tramitado y enviado al organismo o a la persona adecuada.

cursi adj. y s.m. y f. Que intenta ser elegante o distinguido sin conseguirlo. **OBS** Superlativo: **cursilísimo**.

cursilada s.f. Obra, dicho o cosa cursi.

cursilería s.f. **1** Comportamiento o actuación propia de una persona cursi. **2** Obra o dicho cursi.

cursilísimo, a adj. Superlativo de cursi.

cursillo s.m. Curso de poca duración.

cursiva adj. y s.f. Se dice del tipo de letra de imprenta que tiene el trazo inclinado hacia la derecha.

curso s.m. **1** Parte del año dedicada a unas actividades, especialmente de enseñanza. **2** Tratado o conjunto de lecciones para la enseñanza de una materia. **3** Conjunto de personas de un mismo grado de estudios. **4** Tramitación o marcha de un asunto. **5** Desplazamiento de una masa líquida por un cauce.

cursor s.m. Señal que indica en una pantalla la posición en que se va a colocar, borrar o modificar el siguiente carácter.

curtido, a adj. **1** Se dice del cutis o a la piel que están endurecidos por efecto del sol y del aire. **2** Experimentado. ◆ s.m. **3** Acción de curtir la piel de un animal.

curtir v.tr. **1** Preparar la piel de un animal para que no se pudra y pueda ser usada para confeccionar prendas de vestir y objetos. **2** Quedar rígida, tostada y arrugada la piel de las personas por estar expuesta durante mucho tiempo al sol y a las inclemencias del tiempo. **3** Hacer que una persona adquiera experiencia y madurez. **4** Fortalecer la personalidad mediante la experiencia, el esfuerzo y la dedicación.

curva s.f. **1** Línea cuyos puntos sucesivos cambian continuamente de dirección sin formar ángulo. **2** Objeto que tiene esta forma.

curvado, a adj. Curvo.

curvar v.tr. Dar forma curva.

curvatura s.f. Desvío de la dirección o forma recta que sufre una línea, superficie u objeto.

curvilíneo, a adj. Que está formado en su mayoría por líneas curvas.

curvo, a adj. Que no es recto y no forma ángulos.

cuscurro s.m. Parte del pan más dura y tostada que corresponde generalmente a los extremos.

cuscús s.m. Comida árabe que se prepara con sémola de mijo, arroz u otro cereal acompañada de un guiso de verduras y trozos de carne.
OBS Invariable en número.

cúspide s.f. **1** Parte más alta de una montaña. **2** Punto más elevado, intenso o perfecto de un proceso.

custodia s.f. **1** Vigilancia que se hace de una persona o cosa. **2** Objeto de culto en el que se expone el Santísimo Sacramento. **3** Responsabilidad que se tiene sobre la educación y el bienestar de una persona menor de edad. **4** CH Consigna de estación o aeropuerto.

custodiar (1d) v.tr. Guardar algo o a alguien con vigilancia y cuidado.

custodio s.m. Persona que custodia algo o a alguien.

cutáneo, a adj. Relativo a la piel.

cúter (pl. cúteres.) s.m. Instrumento para cortar papel, cartón, etc., en una superficie plana, provisto de una cuchilla extensible enfundada en un soporte.
OBS Puede encontrarse la grafía inglesa **cutter**.

cutícula s.f. **1** Piel muy fina y delgada que rodea la base de la uña. **2** Capa más externa de las tres que forman la concha de los moluscos. **3** Película de piel fina y delicada que cubre las hojas y los tallos de los vegetales.

cutis s.m. Piel de una persona, especialmente la de la cara.

cutre adj. ESP Pobre, barato, de mala calidad y aspecto descuidado.

cutter (pl. cutters o cutter) s.m. Cúter.
OBS Pronunc. 'cúter'.

cuyo, a pron. Indica que lo que se expresa pertenece a la persona o cosa que se indica anteriormente.

CV s.m. Sigla de **caballo de vapor**, unidad de potencia que equivale a 745 vatios aproximadamente.

D

d s.f. **1** Cuarta letra del alfabeto español; su nombre es **de**. **2** En la numeración romana, quinientos. □ Se escribe con mayúscula.

D., D.ª Abreviaturas de **don** y **doña**.

da capo Expresión italiana que significa 'desde la cabeza' o 'desde el comienzo', y se usa en música.

dactilar adj. Relativo a los dedos.

dáctilo s.m. **1** Pie de la métrica clásica formado por una sílaba larga y dos breves. **2** Pie de la métrica española formado por una sílaba tónica y dos átonas.

dactilografía s.f. Técnica de escribir a máquina con todos los dedos de la mano y sin necesidad de mirar las teclas.

dadá adj. **1** Relativo al dadaísmo. ◆ s.m. **2** Dadaísmo.

dadaísmo s.m. Movimiento artístico y literario de vanguardia iniciado por Tristan Tzara en 1916.

dadaísta adj. y s.m. y f. **1** Relativo al dadaísmo.

dádiva s.f. Regalo.

dadivoso, a adj. y s. Generoso.

1. **dado** s.m. Pieza cúbica en cuyas caras hay dibujados puntos, de uno hasta seis, y que se usa en juegos de azar.

2. **dado, a** ◇ **dado que** Indica la causa por la que ocurre una cosa. ◇ **ser muy dado a algo** Sentir gran tendencia o inclinación a cierta cosa.

daga s.f. Arma blanca de hoja corta y ancha, parecida a la espada.

daguerrotipo s.m. Procedimiento para fijar las imágenes obtenidas por medio de una cámara oscura sobre una plancha metálica sensibilizada al vapor de yodo.

daimio o **daimyo** s.m. Señor feudal del Japón antiguo.

dalai-lama s.m. Dirigente espiritual y jefe de Estado en el Tíbet (región de Asia).

dalia s.f. **1** Planta herbácea de hojas ovaladas que da flores sin aroma, con el botón central amarillo y corola grande. **2** Flor de esta planta.

dálmata adj. y s.m. y f. **1** De Dalmacia (región de la antigua Yugoslavia). ◆ **2** Perro de una raza de tamaño mediano, con el pelo corto blanco con manchas negras o marrones.

daltónico, a adj. y s.m. y f. Relativo al daltonismo.

daltonismo s.m. Defecto de la vista que consiste en no poder distinguir los colores rojo y verde.

dama s.f. **1** Mujer noble o distinguida. **2** Mujer que sirve a una reina, una princesa o una infanta. **3** Mujer galanteada por un caballero. **4** Pieza del ajedrez que representa una reina. **5** Carta de la baraja francesa que lleva la letra Q. **6** En el juego de las damas, pieza que alcanza la primera línea del contrario y se corona con otra pieza. ◆ **damas** s.f.pl. **7** Juego de mesa en el que se enfrentan dos jugadores, cada uno de los cuales tiene 12 fichas, blancas o negras, que se mueven diagonalmente en un tablero de ajedrez. ◇ **dama de honor** Mujer que, durante una ceremonia pública, acompaña a otra que es la persona más importante del acto. ◇ **primera dama** Esposa de un jefe de Estado o de Gobierno.

damasco s.m. Tela fuerte de seda o lana, con dibujos formados con el tejido combinando hilos de distinto color y grosor.

damasquinado s.m. Artesanía que consiste en incrustar oro o plata en hierro o acero.

damasquino, a adj. y s. **1** De Damasco. ◆ adj. **2** Se dice del objeto de acero o hierro que lleva incrustaciones de oro o plata.

damero s.m. Tablero para jugar a las damas.

damisela s.f. Muchacha que presume de dama o de señorita refinada.

damnificado, a adj. y s. Se dice de la persona que ha sufrido un daño importante a consecuencia de una desgracia colectiva.

dan s.m. Cada uno de los diez grados superiores que se conceden en las artes marciales a partir del cinturón negro.

dandi o **dandy** s.m. Hombre que se distingue por su extremada elegancia y refinamiento en su pose y en sus modales.

danés, sa adj. y s. **1** De Dinamarca (país de Europa). ◆ s.m. y adj. **2** Lengua germánica que se habla en Dinamarca. ◇ **gran danés** Perro de una raza de gran tamaño, con la cabeza grande y los labios abultados y colgantes por los lados.

dantesco, a adj. **1** Relativo a Dante Alighieri (poeta italiano, 1265-1321) o a su obra. **2** Que causa horror o impresiona enormemente.

danza s.f. Movimiento rítmico del cuerpo, generalmente acompañado de música.

danzar v.tr. e intr. **1** Mover rítmicamente el cuerpo, generalmente acompañándose de música. ◆ v.intr. **2** Ir de un lado a otro sin hacer nada de provecho. **3** Meterse en un asunto.

danzarín, na s. Persona que baila piezas de música folclórica, clásica o moderna.

dañar v.tr. **1** Causar dolor o sufrimiento. **2** Estropear o dejar en mal estado.

dañino, a adj. Que causa daño.

daño s.m. **1** Efecto de dañar. **2** Dolor físico o moral. **3** AMÉR Mal de ojo, influjo maléfico.

dar (12) v.tr. **1** Hacer pasar a poder de otra persona algo propio. **2** Poner en las manos o al alcance. **3** Hacer saber, comunicar alguna cosa, especialmente no material. **4** Conceder un derecho, cargo o poder. **5** Pagar a cambio de algo. **6** Producir o ser origen de beneficios o frutos. **7** Ofrecer o celebrar un espectáculo o un acto social. **8** Impartir una enseñanza o recibirla. **9** Abrir la llave de paso de un conducto. **10** Aplicar una sustancia. **11** Sonar la hora o las campanas de un reloj. **12** Considerar o declarar en cierta situación o estado. ◆ v.intr. **13** Chocar algo que está en movimiento con un objeto estático o parado. **14** Estar situada una cosa hacia una parte. ◆ **darse** v.prnl. **15** Entregarse con interés o por vicio. ◇ **¡dale!** Fam. Indica fastidio o enfado ante la insistencia de una cosa pesada o la terquedad de una persona. ◇ **dar con** Encontrar. ◇ **dar de sí** Hacerse más ancho o extenso, generalmente un tejido. □ Aprovechar o rendir. ◇ **darse por vencido** Fam. Reconocer la propia incapacidad para hacer algo.

dardo s.m. Arma arrojadiza pequeña y ligera acabada en punta que se arroja con una mano o con una cerbatana.

dársena s.f. Parte de un puerto resguardada artificialmente de las corrientes para que las embarcaciones puedan cargar y descargar.

darvinismo o **darwinismo** s.m. Teoría biológica de la evolución propuesta por Charles Darwin en el siglo XIX, según la cual la transformación de las especies se debe a la selección natural.

datación s.f. Determinación de la fecha de un escrito, un objeto o un acontecimiento, o de la edad de un ser vivo.

datar v.intr. **1** Existir desde un momento determinado. ◆ v.tr. **2** Poner la fecha a un texto o documento. **3** Determinar la fecha de un escrito, un objeto o un acontecimiento.

dátil s.m. Fruto comestible de ciertas palmeras, alargado, de color marrón y de sabor dulce.

dativo s.m. Caso o relación sintáctica que, en algunas lenguas con declinación como el latín, indica el complemento indirecto del verbo.

dato s.m. Información concreta sobre hechos, elementos, etc., que permite estudiarlos, analizarlos o conocerlos.

d. C. o **d. de C.** Abreviatura de **después de** Cristo.

dcha. Abreviatura de **derecha**.

1. **de** s.f. Nombre de la letra **d**.

2. **de** prep. **1** Indica posesión o pertenencia. **2** Indica el origen o la procedencia. **3** Indica el contenido de un recipiente. **4** Indica la materia de la que está hecha una cosa. **5** Indica la materia o asunto que se trata. **6** Indica la utilidad o fin. **7** Indica la naturaleza, condición o carácter. **8** Indica que se toma una parte entre las que forman alguna cosa o cantidad. **9** Indica la causa o razón por la que se produce una cosa. **10** Indica el modo en que se realiza una acción. **11** Indica el tiempo en que ocurre una cosa. **12** Indica que una persona o cosa pertenece a una clase o especie dentro de un género.
OBS Con el artículo masculino **el**, forma la contracción **del**.

deambular v.intr. Ir de un lugar a otro sin un fin determinado.

deán s.m. Religioso de cargo inferior al de obispo.

debacle s.f. Desgracia grande.

debajo adv. En un lugar inferior o más bajo que otro.

debate s.m. Discusión con que se busca alcanzar conclusiones o decisiones.

debatir v.tr. **1** Discutir dos o más personas sobre un tema. ◆ **debatirse** v.prnl. **2** Luchar por salir de una situación.

debe s.m. Parte de una cuenta corriente en la que se escriben las cantidades de dinero que tiene que pagar una persona u organismo.

1. **deber** v.tr. **1** Estar obligado a algo según las leyes o según las normas de convivencia. **2** Estar obligado por necesidad física o lógica. **3** Estar obligado a pagar. ◆ v.auxiliar. **4** Ser posible o probable. ◆ **deberse** v.prnl. **5** Tener por causa.

2. **deber** s.m. **1** Exigencia u obligación de una persona debida a algún precepto religioso, natural o humano. ◆ **deberes** s.m.pl. **2** Conjunto de trabajos escolares para realizar en casa.

debido, a adj. Conveniente, obligado o necesario. ◇ **debido a** Expresión que indica la causa por la que ocurre algo.

débil adj. **1** Deficiente en fuerza, resistencia o intensidad. ◆ adj. y s.m. y f. **2** Se dice de la persona que tiene poca fuerza o resistencia moral. ◆ adj. **3** Se dice del sonido vocálico cerrado.

debilidad s.f. **1** Falta de fuerza o resistencia. **2** Falta de firmeza en el carácter. **3** Cariño o preferencia exagerada por algo o alguien.

debilitar v.tr. Disminuir la fuerza física o moral.

débito s.m. Deuda o debe.

debut (pl. debuts.) s.m. Primera actuación en público de una compañía teatral o de un artista.

debutante adj. y s.m. y f. Que debuta.

debutar v.intr. Actuar por primera vez en público una compañía teatral o un artista.

década s.f. Período de diez años.

decadencia s.f. **1** Pérdida de la fuerza o de la importancia de una cosa. **2** Período de la historia o de las artes en que tiene lugar esta pérdida.

decadente adj. Muy antiguo o fuera de uso.

decaedro s.m. Cuerpo sólido geométrico de diez caras.

decaer (8) v.intr. Degradarse o debilitarse una persona o cosa.

decágono s.m. Figura geométrica plana de diez lados.

decagramo s.m. Medida de masa, de símbolo dag, que es igual a 10 gramos.

decaído, a adj. Que se siente triste, deprimido y sin ánimos para hacer nada.

decalitro s.m. Medida de volumen, de símbolo dal, que es igual a 10 litros.

decálogo s.m. Conjunto de reglas que se consideran básicas para una actividad.

decámetro s.m. Medida de longitud, de símbolo dam, que es igual a 10 metros.

decanato s.m. **1** Cargo de decano. **2** Lugar en el que está la oficina del decano. **3** Tiempo durante el cual un decano ejerce su cargo.

decano, a s. **1** Persona más antigua en una corporación. **2** Persona que preside una corporación o una facultad universitaria.

decantar v.tr. **1** Inclinar ligeramente un recipiente sobre otro para que caiga el líquido sin el poso. ◆ **decantarse** v.prnl. **2** Inclinarse por una tendencia o posibilidad.

decapitar v.tr. Cortar la cabeza.

decápodo, a adj. y s.m. **1** Se dice del crustáceo que tiene cinco pares de patas, de las cuales el primer par son pinzas.

decárea s.f. Medida de superficie que es igual a 10 áreas.

decasílabo, a adj. y s.m. Se dice del verso que tiene diez sílabas.

decatlón s.m. Competición deportiva formada por diez pruebas de atletismo.

deceleración s.f. Disminución gradual de la velocidad de un móvil.

decelerar v.tr. e intr. Hacer menos rápido un movimiento o una acción.

decena s.f. Conjunto formado por diez unidades.

decencia s.f. **1** Manera de obrar justa y honrada. **2** Respeto a la moral.

decenio s.m. Período de diez años.

decente adj. **1** Que se comporta con decencia. **2** Moderadamente adecuado o satisfactorio.

decepción s.f. Pesar causado por un desengaño o una desilusión.

decepcionar v.tr. Causar decepción.

deceso s.m. AMÉR Formal. Muerte natural.

dechado s.m. Modelo de persona o cosa que se tiene presente para imitar.

deciárea s.f. Medida de superficie que equivale a la décima parte de un área.

decibel o **decibelio** (pl. decibeles o decibelios.) s.m. Medida de sonoridad o sensación sonora que es igual a la décima parte de un bel.

decidido, a adj. Firme y seguro.

decidir v.tr. Elegir entre varias opciones tomando una determinación.

decigramo s.m. Medida de masa, de símbolo dg, que es igual a la décima parte de un gramo.

decilitro s.m. Medida de volumen, de símbolo dl, que es igual a la décima parte de un litro.

décima s.f. **1** Parte que, junto con otras nueve, forma un grado del termómetro clínico. **2** Estrofa formada por diez versos octosílabos.

decimal adj. **1** Se dice del sistema de numeración cuya base es diez. ◆ adj. y s.m. **2** Se dice del número que es menor que un número entero. ◆ adj. **3** Se dice del sistema de pesas y medidas, cuyas unidades son múltiplos o divisores de diez.

decímetro s.m. Medida de longitud, de símbolo dm, que es igual a la décima parte de un metro.

décimo, a adj.num.ordin. **1** Que ocupa el lugar número 10 en una serie ordenada. ◆ adj.num.partit. **2** Se dice de cada una de las partes que resultan de dividir un todo en diez partes iguales. ◆ s.m. **3** Décima parte de un billete de lotería, que puede comprarse por separado.

decimoctavo, a adj.num.ordin. Que ocupa el lugar número 18 en una serie ordenada.

decimocuarto, a adj.num.ordin. Que ocupa el lugar número 14 en una serie ordenada.

decimonónico, a adj. **1** Relativo al siglo XIX. **2** Fam. y desp. Que está pasado de moda.

decimonoveno, a adj.num.ordin. Que ocupa el lugar número 19 en una serie ordenada.

decimoquinto, a adj.num.ordin. Que ocupa el lugar número 15 en una serie ordenada.

decimoséptimo, a adj.num.ordin. Que ocupa el lugar número 17 en una serie ordenada.

decimosexto, a adj.num.ordin. Que ocupa el lugar número 16 en una serie ordenada.

decimotercer Apócope de **decimotercero.** **OBS** Se usa ante sustantivos masculinos en singular.

decimotercero, a adj.num.ordin. Que ocupa el lugar número 13 en una serie ordenada.

1. **decir** (13) v.tr. **1** Expresar por medio de palabras habladas o escritas. **2** Asegurar o sostener una opinión. **3** Mostrar o indicar. **4** Nombrar o llamar. **5** Quedar o sentar una cosa de determinada manera. ◇ **es decir** Expresión que introduce la explicación de lo que se acaba de decir.

2. **decir** s.m. Palabra o conjunto de palabras que tiene gracia o contiene una sentencia.

decisión s.f. **1** Determinación ante opciones posibles. **2** Valor o firmeza en la manera de actuar. **3** Mandato o sentencia de un juez o tribunal.

decisivo, a adj. **1** Que lleva a tomar una determinación. **2** Muy importante para el futuro.

declamación s.f. **1** Acción y efecto de declamar. **2** Arte de la representación teatral.

declamar v.tr. e intr. **1** Decir en voz alta un texto literario con la intención de realzar su contenido poético. ◆ v.intr. **2** Hablar ante un grupo de personas.

declaración s.f. Acción y efecto de declarar o declararse.

declarado, a adj. Manifiesto o que se ve muy claro.

declarar v.tr. **1** Explicar o decir públicamente. **2** Decidir un juez u otra autoridad sobre un asunto. **3** Dar a conocer a la administración pública los bienes que se poseen para pagar los impuestos correspondientes. ◆ v.intr. **4** Exponer ante el juez u otra autoridad lo que se sabe sobre un asunto. ◆ **declararse** v.prnl. **5** Darse a conocer o comenzar a producirse una cosa o una acción. **6** Expresar el amor que se siente a la persona amada y pedirle relaciones.

declarativo, a adj. Que explica de manera clara lo que está dudoso.

declinación s.f. **1** Pérdida de la fuerza o de la importancia de una cosa. **2** Conjunto de las variaciones morfológicas que pueden presentar las palabras que admiten flexión nominal según la función que realicen.

declinar v.intr. **1** Separarse o desviarse de una dirección determinada. **2** Ir perdiendo fuerza, ánimo o importancia. **3** Acercarse algo a su fin.

declive s.m. **1** Cuesta o inclinación de una superficie. **2** Pérdida de la fuerza o de la importancia de una cosa.

decocción s.f. **1** Cocción en agua de alguna sustancia vegetal o animal. **2** Producto líquido que se obtiene de este proceso.

decodificar v.tr. Descodificar.

decolorar v.tr. Quitar o reducir el color.

decomisar v.tr. Retirar una mercancía por estar prohibida o por comerciar con ella de manera ilegal.

decomiso s.m. **1** Acción de decomisar. **2** Mercancía o producto decomisados.

decoración s.f. Acción y efecto de decorar.

decorado s.m. Conjunto de elementos con que se ambienta una escena.

decorador, ra s. Persona que decora.

decorar v.tr. **1** Poner adornos en una cosa o en un lugar. **2** Disponer los muebles y objetos de un lugar de determinada manera para embellecerlo y crear ambiente.

decorativo, a adj. Relativo a la decoración.

decoro s.m. **1** Comportamiento respetuoso que merece una persona o una situación. **2** Respeto a la moral.

decoroso, a adj. Que tiene decoro.

decrecer (30) v.intr. Reducirse la cantidad, el tamaño o la importancia.

decreciente adj. Que decrece.

decrépito, a adj. Se dice de la cosa que está en decadencia extrema.

decrepitud s.f. Cualidad de decrépito.

decrescendo s.m. Disminución progresiva de la intensidad de una nota o un pasaje. **OBS** Pronunc. aprox. 'decreshendo'.

decretar v.tr. **1** Decidir o determinar una persona u organismo que tiene autoridad para ello. **2** Anotar al margen de un escrito el curso o respuesta que se le ha de dar.

decreto s.m. Decisión tomada por la autoridad competente, especialmente en materia política. ◇ **decreto ley** Resolución que toma el Gobierno en circunstancias especiales.

decúbito s.m. Posición del cuerpo tendido sobre un plano horizontal.

decumano s.m. En las ciudades y campamentos romanos, vía principal orientada en dirección este-oeste.

décuplo, a adj. y s.m. Que es diez veces el número o cantidad de cierta cosa.

decurión s.m. En la antigua Roma, jefe de un grupo de diez soldados.

decurso s.m. **1** Paso del tiempo. **2** Fase de descenso de una enfermedad.

dedal s.m. Utensilio pequeño, cónico, con la superficie llena de hoyuelos, que se encaja en la extremidad del dedo para empujar la aguja sin herirse.

dedicación s.f. Acción y efecto de dedicar.

dedicar v.tr. **1** Destinar una cosa para un fin determinado. **2** Ofrecer un libro o una obra a una persona en especial. **3** Consagrar una persona o cosa a un dios o santo. ◆ **dedicarse** v.prnl. **4** Entregarse a una actividad determinada.

dedicatoria s.f. Nota o palabras dirigidas a quien se dedica un obsequio.

dedillo ◇ **al dedillo** loc. Con todo detalle.

dedo s.m. **1** Parte prolongada en que terminan la mano y el pie del hombre y de otros animales. **2** Medida de longitud que equivale aproximadamente a 18 milímetros. **3** Porción de una cosa del ancho de un dedo. ◇ **a dedo** Haciendo autostop. □ Fam. Por decisión personal y sin seguir el procedimiento legal.

deducción s.f. **1** Acción de deducir. **2** Método de razonamiento que consiste en ir de lo general a lo particular. **3** Parte que se resta a una cantidad.

deducir (10) v.tr. **1** Sacar una conclusión por medio de un razonamiento a partir de una situación anterior o de un principio general. **2** Restar una parte a una cantidad. **3** Alegar las partes sus derechos en un juicio.

deductivo, a adj. Relativo a la deducción.

defecar v.intr. Expulsar excrementos por el ano.

defección s.f. Acción de separarse con deslealtad de una causa.

defectivo, a adj. Se dice del verbo que no se usa en todos los modos, tiempos o personas de la conjugación.

defecto s.m. **1** Carencia de lo que es propio y natural de una cosa. **2** Imperfección natural o moral. ◇ **por defecto** De manera automática.

defectuoso, a adj. Se dice del objeto que tiene algún defecto.

defender (33) v.tr. **1** Guardar o proteger de un ataque, un peligro o un daño. **2** Interceder o hablar favorablemente de una persona o una cosa. **3** Apoyar una idea o una teoría.

defenestrar v.tr. Arrojar a una persona por la ventana.

defensa s.f. **1** Protección de un ataque, un peligro o un daño. **2** Edificio, arma o cosa que sirve para defenderse. **3** Abogado o conjunto de abogados que defienden al acusado en un juicio. **4** Razón o motivo con el que se intercede por el acusado en un juicio. ◆ s.m. y f. **5** Jugador que forma parte de la línea más retrasada de un equipo. ◆ **defensas** s.f.pl. **6** Medios por los que un organismo se protege de enfermedades.

defensiva ◇ **a la defensiva** loc. En actitud de desconfianza y recelo.

defensivo, a adj. Que sirve para defender.

defensor, ra adj. y s. **1** Que defiende. ◆ s. **2** Abogado que se encarga de la defensa.

deferencia s.f. **1** Conformidad con la opinión o el comportamiento de una persona por respeto hacia ella. **2** Muestra de respeto y cortesía.

deferente adj. **1** Que está conforme con la opinión o comportamiento de otro por respeto. **2** Que demuestra atención y cordialidad.

deferir (45) v.intr. **1** Adherirse al juicio de una persona por respeto o cortesía. ◆ v.tr. **2** Transferir parte del poder o jurisdicción.

deficiencia s.f. Imperfección o carencia.

deficiente adj. **1** Que tiene algún defecto o imperfección. **2** Que no alcanza el nivel considerado normal. ◆ adj. y s.m. y f. **3** Que tiene una capacidad mental inferior a la normal.

déficit s.m. Situación de la economía en la que los gastos superan a los ingresos.
OBS Invariable en número.

deficitario, a adj. **1** Que tiene más gastos que ingresos. **2** Que implica falta o escasez de lo que se considera necesario.

definición s.f. **1** Exposición exacta y clara del significado de una palabra o un concepto. **2** Capacidad de un sistema óptico para reproducir imágenes con gran nitidez.

definido, a adj. Que tiene límites claros y precisos.

definir v.tr. **1** Exponer de manera exacta y clara el significado de una palabra. **2** Explicar una persona de manera definitiva su actitud u opinión.

definitivo, a adj. **1** Que no se puede mover o cambiar. **2** Que resuelve o decide. ◇ **en definitiva** En conclusión, en resumen.

deflacción s.f. Movimiento de arrastre de partículas por la acción del viento.

deflación s.f. Bajada generalizada de los precios acompañada de un aumento del valor del dinero.

deflagrar v.intr. Arder una sustancia rápidamente con llama y sin explosión.

defoliación s.f. Caída de las hojas de los árboles y las plantas.

deforestación s.f. Eliminación o destrucción de los árboles y plantas de un terreno.

deformación s.f. Alteración de la forma natural de una cosa.

deformar v.tr. **1** Alterar la forma natural de una cosa. **2** Alterar la intención o el significado de una cosa que se dice.

deforme adj. Que presenta falta de proporción y regularidad en la forma.

deformidad s.f. Cualidad de deforme.

defraudar (1i) v.tr. **1** Perder la confianza o esperanza que se tenía en algo o en alguien. **2** Eludir el pago de impuestos.

defunción s.f. Muerte de una persona.

degeneración s.f. Acción y efecto de degenerar.

degenerado, a adj. y s. Que tiene un comportamiento vicioso.

degenerar v.intr. **1** Evolucionar hacia un estado inferior o peor. **2** Perder un ser vivo progresivamente las cualidades de su especie o su raza.

degenerativo, a adj. Que causa o produce el paso de una cualidad o un estado a otro peor.

deglución s.f. Acción de deglutir.

deglutir v.tr. Tragar los alimentos.

degollar (11) v.tr. **1** Cortar el cuello a una persona o animal. **2** Representar mal un papel en el teatro o una pieza musical.

degradación s.f. Acción y efecto de degradar.

degradar v.tr. **1** Privar a una persona de sus cargos u honores. **2** Hacer perder una cualidad o un estado característicos. **3** Humillar públicamente a una persona. **4** Reducir una molécula orgánica a otras más sencillas.

degustación s.f. Acción y efecto de degustar.

degustar v.tr. Probar un alimento o una bebida para examinar su sabor.

dehesa s.f. Terreno, generalmente acotado, que se dedica al pasto de ganado.

dehiscente adj. Se dice de las anteras de una flor que se abren para dejar salir el polen y de los frutos que se abren para liberar las semillas.

deíctico, a adj. **1** Relativo a la deixis. ◆ s.m. **2** Elemento gramatical que realiza una deixis.

deidad s.f. **1** En las religiones politeístas, ser sobrenatural que tiene poder sobre una parte concreta de lo existente. **2** Cualidad de divino.

deificar v.tr. Considerar a una persona o cosa como un dios y tratarla como tal.

deísmo s.m. Doctrina teológica que afirma la existencia de un dios creador pero niega la providencia divina y la religión revelada.

deísta adj. y s.m. y f. Partidario del deísmo.

deixis o **deíxis** s.f. Señalamiento que se realiza mediante ciertos elementos lingüísticos que muestran o indican una persona, lugar o tiempo.

dejadez s.f. Cualidad de dejado.

dejado, a adj. y s. Se dice de la persona que no cuida su aspecto físico ni sus obligaciones.

dejar v.tr. **1** Permitir que se haga una cosa. ◆ v.intr. **2** Interrumpir o detener una acción. ◆ v.tr. **3** Abandonar un lugar, a una persona o una actividad. **4** Prestar. **5** Hacer que alguien entre en posesión de una cosa o continúe con ella. **6** Poner o colocar una cosa en un lugar. **7** Hacer que alguien o algo pase a un estado o situación determinado. **8** Encargar o encomendar algo o a alguien a otra persona. **9** No molestar. ◆ **dejarse** v.prnl. **10** Descuidar el cuidado personal o las obligaciones. ◇ **dejarse caer** Presentarse o aparecer en un lugar sin avisar.

deje s.m. Pronunciación particular con que se distingue el modo de hablar de una persona.

dejo s.m. **1** Deje. **2** Gusto o sabor que queda en la boca de alguna comida o bebida. **3** Impresión que queda después de una acción.

del Contracción de la preposición de y el artículo masculino el.

delación s.f. Acusación o denuncia.

delantal s.m. Prenda de vestir que cubre la parte delantera del cuerpo para que no se manche la ropa.

delante adv. **1** En el lugar o la parte anterior o más visible de una cosa o persona. **2** En una serie o sucesión, más cerca del principio. **3** En presencia de la persona de la que se habla.

delantera s.f. **1** Parte anterior de algo. **2** Conjunto de jugadores que forman la línea más adelantada de un equipo. ◇ **coger,** o **ganar,** o **tomar, la delantera** Adelantarse a una persona al obrar. ◇ **llevar la delantera** Llevar ventaja.

delantero, a adj. **1** Que está situado en la parte de delante de una cosa vista frontalmente. ◆ s. **2** Jugador que forma parte de la línea más adelantada de un equipo.

delatar v.tr. **1** Dar noticia o aviso a una autoridad de un delito o de su autor. **2** Poner de manifiesto algo que está oculto o que no se quiere dar a conocer.

delator, ra s. Persona que delata.

delco s.m. Aparato eléctrico de los motores de explosión que sirve para hacer llegar la electricidad a las bujías.

delección s.f. Pérdida de un segmento cromosómico que lleva consigo la desaparición de la información genética contenida en él.

delegación s.f. **1** Acción de delegar. **2** Cargo de delegado. **3** Oficina en la que trabaja un delegado.

delegado, a adj. y s. Se dice de la persona que recibe poder para obrar u opinar en nombre de otra u otras personas.

delegar v.tr. Ceder una persona u organismo un poder, una función o una responsabilidad a otra persona para que los ejerza en su lugar.

deleitar (1i) v.tr. Causar deleite.

deleite s.m. Placer del espíritu o los sentidos.

deletrear v.tr. Pronunciar separadamente las letras o sílabas de una palabra.

deletreo s.m. Acción de deletrear.

deleznable adj. **1** Que merece ser despreciado. **2** Que se rompe o deshace fácilmente.

1. **delfín** s.m. Mamífero acuático del orden cetáceos de 2 o 3 m de longitud y hocico prolongado.

2. **delfín, na** s.m. **1** Título que se daba al primer hijo del rey de Francia. ◆ s. **2** Persona señalada para suceder a un jefe de Estado u otra persona importante.

delfinario s.m. Edificio destinado a la exhibición de delfines vivos.

delgadez s.f. Cualidad de delgado.

delgado, a adj. **1** Que tiene poca grasa o poca carne. **2** Poco ancho o poco grueso.

deliberación s.f. Acción y efecto de deliberar.

deliberado, a adj. Se dice del acto que se hace de forma voluntaria e intencionada.

deliberar v.intr. Reflexionar antes de tomar una decisión.

delicadeza s.f. Cualidad de delicado.

delicado, a adj. **1** Suave, fino o débil. **2** Que puede estropearse o romperse con facilidad. **3** Que tiene facilidad para contraer enfermedades. **4** Elegante o exquisito. **5** Amable, atento y cortés. **6** Que es sensible o suspicaz. **7** Que exige mucho cuidado o habilidad.

delicia s.f. Placer del espíritu o los sentidos. ◇ **hacer las delicias** Producir un gran placer.

delicioso, a adj. Que causa placer de los sentidos o el espíritu.

delictivo, a adj. Que implica delito.

delicuescente adj. Se dice del cuerpo que tiene la propiedad de absorber la humedad atmosférica y disolverse en ella.

delimitar v.tr. **1** Determinar y marcar con claridad los límites de un terreno. **2** Determinar los límites de una cosa o entre dos o más cosas.

delincuencia s.f. **1** Conjunto de acciones que van en contra de la ley. **2** Hecho de cometer acciones contra la ley.

delincuente adj. y s.m. y f. Que delinque.

delineante s.m. y f. Persona que se dedica al trazado de planos.

delinquir v.intr. Cometer una acción que va contra la ley.

delirante adj. **1** Que delira. **2** Que implica delirio.

delirar v.intr. Tener visiones o sensaciones que no son reales, sino producto de un trastorno o una enfermedad.

delirio s.m. **1** Estado de alteración mental en el que se producen excitación, desorden de las ideas y alucinaciones. **2** Dicho o hecho que va en contra del sentido común.

delito s.m. Acción u omisión voluntaria castigada por la ley con pena grave.

delta s.f. **1** Nombre de la cuarta letra del alfabeto griego; se escribe Δ/δ y se transcribe como d. ◆ s.m. **2** Terreno de forma más o menos triangular que queda entre los brazos de algunos ríos en su desembocadura.

deltoides s.m. y adj. Músculo triangular del hombro que sirve para levantar el brazo.

demacrarse v.prnl. Quedarse muy delgado.

demagogia s.f. **1** Manipulación de los sentimientos de la gente mediante halagos fáciles y promesas infundadas. **2** En la antigua Grecia, dictadura del partido de la plebe.

demagógico, a adj. Relativo a la demagogia.

demagogo, a s. Persona que manipula a la gente mediante la demagogia.

demanda s.f. **1** Petición o solicitud de algo. **2** Pregunta. **3** Cantidad de mercancías o servicios que los consumidores piden y están dispuestos a comprar. **4** Documento por el que se emprende una acción judicial contra alguien.

demandar v.tr. **1** Pedir o solicitar algo. **2** Emprender una acción judicial contra alguien. **3** Formal. Preguntar.

demarcación s.f. **1** Determinación y señalización de los límites de un terreno. **2** Terreno comprendido entre estos límites. **3** División administrativa en la que tiene poder una autoridad.

demarrar v.intr. ESP Acelerar un corredor repentinamente en una carrera.

demás det. y pron. Designa a los elementos de una misma clase que no han sido mencionados o a la parte no mencionada de un todo.

demasía ◇ **en demasía** loc. Más de lo normal, de lo permitido o de lo conveniente.

demasiado, a det. y pron. **1** Que supera en cantidad o intensidad lo conveniente o lo necesario. ◆ adv. **2** Más de lo conveniente o necesario.

demencia s.f. **1** Trastorno o perturbación de las facultades mentales de una persona. **2** Debilitamiento mental, generalmente progresivo e irreversible, por la edad o por una enfermedad.

demencial adj. Relativo a la demencia.

demente adj. y s.m. y f. Se dice de la persona que tiene trastornadas sus facultades mentales.

demérito s.m. Falta de mérito o de valor.

demiurgo s.m. Dios creador, en la doctrina filosófica de los platónicos y alejandrinos.

democracia s.f. **1** Sistema político en el que el pueblo elige libremente a quienes lo gobiernan. **2** País que se gobierna de esta manera.

demócrata adj. y s.m. y f. Partidario de la democracia.

democrático, a adj. Relativo a la democracia.

democratizar v.tr. Convertir a la democracia.

demografía s.f. Ciencia que estudia estadísticamente la composición, estado y distribución de las poblaciones humanas.

demográfico, a adj. Relativo a la demografía.

demoledor, ra adj. Que destruye o derriba.

demoler (28) v.tr. **1** Hacer caer al suelo un edificio o una construcción. **2** Destruir o arruinar una cosa abstracta o figurada.

demolición s.f. Acción de demoler.

demoníaco, a o **demoniaco, a** adj. **1** Relativo al demonio. **2** Muy malo y dañino.

demonio s.m. **1** Ser sobrenatural o espíritu que en diversas creencias y religiones representa las fuerzas del mal. **2** Persona muy inquieta y revoltosa. ◇ **como el, o un, demonio** Mucho o excesivamente. ◇ **del demonio** Expresión con la que se exagera una cualidad o un estado.

demonizar v.tr. Dar carácter perverso o malvado a algo o a alguien.

demontre o **demontres** interj. Fam. Expresión que indica enfado o sorpresa.

demora s.f. Acción y efecto de demorar.

demorar v.tr. **1** Retrasar un proceso o una actividad. ◆ v.intr. y prnl. **2** Retrasarse por haberse detenido o entretenido durante un tiempo.

demostrable adj. Que puede ser demostrado.

demostración s.f. **1** Acción y efecto de demostrar. **2** Comprobación de una teoría aplicándola a casos concretos.

demostrar (11) v.tr. **1** Probar que algo es verdadero a partir de un razonamiento o un hecho evidente. **2** Dar a conocer abiertamente una cosa sin dejar lugar a dudas. **3** Enseñar de forma práctica.

demostrativo, a adj. **1** Que prueba que algo es verdad. ◆ adj. y s.m. **2** Se dice del pronombre, adjetivo o determinante que señala a una persona o cosa, situándola en el espacio según la distancia a la que se encuentra del hablante.

demudar v.tr. **1** Cambiar o transformar. ◆ **demudarse** v.prnl. **2** Cambiarse repentinamente el color o la expresión de la cara.

denario s.m. **1** Moneda romana de plata, que equivalía a cuatro sestercios o diez ases. **2** Moneda romana de oro que equivalía a cien sestercios o veinticinco denarios de plata.

dendrita s.f. Cada una de las prolongaciones que posee una célula nerviosa o neurona.

denegar (32) v.tr. Responder negativamente a una petición o solicitud.

1. **dengue** s.m. Delicadeza y escrúpulo excesivos en las acciones o en las palabras.

2. **dengue** s.m. **1** AMÉR Contoneo, movimiento afectado de hombros y caderas al andar. **2** CH Planta herbácea ramosa, de flores inodoras blancas, amarillas o rojas. **3** CH Flor de esta planta. **4** MÉX Mueca. ◆ adj. y s.m. y f. **5** Fam. CH Que es física y psíquicamente inestable.

denigrante adj. Que denigra.

denigrar v.tr. **1** Insultar y ofender a una persona de palabra. **2** Atacar el buen nombre y la fama de una persona.

denodado, a adj. Que muestra valor, energía o decisión.

denominación s.f. Nombre con el que se denomina a las personas y cosas.

denominador, ra adj. y s. **1** Que da un nombre concreto. ◆ s.m. **2** Número que indica las partes iguales en que se considera dividido un todo en una fracción.

denominar v.tr. Dar un nombre concreto a una persona o una cosa que los identifique.

denostar (11) v.tr. Insultar y ofender a una persona de palabra.

denotación s.f. **1** Indicación o significación mediante un signo o una señal. **2** Significado real de una determinada palabra aislada de cualquier contexto.

denotar v.tr. Indicar o significar.

denotativo, a adj. Que denota.

densidad s.f. **1** Acumulación de gran cantidad de elementos o individuos en un espacio determinado. **2** Relación entre la masa de un cuerpo y su volumen.

densímetro s.m. Instrumento que sirve para medir la densidad de líquidos, gases y sólidos.

denso, a adj. **1** Se dice de la sustancia que tiene mucha materia en poco espacio. **2** Que tiene mucha materia o contenido y puede resultar confuso.

dentado, a adj. Que tiene dientes.

dentadura s.f. Conjunto de dientes, colmillos y muelas de una persona o animal.

dental adj. **1** Relativo a los dientes. **2** Se dice del sonido y el fonema consonántico en cuyo punto de articulación la lengua toca la cara interna de los incisivos superiores. ◆ s.f. y adj. **3** Consonante articulada en este punto.

dente ◇ **al dente** loc. Se dice de la pasta italiana que está cocida de manera que no quede demasiado blanda.

dentellada s.f. **1** Mordedura hecha clavando los dientes. **2** Herida hecha al morder.

dentera s.f. Sensación desagradable en los dientes al comer sustancias agrias, oír sonidos chirriantes o tocar ciertas cosas.

dentición s.f. Proceso de formación, salida y desarrollo de los dientes.

dentículo s.m. Órgano o parte de él que tiene forma de diente pequeño.

dentífrico, a adj. y s.m. Se dice del producto que sirve para limpiar los dientes.

dentina s.f. Principal componente de los dientes de los vertebrados, de naturaleza calcárea.

dentista s.m. y f. Especialista en el estudio y tratamiento de las enfermedades de los dientes.

dentro adv. En la parte interior de algo. ◇ **dentro de** Durante un tiempo comprendido entre dos momentos o a su fin. ◇ **por dentro** Interiormente.

dentudo, a adj. y s. De dientes grandes.

denuedo s.m. Valor, energía o decisión.

denuncia s.f. **1** Noticia o aviso que se da a una autoridad de un delito o una acción que va contra la ley, o de su autor. **2** Acción y efecto de denunciar.

denunciar (1d) v.tr. **1** Dar noticia o aviso a una autoridad de un delito o una acción que va en contra de la ley. **2** Poner de manifiesto algo que está oculto o que no se quiere dar a cono cer. **3** Declarar públicamente algo que se considera ilegal o injusto.

deontología s.f. Tratado de deberes y principios éticos que afectan a cada profesión.

D. E. P. Abreviatura de descanse en paz, fórmula que se inscribe en lápidas y esquelas.

deparar v.tr. Proporcionar o conceder.

departamento s.m. **1** Parte en que se divide o estructura un espacio. **2** Parte de una administración, de un ministerio o de una institución. **3** Parte de una facultad universitaria que se dedica a la enseñanza y el estudio de materias afines. **4** Cada una de las partes en que puede dividirse administrativamente un territorio. **5** AMÉR Vivienda en un edificio de varias plantas. **GEOSIN** piso.

departir v.intr. Formal. Conversar por pasatiempo.

depauperación s.f. Proceso en el que una cosa se empobrece.

depauperar v.tr. Hacer pobre o más pobre.

dependencia s.f. **1** Subordinación de una persona o cosa respecto de otra u otras, por las que está regida o a las que está sometida. **2** Necesidad física o psíquica que tiene un individuo de consumir algún producto, generalmente perjudicial para el organismo. **3** Oficina, habitación o espacio dedicado a un uso determinado.

depender v.intr. **1** Estar bajo el mando o la autoridad de una persona o una institución. **2** Estar condicionada una cosa a otra. **3** Necesitar una persona o una cosa para vivir.

dependiente adj. **1** Que depende de alguien o algo. ◆ s. **2** ESP Persona que se dedica a atender a los clientes en una tienda. □ Femenino: dependienta.

depilación s.f. Eliminación del vello o pelo.

depilar v.tr. Eliminar el vello de una parte del cuerpo.

depilatorio, a adj. y s.m. Se dice de la sustancia que sirve para depilar.

deplorar v.tr. Sentir pena o disgusto por algo.

deponente adj. y s.m. Se dice del verbo de significado activo y conjugación pasiva en las lenguas clásicas.

deponer (36) v.tr. **1** Dejar de usar o hacer algo. **2** Expulsar a una persona de su cargo o empleo.

deportación s.f. Acción de deportar.

deportar v.tr. Desterrar a una persona a un lugar lejano por razones políticas o como castigo.

deporte s.m. Actividad o ejercicio físico sujeto a unas normas en el que se pone a prueba la habilidad o la fuerza física.

deportista adj. y s.m. y f. Se dice de la persona que practica algún deporte.

deportividad s.f. **1** Comportamiento adecuado a las normas de corrección en la práctica de un deporte. **2** Actitud desenfadada ante situaciones inesperadas o incómodas.

deportivo, a adj. **1** Relativo al deporte. **2** Que se ajusta a las normas de corrección y juego limpio. ◆ adj. y s.m. **3** Se dice del automóvil pequeño y muy rápido, generalmente con dos puertas y dos plazas.

deposición s.f. **1** Expulsión de un cargo. **2** Formal. Excremento, materia de residuos de alimento que elimina el organismo por el ano tras la digestión.

depositar v.tr. **1** Poner bienes o cosas de valor bajo la custodia de una persona o institución que se hace responsable de ellos. **2** Colocar una cosa en un lugar determinado. **3** Conceder o confiar, especialmente un sentimiento.

depositario, a s. Persona o institución que cuida de los bienes o cosas de valor que se ponen bajo su custodia.

depósito s.m. **1** Recipiente grande, generalmente cerrado, que sirve para contener líquidos o gases. **2** Lugar destinado a contener cosas para guardarlas o conservarlas. **3** Conjunto de bienes o cosas de valor que se ponen bajo la custodia de una persona o institución. **4** Sedimento o materia que se deposita en el fondo después de haber estado en suspensión en un líquido.

depravación s.f. Degeneración o entrega a comportamientos viciosos.

depravado, a adj. Se dice de la persona que tiene un comportamiento vicioso.

depravar v.tr. Corromper o dañar las costumbres, los gustos o las ideas de una persona.

depre adj. **1** Fam. Deprimido. ◆ s.f. **2** Fam. Depresión.

deprecación s.f. Petición o súplica.

depreciación s.f. Disminución del valor o precio de una moneda o de otra cosa.

depreciar (1d) v.tr. Disminuir el valor o el precio de una moneda o de otra cosa.

depredación s.f. Relación entre dos animales en la que uno de ellos (depredador) caza y mata al otro (presa) para alimentarse de él.

depredador, ra adj. y s. Se dice del animal que caza otros animales para alimentarse.

depredar v.tr. Cazar un animal a otro de distinta especie para alimentarse.

depresión s.f. **1** Estado psíquico que se caracteriza por una gran tristeza sin motivo aparente, decaimiento anímico y pérdida de interés por todo. **2** Hundimiento de un terreno o una superficie. **3** Período de baja actividad económica. ◇ **depresión atmosférica** Fenómeno atmosférico en el que hay bajas presiones, fuertes vientos y lluvias.

depresivo, a adj. **1** Que produce tristeza. **2** Que tiene tendencia a deprimirse.

deprimente adj. Que produce depresión.

deprimido, a adj. Que padece depresión.

deprimir v.tr. **1** Reducir el volumen de un cuerpo por medio de la presión. **2** Producir decaimiento del ánimo y del interés.

deprisa adv. Con rapidez y velocidad.

depuesto, a Participio irregular de **deponer**.

depuración s.f. Acción y efecto de depurar.

depuradora s.f. Aparato o instalación que sirve para depurar el agua.

depurar v.tr. **1** Limpiar de suciedad o impurezas una sustancia. **2** Perfeccionar el lenguaje o el estilo. **3** Expulsar de un cuerpo u organización a los miembros disidentes.

dequeísmo s.m. Uso incorrecto de la preposición **de** ante una proposición introducida por la conjunción **que**.

derbi o **derby** s.m. Encuentro deportivo, generalmente de fútbol, entre equipos rivales de la misma localidad o región.

derecha s.f. **1** Mano o pierna situada en el lado opuesto al que corresponde al corazón en el ser humano. **2** Dirección o situación de una cosa que se halla en el lado contrario al que corresponde al corazón en el ser humano. **3** Tendencia política que defiende una ideología conservadora. **4** Conjunto de los representantes de los partidos conservadores.

derechazo s.m. Golpe que se da con la mano o con el puño derechos.

derechismo s.m. Tendencia política que defiende una ideología conservadora.

derechista adj. y s.m. y f. Relativo al derechismo.

derecho, a adj. **1** Que está situado en el lado opuesto al que ocupa el corazón en el ser humano. **2** Que es recto y no se tuerce a un lado ni a otro. ◆ s.m. **3** Conjunto de leyes y reglas que regulan la vida en sociedad y que los seres humanos deben obedecer. **4** Ciencia que estudia las leyes y su aplicación. **5** Lado principal de una tela, un papel u otras cosas y que por ello está mejor trabajado. ◆ **derechos** s.m.pl. **6** Cantidad de dinero que cobran algunos profesionales. ◆ adv. **7** Indica que algo se realiza de forma directa y sin desviación espacial o temporal. ◇ **a derechas** ESP Indica que algo se hace correctamente. ◇ **al**, o **del, derecho** Indica que algo se hace de la manera esperada o debida. ◇ **derechos de autor** Cantidad que un profesional cobra como participación en los beneficios que produzca su obra. ◇ **derechos humanos** Conjunto de derechos y libertades que el ser humano tiene por naturaleza y debe respetar. ◇ **¡no hay derecho!** Expresión de protesta ante algo que se considera injusto.

deriva s.f. Desvío del rumbo de una nave a causa del viento, el mar o la corriente. ◇ **a la deriva** Que se mueve dejándose arrastrar por el viento, el mar o la corriente. □ Sin dirección o propósito fijo.

derivación s.f. **1** Hecho o acontecimiento que sigue o resulta de otro. **2** Procedimiento para formar palabras nuevas a partir de otra ya existente, mediante la adición, supresión o intercambio de un afijo o morfema derivativo. **3** Separación de una parte de un todo para dirigirla a otra parte. **4** Pérdida de la intensidad de la corriente eléctrica producida especialmente por la humedad. **5** Conexión eléctrica que se realiza a partir de un circuito principal para obtener una nueva toma de corriente.

derivada s.f. En una función matemática, límite hacia el cual tiende la razón entre el incremento de la función y el correspondiente a la variable cuando este último tiende a cero.

derivado, a adj. y s.m. **1** Se dice de la palabra que se ha formado a partir de otra mediante la adición, supresión o cambio de un afijo. **2** Se dice del producto químico que se obtiene de otro.

derivar v.intr. y prnl. **1** Descender o proceder de una cosa. ◆ v.tr. **2** Formar una palabra a partir de otra a la que se añade, suprime o intercala un afijo o morfema derivativo. **3** Dirigir o conducir una cosa hacia otro lado. ◆ v.intr. **4** Acabar una cosa en otra.

dermáptero adj. y s.m. Se dice del insecto con las alas anteriores cortas y las posteriores grandes plegadas bajo las anteriores; posee pinzas en el extremo posterior del cuerpo.

dermatitis s.f. Inflamación de la piel.

dermatoesqueleto s.m. Tejido orgánico rígido que recubre exteriormente el cuerpo de los artrópodos y los moluscos.

dermatología s.f. Parte de la medicina que se ocupa de las enfermedades de la piel.

dermatólogo, a s. Médico especialista en dermatología.

dermis s.f. Capa más gruesa de la piel de los vertebrados que se encuentra debajo de la epidermis.

dermoprotector, ra adj. Que protege la piel y mantiene su equilibrio natural.

derogar v.tr. Anular una ley.

derrama s.f. Distribución de un gasto entre varias personas que deben pagarlo.

derramamiento s.m. Salida de un líquido o una cosa formada por partículas del recipiente que lo contiene.

derramar v.tr. Hacer que salga un líquido o una sustancia disgregada del recipiente que lo contiene y se esparza.

derrame s.m. **1** Derramamiento. **2** Acumulación o salida anormal de un líquido orgánico al exterior de la cavidad que debería contenerlo. **3** Corte oblicuo de un muro para que la puerta o ventana pueda abrirse más.

derrapar v.intr. Deslizarse un vehículo desviándose lateralmente de la dirección que llevaba.

derrape s.m. Acción de derrapar.

derrengado, a adj. Que está muy cansado.

derretir (31) v.tr. **1** Hacer que una sustancia sólida se convierta en líquida por la acción del calor. **2** Fam. Hacer que alguien o algo sienta mucho placer.

derribar v.tr. **1** Hacer caer al suelo un edificio o una construcción. **2** Hacer caer al suelo a alguien o algo que está de pie o en alto. **3** Hacer perder el poder, un cargo o una posición.

derribo s.m. **1** Demolición de una construcción. **2** Caída provocada de una persona o cosa. **3** Conjunto de escombros de una demolición.

derrocamiento s.m. Acción y efecto de derrocar.

derrocar (11) v.tr. Hacer caer a una persona de su cargo o a un sistema de gobierno por medios violentos.

derrochador, ra adj. y s. Que derrocha.

derrochar v.tr. **1** Gastar una cosa sin necesidad. **2** Fam. Emplear en gran cantidad una cosa buena.

derroche s.m. Gasto de una cosa sin necesidad.

derrota s.f. **1** Acción de vencer o ser vencido. **2** Dirección que sigue una embarcación.

derrotar v.tr. **1** Vencer al enemigo o rival. **2** Vencer o destruir a alguien material o moralmente. ◆ v.intr. **3** Dar derrotes el toro.

derrotero s.m. **1** Camino o medio que se sigue para llegar o alcanzar un fin determinado. **2** Línea dibujada en un mapa para señalar la dirección que debe seguir una embarcación.

derrotista adj. y s.m. y f. Que tiene tendencia a considerar las cosas en su aspecto más negativo.

derrubiar (1d) v.tr. Erosionar lentamente una corriente de agua la tierra de las riberas o tapias.

derrubio s.m. Depósito de tierra o piedra que cae de lugares elevados.

derruir (23) v.tr. Hacer caer al suelo un edificio o una construcción.

derrumbamiento s.m. Acción y efecto de derrumbar o derrumbarse.

derrumbar v.tr. **1** Hacer que caiga una construcción o parte de una montaña. **2** Hacer que una persona pierda la fuerza o el ánimo.

derrumbe s.m. Derrumbamiento.

desaborido, a adj. **1** Que no tiene sabor o gusto. ◆ adj. y s. **2** Que no tiene interés o gracia.

desabotonar v.tr. Abrir o desajustar una cosa sacando los botones de los ojales.

desabrido, a adj. **1** Desaborido. **2** ESP Desapacible en el trato.

desabrigar v.tr. Quitar toda o parte de la ropa de abrigo.

desabrochar v.tr. Soltar los broches o botones.

desacato s.m. **1** Falta de respeto a una cosa que se considera sagrada o a una autoridad. **2** Delito que se comete por mentir, jurar en falso o perder el respeto a una autoridad.

desacierto s.m. Falta de acierto.

desaconsejar v.tr. Recomendar una persona a otra que no haga una cosa o que la evite.

desacostumbrado, a adj. Poco frecuente o diferente de lo habitual.

desacreditar v.tr. Disminuir o quitar el buen nombre, el valor o la consideración.

desactivar v.tr. Detener o anular el funcionamiento de una cosa.

desacuerdo s.m. Hecho de pensar cosas diferentes u opuestas dos personas.

desafiar (1e) v.tr. **1** Provocar a una persona para enfrentarse a ella física o verbalmente. **2** Oponerse o enfrentarse a lo que dice u ordena una persona. **3** Enfrentarse con valor a una situación difícil o peligrosa. **4** Contradecir aparentemente un fenómeno a una ley.

desafinado, a adj. Que suena mal por no tener el tono adecuado.

desafinar v.intr. Apartarse del tono adecuado al cantar o al tocar un instrumento.

desafío s.m. Acción de desafiar.

desaforado, a adj. Que tiene un tamaño muy grande o es de una intensidad fuera de lo común.

desafortunado, a adj. **1** Que tiene consecuencias negativas. **2** Que no es adecuado en una situación determinada. ◆ adj. y s. **3** Se dice de la persona que tiene mala suerte o fortuna.

desagradable adj. **1** Que causa mala impresión a los sentidos. **2** Que causa molestia o fastidio. **3** Se dice de la persona que no es amable ni considerada en el trato con los demás.

desagradar v.tr. Causar disgusto o molestia cierta cosa a una persona.

desagradecido, a adj. y s. Se dice de la persona que no reconoce el valor de lo que se hace en su favor o beneficio.

desagraviar (1d) v.tr. Compensar a una persona por un daño físico o moral que ha recibido.

desagravio s.m. Compensación que recibe una persona por un daño físico o moral.

desaguar (1a) v.tr. Sacar el agua que hay en un lugar.

desagüe s.m. Agujero o conducto por donde sale el agua de un recipiente.

desaguisado s.m. **1** Acción que va contra la ley, el orden o la razón. **2** Destrozo que causa daño o desorden.

desahogar v.tr. y prnl. Mostrar abiertamente un deseo, una opinión o una preocupación.

desahogo s.m. **1** Comodidad o falta de preocupaciones, especialmente en cuanto al dinero. **2** Acción de desahogar o desahogarse.

desahuciar (1d) v.tr. **1** Echar legalmente de una casa o de un terreno a la persona que lo ocupa. **2** Considerar que un enfermo no tiene ninguna posibilidad de curación.

desaire s.m. Humillación que se le hace a una persona al no prestar atención a lo que dice o hace.

desajuste s.m. **1** Alteración del funcionamiento correcto de algo. **2** Falta de acuerdo o de adaptación.

desaladora s.f. Instalación que se encarga de eliminar la sal del agua del mar para hacerla potable.

desalar v.tr. Quitar toda o parte de la sal que tiene un alimento.

desalentar (32) v.tr. Quitar el ánimo o la energía a una persona de modo que no tenga ganas de continuar haciendo algo.

desaliento s.m. Pérdida del ánimo o de la energía para continuar haciendo algo.

desaliñado, a adj. Que no cuida la forma de vestir ni el aseo personal.

desalmado, a adj. y s. Que comete acciones crueles sin mostrar ningún tipo de compasión.

desalojar v.tr. **1** Hacer salir a alguien de un lugar, generalmente utilizando la fuerza. **2** Dejar vacío un lugar.

desalojo s.m. Acción de desalojar, especialmente utilizando la fuerza.

desamor s.m. Falta de amor o afecto a una persona o cosa.

desamortización s.f. Acción y efecto de desamortizar.

desamortizar v.tr. Hacer posible, mediante acciones legales, que determinados bienes de la Iglesia, la nobleza o una colectividad puedan ser vendidos.

desamparo s.m. Falta de cuidado o protección que necesita una persona o cosa.

desangelado, a adj. Se dice del lugar que es solitario, triste o poco acogedor.

desangrar v.tr. Hacer que una persona o animal pierda mucha o toda la sangre.

desanimar v.tr. Quitar el ánimo o la energía a una persona de modo que no tenga ganas de continuar haciendo algo.

desánimo s.m. Falta de ánimo o de energía para hacer algo.

desanudar v.tr. Deshacer un nudo.

desapacible adj. **1** Se dice del tiempo atmosférico que resulta desagradable por la lluvia o por el frío. **2** Áspero y desagradable en el trato.

desaparecer (30) v.intr. **1** Dejar de percibirse una cosa por uno o varios de los sentidos. **2** Dejar de estar presente en un lugar. **3** Dejar de producirse un fenómeno, especialmente una enfermedad.

desaparecido, a s. y adj. Persona que se encuentra en paradero desconocido o muerta sin que se haya encontrado el cadáver.

desaparición s.f. Hecho de dejar de estar presente una persona, animal o cosa en un lugar.

desapego s.m. Falta de afecto o de interés por una persona o cosa.

desapercibido, a adj. Que no se percibe, no se hace notar o no llama la atención.

desaprensivo, a adj. y s. Que no actúa de acuerdo con la justicia o la moral.

desaprobar (11) v.tr. Considerar que una persona actúa mal o que una cosa está mal hecha.

desaprovechar v.tr. Hacer mal uso de una cosa y no sacarle el máximo rendimiento.

desarmar v.tr. **1** Quitar o hacer entregar las armas. **2** Separar las piezas que forman un objeto. **3** Confundir o sorprender a una persona hasta dejarla sin posibilidad de reacción.

desarme s.m. Disminución de las armas que poseen algunos países para preservar la paz.

desarraigar (1i) v.tr. Apartar a una persona del lugar donde vive o de su familia.

desarraigo s.m. Acción de desarraigar.

desarrapado, a o **desharrapado, a** adj. y s. Se dice de la persona que lleva la ropa sucia y rota o se viste con harapos.

desarreglado, a adj. Se dice de la cosa que no tiene orden o ha dejado de tener el orden o disposición que tenía entre sus elementos.

desarreglo s.m. **1** Falta de orden o disposición de los elementos que forman una cosa o un conjunto. **2** Alteración en el funcionamiento de un órgano corporal.

desarrollado, a adj. Que ha experimentado un desarrollo notable.

desarrollar v.tr. **1** Hacer crecer, aumentar o progresar. **2** Realizar una idea o un proyecto. **3** Explicar con detalle y amplitud un tema. **4** Realizar todas las operaciones que hay que seguir en un cálculo matemático para llegar a la solución. **5** Desenrollar.

desarrollismo s.m. Tendencia favorable al desarrollo y crecimiento económicos.

desarrollo s.m. **1** Crecimiento o progreso de una persona, país o cosa. **2** Realización de una idea o acción. **3** Explicación detallada de una teoría o un tema. **4** Conjunto de operaciones necesarias para conseguir el resultado de un cálculo matemático o para explicarlo.

desarticular v.tr. **1** Separar un miembro de su articulación o una pieza de su lugar. **2** Destruir un plan o una organización ilegal.

desasir (6) v.tr. Soltar lo que está sujeto.

desasistir v.tr. Dejar sin cuidado o protección a una persona o cosa que la necesita.

desasnar v.tr. Fam. Educar a una persona para quitarle la rudeza.

desasosegar (32) v.tr. Hacer perder la tranquilidad o el sosiego.

desasosiego s.m. Falta de sosiego.

desastillar v.tr. AMÉR Sacar astillas de la madera.

desastrado, a adj. y s. Se dice de la persona que va sucia y mal vestida.

desastre s.m. **1** Suceso que produce mucho daño o destrucción. **2** Fam. Cosa mal hecha, de mala calidad o que produce mala impresión. **3** Fam. Persona a la que todo le sale mal por torpeza o mala suerte.

desastroso, a adj. Desgraciado o muy malo.

desatar v.tr. **1** Soltar algo que está atado. **2** Provocar algo que se manifiesta con intensidad o violencia.

desatascador, ra adj. y s.m. Se dice del instrumento o producto que sirve para desatascar.

desatascar v.tr. Quitar la obstrucción de algo.

desatender (33) v.tr. **1** No prestar atención a lo que se dice o hace. **2** Descuidar a una persona o cosa y dejar de ocuparse de ella.

desaterrar (32) v.tr. AMÉR Limpiar un lugar de escombros o cualquier tipo de desperdicios.

desatierre s.m. AMÉR Escombrera, lugar donde se vierten escombros.

desatino s.m. Falta de acierto o de juicio.

desatornillar v.tr. Dar vueltas a un tornillo para sacarlo del lugar donde está.

desatrancar v.tr. **1** Quitar la tranca con la que está asegurada una puerta o una ventana, para poderla abrir. **2** Desatascar.

desautorizar v.tr. **1** Quitar autoridad, poder, facultad o crédito a una persona o una cosa. **2** Negar el permiso para hacer algo.

desavenencia s.f. Falta de acuerdo.

desayunar v.tr. e intr. Tomar el desayuno.

desayuno s.m. Primera comida del día, que se toma por la mañana.

desazón s.f. **1** Sentimiento de disgusto o intranquilidad causado por una alteración física o moral. **2** Picor intenso.

desballestar v.tr. Desmontar o eliminar la estructura de algo.

desbancar v.tr. Ocupar una persona la posición o consideración privilegiada de otra.

desbandada s.f. Separación desordenada y en diferentes direcciones de un grupo de personas o animales.

desbarajustar v.tr. Hacer que una cosa pierda el orden o la disposición que tenía.

desbarajuste s.m. Gran falta de orden o de disposición de los elementos.

desbaratar v.tr. **1** Deshacer o estropear algo. **2** Frustrar la realización de algo.

desbarrar v.intr. ESP Hablar o actuar sin lógica ni razón.

desbastar v.tr. Quitar las partes más bastas de una pieza que va a ser labrada.

desbloquear v.tr. **1** Dejar libre el paso o el movimiento. **2** Suprimir los obstáculos que impiden el desarrollo normal de una actividad.

desbocado, a adj. **1** Se dice del cuello de una prenda de vestir que está demasiado abierto y que se ha deformado. **2** Se dice de la caballería que corre precipitada y alocadamente sin obedecer la acción del freno.

desbocar v.tr. **1** Quitar o romper la boca a algo. ◆ **desbocarse** v.prnl. **2** Abrirse más de lo normal la abertura de una prenda de vestir. **3** Dejar de obedecer una caballería la acción del freno y correr precipitada y alocadamente. **4** Perder la contención o el control.

desbordamiento s.m. Acción y efecto de desbordar o desbordarse.

desbordante adj. **1** Se dice de la pasión o sentimiento que se muestra abiertamente y no puede contenerse. **2** Que causa cansancio y agobio por ser excesivo.

desbordar v.intr. **1** Salir el contenido de un recipiente por los bordes o una corriente de agua de su cauce. ◆ v.intr. y prnl. **2** Manifestar abiertamente una pasión o un sentimiento. ◆ v.tr. **3** Exceder los límites o la capacidad de una persona o cosa.

desbravar v.tr. **1** Amansar y hacer dócil un animal salvaje. **2** Hacer perder la bravura o el ímpetu a una persona o animal. ◆ **desbravarse** v.prnl. **3** Perder una bebida alcohólica su fuerza.

desbrozar v.tr. Limpiar algo de hojas o ramas secas.

desbrozo s.m. Eliminación de las hojas o ramas secas de algo.

descabellado, a adj. Que va contra la razón o la lógica.

descabellar v.tr. Matar al toro instantáneamente clavándole el estoque en la cerviz.

descachalandrado, a adj. Fam. AMÉR Que está andrajoso, mal vestido y poco aseado.

descacharrar v.tr. Fam. Romper o estropear.

descafeinado, a s.m. y adj. Café al que se le ha extraído la cafeína.

descalabrar v.tr. **1** Herir de un golpe a una persona, especialmente en la cabeza. **2** Causar un daño o perjuicio grandes.

descalabro s.m. Circunstancia adversa que provoca un perjuicio o un daño grandes.

descalcificar v.tr. Disminuir el calcio o las sustancias calcáreas que contiene algo.

descalificación s.f. Acción y efecto de descalificar.

descalificar v.tr. **1** Eliminar a un participante en un concurso o una competición. **2** Quitar autoridad, poder, facultad o crédito.

descalzar v.tr. **1** Quitar el calzado a alguien. **2** Quitar las cuñas que inmovilizan un objeto.

descalzo, a adj. **1** Que no lleva o no tiene calzado. ◆ **adj. y s. 2** Se dice del religioso que pertenece a una orden en la que, por regla, sus miembros llevaban los pies descalzos.

descamación s.f. Caída, en forma de escamas, de las células viejas de la piel.

descamar v.tr. **1** Quitar las escamas a un pez. ◆ **descamarse** v.prnl. **2** Caerse, en forma de escamas, las células viejas de la piel.

descamisado, a adj. **1** Que no lleva la camisa puesta o la lleva por fuera de los pantalones. ◆ adj. y s. **2** Desp. Muy pobre, harapiento.

descampado, a adj. y s.m. Se dice del terreno que no tiene árboles, vegetación ni viviendas.

descansado, a adj. Que no exige mucha actividad o esfuerzo.

descansar v.intr. **1** Parar en el trabajo o en otra actividad para reponerse del cansancio. **2** Dormir o reposar. **3** Quedarse tranquilo después de una preocupación o un dolor. **4** Estar enterrado. **5** Apoyarse una cosa en otra. **6** Estar la tierra de labor uno o dos años sin cultivo. ◆ v.tr. **7** Disminuir o aliviar el cansancio.

descansillo s.m. Superficie llana en que termina cada tramo de una escalera.

descanso s.m. **1** Pausa en el trabajo o en otra actividad para reponerse del cansancio. **2** Cosa que proporciona tranquilidad o alivio de una preocupación o dolor. **3** Tiempo durante el que se interrumpe un espectáculo, un programa o una competición deportiva. **4** Descansillo.

descapotable adj. y s.m. Se dice del automóvil que tiene el techo plegable.

descarado, a adj. y s. Se dice de la persona que habla u obra con descaro.

descarga s.f. **1** Extracción de un peso o una carga del lugar donde está. **2** Paso de la energía eléctrica acumulada en un cuerpo a otro. **3** Conjunto de disparos de armas de fuego.

descargador, ra s. Persona que se dedica a descargar mercancías.

descargar v.tr. **1** Sacar la carga del lugar donde está. **2** Hacer que un arma de fuego lance su carga. **3** Dar un golpe con fuerza. **4** Liberar a alguien de una preocupación o dolor. **5** Desahogar y liberar la tensión o el enfado. **6** Hacer que una persona realice un trabajo o cumpla una obligación que es responsabilidad propia. **7** Copiar o transferir información en la memoria de un ordenador desde la de otro, especialmente a través de Internet u otra red informática. ◆ v.tr. e intr. **8** Producir lluvia, granizo u otro fenómeno atmosférico una nube, nublado, tormenta o meteoro semejante. ◆ **descargarse** v.prnl. **9** Anular o perder la carga eléctrica.

descarnado, a adj. Se dice del relato o historia que presenta la realidad sin rodeos, de manera cruda o desagradable.

descaro s.m. Falta de vergüenza o de respeto.

descarriar (1e) v.tr. **1** Apartar a una persona de lo que es justo o razonable. ◆ **descarriarse** v.prnl. **2** Apartarse un animal del rebaño.

descarrilar v.intr. Salirse de los carriles un tren o cualquier vehículo que circule por ellos.

descartar v.tr. **1** Rechazar o no tener en cuenta una posibilidad, una persona o una cosa. ◆ **descartarse** v.prnl. **2** Dejar las cartas de la baraja que no son buenas para el juego, sustituyéndolas por otras.

descarte s.m. **1** Abandono de las cartas de la baraja que no son buenas para el juego, sustituyéndolas por otras. **2** Carta o conjunto de cartas que se descartan.

descascarillar v.tr. Quitar la capa que cubre una superficie, en especial de una pared o un objeto de loza o porcelana.

descastado, a adj. y s. Se dice de la persona que muestra poco afecto por su familia y amigos o que no corresponde al que le han demostrado.

descendencia s.f. Conjunto de los hijos y de las generaciones posteriores que descienden de una persona.

descendente adj. Que desciende o baja.

descender (33) v.intr. **1** Pasar de un lugar a otro que está más bajo. **2** Salir de un vehículo o dejar de estar montado en él. **3** Pasar de una categoría o posición a otra inferior. **4** Proceder de una persona o cosa. **5** Hacerse más pequeño el valor, cuantía o intensidad de una cosa.

descendiente s.m. y f. Persona o cosa que desciende de otra.

descenso s.m. **1** Camino que va de un lugar a otro más bajo. **2** Paso de una persona o cosa del lugar en el que se halla a otro más bajo. **3** Disminución del valor, cuantía o intensidad de una cosa. **4** Paso de una categoría o posición a otra inferior. **5** Salida de un vehículo.

descentralizar v.tr. **1** Hacer que una cosa deje de depender de un centro único o de una dirección central. **2** Traspasar poderes y funciones del gobierno central a organismos menores.

descentrar v.tr. Hacer que una persona pierda la concentración.

descerebrar v.tr. **1** Producir la inactividad funcional del cerebro. **2** Extirpar experimentalmente el cerebro de un animal.

deschavetado, a adj. AMÉR Chiflado, ido.

descifrar v.tr. **1** Interpretar un mensaje escrito en un lenguaje secreto compuesto por signos especiales. **2** Interpretar el significado de una cosa confusa o un asunto difícil de entender.

desclasado, a adj. y s. Que no está integrado en la clase social a la que pertenece o que ha perdido la conciencia de clase.

desclavar v.tr. Quitar un clavo o cualquier objeto punzante que está clavado.

descocado, a adj. y s. Fam. Que habla o actúa con desparpajo y descaro.

descodificación s.f. Acción y efecto de descodificar.

descodificar v.tr. Aplicar las reglas adecuadas a un mensaje codificado en un sistema de signos determinado para entenderlo.

descojonarse v.prnl. Vulg. ESP Reírse mucho y con ganas.

descolgar (11) v.tr. **1** Soltar a alguien o algo que está colgado. **2** Dejar caer poco a poco un objeto mediante una cuerda, una cadena o un cable. **3** Levantar el auricular del teléfono. ◆ **descolgarse** v.prnl. **4** Bajar deslizándose por una cuerda u otra cosa parecida. **5** Distanciarse una persona de un grupo o de una actividad, quedándose atrás. **6** Hacer algo inesperado.

descollar (11) v.intr. **1** Sobresalir por encima de lo normal en altura. **2** Distinguirse una persona o cosa entre las demás por sus cualidades.

descolocar v.tr. **1** Poner un objeto en un lugar que no le corresponde. **2** Dejar a una persona sin saber qué decir o cómo reaccionar.

descolonización s.f. Reconocimiento de la independencia de una colonia o territorio por parte de la nación extranjera que lo dominaba.

descolorido, a adj. Que tiene un color débil o que ha perdido color.

descolorir v.intr. Descolorar.

descomedido, a adj. **1** Excesivo o desproporcionado. **2** Que no muestra respeto y cortesía hacia los demás.

descompaginar v.tr. Cambiar o alterar el orden o la correspondencia de una cosa con otra.

descompasar v.tr. Hacer perder el compás.

descompensación s.f. Acción y efecto de descompensar o descompensarse.

descompensar v.tr. **1** Hacer perder a una cosa la igualdad, armonía y equilibrio. ◆ **descompensarse** v.prnl. **2** Enfermar un órgano del cuerpo hasta el punto de no realizar adecuadamente sus funciones.

descomponedor, ra adj. y s. Se dice del organismo que se alimenta de materia orgánica muerta y la descompone en compuestos minerales.

descomponer (36) v.tr. **1** Separar las diversas partes o elementos que forman un compuesto o un todo. **2** Pudrir una sustancia animal o vegetal muerta. **3** Separar las piezas que forman un objeto. **4** Hacer perder a algo su orden o la disposición entre sus elementos. **5** Estropear un mecanismo o un aparato. **6** Poner enfermo o perjudicar la salud. **7** Hacer perder la tranquilidad o la paciencia. **8** En matemáticas, expresar un número como producto de, al menos, dos de sus divisores.

descomposición s.f. **1** Acción y efecto de descomponer. **2** Alteración del aparato digestivo que se manifiesta con la expulsión frecuente de excrementos líquidos o semilíquidos.

descompresión s.f. Reducción de la presión a que ha estado sometido un cuerpo.

descompresor s.m. Aparato que sirve para descomprimir un cuerpo.

descompuesto, a 1 Participio irregular de descomponer. ◆ adj. **2** Se dice de la persona que ha perdido la tranquilidad o la paciencia. **3** AMÉR CENTRAL, ARG, URUG Se dice del objeto que está averiado. **4** AMÉR CENTRAL, CH, P RICO, PERÚ Ebrio, bebido.

descomunal adj. Que se sale de lo común por su gran tamaño o por otra circunstancia.

desconcentrar v.tr. **1** Hacer que alguien deje de estar concentrado en lo que está haciendo. **2** Reducir la concentración que afecta a algo.

desconcertado, a adj. Que manifiesta sorpresa y confusión.

desconcertante adj. Que sorprende y confunde por coger desprevenido.

desconcertar (32) v.tr. Causar a una persona confusión o desorientación.

desconchado s.m. ESP Parte de la superficie de una cosa en la que ha saltado algún trozo de la capa que la cubre.

desconchar v.tr. ESP Descascarillar.

desconchón s.m. **1** ESP Caída de una parte de la superficie que cubre una pared o un objeto. **2** ESP Señal que deja esta caída.

desconcierto s.m. **1** Confusión o desorientación que siente una persona. **2** Confusión o desorientación en una cosa.

desconectar v.tr. **1** Hacer que un sistema mecánico o eléctrico deje de tener contacto con una fuente de energía e interrumpa su funcionamiento. **2** Interrumpir la comunicación entre dos aparatos o sistemas. **3** Separar las partes que integran un aparato o sistema. ◆ v.intr. **4** Hacer que alguien deje de estar conectado a un aparato que lo mantiene vivo de forma artificial. **5** Dejar de tener relación o comunicación con alguien o algo.

desconexión s.f. **1** Interrupción de una conexión o enlace. **2** Falta de relación o comunicación con alguien o algo.

desconfiado, a adj. Que no confía en otra persona o cosa.

desconfianza s.f. Falta de confianza.

desconfiar (1e) v.intr. No tener confianza.

descongelación s.f. Acción de descongelar.

descongelar v.tr. **1** Hacer que una cosa congelada vuelva a su estado primitivo mediante el aumento de la temperatura circundante. **2** Desbloquear una cuenta, un crédito, un capital, etc., que estaba inmovilizado provisionalmente, para que circule el dinero libremente.

descongestión s.f. Acción de descongestionar.

descongestionar v.tr. **1** Disminuir la acumulación excesiva de personas o vehículos que impide la circulación normal por un lugar. **2** Disminuir la acumulación excesiva de sangre u otro fluido en una parte del cuerpo.

desconocer (30) v.tr. **1** No tener conocimiento de una cosa o no comprenderla. **2** No reconocer a alguien o algo por encontrarlo muy cambiado.

desconocido, a adj. **1** Se dice de la cosa que se desconoce o ignora o cuya naturaleza y cualidades no se comprenden. **2** Que no se reconoce por estar muy cambiado. ◆ adj. y s. **3** Se dice de la persona que no pertenece al grupo de las personas con las que se tiene trato o comunicación.

desconocimiento s.m. Falta de información acerca de una cosa o de comprensión de su naturaleza, cualidades y relaciones.

desconsideración s.f. Falta de respeto o atención hacia una persona o cosa.

desconsiderado, a adj. y s. Que no muestra respeto y atención hacia una persona o cosa.

desconsiderar v.tr. Rechazar o no tener en cuenta una posibilidad o una propuesta.

desconsolado, a adj. Que no tiene consuelo o que siente una pena o un dolor intensos.

desconsolar (11) v.tr. Causar desconsuelo.

desconsuelo s.m. Pena o tristeza muy intensas.

descontado ◇ **dar algo por descontado** Dar un hecho o noticia por realizado o cierto e indiscutible. ◇ **por descontado** Por supuesto.

descontaminación s.f. Acción de descontaminar.

descontaminar v.tr. Eliminar los elementos que contribuyen a disminuir la pureza del medio ambiente o de una mezcla o preparación.

descontar (11) v.tr. **1** Restar una cantidad de otra. **2** Añadir el árbitro al final de un encuentro deportivo el tiempo durante el que ha estado interrumpido. ◆ **descontarse** v.prnl. **3** Perder la cuenta o equivocarse en la cuenta de lo que se está contando.

descontento, a adj. y s. **1** Que está disgustado o se siente insatisfecho. ◆ s.m. **2** Disgusto, desagrado o insatisfacción.

descontrol s.m. Pérdida del control.

descontrolar v.tr. **1** Hacer perder el control o el dominio sobre algo. ◆ **descontrolarse** v.prnl. **2** Perder una persona el dominio de sí misma.

desconvocar v.tr. Anular una convocatoria.

descoque s.m. Desparpajo y descaro.

descorazonar v.tr. Quitar el ánimo o la esperanza.

descorchar v.tr. **1** Quitar el corcho que cierra una botella. **2** Quitar el corcho al tronco y las ramas de los alcornoques.

descorrer v.tr. **1** Recoger lo que está estirado, especialmente una cortina. **2** Deslizar un pestillo, un cerrojo o algo parecido para abrir lo que cierra.

descortés adj. Que no demuestra atención, respeto o afecto hacia las personas.

descortesía s.f. Comportamiento o acto descortés.

descoser v.tr. Soltar el hilo con que están cosidas las piezas de tela o de otro material.

descosido, a adj. y s.m. Se dice de la pieza de tela, cuero u otro material a la que se le ha soltado el hilo que lo mantenía unido al resto de la pieza o a otra.

descoyuntar v.tr. **1** Sacar un hueso de su articulación. **2** Cansar mucho.

descrédito s.m. Disminución o pérdida de la consideración, la buena fama o la estima.

descreer (26) v.tr. **1** Dejar de creer en una persona o cosa. **2** Perder la confianza en alguien o algo.

descreído, a adj. y s. Se dice de la persona que no cree, especialmente en materia religiosa.

descremar v.tr. Quitar la crema o la nata de la leche o de los productos lácteos.

describir v.tr. **1** Explicar, por medio del lenguaje, las características de una persona o una cosa. **2** Dibujar un cuerpo una línea del movimiento que realiza.
OBS Participio: descrito.

descripción s.f. **1** Acción y efecto de describir. **2** Tipo de escrito que explica cómo es una persona o cosa.

descriptivo, a adj. Que expresa, por medio del lenguaje, los rasgos de una persona o cosa.

descrito, a Participio irregular de **describir**.

descuajar v.tr. Arrancar de raíz una cosa, especialmente plantas y árboles.

descuajaringar o **descuajeringar** v.tr. **1** Estropear un objeto separando las partes que lo forman. ◆ **descuajaringarse** v.prnl. **2** Cansarse mucho. **3** Fam. Reírse mucho.

descuajeringado, a adj. **1** Fam. AMÉR Que está desvencijado. **2** Fam. AMÉR Se dice de la persona que es descuidada en el aseo personal y en el vestir. **3** Fam. AMÉR Se dice del animal o persona que tiene el cuerpo o parte de él afectado por agotamiento físico o por un accidente.

descuajeringar ▷ descuajaringar.

descuartizar v.tr. **1** Dividir el cuerpo de una persona o un animal en cuartos o partes. **2** Hacer trozos una cosa.

descubierto, a 1 Participio irregular de descubrir. ◆ adj. **2** Que no está cubierto. **3** Se dice de la persona que no lleva sombrero ni ninguna otra prenda que le cubra la cabeza. **4** Se dice del cielo que está sin nubes. ◇ **al descubierto** Al aire libre. □ A la vista. □ Abiertamente, sin ningún obstáculo o impedimento.

descubridor, ra adj. y s. **1** Se dice de la persona que ha descubierto una cosa oculta o desconocida. **2** Se dice de la persona que ha hallado la fórmula científica de un nuevo producto o ha creado una cosa nueva.

descubrimiento s.m. **1** Encuentro o hallazgo de lo que no se conocía o de lo que estaba oculto. **2** Hallazgo de la fórmula científica de un nuevo producto o creación de una cosa nueva.

descubrir v.tr. **1** Quitar la tapa o lo que cubre una cosa de manera que se vea lo que hay dentro o debajo. **2** Encontrar lo que no se conocía o lo que estaba oculto. **3** Poner de manifiesto lo que estaba oculto. **4** Hallar la fórmula científica de un nuevo producto o crear una cosa nueva. ◆ **descubrirse** v.prnl. **5** Quitarse el sombrero u otra prenda que cubre la cabeza.
OBS Participio: **descubierto.**

descuento s.m. **1** Disminución o reducción que se hace en una cantidad o en un precio. **2** Adición que hace el árbitro, al final de un encuentro deportivo, del tiempo que este ha estado interrumpido.

descuidado, a adj. y s. Se dice de la persona que muestra desinterés en lo que hace, o en el cuidado de su aspecto y de sus cosas.

descuidar v.tr. **1** No atender, no vigilar o no ayudar debidamente a una persona o cosa. ◆ v.intr. **2** Se usa para asegurar a alguien que no es necesario que se preocupe por un trabajo u obligación. ◆ **descuidarse** v.prnl. **3** Dejar de prestar la atención debida a algo.

descuido s.m. **1** Falta de atención en el ejercicio de una actividad o responsabilidad. **2** Falta de arreglo u orden en una cosa.

desde prep. Indica el momento o el lugar, más o menos exacto, en que comienza una acción.

desdecir (37) v.intr. **1** Ser impropio del origen, condición o prestigio de una persona. ◆ **desdecirse** v.prnl. **2** Volverse atrás, negar una opinión que anteriormente se ha sostenido.

desdén s.m. Actitud de indiferencia y desprecio hacia alguien o algo.

desdentado, a adj. Se dice de la persona o el animal al que le faltan algunos o todos los dientes.

desdeñar v.tr. Mostrar una actitud indiferente y despectiva hacia una persona o una cosa.

desdeñoso, a adj. Que muestra desdén.

desdibujarse v.prnl. Perder nitidez los contornos de una figura o un paisaje.

desdicha s.f. **1** Hecho que causa gran dolor o infelicidad. **2** Suerte adversa y aciaga.

desdichado, a adj. y s. **1** Se dice de la persona que padece una o más desgracias que le causan gran dolor o infelicidad. **2** Que tiene una suerte adversa o contraria.

desdicho, a Participio irregular de **desdecir.**

desdoblamiento s.m. Acción y efecto de desdoblar o desdoblarse.

desdoblar v.tr. **1** Extender lo que está doblado. **2** Formar dos o más cosas mediante la separación de los elementos de otra.

desdoro s.m. Mancha del buen nombre o la fama de una persona, un grupo o una cosa.

desdramatizar v.tr. Quitar o disminuir el carácter dramático de un hecho.

desear v.tr. **1** Querer intensamente la posesión o la realización de algo. **2** Querer tener relaciones sexuales con una persona.

desecación s.f. Acción y efecto de desecar.

desecar v.tr. Eliminar la humedad o el líquido, generalmente agua, que contiene algo.

desechable adj. **1** Se dice del objeto que se tira o aparta por considerarlo inútil. **2** Se dice del objeto que está destinado a ser usado una sola vez.

desechar v.tr. **1** Rechazar o no admitir una cosa. **2** Tirar o apartar una cosa que se considera inútil. **3** Apartar de la mente un mal pensamiento, una sospecha o un temor.

desecho s.m. **1** Cosa que sobra o resto inservible. **2** Persona vil y despreciable.

desembalar v.tr. Quitar la envoltura de un objeto.

desembarazar v.tr. **1** Dejar sin obstáculos ni estorbos un espacio. ◆ **desembarazarse** v.prnl. **2** Librarse de una persona o cosa que molesta o constituye un obstáculo para un fin.

desembarazo s.m. Soltura y facilidad para hacer algo.

desembarcadero s.m. Lugar apropiado para desembarcar a personas o mercancías.

desembarcar v.tr. **1** Sacar de un barco y poner en tierra a los viajeros y las mercancías que transporta. ◆ v.intr. **2** Bajar de un barco, un tren o un avión. **3** Llegar a un lugar para empezar a desarrollar una actividad.

desembarco s.m. Bajada o salida de personas o mercancías de un barco, un tren o un avión.

desembarque s.m. Desembarco.

desembocadura s.f. **1** Lugar por el que una corriente de agua desemboca en el mar, en un canal, en un río o en un lago. **2** Salida de una calle o un camino a un lugar determinado. **3** Cosa en que acaba o termina otra.

desembocar v.intr. **1** Entrar una corriente de agua en otra semejante, en el mar, en un canal o en un lago. **2** Salir una calle o camino a un lugar determinado. **3** Acabar o terminar una cosa en otra.

desembolsar v.tr. Pagar o entregar una cantidad de dinero.

desembolso s.m. Pago o entrega de una cantidad de dinero.

desembragar v.intr. Desconectar el embrague del eje del motor para el cambio de velocidades.

desembrollar v.tr. **1** Deshacer un embrollo o enredo. **2** Aclarar un asunto difícil de entender.

desembuchar v.tr. e intr. **1** Fam. Decir todo lo que se sabe sobre un asunto y se tenía callado. **2** Expulsar un ave lo que tiene en el buche.

desempaquetar v.tr. Deshacer un paquete para sacar su contenido.

desempatar v.tr. e intr. Deshacer una situación de igualdad entre varias personas o grupos que participan en una votación, competición, concurso o partido.

desempate s.m. Acción de desempatar.

desempeñar v.tr. **1** Realizar una persona, un grupo o una cosa las labores que le corresponden. **2** Recuperar, mediante el pago de la cantidad acordada en su momento, una cosa que se había entregado para conseguir un préstamo.

desempeño s.m. Acción de desempeñar.

desempleado, a adj. y s. Se dice de la persona que no tiene trabajo.

desempleo s.m. Situación de la persona que está en condiciones de trabajar pero no tiene empleo o lo ha perdido.

desempolvar v.tr. **1** Quitar el polvo acumulado. **2** Volver a usar algo que estaba apartado o recordar algo que estaba olvidado.

desenamorar v.tr. Hacer perder el sentimiento amoroso o de afecto que se tenía a una persona o cosa.

desencadenar v.tr. **1** Provocar algo que se manifiesta con intensidad o violencia. **2** Soltar algo o a alguien que está sujeto por una cadena u otra cosa.

desencajar v.tr. **1** Separar una cosa de otra a la que está ajustada. ◆ **desencajarse** v.prnl. **2** Alterarse las facciones de la cara a causa del miedo, de un gran disgusto o una enfermedad.

desencantar v.tr. **1** Hacer que alguien pierda la esperanza o la ilusión. **2** Hacer que alguien o algo deje de estar bajo los efectos de un encantamiento mágico.

desencanto s.m. Pérdida de la esperanza o la ilusión.

desencapotar v.tr. **1** Quitar la capota que cubre algo, especialmente un vehículo. **2 desencapotarse** Desaparecer las nubes del cielo o del horizonte.

desenchufar v.tr. **1** Sacar el enchufe de un aparato o una máquina del lugar en el que está conectado a la corriente eléctrica. ◆ **desenchufarse** v.prnl. **2** Fam. ARG, CUBA, URUG Interrumpir el trabajo para descansar o distraerse durante una actividad que requiere un gran esfuerzo de concentración.

desencolar v.tr. Despegar algo que estaba pegado con cola.

desencuadernar v.tr. Soltar las hojas o las tapas que forman un libro.

desenfadado, a adj. **1** Se dice de la persona que muestra soltura y gracia en la forma de actuar. **2** Se dice de la cosa que implica soltura y falta de seriedad e inhibición.

desenfado s.m. Soltura y falta de seriedad e inhibición.

desenfocar v.tr. **1** Hacer perder la nitidez en una imagen fotografiada o grabada. **2** Contar o explicar una cosa cambiando su sentido real.

desenfrenado, a adj. Que no tiene moderación, orden ni sentido de la medida.

desenfreno s.m. Comportamiento impulsivo, sin moderación, orden ni sentido de la medida.

desenfundar v.tr. **1** Quitar la funda que protege una cosa. **2** Sacar un arma de fuego de su funda.

desenganchar v.tr. **1** Hacer que algo deje de estar sujeto o enganchado. **2** Fam. Hacer que alguien abandone la dependencia patológica de una cosa, generalmente una droga.

desengañar v.tr. Hacer saber a alguien que la idea que tiene sobre algo o alguien está equivocada.

desengaño s.m. Impresión negativa que experimenta alguien al comprobar que la realidad de algo no responde a la esperanza o la ilusión puestas en ello.

desengrasar v.tr. Quitar la grasa que cubre una superficie.

desenhebrar v.tr. Sacar un hilo del agujero del objeto que atravesaba.

desenlace s.m. Final de un acontecimiento o suceso que se ha desarrollado durante cierto tiempo.

desenmarañar v.tr. **1** Deshacer una maraña o enredo de hilos, cabellos, cuerdas, cables o cosas parecidas. **2** Aclarar un asunto difícil de entender o de solucionar.

desenmascarar v.tr. Hacer pública la realidad oculta de una persona o cosa.

desenredar v.tr. **1** Deshacer una maraña o enredo de hilos, cabellos, cuerdas, cables o cosas parecidas. **2** Aclarar un asunto difícil de entender o de solucionar.

desenrollar v.tr. Deshacer la forma de cilindro o rollo de algo que está arrollado.

desenroscar v.tr. **1** Sacar una cosa de otra a la que se había ajustado dándole vueltas. **2** Extender lo que había sido enroscado, deshaciendo la forma de rosca.

desensillar v.tr. Quitar la silla de montar a una caballería.

desentenderse (33) v.prnl. Mantenerse voluntariamente al margen de un asunto.

desenterrar (32) v.tr. **1** Sacar de la sepultura a una persona o de la tierra un animal o una cosa que están bajo ella. **2** Traer a la memoria un recuerdo o una cosa que estaba olvidada.

desentonar v.intr. **1** No estar una persona o una cosa en armonía con el ambiente y el espacio que le rodea. **2** Desafinar al cantar o tocar.

desentrañar v.tr. Averiguar una cosa que es muy difícil de llegar a conocer.

desentumecer (30) v.tr. Suprimir o disminuir la dificultad que impide la flexibilidad o el movimiento, especialmente de una parte del cuerpo.

desenvainar (1i) v.tr. Sacar de su vaina o cubierta, generalmente un arma blanca.

desenvoltura s.f. Facilidad para hablar, hacer una cosa o relacionarse.

desenvolver (28) v.tr. **1** Quitar a una cosa lo que la cubre por todos sus lados. ◆ **desenvolverse** v.prnl. **2** Tener facilidad para hablar, para hacer una cosa o para relacionarse en una situación o en un ambiente.

desenvuelto, a **1** Participio irregular de desenvolver. ◆ adj. **2** Se dice de la persona que tiene facilidad para hablar, para hacer una cosa o para relacionarse.

deseo s.m. **1** Sentimiento intenso que tiene una persona por conseguir una cosa. **2** Cosa que origina en una persona un sentimiento intenso por conseguirla. **3** Ganas de tener relaciones sexuales con una persona.

deseoso, a adj. Que tiene un sentimiento intenso por conseguir una cosa.

desequilibrado, a adj. **1** Que ha perdido la fijeza de su posición en el espacio. **2** Se dice de la persona que ha perdido el juicio a causa de un trastorno psíquico.

desequilibrar v.tr. **1** Hacer perder la fijeza de la posición en el espacio. ◆ **desequilibrarse** v.prnl. **2** Perder el juicio a causa de un trastorno psíquico.

desequilibrio s.m. **1** Falta de fijeza en la posición en el espacio. **2** Alteración en la conducta o comportamiento psíquico de una persona.

deserción s.f. Acción de desertar.

desertar v.intr. **1** Abandonar un soldado su ejército sin autorización. **2** Abandonar un deber, un grupo o la defensa de una causa.

desértico, a adj. **1** Relativo al desierto. **2** Se dice del lugar que está despoblado.

desertificación s.f. Desertización.

desertización s.f. Transformación irreversible de un terreno habitable en árido.

desertizar v.tr. Hacer que un terreno habitable se transforme en árido.

desertor, ra adj. y s. Que deserta.

desesperación s.f. **1** Pérdida total de la esperanza. **2** Pérdida de la tranquilidad de ánimo y la paciencia.

desesperado, a adj. y s. **1** Que ha perdido totalmente la confianza de que se cumpla un deseo. **2** Que ha perdido totalmente la tranquilidad de ánimo y la paciencia.

desesperanza s.f. Estado de ánimo del que no tiene esperanza o la ha perdido.

desesperanzador, ra adj. Que hace perder totalmente la esperanza.

desesperanzar v.tr. Hacer perder totalmente la confianza en que se cumpla un deseo.

desesperar v.intr. y prnl. **1** Perder totalmente la confianza en que se cumpla un deseo. ◆ v.tr. **2** Hacer perder totalmente la tranquilidad de ánimo y la paciencia.

desestabilizar v.tr. **1** Hacer perder la fijeza de la posición en el espacio. **2** Perturbar gravemente la existencia de un grupo de personas o una cosa.

desestimar v.tr. Responder negativamente a una petición o solicitud.

desfachatez s.f. Falta de vergüenza o de respeto.

desfalco s.m. Robo de dinero o bienes que pertenecen a otro y se tenían en custodia.

desfallecer (30) v.intr. Perder total o parcialmente la fuerza, la energía o el ánimo.

desfallecimiento s.m. Pérdida total o parcial de la fuerza, la energía o el ánimo.

desfasado, a adj. **1** Se dice de las cosas que muestran falta de correspondencia o ajuste entre sí. **2** Se dice de la persona o cosa que no está en correspondencia con las circunstancias, el ambiente o la gente que se valoran en un momento determinado.

desfasar v.tr. Producir una diferencia de correspondencia o de ajuste entre dos o más cosas.

desfase s.m. Acción y efecto de desfasar.

desfavorable adj. Que perjudica o hace más difícil la ejecución de una cosa.

desfavorecer (30) v.tr. **1** Perjudicar o hacer más difícil la ejecución de una cosa. **2** Quitar hermosura o belleza.

desfavorecido, a adj. y s. Que vive con muy escasos recursos económicos.

desfigurar v.tr. **1** Deformar las facciones de una persona. **2** Contar una cosa cambiando su sentido real.

desfiladero s.m. Paso profundo y estrecho entre montañas.

desfilar v.intr. **1** Marchar una tropa en formación. **2** Pasar unas tras otras un conjunto de personas o cosas. **3** Pasear un modelo por la pasarela para mostrar ropa de moda.

desfile s.m. **1** Marcha de una tropa en formación. **2** Paseo de un modelo por la pasarela para mostrar ropa de moda.

desflorar v.tr. Hacer perder la virginidad a una mujer.

desfogar v.tr. Manifestar violentamente una pasión contenida.

desfondar v.tr. **1** Quitar o romper el fondo de un recipiente u otra cosa. **2** En competiciones deportivas, hacer perder las fuerzas.

desforestación s.f. Eliminación o destrucción de los árboles y plantas de un terreno.

desgajar v.tr. **1** Arrancar o separar una rama del tronco. **2** Separar algo de un todo del que forma parte.

desgana s.f. **1** Falta de ganas de comer. **2** Falta de gana o de deseo de hacer una cosa.

desganar v.tr. **1** Hacer perder las ganas o el deseo de realizar una cosa. ◆ **desganarse** v.prnl. **2** Perder el apetito o las ganas de comer.

desgañitarse v.prnl. Hablar muy alto y con gran esfuerzo.

desgarbado, a adj. Que no tiene garbo o gracia en la manera de obrar y de moverse.

desgarrador, ra adj. Que causa una pena o un dolor muy intensos.

desgarrar v.tr. Romper o hacer trozos algo por estiramiento y sin ayuda de instrumento.

desgarro s.m. **1** Rotura, especialmente de una tela o de un material de escasa resistencia, al tirar de él o al engancharse. **2** Actitud descarada y provocativa.

desgarrón s.m. Rotura grande en la ropa o en otro material de escasa resistencia.

desgastar v.tr. **1** Hacer que se pierda parte de la superficie de algo por el uso o el roce. **2** Hacer perder la fuerza o el ánimo.

desgaste s.m. Acción y efecto de desgastar.

desglosar v.tr. **1** Separar un todo en partes para estudiarlas de manera aislada. **2** Dividir algo en partes distintas.

desgracia s.f. **1** Hecho que causa gran dolor o infelicidad. **2** Suerte adversa y aciaga. ◇ **caer en desgracia** Perder el favor, la consideración, el afecto o la protección de una persona. ◇ **por desgracia** Desgraciadamente.

desgraciado, a adj. y s. **1** Que padece una o más desgracias. **2** Que tiene una suerte adversa o contraria. ◆ adj. **3** Se dice de la cosa o situación que produce gran sufrimiento o infelicidad. **4** Que no tiene gracia ni atractivo. ◆ s. **5** Desp. Persona que merece desprecio.

desgraciar (1d) v.tr. **1** Echar a perder una cosa o impedir una acción. **2** Fam. Causar daño o herir a una persona.

desgranar v.tr. Sacar o separar los granos, generalmente de un fruto.

desgravación s.f. Resta de cierta cantidad de dinero del importe inicial de un impuesto.

desgravar v.tr. Restar cierta cantidad de dinero del importe inicial de un impuesto.

desgreñar v.tr. Revolver y desordenar los pelos de la cabeza.

desguace s.m. **1** Lugar en el que se desmontan totalmente las piezas de aparatos y máquinas inservibles. **2** Proceso de desguazar.

desguarnecer (30) v.tr. **1** Dejar sin defensa a una persona, un grupo de personas o una cosa. **2** Quitar a una cosa la guarnición que servía de adorno.

desguazar v.tr. **1** Desmontar totalmente las piezas de un aparato o máquina inservibles. **2** Quitar las partes más bastas de un material destinado a labrarse. **3** AMÉR Romper una cosa rasgándola con fuerza o cortándola a trozos.

deshabitado, a adj. Se dice del lugar que ha sido abandonado, temporal o definitivamente, por todas las personas que vivían en él.

deshabituar (1b) v.tr. **1** Hacer perder una costumbre. ◆ **deshabituarse** v.prnl. **2** Liberarse de la dependencia patológica de una cosa, generalmente una droga.

deshacer (22) v.tr. **1** Descomponer una cosa quitándole su forma. **2** Hacer que una cosa en estado sólido pase al estado líquido o se disuelva en un líquido. **3** Recorrer en sentido contrario el camino ya recorrido. ◆ **deshacerse** v.prnl. **4** Dedicarse con mucho empeño a alguien o algo. **5** Desprenderse de una cosa dándola, vendiéndola o tirándola. **6** Extremar las manifestaciones de alegría, aprecio, elogio, etc.

desharrapado, a adj. y s. Desarrapado.

deshecho, a 1 Participio irregular de **deshacer**. ◆ adj. **2** Que está triste, preocupado o muy cansado. **3** Se dice de la cosa que ya no está hecha o compuesta. ◆ s.m. **4** CH, COL, VENEZ Atajo, senda.

deshelar (32) v.tr. Hacer que una cosa congelada vuelva a su estado primitivo mediante el aumento de la temperatura circundante.

desheredar v.tr. Excluir a un heredero forzoso de la parte a que tiene derecho en la herencia.

deshidratación s.f. Acción y efecto de deshidratar.

deshidratar v.tr. Hacer que una sustancia, un organismo o un tejido orgánico pierda el agua que contiene o parte de ella.

deshielo s.m. **1** Fusión de la nieve o el hielo sobre la superficie terrestre. **2** Época del año en que se produce la fusión del hielo y la nieve.

deshilachar v.tr. **1** Deshilar una tela o tejido, generalmente por los bordes. **2** Separar algo en partes, como si fueran hilachas.

deshilvanado, a adj. Se dice del discurso o de las ideas que no tienen conexión.

deshilvanar v.tr. Quitar de una tela ya cosida el hilván o costura provisional que tenía.

deshinchar v.tr. **1** Hacer que disminuya el volumen de una cosa al sacar el contenido de su interior o una parte de él, generalmente aire. **2** Hacer que disminuya el volumen y la temperatura de una parte del cuerpo que padece una infección o un traumatismo. **3** Hacer perder el ánimo, la energía o la autoestima.

deshojar v.tr. Quitar los pétalos de una flor o las hojas a algo, especialmente una planta.

deshollinador, ra s. Persona que se dedica a limpiar las manchas negras y grasientas que deja el humo en las chimeneas.

deshonesto, a adj. Se dice de la persona o cosa que no guarda las normas éticas o no tiene una correcta moralidad.

deshonor s.m. Deshonra.

deshonra s.f. **1** Falta o disminución de la dignidad, la estima y la respetabilidad de una persona o de una cosa. **2** Cosa que quita o disminuye la dignidad, la estima y la respetabilidad de alguien o algo.

deshonrar v.tr. Dañar con palabras o acciones la dignidad, la estima y la respetabilidad de una persona o cosa.

deshonroso, a adj. Que deshonra.

deshora ◇ **a deshora** loc. A destiempo o en un momento que no es oportuno.

deshuesar v.tr. Quitar los huesos a algo, generalmente carne o un fruto.

deshumanización s.f. Pérdida del carácter humano de una persona o una cosa.

desiderativo, a adj. Que expresa un deseo.

desidia s.f. Falta de ánimo o de disposición para hacer algo.

desidioso, a adj. y s. Que muestra desidia.

desierto, a adj. **1** Se dice del lugar que está despoblado o vacío de gente. **2** Se dice del premio u oposición que no es concedido a ninguno de los participantes. ◆ s.m. **3** Lugar que se caracteriza por tener una vegetación muy pobre debido a un clima extremadamente cálido o frío y a la escasez de lluvia.

designación s.f. Acción de designar.

designar v.tr. **1** Elegir a una persona o cosa para un fin determinado. **2** Representar una realidad por medio de una palabra o conjunto de palabras.

designio s.m. Intención o plan para realizar una cosa.

desigual adj. **1** Que tiene diferencias o cambios respecto de otra persona o cosa con que se compara. **2** Se dice del terreno cuya superficie no es lisa. **3** Que muestra muchos cambios o variaciones. **4** Que implica falta de justicia o igualdad.

desigualdad s.f. **1** Falta de igualdad entre personas o cosas. **2** Prominencia o depresión de un terreno o superficie.

desilusión s.f. **1** Impresión negativa que experimenta alguien al comprobar que la realidad de algo no responde a la esperanza o la ilusión puestas en ello. **2** Falta de ilusión.

desilusionar v.tr. Hacer que alguien pierda la esperanza o la ilusión.

desinencia s.f. Morfema flexivo que se añade a un lexema para indicar variaciones gramaticales.

desinfección s.f. Acción de desinfectar.

desinfectante adj. y s.m. Se dice de la sustancia que sirve para desinfectar.

desinfectar v.tr. Eliminar de un cuerpo o de un lugar los gérmenes que lo contaminan.

desinflamar v.tr. Hacer que disminuya el volumen y la temperatura de una parte del cuerpo que padece una infección.

desinflar v.tr. **1** Hacer que disminuya el volumen de una cosa al sacar el contenido de su interior o una parte de él, generalmente aire. **2** Hacer perder el ánimo, la energía o la autoestima.

desinformar v.tr. Informar manipulando los datos para conseguir un fin.

desinhibir v.tr. Hacer que alguien pierda los prejuicios personales o sociales y se comporte de forma espontánea o natural.

desinstalar v.tr. Eliminar de un ordenador un programa y sus archivos asociados.

desintegración s.f. Acción de desintegrar.

desintegrar v.tr. **1** Separar completamente los elementos que conforman una cosa o un grupo de personas, de modo que deje de existir. **2** Transformar un núcleo atómico en otro, perdiendo el primero alguna de sus partículas y produciéndose una emisión de partículas y radiación.

desinterés s.m. Falta de interés hacia una persona o cosa.

desinteresado, a adj. Que actúa sin buscar el interés o el provecho propio.

desinteresarse v.prnl. Perder el interés o la atención hacia una persona o cosa.

desintoxicación s.f. Acción de desintoxicar.

desintoxicar v.tr. Eliminar en una persona los efectos de una sustancia en mal estado, un veneno o una droga.

desistir v.intr. Abandonar una acción que se había empezado o un plan o proyecto que se tenía.

deslavazado, a adj. Que es desordenado o inconexo o que está mal compuesto.

deslave s.m. AMÉR Erosión o pérdida progresiva de tierra de la ribera de los ríos por acción de la corriente de agua.

desleal adj. y s.m. y f. Se dice de la persona que ha incumplido un juramento o una promesa o ha traicionado unas ideas o sentimientos.

deslealtad s.f. Incumplimiento de un juramento o una promesa.

desleír (40) v.tr. Hacer que un cuerpo o una sustancia, al mezclarse con un líquido, se deshaga hasta que sus partículas queden incorporadas a dicho líquido.

deslenguado, a adj. y s. Que habla con descaro y sin cortesía, respeto ni consideración.

desligar v.tr. **1** Separar una cosa de otra a la que está unida, para considerla independientemente de ella. **2** Soltar lo que está atado. **3** Desvincular de una obligación.

deslindar v.tr. **1** Determinar y marcar con claridad los límites de un terreno. **2** Determinar los límites de una cosa o entre dos o más cosas.

desliz s.m. **1** Error leve causado por un descuido o falta de reflexión. **2** Falta moral relacionada con el sexo.

deslizamiento s.m. Movimiento suave de una persona o una cosa sobre una superficie.

deslizante adj. Se dice de la superficie que hace posible o propicia que una persona o una cosa se deslicen o resbalen sobre ella.

deslizar v.tr. **1** Mover suavemente una cosa sobre una superficie. **2** Introducir disimuladamente en un discurso, escrito o conversación palabras o argumentos intencionados. **3** Meter con disimulo algo en algún lugar. ◆ **deslizarse** v.prnl. **4** Moverse alguien suavemente sobre una superficie. **5** Moverse con disimulo, incluso a escondidas.

deslomar v.tr. **1** Fracturar la espalda a alguien o el lomo a un animal, generalmente a golpes. ◆ **deslomarse** v.prnl. **2** Quedar agotado o muy cansado por haber trabajado mucho o haber realizado un gran esfuerzo.

deslucir (27) v.tr. **1** Quitar el brillo o el atractivo a una persona o cosa. **2** Manchar el buen nombre o la fama de una persona o una cosa.

deslumbramiento s.m. Turbación momentánea de la vista a causa de la excesiva claridad de la luz.

deslumbrante adj. **1** Se dice de la cosa que es tan brillante o da tanta luz que daña la vista. **2** Se dice de la persona o cosa que es tan bella que produce la admiración de los demás.

deslumbrar v.tr. e intr. **1** Turbar momentáneamente la vista una luz muy intensa. ◆ v.tr. **2** Dejar a una persona impresionada o admirada.

deslustrar v.tr. Quitar el brillo o tersura a una cosa, especialmente a ciertas telas y tejidos.

desmadejado, a adj. Se dice de la persona que siente debilidad y falta de fuerzas.

desmadrar v.tr. **1** Destetar a una cría separándola de su madre. ◆ **desmadrarse** v.prnl. **2** Fam. Comportarse una persona sin moderación ni medida.

desmadre s.m. **1** Diversión en la que sus participantes actúan con gran desenfreno y sin respeto a normas establecidas. **2** Falta de orden o de dirección en una cosa o en un grupo.

desmalezar v.tr. AMÉR Quitar la maleza y las hierbas a un terreno o campo de cultivo.

1. **desmán** s.m. Mamífero insectívoro de la familia del topo, de pelaje pardo y blanco, hocico largo y pies palmeados.

2. **desmán** s.m. Acción injusta o abusiva de una persona hacia otra u otras.

desmandarse v.prnl. Comportarse atropelladamente, sin moderación ni respeto a las normas establecidas.

desmantelamiento s.m. Acción de desmantelar.

desmantelar v.tr. **1** Liquidar o desarticular una actividad, un negocio o una organización. **2** Derribar o desmontar una construcción. **3** Destruir algo inmaterial.

desmarañar v.tr. **1** Deshacer la maraña o enredo de hilos, cabellos, cuerdas, cables o cosas parecidas. **2** Aclarar un asunto difícil de entender.

desmarcarse v.prnl. **1** En ciertos deportes, moverse un jugador para escapar de la vigilancia de sus contrarios. **2** Apartarse alguien de la idea o la postura que mantiene otra persona o grupo afines.

desmayar v.intr. **1** Perder el ánimo, el valor o las fuerzas. ◆ **desmayarse** v.prnl. **2** Perder el sentido o el conocimiento momentáneamente.

desmayo s.m. Pérdida momentánea del sentido o del conocimiento.

desmedido, a adj. Excesivo o desproporcionado.

desmejorado, a adj. Se dice de la persona que tiene un aspecto poco saludable en comparación con el que tenía tiempo atrás.

desmejorar v.intr. Perder la salud y la vitalidad con un reflejo evidente en el aspecto.

desmelenarse v.prnl. Abandonar la moderación o la modestia y actuar sin cohibición.

desmemoriado, a adj. y s. Se dice de la persona que tiene poca o mala memoria.

desmentir (45) v.tr. **1** Decir o demostrar que lo que dice alguien es falso. **2** Demostrar alguien o algo que un dicho o hecho son falsos.

desmenuzar v.tr. **1** Deshacer o dividir en partes muy pequeñas. **2** Analizar o examinar de forma exhaustiva.

desmerecer (30) v.intr. **1** Perder alguien o algo una o más de las cualidades que la hacen digna de aprecio. **2** Ser inferior a una persona o cosa.

desmesurado, a adj. Exagerado o mayor de lo normal.

desmigajar v.tr. Desmenuzar una cosa en migajas o trozos muy pequeños.

desmilitarización s.f. Acción de desmilitarizar.

desmilitarizar v.tr. **1** Hacer perder la condición militar a una persona, un grupo o una cosa. **2** Suprimir las tropas o las instalaciones militares de una zona o territorio.

desmirriado, a adj. y s. Que es muy delgado, raquítico y de aspecto débil.

desmitificar v.tr. Hacer que alguien o algo deje de ser un mito.

desmontable adj. Se dice del objeto que está compuesto de piezas que se pueden separar y volver a unir con facilidad.

desmontar v.tr. **1** Separar las piezas que forman un objeto. **2** Quitar algo del conjunto del que forma parte. **3** Bajar o tirar a alguien de un animal o de un vehículo. **4** Derribar un edificio o una parte de él. ◆ v.intr. **5** Bajar de un animal o de un vehículo.

desmonte s.m. **1** Tala de árboles y matas. **2** Terreno en el que se han cortado árboles y matas. **3** AMÉR Desecho que se saca de una mina y se deja acumulado en sus cercanías.

desmoralización s.f. Pérdida del ánimo o la esperanza.

desmoralizar v.tr. Hacer que alguien pierda el ánimo o la esperanza.

desmoronar v.tr. **1** Deshacer lentamente un material u otra cosa. **2** Hacer que alguien pierda la fuerza moral o el ánimo. **3** Hacer que algo pierda poco a poco la fuerza o la unidad.

desmotivar v.tr. e intr. Hacer perder el ánimo o el interés.

desmovilización s.f. Retiro del servicio militar activo de las personas que han sido movilizadas o llamadas a filas.

desnacionalizar v.tr. **1** Transformar una actividad o entidad pública en privada. **2** Hacer perder el carácter nacional.

desnatado, a adj. y s.m. Se dice del producto lácteo al que se ha eliminado la nata o la grasa.

desnatar v.tr. Quitar la crema o la nata de la leche o de los productos lácteos.

desnaturalizado, a adj. y s. Se dice de la persona que falta a los deberes y obligaciones que por naturaleza tiene con sus familiares.

desnivel s.m. **1** Diferencia de altura entre dos o más puntos o superficies. **2** Elevación o depresión del terreno. **3** Falta de nivel o de igualdad entre personas o cosas.

desnivelar v.tr. **1** Hacer que algo esté fuera de nivel. **2** Desequilibrar la igualdad entre personas o cosas.

desnucar v.tr. Matar a una persona o animal de un golpe en la nuca.

desnuclearización s.f. Disminución o eliminación de las armas o instalaciones nucleares.

desnudar v.tr. **1** Quitar la ropa que cubre a una persona o una parte del cuerpo. **2** Quitar a una cosa lo que la cubre o adorna. ◆ **desnudarse** v.prnl. **3** Hablar abiertamente de los sentimientos más íntimos.

desnudez s.f. Cualidad de desnudo.

desnudo, a adj. **1** Que no lleva ropa puesta o que lleva poca ropa. **2** Que no tiene cobertura o adornos. **3** Se dice del terreno que no tiene vegetación. **4** Desprovisto de algo material o inmaterial. ◆ s.m. **5** Figura humana que se representa artísticamente sin ropa. ◇ **al desnudo** De forma clara y sin rodeos. □ Al descubierto.

desnutrición s.f. Falta de una alimentación suficiente y adecuada.

desnutrido, a adj. y s. Persona que está delgada a causa de la mala alimentación.

desnutrirse v.prnl. Debilitarse un organismo por recibir poca o muy mala alimentación.

desobedecer (30) v.tr. No hacer lo que se ha mandado o está establecido.

desobediencia s.f. Incumplimiento de una ley o una orden.

desobediente adj. y s.m. y f. Que no hace lo que se le manda o lo que está establecido.

desocupación s.f. **1** Acción de desocupar. **2** Falta de actividad o empleo.

desocupado, a adj. y s. **1** Se dice de la persona que no desarrolla ningún trabajo o que no tiene empleo. ◆ adj. **2** Que está dispuesto o libre para su utilización.

desocupar v.tr. **1** Dejar algo libre o disponible. **2** Sacar lo que hay dentro de una cosa.

desodorante adj. y s.m. Se dice de la sustancia o producto que hace desaparecer los malos olores, especialmente del cuerpo humano.

desoír (29) v.tr. No tener en cuenta las palabras o consejos de alguien.

desolación s.f. **1** Destrucción completa de algo. **2** Sentimiento de dolor, amargura y tristeza muy intensos.

desolado, a adj. **1** Se dice del lugar que está destruido, arruinado, sin bienes materiales ni vida. **2** Se dice de la persona que tiene un dolor, amargura y tristeza muy intensos.

desolador, ra adj. Que produce un dolor, amargura y tristeza muy intensos.

desolar (11) v.tr. **1** Destruir totalmente un territorio o lo que hay en él. **2** Causar un dolor, amargura y tristeza muy intensos.

desollar (11) v.tr. **1** Quitar la piel, o parte de ella, a una persona o animal. **2** Causar a una persona un grave perjuicio moral o material.

desorbitado, a adj. Que sobrepasa los límites de lo razonable o natural.

desorden s.m. **1** Falta de orden. **2** Alboroto callejero que forma un grupo numeroso y violento de personas. **3** Alteración leve en el funcionamiento de un órgano corporal.

desordenado, a adj. **1** Se dice de la cosa que no tiene orden o disposición entre sus elementos. ◆ adj. y s. **2** Se dice de la persona que no tiene sus cosas en orden o que actúa sin reglas ni método.

desordenar v.tr. Hacer que una cosa pierda el orden o la disposición entre sus elementos.

desorganización s.f. Falta de organización.

desorientar v.tr. **1** Hacer que alguien pierda la orientación respecto del lugar en que se encuentra o de la dirección que debe seguir. **2** Confundir a alguien acerca de lo que debe de hacer o pensar.

desovar v.intr. Soltar sus huevos las hembras de los peces, anfibios e insectos.

desove s.m. Acción de desovar.

desoxirribonucleico adj. Se dice del ácido nucleico que contiene la información de la transmisión genética.

desoxirribosa s.f. Monosacárido con cinco átomos de carbono que forma parte del ácido desoxirribonucleico (ADN).

despabilado, a adj. **1** Se dice de la persona que no tiene sueño, especialmente cuando es la hora de dormir. **2** Se dice de la persona que tiene agilidad mental y capacidad de relación con el mundo que le rodea.

despabilar v.tr. **1** Quitar a una vela o candil la parte de mecha ya quemada para que dé más luz. **2** Hacer que aumenten en una persona la inteligencia, la agilidad mental y la capacidad de relación con los demás. **3** Hacer que alguien despierte del todo.

despachar v.tr. **1** Terminar un negocio u otra cosa. **2** Solucionar un asunto. **3** Echar de un lugar o despedir de un trabajo. ◆ v.tr. e intr. **4** Atender el dependiente de una tienda a los clientes. ◆ **despacharse** v.prnl. **5** Hablar sin miramientos y sin rodeos.

despacho s.m. **1** Lugar destinado a resolver negocios o a estudiar. **2** Mensaje que se envía o recibe por una vía rápida.

despachurrar v.tr. Fam. Aplastar una cosa estrujándola o apretándola con fuerza.

despacio adv. **1** Poco a poco, sin prisa. **2** Con detenimiento.

despampanante adj. Fam. Que causa una gran impresión.

despanzurrar v.tr. **1** Reventar una cosa estrujándola o apretándola con fuerza, haciendo que su contenido se esparza. **2** Abrir el vientre a una persona o animal.

desparpajo s.m. **1** Facilidad para hablar, hacer una cosa o relacionarse en una situación o en un ambiente. **2** AMÉR CENTRAL Desorden.

desparramar v.tr. Extender o esparcir algo que estaba amontonado o junto.

desparramo s.m. ARG, CH, CUBA, PAR, URUG Estado de desorden y confusión que se produce cuando se dispersan en forma sorpresiva cosas o personas que antes estaban juntas.

despatarrar v.tr. Abrir mucho las piernas de una persona o las patas de un animal o una cosa.

despavorido, a adj. Que tiene mucho miedo.

despecho s.m. Resentimiento o disgusto que siente alguien debido a un desengaño o a una ofensa, y que mueve a buscar venganza.

despechugar v.tr. **1** Quitar la pechuga a un ave. ◆ **despechugarse** v.prnl. **2** Fam. Desabrochar la ropa que cubre el pecho.

despectivo, a adj. **1** Que muestra desprecio o indiferencia. ◆ adj. y s.m. **2** Se dice de la palabra, frase o expresión que indica falta de consideración, estima y respeto.

despedazar v.tr. Hacer pedazos una cosa o a una persona.

despedida s.f. **1** Expresión o gesto que usa una persona para despedirse de otra. **2** Momento en el que una o varias personas se despiden.

despedir (31) v.tr. **1** Acompañar hasta el lugar de salida a alguien que se va. **2** Lanzar o arrojar hacia fuera. **3** Desprender o echar fuera de sí. **4** Echar a una persona de su empleo. ◆ **despedirse** v.prnl. **5** Mostrar afecto o cortesía, mediante expresiones o gestos, al separarse de alguien o al terminar una conversación. **6** Abandonar totalmente la esperanza y la ilusión de conseguir una cosa.

despegar v.tr. **1** Separar dos cosas que están unidas entre sí o muy juntas. **2** En una carrera o competición, separarse destacadamente uno o más de los participantes. ◆ v.intr. **3** Separarse un ave o un aparato de aviación del suelo o del mar para comenzar a volar. **4** Comenzar a avanzar o desarrollarse notablemente una cosa, especialmente un proceso. ◆ **despegarse** v.prnl. **5** Separarse afectivamente de una persona o cosa.

despegue s.m. **1** Separación de un ave o un aparato de aviación del suelo o del mar para comenzar a volar. **2** Inicio del avance o desarrollo notables de una cosa.

despeinar (1i) v.tr. Deshacer un peinado o enredar el pelo.

despejado, a adj. **1** Se dice del cielo que no tiene nubes. **2** Se dice del espacio que es amplio o que no tiene obstáculos ni estorbos. **3** Se dice de la persona que ha recuperado el descanso físico y la claridad mental.

despejar v.tr. **1** Dejar un lugar sin obstáculos ni estorbos. **2** En algunos deportes, lanzar la pelota lejos de la propia portería para evitar un gol del equipo contrario. **3** Explicar una duda o una confusión. **4** Hacer que alguien recupere el descanso físico y la claridad mental. **5** Dejar la incógnita de una ecuación en uno de los miembros de la igualdad para obtener su valor.

despeje s.m. En algunos deportes, lanzamiento de la pelota lejos de la propia portería para evitar un gol del equipo contrario.

despellejar v.tr. **1** Quitar la piel, o parte de ella, a una persona o un animal. **2** Criticar duramente a una persona. ◆ **despellejarse** v.prnl. **3** Levantarse una parte muy superficial de la piel o formarse pequeñas escamas en ella.

despelotarse v.prnl. **1** Fam. ESP Desnudarse, desvestirse. **2** ESP Reírse sin freno.

despelote s.m. **1** Fam. Falta de vestido. **2** Fam. Diversión disparatada, con risa continua, intensa y desmedida. **3** Fam. ARG, CH, CUBA, ECUAD, PAR, URUG Situación en la que impera el desorden o la confusión. ◇ **ser,** o **estar, un despelote** ARG Ser o estar muy atractiva una persona.

despenalizar v.tr. Suprimir la consideración de delito o falta.

despendolarse v.prnl. Fam. Comportarse una persona de un modo alocado.

despensa s.f. Lugar de una casa donde se almacenan alimentos.

despeñadero s.m. **1** Terreno rocoso, alto y cortado en plano inclinado, por donde es fácil caerse. **2** Proyecto o acción con muchas probabilidades de fracasar o acabar mal.

despeñar v.tr. Arrojar a una persona, animal o cosa desde un lugar alto.

despepitar v.tr. ESP Quitar las pepitas o semillas a un fruto.

despercudido, a adj. **1** Fam. AMÉR Se dice de la persona que tiene la piel clara o más clara que la propia de su raza. **2** CH Se dice de la persona que es muy espabilada, que se muestra rápida en sus razonamientos.

desperdiciar (1d) v.tr. Usar una cosa de forma inadecuada, incorrecta o incompleta.

desperdicio s.m. **1** Uso inadecuado, incorrecto o incompleto de una cosa. **2** Cosa que sobra o resto inservible que queda de algo.

desperdigar v.tr. Dispersar los elementos de un conjunto en distintas direcciones sin un orden predeterminado.

desperezar v.tr. **1** Estirar los miembros para desentumecerlos. ◆ **desperezarse** v.prnl. **2** Sacudir la pereza y agilizar los movimientos extendiendo y tensando los músculos del cuerpo.

desperfecto s.m. Daño de poca importancia que sufre una cosa.

despernancarse v.prnl. AMÉR Despatarrarse.

despertador s.m. Reloj que emite un sonido a una hora fijada con anterioridad, generalmente para interrumpir el sueño.

1. **despertar** (32) v.intr. **1** Dejar de dormir. ◆ v.tr. **2** Interrumpir el sueño de alguien. **3** Provocar en alguien un deseo, una sensación, un recuerdo, etc. **4** Hacer que aumenten en una persona la inteligencia, la agilidad mental y la capacidad de relación con los demás.

2. **despertar** s.m. **1** Instante en que se interrumpe el sueño. **2** Inicio de una etapa positiva en una persona, un grupo o una actividad.

despiadado, a adj. y s. **1** Se dice de la persona que comete acciones crueles sin mostrar piedad. ◆ adj. **2** Que implica o denota crueldad o falta de piedad.

despido s.m. Expulsión de una persona de su empleo.

despiece s.m. División de algo en piezas.

despierto, a adj. Se dice de la persona que tiene agilidad mental y capacidad de relación con el mundo que le rodea.

despilfarrar v.tr. Gastar algo de forma insensata e incontrolada.

despilfarro s.m. Gasto de dinero de forma insensata e incontrolada.

despiojar v.tr. Quitar los piojos.

despiporre o **despiporren** s.m. Fam. Diversión desmedida acompañada de escándalo y desorden.

despistado, a adj. y s. Se dice de la persona que pierde la atención con facilidad y por ello actúa y habla sin darse cuenta de lo que hace o dice o de lo que pasa a su alrededor.

despistar v.tr. Poner poca atención en lo que se hace, distraerse con facilidad.

despiste s.m. Olvido o fallo que tiene una persona causado por la pérdida de la atención.

desplante s.m. Dicho o hecho que encierra insolencia, arrogancia o falta de consideración.

desplazamiento s.m. Acción y efecto de desplazar o desplazarse.

desplazar v.tr. **1** Mover una cosa de un lugar a otro. **2** Sacar a una persona del cargo, puesto o lugar que ocupa. **3** Mover o desalojar una cantidad de un fluido igual al volumen del cuerpo sumergido en él. ◆ **desplazarse** v.prnl. **4** Ir de un lugar a otro.

desplegable adj. Que se puede desplegar o extender.

desplegar (32) v.tr. **1** Extender lo que está plegado. **2** Distribuir un conjunto de personas o cosas por una superficie. **3** Hacer uso o mostrar una cualidad.

despliegue s.m. Acción de desplegar.

desplomar v.tr. **1** Hacer perder la posición vertical de una cosa, especialmente un edificio o pared. ◆ **desplomarse** v.prnl. **2** Perder la posición vertical, generalmente un edificio o pared. **3** Caerse una persona o animal sin conocimiento o sin vida.

desplome s.m. Pérdida de la posición vertical de una cosa.

desplumar v.tr. **1** Quitar las plumas a un ave. **2** Fam. Quitar o hacer perder los bienes.

despoblado, a adj. y s.m. Se dice del lugar que ha sido abandonado por todas las personas que lo habitaban.

despoblar (11) v.tr. Abandonar un lugar todas las personas que vivían en él.

despojar v.tr. **1** Quitar a una persona lo que tiene, generalmente con violencia. **2** Quitar lo que acompaña, adorna o cubre una cosa.

despojo s.m. **1** Privación de lo que se tiene, generalmente con violencia. **2** Parte que se separa del cuerpo de un animal y que suele ser de poco valor, especialmente los alones, molleja, patas, pescuezo y cabeza de las aves y el vientre, asadura, cabeza y manos de las reses. □ Suele usarse en plural. ◆ **despojos** s.m.pl. **3** Restos de una cosa después de haberla usado o consumido. **4** Cuerpo muerto de una persona o un animal.

desportillar v.tr. Romper el filo o agrietar el borde de un objeto.

desposar v.tr. Unir a dos personas en matrimonio.

desposeer (26) v.tr. Quitar a una persona lo que tiene.

desposorios s.m.pl. Ceremonia o acto en el que dos personas contraen matrimonio.

déspota s.m. **1** Soberano que gobierna con un poder total sin someterse a leyes ni a limitaciones. ◆ adj. y s.m. y f. **2** Se dice de la persona que abusa de su superioridad, de su fuerza o de su poder en su relación con los demás.

despótico, a adj. Relativo al déspota o al despotismo.

despotismo s.m. **1** Gobierno absoluto, no limitado por las leyes. **2** Abuso de superioridad, fuerza o poder en la relación con las demás personas. ◇ **despotismo ilustrado** Forma de gobierno absoluto que practicaron distintos reyes europeos en el siglo XVIII, inspirada en las ideas de la Ilustración.

despotricar v.intr. Fam. Criticar algo o a alguien sin consideración ni respeto.

despreciable adj. **1** Que merece ser despreciado. **2** Que no es importante y no merece tenerse en cuenta.

despreciar (1d) v.tr. **1** Rechazar a una persona que no merece aprecio o consideración. **2** No apreciar una cosa o a una persona por considerarla indigna de estimación.

despreciativo, a adj. Que muestra desprecio o indiferencia.

desprecio s.m. **1** Falta de afecto o de consideración. **2** Dicho o hecho que encierra insolencia, arrogancia o falta de consideración.

desprender v.tr. **1** Separar o despegar una cosa de otra. **2** Echar de sí alguna cosa. ◆ **desprenderse** v.prnl. **3** Renunciar o apartarse una persona de lo que le pertenece. **4** Conocerse o deducirse una cosa o idea a partir de otra.

desprendido, a adj. y s. Se dice de la persona que ayuda y da lo que tiene a los demás sin esperar nada a cambio.

desprendimiento s.m. **1** Acción de desprender. **2** Cualidad de la persona que ayuda y da lo que tiene a los demás sin esperar nada a cambio. **3** Desplazamiento de un órgano del cuerpo de su posición normal.

despreocupación s.f. **1** Falta de motivos que causen intranquilidad, miedo o angustia. **2** Estado de ánimo de la persona que no tiene motivos que le causen intranquilidad, miedo o angustia.

despreocuparse v.prnl. **1** Librarse de una causa que produzca intranquilidad, miedo o angustia. **2** Mantenerse voluntariamente al margen de un asunto o cuestión.

desprestigiar (1d) v.tr. Hacer perder el prestigio o buen nombre.

desprestigio s.m. Pérdida del prestigio o buen nombre.

despresurizar v.tr. Hacer que cese la presión atmosférica en las cabinas de los aviones o naves espaciales que vuelan a mucha altura.

desprevenido, a adj. Que no está dispuesto o preparado para una cosa.

desproporción s.f. Falta de proporción.

desproporcionado, a adj. Que no tiene la proporción debida.

despropósito s.m. Dicho o hecho sin sentido o que se realiza en un momento, lugar o situación inadecuados.

desproteger v.tr. Quitar o descuidar la protección de alguien o de algo.

desprotegido, a adj. Sin la protección que debería tener o llevar.

desproveer (26) v.tr. Quitar a alguien sus provisiones o una cosa necesaria.

desprovisto, a **1** Participio irregular de desproveer. ◆ adj. **2** Que le falta lo necesario o conveniente.

después adv. **1** En tiempo posterior. **2** Más lejos en el espacio, con referencia a un punto concreto. ◆ **adj. 3** Que va inmediatamente detrás de otra cosa en un orden determinado. ◇ **después de** Indica un grado de inferioridad en una jerarquía o un orden de preferencia. □ Indica posterioridad respecto a un punto o hecho de referencia. ◇ **después de que** o **después que** Indica que la acción de la subordinada es anterior a otra acción o hecho.

despuntar v.tr. **1** Quitar, romper o gastar la punta. ◆ **v.intr. 2** Mostrar habilidad, inteligencia o buena disposición para cierta actividad. **3** Empezar a brotar los tallos y brotes de una planta. **4** Empezar a aparecer el día, la aurora o a brillar las estrellas.

desquiciado, a adj. y s. Que ha perdido la tranquilidad o la paciencia o que está alterado.

desquiciar (1d) v.tr. **1** Alterar o quitar a una persona la tranquilidad o la paciencia. **2** Sacar una puerta o una ventana del hueco en el que está encajada. **3** Sacar una cosa de su curso normal, exagerarla o darle más importancia de la que realmente tiene.

desquitar v.tr. Compensar a alguien de una pérdida o un contratiempo sufridos.

desratizar v.tr. Eliminar totalmente las ratas y ratones de un lugar.

desriñonar v.tr. **1** Causar daño en la zona de los riñones a causa de un esfuerzo o un golpe. **2** Fam. Cansar mucho.

destacable adj. Que por sus características merece ser destacado o tenido en cuenta.

destacado, a adj. Que destaca o sobresale.

destacamento s.m. Parte de una tropa del ejército que se separa del resto para realizar una misión determinada.

1. **destacar** v.intr. y prnl. **1** Sobresalir de los demás por una cualidad. ◆ **v.tr. 2** Señalar o llamar la atención sobre una cosa.

2. **destacar** v.tr. Separar una parte del cuerpo principal de un ejército para realizar una misión.

destajo s.m. Trabajo en que se cobra por la labor realizada y no por el tiempo empleado. ◇ **a destajo** A cambio de una cantidad determinada. □ Sin descanso y muy deprisa.

destapar v.tr. **1** Quitar la tapa, el tapón o la cubierta. **2** Descubrir lo que está oculto. ◆ **destaparse** v.prnl. **3** Dar a conocer habilidades, sentimientos o intenciones propias que no se habían mostrado antes. **4** Fam. Quitarse la ropa para mostrar el cuerpo desnudo.

destape s.m. Despojo de la ropa para mostrar el cuerpo desnudo.

destartalado, a adj. Que está mal cuidado, viejo o roto.

destellar v.intr. Despedir rayos, ráfagas de luz o chispazos de forma intensa y breve.

destello s.m. **1** Ráfaga o rayo de luz generalmente intenso y de corta duración. **2** Muestra pequeña o momentánea de una cualidad.

destemplado, a adj. **1** Se dice de la persona que tiene malestar físico general acompañado de frío. **2** Se dice del tiempo atmosférico que no es agradable.

destemplar v.tr. **1** Hacer que un instrumento musical pierda el tono adecuado. **2** Perder la moderación o la calma. **3** AMÉR Sentir dentera.

desteñir (9) v.tr. e intr. **1** Hacer más débiles o perder los colores con los que está teñida una cosa. **2** Manchar una cosa a otra con su color.

desternillante adj. Que provoca mucha risa.

desternillarse v.prnl. Fam. Reírse mucho y con ganas.

desterrar (32) v.tr. **1** Obligar la autoridad política o judicial a una persona a salir de su país. **2** Hacer desaparecer o apartar un sentimiento o un pensamiento. **3** Abandonar un uso o una costumbre.

destetar v.tr. Hacer que deje de mamar un niño o la cría de un animal dándole el biberón o un alimento diferente de la leche materna.

destete s.m. Acción de destetar.

destiempo ◇ **a destiempo** loc. Fuera de tiempo o en un momento poco adecuado.

destierro s.m. **1** Castigo que consiste en expulsar o hacer salir a una persona de un país o de un lugar. **2** Lugar en el que vive la persona que ha sido obligada a exiliarse o se ha exiliado voluntariamente. **3** Tiempo durante el cual una persona desterrada vive fuera de su país.

destilación s.f. Separación de una sustancia volátil de otra que no lo es en alambiques u otros vasos calentándola primero y enfriando luego su vapor para reducirla nuevamente a líquido.

destiladera s.f. **1** Instrumento que sirve para destilar. **2** AMÉR Filtro para aclarar un líquido.

destilar v.tr. **1** Separar una sustancia volátil de otra que no lo es, en un alambique o destiladera. **2** Mostrar o hacer notar sutilmente una característica o un sentimiento. **3** Caer o correr un líquido gota a gota.

destilería s.f. Lugar donde se realiza el proceso de la destilación, especialmente para elaborar ciertas bebidas alcohólicas.

destinar v.tr. **1** Señalar o determinar una cosa para un uso, un fin o una función. **2** Designar la ocupación o el empleo en que ha de trabajar una persona o el lugar para ejercerlo. **3** Dirigir un envío a una persona o un lugar.

destinatario, a s. Persona a quien se dirige una cosa.

destino s.m. **1** Finalidad que se da a una cosa. **2** Lugar adonde se dirige alguien o algo. **3** Trabajo que realiza una persona o lugar en el que se desempeña. **4** Situación a la que llega una persona de manera inevitable como consecuencia del encadenamiento de sucesos. **5** Fuerza supuesta y desconocida que determina lo que ha de ocurrir.

destitución s.f. Expulsión de una persona del cargo que ocupa.

destituir (23) v.tr. Expulsar a una persona del cargo que ocupa.

destornillador s.m. **1** Herramienta que sirve para apretar o aflojar tornillos haciéndolos girar.

destornillar v.tr. **1** Dar vueltas a un tornillo para sacarlo del lugar donde está o dejarlo menos apretado. **2** Quitar los tornillos de un lugar.

destreza s.f. Capacidad para hacer una cosa bien, con facilidad y rapidez.

destripar v.tr. **1** Sacar o hacer salir las tripas a una persona o animal. **2** Aplastar o reventar una cosa blanda.

destrísimo, a adj. Superlativo de **diestro**.

destronar v.tr. **1** Expulsar del trono a un rey. **2** Quitar a alguien o algo de la situación de privilegio de que goza.

destroncar v.tr. **1** Cortar o tronchar un árbol por el tronco. **2** CH, MÉX Arrancar plantas o quebrarlas.

destrozar v.tr. **1** Romper o hacer trozos una cosa. **2** Estropear una cosa de manera que no sirva o que no se pueda usar. **3** Causar un daño o una pena grande. **4** Vencer a un contrincante por mucha diferencia.

destrozo s.m. **1** Rotura de una cosa en trozos. **2** Daño grande.

destrucción s.f. **1** Daño muy grande en una cosa material o inmaterial. **2** Pérdida grande o importante.

destructivo, a adj. Que destruye o puede destruir.

destructor, ra adj. y s. Que destruye.

destruir (23) v.tr. **1** Romper en trozos pequeños o echar por tierra una cosa material. **2** Hacer desaparecer o inutilizar algo inmaterial.

desunión s.f. **1** Separación de las partes de una o varias cosas que están unidas. **2** Oposición de opiniones y falta de armonía entre personas.

desunir v.tr. **1** Apartar o separar lo que estaba unido. **2** Hacer que se lleven mal entre sí dos o más personas.

desusado, a adj. **1** Que se hace o que ocurre pocas veces. **2** Que ha dejado de usarse.

desuso s.m. **1** Falta de uso o de empleo. **2** Falta de aplicación de una ley, aunque no haya sido anulada con la aprobación de una nueva.

desvaído, a adj. Se dice del color que está apagado, pálido o que ha perdido intensidad.

desvalido, a adj. y s. Se dice de la persona que no tiene la ayuda o protección que necesita.

desvalijar v.tr. Robar todas las cosas de valor de un lugar.

desvalorización s.f. Disminución del valor o del precio de una moneda o de otra cosa.

desván s.m. Último piso de una casa que queda justo debajo del tejado, con el techo inclinado, que suele usarse para guardar objetos viejos.

desvanecer (30) v.tr. **1** Esparcir o hacer desaparecer de la vista poco a poco las partes que forman un cuerpo por aglomeración. **2** Hacer desaparecer, borrar de la mente u olvidar una idea, una imagen o un recuerdo. ◆ **desvanecerse** v.prnl. **3** Evaporarse una sustancia o parte de ella. **4** Perder el sentido o el conocimiento momentáneamente.

desvanecimiento s.m. Pérdida momentánea del sentido o del conocimiento.

desvariar (1e) v.intr. Decir o hacer cosas que van en contra del sentido común.

desvarío s.m. **1** Dicho o hecho que va en contra del sentido común. **2** Estado de alteración mental en el que se producen excitación, desorden de las ideas y alucinaciones.

1. **desvelar** v.tr. **1** Quitar o impedir el sueño. ◆ **desvelarse** v.prnl. **2** Desvivirse por una persona o cosa.

2. **desvelar** v.tr. Poner de manifiesto lo que estaba oculto.

desvelo s.m. **1** Dificultad para dormir cuando se debe o se necesita hacerlo. **2** Cuidado e interés que se pone en lo que se hace o en lo que se quiere conseguir.

desvencijar v.tr. Aflojar o separar las partes que forman una cosa.

desventaja s.f. Característica que hace que una persona, cosa o situación sea peor que otra con la que se compara.

desventura s.f. **1** Hecho que causa gran dolor o infelicidad. **2** Suerte adversa y aciaga.

desventurado, a adj. y s. **1** Se dice de la persona que padece una o más desgracias que le causan gran dolor o infelicidad. **2** Que tiene una suerte adversa o contraria.

desvergonzado, a adj. y s. Se dice de la persona que habla u obra sin vergüenza.

desvergüenza s.f. Falta de vergüenza.

desvestir (31) v.tr. Quitar toda la ropa que una persona lleva puesta o parte de ella.

desviación s.f. **1** Cambio o separación en la dirección o el fin de una cosa. **2** Carretera que se aparta o separa de otra general. **3** Camino provisional que sustituye a una parte de otro principal que está inutilizada. **4** Cambio de la posición normal de una cosa. **5** Tendencia, actitud o comportamiento que no se considera normal.

desviar (1e) v.tr. **1** Separar o apartar a una persona o una cosa del camino o de la dirección que lleva. **2** Hacer que una persona cambie sus proyectos o intenciones.

desvincular v.tr. Romper o acabar la relación que se tiene con una o varias personas o cosas.

desvío s.m. **1** Cambio o separación en la dirección o el fin de una cosa. **2** Carretera que se aparta o separa de otra general. **3** Camino provisional que sustituye a una parte de otro principal que está inutilizada.

desvirgar v.tr. Hacer perder la virginidad a una mujer.

desvirtuar (1b) v.tr. Disminuir o quitar la virtud o las características esenciales de una cosa.

desvivirse v.prnl. Mostrar gran afecto e interés por una persona o cosa.

detallado, a adj. Que contiene muchos detalles.

detallar v.tr. Contar una cosa explicando todos los hechos o circunstancias que la rodean.

detalle s.m. **1** Hecho o circunstancia secundaria que contribuye a formar una cosa. **2** Serie de cosas listadas de manera minuciosa. **3** Muestra de educación, delicadeza o cariño. **4** Regalo de poca importancia que se da como muestra de afecto y consideración. ◇ **al detalle** AMÉR CENTRAL, CUBA, ESP, MÉX, P RICO, R DOM Al por menor.

detallista adj. **1** Que cuida mucho los detalles. **2** Que tiene muestras de educación, delicadeza o cariño con los demás. ◆ s.m. y f. **3** ESP Minorista.

detección s.f. Descubrimiento, mediante la recogida de señales o pruebas, de la existencia o la presencia de una cosa o un fenómeno que está oculto.

detectar v.tr. Descubrir o recoger señales o pruebas de la existencia o la presencia de una cosa o un fenómeno que está oculto.

detective s.m. y f. Persona, generalmente policía, que se dedica a investigar determinados casos y que a veces interviene en los procedimientos judiciales.

detector s.m. Aparato que sirve para descubrir la presencia de un fenómeno o de una cosa oculta.

detención s.f. Acción y efecto de detener o detenerse.

detener (48) v.tr. **1** Parar o interrumpir un movimiento o una actividad. **2** Privar de la libertad a una persona por orden de la autoridad competente. ◆ **detenerse** v.prnl. **3** Dedicar tiempo a realizar una actividad o a pensar o explicar un asunto.

detenido, a adj. y s. **1** Se dice de la persona que ha sido privada provisionalmente de la libertad por orden de la autoridad competente. ◆ adj. **2** Que se hace con gran cuidado, detalle y atención.

detenimiento s.m. Atención o dedicación que se pone al realizar una actividad o al pensar o explicar un asunto.

detentar v.tr. **1** Ocupar un cargo o un poder de manera ilegítima. **2** Tener sin derecho una cosa que no pertenece.

detergente s.m. y adj. Sustancia o producto químico que elimina la grasa y sirve para lavar o limpiar.

deteriorar v.tr. Disminuir o hacer perder la calidad o la importancia de una cosa.

deterioro s.m. Disminución o pérdida de la calidad o la importancia de una cosa.

determinación s.f. **1** Acción de determinar. **2** Valor o firmeza en la manera de actuar.

determinado, a adj. **1** Que es uno en particular o con características bien definidas. ◆ adj. y s.m. **2** Se dice del artículo gramatical que hace referencia a algo conocido por los hablantes. ◆ adj. y s. **3** Se dice de la persona que muestra valor o firmeza en la manera de actuar.

determinante s.m. Palabra que acompaña al sustantivo y limita o concreta su significado; suele ir delante del sustantivo y concordar en género y número con él.

determinar v.tr. **1** Tomar una decisión. **2** Fijar de manera clara y exacta una información o los límites de una cosa. **3** Averiguar una cosa a partir de las informaciones que se conocen. **4** Fijar una cosa para algún fin. **5** Ser causa o motivo de una cosa o de una acción.

determinativo, a adj. Que determina o resuelve.

determinismo s.m. Doctrina filosófica que considera que los acontecimiento no se pueden evitar por estar sujetos a una fuerza superior.

determinista adj. y s.m. y f. Relativo al determinismo.

detestar v.tr. Sentir aversión hacia una persona o cosa, sin llegar al odio.

detonación s.f. Explosión que produce mucho ruido.

detonador, ra adj. **1** Que provoca o es capaz de provocar una detonación. ◆ adj. y s.m. **2** Que puede provocar o desencadenar una acción o proceso

detonante adj. y s.m. Detonador.

detonar v.intr. Explotar haciendo ruido.

detractor, ra adj. y s. Se dice de la persona que critica a otra persona o cosa por no estar de acuerdo con ella.

detrás adv. En la zona posterior a aquella en la que se encuentra lo que se toma como punto de referencia. ◇ **por detrás** Indica que una cosa, especialmente negativa, se hace sin estar presente determinada persona.

detrimento s.m. Daño moral o material.

detrítico, a adj. Que está formado o compuesto por detritos.

detrito o **detritus** s.m. Resultado de la descomposición de una masa sólida en partículas.

deuda s.f. **1** Obligación que tiene una persona de pagar o devolver una cosa, generalmente dinero. **2** Cantidad de dinero que se debe pagar. **3** Obligación moral que una persona contrae con otra.

deudor, ra adj. y s. Se dice de la persona que debe.

deuterio s.m. Isótopo del hidrógeno de símbolo D, número atómico 1 y número másico 2; es un gas inodoro, incoloro e inflamable.

deutón s.m. Núcleo del átomo del deuterio, constituido por un neutrón y un protón.

devaluación s.f. Disminución del valor o del precio de una moneda o de otra cosa.

devaluar (1b) v.tr. Disminuir el valor o el precio de una moneda o de otra cosa.

devanar v.tr. **1** Enrollar un hilo alrededor de un eje formando un ovillo. ◆ **devanarse** v.prnl. **2** CUBA, GUAT, MÉX Retorcerse de risa o dolor.

devaneo s.m. **1** Relación amorosa superficial que dura poco tiempo. **2** Pérdida de tiempo en cosas sin importancia.

devastador, ra adj. Que devasta.

devastar v.tr. Destruir totalmente un territorio o lo que hay en él.

devengar v.tr. Tener derecho a una cantidad de dinero como pago por un trabajo o servicio.

1. **devenir** (51) v.intr. **1** Formal. Ocurrir o producirse un hecho. **2** Transformarse una cosa o persona en otra.

2. **devenir** s.m. **1** Proceso mediante el cual ocurre o llega a ser una cosa. **2** Proceso o cambio continuo de la realidad.

devoción s.f. **1** Sentimiento de profundo respeto y admiración inspirado por la dignidad, la virtud o los méritos de una persona, una institución, una causa, etc. **2** Sentimiento y deseo de veneración a Dios.

devocionario s.m. Libro que contiene oraciones para uso de los fieles.

devolución s.f. Acción de devolver.

devolver (28) v.tr. **1** Entregar a una persona lo que había prestado. **2** Entregar a un vendedor una cosa que se ha comprado a cambio de su importe. **3** Hacer que una persona o cosa vuelva a estar donde o como estaba antes. **4** Entregar el dinero que sobra de un pago a la persona que lo efectúa. ◆ v.tr. e intr. **5** Fam. Vomitar. ◆ **devolverse** v.prnl. **6** AMÉR Volver al lugar de donde se partió.

devónico, a o **devoniano, a** adj. y s.m. Se dice del período geológico que es el cuarto de la era paleozoica o primaria.

devorar v.tr. **1** Comer con ansia y rapidez. **2** Comer un animal a otro. **3** Destruir el fuego una cosa por completo. **4** Realizar una acción con mucho interés y rapidez.

devoto, a adj. y s. **1** Se dice de la persona que es muy religiosa. **2** Que siente afecto especial por una persona o una cosa.

devuelto, a Participio irregular de **devolver**.

dextrosa s.f. Glucosa.

deyección s.f. **1** Expulsión de excrementos por el ano. **2** Materia de residuos de alimento que elimina el organismo por el ano tras la digestión. □ Suele usarse en plural.

día s.m. **1** Tiempo que emplea la Tierra en dar una vuelta sobre sí misma. **2** Tiempo que dura la claridad del Sol sobre el horizonte. **3** Fiesta del santo o el cumpleaños de una persona. ◆ **días** s.m.pl. **4** Tiempo que dura la vida de una persona. ◇ **al día** Sin retraso o con información actual. ◇ **buenos días** Saludo que se usa durante la mañana. ◇ **de día** Mientras dura la luz del Sol. ◇ **día y noche** Durante todo el tiempo. ◇ **el día de mañana** El futuro, el tiempo que todavía no ha llegado.

diabetes s.f. Enfermedad caracterizada por una concentración muy alta de azúcar en la sangre, debido a la ausencia de insulina.

diabético, a adj. y s. Se dice de la persona que padece diabetes.

diablesa ▷ diablo, blesa.

diablillo s.m. Persona muy inquieta y revoltosa, especialmente si se trata de un niño.

diablo, blesa s. **1** Ser sobrenatural o espíritu que en diversas creencias y religiones representa las fuerzas del mal. ◆ s.m. **2** Diablillo. ◇ **¡al diablo!** Indica impaciencia o enfado por parte de quien lo dice. ◇ **del diablo** Expresión con la que se aumenta una cualidad o un estado negativos. ◇ **pobre diablo** Persona infeliz o bonachona.

diablura s.f. Acción mala de poca importancia, cometida sin malicia.

diabólico, a adj. **1** Se dice de la cosa o persona que tiene o muestra una maldad muy grande. **2** Muy difícil de entender, resolver o dominar. **3** Relativo al diablo.

diabolizar v.tr. Considerar diabólico algo o a alguien.

diábolo s.m. Juguete que consiste en hacer girar un carrete formado por dos conos unidos por sus vértices sobre una cuerda que está sujeta por dos palos que se mueven con las manos.

diaclasa s.f. Grieta o hendidura de una roca causada por los esfuerzos tangenciales de la superficie terrestre.

diaconato s.m. Orden del diácono.

diácono s.m. Clérigo católico que ha recibido la segunda de las órdenes mayores.

diacrítico, a adj. **1** Se dice del signo ortográfico que da un valor especial a una letra. **2** Se dice del acento ortográfico o tilde que sirve para distinguir palabras que tienen la misma forma, pero diferente función gramatical.

diacronía s.f. **1** Evolución de una cosa a través del tiempo. **2** Término propuesto por F. de Saussure para designar el estudio de la evolución de una lengua o un fenómeno lingüístico o a través del tiempo.

diacrónico, a adj. Relativo a los fenómenos que se suceden a través del tiempo, y a su estudio.

diadema s.f. **1** Adorno femenino que tiene forma de medio círculo abierto por detrás y se pone en la cabeza. **2** Corona redonda y sencilla.

diáfano, a adj. **1** Muy claro o fácil de entender. **2** Que tiene una gran cantidad de luz o de claridad.

diáfisis s.f. Parte tubular de un hueso largo, comprendida entre los dos extremos o epífisis.

diafragma s.m. **1** Músculo interior que separa el tórax del abdomen en el cuerpo de los mamíferos; es fundamental para la respiración. **2** Dispositivo situado en el objetivo de una cámara fotográfica para dejar pasar en cada momento la cantidad de luz necesaria. **3** Membrana de un material flexible y fino con forma de disco que se coloca en la vagina para impedir el embarazo.

diagnosis s.f. **1** Determinación o identificación de una enfermedad mediante el examen de los síntomas que presenta. **2** Examen de una cosa, un hecho o una situación para buscar solución a sus males.

diagnosticar v.tr. **1** Determinar o identificar una enfermedad mediante el examen de los síntomas que presenta. **2** Examinar una cosa, un hecho o una situación para buscar solución a sus males.

diagnóstico s.m. Diagnosis.

diagonal adj. y s.f. **1** Se dice del segmento rectilíneo que une dos vértices no consecutivos en una figura geométrica. **2** Se dice de la línea, calle, camino o carretera que se cruza y corta a otro u otros con los que no forma ángulo recto.

diagrama s.m. Representación gráfica de las variaciones de un fenómeno o de una serie de datos.

dial s.m. Superficie con letras o números que sirve para seleccionar, mediante un indicador, el número de un teléfono o la emisora en un aparato de radio o televisión.

dialectal adj. Relativo al dialecto.

dialectalismo s.m. Voz o giro procedente de un dialecto, que se incorpora a la lengua general.

dialéctica s.f. **1** Técnica de dialogar y discutir mediante el intercambio de razonamientos y argumentaciones. **2** Parte de la filosofía que trata de las reglas y formas de los razonamientos.

dialéctico, a adj. Relativo a la dialéctica.

dialecto s.m. **1** Modalidad y conjunto de características adoptadas por una lengua en un determinado territorio, que no han llegado a constituir un modelo de lengua. **2** Sistema lingüístico con respecto a la lengua de la que procede.

dialectología s.f. Parte de la lingüística que estudia el conjunto de dialectos que derivan de una lengua común.

diálisis s.f. Técnica de purificación de la sangre que se aplica a la persona cuyos riñones no realizan correctamente esa función.

dialogante adj. Se dice de la persona que está dispuesta a dialogar.

dialogar v.intr. **1** Hablar dos o más personas entre ellas. **2** Discutir sobre un asunto o sobre un problema con la intención de llegar a un acuerdo o de encontrar una solución.

dialogismo s.m. Figura retórica que consiste en que la persona que habla reproduzca el diálogo exacto entre varios personajes de una obra.

diálogo s.m. **1** Conversación entre dos o más personas que exponen sus ideas alternativamente. **2** Discusión sobre un asunto o sobre un problema con la intención de llegar a un acuerdo o de encontrar una solución. **3** Género y obra literarios, en prosa o en verso, que se caracterizan porque dos o más personajes conversan y discuten acerca de varios temas.

diamante s.m. **1** Piedra preciosa incolora, compuesta totalmente de carbono puro cristalizado en el sistema cúbico. ◆ **diamantes** s.m.pl. **2** Palo de la baraja francesa que se representa con uno o varios rombos de color rojo.

diametral adj. **1** Relativo al diámetro. **2** Se dice de la diferencia o distancia que es totalmente opuesta a otra cosa que se menciona.

diámetro s.m. **1** Segmento rectilíneo que une dos puntos de una circunferencia o de la superficie de una esfera pasando por su centro. **2** Línea recta que pasa por el centro de otras curvas y divide por la mitad un sistema de cuerdas paralelas.

diana s.f. **1** Punto central de un blanco de tiro. **2** Superficie redonda que tiene dibujados varios círculos concéntricos y que se utiliza como blanco de tiro. **3** Sonido o toque militar que se da al amanecer para que los soldados se levanten de la cama. ◇ **dar en la diana** Dar con lo acertado.

diantre interj. Indica sorpresa, disgusto o admiración.

diapasón s.m. Instrumento constituido por una barra metálica en forma de U que, al golpearlo, vibra y produce un sonido y sirve para afinar instrumentos musicales o la voz.

diapositiva s.f. Fotografía que se proyecta mediante un aparato especial sobre una pantalla.

diario, a adj. **1** Que ocurre o se repite todos los días. ◆ s.m. **2** Libro o cuaderno en el que una persona va escribiendo día a día, o con frecuencia, hechos de su vida personal, junto con sus pensamientos y sentimientos. **3** Periódico que se publica todos los días. ◇ **a diario** Todos los días. ◇ **de diario** Que se usa o sucede cotidianamente, en días laborables.

diarismo s.m. AMÉR Periodismo.

diarrea s.f. Alteración del aparato digestivo que se manifiesta con la expulsión frecuente de excrementos líquidos o semilíquidos. ◇ **diarrea mental** Fam. Confusión de ideas o ausencia de lógica en los razonamientos.

diartrosis s.f. Tratamiento aislado y particular que se da en la escultura griega a cada miembro de la figura, para integrarlo después en el conjunto.

diáspora s.f. Dispersión de un pueblo o comunidad humana, especialmente de los judíos, por diversos lugares del mundo.

diástole s.f. Fase de relajación de las paredes ventriculares que produce el retroceso de la sangre de las arterias hacia el corazón.

diatomea adj. y s.f. Se dice del alga unicelular microscópica que a veces forma filamentos o colonias, que tiene concha, es de color pardo y habita en el mar y en el agua dulce.

diatónico, a adj. Se dice de la escala musical formada por cinco tonos y dos semitonos.

diatriba s.f. Discurso hablado o escrito que es ofensivo y violento.

dibujante s.m. y f. Persona que se dedica a dibujar.

dibujar v.tr. **1** Representar la figura de una persona, un animal o una cosa en una superficie mediante líneas trazadas con instrumentos adecuados, como un lápiz, una pluma, etc. **2** Describir o contar con gran viveza y fidelidad la realidad. ◆ **dibujarse** v.prnl. **3** Mostrarse una cosa de forma imprecisa.

dibujo s.m. **1** Técnica de dibujar. **2** Representación gráfica hecha fundamentalmente por medio del trazo de líneas sobre una superficie con lápiz, tinta, carboncillo y, menos frecuentemente, con pincel. ◇ **dibujos animados** Película en la que los personajes son figuras dibujadas que se mueven gracias a técnicas de animación.

dicción s.f. **1** Manera de pronunciar de una persona. **2** Conjunto de características que definen la manera de hablar y escribir de una persona.

diccionario s.m. Libro de consulta en el que se recoge, generalmente en orden alfabético, un conjunto de palabras de una o más lenguas o de una materia determinada, con su definición o traducción, y otro tipo de información léxica como sinónimos, etimología, etc.

díceres s.m.pl. AMÉR Habladurías, murmuraciones.

dicha s.f. Sentimiento de gran alegría, bienestar y satisfacción.

dicharachero, a adj. y s. Que tiene una conversación amena y ocurrente.

dicho **1** Participio irregular de **decir**. ◆ s.m. **2** Palabra o conjunto de palabras mediante las cuales se dice una cosa o se expresa una idea, especialmente si tiene gracia o contiene una sentencia. ◇ **dicho y hecho** En el momento, de forma inmediata. ◇ **mejor dicho** Expresión que aclara o concreta una palabra o una frase anterior.

dichoso, a adj. **1** Que siente o proporciona dicha. **2** Fam. y desp. Que desagrada, causa enfado o fastidio. **3** Poco acertado o afortunado.

diciembre s.m. Duodécimo y último mes del año.

dicigótico, a o **dizigótico, a** adj. Se dice del mamífero que ha sido engendrado a partir de un óvulo diferente al óvulo del que se ha originado su hermano en el mismo momento.

dicotiledóneo, a adj. y s.f. Se dice de la planta angiosperma cuyo embrión tiene dos cotiledones opuestos, o más de dos en un mismo plano alrededor de un eje.

dicotomía s.f. División de una cosa o una materia en dos partes o grupos, generalmente opuestos entre sí

dicotomizar v.tr. Convertir algo en una dicotomía.

dictado s.m. **1** Discurso hablado o lectura de un texto que hace una persona para que otra u otras lo copien por escrito. **2** Texto escrito que una persona ha copiado fielmente de lo que otra dijo o leyó. ◆ **dictados** s.m.pl. **3** Normas, indicaciones o sugerencias de la razón o la moral.

dictador, ra s. **1** Soberano que recibe o se otorga el derecho de gobernar con poderes absolutos y sin someterse a ninguna ley. ◆ adj. y s. **2** Se dice de la persona que abusa de su superioridad, de su fuerza o de su poder en su relación con los demás.

dictadura s.f. **1** Sistema político del dictador. **2** País que se gobierna con este sistema político.

dictáfono s.m. Aparato que graba y reproduce las palabras que se le dictan o las conversaciones.

dictamen s.m. **1** Opinión técnica y experta que se da sobre un hecho o una cosa. **2** Juicio que se emite sobre una cosa.

dictaminar v.intr. Dar una opinión técnica y experta sobre un hecho o una cosa.

dictar v.tr. **1** Hablar o leer un texto para que otra u otras personas lo copien por escrito. **2** Publicar una cosa de forma oficial, especialmente una ley u otra disposición que se hace de una forma oficial o formal para que entre en vigor. **3** Empujar una cosa, especialmente un sentimiento o el sentido común, a hacer otra o a actuar de una determinada manera.

dictatorial adj. **1** Relativo a la dictadura o al dictador. **2** Excesivamente autoritario.

didáctica s.f. **1** Parte de la pedagogía que se ocupa de los métodos y técnicas de la enseñanza. **2** Género literario que tiene como fin dar ciertas enseñanzas.

didáctico, a adj. **1** Relativo a la didáctica. **2** Que enseña las cosas con mucha claridad y es útil para aprender.

diecinueve adj.num.cardin. **1** Diez más nueve. ◆ adj.num.ordin. **2** Que ocupa el lugar número 19 en una serie ordenada. ◆ s.m. **3** Número 19.

diecinueveavo, a adj.num.partit. Se dice de cada una de las partes que resultan de dividir un todo en diecinueve partes iguales.

dieciochavo, a adj.num.partit. Dieciochoavo.

dieciochesco, a adj. Relativo al siglo XVIII.

dieciocho adj.num.cardin. **1** Diez más ocho. ◆ adj.num.ordin. **2** Que ocupa el lugar número 18 en una serie ordenada. ◆ s.m. **3** Número 18.

dieciochoavo, a adj.num.partit. Se dice de cada una de las partes que resultan de dividir un todo en dieciocho partes iguales.

dieciséis adj.num.cardin. **1** Diez más seis. ◆ adj.num.ordin. **2** Que ocupa el lugar número 16 en una serie ordenada. ◆ s.m. **3** Número 16.

dieciseisavo, a adj.num.partit. Se dice de cada una de las partes que resultan de dividir un todo en dieciséis partes iguales.

diecisiete adj.num.cardin. **1** Diez más siete. ◆ adj.num.ordin. **2** Que ocupa el lugar número 17 en una serie ordenada. ◆ s.m. **3** Número 17.

diecisieteavo, a adj.num.partit. Se dice de cada una de las partes que resultan de dividir un todo en diecisiete partes iguales.

diedro s.m. Cada una de las cuatro regiones que determinan dos planos al cortarse en una recta.

dieléctrico, a adj. Se dice del cuerpo o sustancia que es aislante o mal conductor de la electricidad.

diente s.m. **1** Pieza dura y blanca que crece con otras en la boca del ser humano y otros animales; sirve para cortar y masticar los alimentos y, en los animales, también para defenderse. **2** Punta o saliente que tiene el borde o superficie de una cosa. ◇ **decir,** o **hablar, entre dientes** Refunfuñar o hablar muy bajo. ◇ **diente de ajo** Parte en que se divide una cabeza de ajo con su tela y cáscara. ◇ **diente de leche** Diente que se cae y sustituye por otro durante el crecimiento de los niños. ◇ **enseñar los dientes** Advertir una persona de su intención de causar un daño o mal. ◇ **hincar,** o **meter, el diente a algo** Fam. Apropiarse de una cosa que pertenece a otra persona. □ Empezar a comerse un alimento. □ Abordar un asunto con decisión y empezar a resolverlo. ◇ **pelar el diente** AMÉR CENTRAL, COL Sonreír con coquetería. □ MÉX, P RICO, VENEZ Decir palabras de admiración o adulación a una persona para ganar su voluntad o conseguir su favor. ◇ **poner los dientes largos a alguien** Fam. Dar envidia a alguien.

diéresis s.f. **1** Signo ortográfico (¨) que se coloca sobre una vocal para indicar que esta suena de forma distinta a la habitual. **2** Licencia poética por la que se deshace un diptongo.

diésel o **diesel** s.m. y adj. **1** Motor de explosión que funciona con gasóleo inyectado con aire a muy elevada temperatura por compresión previa. **2** Vehículo provisto de este motor.

diestra s.f. Mano o pierna situada en el lado opuesto al que corresponde al corazón en el ser humano.

diestro, a adj. **1** Se dice de la persona que tiene capacidad, habilidad y experiencia en hacer una cosa o desarrollar una actividad. **2** Formal. Que está en el lado derecho. ◆ adj. y s. **3** Se dice de la persona que tiene mayor habilidad con la mano y la pierna derechas. ◆ s.m. **4** Persona que torea en las plazas de toros y a cuyo cargo está la dirección de la lidia del toro y su muerte. **OBS** Superlativo: **destrísimo**.

1. **dieta** s.f. **1** Conjunto de comidas y bebidas que toma o debe tomar una persona que tiene regulada su alimentación. **2** Regulación, generalmente privación, de la cantidad y el tipo de alimentos que debe tomar una persona.

2. **dieta** s.f. **1** Cantidad de dinero que se da a una persona para cubrir los gastos que le supone trabajar fuera de su residencia habitual. **2** Asamblea nacional de algunos países europeos y de Japón.

dietario s.m. Libro en el que se anotan las cantidades de dinero que se reciben y gastan cada día.

dietética s.f. Parte de la medicina que estudia los tipos y reglas de la alimentación para mantener la salud o curar una enfermedad.

dietético, a adj. Relativo a la dietética.

diez adj.num.cardin. **1** Nueve más uno. ◆ adj.num.partit. **2** Que ocupa el lugar número 10 en una serie ordenada. ◆ s.m. **3** Número 10.

diezmar v.tr. Causar gran cantidad de muertos, heridos o enfermos.

diezmilésimo, a adj.num.ordin. **1** Que ocupa el lugar número 10 000 en una serie ordenada. ◆ adj.num.partit. **2** Se dice de cada una de las partes que resultan de dividir un todo en diez mil partes iguales.

diezmo s.m. Impuesto que se pagaba a la Iglesia, al rey o a un señor feudal, y consistía en una parte, generalmente la décima, de los frutos y la cosecha.

difamación s.f. Ofensa a una persona o un grupo en su fama o en su honra, especialmente en público o en un medio público.

difamar v.tr. Insultar a una persona de palabra, ofendiendo su fama y su honor, especialmente en público o en un medio público.

difamatorio, a adj. Que difama.

diferencia s.f. **1** Cualidad, característica o circunstancia que hace que dos personas o cosas no sean iguales entre sí. **2** Falta de acuerdo, oposición de ideas o disputa entre personas o grupos. **3** Cantidad que resulta de restar otras dos entre sí. **4** Distancia que hay entre dos términos consecutivos de una progresión aritmética.

diferenciación s.f. Acción de diferenciar o diferenciarse.

diferencial adj. **1** Que hace que dos personas o cosas no sean iguales entre sí. ◆ **s.m. y adj. 2** Elemento de una instalación eléctrica que desconecta automáticamente el paso de la corriente cuando se produce una derivación en algún aparato electrodoméstico, o en algún punto de la instalación.

diferenciar (1d) v.tr. **1** Determinar la cualidad, característica o circunstancia que hace que dos personas o cosas no sean iguales entre sí. **2** Hacer que una persona, un grupo o una cosa no sea igual que otras. ◆ **diferenciarse v.prnl. 3** Distinguirse entre los demás por una virtud o cualidad.

diferente adj. **1** Que no es igual. ◆ **adj.pl. 2** Que son más de uno, que son varios. ◆ **adv. 3** De un modo distinto.

diferido ◇ **en diferido** loc. Se dice de la transmisión de radio o televisión que se emite u ofrece al público un tiempo después de que haya sucedido.

diferir (45) v.tr. **1** Retrasar o suspender la ejecución de una cosa. ◆ **v.intr. 2** Ser diferente o distinguirse dos o varias cosas en algún aspecto. **3** No estar de acuerdo una persona con otra en un asunto concreto.

difícil adj. **1** Que no se puede hacer, entender o conseguir sin emplear mucha habilidad, inteligencia o esfuerzo. **2** Se dice de la acción o el hecho que no es probable que suceda. **3** Se dice de la persona que es de trato desagradable porque tiene mal carácter.

dificultad s.f. **1** Obstáculo o inconveniente que impide o entorpece la realización o consecución de una cosa. **2** Conjunto de circunstancias por las que no se puede hacer, entender o conseguir una cosa sin emplear mucha habilidad, inteligencia o esfuerzo.

dificultar v.tr. Poner obstáculos o inconvenientes que impidan o hagan difícil la realización o consecución de una cosa.

dificultoso, a adj. Que resulta difícil.

difracción s.f. Fenómeno físico por el cual un rayo de luz se desvía al interferir con otro o al pasar por el borde de un cuerpo opaco o por una abertura estrecha.

difteria s.f. Enfermedad grave que consiste en una infección de las vías respiratorias producida por un bacilo.

difuminar v.tr. **1** Disminuir la claridad y exactitud de una cosa, especialmente de un paisaje, una figura o un objeto. **2** Disminuir la intensidad de un color, un olor o un sonido, generalmente de modo progresivo.

difumino s.m. Utensilio de dibujo que sirve para suavizar los colores y el contorno de las figuras; tiene forma de lápiz.

difundir v.tr. **1** Extender por el espacio en todas las direcciones. **2** Dar a conocer una cosa a un gran número de personas.

difunto, a adj. y s. **1** Se dice de la persona que ha muerto. ◆ **s.m. 2** Persona o animal sin vida.

difusión s.f. Acción y efecto de difundir.

difuso, a adj. Poco claro, exacto o concreto.

difusor, ra adj. y s. **1** Que da a conocer una cosa a un gran número de personas. ◆ **s.m. 2** Parte de un aparato que extiende el aire en todas direcciones.

digerible adj. Digestible.

digerir (45) v.tr. **1** Transformar en el aparato digestivo un alimento en sustancias que el organismo asimila. **2** Aceptar un hecho desgraciado y sobreponerse a él.

digestible adj. Que puede ser digerido con facilidad.

digestión s.f. Transformación, en el aparato digestivo, de un alimento en sustancias que el organismo asimila.

digestivo, a adj. **1** Relativo a la digestión. ◆ **adj. y s.m. 2** Que facilita la digestión.

digitación s.f. Técnica del movimiento y de la utilización de los dedos al tocar un instrumento musical.

digital adj. **1** Relativo a los dedos. **2** Se dice del aparato o instrumento de medición que suministra la información mediante dígitos o elementos finitos o discretos.

digitalización s.f. Acción de digitalizar.

digitalizar v.tr. Convertir una magnitud física, un texto, una imagen o una señal analógica en una representación digital.

digitígrado, a adj. y s. Se dice del animal mamífero cuadrúpedo que, al caminar, apoya en el suelo solo los dedos de las manos y los pies.

dígito s.m. y adj. **1** Número del sistema decimal que se expresa con un solo signo. ◆ **s.m. 2** Signo o símbolo de una señal digital.

diglosia s.f. Situación de coexistencia de dos lenguas en una comunidad de hablantes, en la que una de ellas goza de mayor prestigio político y social que la otra.

dignarse v.prnl. Tener la consideración de hacer una cosa o aceptar hacerla.

dignatario, a s. Persona que ocupa un cargo o puesto de mucha autoridad, prestigio y honor.

dignidad s.f. **1** Respeto y estima que una persona tiene de sí misma y merece que se lo tengan las demás personas. **2** Cargo o puesto de mucha autoridad, prestigio y honor.

dignificar v.tr. Hacer que tenga dignidad o aumentar la que tiene una persona o cosa.

digno, a adj. **1** Que tiene dignidad. **2** Que merece una cosa. **3** Que se corresponde con las cualidades, virtudes o modos de comportamiento de una persona o cosa. **4** Que resulta suficiente o decoroso.

dígrafo s.m. Agrupación de dos letras que representa un solo sonido.

digresión s.f. Parte de un discurso hablado o escrito que no tiene relación directa con el asunto principal que se está tratando.

dilación s.f. Retraso en un proceso o una actividad.

dilapidar v.tr. Gastar sin orden, sentido ni cuidado una cosa, generalmente dinero o bienes.

dilatación s.f. Acción y efecto de dilatar.

dilatado, a adj. Que se extiende mucho en el espacio o en el tiempo.

dilatar v.tr. **1** Hacer que una cosa ocupe más espacio debido a un aumento de su longitud, área o volumen. **2** Prolongar o retrasar un proceso o una actividad. **3** Hacer que algo dure más tiempo. **4** Propagar o hacer más extensa una cosa. **5** Aumentar el diámetro de un conducto o cavidad.

dilatorio, a adj. **1** Que causa retraso. **2** Que sirve para prorrogar y extender un término judicial o la tramitación de un asunto.

dilema s.m. **1** Problema o situación de los que es difícil salir porque ofrecen dos o más soluciones. **2** Argumento que consiste en plantear dos proposiciones contrarias para llegar a la misma conclusión.

diletante adj. y s.m. y f. Se dice de la persona que tiene afición por una o varias artes o disciplinas del saber.

diligencia s.f. **1** Rapidez o cuidado al hacer una cosa. **2** Trámite o actuación en un proceso, generalmente administrativo. **3** Actuación profesional de un juez o de un secretario judicial. **4** Vehículo tirado por caballos que se usaba para el transporte de viajeros.

diligente adj. Que es cuidadoso y rápido.

dilogía s.f. Figura retórica que consiste en emplear una palabra en un enunciado con dos significados simultáneos.

dilucidar v.tr. Explicar o aclarar un asunto o materia.

diluir (23) v.tr. **1** Hacer que un cuerpo o una sustancia, al mezclarse con un líquido, se deshaga hasta que sus partículas queden incorporadas a dicho líquido. **2** Hacer que disminuya la concentración de un líquido, generalmente añadiéndole disolvente u otra sustancia. **3** Repartir entre varias personas el mando, las responsabilidades o las atribuciones.

diluvial adj. y s.m. **1** Se dice del terreno constituido por materiales arenosos que han sido arrastrados por una corriente violenta de agua. ◆ adj. **2** Relativo al diluvio.

diluviar (1d) v.impersonal Llover con mucha fuerza y abundancia.

diluvio s.m. **1** Lluvia muy abundante y de larga duración que provoca inundaciones. **2** Abundancia excesiva de una cosa.

diluyente adj. y s.m. Se dice de la sustancia líquida que se añade a una disolución para disminuir su concentración y hacerla más fluida.

dimanar v.intr. Proceder una cosa de otra, tener su origen.

dimensión s.f. **1** Extensión de una cosa en una dirección determinada. **2** Cada una de las magnitudes que sirven para definir una cosa, generalmente un objeto o un fenómeno físico. **3** Propiedad no física de una cosa. **4** Importancia o extensión que tiene una cosa.

diminuendo s.m. Disminución progresiva de la intensidad de una nota o un pasaje musical.

diminutivo, a adj. y s.m. Se dice del sufijo que indica o expresa pequeñez, afecto, falta de importancia u otros aspectos.

diminuto, a adj. De tamaño muy pequeño.

dimisión s.f. Renuncia a un cargo o puesto que se ocupa.

dimitir v.intr. Renunciar a un cargo o puesto que se ocupa.

dimorfismo s.m. Característica que poseen algunos seres vivos que presentan dos formas distintas.

dina s.f. Unidad de fuerza del sistema cegesimal, de símbolo **din**, que equivale a la fuerza que aplicada a la masa de un gramo le comunica una aceleración de un cm/s.

dinamarqués, sa ▷ danés, sa.

dinámica s.f. **1** Parte de la mecánica que estudia la relación del movimiento con las causas que lo producen. **2** Conjunto de hechos o fuerzas que actúan para un fin.

dinámico, a adj. **1** Se dice de la persona que tiene mucha actividad, energía y diligencia para hacer cosas. **2** Relativo a la dinámica (parte de la mecánica).

dinamismo s.m. Actividad, energía y diligencia grandes que tiene una persona para hacer cosas.

dinamita s.f. **1** Sustancia explosiva que se obtiene empapando nitroglicerina en un material poroso que la absorbe. **2** Fam. Persona o cosa que origina agitación y alboroto.

dinamitar v.tr. **1** Volar o destruir una cosa usando dinamita. **2** Atacar una cosa con energía mediante discursos agresivos.

dinamizador, ra s. Persona que dinamiza.

dinamo o **dínamo** s.f. Máquina que transforma la energía mecánica en energía eléctrica, o viceversa, por inducción electromagnética.

dinamómetro s.m. Aparato que sirve para medir fuerzas motrices.

dinar s.m. Unidad monetaria de varios países, casi todos los del mundo árabe.

dinastía s.f. **1** Serie de soberanos de un país, como reyes y príncipes, que pertenecen a la misma familia. **2** Familia que va transmitiendo entre sus integrantes un gran poder.

dinástico, a adj. Relativo a la dinastía.

dineral s.m. Cantidad grande de dinero.

dinero s.m. **1** Conjunto de monedas y billetes que se usan como medio legal de pago en una comunidad de personas. **2** Cantidad o valor de estas monedas y billetes. ◇ **dinero negro** Dinero obtenido de forma ilegal y que se mantiene oculto a la hacienda pública.

dinoflagelado adj. y s.m. Se dice del protoctista acuático que forma parte del plancton y se caracteriza por tener dos flagelos y clorofila.

dinosaurio adj. y s.m. Se dice del reptil prehistórico, generalmente de gran tamaño, que tenía la cabeza pequeña, el cuello y la cola muy largos, las patas anteriores más cortas que las posteriores y que se adaptaba a cualquier medio.

dintel s.m. Elemento horizontal de piedra, madera o hierro, que cierra la parte superior de una abertura o hueco hecho en un edificio.

diñar v.tr. Argot. ESP Dar u ofrecer. ◇ **diñarla** Fam. ESP Morir.

diócesis s.f. Territorio que está bajo la jurisdicción religiosa de un obispo.

diodo s.m. Componente electrónico formado por dos electrodos que solamente permite el paso de la corriente en un sentido, por lo que se usa como rectificador de corriente.

dioico, a adj. Se dice de la especie vegetal que posee los órganos sexuales masculino y femenino en individuos distintos.

dioptría s.f. Unidad de medida que expresa el grado de defecto visual de un ojo que se corrige con una lente de una dioptría.

diorama s.m. Superficie grande y pintada con figuras diferentes por ambas caras que, mediante juegos de luz en una sala oscura, produce sensación de movimiento.

diorita s.f. Roca magmática de textura granulosa, de color gris oscuro, constituida esencialmente de feldespato, anfibolita y mica.

dios, sa s.m. **1** En las religiones monoteístas, ser eterno, sobrenatural y único que ha creado el universo y controla todo lo existente. □ Se escribe normalmente con mayúscula inicial. ◆ s. **2** En las religiones politeístas, ser sobrenatural que tiene poder sobre una parte concreta de lo existente y sobre el destino de los seres humanos. ◆ s.m. **3** Persona destacada en una actividad a la que se quiere o admira y que es considerada superior a las demás. ◆ interj. **4** Expresión que indica sorpresa, admiración o enfado. ◇ **a la buena de Dios** Fam Sin preparación, cuidado o atención. ◇ **¡sabe Dios!** Expresión que indica que no se sabe o no se está seguro de una cosa. ◇ **todo dios** Fam. ESP Todo el mundo.

diostedé s.m. AMÉR Ave trepadora de América del Sur, de color negro y amarillo.

dióxido s.m. Óxido cuya molécula contiene dos átomos de oxígeno. ◇ **dióxido de carbono** Gas inodoro e incoloro formado por carbono y oxígeno.

diplodocus o **diplodoco** s.m. Dinosaurio de unos 25 metros de longitud, cabeza pequeña, cuerpo bajo, y cuello y cola muy largos.

diplohaplonte adj. Se dice del ser vivo o del ciclo de un organismo en el que el cigoto (diploide) origina un individuo diploide que forma esporas (haploides).

diploide adj. Se dice de la célula que posee un par de juegos de cromosomas.

diploma s.m. Documento que acredita un grado académico, un premio o un título que tiene una persona o una acción realizada.

diplomacia s.f. **1** Disciplina o conocimiento de las relaciones entre los estados. **2** Corrección y amabilidad interesadas o habilidad en el trato.

diplomático, a adj. y s. Relativo a la diplomacia.

diplomatura s.f. Grado académico de categoría inferior a la licenciatura que se consigue cursando un conjunto de estudios universitarios.

diplonte adj. Se dice del ser vivo o del ciclo biológico de un organismo en el que, por meiosis o reproducción celular, se forman gametos haploides y, tras la fecundación, se forma el cigoto diploide.

dipolo s.m. Molécula en la que el centro de las cargas positivas no coincide con el de las cargas negativas, debido a un desplazamiento de los electrones hacia el polo negativo.

díptero, a adj. **1** Que tiene dos alas. ◆ adj. y s.m. **2** Se dice del invertebrado del filo artrópodos, clase insectos, con aparato bucal chupador que tiene un par de alas membranosas voladoras y otro par de reducido tamaño que sirve para darle estabilidad al volar, como la mosca.

díptico s.m. **1** Cuadro o bajorrelieve formado por dos tablas o dos superficies que generalmente son móviles y se cierran como las tapas de un libro. **2** Folleto formado por una hoja de papel doblada por la mitad que se usa como propaganda o como invitación a un acto.

diptongación s.f. Pronunciación de un conjunto de dos vocales en una sola sílaba formando diptongo.

diptongo s.m. Unión de una semiconsonante o una semivocal con una vocal que se pronuncian en una sola sílaba.

diputación s.f. Conjunto de diputados. ◇ **diputación provincial** Corporación pública española de carácter territorial cuya función es gestionar los intereses económico-administrativos de una provincia. □ Sede de esta institución.

diputado, a s. **1** Persona elegida para formar parte del Congreso de los Diputados. **2** Persona nombrada o elegida para representar a una institución o a un grupo social.

dique s.m. **1** Muro grueso que se construye para contener las aguas, para elevar su nivel o para desviar su curso. **2** Parte de un puerto o construcción en un río donde se puede sacar el agua y limpiar o arreglar en seco los barcos. □ También dique seco. ◇ **en (el) dique seco** Fam. Sin poder ejercer una actividad habitual.

dirección s.f. **1** Recorrido, camino o rumbo que sigue o debe seguir en su movimiento una persona, un grupo o una cosa. **2** Nombre de la calle, número, población, provincia y país donde una persona o institución tiene su domicilio o sede. **3** Señas escritas en una carta o paquete postal para indicar adónde se envía. **4** Persona o conjunto de personas que gobiernan, mandan, rigen o guían un grupo o una cosa. **5** Cargo o puesto de director. **6** Oficina, despacho o lugar donde un director ejerce su cargo o puesto. **7** Gobierno o características que definen el mando sobre una persona, un grupo o una cosa. **8** Técnica de realizar una película, en su aspecto artístico o de producción. **9** Mecanismo que sirve para dirigir o guiar un vehículo. ◇ **dirección web** Dirección que identifica una página web.

directiva s.f. **1** Conjunto de directivos. **2** Directriz (norma). **3** Disposición de rango superior emanada de organismos internacionales que han de cumplir todos sus miembros.

directivo, a adj. y s. **1** Relativo a la dirección. ◆ adj. **2** Que tiene la facultad y el poder de dirigir. ◆ adj. y s. **3** Que forma parte de un conjunto de personas que gobiernan, mandan, rigen o guían un grupo o una cosa.

directo, a adj. **1** Que no se desvía de su recorrido, camino o rumbo. **2** Que no se para en su recorrido de un lugar a otro. **3** Sin rodeos o sin intervención de nada ni de nadie, aparte de los interesados. **4** Se dice del estilo discursivo en que las palabras de otra persona se reproducen literalmente. ◇ **en directo** Transmitido o grabado al mismo tiempo que se produce.

director, ra s. **1** Persona que gobierna, manda, rige o guía un grupo o una cosa, generalmente un negocio o una de sus secciones. ◆ adj. **2** Se dice de la cosa que dirige, orienta o guía una acción u otra cosa. □ Doble femenino: directora o directriz.

directorio s.m. **1** Lista de nombres y direcciones de personas que guardan cierta relación entre sí. **2** Tablero informativo de direcciones e indicaciones que hay en ciertos locales y establecimientos. **3** Conjunto de normas o instrucciones que rigen una materia. **4** Lista o índice de los ficheros almacenados en el mismo lugar del disco de un ordenador.

directriz 1 ▷ director, ra. ◆ adj. y s.f. **2** En matemáticas, se dice de la línea, figura o superficie que determina las condiciones de generación de otra línea, figura o superficie. ◆ s.f. **3** Norma o conjunto de normas e instrucciones que dirigen, guían u orientan algo.

dirigente adj. y s.m. y f. Se dice de la persona o grupo que gobierna, manda, rige o guía.

dirigible adj. **1** Que puede ser dirigido. ◆ adj. y s.m. **2** Se dice del globo aerostático ovalado, lleno de un gas más ligero que el aire, que lleva una o dos barquillas para transportar viajeros y carga y que dispone de diversos mecanismos, como un motor, unas hélices y un sistema de dirección, para ser conducido.

dirigir v.tr. **1** Hacer que una persona, un grupo o una cosa vaya hacia un punto, lugar o término. **2** Gobernar, mandar, regir o guiar un grupo de personas o una cosa. **3** Dedicar o encaminar un pensamiento, un sentimiento o una acción a una persona o a conseguir una cosa. **4** Orientar y guiar a una persona hacia una cosa o una acción. **5** Marcar la actuación de los componentes de un coro, orquesta o espectáculo. ◆ v.tr. e intr. **6** Realizar sus funciones un director de cine. ◆ **dirigirse** v.prnl. **7** Ir en una dirección o hacia un lugar o un término. **8** Hablar a una persona o a un grupo de personas determinado.

dirimir v.tr. **1** Acabar o resolver un desacuerdo o una discusión. **2** Deshacer un acuerdo.

disacárido s.m. Glúcido (hidrato de carbono) formado por la unión de dos monosacáridos, que son los azúcares más sencillos.

disc jockey (pl. disc jockeys.) s.m. Persona que se encarga del equipo de sonido y de la selección de las piezas en una emisora de radio, en una discoteca o en otro establecimiento.

discal adj. Relativo al disco intervertebral.

discapacidad s.f. Falta de alguna facultad física o mental en una persona.

discapacitado, a adj. y s. Que no goza de todas las facultades físicas o mentales.

discernir (14) v.tr. Distinguir y diferenciar por medio de los sentidos o de la inteligencia una cosa de otra u otras.

disciplina s.f. **1** Conjunto de reglas para mantener el orden entre los miembros de un grupo. **2** Obediencia a estas reglas. **3** Materia, ciencia o técnica, especialmente la que se enseña en un centro docente. **4** Modalidad de un deporte o de una actividad. **5** Instrumento, generalmente de cáñamo, con varios ramales que acaban en nudos; se usa para azotar a una persona o como instrumento de penitencia para mortificarse.

disciplinado, a adj. Se dice de la persona que respeta las normas de disciplina.

1. **disciplinar** adj. Disciplinario.

2. **disciplinar** v.tr. **1** Enseñar un arte o una ciencia a una persona. **2** Hacer guardar el orden entre los miembros de un grupo de personas. **3** Imponer un castigo.

disciplinario, a adj. **1** Relativo a la disciplina. **2** Que sirve para hacer guardar la disciplina.

discípulo, a s. **1** Persona que recibe enseñanzas de un maestro o que sigue estudios en una escuela. **2** Persona que estudia, sigue y defiende las ideas y opiniones de una escuela o de un maestro.

discman s.m. Aparato portátil que sirve para reproducir discos compactos.

disco s.m. **1** Cuerpo cilíndrico cuya base es muy grande en relación con su altura. **2** Plancha gruesa con forma de círculo que se lanza en algunos juegos atléticos. **3** Plancha con forma de círculo, generalmente de plástico, en la que están grabados sonidos o imágenes que pueden reproducirse con un aparato. **4** Señal de luz roja, verde o amarilla para ordenar el tráfico de vehículos. **5** Pieza redonda del teléfono que gira al marcar un número. ◇ **disco compacto** Disco de 12 cm de diámetro, de gran capacidad de almacenamiento de información, en el que se puede grabar texto, imágenes o sonido. ◇ **disco duro** Disco rígido y magnético de gran capacidad que está situado dentro del ordenador y constituye el soporte principal de almacenamiento de datos. ◇ **disco flexible** Disquete. ◇ **disco intervertebral** Formación fibrosa que separa dos vértebras opuestas.

discóbolo s.m. Atleta de la antigua Grecia cuya especialidad era el lanzamiento de disco.

discografía s.f. Conjunto de discos de un autor, un intérprete o un tema.

discográfico, a adj. Relativo a la discografía.

díscolo, a adj. y s. Que suele desobedecer y rebelarse contra las normas y órdenes.

disconformidad s.f. Falta de acuerdo o de aceptación, por parte de una persona, de una situación, decisión u opinión.

discontinuidad s.f. **1** Cualidad de discontinuo. **2** Parte discontinua de una cosa.

discontinuo, a adj. Se dice de la cosa o acción que no es continua o que se interrumpe.

discordancia s.f. **1** Falta de acuerdo entre dos o más personas o cosas. **2** Falta de armonía.

discordante adj. **1** Que no está de acuerdo o en armonía con otra u otras personas o cosas. **2** Se dice del sonido o instrumento que no está en el mismo tono que los demás.

discordia s.f. Situación de enfrentamiento o disputa entre personas o grupos debida a una falta de acuerdo en las opiniones o deseos.

discoteca s.f. **1** Establecimiento donde se escucha música grabada, se sirven y consumen bebidas y, sobre todo, se baila. **2** Conjunto o colección de discos musicales.

discotequero, a adj. **1** Relativo a la discoteca. ◆ adj. y s. **2** Fam. Se dice de la persona que va frecuentemente a la discoteca.

discreción s.f. **1** Reserva o cautela para no decir algo que se sabe o piensa. **2** Cualidad de discreto. ◇ **a discreción** Al juicio o a la voluntad de una persona.

discrecional adj. Que se hace libremente o siguiendo el propio juicio.

discrepancia s.f. Falta de acuerdo o de aceptación, por parte de una persona, de una situación, una decisión o una opinión.

discrepante adj. Que discrepa.

discrepar v.intr. **1** No estar de acuerdo una persona con otra en un asunto. **2** Ser diferente una cosa de otra.

discreto, a adj. y s. **1** Se dice de la persona o conducta que se caracteriza por su moderación, prudencia y sensatez. ◆ adj. **2** Que no es extraordinario o no se sale de lo normal. **3** Regular, mediocre.

discriminación s.f. Trato de inferioridad a una persona o colectividad por causa de raza, origen, ideas políticas, religión, etc.

discriminante adj. Discriminatorio.

discriminar v.tr. **1** Dar un trato de inferioridad a una persona o colectividad por causa de raza, origen, ideas políticas, religión, etc. **2** Establecer diferencias entre dos o más cosas.

discriminatorio, a adj. Que da un trato de inferioridad a una persona o colectividad por causa de raza, origen, ideas políticas, etc.

disculpa s.f. Razón que se da o causa que se alega para explicar o justificar un comportamiento, un fallo o un error.

disculpar v.tr. **1** Dar razones o pruebas de que una persona no ha cometido una falta o error. **2** No tomar en cuenta, perdonar o justificar a una persona o una acción. ◆ **disculparse** v.prnl. **3** Pedir perdón o justificarse una persona por un hecho o una acción.

discurrir v.tr. **1** Considerar detenidamente una cosa para llegar a comprenderla. ◆ v.intr. **2** Ir de un lugar a otro, extenderse a lo largo de una porción de territorio. **3** Fluir un río o una corriente de agua por su cauce. **4** Pasar o transcurrir el tiempo.

discurso s.m. **1** Serie de palabras con coherencia lógica y gramatical con las que se expresa lo que se siente o se piensa. **2** Razonamiento pronunciado en público. **3** Escrito o tratado de corta extensión con el que se intenta enseñar o convencer de algo. **4** Fam. Reprensión larga e insistente.

discusión s.f. **1** Conversación entre varias personas en la que se examina un asunto o tema para solucionarlo o explicarlo. **2** Conversación entre dos o más personas en la que se defienden opiniones o intereses opuestos.

discutir v.tr. **1** Examinar y tratar entre varias personas un asunto o un tema para solucionarlo o para explicarlo. ◆ **v.intr. 2** Defender dos o más personas opiniones o intereses opuestos en una conversación. ◆ **v.tr. 3** Poner en duda.

disecar v.tr. Preparar un animal muerto para que no se descomponga y conservarlo.

disección s.f. **1** Corte o división de un cadáver o una planta para estudiarlo o examinarlo. **2** Examen o análisis minucioso y detallado.

diseccionar v.tr. **1** Cortar o dividir un cadáver o una planta para estudiar y examinar sus partes. **2** Examinar o analizar de forma minuciosa y detallada.

diseminación s.f. Acción de diseminar.

diseminar v.tr. Extender los elementos de un conjunto sin orden y en diferentes direcciones.

disensión s.f. Falta de acuerdo o de aceptación, por parte de una persona, de una situación, una decisión o una opinión.

disentería s.f. Enfermedad infecciosa consistente en la inflamación y ulceración del intestino grueso acompañada de fiebre, dolor abdominal y diarrea.

disentir (45) v.intr. No estar de acuerdo una persona con otra en un asunto.

diseñador, ra s. Persona que se dedica a hacer los dibujos de un objeto o de un edificio antes de su realización.

diseñar v.tr. **1** Dibujar una cosa para que sirva de modelo en su realización. **2** Pensar o planear un proyecto o una idea.

diseño s.m. **1** Actividad creativa que tiene por fin proyectar objetos, tipografías, logotipos, etc., para después fabricarlos. **2** Dibujo que se hace de una cosa para que sirva de modelo en su realización. **3** Forma que toma en la realidad este dibujo. **4** Explicación breve y esquemática.

disertación s.f. Escrito o discurso oral en que se expone una materia determinada de forma detenida y ordenada o sistemática.

disertar v.intr. Exponer una materia de forma detenida y siguiendo un orden o un sistema.

disfraz s.m. **1** Conjunto de ropas y adornos con que una persona se viste para no ser reconocida. **2** Medio que se emplea para ocultar o disimular una verdad o una cosa.

disfrazar v.tr. **1** Vestir con un disfraz. **2** Cambiar la apariencia exterior para ocultar el aspecto real de una cosa.

disfrutar v.intr. **1** Sentir placer o alegría. ◆ **v.tr. e intr. 2** Gozar de una condición o una circunstancia favorable. **3** Usar o poseer una cosa buena, útil o agradable.

disfrute s.m. **1** Uso o aprovechamiento de una cosa buena, útil o agradable. **2** Goce de una condición o una circunstancia favorable.

disfunción s.f. Trastorno en el funcionamiento de un órgano u otra cosa.

disgregación s.f. Acción de disgregar.

disgregar v.tr. Separar o desunir los elementos que forman un conjunto o las partes de una cosa.

disgustar v.tr. **1** Causar disgusto o molestia. ◆ **disgustarse** v.prnl. **2** Romperse la buena relación que existía entre dos o más personas.

disgusto s.m. Sentimiento de tristeza o dolor provocado por una situación desagradable o una desgracia.

disidente adj. y s.m. y f. Se dice de la persona que se separa de una doctrina, una creencia o un grupo por no estar de acuerdo con sus ideas.

disimetría s.f. Falta de simetría.

disimétrico, a adj. Que no tiene simetría.

disimilación s.f. Alteración de un sonido para diferenciarlo de otro de articulación similar.

disimular v.tr. **1** Ocultar o disfrazar una cosa para que no se vea o no se note. **2** Disculpar o permitir una acción fingiendo no conocerla o quitándole importancia. ◆ **v.tr. e intr. 3** Ocultar un sentimiento o una intención.

disimulo s.m. Ocultación que se hace de un sentimiento o una intención.

disipar v.tr. **1** Esparcir o hacer desaparecer de la vista poco a poco las partes que forman un cuerpo por aglomeración. **2** Hacer desaparecer, borrar de la mente u olvidar una idea, una imagen o un recuerdo. **3** Gastar los bienes y el dinero sin orden ni cuidado.

dislalia s.f. Dificultad para pronunciar palabras, a causa de malformaciones o defectos en los órganos articulatorios.

dislate s.m. Obra o dicho que no tiene razón ni sentido.

dislexia s.f. Alteración de la capacidad de leer por la que se confunden o se cambian letras, sílabas o palabras.

disléxico, a adj. y s. Que padece dislexia.

dislocación s.f. **1** Daño que se produce cuando un hueso o una articulación se sale de su sitio. **2** Acción de dislocar.

dislocar v.tr. **1** Sacar una cosa de su lugar. **2** Cambiar o alterar un hecho o el sentido de una palabra o una expresión.

disminución s.f. **1** Reducción de la cantidad, del tamaño, de la intensidad o de la importancia de una cosa. **2** Cantidad que se reduce.

disminuido, a adj. y s. **1** Se dice de la persona que no goza de todas las facultades físicas o mentales. ◆ adj. **2** En música, se dice del intervalo menor o justo al que se resta un semitono.

disminuir (23) v.tr. e intr. Reducir la cantidad, tamaño, intensidad o importancia de una cosa.

disociación s.f. Acción y efecto de disociar.

disociar (1d) v.tr. **1** Separar una cosa de otra con la que estaba unida. **2** Separar los distintos componentes de una sustancia. **3** Romper una molécula o un ion en otras moléculas o iones más pequeños.

disolución s.f. **1** Sustancia que resulta de la separación de las partículas de un cuerpo sólido o pastoso que se mezcla en un líquido. **2** Separación o desunión. **3** Anulación de los vínculos que unen a dos o más personas.

disoluto, a adj. y s. Se dice de la persona que se entrega al vicio y a la diversión.

disolvente adj. **1** Que disuelve o sirve para disolver. ◆ s.m. y adj. **2** Sustancia o producto capaz de disolver un cuerpo u otra sustancia. **3** Componente de una disolución que se encuentra en mayor proporción.

disolver (28) v.tr. **1** Hacer que un cuerpo o una sustancia, al mezclarse con un líquido, se deshaga hasta que sus partículas queden incorporadas a dicho líquido. **2** Hacer que disminuya la concentración de un líquido, añadiéndole otra sustancia. **3** Deshacer el acuerdo o contrato que liga a dos o más personas. **4** Deshacer la unidad de un grupo o reunión.

disonancia s.f. **1** Falta de conformidad, correspondencia o proporción. **2** Falta de armonía entre varios sonidos o notas musicales.

disonante adj. Se dice de la cosa que está en desacuerdo o que no está en armonía con otras o con lo que está alrededor.

dispar adj. Que tiene una o más características que lo hacen diferente del resto.

disparada s.f. ARG, MÉX Carrera repentina, fuga.

disparador s.m. **1** Botón de una cámara fotográfica que sirve para disparar la fotografía. **2** Pieza de un arma de fuego que sirve para poner en movimiento la palanca de disparo.

disparar v.tr. e intr. **1** Hacer que un arma lance su carga. ◆ v.tr. **2** En el fútbol, chutar con fuerza la pelota. **3** Hacer funcionar un aparato que tiene disparador. ◆ **dispararse** v.prnl. **4** Crecer o aumentar una cosa sin control.

disparatado, a adj. **1** Que se considera un disparate. **2** Excesivo o desmesurado.

disparate s.m. **1** Obra o dicho que no tiene razón ni sentido. **2** Cosa que excede los límites de lo ordinario o de lo lícito.

disparidad s.f. Diferencia o desigualdad entre dos o más cosas.

disparo s.m. **1** Operación por la que un arma de fuego lanza su carga. **2** Marca, señal o efecto provocado por esta carga. **3** En algunos deportes, lanzamiento de la pelota con la intención de marcar un tanto. **4** Operación con la que se pone en funcionamiento un disparador o mecanismo.

dispendio s.m. Gasto de una cosa sin orden, sentido ni cuidado.

dispensa s.f. **1** Permiso que autoriza a una persona el incumplimiento de una obligación o de lo ordenado por la leyes generales. **2** Documento en el que se expresa este permiso.

dispensar v.tr. **1** Dar o repartir. **2** Disculpar, perdonar o no tomar en cuenta un error o una falta pequeña. **3** Autorizar o permitir a una o más personas el incumplimiento de una obligación o de lo ordenado por las leyes generales.

dispensario s.m. Establecimiento donde se presta atención médica a enfermos que no requieren ser internados en un hospital.

dispersar v.tr. **1** Separar, esparcir o extender un conjunto o una cosa que está unida. **2** Poner una persona su atención y esfuerzo en varias actividades o cosas. **3** Hacer desaparecer algo.

dispersión s.f. **1** Separación, esparcimiento o extensión de un conjunto o de una cosa que está unida. **2** Descomposición de una radiación compleja en diferentes radiaciones simples. **3** Esparcimiento de una sustancia en otra mucho más abundante.

disperso, a adj. Se dice de la cosa o conjunto que está separado, esparcido o extendido.

displicencia s.f. Indiferencia o falta de interés o aprecio hacia una persona o una cosa.

disponer (36) v.tr. **1** Poner o colocar según un orden o en una posición adecuada y conveniente. **2** Preparar una cosa para un fin. **3** Establecer un mandato u ordenar una cosa. ◆ v.intr. **4** Poder utilizar o hacer uso de una cosa que se posee. **5** Valerse o hacer uso de una persona con un fin. ◆ **disponerse** v.prnl. **6** Tener la intención de hacer una cosa y estar a punto de hacerla.

disponibilidad s.f. Situación de la persona o cosa que está preparada para un fin.

disponible adj. **1** Que se puede usar o está preparado para un fin. **2** Se dice de la persona que está preparada para un fin.

disposición s.f. **1** Colocación de una o más cosas según un orden o en una posición adecuada y conveniente. **2** Estado anímico o actitud que se muestra para hacer una cosa. **3** Aptitud para una actividad. **4** Decisión u orden que establece una autoridad. **5** Orden y estructura del contenido de una obra escrita.

dispositivo s.m. Mecanismo o parte de él dispuestos para producir una acción prevista.

disprosio s.m. Elemento químico de símbolo Dy y número atómico 66; es un metal sólido.

dispuesto, a 1 Participio irregular de disponer. ◆ **adj. 2** Que tiene el ánimo y la intención de hacer una cosa o está preparado para ello.

disputa s.f. Discusión, enfrentamiento o competición entre dos o más personas o grupos para conseguir una misma cosa.

disputar v.tr. Competir con otros para conseguir una misma cosa.

disquete s.m. Disco magnético y flexible para el almacenamiento de datos informáticos que está protegido por una carcasa de plástico.

disquetera s.f. Parte del ordenador en la que se introduce el disquete.

disquisición s.f. **1** Examen o explicación sobre una materia que se hace con rigor, detalle y orden. **2** Separación del asunto principal del que se habla o escribe.

distancia s.f. **1** Espacio o tiempo que hay entre dos cosas o acontecimientos. **2** Diferencia grande o importante entre dos personas o cosas. **3** Medida de la longitud del segmento que une dos puntos de una trayectoria. ◇ **a distancia** Lejos o con separación. ◇ **guardar,** o **mantener, las distancias** No dar o no tomarse mucha confianza en una relación personal.

distanciamiento s.m. Acción y efecto de distanciar o distanciarse.

distanciar (1d) v.tr. **1** Poner espacio o tiempo entre dos o más personas o cosas. ◆ **distanciarse** v.prnl. **2** Enfriarse la relación amistosa o afectiva entre dos personas.

distante adj. **1** Que está lejos en el espacio con referencia a un punto determinado. **2** Que no ofrece confianza y familiaridad.

distar v.tr. e intr. **1** Estar apartada una cosa de otra por un espacio o un tiempo. ◆ **v.intr. 2** Ser diferentes dos personas o cosas entre sí.

distender (33) v.tr. **1** Hacer menos tensa o tirante una relación u otra cosa. ◆ **distenderse** v.prnl. **2** Estirarse de forma violenta los tejidos o ligamentos de una articulación.

distendido, a adj. Que está relajado y calmado, sin tensión ni crispación.

distensión s.f. Acción y efecto de distender.

dístilo s.m. Templo o edificio cuyo pórtico está formado por dos columnas.

distinción s.f. **1** Diferencia que hace que dos o más cosas sean distintas. **2** Honor, gracia o trato especial que se concede a una persona. **3** Elegancia o buen gusto.

distinguido, a adj. Que tiene un conjunto de cualidades y virtudes que lo distinguen de los demás.

distinguir v.tr. e intr. **1** Determinar aquello que hace que dos personas o cosas no sean iguales entre sí. ◆ **v.tr. 2** Conceder a una persona un honor, una gracia o un trato especial. **3** Notar, oír o ver algo que se percibe con dificultad. **4** Hacer una señal o característica especial que una persona o cosa sea diferente de las demás. **5** Tratar con preferencia o especial estimación a alguien. ◆ **distinguirse** v.prnl. **6** Destacar entre otros por una cualidad.

distintivo, a adj. y s. **1** Que sirve para distinguir a una persona o cosa de otra. ◆ **s.m. 2** Insignia, señal o característica que distingue una persona o cosa de las demás.

distinto, a adj. **1** Que no es igual. ◆ **adj.pl. 2** Que son más de uno, que son varios. ◆ **adv. 3** De un modo diferente.

distorsión s.f. **1** Acción y efecto de distorsionar. **2** Formal. Esguince o torcedura.

distorsionar v.tr. **1** Deformar un sonido o una imagen. **2** Deformar un hecho o las palabras de alguien.

distracción s.f. **1** Pérdida de la atención. **2** Cosa que hace pasar el tiempo de manera agradable.

distraer (49) v.tr. **1** Apartar o perder la atención en lo que se hace o se debe hacer. **2** Hacer pasar el tiempo de manera agradable.

distraído, a adj. y s. **1** Que se distrae con facilidad. **2** Que hace pasar el tiempo de manera agradable. ◆ **adj. 3** CH, MÉX Roto, mal vestido.

distribución s.f. Acción y efecto de distribuir. **2** Forma de estar dispuestas las diferentes partes de una casa o edificio.

distribuidor, ra adj. y s. **1** Se dice de la persona o entidad que recibe un producto del fabricante y lo entrega a los comerciantes. ◆ **s.m. 2** Pasillo o pieza pequeños de una casa que da paso a varias habitaciones. **3** Mecanismo de encendido de un motor que lleva la corriente eléctrica del generador a las bujías.

distribuidora s.f. Empresa que se dedica a la comercialización de un producto y actúa de mediador entre el fabricante y el comerciante.

distribuir (23) v.tr. **1** Dividir o repartir una cosa entre varias personas señalando lo que le corresponde a cada una. **2** Dividir una cosa en partes dando a cada una de ellas un destino o una posición. **3** Llevar un producto del fabricante al comerciante.

distributivo, a adj. **1** Relativo a la distribución. ◆ **adj. y s.m. 2** Se dice del determinante que atribuye un mismo objeto, cualidad, etc., a distintas personas o cosas. ◆ **adj. y s.f. 3** Se dice de la proposición coordinada que alterna acciones que no se excluyen. ◆ **adj. 4** Se dice de la conjunción que introduce una proposición de esta clase.

distrito s.m. Parte en que se divide una población o un territorio para su administración.

distrofia s.f. Enfermedad que se caracteriza por una pérdida del volumen o de las capacidades funcionales de un órgano o tejido.

disturbio s.m. Conflicto provocado por un grupo de personas en el que se altera la paz social.

disuadir v.tr. Conseguir que una persona cambie su manera de actuar, pensar o sentir.

disuasión s.f. Capacidad para disuadir.

disuasivo, a adj. Que disuade.

disuelto, a Participio irregular de **disolver**.

disyunción s.f. **1** Formal. Desunión o separación. **2** Relación entre varios elementos, uno de los cuales excluye a los demás.

disyuntiva s.f. Situación en la que hay que elegir entre dos cosas o soluciones diferentes.

disyuntivo, a adj. **1** Que tiene capacidad de desunir o separar. ◆ adj. y s.f. **2** Se dice de la proposición que expresa una acción, proceso o estado que excluye lo expresado por otra u otras proposiciones. ◆ adj. **3** Se dice de la conjunción que introduce una proposición disyuntiva.

ditirambo s.m. **1** Composición poética que los autores de la antigua Grecia escribían en honor de Dionisos. **2** Elogio exagerado.

diurético, a adj. y s.m. Que facilita o aumenta la eliminación de orina.

diurno, a adj. **1** Relativo al día. **2** Se dice del animal que realiza su actividad durante el día.

divagación s.f. Separación del asunto principal del que se habla o escribe.

divagar v.intr. **1** Separarse o apartarse del asunto principal del que se habla o escribe. **2** Hablar o escribir desordenadamente o sin un fin determinado. **3** Pensar en varias cosas sucesivamente sin orden, objetivo ni motivo concreto.

diván s.m. Asiento alargado y blando en el que puede recostarse o tenderse una persona.

divergencia s.f. **1** Alejamiento progresivo entre sí de dos líneas o superficies. **2** Falta de coincidencia entre las ideas y opiniones de varias personas.

divergente adj. **1** Se dice de la línea o superficie que se aparta de otra. **2** Que tiende a no coincidir con las ideas y opiniones de otro.

diversidad s.f. **1** Diferencia o distinción. **2** Abundancia y unión de cosas o personas distintas.

diversificar v.tr. Hacer diversa o múltiple una cosa que era única y uniforme.

diversión s.f. **1** Actividad o espectáculo que gusta y produce placer. **2** Cosa que hace pasar el tiempo de manera agradable.

diverso, a adj. **1** Distinto de otro. **2** Que está formado por partes de características diferentes. ◆ adj.pl. **3** Que son más de uno.

divertido, a adj. Que divierte.

divertimento s.m. Composición musical de carácter alegre.

divertir (45) v.tr. Hacer pasar el tiempo de manera agradable.

dividendo s.m. **1** Cantidad que debe dividirse entre otra. **2** Parte de las ganancias de una sociedad que corresponde a sus accionistas.

dividir v.tr. **1** Separar en partes o grupos. **2** Repartir algo entre varios. **3** Crear enemistad y discordia. **4** Averiguar las veces que una cantidad está contenida en otra.

divinidad s.f. **1** Naturaleza de Dios. **2** En las religiones politeístas, ser sobrenatural que tiene poder sobre una parte concreta de la realidad existente.

divinizar v.tr. Considerar a una persona o cosa como un dios y tratarla como tal.

divino, a adj. **1** Relativo a Dios o a los dioses. **2** Que destaca o sobresale entre los demás.

1. **divisa** s.f. Moneda extranjera manejada por un país en el comercio internacional.

2. **divisa** s.f. **1** Señal exterior que sirve para distinguir personas, grados, cargos o cosas. **2** Lema de un escudo.

divisar v.tr. Ver o percibir desde lejos.

divisible adj. **1** Que puede ser dividido. **2** Se dice del número entero que al dividirlo entre otro da como resultado un número entero.

división s.f. **1** Acción y efecto de dividir. **2** Agrupación de equipos deportivos de la misma categoría. **3** Categoría de clasificación de las plantas, inferior a la de reino y superior a la de clase. **4** Operación matemática por la cual se obtienen las veces que un número está contenido en otro. **5** Unidad militar compuesta por dos o más regimientos de distintos cuerpos del ejército. ◇ **división de honor** Categoría en la que se agrupan los mejores equipos de un deporte.

divisionismo s.m. Técnica de la pintura que consiste en la yuxtaposición de pinceladas diminutas, a modo de puntitos.

divisor, ra adj. y s.m. **1** Cantidad que divide a otra. ◆ s.m. **2** Cada uno de los factores en los que se puede descomponer un número, y que lo dividen exactamente. ◇ **común divisor** Cantidad por la cual se dividen exactamente dos o más cantidades. ◇ **máximo común divisor** Divisor mayor que tienen en común varios números o cantidades.

divisorio, a adj. Que divide o separa.

divo, a adj. y s. Se dice del artista que tiene mucha fama y es muy admirado.

divorciado, a adj. y s. Se dice de la persona que ha obtenido el divorcio.

divorciar (1d) v.tr. **1** Disolver un juez el vínculo matrimonial entre dos personas. **2** Deshacer o separar un grupo de personas que mantenían una estrecha relación, o cosas que estaban o debían estar juntas.

divorcio s.m. **1** Separación legal de dos personas que estaban casadas. **2** Separación de un grupo de personas que mantenían una estrecha relación, o de cosas que estaban juntas.

divulgación s.f. Acción de divulgar.

divulgar v.tr. Hacer que un hecho, una noticia, una lengua, un conjunto de conocimientos, etc., llegue a conocimiento de muchas personas.

dixie s.m. Estilo de jazz interpretado en grupos pequeños que improvisan a tres voces.

dixieland s.m. Dixie.

dizigótico, a adj. Dicigótico.

DNA ▷ ADN.

DNI s.m. Sigla de **documento nacional de identidad.**
OBS Pronunc. 'de-ene-i'.

do (pl. dos.) s.m. Primera nota de la escala musical. ◇ **do de pecho** Nota más aguda que alcanza la voz de tenor. □ Tesón y esfuerzo que pueden permitir conseguir una cosa.

dóberman o **doberman** adj. y s.m. y f. Se dice del perro que pertenece a una raza de estatura media, cuerpo esbelto y musculoso, pelo corto y orejas pequeñas.

dobladillo s.m. Pliegue que se hace en los bordes de una tela, doblándola dos veces hacia adentro para coserla.

doblaje s.m. Sustitución de las voces de los actores de una película por otras voces para traducir del idioma original al idioma del público.

doblar v.tr. **1** Plegar o juntar los extremos de un objeto flexible. **2** Dar forma curva. **3** Pasar al otro lado de un saliente. **4** Tener dos veces más. **5** Hacer dos veces mayor una cosa o multiplicar por dos una cantidad. **6** Sustituir a un actor o una actriz en las escenas peligrosas. **7** Sustituir las voces de los actores de una película por otras para traducir del idioma original al idioma del público. **8** Alcanzar un participante de una carrera a otro sacándole una vuelta de pista de ventaja. ◆ v.intr. **9** Cambiar de dirección. **10** Sonar las campanas por la muerte de una persona. ◆ **doblarse** v.prnl. **11** Tomar algo forma curva.

doble adj. y s.m. **1** Que es dos veces la cantidad, número o tamaño de cierta cosa. ◆ adj. **2** Que está formado por dos elementos o se repite dos veces. **3** Que es más grueso o consistente de lo normal. ◆ adj. y s.m. **4** Que es dos veces la cantidad normal. ◆ s.m. y f. **5** Persona que tiene un gran parecido con otra. **6** Persona que sustituye a un actor o una actriz en las escenas peligrosas. ◆ adv. **7** Dos veces una cantidad. ◆ **dobles** s.m.pl. **8** Partido en el que se enfrentan dos jugadores contra otros dos, especialmente en el tenis. **9** Infracción que un jugador comete en el baloncesto cuando bota el balón con las dos manos a la vez o cuando salta con el balón y cae con él todavía en las manos.

doblegar v.tr. **1** Hacer desistir de una opinión o de un propósito y obligar a aceptar otros. **2** Doblar o torcer encorvando.

doblete s.m. **1** Representación de dos papeles distintos por un mismo actor en la misma obra o película. **2** Serie de dos éxitos o victorias en un corto período. **3** Conjunto de dos palabras que tienen el mismo origen, pero que han evolucionado de distinta manera.

doblez s.m. **1** Parte que se dobla o se pliega en una cosa. ◆ s.m. o f. **2** Falsedad o hipocresía en la manera de actuar.

doblón s.m. Antigua moneda española de oro.

doce adj.num.cardin. **1** Diez más dos. ◆ adj.num.partit. **2** Que ocupa el lugar número 12 en una serie ordenada. ◆ s.m. **3** Número 12.

doceavo, a adj.num.partit. Se dice de cada una de las partes que resultan de dividir un todo en doce partes iguales.

docena s.f. Conjunto formado por doce unidades.

docencia s.f. Actividad de la persona que se dedica a enseñar.

docente adj. **1** Relativo a la enseñanza (actividad profesional). ◆ adj. y s.m. y f. **2** Se dice de la persona que se dedica a la enseñanza.

dócil adj. **1** Fácil de educar o dirigir. **2** Que obedece o cumple lo que se le manda. **3** Que se puede labrar con facilidad.

docilidad s.f. Cualidad de dócil.

docto, a adj. y s. Que posee muchos conocimientos adquiridos a fuerza de estudio.

doctor, ra s. **1** Persona que se dedica a curar o prevenir las enfermedades. **2** Persona que ha conseguido el último grado académico en la universidad. ◇ **doctor de la Iglesia** Título que concede la Iglesia católica a los escritores eclesiásticos que han destacado por la defensa o la enseñanza de la doctrina. ◇ **doctor de la ley** Doctor en las disciplinas religiosas y jurídicas de la religión hebrea.

doctorado s.m. **1** Grado académico más alto que se consigue en la universidad. **2** Conjunto de estudios necesarios para conseguir este grado.

doctoral adj. Relativo al doctor o al doctorado.

doctorando, a s. Persona que está realizando los cursos de doctorado.

doctrina s.f. Conjunto de ideas o normas políticas, sociales o religiosas que rigen la manera de pensar o de obrar.

doctrinal adj. Relativo a la doctrina.

doctrinario, a adj. **1** Doctrinal. ◆ adj. y s. **2** Se dice de la persona que defiende rígidamente una doctrina.

documentación s.f. **1** Información o conocimiento sobre algo. **2** Conjunto de documentos oficiales que prueban la identidad de una persona o de una cosa.

documental adj. **1** Que se basa en documentos. ◆ adj. y s.m. **2** Se dice de la película que trata de hechos y personajes reales con fines informativos o pedagógicos.

documentalista s.m. y f. **1** Persona que se dedica a hacer cine documental. **2** Persona que tiene como oficio obtener documentación sobre ciertos temas.

documentar v.tr. **1** Demostrar algo con documentos. **2** Conseguir o proporcionar información sobre algo con un fin determinado.

documento s.m. **1** Escrito con que se prueba o demuestra algo. **2** Escrito u otra cosa que sirve para ilustrar o comprobar una cosa. **3** Archivo electrónico creado con procesador de textos, base de datos, etc. ◇ **documento nacional de identidad** Documento oficial numerado y con la fotografía y los datos personales del titular que acredita su identidad.

dodecaedro s.m. Cuerpo geométrico regular formado por doce caras que son pentágonos regulares.

dodecafonismo s.m. Sistema musical atonal que se basa en la utilización de la escala cromática.

dodecágono s.m. Figura geométrica plana de doce lados.

dodecasílabo, a adj. y s.m. Se dice del verso que tiene doce sílabas.

dodotis s.m.pl. Fam. Pañal.

dogma s.m. **1** Punto principal de una religión o doctrina que se tiene por cierto y seguro y no puede ponerse en duda. **2** Conjunto de estos puntos principales. **3** Verdad absoluta.

dogmático, a adj. **1** Relativo al dogma. ◆ adj. y s. **2** Que expresa una opinión como si fuera una verdad absoluta.

dogmatismo s.m. Tendencia a afirmar que una cosa es cierta y segura cuando en realidad es discutible.

dogo, a adj. y s.m. Se dice del perro que pertenece a una raza de gran tamaño, con la cabeza grande y el hocico corto y cuadrado con los labios gruesos y colgantes.

dólar s.m. Unidad monetaria de Estados Unidos, Canadá, Australia y otros países.

dolarización s.f. Medida económica consistente en llevar la contabilidad de las empresas y los particulares de un país de moneda débil en dólares, dada su mayor estabilidad.

dolencia s.f. Enfermedad, especialmente crónica.

doler (28) v.intr. **1** Tener dolor en una parte del cuerpo. **2** Causar algo pena, tristeza o lástima. ◆ **dolerse** v.prnl. **3** Expresar con palabras la pena, el dolor o la contrariedad que se siente. **4** Sentir pena y dolor por la desgracia o el sufrimiento que padece otra persona. **5** Arrepentirse de algo.

dolido, a adj. Que experimenta pena, tristeza o lástima a causa de una contrariedad.

dolina s.f. En geología, depresión cónica formada por el hundimiento de un terreno calizo.

dolmen s.m. Monumento funerario del Neolítico cuya forma recuerda a una gran mesa.

dolo s.m. En derecho, engaño o fraude.

dolomía s.f. Roca sedimentaria compuesta por dolomita y calcita, de colores claros variables.

dolomita s.f. Mineral compuesto por carbonato cálcico y magnésico; es semejante a la caliza.

dolor s.m. **1** Sensación molesta y desagradable que se siente en una parte del cuerpo a causa de una herida o una enfermedad. **2** Sentimiento intenso de pena, tristeza o lástima.

dolora s.f. Composición poética breve, de espíritu dramático, que expresa un pensamiento filosófico sobre la vida, el destino, etc.

dolorido, a adj. Que padece una sensación molesta y desagradable en una parte del cuerpo.

doloroso, a adj. Que causa dolor.

doma s.f. Proceso de domar un animal.

domador, ra s. Persona que se dedica a domar animales salvajes.

domar v.tr. **1** Amansar y hacer dócil un animal salvaje mediante la práctica de ejercicios. **2** Contener o frenar una pasión o una conducta. **3** Dar flexibilidad.

domesticar v.tr. Acostumbrar a un animal a convivir con las personas.

doméstico, a adj. **1** Relativo a la casa (vivienda). **2** Se dice del animal que se cría en la compañía del ser humano.

domiciliación s.f. ESP Autorización de pagos o cobros con cargo a una cuenta bancaria.

domiciliar (1d) v.tr. **1** ESP Autorizar un pago o un cobro con cargo a una cuenta bancaria. **2** MÉX Poner la dirección de una carta.

domicilio s.m. **1** Casa en la que vive habitualmente una persona. **2** Lugar en el que legalmente está establecida una persona o sociedad.

dominación s.f. Acción y efecto de dominar.

dominancia s.f. En biología, predominio de un alelo o gen sobre otro que, aunque está presente, no llega a manifestarse externamente.

dominante adj. **1** Que domina. **2** Se dice del carácter hereditario que cuando se posee siempre se manifiesta en el fenotipo. ◆ adj. y s.m. y f. **3** Que tiene tendencia a mandar y a dirigir la vida de las personas que lo rodean. ◆ s.f. **4** Quinto grado de la escala musical diatónica.

dominar v.tr. **1** Tener bajo el poder o la autoridad. **2** Conocer una materia, una ciencia o un arte. **3** Contener o frenar una pasión o una conducta. **4** Sobresalir o ser una cosa más visible que otras entre las que está situada. **5** Ser una cosa más alta que otras entre las que está situada. **6** Divisar una extensión de tierra desde la altura. ◆ **dominarse** v.prnl. **7** Contener o frenar una pasión o una conducta.

dómine s.m. **1** Antiguo profesor de gramática latina. **2** Desp. Persona que adopta el tono de maestro sin serlo.

domingo s.m. Séptimo y último día de la semana. ◇ **Domingo de Pascua** o **Domingo de Resurrección** Domingo en que la Iglesia católica celebra la resurrección de Jesucristo. ◇ **Domingo de Ramos** Último domingo de Cuaresma.

dominguejo s.m. AMÉR Persona insignificante.

dominguero, a adj. **1** Que se suele usar en domingo. ◆ s. **2** Desp. Persona que acostumbra a arreglarse y divertirse solamente los domingos y días festivos.

dominical adj. **1** Relativo al domingo. ◆ adj. y s.m. **2** Se dice de la revista que se vende los domingos acompañando a un periódico.

1. **dominicano, a** adj. y s. De la República Dominicana (país de América Central).

2. **dominicano, a** ▷ dominico, a.

dominico, a adj. y s. **1** Relativo a la orden religiosa fundada por santo Domingo de Guzmán. ◆ adj. y s.m. **2** AMÉR CENTRAL, CUBA Se dice de una variedad de plátano de pequeño tamaño.

dominio s.m. **1** Poder que se tiene sobre lo que es propio o sobre otras personas. **2** Territorio y población que están bajo un mismo mando. **3** Buen conocimiento de una materia, una ciencia o un arte. **4** Campo de una materia o de una actividad científica o artística. **5** Nombre mediante el cual una empresa u organización se da a conocer en Internet. ◇ **de dominio público** Conocido o sabido por todos.

dominó s.m. Juego de mesa en el que se usan 28 fichas rectangulares que tienen una cara dividida en dos cuadrados iguales que llevan marcados de uno a seis puntos negros o ninguno.

domo s.m. **1** Cúpula o bóveda arquitectónica en forma de media esfera. **2** Pliegue del terreno en forma de elevación abombada.

1. **don** s.m. **1** Cualidad o habilidad para hacer una cosa. **2** Regalo. ◇ **don de gentes** Habilidad para tratar con otras personas.

2. **don, doña** s. Tratamiento de respeto y cortesía que se utiliza antepuesto al nombre propio.

donación s.f. Entrega de algo propio que se hace de forma voluntaria y generosa.

donaire s.m. Gracia, discreción y viveza en la forma de hablar o de moverse.

donante adj. y s.m. y f. **1** Se dice de la persona que da voluntariamente algo propio. ◆ s.m. y f. **2** Persona que costeaba una obra de arte.

donar v.tr. Dar algo propio voluntariamente.

donativo s.m. Cantidad de dinero o conjunto de medicinas, alimentos, etc. que se dona.

doncel s.m. **1** Formal. Hombre joven, especialmente el que no ha tenido relaciones sexuales. **2** Joven noble o paje que aún no había sido armado caballero.

doncella s.f. **1** Formal. Mujer joven, especialmente la que no ha tenido relaciones sexuales. **2** Sirvienta que se dedica a trabajos domésticos no relacionados con la cocina.

donde adv. **1** Indica el lugar en el que ocurre cierta cosa o en el que se encuentra alguien o algo. ◆ prep. **2** Indica el lugar en el que está alguien o algo. **3** Fam. En casa de la persona que se indica.

dónde adv. En qué sitio o en qué lugar.

dondequiera adv. En cualquier parte.

dondiego s.m. Planta herbácea ornamental de flores con forma de embudo, que se abren solamente tras la puesta de sol.

donjuán s.m. Hombre que tiene facilidad y tendencia a seducir a las mujeres.

donoso, a adj. Que tiene gracia, discreción y viveza. □ Frec. irónico.

donostiarra adj. y s.m. y f. De San Sebastián.

dónut s.m. Bollo en forma de rosquilla que se recubre o rellena con algún ingrediente dulce.

doña ▷ don, doña.

dopaje s.m. Consumo de sustancias excitantes o estimulantes que sirven para lograr un mejor rendimiento en una competición deportiva.

dopar v.tr. Suministrar sustancias excitantes o estimulantes que sirven para lograr un mejor rendimiento en una competición deportiva.

doping s.m. Dopaje.

doquier adv. En cualquier parte.

dorada s.f. Pez marino comestible, de color gris plateado con una mancha dorada.

dorado, a s.m. y adj. **1** Color como el del oro. ◆ adj. **2** Que es de este color. **3** Se dice del período que está lleno de esplendor. ◆ s.m. **4** Acción de dorar. **5** Capa de oro o de una sustancia parecida al oro que recubre un objeto.

dorar v.tr. **1** Cubrir una superficie con oro o con una sustancia dorada. **2** Presentar una cosa como mejor o más agradable de lo que es en realidad. **3** Tostar o asar ligeramente. **4** Dar a una cosa un color parecido al del oro.

dórico, a adj. Se dice del estilo arquitectónico clásico que tiene las columnas acanaladas, sin basa y sin molduras en el capitel.

dorio, a adj. y s. De un pueblo que llegó a Grecia a finales del siglo XII a C.

dormilón, na adj. y s. **1** Fam. Se dice de la persona que duerme mucho o con gran facilidad. ◆ s.m. **2** Nombre común de ciertas aves de la costa americana del Pacífico cuya principal característica es posarse con el cuello recogido.

dormilona s.f. **1** AMÉR Sensitiva (planta americana, variedad de la mimosa). **2** MÉX Cojín pequeño que se sujeta sobre el respaldo de los sillones para apoyar la cabeza. **3** VENEZ Camisón.

dormir (15) v.tr. e intr. **1** Estar en un estado de reposo inconsciente en el que se pierden los movimientos voluntarios. ◆ v.tr. **2** Hacer que alguien pase a este estado. **3** Producir la pérdida temporal del conocimiento o de la sensibilidad de una parte del cuerpo mediante la administración de una sustancia química. **4** Aburrir mucho. ◆ v.intr. **5** Pasar la noche en algún lugar fuera de la vivienda habitual. **6** Fam. Tener relaciones sexuales. ◆ **dormirse** v.prnl. **7** Perder el cuidado, la atención o el interés con que se realiza una acción.

dormitar v.intr. Estar medio dormido o dormir con sueño poco profundo.

dormitorio s.m. Habitación de la vivienda que se usa para dormir.

dorsal adj. **1** Relativo al dorso (espalda o lomo). **2** Se dice del sonido que se articula con el dorso de la lengua. ◆ s.m. **3** Trozo de tela con un número que un deportista lleva en la espalda para poder ser identificado. ◆ s.m. y f. **4** Deportista que lleva este trozo de tela. ◆ s.f. **5** Cordillera sumergida que hay en el fondo del océano. □ También dorsal oceánica.

dorso s.m. **1** Parte posterior del tronco de una persona o animal. **2** Parte superior y convexa de un órgano. **3** Parte posterior o contraria a la principal de una cosa laminar.

dos adj.num.cardin. **1** Uno más uno. ◆ adj.num.ordin. **2** Que ocupa el lugar número 2 en una serie ordenada. ◆ s.m. **3** Número 2. □ Plural: doses. ◇ **cada dos por tres** Fam. Con mucha frecuencia.

doscientos, as adj.num.cardin. **1** Cien más cien. ◆ adj.num.ordin. **2** Que ocupa el lugar número 200 en una serie ordenada. ◆ s.m. **3** Número 200.

dosel s.m. Pieza de madera o de tela que se coloca a modo de techo y como adorno sobre un asiento, un trono, una imagen o una cama.

dosificar v.tr. **1** Fijar la cantidad de medicina o de otra sustancia que debe ingerirse en cada toma. **2** Graduar la cantidad o proporción de algo inmaterial.

dosis s.f. **1** Cantidad de medicina o de otra sustancia que se ingiere en cada toma. **2** Cantidad o proporción de algo inmaterial.

dossier s.m. Conjunto de documentos o papeles recopilados sobre alguien o algo.

dotación s.f. **1** Acción de dotar. **2** Cantidad de dinero que se da como sueldo, premio o pago. **3** Conjunto de personas destinadas a realizar un servicio o una actividad.

dotar v.tr. **1** Dar o conceder una cualidad o una capacidad a una persona para ejercer una actividad. **2** Dar o equipar una cosa con algo que la complete o mejore. **3** Asignar una cantidad de dinero como sueldo, premio o pago. **4** Asignar a un lugar las personas o los medios necesarios para su funcionamiento. **5** Asignar dote a una mujer.

dote s.f. **1** Cualidad o capacidad que muestra una persona para ejercer una actividad. □ Suele usarse en plural. ◆ s.m. o f. **2** Conjunto de bienes o dinero que una mujer aporta al matrimonio o que entrega al convento o a la orden religiosa a la que va a pertenecer.

dovela s.f. Piedra labrada en forma de cuña cuya yuxtaposición sirve para formar un arco, una bóveda u otras superficies arquitectónicas.

Dr., Dra. Abreviaturas de doctor y doctora.

dracma s.m. o f. **1** Unidad monetaria de Grecia hasta su sustitución por el euro en el año 2002. **2** Moneda antigua de plata de Grecia y Roma que valía cuatro sestercios.

draconiano, a adj. Se dice de la ley o medida que es excesivamente severa.

drag adj. **1** Relativo a las drag queens. ◆ s.m. y f. **2** Hombre que se viste de mujer con zapatos de plataforma y peluca, generalmente para dar un espectáculo. □ También drag queen.

dragaminas s.m. Buque acondicionado para limpiar de minas submarinas los mares.

dragar v.tr. Sacar barro, piedras o arena del fondo de un puerto de mar, de un río o de una corriente navegable para limpiarlo.

drago s.m. Árbol originario de Canarias, de tronco grueso, copa ancha, flores blancas y fruto en forma de baya anaranjada.

dragón s.m. **1** Animal fabuloso con forma de reptil gigante, muy fiero y que echa fuego por la boca. **2** Reptil de cuerpo alargado, parecido al lagarto, cuya piel se expande a ambos lados del cuerpo formando una especie de alas que le ayudan en sus saltos. **3** Embarcación de vela con aparejo de balandro usada en competiciones deportivas. **4** Pez marino comestible de color rojizo y aletas muy espinosas. **5** Planta de flores con el extremo semejante al hocico cerrado de un animal.

drama s.m. **1** Obra de teatro. **2** Subgénero de la literatura dramática similar a la tragedia pero sin un desenlace catastrófico. **3** Obra cinematográfica con el mismo tema. **4** Acontecimiento de la vida real capaz de emocionar y causar tristeza.

dramática s.f. **1** Género literario formado por obras en prosa o en verso que están destinadas a la representación escénica. **2** Dramaturgia.

dramático, a adj. **1** Relativo al drama. **2** Relativo al teatro. **3** Se dice de la persona que suele exagerar las cosas y los acontecimientos. **4** Capaz de conmover. ◆ **adj. y s. 5** Se dice del autor que escribe obras dramáticas o del actor que las representa.

dramatismo s.m. Capacidad de emocionar, conmover o causar dolor en el ánimo.

dramatizar v.tr. **1** Dar forma y características de drama como género literario. ◆ **v.tr. e intr. 2** Exagerar una cosa o un acontecimiento.

dramaturgia s.f. **1** Arte y técnica de la representación teatral. **2** Conjunto de obras de teatro de un autor o de una época.

dramaturgo, a s. Autor de obras dramáticas.

drástico, a adj. Radical, riguroso o severo.

drenaje s.m. **1** Eliminación del agua acumulada en un lugar por medio de zanjas o cañerías. **2** Eliminación del líquido acumulado anormalmente en una herida o en una cavidad del cuerpo. **3** Material o procedimiento que se usa para eliminar este líquido.

driblar v.tr. e intr. ESP, MÉX En fútbol y otros deportes, engañar al contrario mediante un movimiento brusco para esquivarlo y no dejarse arrebatar el balón. **GEOSIN** gambetear, regatear.

dribling s.m. ESP, MÉX Movimiento que se hace al driblar.

dril s.m. Tela fuerte de hilo o de algodón crudos o sin tratar.

driver (pl. drivers.) s.m. Programa informático, controlador o rutina que enlaza un dispositivo periférico al sistema operativo.
OBS Pronunc. 'dráiver'.

droga s.f. **1** Sustancia que elimina el dolor, tranquiliza, excita, o aumenta o disminuye el estado consciente, y cuyo consumo reiterado puede crear dependencia. **2** Sustancia preparada que se emplea en industria, limpieza y pintura. **3** Fam. Cosa que atrae hasta el punto de ser más fuerte que la voluntad. **4** MÉX, PERÚ Deuda.

drogadicción s.f. Hábito y dependencia de alguna droga.

drogadicto, a s. Persona que tiene hábito y dependencia de alguna droga.

drogar v.tr. **1** Suministrar drogas. ◆ **drogarse** v.prnl. **2** Consumir drogas.

drogodependiente s.m. y f. Drogadicto.

droguería s.f. ESP Establecimiento en el que se venden productos de limpieza y pinturas.

dromedario s.m. Mamífero rumiante, parecido al camello pero con una sola joroba.

druida s.m. Sacerdote de los antiguos celtas.

drupa s.f. Fruto carnoso de forma redondeada que tiene en su interior un único hueso.

druso, a adj. y s. Relativo a un pueblo que habita en el Próximo Oriente y profesa una religión derivada de la mahometana.

dual adj. **1** Que tiene o reúne en sí dos caracteres o fenómenos distintos. **2** Que se emite en dos lenguas.

dualidad s.f. Cualidad de dual.

dubitativa s.f. y adj. Oración que expresa o muestra duda.

dubitativo, a adj. Que muestra o denota duda.

dublinés, sa adj. y s. De Dublín.

ducado s.m. **1** Título nobiliario de duque. **2** Territorio sobre el que antiguamente un duque ejercía su autoridad o dominio. **3** Estado gobernado por un duque. **4** Antigua moneda, generalmente de oro, con distinto valor en cada país.

ducal adj. Relativo al duque.

duce s.m. Título tomado por Benito Mussolini (jefe de la Italia fascista desde 1922 hasta 1945).
OBS Pronunc. 'duche'.

ducentésimo, a adj.num.ordin. **1** Que ocupa el lugar número 200 en una serie ordenada. ◆ **adj.num.partit. 2** Se dice de cada una de las partes que resultan de dividir un todo en doscientas partes iguales.

ducha s.f. **1** Aplicación de agua que, en forma de chorro o lluvia, se hace caer o se dirige sobre el cuerpo para asearlo. **2** Aparato o instalación para esta aplicación de agua. **3** Recipiente donde cae y se recoge el agua de este aparato. **4** Habitación o lugar donde está instalado este aparato. ◇ **ducha de agua fría** Fam. Noticia desagradable e inesperada.

duchar v.tr. Aplicar agua, en forma de chorro o lluvia, sobre el cuerpo para asearlo.

ducho, a adj. Se dice de la persona que es experta en una actividad.

dúctil adj. **1** Se dice del metal que puede someterse a grandes deformaciones sin romperse. **2** Se dice del material que puede trabajarse con facilidad.

ductilidad s.f. **1** Cualidad de dúctil. **2** Capacidad de algunas personas para adaptarse o cambiar de opinión con facilidad.

duda s.f. **1** Vacilación o falta de determinación ante varias posibilidades de elección acerca de una creencia, una noticia o un hecho. **2** Cuestión que se propone para resolverla.

dudar v.intr. **1** Vacilar ante varias posibilidades de elección acerca de una creencia, una noticia o un hecho. ◆ **v.tr. 2** No creer por completo en la veracidad de un hecho o una noticia. **3** Desconfiar de la honradez de alguien o sospechar que es culpable de una falta o delito.

dudoso, a adj. **1** Que origina duda o siente dudas. **2** Poco probable. **3** Que ofrece desconfianza o sospecha.

1. **duelo** s.m. Lucha o enfrentamiento entre dos personas o entre dos animales.

2. **duelo** s.m. Conjunto de demostraciones de pena y dolor que se sienten por la muerte de una persona. ◇ **sin duelo** Con abundancia.

duende s.m. **1** Espíritu travieso que, según la tradición popular, habita en algunas casas, donde causa ruidos y trastornos, gasta bromas a los humanos o los ayuda en sus quehaceres. **2** Encanto o atractivo inefables de una persona o de una manifestación artística.

dueño, a s. Persona que tiene la propiedad de una cosa.

duermevela s.m. o f. Sueño poco profundo, inquieto e interrumpido con cierta frecuencia.

dueto s.m. **1** Composición musical para dos voces o dos instrumentos. **2** Conjunto musical formado por dos voces o dos instrumentos.

dugón s.m. Mamífero acuático de color grisáceo que tiene la cola dividida en dos paletas.

dugongo s.m. Dugón.

dulce adj. **1** Se dice del alimento que tiene un sabor suave y agradable, parecido al del azúcar o la miel. **2** Se dice de la cosa que no es salada, ni agria ni amarga en comparación con otras del mismo tipo o especie. **3** Que produce una impresión o una sensación agradable y placentera. **4** Que es amable y complaciente. ◆ s.m. **5** Alimento en cuya composición entra el azúcar como elemento fundamental. **6** Fruta cocida con almíbar o azúcar.

dulcificar v.tr. **1** Poner dulce o más dulce algo. **2** Hacer dulce una cosa de modo que produzca una impresión agradable y placentera.

dulcinea s.f. Mujer a la que se ama.

dulzaina s.f. Instrumento musical de viento formado por un tubo ligeramente cónico.

dulzón, na adj. Se dice del alimento que tiene un sabor demasiado dulce.

dulzura s.f. **1** Carácter agradable de una cosa. **2** Amabilidad y complacencia. **3** Sabor suave y agradable, parecido al del azúcar o la miel.

dumping s.m. Práctica comercial que consiste en vender un producto en el mercado exterior a un precio más bajo que el del interior.

duna s.f. Forma de relieve producida por una acumulación de arena.

dúo s.m. **1** Dueto. **2** Conjunto de dos personas.

duodécimo, a adj.num.ordin. **1** Que ocupa el lugar número 12 en una serie ordenada. ◆ adj.num.partit. **2** Se dice de cada una de las partes que resultan de dividir un todo en doce partes iguales.

duodeno s.m. Parte inicial del intestino delgado situada entre el final del estómago y el yeyuno.

dúplex s.m. Vivienda de un edificio que consta de dos pisos superpuestos unidos por una escalera interior.

duplicación s.f. Multiplicación por dos o aumento en dos veces de algo.

duplicado s.m. **1** Copia fiel de un documento o escrito original y de idénticas características que este. **2** Reproducción o copia exacta de un objeto. ◇ **por duplicado** En dos ejemplares.

duplicar v.tr. **1** Multiplicar por dos una cantidad. **2** Hacer una copia o duplicado.

duplicidad s.f. Falsedad o hipocresía en la manera de actuar.

duplo, a adj. y s.m. Que es dos veces el número o cantidad de cierta cosa.

duque, esa s. **1** Miembro de la nobleza de categoría inferior a la de príncipe y superior a la de marqués. **2** Soberano o autoridad suprema de un ducado. ◆ s.m. **3** Señor feudal de categoría superior a los demás señores.

duración s.f. Tiempo que transcurre entre el principio y el fin de una cosa.

duradero, a adj. Que dura o puede existir o desarrollarse durante un largo período.

duraluminio s.m. Aleación ligera de aluminio con cobre y otros metales.

duramen s.m. Parte central, más seca, compacta y oscura, del tronco y de las ramas gruesas.

durante prep. Indica el período que dura algo o en el que sucede.

durar v.intr. **1** Existir, ocurrir o desarrollarse algo durante un período. **2** Mantenerse o conservar las propias cualidades.

durativo, a adj. **1** Formal. Que dura, duradero. **2** Se dice del aspecto del verbo que expresa la acción mientras se está realizando, sin limitación temporal o sin precisar principio o fin.

duraznero s.m. **1** AMÉR Durazno (árbol). GEOSIN melocotonero. **2** ESP Durazno (variedad de melocotonero).

durazno s.m. **1** AMÉR Fruta esférica que tiene la piel amarillenta y aterciopelada, la pulpa dulce y jugosa y un hueso duro en su interior. GEOSIN melocotón. **2** AMÉR Árbol que da este fruto. GEOSIN melocotonero. **3** ESP Variedad de melocotonero que da un fruto más pequeño. **4** ESP Fruto de esta variedad.

dureza s.f. **1** Cualidad de duro. **2** Grado de resistencia que opone un mineral a ser rayado. **3** Capa de piel dura que se forma en algunas partes del cuerpo.

duro, a adj. **1** Se dice de la materia que ofrece una gran resistencia a ser doblada, deformada, penetrada o cortada. **2** Se dice del mineral que opone resistencia a ser rayado. **3** Que carece de la blandura o flexibilidad necesaria. **4** Se dice de la persona que es fuerte y resistente al trabajo, al cansancio o a las penalidades. **5** Insensible, severo o muy riguroso. **6** Que ofende, hiere la sensibilidad o es violento. **7** Se dice de la actividad que exige gran esfuerzo y sufrimiento. **8** Que carece de armonía o suavidad. ◆ s.m.

9 Moneda de cinco pesetas. ◆ adv. **10** Con gran esfuerzo, fuerza o violencia. ◇ **estar a las duras y a las maduras** Aceptar y asumir tanto las ventajas como los inconvenientes de algo. ◇ **sin un duro** Fam. ESP Sin dinero.

duunviro s.m. Miembro de un gobierno de la antigua Roma compuesto por dos magistrados con funciones judiciales y administrativas.

dux s.m. Príncipe o magistrado supremo de las antiguas repúblicas de Génova y Venecia. **OBS** Invariable en número.

DVD s.m. **1** Disco digital similar a un CD-ROM pero con una capacidad de almacenamiento quince veces mayor. **2** Aparato o dispositivo que permite acceder a este disco. **OBS** Pronunc. 'de-uve-de'.

E

1. **e** (pl. es) **s.f.** Quinta letra del alfabeto español.

2. **e conj.** Sustituye a la conjunción **y** cuando la palabra siguiente comienza por i o por **hi** (excepto cuando esa **y** o **hi** va seguida de vocal).

ea interj. ESP Expresión que se usa, sola o repetida, para animar o estimular a hacer algo.

ebanista s.m. y f. Carpintero que se dedica a trabajar maderas finas.

ebanistería s.f. 1 Taller o lugar de trabajo del ebanista. **2** Arte y técnica del ebanista.

ébano s.m. 1 Árbol de tronco grueso y alto y hojas de color verde oscuro. **2** Madera de este árbol, de color negro, pesada y dura.

ebonita s.f. Material plástico negro y muy duro.

e-book s.m. Libro electrónico.
OBS Pronunc. aprox. 'i buk'.

ebrio, a adj. y s. 1 Borracho. ◆ **adj. 2** Dominado por un sentimiento o una pasión fuertes.

ebullición s.f. 1 Movimiento violento del agua u otro líquido al hervir. **2** Estado de agitación.

eccehomo s.m. Representación de Jesucristo detenido con la corona de espinas cuando es presentado por Pilatos al pueblo.

eccema o **eczema s.m.** Enfermedad de la piel que se caracteriza por la aparición de descamación, manchas rojas y picores.

ecclesia s.f. Eclesia.

echado adj. C RICA, NIC Apático, indolente, perezoso.

echar v.tr. 1 Enviar un objeto dándole un impulso. **2** Dejar caer una cosa para que entre en un lugar. **3** Despedir de sí o emitir algo. **4** Expulsar de un lugar. **5** Producir o empezar a tener un organismo algo propio de su naturaleza. **6** Poner sobre un lugar. **7** Tender o acostar un rato para descansar. **8** Inclinar o mover en cierta dirección, especialmente el cuerpo o una parte de él. **9** Dar o repartir comida. **10** Gastar o emplear una cantidad de tiempo en una acción o trabajo. **11** Decir o pronunciar un dicho o un discurso. **12** Mover o correr un mecanismo de una puerta o ventana para que se cierre. **13** Proyectar o emitir una película o representar una obra de teatro. **14** Jugar o participar en un juego o competición. **15** Seguido de una expresión que indica un lugar inferior, derribar o arruinar. **16** Dejar una decisión a la suerte. **17** Condenar a una pena o reclusión. **18** Suponer o calcular de manera aproximada. **19** Seguido de un sustantivo, realizar la acción expresada por este. **20** Juntar a un animal macho con una hembra para que procreen. ◆ **v.intr. 21** Seguido de una expresión que indica lugar o dirección, ir o moverse hacia ellos. ◆ **echarse v.prnl. 22** Tumbarse un rato para descansar. **23** Inclinarse o moverse en cierta dirección. **24** Lanzarse o tirarse con un impulso. ◆ **v.prnl. 25** Establecer una relación con una persona. ◇ **echar,** o **echarse, a + infinitivo** Comenzar a hacer cierta acción. ◇ **echar a perder** Estropear. ◇ **echarse atrás** Arrepentirse.

echarpe s.m. Prenda de vestir parecida a un pañuelo que se pone sobre los hombros.

eclecticismo s.m. Escuela filosófica o estilo artístico que escoge elementos de los distintos sistemas o estilos.

ecléctico, a adj. Relativo al eclecticismo.

eclesia o **ecclesia s.f.** En la antigua Grecia, asamblea del pueblo en una ciudad.

eclesiástico, a adj. 1 Relativo a la Iglesia. ◆ **s.m. 2** Hombre que es miembro del clero.

eclipsar v.tr. 1 Causar un cuerpo celeste el eclipse de otro. **2** Hacer que algo sea menos importante o notorio.

eclipse s.m. 1 Desaparición transitoria, total o parcial, de un cuerpo celeste de la vista del observador debido a la interposición de otro astro. **2** Pérdida de la importancia o la notoriedad.

eclíptica s.f. Plano imaginario que contiene la trayectoria de la Tierra alrededor del Sol.

eclosión s.f. 1 Aparición o salida de un animal o un capullo de flor. **2** Aparición súbita de un movimiento cultural o de un hecho histórico.

eco s.m. 1 Fenómeno acústico consistente en la repetición de un sonido que se produce debido a la reflexión de las ondas sonoras. **2** Sonido que se oye de manera débil y confusa. **3** Noticia o rumor vagos. **4** Repercusión o interés que despierta un hecho o acontecimiento. ◇ **hacerse eco de algo** Contribuir a dar a conocer una cosa.

ecografía s.f. **1** Técnica de exploración de los órganos internos del cuerpo. **2** Imagen o fotografía obtenida con esta técnica.

ecolocación s.f. Mecanismo de orientación de algunas especies de animales que consiste en la emisión de ultrasonidos.

ecología s.f. Ciencia que estudia las relaciones de los seres vivos entre sí y con el medio.

ecológico, a adj. **1** Relativo a la ecología. **2** Que respeta el medio ambiente.

ecologismo s.m. Movimiento que defiende la necesidad de proteger la naturaleza.

ecologista adj. y s.m. y f. Que defiende la conservación del medio ambiente.

economato s.m. Supermercado donde pueden comprar más barato ciertas personas.

economía s.f. **1** Disciplina que estudia la manera de funcionar los recursos, la creación de riqueza y la producción de bienes y servicios. **2** Sistema de comercio e industria mediante el cual se produce y usa la riqueza de un país o región. **3** Manera como una empresa o familia organiza y administra el dinero y otros bienes. ◇ **economía sumergida** Conjunto de actividades económicas al margen del control del Estado.

económico, a adj. **1** Relativo a la economía. **2** Que cuesta poco dinero o que gasta poco.

economista s.m. y f. Especialista en economía.

economizar v.tr. **1** Evitar el gasto de dinero o de otro producto. **2** Ahorrar.

ecónomo adj. y s.m. Se dice del sacerdote que dirige una parroquia vacante hasta el nombramiento del párroco.

ecopacifismo s.m. Actitud o doctrina de las personas ecologistas y pacifistas.

ecosistema s.m. Sistema biológico que se compone de un conjunto de seres vivos, el medio natural en que se desarrollan y las relaciones que establecen entre sí.

ecosocialismo s.m. Doctrina política que integra las ideas del socialismo y del ecologismo.

ectodermo s.m. Capa externa de la gástrula que da lugar a la epidermis, el sistema nervioso y otras partes del embrión.

ectoparásito, a adj. y s.m. Parásito que vive en la parte externa de su hospedante.

ectoplasma s.m. Parte externa del citoplasma de una célula.

ectotermo, a adj. Se dice del animal cuya temperatura corporal depende del calor del ambiente en el que vive.

ecu s.m. Antigua unidad monetaria europea que en 1995 fue sustituida por el euro.

ecuación s.f. Igualdad entre dos expresiones que contiene una o más incógnitas.

ecuador s.m. Círculo imaginario de la esfera terrestre, perpendicular al eje, que sirve como punto de referencia para establecer las coordenadas geográficas.

ecualizador s.m. Dispositivo que en los aparatos de alta fidelidad sirve para ajustar las frecuencias del sonido.

ecuánime adj. Imparcial o neutral.

ecuatoguineano, a adj. y s. De Guinea Ecuatorial (país de África).

ecuatorial adj. Relativo al ecuador.

ecuatoriano, a adj. y s. De Ecuador.

ecuestre adj. **1** Relativo al caballo (animal). **2** Se dice de la figura que se representa montada a caballo.

ecuménico, a adj. **1** Que se extiende a todo el orbe. **2** Se dice del concilio en el que están presentes todos los obispos del mundo.

eczema s.m. Eccema.

edad s.f. **1** Cantidad de años que un ser ha vivido desde su nacimiento. **2** Etapa de la vida de las personas. **3** Cantidad de años que una cosa ha durado desde que empezó a existir. **4** Etapa de la prehistoria o de la historia. ◇ **Edad Antigua** Período de la historia que va desde la aparición de la escritura hasta el fin del Imperio romano. ◇ **Edad Contemporánea** Período que va desde fines del siglo XVIII hasta el presente. ◇ **edad del pavo** Fam. y desp. Adolescencia. ◇ **Edad Media** Período de la historia que va desde el fin del Imperio romano hasta mediados del siglo XV. ◇ **Edad Moderna** Período de la historia que va desde mediados del siglo XV hasta finales del XVIII. ◇ **mayor de edad** Se dice de la persona que, según la ley, tiene los años necesarios para poder ejercer todos sus derechos civiles. ◇ **menor de edad** Se dice de la persona que, según la ley, no tiene los años necesarios para poder ejercer todos sus derechos civiles. ◇ **tercera edad** Vejez.

edelweiss s.m. Planta herbácea de flores blancas que crece en zonas altas.

edema s.m. Acumulación excesiva de líquido en algún órgano o tejido del cuerpo.

edén s.m. **1** Según la Biblia, lugar donde se encontraba el paraíso terrenal. **2** Lugar muy agradable.

edetano, a adj. y s. De un pueblo prerromano que habitó las actuales provincias de Valencia, Castellón, Teruel y Zaragoza.

edición s.f. **1** Preparación de un texto, una obra musical, una película, etc. para ser publicado o emitido. **2** Conjunto de ejemplares de una obra impresos de una vez. **3** Celebración de un concurso, un festival o una competición deportiva repetida con periodicidad o sin ella.

edicto s.m. **1** Cartel expuesto en un lugar público con un aviso o disposición oficial. **2** Aviso de un juzgado o tribunal, que se expone en su sede y se publica en los periódicos.

edificación s.f. **1** Acción de edificar. **2** Construcción de grandes dimensiones.

edificante adj. Se dice de la acción que sirve de ejemplo para actuar bien.

edificar v.tr. **1** Construir un edificio. **2** Infundir en los demás sentimientos de piedad y virtud.

edificio s.m. Construcción fabricada con materiales resistentes.

edil s.m. y f. **1** Persona que forma parte del gobierno de un ayuntamiento. ◆ s.m. **2** Antiguo magistrado romano encargado de las obras públicas.

editar v.tr. Preparar un texto, una obra musical, una película o un programa de radio o televisión para ser publicado o emitido.

editor, ra adj. y s. Se dice de la persona o empresa que se dedica a editar.

editorial adj. **1** Relativo al editor o a la edición. ◆ s.m. **2** Artículo de periódico sin firma que recoge la opinión de la dirección. ◆ s.f. **3** Empresa que se dedica a la publicación de libros, revistas, periódicos o discos.

edredón s.m. ESP, MÉX Cobertor de cama relleno de algodón u otro material de abrigo.

educación s.f. **1** Formación destinada a desarrollar la capacidad intelectual y moral de las personas. **2** Sistema de formación destinado a conseguir el desarrollo de las capacidades intelectuales de las personas. **3** Conjunto de conocimientos intelectuales, culturales y morales que tiene una persona. **4** Comportamiento adecuado a las normas sociales. ◇ **educación especial** Educación que está dirigida a personas que tienen ciertos problemas físicos o psíquicos.

educado, a adj. Que se comporta correctamente.

educador, ra adj. **1** Que educa. ◆ s. **2** Persona que se dedica a la enseñanza.

educar v.tr. **1** Desarrollar y perfeccionar las facultades intelectuales y morales de una persona. **2** Instruir a una persona en las normas de cortesía y de comportamiento social. **3** Afinar o perfeccionar los sentidos.

educativo, a adj. **1** Relativo a la educación. **2** Que educa.

edulcorante s.m. Sustancia que se usa para dar gusto dulce a los alimentos.

efe s.f. Nombre de la letra f.

efebo s.m. Formal. Muchacho joven o adolescente.

efectista adj. Que pretende producir un fuerte efecto o impresión en el ánimo.

efectivamente adv. En efecto.

efectividad s.f. Capacidad para producir el efecto deseado.

efectivo, a adj. **1** Que produce el efecto esperado. **2** Real, verdadero o válido. ◆ s.m. **3** Dinero en monedas o en billetes. ◆ **efectivos** s.m.pl. **4** Conjunto de personas que pertenecen a un ejército, a la policía, etc. ◇ **hacer efectivo** Llevar a cabo algo.

efecto s.m. **1** Resultado de una causa. **2** Impresión producida en el ánimo. **3** Finalidad u objetivo con que se hace algo. **4** Documento o valor comercial. **5** Movimiento giratorio que se da a una bola o pelota al impulsarla y que la hace desviarse de su trayectoria normal. ◆ **efectos** s.m.pl. **6** Bienes o cosas que pertenecen a una persona. ◇ **a efectos de** Con el fin de. ◇ **efecto invernadero** Proceso natural, reforzado por la acción humana, por el que la superficie del planeta se mantiene a una temperatura media de 15 °C. ◇ **efectos especiales** En cine y teatro, técnica o truco que hace que una cosa parezca real. ◇ **en efecto** Expresión que se usa para confirmar algo que se ha dicho antes.

efector, ra adj. Se dice del órgano de un animal que se encarga de la respuesta de este frente a un estímulo determinado.

efectuar (1b) v.tr. Hacer o realizar una acción.

efeméride s.f. **1** Hecho importante que se recuerda en un aniversario. **2** Celebración de ese hecho.

eferente adj. Se dice de la formación anatómica que lleva algo desde el interior del cuerpo hacia su parte exterior.

efervescencia s.f. **1** Desprendimiento de burbujas gaseosas en un líquido. **2** Agitación o excitación grandes.

efervescente adj. Que produce efervescencia.

eficacia s.f. Capacidad para obrar o para producir el efecto deseado.

eficaz adj. Que produce el efecto esperado.

eficiencia s.f. Capacidad para realizar o cumplir adecuadamente una función.

eficiente adj. **1** Que realiza o cumple adecuadamente su función. **2** Eficaz.

efigie s.f. Imagen de una persona reproducida en una moneda, una pintura o una escultura.

efímero, a adj. Que dura poco tiempo.

efluvio s.m. **1** Emisión de vapores o de partículas muy pequeñas que se desprenden de una cosa y llegan a nuestros sentidos. **2** Irradiación de algo inmaterial.

éforo s.m. Magistrado que los ciudadanos de Esparta elegían para contrarrestar el poder de los reyes y del Senado.

efusión s.f. **1** Muestra intensa de un sentimiento. **2** Derramamiento de un líquido.

efusivo, a adj. **1** Que manifiesta de manera muy viva los sentimientos. **2** Se dice de la roca formada por la solidificación del magma en contacto con el aire o con el agua.

egipcio, a adj. y s. De Egipto (país de África).

egiptología s.f. Disciplina histórica que estudia la civilización del antiguo Egipto.

égloga s.f. Composición poética dialogada del género bucólico de larga extensión.

ego s.m. Valoración excesiva de uno mismo.

egocéntrico, a adj. Se dice de la persona que se considera el centro de todo.

egocentrismo s.m. Actitud de la persona egocéntrica.

egoísmo s.m. Amor excesivo hacia uno mismo.

egoísta adj. **1** Relativo al egoísmo. ◆ **adj. y s.m. y f. 2** Se dice de la persona que solamente se preocupa de sí misma y no ayuda a los demás.

ególatra adj. Se dice de la persona que se estima a sí misma de manera excesiva.

egolatría s.f. Actitud del ególatra.

egregio, a adj. Ilustre o de gran categoría.

egresar v.intr. AMÉR Salir de un centro académico tras haber terminado los estudios.

egreso s.m. **1** Partida de descargo en una cuenta. **2** AMÉR Acción de egresar.

eh interj. Expresión que se utiliza para llamar la atención de alguien o para preguntar.

einstenio s.m. Elemento químico de símbolo Es y número atómico 99; es un metal radiactivo.

ej. Abreviatura de **ejemplo**.

eje s.m. **1** Barra cilíndrica que atraviesa un cuerpo giratorio. **2** Línea que atraviesa una figura o un cuerpo por su centro. **3** Cosa o persona que es el elemento principal de algo. ◇ **eje de abscisas** Eje horizontal de un sistema de coordenadas. ◇ **eje de coordenadas** Cada una de las rectas perpendiculares que, trazadas sobre un plano, se toman como referencia para determinar la posición de un punto. ◇ **eje de ordenadas** Eje vertical de un sistema de coordenadas.

ejecución s.f. Acción y efecto de ejecutar.

ejecutar v.tr. **1** Realizar una cosa. **2** Matar a una persona condenada a muerte. **3** Realizar una acción que requiere especial habilidad, especialmente algo artístico.

ejecutivo, a adj. **1** Se dice del organismo que tiene el poder de ejecutar o hacer cumplir una cosa. ◆ s. **2** Persona que ocupa un cargo directivo en una empresa.

ejemplar adj. **1** Que sirve de modelo o escarmiento. ◆ s.m. **2** Reproducción de un mismo original o modelo. **3** Individuo de una especie o de un género.

ejemplificar v.tr. Demostrar con ejemplos.

ejemplo s.m. **1** Persona o cosa que sirve de modelo o muestra de lo que debe imitarse o evitarse. **2** Frase, acción u objeto que se usa para explicar una cosa o aclararla. ◇ **por ejemplo** Expresión que se usa para presentar un caso concreto de lo que estamos explicando.

ejercer v.tr. **1** Realizar las funciones propias de una profesión. **2** Hacer que una fuerza, una acción o un poder actúe sobre alguien o algo. **3** Hacer uso de un derecho o de un privilegio. ◆ v.intr. **4** Realizar las funciones propias de un profesional.

ejercicio s.m. **1** Práctica que sirve para adquirir unos conocimientos o desarrollar una habilidad. **2** Prueba que ha de pasar una persona que se examina. **3** Actividad física que se hace para conservar o recuperar la salud o para prepararse para un deporte. **4** Dedicación a una actividad, arte u oficio. **5** Uso que se hace de un derecho o privilegio.

ejercitar v.tr. **1** Hacer que alguien o algo practique de forma continuada una actividad. **2** Realizar las funciones propias de una profesión.

ejército s.m. **1** Conjunto de las fuerzas armadas de un país. **2** Gran multitud de soldados y sus armas correspondientes bajo la dirección de un jefe militar. **3** Grupo numeroso de personas.

ejote s.m. AMÉR Judía (vaina). **GEOSIN** alubia, chaucha, habichuela, poroto.

el, la (pl. los, las) **det.** Artículo determinado en género masculino (el) y femenino (la) y número singular; indica que el sustantivo al que acompaña es conocido por el hablante y el oyente. (La forma masculina [el] se utiliza también ante sustantivos femeninos que empiecen por a- o ha- tónicas: el arma, el hacha.)

él, ella pron. Pronombre personal de primera persona de singular.

elaboración s.f. Acción y efecto de elaborar.

elaborado, a adj. **1** Muy pensado y trabajado para un fin. **2** Se dice del producto que ha sufrido un proceso de elaboración industrial.

elaborar v.tr. **1** Preparar un producto a partir de la combinación de sus componentes. **2** Producir un organismo u órgano una sustancia. **3** Desarrollar una idea, teoría o proyecto.

elasmobranquio adj. y s.m. Se dice del pez de esqueleto cartilaginoso y branquias al descubierto, como el tiburón.

elasticidad s.f. Cualidad de elástico.

elástico, a adj. **1** Que puede recuperar su forma cuando cesa la fuerza que la altera. **2** Que puede ajustarse a distintas circunstancias. **3** Que admite muchas interpretaciones. ◆ s.m. **4** Cinta de goma o de tejido con elasticidad.

elastómero, a adj. y s.m. Se dice del material que tiene una elasticidad parecida a la del caucho.

ele s.f. Nombre de la letra l.

elección s.f. **1** Acción y efecto de elegir. ◆ **elecciones** s.f.pl. **2** Emisión de votos para elegir cargos políticos o sindicales.

eleccionario, a adj. AMÉR Electoral.

electo, a adj. y s. Se dice de la persona que ha sido elegida por votación para un cargo, pero que todavía no ha tomado posesión.

elector, ra adj. y s. Que elige o tiene derecho a elegir.

electorado s.m. Conjunto de los electores.

electoral adj. Relativo a los electores o a las elecciones.

electricidad s.f. **1** Forma de energía que se deriva de la existencia en la materia de cargas eléctricas positivas y negativas que normalmente se neutralizan. **2** Parte de la física que estudia los fenómenos eléctricos. **3** Corriente eléctrica.

electricista s.m. y f. Persona que se dedica a colocar y arreglar instalaciones eléctricas.

eléctrico, a adj. **1** Relativo a la electricidad (energía). **2** Que funciona por electricidad.

electrificar v.tr. **1** Hacer que algo funcione con electricidad. **2** Proveer de electricidad.

electrización s.f. Acción de electrizar.

electrizar v.tr. **1** Producir electricidad en un cuerpo o comunicársela. **2** Producir entusiasmo o excitación.

electrocardiograma s.m. Gráfico de los movimientos del corazón obtenido con un aparato que capta los fenómenos eléctricos.

electrocución s.f. Muerte de un organismo al ser atravesado por una corriente eléctrica.

electrocutar v.tr. Matar mediante descargas eléctricas.

electrodinámica s.f. Parte de la física que estudia la corriente eléctrica y los campos magnéticos que esta produce.

electrodo s.m. Extremo de un circuito eléctrico en contacto con un medio, al que lleva o del que recibe una corriente eléctrica.

electrodoméstico s.m. Aparato eléctrico que se usa en el hogar con un fin determinado.

electroencefalograma s.m. Encefalograma.

electroimán s.m. Barra de hierro dulce o de acero que es capaz de atraer materiales magnéticos debido al campo magnético que produce.

electrólisis o **electrolisis** s.f. Método que permite la separación de los elementos que forman un compuesto químico por el paso de la corriente eléctrica a través de él.

electrólito o **electrolito** s.m. Sustancia que se disocia en iones, por lo cual es conductora de la electricidad.

electromagnético, a adj. Que tiene elementos eléctricos y magnéticos.

electromecánico, a adj. Se dice del dispositivo mecánico que funciona mediante la aplicación de corriente eléctrica.

electrometría s.f. Parte de la física que estudia el modo de medir la intensidad eléctrica.

electrón s.m. Partícula elemental del átomo que se mueve a gran velocidad alrededor del núcleo y que tiene carga eléctrica negativa.

electronegatividad s.f. Escala numérica que mide la capacidad que tiene un átomo para atraer los electrones de enlace.

electrónica s.f. **1** Parte de la física que estudia los cambios y los movimientos de los electrones en el vacío cuando están sometidos a la acción de las fuerzas electromagnéticas. **2** Técnica que aplica los conocimientos de esta parte de la física a la industria.

electrónico, a adj. **1** Relativo a la electrónica o a los electrones. **2** Se dice de la música que se produce únicamente mediante aparatos electrónicos. **3** Relacionado con la informática o con Internet.

electroscopio s.m. Aparato que sirve para detectar las cargas eléctricas de un cuerpo.

electroshock s.m. Electrochoque.

electrostática s.f. Parte de la física que estudia los fenómenos producidos por las cargas eléctricas en reposo.

electrostático, a adj. Relativo a la electrostática.

elefante, a s. Mamífero de gran tamaño con la piel gruesa, nariz en forma de trompa y dos colmillos muy largos. ◇ **elefante blanco** AMÉR SUR, MÉX Cosa que cuesta mucho mantener y que no produce utilidad. ◇ **elefante marino** Mamífero marino similar a la foca pero de mayor tamaño, con grandes bigotes.

elegancia s.f. Cualidad de elegante.

elegante adj. **1** Se dice de la persona que lleva vestidos bien hechos y armónicamente combinados y que actúa y habla con naturalidad y distinción. **2** Se dice de la cosa que es de calidad, está bien hecha y es de buen gusto.

elegía s.f. Composición en prosa o poesía en la que se expresa un sentimiento de dolor o pena por la muerte de una persona.

elegíaco, a adj. Relativo a la elegía.

elegir (31) v.tr. **1** Escoger o preferir una cosa o una persona entre varias. **2** Designar por votación a alguien para un puesto.

elemental adj. **1** Que es lo más importante y necesario. **2** Que es muy sencillo y se puede entender fácilmente.

elemento s.m. **1** Parte constitutiva de una cosa. **2** Fundamento o base de algo. **3** Medio en que vive un ser. **4** Persona, valorada positiva o negativamente. **5** Cada uno de los cuatro principios fundamentales que consideraban los antiguos: tierra, agua, aire y fuego. **6** Sustancia constituida por átomos iguales entre sí que no se puede descomponer en otra más simple. □ También elemento químico. **7** CH, P RICO, PERÚ Persona de pocos alcances. ◆ **elementos** s.m.pl. **8** Fuerzas de la naturaleza que pueden hacer daño o destruir.

elenco s.m. **1** Conjunto de personas que forman una compañía teatral o que intervienen en una obra. **2** Catálogo o relación ordenada de algo. **3** Conjunto de personas que trabajan juntas o que constituyen un grupo representativo.

elevación s.f. **1** Acción de elevar. **2** Parte de una cosa que está situada más arriba que las otras.

elevado, a adj. **1** Que está levantado a gran altitud o que es alto. **2** Que tiene un valor o importancia grandes o mayores de lo normal. **3** Que muestra grandes cualidades morales.

elevador, ra adj. y s. **1** Que sirve para subir, bajar o transportar mercancías. ◆ s.m. **2** Aparato transformador de voltaje. **3** AMÉR Ascensor.

elevalunas s.m. Mecanismo que sirve para subir y bajar los cristales de las ventanillas de un automóvil.

elevar v.tr. **1** Poner en un lugar más alto, hacer que esté más arriba. **2** Hacer que una cosa sea más intensa, más alta o tenga más valor. **3** Colocar a una persona en un puesto de más categoría. **4** En matemáticas, multiplicar un número por sí mismo cierta cantidad de veces. ◆ **elevarse** v.prnl. **5** Alcanzar gran altura.

elfo, fina s. Espíritu o genio con figura de enano y poderes mágicos.

elidir v.tr. **1** Suprimir la vocal con que acaba una palabra cuando la siguiente empieza por vocal. **2** Suprimir una palabra de una oración cuando se sobrentiende.

eliminación s.f. Acción y efecto de eliminar.

eliminar v.tr. **1** Hacer desaparecer. **2** Excluir o apartar. **3** Dejar fuera de una competición o concurso. **4** Expulsar del organismo. **5** Matar. **6** Hacer desaparecer una incógnita de una ecuación.

eliminatoria s.f. Parte de una competición o concurso en la que se compite para decidir quién pasará a la siguiente etapa.

eliminatorio, a adj. Que elimina.

elipse s.f. Figura geométrica curva con dos ejes diferentes que forman ángulo recto y que resulta de cortar un cono por un plano oblicuo.

elipsis s.f. Supresión de una o más palabras de una frase cuyo sentido puede sobrentenderse.

elipsoide s.m. Sólido cuyas secciones planas son todas elipses o círculos.

elíptico, a adj. **1** Relativo a la elipse. **2** Relativo a la elipsis o que contiene una elipsis.

elisión s.f. **1** Acción de elidir. **2** Omisión.

élite o **elite** s.f. Grupo escogido de personas que destacan en un campo o una actividad.

elitista adj. **1** Relativo a la élite o al elitismo. ◆ adj. y s.m. y f. **2** Que pertenece a una élite.

élitro s.m. Cada una de las dos alas anteriores endurecidas de ciertos insectos.

elixir o **elíxir** s.m. **1** Líquido compuesto de sustancias medicinales. **2** Medicamento o remedio que tiene un poder mágico.

ella ▷ él, ella.

elle s.f. Nombre del dígrafo ll.

ello pron. Forma del pronombre de tercera persona en género neutro y número singular.

ellos, as pron. Pronombre personal de tercera persona de plural.

elocuencia s.f. Capacidad de hablar bien, de decir las cosas de manera correcta y efectiva para convencer al público.

elocuente adj. **1** Que explica muy bien las cosas, que convence a las personas que lo escuchan. **2** Que significa o da a entender una cosa.

elogiar (1d) v.tr. Alabar o mostrar admiración.

elogio s.m. **1** Reconocimiento de los méritos o cualidades. **2** Expresión o discurso, oral o escrito, con que se elogia a una persona o cosa.

elogioso, a adj. Que elogia.

elote s.m. AMÉR CENTRAL, MÉX Mazorca de maíz tierno.

elucubración s.f. **1** Pensamiento o reflexión sobre algo conseguido tras un intenso trabajo intelectual. **2** Hipótesis o especulación.

elucubrar v.tr. **1** Pensar con intensidad sobre un determinado problema para establecer conclusiones y soluciones. **2** Especular o imaginar.

eludir v.tr. Evitar una cosa con habilidad.

e-mail (pl. e-mails) s.m. **1** Sistema que permite el intercambio de mensajes a través de Internet. **2** Mensaje transmitido de este modo. **OBS** Pronunc. aprox. 'i-meil'.

emanar v.intr. **1** Proceder una cosa de otra, tener su origen. ◆ v.tr. e intr. **2** Salir o desprenderse un olor, un vapor o una radiación de un cuerpo.

emancipación s.f. Acción y efecto de emancipar.

emancipar v.tr. Liberar respecto de un poder, una autoridad, una tutela o cualquier otro tipo de subordinación o dependencia.

embadurnar v.tr. Extender una sustancia espesa o pegajosa sobre una superficie.

embajada s.f. **1** Lugar u oficina en la que se encuentra la representación diplomática del gobierno de un país en un estado extranjero. **2** Cargo de embajador.

embajador, ra s. Agente diplomático de máxima categoría autorizado oficialmente para representar al gobierno de su país en un estado extranjero de modo permanente.

embalaje s.m. **1** Caja o cualquier envoltura con que se protege un objeto que se va a transportar. **2** Acción de embalar.

1. **embalar** v.tr. Envolver un objeto o ponerlo en una caja para transportarlo con seguridad.

2. **embalar** v.tr. Hacer adquirir gran velocidad.

embaldosar v.tr. Cubrir de baldosas.

embalsamar v.tr. Tratar un cadáver para evitar que se corrompa.

embalse s.m. Gran depósito artificial de agua.

embancarse v.prnl. **1** CH, ECUAD Cegarse un río, lago, etc., por los terrenos de aluvión. **2** MÉX En la fundición de metales, pegarse a las paredes del horno los materiales escoriados.

embarazada adj. y s.f. Se dice de la mujer que va a tener un hijo.

embarazar v.tr. **1** Dejar un hombre embarazada a una mujer. **2** Hacer que alguien se sienta incómodo o avergonzado. **3** Impedir el movimiento o la actividad.

embarazo s.m. **1** Período comprendido entre la fecundación del óvulo y el parto, durante el cual tiene lugar el desarrollo embrionario. **2** Estado en que se encuentra la mujer embarazada. **3** Sensación de incomodidad o vergüenza.

embarazoso, a adj. Que hace sentir incómodo o avergonzado.

embarcación s.f. Construcción con el fondo cóncavo que sirve para navegar.

embarcadero s.m. Lugar destinado al embarque de mercancías y personas.

embarcar v.tr. **1** Subir o introducir personas o mercancías en un barco o avión para viajar. **2** Hacer que una persona participe o entre en una empresa difícil o peligrosa.

embarco s.m. Subida o entrada de personas en un barco, avión o tren para su transporte.

embargar v.tr. **1** Retener un bien por orden de una autoridad judicial o administrativa, con el fin de responder de una deuda o de la responsabilidad de un delito. **2** Adueñarse de una persona un sentimiento o una sensación.

embargo s.m. **1** Acción y efecto de embargar. **2** Prohibición de comerciar y transportar una cosa decretada por un gobierno como sanción. ◇ **sin embargo** Indica que aquello de que se ha hablado no es obstáculo para lo que sigue.

embarque s.m. Acción de embarcar.

embarrada s.f. ARG Patochada.

embarrancar v.intr. y prnl. Quedar detenida una embarcación al tropezar con arena o piedras.

embarrar v.tr. **1** Manchar o cubrir de barro la superficie de una cosa. **2** AMÉR Echar a perder una cosa que se estaba haciendo bien. **3** AMÉR Cometer algún delito o un desacierto grave. **4** AMÉR Desacreditar a una persona hablando mal de ella. **5** AMÉR CENTRAL Implicar a una persona en un asunto sucio que le perjudica.

embarullar v.tr. **1** Confundir o mezclar desordenadamente unas cosas con otras. **2** Hacer que un asunto o una situación sea o resulte más complicado de lo normal. ◆ **embarullarse** v.prnl. **3** Hablar de manera poco clara.

embaucar v.tr. Engañar a una persona aprovechándose de su ingenuidad.

embeber v.tr. **1** Absorber un cuerpo sólido algún líquido. **2** Impregnar un cuerpo con algún líquido. **3** Impregnar un líquido algo. ◆ v.intr. y prnl. **4** Disminuir de tamaño.

embelesamiento s.m. Embeleso (estado).

embelesar v.tr. Causar un placer, una admiración o una sorpresa grandes.

embeleso s.m. **1** Estado de la persona embelesada. **2** Cosa que embelesa. **3** CUBA Belesa.

embellecedor s.m. Pieza que se coloca sobre una superficie para cubrirla y adornarla.

embellecer (30) v.tr. Hacer que una persona o cosa sea bella o más bella.

embestida s.f. Ataque impetuoso y violento.

embestir (31) v.tr. e intr. Lanzarse de manera impetuosa y violenta contra una persona o cosa.

emblanquecer (30) v.tr. Poner blanca o más blanca una cosa.

emblema s.m. **1** Figura o símbolo acompañado de una leyenda o lema. **2** Símbolo.

emblemático, a adj. **1** Relativo al emblema. **2** Característico.

embobar v.tr. Embelesar.

embocadura s.f. **1** Boca de un río, un puerto o un canal. **2** Boquilla de un instrumento de viento. **3** Gusto o sabor de un vino.

embolia s.f. Obstrucción de una vena o una arteria que impide la circulación de la sangre.

émbolo s.m. **1** Pieza cilíndrica de un cilindro o una bomba que se mueve impulsando un fluido o recibiendo su impulso. **2** Burbuja de aire o cuerpo extraño que produce una embolia.

embolsar v.tr. y prnl. **1** Ganar una cantidad de dinero. ◆ v.tr. **2** Guardar en una bolsa.

emborrachar v.tr. **1** Poner borracho a alguien. **2** Empapar en licor. ◆ **emborracharse** v.prnl. **3** Ponerse alguien borracho.

emborrascarse v.prnl. **1** ESP Ponerse borrascoso el tiempo. **2** AMÉR Empobrecerse o perderse la veta de un mineral.

emborronar v.tr. **1** Llenar de borrones. **2** Escribir de prisa y mal o con poca meditación.

emboscada s.f. **1** Ataque por sorpresa. **2** Intriga o trampa para perjudicar a alguien.

embotar v.tr. **1** Debilitar los sentidos. **2** Quitar el filo o la punta a un instrumento cortante.

embotellamiento s.m. Acumulación excesiva de vehículos en la vía pública.

embotellar v.tr. **1** Introducir un líquido en botellas. **2** Congestionar el tráfico un lugar.

embozar v.tr. **1** Cubrir el rostro por la parte inferior con una prenda. **2** Disimular, disfrazar.

embozo s.m. **1** Doblez que se hace en la sábana por la parte que toca al rostro. **2** Parte de la capa y otras prendas de vestir que cubre la cara. **3** Formal. Cautela con que se hace o se dice algo.

embrague s.m. **1** Mecanismo que permite unir o separar el eje del cambio de velocidades de un vehículo al movimiento del motor. **2** Pedal que permite accionar este mecanismo.

embriagador, ra adj. Que embriaga.

embriagar v.tr. **1** Causar embriaguez. **2** Producir una sensación de placer.

embriaguez s.f. **1** Estado en el que se pierde el control a causa del consumo excesivo de alcohol. **2** Estado de excitación causado por una alegría o satisfacción.

embriología s.f. Parte de la biología que estudia la formación y desarrollo del embrión.

embrión s.m. **1** Estadio del feto hasta la formación de los órganos. **2** Principio de una cosa.

embrionario, a adj. **1** Relativo al embrión. **2** Que está empezando a formarse.

embrollar v.tr. **1** Hacer más complicado de lo normal. **2** Hablar de manera poco clara.

embrollo s.m. **1** Asunto o situación difícil de resolver. **2** Mentira disfrazada. **3** Maraña.

embromar v.tr. **1** Gastar una broma a alguien. **2** AMÉR Fastidiar o perjudicar. **3** Fam. CH Hacer que una persona pierda el tiempo.

embrujar v.tr. **1** Trastornar el juicio o la salud con prácticas mágicas. ◆ v.tr. e intr. **2** Atraer irresistiblemente.

embrujo s.m. **1** Acción y efecto de embrujar.

embrutecer (30) v.tr. Rebajar o entorpecer las facultades morales o intelectuales.

embuchado s.m. Embutido.

embuchar v.tr. **1** Meter carne picada dentro de una tripa. **2** Alimentar a un ave metiéndole comida en el buche. **3** Fam. Engullir.

embudo s.m. **1** Instrumento hueco en forma de cono y acabado en un tubo, que sirve para trasvasar líquidos. **2** Lugar estrecho.

embuste s.m. Cosa que se dice y no es verdad.

embustero, a adj. y s. Que dice embustes.

embutición s.f. Proceso mecánico con el que se da a una chapa delgada la forma hueca de una pieza mediante presión.

embutido s.m. **1** Tripa de cerdo rellena de carne picada y condimentada. **2** AMÉR Tira de encaje cosida entre dos telas.

embutir v.tr. **1** Meter carne picada y condimentada dentro de una tripa. **2** Meter una cosa dentro de un espacio apretándola o encajándola. **3** Moldear una chapa. **4** Fam. Engullir.

eme s.f. Nombre de la letra m.

emergencia s.f. **1** Asunto o suceso imprevisto. **2** Acción de emerger.

emerger v.intr. Salir una cosa a la superficie del agua o de otro líquido.

emeritense adj. y s.m. y f. De Mérida.

emérito, a adj. **1** Se dice de la persona jubilada que disfruta de algún premio por sus servicios. **2** Se dice del profesor de universidad que sigue dando clases tras la jubilación.

emigración s.f. Acción y efecto de emigrar.

emigrante adj. y s.m. y f. Que emigra.

emigrar v.intr. **1** Dejar el lugar de origen para establecerse en otro país o región. **2** Dejar un lugar y dirigirse a otro aves, peces, etc.

emigratorio, a adj. Relativo a la emigración.

eminencia s.f. **1** Persona eminente. **2** Tratamiento que se da a los cardenales y otros miembros de la jerarquía eclesiástica.

eminente adj. **1** Que es muy importante por sus méritos o por sus conocimientos. **2** Que destaca en altura, calidad o importancia.

eminentísimo, a adj. Se aplica como tratamiento a los cardenales y otros miembros de la jerarquía eclesiástica.

emir s.m. Jefe político y militar, generalmente de una provincia, en algunos países árabes.

emirato s.m. **1** Territorio que gobierna un emir. **2** Dignidad o cargo del emir. **3** Período en que gobierna un emir.

emisario, a s. Mensajero.

emisión s.f. **1** Acción y efecto de emitir. **2** Programa de radio o televisión.

emisor, ra adj. **1** Que emite. ◆ s. **2** Persona que emite. ◆ s.m. **3** Aparato que permite emitir.

emisora s.f. Conjunto de aparatos e instalaciones que permiten emitir.

emitir v.tr. **1** Producir y echar hacia fuera una cosa. **2** Lanzar ondas que transmiten sonidos e imágenes. **3** Transmitir o difundir algo mediante ondas electromagnéticas. **4** Poner en circulación billetes de banco, monedas u otros valores. **5** Expresar una opinión, un juicio o un voto.

emmenthal s.m. Queso de leche de vaca con grandes agujeros.

emoción s.f. **1** Sentimiento muy fuerte. **2** Reacción afectiva grande. **3** Interés o intriga.

emocional adj. **1** Relativo a la emoción. **2** Que se deja llevar por las emociones.

emocionante adj. Que causa emoción.

emocionar v.tr. Producir una emoción.

emolumento s.m. Remuneración.

emoticón s.m. Símbolo formado por un conjunto de caracteres de un teclado.

emotividad s.f. Capacidad de experimentar o causar emociones o sentimientos.

emotivo, a adj. **1** Relativo a la emoción o que la causa. **2** Que se emociona fácilmente.

empacar v.tr. e intr. **1** AMÉR Preparar el equipaje. **2** MÉX Poner un alimento en conserva. ◆ **empacarse** v.prnl. **3** Fam. AMÉR Quedarse plantado un animal de carga y no querer avanzar. **4** AMÉR Enfadarse y obstinarse una persona.

empachar v.tr. **1** Causar empacho. **2** Cansar o hartar.

empacho s.m. **1** Alteración del aparato digestivo causada por una comida excesiva. **2** Aburrimiento producido por algún exceso.

empadronar v.tr. Inscribir en el padrón.

empalagar v.tr. Cansar un alimento por ser demasiado dulce o pesado.

empalagoso, a adj. Que empalaga.

empalar v.tr. **1** Atravesar a una persona o animal con un palo, introduciéndoselo por el ano. ◆ **empalarse** v.prnl. **2** CH Obstinarse.

empalizada s.f. Valla hecha con palos o estacas clavados en el suelo.

empalmar v.tr. **1** Unir dos cosas por sus extremos. ◆ v.tr. e intr. **2** Relacionar o unir una idea con otra. **3** Suceder una cosa a continuación de otra. ◆ v.intr. **4** Combinarse o unirse un medio de transporte con otro. ◆ **empalmarse** v.prnl. **5** Vulg. ESP Excitarse sexualmente un hombre.

empalme s.m. Cosa que empalma con otra.

empanada s.f. **1** Masa de harina cocida al horno y rellena de ingredientes. **2** AMÉR Pastel pequeño relleno que se hace doblando un trozo de masa de harina sobre sí misma y friéndolo después. **GEOSIN** empanadilla. ◇ **empanada mental** Fam. Gran confusión de ideas.

empanadilla s.f. ESP Pastel pequeño relleno que se hace doblando un trozo de masa de harina sobre sí misma y friéndolo después. **GEOSIN** empanada.

empanar v.tr. Rebozar un alimento.

empantanar v.tr. **1** Llenar de agua y barro un terreno. **2** Dejar una cosa sin acabar.

empañar v.tr. **1** Cubrir un cristal de vaho. **2** Quitar la belleza, la buena fama o el mérito.

empañetar v.tr. **1** AMÉR CENTRAL Embarrar (manchar o cubrir de barro). **2** COL, P RICO Enlucir o encalar una superficie.

empapar v.tr. **1** Mojar completamente. **2** Absorber y retener un líquido. ◆ **empaparse** v.prnl. **3** Quedarse bien enterado de una cosa.

empapelar v.tr. **1** Cubrir con papel pintado. **2** Envolver algo en papel. **3** Fam. Someter a un proceso judicial.

empaque s.m. **1** Distinción y buena presencia. **2** AMÉR Desfachatez.

empaquetar v.tr. **1** Hacer un paquete. **2** Meter a mucha gente en un recinto pequeño.

emparedado s.m. Bocadillo hecho con dos rebanadas de pan de molde.

emparedar v.tr. **1** Encerrar a una persona entre paredes. **2** Ocultar algo entre paredes.

emparejar v.tr. Unir formando pareja.

emparentar (1 o 32) v.intr. Establecer una relación de parentesco a través del matrimonio.

emparrado s.m. Conjunto de los tallos y hojas de una o más parras que, sostenidos por una armazón, forman una cubierta.

1. **empastar** v.tr. **1** Cubrir con pasta una caries. **2** Cubrir o llenar una cosa con pasta.

2. **empastar** v.tr. ARG, CH, MÉX, NIC Convertir en prado un terreno.

empaste s.m. **1** Acción de empastar. **2** Pasta con la que se llena una caries.

empatar v.tr. e intr. **1** Tener el mismo número de puntos, de goles o de votos que otro. ◆ v.tr. **2** AMÉR Empalmar, unir.

empate s.m. Acción y efecto de empatar.

empecinado, a adj. Que se empecina.

empecinarse v.prnl. Mantenerse excesivamente firme en una idea, intención u opinión.

empedernido, a adj. **1** Que no puede abandonar un mal hábito. **2** Cruel o duro de corazón.

empedrar (32) v.tr. Cubrir con piedras.

empeine s.m. **1** Parte superior del pie que va desde los dedos hasta la unión con la pierna. **2** Parte inferior del vientre, entre las ingles.

empella s.f. AMÉR Porción de manteca de cerdo.

empellón s.m. Empujón fuerte.

empeñado, a adj. **1** Que tiene muchas deudas. **2** Que tiene la intención muy firme y decidida de hacer una cosa.

empeñar v.tr. **1** Entregar una joya u otra cosa de valor a cambio de una cantidad de dinero. **2** Comprometer el honor o la palabra. ◆ **empeñarse** v.prnl. **3** Proponerse una cosa con obstinación.

empeño s.m. **1** Deseo intenso. **2** Esfuerzo, cuidado o interés en lo que se hace. **3** MÉX Casa de empeños.

empeñoso, a adj. AMÉR Se dice de la persona que muestra tesón o ahínco en conseguir un fin.

empeorar v.tr. Poner peor.

empequeñecer (30) v.tr. **1** Hacer más pequeño. **2** Quitar importancia.

emperador, ratriz s. **1** Persona que gobierna un imperio. **2** Pez marino comestible azul por el lomo y plateada en el vientre.

emperifollar v.tr. Fam. y desp. Adornar o arreglar con cuidado o en exceso.

emperrarse v.prnl. Fam. Obstinarse.

empezar (32) v.tr. **1** Dar principio. **2** Comenzar a usar o consumir. ◆ **v.intr. 3** Tener principio. ◇ **empezar a + infinitivo** Pasar a realizar o a suceder. ◇ **para empezar** En primer lugar. ◇ **¡ya empezamos!** Expresión de aburrimiento o de enfado.

empinado, a adj. **1** Que tiene una pendiente o una cuesta muy pronunciada. **2** Elevado o de gran altura. **3** De gran categoría social.

empinar v.tr. **1** Levantar o sostener en alto. **2** Inclinar un recipiente para beber. ◆ **empinarse** v.prnl. **3** Ponerse sobre las puntas de los pies y alzarse. **4** Ponerse un animal sobre las patas traseras, levantando las delanteras. **5** Adquirir mucha pendiente hacia arriba un camino o un terreno. **6** Alcanzar gran altura, especialmente una torre, un árbol, una montaña u otra cosa parecida. **7** Ponerse el miembro viril en erección.

empingorotado, a adj. Fam. y desp. Que tiene una posición social ventajosa.

empiparse v.prnl. CH, ECUAD Empacharse.

empírico, a adj. Que está basado en la experiencia y en la observación de los hechos.

empirismo s.m. Doctrina filosófica según la cual la fuente del conocimiento humano es solamente la experiencia.

empitonar v.tr. Alcanzar el toro al torero con los pitones.

emplastar v.tr. **1** Poner emplastos. **2** Embadurnar con una pasta pegajosa.

emplasto s.m. **1** Preparado medicinal de consistencia espesa. **2** Cosa que tiene un aspecto espeso y pegajoso.

1. **emplazamiento** s.m. **1** Colocación o situación. **2** Lugar.

2. **emplazamiento** s.m. Aviso por el que se convoca a alguien a un juzgado.

1. **emplazar** v.tr. Colocar o situar en un lugar.

2. **emplazar** v.tr. Citar a una persona en un lugar y un momento determinados.

empleado, a s. Persona que desempeña un trabajo a cambio de un salario.

emplear v.tr. **1** Usar. **2** Dar trabajo. **3** Gastar o consumir. ◆ **emplearse** v.prnl. **4** Poner esfuerzo o interés.

empleo s.m. **1** Puesto de trabajo. **2** Ocupación. **3** Uso o utilización de una cosa para un fin.

emplomar v.tr. **1** Asegurar con plomo. **2** ARG, URUG Empastar un diente o una muela.

emplumar v.tr. **1** Cubrir a una persona con plumas y una materia pegajosa, como castigo o burla. **2** CUBA, GUAT Engañar. **3** ECUAD, VENEZ Enviar a un sitio de castigo. ◆ **v.intr. 4** AMÉR Huir, fugarse.

empobrecer (30) v.tr. Hacer pobre.

empobrecimiento s.m. Proceso en el que una cosa o persona se hace pobre o más pobre.

empollar v.tr. **1** Mantener el embrión contenido en un huevo a temperatura constante. **2** Fam. ESP Estudiar mucho.

empollón, na adj. y s. ESP Que estudia mucho.

empolvar v.tr. **1** Poner polvos, especialmente en la cara. **2** Cubrir una cosa de polvo.

emponchado, a adj. **1** ARG, PERÚ Se dice de la persona que se cubre con un poncho. ◆ **adj. y s. 2** ARG, PERÚ Sospechoso.

emponzoñar v.tr. **1** Poner veneno en una cosa. **2** Estropear las relaciones entre las personas.

emporio s.m. **1** Lugar de gran riqueza comercial o cultural. **2** AMÉR Almacén de calidad.

empotrar v.tr. **1** Meter una cosa en una pared o en el suelo, asegurándola con trabajos de albañilería. ◆ **empotrarse** v.prnl. **2** Chocar.

emprendedor, ra adj. Que tiene decisión e iniciativa para realizar algo.

emprender v.tr. Empezar a hacer alguna cosa. ◇ **emprenderla con algo o alguien** Mostrar una actitud hostil o poco amigable.

empresa s.f. **1** Entidad en la que intervienen el capital y el trabajo como factores de la producción y dedicada a actividades fabriles, mercantiles o de prestación de servicios. **2** Acción o tarea que entraña esfuerzo y trabajo. **3** Iniciativa llevada a cabo colectivamente.

empresarial adj. Relativo a la empresa o a los empresarios.

empresario, a s. Persona que tiene o dirige una empresa.

empréstito s.m. **1** Préstamo que se hace al estado, a un organismo oficial o a una empresa. **2** Cantidad de dinero prestada de esa manera.

empujar v.tr. **1** Hacer fuerza contra una persona o cosa para moverla, sostenerla o rechazarla. **2** Presionar o influir sobre una persona.

empuje s.m. **1** Fuerza que se hace contra una persona o cosa. **2** Fuerza producida por el peso de una cubierta o de un arco sobre los elementos que lo sostienen. **3** Valor o decisión.

empujón s.m. **1** Golpe fuerte. **2** Avance rápido que se da a lo que se hace.

empuntar v.tr. **1** COL, ECUAD Encaminar, dirigir. ◆ **v.intr. 2** COL, ECUAD Irse, marcharse. ◆ **empuntarse** v.prnl. **3** VENEZ Obstinarse, empeñarse.

empuñadura s.f. **1** Parte por la que se sujetan las armas. **2** Comienzo de un cuento o un discurso con una fórmula tradicional.

empuñar v.tr. **1** Agarrar por el puño un arma. **2** CH Cerrar la mano para formar el puño.

emú (pl. emúes) s.m. Ave corredora similar al avestruz, pero de menor tamaño.

emular v.tr. Imitar algo hecho por otra persona.

émulo, a adj. y s. Que emula.

emulsión s.f. **1** Líquido que contiene, sin disolverse, gotas de otro líquido. **2** Sustancia química que recubre las películas fotográficas.

emulsionar v.tr. Hacer que una sustancia adquiera el estado de emulsión.

en prep. **1** Indica posición o lugar. **2** Indica el momento en que ocurre una cosa. **3** Indica modo o manera. **4** Indica aquello a lo que se dedica alguien. **5** Precedido y seguido de un numeral y en combinación con la preposición **de**, indica conjunto formado por un número determinado de unidades. **6** En combinación con la preposición **de**, indica sucesión de elementos. **7** Seguido de gerundio, indica que una cosa ocurre inmediatamente antes que otra.

enagua s.f. Prenda interior femenina semejante a una falda y que se lleva debajo de esta.

enajenación s.f. Estado del enajenado.

enajenado, a adj. Que tiene trastornadas las facultades mentales.

enajenar v.tr. **1** Vender un bien. **2** Turbar el uso de la razón.

enaltecer (30) v.tr. **1** Dar mayor valor. **2** Alabar o mostrar admiración.

enamoradizo, a adj. Que se enamora con facilidad.

enamorado, a adj. y s. **1** Se dice de la persona que siente mucho amor por una persona. **2** Que gusta mucho de una cosa.

enamoramiento s.m. Estado en el que se encuentra la persona enamorada.

enamorar v.tr. **1** Conseguir el amor de una persona. **2** Atraer, aficionar. ◆ **enamorarse** v.prnl. **3** Empezar a sentir amor o a aficionarse mucho a una cosa.

enamoriscarse o **enamoricarse** v.prnl. Fam. y desp. Enamorarse.

enancarse v.prnl. **1** AMÉR Montarse a las ancas en una caballería. **2** AMÉR Entrometerse.

enanismo s.m. Trastorno del crecimiento caracterizado por una estatura inferior.

enano, a adj. **1** Muy pequeño. ◆ s. **2** Persona que tiene una altura mucho menor de lo normal. **3** Criatura con figura humana, de baja estatura con poderes mágicos. **4** Fam. Niño.

enarbolar v.tr. **1** Llevar en alto una bandera o un estandarte. **2** Llevar en alto un arma. **3** Defender una idea o una causa. ◆ **enarbolarse** v.prnl. **4** Encabritarse el caballo. **5** Alterarse o enfurecerse mucho.

enarcar v.tr. **1** Dar forma de arco. ◆ **enarcarse** v.prnl. **2** MÉX Encabritarse un caballo.

enardecer (30) v.tr. Excitar o avivar una pasión, pugna o disputa.

enarenado s.m. **1** Acción de enarenar. **2** Terreno de cultivo al que se ha echado arena.

encabalgamiento s.m. **1** Superposición de una cosa sobre otra. **2** En poesía, ruptura de la unidad sintáctica de un verso.

encabezamiento s.m. Fórmula fija con que se comienza un escrito.

encabezar v.tr. **1** Estar al comienzo de una lista. **2** Poner un encabezamiento. **3** Dirigir o ir a la cabeza de un grupo o un movimiento. **4** AMÉR Acaudillar o dirigir.

encabezonarse v.prnl. Fam. Empeñarse.

encabritarse v.prnl. **1** Levantar el caballo las patas delanteras apoyándose en las traseras. **2** Levantarse súbitamente la parte delantera o trasera de un vehículo. **3** Fam. Enfadarse mucho.

encadenamiento s.m. **1** Atadura o sujeción con cadenas. **2** Unión de varias cosas.

encadenar v.tr. **1** Sujetar con cadenas. **2** Impedir o quitar el movimiento. **3** Unir varias cosas. ◆ **encadenarse** v.prnl. **4** Relacionarse dos o más cosas.

encajar v.tr. e intr. **1** Meter una cosa dentro de otra de manera que quede bien ajustada. ◆ v.tr. **2** Aceptar una situación molesta o desagradable o reaccionar bien ante ella. **3** Recibir un golpe. **4** Recibir en contra, especialmente tantos o puntos. ◆ v.intr. **5** Coincidir o estar de acuerdo. **6** Ser adecuado o adaptarse a un lugar o situación. ◆ **encajarse** v.prnl. **7** Ponerse una prenda.

encaje s.m. **1** Tejido transparente hecho con calados que forman dibujos. **2** Introducción de una pieza en otra.

encajonar v.tr. **1** Meter una cosa en un sitio demasiado estrecho. ◆ **encajonarse** v.prnl. **2** Correr un río por un lugar muy estrecho.

encalambrarse v.prnl. AMÉR Entumecerse.

encalar v.tr. **1** Aplicar cal. **2** Meter en cal.

encallar v.intr. y prnl. Quedar detenida una embarcación al tropezar con arena o piedras.

encamar v.tr. **1** Tender o echar en el suelo. ◆ **encamarse** v.prnl. **2** Echarse o meterse en la cama por enfermedad. **3** Inclinarse hacia el suelo las mieses.

encaminar v.tr. **1** Poner en camino. **2** Dirigir la intención hacia un fin determinado. ◆ **encaminarse** v.prnl. **3** Dirigirse hacia algo.

encamotarse v.prnl. AMÉR Enamorarse.

encanar v.tr. Fam. ARG, CH, COL, CUBA, PAR, URUG Encarcelar a una persona.

encandilar v.tr. **1** Deslumbrar, alucinar o cautivar los sentidos. **2** Despertar amor o deseo sexual en una persona. **3** Hacer que alguien conciba deseos o ilusiones. **4** Deslumbrar a alguien una luz muy intensa. **5** Avivar la lumbre. ◆ **encandilarse** v.prnl. **6** Pasar a sentir amor.

encantado, a adj. **1** Que se encuentra muy contento o muy a gusto. **2** Se dice de la cosa o lugar que ha sufrido un encantamiento.

encantador, ra adj. **1** Que resulta muy agradable. ◆ s. **2** Mago o hechicero.

encantamiento s.m. Acción y efecto de encantar.

encantar v.tr. **1** Pronunciar un conjunto de palabras con poder mágico. **2** Gustar mucho.

encanto s.m. **1** Encantamiento. **2** Persona o cosa que atrae o embelesa. **3** Apelativo cariñoso. ◆ **encantos** s.m.pl. **5** Atractivo físico.

encañonar v.tr. **1** Apuntar con un arma de fuego. **2** Hacer entrar un río por un cañón.

encapotarse v.prnl. Cubrirse el cielo con nubes tormentosas.

encapricharse v.prnl. **1** Empeñarse en un capricho. **2** Enamorarse de forma poco seria.

encapuchado, a adj. y s. Se dice de la persona que va cubierta con una capucha.

encapuchar v.tr. Cubrir con una capucha.

encaramar v.tr. **1** Subir a alguien a un lugar alto. **2** Fam. Colocar a una persona en una situación social o en un puesto alto.

encarar v.tr. **1** Hacer frente. **2** Poner dos cosas una frente a otra. ◆ **encararse** v.prnl. **3** Enfrentarse u oponerse.

encarcelar v.tr. Meter a alguien en la cárcel.

encarecer (30) v.tr. **1** Hacer más caro. **2** Encomendar con empeño. **3** Alabar mucho.

encarecidamente adv. Con empeño.

encargado, a s. Persona que es el responsable de un establecimiento o negocio.

encargar v.tr. **1** Pedir a una persona que haga una cosa. **2** Pedir un producto en un establecimiento. ◆ **encargarse** v.prnl. **3** Tomar una persona bajo su cargo o responsabilidad la realización de una cosa.

encargo s.m. **1** Acción de encargar o encargarse. **2** Producto u otra cosa que se encarga.

encariñarse v.prnl. Coger cariño.

encarnación s.f. **1** Acción de encarnar. **2** Persona o cosa que encarna algo.

encarnado, a adj. Rojo o rojizo.

encarnar v.tr. **1** Representar (especialmente una persona) una idea, un tema u otra cosa abstracta. **2** Representar un actor un personaje en una obra de teatro o película. ◆ v.intr. y prnl. **3** Tomar forma material o carnal una cosa no material o un ser espiritual. ◆ **encarnarse** v.prnl. **4** Introducirse una uña, al crecer, en la carne.

encarnizado, a adj. Muy violento e intenso.

encarnizarse v.prnl. **1** Hacerse más violenta e intensa una lucha o discusión. **2** Dedicarse a hacer el mayor daño posible a una persona.

encarrilar v.tr. Hacer que una cosa vaya por el buen camino.

encarte s.m. Hoja que se incluye suelta entre las hojas de un libro, revista o periódico.

encasillar v.tr. Clasificar una persona o cosa con criterios simplistas o poco flexibles.

encasquetar v.tr. **1** Poner bien encajado en la cabeza un gorro o sombrero. **2** Fam. Dar.

encasquillarse v.prnl. **1** Atascarse un arma o un mecanismo. **2** CUBA Acobardarse.

encastrar v.tr. Encajar una cosa en otra.

encausar (1i) v.tr. Proceder judicialmente contra una persona.

encáustica s.f. Encausto (técnica pictórica).

encausto s.m. **1** Técnica pictórica en la que los pigmentos se mezclan con cera derretida o resina. **2** Pintura que se hace sobre marfil.

encauzar (1i) v.tr. **1** Dirigir o introducir una corriente de agua por un cauce. **2** Hacer que una cosa vaya por el buen camino.

encefálico, a adj. Relativo al encéfalo.

encéfalo s.m. Conjunto de órganos del sistema nervioso situados dentro del cráneo.

encefalograma s.m. Gráfico de la actividad del cerebro.

encefalopatía s.f. Enfermedad que afecta al encéfalo. ◇ **encefalopatía espongiforme** Enfermedad de carácter mortal que afecta al ganado ovino, caprino y bovino.

encenagar v.tr. Cubrir o ensuciar de cieno.

encendedor s.m. Aparato para encender.

encender (33) v.tr. **1** Hacer que una cosa arda. **2** Conectar un aparato. **3** Hacer más intenso un sentimiento o una emoción. **4** Provocar un enfrentamiento, una lucha o un conflicto. ◆ **encenderse** v.prnl. **5** Ruborizarse.

encendido, a adj. **1** De color muy vivo, especialmente rojo. ◆ s.m. **2** Aparato de un motor de explosión que sirve para encenderlo.

encerado s.m. Pizarra para escribir.

enceradora s.f. Máquina para encerar suelos.

encerar v.tr. Dar cera a una superficie.

encerrar (32) v.tr. **1** Meter una persona o cosa en un lugar de donde no puede salir o de donde no pueden sacarla. **2** Contener o incluir una cosa dentro de otra. **3** Poner palabras dentro de ciertos signos ortográficos para separarlas de las demás en un escrito. ◆ **encerrarse** v.prnl. **4** Ocupar un edificio público como acto de protesta.

encerrona s.f. Situación en la que se coloca a una persona para engañarla.

encestar v.tr. Meter la pelota de baloncesto en la canasta y obtener un tanto.

enceste s.m. **1** Acción de encestar. **2** Tanto conseguido en baloncesto al encestar.

encharcar v.tr. **1** Cubrir de agua un terreno formando charcos. **2** Llenar de sangre u otro líquido un órgano del cuerpo.

enchilada s.f. Torta de maíz plana, doblada, rellena y condimentada con chile.

enchilar v.tr. **1** Aderezar con chile. **2** C RICA Dar un chasco a alguien. **3** MÉX, NIC Molestar.

enchinchar v.tr. **1** GUAT, MÉX Molestar o fastidiar a una persona. ◆ **enchincharse** v.prnl. **2** Fam. AMÉR Enojarse con facilidad.

enchironar v.tr. Fam. Encarcelar.

enchufado, a adj. y s. Que ha conseguido un puesto o empleo por enchufe.

enchufar v.tr. **1** Conectar por medio de un enchufe. **2** Unir dos tubos. **3** Dirigir un chorro de agua o luz hacia un punto. **4** Fam. Colocar en un cargo o empleo a una persona por medio de influencias.

enchufe s.m. **1** Pieza que sirve para conectar un aparato a la red eléctrica. **2** Fam. Relación personal o influencia que sirve para obtener un empleo o cargo.

enchumbar v.tr. AMÉR Empapar de agua.

encía s.f. Carne que cubre interiormente las mandíbulas y protege la raíz de los dientes.

encíclica s.f. Carta escrita por el Papa o por un obispo sobre doctrina cristiana.

enciclopedia s.f. Obra, generalmente en varios volúmenes, en que se expone un conjunto de conocimientos.

enciclopédico, a adj. **1** Relativo a la enciclopedia. **2** Se dice del conjunto de conocimientos muy extensos de una persona.

enciclopedismo s.m. Conjunto de doctrinas ilustradas defendidas por los autores de la «Enciclopedia», obra publicada en Francia en el siglo XVIII, según las cuales la razón y la ciencia conducen al ser humano a la felicidad, frente a la autoridad, la tradición y la fe.

encierro s.m. **1** Acción de encerrar o encerrarse. **2** Acto de protesta que consiste en encerrarse en un lugar. **3** Fiesta popular que consiste en conducir los toros a la plaza a través de un recorrido por las calles, acompañándolos y corriendo a su lado.

encima adv. **1** En un lugar superior o más alto que otra cosa. **2** En una posición, cargo o nivel superior. **3** Consigo. **4** Por si fuera poco, además. **5** Cayendo sobre una persona. **6** Vigilando y cuidando con mucha atención. ◇ **por encima** De modo superficial.

encimera s.f. **1** ESP Pieza superior de un mueble, paralela a la base. **2** ESP Placa o fogón con los fuegos para cocinar.

encina s.f. **1** Árbol o arbusto de tronco fuerte y grueso cuyo fruto es la bellota. **2** Madera de este árbol.

encinar s.m. Lugar poblado de encinas.

encinta adj. Se dice de la mujer que va a tener un hijo.

encizañar v.tr. Enemistar.

enclaustramiento s.m. Acción y efecto de enclaustrar.

enclaustrar (1i) v.tr. **1** Encerrar a una persona en un convento. ◆ **enclaustrarse** v.prnl. **2** Encerrarse para poder concentrarse.

enclavado, a adj. Se dice del lugar que está situado dentro del área de otro.

enclavarse v.prnl. Estar enclavado.

enclave s.m. **1** Territorio de un estado situado dentro de otro. **2** Grupo étnico, político o ideológico inserto dentro de otro.

enclenque adj. y s.m. y f. Muy débil.

enclítico, a adj. y s. Se dice de la palabra que, por no tener acento propio, se apoya en la palabra anterior y se pronuncia unida con ella.

enclosure s.f. Cercamiento de las tierras comunales compradas por los grandes propietarios británicos.

encofrado s.m. Armazón en que se echa el cemento u hormigón para que tome forma.

encofrar v.intr. Preparar un encofrado.

encoger v.intr. y prnl. **1** Disminuir de tamaño. ◆ v.tr. **2** Hacer que una cosa disminuya de tamaño. **3** Contraer o doblar el cuerpo o una parte de él. **4** Causar miedo a una persona.

encolar v.tr. Pegar con cola.

encolerizar v.tr. Enfadar mucho.

encomendar (32) v.tr. **1** Pedir a alguien que se encargue de realizar un trabajo o una labor. ◆ **encomendarse** v.prnl. **2** Ponerse bajo la protección de una autoridad superior.

encomiable adj. Que merece ser encomiado.

encomiar (1d) v.tr. Alabar mucho.

encomienda s.f. **1** Cosa que se encarga o manda hacer. **2** Institución por la que, durante la colonización española de América, se regulaban las relaciones con los indígenas. **3** AMÉR SUR Paquete postal.

encomio s.m. Alabanza grande.

enconado, a adj. Muy reñido o violento.

enconar v.tr. Hacer que un sentimiento de odio o rechazo se intensifique.

enconcharse v.prnl. **1** AMÉR Ensimismarse. **2** Fam. ARG Enamorarse de una persona.

encono s.m. Sentimiento de odio o enemistad muy arraigado.

encontrado, a adj. Opuesto o contrario.

encontrar (11) v.tr. **1** Conseguir ver o saber dónde está una cosa o persona que se quería obtener o recuperar. ◆ v.tr. y prnl. **2** Coincidir con una persona en un lugar casualmente o toparse con una cosa sin haber hecho nada para ello. ◆ **encontrarse** v.prnl. **3** Tener conciencia una persona de que está de una determinada manera. **4** Citarse. **5** Estar una persona o cosa en un lugar determinado.

encontronazo s.m. **1** Choque violento. **2** Enfrentamiento o discusión violentos.

encopetado, a adj. **1** Desp. De clase social noble o alta. **2** Que va muy arreglado.

encorajinar v.tr. Encolerizar o hacer enfadar.

encorbatado, a adj. Fam. Que lleva corbata.

encorsetar v.tr. Limitar la libertad o someter una cosa a unas normas demasiado rígidas.

encorvar v.tr. Dar forma curva.

encrespado, a adj. Se dice del cabello que es rizado y áspero.

encrespar v.tr. **1** Rizar el cabello. **2** Erizar o levantar y poner tieso el pelo, plumaje, etc. **3** Agitar los ánimos. **4** Agitar el viento la superficie del mar haciendo que se levanten olas.

encriptar v.tr. En informática, convertir un texto normal en un texto codificado.

encrucijada s.f. **1** Lugar en el que se cruzan dos o más calles o caminos. **2** Problema o situación de los que es difícil salir.

encuadernación s.f. **1** Acción de encuadernar. **2** Cubierta o tapas.

encuadernar v.tr. Coser o pegar las hojas que forman un libro y ponerles cubierta o tapas.

encuadrar v.tr. **1** Encerrar una cosa en un cuadro, entorno o límites. **2** Encajar dentro del campo visual del objetivo de una cámara.

encuadre s.m. **1** Acción de encuadrar. **2** Parte de espacio que capta el objetivo de una cámara fotográfica o de filmación.

encubierto, a Participio irregular de **encubrir**.

encubridor, ra adj. y s. Que encubre.

encubrimiento s.m. Ocultación de una persona que ha cometido un delito.

encubrir v.tr. **1** Ocultar una cosa negativa. **2** Impedir que se descubra un delito cometido. OBS Participio: encubierto.

encuentro s.m. **1** Acción de encontrarse dos o más personas en un lugar o una persona con una cosa. **2** Coincidencia de dos o más cosas en un punto. **3** Competición deportiva.

encuesta s.f. Serie de preguntas recogidas en un cuestionario.

encuestar v.tr. Hacer una encuesta.

encumbrar v.tr. Colocar a una persona en una posición o puesto elevados.

encurtido s.m. Verdura, fruto o legumbre que se conserva en vinagre.

ende ◇ **por ende** loc. Formal. Por tanto, por consiguiente.

endeble adj. Muy débil, de poca fuerza o resistencia.

endecaedro s.m. Cuerpo geométrico de once caras.

endecágono, a s.m. Figura geométrica de once lados.

endecasílabo, a adj. y s.m. Se dice del verso que tiene once sílabas.

endecha s.f. **1** Estrofa formada por cuatro versos de arte menor. **2** Romance de versos heptasílabos y rima asonante en los pares. **3** Canción o pieza musical fúnebre o de lamento.

endémico, a adj. **1** Que se desarrolla habitualmente en una región determinada. **2** Se dice de la cosa o el hecho negativos que se repiten frecuentemente y están muy extendidos.

endemismo s.m. Especie de seres vivos exclusiva de una determinada región geográfica.

endemoniado, a adj. y s. **1** Se dice de la persona que está poseída por el demonio. ◆ adj. **2** Muy difícil de entender, resolver o dominar.

endenantes adv. Fam. AMÉR Hace un momento o un rato.

enderezar v.tr. **1** Poner derecho o recto lo que está inclinado o torcido. **2** Arreglar o corregir.

endeudar (1i) v.tr. Hacer que una persona contraiga deudas.

endiablado, a adj. Muy difícil de entender.

endibia o **endivia** s.f. Hortaliza parecida a la lechuga, de hojas blanquecinas.

endilgar v.tr. Fam. Endosar un trabajo.

endiñar v.tr. Fam. Atizar un golpe.

endiosamiento s.m. Envanecimiento.

endiosar v.tr. **1** Elevar a una persona a la categoría de dios. ◆ **endiosarse** v.prnl. **2** Envanecerse.

endocarpio o **endocarpo** s.m. Capa interna de las tres que forman el hueso de un fruto.

endocitosis s.f. Proceso mediante el cual una célula incorpora partículas del medio.

endocrino, a adj. **1** Se dice de la glándula que produce hormonas que van a parar directamente a la sangre. **2** Relativo a las hormonas. ◆ s. **3** Endocrinólogo.

endocrinología s.f. Parte de la medicina que se ocupa del funcionamiento de las hormonas.

endocrinólogo, a s. Médico especialista en endocrinología.

endodermo s.m. Capa interna de la gástrula.

endodoncia s.f. **1** Parte de la odontología que se ocupa de las enfermedades de la pulpa o tejido del interior de los dientes. **2** Técnica utilizada para tratar estas enfermedades.

endoesqueleto s.m. Esqueleto interno de numerosos animales vertebrados.

endogamia s.f. **1** Costumbre u obligación de contraer matrimonio con personas de la misma casta, aldea, tribu u otro grupo social. **2** Cruce entre individuos emparentados genéticamente.

endógeno, a adj. **1** Que se forma o nace en el interior. **2** Que se origina por causas internas.

endoparásito, a adj. y s.m. Se dice del parásito que vive en la parte interna de su hospedante.

endosar v.tr. **1** Pasar a otra persona un trabajo o una responsabilidad. **2** Ceder un documento de crédito a favor de otra persona.

endoscopia s.f. Exploración visual del cuerpo humano mediante un endoscopio.

endoscopio s.m. Aparato óptico en forma de tubo para explorar el organismo.

endosfera s.f. Núcleo o capa central del globo terrestre.

endósmosis s.f. Corriente de fuera adentro que se establece cuando dos líquidos de distinta densidad están separados por una membrana porosa.

endoso s.m. Acción de endosar un documento de crédito.

endospermo s.m. Tejido del embrión de las plantas fanerógamas que le sirve de alimento.

endotérmico, a adj. Se dice del proceso químico o físico que necesita un aporte de energía en forma de calor para tener lugar.

endotermo, a adj. Se dice del animal cuyo cuerpo regula su propia temperatura.

endrina s.f. Fruto del endrino.

endrino s.m. Arbusto de ramas con espinas y flores blancas, cuyo fruto es la endrina.

endulzar v.tr. **1** Poner dulce o más dulce algo. **2** Hacer dulce o agradable una cosa.

endurecer (30) v.tr. **1** Poner duro o más duro. **2** Hacer más fuerte. **3** Hacer más severa una cosa.

endurecimiento s.m. **1** Acción y efecto de endurecer o endurecerse.

ene s.f. Nombre de la letra n.

enea s.f. **1** Planta de tallos altos y cilíndricos, con las hojas largas y las flores en forma de espiga. **2** Hoja seca de esta planta, que se usa para tejer asientos y otros objetos.

eneaedro s.m. Cuerpo geométrico de nueve caras.

eneágono, a s.m. Figura geométrica de nueve lados.

eneasílabo, a adj. y s.m. Se dice del verso que tiene nueve sílabas.

enebrina s.f. Fruto del enebro.

enebro s.m. **1** Arbusto de la familia del ciprés cuyo fruto es la enebrina. **2** Madera de este arbusto.

enema s.m. Líquido que se introduce en el cuerpo a través del recto como tratamiento.

enemigo, a s. y adj. **1** Persona o grupo de personas contra el que se lucha. **2** Persona que odia. ◆ s. **3** Persona que está en contra de algo. ◆ adj. **4** Relativo al enemigo.

enemistad s.f. Relación de aversión u odio.

enemistar v.tr. Hacer que dos o más personas se vuelvan enemigas o pierdan su amistad.

eneolítico, a adj. y s.m. **1** Se dice del período prehistórico que es el primero de la Edad de los Metales. ◆ adj. **2** Relativo a este período.

energético, a adj. **1** Relativo a la energía (fuerza). **2** Que produce energía (fuerza).

energía s.f. **1** Capacidad que tiene un cuerpo o un sistema para realizar un trabajo o producir un cambio o una transformación. **2** Capacidad y fuerza de una persona para actuar.

enérgico, a adj. Que tiene o está hecho con energía, fuerza y decisión.

energúmeno, a s. y adj. Persona furiosa.

enero s.m. Primer mes del año.

enervar v.tr. **1** Restar fuerza a un argumento o razonamiento. **2** Poner nervioso.

enésimo, a adj. **1** Que se ha repetido un número elevado pero indeterminado de veces. **2** Que ocupa un lugar indeterminado en una serie.

enfadar v.tr. **1** Causar enfado. ◆ **enfadarse** v.prnl. **2** Pasar a tener enfado. **3** Romper dos o más personas la buena relación que existía.

enfado s.m. Sentimiento del que se enfada.

énfasis s.m. **1** Fuerza en la expresión o en la entonación. **2** Importancia o relieve.

enfático, a adj. Que tiene o implica énfasis.

enfatizar v.tr. Poner énfasis.

enfebrecido, a adj. Que se muestra muy excitado o exaltado por un sentimiento.

enfermar v.tr. e intr. **1** Ponerse o poner enfermo.

enfermedad s.f. **1** Alteración más o menos grave de la salud de un ser vivo. **2** Cosa que afecta o daña gravemente. ◇ **enfermedad del sueño** Enfermedad infecciosa producida por la picadura de una mosca africana.

enfermería s.f. **1** Lugar donde se presta una atención primaria a las personas enfermas o heridas. **2** Conjunto de estudios del enfermero.

enfermero, a s. Persona que se dedica al cuidado de enfermos y ayuda al médico.

enfermizo, a adj. **1** Que enferma con frecuencia. **2** Propio de las personas enfermas.

enfermo, a adj. y s. **1** Que padece una enfermedad. ◆ adj. **2** Fam. Que se altera.

enfermoso, a adj. AMÉR CENTRAL, COL, ECUAD, VENEZ Fam. Enfermizo.

enfervorizar v.tr. Provocar fervor.

enfilar v.tr. e intr. **1** Comenzar a recorrer un camino. ◆ v.tr. **2** Fam. Coger manía.

enfisema s.m. Hinchazón producida por la infiltración de aire en ciertos tejidos del cuerpo.

enfiteusis s.f. Cesión del aprovechamiento de un bien a cambio de dinero.

enflaquecer (30) v.tr. e intr. Poner o ponerse flaco.

enfocar v.tr. **1** Ajustar un mecanismo óptico para hacer que una imagen se vea con nitidez. **2** Dirigir el objetivo de una cámara u otro instrumento óptico hacia un lugar. **3** Dirigir un foco de luz hacia un lugar para iluminarlo. **4** Descubrir y comprender un asunto.

enfoque s.m. Acción y efecto de enfocar.

enfoscar v.tr. Cubrir un muro con mortero.

enfrascarse v.prnl. Dedicarse con el mayor esfuerzo y atención al desarrollo de una actividad.

enfrentamiento s.m. Acción y efecto de enfrentar o enfrentarse.

enfrentar v.tr. **1** Poner a dos personas en una posición opuesta o contraria, compitiendo. **2** Poner frente a frente cosas o personas. ◆ v.tr. y prnl. **3** Hacer frente a un problema.

enfrente adv. **1** En la parte opuesta o delante de algo. **2** En contra.

enfriamiento s.m. **1** Acción de enfriar. **2** Resfriado ligero.

enfriar (1e) v.tr. **1** Hacer que disminuya la temperatura de un cuerpo. **2** Hacer que disminuya la intensidad de un fenómeno. ◆ **enfriarse** v.prnl. **3** Contraer un resfriado ligero.

enfundar v.tr. **1** Guardar una cosa dentro de su funda. **2** Poner una prenda de vestir.

enfurecer (30) v.tr. **1** Poner furioso. ◆ **enfurecerse** v.prnl. **2** Agitarse o alborotarse.

enfurecimiento s.m. **1** Acción de enfurecer o enfurecerse. **2** Enfado muy grande.

enfurruñarse v.prnl. Fam. Coger un pequeño enfado por un motivo poco importante.

engalanar v.tr. Poner adornado y guarnecido un lugar, como una calle o casa.

enganchar v.tr. **1** Sujetar, unir o colgar de un gancho o de otra cosa parecida. ◆ v.tr. e intr. **2** Sujetar uno o varios animales a un vehículo o instrumento para que tiren de él. ◆ v.tr. **3** Conseguir una cosa atraer el interés de una persona. ◆ **engancharse** v.prnl. **4** Quedar sujetas entre sí dos cosas. **5** Fam. Llegar a tener una relación de dependencia o adicción hacia una droga.

enganche s.m. **1** Sujeción o unión. **2** Conjunto de caballerías que tiran de un vehículo.

engañabobos s.m. Desp. Cosa que sirve para engañar a las personas ingenuas.

engañar v.tr. **1** Hacer creer a una persona una cosa que en realidad es mentira. **2** Mantener relaciones sexuales con una persona distinta de la pareja. **3** Calmar momentáneamente una necesidad o un sentimiento. ◆ v.intr. **4** Causar una impresión equivocada en los sentidos. ◆ **engañarse** v.prnl. **5** Tener una idea falsa de la realidad.

engañifa s.f. Desp. ESP Cosa que resulta un engaño.

engaño s.m. **1** Acción de engañar o engañarse. **2** Cosa que engaña o sirve para engañar. **3** Capote o muleta que se usa para torear. ◇ **llamarse a engaño** Echarse atrás en un pacto o contrato por advertir que ha habido engaño.

engañoso, a adj. Que engaña.

engarce s.m. **1** Unión de una cosa con otra formando una cadena. **2** Unión de varias cosas entre sí. **3** Cosa que engarza.

engarzar v.tr. **1** Unir una cosa con otra formando una cadena. **2** Unir varias cosas entre sí. ◆ **engarzarse** v.prnl. **3** AMÉR Enzarzarse.

engastar v.tr. Encajar firmemente una cosa en un soporte o sobre una superficie.

engaste s.m. Acción y efecto de engastar.

engatusar v.tr. Ganar la voluntad y la confianza de una persona mediante halagos.

engendrar v.tr. **1** Dar existencia a un nuevo ser por medio de la fecundación. **2** Producir o ser el origen. **3** Formar una figura geométrica por medio del movimiento.

engendro s.m. Desp. Ser vivo con un aspecto físico anormal y deforme.

englobar v.tr. Incluir o contener.

engolado, a adj. **1** Se dice de la voz, la articulación o el acento que tiene resonancia en el fondo de la cavidad bucal o en la garganta. **2** Se dice del modo de hablar poco natural.

engomar v.tr. Untar algo de goma de pegar.

engominar v.tr. Dar gomina al cabello.

engordar v.intr. **1** Aumentar de peso una persona o animal. ◆ v.tr. e intr. **2** Aportar un alimento el exceso de grasas que hacen que una persona se ponga gorda. ◆ v.tr. **3** Alimentar a un animal para que aumente de peso o se ponga gordo.

engorde s.m. Acción de engordar o cebar.

engorro s.m. Cosa que resulta fastidiosa o molesta, que es un impedimento o una dificultad.

engorroso, a adj. Que resulta un engorro.

engranaje s.m. **1** Conjunto de ruedas dentadas y otras piezas que encajan entre sí. **2** Unión de varias ideas, palabras, etc.

engranar v.tr. e intr. **1** Ajustar o ajustarse las ruedas dentadas de un mecanismo. **2** Unir varias ideas, palabras, pensamientos, etc.

engrandecer (30) v.tr. **1** Dar mayor valor o grandeza. **2** Hacer grande o más grande.

engrandecimiento s.m. **1** Aumento del valor o grandeza. **2** Aumento de tamaño.

engrapadora s.f. AMÉR Instrumento que sirve para poner grapas. **GEOSIN** grapadora.

engrasar v.tr. Aplicar grasa a una superficie para reducir el rozamiento.

engreído, a adj. y s. Se dice de la persona que muestra orgullo excesivo por sus cualidades.

engreír (40) v.tr. **1** Hacer que una persona se vuelva engreída. **2** AMÉR Encariñar. **3** AMÉR SUR, COL, CUBA, MÉX, P RICO, R DOM Mimar. ◆ **engreírse** v.prnl. **4** Volverse engreído.

engrescar v.tr. Incitar a alguien al alboroto.

engrosamiento s.m. Aumento de volumen.

engrosar (1 u 11) v.tr. **1** Aumentar el número o la cantidad de una cosa. **2** Hacer más gruesa o aumentar el volumen de una cosa.

engrudo s.m. Masa espesa y pegajosa hecha de harina o almidón cocidos en agua.

enguarrar v.tr. Fam. ESP Ensuciar, manchar.

engullir (16) v.tr. Tragar la comida con precipitación y casi sin masticar.

enharinar v.tr. **1** Rebozar un alimento con harina. **2** Cubrir o manchar de harina.

enhebrar v.tr. **1** Pasar un hilo a través del ojo de una aguja u otro objeto. **2** Unir palabras o frases.

enhiesto, a adj. Formal. Que está levantado en alto o derecho.

enhorabuena s.f. **1** Acción de felicitar. ◆ interj. **2** Se emplea para felicitar. ◇ **estar de enhorabuena** Encontrarse una persona en una situación feliz por la que merece ser felicitada.

enigma s.m. **1** Frase o pregunta de significado oculto. **2** Cosa incomprensible.

enigmático, a adj. Que contiene un enigma.

enjabonado, a s.m. **1** Acción de enjabonar. ◆ adj. **2** CUBA, URUG Se dice de la caballería con pelo oscuro sobre fondo blanco.

enjabonar v.tr. Dar jabón y agua.

enjaezar v.tr. Poner más guarnecida y vistosa una caballería colocándole los jaeces o adornos.

enjambre s.m. **1** Conjunto numeroso de abejas y otros insectos que vuelan en grupo. **2** Conjunto de las abejas de un panal. **3** Conjunto numeroso de personas o cosas.

enjaretar v.tr. **1** Hacer algo deprisa. **2** Fam. Pasar a una persona un trabajo u otra cosa. **3** ARG, MÉX, VENEZ Fam. Intercalar.

enjaular (1i) v.tr. **1** Meter o encerrar a un animal en una jaula. **2** Fam. Encarcelar.

enjoyar v.tr. Adornar con joyas a una persona.

enjuagar v.tr. **1** Lavar con agua una cosa manchada o enjabonada. ◆ **enjuagarse** v.prnl. **2** Limpiarse los dientes o la boca con agua u otro líquido que luego se escupe.

enjuague s.m. **1** Acción de enjuagar o enjuagarse. **2** Líquido para enjuagarse la boca. **3** Fam. Negocio poco limpio, oculto o fraudulento.

enjugar v.tr. **1** Eliminar la humedad o el líquido de una cosa. **2** Hacer disminuir o eliminar una deuda.

enjuiciar (1d) v.tr. **1** Elaborar un juicio. **2** Someter a juicio.

enjundia s.f. Riqueza, importancia e interés.

enjuta s.f. **1** Cada uno de los espacios triangulares que deja un círculo inscrito en un cuadrado. **2** Triángulo de lados curvos que está formado por el anillo de una cúpula y los arcos sobre los que se construye.

enjuto, a adj. **1** Que está flaco, especialmente si se le marcan los huesos. **2** Seco.

enlace s.m. **1** Unión de varias ideas, palabras, etc. **2** Cosa que sirve para enlazar. **3** Unión de dos personas mediante el matrimonio. **4** Persona con la que otra debe contactar para recibir instrucciones. **5** Texto o imagen sobre los cuales, en una página web, podemos pulsar con el ratón para que nos muestre en pantalla otro documento de hipertexto. **6** En química, fuerza que mantiene unidos los átomos de una molécula o los iones de un cristal, o las moléculas entre sí.

enlatar v.tr. Meter un producto en una lata.

enlazar v.tr. **1** Unir varias ideas, palabras, etc. **2** Unir o atar con un lazo. **3** Unir dos cosas cruzándolas entre sí. ◆ v.intr. **4** Unirse en un punto un medio de transporte con otro. **5** Unirse dos iones o átomos para formar una molécula.

enlentecer v.tr. Hacer más lenta una cosa.

enlodar v.tr. Cubrir o manchar de lodo.

enloquecer (30) v.tr. e intr. Volver o volverse loco.

enlosado s.m. Suelo cubierto con losas.

enlosar v.tr. Cubrir el suelo con losas.

enlozar v.tr. AMÉR Cubrir un objeto con un baño de loza.

enlucir (27) v.tr. **1** Cubrir con yeso, cemento, etc. **2** Limpiar y sacar brillo.

enlutar v.tr. Vestir de luto a una persona o cosa.

enmadrado, a adj. Apegado a su madre.

enmadrarse v.prnl. Encariñarse demasiado el hijo con la madre.

enmarañar v.tr. **1** Entrelazar de manera desordenada. **2** Complicar y dificultar.

enmarcar v.tr. **1** Poner un marco. **2** Encerrar una cosa en un entorno o límites determinados.

enmascarado, a adj. y s. Que lleva máscara.

enmascarar v.tr. **1** Cubrir la cara con una máscara o un antifaz. **2** Ocultar o encubrir.

enmendar (32) v.tr. **1** Corregir un error o defecto. **2** Modificar una ley u otro texto legal. ◆ **enmendarse** v.prnl. **3** Corregir una persona sus faltas éticas o morales.

enmienda s.f. **1** Corrección de un error o defecto. **2** Propuesta que se hace para enmendar una ley u otro texto legal.

enmohecer (30) v.tr. **1** Cubrir de moho. **2** Dejar una cosa inútil o en desuso.

enmontarse v.prnl. AMÉR Cubrirse de maleza y volverse monte un terreno o un campo.

enmoquetar v.tr. ESP Cubrir con moqueta.

enmudecer (30) v.intr. **1** Dejar de hablar. **2** Dejar de hacer ruido. ◆ v.tr. **3** Hacer callar.

ennegrecer (30) v.tr. Poner oscuro o negro.

ennoblecer (30) v.tr. **1** Hacer noble, honrado y bueno. **2** Dar mayor valor o grandeza.

enojar v.tr. Causar enojo.

enojo s.m. Enfado.

enojoso, a adj. Que causa enojo o enfado.

enología s.f. Conjunto de conocimientos relativos al vino.

enólogo, a s. Entendido en enología.

enorgullecer (30) v.tr. Hacer que una persona sienta orgullo por una cosa.

enorme adj. **1** Muy grande. **2** Fam. Que sobresale por sus excepcionales características.

enormidad s.f. Cualidad de enorme. ◇ **una enormidad** Fam. Muchísimo.

enquistarse v.prnl. **1** Desarrollar un quiste. **2** Convertirse en crónico un problema.

enrabietarse v.prnl. Tener una rabieta.

enraizar (1g) v.intr. y prnl. **1** Echar raíces una planta. ◆ v.tr. e intr. **2** Hacer o hacerse firme y duradero un sentimiento o una costumbre. ◆ **enraizarse** v.prnl. **3** Establecerse en un lugar de manera permanente.

enrarecer (30) v.tr. **1** Dilatar un gas haciéndolo menos denso. **2** Contaminar el aire. **3** Hacer que una relación se deteriore.

enrarecimiento s.m. Acción y efecto de enrarecer.

enredadera adj. y s.f. Se dice de la planta de tallo fino y flexible que crece y sube sujetándose o apoyándose en muros, troncos, etc.

enredar v.tr. **1** Entrelazar de manera desordenada. **2** Complicar y dificultar un asunto. **3** Hacer que una persona participe en un asunto. **4** Provocar la duda o el error. **5** Entretener o hacer perder el tiempo. ◆ v.intr. **6** Molestar haciendo travesuras. ◆ **enredarse** v.prnl. **7** Equivocarse. **8** Mantener una relación amorosa o sexual pasajera.

enredo s.m. **1** Conjunto de cosas enredadas. **2** Engaño o mentira. **3** Asunto o negocio poco lícito o ilegal. **4** Complicación o problema difícil de resolver. **5** Relación amorosa o sexual pasajera.

enrejado s.m. Reja, especialmente grande.

enrejar v.tr. **1** Proteger con una reja una puerta o ventana. **2** MÉX Zurcir la ropa.

enrevesado, a adj. Que tiene un contenido o unos rasgos confusos, poco claros.

enriquecedor, ra adj. Que enriquece.

enriquecer (30) v.tr. **1** Hacer rico o más rico. **2** Dotar de mayor calidad o valor.

enriquecimiento s.m. Acción y efecto de enriquecer o enriquecerse.

enrocar v.tr. e intr. En el juego del ajedrez, mover en una misma jugada el rey y una torre.

enrojecer v.tr. **1** Poner una cosa de color rojo o rojizo. ◆ v.intr. **2** Ponerse colorado el rostro.

enrolar v.tr. **1** Inscribir a una persona en una tripulación. **2** Inscribir a una persona en una sociedad, empresa, etc.

enrollado, a adj. Fam. ESP Se dice de la persona que se relaciona fácilmente con los demás.

enrollar v.tr. **1** Dar a una cosa flexible forma de rollo o rosca. ◆ **enrollarse** v.prnl. **2** Fam. ESP Extenderse demasiado al hablar o al escribir. **3** Fam. ESP Hacer un favor. **4** Fam. ESP Participar de manera amistosa en un grupo. **5** Fam. ESP Tener una relación amorosa o sexual pasajera.

enronquecer (30) v.tr. **1** Poner ronca a una persona. ◆ v.intr. **2** Ponerse ronca una persona.

enroque s.m. Jugada en que se enroca.

enroscar v.tr. **1** Dar a una cosa flexible y larga forma de rosca. **2** Ajustar una pieza con rosca dentro de otra.

ensaimada s.f. Bollo redondo y aplanado formado por una tira de pasta enroscada.

ensalada s.f. **1** Comida fría que se hace mezclando diversas hortalizas crudas. **2** Mezcla confusa de muchas cosas distintas. **3** Composición lírica en la que se emplean a voluntad metros diferentes. ◇ **ensalada de frutas** AMÉR Postre que consiste en frutas cortadas en trozos. **GEOSIN** macedonia. ◇ **ensalada rusa** Ensaladilla.

ensaladera s.f. Recipiente ancho y profundo para preparar y servir ensaladas.

ensaladilla s.f. Comida fría que se hace con patatas y hortalizas hervidas, huevo duro y atún. □ También ensaladilla rusa o ensalada rusa.

ensalmo s.m. Rezo o medicina a los que se atribuyen poderes mágicos para sanar a los enfermos. ◇ **como por ensalmo** ESP Con gran rapidez y sin explicación racional.

ensalzar v.tr. Elogiar mucho una cosa o a una persona, especialmente por sus virtudes.

ensamblaje s.m. **1** Acción de ensamblar. **2** Parte que se ensambla.

ensamblar v.tr. **1** Unir dos piezas que forman parte de una estructura. **2** Unir varias cosas que forman parte de una cosa compleja y organizada.

ensanchamiento s.m. Acción y efecto de ensanchar o ensancharse.

ensanchar v.tr. **1** Aumentar la anchura de una cosa. **2** Dotar una cosa de mayores posibilidades de desarrollo y progreso.

ensanche s.m. **1** Ensanchamiento. **2** Terreno situado en las afueras de una ciudad y destinado a nuevas edificaciones. **3** Conjunto de edificios que se han construido en este terreno.

ensangrentar (32) v.tr. Manchar de sangre.

ensañamiento s.m. Acción de ensañarse.

ensañarse v.prnl. Atacar con saña.

ensartar v.tr. **1** Pasar un hilo a través del agujero de un objeto. **2** Atravesar un cuerpo con un objeto alargado acabado en punta. **3** Unir palabras o frases. ◆ **ensartarse** v.prnl. **4** ARG, BOL, PERÚ Caer en un engaño.

ensayar v.tr. **1** Ejecutar partes o la totalidad de un espectáculo musical o teatral para prepararlo y dejarlo listo para su ejecución en público. **2** Realizar varias veces un mismo acto o conjunto de actos de una actividad para perfeccionar su ejecución. **3** Probar una cosa antes de darla por buena para ser usada. **4** Hacer pruebas para determinar la calidad de un material.

ensayista s.m. y f. Escritor de ensayos.

ensayístico, a adj. Relativo al ensayo (obra).

ensayo s.m. **1** Ejecución de las partes o la totalidad de un espectáculo musical o teatral para prepararlo y dejarlo listo para ejecutarlo en público. **2** Realización de un mismo acto o conjunto de actos de una actividad para perfeccionar su ejecución. **3** Prueba que se hace de una cosa antes de darla por buena para ser usada. **4** Prueba que se hace para determinar la calidad de un material. **5** Obra literaria en prosa, de carácter didáctico, en la que el autor expone sus ideas acerca de un tema sin que el lector necesite conocimientos especializados sobre la materia. **6** Ensayismo. **7** Jugada del rugby que consiste en apoyar el balón en el suelo tras la línea de marca del equipo contrario y por la que se consigue un tanto. **8** Prueba o análisis que se realiza en un experimento.

enseguida o **en seguida** adv. **1** Inmediatamente después. **2** Muy pronto. **3** Con gran facilidad.

ensenada s.f. Entrada de mar en la tierra formando un seno entre dos puntas o cabos.

enseña s.f. Objeto, señal o distintivo que representa a un colectivo de personas.

enseñanza s.f. **1** Comunicación de conocimientos, habilidades, ideas o experiencias a una persona que no las tiene con la intención de que las comprenda y haga uso de ellas. **2** Actividad que se realiza para enseñar un conjunto de conocimientos generales o específicos, desarrollar métodos de trabajo o adquirir unos valores. **3** Cosa que se enseña para que una persona la comprenda y haga uso de ella o adquiera una experiencia. ◇ **enseñanza básica** o **enseñanza primaria** Etapa primera y generalmente obligatoria de la enseñanza. ◇ **enseñanza media** o **enseñanza secundaria** Etapa de la enseñanza que sigue a la básica. ◇ **enseñanza superior** Enseñanza que sigue a la media.

enseñar v.tr. **1** Comunicar conocimientos, habilidades, ideas o experiencias a una persona que no las tiene con la intención de que las comprenda y haga uso de ellas. **2** Mostrar una cosa o a una persona a la vista de alguien. **3** Dar una información, un dato o una señal que permita llegar al conocimiento de una cosa. ◆ v.intr. **4** Dar clases como profesor o maestro.

enser s.m. Objeto, como una herramienta, un utensilio, un aparato, etc.
OBS Suele usarse en plural.

ensillar v.tr. Poner la silla de montar a una caballería, especialmente a un caballo.

ensimismarse v.prnl. **1** Poner toda la atención en lo que se hace o piensa hasta llegar a aislarse de lo demás. **2** COL, CH Envanecerse.

ensombrecer (32) v.tr. **1** Cubrir de sombras. **2** Causar pena o tristeza.

ensoñación s.f. Ensueño.

ensordecedor, ra adj. Se dice del sonido, ruido que es muy intenso.

ensordecer (30) v.tr. e intr. **1** Hacer perder el sentido del oído; dejar sordo. ◆ v.tr. **2** Impedir un sonido o ruido muy intenso que una persona oiga otra cosa.

ensordecimiento s.m. Acción y efecto de ensordecer.

ensortijado, a adj. Que tiene rizos.

ensuciar (1d) v.tr. **1** Poner sucio. **2** Dañar la dignidad de una persona o de una cosa.

ensueño s.m. **1** Imagen mental irreal fruto de la imaginación. **2** Cosa que se sueña.

entablamento s.m. Conjunto de molduras que forman el elemento arquitectónico que descansa sobre los capiteles de las columnas y sostiene el frontón y el techo del edificio.

entablar v.tr. **1** Cubrir, cerrar o asegurar con tablas. **2** Dar comienzo a una actividad o proceso. **3** En los juegos de tablero, colocar las piezas en sus casillas. ◆ v.intr. **4** AMÉR Empatar, hacer tablas. **5** PERÚ Fanfarronear. ◆ **entablarse** v.prnl. **6** Soplar el viento en una misma dirección. **7** GUAT, MÉX Establecerse, afirmarse una cosa.

entablillar v.tr. Inmovilizar la extremidad de una persona o animal colocándola entre tablas.

entallecer (30) v.intr. y prnl. Echar tallos.

entarimado s.m. Suelo de tablas de madera.

éntasis s.m. Parte más abultada en el fuste de una columna.

ente s.m. **1** Cosa o ser con existencia real o imaginaria. **2** Organismo, institución o empresa.

enteco, a adj. Formal. Enfermizo.

entelequia s.f. Cosa irreal.

entendederas s.f.pl. Fam. Entendimiento.

entendedor, ra adj. y s. Que comprende.

entender (33) v.tr. **1** Tener idea clara del sentido de las cosas. **2** Conocer el sentido de los actos o sentimientos de una persona. **3** Formar juicio a partir de señales o datos. **4** Conocer la personalidad y el temperamento de una persona y el modo en que hay que tratarla. **5** Tener conocimientos sobre un asunto o materia. **6** Tener autoridad y competencia para conocer un asunto. ◆ **entenderse** v.prnl. **7** Llevarse bien con una persona. **8** Llegar a un acuerdo. **9** Mantener relaciones amorosas o sexuales ocultas.

entendido, a adj. y s. **1** Que tiene conocimientos de una rama determinada de la ciencia, la técnica o el arte. ◆ interj. **2** Indica que algo se ha comprendido.

entendimiento s.m. **1** Capacidad de aprender, comprender, juzgar y tomar decisiones. **2** Relación amistosa. **3** Acuerdo al que llegan dos o más personas.

entente s.f. Entendimiento, relación amistosa.

enterado, a adj. y s. **1** Fam. ESP Que se cree más listo y con más conocimientos que los demás. **2** Que conoce bien una materia. **3** CH Orgulloso, estirado. ◇ **no darse por enterado** Hacerse el sordo.

enterar v.tr. **1** Informar a una persona acerca de algo. **2** AMÉR Entregar dinero. **3** ARG, BOL, CH, PERÚ Completar una cantidad. ◆ **enterarse** v.prnl. **4** Darse cuenta de algo. **5** Entender con claridad. **6** Informarse.

entereza s.f. **1** Capacidad de una persona para afrontar problemas con serenidad. **2** Fortaleza para mantener las propias ideas.

enterizo, a adj. Formado por una sola pieza.

enternecer (30) v.tr. Producir ternura.

entero, a adj. **1** Que está completo. **2** Que muestra entereza. **3** Que muestra buenas condiciones físicas. **4** Se dice del número que está formado solo por una o varias unidades completas. **5** AMÉR Entrega de dinero. ◇ **por entero** De manera completa y total.

enteropatía s.f. Enfermedad del intestino.

enterrador, ra s. Persona que entierra a los muertos.

enterramiento s.m. **1** Entierro (operación de depositar el cadáver). **2** Fosa o agujero en la tierra que contiene el cadáver de una persona.

enterrar (32) v.tr. **1** Depositar el cadáver de una persona en una fosa o en un nicho y cerrarlos con tierra o una lápida o losa. **2** Sobrevivir a alguien. **3** Poner bajo tierra. **4** Hacer desaparecer una cosa debajo de otra u otras. **5** Olvidar de manera definitiva una cosa para no volver a pensar en ella. **6** AMÉR Clavar.

entibar v.tr. Apuntalar con maderos o armazones metálicos una excavación, pozo o mina.

entidad s.f. **1** Valor o importancia de una cosa. **2** Asociación o empresa. **3** Ente o ser.

entierro s.m. **1** Acción de enterrar. **2** Conjunto de personas que acompañan el cadáver de una persona cuando lo llevan a enterrar. **3** Enterramiento (fosa o agujero). ◇ **entierro de la sardina** Fiesta que señala el fin del carnaval.

entoldado s.m. **1** Conjunto de toldos. **2** Lugar cubierto por este conjunto de toldos.

entoldar v.tr. Cubrir con un toldo o entoldado.

entomología s.f. Estudio de los insectos.

entomólogo, a s. Especialista en entomología.

entonación s.f. **1** Variación del tono de la voz. **2** Línea melódica definida por estas variaciones. **3** Adecuación del canto al tono adecuado.

entonar v.tr. e intr. **1** Cantar o hablar con el tono adecuado. ◆ v.tr. **2** Cantar. **3** Combinar bien los tonos o colores de varias cosas. **4** Devolver al cuerpo de una persona o a una parte de él la buena forma y la plenitud de sus funciones. ◆ **entonarse** v.prnl. **5** Fam. Comenzar a embriagarse.

entonces adv. **1** En aquel tiempo o en aquella ocasión. **2** En ese momento o instante. **3** En tal caso, siendo así. ◇ **en,** o **por, aquel entonces** Por aquel tiempo. ◇ **¡pues entonces!** Se usa para justificar una consecuencia obvia.

entontecer (30) v.tr. y prnl. Volver tonto.

entorchado s.m. **1** Cuerda o hilo de seda, cubierto con otro para darle firmeza. **2** Bordado de oro o plata que llevan algunos uniformes.

entornar v.tr. **1** Cerrar parcialmente una puerta, una ventana o los ojos. **2** Desviar de la posición vertical u horizontal que ocupa una cosa.

entorno s.m. Conjunto de circunstancias que rodean a una persona o cosa.

entorpecer (30) v.tr. **1** Poner los medios que impiden el desarrollo normal de una actividad o proceso. **2** Hacer perder agilidad, destreza o facilidad para hacer una cosa.

entrada s.f. **1** Paso de un sitio a otro, generalmente, de un lugar exterior a otro interior. **2** Espacio por donde se entra a un lugar. **3** Parte de un lugar por la que es posible acceder a su interior. **4** Recibidor. **5** Billete pequeño de papel impreso, generalmente de forma rectangular, que se compra y da derecho a entrar u ocupar asiento en un espectáculo o un lugar. **6** Cantidad de dinero que se entrega por adelantado o como primera parte del pago al comprar o alquilar una cosa. **7** Parte frontal superior de la cabeza de una persona, en la que ya se ha caído el pelo. **8** Ingreso de una persona en un grupo, sociedad o empresa. **9** Entrante (plato). **10** Palabra que se define en cada uno de los artículos de un diccionario o enciclopedia. **11** Primeras horas o primeros días de un período amplio. **12** En el fútbol y otros deportes, acción de acercarse a un jugador contrario con la intención de arrebatarle la pelota. **13** En música, momento en que cada voz o instrumento ha de entrar a tomar parte en la ejecución de una pieza. ◇ **de entrada** Para empezar, en principio, en primer lugar.

entradilla s.f. Primer párrafo de una noticia, en que se resume lo esencial de su contenido.

entramado s.m. **1** Armazón de madera o metal que sirve para hacer una pared, tabique o suelo, una vez rellenados los huecos. **2** Conjunto de cosas relacionadas entre sí. **3** Conjunto de tiras entrecruzadas de un material flexible.

entrambos, as det. y pron. Formal. Ambos.

entrante adj. **1** Se dice del período que está inmediatamente próximo en el futuro. ◆ s.m. **2** Plato de los que componen un almuerzo o cena que se come al inicio de la comida. **3** Parte de una cosa que entra en otra.

entraña s.f. **1** Conjunto de los órgano contenidos en el interior del tronco del ser humano o del animal. □ Suele usarse en plural. **2** Parte más importante y central de una cosa. ◆ **entrañas** s.f.pl. **3** Zona más interior, oculta y de difícil acceso de un lugar. **4** Conjunto de sentimientos que rigen la conducta de una persona.

entrañable adj. Muy íntimo y afectuoso.

entrañar v.tr. **1** Tener como resultado o producir como consecuencia directa alguna cosa problemática o negativa. ◆ **entrañarse** v.prnl. **2** Unirse íntimamente a una persona.

entrar v.intr. **1** Ir o pasar de un sitio a otro, generalmente, de un lugar exterior a otro interior. **2** Penetrar o introducirse una cosa en un lugar. **3** Pasar a formar parte de los miembros de un grupo, sociedad o empresa. **4** Tener una cosa el tamaño necesario para poder colocarse o ajustarse alrededor de otra. **5** Estar incluida o contenida una cosa dentro de otra. **6** Participar o tomar parte en una cosa. **7** Comenzar una estación o un período amplio. **8** Ser agradable y fácil de tomar una comida o una bebida. **9** En los juegos de cartas, participar en una apuesta. **10** Empezar una persona su intervención en un espectáculo o en un acto público. ◆ v.tr. **11** Empezar a tener una sensación o un sentimiento que va haciéndose más intenso. **12** En el fútbol y otros deportes, aproximarse a un jugador contrario con la intención de arrebatarle la pelota. ◆ v.tr. e intr. **13** Acometer o atacar el toro. **14** Acometer o ejercer influencia en una persona.

entre prep. **1** Indica situación o estado intermedio de dos o más personas o cosas. **2** Indica situación o estado en un período del que se señalan el principio y el fin. **3** Indica una calidad o estado intermedio con respecto a otros. **4** Indica participación o colaboración de dos o más personas o cosas. **5** Indica la pertenencia de una persona o cosa a un grupo o colectividad. **6** Se utiliza en la operación matemática de la división para indicar que un número está dividido por otro. ◇ **entre tanto** Entretanto.

entreabierto, a Participio irregular de entreabrir.

entreabrir v.tr. Abrir una cosa un poco. OBS Participio: **entreabierto.**

entreacto s.m. Intermedio de un espectáculo.

entrecejo s.m. Espacio que separa las dos cejas. ◇ **fruncir,** o **arrugar, el entrecejo** Hacer un gesto de enfado arrugando la frente.

entrecerrar (32) v.tr. Cerrar una cosa un poco.

entrecomillar v.tr. Escribir una palabra, frase o texto entre comillas.

entrecortado, a adj. Se dice del sonido que se emite con interrupciones muy breves.

entrecortar v.tr. **1** Cortar una cosa sin acabar de separar sus partes. **2** Hacer entrecortado algo, especialmente la voz o la respiración.

entrecot (pl. entrecots o entrecotes) s.m. Filete grueso de carne.

entrecruzar v.tr. **1** Colocar una cosa sobre otra formando una figura parecida a la de una cruz. ◆ **entrecruzarse** v.prnl. **2** Pasar por un punto o camino dos personas, animales o cosas en dirección diferente. **3** Encontrarse con una persona o tener trato con ella.

entredicho s.m. **1** Duda sobre la honradez, veracidad o posibilidades de futuro de una persona o de una cosa. **2** Censura eclesiástica que prohíbe ciertas prácticas religiosas.

entredós s.m. **1** Tira bordada o de encaje que se cose entre dos telas. **2** Armario bajo que suele colocarse entre dos balcones.

entrega s.f. **1** Acción y efecto de entregar o entregarse. **2** Publicación de una parte de un relato o de un libro completo que tiene una estrecha relación con otras partes u otras obras ya publicadas.

entregar v.tr. **1** Dar o poner en poder de una persona una cosa. ◆ **entregarse** v.prnl. **2** Dedicarse con gran esfuerzo y atención a una cosa. **3** Dejarse dominar por una cosa, especialmente una pasión, un vicio o una mala costumbre. **4** Rendirse y ponerse en manos del otro.

entreguerras ◇ **de entreguerras** loc. Se dice del período de paz comprendido entre dos guerras consecutivas.

entrelazar v.tr. **1** Unir o atar una cosa con otra cruzándolas entre sí. **2** Relacionar dos o más cosas entre sí para formar un conjunto.

entremedias adv. Entre dos lugares, cosas o períodos.

entremés s.m. **1** Conjunto de alimentos ligeros, generalmente fríos, que se toman en una comida antes del primer plato y suelen compartirse con los demás comensales. □ Suele usarse en plural con valor singular. **2** Pieza teatral breve, de tono humorístico, que originalmente se representaba entre acto y acto de una comedia.

entremeter v.tr. **1** Doblar o meter hacia adentro una parte saliente de una tela o un papel. **2** Meter una cosa entre otras. ◆ **entremeterse** v.prnl. **3** Entrometerse.

entremetido, a adj. y s. Entrometido.

entrenador, ra s. **1** Persona que se dedica a entrenar a otras personas o a animales. **2** Persona que se dedica a la dirección técnica de un equipo deportivo.

entrenamiento s.m. Conjunto de ejercicios físicos que se realizan para entrenarse.

entrenar v.tr. Preparar o adiestrar a personas o animales para perfeccionar el desarrollo de una actividad o deporte.

entrenudo s.m. Parte del tallo de un vegetal comprendida entre dos nudos consecutivos.

entrepierna s.f. **1** Parte interior de los muslos próxima a las ingles. **2** Zona de una prenda de vestir que corresponde a esta parte del cuerpo. **3** Órganos genitales de una persona. **4** CH Taparrabos, traje de baño.

entresacar v.tr. **1** Sacar una cosa que está colocada entre otras. **2** Cortar parte del cabello para que resulte menos espeso. **3** Espaciar las plantas o árboles que han nacido demasiado juntos.

entresijo s.m. **1** Aspecto o característica poco conocida u oculta de una persona o cosa. □ Suele usarse en plural. **2** Repliegue membranoso del peritoneo, que une el estómago y el intestino con las paredes del abdomen.

entresuelo s.m. **1** ESP Piso de un edificio situado entre el bajo y el principal. **2** ESP Piso bajo situado sobre el sótano que se levanta más de un metro sobre la calle. **3** ESP Planta de un cine o teatro situada sobre el patio de butacas.

entretanto o **entre tanto** adv. En el mismo período durante el que ocurre una cosa.

entretejer v.tr. **1** Mezclar hilos de texturas o colores diferentes para componer adornos en un tejido. **2** Relacionar dos o más cosas entre sí.

entretela s.f. **1** Tejido de algodón que se coloca entre la tela y el forro de las prendas de vestir para darles forma. ◆ **entretelas** s.f.pl. **2** Fam. Conjunto de circunstancias o sentimientos más ocultos e íntimos.

entretención s.f. Fam. AMÉR Entretenimiento.

entretener (48) v.tr. **1** Hacer pasar el tiempo de manera agradable. **2** Hacer perder el tiempo impidiendo la realización o continuación de una acción. **3** Hacer menos molesta o más agradable una cosa. **4** Retardar con pretextos el despacho de un asunto.

entretenido, a adj. **1** Que hace pasar el tiempo de manera agradable. **2** ESP Que requiere la dedicación de mucho tiempo o trabajo.

entretenimiento s.m. **1** Acción de entretener. **2** Actividad o espectáculo que hace pasar el tiempo de manera agradable.

entretiempo s.m. Período de la primavera o del otoño que tiene temperatura suave.

entrever (52) v.tr. **1** Ver con poca claridad por causa de algún obstáculo o de la distancia. **2** Sospechar, intuir o tener la esperanza de que una cosa puede suceder en el futuro.

entreverar v.tr. Colocar una cosa entre otras de distinta clase o naturaleza.

entrevista s.f. **1** Reunión mantenida por dos o más personas para tratar de un asunto, generalmente profesional o de negocios. **2** Conversación que mantiene un periodista con otra persona que contesta una serie de preguntas.

entrevistador, ra s. Persona que hace una entrevista.

entrevistar v.tr. **1** Realizar una entrevista. ◆ **entrevistarse** v.prnl. **2** Mantener una reunión dos o más personas para tratar de un asunto.

entrevisto, a Participio irregular de entrever.

entristecer (30) v.tr. **1** Causar pena o tristeza. **2** Dar un aspecto triste. ◆ **entristecerse** v.prnl. **3** Ponerse triste y melancólica una persona.

entrometerse v.prnl. Meterse una persona en un asunto que no le incumbe.

entrometido, a adj. y s. Que acostumbra a entrometerse en asuntos que no le incumben.

entromparse v.prnl. **1** Fam. Emborracharse. **2** AMÉR Enfadarse.

entroncar v.intr. **1** Tener o contraer una relación de parentesco con una familia o linaje. ◆ v.tr. e intr. **2** Tener o contraer una relación de correspondencia o dependencia entre dos o más cosas, personas o ideas.

entronizar v.tr. **1** Sentar en un trono como símbolo de poder y autoridad. **2** Conceder a una persona el máximo cargo o dignidad. **3** Dar a una persona o cosa un valor e importancia muy superior a las demás.

entropía s.f. Magnitud termodinámica que indica el grado de desorden molecular de la materia.

entubar v.tr. Introducir tubos en el organismo de una persona o animal por razones médicas.

entuerto s.m. Perjuicio o daño que se causa.

entumecer (30) v.tr. Dejar sin flexibilidad o movimiento una parte del cuerpo.

entumecimiento s.m. Falta de flexibilidad o movimiento en una parte del cuerpo.

enturbiar (1d) v.tr. **1** Quitar claridad o transparencia a un líquido poniéndolo turbio. **2** Hacer perder el orden, la costumbre o la tranquilidad.

entusiasmar v.tr. **1** Causar entusiasmo. **2** Gustar mucho una cosa.

entusiasmo s.m. **1** Estado de ánimo del que se siente muy alegre y excitado. **2** Atención y esfuerzo. **3** Adhesión fervorosa.

entusiasta adj. y s.m. y f. Se dice de la persona que siente entusiasmo.

enumeración s.f. Acción y efecto de enumerar.

enumerar v.tr. Exponer de manera sucesiva y ordenada las partes que forman un conjunto.

enunciación s.f. Exposición breve y sencilla en la que se comunica con palabras una idea.

enunciado s.m. **1** Conjunto de datos o elementos que forman parte de una pregunta o problema. **2** Unidad mínima de comunicación con sentido completo.

enunciar (1d) v.tr. **1** Expresar con palabras una idea de manera breve y sencilla. **2** Expresar los datos o elementos que forman parte de una pregunta o problema.

enunciativo, a adj. **1** Que enuncia una idea. **2** Se dice de la frase u oración que afirma o niega alguna cosa acerca de una persona o cosa.

envainar (1i) v.tr. **1** Guardar una cosa dentro de su vaina o cubierta, generalmente, un arma blanca. **2** Enfundar, envolver una cosa en otra.

envalentonar v.tr. **1** Hacer que otra u otras personas se crean con fuerzas o ánimos suficientes para emprender una acción peligrosa o arriesgada. ◆ **envalentonarse** v.prnl. **2** Mostrarse valiente y desafiante. □ Frec. despectivo.

envanecer (30) v.tr. y prnl. Hacer que una persona adquiera un sentimiento de orgullo o superioridad frente a los demás.

envarado, a adj. y s. **1** Que se comporta de un modo soberbio y poco natural. ◆ s.m. **2** PERÚ Autoridad de las comunidades indígenas que ejerce funciones municipales.

envaramiento s.m. **1** Entumecimiento de una parte del cuerpo. **2** Actitud de la persona orgullosa.

envasado s.m. Operación mediante la cual se envasa un producto.

envasar v.tr. Meter un producto en un envase.

envase s.m. Recipiente en el que se coloca un producto para facilitar su conservación.

envejecer (30) v.tr. **1** Hacer vieja a una persona o cosa. **2** Conservar el vino o el licor en toneles, barricas u otros recipientes. ◆ v.intr. y prnl. **3** Hacerse vieja o antigua una persona o cosa.

envejecimiento s.m. Acción de envejecer.

envenenamiento s.m. Acción y efecto de envenenar.

envenenar v.tr. **1** Intoxicar o matar a un ser vivo con un veneno. **2** Poner veneno en una cosa. **3** Estropear las relaciones entre dos o más personas.

envergadura s.f. **1** Distancia entre las dos puntas de las alas completamente extendidas de un ave o de un avión. **2** En general, tamaño o volumen de una persona o animal. **3** Ancho de la vela de un barco. **4** Importancia, categoría o trascendencia de una cosa.

envero s.m. Color dorado o rojizo de la fruta.

envés s.m. Cara posterior de una cosa plana y delgada.

enviado, a s. Persona que lleva un mensaje por encargo de otra.

enviar (1e) v.tr. **1** Hacer ir a una persona a un lugar. **2** Hacer llegar una cosa a un lugar.

enviciar (1d) v.tr. y prnl. Hacer que una persona caiga en un vicio.

envidar v.intr. Hacer un envite en el juego.

envidia s.f. **1** Sentimiento de tristeza o irritación producido en una persona por el deseo de la felicidad o alguna cosa de otra persona. **2** Deseo de algo que no se posee.

envidiar (1d) v.tr. **1** Sentir envidia. **2** Desear algo que no se posee.

envidioso, a adj. y s. Que siente envidia.

envilecer (30) v.tr. y prnl. Hacer que una persona se comporte de una manera vil y malvada.

envío s.m. Acción y efecto de enviar.

envite s.m. **1** En algunos juegos de cartas, como el mus, apuesta que permite ganar tantos extraordinarios. **2** Empujón. **3** Provocación o incitación. ◇ **al primer envite** De buenas a primeras.

enviudar v.intr. Perder una persona a su pareja.

envoltorio s.m. **1** Material que sirve para envolver un objeto o un producto. **2** Objeto o producto envuelto en este material.

envoltura s.f. **1** Envoltorio (material). **2** Capa exterior que rodea o envuelve a una cosa.

envolvente adj. **1** Que rodea una cosa de modo que cubre todas sus partes. **2** Que produce una sensación agradable de atracción.

envolver (28) v.tr. **1** Cubrir una cosa rodeándola total o parcialmente. **2** Hacer que una persona participe en un negocio o asunto. **3** Enrollar un hilo, una cuerda o una cinta alrededor de una cosa.

envuelto, a **1** Participio irregular de envolver. ◆ s.m. **2** MÉX Tortilla de maíz rellena.

enyerbar v.tr. **1** Fam. ARG, URUG Agregar yerba al mate. **2** Fam. MÉX Envenenar a una persona o animal. **3** Fam. MÉX Dar un brebaje a una persona para embrujarla. ◆ **enyerbarse** v.prnl. **4** AMÉR Cubrirse de hierba y malezas un terreno. **5** CUBA Arruinarse o fracasar un negocio. **6** Fam. MÉX Encolerizarse por algún engaño sufrido.

enyesar v.tr. **1** Cubrir una superficie o tapar un agujero con yeso. **2** Inmovilizar una parte del cuerpo envolviéndola en yeso o escayola.

enzarzar v.tr. y prnl. **1** Enredar a dos o más personas en una disputa. **2** Poner zarzas o cubrir con ellas una cosa.

enzima s.m. o f. Proteína compleja sintetizada por las células vivas del organismo, que cataliza reacciones químicas del metabolismo.

eñe s.f. Nombre de la letra ñ.

eoceno, a adj. y s.m. Se dice de la época geológica que es la segunda del período paleógeno de la era cenozoica o terciaria.

eólico, a adj. **1** Relativo al viento. **2** Relativo a Eolia (antigua región de Asia menor). ◆ s.m. **3** Grupo de dialectos de la lengua griega.

epa interj. **1** Fam. Se usa, generalmente, para expresar sorpresa. **2** AMÉR Se usa como fórmula de saludo. **3** CH Se usa para animar.

epanadiplosis s.f. Figura retórica que consiste en repetir al final de una frase o de un verso la misma palabra con que empieza.

epéntesis s.f. Introducción de un sonido en el interior de una palabra.

épica s.f. Subgénero literario que narra las hazañas de héroes legendarios o históricos o de un pueblo.

epicarpio o **epicarpo** s.m. Capa más externa de las tres que forman el hueso de un fruto.

epiceno adj. y s.m. Se dice del género de un sustantivo que señala la diferencia de sexo mediante la oposición macho/hembra.

epicentro s.m. Punto de la superficie de la Tierra bajo el cual tiene origen un terremoto.

épico, a adj. **1** Relativo a la épica (género literario). ◆ adj. y s. **2** Se dice del poeta que cultiva la poesía épica. ◆ adj. **3** Que causa admiración por su gran valentía, heroísmo y esfuerzo.

epicúreo, a adj. **1** Relativo a la doctrina filosófica de Epicuro. ◆ adj. y s. **2** Se dice de la persona que sigue la doctrina filosófica de Epicuro. **3** Que evita el dolor y busca el placer en todo.

epidemia s.f. **1** Enfermedad infecciosa que ataca a un gran número de personas del mismo lugar y durante un mismo período. **2** Daño o desgracia que está muy extendida.

epidémico, a adj. Relativo a la epidemia.

epidemiología s.f. Parte de la medicina que estudia las epidemias.

epidérmico, a adj. **1** Relativo a la epidermis. **2** Superficial.

epidermis s.f. **1** Capa más exterior de la piel de los vertebrados y de los invertebrados. **2** Capa continua de células que recubre el cuerpo de algunos vegetales.

epidural adj. **1** Que está situado encima o por fuera de la duramadre. ◆ adj. y s.f. **2** Se dice del método anéstesico que se aplica en el espacio epidural de la columna vertebral.

epifanía s.f. Fiesta de la religión católica en que se celebra la adoración de los Reyes Magos al niño Jesús.

epífisis s.f. **1** Pequeña glándula situada en el encéfalo. **2** Parte final de los huesos largos.

epifito, a o **epífito, a** adj. Se dice del organismo vegetal que vive encima de otra planta, aunque sin ser parásito de ella.

epigastrio s.m. Parte superior del vientre o del abdomen.

epiglotis s.f. Cartílago en forma de lengüeta situado sobre la laringe.

epígono s.m. Persona que continúa unas tendencias artísticas o científicas anteriores.

epígrafe s.m. **1** Título que aparece al comienzo de un escrito, o de cada una de sus partes. **2** Resumen breve que aparece al comienzo de un escrito. **3** Texto breve grabado.

epigrafía s.f. Ciencia que estudia las inscripciones realizadas sobre materiales duros.

epigrama s.m. **1** Texto breve grabado. **2** Poema breve e ingenioso.

epilepsia s.f. Enfermedad que provoca convulsiones violentas y pérdida del conocimiento.

epiléptico, a adj. **1** Relativo a la epilepsia. ◆ adj. y s. **2** Que padece epilepsia.

epílogo s.m. **1** Parte última de una obra en la que se resume o resuelve la acción. **2** Conjunto de circunstancias que permanecen después de un proceso.

episcopal adj. Relativo al obispo.

episódico, a adj. **1** Relativo al episodio. **2** Que dura poco tiempo.

episodio s.m. **1** Acción secundaria de la principal en un relato. **2** Capítulo de una serie de televisión o de radio. **3** Hecho o acontecimiento que, junto con otros con los que está relacionado, forma un todo o un conjunto.

epistemología s.f. Estudio de los métodos y fundamentos del conocimiento científico.

epístola s.f. **1** Formal. Carta. **2** Composición literaria en forma de carta.

epistolar adj. Relativo a la epístola.

epistolario s.m. **1** Libro en el que se editan las cartas escritas por uno o varios autores. **2** Libro de epístolas del Nuevo Testamento. **3** Conjunto de epístolas o cartas recibidas.

epitafio s.m. Texto dedicado a un difunto.

epitalamio s.m. Composición lírica breve escrita en celebración de una boda.

epitelial adj. Relativo al epitelio.

epitelio s.m. Tejido que recubre y protege las superficies internas y externas del cuerpo.

epíteto s.m. **1** Adjetivo calificativo que expresa una cualidad característica del nombre al que acompaña. **2** Adjetivo calificativo usado para emitir un juicio injurioso o insultante.

epítome s.m. Resumen de una obra extensa.

época s.f. **1** Período determinado en la historia de una civilización o de una sociedad. **2** Período del pasado que se caracteriza por una circunstancia determinada. **3** Temporada de considerable duración. ◇ **de época** Propio de un tiempo pasado. ◇ **hacer época** Tener tanta importancia una cosa que se da por seguro que su recuerdo perdurará a través del tiempo.

epónimo, a adj. Que tiene un nombre propio que es tomado para designar algo.

epopeya s.f. **1** Poema del género épico, de gran extensión. **2** Acción o hecho que causa admiración por su gran valentía, heroísmo y esfuerzo.

épsilon s.f. Nombre de la quinta letra del alfabeto griego; se escribe Ε/ε y se transcribe como e.

equidad s.f. Igualdad o justicia en el reparto de una cosa entre varios.

equidistante adj. Que equidista.

equidistar v.intr. Estar dos o más puntos o cosas a la misma distancia de otra u otras cosas.

équido, a adj. y s.m. Se dice del mamífero herbívoro, de patas largas adaptadas a la carrera, terminadas en pezuñas.

equilátero, a adj. Se dice de la figura geométrica que tiene los tres lados de igual longitud.

equilibrado, a adj. Se dice de la persona que actúa de un modo razonable.

equilibrar v.tr. **1** Ajustar una cosa de modo que se igualen las fuerzas a las que está sometida. **2** Hacer que una cosa permanezca estable.

equilibrio s.m. **1** Estado de un cuerpo sometido a una serie de fuerzas que se contrarrestan entre sí. **2** Situación de un cuerpo que ocupa una posición en el espacio sin caerse. **3** Proporción y armonía. **4** Capacidad de una persona para actuar conforme a la razón. ◇ **en equilibrio** Sosteniéndose, sin caerse.

equilibrismo s.m. Actividad y técnica de realizar ejercicios difíciles con el cuerpo o con objetos manteniéndolos en equilibrio.

equilibrista adj. y s.m. y f. Se dice de la persona que se dedica al equilibrismo.

1. **equino, a** adj. **1** Relativo al caballo. **2** Relativo a los équidos. ◆ s.m. **3** Animal doméstico que sirve para montar o para transportar cosas.

2. **equino** s.m. **1** Erizo de mar. **2** Moldura convexa que, con el ábaco, forma el capitel del orden dórico de la arquitectura griega.

equinoccio s.m. Momento del año en que el Sol parece pasar sobre el ecuador y en que el día y la noche duran lo mismo.

equinodermo adj. y s.m. Se dice del animal marino invertebrado con la piel gruesa dotada de placas y espinas calcáreas.

equinoideo, a adj. y s.m. Se dice del equinodermo de cuerpo ovoidal cubierto de espinas móviles y protegido por un caparazón de placas pentagonales, como el erizo de mar.

equipaje s.m. Conjunto de ropas y objetos de uso personal que una persona lleva consigo cuando viaja.

equipamiento s.m. **1** Acción de equipar. **2** Conjunto de medios e instalaciones necesarios para el desarrollo de una actividad.

equipar v.tr. Proporcionar el equipo necesario para desarrollar una actividad o trabajo.

equiparar v.tr. Considerar dos o más cosas o personas como equivalentes al compararlas.

equipo s.m. **1** Conjunto de objetos y prendas necesarias para desarrollar una actividad o trabajo. **2** Conjunto de personas organizado para realizar una actividad o trabajo. **3** Conjunto organizado de personas que juega contra otro en una competición deportiva. ◇ **caerse con todo el equipo** Fracasar completamente de manera inesperada. ◇ **en equipo** En colaboración coordinada con otras personas.

equipolente adj. Se dice del vector que tiene el mismo valor numérico, dirección y sentido que otro.

equis s.f. **1** Nombre de la letra x. **2** COL, PERÚ, URUG Serpiente venenosa.

equitación s.f. Técnica, actividad o deporte de montar a caballo.

equitativo, a adj. Justo e imparcial.

équite s.m. Ciudadano de la antigua Roma que pertenecía a una clase social intermedia entre los patricios y los plebeyos.

equivalencia s.f. Igualdad en la función, el valor, la potencia o la eficacia de dos o más cosas distintas entre sí.

equivalente adj. y s.m. y f. Que mantiene una relación de equivalencia.

equivaler (50) v.intr. Mantener una cosa con otra una relación de igualdad.

equivocación s.f. **1** Idea u opinión que una persona tiene por buena, cuando, en realidad, es falsa. **2** Actuación de una persona que no obtiene los objetivos previstos.

equivocado, a adj. Que no es correcto.

equivocar v.tr. y prnl. Cometer una equivocación.

equívoco, a adj. **1** Que puede entenderse de varias maneras o admitir explicaciones distintas. ◆ s.m. **2** Error que alguien comete. **3** Figura retórica que consiste en utilizar palabras ambiguas.

1. **era** s.f. **1** Período determinado en la historia de una civilización o de una sociedad. **2** Período muy extenso de tiempo que constituye, junto con otros, la historia del planeta Tierra. ◇ **era arcaica** Era más antigua del período pre-

cámbrico, que abarca desde la formación del planeta Tierra hasta hace unos 2 800 millones de años. ◇ **era cuaternaria** Período superior del cenozoico. ◇ **era primaria** Era geológica que se extiende desde hace unos 570 millones de años hasta hace unos 245 millones de años. ◇ **era secundaria** Era geológica que se extiende desde hace unos 245 millones de años hasta hace unos 65 millones de años. ◇ **era terciaria** Era geológica que se extiende desde hace unos 65 millones de años hasta hace unos 2 millones de años.

2. **era** s.f. **1** Terreno descubierto donde se trilla el cereal. **2** Huerto pequeño.

eral, la s. Cría del toro y la vaca que tiene más de un año y menos de dos.

erario s.m. **1** Conjunto de haberes, rentas e impuestos que recauda el Estado. □ También erario público. **2** Lugar en el que estos se guardan.

erasmismo s.m. Corriente de pensamiento surgida por las ideas de Erasmo de Rotterdam.

erasmista adj. y s.m. y f. Partidario del erasmismo o influido por él.

erbio s.m. Elemento químico de símbolo Er y número atómico 68; es metálico y sólido.

ere s.f. Nombre de la letra **r** en su sonido suave.

erección s.f. **1** Acción de erigir. **2** Levantamiento y endurecimiento de una cosa, especialmente el del pene.

eréctil adj. Que puede ponerse erecto.

erecto, a adj. Que está levantado, derecho o rígido.

eremita s.m. y f. **1** Persona que vive sola en una ermita. **2** Ermitaño.

erg o **ergio** s.m. Unidad de trabajo en el sistema cegesimal que equivale al trabajo realizado por una dina de fuerza al desplazar su punto de aplicación un centímetro en su misma dirección y sentido.

ergonomía s.f. Estudio y adecuación de las condiciones del trabajo a las características del trabajador.

ergonómico, a adj. Relativo a la ergonomía.

erguir (17) v.tr. **1** Levantar y poner derecho el cuerpo o una parte de él. ◆ **erguirse** v.prnl. **2** Levantarse una cosa por encima del nivel del suelo. **3** Comportarse con orgullo o superioridad.

erial adj. y s.m. Se dice del terreno que no se cultiva ni se aprovecha para pastos ni labra.

ericáceo, a adj. y s.f. Se dice de la planta de hojas pequeñas y de aspecto parecido al cuero, flores vistosas y fruto en cápsula o baya.

erigir v.tr. **1** Construir o levantar una edificación o monumento por encima del nivel del suelo. **2** Otorgar a una persona o institución una función o categoría de especial importancia.

erisipela s.f. **1** Enfermedad infecciosa y contagiosa que afecta a la piel y al tejido subcutáneo. **2** AMÉR Enrojecimiento de la piel por una exposición solar.

eritrocito s.m. Célula más abundante de la sangre, de color rojo, que contiene hemoglobina y transporta el oxígeno.

erizar v.tr. **1** Levantar y poner rígido el pelo. **2** Llenar o rodear de obstáculos, asperezas, etc.

erizo s.m. **1** Animal mamífero de pequeño tamaño, con la espalda cubierta de púas. **2** Envoltura dura y espinosa que recubre la castaña y otros frutos. **3** Persona difícil de tratar y de carácter áspero. ◇ **erizo de mar** o **erizo marino** Animal invertebrado marino que posee concha compuesta por placas calcáreas con púas.

ermita s.f. Capilla o iglesia pequeña situada generalmente en una zona deshabitada.

ermitaño, a s. **1** Persona que vive sola en una ermita. ◆ adj. y s. **2** Se dice de la persona que vive en soledad sin mantener contacto con los demás. ◆ s.m. **3** Cangrejo que carece de caparazón abdominal y se introduce en la concha vacía de algún molusco.

erógeno, a adj. Que produce excitación sexual o es sensible a ella.

erosión s.f. **1** Alteración de la superficie de la Tierra por la acción de agentes externos. **2** Desgaste que se produce en la superficie de un cuerpo. **3** Desgaste o disminución de la calidad, la importancia o la influencia de una persona o cosa.

erosionar v.tr. **1** Desgastar la superficie de la Tierra los fenómenos naturales. **2** Desgastar la superficie de un cuerpo. **3** Disminuir o perder la calidad, la importancia o la influencia una persona o cosa.

erosivo, a adj. Relativo a la erosión.

erótica s.f. Atracción intensa que ejerce en una persona un fenómeno o circunstancia que no está relacionada con la sexualidad.

erótico, a adj. **1** Relativo al erotismo. **2** Se dice de la obra que trata asuntos relacionados con las relaciones amorosas y sexuales. **3** Que excita o provoca el deseo sexual.

erotismo s.m. **1** Conjunto de elementos que forman parte de la excitación y placer de los sentidos en las relaciones sexuales de las personas. **2** Carácter de lo que excita o provoca el deseo sexual de una persona. **3** Expresión de las relaciones amorosas y sexuales entre las personas en una obra artística.

erradicar v.tr. Eliminar o suprimir de manera completa una cosa que se considera mala o perjudicial.

errante adj. Que va de un lugar a otro sin un fin determinado.

errar (18) v.tr. e intr. **1** Cometer un error. ◆ v.intr. **2** Ir de un lugar a otro sin un fin o motivo determinado. **3** Divagar.

errata s.f. Alteración de la forma ortográfica correcta de una palabra escrita o impresa por un descuido o por un fallo mecánico.

erre s.f. Nombre de la letra r. ◇ **erre que erre** Con mucha insistencia o constancia.

erróneo, a adj. Que no es correcto.

error s.m. **1** Idea u opinión que una persona tiene por buena, cuando, en realidad, es falsa. **2** Actuación de una persona que no obtiene los objetivos previstos o tiene consecuencias negativas para ella. **3** Diferencia entre el valor real o exacto de una magnitud y el que resulta del cálculo hecho por una persona o por una máquina.

ertzaina s.m. y f. Persona que pertenece a la ertzaintza.

ertzaintza s.f. Policía autónoma del País Vasco.

eructar v.intr. Expulsar por la boca gases del estómago de manera sonora o ruidosa.

eructo s.m. Conjunto de gases del estómago que se expulsan al eructar.

erudición s.f. Conocimiento extenso y profundo de una o varias materias.

erudito, a adj. y s. Se dice de la persona que tiene una gran erudición.

erupción s.f. **1** Aparición brusca de granos o manchas en la piel. **2** Conjunto de granos o de manchas en la piel que aparecen de esta manera. **3** Expulsión al exterior de materias sólidas, líquidas o gaseosas a través de un volcán.

eruptivo, a adj. Relativo a la erupción.

esbeltez s.f. Cualidad de esbelto.

esbelto, a adj. Que tiene una figura alta, delgada y bien proporcionada.

esbirro s.m. Persona pagada por otra para amenazar o realizar las acciones violentas que se le ordenen.

esbozar v.tr. **1** Realizar un esbozo (diseño). **2** Explicar una idea o plan de manera vaga o en sus líneas generales. **3** Hacer un gesto de modo leve y contenido.

esbozo s.m. **1** Primer diseño o proyecto de una obra artística, hecho de manera provisional. **2** Acción de esbozar.

escabechar v.tr. **1** Poner un alimento en escabeche. **2** Fam. ESP Matar violentamente. **3** Fam. ESP Suspender a una persona en un examen o prueba.

escabeche s.m. **1** Salsa hecha de aceite, ajo, vinagre, pimienta y laurel, que sirve para condimentar y conservar determinados alimentos. **2** Alimento que se conserva en esta salsa. **3** AMÉR Comestible conservado en vinagre.

escabechina s.f. **1** Fam. ESP Matanza de muchas personas o animales. **2** Fam. ESP Abundancia de suspensos en un examen.

escabel s.m. **1** Tarima pequeña que se coloca delante de un asiento y que sirve para descansar los pies. **2** Asiento pequeño para una persona sin apoyabrazos ni respaldo.

escabroso, a adj. **1** Se dice del terreno que es difícil de atravesar por estar lleno de rocas, cortes y pendientes muy pronunciadas. **2** Que está próximo a lo inmoral y obsceno. **3** Se dice del asunto, tema que es muy embarazoso.

escabullirse (16) v.prnl. **1** Deslizarse o escaparse una cosa de entre otras que la sujetan. **2** Salir o escaparse de un lugar sin que se note, con disimulo o con habilidad. **3** Evitar un trabajo, una obligación o una dificultad con disimulo.

escacharrar v.tr. Fam. Estropear.

escafandra s.f. **1** Traje ancho e impermeable de largos tubos que permiten la respiración, botas muy pesadas y un casco cerrado, que sirve para realizar trabajos bajo la superficie del agua. **2** Traje ancho y perfectamente aislado del exterior, con un casco cerrado, con el que los astronautas salen de la nave al espacio exterior.

escafandrista s.m. y f. Persona que realiza diversas actividades bajo la superficie del agua protegido por una escafandra.

escala s.f. **1** Serie de elementos de la misma especie, ordenados por alguna de sus características. **2** Serie de rayas o señales con que se marcan los diversos valores, grados o magnitudes que puede medir un instrumento. **3** Cociente entre las distancias medidas sobre un mapa o plano y las correspondientes distancias reales sobre el terreno. **4** Importancia, tamaño o extensión que tiene un plan o una situación. **5** Escalera portátil, generalmente de madera, de cuerda o de ambas cosas. **6** Parada que realiza en un puerto o aeropuerto un barco o avión durante un viaje. **7** Puerto o aeropuerto en el que se detiene un barco o avión durante un viaje. **8** Lista de las personas que forman parte de un organismo o profesión, especialmente el ejército, clasificadas según su cargo, grado, categoría o antigüedad. **9** Sucesión de notas ascendente o descendente que constituye la base de un sistema musical. **10** Sistema graduado de medición de la magnitud de un proceso, mecanismo, objeto o fenómeno. ◇ **escala Celsius** o **escala centígrada** Escala de medición de la temperatura en la que se asigna el valor cero a la temperatura de congelación del agua y el valor cien a su temperatura de ebullición.

escalabrar v.tr. **1** Herir de un golpe a una persona. **2** Causar daño o perjuicio.

escalada s.f. **1** Subida hasta una gran altura por un terreno muy pendiente. **2** Aumento rápido, y por lo general alarmante, de la intensidad o el valor de una cosa. **3** Paso sucesivo por diversos puestos o categorías cada vez más importantes. ◇ **escalada libre** Escalada que se hace por una pared escarpada sin más ayuda que los pies y las manos.

escalador, ra adj. **1** Que escala. ◆ s. **2** Persona que escala montañas por afición. **3** Ciclista especialista en subir carreteras de montaña.

escalafón s.m. Lista de las personas que forman parte de un organismo o profesión, clasificadas según su categoría.

1. **escalar** v.tr. **1** Subir hasta una gran altura por un terreno muy pendiente, especialmente por una montaña. **2** Pasar por diversos puestos o categorías cada vez más importantes.

2. **escalar** adj. y s.m. Se dice de la magnitud física que carece de dirección y se expresa por un solo número.

escaldar v.tr. **1** Bañar una cosa con agua hirviendo. **2** Quemar con fuego o con otra cosa. ◆ **escaldarse** v.prnl. **3** Escocerse la piel. **4** Humillarse, escarmentarse.

escaleno, a adj. **1** Se dice del triángulo que tiene distinta longitud en cada uno de sus tres lados. **2** Se dice del cono o pirámide cuyo eje es oblicuo a la base. ◆ s.m. y adj. **3** Músculo situado en cada uno de los lados del cuello, de forma aproximadamente triangular.

escalera s.f. **1** Construcción o estructura inclinada formada por una sucesión de pequeñas plataformas horizontales superpuestas que sirve para comunicar dos niveles que tienen distinta altura, permitiendo que una persona pueda subir y bajar por ella con comodidad. **2** Serie de tres o más naipes o cartas con un valor correlativo. **3** Corte irregular o desigual en el pelo. ◇ **escalera de caracol** Escalera que tiene forma de espiral. ◇ **escalera de color** Serie de tres o más naipes o cartas con un valor correlativo y del mismo palo.

escaléxtric o **scalextric** s.m. Juego de coches eléctricos con un sistema de carreteras

escalfar v.tr. **1** Cocer un huevo sin cáscara en agua hirviendo. **2** MÉX Descontar, quitar algo de lo justo en una cosa.

escalímetro s.m. **1** Instrumento que consta de un circuito que produce un impulso de salida cuando recibe un número determinado de impulsos de entrada. **2** Regla de sección triangular que está graduada en diferentes escalas.

escalinata s.f. Escalera amplia

escalivada s.f. Plato hecho con berenjenas, pimientos rojos y cebollas asados en el horno.

escalofriante adj. Que causa una gran emoción, una enorme sorpresa o un intenso miedo.

escalofrío s.m. Sensación intensa y repentina de frío acompañada de un ligero temblor del cuerpo.

escalón s.m. **1** Pequeña plataforma horizontal de una escalera donde se apoya el pie al subir o bajar. **2** Grado o rango.

escalonar v.tr. Distribuir una cosa en el tiempo o en el espacio de manera ordenada y sucesiva.

escalope s.m. Filete delgado de carne de ternera o de vaca, empanado y frito.

escalpelo s.m. Instrumento de cirugía que consiste en una hoja larga y estrecha de metal y un mango y que se usa para hacer incisiones.

escama s.f. **1** Placa pequeña, plana y dura, que, superpuesta a otras iguales, forma una capa que cubre y protege la piel de peces y reptiles. **2** Objeto que tiene una forma similar a la de esta escama. **3** Placa muy pequeña, formada por células de tejido muertas, que se desprende de la piel de las personas.

escamar v.tr. **1** Hacer que una persona tenga sospecha o desconfianza de una cosa. **2** Quitar las escamas del cuerpo de un animal.

escamoso, a adj. Que tiene escamas.

escamotear v.tr. **1** Hacer desaparecer un objeto a la vista de una persona. **2** Ocultar un dato o una información a una persona que tiene derecho a conocerla.

escampar v.impersonal **1** Aclararse el cielo nublado o dejar de llover. ◆ v.intr. **2** Cesar en el intento de hacer algo. **3** AMÉR Guarecerse de la lluvia.

escanciar (1d) v.tr. Echar o servir vino o sidra en un vaso o en una copa.

escandalizar v.tr. **1** Causar escándalo o asombro. ◆ v.intr. **2** Armar escándalo o alboroto. ◆ **escandalizarse** v.prnl. **3** Sentir un gran asombro e indignación.

escándalo s.m. **1** Alteración o pérdida de la tranquilidad, el silencio o el orden. **2** Hecho o dicho que causa gran asombro e indignación.

escandaloso, a adj. y s. Que causa escándalo.

escandinavo, a adj. y s. De Escandinavia.

escandio s.m. Elemento químico de símbolo Sc y número atómico 21; es un metal de color gris plata.

escanear v.tr. Pasar un objeto o un cuerpo a través de un escáner.

escáner s.m. **1** Aparato de rayos X que permite analizar el interior de un objeto o de un cuerpo mediante el procesamiento informático de las imágenes obtenidas de sucesivas divisiones horizontales del mismo. **2** Exploración o análisis que se hace con ese aparato. **3** Aparato o dispositivo conectado a un ordenador que permite convertir un texto o una imagen en un conjunto de datos en formato electrónico.

escaño s.m. **1** Asiento que ocupa un político en un parlamento o senado. **2** Cargo político de la persona que ha sido elegida para formar parte de un parlamento o senado. **3** Asiento de madera con respaldo y forma de banco alargado.

escapada s.f. **1** Salida precipitada de un lugar cerrado, especialmente si se hace de manera oculta. **2** Viaje o visita a un lugar que se hace de manera rápida y por muy poco tiempo.

escapar v.intr. y prnl. **1** Salir precipitadamente de un lugar cerrado, especialmente si es de manera oculta. **2** Librarse de un peligro o un daño. **3** Quedar un asunto o circunstancia fuera del alcance, la competencia o la influencia de una persona o institución. **4** Quedar una idea o asunto fuera de la capacidad de comprensión de una persona. **5** Desaprovechar una ocasión u oportunidad. ◆ **escaparse** v.prnl. **6** Soltarse una persona, animal o cosa de donde estaba sujeta. **7** Alejarse un medio de transporte sin que pueda llegar a él la persona que quería tomarlo. **8** Salirse de modo imprevisto un líquido o un gas del lugar en que está contenido. **9** Decir una cosa que se quería o debía ocultar.

escaparate s.m. ESP Espacio cerrado con cristales que sirve para exponer los productos ante el público. **GEOSIN** aparador, vidriera.

escapatoria s.f. **1** Lugar por el que es posible escapar de un espacio cerrado. **2** Medio o recurso para solucionar una situación difícil.

escape s.m. **1** Acción de escapar. **2** Salida imprevista de un líquido o un gas contenido en un recipiente. **3** Escapatoria de una situación difícil. **4** En un motor de explosión, salida al exterior de los gases residuales de la combustión.

escapismo s.m. Tendencia a eludir responsabilidades y a evadirse de los problemas.

escápula s.f. Hueso ancho, triangular y aplanado que forma la estructura del hombro.

escapular adj. Relativo a la escápula.

escapulario s.m. **1** Prenda que forma parte del hábito de algunos religiosos que consiste en una pieza de tela que cuelga sobre el pecho y por la espalda. **2** Objeto formado por dos trozos de tela que llevan pintados, bordados o guardados una insignia, una imagen religiosa o un objeto de devoción que están unidos por dos cintas para poderlo llevar colgado al cuello (un trozo sobre el pecho y otro sobre la espalda).

escaque s.m. Casilla cuadrada de un tablero de ajedrez o damas.

escaquearse v.prnl. Fam. ESP Escabullirse (evitar una obligación).

escarabajo s.m. Insecto de cuerpo ovalado, patas cortas y diversos colores y tamaños según la especie.

escaramuza s.f. Enfrentamiento o riña de poca importancia entre dos grupos.

escarapela s.f. Adorno hecho con cintas de varios colores plisadas.

escarbar v.tr. e intr. **1** Remover la tierra ahondando un poco en ella. **2** Indagar o investigar.

escarceo s.m. **1** Prueba que se realiza de una acción, actividad o trabajo antes de comenzar a desarrollarla de una manera continuada y definitiva. **2** Aventura amorosa breve y de poca importancia. **3** Oleaje pequeño en la superficie del mar. ◆ **escarceos** s.m.pl. **4** Tornos y vueltas de los caballos. **5** Rodeo, divagación. **6** Incursión en un campo o actividad no acostumbrada.

escarcha s.f. Vapor de agua que primero se transforma en gotas muy pequeñas y luego se congela en la superficie de los cuerpos expuestos al frío.

escarchar v.impersonal **1** Transformarse el rocío en escarcha. ◆ v.tr. **2** ESP Rociar una superficie con una sustancia semejante a la escarcha.

escardar v.tr. **1** Arrancar de un terreno las malas hierbas. **2** Separar lo bueno de lo malo.

escarlata s.m. y adj. **1** Color rojo intenso, entre el carmesí y el grana. ◆ adj. **2** Que es de este color. □ Invariable en número.

escarlatina s.f. Enfermedad infecciosa caracterizada por fiebre alta, manchas de color rojo en la piel y dolor de garganta.

escarmentar (32) v.intr. **1** Aprender de los errores o faltas propias o de los demás para evitar reincidir en ellas. ◆ v.tr. **2** Castigar.

escarmiento s.m. **1** Cosa que hace escarmentar. **2** Castigo.

escarnecer (30) v.tr. Burlarse cruelmente.

escarnio s.m. Burla cruel y humillante.

escarola s.f. Hortaliza comestible parecida a la lechuga, que tiene las hojas rizadas.

escarpa s.f. **1** Escarpe. **2** Plano inclinado de un muro o de una muralla. **3** MÉX Acera.

escarpado, a adj. Se dice del terreno que es difícil de atravesar por estar lleno de rocas, cortes y pendientes muy pronunciadas.

escarpe s.m. Declive abrupto y empinado.

escarpia s.f. Clavo con la cabeza doblada en ángulo recto que sirve para colgar cosas de él.

escarpín s.m. **1** Zapato ligero y flexible de suela delgada con una sola costura. **2** Prenda de abrigo que se pone encima de la media o el calcetín para abrigar los pies.

escasear v.intr. **1** Haber poca cantidad de una cosa. ◆ v.tr. **2** Dar poco y de mala gana.

escasez s.f. Falta o poca cantidad de una cosa, especialmente si se considera necesaria.

escaso, a adj. **1** Que es muy poco o insuficiente en número o cantidad. **2** Que tiene muy poca cantidad de una cosa.

escatimar v.tr. Dar la menor cantidad posible de lo que se especifica.

1. **escatología** s.f. Conjunto de creencias y doctrinas relacionadas con la vida después de la muerte y el destino último del ser humano.

2. **escatología** s.f. Conjunto de expresiones o alusiones relacionadas con los excrementos.

escatológico, a adj. Relativo a la escatología.

escay s.m. Skay.

escayola s.f. **1** Masa hecha con yeso calcinado y agua. **2** ESP Vendaje hecho con esta masa, con el cual se envuelve una parte del cuerpo para que se mantenga inmovilizada.

escayolar v.tr. **1** ESP Cubrir o decorar una superfice con escayola. **2** ESP Enyesar.

escena s.f. **1** Parte de un teatro o local destinada a que los actores actúen y representen un espectáculo ante el público. **2** Fragmento de una pieza teatral que forma parte de un acto de la obra. **3** Arte de la interpretación de obras teatrales. **4** Teatro o literatura dramática. **5** Fragmento de una película en el que se produce una acción determinada. **6** Situación de la vida real que se caracteriza por ser especialmente asombrosa, divertida o dramática. **7** Grupo social o profesional integrado por personas especialmente destacadas o conocidas públicamente. **8** Actitud exagerada y fingida con la que se pretende llamar la atención. ◇ **poner en escena** Preparar una obra de teatro para representarla.

escenario s.m. **1** Parte de un teatro o local destinada a que los actores actúen. **2** Lugar en el que se desarrolla una acción o un suceso. **3** Conjunto de circunstancias o ambiente que rodean a una persona o situación.

escénico, a adj. Relativo a la escena (parte de una obra teatral).

escenificación s.f. Acción de escenificar.

escenificar v.tr. Representar una obra de teatro.

escenografía s.f. **1** Conjunto de elementos necesarios para representar y dotar del ambiente deseado a una obra de teatro, una película de cine o un programa de televisión. **2** Arte de preparar estos elementos.

escenógrafo, a s. Persona que se dedica a la escenografía.

escepticismo s.m. **1** Recelo. **2** Tendencia y doctrina filosófica que considera que la verdad no existe o que el ser humano no es capaz de conocerla en caso de que exista.

escéptico, a adj. **1** Que duda. ◆ adj. y s. **2** Que sigue la doctrina filosófica del escepticismo.

escindir v.tr. **1** Formal. Dividir un conjunto en dos o más partes.

escisión s.f. **1** Formal. Acción de escindir.

esclarecer (30) v.tr. **1** Aclarar o resolver. **2** Formal. Ennoblecer. **3** Formal. Iluminar.

esclava s.f. Pulsera de una sola pieza.

esclavina s.f. Prenda de vestir en forma de capa corta, que cubre los hombros.

esclavista adj. Relativo a la esclavitud.

esclavitud s.f. **1** Condición del esclavo. **2** Sometimiento a la voluntad de una persona.

esclavizar v.tr. Someter o conducir a una persona a un estado de esclavitud.

esclavo, a adj. y s. **1** Se dice de la persona que carece de libertad y derechos propios por estar sometido de manera absoluta a la voluntad y el dominio de otra persona. **2** Se dice de la persona que carece de libertad por estar sometido a la voluntad de otra persona.

esclerosis s.f. **1** Enfermedad que consiste en un aumento anormal del tejido conjuntivo de un órgano que provoca su endurecimiento anormal y progresivo. **2** Formal. Falta de evolución y adaptación a una nueva situación.

esclerótica s.f. Membrana blanca que constituye la capa exterior del globo del ojo.

esclusa s.f. Recinto dotado de grandes compuertas que se construye entre dos zonas de distinta altura en un canal.

escoba s.f. **1** Instrumento para barrer. **2** Planta cuyas ramas se usan para fabricar escobas. **3** AMÉR CENTRAL Planta de América Central.

escobazo s.m. **1** Golpe dado con una escoba. **2** ARG, CH Barredura ligera.

escobilla s.f. **1** Instrumento formado por un pequeño cepillo de fibras flexibles, generalmente redondeado, sujeto al extremo de un palo o barra corta, que sirve para limpiar. **2** Pieza de un mecanismo eléctrico formada por un haz de pequeños hilos metálicos que sirve para establecer una conexión.

escobillado s.m. AMÉR Escobilleo.

escobillar v.intr. AMÉR Realizar un escobilleo.

escobilleo s.m. AMÉR Zapateo suave y rápido, como si se estuviese barriendo el suelo, que se ejecuta en algunos bailes tradicionales.

escocedura s.f. Irritación en la piel debida al sudor o al roce de una prenda.

escocer (28) v.intr. y prnl. **1** Causar una sensación de picor intenso y doloroso, parecida a la que produce una quemadura. **2** Causar una sensación de malestar y amargura.

escocés, sa adj. y s. **1** De Escocia (parte integrante del Reino Unido). ◆ s.m. y adj. **2** Lengua céltica hablada en Escocia. ◆ adj. **3** Se dice de la tela o prenda de vestir que tiene rayas que forman cuadros de diversos colores.

escocia s.f. Moldura de perfil cóncavo.

escofina s.f. Herramienta parecida a la lima que sirve para desbastar la madera.

escoger v.tr. Tomar o preferir una cosa o persona entre varias posibles.

escogida s.f. **1** CUBA Selección de distintas clases de tabaco. **2** CUBA Lugar donde se hace este trabajo. **3** CUBA Reunión de operarios que realizan este trabajo.

escogido, a adj. Que se considera el mejor entre los de su especie y por ello ha sido elegido.

escolanía s.f. Coro formado por niños educados en un monasterio para el canto.

escolano s.m. Miembro de una escolanía.

escolapio, a adj. y s.m. Relativo a la orden religiosa de las Escuelas Pías.

escolar adj. **1** Relativo a la escuela. ◆ s.m. y f. **2** Niño o joven que estudia en una escuela.

escolaridad s.f. Período que dura la estancia de un niño o joven en una escuela.

escolarización s.f. Acción de escolarizar.

escolarizar v.tr. Proporcionar una escuela a un niño o joven para estudiar.

escolástica s.f. Doctrina filosófica, enseñada en las escuelas y universidades de la Edad Media.

escolástico, a adj. y s. Relativo a la escolástica.

escoliosis s.f. Desviación lateral de la columna vertebral.

escollar v.intr. ARG, CH Fracasar un proyecto por haber tropezado con algún inconveniente.

escollera s.f. Rompeolas o dique grande.

escollo s.m. **1** Roca poco visible en la superficie del agua y que constituye un grave peligro para la navegación. **2** Problema o dificultad.

escolopendra s.f. Animal invertebrado terrestre, parecido a un ciempiés grande.

escolta s.f. **1** Protección o custodia que se da a una persona o cosa que se escolta. **2** Grupo que escolta. ◆ s.m. y f. **3** Cada una de las personas que forman parte de este grupo.

escoltar v.tr. Proteger o custodiar a una persona o cosa acompañándola a los lugares donde acude o es conducida.

escombrera s.f. Conjunto de escombros.

escombro s.m. **1** Conjunto de desechos y materiales de construcción inservibles. **2** Residuos de una mina o cantera.
OBS Suele usarse en plural con valor singular.

esconder v.tr. **1** Poner en un lugar retirado o secreto para no ser visto o encontrado. **2** Mostrar el comportamiento o las palabras de una persona una idea o sentimiento distinto u opuesto al que en realidad tiene.

escondidas s.f.pl. AMÉR Escondite (juego de niños). ◇ **a escondidas** Secretamente.

escondite s.m. **1** Juego de niños que consiste en esconderse todos excepto uno que intenta encontrarlos. **2** Lugar donde se esconde algo.

escondrijo s.m. Escondite (lugar).

escopeta s.f. Arma de fuego portátil compuesta por uno o dos cañones largos.

escopetado, a o **escopeteado, a** adj. Fam. ESP Que obra con mucha rapidez.

escoplo s.m. Herramienta de hierro con punta afilada que se golpea con un mazo para trabajar la madera o la piedra.

escorar v.tr. **1** Sujetar de pie y en tierra una embarcación colocando escoras o palos a sus lados. ◆ v.intr. y prnl. **2** Inclinarse una embarcación hacia uno de sus costados.

escorbuto s.m. Enfermedad producida por la carencia o escasez de vitamina C.

escoria s.f. **1** Sustancia de desecho que contiene las impurezas de los metales. **2** Lava poco densa y porosa que lanza un volcán.

escoriación s.f. Excoriación.

escoriar (1d) v.tr. Excoriar.

escorpio adj. y s.m. y f. Se dice de la persona que ha nacido entre el 24 de octubre y el 22 de noviembre.
OBS Invariable en número.

escorpión s.m. **1** Invertebrado de la clase arácnidos con una cola terminada en un aguijón venenoso. ◆ adj. y s.m. y f. **2** Escorpio.

escorrentía s.f. Corriente de agua de lluvia que circula libremente por un terreno.

escorzo s.m. Representación de una figura, especialmente humana, que se extiende oblicua o perpendicularmente al plano del papel o lienzo sobre el que se pinta.

escotadura s.f. Escote (corte o abertura).

1. **escotar** v.tr. Cortar una prenda de vestir para ajustarla a la medida adecuada.

2. **escotar** v.tr. Pagar a partes iguales lo que se ha consumido o gastado entre varios.

1. **escote** s.m. **1** Corte o abertura hecho en una prenda de vestir que deja descubierta parte del pecho o de la espalda. **2** Parte del pecho o la espalda que queda descubierta.

2. **escote** s.m. Parte que corresponde pagar a una persona del gasto hecho en común con otras. ◇ **a escote** Pagando cada persona la parte que le corresponde en un gasto común.

escotilla s.f. Abertura en el armazón de un avión, de un barco u otra nave, que comunica con un espacio interior.

escozor s.m. **1** Sensación de picor intenso y doloroso. **2** Sentimiento de disgusto o pena.

escriba s.m. Persona que se dedicaba a copiar textos o a escribir al dictado.

escribanía s.f. **1** Mueble para escribir, formado por un tablero, que generalmente se levanta para cerrarlo, y una serie de cajones y compartimentos para guardar papeles. **2** Juego de escritorio compuesto de un soporte sobre el que van colocadas varias piezas, generalmente una pluma, un tintero y un secante. **3** Oficio del escribano. **4** Oficina del escribano.

escribano s.m. **1** Escriba. **2** Ave de cuerpo pequeño y rechoncho, colores vivos y pico corto.

escribir v.tr. **1** Representar las palabras o las ideas mediante letras u otros signos gráficos convencionales. **2** Componer o crear un texto o una música. **3** Comunicar una cosa a alguien por escrito.
OBS Participio: escrito.

escrito, a 1 Participio irregular de escribir. ◆ s.m. **2** Comunicación, papel o documento que se hace mediante la escritura.

escritor, ra s. Persona que se dedica a crear y escribir obras literarias o científicas.

escritorio s.m. Mueble para escribir.

escritura s.f. **1** Sistema de representación de palabras o ideas por medio de letras u otro conjunto de signos gráficos convencionales. **2** Modo o manera de escribir. **3** Documento público en el que se recoge un acuerdo o una obligación y que está firmado por las partes interesadas. **4** Conjunto de obras que componen la Biblia y que, según cristianos y hebreos, han sido inspiradas por Dios. □ También Escrituras o Sagradas Escrituras.

escriturar v.tr. Formalizar y dar carácter legal a un acuerdo o una obligación mediante una escritura o documento público que lo recoja.

escroto s.m. Bolsa de piel que cubre los testículos de los mamíferos.

escrúpulo s.m. **1** Duda o recelo que se tiene sobre si una acción es buena. □ Suele usarse en plural. **2** Repugnancia.

escrupuloso, a adj. y s. **1** Se dice de la persona que siente o tiende a sentir repugnancia a tomar o hacer uso de algo por temor a la suciedad o el contagio. ◆ adj. **2** Se dice de la persona que es precisa y cuidadosa al hacer o examinar una cosa y en el cumplimiento de los deberes.

escrutar v.tr. **1** Reconocer y computar los votos dados en una elección o los boletos presentados en una apuesta. **2** Examinar o analizar con mucha atención.

escrutinio s.m. **1** Reconocimiento y recuento de los votos en una elección o de los boletos en una apuesta. **2** Examen o estudio hecho con mucha atención y exactitud.

escuadra s.f. **1** Instrumento de dibujo lineal con forma de triángulo rectángulo isósceles. **2** En el fútbol y otros deportes, cada uno de los dos rincones superiores de la portería. **3** Pieza de material resistente, en forma de L o de triángulo rectángulo, que se usa para asegurar la unión en ángulo de dos piezas o estructuras. **4** Conjunto de barcos de guerra que forman una unidad. **5** Unidad militar formada por un pequeño grupo de soldados mandados por un cabo.

escuadrilla s.f. **1** Grupo de aviones que vuelan juntos bajo el mando de un jefe. **2** Escuadra o conjunto de barcos de guerra de pequeño tamaño.

escuadrón s.m. **1** Unidad militar de caballería mandada generalmente por un capitán. **2** Unidad militar compuesta de un gran número de aviones.

escuálido, a adj. Se dice de la persona o animal que está muy flaco o delgado.

escualo s.m. Pez con una gran aleta triangular en la parte superior y con la boca en la parte inferior de la cabeza.

escucha s.f. **1** Acción de escuchar. ◆ s.m. **2** Centinela que espía de noche las posiciones enemigas. ◇ **a la escucha** Atento para escuchar algo.

escuchar v.tr. **1** Prestar atención a lo que se oye. **2** Hacer caso de un consejo o aviso. ◆ v.intr. **3** Aplicar el oído para oír algo.

escuchimizado, a adj. Fam. ESP Que está muy delgado, raquítico y con aspecto débil.

escudar v.tr. **1** Proteger a alguien contra una amenaza o peligro. **2** Defender con el escudo. ◆ **escudarse** v.prnl. **3** Valerse de alguna cosa como defensa o pretexto.

escudería s.f. Equipo de competición de coches o motos de carreras.

escudero s.m. Paje o sirviente que acompañaba a un caballero para servirle.

escudo s.m. **1** Arma de defensa que se sujeta con el brazo contrario al que maneja el arma de ataque. **2** Superficie u objeto con la forma de esa arma, que lleva las insignias y otros símbolos que identifican una nación, ciudad o familia. □ También escudo de armas. **3** Defensa o protección. **4** Unidad monetaria de Portugal (hasta su sustitución por el euro) y de Cabo Verde. **5** Moneda antigua de plata o de oro.

escudriñar v.tr. Examinar u observar una cosa con gran cuidado.

escuela s.f. **1** Establecimiento público donde se enseña. **2** Establecimiento público donde se imparte un tipo determinado de conocimientos. **3** Método o estilo peculiar de cada maestro para enseñar. **4** Conjunto de profesores, alumnos, etc. de una escuela. ◇ **hacer** o **crear escuela** Tener seguidores.

escueto, a adj. Breve y sin adornos o rodeos.

esculpir v.tr. **1** Hacer una obra de escultura. **2** Grabar en hueco o en relieve.

escultismo s.m. Movimiento juvenil internacional que pretende la formación integral del individuo mediante actividades de grupo y la vida en contacto con la naturaleza.

escultor, ra s. Artista de la escultura.

escultórico, a adj. Relativo a la escultura.

escultura s.f. **1** Arte o técnica de modelar, tallar o vaciar objetos o figuras de bulto trabajando o labrando diversos materiales, como barro, piedra, madera o bronce. **2** Obra artística en la que se ha aplicado esa técnica.

escultural adj. Que tiene las proporciones y los rasgos de belleza propios de una escultura.

escupir v.tr. e intr. **1** Arrojar saliva u otra cosa por la boca. ◆ v.tr. **2** Echar de la boca alguna cosa. **3** Echar o despedir del interior de forma violenta. **4** Echar un cuerpo a la superficie lo que está mezclado con él. **5** Fam. Confesar algo.

escupitajo s.m. Fam. Saliva que se escupe por la boca de una vez.

escurreplatos s.m. Mueble de cocina donde se ponen en posición vertical los platos y cacharros lavados para que se sequen.

escurridizo, a adj. Que se escurre, desliza o escabulle con facilidad.

escurrido, a adj. **1** Se dice de la persona que es estrecha de caderas. **2** MÉX, P RICO Avergonzado.

escurridor s.m. **1** Colador de agujeros grandes para escurrir la verdura, las legumbres y otros alimentos. **2** Escurreplatos.

escurrir v.tr. **1** Hacer que una cosa mojada pierda el líquido que la empapa. **2** Apurar las últimas gotas del líquido que queda en un recipiente. ◆ v.intr. **3** Soltar una cosa el líquido que contiene. **4** Deslizar o resbalar sobre una superficie. ◆ **escurrirse** v.prnl. **5** Salir o escaparse de un lugar sin que se note.

escusado, a o **excusado** s.m. Formal. Retrete (habitación).

esdrújulo, a adj. y s.f. Se dice de la palabra que lleva el acento de intensidad en la antepenúltima sílaba.

1. **ese** s.f. **1** Nombre de la letra s. **2** Eslabón de cadena que tiene forma de s. ◇ **hacer eses** Moverse de un lado a otro, de forma que parece describirse la letra s.

2. **ese, a** det. y pron. **1** Indica o señala algo que está a una distancia media, en el espacio o el tiempo, de la persona que habla. □ Cuando funciona como pronombre, se debe escribir con tilde si existe riesgo de ambigüedad. ◆ adj. **2** Pospuesto al sustantivo, comporta un matiz despectivo o indeterminado. ◇ **ni por esas** Fam. De ninguna manera, ni siquiera en una circunstancia adecuada.

esencia s.f. **1** Conjunto de características permanentes e invariables que determinan la naturaleza de un ser. **2** Característica principal o fundamental de una cosa. **3** Extracto líquido y concentrado de una sustancia. ◇ **en esencia** De forma resumida.

esencial adj. **1** Relativo a la esencia. **2** Que es lo más importante y necesario.

esenio, a adj. y s. De una antigua secta judía caracterizada por llevar una vida muy austera en comunidad.

esfenoides adj. y s.m. Se dice del hueso situado en la parte media de la base del cráneo.

esfera s.f. **1** Cuerpo geométrico limitado por una superficie curva cuyos puntos están todos a igual distancia de uno interior llamado centro. **2** Círculo en el que giran las agujas de un reloj. **3** Clase o condición social. **4** Espacio en que se desarrolla una acción.

esférico, a adj. **1** Relativo a la esfera (cuerpo geométrico). ◆ s.m. **2** En el lenguaje del deporte, balón o pelota.

esferoide s.m. Cuerpo de forma aproximadamente esférica.

esfinge s.f. Animal fabuloso con cabeza y pecho de mujer, y cuerpo y pies de león.

esfínter s.m. Músculo en forma de anillo con el que se abren o cierran las aberturas de distintos conductos naturales del cuerpo.

esforzar (11) v.tr. **1** Someter un órgano o una capacidad a un esfuerzo, al usarlo con mayor intensidad de la normal. ◆ **esforzarse** v.prnl. **2** Hacer un esfuerzo físico o mental.

esfuerzo s.m. **1** Empleo enérgico de la fuerza física o mental con un fin determinado. **2** Fuerza que actúa sobre un cuerpo.

esfumar v.tr. **1** Difuminar o hacer más débiles y suaves los trazos o los contornos de un dibujo. ◆ **esfumarse** v.prnl. **2** Marcharse de un lugar con rapidez y disimulo. **3** Desaparecer.

esfumino s.m. Utensilio de dibujo que sirve para suavizar los colores y contornos.

esgrafiar (1e) v.tr. Decorar un objeto, especialmente paredes, superponiendo dos capas de pintura, esmalte o yeso de colores distintos y rascando la superficie para que se vea la capa de debajo.

esgrima s.f. **1** Deporte olímpico que consiste en el enfrentamiento de dos personas armadas con una espada, sable o florete, y protegidas con una careta y un traje especial. **2** Arte de manejar la espada y otras armas blancas para combatir.

esgrimir v.tr. **1** Manejar o sostener una espada u otra arma blanca con intención de atacar o de defenderse. **2** Usar una cosa no material para atacar o defenderse o para lograr alguna cosa.

esguince s.m. Lesión producida por rotura de las fibras musculares.

eslabón s.m. **1** Cada una de las piezas con forma de anillo que, enlazadas unas con otras, forman una cadena. **2** Elemento necesario para relacionar dos ideas o acciones. **3** Hierro afilado del que saltan chispas al chocar con el pedernal.

eslalon o **eslálom** s.m. Slalom.

eslavo, a adj. y s. **1** Relativo a un antiguo grupo de la rama central de la familia indoeuropea que habitó el norte y este de Europa. ◆ adj. y s.m. **2** Se dice de las diversas lenguas que se hablan en el norte y este de Europa.

eslogan o **slogan** (pl. eslóganes) s.m. Frase corta y que se puede recordar fácilmente, que se usa para vender un producto o para aconsejar a la población sobre algo.

eslora s.f. Longitud de una embarcación desde proa a popa, medida sobre la cubierta principal.

eslovaco, a adj. y s. **1** De Eslovaquia (país de Europa). ◆ s.m. y adj. **2** Lengua eslava hablada en Eslovaquia.

esloveno, a adj. y s. **1** De Eslovenia (país de Europa). ◆ s.m. y adj. **2** Lengua eslava hablada en Eslovenia.

esmaltar v.tr. **1** Aplicar esmalte a una cosa. **2** Adornar o embellecer una cosa, especialmente dándole diversos colores o matices.

esmalte s.m. **1** Cosmético de laca, de secado rápido, que sirve para colorear las uñas y darles brillo. **2** Barniz o pasta brillante y dura. **3** Objeto cubierto o adornado con este barniz o pasta. **4** Sustancia dura y brillante que cubre los dientes.

esmeralda s.f. **1** Piedra preciosa, brillante y de color verde azulado. ◆ **s.m. y adj. 2** Color verde como el de esta piedra.

esmerarse v.prnl. Poner mucho cuidado y atención en algo.

esmeril s.m. Roca granulada de gran dureza que se emplea para labrar y pulimentar.

esmerilado s.m. Acción de esmerilar.

esmerilar v.tr. Pulimentar con esmeril.

esmero s.m. Sumo cuidado y especial atención que se ponen en el cumplimiento de una obligación o al hacer una cosa.

esmirriado, a adj. Fam. Muy delgado.

esmoquin o **smoking** (pl. esmóquines) s.m. Traje masculino de etiqueta cuya chaqueta no tiene faldones.

esnifar v.tr. Aspirar cocaína u otra droga en polvo por la nariz.

esnob adj. y s.m. y f. Snob.

esnobismo o **snobismo** s.m. Exagerada admiración por todo lo que está de moda.

eso pron. **1** Indica o señala lo que está a una distancia media, en el espacio o el tiempo, de las personas que hablan. **2** Indica o señala una cosa conocida o nombrada poco antes por los hablantes. ◇ **a eso de** Expresión que da idea de un tiempo o un momento aproximados.

esófago s.m. Conducto del aparato digestivo que va desde la faringe al estómago.

esotérico, a adj. Relativo al esoterismo.

esoterismo s.m. Conjunto de conocimientos y prácticas religiosos o filosóficos que se mantienen secretos.

espabilar v.tr. **1** Hacer que aumenten en una persona la inteligencia, la agilidad mental y la capacidad de relación con los demás. **2** Hacer que alguien despierte del todo. ◆ **v.intr. 3** Darse prisa o apresurarse en la realización de una cosa.

espachurrar v.tr. Fam. ESP Despachurrar.

espacial adj. Relativo al espacio.

espaciar (1d) v.tr. **1** Separar o poner distancia entre dos o más cosas. **2** Aumentar el intervalo de tiempo que transcurre entre dos o más acciones. **3** Separar las líneas, palabras o letras de un texto impreso con los debidos espacios.

espacio s.m. **1** Extensión en la que están contenidos todos los cuerpos que existen. **2** Parte de esa extensión. **3** Parte de esa extensión situada más allá de la atmósfera terrestre. **4** Período de tiempo. **5** Separación entre líneas, especialmente en un texto escrito. **6** Extensión vacía en un texto escrito que equivale a la que ocupa una letra. **7** Distancia recorrida por un cuerpo que se mueve en un tiempo determinado.

espacioso, a adj. **1** Grande o amplio. **2** Lento o pausado.

espada s.f. **1** Arma blanca larga, recta y cortante. **2** Carta de la baraja española en la que aparecen representadas una o varias de estas armas. ◆ **s.m. 3** Torero que mata al toro con esta arma. ◆ **espadas** s.f.pl. **4** Palo de la baraja española que se representa con una o varias de estas armas. ◇ **entre la espada y la pared** En situación de tener que decidirse por una cosa u otra sin poder posponerlo ni elegir otro camino. ◇ **espada de Damocles** Amenaza continua de un peligro.

espadachín s.m. Persona que maneja bien la espada.

espadaña s.f. **1** Campanario formado por una sola pared con uno o más huecos en que van colocadas las campanas. **2** Planta de tallos altos y cilíndricos, con las hojas largas y estrechas.

espagueti o **spaghetti** (pl. espaguetis o spaghetti) s.m. Pasta de harina de trigo en forma de cilindros macizos, largos y delgados, pero más gruesos que los fideos.

espalda s.f. **1** Parte posterior del cuerpo humano que va desde los hombros hasta la cintura. □ Suele usarse en plural con valor singular. **2** Lomo o parte posterior del cuerpo de algunos animales. **3** Parte posterior u opuesta a la de la frontal de cualquier cosa. □ Suele usarse en plural con valor singular. **4** En natación, estilo que consiste en nadar boca arriba. ◇ **a espaldas de** En ausencia de alguien y sin que se entere. ◇ **dar,** o **volver, la espalda a alguien** Negar una ayuda o abandonar a alguien. ◇ **echarse algo sobre las espaldas** Responsabilizarse de una cosa.

espaldarazo s.m. **1** Golpe dado de plano en la espalda con la espada o con la mano. **2** Ayuda o empuje que recibe una persona.

espaldera s.f. **1** Enrejado de cañas para que trepen por él las plantas enredaderas. ◆ **espalderas** s.f.pl. **2** Aparato de gimnasia formado por varias barras de madera horizontales que están fijas a la pared y dispuestas a distintas alturas para hacer ejercicios.

espaldilla s.f. **1** Cuarto delantero de algunas reses. **2** MÉX Lacón de cerdo.

espantada s.f. Huida repentina.

espantajo s.m. **1** Espantapájaros. **2** Fam. y desp. Persona de aspecto ridículo o estrafalario.

espantapájaros s.m. Muñeco de figura humana que se pone en terrenos de cultivo o en los árboles para ahuyentar a los pájaros.

espantar v.tr. y prnl. Causar miedo o espanto.

espanto s.m. Miedo muy intenso. ◇ **de espanto** Fam. Muy grande. ◇ **estar curado de espanto** No sorprenderse ante un hecho o situación por estar acostumbrado a ello.

espantoso, a adj. **1** Que produce espanto o miedo. **2** Fam. Que es muy feo o desagradable y provoca rechazo. **3** Fam. Muy grande o intenso.

español, la adj. y s. **1** De España (país de Europa). ◆ s.m. y adj. **2** Lengua románica hablada en España, en Hispanoamérica y en otras zonas.

españolismo s.m. **1** Amor o admiración por la cultura y las tradiciones de España. **2** Palabra o modo de expresión propio de la lengua española que se usa en otro idioma.

españolista adj. **1** Relativo al españolismo. ◆ adj. y s.m. y f. **2** Se dice de la persona que ama o admira todo lo español.

españolizar v.tr. Comunicar o adquirir formas, características o costumbres que se consideran propias de lo español.

esparadrapo s.m. Tira de tela, papel o plástico con una de sus caras adhesiva y que se usa generalmente para sujetar un vendaje.

esparcimiento s.m. **1** Extensión o separación. **2** Diversión o distracción.

esparcir v.tr. **1** Separar o extender lo que está junto. **2** Divulgar una noticia. ◆ **esparcirse** v.prnl. **3** Divertirse o distraerse.

espárrago s.m. **1** Espiga que sobresale de una pieza y que sirve para sujetarla a otra. **2** Esparraguera. **3** Yema o brote comestible, de forma alargada y de color verde o blanco, que crece por primavera en las raíces de la esparraguera. **4** Tornillo sin cabeza, generalmente largo, que tiene rosca en sus dos extremos. ◇ **a freír espárragos** Indica que se despide o se rechaza con desprecio a una persona o una cosa. ◇ **espárrago triguero** Espárrago silvestre, fino y de color verde, que crece en las tierras de cultivo.

esparraguera s.f. Planta de tallo recto y cilíndrico, con frutos rojos del tamaño de un guisante y raíces rastreras de las que crecen los brotes tiernos comestibles o espárragos.

espartano, a adj. y s. **1** De Esparta (antigua ciudad y estado de Grecia). ◆ adj. **2** Formal. Se dice de la persona, educación, ley, etc., que es muy austera, dura y exigente.

espartaquismo s.m. Movimiento revolucionario socialista alemán fundado en 1916.

esparto s.m. Planta herbácea de hojas muy resistentes que se usan para hacer cuerdas.

espasmo s.m. Contracción brusca e involuntaria de las fibras musculares.

espatarrar v.tr. y prnl. Fam. Abrir excesivamente las piernas.

espato s.m. Mineral cristalino, transparente o translúcido y fácilmente exfoliable.

espátula s.f. **1** Utensilio a modo de paleta plana que se usa para remover. **2** Ave zancuda con el pico largo y aplanado.

especia s.f. Sustancia vegetal aromática que se usa para dar sabor a los alimentos.

especial adj. **1** Que se diferencia de lo que es normal, común o general. **2** Muy adecuado para un fin determinado. ◇ **en especial** De un modo en particular.

especialidad s.f. **1** Producto en cuya preparación destaca una persona, un establecimiento o una región. **2** Rama de la ciencia o del arte a la que se dedica una persona. **3** Cualidad distintiva.

especialista adj. y s.m. y f. **1** Se dice de la persona que se especializa en algo. ◆ s.m. y f. **2** Persona que sustituye a un actor o una actriz de cine o televisión en las escenas peligrosas o en las que requieren cierta destreza.

especialización s.f. **1** Preparación o adiestramiento en una rama determinada de una ciencia, de un arte o de una actividad. **2** Limitación a un uso o a un fin determinado.

especializar v.tr. **1** Preparar o adquirir conocimientos especiales en una rama determinada de una ciencia, de un arte o de una actividad. **2** Limitar una cosa a un uso o un fin determinado.

especie s.f. **1** Conjunto de personas o de cosas semejantes entre sí por tener una o varias características comunes. **2** Categoría básica de clasificación de los seres vivos, que comprende a un grupo de individuos de características semejantes que son capaces de cruzarse y producir descendencia fértil. **3** Grupo de compuestos de igual composición química. **4** En la Eucaristía, apariencia del pan y el vino, después de la transustanciación. □ También especie sacramental. ◇ **en especie** Con cosas o acciones pero no con dinero. ◇ **una especie de** Parecido a lo indicado.

especiero, a adj. **1** Relativo a la especia. ◆ s. **2** Persona que comercia en especias. ◆ s.m. **3** Armario pequeño con cajones o conjunto de botes en los que se guardan especias.

especificación s.f. Acción de especificar.

especificar v.tr. Dar los datos o detalles necesarios sobre una persona o una cosa para diferenciarlas con claridad de otra.

especificativo, a adj. **1** Que tiene virtud o eficacia para especificar o determinar de forma precisa. **2** Se dice del adjetivo o de la proposición de relativo que delimitan la cualidad o la extensión de un sustantivo.

especificidad s.f. Conjunto de propiedades o características de una persona o una cosa que permiten distinguirla de otras.

específico, a adj. **1** Que es propio o peculiar de una persona o una cosa y sirve para caracterizarla o distinguirla de otras. ◆ s.m. **2** Medicamento especialmente indicado para una enfermedad determinada.

espécimen (pl. especímenes) s.m. Muestra, modelo o ejemplar que tiene las cualidades o características de su especie muy bien definidas.

espectacular adj. **1** Que llama la atención y despierta admiración por ser exagerado o estar fuera de lo común. **2** Relativo al espectáculo público.

espectacularidad s.f. Conjunto de circunstancias o de características que hacen que un hecho o una cosa llame la atención y despierte admiración por ser exagerado o estar fuera de lo común.

espectáculo s.m. **1** Acto que se representa ante un público con el fin de divertir. **2** Acción o cosa que llama la atención y causa admiración. **3** Acción o cosa que causa extrañeza o escándalo.

espectador, ra adj. y s. **1** Se dice de la persona que presencia un espectáculo público. **2** Que mira y observa con atención alguna cosa.

espectral adj. Relativo al espectro.

espectro s.m. **1** Figura irreal, generalmente horrible. **2** Persona muy delgada o decaída físicamente. **3** Conjunto o serie de elementos que forman un todo. **4** Serie de frecuencias que resultan de la dispersión de un fenómeno formado por ondas. **5** Imagen o representación gráfica del sonido obtenida a través de un aparato especial.

espectroscopia s.f. Estudio de los espectros o las radiaciones de una sustancia.

espectroscopio s.m. Instrumento óptico para obtener y observar un espectro.

especulación s.f. Acción y efecto de especular.

especulador, ra adj. y s. Se dice de la persona que compra bienes cuyos precios se espera que suban a corto plazo con el único fin de venderlos oportunamente y obtener beneficios. □ Frec. despectivo.

1. **especular** v.intr. **1** Meditar o pensar con profundidad. **2** Hacer suposiciones y pensar sin tener una base real. **3** Comprar un bien cuyo precio se espera que va a subir a corto plazo con el único fin de venderlo oportunamente y obtener un beneficio.

2. **especular** adj. Relativo al espejo.

especulativo, a adj. Relativo a la especulación.

espejismo s.m. **1** Fenómeno óptico que consiste en ver ciertos objetos lejanos a través de una imagen invertida. **2** Imagen o representación engañosa de la realidad.

espejo s.m. Superficie pulida de cristal en la que se reflejan la luz y las imágenes de los objetos.

espeleología s.f. **1** Ciencia que estudia las cavernas. **2** Actividad que consiste en la exploración de cuevas.

espeleólogo, a s. Especialista en espeleología.

espeluznante adj. Que causa terror o miedo.

espeluznar v.tr. Producir horror o miedo.

espera s.f. **1** Acción de esperar. **2** Tiempo durante el cual se espera. ◇ **a la espera** Con la esperanza de que suceda.

esperanto s.m. Idioma creado artificialmente con la idea de que sirviera de lengua universal.

esperanza s.f. **1** Confianza en que ocurra o en lograr algo que se desea. **2** Objeto de esa confianza. **3** Virtud teologal por la cual los cristianos esperan la ayuda de Dios en este mundo y la gloria eterna tras la muerte. ◇ **esperanza de vida** Cálculo demográfico de la duración media de la vida en un grupo humano.

esperanzador, ra adj. Que hace tener esperanza.

esperanzar v.tr. Dar esperanza a alguien.

esperar v.tr. e intr. **1** Quedarse en un lugar hasta que llegue una persona u ocurra una cosa. ◆ v.tr. **2** Creer que va a ocurrir o suceder una acción generalmente favorable. **3** Tener la esperanza de conseguir algo que se desea. ◆ v.intr. **4** Estar a punto de ocurrir una cosa que generalmente no se puede evitar.

esperma s.m. o f. Fluido blanquecino producido por los órganos de reproducción masculinos, que contiene los espermatozoides.

espermaticida o **espermicida** adj. y s.m. Que destruye los espermatozoides.

espermátida s.f. Célula germinal masculina a partir de la cual se origina el espermatozoide.

espermatocito s.m. Célula germinal masculina que da lugar a las espermátidas.

espermatófito, a adj. y s.f. Se dice de la planta provista de semillas mediante las que se reproduce.

espermatogénesis s.f. Proceso de formación de las células sexuales masculinas.

espermatogonia s.f. Célula germinal masculina de la cual derivan los espermatocitos.

espermatozoide s.m. Célula sexual masculina de los animales.

espermatozoo s.m. Espermatozoide.

espermicida ▷ espermaticida.

esperpéntico, a adj. Relativo al esperpento (género literario).

esperpento s.m. **1** Persona o cosa muy fea o ridícula. **2** Género literario en el que se distorsiona sistemáticamente la realidad.

espesar v.tr. **1** Hacer más espeso un líquido. **2** Apretar, poner más tupida una cosa. ◆ **espesarse** v.prnl. **3** Unirse o apretarse unas cosas con otras.

espeso, a adj. **1** Se dice del líquido, sustancia que es denso y no fluye fácilmente. **2** Que está formado por elementos que están muy juntos o apretados. **3** Grueso, macizo o con mucho cuerpo. **4** Complicado o difícil de comprender y de resolver. **5** VENEZ Pesado.

espesor s.m. **1** Densidad o condensación de un fluido. **2** Anchura o grosor de un cuerpo.

espesura s.f. **1** Densidad o grado de fluidez de un líquido. **2** Complicación o dificultad para ser comprendido o resuelto. **3** Paraje muy poblado de árboles y matorrales.

espetar v.tr. **1** Fam. Decir a alguien una cosa que causa sorpresa o fastidio. **2** Atravesar carnes o pescados con un instrumento acabado en punta para someterlos a la acción directa del fuego. ◆ **espetarse** v.prnl. **3** GUAT, HOND Fam. Encajarse, afianzarse.

espetón s.m. Pieza de hierro larga y delgada que se usa para pinchar algo con su extremo.

espía s.m. y f. Persona que se dedica a espiar.

espiar (1e) v.tr. **1** Observar o escuchar con atención y disimulo lo que otros hacen o dicen. **2** Tratar de conseguir información secreta, especialmente de un país extranjero.

espichar v.intr. Fam. Morir.

espiga s.f. **1** Conjunto de granos o flores dispuestos a lo largo de un tallo común. **2** Dibujo semejante a este conjunto en un tejido. **3** Extremo de una pieza entallada para introducirla o encajarla en otra.

espigado, a adj. Se dice de la persona o árbol que es alto y delgado.

espigar v.tr. **1** Recoger las espigas que han quedado en el campo tras la siega. ◆ v.intr. **2** Comenzar a echar espigas los cereales. ◆ v.tr. **3** Labrar la espiga en las maderas que van a ensamblarse. ◆ **espigarse** v.prnl. **4** Crecer mucho una persona.

espigón s.m. Muro o dique que protege la orilla de un río o puerto.

espiguilla s.f. Dibujo que se hace en algunos tejidos parecido a una espiga.

espín s.m. En física, propiedad que tiene una partícula subatómica, como el electrón, de girar alrededor de su eje.

espina s.f. **1** Pincho o púa que crece en algunas plantas o en sus frutos y que les sirve de defensa. **2** Hueso de pez. **3** Trozo de un material que es pequeño, alargado y con punta y que se puede clavar. **4** Formal. Pesar o pensamiento que inquieta y atormenta. ◇ **dar mala espina** Provocar sospecha. ◇ **espina dorsal** Serie de huesos pequeños y planos unidos entre sí que recorre la espalda para sujetar el esqueleto.

espinaca s.f. Hortaliza con el tallo ramoso y las hojas estrechas y suaves unidas por la base.

espinal adj. Relativo a la espina dorsal.

espinazo s.m. Columna vertebral, especialmente de un animal.

espinela s.f. Estrofa de diez versos octosílabos.

espineta s.f. Instrumento musical de cuerda y teclado parecido a un clavicémbalo rectangular.

espinilla s.f. **1** Grano de pequeño tamaño que aparece en la piel por la obstrucción de los poros de las glándulas sebáceas. **2** Parte anterior del hueso de la pierna que va desde la rodilla al pie.

espino s.m. **1** Arbusto con las ramas llenas de espinas y las flores blancas y olorosas. **2** Alambre con pinchos para cercas.

espinoso, a adj. **1** Que tiene espinas. **2** Difícil o delicado.

espionaje s.m. Actividad del espía.

espira s.f. Cada una de las vueltas que da el hilo conductor en una bobina.

espiración s.f. Salida del aire de los pulmones.

espiráculo s.m. **1** Orificio que tienen en la cabeza los peces elasmobranquios y que comunica con la faringe y permite el paso del agua al interior de la cavidad branquial cuando tiene la boca cerrada. **2** Orificio pequeño que hay en el tegumento o tejido de los insectos, los arácnidos y otros animales con respiración traqueal para que entre por él el aire.

espiral s.f. **1** Línea curva que da vueltas alrededor de un punto, alejándose cada vez más de él. **2** Línea curva en forma de muelle que describe un punto del espacio sometido a desplazamientos simultáneos de giro y traslación. **3** Proceso rápido y que escapa de todo control. ◆ adj. **4** Relativo a la espiral o que tiene la forma de esta línea.

espirar v.intr. **1** Expulsar el aire de los pulmones. ◆ v.tr. **2** Despedir o exhalar algo cierto olor.

espiratorio, a adj. Relativo a la espiración (fase de la respiración).

espirilo s.m. Bacteria de cuerpo fino, largo y ondulado como las serpientes.

espiritismo s.m. **1** Doctrina según la cual los espíritus de los muertos conservan un cuerpo material y pueden comunicarse con los seres vivos. **2** Conjunto de prácticas realizadas para comunicarse con los espíritus de los muertos.

espiritista adj. **1** Relativo al espiritismo (doctrina). ◆ s.m. y f. **2** Practicante del espiritismo.

espiritoso, a adj. Se dice de la bebida que contiene un grado bastante elevado de alcohol.

espiritrompa s.f. Aparato bucal de algunos insectos en forma de espiral.

espíritu s.m. **1** Parte inmaterial del ser humano que es capaz de entender, querer y sentir y que, con el cuerpo o parte material, constituye la esencia humana. **2** Ser inmaterial dotado de voluntad y de razón. **3** Alma de una persona muerta. **4** Valor, fuerza o ánimo. **5** Tendencia o inclinación que puede apreciarse en las manifestaciones de una persona o colectividad. **6** Signo ortográfico empleado en la lengua griega que indica aspiración. ◇ **Espíritu Santo** En la religión cristiana, tercera persona de la Santísima Trinidad.

espiritual adj. **1** Relativo al espíritu (alma). **2** Se dice de la persona que tiene mayor interés por los sentimientos y los pensamientos que por las cosas materiales. ◆ s.m. **3** Canción religiosa originaria de Estados Unidos.

espiritualidad s.f. **1** Cualidad de espiritual. **2** Conjunto de creencias y ejercicios que conforman la vida espiritual.

espirituoso, a adj. Espiritoso.

espiroqueta s.f. Bacteria de cuerpo fino, alargado y en espiral, muy activa y rápida, que carece de pared celular rígida.

espita s.f. Tubo corto que se abre o cierra por el giro de una llave o mediante una palanca y que se pone en el agujero por donde se vacía un tonel o un recipiente cualquiera, o en un conducto o cañería para regular el paso de un fluido.

espléndido, a adj. **1** Que causa admiración por su perfección, grandeza o lujo. **2** Generoso.

esplendor s.m. **1** Grandeza, hermosura o riqueza. **2** Momento de mayor elevación o intensidad de un proceso o un estado.

esplendoroso, a adj. Que está lleno de esplendor e impresiona por su hermosura.

esplénico, a adj. Relativo al bazo.

espliego s.m. Romero.

espolear v.tr. **1** Picar con la espuela a la cabalgadura. **2** Animar o convencer a una persona para que haga una cosa.

espoleta s.f. Mecanismo que va colocado en las bombas y otros artefactos con carga explosiva para provocar la explosión.

espolón s.m. **1** Pequeño saliente óseo que tienen algunas aves en la parte trasera de las patas. **2** Muro construido en la orilla de un río o del mar para contener las aguas. **3** Punta en que termina la parte delantera del casco de una embarcación.

espolvorear v.tr. Esparcir una sustancia en polvo sobre alguna cosa.

espondeo s.m. Pie de la poesía grecolatina compuesto de dos sílabas largas.

esponja s.f. **1** Invertebrado marino con el cuerpo poroso. **2** Utensilio de higiene corporal fabricado a imitación de este animal.

esponjado s.m. Técnica de aplicación de pintura en la que se usa una esponja.

esponjoso, a adj. Se dice del cuerpo que es de estructura elástica, porosa y suave.

esponsales s.m.pl. Promesa mutua de casamiento entre el varón y la mujer.

espontaneidad s.f. Cualidad de espontáneo.

espontáneo, a adj. **1** Natural y sincero en el comportamiento o en el modo de pensar. **2** Planta que surge sin cultivo ni cuidado del ser humano.

espora s.f. Unidad reproductiva, típica de la reproducción asexual que puede ser unicelular, y que no necesita fecundarse para originar un nuevo individuo.

esporádico, a adj. Que se da con poca frecuencia, no es regular y ocurre aisladamente.

esporangio s.m. Órgano donde están contenidas las esporas.

esporófito o **esporofito** s.m. Planta que, en alguna fase de su ciclo biológico, se reproduce por esporas.

esporulación s.f. **1** Forma de reproducción asexual que consiste en la formación de varias células (esporas) en el interior de una célula madre, que quedan libres al romperse la membrana de esta. **2** Proceso por el que algunas bacterias forman esporas que les permiten vivir en condiciones adversas sin realizar ninguna actividad metabólica.

esposar v.tr. Poner las esposas a alguien.

esposas s.f.pl. Objeto formado por dos anillas de metal que se abren y se cierran, que están unidas entre sí por una cadena y que sirven para sujetar por las muñecas a los presos.

esposo, a s. **1** Persona con la que está casada otra persona. ◆ s.m. **2** AMÉR Anillo episcopal.

espuela s.f. **1** Arco de metal formado por una pieza alargada terminada en una estrella o ruedecilla con dientes, que se ajusta el jinete a los talones de sus botas para poder picar al caballo. **2** Estímulo o acicate que mueve a una persona a actuar o a realizar algo. **3** AMÉR Espolón (saliente óseo de las aves).

espuerta s.f. ESP Capacho. ◇ **a espuertas** Fam. ESP En gran cantidad, a montones.

espulgar v.tr. Limpiar de pulgas o piojos.

espuma s.f. **1** Conjunto de burbujas amontonadas que se forman en la superficie de un líquido y que se adhieren entre sí. **2** Tejido muy ligero y esponjoso. ◇ **como la espuma** Rápidamente.

espumadera s.f. Utensilio de cocina para quitar la espuma de la comida que se está cocinando.

espumarajo s.m. Desp. ESP Cantidad de saliva espumosa que se escupe por la boca de una vez.

espumear v.intr. Formar o arrojar espuma.

espumillón s.m. Tira con flecos que se utiliza como adorno en las fiestas navideñas.

espumoso, a adj. **1** Que hace o tiene mucha espuma. **2** Semejante a la espuma. ◆ adj. y s.m. **3** Se dice del vino que forma espuma.

espurio, a adj. Falso, ilegal o no auténtico.

esputar v.tr. Arrancar mediante la tos o el carraspeo las flemas y arrojarlas por la boca.

esputo s.m. Flema u otras secreciones que se escupen de una vez por la boca.

esqueje s.m. Tallo o brote de una planta que se emplea para injertarlo en otra o para plantarlo.

esquela s.f. Papel o anuncio en el que se comunica la noticia de la muerte de una persona.

esquelético, a adj. **1** Fam. Que está muy delgado. **2** Relativo al esqueleto.

esqueleto s.m. **1** Conjunto de huesos unidos entre sí por articulaciones que sostiene, da consistencia y protege los órganos internos del cuerpo de los vertebrados. **2** Piel muy dura que cubre y protege el cuerpo de los invertebrados. **3** Estructura o armazón que sostiene una cosa. **4** Fam. Persona muy delgada. ◇ **mover el esqueleto** Fam. Bailar con música moderna.

esquema s.m. Conjunto de datos o informaciones sobre un asunto o materia que se ordenan y relacionan con líneas o signos gráficos.

esquemático, a adj. Que está explicado o está hecho de manera muy simple, con los rasgos generales y sin entrar en detalles.

esquematizar v.tr. Simplificar o reducir la exposición o enunciado de una cosa a esquema.

esquí (pl. esquís o esquíes) s.m. **1** Especie de patín que sirve para esquiar. **2** Deporte que se practica deslizándose con esas tablas sobre la nieve. ◇ **esquí acuático** Deporte que consiste en deslizarse sobre el agua con estos patines y siendo arrastrado por una lancha motora.

esquiador, ra s. Persona que esquía.

esquiar (1e) v.intr. Deslizarse sobre la nieve o sobre el agua con unos esquís.

esquijama s.f. Pijama ceñido y cerrado hasta el cuello, hecho de tejido de punto.

esquila s.f. **1** Cencerro pequeño en forma de campanilla que se cuelga del cuello de las ovejas y las cabras. **2** Campana pequeña.

esquilar v.tr. Cortar la lana a un animal.

esquilmar v.tr. **1** Agotar o hacer que disminuya una fuente de riqueza. **2** Recoger el fruto de cosechas y ganados.

esquimal adj. y s.m. y f. De un pueblo que habita, en pequeños grupos dispersos, las tierras próximas al Polo Norte.

esquina s.f. **1** Ángulo saliente o arista formada en la calle por dos paredes de un edificio. **2** Parte exterior del lugar en que se juntan dos lados de alguna cosa. ◇ **a la vuelta de la esquina** Muy cerca o muy pronto.

esquinar v.tr. Poner en esquina alguna cosa.

esquinazo s.m. **1** Esquina de un edificio. **2** CH Serenata. ◇ **dar esquinazo a alguien** Abandonar o evitar el encuentro con una persona.

esquirla s.f. Astilla o fragmento alargado y con punta desprendido de un material duro.

esquirol s.m. y f. Fam. y desp. ESP, MÉX Persona que trabaja mientras los demás obreros hacen huelga.

esquisto s.m. Roca metamórfica de grano grueso que se parte con facilidad en láminas.

esquivar v.tr. **1** Realizar un movimiento para evitar un golpe o para salvar un obstáculo. **2** Eludir un asunto o problema.

esquivo, a adj. Formal. Se dice de la persona que rehúye el trato de otras personas.

esquizofrenia s.f. Enfermedad mental caracterizada por alteraciones de la personalidad.

esquizofrénico, a adj. **1** Relativo a la esquizofrenia. ◆ adj. y s. **2** Que padece esquizofrenia.

estabilidad s.f. Cualidad de estable.

estabilizador, ra adj. **1** Que estabiliza. ◆ s.m. **2** Mecanismo o dispositivo para atenuar el balanceo en aviones, automóviles y barcos. **3** Aparato que mantiene estable la corriente eléctrica.

estabilizante s.m. Sustancia que se añade a una disolución o suspensión para mantener plenamente mezclados sus componentes.

estabilizar v.tr. Dar estabilidad.

estable adj. **1** Que está firme y seguro sin peligro alguno de caer o perder el equilibrio. **2** Que no cambia y es constante o duradero.

establecer (30) v.tr. **1** Hacer que empiece a funcionar una cosa o una actividad, generalmente con propósito de continuidad. **2** Disponer lo que debe hacerse. **3** Dejar demostrado con firmeza un pensamiento de valor general. ◆ **establecerse** v.prnl. **4** Fijar la residencia o quedarse a vivir en un lugar. **5** Abrir o crear un negocio por cuenta propia.

establecimiento s.m. **1** Lugar en el que se realiza una actividad comercial, industrial o de otro tipo. **2** Creación o fundación de algo.

establo s.m. **1** Lugar cubierto en el que se encierra el ganado. **2** Fam. Lugar muy sucio.

estaca s.f. **1** Palo con punta en un extremo para que pueda ser clavado. **2** Palo grueso y fuerte, especialmente el que se puede manejar como un bastón. **3** Rama o palo verde o sin raíces ni hojas, que se planta para que llegue a árbol. **4** AMÉR Pertenencia legal de una mina, obtenida mediante diversos trámites.

estacada s.f. Serie de estacas clavadas en la tierra para cercar, defender o deslindar un lugar. ◇ **dejar en la estacada** Abandonar a una persona en un peligro o en una mala situación.

estacar v.tr. AMÉR Extender un objeto sujetándolo o clavándolo con estacas.

estación s.f. **1** Lugar o edificio donde se detiene habitualmente un tren u otro vehículo para recoger y dejar viajeros. **2** Conjunto de edificios e instalaciones de un servicio de transporte público, generalmente en el lugar de comienzo y finalización de su recorrido. **3** Conjunto de aparatos e instalaciones destinados a realizar o a cumplir una actividad determinada. **4** Edificio con muchas oficinas y dependencias para ciertos servicios, como teléfonos, correos, etc. **5** Emisora de radio. **6** Período en que se divide el año según los solsticios y los equinoccios, con características climáticas típicas y homogéneas. **7** Temporada o período en general. **8** Visita que se hace por religión a las iglesias o altares.

estacional adj. Propio o característico de una de las estaciones del año.

estacionamiento s.m. **1** Acción de estacionar. **2** Aparcamiento.

estacionar v.tr. **1** Aparcar un vehículo. ◆ **estacionarse** v.prnl. **2** Detenerse o quedarse estancado.

estacionario, a adj. Que no cambia.

estadio s.m. **1** Instalación pública en la que se practican distintos deportes y consta de gradas con asientos para los espectadores. **2** Momento, período o estado que forma parte de una serie o de un proceso.

estadista s.m. y f. Persona especializada en asuntos concernientes a la dirección de los Estados o instruida en materias de política.

estadística s.f. **1** Ciencia cuyo objetivo es reunir un conjunto de datos cuantitativos y analizarlos. **2** Conjunto de estos datos.

estadístico, a adj. **1** Relativo a la estadística. ◆ s. **2** Persona que se dedica a la estadística.

estado s.m. **1** Situación de algo o alguien. **2** Clase o condición de una persona. **3** Territorio y población de un país independiente. □ Con mayúscula inicial cuando hace referencia a un estado en concreto. **4** Territorio que se gobierna por leyes propias, aunque depende del gobierno central del país. **5** Dominio o territorio de un rey, soberano o señor. **6** Conjunto de los órganos de gobierno de un país soberano. **7** Grado de unión de las moléculas de un cuerpo. **8** Estamento o clase social en que se dividía la sociedad. ◇ **en estado** Embarazada. ◇ **estado civil** Condición de una persona en el orden social.

estadounidense adj. y s.m. y f. De Estados Unidos (país de América del Norte).

estafa s.f. Robo con engaño.

estafador, ra s. Persona que estafa o se dedica a estafar.

estafar v.tr. Robar con engaño.

estafeta s.f. Oficina del servicio de correos, especialmente si es una sucursal de la central.

estafilococo s.m. Bacteria de forma redonda que se presenta asociada a otras formando racimos.

estajanovismo s.m. Método para aumentar el rendimiento en la producción.

estalactita s.f. Formación de piedra calcárea que cuelga del techo de algunas cuevas.

estalagmita s.f. Formación de piedra calcárea que hay en el suelo de algunas cuevas.

estalinismo o **stalinismo** s.m. Conjunto de doctrinas y prácticas defendidas por Stalin.

estalinista o **stalinista** adj. y s.m. y f. Relativo al estalinismo o partidario de él.

estallar v.intr. **1** Reventar o romperse una cosa de golpe y con gran ruido. **2** Abrirse o romperse una cosa por efecto de la presión. **3** Ocurrir o sobrevenir un suceso de forma repentina y violenta. **4** Mostrar con fuerza un sentimiento.

estallido s.m. **1** Acción de estallar. **2** Ruido producido al estallar algo.

estambre s.m. **1** Órgano de reproducción masculino de algunas flores, formado por un filamento que sostiene la antera que contiene el polen. **2** Tejido de lana hecho con hilos muy largos. **3** Hilo que se obtiene de este tejido.

estamental adj. Relativo al estamento.

estamento s.m. Estado o clase social.

estampa s.f. **1** Imagen o figura impresa en un papel u otro material. **2** Trozo pequeño de papel o cartulina en el que está representada una imagen religiosa. **3** Persona que se parece mucho a otra.

estampación s.f. Acción de estampar.

estampado, a adj. y s.m. Se dice del tejido que tiene dibujos o colores impresos.

estampar v.tr. **1** Imprimir dibujos o letras sobre una tela o papel mediante la presión con un molde. **2** Prensar un trozo de metal con un molde de acero grabado en hueco para marcar un relieve. **3** Dejar una huella o señal. **4** Tirar o lanzar con fuerza a una persona o una cosa haciéndola chocar contra una superficie firme.

estampía ◇ **de estampía** loc. ESP Indica que alguien se va de repente.

estampida s.f. Escapada o huida rápida.

estampido s.m. Ruido grande, fuerte y seco.

estampilla s.f. **1** Sello, generalmente de caucho, con algún letrero o firma, que humedecido en tinta se puede estampar en documentos y otros papeles. **2** AMÉR Sello de correos o fiscal.

estancamiento s.m. Acción de estancar.

estancar v.tr. **1** Detener el curso de un líquido, especialmente el de una corriente de agua. **2** Parar la marcha o evolución de un asunto o proceso. **3** Convertir un producto en monopolio del Estado o de una entidad y prohibir su venta libre.

estancia s.f. **1** Aposento o habitación. **2** Permanencia durante cierto tiempo en un lugar. **3** Estrofa formada por versos heptasílabos y endecasílabos con rima consonante de disposición variable. **4** AMÉR Hacienda dedicada a la agricultura y la ganadería. **5** CUBA, VENEZ Casa de campo o quinta.

estanco, a adj. **1** Que está completamente cerrado. ◆ s.m. **2** ESP Establecimiento en el que se vende tabaco, sellos y papel timbrado.

estándar o **standard** adj. **1** Que es lo más habitual o corriente. **2** Se dice del producto que ha sido fabricado en serie. ◆ s.m. **3** Tipo o modelo muy corriente de una cosa.

estandarizar v.tr. Ajustar o adaptar las cosas para que se asemejen a un modelo.

estandarte s.m. Bandera o insignia que usan ciertos organismos militares y religiosos y que consiste en una pieza de tela sujeta al borde superior de una barra horizontal.

estanque s.m. Depósito construido para recoger agua para el riego, la cría de peces o como adorno.

estanquero, a s. ESP Dueño de un estanco.

estante s.m. **1** Tabla o lámina horizontal que se coloca en una pared, dentro de un armario o en una estantería y sirve para colocar objetos sobre ella. **2** Estantería. ◆ adj. **3** Que no se mueve, que está parado.

estantería s.f. Mueble formado por estantes y generalmente sin puertas.

estaño s.m. Elemento químico de símbolo Sn y número atómico 50; es un metal que se trabaja fácilmente.

estar (19) v.copulativo **1** Existir o encontrarse en un lugar, en una situación o de un modo determinado. **2** Permanecer o encontrarse con cierta estabilidad en un lugar, en una situación o de un modo determinado. **3** Sentirse o encontrarse. **4** Sentar, caer o quedar una prenda de vestir. **5** Costar o tener un precio determinado. **6** Encontrarse en un momento o en un proceso determinado. **7** Hacer un trabajo durante un período determinado. **8** Ser un día, mes o año determinado. **9** Vivir, trabajar o hacer una cosa con alguien. **10** Ser causa o razón y consistir o radicar una cosa en algo o en alguien. **11** Tener una intención o disposición; encontrarse preparado. ◆ **estarse** v.prnl. **12** Permanecer o quedarse. ◇ **estar a matar** Fam. Llevarse muy mal dos personas. ◇ **estar por ver** Ser dudoso que ocurra o se haga una cosa.

estarcido s.m. Dibujo en un papel, tabla o tela que se consigue mediante la estampación por medio de una brocha pasada por encima de una chapa, en la que previamente se había recortado su silueta.

estarcir v.tr. Realizar un estarcido.

estatal adj. Relativo al Estado.

estatalizar v.tr. Poner bajo la explotación y administración del Estado empresas y servicios que eran de propiedad privada.

estática s.f. Parte de la mecánica que estudia las leyes del equilibrio de los sistemas físicos.

estático, a adj. **1** Que permanece en un mismo estado y no experimenta cambios. **2** Se dice de la persona que se queda parada a causa de una emoción.

estatizar v.tr. CH, CUBA, HOND Estatalizar.

estátor o **estator** s.m. Circuito fijo de una dinamo o un motor eléctrico, dentro del cual gira el rotor.

estatua s.f. Obra de escultura labrada a imitación del natural.

estatuaria s.f. Arte y técnica de hacer estatuas.

estatura s.f. Altura de una persona desde los pies a la cabeza.

estatus o **status** s.m. Posición social que una persona tiene dentro de un grupo o una comunidad.

estatuto s.m. Reglamento, ordenanza o conjunto de normas legales por las que se regula el funcionamiento de una entidad o colectividad.

1. **este** s.m. **1** Punto cardinal situado en el lado donde nace el Sol. **2** Parte de un lugar situada hacia este punto.

2. **este, a** det. y pron. Indica o señala algo que está cerca, en el espacio o el tiempo, de la persona que habla. □ Cuando funciona como pronombre, se debe escribir con tilde si existe riesgo de ambigüedad.

1. **estela** s.f. **1** Señal que deja tras de sí en el agua o en el espacio un cuerpo en movimiento. **2** Señal o huella que deja una cosa que ocurre.

2. **estela** s.f. Monumento conmemorativo colocado sobre el suelo.

estelar adj. **1** Relativo a la estrella (astro). **2** De mucha importancia o categoría.

estentóreo, a adj. Se dice del sonido que es muy fuerte y ruidoso o que retumba.

estepa s.f. Gran extensión de terreno seco, llano y con escasa vegetación.

estepario, a adj. Relativo a la estepa.

estequiometria s.f. Parte de la química que estudia las relaciones cuantitativas entre las sustancias que intervienen en una reacción química.

éster s.m. Compuesto químico formado por reacción entre un ácido orgánico y un alcohol con desprendimiento de agua.

estera s.f. Pieza de tejido grueso, de esparto u otro material parecido, que sirve para cubrir parte del suelo.

estercolar v.tr. Abonar con estiércol.

estercolero, a s.m. **1** Lugar donde se recoge y se amontona el estiércol o la basura. **2** Lugar muy sucio y maloliente. ◆ s. **3** Persona que recoge estiércol.

estéreo adj. **1** Que se graba y reproduce por medio de dos o más canales. ◆ s.m. **2** Equipo estereofónico.

estereobato s.m. Pedestal situado en la base de una columnata o edificio.

estereofonía s.f. Técnica de grabación y de reproducción del sonido en estéreo.

estereofónico, a adj. Estéreo.

estereometría s.f. Parte de la geometría que estudia la medida de los sólidos.

estereorradián s.m. Unidad de medida de ángulos sólidos del Sistema Internacional.

estereoscopio s.m. Instrumento óptico en el que dos imágenes planas del mismo objeto, vistas cada una con un ojo, se observan como una sola imagen en relieve.

estereotipado, a adj. Se dice del gesto o expresión que se repite sin variación.

estereotipar v.tr. Repetir un gesto o una expresión de manera formularia.

estereotipo s.m. Imagen o idea aceptada comúnmente por un grupo o por una sociedad.

estereotomía s.f. Arte de cortar piedras y maderas para su empleo en la construcción.

estéril adj. **1** Se dice del ser vivo que no puede reproducirse. **2** Que no da fruto o no produce nada. **3** Que no tiene bacterias ni microbios que puedan provocar una infección.

esterilidad s.f. **1** Propiedad de lo que no da fruto. **2** Estado que impide fecundar en el caso del macho o concebir en el caso de la hembra. **3** Falta o ausencia de gérmenes infecciosos.

esterilización s.f. **1** Destrucción total de los gérmenes causantes de enfermedades que hay o puede haber en alguna cosa o lugar. **2** Privación de la facultad de reproducción en una persona o un animal.

esterilizar v.tr. Hacer estéril.

esterilla s.f. **1** Alfombra pequeña que se coloca en el suelo de un automóvil, en el cuarto de baño o a la entrada de un lugar. **2** Pieza alargada de tejido resistente que se pone en el suelo para echarse encima.

esterlina adj. Se dice de la libra (moneda) empleada en el Reino Unido.

esternocleidomastoideo s.m. y adj. Músculo del cuello que permite el giro y la inclinación lateral de la cabeza.

esternón s.m. Hueso plano de forma alargada y acabado en punta donde se unen los siete primeros pares de costillas.

estertor s.m. **1** Respiración jadeante o dificultosa, con ruidos ásperos y agudos, propia de las personas a punto de morir. **2** Ruido anormal que se produce al paso del aire por las vías respiratorias obstruidas por mucosidades. **3** Acción última de un grupo o movimiento que está a punto de desaparecer.

esteta s.m. y f. **1** Persona que ama en grado sumo la belleza y da una importancia primordial a los valores estéticos. ◆ s.m. **2** Fam. Hombre afeminado.

estética s.f. **1** Aspecto exterior de una persona o cosa desde el punto de vista de lo bello. **2** Ciencia que estudia la belleza y la teoría fundamental y filosófica del arte.

esteticismo s.m. Planteamiento ideológico que sitúa la estética como objetivo fundamental del hecho artístico.

esteticista s.m. y f. Persona que se dedica a cuidar y mejorar el aspecto del cuerpo humano, especialmente el del rostro.

estético, a adj. **1** Relativo a la estética. **2** Que tiene un aspecto bello o artístico. **3** Se dice de la cirugía que se utiliza para embellecer el cuerpo.

estetoscopio s.m. Instrumento médico que sirve para explorar el pecho y el abdomen.

esthéticienne s.f. Mujer que tiene por oficio cuidar y embellecer el cuerpo humano, especialmente el rostro, empleando la cosmética o aplicando tratamientos de belleza.
OBS Pronunc. 'estetisién' o 'esteticién'.

estiaje s.m. Nivel más bajo o caudal mínimo que en ciertas épocas del año tiene un río.

estibador, ra s. Persona que estiba.

estibar v.tr. **1** Distribuir de manera adecuada la carga de una embarcación. **2** Cargar y descargar mercancías en un puerto.

estiércol s.m. Abono resultante de la mezcla de excremento de animal con restos vegetales.

estigma s.m. **1** Marca o señal que se hace en el cuerpo. **2** Causa de mala fama. **3** Marca o señal que aparece en el cuerpo de algunos santos y que no se debe a causas naturales. **4** Engrosamiento terminal del estilo de la flor en cuya superficie se recibe el polen.

estigmatizar v.tr. Producir un estigma.

estilarse v.prnl. Usarse, ser costumbre o estar de moda hacer o utilizar algo.

estilete s.m. **1** Puñal de hoja muy estrecha y aguda. **2** Estilo pequeño o punzón para escribir. **3** Instrumento metálico que utiliza el cirujano.

estilista s.m. y f. **1** Persona que se dedica a cuidar el estilo y la imagen. **2** Autor que se distingue por su estilo elegante y cuidado.

estilística s.f. Estudio del estilo.

estilístico, a adj. Relativo al estilo o a la estilística.

estilización s.f. Acción de estilizar.

estilizar v.tr. **1** Hacer que algo parezca más delgado de lo que es. **2** Representar artísticamente algo de manera que destaquen solamente sus elementos característicos.

estilo s.m. **1** Manera característica de escribir o hablar. **2** Modo, manera o forma de hacer algo. **3** Costumbre o moda. **4** Conjunto de rasgos que caracterizan a un artista, un género, una obra, una época o un período artístico. **5** Personalidad y elegancia. **6** Parte del órgano reproductor femenino de la flor, que consiste en un cilindro pequeño, hueco y blando que sale del ovario y sostiene el estigma.

estilóbato o **estilobato** s.m. Plataforma corrida sobre la que se apoya una columnata.

estilográfico, a adj. y s.f. Se dice de la pluma que funciona con una carga de tinta que lleva en el mango.

estima s.f. Afecto o consideración.

estimable adj. **1** Que merece ser estimado o apreciado. **2** Que tiene valor, que es considerable.

estimación s.f. **1** Determinación del valor que se da y en que se tasa o considera algo. **2** Estima.

estimar v.tr. **1** Sentir cariño o afecto por una persona o cosa. **2** Considerar o tener una opinión razonada sobre una cosa. **3** Calcular el valor aproximado de una cosa.

estimativo, a adj. Relativo a la estimación.

estimulación s.f. Animación o incitación a hacer algo o a hacerlo más rápido o mejor.

estimulante adj. **1** Que anima o incita a hacer algo o a hacerlo más rápido o mejor. ◆ adj. y s.m. **2** Se dice de la sustancia que aviva o excita la actividad de los órganos.

estimular v.tr. **1** Animar o incitar a hacer algo o a hacerlo más rápido o mejor. **2** Poner en funcionamiento o avivar la actividad de un órgano.

estímulo s.m. **1** Cosa que mueve a actuar o realizar algo. **2** Agente o causa que provoca una reacción o una respuesta en el organismo.

estío s.m. Formal. Verano.

estipendio s.m. Formal. Salario, sueldo o paga.

estípite s.m. Soporte en forma de pirámide truncada, con la base menor hacia abajo.

estipular v.tr. Acordar o determinar las condiciones de un trato.

estirado, a adj. Se dice de la persona que no se presta al trato llano con los demás.

estiramiento s.m. Acción de estirar.

estirar v.tr. **1** Alargar o extender, generalmente tirando de los extremos. **2** Poner liso o quitar los pliegues o arrugas. ◆ v.intr. **3** Crecer o hacerse más alto un niño. ◆ **estirarse** v.prnl. **4** Extender y poner tensos los miembros.

estirón s.m. **1** Crecimiento rápido en altura de una persona. **2** Movimiento con que se estira o arranca algo con fuerza.

estirpe s.f. **1** Ascendencia de una persona, especialmente si es ilustre. **2** Conjunto de personas que forman una familia.

estitiquez s.f. AMÉR Estreñimiento.

estival adj. Relativo al estío o verano.

esto pron. Esta cosa.

estocada s.f. Golpe que se da de punta con la espada o el estoque.

estofa s.f. **1** Desp. Clase, naturaleza o condición. **2** Tela de seda con labores.

1. **estofado** s.m. Guiso de carne y otros ingredientes.

2. **estofado, a** adj. **1** Adornado, engalanado. ◆ s.m. **2** Acción de estofar una tela, madera o talla. **3** Adorno que resulta de esta acción.

1. **estofar** v.tr. Cocer un estofado.

2. **estofar** v.tr. Labrar a modo de bordado.

estoicismo s.m. **1** Fortaleza y dominio sobre uno mismo. **2** Doctrina filosófica que preconizaba el autodominio de las pasiones.

estoico, a adj. **1** Que obra con estoicismo. **2** Relativo al estoicismo (doctrina filosófica). ◆ adj. y s. **3** Seguidor del estoicismo.

estolón s.m. Tallo rastrero o subterráneo que echa raíces que producen nuevas plantas.

estoma s.f. Abertura microscópica que hay en las hojas y partes verdes de los vegetales.

estomacal adj. **1** Relativo al estómago. ◆ adj. y s.m. **2** Se dice de la medicina o bebida que tonifica el estómago y favorece la digestión.

estomagante adj. **1** Que causa indigestión o molestia estomacal. **2** Fam. Que causa fastidio o enfado.

estómago s.m. **1** Órgano en forma de bolsa del aparato digestivo en el que se digieren los alimentos para ser asimilados por el organismo. **2** Parte del cuerpo comprendida entre el final del pecho y el comienzo de la cintura, especialmente cuando está más abultada de lo normal. ◇ **tener estómago** Tener capacidad para hacer o soportar cosas desagradables o humillantes.

estomatología s.f. Parte de la medicina que se ocupa del estudio y tratamiento de las enfermedades de la boca.

estonio, a adj. y s. **1** De Estonia. ◆ s.m. y adj. **2** Lengua que se habla en Estonia.

estopa s.f. Parte basta o gruesa del lino o del cáñamo que se emplea en la fabricación de cuerdas y tejidos.

estoque s.m. Espada estrecha afilada solamente en la punta, especialmente la que usan los toreros para matar al toro.

estor s.m. Cortina de una sola pieza que cubre el hueco de una ventana, puerta o balcón y que se recoge verticalmente.

estorbar v.tr. e intr. **1** Molestar o ser causa de que alguien se encuentre a disgusto. ◆ v.tr. **2** Obstaculizar o dificultar la ejecución de una acción.

estorbo s.m. Persona o cosa que molesta u obstaculiza.

estornino s.m. Pájaro de unos 22 cm de longitud, cabeza pequeña, pico amarillento, y plumaje negro con reflejos verdes y morados y pintas blancas.

estornudar v.intr. Expulsar de forma violenta y ruidosa por la nariz y la boca el aire de los pulmones en un movimiento involuntario y brusco del diafragma.

estornudo s.m. Expulsión violenta y ruidosa por la nariz y la boca del aire de los pulmones mediante un movimiento involuntario y repentino del diafragma.

estrabismo s.m. Defecto de la vista que consiste en una desviación de la dirección normal de la mirada en uno o en ambos ojos.

estrada s.f. BOL Finca de explotación del caucho.

estrado s.m. **1** Tarima o suelo de tablas elevado sobre un armazón que se usa para poner sobre él un trono o la mesa principal de un acto solemne. **2** Tablado donde se ponen las piezas en los hornos de pan. ◆ **estrados** s.m.pl. **3** Salas de los tribunales donde se oyen y sentencian los pleitos.

estrafalario, a adj. y s. Fam. Se dice de la persona que llama la atención por vestir de manera original y ridícula o por pensar de manera extraña.

estrago s.m. Destrozo o daño muy grande.
OBS Suele usarse en plural.

estragón s.m. Planta herbácea de tallos delgados y ramosos que se usa como condimento.

estrambote s.m. Combinación de versos que se añade al final de un poema.

estrambótico, a adj. Fam. Raro u original a la vez que caprichoso y ridículo.

estramonio s.m. Planta herbácea con tallos ramosos, hojas grandes y anchas, flores blancas en forma de embudo y fruto espinoso en forma de nuez.

estrangulador, ra adj. y s. **1** Se dice de la persona que estrangula. ◆ s.m. **2** Dispositivo que abre o cierra el paso de un fluido.

estrangulamiento s.m. Acción de estrangular.

estrangular v.tr. **1** Ahogar a una persona o animal oprimiéndolo por el cuello hasta impedirle la respiración. **2** Impedir o dificultar el paso por una vía o conducto. **3** Detener la circulación sanguínea de una parte del cuerpo.

estraperlo s.m. Fam. ESP Comercio ilegal de mercancías.

estratagema s.f. **1** Medio que se emplea con habilidad y astucia para conseguir algo, especialmente para engañar o evitar un engaño. **2** Operación militar muy hábil.

estratega s.m. y f. Experto en estrategia.

estrategia s.f. **1** Arte de proyectar y dirigir las operaciones militares en la guerra. **2** Modo o sistema de dirigir un asunto para lograr un fin.

estratégico, a adj. **1** Relativo a la estrategia. **2** Se dice del lugar que es clave o tiene una importancia decisiva para el desarrollo de algo.

estratificación s.f. Disposición de las capas o estratos de un terreno, por el depósito de sedimentos o materiales en capas horizontales.

estratificar v.tr. Disponer en estratos o en capas.

estratigrafía s.f. Parte de la geología que estudia la forma, disposición, distribución geográfica, sucesión cronológica y relaciones de los estratos.

estrato s.m. **1** Capa paralela y superpuesta a otras que forma los terrenos sedimentarios, y en donde pueden encontrarse los yacimientos de fósiles. **2** Capa o serie de capas. **3** Nube baja que puede producir llovizna. **4** Capa o nivel de la sociedad.

estratocúmulo s.m. Nube de constitución física líquida que provoca precipitaciones.

estratonimbo s.m. Nube muy baja, densa y de color gris oscuro, que se presenta en forma de capa y que suele producir precipitaciones de lluvia o nieve.

estratopausa s.f. Final de la estratosfera, situado a 50 km de altitud.

estratosfera s.f. Capa de la atmósfera terrestre que se extiende entre los 10 y los 50 km de altitud aproximadamente.

estrechamente adv. **1** De forma cercana e íntima. **2** De forma exacta y rigurosa.

estrechamiento s.m. Acción de estrechar.

estrechar v.tr. **1** Reducir o disminuir la anchura. **2** Hacer más cercana e íntima una relación o aumentar su intensidad. **3** Apretar o coger con fuerza con los brazos o las manos en señal de saludo o afecto. ◆ **estrecharse** v.prnl. **4** Apretarse o juntarse mucho para que quepa más en el mismo espacio. **5** Reducir una persona sus gastos.

estrechez s.f. **1** Falta de anchura y espacio. **2** Falta de las cosas más necesarias para vivir. **3** Falta de amplitud intelectual o moral.

estrecho, a adj. **1** Delgado o poco ancho. **2** Que aprieta o es demasiado ajustado. **3** Rígido o estricto. **4** Se dice de la relación que es muy intensa y mantiene unos vínculos muy fuertes. ◆ adj. y s. **5** Desp. Que tiene ideas muy conservadoras. ◆ s.m. **6** Paso angosto que comunica dos mares.

estrechura s.f. Estrechez de un terreno o un espacio.
OBS Suele usarse en plural.

estregar (32) v.tr. Frotar o pasar con fuerza una cosa sobre otra, generalmente para dar a esta calor, limpieza o brillo.

estrella s.f. **1** Astro o cuerpo celeste que brilla con luz propia en el firmamento. **2** Figura constituida por varias líneas que parten de un centro común y que pueden formar picos entre sí. **3** Objeto o signo con esa forma. **4** Persona que destaca en una profesión o que es muy popular. **5** Suerte o destino. ◇ **estrella de mar** Animal marino equinodermo con forma de estrella. ◇ **estrella fugaz** Cuerpo rocoso incandescente que atraviesa el espacio. ◇ **ver las estrellas** Fam. Sentir un dolor muy fuerte y vivo.

estrellado, a adj. **1** Con forma de estrella. **2** Lleno de estrellas. **3** Se dice del caballo o yegua con una estrella en la frente.

estrellar v.tr. **1** Lanzar con violencia un objeto contra otro objeto o una superficie firme y hacerlo trozos. ◆ **estrellarse** v.prnl. **2** Chocar con violencia contra un objeto o superficie. **3** Fracasar en un intento al tropezar con dificultades insuperables. **4** Llenarse de estrellas el cielo.

estrellato s.m. Condición o situación de una persona cuando alcanza la fama y se convierte en una estrella.

estrellón s.m. AMÉR Choque, encontronazo.

estremecer (30) v.tr. **1** Hacer temblar. **2** Impresionar o causar una alteración en el ánimo.

estremecimiento s.m. **1** Temblor o movimiento con sacudidas breves, rápidas y frecuentes. **2** Alteración del ánimo.

estrenar v.tr. **1** Usar por primera vez. **2** Representar o presentar por primera vez ante el público un espectáculo. ◆ **estrenarse** v.prnl. **3** Empezar a desempeñar un trabajo o darse a conocer por vez primera en una profesión.

estreno s.m. **1** Uso de algo por primera vez. **2** Representación o presentación de un espectáculo musical, teatral, de danza, etc., o de una película por primera vez ante el público.

estreñido, a adj. Se dice de la persona que padece estreñimiento.

estreñimiento s.m. Alteración del intestino que provoca la retención de los excrementos y hace difícil su expulsión.

estreñir (9) v.tr. e intr. Producir estreñimiento.

estrépito s.m. Ruido muy grande.

estrepitoso, a adj. **1** Que causa estrépito. **2** Muy ostensible o espectacular.

estreptococo s.m. Bacteria de forma redondeada que se agrupa en forma de cadena.

estrés o **stress** s.m. **1** Estado de gran tensión nerviosa. **2** Situación en la que un organismo o alguno de sus órganos sufre presiones del medio o exigencias superiores a lo habitual, por lo que puede llegar a enfermar.

estresar v.tr. Causar estrés.

estría s.f. **1** Surco o hendidura en una superficie. **2** Ranura o mediacaña del hueco longitudinal que se labra en algunas columnas o pilastras. **3** Línea más clara que queda marcada en la piel cuando se ha estirado mucho y de forma rápida.

estriar (1e) v.tr. Formar estrías.

estribación s.f. Conjunto de montañas laterales que derivan de una cordillera.

estribar v.intr. **1** Fundamentarse o tener su origen una cosa en otra. **2** Descansar una cosa sobre otra.

estribillo s.m. **1** Verso o conjunto de versos que se repiten al final de una o varias estrofas de un poema o una pieza musical. **2** Palabra o frase que se repite muchas veces al hablar o escribir.

estribo s.m. **1** Pieza de metal que cuelga a cada lado de la silla de montar y en la que el jinete apoya los pies. **2** Pieza que a modo de escalón sirve para subir o bajar de ciertos vehículos. **3** Hueso del oído medio de los vertebrados. ◇ **perder los estribos** Enfadarse y perder la serenidad o la paciencia.

estribor s.m. Lado derecho de una embarcación.

estricnina s.f. Sustancia muy venenosa que se extrae de la nuez vómica.

estricto, a adj. Que se ajusta con exactitud a lo necesario o a lo establecido y que no admite excepciones ni permite otra interpretación.

estridencia s.f. **1** Sonido agudo, fuerte y desapacible. **2** Violencia al actuar o al expresarse.

estridente adj. **1** Se dice del sonido que es agudo, fuerte y desapacible. **2** Que causa una sensación molesta por su exageración.

estrofa s.f. Conjunto de versos de un poema o una pieza musical que se ajustan a una medida y a un ritmo determinados, y se mantienen constantes a lo largo de la composición.

estrógeno s.m. Hormona sexual femenina.

estromboliano, a adj. Se dice del volcán caracterizado por una lava fluida y fuertes explosiones con proyección de cenizas y bombas.

estroncio s.m. Elemento químico de símbolo Sr y número atómico 38; es un metal de color amarillo, poco brillante, fácilmente deformable; descompone el agua, se oxida al aire rápidamente y arde con llama muy brillante.

estropajo s.m. Trozo de un tejido o de otro material áspero, que se usa para fregar.

estropajoso, a adj. **1** Que está fibroso y áspero. **2** Se dice de la persona que viste de manera sucia y descuidada. **3** Se dice de la forma de hablar que es torpe y poco clara.

estropear v.tr. **1** Deteriorar, hacer perder la calidad o el valor. **2** Maltratar a una persona dejándola lisiada. **3** Echar a perder una situación, asunto o proyecto. **4** Volver a batir el mortero o mezcla de cal.

estropicio s.m. **1** Destrozo o rotura con mucho ruido. **2** Trastorno o daño aparatoso pero de escasa importancia.

estructura s.f. **1** Conjunto de relaciones que mantienen entre sí las partes de un todo. **2**

Modo de estar organizadas u ordenadas las partes de un todo. **3** Conjunto de piezas o elementos que sirve de soporte rígido de algo, especialmente de una construcción. **4** En informática, conjunto de datos que tienen determinadas propiedades.

estructuración s.f. Acción de estructurar.

estructural adj. Relativo a la estructura.

estructuralismo s.m. **1** Doctrina filosófica que trata de establecer relaciones sistemáticas entre los elementos que estudia. **2** Escuela lingüística que considera la lengua como una estructura.

estructuralista adj. **1** Relativo al estructuralismo. ◆ adj. y s.m. y f. **2** Se dice de la persona que sigue la doctrina del estructuralismo.

estructurar v.tr. Organizar las partes de un todo.

estruendo s.m. Ruido muy grande.

estruendoso, a adj. Que causa estruendo.

estrujar v.tr. **1** Retorcer o apretar con fuerza algo que tiene líquido para sacárselo. **2** Apretar hasta deformar o arrugar. **3** Apretar con fuerza a una persona. **4** Sacar todo el partido posible de alguien o de algo.

estrujón s.m. Presión fuerte y rápida que se ejerce sobre una persona o cosa.

estuario s.m. Desembocadura de un río caudaloso en el mar.

estucar v.tr. Cubrir una superficie con estuco.

estuche s.m. **1** Caja o envoltura adecuada para guardar o proteger un objeto determinado o un juego de ellos. **2** Conjunto de utensilios que se guardan en esta caja.

estuco s.m. Masa de yeso blanco y agua de cola que se emplea en escultura y decoración.

estudiante s.m. y f. Persona que cursa estudios en un centro docente, especialmente de enseñanza media o superior.

estudiantil adj. Relativo al estudiante.

estudiar (1d) v.tr. **1** Aplicar la inteligencia o ejercitar el entendimiento con esfuerzo para comprender o aprender algo. **2** Observar, examinar, pensar o considerar algo con detenimiento para conocerlo, comprenderlo o buscar una solución. ◆ v.tr. e intr. **3** Cursar estudios en un centro de enseñanza.

estudio s.m. **1** Ejercicio o esfuerzo del entendimiento para comprender o aprender algo, especialmente una ciencia o un arte. **2** Obra o trabajo en el que se estudia un asunto o cuestión, o se explica y se reflexiona sobre él. **3** Vivienda o apartamento pequeño, generalmente compuesto de una única sala y un cuarto de baño y, a menudo, cocina. **4** Habitación de una vivienda destinada a estudiar o a realizar alguna labor intelectual. **5** Local donde un artista o un profesional realiza su actividad. **6** Local o conjunto de instalaciones equipados para la grabación de películas o discos o para la emisión de programas de radio o televisión. **7** Composición musical escrita para practicar y aprender una técnica difícil. **8** Dibujo o pintura que se hace como prueba antes de realizar la obra definitiva. ◆ **estudios** s.m.pl. **9** Conjunto de materias que se estudian para conseguir un título.

estudioso, a adj. **1** Se dice de la persona que estudia mucho. ◆ adj. y s. **2** Se dice de la persona que se dedica al estudio de un tema.

estufa s.f. **1** Aparato para calentar un recinto que consiste en un recipiente cerrado donde se quema un combustible (gas butano, madera, carbón, etc.), o en una armazón metálica con una resistencia eléctrica. **2** Aparato para disecar o desinfectar por medio de calor, someter a la acción del gas, cultivar microorganismos, etc., que se emplea en laboratorios y hospitales. **3** Recinto cerrado en unos baños termales que está destinado a producir en los enfermos mucho sudor.

estulticia s.f. Formal. Necedad o tontería.

estupefacción s.f. Asombro o sorpresa grandes que impiden hablar o reaccionar.

estupefaciente s.m. y adj. Sustancia que calma o quita el dolor.

estupefacto, a adj. Se dice de la persona que queda asombrada, sin respuesta o reacción.

estupendo, a adj. **1** Muy bueno o extraordinario. ◆ adv. **2** Muy bien.

estupidez s.f. **1** Dificultad y gran lentitud para comprender las cosas. **2** Dicho o acto propios de una persona estúpida.

estúpido, a adj. y s. **1** Se dice de la persona que muestra torpeza o falta de entendimiento para comprender las cosas. ◆ adj. **2** Propio de las personas estúpidas.

estupor s.m. **1** Estupefacción. **2** Estado de la persona que está parcialmente inconsciente.

estupro s.m. Delito que consiste en tener relaciones sexuales con una persona menor de edad, valiéndose del engaño o de la superioridad que se tiene sobre ella.

esturión s.m. Pez comestible muy primitivo, cuyas huevas constituyen el caviar.

esvástica s.f. Cruz que tiene los cuatro brazos doblados en ángulo recto.

eta s.f. Nombre de la séptima letra del alfabeto griego; se escribe Η/η y se transcribe como e.

etano s.m. Hidrocarburo gaseoso inflamable, incoloro e inodoro.

etanoico, a adj. **1** Relativo al vinagre o a sus derivados. **2** Se dice del ácido que se produce por oxidación completa del alcohol etílico.

etanol s.m. Líquido transparente, inflamable que se obtiene mediante la destilación del vino.

etapa s.f. **1** Momento, período o estado en que se divide un proceso. **2** Trayecto o distancia que se recorre entre dos puntos de una sola vez.

etarra adj. **1** Relativo a la organización terrorista ETA. ◆ adj. y s.m. y f. **2** Que pertenece a esta organización.

etc. Abreviatura de **etcétera**.

etcétera s.m. Se usa al final de una enumeración para sustituir otros elementos.

éter s.m. **1** Compuesto químico orgánico, sólido, líquido o gaseoso, en cuya molécula existe un átomo de oxígeno unido a dos radicales de hidrocarburos. **2** Formal. Cielo, bóveda celeste. **3** Fluido hipotético invisible, sin peso y elástico, que se consideraba que llenaba todo el espacio.

etéreo, a adj. **1** Intangible o poco definido y, a la vez, sutil o sublime. **2** Relativo al éter (compuesto químico).

eternidad s.f. **1** Espacio de tiempo sin principio ni fin. **2** Fam. Espacio de tiempo muy largo. **3** Vida del alma después de la muerte.

eternizar v.tr. **1** Hacer durar demasiado. **2** Hacer durar para siempre. ◆ **eternizarse** v.prnl. **3** Tardar mucho tiempo en hacer una cosa.

eterno, a adj. **1** Que no tiene principio ni fin. **2** Que permanece o existe siempre. **3** Que dura demasiado tiempo. **4** Que siempre es válido.

ética s.f. **1** Parte de la filosofía que estudia el bien y el mal relacionado con el comportamiento humano y con la moral. **2** Conjunto de normas y costumbres que regulan las relaciones humanas de un colectivo.

ético, a adj. **1** Relativo a la ética. **2** Que se ajusta o es conforme a la ética. ◆ s. **3** Persona que se dedica a la ética (parte de la filosofía).

etílico, a adj. **1** Relativo al etanol. **2** Que se produce por la ingestión excesiva de alcohol.

etilo s.m. Radical formado de carbono e hidrógeno que está en muchos compuestos orgánicos.

etilómetro s.m. Aparato que mide la cantidad de alcohol etílico presente en la sangre.

étimo s.m. Palabra o raíz de la que procede o deriva una palabra.

etimología s.f. **1** Origen de las palabras, de su significado y de su forma. **2** Parte de la lingüística que estudia el origen de las palabras.

etimológico, a adj. Relativo a la etimología.

etiología s.f. Estudio sobre las causas de las cosas una vez conocidos los efectos.

etíope adj. y s.m. y f. De Etiopía (país de África).

etiqueta s.f. **1** Pedazo de papel, cartón u otro material semejante que sujeta o se adhiere a una cosa para indicar lo que es, su origen u otra información. **2** Ceremonial o conjunto de reglas y formalidades que deben observarse en ciertos actos oficiales y solemnes. **3** Calificación que se aplica a una persona y suele hacer referencia a su forma de pensar, de comportarse o de ser, o que la identifica con una determinada postura ideológica.

etiquetar v.tr. Poner una etiqueta.

etmoides s.m. y adj. Hueso impar de la cabeza que forma parte de la base del cráneo, de las órbitas y de las fosas nasales.

etnia s.f. Grupo de personas que pertenecen a la misma raza y que comparten la misma lengua y cultura.

etnicismo s.m. Tendencia a defender la superioridad de una etnia.

etnicista adj. **1** Relativo al etnicismo. ◆ adj. y s.m. y f. **2** Que es partidario del etnicismo.

étnico, a adj. Relativo a la etnia.

etnografía s.f. Parte de la antropología que describe las razas y los pueblos.

etnología s.f. Parte de la antropología que realiza clasificaciones y estudios comparados de las distintas razas y pueblos, basándose en los datos proporcionados por la etnografía.

etrusco, a adj. y s. **1** De Etruria. **2** De un pueblo de la antigua Italia, probablemente de origen indoeuropeo, que vivía en la actual Toscana.

ETT s.f. Sigla de **empresa de trabajo temporal**.

eucalipto o **eucaliptus** s.m. **1** Árbol con el tronco recto y la copa en forma de cono, las hojas duras y olorosas y las flores amarillas, que alcanza gran altura; se utiliza en repoblaciones forestales por su rápido crecimiento, sus hojas tienen propiedades medicinales, su corteza se utiliza en el curtido de pieles y con su madera se fabrica papel. **2** Madera de este árbol. **3** Esencia que se obtiene de las hojas de este árbol.

eucariota o **eucarionte** adj. **1** Se dice de la célula que posee un núcleo delimitado por una membrana, en cuyo interior el ADN se agrupa en cromosomas durante la división celular. ◆ adj. y s.m. **2** Se dice del organismo que está constituido por una o varias de estas células.

eucaristía s.f. Sacramento de la religión cristiana que consiste en la conversión del pan y el vino en el cuerpo y la sangre de Cristo por medio de la consagración, y en el que los fieles participan tomando ambos alimentos.

eucarístico, a adj. Relativo a la eucaristía.

eufemismo s.m. Palabra o expresión más suave o decorosa con que se sustituye otra considerada de mal gusto.

eufemístico, a adj. Relativo al eufemismo.

eufonía s.f. Cualidad de eufónico.

eufónico, a adj. Se dice de la palabra o expresión que produce un efecto acústico agradable por su combinación de sonidos.

euforia s.f. **1** Sensación intensa de alegría o de bienestar que se exterioriza. **2** Estado del ánimo que tiende al optimismo y que se observa como síntoma en algunas intoxicaciones y en ciertas enfermedades del sistema nervioso.

eufórico, a adj. **1** Relativo a la euforia. **2** Que exterioriza una intensa alegría y bienestar.

eunuco s.m. Hombre castrado.

1. **euro** s.m. Formal. Viento que sopla del este.

2. **euro** s.m. Unidad monetaria de la mayoría de los países de la Unión Europea.

eurodiputado, a s. Diputado del Parlamento de la Unión Europea.

euroescepticismo s.m. Tendencia a no creer en la eficacia de la construcción de la Unión Europea.

europeísmo s.m. Movimiento que propugna la cooperación y unión política, económica y cultural entre todos los países de Europa.

europeísta adj. **1** Relativo al europeísmo. ◆ adj. y s.m. y f. **2** Se dice de la persona que es partidaria del europeísmo.

europeizar (1g) v.tr. Imprimir rasgos, cualidades o costumbres que se consideran propios de Europa.

europeo, a adj. y s. De Europa.

europio s.m. Elemento químico de símbolo Eu y número atómico 63; es un metal sólido de las tierras raras, de color plateado, blando y muy reactivo, que es escaso en la naturaleza y se emplea como activador del fósforo, en los tubos de televisores en color para producir el color rojo y para controlar la fisión nuclear en los reactores.

euscaldún o **euskaldún** o **euscalduna** o **euskalduna** adj. **1** De lengua vasca. ◆ adj. y s.m. y f. **2** Se dice de la persona que habla esta lengua. **3** Se dice de la persona que es del País Vasco.

euskera o **eusquera** s.m. y adj. **1** Lengua que se habla en las comunidades autónomas del País Vasco y Navarra y en el territorio vasco-francés. ◆ adj. **2** Relativo a la lengua vasca.

eutanasia s.f. Muerte provocada sin dolor o sufrimiento físico.

evacuación s.f. **1** Acción de evacuar. **2** Conjunto de excrementos expulsados de una vez.

evacuar (1c) v.tr. **1** Ayudar a un conjunto de personas a abandonar un lugar que amenaza ruina o en el que puede ocurrir una catástrofe. ◆ v.intr. **2** Expulsar los excrementos del organismo.

evadir v.tr. **1** Evitar una dificultad, un compromiso o un peligro con habilidad y astucia. **2** Sacar ilegalmente del país dinero u otros bienes para evitar impuestos o controles fiscales. ◆ **evadirse** v.prnl. **3** Fugarse. **4** Distraerse.

evaluación s.f. Acción de evaluar.

evaluar (1b) v.tr. **1** Analizar una cosa para determinar su valor. **2** Determinar el grado de conocimientos que ha alcanzado un alumno en un período determinado.

evangeliario s.m. Libro de evangelios.

evangélico, a adj. **1** Relativo al evangelio. **2** Se dice de las iglesias surgidas de la Reforma protestante, como la luterana, la calvinista, etc.

evangelio s.m. **1** Cada uno de los cuatro relatos sobre la vida de Jesús contenidos en el Nuevo Testamento. **2** Conjunto de enseñanzas de Jesucristo. **3** Fam. Verdad indiscutible.

evangelista s.m. Autor de un Evangelio.

evangelización s.f. Enseñanza y propagación de la doctrina cristiana en un lugar.

evangelizar v.tr. Predicar el evangelio.

evaporación s.f. Acción de evaporar.

evaporar v.tr. **1** Convertir un líquido o un sólido en gas o vapor. **2** Hacer que desaparezca una cosa material o inmaterial.

evaporita s.f. Roca sedimentaria formada por los restos de sales minerales que dejan tras de sí las aguas salinas al evaporarse.

evapotranspiración s.f. Conjunto de las pérdidas de agua en forma de vapor que pasan a la atmósfera.

evasión s.f. Acción de evadir o evadirse. ◇ **de evasión** De entretenimiento.

evasiva s.f. Razón para eludir cierta dificultad, compromiso o peligro.
OBS Suele usarse en plural.

evasivo, a adj. Que pretende evitar una dificultad, un compromiso o un peligro.

evasor, ra adj. y s. Que evade dinero o bienes.

evento s.m. **1** Hecho o suceso. **2** Suceso imprevisto.

eventual adj. **1** Que no es fijo ni regular o que está sujeto a ciertas circunstancias. ◆ adj. y s.m. y f. **2** Se dice del trabajador que presta sus servicios a una empresa temporalmente.

eventualidad s.f. **1** Cualidad o situación de eventual. **2** Suceso que puede suceder.

evidencia s.f. **1** Certeza absoluta de una cosa, tan clara y manifiesta que resulta indudable o innegable. **2** Cosa, especialmente prueba, que es evidente. ◇ **en evidencia** En ridículo o en una situación comprometida. □ En situación de ser claro o evidente.

evidenciar (1d) v.tr. Hacer que algo sea evidente.

evidente adj. Completamente cierto, tan claro y manifiesto que resulta indudable o innegable.

evitar v.tr. **1** Impedir que ocurra algo perjudicial o molesto. **2** Impedir que una persona sufra o tenga que hacer algo desagradable o molesto. **3** Rehuir a alguien o algo, o procurar no encontrarse en una situación determinada.

evocación s.f. Acción de evocar.

evocador, ra adj. Que evoca algo.

evocar v.tr. **1** Recordar o traer a la memoria algo percibido, vivido o conocido en el pasado. **2** Recordar una cosa a otra.

evolución s.f. **1** Cambio o transformación gradual de algo. **2** Proceso gradual de cambios acumulativos mediante el cual los seres vivos han variado a lo largo de sucesivas generaciones.

evolucionar v.intr. **1** Cambiar o transformarse gradualmente algo, como un estado, una circunstancia, una conducta, una idea, etc. **2** Cambiar una persona gradual y progresivamente de actitud o en su forma de pensar. **3** Cambiar o transformarse gradual y progresivamente un organismo vivo. **4** Desplazarse describiendo curvas alguien o algo.

evolucionismo s.m. Teoría biológica que sostiene que todos los seres vivos actuales proceden por evolución de antecesores comunes.

evolucionista adj. Relativo al evolucionismo.

evolutivo, a adj. Que ocurre por evolución.

ex 1 Se utiliza delante de un sustantivo o un adjetivo para indicar que determinada persona tuvo anteriormente determinado cargo o condición. ◆ s.m. y f. **2** Fam. Persona que fue anteriormente la pareja sentimental de otra.

exabrupto s.m. Dicho o gesto brusco e inesperado que se manifiesta con enfado y viveza.

exacerbar v.tr. **1** Exasperar. **2** Hacer más fuerte un sentimiento o dolor.

exactitud s.f. Fidelidad o precisión de una medida, dato, etc.

exacto, a adj. **1** Que es fiel o preciso o que se ajusta completamente a algo. ◆ adv. **2** Se usa para responder de forma afirmativa a una pregunta o para indicar que se está completamente de acuerdo con una afirmación.

exageración s.f. **1** Acción de exagerar. **2** Dicho o cosa que son exagerados.

exagerado, a adj. **1** Que sobrepasa los límites de lo razonable o natural. ◆ adj. y s. **2** Se dice de la persona que exagera.

exagerar v.tr. **1** Hacer que algo parezca más grande o importante de lo que es en realidad. **2** Hacer que algo sobrepase el límite de lo razonable o natural.

exagonal adj. Hexagonal.

exágono s.m. Hexágono

exaltación s.f. **1** Alabanza hacia alguien o algo admirables. **2** Emoción o excitación intensas.

exaltar v.tr. **1** Alabar mucho a alguien o algo que se admira. **2** Conceder a alguien o algo grandeza, honor o dignidad. ◆ **exaltarse** v.prnl. **3** Emocionarse o perder la moderación o la calma.

examen s.m. **1** Observación atenta y cuidadosa. **2** Prueba académica.

examinar v.tr. **1** Observar atenta y cuidadosamente algo. **2** Someter a alguien a un examen.

exangüe adj. **1** Falto de sangre. **2** Exánime.

exánime adj. **1** Formal. Muerto. **2** Que está sumamente debilitado, sin fuerzas o agotado.

exasperación s.f. Irritación o enfurecimiento grandes.

exasperar v.tr. Causar gran irritación o enfado.

excarcelar v.tr. Liberar a un preso por mandamiento judicial.

excavación s.f. **1** Acción de excavar. **2** Hoyo o cavidad hecho en un terreno.

excavadora s.f. Máquina para excavar.

excavar v.tr. Hacer un hoyo en el suelo extrayendo tierra.

excedencia s.f. ESP Situación del trabajador que deja de ejercer sus funciones o su trabajo durante un período.

excedente adj. **1** Que excede o sobra. ◆ s.m. **2** Cantidad de algo que excede. ◆ adj. y s.m. y f. **3** ESP Se dice de la persona que está en situación de excedencia.

exceder v.tr. e intr. Sobrepasar un límite, cantidad o valor determinados, o algo que se considera normal o razonable.

excelencia s.f. **1** Tratamiento de cortesía que se da a determinadas personas por su cargo. □ Se escribe con mayúscula inicial. **2** Gran bondad de una persona o calidad superior de una cosa que las hace dignas de estima y aprecio. □ Suele usarse en plural.

excelente adj. **1** Muy bueno. **2** Que destaca por sus buenas cualidades.

excelentísimo, a adj. Se aplica como tratamiento a personas e instituciones a las que corresponde el grado de **excelencia**.

excelso, a adj. **1** Formal. Excelente. **2** Formal. Elevado, muy alto.

excentricidad s.f. **1** Cualidad de excéntrico. ◆ adj. **2** Dicho o hecho propios de una persona excéntrica.

excéntrico, a adj. y s. Se dice de la persona que se comporta de forma rara o poco común, por lo que llama la atención.

excepción s.f. **1** Exclusión de algo que se aparta de la regla común o de la generalidad. **2** Persona o cosa que se aparta de la regla común. ◇ **de excepción** Excepcional.

excepcional adj. **1** Que constituye una excepción. **2** Muy bueno, extraordinario

excepto prep. Indica que lo que se expresa a continuación constituye una excepción a lo expresado en la oración principal.

exceptuar (1b) v.tr. Excluir a alguien o algo de la generalidad o de la regla común.

excesivo, a adj. Que excede o sobrepasa.

exceso s.m. **1** Hecho de exceder o sobrepasar cierto límite, cantidad o valor que se considera normal o razonable. **2** Acción abusiva o injusta. **3** Cantidad en que una cosa excede a otra.

excipiente s.m. Sustancia que se mezcla con los medicamentos para darles consistencia, forma, sabor u otras cualidades.

excitación s.f. **1** Acción de excitar. **2** Estado de nerviosismo o inquietud intensos.

excitante adj. **1** Que excita. ◆ s.m. y adj. **2** Sustancia o medicamento que excita.

excitar v.tr. **1** Hacer que una persona se ponga nerviosa, se inquiete o desee vivamente algo. **2** Hacer que un sentimiento, estado del ánimo o actividad se intensifiquen o se produzcan. **3** Activar la secreción de un órgano.

exclamación s.f. **1** Enunciado exclamativo. **2** Signo ortográfico que se coloca al principio (¡) y al final (!) de una palabra o frase para expresar sorpresa, exclamación o emoción.

exclamar v.tr. Expresar en voz alta una emoción o un estado de ánimo intensos.

exclamativo, a adj. **1** Que denota exclamación. ◆ adj. y s.f. **2** Se dice de la oración o la palabra que expresan un estado de ánimo o una emoción intensos.

excluir (23) v.tr. **1** Apartar o quitar a alguien o algo de un lugar o de un grupo. **2** Rechazar o no tener en cuenta una posibilidad.

exclusión s.f. Acción de excluir.

exclusiva s.f. **1** Derecho o privilegio por el que una persona o entidad es la única autorizada para realizar algo legalmente prohibido a otras personas o entidades. **2** Noticia publicada por un solo medio informativo.

exclusive adv. Indica que no se tiene en cuenta, en un conjunto de cosas, lo que se nombra.

exclusividad s.f. Cualidad de exclusivo.

exclusivo, a adj. Que es único o pertenece a alguien o algo.

excomulgar v.tr. Excluir la autoridad católica a uno de sus fieles de la comunidad religiosa y negarle los sacramentos.

excomunión s.f. Acción de excomulgar.

excoriación o **escoriación** s.f. Lesión superficial en la piel.

excoriar o **escoriar** (1d) v.tr. Causar excoriación.

excrecencia s.f. Abultamiento anormal que crece en la piel de un animal o en la superficie de un vegetal.

excreción s.f. **1** Expulsión, por parte del organismo, de sustancias de desecho o de secreciones elaboradas por las glándulas. **2** Sustancia excretada por un organismo.

excremento s.m. Materia de residuos de alimento que elimina el organismo por el ano.

excretar v.intr. Expulsar del organismo sustancias de desecho o secreciones elaboradas por las glándulas.

excretor, ra adj. Se dice del órgano o aparato que sirven para excretar.

exculpar v.tr. Descargar de culpa.

excursión s.f. Salida o viaje de corta duración.

excursionismo s.m. Práctica regular de hacer excursiones con fines deportivos, lúdicos o educativos.

excursionista s.m. y f. Persona que hace excursiones o practica el excursionismo.

excusa s.f. Razón o argumento con que se justifica un determinado comportamiento, fallo o error. ◇ **pedir,** o **presentar, excusas** Pedir perdón por haber causado una molestia o un perjuicio.

1. **excusado** s.m. Escusado.

2. **excusado, a** adj. **1** Innecesario o superfluo. **2** Libre de pagar impuestos. ◆ s.m. **3** Derecho que tenía la Hacienda real de recibir el diezmo que la primera casa de cada parroquia había de pagar a la Iglesia.

excusar v.tr. **1** Justificar con excusas a alguien o algo. **2** Librar a una persona de una obligación o un compromiso, o de una carga, como el pago de tributos. **3** Se usa como fórmula de cortesía para pedir disculpas por causar alguna molestia.

execrable adj. Digno de ser condenado o rechazado.

exegesis o **exégesis** s.f. Explicación, exposición y comentario crítico de textos antiguos, especialmente de las Sagradas Escrituras.

exegeta o **exégeta** s.m. y f. Intérprete de textos antiguos.

exención s.f. Liberación de una obligación.

exento, a adj. **1** Que está libre de cargas u obligaciones. **2** Que está libre de algo perjudicial o dañino. **3** Se dice de la construcción que está aislada o separada de otra construcción.

exequias s.f.pl. Ceremonia religiosa que se celebra por un difunto.

exfoliación s.f. Acción de exfoliar.

exfoliador, ra adj. AMÉR Se dice del cuaderno cuyas hojas se desprenden fácilmente.

exfoliante adj. **1** Que exfolia. ◆ s.m. y adj. **2** Producto cosmético para limpiar el cutis.

exfoliar (1d) v.tr. Dividir o separar una cosa en escamas o láminas.

exhalación s.f. Emisión de gas, vapor u olor. ◇ **como una exhalación** Muy rápido.

exhalar v.tr. **1** Desprender o despedir un gas, vapor u olor. **2** Lanzar quejas o suspiros.

exhaustivo, a adj. Muy completo.

exhausto, a adj. **1** Se dice de la persona o animal que están agotados o muy cansados, débiles o sin fuerzas. **2** Que está agotado o tiene poco de lo que debería tener.

exhibición s.f. Acción de exhibir o exhibirse.

exhibicionismo s.m. Deseo persistente y excesivo de exhibirse.

exhibicionista adj. y s.m. y f. Se dice de la persona que realiza exhibicionismo.

exhibir v.tr. **1** Mostrar o exponer una cosa de forma que pueda ser vista por un gran número de personas con detenimiento. **2** Enseñar una persona algo de lo que se siente orgullosa.

exhortación s.f. **1** Incitación por medio de palabras, razones o ruegos a actuar de cierta manera. **2** Plática o sermón familiar y breve.

exhortar v.tr. Incitar con palabras, razones o ruegos a actuar de cierta manera, especialmente una persona que tiene autoridad material o moral para ello.

exhortativo, a adj. **1** Que exhorta o anima para hacer algo. **2** Se dice de la oración o frase que expresa mandato o ruego, como **venid inmediatamente** o **¡cállate, por favor!**

exhumación s.f. Acción de desenterrar un cadáver de su sepultura.

exhumar v.tr. Desenterrar un cadáver.

exigencia s.f. **1** Cosa que se requiere como imprescindible para que se produzca algo. **2** Pretensión caprichosa o excesiva.

exigente adj. y s.m. y f. **1** Se dice de la persona que exige mucho, especialmente si lo hace de forma abusiva o caprichosa. ◆ adj. **2** Propio de las personas exigentes.

exigir v.tr. **1** Pedir de forma imperiosa o enérgica una cosa la persona que tiene derecho o autoridad para hacerlo. **2** Necesitar una cosa otra para desarrollarse o llevarse a cabo.

exiguo, a adj. Formal. Muy escaso, pequeño o insuficiente.

exiliado, a o **exilado, a** adj. y s. Se dice de la persona que vive en el exilio.

exiliar o **exilar** (1d) v.tr. **1** Obligar a una persona a salir de su país. ◆ **exiliarse** v.prnl. **2** Abandonar el propio país obligado por razones políticas.

exilio s.m. **1** Acción y efecto de exiliar o exiliarse. **2** Lugar y tiempo del exiliado.

eximente adj. **1** Que exime de una carga, culpa u obligación. ◆ adj. y s.f. **2** Se dice de la circunstancia que exime de la responsabilidad de un delito.

eximir v.tr. Liberar a alguien de una obligación.

existencia s.f. **1** Hecho o circunstancia de existir. **2** Vida del ser humano. ◆ **existencias** s.f.pl. **3** Conjunto de mercancías.

existencial adj. Relativo a la existencia.

existencialismo s.m. Corriente filosófica que concede prioridad a la existencia del ser.

existencialista adj. **1** Relativo al existencialismo. ◆ adj. y s.m. y f. **2** Se dice de la persona que es partidaria del existencialismo.

existente adj. Que existe.

existir v.intr. **1** Tener realidad física o mental. **2** Tener vida. **3** Haber cierta cosa.

éxito s.m. **1** Resultado, a menudo feliz o muy bueno, de algo. **2** Cosa que supone un éxito o resultado feliz o muy bueno. **3** Aceptación que tiene una persona o cosa entre la gente.

exitoso, a adj. Que tiene éxito.

exlibris o **ex-libris** o **ex libris** s.m. Sello o cartulina con un diseño único para indicar el propietario de un libro.

exocitosis s.f. Proceso mediante el cual una célula viva libera al exterior sustancias que son producto de su metabolismo.

éxodo s.m. Emigración en masa de un pueblo del lugar en el que estaba.

exoesqueleto s.m. Piel muy dura que cubre y protege el cuerpo de los invertebrados.

exogamia s.f. Costumbre u obligación de contraer matrimonio con personas no pertenecientes a la misma casta, aldea, tribu, etc.

exógeno, a adj. **1** Que se forma o nace en el exterior. **2** Que se origina por causas externas.

exonerar v.tr. **1** Formal. Eximir a alguien de pena, carga u obligación. **2** Formal. Destituir a alguien de un empleo o dignidad.

exorbitante adj. Que es excesivo o sobrepasa mucho lo que se considera regular.

exorcismo s.m. Conjunto de ritos y fórmulas destinadas a expulsar un espíritu maligno.

exorcista s.m. y f. Persona que se dedica a practicar exorcismos.

exorcizar v.tr. Ahuyentar o expulsar mediante exorcismos los espíritus malignos.

exosfera s.f. Capa más exterior de la atmósfera terrestre, situada sobre la ionosfera.

exotérmico, a adj. Se dice del proceso químico o físico que se produce con desprendimiento de energía.

exótico, a adj. **1** Se dice del lugar o país que es lejano y muy distinto al propio. **2** Que procede o es característico de ese lugar o país.

exotismo s.m. **1** Cualidad de exótico. **2** Cosa o acción exótica.

expandir v.tr. **1** Hacer que algo ocupe más espacio. **2** Aumentar la producción de una cosa para que llegue a un mayor número de personas. **3** Difundir o divulgar una noticia, una doctrina, etc.

expansión s.f. **1** Acción de expandir. **2** Manifestación efusiva de un sentimiento.

expansionar v.tr. **1** Expandir algo para que ocupe más espacio. ◆ **expansionarse** v.prnl. **2** Divertirse, distraerse o entretenerse. **3** Explicar detalladamente a alguien los pensamientos, sentimientos o preocupaciones.

expansionismo s.m. Tendencia a extender el dominio político y económico a otros países o áreas geográficas.

expansivo, a adj. **1** Que se expande o tiende a expandirse. **2** Que manifiesta abiertamente el estado de ánimo.

expatriar (1f) v.tr. Exiliar.

expectación s.f. Interés, inquietud o curiosidad con que se espera algo.

expectante adj. Que siente expectación.

expectativa s.f. **1** Situación de la persona que espera conseguir algo. **2** Posibilidad de conseguir algo beneficioso.

expectoración s.f. Expulsión mediante la tos o el carraspeo de las flemas u otras secreciones de las vías respiratorias.

expectorante s.m. y adj. Medicamento o remedio que provoca la expectoración de flemas u otras secreciones de las vías respiratorias.

expectorar v.tr. Arrancar mediante la tos o el carraspeo las flemas u otras secreciones de las vías respiratorias y arrojarlas por la boca.

expedición s.f. **1** Viaje colectivo que se realiza con un fin determinado, especialmente científico, militar o deportivo. **2** Grupo de personas que realizan ese viaje. **3** Envío de una carta, una mercancía o algo semejante a un lugar determinado.

expedientar v.tr. Abrir un expediente o procedimiento administrativo a un funcionario, una empresa, un estudiante o un empleado para juzgar su actuación.

expediente s.m. **1** Documentación correspondiente a un asunto o negocio. **2** Procedimiento administrativo por el que se juzga la actuación o comportamiento de un funcionario, una empresa, un empleado o un estudiante. **3** Información y conjunto de incidencias sobre los servicios de un empleado o sobre la carrera de un estudiante.

expedir (31) v.tr. **1** Hacer un documento, en especial con carácter oficial o legal. **2** Enviar una carta, una mercancía o algo semejante de un lugar a otro.

expeditivo, a adj. Que actúa con eficacia y rapidez en la resolución de un asunto sin detenerse ante los obstáculos o inconvenientes o sin tener en cuenta los trámites.

expedito, a adj. **1** Que está despejado o libre de obstáculos. **2** Formal. Se dice de la persona expeditiva.

expeler v.tr. Despedir con fuerza una cosa otra que tiene en su interior.

expendeduría s.f. ESP Estanco.

expender v.tr. **1** Vender al por menor una mercancía. **2** Vender billetes o entradas.

expensas ◇ **a expensas de alguien** loc. A costa de una persona.

experiencia s.f. **1** Conocimiento de algo o habilidad para ello que se adquiere al haberlo realizado, sentido o vivido una o más veces. **2** Conocimiento adquirido a lo largo de la vida o en un período determinado de esta. **3** Suceso, situación o circunstancia en la que se adquiere ese conocimiento.

experimentación s.f. **1** Acción de experimentar. **2** Método científico de investigación que consiste en provocar un fenómeno con el fin de estudiarlo.

experimentado, a adj. Se dice de la persona que tiene mucha experiencia en algo.

experimental adj. **1** Que está basado en la experiencia o en la experimentación. **2** Que sirve de experimento. **3** Se dice del estilo de música vanguardista basado en la experimentación.

experimentar v.intr. **1** Realizar experimentos con alguien o algo. ◆ **v.tr. 2** Someter a alguien o algo a un experimento. **3** Percibir una sensación o un estado de ánimo. **4** Hacer que una persona o cosa sufran un cambio o transformación. **5** Percibir algo al realizar una cosa, vivirla o sentirla.

experimento s.m. Prueba que consiste en provocar un fenómeno en una determinada circunstancia con el fin de analizar sus efectos o de verificar una hipótesis o un principio científico.

experto, a adj. **1** Se dice de la persona que tiene mucha experiencia o es muy hábil en una actividad. ◆ **adj. y s. 2** Se dice de la persona que tiene muchos conocimientos en una materia.

expiar (1e) v.tr. Realizar un sacrificio o una penitencia, o sufrir un castigo, por una culpa o delito que se han cometido.

expiatorio, a adj. Que sirve para expiar una falta o delito cometidos.

expirar v.intr. **1** Finalizar un período fijado para algo. **2** Formal. Morir.

explanada s.f. Extensión de terreno llano o que ha sido allanado.

explayar v.tr. **1** Extender la vista o el pensamiento. ◆ **explayarse** v.prnl. **2** Extenderse en exceso al hablar. **3** Distraerse o divertirse.

expletivo, a adj. Se dice de la expresión o nexo que, sin ser estrictamente necesario en una palabra o frase, la completa, matiza o enriquece.

explicación s.f. **1** Acción de explicar algo. **2** Conjunto de enunciados con que se explica algo.

explicar v.tr. **1** Expresar un concepto, un sentimiento, un fenómeno, un suceso, etc., de forma clara y detallada para que sea comprensible. **2** Exponer una materia a alguien para que la aprenda. **3** Hacer saber la causa de algo. **4** Justificar una conducta o actitud para disculparla. ◆ **explicarse** v.prnl. **5** Expresar una persona lo que piensa, sabe o siente. **6** Llegar a comprender algo.

explicativo, a adj. **1** Que explica o sirve para explicar. ◆ **adj. y s.m. 2** Se dice del adjetivo o la oración de relativo que resalta una propiedad inherente al sustantivo.

explicitar v.tr. Hacer explícita una cosa.

explícito, a adj. Exacto y claro.

exploración s.f. **1** Viaje o recorrido que se hace por un lugar para conocerlo o descubrir lo que hay en él. **2** Acción de explorar.

explorador, ra s. Persona que se dedica a explorar lugares desconocidos o poco conocidos.

explorar v.tr. **1** Recorrer un lugar para conocerlo o descubrir lo que hay en él. **2** Examinar detenidamente una cosa o una situación o circunstancia, generalmente para obrar en consecuencia. **3** Examinar detenidamente el médico a una persona o sus órganos.

explosión s.f. **1** Ruptura violenta de un cuerpo por la acción de un explosivo o por el exceso de presión interior, que provoca un fuerte estruendo. **2** Ruido que produce esa ruptura. **3** Manifestación efusiva de un sentimiento o estado del ánimo. **4** Desarrollo rápido y espectacular de algo. **5** Expulsión repentina del aire al cesar la oclusión de algunas consonantes mediante la abertura súbita del canal vocal. **6** Dilatación repentina del gas contenido en un dispositivo mecánico con el fin de conseguir un movimiento.

explosionar v.intr. **1** Explotar o estallar un cuerpo. ◆ v.tr. **2** Causar o provocar una explosión.

explosivo, a adj. **1** Que hace o es capaz de hacer explosión. **2** Que es muy impactante o llama mucho la atención. ◆ adj. y s.f. **3** Se dice de la consonante oclusiva en cuya pronunciación hay una explosión o expulsión repentina del aire. ◆ s.m. **4** Producto químico que se incendia con explosión y se emplea para provocar explosiones.

explotación s.f. **1** Acción de explotar una cosa o a una persona. **2** Conjunto de elementos o instalaciones destinados a explotar una cosa para sacar provecho o beneficio.

explotador, ra adj. y s. Se dice de la persona que se aprovecha abusivamente del trabajo de otros.

explotar v.tr. **1** Extraer la riqueza de una mina. **2** Hacer que una cosa produzca riqueza. **3** Utilizar a una persona, o sus sentimientos o cualidades, en beneficio propio y de forma abusiva. ◆ v.intr. **4** Romperse de forma violenta un cuerpo por la acción de un explosivo o por el exceso de presión interior. **5** Manifestar efusivamente un sentimiento o estado del ánimo.

expoliar (1d) v.tr. Quitar a alguien una cosa con violencia o de forma injusta o ilegal.

expolio s.m. Acción de expoliar.

exponente adj. y s.m. **1** Se dice de la persona o cosa que reúne todas las características o cualidades de un tipo determinado de personas o cosas. ◆ s.m. **2** Número o expresión matemática colocado en la parte superior y a la derecha de otro número o expresión (base), que indica las veces que este último debe multiplicarse por sí mismo.

exponer (36) v.tr. **1** Poner una cosa a la vista para que pueda ser observada por varias personas. **2** Decir una cosa o hablar de ella para hacerlo saber a otras personas. **3** Poner a una persona o una cosa de forma que reciba la acción de un agente. **4** Poner a alguien o algo en situación de que sea perjudicado o dañado.

exportación s.f. **1** Venta de mercancías a un país extranjero. **2** Mercancía exportada.

exportar v.tr. **1** Vender mercancías a un país extranjero. **2** En informática, enviar un archivo, información o datos a un programa o una aplicación distintos a los que se están usando.

exposición s.f. **1** Acción de exponer. **2** Conjunto de cosas expuestas. **3** Explicación o presentación de algo que se quiere hacer conocer a otras personas. **4** Tiempo que se expone una placa fotográfica a la luz. **5** Situación de un objeto con relación a los puntos cardinales. **6** Riesgo o peligro que existe en una acción.

expositivo, a adj. Que expone o presenta.

expósito, a adj. y s. Se dice del recién nacido abandonado en un lugar público o en un centro benéfico.

expositor, ra adj. **1** Se dice de la persona que expone una teoría o doctrina. ◆ adj. y s. **2** Se dice de la persona o empresa que concurre a una exposición pública con objetos de su propiedad o fabricación. ◆ s.m. **3** Mueble o estructura que sirve para exponer algo.

exprés adj. **1** Se dice del electrodoméstico que utiliza la presión del vapor para realizar su función con mayor rapidez. **2** Se dice del servicio que se realiza más rápido que el habitual o normal. ◆ adj. y s.m. **3** Se dice del café que se hace con vapor de forma rápida.

expresamente adv. **1** Con claridad. **2** Con una intención determinada y clara.

expresar v.tr. **1** Decir con palabras o manifestar con gestos o de otro modo lo que se siente, se piensa o se quiere. **2** Manifestar una cosa cierto sentimiento o estado. ◆ **expresarse** v.prnl. **3** Hablar o comunicarse con palabras.

expresión s.f. **1** Manifestación de un pensamiento, un sentimiento o un deseo por medio de palabras, gestos, etc. **2** Forma o modo de expresarse o de hablar. **3** Palabra o conjunto de palabras. **4** Gesto o acto que expresa un sentimiento o estado del ánimo. **5** Combinación de términos relacionados entre sí mediante uno o más signos matemáticos que representa una cantidad o una magnitud.

expresionismo s.m. Tendencia artística y literaria de vanguardia que se caracteriza por la expresión subjetiva de la realidad.

expresionista adj. y s.m. y f. Relativo al expresionismo o que forma parte de él.

expresividad s.f. **1** Capacidad para expresar con viveza pensamientos o sentimientos. **2** Cualidad de la cosa que es expresiva.

expresivo, a adj. **1** Relativo a la expresión. **2** Que expresa con gran viveza y claridad los pensamientos o sentimientos. **3** Se dice de la función del lenguaje que refleja la actitud subjetiva del hablante.

expreso, a adj. **1** Claro y exacto, no solamente insinuado o dado por sabido. ◆ **s.m. y adj. 2** Tren que transporta personas y se detiene solamente en las estaciones principales.

exprimidor s.m. Utensilio de cocina para exprimir el zumo de la fruta.

exprimir v.tr. **1** Retorcer o apretar con fuerza una cosa, especialmente un cítrico, para sacarle todo el jugo o el zumo que contiene. **2** Presionar a una persona o aprovechar una cosa al máximo de su capacidad.

expropiación s.f. Acción de expropiar.

expropiar (1d) v.tr. Quitar legalmente una propiedad a su dueño por motivos de interés público.

expuesto, a 1 Participio irregular de exponer. ◆ **adj. 2** Peligroso o arriesgado.

expugnar v.tr. Tomar por las armas una fortaleza, una ciudad, etc.

expulsar v.tr. Hacer que una persona o una cosa salgan de un lugar.

expulsión s.f. Acción de expulsar.

expurgar v.tr. **1** Limpiar o purificar una cosa quitando lo que se considera malo o inútil. **2** Suprimir una autoridad lo que considera erróneo, molesto u ofensivo en un libro u otro escrito.

exquisitez s.f. Cualidad de exquisito.

exquisito, a adj. **1** Que denota gran refinamiento y buen gusto. **2** Se dice de la persona que destaca por sus modales refinados.

extasiar (1e) v.tr. Producir algo un sentimiento de placer o admiración intensos.

éxtasis s.m. **1** Estado de la persona que siente un placer o admiración tan intensos ante algo que no puede apartar la atención de ello. **2** Unión mística con Dios. **3** Droga química.

extemporáneo, a adj. **1** Que se realiza u ocurre en un momento inoportuno o impropio.

extender (33) v.tr. **1** Hacer que una cosa ocupe más espacio, abriéndola, desplegándola, esparciéndola, etc. **2** Hacer que un conjunto de cosas que estaban juntas o amontonadas se separen y ocupen más espacio. **3** Hacer que una noticia, un hecho, etc., sean conocidos por muchas personas. **4** Poner un documento por escrito según ciertas fórmulas legales o según cierta costumbre. **5** Ampliar la influencia o la vigencia de algo, como una autoridad, jurisdicción, derecho, etc. ◆ **extenderse** v.prnl. **6** Ocupar una cantidad determinada de espacio o de tiempo. **7** Mostrarse ampliamente a la vista algo. **8** Hacer una explicación larga y detallada.

extensible adj. Que puede ser extendido.

extensión s.f. **1** Acción de extender o extenderse. **2** Superficie total que ocupa un cuerpo u otra cosa. **3** Línea de teléfono conectada a una centralita. ◇ **por extensión** Indica que una palabra o frase se emplea con un significado que no es el suyo, pero con el que establece una relación manifiesta.

extensivo, a adj. **1** Que puede extenderse o aplicarse a otras cosas. **2** Que se hace por extensión.

extenso, a adj. **1** Que tiene u ocupa mucha extensión. **2** Que comprende o contiene un gran número de elementos. ◇ **por extenso** Ampliamente o con mucho detalle.

extensor, ra adj. **1** Que extiende o hace que se extienda algo. ◆ **s.m. y adj. 2** Músculo que tiene la función de extender un miembro u órgano del cuerpo. ◆ **s.m. 3** Aparato de gimnasia que sirve para desarrollar o fortalecer los músculos extensores.

extenuación s.f. Debilitamiento extremo.

extenuado, a adj. Muy cansado.

extenuar (1b) v.tr. Cansar mucho a alguien.

exterior adj. **1** Que está por la parte de fuera. **2** Se dice de la vivienda o habitación que tiene ventanas o balcones que dan a la calle y no a un patio interior. **3** Que se realiza en el extranjero o con países extranjeros. **4** Se dice del punto, recta, etc., que se encuentra en el espacio situado fuera de un cuerpo o figura geométricos. ◆ **s.m. 5** Parte de fuera de un lugar. **6** Superficie externa de una cosa. **7** Aspecto de una persona o cosa. ◆ **exteriores s.m.pl. 8** Lugares donde se ruedan esas escenas o secuencias. **9** Conjunto de escenas o secuencias rodadas fuera de un estudio cinematográfico o de televisión.

exteriorización s.f. Acción de exteriorizar.

exteriorizar v.tr. Manifestar un sentimiento, o estado del ánimo un estado físico.

exterminación s.f. Exterminio.

exterminar v.tr. Destruir o hacer que desaparezca totalmente algo.

exterminio s.m. **1** Destrucción total de algo, especialmente de una especie animal o vegetal. **2** Destrucción o devastación de un lugar habitado en una batalla.

externalizar v.tr. Contratar una persona o empresa a otra persona o empresa para que realice un trabajo o servicio para el cual la primera ha sido contratada.

externo, a adj. **1** Que está por la parte de fuera de una cosa, separado o diferenciado de ella. **2** Que actúa, se manifiesta o se desarrolla desde el exterior. ◆ **adj. y s. 3** Se dice del alumno que no reside ni come en el lugar donde estudia. **4** Se dice de la persona que trabaja para una empresa sin formar parte de su plantilla.

extinción s.f. Acción y efecto de extinguir o extinguirse.

extinguir v.tr. **1** Apagar un fuego, una luz u otra fuente de energía. **2** Hacer que desaparezca algo después de haber ido disminuyendo o desapareciendo poco a poco. ◆ **extinguirse** v.prnl. **3** Finalizar un período fijado para algo.

extinto, a adj. **1** Formal. Apagado. ◆ s. **2** AMÉR Muerto.

extintor s.m. Aparato portátil que sirve para apagar fuegos.

extirpación s.f. Acción de extirpar.

extirpar v.tr. **1** Arrancar o quitar totalmente una cosa que causa daño. **2** Destruir totalmente algo perjudicial o peligroso.

extorsión s.f. Acción de extorsionar.

extorsionar v.tr. **1** Presionar a una persona, mediante el uso de la fuerza o la intimidación, para conseguir de ella dinero u otra cosa. **2** Causar extorsión (trastorno).

extra adj. **1** De calidad superior a la normal. **2** Que se añade a lo normal. ◆ adj. y s.m. **3** Se dice de la cantidad de dinero que se recibe como adicional. ◆ adj. y s.f. **4** Se dice de la paga que se da además del sueldo. ◆ s.m. y f. **5** Persona que interviene en una película, una obra de teatro u otro espectáculo con un papel poco importante, y generalmente, sin texto.

extracción s.f. **1** Acción de extraer. **2** Cosa, sustancia o materia extraída. **3** Origen o condición social heredada de la familia.

extracomunitario, a adj. y s. Se dice de la persona que no pertenece a la Unión Europea.

extraconyugal adj. Que tiene lugar fuera del matrimonio.

extracto s.m. **1** Resumen. **2** Sustancia muy concentrada que se obtiene de otra por distintos procedimientos.

extractor, ra adj. **1** Que extrae o sirve para extraer. ◆ s.m. y adj. **2** Aparato que sirve para extraer el humo o los olores.

extradición s.f. Acción de extraditar.

extraditar v.tr. Entregar a una persona refugiada o detenida en un país a las autoridades de otro que la reclama para juzgarla.

extradós s.m. Superficie exterior convexa de un arco o bóveda.

extraer (49) v.tr. **1** Sacar una cosa del lugar en el que está. **2** Separar una sustancia de otra en la que está disuelta o sacarla del cuerpo en el que está contenida. **3** Averiguar el valor o resultado de una raíz matemática. **4** Obtener una idea o conocimiento por deducción o por inducción.

extralimitarse v.prnl. Sobrepasar una persona el límite de sus funciones o atribuciones.

extralingüístico, a adj. Que interviene en el proceso de comunicación sin ser estrictamente lingüístico.

extraliterario, a adj. Que influye en un autor, en su obra o en la interpretación de la misma sin estar directamente relacionado con la literatura.

extramuros adv. Fuera del recinto de una población.

extranjería s.f. Conjunto de normas que regulan la condición y los intereses de los extranjeros en un país.

extranjerismo s.m. Palabra o modo de expresión procedente de una lengua extranjera.

extranjero, a adj. **1** Que procede de otro país. ◆ adj. y s. **2** Se dice de la persona que procede de otro país. ◆ s.m. **3** País o conjunto de países distintos del propio.

extrañar v.tr. **1** Causar extrañeza a alguien. **2** Formal. Echar de menos a alguien o algo.

extrañeza s.f. **1** Sorpresa, admiración o asombro. **2** Cosa extraña o rara.

extraño, a adj. **1** Raro o muy distinto de lo normal, habitual o conocido. **2** Que resulta desconocido. ◆ adj. y s. **3** Se dice de la persona que es de otra nación, familia o profesión. ◆ adj. **4** Se dice de la persona que no participa en algo o es ajeno a ello. ◆ s.m. **5** ESP Movimiento súbito, imprevisible y anormal.

extraoficial adj. Fuera de lo oficial.

extraordinario, a adj. **1** Que destaca por sus buenas cualidades. ◆ adj. y s.m. **2** Que sucede o se hace pocas veces o en situaciones especiales. ◆ adj. y s.f. **3** Se dice de la paga que se da además del sueldo, normalmente en vacaciones de verano y Navidad.

extraplano, a adj. Más plano de lo normal.

extrapolar v.tr. Aplicar una cosa conocida a otro dominio para obtener consecuencias o hipótesis.

extrarradio s.m. Zona que rodea una población y está alejada del centro de esta.

extrasensorial adj. Que se percibe o acontece sin la intervención de los órganos sensoriales.

extraterrestre adj. **1** Relativo al espacio exterior a la Tierra. ◆ s.m. y f. y adj. **2** Ser vivo que procede de otro planeta.

extraterritorial adj. Que está o se considera fuera de ciertos límites territoriales.

extravagancia s.f. **1** Cualidad de extravagante. **2** Dicho o hecho extravagantes.

extravagante adj. **1** Excesivamente raro o poco común. ◆ adj. y s.m. y f. **2** Que se comporta, habla o viste de forma rara o poco común.

extravertido, a adj. y s. Extrovertido.

extraviar (1e) v.tr. **1** Perder una cosa. **2** No fijar la mirada o los ojos en un objeto determinado. ◆ **extraviarse** v.prnl. **3** Perderse una persona al equivocarse de camino.

extravío s.m. **1** Acción de extraviar o extraviarse. **2** Cosa extraviada. **3** Trastorno o molestia que altera algo.

extremado, a adj. **1** Se dice de la cualidad o el estado que se da en su grado máximo. **2** Que sobrepasa cierto límite normal o adecuado.

extremar v.tr. Llevar una cosa al extremo o al grado máximo.

extremaunción s.f. Sacramento de la Iglesia católica en el que el sacerdote unge con los santos óleos al fiel que está a punto de morir.

extremeño, a adj. y s. **1** De Extremadura (comunidad autónoma española). ◆ s.m. y adj. **2** Variedad del español hablada en Extremadura.

extremidad s.f. **1** Apéndice móvil del cuerpo de muchos animales, que desempeña generalmente funciones locomotrices. **2** Pata, brazo o pierna, en oposición al tronco.

extremis ◇ **in extremis** loc. Expresión latina que indica que algo sucede o se hace en el último momento.

extremismo s.m. Tendencia a adoptar ideas o actitudes extremadas.

extremista adj. **1** Relativo al extremismo. ◆ adj. y s.m. y f. **2** Que tiene ideas o posturas extremadas, especialmente en política.

extremo, a adj. **1** Que está muy distante o lejano en el espacio o el tiempo. **2** Se dice de la cualidad o el estado que se da en su grado máximo. **3** Que sobrepasa cierto límite normal o adecuado. **4** Que es radical o se halla en una posición límite. ◆ s.m. **5** Lugar o punto opuesto a otro que se toma como referencia. **6** Principio o final de una cosa alargada. **7** Punto último o grado máximo al que puede llegar algo. ◆ **extremos** s.m.pl. **11** Manifestación viva y exagerada de un sentimiento o estado del ánimo. ◇ **en extremo** Demasiado, excesivamente. ◇ **en último extremo** Como último recurso.

extrínseco, a adj. Impropio de una cosa o exterior a ella.

extrovertido, a adj. y s. Que tiene facilidad para manifestar sus sentimientos.

extrudir v.tr. Introducir un sólido dúctil o semiblando a través de la abertura de un molde con una forma adecuada para fabricar barras, tubos, varillas y distintas secciones perfiladas.

extrusión s.f. Acción y efecto de extrudir.

exuberancia s.f. Cualidad de lo que es exuberante.

exuberante adj. Que es muy abundante o que está extraordinariamente desarrollado.

exudación s.f. **1** Acción de exudar. **2** Sustancia o líquido que es exudado.

exudar v.tr. **1** Dejar salir un cuerpo o un recipiente el líquido que contiene a través de sus poros o grietas. ◆ v.intr. **2** Salir un líquido del cuerpo o recipiente en el que está contenido a través de sus poros o grietas.

exultante adj. Que exulta.

exultar v.intr. Mostrar gran alegría o satisfacción con mucha excitación.

exvoto s.m. Ofrenda hecha a Dios, a la Virgen o a los santos en agradecimiento por un beneficio recibido.

eyaculación s.f. Acción de eyacular.

eyacular v.tr. Expulsar con rapidez y fuerza el contenido de un órgano, cavidad o conducto, especialmente el semen de los testículos.

eyección s.f. Lanzamiento o expulsión de una cosa hacia el exterior.

eyector s.m. **1** Mecanismo de un arma de fuego que expulsa los cartuchos vacíos. **2** Bomba que sirve para expulsar un fluido a gran velocidad mediante la corriente de otro fluido.

F

f s.f. Sexta letra del alfabeto español; su nombre es efe.

fa (pl. fas) s.m. Cuarta nota de la escala musical.

fabada s.f. Guiso de alubias, chorizo, tocino y morcilla, típico de la cocina asturiana.

fábrica s.f. **1** Establecimiento que dispone de la maquinaria y las instalaciones necesarias para fabricar un producto. **2** Obra o construcción hecha con ladrillos o piedras unidos con argamasa.

fabricación s.f. Acción de fabricar.

fabricante adj. y s.m. y f. **1** Se dice de la persona que se dedica a la fabricación de un producto. ◆ adj. y s.m. **2** Se dice de la empresa que se dedica a la fabricación de un producto.

fabricar v.tr. **1** Hacer un producto a partir de la combinación de sus componentes, especialmente cuando se realiza en serie y por medio de máquinas. **2** Construir o hacer manualmente una cosa. **3** Elaborar o producir una sustancia.

fabril adj. Relativo a la fábrica.

fábula s.f. **1** Cuento o relato alegórico con un fin didáctico. **2** Leyenda que narra las acciones de los dioses o los héroes de la Antigüedad. **3** Historia o relato inventados. ◇ **de fábula** Fam. ESP Excelente o muy bien.

fabular v.tr. Inventar fábulas.

fabulista s.m. y f. Persona que escribe fábulas literarias.

fabuloso, a adj. **1** Inventado. **2** Extraordinario.

facción s.f. **1** Bando o grupo de personas que se oponen en algunas cuestiones a la mayoría. **2** Línea o forma de las que componen el rostro de una persona. □ Suele usarse en plural.

faccioso, a adj. y s. Se dice de la persona que pertenece a una facción o bando.

faceta s.f. **1** Aspecto de los que pueden ser considerados en una persona o una cosa. **2** Cara de un poliedro.

1. **facha** s.f. **1** Fam. Aspecto o manera de mostrarse a la vista alguien o algo. **2** Fam. Adefesio, persona o cosa muy fea o ridícula.

2. **facha** adj. y s.m. y f. Fam. y desp. Fascista.

fachada s.f. **1** Paramento exterior de un edificio, generalmente el principal. **2** Apariencia externa de una persona o una cosa, que generalmente no corresponde a lo que es realmente.

facial adj. Relativo a la faz o cara.

fácil adj. **1** Que puede ser hecho, entendido o conseguido con poca inteligencia, poco trabajo o poca habilidad. **2** Muy probable. **3** Que se deja seducir sin oponer resistencia.

facilidad s.f. **1** Cualidad de fácil. **2** Disposición o capacidad para hacer, entender o conseguir una cosa con poco esfuerzo o trabajo. ◆ **facilidades** s.f.pl. **3** Condiciones o circunstancias que permiten conseguir o realizar algo.

facilitar v.tr. **1** Hacer fácil o más fácil un trabajo o una acción. **2** Proporcionar a alguien una cosa o intervenir para que la consiga.

facineroso, a adj. y s. Se dice de la persona que comete delitos habitualmente.

facsímil s.m. Imitación o reproducción exacta de un escrito, dibujo, libro, etc.

factible adj. Que puede ser hecho o realizado.

fáctico, a adj. **1** Relativo a los hechos. **2** Que está basado en los hechos y no en la teoría.

factor s.m. **1** Elemento o circunstancia que contribuye, junto con otras cosas, a producir un resultado. **2** Cantidad que se multiplica por otra para hallar el producto. **3** Número que está contenido un número exacto de veces en otro.

factoría s.f. **1** Fábrica (establecimiento). **2** Establecimiento comercial que un país tiene en una colonia u otro país subdesarrollado.

factorial adj. **1** Relativo al factor matemático. ◆ s.m. **2** Cantidad que resulta de la multiplicación de determinado número natural por todos los números naturales que le anteceden.

factorizar v.tr. Expresar un número o una expresión algebraica como producto de factores primos.

factura s.f. **1** Relación escrita de las mercancías compradas o los servicios recibidos por un cliente, junto con la cantidad de dinero que cuestan y los impuestos que deben aplicarse. **2** Manera de estar hecha una cosa. **3** ARG, URUG

Pasteles, bizcochos y otros preparados de las panaderías.

facturación s.f. **1** Acción de facturar. **2** Suma total de las cantidades facturadas.

facturar v.tr. **1** Detallar en una factura las mercancías compradas o los servicios recibidos por un cliente. **2** Entregar y registrar en una estación de transportes un equipaje o una mercancía para que sea enviada a su lugar de destino.

facultad s.f. **1** Capacidad o aptitud natural, física o moral. **2** Autoridad o derecho que tiene una persona para hacer algo. **3** Sección de una universidad que corresponde a una rama del saber.

facultar v.tr. Conceder a alguien facultad o autoridad para hacer algo.

facultativo, a adj. **1** Que puede hacerse o dejar de hacerse a voluntad. **2** Que puede desarrollarse pero no es sistemático. ◆ adj. y s. **3** Se dice de la persona que ha realizado estudios superiores y trabaja como funcionario del Estado. ◆ s. **4** Persona que se dedica a la medicina. ◆ adj. **5** Relativo al facultativo o a la medicina.

fado s.m. Canción popular portuguesa que comenzó a difundirse en el siglo XIX, compuesta por varias estrofas, acompañada generalmente por guitarra y viola y de tema amoroso triste.

faena s.f. **1** Actividad, tarea o trabajo. **2** Cosa en la que se trabaja o se ha trabajado. **3** Fam. ESP Mala pasada. **4** Arte y pases del torero en una corrida. **5** GUAT, MÉX Trabajo hecho en horas extraordinarias.

faenar v.intr. Realizar las faenas propias de la pesca marina desde una embarcación.

fafarachero, a adj. AMÉR Que es dado a la jactancia y al alarde.

fagocitar v.tr. Realizar la fagocitosis.

fagocito s.m. Célula de la sangre y otros líquidos orgánicos que realiza la fagocitosis.

fagocitosis s.f. Proceso mediante el cual una célula captura e incorpora partículas grandes del medio a fin de tomar alimento o defenderse.

fagot s.m. Instrumento musical de viento de la familia del oboe.

faisán s.m. Ave de la familia de las codornices, de plumas brillantes y carne apreciada.

faja s.f. **1** Tira ancha de tela que se lleva alrededor de la cintura generalmente como adorno. **2** Prenda interior femenina que comprime el cuerpo desde la cintura hasta la parte alta de las piernas.

fajar v.tr. **1** Rodear o envolver a una persona o una cosa con una faja. **2** AMÉR Dar una fuerte paliza a una persona. **3** ARG, URUG Cobrar un precio excesivo por un producto o servicio. **4** Fam. CUBA Hacer la corte o enamorar a alguien. **5** CUBA, P RICO, R DOM Pedir dinero prestado. ◆ **fajarse** v.prnl. **6** Fam. C RICA, CUBA, R DOM Enfrentarse dos o más personas en una pelea de manos. **7** C RICA, CUBA, P RICO, R DOM Dedicarse con ahínco a un trabajo o estudio. **8** Fam. MÉX Acariciar y besar con lascivia.

fajo s.m. **1** Conjunto de cosas largas y estrechas que generalmente está atado o sujetado por el centro. **2** AMÉR Trago de licor.

fakir s.m. Faquir.

falacia s.f. Formal. Engaño o falsedad.

falange s.f. **1** Hueso pequeño y alargado de los que forman los dedos de las manos y los pies. **2** Cuerpo de tropas numeroso. **3** Cuerpo de infantería de la antigua Grecia, que constituía la principal fuerza del ejército. **4** Se utiliza en el nombre propio de determinadas organizaciones políticas de ideología falangista. ◇ **primera falange** Falange que se articula con el metacarpiano (en la mano) o el metatarsiano (en el pie). □ También simplemente falange. ◇ **segunda falange** Falangina. ◇ **tercera falange** Falangeta.

falangeta s.f. Falange situada en el extremo de cada dedo.

falangina s.f. Falange situada entre la primera falange y la falangeta.

falangismo s.m. Ideología y movimiento político de Falange Española, fundado por José Antonio Primo de Rivera en 1933 y basado en el ideario del fascismo italiano.

falangista adj. **1** Relativo al falangismo. ◆ adj. y s.m. y f. **2** Se dice de la persona que es partidaria del falangismo o miembro de este movimiento.

falaz adj. Formal. Engañoso o falso.

falcónido, a adj. y s.m. **1** Se dice del ave rapaz diurna, de pico corto y encorvado, y patas con uñas fuertes, como el halcón. ◆ **falcónidos** s.m.pl. **2** Grupo taxonómico, con categoría de familia, constituido por estas aves.

falda s.f. **1** Prenda de vestir que se ajusta a la cintura y cubre las piernas o parte de ellas. **2** Parte de la carne de la res destinada al consumo que está situada en la región inferior de las paredes del abdomen. **3** Parte inferior de la ladera de una montaña. **4** Regazo.

faldón s.m. **1** Parte inferior de una prenda de vestir que cubre por debajo de la cintura. **2** Desagüe triangular de un tejado.

1. **falla** s.f. Defecto material de una cosa. **2** AMÉR Acción equivocada o cosa mal hecha. **GEOSIN** fallo. **3** AMÉR Avería o imperfección. **GEOSIN** fallo.

2. **falla** s.f. Fractura de un estrato de la corteza terrestre debida a fuerzas verticales u horizontales que provocan el desplazamiento de uno de los bloques con respecto al otro.

3. **falla** s.f. **1** Muñeco o conjunto de muñecos de cartón u otro material que representan de forma satírica y humorística personajes o escenas de actualidad y que se fabrican para ser quemadas en las calles durante las Fallas (fiesta po-

pular de Valencia). ◆ **fallas** s.f.pl. **2** Tiempo en que se celebra la fiesta popular de las Fallas.

1. **fallar** v.intr. **1** Tener una cosa algún fallo o estar equivocada. ◆ v.tr. **2** Hacer una cosa de forma incorrecta. ◆ v.intr. **3** Salir mal una cosa. **4** Decepcionar una persona a otra. **5** Perder una cosa su resistencia o su capacidad.

2. **fallar** v.tr. e intr. Tomar una decisión un tribunal o un jurado.

fallecer (30) v.intr. Morir una persona.

fallecimiento s.m. Muerte de una persona.

fallero, a adj. **1** Relativo a las Fallas (fiesta popular de Valencia). ◆ s. **2** Persona que se dedica a fabricar fallas. **3** Persona que participa en la organización de las Fallas.

fallido, a adj. **1** Que no da el resultado perseguido o esperado. **2** Se dice de la deuda que es imposible cobrar.

1. **fallo** s.m. Decisión de un tribunal o jurado.

2. **fallo** s.m. **1** ESP Acción equivocada o cosa mal hecha. **GEOSIN** falla. **2** ESP Avería o imperfección que impide el buen funcionamiento de una cosa, especialmente de una máquina o aparato. **GEOSIN** falla. **3** En ciertos juegos de naipes, falta del palo que se juega.

falo s.m. Formal. Pene.

falsar v.tr. Desmentir un enunciado o una teoría científica.

falsear v.tr. **1** Explicar una cosa o un hecho de manera que no se ajuste a la verdad. **2** Falsificar una cosa para hacerla pasar por verdadera.

falsedad s.f. **1** Falta de verdad, autenticidad o sinceridad. **2** Cosa falsa que se dice o explica.

falsete s.m. Voz más aguda que la natural, que se produce voluntaria o involuntariamente al hablar y especialmente al cantar.

falsificación s.f. **1** Acción de falsificar. **2** Copia o imitación de una cosa que se quiere hacer pasar por verdadera o auténtica.

falsificar v.tr. **1** Hacer una copia o una imitación de una cosa para hacerla pasar por verdadera o auténtica. **2** Falsear (explicar).

falso, a adj. **1** Que es contrario a la verdad o no se ajusta a ella. **2** Que imita o se parece a una cosa real. **3** Que engaña o conduce a engaño. **4** Se dice de la persona que muestra unos sentimientos o una disposición para algo que no siente en realidad. **5** Se dice de la pieza que se añade a otra para darle firmeza, adornar, etc. **6** Se dice de la puerta que está disimulada de algún modo en la pared y permite acceder a un lugar oculto. ◇ **en falso** De forma falsa o contraria a la verdad. □ Sin seguridad o estabilidad suficientes.

falta s.f. **1** Error o equivocación en la expresión oral o escrita. **2** Hecho de no haber cierta cosa, o de haber menos de lo necesario. **3** Ausencia de una persona en un lugar determinado. **4** Incumplimiento de un deber u obligación. **5** Acción censurable o merecedora de un castigo que comete una persona. **6** Incumplimiento de una regla en un juego o un deporte. **7** Ausencia de la menstruación en la mujer en un mes determinado. ◇ **echar a alguien o algo en falta** Notar la ausencia de alguien o algo. ◇ **hacer falta** Ser necesario alguien o algo. ◇ **sin falta** Con seguridad.

faltar v.intr. **1** No estar una persona o una cosa en el lugar donde debería estar. **2** Tener que transcurrir cierto tiempo para llegar a cierto estado o situación. **3** Quedar todavía una cosa por hacer o suceder. **4** No tener o haber suficiente de una cosa. **5** No responder o no cumplir. ◆ v.tr. e intr. **6** Tratar a una persona o una cosa sin el respeto o la consideración debidas. ◇ **¡faltaría más!** o **¡no faltaba,** o **faltaría, más!** Se usa para enfatizar el rechazo de una petición o un hecho que se consideran inadmisibles.

falto, a adj. **1** Que carece de algo necesario o tiene poco de ello. **2** ARG Tonto.

faltriquera s.f. **1** Bolsa pequeña atada a la cintura y que se lleva colgando por debajo de la ropa. **2** Formal. Bolsillo.

falúa s.f. Embarcación con un armazón cubierto por un toldo que utilizan las autoridades marinas en los puertos.

fama s.f. **1** Hecho o circunstancia de ser reconocidas las cualidades de una persona o una cosa por mucha gente. **2** Opinión que la gente tiene sobre una persona o una cosa. **3** Opinión positiva que tiene la gente sobre alguien o algo.

famélico, a adj. **1** Formal. Hambriento. **2** Formal. Que está excesivamente delgado.

familia s.f. **1** Grupo de personas que tienen lazos de parentesco y viven juntas. **2** Conjunto de ascendientes, descendientes y demás personas relacionadas entre sí por parentesco de sangre o legal. **3** Hijo o conjunto de hijos o descendientes de una persona. **4** Conjunto de personas o cosas que tienen una característica o condición común. **5** Categoría de clasificación de los seres vivos inferior a la de orden, en la que se agrupan géneros con caracteres comunes. ◇ **en familia** Entre gente conocida.

familiar adj. **1** Relativo a la familia. ◆ s.m. **2** Persona que pertenece a la misma familia que otra. ◆ adj. **3** Conocido por haber sido tratado, realizado o visto con anterioridad. **4** Sencillo y natural, nada forzado o afectado. **5** Coloquial.

familiaridad s.f. **1** Sencillez y naturalidad en el trato. **2** Dicho o hecho que denotan confianza excesiva.

familiarizar v.tr. y prnl. Hacer que algo resulte familiar o conocido por alguien.

famoso, a adj. **1** Que tiene fama. ◆ adj. y s. **2** Se dice de la persona que tiene fama.

fan (pl. fans) s.m. y f. Admirador.

fanal s.m. **1** Campana de cristal u otro material transparente que sirve para resguardar una luz, una figura, etc. **2** Farol grande empleado a bordo de los barcos como insignia de mando y para indicar su situación durante la noche.

fanático, a adj. y s. **1** Se dice de la persona que defiende una creencia o una opinión con gran vehemencia o pasión y se muestra intolerante y violento con los que no opinan lo mismo. **2** Se dice de la persona que admira o apoya a una persona o una cosa con entusiasmo desmesurado.

fanatismo s.m. Actitud propia de la persona fanática.

fancine s.m. ESP Fanzine.

fandango s.m. **1** Baile popular español de movimiento vivo y apasionado, cuyas características varían según la región. **2** Composición musical, en compás de tres por cuatro o seis por ocho, con la cual se acompaña este baile. **3** Fam. Ruido, alboroto.

fanega s.f. ESP Medida de capacidad para áridos . ◇ **fanega de tierra** ESP Medida agraria de superficie.

fanerógamo, a adj. y s.f. Se dice de la planta vascular con semillas que tiene visibles los órganos sexuales.

fanfarria s.f. Banda de música de carácter popular y festivo.

fanfarrón, na adj. y s. Que presume o alardea de cualidades que en realidad no tiene.

fanfarronear v.intr. Hablar o comportarse con arrogancia, diciendo o haciendo fanfarronadas.

fango s.m. Lodo blando y viscoso.

fangoso, a adj. **1** Que está lleno de fango. **2** Que tiene la consistencia, el color u otra característica propia del fango.

fantasear v.intr. Dejar libre la imaginación o la fantasía.

fantasía s.f. **1** Facultad de imaginar cosas que no existen en la realidad. **2** Cosa o idea que una persona se imagina. **3** Imaginación creadora. **4** Composición musical de forma libre.

fantasioso, a adj. y s. **1** Se dice de la persona que demuestra tener mucha fantasía y tiende a dejarse llevar por la imaginación. ◆ adj. **2** Propio de la fantasía.

fantasma s.m. **1** Imagen de una persona muerta que se aparece a los vivos. **2** Imagen o idea irreal, creada por la imaginación, especialmente la que atormenta. ◆ adj. y s.m. y f. **3** Fam. ESP Se dice de la persona que presume de cualidades o de posesiones que en realidad no tiene. ◆ adj. **4** Que tiene una existencia dudosa o poco segura. **5** Se dice del lugar que ha sido abandonado por sus habitantes.

fantasmagórico, a adj. Que es una ilusión de los sentidos.

fantasmal adj. Relativo a los fantasmas.

fantástico, a adj. **1** Que es producto de la imaginación. **2** Relativo a la fantasía. **3** Que destaca por sus buenas cualidades. **4** Fantasioso, que se deja llevar por la imaginación. ◆ adv. **5** Fam. Muy bien.

fantoche s.m. **1** Marioneta. **2** Persona de aspecto ridículo y grotesco.

fanzine o **fancine** s.m. ESP Revista u otra publicación periódica realizada con pocos medios y de corta tirada sobre temas culturales (cine, literatura, música, etc.).
OBS Pronunc. aprox. 'fansín' o 'fancine'.

faquir o **fakir** s.m. Religioso oriental que realiza actos de mortificación sorprendentes.

farad o **faradio** (pl. farads o faradios) s.m. Unidad de capacidad eléctrica del Sistema Internacional, de símbolo F.

faraday s.m. Cantidad de electricidad necesaria para separar un equivalente-base de una solución electrolítica.

faralá s.m. **1** ESP Volante de una prenda de vestir, especialmente el que adorna la falda de un vestido de sevillana. **2** ESP Adorno exagerado y de mal gusto.

farallón s.m. **1** Roca alta y afilada que sobresale en el mar y alguna vez en tierra firme. **2** Parte superior con modelado escarpado que tienen algunas rocas.

farándula s.f. Profesión y ambiente de las personas que se dedican al espectáculo.

faraón s.m. Soberano o jefe supremo del antiguo Egipto.

faraónico, a adj. **1** Relativo al faraón. **2** Que es muy grande e implica mucho esfuerzo o mucho dinero.

fardar v.intr. **1** Fam. ESP Presumir o alardear de algo que se posee. **2** Fam. ESP Resultar una cosa muy vistosa.

fardo s.m. Paquete de ropa u otra cosa atado de forma que queda muy apretado.

fárfara s.f. Telilla o piel delgada y delicada con función protectora que recubre la parte interior de la cáscara de los huevos de aves y reptiles.

farfullar v.tr. Decir una cosa muy de prisa y de manera atropellada o confusa.

faringe s.f. Conducto de paredes musculares que comunica la boca con el esófago o el tubo digestivo.

faríngeo, a adj. Relativo a la faringe.

faringitis s.f. Inflamación de la faringe, que suele provocar dolor de garganta, sequedad y enrojecimiento de la mucosa.

fariseo, a adj. y s. **1** De la secta judía, surgida en el siglo II a. C., que se caracterizaba por observar con austeridad y rigor la Ley de Moisés, y que en tiempos de Jesucristo era la forma dominante de la religión hebrea. **2** Hipócrita.

farlopa s.f. Argot. ESP Cocaína.

farmacéutico, a adj. **1** Relativo a la farmacia. ◆ s. **2** Persona que ha estudiado farmacia y trabaja en una farmacia elaborando fórmulas magistrales y atendiendo a los clientes.

farmacia s.f. **1** Establecimiento donde se elaboran y venden medicamentos. **2** Ciencia que se ocupa de la preparación de medicamentos y del estudio de sus propiedades.

fármaco s.m. Sustancia que sirve para curar o prevenir enfermedades.

farmacología s.f. Parte de la medicina que se ocupa de la composición, las propiedades y la acción terapéutica de los medicamentos.

faro s.m. **1** Torre alta en las costas y puertos que emite una luz potente a intervalos para orientar de noche a los navegantes. **2** Foco de luz potente que llevan los vehículos automóviles en la parte delantera para iluminar el camino.

farol s.m. **1** Luz para alumbrar protegida por una caja con una o más caras de cristal o de otro material transparente. **2** Luz eléctrica o de gas para iluminar la calle, que está sostenida por un pie de hierro u otro soporte. **3** En los juegos de naipes, jugada falsa para desorientar al contrario. **4** Mentira o exageración que se dice para presumir, engañar o desconcertar a alguien. **5** Lance del toreo que consiste en levantar el capote por encima de la cabeza con las dos manos y, al mismo tiempo, dar media vuelta sobre sí mismo para hacer pasar al toro por la espalda.

farola s.f. Farol grande para alumbrar las calles.

farolero, a s. **1** Persona que se encargaba del encendido y apagado de las farolas. ◆ adj. y s. **2** Fam. Se dice de la persona que dice faroles.

farolillo s.m. **1** Farol de papel, celofán o plástico de colores que se cuelga como adorno en fiestas y verbenas. **2** Planta de jardín con hojas vellosas y flores azules o blancas en forma de campanilla agrupadas en ramilletes.

farra s.f. Fam. Juerga o diversión muy animada y desenfrenada.

farragoso, a adj. Se dice del texto o enunciado que desarrolla las ideas de forma desordenada y confusa.

farruco, a adj. Fam. ESP Se dice de la persona que se muestra excesivamente obstinada.

farsa s.f. **1** Obra de teatro breve, de carácter cómico o satírico. **2** Subgénero teatral constituido por estas obras. **3** Obra de teatro de poca calidad o de mal gusto. **4** Acción con que se pretende engañar a alguien u ocultar algo.

farsante adj. y s.m. y f. Se dice de la persona que miente o engaña.

fascículo s.m. Cada una de las partes de un libro o de una colección que se publican periódicamente en forma de cuadernillo.

fascinación s.f. Atracción o seducción irresistible de una persona hacia alguien o algo.

fascinante adj. Que fascina.

fascinar v.tr. Causar fascinación.

fascismo s.m. **1** Movimiento político y social de carácter nacionalista, totalitario, militarista y antimarxista. **2** Conjunto de ideas de carácter nacionalista y totalitario de este movimiento y otros parecidos.

fascista adj. **1** Relativo al fascismo. ◆ adj. y s.m. y f. **2** Partidario del fascismo.

fase s.f. **1** Estado diferenciado en el proceso o desarrollo de algo. **2** Aspecto que muestra un planeta desde un punto determinado. **3** Corriente eléctrica alterna monofásica que, junto con otra de la misma intensidad y frecuencia, constituyen la corriente alterna polifásica. **4** Cada una de las partes que componen un sistema y que tienen las mismas propiedades físicas y químicas.

fashion adj. Que está a la última moda.

fastidiar (1d) v.tr. **1** Perjudicar o disgustar algo, como un contratiempo o una situación desagradable o incómoda, a una persona. **2** Resultar una persona o una cosa desagradables para alguien. **3** Hacer que una cosa se estropee o eche a perder. ◆ **fastidiarse** v.prnl. **4** ESP Resignarse ante un contratiempo o una situación desagradable.

fastidio s.m. **1** Disgusto o molestia. **2** Cosa que causa disgusto o perjuicio leves.

fastidioso, a adj. Que causa fastidio.

fasto, a s.m. **1** Fastuosidad. **2** Celebración solemne. ◆ adj. **3** Formal. Fausto.

fastuosidad s.f. Lujo extraordinario.

fastuoso, a adj. Que está hecho con fastuosidad o lujo extraordinario.

fatal adj. **1** Muy malo o perjudicial. **2** Que resulta inevitable o determinado por el destino. ◆ adv. **3** Muy mal.

fatalidad s.f. **1** Cualidad de lo que resulta fatal. **2** Destino en cuanto es la causa de desgracias. **3** Suceso o circunstancia desgraciados.

fatalismo s.m. Doctrina u opinión de la persona que considera que los acontecimientos no se pueden evitar.

fático, a adj. Se dice de la función del lenguaje por la cual se mantiene abierta la comunicación con el receptor.

fatídico, a adj. **1** Que causa gran desgracia o perjuicio. **2** Que anuncia desgracias.

fatiga s.f. **1** Sensación de cansancio que se experimenta después de un esfuerzo físico o mental intenso y continuado. **2** Molestia o dificultad al respirar. **3** Fam. Sufrimiento o penalidad en la vida de una persona.

fatigar v.tr. Causar fatiga a alguien.

fatuo, a adj. y s. Engreído.

fauces s.f.pl. Parte posterior de la boca de los mamíferos.

fauna s.f. Conjunto de las especies animales.

fauno s.m. Divinidad de la mitología romana con patas y cuernos de macho cabrío.

fauvismo s.m. Movimiento pictórico surgido en París (Francia) a principios del siglo XX como reacción contra la pintura clásica y el impresionismo.

favela s.f. Vivienda hecha de materiales de desecho y de mala calidad que es característica de zonas suburbiales de Brasil.

favor s.m. **1** Acto que se realiza para ayudar a otra persona. **2** Ayuda, apoyo o privilegio que una autoridad u otra persona con influencia da a alguien. **3** Situación de la persona que recibe esa ayuda, apoyo o privilegio. ◇ **a favor de** o **en favor de** Para beneficiar a la persona o cosa que se expresa.

favorable adj. **1** Que favorece, ayuda o beneficia. **2** Se dice de la persona que muestra buena disposición para hacer algo o para conceder lo que se le pide.

favorecer (30) v.tr. **1** Proporcionar un beneficio o provecho a alguien o algo. **2** Ayudar o apoyar a alguien, especialmente una autoridad o una persona con influencia. **3** Tratar a una persona mejor que a otra sin valorar sus méritos o lo que es justo. **4** Hacer que una persona tenga buen aspecto o resulte atractiva.

favoritismo s.m. Tendencia o inclinación a favorecer más a unas personas que a otras.

favorito, a adj. **1** Que es considerado el mejor o resulta más atractivo que otro. ◆ **adj. y s. 2** Que tiene las mayores posibilidades de vencer en una competición. ◆ **s. 3** Persona que goza de la confianza o del apoyo de un rey o de una persona con autoridad.

fax s.m. **1** Sistema de comunicación que permite enviar y recibir información gráfica a través de la línea telefónica. **2** Aparato conectado a una línea telefónica que sirve para enviar y recibir esa información. **3** Mensaje que se envía o recibe mediante ese sistema.

faz s.f. **1** Formal. Cara de una persona. **2** Formal. Superficie de un lugar.

fe s.f. **1** Confianza o creencia en alguien o algo cuyas cualidades no necesitan ser demostradas. **2** Virtud teologal del cristianismo que consiste en creer en la palabra de Dios y en la doctrina de la Iglesia. **3** Conjunto de creencias y dogmas de una religión o una doctrina política. **4** Documento legal con el que se confirma la verdad de un hecho o circunstancia. **5** Intención de una persona al hablar o actuar. ◇ **dar fe de algo** Certificar o afirmar la verdad de algo.

febrero s.m. Segundo mes del año.

febrífugo, a s.m. y adj. Sustancia o medicamento que sirve para reducir o eliminar la fiebre.

febril adj. **1** Relativo a la fiebre. **2** Muy intenso, apasionado o agitado.

fecal adj. Relativo a las heces o los excrementos.

fecha s.f. **1** Indicación del tiempo y a menudo el lugar en que se hace u ocurre una cosa, especialmente la que figura al principio o al final de una carta o un documento. **2** Tiempo en que se hace u ocurre una cosa, que generalmente se determina por el día, mes, año y a veces la hora. ◇ **hasta la fecha** Hasta el momento actual.

fechar v.tr. Poner o determinar una fecha.

fechoría s.f. Acción mala de cierta importancia.

fécula s.f. Polisacárido parecido al almidón que se halla en ciertas plantas.

fecundación s.f. Acción y efecto de fecundar.

fecundar v.tr. **1** Hacer que un gameto masculino se una a otro femenino para dar origen a un nuevo ser. **2** Hacer que una hembra quede embarazada o una planta quede en condiciones de reproducirse.

fecundidad s.f. **1** Capacidad reproductora de un ser vivo. **2** Formal. Abundancia de algo.

fecundo, a adj. **1** Se dice del ser vivo que se reproduce por medios naturales o que es capaz de fecundar. **2** Se dice del terreno que produce en abundancia. **3** Que produce o crea gran cantidad de algo.

federación s.f. **1** Unión o pacto entre personas, grupos sociales o estados para un fin común. **2** Organismo, entidad o estado resultante de este pacto o unión. **3** Estado que está formado por territorios que se gobiernan por leyes propias, aunque se unen en determinadas funciones.

federal adj. **1** Relativo a la federación. ◆ **adj. y s.m. y f. 2** Federalista.

federalismo s.m. Sistema político en el que el poder se reparte entre un estado central y sus diferentes partes federadas.

federarse v.prnl. **1** Asociarse varias personas, sociedades, organizaciones o estados para formar una federación. **2** Inscribirse una persona en una federación.

federativo, a adj. **1** Relativo a la federación. ◆ **s. 2** Directivo de una federación, especialmente deportiva.

feedback s.m. **1** Devolución de una señal modificada a su emisor. **2** Capacidad de un emisor para recoger reacciones de los receptores y modificar su mensaje.

fehaciente adj. Que prueba o demuestra algo de forma clara e indudable.

feldespato s.m. Mineral compuesto de silicatos de aluminio, de gran dureza.

felicidad s.f. **1** Estado de ánimo de la persona que se encuentra plenamente satisfecha al tener lo que desea o disfrutar de una cosa buena. **2** Persona, cosa, hecho o situación que causa ese sentimiento.

felicitación s.f. **1** Acción de felicitar. **2** Escrito o tarjeta con los que se felicita a una persona.

felicitar v.tr. **1** Manifestar a una persona la alegría y satisfacción que se siente por una cosa agradable o feliz que le ha ocurrido. **2** Manifestar a una persona el deseo de que sea feliz.

félido, a o **felino, a** adj. y s.m. Se dice del mamífero carnívoro de cabeza redondeada, hocico corto y ancho, lengua escamosa y uñas retráctiles, como el gato y el león.

feligrés, sa s. **1** Persona que pertenece a una parroquia determinada. **2** Fam. Persona que frecuenta un establecimiento, en especial un bar.

felino, a adj. **1** Relativo al gato. **2** Que tiene alguna característica propia del gato.

feliz adj. **1** Que siente o tiene felicidad o satisfacción. **2** Que causa felicidad o satisfacción. **3** Acertado o adecuado.

felonía s.f. Formal. Traición o acción desleal.

felpa s.f. Tejido absorbente, generalmente de algodón, con el que se confeccionan toallas.

felpudo s.m. Pequeña alfombra para limpiarse las suelas de los zapatos.

femenino, a adj. **1** Se dice del ser vivo que posee órganos para ser fecundado. **2** Relativo a estos seres vivos. **3** Relativo a la mujer. **4** Propio de la mujer. ◆ adj. y s.m. **5** Se dice del género de los sustantivos que significan personas o animales de sexo femenino, y al de ciertos sustantivos que significan cosas, así como a adjetivos, determinantes y pronombres que concuerdan con ellos.

fémina s.f. Formal. Mujer.

feminidad o **femineidad** s.f. Cualidad del ser vivo femenino.

feminismo s.m. Doctrina y movimiento social que defiende la igualdad de derechos para el hombre y la mujer.

feminista adj. **1** Relativo al feminismo. ◆ adj. y s.m. y f. **2** Partidario del feminismo.

femoral adj. Relativo al fémur.

fémur s.m. Hueso del muslo, articulado con la cintura pélvica por su extremo superior y con la tibia y el peroné por el inferior.

fenecer (30) v.intr. Formal. Morir.

fenicio, a adj. y s. **1** De Fenicia. ◆ s.m. y adj. **2** Lengua semítica hablada por los fenicios. ◆ adj. y s. **3** Fam. Se dice de la persona a la que le gusta hacer negocios.

fénix s.m. **1** Ave fabulosa que moría quemándose y renacía de sus cenizas. **2** Persona o cosa exquisita o única.

fenol s.m. Compuesto orgánico fundamental que se extrae por destilación del alquitrán de hulla, utilizado como desinfectante y en la obtención de resinas, como la baquelita.

fenolftaleína s.f. Sustancia orgánica que actúa como indicador de la acidez en las reacciones ácido-base.

fenomenal adj. **1** Muy grande, fuerte o intenso. **2** Que destaca por sus buenas cualidades. ◆ adv. **3** Muy bien.

fenómeno s.m. **1** Manifestación de una actividad que se produce en la naturaleza. **2** Acontecimiento, suceso o cualidad que puede percibirse a través de los sentidos o a través del intelecto. ◆ adj. y s.m. y f. **3** Se dice de la persona que destaca por sus buenas cualidades.

fenomenología s.f. **1** Escuela filosófica que por el análisis de los fenómenos observables da una explicación del ser y de la consciencia. **2** Conjunto de fenómenos que caracterizan un proceso u otra cosa.

fenotipo s.m. Conjunto de caracteres observables en un ser vivo en que se expresa un genotipo.

feo, a adj. **1** Que carece de belleza y causa una impresión desagradable a los sentidos. **2** Se dice de la acción que se considera mala o que va en contra de la moral o la justicia. **3** Que parece malo o poco favorable. ◆ s.m. **4** Desaire o desprecio hacia una persona.

féretro s.m. Ataúd.

feria s.f. **1** Mercado que se celebra en un lugar público y en determinadas fechas para comprar y vender todo tipo de productos, especialmente agrícolas y ganaderos. **2** Instalación en la que se exhiben cada cierto tiempo productos de un determinado ramo industrial o comercial para su promoción y venta. **3** ESP Fiesta popular que se celebra en una localidad cada año en las mismas fechas. **4** ESP Lugar donde se montan las instalaciones recreativas y los puestos de venta con ocasión de estas fiestas. **5** MÉX Dinero suelto, cambio.

feriado adj. y s.m. ARG, CUBA, URUG Se dice del día que es no laborable por celebrarse alguna festividad.

ferial adj. **1** Relativo a la feria. ◆ s.m. **2** ESP Feria (lugar).

feriante adj. y s.m. y f. Se dice de la persona que acude a una feria para comprar o vender.

fermentación s.f. Acción de fermentar.

fermentar v.intr. Transformarse químicamente una sustancia orgánica en otra a partir de la acción de un fermento.

fermento s.m. **1** Sustancia orgánica soluble en agua que provoca la fermentación de otra sustancia. **2** Cosa que es el origen o estímulo de otra.

fermi s.m. Unidad de longitud utilizada en física nuclear, equivalente a 10^{-15} metros.

fermio s.m. Elemento químico de símbolo Fm y número atómico 100; es un metal radiactivo.

feromona s.m. Sustancia química de composición variable que, al ser segregada por un animal, influye en el comportamiento de otros de la misma especie.

feroz adj. **1** Se dice del animal que ataca con mucha agresividad y furia. **2** Que manifiesta o denota crueldad o agresividad. **3** Fam. Muy grande o intenso.

férreo, a adj. **1** De hierro. **2** Muy duro, firme o tenaz. **3** Relativo al ferrocarril.

ferretería s.f. Establecimiento en el que se venden herramientas y otros objetos y utensilios de metal.

ferretero, a s. Persona que trabaja en una ferretería.

férrico, a adj. Se dice del compuesto de hierro en el que este elemento tiene una valencia superior a dos.

ferrita s.f. Modificación alotrópica del hierro puro o con elementos en disolución.

ferrocarril s.m. **1** Medio de transporte que consiste en una serie de vagones arrastrados por una locomotora y que circulan por raíles. **2** Conjunto de instalaciones, equipos, vehículos y empleados que hacen funcionar ese medio de transporte.

ferrocarrilero, a adj. AMÉR Ferroviario.

ferromagnético, a adj. Se dice del mineral que tiene un gran poder magnético.

ferroviario, a adj. **1** Relativo al ferrocarril. ◆ s. **2** Persona que trabaja en una estación de ferrocarril o que conduce un tren.

ferruginoso, a adj. Que contiene hierro.

ferry (pl. ferrys o ferries) s.m. Embarcación de gran tamaño destinada al transporte de pasajeros, vehículos y cargas pesadas.

fértil adj. **1** Se dice del ser vivo que se reproduce por medios naturales o que es capaz de fecundar. **2** Se dice del terreno que produce en abundancia. **3** Que produce o crea gran cantidad de alguna cosa.

fertilidad s.f. Cualidad de lo que es fértil.

fertilizante s.m. Producto o sustancia natural o sintético que sirve para fertilizar la tierra.

fertilizar v.tr. **1** Hacer fértil o más fértil la tierra. **2** Fecundar.

ferviente adj. Fervoroso.

fervor s.m. Entusiasmo, dedicación y respeto con que se hace algo.

fervoroso, a adj. Que muestra fervor.

festejar v.tr. **1** Celebrar o conmemorar algo con una fiesta. **2** Hacer una fiesta en honor o alabanza de alguien. ◆ v.intr. **3** Tener una relación de noviazgo con otra persona. ◆ v.tr. **4** Hacer la corte. **5** MÉX Azotar.

festejo s.m. **1** Fiesta que se realiza para celebrar un acontecimiento o para honrar a alguien. **2** Corrida de toros. **3** Acción de festejar. ◆ **festejos** s.m.pl. **4** Conjunto de actos de diversión o recreo que se celebran en unas fiestas populares.

festín s.m. Comida abundante y generosa.

festinar v.tr. AMÉR Apresurar o precipitar la realización de una cosa.

festival s.m. Conjunto de actuaciones o representaciones dedicadas a un arte o a un artista, a veces con carácter de competición.

festividad s.f. **1** Día en que se celebra una fiesta, especialmente el fijado por la Iglesia católica para conmemorar un santo o un hecho sagrado. **2** Fiesta o acto solemne con que se celebra algo.

festivo, a adj. y s.m. **1** Se dice del día que no es laborable por ser fiesta oficial o eclesiástica. ◆ adj. **2** Alegre y bullicioso, propio de una fiesta.

festón s.m. **1** Adorno bordado que consiste en hacer puntadas muy juntas en el borde de una tela de modo que formen un nudo. **2** Adorno bordado en forma de ondas o de puntas.

fetal adj. Relativo al feto.

fetiche s.m. **1** Objeto o ídolo al que se atribuyen cualidades mágicas. **2** Objeto al que se atribuye la capacidad de dar buena suerte.

fetichismo s.m. **1** Culto y adoración a los fetiches. **2** Conducta sexual de la persona que se excita manipulando objetos.

fetichista adj. **1** Relativo al fetichismo. ◆ adj. y s.m. y f. **2** Que rinde culto a fetiches. **3** Que se excita con objetos o partes no sexuales del cuerpo de la persona amada.

fétido, a adj. Que despide un olor intenso y muy desagradable.

feto s.m. **1** Embrión de los mamíferos desde que adquiere la forma característica de su especie hasta el momento del parto. **2** Fam. y desp. Persona muy fea.

feudal adj. Relativo al feudalismo o al feudo.

feudalismo s.m. **1** Sistema de gobierno y de organización económica y social propio de la Edad Media, basado en el feudo o contrato por el que un soberano o gran señor cedía a un noble una tierra o un derecho a cambio de su fidelidad. **2** Período de la Edad Media (especialmente del siglo IX al siglo XV) en que estuvo vigente este sistema.

feudo s.m. **1** Contrato o relación que se establecía entre un soberano o gran señor y un noble, por el que el primero cedía al segundo (que se convertía en su vasallo) tierras o derechos de explotación, y prometía protegerle, a cambio de la fidelidad del noble y de algunos servicios políticos y militares. **2** Tierra, bien o derecho concedidos por el rey o gran señor a su vasallo. **3** Propiedad, zona o parcela en las que se ejerce una influencia o un poder exclusivos.

fi s.f. Nombre de la vigésima primera letra del alfabeto griego; se escribe Φ/φ y se transcribe como f o ph.

fiabilidad s.f. Cualidad de la persona o cosa fiables.

fiable adj. **1** Se dice de la persona que inspira confianza o es digna de ella. **2** Que inspira seguridad.

fiador, ra s. **1** Persona que responde por otra en el caso de que esta no cumpla la obligación de pago que ha contraído. **2** Persona que vende sin exigir que se pague al contado. ◆ s.m. **3** Pieza que sirve para sujetar o asegurar una cosa, como el pasador de una puerta o el seguro del gatillo de un arma.

fiambre s.m. **1** Carne preparada para que se conserve mucho tiempo que se come fría y generalmente cortada en rodajas; puede estar picada y embuchada y ser tanto de vísceras como de músculo de cerdo, ternera, ave o jabalí. **2** Fam. Cadáver de una persona.

fiambrera s.f. Recipiente con una tapa que sirve para conservar o llevar comida.

fianza s.f. **1** Cantidad de dinero u objeto de valor que se da para asegurar el cumplimiento de un pago u otra obligación. **2** Obligación de hacer lo que corresponde a otra persona en el caso de que esta no lo cumpla.

fiar (1e) v.tr. **1** Vender una cosa a alguien sin exigir que pague en el momento en que hace la compra. **2** Garantizar una persona que otra cumplirá la obligación que ha contraído, comprometiéndose a cumplirla si no responde. **3** Confiar un secreto o una cosa material a alguien. ◆ **fiarse** v.prnl. **4** Tener confianza en una persona o una cosa. ◇ **de fiar** Digno de confianza.

fiasco s.m. Desengaño o gran decepción.

fibra s.f. **1** Filamento que constituye el tejido orgánico, animal o vegetal, o textura que presentan algunos productos químicos y minerales, como el amianto. **2** Filamento flexible que se emplea para confeccionar los tejidos; puede ser natural (como el algodón o la lana), artificial (como el rayón) o sintético (como el poliéster). □ También fibra textil. **3** Parte de los alimentos vegetales que no es digerible por el organismo pero que favorece que este aumente la secreción biliar y obstaculice la absorción de colesterol y de sustancias tóxicas. □ También fibra vegetal. **4** Vigor o energía para actuar.

fibrilar adj. Relativo a la fibra.

fibrina s.f. Proteína insoluble que constituye la parte fibrosa de los coágulos de la sangre y que se forma a partir del fibrinógeno.

fibrinógeno s.m. Proteína fibrosa y soluble del plasma sanguíneo, que es sintetizada por ciertas células del hígado y a partir de la cual se obtiene la fibrina.

fibrocemento s.m. Compuesto de cemento y polvo de amianto.

fibromialgia s.f. Enfermedad crónica que produce fatiga generalizada y mucho dolor.

fibroso, a adj. **1** Que está constituido por fibras o filamentos. **2** Semejante a la textura de la fibra. **3** Que contiene mucha fibra vegetal.

fíbula s.f. Hebilla o broche de hierro, bronce o algún metal precioso que se usaba a modo de imperdible para sujetar las prendas de vestir.

ficción s.f. **1** Cosa, hecho o suceso inventado o imaginado. **2** Conjunto de acontecimientos y seres que forman parte de la imaginación. **3** Género literario que narra sucesos o historias inventados.

ficha s.f. **1** Pieza de plástico, madera u otro material a la que se le asigna un valor convencional; se usa principalmente en juegos de mesa. **2** Pedazo de papel, plástico u otro material donde se consignan datos. **3** Informe o conjunto de datos identificativos o que se poseen sobre una persona o una cosa. **4** Cartulina u hoja con ejercicios o información de tipo escolar.

fichaje s.m. **1** ESP Contrato que realiza una empresa o club deportivo a alguien. **2** ESP Persona que entra a formar parte de una empresa o de un club deportivo.

fichar v.tr. **1** Anotar en una ficha los datos identificativos de una persona o una cosa. **2** Fam. Poner a una persona entre las que no inspiran confianza y someterla, especialmente la policía, a vigilancia. **3** ESP Contratar una empresa o un club deportivo a alguien. ◆ **v.intr. 4** ESP Entrar a formar parte de la plantilla de una empresa o de un club deportivo. **5** Marcar en una ficha la hora de entrada y salida del trabajo.

fichero s.m. **1** Conjunto de fichas ordenadas. **2** Mueble o lugar que sirve para guardar fichas de modo ordenado. **3** Conjunto de información organizado y grabado como una unidad en un soporte informático de almacenamiento (disco duro del ordenador, un CD, etc.). □ También fichero electrónico.

ficticio, a adj. **1** Falso o fingido. **2** Que es inventado o solo existe en la ficción.

ficus s.m. Árbol de origen tropical, de hojas grandes, fuertes y ovaladas, característico de zonas cálidas.

fidedigno, a adj. Digno de fe o de confianza.

fideicomiso s.m. Disposición por la cual una persona deja su herencia o parte de ella encomendada a otra para que, en situación y período determinados, la transmita a otra o la invierta del modo que se le indica.

fidelidad s.f. **1** Firmeza y constancia en los afectos, ideas y obligaciones. **2** Exactitud o conformidad con la veracidad de los hechos. **3** Precisión en la ejecución de una cosa. ◇ **alta fidelidad** Grabación y reproducción de señales acústicas con poca o nula distorsión.

fidelísimo, a adj. Superlativo de fiel.

fidelizar v.tr. Lograr la fidelidad de un cliente a través de un buen trato, ofertas o regalos.

fideo s.m. **1** Pasta italiana que tiene forma de hilo corto y es de grosor variable. **2** Fam. Persona que está muy delgada.

fideuá s.f. Plato cuyo ingrediente principal son los fideos, que se cocinan en una paella con otros ingredientes como pescado, marisco, etc.; es un plato típico del mediterráneo español.

fiduciario, a adj. Que depende del crédito o confianza que merece.

fiebre s.f. **1** Aumento de la temperatura del cuerpo por encima de lo normal, acompañado generalmente de un aumento del ritmo cardíaco y respiratorio, que es síntoma de ciertas enfermedades. **2** Enfermedad infecciosa cuyo síntoma principal es la fiebre. □ Suele usarse en plural con valor singular. **3** Actividad que se lleva a cabo con gran excitación.

1. **fiel** adj. **1** Se dice de la persona que es firme y constante en sus afectos, ideas y obligaciones. ◆ adj. y s.m. y f. **2** Se dice de la persona que cree firmemente en una doctrina, en especial religiosa. ◆ adj. **3** Se dice del animal doméstico que muestra apego y sumisión a su dueño. **4** Exacto o conforme a la verdad. **5** Que cumple de forma exacta su función.
OBS Superlativo: **fidelísimo**.

2. **fiel** s.m. Aguja que marca el peso en una balanza.

fieltro s.m. Tela hecha de borra, lana o pelo prensados y sin tejer que se usa en la confección de prendas de vestir, en especial de sombreros.

fiera s.f. **1** Animal salvaje, especialmente el mamífero que se alimenta de otros animales a los que ataca con ferocidad. **2** Persona de carácter violento. ◇ **hecho una fiera** Fam. Muy irritado o encolerizado. ◇ **ser un,** o **una, fiera** Fam. Destacar en una actividad determinada.

fiereza s.f. Crueldad o agresividad propias de ciertos animales y que también manifiestan ciertas personas o cosas en sus acciones.

fiero, a adj. **1** Relativo a las fieras. **2** Se dice del animal o la persona que muestran fiereza. **3** Que denota o implica fiereza. **4** Se dice del sentimiento que es muy intenso y generalmente molesto o negativo.

fierro s.m. AMÉR Varilla metálica con la marca de una hacienda que se utiliza candente para identificar el ganado.

fiesta s.f. **1** Reunión de varias personas para celebrar un acontecimiento o para divertirse, en la que se suele bailar, comer, etc. **2** Día o conjunto de días en que se celebra una conmemoración religiosa o civil y que es oficialmente no laborable. **3** Muestra de afecto o de alegría. □ Suele usarse en plural con valor singular. ◆ **fiestas** s.f.pl. **4** Período festivo en que se conmemora algo, especialmente la Navidad o la Pascua, y en que suele haber vacaciones escolares.

figura s.f. **1** Forma o aspecto exterior de un cuerpo. **2** Representación dibujada o gráfica de un cuerpo. **3** Espacio geométrico delimitado por líneas o planos. **4** Representación gráfica que ilustra en un texto cierto concepto que se cita en él. **5** Pieza del ajedrez y de otros juegos de mesa que tiene forma humana, animal o de cosa. **6** Naipe de una baraja que representa a una persona. **7** Cosa que simboliza o representa otra. **8** Signo musical que representa la duración de cada sonido. **9** Alteración del sentido de una palabra, una frase o de la estructura del discurso que se realiza con una finalidad expresiva o estética. □ También figura retórica. **10** Personaje de una obra de teatro y actor que lo representa. **11** Persona que destaca por sus cualidades o por sus logros en una profesión, actividad o ámbito. ◆ s.m. y f. **12** Fam. Persona que realiza muy bien algo o que destaca en una actividad. □ Frec. humorístico.

figuración s.f. **1** Acción de figurar o figurarse. **2** Cosa que una persona se figura o imagina. **3** Representación de una figura. **4** Conjunto de figurantes de una película, una obra de teatro u otro espectáculo.

figurado, a adj. Se dice del significado de una palabra o una expresión que se aparta del originario o literal pero mantiene una relación metafórica con el mismo.

figurante s.m. y f. Persona que interviene en una película, una obra teatral u otro espectáculo solo para crear ambiente en las escenas, con un papel poco relevante o sin hablar.

figurar v.intr. **1** Estar alguien o algo presente en un lugar o formando parte de algo. **2** Destacar o sobresalir en una actividad o un ambiente determinados. □ Frec. despectivo. ◆ v.tr. **3** Fingir o suponer que algo es real sin serlo. **4** Representar una persona el papel que se expresa en una narración. ◆ **figurarse** v.prnl. **5** Imaginar o suponer algo que no se conoce.

figurativismo s.m. Tendencia artística, opuesta a la abstracción, que se basa en la representación de figuras identificables.

figurativo, a adj. **1** Que figura o representa algo. **2** Se dice del arte o el artista que representa personas, animales y objetos reales y reconocibles.

figurín s.m. **1** Dibujo o diseño en papel de una prenda de vestir que sirve de modelo para confeccionarla. **2** Revista que contiene estos dibujos. **3** Fam. Persona que se arregla y cuida mucho la forma de vestir.

fijación s.f. **1** Acción de fijar o fijarse. **2** Idea, palabra o imagen que se repite en la mente de una persona de forma que no se puede reprimir o evitar. **3** Estado de reposo de una sustancia después de agitada por una operación química. **4** Proceso químico por el que algunos seres vivos asimilan algún elemento químico, como el nitrógeno atmosférico, para formar compuestos orgánicos.

fijador, ra adj. **1** Que fija. ◆ adj. y s. **2** Se dice de la persona que se dedica a fijar carteles de publicidad. ◆ s.m. **3** Utensilio que sirve para fijar cosas. **4** Sustancia que sirve para fijar cosas, como el cabello, una imagen fotográfica, un dibujo, etc.

fijar v.tr. **1** Hacer que una cosa quede inmóvil o no pueda desplazarse o caer. **2** Hacer estable o fijo algo y mantenerlo durante un tiempo determinado. **3** Determinar una fecha o un momento para algo. **4** Dirigir la atención, la mirada, etc., hacia un punto determinado. ◆ **fijarse** v.prnl. **5** Percibir o darse cuenta de algo.

fijismo s.m. Antigua teoría que sostenía la invariabilidad de las especies vivas en el tiempo.

fijo, a adj. **1** Que está quieto, sujeto o asegurado de manera que no puede desplazarse o caer. **2** Que está establecido y no puede cambiarse. **3** Permanente, no expuesto a cambios.

fila s.f. **1** Serie de personas o cosas colocadas una tras otra formando una línea. **2** Conjunto de cosas dispuestas una al lado de otra y formando una línea recta. **3** Conjunto de soldados que, mirando al frente, están colocados uno al lado del otro, hombro con hombro. **4** Categoría de una persona o cosa. ◆ **filas** s.f.pl. **5** Colectivo o agrupación de personas, especialmente si es de carácter político. **6** Ejército o servicio militar. ◇ **cerrar filas** Ir en la última posición de una fila o grupo de personas. ◇ **fila india** Fila de varias personas.

filacteria s.f. Amuleto o talismán que usaban los antiguos.

filamento s.m. **1** Cuerpo que tiene forma de hilo muy fino. **2** Hilo de metal conductor que se pone incandescente al paso de la corriente eléctrica y produce luz o calor. **3** Parte alargada del estambre, que sostiene la antera.

filantropía s.f. Amor desinteresado por el género humano.

filántropo s.m. y f. Persona que ama a todas las personas y se dedica a ayudarlas.

filarmónica s.f. MÉX Acordeón.

filarmónico, a adj. y s. **1** Se dice de la persona que siente pasión y entusiasmo por la música. ◆ adj. y s.f. **2** Se dice de la orquesta o conjunto de músicos que toca bajo las órdenes de un director y que puede incluir instrumentos e interpretar obras que no son habituales en la sinfónica.

filatelia s.f. **1** Afición y arte de coleccionar sellos de correos. **2** Establecimiento donde se venden sellos de correos para coleccionar.

filatélico, a adj. **1** Relativo a la filatelia. ◆ s. **2** Filatelista.

filete s.m. **1** Loncha alargada, ancha y de poco grosor de carne, pescado o ave sin huesos o espinas. **2** Rodaja de solomillo de buey o ternera. **3** Línea larga y fina que sirve de adorno.

filia s.f. Simpatía o afición por una determinada persona o cosa.

filiación s.f. **1** Condición de ser hijo de unos padres determinados. **2** Conjunto de datos personales de una persona. **3** Hecho de estar afiliado a una organización.

filial adj. **1** Relativo al hijo. ◆ adj. y s.f. **2** Se dice de la empresa cuya actividad económica depende de otra que participa mayoritariamente en su capital. ◆ adj. y s.m. **3** ESP Se dice del equipo que pertenece al mismo club que otro equipo de categoría superior.

filibustero s.m. Pirata que en el siglo XVII actuaba en el mar de las Antillas.

filigrana s.f. **1** Adorno, obra o trabajo de orfebrería hecho con hilos de oro o plata. **2** Acción de gran perfección.

filípica s.f. Crítica o reprensión severa y extensa contra alguien.

filipino, a adj. y s. De Filipinas (país de Asia).

filisteo, a adj. y s. **1** De un pueblo que habitó el sudoeste de Palestina hasta el siglo VII a. C. **2** Se dice de la persona que es vulgar y carece de sensibilidad artística o literaria.

film (pl. films) s.m. **1** Filme. **2** Capa muy fina de una sustancia.

filmación s.f. Registro de imágenes en movimiento o escenas con una cámara.

filmar v.tr. Registrar con una cámara imágenes en movimiento o escenas.

filme s.m. Película cinematográfica.

filmina s.f. Fotografía obtenida directamente en positivo y en película u otro material transparente.

filmografía s.f. Conjunto de películas cinematográficas con una característica común.

filmoteca s.f. **1** Institución que se dedica a guardar y conservar material cinematográfico. **2** Colección de películas o filmes.

1. **filo** s.m. **1** Borde agudo o afilado de la hoja de un instrumento cortante. **2** Punto o línea que divide una cosa en dos mitades. ◇ **al filo de** Alrededor de la hora que se expresa.

2. **filo** s.m. Fílum.

filogenia s.f. En biología, desarrollo y evolución general de una especie.

filología s.f. **1** Ciencia que estudia la lengua, literatura y todos los fenómenos culturales de un pueblo o grupo de pueblos a través de los textos escritos que ha producido. **2** Técnica de reconstruir, fijar o interpretar textos antiguos.

filológico, a adj. Relativo a la filología.

filólogo, a s. Especialista en filología.

filón s.m. **1** Masa mineral que llena una grieta de una formación mineral o rocosa más antigua y que puede ser objeto de explotación. **2** Persona, cosa o situación de los que se puede obtener gran provecho.

filosofar v.intr. **1** Pensar sobre una cosa con razonamientos filosóficos. **2** Fam. Explicar lo que se piensa sobre algo fingiendo haberlo meditado mucho o creyendo que es muy profundo.

filosofía s.f. **1** Conjunto de razonamientos sobre la esencia, las propiedades, las causas y los efectos de las cosas naturales, especialmente sobre el ser humano y el universo. **2** Sistema filosófico o conjunto de los razonamientos expuestos por un pensador. **3** Forma de pensar o de entender la vida.

filosófico, a adj. Relativo a la filosofía.

filósofo, a s. Persona que se dedica a la filosofía o que elabora un sistema filosófico.

filoxera s.f. Insecto parecido al pulgón que ataca la vid.

filtración s.f. **1** Acción de filtrar o filtrarse. **2** Efecto de filtrar o filtrarse. **3** Información que se filtra para que sea conocida públicamente.

filtrar v.tr. **1** Hacer pasar un fluido por un filtro para retener alguno de sus componentes. **2** Dejar un cuerpo sólido pasar un fluido a través de sus poros. ◆ v.intr. y prnl. **3** Penetrar un fluido en un cuerpo sólido a través de sus poros o de sus pequeñas aberturas. ◆ v.tr. **4** Llegar una cosa a alguien a través de ciertos obstáculos o sin la voluntad expresa de que ocurra.

1. **filtro** s.m. **1** Objeto o material que contiene poros de determinado tamaño a través del cual se hace pasar un fluido para separar las partículas que tiene en suspensión. **2** Dispositivo que sirve para eliminar determinadas frecuencias de la corriente que lo atraviesa. **3** Pantalla o cristal que refleja ciertos rayos de luz y deja pasar otros. **4** Procedimiento que sirve para seleccionar lo que se considera mejor o más importante.

2. **filtro** s.m. Bebida elaborada con diversos ingredientes a la que se atribuyen efectos mágicos.

fílum s.m. Categoría taxonómica de clasificación de los seres vivos inferior a la de reino y superior a la de clase.

fimosis s.f. Estrechez de la abertura de la piel que rodea el pene.

fin s.m. **1** Momento o lugar en que termina alguna cosa. **2** Finalidad. ◇ **a fin de** Para. ◇ **a fin de cuentas** o **al fin** o **al fin y al cabo** Después de todo. ◇ **al fin** o **por fin** Por último, después de vencer todos los obstáculos. ◇ **en fin** En resumen o en definitiva. ◇ **fin de semana** Período que comprende el sábado y el domingo.

finado, a s. Formal. Persona muerta.

final adj. **1** Que es el último de una serie. **2** Que es último y definitivo. ◆ s.m. **3** Fin de una cosa en el espacio o el tiempo. ◆ s.f. **4** Último enfrentamiento entre los participantes de una competición deportiva, del que sale el ganador. ◆ adj. y s.f. **5** Se dice de la oración o proposición que expresa un fin o finalidad cuyo cumplimiento es posterior a la acción, el proceso o el estado expresados por otra oración. ◇ **a final,** o **finales, de** En la última parte del período que se señala.

finalidad s.f. Motivo, objetivo o función.

finalista adj. y s.m. y f. Se dice de la persona o la obra que llega a la final de una competición deportiva o de un concurso.

finalizar v.tr. **1** Hacer que una cosa llegue a su fin. ◆ v.intr. **2** Llegar una cosa a su fin.

financiación s.f. Acción de financiar.

financiar (1d) v.tr. Dar dinero a alguien para que desarrolle una actividad.

financiero, a adj. **1** Relativo a las finanzas. **2** Que financia. ◆ s. **3** Persona que se dedica a las finanzas o que es especialista en estas.

financista adj. y s.m. y f. AMÉR Se dice de la persona que financia algo.

finanzas s.f.pl. **1** Conjunto de actividades que tienen relación con el dinero. **2** Conjunto de dinero o de bienes que posee una persona.

finar v.intr. Formal. Morir una persona.

finca s.f. Propiedad inmueble que hay en el campo o en la ciudad.

finés, sa adj. y s. **1** De un pueblo antiguo que invadió el norte de Europa y que dio nombre a Finlandia. **2** ▷ finlandés, sa.

fineza s.f. **1** Dicho o acto con que se manifiesta afecto o cariño. **2** Delicadeza o buena educación.

fingir v.tr. Representar una cosa que no es verdad para que alguien se la crea.

finiquitar v.tr. **1** Pagar completamente una deuda o una cuenta. **2** Fam. Acabar una cosa.

finiquito s.m. **1** Acción de finiquitar una cuenta o una deuda. **2** Cantidad de dinero que se paga para finiquitar una cuenta o una deuda.

finisecular adj. Relativo al fin de un siglo.

finito, a adj. **1** Que tiene fin o límite. **2** En matemáticas, se dice del conjunto que tiene un número de elementos que se pueden contar.

finlandés, sa o **finés, sa** adj. y s. **1** De Finlandia (país de Europa). ◆ s.m. y adj. **2** Lengua hablada en Finlandia.

fino, a adj. **1** Que tiene poco grosor o espesor. **2** Se dice de la persona que se comporta con cortesía y delicadeza. **3** Se dice del sentido corporal que es capaz de percibir sensaciones sutiles o poco intensas. **4** Delicado y de buena calidad. **5** Se dice de la superficie que es suave o lisa, sin asperezas. **6** Se dice del metal que es muy puro o no tiene mezcla. **7** Se dice de la persona que es muy lista, astuta o hábil y percibe cosas sutiles. ◆ s.m. **8** Vino blanco de Jerez, muy seco y de color amarillo pálido, que tiene una alta graduación alcohólica.

finolis adj. y s.m. y f. Fam. Se dice de la persona que muestra excesiva delicadeza.

finta s.f. En algunos deportes, movimiento rápido para despistar al contrario.

fintar v.tr. Realizar una finta.

finura s.f. Cualidad de fino.

fiordo s.m. Valle de origen glaciar invadido por el mar, en forma de golfo, profundo y estrecho, y bordeado por laderas escarpadas.

firma s.f. **1** Autógrafo, formado generalmente por el nombre, el apellido y una rúbrica. **2** Acción de firmar. **3** Sociedad o empresa comercial.

firmamento s.m. Espacio en el que se mueven los astros.

firmar v.tr. **1** Escribir una persona su firma. ◆ v.intr. **2** Llegar a un acuerdo escrito para incorporarse a una empresa, equipo deportivo, etc.

firme adj. **1** Que es estable y seguro, no se mueve y difícilmente puede caerse. **2** Duro o consistente. **3** Que es seguro o no manifiesta duda. **4** Inalterable o definitivo. **5** Se dice de la persona que está convencida de lo que piensa y actúa en consecuencia a sus ideales sin dejarse influir. **6** Se dice de la persona, especialmente del soldado, que está de pie, erguida y con los pies juntos en señal de respeto. ◆ s.m. **7** Capa superficial y sólida de terreno sobre la que se puede construir. ◆ adv. **8** Con valor, energía y constancia. ◆ interj. **9** Se usa para ordenar a un militar que adopte la posición firme.

firmeza s.f. **1** Cualidad de firme. **2** ARG Baile popular ejecutado siguiendo el estribillo.

firulete s.m. ARG, BOL, CH, PERÚ, URUG Adorno, generalmente ridículo y exagerado.

fiscal adj. **1** Relativo al fisco, al fiscal o a la fiscalía. ◆ s.m. y f. **2** Representante del estado en un tribunal de justicia que se encarga de sostener la acusación pública en los delitos.

fiscalidad s.f. Conjunto de normas legales y procedimientos de la hacienda pública de un estado sobre tasas, impuestos y contribuciones.

fisco s.m. **1** Administración de los bienes y riquezas de un estado. **2** Conjunto de los bienes de un estado.

fiscorno s.m. Instrumento musical de viento parecido a la trompeta pero de sonido agudo.

fisgar v.tr. e intr. Procurar enterarse con disimulo de un asunto ajeno.

fisgón, na adj. y s. Que fisga.

fisgonear v.tr. e intr. Fisgar.

física s.f. Ciencia que estudia las propiedades de la materia y de la energía y establece las leyes que explican los fenómenos naturales, excluyendo los que modifican la estructura molecular de los cuerpos.

físico, a adj. **1** Relativo a la física. **2** Relativo al cuerpo humano o animal. ◆ s. **3** Persona que se dedica a la física. ◆ s.m. **4** Aspecto exterior de una persona.

fisicoquímica s.f. Ciencia que estudia los fenómenos comunes a la física y a la química.

fisicoquímico, a adj. Relativo a la fisicoquímica.

fisiología s.f. Parte de la biología que estudia los procesos, actividades y fenómenos de las células y tejidos de los organismos vivos.

fisiológico, a adj. Relativo a la fisiología.

fisión s.f. Fragmentación del núcleo de un átomo pesado de uranio, plutonio o torio.

fisioterapeuta s.m. y f. Persona que se dedica a la fisioterapia.

fisioterapia s.f. Tratamiento de ciertas enfermedades y lesiones físicas que consiste en hacer masajes o en hacer practicar ejercicios físicos de forma controlada.

fisonomía s.f. **1** Aspecto particular de la cara de una persona. **2** Aspecto exterior que muestra una cosa.

fisonomista adj. y s.m. y f. Que tiene facilidad para recordar y distinguir a las personas.

fístula s.f. Conducto anormal que comunica un órgano interno con el exterior.

fisura s.f. **1** Grieta o abertura que se hace en un cuerpo sólido. **2** Defecto o dificultad en una cosa que puede empeorar.

fitófago, a adj. y s. Se dice del animal que se alimenta de materias vegetales.

fitoplancton s.m. Conjunto de organismos fotosintéticos que forman parte del plancton.

flacidez o **flaccidez** s.f. Cualidad de flácido.

flácido, a o **fláccido, a** adj. Que está blando y tiene poca consistencia.

flaco, a adj. Se dice de la persona o el animal que tiene poca grasa y poca carne.

flagelado, a adj. Se dice de la célula provista de flagelos.

flagelar v.tr. Azotar a alguien.

flagelo s.m. **1** Instrumento que sirve para azotar. **2** Calamidad. **3** Orgánulo en forma de filamento de algunas células.

flagrante adj. **1** Que ocurre o se realiza en el momento presente. **2** Muy claro y evidente.

flamante adj. Que llama la atención por tener buen aspecto o estar recién hecho.

flambear v.tr. Rociar un alimento con un licor y prenderle fuego para que quede el sabor y el aroma pero desaparezca el alcohol.

flamear v.intr. **1** Despedir llamas. **2** Moverse en el aire una bandera o las velas de una embarcación. ◆ v.tr. **3** Someter una cosa a la acción directa de una llama.

flamenco, a s.m. y adj. **1** Estilo de cante y baile originado por la fusión de elementos musicales andaluces, gitanos y orientales. ◆ adj. y s. **2** Se dice de la persona que interpreta, canta o baila este estilo. **3** Se dice de la persona que se comporta de un modo arrogante. ◆ s.m. **4** Ave zancuda que tiene la cabeza, espalda y cola de color rosa. ◆ adj. y s. **5** De Flandes (región de Europa). ◆ s.m. y adj. **6** Lengua germánica hablada en algunas zonas de Bélgica y Francia. ◆ adj. **7** Se dice del arte y el artista que perteneció a la escuela desarrollada en Flandes entre los siglos XV y XVII.

flan s.m. Postre de consistencia gelatinosa, elaborado con yemas de huevo, leche y azúcar y cuajado al baño María en un molde.

flanco s.m. Parte lateral de una cosa.

flanera s.f. Molde para hacer flanes.

flanquear v.tr. Estar colocado a los dos flancos o lados de algo.

flaquear v.intr. **1** Perder fuerza o resistencia física o moral. **2** Mostrarse débil o sin fuerza.

flaqueza s.f. **1** Debilidad o falta de entereza. **2** Estado de la persona flaca o delgada.

flash o **flas** s.m. **1** Dispositivo de una cámara fotográfica que emite una luz intensa al disparar cuando la iluminación es insuficiente o cuando se quiere atenuar las sombras. **2** Destello luminoso que emite ese dispositivo. **3** Noticia periodística breve y de última hora. **4** En cinematografía, plano de corta duración.

flato s.m. **1** Acumulación de gases en el aparato digestivo que produce un dolor fuerte pero pasajero. **2** AMÉR Melancolía.

flatulencia s.f. Molestia o indisposición debida a la acumulación excesiva de gases en el intestino.

flatulento, a adj. **1** Que produce flatulencia. ◆ adj. y s. **2** Se dice de la persona que padece flatulencia.

flauta s.f. Instrumento musical de viento que consiste en un tubo con agujeros que se toca soplando por un extremo.

flautín s.m. **1** Flauta pequeña y de sonido más agudo y penetrante que la flauta ordinaria. ◆ s.m. y f. **2** Persona que toca este instrumento.

flautista s.m. y f. Persona que toca la flauta.

flebitis s.f. Inflamación de las venas, a menudo acompañada de coágulos de sangre.

flecha s.f. **1** Proyectil que consiste en una vara delgada y ligera terminada en una punta afilada por un extremo; se puede lanzar con la mano o mediante un arco o ballesta. **2** Signo gráfico que tiene la forma de este proyectil. **3** Remate apuntado de una torre o un campanario.

flechazo s.m. **1** Lanzamiento de una flecha. **2** Señal, corte o herida que produce una flecha. **3** Fam. Enamoramiento que surge de forma repentina.

fleco s.m. **1** Hilo o cordoncillo que está unido a otros por un extremo y suelto por el otro, con que se adorna o remata una tela o una prenda de vestir, generalmente por el borde. **2** Deshilachado de una prenda de vestir que se hace por desgaste del remate o la costura. **3** Problema poco importante que está pendiente de resolución para terminar definitivamente algo.

fleje s.m. **1** Tira de hierro u otro metal que sirve para reforzar o precintar un embalaje o para hacer los aros que ciñen las cubas o toneles. **2** Pieza alargada y curva de acero que sirve para sujetar muelles y resortes.

flema s.f. **1** Mucosidad de consistencia pegajosa que se forma en las vías respiratorias y se expulsa por la boca. **2** Temperamento apático o calma excesiva al hacer algo.

flemático, a adj. Que actúa o se comporta con mucha flema o calma excesiva.

flemón s.m. Inflamación del tejido conjuntivo, especialmente de las encías, que es causado por una infección.

flequillo s.m. Porción de cabello que cae sobre la frente.

fletán s.m. Pez marino de hasta 3 m de longitud, cuerpo plano, largo y ovalado, con los dos ojos en el lado derecho de la cabeza; su color es gris oscuro en el lado derecho, y blanco en el izquierdo; es muy voraz y habita en aguas profundas de mares septentrionales; su carne es comestible.

fletar v.tr. **1** Alquilar una embarcación, un vehículo aéreo o terrestre para transportar mercancías o personas. **2** Embarcar mercancías o personas en una embarcación o un vehículo aéreo o terrestre para su transporte. **3** CH, PERÚ Hacer objeto a alguien de una acción o una palabra agresiva. ◆ **fletarse** v.prnl. **4** CUBA, MÉX Marcharse de pronto.

flete s.m. **1** Precio del alquiler de una nave. **2** Carga que transporta una nave. **3** AMÉR Carga. **4** ARG Caballo ligero.

fletero, a adj. **1** AMÉR Se dice del vehículo que se alquila para transporte. ◆ s. **2** AMÉR Persona que se encarga de cobrar el flete o precio del transporte. **3** AMÉR Persona que se dedica al transporte de mercancías. ◆ s.m. **4** CH, PERÚ Hombre que, en los puertos, se encarga de transportar personas o mercancías entre las naves y los muelles.

flexibilidad s.f. **1** Cualidad de lo que es flexible o puede doblarse fácilmente sin romperse. **2** Capacidad para doblar el cuerpo o una parte de él sin sentir dolor. **3** Facilidad para adaptarse a las circunstancias o a la opinión de otras personas.

flexibilizar v.tr. **1** Hacer que algo pueda doblarse fácilmente sin romperse. **2** Hacer que algo pueda ser adaptado a las circunstancias.

flexible adj. **1** Que puede doblarse fácilmente sin romperse. **2** Se dice de la persona que tiene mucha flexibilidad (capacidad para doblar o doblarse). **3** Que se adapta fácilmente a los cambios o las circunstancias. **4** Se dice de la persona que se amolda a la opinión de los demás.

flexión s.f. **1** Movimiento que consiste en doblar el cuerpo o uno de sus miembros. **2** Cambio de forma que experimenta una palabra para expresar sus funciones y sus relaciones de dependencia mediante un afijo que indica la categoría gramatical. **3** Deformación o curvatura de un cuerpo que está sometido a una fuerza que actúa de forma perpendicular a su eje.

flexionar v.tr. Doblar el cuerpo por la cintura o una parte de él.

flexivo, a adj. **1** Se dice del morfema que, unido a un lexema, indica el género y número en el nombre y el adjetivo, y el número, persona, tiempo y modo en el verbo. **2** Se dice de la lengua que tiene flexión gramatical.

flexo s.m. ESP Lámpara de mesa con brazo flexible o articulado.

flexómetro s.m. Cinta que lleva marcada la longitud del metro y sirve para medir.

flexor, ra adj. **1** Que produce un movimiento de flexión. ◆ s.m. y adj. **2** Músculo que produce un movimiento de flexión.

flipar v.intr. **1** Fam. ESP Tener alucinaciones. **2** Fam. ESP Producir una droga alucinaciones. **3** Fam. ESP Entusiasmar o gustar mucho.

flirtear v.intr. Intentar agradar a una persona para establecer una relación amorosa.

flirteo s.m. Acción de flirtear.

floculación s.f. Proceso a través del cual las partículas de un coloide se aglomeran y forman partículas más gruesas.

floema s.m. Tejido vegetal constituido por los vasos o conductos que transportan la savia.

flojear v.intr. **1** Flaquear o perder fuerza física o resistencia. **2** Perder eficacia o rendimiento.

flojedad s.f. **1** Debilidad y falta de fuerza física o resistencia. **2** Descuido, lentitud o pereza.

flojera s.f. Fam. Flojedad (debilidad).

flojo, a adj. **1** Que está mal atado, poco apretado, ajustado o tirante. **2** Que es muy débil o tiene poca fuerza. **3** Que está muy suelto o es poco compacto. **4** Que tiene diarrea. **5** Se dice de la actividad, la acción o el movimiento que tienen poca fuerza o intensidad. **6** Se dice de la risa que se produce por cualquier cosa y es imposible reprimir. **7** Que no tiene la calidad o el interés esperados o adecuados. **8** Se dice del sonido que se articula con poca tensión muscular. **9** Se dice de la persona que es perezosa, descuidada o lenta. ◆ adv. **10** De forma floja.

flor s.f. **1** Parte de una planta espermatófita, generalmente de colores vistosos, donde se encuentran sus órganos reproductores. **2** Parte mejor o más importante de algo. **3** Piropo. ◇ **a flor de piel** Indica que un sentimiento es tan intenso que se hace fácilmente perceptible a los demás. ◇ **flor y nata** Conjunto de personas o cosas que son lo mejor o más selecto en su género.

flora s.f. Conjunto de las plantas de un medio, una zona o una época determinados.

floración s.f. **1** Acción de florecer las plantas. **2** Tiempo en que se produce este fenómeno.

floral adj. Relativo a la flor.

floreado, a adj. Que está adornado con dibujos de flores.

florear v.tr. **1** Adornar una cosa con flores. **2** En música, tocar dos o tres notas sucesiva y repetidamente, formando un sonido continuo a modo de ornamentación. ◆ v.tr. y prnl. **3** CH, EL SALV Escoger lo mejor de una cosa. ◆ v.intr. **4** AMÉR Florecer.

florecer (30) v.intr. **1** Echar flores una planta. **2** Prosperar o aumentar la importancia o la riqueza de una cosa. ◆ **florecerse** v.prnl. **3** Formarse una capa de moho en la superficie de algo.

floreciente adj. **1** Que echa flores. **2** Que prospera o se desarrolla.

florentino, a adj. y s. De Florencia.

florero s.m. Recipiente más ancho que alto que sirve para poner flores.

floresta s.f. Terreno frondoso poblado de árboles.

florete s.m. Espada para practicar esgrima que tiene la hoja de cuatro aristas sin filo.

floricultura s.f. Cultivo de las flores.

florido, a adj. **1** Que tiene flores. **2** Que es lo mejor o más selecto en su género. **3** Se dice del lenguaje o el estilo que está adornado con figuras retóricas. **4** Lucido o de buena apariencia.

florilegio s.m. Colección de fragmentos literarios seleccionados de uno o varios autores.

florín s.m. Unidad monetaria de los Países Bajos (hasta su sustitución por el euro en el año 2002), Hungría y otros países.

florista s.m. y f. Persona que se dedica a vender flores y plantas y a hacer adornos florales.

floristería s.f. Establecimiento en el que se venden flores y plantas.

floritura s.f. **1** Adorno complejo, generalmente innecesario o superfluo. **2** Conjunto de notas que se añade a la melodía.

flota s.f. **1** Conjunto de barcos que realizan la misma actividad. **2** Conjunto de vehículos que realizan la misma actividad y normalmente son propiedad de una compañía. **3** Conjunto de barcos o aviones que realizan juntos una operación bélica determinada. **4** CH, ECUAD Multitud, caterva.

flotación s.f. Mantenimiento de un cuerpo sobre la superficie de un líquido.

flotador s.m. **1** Utensilio que está hecho de un material insumergible, como el corcho o la goma, y sirve para poder flotar una persona en el agua. **2** Objeto que flota en un líquido y que se usa con un fin determinado.

flotante adj. **1** Que flota o no se sumerge. **2** Provisional o cambiante.

flotar v.intr. **1** Mantenerse un cuerpo sobre la superficie de un líquido. **2** Mantenerse un cuerpo suspendido en un medio gaseoso.

flote ◇ **a flote** Flotando sobre la superficie de un líquido. ◇ **salir a flote** Superar una dificultad.

flotilla s.f. Flota poco numerosa.

fluctuación s.f. Acción de fluctuar.

fluctuar (1b) v.intr. **1** Experimentar algo una variación de valor o medida. **2** Experimentar algo, como un sentimiento o estado del ánimo, una variación de intensidad o cualidad.

fluidez s.f. Cualidad de lo que es fluido.

fluido, a s.m. y adj. **1** Sustancia cuyas moléculas presentan gran movilidad y se desplazan libremente debido a la poca cohesión existente entre ellas. ◆ adj. **2** Que tiene consistencia blanda y fluye, corre o adapta su forma con facilidad. **3** Que marcha o se desarrolla de forma ordenada y sin interrupciones. **4** Se dice del lenguaje o el estilo sencillos, claros y bien estructurados. **5** Que surge con facilidad y está bien estructurado. ◆ s.m. **6** Corriente eléctrica.

fluir (23) v.intr. **1** Brotar un líquido o un gas de algún lugar o correr por él. **2** Marchar o desarrollarse algo sin dificultad. **3** Brotar o surgir ideas, proyectos, etc., con facilidad y en abundancia.

flujo s.m. **1** Movimiento de un fluido por un lugar. **2** Movimiento de ascenso de la marea, opuesto al de reflujo o descenso. **3** Movimiento de personas o de cosas de un lugar a otro. **4** Secreción orgánica normal o patológica.

flúor s.m. Elemento químico de símbolo F y número atómico 9; es un gas venenoso.

fluorescencia s.f. Propiedad de los cuerpos fluorescentes.

fluorescente adj. **1** Se dice del cuerpo o sustancia que es capaz de emitir parte de la radiación que ha absorbido, generalmente de mayor longitud de onda. **2** Se dice de la luz producida de esa forma. ◆ s.m. y adj. **3** Tubo de vidrio que emite luz fluorescente por influencia de radiaciones ultravioleta.

fluorita s.f. Mineral cristalizado, compuesto de flúor y calcio.

fluvial adj. Relativo al río.

fobia s.f. **1** Temor exagerado, irracional y obsesivo hacia algo o alguien. **2** Antipatía u odio muy intensos hacia alguien o algo.

foca s.f. **1** Mamífero adaptado a la vida acuática de cuerpo rechoncho y cubierto de pelo corto, con las extremidades muy cortas en forma de aleta. **2** Fam. y desp. Persona muy gruesa.

focal adj. Relativo al foco.

focalizar v.tr. **1** Hacer que un haz de rayos luminosos, un haz de electrones, una onda sonora u otra forma de energía converjan en un punto común. **2** Centrar algo en un punto o aspecto determinados.

focha s.f. Ave zancuda acuática de plumaje negro, con el pico y la placa frontal blancos.

foco s.m. **1** Lámpara, generalmente dirigible, que emite una luz muy intensa y concentrada hacia un punto. **2** Punto donde se reúnen los rayos de luz, calor, etc., reflejados por un espejo curvo o refractados por una lente convergente. **3** Punto o lugar donde está localizada una cosa y desde donde se extiende o propaga. **4** En geometría, punto situado en el plano y fuera de la curva de una cónica u otra curva plana, de modo que la distancia a todos los puntos de la misma puede expresarse mediante una ecuación. **5** AMÉR Bombilla eléctrica. **GEOSIN** bombillo.

fofo, a adj. Blando y con poca consistencia.

fogata s.f. Fuego de llamas altas.

fogón s.m. **1** Sitio de la cocina donde se hace el fuego para guisar. **2** Parte de una máquina de vapor o de un horno donde se quema el combustible. **3** ARG, C RICA, CH Fuego, fogata.

fogonazo s.m. Llamarada o luz intensa y momentánea producida por un disparo o una explosión.

fogosidad s.f. Ímpetu y apasionamiento con que se hace una cosa.

fogoso, a adj. **1** Impetuoso y apasionado. **2** Que ama con pasión y desenfreno.

fogueo s.m. Costumbre que va adquiriendo una persona a realizar una actividad. ◇ **de fogueo** Se dice de la munición que solo lleva pólvora.

foie-gras s.m. Alimento que consiste en una pasta elaborada con hígado triturado de ciertos animales, especialmente de pato, oca o ganso.

1. **foja** s.f. AMÉR En derecho, sumario.

2. **foja** s.f. Focha.

folclore o **folclor** o **folklore** s.m. Conjunto de tradiciones, leyendas, creencias, costumbres, proverbios, etc., de origen popular y mantenidos por la tradición.

folclórico, a o **folklórico, a** adj. **1** Relativo al folclore popular. ◆ s. **2** ESP Persona que interpreta, canta o baila flamenco.

foliación s.f. **1** Modo de estar dispuestas las hojas en una planta. **2** Aparición y desarrollo de las hojas de una planta. **3** Numeración ordenada de las páginas de un escrito o impreso.

fólico adj. Se dice del ácido presente en los vegetales de hoja verde, cítricos, frijoles y granos integrales.

folículo s.m. **1** Glándula en forma de saco pequeño situada en la piel o en las mucosas que tiene función secretora o excretora. **2** Fruto sencillo y seco que se abre por una sutura o línea central y encierra varias semillas.

folio s.m. **1** Hoja de papel, en especial la que resulta de cortar por la mitad un pliego, y cuyo tamaño equivale a dos cuartillas. **2** Hoja numerada de un escrito o un libro.

folíolo o **foliolo** s.m. División primaria, en forma de hoja, de las que forman una hoja compuesta de una planta.

folk s.m. Estilo musical de Estados Unidos que se caracteriza por la combinación de la música tradicional con elementos del rock.

follaje s.m. **1** Conjunto de hojas y ramas de un árbol, arbusto o planta. **2** Adorno de hojas y ramas en una cosa.

follar v.intr. Vulg. ESP Copular.

folletín s.m. **1** Novela, cuento o relato publicados en un periódico o revista, generalmente por entregas; estuvo especialmente de moda en el siglo XIX. **2** Obra literaria o cinematográfica que presenta una historia sentimental en la que abundan elementos para conmover al público.

folletinesco, a adj. **1** Relativo al folletín. **2** Se dice de la situación o hecho de la vida real que se considera propio de los folletines sentimentales.

folleto s.m. **1** Impreso de corta extensión que sirve para informar sobre algo o para hacer publicidad de un producto. **2** Impreso que explica las características y el modo de empleo de un determinado aparato o servicio.

follón s.m. **1** Fam. ESP Situación confusa o desordenada. **2** Fam. ESP Discusión por algún asunto problemático, poco claro o incómodo.

fomentar v.tr. Hacer que una actividad u otra cosa se desarrolle o aumente su intensidad.

fomento s.m. **1** Impulso para desarrollar o aumentar la intensidad de una actividad u otra cosa. **2** Actividad política destinada a favorecer el progreso y las infraestructuras públicas.

fon o **fonio** o **fono** (pl. fon o fonios o fonos) s.m. Unidad de sonoridad o percepción sonora que equivale a la sensación que produce un sonido de frecuencia 1 000 hertz e intensidad 10^{-12} watts por metro cuadrado; se utiliza para medir la diferencia entre las sensaciones sonoras producidas por dos sonidos de intensidades distintas.

fonación s.f. Proceso mediante el cual se produce la voz humana y se articulan o pronuncian las palabras.

fonador, ra adj. Se dice del órgano que interviene en la fonación.

fonda s.f. Establecimiento de categoría inferior al hostal que ofrece alojamiento y servicios de aseo y comedor.

fondeadero s.m. Lugar que tiene la profundidad necesaria para que se pueda fondear.

fondear v.tr. e intr. **1** Hacer que una embarcación se detenga echando el ancla o un peso que descanse en el fondo. ◆ v.tr. **2** Reconocer el fondo del agua. ◆ **fondearse** v.prnl. **3** AMÉR Enriquecerse.

fondista s.m. y f. Atleta que participa en pruebas de fondo.

fondo s.m. **1** Parte más baja de una cosa hueca o cóncava. **2** Distancia entre esta parte y un punto tomado como referencia (parte más alta, entrada, borde, etc.). **3** Parte opuesta a la entrada de un lugar o al lugar desde el que se habla. **4** Superficie en la que descansa el agua del mar, un río o un lago, etc. **5** Parte principal o elemento clave de un asunto, que subyace por debajo de las apariencias. **6** Carácter de una persona o rasgo del mismo que existe al margen de las apariencias. **7** Parte íntima de una persona, de su memoria, su corazón o su conocimiento. **8** Parte de un cuadro u otra superficie que es más o menos uniforme y sobre la cual destacan dibujos, adornos o figuras. **9** Plano de una imagen que queda tras las figuras o elementos que ocupan el plano principal. **10** Sonido continuo que se percibe en un segundo plano. **11** Conjunto de libros, documentos u obras artísticas que posee una institución o entidad. **12** Cantidad de dinero que se reserva para un fin determinado. **13** Capacidad que tiene un deportista para resistir un prolongado esfuerzo físico. **14** Modalidad de atletismo basada en esta capacidad de resistencia, que consiste en carreras de largo recorrido. ◆ **fondos** s.m.pl. **15** Dinero o caudales pertenecientes al tesoro público o al haber de un negociante. ◇ **a fondo** Con profundidad. ◇ **en el fondo** Indica lo que por encima de las apariencias es esencial en un asunto.

fondón, na adj. Fam. ESP Se dice de la persona que está gruesa y ha perdido la agilidad.

fondue s.f. **1** Plato que consiste en trozos de pan o carne fritos en aceite o queso fundido, o trozos de fruta en chocolate fundido, que se prepara con un hornillo especial. **2** Hornillo para elaborar este plato.

fonema s.m. Unidad fonológica mínima que se opone a otra para diferenciar significados.

fonendoscopio s.m. Instrumento médico que sirve para auscultar.

fonética s.f. **1** Parte de la lingüística que estudia los sonidos de las lenguas independientemente de su función lingüística. **2** Conjunto de sonidos de una lengua determinada.

fonético, a adj. **1** Relativo a la fonética. **2** Se dice del alfabeto cuyos signos representan los sonidos del lenguaje.

fónico, a adj. Relativo a la voz o los sonidos del habla.

fono s.m. AMÉR SUR Auricular del teléfono.

fonógrafo s.m. Aparato para registrar y reproducir el sonido.

fonología s.f. Parte de la lingüística que estudia los fonemas.

fonológico, a adj. Relativo a la fonología o a los fonemas.

fonoteca s.f. **1** Edificio o lugar donde se conservan documentos sonoros. **2** Conjunto o colección de documentos sonoros.

fontanela s.f. Espacio membranoso que hay en el cráneo humano y de muchos animales antes de su completa osificación.

fontanero, a s. AMÉR CENTRAL, ESP, MÉX Persona que se dedica a instalar o reparar conducciones de agua y sanitarios. **GEOSIN** plomero.

footing s.m. Ejercicio físico que consiste en correr una distancia larga a un ritmo moderado.

foque s.m. Vela triangular de una embarcación.

forajido, a adj. y s. Se dice de la persona que vive al margen de la ley y alejado de lugares poblados, huyendo continuamente de la justicia.

foral adj. **1** Relativo al fuero o los fueros. **2** Se dice de la comunidad que tiene fueros propios.

foraminífero adj. y s.m. Se dice del protozoo marino provisto de una envoltura formada por quitina y carbonato cálcico.

foráneo, a adj. Formal. Que proviene de otro lugar.

forastero, a adj. y s. Se dice de la persona que proviene de otro lugar.

forcejear v.intr. Hacer fuerza para vencer una resistencia y conseguir algo.

forcejeo s.m. Acción de forcejear.

fórceps s.m. Instrumento en forma de pinza que se utiliza para ayudar a salir al bebé en un parto difícil.

forense adj. **1** Relativo a los tribunales de justicia. ◆ adj. y s.m. y f. **2** Se dice del médico que está encargado por un juez de señalar el origen de las lesiones sufridas por un herido, o, especialmente, de determinar las causas que han provocado la muerte de una persona.

forestal adj. Relativo al bosque.

forja s.f. **1** Trabajo de un metal, especialmente del hierro, dándole una forma definida cuando está caliente por medio de golpes o por presión. **2** Taller donde se realiza este trabajo. **3** Creación o formación de una cosa, generalmente de algo no material. **4** Mezcla de cal, arena y agua que se usa en la construcción.

forjado s.m. **1** Forja (trabajo). **2** Armazón de madera o metal que sirve para hacer una pared, un tabique o un suelo, una vez rellenado o cubierto de cemento, hormigón u otro material.

forjar v.tr. **1** Trabajar un metal. **2** Crear o formar una cosa.

forma s.f. **1** Figura o conjunto de líneas y superficies que determinan el aspecto exterior de una cosa. **2** Modo de ser, actuar o hacer una cosa. **3** Modo de aparecer o manifestarse una cosa. **4** Hostia sagrada. **5** Aspecto que presenta una palabra o unidad lingüística con una determinada información gramatical. ◆ **formas** s.f.pl. **6** Conjunto de expresiones, gestos o actitudes que una persona utiliza para comportarse en público y con los demás. ◇ **de todas formas** Indica que una cosa que se ha dicho antes o que se sabe, no impide lo que se dice a continuación. ◇ **en forma** En buenas condiciones físicas o mentales.

formación s.f. **1** Manera de estar configurado o dispuesto el aspecto exterior de algo. **2** Creación o constitución de una cosa que no existía antes. **3** Formación intelectual o profesional de una persona. **4** Conjunto ordenado de personas o cosas, especialmente de soldados dispuestos en fila. **5** Conjunto de rocas o minerales que se han depositado en un lugar durante el mismo período geológico. ◇ **formación profesional** Etapa de la enseñanza escolar de grado medio o superior destinada a proporcionar capacitación profesional.

formal adj. **1** Se dice de la persona que tiene un comportamiento correcto y educado. **2** Se dice de la persona que cumple con sus obligaciones y compromisos. **3** Que cumple con las condiciones necesarias o con los requisitos establecidos para llevarse a cabo. **4** Relativo al aspecto exterior de una cosa. **5** Relativo al modo de expresar el pensamiento.

formalidad s.f. **1** Condición necesaria o requisito establecido para que se haga o se cumpla una cosa. **2** Corrección y educación en el comportamiento de una persona.

formalización s.f. Acción de formalizar.

formalizar v.tr. **1** Dar o aumentar la seriedad y estabilidad de una cosa, especialmente de una relación entre personas. **2** Hacer que una cosa cumpla las condiciones necesarias o los requisitos legales establecidos para llevarla a cabo.

formante s.m. En lingüística, morfema.

formar v.tr. **1** Hacer una cosa, dándole su forma o aspecto exterior. **2** Crear una cosa que antes no existía. **3** Dar preparación intelectual o profesional a alguien. ◆ v.intr. **4** Colocarse en filas o en determinado orden una o varias personas.

formatear v.tr. Preparar y optimizar un disco, como el disco duro o un disquete, organizando su espacio de almacenamiento.

formateo s.m. Acción de formatear.

formativo, a adj. Que sirve para enseñar.

formato s.m. **1** Forma y tamaño de un libro, un impreso, una fotografía, etc. **2** Dimensión, expresada en milímetros, de la anchura de una película. **3** En informática, disposición para formalizar los datos de un documento.

formica s.f. Laminado plástico y brillante con que se forran algunas maderas.

fórmico, a adj. Se dice del ácido incoloro e irritante, procedente de la oxidación de ciertas sustancias orgánicas, y de la secreción de ciertas plantas (como las ortigas) e insectos (como las hormigas o las abejas).

formidable adj. Que destaca entre otros de su misma clase por su calidad o capacidad.

formol s.m. Líquido incoloro y de olor fuerte, con propiedades desinfectantes, que se usa para conservar seres orgánicos muertos y evitar su descomposición.

formón s.m. Herramienta que sirve para cortar o trabajar la madera.

fórmula s.f. **1** Escrito en el que se describe la composición de un producto y el modo de prepararlo. **2** Forma establecida para el modo de realizar, resolver o expresar una cosa. **3** Expresión simbólica de la relación que existe entre dos o más variables matemáticas o de la composición química de un cuerpo o sustancia. **4** Categoría en que se dividen las competiciones de automovilismo.

formulación s.f. Acción y efecto de formular.

formular v.tr. **1** Expresar una ley física, un principio matemático o una composición química mediante una fórmula o combinación de números, letras y signos. **2** Expresar una cosa con palabras o por escrito, generalmente con claridad y exactitud.

formulario, a adj. **1** Relativo al modo establecido de hacer o expresar algo. ◆ s.m. **2** Escrito impreso con espacios en blanco para anotar los datos o responder las cuestiones que se solicitan.

fornicar v.intr. Realizar el acto sexual fuera del matrimonio.

fornido, a adj. Se dice de la persona fuerte o de gran corpulencia.

foro s.m. **1** Plaza central, en las ciudades de la antigua Roma, situada en el cruce de las dos vías más importantes (el cardo y el decumano), que constituía el gran centro cívico, administrativo y judicial de la localidad y en torno a la cual se ubicaban los edificios más representativos. **2** Reunión de personas para tratar un asunto ante un público que también puede expresar su opinión. **3** Fondo del escenario de un teatro, que está más alejado de los espectadores.

forofo, a s. ESP Persona a la que le gusta mucho o practica con pasión una actividad determinada, especialmente un deporte.

forraje s.m. Hierba que se da al ganado para alimentarlo.

forrajero, a adj. Se dice de la planta que sirve como alimento para el ganado.

forrar v.tr. **1** Cubrir un objeto para protegerlo o conservarlo. **2** Poner una pieza de tela en la superficie interior de una prenda de vestir. ◆ **forrarse** v.prnl. **3** Fam. Ganar gran cantidad de dinero.

forro s.m. **1** Pieza con que se cubre un objeto para protegerlo o conservarlo. **2** Pieza de tela que se cose en la superficie interior de una prenda de vestir.

fortachón, na adj. Fam. Fuerte o corpulento.

fortalecer (30) v.tr. Hacer fuerte o más fuerte a una persona o cosa.

fortalecimiento s.m. **1** Aumento de la fuerza de una persona o cosa. **2** Aumento de la intensidad de una relación o sentimiento entre dos personas o grupos.

fortaleza s.f. **1** Fuerza física o moral de una persona para afrontar situaciones difíciles. **2** Virtud cardinal que confiere valor para soportar la adversidad y resistir los peligros. **3** Recinto protegido con murallas o construcciones de defensa para resguardarse de los enemigos.

forte adv. En música, fuerte.

fortificación s.f. **1** Acción de fortificar. **2** Construcción que sirve para proteger un lugar.

fortificar v.tr. **1** Hacer más fuerte, física o moralmente, a una persona. **2** Proteger un lugar con construcciones defensivas.

fortín s.m. Fuerte o recinto de pequeño tamaño que sirve de defensa.

fortísimo, a adj. Formal. Superlativo de **fuerte**.

fortissimo adv. En música, muy fuerte.

fortuito, a adj. Que sucede inesperadamente y por casualidad.

fortuna s.f. **1** Causa que supuestamente hace que ocurra una cosa no condicionada por la relación de causa y efecto ni por la intervención humana o divina. **2** Suerte favorable para alguien. **3** Cantidad de dinero y bienes que posee una persona. ◇ **por fortuna** Por suerte.

fórum s.m. Reunión de personas para tratar un asunto ante un público que puede también expresar su opinión.

forúnculo s.m. Furúnculo.

forzado, a adj. **1** Forzoso. **2** Falto de espontaneidad o naturalidad.

forzar (11) v.tr. **1** Obligar a una persona a que haga algo que no quiere hacer. **2** Abusar sexualmente de una persona. **3** Aplicar a algo un esfuerzo mayor del habitual. **4** Abrir algo mediante la fuerza o la violencia. **5** Hacer que algo se produzca de un modo no natural.

forzoso, a adj. Se dice de la cosa que es obligatoria y que no se puede evitar por ningún medio.

forzudo, a adj. y s. Se dice de la persona que tiene mucha fuerza.

fosa s.f. **1** Hoyo que se hace en la tierra, especialmente para enterrar a los muertos. **2** Cavidad o hueco del cuerpo humano y de los animales. **3** Estructura geológica formada por una zona alargada de la corteza terrestre o del fondo de los océanos hundida respecto a los bloques laterales, por la acción de las fallas laterales.

fosfatina s.f. ◇ **hacer fosfatina** Fam. ESP Destrozar completamente.

fosfato s.m. Sal formada a partir del ácido fosfórico; se emplea a menudo como fertilizante.

fosforescencia s.f. Propiedad de las sustancias fosforescentes.

fosforescente adj. Se dice de la sustancia o cuerpo que tiene la propiedad de emitir luz durante un tiempo después de haber estado expuestas a una fuente luminosa.

fosforita s.f. Roca sedimentaria de color blanco amarillento, formada por fosfato de sal.

fosforito s.m. y adj. **1** Fam. ESP Color fosforescente. ◆ adj. **2** Fam. ESP Que es de este color. □ Invariable en número.

fósforo s.m. **1** Elemento químico de símbolo P y número atómico 15; es un no metal sólido, muy combustible y venenoso. **2** Cerilla.

fósil s.m. y adj. Vestigio, impresión o molde de una planta o animal preservados en una roca; se origina a lo largo de millones de años en los que se forman las rocas que contienen los restos mediante la acumulación de sedimentos en las cuencas de mares o lagos.

fosilizarse v.prnl. **1** Convertirse un organismo en fósil o sustancia petrificada. **2** Quedarse estancada, sin evolucionar, una persona en su pensamiento o manera de hacer las cosas.

foso s.m. **1** Hoyo alargado y profundo en un terreno. **2** Hoyo alargado y profundo que rodea un castillo, una fortaleza u otra construcción similar. **3** Piso inferior de un escenario, situado entre este y la platea. **4** Lugar con arena sobre el que caen los atletas de las dos modalidades deportivas de salto.

foto s.f. Fam. Fotografía (imagen).

fotocomposición s.f. Procedimiento de composición de textos que se hace con película o papel fotográfico en lugar de tipos o pequeñas piezas de metal con letras.

fotocopia s.f. Copia fotográfica instantánea sobre papel de un escrito o dibujo, que se hace con una máquina eléctrica.

fotocopiadora s.f. Máquina eléctrica que sirve para hacer fotocopias.

fotocopiar (1d) v.tr. Hacer fotocopias.

fotodepilación s.f. Depilación mediante rayos láser.

fotoeléctrico, a adj. **1** Se dice del fenómeno eléctrico producido por el desprendimiento de electrones bajo la acción de la luz. **2** Se dice del aparato que produce corriente eléctrica por medio de las radiaciones luminosas.

fotofobia s.f. Intolerancia anormal a la luz, originada principalmente por una enfermedad ocular.

fotogénico, a adj. Adecuado para la reproducción fotográfica.

fotografía s.f. **1** Técnica de obtención de imágenes por la acción química de la luz sobre una superficie. **2** Imagen sobre papel que se obtiene mediante esta técnica.

fotografiar (1e) v.tr. Reproducir la imagen de una persona o cosa por medio de la fotografía.

fotográfico, a adj. Relativo a la fotografía.

fotógrafo, a s. Persona que se dedica a la fotografía profesionalmente o como aficionado.

fotograma s.m. Cada una de las imágenes sucesivas de una película cinematográfica.

fotolisis o **fotólisis** s.f. Ruptura que, en el proceso de fotosíntesis, sufre una molécula de agua debido a la acción de los rayos solares.

fotomatón s.m. ESP Cabina fotográfica en la que se hacen fotos automáticamente y se revelan en poco tiempo.

fotómetro s.m. Aparato que sirve para medir la intensidad de una fuente de luz.

fotomontaje s.m. Composición fotográfica obtenida mediante la combinación de varias fotografías superpuestas.

fotón s.m. Partícula elemental que se considera la mínima fracción posible de luz.

fotonovela s.f. Novela que se cuenta mediante una serie de viñetas fotográficas acompañadas de textos o diálogos cortos.

fotoperiodismo s.m. Disciplina que consiste en tomar fotografías con finalidades periodísticas.

fotorreceptor, ra adj. y s.m. Se dice del receptor sensorial que reconoce estímulos lumínicos.

fotorresistencia s.f. Dispositivo electrónico formado por un material semiconductor sensible a la luz, cuya resistencia es menor en presencia de rayos luminosos.

fotosfera s.f. Capa más interna de la envoltura gaseosa del Sol, que es la que produce la energía luminosa y la que podemos observar a simple vista.

fotosíntesis s.f. Proceso metabólico que tiene lugar en las células con clorofila y que permite, gracias a la energía de la luz, transformar un sustrato inorgánico en materia orgánica.

fotosintético, a adj. Relativo a la fotosíntesis.

fototaxis o **fototaxia** s.f. Reacción de orientación de los organismos celulares libres como respuesta a un estímulo luminoso.

fototropismo s.m. Reacción de ciertos seres vivos fijos al sustrato en respuesta a la luz.

fotovoltaico, a adj. Que convierte la energía luminosa en energía eléctrica.

foxterrier (pl. foxterriers) s.m. y f. y adj. Perro de tamaño mediano, cráneo ancho, cara pequeña, orejas caídas, cola corta y levantada, y pelo blanco con manchas oscuras.

fox-trot o **foxtrot** s.m. **1** Baile de pareja que se ejecuta con pasos rápidos y cortos y que se puso de moda a partir de 1920. **2** Música de ritmo alegre para acompañar este baile.

foyer s.m. Sala de descanso o vestíbulo amplio en los teatros.

foz s.m. Paso estrecho de un valle profundo o el que forma un río entre dos montañas.

frac (pl. fraques) s.m. Traje masculino de etiqueta y ceremonia, cuya chaqueta es corta por delante y acaba por detrás en dos faldones largos.

fracasado, a adj. y s. Se dice de la persona que ha perdido la credibilidad, el buen nombre o la estima a causa de uno o varios fracasos.

fracasar v.intr. **1** Salir mal una cosa. **2** No obtener una persona el resultado que pretendía en una actividad.

fracaso s.m. **1** Resultado adverso en una cosa que se esperaba que saliera bien. **2** Suceso adverso e inesperado.

fracción s.f. **1** Parte dividida de un todo considerada por separado. **2** Operador formado por dos números enteros; el primero (o numerador) indica el número de partes que se considera, mientras que el segundo (o denominador) representa el número de partes iguales en que se divide una cantidad. **3** Grupo de personas que pertenecen a una asociación, especialmente a un partido político, y que tienen opiniones distintas a las del resto en determinados asuntos.

fraccionar v.tr. Dividir en partes un todo.

fraccionario, a adj. Relativo a la fracción.

fractura s.f. **1** Rotura violenta de algo sólido. **2** Lugar por donde se rompe una cosa sólida y señal que deja. **3** Aspecto que presenta la superficie de un mineral o roca cuando se rompe.

fracturar v.tr. Romper violentamente algo sólido, especialmente un hueso del cuerpo.

fragancia s.f. Olor suave y muy agradable.

fragante adj. Se dice del olor que es suave y muy agradable.

fraganti ◇ **in fraganti** o **infraganti** loc. Expresión latina que indica que alguien es sorprendido en el preciso instante en que se está cometiendo un delito o una falta.

fragata s.f. **1** Barco de guerra más pequeño que un destructor, ligero y rápido, que se utiliza como patrulla o para la protección de otras embarcaciones. **2** Barco de guerra antiguo, con tres palos y velas cuadradas.

frágil adj. **1** Que se rompe con facilidad. **2** Que es débil o puede deteriorarse con facilidad.

fragilidad s.f. **1** Facilidad de romperse que tiene una cosa. **2** Debilidad y facilidad para deteriorarse.

fragmentar v.tr. Dividir en partes o fragmentos.

fragmentario, a adj. **1** Que está formado por partes o fragmentos. **2** Que no está completo o acabado.

fragmento s.m. **1** Trozo de algo roto o partido. **2** Parte de una obra literaria, artística, etc.

fragor s.m. Ruido muy fuerte y prolongado.

fragua s.f. **1** Horno en el que se calientan metales para forjarlos. **2** Taller donde se forja.

fraguar (1a) v.tr. **1** Trabajar un metal, especialmente el hierro, y darle una forma definida cuando está caliente por medio de golpes o por presión. ◆ v.intr. **2** Llegar a endurecerse el cemento u otra sustancia parecida. **3** Conseguir el efecto deseado una idea o proyecto.

fraile s.m. Hombre que pertenece a una orden religiosa.

frailecillo s.m. Ave palmípeda del ártico.

frambuesa s.f. **1** Fruto del frambueso. ◆ s.m. y adj. **2** Color rojo como el de este fruto. ◆ adj. **3** Que es de este color. □ Invariable en número.

frambueso s.m. Árbol parecido a la zarzamora cuyo fruto es la frambuesa.

francés, sa adj. y s. **1** De Francia ◆ s.m. y adj. **2** Lengua románica hablada en Francia.

franchute, a s. y adj. Fam. Francés. □ Frec. despectivo.

francio s.m. Elemento químico de símbolo Fr y número atómico 87; es un metal líquido.

franciscano, a adj. **1** Relativo a la orden religiosa fundada por san Francisco de Asís. ◆ adj. y s. **2** Se dice del religioso que pertenece a esta orden.

francmasonería s.f. Sociedad secreta de ámbito internacional y estructura jerárquica cuyos miembros se agrupan en logias.

franco, a adj. **1** Sincero. **2** Que es tan claro que no ofrece duda alguna. **3** Que no presenta impedimentos o está libre de obstáculos. **4** Que está libre de un pago, especialmente de un impuesto. ◆ adj. y s. **5** De un pueblo germánico que invadió la Galia romana en el siglo V. ◆ s.m. y adj. **6** Lengua hablada por este pueblo germánico. ◆ adj. y s. **7** Formal. Francés. ◆ s.m. **8** Unidad monetaria de Francia, Bélgica y Luxemburgo (hasta su sustitución por el euro en el año 2002) y de Suiza y otros países.

francófilo, a adj. y s. Se dice de la persona que siente simpatía hacia lo francés o los franceses.

francófono, a adj. y s. Se dice de la persona que tiene el francés como lengua nativa.

francotirador, ra s. Persona que dispara con un arma desde un lugar oculto y estratégico.

franela s.f. Tejido fino de lana o algodón, con pelo en una de las caras de su superficie.

frangollón, na adj. Fam. y desp. AMÉR Se dice de la persona que hace algo deprisa y sin poner atención.

franja s.f. **1** Tira alargada que recorre una superficie, de la cual se distingue por el contraste de color. **2** Porción de algo, especialmente un período comprendido dentro de unos límites.

franquear v.tr. **1** Apartar los obstáculos o impedimentos para poder pasar alguien o algo en movimiento. **2** Pasar de un lado a otro venciendo un obstáculo o una dificultad. **3** Poner sellos a un envío que se hace por correo.

franqueo s.m. **1** Colocación de los sellos necesarios a una cosa para enviarla por correo. **2** Cantidad de dinero que se paga en sellos para enviar una cosa por correo.

franqueza s.f. Sinceridad y claridad al hablar.

franquicia s.f. Privilegio que se concede para no pagar impuestos por el uso de un servicio público.

franquiciar v.tr. Gestionar un negocio mediante una franquicia.

franquismo s.m. **1** Régimen político del general Francisco Franco. **2** Período histórico durante el cual hubo este régimen.

franquista adj. **1** Relativo a Francisco Franco. ◆ adj. y s.m. y f. **2** Partidario del franquismo.

frasco s.m. Recipiente pequeño, generalmente de cristal, que tiene el cuello estrecho.

frase s.f. **1** Unidad lingüística compuesta de sujeto y predicado; puede ser simple o compuesta. **2** Conjunto de palabras que tiene sentido por sí mismo sin llegar a formar una oración. ◇ **frase hecha** Frase que tiene un significado convencional y que se reproduce siempre igual.

fraseo s.m. Ejecución del conjunto de frases musicales de una composición.

fraseología s.f. Conjunto de expresiones propias de una lengua.

fraseológico, a adj. Relativo a la frase o a la fraseología.

fraternal adj. Relativo al afecto y la confianza entre hermanos.

fraternidad s.f. Relación de afecto y confianza entre personas que se considera propia de hermanos.

fraterno, a adj. Fraternal.

fratricida adj. y s.m. y f. **1** Que comete fratricidio. ◆ adj. **2** Propio de un fratricida.

fratricidio s.m. Muerte causada de manera intencionada por una persona a su hermano.

fraude s.m. Engaño que se hace para sacar provecho o beneficio, especialmente si perjudica a alguien, y que está penado por la ley.

fraudulento, a adj. Que implica fraude.

fray s.m. Tratamiento que se utiliza antepuesto al nombre propio de los frailes.

freak s.m. y f. Persona que actúa y viste de un modo nada convencional.

freático, a adj. Se dice del agua que está bajo tierra acumulada sobre una capa de tierra impermeable.

frecuencia s.f. **1** Repetición de un acto o suceso de manera habitual. **2** Número de veces que se repite un suceso determinado en un intervalo de tiempo. **3** Número de vibraciones, ondas o ciclos realizados en una unidad de tiempo determinada.

frecuentar v.tr. **1** Ir a un mismo lugar a menudo. **2** Tratar a una persona habitualmente.

frecuentativo, a adj. y s.m. Se dice del verbo que expresa una acción que se repite.

frecuente adj. **1** Que ocurre o se repite de manera habitual. **2** Común o habitual.

free-lance adj. y s.m. y f. Se dice de la persona que trabaja por su cuenta.

freeware adj. Programa informático gratuito y de libre distribución, pero que no se puede modificar.

fregadera s.f. AMÉR CENTRAL, PERÚ Tontería, necedad.

fregadero s.m. Pila o recipiente que se usa para fregar la vajilla y los utensilios de cocina.

fregado, a s.m. **1** Limpieza de una cosa que se hace frotando con un estropajo u otro utensilio empapados en agua y jabón o cualquier producto de limpieza. **2** Fam. Asunto difícil o complicado en el que se ve envuelta una persona sin quererlo. **3** AMÉR Mala persona. **4** Fam. y desp. AMÉR Se dice de la persona que es majadera e importuna. **5** C RICA, COL, ECUAD, PAN Se dice de la persona que es exigente y severa. ◆ adj. y s. **6** COL, PAN, PERÚ Terco. **7** EL SALV, MÉX Se dice de la persona que está física, económica o moralmente mal. ◆ adj. y s.m. **8** AMÉR SUR Loco. ◆ adj. y s. **9** C RICA, ECUAD, MÉX Perverso.

fregar (32) v.tr. **1** Limpiar una cosa frotándola con un estropajo u otro utensilio empapados en agua y jabón. **2** AMÉR Molestar.

fregona s.f. ESP Mocho (utensilio para fregar).

freidora s.f. Aparato eléctrico que sirve para freír alimentos.

freiduría s.f. ESP Establecimiento en el que se fríen alimentos.

freír (40) v.tr. **1** Cocinar un alimento teniéndolo durante un tiempo en aceite hirviendo. **2** Fam. Matar a alguien disparándole muchos tiros. **3** Fam. Molestar mucho y repetidamente a alguien. ◆ **freírse** v.prnl. **4** Pasar mucho calor. ◇ **a freír espárragos,** o **monas** Fam. Se usa para despedir con enfado a una persona. **OBS** Doble participio: freído y frito.

fréjol s.m. Fríjol.

frenar v.tr. e intr. **1** Hacer que un vehículo o una máquina se pare o vaya más despacio utilizando el freno. **2** Hacer que alguien o algo se detenga o disminuya la velocidad. **3** Detener o disminuir una actividad o la intensidad de algo.

frenazo s.m. Detención brusca de un vehículo.

frenesí (pl. frenesíes o frenesís) s.m. **1** Exaltación violenta del ánimo. **2** Manifestación exaltada de un sentimiento.

frenético, a adj. **1** Que muestra una exaltación violenta del ánimo. **2** Que tiene o muestra rabia, furia o enfado de manera exagerada.

frenillo s.m. **1** Membrana que sujeta la lengua por la línea media inferior al suelo de la cavidad bucal. **2** Ligamento que sujeta el prepucio al glande del pene. **3** AMÉR CENTRAL, CUBA, MÉX, P RICO, R DOM, VENEZ Tirante que sujeta la cometa y que se une a los otros tirantes en la cuerda de sujeción.

freno s.m. **1** Mecanismo que sirve para disminuir o detener el movimiento de un vehículo o una máquina. **2** Mando o pedal que acciona ese mecanismo. **3** Cosa que modera o disminuye un proceso. **4** Pieza de hierro donde se atan las riendas y que se coloca en la boca de los caballos para sujetarlos y dirigirlos.

frenopático s.m. Hospital o sección hospitalaria que se dedica al tratamiento de las enfermedades mentales.

frente s.f. **1** Parte superior de la cara por encima de los ojos hasta el nacimiento del cuero cabelludo y entre las dos sienes. ◆ s.m. **2** Parte delantera de una cosa. **3** Zona en la que se enfrentan los ejércitos en una batalla o guerra. **4** Organización política en la que se agrupan distintos partidos que tienen un interés común. **5** Frontera de separación entre dos masas de aire de propiedades diferentes en cuanto a temperatura y humedad, que provoca precipitaciones. ◇ **frente a frente** Indica que dos personas están situadas de cara. ◇ **hacer frente** Enfrentarse.

frentismo s.m. Práctica política que apuesta abiertamente por el enfrentamiento entre dos posturas políticas opuestas.

1. **fresa** s.f. **1** Planta herbácea, con hojas dispuestas en grupos de tres y flores blancas o amarillentas. **2** Fruto comestible de esa planta, casi redondo, carnoso y azucarado, de color rojo con pequeñas semillas negras o amarillas en la superficie. ◆ s.m. y adj. **3** Color rojo intenso, como el de este fruto.

2. **fresa** s.f. Herramienta de movimiento giratorio que se emplea para labrar metales.

fresadora s.f. Máquina herramienta para fresar.

fresal s.m. Terreno en el que se cultivan fresas.

fresar v.tr. Abrir agujeros o labrar metales con la fresa (herramienta).

fresca s.f. Fresco (temperatura fría).

fresco, a adj. **1** Que tiene una temperatura fría, pero que no es desagradable. **2** Que es reciente y acaba de ocurrir, de hacerse o de obtenerse. **3** Se dice del alimento que no está congelado o curado y conserva sus cualidades originales. **4** Se dice de la persona que se mantiene joven y sana. **5** Se dice de la persona que está descansada o lo parece, aunque acabe de realizar un esfuerzo. **6** Se dice de la tela y prenda de vestir que son ligeras y no producen calor. ◆ adj. y s. **7** Fam. y desp. Se dice de la persona que habla u obra sin vergüenza ni respeto. ◆ s.m. **8** Temperatura fría, pero que no es desagradable. **9** Pintura realizada mediante la aplicación de pigmentos sobre un muro con un revoque de cal aún húmedo. **10** AMÉR Refresco, bebida.

frescor s.m. Temperatura fría, pero que no es desagradable.

frescura s.f. Cualidad de algo fresco.

fresneda s.f. Lugar poblado de fresnos.

fresno s.m. **1** Árbol de tronco grueso, madera clara y corteza gris, con la copa espesa y las hojas caducas de forma alargada. **2** Madera que se obtiene de este árbol.

fresón s.m. **1** Variedad de fresa (planta) de tamaño mayor que la común. **2** Fruto de esta planta, comestible, más grande que la fresa.

freza s.f. **1** Desove de las hembras de los peces. **2** Época en que desovan los peces.

frezar v.intr. Desovar las hembras de los peces.

frialdad s.f. **1** Sensación de frío o de falta de calor. **2** Indiferencia o falta de sentimientos.

fricativo, a adj. **1** Se dice del sonido y el fonema consonántico en cuya articulación los órganos que intervienen no obstruyen por completo el canal vocal, sino que el aire sale rozando entre ellos. ◆ adj. y s.f. **2** Se dice de la consonante articulada de ese modo.

fricción s.f. **1** Rozamiento de dos superficies cuando al menos una de ellas está en movimiento. **2** Frotación que se aplica a una parte del cuerpo para dar calor o aliviar una dolencia. **3** Desacuerdo entre dos o más personas.

friccionar v.tr. Frotar una parte del cuerpo, especialmente con las manos para dar calor o aliviar una dolencia.

friega s.f. **1** Frotación sobre una parte del cuerpo, especialmente para curar o aliviar una dolencia. **2** AMÉR Fastidio o cosa importuna que causa disgusto.

friegaplatos s.m. Aparato eléctrico que sirve para lavar los platos, vasos, cubiertos y demás utensilios de cocina.

frigidez s.f. Falta de deseo y placer sexual.

frigidísimo, a adj. Superlativo de frío.

frígido, a adj. y s. **1** Que no siente deseo o placer sexual. ◆ adj. **2** Formal. Que está muy frío.

frigoría s.f. Unidad de medida del frío.

frigorífico, a adj. **1** Que produce frío o lo mantiene de manera artificial. ◆ s.m. **2** Electrodoméstico que sirve para enfriar alimentos. GEOSIN heladera, nevera, refrigerador.

frijol s.m. AMÉR Fríjol (planta, fruto y semilla).

fríjol s.m. **1** Planta leguminosa de tallo delgado y en espiral, hojas grandes y fruto en vaina. **GEOSIN** alubia, habichuela, judía, poroto. **2** Semilla comestible contenida en esta vaina, de color blanco o rojizo y forma arriñonada. **GEOSIN** alubia, habichuela, judía, poroto.

fringílido adj. y s.m. Ave paseriforme cantora, pequeña o mediana.

frío, a adj. **1** Que tiene una temperatura baja o más baja de lo normal. **2** Que muestra indiferencia o falta de sentimientos hacia alguien o algo. **3** Que no muestra afecto ni sentimiento. **4** Que produce sensación de temperatura baja en el cuerpo. **5** Se dice del color que produce una sensación de sosiego. ◆ s.m. **6** Temperatura baja del ambiente. **7** Sensación que experimenta un cuerpo al aproximarse o entrar en contacto con un cuerpo de temperatura más baja.

friolera s.f. Fam. Gran cantidad de una cosa, especialmente de dinero.

friolero, a adj. Se dice de la persona que tiende a sentir frío con facilidad.

friqui s.m. y f. Fam. Freak.

frisa s.f. **1** Tela basta de lana. **2** ARG, BOL, CH, PERÚ, URUG Pelo que sobresale del tejido en ciertas telas, como en el terciopelo, la felpa, etc.

friso s.m. **1** Banda horizontal con que se adorna la parte inferior de las paredes. **2** Franja horizontal decorativa de los edificios clásicos.

frisón, na adj. y s. Se dice del caballo que tiene los pies y las patas anchos y fuertes.

fritada s.f. Conjunto de alimentos fritos.

frito, a 1 Participio irregular de **freír**. ◆ adj. **2** Fam. Profundamente dormido. **3** Fam. Muerto. **4** Fam. Harto y cansado. ◆ s.m. **5** Alimento que se fríe.

fritura s.f. Fritada.

frivolidad s.f. Falta de profundidad y seriedad en lo que se dice o hace.

frivolizar v.intr. No conceder a las cosas la importancia, seriedad o interés que se merecen.

frívolo, a adj. **1** Se dice de la persona que es poco seria o profunda en lo que dice o hace. **2** Se dice del espectáculo o publicación de tema ligero y sensual.

fronda s.f. **1** Conjunto espeso de hojas y ramas. **2** Formal. Hoja de una planta. **3** Fronde.

frondosidad s.f. Abundancia de hojas y ramas en los árboles y las plantas.

frondoso, a adj. Se dice del árbol que tiene gran cantidad de hojas y ramas.

frontal adj. **1** Relativo a la frente. **2** Relativo a la parte delantera de una cosa. ◆ adj. y s.m. **3** Se dice del hueso que forma la parte anterior y superior del cráneo.

frontenis s.m. Deporte parecido al frontón que se juega con pelota y raqueta de tenis.

frontera s.f. **1** Línea, confín o límite que separa un estado o país de otro. **2** Límite imaginario que existe entre dos cosas muy próximas.

fronterizo, a adj. **1** Relativo a la frontera entre dos estados o territorios. **2** Que está en la frontera.

frontis s.m. Fachada o parte delantera de una cosa, especialmente de un edificio.

frontispicio s.m. **1** Fachada delantera de un edificio. **2** Página de un libro anterior a la portada, en la que suele haber algún dibujo.

frontón s.m. **1** Pared principal sobre la que se lanza la pelota en determinados deportes. **2** Deporte que consiste en golpear una pelota lanzándola contra esta pared principal. **3** Remate triangular o semicircular de una fachada, un pórtico, una puerta o una ventana.

frotar v.tr. Pasar repetidamente una cosa sobre otra con fuerza.

fructífero, a adj. **1** Que produce fruto. **2** Que produce buenos resultados.

fructificar v.intr. **1** Dar fruto los árboles y otras plantas. **2** Producir buenos resultados.

fructosa s.f. Glúcido monosacárido de 6 átomos de carbono que la célula utiliza como fuente de energía y que está presente en las plantas verdes, la miel y muchas frutas.

frugal adj. Se dice de la comida que es sencilla y no muy abundante.

frugívoro, a adj. Que se alimenta de frutos.

fruncido s.m. Conjunto de pliegues paralelos que se hacen en una tela o en parte de ella.

fruncir v.tr. **1** Arrugar la frente o las cejas una persona para mostrar su enfado o preocupación. **2** Hacer un fruncido.

fruslería s.f. Cosa poco importante o de poco valor.

frustración s.f. **1** Imposibilidad de satisfacer una necesidad física o un deseo. **2** Sentimiento de tristeza que provoca esta imposibilidad.

frustrar v.tr. **1** Impedir que una persona logre satisfacer una necesidad o un deseo. **2** Impedir que una idea o un proyecto salga bien.

fruta s.f. Fruto comestible de ciertas plantas y árboles. ◇ **fruta de sartén** Dulce hecho con masa frita, de nombres y formas diferentes.

frutal adj. y s.m. Se dice del árbol que da o produce fruta.

frutería s.f. Establecimiento o tienda en el que se vende fruta.

frutero, a s. **1** Persona que se dedica a vender fruta. ◆ s.m. **2** Plato o recipiente que sirve para contener o servir fruta.

frutícola adj. Relativo a la fruticultura.

fruticultura s.f. Cultivo de plantas o árboles que producen fruta.

frutilla s.f. **1** AMÉR SUR Planta americana, variedad de la fresa, de fruto comestible parecido al fresón. **2** AMÉR SUR Fruto de esta planta.

frutillar s.m. AMÉR SUR Sitio donde se cultivan las frutillas.

fruto s.m. **1** Parte de la planta procedente del desarrollo del ovario de la flor tras la fecundación, rodeada por piel o cáscara, que protege las semillas y ayuda a su dispersión. **2** Producto de la tierra o del mar. **3** Producto de la mente o del trabajo humano. **4** Hijo.

fucsia s.f. **1** Planta tropical originaria de América, de hojas ovaladas y flores de color rosa fuerte. ◆ **s.m. y adj. 2** Color rosa fuerte. ◆ **adj. 3** Que es de este color. □ Invariable en número.

fuego s.m. **1** Emisión de luz y calor producida por la combustión de una materia. **2** Materia combustible encendida en brasa o en llama. **3** Dispositivo que regula la salida de combustible en una cocina o encimera. **4** Materia que arde de forma fortuita o provocada, de grandes proporciones y que destruye cosas que no deberían quemarse. **5** Disparo o conjunto de disparos de un arma de fuego. **6** Pasión o sentimiento muy fuerte. ◆ **interj. 7** Voz de mando con que se ordena a los soldados que comiencen a disparar sus armas de fuego. **8** Expresión con la que se alerta de un incendio. ◇ **echar fuego (por los ojos)** Mostrar o manifestar gran enfado o rabia. ◇ **entre dos fuegos** Entre dos situaciones peligrosas o difíciles. ◇ **fuegos artificiales** Cohetes y otros artificios de pólvora que producen ruido, luz y colores.

fuel s.m. Producto combustible, oscuro y espeso, obtenido de la destilación del petróleo.

fuel-gas s.m. Combustible fósil en estado gaseoso que puede ser distribuido a través de tuberías.

fuelle s.m. Instrumento que sirve para soplar, recogiendo aire y expulsándolo con fuerza.

fuel-oil o **fuel oil** s.m. Fuel.

fuelóleo s.m. Fuel.

fuente s.f. **1** Corriente de agua que brota de la tierra. **2** Lugar donde brota esta corriente de agua. **3** Construcción en la que hay uno o más surtidores por donde sale agua. **4** Cosa material o inmaterial que constituye el origen o principio de un proceso o fenómeno o de la que puede extraerse algo beneficioso. **5** Documento, obra o persona de donde se obtiene información. **6** Recipiente en forma de plato grande para servir alimentos.

fuera adv. **1** En la parte exterior de un espacio real o imaginario. **2** En un lugar distinto del lugar en el que se vive. ◆ **s.m. 3** En algunos deportes, lance del juego que se produce al salir la pelota de los límites del terreno de juego. ◆ **interj. 4** Se usa para mostrar desagrado o desaprobación hacia alguien que habla o actúa en público. **5** Se usa para echar a alguien de un lugar. ◇ **fuera de** Introduce una excepción. ◇ **fuera de juego** Posición que anula un gol. ◇ **fuera de mí, ti, etc.** Indica que una persona no tiene control sobre sus propios actos.

fueraborda s.m. **1** Motor de gasolina instalado en la parte trasera y exterior de una embarcación, que la impulsa mediante una hélice. **2** Embarcación de recreo o de carreras que lleva instalado este motor.

fuero s.m. **1** Conjunto de leyes o normas que se conceden a un territorio, una comunidad o una persona. **2** Conjunto de leyes, derechos o privilegios que en la Edad Media concedía un soberano o señor a un territorio, municipio o grupo social. **3** Libro que contiene el conjunto de leyes o normas de un territorio. **4** Poder o autoridad de una persona o estamento para juzgar algo. **5** Orgullo excesivo de una persona. □ Suele usarse en plural. ◇ **fuero interno** Conciencia de una persona para aprobar las buenas acciones y rechazar las malas.

fuerte adj. **1** Que tiene fuerza y resistencia. **2** Se dice de la persona que tiene fuerza o ánimo para soportar y afrontar desgracias o situaciones difíciles. **3** Que tiene gran intensidad. **4** Que es importante o tiene poder o solidez. **5** Que sabe mucho de algo o tiene mucha experiencia en ello. **6** Que causa gran impacto en el ánimo. **7** Se dice del carácter que es irritable. ◆ **s.m. 8** Actividad en que destaca una persona. **9** Lugar protegido por construcciones de defensa para resguardarse de los enemigos. ◆ **adj. 10** Se dice del sonido vocálico que se percibe más y es abierto. **11** Se dice de la sílaba que está acentuada. ◆ **adv. 12** En abundancia o con mucha intensidad. ◇ **hacerse fuerte** Resistirse una persona a ceder en algo.
OBS Superlativo: **fortísimo** o **fuertísimo**.

fuerza s.f. **1** Capacidad física para hacer un trabajo o un movimiento. **2** Causa capaz de modificar el estado de reposo o movimiento de un cuerpo. **3** Capacidad moral para hacer algo o soportar un sufrimiento. **4** Violencia física contra una persona o animal. **5** Capacidad de una cosa material o inmaterial para producir un efecto. **6** Intensidad con que se manifiesta algo, especialmente un sentimiento. **7** Capacidad de una cosa para sostener un cuerpo o resistir un empuje. ◆ **fuerzas** s.f.pl. **8** Conjunto de tropas de un ejército y del material militar que emplean. ◇ **fuerza bruta** Capacidad física para hacer algo, en oposición a la capacidad que da el derecho o la razón. ◇ **fuerza mayor** Suceso inevitable que, al no poderse prever, impide la realización de una obligación. ◇ **fuerzas armadas** Conjunto formado por los ejércitos de tierra, mar y aire de un país. ◇ **irse la fuerza por la boca** Hablar mucho una persona sobre cómo se han de hacer las cosas, pero no hacer nada. ◇ **sacar fuerzas de flaqueza** Hacer un esfuerzo extraordinario al realizar algo en un momento de gran debilidad.

fuet (pl. fuets) s.m. Embutido muy parecido al salchichón, pero más estrecho.

fuete s.m. AMÉR Látigo.

fuga s.f. **1** Acción de fugarse. **2** Salida o escape de un líquido o de un gas por una abertura provocada accidentalmente. **3** Composición musical originada en la música barroca, generalmente para instrumentos de teclado, que se basa en las leyes del contrapunto y en la repetición de un tema corto en diferentes voces y tonos.

fugacidad s.f. Duración muy breve de una cosa, especialmente inmaterial.

fugarse v.prnl. Huir o escapar del lugar donde se está.

fugaz adj. **1** Que tiene una duración muy breve. **2** Que se mueve con mucha velocidad y se aleja y desaparece rápidamente.

fugitivo, a adj. y s. Que se fuga o se escapa de un lugar sin ser visto.

führer s.m. Título adoptado por Adolf Hitler (dictador alemán, 1889-1945) en 1934.
OBS Pronunc. aprox. 'fírer'.

fulana s.f. Desp. Prostituta.

fulano, a s. **1** Fam. Se usa para designar a una persona cuyo nombre se desconoce o no se quiere expresar, especialmente la que va en primer lugar, antes de nombrar a otras con palabras como **mengano, zutano** y **perengano.** □ Se escribe normalmente con mayúscula inicial. **2** Desp. Persona imaginaria o sin determinar. **3** Desp. Amante. ◇ **fulano de tal** Fam. Se usa para referirse a una persona sin precisar su nombre. □ Se escribe normalmente con mayúscula inicial.

fular s.m. Pañuelo largo y de tela fina que se pone en el cuello.

fulcro s.m. Punto de apoyo de la palanca.

fulgor s.m. Brillo o resplandor muy intenso de una cosa.

fulgurante adj. **1** Que brilla o resplandece con intensidad. **2** Que destaca por su rapidez o su calidad.

fulgurar v.intr. Brillar con intensidad.

full s.m. En el póquer, combinación formada por un trío y una pareja.
OBS Pronunc. 'ful'.

fullero, a adj. y s. Se dice de la persona que hace trampas en el juego.

full-time adj. Se dice de la actividad que ocupa todo el tiempo.
OBS Pronunc 'ful-taim'.

fulminante adj. **1** Que causa la muerte de forma rápida. **2** Muy rápido y de efecto inmediato. ◆ s.m. **3** Materia que se usa para hacer estallar cargas explosivas.

fulminar v.tr. **1** Causar la muerte de forma rápida, especialmente un rayo o un arma. **2** Dejar admirada o impresionada a una persona, especialmente con una mirada o una voz que denota odio o amor.

fumada s.f. Chupada que se da a un cigarrillo o a otra cosa que se fuma para absorber el humo. **GEOSIN** calada, pitada.

fumadero s.m. Lugar donde van las personas a fumar, especialmente en el que se fuman drogas.

fumador, ra adj. y s. Se dice de la persona que fuma tabaco habitualmente.

fumar v.tr. e intr. **1** Aspirar y espirar el humo del tabaco o de otras sustancias herbáceas. ◆ **fumarse** v.prnl. **2** Fam. ESP Gastarse el dinero con gran rapidez.

fumarola s.f. **1** Emisión de gases o vapores a través de una grieta o abertura volcánica o de un cráter. **2** Grieta o abertura de un volcán por la que salen estos gases o vapores.

fumata s.f. Columna de humo que sale de una chimenea de la capilla Sixtina, procedente de la combustión de las papeletas de votación de un cónclave o reunión de cardenales para elegir al nuevo Papa.

fumetti s.m. Globo o bocadillo de un cómic en el que se encuadran los pensamientos de un personaje.

fumigar v.tr. Hacer que desaparezcan plagas de insectos u organismos que dañan utilizando productos químicos.

funambulista s.m. y f. Equilibrista que hace ejercicios de acrobacia sobre una cuerda o alambre suspendido a cierta altura del suelo.

funámbulo, a s. Funambulista.

función s.f. **1** Actividad propia de un organismo, un órgano o una célula. **2** Destino o utilidad que se da a algo. **3** Ejercicio de un cargo o empleo. **4** Representación de un espectáculo o proyección de una película. **5** Relación que se establece entre los elementos de una estructura gramatical. □ También función gramatical. **6** Finalidad comunicativa con que se emite un enunciado. **7** Relación entre dos variables a las que se suele designar por **x** (variable independiente) e **y** (variable dependiente) y en la que a cada valor de **x** le corresponde un único valor de y. ◇ **en función de** Indica que una cosa depende de lo que se dice a continuación. ◇ **en funciones** Indica que una persona está haciendo un trabajo en sustitución de otra o de forma temporal.

funcional adj. **1** Relativo a la función biológica o psíquica. **2** Que responde a una función determinada. **3** Se dice de la cosa que está pensada y creada para tener una utilidad práctica, y no estética.

funcionalismo s.m. Tendencia arquitectónica y de las artes decorativas del siglo XX, según la cual la forma debe estar determinada por la función.

funcionamiento s.m. **1** Realización por parte de una persona o cosa de la función que le es propia. **2** Uso o empleo de algo.

funcionar v.intr. **1** Realizar alguien o algo la función que le es propia. **2** Fam. Marchar bien.

funcionario, a s. Persona que ocupa un cargo o empleo en la Administración Pública.

funda s.f. Cubierta con la que se envuelve una cosa para guardarla o protegerla.

fundación s.f. **1** Establecimiento o creación de una ciudad, un edificio, una empresa o una institución. **2** Sociedad u organización cuyos miembros se dedican a hacer obras sociales, culturales o humanitarias sin finalidad lucrativa.

fundador, ra adj. y s. Se dice de la persona que establece o crea algo.

fundamental adj. **1** Que sirve de base o fundamento. **2** Que es lo más importante y necesario.

fundamentalismo s.m. Movimiento religioso, social y político, basado en la interpretación literal de los textos sagrados y en el estricto cumplimiento de sus leyes o normas.

fundamentalista adj. **1** Relativo al fundamentalismo. ◆ adj. y s.m. y f. **2** Partidario del fundamentalismo.

fundamentar v.tr. **1** Poner una base para construir algo sobre ella. **2** Partir de una serie de principios iniciales para elaborar, establecer o crear una cosa.

fundamento s.m. **1** Parte de una construcción que está bajo tierra y le sirve de apoyo o base. □ Suele usarse en plural con valor singular. **2** Conjunto de principios iniciales a partir de los que se elabora, establece o crea una cosa. **3** Fam. Formalidad, sensatez o seriedad que tiene una persona. **4** Conjunto de cualidades nutritivas de un alimento. ◆ **fundamentos** s.m.pl. **5** Elementos básicos de un arte o ciencia.

fundar v.tr. **1** Establecer o crear una ciudad, una empresa, un edificio o una institución. **2** Establecer los principios o la base de algo.

fundición s.f. **1** Conversión de una sustancia sólida en una líquida por la acción del calor. **2** Fusión de un metal para darle una forma determinada a partir de un molde. **3** Aleación de hierro y carbono que se obtiene por solidificación del arrabio; es quebradiza y no puede ser forjada. **4** Fábrica donde se funden metales. **5** Conjunto de letras o moldes de una clase que se usan en imprenta.

fundido s.m. **1** Aparición o desaparición lenta y gradual de una imagen (principalmente en cine y televisión) o de un sonido (principalmente en radio). **2** Fusión de un metal para darle una forma determinada a partir de un molde. **3** Objeto o figura obtenidos de esta manera. **4** Paso de una sustancia sólida a líquida por la acción del calor. ◇ **fundido en negro** Fundido en que la imagen desaparece al irse oscureciendo la pantalla hasta el negro total.

fundir v.tr. e intr. **1** Convertir una sustancia sólida en líquida por la acción del calor. ◆ v.tr. **2** Dar forma en un molde a un metal derretido. **3** Reducir a una sola cosa dos o más cosas diferentes. **4** Fam. Gastar los bienes o el dinero con gran rapidez. ◆ **fundirse** v.prnl. **5** Dejar de funcionar un aparato o una instalación eléctricos al quemarse un hilo o una resistencia por exceso de corriente. **6** AMÉR Arruinarse.

fúnebre adj. **1** Relativo a los difuntos. **2** Muy triste o sombrío.

funeral adj. **1** Fúnebre. ◆ s.m. **2** Ceremonia religiosa que se celebra para recordar la muerte de una persona y rezar por la salvación de su alma.

funeraria s.f. Empresa que se encarga de organizar todo lo relacionado con el entierro de los muertos.

funerario, a adj. Relativo al entierro.

funesto, a adj. **1** Que causa desgracia o dolor. **2** Muy triste o desgraciado.

fungible adj. Formal. Que se consume con el uso.

fungicida s.m. y adj. Sustancia que sirve para destruir los hongos que causan enfermedades o daños.

fungir v.intr. AMÉR CENTRAL, MÉX Actuar, funcionar, desempeñar un cargo.

funicular adj. y s.m. Se dice del vehículo que funciona mediante la tracción de una cuerda o un cable.

funk s.m. Estilo musical nacido en Estados Unidos en la década de 1970 como música popular negra derivada del soul.

furcia s.f. Desp. ESP Prostituta. □ Frec. insulto.

furgón s.m. **1** Vehículo automóvil de cuatro ruedas, con un espacio interior grande y que se usa para el transporte de mercancías. **2** Vagón de un tren destinado al transporte de equipaje, correo o de mercancías. ◇ **furgón de cola** Vagón que va al final del tren.

furgoneta s.f. Vehículo de cuatro ruedas que sirve para transportar mercancías pequeñas.

furia s.f. **1** Ira o violencia producida por un enfado muy grande y que no se puede controlar. **2** Persona muy enfadada. **3** Fuerza y energía con que se hace algo. **4** Agitación violenta con que se produce algo, especialmente la que causan los elementos de la naturaleza. **5** Momento de mayor intensidad de algo, especialmente una moda o costumbre.

furibundo, a adj. **1** Se dice de la persona que está enfurecida o tiende a enfadarse con facilidad. **2** Que muestra rabia o furia. **3** Apasionado o exagerado. **4** Se dice de la persona que admira o apoya con pasión exagerada lo que se expresa.

furioso, a adj. **1** Que está enfurecido o muy enfadado. **2** Que tiene o muestra violencia.

furor s.m. **1** Ira o violencia producida por un enfado muy grande y que no se puede controlar. **2** Momento de mayor intensidad de algo, especialmente una moda o costumbre. **3** Fuerza y energía con la que se realiza una actividad.

furtivo, a adj. **1** Que se hace a escondidas o de manera disimulada. ◆ adj. y s. **2** Se dice de la persona que caza o pesca sin tener permiso o cuando está prohibido.

furúnculo o **forúnculo** s.m. Inflamación localizada que se produce en la piel debida a la infección de un folículo piloso y de las glándulas sebáceas vinculadas a él.

fusa s.f. Nota musical cuya duración equivale a la mitad de una semicorchea.

fuselaje s.m. Cuerpo central del avión, donde van la tripulación, los pasajeros y las mercancías.

fusible s.m. Componente eléctrico de seguridad que se coloca intercalado en una instalación eléctrica para evitar que pase una intensidad superior a la que esta puede aguantar.

fusiforme adj. Que tiene forma de huso.

fusil s.m. Arma de fuego automática compuesta por un cañón largo, con un cargador de balas y una culata de forma triangular que se apoya contra el hombro cuando se dispara. ◇ **fusil submarino** Arma que sirve para lanzar arpones a gran velocidad debajo del agua.

fusilamiento s.m. Ejecución de una persona disparándole una descarga de fusil.

fusilar v.tr. **1** Ejecutar a una persona disparándole una descarga de fusil. **2** Fam. Copiar la obra de un autor o partes de ella.

fusión s.f. **1** Paso de una sustancia sólida a líquida por la acción del calor. **2** Reducción a una sola cosa de dos o más cosas diferentes. ◇ **fusión nuclear** Reacción nuclear producida por la unión de dos o más núcleos atómicos sometidos a muy altas temperaturas, que provoca un gran desprendimiento de energía.

fusionar v.tr. Reducir a una sola cosa dos o más cosas diferentes.

fusta s.f. Vara delgada y flexible con una correa en uno de sus extremos y que se usa para dirigir y dar órdenes al caballo.

fustán s.m. **1** Tela gruesa de algodón con pelo por una de sus caras. **2** AMÉR Especie de refajo o de enaguas que utilizan las mujeres.

fuste s.m. **1** Parte de la columna que tiene forma de cilindro alargado y está comprendida entre la basa y el capitel. **2** Madera del árbol sin considerar la corteza. **3** Pieza de madera de las que forman la silla del caballo. **4** Importancia o valor. **5** Fundamento de algo no material.

fustigar v.tr. **1** Golpear a un animal con un látigo o un fuste para que se mueva. **2** Criticar o reprender con dureza a alguien o hablar mal de algo.

futbito s.m. Deporte similar al fútbol y que se juega entre dos equipos de cinco o seis jugadores en un campo pequeño y descubierto, con una pelota más pequeña y que bota menos que la de fútbol.

fútbol o **futbol** s.m. Deporte que se juega entre dos equipos de once jugadores y que consiste en meter un balón en la portería del contrario, utilizando los pies, la cabeza o cualquier parte del cuerpo que no sean las manos o los brazos. ◇ **fútbol americano** Rugby. ◇ **fútbol sala** Futbito.

futbolero, a adj. **1** Fam. Futbolístico. ◆ s. **2** Fam. Persona muy aficionada al fútbol.

futbolín s.m. **1** Juego que imita un partido de fútbol y consiste en mover unas figuras de madera o metal para que golpeen una bola y la metan en un hueco o una portería. **2** Mesa con figuras, que imita un campo de fútbol con sus jugadores y se usa para este juego.

futbolista s.m. y f. Persona que juega al fútbol.

futbolístico, a adj. Relativo al fútbol.

fútil adj. Que tiene poco valor e importancia por su naturaleza o por su falta de contenido.

futilidad s.f. Cosa poco importante o de poco valor.

futón s.m. Colchón de algodón elaborado según la técnica tradicional japonesa.

futurible adj. **1** Se dice del acontecimiento que ocurrirá en el futuro solamente si se dan unas condiciones determinadas. ◆ adj. y s.m. y f. **2** Se dice de la persona que tiene bastantes posibilidades de ser elegido en un cargo.

futurismo s.m. **1** Actitud favorable hacia el futuro. **2** Movimiento artístico y literario de vanguardia desarrollado en Italia a principios del siglo XX e inspirado por el poeta Giuseppe Tommaso Marinetti; sus integrantes abogaron por una ruptura total con la tradición y exaltaron el progreso técnico, la velocidad, la acción y la violencia como valores de futuro.

futurista adj. **1** Relativo al futurismo. ◆ adj. y s.m. y f. **2** Se dice de la persona que es partidaria del movimiento artístico del futurismo.

futuro, a adj. **1** Que todavía no ha sucedido o que está próximo en el tiempo. ◆ adj. y s.m. **2** Se dice del tiempo verbal que expresa una acción no producida en el momento de la enunciación. ◆ s. **3** Persona que está comprometida con otra para casarse. ◆ s.m. **4** Tiempo que todavía no ha llegado.

futurología s.f. Conjunto de estudios para predecir el futuro.

futurólogo, a s. Persona que se dedica a predecir el futuro.

G

g s.f. Séptima letra del alfabeto español; su nombre es ge.

gabacho, a s. y adj. Fam. Persona que es de Francia. □ Frec. despectivo.

gabán s.m. **1** Abrigo. **2** P RICO Saco, chaqueta.

gabardina s.f. Prenda de vestir larga y con mangas, de tela impermeable, que sirve para protegerse de la lluvia.

gabarra s.f. Embarcación pequeña y chata para la carga y descarga de los barcos.

gabinete s.m. **1** Habitación que sirve para estudiar o para recibir visitas. **2** Local destinado al ejercicio de una profesión. **3** Conjunto de ministros que componen el gobierno de un país.

gablete s.m. Remate triangular que corona algunos arcos arquitectónicos.

gacela s.f. Animal mamífero rumiante muy veloz y ágil, de patas largas y finas.

gaceta s.f. Publicación periódica destinada a dar información cultural o científica.

gacha s.f. COL, VENEZ Cuenco.

gachas s.f.pl. **1** Comida que se hace con harina cocida con agua y sal. **2** Masa que resulta de mezclar tierra y agua.

gacho, a adj. **1** Inclinado hacia tierra. **2** Se dice de la res que tiene los cuernos curvados hacia abajo. ◇ **a gachas** Con las manos y las rodillas apoyadas en el suelo.

gachumbo s.m. AMÉR Cáscara leñosa de algunos frutos, de la que se hacen recipientes.

gachupín, na s. GUAT, MÉX Español establecido en México o Guatemala.

gaditano, a adj. y s. De Cádiz.

gadolinio s.m. Elemento químico de símbolo Gd y número atómico 64; es un metal plateado.

gaélico, a adj. y s. **1** De un pueblo céltico que se instaló en Irlanda y Escocia en el primer milenio a. C. ◆ adj. y s.m. **2** Se dice del grupo de dialectos célticos que se habla en Irlanda y Escocia.

gafar v.tr. Fam. Hacer que alguien tenga mala suerte.

gafas s.f.pl. Conjunto de dos cristales, con graduación óptica o sin ella, colocados en una montura que se apoya en la nariz y que se sujeta detrás de las orejas con unas patillas. **GEOSIN** anteojos, lentes.

gafe adj. y s.m. y f. Que da o trae mala suerte.

gafotas adj. y s.m. y f. ESP Que utiliza gafas. □ Frec. despectivo.

gag (pl. gags) s.m. Escena ridícula y cómica.

gaguear v.intr. AMÉR Tartamudear.

gaita s.f. Instrumento musical de viento formado por una bolsa que se llena de aire, a la que se une una flauta y otro tubo largo y grueso que produce un sonido continuo.

gaitero, a s. Persona que toca la gaita.

gaje s.m. Dinero que se percibe por un empleo o una ocupación. ◇ **gajes del oficio** Inconvenientes o consecuencias molestas que trae consigo una actividad.

gajo s.m. Parte diferenciada en que se divide la carne de algunas frutas.

gal s.m. Unidad de aceleración en el sistema cegesimal.

gala s.f. **1** Vestido o adornos elegantes que se ostentan. □ Suele usarse en plural. **2** Fiesta o ceremonia de carácter extraordinario. **3** Actuación de un artista. **4** CUBA, MÉX, P RICO, R DOM Propina. ◇ **hacer gala de algo** Presumir de algo. ◇ **llevar,** o **tener, algo a gala** ESP Presumir o estar orgulloso de una cosa.

galáctico, a adj. Relativo a la galaxia.

galaico, a adj. y s. **1** De un pueblo prerromano que habitaba en Galicia y en el norte de Portugal. ◆ adj. y s. **2** Formal. Gallego.

galaicoportugués, sa o **gallegoportugués, sa** s.m. y adj. **1** Lengua romance que dio origen al gallego y el portugués actuales. ◆ adj. y s.f. **2** Se dice de la lírica medieval compuesta en lengua galaicoportuguesa.

galán s.m. **1** Hombre de aspecto agradable, elegante y educado. **2** Actor principal de cine o de teatro que representa el papel de hombre atractivo. ◇ **galán de noche** ESP Mueble que sirve para colgar los trajes y la ropa.

galano, a adj. **1** Formal. Hermoso. **2** CUBA Se dice de la res vacuna con pelaje variado.

galante adj. Se dice de la persona que es muy educada y atenta en el trato.

galantear v.tr. Tratar de enamorar a una persona.

galanteo s.m. Acción de galantear.

galantería s.f. **1** Cualidad de galante. **2** Obra o dicho educados y agradables.

galanura s.f. Formal. Hermosura.

galápago s.m. **1** Reptil muy parecido a la tortuga, pero adaptado a la vida acuática. **2** HOND, VENEZ Silla de montar para mujeres.

galardón s.m. Premio.

galardonar v.tr. Conceder un premio.

galaxia s.f. Conjunto de estrellas, cuerpos celestes, que gira en torno a un núcleo central.

galena s.f. Mineral de color gris azulado y brillo metálico intenso.

galeno s.m. Fam. Médico.

galeón s.m. Barco militar antiguo de vela de tres o cuatro palos.

galeote s.m. Hombre condenado a remar en galeras.

galera s.f. **1** Embarcación grande de vela y remo usada en las guerras. **2** Crustáceo carnívoro, con el cefalotórax corto, el abdomen largo y el primer par de patas muy desarrollado. **3** AMÉR SUR Sombrero de copa redonda. **4** HOND, MÉX Cobertizo.

galería s.f. **1** Habitación larga y amplia, generalmente con muchas ventanas y columnas. **2** Pasillo abierto o con cristales que sirve para hacer llegar la luz a espacios interiores. **3** Local en el que se exponen y venden obras de arte. **4** Parte más alta de un teatro o cine. **5** Conjunto de personas en general. **6** Paso subterráneo, largo y estrecho. ◆ **galerías** s.f.pl. **7** Conjunto de establecimientos comerciales que están en un mismo lugar.

galerna s.f. Viento frío que sopla en la costa del norte de España.

galés, sa adj. y s. **1** De Gales. ◆ s.m. y adj. **2** Lengua céltica hablada en Gales.

galgo, a s. y adj. Perro de figura delgada, cabeza larga y estrecha y orejas caídas.

gálibo s.m. **1** Marca que señala las dimensiones máximas permitidas a un vehículo para el paso por un túnel o un puente. **2** Conjunto de luces que debe llevar un automóvil de grandes dimensiones para indicar su altura y su anchura.

galicismo s.m. **1** Palabra o modo de expresión propio de la lengua francesa y que se usa en otro idioma. **2** Giro propio de la lengua francesa.

galimatías s.m. **1** Fam. Lenguaje difícil de entender. **2** Cosa confusa o desordenada.

galio s.m. Elemento químico de símbolo Ga y número atómico 31; es un metal raro.

gallardete s.m. Bandera pequeña, larga y rematada en punta, que se utiliza como insignia.

gallardía s.f. **1** Valor y decisión en la forma de actuar. **2** Elegancia y gracia.

gallardo, a adj. Que tiene gallardía.

gallego, a adj. y s. **1** De Galicia. ◆ s.m. y adj. **2** Lengua románica hablada en Galicia. ◆ s. **3** AMÉR Español emigrado a América o persona con ascendencia española.

gallegoportugués, sa ▷ galaicoportugués, sa.

galleguismo s.m. Palabra o modo de expresión propio de la lengua gallega y que se usa en otro idioma.

galleta s.f. **1** Dulce seco con formas y tamaños diferentes, generalmente de poco grosor. **2** Fam. ESP Bofetada.

galliforme adj. y s.f. **1** Se dice del ave de cuerpo grueso, pico corto, alas cortas y patas fuertes, como el gallo, el faisán o la perdiz. ◆ **galliformes** s.f.pl. **2** Grupo taxonómico, con categoría de orden, constituido por estas aves.

gallina ▷ gallo.

gallináceo, a adj. y s.f. Relativo a la gallina.

gallinero s.m. **1** Lugar destinado a la cría de gallinas. **2** Fam. Lugar en el que hay mucho ruido. **3** Conjunto de asientos que se encuentran en la parte más alta de un teatro.

gallineta s.f. Ave zancuda del tamaño de una paloma.

gallito s.m. **1** Hombre que presume excesivamente de sus cualidades. **2** CUBA Ave zancuda de color rojo oscuro y negro, con espolones en las alas. **3** ARG Pájaro de plumaje anaranjado o amarillento, con un copete de plumas. **4** C RICA Caballito del diablo.

gallo, llina s.m. **1** Ave doméstica de corral, de tamaño mediano y vuelo corto, de pico pequeño, plumaje lustroso y abundante, y con una cresta roja sobre la cabeza. **2** Pez marino de cuerpo aplanado, boca grande y con los dos ojos en uno de los lados. **3** Fam. Hombre que presume excesivamente de sus cualidades, especialmente de su fuerza o su valentía. **4** Fam. Nota aguda o chillona que emite una persona al hablar o al cantar. ◆ s.f. **5** Fam. Persona miedosa o cobarde. ◇ **gallina,** o **gallinita, ciega** Juego infantil en el que uno de los participantes lleva los ojos vendados y debe tratar de coger a otro y adivinar de quién se trata.

galo, a adj. y s. **1** De Francia (país de Europa). **2** De un pueblo celta que invadió los territorios correspondientes a las actuales Francia, Gran Bretaña y norte de Italia en el primer milenio a. C. ◆ s.m. y adj. **3** Lengua celta que se hablaba en la antigua Galia.

galón s.m. Distintivo que se pone en la bocamanga o en el brazo del uniforme de un militar para distinguir las graduaciones.

galopada s.f. Carrera del caballo a galope.

galopante adj. **1** Que galopa. **2** Que tiene un desarrollo o un desenlace muy rápido, especialmente una enfermedad.

galopar v.intr. Ir un caballo a galope.

galope s.m. Marcha del caballo, más rápida que el trote, en la cual mantiene por un momento las cuatro patas en el aire.

galvanismo s.m. **1** Corriente eléctrica producida por el contacto de dos metales diferentes sumergidos en un líquido que se interpone entre ambos. **2** Propiedad de la corriente eléctrica de provocar contracciones en los nervios y músculos de los seres vivos.

galvanización s.f. Acción de galvanizar.

galvanizado s.m. Galvanización.

galvanizar v.tr. **1** Depositar una capa de un metal sobre otro mediante galvanismo. **2** Cubrir un metal con un baño de cinc para que no se oxide.

gama s.f. **1** Escala de colores. **2** Serie de cosas de la misma clase pero distintas en alguno de sus elementos constitutivos.

1. **gamba** s.f. Crustáceo marino parecido al langostino, pero de menor tamaño; es comestible y su carne es muy apreciada.

2. **gamba** s.f. **1** Fam. Pierna de una persona. **2** ARG, BOL, URUG Billete de cien pesos.

gamberrada s.f. ESP Acción poco cívica que comete una persona y que produce molestias o perjuicios a otras personas.

gamberro, a adj. y s. ESP Se dice de la persona que se divierte haciendo cosas poco cívicas y molestando y causando perjuicios a otras personas.

gambeta s.f. **1** AMÉR CENTRAL, AMÉR SUR En fútbol y otros deportes, movimiento brusco para esquivar al contrario y no dejarse arrebatar el balón. **GEOSIN** dribling, regate. **2** Fam. ARG, URUG Justificación o excusa a la que se recurre para eludir un compromiso.

gambetear v.tr. e intr. AMÉR CENTRAL, AMÉR SUR En fútbol y otros deportes, realizar una gambeta. **GEOSIN** driblar, regatear.

gametangio s.m. En botánica, órgano en que se forman los gametos.

gameto s.m. Célula reproductora propia de los seres vivos con reproducción sexual.

gametofito o **gametófito** s.m. Fase del ciclo vital de una planta en que las células presentan núcleos haploides y en la que tiene lugar la producción de las células sexuales o gametos.

gametogénesis s.f. Proceso por el que se forman los gametos.

gamma s.f. **1** Nombre de la tercera letra del alfabeto griego; se escribe Γ/γ y se transcribe como g. **2** Unidad de masa internacional equivalente a la millonésima parte de un gramo.

gammaglobulina s.f. Proteína del suero sanguíneo, que actúa como soporte de los anticuerpos.

gamo, a s. Mamífero rumiante de pelo rojo oscuro con pequeñas manchas blancas y los cuernos aplastados en su extremos en forma de palas.

gamonal s.m. AMÉR Cacique rural.

gamopétalo, a adj. Se dice de la flor que tiene los pétalos unidos lateralmente formando una corola de una sola pieza.

gamosépalo, a adj. Se dice de la flor que tiene los sépalos unidos lateralmente, en mayor o menor extensión, formando un cáliz de una sola pieza.

gamuza s.f. **1** Mamífero rumiante, parecido a la cabra, con pelo pardo, cola corta, patas fuertes y cuernos lisos y curvados hacia atrás. **2** Piel curtida de este animal. **3** Paño de tela que se usa para limpiar.

gana s.f. **1** Deseo o voluntad que tiene una persona de hacer una cosa. □ Suele usarse en plural con valor singular. **2** Deseo de comer o apetito que tiene una persona.

ganadería s.f. **1** Cría de ganado para su explotación y comercio. **2** Raza de ganado, especialmente el que pertenece a un mismo propietario o a una misma región. **3** Ganado.

ganadero, a adj. **1** Relativo al ganado o a la ganadería. ◆ s. **2** Persona que se dedica a la cría, explotación y comercio del ganado.

ganado s.m. **1** Conjunto de animales de cuatro patas que son criados para su explotación y comercio. **2** Fam. Conjunto numeroso de personas. □ Frec. despectivo.

ganador, ra adj. y s. Que gana o vence.

ganancia s.f. Acción de ganar.

ganapán s.m. Fam. Hombre rudo y tosco.

ganar v.tr. **1** Conseguir un beneficio con el trabajo, el esfuerzo o por suerte. **2** Conseguir una cosa por la que una persona mantiene un enfrentamiento, disputa o competición con otra. **3** Cobrar una cantidad de dinero por un trabajo. **4** Llegar al lugar que se intenta alcanzar. **5** Superar o llegar a ser mejor que otra persona en una cosa. ◆ v.tr. e intr. **6** Conseguir la victoria en un enfrentamiento, disputa o competición que una persona mantiene con otra u otras. ◆ v.tr. **7** Captar la voluntad de una persona. **8** Conseguir la confianza o el afecto de otras personas. ◆ v.intr. **9** Llegar una persona o una cosa a tener unas condiciones o unas cualidades mejores. ◆ **ganarse** v.prnl. **10** Merecer una persona cierta cosa por sus propios actos.

ganchillo s.m. **1** Aguja fuerte con un extremo acabado en forma de gancho, que se utiliza para hacer labores de punto. **2** Labor que consiste en tejer con esa aguja.

gancho s.m. **1** Instrumento con forma curva y con punta en un extremo o en ambos, que sirve para sostener, colgar o sujetar una cosa. **2** Fam. Capacidad para gustar o atraer. **3** En baloncesto, tiro a canasta que se realiza arqueando el brazo por encima de la cabeza. **4** AMÉR Percha (utensilio para colgar). **5** AMÉR Horquilla para el cabello. **6** AMÉR SUR Pinza (instrumento para sujetar cosas). **7** ARG, GUAT Protección, ayuda. **8** ECUAD Silla de montar para señora. **9** R DOM Persona que promueve y convoca peleas de gallos. **10** R DOM, P RICO, VENEZ Pieza puntiaguda o cónica de la suela de ciertos calzados deportivos. ◇ **hacer gancho** ARG, URUG Hacer de intermediario en cuestiones amorosas. ◇ **tener gancho** Fam. ARG, CH, PAR, URUG Tener carisma y sensualidad.

gandul, la adj. y s. Vago, perezoso.

gandulear v.intr. Hacer el gandul.

1. **ganga** s.f. Cosa de buena calidad o de valor que se consigue a bajo precio.

2. **ganga** s.f. Materia inútil que se separa de los minerales.

ganglio s.m. Abultamiento de un nervio o una vía linfática.

gangocho s.m. **1** AMÉR Arpillera. **2** AMÉR Bolsa hecha de arpillera y usada para embalar.

gangoso, a adj. Se dice de la voz que tiene resonancia nasal a causa de un defecto en los conductos de la nariz.

gangrena s.f. Muerte de un tejido de una persona o un animal debido a la falta de riego sanguíneo o por infección de una herida.

gangrenarse v.prnl. Morirse un tejido de una persona o un animal a causa de la gangrena.

gángster o **gánster** (pl. gángsteres o gánsteres) s.m. y f. Persona que pertenece a una banda organizada de delincuentes que se dedica a negocios clandestinos y actividades criminales.

gansada s.f. Acción o dicho propio de la persona que hace o dice tonterías.

ganso, a s. **1** Ave palmípeda doméstica de plumaje gris y pico anaranjado. ◆ **adj. y s. 2** Se dice de la persona que hace o dice tonterías. ◆ adj. **3** Argot. ESP Muy grande o importante.

gánster s.m. Gángster.

ganzúa s.f. Alambre fuerte y doblado en uno de sus extremos que sirve para abrir cerraduras sin usar una llave.

gañán s.m. Hombre que muestra poca cortesía y educación.

gañir (20) v.intr. **1** Dar gritos agudos y repetidos un animal al ser maltratado, especialmente un perro. **2** Emitir graznidos ciertas aves.

garabatear v.tr. Escribir o dibujar algo haciendo garabatos.

garabato s.m. Letra o trazo mal formado e ininteligible.

garaje s.m. **1** Lugar donde se guardan vehículos. **2** Taller de reparación y mantenimiento de vehículos.

garantía s.f. **1** Seguridad que se ofrece de que una cosa va a realizarse o suceder. □ Suele usarse en plural con valor singular. **2** Compromiso del fabricante de un aparato, mediante un escrito, de reparar de forma gratuita las averías que tenga dicho aparato durante un período.

garantizar v.tr. Dar garantía.

garapiña s.f. AMÉR Refresco hecho de corteza de piña y agua azucarada.

garbanzo s.m. **1** Planta herbácea de tallo duro y ramoso. **2** Legumbre redondeada de esa planta.

garbeo s.m. Fam. Paseo de corta duración.

garbo s.m. Gracia y desenvoltura.

garboso, a adj. Que muestra garbo.

gardenia s.f. **1** Arbusto de tallos espinosos, con las hojas grandes, lisas, ovaladas y de color verde brillante, que se cultiva principalmente por sus flores. **2** Flor de este arbusto, grande y olorosa, generalmente blanca.

garduña s.f. Mamífero carnívoro que vive en los bosques, con la cabeza pequeña, las patas cortas y el pelaje marrón grisáceo; puede alcanzar los 50 cm de longitud, sin contar la cola.

garete ◇ **al garete** Indica que una embarcación navega sin rumbo ni dirección, movida por el viento o la corriente. ◇ **irse al garete** Fam. Indica que una cosa se estropea o no llega a realizarse.

garfio s.m. Instrumento de forma curva y acabado en punta, generalmente de hierro, que sirve para coger o sujetar una cosa.

gargajo s.m. Fam. Conjunto de saliva y moco que se expulsa con fuerza por la boca.

garganta s.f. **1** Parte delantera del cuello de una persona o de un animal. **2** Zona interna del cuello de una persona o de un animal, entre el velo del paladar y el principio del esófago. **3** Valle o paso estrecho que está encajado entre montañas.

gargantilla s.f. Collar corto que se coloca ajustado al cuello.

gárgara s.f. Acción que consiste en mantener un líquido en la garganta, sin tragarlo, poniendo la boca abierta hacia arriba y expulsando el aire lentamente para que el líquido se mueva.

gargarismo s.m. Acción de hacer gárgaras.

gárgola s.f. Remate del caño o canal por donde se vierte el agua de los tejados o las fuentes, generalmente esculpido con forma humana, animal o monstruosa.

garita s.f. Lugar o caseta pequeña que sirve para resguardo de un centinela o un vigilante.

garito s.m. **1** Casa de juego clandestina. **2** Fam. Establecimiento público, generalmente pequeño, al que la gente va para divertirse, especialmente el que tiene mala reputación.

garlopa s.f. Cepillo de carpintería largo y con puño, empleado para pulir superficies de madera.

garniel s.m. COL, ECUAD, MÉX, VENEZ Maletín para documentos importantes.

garra s.f. **1** Pata de animal, de uñas fuertes, curvas y afiladas. **2** Cada una de estas uñas. **3** Fam. y desp. Mano de una persona.

garrafa s.f. **1** ESP Recipiente con el cuerpo ancho y el cuello largo y estrecho, que se utiliza principalmente para contener o transportar líquidos. **2** AMÉR Bombona o recipiente de gas.

garrafal adj. Se dice del error que es muy grande o grave.

garrafón s.m. ESP Garrafa grande.

garrapata s.f. Ácaro que vive como parásito de ciertos mamíferos y aves, con forma ovalada y con las patas terminadas en dos uñas con las cuales se adhiere a algunos animales para chuparles la sangre.

garrapatea s.f. Nota musical cuya duración equivale a la mitad de una semifusa.

garrapiñar v.tr. Bañar un fruto seco o una golosina en azúcar hecha caramelo.

garrido, a adj. Joven, fuerte y apuesto.

garriga s.f. Formación vegetal formada por matorrales propia del Mediterráneo.

garrocha s.f. **1** Vara larga con una punta de hierro cortante en su extremo usada por los picadores en las corridas de toros. **2** AMÉR Pértiga usada por los atletas para el salto.

garrotazo s.m. Golpe dado con un garrote.

garrote s.m. **1** Palo grueso y fuerte que se usa principalmente como bastón o para golpear con él. **2** Instrumento con el que antiguamente se ajusticiaba a los condenados; consistía en un poste, al cual eran atados, y un aro de hierro con el que se les aprisionaba el cuello y que se apretaba hasta causarles la muerte. □ También garroto vil.

garrulo, a adj. y s. Fam. ESP Se dice de la persona que se comporta con poca delicadeza y educación.

garúa s.f. AMÉR Llovizna.

garuar (1b) v.impersonal AMÉR Lloviznar.

garza s.f. Ave acuática que vive en los pantanos y en la orilla de lagos y ríos, con las patas y el cuello muy largos y el pico con forma cónica y muy puntiagudo.

gas s.m. **1** Estado de la materia que se caracteriza por una gran separación y libertad de movimiento de sus moléculas. **2** Combustible en ese estado. ◆ **gases** s.m.pl. **3** Aire que se acumula en el aparato digestivo.

gasa s.f. **1** Tejido de hilo o de seda, muy delgado y sutil. **2** Tejido de malla abierta, estéril y suave, que se usa para fines médicos.

gascón, na adj. y s. **1** De Gascuña (antigua región de Francia). ◆ s.m. y adj. **2** Variedad dialectal del occitano hablada en esta zona.

gasear v.tr. **1** Añadir gas a un líquido para que este lo absorba, en especial dióxido de carbono. **2** Someter a una persona o una cosa a la acción de gases tóxicos.

gaseosa s.f. ESP Bebida refrescante azucarada hecha con agua y ácido carbónico.

gaseoso, a adj. **1** Que se encuentra en estado de gas. **2** Se dice del líquido que contiene gas.

gasificar v.tr. **1** Convertir un líquido o un sólido en gas. **2** Añadir gas a un líquido.

gasoducto s.m. Conducto de gran calibre y longitud para transportar gas combustible a grandes distancias.

gasógeno s.m. **1** Aparato que transforma en gas combustible ciertos materiales sólidos o líquidos mezclados con aire, oxígeno o vapor. **2** Aparato que produce un gas carburante (carburo de hidrógeno) con el que funciona el motor de algunos vehículos.

gasoil o **gas-oil** s.m. Gasóleo.

gasóleo s.m. Producto líquido, mezcla de hidrocarburos que se saca del petróleo crudo y que sirve como combustible de motores diésel.

gasolina s.f. Mezcla de hidrocarburos que se obtiene como fracción ligera en el proceso de refino del petróleo y que se usa como combustible de coches y otros vehículos.

gasolinera s.f. Establecimiento en el que se suministra gasolina y otros combustibles para vehículos.

gastado, a adj. Que está viejo o deslucido por el uso.

gastar v.tr. **1** Consumir una cosa. **2** Usar el dinero para comprar o para obtener alguna cosa. **3** Desgastar una cosa por el uso. **4** Usar, emplear o llevar habitualmente cierta cosa. **5** Tener una persona cierta actitud habitualmente, especialmente si es negativa. **6** Hacer una broma. ◇ **gastarlas** Fam. Comportarse una persona habitualmente de una manera determinada.

gasterópodo adj. y s.m. Se dice del molusco, acuático o terrestre, de cuerpo blando y cabeza diferenciada y provista de tentáculos sensoriales; puede estar protegido por una concha.

gasto s.m. **1** Acción de usar el dinero para comprar o para obtener alguna cosa. **2** En física, volumen de fluido que pasa por un orificio en un tiempo determinado. ◇ **gasto público** Cantidad de dinero que aporta la Administración para satisfacer las necesidades de los ciudadanos.

gástrico, a adj. Relativo al estómago.

gastritis s.f. Inflamación de la mucosa estomacal debida a la producción excesiva de ácido.

gastroenteritis s.f. Inflamación de las mucosas del estómago y del intestino conjuntamente, debida a una infección.

gastrointestinal adj. Relativo al estómago y los intestinos conjuntamente.

gastronomía s.f. **1** Arte de preparar una buena comida. **2** Afición a la buena comida.

gastronómico, a adj. Relativo a la gastronomía.

gastrovascular adj. Se dice de la cavidad interna de ciertos animales donde van a parar los alimentos y se realiza la digestión.

gástrula s.f. Etapa del desarrollo embrionario, que sigue a la blástula, en la que están presentes las dos o las tres hojas embrionarias (ectodermo, endodermo y mesodermo), en función del animal.

gatear v.intr. **1** Andar una persona apoyando las manos y las rodillas en el suelo. **2** Trepar con la ayuda de los brazos y las piernas, como los gatos.

1. **gatera** s.f. Agujero hecho en la parte baja de una puerta o pared para que puedan entrar y salir los gatos.

2. **gatera** s.f. BOL, ECUAD, PERÚ Mujer que vende en el mercado.

gatillo s.m. Pieza de un arma de fuego que se presiona con el dedo y sirve para poner en movimiento la palanca de disparo.

1. **gato, a** s. **1** Mamífero carnívoro doméstico, de la familia de los félidos, de patas cortas y uñas retráctiles, cabeza redonda, y pelo espeso y suave; suele tenerse como animal de compañía. ◆ s.m. **2** Instrumento que sirve para levantar grandes pesos a poca altura. **3** Utensilio de carpintería que sirve para sujetar fuertemente la pieza de madera que se trabaja a un banco u otro lugar, o para presionar una pieza contra otra. ◇ **a gatas** Manera de andar una persona apoyando las manos y las rodillas en el suelo. ◇ **cuatro gatos** Fam. Muy poca gente. ◇ **dar gato por liebre** Fam. Engañar una persona a otra haciéndole pasar una cosa de muy poco valor o calidad por otra parecida de más valor o calidad.

2. **gato** s.m. PERÚ Mercado al aire libre.

gauchesco, a adj. Relativo a los gauchos.

gaucho, a adj. **1** Relativo al gaucho. ◆ s.m. **2** Jinete de las pampas de América del Sur, que se dedicaba especialmente al trabajo ganadero. **3** AMÉR SUR Jinete hábil y experto.

gauss s.m. Unidad de inducción magnética del sistema cegesimal, de símbolo G.

gaveta s.f. **1** Cajón corredizo que hay en algunos muebles, como los escritorios. **2** Mueble que tiene uno o varios de estos cajones.

gavetero s.m. BOL, CUBA, MÉX, PAR, PERÚ Mueble o caja que sirve para guardar fichas o documentos de manera ordenada.

gavia s.f. Vela que se coloca en el mastelero mayor o en cualquiera de los otros dos masteleros.

gavilán s.m. Ave rapaz de unos 30 cm de longitud, plumaje gris azulado, alas cortas y redondeadas y la cola larga.

gavilla s.f. **1** Conjunto de ramas o tallos unidos o atados por su centro, más grande que un manojo y más pequeño que un haz. **2** Conjunto numeroso de personas, animales o cosas.

gaviota s.f. Ave palmípeda marina, de largas patas con membrana interdigital, plumaje gris en la espalda y con el resto del cuerpo blanco.

gay (pl. gays) adj. **1** Relativo al hombre que es homosexual. ◆ **adj. y s.m. 2** Se dice del hombre que es homosexual.
OBS Pronunc. 'guei'.

gayumbos s.m.pl. Fam. ESP Calzoncillos.

1. **gazapo** s.m. Error o equivocación que comete una persona al escribir o al hablar.

2. **gazapo** s.m. Cría del conejo.

gazmoño, a adj. y s. Que finge ser muy virtuoso o cuidadoso en cuestiones de moral.

gaznápiro, a adj. y s. Se dice de la persona que es torpe o simple. □ Frec. insulto.

gaznate s.m. Fam. Parte interior de la garganta.

gazpacho s.m. Sopa fría que se hace con tomates, cebolla, pimiento, ajo, etc.

gazuza s.f. Fam. ESP Hambre.

ge s.f. Nombre de la letra g.

geada s.f. Fenómeno fonético que consiste en pronunciar el fonema /g/ (fricativo sonoro) como fricativo sordo.

géiser (pl. géiseres) s.m. Surtidor de agua caliente y vapor, de origen volcánico.

geisha s.f. Joven japonesa instruida para entretener y hacer compañía a los hombres.

gel s.m. **1** Jabón líquido que se usa para el aseo personal. **2** Coloide que se obtiene de la dispersión de un sólido en un medio líquido; es un estado intermedio entre un sólido y un líquido. **3** Producto que tiene una consistencia semejante a la de la gelatina.

gelatina s.f. **1** Sustancia sólida, transparente e incolora, que se obtiene cociendo en agua huesos y otros tejidos de animales. **2** Alimento blando y dulce que se hace con esta sustancia.

gelatinoso, a adj. **1** Que tiene el aspecto denso de la gelatina. **2** Que tiene gelatina.

gélido, a adj. Muy frío.

gelifracción s.f. Proceso por el cual el agua que rellena las grietas de las rocas, al transformarse en hielo fracciona dichas rocas.

gema s.f. **1** Piedra preciosa. **2** Brote de los vegetales del que nacen las ramas, las hojas y las flores.

gemación s.f. **1** Forma de reproducción de una célula en que esta se divide en diversas partes desiguales, cada una con un núcleo, que se separan. **2** Forma de reproducción asexual, propia de algunos animales como esponjas y celentéreos, y de todas las plantas cormofitas, en que el organismo emite, en alguna parte de su cuerpo, una yema o protuberancia que se convierte en un nuevo individuo una vez que crecen y se independizan; a veces, la yema sigue unida al progenitor formando colonias.

gemelo, a adj. **1** Se dice de la cosa que es igual a otra, con la que forma un par. ◆ adj. y s. **2** Se dice de la persona o animal que ha nacido a la vez que otro u otros en un mismo parto y que se ha desarrollado a partir del mismo óvulo. ◆ s.m. y adj. **3** Músculo situado en la parte inferior de la pierna y que, con otro igual a él, se une al talón y sirve para mover el pie. ◆ s.m. **4** Adorno formado por dos piezas unidas por una cadenita, que sirve para cerrar el puño de la camisa. ◆ **gemelos** s.m.pl. **5** Aparato óptico para ver a distancia con los dos ojos.

gemido s.m. Sonido o voz con que se expresa dolor, pena o placer.

geminado, a adj. **1** Se dice de las cosas que aparecen divididas en dos o colocadas por parejas. ◆ adj. y s.f. **2** Se dice de la consonante que se pronuncia en dos momentos sucesivos de tensión, de manera que cada parte de ella pertenece a una sílaba distinta.

geminar v.intr. y prnl. Pronunciarse un sonido en dos momentos distintos, pero seguidos, de modo que formen parte de dos sílabas distintas.

géminis adj. y s.m. y f. Se dice de la persona que ha nacido entre el 22 de mayo y el 21 de junio, tiempo en que el Sol, visto desde la Tierra, recorre la constelación de Géminis, tercer signo del Zodiaco.

gemir (31) v.intr. **1** Emitir gemidos que expresan dolor, pena o placer. **2** Aullar un animal. **3** Emitir algo un sonido parecido al gemido de una persona.

gemología s.f. Ciencia que estudia las gemas o piedras preciosas.

gemólogo, a s. Especialista en gemología.

gen s.m. Unidad del material genético hereditario que se corresponde con un segmento determinado de ADN.

gendarme s.m. Agente de policía de algunos países, especialmente Francia.

gendarmería s.f. **1** Cuerpo de tropa formado por los gendarmes. **2** Cuartel de gendarmes.

genealogía s.f. Conjunto de los antepasados de una persona.

genealógico, a adj. Relativo a la genealogía.

generación s.f. **1** Acción de generar. **2** Conjunto de personas que han nacido en la misma época. **3** Conjunto de personas cuya obra tiene características comunes y que han nacido en años iguales o cercanos. ◇ **generación espontánea** Teoría antigua según la cual algunos seres vivos se generaban a partir de materia inerte sin la intervención de otros seres vivos.

generacional adj. Relativo a la generación (conjunto de personas).

generador, ra adj. y s. **1** Que genera, produce o crea una cosa. ◆ s.m. **2** Aparato que produce energía eléctrica a partir de otro tipo de energía. ◆ adj. y s.f. **3** Se dice de la línea o superficie que engendra con su movimiento una figura o un sólido geométrico. □ Femenino: generatriz.

general adj. **1** Común a todos o a la mayor parte de los individuos de un conjunto. **2** Que es poco preciso y no entra en detalles. **3** Muy frecuente o común. ◆ s.m. **4** Militar que pertenece a la categoría más alta, por encima de jefes, oficiales, suboficiales y tropa. ◆ adj. y s.m. y f. **5** Persona que está al frente de una comunidad religiosa. ◇ **en general** o **por lo general** De forma global, sin tener en cuenta detalles o casos especiales. □ Con frecuencia, comúnmente.

generalidad s.f. **1** Conjunto que incluye a la mayoría o la casi totalidad de las personas o cosas que componen un todo. **2** Vaguedad o poca precisión en lo que una persona dice o escribe. **3** Idea general o poco precisa. □ Suele usarse en plural. **4** Gobierno de las comunidades autónomas de Cataluña y Valencia. □ Con mayúscula inicial cuando hace referencia a una generalidad en concreto. Puede encontrarse la grafía catalana Generalitat.

generalista adj. Que generaliza.

generalización s.f. Acción de generalizar o generalizarse.

generalizar v.tr. **1** Hacer general o común una cosa. ◆ v.intr. **2** Aplicar a un conjunto una característica observada en un número limitado de casos. **3** Tratar un asunto o cuestión sin hacer referencia a ningún caso concreto.

generalmente adv. Indica que una acción se produce con bastante frecuencia.

generar v.tr. Producir o crear alguna cosa.

generativismo s.m. Disciplina lingüística que trata de formular las reglas y principios por medio de los cuales un hablante es capaz de producir y comprender todas las oraciones posibles y aceptables de su lengua.

generativo, a adj. Capaz de generar, producir o crear una cosa nueva.

generatriz ▷ generador, ra.

genérico, a adj. **1** Que es común o se refiere a un conjunto de elementos del mismo género. **2** Relativo al género gramatical.

género s.m. **1** Conjunto de personas o cosas que tienen unas características comunes. **2** Clase de tela o tejido. **3** Categoría o clase en que se pueden ordenar las obras artísticas, literarias o musicales según los rasgos comunes de forma y contenido. **4** Accidente gramatical que aparece en el sustantivo, el adjetivo, el pronombre y el artículo, que indica si son masculinos, femeninos o neutros. **5** Característica, clase o estilo que distinguen a una persona o a una cosa. **6** Mercancía o producto de cualquier tipo. **7** Categoría de clasificación de los seres vivos inferior a la de familia y superior a la de especie.

generosidad s.f. **1** Cualidad de la persona que ayuda y da lo que tiene a los demás sin esperar nada a cambio. **2** Actitud o comportamiento generoso.

generoso, a adj. **1** Se dice de la persona que ayuda y da lo que tiene a los demás sin esperar nada a cambio. **2** Se dice de la actitud o el comportamiento propios de una persona generosa. **3** Abundante.

génesis s.f. Principio u origen de una cosa.

genética s.f. Parte de la biología que estudia los mecanismos que regulan la transmisión de los caracteres hereditarios.

genético, a adj. **1** Relativo a los genes. **2** Relativo a la genética. **3** Relativo a la génesis (principio u origen de una cosa).

genial adj. **1** Que se considera propio de un genio. **2** Fam. Muy bueno o extraordinario. ◆ **adv. 3** Fam. Muy bien.

genialidad s.f. **1** Cualidad de genial. **2** Hecho o idea geniales.

genio s.m. **1** Carácter o manera de ser de una persona. **2** Persona muy inteligente o con gran capacidad para crear o inventar cosas nuevas y admirables. **3** Inteligencia o capacidad para crear o inventar cosas nuevas y admirables. **4** Personaje de los cuentos que tiene poderes mágicos.

genital adj. **1** Que sirve para la reproducción o está relacionado con los órganos reproductores. ◆ **genitales s.m.pl. 2** Órganos sexuales externos.

genitivo, a s.m. y adj. Caso de la declinación gramatical que expresa posesión o pertenencia, y materia de la que está hecha una cosa.

genocidio s.m. Aniquilación o exterminio sistemático y deliberado de un grupo social.

genoma s.m. Conjunto de los genes de una célula.

genómica s.f. Parte de la biología que estudia el genoma.

genotipo s.m. Conjunto de los genes que existen en cada núcleo celular de los individuos pertenecientes a una determinada especie animal o vegetal.

genovés, sa adj. y s. De Génova (ciudad de Italia).

gente s.f. **1** Conjunto de personas. **2** Grupo o clase social en que se divide la sociedad. **3** Fam. Conjunto de personas de la misma familia.

gentil adj. **1** Se dice de la persona que es amable, educada y atenta con los demás. **2** Formal. Que tiene muy buen aspecto o buena presencia. ◆ **adj. y s.m. y f. 3** Se dice de la persona que no profesa la religión cristiana o judía.

gentileza s.f. **1** Cualidad de la persona que actúa o se comporta con amabilidad, educación o atención hacia los demás. **2** Regalo de poca importancia que se da como muestra de afecto y consideración.

gentilhombre (pl. gentileshombres) s.m. Tratamiento que, antiguamente, se empleaba para dirigirse a un caballero cortesano.

gentilicio, a adj. y s.m. **1** Se dice del sustantivo o adjetivo que sirve para indicar de qué lugar es originaria o natural una persona. ◆ **adj. 2** Relativo al pueblo, el linaje o la familia.

gentío s.m. Gran cantidad de gente.

gentuza s.f. Gente despreciable.

genuflexión s.f. Movimiento que consiste en doblar una o ambas rodillas bajándolas hacia el suelo en señal de reverencia.

genuino, a adj. Que conserva sus características propias o naturales.

geocéntrico, a adj. Relativo al geocentrismo.

geocentrismo s.m. Antigua teoría cosmológica y filosófica según la cual la Tierra era el centro del Universo.

geoda s.f. Cavidad de una roca recubierta en su interior por minerales cristalizados.

geodesia s.f. Ciencia matemática que tiene por objeto determinar la posición concreta de puntos en la superficie de la Tierra.

geodinámica s.f. Parte de la geología que estudia las alteraciones de la corteza terrestre.

geoestacionario, a adj. Que está en rotación sincrónica alrededor de la Tierra, por lo que parece que está siempre en el mismo sitio.

geofísica s.f. Parte de la geología que estudia la estructura y composición de la Tierra y los agentes físicos que la modifican.

geofísico, a adj. **1** Relativo a la geofísica. ◆ **s. 2** Persona que es especialista en geofísica.

geografía s.f. **1** Ciencia que estudia y describe la Tierra en su aspecto físico o natural, o como lugar habitado por la humanidad. **2** Conjunto de características que conforman la realidad física y humana de una zona o de un territorio. **3** Territorio.

geográfico, a adj. Relativo a la geografía.

geógrafo, a s. Persona que es especialista en geografía o se dedica profesionalmente a su estudio.

geología s.f. Ciencia que estudia el origen y formación de la Tierra, los materiales que la componen y su estructura actual.

geológico, a adj. Relativo a la geología.

geólogo, a s. Persona que es especialista en geología o se dedica profesionalmente a su estudio.

geómetra s.m. y f. Especialista en geometría.

geometría s.f. Parte de las matemáticas que estudia las características del espacio, las relaciones entre puntos, líneas, ángulos, planos y figuras, y la manera como se miden.

geométrico, a adj. Relativo a la geometría.

geomorfología s.f. Parte de la geografía física que estudia la génesis, estructura, evolución y dinámica actual de las formas del relieve terrestre.

georgiano, a adj. y s. De Georgia (país de Europa o estado de Estados Unidos).

geosinclinal s.m. Depresión de la corteza terrestre que se hunde lentamente debido al cúmulo de capas de sedimentos.

geotermia s.f. Calor del interior de la Tierra.

geotérmico, a adj. Relativo a la geotermia.

geotropismo s.m. Movimiento de un organismo como respuesta al estímulo de la gravedad.

geranio s.m. Planta de jardín, de tallos ramosos y hojas grandes que se cultiva por sus flores.

gerencia s.f. **1** Cargo de gerente. **2** Oficina o lugar en el que trabaja el gerente. **3** Tiempo durante el cual el gerente desempeña su cargo.

gerente s.m. y f. Persona que dirige, gestiona o administra una empresa o sociedad mercantil.

geriatra s.m. y f. Especialista en geriatría.

geriatría s.f. Parte de la medicina que se ocupa de las enfermedades de la vejez.

geriátrico, a adj. **1** Relativo a la geriatría. ◆ adj. y s.m. **2** Se dice del centro que se dedica al cuidado de las personas mayores.

gerifalte s.m. **1** Halcón grande, que construye el nido en la alta montaña. **2** ESP Persona que destaca o sobresale en cualquier actividad. □ Frec. despectivo.

germanía s.f. **1** Jerga de ladrones y delincuentes, formada por palabras del español a las que se da un significado diferente del que tienen y por otras voces de distinto origen. **2** Hermandad formada por los gremios o asociaciones de artesanos del antiguo reino de Valencia a principios del siglo XVI.

germánico, a adj. **1** De Alemania (país de Europa). **2** Germano. **3** Se dice de la lengua que deriva del antiguo germánico. ◆ s.m. y adj. **4** Lengua indoeuropea hablada por los antiguos pueblos germanos.

germanio s.m. Elemento químico de símbolo Ge y número atómico 32; es un semimetal sólido de color blanco grisáceo.

germanismo s.m. Palabra o modo de expresión propio de las lenguas alemana o germánica y que se usa en otro idioma.

germanista s.m. y f. Persona que es especialista en la lengua alemana.

germano, a adj. y s. **1** De un conjunto de pueblos indoeuropeos que ocuparon el lado derecho del Rin. **2** De Alemania (país de Europa).

germanófilo, a adj. y s. Se dice de la persona que siente simpatía hacia lo alemán.

germen s.m. **1** Organismo microscópico unicelular causante de enfermedades. **2** Célula o conjunto de células que cuando se desarrollan dan origen a un ser vivo. **3** Parte de una semilla que crece y se convierte en una nueva planta. **4** Origen o principio de una cosa.

germinación s.f. Acción de germinar.

germinal adj. **1** Relativo al germen (célula o parte de la semilla). **2** Relativo al germen (origen o principio de una cosa).

germinar v.intr. **1** Empezar a crecer y a desarrollarse una semilla para dar una nueva planta. **2** Empezar a desarrollarse una cosa.

gerontocracia s.f. Sistema de gobierno en el que el poder está en manos de las personas de mayor edad.

gerontología s.f. Parte de la medicina que se ocupa de la salud de las personas de sesenta y cinco o más años.

gerundense adj. y s.m. y f. De Gerona.

gerundio s.m. Forma no personal del verbo que expresa duración de la acción verbal.

gerundivo s.m. Participio futuro pasivo del verbo latino.

gerusía o **gerusia** s.f. Consejo de ancianos de la antigua Esparta (ciudad de Grecia).

gesta s.f. Hecho o conjunto de hechos dignos de ser recordados.

gestación s.f. **1** Período durante el cual se desarrolla el feto en el interior de la madre. **2** Proceso de formación de una cosa.

gestante adj. **1** Relativo a la gestación de un ser vivo. ◆ adj. y s.f. **2** Se dice de la mujer que está embarazada.

gestar v.tr. **1** Desarrollar la madre el feto en su interior hasta el momento del parto. ◆ **gestarse** v.prnl. **2** Concebirse y desarrollarse una idea, un proyecto o un sentimiento.

gesticular v.intr. Hacer gestos.

gestión s.f. **1** Acción o trámite que hay que llevar a cabo para conseguir o resolver una cosa. **2** Conjunto de operaciones que se realizan para dirigir y administrar un negocio o una empresa.

gestionar v.tr. Hacer gestiones.

gesto s.m. **1** Movimiento de la cara, las manos u otra parte del cuerpo, con el que se expresa una cosa, especialmente un estado de ánimo. **2** Acción realizada por un impulso o sentimiento. **3** Expresión del rostro.

gestor, ra s. Persona que se dedica a gestionar.

gestoría s.f. ESP, MÉX Oficina del gestor.

gestual adj. **1** Relativo al gesto (movimiento de la cara o el cuerpo). **2** Que se hace por medio de gestos.

ghetto s.m. Gueto.

giba s.f. **1** Protuberancia natural de grasa que tienen en el lomo ciertos animales. **2** Forma anormalmente abultada o curvada de la espalda de una persona.

gibelino, a adj. y s. Partidario del poder imperial alemán, enfrentado a los güelfos.

gibón s.m. Mono de pequeño tamaño.

gibraltareño, a adj. y s. De Gibraltar (ciudad y territorio de la Península Ibérica que depende del Reino Unido).

gigabyte s.m. Medida de la memoria de un ordenador igual a 1 000 millones de bytes.

gigante adj. **1** De un tamaño mucho mayor que el normal. ◆ s.m. **2** Personaje imaginario extremadamente alto y fuerte. □ Femenino: giganta. **3** Persona de estatura mucho mayor que la normal. □ Femenino: giganta. **4** ESP Figura de madera o de cartón que representa a una persona de gran altura y que recorre las calles en las fiestas populares. □ Femenino: giganta. **5** Persona que destaca mucho en una actividad o en algún aspecto. □ Femenino: giganta.

gigantesco, a adj. De un tamaño mucho mayor que el normal.

gigantismo s.m. Trastorno del crecimiento de una persona caracterizado por un desarrollo excesivo de todo el cuerpo o de algunas partes.

gigoló s.m. Hombre joven que es mantenido por una mujer.

gijonense adj. y s.m. y f. Gijonés.

gijonés, sa adj. y s. De Gijón.

gilí adj. Fam. Tonto o estúpido.

gilipollas adj. y s.m. y f. Vulg. ESP Se dice de la persona que es tonta, estúpida o lela.

gilipollez s.f. Vulg. ESP Acción o dicho propio de un gilipollas.

gilipuertas adj. y s.m. y f. Vulg. ESP Gilipollas.

gimnasia s.f. **1** Práctica que sirve para desarrollar el cuerpo y darle flexibilidad mediante el ejercicio físico. **2** Práctica con la que se ejercita una facultad o se adquiere gran desarrollo en una actividad.

gimnasio s.m. Local dotado de instalaciones y aparatos adecuados para hacer gimnasia.

gimnasta s.m. y f. Persona que practica algún tipo de gimnasia, especialmente la que participa en competiciones gimnásticas.

gimnástico, a adj. Relativo a la gimnasia.

gimnospermo, a adj. y s.f. Se dice de la planta leñosa que tiene las semillas al descubierto.

gimotear v.intr. Llorar o gemir de forma débil y sin una razón importante. □ Frec. despectivo.

gin s.f. Ginebra. ◇ **gin tonic** Bebida que se obtiene mezclando ginebra con tónica.

gincana s.f. ESP Conjunto de pruebas de habilidad en las que los concursantes deben salvar una serie de obstáculos y dificultades realizando un determinado recorrido.

OBS Puede encontrarse la grafía **gymkhana**.

ginebra s.f. Bebida alcohólica, transparente, que se obtiene de diferentes cereales y se aromatiza con las bayas del enebro.

gineceo s.m. Parte de la estructura reproductora femenina de una flor, compuesta por el estigma, el estilo y el ovario.

ginecología s.f. Parte de la medicina que se ocupa de las enfermedades de los órganos de reproducción femeninos.

ginecológico, a adj. Relativo a la ginecología.

ginecólogo, a s. Médico especialista en ginecología.

gineta s.f. Mamífero carnívoro félido de cuerpo delgado y pelo marrón con bandas negras.

ginger ale s.m. Bebida efervescente elaborada con jengibre.

ginseng s.m. Planta herbácea originaria de China que se usa como estimulante.

gira s.f. Serie de actuaciones sucesivas que un artista o grupo de artistas hacen por distintas poblaciones.

girar v.tr. e intr. **1** Mover a una persona o cosa haciendo que dé vueltas sobre sí misma o alrededor de otra cosa. ◆ v.intr. **2** Cambiar una persona o una cosa la dirección que llevaba. **3** Desarrollarse una cosa tomando como punto central una materia o tema determinado. ◆ v.tr. **4** Mandar una cantidad de dinero por giro.

girasol s.m. Planta de tallo grueso, alto y derecho, con la flor grande y amarilla con muchas semillas comestibles.

giratorio, a adj. Que gira.

1. **giro** s.m. **1** Movimiento de rotación de un cuerpo alrededor de un eje o de una figura alrededor de un punto. **2** Acción de cambiar una persona o una cosa la dirección que llevaba. **3** Dirección o aspecto que toma una cosa. **4** Envío de una cantidad de dinero por medio del servicio de correos. □ También giro postal. **5** Manera especial en que están ordenadas las palabras de una frase para expresar un concepto.

2. **giro, a** adj. AMÉR Se dice del ave gallinácea que tiene el plumaje oscuro con matices amarillos, rojos y negros.

girola s.f. Pasillo semicircular que rodea por detrás el altar mayor de una catedral o iglesia.

giroscopio s.m. Dispositivo formado por un volante que gira alrededor de un eje y que puede tomar cualquier dirección.

gitanismo s.m. **1** Forma de vida y cultura propia de los gitanos. **2** Palabra o expresión propia de la lengua gitana usada en otra lengua.

gitano, a adj. y s. **1** Se dice de la persona perteneciente a un pueblo nómada que probablemente tuvo su origen en la India y que se extendió por todo el mundo. ◆ adj. **2** Relativo a este pueblo. ◆ adj. y s. **3** Fam. Se dice de la persona que tiene gracia para ganarse la simpatía o la voluntad de los demás.

glaciación s.f. **1** Formación de grandes extensiones de hielo que cubren la mayor parte de los continentes y los océanos durante ciertos períodos geológicos. **2** Etapa climática que atraviesa la Tierra periódicamente, en la que la temperatura media del planeta desciende notablemente y los hielos polares se extienden hacia latitudes más ecuatoriales.

glacial adj. **1** Muy frío. **2** Se dice de la zona cubierta de hielo y donde el clima es muy frío.

glaciar s.m. **1** Masa grande de hielo que se forma en las partes más altas de las montañas y que se halla, o se halló en algún momento, en movimiento de traslación debido a la acción de la gravedad. ◆ adj. **2** Relativo a esa masa de hielo.

gladiador s.m. Luchador que batallaba a muerte en espectáculos públicos romanos.

gladíolo o **gladiolo** s.m. **1** Planta bulbosa de hojas alargadas y estrechas. **2** Flor de esta planta.

glamour s.m. Atractivo o encanto especial que posee una persona o una cosa.

glande s.m. Parte final y más abultada del pene.

glándula s.f. Órgano que se encarga de elaborar y segregar sustancias necesarias para el funcionamiento del organismo.

glandular adj. Relativo a la glándula.

glasear v.tr. **1** Cubrir un pastel, un bizcocho u otro dulce con una capa de azúcar derretido o con mermelada, chocolate o almíbar, dándole un aspecto brillante. **2** Dar brillo a un asado sometiéndolo a un fuego vivo y rociándolo con el jugo de la cocción. **3** Dar brillo a la superficie de ciertas cosas, como un papel, una tela, etc.

glasnost s.f. Política de apertura informativa y de libertad de expresión practicada en la Unión Soviética desde 1985 que, junto con las medidas impulsadas por la perestroika, tenía como objetivo regenerar el comunismo y dinamizar el país.

glauco, a adj. Formal. De color verde claro.

glaucoma s.m. Enfermedad del ojo caracterizada por un aumento de la presión dentro del globo ocular, que causa un daño progresivo en la retina y a veces pérdida de la visión.

gleba s.f. **1** Montón de tierra que se levanta con el arado. **2** Tierra de cultivo. **3** En el sistema feudal, clase social a la que pertenecían las personas que estaban ligadas a las tierras de un señor de manera hereditaria.

glía s.f. Tejido de sostén que rodea y protege las células nerviosas.

glicerina s.f. Alcohol incoloro, espeso, de sabor dulce y soluble en agua que se obtiene de grasas y aceites animales y vegetales y se usa mucho en farmacia y perfumería.

glíptica s.f. **1** Técnica y arte de grabar en piedras duras. **2** Técnica de grabar en acero los cuños para monedas, medallas, etc.

global adj. Que se refiere a todo un conjunto.

globalización s.f. **1** Acción de globalizar. **2** Proceso de interdependencia económica entre los estados del mundo, debido al aumento de la libertad y rapidez de los intercambios y la extensión de los mercados internacionales.

globalizar v.tr. **1** Considerar un problema en su conjunto. **2** Integrar una serie de datos, hechos, etc., en un planteamiento mundial.

globo s.m. **1** Cuerpo que tiene forma esférica. **2** Objeto de goma o de otro material flexible, generalmente de forma redonda, que se llena de aire o de un gas menos pesado que el aire, y que utilizan los niños para jugar o se coloca como adorno en algún lugar. **3** Texto, generalmente rodeado por una línea, que se coloca junto a un personaje y que representa lo que dice o piensa. **4** Fam. ESP Trastorno temporal de las capacidades físicas y mentales debido al consumo de alcohol o de un narcótico. ◇ **globo aerostático** Aerostato sin motor compuesto de una bolsa redonda rellena de gas y de una barquilla para transportar a personas y cosas. □ También simplemente globo. ◇ **globo ocular** Órgano de la vista. ◇ **globo sonda** Globo aerostático de pequeño tamaño que lleva aparatos para hacer mediciones.

globulina s.f. Proteína insoluble en agua pura y soluble en soluciones que contengan sales minerales, que se halla principalmente en la sangre, en el huevo y en la leche.

glóbulo s.m. **1** Célula de forma redonda u ovalada que se encuentra en diversos líquidos del cuerpo de los animales, especialmente en la sangre. **2** Cuerpo de pequeño tamaño con forma esférica. ◇ **glóbulo blanco** Célula incolora de la sangre de los animales vertebrados que se encarga de defender el organismo de las infecciones. ◇ **glóbulo rojo** Eritrocito.

glockenspiel s.m. Instrumento musical de percusión formado por dos filas de barras metálicas que se tocan con baquetas.

gloria s.f. **1** En la religión cristiana, estado de felicidad y gracia eterna que produce estar en el Cielo cerca de Dios después de la muerte. **2** Esplendor, grandeza o hermosura de una cosa. **3** Honor, admiración y prestigio que alguien consigue por haber hecho algo importante y reconocido por todos. **4** Hecho, persona o cosa que es motivo de honor y prestigio para alguien o algo. ◆ **s.m. 5** Oración y canto de la misa católica y de los cristianos orientales con la que se alaba a Dios. ◆ **s.f. 6** Se usa para enfatizar el valor del sustantivo al que acompaña. ◇ **cubrirse de gloria** Conseguir fama con una acción determinada. □ Frec. humorístico.

gloriado s.m. AMÉR Bebida parecida al ponche.

gloriarse (1e) **v.prnl.** Hablar o presumir una persona en exceso de sus virtudes o bienes propios.

glorieta s.f. **1** Plaza, generalmente redonda y pequeña, en la que desembocan varias calles. **2** Espacio, generalmente redondo, cerrado por un enrejado y adornado con plantas trepadoras.

glorificar v.tr. **1** Dar gloria a una persona o cosa o hacerla digna de honor o prestigio. **2** Alabar o dar muestras de gran admiración o aprecio hacia una persona o cosa.

glorioso, a adj. **1** Que merece admiración, alabanza y honor. **2** Relativo a la gloria eterna.

glosa s.f. **1** Explicación, nota o comentario que se añade a un texto difícil de entender para aclararlo. **2** Composición poética elaborada a partir de unos versos que aparecen al principio y que se van desarrollando y explicando.

glosar v.tr. Incluir glosas en un texto.

glosario s.m. Catálogo alfabetizado de ciertas palabras y expresiones de un texto.

glotis s.f. Abertura superior de la laringe.

glotón, na adj. y s. Se dice de la persona que come de manera excesiva y con ansia.

glotonería s.f. Cualidad de glotón.

glucagón s.m. Hormona producida por el páncreas.

glucemia s.f. Concentración de glucosa en la sangre.

glúcido s.m. Compuesto orgánico, generalmente de sabor dulce y soluble en agua, que contiene carbono, hidrógeno y oxígeno.

glucógeno s.m. Glúcido polisacárido de reserva almacenado por los animales y hongos.

glucosa s.f. Glúcido monosacárido de 6 átomos de carbono, blanco, cristalizable, dulce y soluble en agua.

gluten s.m. Sustancia formada por proteínas que se encuentra en la semilla del trigo y de otras gramíneas.

glúteo, a s.m. y adj. **1** Músculo de los tres que forman la nalga. ◆ **s.m. 2** Parte carnosa y redondeada que corresponde al extremo superior y posterior del muslo en su unión con la espalda. ◆ **adj. 3** Relativo a esta parte del cuerpo.

gneis s.m. Roca metamórfica formada esencialmente por cuarzo, feldespato y mica.

gnomo s.m. Ser fantástico que tiene el aspecto de un enano, lleva barba y un sombrero puntiagudo y tiene poderes mágicos.

gnomon s.m. Varilla que indica las horas en un reloj solar.

gnosticismo s.m. Doctrina religiosa esotérica de los primeros siglos de la Iglesia, que prometía a sus seguidores un conocimiento intuitivo y misterioso de las cosas divinas.

gnóstico, a adj. **1** Relativo al gnosticismo. ◆ **adj. y s. 2** Seguidor del gnosticismo.

gobernación s.f. **1** Acción que consiste en ejercer el control y la dirección de un Estado, ciudad o colectividad. **2** Territorio que depende de un gobierno nacional. **3** En las antiguas colonias españolas en América, demarcación administrativa dentro de un virreinato.

gobernador, ra s. **1** Jefe superior de un territorio o provincia que ejerce una jurisdicción militar o civil. **2** Persona que representa al gobierno de un estado en la dirección de algún organismo.

gobernante adj. y s.m. y f. Que gobierna o dirige un país o forma parte de un gobierno.

gobernar (32) **v.tr. e intr. 1** Ejercer la dirección, la administración y el control de un Estado, ciudad o colectividad. ◆ **v.tr. 2** Conducir una embarcación o vehículo. **3** Guiar el comportamiento de una persona o influir mucho sobre ella. **4** Guiar o dirigir algo. ◆ **gobernarse v.prnl. 5** Desenvolverse una persona por sí misma.

gobierno s.m. **1** Acción de gobernar. **2** Conjunto de personas que gobiernan o dirigen un estado.

gobio s.m. Pez de pequeño tamaño y cuerpo alargado, con las aletas abdominales unidas.

goce s.m. Sentimiento muy intenso de placer, satisfacción y alegría por el disfrute de una cosa.

godo, a adj. y s. **1** De un antiguo pueblo germánico que invadió el Imperio romano a partir del siglo III. ◆ **adj. 2** AMÉR Desp. Español.

gofio s.m. **1** Harina de cereales tostados. **2** AMÉR Pasta dulce hecha con harina de maíz.

gofre s.m. Dulce hecho con harina y miel, y elaborado entre dos planchas cuadriculadas con relieves en forma de rejilla que le dan el aspecto de un panal.

gogó s.f. ESP Mujer que se dedica a bailar para animar al público.

gol s.m. En el fútbol y otros deportes, acto de introducir la pelota en la portería contraria para conseguir un tanto.

gola s.f. Golilla.

golazo s.m. Gol muy espectacular.

goleada s.f. En el fútbol y otros deportes, cantidad grande de goles que un equipo mete a otro.

goleador, ra s. Persona que mete más goles en un partido o en toda una liga.

golear v.tr. En el fútbol y otros deportes, marcar muchos goles un equipo al equipo contrario.

goleta s.f. Embarcación de vela ligera, con dos o tres palos y con las bordas poco elevadas.

golf s.m. Deporte que consiste en dar una serie de golpes con un palo a una pelota pequeña para introducirla en los 18 hoyos que se encuentran en un campo cubierto de césped.

golfa s.f. Fam. Prostituta.

golfista s.m. y f. Persona que juega al golf por afición o como deportista profesional.

1. **golfo** s.m. Porción de mar de gran extensión que entra en la tierra y que está situada entre dos cabos.

2. **golfo, a** adj. y s. **1** ESP Se dice de la persona que vive de manera desordenada, tiene costumbres poco formales y solo se preocupa de divertirse y entregarse a los vicios. ◆ adj. **2** ESP Propio de un golfo.

golilla s.f. Adorno que se ponía alrededor del cuello, hecho de tela blanca, tul o encaje, formando pliegues.

gollete s.m. **1** Cuello estrecho de la botella. **2** Fam. Parte delantera del cuello de una persona o de un animal.

golondrina s.f. **1** Pájaro pequeño de color negro azulado por encima y blanco por el pecho y el vientre, alas acabadas en punta, pico corto y negro y cola larga con forma de horquilla. **2** Barca pequeña de motor, usada para el transporte de viajeros en trayectos cortos.

golosina s.f. Producto comestible de pequeño tamaño y sabor dulce que se come por gusto.

goloso, a adj. y s. **1** Se dice de la persona que tiene mucha inclinación y afición a comer dulces o golosinas. **2** Se dice de la cosa que es muy deseada o codiciada.

golpe s.m. **1** Choque repentino y más o menos violento de un cuerpo contra otro. **2** Señal que deja este choque. **3** Hecho o suceso, generalmente repentino, que causa mucha impresión o dolor. **4** Situación especialmente cómica en una obra teatral o cinematográfica. **5** Fam. Ocurrencia divertida que una persona expresa de improviso en el curso de una conversación. **6** Robo o atraco. **7** Acción dañina e intencionada contra una persona o cosa. **8** Aparición repentina de una cosa, especialmente de un estado climatológico o de un estado físico o moral. ◇ **de golpe** De repente. ◇ **golpe de Estado** Toma por parte de un grupo de personas del gobierno de un país, normalmente haciendo uso de las armas o la violencia y de forma ilegal.

golpear v.tr. e intr. Dar uno o varios golpes.

golpetear v.tr. e intr. Dar golpes poco fuertes pero continuos.

golpeteo s.m. Sucesión de golpes poco fuertes pero continuos.

golpismo s.m. **1** Actitud política que busca el cambio de la forma de gobierno de un país por medio de un golpe de Estado. **2** Actividad que consiste en organizar y ejecutar golpes de Estado.

golpista adj. **1** Relativo al golpe de Estado. ◆ adj. y s.m. y f. **2** Se dice de la persona que participa en un golpe de Estado o lo apoya.

golpiza s.f. AMÉR Paliza o tunda de golpes.

goma s.f. **1** Sustancia viscosa producida por ciertas plantas tropicales, que se hace sólida en presencia del aire, y que se industrializa especialmente para elaborar colas y barnices. **2** Material elástico y resistente que se obtiene por procedimientos químicos a partir de esta sustancia. **3** Tira elástica de caucho que suele usarse para sujetar cosas. **4** Utensilio hecho de caucho que se usa para borrar la tinta o el lápiz de un papel. □ También goma de borrar. **5** Fam. Preservativo (anticonceptivo masculino). ◇ **goma de mascar** Golosina dulce que se mastica, pero no se traga.

gomaespuma s.f. Caucho natural o sintético muy esponjoso y elástico.

gomera s.f. Tirachinas. **GEOSIN** resortera.

gomero, a adj. y s. De La Gomera.

gomina s.f. Producto viscoso que se aplica sobre el cabello para fijarlo.

gominola s.f. ESP Caramelo blando.

gónada s.f. Órgano reproductor que forma las células sexuales de los animales.

góndola s.f. Embarcación ligera, larga y estrecha, movida por un solo remo situado a popa.

gondolero s.m. Persona que se dedica a conducir una góndola.

gong (pl. gongs) s.m. Instrumento sonoro que consiste en un disco de metal que está colgado de un soporte y vibra al ser golpeado.

gongorino, a adj. **1** Relativo a Góngora (escritor español, 1561-1627) o a su obra. **2** Que sigue o imita el estilo literario de este autor.

gongorismo s.m. Estilo literario del Barroco español, cultivado por Luis de Góngora.

goniómetro s.m. Instrumento para medir ángulos.

gonococo s.m. Bacteria que causa enfermedades como la gonorrea o la blenorragia.

gonorrea s.f. Enfermedad caracterizada por un flujo mucoso en las vías genitales.

gordinflón, na adj. y s. Fam. Muy gordo.

gordo, a adj. y s. **1** Que tiene mucha grasa o carne. ◆ adj. **2** Más grueso de lo normal. **3** Más grande o más importante de lo normal. ◆ s.m. **4** Primer premio de la lotería, especialmente la de Navidad. ◇ **armarse una gorda** Fam. Desencadenarse una pelea, una riña o un gran alboroto entre dos o más personas. ◇ **caerle gordo a alguien** Fam. ESP No resultarle agradable o simpática una persona a otra. ◇ **no tener una gorda** o **estar sin gorda** No tener nada de dinero.

gordolobo s.m. Planta de hojas amarillas, largas y muy apretadas, con efectos terapéuticos.

gordura s.f. **1** Exceso de carne o grasa en el cuerpo. **2** ARG, P RICO Crema de la leche.

gorgojo s.m. Insecto coleóptero de pequeño tamaño, con la cabeza prolongada en un pico.

gorgorito s.m. Fam. Quiebro que se hace en la garganta con la voz, especialmente al cantar.

gorgoteo s.m. Ruido producido por el movimiento de un líquido o de un gas en el interior de alguna cavidad.

gorguera s.f. Adorno del cuello, generalmente de lienzo fino o telas transparentes, que se doblaba formando pliegues.

gorila s.m. **1** Mamífero del orden de los primates, de gran tamaño. **2** Fam. Persona que se dedica a acompañar a otra para protegerla.

gorjear v.intr. **1** Cantar los pájaros emitiendo gorjeos. **2** AMÉR Hacer burla articulando sonidos imperfectos.

gorjeo s.m. Canto de algunos pájaros que consiste en sonidos cortos y agudos.

gorra s.f. Prenda de vestir que se lleva sobre la cabeza para cubrirla, sin copas ni alas, y generalmente con visera. ◇ **de gorra** Gratis.

gorrino, a s. **1** Cerdo, especialmente el que tiene menos de cuatro meses. ◆ **adj. y s. 2** Se dice de la persona que no cuida su aseo personal o que produce asco por su falta de limpieza.

gorrión, na s. Pájaro de pequeño tamaño, de plumaje marrón o pardo con manchas.

gorro s.m. Prenda de vestir que se lleva sobre la cabeza para cubrirla y abrigarla.

gorrón, na adj. y s. Se dice de la persona que consume o utiliza habitualmente una cosa sin pagar por ella y a costa de los demás.

gorronear v.tr. e intr. Consumir o utilizar una cosa sin pagar por ella y a costa de los demás.

gospel s.m. Estilo de música popular religiosa propia de la comunidad negra de Estados Unidos, en que los cantantes (uno o varios, con acompañamiento de coro) ornamentan la melodía, con gritos, tarareos, susurros, etc.
OBS Pronunc. 'góspel'.

gota s.f. **1** Partícula de un líquido que adopta una forma esférica al caer o desprenderse de algún lugar. **2** Cantidad pequeña de cualquier cosa. **3** Enfermedad que produce una inflamación muy dolorosa de algunas articulaciones. ◇ **gota a gota** Por gotas. ◇ **ni gota** Nada.

gotear v.intr. **1** Caer un líquido gota a gota. ◆ v.impersonal **2** Caer algunas gotas de manera poco intensa al empezar a llover.

gotelé s.m. Técnica para pintar paredes consistente en proyectar sobre ellas unas gotas de pintura, dándoles un aspecto granuloso.

goteo s.m. Acción de gotear.

gotera s.f. **1** Filtración del agua a través de una grieta o agujero del techo. **2** Agujero o grieta por donde caen gotas de agua. **3** Achaque de la salud. ◆ **goteras** s.f.pl. **4** AMÉR Alrededores.

gotero s.m. **1** Aparato para administrar sueros o plasmas por vía endovenosa. **2** AMÉR Cuentagotas.

gótico, a adj. **1** Relativo a los godos. ◆ **s.m. y adj. 2** Lengua germánica hablada por los godos. ◆ **adj. y s.m. 3** Se dice del estilo artístico de origen francés que se desarrolló en Europa occidental entre los siglos XII y XVI y que se caracteriza, en arquitectura, por la combinación del arco ojival con la bóveda de crucería y los arbotantes, lo que permite levantar edificios de gran altura. ◆ **adj. 4** Se dice del tipo de letra que tiene formas angulosas y rectilíneas.

gotoso, a adj. y s. Que padece gota.

gourmet (pl. gourmets) s.m. y f. Persona que sabe mucho de cocina y aprecia la buena comida y los vinos de calidad.

gozada s.f. Fam. ESP Sentimiento de gozo.

gozar v.intr. **1** Sentir placer, satisfacción o alegría. **2** Tener una cosa de la que se saca algún provecho, beneficio o satisfacción. ◆ **v.tr. 3** Formal. Poseer sexualmente a una mujer.

gozne s.m. Mecanismo de metal o plástico compuesto por dos piezas unidas por un eje común, que se fijan en dos superficies separadas, una fija y otra móvil, para juntarlas y permitir el giro de una sobre otra.

gozo s.m. Sentimiento de placer, satisfacción o alegría por el disfrute de una cosa.

gozoso, a adj. **1** Se dice de la persona que siente gozo por una cosa. **2** Que produce gozo.

g. p. o **g/p.** Abreviatura de **giro postal**.

grabación s.f. Acción que consiste en grabar o recoger imágenes y sonidos.

grabado s.m. **1** Arte o técnica de grabar sobre una superficie. **2** Estampa obtenida por cualquiera de los procedimientos para grabar.

grabadora s.f. Aparato portátil que sirve para grabar y reproducir sonidos.

grabar v.tr. **1** Tallar o labrar en relieve sobre metal, madera, piedra o cualquier superficie dura una figura, un dibujo o un texto. **2** Tallar un dibujo en una plancha de metal o madera para poder reproducirlos después en copias en papel. **3** Recoger imágenes, sonidos o informaciones en un disco, una cinta magnética o cualquier soporte que luego permite reproducirlos. **4** Fijar fuertemente en la memoria un hecho o un sentimiento.

gracejo s.m. Gracia o desenvoltura.

gracia s.f. **1** Capacidad que tiene una persona o una cosa de divertir o hacer reír. **2** Hecho o dicho divertido o que hace reír. **3** Conjunto de cualidades por las que una persona o cosa resulta atractiva o agradable. **4** Elegancia, garbo y desenvoltura con que se mueve una persona. **5** En la religión cristiana, ayuda sobrenatural que Dios da a una persona para que obre según el amor y la bondad y consiga su salvación. ◆ **gracias** s.f.pl. **6** Se usa para agradecer alguna cosa a alguien.

grácil adj. Formal. Delgado, delicado o ligero.

gracioso, a adj. **1** Que divierte y hace reír. □ Frec. irónico. **2** Que resulta atractivo o agradable. ◆ s. **3** En la comedia clásica, actor que representa personajes que hacen reír.

grada s.f. **1** Asiento para gran cantidad de personas, a manera de escalón largo, que suele haber en teatros, estadios o lugares a los que acude gran cantidad de público. **2** Conjunto de estos asientos. **3** Superficie elevada sobre la que está el altar. ◆ **gradas** s.f.pl. **4** Conjunto de escalones que suelen tener los grandes edificios delante de su pórtico o fachada.

gradación s.f. Serie de cosas o personas ordenadas por grados o por fases sucesivas.

graderío s.m. **1** Conjunto de gradas. **2** Público que ocupa este conjunto de gradas.

gradiente s.f. **1** Variación de una magnitud en cantidad y dirección. **2** AMÉR Desnivel.

1. **grado** s.m. **1** Unidad de medida de la temperatura en distintas escalas. **2** Unidad de medida de la cantidad de alcohol que contienen las bebidas alcohólicas. **3** Parte que resulta de dividir la circunferencia en 360 partes iguales y que se utiliza como unidad de medida de ángulos y de longitudes y latitudes geográficas. □ También grado sexagesimal. **4** Estado, valor o calidad que puede tener una persona o cosa en relación con otras y que puede ordenarse con otros estados, valores o calidades de mayor a menor o de menor a mayor. **5** Generación que marca la proximidad en el parentesco entre las personas. **6** Lugar o nivel que ocupa una persona dentro de una organización jerárquica. **7** Título que se da al estudiante que ha completado determinado nivel de estudios, especialmente los estudios universitarios. **8** Forma que tienen los adjetivos de indicar la intensidad de una cualidad. **9** Valor del mayor exponente al que se encuentra elevada la incógnita de una ecuación matemática. **10** Nota de la escala musical diatónica. ◇ **grado centesimal** Unidad empleada para medir ángulos y arcos, que se obtiene al dividir un círculo en 400 partes iguales. ◇ **grado centígrado** o **grado Celsius** Unidad de medida de temperatura que corresponde a una división del termómetro centesimal. ◇ **grado Fahrenheit** Unidad de temperatura que toma como punto de fusión del hielo el valor 32 y como punto de ebullición del agua el valor 212. ◇ **grado Kelvin** Unidad del Sistema Internacional para mediar la temperatura.

2. **grado** s.m. Voluntad o disposición para hacer una cosa.

graduación s.f. **1** Acción de graduar. **2** Grado o categoría militar. **3** Cantidad proporcional de alcohol que contienen algunas bebidas.

graduado, a adj. **1** Que está dividido en grados. ◆ adj. y s. **2** Se dice de la persona que ha alcanzado un grado determinado de estudios, especialmente universitarios. ◆ s.m. **3** Título académico que se consigue al completar algún ciclo de estudios, especialmente universitarios.

gradual adj. Que se desarrolla o cambia en etapas sucesivas y continuas.

graduar (1b) v.tr. **1** Dar a una cosa un grado, una calidad o intensidad determinada. **2** Dividir u ordenar una cosa según diferentes grados o niveles. **3** Medir o determinar la intensidad, la calidad o el valor de una cosa en grados. **4** Marcar en un objeto o aparato los diferentes grados o divisiones que servirán para medir algunas cosas. **5** Conceder a una persona un título universitario o un grado militar.

grafema s.m. Unidad mínima e indivisible de la escritura de una lengua.

graffiti s.m. Escrito o dibujo espontáneo realizado en las paredes de lugares públicos.

grafía s.f. Letra o signo gráfico con que se representa un sonido en la escritura.

gráfico, a adj. **1** Relativo a la escritura o la imprenta. **2** Relativo a la imprenta. **3** Que representa o describe con mucha claridad la idea que se desea expresar. **4** Que se representa por medio de signos o dibujos. ◆ s. **5** Representación de datos numéricos o de cantidades que se hace por medio de dibujos, esquemas, etc.

grafismo s.m. **1** Actividad que tiene como objeto el cuidado de la tipografía y de los dibujos y fotografías que aparecen en libros, revistas, películas y programas de televisión. **2** Modo particular de escribir a mano de una persona.

grafista s.m. y f. Especialista en tipografía, dibujos y fotografías.

grafito s.m. Mineral de color negro o gris oscuro, blando, laminar y de tacto graso, compuesto casi exclusivamente de carbono.

grafología s.f. Técnica que estudia las características psicológicas de las personas a través de la forma de su escritura.

grafólogo, a s. Persona especialista en grafología.

gragea s.f. Medicamento con forma de píldora o tableta.

grajo, a s. Ave parecida al cuervo, de color negruzco, pico y pies rojos y uñas grandes.

grama s.f. Hierba silvestre medicinal.

gramaje s.m. Peso en gramos de un papel por metro cuadrado.

gramática s.f. **1** Ciencia que estudia y describe una lengua como sistema. **2** Conjunto de normas y reglas para hablar y escribir correctamente una lengua. **3** Libro que recoge y explica este conjunto de normas y reglas.

gramatical adj. **1** Relativo a la gramática. **2** Que se ajusta a las reglas de la gramática.

gramaticalización s.f. Proceso mediante el cual una palabra pierde el contenido léxico original y adquiere una función gramatical.

gramático, a s. Especialista en gramática.

gramíneo, a adj. y s.f. Se dice de la planta que tiene las flores en espiga y el fruto formado por un solo cotiledón.

gramo s.m. Medida de masa, de símbolo g, que es igual a la milésima parte de un kilogramo.

gramófono s.m. Aparato que reproduce sonidos grabados en un disco mediante una aguja de metal situada en el extremo de un brazo móvil y una caja de resonancia; tiene un altavoz en forma de trompa.

gramola s.f. **1** Gramófono eléctrico colocado en un mueble cerrado en forma de armario que hace sonar el disco seleccionado introduciendo dinero en una ranura. **2** Gramófono portátil que tiene la bocina en el interior y un brazo articulado que puede replegarse dentro de la caja.

gran adj. Apócope de **grande**.
OBS Va antepuesto al sustantivo.

grana s.m. y adj. **1** Color rojo oscuro. ◆ adj. **2** Que es de este color. ◆ s.f. **3** Semilla pequeña de algunos vegetales. **4** Colorante de color rojo oscuro que se obtiene de la cochinilla. **5** Cochinilla (insecto).

granada s.f. **1** Fruto del granado, redondo, con corteza delgada de color entre amarillo y rojo, que contiene en su interior muchos granos rojos y jugosos; es comestible. **2** Proyectil de pequeño tamaño que contiene explosivos en su interior y está provisto de un dispositivo que al arrancarlo provoca la explosión de la carga.

granadino, a adj. y s. De Granada.

1. **granado, a** adj. Que se considera lo mejor o más escogido entre otras cosas de su especie.

2. **granado** s.m. Árbol de tronco liso y nudoso, copa extendida con muchas ramas delgadas, hojas brillantes, flores grandes de color rojo y fruto comestible (granada).

granar v.intr. Formarse y crecer el grano de los frutos en algunas plantas.

granate s.m. y adj. **1** Color rojo oscuro. ◆ adj. **2** Que es de este color. ◆ s.m. **3** Mineral formado por un compuesto de hierro, aluminio y silicio cuyo color más frecuente es el rojo oscuro.

grande adj. **1** Que tiene un tamaño mayor de lo normal. **2** Muy intenso o fuerte. **3** Que es importante o destaca por alguna cualidad. ◆ adj. y s.m. y f. **4** Se dice de la persona adulta.
OBS Antepuesto a un sustantivo adopta la forma gran.

grandeza s.f. **1** Importancia o valor que tiene una persona o una cosa. **2** Nobleza o bondad que tiene una persona. **3** Dignidad nobiliaria de grande de España. **4** Conjunto de los grandes de España.

grandilocuente adj. **1** Se dice del estilo o la expresión que se caracteriza por emplear palabras y construcciones demasiado cultas y rebuscadas y por dar un énfasis excesivo a aspectos del discurso que no lo merecen. **2** Se dice de la persona que escribe o se expresa con grandilocuencia.

grandiosidad s.f. Capacidad que tiene una cosa para impresionar a causa de su tamaño o alguna de sus cualidades.

grandioso, a adj. Que destaca o impresiona por su tamaño o alguna de sus cualidades.

grandullón, na adj. y s. ESP Se dice del niño o el joven que está muy crecido para su edad.

granel ◇ **a granel** loc. **1** Sin envasar. **2** En gran cantidad o abundancia.

granero s.m. **1** Lugar donde se guarda el grano. **2** Territorio en el que abundan los cereales y que provee a otros.

granete s.m. Herramienta consistente en una barra puntiaguda que permite marcar un punto o una línea en una plancha o superficie de metal, por ejemplo para fijar el lugar exacto donde se ha de taladrar o perforar.

granito s.m. Roca muy dura que está formada por cuarzo, feldespato y mica.

granívoro, a adj. Se dice del animal que se alimenta de grano (semillas).

granizada s.f. Lluvia abundante de granizo.

granizado, a adj. y s.m. Se dice de la bebida que se elabora con hielo picado y zumo de fruta, café u otra sustancia que le da sabor.

granizar v.impersonal Caer granizo.

granizo s.m. Agua congelada que cae de las nubes en forma de bolas pequeñas.

granja s.f. **1** Casa de campo con un terreno para cultivar y con otros edificios donde se crían vacas, cerdos, gallinas y otros animales domésticos. **2** Conjunto de instalaciones dedicadas a la cría de aves y otros animales domésticos.

granjear v.tr. Atraer la atención, la voluntad o el afecto de una persona.

granjero, a s. Persona que posee una granja.

grano s.m. **1** Semilla y fruto de un cereal. **2** Semilla pequeña de una planta o fruto. **3** Fruto que con otros iguales forman un racimo. **4** Parte pequeña y redonda de alguna cosa. **5** Bulto pequeño que aparece en la superficie de la piel.

granuja adj. y s.m. y f. Se dice de la persona que engaña a los demás en su provecho.

granulado, a adj. **1** Se dice de la sustancia que está formada por granos. ◆ s.m. **2** Preparado farmacéutico presentado en forma de granos.

1. **granular** adj. Granuloso.

2. **granular** v.tr. Desmenuzar en granos.

gránulo s.m. Grano diminuto.

granuloso, a adj. Formado por granos.

grapa s.f. Pieza de metal pequeña y delgada cuyos extremos se clavan y se doblan para unir o sujetar papeles, tejidos y otras cosas.

grapadora s.f. ESP Instrumento para grapas. GEOSIN engrapadora.

grapar v.tr. Unir o sujetar con grapas.

grasa s.f. **1** Sustancia animal o vegetal que se encuentra en los tejidos orgánicos y que forma las reservas de energía de los seres vivos. **2** Sustancia que se usa para engrasar. **3** Manteca.

grasiento, a adj. Que tiene grasa.

graso, a adj. Que tiene grasa o más grasa de lo normal.

gratificación s.f. Cosa o cantidad de dinero que se da para gratificar.

gratificar v.tr. Recompensar una persona a otra con una cosa o una cantidad de dinero.

gratinar v.tr. Tostar en el horno una comida para que se dore por encima.

gratis adv. **1** Sin pagar o sin cobrar dinero. ◆ adj. **2** Que no cuesta dinero.

gratitud s.f. Sentimiento de agradecimiento y reconocimiento que se tiene hacia una persona.

grato, a adj. Que es muy agradable.

gratuidad s.f. Cualidad de gratuito.

gratuito, a adj. **1** Que no cuesta dinero. **2** Arbitrario o sin fundamento.

grava s.f. Conjunto de materiales, de tamaño mayor que la arena, procedentes de minerales y rocas fragmentados.

gravamen s.m. Impuesto u obligación económica.

gravar v.tr. Imponer un impuesto.

grave adj. **1** Que tiene mucha importancia o dificultad. **2** Se dice de la persona que está muy enferma. **3** Que tiene o demuestra una gran seriedad. **4** Se dice del cuerpo que pesa. **5** Se dice del sonido o la voz que tiene una frecuencia de vibraciones menor de la normal. **6** Se dice del acento gráfico que tiene forma de raya pequeña que baja de izquierda a derecha (`).

gravedad s.f. **1** Importancia o dificultad que presenta una cosa. **2** Seriedad en la forma de obrar o comportarse una persona. **3** Manifestación de la fuerza de gravitación en las proximidades de un objeto.

gravilla s.f. Grava de pequeño tamaño.

gravitación s.f. **1** Fuerza de atracción mutua entre dos masas separadas por una determinada distancia. **2** Movimiento de un cuerpo por efecto de la atracción gravitatoria que otro.

gravitar v.intr. Moverse un cuerpo celeste alrededor de otro por efecto de la gravitación.

gravitatorio, a adj. Relativo a la gravitación.

gravoso, a adj. **1** Que ocasiona o produce mucho gasto. **2** Molesto o pesado.

gray (pl. grays) s.m. Unidad del Sistema Internacional, de símbolo Gy, para medir la dosis de radiación ionizante absorbida por la materia.

graznar v.intr. Emitir graznidos ciertas aves.

graznido s.m. Voz de ciertas aves.

greca s.f. Franja decorativa, estampada o dibujada, en que se repite la misma combinación de elementos, y especialmente la compuesta por líneas que forman ángulos rectos.

grecolatino, a adj. Relativo a la Grecia y la Roma antiguas.

grecorromano, a adj. Grecolatino.

greda s.f. Arcilla arenosa de color blanquecino que se usa para quitar manchas.

gregario, a adj. **1** Se dice del animal que vive en rebaño o en grupo. **2** Se dice de la asociación entre individuos no necesariamente emparentados que se unen con diferentes fines. ◆ adj. y s. **3** Se dice de la persona que no tiene ideas e iniciativas propias y sigue siempre las del grupo al que pertenece.

gregarismo s.m. Condición de gregario.

gregoriano, a adj. **1** Relativo a algunos de los papas llamados Gregorio. **2** Se dice del calendario instaurado por el papa Gregorio XIII en el siglo XIV. ◆ adj. y s.m. **3** Se dice del canto religioso que se canta en latín a una sola voz.

greguería s.f. Agudeza o imagen en prosa que presenta una visión personal, sorprendente y a veces humorística.

gremial adj. Relativo al gremio (asociación).

gremio s.m. **1** Asociación o agrupación de personas que tienen el mismo oficio o profesión y defienden sus intereses según unos estatutos. **2** Conjunto de personas que tienen el mismo oficio, profesión o estado social.

greña s.f. **1** Pelo mal peinado, revuelto o enredado. **2** MÉX Parte de mies que se pone en la era.

gres s.m. Pasta cerámica vitrificada.

gresite s.m. Azulejo pequeño.

grey s.f. **1** Formal. Rebaño o manada. **2** Conjunto de fieles cristianos agrupados bajo la dirección de un sacerdote. **3** Conjunto de personas que comparten alguna característica.

grial s.m. Copa que, según una leyenda medieval, fue usada por Jesucristo durante la última cena en la ceremonia de la eucaristía.

griego, a adj. y s. **1** De Grecia (país de Europa). ◆ s.m. y adj. **2** Lengua hablada en Grecia.

grieta s.f. **1** Abertura estrecha, larga e irregular, que se hace en la tierra o en otra superficie. **2** Fisura o fractura lineal profunda que se origina en las rocas sin desplazamiento de los dos bloques que separa.

grifa s.f. ESP, MÉX Marihuana.

grifería s.f. Conjunto de grifos y llaves que sirven para regular el paso del agua.

grifo, a s.m. **1** Mecanismo provisto de una llave que sirve para abrir o cerrar el paso de un líquido. **2** Animal fabuloso que tiene la mitad superior del cuerpo en forma de águila y la mitad inferior en forma de león. ◆ adj. **3** MÉX Borracho.

grill s.m. **1** Utensilio formado por un conjunto de barras metálicas en forma de rejilla y sujetas a un mango que se pone sobre el fuego y sirve para asar o tostar los alimentos. **2** Barra metálica situada en la parte superior del horno que sirve para gratinar o dorar los alimentos.

grillete s.m. Arco de hierro con un agujero en cada extremo por el que se pasa una pieza alargada metálica y que se utilizaba especialmente para asegurar una cadena en el tobillo de un presidiario.

grillo s.m. **1** Insecto del orden ortópteros de color negro, cabeza gruesa y redonda, ojos salientes, alas anteriores duras y patas posteriores adaptadas para saltar. ◆ **grillos** s.m.pl. **2** Conjunto de dos grilletes unidos por una cadena que se colocaba en los pies de los presidiarios para impedirles andar.

grima s.f. Sensación desagradable que se produce en los dientes al comer sustancias agrias, oír sonidos chirriantes o tocar ciertos objetos.

gringo, a s. **1** Persona que es de los Estados Unidos. ◆ adj. y s. **2** Fam. y desp. AMÉR Se dice de la persona que es de origen extranjero, especialmente norteamericano o de rasgos anglosajones.

gripal adj. Relativo a la gripe.

griparse v.prnl. Quedarse atascadas dos o más piezas de un mecanismo.

gripe s.f. Enfermedad vírica contagiosa que produce fiebre, dolor de cabeza y malestar.

griposo, a adj. Que padece gripe.

gris s.m. y adj. **1** Color que resulta de la mezcla del blanco y el negro o azul. ◆ adj. **2** Que es de este color. **3** Nublado, frío o lluvioso. **4** Que no se destaca del resto.

grisáceo, a adj. Que tiene un tono gris.

grisalla s.f. Pintura realizada exclusivamente en tonos grises, imitando el efecto del relieve escultórico.

grisú (pl. grisúes) s.m. Gas inflamable que se desprende en las minas de carbón.

gritar v.tr. e intr. **1** Hablar dando voces o levantando mucho la voz. ◆ v.intr. **2** Dar gritos.

griterío s.m. Conjunto de voces altas y poco claras que producen mucho ruido y confusión.

grito s.m. **1** Sonido que se emite en voz muy alta y de manera fuerte o violenta. **2** Palabra o expresión que se emite en voz muy alta y manifiesta un sentimiento o una sensación. ◇ **a grito pelado** Dando voces al hablar o decir una cosa. ◇ **pedir a gritos** Necesitar una cosa con mucha urgencia. ◇ **poner el grito en el cielo** Mostrar una persona gran enfado.

gritón, na adj. y s. Fam. Se dice de la persona que habla en un tono de voz muy alto o suele dar gritos por cualquier cosa.

grogui adj. **1** Se dice del boxeador que está aturdido a causa de un golpe muy fuerte. **2** Aturdido o atontado.

grosella s.f. **1** Fruto en baya de pequeño tamaño, color rojo vivo y de sabor agridulce. ◆ adj. **2** De color rojo muy vivo.

grosería s.f. Hecho o dicho descortés, maleducado o poco delicado.

grosero, a adj. y s. **1** Que se comporta con poca educación y delicadeza y hace o dice cosas de mal gusto. **2** Basto u ordinario.

grosísimo, a adj. Superlativo de **grueso**.

grosor s.m. Espesor o anchura de un cuerpo.

grosso modo De un modo aproximado.

grotesco, a adj. Que produce risa o burla por ser extraño, ridículo o absurdo.

grúa s.f. **1** Máquina formada por una estructura metálica con un brazo móvil horizontal del que cuelga un cable con un gancho, que sirve para elevar cosas muy pesadas. **2** Camión que se usa para remolcar automóviles averiados. **3** Aparato provisto de un brazo móvil sobre el que se sitúa una cámara de cine o televisión para grabar o registrar imágenes desde cierta altura.

grueso, a adj. **1** Se dice de la persona que está gorda o tiene mucha grasa en el cuerpo. **2** Que tiene un grosor más grande del normal. **3** Muy grande o más grande de lo normal. ◆ s.m. **4** Grosor o espesor de un cuerpo sólido. **5** Parte mayor y más importante de una cosa. **OBS** Superlativo: **grosísimo**.

grulla s.f. Ave zancuda de 1 m de altura, de color gris, cuello largo y negro y alas grandes.

grumete s.m. Muchacho que ayuda a la tripulación en las tareas de un barco.

grumo s.m. Parte más espesa de una sustancia disuelta en un líquido, que suele tener forma de bola pequeña.

grumoso, a adj. Que está lleno de grumos.

gruñido s.m. **1** Voz que emite el cerdo. **2** Voz que emite el perro y otros animales para amenazar. **3** Sonido no articulado o palabra murmurada entre dientes.

gruñir (20) v.intr. **1** Emitir gruñidos el cerdo, el perro y otros animales. **2** Emitir una persona sonidos no articulados o palabras murmuradas entre dientes en señal de enfado o desagrado.

gruñón, na adj. Que gruñe mucho.

grupa s.f. Parte posterior del lomo de una caballería.

grupo s.m. **1** Conjunto de personas, animales o cosas que están juntos o reunidos o que tienen una característica común. **2** Palabra o conjunto de palabras que constituyen una unidad de sentido y que cumplen una función determinada con respecto a otros elementos de la oración; está constituido por un núcleo que le da nombre (grupo nominal, grupo verbal) y unos complementos. **3** Conjunto de figuras pintadas, esculpidas o fotografiadas. **4** Unidad del ejército formada por varios escuadrones y que se encuentra bajo las órdenes de un comandante. **5** Columna del sistema periódico que contiene elementos de propiedades semejantes. ◇ **grupo sanguíneo** Tipo de los que forman la clasificación de la sangre en función del antígeno presente en los glóbulos rojos.

grupúsculo s.m. Organización de tipo político formada por un reducido número de miembros y caracterizada por un fuerte activismo.

gruta s.f. Cavidad natural profunda.

grutesco, a adj. Elemento decorativo propio del Renacimiento que combina figuras enlazadas entre sí de forma compleja.

gruyer s.m. Queso suave, de color amarillo pálido y con agujeros en su interior.

guaca o **huaca** s.f. **1** Sepulcro de los antiguos indios americanos. **2** AMÉR Tesoro escondido o enterrado. **3** C RICA, CUBA Hoyo donde se depositan frutas verdes para que maduren.

guacal o **huacal** s.m. **1** AMÉR Especie de jaula hecha con varillas de madera que se usa para transportar loza, frutas, etc. **2** AMÉR CENTRAL Árbol americano cuyos frutos, partidos por la mitad y vaciados, se usan como vasijas.

guacamaya s.f. AMÉR CENTRAL, COL, MÉX, VENEZ Guacamayo.

guacamayo s.m. Ave parecida al papagayo de cola muy larga y plumaje variado.

guache o **gouache** s.m. Técnica pictórica que emplea colores diluidos en agua y mezclados con goma árabiga.

guacho, a adj. **1** ARG, CH, COL, ECUAD Se dice de la cría que se ha quedado sin madre. **2** ARG, CH, URUG Huérfano. **3** CH Desparejado.

guaco s.m. **1** Ave gallinácea propia de América del Sur, de carne muy apreciada. **2** AMÉR Planta que se usa para curar picaduras.

guadalajareño, a adj. y s. De Guadalajara.

guadaña s.f. Herramienta que se usa para segar a ras de tierra.

guadua s.m. y f. COL, ECUAD, VENEZ Planta que se usa para hacer casas.

1. **guagua** s.f. **1** CUBA, ESP, P RICO, R DOM Autobús. **GEOSIN** camión, colectivo, micro. **2** CUBA, R DOM Insecto que destruye los naranjos y limoneros.

2. **guagua** s.m. y f. AMÉR SUR Niño pequeño.

3. **guagua** s.f. **1** COL Mamífero roedor de América del Sur, de carne muy apreciada. **2** CUBA Cosa sin valor. ◇ **de guagua** AMÉR Gratis.

1. **guaira** s.f. AMÉR CENTRAL Flauta indígena.

2. **guaira** s.f. AMÉR CENTRAL Vela triangular.

guairo s.f. Velero pequeño usado en América.

guajira s.f. Canción popular de los campesinos cubanos.

guajiro, a s. Campesino de Cuba.

guajolote s.m. **1** EL SALV, HOND, MÉX Pavo (ave gallinácea). **GEOSIN** chompipe, pisco. **2** MÉX Tonto, bobo.

gualdo, a adj. Formal. Amarillo.

guanaco, a s.m. **1** Mamífero rumiante no domesticable, parecido a la llama, pero de pelaje oscuro o rojizo, que vive en los Andes. **2** CH Camión policial que dispara agua a gran presión. ◆ **adj. y s. 3** AMÉR Se dice de la persona que es muy torpe, tonta o necia. **4** Fam. y desp. ARG, COL, CH Se dice de la persona que es muy sucia y maleducada. ◆ **s. 5** GUAT Apodo que se da a todos los demás centroamericanos.

guanche adj. y s.m. y f. **1** Del conjunto de pueblos que habitó las islas Canarias hasta su conquista en el siglo XV. ◆ **s.m. y adj. 2** Lengua hablada por este pueblo.

1. **guanera** s.f. AMÉR Lugar cubierto de guano.

2. **guanera** s.f. CUBA, P RICO, R DOM Sitio poblado de palmeras.

guano s.m. Materia formada por los excrementos de las aves marinas, que se utiliza como abono.

guantazo s.m. Bofetada.

guante s.m. Prenda que cubre la mano adaptándose a su forma y que tiene una funda para cada uno de los dedos; se usa para abrigar o proteger esta parte del cuerpo. ◇ **echar el guante** Fam. Atrapar a un delincuente.

guantera s.f. Compartimento situado en el salpicadero de un automóvil que sirve para guardar objetos pequeños.

guaperas adj. y s.m. Fam. ESP Hombre que es guapo y presume de ello.

guapo, a adj. y s. **1** Se dice de la persona de rasgos físicos bellos, especialmente los rasgos del rostro. **2** Se dice de la persona que va bien vestida o arreglada. ◆ **adj. 3** Fam. Que gusta, que es bonito o de calidad.

guaraca s.f. **1** AMÉR SUR Honda para tirar piedras. **2** AMÉR SUR Zurriago, látigo.

guaracazo s.m. **1** AMÉR SUR Chasquido que produce la honda al lanzar la piedra. **2** AMÉR SUR Puñetazo dado con el brazo extendido hacia el costado y girando todo el cuerpo para impulsarlo.

guaracha s.f. Baile típico de Cuba, de origen andaluz, parecido al zapateado.

guaragua s.f. **1** CH, ECUAD, PERÚ Requiebro o contoneo airoso al andar o bailar. **2** GUAT, HOND Mentira. ◆ **guaraguas** s.f.pl. **3** BOL, CH, PERÚ Adornos, líneas sinuosas a modo de arabescos.

guaraní (pl. guaraníes) **adj. y s.m. y f. 1** De un pueblo indígena sudamericano que habitó el centro y sur del continente. ◆ **s.m. y adj. 2** Lengua hablada por este pueblo. ◆ **s.m. 3** Unidad monetaria de Paraguay.

guarda s.m. y f. 1 Persona que se encarga de la vigilancia y el cuidado de una cosa, especialmente un lugar. ◆ **s.f. 2** Acción de cuidar de una cosa o persona.

guardabarros s.m. Pieza larga y curva que llevan los automóviles y bicicletas encima de las ruedas para protegerlos de las salpicaduras.

guardabosques o **guardabosque s.m. y f.** Persona que se dedica a vigilar y cuidar los bosques de una determinada zona.

guardacoches s.m. y f. ESP Persona que aparca y vigila los automóviles que están estacionados en un aparcamiento.

guardacostas s.m. Barco ligero que está destinado a la vigilancia de las costas.

guardaespaldas s.m. y f. Persona que se dedica a acompañar a otra para protegerla.

guardafango s.m. AMÉR CENTRAL, BOL, COL, ECUAD, GUAT, PERÚ Guardabarros.

guardagujas s.m. y f. Empleado de ferrocarril que maneja las agujas en los cruces de vías.

guardameta s.m. y f. Portero (jugador).

guardamuebles s.m. Local que está destinado a guardar muebles.

guardapolvo s.m. Prenda de vestir larga, ancha y de tela ligera, que se coloca sobre la ropa y sirve para protegerla de la suciedad.

guardar v.tr. 1 Poner o colocar una cosa en un sitio adecuado para que no se pierda o para que se conserve en buen estado. **2** Vigilar a una persona o una cosa para protegerla y cuidarla. **3** Cumplir una persona una regla o norma. **4** Mantenerse en una posición o situación durante un período determinado. **5** Conservar o retener una cosa. ◆ **guardarse v.prnl. 6** Precaverse o prevenirse de un daño o peligro.

guardarropa s.m. Lugar de un establecimiento público en el que los clientes pueden dejar chaquetas, abrigos, bolsos y cosas parecidas.

guardarropía s.f. 1 Conjunto de trajes y accesorios que se emplean en una representación escénica de teatro, cine o televisión. **2** Lugar donde se guardan estos trajes y accesorios.

guardavalla s.m. y f. Fam. AMÉR Guardameta.

guardería s.f. Establecimiento en el que se cuida a los niños que todavía no tienen edad de ir a la escuela.

guardia s.f. 1 Conjunto de personas armadas o soldados que se encargan de vigilar y custodiar a una persona o una cosa. ◆ **s.m. y f. 2** Persona que pertenece a cualquiera de los cuerpos del estado que se encargan de vigilar y mantener el orden. ◆ **s.f. 3** Protección o cuidado de una cosa. **4** Servicio especial y obligatorio que se realiza por turnos en algunas profesiones y que se hace fuera del horario normal de trabajo. **5** Servicio de vigilancia obligatorio que hacen por turnos los soldados de un ejército. ◇ **bajar la guardia** Dejar de estar alerta ante un problema o peligro. ◇ **en guardia** En actitud de defensa o de desconfianza. ◇ **guardia civil** Cuerpo de seguridad español que se encarga de mantener el orden fuera de las ciudades. □ Persona perteneciente a este cuerpo.

guardián, na s. Persona que se encarga de la vigilancia y el cuidado de una persona o cosa.

guarecer (30) **v.tr.** Servir de refugio de un peligro o daño.

guarida s.f. 1 Lugar en el que se refugia un animal salvaje. **2** Lugar donde se refugia y esconde un delincuente.

guarismo s.m. Cifra arábiga que expresa una cantidad.

guarnecer (30) **v.tr. 1** Poner adornos, colgaduras u otras cosas que sirven de complemento. **2** Proveer un lugar de soldados y armas que lo defiendan o protejan.

guarnición s.f. 1 Adorno que se pone a un lugar, vestido u otra cosa. **2** Alimento o conjunto de alimentos que se sirve acompañando el plato principal. **3** Conjunto de soldados que está en un lugar para defenderlo o protegerlo. **4** Pieza de la empuñadura de una espada u otra arma blanca similar que cubre y protege el puño.

guarrada s.f. 1 Fam. Cosa sucia o asquerosa. **2** Fam. Circunstancia o acto indecoroso u obsceno, contrario a la moral establecida. **3** Fam. Acción hecha con mala intención.

guarrería s.f. 1 Guarrada. **2** Fam. Porquería (suciedad o basura). **3** Fam. Porquería (cosa para comer de baja calidad).

guarro, a adj. 1 Fam. Que está sucio o falto de limpieza. ◆ **adj. y s. 2** Fam. Se dice de la persona que no cuida su aseo personal ni la higiene o limpieza de las cosas que lo rodean. ◆ **s. 3** Animal mamífero doméstico de cuerpo grueso, patas cortas, hocico chato y redondeado y cola corta; su carne se utiliza para comer.

guasa s.f. Broma o cosa que se dice para divertir o hacer reír.

guasca s.f. AMÉR SUR, CUBA, P RICO, R DOM Cuerda de cuero que se utiliza como rienda o látigo.

guaso, a adj. y s. 1 AMÉR SUR Se dice del indígena chileno que vive en el campo. **2** AMÉR SUR Maleducado, malhablado, inculto. **3** CH Campesino.

guasón, na adj. y s. Se dice de la persona que acostumbra a estar de guasa, diciendo cosas para divertir o hacer reír.

guate s.m. 1 ARG, BOL Tira delgada especialmente la que se utiliza para sujetar los zapatos. **2** GUAT, HOND Gemelo o mellizo.

guatemalteco, a adj. y s. De Guatemala.

guateque s.m. Fiesta que se celebra en una casa particular, en la que se baila.

guay adj. **1** Fam. ESP Muy bueno o estupendo. **2** Fam. ESP Se dice de la persona que cae bien, gusta o es simpática. ◆ **adv. 3** Fam. ESP Muy bien, estupendamente.

guayaba s.f. **1** Fruto del guayabo, en forma de baya ovalada, con una carne blanca o amarilla y llena de semillas pequeñas. **2** AMÉR Mentira.

guayabera s.f. Camisa de hombre que es suelta y de tela ligera y se lleva por fuera.

guayabo s.m. Árbol de la América tropical, de unos 5 m de altura, con hojas ovaladas verde oscuro.

gubernamental adj. **1** Relativo al gobierno de un estado. **2** Partidario del gobierno de un estado.

gubernativo, a adj. Relativo al gobierno.

gubia s.f. Herramienta de carpintería que se usa para labrar superficies curvas.

guepardo s.m. Mamífero felino carnívoro, de cuerpo esbelto y largo, cabeza pequeña y pelaje amarillento con manchas negras; es muy veloz; vive en sabanas y desiertos de África y Asia.

guerra s.f. **1** Enfrentamiento continuado entre dos o más ejércitos de distintos países o del mismo país. **2** Enfrentamiento u oposición que se produce entre dos o más personas o grupos. ◇ **dar guerra** Fam. Dar problemas o molestar.

guerrear v.intr. Hacer la guerra, enfrentarse dos ejércitos o grupos armados.

guerrera s.f. ESP Chaqueta militar ajustada y abrochada hasta el cuello.

guerrero, a adj. **1** Relativo a la guerra (conflicto armado). ◆ s. **2** Persona que lucha o interviene en una guerra de manera organizada, pero sin ser militar. ◆ adj. **3** Fam. Se dice del niño que es muy inquieto y revoltoso.

guerrilla s.f. **1** Grupo de personas armadas que luchan contra un enemigo mediante ataques por sorpresa, emboscadas, etc. **2** Sistema de lucha armada que practica este grupo armado.

guerrillero, a adj. **1** Relativo a la guerrilla. ◆ s. **2** Persona que forma parte de una guerrilla.

gueto o **guetto** s.m. **1** Barrio cerrado o aislado en que eran obligados a vivir los judíos. **2** Barrio o parte de una ciudad en que viven personas de una misma cultura, etnia o procedencia.

guía s.m. y f. **1** Persona que enseña y dirige a otra en su conducta o actitud para hacer o lograr una cosa. **2** Persona que se dedica a acompañar a otras en un recorrido o viaje porque conoce bien el camino y la zona. **3** Persona que se dedica a informar a los visitantes de un lugar, un museo o una exposición sobre las cosas que van viendo. ◆ s.f. **4** Cosa que ayuda a encontrar el camino que se ha de seguir para ir a un lugar o que orienta acerca de la conducta o actitud que hay que tener. **5** Libro de consulta donde se puede encontrar la información necesaria para conocer un país, una ciudad o una zona geográfica a la que se va de viaje. **6** Libro de consulta donde se puede encontrar una serie de datos e informaciones acerca de un servicio; generalmente se ordena por orden alfabético o por materias. **7** Libro de consulta en el que se da información y consejos sobre un oficio o una actividad. **8** Libro que contiene las instrucciones de uso de un aparato o máquina. **9** Carril o ranura de un mecanismo por la que se desliza otra pieza del mismo mecanismo u otra cosa, impidiendo que se desvíe. **10** Tallo o rama principal de una planta o árbol que guía o dirige su crecimiento.

guiar (1e) v.tr. **1** Indicar el camino a seguir mediante instrucciones o señales. **2** Acompañar a una persona a un lugar al que no sabe ir o conducir una cosa por un lugar. **3** Dirigir u orientar a una persona en una decisión a tomar. ◆ **guiarse** v.prnl. **4** Dejarse llevar o dirigir por una cosa que ayuda a orientarse.

guijarro s.m. Piedra pequeña alisada o redondeada por la corriente del agua.

guillotina s.f. **1** Mecanismo usado para cortar la cabeza a los condenados a muerte. **2** Máquina que sirve para cortar hojas de papel.

guillotinar v.tr. **1** Decapitar o cortar la cabeza a una persona con una guillotina. **2** Cortar papel con la guillotina o máquina provista de una cuchilla afilada.

guinda s.f. **1** Fruto del guindo, parecido a la cereza pero más redondo y de sabor ácido. **2** ESP Detalle que pone fin a una cosa o supone el punto más alto al cual podía llegar.

guindilla s.f. ESP Variedad de pimiento pequeño, alargado y rojo que pica mucho.

guindo s.m. Árbol parecido al cerezo, de hojas ovaladas y dentadas, cuyo fruto es la guinda.

guineano, a adj. y s. De Guinea Ecuatorial, de Guinea Bissau o de Guinea Conakry.

1. **guiñapo** s.m. **1** Prenda de vestir rota, sucia o estropeada. **2** Persona débil o muy decaída.

2. **guiñapo** s.m. AMÉR SUR Harina de maíz una vez germinado, que se utiliza para hacer una clase especial de chicha (bebida alcohólica).

guiñar v.tr. **1** Cerrar y abrir con rapidez un ojo dejando el otro abierto, generalmente para hacer una señal. **2** Cerrar un poco los ojos a causa de una luz deslumbrante o molesta.

guiño s.m. **1** Gesto que consiste en cerrar y abrir con rapidez un ojo dejando el otro abierto, generalmente para hacer una señal. **2** Mensaje implícito que no se expresa claramente sino mediante algún tipo de señal.

guiñol s.m. Representación teatral que se hace con títeres o muñecos.

guion o **guión** s.m. **1** Signo gráfico de puntuación en forma de raya horizontal (-). **2** Texto escrito de manera esquemática que sirve como guía o ayuda para desarrollar una exposición. **3** Texto que contiene las indicaciones necesarias para la realización de una película o un programa.

guionista s.m. y f. Persona que se dedica a escribir guiones de cine, radio o televisión.

guipuzcoano, a adj. y s. De Guipúzcoa.

guiri s.m. y f. Fam. ESP Turista extranjero.

guirigay (pl. guirigáis) s.m. Griterío y confusión que resulta cuando varias personas hablan a la vez o en voz muy alta.

guirlache s.m. Dulce que se elabora mezclando almendras tostadas y caramelo.

guirnalda s.f. Tira hecha con flores, hojas, papel, etc. que se cuelga como adorno.

güiro s.m. Instrumento musical de percusión hecho con una calabaza hueca.

guisa s.f. Fam. Modo o manera de hacer o arreglar una cosa, de vestirse, etc.

guisado s.m. Guiso de carne o pescado.

guisante s.m. **1** ESP Planta de tallo trepador, flores blancas y fruto en vaina. **GEOSIN** arveja, chícharo. **2** ESP Semilla comestible de esta planta, de forma redonda y color verde oscuro. **GEOSIN** arveja, chícharo.

guisar v.tr. e intr. **1** Cocinar un alimento sometiéndolo a la acción del fuego. **2** Cocinar carne, pescado, verduras, patatas y otros ingredientes, troceándolos y cociéndolos en una salsa a fuego lento en olla o sartén tapadas.

guiso s.m. Comida que se prepara con carne, pescado, verduras, patatas y otros ingredientes, troceados y cocidos en salsa a fuego lento.

güisqui s.m. Whisky.

guita s.f. **1** Cuerda delgada hecha con fibras de la planta del cáñamo. **2** Fam. Dinero.

guitarra s.f. Instrumento musical de cuerda formado por una caja, que puede tener diversas formas, unida a un mástil con seis cuerdas que se divide en diferentes partes o trastes.

guitarrillo s.m. Guitarra pequeña de cuatro cuerdas; es de uso popular.

guitarrista s.m. y f. Persona que toca la guitarra.

gula s.f. Tendencia que tiene una persona a comer y beber en exceso, sin tener hambre.

gurrumina s.f. **1** AMÉR Malestar, cansancio. **2** AMÉR Cosa sin importancia.

gurrumino, a adj. y s. **1** AMÉR Cobarde. **2** AMÉR Niño.

gurruño s.m. Tela, papel u otra cosa parecida que está arrugada.

gurú (pl. gurúes o gurús) s.m. Maestro o guía espiritual hindú que dirige un grupo religioso.

gusanillo s.m. **1** Alambre doblado sobre sí mismo en forma similar a un gancho que sirve para colgar cortinas. **2** Fam. Inquietud o curiosidad que tiene una persona por una afición o por conocer una noticia u otra cosa. ◇ **matar el gusanillo** Fam. Satisfacer el hambre de manera momentánea.

gusano s.m. **1** Animal invertebrado generalmente pequeño, de cuerpo alargado, plano o cilíndrico, blando y sin extremidades, que se mueve encogiendo y estirando el cuerpo; vive bajo tierra, en el agua o como parásito de otros animales o de plantas. **2** Larva de algunos insectos u oruga de las mariposas. **3** Fam. y desp. Persona insignificante o despreciable.

gusarapo s.m. Animal con aspecto de gusano que vive en el agua.

gustar v.intr. **1** Producir satisfacción, placer o una sensación agradable. **2** Atraer físicamente a una persona. **3** Formal. Sentir agrado o afición por una cosa. ◆ **v.tr. 4** Formal. Probar o tomar un alimento o bebida que es bueno, que gusta. **5** Formal. Probar o experimentar una cosa agradable.

gustativo, a adj. Relativo al sentido del gusto.

gustazo s.m. Fam. Gran satisfacción, placer o sensación agradable.

gusto s.m. **1** Sentido corporal mediante el cual se perciben y se reconocen los sabores. **2** Sabor de una cosa que se percibe a través de este sentido. **3** Satisfacción, placer o sensación agradable que produce una cosa. **4** Cosa que resulta un placer y se desea tener. **5** Forma propia que tiene cada persona de valorar una cosa. **6** Capacidad que tiene una persona para distinguir entre lo que es bello y lo que no lo es. **7** Inclinación o interés que muestra una persona hacia una cosa que le gusta, que valora personalmente como buena o satisfactoria. ◇ **a gusto** Cómodamente. ◇ **dar el gusto a alguien** Hacer aquello que agrada a una persona o complacerla.

gustoso, a adj. **1** Que hace una cosa con gusto, con placer y agrado. **2** Se dice del alimento o la bebida que tiene buen gusto o mucho gusto.

gutapercha s.f. Sustancia gomosa, traslúcida, sólida, flexible e insoluble en agua que se emplea para impermeabilizar telas.

gutural adj. **1** Relativo a la garganta (parte del cuerpo). **2** Se dice del sonido consonántico que se articula en la parte posterior de la boca o en la garganta. ◆ **s.f. y adj. 3** Letra que representa este sonido. ◆ **adj. 4** Se dice de la voz, el canto o la pronunciación que nace de la garganta o en el que abundan sonidos nacidos en la garganta.

gymkhana s.f. ESP Gincana.

H

h s.f. Octava letra del alfabeto español; su nombre es **hache**.

haba s.f. **1** Planta herbácea leguminosa de flores blancas o rosadas con manchas negras y fruto en vaina larga y gruesa que encierra las semillas en hilera. **2** Vaina comestible de esta planta. **3** Semilla comestible de esta planta. **4** Semilla de ciertos frutos, como el café o el cacao.

habanera s.f. Canción y baile originario de Cuba, de compás binario, tiempo moderado y ritmo sincopado.

habanero, a adj. y s. De La Habana.

habano adj. y s.m. Se dice del cigarro puro elaborado en la isla de Cuba.

1. **haber** (21) v.auxiliar **1** Se usa para formar los tiempos compuestos e indica que la acción, el proceso o el estado expresado por el verbo ha terminado. ◆ v.impersonal **2** Existir o estar presente en un lugar. **3** Tener lugar o suceder una cosa. ◇ **haber de + infinitivo** Estar obligado a una cosa. ◇ **haber que + infinitivo** Ser necesaria una cosa.

2. **haber** s.m. **1** Conjunto de bienes o dinero que posee una persona o una comunidad. □ Suele usarse en plural con valor singular. **2** Parte del balance o de la cuenta del banco en la que se ponen las sumas o ingresos de los que se dispone.

habichuela s.f. Judía. **GEOSIN** alubia, fríjol, poroto.

hábil adj. **1** Se dice de la persona que puede hacer una cosa fácilmente y bien. **2** Apto legalmente para realizar una acción. **3** Se dice del período en el que una oficina funciona.

habilidad s.f. Capacidad de una persona para hacer una cosa bien y fácilmente.

habilidoso, a adj. Hábil en labores manuales.

habilitado, a s. ESP Persona que se encarga de cobrar y organizar el dinero de alguien.

habilitar v.tr. **1** Dar a una cosa las condiciones necesarias para que desempeñe una función que no es la que tiene habitualmente. **2** Dar capacidad legal a una persona para hacer una cosa. **3** Conceder la Administración pública una cantidad de dinero para la realización de un proyecto.

habitable adj. Que tiene las condiciones necesarias para ser habitado.

habitación s.f. **1** Parte del espacio de una casa o edificio separada de las demás por paredes. **2** Parte del espacio de una vivienda que se usa para dormir.

habitáculo s.m. **1** Vivienda de una persona, especialmente tosca o sencilla. **2** Espacio disponible para las personas en el interior de un automóvil.

habitante s.m. Persona que vive en un lugar determinado y forma parte de la población.

habitar v.intr. **1** Desarrollarse un ser vivo o un grupo de personas, como una etnia o tribu, en un hábitat, clima o lugar determinado. ◆ v.tr. **2** Tener una casa, un edificio, etc., como residencia o lugar para vivir.

hábitat (pl. hábitats) s.m. Conjunto de biotopos en el que puede vivir una especie de seres vivos.

hábito s.m. **1** Manera de actuar adquirida por la repetición regular de un mismo tipo de acto o por el uso reiterado y regular de una cosa. **2** Facilidad para hacer una cosa, que se adquiere con la práctica. **3** Vestimenta de los miembros de una orden religiosa. **4** Dependencia física o mental de una sustancia.

habitual adj. **1** Que se hace a menudo, reiteradas veces, o que es frecuente. **2** Se dice de la persona, especialmente un cliente, que va a menudo a un establecimiento u otro lugar.

habituar (1b) v.tr. Hacer que una persona coja una costumbre o un hábito con la repetición regular de un mismo acto o de un uso reiterado y regular de una cosa.

habla s.f. **1** Capacidad natural de una persona para hablar o comunicarse con palabras. **2** Lengua o idioma que se habla en un territorio determinado. **3** Variedad lingüística propia de una región. **4** Acto particular e individual que cada hablante hace del sistema lingüístico.

hablador, ra adj. Se dice de la persona que habla mucho.

habladuría s.f. Rumor falso o sin fundamento que corre de unas personas a otras.
OBS Suele usarse en plural.

hablante adj. y s.m. y f. Se dice de la persona que habla una lengua.

hablar v.intr. **1** Expresarse o comunicarse una persona mediante palabras. **2** Pronunciar o articular palabras. **3** Conversar dos o más personas acerca de un asunto. **4** Pronunciar una persona un discurso. **5** Comunicarse dos o más personas mediante signos distintos de la palabra. **6** Murmurar sobre un asunto o una persona o criticarlo. **7** Decir la verdad o lo que se sabe acerca de un asunto. **8** Tratar de un asunto o tema de palabra o por escrito. **9** Dar a una persona un determinado tratamiento al dirigirse a ella. ◆ **v.tr. 10** Conocer y poder usar un idioma para expresarse o comunicarse. ◆ **hablarse** v.prnl. **11** Tratarse de palabra o relacionarse.

habón s.m. Bulto pequeño o grano de forma parecida a la de un haba, que sale en la piel.

hacedor, ra s. Persona que hace una cosa.

hacendado, a adj. y s. Se dice de la persona que tiene muchos bienes en forma de tierras.

hacendoso, a adj. Se dice de la persona que hace con cuidado y esmero las tareas de la casa.

hacer (22) v.tr. **1** Crear una cosa o darle existencia. **2** Construir o fabricar una cosa a partir de elementos materiales. **3** Arreglar o preparar una cosa. **4** Causar o producir. **5** Realizar una acción o tarea. **6** Conseguir o ganar una cosa. **7** Creer o suponer una cosa. **8** Ejercitar los miembros o los músculos del cuerpo para fomentar su desarrollo o agilidad. **9** Actuar una persona de una determinada manera. **10** Obligar a realizar una acción o a que se produzca una cosa. **11** Dar dos o más cifras sumadas como resultado otra. **12** Ocupar un lugar en una serie o fila. **13** Dar una cosa un determinado aspecto a una persona. **14** Alcanzar un vehículo cierta velocidad. **15** Recorrer una distancia o un camino. **16** Fam. Emitir o producir un sonido. **17** Fam. Expulsar los excrementos. **18** Adaptar a una persona a una situación o costumbre. **19** Fingir una persona hacer una cosa. ◆ **v.intr. 20** Representar a un personaje en una película u obra de teatro. **21** Convenir o ser apropiada una cosa a un asunto o conversación o a una persona. **22** Desempeñar una persona determinado cargo o empleo, especialmente cuando solo es de manera temporal. ◆ **v.auxiliar 23** Sustituye a un verbo aparecido anteriormente e indica que se ejecuta la acción señalada por él. ◆ **v.impersonal 24** Estar el tiempo atmosférico de una determinada forma. **25** Pasar o transcurrir un cierto período. ◆ **hacerse** v.prnl. **26** Convertirse una persona o una cosa en algo diferente de lo que era. **27** Conseguir o alcanzar un objeto o fin. **28** Tener una persona una impresión sobre una cosa. **29** Apartarse o retirarse una persona de un sitio. **30** Fingir una persona ser una cosa que no es. ◇ **hacerla** Fam. Hacer una gamberrada o una acción perjudicial o dañina.

hacha s.f. Herramienta para cortar madera constituida por una hoja de metal plana, ancha y afilada unida a un mango de madera.

hachazo s.m. Golpe dado con un hacha.

hache s.f. Nombre de la letra **h**.

hachís s.m. Marihuana.

hacia prep. **1** Indica dirección o destino. **2** Indica el tiempo o el lugar aproximado.

hacienda s.f. **1** Finca que está dedicada a la agricultura. **3** Ministerio que se encarga de administrar los bienes y riquezas de un estado.

hacinar v.tr. Amontonar o poner juntas y con estrechez un conjunto de cosas o personas.

hacker (pl. hackers) s.m. y f. Persona que accede ilegalmente a sistemas informáticos ajenos y a manipularlos.

hada s.f. Ser fantástico que está representado por una mujer y tiene poderes mágicos.

hado s.m. Divinidad o fuerza desconocida que determina lo que ha de ocurrir.

hafnio s.m. Elemento químico de símbolo Hf y número atómico 72; es un metal plateado.

hagiografía s.f. Obra literaria en la que se relata la vida de un santo.

haitiano, a adj. y s. De Haití.

hala interj. **1** Fam. Se utiliza para meter prisa a una persona o para indicar que una cosa sucede inmediatamente o muy rápido. **2** Fam. Se utiliza para mostrar sorpresa.

halagador, ra adj. Que halaga.

halagar v.tr. Hacer o decir una cosa como muestra de admiración hacia una persona para ganar la voluntad de esta.

halago s.m. **1** Acción de halagar. **2** Hecho o dicho con que se halaga.

halagüeño, a adj. **1** Halagador. **2** Se dice de la cosa que da muestras o indicios de que tendrá éxito o causará satisfacción.

halar v.tr. Tirar de un cabo, una lona o un remo.

halcón s.m. Ave rapaz diurna de 20 a 50 cm de alto con las alas largas y puntiagudas.

hale interj. Fam. ¡Hala!

halibut s.m. Pez marino de hasta 3 m de longitud, cuerpo plano, largo y ovalado, con los dos ojos en el lado derecho de la cabeza; su color es castaño en el lado derecho, y blanco en el izquierdo; es muy voraz y habita en aguas profundas de mares septentrionales; su carne es comestible.

halitosis s.f. Mal aliento.

hall (pl. halls) s.m. Vestíbulo.

hallar v.tr. **1** Encontrar. **2** Coincidir con una persona en un lugar casualmente o toparse con una cosa sin haber hecho nada para ello. **3** Tener una opinión determinada respecto de una persona o cosa. **4** Notar una cualidad o circunstancia con los sentidos o con la mente. ◆ **hallarse** v.prnl. **5** Tener conciencia una persona de que está de una determinada manera. **6** Estar una persona o cosa en un lugar determinado.

hallazgo s.m. **1** Acción de hallar o encontrar. **2** Cosa o persona que se halla.

halo s.m. **1** Círculo luminoso que en ocasiones se ve alrededor de un astro. **2** Círculo luminoso que se representa encima o detrás de la cabeza de ciertas figuras cristianas. **3** Formal. Conjunto de características o condiciones espirituales que surgen de una persona.

halófito, a adj. y s. Se dice de la planta o el alga que se desarrolla en medios altamente salinos.

halógeno, a adj. y s.m. **1** Se dice del elemento químico no metal de electronegatividad elevada que forma sales minerales al unirse directamente con un metal. **2** Se dice del faro o lámpara que, por medio de alguno de estos elementos, produce una luz clara e intensa.

halón s.m. AMÉR Acción de halar (tirar).

halterofilia s.f. Deporte que consiste en el levantamiento de pesos.

haluro s.m. Sal binaria que forman los halógenos en combinación con los metales.

hamaca s.f. **1** Pieza alargada de red o tela resistente que se cuelga por los extremos y sirve para echarse en ella. **2** Asiento para echarse o sentarse. **3** ARG, URUG Mecedora.

hamaquear v.tr. **1** Mecer en una hamaca. **2** CUBA Marear a una persona, hacerle ir de una parte a otra.

hambre s.f. **1** Apetito o necesidad de comer. **2** Escasez de alimentos. **3** Deseo fuerte o intenso.

hambriento, a adj. **1** Que tiene mucha hambre (apetito). **2** Que tiene un gran deseo o necesidad de una cosa.

hambruna s.f. **1** Gran escasez de alimentos. **2** AMÉR Hambre.

hamburguesa s.f. **1** Filete que se hace con carne picada y al que se da una forma redonda y plana. **2** Bocadillo que se hace con un bollo redondo relleno con este filete.

hamburguesería s.f. Establecimiento donde se sirven hamburguesas.

hampa s.f. Conjunto de personas que viven al margen de la ley.

hampón, na adj. y s. Se dice de la persona que vive de forma marginal cometiendo acciones delictivas de manera habitual.

hámster (pl. hámsters) s.m. Mamífero roedor de unos 30 cm de largo, parecido al ratón pero de pelo más largo y suave.

hándicap o **handicap** (pl. hándicaps o handicaps) s.m. Inconveniente o desventaja que dificulta la realización o consecución de una cosa.

hangar s.m. Recinto cubierto que se usa para guardar aviones.

haplodiplonte adj. Se dice del ciclo biológico de un organismo que posee dos fases: una diploide y una haploide.

haploide adj. Se dice de la célula o del organismo cuya dotación genética consta de un solo juego de cromosomas en el núcleo celular.

haplonte adj. Se dice del ciclo biológico en el que un organismo presenta una sola dotación de cromosomas y permanece haploide, dividiéndose por mitosis.

happening (pl. happenings) s.m. Representación que combina elementos del teatro y de las artes visuales.

haragán, na adj. y s. Se dice de la persona que no quiere trabajar o no cumple con su trabajo por pereza o falta de atención e interés.

haraganear v.intr. Pasar una persona el tiempo sin trabajar por pereza o falta de atención e interés.

harakiri s.m. Suicidio ritual japonés que se realiza por razones de honor y consiste en abrirse el vientre con un arma blanca.

harapiento, a adj. y s. Se dice de la persona que viste ropas llenas de harapos.

harapo s.m. Pedazo de tela muy vieja.

hardware s.m. Conjunto de elementos físicos del sistema de un ordenador.

harén s.m. **1** Conjunto de mujeres que dependen de un mismo jefe de familia en las sociedades musulmanas. **2** Lugar de una casa musulmana donde viven solo las mujeres.

harina s.f. **1** Polvo que se obtiene al moler granos de trigo o de otros cereales. **2** Polvo al que quedan reducidas ciertas materias sólidas al ser trituradas, machacadas o molidas. ◇ **ser harina de otro costal** Ser un asunto completamente diferente a otro del que se trata.

harinoso, a adj. **1** Que tiene mucha harina (polvo de cereales). **2** Que tiene el aspecto, la consistencia o la textura de la harina.

harmonía s.f. Armonía.

harpa s.f. Arpa.

harpía s.f. Arpía.

harpillera s.f. Arpillera.

hartar v.tr. **1** Saciar el apetito de comer o beber. **2** Fam. Molestar o cansar mucho una cosa o persona a alguien de modo que la aborrezca o le enfade. **3** Fam. Dar una cosa en abundancia. ◆ **hartarse** v.prnl. **4** Hacer una persona una cosa que tiene necesidad de hacer o le gusta de modo que quede satisfecha o cansada de ella.

hartazgo s.m. Acción y efecto de hartar o hartarse.

harto, a adj. **1** Que está lleno o saciado de comida o bebida. **2** Que está muy molesto o cansado por una cosa de modo que la aborrece o pierde la paciencia. ◆ adv. **3** Formal. Bastante o muy.

hartón s.m. Hartazgo.

hartura s.f. Hartazgo.

hasta prep. **1** Indica el término o el límite en cuanto al tiempo, el espacio o la cantidad. **2** Introduce una dificultad real o posible, a pesar de la cual puede ser, ocurrir o hacerse una cosa. ◆ adv. **3** Expresa encarecimiento o ponderación.

hastial s.m. **1** Parte superior formada en el muro de una fachada por las vertientes del tejado. **2** Cara lateral de una excavación. **3** Fachada que corresponde a los pies y los laterales del crucero de una iglesia.

hastiar (1e) v.tr. Hacer que una persona sienta hastío.

hastío s.m. Sensación grande de aburrimiento o cansancio por una cosa que ya no llena o satisface.

hatajo o **atajo** s.m. **1** Grupo pequeño de ganado. **2** Desp. Conjunto de personas o cosas.

hatillo s.m. Paquete o envoltorio que generalmente se hace liando prendas de ropa.

hato s.m. **1** Hatillo. **2** Grupo pequeño de ganado. **3** Desp. Conjunto o grupo de personas o cosas. **4** AMÉR Hacienda rural destinada a la cría de ganado.

hawaiano, a adj. y s. De Hawai.

haya s.f. Árbol caducifolio de tronco grisáceo y hojas esmeralda.

hayedo s.m. Bosque de hayas.

1. **haz** s.m. **1** Conjunto de hierba, mies, leña u otras cosas alargadas que están atadas con una cuerda por el centro. **2** Conjunto de rayos de luz con una misma fuente de origen. **3** Conjunto de varias fibras musculares o nerviosas con un mismo punto de origen. **4** Corriente en una sola dirección de radiación electromagnética o de partículas.

2. **haz** s.f. **1** Cara superior impermeable de la hoja de una planta. **2** Cara principal de una tela u otra cosa plana, destinada a quedar a la vista.

hazaña s.f. Acción heroica o remarcable.

hazmerreír s.m. Persona que provoca la risa o la burla de los demás.

he Se usa, ante los adverbios **aquí** o **ahí** o ante un pronombre personal átono, para señalar la persona o cosa de la que se está hablando.

heavy (pl. heavys o heavies) s.m. **1** Estilo musical nacido a finales de la década de 1960, como derivación del rock duro. ◆ adj. y s.m. y f. **2** Se dice de la persona aficionada a este estilo de música y que adopta su estética y actitud. ◆ adj. **3** Fam. ESP Que produce impresión o asombro.

hebilla s.f. Pieza generalmente metálica que sirve para unir los dos extremos de un cinturón, de la correa de un zapato, etc.

hebra s.f. **1** Trozo de hilo que se mete por el agujero de la aguja y sirve para coser. **2** Hilo, fibra o filamento que se usa para confeccionar tejidos. **3** Fibra o filamento de una materia que tiene forma de hilo. **4** Estigma de la flor del azafrán. ◇ **pegar la hebra** Fam. ESP Entablar una conversación.

hebraico, a adj. Relativo al pueblo hebreo.

hebraísmo s.m. Religión de los judíos, fundada por el profeta Moisés (siglo XIII a. C.).

hebraísta s.m. y f. Especialista en la lengua, la literatura y la cultura hebreas.

hebreo, a adj. **1** De un antiguo pueblo semítico que habitó Mesopotamia durante el segundo milenio a. C. y en el siglo XIII a. C. emigró a las tierras de Canaán. ◆ s. y adj. **2** Persona perteneciente a este pueblo. ◆ s.m. y adj. **3** Lengua semítica hablada por este pueblo. ◆ adj. **4** Relativo al hebraísmo. ◆ adj. y s. **5** Se dice de la persona que practica el judaísmo.

hecatombe s.f. **1** Gran catástrofe o desgracia que produce muchos destrozos y un gran número de víctimas. **2** Sacrificio, ritual.

hechicería s.f. **1** Arte de dominar por medio de técnicas maléficas la voluntad de las personas o el curso de los acontecimientos. **2** Acto con poderes mágicos y maléficos.

hechicero, a s. **1** Persona que utiliza hechizos para controlar los acontecimientos y dominar la voluntad de las personas. ◆ adj. **2** Que atrae de una forma irresistible.

hechizar v.tr. **1** Dominar o controlar mediante un hechizo a una persona o cosa. **2** Atraer de una forma irresistible.

hechizo, a s.m. **1** Acto u objeto con poder mágico y maléfico. **2** Atracción irresistible que produce una persona o cosa. ◆ adj. **3** AMÉR Que ha sido hecho por un particular, de modo artesanal o manual, y no en serie o industrialmente.

hecho, a **1** Participio irregular de **hacer**. ◆ adj. **2** Que está acabado o terminado. **3** Que está acostumbrado a una cosa o familiarizado con ella. **4** Precedido de los adverbios **bien** o **mal**, se dice de la persona o al animal que está bien o mal proporcionado de cuerpo. ◆ s.m. **5** Cosa que se produce o sucede. **6** Acción u obra que hace una persona. **7** Asunto o materia sobre la que se trata. ◆ interj. **8** Indica que se acepta una cosa que se propone o se pacta. ◇ **de hecho** Verdaderamente.

hechura s.f. **1** Confección de una prenda de vestir. **2** Figura o forma exterior que tiene una cosa. **3** ESP Forma y proporción que tiene el cuerpo de una persona. **4** Cosa respecto del que la ha hecho, especialmente una criatura respecto de Dios.

hectárea s.f. Medida de superficie, de símbolo ha, que es igual a 100 áreas.

hectogramo s.m. Medida de masa, de símbolo hg, que es igual a 100 gramos.

hectolitro s.m. Medida de volumen, de símbolo hl, que es igual a 100 litros.

hectómetro s.m. Medida de longitud, de símbolo hm, que es igual a 100 metros.

heder (33) v.intr. Formal. Despedir un olor muy malo, intenso y desagradable.

hediondo, a adj. Formal. Que hiede.

hedonismo s.m. Doctrina filosófica que identifica el bien con el placer.

hedonista adj. **1** Relativo al hedonismo. ◆ adj. y s.m. y f. **2** Partidario del hedonismo.

hedor s.m. Formal. Hediondez.

hegemonía s.f. Supremacía que ejerce un estado o pueblo sobre otros.

hegemónico, a adj. Relativo a la hegemonía.

hégira o **héjira** s.f. Huida de Mahoma de La Meca a Medina en el año 622 y que inicia la cronología musulmana.

helada s.f. Congelación del agua, especialmente el agua de la lluvia o el rocío.

heladera s.f. ARG, BOL, CH, PERÚ, URUG Frigorífico, refrigerador. **GEOSIN** nevera.

heladería s.f. Establecimiento en el que se venden helados.

helado, a adj. **1** Que se ha convertido en hielo. **2** Que está muy frío o se ha quedado muy frío. **3** Que se queda suspenso, atónito o impresionado por el miedo o la sorpresa. ◆ s.m. **4** Alimento dulce parcialmente congelado.

helar (32) v.tr. **1** Congelar. **2** Provocar el frío intenso que una planta se muera o se dañe. ◆ v.impersonal **3** Hacer una temperatura igual o inferior a cero grados centígrados. ◆ **helarse** v.prnl. **4** Pasar mucho frío.

helechal s.m. Lugar poblado de helechos.

helecho s.m. Nombre común de un grupo de plantas que se reproduce por esporas.

helénico, a adj. Relativo a Grecia.

helenismo s.m. **1** Influencia ejercida por la cultura y civilización de la Grecia clásica. **2** Palabra o modo de expresión propio de la lengua griega y que se usa en otro idioma.

helenista s.m. y f. Persona que se dedica al estudio de la Grecia clásica.

helenístico, a adj. Relativo al helenismo.

helenización s.f. Resultado de helenizar.

helenizar v.tr. Hacer que una persona o cosa adopte rasgos de la cultura de la Grecia clásica.

heleno, a adj. **1** Helénico. ◆ s. y adj. **2** Persona de Grecia.

helero s.m. Lugar en las altas montañas donde se acumula una gran masa de hielo.

hélice s.f. **1** Pieza de un motor compuesta por varias palas que giran alrededor de un eje, y que sirve, especialmente, para dar impulso. **2** Línea en forma cónica que da vueltas sin cerrarse.

helicoidal adj. Que tiene forma de hélice.

helicóptero s.m. Vehículo aéreo que vuela propulsado por una hélice horizontal de dos palas muy largas situadas en su parte superior.

helio s.m. Elemento químico de símbolo He y número atómico 2; es un gas noble.

heliocéntrico, a adj. Relativo al heliocentrismo.

heliocentrismo s.m. Antigua teoría cosmológica que consideraba que el Sol era una estrella inmóvil alrededor del cual giraba la Tierra.

heliotropismo s.m. Movimiento de un organismo como respuesta al estímulo de la luz.

helipuerto s.m. Lugar destinado al despegue y aterrizaje de helicópteros.

helvético, a adj. y s. De Suiza (país de Europa).

hematíe s.m. Célula de la sangre que contiene hemoglobina.

hematites s.f. Mineral compuesto de óxido de hierro, cuyo color varía del rojo al negro.

hematocrito s.m. Volumen de glóbulos en relación con el total de la sangre; se expresa de manera porcentual.

hematoma s.m. Mancha amoratada o amarillenta que aparece bajo la piel por la acumulación de sangre u otro líquido corporal a consecuencia de un golpe u otra causa.

hembra s.f. **1** Persona o animal de sexo femenino. **2** Hembrilla.

hembrilla s.f. Pieza que tiene un hueco o un agujero en el que encaja otra pieza.

hemeroteca s.f. Edificio o sala en el que se tiene guardado y ordenado un conjunto de diarios, revistas y otras publicaciones periódicas.

hemiciclo s.m. **1** Salón central de un edificio o recinto que está provisto de asientos colocados en filas escalonadas y dispuestas en forma de medio círculo, orientadas en dirección a una tribuna. **2** Mitad de un círculo que resulta de dividir este en dos partes iguales.

hemiparásito, a adj. Se dice del parásito que puede sobrevivir fuera del huésped.

hemiplejia o **hemiplejía** s.f. Pérdida de la capacidad de movimiento del lado izquierdo o derecho del cuerpo.

hemipléjico, a adj. y s. **1** Que padece hemiplejia. ◆ adj. **2** Relativo a la hemiplejia.

hemíptero, a adj. y s.m. Se dice del insecto provisto de trompa chupadora, pico articulado y casi siempre con cuatro alas, como la chinche.

hemisférico, a adj. Que tiene forma de media esfera.

hemisferio s.m. **1** Mitad de una esfera. **2** Mitad del globo terrestre. **3** Mitad lateral en que se dividen el cerebro o el cerebelo.

hemistiquio s.m. Cada una de las mitades en que la cesura divide un verso.

hemodiálisis s.f. Técnica terapéutica de depuración artificial de la sangre que se aplica a la persona cuyo riñón no realiza esta función.

hemofilia s.f. Enfermedad genética ligada al sexo, producida por la presencia de un gen recesivo en el cromosoma X, que consiste en la dificultad de la sangre para coagular.

hemofílico, a adj. **1** Relativo a la hemofilia. ◆ adj. y s. **2** Se dice de la persona que padece hemofilia.

hemoglobina s.f. Pigmento de la sangre de naturaleza proteica que sirve principalmente para transportar el oxígeno del aparato respiratorio a las células del organismo.

hemorragia s.f. Salida de sangre de las arterias, las venas o los capilares por donde circula.

hemorroide s.f. Pequeña masa de tejido anormal que se forma en las inmediaciones del ano.

henchir (31) v.tr. **1** Formal. Llenar o hacer que un espacio vacío quede lleno. **2** Formal. Llenar o dar a una persona una gran cantidad de una cosa, especialmente no material.

hendedura s.f. Hendidura.

hender (33) v.tr. **1** Formal. Producir una hendidura. **2** Formal. Atravesar un fluido.

hendidura s.f. Abertura o hueco estrecho, largo y poco profundo.

hendija s.f. AMÉR Hendidura larga y estrecha.

hendir (45) v.tr. Hender.

heno s.m. **1** Hierba que se corta y se deja secar para alimentar al ganado. **2** Planta herbácea que sirve como forraje.

henry o **henrio** (pl. henrys o henrios) s.m. Unidad de inductancia del Sistema Internacional, de símbolo H.

hepático, a adj. Relativo al hígado.

hepatitis s.f. Enfermedad causada por un virus que provoca la inflamación del hígado.

heptaedro s.m. Poliedro de siete caras.

heptagonal adj. Que tiene forma de heptágono.

heptágono s.m. Polígono de siete lados y siete ángulos.

heptasílabo, a adj. Que tiene siete sílabas.

heptatlón s.m. Competición femenina de atletismo en que las deportistas compiten en siete pruebas.

heráldica s.f. Parte de la historia que describe e interpreta los escudos de armas.

heráldico, a adj. Relativo a la heráldica.

heraldo s.m. **1** Oficial que en la Edad Media tenía a su cargo transmitir mensajes importantes, organizar las fiestas de la caballería, llevar los registros de la nobleza, etc. **2** Formal. Mensajero.

herbáceo, a adj. **1** Se dice de la planta que tiene el aspecto o las características de la hierba. **2** Se dice del estrato de vegetación cercano al suelo.

herbario s.m. Colección de plantas secas que están colocadas entre papeles y ordenadas para su conservación y estudio.

herbicida s.m. y adj. Producto químico que impide el desarrollo de las hierbas no deseadas que crecen en un terreno o las destruye.

herbívoro, a adj. y s. Se dice del animal que se alimenta solamente de vegetales.

herbolario, a s. **1** Persona que se dedica a recoger o vender hierbas o plantas medicinales que se usan para curar enfermedades o calmar dolores. ◆ s.m. **2** Herboristería.

herboristería s.f. Establecimiento donde se venden hierbas o plantas medicinales.

herciano, a o **hertziano, a** adj. En física, relativo a las ondas electromagnéticas.

hercio s.m. Hertz.

hercúleo, a adj. **1** Se dice de la persona que tiene mucha fuerza física y un cuerpo muy robusto. **2** Se dice de la actividad o el trabajo que requieren un esfuerzo muy grande.

heredad s.f. **1** Terreno dedicado al cultivo que tiene un solo dueño. **2** Conjunto de tierras que son propiedad de una persona.

heredar v.tr. **1** Recibir los bienes, el dinero o los derechos de una persona cuando esta muere, en cumplimiento de la ley o de las disposiciones señaladas en un testamento. **2** Recibir un hijo de sus padres una característica genética física o relativa a su carácter. **3** Recibir principios, ideas o problemas de personas o circunstancias anteriores. **4** Fam. Recibir una cosa de otra persona cuando esta ya no hace uso de ella.

heredero, a adj. y s. Que hereda.

hereditario, a adj. Relativo a la herencia o que se transmite a través de ella.

hereje s.m. y f. Persona que defiende y propaga ideas contrarias a la doctrina de una religión, siendo miembro de esta.

herejía s.f. Idea o conjunto de ideas contrarias a la doctrina de una religión.

herencia s.f. **1** Derecho de heredar que tiene una persona por ley o por testamento. **2** Conjunto de propiedades, dinero y otros bienes, así como derechos, que se recibe legalmente de una persona cuando esta muere. **3** Proceso mediante el cual se transmiten una serie de características de los padres a los hijos a través de los genes. **4** Conjunto de ideas o características que se recibe de una circunstancia o persona precedente.

herético, a adj. Relativo a la herejía.

herida s.f. **1** Daño o lesión que se produce en los tejidos del cuerpo y es provocado por un corte o golpe. **2** Daño moral que es causado por una ofensa.

herido, a adj. y s. **1** Que ha sido dañado por una o más heridas en los tejidos del cuerpo. ◆ adj. **2** Que está dolido por una ofensa recibida.

herir (45) v.tr. **1** Causar una herida en los tejidos del cuerpo mediante un corte o un golpe. **2** Producir a una persona un daño moral a causa de una ofensa. **3** Producir una cosa una impresión desagradable para la vista o el oído.

hermafrodita adj. **1** Se dice del ser vivo que reúne en un mismo individuo los órganos sexuales masculinos y femeninos. ◆ adj. y s.m. y f. **2** Se dice de la persona que, a causa de una anomalía anatómica, tiene órganos sexuales masculinos y femeninos.

hermanar v.tr. **1** Juntar o unir dos o más cosas haciéndolas compatibles. **2** Establecer un vínculo de unión afectiva o espiritual entre personas que no tienen una relación de familia. **3** Establecer un vínculo entre dos localidades que simpatizan entre sí, potenciando de este modo su relación. **4** CH Unir de dos en dos.

hermanastro, a s. Persona que es hermana de otra por parte de uno solo de los padres.

hermandad s.f. **1** Relación de parentesco que existe entre hermanos. **2** Relación de afecto, simpatía o amistad entre personas que no tienen vínculos familiares. **3** Asociación de fieles de una religión que está autorizada para organizar actividades piadosas, como procesiones, romerías y rezos. **4** Asociación de personas que tienen unos mismos intereses profesionales. **5** Asociación de vecinos medieval encargada de la protección de los peregrinos en sus rutas, los comerciantes y los derechos vulnerados por los poderosos.

hermano, a s. **1** Persona o animal que ha nacido del mismo padre y de la misma madre que otro. **2** Persona que pertenece a una congregación u orden religiosa, especialmente católica. **3** Persona que pertenece a una hermandad o cofradía. **4** Persona que está unida a otra por una gran amistad, por una fe religiosa común o por los mismos sentimientos u opiniones. **5** Fam. AMÉR Fórmula que se emplea para dirigirse a una persona con la que se tiene confianza y amistad. ◆ adj. **6** Se dice de la cosa que tiene el mismo origen que otra o que suele ir acompañada de otra.

hermenéutica s.f. Disciplina que estudia la interpretación de los textos con el fin de averiguar su verdadero sentido.

hermenéutico, a adj. Relativo a la hermenéutica.

hermético, a adj. **1** Que cierra perfectamente y no deja pasar el aire ni el líquido. **2** Impenetrable, oscuro.

hermetismo s.m. **1** Cualidad que tiene una cosa, especialmente un autor y su obra, que es impenetrable, muy difícil de conocer o entender porque no muestra ningún rasgo de su significado, pensamiento o sentimientos. **2** Actitud de la persona que se muestra muy reservada o impenetrable, que no deja traslucir sus pensamientos o sentimientos.

hermoso, a adj. **1** Se dice de la persona que está dotada de unos rasgos físicos del cuerpo o la cara que la hacen atractiva y agradable a la vista. **2** Se dice de la cosa que tiene unos rasgos que la hacen agradable a la vista o el oído. **3** Se dice de la cosa que denota humanidad o sensibilidad, por lo que resulta agradable o atractiva. **4** Se dice del tiempo atmosférico agradable. **5** Que está fuerte, sano o gordo. **6** Fam. Que tiene un tamaño grande.

hermosura s.f. **1** Cualidad de hermoso. **2** Persona o cosa que destaca por ser hermosa.

hernia s.f. Bulto blando que aparece cuando un órgano del cuerpo sale de su cavidad natural.

herniarse (1d) v.prnl. Pasar a tener una hernia.

héroe, oína s.m. **1** Persona admirada por haber realizado una hazaña extraordinaria, especialmente si requiere mucho valor. **2** Formal. Personaje principal de una obra literaria o de un guión cinematográfico. **3** En la mitología griega y romana, hijo nacido de la unión entre un dios y un ser humano.

heroicidad s.f. **1** Cualidad de la persona que realiza una acción que requiere una gran valentía o logra una cosa muy difícil de conseguir. **2** Acción admirable que exige una gran valentía o es muy difícil de conseguir.

heroico, a adj. **1** Se dice de la acción que requiere una gran valentía o es muy difícil de conseguir, por lo que es digna de admiración. **2** Que relata las hazañas y proezas de los héroes para exaltarlas o enaltecerlas. **3** Se dice del romance compuesto por versos endecasílabos.

heroína s.f. Droga derivada de la morfina.

heroinómano, a adj. y s. Se dice de la persona que es adicta a la heroína.

heroísmo s.m. Conjunto de cualidades propias de un héroe.

herpes o **herpe** s.m. o f. Enfermedad de la piel causada por un virus.

herradura s.f. Pieza de hierro en forma de U que se clava en los cascos de las caballerías.

herraje s.m. Conjunto de piezas de hierro con las que se decora un objeto.

herramienta s.f. **1** Instrumento, generalmente de metal, que sirve para realizar una actividad o un trabajo manual. **2** Recurso que se utiliza para realizar una actividad o un trabajo.

herrar (32) v.tr. **1** Clavar las herraduras en los cascos de las caballerías. **2** Marcar a un animal en la piel con un hierro candente.

herreño, a adj. y s. De Hierro (isla del archipiélago canario).

herrería s.f. **1** Taller donde se fabrican o trabajan objetos de hierro. **2** Oficio del herrero.

herrerillo s.m. Pájaro insectívoro de unos 10 cm de largo y plumaje variado.

herrero, a s. Persona que tiene por oficio fabricar o trabajar objetos de hierro.

herrumbre s.f. **1** Capa de óxido de color rojizo que se forma en la superficie del hierro y otros metales a causa de la humedad o del agua. **2** Hongo parásito de cereales y otras plantas.

herrumbroso, a adj. Que tiene herrumbre (capa de óxido).

hertz o **hercio** (pl. hertz o hercios) s.m. Unidad de frecuencia del Sistema Internacional, de símbolo Hz.

hertziano, a adj. Herciano.

hervidero s.m. Lugar en que hay una gran cantidad de personas o cosas en continuo movimiento.

hervir (45) v.intr. **1** Moverse agitadamente un líquido formando burbujas, generalmente por estar sometido a la acción del fuego y alcanzar una temperatura determinada. ◆ v.tr. **2** Hacer que un líquido alcance la temperatura de ebullición. ◆ v.intr. **3** Estar una cosa muy caliente. **4** Estar un lugar agitado continuamente por el movimiento de muchas personas o cosas.

hervor s.m. Acción que consiste en hervir un líquido, un alimento u otra cosa.

heterocerca adj. Se dice de la aleta caudal de algunos peces formada por dos lóbulos desiguales, uno de los cuales es el extremo de la columna vertebral.

heterocigoto, a o **heterozigoto, a** adj. y s.m. **1** Se dice del cigoto que está formado por la unión de dos células sexuales que tienen diferentes dotaciones genéticas. **2** Se dice del ser vivo que procede de la unión de células sexuales con diferentes dotaciones genéticas. **3** Se dice del ser vivo que tiene dos genes diferentes en el lugar de los cromosomas que determinan un mismo carácter o rasgo genético.

heterodoxia s.f. Condición de la persona heterodoxa.

heterodoxo, a adj. y s. Que se separa de lo establecido por una religión, forma de pensamiento o doctrina política.

heterogeneidad s.f. **1** Cualidad de heterogéneo. ◆ adj. **2** En química, se dice de la mezcla que contiene dos o más fases.

heterogéneo, a adj. Que está formado por elementos de distinta clase o naturaleza.

heteronimia s.f. Fenómeno que se produce en las palabras heterónimas.

heterónimo adj. y s.m. Se dice de la palabra que tiene una gran proximidad semántica con otra pero una forma diferente.

heteróptero, a adj. y s.m. Se dice del insecto cuyas alas tienen una mitad coriácea y otra membranosa.

heterosexual adj. **1** Relativo a la heterosexualidad. ◆ adj. y s.m. y f. **2** Se dice de la persona que siente atracción sexual hacia personas de sexo distinto al suyo.

heterosexualidad s.f. **1** Atracción sexual que siente una persona por otra de distinto sexo. **2** Práctica de relaciones sexuales entre personas de distinto sexo.

heterótrofo, a adj. y s. **1** Se dice del organismo que es incapaz de elaborar su propia materia orgánica a partir de sustancias inorgánicas y se nutre de sustancias elaboradas por otros seres vivos. ◆ adj. **2** Se dice de la forma de alimentación propia de estos organismos.

heterozigoto, a adj. y s.m. Heterocigoto.

hexaedro s.m. Poliedro regular formado por seis caras cuadradas.

hexagonal o **exagonal** adj. Que tiene forma de hexágono.

hexágono o **exágono** s.m. Polígono de seis lados y seis ángulos.

hexámetro adj. **1** Que tiene seis sílabas. ◆ s.m. **2** Verso de la poesía clásica griega y latina que está formado por seis pies métricos.

hexasílabo, a adj. y s.m. Se dice del verso que tiene seis sílabas.

hexástilo, a adj. y s.m. Se dice del templo griego que tiene seis columnas en su pórtico.

hez s.f. **1** Sedimento o residuo de las impurezas de una sustancia líquida. □ Suele usarse en plural con valor singular. **2** Desp. Conjunto de personas viles y despreciables. ◆ **heces** s.f.pl. **3** Formal. Residuos de los alimentos que elimina el organismo por el ano tras haber hecho la digestión.

hiato s.m. **1** Pronunciación de dos vocales contiguas que no forman diptongo en sílabas distintas. **2** En anatomía, espacio o abertura que hay entre varios componentes anatómicos.

hibernación s.f. Estado del animal o la persona que hiberna.

hibernar v.intr. **1** Pasar el invierno un animal en estado de letargo. ◆ v.tr. **2** Someter a una persona a un estado de letargo con fines médicos.

hibridación s.f. Acción de hibridar.

hibridar v.tr. Producir híbridos artificialmente uniendo dos o más cosas de distinta naturaleza.

híbrido, a adj. y s.m. **1** Se dice del animal o vegetal que procede de la unión de dos individuos de especies diferentes. **2** Originado a partir de elementos de distinta naturaleza.

hidalgo, a s. **1** Persona que durante la Edad Media pertenecía a la pequeña nobleza, era tratada de don, poseía escudo de armas y estaba exenta de pagar tributos. ◆ adj. **2** Relativo a esta persona. **3** Formal. Generoso y noble.

hidalguía s.f. Condición social de hidalgo.

hidra s.f. **1** Invertebrado acuático que tiene numerosos tentáculos. **2** Monstruo de la mitología griega que tenía siete cabezas.

hidrácido s.m. Ácido compuesto por hidrógeno y un elemento no metálico.

hidratación s.f. Acción de hidratar.

hidratante adj. y s.m. Que hidrata.

hidratar v.tr. **1** Restablecer el grado de humedad normal de la piel. **2** En química, combinar un cuerpo o una sustancia con agua.

hidrato s.m. Sustancia química que contiene un número determinado de moléculas de agua en su composición. ◇ **hidrato de carbono** Compuesto orgánico que contiene carbono, hidrógeno y oxígeno.

hidráulica s.f. Parte de la mecánica que estudia las leyes que rigen el equilibrio y movimiento del agua.

hidráulico, a adj. **1** Que funciona o es movido por la acción del agua o de otro líquido. **2** Relativo al agua que se embalsa o canaliza.

hídrico, a adj. Relativo al agua.

hidroavión s.m. Avión o aeroplano provisto de unos flotadores en vez de tren de aterrizaje.

hidrocarburo s.m. Compuesto químico orgánico formado por carbono e hidrógeno.

hidrocefalia s.f. Enfermedad que consiste en una acumulación anormal de líquido cefalorraquídeo en las cavidades del cerebro.

hidrodinámica s.f. Parte de la mecánica que estudia el movimiento de los líquidos en relación con las causas que lo originan.

hidrodinámico, a adj. Relativo a la hidrodinámica.

hidroelectricidad s.f. Energía eléctrica que se consigue por la fuerza del agua.

hidroeléctrico, a adj. **1** Relativo a la hidroelectricidad. ◆ adj. y s.f. **2** Se dice de la empresa que se dedica a generar hidroelectricidad.

hidrófilo, a adj. Se dice del ser vivo que vive en ambientes húmedos.

hidrofobia s.f. Miedo enfermizo al agua.

hidrófobo, a adj. **1** Que padece hidrofobia. **2** Se dice del organismo que rechaza el agua.

hidrófugo, a adj. Que no deja pasar la humedad o las filtraciones de agua.

hidrógeno s.m. Elemento químico de símbolo H y número atómico 1; es un gas incoloro.

hidrografía s.f. **1** Parte de la geografía que estudia y describe los mares, los lagos, los ríos y otras corrientes de agua. **2** Conjunto de los mares, lagos, etc. de una zona geográfica.

hidrograma s.m. Gráfico que representa la variación de un caudal de agua en el tiempo.

hidrólisis s.f. Descomposición de un cuerpo o una sustancia por su reacción con el agua.

hidrología s.f. Ciencia que estudia el agua.

hidropesía s.f. Acumulación anómala de líquido en un tejido, cavidad, etc. del cuerpo.

hidrosfera s.f. Conjunto de aguas continentales y oceánicas de la corteza terrestre.

hidrosoluble adj. Soluble en agua.

hidrostática s.f. Parte de la física que estudia los líquidos en equilibrio.

hidrostático, a adj. En mecánica, relativo al equilibrio de los líquidos y los gases y a los cuerpos que flotan en ellos.

hidroterapia s.f. Tratamiento de enfermedades y lesiones por medio del agua.

hidrotropismo s.m. Movimiento de un organismo como respuesta a un estímulo producido por el agua o la humedad.

hidróxido s.m. Compuesto químico de propiedades básicas formado por la unión del grupo (–OH) y un metal o ion positivo.

hidroxilo s.m. Grupo químico compuesto por un átomo de hidrógeno y otro de oxígeno (–OH).

hidruro s.m. Compuesto formado por la combinación binaria de hidrógeno y otro elemento.

hiedra o **yedra** s.f. Planta trepadora de hojas brillantes y siempre verdes que crece agarrándose a paredes y árboles mediante unas pequeñas raíces adherentes que salen de su tallo.

hiel s.f. **1** Líquido segregado por el hígado, de color amarillo verdoso y sabor amargo. **2** Sentimiento de intensa amargura que incita a hacer daño a otras personas.

hielo s.m. **1** Agua en estado sólido cuando la temperatura es igual o inferior a 0 grados centígrados. **2** Cubito o trozo pequeño de hielo.

hiena s.f. **1** Mamífero carroñero parecido al perro, con las patas traseras más cortas que las delanteras, el cuello largo y grueso y el pelo áspero y pardo; vive en manadas en África y Asia. **2** Persona que se comporta sin escrúpulos y con cobardía.

hierático, a adj. **1** Se dice de la figura pintada o esculpida que se caracteriza por la falta de expresividad en las facciones y por la posición vertical y rígida, como señal de solemnidad y majestuosidad. **2** Se dice de la persona que permanece seria e inexpresiva y no exterioriza sus sentimientos. **3** Se dice de la escritura egipcia antigua que era una simplificación de la jeroglífica.

hieratismo s.m. Cualidad de hierático.

hierba o **yerba** s.f. **1** Planta de tallos finos y flexibles, generalmente de pocos centímetros. **2** Conjunto de estas plantas en un terreno. **3** Planta que se usa con fines medicinales, en cocina o se toma como infusión. **4** Argot. Marihuana.

hierbabuena o **yerbabuena** s.f. Planta herbácea muy aromática y medicinal.

hierbaluisa o **hierba luisa** o **yerbaluisa** o **yerba luisa** s.f. Arbusto de jardín de hojas alargadas de color verde claro y con olor a limón, y flores pequeñas y violáceas.

hierofanía s.f. Conjunto de formas existentes en el mundo a través de las cuales se manifiesta lo sagrado, según diversas creencias religiosas.

hierra o **yerra** s.f. **1** AMÉR Operación de marcar el ganado en las haciendas con el hierro candente. **2** AMÉR Temporada en la que se marca el ganado. **3** AMÉR Fiesta que se celebra con motivo de la hierra.

hierro s.m. **1** Elemento químico de símbolo Fe y número atómico 26; es un metal duro y dúctil, de color gris, que abunda en la naturaleza; sirve para hacer todo tipo de herramientas, estructuras y objetos. **2** Objeto o pieza hechos con este metal. **3** Punta de hierro de un arma o un instrumento. ◇ **de hierro** Muy fuerte o resistente.

hifa s.f. Cada uno de los filamentos que constituyen el aparato vegetativo de algunos hongos, que sirve para tomar los nutrientes del suelo.

hígado s.m. Órgano de los animales vertebrados, de forma más o menos oval y aplanada y color rojo oscuro, que se localiza sobre el estómago; interviene en la función digestiva segregando la bilis, almacena sustancias nutrientes y sintetiza enzimas, proteínas y glucosa. ◇ **echar los hígados** Fam. Hacer un esfuerzo físico muy grande.

higiene s.f. **1** Limpieza del cuerpo y de los objetos que rodean a las personas para mejorar la salud y prevenir enfermedades o infecciones. **2** Parte de la medicina que se ocupa de la conservación de la salud.

higiénico, a adj. Relativo a la higiene (limpieza).

higienizar v.tr. **1** Disponer o preparar una cosa conforme a las normas de la higiene. **2** Limpiar una cosa conforme a las normas de la higiene.

higo s.m. Fruto comestible de la higuera, de forma parecida a la pera, piel verde o marrón y pulpa roja o blanca, dulce y con muchas semillas. ◇ **de higos a brevas** Fam. En escasas ocasiones y muy distanciadas en el tiempo. ◇ **higo chumbo** Fruto de la chumbera, de corteza verde cubierta de espinas y pulpa comestible, dulce y de color anaranjado. □ También simplemente chumbo.

higrometría s.f. Parte de la física que mide y estudia el nivel de humedad de la atmósfera.

higrómetro s.m. Instrumento para medir el grado de humedad relativa del aire.

higuera s.f. Árbol frutal de hasta 8 m de altura, hojas verdes, grandes y que desprenden una leche urticante, y madera muy blanda; su fruto, comestible, es el higo. ◇ **estar en la higuera** Fam. No enterarse del asunto de que se trata.

hijastro, a s. Hijo o hija de un cónyuge anterior de su padre o madre, con respecto al actual cónyuge de esta persona.

hijo, a s. **1** Persona o animal considerados en relación con sus padres. **2** Persona considerada en relación con el lugar en el que ha nacido. **3** Yema o tallo nuevo que le sale a una planta. **4** Forma de tratamiento que se da normalmente a una persona más joven con la que se mantiene una relación de confianza o de superioridad de conocimientos y experiencia. **5** Religioso, respecto al fundador de su orden. ◆ **s.m. 6** En la religión cristiana, segunda persona de la Santísima Trinidad, es decir, Jesucristo. □ Se escribe con mayúscula inicial.

hilada s.f. **1** Conjunto de personas o cosas colocadas unas tras otras en línea. **2** Serie horizontal de ladrillos o sillares en un muro.

hilado s.m. **1** Proceso mediante el cual una fibra textil de origen vegetal o animal se transforma en un hilo homogéneo y continuo. **2** Hilo o materia textil que resulta de este proceso.

hilandero, a s. Persona que tiene por oficio hilar o hacer hilos a partir de fibras textiles vegetales o animales.

hilar v.tr. **1** Transformar las fibras textiles de origen vegetal o animal en hilo homogéneo y continuo para coser o fabricar tejidos. **2** Tejer un gusano su capullo o una araña su tela a partir de la fibra que estos mismos animales segregan. **3** Relacionar varias ideas entre sí para construir un pensamiento homogéneo o una conclusión.

hilarante adj. Formal. Que provoca ganas de reír.

hilatura s.f. **1** Industria o comercialización del hilado (hilo o materia textil). **2** Hilado (hilo o materia textil).

hilemorfismo s.m. Doctrina aristotélica según la cual todas las cosas están constituidas por materia y forma.

hilera s.f. **1** Conjunto de personas o cosas colocadas unas tras otras en línea. **2** Instrumento que se usa en metalurgia y orfebrería para obtener hilos o alambres de un metal.

hilo s.m. **1** Cuerpo delgado, largo y flexible que se obtiene a partir de fibras textiles de origen vegetal o animal y se usa para coser o fabricar tejidos. **2** Cuerpo delgado, largo y flexible que se obtiene a partir de fibras textiles extraídas del tallo del lino, o tejido que se hace con lino. **3** Cuerpo delgado, largo y flexible de cualquier material y similar al hilo textil. **4** Fibra que segregan algunos gusanos o arañas para construir sus capullos o telas. **5** Cable, especialmente en una red eléctrica, telefónica o de otro tipo.

6 Chorro muy fino de líquido que cae o sale de un lugar de manera continuada. **7** Continuidad de una narración, argumentación, pensamiento o cosas similares, que hace que las diferentes partes se enlacen unas con otras y formen un todo homogéneo. ◇ **al hilo de** En referencia a una cosa con la que tiene relación lo que se dice.

hilván s.m. **1** Costura hecha con puntadas largas y poco apretadas. **2** Hilo que se usa para hacer esta costura.

hilvanar v.tr. **1** Unir con un hilván o costura de puntadas largas y poco apretadas dos telas que se van a coser. **2** Relacionar o enlazar varias cosas entre sí, especialmente ideas, para construir un todo homogéneo. **3** Elaborar las líneas generales de un plan o proyecto.

himen s.m. Membrana que cierra parcialmente el orificio externo de la vagina.

himenóptero adj. y s.m. Se dice del insecto que tiene dos pares de alas membranosas y transparentes y el aparato bucal adaptado para picar, chupar y masticar.

himno s.m. Composición solemne, poética o musical, en alabanza de personajes, cosas o sucesos extraordinarios.

hincapié s.m. ◇ **hacer hincapié en algo** Remarcar o poner énfasis en algo.

hincar v.tr. **1** Clavar o meter una cosa con punta en otra ejerciendo una presión. **2** Apoyar firmemente una cosa en una superficie. ◆ **hincarse** v.prnl. **3** Arrodillarse.

hincha s.f. **1** Fam. Manía. ◆ s.m. y f. **2** Persona que pertenece a la afición de un equipo deportivo y lo sigue con pasión y entusiasmo.

hinchada s.f. Conjunto de hinchas.

hinchar v.tr. **1** Aumentar el tamaño o volumen de un cuerpo al llenar su interior con un gas u otra sustancia. **2** Exagerar la importancia o el valor de una noticia, un suceso u otra cosa. **3** Hacer que una parte del cuerpo aumente su volumen, generalmente debido a una enfermedad o alteración. ◆ **hincharse** v.prnl. **4** Fam. Hartarse. **5** Fam. Sentir y mostrar un orgullo excesivo por los méritos propios.

hinchazón s.f. **1** Aumento del volumen de una parte del cuerpo. **2** Actitud de la persona que habla o actúa con vanidad o presunción, exagerando el valor de sus palabras o actos.

hindi s.m. y adj. Lengua de la India.

hindú adj. y s.m. y f. **1** De la India (país de Asia). ◆ adj. **2** Hinduista.

hinduismo s.m. Religión de los hindúes.

hinduista adj. **1** Relativo al hinduismo. ◆ adj. y s.m. y f. **2** Que profesa el hinduismo.

hiniesta s.f. Planta con muchas ramas largas, delgadas y flexibles, de hojas pequeñas y escasas y flores amarillas.

hinojo s.m. Planta con el tallo de hasta 1 m de largo, flores amarillas y aroma intenso.

hipar v.intr. **1** Dar hipos reiterados una persona. **2** Llorar emitiendo sollozos entrecortados.

híper s.m. Fam. Hipermercado.

hipérbaton (pl. hipérbatos) s.m. Figura retórica que consiste en alterar el orden lógico de las palabras en una oración o de varias oraciones en un período.

hipérbola s.f. Cónica formada por los puntos cuya diferencia de distancias a dos puntos fijos o focos es constante.

hipérbole s.f. Figura retórica que consiste en exagerar lo que se expresa, con términos que lo engrandecen o lo disminuyen, para conseguir una mayor fuerza expresiva.

1. **hiperbólico, a** adj. Relativo a la hipérbola.

2. **hiperbólico, a** adj. Relativo a la hipérbole o que se expresa mediante una hipérbole.

hiperenlace s.m. Enlace o vínculo creado entre dos documentos de hipertexto.

hiperespacio s.m. Supuesto espacio de más de tres dimensiones.

hipermercado s.m. Establecimiento comercial que ocupa una gran superficie en el que se venden toda clase de productos y en el que el cliente elige o coge lo que quiere comprar y lo paga a la salida.

hipermétrope adj. y s.m. y f. Se dice de la persona que padece hipermetropía.

hipermetropía s.f. Defecto de la visión que impide ver con claridad los objetos cercanos debido a que el cristalino del ojo no tiene suficiente convexidad.

hiperónimo s.m. Palabra cuyo significado engloba el de otros términos.

hiperrealismo s.m. Tendencia pictórica y escultórica caracterizada por la representación objetiva y minuciosa de lo percibido.

hipersensibilidad s.f. **1** Sensibilidad mayor de lo normal. **2** Reacción del organismo que se produce como rechazo a una sustancia a la que es hipersensible.

hipersensible adj. Que tiene más sensibilidad de lo normal.

hipertensión s.f. Presión excesivamente alta de la sangre sobre la pared de las arterias.

hipertenso, a adj. y s. Que padece hipertensión.

hipertexto s.m. Sistema informático de organización y presentación de datos que se basa en la vinculación de fragmentos textuales o gráficos a otros fragmentos.

hipertiroidismo s.m. Enfermedad que se caracteriza por el aumento de la actividad funcional de la glándula tiroides.

hipertrofia s.f. **1** Crecimiento excesivo y anormal de un órgano del cuerpo. **2** Formal. Aumento o desarrollo excesivo de una cosa.

hipervínculo s.m. Vínculo de hipertexto.

hip-hop o **hip hop** s.m. Estilo de música de baile nacido en Estados Unidos en la década de 1970 como derivación del funk.

hípica s.f. Conjunto de deportes en los que un jinete y su caballo participan junto con otros en una competición.

hípico, a adj. Relativo a la hípica.

hipido s.m. Sollozo o gemido entrecortado que da una persona al llorar.

hipnosis s.f. Estado de inconsciencia provocado mediante una serie de técnicas.

hipnótico, a adj. **1** Relativo a la hipnosis. ◆ adj. y s.m. **2** Se dice de la sustancia o medicamento que produce sueño.

hipnotismo s.m. Conjunto de técnicas para provocar la hipnosis.

hipnotizador, ra adj. **1** Que hipnotiza. ◆ s. **2** Persona que se dedica a hipnotizar o producir hipnosis.

hipnotizar v.tr. **1** Someter a una persona a un estado de hipnosis. **2** Atraer intensamente una cosa o persona a alguien, dejándolo bajo su influencia.

hipo s.m. Serie de movimientos violentos e involuntarios del diafragma que fuerza a los pulmones a expulsar aire de manera brusca y entrecortada produciendo un sonido característico. ◇ **quitar el hipo** Fam. Sorprender agradablemente una cosa o persona.

hipoalergénico, a adj. Se dice de la sustancia o producto que tiene un riesgo bajo de producir reacciones alérgicas.

hipocalórico, a adj. Que contiene un número bajo de calorías.

hipocampo s.m. Pez marino de hasta 20 cm de largo, cuya cabeza recuerda a la de un caballo; tiene una cola prensil que utiliza para sujetarse a la vegetación y vive en mares cálidos, cerca de la costa.

hipocentro s.m. Punto del interior de la Tierra donde se origina un movimiento sísmico.

hipocondría s.f. Alteración del hipocondríaco.

hipocondríaco, a o **hipocondriaco, a** adj. y s. Se dice de la persona que se preocupa de manera enfermiza y obsesiva por su salud.

hipocorístico, a adj. y s. Se dice del nombre de persona que procede de la forma diminutiva, abreviada o infantil de otro, y que se usa de modo afectivo, familiar o eufemístico.

hipocresía s.f. Actitud de la persona que finge en público tener ciertas ideas o ciertos sentimientos pero en realidad opina o siente otros.

hipócrita adj. y s.m. y f. Se dice de la persona que actúa con hipocresía.

hipodermis s.f. Capa más profunda de la piel de los animales vertebrados, situada debajo de la dermis.

hipódromo s.m. Recinto en el que se practican los distintos deportes hípicos.

hipófisis s.f. Glándula de secreción interna situada en el encéfalo.

hipogastrio s.m. Parte inferior del abdomen.

hipogeo, a adj. **1** Se dice de la planta o del órgano vegetal que se desarrolla bajo tierra de manera excepcional. ◆ s.m. **2** Sepulcro subterráneo o excavado en la roca.

hipoglucemia s.f. Disminución de la cantidad normal de azúcar contenida en la sangre.

hipogrifo s.m. Animal imaginario con partes de águila, león y caballo.

hipónimo s.m. Palabra cuyo significado está englobado en el de otro término.

hipopótamo s.m. **1** Mamífero herbívoro del orden artiodáctilos, de cuerpo muy grueso, que mide de 3 a 5 m y pesa de 1 a 4 toneladas; tiene la piel gruesa, negruzca y casi sin pelo, las patas robustas y cortas, la boca muy grande y las orejas pequeñas; vive en algunos ríos de África. **2** Fam. y desp. Persona muy gorda.

hipóstilo, a adj. Se dice del edificio o la sala cuyo techo está sostenido por columnas.

hipotálamo s.m. Parte del encéfalo situada en su base, que controla el sistema nervioso.

hipotaxis s.f. Relación gramatical que une dos elementos sintácticos de distinto nivel o función y en la que uno es dependiente del otro.

hipoteca s.f. **1** Derecho de propiedad sobre una casa, un terreno u otro bien inmueble que su dueño da a otra persona, a un banco o a una sociedad, para asegurar o avalar una deuda que ha contraído con ellos. **2** Cantidad de dinero que constituye esta deuda.

hipotecar v.tr. **1** Poner la propiedad de un inmueble bajo una hipoteca. **2** Arriesgar la seguridad o la existencia de una cosa haciendo depender su futuro de factores que entrañan un riesgo.

hipotecario, a adj. Relativo a la hipoteca (derecho de propiedad).

hipotensión s.f. Presión excesivamente baja de la sangre sobre la pared de las arterias.

hipotenso, a adj. y s. Que padece hipotensión.

hipotenusa s.f. Lado opuesto al ángulo recto de un triángulo rectángulo.

hipótesis s.f. **1** Afirmación que se considera lo suficientemente fiable o creíble como para basar sobre ella una tesis o teoría demostrada o confirmada con datos reales. **2** Proposición subordinada en un oración condicional. **3** En matemáticas, enunciado o proposición que se usa como base en un razonamiento.

hipotético, a adj. **1** Relativo a la hipótesis (idea o juicio) o que está fundamentado en ella. **2** Que se considera posible pero no seguro.

hippie o **hippy** (pl. hippies) **adj. 1** Se dice del movimiento juvenil pacifista surgido en la década de 1960. ◆ **s.m. y f. y adj. 2** Persona perteneciente a este movimiento.
OBS Pronunc. aprox. 'jipi'.

hirsuto, a adj. Formal. Se dice del pelo que es fuerte, áspero y duro.

hirudíneo adj. y s.m. Se dice del invertebrado del filo anélidos, terrestre o acuático y frecuentemente parásito de otros organismos.

hisopo s.m. **1** Planta aromática de tallo leñoso, hojas pequeñas en forma de punta de lanza y flores en espiga. **2** Utensilio que usan los sacerdotes para esparcir agua bendita.

hispalense adj. Formal. Sevillano.

hispánico, a adj. **1** De lengua o cultura españolas. **2** De Hispania. **3** Formal. Español.

hispanidad s.f. Conjunto de países o pueblos hispánicos.

hispanismo s.m. **1** Estudio de la lengua y la cultura hispánicas. **2** Palabra o modo de expresión propio de la lengua española.

hispanista s.m. y f. Persona que se dedica al estudio de la lengua y la cultura hispánicas.

hispanizar v.tr. Dar a una persona o cosa características culturales españolas.

hispano, a adj. y s. **1** De España o Hispanoamérica. **2** Persona que es de origen hispanoamericano y reside en Estados Unidos. ◆ **adj. 3** Hispánico (de Hispania). **4** Formal. Español.

hispanoamericano, a adj. y s. **1** De Hispanoamérica (conjunto de países y pueblos de América Central y del Sur que fueron colonias españolas y cuya lengua oficial o más hablada es el español). ◆ **adj. 2** Español y americano.

hispanoárabe adj. y s.m. y f. **1** Del territorio de la Península Ibérica que estuvo bajo dominio musulmán en la Edad Media y hasta el final de la reconquista. ◆ **adj. 2** Español y árabe.

hispanófilo, a adj. y s. Que siente simpatía hacia lo español o los españoles.

hispanofrancés, sa adj. Relativo a España y Francia.

hispanohablante adj. y s.m. y f. **1** Se dice de la persona o la comunidad lingüística que tiene el español como lengua materna. ◆ **adj. 2** Se dice del país que tiene como lengua oficial el español.

hispanorromano, a adj. y s. De Hispania (provincia del Imperio romano que abarcaba toda la Península Ibérica).

híspido, a adj. Formal. Hirsuto.

histeria s.f. **1** Trastorno nervioso que se produce en una persona con desequilibrios emocionales y que se caracteriza por la manifestación de estos desequilibrios en forma de síntomas físicos, como parálisis o convulsiones. **2** Estado de intensa excitación nerviosa en el que se producen manifestaciones exageradas y descontroladas de los sentimientos o las emociones.

histérico, a adj. y s. **1** Se dice de la persona que padece histeria (trastorno nervioso). **2** Se dice de la persona que se encuentra en un estado de gran nerviosismo o excitación y manifiesta sus sentimientos o emociones de forma exagerada o descontrolada. ◆ **adj. 3** Relativo a la histeria.

histerismo s.m. Histeria.

histograma s.m. Gráfico utilizado para representar la distribución de frecuencias de datos estadísticos, agrupados en intervalos, en forma de barras sobre un eje de coordenadas.

histología s.f. Parte de la biología que estudia la estructura y características de los tejidos de los seres vivos.

historia s.f. **1** Disciplina que estudia los hechos y acontecimientos relativos al pasado de la humanidad, ya sean los públicos y políticos relativos a los pueblos, ya los que afectan a sus instituciones, ciencias, artes o a cualquiera de sus actividades. □ Se escribe normalmente con mayúscula inicial. **2** Conjunto de estos hechos y acontecimientos. □ Se escribe normalmente con mayúscula inicial. **3** Sucesión de hechos y acontecimientos relativos al pasado de una cosa o persona. **4** Obra en prosa en que se narra de forma ordenada esta sucesión de hechos y acontecimientos relativos al pasado de una cosa o persona. **5** Narración de palabra o por escrito de hechos o acontecimientos reales o ficticios. **6** Fam. Asunto o tema de poca importancia. ◇ **hacer historia** Llevar a cabo una hazaña o acción de gran importancia que merece ser recordada.

historiador, ra s. Persona que se dedica al estudio de la historia o sucesión de hechos y acontecimientos relativos al pasado de la humanidad.

historial s.m. Conjunto de datos e informaciones referidas a las actividades desarrolladas por una persona, una empresa o una institución.

historiar (1f) v.tr. **1** Exponer o narrar la historia relativa al pasado de la humanidad, de una persona o de una cosa. **2** AMÉR Complicar, confundir, enmarañar.

historicidad s.f. Cualidad de un personaje, hecho o acontecimiento histórico, real y comprobado.

historicismo s.m. **1** Corriente de pensamiento que sostiene que la naturaleza de las personas y de sus actos solo es comprensible si se los considera como parte integrante de un proceso histórico. **2** Tendencia artística, especialmente arquitectónica, que consiste en recuperar los rasgos formales propios de uno o varios estilos más antiguos.

histórico, a adj. **1** Relativo a la historia (disciplina, sucesión de hechos del pasado o narración de estos hechos). **2** Que ha ocurrido o existido realmente. **3** Se dice del hecho o acontecimiento de gran importancia y trascendencia que merece pasar a la historia. **4** Se dice de la obra literaria o película que está ambientada en un tiempo pasado y que une una trama ficticia con acontecimientos y personajes reales de la historia.

historieta s.f. **1** Secuencia de viñetas que cuentan una historia, generalmente breve y cómica. **2** Relato breve e informal sobre un asunto gracioso.

historiografía s.f. **1** Estudio del conjunto de textos que tratan temas históricos, que consiste básicamente en analizar las fuentes utilizadas por los autores y el método que han seguido en su trabajo. **2** Conjunto de obras que tratan un tema de la historia.

histrión s.m. **1** Actor del antiguo teatro grecolatino que salía a escena con una máscara que representaba a su personaje. **2** Persona que habla o actúa haciendo gestos de manera exagerada y marcando su expresión.

histriónico, a adj. **1** Se dice de la persona que actúa o habla gesticulando de manera exagerada y marcando excesivamente su expresión. **2** Se dice del gesto o actitud que es propio de estas personas.

hitita adj. y s.m. y f. **1** De un pueblo indoeuropeo que en el segundo milenio a. C. constituyó un poderoso imperio en Asia Menor y Siria. ◆ s.m. y adj. **2** Lengua indoeuropea hablada por este pueblo.

hito s.m. **1** Poste de piedra u otra señal que se clava en el suelo y señala el límite de un terreno o indica la dirección o distancia de una vía o un camino. **2** Acontecimiento muy importante y significativo en el desarrollo de un proceso o en la vida de una persona.

hiyab s.m. En la cultura islámica, pañuelo o velo que usan algunas mujeres para cubrirse la cabeza.

hobby (pl. hobbies) s.m. Actividad u ocupación que se realiza meramente por placer.

hocico s.m. **1** Parte saliente y prolongada de la cabeza de algunos animales en la que está situada la boca y los orificios nasales. **2** Fam. Parte de la cara de una persona que corresponde a la nariz y la boca.

hockey s.m. Deporte que se juega entre dos equipos y consiste en meter un disco o bola pequeños en la portería contraria ayudándose de un stick o bastón largo y plano en forma de L.

hogar s.m. **1** Lugar de una casa donde se enciende fuego o se hace lumbre, como la chimenea o la cocina de leña. **2** Domicilio habitual de una persona. **3** Familia que vive junta bajo un mismo techo. **4** Vida de familia. **5** Edificio o recinto para que se reúnan y relacionen personas de un mismo grupo social o con alguna característica común.

hogareño, a adj. **1** Relativo a la casa o al hogar. **2** Se dice de la persona que gusta de estar en casa y disfruta de la vida de hogar.

hogaza s.f. Pan redondo de tamaño grande.

hoguera s.f. Fuego con mucha llama que se hace en el suelo al aire libre con leña u otro material.

hoja s.f. **1** Órgano de las plantas especializado en la fotosíntesis que crece en las ramas o el tallo, generalmente de color verde, ligera, plana y delgada, y que puede tener diversas formas dependiendo de la especie. **2** Órgano que forma la corola de una flor, generalmente de colores vistosos, ligero, plano y delgado, que puede tener diversas formas según la especie. **3** Lámina lisa y delgada de un material. **4** Lámina lisa, delgada y rectangular de papel, especialmente de un libro, una revista, una libreta u otra cosa semejante. **5** Lámina de metal, generalmente de acero, que constituye la parte cortante de un instrumento o de un arma blanca. **6** Parte de una puerta o ventana, constituida por una lámina de madera, un vidrio, etc., que se abre y se cierra.

hojalata s.f. Lámina delgada y lisa de hierro o acero cubierta por las dos caras por una capa fina de estaño, que se usa para fabricar diversos objetos y piezas.

hojaldra s.f. AMÉR Hojaldre.

hojaldrar v.tr. Dar a una masa forma de hojaldre estirándola con un rodillo sobre una superficie, doblándola y volviéndola a estirar repetidas veces.

hojaldre s.m. **1** Masa hecha con harina, agua y manteca o mantequilla que se hornea y forma hojas muy finas superpuestas unas sobre otras. **2** Dulce hecho con esta masa.

hojarasca s.f. **1** Conjunto de hojas secas que han caído de los árboles y cubren el suelo. **2** Conjunto de hojas secas o inútiles que tiene una planta. **3** Conjunto de elementos de un discurso o texto que son accesorios, no aportan significado y dificultan la comprensión.

hojear v.tr. Pasar las hojas de un periódico, una revista, un libro u otra cosa semejante de manera rápida, observando o leyendo su contenido de modo superficial.

hola interj. **1** Expresión que se usa para saludar a una persona. **2** Formal. Expresión que indica sorpresa o extrañeza.

holandés, sa adj. y s. **1** De Holanda (país de Europa). ◆ s.m. y adj. **2** Lengua germánica hablada en Holanda.

holandesa s.f. Hoja de papel que es un poco más pequeña que el folio.

holding (pl. holdings) s.m. Compañía financiera que se forma cuando una empresa compra

o controla la mayoría de las acciones de otras empresas, de modo que estas pasan a estar bajo dominio de la primera.
OBS Pronunc. aprox. 'joldin'.

holgado, a adj. **1** Se dice de la prenda de vestir que es ancha y permite moverse con facilidad por no ajustarse al cuerpo. **2** Que tiene una ventaja superior a la necesaria. **3** Que, sin ser rico, vive con bienestar. **4** Se dice de la situación económica que permite vivir con bienestar aunque sin riqueza.

holganza s.f. Formal. Ociosidad.

holgar (11) v.intr. **1** Estar una persona ociosa, sin obligaciones ni cosas que hacer, porque no tiene trabajo o porque ya lo ha concluido. **2** Formal. Ser una cosa innecesaria o estar de sobra.

holgazán, na adj. y s. Se dice de la persona que no quiere trabajar o no cumple con su trabajo por pereza o falta de atención e interés.

holgazanear v.intr. Pasar una persona el tiempo sin trabajar por pereza o falta de atención e interés.

holgazanería s.f. Cualidad de la persona holgazana, que no quiere trabajar o no cumple con su trabajo por pereza o falta de atención e interés.

holgura s.f. **1** Amplitud o anchura de una cosa, que hace que algo o alguien quepa en ella con espacio de sobras. **2** Espacio vacío que queda entre dos cosas que están encajadas una dentro de la otra. **3** Desahogo o bienestar económico que no llega a ser riqueza.

hollejo s.m. Piel de algunas frutas, especialmente la uva, y de algunas legumbres.

hollín s.m. Polvo negro, fino y grasiento que deja el humo en una superficie.

holmio s.m. Elemento químico de símbolo Ho y número atómico 67; es un metal plateado.

holocausto s.m. **1** Genocidio o exterminio sistemático y deliberado de un grupo social por motivos de raza o religión; especialmente, el llevado a cabo en Europa por los nazis contra los judíos durante la Segunda Guerra Mundial. □ Con mayúscula inicial cuando hace referencia al holocausto judío. **2** Ceremonia religiosa antigua en la que se ofrecía en sacrificio una víctima que era quemada. **3** Formal. Sacrificio o entrega que hace una persona por el bien o el beneficio de otras.

holoceno, a adj. y s.m. **1** Se dice de la época geológica que es la segunda y última de la era cuaternaria o neozoica. ◆ adj. **2** Relativo a esta época geológica.

holografía s.f. Técnica fotográfica que permite obtener una ilusión total de tridimensionalidad mediante el efecto óptico provocado por un rayo láser.

holograma s.m. Imagen reproducida mediante la holografía.

holoturia s.f. Animal invertebrado marino del filo equinodermos, de pequeño tamaño, con forma alargada y cilíndrica, que vive en el fondo del mar y se alimenta principalmente de materia en descomposición.

hombrada s.f. Acción propia de un hombre generoso o valiente.

hombre s.m. **1** Persona de sexo masculino, especialmente adulto. **2** Individuo de la especie humana. **3** Persona de sexo masculino que está, junto a otras, bajo las órdenes de un jefe en ciertas actividades, especialmente las que requieren preparación física. **4** Fam. Marido o pareja estable de una mujer. ◆ **interj. 5** ESP Expresión que indica admiración, sorpresa, extrañeza o disgusto.

hombrera s.f. **1** Pieza de gomaespuma u otro material que se coloca bajo la tela de una prenda de vestir a la altura de los hombros para realzar su forma. **2** Pieza de tela o cordón que se pone como adorno sobre los hombros de una prenda de vestir, especialmente una chaqueta militar. **3** Pieza de un uniforme deportivo que cubre y protege los hombros.

hombría s.f. Conjunto de virtudes morales que se consideran propias de un hombre, como el valor o la honradez.

hombro s.m. **1** Parte del cuerpo del ser humano que corresponde a la unión entre el brazo y el tronco. **2** Parte de una prenda de vestir que cubre esta parte del cuerpo. **3** Parte del cuerpo de algunos vertebrados de la que parten las extremidades superiores o delanteras. ◇ **arrimar el hombro** Colaborar unas personas con otras en un trabajo o actividad. ◇ **encogerse de hombros** Mover una persona los hombros hacia arriba en señal de extrañeza o indiferencia. ◇ **hombro con hombro** En estrecha colaboración con otra persona. ◇ **mirar por encima del hombro** Tratar a una persona con menosprecio por creerse superior.

hombruno, a adj. **1** Se dice de la mujer que tiene características propias de un hombre. **2** Propio de un hombre.

homenaje s.m. **1** Muestra de respeto, admiración y estima que se hace a una persona. **2** Celebración pública que se hace en señal de este respeto, admiración y estima. **3** Muestra de veneración o sumisión que realiza una persona. **4** Juramento solemne de fidelidad por el que un hombre se convertía en vasallo de su señor, en el sistema feudal medieval.

homenajear v.tr. Hacer un homenaje a una persona en señal de respeto, admiración y estima.

homeópata s.m. y f. y adj. Médico especialista en homeopatía.

homeopatía s.f. Técnica de tratamiento y curación de enfermedades por medio de pequeñas cantidades de sustancias que, aplicadas en grandes proporciones, producirían el mismo mal que el que padece un individuo.

homeopático, a adj. Relativo a la homeopatía.

homeostasis u **homeóstasis** s.f. Proceso por el cual un organismo o un sistema mantiene constantes sus propios parámetros independientemente de las condiciones del medio externo mediante mecanismos fisiológicos.

homeotermo, a adj. y s.m. Se dice del animal capaz de regular la temperatura de su cuerpo para mantenerla constante.

homicida adj. y s.m. y f. Que ha causado la muerte a alguien.

homicidio s.m. Muerte que una persona causa a otra.

homilía s.f. Discurso pronunciado por el sacerdote en la misa para explicar los textos bíblicos de las lecturas que se han leído y orientar a los feligreses sobre temas morales y religiosos.

homínido adj. y s.m. **1** Se dice del mamífero primate que anda sobre dos pies en posición erguida, con gran desarrollo cerebral que le permite una gran inteligencia y con capacidad racional. ◆ **homínidos** s.m.pl. **2** Grupo taxonómico, con categoría de familia, constituido por estos mamíferos.

hominización s.f. Proceso evolutivo que condujo desde una determinada especie a la aparición del ser humano.

Homo s.m. Género de primates homínidos que comprende la especie humana actual (Homo sapiens) y diversas especies fósiles.

homocerca adj. Se dice de la aleta caudal de algunos peces formada por dos lóbulos iguales y que no es prolongación de la columna vertebral.

homocigoto, a u **homozigoto, a** adj. y s.m. **1** Se dice del cigoto que está formado por la unión de dos células sexuales que tienen la misma dotación genética. **2** Se dice del ser vivo que tiene dos genes iguales en el lugar de los cromosomas que determinan un mismo rasgo o carácter genético.

homofóbico, a u **homófobo, a** adj. Que muestra aversión por la homosexualidad.

homofonía s.f. **1** Coincidencia en la pronunciación entre dos o más palabras que tienen significados diferentes. **2** Música que combina al unísono dos o más melodías de notas diferentes pero un solo ritmo.

homófono, a adj. y s.m. Se dice de la palabra que se pronuncia igual que otra pero tiene distinto significado.

homogeneidad s.f. Cualidad de una cosa homogénea.

homogeneizar (1g) v.tr. Hacer que una cosa sea homogénea.

homogéneo, a adj. **1** Que está formado por elementos con una serie de características comunes referidas a su clase o naturaleza que permiten establecer entre ellos una relación de semejanza. **2** En química, se dice de la mezcla en que los distintos elementos que la componen están totalmente interrelacionados entre sí y no se distinguen unos de otros.

homografía s.f. Coincidencia en la escritura y en la pronunciación de dos palabras que tienen distinto significado.

homógrafo, a adj. y s.m. Se dice de la palabra que se escribe igual que otra pero tiene distinto significado.

homologar v.tr. **1** Poner dos cosas en relación de semejanza o igualdad o considerar que se corresponden por tener una característica común o ejercer la misma función. **2** Verificar de manera oficial que las características de categoría y calidad de una cosa, como un producto comercial, se corresponden con la legislación vigente. **3** Registrar o comprobar de manera oficial el resultado de una prueba deportiva de acuerdo con la normativa vigente. **4** Dar validez legal a los estudios realizados y aprobados en otro país, centro docente o especialidad académica.

homólogo, a adj. y s. Que se corresponde con algo semejante o igual.

homonimia s.f. Coincidencia de dos palabras formalmente iguales pero con distinto significado y distinta etimología.

homónimo, a adj. y s.m. **1** Se dice de la palabra que coincide con otra en la escritura o en la pronunciación, pero tiene distinto significado y origen etimológico. ◆ adj. y s. **2** Se dice de la persona o cosa que tiene el mismo nombre que otra.

homóptero, a adj. y s.m. Se dice del insecto cuyas alas tienen la misma estructura.

homosexual adj. **1** Relativo a la homosexualidad. ◆ adj. y s.m. y f. **2** Que siente atracción sexual hacia alguien de su mismo sexo.

homosexualidad s.f. **1** Atracción sexual que siente una persona por otra del mismo sexo. **2** Práctica de relaciones sexuales entre personas del mismo sexo.

homotecia s.f. Transformación del plano que, dados un centro O y una razón k, transforma un punto M del espacio en otro M' de forma que OM = k · OM'.

homozigoto, a adj. y s.m. Homocigoto.

honda s.f. Tira de cuero, esparto u otro material flexible que, doblada sobre sí misma, se hace girar para lanzar piedras a distancia aprovechando la fuerza centrífuga.

hondo, a adj. **1** Que tiene mucha distancia desde la superficie o parte superior hasta el fondo. **2** Que tiene mucha distancia desde la parte exterior hasta el fondo. **3** Se dice de la cosa que penetra mucho o va hasta muy adentro de otra. **4** Se dice de la sensación o sentimiento que es muy intenso o vivo. **5** Se dice de la cosa que es de gran importancia o gravedad y altera algo completamente. **6** Que examina y analiza las cosas en su totalidad, sin quedarse en lo aparente o lo primero que surje al pensamiento, para llegar al completo conocimiento de ellas. ◆ adv. **7** De manera honda, hasta el fondo.

hondonada s.f. Parte de un terreno más baja u honda que las zonas que la rodean.

hondura s.f. **1** Distancia que hay desde la superficie o la parte superior o de una cosa hasta el fondo. **2** Gran intensidad de una sensación o un sentimiento.

hondureño, a adj. y s. De Honduras (país de América Central).

honestidad s.f. Cualidad de honesto.

honesto, a adj. Se dice de la persona que actúa conforme a las normas morales, especialmente en lo relativo a la conducta sexual.

hongo s.m. **1** Organismo pluricelular heterótrofo que vive fijo en la tierra o en la superficie en la que crece, generalmente en lugares húmedos. ◆ **hongos** s.m.pl. **2** Grupo taxonómico, con categoría de reino, constituido por estos organismos. ◆ s.m. **3** Seta. **4** Sombrero de fieltro de copa redondeada y chata.

honor s.m. **1** Cualidad moral de la persona que actúa de acuerdo con las normas establecidas, de forma justa y diciendo la verdad. **2** Respeto y buena opinión que se tiene hacia una persona por sus buenas cualidades morales. **3** Cosa por la que una persona se siente muy halagada o enaltecida. ◆ **honores** s.m.pl. **4** Manifestación pública de respeto, admiración y estima que se ofrece a una persona en razón de su cargo o de su personalidad. ◇ **hacer honor a algo** Actuar o comportarse a la altura de una cualidad destacable y conocida de la persona.

honorabilidad s.f. Cualidad de honorable.

honorable adj. **1** Se dice de la persona que actúa con honradez. **2** Se dice del hecho o la acción que permite conservar a una persona la dignidad. **3** Tratamiento que se da a determinados cargos.

honorario, a adj. **1** Honorífico. ◆ **honorarios** s.m.pl. **2** Sueldo o cantidad de dinero que cobra un profesional liberal.

honorífico, a adj. Se dice del cargo o título que se otorga simbólicamente a una persona como muestra pública de respeto, admiración y estima, pero que no da derecho a ejercerlo.

honoris causa adj. Expresión latina que significa 'por sus méritos' y se aplica al doctor o persona a la que se concede el título de máximo prestigio en una universidad.

honra s.f. **1** Buena reputación que tiene una persona que actúa conforme a las normas morales, especialmente en lo relativo a la conducta sexual. **2** Manifestación de respeto, admiración y estima hacia una persona. **3** Honor (cosa).

honradez s.f. Cualidad de la persona honrada.

honrado, a adj. Se dice de la persona que se comporta conforme a las normas morales, diciendo la verdad y siendo justa.

honrar v.tr. **1** Mostrar respeto, admiración y estima hacia una persona. **2** Reconocer o premiar la dignidad de una persona.

honrilla s.f. Fam. ESP Pundonor (sentimiento de la dignidad personal excesivamente susceptible o sensible).

honroso, a adj. Que da honra.

hontanar s.m. Formal. Manantial (corriente de agua que brota de la tierra o lugar donde esta nace).

hooligan (pl. hooligans) s.m. Hincha de fútbol de nacionalidad inglesa que se caracteriza por su actitud violenta.

hoplita s.m. Soldado griego de infantería que llevaba armas pesadas.

hora s.f. **1** Medida de tiempo que resulta de dividir el día solar en 24 partes y equivale a 60 minutos. **2** Momento del día determinado, especialmente en el que se hace u ocurre una cosa. **3** Momento oportuno y determinado para hacer una cosa. **4** Cita que se fija para un día y momento determinado en la que un profesional recibe a un cliente. ◇ **a buena hora** o **a buenas horas** Expresión que indica que una cosa sucede cuando es demasiado tarde. ◇ **a todas horas** Continuamente.

horadar v.tr. Hacer un agujero en una cosa atravesándola de parte a parte.

horario, a adj. **1** Relativo al tiempo que marca un reloj. ◆ s.m. **2** Distribución de los días y las horas en que se presta un servicio o se debe realizar una actividad o un trabajo. **3** Hoja, cartel o publicación que recoge esta distribución, generalmente representada en forma de tabla.

horca s.f. **1** Armazón de madera del que cuelga una cuerda con un nudo corredizo que sirve para ejecutar a una persona colgándola por el cuello hasta que muere. **2** Pena de muerte que se ejecuta colgando a la persona por el cuello hasta que muere. **3** Instrumento de labranza formado por un palo largo terminado en dos o más puntas que se usa para mover hierba o paja cortada y para otros usos. **4** Vara alargada terminada en dos puntas en forma de V que sirve para colgar, descolgar o sujetar una cosa.

horcajadas ◇ **a horcajadas** loc. Indica que una persona se sienta sobre una cosa con una pierna a cada lado de esta.

horchata s.f. Bebida dulce de color blanco que se hace machacando chufas.

horchatería s.f. Establecimiento donde se elabora o se vende horchata.

horda s.f. **1** Grupo de gente armada que no pertenece a un ejército regular. □ Frec. despectivo. **2** Grupo de personas violentas.

horizontal adj. **1** Paralelo a la línea imaginaria del horizonte. ◆ adj. y s.f. **2** Que está trazado de izquierda a derecha o viceversa.

horizontalidad s.f. Cualidad de horizontal.

horizonte s.m. **1** Línea imaginaria que parece separar el cielo de la tierra o el mar cuando se observa desde una perspectiva alejada. **2** Espacio limitado por esa línea. **3** Conjunto de posibilidades o perspectivas que ofrece una cosa. □ Suele usarse en plural con valor singular. **4** Cada una de las capas en que se divide el suelo atendiendo a sus características y composición.

horma s.f. **1** Molde con que se fabrica o se da forma a una cosa, especialmente el calzado. **2** Forma del interior de un zapato.

hormiga s.f. Insecto con el cuerpo pequeño y alargado de color oscuro o rojizo y dotado de antenas y fuertes mandíbulas; vive formando grandes colonias en galerías subterráneas o en los árboles y come todo tipo de alimentos.

hormigón s.m. Material de construcción formado por una mezcla de grava, arena y cal o cemento, muy resistente cuando se endurece.

hormigonera s.f. Máquina que sirve para hacer el hormigón.

hormiguear v.intr. **1** Tener sensación de hormigueo. **2** Moverse una gran cantidad de personas con rapidez y en todas direcciones.

hormigueo s.m. **1** Sensación parecida a las cosquillas o al picor que se tiene en una parte del cuerpo, como si corrieran hormigas por ella. **2** Movimiento de una gran cantidad de personas con rapidez en todas direcciones.

hormiguero s.m. **1** Nido de las hormigas. **2** Conjunto de hormigas que viven en este lugar. **3** Lugar en el que hormiguean muchas personas.

hormiguillo s.m. AMÉR Movimiento que producen las reacciones del mineral de plata al añadírsele los ingredientes para el beneficio por amalgamación.

hormona s.f. Sustancia de naturaleza química variada que segregan algunas glándulas animales y vegetales y que sirve para regular determinadas funciones de un organismo.

hormonal adj. Relativo a las hormonas.

hornacina s.f. Hueco practicado en un muro que sirve para albergar una estatua o un elemento decorativo.

hornada s.f. **1** Conjunto de cosas, como panes u objetos de cerámica, que se cuecen a la vez en un horno. **2** Conjunto de personas que han estudiado o realizado otra actividad al mismo tiempo. **3** Conjunto de cosas que se presentan o producen al mismo tiempo.

hornear v.tr. Cocer una cosa, como un alimento o un objeto de cerámica, dentro de un horno.

hornero, a s. Persona que tiene por oficio cocer pan en el horno.

hornillo s.m. **1** Aparato pequeño y portátil que sirve para cocinar. **2** Lugar de una cocina donde está el foco de la llama o del calor.

horno s.m. **1** Construcción de obra o aparato que se calienta con leña, electricidad, gas u otra fuente de energía y sirve para cocer las cosas que se colocan en su interior, principalmente alimentos y objetos de cerámica. **2** Electrodoméstico que funciona mediante electricidad o gas y sirve para cocer, calentar o dorar alimentos. **3** Fam. Lugar en el que hace mucho calor. ◇ **no estar el horno para bollos** No ser el momento más apropiado para hacer una cosa.

horóscopo s.m. **1** Predicción de los hechos que ocurrirán en el futuro, que hace una persona a partir de la situación de los planetas del sistema solar y de su relación con los signos del zodiaco. **2** Escrito que recoge esta predicción. **3** Signo del zodiaco al que pertenece una persona.

horqueta s.f. Parte de un árbol donde se juntan el tronco y una rama gruesa.

horquilla s.f. **1** Pieza pequeña y alargada de metal doblada por la mitad y con ambas partes muy juntas que se usa para sujetar el pelo. **2** Pieza u objeto que tiene forma de Y y sirve generalmente para sujetar o sostener. **3** Vara alargada terminada en dos puntas en forma de V que sirve para colgar, descolgar o sujetar una cosa.

horrendo, a adj. Horrible.

hórreo s.m. Construcción de madera levantada sobre cuatro pilares que sirve para aislar de la humedad el grano.

horrible adj. **1** Que produce horror. **2** Fam. Muy feo. **3** Fam. Muy grande o intenso.

horripilante adj. **1** Que produce horror. **2** Fam. Muy feo.

horripilar v.tr. Producir una cosa horror.

horror s.m. **1** Miedo muy intenso. **2** Sentimiento de repulsión causado por una cosa que repugna a los sentidos o a la moral. **3** Acción o hecho que produce repulsión a los sentidos o a la moral. ◇ **horrores** Fam. Mucho.

horrorizar v.tr. **1** Producir una cosa horror o un miedo muy intenso. **2** Producir una cosa un sentimiento de repulsión por repugnar a los sentidos o a la moral.

horroroso, a adj. **1** Que produce horror o un miedo muy intenso. **2** Fam. Muy feo. **3** Fam. Muy grande o intenso.

hortaliza s.f. Planta de huerto.

hortelano, a adj. **1** Hortense. ◆ s. **2** Persona que se dedica a cultivar y cuidar una huerta.

hortense adj. Relativo a la huerta.

hortensia s.f. **1** Arbusto de jardín con las flores grandes y vistosas. **2** Flor de esta planta.

hortera adj. y s.m. y f. **1** Fam. ESP Se dice de la persona que pretende ser elegante pero en realidad es vulgar. ◆ adj. **2** Fam. ESP Propio de estas personas.

horterada s.f. Fam. ESP Cosa hortera.

hortícola adj. Relativo a la horticultura.

horticultor, ra s. Persona que se dedica a la horticultura.

horticultura s.f. Cultivo y técnica de cultivar las huertas y los huertos.

hosco, a adj. **1** Se dice de la persona que tiene malos modos o es poco amable en el trato con los demás. **2** Se dice del lugar, ambiente o tiempo atmosférico que resulta desagradable o amenazador.

hospedador, ra adj. y s. En biología, huésped (animal o vegetal a cuya costa vive un parásito).

hospedaje s.m. **1** Alojamiento. **2** Lugar donde se da este alojamiento. **3** Cantidad de dinero que se paga por este alojamiento.

hospedar v.tr. y prnl. Proporcionar a alguien un lugar para que resida en él temporalmente.

hospedería s.f. Establecimiento público donde se hospeda a personas que pagan por su alojamiento y los servicios complementarios.

hospiciano, a adj. **1** Relativo al hospicio. ◆ adj. y s. **2** Se dice del niño que vive en un hospicio.

hospicio s.m. Establecimiento benéfico que se dedica a recoger, mantener y educar a niños huérfanos o cuyos padres son pobres y no pueden hacerse cargo de ellos.

hospital s.m. Establecimiento público o privado dotado de habitaciones con camas para la estancia de personas enfermas o heridas, y de dependencias acondicionadas para el examen, diagnóstico y tratamiento de los pacientes.

hospitalario, a adj. **1** Relativo al hospital. **2** Amable con los visitantes o extranjeros. **3** Relativo a la Orden de los Caballeros Hospitalarios. ◆ s.m. y adj. **4** Caballero que pertenecía a esta orden.

hospitalense adj. y s.m. y f. De Hospitalet de Llobregat (localidad de Barcelona).

hospitalidad s.f. Cualidad de hospitalario.

hospitalizar v.tr. Ingresar a una persona enferma o herida en un hospital para su examen, diagnóstico y tratamiento.

hostal s.m. Establecimiento público de categoría inferior al hotel en el que se hospeda a los huéspedes que pagan por su alojamiento y por la comida y otros servicios.

hostelería s.f. **1** Actividad económica que consiste en ofrecer un conjunto de servicios relacionados con el alojamiento y las comidas. **2** Conjunto de establecimientos que ofrecen este tipo de servicios.

hostelero, a adj. **1** Relativo a la hostelería. ◆ s. **2** Persona que es dueña de un establecimiento de hostelería o lo dirige.

hostería s.f. Hostal.

hostia s.f. **1** Hoja redonda y fina hecha de una masa de harina y agua que el sacerdote consagra durante la misa para convertirla en símbolo del cuerpo de Cristo y da a los fieles en la comunión. **2** Vulg. ESP Golpe violento y fuerte.

hostiar (1d) v.tr. Vulg. ESP Golpear a una persona de manera fuerte y violenta.

hostigar v.tr. **1** Acosar a una persona con acciones o ataques leves pero continuados. **2** Molestar un ejército o grupo armado al enemigo con ataques de baja intensidad. **3** Azotar a un caballo u otra caballería para que comience a andar o acelere el paso.

hostil adj. Que muestra hostilidad.

hostilidad s.f. **1** Enemistad o aversión que muestra una persona hacia otra. **2** Ataque o acción militar de un ejército o grupo armado contra otro. □ Suele usarse en plural.

hotel s.m. **1** Establecimiento público en el que se hospeda a los huéspedes que pagan por su alojamiento y por la comida y otros servicios. **2** Argot. Cárcel.

hotelero, a adj. **1** Relativo al hotel. ◆ s. **2** Persona que es dueña de un hotel o lo dirige.

hovercraft (pl. hovercrafts) s.m. Vehículo que se desliza suspendido de la superficie por una capa de aire a presión.

hoy adv. **1** En el día actual. **2** En la actualidad. ◆ s.m. **3** Tiempo o época actual. ◇ **hoy en día** En la actualidad. ◇ **hoy por hoy** En el presente, aunque en el futuro pueda ser de otra manera.

hoya s.f. **1** Hoyo grande en la tierra o en el cauce de un río. **2** Llano extenso rodeado de montañas. **3** AMÉR Curso de un río, sus afluentes y el territorio que baña.

hoyo s.m. **1** Agujero hecho en una superficie, especialmente la tierra, de manera natural o artificial. **2** Agujero pequeño y circular que hay en un campo de golf, en el que hay que introducir la pelota. **3** Fam. Sepultura o agujero hecho en la tierra para enterrar a un cadáver.

hoyuelo s.m. Concavidad pequeña que tienen algunas personas en mitad de la barbilla o en las mejillas.

1. **hoz** s.f. Herramienta formada por una hoja de metal alargada y curva afilada por el lado cóncavo, unida a un mango de madera, que sirve para segar.

2. **hoz** s.f. Valle muy estrecho, limitado por paredes altas de roca, especialmente si constituye el cauce de un río.

hozar v.tr. Escarbar un animal, especialmente el cerdo o el jabalí, con el hocico en la tierra.

huaca s.f. Guaca.

huacal s.m. Guacal.

huateque s.m. CUBA, MÉX, P RICO Guateque.

hucha s.f. **1** ESP Alcancía. **2** Fam. ESP Dinero que se tiene ahorrado.

hueco, a adj. **1** Que está vacío por dentro. **2** Mullido y esponjoso. **3** Que está vacío de contenido, que es superficial. **4** Se dice del sonido que es profundo y retumba. **5** Se dice de la prenda de vestir que no se ciñe al cuerpo o a la tela que no está pegada a la superficie que cubre. ◆ s.m. **6** Agujero o abertura en una superficie, que la atraviesa del todo o que la atraviesa sin traspasarla. **7** Porción de espacio vacío. **8** Tiempo que queda libre en el horario de una persona para realizar una determinada cosa. **9** Posición, puesto o lugar que queda por ocupar entre otros que ya están llenos. **10** Falta o ausencia de una cosa inmaterial.

huecograbado s.m. **1** Procedimiento de impresión con grabados en hueco, generalmente en máquinas rotativas de papel continuo. **2** Impresión o estampa obtenidos de este modo.

huelga s.f. Forma de protesta laboral que consiste en el cese del trabajo por un período.

huelguista s.m. y f. Persona que participa en una huelga.

huelguístico, a adj. Relativo a la huelga.

huella s.f. **1** Señal que queda en una superficie por la pisada de un animal o una persona o por el paso de un vehículo. **2** Señal, influencia o impresión que deja una cosa o persona tras su contacto con alguien o algo.

huérfano, a adj. y s. **1** Se dice de la persona menor de edad que no tiene padre, madre o ninguno de los dos, porque han muerto. ◆ adj. **2** Que no tiene una cualidad o característica necesaria; especialmente, que carece de protección o ayuda.

huero, a adj. **1** Se dice del huevo que no produce cría o del fruto seco que no contiene semilla. **2** Formal. Que no produce nada sustancial, que está falto de contenido.

huerta s.f. **1** Terreno de regadío mayor que el huerto, destinado al cultivo de verduras, legumbres y árboles frutales. **2** Zona agrícola compuesta en su mayoría por terrenos de esta naturaleza. **3** ECUAD Terreno plantado de cacao.

huerto s.m. Terreno de regadío de pequeña extensión destinado al cultivo de verduras, legumbres y árboles frutales.

huesillo s.m. **1** AMÉR Nombre genérico de diversos árboles de madera dura y color generalmente marrón amarillento. **2** AMÉR SUR Melocotón secado al sol con la semilla dentro.

hueso s.m. **1** Pieza dura y resistente, formada por sustancia orgánica y sales minerales y envuelta por una membrana fibrosa que, con otras muchas, constituye el esqueleto de los animales vertebrados. **2** Parte dura y leñosa dentro del fruto carnoso de algunas plantas o árboles, que contiene la semilla. **3** Fam. Persona exigente, poco flexible y difícil de tratar. **4** Fam. Cosa que supone un gran problema o dificultad y entorpece el desarrollo de algo. ◇ **estar,** o **quedarse, en los huesos** Quedarse muy flaco.

huésped, da s. **1** Persona que se aloja en un establecimiento de hospedería o en la casa de otra. **2** Persona que aloja a otra en su casa. **3** Animal o vegetal a cuya costa vive un organismo parásito.
OBS Doble femenino: **huésped** o **huéspeda**.

hueste s.f. **1** Formal. Conjunto de personas armadas que forman un ejército en campaña. **2** Conjunto de seguidores de una persona o de una causa.
OBS Suele usarse en plural.

huesudo, a adj. Se dice de la persona o el animal que tiene poca masa muscular o poca grasa y se le marcan mucho los huesos.

hueva s.f. Masa compacta dentro de una bolsa ovalada que forman los huevos de algunas especies de peces.
OBS Suele usarse en plural con valor singular.

huevera s.f. **1** Recipiente pequeño en el que se coloca de pie un huevo para comerlo en la mesa. **2** Recipiente con diversas cavidades donde se colocan los huevos.

huevería s.f. Establecimiento donde se venden huevos de ave.

huevo s.m. **1** Cuerpo de forma similar a una esfera con una membrana o cáscara exterior, que contiene el embrión de la cría de un animal y la sustancia necesaria para que se alimente y crezca hasta salir de él. **2** Sustancia contenida dentro de la cáscara de este cuerpo ovalado. **3** Óvulo. **4** Vulg. Testículo. ◆ **huevos** s.m.pl. **5** Vulg. Coraje, valentía. ◇ **a huevo** Fam. ESP En las condiciones más fáciles o favorables.

huevón, na adj. y s. Desp. Despreocupado.

hugonote adj. y s.m. y f. Se dice del seguidor francés de la doctrina protestante calvinista.

huida s.f. **1** Alejamiento de un lugar o una situación, especialmente con rapidez, para evitar un daño o peligro. **2** Salida de una persona de un lugar donde estaba privada de libertad, mediante el uso de la violencia o de manera oculta o clandestina.

huidizo, a adj. **1** Que evita el trato con los demás. **2** Que desaparece fácilmente.

huido, a adj. y s. Se dice de la persona que se ha escapado de un lugar donde estaba privada de libertad.

huir (23) v.intr. **1** Alejarse de un lugar o una situación, especialmente con rapidez, para evitar un daño o un peligro. **2** Salir una persona de un lugar donde estaba privada de libertad, mediante el uso de la violencia o de manera oculta.

hule s.m. **1** Tela con una de sus superficies cubierta de una capa de material plástico que la hace impermeable. **2** Mantel hecho con este tipo de tela.

hulera s.f. MÉX Tirachinas.

hulla s.f. Carbón mineral fósil, rico en carbono, de color negro mate, que se usa como combustible y para la obtención de gas.

humanidad s.f. **1** Conjunto de todos los seres humanos que habitan la Tierra. □ Se escribe normalmente con mayúscula inicial. **2** Cualidad de la persona humanitaria, que siente afecto, comprensión o compasión hacia los demás. **3** Condición de persona o ser humano. **4** Fam. Corpulencia, tamaño o fortaleza grande del cuerpo de una persona. ◆ **humanidades** s.f.pl. **5** Conjunto de estudios y disciplinas referentes a la literatura, el arte o las ciencias humanas.

humanismo s.m. **1** Movimiento cultural desarrollado en Europa durante los siglos XIV y XV que considera al hombre centro de la filosofía y medida de todas las cosas; rompe con la tradición escolástica medieval y propugna una vuelta a la antigüedad clásica, tomando como modelos a los clásicos griegos y latinos, cuyas obras redescubre y estudia. □ Se escribe normalmente con mayúscula inicial. **2** Modo de pensamiento que tiene como objeto principal al ser humano en sí mismo.

humanista adj. **1** Relativo al humanismo. ◆ s.m. y f. y adj. **2** Persona partidaria del humanismo. **3** Persona que tiene un gran conocimiento de las disciplinas propias de las humanidades.

humanístico, a adj. **1** Relativo al humanismo. **2** Relativo a las humanidades.

humanitario, a adj. **1** Se dice de la persona que siente afecto, comprensión o compasión hacia los demás, lo que le lleva a actuar con bondad y solidaridad hacia ellos. **2** Que se dedica a prestar auxilio y ayuda a personas necesitadas, como pobres o damnificados.

humanitarismo s.m. Actitud humanitaria, compasiva o solidaria con los demás.

humanizar v.tr. **1** Hacer que una cosa o persona sea más humana, más buena o respetuosa con el ser humano. **2** Dar características humanas a algo o alguien.

humano, a adj. **1** Relativo al hombre (individuo de la especie humana). **2** Propio de los defectos o limitaciones de la persona. **3** Se dice de la persona que siente afecto, comprensión o compasión hacia los demás y se comporta de modo digno y bueno con ellos. ◆ s.m. **4** Persona, individuo de la especie humana. □ También ser humano.

humanoide adj. y s.m. Se dice del animal o la cosa que tiene un aspecto parecido al del ser humano.

humareda s.f. Cantidad grande de humo.

humeante adj. Que echa o despide humo o vapor.

humear v.intr. **1** Echar o despedir humo o vapor. ◆ v.tr. **2** AMÉR Desinfectar una cosa por medio de humo o vapores apropiados.

humedad s.f. Agua u otro líquido que impregna la superficie o el interior de un cuerpo, o está presente en el aire en forma de vapor.

humedal s.m. Ecosistema que presenta superficies cubiertas de agua, permanentes o temporales, dulces o saladas.

humedecer (30) v.tr. Poner una cosa húmeda impregnándola ligeramente de agua u otro líquido.

húmedo, a adj. **1** Se dice del cuerpo que tiene la superficie o el interior ligeramente impregnado de agua u otro líquido. **2** Se dice del clima de lluvias frecuentes y abundante vapor de agua en la atmósfera, o del lugar que tiene este tipo de clima.

húmero s.m. Hueso largo de la parte superior del brazo que une el codo con el hombro.

humidificador s.m. Aparato que aumenta la humedad del ambiente de un lugar cerrado.

humildad s.f. **1** Cualidad del carácter de una persona que le hace restar importancia a sus propios logros y virtudes y reconocer sus defectos y errores. **2** Condición de la persona de clase baja, con pocos recursos económicos.

humilde adj. **1** Se dice de la persona que tiene la capacidad de restar importancia a los propios logros y virtudes, y de reconocer sus defectos y errores. **2** Se dice de la persona que pertenece a la clase baja, que tiene pocos recursos económicos. **3** De rango inferior o de baja calidad.

humillación s.f. Desprecio que se hace a una persona, especialmente en público.

humilladero s.m. Lugar devoto que hay en la entrada de algunos pueblos.

humillante adj. Que humilla.

humillar v.tr. **1** Herir u ofender, especialmente en público, a una persona atentando contra su orgullo o dignidad. **2** Inclinar la cabeza o el cuerpo, especialmente en señal de respeto. ◆ **humillarse** v.prnl. **3** Ponerse de rodillas. **4** Adoptar una actitud humilde o sumisa.

humo s.m. **1** Conjunto de gases y polvo muy fino que desprende una cosa cuando se quema. **2** Vapor de agua que despide un líquido al alcanzar una temperatura alta o un cuerpo al sufrir una reacción química. ◆ **humos** s.m.pl. **3** Fam. Arrogancia. ◇ **echar humo** Fam. Estar muy enfadado.

humor s.m. **1** Estado de ánimo que se manifiesta exteriormente en una determinada actitud, como la alegría o el enfado, ante los acontecimientos de la vida. **2** Actitud o capacidad de la persona que ve el lado divertido o irónico de la realidad. □ También sentido del humor. **3** Humorismo. **4** Líquido del interior del organismo animal.

humorado, a ◇ **bien humorado** Indica que una persona tiene buen humor. ◇ **mal**

humorado Indica que una persona tiene mal humor.

humorista s.m. y f. Persona que se dedica a divertir y hacer reír a los demás mediante la actuación en público, la escritura, el cómic, etc.

humorístico, a adj. Relativo al humorismo.

humus s.m. Capa superior del suelo de un terreno constituida por tierra, sustancias inorgánicas y materia orgánica.

hundido, a adj. Que se siente profundamente triste y desanimado.

hundimiento s.m. Acción y efecto de hundir o hundirse.

hundir v.tr. **1** Meter completamente una cosa en otra, especialmente un líquido. **2** Introducir parte de un cuerpo en el interior de otro. **3** Hacer caer un edificio u otra construcción. **4** Deformar una superficie provocando un hoyo o una concavidad. **5** Destruir moralmente a una persona, haciendo que pierda las fuerzas o la esperanza. **6** Hacer fracasar un proyecto, una relación u otra cosa.

húngaro, a adj. y s. **1** De Hungría. ◆ s.m. y adj. **2** Lengua hablada en Hungría.

huno, a adj. y s. De un pueblo bárbaro de origen asiático que invadió el Imperio romano en el siglo IV a. C.

huracán s.m. **1** Viento extremadamente fuerte acompañado de lluvia torrencial que avanza girando sobre sí mismo a gran velocidad; se origina en el océano, en las zonas de clima ecuatorial, especialmente las Antillas. **2** Viento muy fuerte. **3** Persona inquieta e impetuosa.

huracanado, a adj. Se dice del viento que tiene las características del huracán.

huraño, a adj. Se dice de la persona poco sociable, que rehúye el trato con los demás.

hurgar v.tr. e intr. **1** Remover o menear una cosa con los dedos, con un palo u otra cosa parecida. **2** Procurar enterarse con disimulo de una información, especialmente de datos referentes a la vida privada de otras personas.

hurguetear v.tr. AMÉR Hurgar entre cosas que son ajenas.

hurí (pl. huríes o hurís) s.f. En la religión islámica, mujer de gran belleza que habita en el paraíso que hay después de la muerte.

hurón s.m. Mamífero carnívoro de la familia de la comadreja, de pequeño tamaño, cuerpo alargado, patas cortas y pelo áspero y largo.

huronear v.intr. Fam. ESP Curiosear o fisgonear.

hurra interj. Expresión que indica alegría y entusiasmo, usada especialmente para celebrar una cosa.

hurtadillas ◇ **a hurtadillas** loc. Secretamente.

hurtar v.tr. Robar a escondidas sin ningún tipo de intimidación ni violencia.

hurto s.m. Robo sin violencia o intimidación.

húsar s.m. Soldado que pertenecía antiguamente a un cuerpo de caballería de diferentes países.

husillo s.m. Tornillo grande, metálico o de madera, utilizado para el movimiento de las prensas y otras máquinas similares.

husky (pl. huskies) s.m. y f. y adj. Perro nórdico de tamaño mediano-grande, orejas en punta, ojos pardos o azules, y pelo suave y muy espeso de color blanco con manchas oscuras. **OBS** Se pronuncia aprox. 'jasqui'.

husmear v.tr. e intr. **1** Aspirar aire un animal, especialmente un perro, de manera reiterada para sentir un olor. ◆ v.intr. **2** Fam. Fisgonear o indagar, especialmente sobre la vida privada de los demás.

huso s.m. **1** Instrumento de madera o hierro, de forma cilíndrica y alargada, más estrecho en los extremos que en el centro, que sirve para torcer y enrollar el hilo que va hilando la rueca. **2** Pieza de hierro de ciertas máquinas de hilar en la que se coloca la bobina o carrete donde va enrollado el hilo.

I

i (pl. íes) s.f. **1** Novena letra del alfabeto español; su nombre es i o **i latina**. **2** En la numeración romana, tiene el valor de uno. □ Se escribe con mayúscula. ◇ **i griega** Nombre de la letra y. ◇ **i latina** Nombre de la letra i.

ib. o **ibíd.** Abreviatura de **ibídem**.

ibérico, a adj. **1** De Iberia (antigua denominación griega de la Península Ibérica, referida especialmente a las zonas del este y el sur). ◆ s.m. y adj. **2** Lengua hablada por los habitantes de Iberia. ◆ adj. **3** De la Península Ibérica.

ibero, a o **íbero, a** adj. **1** De Iberia (antigua denominación griega de la Península Ibérica, referida especialmente a las zonas del este y el sur). **2** De un pueblo que habitó el este y sur de Iberia; vivía en poblados fortificados y se dedicaba a la agricultura y al pastoreo. ◆ s.m. y adj. **3** Lengua de origen dudoso, tal vez africano, hablada por este pueblo.

iberoamericano, a adj. y s. **1** De Iberoamérica (conjunto de países de América que fueron colonias de España y Portugal). ◆ adj. **2** Relativo a la colectividad cultural, social y económica formada por España, Portugal e Iberoamérica.

ibicenco, a adj. y s. De Ibiza.

ibídem adv. Palabra latina que significa 'en el mismo lugar' y que se utiliza en publicaciones.

ibis s.m. Ave parecida a la cigüeña, de pico largo y encorvado y plumaje blanco, y negro o rojo, que vive en colonias, en regiones cálidas de casi todo el mundo.

iceberg (pl. icebergs) s.m. Bloque grande de hielo desprendido de una costa helada.

icónico, a adj. Relativo al icono.

icono o **ícono** s.m. **1** Imagen devocional de Cristo, la Virgen o un santo. **2** Signo que mantiene una relación de semejanza formal con la idea o el objeto que representa. **3** Pequeña imagen que se muestra en la pantalla de un ordenador y que representa una opción que puede ser elegida por el usuario.

iconoclasia s.f. Iconoclastia.

iconoclasta adj. **1** Relativo al movimiento cristiano desarrollado en el Imperio bizantino durante los siglos VIII y IX que rechazaba la adoración de imágenes sagradas, y proponía su destrucción. ◆ s.m. y f. y adj. **2** Persona partidaria de este movimiento. ◆ adj. **3** Que no respeta los valores, las normas o las formas tradicionales de una actividad y trata de destruirlos o ponerlos en ridículo. ◆ adj. y s.m. y f. **4** Se dice de la persona que es enérgicamente contraria al culto a cualquier tipo de imágenes.

iconoclastia s.f. Doctrina oficial en el Imperio bizantino desarrollada en los siglos VIII y IX que prohibía la representación y el culto a las imágenes de Cristo y de los santos.

iconografía s.f. **1** Conjunto clasificado de imágenes que configuran el tema representado en una obra de arte. **2** Estudio u obra que describe y analiza las imágenes relacionadas con un tema artístico.

iconográfico, a adj. Relativo a la iconografía.

iconostasis s.m. Mampara o cancel que separa la nave del presbiterio en las iglesias de rito ortodoxo.

icosaedro s.m. Poliedro de veinte caras triangulares.

ictericia s.f. Color amarillento que toman la piel y los ojos de una persona como síntoma de una enfermedad.

ictiófago, a adj. y s. Se dice del animal que se alimenta fundamentalmente de peces.

ictiología s.f. Parte de la zoología que estudia los peces.

ictiosaurio o **ictiosauro** s.m. Dinosaurio marino de la era mesozoica o secundaria.

ictus s.m. Enfermedad aguda que provoca pérdida o deterioro de las funciones cerebrales.

ida s.f. Movimiento de una persona, animal o cosa que se dirige hacia un punto o término.

idea s.f. **1** Representación abstracta de una cosa real o irreal que se forma en la mente de una persona. **2** Opinión o juicio que una persona tiene formada en su mente acerca de una persona o cosa. **3** Proyecto o plan para hacer una cosa. **4** Conocimiento elemental que se tiene de una cosa. ◇ **hacerse a la idea de**

algo Aceptar una situación desagradable o con la que no se está de acuerdo.

ideal adj. **1** Perfecto o excelente en su clase. **2** Relativo a la idea o las ideas. ◆ s.m. **3** Ejemplo o modelo al que se aspira por considerarse perfecto en su clase. **4** Conjunto de valores morales que se tienen acerca de una cosa o del mundo.

idealismo s.m. **1** Tendencia a considerar el mundo y la vida de acuerdo con unos ideales o modelos de armonía y perfección que no se corresponden con la realidad. **2** En filosofía, sistema que niega la existencia de las cosas en sí mismas, sin estar ligadas a la conciencia humana.

idealista adj. **1** Relativo al idealismo. ◆ adj. y s.m. y f. **2** Se dice de la persona que considera el mundo y la vida de acuerdo con unos ideales.

idealización s.f. Acción de idealizar.

idealizar v.tr. Elevar a una persona o cosa a una categoría superior de perfección que no se corresponde con lo que es en realidad.

idear v.tr. Formar en la mente una idea.

ideario s.m. Conjunto de ideas y opiniones que se tiene sobre un tema.

ideático, a adj. **1** AMÉR Se dice de la persona incapaz de razonar sus ideas y que se empeña en sostenerlas, por absurdas que sean. **2** HOND Se dice de la persona que es ingeniosa.

ídem adv. Lo mismo.

idéntico, a adj. Exactamente igual.

identidad s.f. **1** Conjunto de características, datos o informaciones que son propias de una persona o un grupo y que permiten diferenciarlos del resto. **2** Hecho de ser una persona o cosa la misma que se supone o se busca, por características que la distinguen de otras. **3** Cualidad de idéntico. **4** Identidad o igualdad entre dos expresiones algebraicas que se verifica para cualquier valor de las letras.

identificación s.f. Acción de identificar.

identificar v.tr. **1** Reconocer o probar que una persona o cosa es la misma que se busca o se supone. **2** Demostrar o reconocer que dos cosas son idénticas o equiparables. ◆ **identificarse** v.prnl. **3** Tener una persona la misma manera de pensar o vivir que otra, o estar de acuerdo con una cosa. **4** Manifestar una persona su identidad, diciendo su nombre, su cargo, etc.

identitario, a adj. Que revela la identidad de algo o alguien.

ideografía s.f. Sistema de escritura en el que los signos empleados representan ideas.

ideograma s.m. Signo escrito que representa una idea.

ideología s.f. Conjunto de ideas y opiniones de una persona o grupo.

ideológico, a adj. Relativo a la ideología.

ideólogo, a s. Persona que es creadora de una ideología o tendencia ideológica.

ideoso, a adj. **1** AMÉR Se dice de la persona que es extravagante y maniática. **2** GUAT Se dice de la persona que es ingeniosa.

idílico, a adj. Que es perfecto, hermoso y produce bienestar físico o anímico.

idilio s.m. Relación amorosa entre dos personas, generalmente breve e intensa.

idiófono s.m. Instrumento musical en que el sonido se produce por medio de la vibración de su propio material primario.

idiolecto s.m. Manera particular que tiene cada persona de hablar su lengua.

idioma s.m. Sistema de signos orales y escritos que utiliza una comunidad de hablantes para comunicarse.

idiomático, a adj. **1** Relativo al idioma. **2** Propio de un idioma y que lo diferencia de otros.

idiosincrasia s.f. Manera característica de pensar, sentir o actuar de una persona.

idiota adj. y s.m. y f. Se dice de la persona que está escasa o carece de inteligencia, que es torpe de entendimiento. □ Frec. insulto.

idiotez s.f. **1** Dificultad y gran lentitud para comprender las cosas. **2** Hecho o dicho propio de una persona idiota.

ido, a adj. Loco.

idolatrar v.tr. **1** Adorar o rendir culto a un ídolo. **2** Amar y admirar con exceso.

idolatría s.f. **1** Adoración o culto que se rinde a un ídolo. **2** Amor y admiración exagerados hacia una persona o una cosa.

ídolo s.m. **1** Imagen a la que se adora y rinde culto como una divinidad en sí, y no como una representación de ella. **2** Persona o cosa a la que se ama y admira en exceso.

idoneidad s.f. Cualidad de idóneo.

idóneo, a adj. Adecuado o conveniente para una cosa, especialmente para desempeñar una función, una actividad o un trabajo.

iglesia s.f. **1** Edificio público destinado al culto cristiano. **2** Conjunto de personas que profesan la doctrina cristiana. **3** Conjunto de personas que creen en una doctrina cristiana determinada. **4** Jerarquía eclesiástica.

iglú (pl. iglúes o iglús) s.m. **1** Habitáculo de los esquimales construido con nieve. ◆ s.f. **2** Tienda de campaña de forma parecida a este habitáculo.

ígneo, a adj. Formal. Relativo al fuego.

ignición s.f. **1** Proceso en el que una sustancia arde y se quema. **2** Mecanismo que produce la chispa en los motores de explosión.

ignífugo, a adj. Se dice del material u objeto que protege contra el fuego.

ignominia s.f. Ofensa pública que sufre el honor o la dignidad de una persona.

ignominioso, a adj. Que causa ignominia.

ignorancia s.f. **1** Falta general de cultura o instrucción. **2** Falta de conocimiento sobre un asunto o materia.

ignorante adj. y s.m. y f. Se dice de la persona que está falta de cultura o de instrucción, o que no tiene conocimiento sobre un asunto.

ignorar v.tr. **1** No saber una cosa o no tener idea de ella. **2** No hacer caso o no tener en cuenta una cosa o a una persona.

ignoto, a adj. Formal. Desconocido.

igual adj. **1** Que tiene las mismas características en cuanto a su naturaleza, forma, cantidad o cualidad que otro. **2** Que mantiene una relación de proporción o correspondencia con otro. **3** Que se mantiene constante o uniforme, que no varía. ◆ **adj. y s.m. y f. 4** Se dice de la persona que tiene el mismo rango, clase social o condición que otra. ◆ **s.m. 5** Signo matemático (=) que representa la equivalencia entre dos cantidades o funciones. ◆ **adv. 6** De la misma manera. **7** La misma cantidad. **8** Fam. Quizá.

igualar v.tr. **1** Hacer iguales, con la misma forma, naturaleza, cantidad o cualidad, dos cosas o a dos personas, o hacer igual una a otra. **2** Hacer que una cosa sea constante o uniforme. **3** Relacionar dos cantidades o funciones matemáticas con el signo igual. ◆ **v.intr. y prnl. 4** Ser una cosa o persona igual a otra, o llegar a alcanzar sus características.

igualdad s.f. **1** Cualidad de dos cosas o personas iguales. **2** Proporción o correspondencia que existe entre dos cosas. **3** Expresión matemática que indica que dos cantidades o funciones tienen el mismo valor.

igualitario, a adj. Que se fundamenta en la igualdad de derechos para todas las personas.

igualmente adv. **1** De la misma manera. **2** Se utiliza para expresar que una cosa es igual o semejante a otra dicha anteriormente. **3** Se utiliza como respuesta cortés.

iguana s.f. **1** Reptil de hasta 2 m de longitud, color verde o pardo, cola larga y una hilera de espinas que recorre su cuerpo. **2** MÉX Instrumento musical de cuerda que forma parte de los conjuntos de mariachis.

iguanodonte s.m. Dinosaurio vegetariano de la era secundaria o mesozoica.

ijada s.f. Cavidad situada entre las costillas falsas y los huesos de las caderas.

ijar s.m. Ijada.

ikastola s.f. ESP Escuela en la que las materias educativas se imparten en euskera.

ikurriña s.f. ESP Bandera oficial del País Vasco.

ilación s.f. Ligazón o nexo con que se unen las partes de un discurso, razonamiento, etc.

ilativo, a adj. y s.f. Que expresa o establece ilación o consecuencia lógica.

ilegal adj. **1** Que no está permitido por la ley. **2** Se dice de la persona que realiza una actividad que no está permitida por la ley.

ilegalidad s.f. **1** Falta de legalidad. **2** Acción ilegal.

ilegible adj. **1** Que no puede leerse o resulta incomprensible. **2** Se dice del escrito o la obra que es de muy baja calidad literaria.

ilegítimo, a adj. **1** Que no está permitido por la ley o por la moral. **2** Se dice del hijo que es fruto de un matrimonio no reconocido por la ley.

1. **íleon** s.m. Parte final del intestino delgado que está entre el yeyuno y el ciego.

2. **íleon** s.m. Ilion.

ilercavón, na o **ilergavón, na** adj. y s.m. y f. De un pueblo prerromano que habitó la Península Ibérica en la zona de las actuales provincias de Castellón y Tarragona.

ilerdense adj. y s.m. y f. De Lérida (ciudad y provincia de Cataluña).

ilergavón, na ▷ ilercavón, na.

ilergete adj. y s.m. y f. Relativo a un pueblo de la España Tarraconense.

ileso, a adj. Se dice de la persona que ha estado en peligro o ha sufrido un accidente y no ha recibido ningún daño físico.

iletrado, a adj. y s. Formal. Se dice de la persona que no sabe leer ni escribir.

ilíaco, a o **iliaco, a** adj. **1** Relativo al ilion. ◆ **adj. y s.m. 2** Se dice del hueso plano que junto con otro forma la pelvis.

ilicitano, a adj. y s. De Elche.

ilícito, a adj. Que no está permitido por la ley o la moral.

ilimitado, a adj. Que no tiene límites.

ilion s.m. Hueso saliente de forma ancha y curvada que unido al pubis y al isquion forma la pelvis.

ilógico, a adj. Que no es lógico.

iluminación s.f. **1** Acción de iluminar. **2** Conjunto de luces que iluminan un lugar. **3** En cine y teatro, técnica de iluminar la escena.

iluminado, a adj. y s. **1** Se dice de la persona que cree estar en posesión de la verdad absoluta. **2** Se dice de la persona que pertenecía a una secta existente en España en el siglo XVI basada en la espiritualidad franciscana.

iluminar v.tr. e intr. **1** Proporcionar luz o claridad de modo que pueda verse un lugar, un objeto, una persona, etc. ◆ **v.tr. 2** Poner una o varias luces en un lugar. **3** Proporcionar los conocimientos y razonamientos necesarios para que una persona alcance a entender una cosa.

ilusión s.f. **1** Esperanza puesta en una cosa positiva, como un sueño o proyecto. **2** Sentimiento de alegría que produce una cosa positiva o que se desea mucho. **3** Imagen mental engañosa provocada por la imaginación.

ilusionar v.tr. **1** Hacer que una o varias personas tengan ilusión o esperanza por una cosa positiva, como un proyecto o un sueño. **2** Hacer que una persona sienta ilusión o alegría por una cosa positiva o que se desea.

ilusionismo s.m. Conjunto de técnicas, juegos y trucos con los que se hacen cosas sorprendentes que parecen imposibles o aparentemente contradicen las leyes de la naturaleza.

ilusionista adj. **1** Relativo al ilusionismo. ◆ s.m. y f. **2** Persona que se dedica al ilusionismo.

iluso, a adj. y s. Se dice de la persona que se deja engañar con facilidad porque cree que todo el mundo actúa con buena voluntad.

ilustración s.f. **1** Acción de ilustrar. **2** Dibujo, fotografía o lámina. **3** Explicación de una idea o un concepto por medio de ejemplos, dibujos, gráficos u otra información complementaria. **4** Movimiento intelectual racionalista que se desarrolló en Europa y América durante el siglo XVIII.

ilustrado, a adj. **1** Se dice de la obra o publicación que tiene ilustraciones. **2** Relativo al movimiento de la Ilustración. ◆ adj. y s. **3** Se dice de la persona que era partidaria de este movimiento. **4** Se dice de la persona que tiene un nivel cultural muy alto.

ilustrador, ra adj. **1** Ilustrativo. ◆ s. y adj. **2** Persona que se dedica a hacer ilustraciones.

ilustrar v.tr. **1** Colocar fotografías, láminas o dibujos en una publicación o un impreso con la intención de hacerlo más atractivo a la vista o de explicar y ampliar su contenido. **2** Explicar y hacer comprender una idea o un concepto por medio de ejemplos, dibujos, gráficos u otra información complementaria. **3** Enseñar.

ilustrativo, a adj. Que ilustra, explica o hace comprender una cosa.

ilustre adj. **1** Se dice de la persona o familia de origen noble o distinguido. **2** Muy conocido por su gran labor o por sus virtudes dignas de reconocimiento. **3** Se aplica como tratamiento a personas e instituciones de especial importancia y significación.

ilustrísimo, a adj. Se aplica como tratamiento a personas e instituciones a las que según el protocolo corresponde el grado de **ilustre**.

imagen s.f. **1** Reproducción de la figura de una cosa o persona captada por el ojo, por un espejo o por un aparato óptico, de fotografía, de cine o de otro tipo, gracias a la luz. **2** Representación mental, idea u opinión que se tiene de una cosa o persona real o irreal. **3** Representación material, en forma de estatua, pintura, fotografía, etc., de una cosa o persona. **4** Aspecto físico de una persona.

imaginación s.f. **1** Capacidad de imaginar. **2** Cosa que una persona imagina.

imaginar v.tr. y prnl. **1** Formar en la mente imágenes o representaciones de cosas o personas reales o irreales. **2** Considerar posible o probable una cosa, sin estar completamente seguro.

imaginaria s.f. Vigilancia o guardia que hacen por turnos uno o varios soldados durante la noche en el cuartel.

imaginario, a adj. Que solo existe en la imaginación o en la mente de una persona.

imaginativa s.f. Imaginación (capacidad).

imaginativo, a adj. **1** Relativo a la imaginación. **2** Que tiene una gran capacidad de imaginación. **3** Que ha sido creado con gran imaginación.

imaginería s.f. **1** Arte y técnica de tallar o pintar imágenes religiosas. **2** Conjunto de imágenes religiosas.

imaginero, a s. Persona que se dedica a tallar o pintar imágenes religiosas.

imam o **imán** s.m. Hombre musulmán encargado de dirigir y presidir la oración.

imán s.m. **1** Cuerpo que, de manera natural o artificial, tiene la propiedad de atraer el hierro, el acero y otros cuerpos metálicos. **2** Capacidad de atracción que tiene una persona o cosa.

imantar v.tr. Comunicar a un cuerpo la propiedad de atraer el hierro que tiene el imán.

imbatible adj. Que no puede ser batido o vencido.

imbatido, a adj. Que no ha sido batido o vencido nunca.

imbécil adj. y s.m. y f. Se dice de la persona que está escasa o carece de inteligencia.

imbecilidad s.f. **1** Dificultad y gran lentitud para comprender las cosas. **2** Hecho o dicho propio de una persona imbécil.

imberbe adj. y s.m. Se dice del hombre al que todavía no crece la barba.

imborrable adj. Que no puede borrarse.

imbricar v.tr. **1** Colocar una serie de cosas de forma y tamaño similar de manera que se superpongan parcialmente formando capas sucesivas, como las escamas de los peces. **2** Entrelazar o trabar relación un hecho, circunstancia, idea, etc., con otro u otros de modo que queden unidos estrechamente.

imbuir (23) v.tr. Hacer que alguien tenga un determinado sentimiento, emoción o sensación.

imitación s.f. **1** Actuación de una persona de modo que su comportamiento es semejante al de un modelo. **2** Acción de reproducir en una cosa creada o fabricada las características de algo que se toma como modelo. **3** Resultado de esta reproducción. **4** Adopción por parte de una cosa de ciertas características iguales a otra que se toma como modelo.

imitador, ra s. Persona que se dedica a imitar los gestos y el modo particular de hablar de un personaje conocido para hacer reír al público.

imitar v.tr. **1** Actuar una persona de modo que su comportamiento sea semejante al de un modelo. **2** Reproducir en una cosa creada o fabricada las características de algo que se toma como modelo. **3** Adoptar una cosa ciertas características iguales con otra que se toma como modelo.

impaciencia s.f. Falta de paciencia.

impacientar v.tr. Causar impaciencia o intranquilidad una cosa o persona que tardan.

impaciente adj. Que muestra intranquilidad o nerviosismo por esperar.

impactar v.intr. **1** Chocar violentamente una cosa con otra. **2** Causar una intensa impresión emocional.

impacto s.m. **1** Choque violento de una cosa con otra. **2** Marca o señal que produce este choque. **3** Impresión emocional intensa. **4** Conjunto de consecuencias provocadas por un hecho o actuación que afecta a un entorno o ambiente social o natural.

impago s.m. Falta de pago de una deuda.

impala s.m. Mamífero rumiante salvaje de cuerpo esbelto parecido al antílope.

impar adj. y s.m. **1** Se dice del número que no se puede dividir exactamente por dos. ◆ adj. **2** Formal. Que no tiene igual o parecido con nada.

imparable adj. Que no puede ser parado.

imparcial adj. **1** Se dice de la persona que no se inclina en favor o en contra de una persona o cosa al obrar o al juzgar un asunto. **2** Que no denota parcialidad o pasión. ◆ adj. y s.m. y f. **3** Se dice de la persona que no se adhiere a ningún partido.

imparcialidad s.f. Cualidad de imparcial.

impartir v.tr. Dar o comunicar conocimientos, ideas o juicios a los demás.

impasible adj. Se dice de la persona que no experimenta o no muestra ningún sentimiento.

impávido, a adj. **1** Se dice de la persona que no experimenta o no muestra ante un peligro o problema ningún temor o angustia. **2** ARG, BOL, CH, PERÚ Insolente, descarado, sinvergüenza.

impecable adj. **1** Se dice de la actuación de una persona que no tiene ningún fallo o error. **2** Que no tiene ningún defecto, mancha o imperfección. **3** Que no puede pecar.

impedancia s.f. Resistencia de un circuito eléctrico al paso de una corriente alterna.

impedido, a adj. **1** Se dice del miembro o extremidad que no puede moverse. ◆ adj. y s. **2** Se dice de la persona que tiene una discapacidad o problema físico que le impide mover por sí misma una parte de su cuerpo con total libertad.

impedimento s.m. Obstáculo que dificulta o imposibilita hacer una cosa.

impedir (31) v.tr. Hacer que una actividad o proceso no ocurra o sea difícil de realizar.

impeler v.tr. Formal. Hacer fuerza contra una persona o cosa para moverla o desplazarla.

impenetrable adj. **1** Se dice del objeto o cuerpo que no puede ser atravesado o penetrado por otro. **2** Se dice de la persona que no muestra ningún sentimiento o emoción.

impenitente adj. **1** Se dice de la persona que no puede abandonar un hábito o costumbre que puede causarle incomodidades, problemas o peligros. **2** Se dice de la persona que se obstina en el pecado, sin arrepentimiento.

impensable adj. **1** Que no se puede pensar o considerar desde un punto de vista lógico o racional. **2** Difícil o casi imposible de que suceda.

impepinable adj. Fam. ESP Que es seguro y no admite duda ni discusión.

imperante adj. Que impera o domina.

imperar v.intr. **1** Ejercer el mando un emperador. **2** Tener una cosa una mayor importancia y dominio sobre las demás.

imperativo, a adj. **1** Que supone una exigencia, orden o mandato. ◆ adj. y s.m. **2** Se dice del modo verbal que expresa orden o ruego.

imperceptible adj. Que no se puede percibir por los sentidos.

imperdible adj. **1** Que no puede perderse. ◆ s.m. **2** Alfiler doblado sobre sí mismo que se abrocha encajando el extremo puntiagudo en un cierre colocado en el otro extremo para que no se abra de modo accidental.

imperdonable adj. Que no se puede o no se debe perdonar.

imperecedero, a adj. Que está destinado a permanecer siempre presente y no desaparecer nunca.

imperfección s.f. **1** Cualidad de imperfecto. **2** Error o defecto de una cosa o una persona.

imperfectivo, a adj. **1** Se dice del aspecto del verbo que expresa la acción como no acabada. **2** Se dice del verbo que expresa una acción en su desarrollo, cuando aún no ha acabado.

imperfecto, a adj. **1** Que no es perfecto. **2** Imperfectivo.

imperial adj. Relativo al imperio.

imperialismo s.m. Sistema político y económico por el cual un país extiende su dominio sobre otro u otros.

imperialista adj. **1** Relativo al imperialismo. ◆ adj. y s.m. y f. **2** Partidario del imperialismo.

impericia s.f. Falta de pericia.

imperio s.m. **1** Estado que impone su autoridad por la fuerza sobre otras naciones que cuentan con diversos niveles de independencia. **2** Período histórico durante el que un territorio o estado tiene esta forma de gobierno o durante el que gobierna un emperador.

imperioso, a adj. **1** Muy necesario y urgente. **2** Que supone un uso exclusivo y exagerado de la autoridad.

impermeabilizar v.tr. Cubrir una superficie con una sustancia o material impermeable para impedir que penetre en ella la humedad, el agua u otro líquido.

impermeable adj. **1** Se dice de la sustancia o material que no permite el paso de la humedad, el agua u otro líquido. ◆ s.m. **2** Prenda de vestir amplia y larga que no deja pasar la lluvia o el agua.

impersonal adj. **1** Que no posee ninguna característica que haga referencia a la personalidad de un individuo, sus ideas o sus sentimientos. **2** Se dice de la oración o el verbo que no tiene un sujeto explícito determinado, bien porque se omite, bien porque no existe.

impertérrito, a adj. Se dice de la persona que se mantiene inalterada.

impertinencia s.f. Acción impertinente.

impertinente adj. **1** Que resulta inoportuno porque afecta al respeto o dignidad de una persona. ◆ adj. y s.m. y f. **2** Que resulta molesto por las impertinencias que hace o dice. ◆ **impertinentes** s.m.pl. **3** Anteojos con mango.

imperturbable adj. Se dice de la persona que no experimenta o no muestra ningún sentimiento o emoción que afecte a su estado de ánimo por lo que sucede.

ímpetu s.m. **1** Fuerza intensa con la que una persona o cosa se mueve. **2** Energía o resolución con que una persona obra o actúa.

impetuoso, a adj. **1** Que tiene ímpetu o violencia. ◆ adj. y s. **2** Se dice de la persona que se comporta de forma irreflexiva y precipitada.

impío, a adj. **1** Irrespetuoso con la religión. **2** Que es cruel o carece de piedad.

implacable adj. **1** Que no puede ser aplacado o calmado. **2** Que no se aparta de su punto de vista o de lo que considera justo o razonable.

implantación s.f. Acción de implantar.

implantar v.tr. **1** Establecer algo nuevo en un lugar. **2** Colocar un implante.

implante s.m. **1** Acción de implantar un órgano o aparato. **2** Pieza artificial u órgano que se implanta.

implicación s.f. **1** Hecho o acontecimiento que es consecuencia o efecto de otro. **2** Participación en un asunto o circunstancia, especialmente en un delito.

implicancia s.f. AMÉR Implicación (hecho).

implicar v.tr. **1** Tener como resultado o producir como consecuencia directa. **2** Comprometer o involucrar a una persona en un asunto o circunstancia. **3** Acusar o decir que una persona ha participado en una acción contra la ley.

implícito, a adj. Que se entiende incluido en una cosa, aunque no se diga o se explique.

implorar v.tr. Pedir o rogar con gran humildad.

implosivo, a adj. Se dice del sonido consonántico oclusivo que carece de explosión por estar situado en la última posición de una sílaba.

impluvio s.m. Espacio descubierto en medio del atrio de las antiguas casas romanas, con un depósito para recoger el agua de lluvia.

impoluto, a adj. Formal. Muy limpio.

imponderable adj. **1** Que tiene un valor extraordinario o incalculable. ◆ adj. y s.m. **2** Que sucede de manera inesperada e inevitable.

imponente adj. Que causa una intensa impresión de admiración, sorpresa, respeto o miedo.

imponer (36) v.tr. **1** Obligar a cumplir o a aceptar una cosa. ◆ v.tr. e intr. **2** Causar una intensa impresión de admiración, sorpresa, respeto o miedo. ◆ v.tr. **3** Poner o dar un nombre. **4** Colocar o poner a una persona una condecoración u otro símbolo de manera solemne. **5** Poner dinero a rédito o en depósito. ◆ **imponerse** v.prnl. **6** Hacerse obedecer o respetar. **7** Superar a las demás personas en una competición o prueba. **8** Hacerse popular o general una costumbre, una moda u otra circunstancia. **9** Ser necesaria, obligatoria o imprescindible una acción o decisión.

importación s.f. **1** Acción de importar mercancías. **2** Mercancía importada.

importancia s.f. **1** Cualidad que hace a una persona o cosa tener una influencia, valor, magnitud o interés superior a las demás. **2** Categoría o influencia social de una persona.

importante adj. Que tiene importancia.

importar v.intr. **1** Tener importancia. **2** Ser motivo de preocupación o molestia. ◆ v.tr. **3** Introducir en un país productos extranjeros.

importe s.m. Cantidad de dinero que se debe pagar.

importunar v.tr. Molestar con insistencia a una persona requiriendo su atención.

imposibilidad s.f. Falta de ocasión o medios para que una cosa exista, ocurra o pueda realizarse.

imposibilitado, a adj. y s. Se dice de la persona que tiene una discapacidad o problema físico que le impide mover por sí misma una parte de su cuerpo con total libertad.

imposibilitar v.tr. **1** Impedir que algo exista, ocurra o pueda realizarse. **2** Hacer que una persona no tenga capacidad para realizar un acto o desempeñar una función. **3** Producir a una persona una discapacidad o problema físico.

imposible adj. **1** Que no puede existir, ocurrir o realizarse. **2** Se dice de la persona que tiene un carácter o una manera de comportarse insoportable para los demás. **3** Fam. Que está en mal estado o en malas condiciones. ◆ adj. y s.m. **4** Cosa muy difícil de hacer o conseguir. ◇ **hacer lo imposible** Fam. Utilizar todos los medios para que una cosa ocurra o se realice.

imposición s.f. Acción y efecto de imponer o imponerse.

impositivo, a adj. Relativo a los impuestos.

imposta s.f. Hilera de sillares un poco saliente sobre la cual se inicia la curvatura de un arco o una bóveda.

impostar v.tr. Controlar el nivel y la intensidad de la voz para poder emitir un sonido uniforme, sin vacilación ni temblor.

impostor, ra adj. y s. Se dice de la persona que se hace pasar por otra persona o que dice tener unos conocimientos, capacitación o cargo que no posee en realidad.

impotencia s.f. **1** Falta de fuerza, poder o competencia para realizar una cosa o hacer que suceda. **2** Imposibilidad del hombre para consumar el acto sexual.

impotente adj. **1** Se dice de la persona o grupo que carece de fuerza, poder o competencia para realizar una cosa o hacer que suceda. ◆ adj. y s.m. **2** Se dice del hombre que padece impotencia sexual.

impracticable adj. **1** Que no puede ocurrir o realizarse. **2** Se dice del terreno o camino que está en muy malas condiciones y no es posible andar o circular por él.

imprecación s.f. Palabra o expresión con la que se muestra deseo intenso de que reciba un mal o un daño una persona o un grupo.

imprecisión s.f. Falta de exactitud o detalle.

impreciso, a adj. Que no es exacto o detallado.

impredecible adj. Que no puede ser predicho.

impregnar v.tr. **1** Mojar la capa más superficial de un cuerpo con un líquido o con una sustancia espesa o pegajosa. **2** Mojar completamente. **3** Transmitir una forma de pensar o sentir característica y particular. **4** Introducir las moléculas de un cuerpo entre las de otro.

imprenta s.f. Taller o lugar donde se desarrolla la técnica de la impresión.

imprescindible adj. Muy necesario porque sin su presencia no es posible lo que se pretende.

impresentable adj. **1** Que no es apto para ser mostrado públicamente. **2** Se dice de la persona que no tiene educación y no sabe comportarse en público.

impresión s.f. **1** Efecto o alteración del ánimo causada por un estímulo externo. **2** Idea u opinión general y poco precisa que una persona tiene sobre un asunto o materia. **3** Acción de imprimir.

impresionante adj. **1** Que causa una impresión muy intensa. **2** Fam. Muy grande.

impresionar v.tr. **1** Provocar una gran alteración en el ánimo de una persona, generalmente fruto de una sensación intensa de admiración, sorpresa o miedo. **2** Hacer que una imagen o sonido quede recogido en una superficie preparada para ello, para poder luego reproducirlo por medios fotográficos o eléctricos. ◆ **impresionarse** v.prnl. **3** Sentir gran alteración de ánimo.

impresionismo s.m. Movimiento artístico del siglo XIX que pretende reflejar en las obras las sensaciones e impresiones experimentadas por el artista.

impresionista adj. **1** Relativo al impresionismo. ◆ adj. y s.m. y f. **2** Se dice de la persona que sigue la tendencia artística del impresionismo.

impreso, a **1** Participio irregular de **imprimir**. ◆ s.m. **2** Hoja, folleto o libro que ha sido reproducido mediante la técnica de la imprenta. **3** Documento con espacios en blanco que hay que rellenar para realizar un trámite.

impresor, ra adj. y s. **1** Se dice de la persona que se dedica a imprimir textos o dibujos. ◆ s. **2** Persona que dirige o posee una imprenta.

impresora s.f. Periférico de un ordenador que sirve para imprimir.

imprevisible adj. Que no puede ser previsto.

imprevisto, a adj. y s.m. Se dice del acontecimiento, situación o gasto que no se ha previsto.

imprimación s.f. Preparación de una superficie que se ha de pintar o teñir con los ingredientes necesarios.

imprimir v.tr. **1** Reproducir un texto escrito o dibujo en un papel por medio de procedimientos mecánicos o eléctricos. **2** Confeccionar una obra impresa. **3** Fijar en el carácter de una persona un modo de ser, de pensar o de sentir particular. **4** Transmitir una fuerza o impulso. (Doble participio: **imprimido** e **impreso**.)

improbable adj. Que es difícil que exista, ocurra o se realice.

improcedente adj. **1** Que no es adecuado u oportuno a las circunstancias del momento. **2** Que no se ajusta al procedimiento judicial.

improductivo, a adj. Que no produce el resultado, fruto o ganancia deseada.

impronta s.f. **1** Conjunto de características culturales o humanas que son consecuencia del contacto con una persona o grupo social. **2** Reproducción de una imagen en hueco o en relieve sobre una materia blanda. **3** Proceso de aprendizaje de los animales, para el que solamente están sensibilizados durante la etapa juvenil y que tiene carácter irreversible.

improperio s.m. **1** Palabra o expresión con la que se insulta a una persona. ◆ **improperios** s.m.pl. **2** Versículos proféticos que se rezan o cantan en la liturgia del Viernes Santo y que contienen los lamentos de Cristo ante el comportamiento de los judíos.

impropio, a adj. **1** Que no se corresponde con las características propias de una persona o cosa. **2** Que no es adecuado u oportuno a las circunstancias del momento.

improvisación s.f. Acción y efecto de improvisar.

improvisar v.tr. **1** Hacer una cosa que no estaba prevista o preparada, llevado de la intuición del momento. **2** Componer o desarrollar un poema, canción o tema musical a medida que se va recitando, cantando o tocando.

improviso ◇ **de improviso** loc. De manera repentina o inesperada.

imprudencia s.f. **1** Falta de juicio, sensatez y cuidado que una persona demuestra en sus acciones. **2** Acción que se realiza con esta falta de juicio, sensatez y cuidado.

imprudente adj. **1** Que ha sido dicho o realizado con imprudencia. ◆ **adj. y s.m. y f. 2** Se dice de la persona que tiene o muestra imprudencia.

impúdico, a adj. Que muestra impudicia.

impuesto s.m. Cantidad de dinero que se da al Estado, comunidad autónoma o ayuntamiento para que haga frente al gasto público.

impugnar v.tr. Negar la legalidad de una opinión o decisión.

impulsar v.tr. **1** Aplicar la fuerza necesaria para que una cosa se mueva. **2** Dotar de la fuerza o ayuda necesaria para que una cosa, generalmente una actividad, crezca, se desarrolle y tenga éxito. **3** Proporcionar a una persona el ánimo y la fuerza necesaria para que haga una cosa.

impulsivo, a adj. y s. **1** Se dice de la persona que se deja llevar por sus emociones o impulsos. ◆ **adj. 2** Se dice de la acción o comportamiento que es propio de este tipo de personas.

impulso s.m. **1** Fuerza que aplicada a una cosa hace que se mueva. **2** Fuerza o ayuda que se le presta a una cosa para que crezca, se desarrolle y tenga éxito. **3** Deseo intenso que lleva a hacer una cosa de manera inesperada y sin pensar en las consecuencias. **4** Emisión de corriente o de ondas. **5** En física, producto de la fuerza media aplicada sobre un cuerpo por el intervalo de tiempo durante el cual actúa.

impune adj. Se dice del delito o el autor de un delito que queda sin castigo.

impunidad s.f. Falta de castigo merecido.

impureza s.f. **1** Sustancia o conjunto de sustancias extrañas a un cuerpo o materia que están mezcladas con él. **2** Falta de virtudes morales.

impuro, a adj. **1** Que tiene mezcla de sustancias extrañas que alteran su pureza. **2** Que va contra la moral establecida, especialmente en el aspecto sexual.

imputar v.tr. **1** Atribuir a una persona la responsabilidad de un delito, una culpa o una falta. **2** Atribuir el fracaso de algo a una cosa concreta. **3** Dar un destino determinado a una cantidad de dinero.

inacabado, a adj. Que no ha sido acabado.

inaccesible adj. **1** Se dice del lugar que no tiene acceso o entrada, que no permite llegar hasta él con facilidad. **2** Se dice de la persona de trato difícil y poco amable.

inaceptable adj. Que no puede ser aceptado.

inactividad s.f. Falta de actividad.

inactivo, a adj. Que no desarrolla ninguna actividad, trabajo o movimiento.

inadaptado, a adj. y s. Se dice de la persona que no se adapta o acomoda a las condiciones en que vive o a las circunstancias que le rodean.

inadecuado, a adj. Que no es adecuado.

inadmisible adj. Que no puede ser admitido.

inadvertido, a adj. Que no ha sido percibido, notado o advertido.

inagotable adj. Que no se puede acabar o agotar, que dura mucho o que da mucho de sí.

inaguantable adj. Que no puede ser aguantado o soportado.

inalámbrico, a adj. y s.m. Se dice del medio de comunicación eléctrica que no usa hilos o cables conductores.

inalienable adj. **1** Se dice del derecho que no puede ser negado o quitado a una persona. **2** Se dice de la propiedad que no puede ser vendida o cedida legalmente.

inalterable adj. **1** Que no puede ser alterado o cambiado. **2** Se dice de la persona que no experimenta o no muestra ningún sentimiento o emoción que afecte a su estado de ánimo por lo que sucede.

inamovible adj. Que no puede ser movido o cambiado.

inanición s.f. Extrema debilidad física provocada por la falta de alimento.

inanimado, a adj. Que no tiene vida.

inapelable adj. **1** Se dice de la sentencia o fallo que no puede ser apelado. **2** Que no puede ser evitado o remediado.

inapetencia s.f. Falta de ganas de comer.

inapetente adj. Se dice de la persona que no tiene ganas de comer.

inaplazable adj. Que no puede ser retrasado o aplazado.

inapreciable adj. **1** Que tiene un valor tan grande que es imposible calcularlo. **2** Muy difícil o imposible de apreciar o notar, generalmente por ser muy pequeño o poco importante.

inasequible adj. Imposible de conseguir.

inaudible adj. Se dice del sonido que es emitido con intensidad insuficiente para ser oído.

inaudito, a adj. **1** Que es tan particular o poco frecuente que cuando ocurre causa sorpresa y extrañeza. **2** Que no puede ser admitido o tolerado y merece ser rechazado.

inauguración s.f. Acción y efecto de inaugurar.

inaugural adj. Relativo a la inauguración.

inaugurar v.tr. **1** Dar principio o comienzo a una cosa. **2** Celebrar la apertura de un local o edificio o el estreno de una obra o monumento.

inca adj. y s.m. y f. De un antiguo pueblo amerindio que en la época prehispana creó un vasto imperio.

incaico, a adj. Relativo al pueblo inca.

incalculable adj. Que no puede ser calculado.

incandescencia s.f. Luz de color rojo o blanco que emite un cuerpo.

incandescente adj. Se dice del metal que adquiere color rojo o blanco luminoso al aumentar mucho la temperatura.

incansable adj. Que no se cansa o que resiste mucho sin descansar.

incapacidad s.f. Falta de capacidad.

incapacitado, a adj. y s. Que tiene una incapacidad física o psíquica.

incapacitar v.tr. Hacer que una persona no tenga capacidad para realizar una acción o desempeñar una función.

incapaz adj. Que no tiene capacidad para hacer una cosa.

incautarse (1i) v.prnl. Tomar posesión legal la autoridad competente de un objeto, mercancía o bien propiedad de una persona.

incauto, a adj. y s. **1** Se dice de la persona que tiene o muestra una gran falta de juicio, sensatez y cuidado en sus acciones. **2** Se dice de la persona que se deja engañar fácilmente por no pensar mal de los demás.

incendiar (1d) v.tr. y prnl. Provocar un incendio.

incendiario, a adj. y s. **1** Se dice de la persona que provoca un incendio de forma voluntaria. ◆ adj. **2** Se dice del artefacto o arma que sirve para incendiar algo. **3** Que incita a la violencia y al desorden.

incendio s.m. Fuego grande en el que resulta destruida una cosa.

incensario s.m. Recipiente que sirve para quemar incienso.

incentivar v.tr. Animar o estimular.

incentivo adj. y s.m. **1** Que impulsa a hacer o desear una cosa. ◆ s.m. **2** Premio o gratificación.

incentro s.m. Punto donde se cortan las tres bisectrices de un triángulo, que es el centro de la circunferencia inscrita al triángulo.

incertidumbre s.f. Falta de conocimiento seguro o fiable sobre una cosa.

incesante adj. **1** Que no se detiene. **2** Que se repite de manera habitual.

incesto s.m. Relación sexual entre familiares directos.

incestuoso, a adj. Relativo al incesto.

incidencia s.f. **1** Influencia o efecto que tiene una cosa sobre otra. **2** Incidente. **3** Proporción de un número de casos en una situación o estadística.

incidente s.m. **1** Circunstancia o suceso que sucede de manera inesperada y que puede afectar al desarrollo de un asunto o negocio, aunque no forme parte de él. **2** Enfrentamiento violento e inesperado entre dos o más personas.

incidir v.intr. **1** Caer en un error, falta o delito. **2** Influir. **3** Resaltar el interés de una característica, circunstancia o hecho para llamar la atención sobre su importancia.

incienso s.m. Mezcla de resinas vegetales que al arder despiden olor.

incierto, a adj. Que no es verdadero o cierto, no es o no está seguro o no se conoce.

incineración s.f. Acción de incinerar.

incinerar v.tr. Quemar una cosa material, especialmente un cadáver, hasta reducirla a cenizas.

incipiente adj. Que empieza a desarrollarse, especialmente si es con fuerza y energía.

incisión s.f. Raja o corte poco profundo hecho en un cuerpo o en una superficie con un instrumento cortante.

incisivo, a adj. **1** Se dice del instrumento que sirve para cortar o abrir. **2** Que critica con ironía de forma cruel o con mala intención. ◆ adj. y s.m. **3** Se dice del diente que está situado en la parte delantera de la boca, es plano y cortante y tiene una sola raíz.

inciso, a adj. **1** Se dice del estilo del escritor que se articula con frases breves e inconexas o sueltas. ◆ s.m. **2** Pausa o comentario que se intercala en un discurso o conversación.

incitar v.tr. Estimular o animar a una persona para que haga una cosa.

inclemencia s.f. **1** Fenómeno atmosférico desagradable y difícil de soportar que provoca el mal tiempo. □ Suele usarse en plural. **2** Falta de compasión en la manera de obrar.

inclinación s.f. **1** Acción de inclinar. **2** Tendencia que una persona o cosa tiene hacia algo. **3** Cariño especial o afición.

inclinar v.tr. **1** Desviar de la posición vertical u horizontal que ocupa una cosa. **2** Influir sobre una persona para que haga o diga una cosa de la que no estaba segura. **3** Poner una parte del cuerpo más baja o hacia abajo. ◆ **inclinarse** v.prnl. **4** Tender a hacer o pensar una cosa.

incluir (23) v.tr. **1** Poner una cosa en el interior de otra o dentro de sus límites. **2** Contener una cosa a otra o llevarla consigo formando un todo.

inclusa s.f. ESP Hospicio, orfanato.

inclusión s.f. **1** Introducción de una cosa en el interior de otra o dentro de sus límites. **2** Proceso mediante el cual una persona o cosa pasan a formar parte de un conjunto.

inclusive adv. **1** Indica que se incluyen los límites que se nombran en el conjunto total. **2** Formal. Incluso, incluyendo la persona o cosa que se nombra.

incluso adv. **1** Expresa encarecimiento o ponderación. ◆ conj. **2** Introduce una dificultad real o posible, a pesar de la cual puede ser, ocurrir o hacerse una cosa. ◆ prep. **3** Incluido lo que se expresa a continuación, aunque pueda sorprender. **4** Indica mayor fuerza o grado en una comparación.

incoativo, a adj. Se dice del verbo o locución que indica el principio de una cosa o de una acción que progresa.

incógnita s.f. **1** En una expresión o ecuación matemática, cantidad que no se conoce y se debe averiguar, que, generalmente, se representa por una de las letras iniciales o finales del alfabeto. **2** Cosa que se desconoce.

incógnito, a adj. Formal. Desconocido. ◇ **de incógnito** Sin darse a conocer.

incoherencia s.f. **1** Falta total de unión o relación adecuada de todas las partes que forman un todo. **2** Cosa que contradice a otra, o no guarda con ella una relación lógica.

incoherente adj. **1** Que no guarda una relación adecuada entre sus partes. **2** Que no mantiene una correspondencia lógica entre las ideas y el comportamiento.

incoloro, a adj. Se dice del cuerpo o sustancia que no tiene color.

incombustible adj. **1** Que no puede arder o arde con gran dificultad. **2** Se dice de la persona que no se ve afectada por el paso del tiempo o por problemas y dificultades.

incomodar v.tr. Provocar enfado o disgusto.

incomodidad s.f. **1** Estado de malestar físico y cansancio. **2** Alteración del bienestar.

incómodo, a adj. **1** Que provoca malestar físico y cansancio. **2** Que causa en el ánimo de una persona malestar e intranquilidad. **3** Molesto por alguna causa.

incomparable adj. **1** Que no puede ser comparado. **2** Que es muy bueno.

incompatibilidad s.f. Cualidad de incompatible.

incompatible adj. **1** Que no puede existir, ocurrir o hacerse al mismo tiempo que otra cosa. **2** Se dice del cargo o función que no puede ser ejercido legalmente a la vez que otro.

incompetencia s.f. Falta de aptitud o de preparación para desarrollar una actividad.

incompetente adj. Que no posee las aptitudes para desarrollar una actividad.

incomplejo, a adj. Se dice del número concreto que expresa unidades del mismo tipo.

incompleto, a adj. Que no ha sido acabado o completado.

incomprendido, a adj. y s. Se dice de la persona que no recibe de los demás la aceptación o el reconocimiento que merece.

incomprensible adj. **1** Que no puede ser comprendido. **2** Que no puede ser justificado.

incomprensión s.f. Actitud poco tolerante de la persona que no respeta los sentimientos o actos de otras.

incomunicación s.f. Acción y efecto de incomunicar.

incomunicar v.tr. Aislar a una persona para impedir que tenga contacto con otras.

inconcebible adj. **1** Que no puede ser concebido desde un punto de vista lógico o racional. **2** Muy difícil o casi imposible de que suceda.

inconcreto, a adj. Que no es concreto.

incondicional adj. **1** Que no tiene limitaciones ni condiciones. ◆ adj. y s.m. y f. **2** Muy aficionado a una cosa.

inconexo, a adj. Que no tiene unión o no guarda una relación adecuada entre sus partes.

inconfesable adj. Que no puede darse a conocer por ser especialmente vergonzoso.

inconfeso, a adj. Se dice de la persona que no reconoce ser culpable del delito del que se la acusa.

inconformismo s.m. Actitud del inconformista.

inconformista adj. y s.m. y f. Que no acepta fácilmente cualquier circunstancia pública o privada.

inconfundible adj. Se dice de la persona o cosa que no puede ser confundida.

incongruencia s.f. Cualidad de incongruente.

incongruente adj. **1** Que no guarda una relación adecuada entre sus partes. **2** Que no mantiene una correspondencia lógica entre las ideas y el comportamiento.

inconmensurable adj. Que no puede ser medido o valorado.

inconsciencia s.f. **1** Estado de la persona que ha perdido el conocimiento. **2** Falta de juicio, sensatez y cuidado.

inconsciente adj. **1** Se dice de la persona que ha perdido el conocimiento y generalmente también la capacidad de moverse y de sentir. ◆ adj. y s.m. y f. **2** Se dice de la persona que tiene o muestra una gran falta de juicio, sensatez y cuidado en sus acciones. ◆ s.m. **3** Conjunto de procesos mentales de los que no es consciente la persona que los tiene, pero que afectan a su manera de obrar o a su carácter.

inconsecuente adj. y s.m. y f. Que no mantiene una correspondencia lógica entre las ideas y el comportamiento.

inconsistencia s.f. Cualidad de inconsistente.

inconsolable adj. Se dice de la persona que es difícil de consolar.

inconstancia s.f. Actitud del inconstante.

inconstante adj. **1** Se dice de la persona que no tiene una voluntad firme y continuada en la determinación de hacer una cosa o en el modo de realizarla. **2** Que no es continuado.

incontable adj. **1** Que no puede ser narrado, por su gravedad o inconveniencia. **2** Muy numeroso. **3** Se dice del sustantivo que no es susceptible de cuantificación.

incontenible adj. Que no puede ser contenido o frenado.

incontestable adj. Que no puede ser rechazado, negado o contestado.

incontinencia s.f. **1** Alteración del organismo que consiste en expulsar involuntariamente la orina o los excrementos. **2** Falta total de control sobre un sentimiento o impulso.

incontrolable adj. Que no puede ser controlado.

inconveniencia s.f. Falta total de comodidad o de conveniencia de algo.

inconveniente adj. **1** Que no resulta adecuado por sus características o por el momento en que sucede. ◆ s.m. **2** Situación, circunstancia o razón que dificulta hacer una cosa.

incordiar (1d) v.tr. Fam. Molestar.

incordio s.m. Fam. Persona o cosa que causa cansancio, disgusto o molestia.

incorporación s.f. Acción y efecto de incorporar o incorporarse.

incorporar v.tr. **1** Sumar o unir una parte a un conjunto de elementos o a un todo. **2** Levantar y poner derecho el cuerpo o una parte de él. ◆ **incorporarse** v.prnl. **3** Presentarse en un lugar por primera vez para comenzar una actividad.

incorpóreo, a adj. **1** Que no tiene cuerpo, volumen o consistencia. **2** Que pertenece al espíritu.

incorrección s.f. **1** Falta, error o defecto. **2** Comportamiento inadecuado.

incorrecto, a adj. **1** Que tiene faltas, errores o defectos. **2** Que no es acertado o adecuado.

incorregible adj. Se dice de la persona que no puede abandonar un hábito o costumbre.

incorruptible adj. Que no puede ser corrompido.

incorrupto, a adj. **1** Se dice de la sustancia orgánica que no se descompone químicamente ni se deteriora. **2** Se dice de la persona que no se deja corromper con dinero o regalos.

incredulidad s.f. **1** Dificultad o reserva que tiene una persona para creer lo que ve o lo que otros le cuentan. **2** Ausencia de fe religiosa.

incrédulo, a adj. y s. Que tiene dificultades para creer.

increíble adj. **1** Que causa admiración o sorpresa. **2** Que parece mentira.

incrementar v.tr. Añadir una parte a un conjunto de elementos o a un todo y aumentar su cantidad, volumen, calidad o intensidad.

incremento s.m. **1** Crecimiento en tamaño, en cantidad, en calidad o en intensidad. **2** Cantidad que se aumenta.

increpar v.tr. **1** Corregir o llamar la atención con dureza. **2** Insultar.

incriminatorio, a adj. Que acusa a una persona de un delito grave.

incrustación s.f. **1** Acción de incrustar. **2** Pequeña pieza de piedra, madera, metal u otro material de valor que se incrusta como adorno.

incrustar v.tr. **1** Introducir pequeñas partes o elementos de una materia en otra hasta quedar unidas perfectamente formando un solo cuerpo. **2** Adornar con incrustaciones.

incubadora s.f. **1** Cámara estéril donde se mantiene a los niños recién nacidos prematuros para mantenerlos aislados del exterior. **2** Aparato para incubar huevos artificialmente.

incubar v.tr. **1** Desarrollar el organismo una enfermedad desde el momento del contagio hasta cuando aparecen los primeros síntomas. **2** Mantener a una temperatura de calor constante el embrión contenido en un huevo puesto por un animal ovíparo por medios naturales o artificiales. ◆ **incubarse** v.prnl. **3** Desarrollarse de manera oculta.

incuestionable adj. Indiscutible, indudable.

inculcar v.tr. Hacer que una persona piense y actúe de un modo distinto al habitual por propio convencimiento o por la influencia de razones y motivos dados por otros.

inculpar v.tr. Atribuir a una persona la responsabilidad de un hecho que va en contra de la ley.

inculpatorio, a adj. Que acusa a una persona de un delito.

inculto, a adj. **1** Se dice de la persona que no tiene cultura o conocimientos elementales. **2** Se dice del terreno que no ha sido cultivado.

incultura s.f. Falta de cultura o de conocimientos elementales.

incumbencia s.f. Obligación que corresponde a una persona o institución, especialmente por su cargo o condición.

incumbir v.intr. Tocar a una persona una responsabilidad u obligación, o una cosa que tiene interés para ella.

incumplimiento s.m. Circunstancia de incumplir una obligación, una promesa o una orden.

incumplir v.tr. No cumplir con una obligación, una promesa o una orden.

incunable adj. y s.m. Se dice del libro o texto que fue impreso antes del año 1500.

incurable adj. Que no puede ser curado.

incurrir v.intr. **1** Caer en una acción merecedora de castigo o corrección. **2** Hacer una persona una cosa que provoca o por la que merece el castigo, la ira, el odio o el desprecio de alguien.

incursión s.f. **1** Ataque rápido cuyo propósito principal es causar daño más que ocupar el territorio enemigo. **2** Entrada rápida en un lugar en el que se está muy poco tiempo.

indagar v.tr. Preguntar e investigar.

indebido, a adj. **1** Que no se debe hacer por no ser conveniente, legal o justo. **2** Que no es obligatorio.

indecencia s.f. **1** Cualidad de indecente. **2** Acción o dicho indecentes.

indecente adj. **1** Que está en contra de las normas morales socialmente establecidas. **2** Que se comporta de una manera contraria a la justicia, a la verdad y al honor. **3** Muy sucio, desarreglado o desordenado.

indecible adj. **1** Que no puede ser dicho o expresado. **2** Se dice del sentimiento o la impresión que no puede ser expresado por su intensidad.

indecisión s.f. **1** Falta de determinación ante una cuestión dudosa. **2** Falta de valor o firmeza en el carácter y en la manera de actuar.

indeciso, a adj. **1** Se dice de la persona que aún no ha tomado una decisión. **2** Se dice de la persona que carece del valor y la firmeza para tomar decisiones por sí misma. **3** Que está pendiente de resolución.

indecoroso, a adj. Que falta al respeto.

indefenso, a adj. Se dice de la persona o animal que carece de defensa o protección.

indefinido, a adj. **1** Que no está definido o precisado. **2** Que no tiene término o límite determinado. **3** Se dice del adjetivo o pronombre que añade al sustantivo una idea de imprecisión.

indeformable adj. Que no puede perder su forma original.

indehiscente adj. Se dice del fruto cuya cubierta no se abre espontáneamente cuando madura para liberar las semillas.

indeleble adj. Que no puede ser borrado.

indemne adj. Que ha estado en peligro o ha sufrido un accidente y no ha recibido ningún daño.

indemnización s.f. **1** Acción de indemnizar. **2** Cantidad de dinero u otra cosa con la que se compensa por un daño o perjuicio.

indemnizar v.tr. Compensar a una persona por un daño o perjuicio.

independencia s.f. **1** Capacidad para elegir y actuar con libertad y sin depender de un mando o autoridad extraña. **2** Gobierno propio de un pueblo o nación en oposición al gobierno impuesto por otro pueblo o nación.

independentismo s.m. Movimiento político que propugna la independencia de un territorio del estado al que pertenece.

independentista adj. **1** Relativo al independentismo. ◆ **adj. y s.m. y f. 2** Se dice de la persona que es partidaria del independentismo.

independiente adj. **1** Que tiene la capacidad de elegir y actuar con libertad y sin depender de una autoridad extraña. **2** Se dice del territorio que tiene independencia política del estado al que pertenecía. **3** Que carece de una relación que haga depender una cosa de otra.

independizar v.tr. **1** Dejar libre respecto de un poder, una autoridad, una tutela o cualquier otro tipo de subordinación o dependencia. **2** Conceder a un territorio la independencia política del estado al que pertenecía. ◆ **independizarse** v.prnl. **3** Quedar libre respecto de un poder o una tutela.

indescriptible adj. Que provoca tal admiración que no puede ser descrito.

indeseable adj. y s.m. y f. **1** Se dice de la persona con la que no es recomendable tratar por sus malas cualidades morales. ◆ **adj. 2** Rechazable o indigno de ser deseado.

indestructible adj. Que no puede ser destruido.

indeterminado, a adj. **1** Que no está determinado o precisado. **2** Se dice del artículo que presenta un concepto de forma general. **3** Se dice de la ecuación o problema matemático que tiene infinitas soluciones.

indiada s.f. **1** AMÉR Grupo o muchedumbre de indios. **2** Fam. y desp. AMÉR Forma de hablar de los indios.

indiano, a adj. **1** Relativo a los territorios que formaron las colonias españolas en América. ◆ **adj. y s. 2** Se dice de la persona que emigró a América en busca de fortuna y allí se hizo rica.

indicación s.f. **1** Información, dato, consejo o señal con la que se indica algo. **2** Orden o instrucción dada a una persona para decirle cómo debe actuar o comportarse.

indicado, a adj. Adecuado, conveniente.

indicador s.m. **1** Señal que sirve para aportar un dato o información sobre una cosa. **2** Parte de un instrumento de medida que informa del estado de funcionamiento de un mecanismo en un panel de control. **3** Conjetura o señal que posibilita el conocimiento de algo que ha existido o va a ocurrir.

indicar v.tr. **1** Dar una señal, dato o información a una persona para explicarle lo que debe hacer para obtener el objetivo que desea. **2** Dar una orden o instrucción a una persona para decirle cómo debe actuar o comportarse.

indicativo, a adj. **1** Que indica o sirve para indicar algo. ◆ **adj. y s.m. 2** Se dice del modo verbal que expresa una acción, un proceso o un estado como algo real y objetivo. ◆ s.m. **3** Señal que sirve para aportar un dato o información sobre una cosa.

índice s.m. **1** Lista ordenada de las materias o de las partes de un libro o de una publicación que aparece al principio o al final de estos. **2** Catálogo o lista en la que se registran, describen y ordenan, siguiendo unas determinadas normas, una serie de personas, cosas o sucesos que tienen algún punto en común. **3** Indicio o señal que expresa la importancia de algo. **4** Valor numérico que expresa la relación estadística entre varias cantidades referentes a un mismo fenómeno. **5** En geometría, número que indica el grado de una raíz. ◆ adj. y s.m. **6** Se dice del dedo de la mano situado entre los dedos corazón y pulgar.

indicio s.m. **1** Conjetura o señal que posibilita el conocimiento de algo que ha existido o va a ocurrir. **2** Signo que mantiene con el objeto representado una relación de contigüidad o dependencia, pero no de semejanza. **3** Cantidad muy pequeña o primera manifestación de algo.

indiferencia s.f. Falta de interés, atracción o repulsión hacia una persona o cosa.

indiferente adj. **1** Se dice de la persona que no muestra interés, atracción o repulsión hacia nada o hacia nadie. **2** Se dice de la cosa o persona que no es objeto de preferencia ni de repulsión. **3** Que carece de interés o importancia por no tener consecuencias ni afectar a otra cosa.

indígena adj. **1** Relativo a un pueblo que es el habitante primitivo del territorio en que vive. ◆ s.m. y f. y adj. **2** Persona que es un habitante nativo del territorio en que vive.

indigencia s.f. Falta de los mínimos recursos económicos para poder vivir.

indigenismo s.m. **1** Estudio de los caracteres y la cultura de los pueblos indígenas que habitaban en los territorios que fueron colonizados por las naciones europeas. **2** Doctrina política que defiende la identidad política y social y el valor de la cultura de indios y mestizos. **3** Palabra o modo de expresión propio de una lengua indígena y que se usa en otro idioma.

indigenista adj. **1** Relativo al indigenismo (doctrina política). ◆ adj. y s.m. y f. **2** Partidario del indigenismo (doctrina política). ◆ s.m. y f. **3** Persona que se dedica al estudio de la cultura indígena de un pueblo.

indigente adj. y s.m. y f. s. Que carece de los mínimos recursos para poder vivir.

indigestarse v.prnl. **1** Sufrir una indigestión. **2** Fam. Resultar especialmente antipática y desagradable una persona o cosa.

indigestión s.f. Alteración del aparato digestivo por comer en exceso.

indigesto, a adj. **1** Se dice del alimento que se digiere con dificultad o causa indigestión. **2** Se dice de la persona o cosa de trato difícil o desagradable.

indignación s.f. Sentimiento de intenso enfado que provoca un acto que se considera injusto, ofensivo o perjudicial.

indignado, a adj. Que está muy enfadado o disgustado por algo que considera injusto, ofensivo o perjudicial.

indignar v.tr. **1** Producir indignación. ◆ **indignarse** v.prnl. **2** Sentir indignación.

indigno, a adj. **1** No ser merecedor de algo o de alguien. **2** Que tiene unas características de inferior calidad y categoría de las que se podría esperar del honor, dignidad o fama de una persona o cosa. **3** Despreciable, humillante o infame.

1. **indio, a** adj. **1** De la India (país de Asia). ◆ s. **2** Persona que es de la India. ◆ adj. **3** Relativo a los pueblos que originariamente habitaban el continente americano antes de la llegada de los europeos. ◆ s. **4** Persona que pertenece a uno de estos pueblos.

2. **indio** s.m. Elemento químico de símbolo In y número atómico 49; es un metal blanco.

indirecta s.f. Obra o dicho que sirve para dar a entender una cosa pero sin expresarla de manera clara y precisa.

indirecto, a adj. **1** Que se desvía de un recorrido, camino o rumbo directo. **2** Que ha sido producido por una causa que tenía otro fin. **3** Se dice del estilo discursivo en que las palabras de otra persona no se reproducen tal cual ella las pronunció o escribió sino que se transforman en oraciones subordinadas.

indisciplina s.f. **1** Falta de reglas para mantener el orden entre los miembros de un grupo. **2** Falta de obediencia y respeto a las reglas establecidas para mantener el orden entre los miembros de un grupo.

indisciplinado, a adj. y s. Se dice de la persona que no tiene disciplina.

indiscreción s.f. Cualidad, acción o dicho propios del indiscreto.

indiscreto, a adj. y s. **1** Que no es discreto. ◆ adj. **2** Imprudente e inadecuado.

indiscriminado, a adj. Que no distingue unas personas o cosas de otras.

indiscutible adj. Que es tan claro que no se puede cuestionar o poner en duda.

indisoluble adj. **1** Se dice de la relación que no puede ser desunida o separada. **2** Se dice de la sustancia que no puede ser disuelta.

indispensable adj. **1** Muy necesario porque sin su presencia no es posible lo que se desea. **2** Que no se puede dispensar ni excusar.

indisponer (36) v.tr. **1** Hacer que dos o más personas se enfaden o rompan la relación de respeto o simpatía que las unía. **2** Sufrir una persona una alteración de su salud ligera e inesperada que le impide hacer una cosa. ◆ **indisponerse** v.prnl. **3** Enemistarse.

indispuesto, a Participio irregular de indisponer.

indistinto, a adj. **1** Que no se distingue de otra cosa. **2** Que no se percibe claramente. **3** Que carece de interés o importancia por no tener consecuencias ni afectar a otra cosa.

individual adj. **1** Relativo al individuo. **2** Que es para una sola persona. **3** Característico de la personalidad de un individuo.

individualidad s.f. Característica particular de la personalidad de un individuo.

individualismo s.m. **1** Tendencia de una persona a obrar según su propia voluntad, sin contar con la opinión de los demás individuos que pertenecen al mismo grupo y sin atender a las normas de comportamiento que regulan sus relaciones. **2** Tendencia de una persona a obrar según su propio interés, sin tener en cuenta el de los demás. **3** Doctrina filosófica que considera los valores e intereses del individuo por encima de los de la colectividad o el estado.

individualista adj. y s.m. y f. Se dice de la persona que obra según la propia voluntad, sin contar con la opinión de los demás.

individualizar v.tr. Señalar las características particulares de un individuo.

individuo s.m. **1** Persona perteneciente a una clase o grupo, considerada independientemente de las demás. **2** Persona cuya identidad se desconoce o no se expresa. **3** Ser vivo, animal o vegetal, perteneciente a una especie, considerado independientemente de los demás. **4** Elemento que forma parte de la población sobre la que se toma una muestra estadística.

indivisible adj. Que no puede ser dividido.

indocumentado, a adj. **1** Se dice de la persona que carece de los documentos legales de identificación personal. **2** Se dice del dato o información que carece de documentos o testimonios válidos que lo demuestren.

indoeuropeo, a adj. y s. **1** De un antiguo pueblo procedente de Asia que se extendió desde la India hasta Europa entre los años 2000 y 1500 a. C. ◆ s.m. y adj. **2** Lengua hablada por este pueblo. ◆ adj. **3** Se dice de la lengua que procede de esta lengua.

indogermánico, a ▷ indoeuropeo.

índole s.f. **1** Manera de ser. **2** Naturaleza de una cosa que la distingue de las demás.

indolencia s.f. Falta de voluntad, energía o ánimo para hacer algo o moverse.

indolente adj. Se dice de la persona que no tiene voluntad, energía o ánimo.

indoloro, a adj. Que no causa dolor.

indomable adj. **1** Que no puede ser domado o controlado por el ser humano. **2** Que no se deja someter o controlar por nada ni nadie.

indómito, a adj. **1** Indomable. **2** Que no puede ser contenido o reprimido.

indonesio, a adj. y s. De Indonesia.

inducción s.f. **1** Influencia que se ejerce sobre una persona para que realice una acción o piense del modo que se desea, especialmente si es negativo. **2** Razonamiento que establece una ley general desconocida a partir de la observación de hechos particulares. **3** Proceso por el cual el campo magnético creado por un conductor eléctrico provoca una fuerza eléctrica en otro conductor próximo.

inducido s.m. Circuito de un motor eléctrico o una dinamo (rotor o estator) en el que se desarrolla corriente por inducción.

inducir (10) v.tr. **1** Influir en una persona para que realice una acción. **2** Establecer una ley general a partir del conocimiento de unos hechos particulares por medio de un razonamiento. **3** Producir un cuerpo electrizado fenómenos eléctricos en otro situado a cierta distancia.

inductancia s.f. Capacidad de un circuito eléctrico para generar corrientes por medio de la inducción electromagnética.

inductivo, a adj. Relativo a la inducción.

inductor, ra adj. y s. **1** Que induce. ◆ s.m. **2** En un motor eléctrico o una dinamo, circuito productor del campo magnético variable que origina la corriente en el inducido.

indudable adj. Que es tan claro que no se puede cuestionar o poner en duda.

indulgencia s.f. **1** Tendencia a juzgar con benevolencia y castigar sin demasiado rigor. **2** Perdón que concede una autoridad de la Iglesia a las penas por los pecados cometidos.

indulgente adj. Que muestra indulgencia.

indultar v.tr. Conceder un indulto.

indulto s.m. Perdón total o parcial de la obligación de cumplir una pena.

indumentaria s.f. **1** Conjunto de las prendas que una persona viste. **2** Estudio histórico de las prendas de vestir.

industria s.f. **1** Actividad económica y técnica que se desarrolla para obtener, transformar o transportar uno o varios productos naturales. **2** Fábrica o empresa que se dedica a esta actividad. **3** Conjunto de fábricas o empresas que se dedican a la realización de los mismos productos o de sus componentes.

industrial adj. **1** Relativo a la industria. ◆ s.m. y f. **2** Director o propietario de una industria.

industrialización s.f. Acción y efecto de industrializar.

industrializar v.tr. **1** Establecer el sistema económico y técnico necesario para transformar las materias primas en productos adecuados para el consumo. **2** Hacer que aumente la actividad industrial en una región o país.

industrioso, a adj. **1** Que tiene maña o habilidad. **2** Que es muy aplicado en el trabajo.

inecuación s.f. Desigualdad entre dos expresiones matemáticas, en la que figuran una o más incógnitas, y que solo se verifica para algunos valores de estas.

inédito, a adj. y s. **1** Se dice de la obra que no ha sido nunca publicada o dada a conocer al público. ◆ adj. **2** Se dice del escritor que no ha publicado nada. **3** Nuevo y desconocido.

inefable adj. Que no se puede decir, explicar o describir con palabras.

ineficacia s.f. Cualidad de ineficaz.

ineficaz adj. Que no produce el provecho, resultado o interés esperado.

ineludible adj. Se dice de la obligación, dificultad o problema que no puede ser eludido.

inenarrable adj. Que provoca tal admiración o conmoción que no puede ser explicado.

ineptitud s.f. Falta de aptitud.

inepto, a adj. y s. Se dice de la persona que no posee las aptitudes o la preparación necesarias.

inequívoco, a adj. Se dice del mensaje, comunicación o comportamiento de una persona que es tan claro que no puede dar lugar a duda o equivocación.

inercia s.f. **1** Tendencia de los cuerpos a oponerse a cualquier cambio de su estado de reposo o movimiento. **2** Falta de energía física o moral para alterar una costumbre.

inerme adj. Se dice de la persona que no dispone de medios o de armas para defenderse.

inerte adj. **1** Que no tiene vida. **2** Se dice de la sustancia o materia que carece de la capacidad de provocar reacciones químicas.

inescrutable adj. Se dice de la persona o cosa que no presenta ninguna característica visible que permita saber o averiguar algo sobre ella.

inesperado, a adj. Que ocurre sin haberlo esperado o previsto.

inestabilidad s.f. Cualidad de inestable.

inestable adj. **1** Se dice del cuerpo que es incapaz de mantener o recuperar el equilibrio. **2** Se dice del fenómeno que sufre continuas o frecuentes alteraciones de sus condiciones y características. **3** Se dice de la persona que sufre constantes o frecuentes alteraciones del carácter, el humor y la tranquilidad. **4** Se dice del elemento o sustancia que tiende a alterarse.

inestimable adj. Se dice de la cosa no material que tiene un valor muy grande.

inevitable adj. **1** Que no puede ser evitado, eludido o detenido. **2** Que no puede faltar o dejar de ser.

inexactitud s.f. Cualidad de inexacto.

inexacto, a adj. **1** Que no es preciso o exacto o que no se ajusta a otra cosa. **2** Que no se ajusta totalmente a la verdad.

inexcusable adj. **1** Que no tiene excusa. **2** Se dice de la obligación, dificultad o problema que no puede ser evitado o rehuido.

inexistencia s.f. Falta o ausencia de una cosa en un lugar o en una situación.

inexistente adj. **1** Que no tiene existencia real o material. **2** Se dice de la cosa que, aun existiendo, se considera desdeñable o nula.

inexorable adj. **1** Que no puede ser evitado, eludido o detenido. **2** Que no se deja convencer o ablandar por ruegos y súplicas.

inexperiencia s.f. Falta de experiencia.

inexperto, a adj. y s. Que tiene poca experiencia o habilidad.

inexplicable adj. Que no tiene explicación.

inexpresivo, a adj. Se dice de la persona que no revela con su rostro, con su comportamiento o con sus palabras lo que siente o piensa.

inexpugnable adj. Se dice del lugar que no se puede alcanzar o conquistar por la fuerza.

infalible adj. Que no falla.

infame adj. **1** Muy malo en su especie. ◆ adj. y s.m. y f. **2** Que tiene muy mala fama.

infamia s.f. **1** Ofensa pública que sufre la fama, el honor o la dignidad de una persona. **2** Acción mala y despreciable.

infancia s.f. **1** Período de la vida humana comprendido entre el nacimiento y la adolescencia. **2** Conjunto de niños que se hallan en este período.

infante, a s. **1** Niño que aún no ha llegado a los siete años de edad. **2** Hijo de un rey que no tiene la condición de príncipe o princesa heredera de la corona. **3** Título honorífico que un rey concede a un miembro de su familia. ◆ s.m. **4** Soldado de infantería.

infantería s.f. Sección del ejército de tierra integrada por tropas que se desplazan a pie.

infanticida adj. y s.m. y f. Se dice de la persona que comete infanticidio.

infanticidio s.m. Asesinato o intento de asesinato de un niño.

infantil adj. **1** Relativo a la infancia. **2** Característico del comportamiento y la sensibilidad propia de un niño.

infantilismo s.m. Carácter o comportamiento propios de un niño.

infanzón, na s. Hidalgo que tenía un poder limitado sobre sus terrenos o propiedades.

infarto s.m. Obstrucción de los tejidos que forman parte de un órgano, o una parte de él, a causa de la interrupción del riego sanguíneo y la falta de suministro de oxígeno a las células que lo constituyen.

infatigable adj. Que no se cansa o que resiste mucho sin descansar.

infección s.f. **1** Transmisión de una enfermedad por contacto con el germen o virus que la causa. **2** Enfermedad infecciosa.

infeccioso, a adj. **1** Relativo a la infección o que la produce. **2** Se dice de la enfermedad que se produce por el contacto con el germen o virus que la causa.

infectar v.tr. y prnl. Transmitir una enfermedad un ser vivo a otro por contacto con el germen o virus que la causa.

infelicidad s.f. Cualidad de infeliz.

infeliz adj. **1** Se dice de la cosa que es desafortunada o desacertada. ◆ **adj. y s.m. y f. 2** Se dice de la persona que se siente desgraciada y se encuentra triste por causa de un dolor o aflicción.

inferior adj. **1** Que está debajo o más bajo. **2** Menor en cantidad, calidad o importancia. ◆ **adj. y s.m. y f. 3** Que trabaja a las órdenes de otro.

inferioridad s.f. Estado o situación de algo o alguien inferior.

inferir (45) v.tr. **1** Sacar una conclusión por medio de un razonamiento, a partir de una situación anterior o de un principio general. **2** Formal. Causar un grave daño u ofensa.

infernal adj. **1** Relativo al infierno. **2** Que causa gran disgusto o enfado o es muy malo.

infestar v.tr. **1** Llenar un sitio con exceso de personas o cosas. **2** Invadir o llenar por completo un lugar algo negativo.

infidelidad s.f. **1** Engaño que consiste en tener relaciones sexuales con una persona distinta de la pareja habitual. **2** Incumplimiento de un juramento o de una promesa.

infiel adj. **1** Se dice de la persona que ha incumplido un juramento o una promesa. **2** Se dice de la persona que engaña a su pareja habitual al tener relaciones sexuales con otra persona. ◆ **adj. y s.m. y f. 3** Se dice de la persona que defiende ideas religiosas contrarias a los dogmas y a la fe de una doctrina religiosa.

infiernillo s.m. Hornillo portátil.

infierno s.m. **1** Lugar donde iban las almas de los muertos, según algunas culturas antiguas. **2** Lugar al que van las almas de las personas que mueren en pecado según algunas religiones, como el cristianismo. **3** Lugar en el que es insoportable permanecer por mucho tiempo debido al alboroto, a la discordia o al malestar.

infijación s.f. Procedimiento para la formación de palabras nuevas mediante la adición de infijos a una palabra ya existente, entre la raíz y el sufijo.

infijo, a s.m. y adj. Afijo introducido en el interior de una palabra.

infiltración s.f. Acción de infiltrar o infiltrarse.

infiltrado, a adj. y s. **1** Que se introduce de modo secreto en un grupo u organización con fines de espionaje. ◆ **s.m. 2** Acumulación en un tejido de una sustancia extraña.

infiltrar v.tr. **1** Introducir un líquido por los poros o ranuras de un cuerpo sólido hacia su interior. ◆ **infiltrarse** v.prnl. **2** Introducirse una persona secretamente en una organización.

ínfimo, a adj. Que es lo más bajo o lo último en cantidad, calidad o importancia.

infinidad s.f. Número o cantidad muy grande.

infinitesimal adj. Se dice de la cantidad que es tan pequeña que está muy próxima al 0.

infinitivo s.m. Forma no personal del verbo que expresa una idea verbal de forma abstracta.

infinito, a adj. **1** Que no tiene límites ni fin. **2** Muy numeroso o grande. ◆ **s.m. 3** Punto lejano e indeterminado del espacio. **4** Signo en forma de un ocho tendido que expresa un valor mayor que cualquier cantidad.

inflación s.f. Subida continuada de los precios.

inflamable adj. Que arde con facilidad.

inflamación s.f. Alteración anormal de una parte del cuerpo o de los tejidos de un órgano, caracterizada por el enrojecimiento de la zona, el aumento de su volumen y temperatura, y la sensación de dolor.

inflamar v.tr. **1** Encender y hacer arder con llamas una materia o una sustancia. **2** Excitar los ánimos, los deseos o las pasiones. ◆ **inflamarse** v.prnl. **3** Producirse una inflamación.

inflar v.tr. **1** Aumentar el tamaño o volumen de un cuerpo al llenar su interior con un gas. **2** Exagerar la importancia o el valor de una cosa. ◆ **inflarse** v.prnl. **3** Fam. Realizar una actividad con gran intensidad o dedicación durante un largo período. **4** Sentir un gran orgullo de los propios actos o virtudes.

inflexible adj. **1** Se dice de la persona que no se aparta de su punto de vista. **2** Que no puede ser doblado o torcido.

inflexión s.f. **1** Curvatura o cambio de dirección de una cosa. **2** Cambio de tono de la voz que da un carácter particular a la entonación. **3** Inclinación de la cabeza o de una parte del cuerpo. **4** Cambio de forma que experimenta una palabra para expresar sus funciones y sus relaciones de dependencia mediante un afijo que indica la categoría gramatical.

infligir v.tr. **1** Causar o producir un daño o una ofensa. **2** Imponer o aplicar un castigo.

inflorescencia s.f. Conjunto de flores que nacen agrupadas de un mismo tallo.

influencia s.f. **1** Capacidad que tiene una persona de determinar o alterar la forma de pensar o de actuar de otra u otras. **2** Efecto, consecuencia o cambio que produce una cosa en otra. ◆ **influencias** s.f.pl. **3** Relaciones que sirven para obtener favores.

influenciar (1d) v.intr. Influir (determinar).

influir (23) v.intr. **1** Determinar o alterar una persona la forma de pensar o de actuar de otra u otras personas. **2** Producir una cosa en otra un determinado efecto, consecuencia o cambio.

influjo s.m. Influencia.

influyente adj. Que influye o puede influir en una persona o cosa.

infocomercial adj. **1** Relativo a la venta de productos por televisión. ◆ s.m. **2** Programa de televisión en el que se venden productos.

infografía s.f. Técnica de obtención de imágenes por medio de procedimientos informáticos.

información s.f. **1** Noticia o conjunto de noticias que se comunica o se conoce. **2** Proceso por el que este conjunto de noticias se da a conocer a las personas. **3** Lugar, establecimiento u oficina donde se informa al público de alguna cosa. **4** Acción de informar.

informal adj. **1** Se dice de la persona o grupo que no acostumbra a cumplir con sus obligaciones o compromisos. **2** Que no se ajusta a normas, sino que se fundamenta en la confianza entre las personas. **3** Se dice de la prenda o ropa que es adecuada para la vida privada o familiar y se viste más por comodidad que por elegancia.

informalismo s.m. Tendencia artística de las décadas de 1940 y 1960, caracterizada por la desaparición de las representaciones figurativas y la pérdida de toda referencia espacial.

informar v.tr. Comunicar una noticia o un conjunto de noticias a quien las desconoce.

informática s.f. Conjunto de conocimientos científicos y técnicos que se ocupan del tratamiento automático de la información por medio de ordenadores.

informático, a adj. **1** Relativo a la informática. ◆ s. **2** Especialista en informática.

informativo, a adj. **1** Relativo a la información. ◆ s.m. **2** Programa de radio o televisión en el que se transmiten noticias sobre hechos de la actualidad o de interés general.

informatización s.f. Implantación de medios informáticos para el desarrollo de una actividad o trabajo.

informatizar v.tr. Implantar o aplicar medios informáticos para el desarrollo de una actividad o trabajo.

1. **informe** s.m. **1** Comunicación escrita u oral en la que se dan informaciones, explicaciones y opiniones sobre una persona, asunto o negocio. **2** Noticia o conjunto de datos que se conocen sobre una persona, asunto o negocio.

2. **informe** adj. Que no tiene una forma determinada o propia.

infortunio s.m. **1** Mala suerte. **2** Hecho provocado por la mala suerte que causa un gran dolor e infelicidad.

infracción s.f. Acción u omisión que va en contra de una ley, norma o pacto.

infractor, ra adj. y s. Se dice de la persona que comete una infracción.

infraestructura s.f. Conjunto de medios técnicos, servicios e instalaciones necesarios para el desarrollo de una actividad.

infraganti adv. In fraganti.

infrahumano, a adj. Que está por debajo de lo que se considera humano.

infranqueable adj. **1** Se dice del obstáculo que no puede ser atravesado o salvado. **2** Se dice del problema o dificultad que no puede ser solucionado o vencido.

infrarrojo, a adj. Se dice del tipo de radiación que es emitida por una fuente de calor y no es visible por el ojo humano.

infrasonido s.m. Vibración inaudible por el hombre, de frecuencia inferior a 15 o 20 Hz.

infravalorar v.tr. Valorar una cosa o a una persona en menos de lo que merece o vale.

infrecuente adj. Que no ocurre de manera habitual o que apenas se repite.

infringir v.tr. Actuar en contra de una ley, norma o pacto.

infructuoso, a adj. Que no produce ningún provecho, resultado o interés apreciable.

infrutescencia s.f. Conjunto de frutos procedentes de las flores de una inflorescencia.

ínfulas s.f.pl. Muestra excesiva de orgullo.

infumable adj. **1** Se dice del tabaco que es muy malo, por su baja calidad o por algún defecto en su fabricación. **2** Fam. ESP De muy mala calidad.

infundado, a adj. Se dice de la idea, opinión o juicio que carece de fundamento.

infundir v.tr. Hacer que una persona pase a tener un sentimiento, una idea o un comportamiento distinto al habitual por propio convencimiento o por la influencia de otros.

infusión s.f. **1** Bebida hecha con agua hirviendo y plantas aromáticas. **2** Acción de infundir.

ingeniar (1d) v.tr. Crear con ingenio.

ingeniería s.f. Conjunto de conocimientos científicos y técnicos que permiten el uso de las fuentes de energía y el trabajo para modificar la materia y adaptarla a las necesidades.

ingeniero, a s. Especialista en ingeniería.

ingenio s.m. **1** Capacidad que tiene una persona para imaginar o crear cosas útiles combinando con inteligencia y habilidad los conocimientos que posee y los medios técnicos de que dispone. **2** Talento y gracia para inventar o contar cosas divertidas. **3** Aparato o mecanismo que desarrolla un trabajo útil o una función práctica. **4** Fábrica de azúcar.

ingenioso, a adj. **1** Se dice de la persona que es capaz de pensar con rapidez y claridad. **2** Que ha sido creado con ingenio.

ingente adj. Muy grande o numeroso.

ingenuidad s.f. **1** Falta de malicia, astucia o doblez al actuar. **2** Acción o dicho que demuestra falta de malicia o de experiencia.

ingenuo, a adj. y s. Se dice de la persona que es fácil de engañar y está falta de malicia.

ingerir (45) v.tr. Tragar un alimento.

ingesta s.f. Ingestión.

ingestión s.f. Proceso fisiológico por el que una cosa pasa desde la boca al estómago.

ingle s.f. Parte del cuerpo en la que se une la parte superior de la pierna con el vientre.

inglés, sa adj. y s. **1** De Inglaterra. ◆ s.m. y adj. **2** Lengua que se habla en Gran Bretaña, Estados Unidos, Australia y otros países.

inglete s.m. Corte de 45 grados que se hace en una pieza de carpintería.

ingratitud s.f. Falta de gratitud.

ingrato, a adj. y s. **1** Se dice de la persona que no reconoce el valor de un beneficio o favor recibido. ◆ adj. **2** Que es desagradable y produce mucho disgusto.

ingravidez s.f. **1** Estado en el que se encuentra un cuerpo que no está sujeto a la fuerza de gravedad terrestre. **2** Formal. Ligereza o levedad.

ingrávido, a adj. Se dice del cuerpo que no está sometido a la fuerza de gravedad terrestre.

ingrediente s.m. **1** Componente o sustancia que se combina con otras para formar una mezcla. **2** Elemento que forma parte de las características generales de una cosa.

ingresar v.intr. **1** ESP Entrar en un hospital o en otro establecimiento sanitario para someterse a un tratamiento médico. **2** Comenzar a formar parte de un grupo, conjunto o institución. ◆ v.tr. **3** ESP Entregar a un banco o caja de ahorros una cantidad de dinero para que la guarde. **4** Ganar una cierta cantidad de dinero.

ingresivo, a adj. Se dice del aspecto verbal que presenta la acción a punto de iniciarse.

ingreso s.m. **1** ESP Acción de ingresar. **2** ESP Cantidad de dinero que se ingresa. ◆ **ingresos** s.m.pl. **3** Cantidad de dinero que gana una persona.

inhabilitar v.tr. **1** Impedir que una cosa exista, ocurra o pueda realizarse. **2** Prohibir de modo legal a una persona el ejercicio de un cargo o el uso de un derecho.

inhalación s.f. Acción de inhalar.

inhalador s.m. Aparato para inhalar un gas o una sustancia medicinal.

inhalar v.tr. Aspirar una persona o animal un gas, un vapor o una sustancia pulverizada.

inherente adj. Que es esencial y permanente en un ser o en una cosa.

inhibición s.f. **1** Vergüenza, miedo o freno que impide a una persona actuar de acuerdo a sus sentimientos, deseos o capacidades. **2** Acción de inhibir o inhibirse.

inhibir v.tr. **1** Impedir la vergüenza, el miedo u otro freno a una persona actuar de acuerdo a sus sentimientos, deseos o capacidades. **2** Disminuir o suspender las funciones normales de una parte del organismo por medios mentales o químicos. ◆ **inhibirse** v.prnl. **3** Renunciar a intervenir en un asunto o en una actividad. ◆ v.tr. **4** Impedir o ralentizar una reacción química.

inhóspito, a adj. Se dice del lugar poco agradable y acogedor.

inhumación s.f. Acción de inhumar.

inhumano, a adj. Se dice de la persona o la acción que es cruel y despiadada.

inhumar v.tr. Enterrar un cadáver.

iniciación s.f. Acción y efecto de iniciar.

iniciado, a adj. y s. **1** Se dice de la persona que participa de las prácticas o de los conocimientos de algo secreto. **2** Se dice de la persona que tiene suficiente experiencia y capacidad para hacer o entender algo.

inicial adj. **1** Relativo al principio u origen de una cosa. ◆ adj. y s.f. **2** Se dice de la letra que es la primera de una palabra.

iniciar (1d) v.tr. **1** Comenzar a hacer algo. **2** Proporcionar a alguien el conocimiento o los primeros conocimientos de una faceta de la vida o actividad que desconoce. **3** Admitir a una persona en un grupo, secta o sociedad secreta mediante una serie de pruebas. ◆ **iniciarse** v.prnl. **4** Adquirir una persona los primeros conocimientos de algo. **5** Entrar una persona en un grupo.

iniciativa s.f. **1** Proposición o idea que sirve para iniciar alguna cosa. **2** Capacidad para idear, inventar o emprender cosas.

inicio s.m. Principio u origen de una cosa.

inicuo, a adj. **1** Formal. Injusto. **2** Formal. Malvado o cruel.

inigualable adj. Que no puede ser igualado por extraordinario o bueno.

inimaginable adj. Que no puede ser imaginado.

inimitable adj. Que no puede ser imitado.

ininteligible adj. Que no puede ser entendido o comprendido.

injerto s.m. **1** Unión de un trozo de planta provisto de yemas a la rama o tronco de otra para que brote. **2** Fragmento de una planta provisto de yemas que se une a otra para que brote. **3** Planta o fruto que resulta al unir un trozo de planta con otra. **4** Implantación de un trozo de tejido vivo tomado de una parte del cuerpo en otra parte distinta o en otro individuo. **5** Trozo de tejido vivo destinado a la implantación.

injuria s.f. Insulto u ofensa grandes.

injuriar (1d) v.tr. Insultar u ofender.

injusticia s.f. **1** Acción contraria a la justicia. **2** Falta de justicia.

injustificable adj. Que no puede ser justificado o disculpado.

injustificado, a adj. Que no es justificado.

injusto, a adj. Que no es justo o no obra con justicia.

inmaculado, a adj. Que está completamente limpio o no tiene ninguna mancha.

inmadurez s.f. Falta de juicio al obrar que se considera propia de una persona no adulta.

inmaduro, a adj. **1** Se dice de la fruta que todavía no tiene la maduración suficiente. **2** Se dice del proyecto que no está completamente pensado. ◆ adj. y s. **3** Se dice de la persona que no ha alcanzado la madurez.

inmanente adj. Que es esencial y permanente en un ser o en una cosa o que no se puede separar de él por formar parte de su naturaleza y no depender de algo externo.

inmaterial adj. No material.

inmediación s.f. **1** Cualidad de inmediato. ◆ **inmediaciones** s.f.pl. **2** Alrededores.

inmediatez s.f. Proximidad en el espacio o en el tiempo de alguna cosa.

inmediato, a adj. **1** Próximo. **2** Que ocurre en seguida.

inmejorable adj. Que es tan excelente y bueno que no puede ser mejorado.

inmensidad s.f. Cualidad de inmenso.

inmenso, a adj. Que es tan grande que no puede medirse ni contarse.

inmersión s.f. **1** Acción de introducir. **2** Entrada de un astro en el cono de sombra que otro proyecta, quedando oculto.

inmerso, a adj. **1** Que está sumergido en un líquido. **2** Se dice de la persona que tiene la atención puesta intensamente en un pensamiento o en una acción, con descuido de cualquier otra cosa.

inmigración s.f. Acción y efecto de inmigrar.

inmigrante s.m. y f. Persona que inmigra.

inmigrar v.intr. Establecerse en un país o región diferente del lugar de origen.

inminente adj. Que está a punto de ocurrir.

inmiscuirse (23) v.prnl. Dar opiniones, consejos o indicaciones sobre un asunto ajeno.

inmobiliaria s.f. Sociedad o empresa que se dedica a construir, vender, alquilar y administrar viviendas.

inmobiliario, a adj. Relativo a los bienes inmuebles o bienes que no son transportables.

inmolación s.f. Acción de inmolar.

inmolar v.tr. Sacrificar una víctima a un dios como signo de reconocimiento u obediencia.

inmoral adj. Que se opone a la moral.

inmoralidad s.f. **1** Alejamiento en la opinión, el comportamiento o los hechos de las reglas de la moral establecida. **2** Obra o dicho inmoral.

inmortal adj. Que no puede morir.

inmortalidad s.f. **1** Cualidad de inmortal. **2** Duración indefinida de una cosa en la memoria de los seres humanos.

inmortalizar v.tr. Hacer que se conserve para siempre una persona o una cosa en la memoria de los seres humanos.

inmóvil adj. **1** Que no se mueve. **2** Firme y constante.

inmovilismo s.m. Actitud en la que se defiende la tradición y se rechazan los cambios que afecten a lo ya establecido.

inmovilizar v.tr. y prnl. Imposibilitar el movimiento.

inmueble adj. **1** Se dice de la propiedad que no puede separarse del lugar en el que está ◆ s.m. **2** Construcción fabricada con materiales resistentes que se destina a vivienda y otros usos.

inmundo, a adj. **1** Formal. Que está muy sucio y asqueroso. **2** Formal. Muy indecente y deshonesto.

inmune adj. **1** Se dice de la persona o el lugar que no se encuentran sometidos a los procedimientos legales normales y está libre de ciertos cargos u obligaciones. **2** Que no puede ser atacado por cierta enfermedad. **3** Se dice de la persona a la que no le afecta o altera algo que se considera negativo.

inmunidad s.f. Cualidad de inmune.

inmunitario, a adj. Relativo a la inmunidad (resistencia del organismo a las enfermedades).

inmunizar v.tr. Proteger o hacer resistente a alguien frente a una enfermedad.

inmunodeficiencia s.f. Estado del organismo que consiste en la pérdida de gran parte de sus defensas inmunitarias.

inmunología s.f. Parte de la medicina que se ocupa de los fenómenos de inmunidad.

inmutable adj. Que no se inmuta.

inmutar v.tr. y prnl. Alterar o impresionar de forma visible el ánimo de alguien.

innato, a adj. Que no es aprendido y pertenece a la naturaleza de un ser desde su origen.

innecesario, a adj. Que no es necesario.

innegable adj. Que no puede ser negado.

innoble adj. Que muestra bajeza.

innocuo, a adj. Inocuo.

innombrable **1** adj. Que no puede o no debe ser nombrado. ◆ **s.m. y f. 2** Persona que no debe ser nombrada.

innovación s.f. Novedad.

innovador, ra adj. y s. Que innova.

innovar v.tr. Cambiar las cosas introduciendo novedades.

innumerable adj. Que es tan numeroso que no puede ser contado o numerado.

inocencia s.f. **1** Ausencia de culpabilidad. **2** Simplicidad o falta de malicia.

inocentada s.f. Broma o engaño en los que uno cae por descuido o por falta de malicia, especialmente los que se hacen el día 28 de diciembre (día de los Santos Inocentes).

inocente adj. **1** Que no daña o que no tiene malicia. ◆ **adj. y s.m. y f. 2** Se dice de la persona que está libre de culpa o de pecado. **3** Ingenuo.

inocular v.tr. Introducir en el organismo por medios artificiales el virus o la bacteria de una enfermedad contagiosa.

inocuo, a o **innocuo, a** adj. Que no hace daño.

inodoro, a adj. **1** Que no tiene olor. ◆ **s.m. 2** Recipiente que sirve para orinar y evacuar los excrementos.

inofensivo, a adj. Que no puede causar daño.

inoficioso, a adj. AMÉR Que es ocioso o innecesario y no conduce a nada.

inolvidable adj. Que no puede ser olvidado, por haber causado mucha impresión o por ser muy querido.

inopia s.f. Formal. Pobreza. ◇ **estar en la inopia** Fam. Estar distraído.

inoportuno, a adj. y s. Que no es oportuno.

inorgánico, a adj. **1** Se dice del elemento que no tiene vida ni puede tenerla. **2** Que no está organizado u ordenado. **3** En química, se dice de la sustancia que no tiene como componente el carbono.

inoxidable adj. **1** Resistente a la oxidación. **2** Se dice del acero que contiene un porcentaje bajo de carbono, además de cromo y otros elementos, es muy resistente a la oxidación y a las manchas.

inquebrantable adj. Que no puede ser quebrantado por su gran firmeza y solidez.

inquietante adj. Que causa preocupación o altera los nervios.

inquietar v.tr. Causar preocupación e intranquilidad o alterar los nervios.

inquieto, a adj. **1** Se dice de la persona que no puede estar quieta. **2** Que no está tranquilo por una agitación del ánimo. **3** Se dice de la cosa que no se tiene con calma o tranquilidad. **4** Se dice de la persona que está siempre dispuesta a conocer o emprender cosas nuevas.

inquietud s.f. **1** Falta de quietud o de sosiego. **2** Tendencia o inclinación hacia una actividad o estudio, especialmente en el campo de las artes.

inquilinismo s.m. En zoología, relación entre dos organismos de diferentes especies en la cual uno de ellos vive junto al otro o en el interior de él, para protegerse y nutrirse, sin perjudicarlo.

inquilino, a s. **1** Persona que alquila una vivienda o parte de ella para habitarla. ◆ **s.m. 2** Organismo animal o vegetal que vive sobre otro del que no se nutre y a quien no perjudica.

inquina s.f. Antipatía o mala voluntad.

inquirir (4) v.tr. Indagar.

inquisición s.f. **1** Indagación. **2** Tribunal eclesiástico medieval.

inquisidor, ra adj. y s. **1** Que indaga. ◆ **s.m. 2** Juez del tribunal de la Inquisición.

inquisitivo, a adj. Que indaga.

insaciable adj. Que no puede ser saciado.

insalubre adj. Malo para la salud.

insalvable adj. Se dice del obstáculo o barrera que no puede ser salvado o superado.

insano, a adj. **1** Malo para la salud. **2** Que es inmoral o hace daño al espíritu.

insatisfacción s.f. Sentimiento de malestar que se tiene cuando no se colma un deseo.

insatisfecho, a adj. Que no está satisfecho o saciado.

inscribir v.tr. **1** Apuntar algo o el nombre de alguien en una lista o registro para un fin determinado. **2** Grabar o dejar marcado. **3** Trazar una figura geométrica dentro de otra de manera que tenga todos los vértices sobre el perímetro de la figura exterior, o que sea tangente a todos los lados de dicha figura.
OBS Participio: **inscrito**.

inscripción s.f. Acción y efecto de inscribir.

inscrito, a Participio irregular de **inscribir**.

insecticida s.m. y adj. Sustancia que sirve para matar insectos.

insectívoro, a adj. y s. Se dice del animal o planta que se alimenta de insectos.

insecto adj. y s.m. Se dice del animal invertebrado cuyo cuerpo está dividido en cabeza, tórax y abdomen con exoesqueleto; tiene tres pares de patas, dos antenas y dos o cuatro alas.

inseguridad s.f. **1** Falta de seguridad. **2** Falta de confianza en uno mismo que da lugar a indecisión o a vacilación.

inseguro, a adj. **1** Que no está libre de peligro o daño. **2** Se dice de la persona que tiene dudas sobre sí misma y su propia capacidad. **3** Que no puede ser asegurado o afirmado.

inseminación s.f. Acción de inseminar.

inseminar v.tr. Poner semen masculino en las vías genitales femeninas para que llegue hasta el óvulo y lo fecunde.

insensatez s.f. **1** Falta de buen juicio y de reflexión antes de actuar. **2** Hecho o dicho insensato.

insensato, a adj. y s. Que no muestra buen juicio o madurez en sus actos.

insensibilizar v.tr. **1** Quitar la sensibilidad a una parte del cuerpo de una persona o animal o a todo él. **2** Hacer insensible física o afectivamente.

insensible adj. **1** Que no puede sentir o que ha perdido la sensibilidad. **2** Que no tiene sentimientos. **3** Que no se nota o es difícil de notar.

inseparable adj. **1** Que no puede ser separado o que es muy difícil hacerlo. **2** Se dice de la persona que está muy unida a otra.

inserción s.f. **1** Inclusión o introducción de una cosa en otra. **2** Introducción de un elemento anatómico o de un órgano entre las partes de otro, o adhesión a su superficie.

insertar v.tr. **1** Incluir o meter una cosa en otra. **2** Intercalar un texto dentro de otro o una noticia en un periódico. ◆ **insertarse** v.prnl. **3** Introducirse un elemento anatómico o un órgano entre las partes de otro o adherirse a su superficie.

inservible adj. Que no sirve o no está en condiciones para ser usado.

insidia s.f. Engaño oculto o disimulado para perjudicar.

insidioso, a adj. **1** Que contiene un engaño oculto o disimulado para perjudicar. ◆ adj. y s. **2** Se dice de la persona que engaña de modo oculto o disimulado para perjudicar. ◆ adj. **3** Se dice de la enfermedad grave que aparece lentamente sin síntomas evidentes.

insigne adj. **1** Se dice de la persona o cosa que es muy conocida y admirada por tener características que lo distinguen de los demás. **2** Se dice del disparate o tontería que es muy grande.

insignia s.f. **1** Señal o figura distintiva, especialmente cuando es pequeña y puede llevarse sujeta a la ropa. **2** Bandera o enseña que toma una asociación o grupo social como distintivo. **3** Bandera que se iza en un buque para señalar la graduación de la persona que ejerce el mando en él.

insignificancia s.f. Pequeñez, falta de importancia o ausencia de valor.

insignificante adj. Que es muy pequeño, poco importante o que carece de valor.

insinuación s.f. Efecto de insinuar.

insinuar (1b) v.tr. y prnl. Dar a entender una cosa de manera sutil o disimulada.

insípido, a adj. **1** Se dice del alimento que tiene poco o ningún sabor. **2** Sin gracia o interés.

insistencia s.f. **1** Repetición reiterada. **2** Firmeza u obstinación acerca de una cosa.

insistente adj. Que insiste.

insistir v.intr. **1** Repetir varias veces una petición o una acción. **2** Destacar la importancia de una cosa repitiéndola. **3** Persistir o mantenerse firme en una cosa.

insobornable adj. **1** Que no puede ser sobornado. **2** Que no se deja llevar por ninguna influencia ajena.

insociable adj. y s.m. y f. Se dice de la persona que tiende a rehuir el trato social.

insolación s.f. Trastorno producido por una exposición prolongada a los rayos del sol.

insolencia s.f. Atrevimiento o falta de respeto en el trato.

insolente adj. y s.m. y f. Que falta al respeto debido a una persona o situación.

insolidario, a adj. Que no se preocupa por los demás y no apoya a quien lo necesita.

insólito, a adj. Muy particular o poco frecuente.

insoluble adj. **1** Que no puede ser disuelto. **2** Que no puede ser resuelto o que no tiene solución.

insolvencia s.f. **1** Incapacidad para hacer frente a un gasto o para pagar una deuda. **2** Incapacidad para garantizar que el cargo o la misión que se asigna se desempeñará o se llevará a cabo favorablemente.

insolvente adj. y s.m. y f. **1** Que no dispone de fondos para pagar una deuda. **2** Que no ofrece garantías para confiarle un cargo o una misión.

insomne adj. Que no duerme o tiene dificultad para conciliar el sueño.

insomnio s.m. Falta anormal de sueño y dificultad para conciliarlo que se sufre en el momento en que corresponde dormir.

insondable adj. **1** Que es tan difícil e impenetrable, que no se puede llegar a conocer o comprender. **2** Que es tan profundo, que no se puede alcanzar su fondo.

insonorización s.f. Acción de insonorizar.

insonorizar v.tr. **1** Acondicionar un lugar para aislarlo de sonidos y ruidos. **2** Atenuar el ruido de una máquina o motor.

insoportable adj. Que no se puede soportar.

insoslayable adj. Que no puede ser evitado o rehuido.

insospechable adj. Que no puede ser sospechado o imaginado.

insospechado, a adj. Que no se sospecha.

insostenible adj. **1** Que no puede ser soportado o tolerado más tiempo. **2** Que no puede ser mantenido o defendido con razones.

inspección s.f. **1** Acción de inspeccionar. **2** Cargo y oficinas del inspector.

inspeccionar v.tr. Examinar y observar algo con atención y cuidado.

inspector, ra adj. **1** Que reconoce y examina una cosa para ver si está en la forma debida. ◆ s. **2** Persona que se dedica a examinar, controlar y vigilar las actividades que se realizan en el campo al que pertenece.

inspiración s.f. **1** Acción de inspirar. **2** Estímulo que favorece este estado y hace producir obras de arte de modo fácil.

inspirar v.tr. **1** Atraer el aire exterior e introducirlo en los pulmones. **2** Causar un sentimiento, una sensación o una idea. **3** Sugerir ideas para la producción artística. ◆ **inspirarse** v.prnl. **4** Tomar ideas de una persona o cosa para la producción artística.

instalación s.f. Acción y efecto de instalar.

instalar v.tr. **1** Colocar en el lugar y la forma adecuados las cosas necesarias para un servicio. **2** Establecer o acomodar a una persona en un lugar, especialmente si es para fijar su residencia. **3** Poner en el lugar destinado a un servicio todo lo necesario para que pueda ser utilizado. ◆ **instalarse** v.prnl. **4** Establecerse una persona en un lugar, especialmente si es para fijar su residencia.

instancia s.f. **1** Petición por escrito redactada siguiendo determinadas fórmulas, especialmente la que se hace a una autoridad. **2** Documento oficial en el que se solicita una cosa. **3** Cada uno de los grados jurisdiccionales establecidos por la ley para solucionar asuntos legales. ◇ **a instancias de** A petición de una persona.

instantánea s.f. Fotografía que se impresiona en un instante y se obtiene en el momento.

instantáneo, a adj. **1** Que solamente dura un instante. **2** Que se produce o se consigue en un instante. **3** Se dice del alimento que se disuelve con facilidad en un líquido.

instante s.m. **1** Período muy breve. **2** Tiempo puntual en el que se hace u ocurre una cosa.

instar v.tr. Obligar mediante la fuerza o la autoridad a que se haga algo con rapidez.

instauración s.f. Acción de instaurar.

instaurar (1i) v.tr. Establecer o fundar una cosa que no existía, especialmente costumbres, leyes o formas de gobierno.

instigador, ra adj. y s. Se dice de la persona que influye en otra para que realice una acción o piense de un modo, especialmente si es con el objetivo de que haga algo malo o perjudicial.

instigar v.tr. Influir en una persona para que realice una acción o piense de cierto modo.

instintivo, a adj. Que es obra o resultado de un instinto y no de la reflexión o de la razón.

instinto s.m. **1** Conducta innata y no aprendida que se transmite genéticamente entre los seres vivos de la misma especie y que les hace responder de una misma forma ante una serie de estímulos. **2** Impulso natural e interior que provoca una acción o un sentimiento sin que se tenga conciencia de la razón a la que obedece.

institución s.f. **1** Establecimiento o fundación de algo que antes no existía. **2** Organismo que ha sido fundado para un fin, especialmente el que desempeña una función de interés público. **3** Ley u organización fundamental de un estado, una nación o una sociedad.

institucional adj. Relativo a la institución.

institucionalizar v.tr. Convertir una cosa en institucional o darle carácter legal o de institución.

instituir (23) v.tr. **1** Fundar o establecer una cosa que no existía, especialmente algo de interés público. **2** Nombrar a alguien encargado de una función. **3** Establecer que una renta sea pagada periódicamente a una persona. **4** Nombrar a la persona que ha de recibir una renta.

instituto s.m. **1** Centro estatal de enseñanza donde se imparte educación secundaria. **2** Organización científica, social o cultural. **3** Nombre genérico que reciben algunos cuerpos civiles, religiosos o militares. **4** Regla que ordena cierta forma y método de vida o de enseñanza, especialmente el de las órdenes religiosas. **5** AMÉR Centro de enseñanza superior no universitaria o de profesiones medias.

institutor s.m. COL Maestro de escuela.

institutriz s.f. Mujer que se dedica a educar y enseñar a uno o más niños en la casa de estos.

instrucción s.f. **1** Enseñanza de los conocimientos necesarios para una actividad. **2** Conjunto de conocimientos adquiridos. **3** Inicio y desarrollo de un proceso judicial. ◆ **instrucciones** s.f.pl. **4** Conjunto de reglas o indicaciones.

instructivo, a adj. Que sirve para enseñar o instruir.

instructor, ra adj. y s. Que enseña o instruye.

instruido, a adj. Que tiene un buen caudal de conocimientos adquiridos.

instruir (23) v.tr. **1** Comunicar conocimientos, habilidades, ideas o experiencias a una persona que no las tiene con la intención de que las aprenda. **2** Realizar las acciones necesarias para ejecutar un proceso.

instrumentación s.f. Estudio de los diferentes instrumentos musicales.

instrumental adj. **1** Relativo al instrumento. **2** Se dice de la música que se ha escrito para ser tocada con instrumentos y no para ser cantada. **3** Se dice del caso de la declinación indoeuropea y de otras lenguas que indica el medio o instrumento con que se ejecuta la acción. ◆ s.m. **4** Conjunto de instrumentos necesarios para realizar una actividad.

instrumentista s.m. y f. Músico que toca un instrumento.

instrumento s.m. **1** Objeto simple o formado por una combinación de piezas y que es adecuado para un uso concreto, especialmente el que se usa para realizar operaciones manuales técnicas o delicadas. **2** Objeto formado por una o varias piezas que se usa para producir música. **3** Medio que sirve para alcanzar un fin.

insubordinación s.f. Desobediencia o negativa a someterse a una autoridad.

insubordinar v.tr. y prnl. Hacer tomar una actitud de desobediencia a los superiores.

insubstancial ▷ insustancial.

insubstituible ▷ insustituible.

insuficiencia s.f. **1** Escasez o falta de la cantidad que se necesita de una cosa. **2** Incapacidad de un órgano para realizar adecuadamente sus funciones.

insuficiente adj. **1** Que no es suficiente. ◆ s.m. **2** Nota o calificación académica que indica que no se ha llegado al aprobado.

insufrible adj. **1** Que no puede ser soportado o aguantado por ser muy penoso o doloroso. **2** Muy molesto, pesado, antipático o abusivo.

ínsula s.f. Formal. Isla.

insular adj. **1** Relativo a la isla. ◆ adj. y s.m. y f. **2** Se dice de la persona que es de una isla.

insulina s.f. **1** Hormona de naturaleza proteica producida por el páncreas y encargada de regular la glucemia o cantidad de glucosa en la sangre. **2** Medicamento hecho con esta hormona.

insulso, a adj. **1** Que tiene poco o ningún sabor. **2** Que no tiene gracia o interés.

insultada s.f. Fam. AMÉR Serie de insultos.

insultante adj. Que constituye un insulto.

insultar v.tr. Ofender los sentimientos o la dignidad de alguien con palabras agresivas.

insulto s.m. Palabra, expresión o acción con que se insulta.

insumisión s.f. **1** Falta de sumisión u obediencia. **2** ESP Negativa a hacer el servicio militar.

insumiso, a adj. **1** Se dice de la persona que no obedece o no se somete. ◆ adj. y s.m. **2** ESP Que se niega a hacer el servicio militar.

insuperable adj. **1** Que no puede ser superado o salvado. **2** Muy bueno.

insurgencia s.f. Sublevación de un colectivo contra la autoridad.

insurrección s.f. Sublevación.

insurrecto, a adj. y s. Se dice de la persona que se levanta o subleva contra la autoridad.

insustancial o **insubstancial** adj. **1** Se dice del alimento que está insípido o falto de sabor. **2** Que no tiene importancia o interés.

insustituible o **insubstituible** adj. Que no puede ser sustituido.

intachable adj. Se dice de la persona o conducta que es perfecta y sin tacha.

intacto, a adj. **1** Que no se ha tocado. **2** Que no ha sufrido alteración o daño. **3** Que no se ha tratado o estudiado.

intangible adj. Que no tiene realidad física.

integración s.f. Acción de integrar.

integral adj. **1** Que está completo o es global. **2** Se dice del alimento que conserva todos sus componentes. ◆ s.f. **3** Función que se obtiene por una operación a partir de la derivada. **4** Operación por la que se calcula el área de una función.

integrante adj. y s.m. y f. Que forma, junto con otros elementos, un conjunto.

integrar v.tr. **1** Formar o componer un conjunto. **2** Incorporar a una persona a un todo y hacer que se adapte a él.

integridad s.f. **1** Estado de lo que está completo o tiene todas sus partes. **2** Honradez y rectitud en la conducta.

integrismo s.m. Tendencia al mantenimiento estricto de una tradición o religión.

integrista adj. y s.m. y f. **1** Partidario del integrismo. ◆ adj. **2** Relativo al integrismo.

íntegro, a adj. **1** Que está completo o tiene todas sus partes. **2** Honrado.

intelecto s.m. Facultad humana de aprender, comprender y razonar.

intelectual adj. **1** Relativo al intelecto. ◆ adj. y s.m. y f. **2** Se dice de la persona que se dedica a un trabajo o actividad que requiere especialmente el empleo de la inteligencia.

inteligencia s.f. **1** Facultad humana de aprender, comprender y razonar. **2** Habilidad o destreza para realizar cualquier cosa. **3** Sustancia espiritual, en oposición a cuerpo. **4** Entendimiento o acuerdo entre dos o más personas.

inteligente adj. **1** Que está dotado de inteligencia. **2** Que manifiesta inteligencia. ◆ adj. y s.m. y f. **3** Que tiene mucha inteligencia.

inteligible adj. Que puede ser comprendido o entendido.

intemperie s.f. Ambiente atmosférico considerado como las variaciones del tiempo. ◇ **a la intemperie** Al aire libre.

intempestivo, a adj. Que se hace u ocurre fuera de tiempo.

intemporal adj. Que no depende del paso del tiempo o que está fuera de él.

intención s.f. Determinación o voluntad de hacer cierta cosa.

intencionado, a adj. **1** Que ha sido hecho o dicho con una determinada intención. **2** Que ha sido hecho a propósito, de forma voluntaria.

intendencia s.f. **1** Control y administración de algún servicio o del abastecimiento de alguna colectividad. **2** Cuerpo del ejército encargado de proporcionar y organizar todo lo que necesitan las fuerzas armadas.

intendente s.m. Jefe superior de los servicios de administración militar.

intensidad s.f. **1** Grado de fuerza o de energía con que se manifiesta un fenómeno o se realiza una acción. **2** Fuerza o vehemencia con que se manifiestan los sentimientos. **3** Cualidad que distingue un sonido débil de uno fuerte y que depende de la amplitud de la frecuencia de onda. **4** Cantidad de electricidad que pasa por un conductor en una unidad de tiempo.

intensificación s.f. Aumento de la intensidad.

intensificar v.tr. y prnl. Aumentar la intensidad de algo.

intensivo, a adj. Que se hace de forma intensa, en un espacio de tiempo inferior al normal.

intenso, a adj. Que se manifiesta o se realiza con mucha fuerza o energía.

intentar v.tr. Hacer el esfuerzo o las acciones necesarias para realizar una cosa, aunque no se tenga la certeza de conseguirlo.

intento s.m. **1** Propósito o voluntad de hacer algo, aunque no se tenga la certeza de conseguirlo. **2** Acción de intentar una cosa.

intentona s.f. Intento temerario de hacer una cosa.

interacción s.f. **1** Acción, relación o influencia recíproca entre dos o más personas o cosas. **2** Intercambio de energía entre dos partículas o dos sistemas de partículas.

intercalar v.tr. Colocar una cosa entre otras, especialmente si forman una serie.

intercambiar (1d) v.tr. y prnl. Cambiar una cosa entre sí dos o más personas o grupos.

intercambio s.m. Cambio mutuo o recíproco.

interceder v.intr. Hablar o intervenir en favor de otra persona.

interceptar v.tr. **1** Detener o apoderarse de una cosa antes de que llegue a su destino. **2** Obstruir, dificultar o interrumpir el paso.

intercolumnio s.m. Espacio que hay entre dos columnas.

intercostal adj. Que está situado entre las costillas.

interdental adj. y s.f. Se dice del sonido o fonema consonántico que se articula poniendo la punta de la lengua entre los dientes incisivos superiores e inferiores.

interdisciplinar adj. Que tiene relación con varias disciplinas científicas o culturales.

interdisciplinario, a adj. Interdisciplinar.

interés s.m. **1** Provecho o bien buscado. **2** Valor o utilidad que en sí tiene una cosa. **3** Atracción o inclinación hacia algo. **4** Cantidad que cada cierto tiempo da el banco por tener el dinero depositado en él. □ También interés bancario. **5** Cantidad que se ha de pagar, generalmente al banco, por el uso de un dinero recibido en calidad de préstamo. ◆ **intereses** s.m.pl. **6** Bienes y propiedades que se poseen. **7** Conveniencias o necesidades de una persona.

interesado, a adj. y s. Que tiene interés en una cosa.

interesante adj. Que interesa.

interesar v.tr. **1** Atraer, gustar o producir interés. **2** Despertar en alguien el interés por una cosa. **3** Ser útil o bueno. **4** Dar o hacer tomar parte en un negocio.

interestelar adj. Que está situado entre dos o más astros.

interfase s.f. **1** Intervalo entre dos fases sucesivas. **2** Fase del ciclo de la célula en que esta no se divide y el ADN del núcleo se duplica.

interfaz o **interface** s.f. **1** En electricidad, dispositivo que permite conectar dos aparatos o circuitos. **2** En electrónica e informática, dispositivo que transforma las señales generadas por un aparato en señales comprensibles por otro.

interfecto, a adj. y s. **1** Se dice de la persona que ha muerto de forma violenta, especialmente si ha sido víctima de una acción delictiva. ◆ s. **2** ESP Persona de la que se está hablando. □ Frec. humorístico.

interferencia s.f. **1** Alteración o perturbación. **2** Alteración en la recepción de una señal.

interferir (45) v.intr. y prnl. **1** Entrometerse. ◆ v.tr. **2** Alterar el desarrollo normal de un asunto interponiendo una acción. **3** Causar interferencias.

interfijo s.m. y adj. Afijo introducido en el interior de una palabra.

interfono s.m. Aparato empleado para hablar y oír en comunicaciones internas.

intergaláctico, a adj. Que se encuentra o realiza entre dos o más galaxias.

interglacial adj. Se dice del período comprendido entre dos glaciaciones consecutivas.

ínterin (pl. intérines) s.m. Intervalo de tiempo que transcurre entre dos acciones o etapas.

interino, a adj. y s. Se dice de la persona que desempeña un cargo o una función por cierto tiempo en sustitución de otra.

interior adj. **1** Que está o queda dentro. **2** Relativo al país del que se habla. **3** Que pertenece a los pensamientos o sentimientos íntimos. ◆ s.m. **4** Parte de dentro de una cosa. **5** Parte de un país o región situada en el centro y que se opone a la zona costera o fronteriza. **6** Conjunto de pensamientos y de sentimientos íntimos de alguien. **7** Jugador de la línea delantera de un equipo de fútbol y de otros deportes que se coloca entre el delantero centro y el extremo.

interioridad s.f. **1** Parte o aspecto interior de una persona o cosa. **2** Intimidad de una persona. ◆ **interioridades** s.f.pl. **3** Asuntos privados, generalmente secretos, de las personas, familias o grupos.

interiorizar v.tr. Hacer propio o asentar de manera profunda e íntima en la mente, especialmente un pensamiento o un sentimiento.

interjección s.f. Palabra o expresión que, pronunciada en tono exclamativo, expresa por sí sola un estado de ánimo o capta la atención del oyente.

interlínea s.f. Espacio en blanco entre dos líneas impresas.

interlineado s.m. Conjunto de los espacios blancos que hay entre las líneas de un texto.

interlocutor, ra s. Persona que toma parte en una conversación.

interludio s.m. Composición musical corta que sirve de intermedio.

intermediario, a adj. y s. Que media.

intermedio, a adj. **1** Que está entre dos o más puntos, en el espacio o en el tiempo. **2** Que está entre los extremos de una escala. ◆ s.m. **3** Período que hay entre dos acciones o dos momentos. **4** Tiempo de descanso en medio de una actividad.

interminable adj. Que no se acaba nunca o que así lo parece.

intermitencia s.f. Interrupción y continuación sucesivas a intervalos regulares.

intermitente adj. **1** Que se interrumpe y prosigue cada cierto tiempo. ◆ s.m. **2** Luz lateral del coche que se enciende y apaga.

internacional adj. **1** Relativo a dos o más naciones. ◆ adj. y s.m. y f. **2** Se dice del deportista que toma parte en competiciones en las que participan varias naciones. ◆ s.f. **3** Organización formada por personas de la clase obrera durante los siglos XIX y XX.

internacionalizar v.tr. Convertir en internacional lo que era de una sola nación.

internado s.m. **1** Conjunto de estudiantes internos de un centro educativo. **2** Estado y régimen del estudiante interno en un centro educativo o de la persona interna en un centro sanitario o benéfico. **3** Edificio en el que viven los estudiantes internos de un centro educativo u otras personas internas.

internar v.tr. **1** Meter o dejar a una persona en un lugar, especialmente en una institución, para que permanezca en ella o para someterla a un tratamiento. **2** Trasladar o llevar al interior de un lugar.

internauta s.m. y f. Persona que navega por Internet.

internet s.f. Red mundial de comunicación compuesta por miles de redes telefónicas e informáticas conectadas entre sí para transmitir información.

internista s.m. y f. Médico especialista en el estudio y tratamiento de las enfermedades que afectan a los órganos internos del cuerpo.

interno, a adj. **1** Que está o queda dentro. **2** Relativo al interior. **3** Relativo al país al que pertenece. **4** Se dice de la parte de la medicina que se ocupa del estudio de las enfermedades que afectan a los órganos interiores, a excepción del aparado genital. ◆ adj. y s. **5** Se dice de la persona que vive en el mismo lugar en el que trabaja o estudia. ◆ s. **6** Persona que cumple condena en un establecimiento penitenciario. ◆ adj. y s. **7** Se dice del médico que realiza su especialización o sus prácticas en un hospital.

interpelación s.f. Acción de interpelar.

interpelar v.tr. **1** Exigir explicaciones sobre un asunto, especialmente si se hace con autoridad o con derecho. **2** Plantear un diputado o un senador al gobierno o a la mesa una discusión ajena a los proyectos de ley y a las proposiciones.

interplanetario, a adj. **1** Se dice de la zona espacial que se encuentra entre dos o más planetas. **2** Relativo a esa zona espacial.

interponer (36) v.tr. **1** Poner entre dos cosas o entre dos personas o grupos. **2** Hacer que una persona actúe como mediadora entre otras. **3** Formalizar un recurso mediante un escrito que se presenta ante el juez.

interposición s.f. Acción de interponer.

interpretación s.f. Acción y efecto de interpretar.

interpretar v.tr. **1** Explicar el significado de algo, especialmente un texto que está poco claro. **2** Dar a una cosa un significado determinado. **3** Representar un papel o un texto dramático. **4** Ejecutar una pieza musical o un baile. **5** Traducir un texto de una lengua a otra.

intérprete s.m. y f. **1** Persona que se dedica a traducir la conversación entre personas de lenguas diferentes. **2** Persona que se dedica a interpretar papeles o piezas musicales o de baile.

interpuesto, a Participio irregular de interponer.

interrail s.m. Billete de tren que permite viajar por distintos países de Europa durante un mes por un precio fijo.

interrelación s.f. Relación entre personas, animales o cosas que se influyen mutuamente.

interrelacionar v.tr. Establecer una persona, animal o cosa una relación con otra u otras.

interrogación s.f. **1** Acción de interrogar. **2** Signo de ortografía que se pone al principio (¿) y al final (?) de un enunciado interrogativo.

interrogante s.m. o f. **1** Enunciado interrogativo que se emite para conocer algo u obtener una información. **2** Cuestión que se desconoce o que sigue produciendo dudas. ◆ s.m. **3** Signo de ortografía que se pone al principio (¿) y al final (?) de un enunciado interrogativo.

interrogar v.tr. Hacer preguntas para aclarar un hecho o sus circunstancias.

interrogativo, a adj. **1** Que indica o expresa una pregunta. **2** Se dice de la oración que expresa una pregunta. **3** Se dice del pronombre, determinante o adverbio que introduce una oración interrogativa.

interrogatorio s.m. Serie de preguntas que la policía o un juez hace a una persona.

interrumpir v.tr. **1** Detener la continuidad de una cosa o acción en el espacio o en el tiempo. **2** Cortar una conversación porque se habla mientras otra persona está hablando.

interrupción s.f. Detenimiento de una cosa.

interruptor s.m. Dispositivo para abrir o cerrar el paso de corriente eléctrica en un circuito.

intersección s.f. **1** Encuentro de dos líneas, dos superficies o dos sólidos que se cortan. **2** En matemáticas, conjunto integrado por los elementos comunes a dos o más conjuntos.

intersticio s.m. Espacio pequeño entre dos cuerpos o entre dos partes de un mismo cuerpo.

interuniversitario, a adj. Que pone en relación a dos o más universidades.

interurbano, a adj. Se dice del servicio que comunica o relaciona poblaciones distintas.

intervalo s.m. **1** Espacio o distancia que hay entre dos momentos o entre dos puntos. **2** Conjunto de valores entre dos límites determinados. **3** En estadística, franja en la que se divide el recorrido de un conjunto de datos. **4** Distancia que existe entre dos notas musicales.

intervención s.f. Acción y efecto de intervenir.

intervencionismo s.m. Sistema económico que defiende la intervención del estado en la economía del país.

intervencionista adj. **1** Relativo al intervencionismo. ◆ **adj. y s.m. y f. 2** Se dice de la persona que es partidaria del intervencionismo.

intervenir (51) v.intr. **1** Tomar parte en un asunto o situación. ◆ **v.tr. 2** Operar quirúrgicamente. **3** Controlar una autoridad la comunicación privada de alguien. **4** Apoderarse una autoridad de una mercancía ilegal.

interventor, ra s. **1** Funcionario que supervisa determinadas operaciones. **2** Empleado que comprueba y controla los billetes en el tren. **3** En unas elecciones, persona designada oficialmente para vigilar la regularidad de la votación y autorizar el resultado de esta junto a los demás miembros de la mesa electoral.

interviú (pl. interviús) s.m. o f. Entrevista que hace un medio de comunicación.

intervocálico, a adj. Se dice de la consonante que se halla entre vocales.

intestinal adj. Relativo al intestino.

intestino, a adj. **1** Se dice de la oposición o lucha que está o se produce en el interior del país. ◆ **s.m. 2** Conducto membranoso que forma parte del aparato digestivo y que va del estómago hasta el ano.

intimar v.intr. Establecer una amistad íntima.

intimidación s.f. Provocación o inspiración de miedo.

intimidad s.f. **1** Amistad muy estrecha o íntima. **2** Parcela privada de la vida de una persona. **3** Carácter privado o reservado. ◆ **intimidades** s.f.pl. **4** Asuntos o sentimientos de la vida privada de una persona. **5** Órganos sexuales externos de una persona.

intimidar v.tr. Causar miedo.

intimismo s.m. Tendencia artística en la que se da mucha importancia a los temas privados y personales.

intimista adj. **1** Se dice de la obra artística o literaria que expresa sentimientos íntimos o representa temas de la vida familiar. ◆ **adj. y s.m. y f. 2** Se dice de la persona que es partidaria o cultivadora del intimismo.

íntimo, a adj. **1** Privado, reservado o profundo. ◆ **adj. y s. 2** Se dice del amigo que es de mucha confianza.

intocable adj. **1** Que no puede ser tocado. **2** Que no puede ser comentado o criticado. ◆ **s.m. y f. y adj. 3** Persona que pertenece a la casta más baja en la India.

intolerable adj. Que no puede o no debe ser admitido o tolerado.

intolerancia s.f. **1** Incapacidad de aceptar las opiniones o ideas de los demás que no coinciden con las propias. **2** Incapacidad del organismo para tolerar o resistir ciertas sustancias.

intolerante adj. y s.m. y f. Incapaz de aceptar las opiniones o ideas de los demás si no coinciden con las propias.

intoxicación s.f. Enfermedad causada por un veneno o por una sustancia tóxica o en mal estado.

intoxicar v.tr. Causar una intoxicación.

intradós s.m. **1** Superficie o cara interior de un arco o una bóveda. **2** Cara de una dovela que corresponde a esta superficie.

intrahistoria s.f. Vida tradicional del pueblo, que subyace a la historia cambiante y visible.

intramuscular adj. Que está o se pone directamente en el interior de un músculo.

intranet s.f. Red de ordenadores de una empresa u organización conectados entre sí para agilizar y facilitar el trabajo.

intranquilidad s.f. Estado de agitación, preocupación o nervios.

intranquilizar v.tr. **1** Poner intranquilo. ◆ **intranquilizarse** v.prnl. **2** Ponerse intranquilo.

intranquilo, a adj. Agitado o nervioso.

intranscendencia ▷ intrascendencia.

intranscendente ▷ intrascendente.

intransferible o **intrasferible** adj. Que no puede ser dado o transferido a otra persona.

intransigencia s.f. Cualidad de intransigente.

intransigente adj. Incapaz de tolerar o aceptar la opinión o deseos de otra persona.

intransitable adj. Se dice del lugar o camino por donde no se puede transitar.

intransitivo, a adj. y s. Se dice de la oración o el verbo que se construye sin complemento directo.

intrascendencia o **intranscendencia** s.f. Falta de gravedad, importancia o interés.

intrascendente o **intranscendente** adj. Que carece de gravedad, importancia o interés.

intrasferible ▷ intransferible.

intratable adj. Que no puede ser tratado o que es muy difícil de tratar.

intravenoso, a adj. Que está o se pone directamente en el interior de una vena.

intrepidez s.f. Cualidad de intrépido.

intrépido, a adj. Decidido y valiente.

intriga s.f. **1** Acción o plan, generalmente malintencionado, preparado en secreto y con astucia para conseguir un fin. **2** Intensa curiosidad que produce la espera o el interés por conocer una cosa. **3** Enredo o lío.

intrigante adj. **1** Que despierta curiosidad o extrañeza. ◆ adj. y s.m. y f. **2** Se dice de la persona que intriga o que participa en una intriga.

intrigar v.intr. **1** Actuar con astucia y en secreto para conseguir un fin. ◆ v.tr. **2** Excitar la curiosidad o el interés de alguien.

intrincado, a adj. **1** Se dice del asunto que es complicado o confuso. **2** Se dice de la cosa de estructura lineal que presenta rodeos, torceduras o cruzamientos.

intríngulis s.m. **1** Fam. Razón o motivo oculto y último de algo. **2** Dificultad o complicación que tiene una cosa.

intrínseco, a adj. Propio o característico de una cosa por sí misma y no por causas exteriores.

introducción s.f. **1** Acción y efecto de introducir. **2** Todo aquello que se hace, se escribe o se dice al comienzo de un escrito.

introducir (10) v.tr. **1** Meter o colocar en el interior de algo o entre varias cosas. **2** Hacer que una persona entre dentro de un lugar. **3** Hacer que una persona entre a formar parte de una sociedad o comunidad. **4** Poner en uso algo nuevo o que no se conocía. **5** Hacer figurar o hablar a un personaje en una obra.

introductorio, a adj. Que introduce.

intromisión s.f. Intervención de una persona en asuntos ajenos.

introspección s.f. Observación y examen que una persona hace de sus propias ideas.

introvertido, a adj. y s. Se dice de la persona que no suele manifestar sus sentimientos y se relaciona poco con los demás.

intrusismo s.m. Ejercicio de una profesión sin la titulación o preparación necesaria para ello.

intruso, a adj. y s. Se dice de la persona que se ha introducido en una propiedad, lugar, asunto o actividad sin derecho o autorización.

intubar v.tr. Introducir un tubo en un conducto del organismo de una persona o animal por razones médicas.

intuición s.f. **1** Habilidad para comprender algo rápidamente. **2** Conocimiento inmediato de una realidad o una idea.

intuir (23) v.tr. **1** Conocer o comprender de manera inmediata una realidad o una idea sin la intervención del pensamiento o la razón. **2** Presentir una cosa.

intuitivo, a adj. **1** Relativo a la intuición. **2** Que usa más la intuición que el razonamiento.

inundación s.f. **1** Cubrimiento de un lugar con agua. **2** Abundancia excesiva de algo.

inundar v.tr. **1** Cubrir el agua u otro líquido un lugar. **2** Llenar algo completamente un lugar.

inusitado, a adj. Poco frecuente.

inusual adj. Inusitado.

inútil adj. **1** Que no sirve para nada. ◆ adj. y s.m. y f. **2** Que hace mal una cosa que es fácil.

inutilidad s.f. **1** Cualidad de inútil. **2** Cosa inútil. **3** Persona inútil o torpe.

inutilizar v.tr. Hacer algo inutilizable.

invadir v.tr. **1** Entrar por la fuerza en un lugar para ocuparlo. **2** Llenar un lugar una cosa que resulta perjudicial o molesta. **3** Introducirse sin derecho en el campo o las atribuciones ajenas. **4** Apoderarse un estado de ánimo de una persona dominándola por completo.

invalidar v.tr. Dejar sin validez o efecto.

invalidez s.f. **1** Incapacidad de la persona inválida. **2** Circunstancia de no ser válido algo.

inválido, a adj. **1** Que no tiene solidez ni vigor. **2** Que carece de validez por no reunir las condiciones que exigen las leyes. ◆ adj. y s. **3** Que tiene un deficiencia física o psíquica que le impide realizar ciertas actividades.

invariable adj. **1** Que no cambia o varía. **2** Se dice de la palabra que no tiene diferentes formas según el género, el número, el modo, el tiempo o la persona.

invasión s.f. Acción y efecto de invadir.

invasor, ra adj. y s. Que invade.

invencible adj. Que no puede ser vencido.

invención s.f. **1** Invento. **2** Mentira.

inventar v.tr. **1** Crear o diseñar una cosa nueva o no conocida. **2** Crear una historia o una excusa que no es verdadera para engañar a alguien.

inventario s.m. Lista ordenada de los bienes y demás cosas que pertenecen a una persona.

inventiva s.f. Capacidad y facilidad para inventar o crear.

invento s.m. **1** Creación o diseño de una cosa nueva o que no se conocía. **2** Cosa inventada.

inventor, ra adj. y s. Se dice de la persona que inventa o se dedica a inventar.

invernación s.f. Hibernación.

invernáculo s.m. Invernadero (lugar cubierto para el cultivo de plantas).

invernada s.f. **1** AMÉR Época de engorde del ganado que comienza generalmente con el invierno. **2** AMÉR Invernadero. **3** AMÉR Campo con buenos pastos.

invernadero s.m. Lugar cubierto en el que se crea artificialmente un clima adecuado para el cultivo de plantas fuera de su ámbito natural.

invernal adj. Relativo al invierno.

invernar (1 o 32) v.intr. **1** Pasar el invierno en cierto lugar. **2** Pasar el invierno un animal en estado de hibernación.

invernazo s.m. P RICO, R DOM Época de lluvias, que comprende de julio a septiembre.

inverosímil adj. Que parece mentira o es muy difícil de creer.

inversión s.f. **1** Cambio del orden, la dirección o la posición de algo por sus opuestos. **2** Empleo de una cantidad de dinero en una cosa para conseguir ganancias. **3** Empleo de tiempo o esfuerzo en algo.

inverso, a adj. Opuesto o contrario en el orden, la dirección o el sentido. <> **a la inversa** De forma totalmente opuesta o contraria.

inversor, ra adj. y s. Se dice de la persona que invierte una cantidad de dinero para conseguir ganancias.

invertebrado, a adj. y s. Se dice del animal que no tiene columna vertebral.

invertido adj. y s.m. Desp. Homosexual.

invertir (45) v.tr. **1** Cambiar el orden, la dirección o la posición de algo por sus opuestos. **2** Emplear una cantidad de dinero en una cosa para conseguir ganancias. **3** Dedicar tiempo o esfuerzo a algo.

investidura s.f. **1** Carácter adquirido por la toma de posesión de un cargo importante u honor. **2** Acto por el que se concede un cargo importante o un honor.

investigación s.f. Hecho de investigar.

investigador, ra adj. y s. Que investiga.

investigar v.tr. **1** Tratar de llegar a saber o conocer una cosa examinando atentamente todos los detalles o preguntando. **2** Estudiar y experimentar una materia o ciencia para aumentar los conocimientos sobre ella.

investir (31) v.tr. Conceder un cargo importante o de honor.

inveterado, a adj. Muy antiguo o arraigado.

inviable adj. **1** Que no puede ser llevado a cabo. **2** Se dice del terreno o camino que está en muy malas condiciones.

invicto, a adj. y s. Que no ha sido vencido.

invidente adj. y s.m. y f. Se dice de la persona que está privada de la vista.

invierno s.m. Estación del año comprendida entre el otoño y la primavera.

inviolable adj. Que no debe o no puede ser violado, dañado o puesto en duda.

invisible adj. Que no puede ser visto.

invitación s.f. **1** Acción de invitar. **2** Tarjeta o carta con que se invita.

invitado, a s. Persona que ha sido invitada.

invitar v.tr. **1** Pedir a una persona que participe en un acontecimiento o una celebración. **2** Pagar lo que otra persona consume. **3** Pedir a una persona que haga una cosa, especialmente cuando se pide con firmeza y educación. ◆ v.intr. **4** Incitar, animar o convencer.

invocación s.f. Acción y efecto de invocar.

invocar v.tr. **1** Apelar a un poder superior, especialmente a una divinidad o espíritu, como ayuda o defensa en una mala situación. **2** Alegar algo para justificar una acción.

involución s.f. Retroceso en la marcha o evolución de un proceso.

involucrar v.tr. Hacer participar a alguien en un asunto comprometiéndolo en él.

involuntario, a adj. Que no se hace de manera voluntaria.

invulnerable adj. **1** Que no puede ser dañado o herido. **2** Que no resulta afectado por lo que se hace o dice contra él.

inyección s.f. **1** Acción de inyectar. **2** Sustancia que se inyecta.

inyectable adj. y s.m. Que se inyecta.

inyectar v.tr. **1** Introducir un gas o un líquido en el interior de un cuerpo. **2** Aportar algo que puede servir de estímulo.

inyector s.m. Dispositivo para inyectar.

ion o **ión** s.m. **1** Átomo o conjunto de átomos con carga eléctrica debida a la pérdida o ganancia de electrones. **2** En la electrólisis, partícula que se dirige, cada una hacia un polo, como resultado de la descomposición del electrólito.

ionizar v.tr. Convertir los átomos neutros en átomos cargados eléctricamente.

ionosfera s.f. Capa de la atmósfera que se extiende entre los 80 y los 500 km de altitud.

iota s.f. Nombre de la novena letra del alfabeto griego; se escribe Ι/ι y se transcribe como i.

IPC s.m. Sigla de **índice de precios al consumo.**

ípsilon s.f. Nombre de la vigésima letra del alfabeto griego; se escribe Υ/υ y se transcribe como la ü del francés.

ipso facto Inmediatamente.

ir (24) v.intr. **1** Dirigirse a un lugar o moverse de un sitio a otro. **2** Asistir a un lugar. **3** Andar, circular. **4** Dirigirse, conducir. **5** Funcionar o marchar. **6** Actuar o desenvolverse. **7** Vestir, llevar puesto. **8** Convenir, combinar o armonizar. **9** Importar, gustar o concernir. **10** Existir diferencia entre dos términos que se comparan. **11** Extenderse desde un punto a otro. **12** En forma negativa, indica temor o extrañeza. ◆ **irse** v.prnl. **13** Abandonar un lugar, marcharse. **14** Desaparecer o borrarse. **15** Morirse. **16** Gastarse o consumirse. **17** Caer, deslizarse. ◇ **ir + gerundio** Indica que la acción que se expresa se está realizando. ◇ **ir a + infinitivo** Indica intención de realizar la acción que se expresa o inicio de esta.

ira s.f. **1** Enfado muy grande o violento en el que la persona pierde el dominio sobre sí misma y siente indignación y enojo. **2** Formal. Furia o violencia de los elementos de la naturaleza.

iracundo, a adj. y s. Se dice de la persona que siente ira con facilidad.

iraní (pl. iraníes o iranís) adj. y s.m. y f. De Irán.

iraquí (pl. iraquíes o iraquís) adj. y s.m. y f. De Irak.

irascible adj. Que se enfada fácilmente.

iridio s.m. Elemento químico de símbolo Ir y número atómico 77; es un metal blanco.

iris s.m. Disco muscular situado en la parte central del ojo que puede tener distintas coloraciones y en cuyo centro está la pupila.

irisado, a adj. Que brilla o destella como los colores del arco iris.

irlandés, sa adj. y s. **1** De Irlanda o la República de Irlanda. ◆ s.m. y adj. **2** Lengua del grupo gaélico hablada en Irlanda.

ironía s.f. **1** Modo de expresión o figura retórica que consiste en decir lo contrario de lo que se quiere dar a entender. **2** Tono burlón que se utiliza en este modo de expresión. **3** Situación o hecho inesperado, opuesto o muy diferente al que se esperaba y que parece una broma pesada.

irónico, a adj. **1** Relativo a la ironía. **2** Que muestra, expresa o implica ironía.

IRPF s.m. ESP Sigla de **impuesto sobre la renta de las personas físicas.**

irracional adj. **1** Que no es racional. **2** Se dice del número que no puede expresarse exactamente con un número entero o fraccionario.

irradiación s.f. Acción y efecto de irradiar.

irradiar (1d) v.tr. **1** Despedir o emitir un cuerpo rayos de luz, calor u otro tipo de energía. **2** Someter un cuerpo a la acción de determinados rayos. **3** Transmitir una cosa o persona su influjo, cualidades o sentimientos.

irreal adj. Que no es real.

irrealizable adj. Que no puede ser realizado.

irrebatible adj. Que no puede ser rebatido.

irreconciliable adj. **1** Que no puede ser conciliado o armonizado con otra cosa por ser opuestas. **2** Que no se quiere reconciliar.

irreconocible adj. Que no puede ser reconocido por estar muy diferente a como se recordaba.

irrecuperable adj. Que no puede ser recuperado.

irreductible adj. Que no puede ser reducido.

irreemplazable adj. Que no puede ser reemplazado o sustituido.

irreflexivo, a adj. **1** Que se dice o hace sin reflexionar o sin pensar. ◆ adj. y s. **2** Se dice de la persona que no reflexiona y actúa sin juicio.

irrefrenable adj. Que no puede ser refrenado, contenido o reprimido.

irrefutable adj. Que no puede ser refutado.

irregular adj. **1** Que no es regular en su forma. **2** Que no es uniforme o que presenta variaciones sensibles. **3** Que no se ajusta a la ley, a las reglas o a lo que se espera normalmente. **4** Se dice de la palabra o construcción que no se ajusta a un modelo morfológico establecido. **5** Se dice del polígono o poliedro cuyos ángulos y lados no son iguales.

irregularidad s.f. **1** Cambio o desviación respecto de lo que es normal, regular, natural o previsible. **2** Falta o delito en la administración pública o privada.

irrelevante adj. Que no es importante.

irremediable adj. Que no puede ser remediado o solucionado.

irremisible adj. Que no puede o no debe ser perdonado.

irreparable adj. Que no puede ser reparado.

irrepetible adj. Que no puede ser repetido.

irreprimible adj. Que no puede ser contenido o reprimido.

irreprochable adj. Que no merece reproche porque no tiene ninguna falta ni defecto.

irresistible adj. **1** Que no puede ser rechazado o evitado porque es demasiado placentero, atractivo o fuerte. **2** Que no puede ser resistido.

irresoluble adj. Que no puede ser resuelto.

irrespetuoso, a adj. Que no muestra respeto.

irrespirable adj. **1** Que no puede ser respirado. **2** Se dice del ambiente social que hace sentirse molesto o a disgusto.

irresponsabilidad s.f. **1** Cualidad de irresponsable. **2** Hecho o dicho irresponsable.

irresponsable adj. y s.m. y f. s. Que no es responsable.

irreverente adj. y s.m. y f. Que no muestra el respeto debido hacia las cosas oficiales, importantes o sagradas.

irreversible adj. Que no puede volver a un estado o situación anterior.

irrevocable adj. Que no puede ser revocado.

irrigación s.f. Acción y efecto de irrigar.

irrigar v.tr. **1** Regar un terreno. **2** Llevar la sangre a todas las partes del cuerpo a través de los vasos y conductos sanguíneos. **3** Introducir un líquido en una cavidad, especialmente en el intestino a través del ano.

irrisorio, a adj. Muy pequeño o insignificante.

irritable adj. Que se irrita fácilmente.

irritación s.f. **1** Enfado muy grande. **2** Reacción de un órgano o de una parte del cuerpo, caracterizada por inflamación, enrojecimiento o dolor.

irritante adj. **1** Que molesta o enfada mucho. **2** Se dice de la sustancia que causa o produce inflamación, enrojecimiento o dolor en una parte del cuerpo.

irritar v.tr. **1** Causar un enfado muy grande. **2** Causar una reacción en un órgano o una parte del cuerpo, caracterizada por inflamación, enrojecimiento o dolor.

irrompible adj. Que no se rompe.

irrumpir v.intr. **1** Entrar violentamente en un lugar. **2** Aparecer con fuerza o de pronto.

irrupción s.f. **1** Entrada violenta en un lugar. **2** Aparición de algo que se produce con fuerza o de pronto.

isa s.f. Baile y canción popular de las islas Canarias.

isabelino, a adj. **1** Relativo a cualquiera de las reinas españolas o inglesas que se llamaron Isabel. ◆ adj. y s. **2** Partidario de Isabel II frente a su tío Carlos.

isba s.f. Vivienda típica de los pueblos del norte de Europa y de Asia.

isla s.f. **1** Porción de tierra que está rodeada de agua por todas partes. **2** Zona aislada.

islam s.m. **1** Doctrina religiosa expuesta por el profeta Mahoma en el siglo VI d. C. **2** Conjunto de los pueblos y naciones en los que esta doctrina es la religión mayoritaria.

islámico, a adj. Relativo al Islam.

islamismo s.m. Islam (doctrina religiosa).

islamista o **islamita** adj. y s.m. y f. Se dice de la persona que profesa la religión islámica.

islandés, sa adj. y s. **1** De Islandia (país de Europa). ◆ s.m. y adj. **2** Lengua de Islandia.

isleño, a adj. **1** Relativo a la isla. ◆ adj. y s. **2** Se dice de la persona que es de una isla.

isleta s.f. Espacio señalado en una carretera o calzada que sirve para determinar la dirección de los vehículos.

islote s.m. Isla pequeña y desierta.

ismo s.m. Escuela o tendencia.

isobara o **isóbara** s.f. y adj. Línea que en los mapas meteorológicos une puntos que presentan la misma presión atmosférica reducida al nivel del mar.

isobárico, a adj. Se dice del lugar que tiene una presión atmosférica media idéntica a otro.

isocefalia s.f. Disposición a una misma altura de las cabezas de un grupo de personajes en una pintura o un relieve.

isodecágono s.m. Figura geométrica de veinte lados.

isódomo s.m. Sistema de disposición ordenada de los elementos pétreos de la arquitectura griega clásica, en la que todos los sillares iguales se disponen en su dimensión más larga, en la misma dirección del largo del paramento.

isómero, a adj. Se dice del compuesto químico que, con igual composición pero diferente estructura molecular que otro, tiene distintas propiedades físicas y/o químicas.

isométrico, a adj. Se dice de la perspectiva en que los objetos se representan en un plano a partir de un eje vertical y dos ejes de profundidad (estos forman un ángulo de 60 grados con el eje vertical).

isomorfo, a adj. Que tiene igual forma o estructura.

isóptero adj. y s.m. Se dice del insecto social con el aparato bucal masticador y dos pares de alas membranosas iguales.

isósceles adj. Se dice del triángulo que tiene iguales dos de sus tres lados.

isosilábico, a adj. Se dice del verso que tiene igual número de sílabas que el resto de los que forman la composición.

isostasia s.f. Tendencia de la corteza terrestre a mantenerse en equilibrio mediante movimientos compensatorios.

isotérmico, a adj. Que mantiene una temperatura constante.

isotermo, a adj. **1** Que tiene la misma temperatura. ◆ s.f. **2** Línea que en los mapas meteorológicos une los puntos de la Tierra que tienen la misma temperatura media anual.

isótopo o **isotopo** s.m. Átomo que pertenece al mismo elemento químico que otro, que tiene su mismo número atómico pero distinto número de masa atómica.

isoyeta s.f. Línea que une puntos de un mapa que presentan el mismo índice de pluviosidad durante un período determinado.

isquion s.m. Hueso de forma plana, estrecha y curva que está unido al pubis y al ilion, y forma la parte inferior de la cadera.

israelí o **israelita** (pl. israelíes o israelís o israelitas) adj. y s.m. y f. De Israel (país de Asia).

israelita adj. **1** Relativo a un antiguo pueblo semítico que habitó Mesopotamia durante el segundo milenio a. C. y en el siglo XIII a. C. emigró a las tierras de Canaán. ◆ s.m. y f. y adj. **2** Persona perteneciente a este pueblo. ◆ adj. **3** Relativo al judaísmo. ◆ adj. y s.m. y f. **4** Se dice de la persona que practica el judaísmo. **5** ▷ israelí.

istmo s.m. Franja alargada y estrecha de tierra que une dos continentes, dos partes diferenciadas de un continente o una península y un continente.

italianismo s.m. Palabra o modo de expresión propio de la lengua italiana.

italiano, a adj. y s. **1** De Italia (país de Europa). ◆ s.m. y adj. **2** Lengua románica hablada en Italia, en la República de San Marino, el Principado de Mónaco y Suiza.

itálica adj. y s.f. Se dice del tipo de letra de imprenta que tiene el trazo inclinado.

itálico, a adj. y s. **1** De los pueblos que habitaban Italia cuando era el centro de la cultura romana. ◆ adj. **2** Formal. Italiano.

ítem (pl. ítems) s.m. Unidad de un conjunto.

iterativo, a adj. **1** Que se repite o se ha repetido muchas veces. ◆ adj. y s.m. **2** Se dice de la palabra que denota una acción que se repite.

iterbio s.m. Elemento químico de símbolo Yb y número atómico 70; es un metal plateado.

itinerante adj. Que va de un lugar a otro sin permanecer fijo en ninguno.

itinerario, a adj. **1** Relativo a los caminos. ◆ s.m. **2** Camino previsto por donde debe discurrir un recorrido o viaje. **3** Descripción de las características principales de este camino, con sus puntos de paso, paradas, etc.

itrio s.m. Elemento químico de símbolo Y y número atómico 39; es un metal sólido, de color gris brillante, fácilmente oxidable e inflamable en virutas o en polvo a temperatura ambiente; se usa en metalurgia, electrónica e industria atómica.

IVA s.m. Sigla de **impuesto sobre el valor añadido**.

iwán s.m. Sala abovedada de una mezquita.

izar v.tr. Subir una bandera o la vela de una embarcación a lo largo del palo.

izqda. Abreviatura de **izquierda**.

izquierda s.f. **1** Mano o pierna situada en el lado que corresponde al corazón en el ser humano. **2** Dirección o situación de una cosa que se halla en el lado que corresponde al corazón en el ser humano. **3** Conjunto de personas que profesan una ideología que propugna transformaciones sociales y económicas progresistas, contrarias a las ideas conservadoras. **4** Conjunto de los representantes de los partidos progresistas en las asambleas parlamentarias. ◇ **de izquierdas** Se dice de la persona, el partido o la institución que es de ideas progresistas.

izquierdismo s.m. Tendencia política que defiende una ideología de izquierdas.

izquierdista adj. **1** Relativo al izquierdismo. ◆ adj. y s.m. y f. **2** Se dice de la persona que es partidaria del izquierdismo.

izquierdo, a adj. **1** Se dice de la parte del cuerpo que está situada en el lado que ocupa el corazón en el ser humano. **2** Que está situado, en relación con la posición de una persona, en el mismo lado en el que esta tiene el corazón. **3** Se dice del lugar u objeto que, respecto de su parte delantera, está situado en el mismo lado que correspondería al del corazón de una persona.

J

j s.f. Décima letra del alfabeto español; su nombre es jota.

jaba s.f. **1** AMÉR Embalaje en forma de cajón de madera con rejas. **2** CH Cajón lleno de piedras que se pone en la ribera de los ríos para impedir su desborde. **3** Fam. y desp. CH Boca de una persona. **4** CUBA Canasto realizado con juncos. **5** CUBA Bolsa hecha generalmente de tela, papel grueso o fibras de yute trenzadas que tiene dos asas para poder cargarla.

jabalí, ina (pl. jabalíes o jabalís) s. Mamífero de la misma familia que el cerdo, con dos colmillos curvos que le sobresalen de la boca.

jabalina s.f. **1** Antigua arma arrojadiza semejante a la lanza. **2** Vara para lanzamientos que se emplea en atletismo.

jabato, a s. Cría del jabalí.

jabón s.m. Sustancia sólida, en polvo o líquida, que se mezcla con agua para limpiar.

jabonera s.f. Recipiente en el que se coloca o se guarda una pieza de jabón.

jaca s.f. Hembra del caballo.

jácara s.f. Romance de tono alegre, escrito con la jerga de pícaros y rufianes.

jácena s.f. Viga maestra.

jachalí s.m. AMÉR Árbol de fruto aromático y sabroso y madera muy apreciada.

jacinto s.m. **1** Planta bulbosa de jardín. **2** Flor de esta planta, olorosa, agrupada en racimos, de forma acampanada.

jacobeo, a adj. Relativo al apóstol Santiago.

jacobinismo s.m. Tendencia política surgida durante la Revolución Francesa que defendía el radicalismo revolucionario.

jacobino, a adj. **1** Relativo al jacobinismo. ◆ adj. y s. **2** Se dice de la persona que era partidaria del jacobinismo. **3** Se dice de la persona que es partidaria de ideas revolucionarias.

jactancia s.f. Muestra excesiva de orgullo.

jactarse v.prnl. Hablar o presumir una persona en exceso de sus virtudes o bienes propios.

jacuzzi o **yacuzzi** s.m. Piscina o bañera dotada de un sistema de corrientes de agua que masajean a la persona mientras se baña.

jade s.m. Piedra semipreciosa muy dura, de aspecto jabonoso, muy usada en joyería.

jadear v.intr. Respirar con dificultad y de forma entrecortada.

jadeo s.m. Respiración dificultosa y entrecortada, generalmente a causa del cansancio o por una enfermedad.

jaguar s.m. Félido de color amarillo con pequeñas manchas oscuras.

jaiba s.f. CH, CUBA, MÉX, P RICO, R DOM Crustáceo que se consume como marisco.

1. **jalar** v.tr. Fam. ESP Comer con mucho apetito.

2. **jalar** v.tr. **1** Tirar de un cabo, una lona o un remo. ◆ v.intr. **2** Fam. AMÉR Irse de un lugar. **3** Fam. AMÉR Correr o andar muy deprisa. ◆ v.prnl. **jalarse 4** AMÉR Emborracharse.

jalea s.f. Conserva transparente y dulce que se hace con gelatina, azúcar y zumo de frutas. ◇ **jalea real** Sustancia que las abejas elaboran para alimentar a las larvas y a las reinas.

jalear v.tr. **1** Animar dando voces o palmadas. **2** Animar con voces a un perro para que siga a la caza.

jaleo s.m. **1** Alteración o pérdida de la tranquilidad, el silencio o el orden. **2** Ambiente alegre y ruidoso producido por mucha gente reunida.

jalón s.m. **1** Palo con punta metálica que se clava en la tierra para determinar puntos fijos cuando se hace el plano de un terreno. **2** Acontecimiento muy importante y significativo en el desarrollo de un proceso o en la vida de una persona. **3** Fam. AMÉR Tirón (acción de tirar de una cosa). **4** AMÉR CENTRAL Trago largo de una bebida alcohólica. **5** AMÉR CENTRAL, COL, VENEZ Trecho, distancia comprendida entre dos lugares. **6** MÉX Calada (bocanada de humo).

jalonar v.tr. **1** Señalar un terreno con jalones. **2** Marcar un acontecimiento importante y significativo la vida de una persona o el desarrollo de un proceso.

jamaicano, a adj. y s. De Jamaica (país de América Central).

jamás adv. **1** En ningún momento o ninguna vez. **2** Se usa después de **nunca** o de **siempre** para reforzar el sentido de estas palabras.

jamba s.f. Pieza labrada en mampostería, ladrillo o madera que, dispuesta verticalmente, sostiene un arco o dintel de una puerta o ventana.

jamelgo s.m. Fam. y desp. Caballo flaco y de apariencia desgarbada.

jamón s.m. **1** Pata trasera del cerdo. **2** Carne de la pata trasera del cerdo curada con sal. **3** Fam. Parte superior de la pierna o el brazo de una persona, especialmente si es gruesa.

jamona adj. y s.f. Fam. y desp. ESP Se dice de la mujer que está un poco gruesa y es de edad madura.

jangada s.f. AMÉR Almadía (conjunto de troncos unidos a modo de balsa y puestos a flote para transportarlos por un río).

jansenismo s.m. Doctrina religiosa propagada por el teólogo holandés Cornelio Jansen (1585-1638), según la cual el ser humano solamente puede alcanzar la salvación a través de la gracia divina.

jansenista adj. **1** Relativo al jansenismo. ◆ adj. y s.m. y f. **2** Se dice de la persona que era partidaria del jansenismo.

japonés, sa adj. y s. **1** De Japón (país de Asia). ◆ s.m. y adj. **2** Lengua que se habla en Japón.

japuta s.f. Pez marino comestible de forma ovalada y aplastada.

jaque s.m. Jugada del ajedrez en la que el rey o la reina de uno de los jugadores está amenazado por una pieza del otro jugador.

jaqueca s.f. Dolor de cabeza muy fuerte.

jara s.f. Arbusto de ramas de color pardo rojizo, hojas alargadas, olorosas y pegajosas, flores grandes de corola blanca y fruto en cápsula.

jarabe s.m. **1** Medicina líquida. **2** Bebida muy dulce hecha con agua hervida con azúcar y alguna esencia o zumo. **3** Bebida muy dulce. **4** MÉX Baile popular similar al zapateado.

jarana s.f. **1** Fam. Diversión muy animada, con ruido y desorden. **2** Fam. Enfrentamiento o pelea entre dos o más personas.

jaranero, a adj. Se dice de la persona que es muy aficionada a la jarana o diversión.

jarcha s.f. Estrofa final, de tema amoroso, que constituía el estribillo de algunos romances mozárabes.

jarcia s.f. Conjunto de los aparejos, cables y cabos de una embarcación.
OBS Suele usarse en plural.

jardín s.m. Terreno en el que se cultivan plantas y flores ornamentales.

jardinera s.f. Recipiente alargado en el que se siembran plantas o donde se colocan macetas como adorno.

jardinería s.f. Arte y oficio de cuidar y cultivar los jardines.

jardinero, a s. Persona que se dedica a cuidar y cultivar un jardín.

jarra s.f. Recipiente de boca y cuello anchos, con una o dos asas, que se usa para contener líquidos o de adorno. ◇ **en jarras** Con los brazos arqueados, separados del cuerpo y las manos apoyadas en la cintura.

jarro s.m. Jarra de una sola asa. ◇ **jarro de agua fría** Fam. Cosa que quita la ilusión o la esperanza.

jarrón s.m. Recipiente más alto que ancho, generalmente de cristal o porcelana, que sirve para contener flores o de adorno.

jaspe s.m. **1** Piedra de grano fino, variedad de la calcedonia (a su vez variedad del cuarzo), de colores vivos entremezclados, rojizos o marrón rojizos, y que se usa como adorno y piedra preciosa. **2** Mármol veteado.

jaspeado, a adj. Que tiene varios colores entremezclados como el jaspe.

jauja s.f. Lugar o situación imaginarios donde reina la prosperidad y la abundancia.

jaula s.f. **1** Caja hecha con barrotes o listones separados entre sí que sirve para encerrar o transportar animales. **2** Fam. Cárcel.

jauría s.f. Conjunto de perros que cazan juntos.

jazmín s.m. **1** Arbusto de tallos trepadores, verdes, delgados y muy flexibles con flores muy olorosas. **2** Flor de este arbusto, pequeña, en forma de embudo con cinco pétalos, blanca o amarilla y muy olorosa.

jazz s.m. Estilo musical nacido a finales del siglo XIX en las comunidades negras de Estados Unidos.

jeans s.m.pl. Pantalones.

jeep s.m. Vehículo muy potente y resistente que se adapta a todo tipo de terrenos.

jefatura s.f. **1** Cargo de jefe. **2** Oficina o edificio de determinados organismos oficiales.

jefe, a s. **1** Persona que tiene poder o autoridad sobre un grupo para dirigir su trabajo o sus actividades. **2** Representante o líder de un grupo. **3** Militar que pertenece a una categoría superior a la de los oficiales e inferior a la de los generales. **4** Fam. Tratamiento de respeto y confianza que se da a personas que, por su cargo, tienen algún tipo de autoridad.

jengibre s.m. **1** Planta herbácea de tallo subterráneo carnoso, oloroso y picante. **2** Sustancia de sabor picante que se saca del tallo subterráneo de esa planta.

jeque s.m. Jefe de un territorio en algunos países musulmanes.

jerarca s.m. y f. Persona de una categoría superior y principal dentro de una organización.

jerarquía s.f. **1** Organización o clasificación de categorías o poderes, siguiendo un orden de importancia. **2** Grupo de personas que ocupan un mismo rango dentro de una organización. **3** Persona que desempeña un cargo importante dentro de una organización.

jerárquico, a adj. Relativo a la jerarquía.

jeremiquear o **jirimiquear** v.intr. Fam. y desp. AMÉR Rogar algo con insistencia gimoteando.

jerez s.m. Vino blanco muy seco y de alta graduación alcohólica que se elabora en la zona de Jerez de la Frontera (localidad gaditana).

jerezano, a adj. y s. De Jerez de la Frontera (localidad de Cádiz) o Jerez de los Caballeros (localidad de Badajoz).

jerga s.f. **1** Variedad de lengua que utilizan las personas que pertenecen a un mismo oficio o grupo social. **2** Jerigonza.

jergón s.m. Colchón de forma plana y rectangular lleno de paja, hierba u otros materiales.

jerigonza s.f. Lenguaje difícil de entender.

jeringa s.f. Instrumento que consiste en un tubo hueco con un émbolo en su interior y con un extremo muy estrecho por el que se expulsan o aspiran líquidos o sustancias blandas.

jeringuilla s.f. Jeringa pequeña en la que se coloca una aguja hueca de punta aguda cortada a bisel que se usa para poner inyecciones.

jeroglífico, a adj. **1** Se dice de la escritura que emplea signos que representan seres y objetos de la realidad y tienen un valor ideográfico o fonético. ◆ **s.m. 2** Signo de este tipo de escritura. **3** Cosa, especialmente figura o texto, difícil de entender o interpretar.

jerónimo, a adj. **1** Relativo a una orden religiosa surgida a partir de la doctrina de san Jerónimo (siglos IV-V). ◆ **adj. y s. 2** Se dice del religioso que pertenece a esta orden.

jersey (pl. jerséis) s.m. Suéter. **GEOSIN** chomba.

jesuita adj. **1** Relativo a la Compañía de Jesús. ◆ **adj. y s.m. 2** Se dice del religioso que pertenece a esta orden. ◆ **adj. y s.m. y f. 3** Fam. Hipócrita o disimulado.

jet (pl. jets) s.m. Avión con motor de reacción.

jet set s.f. Grupo social económicamente fuerte, que frecuenta los lugares que están de moda y que por ello es noticia.
OBS Pronunc. aprox. 'yet set'.

jeta s.f. **1** Fam. Cara o parte anterior de la cabeza. **2** Hocico del cerdo. **3** Fam. Desfachatez o descaro. ◆ **adj. y s.m. y f. 4** Fam. ESP Caradura.

ji s.f. Nombre de la vigésima segunda letra del alfabeto griego; se escribe X/χ y se transcribe como j o kh.

jíbaro, a adj. y s. **1** De un pueblo indígena que habita en la zona oriental de Ecuador. **2** AMÉR Campesino, rústico, silvestre.

jibia s.f. Molusco marino de la clase cefalópodos parecido al calamar.

jícara s.f. **1** Taza pequeña que se usa para tomar chocolate. **2** AMÉR Vasija hecha de la corteza de cierto fruto tropical americano.

jienense o **jiennense** adj. y s.m. y f. De Jaén.

jiga s.f. **1** Baile antiguo originario de Irlanda, de ritmo binario o ternario y movimiento vivo y acelerado, muy difundido en los siglos XVII y XVIII. **2** Composición musical con que se acompañaba este baile.

jijona s.m. Turrón blando fabricado con almendra molida original de Jijona, ciudad de Alicante.

jilguero s.m. Pájaro cantor de color marrón en la espalda, con una mancha roja en la cara, otra negra en la parte superior de la cabeza, cola y alas negras y amarillas con las puntas blancas y cuello blanco.

1. **jineta** s.f. Mamífero carnívoro de cuerpo delgado, cabeza pequeña, patas cortas y cola muy larga, con el pelo marrón con bandas negras.

2. **jineta** s.f. AMÉR Mujer que monta a caballo, especialmente si es diestra en equitación.

jinete s.m. **1** Hombre que monta a caballo, especialmente si es diestro en equitación. **2** Soldado de caballería.

jinetear v.tr. **1** AMÉR Domar un jinete a un caballo cerril. **2** MÉX Andar a caballo un jinete alardeando de elegancia y destreza. **3** MÉX Tardar en pagar un dinero con el fin de sacar rendimiento. ◆ **v.intr. 4** CUBA Ejercer la prostitución con extranjeros.

jinetera s.f. CUBA Mujer joven que se prostituye con los extranjeros.

jipiar v.intr. Fam. ESP Ver (percibir con la vista).

jipijapa s.f. **1** Tira vegetal muy fina y flexible que se usa en la fabricación de sombreros y otros objetos. ◆ **s.m. 2** Sombrero de ala ancha hecho con ese material.

jirafa s.f. Mamífero rumiante muy alto, con la cabeza pequeña con dos cuernos y el cuello muy largo y delgado.

jirimiquear v.intr. Jeremiquear.

jirón s.m. Trozo desgarrado de una tela o de una prenda de vestir.

jiu-jitsu s.m. Deporte de origen japonés que consiste en un sistema de defensa personal sin armas.

jo interj. Fam. ESP Expresión que denota sorpresa, admiración o fastidio.

jockey s.m. Persona que se dedica profesionalmente a montar caballos de carreras.

jocoso, a adj. Gracioso y divertido.

joder v.intr. **1** Vulg. ESP Realizar el acto sexual. ◆ **v.tr. e intr. 2** Vulg. Molestar o fastidiar. ◆ **v.tr. 3** Vulg. Estropear una cosa o impedir que un proyecto salga bien. ◆ **interj. 4** Vulg. Expresión que denota sorpresa, admiración o fastidio.

jodido, a adj. **1** Vulg. Que está desmoralizado o cansado. **2** Vulg. Difícil o complicado. **3** Vulg. Desagradable o fastidioso de hacer. **4** Vulg. Que está roto o estropeado.

jodienda s.f. Vulg. Incomodidad o molestia.

jofaina s.f. Recipiente circular, ancho y poco profundo, usado especialmente para lavarse.

jogging s.m. Ejercicio físico consistente en correr a poca velocidad.

jolgorio s.m. Diversión muy animada.

jolín o **jolines** interj. ESP Expresión que denota sorpresa, admiración o fastidio.

jondo adj. Se dice del cante que combina elementos andaluces, árabes y gitanos y tiene tono de queja.

jónico, a adj. **1** Se dice del orden arquitectónico que se caracteriza por adornar la parte superior de las columnas con volutas. ◆ **adj. y s. 2** De Jonia (región de la antigua Grecia).

jonio, a adj. y s. Jónico (de Jonia).

jopé o **jope** interj. Fam. ESP Expresión que denota enfado o sorpresa.

jordano, a adj. y s. De Jordania (país de Asia).

jornada s.f. **1** Día, período de 24 horas. **2** Duración del trabajo diario de los asalariados. **3** Distancia que se recorre en un día de viaje. **4** Reunión a la que acude gente interesada en un tema en concreto.

jornal s.m. Cantidad de dinero que se paga a un trabajador por cada día de trabajo.

jornalero, a s. Persona que trabaja a jornal.

joroba s.f. **1** Bulto dorsal en el lomo de ciertos animales, formado por acumulación de grasa. **2** Deformación anómala de la espalda. ◆ **interj. 3** Fam. ESP Expresión de asombro o enfado.

jorobado, a adj. y s. Que tiene joroba.

jorobar v.tr. **1** Fam. Molestar o fastidiar. **2** Fam. Estropear una cosa.

joropo s.m. **1** Baile típico de Venezuela. **2** Música y canto de este baile.

1. **jota** s.f. Nombre de la letra J.

2. **jota** s.f. Baile y canción popular de origen aragonés.

joule o **julio** (pl. joules o julios) s.m. Unidad de trabajo, energía y cantidad de calor del Sistema Internacional, de símbolo J.

joven adj. y s.m. y f. **1** Se dice de la persona que está en el período situado entre la adolescencia y la edad adulta. ◆ **adj. 2** Relativo a la juventud. **3** Se dice de la cosa que está en las primeras etapas de su existencia o de su desarrollo. **4** Se dice del vino que tiene poco tiempo.

jovial adj. Que es alegre y divertido.

joya s.f. **1** Pieza de metal noble, que puede llevar piedras preciosas incrustadas, usada como adorno personal. **2** Persona o cosa de gran valía.

joyería s.f. **1** Establecimiento en el que se fabrican, arreglan o venden joyas. **2** Arte, técnica u oficio de hacer joyas.

joyero, a s. **1** Persona que fabrica, arregla o vende joyas. ◆ **s.m. 2** Caja o estuche para guardar joyas.

joystick (pl. joysticks) s.m. Palanca o mando de control que se usa especialmente en consolas o programas informáticos de videojuegos.

juanete s.m. Hueso sobresaliente en el nacimiento del dedo gordo del pie.

jubilación s.f. **1** Acción de jubilar o jubilarse. **2** Pensión del jubilado.

jubilado, a adj. y s. Se dice de la persona que está retirada de su trabajo por haber cumplido la edad determinada por la ley o por enfermedad, y cobra la pensión correspondiente.

jubilar v.tr. **1** Retirar a una persona de su trabajo por haber cumplido la edad determinada por la ley o por enfermedad. **2** Eximir a alguien de cualquier actividad u obligación. **3** Fam. Dejar de usar una cosa por vieja o inútil.

jubileo s.m. En la religión católica, indulgencia plenaria y universal concedida por el Papa cada 25 años.

júbilo s.m. Alegría grande.

jubón s.m. Antigua prenda de vestir que cubría desde los hombros hasta la cintura.

judaico, a adj. Relativo a los judíos.

judaísmo s.m. Religión de los judíos.

judas s.m. Hombre traidor y malvado.

judeocristiano, a adj. Se dice de la tradición judía y la cristiana.

judeoespañol, la adj. y s. **1** De la comunidad de judíos expulsada de España en 1492 o sus descendientes. ◆ **s.m. y adj. 2** Variedad del español hablada por los descendientes de los judíos expulsados de España.

judería s.f. En la Edad Media, barrio habitado por judíos.

judía s.f. **1** ESP Planta leguminosa de tallo delgado y en espiral, hojas grandes, flores blancas o amarillas y fruto en vaina. **GEOSIN** alubia, fríjol, habichuela, poroto. **2** ESP Fruto comestible de esta planta, con forma de vaina flexible y alargada que encierra las semillas en hilera. **GEOSIN** alubia, chancha, ejote, fríjol, habichuela, poroto. **3** ESP Semilla comestible contenida en esta vaina, de color blanco o rojizo y forma arriñonada. **GEOSIN** alubia, fríjol, habichuela, poroto.

judicatura s.f. **1** Cargo o profesión de juez. **2** Tiempo durante el cual un juez ejerce su cargo. **3** Cuerpo formado por los jueces de un país.

judicial adj. Relativo al juicio o a la administración de justicia.

judío, a adj. y s. **1** Del pueblo descendiente de los hebreos y los israelitas, desde la destrucción del pueblo de Israel en el 721 a. C. hasta hoy. ◆ **adj. 2** Relativo al judaísmo. ◆ **adj. y s. 3** Se dice de la persona que practica el judaísmo. **4** De Judea.

judo o **yudo** s.m. Deporte de origen japonés que consiste en luchar cuerpo a cuerpo dos personas, utilizando solamente la rapidez y agilidad de movimientos.

judoca o **judoka** o **yudoca** o **yudoka** s.m. y f. Persona que practica el judo.

juego s.m. **1** Acción de jugar, que se realiza para divertirse o entretenerse. **2** Entretenimiento o actividad recreativa sujeta a unas reglas preestablecidas. **3** Práctica de actividades recreativas en las que se apuesta dinero. **4** Conjunto de cartas que se reparten a cada jugador. **5** En algunos deportes, cada una de las divisiones de una partida. **6** Actuación de un equipo en una competición deportiva. **7** Conjunto de cosas que sirven para un mismo fin. **8** Combinación cambiante de elementos como agua, luz o color para conseguir un efecto estético. **9** Movimiento de cosas que están articuladas. **10** Intriga, plan o actividad que persigue un fin. **11** Manera de actuar de alguien, que suele tener una intención oculta. ◇ **dar juego** Expresa que una cosa ofrece rendimiento o posibilidades. ◇ **en juego** Expresa que una cosa está en riesgo, y que se puede ganar o perder dependiendo de otra de la que se está tratando. ◇ **juego de azar** Juego que depende de la suerte. ◇ **juego de palabras** Uso ingenioso del sentido equívoco de las palabras o de sus distintas acepciones. ◇ **juego malabar** Malabares. ◇ **juegos olímpicos** Conjunto de competiciones deportivas internacionales que se celebran cada cuatro años en una ciudad determinada. □ Se escribe normalmente con mayúscula inicial.

juerga s.f. Fiesta o diversión muy animada y ruidosa, que generalmente se acompaña de música, baile y bebidas.

juerguista adj. y s.m. y f. Se dice de la persona que es muy aficionada a la juerga y la diversión.

jueves s.m. Cuarto día de la semana.

juez, za s. **1** Persona que tiene autoridad para juzgar y sentenciar en un tribunal. **2** Persona que tiene autoridad para juzgar en un concurso público y hacer que se cumplan las reglas que lo rigen. **3** Persona elegida para resolver una duda o discusión. **4** En una competición deportiva, persona elegida como árbitro y que se encarga de hacer cumplir el reglamento. ◆ **s.m. 5** Magistrado supremo de Israel hasta la instauración de la monarquía. ◇ **ser juez y parte de algo** Juzgar una cosa en la que no se puede ser neutral por estar de algún modo implicado.
OBS Doble femenino: **juez** o **jueza**.

jugada s.f. **1** Intervención o participación de un jugador en un juego cuando llega su turno o tiene oportunidad. **2** Acción destacada de un juego. **3** Fam. Mala pasada.

jugador, ra adj. y s. **1** Se dice de la persona que se dedica profesionalmente a jugar, especialmente en el deporte. **2** Se dice de la persona que es muy aficionada a los juegos de azar.

jugar (25) v.intr. **1** Realizar una actividad para divertirse o entretenerse. **2** Utilizar una cosa como juguete. **3** Participar en un juego que se realiza bajo unas reglas que los participantes deben respetar. **4** Intervenir en un juego cuando llega el turno. **5** Participar en un sorteo o en un juego de azar. **6** Tomar parte en un asunto o negocio. **7** Utilizar a una persona para un fin, o comportarse con ella sin prestarle la atención y consideración que se merece. **8** Bromear con una cosa o no darle la importancia que se merece. ◆ **v.tr. 9** Llevar a cabo una partida o juego. **10** Echar una carta, ficha, etc., en un juego. ◆ **v.tr. y prnl. 11** Apostar una cosa o una cantidad de dinero. ◆ **jugarse** v.prnl. **12** Arriesgar una cosa, ponerla en juego o ponerla en peligro. ◇ **jugársela** Arriesgarlo todo una persona. — Engañar a una persona causándole un perjuicio notable y con la intención de hacerle una mala pasada.

jugarreta s.f. Faena, mala pasada.

juglar s.m. **1** Artista medieval itinerante, de clase humilde, que se dedicaba a recitar o cantar composiciones de los trovadores y que actuaba en ambientes cortesanos, a cambio de dinero. **2** Persona que en la Edad Media se dedicaba a divertir a la gente con sus canciones, bailes y acrobacias a cambio de dinero.

juglaresco, a adj. Relativo al juglar.

juglaría s.f. Actividad y oficio del juglar.

jugo s.m. **1** Líquido que se extrae de sustancias animales y vegetales al ser cocinadas, exprimidas o destiladas. **2** Líquido orgánico que segrega una célula o una glándula. **3** Utilidad o provecho que se saca de una cosa.

jugoso, a adj. **1** Se dice del alimento que tiene jugo. **2** Se dice del alimento que tiene sustancia y está sabroso. **3** Que tiene mucho valor, es cuantioso o se puede sacar provecho.

juguete s.m. **1** Objeto que sirve a los niños para jugar. **2** Persona o cosa dominada por alguien o algo. **3** Pieza musical o teatral breve y desenfadada.

juguetear v.intr. Entretenerse jugando con alguien o algo, o hacerlo con algo que no es un juguete.

juguetería s.f. **1** Establecimiento o tienda de juguetes. **2** Actividad o comercio relacionado con los juguetes.

juguetón, na adj. **1** Se dice de la persona o el animal que le gusta mucho jugar y lo hace con frecuencia. **2** Se dice de la cosa que tiene carácter fresco y juvenil.

juicio s.m. **1** Proceso legal por el que se resuelve un delito ante un juez o tribunal. **2** Facultad de pensar y juzgar las situaciones y circunstancias para distinguir lo positivo de lo negativo. **3** Opinión razonada sobre un asunto o persona. **4** Sensatez en la manera de actuar. ◇ **juicio final** Juicio que, según la religión cristiana, celebrará Dios al final de los tiempos.

juicioso, a adj. **1** Realizado con juicio o sensatez. ◆ adj. y s. **2** Se dice de la persona que muestra juicio y sensatez en sus actos.

julepe s.m. **1** Juego de cartas que consiste en hacer como mínimo dos bazas de las cinco posibles. **2** En este juego, jugador que hace menos de dos bazas. **3** Fam. ESP Esfuerzo o trabajo excesivo. **4** AMÉR Susto o miedo.

1. **julio** s.m. Séptimo mes del año.

2. **julio** s.m. Joule.

jumbo s.m. Avión de pasajeros de gran tamaño y capacidad.

jumento, a s. Mamífero cuadrúpedo doméstico más pequeño que el caballo, con grandes orejas, cola larga y pelo áspero y grisáceo; por ser muy resistente se usa para trabajos en el campo y para la carga.

1. **junco** s.m. **1** Nombre común de las plantas herbáceas de tallo recto, largo, delgado, cilíndrico y flexible, que crecen en sitios húmedos y son de color verde oscuro. **2** Tallo de estas plantas. **3** Bastón delgado.

2. **junco** s.m. Embarcación ligera de vela usada en Oriente, cuyas velas estaban hechas originariamente de juncos entretejidos.

jungla s.f. Bosque tropical cubierto de espesa y exuberante vegetación y con una fauna muy variada, propio de zonas cálidas y húmedas.

junio s.m. Sexto mes del año.

júnior adj. **1** Se dice del nombre de una persona que es más joven que otra de la misma familia que tiene el mismo nombre. ◆ adj. y s.m. y f. **2** Se dice del deportista entre los 18 y 21 años.

junta s.f. **1** Reunión de personas pertenecientes a determinada entidad para tratar asuntos de la misma. **2** Conjunto de personas elegidas para dirigir y gobernar los asuntos de una colectividad. **3** Órgano de gobierno de las comunidades de Castilla y León, Extremadura y Galicia, en la Edad Media y en la Edad Moderna. **4** Parte por donde se unen dos o más cosas. **5** Pieza de goma u otro material flexible que se coloca en la unión de dos tubos o partes de un aparato para asegurar su unión. **6** Espacio que queda entre los elementos que forman una pared y que se rellena con un material adecuado.

juntar v.tr. **1** Reunir o formar un grupo de cosas o personas. **2** Acercar una cosa a otra. **3** Acumular una cantidad. ◆ **juntarse** v.prnl. **4** Acercarse, aproximarse personas o cosas o pasar de no estar juntas a estarlo. **5** Tener amistad o relacionarse con alguien.

junto, a adj. **1** Que está una persona o cosa al lado de otra o muy unidas. **2** Acompañado, uno con otro, formando un conjunto. ◆ adv. **3** Cerca o al lado del lugar que se expresa. **4** Juntamente, al mismo tiempo o a la vez. ◇ **junto a** Además de, al lado de. ◇ **junto con** En compañía de.

juntura s.f. **1** Lugar por donde se unen dos o más cosas. **2** Junta (pieza).

jura s.f. **1** Juramento. **2** Hecho y ceremonia por los que una persona se compromete mediante juramento a cumplir con fidelidad los deberes de un cargo o servicio.

jurado, a adj. **1** Se dice de la persona que ha prestado juramento para desempeñar su cargo o función. **2** Se dice de la declaración que se hace bajo juramento. ◆ s.m. **3** Tribunal que tiene la función de juzgar.

juramento s.m. Acto y expresión con los que una persona jura.

jurar v.tr. **1** Afirmar o negar una cosa de forma solemne y rotunda, poniendo por testigo a Dios o a personas o cosas muy respetadas. **2** Comprometerse mediante juramento a cumplir con fidelidad los deberes de un cargo o servicio.

jurásico, a adj. y s.m. **1** Se dice del período geológico que es el segundo de la era mesozoica o secundaria, sigue al triásico y precede al cretácico; se extiende desde hace unos 200 millones de años hasta hace unos 136 millones de años. ◆ adj. **2** Relativo a este período geológico.

jurel s.m. Pez marino comestible, de cuerpo carnoso y espinas fuertes y agudas a los lados.

jurídico, a adj. Relativo al derecho.

jurisconsulto, a s. Persona especializada en la ciencia y práctica del derecho.

jurisdicción s.f. **1** Autoridad para gobernar y hacer ejecutar las leyes. **2** Autoridad sobre alguien o algo. **3** Territorio en el que se ejerce una autoridad para gobernar y hacer ejecutar las leyes.

jurisprudencia s.f. **1** Ciencia del derecho. **2** Conjunto de juicios que señalan los principios que en materia de derecho siguen en cada país los tribunales.

jurista s.m. y f. Profesional del derecho.

justa s.f. **1** Combate a caballo y con lanza que se realizaba en los festejos medievales. **2** Certamen, competición literaria. □ Suele usarse en plural con valor singular.

justamente adv. **1** De manera justa o con justicia. **2** Exactamente. **3** Precisamente.

justicia s.f. **1** Cualidad o virtud de proceder o juzgar respetando la verdad y de poner en práctica el derecho que asiste a toda persona a que se respeten sus derechos, que le sea reconocido lo que le corresponde o las consecuencias de su comportamiento. **2** Aplicación de un castigo o una pena tras un juicio. **3** Organismo oficial que se encarga de juzgar y de aplicar las leyes.

justiciero, a adj. Se dice de la persona que respeta la justicia y la hace respetar con severidad y rigor.

justificable adj. Que se puede justificar.

justificación s.f. Explicación razonada de la causa o motivo que justifica una cosa.

justificante adj. **1** Que justifica o es la causa, la explicación o el motivo razonable de una cosa. ◆ s.m. **2** Documento o recibo que deja constancia de la realización de algo o que acredita lo que alguien dice.

justificar v.tr. **1** Hacer que una cosa resulte aceptable, adecuada u oportuna. **2** Demostrar una cosa, especialmente con pruebas y documentos escritos. **3** En tipografía, igualar la longitud de las líneas de un texto impreso. **4** Defender la actitud de una persona exponiendo razones que la justifican.

justo, a adj. y s. **1** Se dice de la persona que actúa con objetividad y justicia. **2** Se dice de la persona que vive según la ley de Dios. ◆ adj. **3** Que respeta la ley o se ajusta a ella. **4** Exacto. **5** Que está apretado o ajustado. ◆ adv. **6** Exactamente. **7** Precisamente, en el momento que se expresa.

juto, a adj. y s.m. y f. De un antiguo pueblo germánico, probablemente originario de la península de Jutlandia, que se estableció en el sureste de la isla de Gran Bretaña durante el siglo v.

juvenil adj. **1** Relativo a la juventud. ◆ adj. y s.m. y f. **2** Se dice del deportista de entre 15 y 18 años de edad, que se incluye en la categoría comprendida entre la de cadete y la de júnior.

juventud s.f. **1** Período de la vida que está entre la adolescencia y la edad madura. **2** Conjunto de personas jóvenes. **3** Energía y vitalidad propias de ese período de la vida. **4** Primera etapa en la existencia de algo. ◆ **juventudes** s.f.pl. **5** Conjunto de jóvenes que forman parte de un partido político.

juzgado s.m. **1** Lugar donde se juzga o se celebran juicios. **2** Conjunto de jueces que forman la administración de justicia en un territorio o ámbito comarcal determinado. **3** Territorio o ámbito comarcal que es jurisdicción de un juez. **4** Tribunal de un solo juez.

juzgar v.tr. **1** Deliberar y sentenciar una causa el que tiene autoridad para ello. **2** Determinar uno mismo, haciendo uso de la razón, el valor positivo o negativo de alguien o algo. **3** Interpretar o entender. **4** Creer, opinar o considerar. **5** Examinar y calificar a alguien o algo que se presenta a un concurso o competición deportiva.

K

1 . **k** s.f. Undécima letra del alfabeto español; su nombre es ka.

2. **k** s.m. Abreviatura de kilobyte, medida de la capacidad de memoria de un ordenador que es igual a 1 024 bytes.

ka s.f. Nombre de la letra k.

kafkiano, a adj. **1** Relativo a Franz Kafka. **2** Absurdo, estrambótico.

káiser s.m. Nombre dado a los emperadores del II Reich.

kaki ▷ caqui.

kale borroka s.f. Violencia o lucha callejera por motivos políticos en el País Vasco.

kamikaze o **camicace** s.m. **1** Piloto suicida japonés de la Segunda Guerra Mundial. ◆ s.m. y f. **2** Persona muy temeraria y arriesgada.

kantiano, a adj. **1** Relativo a Immanuel Kant (filósofo alemán, 1724-1804) o a su doctrina. ◆ adj. y s. **2** Que tiene las características propias del sistema filosófico de Kant.

kappa o **cappa** s.f. Nombre de la décima letra del alfabeto griego; se escribe Κ/κ y se transcribe como k.

karaoke s.m. **1** Aparato consistente en un sistema audiovisual que reproduce la música previamente grabada de una canción y, a la vez, la letra escrita de esta, para que sea interpretada por un cantante no profesional como forma de entretenimiento y diversión. **2** Establecimiento público en el que se halla instalado este sistema.

kárate o **karate** s.m. Arte marcial que consiste en intentar derribar al contrario mediante golpes secos realizados con el borde de la mano, el codo o el pie.

karateca o **karateka** s.m. y f. Persona que practica el kárate.

karma s.m. En el budismo y el hinduismo, ley que rige las sucesivas reencarnaciones de una persona.

karst s.m. Carst.

kárstico, a Cárstico.

kart (pl. karts) s.m. Automóvil monoplaza de carreras, de pequeño tamaño.

katiuska s.f. Catiusca.

kayak o **kayac** s.m. Embarcación parecida a una canoa, y usada en deporte.

kebab (pl. kebabs) s.m. Brocheta en la cual se ensartan alternativamente dados grandes de carne y grasa de cordero, trozos de pimientos, cebollas y tomates, condimentados con abundantes especias y asados al grill; es un plato de la cocina turca.

kéfir s.m. **1** Leche fermentada artificialmente, de fuerte sabor agridulce, que contiene ácido láctico, alcohol y ácido carbónico. **2** Hongo que fermenta esta leche.

kelvin o **kelvinio** (pl. kelvins o kelvinios) s.m. Unidad de temperatura del Sistema Internacional, de símbolo K.

kendo s.m. Arte de atacar y defenderse, al estilo de la esgrima, que se practica con sables de bambú.

keniano, a adj. y s. De Kenia (país de África).

keniata adj. y s.m. y f. Keniano.

kepis s.m. Quepis.

kermés o **quermés** s.f. Fiesta popular al aire libre, con baile y feria, organizada generalmente con fines benéficos.

keroseno s.m. Queroseno.

ketchup s.m. Salsa de tomate y otros condimentos como vinagre, sal, zumo de limón y azúcar.

kibbutz o **kibutz** (pl. kibbutz o kibbutzs o kibbutzim) s.m. Explotación agraria israelí.

kif o **quif** s.m. Argot. ESP Hachís.

kiko o **quico** s.m. ESP Grano de maíz tostado y salado.

kilim s.m. Alfombra o tapiz de origen turco con motivos geométricos y colores vivos.

kilo o **quilo** s.m. **1** Kilogramo. **2** Fam. ESP Millón de pesetas. **3** Fam. CUBA Moneda de un centavo cubana. **4** Fam. URUG Gran cantidad de cosas.

kilobyte s.m. Medida de la capacidad de memoria de un ordenador que equivale a 1 024 bytes, de símbolo k.

kilocaloría s.f. Medida de energía térmica, de símbolo **kcal**, que es igual a 1 000 calorías.

kilogramo o **quilogramo** s.m. Unidad de masa del Sistema Internacional, de símbolo **kg**.

kilohertz o **kilohercio** (pl. kilohertz o kilohercios) s.m. Medida de frecuencia que es igual a 1 000 hertz.

kilolitro o **quilolitro** s.m. Medida de volumen, de símbolo **kl**, que es igual a 1 000 litros.

kilometraje s.m. Distancia medida en kilómetros.

kilométrico, a o **quilométrico, a** adj. **1** Relativo al kilómetro. **2** Fam. Muy largo.

kilómetro o **quilómetro** s.m. Medida de longitud, de símbolo **km**, que es igual a 1 000 metros.

kilopondio s.m. Unidad de fuerza, de símbolo **kp**, que equivale a la fuerza que actúa sobre la masa de un kilogramo sometido a la gravedad.

kilovatio ▷ kilowatt.

kilovoltio s.m. Medida de potencial eléctrico, de símbolo **kV**, que es igual a 1 000 voltios.

kilowatt o **kilovatio** (pl. kilowatts o kilovatios) s.m. Medida de potencia eléctrica, de símbolo **kW**, que es igual a 1 000 vatios. ◇ **kilowatt-hora** o **kilovatio-hora** Unidad de trabajo o energía, de símbolo **kWh**, que equivale a la energía producida o consumida por una máquina de potencia de un kilowatt por hora.
OBS Pronunc. 'kilovat'.

kimono o **quimono** s.m. **1** Prenda de vestir japonesa, amplia, con mangas largas de boca ancha y que llega hasta los pies, cruzada y ceñida a la cintura por delante con un cinturón. **2** Prenda deportiva compuesta por una chaqueta que se ciñe a la cintura con un cinturón, y un pantalón anchos, de tejido resistente y con la que se practican diversas artes marciales.

kiosco o **kiosko** s.m. Quiosco.

kioskero, a o **kiosquero, a** s. Quiosquero.

kirie o **quirie** s.m. Invocación que se hace después de las primeras palabras que el sacerdote pronuncia al principio de la misa.

kirsch s.m. Aguardiente fabricado con cerezas silvestres.
OBS Pronunc. aprox. 'kirs'.

kit s.m. **1** Conjunto de las piezas de un objeto o aparato que se venden sueltas y con un folleto de instrucciones para montar con facilidad. **2** Conjunto de objetos o productos que sirven para un mismo uso.

kitsch adj. y s.m. Se dice de la estética que resulta de mal gusto o pasada de moda pero pretende ser elegante, distinguida y moderna imitando objetos o estilos artísticos ya superados.

kiwi o **quivi** s.m. **1** Arbusto trepador de flores blancas o amarillas, cuyo fruto es comestible. **2** Fruto de este arbusto, de forma redonda, con una piel fina de color marrón cubierta de pelillos, con el interior verde, jugoso y con muchas semillas pequeñas de color negro, y con un alto contenido en vitamina C. **3** Ave no voladora originaria de Nueva Zelanda, de plumas largas y parduscas, alas muy poco desarrolladas, provista de patas cortas y robustas y pico largo y curvado.
OBS Pronunc. 'kiui' o 'kivi'.

kleenex s.m. Clínex.

knock out o **knock-out** Expresión inglesa que significa 'fuera de combate' y se aplica en boxeo.

know how s.m. Conocimiento práctico.

K. O. Sigla de la expresión inglesa **knock out**.

koala s.m. Mamífero marsupial parecido a un oso pequeño, con grandes orejas y pelo gris.

koiné o **coiné** s.f. **1** Lengua común adoptada por los griegos tras la muerte de Alejandro Magno. **2** Lengua común o estándar.

koljós o **koljoz** s.m. Granja colectiva del régimen soviético.

koré (pl. korai) s.f. Escultura griega en piedra que representa una doncella vestida, erguida, con sonrisa hierática, realizada con fines votivos y sepulcrales durante el período arcaico.

krausismo s.m. Movimiento filosófico que toma como base el pensamiento de Friedrich Krause (1781-1832).

krausista adj. **1** Relativo al krausismo. ◆ adj. y s.m. y f. **2** Se dice de la persona que sigue las ideas del krausismo.

kril o **krill** s.m. Conjunto de varias especies de pequeños crustáceos marinos, de entre 3 y 6 cm de longitud, que tienen un alto poder nutritivo.

kriptón o **criptón** s.m. Elemento químico de símbolo Kr y número atómico 36; es un gas noble que se encuentra en una proporción muy pequeña en la atmósfera terrestre.

kung fu s.m. Técnica de lucha de origen chino que se basa tanto en los golpes con las manos y los pies como en la concentración mental.

kurdo, a o **curdo, a** adj. y s. **1** Del Kurdistán. ◆ s.m. y adj. **2** Lengua indoeuropea hablada en esta región.

kurós (pl. kuroi) s.m. Escultura griega en piedra que representa un joven desnudo erguido, con sonrisa hierática.

kuwaití (pl. kuwaitíes o kuwaitís) adj. y s.m. y f. De Kuwait (país de Asia).

L

l s.f. **1** Duodécima letra del alfabeto español; su nombre es **ele**. **2** En la numeración romana, cincuenta. □ Se escribe con mayúscula.

1. **la** det. **1** Forma femenina singular del artículo determinado; véase **el, la**. ◆ pron. **2** Forma femenina singular del pronombre de tercera persona en función de complemento directo; véase **lo**.

2. **la** (pl. las) s.m. Sexta nota de la escala musical.

laberíntico, a adj. **1** Relativo al laberinto. **2** Se dice del asunto o situación difíciles de resolver o entender.

laberinto s.m. **1** Lugar formado a base de caminos entrecruzados que confunden al que está dentro, dificultándole el encuentro de la salida. **2** Cosa confusa, enredada o muy complicada. **3** Oído interno de los vertebrados.

labia s.f. Facilidad de palabra y gracia al hablar, empleadas para convencer o agradar.

labiado, a adj. **1** Se dice de la flor con la corola dividida en dos partes, una con dos pétalos en la parte superior y otra con tres en la inferior, unidos en forma de labios. ◆ adj. y s.f. **2** Se dice de la planta herbácea o arbustiva, de hojas opuestas y flores con los pétalos unidos en forma de labios. ◆ **labiadas** s.f.pl. **3** Grupo taxonómico, con categoría de familia, constituido por estas planta.

labial adj. **1** Relativo a los labios. **2** Se dice del sonido consonántico articulado con los labios. ◆ s.f. y adj. **3** Letra que representa este sonido.

lábil adj. **1** Que resbala o se desliza con facilidad. **2** Que es débil o que se puede romper con facilidad. **3** Inestable y poco firme en sus decisiones.

labio s.m. **1** Cada una de las dos partes externas, carnosas y movibles de la boca. **2** Borde exterior de algunas cosas.

labiodental adj. **1** Se dice del sonido que se articula aproximando los dientes superiores al labio inferior. ◆ adj. y s.f. **2** Se dice de la consonante que se articula en este punto.

labor s.f. **1** Trabajo o actividad que una persona lleva a cabo. **2** Trabajo agrícola. **3** Trabajo que se hace cosiendo, bordando o tejiendo. **4** Trabajo o adorno realizado en tela, cuero, madera, metal, piedra o mármol.

laborable adj. **1** Se dice del día que se dedica al trabajo. **2** Se dice del terreno que se puede trabajar o laborar.

laboral adj. Relativo al trabajo o a los trabajadores.

laboralista adj. y s.m. y f. Se dice del abogado que está especializado en asuntos relacionados con el mundo del trabajo.

laboratorio s.m. Lugar equipado con los utensilios y materiales necesarios para realizar investigaciones, experimentos científicos o trabajos técnicos.

laborioso, a adj. **1** Que trabaja mucho y de manera constante y aplicada. **2** Se dice de la actividad o el trabajo que exige mucha dedicación.

laborismo s.m. En Gran Bretaña y en otros países, movimiento reformista y moderado de carácter socialista llevado a cabo por el Partido Laborista.

laborista adj. y s.m. y f. Relativo al laborismo.

labrador, ra adj. y s. Se dice de la persona que labra o cultiva la tierra.

labranza s.f. **1** Cultivo de los campos. **2** Hacienda de campo o tierra de labor.

labrar v.tr. **1** Cultivar la tierra. **2** Preparar o remover la tierra para el cultivo. **3** Trabajar un material para elaborar un producto o hacer adornos en relieve. **4** Hacer labores, cosiendo, bordando o tejiendo. **5** Trabajar o esforzarse para conseguir una cosa.

labriego, a s. Persona que cultiva los campos y vive en el medio rural.

laca s.f. **1** Sustancia que se aplica al cabello con un spray, para fijarlo y evitar que se despeine. **2** Sustancia resinosa vegetal que se utiliza en la fabricación de barnices, colorantes y en la decoración de objetos. **3** Barniz duro y brillante hecho con esta resina natural o con productos sintéticos. **4** Objeto barnizado con laca o decorado con ella. ◇ **laca de uñas** Pintura para uñas.

lacado, a adj. **1** Que está pintado o barnizado con laca. ◆ s.m. **2** Acción de lacar.

lacayo s.m. **1** Criado vestido con librea que acompañaba a su señor a pie, a caballo o en el coche. **2** Cada uno de los soldados de a pie que acompañaban a los caballeros en la guerra armados con una ballesta. **3** Desp. Persona aduladora y servil. ◆ adj. **4** AMÉR Se dice de la persona servil a la que le gusta hacerse ver en compañía de una persona importante.

lacerante adj. **1** Que provoca gran ofensa, dolor u otro daño moral. **2** Se dice del dolor que es agudo, intenso o fuerte.

lacería s.f. Adorno o decoración mediante molduras o líneas que se enlazan o cruzan entre sí formando figuras geométricas.

lacértido, a adj. y s.m. **1** Se dice del reptil con el cuerpo cubierto de escamas y patas bien desarrolladas, que al andar arrastran el final del abdomen y la cola, como los lagartos. ◆ **lacértidos** s.m.pl. **2** Grupo taxonómico, con categoría de familia, constituido por estos reptiles.

lacio, a adj. **1** Se dice del cabello liso, sin rizos. **2** Se dice de la planta o flor que ha perdido su frescura o su abundancia de hojas. **3** Que no tiene fuerza.

lacón s.m. Pata delantera del cerdo, especialmente la que está cocida, o curada y salada.

lacónico, a adj. **1** Conciso, breve. **2** Que habla poco o se expresa de manera breve y concisa.

laconismo s.m. Cualidad de lacónico.

lacra s.f. **1** Huella que deja en una persona una enfermedad o un daño físico. **2** Defecto o vicio.

lacrar v.tr. Cerrar o sellar con lacre.

lacre s.m. **1** Pasta sólida de color rojo que, derretida, se utiliza para cerrar y sellar una carta, documento o paquete. ◆ adj. **2** AMÉR De color rojo oscuro, como esta pasta. □ Invariable en número.

lacrimal adj. **1** Relativo a las lágrimas. ◆ s.m. **2** Ángulo medial del ojo, próximo a la nariz.

lacrimógeno, a adj. Que produce lágrimas o provoca el llanto.

lactancia s.f. **1** Alimentación a base de leche materna de los mamíferos durante la primera etapa de su vida. **2** Período durante el cual un mamífero se alimenta así.

lactante adj. y s.m. y f. **1** Se dice del niño que mama o que está en edad de mamar o alimentarse con leche. **2** Formal. Que da de mamar.

lácteo, a adj. Relativo a la leche o parecido a ella.

láctico, a adj. **1** Relativo a la leche. **2** Se dice del ácido que se encuentra en la leche agria o en determinadas frutas u hortalizas fermentadas.

lactosa s.f. Glúcido disacárido que está presente en la leche de los mamíferos.

lacustre adj. **1** Relativo a los lagos. **2** Que habita en los lagos o en sus orillas.

ladear v.tr. **1** Torcer o inclinar hacia un lado. **2** Desviar hacia un lado.

ladera s.f. Declive lateral de un monte o una montaña.

ladilla s.f. Insecto de pequeño tamaño que parasita en el vello de los órganos genitales humanos.

ladino, a adj. **1** Que actúa con astucia y disimulo para conseguir lo que se propone. ◆ s.m. y adj. **2** Variedad del español de los descendientes de los judíos expulsados de España. ◆ adj. y s. **3** AMÉR CENTRAL Mestizo que solamente habla castellano. ◆ adj. **4** AMÉR CENTRAL, MÉX Mestizo.

lado s.m. **1** Parte izquierda o derecha de alguien o algo. **2** Parte izquierda o derecha de un cuerpo o de un objeto. **3** Parte de un espacio próxima a los bordes. **4** Cara o superficie de un objeto. **5** Lugar o sitio inconcreto en un espacio. **6** Aspecto o punto de vista de un asunto al que se hace referencia en aposición a otro. **7** Segmento que limita un polígono. **8** Semirrecta que determina un ángulo. **9** Medio, camino o dirección que se toma para lograr un fin determinado. ◇ **al lado** Muy cerca. ◇ **dar de lado** Excluir de una relación o del trato a una persona, o relegar un asunto. ◇ **dejar de lado,** o **a un lado** Arrinconar a alguien o algo o no tener en cuenta el asunto que se menciona. ◇ **de lado** Que no está recto sino que está inclinado sobre una de sus partes o lados. ◇ **echarse,** o **hacerse, a un lado** Apartarse para dejar paso. ◇ **estar,** o **ponerse, del lado de alguien** Estar a favor de una persona, un grupo, una ideología u otra cosa, apoyarla o defenderla.

ladrar v.intr. **1** Dar ladridos. **2** Fam. Amenazar sin llegar a actuar.

ladrido s.m. **1** Voz del perro. **2** Fam. Grito o expresión desagradable.

ladrillo s.m. **1** Pieza de arcilla cocida, generalmente rectangular, que se usa en la construcción. **2** Material constituido por estas piezas. ◆ adj. y s.m. **3** Fam. Cosa pesada y aburrida.

ladrón, na adj. y s. **1** Que roba. **2** Fam. ESP Granuja, pícaro. ◆ s.m. **3** Pieza que sirve para conectar varios aparatos a la vez en un mismo enchufe. **4** Dispositivo para desviar parte del fluido de un cauce o una presa.

lady s.f. Título honorífico que se da a las señoras de la nobleza inglesa; su equivalente masculino es el de lord.
OBS Pronunc. 'leidi'.

lagar s.m. **1** Recipiente en que se pisa, prensa o tritura la uva, la aceituna o la manzana. **2** Edificio o lugar donde se realiza esta labor.

lagartija s.f. Reptil saurio terrestre pequeño, de color verde o pardo por arriba y blanquecino por abajo.

lagarto, a s. **1** Reptil saurio terrestre, de cuerpo fuerte y cilíndrico, generalmente de color verde, con cuatro patas cortas y robustas, cola larga, y la piel recubierta de escamas. ◆ adj. y s. **2** Fam. y desp. ESP, MÉX Se dice de la persona pícara, astuta y taimada. ◆ interj. **3** Expresión para ahuyentar la mala suerte.

lago s.m. Masa grande y permanente de agua, generalmente dulce, depositada en una depresión del terreno de forma natural o artificial.

lágrima s.f. **1** Cada una de las gotas vertidas por las glándulas lagrimales. **2** Cantidad mínima de una bebida, especialmente de un licor. **3** Adorno de vidrio o cristal en forma de lágrima. **4** Gota de líquido que segregan algunas plantas al ser podadas. ◇ **lágrimas de cocodrilo** Lloro fingido de una persona. ◇ **llorar a lágrima viva** Llorar mucho y con gran pena.

lagrimal adj. **1** Se dice del órgano que segrega lágrimas. ◆ s.m. **2** Ángulo medial del ojo, próximo a la nariz.

laguna s.f. **1** Lago de escasa extensión y profundidad. **2** En un escrito o exposición, parte que falta o que se omite. **3** Vacío, cosa que se desconoce o que se ha olvidado.

laicismo s.m. Doctrina que defiende la independencia de toda influencia religiosa.

laico, a adj. y s. **1** Se dice del cristiano que no pertenece al clero ni a ninguna orden religiosa. **2** Que no está relacionado con la religión.

laísmo s.m. Uso incorrecto de las formas **la** y las del pronombre personal en función de complemento indirecto, en lugar de **le** y les.

laísta adj. y s.m. y f. Se dice de la persona que practica el laísmo al hablar.

laja s.f. Piedra lisa, plana y no muy gruesa.

1. **lama** s.f. **1** Cieno blando y oscuro que hay en el fondo de algunos mares, ríos, lagos y de lugares donde hay agua acumulada. **2** AMÉR Musgo. **3** AMÉR Moho, cardenillo.

2. **lama** s.f. **1** Tira lisa y delgada de una materia dura que se utiliza para dejar pasar más o menos luz o aire, en ventanas, escaparates, etc. **2** Tela hecha de hilos de oro y plata. **3** Telilla que se forma en la superficie de algunos líquidos.

3. **lama** s.m. Sacerdote budista del Tíbet.

lamarckismo o **lamarquismo** s.m. Primera teoría de Lamarck, según la cual los organismos, para adaptarse al medio, adquieren modificaciones que luego heredan sus descendientes.

lambda s.f. Nombre de la décima letra del alfabeto griego; se escribe Λ/λ y se transcribe como l.

lambiscón, na adj. y s. **1** Fam. AMÉR CENTRAL Adulador. **2** HOND, MÉX Soplón.

lambón, na s. COL, MÉX Adulador.

lameculos adj. y s.m. y f. Vulg. Se dice de la persona de comportamiento servil y adulador.

lamelibranquio adj. y s.m. **1** Se dice del molusco marino o de agua dulce cuya concha tiene dos valvas simétricas y un pie central en forma de hacha, como la almeja. ◆ **lamelibranquios** s.m.pl. **2** Grupo taxonómico, con categoría de clase, constituido por estos moluscos.

lamentable adj. **1** Que produce pena o dolor. **2** Que causa mala impresión.

lamentación s.f. Lamento.

lamentar v.tr. **1** Sentir pena, disgusto o arrepentimiento por una cosa. ◆ v.intr. y prnl. **2** Manifestar con palabras la pena, el dolor o la contrariedad que se siente.

lamento s.m. Manifestación de dolor, pena o disgusto.

lamer v.tr. **1** Pasar la lengua por una cosa. **2** Formal. Tocar o rozar suavemente una cosa, especialmente un líquido, a otra.

lametón s.m. Roce de la lengua al lamer.

lamido, a adj. **1** Se dice de la persona excesivamente pulida o aseada y de modales afectados o rebuscados. **2** Relamido.

lámina s.f. **1** Pieza plana y delgada de cualquier materia. **2** Plancha de metal, especialmente de cobre, en la que está grabado un dibujo para estamparlo. **3** Imagen o figura impresa en un papel. **4** Fam. Aspecto o figura, normalmente referido a un animal. **5** Parte ancha de las hojas de las plantas.

1. **laminar** adj. **1** Que tiene forma de lámina. **2** Que está formado por láminas superpuestas y paralelas.

2. **laminar** v.tr. **1** Someter un material a deformación plástica entre dos o más cilindros, para obtener una lámina, una barra, un tubo, etc. **2** Recubrir con láminas.

lampa s.f. **1** ARG, BOL Pala o azada. **2** C RICA, CH, ECUAD, PERÚ Azada.

lámpara s.f. **1** Aparato o utensilio que sirve para producir luz. **2** Objeto que sirve de soporte para una o varias bombillas o luces. **3** Bombilla eléctrica. **4** Dispositivo eléctrico parecido a una bombilla, que llevan los televisores y algunos aparatos de radio. **5** Lamparón.

lamparón s.m. Mancha en la ropa, especialmente cuando es de grasa.

lampazo s.m. Planta de flores de color púrpura o rosa, con el cáliz lleno de espinas.

lampiño, a adj. **1** Se dice del hombre o muchacho que no tiene barba o que todavía no le ha salido. **2** Que tiene poco pelo o vello. **3** Se dice de la planta que no tiene pelos.

lampista s.m. y f. ESP Persona que se dedica a poner o reparar las instalaciones de electricidad, de gas o de agua.

lamprea s.f. Pez de cuerpo en forma de serpiente y con la boca sin mandíbulas y constituida por una ventosa circular.

lana s.f. **1** Pelo de las ovejas y carneros, o de otros animales que lo tienen parecido. **2** Hilo elaborado con este pelo. **3** Tela elaborada con hilo de lana. **4** Fam. y desp. Pelo de una persona, especialmente si lo lleva largo y revuelto. □ Suele usarse en plural. ◇ **ir por lana y volver, o salir, trasquilado** Llevar la intención de sacar provecho de un asunto y salir perdiendo. ◇ **lana virgen** Lana empleada directamente y sin mezclas.

lanar adj. y s.m. Se dice del ganado o la res que tiene lana.

lance s.m. **1** Suceso o episodio real o imaginario. **2** Momento o situación crítica, muy difícil o decisiva. **3** Enfrentamiento entre dos personas. **4** En cualquier juego, jugada destacada o decisiva. **5** Pase que el torero da con la capa. **6** Acción de lanzar. ◇ **de lance** Se aplica a una mercancía que se vende barata, normalmente por ser de segunda mano. ◇ **lance de honor** Desafío provocado por una ofensa inferida por una persona a otra, y ejecutado según ciertas normas caballerescas.

lancero s.m. Soldado armado con una lanza.

lanceta s.f. Instrumento de hoja triangular usado en cirugía para hacer pequeñas incisiones.

1. **lancha** s.f. **1** Embarcación pequeña sin mástil ni velas, que sirve para transportar personas o cosas en distancias cortas. **2** Embarcación auxiliar que va a bordo de un buque. **3** Barca grande de vela y remo que se usa para servicios auxiliares en buques, puertos y lugares costeros.

2. **lancha** s.f. Piedra grande, lisa, plana y no muy gruesa.

landa s.f. Formación vegetal formada por una capa baja y densa de arbustos.

langosta s.f. **1** Crustáceo marino decápodo de color pardo oscuro, cuerpo cilíndrico, cola larga y gruesa y dos pares de antenas largas y espinosas. **2** Insecto de cuerpo alargado, ojos salientes, patas posteriores fuertes y muy largas con las que da grandes saltos, que se reproduce con gran rapidez.

langostino s.m. Crustáceo marino semejante a la gamba, pero de tamaño mayor.

languidecer (30) v.intr. **1** Debilitarse, perder la fuerza o el vigor una persona o cosa. **2** Perder el ánimo o la alegría una persona o cosa.

languidez s.f. **1** Falta de fuerza, energía o vigor de una persona o cosa. **2** Falta de ánimo o alegría de una persona o cosa.

lánguido, a adj. **1** Que no tiene fuerza o energía. **2** Que muestra poco ánimo, alegría o interés por las cosas.

lanilla s.f. **1** Tejido poco consistente de lana fina. **2** Pelillo del paño en su cara anterior.

lanolina s.f. Sustancia grasa obtenida de la lana, que se emplea en perfumería y farmacia.

lantánido adj. y s.m. **1** Se dice del elemento químico que pertenece al grupo de los lantánidos. ◆ **lantánidos** s.m.pl. **2** Grupo de elementos químicos cuyo número atómico está comprendido entre el 57 y el 71, ambos incluidos; son metales.

lantano s.m. Elemento químico de símbolo La y número atómico 57; es un metal blanco, con brillo, maleable y muy reactivo.

lanza s.f. **1** Arma compuesta por un palo largo en cuyo extremo está fijo un hierro puntiagudo y cortante. **2** Vara unida por uno de sus extremos a la parte delantera de un carruaje, que sirve para darle dirección y para sujetar en ella los animales de tiro. ◇ **a punta de lanza** Con severidad y exigencia. ◇ **romper una lanza por alguien** Salir en defensa de algo o de alguien.

lanzacohetes s.m. Arma que sirve para disparar cohetes.

lanzadera s.f. **1** Pieza del telar, alargada y puntiaguda, que lleva un carrete de hilo en su interior. **2** En las máquinas de coser, pieza semejante a la lanzadera de los tejedores que, modernamente, viene reemplazada por una bobina. **3** Vehículo capaz de transportar un misil o un satélite al espacio.

lanzado, a adj. **1** Fam. Se dice de la persona que es muy arrojada y decidida y que se atreve a todo. **2** Muy rápido o veloz.

lanzador, ra adj. y s. Se dice de la persona que lanza o arroja algo.

lanzagranadas s.m. Arma portátil que lanza granadas a corta distancia.

lanzallamas s.m. Arma ligera que arroja a presión un chorro de fuego.

lanzamiento s.m. **1** Impulso fuerte que se da a una cosa para enviarla o proyectarla en una dirección, generalmente al aire. **2** Campaña publicitaria que da a conocer un producto que se pone a la venta. **3** En algunos deportes, acción de lanzar la pelota, especialmente para castigar una falta. **4** Prueba de atletismo que consiste en lanzar un determinado objeto. **5** Procedimiento judicial que obliga al ocupante de una vivienda a abandonarla.

lanzar v.tr. **1** Impulsar con fuerza a una cosa para enviarla o proyectarla en una dirección, generalmente al aire. **2** Emitir sonidos o palabras, generalmente con violencia o súbitamente. **3** Dar a conocer un producto mediante una campaña publicitaria. **4** Hacer pública una cosa, especialmente una noticia. ◆ **lanzarse** v.prnl. **5** Dirigirse o precipitarse con rapidez o violencia contra alguien o algo. **6** Decidirse a emprender una acción o actividad con energía, valor o violencia.

lanzaroteño, a adj. y s. De la isla de Lanzarote.

lanzatorpedos s.m. **1** Aparato bélico que sirve para lanzar torpedos. ◆ adj. **2** Se dice de la embarcación dotada de este aparato.

lapa s.f. **1** Molusco marino comestible, con una concha en forma de cono, que vive adherido a las rocas de la costa. **2** Persona demasiado insistente y pesada, de la que es difícil librarse.

lapiaz s.m. En geología, superficie rocosa de relieve irregular que se produce por la erosión del agua de arroyada o de lluvia.

lapicero s.m. ESP Lápiz.

lápida s.f. Losa sobre la que se graba una inscripción conmemorativa.

lapidación s.f. Acción y efecto de lapidar.

lapidar v.tr. **1** Matar a pedradas. **2** Lanzar piedras contra una persona o cosa.

lapidario, a adj. **1** Relativo a las lápidas. **2** Se dice de la expresión o el escrito que, por su acierto, concisión y sobriedad, es digno de ser esculpido en una lápida. **3** Relativo a las piedras preciosas. ◆ s. **4** Persona que talla piedras preciosas o comercia con ellas. **5** Persona que fabrica y graba lápidas.

lapilli s.m.pl. Fragmentos sólidos de materia volcánica, de entre 1 y 64 mm, que son arrojados en una erupción.

lapislázuli s.m. Mineral de color azul intenso y duro como el acero, que se emplea en joyería.

lápiz s.m. **1** Instrumento para escribir o dibujar, que puede ser una mina de grafito embutida en un cilindro de madera, o bien un tubo de metal o de plástico que hace de soporte de una mina. **2** Barrita de diferentes colores y de distintas sustancias que se emplea para maquillar los ojos o los labios.

lapón, na adj. y s. **1** De Laponia. ◆ s.m. y adj. **2** Lengua que se habla en Laponia.

lapso s.m. **1** Período de tiempo. **2** Lapsus.

lapsus s.m. Error o equivocación que se comete sin querer, por olvido o falta de atención.

lar s.m. **1** En la antigua Roma, divinidad protectora de la casa. □ Suele usarse en plural. **2** Lugar de la casa donde se enciende el fuego. **3** Casa, hogar. □ Suele usarse en plural con valor singular.

largamente adv. Con abundancia y generosidad o, al menos, con suficiencia y sin estrechez.

largar v.tr. **1** Soltar, dejar libre una cosa. **2** En actividades marineras o aeronáuticas, echar o soltar poco a poco una cuerda o un cable. **3** Desplegar. **4** Dar una cosa, generalmente con desprecio o deprisa. **5** Fam. Dar o propinar un golpe. **6** Fam. Echar a una persona de un lugar o de un empleo. **7** Hablar o confesar una cosa. **8** Fam. Hablar alguien demasiado o inoportunamente, diciendo cosas que debería callar. ◆ v.intr. **9** Fam. ESP Hablar, generalmente sin un fin determinado. ◆ **largarse** v.prnl. **10** Fam. Irse, marcharse.

1. **largo, a** adj. **1** Que tiene más longitud o extensión en una de las direcciones del plano. **2** Que tiene una longitud o duración superior a la que se considera normal o superior en comparación a la de otra cosa de su misma naturaleza. **3** Se dice del tiempo o la medida que pasa de lo justo o indicado. **4** Se dice del tiempo o el período que es muy grande o dilatado. □ Va antepuesto al sustantivo. **5** Que tiene demasiada longitud o duración. **6** Se dice de la persona que es muy alta. **7** ESP Se dice de la persona que es inteligente o tiene habilidad. **8** ESP Se dice de la persona que da con generosidad lo que tiene. **9** Se dice de la prenda que llega hasta los pies. ◆ adj. y s.f. **10** Se dice de la vocal o la sílaba que tiene mayor duración dentro de una palabra. ◆ s.m. **11** Longitud total de una cosa. **12** Longitud de una cosa que sirve como unidad de medida. ◆ interj. **13** ESP Expresión que se usa para expulsar violentamente a alguien. ◇ **a la larga** Después de haber pasado cierto tiempo. ◇ **a lo largo de** Siguiendo una longitud o duración. ◇ **dar largas** Retrasar un hecho o acontecimiento de manera intencionada. ◇ **de largo** Con un vestido o una falda que llega hasta los pies. — Desde hace mucho tiempo.

2. **largo** adv. **1** Indica que una composición musical o parte de ella debe interpretarse con un tempo o ritmo muy lento. ◆ s.m. **2** Pieza o fragmento musical que se interpreta con este tempo.

largometraje s.m. Película cinematográfica cuya proyección dura más de 60 minutos.

larguero s.m. **1** En algunos deportes, palo superior y horizontal de la portería. **2** Palo que se pone a lo largo de un mueble o de otra obra de carpintería y que forma parte de su armazón.

larguirucho, a adj. y s. Fam. y desp. Se dice de la persona muy alta, delgada y desgarbada.

largura s.f. Longitud de una cosa.

laringe s.f. Órgano del aparato respiratorio, situado en la parte superior de la tráquea.

laríngeo, a adj. Relativo a la laringe.

laringitis s.f. Inflamación de la laringe.

laringología s.f. Parte de la medicina que se ocupa de las enfermedades de la laringe.

laringólogo, a s. Médico especialista en laringología.

larva s.f. En un proceso de metamorfosis, estado que tienen algunos vertebrados en la fase posterior a la salida del huevo, que es bastante diferente de la forma adulta posterior.

larvado, a adj. **1** Se dice del fenómeno o emoción que no se manifiesta abierta y claramente. **2** Se dice de la enfermedad cuyos síntomas ocultan su verdadera naturaleza.

larvario, a adj. Relativo a la larva o a sus fases de desarrollo.

las det. **1** Forma femenina plural del artículo determinado; véase el, la. ◆ pron. **2** Forma femenina plural del pronombre de tercera persona en función de complemento directo; véase lo.

lasaña s.f. Plato de origen italiano, formado por capas de pasta en forma cuadrada o alargada y carne picada.

lasca s.f. Fragmento plano y delgado desprendido de una piedra.

lascivia s.f. Inclinación exagerada y fuerte al deseo o placer sexual.

lascivo, a adj. **1** Relativo a la lascivia. ◆ adj. y s. **2** Se dice de la persona que siente lascivia.

láser s.m. **1** Aparato electrónico que produce haces de luz intensa de un solo color y gran energía por emisión estimulada de radiación. ◆ adj. y s.m. **2** Se dice del rayo de luz generado o producido por este aparato. □ Como adjetivo, es invariable en número.

lasitud s.f. Estado de debilidad y cansancio próximo al desfallecimiento.

lástima s.f. **1** Sentimiento de pena o dolor que se siente por alguien que sufre o por una cosa que ha sufrido un mal. **2** Cosa que causa disgusto. ◆ interj. **3** Exclamación de pesar ante algo que no sucede como se esperaba.

lastimar v.tr. **1** Herir o causar dolor físico. **2** Ofender o producir daño moral a una persona.

lastimero, a adj. Se dice de la expresión o queja que mueve a lástima o que provoca lástima o compasión.

lastimoso, a adj. **1** Que produce pena o dolor. **2** Que produce mala impresión porque está desmejorado o maltrecho.

lastre s.m. **1** Peso que se pone en el fondo de una embarcación para darle una mayor estabilidad. **2** Peso que llevan los globos aerostáticos, en forma de sacos de tierra, que sirve para ascender o descender. **3** Inconveniente, impedimento.

lata s.f. **1** Lámina delgada de hierro o acero. **2** Recipiente hecho de este material que se usa para guardar alimentos en conserva y líquidos. **3** Cosa fastidiosa que cansa o que molesta. ◇ **dar la lata** Molestar o importunar.

latencia s.f. Estado de lo que permanece oculto, sin manifestarse.

latente adj. Que existe pero está oculto o no se manifiesta exteriormente.

lateral adj. **1** Que está situado al lado de una cosa. **2** Se dice de la cosa que tiene una importancia menor que otra. **3** Se dice de la genealogía o herencia que no es directa o no viene en línea recta. **4** Se dice del jugador de un equipo que cubre un lado del campo de juego como defensa. ◆ adj. y s.f. **5** Se dice del sonido y el fonema consonánticos en cuya articulación el aire sale por los canales que se forman a ambos lados de la lengua. **6** Se dice de la consonante que se articula en este punto, como la «ll».

latero, a s. AMÉR Persona que hace o vende piezas de lata.

látex s.m. Jugo vegetal que se obtiene del tronco de algunos árboles y que se emplea en la fabricación de gomas y resinas.

latido s.m. **1** Cada uno de los movimientos rítmicos que hace el corazón al contraerse y dilatarse, haciendo circular la sangre. **2** Golpe producido por este movimiento. **3** Sensación intermitente y punzante de dolor.

latifundio s.m. Propiedad agraria de gran extensión que pertenece a una sola persona.

latifundismo s.m. Sistema de distribución de la propiedad de la tierra en latifundios.

latifundista adj. **1** Relativo al latifundio. ◆ s.m. y f. **2** Persona que posee latifundios.

latigazo s.m. **1** Golpe dado con un látigo u otro objeto parecido. **2** Sonido del látigo al golpear o al restallar en el aire. **3** Dolor agudo, breve y momentáneo. **4** Hecho inesperado que produce un gran daño moral o que sirve de estímulo a alguien. **5** Fam. ESP Trago de una bebida alcohólica.

látigo s.m. **1** Instrumento que consiste en un mango del que sale una cuerda o correa larga y flexible. **2** Atracción de feria cuyas sacudidas en las curvas de un circuito se asemejan a las del látigo.

latiguillo s.m. **1** Palabra o expresión que una persona repite constantemente al hablar. **2** Recurso artificioso con que un actor u orador, exagerando expresiones o utilizando frases ya hechas, trata de provocar el aplauso.

latín s.m. Lengua de la antigua Roma, hablada y extendida por todo el Imperio romano.

latinajo s.m. Desp. Palabra o frase latina, especialmente la que se cita con pedantería.

latinismo s.m. Palabra, giro o expresión que conserva su forma latina y ha sido introducida en una lengua actual por vía culta.

latinista s.m. y f. **1** Persona versada en la lengua, la literatura y la cultura latinas. ◆ adj. **2** Relativo a los latinismos.

latinizar v.tr. **1** Extender o propagar en un lugar la lengua y la cultura del Imperio romano. **2** Dar forma latina a una palabra o a un texto que no lo son.

latino, a adj. **1** Relativo al latín. **2** Se dice de la persona o pueblo cuya lengua y cultura derivan del latín. **3** Se dice de la Iglesia romana. ◆ adj. y s. **4** Del Lacio (región de Italia). ◆ adj. **5** Se dice de la cruz que tiene el brazo horizontal más corto y divide al vertical en una parte superior más corta y una inferior más larga. **6** Se dice de la vela de forma triangular de algunas embarcaciones ligeras.

latinoamericano, a adj. y s. De Latinoamérica.

latir v.intr. **1** Moverse con ritmo el corazón o las arterias por los movimientos de contracción y dilatación. **2** Manifestarse una cosa no material, pero sin mostrarse al exterior.

latitud s.f. **1** Distancia angular que hay desde un punto de la superficie de la Tierra hasta el paralelo del ecuador. **2** Distancia astronómica desde el plano de la órbita hasta un punto de la esfera celeste o del círculo galáctico, hacia uno de los polos. ◆ **latitudes** s.f.pl. **3** Fam. Lugar desacostumbrado o alejado.

latón s.m. Aleación de cobre y cinc, de color amarillo o dorado, dúctil y maleable.

latoso, a adj. y s. Se dice de la persona o la cosa fastidiosa, pesada o molesta.

latrocinio s.m. Hurto o robo, especialmente el que se comete contra bienes públicos.

laúd s.m. Instrumento musical antiguo de cuerda, formado por una caja de resonancia ovalada y abombada, seis pares de cuerdas, y cuyo clavijero forma un ángulo muy pronunciado con el mango, que es corto.

láudano s.m. **1** Preparación farmacéutica elaborada con opio, que se emplea como calmante. **2** Extracto de opio.

laudes s.f.pl. Oficio religioso diario del clero católico, posterior a maitines y anterior a la prima.

laurear v.tr. **1** Coronar con laurel. **2** Premiar o galardonar. **3** Condecorar a un militar con la cruz de San Fernando.

laurel s.m. **1** Árbol de tronco liso, hojas duras, permanentes y lanceoladas de color verde oscuro, brillantes y de olor agradable. **2** Hoja de este árbol, usada como condimento. **3** Premio o fama que resulta de un éxito o un triunfo. □ Suele usarse en plural con valor singular.

laurencio o **lawrencio** s.m. Elemento químico de símbolo Lr y número atómico 103; es un metal artificial muy radiactivo.

laurisilva s.f. Bosque de árboles de hoja perenne, como el laurel y otras especies afines; es propio de climas subtropicales oceánicos.

1. **lava** s.f. Material pastoso, derretido o en fusión, de origen magmático, que emite un volcán en erupción a elevadas temperaturas.

2. **lava** s.f. Operación de lavar los metales.

lavable adj. **1** Que se puede lavar. **2** Se dice de la prenda o el tejido que se puede lavar sin riesgo a que se encoja o se destiña.

lavabo s.m. **1** Pila fija, de porcelana o de cerámica, con uno o más grifos y un desagüe, que suele estar en el cuarto de baño. **2** Habitación destinada al aseo personal, en la que, además de esta pila, suele haber un váter, una ducha y un bidé.

lavadero s.m. **1** Lugar donde se lava la ropa. **2** Pila para lavar ropa, normalmente de cemento. **3** Lugar de una mina donde se lavan los minerales, especialmente las arenas que contienen oro. **4** AMÉR Paraje de un río donde se recogen y se lavan las arenas auríferas.

lavado s.m. **1** Acción y efecto de lavar. **2** Limpieza o reparación de manchas morales como las culpas y las ofensas. **3** Pintura a la acuarela hecha con un solo color. ◇ **lavado de cerebro** Acción psicológica sistemática que se ejerce sobre una persona para imponerle unas ideas. ◇ **lavado de estómago** Operación de limpieza del estómago para contrarrestar o eliminar las sustancias dañinas.

lavadora s.f. Máquina para lavar la ropa, generalmente automática.

lavanda s.f. **1** Planta arbustiva de tallo leñoso, hojas pequeñas y flores de color azul y muy aromáticas. **2** Flor de esta planta, de la cual se extraen los aceites esenciales que sirven para elaborar el agua de lavanda. **3** Semilla de esta planta, usada para producir humo aromático. **4** Líquido elaborado con las flores y las hojas de esta planta.

lavandera s.f. Ave insectívora de pico largo y recto, vientre blanco o amarillo y cuello, pecho, alas y cola negros o grisáceos.

lavandería s.f. Establecimiento en el que se lava ropa.

lavandero, a s. Persona que se dedica a lavar ropa.

lavaplatos s.m. y f. **1** En un restaurante u otro establecimiento de hostelería, persona que se dedica a lavar platos. ◆ s.m. **2** Lavavajillas (máquina).

lavar v.tr. **1** Limpiar una cosa con agua, o con agua y jabón o detergente. **2** Limpiar con agua los minerales. **3** Purificar, limpiar un defecto o mancha moral. **4** Dar color o sombra a un dibujo con tinta diluida en agua. ◆ v.intr. **5** ESP En un tejido, prestarse a ser lavado con facilidad o dificultad.

lavativa s.f. **1** Líquido que se inyecta en el intestino introduciéndolo por el ano, utilizado con fines terapéuticos o analíticos. **2** Instrumento que se emplea para inyectar este líquido.

lavatorio s.m. **1** Acción de lavar o lavarse. **2** Ceremonia católica que consiste en lavar los pies a doce personas en la misa de Jueves Santo. **3** Líquido preparado con sustancias medicinales que se usa para limpiar una parte del cuerpo. **4** AMÉR Palangana o jofaina donde se vierte el agua para lavarse la cara y las manos. **5** ARG, C RICA Bidé. **6** ARG, CH, EL SALV, MÉX, PAR, PERÚ, URUG Lavabo, recipiente para lavarse. **7** CH Fregadero de cocina.

lavavajillas s.m. **1** Máquina automática para lavar platos, vasos y otros utensilios de cocina. ◆ adj. y s.m. **2** Se dice del producto detergente que sirve para lavar la vajilla.

lawrencio s.m. Laurencio.

laxante adj. y s.m. Se dice del medicamento o alimento que facilita la evacuación.

laxar v.tr. **1** Aflojar o disminuir la tensión de algo. **2** Aflojar el vientre, para facilitar la evacuación.

laxo, a adj. **1** Que está flojo o que no tiene la tensión adecuada. **2** Se dice de la moral o la conducta poco firme o estricta.

lazada s.f. **1** Nudo que se deshace fácilmente tirando de una de las puntas o cabos. **2** Cada uno de los círculos o anillas que quedan al hacer ese nudo. **3** Lazo de adorno.

lazar v.tr. **1** Coger, apresar o sujetar una cosa con un lazo. **2** MÉX Enlazar.

lazareto s.m. **1** Recinto sanitario donde se observa y se somete a tratamiento a personas que han contraído o pueden haber contraído una enfermedad contagiosa. **2** Hospital de leprosos. **3** Establecimiento en el que se tiene a los animales puestos en cuarentena.

lazarillo s.m. **1** Persona que sirve de guía a un ciego. **2** Perro que sirve de guía a un ciego. □ También perro lazarillo. **3** Persona o animal que guía a otra necesitada de ayuda.

lazo s.m. **1** Nudo que se deshace fácilmente tirando de una de las puntas o cabos. **2** Adorno de cinta que imita este nudo u otro más elaborado. **3** Cosa que imita la forma de este nudo. **4** Unión o relación con una persona o cosa. **5** Cuerda gruesa con un nudo corredizo en un extremo que sirve para cazar o sujetar animales. **6** Ardid o trampa. ◇ **echar,** o **tender, el lazo** Atrapar a alguien.

le pron. **1** Forma átona del pronombre de tercera persona, en género masculino y femenino y en número singular, que realiza la función de complemento indirecto. **2** Forma átona del pronombre de tercera persona, en género masculino y número singular, con función de complemento directo y aplicado a una persona.

leal adj. **1** Se dice de la persona que merece confianza porque es firme en sus afectos e ideas. **2** Se dice de la palabra o el acto que se dice o se hace con firmeza y sinceridad. **3** Se dice del animal que muestra fidelidad a su dueño. ◆ **adj. y s.m. y f. 4** Se dice de la persona que es partidaria fiel de otra, o de un grupo o institución.

lealtad s.f. **1** Firmeza en los afectos y en las ideas que lleva a no engañar ni traicionar a los demás. **2** Comportamiento de una persona o animal que guarda la máxima fidelidad.

lebrato s.m. Liebre de corta edad.

lebrel adj. y s.m. Se dice del perro largo y delgado, que tiene el labio superior y las orejas caídas y las patas retiradas hacia atrás.

lebrillo s.m. Vasija, normalmente de barro vidriado, y de forma redondeada, más ancha por el borde que por el fondo.

lección s.f. **1** Conjunto de conocimientos o explicaciones que puede enseñar un maestro en una clase y sobre una materia determinada. **2** Cada una de las partes en que está dividido un libro de texto. **3** Parte de una asignatura o materia que el alumno debe tener estudiada. **4** Explicación oral sobre un tema que da una persona. **5** Experiencia o ejemplo que sirve de enseñanza o de escarmiento. ◇ **dar una lección** Hacer comprender a una persona un defecto que tiene o un error que ha cometido, para que le sirva de escarmiento.

lechal adj. y s.m. Se dice del animal que todavía mama, especialmente referido al cordero.

lechazo s.m. Cordero lechal.

leche s.f. **1** Sustancia líquida de color blanco que se crea en las mamas de las hembras de los mamíferos, y que sirve para alimentar a sus hijos. **2** Líquido blanco que segregan algunos vegetales. **3** Líquido más o menos concentrado que se obtiene macerando determinadas semillas en agua y luego machacándolas. **4** Crema líquida de color blanco que se utiliza como cosmético. **5** Fam. ESP Golpe que recibe o da una persona. **6** Fam. ESP Cosa muy molesta o fastidiosa. **7** Vulg. Semen. ◆ **interj. 8** ESP Se usa para expresar asombro o fastidio. ◇ **a toda leche** Fam. A toda velocidad o con mucha prisa. ◇ **de la leche** Fam. Magnífico, extraordinario. ◇ **de leche** Se dice del animal que todavía mama o que aún está en la primera dentición. — Se dice del diente que es de la primera dentición. ◇ **la leche** Fam. Cosa que causa asombro o indignación. ◇ **leche condensada** Líquido blanco y espeso que se obtiene industrialmente evaporando leche y azúcar y que se reconstituye como leche al añadirle agua. ◇ **leche merengada** Bebida refrescante que se prepara con leche, huevo, azúcar y canela. ◇ **mala leche** Fam. ESP Mala intención. — Fam. ESP Mal humor. ◇ **tener leche** Fam. ESP Ser muy afortunado.

lechera s.f. Vasija para guardar, servir o transportar la leche.

lechería s.f. Establecimiento en el que se vende leche.

lechero, a adj. **1** Relativo a la leche. **2** Que tiene leche o alguna de sus propiedades. **3** Se dice del animal hembra criado para aprovechar su leche y destinarla a la producción. ◆ **s. 4** Persona que se dedica a vender o repartir leche.

lecho s.m. **1** Formal. Cama para dormir o descansar. **2** Capa de un material preparada sobre el suelo para que el ganado duerma o descanse. **3** Cauce de un río, o depresión del terreno por donde corre un curso de agua. **4** Fondo del mar o de un lago. **5** Porción de una cosa extendida horizontalmente, encima de la cual se puede poner otra. **6** Masa mineral o estrato geológico.

lechón, na s.m. **1** Cerdo que todavía mama. ◆ **s. 2** Cerdo de cualquier edad.

lechoso, a adj. **1** Que se parece a la leche, o tiene alguna de sus propiedades, como el color. **2** Se dice del vegetal o la planta que contiene un jugo blanco semejante a la leche.

lechuga s.f. Planta hortense, de hojas grandes, verdes y comestibles.

lechuguino, a adj. y s. **1** Desp. Se dice de la persona joven que presume de madurez y que para hacerlo se viste con excesiva elegancia y se comporta afectadamente. ◆ s.m. **2** Lechuga pequeña, antes de ser trasplantada.

lechuza s.f. Ave rapaz nocturna más pequeña que el búho, de cara redonda, pico corto y encorvado, ojos grandes con el iris amarillo y plumaje blanco y leonado.

lectivo, a adj. Se dice del día o el período que se destina a la actividad docente.

lector, ra adj. y s. **1** Se dice de la persona que lee o que tiene afición por la lectura. ◆ s. **2** Profesor adjunto a una universidad o escuela extranjeras para la enseñanza de su lengua materna. **3** Persona que se dedica a leer los textos recibidos en una editorial y a dar una opinión sobre ellos, la cual se valorará a la hora de publicarlos o no. ◆ s.m. **4** Aparato electrónico que permite reproducir o transformar las señales grabadas en bandas o discos magnéticos. **5** Aparato electrónico que proyecta en una pantalla lo que está escrito en microfilmes o microfichas. **6** Clérigo que ha recibido el lectorado.

lectorado s.m. **1** Cargo de lector universitario. **2** Segunda de las órdenes menores eclesiásticas, que en el rito actual permite leer las profecías del sábado de Pascua y de Quincuagésima.

lectura s.f. **1** Acción de leer. **2** Texto u obra que se lee o que ha de leerse. **3** Interpretación del sentido de un texto, una obra o de un hecho concreto. **4** Operación de acceso para extraer una información almacenada en la memoria de un ordenador y transmitirla a un registro exterior, reproducirla o visualizarla. **5** Comprensión o reproducción de un mensaje codificado o grabado.

leer (26) v.tr. e intr. **1** Interpretar el significado de una serie de signos escritos, ya sea mentalmente o en voz alta, pasando la vista por encima de ellos. **2** Descifrar e interpretar cualquier tipo de signo. **3** Reproducir o visualizar información almacenada en la memoria de un ordenador. **4** Interpretar o entender el sentido de una cosa de una manera determinada.

legación s.f. **1** Representación de un gobierno, ejercida en el extranjero con función y cargo diplomático. **2** Edificio de la representación diplomática. **3** Cargo de legado, o tiempo que dura. **4** Misión o mensaje que lleva un legado.

legado s.m. **1** Bien material que una persona deja en testamento a otra. **2** Cosa espiritual o material, especialmente cultura, ideas o tradiciones, que se transmite a alguien. **3** Persona enviada por una autoridad para que actúe en su nombre en un asunto.

legajo s.m. Conjunto de papeles, generalmente atados, por tratar sobre un mismo asunto.

legal adj. **1** Relativo a la ley o al derecho. **2** Que se ajusta a la ley o está conforme con ella. **3** Se dice de la persona responsable y puntual. **4** Fam. Se dice de la persona que merece confianza.

legalidad s.f. **1** Cualidad de lo que es legal o que está conforme con lo que la ley establece. **2** Sistema de leyes vigente en un país.

legalización s.f. **1** Acción que consiste en hacer legal una cosa. **2** Confirmación de la autenticidad de una firma o documento.

legalizar v.tr. **1** Hacer legal una cosa. **2** Confirmar la autenticidad de una firma o documento.

legaña s.f. Secreción sebácea de las glándulas situadas en los párpados que se cuaja en el borde de estos, generalmente durante el sueño.

legañoso, a adj. y s. Que tiene muchas legañas.

legar v.tr. **1** Disponer una persona en testamento que otra reciba un bien material. **2** Transmitir una cosa, especialmente cultura, ideas o tradiciones, a alguien. **3** Enviar a una persona en representación de otra.

legendario, a adj. **1** Relativo a las leyendas. **2** Famoso, muy conocido.

legible adj. Que se puede leer.

legión s.f. **1** Cuerpo principal del ejército de la Roma antigua, formado por la infantería y la caballería. **2** En el ejército actual, cuerpo especial de tropa formado por soldados extranjeros o voluntarios. **3** Muchedumbre.

legionario, a adj. **1** Relativo al cuerpo militar de la legión. ◆ s. **2** Soldado de una legión.

legionela s.f. **1** Bacteria que provoca en el ser humano fiebre y procesos respiratorios graves. **2** Enfermedad contagiosa causada por esta bacteria.

legislación s.f. **1** Conjunto de leyes por las cuales se gobierna un estado o se regula una materia determinada. **2** Ciencia de las leyes. **3** Acción que consiste en legislar.

legislador, ra adj. y s. Que legisla o se ocupa de la legislación.

legislar v.intr. Hacer o establecer leyes.

legislativo, a adj. **1** Se dice del organismo que tiene la misión o la facultad de hacer leyes. **2** Relativo a la legislación o a los legisladores.

legislatura s.f. **1** Tiempo durante el que funcionan los cuerpos legislativos de un estado. **2** Conjunto de órganos legislativos que actúan durante este período.

legista s.m. y f. Persona experta en leyes o que imparte o recibe clases de jurisprudencia.

legítima s.f. Parte de la herencia que la ley reserva a los herederos forzosos.

legitimar v.tr. **1** Convertir en legítima a una persona o una cosa. **2** Confirmar o certificar la autenticidad de un documento, o que una cosa cumple las condiciones indicadas por la ley. **3** Autorizar o capacitar a una persona para ejercer una función o un cargo.

legitimidad s.f. Carácter o condición de legítimo.

legitimista adj. y s.m. y f. Partidario de una persona o dinastía distinta de la que reina.

legítimo, a adj. **1** Conforme a la ley. **2** Se dice del hijo natural de un matrimonio legítimo. **3** Auténtico o verdadero.

lego, a adj. **1** Que no tiene experiencia o conocimientos de una materia. ◆ **adj. y s. 2** Se dice del cristiano que no pertenece al clero. **3** En un convento, religioso o religiosa que no ha recibido las órdenes sagradas.

legrado s.m. Operación quirúrgica que consiste en raspar la superficie de un órgano o de algo que está adherido a él.

legua s.f. Medida de longitud que equivale a 5 572 metros. ◇ **a la legua** o **a una legua** o **a cien leguas** A gran distancia o de forma muy evidente.

leguleyo, a s. Desp. Persona que se dedica a cuestiones legales.

legumbre s.f. **1** Fruto o semilla que crece en el interior de una vaina formando una hilera con otras iguales. **2** Planta que se cultiva en huerto, especialmente la de fruto en vaina.

leguminoso, a adj. y s.f. **1** Se dice de la planta que tiene frutos en legumbre o vaina. ◆ **leguminosas** s.f.pl. **2** Grupo taxonómico, con categoría de familia, constituido por estas plantas.

lehendakari s.m. Presidente del Gobierno autónomo vasco.

leído, a adj. Se dice de la persona que tiene gran cultura por haber leído mucho.

leísmo s.m. Uso incorrecto de las formas le y les del pronombre personal en función de complemento directo, en lugar de lo y los; no se considera incorrecto cuando le se refiere a personas del género masculino (a Álex, le vi ayer).

leísta adj. y s.m. y f. Se dice de la persona que practica el leísmo al hablar.

leitmotiv o **leit motiv** s.m. **1** Melodía o idea fundamental de una composición musical que se va repitiendo y desarrollando a lo largo de toda la composición. **2** Idea o motivo central de un discurso u obra literaria, que se repite a lo largo de él.

lejanía s.f. **1** Estado o situación de una zona o lugar que está o se ve lejos. **2** Distancia muy grande entre dos puntos.

lejano, a adj. **1** Que está a mucha distancia en el espacio o en el tiempo. **2** Se dice del parentesco o semejanza que no tiene vínculos directos.

lejía s.f. Sustancia líquida incolora, y de olor fuerte, que se usa para poner blanca la ropa y para desinfectar y limpiar.

lejísimos adv. Superlativo de lejos.

lejos adv. A gran distancia en el espacio o en el tiempo. ◇ **a lo lejos** A mucha distancia en el espacio o en el tiempo. ◇ **de,** o **desde, lejos** A gran distancia. ◇ **lejos de** + **infinitivo** Sirve para introducir una expresión que indica que lo que sucede o lo que se hace es todo lo contrario a lo que ese infinitivo expresa. ◇ **sin ir más lejos** Tomando como ejemplo un referente cercano o inmediato.

lelo, a adj. **1** Fam. Atontado o pasmado. ◆ **adj. y s. 2** Fam. Se dice de la persona que tiene poca capacidad de entendimiento y se comporta torpemente, sin ninguna viveza.

lema s.m. **1** Frase que expresa un pensamiento que rige la conducta o el comportamiento de una persona o comunidad. **2** Contraseña que identifica al autor de una obra que se presenta a concurso. **3** Palabra que encabeza un artículo de diccionario y que es la que se define. **4** Frase de un escudo o emblema. **5** Resumen o explicación del asunto que precede a la obra en la que se desarrolla. **6** Tema de un discurso.

lemming s.m. Roedor de orejas y cola muy cortas, que habita en el norte de Europa.

lemosín, na adj. y s. **1** De Lemosín o de Limoges. ◆ **s.m. y adj. 2** Variedad dialectal del provenzal hablada en la región de Lemosín. ◆ **s.m. 3** En la Edad Media, conjunto de las lenguas provenzal, catalán, valenciano y mallorquín.

lémur o **lemur** s.m. Nombre de varios mamíferos primates arborícolas que se caracterizan por su larga cola, sus cuatro extremidades terminadas en manos y su cara semejante a la de un perro.

lenar s.m. Formación rocosa que presenta una erosión superficial causada por el agua.

lencería s.f. **1** Ropa interior y ropa para dormir femenina. **2** Establecimiento en el que se hace o se vende este tipo de ropa. **3** Ropa blanca para la mesa, la cama o el baño. **4** Establecimiento en el que se hace o se vende este tipo de ropa.

lengua s.f. **1** Órgano muscular blando, carnoso y movible que se encuentra en el interior de la boca de los animales vertebrados. **2** Cosa estrecha y larga, de forma similar a la de este órgano. **3** Sistema de signos orales y escritos que utiliza una comunidad de hablantes para comunicarse. **4** Capacidad de hablar o de escribir característica de un grupo de personas, de un autor, de una región o de un período determinados. **5** Badajo de una campana. ◇ **darle a la lengua** Fam. Hablar mucho. ◇ **haber comido lengua** Fam. Se utiliza para indicar que alguien habla mucho o que tiene mucha disposición para hablar. ◇ **hacerse lenguas de algo o alguien** Alabar mucho a una persona o una cosa. ◇ **irse de la lengua** Fam. Hablar una persona más de lo debido o revelar algo inconscientemente. ◇ **lengua glaciar** Parte del glaciar de un valle donde la masa de hielo forma como un río que desciende lentamente hacia su parte terminal. ◇ **lengua materna** Lengua que se habla en el país en que ha nacido el hablante. — Lengua que una persona aprende en su entorno familiar y mediante la cual se comunica normalmente. ◇ **lengua muerta** Lengua que ya no se habla y de la que se conservan textos escritos, como el latín, el griego clásico y el sánscrito. ◇ **lengua viva** Lengua que se habla actualmente. ◇ **malas lenguas** Gente murmuradora, que critica y habla mal de los demás. ◇ **morderse la lengua** Contenerse una persona para no decir algo que le gustaría decir. ◇ **tener la lengua larga** Fam. Tener facilidad en hablar de más, en decir inconveniencias o en ser poco discreto. ◇ **tirar de la lengua** Fam. Hacer que una persona hable, especialmente para que cuente una cosa que debería callar.

lenguado s.m. Pez marino de cuerpo ovalado y muy aplanado, que tiene los ojos muy juntos agrupados en uno de los lados de la cara, y cuya carne es muy apreciada.

lenguaje s.m. **1** Capacidad propia del ser humano para expresarse por medio de un sistema de signos orales y escritos. **2** Sistema de signos utilizado por el ser humano para el desarrollo de esta capacidad, o por los animales para desarrollar su propia capacidad de comunicación. **3** Manera de hablar o de expresarse característica de una persona o de un grupo. **4** Medio que sirve para transmitir algo, especialmente una idea o un sentimiento. **5** Conjunto de caracteres, símbolos informáticos y reglas que permite crear programas informáticos.

lenguaraz adj. y s.m. y f. Se dice de la persona que habla con descaro e insolencia.

lengüeta s.f. **1** Objeto, mecanismo o instrumento cuya forma, delgada y alargada, recuerda a una lengua. **2** Lámina pequeña, elástica, de caña o metal, situada en la embocadura de algunos instrumentos musicales de viento que, al vibrar, produce el sonido.

lengüetazo s.m. Movimiento hecho con la lengua al lamer o al coger algo con ella.

lengüetear v.intr. Fam. AMÉR Hablar mucho, sin sustancia o sin claridad.

lenificar v.tr. Suavizar o moderar algo.

leninismo s.m. Doctrina política y económica que toma como base el pensamiento de Lenin.

leninista adj. **1** Relativo al leninismo. ◆ adj. y s.m. y f. **2** Se dice de la persona que es partidaria del leninismo.

lente s.m. o f. **1** Pieza de cristal o de otro material transparente, con las caras cóncavas o convexas, que se usa en determinados instrumentos ópticos. ◆ **lentes** s.m.pl. **2** Conjunto de dos cristales colocados en una montura, que se apoya en la nariz y se sujeta con unas patillas detrás de las orejas, y que sirve para corregir algún defecto de la vista. **GEOSIN** anteojos, gafas. ◇ **lente de contacto** Lente muy pequeña y delgada que se aplica directamente sobre la córnea y sirve para corregir algún defecto de la vista.

lenteja s.f. **1** Planta leguminosa de tallos débiles y ramosos, hojas compuestas y flores blancas, cuya semilla, pequeña, de forma redondeada y aplanada, y de color marrón, es comestible. **2** Fruto de esta planta, compuesto por una vaina alargada y aplastada en cuyo interior están las semillas. **3** Semilla de esta planta.

lentejuela s.f. Laminilla redonda y de material brillante, que se cose como adorno en algunos vestidos.

lenticular adj. **1** Que tiene forma de semilla de lenteja. ◆ s.m. **2** Huesecillo del oído medio, situado detrás del tímpano.

lentilla s.f. Lente de contacto.

lentisco s.m. Arbusto de hojas perennes, flores pequeñas, fruto esférico y madera rojiza, usada en ebanistería.

lentitud s.f. Tardanza con que ocurre o se ejecuta una cosa.

lento, a adj. **1** Que va despacio o que invierte mucho tiempo en realizar algo. **2** Se dice de la persona que no es rápida para comprender o que hace las cosas con mucha tranquilidad. **3** Se dice de la acción o el suceso que tarda mucho o demasiado en llegar a su desenlace. ◆ s.m. **4** Tiempo musical que se ejecuta despacio. **5** Composición o parte de una composición que tiene este tiempo. ◆ adv. **6** Fam. De manera lenta.

leña s.f. **1** Conjunto de troncos, ramas y trozos de madera seca para hacer fuego. **2** Fam. Golpes o palos que se dan como castigo. ◇ **echar leña al fuego** Hacer que una situación conflictiva lo sea todavía más. ◇ **hacer leña del árbol caído** Alegrarse una persona de la mala o difícil situación en que ha caído otra, o sacar provecho de ello.

leñador, ra s. Persona que se dedica a cortar o vender leña del bosque.

leñazo s.m. Fam. ESP Golpe o choque violento.

leñe interj. Fam. ESP Expresión que indica enfado, fastidio o disgusto.

leño s.m. **1** Trozo grueso de árbol, cortado y sin ramas. **2** Parte sólida y consistente del tronco de los árboles. **3** Tejido vegetal formado por el conjunto de los vasos leñosos de una planta. **4** Fam. Persona de poco talento y torpe.

leñoso, a adj. **1** Se dice de la parte de algunas plantas que es apretada y dura, como la madera. **2** Se dice del arbusto, planta o fruto que tiene la dureza y consistencia propias de la madera.

leo adj. y s.m. y f. Se dice de la persona que ha nacido entre el 23 de julio y el 22 de agosto. **OBS** Invariable en número. Se escribe normalmente con mayúscula inicial.

león, na s. **1** Mamífero felino, carnívoro, corpulento, de cabeza grande y pelo marrón rojizo.

2 Persona valiente, atrevida y decidida. ◇ **león de montaña** CH Puma. ◇ **león marino** Mamífero carnívoro marino, semejante a una foca, pero más grande.

leonado, a adj. Que tiene un tono parecido al del pelo de los leones, marrón rojizo.

leonera s.f. **1** Fam. Habitación muy desordenada. **2** Lugar en el que se encierran leones.

leonés, sa adj. y s. **1** De León (ciudad y provincia). ◆ s.m. y adj. **2** Variedad del español hablada actualmente en la provincia de León, y en parte de Asturias, Cantabria, Zamora, Salamanca y Cáceres. ◆ adj. y s. **3** Del antiguo reino de León.

leonesismo s.m. **1** Amor o admiración por la cultura y las tradiciones de León. **2** Palabra o modo de expresión propio del español hablado en León y en parte de Asturias, Cantabria, Zamora, Salamanca y Cáceres.

leopardo s.m. Mamífero felino, carnívoro, de pelo amarillento y lleno de manchas negras, y el vientre claro; es muy rápido y ágil.

leotardo s.m. **1** ESP Prenda de vestir femenina, parecida a unas medias pero hecha de un tejido más grueso, que cubre las piernas desde los pies hasta la cintura. □ Suele usarse en plural con valor singular. **2** ESP, MÉX Prenda de vestir de tejido muy delgado y elástico, que se ajusta mucho al cuerpo.

lépero, a adj. y s. **1** AMÉR CENTRAL, MÉX Ordinario, soez. ◆ adj. **2** CUBA Astuto, sagaz.

lepidóptero adj. y s.m. **1** Se dice del insecto que tiene dos pares de alas membranosas, aparato bucal chupador, y realiza una metamorfosis completa. ◆ **lepidópteros** s.m.pl. **2** Grupo taxonómico, con categoría de orden, constituido por estos insectos.

leporino, a adj. **1** Relativo a la liebre. **2** Se dice del labio hendido.

lepra s.f. **1** Enfermedad infecciosa crónica, caracterizada por lesiones en la piel, nervios y vísceras. **2** Mal moral que se extiende con rapidez y es difícil de controlar.

leprosería s.f. Hospital de leprosos.

leproso, a adj. y s. Se dice de la persona que padece lepra.

lerdo, a adj. y s. **1** Se dice de la persona que es lenta y torpe para hacer o comprender una cosa. ◆ adj. **2** Se dice de la caballería de paso lento y torpe.

leridano, a adj. y s. De Lérida.

les pron. Forma átona del pronombre de tercera persona, en género masculino y femenino y en número plural, que realiza la función de objeto indirecto.

lesbianismo s.m. **1** Atracción sexual que siente una mujer por otra. **2** Práctica de relaciones sexuales entre mujeres.

lesbiano, a adj. **1** Lésbico. ◆ s.f. y adj. **2** Mujer que siente atracción sexual hacia otra mujer.

lésbico, a adj. Relativo al lesbianismo.

lesión s.f. **1** Daño físico causado por una herida, golpe o enfermedad. **2** Perjuicio, ofensa o daño moral.

lesionado, a adj. Que sufre un daño físico causado por una herida, golpe o enfermedad.

lesionar v.tr. **1** Causar una lesión. **2** Perjudicar o producir un daño moral.

lesivo, a adj. Que causa daño o perjuicio.

leso, a adj. **1** Formal. Que ha sido dañado o perjudicado. □ Va antepuesto al sustantivo. **2** AMÉR SUR Tonto.

letal adj. Que causa o puede causar la muerte.

letanía s.f. **1** Serie de plegarias, cada una de las cuales es recitada o cantada por una persona y repetida, contestada o completada por las demás. **2** Enumeración larga y aburrida.

letargo s.m. **1** Estado de adormecimiento e inactividad en que se quedan algunos animales en las épocas frías del año. **2** Estado de cansancio o adormecimiento en que se encuentra una persona. **3** Sueño muy profundo.

letón, na adj. y s. **1** De Letonia. ◆ s.m. y adj. **2** Lengua hablada en Letonia.

letra s.f. **1** Signo gráfico con el que se representa en la escritura un fonema. **2** Forma o estilo de escritura propio de una persona, época o lugar. **3** Texto de una pieza musical cantada. **4** Documento por el que una persona se compromete a pagar una cantidad de dinero en una fecha determinada. □ También letra de cambio. **5** Sentido exacto y literal de las palabras de un texto. **6** Cada pieza de imprenta que sirve para estampar una letra o figura. ◆ **letras** s.f.pl. **7** Conjunto de conocimientos relacionados con las humanidades. **8** Escrito de corta extensión, especialmente una carta. ◇ **a la letra** De forma completa y fiel.

letrado, a adj. **1** Culto o instruido. ◆ s. **2** Persona legalmente autorizada para defender a sus clientes en juicio, representarlos o aconsejarlos.

letrero s.m. Escrito que sirve para dar una indicación, aviso o noticia.

letrilla s.f. Composición poética de tono generalmente satírico, constituida por estrofas de versos octosílabos o hexasílabos que pueden rimar en asonancia o consonancia.

letrina s.f. **1** Lugar destinado a la defecación. □ Suele usarse en plural con valor singular. **2** Lugar sucio y repugnante.

leucemia s.f. Enfermedad de la sangre caracterizada por un exceso de leucocitos o glóbulos blancos en la sangre.

leucémico, a adj. **1** Relativo a la leucemia. ◆ adj. y s. **2** Que padece leucemia.

leucocito s.m. Célula de la sangre que forma parte de los sistemas de defensa celular e inmunológico de los vertebrados.

leva s.f. **1** En mecánica, pieza que gira con un eje, con el que está unida directamente o por medio de una rueda, y que al girar comunica su movimiento a otro mecanismo. **2** Reclutamiento para un servicio, especialmente para servir en el ejército. **3** Salida de un barco del puerto. **4** Fam. AMÉR CENTRAL, CUBA Engaño o treta que se hace a una persona. **5** CUBA Chaqueta de vestir hecha de tejido fuerte, con solapas, abierta por delante y con botones. **GEOSIN** americana, vestón, saco.

levadizo, a adj. Se dice del puente que se puede levantar mediante un dispositivo.

levadura s.f. **1** Hongo unicelular que provoca la fermentación alcohólica de los hidratos de carbono, por lo que se utiliza en la elaboración del pan y de la cerveza. **2** Sustancia que hace fermentar los cuerpos con los que se mezcla.

levantamiento s.m. **1** Acción que consiste en mover a una persona o cosa de abajo hacia arriba. **2** Construcción de una obra, especialmente de un edificio o de un monumento. **3** Rebelión de un grupo numeroso de personas contra una autoridad. **4** Suspensión de una pena o prohibición, llevada a cabo por una persona autorizada para ello.

levantar v.tr. **1** Mover de abajo hacia arriba. **2** Poner en un lugar más alto. **3** Dirigir una cosa hacia arriba, especialmente la vista, la mirada o los ojos. **4** Poner en posición vertical una cosa que estaba caída, inclinada o en posición horizontal. **5** Hacer un edificio, un monumento u otra obra de construcción. **6** Aumentar la intensidad o el volumen de la voz. **7** Desmontar y recoger lo que estaba montado en un lugar. **8** Hacer que un animal salga del lugar donde se esconde para cazarlo. **9** Fortalecer o dar vigor a una cosa, especialmente el ánimo. **10** Hacer que se separe una cosa de una superficie. **11** Ocasionar o producir una cosa. **12** Crear un negocio o empresa, o hacer que vuelva a funcionar después de una crisis. **13** Fam. Robar. **14** Cortar o dividir la baraja de cartas en dos o más partes. **15** Superar el valor de una carta que está en juego. **16** Poner fin a una pena, castigo o prohibición. **17** Dar por finalizada una reunión. ◆ **levantarse** v.prnl. **18** Dejar la cama tras el descanso habitual o después de una enfermedad. **19** Ponerse en pie. **20** Sobresalir una cosa en altura sobre una superficie. **21** Sublevarse. **22** Empezar a agitarse el mar o el viento.

levante s.m. **1** Punto cardinal situado en el lado donde nace el Sol. □ Se escribe normalmente con mayúscula inicial. **2** Parte de un lugar situada hacia este punto. **3** Viento que sopla desde este punto. **4** Región mediterránea española, especialmente la zona correspondiente a los antiguos reinos de Valencia y Murcia. □ Se escribe con mayúscula inicial.

levantino, a adj. y s. Del Levante español.

levar v.tr. Levantar el ancla del fondo del mar para hacerse a la mar un barco.

leve adj. **1** Que tiene poca importancia o gravedad. **2** Que pesa poco. **3** Que es poco intenso o suave.

levedad s.f. **1** Cualidad de leve. **2** Poca importancia o escasa gravedad.

1. **levita** s.m. y adj. Israelita de la tribu de Leví, dedicado especialmente al culto religioso.

2. **levita** s.f. Prenda masculina con mangas, entallada y con faldones cruzados que llegan hasta la rodilla.

levitación s.f. Acción y efecto de levitar.

levitar v.intr. Elevarse o mantenerse en el aire una persona o cosa sin que intervenga ningún fenómeno físico conocido.

levítico, a adj. **1** Relativo a los levitas. **2** Que tiene carácter sacerdotal o está muy influido por el clero.

lexema s.m. Elemento de la palabra de significación plena.

lexicalizar v.tr. Convertir una interjección, una onomatopeya o un sintagma en unidad léxica que funciona como una palabra.

léxico, a adj. **1** Relativo al léxico o vocabulario. ◆ s.m. **2** Conjunto de las palabras de una lengua, de una región, de una actividad, de un período determinado, o de una persona, en especial un autor. **3** Formal. Diccionario.

lexicografía s.f. **1** Arte y técnica de elaborar diccionarios. **2** Parte de la lingüística que estudia los principios teóricos para la elaboración de diccionarios.

lexicógrafo, a s. Persona experta en lexicografía.

lexicología s.f. Parte de la lingüística que estudia el léxico, sus unidades y las relaciones entre ellas dentro del sistema de la lengua.

lexicólogo, a s. Persona experta en lexicología o que se dedica a ella.

lexicón s.m. Léxico o diccionario, especialmente el de una lengua antigua.

1. **ley** s.f. **1** Regla o norma establecida por una autoridad superior para mandar, prohibir o regular alguna cosa. **2** Conjunto de las leyes o normas establecidas. **3** Línea de conducta que regula cualquier actividad social y que no ha sido impuesta por ningún legislador. **4** Conjunto de reglas y normas propias de una religión. **5** Religión, especialmente en lo referido a las reglas o normas morales y a los principios de conducta. **6** Regla o norma invariable, universal y necesaria, que rige las relaciones entre los diversos fenómenos de la naturaleza. ◇ **con todas las de la ley** Con todos los requisitos necesarios. ◇ **de buena,** o **mala, ley** De buena (o mala) calidad material o espiritual. ◇ **de ley** Confor-

me a las cualidades que se creen debidas. — Establecido por la autoridad de la ley. □ Expresa el carácter de normalidad de un hecho. ◇ **ley de la ventaja** Ley que, en una competición deportiva, no impone un castigo que pueda resultar favorable al equipo que comete la falta. ◇ **ley del embudo** Fam. Ley que se emplea con desigualdad, siendo muy estricta con unas personas y muy permisiva con otras. ◇ **ley del talión** Ley que castiga a la persona que ha causado un daño con el mismo daño que ella provocó.

2. **ley** s.f. **1** Calidad, peso o medida que, una vez hecha la aleación, se exige a los metales, como el oro y la plata que se utilizan en monedas y joyas. **2** Cantidad de metal puro contenido en una aleación o en una mena. ◇ **de ley** Que tiene la cantidad mínima de metal precioso que, según unas normas oficiales, debe tener.

leyenda s.f. **1** Relato fantástico o parcialmente histórico que la tradición ha ido elaborando. **2** Composición literaria que recrea una narración popular de este tipo. **3** Inscripción hecha en monedas, lápidas, escudos, estandartes, etc. **4** Texto explicativo donde aparecen los símbolos, colores y sombreados utilizados en un mapa; se coloca al pie o en el margen y facilita su interpretación y lectura. **5** Persona convertida en ídolo, sobre todo en el mundo del espectáculo o del deporte. **6** Idea o concepto que se considera inalcanzable.

lezna s.f. Punzón que utilizan los zapateros para perforar o coser la madera o el cuero.

lía s.f. Soga trenzada de esparto.

liado, a adj. Fam. ESP Se dice de la persona que está muy ocupada y tiene muchas cosas que hacer.

liana s.f. Planta enredadera de tallo largo y leñoso, que crece verticalmente y trepa sujetándose a los árboles hasta que se ramifica.

liante, a adj. y s. Fam. ESP Se dice de la persona que enreda algo o engaña a otra.

liar (1e) v.tr. **1** Atar y asegurar un fardo o un paquete con una cuerda o algo parecido. **2** Envolver una cosa y atarla. **3** Hacer un cigarrillo envolviendo la picadura en el papel de fumar. **4** ESP Complicar un asunto o una situación. **5** Fam. ESP Enredar a alguien en un asunto o situación complicados. **6** ESP Mezclar una cosa de manera desordenada. **7** ESP Confundir a alguien o hacer que se equivoque. ◆ **liarse** v.prnl. **8** ESP Entretenerse, hablar mucho. **9** Fam. ESP Establecer una relación amorosa o sexual con otra persona sin estar casados. **10** ESP Empezar a dar golpes.

libación s.f. **1** Acción de libar.

libanés, sa adj. y s. Del Líbano.

libar v.tr. **1** Chupar un insecto el néctar de las flores. **2** Formal. Probar o gustar una bebida, especialmente vino o licor.

libelo s.m. Escrito en que se calumnia o denigra a personas, ideas o cosas.

libélula s.f. Insecto de abdomen alargado y ojos prominentes y esféricos, con cuatro alas largas, estrechas y transparentes.

líber s.m. Tejido que transporta y reparte las sustancias sintetizadas en la fotosíntesis.

liberación s.f. **1** Acción que consiste en liberar o poner en libertad a alguien. **2** Desaparición de una situación de dependencia, limitación o sometimiento. **3** Cancelación de las hipotecas y de las cargas de un inmueble.

liberado, a adj. Se dice de la persona que no se siente obligada por las trabas impuestas por la sociedad o la moral.

liberal adj. y s.m. y f. **1** Relativo a la doctrina política del liberalismo. **2** Se dice de la persona que es abierta y respetuosa con otras opiniones y costumbres. ◆ adj. **3** Generoso. **4** Se dice de la profesión que es intelectual y puede ejercerse privadamente y sin subordinación. ◆ adj. y s.m. y f. **5** Se dice de la persona que ejerce una profesión intelectual e independiente.

liberalismo s.m. **1** Doctrina política, económica y social que defiende la libertad individual y una intervención mínima del Estado. **2** Actitud de la persona que es tolerante y abierta.

liberalización s.f. Transformación o cambio hacia una mayor libertad, especialmente en la economía y el comercio.

liberalizar v.tr. **1** Hacer que una persona o una cosa sea más liberal. **2** Hacer libre algo.

liberar v.tr. **1** Poner en libertad. **2** Quitar una obligación, una carga o un compromiso. **3** Hacer superar a alguien un obstáculo moral o social. **4** Hacer que un país o territorio deje de estar dominado u ocupado militarmente.

liberiano, a adj. y s. **1** De Liberia. ◆ adj. **2** Se dice del vaso o conducto del tejido vegetal que transporta la savia elaborada.

líbero s.m. En fútbol, jugador que ayuda a la línea de defensa y colabora en el contraataque.

libérrimo, a adj. Superlativo de libre.

libertad s.f. **1** Facultad de las personas para actuar según su propio deseo en el seno de una sociedad organizada y dentro de los límites de reglas definidas. **2** Derecho que tienen las personas para hacer una cosa sin que intervenga una autoridad. **3** Estado de quien no está preso ni sometido a la voluntad de otro. **4** Falta de coacción u obligación para hacer una cosa. **5** Desenvoltura o naturalidad en los movimientos. **6** Confianza para tratar con las personas. ◇ **libertad condicional** Permiso que se le concede a un condenado en la última parte de la pena por haber mostrado buen comportamiento.

libertador, ra adj. y s. Se dice de la persona que pone en libertad.

libertar v.tr. Poner en libertad.

libertario, a adj. Se dice de la ideología o la persona que defiende la libertad absoluta del individuo y la desaparición del Estado y las leyes.

libertinaje s.m. **1** Abuso de libertad, desenfreno. **2** Comportamiento inmoral y vicioso.

libertino, a adj. y s. Se dice de la persona que actúa con libertinaje.

liberto, a s. En la antigua Roma, esclavo liberado.

libidinoso, a adj. y s. Que muestra un deseo sexual exagerado.

libido s.f. Deseo o impulso de placer sexual.

libio, a adj. y s. De Libia.

libra s.f. **1** Unidad monetaria de Irlanda (hasta su sustitución por el euro en el año 2002), Reino Unido, Egipto, Líbano, Malta, Siria y otros países. **2** Medida de peso que equivale aproximadamente a 500 gramos. ◆ adj. y s.m. y f. **3** Se dice de la persona que ha nacido entre el 23 de septiembre y el 23 de octubre.
OBS Invariable en número. Se escribe normalmente con mayúscula inicial.

librar v.tr. **1** Dejar libre a alguien de un problema, obligación o situación desagradable. **2** Quitar de encima a alguien o algo que incordia o molesta. **3** Expedir una letra de cambio, cheque u otro documento de orden de pago. **4** Dar a conocer o comunicar una sentencia o una comunicación oficial. **5** Sostener una lucha. ◆ v.intr. **6** Disponer o disfrutar un trabajador del día libre que le corresponde.

libre adj. **1** Se dice de la persona que tiene la capacidad de elegir una forma de actuación o de pensamiento. **2** Se dice de la persona que tiene la capacidad y el derecho de hacer y decir cualquier cosa. **3** Se dice de la persona o el animal que vive en libertad. **4** Se dice del lugar vacío, o que no está ocupado. **5** Se dice de la entrada gratuita, o que no tiene impedimentos o límites. **6** Se dice de la persona exenta de daño o riesgo. **7** Se dice del beneficio que no está obligado o sujeto. **8** Se dice del espacio de tiempo que no se dedica al trabajo. **9** Se dice del alumno dispensado de asistir a clase y que solamente está obligado a examinarse. **10** Que no tiene limitaciones ni restricciones. **11** Que no tiene ante sí ningún obstáculo.

librea s.f. Uniforme de gala que usan algunos trabajadores, generalmente conserjes y ujieres.

librecambio s.m. Sistema económico que se basa en la libre circulación de mercancías entre estados y la desaparición de las aduanas.

librecambismo s.m. Doctrina económica que defiende la libre circulación de mercancías entre estados y la desaparición de las aduanas.

librecambista adj. **1** Relativo a la doctrina económica del librecambismo. ◆ adj. y s.m. y f. **2** Se dice de la persona partidaria del librecambismo.

libremente adv. Con libertad, sin trabas de ningún tipo.

librepensador, ra adj. y s. Se dice de la persona partidaria del librepensamiento.

librepensamiento s.m. Doctrina que se basa en la independencia individual de la razón.

librería s.f. **1** Establecimiento en que se venden libros. **2** Mueble para colocar libros.

librero, a s. Persona que vende libros.

libreta s.f. Cuaderno pequeño que se usa para apuntes o anotaciones. ◇ **libreta de ahorros** Documento en el que está anotado el dinero que una persona tiene en un banco o caja de ahorros.

libretista s.m. y f. Autor del texto escrito que acompaña una obra musical.

libreto s.m. Texto de una obra de teatro al que se le pone música.

librillo s.m. Pequeño paquete o cajita de hojas de papel de fumar.

libro s.m. **1** Conjunto de hojas impresas o escritas colocadas en el orden en que se han de leer, unidas por uno de sus lados y cubiertas con unas tapas. **2** Texto o conjunto de textos o de imágenes que forman un libro. **3** Conjunto de hojas en que se anotan los datos de determinadas personas. **4** Cada una de las partes de una obra de larga extensión. **5** Tercera de las cuatro partes en que se divide el estómago de los rumiantes. **6** Libreto. ◇ **libro de bolsillo** Libro que es ligero, pequeño y generalmente de tapas poco rígidas. ◇ **libro de cabecera** Libro preferido por una persona o en el que se basa su manera de pensar. ◇ **libro de familia** Libro que recoge los datos personales de un matrimonio y de sus hijos. ◇ **libro de texto** Libro usado en las escuelas como guía de estudio de una asignatura. ◇ **libro electrónico** Libro editado en formato digital que puede contener texto, imagen y sonido.

licantropía s.f. Trastorno mental que consiste en creer el enfermo que se ha convertido en lobo.

licencia s.f. **1** Permiso para hacer algo. **2** Autorización legal otorgada por la Administración para hacer o utilizar algo. **3** Documento en que consta esta autorización. **4** Autorización que se concede a un militar para ausentarse del cuartel o a un civil para faltar a su empleo, temporalmente. **5** Abuso de libertad, que lleva al desorden moral. ◆ **licencias** s.f.pl. **6** Permiso que reciben los eclesiásticos de sus superiores para ejercer su ministerio. ◇ **licencia poética** Desviación de la norma del lenguaje que se usa en poesía por motivos estilísticos.

licenciado, a s. **1** Persona que ha obtenido el título universitario de licenciatura. **2** Persona que ha cumplido el servicio militar y ha obtenido la licencia absoluta.

licenciar (1d) v.tr. **1** Dar el título de licenciado. **2** Dar autorización a un soldado para abandonar definitivamente el cuartel. ◆ **licenciarse** v.prnl. **3** Obtener alguien el título de licenciado.

licenciatura s.f. **1** Grado de licenciado o título académico que se obtiene al acabar una carrera universitaria de más de tres años. **2** Conjunto de estudios necesarios para conseguir este grado.

licencioso, a adj. Que tiene un comportamiento amoral, especialmente en lo relacionado con la moral sexual.

liceo s.m. **1** Sociedad o institución literaria o artística con fines recreativos, en que las personas se reúnen para participar en actividades culturales y para pasar su tiempo libre. **2** Centro de enseñanza media de algunos países extranjeros, como Francia e Italia.

lichi s.m. Fruta de forma redondeada, cubierta por una corteza roja o rosada, algo rugosa, cuya pulpa es jugosa y dulce.

licitar v.intr. Ofrecer dinero o precio por un objeto en una subasta.

lícito, a adj. Permitido por la ley o por la moral.

licor s.m. **1** Bebida alcohólica destilada, de sabor dulce, y hecha con sustancias aromáticas como frutas o hierbas. **2** Líquido, especialmente el usado en farmacología.

licorera s.f. **1** Botella, generalmente decorada, para guardar y servir licor y vinos de aperitivo. **2** Mueble o lugar para guardar licores.

licorería s.f. **1** Fábrica de licores. **2** Establecimiento en el que se venden licores y vinos.

licra o **lycra** s.f. Fibra sintética, elástica e indeformable que se utiliza para fabricar tejidos transpirables que se adaptan perfectamente al cuerpo.

licuadora s.f. Aparato eléctrico de cocina que sirve para extraer el líquido de frutas y otros alimentos.

licuar (1c) v.tr. Convertir en líquido una sustancia sólida o un gas.

lid s.f. **1** Formal. Lucha o pelea entre dos o más personas o animales. ◆ **lides** s.f.pl. **2** Actividad o asunto que requiere cierta habilidad o conocimiento.

líder s.m. y f. **1** Jefe de un partido político, religioso, o de un grupo o sociedad. **2** Persona o grupo de personas que ocupa el primer lugar entre las de su grupo. □ Normalmente en aposición a otro sustantivo: empresa líder. **3** Persona o equipo que se halla situado a la cabeza de una clasificación o competición deportiva.

liderar v.tr. **1** Dirigir un partido, grupo o movimiento. **2** Ir en cabeza de una clasificación o competición deportiva.

liderato s.m. Liderazgo.

liderazgo s.m. **1** Condición de líder. **2** Primer lugar en una clasificación o competición deportiva.

lidia s.f. Acción de lidiar.

lidiar (1d) v.tr. **1** Incitar al toro a que embista y esquivarlo siguiendo las artes del toreo. ◆ v.intr. **2** Formal. Combatir o pelear.

lidocaína s.f. Medicamento que se utiliza como anestésico local, o contra las arritmias.

liebre s.f. **1** Mamífero roedor parecido al conejo pero más grande, con las orejas más largas, de color pardo, las patas traseras mucho más largas que las delanteras y la cola corta. **2** Atleta que en las carreras de velocidad corre muy rápido para hacer más vivo el ritmo y favorecer así a otro corredor.

lied (pl. lieder) s.m. **1** Canción lírica breve para voz solista y acompañamiento propia de los países de lengua alemana, cuya letra es un poema al que se ha puesto música. **2** Poema lírico alemán.
OBS Pronunc. 'lid'.

liendre s.f. Huevo de piojo.

lienzo s.m. **1** Tela fuerte preparada para pintar sobre ella. **2** Pintura hecha sobre esta tela. **3** Tejido fino de lino, cáñamo o algodón. **4** Parte o trozo continuo y recto de una muralla, entre dos salientes.

lifting s.m. Operación de cirugía estética que consiste en el estiramiento de la piel para eliminar arrugas, normalmente en la zona de la cara y el cuello.

liga s.f. **1** Cinta elástica que sujeta la media o el calcetín e impide que se caiga. **2** Competición deportiva en la que participan equipos de una misma categoría y en la que cada equipo debe enfrentarse con todos los demás. **3** Acuerdo entre dos o más países para conseguir intereses comunes. **4** Asociación o conjunto de personas u organismos unidos por unos mismos intereses. **5** Sustancia muy pegajosa que sirve para untar las trampas para cazar, y que se extrae de algunas semillas. **6** Mezcla de dos o más sustancias, especialmente dos metales que se funden para formar una aleación.

ligado s.m. Ejecución de una serie de notas musicales consecutivas sin pausas ni interrupciones entre unas y otras.

ligadura s.f. **1** Sujeción hecha con una cuerda u otra cosa. **2** Cuerda o correa que sirve de sujeción para unir una cosa a otra. **3** Vínculo o impedimento moral que dificulta la realización de algo. **4** Operación quirúrgica que consiste en obstruir un vaso sanguíneo u otro conducto mediante un nudo.

ligamento s.m. **1** Cordón resistente de tejido conjuntivo que une los huesos de las articulaciones. **2** Pliegue membranoso que sostiene un órgano del cuerpo de un animal en su sitio.

ligar v.tr. **1** Atar o sujetar con cuerda, hilo o venda. **2** Unir, enlazar o poner en relación dos o más cosas o personas. **3** Atar o comprometer un documento legal a alguien, obligándole a cumplir las condiciones del mismo. **4** Unir ciertas sustancias batiéndolas hasta que presentan un aspecto homogéneo. **5** Unir la duración de dos o más notas musicales. **6** Mezclar dos o más metales fundidos para conseguir una aleación. **7** Fam. ESP Conquistar a alguien para entablar una relación amorosa o sexual pasajera.

ligazón s.f. Unión estrecha de dos o más cosas.

ligereza s.f. **1** Cualidad de la cosa que pesa poco. **2** Rapidez y agilidad en el movimiento. **3** Falta de responsabilidad en la manera de actuar. **4** Obra o dicho imprudente e irreflexivo.

ligero, a adj. **1** Que pesa poco. **2** Poco fuerte, poco intenso, poco importante o poco consistente. **3** Rápido, veloz y ágil. **4** Se dice del alimento que se puede digerir fácilmente. **5** Se dice de la prenda de vestir que abriga poco. **6** Se dice de la persona que no es seria ni formal, especialmente en el ámbito amoroso. **7** Se dice de la conversación que no es seria o profunda. ◇ **a la ligera** De manera irreflexiva o superficial.

light adj. **1** Se dice del alimento o la bebida que tiene menos calorías de las habituales. **2** Se dice de la cosa o actividad cuyas características habituales están menguadas.
OBS Pronunc. aprox. 'lait'.

lignina s.f. Materia amorfa de color marrón oscuro que se deposita en las paredes de las células muertas de las plantas y que forma la madera.

lignito s.m. Carbón mineral, procedente de la madera, de color negro o parduzco.

lignívoro, a adj. Se dice del animal que se alimenta de madera.

ligón, na adj. y s. Fam. ESP Se dice de la persona que establece relaciones amorosas o sexuales fácilmente o que lo intenta con frecuencia.

ligue s.m. **1** Fam. ESP Relación amorosa o sexual que se establece de forma pasajera. **2** Fam. ESP Persona con la que se establece esta relación.

liguero, a adj. **1** Relativo a la liga deportiva. ◆ s.m. **2** Prenda de ropa interior femenina, que consiste en una especie de faja estrecha que se coloca en la cintura y que sirve para sujetar con ligas el extremo superior de las medias.

liguilla s.f. Liga deportiva en la que participan un reducido número de equipos.

ligur adj. y s.m. y f. De Liguria o del antiguo pueblo europeo que se estableció en ella.

lija s.f. **1** Papel con partículas de vidrio o arena encoladas en una de sus caras y que sirve para pulir madera o metales. □ También papel de lija. **2** Pez marino de cuerpo alargado, cabeza pequeña, con muchos dientes y la piel sin escamas pero muy áspera.

lijadora s.f. Máquina para lijar.

lijar v.tr. Pulir con lija una superficie.

lila s.f. **1** Arbusto muy ramoso, de flores olorosas de color morado claro. **2** Flor de este arbusto. ◆ s.m. y adj. **3** Color morado claro, como el de esta flor. ◆ adj. **4** Que es de este color.

liliáceo, a adj. y s.f. **1** Se dice de la planta monocotiledónea con bulbo y fruto con forma de cápsula. ◆ **liliáceas** s.f.pl. **2** Grupo taxonómico, con categoría de familia, constituido por estas plantas.

liliputiense adj. y s.m. y f. Se dice de la persona enana o extremadamente pequeña.

1. **lima** s.f. **1** Herramienta alargada de acero, con la superficie rugosa, que se usa para desgastar o alisar materias duras, como el metal o la madera. **2** Pequeña barra de acero o esmeril, que se usa para pulir y arreglar las uñas. **3** Corrección, perfeccionamiento o pulimento de una obra artística o intelectual.

2. **lima** s.f. **1** Árbol de tronco liso y flores blancas y olorosas, y fruto comestible. **2** Fruto de este árbol, parecido al limón pero más pequeño.

3. **lima** s.f. **1** Ángulo formado por las dos vertientes de una techumbre. **2** Madero colocado en este ángulo.

limaco s.m. Molusco terrestre parecido al caracol, pero carente de concha.

limadura s.f. **1** Acción y efecto de limar. ◆ **limaduras** s.f.pl. **2** Pequeños fragmentos que se desprenden de un material duro al limarlo.

limar v.tr. **1** Pulir o desgastar algo con una lima para alisarlo. **2** Corregir, perfeccionar o pulir una cosa. **3** Suavizar o hacer más agradable o adecuada una cosa.

limbo s.m. **1** Parte más ancha y aplanada de las hojas de las plantas. **2** Según la doctrina cristiana, lugar al que van las almas de los niños que mueren sin bautizar. **3** En astronomía, círculo brillante que se ve a veces alrededor de un astro. ◇ **estar en el limbo** Estar distraído o no enterarse de lo que ocurre alrededor.

limeño, a adj. y s. De Lima.

limero s.m. Árbol de tronco liso y flores blancas y olorosas, y fruto comestible.

limícola adj. **1** Se dice del organismo que vive en el limo. ◆ **limícolas** s.f.pl. **2** Grupo de aves que viven en las costas y riberas y se alimentan de los animales que encuentran entre el lodo.

limitación s.f. **1** Acción que consiste en fijar límites físicos o morales. **2** Circunstancia que limita o dificulta el desarrollo de una cosa. **3** Restricción de algún bien o de tiempo.

limitado, a adj. **1** Que tiene límites o es escaso. **2** Que tiene poco entendimiento.

limitar v.tr. **1** Poner límites a una cosa, especialmente una superficie o un territorio. **2** Reducir algo, poniendo límites. ◆ v.intr. **3** Tener un límite o frontera común dos o más zonas. ◆ **limitarse** v.prnl. **4** Hacer únicamente una cosa.

límite s.m. **1** Línea real o imaginaria que marca un territorio y lo separa de otros. **2** Fin o grado máximo de una cosa que no se puede o no se debe superar. □ Normalmente en aposición a otro sustantivo: situación límite. **3** Magnitud fija a la cual se acercan cada vez más los términos de una secuencia infinita de magnitudes.

limítrofe adj. Que limita o linda.

limo s.m. Barro arcilloso fino que se deposita en el fondo de las aguas cuando llueve.

limón s.m. **1** Fruto del limonero, de forma ovoide, con corteza de color amarillo claro, comestible y de sabor ácido. **2** Limonero (árbol). ◆ s.m. y adj. **3** Color amarillo como el de este fruto.

limonada s.f. Bebida refrescante hecha con zumo de limón, agua y azúcar.

limonar s.m. Lugar poblado de limoneros.

limonero, a s.m. **1** Árbol de tronco liso y ramoso, cuyo fruto, comestible, es el limón. ◆ s. **2** Persona que se dedica a vender limones.

limonita s.f. Mineral compuesto de óxido de hierro hidratado, de color pardo amarillento.

limosna s.f. Donativo o ayuda que se da al necesitado, generalmente dinero.

limpia s.f. **1** Limpieza enérgica. ◆ s.m. **2** Fam. Limpiaparabrisas. **3** Fam. ESP Limpiabotas.

limpiabotas s.m. y f. Persona que se dedica a limpiar y dar brillo al calzado de otras personas. GEOSIN lustrabotas, lustrador.

limpiacristales s.m. y f. **1** Persona que se dedica a limpiar cristales. ◆ s.m. **2** Líquido para limpiar cristales y espejos.

limpiador, ra adj. y s. Que limpia.

limpiaparabrisas s.m. Varilla articulada y provista de una goma que sirve para limpiar los cristales de un vehículo.

limpiar (1d) v.tr. **1** Quitar o eliminar la suciedad o una mancha. **2** Quitar o eliminar lo que estorba o no sirve. **3** Quitar o eliminar las manchas morales. **4** Excluir de un colectivo a los miembros que se consideran molestos. **5** Fam. Hurtar o dejar sin dinero a una persona.

limpiaúñas s.m. Utensilio para limpiar uñas.

límpido, a adj. Formal. Limpio y puro.

limpieza s.f. **1** Cualidad de limpio. **2** Acción que consiste en quitar o eliminar la suciedad o una mancha de algo. **3** Acción que consiste en excluir de un colectivo a los miembros que no cooperan o que se consideran molestos. **4** Destreza y habilidad en la realización de un ejercicio físico. **5** Fam. Acción que consiste en dejar a una persona sin dinero. **6** Honradez e integridad con que se comporta o actúa una persona.

limpio, a adj. **1** Que no tiene ninguna mancha o suciedad. **2** Que está libre de impurezas o despojado de lo superfluo. **3** Que no tiene mezclas consideradas dañinas. **4** Se dice de la persona o el animal que cuida de su higiene y su aspecto exterior. **5** Se dice del dinero que resulta una vez que se han restado los gastos o los impuestos. **6** Se dice de la persona buena y honrada. **7** Se dice de la persona que está libre de culpa, daño o riesgo. **8** Fam. Se dice de la persona que se ha quedado sin dinero. **9** Fam. Se dice de la persona que carece de conocimientos en una materia. **10** En medicina, se dice de la fractura, corte, etc., en que no hay aislamiento o desgarro adicional de los tejidos ni bordes irregulares. **11** Se emplea en diferentes expresiones para dar énfasis a la acción expresada por el sustantivo al que acompaña. ◆ adv. **12** De manera honrada y sin trampas. ◇ **en limpio** Sin errores y bien presentado.

limusina s.f. Automóvil lujoso y muy largo que se usa en ocasiones importantes.

linaje s.m. **1** Línea de antepasados y descendientes de una persona, especialmente si es noble. **2** Calidad de una cosa.

linarense adj. y s.m. y f. De Linares.

linaza s.f. Semilla del lino.

lince s.m. **1** Mamífero carnívoro felino parecido al gato, pero de mayor tamaño, de color pardo, con pelos largos en las puntas de las orejas. **2** Persona muy astuta, inteligente y perspicaz. **3** Persona que tiene la vista aguda.

linchamiento s.m. Acción de linchar.

linchar v.tr. Matar una muchedumbre a una persona sospechosa de algún crimen sin hacer antes un juicio.

lindar v.intr. **1** Tener la misma frontera o límite dos superficies, países o territorios. **2** Estar muy cerca de lo que se expresa.

linde s.m. o f. Límite de un territorio o finca contiguo a otro y que lo separa de este.

lindo, a adj. Se dice de la persona o la cosa bella y agradable. ◇ **de lo lindo** Mucho o en exceso.

línea s.f. **1** Sucesión continua de puntos en el espacio. **2** Señal o marca larga y estrecha trazada en un plano o superficie. **3** Serie de letras dispuestas horizontalmente en una página. **4** Serie de personas o de cosas colocadas una tras de otra. **5** En el fútbol y otros deportes de equipo, conjunto de jugadores que desempeñan una función igual o semejante. **6** Dirección que sigue una cosa. **7** Conducta o comportamiento que sigue una determinada dirección. **8** Servicio regular de transporte que recorre un itinerario determinado. **9** Tendencia, moda, estilo o carácter propio de una cosa. **10** Figura armoniosa de una persona o cosa. **11** Serie de los miembros de una familia, y que constituye la relación de parentesco entre ellas. **12** Esbeltez o delgadez de una persona. **13** Serie de productos con características iguales o parecidas. **14** Comunicación telefónica. ◆ **líneas** s.f.pl. **15** Texto de corta extensión. ◇ **de línea** Se dice del coche o autobús que realiza un servicio regular de viajeros entre dos o más poblaciones.

◇ **en líneas generales** Desde un punto de vista general, sin entrar en particularidades. ◇ **en toda la línea** Totalmente. ◇ **entre líneas** Indica que algo se deja adivinar, a pesar de no manifestarse explícitamente.

lineal adj. **1** Relativo a la línea. **2** Que tiene una forma semejante a una línea. **3** Que sigue un desarrollo constante, sin alteraciones.

linealidad s.f. **1** Cualidad de lo que es lineal. **2** Disposición lineal de los elementos en el habla.

linfa s.f. Líquido claro y sin color que circula por los vasos linfáticos y que solo contiene glóbulos blancos.

linfático, a adj. Relativo a la linfa.

linfocito s.m. Leucocito de pequeño tamaño, que reconoce a los antígenos y sintetiza anticuerpos.

linfoma s.m. Tumor de los tejidos linfoides.

lingotazo s.m. ESP Copa o trago de una bebida alcohólica.

lingote s.m. Barra o trozo de metal en bruto, generalmente de hierro o de un metal noble, como el oro, la plata o el platino, y que mantiene la forma del molde donde se ha fundido.

lingual adj. Relativo a la lengua (órgano bucal).

lingüista s.m. y f. Persona que se dedica a la lingüística.

lingüística s.f. Ciencia que estudia el lenguaje en general y las lenguas en particular.

lingüístico, a adj. Relativo a la lingüística o a las lenguas.

linier s.m. En algunos deportes, árbitro auxiliar que vigila las bandas del campo.

linimento s.m. Preparado farmacéutico que se aplica con fricciones.

link s.m. Texto o imagen que en una página web nos permite acceder a otro documento de hipertexto.

lino s.m. **1** Planta herbácea de flores azules, de cuyo tallo, recto y hueco, se saca una fibra que sirve para hacer tejidos. **2** Fibra obtenida de esta planta. **3** Tejido hecho con esta fibra.

linóleo s.m. Tejido impermeable elaborado con yute y cubierto con una capa de corcho en polvo amasado con aceite de linaza oxidado.

linotipia s.f. **1** Máquina de componer textos tipográficos, que saca la línea de letras en una sola pieza. **2** Arte o técnica de componer textos con esta máquina.

linterna s.f. **1** Aparato manual y portátil, provisto de una pequeña bombilla, que sirve para proyectar luz y que funciona con pilas eléctricas. **2** Farol o lámpara portátil. **3** Faro. **4** Estructura arquitectónica de forma cilíndrica o poligonal, cubierta por una pequeña cúpula, que corona una cúpula mayor, y que suele tener ventanas que permiten el paso de la luz al interior del edificio. ◇ **linterna mágica** Aparato óptico que proyecta imágenes sobre una pantalla creando la ilusión de movimiento.

lío s.m. **1** Conjunto de cosas atadas, especialmente de ropa. **2** Fam. Desorden o confusión. **3** Asunto o situación difícil de resolver, especialmente si va acompañada de alboroto. **4** ESP Relación amorosa o sexual entre dos personas que no forman pareja estable.

liofilización s.f. Método de desecación que consiste en congelar una sustancia o alimento y eliminar después el agua helada.

liofilizar v.tr. Desecar una sustancia o alimento congelándolos y eliminando después el agua.

lioso, a adj. ESP Se dice del asunto o situación que es confuso o complicado.

lípido s.m. Sustancia orgánica insoluble en agua que contiene gran cantidad de energía química.

lipograma s.m. Escrito en el que faltan una o determinadas letras, las cuales se evitan voluntariamente.

lipólisis o **lipolisis** s.f. Descomposición de los lípidos en ácidos grasos durante la digestión.

liposoluble adj. Se dice de la sustancia orgánica que es soluble en las grasas o aceites.

liposoma s.m. Pequeña acumulación de determinados compuestos, mantenida en emulsión en los tejidos en forma de grasa invisible.

lipotimia s.f. Desmayo repentino y pasajero, que se produce cuando no llega sangre suficiente al cerebro.

liquen s.m. Organismo formado por la simbiosis de un hongo y un alga.

liquidación s.f. **1** Pago completo de una deuda o de una cuenta. **2** Venta a un precio muy bajo de una mercancía por traslado, quiebra, reforma, traspaso, etc., del establecimiento. **3** Finalización definitiva de una cosa o asunto. **4** Dinero que una empresa paga a un trabajador cuando deja de prestarle sus servicios.

liquidar v.tr. **1** Pagar completamente una deuda o una cuenta. **2** Dar fin a una cosa o asunto. **3** Gastar completamente una cosa. **4** Fam. Matar a una persona.

liquidez s.f. **1** Capacidad de un capital financiero para transformarse de manera simple en dinero efectivo. **2** Capacidad para hacer frente a las obligaciones financieras en un momento determinado y de manera inmediata.

líquido, a adj. **1** Se dice del estado de la materia que no es sólido ni gaseoso; se caracteriza porque la cohesión entre las moléculas es menor que en un sólido y mayor que en un gas y porque se adapta a la forma del recipiente que la contiene. ◆ **adj. y s.m. 2** Se dice de la sustancia que tiene este estado. **3** Se dice del saldo positivo de una cuenta, que es la cantidad de dinero que queda tras comparar lo que se tiene con lo que se debe. **4** Se dice del activo financiero fácilmente transformable en dinero. ◆ adj. y s.f. **5** Se dice de las consonantes l y r, por su aptitud para formar grupo con la consonante precedente en la misma sílaba.

1. **lira** s.f. **1** Instrumento musical antiguo de cuerda. **2** Estrofa de cinco versos, tres heptasílabos y dos endecasílabos, de rima consonante.

2. **lira** s.f. Unidad de moneda de Italia (hasta su sustitución por el euro en el año 2002), Turquía y otros países.

lírica s.f. **1** Género poético constituido por composiciones en las que el autor expresa sus ideas y sentimientos de manera subjetiva. **2** Género literario de las obras compuestas en verso.

lírico, a adj. y s. **1** Relativo a la lírica. ◆ adj. **2** Se dice de la obra de teatro cantada parcial o totalmente.

lirio s.m. Planta herbácea de hojas lanceoladas y duras, alrededor de un tallo central ramoso, con flores grandes azuladas o blancas.

lirismo s.m. Expresión profunda de emoción y exaltación de la intimidad.

lirón s.m. **1** Mamífero roedor parecido al ratón, de color marrón y con grandes orejas y cola larga y peluda, que vive en los árboles. **2** Persona que duerme mucho.

lis s.m. **1** Formal. Lirio. **2** Representación heráldica de la flor del lirio. □ También flor de lis.

lisa s.f. Pez marino de cuerpo rechoncho y labio superior muy grueso, que suele habitar en mares templados.

lisboeta adj. y s.m. y f. De Lisboa.

lisiado, a adj. y s. **1** Se dice de la persona que tiene una lesión permanente, especialmente una amputación o defecto en las extremidades. **2** Fam. Que está muy cansado por haber realizado un gran esfuerzo.

lisiar (1d) v.tr. Producir una lesión grave y permanente en alguna parte del cuerpo, especialmente en las extremidades.

liso, a adj. **1** Se dice de la superficie que no tiene asperezas, salientes ni arrugas. **2** Se dice del objeto o la superficie sin adorno ni decoración. **3** Se dice del pelo que no tiene rizos. **4** Se dice del terreno sin obstáculos.

lisonjear v.tr. **1** Alabar hipócrita e interesadamente a una persona. ◆ **lisonjearse** v.prnl. **2** Llenarse alguien de orgullo o satisfacción.

lisonjero, a adj. y s. Se dice de la persona que alaba hipócrita e interesadamente a otra para conseguir un favor o para ganar su voluntad.

lisosoma s.m. Orgánulo celular de forma irregular y membrana sencilla que contiene gran cantidad de enzimas necesarias para la digestión de los alimentos o para la destrucción de antígenos.

lista s.f. **1** Relación o enumeración de personas o cosas, generalmente dispuestas en columna. **2** Franja, raya o línea larga y delgada que decora una tela o un tejido, generalmente de un color. **3** Tira delgada de cualquier material. ◇ **lista de espera** Lista que contiene los asuntos o los nombres de las personas que deben guardar un turno. ◇ **lista negra** Lista que contiene los nombres de personas o grupos que se consideran peligrosos o enemigos. ◇ **pasar lista** Leer en voz alta una relación de nombres de personas para comprobar que están presentes.

listado, a adj. **1** Se dice del tejido que tiene listas o franjas. ◆ s.m. **2** Enumeración ordenada de ciertas cosas o personas, generalmente dispuestas en columna.

listar v.tr. Hacer una lista, un listado o una relación de cosas o personas.

listeza s.f. Capacidad para entender las cosas con facilidad y rapidez.

listín s.m. ESP Relación de los abonados al servicio telefónico.

listo, a adj. **1** Que entiende las cosas con facilidad y rapidez. **2** Ingenioso, astuto, que tiene habilidad para afrontar y resolver problemas. **3** Se dice de la persona o la cosa que está dispuesta o preparada para algo. ◆ interj. **4** Expresión para indicar que se ha acabado de hacer algo o que algo ya está preparado.

listón s.m. **1** Pieza de madera larga y estrecha. **2** En la prueba deportiva de salto de altura, barra que se coloca horizontalmente y que se debe superar. **3** Límite o cualidad máxima, muy difícil de superar.

lisura s.f. **1** Ausencia de asperezas, salientes o arrugas. **2** Sinceridad, sencillez, veracidad o ausencia de fingimiento. **3** PERÚ Descaro.

litera s.f. **1** Mueble formado por dos o más camas superpuestas. **2** Cada una de las camas que forman parte de este mueble. **3** Cama fija que se usa en barcos y trenes para ganar espacio.

literal adj. Se dice del sentido que sigue fielmente el significado exacto de las palabras, sin buscar interpretaciones o sentidos figurados.

literario, a adj. Relativo a la literatura.

literato, a adj. y s. Se dice de la persona que cultiva la literatura, escribiendo o estudiándola.

literatura s.f. **1** Arte cuyo medio de expresión es la palabra oral o escrita y en el que el lenguaje no tiene la función de informar, sino de proporcionar satisfacción o placer estético. **2** Estudio de las teorías que tratan de este arte, de sus obras y de sus autores. **3** Conjunto de las obras literarias de un género, de un país o de un período determinados.

litificación s.f. En geología, conjunto de procesos de formación de las rocas sedimentarias.

litigar v.intr. **1** Entablar o mantener un litigio. ◆ v.tr. **2** Disputar una cosa a alguien.

litigio s.m. **1** Disputa entre dos o más personas que se desarrolla en un juicio. **2** Discusión o enfrentamiento.

litio s.m. Elemento químico de símbolo Li y número atómico 3; es un metal brillante.

litografía s.f. **1** Arte de reproducir o de imprimir dibujos o escritos grabados previamente en piedra o en planchas de metal. **2** Reproducción obtenida mediante esta técnica.

litográfico, a adj. Relativo a la litografía.

litología s.f. Parte de la geología que estudia las rocas.

litológico, a adj. Se dice del ciclo geológico que incluye el proceso de formación, destrucción y transformación de una roca en otra.

litoral adj. **1** Relativo a la costa del mar. ◆ s.m. **2** Franja de tierra que está tocando con el mar.

litosfera s.f. Capa externa y rígida de la Tierra, integrada por la corteza y la parte más superficial del manto.

lítotes o **litotes** o **litote** s.f. Figura retórica que consiste en atenuar una opinión o afirmación, dando a entender lo contrario de lo que se quiere afirmar.

litro s.m. Unidad de volumen del Sistema Internacional, de símbolo l o L, que equivale a un decímetro cúbico.

litrona s.f. Fam. ESP Botella de cerveza de un litro.

lituano, a adj. y s. **1** De Lituania. ◆ s.m. y adj. **2** Lengua que se habla en Lituania.

liturgia s.f. Conjunto de prácticas y reglas establecidas para la celebración de las ceremonias religiosas.

litúrgico, a adj. Relativo a la liturgia.

liviano, a adj. **1** Que pesa poco. **2** Poco importante o serio. **3** Que supone poco esfuerzo, dificultad o molestia. **4** Que cambia de ideas o de comportamiento con demasiada facilidad.

lividez s.f. **1** Palidez extrema. **2** Color amoratado que toma la carne por el frío, un golpe, o una herida.

lívido, a adj. **1** Que está de color amoratado. **2** Pálido.

liza s.f. **1** Formal. Lucha o pelea entre dos o más personas o animales. **2** Antiguamente, campo o terreno para el combate de los caballeros.

ll s.f. Dígrafo que en español representa el sonido consonántico lateral, palatal y sonoro; su nombre es elle.

llaga s.f. **1** Herida abierta en alguna parte interior o exterior del cuerpo. **2** Pena o dolor moral que se siente por una desgracia. **3** Junta vertical entre dos ladrillos de una misma serie horizontal.

llagar v.tr. Producir llagas.

1. **llama** s.f. **1** Masa de gas en combustión que sale hacia arriba de los cuerpos que arden; tiene forma de lengua puntiaguda y emite luz y calor. **2** Fuerza o intensidad de una pasión o deseo.

2. **llama** s.f. Animal mamífero rumiante doméstico, de pelo largo y marrón y orejas largas y erguidas, que es originario de América del Sur.

llamada s.f. **1** Acción de llamar. **2** Voz, sonido o gesto que sirven como señal para atraer la atención de una persona o animal. **3** Señal de un texto escrito que sirve para enviar al lector de una parte del texto a otra con el fin de relacionar conceptos o de ampliar información. **4** Invitación o convocatoria que hace una persona a un grupo para que este actúe del modo más conveniente. **5** Impulso o atracción que ejerce una cosa sobre una persona.

llamador s.m. **1** Aldaba, picaporte. **2** Botón del timbre que activa eléctricamente un sonido si se presiona.

llamamiento s.m. Invitación o convocatoria que hace una persona a un grupo para que este actúe del modo más conveniente.

llamar v.tr. **1** Emitir sonidos o palabras, o hacer gestos para captar la atención de una persona o un animal. **2** Comunicarse a través del teléfono. **3** Dar un nombre a una persona, animal o cosa. **4** Aplicar un sobrenombre o un adjetivo calificativo a una persona. **5** Gustar o atraer una cosa a una persona. **6** Dar a una persona un tratamiento determinado, según su categoría, su condición, su edad, etc. **7** Citar a una persona con alguna finalidad. ◆ v.intr. **8** Golpear una puerta o hacer sonar un timbre. ◆ **llamarse** v.prnl. **9** Tener el nombre o título que se expresa.

llamarada s.f. **1** Llama grande que se forma de manera repentina y violenta, y que se apaga o pierde intensidad rápidamente. **2** Enrojecimiento brusco y de poca duración de la cara.

llamativo, a adj. Que llama mucho la atención, especialmente por ser muy bello o muy exagerado y excéntrico.

llamear v.intr. Echar llamas un objeto que arde.

llana s.f. Herramienta que sirve para extender y dejar lisa una masa.

llanamente adv. De manera clara y sencilla.

llanero, a s. Persona que vive en las llanuras.

llaneza s.f. **1** Característica principal de la persona que tiene un comportamiento sencillo y natural con los demás. **2** Falta de dificultad o de complicación, especialmente al hablar o al escribir.

llanito, a adj. y s. De Gibraltar.

llano, a adj. **1** Se dice de la superficie que tiene el mismo nivel en todas sus partes, sin desniveles o desigualdades. **2** Sencillo, claro y comprensible. **3** Se dice de la persona que tiene un comportamiento sencillo y natural con los demás. **4** Se dice de la persona o pueblo que no pertenece a las clases sociales importantes o privilegiadas. **5** Se dice de la palabra que lleva el acento de intensidad en la penúltima sílaba. ◆ **s.m. 6** Llanura.

llanta s.f. **1** Pieza circular de metal de una rueda que sirve para montar o sujetar el neumático. **2** Aro de metal que protege la parte exterior de una rueda, especialmente en los carros. **3** AMÉR Neumático. **4** COL Fam. Michelín (acumulación de grasa en la cintura).

llantén s.m. Hierba con hojas gruesas, anchas y ovaladas que crece en lugares húmedos y se utiliza en medicina.

llanto s.m. Derramamiento de lágrimas, generalmente acompañado de lamentos y quejas.

llanura s.f. Extensión grande de terreno muy plano o poco ondulado, de escasa altitud.

llave s.f. **1** Objeto metálico que sirve para abrir o cerrar una cerradura. **2** Interruptor que abre y cierra el paso de una corriente eléctrica. **3** Pieza que regula el paso de un fluido. **4** Herramienta que sirve para apretar o aflojar una tuerca. **5** Instrumento que sirve para dar cuerda a un reloj o a un objeto con clavijas. **6** Signo de ortografía { } que sirve para encerrar un conjunto de números o de letras. **7** En algunos deportes de lucha, movimiento que sirve para sujetar al contrario y tirarlo al suelo o inmovilizarlo. **8** Clave que permite conseguir o descubrir una cosa. **9** Pieza metálica plana de ciertos instrumentos de viento que abre o cierra el paso del aire para producir las diferentes notas. ◇ **bajo llave** o **siete llaves.** En un lugar muy seguro, para que otros no lo puedan encontrar. ◇ **llave de paso** Pieza que se coloca en un punto de la cañería del gas o del agua para regular la cantidad de fluido. ◇ **llave inglesa** Llave que dispone de un mecanismo que permite adaptarla a tuercas de diferentes medidas.

llavero s.m. Objeto para llevar juntas las llaves.

llegada s.f. **1** Acción de pasar a estar en un lugar al cual se va desde otro lugar. **2** Lugar o punto donde termina una carrera deportiva. **3** Momento en el que se llega a un lugar.

llegar v.intr. **1** Pasar a estar en un lugar al cual se va desde otro lugar. **2** Alcanzar una etapa tras haber pasado otras. **3** Alcanzar un objetivo determinado. **4** Alcanzar el final de un recorrido. **5** Conseguir que se produzca la acción que se expresa. **6** Durar hasta un tiempo determinado. **7** Producirse un suceso o circunstancia. **8** Alcanzar una longitud o nivel determinados. **9** Alcanzar una cantidad determinada. **10** Producir una impresión determinada en el ánimo de alguien. **11** Ser suficiente la cantidad de una cosa para hacer algo. ◆ **llegarse** v.prnl. **12** Ir hasta un lugar que está a corta distancia. ◇ **llegar lejos** Conseguir hacer lo que uno se ha propuesto por tener buenas cualidades.

llenar v.tr. **1** Ocupar por completo un espacio. **2** Poner en un lugar una gran cantidad de cosas. **3** Dedicar un tiempo determinado a una actividad. **4** Satisfacer un deseo, una esperanza o una aspiración. **5** Escribir en un documento la información necesaria. ◆ **v.intr. 6** Dar a una persona gran cantidad de algo. **7** Dejar harto de comida o de bebida. ◆ **v.tr. e intr. 8** Conseguir que el público abarrote un recinto.

lleno, a adj. **1** Se dice del recipiente que contiene todo lo que su capacidad permite. **2** Que está cubierto total o parcialmente por una cosa. **3** Se dice del lugar que está repleto de gente. **4** Se dice de la persona que está harta de comida o de bebida. **5** Se dice de la persona que está un poco gorda. ◆ **s.m. 6** ESP Ocupación total del aforo en un espectáculo público. ◇ **de lleno** De manera completa y total.

llevadero, a adj. Que se puede soportar.

llevar v.tr. **1** Trasladar una cosa de un lugar a otro. **2** Conducir o guiar un medio de transporte. **3** Vestir una prenda o transportar un objeto consigo. **4** Ser necesario invertir un tiempo o esfuerzo en la realización de algo. **5** Pasar un tiempo haciendo algo que todavía se hace. **6** Tener o disponer de una cosa. **7** Soportar una cosa, generalmente una actividad o una pena. **8** Hacer que alguien actúe u opine como uno quiere. **9** Acompañar a una persona a un lugar, especialmente para guiarla o protegerla. **10** Seguir acompasadamente un ritmo o una acción. **11** Haber conseguido una cantidad determinada haciendo algo. **12** Cobrar una cantidad de dinero. **13** Encargarse de un asunto o actividad; especialmente de un negocio. **14** Haber realizado la acción que se indica. ◆ **v.tr. e intr. 15** Dirigir o conducir hacia un destino o fin. ◆ **v.tr. 16** Superar en una cantidad determinada de tiempo o espacio. ◆ **v.tr. y prnl. 17** Fam. En operaciones aritméticas, cuando se suman o multiplican cifras de dos o más dígitos, pasar las decenas de la suma o multiplicación parcial a la que sigue por orden. ◆ **llevarse** v.prnl. **18** Entenderse, en una relación o trato, del modo que se expresa. **19** Estar de moda una cosa. **20** Sentir una emoción o sensación. **21** Obtener o conseguir una cosa, especialmente un premio. **22** Hurtar o robar una cosa. ◇ **llevar las de ganar,** o **perder** Prever que en una pelea o competición una persona tiene ventaja (o desventaja) sobre otra.

llorar v.tr. **1** Derramar lágrimas en señal de dolor, tristeza, alegría o necesidad. ◆ **v.intr. 2** Fluir lágrimas de los ojos. ◆ **v.tr. e intr. 3** Quejarse de las penas o de las necesidades propias, generalmente para despertar compasión o conseguir un fin. **4** Echar una cosa pequeñas gotas de líquido parecidas a las lágrimas. ◆ **v.tr. 5** Sentir profundamente una desgracia.

llorera s.f. Llanto fuerte y continuado.

llorica s.m. y f. ESP Llorón, que llora fácilmente. □ Frec. despectivo.

lloriquear v.intr. Llorar o gemir de forma débil, generalmente sin una razón importante.

lloriqueo s.m. Acción de lloriquear.

lloro s.m. **1** Derramamiento de lágrimas, generalmente acompañado de lamentos y quejas que expresan dolor o tristeza. **2** Expresión de una queja por una pena o una necesidad.

llorón, na adj. y s. **1** Que llora fácilmente y por cualquier motivo, a menudo sin causa justificada. □ Frec. despectivo. **2** Que se queja con frecuencia o de manera exagerada. □ Frec. despectivo.

lloroso, a adj. Que parece haber llorado o estar a punto de llorar.

llover (28) v.impersonal **1** Caer agua de las nubes en forma de gotas. ◆ v.intr. **2** Producirse una cosa en gran abundancia. ◇ **llover sobre mojado** Suceder alguna cosa que empeora una situación que ya era mala o desgraciada.

llovizna s.f. Lluvia muy fina.

lloviznar v.impersonal Caer suavemente una lluvia muy fina.

llueca adj. y s.f. Se dice del ave clueca.

lluvia s.f. **1** Caída de agua de las nubes en forma de gotas. **2** Agua que cae al llover. **3** Abundancia o gran cantidad de una cosa o de personas.

lluvioso, a adj. Se dice del clima, lugar o tiempo de abundantes lluvias.

lo det. **1** Artículo determinado en género neutro; se usa delante de adjetivos calificativos para convertirlos en sustantivos abstractos o delante de una proposición subordinada adjetiva para convertirla en sustantiva. **2** Se usa delante de pronombres posesivos para indicar la actividad o característica en la que destaca una persona. ◆ pron. **3** Forma átona del pronombre de tercera persona en función de complemento directo. □ Femenino: la.

loa s.f. **1** Expresión o discurso con que se alaba a alguien o algo. **2** Poema dramático de alabanza a una persona o un acontecimiento.

loable adj. Formal. Se dice de la acción o la actitud que merece ser alabada.

loar v.tr. Formal. Alabar o elogiar con palabras a una persona o cosa.

lobato s.m. Cría o cachorro de lobo.

lobby s.m. Grupo de personas influyentes con capacidad para presionar sobre un gobierno en lo relativo a las decisiones políticas y económicas.

lobera s.f. Guarida de lobos.

lobezno s.m. Cría o cachorro de lobo.

lobo, a s. Mamífero carnívoro, salvaje, semejante a un perro, de pelo gris oscuro, orejas derechas, cola larga y con mucho pelo, y hocico alargado y puntiagudo. ◇ **lobo de mar** Marinero viejo y muy experimentado.

lobotomía s.f. Incisión practicada dentro de un lóbulo cerebral o en uno o más haces nerviosos del mismo.

lóbrego, a adj. **1** Que está muy oscuro. **2** Que está triste o melancólico.

lóbulo s.m. **1** Parte inferior, carnosa, blanda y redondeada, de la oreja. **2** Parte redondeada y saliente de un órgano de un ser vivo. **3** Parte saliente del borde de una cosa.

local adj. **1** Relativo a un territorio, municipio o región. **2** Que solamente afecta a una parte de un todo. ◆ s.m. **3** Lugar o espacio cubierto y cerrado, especialmente destinado para poner en él un establecimiento o negocio.

localidad s.f. **1** Pueblo o ciudad. **2** Plaza o asiento de un lugar en el que se celebran espectáculos. **3** Billete o entrada que da derecho a alguien a ocupar esta plaza o asiento.

localismo s.m. **1** Interés y amor por lo que es propio de un determinado lugar. **2** Palabra o giro que solo tiene uso en determinada localidad o comarca.

localización s.f. Determinación del lugar en el que se encuentra una persona o una cosa.

localizar v.tr. **1** Determinar el lugar en el que se encuentra una persona o una cosa. **2** Situar una cosa dentro de unos límites.

locativo, a adj. **1** Que expresa lugar. ◆ adj. y s.m. **2** En algunas lenguas, como el latín, se dice del caso de la declinación que expresa el lugar en que ocurre la acción.

locería s.f. AMÉR Establecimiento donde se fabrican objetos de loza.

loción s.f. **1** Producto medicinal o cosmético que se usa para el cuidado de la piel o del cabello. **2** Fricción o lavado que se hace en una parte del cuerpo con este producto.

loco, a adj. y s. **1** Se dice de la persona que ha perdido la razón o tiene perturbadas las facultades mentales. **2** Desp. Se dice de la persona que tiene poco juicio o se comporta de forma imprudente. **3** Se dice de la persona que experimenta un sentimiento de una forma muy intensa. **4** Se dice de la persona que desea intensamente hacer una cosa o que esta ocurra. ◆ adj. **5** Fam. Muy agitado y movido. **6** Muy grande, que sobresale mucho o es extraordinario o excesivo. ◇ **a lo loco** Fam. Sin pensar o sin razonar con tranquilidad.

locomoción s.f. Acción de trasladarse de un lugar a otro.

locomotor, ra adj. Que sirve para mover una cosa o para moverse de un lugar a otro. **OBS** Doble femenino: **locomotora** o **locomotriz**.

locomotora s.f. Máquina que mueve y arrastra los vagones de un tren.

locomotriz ▷ locomotor, ra.

locuacidad s.f. Tendencia que tiene una persona a hablar mucho.

locuaz adj. Que habla mucho o demasiado.

locución s.f. **1** Expresión cuyo sentido unitario no responde siempre a la suma de significados de sus componentes. **2** Acción de hablar.

locura s.f. **1** Trastorno o perturbación de las facultades mentales de una persona. **2** Acción irreflexiva o desatinada, que implica imprudencia o temeridad. **3** Entusiasmo o amor excesivos que siente una persona por alguien o algo.

locutor, ra s. Persona que se dirige a un auditorio por radio o televisión.

locutorio s.m. **1** En un convento o en una cárcel, sala de visitas. **2** Local en el que hay varios teléfonos públicos de uso individual, separados por pequeñas habitaciones o departamentos. **3** Departamento con teléfono público.

lodazal s.m. Terreno lleno de lodo o barro.

lodo s.m. Barro blando, muy fino y fluido, que se forma en los lugares donde hay agua o cuando llueve.

loess o **loes** s.m. Material sedimentario arcilloso y calcáreo que forma suelos fértiles.

loft s.m. Vivienda o estudio adaptados a partir de un almacén o espacio industrial.

logarítmico, a adj. Relativo al logaritmo.

logaritmo s.m. Exponente de una potencia al que hay que elevar la base (a) para hallar el número considerado ($\log_a$).

logia s.f. **1** Asamblea de la sociedad secreta de los masones, o conjunto de quienes la componen. **2** Local donde se celebra esta asamblea. **3** AMÉR Sociedad secreta.

lógica s.f. **1** Ciencia que estudia las formas y las leyes generales que rigen el pensamiento humano y científico. **2** Correspondencia con lo razonable. **3** Capacidad o modo de razonar o actuar con sentido común que tiene una persona.

lógico, a adj. **1** Que responde a las leyes generales que rigen el pensamiento humano y científico. **2** Esperable, por ser una consecuencia natural y justificada por sus antecedentes, o por responder a la razón o al sentido común. **3** Relativo a la ciencia de la lógica. ◆ **adj. y s. 4** Que se dedica al estudio de la lógica.

logística s.f. **1** Técnica militar que se ocupa del movimiento de los ejércitos, de su transporte y de su mantenimiento. **2** Organización y conjunto de los medios necesarios para llevar a cabo un fin determinado. **3** Lógica matemática.

logístico, a adj. Relativo a la logística.

logo s.m. Logotipo, dibujo o símbolo.

logopeda s.m. y f. Especialista en logopedia.

logopedia s.f. Estudio y tratamiento de los trastornos del lenguaje.

logotipo s.m. Dibujo o símbolo que distingue a una empresa, institución o sociedad y a las cosas que tienen relación con ella.

logrado, a adj. Que está bien hecho.

lograr v.tr. Obtener algo que se pretende.

logro s.m. **1** Obtención de una cosa que se intenta o se desea. **2** Éxito o resultado muy satisfactorio. **3** Lucro, ganancia.

logroñés, sa adj. y s. De Logroño.

loísmo s.m. Uso incorrecto de las formas lo y los del pronombre personal en función de complemento indirecto en lugar de le y les.

loísta adj. y s.m. y f. Se dice de la persona que practica el loísmo al hablar.

loma s.f. Elevación natural del terreno, de poca altura y pendiente suave y extensa.

lombarda s.f. Variedad de col de color morado, semejante al repollo.

lombardo, a adj. y s. De Lombardía.

lombriz s.f. Gusano de color blanco o rosado, cuerpo blando, cilíndrico, muy alargado y con anillos transversales, y respiración cutánea, que vive en la tierra húmeda.

lomo s.m. **1** Parte superior del cuerpo de los cuadrúpedos comprendida entre el cuello y las patas traseras. **2** Carne de esta parte de un animal. **3** Parte superior de los peces y cetáceos. **4** Fam. Parte inferior y central de la espalda de una persona. **5** Parte del libro opuesta al corte de las hojas, por la que se pegan o se cosen los pliegos. **6** Parte de un instrumento cortante opuesta al filo. **7** Tierra levantada que queda entre dos surcos. ◇ **a lomos** Sobre la parte superior del cuerpo de un animal de cuatro patas, en especial de una caballería.

lona s.f. **1** Tela resistente, fuerte e impermeable, de algodón o cáñamo, empleada especialmente para toldos, velas de barco, tumbonas, tiendas de campaña, etc. **2** Suelo de esta tela sobre el que se disputa una competición deportiva de boxeo o lucha libre. ◇ **besar la lona** Caer un boxeador o un luchador fuera de combate.

loncha s.f. **1** Trozo plano y delgado que se corta de un alimento sólido. **2** Piedra plana, delgada y lisa.

londinense adj. y s.m. y f. De Londres.

loneta s.f. Tejido grueso y resistente empleado en tapicerías y en ropa de trabajo.

longaniza s.f. Embutido de forma larga y delgada que se elabora con carne de cerdo.

longevidad s.f. **1** Cualidad de la persona que vive muchos años. **2** Larga duración de la vida.

longevo, a adj. **1** Que tiene mucha edad o ya es muy viejo. **2** Que vive mucho tiempo.

longitud s.f. **1** Dimensión máxima de un cuerpo o figura plana. **2** Distancia angular de un punto de la superficie terrestre al meridiano de Greenwich, determinada por el arco del ecuador comprendido entre dicho meridiano y el punto terrestre considerado. **3** Magnitud que expresa la distancia entre dos puntos o cada una de las dimensiones de un cuerpo.

longitudinal adj. **1** Relativo a la longitud. **2** Que está colocado en el sentido de la longitud.

1. **lonja** s.f. Loncha cortada de un alimento.

2. **lonja** s.f. **1** Edificio público donde se compran y venden mercancías en grandes cantidades, especialmente pescado. **2** Atrio o espacio exterior que hay a la entrada de algunos edificios.

lontananza s.f. **1** Estado o situación de una zona o lugar que está o se ve lejos. **2** Parte o sección de un cuadro que está más alejada del plano principal. <> **en lontananza** A lo lejos, en la lejanía.

look s.m. Aspecto exterior, imagen.
OBS Pronunc. 'luc'.

loor s.m. Formal. Alabanza y elogio públicos.

lopesco, a adj. Relativo a Lope de Vega o a su obra.

loquera s.f. Fam. AMÉR Trastorno mental.

loquero, a s. Persona que se dedica a cuidar y vigilar a los locos o enfermos mentales.

lora s.f. **1** AMÉR Loro o papagayo. **2** CH Hembra del loro.

lord (pl. lores) s.m. Título nobiliario inglés dado a algunas personas de la nobleza y a algunos altos cargos.

loriga s.f. Coraza de laminillas metálicas, sobrepuestas a modo de escamas, que servía para proteger el pecho y la espalda de los soldados.

loro s.m. **1** Ave de pico fuerte, grueso y curvo y plumas de vistosos y variados colores, especialmente el verde, y que vive en países tropicales. **2** Fam. Persona que habla mucho. **3** Fam. Persona que es muy fea y de aspecto extraño o estrafalario. **4** Fam. ESP Aparato de radio o radiocasete. <> **estar al loro** Fam. Estar alguien al tanto o al corriente de lo que ocurre.

lorquiano, a adj. Relativo a Federico García Lorca o a su obra.

los det. **1** Forma masculina plural del artículo determinado; véase el, la. ◆ pron. **2** Forma masculina plural del pronombre de tercera persona en función de complemento directo; véase lo.

losa s.f. **1** Piedra lisa, plana y delgada que se usa para pavimentar suelos y alicatar paredes. **2** Piedra grande, plana y delgada que cubre una tumba o sepulcro. **3** Fam. Cosa o persona que resulta una carga dura y difícil de soportar.

loseta s.f. Losa pequeña que se usa para enlosar suelos o cubrir paredes.

lote s.m. **1** Conjunto de cosas que tienen unas características comunes y que se agrupan con un fin determinado. **2** Cada una de las partes en que se divide o se reparte una cosa.

lotería s.f. **1** Juego público de azar que consiste en poner a la venta unos billetes o boletos con números, y si el número que se tiene coincide con el que sale en el sorteo se recibe el premio en metálico correspondiente. **2** Fam. Asunto en el que interviene la suerte o el azar. **3** Fam. Cosa que es muy buena o beneficiosa. <> **lotería primitiva** ESP Juego público de azar que consiste en sacar seis números, entre el número 1 y el 49, y premiar los boletos en los que se hayan marcado esos mismos números, con un mínimo de tres aciertos y un máximo de seis.

lotero, a s. Persona que se dedica a vender lotería, especialmente la que tiene a su cargo un establecimiento autorizado.

1. **loto** s.m. **1** Planta acuática, de flores blancas y olorosas y hojas muy grandes y duras, y fruto comestible. **2** Flor y fruto de esta planta.

2. **loto** s.f. ESP Lotería primitiva.

loza s.f. **1** Barro fino, cocido y barnizado que se usa para hacer objetos como platos, tazas y vajillas. **2** Conjunto de objetos hechos con este barro.

lozano, a adj. **1** Se dice de la persona o el animal que tiene salud y buen aspecto. **2** Se dice de la planta que tiene verdor y frondosidad.

LSD s.m. Droga alucinógena procedente de los alcaloides del centeno.

lubina s.f. Pez marino de color gris metálico, cola recta y aletas espinosas, cuya carne es comestible y muy apreciada.

lubricación s.f. Acción de lubricar.

lubricante s.m. y adj. Sustancia grasa o aceitosa que se aplica a las piezas de un mecanismo para lubricarlo.

lubricar v.tr. Aplicar lubricante a un mecanismo para que el rozamiento sea menor o más suave.

lubrificación s.f. Lubricación.

lubrificante s.m. y adj. Lubricante.

lubrificar v.tr. Lubricar.

lucense adj. y s.m. y f. De Lugo.

lucerna s.f. Claraboya.

lucero s.m. **1** Astro que se ve en el cielo y que brilla de noche de forma muy intensa. **2** Lunar de pelo, blanco y grande, que tienen en la frente algunos cuadrúpedos. **3** Se utiliza como apelativo cariñoso, normalmente dirigido a un niño. <> **lucero de la mañana** o **lucero del alba** El planeta Venus.

lucha s.f. **1** Acción de luchar. **2** Disputa o polémica verbal que se produce entre dos o más personas. **3** Debate interno, inquietud. **4** Esfuerzo que se hace para conseguir una cosa. **5** Deporte en el que dos personas se enfrentan cuerpo a cuerpo, que consiste en derribar al contrincante. <> **lucha libre** Modalidad de lucha en que están permitidos ciertos golpes y las presas por debajo de la cintura.

luchador, ra adj. y s. **1** Que lucha. ◆ s. **2** Persona que se dedica a practicar el deporte de la lucha.

luchar v.intr. **1** Enfrentarse o combatir usando la fuerza física o las armas. **2** Trabajar o esforzarse mucho para conseguir una cosa.

lucidez s.f. Cualidad de lúcido.

lucido, a adj. **1** Que ofrece una buena impresión o apariencia. **2** Se dice de la cosa que permite a quien lo realiza destacar o mostrar una habilidad o capacidad.

lúcido, a adj. **1** Que piensa o se expresa con precisión y claridad. **2** Inteligente.

luciérnaga s.f. Insecto de la familia del escarabajo cuya hembra carece de alas y tiene el abdomen formado por anillos que desprenden una luz fosforescente de color verdoso.

lucimiento s.m. Acción y efecto de lucir o lucirse.

lucio s.m. Pez de agua dulce, de cuerpo alargado y algo plano y la cabeza en forma de punta.

lucir (27) v.intr. **1** Dar o producir luz. **2** Brillar o resplandecer una cosa, especialmente un astro. **3** Aparecer o mostrarse el resultado de un trabajo o esfuerzo. **4** Dar una cosa prestigio o importancia a una persona. ◆ **v.intr. y prnl. 5** Sobresalir o destacar. ◆ **v.tr. 6** Mostrar o exhibir una cosa presumiendo de ella, especialmente cuando se trata de un objeto de valor. ◆ **lucirse** v.prnl. **7** Hacer una cosa muy bien.

lucrarse v.prnl. Obtener lucro o beneficio de algo o de alguien.

lucrativo, a adj. Que produce mucha utilidad, ganancia o beneficio.

lucro s.m. Ganancia, beneficio o provecho que se consigue en un asunto o negocio.

luctuoso, a adj. Que produce tristeza y dolor.

lúdico, a adj. Formal. Relativo al juego.

ludismo s.m. Protesta obrera que consiste en la destrucción de las máquinas y los medios de producción.

ludópata adj. y s.m. y f. Que padece ludopatía.

ludopatía s.f. Inclinación patológica a los juegos de azar.

luego adv. **1** Después o más adelante en el tiempo o en el espacio. ◆ conj. **2** Introduce una oración que es resultado o consecuencia de otra oración anterior. ◇ **desde luego** Expresión que indica afirmación o entendimiento. — Expresión que se usa para dar énfasis a lo que se dice. ◇ **hasta luego** Fam. Expresión que se usa como despedida o adiós. ◇ **luego que** En cuanto, inmediatamente después.

lugar s.m. **1** Parte o punto de un espacio. **2** Posición que tiene una persona o una cosa en una serie o conjunto. **3** Espacio que está libre o disponible. **4** Pueblo o población pequeña. ◇ **dar lugar a algo** Producir o provocar una cosa. ◇ **dejar,** o **quedar, en buen,** o **mal, lugar** Apoyar, elogiar y defender a alguien (o, al contrario, desacreditarlo). ◇ **en lugar de** En sustitución de, en vez de. ◇ **estar fuera de lugar** Ser una persona o cosa inadecuada o inoportuna. ◇ **sin lugar a dudas** Sin posibilidad de error, de forma cierta o con total seguridad. ◇ **tener lugar** Ocurrir o producirse una cosa.

lugareño, a adj. y s. De un lugar o población pequeños.

lugarteniente s.m. y f. Persona que puede sustituir a otra en su cargo o empleo.

lúgubre adj. **1** Triste y oscuro. **2** Fúnebre.

lujo s.m. **1** Abundancia u ostentación de riqueza. **2** Gasto excesivo y superfluo en bienes de consumo que no son necesarios. **3** Abundancia o gran cantidad de una cosa.

lujoso, a adj. Que muestra lujo.

lujuria s.f. Deseo o apetito sexual desenfrenado.

lujurioso, a adj. **1** Relativo a la lujuria. **2** Que tiene un deseo o apetito sexual desenfrenado.

lumbago s.m. Dolor reumático que se localiza en la zona lumbar.

lumbalgia s.f. Lumbago.

lumbar adj. Relativo a la zona del cuerpo que está situada entre la última costilla y los glúteos, a la altura de los riñones.

lumbre s.f. **1** Fuego encendido que proporciona luz y calor, para guisar, calentarse, etc. **2** Materia combustible que está encendida. **3** Resplandor.

lumbrera s.f. **1** Fam. Persona que es muy inteligente y culta. **2** Abertura en un techo o en la parte alta de una pared para que entren el aire y la luz en una habitación.

lumen s.m. Unidad de flujo luminoso del Sistema Internacional, de símbolo lm.

luminaria s.f. **1** Luz que se pone como adorno en los balcones, calles y monumentos. **2** Luz que alumbra de forma permanente el sagrario de una iglesia católica.

luminiscencia s.f. Propiedad de un cuerpo de emitir una luz débil, sin aumento apreciable de temperatura.

luminiscente adj. Que tiene luminiscencia.

luminosidad s.f. Cualidad de luminoso.

luminoso, a adj. **1** Que emite luz. **2** Que tiene mucha luz natural o está bien iluminado. **3** Se dice del color que es claro y refleja la luz. **4** Que es muy acertado o destaca por sus buenas cualidades. ◆ **adj. y s.m. 5** Se dice del cartel que emite luz artificial.

luminotecnia s.f. Técnica de la iluminación artificial.

luminotécnico, a adj. **1** Relativo a la luminotecnia. ◆ **s. 2** Persona que se dedica a la luminotecnia.

lumpen s.m. Grupo social urbano formado por los individuos más marginados.

luna s.f. **1** Satélite de la Tierra que gira alrededor de ella y que se ve porque refleja la luz del Sol. □ Se escribe normalmente con mayúscula inicial. **2** Cuerpo celeste opaco y sin luz propia que gira alrededor de un planeta. **3** Luz del Sol que es reflejada por el satélite de la Tierra y se hace visible por la noche. **4** Lunación. **5** Cristal grande y grueso que forma un espejo, un escaparate o una vitrina. ◇ **estar en la luna** Fam. Estar una persona despistada o no prestar atención a lo que ocurre o se dice alrededor. ◇ **luna de miel** Viaje de placer que hace una pareja de recién casados después de la boda. — Período inicial de la vida de un matrimonio.

lunación s.f. Tiempo que tarda la Luna en dar una vuelta completa al planeta.

lunar adj. **1** Relativo a la Luna. ◆ s.m. **2** Mancha redondeada de color marrón que sale en la piel. **3** Defecto poco importante.

lunático, a adj. y s. Se dice de la persona que tiene cambios bruscos de carácter o humor o que sufre locura en determinados momentos.

lunes s.m. Primer día de la semana.

luneta s.f. **1** ESP Cristal trasero de un automóvil. **2** ESP Cristal de las gafas. **3** Hueco abierto en una cúpula o bóveda que sirve para iluminar.

luneto s.m. En arquitectura, pequeña bóveda semiesférica que se abre en otra bóveda principal o cúpula para iluminarla.

lunfardo s.m. Jerga que hablaba la gente de clase baja de Buenos Aires y sus alrededores.

lupa s.f. Instrumento óptico formado por una lente convergente generalmente sujeta a un mango, que sirve para ver aumentada la imagen de un objeto.

lupanar s.m. Formal. Prostíbulo.

lúpulo s.m. Planta herbácea trepadora, cuyo fruto se usa para dar aroma y sabor amargo a la cerveza.

lusismo s.m. Lusitanismo.

lusitanismo s.m. Palabra o modo de expresión del portugués que se usa en otro idioma.

lusitano, a o **luso, a** adj. y s. **1** De Portugal. **2** De un pueblo ibero que habitaba en la parte occidental de la Península Ibérica.

lustrabotas s.m. y f. AMÉR SUR Limpiabotas. **GEOSIN** lustrador.

lustrador, ra s. AMÉR SUR, GUAT, MÉX, NIC Limpiabotas. **GEOSIN** lustrabotas.

lustrar v.tr. Dar brillo a una cosa.

lustre s.m. **1** Brillo que tiene una cosa después de limpiarla o frotarla con fuerza. **2** Prestigio o esplendor social.

lustro s.m. Período de cinco años.

lustroso, a adj. **1** Que brilla o emite luz. **2** Que tiene un aspecto sano debido al color y la limpieza de la piel.

lutecio s.m. Elemento químico de símbolo Lu y número atómico 71; es un metal brillante del grupo de los lantánidos.

luteína s.f. **1** Pigmento amarillo de algunas células vegetales. **2** Hormona sexual producida por el ovario.

luteranismo s.m. Doctrina religiosa protestante basada en las enseñanzas de Martín Lutero, que sostiene que la fe justifica al ser humano y rechaza el magisterio eclesiástico.

luterano, a adj. **1** Relativo al luteranismo o a Lutero. ◆ adj. y s. **2** Que profesa el luteranismo.

luthier (pl. luthiers) s.m. y f. Persona que tiene por oficio fabricar y reparar instrumentos musicales de cuerda, como el violín.

luto s.m. **1** Dolor y pena causados por la muerte de una persona. **2** Muestra exterior de dolor y pena causados por la muerte de una persona. **3** Período que dura esta muestra exterior de dolor.

lux s.m. Unidad de intensidad de iluminación del Sistema Internacional, de símbolo **lx**.
OBS Invariable en número.

luxación s.f. Daño que se produce cuando un hueso se sale de su articulación.

luxemburgués, sa adj. y s. De Luxemburgo.

luz s.f. **1** Forma de energía que ilumina las cosas y las hace visibles y que se propaga mediante partículas llamadas fotones como cualquier otra radiación electromagnética. **2** Luz natural o solar. **3** Objeto o aparato que sirve para alumbrar. **4** Corriente eléctrica. **5** Claridad que desprende un cuerpo que está en combustión. **6** Espacio abierto en una pared que deja pasar la claridad. **7** Modelo que marca una manera de pensar o un modo de actuar. ◆ **luces** s.f.pl. **8** Inteligencia o entendimiento de una persona. ◇ **arrojar luz** Aclarar un asunto. ◇ **a todas luces** De manera clara y segura. ◇ **dar a luz** Expulsar la mujer el feto que tiene en su vientre.

lycra s.f. Licra.
OBS Pronunc. 'licra'.

M

m s.f. **1** Decimotercera letra del alfabeto español; su nombre es eme. **2** En la numeración romana, mil. □ Se escribe con mayúscula.

macabeo, a s.m. **1** Variedad de uva muy utilizada en la elaboración de vinos. ◆ adj. **2** Relativo a los Macabeos de la tradición cristiana.

macabro, a adj. Relativo al aspecto más repulsivo y desagradable de la muerte.

macaco s.m. **1** Mamífero pequeño del orden primates, de hocico saliente y callosidades glúteas. **2** Persona pequeña y poco importante. □ Frec. apelativo cariñoso. **3** CH, CUBA Feo, pequeño o mal formado.

macana s.f. **1** AMÉR Garrote grueso de madera dura y pesada. **2** AMÉR SUR Especie de chal o manteleta, casi siempre de algodón, que usan algunas mujeres. **3** ARG Regalo de poca importancia. **4** Fam. ARG, PAR, URUG Dicho sin fundamentos o disparatado. **5** Fam. ARG, PERÚ, URUG Dicho o hecho equivocado o que acarrea complicaciones. ◇ **¡qué macana!** Fam. ARG, URUG Exclamación que expresa contrariedad.

macanada s.f. ARG Disparate, embuste.

macanudo, a adj. **1** AMÉR Fam. Que destaca por sus buenas cualidades o que es admirable. ◆ adj. y s. **2** Fam. AMÉR Amable, atento, solidario y agradable.

macarra adj. **1** Fam. y desp. ESP Que pretende ser elegante y en realidad es vulgar, ordinario y de mal gusto. ◆ adj. y s.m. y f. **2** ESP Se dice de la persona que se comporta de manera vulgar y agresiva. ◆ s.m. **3** ESP Hombre que vive de las ganancias de una o más prostitutas.

macarrón s.m. Pasta de harina de trigo que tiene forma de tubo hueco.

macarrónico, a adj. Se dice de la lengua que se usa incorrectamente.

macedonia s.f. ESP Postre que consiste en frutas cortadas en trozos, aliñadas con zumo al que puede añadirse azúcar o licor. **GEOSIN** ensalada de frutas.

macedonio, a adj. y s. **1** De Macedonia. ◆ s.m. y adj. **2** Lengua eslava meridional que se habla en Macedonia.

macerar v.tr. **1** Poner blanda una cosa dándole golpes o apretándola. **2** Echar un alimento en un líquido y algunas especias y dejarlo en reposo para ablandarlo y mejorar su sabor.

1. **maceta** s.f. Martillo que se usa para golpear el cincel.

2. **maceta** s.f. Recipiente en forma de vaso ancho, que se llena de tierra y se usa para cultivar plantas.

macetero s.m. Soporte o recipiente que sirve para colocar macetas con plantas.

Mach Indicación de la velocidad de un móvil respecto de la del sonido (340 m/s).

machaca s.m. y f. Trabajador subordinado encargado de los trabajos más pesados.

machacar v.tr. **1** Golpear una cosa hasta triturarla o reducirla a trozos muy pequeños. **2** Trabajar algo a fondo, especialmente si se trata del estudio de alguna materia. **3** Ganar o vencer al contrario con mucha ventaja o con facilidad. ◆ v.intr. **4** Insistir mucho en algún asunto.

machacón, na adj. y s. Fam. Que repite algo hasta el punto de cansar o molestar.

machaconería s.f. Insistencia excesiva.

machada s.f. Acto valiente, pero imprudente.

machete s.m. **1** Cuchillo grande con una hoja de un solo filo, ancha y corta. **2** ARG Papelito con apuntes que los estudiantes ocultan para copiar de él en los exámenes. **GEOSIN** acordeón, ayudamemoria, chivo, chuleta, plagio.

machihembrar v.tr. Encajar dos piezas de madera, una de las cuales tiene una ranura en el lateral y otra una lengüeta que encaja en la ranura de la primera.

machismo s.m. Actitud que considera que el hombre es superior a la mujer.

machista adj. **1** Relativo al machismo. ◆ adj. y s.m. y f. **2** Partidario del machismo.

macho s.m. **1** Animal de sexo masculino. **2** En las plantas que tienen los órganos de reproducción masculinos y femeninos en diferentes individuos, el que los tiene masculinos. **3** Pieza que se introduce o encaja en otra. **4** Fam. Se usa para referirse amistosamente a un amigo. ◆ adj. **5** Se dice del hombre que tiene o cree tener las cualidades consideradas tradicionalmente como propias del género masculino.

machote, a adj. y s. Fam. Se dice del hombre o joven que es fuerte o valiente.

macilento, a adj. Se dice de la persona que ha perdido el color rosado habitual de la cara.

macizo, a adj. **1** Se dice del cuerpo o materia que está comprimido de modo que queden los menos huecos posibles. **2** Fuerte, grueso o robusto. **3** Fam. Que tiene un cuerpo muy bien formado y carne dura. ◆ s.m. **4** Grupo de montañas o elevación del terreno generalmente rocosa. **5** Conjunto de plantas cultivadas con el que se decoran los cuadros de los jardines o parques. **6** Parte de una pared que está entre dos huecos.

macramé s.m. Tejido de hilos y cuerdas entrelazados con nudos de varios tipos.

macro s.f. Pequeño programa informático que origina una secuencia de operaciones.

macrobiótica s.f. Forma de alimentación basada en el consumo de productos vegetales no manipulados industrialmente que busca mejorar y alargar la vida.

macrobiótico, a adj. Se dice del alimento que cumple los requisitos de la macrobiótica.

macrocéfalo, a adj. y s. Se dice del animal que tiene la cabeza muy grande con relación al cuerpo o a la especie a que pertenece.

macroconcierto s.m. Concierto celebrado en un lugar que permite la asistencia de muchos espectadores.

macrocosmo o **macrocosmos** s.m. Universo o conjunto de todo lo que existe en la Tierra y fuera de ella.

macroeconomía s.f. Estudio de la economía de una zona, país o grupo de países, considerada en su conjunto.

macroevolución s.f. Conjunto de procesos evolutivos que dieron lugar a los distintos filos de seres vivos.

macromolécula s.f. Molécula de gran tamaño.

macroscópico, a adj. Que se ve a simple vista sin ayuda del microscopio.

macruro adj. y s.m. **1** Se dice del crustáceo de abdomen largo y desarrollado que le sirve para nadar. ◆ **macruros** s.m.pl. **2** Grupo taxonómico, con categoría de suborden, constituido por estos crustáceos.

macsura s.f. Espacio de las grandes mezquitas reservado al califa, al imán.

mácula s.f. **1** Formal. Cosa que desprestigia o afecta la fama o el honor de una persona. **2** Mancha o zona oscura que se observa en el disco del Sol.

macuto s.m. Mochila que se cuelga a la espalda.

madame s.f. **1** Tratamiento de cortesía que se da a las señoras. **2** Dueña o encargada de un prostíbulo.

madeja s.f. Hilo recogido en vueltas iguales y grandes.

madera s.f. **1** Material duro y fibroso que forma el tronco y las ramas de los árboles. **2** Trozo de este material cuando está labrado. ◇ **tener madera** Tener talento o capacidad innata para hacer algo.

maderamen s.m. Conjunto de maderas que se emplea para la construcción de un edificio.

maderero, a adj. **1** Relativo a la madera. ◆ s. **2** Persona que comercia con maderas.

madero s.m. **1** Tabla larga de madera labrada por las cuatro caras. **2** Árbol cortado y sin ramas. ◆ s.m. y f. **3** Fam. ESP Agente de policía.

madona s.m. En pintura y escultura, representación de la Virgen María.

madrastra s.f. Esposa del padre de una persona, con respecto a los hijos que este tiene de un matrimonio anterior.

madraza s.f. Madre que cuida mucho a sus hijos.

madre s.f. **1** Mujer o animal hembra que ha parido algún hijo. **2** Tratamiento que se da a las religiosas de algunas órdenes o a las superioras. **3** Causa u origen más importante de una cosa. **4** Parte del terreno por donde va una corriente de agua. **5** Heces del vino o vinagre. □ Suele usarse en plural con valor singular. ◇ **la madre del cordero** Razón real de un hecho o asunto. ◇ **¡madre mía!** Expresión que indica sorpresa o admiración. ◇ **sacar de madre a alguien** Enfurecer a una persona, causarle un gran enfado. ◇ **salirse de madre** Desbordarse un río. — Pasarse de los límites considerados razonables o normales.

madreperla s.f. Molusco de concha oscura, rugosa y casi circular que vive en el fondo de los mares tropicales.

madrépora s.f. Invertebrado del filo cnidarios, con esqueleto exterior calcáreo, que vive en colonias formando barreras de coral o atolones.

madreselva s.f. Arbusto trepador de tallos largos y nudosos, hojas ovaladas y flores olorosas.

madrigal s.m. **1** Poema lírico breve, generalmente amoroso. **2** Composición musical renacentista escrita para varias voces de tema profano, generalmente amoroso.

madriguera s.f. **1** Cueva o túnel que excavan algunos animales para usarlo como refugio. **2** Escondrijo en el que se refugian una o varias personas buscadas por realizar actividades delictivas.

madrileño, a adj. y s. De Madrid.

madrina s.f. **1** Mujer que presenta o acompaña a una persona cuando esta recibe un sacramento. **2** Mujer que presenta o acompaña a una persona cuando esta va a participar en una competición o desafío, o a recibir un honor. **3** Mujer que protege y favorece a una persona para que esta consiga sus deseos o pretensiones. **4** AMÉR SUR Ganado manso que sirve para conducir al bravío.

madroño s.m. **1** Arbusto de flores blancas y hojas perennes que da un fruto comestible de color rojizo. **2** Fruto de este árbol.

madrugada s.f. **1** Parte del día que va desde las doce de la noche hasta el amanecer. **2** Momento inicial del día, desde que empieza a aparecer la luz hasta que sale el sol.

madrugador, ra adj. y s. **1** Que acostumbra a levantarse muy temprano. **2** Que tiene lugar muy pronto.

madrugar v.intr. **1** Levantarse muy pronto, especialmente al amanecer. **2** Ganar tiempo en un asunto o negocio.

madrugón, na adj. y s. **1** Que madruga. ◆ s.m. **2** Acción de levantarse muy temprano.

maduración s.f. Acción y efecto de madurar.

madurar v.tr. **1** Hacer alcanzar a un fruto el desarrollo completo. **2** Meditar sobre una idea, un proyecto o un asunto antes de llevarlo a cabo. ◆ v.intr. **3** Alcanzar un fruto su desarrollo completo. **4** Crecer y desarrollarse una persona en relación con sus condicionantes hereditarios, el contexto social en el que vive y sus circunstancias personales.

madurez s.f. **1** Estado de un fruto que ha alcanzado un desarrollo completo. **2** Sensatez, cordura. **3** Edad adulta, entre la juventud y la vejez.

maduro, a adj. **1** Se dice del fruto que ha alcanzado su desarrollo completo. **2** Se dice de la persona que obra y toma decisiones con buen juicio, prudencia y madurez. **3** Se dice de la persona que tiene una edad avanzada pero que todavía no ha entrado en la vejez. **4** Se dice de la idea o proyecto que está meditado y preparado por completo.

maese s.m. Formal. Tratamiento de respeto que se utilizaba antepuesto al nombre propio de un maestro de artes y oficios.

maestra s.f. Pieza larga de madera o fila de piedras que sirve de guía para construir una pared.

maestranza s.f. **1** Establecimiento militar donde se almacenan, distribuyen, construyen y reparan piezas de artillería y otro material de guerra. **2** Conjunto de operarios que trabajan en estos establecimientos. **3** Sociedad de caballeros que se ejercitaban en la equitación.

maestrazgo s.m. **1** Cargo de maestre de una orden militar. **2** Territorio bajo la autoridad de un maestre o de una orden militar. **3** Ingresos que los monarcas españoles obtenían de estos territorios.

maestre s.m. Persona que ocupaba el cargo superior de una orden militar.

maestría s.f. **1** Formal. Gran habilidad y perfección para hacer una cosa. **2** Oficio y título de maestro.

maestro, a adj. **1** Que destaca entre los del mismo tipo o clase por su perfección. ◆ s. **2** Persona que se dedica a la enseñanza y que tiene título para ello, especialmente la que enseña en la escuela primaria. **3** Persona de gran experiencia en una materia. **4** Persona o cosa que enseña o da una lección o escarmiento. **5** Persona que dirige el personal o las actividades de un servicio. **6** Tratamiento que se da a los músicos que son directores de orquesta, compositores, pianistas u otros casos. **7** Persona que se dedica a torear en las plazas de toros. ◇ **maestro de ceremonias** Persona que dirige los actos públicos en lugares oficiales o importantes.

mafia s.f. **1** Organización nacida en Sicilia que ejerce su poder a través de la fuerza, el crimen y el chantaje. □ Se escribe normalmente con mayúscula inicial. **2** Organización que se dedica al crimen. **3** Organización que emplea métodos ilegales.

mafioso, a adj. **1** Relativo a la mafia. ◆ adj. y s. **2** Se dice de la persona que pertenece a la Mafia. **3** Se dice de la persona que emplea métodos ilegales o poco claros en sus negocios.

magacín o **magazín** s.m. **1** Programa de televisión o radio en que se mezclan reportajes, entrevistas y actuaciones artísticas. **2** Revista periódica ilustrada con artículos de información general muy variados.
OBS Puede encontrarse la grafía **magazine**.

magaya s.f. AMÉR CENTRAL Resto de un cigarro o cigarrillo que se deja sin fumar. **GEOSIN** chinga, colilla, pucho, yegua.

magdalena s.f. Bollo pequeño hecho con harina, leche, huevo, azúcar y aceite que se cuece al horno en un molde de papel. ◇ **llorar como una Magdalena** Fam. Llorar mucho.

magdaleniense adj. y s.m. Relativo al período prehistórico, perteneciente al paleolítico superior, que se caracteriza por el pulimento de huesos y las pinturas rupestres.

magenta s.m. y adj. **1** Color rosa oscuro, como el de las semillas de la granada. ◆ adj. **2** Que es de este color. □ Invariable en número.

magia s.f. **1** Conjunto de trucos y técnicas con los que se hacen cosas sorprendentes que parecen reales aunque no lo son. **2** Conjunto de conocimientos y técnicas que se propone conseguir algo extraordinario con ayuda de seres o fuerzas sobrenaturales. **3** Encanto de una persona o cosa que la hace atractiva.

magiar adj. y s.m. y f. **1** De un pueblo originario de los Montes Urales (Asia) que habitó en Hungría y Transilvania a partir del siglo IX d. C. **2** De Hungría. ◆ s.m. y adj. **3** Lengua que se habla en Hungría y otras zonas.

mágico, a adj. **1** Relativo a la magia. **2** Que se sale de lo normal y causa un efecto positivo.

magisterio s.m. **1** Carrera universitaria que debe cursarse para conseguir el título de maestro. **2** Título universitario del maestro. **3** Actividad del maestro o del que enseña. **4** Conjunto de maestros de una zona determinada.

magistrado, a s. **1** Superior en el orden civil. **2** Juez que forma parte de un tribunal o del Tribunal Supremo. **3** En la Antigüedad, personaje investido de funciones públicas importantes.

magistral adj. **1** Que está hecho con perfección y maestría. **2** Relativo al magisterio.

magistratura s.f. **1** Cargo o profesión de magistrado. **2** Tiempo durante el cual un magistrado ejerce su cargo. **3** Conjunto de magistrados.

magma s.m. Masa de rocas fundidas que se encuentra en el interior de la Tierra.

magmático, a adj. **1** Relativo al magma. **2** Se dice de la roca formada por magma.

magnanimidad s.f. Formal. Cualidad principal de la persona que es bondadosa, comprensiva y causa respeto y admiración.

magnánimo, a adj. Formal. Que es bondadoso, comprensivo y causa respeto y admiración.

magnate s.m. y f. Persona importante en el mundo de los negocios, la industria o las finanzas.

magnesia s.f. Óxido de magnesio.

magnesio s.m. Elemento químico de símbolo Mg y número atómico 12; es un metal del grupo de los alcalinotérreos, de color plateado, maleable y ligero.

magnético, a adj. **1** Que tiene las cualidades propias del imán. **2** Relativo al magnetismo. **3** Se dice de la persona o cosa que posee capacidad de atracción.

magnetismo s.m. **1** Propiedad que tienen los imanes para atraer el hierro. **2** Conjunto de fenómenos producidos por los imanes y las corrientes eléctricas. **3** Parte de la física que estudia este fenómeno. **4** Conjunto de características favorables de una persona o cosa que atraen la voluntad y despiertan el interés de los demás.

magnetita s.f. Mineral que tiene la propiedad de atraer el hierro y el acero.

magnetizar v.tr. **1** Transmitir a un metal o a una sustancia las propiedades que tiene el imán de atraer el hierro, el acero y otros cuerpos. **2** Ganar o despertar el interés o la voluntad de una persona.

magneto s.f. Mecanismo generador de corriente eléctrica usado especialmente en los motores de explosión.

magnetofón s.m. Magnetófono.

magnetófono s.m. Aparato portátil que sirve para grabar y reproducir sonidos en una casete o cinta magnética.

magnetoscopio s.m. Aparato que sirve para grabar imágenes y sonidos en una cinta magnética que después pueden ser reproducidos en una pantalla de televisión.

magnetosfera s.f. Parte exterior de la atmósfera terrestre donde son frecuentes los fenómenos magnéticos.

magnetotérmico s.m. Aparato que desconecta un circuito eléctrico cuando existe una sobrecarga de intensidad de la corriente.

magnicida adj. y s.m. y f. Se dice de la persona que asesina a otra muy importante por su cargo o poder.

magnicidio s.m. Asesinato de una persona muy importante por su cargo o poder.

magnificar v.tr. **1** Formal. Resaltar las cualidades de una persona o cosa. **2** Formal. Exagerar o dar excesiva importancia a una cosa.

magníficat s.m. Oración cristiana de alabanza a Dios que pronunció la Virgen María en su visita a santa Isabel.

magnificencia s.f. **1** Formal. Lujo extraordinario. **2** Generosidad para realizar grandes gastos o para emprender grandes empresas.

magnífico, a adj. **1** Que destaca por sus buenas cualidades. **2** Que causa admiración. **3** Se aplica como tratamiento a los rectores de las universidades españolas.

magnitud s.f. **1** Característica de un cuerpo que puede ser medida, como la longitud, la superficie, la temperatura o el peso. **2** Importancia o extensión que tiene una cosa. **3** Tamaño de un cuerpo. **4** Intensidad luminosa de un astro.

magno, a adj. Formal. Grande o importante.

magnolia s.f. **1** Árbol de tronco liso y copa siempre verde, con las hojas brillantes y alargadas. **2** Flor de este árbol, de pétalos blancos y de olor intenso.

magnolio s.m. Magnolia (árbol).

mago, a s. **1** Persona que se dedica a la magia. **2** Persona que está especialmente capacitada para una actividad determinada.

magrear v.tr. Fam. ESP Sobar una persona a otra con la intención de obtener y provocarle placer sexual.

magrebí adj. y s.m. y f. Del Magreb.

magro, a adj. **1** Se dice de la carne que no tiene grasa. **2** Que está delgado y no tiene grasa. ◆ s.m. **3** ESP Carne de cerdo cercana al lomo que tiene poca grasa.

maguey s.m. Planta de hojas grandes y carnosas bordeadas de pinchos, y flores amarillas.

magulladura s.f. Acción y efecto de magullar.

magullar v.tr. Causar a un cuerpo lesiones, comprimiéndolo o golpeándolo violentamente sin provocar herida exterior.

maharajá o **marajá** (pl. maharajás o maharajaes o marajás o marajaes) s.m. Título que se aplica a casi todos los príncipes de la India.

mahometano, a adj. **1** Relativo a Mahoma (profeta árabe) o al mahometismo. ◆ **adj. y s. 2** Se dice de la persona que profesa el mahometismo.

mahometismo s.m. Doctrina religiosa expuesta por el profeta Mahoma en el siglo VI d. C., que cree en Alá como único dios.

mahonés, sa adj. y s. De Mahón.

mahonesa s.f. y adj. ESP, MÉX Mayonesa.

maicena s.f. Harina muy fina de maíz.

mail s.m. E-mail.

mailing s.m. Envío por correo de información comercial a un gran número de personas que han sido seleccionadas por su probable interés en la adquisición del producto.

maillot (pl. maillots) s.m. **1** Prenda de vestir deportiva de tela fina y elástica que se ajusta al cuerpo. **2** Camiseta ajustada de los ciclistas.

maitines s.m.pl. Primero de los oficios religiosos diarios del clero católico.

maître s.m. Jefe de comedor y encargado de dirigir a los camareros en un restaurante.
OBS Pronunc. aprox. 'metre'.

maíz s.m. **1** Semilla de color amarillo, pequeña y abultada que crece agrupada en una especie de racimo compacto que se llama mazorca. **2** Planta que da esta semilla.

maizal s.m. Terreno plantado de maíz.

majaderear v.tr. e intr. **1** AMÉR Molestar o incomodar a una persona. ◆ **v.intr. 2** AMÉR Insistir con terquedad importuna en una pretensión.

majadería s.f. Acción o comentario tonto.

majadero, a adj. y s. Desp. Imprudente, necio.

majar v.tr. Deshacer o aplastar con golpes.

majareta adj. y s.m. y f. Fam. Se dice de la persona que tiene poco juicio o se comporta de forma imprudente.

majestad s.f. **1** Majestuosidad. **2** Tratamiento que se da a Dios, a un rey o a un emperador.

majestuosidad s.f. Solemnidad o elegancia que infunde admiración y respeto.

majestuoso, a adj. **1** Que impresiona por su solemnidad o elegancia. **2** Que manifiesta majestad o actúa con mucha seriedad.

majo, a adj. **1** ESP Se dice de la persona que es simpática o agradable en el trato. **2** ESP Se dice de la persona que tiene belleza o hermosura. **3** ESP Se dice de la cosa que es bonita pero no lujosa o excesiva. ◆ **s. 4** ESP Se usa como apelativo afectivo.

majorero, a adj. y s. De Fuerteventura.

majorette s.f. Muchacha joven uniformada que desfila realizando movimientos rítmicos con un bastón.
OBS Pronunc. aprox. 'mayoret'.

1. **mal** adv. **1** De un modo que no es adecuado o correcto. **2** De manera incompleta, insatisfactoria o imperfecta. **3** En un estado de enfermedad o incomodidad física. **4** Contrariamente a lo que se espera o desea. **5** Difícilmente, dadas las circunstancias. ◇ **ir de mal en peor** Avanzar hacia una situación cada vez más difícil o más grave. ◇ **mal que** Indica una dificultad real o posible a pesar de la cual puede ser, ocurrir o hacerse una cosa. ◇ **menos mal** Indica que es una suerte y hay que alegrarse de que suceda lo que a continuación se expresa.

2. **mal** s.m. **1** Cosa que produce un daño físico o moral. **2** Alteración más o menos grave de la salud de un ser vivo. **3** Idea abstracta de todo lo que se aparta de lo bueno o justo. ◇ **mal de ojo** Maleficio que se transmite, según la superstición, con la mirada.

3. **mal** adj. Apócope de malo.
OBS Se usa ante sustantivos masculinos en singular.

malabar adj. **1** Relativo a los malabarismos. ◆ s.m. **2** Malabarismo (ejercicio de equilibrio).

malabarismo s.m. **1** Ejercicio de equilibrio y habilidad que se hace lanzando al aire y recogiendo diversos objetos o manteniéndolos en equilibrio inestable. **2** Solución inteligente y hábil a cuestiones complicadas.

malabarista s.m. y f. **1** Persona que se dedica a realizar malabarismos. **2** CH Persona que roba con astucia.

malacitano, a adj. y s. Malagueño.

malacostumbrar v.tr. **1** Permitir que una persona haga su voluntad sin corregirla o castigarla. **2** Hacer que una persona tenga malos hábitos o costumbres.

malagueña s.f. **1** Cante flamenco propio de la provincia de Málaga. **2** Baile que acompaña a este cante.

malagueño, a adj. y s. De Málaga.

malamute s.m. y f. y adj. Perro nórdico de tamaño mediano, hocico largo, orejas en punta y pelo abundante y lanoso blanco y negro.
OBS Pronunc. 'malamut'.

malandrín, na adj. y s. Malvado, perverso.

malaquita s.f. Mineral de cobre de color verde brillante, usado en joyería.

malaria s.f. Enfermedad caracterizada por ataques intermitentes de fiebre muy alta, transmitida por el mosquito anofeles.

malasombra s.m. y f. Persona que intenta ser graciosa y chistosa sin conseguirlo.

malayo, a adj. y s. **1** Se dice de la persona que es de una raza que habita en Oceanía occidental. ◆ s.m. y adj. **2** Lengua hablada en Malasia y otras zonas asiáticas.

malbaratar v.tr. **1** Vender una cosa por un precio demasiado bajo. **2** Malgastar.

malcarado, a adj. Que tiene o pone cara de enfadado o malhumorado.

malcriado, a adj. y s. **1** Que está acostumbrado a hacer siempre su voluntad sin que nadie lo corrija o castigue por sus malas acciones. □ También mal criado. **2** Que se comporta de forma molesta y no muestra respeto a los demás.

malcriar (1e) v.tr. Permitir que una persona, especialmente un niño, haga siempre su voluntad sin que nadie lo corrija.

maldad s.f. **1** Característica principal de la persona que tiene siempre malas intenciones o propósitos. **2** Acción mala e injusta que cometen las personas que actúan con mala intención.

maldecir (37) v.tr. **1** Pedir y desear que le ocurra un mal a alguien, sobre todo si para hacerlo se usan supuestos poderes sobrenaturales. ◆ v.tr. e intr. **2** Hablar mal de algo o de alguien.

maldición s.f. **1** Palabra o frase con la que una persona muestra odio o enfado contra una persona o contra una cosa. **2** Castigo o mal producido por una fuerza sobrenatural. ◆ interj. **3** Indica disgusto o enfado.

maldito, a adj. y s. **1** Que ha sido castigado o condenado por Dios o por una maldición. **2** Que quiere perjudicar o hacer daño a alguien. ◆ adj. **3** Se usa para indicar que algo causa enfado o contrariedad. □ Va antepuesto al sustantivo. ◇ **¡maldita sea!** Indica disgusto y enfado.

maleabilidad s.f. Cualidad de maleable.

maleable adj. **1** Se dice del metal que puede descomponerse en planchas o láminas. **2** Se dice del material que puede trabajarse con facilidad. **3** Que se adapta a diferentes situaciones, que cambia fácilmente de opinión o se deja influir fácilmente por los demás.

maleante adj. y s.m. y f. Se dice de la persona que comete delitos.

malecón s.m. Pared que protege de las olas del mar o de la crecida de las aguas.

maleducado, a adj. y s. Que se comporta de forma molesta y no muestra respeto.

maleducar v.tr. Malcriar, educar mal a una persona.

maleficio s.m. **1** Daño provocado por medio de la magia o la brujería. **2** Conjunto de palabras o acciones mágicas o de brujería que se dicen o hacen para causar daño.

maléfico, a adj. **1** Que ocasiona o puede ocasionar daño. **2** Que perjudica y hace daño a otro mediante maleficios.

malentendido s.m. Error que alguien comete, bien por entender mal una cosa o bien por interpretar incorrectamente una situación.

malestar s.m. **1** Sensación física de no encontrarse muy bien. **2** Sensación de intranquilidad o disgusto causada por algo desagradable.

maleta s.f. **1** Caja rectangular, de tela, cuero o plástico, con un asa, que sirve para llevar la ropa y otros objetos necesarios en un viaje. ◆ s.m. y f. **2** Fam. ESP Persona que practica con torpeza el trabajo a que se dedica.

maletero s.m. Espacio cerrado en la parte trasera de un vehículo destinado al equipaje.

maletilla s.m. y f. Persona joven que aspira a abrirse camino en el mundo del toreo.

maletín s.m. Cartera de mano o maleta pequeña, generalmente para llevar dinero, documentos, instrumental, etc.

malévolo, a adj. Que su intención es perjudicar o hacer daño a una persona.

maleza s.f. **1** Conjunto de árboles, arbustos y otras plantas que crecen muy juntos y de forma salvaje. **2** Conjunto de malas hierbas que causan daño a las tierras de cultivo.

malformación s.f. Deformidad o defecto físico que se produce antes de nacer y se padece desde el nacimiento.

malgache adj. y s.m. y f. **1** De Madagascar. ◆ s.m. y adj. **2** Lengua hablada en este país.

malgastar v.tr. Gastar una cosa, generalmente dinero o bienes materiales, sin necesidad.

malgenioso, a adj. y s. AMÉR Que tiene mal genio y se enfada a la mínima contrariedad.

malhablado, a adj. y s. Que usa muchas expresiones malsonantes al hablar.

malhechor, ra adj. y s. Que comete de forma habitual robos y otros delitos.

malherir (45) v.tr. Herir gravemente.

malhumor o **mal humor** s.m. Estado de enfado e irritación.

malhumorado, a o **mal humorado, a** adj. Que está enfadado o de mal humor.

malicia s.f. **1** Mala intención de una persona o una acción. **2** Predisposición a pensar mal de los demás. **3** Habilidad de algunas personas para sacar provecho de los otros o convencerlos.

malicioso, a adj. Que tiene mala intención y actúa con malicia.

malignidad s.f. **1** Tendencia a hacer el mal o a pensar mal. **2** Naturaleza dañina o perjudicial de alguna cosa.

maligno, a adj. **1** Que hace el mal o piensa mal. **2** Que tiene intención de perjudicar o hacer daño a una persona. **3** Se dice de la enfermedad o dolencia que es grave y que tiene pocas esperanzas de curación. ◆ s.m. **4** Ser sobrenatural o espíritu que representa las fuerzas del mal. □ Se escribe normalmente con mayúscula inicial.

malintencionado, a adj. y s. Que tiene mala intención y actúa con maldad.

malinterpretar v.tr. Interpretar o entender de forma incorrecta una cosa.

malla s.f. **1** Cuadrilátero que forma el tejido de la red. **2** Tejido parecido a una red. **3** Tejido formado por anillos de metal unidos entre sí. **4** Prenda de vestir elástica, que se ajusta mucho al cuerpo y se usa en gimnasia o ballet. **5** ARG, CH, PAR, PERÚ, URUG Prenda de baño femenina, elástica, de una sola pieza y que cubre todo el tronco. **GEOSIN** bañador, traje de baño. ◆ **mallas** s.f.pl. **6** Pantalón de tejido elástico que se adapta a las piernas y la cintura.

mallorquín, na adj. y s. **1** De Mallorca. ◆ s.m. y adj. **2** Variedad dialectal del catalán balear hablada en la isla de Mallorca.

malmeter v.tr. **1** Poner a una persona en contra de otra u otras. **2** Tentar a alguien para que cometa malas acciones.

malnacido, a o **mal nacido, a** adj. y s. Desp. Malvado y miserable.

malnutrición s.f. Consumo insuficiente de proteínas.

malo, a adj. y s. **1** Que hace el mal o piensa mal. **2** Que no está quieto o es muy revoltoso. ◆ adj. **3** Molesto o desagradable a los sentidos. **4** Que causa o puede causar un daño. **5** Se dice de la persona que no es hábil o no realiza sus tareas tal como se exige. **6** Que no tiene calidad. **7** Que tiene un efecto negativo. **8** Que está enfermo o que tiene mala salud. **9** Se dice de la situación que hace sufrir o que causa molestia o fastidio. ◇ **por las malas** Obligando con violencia y fuerza a hacer una cosa en contra de la voluntad.

OBS Antepuesto a un sustantivo masculino singular adopta la forma **mal**.

malogrado, a adj. y s. **1** Que ha muerto muy joven o antes de lo esperado. **2** Que no llega a su desarrollo completo o esperado.

malograr v.tr. **1** Impedir que una idea o un proyecto salga bien. **2** Echar a perder una situación, un asunto o un proyecto.

maloliente adj. Que desprende mal olor.

malparado, a adj. Que ha resultado perjudicado o dañado en algún asunto.

malparido, a adj. y s. Vulg. Se dice de la persona que actúa con mala intención, de mala fe, o que perjudica.

malpensado, a o **mal pensado, a** adj. y s. Que piensa mal de los demás.

malquerencia s.f. Formal. Odio, antipatía o enemistad hacia una persona.

malsano, a adj. **1** Que hace daño a la salud. **2** Que se opone a la moral establecida.

malsonante adj. **1** Se dice de la palabra o expresión que es vulgar y grosera y puede molestar a algunas personas. **2** Que suena mal.

malta s.f. Cebada tostada que se usa para hacer cerveza, alcohol o un tipo de infusión.

maltés, sa adj. y s. **1** De Malta. ◆ s.m. y adj. **2** Lengua que se habla en Malta.

maltosa s.f. Glúcido que se obtiene a partir de la descomposición del almidón y el glucógeno.

maltratador, ra adj. y s. Que causa daño físico o moral a otra persona o a un animal.

maltratar v.tr. **1** Causar daño físico o moral. **2** Cuidar poco de las cosas.

maltrato s.m. Comportamiento violento que causa daño físico o psíquico.

maltrecho, a adj. Que ha resultado perjudicado o dañado en algún asunto.

maltusianismo s.m. Doctrina política y económica de T. Malthus que defiende el control de natalidad para intentar adecuar la población con los medios de subsistencia.

malucho, a adj. Se dice de la persona que está algo enferma y sufre malestar físico.

malva s.f. **1** Planta de tallo ramoso, hojas lobuladas y dentadas y flores grandes de color morado. ◆ s.m. y adj. **2** Color morado claro, parecido al rosa pero más intenso. ◆ adj. **3** Que es de este color. □ Invariable en número. ◇ **criar malvas** Fam. Estar muerto y enterrado.

malvado, a adj. y s. Que obra con mucha maldad.

malvasía s.f. **1** Uva muy dulce y de olor suave y agradable. **2** Vino dulce que se elabora con esta uva.

malvavisco s.m. Planta herbácea de hojas blanquecinas y flores de color rosa.

malvender v.tr. Vender una cosa por un precio más bajo del que le corresponde.

malversación s.f. Utilización ilegal del dinero o bienes ajenos o del estado.

malversar v.tr. Usar ilegalmente dinero o bienes ajenos o del estado.

malvivir v.intr. Vivir pobremente sin tener cubiertas las necesidades elementales.

mama s.f. **1** Órgano glandular de las hembras de los mamíferos que produce la leche que sirve para alimentar a las crías. **2** Mamá.

mamá o **mama** s.f. Fam. Nombre que le dan los hijos a la madre.

mamadera s.f. **1** Aparato que sirve para descargar los pechos de las mujeres cuando tienen exceso de leche. **2** AMÉR Biberón. **3** CUBA, P RICO Tetilla del biberón.

mamado, a adj. Fam. Borracho.

mamar v.tr. e intr. **1** Chupar con los labios y la lengua la leche de las mamas. **2** Fam. Tomar bebidas alcohólicas en abundancia. ◆ v.tr. **3** Aprender algo desde niño por estar en contacto con ello. ◆ **mamarse** v.prnl. **4** Fam. Tomar una cantidad excesiva de bebida alcohólica.

mamario, a adj. Relativo a las mamas de las hembras o las tetillas de los machos.

mamarrachada s.f. Acción o cosa que resulta ridícula o extravagante.

mamarracho s.m. **1** Fam. Persona que viste o se comporta de forma ridícula o extravagante. **2** Persona que merece desprecio. **3** Figura o cosa fea o mal hecha.

mambo s.m. **1** Composición musical originaria de Cuba, de ritmo rápido. **2** Danza que se baila al ritmo de esta música.

mameluco s.m. **1** Soldado de una milicia egipcia que servía de guardia personal al sultán; terminó gobernando entre los siglos XIII y XVI. **2** Hombre torpe y de poca inteligencia.

mami s.f. Fam. Mamá.

mamífero, a adj. y s.m. **1** Se dice del animal vertebrado, de temperatura constante, con pelo que cubre su cuerpo o parte de él y cuyo embrión se desarrolla dentro de la madre. ◆ **mamíferos** s.m.pl. **2** Grupo taxonómico, con categoría de clase, constituido por estos animales.

mamografía s.f. Radiografía de una mama.

mamón, na adj. y s. **1** Se dice de la persona o animal que todavía mama. **2** Fam. y desp. Se dice de la persona que es despreciable.

mamotreto s.m. **1** Libro o conjunto de papeles muy abultado. □ Frec. despectivo. **2** Objeto, generalmente una máquina o un mueble, muy grande y pesado y además mal hecho o poco útil. □ Frec. despectivo.

mampara s.f. Plancha movible de madera, cristal u otro material, que se coloca para dividir una habitación o aislar un espacio.

mamporro s.m. Fam. Golpe dado con el puño.

mampostería s.f. Aparejo de un muro realizado con piedras de distintos tamaños sin labrar o poco labradas.

mampuesto, a adj. **1** Se dice del material que se emplea en las obras de mampostería. ◆ s.m. **2** Piedra sin labrar colocada a mano en una construcción. **3** AMÉR Objeto cualquiera sobre el que se apoya un arma de fuego para disparar.

mamut s.m. Mamífero prehistórico, parecido al elefante, pero más grande, de pelo áspero y largo.

mana s.f. AMÉR Maná (alimento).

maná s.m. **1** Alimento que Yahvé hizo llover del cielo para que los hebreos pudieran comer cuando atravesaron el desierto. **2** Bienes que se reciben sin trabajo alguno y de manera inesperada.

manada s.f. **1** Grupo de ganado, especialmente de animales de cuatro patas. **2** Conjunto de animales de la misma especie que andan reunidos. **3** Grupo grande de personas. **4** Porción de una cosa que se puede coger con la mano.

mánager s.m. y f. **1** Persona que dirige, gestiona o administra una sociedad, empresa u otra entidad. **2** Persona que se ocupa de los intereses de un deportista o de un artista profesional.

manantial s.m. **1** Corriente de agua que brota de la tierra. **2** Lugar donde brota esta corriente de agua. **3** Origen o principio de una cosa.

manar v.intr. **1** Brotar o salir un líquido. **2** Aparecer o surgir abundancia de una cosa con facilidad.

manatí s.m. Mamífero acuático de gran tamaño, de piel grisácea y gruesa.

manazas adj. y s.m. y f. Fam. ESP Se dice de la persona que es torpe, especialmente con las manos.

mancebo s.m. **1** Formal. Hombre joven. **2** ESP Dependiente o empleado de poca categoría.

mancha s.f. **1** Señal o marca, especialmente de suciedad. **2** Zona de una superficie que tiene un color diferente al del resto. **3** Zona oscura que se observa en el disco del Sol. **4** Hecho o dicho que quita o disminuye la dignidad, la estima y la respetabilidad de una persona o cosa.

manchar v.tr. **1** Ensuciar algo dejando una señal o una marca. **2** Dañar la honra o el honor.

manchego, a adj. y s. **1** De La Mancha. ◆ adj. y s.m. **2** Se dice del queso de oveja y sabor salado que se produce en esta zona.

manchú adj. y s.m. y f. **1** De Manchuria. ◆ s.m. y adj. **2** Lengua hablada en Manchuria.

mancillar v.tr. Dañar la honra o el honor.

manco, a adj. y s. **1** Se dice de la persona o animal a quien falta un brazo o una mano o que no lo puede usar por tener un defecto físico. ◆ adj. **2** Que está incompleto o es defectuoso. ◇ **no ser manco** ESP Mostrar sobradamente cierta cualidad o defecto realizando una cosa.

mancomunar v.tr. Formal. Unir fuerzas o bienes para un fin.

mancomunidad s.f. **1** Formal. Unión de personas o empresas para conseguir un fin común. **2** Asociación de varios municipios.

mancuerna s.f. Pareja de animales o cosas unidas.

mandado, a s. **1** Persona a la que se encarga una labor o un trabajo especial. ◆ s.m. **2** Gestión que se realiza siguiendo las órdenes de otra persona.

mandamás s.m. y f. Fam. Persona que desempeña una función de mando.

mandamiento s.m. **1** Orden que da un superior a sus subordinados para que sea obedecida, observada o ejecutada. **2** Ley o precepto religioso de los judíos y los cristianos. **3** Orden de un juez que se da por escrito mandando ejecutar una cosa.

mandanga s.f. **1** Pereza o falta de rapidez y de energía. **2** Argot. Droga blanda, especialmente marihuana. ◆ **mandangas** s.f.pl. **3** Fam. Excusas o comentarios que no interesan.

mandar v.tr. **1** Obligar a hacer una cosa dando una orden. **2** Hacer llegar una cosa a un lugar o a una persona. **3** Hacer que una persona se traslade a otro lugar. **4** Encargar una cosa a una persona. **5** Ejercer la dirección, la administración y el control de una cosa, una persona o un grupo de ellas. ◆ v.intr. **6** Ejercer el mando o autoridad.

mandarín s.m. **1** Funcionario de la antigua China. **2** Variedad dialectal del chino hablada en la mayor parte de China.

mandarina s.f. Fruto parecido a la naranja, pero más pequeño, de carne dulce.

mandarino s.m. Árbol de flores blancas y olorosas, cuyo fruto es la mandarina.

mandatario, a s. **1** Persona que acepta de otra el encargo de representarla o de llevar sus negocios. **2** Persona que gobierna un país o desempeña un alto cargo político.

mandato s.m. **1** Orden que da un superior a sus subordinados para que sea obedecida. **2** Período durante el cual una autoridad manda o gobierna. **3** Contrato por el que una persona confía a otra una gestión.

mandíbula s.f. **1** Cada una de las piezas óseas o cartilaginosas que forman la boca de los vertebrados, de las cuales salen los dientes. **2** Cada una de las dos piezas que forman el pico de las aves o la boca de algunos insectos.

mandil s.m. Delantal.

mandilón s.m. Mandil.

mandinga adj. y s.m. y f. **1** De un pueblo del África occidental que habita en territorios de Costa de Marfil, Guinea, Malí y Senegal. ◆ s.m. **2** AMÉR Nombre que los campesinos dan al diablo. **3** ARG Muchacho travieso.

mandioca s.f. **1** Arbusto tropical originario de América con una raíz muy grande y carnosa. **2** Harina blanca que se saca de la raíz de esta planta y que se usa como alimento.

mando s.m. **1** Autoridad o poder que tiene una persona o un organismo para dirigir o gobernar. **2** Botón, llave o mecanismo que sirve para controlar el funcionamiento de un aparato o una máquina. □ Suele usarse en plural con valor singular. **3** Persona u organismo que tiene autoridad y poder para dirigir y gobernar. ◇ **mando a distancia** Dispositivo que sirve para manejar el funcionamiento de un aparato electrónico que está alejado de la persona que lo usa.

mandoble s.m. **1** Golpe dado con la mano abierta sobre la cara. **2** Golpe o corte de arma blanca que se da agarrándola con las dos manos. **3** Espada grande muy usada a finales de la Edad Media.

mandolina s.f. Instrumento musical de cuerda con una caja de resonancia honda y ovalada y cuatro o seis pares de cuerdas.

mandón, na adj. y s. **1** Fam. Muy aficionado a mandar. ◆ s.m. **2** AMÉR Hombre que ejerce como capataz de una mina.

mandorla s.f. Óvalo o marco en forma de almendra que rodeaba algunas imágenes religiosas.

mandrágora s.f. Planta sin tallo, de hojas anchas y rugosas, flores malolientes de color violeta con figura de campanilla y fruto en baya.

1. **mandril** s.m. Mamífero del orden primates con pelo espeso marrón y trasero rojo.

2. **mandril** s.m. **1** Pieza cilíndrica de la máquina en la que se asegura el objeto que se ha de tornear. **2** Herramienta que sirve para agrandar los agujeros en las piezas de metal.

manecilla s.f. **1** Varilla delgada y larga que señala las medidas en algunos instrumentos de medición. **2** Broche metálico que se usa para cerrar ciertos libros. **3** Signo que representa una mano con el índice extendido y que llama la atención sobre alguna parte del texto.

manejable adj. Que se maneja con facilidad.

manejar v.tr. **1** Usar o mover una cosa con las manos. **2** Usar o emplear una cosa con un fin determinado. **3** Gobernar, dirigir o administrar un asunto. **4** Influir a una persona o intervenir en un asunto de forma maliciosa y poco honesta. ◆ **manejarse** v.prnl. **5** Moverse con agilidad después de haber padecido algún impedimento. **6** Tener facilidad para hablar, hacer una cosa o relacionarse en una situación o en un ambiente. ◆ v.tr. **7** AMÉR Dirigir un vehículo utilizando los mandos necesarios para que marche. **GEOSIN** conducir.

manejo s.m. **1** Acción y efecto de manejar. ◆ **manejos** s.m.pl. **2** Actividad engañosa o fraudulenta.

manera s.f. **1** Forma o modo de ser, realizar o suceder una cosa. ◆ **maneras** s.m.pl. **2** Modo de comportarse ante los demás con que una persona da a conocer su buena o mala educación. ◇ **a manera de** Indica que una cosa se usa como si fuera otra. ◇ **de cualquier manera** Con falta de atención y desinterés. ◇ **de manera que** Indica el efecto, el resultado o la consecuencia de una cosa. ◇ **de ninguna manera** Indica una negación absoluta y tajante. ◇ **de todas maneras** En cualquier caso o cualquiera que sea la circunstancia. ◇ **en gran manera** En gran cantidad o más de lo normal.

manes s.m.pl. Almas de los difuntos que los antiguos romanos consideraban divinidades.

maneta s.f. Pieza estrecha y alargada que sirve para accionar manualmente un mecanismo.

manga s.f. **1** Parte de la prenda de vestir que cubre el brazo, en parte o por completo. **2** Manguera, tubo largo y flexible. **3** Objeto de tela con forma de cono que se usa para señalar la dirección y la intensidad del viento. **4** Parte de una competición deportiva. **5** Anchura máxima de una embarcación. **6** Filtro de tela en forma de cono que sirve para colar líquidos. **7** AMÉR Espacio comprendido entre dos estacas que marcan el acceso a un corral o a un embarcadero. ◇ **manga ancha** Tolerancia que se manifiesta ante los fallos de una persona. ◇ **manga por hombro** Fam. En gran desorden y abandono. ◇ **tener,** o **guardar, algo en la manga** Tener una cosa oculta para poder usarla en el momento más oportuno.

mangana s.f. MÉX Engaño, burla o estafa.

manganeso s.m. Elemento químico, de símbolo Mn y número atómico 25; es un metal de transición, brillante, duro y quebradizo.

mangante adj. y s.m. y f. ESP Que manga.

manganzón, na adj. y s. AMÉR Holgazán.

mangar v.tr. Fam. y desp. ESP Robar una cosa con engaño.

manglar s.m. Vegetación propia de zonas tropicales cubiertas de agua por las mareas.

1. **mango** s.m. Parte estrecha y alargada de un objeto por donde se coge con la mano.

2. **mango** s.m. **1** Árbol de grandes dimensiones de tronco recto, corteza negra y rugosa. **2** Fruto de este árbol, aromático y carnoso.

mangonear v.tr. Fam. y desp. Intervenir una persona en un asunto de otra, tratando de dirigirlo o de imponer su voluntad.

mangoneo s.m. Fam. y desp. Acción y efecto de mangonear.

mangosta s.f. Mamífero carnívoro pequeño de pelaje rojizo o gris, cola larga y patas cortas.

manguera s.f. Tubo largo y flexible que conduce un líquido, tomándolo por uno de sus extremos y expulsándolo por el opuesto.

mangui s.m. y f. Fam. ESP Ladrón.

manguito s.m. **1** Prenda de abrigo en forma de tubo en la que se meten las manos para mantenerlas calientes. **2** Pieza pequeña y cilíndrica que sirve para acoplar o reforzar tubos.

maní (pl. manises) s.m. Cacahuete.

manía s.f. **1** Trastorno mental que se caracteriza por la presencia obsesiva de una idea fija y produce en el enfermo un estado anormal de agitación. **2** Costumbre o comportamiento raro o poco corriente. **3** Sentimiento de rechazo o disgusto hacia alguien o algo. **4** Afición exagerada hacia una cosa.

maníaco, a o **maniaco, a** adj. y s. Que padece una manía o trastorno mental.

maniatar v.tr. Atar las manos a una persona.

maniático, a adj. y s. **1** Se dice de la persona que tiene costumbres o comportamientos raros o poco corrientes. **2** Maníaco.

manicomio s.m. Hospital en el que ingresan los enfermos mentales para curarse o mejorar de su enfermedad.

manicura s.f. Cuidado y arreglo de las manos, especialmente de las uñas.

manido, a adj. **1** Se dice del asunto que es tan conocido que resulta vulgar y poco original. **2** Que está muy gastado por el uso.

manierismo s.m. Estilo artístico que surgió en Italia a comienzos del siglo XVI y que se caracteriza por su refinamiento y excentricidad.

manierista adj. **1** Relativo al manierismo. ◆ adj. y s.m. y f. **2** Se dice de la persona que practica el manierismo.

manifestación s.f. **1** Concentración pública de gran número de personas que recorren las calles para reclamar algo o protestar por alguna cosa. **2** Comunicación o exteriorización de una opinión, un estado de ánimo o un sentimiento. **3** Cosa que es muestra o reflejo de otra.

manifestante s.m. y f. Persona que participa en una manifestación o concentración pública.

manifestar (32) v.tr. **1** Dar a conocer una opinión o un sentimiento. **2** Mostrar o hacer evidente una cosa. ◆ **manifestarse** v.prnl. **3** Hacer una manifestación o participar en ella.

manifiesto, a adj. **1** Que se ve con claridad o que se percibe sin necesidad de razonamientos o explicaciones. ◆ s.m. **2** Escrito que una persona o grupo de personas hacen público y en el que exponen su concepción ideológica; generalmente es de carácter político o artístico.

manigua s.f. AMÉR Terreno pantanoso cubierto de maleza.

manigual s.m. AMÉR Manigua.

manija s.f. **1** Palanca pequeña que sirve para accionar la cerradura de una puerta o de una ventana. **2** Parte estrecha y alargada de un objeto por donde se coge con la mano.

manilla s.f. **1** Manecilla del reloj. **2** Palanca pequeña que sirve para accionar la cerradura de una puerta o de una ventana. **3** Adorno o joya en forma de aro o de cadena que se pone en la muñeca. **4** Arco de hierro que se pone en las muñecas para inmovilizar las manos.

manillar s.m. Parte delantera de la bicicleta o de la motocicleta en la que se apoyan las manos para controlar la dirección.

maniobra s.f. **1** Conjunto de operaciones que se hacen con cualquier tipo de vehículo para dirigir su marcha. **2** Movimiento u operación que se hace con una máquina para dirigir su funcionamiento. **3** Operación que se hace en un asunto con habilidad y astucia para conseguir un fin determinado. **4** Ejercicio militar que se realiza en el ejército para adiestrar a los soldados. □ Suele usarse en plural.

maniobrar v.intr. Realizar maniobras.

manipulación s.f. Acción de manipular.

manipulador, ra s. **1** Persona que en su trabajo maneja las cosas con las manos. **2** Persona que influye en otra o interviene en un asunto para conseguir un fin determinado. ◆ s.m. **3** Aparato telegráfico transmisor.

manipular v.tr. **1** Manejar una cosa con las manos. **2** Influir a una persona o intervenir en un asunto de forma maliciosa y poco honesta para conseguir un fin determinado. **3** Controlar la conducta de una persona impidiendo que actúe con libertad. **4** Mezclar o combinar un producto con otra sustancia para alterar su composición o para crear un nuevo producto.

maniqueísmo s.m. **1** Doctrina religiosa que se basa en la lucha entre el bien y el mal. **2** Actitud que tiende a valorar las cosas como buenas o malas, sin término medio.

maniqueo, a adj. **1** Relativo al maniqueísmo. ◆ adj. y s. **2** Que solo valora las cosas como buenas o malas.

maniquí (pl. maniquíes) s.m. **1** Figura con forma humana que sirve para mostrar o exhibir prendas de vestir. **2** Armazón con figura de cuerpo humano sin extremidades, que sirve para probar y arreglar prendas de vestir. **3** Persona que cuida mucho su aspecto y siempre va muy bien vestida. ◆ s.m. y f. **4** Persona que se dedica profesionalmente a mostrar o exhibir prendas de vestir.

manirroto, a adj. y s. Se dice de la persona que gasta el dinero en exceso y sin necesidad.

manitas s.m. y f. Fam. ESP Persona que tiene mucha habilidad para hacer cualquier tipo de trabajo con las manos.

manivela s.f. Pieza que se usa para dar vueltas al eje de una rueda o un mecanismo.

manjar s.m. Alimento o comida, especialmente el que resulta exquisito.

mano s.f. **1** Parte del cuerpo humano que va desde la muñeca hasta la punta de los dedos. **2** Pata delantera de un animal cuadrúpedo. **3** Lado en el que está situada una cosa, respecto de la posición de una persona. **4** Pie cortado de una res una vez muerta. **5** Capa de pintura que se da a una superficie. **6** Habilidad que tiene una persona para hacer una cosa o resolver un asunto. **7** Mazo del mortero o del almirez. **8** Partida de cartas. **9** Persona que empieza una partida de cartas. ◇ **con las manos en la masa** Fam. Durante el desarrollo de una acción. ◇ **con las manos vacías** Sin ninguna posesión material. ◇ **de primera mano** Directamente, de la fuente original. — Sin estrenar. ◇ **de segunda mano** Que ya ha sido usado. ◇ **echar mano de algo** Servirse de una cosa para realizar algo. ◇ **echar una mano** Ayudar a una persona. ◇ **en manos de** Bajo la responsabilidad de una persona. ◇ **mano de obra** Conjunto de obreros. ◇ **mano dura** Severidad o exigencia que tiene una persona para tratar a otras o dirigir un asunto. ◇ **mano izquierda** Habilidad que tiene una persona para manejar o resolver un asunto con tacto. ◇ **¡manos a la obra!** Indica que se quiere empezar un trabajo en el mismo momento que se dice y con muchas ganas. ◇ **pedir la mano de alguien** Pedir autorización a los padres para casarse con su hija. ◇ **poner la mano en el fuego** Asegurar o dar fe de alguna cosa. ◇ **traer entre manos** Estar tramando un asunto.

manojo s.m. **1** Conjunto de cosas que están agrupadas en forma de haz y se pueden coger de una vez con la mano. **2** Conjunto de cosas agrupadas que son de la misma clase.

manoletina s.f. Zapato plano de cuero fino o tela, punta redondeada y sin cierres ni apenas adornos.

manómetro s.m. Aparato que sirve para medir la presión de un líquido o gas.

manopla s.f. **1** Guante sin separaciones para los dedos o con solo una para el pulgar. **2** AMÉR Pieza metálica que se coloca en los dedos de la mano para golpear más fuerte.

manosear v.tr. Acariciar o toquetear una cosa o a una persona repetidamente con las manos.

manoseo s.m. Acción de manosear.

manotazo s.m. Golpe dado con la mano.

manotear v.tr. **1** Dar manotazos. ◆ v.intr. **2** Agitar o mover las manos al hablar.

manriqueño, a adj. Se dice de la estrofa que está formada por cuatro versos octosílabos y dos tetrasílabos.

mansalva ◇ **a mansalva** loc. En abundancia o en gran cantidad.

mansedumbre s.f. Docilidad, tranquilidad.

mansión s.f. Vivienda muy grande y lujosa.

manso, a adj. **1** Se dice del animal que se muestra dócil y no actúa con agresividad. **2** Que es sosegado y tranquilo y se mueve lentamente. ◆ s.m. **3** Conjunto formado por una casa y tierras de cultivo, que el señor feudal cedía a cambio de ciertas prestaciones.

manta s.f. **1** Pieza rectangular de tejido grueso que sirve para abrigar y suele ponerse en la cama. **2** Pez marino de cuerpo ancho, muy plano y cola larga y delgada. **3** Cantidad grande de golpes que se da o se recibe. ◆ s.m. y f. **4** Fam. ESP Persona que es perezosa en su trabajo u otra actividad. ◇ **a manta** Fam. De forma muy abundante. ◇ **liarse la manta a la cabeza** Fam. ESP Tomar una decisión o iniciar una acción y llevarla hacia adelante a pesar de las consecuencias que pueda tener. ◇ **tirar de la**

manta Fam. ESP Desvelar algo que otros querían mantener en secreto.

mantear v.tr. Lanzar repetidamente al aire a una persona impulsándola con una manta que es sostenida por varias personas.

manteca s.f. **1** Grasa del cerdo o de otros animales. **2** Sustancia grasa de la leche y de la semilla de algunos frutos.

mantecada s.f. Bollo pequeño y cuadrado.

mantecado s.m. **1** Bollo pequeño hecho con manteca de cerdo, harina y azúcar. **2** Helado o sorbete preparado con leche, huevos y azúcar.

mantecoso, a adj. **1** Que tiene mucha manteca. **2** Que se parece a la manteca. **3** Se dice del alimento que es graso, tierno y suave al paladar.

mantel s.m. Pieza de tela, papel o plástico que se coloca sobre la mesa para comer.

mantelería s.f. Conjunto formado por un mantel de tela y varias servilletas.

manteleta s.f. Pañuelo o pequeña capa de tela fina o calada, que llevan las mujeres sobre los hombros cubriendo el escote.

mantener (48) v.tr. **1** Conservar una cosa en su estado óptimo para que no se degrade. **2** Dar a una persona el alimento o lo necesario para vivir. **3** Sostener o sujetar una cosa para que no se caiga o no se tuerza. **4** Defender una idea u opinión con convicción. **5** Realizar una acción a lo largo de un período. **6** Continuar una persona o una cosa en un estado o actitud determinado.

mantenido, a s. **1** Persona que vive a expensas del dinero de otra. **2** Persona que vive del dinero de su amante.

mantenimiento s.m. **1** Conservación de una cosa en buen estado o en una situación óptima para evitar su degradación. **2** Conjunto de alimentos, dinero y medios necesarios para vivir.

manteo s.m. Acción de mantear.

mantequera s.f. Recipiente que se usa para guardar la mantequilla o servirla en la mesa.

mantequería s.f. Establecimiento en el que se venden productos derivados de la leche.

mantequilla s.f. **1** Alimento graso de consistencia blanda que se obtiene batiendo la nata de la leche de vaca. **2** Manteca o nata de la leche.

mantilla s.f. **1** Prenda femenina de tejido muy fino que cubre la cabeza y cae sobre los hombros. **2** Prenda que se pone encima de la ropa del bebé para protegerlo del frío.

mantillo s.m. **1** Capa superior del suelo formada por tierra y restos de animales y de vegetales en descomposición. **2** Abono que se obtiene de la descomposición y fermentación del estiércol.

mantis s.f. Insecto de cuerpo largo y estrecho, de color verde o amarillo, que tiene las patas delanteras largas, erguidas y dotadas de fuertes espinas. □ También mantis religiosa.

manto s.m. **1** Prenda de vestir parecida a la capa, sin mangas, larga, ancha y abierta por delante, que cubre desde los hombros o la cabeza hasta los pies y se lleva sobre la ropa. **2** Cosa que cubre u oculta algo. **3** Capa sólida de la Tierra situada entre el núcleo y la corteza.

mantón s.m. Prenda de vestir femenina de forma cuadrada que se lleva sobre los hombros.

manual adj. **1** Que se hace con las manos. ◆ s.m. **2** Libro que recoge lo más importante de una materia.

manualidad s.f. Trabajo hecho con las manos.

manubrio s.m. **1** Pieza que se usa para dar vueltas a una rueda o al eje de un mecanismo. **2** Conducto de la parte ventral de una medusa, en cuyo extremo se encuentra la boca. **3** AMÉR Manillar.

manufactura s.f. **1** Proceso de fabricación de un producto que se realiza con las manos o con ayuda de máquinas. **2** Producto elaborado a partir de una materia prima mediante este proceso. **3** Fábrica o industria donde se elaboran estos productos.

manufacturar v.tr. Fabricar o elaborar objetos con medios mecánicos.

manufacturero, a adj. Relativo a la manufactura.

manumisión s.f. Acción de manumitir.

manumitir v.tr. Conceder la libertad a un esclavo.

manuscrito, a adj. **1** Que está escrito a mano. ◆ s.m. **2** Texto o libro escrito a mano, especialmente el que tiene algún valor histórico o literario.

manutención s.f. Acción de mantener a una persona.

manzana s.f. **1** Fruto del manzano, de forma redondeada, con la piel fina, de color verde, amarillo o rojo, carne blanca y jugosa y sabor dulce o ácido. **2** Espacio de terreno urbano, generalmente cuadrangular, que está limitado por calles por todos sus lados. **3** Grupo de casas contiguas. **4** AMÉR Nuez de la garganta.

manzanilla s.f. **1** Planta herbácea con tallos débiles, hojas pequeñas y abundantes y flores muy olorosas. **2** Flor de esta planta que tiene los pétalos blancos. **3** Bebida que se hace hirviendo en agua las flores secas de la manzanilla. **4** Vino blanco, seco y muy aromático, que se elabora en algunas zonas de Andalucía. **5** Variedad de aceituna, pequeña y muy fina.

manzano s.m. Árbol frutal de tronco áspero y nudoso, cuyo fruto es la manzanilla.

maña s.f. **1** Capacidad para hacer una cosa bien, con facilidad y rapidez. **2** Medio que se emplea con habilidad para conseguir algo, especialmente para engañar o evitar un engaño.

mañana s.f. **1** Parte del día que va desde el amanecer hasta el mediodía. **2** Parte del día que va desde las doce de la noche hasta el amanecer. ◆ s.m. **3** Tiempo futuro que no está muy lejano. ◆ adv. **4** En el día que sigue inmediatamente al de hoy. ◇ **de mañana** En las primeras horas del día. ◇ **pasado mañana** En el día que sigue inmediatamente al de mañana.

mañanita s.f. **1** Capa corta que las mujeres se ponen sobre el camisón. ◆ **mañanitas** s.f.pl. **2** MÉX Canción popular mexicana que se dedica a alguien con motivo de su santo o cumpleaños.

maño, a adj. y s. **1** Fam. Aragonés.

mañoso, a adj. Se dice de la persona que tiene habilidad para hacer bien, con rapidez y facilidad algo que resulta difícil para los demás.

maoísmo s.m. **1** Doctrina política socialista basada en las ideas de Mao Zedong. **2** Movimiento político basado o inspirado en esta doctrina.

maoísta adj. **1** Relativo al maoísmo. ◆ adj. y s.m. y f. **2** Partidario del maoísmo.

maorí adj. y s.m. y f. **1** De un pueblo polinesio que habita en Nueva Zelanda. ◆ s.m. y adj. **2** Lengua hablada por este pueblo.

mapa s.m. Representación selectiva, esquemática y simbólica de la superficie de la Tierra o de parte de ella en un plano, de acuerdo con una escala. ◇ **borrar del mapa** Fam. Matar, eliminar.

mapache s.m. Animal mamífero cubierto por un pelo fino de color gris oscuro, con unos círculos negros alrededor de los ojos.

mapamundi s.m. Mapa que representa la superficie completa de la Tierra.

mapuche adj. y s.m. y f. **1** De Arauco. ◆ s.m. y adj. **2** Lengua que hablan los indios de Arauco.

maqueta s.f. **1** Proyecto o reproducción de un monumento, edificio u otra construcción hecho en tamaño reducido. **2** Composición de una página en la que se distribuyen los distintos elementos que van a formar parte de ella y que sirve de modelo antes de imprimir. **3** Grabación musical de prueba que se hace antes de editar un tema musical.

maqueto, a adj. y s. Desp. Que ha emigrado al País Vasco desde otra región española.

maqui s.m. y f. Maquis, persona.

maquiavélico, a adj. **1** Que actúa con astucia, hipocresía y engaños para conseguir sus propósitos. **2** Se dice de la acción o actitud que ha sido maquinada con astucia, hipocresía y engaños. **3** Relativo a Maquiavelo o a su teoría moral y política.

maquiavelismo s.m. **1** Modo de proceder que se caracteriza por la astucia, hipocresía y engaño para conseguir lo que se desea. **2** Teoría moral y política de Maquiavelo.

maquillador, ra s. Profesional que se dedica a maquillar.

maquillaje s.m. **1** Acción de maquillar. **2** Producto cosmético para maquillar. **3** Conjunto de técnicas que sirven para maquillar el rostro u otras partes del cuerpo de una persona.

maquillar v.tr. **1** Aplicar productos cosméticos sobre la piel, especialmente la del rostro. **2** Cambiar la apariencia exterior para ocultar el aspecto real de una cosa o para disimular.

máquina s.f. **1** Conjunto de piezas acopladas entre sí que transforma una forma de energía en otra para hacer un trabajo determinado. **2** Parte de un tren que lleva el motor, va montada sobre ruedas y arrastra a los demás vagones. **3** Bicicleta, motocicleta o coche de carreras. **4** Conjunto de elementos ordenados entre sí que forman un todo. **5** Aparato eléctrico que funciona introduciendo dinero y que sirve para jugar o vender un producto. **6** Conjunto de mecanismos que sirven para cambiar los decorados y los efectos especiales en un teatro. ◇ **a máquina** Con ayuda de una máquina en lugar de a mano. ◇ **a toda máquina** Con mucha rapidez o intensidad. ◇ **máquina herramienta** Máquina que acciona mecánicamente una o varias herramientas con las cuales pueden labrarse o mecanizarse diversos materiales.

maquinación s.f. Acción o plan, generalmente malintencionado, preparado en secreto y con astucia para conseguir un fin.

maquinal adj. Se dice del acto o movimiento involuntario o inconsciente.

maquinar v.tr. Tramar algo con astucia y en secreto.

maquinaria s.f. **1** Conjunto de máquinas que se usan para un fin determinado. **2** Conjunto de piezas que componen un mecanismo y que sirven para poner en funcionamiento un aparato.

maquinilla s.f. Instrumento que sirve para afeitar o cortar el pelo mediante una pieza que sujeta una o varias hojas de metal afiladas y cortantes.

maquinista s.m. y f. **1** Persona que se dedica a conducir una máquina de tren. **2** Persona que se dedica a arreglar una máquina y controlar su funcionamiento.

maquis s.m. y f. **1** Organización guerrillera francesa que luchó contra la ocupación nazi. ◆ s.m. **2** Organización guerrillera antifranquista que estuvo activa después de la Guerra Civil española. ◆ s.m. y f. **3** Persona perteneciente a una de estas organizaciones.

mar s.m. o f. **1** Masa de agua salada que cubre las tres cuartas partes de la superficie de la Tierra. **2** Parte en que se divide esta masa de agua salada más pequeña que el océano. ◆ s.m. **3** Acumulación grande y permanente de agua, generalmente dulce, en una gran depresión de terreno. **4** Gran cantidad de una cosa. ◇ **a mares** En gran cantidad o número. ◇ **la mar de** Fam. ESP Gran cantidad de una cosa.

marabú (pl. marabúes) s.m. Ave zancuda parecida a la cigüeña, de color blanco y gris.

marabunta s.f. **1** Enjambre de hormigas carnívoras propias de América del Sur, que devoran a su paso toda la vegetación y todo tipo de animales. **2** Fam. Alteración de la tranquilidad, el silencio o el orden.

maraca s.f. Instrumento musical de percusión formado por una bola hueca llena de pequeñas piedras o semillas unida a un mango.

maracuyá s.m. **1** Planta trepadora de tallos ramosos y fruto comestible. **2** Fruto de esta planta de pulpa amarilla y forma de huevo.

marajá s.m. Maharajá.

maraña s.f. **1** Conjunto de hilos, cabellos, cuerdas, cables o cosas de forma semejante que están enrollados y entrecruzados de manera que no se pueden separar. **2** Conjunto de plantas que crecen muy juntas entrecruzando y enredando sus ramas de manera que dan lugar a una gran espesura. **3** Conjunto de engaños y maniobras secretas para conseguir una cosa.

marañón s.m. Árbol de tronco irregular y flores en racimo que tiene el fruto de semilla comestible en forma de nuez.

maratón s.m. o f. **1** Prueba deportiva que consiste en correr a pie un recorrido de 42 km y 195 m. **2** Competición que es dura, larga y requiere resistencia física. **3** Actividad muy larga que se realiza sin descansos.

maratoniano, a adj. **1** Relativo a la carrera de maratón. **2** Se dice de la actividad o acción que es intensa, agotadora o de duración más larga de lo normal.

maravedí (pl. maravedís, maravedises o maravedíes) s.m. Antigua moneda española.

maravilla s.f. **1** Persona, cosa o suceso que produce admiración y asombro por reunir unas características extraordinarias. **2** Admiración y asombro que produce una persona, una cosa o un suceso extraordinario. **3** Planta herbácea de flores amarillas o anaranjadas. **4** Planta de jardín con las flores azules, cuyo tallo necesita un punto de apoyo. ◇ **a las mil maravillas** o **de maravilla** De manera perfecta.

maravillar v.tr. Causar admiración o asombro.

maravilloso, a adj. **1** Extraordinario o muy bueno. **2** Que no se puede explicar por causas naturales.

marbellí adj. y s.m. y f. De Marbella.

marca s.f. **1** Señal que se hace sobre una cosa y sirve para distinguirla o identificarla. **2** Señal o huella que deja un golpe, una herida o una presión. **3** Nombre comercial que un fabricante pone a un producto. **4** Resultado máximo que consigue un deportista en una competición. **5** Utensilio que sirve para señalar, medir o identificar una cosa. **6** Territorio o distrito fronterizo de la época medieval. ◆ s.m. **7** Rasgo morfológico, fonético o de significado que permite distinguir una palabra de otra por oposición.

marcado, a adj. **1** Que destaca y se percibe con claridad. **2** Se dice de la palabra que posee un rasgo morfológico, fonético o de significado que permite distinguirla de otra por oposición.

marcador s.m. **1** Tablero en el que se anotan los puntos que consigue un jugador o un equipo deportivo. **2** Conjunción o locución que relaciona oraciones o conjuntos de ellas y guía las deducciones que pueden hacerse de los diversos enunciados. **3** AMÉR Útil de escritura que funciona con tinta especial y con un trazo grueso. **GEOSIN** plumón, rotulador.

marcaje s.m. Acción de marcar un jugador a otro del equipo contrario.

marcapasos s.m. Aparato que se coloca quirúrgicamente junto al corazón para estimular y mantener el ritmo cardíaco.

marcar v.tr. **1** Hacer o poner una señal sobre algo para distinguirlo o identificarlo. **2** Indicar un aparato de medición una cantidad o una medida. **3** Pulsar las teclas o señalar en el disco del teléfono los números de otro para comunicar con él. **4** Conseguir un gol o un tanto, especialmente en un partido de fútbol. **5** Vigilar estrictamente un jugador a otro contrario e impedir correctamente que haga su jugada. **6** Dejar una situación determinada un recuerdo o una huella en una persona. **7** Hacer que se noten los pasos o divisiones de un movimiento rítmico o una acción. **8** Poner el precio a una cosa que se va a vender. **9** Indicar una dirección o la situación de una cosa. **10** Herir o golpear a una persona dejando una señal visible.

marcha s.f. **1** Desplazamiento que se realiza para ir de un lugar a otro. **2** Desarrollo o manera de funcionar de una cosa. **3** Posición del cambio de velocidades del motor de un automóvil o una máquina, que le permite desarrollar una potencia directamente proporcional a la velocidad del motor. **4** Grado de velocidad con que se hace una cosa. **5** Concentración numerosa de personas que caminan juntas con un fin determinado. **6** Pieza musical con que se acompañan desfiles, cortejos y actos solemnes. **7** Prueba deportiva de atletismo que se realiza caminando muy deprisa. **8** Fam. ESP Energía, ánimo o alegría de una persona. **9** Fam. ESP Diversión o animación que hay en un lugar o se da en una determinada situación. ◇ **a marchas forzadas** Muy deprisa y con un ritmo muy intenso. ◇ **a toda marcha** Con mucha prisa. ◇ **sobre la marcha** De manera improvisada.

marchamo s.m. **1** Marca o señal que se pone en un objeto o un producto después de revisarse en una aduana. **2** Aspecto o estilo de una cosa por los que se reconoce su clase.

marchante s.m. y f. **1** Persona que se dedica al comercio de obras de arte. **2** AMÉR Cliente habitual de una tienda. **3** MÉX Vendedor al que una persona suele comprar habitualmente.

marchar v.intr. **1** Caminar o moverse avanzando a pie. **2** Funcionar o desarrollarse una cosa o un mecanismo. **3** Caminar o moverse un ejército de forma ordenada. ◆ **v.intr. y prnl.** **4** Ir de un lugar a otro o partir de un lugar.

marchitar v.tr. **1** Hacer que las plantas y las flores pierdan frescura y verdor o empiecen a secarse. **2** Hacer que una persona pierda la belleza, la fuerza y la vitalidad.

marchito, a adj. **1** Se dice de la flor o planta que empieza a secarse y no tiene verdor y frescura. **2** Se dice de la persona que ha perdido la belleza, la fuerza o la vitalidad.

marchoso, a adj. Fam. ESP Alegre y animado.

marcial adj. **1** Relativo a la guerra o al ejército. **2** Que camina muy erguido y con firmeza.

marciano, a adj. **1** De Marte. ◆ **s.** **2** Habitante imaginario de Marte o de otro planeta.

marco s.m. **1** Cerco o moldura que rodea y adorna los bordes de una cosa. **2** Armadura en la que encaja una puerta o una ventana. **3** Unidad monetaria de Alemania y Finlandia hasta su sustitución por el euro en el año 2002. **4** Entorno que rodea a alguna cosa.

marea s.f. **1** Movimiento alternativo y periódico de ascenso y descenso de las aguas del mar, causado por las fuerzas de atracción del Sol y de la Luna. **2** Viento suave que sopla del mar. **3** Cantidad grande de personas que se encuentran en un lugar. ◇ **marea negra** Masa de petróleo vertida al mar, con forma de mancha, de gran extensión.

mareante adj. **1** Que marea o causa aturdimiento. ◆ **adj. y s.m. y f.** **2** Que navega.

marear v.tr. **1** Causar aturdimiento, molestia o fastidio a una persona solicitando su atención continuamente. ◆ **v.intr.** **2** Llevar a una persona de un sitio a otro obligándola a dar muchos pasos para conseguir una cosa. ◆ **v.tr.** **3** Conducir un barco. ◆ **marearse** v.prnl. **4** Experimentar mareo. **5** Estropearse las mercancías en el mar. **6** Emborracharse ligeramente.

marejada s.f. Estado de la mar cuando su superficie está perturbada por olas de entre 3 y 4 metros.

marejadilla s.f. Movimiento de las olas de menor tamaño y fuerza que el de la marejada.

maremagno o **maremágnum** o **mare mágnum** s.m. **1** Abundancia de cosas desordenadas y confusas. **2** Multitud de personas que se comportan de manera alborotada y ruidosa.

maremoto s.m. Movimiento sísmico que se produce en el fondo del mar y que ocasiona una agitación violenta de las aguas.

marengo s.m. y adj. **1** Color gris muy oscuro. □ También gris marengo. ◆ **adj.** **2** Que es de este color. □ Invariable en número.

mareo s.m. **1** Sensación de malestar en la cabeza y en el estómago que generalmente se manifiesta con vómitos y pérdida del equilibrio. **2** Estado de aturdimiento físico y mental que se produce por una situación que molesta.

marfil s.m. **1** Material duro y blanco del que están formados los dientes de los mamíferos. ◆ **s.m. y adj.** **2** Color blanco amarillento, como el de este material. ◆ **adj.** **3** Que es de este color. □ Invariable en número.

marfileño, a adj. **1** Relativo al marfil o que tiene un aspecto semejante. ◆ **adj. y s.** **2** De Costa de Marfil.

marga s.f. Roca sedimentaria compuesta de arcilla y caliza.

margarina s.f. Sustancia alimenticia de consistencia blanda y de color amarillento que se elabora con grasas vegetales o animales.

margarita s.f. **1** Flor en forma de roseta con el centro amarillo y los pétalos blancos. **2** Planta herbácea que da esta flor. **3** Pieza en forma de disco de una máquina de escribir o de una impresora que sirve para imprimir todos los signos. **4** Perla de los moluscos. ◆ **s.m.** **5** Bebida refrescante hecha con tequila, zumo de lima y licor de naranja.

margen s.m. o f. **1** Zona límite entre la tierra y una masa de agua o entre dos zonas de tierra. ◆ **s.m.** **2** Espacio en blanco que queda entre los bordes de una página y el texto escrito. **3** Tiempo que queda hasta que se dé un acto o suceso. **4** Oportunidad que se da a una persona para hacer una cosa. **5** Ganancia o beneficio que se obtiene al vender un producto. **6** Diferencia que se calcula entre un resultado previsto y el real. ◇ **al margen** Sin participar en un asunto, quedándose en un lugar secundario.

marginación s.f. **1** Situación de aislamiento o trato de inferioridad en que vive una persona o un grupo de personas. **2** Acción que consiste en dejar de lado una cosa o a una persona.

marginado, a adj. y s. Se dice de la persona que vive una situación de aislamiento y rechazo.

marginal adj. **1** Secundario o poco importante. **2** Marginado. **3** Que está escrito o dibujado en el margen de una página. **4** Que vive o actúa fuera de las normas sociales establecidas.

marginar v.tr. **1** Dejar a una persona o grupo de personas en una situación de aislamiento y rechazo. **2** Dejar de lado una cosa.

maría s.f. **1** Fam. ESP Asignatura que resulta muy fácil de aprobar. **2** Argot. Marihuana.

mariachi s.m. **1** Música popular mexicana de carácter alegre y bullicioso. **2** Orquesta que ejecuta esta música, formada principalmente por guitarras, violines y trompetas. **3** Miembro componente de esta orquesta.

marianista adj. **1** Relativo a la congregación religiosa de la Compañía de María. ◆ **adj. y s.m. 2** Se dice del religioso o laico que pertenece a esta congregación.

mariano, a adj. Relativo a la Virgen María y a su culto.

marica s.m. **1** Fam. Hombre que tiene movimientos y actitudes que se consideran propios de las mujeres. □ Frec. despectivo. **2** Fam. Hombre que siente atracción sexual hacia otro hombre. □ Frec. despectivo.

maricón s.m. **1** Vulg. Hombre que tiene movimientos y actitudes que se consideran propios de las mujeres. □ Frec. despectivo. **2** Vulg. Hombre que siente atracción sexual hacia otro hombre. □ Frec. despectivo. **3** Vulg. Hombre que hace cosas para fastidiar a los demás o tiene malas intenciones. □ Frec. insulto.

mariconada s.f. Vulg. Característica, dicho o hecho que se consideran propios de un maricón.

mariconera s.f. ESP Bolso de mano de pequeño tamaño que usan los hombres.

maridaje s.m. **1** Enlace, relación y conformidad de los casados. **2** Unión o relación de dos cosas entre sí.

marido s.m. Hombre con el que está casada una mujer.

marihuana s.f. Cáñamo índico cuyas hojas al fumarse producen un efecto narcótico.

marimacho s.m. o f. Fam. y desp. Mujer hombruna.

marimandón, na adj. y s. Fam. Que tiene tendencia a mandar más de lo que le corresponde.

marimba s.f. Xilófono que tiene un sonido poco intenso y suave.

marimorena s.f. Fam. ESP Enfrentamiento o discusión violenta y ruidosa.

marina s.f. **1** Conjunto de barcos de un país, una nación o una compañía de navegación y conjunto de personas que prestan servicio en ellos. **2** Técnica de la navegación y el manejo de las embarcaciones. **3** Cuadro o pintura que representa un paisaje marítimo. **4** Parte del terreno que está situada en la costa o junto al mar.

marinar v.tr. Dejar durante un tiempo un alimento en adobo para condimentarlo o conservarlo.

marine s.m. Soldado de infantería de marina de Estados Unidos o del Reino Unido.

marinería s.f. **1** Conjunto de personas que se encargan de conducir o manejar un barco. **2** Conjunto de marines militares. **3** Oficio de la persona que se dedica a actividades relacionadas con el mar.

marinero, a adj. **1** Relativo a la marina. **2** Se dice de la embarcación fácil de gobernar. ◆ **s. 3** Persona que trabaja en las tareas de un barco. **4** Militar de marina.

marino, a adj. **1** Relativo al mar. ◆ **s.m. 2** Persona que tiene una profesión que se desarrolla principalmente en el mar.

marioneta s.f. **1** Muñeco articulado que puede ser movido mediante unos hilos atados a su cuerpo o bien metiendo la mano en su interior. **2** Persona que no actúa por voluntad propia porque se deja manejar por los demás.

mariposa s.f. **1** Insecto volador lepidóptero de cuerpo alargado que tiene cuatro alas grandes de colores muy vistosos. **2** Estilo de natación en que se mueven los dos brazos a la vez, mientras las piernas suben y bajan juntas. **3** Tuerca que tiene una aleta a cada lado para poder enroscarla manualmente. **4** Fam. y desp. Hombre que tiene movimientos o actitudes que se consideran propios de las mujeres. **5** Mecha pequeña insertada en un disco de corcho que se coloca en un vaso con aceite para que dé luz.

mariquita s.f. **1** Insecto de la familia de los escarabajos, de forma ovalada y alas protegidas por unas placas duras de color rojo o amarillo con puntos negros. ◆ **s.m. 2** Fam. y desp. Marica.

marisabidilla s.f. Fam. y desp. ESP Mujer que presume de que lo sabe todo o es muy lista.

mariscada s.f. Comida a base de mariscos.

mariscal s.m. En algunos países, persona que tiene la más alta graduación militar.

mariscar v.tr. e intr. Coger o pescar mariscos.

marisco s.m. Animal marino invertebrado provisto de esqueleto externo.

marisma s.f. Terreno bajo y pantanoso que ha sido invadido por el agua del mar o de un río.

marismeño, a adj. Relativo a la marisma.

marisquería s.f. Establecimiento en el que se vende o consume marisco y pescado.

marista adj. y s.m. Se dice de un miembro de una congregación devota de la Virgen María.

marital adj. Relativo al matrimonio.

marítimo, a adj. **1** Relativo al mar. **2** Que está situado junto al mar.

marjal s.m. Terreno bajo y pantanoso, formado por turba y agua alcalina.

marketing s.m. Conjunto de principios y técnicas que buscan la manera de vender mejor un producto o un servicio.

marmita s.f. Olla de metal con tapadera ajustada y una o dos asas.

mármol s.m. Roca metamórfica caliza, brillante y fría, con vetas de distintos colores.

marmolista s.m. y f. Persona que se dedica a trabajar y vender el mármol y otras piedras.

marmóreo, a adj. Relativo al mármol.

marmota s.f. **1** Roedor de vida nocturna, con cola larga y pelo espeso de color rojizo por el lomo y blanco por el vientre. **2** Persona que duerme mucho.

maroma s.f. **1** Cuerda gruesa hecha de fibras vegetales, como el cáñamo, o artificiales. **2** Función de circo en la que se hacen acrobacias. **3** Voltereta o pirueta de una acrobacia. **4** AMÉR Cambio oportunista en política.

maromero, a adj. **1** AMÉR Versátil, inconstante. ◆ s. **2** AMÉR Acróbata, volatinero. **3** AMÉR Político oportunista que cambia de partido según las circunstancias.

maromo s.m. Vulg. Hombre cuyo nombre no se indica o se desconoce.

marqués, sa s. Persona que tiene un título nobiliario de categoría inferior al de duque y superior al de conde.

marquesado s.m. **1** Título nobiliario de marqués. **2** Territorio perteneciente a un marqués.

marquesina s.f. Especie de alero o cubierta que se coloca en algunos lugares públicos como la entrada a un edificio o un andén y sirve para resguardar del sol, de la lluvia y del viento.

marquetería s.f. **1** Técnica que consiste en recortar una lámina de madera formando dibujos y calados. **2** Obra de ebanistería.

marrajo, a adj. y s. **1** Se dice del toro que es malicioso o que no arremete si no es a golpe seguro. **2** Que es hábil para engañar o se comporta con astucia y disimulo para conseguir una cosa o hacer un daño. ◆ s.m. **3** Pez marino de color gris y dientes desarrollados.

marranada s.f. **1** Fam. Acción que es sucia o poco agradable y causa asco o repugnancia. **2** Fam. Acción que causa un daño o está hecha con mala intención.

marrano, a s. **1** Mamífero doméstico de cuerpo bajo y grueso, patas cortas, cola pequeña y retorcida y hocico chato casi redondo. ◆ adj. y s. **2** Fam. Se dice de la persona que no cuida su aseo personal. □ Frec. despectivo. **3** Fam. Se dice de la persona que hace daño a los demás o tiene malas intenciones.

marrasquino s.m. Licor elaborado con el zumo de cerezas amargas y azúcar abundante; es propio de la región balcánica de Dalmacia.

marro s.m. **1** Finta que se hace para no ser atrapado. **2** Falta, error.

marrón s.m. y adj. **1** Color como el del chocolate o la cáscara de la castaña. ◆ adj. **2** Que es de este color. ◆ s.m. **3** Fam. ESP Cosa que resulta muy molesta o desagradable.

marroquí (pl. marroquíes) adj. y s.m. y f. De Marruecos.

marroquinería s.f. **1** Industria o fabricación de artículos de piel o de cuero. **2** Conjunto de artículos fabricados por esta industria.

marrullería s.f. ESP Trampa o engaño.

marrullero, a adj. y s. ESP Que utiliza marrullerías.

marsellés, sa adj. y s. De Marsella.

marsopa s.f. Mamífero marino del orden cetáceos, parecido al delfín, pero algo más pequeño.

marsupial adj. y s.m. **1** Se dice del mamífero que se caracteriza porque la hembra tiene una bolsa o marsupio en el vientre en la que mantiene y alimenta a sus crías. ◆ **marsupiales** s.m.pl. **2** Grupo taxonómico, con categoría de orden, constituido por estos mamíferos.

marsupio s.m. Bolsa que llevan en la parte delantera las hembras de los marsupiales.

marta s.f. Mamífero con cabeza pequeña, cola larga y pelo suave y espeso de color marrón.

martes s.m. Segundo día de la semana.

martillazo s.m. Golpe fuerte dado con un martillo.

martillear v.tr. **1** Golpear repetidamente con un martillo. **2** Golpear repetidamente una cosa contra otra. **3** Insistir mucho en algún asunto o tema hasta llegar a molestar y cansar.

martilleo s.m. Serie de golpes repetidos, especialmente los que se dan con un martillo.

martillo s.m. **1** Herramienta en forma de T que sirve para golpear. **2** Huesecillo del oído medio de los mamíferos. **3** Esfera de hierro de 6,8 kg unida a un cable de acero que termina en una empuñadura, con la que se realiza una de las pruebas de lanzamiento en atletismo.

martín pescador s.m. Pájaro de plumaje verde o azul en el dorso y rojizo en el vientre.

1. **martinete** s.m. Ave zancuda parecida a la garza, con un penacho de plumas blancas en la cabeza.

2. **martinete** s.m. **1** Martillo o mazo que se mueve mecánicamente. **2** Pieza del piano que tiene forma de pequeño mazo y que golpea las cuerdas.

martini s.m. Bebida alcohólica amarga compuesta de vino con ajenjo y otras hierbas.

mártir s.m. y f. Persona que sufre martirio.

martirio s.m. **1** Muerte o sufrimientos que se padecen por creer en una doctrina y defenderla, especialmente si esta es religiosa. **2** Sufrimiento físico o psicológico intenso.

martirizar v.tr. **1** Hacer sufrir o matar a una persona por defender sus creencias, especialmente si son religiosas. **2** Maltratar, molestar o hacer sufrir a una persona o animal.

maruja s.f. Fam. y desp. ESP Mujer dedicada a las tareas domésticas y al cuidado de la familia.

marxismo s.m. **1** Doctrina filosófica de Karl Marx que defiende una sociedad sin clases. **2** Conjunto de movimientos políticos que se basan en esa doctrina.

marxista adj. **1** Relativo al marxismo. ◆ adj. y s.m. y f. **2** Partidario del marxismo.

marzo s.m. Tercer mes del año.

mas conj. Formal. Indica que el significado del enunciado al que precede restringe, matiza o atenúa el significado de otro anterior.

más adv. **1** Indica mayor cantidad o intensidad en una comparación. **2** En oraciones negativas, indica otra cosa igual a la que se menciona o de la misma clase. **3** Se usa para construir el superlativo relativo. **4** Indica preferencia. **5** Indica gran cantidad o intensidad. ◆ conj. **6** Indica suma o adición. ◆ s.m. **7** Signo aritmético (+) que representa la suma. ◇ **a lo más** Indica una cantidad máxima. ◇ **a más no poder** Con gran intensidad o en gran cantidad. ◇ **de más** De sobra. ◇ **es más** Se usa para añadir un comentario o razón que refuerza lo que se ha dicho antes. ◇ **más bien** Se usa para corregir o precisar algo que otra persona ha dicho. ◇ **ni más ni menos** En su justa medida. ◇ **no más** AMÉR Solamente, únicamente. ◇ **por más que** Se usa para indicar que lo que se dice a continuación resultará inútil para hacer o conseguir algo. ◇ **sin más ni más** Sin consideración ni cuidado o por sorpresa. ◇ **sus más y sus menos** Trato difícil entre dos o más personas o problemas de relación entre ellas.

masa s.f. **1** Mezcla espesa y blanda, hecha de harina, manteca o aceite y otros ingredientes que se utiliza para hacer pan y repostería. **2** Conjunto numeroso de personas, animales o cosas muy juntas. **3** Cantidad grande de personas. **4** Cantidad de materia que tiene un cuerpo. **5** Parte o porción de una materia. ◇ **en masa** Con la participación de gran cantidad de personas. ◇ **masa atómica** Masa de un átomo expresada en gramos.

masacrar v.tr. Cometer una masacre.

masacre s.f. Matanza indiscriminada de varias personas, normalmente indefensas.

masai adj. y s.m. y f. **1** De un pueblo nómada que habita en zonas de Kenia y Tanzania. ◆ s.m. y adj. **2** Lengua hablada por este pueblo.

masaje s.m. Presión, frotamiento o golpeo suave con las manos, de determinadas zonas del cuerpo para aliviar el dolor, relajar músculos, adelgazar o mejorar lesiones.

masajear v.tr. Realizar un masaje.

masajista s.m. y f. Persona que se dedica a dar masajes a otras personas.

mascar v.tr. **1** Partir y triturar con los dientes, generalmente un alimento. **2** Hacer que una cosa sea más comprensible para alguien. **3** Hablar entre dientes, sin pronunciar claramente las palabras, y en voz baja. ◆ **mascarse** v.prnl. **4** Presentir un hecho inminente.

máscara s.f. **1** Objeto que representa la cara de un ser humano, de un animal o de un personaje real o ficticio con la que se cubre el rostro o parte de él. **2** Objeto que cubre la cara o parte de ella; se usa para proteger el rostro o para no aspirar gases tóxicos. **3** Fingimiento o disimulo de una persona.

mascarada s.f. **1** Fiesta donde las personas llevan máscaras y disfraces. **2** Engaño o fingimiento para ocultar una cosa.

mascarilla s.f. **1** Trozo de tela o papel que cubre y protege la nariz y la boca por motivos de higiene. **2** Aparato que se coloca sobre la nariz y la boca con el que se facilita la aspiración de ciertos gases. **3** Producto cosmético que se aplica sobre la cara o el pelo para embellecerlos.

mascarón s.m. Adorno que se utiliza en arquitectura con forma de cara grotesca o deforme. ◇ **mascarón de proa** Figura de adorno colocada en la proa de una embarcación.

mascletá s.f. ESP Serie de petardos, típicos de las fallas valencianas.

mascota s.f. **1** Persona, animal o cosa a los cuales se atribuyen virtudes para atraer la buena suerte. **2** Animal de compañía.

masculinidad s.f. Conjunto de las características físicas o psíquicas de lo que se considera propio del sexo masculino.

masculino, a adj. **1** Relativo al hombre o varón. **2** Se dice del ser vivo que tiene órganos para fecundar. ◆ adj. y s.m. **3** Se dice del género de los sustantivos que se refieren a personas o animales de sexo masculino, y a ciertos seres inanimados.

mascullar v.tr. Hablar entre dientes, sin pronunciar claramente las palabras, y en voz baja.

masetero s.m. Músculo situado en la parte posterior de cada mejilla.

masía s.f. Casa de campo rodeada de tierras de cultivo típica de Cataluña y Aragón.

masificación s.f. Acción y efecto de masificar.

masificar v.tr. **1** Hacer que desaparezcan o que no se puedan diferenciar las características personales o individuales de los miembros de un grupo social. **2** Ocupar un lugar un gran número de personas.

masilla s.f. Masa o pasta blanda que se usa para tapar agujeros o sujetar cristales.

masivo, a adj. Que se hace en gran cantidad.

masoca adj. y s.m. y f. Masoquista.

masón, na s. Miembro de la masonería.

masonería s.f. Sociedad secreta de ámbito internacional y estructura jerárquica basada en la fraternidad entre sus miembros, los cuales se agrupan en logias y hacen uso de ritos y signos emblemáticos.

masónico, a adj. Relativo a la masonería.

masoquismo s.m. **1** Práctica sexual en la que se experimenta placer cuando se sufre o se es maltratado y golpeado por otra persona. **2** Disfrute que se siente con un pensamiento, situación o hecho desagradable.

masoquista adj. y s.m. y f. Inclinado al masoquismo.

mass-media s.m.pl. Conjunto de los medios de comunicación que tienen difusión masiva.

mastaba s.f. Tumba del antiguo Egipto en forma de pirámide truncada de planta rectangular.

máster s.m. Curso de especialización en determinada materia de enseñanza superior.

masticar v.tr. **1** Partir y triturar con los dientes, generalmente un alimento. **2** Reflexionar detenidamente sobre un asunto imprevisto o grave.

mástil s.m. **1** Palo largo de una embarcación que, colocado verticalmente, sirve para sostener las velas. **2** Palo que sostiene una cosa. **3** Parte estrecha y larga de un instrumento de cuerda que une la cabeza con el cuerpo.

mastín, na adj. y s. Se dice del perro que pertenece a una raza de gran tamaño y fuerza.

mastodonte s.m. **1** Animal mamífero prehistórico, parecido al elefante. **2** Fam. Persona o cosa enorme.

mastodóntico, a adj. De dimensiones muy grandes.

masturbación s.f. Manipulación de los órganos sexuales para sentir placer.

masturbar v.tr. Practicar la masturbación.

mata s.f. **1** Planta o arbusto de poca altura y muy espeso. **2** Conjunto de hierbas o plantas cortadas. **3** Cantidad grande de pelo.

matadero s.m. Lugar donde se matan y descuartizan animales que después se destinarán al consumo público.

matador, ra s. **1** Torero que mata al toro con la espada en una corrida. ◆ adj. **2** Fam. ESP Que pretende ser elegante y es vulgar, ordinario y de mal gusto.

matalahúva s.f. **1** Planta herbácea de flores blancas y semillas pequeñas y aromáticas. **2** Semilla de esta planta.

matamoscas s.m. **1** Utensilio ligero, con un mango y una pequeña pala en un extremo, que sirve para matar moscas y otros insectos. **2** Producto químico, líquido o gaseoso, que sirve para matar moscas y otros insectos.

matanza s.f. **1** Acción de matar a muchas personas o animales. **2** ESP Acción de matar un cerdo y preparar su carne para que sirva de alimento.

matar v.tr. **1** Quitar la vida a un ser vivo. **2** Causar dolor o sufrimiento a una persona. **3** Molestar o fastidiar una persona a otra. **4** Calmar la sensación de hambre o sed. **5** Destruir una cosa inmaterial. **6** Cortar o limar una esquina o punta. **7** Hacer que disminuya la intensidad o el brillo de un color. **8** Quitar o disminuir el hambre o la sed. **9** Pasar el tiempo realizando una actividad como entretenimiento. ◆ **matarse** v.prnl. **10** Perder la vida involuntariamente. **11** Quitarse la vida voluntariamente. **12** Esforzarse mucho en una actividad.

matarife s.m. Persona que se dedica a matar y descuartizar el ganado destinado al consumo.

matarratas s.m. **1** Producto que se usa para matar ratas y ratones. **2** Fam. ESP Bebida alcohólica de mal sabor y baja calidad.

matarratos s.m. Actividad que tiene como finalidad entretener y pasar el rato.

matasanos s.m. Fam. y desp. Médico.

matasellos s.m. **1** Utensilio para marcar los sellos de las cartas y paquetes. **2** Dibujo que deja este instrumento sobre el sello.

matasuegras s.m. Tubo de papel enrollado que al soplar por un extremo se extiende de golpe.

match s.m. Competición o lucha entre dos jugadores o dos equipos de un determinado deporte.

1. **mate** s.m. **1** Jugada de ajedrez en la que se amenaza al rey y este no puede salvarse, con lo que se pone fin a la partida. **2** En el baloncesto, canasta que se consigue llevando la pelota con la mano hasta el aro e introduciéndola con fuerza. **3** En diversos deportes de red, golpe fuerte que se da a la pelota de arriba abajo.

2. **mate** adj. Que no tiene brillo.

3. **mate** s.m. **1** Planta de flores blanquecinas en ramilletes y fruto de color rojo. **2** Bebida que se prepara hirviendo en agua las hojas secas y tostadas de esta planta.

matemática s.f. Ciencia que estudia las propiedades de entes abstractos, como números, figuras geométricas, etc., así como las relaciones que se establecen entre ellos.
OBS Suele usarse en plural con valor singular.

matemático, a adj. **1** Relativo a las matemáticas. **2** Exacto o preciso. ◆ s. **3** Persona especializada en matemáticas.

materia s.f. **1** Elemento o conjunto de elementos que pueden transformarse por la acción de otros elementos que actúan sobre él. **2** Sustancia primaria de la que está hecha una cosa. **3** Cuerpo de la persona en oposición a su espíritu. **4** Asunto principal sobre el que se habla, escribe o piensa. **5** Parte de una carrera o plan de estudios que trata un tema específico. ◇ **en materia de** En el asunto o especialidad que se indica a continuación.

material adj. **1** Relativo a la materia. **2** Que pertenece al mundo físico. **3** Que da excesivo valor a las cosas del mundo físico. ◆ s.m. **4** Sustancia de la que está hecha una cosa. **5** Elemento que sirve para elaborar una cosa, especialmente el que se utiliza para construir edificaciones. **6** Conjunto de herramientas, materias u objetos necesarios en un trabajo.

materialismo s.m. **1** Doctrina filosófica que considera que solo existe la materia y que reduce el espíritu a una consecuencia de ella. **2** Actitud de la persona que da excesivo valor a las cosas materiales.

materialista adj. **1** Relativo al materialismo. ◆ adj. y s.m. y f. **2** Partidario del materialismo. **3** Que da excesivo valor a las cosas materiales.

materialización s.f. Realización de un proyecto, una idea o un deseo.

materializar v.tr. Hacer real y concreto un proyecto, una idea o un deseo.

maternal adj. Relativo a la madre.

maternidad s.f. **1** Estado de la mujer que ha sido madre. **2** Hospital o servicio de un hospital preparado para que las mujeres den a luz.

materno, a adj. Relativo a la madre.

matinal adj. **1** Relativo a la mañana. ◆ adj. y s.f. **2** Se dice de la sesión de cine o el espectáculo que tiene lugar por la mañana.

matiné s.f. Fiesta, reunión o espectáculo que se celebra a primeras horas de la tarde.

matiz s.m. **1** Tono o grado de intensidad en que se puede presentar un mismo color o sonido. **2** Característica o aspecto sutil que da un significado o valor determinado a algo.

matización s.f. Acción y efecto de matizar.

matizar v.tr. **1** Combinar adecuadamente distintos colores y tonos. **2** Darle a un color un tono determinado. **3** Dar un matiz o un significado determinado.

matojo s.m. Arbusto bajo y muy espeso.

matón s.m. Hombre que emplea la fuerza o amenazas para obligar a los demás a hacer una cosa.

matorral s.m. **1** Formación vegetal formada por arbustos y matas. **2** Terreno donde abundan las plantas y los arbustos de poca altura.

matraca s.f. **1** Instrumento sonoro formado por una rueda de tablas en forma de aspa que al girar son golpeadas por pequeños mazos produciendo un ruido seco e intenso. **2** Fam. Persona que se hace pesada por su insistencia. **3** Fam. Insistencia que llega a molestar. ◇ **dar la matraca a alguien** Insistir mucho en un asunto hasta molestar.

matraz s.m. Recipiente de cristal, generalmente de forma esférica y con un cuello recto y estrecho, que se usa para contener líquidos; se usa en los laboratorios.

matriarca s.f. Mujer que ostenta el poder en una comunidad.

matriarcado s.m. **1** Predominio o mayor autoridad de la mujer en una sociedad o grupo social. **2** Organización social en la que la mujer tiene el poder político y económico.

matriarcal adj. Relativo al matriarcado.

matricida adj. y s.m. y f. Que mata a su madre.

matricidio s.m. Muerte que da un hijo a su propia madre.

matrícula s.f. **1** Inscripción de una persona en un registro o lista oficial. **2** Conjunto de personas o cosas que están inscritas en un registro o lista oficial, especialmente las que están inscritas en un centro de enseñanza. **3** Documento oficial que demuestra que una persona está inscrita en un registro o lista oficial. **4** Placa que llevan los vehículos donde se indica el número con el que están registrados legalmente. ◇ **matrícula de honor** Distinción que mejora la calificación máxima de sobresaliente concedida en una prueba o examen.

matriculación s.f. Inscripción de una persona en un registro o lista oficial.

matricular v.tr. **1** Inscribir a una persona en un registro o lista oficial con un fin determinado, especialmente en un centro de enseñanza para que realice unos estudios. **2** Inscribir un vehículo en un registro y colocar la placa que lo identifica legalmente.

matrimonial adj. Relativo al matrimonio.

matrimonialista adj. y s.m. y f. Se dice del abogado especialista en asuntos matrimoniales.

matrimonio s.m. **1** Unión de un hombre y una mujer reconocida por la ley como familia. **2** Sacramento de la Iglesia católica que une a un hombre y a una mujer ante Dios y ante la Iglesia. **3** Pareja formada por dos personas casadas entre sí.

matritense adj. y s.m. y f. Madrileño.

matriz s.f. **1** Órgano del aparato reproductor de las hembras de los mamíferos en el que se desarrolla el embrión. **2** Recipiente hueco que sirve como molde para hacer objetos iguales. **3** Parte que queda en un libro de cheques una vez cortadas las hojas que lo forman. **4** Conjunto de números colocados en líneas horizontales y verticales y dispuestos en forma de rectángulo.

matrona s.f. **1** Mujer que se dedica a ayudar a las mujeres en el parto; puede ser titulada oficialmente o no tener titulación. **2** Fam. Mujer madura que está un poco gruesa.

maturrango, a adj. y s. **1** AMÉR Se dice de la persona que monta mal a caballo. **2** AMÉR Español o europeo. ◆ adj. **3** ARG, CH Se dice de la persona que es brusca en sus movimientos.

matutino, a adj. **1** Relativo a la mañana, especialmente a las primeras horas del día. ◆ adj. y s.m. **2** Se dice del diario que se pone a la venta por la mañana.

maullar (1h) v.intr. Emitir maullidos el gato.

maullido s.m. Voz del gato.

mauritano, a adj. y s. De Mauritania.

máuser s.m. Fusil de repetición no automático.

mausoleo s.m. Monumento que cubre una tumba.

maxilar adj. **1** Relativo a la mandíbula. ◆ s.m. **2** Hueso que forma parte de la mandíbula.

máxima s.f. **1** Sentencia o frase corta que expresa un contenido moral o resume algún conocimiento esencial. **2** Norma por la que se rige el comportamiento de una persona.

maximalismo s.m. Tendencia a mantener ideas o actitudes extremas o exageradas, especialmente en política.

maximalista adj. y s.m. y f. Partidario del maximalismo.

máxime adv. Formal. Refuerza una afirmación dada una determinada circunstancia.

máximo, a adj. **1** Que es el mayor o superior en grado. ◆ s.m. **2** Límite superior o extremo al que puede llegar una cosa. **3** Valor mayor que toma una función matemática en un intervalo dado o en su dominio.

maxwell o **maxvelio** (pl. maxwells o maxvelios) s.m. Unidad de flujo magnético en el sistema cegesimal.

maya adj. y s.m. y f. **1** De un pueblo indígena que desarrolló una importante civilización en el sudeste de México, Yucatán, el norte de Guatemala y Honduras. ◆ s.m. y adj. **2** Lengua hablada por este pueblo.

mayestático, a adj. Que tiene la solemnidad o elegancia que infunde admiración y respeto.

mayo s.m. Quinto mes del año.

mayonesa s.f. y adj. Salsa que se hace mezclando huevo, aceite, vinagre o limón y sal.

mayor adj. **1** Se dice de la persona que tiene más edad en comparación con otra. **2** Más grande en tamaño o importancia. **3** Se dice de la persona que tiene mucha edad. **4** Se dice del intervalo que es de segunda, tercera, sexta o séptima en la escala natural. **5** Se dice del modo o tono que tiene los intervalos de tercera, sexta y séptima de esta clase. ◆ adj. y s.m. y f. **6** Se dice de la persona que está en la edad adulta. □ También mayor de edad. ◆ s.m. **7** En el ejército de algunos países, militar de categoría equivalente a la de comandante. ◆ s.f. **8** Vela principal de una embarcación que va sujeta al palo mayor. ◇ **al por mayor** Se dice de la compra o la venta realizada en cantidades grandes y a precio más barato que el que paga el público en general. ◇ **mayor que** Signo matemático (>) que indica que el término que está a su izquierda tiene más valor que el de su derecha.

mayoral s.m. **1** Persona con autoridad sobre un grupo de pastores. **2** Persona con autoridad sobre un grupo de trabajadores del campo. **3** Persona que guía un carruaje.

mayorazgo s.m. **1** Derecho que tiene el hijo mayor a heredar los bienes de sus padres. **2** Conjunto de estos bienes. **3** Heredero de estos bienes.

mayordomo, a s. Sirviente principal de una casa, encargado de la economía y de la organización del servicio.

mayoría s.f. **1** Parte mayor de las personas o cosas que componen un grupo o un conjunto. **2** Número mayor de votos en una votación.

mayorista adj. **1** Se dice del comercio que compra o vende mercancías en grandes cantidades. ◆ s.m. y f. **2** Persona que se dedica a vender mercancías en grandes cantidades.

mayoritario, a adj. Se dice de la persona o cosa que es la parte más numerosa de un conjunto o un grupo de personas.

mayormente adv. Se usa para indicar que una cosa debe tener mayor importancia que otras.

mayúsculo, a adj. **1** Fam. Muy grande o más grande de lo normal. ◆ s.f. y adj. **2** Letra de mayor tamaño que la minúscula y de forma distinta.

maza s.f. **1** Herramienta parecida a un martillo, pero con una cabeza más pesada y con un mango más largo, que sirve para golpear y aplastar. **2** Arma antigua de hierro o de madera, con un mango largo y delgado y, en un extremo, una cabeza gruesa. **3** Insignia de los maceros, parecida a este arma. **4** Instrumento formado por una bola recubierta de cuero unida a un mango de madera, que sirve para tocar el tambor.

mazacote s.m. **1** Cosa que es densa y pesada cuando debería ser mullida y ligera. **2** Pasta o masa espesa y pegajosa que cuesta digerir. **3** Obra de arte arquitectónica o escultórica tosca.

mazamorra s.f. **1** AMÉR Guiso parecido a las gachas, a base de maíz hervido. **2** AMÉR Cosa desmenuzada.

mazapán s.f. Dulce de almendras y azúcar.

mazazo s.m. **1** Golpe que se da con una maza o con un mazo. **2** Desgracia que ocurre de repente y causa una fuerte impresión.

mazdeísmo s.m. Religión del antiguo pueblo persa basada en la lucha entre el bien y el mal.

mazmorra s.f. Lugar pequeño y oscuro donde se encerraba a los presos.

mazo s.m. **1** Martillo grande y pesado. **2** Martillo pequeño de madera que sirve para golpear, aplastar y triturar. **3** Conjunto de cosas agrupadas, especialmente de papeles y naipes.

mazorca s.f. Fruto en forma de espiga de algunas plantas, especialmente del maíz.

mazurca s.f. **1** Composición musical originaria de Polonia, de ritmo moderado y compás ternario. **2** Baile que se ejecuta al ritmo de esta música.

me pron. **1** Forma átona del pronombre de primera persona, en género masculino y femenino y en número singular, que realiza la función de complemento directo e indirecto. **2** Forma átona de primera persona del singular en las construcciones pronominales.

meada s.f. **1** Vulg. Orina que se expulsa de una vez. **2** Vulg. Mancha o señal que deja la orina.

meandro s.m. **1** Curva pronunciada que forma un río en el curso medio y bajo. **2** Línea ondulante ornamental en escultura o arquitectura.

meapilas s.m. y f. Fam. y desp. Persona que se muestra exagerada y fingidamente devota.

mear v.intr. **1** Fam. Orinar. ◆ v.tr. **2** Fam. Expulsar un líquido o una piedra por la uretra. ◆ **mearse** v.prnl. **3** Fam. Orinar de forma involuntaria o en un lugar que no está destinado para ello. **4** Fam. Reírse mucho.

meato s.m. Orificio en el que desemboca un conducto del cuerpo.

meca s.f. Lugar que se considera el centro más importante de una actividad.

mecachis interj. ESP Indica disgusto.

mecánica s.f. **1** Parte de la física que estudia el movimiento y el equilibrio de los cuerpos así como las fuerzas que los producen. **2** Técnica de inventar, construir, arreglar o manejar máquinas. **3** Conjunto de piezas o elementos que hacen un trabajo. **4** Manera de producirse o de realizar una actividad.

mecanicismo s.m. Doctrina filosófica y biológica que explica los fenómenos naturales por medio de las leyes mecánicas.

mecánico, a adj. **1** Relativo a la mecánica. **2** Relativo a las máquinas. **3** Que se hace con una máquina. **4** Que se hace o practica por rutina y sin esfuerzo mental. **5** Se dice del movimiento que se hace de forma automática por haber sido repetido muchas veces. **6** Se dice del trabajo que requiere más habilidad manual que intelectual. ◆ adj. y s. **7** Se dice de la persona que se dedica a este tipo de trabajo. ◆ s. **8** Persona que se dedica a manejar y arreglar máquinas.

mecanismo s.m. **1** Conjunto de piezas o elementos que hacen un trabajo. **2** Manera de producirse o de realizar una actividad.

mecanización s.f. Acción y efecto de mecanizar.

mecanizado s.m. Proceso de elaboración mecánica.

mecanizar v.tr. **1** Utilizar máquinas para dedicar menos tiempo y esfuerzo a una actividad, sustituyendo el trabajo humano. **2** Convertir en automáticos los actos o movimientos humanos.

mecano s.m. Juguete formado por piezas para construir objetos articulados.

mecanografía s.f. Técnica de escribir a máquina con todos los dedos de las manos.

mecanografiar (1e) v.tr. Escribir un texto a máquina.

mecanógrafo, a s. Persona que se dedica a escribir textos a máquina.

mecanorreceptor s.m. En biología, receptor sensorial que percibe los estímulos mecánicos.

mecate s.m. **1** AMÉR Cuerda de pita. **2** AMÉR Cordel o bramante.

mecedora s.f. Asiento con las patas sobre dos arcos para poder mecerse.

mecenas s.m. y f. Persona o institución que promociona económicamente las actividades culturales de letras y artes, y a las personas que se dedican a ellas, generalmente dando dinero.

mecenazgo s.m. Protección de un mecenas a una actividad artística.

mecer v.tr. **1** Mover con suavidad de un lado a otro una cosa. **2** Agitar un líquido contenido en un recipiente para que se mezcle.

mecha s.f. **1** Cuerda hecha de hilos retorcidos que se queman con facilidad. **2** Tubo de papel o de algodón que está relleno de pólvora y se utiliza para dar fuego a las minas o barrenas. **3** Conjunto de pelos de la cabeza que destacan del resto del cabello por ser de distinto tono o color.

mechar v.tr. Rellenar la carne o las aves con trozos de tocino, jamón u otros ingredientes.

mechero s.m. **1** Aparato que funciona con gas o gasolina y que sirve para encender fuego. **2** Aparato con mecha que da luz o calor.

mechón s.m. Conjunto de pelos o hilos.

medalla s.f. **1** Placa de metal plana, generalmente redonda u ovalada, que lleva grabada una imagen. **2** Placa de metal que lleva grabado algún motivo y que se recibe como premio.

medallero s.m. Conjunto de medallas ganadas por un país o equipo en una competición.

medallista s.m. y f. Ganador de una medalla.

medallón s.m. **1** Joya en forma de caja pequeña y plana, que se cuelga al cuello con una cuerda o cadena. **2** Medalla grande. **3** Pieza de carne o pescado que se corta en forma redonda y gruesa.

médano s.m. **1** Pequeña colina de arena que forma y empuja el viento. **2** Acumulación de arena casi a nivel del agua, en un lugar en que el mar tiene poco fondo.

media s.f. **1** Prenda de vestir femenina de tejido elástico fino con la que se cubre la pierna desde el pie hasta más arriba de la rodilla. **2** Prenda de vestir de punto de lana o algodón, que cubre el pie y la pierna hasta la rodilla. **3** Cantidad que representa de manera proporcional otras cantidades y que se calcula mediante diversas operaciones. **4** Mitad de una hora. ◆ **medias** s.f.pl. **5** Prenda de vestir de tejido elástico fino o tupido, que cubre cada pierna desde los pies a la cintura.

mediación s.f. Intervención de una persona u organismo en una discusión o en un enfrentamiento entre dos partes para encontrar una solución.

mediado, a adj. Que solamente contiene la mitad de su capacidad. ◇ **a mediados** Hacia la mitad de un período que se indica.

mediador, ra s. Persona u organismo que media en una discusión o en un enfrentamiento.

medialuna (pl. medialunas o mediaslunas) s.f. Objeto que tiene forma parecida a la de una luna creciente o menguante.

mediana s.f. **1** Pared pequeña que divide los sentidos de la circulación en una vía. **2** Línea recta que une el vértice de un triángulo con el punto medio del lado opuesto. **3** En estadística, valor central de una variable aleatoria.

medianero, a adj. **1** Que está en medio de dos cosas. **2** Se dice de la pared divisoria que está en medio de dos casas o fincas. ◆ adj. y s. **3** Se dice de la persona que pide o media por otro para conseguirle un bien o evitarle un mal.

mediano, a adj. De calidad, cantidad o tamaño intermedios.

medianoche (pl. mediasnoches) s.f. **1** Hora que señala el fin de un día y el principio del siguiente. **2** Período alrededor de las doce horas de la noche. ◇ **a medianoche** Alrededor de las doce de la noche.

mediante prep. Indica el medio a través del cual se hace una cosa.

mediar (1d) v.intr. **1** Intervenir ante alguien o pedirle un favor para una tercera persona. **2** Intervenir en una discusión o en un enfrentamiento entre dos partes para encontrar una solución. **3** Existir alguna cosa entre dos personas o dos cosas. **4** Pasar el tiempo entre dos o más sucesos. **5** Llegar a la mitad de una cosa.

mediático, a adj. Relativo a los medios de comunicación.

mediatizar v.tr. Influir en una persona o grupo de personas condicionando su libertad de acción.

mediatriz s.f. Recta perpendicular a un segmento que se traza por su punto medio.

medicación s.f. **1** Acción de medicar. **2** Conjunto de medicinas y medios curativos.

medicamento s.m. Sustancia que sirve para curar o prevenir una enfermedad, o para aliviar un dolor físico.

medicamentoso, a adj. Se dice de la sustancia que se puede usar como medicamento.

medicar v.tr. Administrar medicinas.

medicina s.f. **1** Ciencia que se ocupa de curar, calmar o prevenir las enfermedades. **2** Medicamento.

medicinal adj. Que tiene un efecto curativo.

medición s.f. Determinación de una magnitud con un utensilio o aparato tomando como patrón una unidad.

médico, a adj. **1** Relativo a la medicina. ◆ s. **2** Persona que es licenciada en medicina y que se dedica a curar o prevenir las enfermedades. **OBS** Doble femenino: **médico o médica.**

medida s.f. **1** Medición. **2** Cantidad que resulta de determinar una magnitud. **3** Unidad, o múltiplo o divisor de esta, con que se compara una magnitud para medirla. **4** Acción para conseguir, prevenir o evitar alguna cosa. **5** Grado o intensidad. **6** Instrumento que sirve para medir. **7** Cuidado y equilibrio al hacer algo. **8** Número y distribución de las sílabas que tiene un verso. ◇ **a (la) medida** Hecho a propósito con unas dimensiones determinadas. — Que es muy adecuado o viene muy bien. ◇ **a medida que** Indica que las acciones van progresando simultáneamente. ◇ **en cierta medida** De algún modo.

medidor s.m. Utensilio o aparato que sirve para medir.

medieval adj. Relativo a la Edad Media.

medievalismo s.m. Carácter medieval o conjunto de características de la Edad Media.

medievalista s.m. y f. Persona que se dedica a estudiar la Edad Media.

medievo s.m. Período histórico que va desde el fin del Imperio romano hasta el siglo XV.

medina s.f. **1** Casco antiguo de las ciudades árabes del norte de África. **2** Ciudad árabe.

medio, a adj. **1** Que es igual a la mitad de una cosa. **2** Que está entre dos extremos más o menos equidistantes. **3** Que representa las características más comunes de un grupo de personas. **4** Fam. Que es la gran parte de lo que se expresa. **5** Se dice de la vocal que se articula con un grado medio de abertura de la boca, ni abierto, ni cerrado. ◆ s.m. **6** Punto o lugar que está a la misma distancia de dos extremos de una cosa. **7** Elemento o sistema que tiene un fin determinado. **8** Elemento o conjunto de circunstancias comunes que rodean a un grupo humano, animal o vegetal, en cualquiera de sus actividades, y que influyen en su desarrollo. **9** Conjunto de circunstancias culturales, sociales, físicas y económicas que rodean al ser humano. ◆ s.m. y adj. **10** Tercer dedo de la mano. ◆ s.m. **11** Jugador que en algunos deportes se coloca entre los defensas y los delanteros. ◆ **medios** s.m.pl. **12** Conjunto de instrumentos, dinero y bienes necesarios para un fin determinado. ◆ adv. **13** No completamente, pero bastante. ◇ **a medias** Sin terminar una cosa o una acción. — Entre dos o más personas. ◇ **a medio + infinitivo** Sin terminar de dar fin a una acción. ◇ **de medio a medio** Del todo, por completo. ◇ **en medio** Entre dos o más cosas o extremos. ◇ **medio ambiente** Conjunto de condiciones físicas y químicas que rodean a los seres vivos. ◇ **por medio de** Indica que una cosa se hace a través de otra o con la ayuda de una persona.

medioambiental adj. Relativo al medio ambiente.

mediocre adj. **1** De calidad mediana o regular, o más bien mala. **2** Que no es interesante o no tiene valor. ◆ adj. y s.m. y f. **3** Se dice de la persona que no es inteligente o que no tiene suficiente capacidad para la actividad que realiza.

mediocridad s.f. Cualidad de mediocre.

mediodía s.m. **1** Hora en la que el Sol está en el punto más alto de su elevación sobre el horizonte. **2** Período alrededor de las doce horas de la mañana. **3** Sur.

medioevo s.m. Medievo.

mediofondista s.m. y f. Atleta que participa habitualmente en carreras de 800 o 1 500 m.

medir (31) v.tr. **1** Determinar el valor de una magnitud. **2** Considerar y calibrar las ventajas o inconvenientes que implica hacer algo. **3** Comprobar una habilidad, fuerza o actividad comparándola con otra. **4** Controlar lo que se va a hacer o decir para evitar un mal.

meditabundo, a adj. Que medita en silencio.

meditación s.f. **1** Pensamiento o consideración detenida y cuidadosa sobre un asunto. **2** Oración o rezo que se hace en silencio.

meditar v.tr. **1** Pensar y considerar un asunto con detenimiento y cuidado. ◆ v.intr. **2** Orar o rezar en silencio.

mediterráneo, a adj. Relativo al mar Mediterráneo o a sus territorios.

médium s.m. y f. Persona que supuestamente puede comunicarse con los espíritus del más allá.

medrar v.intr. **1** Mejorar una persona en su posición social y económica. **2** Crecer un ser vivo.

médula o **medula** s.f. **1** Sustancia blanda situada en el interior de los huesos de los animales vertebrados. □ También médula ósea. **2** Aspecto o parte central y más importante de una cosa o un asunto. **3** Zona interna del tallo de algunas plantas. ◇ **médula espinal** Cordón de tejido nervioso situado en el interior de la columna vertebral, que comunica el encéfalo con los órganos sensoriales y motores. □ También simplemente médula.

medular adj. Relativo a la médula.

medusa s.f. Animal invertebrado marino del filo cnidarios con el cuerpo en forma de sombrilla del que cuelgan unos tentáculos o brazos.

mefistofélico, a adj. Formal. Extremadamente perverso.

mega s.m. Megabyte.

megabyte s.m. Medida de memoria de un ordenador que es igual a un millón de bytes. **OBS** Pronunc. aprox. 'megabait'.

megaciclo s.m. Unidad de frecuencia de la corriente eléctrica que equivale a un millón de ciclos o períodos.

megafonía s.f. **1** Técnica que se ocupa de los aparatos y de las instalaciones necesarias para aumentar el volumen del sonido. **2** Conjunto de aparatos que aumentan el volumen del sonido.

megáfono s.m. Aparato con un extremo más ancho que otro, que sirve para aumentar el volumen del sonido, especialmente de la voz.

megahertz o **megahercio** (pl. megahertz o megahercios) s.m. Medida de frecuencia que es igual a un millón de hertz.

megalítico, a adj. Relativo a los megalitos.

megalitismo s.m. Cultura del período neolítico que se caracterizó por la construcción de megalitos.

megalito s.m. Monumento del período neolítico construido con grandes bloques de piedra sin labrar.

megalomanía s.f. **1** Trastorno mental por el cual una persona se cree más importante de lo que es. **2** Deseo excesivo de grandeza que tiene una persona.

megalómano, a adj. y s. Que tiene o padece megalomanía.

megalópolis s.f. Formal. Ciudad de grandes dimensiones que es el resultado de la unión de varias áreas metropolitanas.

mégaron s.m. Sala rectangular, grande, alargada y con un hogar, situada en el centro de las viviendas micénicas.

megatón s.m. Unidad de medida de la energía producida en una explosión nuclear.

megawatt o **megavatio** (pl. megawatts o megavatios) s.m. Medida de potencia que es igual a un millón de watts.

meigo, a s. Persona que se dedica a la brujería.

meiosis s.f. Proceso de división celular en el que se forman células con la mitad del número de cromosomas de la célula madre.

mejicanismo s.m. Mexicanismo.

mejicano, a ▷ mexicano, a.

mejilla s.f. Parte carnosa de la cara de las personas que se encuentra bajo los ojos.

mejillón s.m. Molusco cuyas conchas o valvas son casi triangulares y de color negro.

mejor adj. **1** Superior en calidad respecto de otra cosa con la que se compara. **2** Preferible. ◆ adv. **3** Se utiliza para indicar que una cosa está o se hace más bien respecto de otra cosa con la que se compara. ◇ **a lo mejor** Indica posibilidad o duda.

mejora s.f. **1** Cambio o progreso de una cosa hacia un estado mejor. **2** Obra que se realiza en un lugar con el fin de mejorarlo. **3** Porción de bienes que la persona que hace testamento deja a uno o varios de sus descendientes además de la herencia que por ley les corresponde.

mejorana s.f. Planta herbácea muy aromática que se utiliza en medicina.

mejorar v.tr. **1** Poner una cosa o situación mejor de lo que estaba. **2** Hacer que una cosa sea mejor que otra con la que se compara. **3** Hacer que una persona enferma se ponga mejor de salud sin llegar a curarse completamente. ◆ **v.intr. 4** Ponerse una cosa o una situación mejor de lo que estaba. ◆ **v.intr. y prnl. 5** Ponerse una persona enferma mejor de salud sin llegar a curarse.

mejoría s.f. **1** Mejora. **2** Disminución de una dolencia o alivio en una enfermedad.

mejunje s.m. Sustancia líquida o pastosa de aspecto o sabor desagradables, formada por la mezcla de diversos ingredientes.

melamina s.f. Material que se emplea en el revestimiento de muebles.

melancolía s.f. **1** Sentimiento de tristeza sin causa definida. **2** Característica principal de la cosa que muestra este sentimiento.

melancólico, a adj. y s. **1** Que siente o tiende a sentir melancolía. ◆ **adj. 2** Que denota melancolía. **3** Que inspira melancolía.

melanina s.f. Pigmento oscuro que produce la coloración de la piel, el pelo y los ojos.

melanoma s.m. Tumor formado por células que contienen melanina.

melaza s.f. Líquido extraído del azúcar de caña que al destilarlo produce ron.

melé s.f. Jugada de rugby que consiste en colocarse los delanteros de ambos equipos cara a cara y empujándose, mientras otro jugador intenta coger el balón que se ha colocado entre ellos en el suelo.

melena s.f. **1** Conjunto de cabellos, cuando son largos y abundantes. **2** Pelo grueso y duro que tiene el león alrededor de la cabeza. ◆ **melenas** s.f.pl. **3** Cabello muy largo, mal peinado o de aspecto desagradable.

melenudo, a adj. y s. Que tiene el cabello largo y abundante.

melifluo, a adj. Meloso.

melillense adj. y s.m. y f. De Melilla.

melindre s.m. **1** ESP Melindro. **2** Pasta de mazapán, generalmente en forma de rosquilla, cubierta de azúcar. **3** Delicadeza y escrúpulo excesivos. □ Suele usarse en plural.

melindro o **melindre** s.m. ESP Dulce hecho con masa de bizcocho, de forma alargada.

melindroso, a adj. y s. Excesivamente escrupuloso en sus acciones o en sus palabras.

melisma s.f. Grupo de notas sucesivas que se cantan sobre una sola sílaba.

mella s.f. **1** Rotura o grieta pequeña causada en el borde de un objeto. **2** Hueco que queda al descubierto cuando falta algo. **3** Dolor psicológico. ◇ **hacer mella** Causar una fuerte impresión.

mellado, a adj. Se dice de la persona o el animal al que le faltan algunos o todos los dientes.

mellar v.tr. **1** Romper el filo o agrietar el borde de un objeto. **2** Causar un deterioro en una cosa material o inmaterial.

mellizo, a adj. y s. Se dice de la persona o animal que ha nacido a la vez que otro u otros en un mismo parto y que se ha desarrollado a partir de un óvulo distinto al del otro o los otros.

melocotón s.m. **1** ESP Fruta esférica que tiene la piel amarillenta y aterciopelada, la pulpa dulce y jugosa y un hueso duro en su interior. **GEOSIN** durazno. **2** ESP Árbol que da este fruto. **GEOSIN** duraznero, durazno, melocotonero.

melocotonero s.m. Melocotón (árbol). **GEOSIN** duraznero, durazno.

melodía s.f. **1** Sucesión ordenada de sonidos musicales de diferente altura que forman una unidad o tema. **2** Sucesión de sonidos que por su manera de combinarse resulta musical o agradable de oír. **3** Canción o pieza musical.

melódico, a adj. Relativo a la melodía.

melodioso, a adj. Se dice del sonido que resulta agradable.

melodrama s.m. **1** Género y obra musical en el que un texto dialogado se canta acompañado de música. **2** Género y obra de teatro, cine o televisión en el que se exageran los sentimientos con el fin de conmover al público.

melodramático, a adj. y s. **1** Se dice de la persona que tiene tendencia a dramatizar los acontecimientos. ◆ **adj. 2** Relativo al melodrama. **3** Se dice del acontecimiento o relato que es exageradamente triste y desgraciado.

melómano, a adj. y s. Que siente pasión y entusiasmo por la música.

melón s.m. **1** Fruta comestible de gran tamaño y forma alargada, con una corteza muy gruesa y rugosa, y pulpa jugosa y dulce. **2** Planta que da este fruto. **3** Fam. Cabeza de una persona, especialmente si es grande. □ Frec. humorístico. **4** Fam. Persona poco inteligente o poco hábil.

melonar s.m. Terreno plantado de melones.

meloncillo s.m. Mamífero carnívoro pequeño, de pelaje rojizo o gris, cola larga y patas cortas.

melopea s.f. **1** Fam. ESP Borrachera. **2** Composición poética de ritmo monótono.

meloso, a adj. **1** Que contiene miel o una característica que se considera propia de la miel. **2** Se dice de la persona o comportamiento que es muy dulce o amable, especialmente si es falso o poco natural. **3** Se dice de la forma de hablar o del comportamiento que es dulce o amable.

membrana s.f. **1** Lámina muy delgada de tejido orgánico, generalmente flexible y resistente, de los seres animales o vegetales; entre sus funciones están la de recubrir un órgano o un conducto o la de separar o conectar dos cavidades o estructuras adyacentes. **2** Lámina fina de material elástico. **3** Lámina muy tensada, generalmente de piel, que en ciertos instrumentos de percusión forma la parte que se golpea o frota para producir los sonidos.

membranoso, a adj. Que tiene membranas o que es parecido a una membrana.

membrete s.m. Estampación con el nombre de una persona, asociación u organismo que figura en un impreso.

membrillero s.m. Membrillo (arbusto).

membrillo s.m. **1** Arbusto muy ramoso, con hojas ovaladas y flores blancas o rosadas. **2** Fruto de este arbusto, con la piel amarilla y la carne áspera. **3** Dulce elaborado con este fruto.

memez s.f. **1** Falta de inteligencia y de juicio. **2** Acción o dicho simple y tonto.

memo, a adj. y s. Que es poco inteligente y que tiene poco juicio.

memorable adj. Que merece ser recordado.

memorando o **memorándum** s.m. **1** Librito donde se anotan las cosas de que uno tiene que acordarse. **2** Comunicación diplomática en la que se resumen hechos y razones para que se tengan presentes en un asunto grave.
OBS Plural: **memorandos** o **memorándum**.

memoria s.f. **1** Capacidad de recordar. **2** Informe del estado o desarrollo de una actividad. **3** Exposición escrita de un tema de estudio. **4** Parte de un ordenador donde se almacenan datos. ◆ **memorias** s.f.pl. **5** Narración autobiográfica de acontecimientos e impresiones vividas. ◇ **de memoria** Usando tan solo el recuerdo y sin ayudarse de escritos. ◇ **en memoria** Como recuerdo de un hecho o fecha importante. ◇ **refrescarle la memoria a alguien** Hacer que alguien recuerde algo.

memorial s.m. **1** Libro o cuaderno en el que se apunta una cosa con un fin determinado. **2** Acto público en memoria y honor de una persona. **3** Publicación oficial de algunas sociedades.

memorístico, a adj. Que se basa únicamente en la utilización de la memoria.

memorizar v.tr. Aprender de memoria.

mena s.f. Mineral sin limpiar, tal como se extrae de la mina.

menaje s.m. **1** Conjunto de muebles, utensilios y demás objetos necesarios en una casa. **2** Conjunto de los utensilios de cocina. **3** Material pedagógico de una escuela.

menchevique adj. **1** Relativo a la facción moderada minoritaria del Partido Obrero Socialdemócrata ruso que surgió en 1903. ◆ s.m. y f. y adj. **2** Miembro de esta facción.

mención s.f. Recuerdo expreso que se hace de una persona o cosa.

mencionar v.tr. Nombrar o hacer referencia a una persona o cosa.

menda s.m. y f. Fam. ESP Persona.

mendacidad s.f. Costumbre de mentir.

mendelevio s.m. Elemento químico de símbolo Md y número atómico 101; es un metal radiactivo obtenido artificialmente.

mendelismo s.m. Teoría de la herencia biológica establecida por Mendel sobre la transmisión hereditaria de caracteres.

mendicante adj. y s.m. y f. Que mendiga.

mendicidad s.f. **1** Situación social de la persona que no posee otros ingresos para vivir que los que le proporcionan las limosnas. **2** Acción de mendigar.

mendigar v.tr. e intr. **1** Pedir a modo de limosna, ayuda o auxilio, generalmente en forma de dinero o alimentos. **2** Suplicar humillándose.

mendigo, a s. Persona que vive de limosnas.

mendrugo s.m. **1** Pedazo de pan duro. ◆ adj. y s.m. **2** Fam. ESP Tonto, zoquete.

menear v.tr. **1** Mover algo de un lado al otro. **2** Fam. Hacer gestiones con rapidez y decisión para resolver un asunto.

meneo s.m. Acción y efecto de menear.

menester s.m. **1** Falta o necesidad de una cosa. **2** Formal. Ocupación o trabajo.

menesteroso, a adj. y s. Que carece de lo necesario para vivir y necesita ayuda.

menestra s.f. Guiso hecho con hortalizas y verduras variadas, a las que se suele añadir trozos de carne o jamón.

mengano, a s. Fam. Se usa para designar a una persona cuyo nombre se desconoce o no se quiere expresar, especialmente la que va en segundo lugar, después de haber nombrado a otra con la palabra **fulano**.

mengua s.f. Disminución en la cantidad, tamaño, calidad o valor de una cosa.

menguante adj. **1** Que disminuye. **2** Se dice de la fase de la Luna que está entre las fases de luna llena y luna nueva. ◆ s.f. **3** Disminución del caudal de un río o del nivel de agua del mar.

menguar (1a) v.intr. **1** Disminuir el tamaño, cantidad, calidad o valor de una cosa. **2** Disminuir el tamaño de la parte iluminada de la Luna visible desde la Tierra. **3** Disminuir el número de puntos en una labor para hacerla más estrecha.

menhir s.m. Monumento megalítico prehistórico formado por un monolito o gran piedra clavada en el suelo en posición vertical.

meninge s.f. Membrana que envuelve el encéfalo y la médula espinal.

meningitis s.f. Inflamación de las meninges.

menino, a s. Miembro de la nobleza que desde pequeño servía a la familia real.

menisco s.m. **1** Cartílago en forma de media luna que sirve para facilitar la articulación de los huesos de la rodilla. **2** Vidrio con una cara cóncava y otra convexa. **3** Superficie cóncava o convexa de un líquido contenido en una probeta.

menopausia s.f. Desaparición natural de la menstruación de modo definitivo en la mujer.

menor adj. **1** Se dice de la persona que tiene menos edad en comparación con otra. **2** Más pequeño en tamaño o importancia. **3** Se utiliza en oraciones negativas, precedido de artículo y seguido por un sustantivo, con el significado de 'ningún' o 'ninguno'. **4** Se dice del intervalo que es igual que el mayor, pero cuya nota superior ha bajado medio tono. **5** Se dice del modo o tono que tiene los intervalos de tercera, sexta y séptima de esta clase. ◆ **adj. y s.m. y f. 6** Se dice de la persona que no ha llegado a la edad adulta legal. □ También menor de edad. ◇ **al por menor** Se dice de la compra o la venta realizada en cantidades pequeñas, en oposición a la compra o venta al por mayor. ◇ **menor que** Signo matemático (<) que indica que el término que está a su izquierda tiene menos valor que el que está a su derecha.

menorah s.f. Candelabro de siete brazos, usado especialmente en el culto judío.

menorquín, na adj. y s. **1** De Menorca. ◆ s.m. y adj. **2** Variedad dialectal del catalán balear hablada en la isla de Menorca.

menos adv. **1** Indica una disminución o inferioridad cuantitativa o cualitativa. **2** Indica que una persona o cosa no está incluida en lo que se dice. ◆ **conj. 3** Indica resta o sustracción. ◆ s.m. **4** Signo aritmético (–) que representa la resta o que se antepone a un número para indicar que este es negativo. ◇ **al menos** o **por lo menos** Indica el límite mínimo en el cálculo de una cantidad; especialmente cuando se considera que es una cantidad grande. — Expresa una salvedad respecto de algo que se ha dicho. ◇ **a menos que** Introduce una oración subordinada en la que se hace una salvedad a propósito de lo expresado en la principal. ◇ **de menos** En cantidad o intensidad menor a lo que corresponde. ◇ **nada menos** Expresión que sirve para enfatizar, especialmente si se trata de una cantidad. ◇ **ni mucho menos** Expresión con que se enfatiza una negación.

menoscabar v.tr. Hacer perder calidad o valor a una cosa.

menoscabo s.m. Disminución en la cantidad, tamaño, calidad o valor de una cosa.

menospreciar (1d) v.tr. Sentir menosprecio.

menosprecio s.m. **1** Sentimiento por el cual se da menos valor o importancia a una persona o cosa de la que realmente tiene. **2** Sentimiento por el cual se considera a una persona o cosa como indigna de estimación.

mensaje s.m. **1** Noticia que una persona comunica a otra u otras. **2** Contenido ideológico o moral que pretende transmitir una obra literaria o artística. **3** Información que un emisor transmite a un receptor.

mensajería s.f. **1** Servicio de reparto de cartas y paquetes urgentes, generalmente dentro de una misma ciudad. **2** Sociedad o empresa que se dedica a ese servicio.

mensajero, a adj. y s. **1** Que lleva un mensaje. ◆ s. **2** Persona que se dedica a llevar cartas y paquetes urgentes a su destino, generalmente dentro de una misma ciudad.

menstruación s.f. **1** Proceso fisiológico por el que las mujeres y las hembras de ciertas especies animales renuevan periódicamente la mucosa uterina y expulsan el óvulo maduro no fecundado. **2** Flujo sanguíneo evacuado en este proceso.

menstrual adj. Relativo a la menstruación.

menstruar (1b) v.intr. Evacuar por la vagina sangre y mucosa uterina.

mensual adj. **1** Que se repite cada mes. **2** Que dura un mes.

mensualidad s.f. Cantidad de dinero que se paga o se cobra cada mes.

ménsula s.f. **1** Repisa para sustentar cualquier cosa. **2** Elemento arquitectónico que sobresale del muro en voladizo.

mensurable adj. Formal. Que se puede medir.

menta s.f. **1** Planta herbácea con las hojas verdes y aromáticas y con flores moradas formando racimos. **2** Producto elaborado con las hojas de esta planta.

mental adj. Relativo a la mente.

mentalidad s.f. **1** Capacidad intelectual. **2** Conjunto de creencias que conforman el modo de pensar de alguien.

mentalización s.f. Preparación de una persona para aceptar o afrontar una determinada situación.

mentalizar v.tr. Preparar a una persona para que afronte una determinada situación.

mentar (31) v.tr. **1** Mencionar. ◆ v.intr. **2** AMÉR Poner un apodo a alguien.

mente s.f. Conjunto de las facultades intelectuales de una persona.

mentecato, a adj. y s. Que es poco inteligente y que tiene poco juicio.

mentidero s.m. Lugar donde se reúnen las personas para conversar.

mentir (45) v.intr. **1** Decir algo que no es verdad. **2** Inducir a error.

mentira s.f. **1** Expresión contraria a la verdad. **2** Cosa ilusoria, sin fundamento. **3** Fam. Manchita blanca que sale en las uñas.

mentirijilla s.f. ESP Mentira de poca importancia.

mentiroso, a adj. y s. Que dice mentiras.

mentís s.m. Declaración con que se contradice una cosa dicha por otra persona. **OBS** Invariable en número.

mentol s.m. Compuesto soluble en alcohol que se extrae de la esencia de menta.

mentolado, a adj. Que contiene mentol.

mentón s.m. Parte de la cara que hay debajo de la boca.

mentor, ra s. Persona que aconseja o protege a otra.

menú (pl. menús) s.m. **1** Conjunto de platos que componen una comida. **2** Lista detallada de los platos que se sirven en un restaurante. **3** Lista de funciones que aparecen en la pantalla de un ordenador y que este ejecutará a partir de la elección del usuario.

menudear v.tr. **1** Hacer una cosa frecuentemente. ◆ v.intr. **2** Ocurrir una cosa frecuentemente. **3** Narrar las cosas con mucho detalle.

menudencia s.f. **1** Cosa sin importancia o valor. ◆ **menudencias** s.f.pl. **2** Despojos que quedan tras descuartizar a un cerdo.

menudeo s.m. Venta de productos en pequeñas cantidades.

menudo adj. **1** Delgado, bajo o de pequeño tamaño. **2** Que tiene poca importancia. **3** En frases exclamativas, intensifica el valor del sustantivo que le sigue. ◆ **menudos** s.m.pl. **4** Vísceras, patas y sangre del ganado muerto y de las aves. ◇ **a menudo** Con frecuencia.

meñique adj. y s.m. Se dice del dedo más pequeño y delgado de la mano.

meollo s.m. **1** Parte esencial de una cosa. **2** Masa encefálica.

meón, na adj. y s. Fam. Que mea mucho.

mequetrefe s.m. y f. Desp. Persona débil y poco importante.

mercachifle s.m. y f. **1** Desp. Comerciante de poca importancia. **2** Desp. Persona excesivamente interesada en sacar provecho económico de su trabajo o profesión.

mercader s.m. Persona que se dedica a vender mercancías.

mercadería s.f. Mercancía.

mercadillo s.m. ESP Mercado formado por puestos ambulantes que se instalan cada cierto tiempo.

mercado s.m. **1** Lugar o edificio público donde se compra y vende, se comercia, especialmente alimentos y otros productos de primera necesidad. **2** Actividad de compra y venta de mercancías y servicios. **3** Conjunto de compradores potenciales de una mercancía o servicio. **4** Conjunto de las operaciones financieras que rigen la economía. ◇ **mercado negro** Compraventa clandestina de productos.

mercadotecnia s.f. Conjunto de técnicas comerciales para hacer más rentable un producto.

mercancía s.f. Producto con el que se comercia o se trata.

mercancías s.m. Tren que transporta solamente productos.

mercante adj. **1** Que comercia. ◆ adj. y s.m. **2** Se dice de la embarcación que sirve para transportar pasajeros y mercancías.

mercantil adj. Relativo al comercio.

mercantilismo s.m. **1** Sistema económico de los siglos XVI a XVIII, que otorgaba una gran importancia al comercio. **2** Interés excesivo en conseguir ganancias.

mercantilista adj. **1** Relativo al mercantilismo. ◆ adj. y s.m. y f. **2** Partidario del mercantilismo. **3** Especialista en derecho mercantil.

merced s.f. Favor o beneficio concedido por una persona. ◇ **a merced de** Bajo la voluntad y el poder de una persona o cosa. ◇ **merced a** Formal. Gracias a, por causa de una persona o cosa que produce un bien o un mal. ◇ **vuesa merced** o **vuestra merced** Tratamiento de respeto y cortesía que se usaba antiguamente.

mercedario, a adj. y s. **1** De la orden religiosa de Nuestra Señora de la Merced, fundada en el siglo XIII. **2** Se dice del religioso que pertenece a esta orden.

mercenario, a adj. y s. **1** Se dice del soldado que lucha al servicio de un país extranjero a cambio de dinero o de un favor. **2** Se dice de la persona que solamente trabaja para ganar dinero.

mercería s.f. **1** Tienda donde se venden hilos, agujas y otros objetos para costura. **2** Conjunto de artículos para costura.

mercromina s.f. Líquido compuesto por alcohol y mercurio que se usa para desinfectar heridas.

mercurio s.m. Elemento químico de símbolo Hg y número atómico 80; es un metal líquido a temperatura ordinaria, denso y de color blanco o gris.

merecedor, ra adj. Que merece.

merecer (30) v.tr. **1** Hacerse uno digno de recibir lo que le corresponde. **2** Tener una cosa el valor o la importancia suficientes.

merecido s.m. Castigo que merece alguien.

merecimiento s.m. Derecho a recibir un premio o una alabanza.

merendar (32) v.tr. e intr. **1** Tomar alimento por la tarde. ◆ **merendarse** v.prnl. **2** Fam. ESP Vencer con gran superioridad.

merendero s.m. ESP Lugar al aire libre provisto de mesas y asientos al que se va a comer, generalmente llevando la propia comida.

merendola s.f. Fam. ESP Merienda abundante.

merengue s.m. **1** Dulce hecho con clara de huevo batida a punto de nieve y mezclada con azúcar. **2** Composición musical de origen dominicano de ritmo rápido en compás binario. **3**

Baile de ritmo rápido que se ejecuta con esta música. **4** Persona delicada y débil. ◆ **adj. y s.m. y f. 5** Fam. Del Real Madrid CF.

meretriz s.f. Prostituta.

meridiano, a adj. **1** Relativo al mediodía. **2** Muy claro y manifiesto. ◆ **s.m. 3** Círculo máximo imaginario trazado en la esfera de la Tierra y que pasa por los polos.

meridional adj. y s.m. y f. Relativo al Sur.

merienda s.f. **1** Alimento que se toma por la tarde. **2** Acción de tomar este alimento.

merindad s.f. Distrito con una villa o ciudad importante que defendía los pueblos y caseríos de su demarcación.

merino, a adj. **1** Se dice de una raza de ovejas que da una lana muy fina y rizada. **2** Se dice de la lana que se obtiene de las ovejas de esta raza.

meristemo s.m. Tejido vegetal cuyas células son responsables del crecimiento de la planta.

mérito s.m. **1** Derecho a recibir un premio o una alabanza. **2** Valor o importancia de algo.

meritorio, a adj. **1** Que merece un premio o una alabanza. ◆ **s. 2** Persona que trabaja sin recibir un sueldo con el fin de conseguir una plaza remunerada.

merluza s.f. **1** Pez marino de color gris y el vientre blanco, cuya carne es muy apreciada. **2** Fam. ESP Borrachera.

merluzo, a adj. y s. Fam. y desp. ESP Tonto.

merma s.f. Acción y efecto de mermar.

mermar v.intr. y prnl. **1** Disminuir el número o el tamaño de algo. ◆ **v.tr. 2** Quitar o reducir una parte de una cosa.

mermelada s.f. Confitura de frutas y azúcar.

1. **mero** s.m. Pez marino de carne muy fina y delicada de color rojizo.

2. **mero, a** adj. Que es simplemente lo que indica el sustantivo.
OBS Va antepuesto al sustantivo.

merodear v.intr. Andar por los alrededores de un lugar con malas intenciones.

merovingio, a adj. **1** Relativo a la primera dinastía de reyes francos que reinaron entre los siglos V y VIII. ◆ **adj. y s. 2** Se dice de la persona que pertenecía a esta dinastía.

mes s.m. **1** Período que, junto con otros once, forma un año. **2** Período de treinta días. **3** Cantidad de dinero que se paga o se cobra cada 30 días.

mesa s.f. **1** Mueble formado por una tabla horizontal, sostenida por uno o varios pies. **2** Comida o arte de la cocina. **3** Conjunto de personas que ocupan una mesa en un restaurante. **4** Conjunto de personas que dirigen una reunión o un acto. **5** Relieve resultante de la erosión de una cuenca sedimentaria, que tiene forma horizontal y está coronada por una capa de rocas resistentes o lava solidificada. ◇ **mesa redonda** Reunión de varias personas para hablar sobre un asunto. ◇ **poner la mesa** Colocar sobre la mesa los objetos necesarios para comer. ◇ **quitar,** o **levantar, la mesa** Recoger los objetos y restos de comida que cubren la mesa después de comer.

mesana s.f. **1** Palo que está más cercano a la popa en una embarcación de tres mástiles. **2** Vela atravesada que se coloca en este palo.

mesar v.tr. Arrancar o estrujar el cabello o la barba con las manos.

mesenterio s.m. Repliegue del peritoneo que une el intestino delgado con el abdomen.

mesero, a s. CH, COL, ECUAD, GUAT, MÉX Camarero.

meseta s.f. Extensión de terreno llano y considerablemente elevado respecto al nivel del mar.

mesiánico, a adj. Relativo al mesianismo.

mesianismo s.m. **1** Creencia religiosa judía en la llegada de un mesías. **2** Confianza absoluta en un líder para solucionarlo todo.

mesías s.m. **1** Salvador enviado por Dios para liberar al pueblo de Israel. □ Se escribe con mayúscula inicial. **2** Persona de la que se espera que solucione todos los problemas.

mesilla s.f. ESP Mesita.

mesita s.f. Mesa auxiliar pequeña que se pone junto a la cabecera de la cama. □ También mesita de noche.

mesnada s.f. Conjunto de hombres armados que en la Edad Media estaban a las órdenes de un rey o de un noble.

mesocarpio o **mesocarpo** s.m. Capa intermedia del hueso o pericarpio de un fruto.

mesocracia s.f. **1** Forma de gobierno en la cual domina la clase media o la burguesía. **2** Clase media o burguesía.

mesodermo s.m. Capa de células del embrión a partir de la cual se forman el esqueleto, la musculatura y otros órganos.

mesolítico, a adj. y s.m. **1** Se dice del período prehistórico posterior al paleolítico y anterior al neolítico, que transcurrió entre los años 10000 y 5000 a. C. ◆ **adj. 2** Relativo a este período prehistórico.

1. **mesón** s.m. **1** Establecimiento rústico donde se sirven comidas y bebidas. **2** Establecimiento que hospeda a los viajeros.

2. **mesón** s.m. Partícula elemental producida a partir de ciertas reacciones nucleares.

mesonero, a s. Dueño de un mesón.

mesopotámico, a adj. y s. De Mesopotamia.

mesosfera s.f. **1** Capa de la atmósfera terrestre que se extiende entre los 50 y los 80 km de altitud aproximadamente. **2** Capa del interior de la Tierra situada bajo la astenosfera y sobre la endosfera.

mesoterapia s.f. Tratamiento médico que consiste en introducir pequeñas dosis de diversos medicamentos en la piel mediante inyecciones simultáneas.

mesotórax s.m. Parte media de las tres que forman el tórax de un insecto en la cual se articula el segundo par de patas.

mesozoico, a adj. y s.m. **1** Se dice de la era geológica que se extiende desde hace unos 245 millones de años hasta hace unos 65 millones de años. ◆ adj. **2** Relativo a esta era geológica.

mesta s.f. Asociación de pastores y ganaderos castellanos, surgida a partir de la Reconquista. **OBS** Se suele escribir con mayúscula inicial.

mester s.m. Antiguamente, arte u oficio. ◇ **mester de clerecía** Escuela poética medieval formada por clérigos y personas cultas. ◇ **mester de juglaría** Escuela poética medieval popular cuyas poesías recitaban los juglares.

mestizaje s.m. **1** Cruce de razas distintas. **2** Conjunto de individuos que resultan de este cruce.

mestizo, a adj. y s. Nacido de dos individuos de razas diferentes.

mesura s.f. Moderación en el ánimo, en las pasiones y en los placeres de los sentidos.

mesurar v.tr. Actuar con mesura.

meta s.f. **1** Lugar o punto en el que termina una carrera. **2** Fin al que se dirige una acción u operación. **3** En diversos deportes, portería.

metabólico, a adj. Relativo al metabolismo.

metabolismo s.m. Conjunto de reacciones que se producen continuamente en las células vivas, mediante las cuales estas obtienen y transforman materia y energía.

metabolizar v.tr. **1** Asimilar una célula viva las sustancias producidas por los cambios químicos y biológicos del organismo. **2** Asimilar una persona una serie de conocimientos.

metacarpo s.m. Conjunto de los cinco huesos situados entre la muñeca y los dedos.

metacrilato s.m. Material plástico transparente, muy rígido y resistente, que se utiliza como sustituto del vidrio.

metadona s.f. Producto farmacéutico con propiedades analgésicas semejante a la morfina.

metafase s.f. Segunda fase de la mitosis.

metafísica s.f. **1** Disciplina filosófica que estudia la esencia del ser. **2** Modo de pensar con excesiva sutileza sobre cualquier tema.

metafísico, a adj. **1** Relativo a la metafísica. **2** Abstracto y difícil de comprender. ◆ s. **3** Persona que estudia los problemas metafísicos y profesa esta disciplina.

metafita adj. y s.f. **1** Se dice de la planta que tiene muchas células diferenciadas agrupadas en tejidos que forman órganos, sistemas y aparatos. ◆ **metafitas** s.f.pl. **2** Grupo taxonómico, con categoría de grupo, constituido por estas plantas.

metáfora s.f. Figura retórica que consiste en identificar un término real con uno imaginario con el que existe una relación de semejanza.

metafórico, a adj. Relativo a la metáfora.

metagoge s.f. Metáfora que consiste en aplicar a cosas palabras referidas a los sentidos o a las cualidades de seres animados.

metal s.m. **1** Elemento químico, generalmente sólido a temperatura normal, que es buen conductor del calor y de la electricidad. **2** Conjunto de instrumentos de viento de una orquesta. ◇ **el vil metal** El dinero.

metalenguaje s.m. Lenguaje que se utiliza para hablar de aspectos propios de la lengua o para describirla.

metálico, a adj. **1** Relativo al metal. **2** Propio del metal. ◆ s.m. **3** Dinero en monedas o en billetes.

metalingüístico, a adj. Relativo al metalenguaje.

metalizado, a adj. Se dice del color que tiene el brillo o los reflejos del metal.

metaloide s.m. Elemento químico que puede comportarse como un metal o un no metal.

metalurgia s.f. **1** Conjunto de técnicas para extraer los metales contenidos en los minerales para elaborarlos y darles forma. **2** Conjunto de instalaciones y empresas que se dedican a la extracción y transformación de los metales.

metalúrgico, a adj. Relativo a la metalurgia.

metámero s.m. Cada uno de los segmentos o anillos de los gusanos o artrópodos.

metamórfico, a adj. **1** Relativo al metamorfismo. **2** Se dice de la roca que ha sufrido metamorfismo.

metamorfismo s.m. Conjunto de transformaciones que sufre una roca después de su consolidación primitiva por efecto de las altas presiones y temperaturas de la corteza terrestre.

metamorfosear v.tr. Cambiar una cosa de forma.

metamorfosis s.f. **1** Transformación de una cosa en otra. **2** Estadio del ciclo vital de muchos invertebrados, la mayoría de anfibios y ciertos peces, durante el cual estos experimentan una serie de cambios que implican una variación sustancial de su morfología y hábitos.

metano s.m. Gas incoloro, inodoro y muy inflamable, que constituye el principal componente del gas natural.

metanol s.m. Alcohol que se obtiene por oxidación del metano.

metaplasmo s.m. Figura retórica que consiste en la alteración de una palabra por adición, supresión o cambio de lugar de un sonido.

metástasis s.f. Reproducción y extensión de una enfermedad o de un tumor.

metatarso s.m. Conjunto de los cinco huesos largos que están situados entre el tarso y los dedos de las extremidades posteriores.

metátesis s.f. Cambio de lugar de uno o más sonidos dentro de una palabra.

metatórax s.m. Última de las tres partes que forman el tórax de los insectos.

metazoo adj. y s.m. **1** Se dice del animal que tiene muchas células diferenciadas agrupadas en tejidos que forman órganos, sistemas y aparatos. ◆ **metazoos** s.m.pl. **2** Grupo taxonómico, con categoría de subreino, constituido por estos animales.

meteco, a adj. y s. Se dice del extranjero que en la antigua Grecia, era considerado inferior al ciudadano.

metedura ◇ **metedura de pata** Fam. Acción o dicho inconveniente e inoportuno.

meteórico, a adj. **1** Relativo a los fenómenos de la naturaleza. **2** Muy rápido.

meteorito s.m. Cuerpo del espacio exterior que entra en la atmósfera terrestre.

meteorización s.f. Proceso de alteración o fragmentación de las rocas por la acción de la atmósfera, el agua y los seres vivos.

meteoro o **metéoro** s.m. Fenómeno natural no permanente que se produce en la atmósfera.

meteorología s.f. Disciplina que estudia los fenómenos de la atmósfera.

meteorológico, a adj. Relativo a la meteorología.

meteorólogo, a s. Persona que se dedica a estudiar los fenómenos de la atmósfera.

metepatas adj. y s.m. y f. Fam. Que dice o hace una cosa inconveniente e inoportuna.

meter v.tr. **1** Introducir a alguien o algo en un sitio. **2** Proporcionar un empleo a una persona. **3** Depositar dinero en el banco o invertirlo en un negocio. **4** Hacer que una pieza de tela resulte más corta o más estrecha doblándola y cosiéndola por las costuras. **5** Provocar verbalmente o mediante una acción un efecto determinado. **6** Fam. Propinar. **7** Vender con engaño o a la fuerza. ◆ **meterse** v.prnl. **8** Participar en una cosa sin tener derecho a ello o sin haber sido llamado. **9** Seguir o desempeñar un oficio. **10** Ir a parar a un lugar o a una situación determinada. **11** Provocar, enfadar o insultar a una persona.

meticón, na adj. y s. Fam. y desp. ESP Entrometido. **GEOSIN** metomentodo, metido.

meticulosidad s.f. Cuidado, paciencia y atención que se pone al realizar una cosa difícil.

meticuloso, a adj. **1** Que se hace con meticulosidad. **2** Se dice de la persona que hace las cosas con meticulosidad.

metido, a adj. **1** Que abunda en una cosa. ◆ s.m. **2** Trozo de tela que se dobla en una prenda de vestir para hacerla más corta o más estrecha. ◆ adj. **3** AMÉR Entrometido. **GEOSIN** meticón, metomentodo.

metileno s.m. Radical químico del metano.

metilo s.m. Radical químico formado por tres átomos de hidrógeno y uno de carbono.

metódico, a adj. **1** Que se hace con método y orden. **2** Se dice de la persona que hace las cosas con método y orden.

metodismo s.m. Doctrina religiosa anglicana que tuvo su origen en las ideas del religioso británico John Wesley.

método s.m. **1** Modo ordenado y sistemático de proceder para llegar a un resultado o fin determinado. **2** Modo de obrar que una persona tiene habitualmente. **3** Conjunto de reglas y ejercicios destinados a enseñar una actividad, un arte o una ciencia.

metodología s.f. Conjunto de métodos que se siguen en una disciplina científica, en un estudio o en una exposición doctrinal.

metomentodo adj. y s.m. y f. Fam. y desp. ESP Entrometido. **GEOSIN** meticón, metido.

metonimia s.f. Figura retórica que consiste en designar una cosa con el nombre de otra con la que mantiene una relación.

metopa o **métopa** s.f. Espacio situado entre dos triglifos en el friso dórico.

metraje s.m. Longitud de una película cinematográfica.

metralla s.f. Conjunto de pequeños pedazos de metal con que se cargan ciertos proyectiles, bombas o artefactos explosivos.

metralleta s.f. Ametralladora portátil.

métrica s.f. Ciencia que trata de la naturaleza, medida y propiedades de los versos.

métrico, a adj. **1** Que está basado en el metro como unidad de medida. **2** Relativo a la medida de los versos.

1. **metro** s.m. **1** Unidad de longitud del Sistema Internacional, de símbolo **m**, equivalente a la longitud del trayecto recorrido por la luz en el vacío durante 1/299 792 458 de segundo; es la base del sistema métrico decimal. **2** Instrumento para medir que consiste en una regla o cinta graduada. **3** Estructura rítmica de un verso o de una composición poética que se basa en un orden fijo de acentos, pausas y rimas. ◇ **metro cuadrado** Unidad de superficie del Sistema Internacional, de símbolo m^2, que equivale al área de un cuadrado de un metro de lado. ◇ **metro cúbico** Unidad de volumen del Sistema Internacional, de símbolo m^3, que equivale al volumen de un cubo de un metro de lado.

2. **metro** s.m. **1** Tren eléctrico total o parcialmente subterráneo destinado al transporte público en grandes ciudades. **2** Conjunto de instalaciones y estaciones donde para ese tren.

metrología s.f. Ciencia que estudia los sistemas de pesas y medidas.

metrónomo s.m. Instrumento para medir o marcar el tempo de una composición musical.

metrópoli o **metrópolis** s.f. **1** Ciudad principal, cabeza de la provincia o del estado, de gran extensión y con muchos habitantes. **2** Ciudad o nación, con respecto de sus colonias.

metropolitano, a adj. **1** Relativo a la metrópoli. ◆ s.m. **2** Ferrocarril eléctrico, total o parcialmente subterráneo.

mexicanismo o **mejicanismo** s.m. Palabra o modo de expresión propio del español hablado en México.

mexicano, a o **mejicano, a** adj. y s. De México.

mezcla s.f. **1** Operación de unir o combinar elementos o personas distintas. **2** Sustancia que resulta de la unión de dos o más componentes distintos. **3** Argamasa.

mezclar v.tr. **1** Juntar o unir varias cosas distintas. **2** Alterar el orden de algo revolviéndolo. **3** Meter a alguien en un asunto que no le incumbe o que puede traerle problemas. ◆ **mezclarse** v.prnl. **4** Introducirse o meterse alguien entre otras personas.

mezcolanza s.f. Mezcla que resulta extraña, confusa e incluso ridícula.

mezquindad s.f. **1** Falta de sentimientos nobles. **2** Obra o dicho despreciable resultado de estos sentimientos.

mezquino, a adj. y s. **1** Despreciable, por carecer de sentimientos nobles. **2** Que intenta ahorrar demasiado. ◆ adj. **3** Escaso.

mezquita s.f. Edificio donde una comunidad musulmana se reúne para rezar o realizar ceremonias religiosas.

mezzosoprano o **mezzo-soprano** s.m. **1** Voz femenina más grave que la de soprano y más aguda que la de contralto. ◆ s.f. **2** Mujer que tiene esta voz.

1. **mi** (pl. mis) det. Forma del determinante posesivo en primera persona del singular.
OBS Va antepuesto al sustantivo.

2. **mi** (pl. mis) s.m. Tercera nota de la escala musical.

3. **mi** s.f. My.

mí pron. Forma del pronombre personal de la primera persona del singular que se emplea en los complementos con preposición. ◇ **¡a mí qué!** Fam. Indica que una cosa o una acción no importa o no preocupa a la persona que habla.

miasma s.m. Olor muy desagradable o sustancia maloliente que se desprende de la materia en descomposición o de las aguas estancadas.

mica s.f. Mineral de aluminio compuesto de varias láminas delgadas, brillantes y flexibles.

micción s.f. Formal. Acción de orinar.

micelio s.m. Aparato vegetativo de los hongos que está constituido por filamentos.

micénico, a adj. y s. **1** De la civilización que se desarrolló en el siglo XIV a. C. en la que la ciudad de Micenas (antigua ciudad de Grecia) era el centro cultural. ◆ adj. y s.m. **2** Se dice de la variante más antigua de la lengua griega.

michelín s.m. Fam. ESP Acumulación de grasa en forma de pliegue que se forma alrededor de la cintura de las personas.

mico, a s. Mono pequeño de cola larga.

micología s.f. Parte de la botánica que estudia los hongos.

micólogo, a s. Persona que está especializada en el estudio de los hongos.

micra s.f. Medida de longitud, de símbolo μ que es la millonésima parte de un metro.

micro s.m. **1** Fam. Micrófono. **2** ARG, BOL, CH, PERÚ Autobús. **GEOSIN** camión, colectivo, guagua.

microbiano, a adj. Relativo al microbio.

microbio s.m. Organismo vivo unicelular microscópico.

microbús s.m. Autobús pequeño.

microcámara s.f. Cámara de dimensiones muy reducidas.

microcirugía s.f. Cirugía que se realiza mediante microscopio.

microclima s.m. Conjunto de las condiciones climáticas particulares de un espacio de dimensiones reducidas.

microcosmo o **microcosmos** s.m. El ser humano considerado como reflejo y resumen del universo o macrocosmo.

microcrédito s.m. Crédito que otorga pequeños préstamos y otros servicios financieros a personas o entidades con pocos recursos.

microeconomía s.f. Estudio de la economía de una zona, país o grupo de países considerada individualmente.

microelectrónica s.f. Técnica que consiste en diseñar y producir material electrónico de dimensiones muy pequeñas.

microfibra s.f. Tela sintética formada por filamentos de poco grosor pero gran capacidad para guardar el calor.

microfilm s.m. Microfilme.

microfilmar v.tr. Reproducir en un microfilme imágenes o textos.

microfilme o **microfilm** s.m. Película fotográfica que se usa para fijar en ella imágenes y textos en tamaño muy reducido.

micrófono s.m. Aparato para transformar las ondas sonoras en energía eléctrica y viceversa en procesos de grabación y reproducción de sonido.

microhistoria s.f. Historia que forma parte de una más amplia.

microlito s.f. Instrumento pequeño de piedra de los períodos paleolítico y mesolítico.

micrómetro s.m. **1** Instrumento para medir con gran precisión cantidades lineales o angulares muy pequeñas. **2** Micra.

micrón s.m. **1** Antigua denominación del micrómetro. **2** Unidad de presión que equivale a 10^{-6} metros o 10^{-3} milímetros de mercurio.

microonda s.f. Onda electromagnética que tiene una longitud comprendida entre el milímetro y el metro.

microondas adj. y s.m. Se dice del horno que funciona con radiaciones electromagnéticas.

microorganismo s.m. Organismo vivo unicelular, animal o vegetal.

microprocesador s.m. Circuito integrado donde se realizan todas las operaciones aritméticas y lógicas de un ordenador.

microscópico, a adj. **1** Que tiene un tamaño tan pequeño que solamente puede verse a través de un microscopio. **2** Muy pequeño.

microscopio s.m. Instrumento óptico que, por medio de un sistema de lentes, amplía la imagen de seres y objetos que no se pueden ver a simple vista.

microsegundo s.m. Medida de tiempo, de símbolo µs, que es igual a la millonésima parte de un segundo.

microtúbulo s.m. Filamento formado por la proteína tubulina.

MIDI o **midi** s.m. **1** Sigla de la expresión inglesa **Musical Instrument Digital Interface**, 'interfaz digital para intrumentos musicales'; sistema para comunicar información musical de un dispositivo electrónico a otro. ◆ **adj. 2** Relativo a este sistema. □ Invariable en número.

miedica adj. y s.m. y f. Fam. y desp. ESP Cobarde, miedoso.

miedo s.m. **1** Sensación de angustia provocada por la presencia de un peligro. **2** Sentimiento de desconfianza que impulsa a creer que ocurrirá un hecho contrario a lo que se desea. ◇ **de miedo** ESP Muy bueno o de gran calidad.

miedoso, a adj. Que tiene miedo por cualquier cosa.

miel s.f. Sustancia espesa, pegajosa y muy dulce que elaboran las abejas con el néctar de las flores. ◇ **dejar con la miel en los labios** Privar a una persona de algo de lo que empezaba a disfrutar. ◇ **miel sobre hojuelas** Indica que una cosa o situación buena se une a otra y la mejora.

miembro s.m. **1** Extremidad del cuerpo humano o animal. **2** Órgano sexual masculino. **3** Parte o apartado de un conjunto o un todo. ◆ **s.m. y f. 4** Persona que forma parte de un grupo o de una comunidad.

mientras adv. **1** Indica que dos o más acciones ocurren al mismo tiempo. ◆ **conj. 2** Indica que dos o más acciones ocurren al mismo tiempo. ◇ **mientras que** Indica oposición o contraste con lo expresado anteriormente.

miércoles s.m. Tercer día de la semana.

mierda s.f. **1** Fam. Excremento. **2** Fam. Porquería, suciedad. **3** Fam. Borrachera. **4** Fam. Birria, chapuza. ◆ **s.m. y f. 5** Fam. Persona cobarde o que no tiene buenas cualidades. □ Frec. insulto. ◆ **s.f. 6** Argot. Hachís. ◆ **interj. 7** Vulg. Expresión que indica enfado, disgusto o asco. ◇ **a la mierda** Vulg. Expresión que se emplea para rechazar a una persona o una cosa. ◇ **¡una mierda!** Vulg. Expresión que indica que no se acepta o no se quiere hacer una cosa.

mies s.f. **1** Cereal maduro. **2** Tiempo en el que se cosecha y se recoge el grano. ◆ **mieses s.f.pl. 3** Terrenos en los que se cultivan cereales.

miga s.f. **1** Parte blanda del pan, que está rodeada por la corteza. **2** Trozo muy pequeño de pan o de otro alimento. **3** Contenido importante o interesante que tiene una cosa que se dice o que se escribe. ◆ **migas s.f.pl. 4** Comida que consiste en trozos de pan duro humedecidos que se fríen en aceite con ajo y pimentón. ◇ **hacer buenas,** o **malas, migas** Fam. Tener una relación buena o mala con una persona.

migaja s.f. **1** Trozo muy pequeño de pan o de otro alimento. **2** Cantidad muy pequeña de una cosa. ◆ **migajas s.f.pl. 3** Restos que quedan de algo después de haberlo usado o consumido.

migración s.f. **1** Movimiento de población que consiste en dejar temporal o definitivamente el lugar de residencia para establecerse o trabajar en otro país o región. **2** Desplazamiento masivo de algunas aves, peces y otros animales para cambiar de clima o de zona geográfica.

migraña s.f. Dolor de cabeza muy fuerte e intenso que afecta a una parte de ella.

migrar v.intr. **1** Realizar migraciones. **2** En informática, dejar de usar un sistema para utilizar otro.

migratorio, a adj. Relativo a la migración.

mihrab (pl. mihrabs) s.m. En una mezquita, nicho abierto en el muro de la quibla.

mijo s.m. **1** Planta de la familia de los cereales con el tallo fuerte y las hojas planas, largas y terminadas en punta. **2** Semilla de esta planta.

mikado s.m. Emperador de Japón.

mil adj.num.cardin. **1** Diez veces cien. **2** Fam. Se utiliza para expresar una cantidad muy grande o sin determinar. ◆ **adj.num.ordin. 3** Milésimo. ◆ **s.m. 4** Número 1 000. ◆ **miles s.m.pl. 5** Millares de lo que se expresa.

milady s.f. Tratamiento que se da a las señoras de la nobleza inglesa.
OBS Pronunc. 'mileidy'.

milagro s.m. **1** Hecho que no se puede explicar por las leyes naturales y que se considera producido por la intervención de Dios o de un ser sobrenatural. **2** Hecho extraordinario que provoca admiración o sorpresa. ◇ **de milagro** Casualmente o por muy poco.

milagroso, a adj. **1** Que no se puede explicar por las leyes naturales. **2** Que provoca admiración por tener unas determinadas cualidades o ser extraordinario. **3** Que hace milagros.

milano s.m. Ave rapaz diurna de color rojizo, de cola y alas muy largas, que se alimenta de pequeños animales, como roedores o insectos.

mildiu o **mildeu** s.m. **1** Enfermedad de la vid. **2** Hongo microscópico que produce esta enfermedad.

milenario, a adj. **1** Que tiene mil años o más. **2** Muy antiguo. ◆ s.m. **3** Fecha en que se cumplen uno o varios millares de años desde que se produjo un acontecimiento. **4** Fiesta o celebración con que se conmemora esta fecha.

milenio s.m. Período de mil años.

milésimo, a adj.num.ordin. **1** Que ocupa el lugar número 1 000 en una serie ordenada. ◆ adj.num.partit. **2** Se dice de cada una de las partes que resultan de dividir un todo en mil partes iguales.

milhojas s.m. **1** Pastel con varias láminas finas de hojaldre entre las que se pone merengue, crema o nata. ◆ s.f. **2** Planta compuesta, cuyas flores se usan como tónico y astringente.

mili s.f. Fam. Servicio militar.

miliamperio s.m. Medida de intensidad que es igual a la milésima parte de un amperio.

milibar o **milibaro** s.m. Medida de presión de la atmósfera, de símbolo mb, que es igual a la milésima parte de un bar.

milicia s.f. **1** Técnica de hacer la guerra y de preparar a los soldados para ella. **2** Organización profesional de los militares. **3** Tropa de gente armada.

miliciano, a s. **1** Persona que forma parte de una milicia. **2** AMÉR Integrante de un ejército revolucionario.

milico s.m. **1** Desp. Militar, soldado. ◆ adj. y s.m. **2** AMÉR SUR Que lleva uniforme, especialmente el uniforme del ejército.

miligramo s.m. Medida de masa, de símbolo mg, que es igual a la milésima parte de un gramo.

mililitro s.m. Medida de volumen, de símbolo ml, que es igual a la milésima parte de un litro.

milimetrado, a adj. **1** Que está dividido o graduado en milímetros. **2** Fam. Que está calculado u organizado con gran precisión.

milimétrico, a adj. **1** Relativo al milímetro. **2** Que está graduado en milímetros. **3** Muy exacto o preciso.

milímetro s.m. Medida de longitud, de símbolo mm, que es igual a la milésima parte de un metro.

militancia s.f. **1** Pertenencia de una persona a una organización política, sindical o social. **2** Actitud y actividad de la persona que defiende activamente una idea u opinión.

militante adj. y s.m. y f. Que forma parte de un grupo o una organización, especialmente de un partido político.

1. **militar** adj. **1** Relativo a la milicia o la guerra. ◆ s.m. y f. **2** Persona que forma parte de un ejército.

2. **militar** v.intr. **1** Servir en la milicia. **2** Formar parte de un grupo u organización.

militarismo s.m. **1** Poder excesivo de los militares en el gobierno de un país. **2** Actitud o modo de pensar que defiende una influencia excesiva de los militares en un gobierno.

militarista adj. y s.m. y f. Partidario del militarismo.

militarizar v.tr. **1** Imbuir el espíritu militar. **2** Someter a alguien al régimen militar.

milla s.f. **1** Medida de longitud, utilizada especialmente en marina, que equivale a 1 852 metros. □ También milla marina. **2** Medida de longitud terrestre del sistema anglosajón que equivale a 1 609,3 metros o a 1 760 yardas.

millar s.m. **1** Conjunto de 1 000 unidades. **2** Guarismo que indica esta cantidad. **3** Cantidad muy grande e indeterminada.

millón s.m. **1** Conjunto de 1 000 000 de unidades. **2** Fam. Cantidad muy grande e indeterminada.

millonada s.f. Fam. Cantidad muy grande, especialmente de dinero.

millonario, a adj. y s. **1** Que tiene mucho dinero; especialmente, que tiene millones de una unidad monetaria. ◆ adj. **2** Se dice de la cantidad que supera el millón.

millonésimo, a adj.num.ordin. **1** Que ocupa el lugar número 1 000 000 en una serie ordenada. ◆ adj.num.partit. **2** Se dice de cada una de las partes que resultan de dividir un todo en un millón de partes iguales.

milonga s.f. **1** Composición musical popular originaria de Argentina que se canta acompañada de guitarra. **2** Baile que se ejecuta al ritmo de esta música. **3** Fam. Mentira o engaño.

milord (pl. milores) s.m. Tratamiento que se da a los lores o señores de la nobleza inglesa.

milpa s.f. AMÉR CENTRAL, MÉX Tierra destinada al cultivo de maíz.

milpiés s.m. Invertebrado terrestre de cuerpo negro cilíndrico muy alargado, con numerosos pares de patas.
OBS Invariable en número.

mimado, a adj. y s. Acostumbrado a hacer su voluntad sin que nadie lo corrija o castigue.

mimar v.tr. **1** Tratar con mucho cariño dando muestras de amor o afecto, como abrazos, besos o caricias. **2** Malcriar.

mimbar s.m. Púlpito de una mezquita.

mimbre s.m. o f. **1** Arbusto de cuyo tronco nacen muchas ramas largas, delgadas y flexibles. **2** Rama larga, delgada y flexible de ese arbusto y que se utiliza en cestería.

mímesis o **mimesis** s.f. **1** Formal. Imitación que hace una persona de los gestos, movimientos, manera de hablar o de actuar de otra. **2** Formal. Imitación de la naturaleza que se hace en la estética y la poética clásicas.

mimético, a adj. Relativo al mimetismo.

mimetismo s.m. Propiedad que tienen algunos organismos para imitar la forma o el color de los seres o cosas de su entorno.

mimetizar v.intr. y prnl. Adoptar un animal o una planta el color o la apariencia de las cosas o seres del entorno a fin de pasar inadvertido.

mímica s.f. Arte de representar o interpretar por medio de gestos y movimientos corporales.

mímico, a adj. Relativo al mimo o a la mímica.

mimo s.m. **1** Expresión y señal de amor o afecto. **2** Forma de tratar a alguien, en especial a los niños, permitiendo en exceso que hagan lo que quieran, sin corregirlos ni castigarlos. **3** Delicadeza o cuidado con que se hace o se trata una cosa. **4** Mímica. ◆ **s.m. y f. 5** Actor que se expresa y representa acciones por medio de gestos.

mimosa s.f. Árbol que tiene unas hojas muy pequeñas y flores redondas de color amarillo.

mimoso, a adj. Que disfruta dando y recibiendo muestras de cariño.

mina s.f. **1** Yacimiento de minerales o rocas útiles. **2** Instalación subterránea a base de galerías para extraer esos minerales o rocas. **3** Barra fina de grafito o de otra sustancia mineral, que va en el interior de los lápices y de otros utensilios de escritura, y que sirve para dibujar o escribir. **4** Aparato que explota cuando se toca o se roza, y que se coloca camuflado o enterrado bajo tierra o bajo el agua. **5** Cosa, asunto o persona que puede proporcionar mucha utilidad.

minar v.tr. **1** Colocar explosivos para volar o derribar muros y edificios, o para impedir el paso del enemigo. **2** Consumir o debilitar una cosa, especialmente las fuerzas, la salud o la alegría. **3** Abrir galerías subterráneas.

minarete s.m. Torre de una mezquita.

mineral adj. **1** Se dice del compuesto natural inorgánico. ◆ **s.m. 2** Compuesto natural inorgánico no producido por los seres vivos, que se encuentra en la corteza de la tierra y que está formado por uno o más elementos químicos.

mineralogía s.f. Ciencia que estudia los minerales, su origen y su formación.

minería s.f. **1** Actividad de extracción de minerales de las minas. **2** Conjunto de personas que se dedican a esta actividad.

minero, a adj. **1** Relativo a la minería. ◆ **s. 2** Persona que trabaja en una mina.

minga s.f. **1** Vulg. ESP Pene. **2** ARG, CH, COL, PAR Ayuda que prestan los vecinos al que debe emprender una obra importante.

mingaco s.m. CH Reunión de amigos para un trabajo ocasional que después acaba con una comilona.

miniatura s.f. **1** Objeto artístico de pequeño tamaño, delicado y valioso. **2** Persona o cosa de tamaño muy reducido. **3** Dibujo pequeño que ilustra ciertos rollos y códices manuscritos antiguos.

miniaturista adj. y s.m. y f. Que se dedica a pintar miniaturas.

minibásket s.m. Baloncesto que practican los niños y que se juega en un campo más pequeño.

minibús s.m. Autobús pequeño, usado para trayectos con pocos pasajeros.

minidisco s.m. Disco magnético y óptico que permite grabar y reproducir sonidos por medio del láser.

minifalda s.f. Falda muy corta.

minifundio s.m. Propiedad agraria de poca extensión, generalmente dedicada al cultivo de varios productos de primera necesidad.

minifundismo s.m. Sistema de explotación agraria basado en la distribución de la propiedad de la tierra en minifundios.

minifundista adj. **1** Relativo al minifundismo. ◆ **adj. y s.m. y f. 2** Propietario de un minifundio.

minigolf s.m. Juego parecido al golf que se juega en un campo o pista pequeños.

mínima s.f. Temperatura más baja que alcanza la atmósfera en un período determinado.

minimalismo s.m. Tendencia artística que se caracteriza por la elaboración de estructuras tridimensionales muy simples.

minimizar v.tr. **1** Dar a una cosa menos valor o importancia de los que tiene. **2** Reducir el tamaño de una cosa. **3** Buscar el mínimo de una función matemática.

mínimo, a adj. **1** Que es el menor o inferior en grado. **2** Muy pequeño. ◆ **s.m. 3** Límite inferior al que puede llegar una cosa. **4** Valor menor de una función matemática.

minino, a s. Fam. Gato.

minio s.m. Mineral rojo que se obtiene por oxidación del plomo y que se emplea en pintura.

ministerial adj. Relativo al ministerio.

ministerio s.m. **1** Departamento que, junto con otros, es el responsable de la administración de un aspecto determinado de la vida política, social o económica de un país. **2** Cargo de ministro de un gobierno. **3** Edificio en el que trabajan los ministros. **4** Conjunto de ministros que gobiernan un país. **5** Cargo u oficio propio de una persona.

ministro, a s. **1** Persona que forma parte del gobierno de un país como responsable de un ministerio. **2** Persona que ha sido enviada por el Estado o por otra persona para realizar una función determinada. ◇ **primer ministro** Jefe del gobierno de un país.
OBS Doble femenino: **ministro** o **ministra.**

minoico, a adj. **1** Relativo a la cultura antigua de Creta. ◆ **adj. y s. 2** De la antigua Creta.

minoría s.f. **1** Parte menor de una cantidad o conjunto. **2** Conjunto de votos contrarios a lo que opina la mayoría de los votantes. **3** Parte pequeña de una colectividad, que se diferencia del resto por su raza, lengua, religión u otra característica social.

minorista adj. **1** Se dice del comercio en que se vende y compra al por menor. ◆ **s.m. y f. 2** Persona que se dedica a vender mercancías en pequeñas cantidades.

minoritario, a adj. Que forma la menor parte de un conjunto o sociedad.

minucia s.f. Cosa que no tiene demasiada importancia ni valor.

minuciosidad s.f. Cuidado, paciencia y atención que se pone al realizar una cosa.

minucioso, a adj. Meticuloso.

minué s.m. **1** Antiguo baile de pareja originario de Francia, con movimientos y pasos moderados, saludos y posturas galantes. **2** Composición musical con que se acompañaba este baile.

minuendo s.m. Cantidad a la que se le resta otra cantidad para obtener la diferencia.

minueto s.m. **1** Baile antiguo francés del siglo XVIII, de ritmo lento y movimientos elegantes. **2** Música con que se acompaña este baile.

minúsculo, a adj. **1** De tamaño muy pequeño. ◆ **s.f. y adj. 2** Letra de tamaño pequeño empleada generalmente para escribir.

minusvalía s.f. **1** Disminución del valor que tiene una cosa por causas externas a ella. **2** Falta o limitación de una facultad física o mental.

minusválido, a adj. y s. Que tiene una minusvalía física o mental.

minusvalorar v.tr. Valorar una cosa o a una persona en menos de lo que merece o vale.

minuta s.f. **1** Anotación que se hace de algo para recordarlo. **2** Borrador que se hace de un escrito, especialmente de un contrato, antes de redactarlo definitivamente. **3** Nota escrita en la que se expresa la cantidad de dinero que hay que pagar a un profesional por su trabajo. **4** Menú de un restaurante.

minutero s.m. Aguja del reloj que marca los minutos.

minuto s.m. **1** Unidad de tiempo que equivale a 60 segundos. **2** Unidad de medida de ángulos, que equivale a la sexagésima parte de un grado.

mío, a det. Forma del determinante y pronombre posesivo de primera persona del singular. ◇ **la mía** Ocasión más favorable para hacer algo la persona que está hablando. ◇ **los míos** Las personas que pertenecen al mismo grupo, familia o partido que la persona que está hablando.

miocardio s.m. Tejido muscular del corazón de los animales vertebrados.

miocénico, a adj. Mioceno.

mioceno, a adj. y s.m. **1** Se dice de la época geológica que precede al plioceno; se extiende desde hace unos 25 millones de años hasta hace unos 5 millones de años. ◆ **adj. 2** Relativo a esta época geológica.

miope adj. y s.m. y f. **1** Que padece miopía. **2** Que carece de perspicacia.

miopía s.f. **1** Defecto del ojo que produce una visión poco clara o nítida de las cosas que están alejadas. **2** Incapacidad de darse cuenta de cosas que son muy claras y fáciles de entender.

mira s.f. **1** Pieza que tienen las armas de fuego y algunos instrumentos de medida, que permite dirigir y fijar la vista en un punto determinado para apuntar bien o medir con precisión. **2** Lugar destacado en una fortaleza desde donde se alcanza una amplitud visual. **3** Objetivo que tiene una persona al hacer una cosa.

mirada s.f. **1** Acción que consiste en mirar. **2** Modo de mirar que tiene una persona o un animal.

mirado, a adj. Muy prudente, considerado y reflexivo y que procura no causar molestias a los demás.

mirador s.m. **1** Lugar alto y bien situado para contemplar con facilidad un paisaje. **2** Balcón cubierto y cerrado, generalmente con cristales.

miraguano s.m. **1** Planta de América y Oceanía parecida a la palmera, de unos 40 m de altura. **2** Fibra que se extrae del fruto de este árbol, usada para rellenar almohadas, edredones, etcétera.

miramiento s.m. **1** Atención y consideración con que actúa una persona. **2** Respeto, cuidado y atención que se tiene hacia una persona.

mirar v.tr. **1** Dirigir y fijar la vista en algo prestándole atención para verlo bien. **2** Pensar y considerar con cuidado una cosa antes de hacerla. **3** Tener un objetivo determinado al realizar una acción. **4** Apreciar a una persona o tratarla con muchas atenciones. ◆ **v.intr. 5** Estar orientado hacia una dirección determinada. ◆ **v.tr. e intr. 6** Buscar una cosa o registrar un sitio para encontrar algo. ◆ v.intr. y prnl. **7** No realizar una acción o no decir una cosa que pueda traer problemas. ◇ **¡mira!** Expresión que sirve para avisar o llamar la atención de alguien.

miriagramo s.m. Medida de masa que equivale a 10 000 gramos.

mirialitro s.m. Medida de volumen que equivale a 10 000 litros.

miriámetro s.m. Medida de longitud que equivale a 10 000 metros.

miriápodo o **miriópodo** s.m. Artrópodo de cuerpo alargado dividido en segmentos, con uno o dos pares de patas cada uno.

mirilla s.f. Agujero pequeño que hay en algunas puertas para mirar al otro lado.

miriñaque s.m. Armazón de tela rígida, a veces reforzado con aros de metal, que se ponían las mujeres debajo de las faldas para abombarlas.

miriópodo s.m. Miriápodo.

mirlo s.m. Pájaro de color oscuro que tiene las patas y el pico de color rojo o amarillo.

mirón, na adj. y s. **1** Fam. Que mira demasiado o con mucha curiosidad las cosas. ◆ s. **2** Persona a la que le gusta mirar lo que hacen los demás.

mirra s.f. Sustancia pegajosa, compuesta por aceites, resina y goma, de olor intenso.

mirto s.m. Arbusto oloroso, de flores blancas.

misa s.f. **1** Ceremonia religiosa católica en la que se celebra el sacramento de la eucaristía. **2** Composición musical escrita sobre las partes de la ceremonia religiosa cristiana. ◇ **ir a misa** ESP Ser una cosa que se dice segura e indiscutible. ◇ **misa del gallo** Misa que se celebra alrededor de medianoche en Nochebuena. ◇ **misa negra** Rito que se celebra en homenaje al diablo.

misal s.m. Libro de la liturgia católica, usado en la misa.

misantropía s.f. Formal. Rechazo al trato con los demás.

misántropo, a s. Formal. Persona que huye del trato con otras personas.

miscelánea s.f. **1** Conjunto de cosas diferentes entremezcladas. **2** Obra o escrito en que se tratan diversas materias.

misceláneo, a adj. Que está compuesto por varias cosas distintas o de géneros diferentes.

miserable adj. y s.m. y f. **1** Desgraciado e infeliz. **2** Que intenta gastar menos de lo que podría permitirse. **3** Despreciable, por carecer de sentimientos nobles. **4** Muy pobre. ◆ adj. **5** Se dice de la cantidad que es demasiado escasa.

miseria s.f. **1** Falta o escasez de dinero y de los medios necesarios para poder vivir. **2** Desgracia, problema o pena que sufre una persona en su vida. **3** Cantidad demasiado pequeña o insignificante de una cosa. **4** Avaricia.

misericordia s.f. Virtud que inclina a compadecerse, perdonar o solucionar las miserias ajenas.

misericordioso, a adj. Que siente compasión hacia quienes sufren y trata de ayudarlos.

mísero, a adj. y s. **1** Que intenta gastar menos de lo que podría permitirse. ◆ adj. **2** Muy pobre y necesitado de la ayuda económica de los demás. **3** Desgraciado e infeliz. **4** Se dice de la cantidad que es demasiado pequeña o escasa.

misérrimo, a adj. Superlativo de **mísero**.

misil o **mísil** s.m. **1** Proyectil autopropulsado que suele llevar una carga explosiva. **2** Cabeza o cápsula de los cohetes militares o espaciales.

misión s.f. **1** Trabajo o encargo que una persona o un grupo tiene la obligación de hacer. **2** Encargo o poder que un gobierno le da a una persona para ir a desempeñar un trabajo en algún lugar. **3** Obra o función moral que se tiene que realizar por el bien de alguien. **4** Evangelización de los pueblos no cristianos. □ Suele usarse en plural. **5** Territorio donde se lleva a cabo esta evangelización. □ Suele usarse en plural. **6** Lugar donde habitan los misioneros.

misionero, a adj. **1** Relativo a la misión. ◆ s. **2** Persona dedicada a enseñar la religión cristiana a los pueblos que no la conocen.

misiva s.f. Formal. Carta que una persona envía a otra para informarle de algo.

mismo, a adj. **1** Indica que la persona o la cosa que se presenta es una sola en distintas circunstancias. **2** Muy parecido o casi igual. □ Va antepuesto al sustantivo. **3** Resalta la fuerza de lo que se dice. **4** Indica que es la persona o cosa citada y no otra la que realiza la acción. ◆ pron. **5** Indica que la persona o cosa a la que sustituye no ha cambiado. ◆ adv. **6** Exactamente; en concreto. ◇ **dar lo mismo** No importar.

misná s.f. Colección de leyes y de reglas promulgadas por los rabinos.

misoginia s.f. Sentimiento de odio o de rechazo hacia las mujeres.

misógino, a adj. y s. Que siente o demuestra odio o rechazo hacia las mujeres.

miss (pl. misses) s.f. Ganadora de un concurso de belleza.

míster s.m. **1** En algunos deportes, entrenador. **2** Ganador de un concurso de belleza masculina.

misterio s.m. **1** Hecho que no tiene una explicación racional conocida. **2** Asunto secreto. **3** Dogma cristiano inaccesible a la razón y que es objeto de fe. **4** Momento de la vida, pasión y muerte de Jesucristo.

misterioso, a adj. **1** Que implica un misterio o sentido oculto. **2** Que da a entender cosas recónditas donde no las hay.

mística s.f. **1** Parte de la teología que trata de la unión del ser humano con Dios. **2** Género literario que trata experiencias místicas o de unión con Dios.

misticismo s.m. **1** Estado de perfección religiosa que consiste en la unión del alma con Dios. **2** Doctrina que defiende que es posible la unión del alma con Dios.

místico, a adj. **1** Relativo a la mística. ◆ s. **2** Persona que se dedica a la vida espiritual y a la contemplación de Dios, o a escribir sobre ello.

mistral s.m. y adj. Viento frío del noroeste que sopla en el mar Mediterráneo.

mita s.f. Sistema de trabajo de explotación de plantaciones y especialmente de minas que se estableció en la América colonial española.

mitad s.f. **1** Parte que, junto con otra igual, forma un todo. **2** Punto equidistante de ambos extremos.

mítico, a adj. Relativo al mito.

mitificar v.tr. **1** Convertir en mito. **2** Valorar o admirar excesivamente a una persona o cosa.

mitigación s.f. Acción y efecto de mitigar.

mitigar v.tr. Disminuir la intensidad, la gravedad o la importancia de algo.

mitin s.m. Reunión en donde se pronuncian discursos de tema político o social.

mito s.m. **1** Historia fantástica que narra las acciones de los dioses y héroes de la Antigüedad. **2** Historia o relato que altera las verdaderas cualidades de una persona o de una cosa y les da más valor del que tienen en realidad. **3** Persona, cosa o hecho que entra a formar parte de la historia o se convierte en modelo a imitar.

mitocondria s.f. Orgánulo respiratorio de una célula eucariota.

mitología s.f. Conjunto de mitos que pertenecen a la historia, cultura y religión de un pueblo.

mitológico, a adj. Relativo a la mitología.

mitomanía s.f. **1** Tendencia patológica a mentir o transformar la realidad al explicar o narrar un hecho. **2** Tendencia a mitificar a una persona, una cosa o un suceso determinados.

mitón s.m. Guante de punto que cubre la mano y deja los dedos al descubierto.

mitosis s.f. División de una célula en dos partes con la misma información genética que la célula madre.

mitra s.f. Gorro muy alto con el que se cubren la cabeza los religiosos importantes en las ceremonias oficiales.

mitral adj. Se dice de la válvula que está entre la aurícula y el ventrículo izquierdo del corazón.

mix s.m. Fam. Mezcla o unión de cosas distintas.

mixomiceto o **mixomicete** adj. y s.m. **1** Se dice del hongo parásito que se presenta formando una masa protoplasmática con varios núcleos. ◆ **mixomicetos** o **mixomicetes** s.m.pl. **2** Grupo taxonómico, con categoría de filo, constituido por estos hongos.

mixtilíneo, a adj. Se dice de la figura geométrica formada por líneas rectas y líneas curvas.

mixto, a adj. **1** Compuesto por dos o más cosas distintas mezcladas. ◆ s.m. **2** ESP Fósforo. GEOSIN cerilla, cerillo.

mnemotecnia o **nemotecnia** s.f. Método para aumentar la capacidad de la memoria.

mnemotécnico, a o **nemotécnico, a** adj. Relativo a la mnemotecnia.

moaré o **muaré** s.m. Tela fuerte de seda que forma aguas.

moaxaja s.f. Composición poética medieval de tradición culta, compuesta en árabe o en hebreo.

mobbing s.m. Acoso laboral y psicológico llevado a cabo contra un compañero de trabajo o un subordinado.

mobiliario s.m. Conjunto de muebles de una casa o de una habitación.

moca s.m. o f. Moka.

mocárabe s.m. Elemento decorativo geométrico del arte islámico.

mocasín s.m. **1** Zapato hecho de piel que no lleva cordones ni hebillas. **2** Zapato característico de los indios de América, hecho de piel sin curtir.

mocedad s.f. Juventud.

mochales adj. Vulg. ESP Loco, chiflado.

mochila s.f. Bolsa de tela fuerte que se lleva a la espalda sujeta a los hombros por medio de dos correas.

mocho, a adj. **1** Que no tiene punta o le falta la terminación adecuada. **2** Que tiene el pelo muy rapado. ◆ s.m. **3** Extremo grueso y sin punta de un instrumento o utensilio largo. **4** Utensilio para fregar formado por un palo largo y una pieza en su extremo de un material absorbente.

mochuelo s.m. **1** Ave nocturna, de menor tamaño que el búho. **2** Fam. ESP Asunto o encargo fastidioso.

moción s.f. Propuesta que se hace en una reunión de personas. ◇ **moción de censura** Propuesta que el conjunto de los partidos políticos de la oposición presenta contra el gobierno.

moco s.m. **1** Humor o líquido que sale por la nariz. **2** Sustancia densa y pegajosa que forma grumos dentro de un líquido. **3** Cera derretida que cae de las velas. ◇ **no ser moco de pavo** Fam. Ser una cosa importante o tener valor.

mocoso, a adj. **1** Que tiene la nariz llena de mocos. ◆ s. **2** Fam. Persona muy joven o inexperta.

moda s.f. **1** Conjunto de gustos, costumbres y modos de comportarse propios de un período y un lugar determinados. **2** En estadística, dato que se presenta con mayor frecuencia.

modal adj. **1** Relativo al modo. ◆ **modales** s.m.pl. **2** Manera de comportarse en sociedad.

modalidad s.f. Variante específica de algo.

modelado s.m. **1** Acción y efecto de modelar. **2** Morfología de un terreno en función de la acción erosiva.

modelar v.tr. **1** Dar la forma deseada o hacer una figura con un material blando, como por ejemplo cera, barro o plastilina. **2** Formar a una persona para que desarrolle ciertas cualidades.

modélico, a adj. Que sirve o puede servir de modelo por tener unas cualidades muy buenas.

modelismo s.m. Construcción de reproducciones a escala reducida de barcos, trenes, aviones, edificios, etc.

modelo s.m. **1** Representación que se sigue como pauta en la realización de algo. **2** Persona que merece ser imitada por sus buenas cualidades. □ Normalmente en aposición a otro sustantivo: hijo modelo. **3** Objeto que se fabrica en serie y que tiene las mismas características que los que pertenecen a su mismo tipo. **4** Prenda de vestir que pertenece a una colección de ropa diseñada por alguien. **5** Representación de un objeto a pequeña escala. ◆ s.m. y f. **6** Persona que se dedica profesionalmente a exhibir prendas de vestir. **7** Persona que posa para ser representada en una obra de arte, especialmente en un cuadro, una escultura o una fotografía.

módem (pl. módemes) s.m. Dispositivo de un ordenador que permite la comunicación con otro ordenador por vía telefónica.

moderación s.f. Cualidad que consiste en contener o frenar los sentimientos, las palabras o los impulsos exagerados.

moderado, a adj. **1** Que está en un punto medio entre dos extremos y no es exagerado. **2** Partidario de ideas o actitudes poco radicales o extremas, especialmente en política.

moderador, ra s. Persona que modera una reunión.

moderar v.tr. **1** Disminuir la intensidad o evitar el exceso de una cosa. **2** Dirigir una reunión en la que varias personas discuten sobre un tema.

moderato adv. Indica que una composición musical debe interpretarse con un tempo o ritmo moderado, entre andante y alegro.

modernidad s.f. Cualidad que tienen las cosas o las personas modernas.

modernismo s.m. **1** Movimiento literario surgido en España e Hispanoamérica a finales del siglo XIX y principios del XX. **2** Movimiento de renovación de la arquitectura y las artes decorativas europeas de finales del siglo XIX y principios del XX. **3** Gusto por las cosas modernas y actuales.

modernista adj. **1** Relativo al modernismo. **2** Que practica el modernismo.

modernizar v.tr. **1** Hacer que una cosa antigua tome forma o aspecto modernos. **2** Adaptar una cosa a los usos y costumbres más modernos.

moderno, a adj. **1** Que pertenece al presente, al tiempo actual. **2** Que existe, se conoce o se usa desde hace poco tiempo. **3** Que está de acuerdo con la moda del momento actual.

modestia s.f. Cualidad de modesto.

modesto, a adj. **1** Que resta importancia a las propias virtudes y logros y reconoce sus defectos y errores. **2** Que tiene poca importancia social o poco dinero.

módico, a adj. Se dice de la cantidad que no es demasiado alta.

modificación s.f. Alteración de una cosa que no afecta a sus características principales.

modificador s.m. Elemento de un sintagma que restringe la aplicación de uso del núcleo o de un complemento del mismo sintagma.

modificar v.tr. **1** Alterar una cosa sin transformar sus características principales. **2** Limitar el sentido de una palabra.

modismo s.m. Expresión característica de una lengua que tiene un significado que no se puede deducir del de las palabras que lo forman.

modisto, a s. Persona que se dedica a diseñar y a confeccionar prendas de vestir.
OBS Doble masculino: **modisto** o **modista**.

modo s.m. **1** Forma de ser o de hacer una cosa. **2** Categoría gramatical que indica cómo concibe la acción verbal el que habla. **3** En gramática, se dice del adverbio que indica cómo se realiza la acción. **4** En gramática, se dice de la proposición circunstancial que indica la manera en que se realiza la acción de la proposición principal. **5** Forma de ordenarse los sonidos en la escala musical. ◆ **modos** s.m.pl. **6** Manera de comportarse en sociedad. ◇ **a modo de** Como si fuera. ◇ **de modo que** Por tanto. — De forma que.

modorra s.f. Somnolencia, sopor.

modoso, a adj. Que se comporta ante los demás con respeto, cuidado y buena educación.

modulación s.f. **1** Acción que consiste en variar el tono de una voz o de un instrumento hasta conseguir el adecuado. **2** Modificación de las características de las ondas, especialmente de las ondas sonoras.

1. **modular** v.tr. **1** Variar el tono de una voz o de un instrumento hasta conseguir el adecuado. **2** Modificar las características de las ondas, especialmente de las ondas sonoras, para conseguir que se transmitan mejor.

2. **modular** adj. Se dice del objeto que está formado por varias partes que se pueden separar.

módulo s.m. **1** Unidad de medida que se toma como modelo de las demás partes de un objeto considerado artístico o perfecto. **2** Pieza que forma parte de un conjunto pero que también puede considerarse por separado.

mofa s.f. Burla, escarnio.

mofarse v.prnl. Reírse de una persona o cosa con la intención de ponerla en ridículo.

mofeta s.f. Animal mamífero nocturno de color negro con bandas blancas, que lanza un líquido de olor muy desagradable.

moflete s.m. Mejilla gruesa y carnosa.

mofletudo, a adj. Que tiene mofletes.

mogol, la o **mogólico, a** ▷ mongol, la.

mogollón s.m. **1** Fam. Cantidad grande de una cosa. **2** Fam. Confusión o desorden de un conjunto de cosas o personas. ◆ **adv. 3** Fam. En gran cantidad o más de lo normal.

mohair s.m. Tejido elaborado con pelo de cabra de Angora.
OBS Pronunc. 'moer'.

mohicano, a adj. y s. **1** De un pueblo amerindio que habitaba en el valle central del río Hudson. ◆ **s.m. y adj. 2** Lengua que hablaba este pueblo.

mohín s.m. Gesto que se hace con la cara para expresar desagrado o enfado.

mohíno, a adj. Triste o poco animado.

moho s.m. **1** Hongo que crece en la superficie de algunas materias orgánicas y que provoca su descomposición. **2** Capa de óxido de color verde que se forma sobre los objetos de metal a causa de la humedad.

mohoso, a adj. Que está cubierto de moho.

mojama s.f. Carne de atún curada y salada.

mojar v.tr. **1** Humedecer algo con un líquido o embeberlo en él. **2** Fam. Celebrar una cosa tomando unas bebidas. **3** Fam. Orinar encima de uno mismo. **4** P RICO, R DOM Sobornar. ◆ **mojarse** v.prnl. **5** Fam. Comprometerse, contraer una responsabilidad.

moje s.m. Mojo.

mojiganga s.f. Fiesta en la que las personas se disfrazaban con disfraces grotescos y ridículos.

mojigatería s.f. **1** Demostración exagerada de moralidad. **2** Humildad o timidez simuladas para conseguir algún fin.

mojigato, a adj. y s. Que se comporta con mojigatería.

mojo s.m. Salsa o caldo de un guiso en el que se puede mojar pan. ◇ **mojo picón** Salsa elaborada con aceite, pimentón, ajo, azafrán y orégano.

mojón s.m. **1** Poste de piedra u otra señal que señala el límite de un terreno o indica la dirección o distancia de una vía o un camino. **2** Porción de excremento humano.

moka o **moca** s.m. o f. **1** Café de buena calidad que procede de Arabia. **2** Crema que se utiliza para preparar tartas y dulces.

mol s.m. Unidad de cantidad de sustancia del Sistema Internacional, de símbolo **mol**, que equivale a la masa de tantas unidades elementales como átomos hay en 0,012 kilogramos de carbono-12.

1. **molar** adj. **1** Relativo a la muela. **2** Que sirve para moler o triturar. ◆ **adj. y s.m. 3** Se dice del diente que tritura los alimentos.

2. **molar** adj. Relativo a la molaridad.

3. **molar** v.tr. e intr. Fam. ESP Gustar, agradar.

molaridad s.f. Concentración de una solución expresada en el número de moles disueltos por litro de disolución.

moldavo, a adj. y s. **1** De Moldavia. ◆ **s.m. y adj. 2** Lengua que se habla en Moldavia.

molde s.m. **1** Recipiente o pieza hueca donde se echa una masa líquida o blanda que toma la forma del recipiente al volverse sólida. **2** Conjunto de letras ya dispuestas para imprimir.

moldeado s.m. Acción y efecto de moldear.

moldear v.tr. **1** Dar forma a algo con un molde o con las manos. **2** Formar a una persona para que desarrolle unas cualidades o un carácter determinado. **3** Ondular o rizar el pelo.

moldeo s.m. Proceso mediante el cual se obtienen piezas echando materiales fundidos en un molde.

moldura s.f. **1** Banda saliente, estrecha y continua, que se usa de adorno o de refuerzo en una obra de arquitectura, ebanistería, etc. **2** Marco de cuadro o fotografía.

1. **mole** s.f. **1** Cosa de gran tamaño y pesada. **2** Persona o animal grande y corpulento.

2. **mole** s.m. MÉX Guiso de carne cuya salsa se prepara con chiles.

molécula s.f. **1** Parte más pequeña que puede separarse de una sustancia pura sin que la sustancia pierda sus propiedades. **2** Unidad fundamental que constituye un compuesto químico y la parte más pequeña del mismo que interviene en una reacción química.

molecular adj. Relativo a la molécula.

moler (28) v.tr. **1** Triturar algo hasta reducirlo a trozos muy pequeños o a polvo. ◆ **v.tr. e intr. 2** Cansar mucho físicamente.

molestar v.tr. **1** Causar incomodidad o perturbar la tranquilidad de alguien. **2** Producir un dolor ligero o poco importante. **3** Disgustar o enfadar ligeramente a alguien. ◆ **molestarse** v.prnl. **4** Esforzarse en hacer una cosa.

molestia s.f. **1** Perturbación del bienestar. **2** Dolor ligero o poco importante.

molesto, a adj. **1** Que causa molestia. **2** Que siente molestia o enfado.

molestoso, a adj. AMÉR Que causa molestia.

molibdeno s.m. Elemento químico de símbolo Mo y número atómico 42; es un metal de transición, brillante y duro.

molienda s.f. **1** Acción y efecto de moler. **2** Cantidad de materia que se tritura de una vez.

molinero, a s. Persona que trabaja en un molino o lo tiene a su cargo.

molinete s.m. **1** Rueda con aspas que gira y que se pone en una habitación para renovar el aire. **2** Molinillo (juguete). **3** Mecanismo giratorio que colocado en una puerta o acceso permite el paso de las personas de una en una.

molinillo s.m. **1** Instrumento pequeño de cocina que sirve para moler. **2** Juguete que consiste en una vara en cuyo extremo va sujeta una estrella de papel que gira con el viento.

molino s.m. **1** Máquina para moler. **2** Edificio donde está instalada esta máquina.

molla s.f. **1** Carne que no tiene grasa. **2** ESP Parte blanda del pan, que está rodeada por la corteza. **3** Fam. ESP Acumulación de carne o de grasa en una parte del cuerpo de una persona.

molleja s.f. **1** Estómago muscular de las aves. **2** Parte carnosa de las glándulas de algunos animales.

mollera s.f. **1** Parte más alta de la cabeza, concretamente la parte superior de la frente. **2** Fam. Seso, inteligencia. ◇ **duro de mollera** Tonto. — Terco.

molote s.m. **1** AMÉR CENTRAL Empanada o tortilla de maíz frita y enrollada, con un relleno. **2** AMÉR CENTRAL, COL, CUBA, R DOM Situación en la que predominan el alboroto, el tumulto y el bullicio. **3** CUBA Grupo de personas concentradas en un lugar. **4** MÉX Moño que se hacen las mujeres en el cabello. **5** MÉX Lío o envoltura alargada a modo de maletín.

molusco adj. y s.m. **1** Se dice del animal invertebrado con simetría bilateral, de cuerpo blando y dividido en tres partes y generalmente protegido por una concha calcárea. ◆ **moluscos** s.m.pl. **2** Grupo taxonómico, con categoría de filo, constituido por estos invertebrados.

momentáneo, a adj. **1** Que dura solamente un momento. **2** Provisional, temporal.

momento s.m. **1** Período muy breve. **2** Período sin duración específica que se singulariza por algún motivo. **3** Tiempo presente. **4** Tiempo oportuno para hacer una cosa o para que ocurra una cosa. **5** En física, producto de la masa de un cuerpo por su velocidad. ◇ **a cada momento** Con mucha frecuencia. ◇ **al momento** Inmediatamente. ◇ **de,** o **por el, momento** Por ahora.

momia s.f. **1** Cadáver desecado que con el transcurso del tiempo no se descompone. **2** Fam. Persona desmejorada o envejecida.

momificar v.tr. Preparar un cadáver para que se conserve sin descomponerse.

1. **mona** s.f. **1** Mono arborícola de unos 60 cm de longitud, con el pelaje gris amarillento, las nalgas desnudas, y sin cola. **2** Fam. Borrachera.

2. **mona** s.f. Tipo de bollo que en algunas zonas de España se come tradicionalmente el día de Pascua de Resurrección.

monacal adj. Relativo al monasterio o a los monjes.

monada s.f. **1** Gesto o acción propia de los monos. **2** Gesto o acción graciosa, especialmente la que hace un niño. **3** Persona, animal o cosa delicada, bonita o graciosa.

monaguillo s.m. Niño que ayuda al sacerdote en la misa.

monarca s.m. y f. Soberano de una monarquía.

monarquía s.f. **1** Forma de gobierno en la que la jefatura del estado reside en una sola persona, generalmente un rey o una reina, de forma hereditaria y vitalicia. **2** Estado regido por un monarca. **3** Período en que un monarca dirige un estado.

monárquico, a adj. **1** Relativo a la monarquía. ◆ adj. y s. **2** Se dice de la persona que es partidaria de la monarquía.

monasterio s.m. Edificio en el que vive una comunidad de religiosos o religiosas.

monástico, a adj. Monacal.

monda s.f. Piel o cáscara que se quita de las hortalizas y las frutas. ◇ **ser la monda** Fam. ESP Ser algo o alguien muy gracioso y divertido.

mondadientes s.m. Palo de madera pequeño, delgado y afilado que sirve para pinchar los alimentos o para limpiarse los dientes.

mondadura s.f. Monda.

mondar v.tr. **1** Quitar la piel o la cáscara a las hortalizas y las frutas. **2** Quitar las ramas viejas o secas de los árboles. ◆ **mondarse** v.prnl. **3** ESP Reírse mucho y con ganas.

mondo, a adj. **1** Que está limpio y libre de cosas extrañas, añadidas o innecesarias. **2** Que no tiene pelo. ◇ **mondo y lirondo** Fam. Que no tiene o lleva cosas añadidas.

mondongo s.m. Estómago y tripas de un animal, especialmente del cerdo.

moneda s.f. **1** Unidad aceptada en uno o más países como medida común para el intercambio comercial. **2** Pieza de metal, acuñada, a la que se da un valor económico determinado y que sirve como sistema de pago en las transacciones comerciales. ◇ **pagar a alguien con la misma moneda** Comportarse una persona con otra de la misma manera en que fue tratada por ella. ◇ **ser moneda corriente** Ser algo común o frecuente.

monedero s.m. Bolsa o cartera de pequeño tamaño que sirve para guardar el dinero.

monegasco, a adj. y s. De Mónaco.

monema s.f. **1** Cada uno de los términos que integran un sintagma. **2** En gramática, mínima unidad lingüística portadora de significado.

mónera adj. y s.f. **1** Se dice del organismo que está constituido por una única célula procariota. ◆ **móneras** s.f.pl. **2** Grupo taxonómico, con categoría de reino, constituido por estos organismos.

monería s.f. Monada.

monetario, a adj. Relativo a la moneda.

monetarismo s.m. Doctrina que defiende que los fenómenos monetarios regulan y determinan la economía de un país.

mongol, la adj. y s. **1** De Mongolia. **2** De un pueblo de la alta Asia diseminado por Mongolia, China y Rusia. ◆ s.m. y adj. **3** Lengua que se habla en Mongolia.

mongólico, a adj. y s. **1** Mongol. **2** Se dice de la persona que padece mongolismo.

mongolismo s.m. Malformación de tipo genético que provoca retraso mental y físico.

monigote s.m. **1** Muñeco o figura ridícula. **2** Dibujo mal hecho. **3** Fam. Persona poco importante o que se deja manejar.

monismo s.m. Doctrina o concepción filosófica que trata de reducir todos los seres y fenómenos a una única idea o sustancia de la que proceden.

monitor, ra s. **1** Persona que enseña a realizar una actividad concreta en la que es experta. ◆ s.m. **2** Dispositivo de control que proporciona datos visuales o sonoros. **3** Pantalla de un ordenador, un televisor y otros aparatos electrónicos.

monja s.f. Mujer de una orden religiosa.

monje s.m. Hombre de una orden religiosa.

monjil adj. **1** Relativo a la monja. ◆ s.m. **2** Prenda de vestir femenina que llega hasta los pies y que usan las monjas.

1. **mono, a** adj. **1** Fam. Bonito, gracioso o agradable a la vista. ◆ s. **2** Primate del suborden de los antropoides. ◆ s.m. **3** Prenda de vestir de una pieza, con pantalones y cuerpo, hecho generalmente de tejido grueso y usado en algunas profesiones para no mancharse la ropa. **4** Fam. Síndrome de abstinencia. **5** Fam. Dibujo mal hecho o incompleto, generalmente con función humorística.

2. **mono** ▷ monofónico, a.

monociclo s.m. Ciclo de una sola rueda que usan los equilibristas.

monocigótico, a o **monozigótico, a** adj. Se dice del mamífero originado a partir del mismo cigoto que su hermano.

monoclinal adj. Se dice de la formación de rocas inclinada en una sola dirección.

monocorde adj. **1** Se dice del instrumento musical que tiene una sola cuerda. **2** Se dice de la sucesión de sonidos que repiten una misma nota musical. **3** Monótono y sin variaciones.

monocotiledóneo, a adj. y s.f. **1** Se dice de la planta que tiene un solo cotiledón en la semilla. ◆ **monocotiledóneas** s.f.pl. **2** Grupo taxonómico, con categoría de clase, constituido por estas plantas.

monocromía s.f. Cualidad de monocromo.

monocromo, a adj. Formal. De un solo color.

monocular adj. **1** Se dice de la visión que se realiza con un solo ojo. ◆ adj. y s.m. **2** Se dice del aparato que permite la visión con un solo ojo.

monóculo s.m. Lente o parche para un solo ojo.

monocultivo s.m. Cultivo exclusivo de un solo producto en un terreno.

monodia o **monodía** s.f. Composición cantada a una sola voz por un solista o un coro al unísono.

monofásico, a adj. Se dice de la corriente eléctrica alterna que solamente tiene una fase.

monofónico, a adj. **1** Se dice del sistema de grabación y reproducción de sonidos que se lleva a cabo por medio de un solo canal. ◆ adj. y s.m. **2** Se dice del sistema que usa este sistema de grabación y reproducción.

monogamia s.f. **1** Formal. Estado o situación de quien está casado solamente con una persona. ◆ adj. **2** Se dice del animal que se aparea con un solo individuo de su misma especie.

monógamo, a adj. y s. Formal. Que tiene solamente una esposa o un marido.

monografía s.f. Estudio detallado y profundo sobre un tema particular.

monográfico, a adj. **1** Que estudia o trata con detalle un solo tema o un aspecto de una materia. ◆ s.m. **2** Monografía.

monolingüe adj. y s.m. y f. **1** Se dice de la persona que habla una sola lengua. ◆ adj. **2** Que está escrito en una sola lengua.

monolítico, a adj. **1** Relativo al monolito. **2** Que está hecho de una sola pieza de piedra. **3** Muy compacto.

monolito s.m. Monumento de piedra de una sola pieza.

monólogo s.m. **1** Discurso en voz alta que mantiene una persona consigo misma. **2** Obra o parte de una obra en que habla un solo personaje.

monomando adj. y s.m. Que tiene un solo mando de control.

monomanía s.f. Obsesión por una idea fija.

monómero s.m. Molécula simple que, mediante la unión con otras moléculas iguales, forma cadenas de varias o muchas unidades.

monomio s.m. Expresión algebraica que consta de un solo término.

monopatín s.m. **1** ESP Patín compuesto de una tabla y cuatro ruedas. **2** ARG, URUG Patinete.

monopétalo, a adj. Que tiene un solo pétalo.

monoplaza adj. y s.m. Se dice del vehículo para una sola persona.

monopolio s.m. **1** Derecho legal para explotar en exclusiva un negocio o para vender un determinado producto. **2** Dominio o influencia total sobre una cosa, excluyendo a otros.

monopolizar v.tr. **1** Tener o conseguir el permiso exclusivo para explotar un negocio o para vender un determinado producto. **2** Realizar una actividad prácticamente de forma exclusiva.

monorraíl adj. y s.m. Que circula por un solo raíl.

monorrimo, a adj. Se dice del conjunto de versos que tiene una sola forma de rima.

monosabio s.m. Persona que ayuda al picador en la plaza de toros.

monosacárido s.m. Glúcido que no puede descomponerse en unidades menores.

monosemia s.f. Propiedad de una palabra que tiene un solo significado.

monosémico, a adj. De un solo significado.

monosépalo, a adj. Que tiene un solo sépalo.

monosilábico, a adj. **1** Monosílabo. **2** Se dice de la lengua en la que predominan las palabras de una sola sílaba, como el chino.

monosílabo, a adj. y s.m. Se dice de la palabra que tiene una sola sílaba.

monoteísmo s.m. Doctrina religiosa que defiende la existencia de un solo dios.

monoteísta adj. **1** Relativo al monoteísmo. ◆ s.m. y f. **2** Persona que cree en un solo dios.

monotipo s.m. Máquina de imprenta de componer que funde los caracteres sueltos.

monotonía s.f. **1** Uniformidad de tono o entonación. **2** Falta de variación que produce aburrimiento o cansancio.

monótono, a adj. **1** Que tiene siempre el mismo tono o entonación. **2** Que no varía y por esta razón produce aburrimiento o cansancio.

monotrema adj. y s.m. **1** Se dice del mamífero primitivo que pone huevos, carece de dientes y tiene las mandíbulas envueltas en una especie de pico. ◆ **monotremas** s.m.pl. **2** Grupo taxonómico, con categoría de orden, constituido por estos mamíferos.

monovalente adj. Que tiene una sola valencia.

monóxido s.m. Compuesto químico cuyas moléculas están formadas por un átomo de oxígeno y uno o más átomos de otro elemento. ◇ **monóxido de carbono** Gas tóxico, incoloro e inodoro, que se obtiene de la combustión incompleta del carbono o de sus compuestos.

monozigótico, a adj. Monocigótico.

monseñor s.m. Tratamiento que se da a los altos cargos de la Iglesia católica.

monserga s.f. ESP Petición o explicación confusa y fastidiosa. □ Suele usarse en plural.

monstruo s.m. **1** Ser fantástico, generalmente feo o desagradable, que resulta espantoso. **2** Ser vivo o cosa que no es normal en su especie, que tiene malformaciones u otro tipo de alteraciones. **3** Persona o cosa de características extrañas o extraordinarias.

monstruosidad s.f. Cualidad de monstruo.

monstruoso, a adj. **1** Que presenta una falta de proporción y de regularidad en su forma y que resulta muy feo o desagradable. **2** Muy cruel y malvado. **3** Excesivamente grande o extraordinario.

monta s.f. **1** Arte de montar a caballo. **2** Valor o importancia de una cosa.

montacargas s.m. Ascensor que sirve para subir y bajar mercancías.

montador, ra s. **1** Persona que se dedica a montar máquinas o aparatos. **2** Persona que se dedica a montar películas o programas.

montaje s.m. **1** Acción de montar o armar un objeto. **2** Objeto ya construido y terminado, resultado de haber unido todas las piezas que encajan entre sí. **3** Organización y preparación de una representación teatral u otro tipo de espectáculo. **4** Selección y unión de una serie de escenas o de sonidos previamente grabados para elaborar la versión definitiva de una película o de un programa. **5** Fam. Situación preparada para hacer parecer verdadero lo que es falso.

montante s.m. **1** Importe o cantidad total. **2** Poste o pieza vertical que sostiene o refuerza una estructura. **3** Listón o columna que divide el hueco de una ventana en dos.

montaña s.f. **1** Elevación natural del terreno de gran altura. **2** Terreno en el que abundan estas elevaciones naturales. **3** Gran cantidad, número o acumulación de una cosa. **4** Asunto que resulta difícil de solucionar, dificultad. ◇ **montaña rusa** Atracción que consiste en pequeños vehículos que circulan muy rápido por una vía con muchas curvas, desniveles y pendientes pronunciadas.

montañero, a adj. **1** Relativo a la montaña. ◆ s. **2** Persona que practica el montañismo.

montañés, sa adj. **1** Relativo al montañismo. ◆ adj. y s. **2** Se dice de la persona que vive en la montaña.

montañismo s.m. Deporte que consiste en ascender o escalar altas montañas.

montañoso, a adj. Se dice del terreno que tiene muchas montañas.

montar v.intr. y prnl. **1** Subir encima de una cosa que está en un lugar más alto. ◆ **v.tr.** e **intr.** **2** Cabalgar sobre un animal o conducir un vehículo. ◆ **v.tr.** **3** Juntar las piezas de un aparato o mueble y ajustarlas entre sí. **4** Organizar y preparar lo necesario para una representación teatral, una fiesta u otro espectáculo. **5** Disponer o preparar lo necesario para una actividad. **6** Engarzar una piedra preciosa. **7** ESP Batir la nata de la leche o la clara de huevo hasta que quede esponjosa. **8** Unir sexualmente un animal macho a la hembra. **9** Seleccionar y unir escenas y sonidos para elaborar una película de cine o un programa de radio o televisión. ◇ **montárselo** Fam. ESP Organizarse para sacar un beneficio.

montaraz adj. **1** Silvestre. **2** Rudo.

monte s.m. **1** Elevación natural del terreno de gran altura, que destaca del entorno. **2** Terreno sin cultivar en el que hay vegetación. ◇ **monte de piedad** Establecimiento en el que se pueden empeñar algunos objetos. ◇ **monte de Venus** Pubis de la mujer.

1. **montea** s.f. Acción de montear.

2. **montea** s.f. Dibujo a tamaño natural de un elemento arquitectónico que sirve como guía a la hora de construirlo.

montenegrino, a adj. y s. De Montenegro.

montepío s.m. Establecimiento donde existe un fondo monetario para pensiones y ayudas.

montera s.f. Gorra de tercipelo negro y pasamanería de seda que lleva el torero.

montería s.f. Caza de animales de gran tamaño, generalmente con perros.

montero, a s. Persona que busca y localiza la caza por el monte.

montés, sa adj. Se dice del animal o planta que anda o se cría en el monte.

montículo s.m. Elevación del terreno pequeña y aislada.

monto s.m. Suma final de varias cantidades.

montón s.m. **1** Conjunto de cosas puestas sin orden unas sobre otras. **2** Número o cantidad considerable de cosas. ◇ **ser del montón** Fam. Ser normal y corriente.

montonero, a s. AMÉR Guerrillero.

montuno, a adj. AMÉR Montaraz, rústico.

montura s.f. **1** Armazón sobre el que se monta algo. **2** Animal sobre el que se puede montar. **3** Conjunto de arreos para montar sobre un caballo u otro animal.

monumental adj. **1** Relativo al monumento. **2** Que tiene un tamaño mucho mayor de lo normal. **3** Excelente en su línea.

monumento s.m. **1** Obra de arquitectura, escultura o grabado hecha para recordar a una persona, un acto o una fecha importante. **2** Edificio u obra pública de gran valor histórico o artístico. **3** Obra científica, artística o literaria de gran valor.

monzón s.m. Viento del océano Índico.

monzónico, a adj. **1** Relativo al monzón. **2** Se dice del clima que tiene lluvias fuertes y abundantes en verano.

moño s.m. **1** Cabello enrollado a la cabeza. **2** Lazo de adorno hecho con cintas. **3** Conjunto de plumas o de pelo que sobresale en la parte superior de la cabeza de ciertos animales.

mopa s.f. ESP Utensilio consistente en una pieza plana de tela sujeta a un palo que se utiliza para barrer y abrillantar suelos.

moquear v.intr. Echar mocos.

moqueo s.m. Secreción abundante y continua de mocos que produce la nariz.

moqueta s.f. Tela gruesa que se usa para cubrir suelos o para tapizar paredes.

moquillo s.m. Enfermedad catarral contagiosa que padecen algunos animales.

mora s.f. **1** Fruto de la morera, formado por granos ovalados de color blanco o rosado. **2** Fruto del moral, de forma redondeada, formado por pequeños granos de color morado. **3** Fruto de la zarzamora, de forma redondeada, de color morado o negro cuando está maduro.

morada s.f. Formal. Casa o lugar donde vive una persona o un animal durante un tiempo.

morado, a s.m. y adj. **1** Color violeta oscuro, como el de las moras. ◆ adj. **2** Que es de este color.

morador, ra adj. y s. Que vive en un lugar.

1. **moral** adj. **1** Relativo a los valores o costumbres que se consideran buenos. **2** Conforme a las costumbres que se consideran buenas. **3** Que atañe al fuero interno, en oposición al cuerpo. **4** Conforme a la conciencia individual. ◆ s.f. **5** Conjunto de reglas que se consideran buenas para dirigir o juzgar el comportamiento de las personas en una comunidad. **6** Parte de la filosofía que estudia la conducta humana en relación con su bondad o malicia. **7** Estado de ánimo o de confianza.

2. **moral** s.m. Árbol de tronco grueso y recto, y fruto comestible.

moraleja s.f. Enseñanza que se extrae de un cuento, una fábula o un suceso de la vida.

moralidad s.f. **1** Cualidad que hace que las acciones humanas se ajusten a ciertas normas de conducta. **2** Grado de adecuación de los actos de una persona con sus principios. **3** Moraleja de un cuento o libro.

moralina s.f. Moralidad superficial.

moralista adj. **1** Que tiene una intención moralizadora. ◆ s.m. y f. **2** Persona que se dedica a hacer reflexiones morales y a escribir sobre moral. **3** Persona que enseña moral.

moralizar v.tr. **1** Dar carácter moral. ◆ v.intr. **2** Hacer reflexiones morales.

morar v.intr. Formal. Vivir en un lugar.

moratón s.m. Fam. Mancha en la piel de color morado que sale después de un golpe.

moratoria s.f. Ampliación del tiempo que se concede para hacer una cosa.

morbidez s.f. Blandura o suavidad que tiene una cosa.

mórbido, a adj. **1** Blando o suave. **2** Que produce o padece una enfermedad.

morbilidad s.f. Cantidad de personas que enferman en un lugar y un período determinados.

morbimortalidad s.f. Cantidad de personas que mueren en un lugar y en un período determinados.

morbo s.m. **1** Fam. Morbosidad, atracción por lo desagradable o prohibido. **2** Formal. Enfermedad o alteración de la salud.

morbosidad s.f. **1** Atracción por las cosas desagradables o que van contra la moral. **2** Formal. Conjunto de los enfermos y tipos de enfermedades de una zona determinada.

morboso, a adj. **1** Que muestra morbosidad. **2** Formal. Relativo a la enfermedad.

morcilla s.f. **1** Embutido de color negro hecho con sangre de cerdo cocida, especias y cebolla. **2** Fam. ESP Conjunto de palabras o frases improvisadas que un actor introduce en su papel.

morcón s.m. Morcilla grande hecha con la tripa gruesa de algunos animales.

mordacidad s.f. Cualidad de mordaz.

mordaz adj. Que critica de forma irónica, cruel y con mala intención.

mordaza s.f. **1** Trozo de tela o de otro material con el que se tapa la boca a alguien para impedir que hable o grite. **2** Cualquier cosa que impide que una persona hable o se exprese con libertad.

mordedura s.f. **1** Acción de clavar los dientes en algo. **2** Herida o señal que se deja al morder.

morder (28) v.tr. **1** Sujetar algo clavándole los dientes o apretar algo entre los dientes. **2** Gastar poco a poco una cosa arrancando partes pequeñas. **3** Corroer un ácido un material. **4** Mordisquear.

mordiente s.m. **1** Sustancia química que sirve para fijar los colores a las telas. **2** Ácido con el que se desgasta una plancha para grabarla. ◆ adj. **3** Que muerde. **4** Hiriente o agresivo.

mordisco s.m. **1** Acción de clavar los dientes en algo. **2** Herida o señal que se deja al morder. **3** Trozo que se arranca de una cosa al morderla.

mordisquear v.tr. Morder de manera repetida pero con poca fuerza.

moreno, a adj. y s. **1** Que tiene el pelo de color oscuro o negro. **2** Que tiene la piel oscura. ◆ adj. **3** Que ha tomado el sol y tiene la piel más oscura que de costumbre. **4** Se dice del azúcar o el pan que tiene un color más oscuro de lo normal en su especie. ◆ adj. y s. **5** Mulato o de raza negra. ◆ s.m. **6** Color oscuro que adquiere la piel al tomar el sol.

morera s.f. Árbol con el tronco ancho, cuyo fruto es la mora blanca.

morería s.f. **1** Barrio que habitaron los moros. **2** Territorio o país habitado por moros.

morfema s.m. Elemento lingüístico cuyo significado gramatical sirve para modificar o completar el significado de los lexemas, para definir su función y relacionarlos entre sí.

morfina s.f. Sustancia narcótica que se extrae del opio.

morfología s.f. **1** Estudio de la forma o estructura de alguna cosa. **2** Parte de la biología que trata de la forma de los seres vivos y de sus cambios y transformaciones. **3** Parte de la lingüística que estudia la flexión, composición y derivación de las palabras.

morfológico, a adj. Relativo a la morfología.

morfosintaxis s.f. Parte de la lingüística que estudia la relación entre la morfología y la sintaxis.

moribundo, a adj. y s. Que se está muriendo.

morigerar v.tr. Moderar la intensidad de un sentimiento o las costumbres.

morir (5) v.intr. y prnl. **1** Dejar de estar vivo un organismo. **2** Terminar alguna cosa del todo. **3** Extinguirse o apagarse una luz, una llama, etc. ◆ v.prnl. **4** Sentir intensamente una sensación o un sentimiento.
OBS Participio: **muerto**.

morisco, a adj. y s. **1** Se dice del musulmán que tuvo que convertirse al cristianismo tras la Reconquista. **2** MÉX Se dice del descendiente de mulato y europeo.

mormón, na adj. **1** Relativo al mormonismo. ◆ adj. y s. **2** Se dice de la persona que cree en esta doctrina religiosa.

mormonismo s.m. Doctrina religiosa fundada por Joseph Smith en Estados Unidos en el siglo XIX.

moro, a adj. y s. **1** Se dice de la persona que sigue la religión de Mahoma. □ Frec. despectivo. **2** Se dice de la persona perteneciente al pueblo árabe que vivió en España. **3** Se dice de la persona que es del norte de África. ◆ adj. **4** Relativo al islamismo. □ Frec. despectivo. **5** Relativo al pueblo árabe que vivió en España. **6** Relativo a los pueblos del norte de África. **7** Se dice del caballo negro con una mancha blanca en la frente y en la parte inferior de alguna de las extremidades. ◇ **haber moros en la costa** Estar cerca una o varias personas que no deben enterarse de un asunto determinado.

morocho, a adj. **1** AMÉR Que es muy moreno. ◆ adj. y s. **2** AMÉR Se usa como apelativo cariñoso y familiar para llamar a una persona. **3** Fam. AMÉR Sano y robusto. **4** ARG, PERÚ, URUG Que es de piel blanca y cabello oscuro. **5** VENEZ Se dice de la persona que es gemela de otra. ◆ adj. **6** VENEZ Se dice de la sensación física o psíquica que es muy intensa.

morosidad s.f. **1** Retraso en el pago de una cantidad debida. **2** Falta de puntualidad. **3** Lentitud en hacer las cosas.

moroso, a adj. y s. **1** Que se retrasa en el pago de una cantidad debida. **2** Que hace las cosas con lentitud. ◆ **adj. 3** Que implica o produce retraso.

morral s.m. **1** Bolsa o mochila que usan sobre todo los pastores y los cazadores. **2** Saco con hierba o pienso que se cuelga de la cabeza de algunos animales para que coman.

morralla s.f. **1** Conjunto de cosas de escaso valor. **2** Grupo de personas de baja condición social.

morrear v.tr. e intr. Fam. ESP Besar en la boca.

morrena s.f. Acumulación de partículas y bloques rocosos que un glaciar en movimiento ha arrastrado, transportado y depositado lejos de su lugar de origen.

morriña s.f. Tristeza o pena, especialmente al sentir nostalgia.

morro s.m. **1** Parte saliente y prolongada de la cabeza de algunos animales donde se encuentra la nariz y la boca. **2** Fam. Labios de una persona. **3** Extremo delantero que sobresale de algunos objetos, similar a la forma de un hocico. **4** Montaña o roca pequeña y redonda. **5** Fam. ESP Desfachatez o descaro. ◇ **por el morro** Fam. ESP Sin pagar o con descaro.

morrocotudo, a adj. **1** Fam. Muy importate, intenso o muy difícil. **2** Fam. Grande o enorme.

morrón adj. Se dice del pimiento que es rojo, más grueso que los de otras variedades y carnoso.

morsa s.f. Animal mamífero similar a la foca pero de mayor tamaño, que vive generalmente en mares fríos.

morse s.m. Sistema telegráfico de señales basado en un alfabeto que es una combinación de rayas, puntos y espacios.

mortadela s.f. Embutido de color rosa, de forma cilíndrica, alargada y gruesa.

1. **mortaja** s.f. **1** Sábana o pieza de tela en la que se envuelve un cadáver para enterrarlo. ◆ **s.m. 2** AMÉR Papel de fumar.

2. **mortaja** s.f. Hueco para encajar algo en él.

mortal adj. **1** Que ha de morir. **2** Que causa o puede causar la muerte. **3** Se dice de la característica que se considera propia de un muerto. **4** Que produce cansancio, fatiga o angustia. **5** Muy fuerte o intenso. **6** Se dice del pecado que se opone gravemente a la ley o la norma y no es fácil de perdonar. ◆ **s.m. 7** Ser humano.

mortalidad s.f. **1** Cualidad de mortal. **2** Cantidad de personas que mueren en un lugar y en un período determinados.

mortandad s.f. Gran cantidad de muertes causadas por una desgracia, ya sea una guerra, una epidemia o una catástrofe natural.

mortecino, a adj. Que no tiene vida o fuerza.

mortero s.m. **1** Utensilio compuesto de un recipiente con forma de vaso ancho y un pequeño mazo que sirve para moler o machacar. **2** Mezcla de cal o cemento, arena y agua que se usa en la construcción. **3** Arma de artillería que lanza proyectiles muy pesados.

mortífero, a adj. Que puede causar la muerte.

mortificación s.f. Acción y efecto de mortificar o mortificarse.

mortificar v.tr. **1** Castigar el cuerpo como penitencia o para dominar las pasiones. **2** Producir dolor, remordimiento o daño en general. **3** Molestar a una persona.

mortuorio, a adj. Relativo a los muertos o las honras fúnebres.

mórula s.f. Primera fase del desarrollo del embrión animal, que precede a la fase de blástula.

moruno, a adj. Relativo a los pueblos del norte de África y sus habitantes.

1. **mosaico, a** adj. Relativo a Moisés o a la ley que dio al pueblo de Israel.

2. **mosaico** s.m. **1** Técnica artística que consiste en la yuxtaposición sobre un fondo de cemento de pequeñas piezas de diversos colores. **2** Obra de arte hecha con esta técnica. **3** Conjunto de personas o cosas de distinta naturaleza.

mosca s.f. **1** Insecto del orden dípteros, de cuerpo negro con dos alas transparentes, tres pares de patas y un aparato bucal para chupar las sustancias de que se alimenta. **2** Barba pequeña que crece entre el labio inferior y la barbilla. **3** Fam. Persona pesada, molesta o inoportuna. ◇ **con la mosca detrás de la oreja** Fam. Que sospecha o no tiene confianza en una persona o en un asunto. ◇ **estar mosca** Fam. Estar inquieto por algo. — Estar enfadado o molesto. ◇ **por si las moscas** Fam. Por lo que pueda ocurrir.

moscarda s.f. Insecto parecido a la mosca, pero de mayor tamaño.

moscardón s.m. **1** Insecto similar a la mosca pero de mayor tamaño, de color marrón oscuro y muy velloso. **2** Moscarda. **3** Fam. Persona pesada, molesta o inoportuna.

moscatel adj. **1** Se dice de la uva que es muy dulce y olorosa. ◆ **adj. y s.m. 2** Se dice del vino que se elabora con la uva moscatel y es dulce.

mosco, a adj. CH Se dice del caballo o yegua de color negro con algún pelo blanco.

moscón s.m. Moscardón.

moscovita adj. y s.m. y f. De Moscú.

mosquear v.tr. **1** Fam. ESP Hacer que una persona tenga sospechas o recelos. **2** Fam. ESP Hacer enfadar a una persona.

mosquero s.m. AMÉR Hervidero o gran abundancia de moscas en un determinado lugar.

mosquete s.m. Antigua arma de fuego que se disparaba apoyándola sobre una horquilla.

mosquetero s.m. Antiguo soldado armado con un mosquete.

mosquetón s.m. **1** Arma larga de fuego más corta y ligera que el fusil. **2** Anilla que se abre o se cierra mediante un muelle o un resorte.

mosquitero s.m. Tela metálica u otro material que impide el paso de los mosquitos.

mosquito s.m. Insecto del orden dípteros, más pequeño que la mosca, de cuerpo más fino, con dos alas estrechas y transparentes y patas alargadas.

mostacho s.m. Bigote.

mostaza s.f. **1** Planta de flores amarillas y semillas negras por fuera y amarillas por dentro. **2** Semilla de esta planta. **3** Salsa de sabor fuerte y picante hecha con las semillas de esta planta.

mosto s.m. Zumo de la uva antes de que fermente para elaborar el vino.

mostrador s.m. Mesa o tablero de un establecimiento que se usa para mostrar las mercancías o servir los productos que piden los clientes.

mostrar (11) v.tr. **1** Exponer o enseñar una cosa para que pueda ser vista. **2** Expresar o manifestar una cualidad, un sentimiento o estado. **3** Dar a conocer una cosa mediante una explicación o una indicación. ◆ **mostrarse** v.prnl. **4** Darse a conocer una persona o comportarse de una determinada manera.

mota s.f. **1** Partícula de cualquier cosa, de un tamaño muy pequeño. **2** Granillo que se forma en el paño.

mote s.m. **1** Apodo que se le da a alguien. **2** AMÉR Maíz desgranado, deshollejado y cocido.

motear v.tr. Salpicar con motas.

motejar v.tr. Aplicar un apelativo despectivo a alguien.

motel s.m. Hotel situado cerca de una carretera, con apartamentos con entradas independientes.

motero, a s. y adj. Persona que es muy aficionada a viajar en moto.

motete s.m. Composición musical breve de carácter religioso, cantada a una o varias voces y con o sin acompañamiento instrumental.

motilón, na adj. **1** Que no tiene pelo o muy poco. ◆ adj. y s. **2** De un pueblo indígena que habita en la frontera entre Colombia y Venezuela.

motín s.m. Acto de rebelión o levantamiento popular contra una autoridad, por lo general de poca envergadura.

motivación s.f. **1** Estímulo que anima a una persona a mostrar interés por una cosa determinada. **2** Causa o razón que hace que una persona actúe de una manera determinada.

motivar v.tr. **1** Ser una cosa la causa o la razón de que otra suceda. **2** Hacer que una persona muestre interés por una cosa.

motivo s.m. **1** Causa o razón que justifica la existencia de una cosa o la manera de actuar de una persona. **2** Forma o figura que se repite en un dibujo o adorno. **3** Figura breve de una composición musical que se va repitiendo y desarrollando de distintas formas a lo largo de la pieza. ◇ **con motivo de** Con ocasión de.

moto s.f. Motocicleta.

motocicleta s.f. Vehículo automóvil de dos ruedas con capacidad para una o dos personas.

motociclismo s.m. Deporte que se practica con una motocicleta.

motociclista s.m. y f. **1** Persona que conduce una motocicleta. **2** Persona que practica el deporte del motociclismo.

motocross s.m. Modalidad de motociclismo que consiste en circular por terrenos muy accidentados.

motonáutica s.f. Deporte de navegación que se realiza con embarcaciones de motor.

motonave s.f. Embarcación que está provista de un motor.

motoneta s.f. AMÉR Motocicleta de pequeña cilindrada con una plataforma inferior en la que el conductor apoya los pies.

motor, ra adj. **1** Que produce movimiento. □ Doble femenino: motora o motriz. ◆ s.m. **2** Máquina que transforma en trabajo mecánico otras formas de energía.

motora s.f. Embarcación pequeña de motor.

motorismo s.m. Deporte de las motocicletas u otros vehículos a motor.

motorista s.m. y f. **1** Persona que conduce una motocicleta. **2** Persona que practica el deporte del motorismo. **3** Agente de la guardia civil de tráfico que va en motocicleta. **4** Persona que guía un vehículo automóvil y cuida del motor.

motorizar v.tr. **1** Dotar de motor o de vehículos de motor. ◆ **motorizarse** v.prnl. **2** Proveerse de un vehículo automóvil.

motosierra s.m. y f. Máquina movida por un motor que sirve para cortar árboles y madera.

motricidad s.f. Acción del sistema nervioso central que determina la contracción muscular.

motriz ▷ motor, ra.

motu proprio adv. Expresión latina que significa 'voluntariamente, por propia y libre voluntad'.

mountain bike (pl. mountain bikes) s.f. Bicicleta para circular por la montaña, de ruedas anchas y fuertes.
OBS Pronunc. aprox. 'montan baic'.

mousse s.m. o f. Crema dulce de textura muy esponjosa que se toma como postre.
OBS Pronunc. 'mus'.

mouton s.m. Piel de cordero tratada industrialmente.
OBS Pronunc. 'mutón'.

movedizo, a adj. **1** Poco firme e inseguro. **2** Que se mueve con facilidad. **3** Que es inconstante o cambia fácilmente de opinión.

mover (28) v.tr. **1** Hacer que un cuerpo deje el lugar o espacio que ocupa y pase a ocupar otro. **2** Agitar o llevar de un lado para otro una cosa o parte de algún cuerpo. **3** Incitar a alguien a que realice una cosa o a un comportamiento determinado. **4** Hacer lo necesario para que un asunto se resuelva bien y rápidamente. ◆ v.intr. **5** Cambiar de sitio las fichas en un juego. **6** Provocar un sentimiento. ◆ **moverse** v.prnl. **7** Fam. Darse prisa.

movida s.f. **1** Fam. Situación de alboroto y confusión en la que hay mucha agitación o ajetreo. **2** Fam. Animación y diversión en la que participa un gran número de personas.

movido, a adj. **1** Muy activo, agitado y ajetreado. **2** Se dice de la persona que es muy activa e inquieta en su comportamiento. **3** Se dice de la fotografía o imagen que tiene los perfiles borrosos o poco claros. **4** Se dice de la música de ritmo rápido y alegre.

móvil adj. **1** Que puede moverse por su propia fuerza o por impulso exterior. **2** Inestable. ◆ s.m. **3** Causa o razón que tiene una persona para realizar una cosa. **4** Objeto de decoración formado por figuras que cuelgan de hilos y se mueven con facilidad; suele colgarse del techo. **5** Cuerpo que está en movimiento. ◆ s.m. y adj. **6** Teléfono portátil que se utiliza como medio de transmisión incorporado a una red de alta frecuencia. **GEOSIN** celular.

movilidad s.f. Capacidad que tiene una persona o una cosa para poder moverse.

movilización s.f. Acción de movilizar.

movilizar v.tr. **1** Poner en marcha una actividad o un movimiento. **2** Poner en actividad o movimiento a las tropas de un ejército.

movimiento s.m. **1** Cambio de posición de un cuerpo respecto de un sistema de referencia. **2** Estado de un cuerpo mientras cambia de lugar o de posición. **3** Circulación, agitación o tráfico de muchas personas, animales o cosas en un lugar. **4** Levantamiento civil o militar contra el poder o una autoridad establecida. **5** Conjunto de manifestaciones artísticas o ideológicas de una época que tienen características en común. **6** Marcha real o aparente de un cuerpo celeste. **7** Conjunto de alteraciones o novedades que ocurren durante un período determinado en algunos campos de la actividad humana. **8** Alteración de la cantidad de dinero que se tiene en la cuenta de un banco. **9** Efecto que se produce en una pintura por la combinación de las líneas, las luces y las sombras. **10** Parte autónoma de ciertas composiciones musicales, generalmente con un compás y una velocidad de ejecución propios.

moviola s.f. **1** Máquina que se usa en los estudios de cine y televisión para controlar y regular el movimiento de las imágenes. **2** Imagen que se controla y se regula con esta máquina.

mozalbete s.m. ESP Chico joven.

mozárabe adj. y s.m. y f. **1** Se dice del cristiano que vivía en el territorio musulmán de la Península Ibérica. ◆ adj. **2** Relativo a estas personas. ◆ adj. y s.m. **3** Se dice del estilo artístico, y especialmente arquitectónico, desarrollado en la Península Ibérica en el siglo X y principios del XI. ◆ s.m. **4** Grupo de dialectos románicos que se hablaban en la parte de la Península Ibérica controlada por los musulmanes.

mozo, a adj. y s. **1** Fam. Se dice de la persona que tiene poca edad. ◆ s. **2** Persona que trabaja en un oficio para el que no se necesitan conocimientos especializados. **3** Fam. Camarero. ◆ s.m. **4** ESP Chico joven que ha sido llamado para hacer el servicio militar. ◆ s. y adj. **5** Persona soltera.

mozzarella s.f. Queso de color amarillo muy claro y sabor muy suave.

muaré s.m. Moaré

muchachada s.f. **1** Grupo numeroso de muchachos. **2** Hecho o dicho que se considera propio de muchachos.

muchacho, a s. **1** Persona joven que está en la etapa de la adolescencia. ◆ s.f. **2** Criada doméstica.

muchedumbre s.f. **1** Gran cantidad de gente. **2** Cantidad grande de animales o cosas.

mucho, a det. **1** Indica que el sustantivo al que acompaña está en gran cantidad o número. ◆ pron. **2** Indica que el sustantivo al cual sustituye está en gran cantidad o número. ◆ adv. **3** En gran cantidad o más de lo normal. **4** Añade intensidad al valor de ciertos adverbios. **5** Gran cantidad de tiempo. ◇ **como mucho** Indica que una cantidad se da como máxima. ◇ **ni con mucho** Resalta la diferencia entre dos cosas que se comparan. ◇ **ni mucho menos** Expresión que se utiliza para negar rotundamente. ◇ **por mucho que** Aunque.

mucílago o **mucilago** s.m. Sustancia viscosa derivada de algunas plantas u obtenida disolviendo goma en agua.

mucosa adj. y s.f. Membrana del organismo que elabora una sustancia densa y pegajosa para proteger un órgano o cavidades corporales que tienen una abertura al exterior.

mucosidad s.f. Sustancia densa y pegajosa producida por las mucosas de los organismos.

mucoso, a adj. **1** Que tiene la textura o el aspecto del moco. **2** Que segrega mucosidad.

muda s.f. **1** Conjunto de ropa interior que se cambia de una vez. **2** Cambio o renovación de la pluma, el pelo, la piel o el exoesqueleto que experimentan algunos animales. **3** Período que dura este proceso.

mudada s.f. AMÉR Mudanza de casa.

mudanza s.f. **1** Cambio de una vivienda o de una habitación a otra. **2** Cambio o transformación de unas ideas o unas actitudes.

mudar v.tr. e intr. **1** Cambiar el aspecto, la naturaleza o el estado de una cosa. ◆ v.tr. **2** Cambiar un animal la pluma, el pelo o la piel. ◆ v.tr. e intr. **3** Cambiar una persona sus ideas o su actitud. ◆ **mudarse** v.prnl. **4** Cambiar una persona de vivienda. **5** Cambiarse de ropa.

mudéjar adj. y s.m. y f. **1** De la población musulmana que vivía en el territorio cristiano de la Península Ibérica durante la Edad Media. ◆ adj. y s.m. **2** Se dice del estilo arquitectónico cristiano medieval que utilizaba elementos decorativos propios del arte islámico.

mudez s.f. Imposibilidad o discapacidad física que tiene la persona que no puede hablar.

mudo, a adj. y s. **1** Se dice de la persona que no puede hablar a causa de una incapacidad o una lesión. ◆ adj. **2** Que no tiene voz o sonido. **3** Que está callado o muy silencioso. **4** Se dice de la letra que no se pronuncia. **5** Que no lleva nada escrito.

mueble s.m. Objeto fabricado en un material resistente con el que se equipa o se decora una casa, una oficina u otros locales.

mueca s.f. Gesto o movimiento hecho con los músculos de la cara que expresa un estado de ánimo determinado.

muecín o **muezín** s.m. Musulmán que llama en voz alta a los fieles para que acudan a rezar.

muela s.f. **1** Diente situado en la parte posterior de las mandíbulas y que sirve para triturar los alimentos. **2** Piedra redonda de un molino que gira sobre otra fija para triturar grano u otras cosas. **3** Relieve resultante de la erosión de una cuenca sedimentaria, que tiene forma horizontal y está coronada por una capa de rocas resistentes o lava solidificada. ◇ **muela del juicio** Muela que está al final de las mandíbulas y aparece en edad adulta en los seres humanos.

1. **muelle** s.m. Pieza elástica en espiral sobre la que se aplica una presión y que es capaz de recuperar su forma inicial cuando esta presión desaparece.

2. **muelle** s.m. **1** Obra construida en un puerto de mar o en la orilla de un río navegable para facilitar las tareas de carga y descarga o para atracar los barcos. **2** Andén de una estación de tren.

muérdago s.m. Planta parásita de tallos divididos en ramos, hojas perennes y fruto de color blanco.

muermo s.m. **1** Fam. ESP Estado de aburrimiento. **2** Fam. ESP Persona, cosa o situación que es pesada y aburrida. **3** Fam. ESP Estado mental de atontamiento en el que se encuentra la persona que ha tomado muchas drogas.

muerte s.f. **1** Fin de la vida. **2** Figura imaginaria que personifica la muerte y que suele representarse con un esqueleto humano que lleva una guadaña. **3** Situación de destrucción y ruina que supone el fin o la desaparición de una cosa material o inmaterial. **4** Asesinato de una persona. ◇ **de mala muerte** Que tiene muy poco valor o importancia. ◇ **de muerte** Fam. ESP Muy grande o muy bueno. ◇ **muerte súbita** En algunos deportes, jugada que deshace una situación de empate entre los jugadores.

muerto, a 1 Participio irregular de morir. ◆ adj. y s. **2** Se dice del ser que ha perdido la vida. ◆ adj. **3** Que está apagado o poco activo. **4** Que está muy cansado. ◆ s.m. **5** Cosa molesta. ◇ **hacer el muerto** Flotar sobre el agua tendido de espaldas.

muesca s.f. **1** Hueco estrecho y alargado que se hace en una cosa para introducir o encajar otra. **2** Corte de forma semicircular que se hace al ganado en la oreja para señalarlo.

muestra s.f. **1** Parte que se considera representativa de una cosa que se saca o se separa de ella para analizarla, probarla o estudiarla. **2** Cantidad pequeña de un producto o de una mercancía que se ofrece o se enseña para dar a conocer sus características. **3** Cosa que se toma como modelo. **4** Prueba o manifestación que da a conocer una actitud, un sentimiento o una situación determinada. **5** Presentación en un recinto público de un conjunto de productos o de obras de arte.

muestrario s.m. Conjunto de muestras de un producto o de una mercancía.

muestreo s.m. Estudio de la distribución de un conjunto de características en una población, por medio de una muestra representativa de la misma.

muezín s.m. Muecín.

muflón s.m. Mamífero rumiante parecido al carnero que tiene el pelo largo y de color castaño.

mufti o **muftí** (pl. muftis o muftíes) s.m. Jurisconsulto musulmán con autoridad pública.

mugido s.m. Voz del toro o de la vaca.

mugir v.intr. **1** Emitir mugidos el toro o la vaca. **2** Bramar el viento o el mar.

mugre s.f. Suciedad grasienta que se acumula en una superficie.

mugriento, a adj. Que está cubierto de mugre.

mujaidín o **muyahidín** adj. **1** Relativo a un grupo de guerrilleros fundamentalistas de algunos países musulmanes que participan en una yihad. ◆ s.m. y adj. **2** Miembro de este grupo.

mujer s.f. **1** Persona adulta de sexo femenino. **2** Persona de sexo femenino con la que está casado un hombre.

mujeriego adj. y s.m. **1** Se dice del hombre que es muy aficionado a relacionarse con las mujeres. ◆ adj. **2** Relativo a la mujer.

mujerío s.m. Desp. Grupo grande de mujeres.

mújol s.m. Pez marino que tiene la cabeza aplastada, el cuerpo alargado y los labios muy gruesos.

mulá s.m. En el Islam asiático, líder religioso que dirige una mezquita.

muladar s.m. **1** Lugar donde se echa el estiércol y la basura de las casas. **2** Lugar que está muy sucio.

muladí (pl. muladíes) s.m. y f. y adj. Cristiano que se convertía al Islam durante la dominación musulmana de la Península Ibérica.

mulato, a adj. y s. **1** Que ha nacido de padre blanco y madre negra o de padre negro y madre blanca. ◆ adj. **2** De color oscuro, moreno. ◆ s.m. **3** AMÉR Mineral de plata de color oscuro.

muleta s.f. **1** Bastón con el extremo superior adaptado para colocar la axila o el antebrazo y la mano, y que se utiliza para apoyarse al andar. **2** Paño de color rojo sujeto a un palo que se usa para torear en la última parte de la corrida.

muletilla s.f. Palabra o frase que se repite constantemente al hablar.

mullido, a adj. **1** Blando y esponjoso. ◆ s.m. **2** Material blando y esponjoso que se utiliza para rellenar una cosa.

mullir v.tr. Ahuecar una cosa con las manos para que esté blanda y esponjosa.

mulo, a s. **1** Mamífero nacido del cruce de un caballo y una burra o de una yegua y un burro. **2** Fam. Persona que tiene mucha fuerza y energía y resiste bien el trabajo duro.

multa s.f. Sanción económica o castigo que impone una autoridad por haber cometido una falta o delito.

multar v.tr. Poner una multa.

multicolor adj. Que tiene muchos colores.

multiforme adj. Que tiene muchas formas.

multilingüismo s.m. Capacidad de dominar y hablar varias lenguas.

multimedia adj. y s.m. Se dice de la tecnología o aparato que utiliza distintos medios de comunicación combinados, como texto, fotografías, imágenes de vídeo o sonido, con el propósito de educar o de entretener.
OBS Invariable en número.

multimillonario, a adj. y s. **1** Muy rico, especialmente, si tiene muchos millones de determinada unidad monetaria. ◆ adj. **2** Se dice de la cantidad que es muy elevada o asciende a muchos millones.

multinacional adj. **1** De muchas naciones. ◆ adj. y s.f. **2** Se dice de la empresa que tiene negocios y actividades en varios países.

multiplataforma adj. Se dice del programa informático que se puede utilizar con sistemas operativos diferentes.

múltiple adj. **1** Que está formado por más de un elemento o por varias partes. **2** De muchas maneras. ◆ det. **3** Muchos o varios.

multiplicación s.f. **1** Operación matemática que consiste en sumar un número tantas veces como indica otro número. **2** Aumento o crecimiento de la cantidad o el número de una cosa.

multiplicador, ra adj. y s. **1** Que aumenta o hace crecer la cantidad de una cosa. ◆ adj. y s.m. **2** Se dice del número de una multiplicación que indica cuántas veces ha de sumarse otro número para obtener el producto.

multiplicando adj. y s.m. Se dice del número de una multiplicación que debe ser sumado tantas veces como indica el multiplicador.

multiplicar v.tr. **1** Realizar una operación matemática que consiste en sumar un número tantas veces como indica otro número. **2** Aumentar o hacer crecer la cantidad o el número de una cosa. ◆ **multiplicarse** v.prnl. **3** Reproducirse los seres vivos. **4** Hacer el esfuerzo una persona de atender a muchas cosas a la vez.

multiplicativo, a adj. **1** Que multiplica o aumenta. ◆ adj. y s.m. **2** Se dice del adjetivo o sustantivo que expresa multiplicación.

multiplicidad s.f. Variedad o abundancia excesiva de algunos hechos, especies o personas.

múltiplo adj. y s.m. Se dice del número que contiene a otro número varias veces exactamente.

multipropiedad s.f. Sistema de propiedad de un inmueble que se realiza entre varias personas y que consiste en pagar una cantidad de dinero cada una a cambio de poder disfrutar de su uso durante un tiempo limitado.

multitarea adj. Se dice del sistema operativo que permite trabajar en un mismo ordenador con más de un programa a la vez.
OBS Invariable en número.

multitud s.f. **1** Cantidad abundante de personas, animales o cosas. **2** Grupo de gente.

multitudinario, a adj. **1** Que reúne o forma una multitud. **2** Relativo a la multitud.

multiuso adj. Que tiene varios usos.
OBS Invariable en número.

multiusuario adj. Se dice del sistema operativo informático que puede ser compartido por varios usuarios al mismo tiempo.
OBS Invariable en número.

mundanal adj. Mundano.

mundano, a adj. Propio del mundo humano.

mundial adj. **1** Que abarca o se refiere al mundo entero. ◆ s.m. **2** Competición deportiva en la que participan deportistas de todos los países por el título de campeón del mundo.

mundillo s.m. Conjunto de personas de la misma posición social, profesión o trabajo.

mundo s.m. **1** Planeta en el que viven los seres humanos. **2** Conjunto de todas las cosas que existen, incluyendo lo que está fuera del planeta Tierra. **3** Parte material o inmaterial en que se divide el conjunto de todas las cosas que existen. **4** Conjunto de personas que forman la humanidad o forman parte de una sociedad determinada. **5** Experiencia o conocimiento que tiene una persona acerca de cualquier situación y del trato con los demás que se adquiere a través de las vivencias. **6** Vida seglar. **7** Conjunto limitado de personas que tienen la misma posición social, profesión o trabajo. ◇ **no ser nada del otro mundo** Fam. Ser una cosa común o normal. ◇ **otro mundo** Lugar al que se cree que van las almas de las personas después de la muerte. ◇ **por nada del mundo** Expresión que indica que una persona no quiere hacer una cosa por mucho que le ofrezcan a cambio. ◇ **venir al mundo** Nacer. ◇ **ver mundo** Viajar por muchos países.

munición s.f. **1** Conjunto de materiales de guerra y de provisiones que son necesarios para abastecer a un ejército. **2** Carga que se pone en un arma de fuego. □ Suele usarse en plural con valor singular.

municipal adj. **1** Relativo al municipio o que depende de esta división administrativa. ◆ **adj. y s.m. y f. 2** Se dice de la persona que pertenece a la policía de un municipio.

municipio s.m. **1** División territorial administrativa que está gobernada por el ayuntamiento. **2** Territorio que comprende esta división administrativa. **3** Conjunto de personas que viven en este territorio.

muñeca s.f. **1** Parte del brazo humano donde la mano se articula y se une con el antebrazo. **2** Conjunto de trapos para frotar, barnizar y otros usos. **3** AMÉR Influencia para obtener preferencias al margen de lo correcto o justo.

muñeco, a s. **1** Juguete que tiene forma o figura humana. **2** Figura que tiene forma humana que sirve para mostrar o exhibir prendas de vestir. ◆ **s.m. 3** Persona que se deja manejar por los demás muy fácilmente.

muñeira s.f. **1** Baile popular de Galicia, de movimientos rápidos. **2** Composición musical con que se acompaña este baile.

muñequera s.f. **1** Tira o cinta de tela elástica que se ajusta alrededor de la muñeca para sujetarla o para protegerla. **2** Correa del reloj.

muñón s.m. **1** Parte de un miembro que permanece unida al cuerpo después de haber sido cortado o amputado. **2** Músculo deltoides y parte del hombro que limita con él.

mural adj. **1** Que se coloca o se hace sobre un muro o una pared. ◆ **adj. y s.m. 2** Se dice de la pintura, generalmente de gran tamaño, realizada sobre un muro o una pared.

muralla s.f. Muro defensivo que rodea una plaza, fortaleza o territorio.

murcianismo s.m. Palabra o modo de expresión propio del español hablado en Murcia y en su huerta.

murciano, a adj. y s. **1** De Murcia. ◆ **s.m. y adj. 2** Variedad del español hablada en Murcia.

murciélago s.m. Animal mamífero volador y nocturno cuyas alas están formadas por una membrana que va desde las extremidades anteriores hasta la cola.

murga s.f. **1** Conjunto de músicos que tocan por las calles. **2** Cosa que molesta.

múrido, a adj. y s.m. **1** Se dice del mamífero roedor de hocico largo y puntiagudo y cola larga y escamosa. ◆ **múridos** s.m.pl. **2** Grupo taxonómico, con categoría de familia, constituido por estos mamíferos.

murmullo s.m. **1** Sonido confuso y poco perceptible que se produce cuando varias personas hablan en voz baja. **2** Ruido continuo y confuso que produce una cosa que está en movimiento.

murmurador, ra adj. y s. Que murmura.

murmurar v.tr. e intr. **1** Hablar una o más personas en voz baja o entre dientes. ◆ **v.intr. 2** Hablar mal de una persona que no está presente. **3** Hacer un ruido suave y confuso una cosa que está en movimiento.

muro s.m. **1** Construcción vertical hecha de piedra, ladrillo u otro material que cierra un espacio o separa un lugar de otro. **2** Muralla que rodea un lugar.

mus s.m. **1** Juego de cartas de envite que se juega con baraja española, formado por cuatro jugadas. **2** Palabra que se pronuncia cuando uno quiere descartarse en este juego.

musa s.f. **1** Deidad de la mitología griega que protegía las ciencias o las artes. **2** Estado en que el artista siente el estímulo que lo lleva a la creación de obras de arte. ◆ **musas** s.f.pl. **3** Ciencias y artes liberales.

musaraña s.f. Animal mamífero nocturno insectívoro de pequeño tamaño, parecido a un ratón, con pelo corto y rojo oscuro y patas delanteras más pequeñas que las traseras. ◇ **pensar en las musarañas** Fam. Estar una persona distraída.

musculado, a adj. Que tiene los músculos prominentes.

muscular adj. Relativo al músculo.

musculatura s.f. Conjunto y disposición de los músculos del cuerpo.

músculo s.m. Órgano formado por tejido compuesto por fibras que se estiran y se contraen y que permite el movimiento de las diversas partes del cuerpo.

musculoso, a adj. **1** Que tiene músculos o está formado por tejido muscular. **2** Que tiene los músculos muy desarrollados.

museo s.m. **1** Institución dedicada a la adquisición, conservación, estudio y exposición de objetos de valor para la ciencia, el arte, la cultura o el desarrollo de los conocimientos humanos. **2** Edificio o dependencias destinados a la exposición de estos objetos. **3** Edificio utilizado para el estudio de las letras, las ciencias y las artes liberales.

musgo s.m. **1** Planta briofita sin flores, con tallo y hojas falsos y con pequeñas raíces. **2** Conjunto de estas plantas que cubren una superficie. ◆ **musgos** s.m.pl. **3** Grupo taxonómico, con categoría de clase, constituido por estas plantas.

música s.f. **1** Arte de combinar los sonidos en una secuencia temporal atendiendo a las leyes de la armonía, la melodía y el ritmo. **2** Conjunto de sonidos sucesivos combinados según este arte, que producen un efecto estético o expresivo y resultan agradables al oído. **3** Conjunto de las obras o composiciones musicales de un autor, de un estilo, de un país o de un período determinados. **4** Conjunto de músicos que actúan juntos. **5** Conjunto de sonidos agradables producidos por una cosa. ◇ **irse con la música a otra parte** Fam. Expresión con la que se despide una persona que cree que está molestando o cree no ser escuchada por los demás.

musical adj. **1** Relativo a la música. **2** Que tiene música o la produce. **3** Se dice del sonido que es agradable o armonioso. ◆ **adj. y s.m. 4** Se dice de la película u obra de teatro que incluye piezas de música como parte de la acción.

musicalidad s.f. Conjunto de características propias de la música.

musicar v.tr. Poner música a un escrito.

music-hall s.m. **1** Espectáculo de variedades. **2** Teatro o lugar en que se representa este espectáculo.
OBS Pronunc. aprox. 'miúsic-jol'.

músico, a s. **1** Persona que se dedica profesionalmente a tocar un instrumento musical o a componer música. ◆ **adj. 2** Musical.

musicograma s.m. Representación gráfica de la melodía, el ritmo, el compás y demás elementos de una composición musical.

musicología s.f. Estudio de la teoría y de la historia de la música.

musicólogo, a s. Persona que se dedica a estudiar la teoría y la historia de la música.

musicoterapia s.f. Tratamiento de ciertas enfermedades mediante la música.

musitar v.tr. e intr. Formal. Hablar una persona en voz muy baja.

muslera s.f. Tira hecha de un material elástico que se coloca alrededor del muslo para protegerlo o sujetarlo.

muslo s.m. **1** Parte de la pierna que va desde la cadera hasta la rodilla. **2** Parte superior y carnosa de la pata de un animal.

mustio, a adj. **1** Se dice de la flor o planta que ha perdido el frescor, el verdor y la tersura. **2** Que está triste y siente melancolía.

musulmán, na adj. **1** Relativo al islamismo. ◆ **adj. y s. 2** Que profesa esta religión.

mutación s.f. **1** Cambio o transformación. **2** Alteración de la estructura genética o cromosómica de la célula de un ser vivo. **3** Resultado visible producido por esta alteración. **4** Cada una de las diferentes decoraciones que se realizan en el teatro al representar una obra.

mutante adj. y s.m. **1** Se dice del gen o cromosoma que ha experimentado una mutación o una alteración. ◆ **adj. y s.m. y f. 2** Se dice de la célula o ser vivo que ha experimentado un cambio hereditario de material genético.

mutar v.tr. **1** Formal. Alterar o transformar el aspecto, la naturaleza o el estado de una cosa. **2** Experimentar una célula una transformación genética o cromosómica.

mute s.m. AMÉR Maíz desgranado y cocido.

mutilación s.f. **1** Separación o corte de un miembro o una parte del cuerpo que se produce en circunstancias violentas. **2** Supresión o eliminación de una parte de una cosa.

mutilado, a adj. y s. Que ha perdido o tiene inutilizado algún miembro o extremidad del cuerpo.

mutilar v.tr. **1** Cortar un miembro o una parte del cuerpo de una manera violenta. **2** Quitar o suprimir una parte de una cosa.

mutis s.m. **1** En teatro, salida de la escena de un actor. **2** Voz para indicar al actor que se retire de escena. ◇ **hacer mutis por el foro** Marcharse una persona de un lugar con discreción.

mutismo s.m. Formal. Silencio voluntario u obligado.

mutualidad s.f. Asociación de personas, que pagan una cantidad periódica de dinero, destinada a ayudarse mutuamente.

mutualismo s.m. Relación de simbiosis llevada a cabo por dos organismos de distinta especie en la que ambos se benefician de esa relación.

mutuo, a adj. Recíproco.

muy adv. Indica el grado más alto de lo que se expresa, ante adjetivos, participios, adverbios y locuciones adverbiales.

muyahidín ▷ mujaidín.

my o **mi** s.f. Nombre de la duodécima letra del alfabeto griego; se escribe Μ/μ y se transcribe como m.

N-Ñ

n s.f. **1** Decimocuarta letra del alfabeto español; su nombre es **ene**. **2** Signo matemático que representa un número no determinado.

nabo, a s.m. **1** Raíz comestible de color blanco o amarillento y forma alargada. **2** Planta de hojas grandes y dentadas, que tiene esta raíz. **3** Vulg. Pene. ◆ **adj. y s. 4** Fam. ARG, URUG Tonto, necio.

nácar s.m. Sustancia dura y blanca que se forma en el interior de las conchas de algunos moluscos.

nacarado, a adj. **1** Que tiene alguna característica propia del nácar. **2** Que está adornado con nácar.

nacer (30) v.intr. **1** Salir una persona o un animal vivíparo del vientre de la madre. **2** Salir un animal ovíparo del huevo. **3** Salir una planta de su semilla o brotar del suelo. **4** Salir las hojas, las flores o los frutos a una planta. **5** Salir el pelo a una persona o la pluma a un animal. **6** Comenzar a tener existencia una cosa. **7** Aparecer por el horizonte un cuerpo celeste. ◇ **volver a nacer** Escapar una persona de un peligro grande sin haber sufrido un daño importante.

naciente adj. **1** Que es nuevo o empieza a desarrollarse. ◆ **s.m. 2** Formal. Punto cardinal que está en la dirección en la que nace el Sol.

nacimiento s.m. **1** Hecho de nacer. **2** Lugar del que comienza a salir el vello o el pelo. **3** Lugar del que brota una corriente de agua. **4** Conjunto de figuras y objetos que representan el momento en que nació Jesucristo.

nación s.f. **1** Conjunto de habitantes de un país regidos por un mismo gobierno. **2** Territorio que abarca este país. **3** Conjunto de personas de un mismo origen étnico que tienen unos vínculos históricos, tradicionales y culturales comunes.

nacional adj. **1** Propio de una nación. **2** Que pertenece a la propia nación. ◆ **adj. y s.m. 3** Se dice del grupo de personas que durante la Guerra Civil española eran partidarios del general Franco.

nacionalcatolicismo s.m. Doctrina de la Iglesia católica española durante el franquismo.

nacionalidad s.f. **1** Estado o situación propios de las personas que pertenecen a una nación. **2** Caracteres distintivos de una nación.

nacionalismo s.m. **1** Doctrina política que exalta en todos los aspectos la personalidad nacional de un pueblo. **2** Movimiento político que defiende la creación de un estado independiente y autónomo para un pueblo. **3** Apego a la propia nación.

nacionalista adj. **1** Relativo al nacionalismo. ◆ **adj. y s.m. y f. 2** Se dice de la persona que es partidaria del nacionalismo.

nacionalizar v.tr. **1** Conceder a un extranjero la nacionalidad de un país. **2** Hacer que una actividad o entidad privada se transforme en pública. **3** Dar un carácter propio y nacional.

nacionalsocialismo s.m. Doctrina política e ideología de carácter totalitario, nacionalista y expansionista.

nacionalsocialista adj. **1** Relativo al nacionalsocialismo. ◆ **adj. y s.m. y f. 2** Partidario del nacionalsocialismo.

naco, a s.m. **1** AMÉR Pedazo de tabaco negro para mascar. **2** COL Puré de patatas. ◆ **s. 3** Fam. y desp. MÉX Indígena mexicano. **4** Fam. y desp. MÉX Persona maleducada, ignorante y burda.

nada pron. **1** Ninguna cosa. **2** Poco o muy poco. ◆ **adv. 3** Indica negación total. **4** De ninguna manera, de ningún modo. ◆ **s.f. 5** Falta total de cualquier ser o de cualquier cosa. **6** Cosa de muy pequeña cantidad. ◇ **como si nada** Sin hacer ningún esfuerzo o sin dar la menor importancia. ◇ **de nada** Expresión con la que se responde a un agradecimiento. — En poca cantidad o de poco valor. ◇ **por nada** Por cualquier cosa. — AMÉR De nada, expresión de agradecimiento.

nadador, ra adj. **1** Que nada o puede nadar. ◆ **s. 2** Persona que practica de manera profesional el deporte de la natación.

nadar v.intr. **1** Trasladarse dentro del agua haciendo los movimientos necesarios y sin tocar el suelo. **2** Flotar una cosa en un líquido. **3** Tener una cosa en gran cantidad o abundancia.

nadería s.f. Cosa de poco valor o importancia.

nadie pron. Ninguna persona. ◇ **ser un don nadie** Carecer de importancia o personalidad.

nadir s.m. Punto de la esfera celeste opuesto diametralmente al cenit.

nado ◇ **a nado** loc. Indica que un movimiento se efectúa nadando.

nafta s.f. Líquido muy inflamable que se obtiene de la destilación del petróleo crudo.

naftaleno s.m. Naftalina.

naftalina s.f. Hidrocarburo sólido, volátil, aromático y de color blanco.

nagua adj. y s.m. y f. AMÉR Se dice de la persona que es cobarde.

nahua o **náhuatl** adj. y s.m. y f. **1** Del pueblo indígena que habitó en la altiplanicie de México y de América Central antes de la conquista de esta zona por los españoles. ◆ s.m. y adj. **2** Lengua precolombina todavía hablada actualmente en México.

naíf o **naif** s.m. y adj. **1** Estilo de pintura que se caracteriza por la búsqueda de la espontaneidad e ingenuidad formales. ◆ adj. **2** Relativo a este estilo pictórico. ◆ adj. y s.m. y f. **3** Que practica este estilo de pintura.

nailon s.m. Fibra artificial, elástica y resistente que sirve para fabricar principalmente tejidos.

naipe s.m. **1** Cartulina pequeña de forma rectangular que lleva impreso un número determinado de objetos por una cara y por la otra un dibujo uniforme, y que junto a otras forma parte de una baraja. ◆ **naipes** s.m.pl. **2** Baraja.

nalga s.f. Parte carnosa y redondeada que corresponde al extremo superior y posterior del muslo en su unión con la espalda.

1. **nana** s.f. **1** Canción que se canta a los niños pequeños para arrullarlos o para que se queden dormidos. **2** Mujer que amamanta a un niño que no es su hijo. **3** Fam. Abuela. **4** AMÉR CENTRAL Niñera. **5** AMÉR CENTRAL Madre.

2. **nana** s.f. **1** ESP Prenda de abrigo con forma de saco que sirve para proteger del frío a los bebés. **2** ARG, CH Daño leve que se hacen los niños. ◆ **nanas** s.f.pl. **3** Fam. AMÉR SUR Alteraciones de la salud poco graves, en especial las de la vejez.

nanay adv. Fam. ESP Expresión que indica negación rotunda o absoluta de una cosa.

nandrolona s.f. Sustancia producida por el organismo que actúa estimulando el anabolismo de las proteínas procedentes de los alimentos.

nanómetro s.m. Medida de longitud que equivale a la milmillonésima parte de un metro.

nanosegundo s.m. Medida de tiempo que equivale a la milmillonésima parte de un segundo.

nanoya s.f. Fam. GUAT Abuela.

nao s.f. **1** Barco de vela de gran tonelaje que se usó de los siglos XII a XVII para fines comerciales. **2** Formal. Embarcación o nave.

napa s.f. Piel de algunos animales tratada industrialmente.

napalm s.m. Sustancia muy inflamable, que se utiliza para cargar bombas incendiarias.

napoleónico, a adj. Relativo al emperador francés Napoleón.

napolitana s.f. ESP Pastel o dulce de forma rectangular que está relleno de crema.

napolitano, a adj. y s. De Nápoles.

naranja s.f. **1** Fruto comestible del naranjo que tiene forma redonda, cáscara gruesa y rugosa y pulpa agridulce, muy jugosa, dividida en gajos. ◆ s.m. y adj. **2** Color como el de este fruto. ◆ adj. **3** Que es de este color. ◇ **media naranja** Fam. Persona que se adapta perfectamente a otra o se complementa con ella.

naranjada s.f. Bebida hecha con zumo de naranja, agua y azúcar.

naranjo s.m. **1** Árbol frutal de tronco liso, copa abierta, hojas verdes, ovaladas y flores blancas y olorosas, y fruto comestible (naranja). **2** Madera de este árbol.

narcisismo s.m. Admiración excesiva y exagerada que siente una persona por sí misma.

narcisista adj. **1** Relativo al narcisismo. ◆ s.m. y f. y adj. **2** Persona que siente una admiración excesiva por sí misma.

narciso s.m. **1** Planta herbácea con raíz en forma de bulbo. **2** Flor de esta planta, muy olorosa y de color blanco o amarillo. **3** Narcisista.

narco s.m. y f. Narcotraficante.

narcótico, a adj. y s.m. Se dice de la sustancia que produce sueño, relajación muscular y pérdida de la sensibilidad y la conciencia.

narcotraficante s.m. y f. Persona que trafica con drogas tóxicas a gran escala.

narcotráfico s.m. Comercio de drogas a gran escala.

nardo s.m. **1** Flor blanca y muy olorosa, especialmente de noche, dispuesta en espiga. **2** Planta de jardín que da esa flor.

narigón, na adj. y s. Fam. Narigudo.

narigudo, a adj. y s. Que tiene la nariz grande.

nariz s.f. **1** Parte saliente en el rostro humano situada entre los ojos y la boca que tiene dos orificios en la parte inferior y que comunica con el aparato respiratorio y con el órgano del olfato. **2** Cada uno de los dos orificios que se encuentra en esta parte del cuerpo. **3** Parte situada en la cabeza de los animales vertebrados que sirve para oler y para tomar el aire al respirar. **4** Sentido del cuerpo que permite percibir y distinguir los olores. **5** Parte saliente de una cosa que recuerda la nariz humana. ◇ **darle a alguien en la nariz** ESP Hacer que alguien sospeche de cierta cosa. ◇ **estar hasta las narices** Estar una persona muy harta de una cosa. ◇ **hinchársele a alguien las nari-**

ces Fam. ESP Enfadarse mucho una persona. ◇ **meter las narices** Fam. Intentar averiguar y enterarse de lo que hacen otras personas. ◇ **por narices** Fam. Indica que una cosa tiene que hacerse de manera forzosa o por obligación.

narración s.f. **1** Acción de narrar. **2** Exposición de unos hechos y acontecimientos. **3** Obra literaria en prosa que relata una historia real o ficticia. **4** Manera de contar una historia.

narrador, ra adj. **1** Que narra. ◆ s. **2** Persona que escribe relatos en prosa. **3** Voz de una narración que explica la historia.

narrar v.tr. Contar o relatar una historia.

narrativa s.f. **1** Género literario en prosa compuesto por las obras que narran una historia. **2** Conjunto de las obras literarias en prosa de un determinado autor, época o lugar.

narrativo, a adj. **1** Relativo a la narración. **2** Relativo a la narrativa.

nártex s.m. Pórtico o nave transversal de una basílica paleocristiana.

narval s.m. Mamífero marino semejante al delfín, de cuerpo robusto de color blanco con manchas pardas.

nasa s.f. Instrumento usado para pescar que consiste en un cesto de forma cilíndrica hecho de red o juncos entretejidos en el que los peces quedan atrapados.

nasal adj. **1** Relativo a la nariz. **2** Se dice del sonido y el fonema que se pronuncian haciendo salir el aire por la nariz. ◆ s.f. y adj. **3** Consonante que se articula de este modo.

nasalizar v.tr. Pronunciar como nasales sonidos orales.

nata s.f. **1** Sustancia espesa y cremosa que se forma en la superficie de la leche que se deja en reposo. **2** Crema blanca y dulce que se hace mezclando y batiendo esta sustancia de la leche con azúcar. **3** Lo mejor y más selecto.

natación s.f. Deporte o ejercicio que consiste en nadar.

natal adj. **1** Se dice del lugar donde ha nacido una persona. **2** Relativo al nacimiento.

natalicio, a adj. **1** Relativo al día del nacimiento de una persona. ◆ s.m. **2** Día del nacimiento de una persona.

natalidad s.f. Número de personas que nacen en un lugar y en un período determinados.

natatorio, a adj. **1** Relativo a la natación. **2** Que sirve para nadar o flotar en el agua.

natillas s.f.pl. Dulce cremoso hecho con yema de huevo, azúcar y leche.

natividad s.f. Nacimiento de Jesucristo, de la Virgen María o de san Juan Bautista.

nativo, a adj. **1** Relativo al lugar donde se ha nacido. ◆ adj. y s. **2** Se dice de la persona que ha nacido en un pueblo o nación determinados. ◆ adj. **3** Se dice del metal en estado puro. **4** Innato.

nato, a adj. **1** Se dice de la cualidad o defecto que se tiene desde que se nace. **2** Se dice de la persona que tiene una capacidad especial, una cualidad o un defecto desde que nace.

natura s.f. Naturaleza, conjunto de las cosas y de las fuerzas que componen el universo. ◇ **contra natura** Contrario a las leyes de la naturaleza o a lo que la persona considera que son leyes de la naturaleza.

natural adj. **1** De la naturaleza o producido por la naturaleza sin la participación del ser humano. **2** Que está elaborado sin mezclar elementos artificiales y sin que el ser humano altere lo que había producido la naturaleza. **3** Se dice de la cualidad que es propia y característica de una cosa. **4** Se dice del hecho que es predecible, lógico o razonable porque ocurre normalmente. **5** Se dice de la persona o acción que es sencilla, que se realiza sin fingimiento y sin forzar las cosas. **6** Que se produce por las fuerzas de la naturaleza y no por una intervención sobrenatural o milagrosa. **7** Se dice de la cosa que imita muy bien la realidad. ◆ adj. y s.m. y f. **8** Se dice de la persona que ha nacido en un pueblo o nación determinados. ◆ adj. **9** Se dice del número entero positivo. ◆ s.m. **10** Manera de ser o de comportarse una persona. ◆ **naturales** s.m.pl. **11** Ciencia que estudia lo relativo a la naturaleza. ◇ **al natural** Sin elaboración ni adornos, tal y como es en realidad.

naturaleza s.f. **1** Conjunto de las cosas y de las fuerzas que componen el universo y que no han sido hechas por el ser humano. **2** Principio universal que se considera que gobierna y dispone todas las cosas. **3** Manera de ser o de comportarse una persona. **4** Complexión o constitución física de una persona. **5** Propiedad o conjunto de propiedades características de un ser o de una cosa. **6** Especie, género, clase o tipo al que pertenece una cosa. ◇ **naturaleza muerta** Cuadro que representa animales, frutas, flores u objetos sin vida.

naturalidad s.f. **1** Calidad de natural. **2** Modo de actuar o de comportarse una persona sin orgullo ni fingimiento, mostrándose tal y como es en realidad.

naturalismo s.m. **1** Movimiento literario de finales del siglo XIX que intentaba describir la realidad de modo totalmente objetivo y siguiendo la filosofía determinista. **2** Tendencia artística que propugna la representación de los objetos tal como los percibimos.

naturalista adj. **1** Relativo al naturalismo. ◆ adj. y s.m. y f. **2** Se dice de la persona que practica o defiende los principios del naturalismo. **3** Se dice de la persona que se dedica al estudio de las ciencias naturales.

naturalizar v.tr. **1** Conceder a un extranjero la nacionalidad de un país. **2** Introducir en un país cosas que son características de otro y adoptarlas como propias o naturales. **3** Aclimatar especies vegetales o animales.

naturalmente adv. **1** De una manera natural. **2** Por supuesto o sin ninguna duda. **3** Consecuentemente o de manera lógica.

naturismo s.m. Doctrina que defiende el empleo de medios naturales en todos los aspectos de la vida.

naturista adj. **1** Relativo al naturismo. ◆ adj. y s.m. y f. **2** Se dice de la persona que defiende o practica el naturismo.

naufragar v.intr. **1** Hundirse o quedar destruida una embarcación. **2** Estar una persona en una embarcación que se hunde o queda destruida. **3** Fracasar un asunto o un negocio.

naufragio s.m. **1** Hundimiento o pérdida de una embarcación que se encontraba navegando. **2** Fracaso de un asunto o un negocio.

náufrago, a adj. y s. Que ha naufragado.

náusea s.f. **1** Sensación de malestar que se siente en el estómago cuando se tienen ganas de vomitar. **2** Repugnancia o asco muy intenso.

nauseabundo, a adj. Que produce náuseas.

náutica s.f. Técnica de la navegación.

náutico, a adj. Formal. Relativo a la técnica de navegar o a la navegación.

nava s.f. Terreno llano y sin árboles situado generalmente entre montañas.

navaja s.f. **1** Instrumento parecido al cuchillo, cuya hoja está articulada de manera que el filo puede guardarse dentro del mango. **2** Molusco de cuerpo alargado y encerrado entre dos conchas casi rectangulares que vive en el mar.

navajazo s.m. **1** Golpe fuerte dado con el filo o con la punta de una navaja. **2** Herida o corte hecho violentamente con una navaja.

navajero, a s. **1** Persona que va armada con una navaja. ◆ s.m. **2** Estuche para navajas de afeitar.

navajo, a adj. y s. De un pueblo amerindio establecido en las montañas Rocosas.

naval adj. **1** Relativo a la navegación o a la técnica de navegar. **2** Relativo a las embarcaciones o barcos.

navarro, a adj. y s. **1** De Navarra. ◆ s.m. y adj. **2** Variedad del dialecto romance navarroaragonés hablada en Navarra.

nave s.f. **1** Embarcación de cubierta y con velas, carente de remos. **2** Vehículo para viajar por el aire impulsado por uno o más motores. **3** Edificio grande, de una sola planta que se usa como fábrica, como granja o como almacén. **4** Espacio alargado que queda entre los muros o entre columnas en fila en el interior de una iglesia o de otro edificio de gran tamaño.

navegabilidad s.f. Estado o condición que ofrece el agua navegable.

navegable adj. Se dice del río o lago por el que pueden navegar las embarcaciones.

navegación s.f. **1** Desplazamiento de un barco por el agua o una nave por el aire. **2** Viaje que se hace en un barco o en una nave. **3** Ciencia o técnica de navegar.

navegador s.m. **1** Programa informático que permite navegar por Internet u otra red informática de comunicaciones. **2** Sistema informático integrado en un vehículo, que permite conocer la localización exacta del vehículo y las rutas que se pueden seguir.

navegante s.m. y f. Persona que navega.

navegar v.intr. **1** Desplazarse un barco por el agua o una nave por el aire. **2** Viajar por el agua en un barco o por el aire en una nave. **3** Desplazarse de una página o documento a otro en una red informática, como Internet.

naveta s.f. **1** Monumento funerario megalítico de las islas Baleares, en forma de nave o barco invertido. **2** Pequeño recipiente litúrgico, generalmente en forma de nave.

navidad s.f. **1** Fiesta cristiana celebrada el 25 de diciembre para conmemorar el nacimiento de Jesucristo. □ Se escribe con mayúscula inicial. **2** Período que comienza con este día y que se prolonga hasta Reyes (6 de enero). □ Se escribe normalmente con mayúscula inicial. Suele usarse en plural con valor singular.

navideño, a adj. Relativo a la Navidad.

naviero, a adj. **1** Relativo a la navegación o a los barcos. ◆ adj. y s. **2** Propietario de uno o más navíos.

navío s.m. Barco o embarcación de gran tamaño.

náyade s.f. Ninfa de la mitología clásica que vivía en los ríos, en los lagos y en las fuentes.

nazareno, a adj. y s. **1** De Nazaret. **2** Se dice del judío que se convirtió al cristianismo en los primeros tiempos. ◆ s. **3** Persona que desfila como penitente en las procesiones de Semana Santa.

nazarí (pl. nazaríes) adj. y s.m. y f. De una dinastía que gobernó el reino musulmán de Granada entre 1232 y 1492.

nazi adj. **1** Relativo al nazismo. ◆ adj. y s.m. y f. **2** Partidario del nazismo.

nazismo s.m. Nacionalsocialismo.

neblina s.f. Niebla baja y poco espesa.

neblinear v.intr. CH Lloviznar.

nebulosa s.f. Acumulación brillante de polvo y gas interestelar cuyo aspecto recuerda al de una gran nube.

nebuloso, a adj. **1** Que tiene niebla o está cubierto de niebla. **2** Que está borroso o poco claro o que es difícil de comprender.

necedad s.f. **1** Cualidad de necio. **2** Hecho o dicho torpe o poco adecuado.

necesario, a adj. Que hace falta para un fin o que es obligatorio o indispensable para algo.

neceser s.m. Caja o bolsa pequeña para guardar los objetos necesarios para el aseo personal.

necesidad s.f. **1** Hecho de que sea necesaria una cosa o haga falta de manera obligatoria para un fin. **2** Cosa que es necesaria o hace falta de manera obligatoria para un fin. **3** Deseo o impulso que una persona siente de hacer una cosa. **4** Carencia, privación de algo muy necesario para vivir, como alimentos o dinero para conseguirlos. **5** Situación de pobreza de una persona.

necesitado, a adj. y s. Se dice de la persona que no tiene lo necesario para vivir.

necesitar v.tr. **1** Tener necesidad de algo o de alguien que hace falta de manera obligatoria para un fin. ◆ v.tr. e intr. **2** Tener necesidad de una persona o cosa.

necio, a adj. y s. **1** Se dice de la persona que es tonta o torpe o hace cosas que carecen de lógica o de razón. ◆ adj. **2** Se dice de la acción o expresión que se hace o se dice de forma torpe o imprudente.

nécora s.f. Crustáceo marino similar al cangrejo, con el cuerpo cubierto por una concha elíptica y lisa y diez patas.

necrófago, a adj. y s.m. Se dice del organismo que se alimenta de animales muertos.

necrofilia s.f. **1** Atracción que siente una persona hacia la muerte. **2** Conducta sexual de la persona que tiene relaciones sexuales con cadáveres humanos o siente atracción hacia ellos.

necrología s.f. **1** Biografía breve que se hace de una persona que ha muerto recientemente. **2** Notificación de la muerte de una persona.

necrológico, a adj. **1** Relativo a la necrología. ◆ adj. y s.f. **2** Se dice de la noticia o lista que informa de la muerte de una persona.

necrópolis s.f. Cementerio extenso en el que hay gran cantidad de monumentos fúnebres.

necrosis s.f. Muerte de las células y los tejidos de una zona determinada del organismo.

néctar s.m. **1** Jugo azucarado que se encuentra en el interior de las flores. **2** Bebida suave de sabor dulce y agradable. **3** Licor excelente que bebían los dioses, según la mitología clásica.

nectarina s.f. ESP Fruta de piel lisa y sin pelusa y la carne no adherida al hueso.

necton s.m. Conjunto de organismos acuáticos que se desplazan activamente.

neerlandés, sa adj. y s. **1** De los Países Bajos. ◆ s.m. y adj. **2** Lengua germánica hablada en los Países Bajos y el norte de Bélgica.

nefasto, a adj. **1** Que causa desgracia o va acompañado de ella. **2** De muy mala calidad.

nefrítico, a adj. Formal. Relativo al riñón.

nefrona s.f. Unidad anatómica y fisiológica del riñón de los vertebrados.

negación s.f. **1** Acción de prohibir, oponerse o decir que no a una petición. **2** Acción de ir en contra de la existencia o la veracidad de alguna cosa. **3** Negativa. **4** Carencia total de una cosa. **5** Expresión o elemento gramatical que sirve para negar.

negado, a adj. y s. Inepto, incapaz.

negar (32) v.tr. **1** Decir que no es verdad una cosa, o bien porque no existe, o bien porque es incorrecta. **2** Decir que no a lo que alguien pide o pretende. **3** Prohibir una cosa. **4** No reconocer una persona el parentesco, la amistad o la relación que la une con otra. ◆ **negarse** v.prnl. **5** No querer hacer una cosa.

negativa s.f. Rechazo, oposición o respuesta negativa a una petición o pretensión.

negativo, a adj. **1** Que indica o expresa negación. **2** Que produce algún daño o perjuicio o no está a favor de una cosa. **3** Se dice del análisis o experimento que no presenta lo que se busca o se espera encontrar. **4** Que tiende a ver y a juzgar las cosas en su peor aspecto. **5** Se dice del polo o carga eléctrica que tiene el potencial eléctrico más bajo. **6** Se dice del número o expresión matemática que es menor que cero. ◆ adj. y s.m. **7** Se dice de la imagen o película fotográfica que reproduce invertidos los colores y los tonos de la realidad.

negligencia s.f. Cualidad de negligente.

negligente adj. y s.m. y f. Que no pone el interés y el cuidado que tendría que poner al desempeñar una obligación.

negociación s.f. Acción de negociar.

negociado s.m. **1** ESP Dependencia o sección de una organización que se ocupa de un determinado asunto. **2** AMÉR SUR Negocio ilícito.

negociador, ra adj. y s. Que negocia o trata un asunto para llegar a un acuerdo o solución.

negociante s.m. y f. Persona que se dedica a negociar con mercancías o servicios.

negociar (1d) v.intr. **1** Realizar operaciones comerciales, comprando y vendiendo mercancías o servicios para conseguir ganancias. ◆ v.tr. **2** Hacer alguna operación con valor bancario o con bolsa. ◆ v.tr. e intr. **3** Tratar o gestionar un asunto para llegar a un acuerdo o solución.

negocio s.m. **1** Ocupación, actividad o trabajo que se realiza para obtener un beneficio. **2** Ganancia o beneficio conseguido en una actividad comercial o de otro tipo. **3** Establecimiento en el que se venden mercancías o se realizan actividades comerciales. **4** Asunto o tema en que se ocupa una persona.

negra s.f. Nota musical cuya duración equivale a la mitad de una blanca.

negrero, a s. **1** Persona que se dedicaba al comercio ilegal de esclavos negros. **2** Persona que explota a sus subordinados o los trata de forma cruel.

negrilla adj. y s.f. Negrita.

negrita adj. y s.f. Se dice del tipo de letra de imprenta que tiene el trazo más grueso.

negro, a s.m. y adj. **1** Color como el del carbón o el de la oscuridad total. ◆ **adj. 2** Que es de este color, o de un color muy oscuro o más oscuro que el de otras cosas de su especie. **3** Fam. Que está muy sucio u oscurecido por la suciedad. **4** Fam. Que está muy bronceado o tostado por el sol. **5** Triste, desafortunado o poco favorable. **6** Se dice del cine o la novela que pertenece al género policiaco. **7** Que está relacionado con el diablo o con las fuerzas de mal. ◆ **adj. y s. 8** Se dice de la persona de la raza de piel oscura que comprende los principales pueblos de África y Oceanía, entre otros. ◆ **adj. 9** Relativo a esta raza humana. ◆ **adj. y s.m. 10** Se dice del tabaco que es de olor y sabor fuerte. ◆ **s. 11** Persona que trabaja para que otra destaque y se atribuya los méritos, especialmente escribiendo obras literarias. **12** AMÉR Se usa como expresión cariñosa entre familias o amigos. ◇ **estar,** o **ponerse, negro** Fam. Estar muy enfadado, muy preocupado o muy harto de algo. — Fam. Complicarse mucho un asunto, de manera que se haga peligroso o difícil de realizar. ◇ **poner negro** Fam. Molestar o enfadar mucho a una persona, o hacerle perder la paciencia.

negroide adj. Que presenta algún rasgo físico o alguna característica propios de las personas de raza negra o de su cultura.

negrura s.f. Cualidad de ser negro.

negruzco, a adj. Que tiene un tono oscuro, casi negro.

nematelminto adj. y s.m. **1** Se dice del gusano de cuerpo cilíndrico y alargado, no segmentado generalmente parásito. ◆ **nematelmintos** s.m.pl. **2** Grupo taxonómico, con categoría de grupo, constituido por estos gusanos.

nematodo adj. y s.m. **1** Se dice del gusano de cuerpo cilíndrico con aparato digestivo, boca y ano. ◆ **nematodos** s.m.pl. **2** Grupo taxonómico, con categoría de filo, constituido por estos gusanos.

nemotecnia s.f. Mnemotecnia.

nemotécnico, a adj. Mnemotécnico.

nene, a s. Niño pequeño.

nenúfar s.m. Planta acuática de hojas redondas que flotan en la superficie del agua.

neocatastrofismo s.m. Teoría geológica según la cual el ritmo de los procesos geológicos no es constante a lo largo de la evolución.

neocelandés, sa ▷ neozelandés, sa.

neoclasicismo s.m. Corriente literaria y artística desarrollada durante la segunda mitad del siglo XVIII hasta principios del siglo XIX, que se caracteriza por recuperar los modelos y reglas de la antigüedad clásica griega y latina. **OBS** Se escribe normalmente con mayúscula inicial.

neoclásico, a adj. **1** Relativo al Neoclasicismo. ◆ **adj. y s. 2** Se dice de la persona que sigue las tendencias del Neoclasicismo.

neocolonialismo s.m. Nueva forma de colonialismo en que las grandes potencias intentan dominar a los países subdesarrollados.

neodarvinismo o **neodarwinismo** s.m. Teoría evolutiva que integra los principios del darvinismo con los conocimientos genéticos.

neodimio s.m. Elemento químico de símbolo Nd y número atómico 60; es un metal perteneciente a los lantánidos, de color plateado, brillante, blando y pesado.

neoexpresionismo s.m. Movimiento basado en una renovación del expresionismo de las primeras vanguardias.

neófito, a s. **1** Persona que acaba de convertirse a una religión. **2** Persona que acaba de unirse a una opinión o una causa.

neógeno, a adj. y s.m. **1** Se dice del período geológico que se extiende desde hace unos 25 millones de años hasta hace unos dos millones de años. ◆ **adj. 2** Relativo a este período geológico.

neolatino, a adj. Se dice de la lengua que deriva del latín.

neoliberalismo s.m. Movimiento de actualización del liberalismo que limita la intervención del Estado a asuntos jurídicos y económicos.

neolítico, a adj. y s.m. **1** Se dice del período de la prehistoria que sigue al mesolítico y se caracteriza por el pulido de los instrumentos de piedra y el inicio de la agricultura y la ganadería. ◆ **adj. 2** Relativo a este período prehistórico.

neologismo s.m. Palabra o modo de expresión recién introducido en una lengua.

neón s.m. **1** Elemento químico de símbolo Ne y número atómico 10; es un gas noble, incoloro, que se encuentra en la atmósfera en pequeñas cantidades. **2** Tubo delgado que está lleno de este gas y que produce una luz blanca.

neonato, a s. y adj. Bebé recién nacido.

neoyorquino, a adj. y s. De Nueva York.

neozelandés, sa o **neocelandés, sa** adj. y s. De Nueva Zelanda.

neozoico, a adj. y s.m. **1** Se dice de la era geológica que sigue a la era terciaria y se extiende desde hace unos dos millones de años hasta la actualidad. ◆ **adj. 2** Relativo a esta era geológica.

nepalés, sa adj. y s. Nepalí.

nepalí adj. y s.m. y f. De Nepal.

nepe s.m. **1** Fam. CH Pene. **2** VENEZ Salvado de maíz. ◇ **sacar el nepe a alguien** VENEZ Sacar el máximo provecho de una persona.

neperiano, a adj. Se dice del logaritmo que tiene como base el número e.

nepotismo s.m. Trato de favor hacia familiares o amigos, a los que se otorgan puestos de trabajo, cargos o premios.

neptunio s.m. Elemento químico de símbolo Np y número atómico 93; es un metal radiactivo de la serie de los actínidos, de color plateado.

nereida s.f. Ninfa marina de la mitología grecolatina con cola de pez y cuerpo de mujer.

nervado, a adj. **1** Que tiene nervios. **2** Se dice de la bóveda que proyecta exteriormente los arcos que la forman.

nervadura s.f. **1** Conjunto de los nervios de una hoja o del ala de un insecto. **2** Arco que se cruza con otros para formar una bóveda.

nervio s.m. **1** Filamento compuesto por muchas fibras nerviosas, que parte del cerebro, de la médula y de otros centros nerviosos y que es la vía de transmisión de los impulsos motores y sensitivos. **2** Fibra blanca y dura, parecida a un cordón, que tiene la carne comestible. **3** Fibra con forma de hilo que tienen las hojas de las plantas y que se puede ver claramente en su parte posterior. **4** Fibra con forma de hilo que forma el esqueleto de las alas membranosas de algunos insectos. **5** Cordón que sirve para unir los diversos cuadernillos de un libro. **6** Fam. Fuerza, energía o vigor que tiene una persona para hacer las cosas. **7** Elemento arquitectónico en forma de moldura o banda saliente que recorre un arco o una bóveda. **8** Elemento saliente y extendido del intradós de una bóveda. ◆ **nervios** s.m.pl. **9** Estado pasajero de excitación nerviosa, inquietud o de falta de tranquilidad.

nerviosismo s.m. Estado pasajero de excitación nerviosa, inquietud o de falta de tranquilidad.

nervioso, a adj. **1** Relativo al nervio o que tiene nervios. **2** Excitado, inquieto. **3** Se dice de la persona que se excita y pierde la tranquilidad fácilmente.

neto, a adj. **1** Muy claro, porque no presenta confusión o está muy bien definido o delimitado. **2** Limpio o puro. **3** Se dice de la cantidad de dinero exenta de deducciones. **4** Se dice del peso de algo que resulta después de haber descontado el peso de lo que contiene.

neuma s.m. Cada uno de los signos de la antigua notación musical para el canto llano, usados a partir del siglo IX.

neumático, a adj. **1** Se dice del aparato o instrumento que funciona mediante la acción del aire. **2** Que contiene aire o se tiene que hinchar con aire. ◆ s.m. **3** Cubierta dura de caucho que se monta sobre la llanta de la rueda de algunos vehículos y se llena de aire a presión. ◆ adj. **4** Relativo al neuma.

neumonía s.f. Enfermedad que consiste en una inflamación de los pulmones.

neura s.f. **1** Fam. Manía u obsesión que tiene una persona por alguna cosa. **2** Fam. Estado de alteración o excitación nerviosa que tiene una persona. ◆ adj. y s.m. y f. **3** Fam. Se dice de la persona que está muy alterada o nerviosa.

neuralgia s.f. Dolor intenso a lo largo de un nervio y sus ramificaciones.

neurálgico, a adj. **1** Relativo a la neuralgia. **2** Que es sumamente importante y decisivo en un asunto.

neurastenia s.f. Enfermedad del sistema nervioso que se caracteriza por una falta de rendimiento o de vigor mental y físico.

neurasténico, a adj. **1** Relativo a la neurastenia. ◆ adj. y s. **2** Se dice de la persona que padece neurastenia.

neurita s.f. Prolongación alargada que parte del cuerpo de la neurona.

neurocirugía s.f. Parte de la medicina que se ocupa de las enfermedades del sistema nervioso mediante operaciones quirúrgicas.

neurodegeneración s.f. Destrucción o muerte progresiva de las neuronas.

neurodegenerativo, a adj. Que provoca la destrucción o muerte progresiva de las neuronas de los distintos sistemas o estructuras nerviosos.

neurología s.f. Parte de la medicina que se ocupa del sistema nervioso y sus enfermedades.

neurológico, a adj. Relativo a la neurología.

neurólogo, a s. Médico especialista en neurología.

neurona s.f. Célula del sistema nervioso.

neuróptero adj. y s.m. **1** Se dice del insecto de metamorfosis completa, cuerpo alargado, boca masticadora y dos pares de alas membranosas y muy nervadas. ◆ **neurópteros** s.m.pl. **2** Grupo taxonómico, con categoría de orden, constituido por estos insectos.

neurosis s.f. Enfermedad mental que consiste en un trastorno nervioso y que produce alteraciones emocionales.

neurótico, a adj. **1** Relativo a la neurosis. ◆ adj. y s. **2** Que padece neurosis. **3** Que siente una obsesión o una manía exagerada.

neurovegetativo, a adj. Se dice de la parte del sistema nervioso que regula el funcionamiento del sistema vegetativo.

neutral adj. y s.m. y f. Que no se inclina a favor de ninguna de las partes enfrentadas en una lucha o en una competición.

neutralidad s.f. Actitud o situación de la persona o el país que no se inclina a favor de ninguna de las partes enfrentadas.

neutralismo s.m. Tendencia política del gobierno de un país a permanecer neutral.

neutralizar v.tr. **1** Hacer que disminuya o quede anulado el efecto de una acción mediante otra contraria que la contrarresta. **2** Anular un período o una parte de una competición deportiva. **3** Hacer que una sustancia o un compuesto químico sea neutro.

neutrino s.m. Partícula elemental sin carga eléctrica y masa nula.

neutro, a adj. **1** Que no presenta ninguna característica de las dos opuestas que podría presentar. **2** Que no está determinado o definido. **3** Que no comunica o muestra ninguna emoción o intención. **4** Neutral. **5** Se dice del cuerpo que tiene la misma cantidad de electricidad positiva y negativa. **6** Se dice de la sustancia o compuesto químico que no es ácido ni básico. **7** Que pertenece a un género gramatical que no es masculino ni femenino. **8** Se dice del elemento que en las operaciones matemáticas al operar con cualquier otro elemento se obtiene este último.

neutrón s.m. Partícula elemental del núcleo del átomo que no tiene carga eléctrica.

nevada s.f. **1** Acción y efecto de nevar. **2** Cantidad de nieve que cae de una vez.

nevar (32) v.impersonal Caer nieve.

nevasca s.f. Nevada.

nevera s.f. **1** ESP Frigorífico, refrigerador. GEOSIN heladera. **2** Habitación o lugar demasiado frío.

nevero s.m. Lugar en la parte alta de una montaña donde se conserva la nieve todo el año.

nevisca s.f. Nevada breve y con copos de pequeño tamaño.

new age s.m. Estilo musical que se caracteriza por la suavidad melódica y armónica.
OBS Pronunc. aprox. 'niu eish'.

newton (pl. newtons) s.m. Unidad de fuerza del Sistema Internacional, de símbolo N.
OBS Pronunc. aprox. 'niuton'.

nexo s.m. **1** Relación que se establece entre dos o más elementos o cosas. **2** Elemento lingüístico que sirve para unir dos o más términos.

1. **ni** conj. **1** Se utiliza para enlazar oraciones negativas o partes de una oración negativa con la misma función sintáctica. **2** Se utiliza para añadir fuerza e intensidad a algo que se niega.

2. **ni** s.f. Ny.

nicaragüense adj. y s.m. y f. De Nicaragua.

nicho s.m. **1** Hueco o concavidad hecha en un muro o una pared para colocar una figura de adorno; generalmente es semicircular. **2** Hueco o cavidad alargada para colocar el ataúd o las cenizas de una persona.

nicotina s.f. Sustancia excitante que se extrae de las hojas del tabaco.

nidada s.f. Conjunto de los huevos o las crías de un nido.

nidal s.m. Lugar dispuesto para que la gallina y otras aves domésticas pongan los huevos.

nidificar v.intr. Hacer el nido las aves.

nido s.m. **1** Refugio construido por las aves para poner sus huevos y alimentar a sus crías. **2** Refugio donde se reproducen y alimentan a sus crías los animales de diversas especies. **3** Nidal. **4** Parte o zona de un hospital donde se encuentran los niños que acaban de nacer. **5** Hogar de una persona o de una familia. **6** Lugar donde viven o se reúne un grupo de personas.

niebla s.f. **1** Suspensión espesa de gotas de agua diminutas de la atmósfera que limitan la visibilidad horizontal a menos de 1 km. **2** Confusión u oscuridad.

nieto, a s. Hijo o hija del hijo o de la hija de una persona.

nieve s.f. **1** Agua helada que se desprende de las nubes en cristales muy pequeños, los cuales se agrupan al caer y llegan al suelo formando copos de color blanco. **2** Argot. Cocaína.

NIF s.m. ESP Sigla de **número de identificación fiscal**, que se compone del número del documento nacional de identidad más una letra.

nife s.m. Núcleo o capa central del globo terrestre; se caracteriza por su elevadísima temperatura y densidad, y consta de hierro, níquel y otros metales.

nigeriano, a adj. y s. De Nigeria.

nigromancia o **nigromancía** s.f. Adivinación del futuro por medio de la invocación a los espíritus de los muertos.

nigromántico, a adj. **1** Relativo a la nigromancia. ◆ s. **2** Nigromante.

nigua s.f. Insecto parecido a la pulga pero de menor tamaño.

nihilismo s.m. **1** Negación de toda creencia o todo principio religioso, político y social. **2** Doctrina filosófica que niega que sea posible el conocimiento y el valor de todas las cosas.

nihilista adj. **1** Relativo al nihilismo. ◆ adj. y s.m. y f. **2** Se dice de la persona que sigue las ideas del nihilismo.

nilón s.m. Nailon.

nimbo s.m. **1** Aureola de una imagen divina o de santos. **2** Círculo luminoso que rodea a algunos astros. **3** Nimboestrato.

nimboestrato s.m. Capa de nubes espesa y uniforme.

nimiedad s.f. Cosa que tiene poco valor o escasa importancia.

nimio, a adj. Se dice de la cosa inmaterial que tiene muy poca o ninguna importancia.

ninfa s.f. **1** Diosa menor de la mitología clásica, que habitaba en las fuentes, los bosques, las montañas o los ríos. **2** Mujer joven y de gran belleza. **3** Estado intermedio en la metamorfosis de algunos insectos situado entre la fase larvaria y la adulta.

ninfómana s.f. Mujer que siente un deseo sexual exagerado.

ninfomanía s.f. Deseo sexual exagerado en la mujer o en las hembras de algunos animales.

ningún adj. Apócope de **ninguno**.
OBS Se usa ante sustantivos masculinos en singular, y también ante sustantivos femeninos en singular que empiecen por a- o ha- tónicas.

ninguno, a det. y pron. **1** Ni una sola persona o ni una sola cosa de las que se mencionan. ◆ det. **2** Pospuesto al sustantivo, sirve para reforzar una frase negativa.

ninot (pl. ninots) s.m. ESP Figura o muñeco de una falla valenciana.

niña s.f. Círculo pequeño y de color negro que hay en el ojo, a través del cual pasa la luz.

niñato, a s. y adj. Fam. y desp. Persona muy joven que tiene poca experiencia acerca de las cosas y se comporta como si lo supiera todo.

niñería s.f. Hecho o dicho de poca importancia, que no influye sobre lo demás.

niñero, a adj. **1** Que le gustan los niños y disfruta en su compañía. ◆ s. **2** Persona que se dedica profesionalmente a cuidar niños.

niñez s.f. Primer período de la vida humana, desde el nacimiento hasta la adolescencia.

niño, a s. **1** Persona que tiene pocos años de vida, que está en la niñez. **2** Hijo, especialmente si es de corta edad. ◆ adj. y s. **3** Se dice de la persona que tiene todavía poca experiencia en la vida. **4** Se dice de la persona que obra de manera irreflexiva y se comporta de forma infantil.

niobio s.m. Elemento químico de símbolo Nb y número atómico 41; es un metal de transición de color blanco grisáceo.

nipón, na adj. y s. De Japón (país de Asia).

níquel s.m. **1** Elemento químico de símbolo Ni y número atómico 28; es un metal de transición de gran dureza, de color y brillo semejantes a los de la plata. **2** AMÉR Moneda fraccionaria, sea o no de este metal. **3** URUG Dinero.

niquelar v.tr. Cubrir con un baño de níquel una pieza de metal.

nirvana s.m. En la religión hinduista y especialmente la budista, estado de total ausencia de sufrimiento y desaparición de todos los apegos materiales.

níscalo s.m. Hongo basidiomiceto comestible, con el sombrero de color rojizo o anaranjado y el pie corto y grueso.

níspero s.m. **1** Árbol de tronco delgado y de flores blancas. **2** Fruto comestible de este árbol, de color amarillo o naranja, ovalado, blando y dulce cuando está maduro, que tiene unas semillas grandes en su interior. **3** AMÉR Zapote.

nitidez s.f. Calidad de nítido.

nítido, a adj. **1** Que está limpio, claro y transparente. **2** Que no presenta confusión.

nitrato s.m. Sal que se forma a partir del ácido nítrico o del anión procedente de esta sal o este ácido. ◇ **nitrato de Chile** Sustancia que procede de los excrementos de ciertas aves y que se usa para abonar las tierras de cultivo.

nítrico, a adj. **1** Relativo al nitrógeno. **2** Se dice del óxido de nitrógeno donde este elemento actúa con valencia 5. **3** Se dice del ácido que se obtiene por la acción del ácido sulfúrico sobre el nitrato de un metal alcalino.

nitro s.m. Nitrato potásico en forma de agujas o polvo blanquecino en superficies de terrenos húmedos.

nitrógeno s.m. Elemento químico de símbolo N y número atómico 7; es un gas sin color, olor ni sabor, que forma la mayor parte del aire de la atmósfera.

nitroglicerina s.f. Líquido graso de color amarillo pálido, inodoro y más denso que el agua que arde y explota con facilidad.

nitroso, a adj. Se dice del óxido de nitrógeno (o el ácido correspondiente) que es algo menos nitrogenado que el óxido (o el ácido) nítrico.

nivel s.m. **1** Altura a la que llega la superficie de un líquido o la parte de arriba de un conjunto de cosas amontonadas, o altura a la que está situada una cosa. **2** Piso o planta de una construcción. **3** Grado de calidad al que puede llegar una persona o cosa después de un proceso. **4** Instrumento que sirve para medir la diferencia de altura entre dos puntos y para comprobar si una línea o un plano están completamente horizontales o verticales. ◇ **a nivel** Se usa para indicar que una cosa está completamente horizontal o se hace siguiendo un plano completamente horizontal. ◇ **nivel de vida** Grado de bienestar o de riqueza alcanzado por una persona, por un grupo social o por el conjunto de los habitantes de un país o región.

nivelar v.tr. **1** Hacer que una superficie esté en posición completamente horizontal. **2** Comprobar con la ayuda del nivel si una línea o una superficie están completamente horizontales. **3** Allanar un terreno o una superficie, de manera que no tenga inclinaciones. **4** Poner a igual altura varias cosas. **5** Igualar o poner al mismo nivel varias cosas o varios aspectos de una cosa.

níveo, a adj. Formal. Semejante a la nieve o que tiene alguna de sus características.

n.º o **núm.** Abreviatura de **número**.

no adv. **1** Expresa negación, especialmente como respuesta a una pregunta. **2** Indica que lo que se dice es incorrecto o falso. **3** Indica prohibición, oposición o rechazo. **4** Antepuesto a sustantivos y adjetivos, expresa el significado opuesto de lo que expresa normalmente la palabra a la que acompaña. **5** Indica extrañeza o duda en preguntas, a las que se espera una respuesta afirmativa o la confirmación de algo que ya se sabía. **6** Se usa repetido para dar más fuerza a la negación. ◆ s.m. **7** Respuesta negativa que se da a lo que algo o alguien pide o pretende. □ Plural: noes. ◇ **no sin** Se utiliza para afirmar algo negando una presuposición implícita. ◇ **si no** En otro caso o circunstancia.

nobelio s.m. Elemento químico de símbolo No y número atómico 102; es un metal radiactivo que pertenece a los actínidos.

nobiliario, a adj. Relativo a la nobleza.

noble adj. **1** Que es generoso y digno de estimación y carece completamente de maldad. **2** Se dice del animal que es muy fiel a las personas y poco traicionero. **3** Que tiene gran calidad o valor o que es muy estimado y se considera de gran categoría. **4** Ilustre, excelente o principal. **5** Se dice del cuerpo o sustancia que es químicamente inactivo. ◆ **adj. y s.m. y f. 6** Se dice de la persona que posee un título concedido por el rey o heredado de sus antepasados, el cual lo sitúa en una clase o estado social privilegiado.

nobleza s.f. **1** Clase o grupo social formado por los nobles de un país o un territorio. **2** Generosidad, honradez y total ausencia de maldad en una persona, en su comportamiento, su actitud o sus acciones. **3** Cualidad de los animales que son fieles a las personas.

nobuc o **nobuk** o **nubuc** o **nubuk** s.m. Piel de vaca u oveja, adobada y curtida.

noche s.f. **1** Período desde que se pone el Sol hasta que vuelve a salir. **2** Parte de este tiempo que se dedica a dormir. **3** Período o situación triste o desafortunada. ◇ **buenas noches** Se usa para saludar o para despedirse cuando ya se ha puesto el Sol. ◇ **de la noche a la mañana** Se utiliza para indicar que una cosa se hace u ocurre de forma repentina e inesperada, o en muy poco tiempo. ◇ **de noche** Indica que algo se realiza u ocurre después de ponerse el Sol. ◇ **noche vieja** Nochevieja.

nochebuena s.f. Noche del día 24 de diciembre, vigilia del nacimiento de Jesucristo.
OBS Se escribe normalmente con mayúscula inicial.

nochecita s.f. Fam. AMÉR Hora del crepúsculo cuando la noche se avecina.

nochevieja o **noche vieja** s.f. Noche del día 31 de diciembre, que es la última del año.
OBS Se escribe normalmente con mayúscula inicial.

noción s.f. **1** Conocimiento, idea o conciencia que se tiene sobre una cosa. **2** Conocimiento básico, elemental o abstracto acerca de una materia.

nocivo, a adj. Que hace daño o es perjudicial.

noctámbulo, a adj. **1** Que desarrolla su actividad principal durante la noche. ◆ **adj. y s. 2** Se dice de la persona que tiene tendencia a realizar actividades durante la noche.

nocturnidad s.f. **1** Circunstancia de ser de noche o de ocurrir una cosa durante la noche. **2** Circunstancia agravante de un delito que consiste en haberse cometido este de noche.

nocturno, a adj. **1** Relativo a la noche. **2** Se dice del animal que busca su alimento y desarrolla su actividad vital durante la noche, mientras que durante el día está oculto. **3** Se dice de la planta que solamente tiene sus flores abiertas durante la noche. **4** Melancólico y triste. ◆ **s.m. 5** Composición musical de melodía melancólica y dulce y corta duración.

nodo s.m. En física, cada uno de los puntos de un cuerpo vibrante que permanecen fijos.

nodriza s.f. **1** Mujer que amamanta a un niño que no es su hijo. **2** Barco, avión o nave que se emplea para abastecer de combustible a otros vehículos.

nódulo s.m. **1** Masa mineral redondeada que se encuentra en el interior de algunas rocas y que es de distinta materia que estas. **2** Acumulación de células o fibras orgánicas.

nogal s.m. **1** Árbol de tronco alto y fuerte, de madera dura, con la corteza lisa y la copa grande y redonda. **2** Madera de este árbol. ◆ **s.m. y adj. 3** Color como el de la madera de este árbol.

nómada adj. y s.m. y f. **1** Se dice de la persona o animal que va de un lugar a otro y nunca se establece en un sitio de forma permanente. ◆ **adj. 2** Relativo al nomadismo.

nomadismo s.m. Forma de vida nómada.

nomarca s.m. Gobernador de un nomo o antigua provincia de Egipto.

nomás adv. **1** AMÉR Solamente. **2** AMÉR Se usa después de un imperativo e indica que la acción de la que se trata puede ser ejecutada con confianza. **3** AMÉR Apenas.

nombramiento s.m. **1** Elección de una persona para desempeñar un cargo o una función. **2** Documento que atestigua la elección de una persona para desempeñar un cargo.

nombrar v.tr. **1** Decir el nombre de una persona o de una cosa. **2** Elegir a una persona para desempeñar un cargo o una función. **3** Dar un tratamiento honorífico a una persona o cosa.

nombre s.m. **1** Palabra o conjunto de palabras con las que se designan personas, objetos y cualidades para distinguirlos de otros. **2** Palabra o conjunto de palabras con las que se distingue a las personas. **3** Título de una publicación, un libro o denominación de una obra en general. **4** Buena fama. **5** Palabra que tiene género y lleva morfemas de número, que funciona como núcleo de un sintagma nominal y que puede realizar, entre otras, la función de sujeto. ◇ **en nombre de** Se utiliza para indicar que una persona actúa o hace una cosa en lugar de otra y con su representación y autoridad. ◇ **no tener nombre** Ser una acción tan horrenda y vituperable, que no se puede calificar.

nomenclátor s.m. Lista o catálogo de nombres.

nomenclatura s.f. **1** Conjunto de los términos técnicos propios de una ciencia. **2** Lista de nombres de personas o cosas.

nomeolvides s.f. **1** Planta herbácea de tallos tendidos y hojas ásperas. **2** Flor de esta planta que es de color azul después de la polinización.

◆ s.m. **3** Pulsera que lleva una placa con un nombre grabado.

nómina s.f. **1** Lista de nombres de personas o cosas. **2** Conjunto de personas que trabajan en una empresa, oficina o entidad pública y cobran un sueldo de ella. **3** Cantidad de dinero que recibe regularmente una persona de la empresa en la que trabaja.

nominación s.f. **1** Elección o designación de una persona para desempeñar un cargo o una función. **2** Acción que consiste en proponer a una persona o a una obra como candidata para que le sea concedido un premio.

nominal adj. **1** Relativo al nombre. **2** Se dice del valor o cargo que solo existe de nombre, y que es independiente de su valor real o efectivo. **3** Se dice del sintagma que tiene como núcleo un sustantivo.

nominalismo s.m. Doctrina filosófica que niega la existencia real de los conceptos universales en la realidad o en la mente y los considera como meros nombres o términos.

nominalista adj. **1** Relativo al nominalismo. ◆ adj. y s.m. y f. **2** Se dice de la persona que es partidaria del nominalismo.

nominalización s.f. Sustantivación.

nominalizar v.tr. Sustantivar.

nominar v.tr. **1** Proponer o señalar a una persona como candidata para un posible cargo o a una persona o una obra para que le sea concedido un premio. **2** Nombrar a una persona o cosa.

nominativo, a adj. **1** Se dice del documento que debe llevar el nombre de la persona que lo posee. ◆ s.m. **2** Caso de la declinación de algunas lenguas, como el latín, en que se pone la palabra que designa el sujeto de la oración.

non adj. y s.m. Se dice del número que no se puede dividir exactamente por dos.

nona s.f. **1** Última de las cuatro partes en que los romanos dividían el día. **2** Oficio religioso del clero católico, que se celebra hacia las tres de la tarde.

nonagenario, a adj. **1** Formal. Que tiene entre noventa y noventa y nueve años. ◆ adj. y s. **2** Formal. Se dice de la persona que tiene entre noventa y noventa y nueve años de edad.

nonagésimo, a adj.num.ordin. **1** Que ocupa el lugar número 90 en una serie ordenada. ◆ adj.num.partit. **2** Se dice de cada una de las partes que resultan de dividir un todo en noventa partes iguales.

nonato, a adj. Que no ha nacido de forma natural, sino que ha sido sacado del vientre de la madre.

noningentésimo, a adj.num.ordin. **1** Que ocupa el lugar número 900 en una serie ordenada. ◆ adj.num.partit. **2** Se dice de cada una de las partes que resultan de dividir un todo en novecientas partes iguales.

nopal s.m. Planta con tallos que parecen palas aplanadas de color verde, cuyo fruto es el higo chumbo.

noquear v.tr. Dejar fuera de combate a un contrincante en el boxeo.

norcoreano, a adj. y s. De Corea del Norte.

nordeste o **noreste** s.m. **1** Punto cardinal situado entre el norte y el este, a la misma distancia de ambos. **2** Parte de un lugar situada hacia este punto. **3** Viento que sopla desde este punto.

nórdico, a adj. y s. **1** Del norte de Europa. ◆ s.m. **2** Grupo de lenguas del grupo germano septentrional.

noreste s.m. Nordeste.

noria s.f. **1** Máquina que se utiliza para sacar agua de un pozo o de otro lugar, que está provista de unos recipientes que recogen y suben el agua. **2** Atracción de feria que consiste en una gran rueda que gira verticalmente.

norirlandés, sa adj. y s. De Irlanda del Norte.

norma s.f. **1** Regla o conjunto de reglas que hay que seguir para llevar a cabo una acción. **2** Regla que determina el tamaño, la composición y otras características que debe tener un objeto o un producto industrial. **3** Conjunto de reglas que determinan el uso correcto de una lengua. **4** Instrumento en forma de escuadra para ajustar maderas, piedras y otras cosas.

normal adj. **1** Que es corriente, habitual y no llama la atención ni se sale de lo ordinario. **2** Que por su naturaleza, tamaño o forma se considera que presenta un estado natural. **3** Que está de acuerdo con una norma fijada de antemano. **4** Que sirve de norma o regla. **5** Relativo a la normalidad en una disolución. ◆ s.f. **6** En matemáticas, recta perpendicular.

normalidad s.f. **1** Característica de lo que es normal. **2** Situación que es normal, habitual o no se sale de lo ordinario. **3** Concentración de una disolución.

normalización s.f. **1** Adaptación o sometimiento de una cosa a una serie de normas o reglas. **2** Restablecimiento de la normalidad o el orden en una cosa. **3** Proceso lingüístico por el cual se dota a una lengua con una gramática normativa, un diccionario y una ortografía.

normalizar v.tr. **1** Poner en orden una cosa. **2** Hacer que una cosa se ajuste a una norma, una regla o un modelo común.

normalmente adv. Indica que una acción se produce con bastante frecuencia y es habitual que ocurra así.

normando, a adj. y s. **1** De Normandía. **2** De los pueblos germánicos procedentes de Escandinavia.

normativa s.f. Conjunto de normas por las que se regula o se rige determinada materia o actividad.

normativo, a adj. **1** Que sirve de norma o se encarga de fijar las normas. **2** Se dice de la gramática que define los usos correctos de la lengua mediante la fijación de normas.

noroccidental adj. Relativo al noroeste.

noroeste s.m. **1** Punto cardinal situado entre el norte y el oeste, a la misma distancia de ambos. **2** Parte de un lugar situada hacia este punto. **3** Viento que sopla desde este punto.

nororiental adj. Relativo al noreste.

norte s.m. **1** Punto cardinal situado frente a una persona a cuya derecha está el lado por el que sale el Sol. □ Se escribe normalmente con mayúscula inicial. **2** Parte de un lugar situada hacia este punto. **3** Viento que sopla desde este punto. **4** Persona o cosa que sirve de guía u orientación.

norteafricano, a adj. y s. Del norte de África.

norteamericano, a adj. y s. **1** De América del Norte. **2** De Estados Unidos.

norteño, a adj. **1** Se dice del lugar que está situado en la parte norte de un país, un territorio u otro lugar. **2** Relativo al Norte.

noruego, a adj. y s. **1** De Noruega. ◆ s.m. y adj. **2** Lengua que se habla en este país.

nos pron. **1** Forma átona del pronombre de primera persona, en género masculino y femenino y en número plural, que realiza la función de complemento directo e indirecto. **2** Forma átona de primera persona del plural en las construcciones pronominales. **3** Se utilizaba antiguamente como pronombre de primera persona del singular y en la actualidad lo usan así algunas personas de elevada jerarquía, especialmente reyes o papas. □ Como sujeto, exige el verbo en plural, pero concuerda en singular con los adjetivos.

nosotros, as pron. Pronombre personal de primera persona de plural.

nostalgia s.f. **1** Sentimiento de tristeza o pena que causa el estar lejos de la patria o de las personas y lugares queridos. **2** Sentimiento de pena que causa recordar personas o cosas del pasado.

nostálgico, a adj. y s. **1** Que siente nostalgia. ◆ adj. **2** Que denota o manifiesta nostalgia.

nota s.f. **1** Escrito breve que se coloca a pie de página o al final de un texto para comentar, aclarar o completar el contenido del mismo. **2** Señal que se hace en un texto para indicar que a pie de página o al final del mismo hay una aclaración, referencia bibliográfica, etc. **3** Apunte que se toma sobre una materia para después ampliarla o recordarla. **4** Papel en el que se anota algo que ha de recordarse o que se quiere decir a otra persona. **5** Factura de un establecimiento de hostelería. **6** Noticia breve en un periódico o revista. **7** Documento escrito de carácter oficial en el que se explica algo o se da noticia de ello. **8** Calificación o número de puntos conseguidos en un examen o evaluación. **9** Calificación alta en un examen o evaluación. **10** Detalle, aspecto o característica que destaca en algo uniforme. **11** Sonido de la escala musical. **12** Signo gráfico que se utiliza de manera convencional para representar este sonido. ◇ **dar la nota** Llamar la atención diciendo o haciendo algo inadecuado o inconveniente. ◇ **tomar buena nota de algo** Prestar atención a algo para tenerlo en cuenta en el futuro.

notable adj. **1** Que destaca por su interés, por su rareza o por su importancia. ◆ s.m. **2** Calificación inmediatamente inferior a la de sobresaliente, que indica que se ha superado el nivel exigido de forma destacada. ◆ **notables** s.m.pl. **3** Personas más importantes de un lugar o de una colectividad.

notación s.f. **1** Sistema de signos convencionales que se utiliza en una disciplina determinada, especialmente en música y en matemáticas. **2** Representación por medio de signos o símbolos de una cosa.

notar v.tr. **1** Percibir una sensación a través de los sentidos. **2** Observar o advertir algo, como un sentimiento, una actitud, un fenómeno, etc. **3** Representar por medio de signos o símbolos una cosa. ◇ **hacerse notar** Llamar la atención una persona por su comportamiento.

notaría s.f. **1** Oficina donde trabaja el notario. **2** Cargo o profesión del notario.

notarial adj. **1** Relativo al notario. **2** Que está autorizado por un notario.

notario, a s. Funcionario público que tiene autoridad para asegurar que un documento es verdadero y conforme a lo que establece la ley. **OBS** Doble femenino: **notario** o **notaria**.

noticia s.f. **1** Comunicación de un suceso reciente, en especial la que se hace a través de un medio de comunicación. **2** Información, conocimiento o idea de una cosa. ◆ **noticias** s.f.pl. **3** Noticiario ◇ **noticia bomba** Noticia inesperada y sorprendente.

noticiario s.m. **1** Programa de radio o televisión en el que se transmiten noticias. **2** Conjunto de noticias divulgadas en los cines con formato de película cinematográfica.

notificación s.f. Acción y efecto de notificar.

notificar v.tr. **1** Comunicar una autoridad de forma oficial una conclusión o determinación a la que ha llegado con relación a cierto tema. **2** Hacer saber una cosa a alguien siguiendo ciertas formalidades.

notocordio s.m. Cuerda cartilaginosa que tienen en el dorso los animales del tipo de los cordados.

notoriedad s.f. Cualidad de notorio.

notorio, a adj. **1** Se dice de la persona que es muy conocida por todo el mundo. **2** Evidente, muy claro o patente.

nova s.f. Estrella que adquiere de manera brusca un brillo muy intenso y superior al que tiene habitualmente.

novatada s.f. **1** Broma que se gasta a una persona novata en un lugar. **2** Error debido a la falta de experiencia en un asunto o negocio.

novato, a adj. y s. Fam. Que lleva poco tiempo en un lugar y tiene poca experiencia.

novecentismo s.m. Movimiento cultural y artístico de principios del siglo XX que se caracteriza por una voluntad de rigor y racionalidad.

novecentista adj. **1** Relativo al novecentismo. ◆ adj. y s.m. y f. **2** Se dice de la persona que pertenece al novecentismo.

novecientos, as adj.num.cardin. **1** Ochocientos más cien. ◆ adj.num.ordin. **2** Que ocupa el lugar número 900 en una serie ordenada. ◆ s.m. **3** Número 900.

novedad s.f. **1** Cualidad de lo que es nuevo. **2** Cosa que es nueva, existe, se conoce o se usa desde hace poco tiempo. **3** Noticia o información sobre un hecho reciente que se desconoce. **4** Hecho que cambia o altera algo. **5** Extrañeza o admiración que causan las cosas no vistas o no oídas antes. ◆ **novedades** s.f.pl. **6** Artículos de venta, como ropa, libros, etc., que acaban de salir al mercado.

novedoso, a adj. Que existe, se conoce o se usa desde hace poco tiempo.

novel adj. y s.m. y f. Principiante e inexperto.

novela s.f. **1** Obra literaria en prosa de contenido real o ficticio. **2** Género literario al que pertenecen estas obras.

novelesco, a adj. **1** Relativo a la novela. **2** Extraordinario, propio de una novela.

novelista s.m. y f. Persona que se dedica a escribir novelas.

novelístico, a adj. Relativo a la novela como género literiario.

novena s.f. Serie de oraciones o actos devotos que se repiten durante nueve días seguidos.

noveno, a adj.num.ordin. **1** Que ocupa el lugar número 9 en una serie ordenada. ◆ adj.num.partit. **2** Se dice de cada una de las partes que resultan de dividir un todo en nueve partes iguales.

noventa adj.num.cardin. **1** Ochenta más diez. ◆ adj.num.ordin. **2** Que ocupa el lugar número 90 en una serie ordenada. ◆ s.m. **3** Número 90. ◇ **los noventa** Década comprendida entre los años 1990 y 1999.

noventavo adj.num.partit. Se dice de cada una de las partes que resultan de dividir un todo en noventa partes iguales.

noventayochista adj. **1** Relativo al grupo literario de la Generación del 98. ◆ adj. y s.m. y f. **2** Se dice de la persona que perteneció a la Generación del 98.

noviazgo s.m. **1** Relación que existe entre dos personas que tienen la intención de casarse. **2** Tiempo que dura esa relación.

noviciado s.m. **1** Período de preparación y reflexión que tiene un novicio antes de hacer los votos. **2** Residencia o casa donde viven los novicios. **3** Conjunto de novicios.

novicio, a s. **1** Persona que se prepara para entrar en una orden religiosa pero todavía no ha hecho los votos. ◆ adj. y s. **2** Se dice de la persona que se inicia en un arte u oficio.

noviembre s.m. Undécimo mes del año.

novillada s.f. **1** Corrida en la que se lidian novillos. **2** Conjunto de novillos.

novillero, a s. **1** Persona que lidia novillos por no haber tomado todavía la alternativa. **2** Fam. Persona que hace novillos.

novillo, a s. Cría de la vaca que tiene de dos a tres años. ◇ **hacer novillos** ESP, MÉX Faltar a clase o a un lugar donde se debe cumplir una obligación.

novilunio s.m. Fase lunar en la que la Luna no refleja luz y no es visible desde la Tierra.

novio, a s. **1** Persona que mantiene una relación de amor con otra con la que tiene intención de casarse o de vivir en pareja. **2** Persona que se acaba de casar.

novísimo, a adj. Superlativo de **nuevo**.

ntro., ntra. Abreviaturas de **nuestro** y **nuestra**.

nubarrón s.m. Nube grande, oscura y espesa.

nube s.f. **1** Masa visible de vapor de agua que está suspendida en la atmósfera y que se forma por disminución de la temperatura atmosférica. **2** Acumulación de partículas de polvo, humo u otras sustancias que adquiere el aspecto de una nube. **3** Conjunto grande de personas, animales o cosas acumuladas en un lugar o que se desplazan en la misma dirección. **4** Mancha pequeña y blanca que se forma en la capa exterior de la córnea ocular y que no deja ver con claridad. **5** Cosa que temporalmente oscurece, encubre o no deja ver otra. ◇ **en las nubes** Fam. Se usa para expresar que una persona está distraída o no se percata de lo que ocurre a su alrededor, en especial cuando esto es notorio. ◇ **por las nubes** Que tiene un precio excesivamente elevado.

nublado adj. **1** Que está cubierto de nubes. ◆ s.m. **2** Nube muy densa y oscura que amenaza tormenta.

nublar v.tr. **1** Ocultar las nubes el azul del cielo o la luz del Sol o la Luna. **2** Dificultar el sentido de la visión. **3** Alterar y confundir la razón. **4** Quitar la importancia o el interés a una cosa inmaterial.

nubosidad s.f. **1** Presencia de nubes en el cielo. **2** Cantidad de nubes, que cubren el cielo en un momento determinado.

nuboso, a adj. Que está cubierto de nubes.

nubuc o **nubuk** s.m. Nobuk.

nuca s.f. Parte superior y posterior del cuello.

nuclear adj. **1** Relativo al núcleo de una célula o átomo. **2** Que emplea la energía producida por la desintegración del átomo. **3** Que es lo principal y lo más importante de alguna cosa.

nucleico, a adj. Se dice del ácido que constituye el núcleo fundamental de una célula.

núcleo s.m. **1** Parte o punto que está en el centro de algo. **2** Parte principal o más importante de algo. **3** Parte de una célula eucariota que contiene el material genético o ADN y está delimitada por una membrana. **4** Parte central de un átomo. **5** Elemento principal en un sintagma o grupo de palabras. **6** Lugar en el que hay un conjunto de casas habitadas y cierta actividad comercial. **7** Parte más densa y brillante de un cuerpo celeste. **8** Parte más profunda de la Tierra, compuesta principalmente por hierro y níquel.

nucléolo o **nucleolo** s.m. Orgánulo de una célula eucariota, que se compone de ARN ribosómico y cromatina.

nucleón s.m. Partícula que constituye el núcleo atómico.

nucleótido s.m. Molécula formada por un glúcido que es el componente básico de los ácidos nucleicos.

nudillo s.m. Parte exterior de la articulación de cada uno de los dedos de la mano.

nudismo s.m. Actividad o práctica de estar desnudo en público para conseguir un equilibrio físico y moral.

nudista adj. **1** Relativo al nudismo. ◆ s.m. y f. **2** Persona que practica el nudismo.

nudo s.m. **1** Lazo que se hace en un hilo, una cuerda u otra cosa parecida o que sirve para unir dos de esas cosas, y que cuanto más se estira por uno o los dos extremos, queda más apretado. **2** Sentimiento muy fuerte que une a dos personas. **3** Dificultad básica o más importante en una materia o asunto. **4** Punto donde se cruzan dos o más vías de comunicación. **5** Parte de una obra literaria o cinematográfica que sigue al planteamiento o introducción y en que tienen lugar los acontecimientos que complican el desarrollo de la acción antes del desenlace. **6** Bulto que se forma en el tallo de las plantas. **7** Bulto pequeño y duro que destaca en una superficie lisa. **8** Unidad para medir la velocidad que alcanza cualquier tipo de embarcación que equivale a una milla por hora. ◇ **nudo gordiano** Problema que tiene una solución difícil, pero que hay que resolver inmediatamente. ◇ **nudo marinero** Nudo que es muy seguro para atar cosas, pero fácil de deshacer.

nuera s.f. Esposa de un hijo, con respecto a los padres de este.

nuestro, a det. y pron. Forma del determinante y pronombre posesivo de primera persona del plural. ◇ **la nuestra** Ocasión más favorable para hacer algo la persona que habla y otro u otros individuos más. ◇ **los nuestros** Las personas que pertenecen al mismo grupo, familia o partido que la persona que habla.

nueva s.f. Noticia o información sobre algo que se desconoce.

nuevamente adv. Otra vez o de nuevo.

nueve adj.num.cardin. **1** Ocho más uno. ◆ adj.num.ordin. **2** Que ocupa el lugar número 9 en una serie ordenada. ◆ s.m. **3** Número 9.

nuevo, a adj. **1** Que acaba de aparecer, de formarse o de ser hecho. **2** Que se ve o se oye por primera vez. **3** Que se añade a un conjunto o a una clase. **4** Diferente de lo que existía o se conocía antes. **5** Que sustituye a una cosa de su misma clase. **6** Que no está estropeado, gastado o viejo por el uso. **7** Se dice de la persona que se siente descansada y recuperada. ◆ adj. y s. **8** Se dice de la persona que lleva poco tiempo en un lugar, en una profesión o en un trabajo. ◇ **de nuevo** Otra vez o una vez más.

nuez s.f. **1** Fruto del nogal de forma ovalada y cáscara dura que encierra la semilla. **2** Bulto pequeño de la laringe, en la parte anterior del cuello de los hombres adultos. ◇ **nuez moscada** Fruto de sabor fuerte que se emplea como especia.

nulidad s.f. **1** Falta de validez de determinada cosa. **2** Persona falta de inteligencia o de habilidad en algo.

nulo, a adj. **1** Se dice de la cosa o hecho que no tiene valor. **2** Se dice de la cosa o hecho que no tiene efecto. **3** Se dice de la persona que no tiene capacidad para una cosa determinada.

núm. o **n.º** Abreviatura de **número**.

numantino, a adj. y s. **1** De Numancia, antigua ciudad hispánica. ◆ adj. **2** Muy fuerte y resistente.

numeración s.f. **1** Conjunto de números en orden que identifican una serie de cosas. **2** Proceso que consiste en poner números a una serie de cosas. **3** Sistema para expresar todos los números con una cantidad limitada de palabras y de signos.

numerador s.m. Número que, situado en la parte superior de una fracción o ante la barra (/), indica las partes iguales del todo o de la unidad que se toman en una división.

numeral adj. **1** Relativo al número. ◆ adj. y s.m. **2** Se dice del determinante o pronombre que sirve para indicar cantidad, orden, partición o multiplicación.

numerar v.tr. **1** Contar los elementos que componen una serie siguiendo el orden establecido de los números. **2** Marcar los elementos que componen una serie con números ordenados. **3** Expresar con números.

numerario, a adj. y s. Se dice de la persona que ocupa una plaza fija dentro de un cuerpo profesional.

numérico, a adj. Relativo al número.

número s.m. **1** Signo con que se representa una cantidad o un valor. **2** Valor o expresión de la cantidad, con relación a la unidad. **3** Cantidad no determinada de personas, animales o cosas. **4** Puesto que se ocupa en una fila u otra serie ordenada. **5** Fascículo o cuaderno que aparece periódicamente y que forma parte de una serie. **6** Billete en el que aparece una cifra con la cual se puede participar en un sorteo. **7** Medida por la que se ordenan los zapatos y las prendas de vestir, según su tamaño. **8** Parte o acto de un espectáculo o de una función destinada al público. **9** Categoría gramatical que expresa si la palabra se refiere a un elemento o a un conjunto (singular y plural). **10** Fam. Acción extraña o con que se llama la atención o se hace el ridículo. **11** Persona sin graduación en los cuerpos militares de la Guardia Civil y de la Policía. ◇ **de número** ESP Que forma parte de un conjunto compuesto por una cantidad fija y limitada de personas. ◇ **en números rojos** En saldo negativo en la cuenta de un banco o caja. ◇ **hacer números** Calcular las posibilidades de hacer o conseguir una cosa con dinero. ◇ **número primo** Número que solamente se puede dividir por él mismo y por la unidad. ◇ **número romano** Letra del alfabeto latino que se usa para representar una cantidad.

numeroso, a adj. **1** Que incluye gran número de personas, animales o cosas. **2** Que existe en mucha cantidad.

numismática s.f. Ciencia que estudia el conocimiento de las monedas y medallas, especialmente de las antiguas.

nunca adv. En ningún tiempo o ninguna vez. ◇ **nunca más** o **nunca jamás** En ningún tiempo o ninguna vez.

nuncio s.m. **1** Hombre que es el representante diplomático del Papa en un país o estado. **2** Hombre que lleva encargos, noticias o avisos de una persona a otra. **3** Formal. Cosa que anuncia y precede algo.

nupcial adj. Relativo a la boda.

nupcias s.f.pl. Formal. Boda.

nutación s.f. **1** Movimiento periódico de oscilación del eje de rotación de la Tierra. **2** Cambio de posición o dirección que experimentan algunos órganos de una planta.

nutria s.f. Animal mamífero de cuerpo largo y delgado, abundante pelo rojo oscuro o marrón, patas cortas, que nada muy bien y se alimenta principalmente de peces.

nutrición s.f. Acción de nutrir o nutrirse.

nutrido, a adj. Que incluye gran cantidad de personas, animales o cosas.

nutriente adj. **1** Que nutre o alimenta. ◆ s.m. **2** Sustancia que asegura la conservación y crecimiento de un organismo.

nutrir v.tr. **1** Proporcionar las sustancias que necesita el organismo de un ser vivo para completar lo que pierde y para crecer. **2** Abastecer o llenar una cosa de lo que necesita para funcionar. **3** Aumentar o dar fuerzas a una persona.

nutritivo, a adj. Que sirve para alimentar.

ny o **ni** s.f. Nombre de la decimotercera letra del alfabeto griego; se escribe N/ν y se transcribe como n.

nylon s.m. Nailon.

ñ s.f. Decimoquinta letra del alfabeto español; su nombre es eñe.

ñame s.m. **1** Planta trepadora de hojas grandes y flores pequeñas y verdosas. **2** Raíz comestible de esta planta que tiene la corteza casi negra.

ñandú (pl. ñandúes) s.m. Ave de América del Sur, de color gris, con patas y cuello largos y fuertes.

ñandutí s.m. AMÉR Encaje muy fino.

ñango, a adj. y s. **1** ARG, URUG Se dice de la persona que se arregla mal o tiene un aspecto desagradable. **2** COL, VENEZ Se dice de la persona que tiene baja estatura. **3** P RICO Tonto, necio.

ñaño, a s. **1** ARG, ECUAD Hermano mayor de una persona. **2** ARG, ECUAD Amigo entrañable de una persona.

ñapango, a adj. COL Mestizo o mulato.

ñata s.f. AMÉR Nariz de una persona.

ñatear v.intr. COL Hablar gangosamente una persona.

ñato, a adj. AMÉR Chato, romo.

ñeque s.m. **1** AMÉR Fuerza, valentía. ◆ adj. **2** AMÉR Fuerte, valiente.

ñoñería s.f. Obra o dicho de una persona que es simple, tímida y falta de ingenio.

ñoño, a adj. y s. **1** Desp. Se dice de la persona que es muy simple, tímida y apocada. **2** ARG, MÉX, PAR, URUG Cursi, pasado de moda y anticuado. **3** Fam. CUBA Se dice de la persona que es mimosa. ◆ adj. **4** Que no tiene gracia ni interés.

ñoqui s.m. Pasta de patatas, harina de trigo, mantequilla, leche, huevo y queso.

ñu s.m. Antílope con el cuerpo parecido al de los caballos, la cabeza grande y cuernos curvos como los de los toros.

O

1. **o** (pl. oes) s.f. Decimosexta letra del alfabeto español; su nombre es o.

2. **o** conj. **1** Se usa para unir dos elementos de un mismo nivel o función gramatical y expresa alternativa o exclusión de uno de ellos. **2** Se usa para explicar, de una manera equivalente, lo dicho anteriormente. **3** Se usa entre dos números para delimitar de manera aproximada una cantidad. ◇ **o sea** Se usa como inciso para explicar, de una manera equivalente, lo dicho anteriormente.
OBS Se sustituye por u cuando la palabra siguiente comienza por o- o por ho-: ayer u hoy.

oasis s.m. **1** Lugar con agua en el que crece la vegetación y que se encuentra en medio de una zona árida. **2** Lugar o momento de descanso en medio de las dificultades.

obcecación s.f. Acción y efecto de obcecar.

obcecar v.tr. **1** Confundir la mente de una persona e impedir que pueda razonar con claridad. ◆ **obcecarse** v.prnl. **2** Insistir mucho en una actividad o idea sin atender a ninguna otra.

obedecer (30) v.tr. **1** Cumplir una persona la voluntad de quien manda o lo que establece una ley o norma. **2** Hacer un animal los movimientos que se le ordenan. **3** Ceder una cosa ante el esfuerzo que se hace para cambiar su forma o estado. ◆ v.intr. **4** Tener origen una cosa.

obediencia s.f. **1** Acción y efecto de obedecer. **2** Cualidad de obediente.

obediente adj. Que hace o acostumbra a hacer lo que se le manda.

obelisco s.m. Monumento en forma de pilar con remate piramidal.

obertura s.f. Composición instrumental que da inicio o introduce ciertas obras musicales.

obesidad s.f. Exceso de grasa en el cuerpo.

obeso, a adj. Se dice de la persona que tiene exceso de grasa en el cuerpo.

óbice s.m. Dificultad u obstáculo.

obispado s.m. **1** Cargo y dignidad de obispo. **2** Territorio o zona donde un obispo ejerce sus funciones. **3** Edificio u oficina donde funciona la administración que depende del obispo.

obispo s.m. Sacerdote cristiano cuyas funciones principales son gobernar una diócesis, ordenar sacerdotes, confirmar a los fieles y consagrar iglesias.

óbito s.m. Formal. Fallecimiento.

objeción s.f. Razón que se propone o dificultad que se presenta para rechazar o negar una idea o una propuesta. ◇ **objeción de conciencia** Razón o razones de carácter ético o religioso para no cumplir el servicio militar.

objetar v.tr. **1** Proponer una razón contraria a lo que se ha dicho. ◆ v.intr. **2** Hacer objeción de conciencia.

objetividad s.f. Imparcialidad con que se trata o se considera un asunto.

objetivo, a adj. **1** Que no está determinado por sentimientos o intereses personales. **2** Relativo al objeto. **3** En medicina, se dice del síntoma perceptible por los médicos. ◆ s.m. **4** Fin al que se dirige una acción u operación. **5** Lente o sistema de lentes que aumenta la visión en los instrumentos ópticos. **6** Punto o zona que se ha de atacar u ocupar militarmente.

objeto s.m. **1** Cosa material e inanimada, generalmente de tamaño pequeño o mediano. **2** Materia o asunto que el individuo percibe y sobre el cual piensa. **3** Materia o asunto de que se ocupa una ciencia. **4** Objetivo (fin). **5** Palabra o sintagma que complementa al verbo en una oración. ◇ **al**, o **con, objeto de** Con la finalidad de.

objetor, ra adj. y s. Que hace objeciones, especialmente de conciencia.

oblea s.f. **1** Hoja muy delgada de una masa hecha con harina y agua y sin levadura. **2** Hoja muy delgada de una masa de harina, agua y azúcar. **3** Hoja muy delgada de goma arábiga para pegar sobres, pliegos, etc.

oblicuángulo, a adj. y s.m. Se dice de la figura geométrica sin ángulos rectos.

oblicuo, a adj. **1** Que está en una posición media entre la vertical y la horizontal. **2** Se dice de la línea o el plano que no forma ángulo recto con relación a otro.

obligación s.f. **1** Exigencia establecida por la moral, la ley o la autoridad. **2** Cosa que se debe hacer. **3** Título, generalmente amortizable, al portador y con interés fijo, que representa una cantidad de dinero que ha sido prestada por una persona u organismo a alguien con la exigencia de ser devuelto en un plazo determinado.

obligar v.tr. **1** Mover o impulsar con autoridad a hacer una cosa a una persona sin dejarle elegir. **2** Tener suficiente autoridad determinada cosa para hacer cumplir lo que ordena. **3** Hacer fuerza en una cosa para conseguir un efecto de ella. ◆ **obligarse** v.prnl. **4** Comprometerse a cumplir una cosa.

obligatoriedad s.f. Cualidad de obligatorio.

obligatorio, a adj. Que debe hacerse o cumplirse.

oblongo, a adj. Formal. Más largo que ancho.

obnubilar v.tr. **1** Formal. Ofuscar. **2** Formal. Dejar admirada a una persona.

oboe s.m. **1** Instrumento musical de viento formado por un tubo de madera cónico, con orificios. ◆ s.m. y f. **2** Persona que en una orquesta o grupo musical toca este instrumento.

obra s.f. **1** Cosa hecha o producida por un agente. **2** Producción del pensamiento humano en la ciencia, la cultura o el arte hecha en un momento determinado. **3** Construcción o arreglo de un edificio o de parte de él, de un camino, de un canal o de otra cosa. **4** Actividad o trabajo hecho por una o varias personas. **5** Acción buena o ejemplar. ◇ **de obra** De manera material y no de palabra. ◇ **en obras** En proceso de construcción o de arreglo. ◇ **por obra de** Por medio de o mediante el poder de.

obrar v.intr. **1** Comportarse o proceder de una manera determinada. **2** Estar una cosa en un lugar determinado. **3** Formal. Defecar. ◆ v.tr. **4** Someter una materia a una acción continua y ordenada para darle forma. **5** Construir o levantar un edificio. **6** Causar un efecto determinado.

obrero, a s. **1** Persona que tiene por oficio hacer un trabajo manual o que requiere esfuerzo físico. ◆ adj. **2** Relativo a los trabajadores. ◆ adj. y s.f. **3** Se dice de la hembra estéril que desempeña tareas de abastecimiento en colonias de ciertos insectos.

obscenidad s.f. **1** Cualidad de obsceno. **2** Dicho o acción obscenos.

obsceno, a adj. Que va contra lo que establece la moral, especialmente en el terreno sexual.

obscurantismo ▷ oscurantismo.

obscurantista ▷ oscurantista.

obscurecer ▷ oscurecer.

obscurecimiento ▷ oscurecimiento.

obscuridad ▷ oscuridad.

obscuro, a ▷ oscuro, a.

obsequiar (1d) v.tr. **1** Dar u ofrecer una cosa a una persona como muestra de afecto o de consideración. **2** Tratar con afecto y consideración.

obsequio s.m. **1** Objeto o cosa que se da como muestra de afecto o de consideración. **2** Muestra o señal de afecto o de cortesía.

obsequioso, a adj. Se dice de la persona que hace atenciones o regalos.

observación s.f. **1** Examen detenido de una cosa o de un fenómeno. **2** Nota escrita que explica o aclara un dato. **3** Razón que se propone o problema que se presenta para rechazar, cambiar o mejorar una idea o una propuesta. **4** Cumplimiento de una ley o mandato.

observador, ra adj. y s. **1** Que observa. ◆ s. **2** Persona que asiste a un acontecimiento para seguirlo con atención.

observancia s.f. Cumplimiento riguroso de lo que se manda hacer.

observar v.tr. **1** Mirar o examinar con atención. **2** Darse cuenta de un hecho. **3** Cumplir exactamente lo que se manda.

observatorio s.m. **1** Edificio que tiene el personal y los instrumentos adecuados para observar el cielo o el espacio. **2** Lugar apropiado para observar.

obsesión s.f. Idea fija o preocupación excesiva que ocupa la mente.

obsesionar v.tr. Ocupar la mente con una obsesión.

obsesivo, a adj. **1** Que obsesiona. ◆ adj. y s. **2** Que tiene inclinación a obsesionarse.

obseso, a adj. y s. Se dice de la persona que sufre una obsesión, especialmente sexual.

obsidiana s.f. Roca volcánica vítrea y compacta de color verde muy oscuro o negro.

obsoleto, a adj. Formal. Anticuado.

obstaculizar v.tr. Impedir o hacer difícil el paso o el desarrollo de una acción.

obstáculo s.m. **1** Cosa que impide pasar o avanzar. **2** Situación o hecho que impide el desarrollo de una acción.

obstante ◇ **no obstante** loc. Indica que aquello de que se ha hablado no es obstáculo para lo que sigue.

obstetra s.m. y f. Especialista en obstetricia.

obstetricia s.f. Parte de la medicina que se ocupa del estudio y cuidado de la salud de las mujeres durante el embarazo, el parto y el período posterior a este.

obstinación s.f. Mantenimiento excesivamente firme de una idea, intención u opinión.

obstinado, a adj. **1** Que se mantiene firme en una opinión o actitud a pesar de las razones o las dificultades que pueda haber en contra. **2** Se dice de la actitud que es muy firme y tenaz.

obstinarse v.prnl. Mantenerse excesivamente firme en una idea, intención u opinión.

obstrucción s.f. Acción y efecto de obstruir.

obstruir (23) v.tr. **1** Cerrar o estrechar el paso de una cosa en movimiento por una vía, un conducto o un camino. **2** Cerrar o impedir el acceso a un lugar. **3** Impedir o hacer difícil el desarrollo de un proceso o de una actividad.

obtención s.f. Acción y efecto de obtener.

obtener (48) v.tr. **1** Lograr, conseguir o llegar a tener algo que se quiere o se solicita. **2** Producir o sacar determinada cosa, generalmente a partir de otra.

obturar v.tr. Cerrar o tapar una abertura o un orificio aplicando o introduciendo alguna cosa.

obtusángulo adj. Se dice del triángulo que tiene un ángulo obtuso.

obtuso, a adj. **1** Que no tiene punta. **2** Se dice de la persona que es lenta en comprender las cosas más simples. **3** Se dice del ángulo que tiene más de 90 grados y menos de 180.

obús s.m. **1** Arma pesada de fuego formada por un tubo de menor tamaño y diámetro que el de un cañón. **2** Proyectil de esta arma.

obviar (1d) v.tr. **1** Evitar o hacer desaparecer obstáculos o problemas. **2** Dejar de nombrar o decir algo, especialmente cuando se considera sabido.

obvio, a adj. **1** Se dice del suceso o hecho que está a la vista. **2** Que es muy claro o que no es difícil de entender.

oca s.f. **1** Ave palmípeda con el pico de color naranja. **2** ESP Juego de mesa que consiste en un tablero con 63 casillas numeradas por las que se avanza según el número que sale al tirar un dado.

ocarina s.f. Instrumento musical de viento hecho de barro o metal, de forma ovalada.

ocasión s.f. **1** Lugar o momento más oportuno en el tiempo para hacer o conseguir una cosa. **2** Momento y lugar en los que se sitúa un hecho o una circunstancia. **3** Causa o motivo de una cosa. ◇ **de ocasión** Que se vende a un precio más bajo del habitual o es de segunda mano.

ocasional adj. **1** Que ocurre por azar o accidente. **2** Que ocurre en alguna ocasión, pero que no es habitual.

ocasionar v.tr. Ser causa u origen de un suceso.

ocaso s.m. **1** Formal. Puesta del Sol o de otro cuerpo celeste por el horizonte. **2** Punto cardinal situado hacia donde se oculta el Sol. **3** Decadencia de lo que fue famoso o importante.

occidental adj. **1** Relativo al occidente. ◆ s.m. y f. y adj. **2** Persona que es de uno de los países de Occidente.

occidente s.m. **1** Punto cardinal situado en el lado por donde se oculta el Sol. **2** Parte de un lugar situada hacia este punto. **3** Conjunto de países, cuyas lenguas y culturas son de origen europeo. □ Se escribe normalmente con mayúscula inicial.

occipital s.m. y adj. Hueso situado en la parte posterior de la cabeza, donde esta se une con las vértebras del cuello.

occitano, a adj. y s. **1** De Occitania, en el sur de Francia. ◆ s.m. y adj. **2** Lengua románica hablada en el sur de Francia.

oceanario s.m. Instalación acuática de grandes dimensiones que acoge animales acuáticos.

1. **oceánico, a** adj. **1** Relativo al océano. **2** Se dice del clima de pocos contrastes térmicos y abundantes lluvias.

2. **oceánico, a** adj. De Oceanía.

océano s.m. **1** Masa de agua salada que cubre aproximadamente las tres cuartas partes de la Tierra. **2** Parte en que se considera dividida esta masa.

oceanografía s.f. Ciencia que estudia los mares, sus fenómenos, y su flora y fauna.

ocelo s.m. **1** Ojo simple y pequeño de los animales invertebrados. **2** Mancha de forma redonda y bicolor en las alas de algunos insectos o aves.

ocelote s.m. Mamífero carnívoro felino, algo mayor que un gato.

ochenta adj.num.cardin. **1** Setenta más diez. ◆ adj.num.ordin. **2** Que ocupa el lugar número 80 en una serie ordenada. ◆ s.m. **3** Número 80. ◇ **los ochenta** Década comprendida entre los años 1980 y 1989.

ochentavo, a adj.num.partit. Se dice de cada una de las partes que resultan de dividir un todo en ochenta partes iguales.

ocho adj.num.cardin. **1** Siete más uno. ◆ adj.num.ordin. **2** Que ocupa el lugar número 8 en una serie ordenada. ◆ s.m. **3** Número 8.

ochocientos, as adj.num.cardin. **1** Setecientos más cien. ◆ adj.num.ordin. **2** Que ocupa el lugar número 800 en una serie ordenada. ◆ s.m. **3** Número 800.

ocio s.m. **1** Tiempo libre o descanso de las ocupaciones habituales. **2** Diversión u ocupación que se elige para los momentos de tiempo libre.

ocioso, a adj. y s. **1** Se dice de la persona que no está realizando ninguna actividad. ◆ adj. **2** Que no sirve para lo que es aplicado. **3** Se dice de la cosa inmaterial u objeto que no tiene utilidad, provecho ni sentido.

oclusión s.f. Cierre o estrechamiento de una vía o conducto del organismo.

oclusivo, a adj. **1** Que cierra un conducto del organismo. **2** Se dice del sonido consonántico que se pronuncia impidiendo por un instante la salida del aire y expulsando después de golpe el aire acumulado. ◆ **adj. y s.f. 3** Se dice de la consonante que se articula en este punto.

ocote s.m. EL SALV, GUAT, MÉX Pino.

ocre s.m. y adj. **1** Color amarillo oscuro. ◆ adj. **2** Que es de este color. ◆ s.m. **3** Mineral con aspecto de tierra y de color amarillo.

octaedro s.m. Poliedro regular formado por ocho caras que son triángulos equiláteros.

octagonal adj. Octogonal.

octágono s.m. Octógono.

octanaje s.m. Cantidad o porcentaje de octanos en un carburante.

octano s.m. **1** Hidrocarburo saturado que se obtiene del petróleo. **2** Porcentaje de este líquido combustible que contiene un carburante.

octástilo adj. y s.m. Se dice del templo o pórtico que tiene ocho columnas en su frente.

octava s.f. **1** Estrofa de ocho versos de arte mayor. **2** Intervalo de la escala musical entre una nota y la octava superior o inferior a esta. **3** Serie de notas comprendidas en este intervalo. **4** Nota que está separada de otra por este intervalo. **5** Período de ocho días durante los que la Iglesia católica celebra una fiesta determinada.

octavilla s.f. **1** Hoja pequeña de papel impresa con publicidad, generalmente de carácter político. **2** Octava parte de un pliego de papel. **3** Estrofa de ocho versos de arte menor.

octavo, a adj.num.ordin. **1** Que ocupa el lugar número 8 en una serie ordenada. ◆ adj.num.partit. **2** Se dice de cada una de las partes que resultan de dividir un todo en ocho partes iguales. ◇ **octavos de final** Fase o prueba eliminatoria de una competición en que se enfrentan por parejas dieciséis contrincantes.

octeto s.m. **1** Conjunto musical formado por ocho voces o instrumentos. ◆ s.f. **2** Composición musical para ocho voces o instrumentos.

octingentésimo, a adj.num.ordin. **1** Que ocupa el lugar número 800 en una serie ordenada. ◆ adj.num.partit. **2** Se dice de cada una de las partes que resultan de dividir un todo en ochocientas partes iguales.

octogenario, a adj. **1** Formal. Que tiene entre ochenta y ochenta y nueve años. ◆ adj. y s. **2** Formal. Se dice de la persona que tiene entre ochenta y ochenta y nueve años de edad.

octogésimo, a adj.num.ordin. **1** Que ocupa el lugar número 80 en una serie ordenada. ◆ adj.num.partit. **2** Se dice de cada una de las partes que resultan de dividir un todo en ochenta partes iguales.

octogonal adj. Que tiene forma de octógono.

octógono s.m. Polígono de ocho lados.

octópodo adj. y s.m. **1** Se dice del molusco que tiene ocho brazos o tentáculos. ◆ **octópodos** s.m.pl. **2** Grupo taxonómico, con categoría de orden, constituido por estos moluscos.

octosilábico, a adj. Octosílabo.

octosílabo, a adj. y s.m. Que tiene ocho sílabas.

octubre s.m. Décimo mes del año.

óctuple adj. y s.m. Óctuplo.

óctuplo, a adj. y s.m. Que es ocho veces el numero o cantidad de cierta cosa.

ocular adj. **1** Relativo al ojo. ◆ s.m. **2** Cristal o sistema de lentes que aumenta el tamaño de la imagen.

oculista s.m. y f. Oftalmólogo.

óculo s.m. Ventana pequeña de forma circular.

ocultación s.f. Encubrimiento de una cosa que se hace para que no se sepa o no se note.

ocultar v.tr. **1** Impedir que una persona, animal o cosa sea encontrada o advertida. **2** Callar lo que se debe decir. ◆ **ocultarse** v.prnl. **3** Ponerse el Sol o la Luna.

ocultismo s.m. Estudio y práctica de ciertos fenómenos que carecen de explicación científica.

ocultista adj. **1** Relativo al ocultismo. ◆ s.m. y f. **2** Persona que estudia o practica el ocultismo.

oculto, a adj. Que no se deja ver o conocer.

ocupa s.m. y f. Okupa.

ocupación s.f. **1** Toma de posesión de un lugar. **2** Trabajo o actividad en el que alguien ocupa el tiempo.

ocupante adj. y s.m. y f. Que ocupa un lugar.

ocupar v.tr. **1** Llenar un espacio o un lugar. **2** Entrar en un lugar, invadirlo o instalarse en él. **3** Habitar una casa o estar instalado en un lugar. **4** Obtener o desempeñar un empleo, un trabajo o un cargo determinados. **5** Dar trabajo o empleo a alguien. **6** Necesitar un tiempo determinado para hacer algo. **7** Dedicar un tiempo determinado a una actividad determinada. ◆ **ocuparse** v.prnl. **8** Hacerse responsable de un asunto o encargarse de él. **9** Tratar, hablar o escribir sobre un asunto determinado.

ocurrencia s.f. **1** Idea inesperada y original. **2** Dicho o hecho gracioso e ingenioso. **3** Aparición de un elemento lingüístico en un texto.

ocurrente adj. Original, ingenioso.

ocurrir v.intr. **1** Producirse un hecho. ◆ **ocurrirse** v.prnl. **2** Venir de pronto a la imaginación determinada idea o manera de hacer algo.

oda s.f. Composición poética de alabanza.

odalisca s.f. **1** Mujer que es esclava en un harén. **2** Mujer que forma parte de un harén.

odeón s.m. **1** En la antigua Grecia, edificio en el que se representaban espectáculos musicales. **2** Teatro moderno en el que se representan óperas.

odiar (1d) v.tr. Sentir odio.

odio s.m. Sentimiento fuerte de rechazo o antipatía hacia alguien o algo cuyo mal se desea.

odioso, a adj. **1** Que provoca un sentimiento de odio. **2** Fam. Molesto y desagradable.

odisea s.f. **1** Viaje largo lleno de aventuras y dificultades. **2** Conjunto de dificultades que se pasan para conseguir un fin determinado.

odontología s.f. Parte de la medicina que se ocupa de los dientes, de sus enfermedades y de sus tratamientos.

odontólogo, a s. Especialista en odontología.

odre s.m. Especie de saco hecho de cuero o piel utilizado para contener líquidos.

oersted (pl. oersteds) s.m. Unidad de intensidad de campo magnético, de símbolo Oe.

oeste s.m. **1** Punto cardinal situado en el lado por donde se oculta el Sol. □ Se escribe normalmente con mayúscula inicial. **2** Parte de un lugar situada hacia este punto. **3** Viento que sopla desde este punto. **4** Territorio de los Estados Unidos de América situado entre los Apalaches y el Pacífico. □ Se escribe normalmente con mayúscula inicial.

ofender v.tr. **1** Hacer o decir algo que significa para una persona humillación o desprecio. **2** Molestar. ◆ **ofenderse** v.prnl. **3** Sentirse molesto por considerarse humillado o despreciado.

ofensa s.f. Acción o dicho que hace que alguien se sienta humillado o despreciado.

ofensiva s.f. Ataque, especialmente militar.

ofensivo, a adj. **1** Que se hace para ofender. **2** Que sirve para atacar.

oferta s.f. **1** Ofrecimiento para hacer o cumplir una cosa. **2** Acción de ofrecer mercancías, especialmente a un precio bajo o más bajo. **3** Mercancía que se ofrece a un precio más bajo de lo normal. **4** Cantidad de dinero que se ofrece para conseguir una mercancía o un servicio que se vende o se subasta.

ofertar v.tr. **1** Ofrecer mercancías a un precio rebajado. **2** AMÉR Prometer u ofrecer algo. **3** AMÉR Dar u ofrecer voluntariamente una cosa.

ofertorio s.m. Parte de la misa católica en la cual el sacerdote ofrece a Dios el pan y el vino antes de consagrarlos.

office (pl. offices) s.m. ESP Habitación que está situada junto a la cocina.
OBS Pronunc. 'ofís' u 'ofis'.

oficial adj. **1** Que depende o procede de una autoridad estatal o local. **2** Reconocido y aceptado por la autoridad estatal o local pertinente. ◆ adj. y s.m. y f. **3** Se dice de la persona que asiste a un centro que depende del Estado. **4** Se dice de la persona que estudia y prepara la parte administrativa de los negocios en una oficina bajo las órdenes de un jefe. ◆ s.m. y f. **5** Militar que pertenece a una categoría superior a la de los suboficiales e inferior a la de los jefes. **6** Persona que ha terminado de aprender un oficio pero todavía no tiene el cargo de maestro. □ Femenino: oficiala.

oficiala ▷ oficial.

oficialismo s.m. **1** Presencia excesiva de la autoridad oficial. **2** AMÉR Conjunto de personas que forman un gobierno. **3** AMÉR Conjunto de fuerzas políticas que apoyan a un gobierno.

oficiante adj. y s.m. Que celebra la misa.

oficiar (1d) v.tr. **1** Decir la misa y demás oficios de la Iglesia. **2** Comunicar oficialmente y por escrito. ◆ v.intr. **3** Actuar en calidad de algo.

oficina s.f. Local donde se llevan a cabo trabajos administrativos o de gestión.

oficinista s.m. y f. Persona empleada en una oficina.

oficio s.m. **1** Ocupación que requiere esfuerzo físico o habilidad manual. **2** Ocupación habitual. **3** Función propia de alguna cosa. **4** Comunicación escrita oficial. **5** Ceremonia de la Iglesia. ◇ **de oficio** Que depende del estado y no debe ser pedido ni pagado por parte alguna. □ Que se realiza por orden de una autoridad.

oficioso, a adj. Que no tiene carácter oficial a pesar de provenir de una autoridad.

ofidio adj. y s.m. **1** Se dice del reptil que tiene un cuerpo largo y estrecho recubierto de escamas y que carece de extremidades. ◆ **ofidios** s.m.pl. **2** Grupo taxonómico, con categoría de suborden, constituido por estos reptiles.

ofimática s.f. Aplicación de la informática a trabajos de oficina.

ofiura s.f. Invertebrado marino del filo equinodernos, similar a la estrella de mar.

ofrecer (30) v.tr. **1** Dar o dejar voluntariamente alguna cosa a alguien. **2** Proponer a alguien para ocupar un puesto determinado o participar en una actividad concreta. **3** Prometer, dar o entregar algo, generalmente a cambio de otra cosa. **4** Poner delante de alguien o acercarle algo. **5** Decir la cantidad que se está dispuesto a pagar por una cosa.

ofrecimiento s.m. **1** Acción de ofrecer u ofrecerse. **2** Efecto de ofrecer u ofrecerse.

ofrenda s.f. Ofrecimiento que se hace en señal de gratitud o respeto.

oftalmología s.f. Parte de la medicina que se ocupa de las enfermedades de los ojos, los defectos de la vista y la ceguera.

oftalmólogo, a s. Especialista en oftalmología.

ofuscación s.f. **1** Confusión mental grande que impide razonar o ver las cosas con claridad. **2** Turbación de la vista.

ofuscar v.tr. **1** Perder momentáneamente la capacidad de razonar y no poder pensar con claridad. **2** Formal. No poder ver con claridad debido a un exceso de luz. **3** Disminuir la luz y la claridad. ◆ **ofuscarse** v.prnl. **4** Obsesionarse con algo y no poder pensar con claridad.

ogro, ogresa s.m. **1** Ser imaginario de aspecto humano y de gran tamaño que se alimenta de carne humana. **2** Fam. Persona de mal carácter.

oh interj. Expresa un sentimiento fuerte, generalmente sorpresa, admiración o pena.

ohm u ohmio (pl. ohms u ohmios) s.m. Unidad de resistencia eléctrica del Sistema Internacional, de símbolo Ω.

oído s.m. **1** Órgano del cuerpo con el que se perciben los sonidos. **2** Sentido del cuerpo con el que se perciben los sonidos. **3** Capacidad de una persona para recoger, distinguir y reproducir de manera exacta sonidos musicales. ◇ **dar,** o **prestar, oídos** Escuchar y creer lo que se dice. ◇ **de oído** Referido a la música, de haberlo aprendido por uno mismo sin enseñanza académica o de otro tipo. ◇ **duro de oído** Referido a una persona, que no puede oír bien. ◇ **regalar el oído** Decir cosas agradables a una persona. ◇ **ser todo oídos** Fam. Escuchar con mucha atención.

oír (29) v.tr. **1** Percibir los sonidos por medio del oído. **2** Prestar atención a lo que se dice. **3** Atender o responder a los ruegos o peticiones de alguien. ◇ **como quien oye llover** Fam. Sin hacer ningún caso ni prestar atención.

ojal s.m. **1** Corte alargado y bien rematado con hilo que se hace en una tela para que pueda pasar por ella un botón con el que abrochar. **2** Orificio que atraviesa una cosa de parte a parte.

ojalá interj. Indica deseo de que suceda una cosa.

ojeada s.f. Mirada rápida y superficial.

1. **ojear** v.tr. **1** Dirigir los ojos y mirar superficialmente. **2** Buscar personas o cosas necesarias para un fin determinado.

2. **ojear** v.tr. Asustar y perseguir la caza para que se dirija a un lugar determinado.

ojera s.f. Mancha oscura que se forma bajo el párpado inferior.
OBS Suele usarse en plural.

ojeriza s.f. Fam. Sentimiento de rechazo o disgusto hacia alguien o algo.

ojeroso, a adj. Que tiene ojeras.

ojete s.m. **1** Abertura redonda y rematada con hilo que se hace en una tela. **2** Fam. Ano.

ojiva s.f. **1** Figura formada por dos arcos de círculos iguales que se cortan en uno de los extremos. **2** Arco que forma esta figura.

ojival adj. Que tiene forma de ojiva.

ojo s.m. **1** Órgano de la vista del ser humano y de los animales situado en la cabeza, que capta estímulos luminosos. **2** Parte de este órgano que es visible en la cara, a ambos lados de la nariz. **3** Atención y cuidado que se pone al hacer una cosa. **4** Capacidad para percibir rápidamente las características de un asunto o de una persona y formar un juicio sobre él. **5** Agujero que tiene la aguja de coser para meter el hilo. **6** Agujero de una cerradura. **7** Espacio vacío entre dos columnas o muros de un puente. **8** Centro de algo. **9** Hueco o agujero que presentan ciertos alimentos. **10** Dibujo circular de colores que aparece en las plumas de la cola de algunas aves, especialmente del pavo real. **11** Fuente que surge en un llano. ◆ **interj. 12** Expresión con la que se llama la atención a alguien para que evite un peligro. ◇ **abrir los ojos a alguien** Fam. Mostrar a una persona un aspecto de algo o de alguien que desconocía, generalmente un aspecto negativo. ◇ **andar con ojo** Fam. Estar prevenido. ◇ **a ojo (de buen cubero)** De manera aproximada y sin realizar ningún cálculo ni medición. ◇ **costar un ojo (de la cara)** Fam. Valer mucho dinero. ◇ **cuatro ojos** Fam. Persona que lleva gafas. ◇ **entrar por los ojos** Fam. Gustar mucho por el aspecto exterior. ◇ **en un abrir y cerrar de ojos** Fam. En muy poco tiempo. ◇ **no pegar ojo** Fam. No dormir. ◇ **no quitar ojo a algo o alguien** No dejar de mirar. ◇ **ojo a la funerala** Fam. Ojo que tiene un color amoratado a causa de un golpe. ◇ **ojo avizor** En actitud de vigilancia. ◇ **ojo de buey** Ventana redonda. □ Foco, generalmente halógeno, que se empotra en el techo. ◇ **sacar los ojos a alguien** Fam. Abusar de una persona, especialmente haciéndole gastar dinero.

ojota s.f. AMÉR SUR Sandalia usada actualmente por los campesinos.

okapi s.m. Mamífero rumiante parecido a la jirafa, pero con el cuello más corto y con rayas negras y blancas en las patas.

okupa u ocupa s.m. y f. Persona que vive de forma ilegal en una vivienda o en un local que no es de su propiedad.

ola s.f. **1** Ondulación que se forma en la superficie de las aguas, manifestada como un movimiento vertical, cuyo origen está en la acción del viento. **2** Variación térmica pronunciada y súbita en una región. **3** Oleada.

olán s.m. MÉX Volante o tira de tela plegada que adorna algunas prendas femeninas.

olé u ole interj. Expresión que se usa para alabar, aprobar o dar ánimo.

oleáceo, a adj. y s.f. **1** Se dice de la planta leñosa de hojas opuestas y flores hermafroditas agrupadas en racimo. ◆ **oleáceas** s.f.pl. **2** Grupo taxonómico, con categoría de familia, constituido por estas plantas.

oleada s.f. Afluencia de gran cantidad de personas o cosas.

oleaginoso, a adj. Formal. Oleoso.

oleaje s.m. Movimiento continuo de las olas.

óleo s.m. **1** Técnica pictórica que consiste en la disolución de los colores en un aglutinante graso. **2** Cuadro pintado con este tipo de colores. **3** Aceite que se usa en ciertas ceremonias de la Iglesia. □ Suele usarse en plural con valor singular. ◇ **al óleo** Que ha sido pintado con colores disueltos en aceite.

oleoducto s.m. Tubería que sirve para llevar petróleo de un lugar a otro.

oleoso, a adj. Que tiene mucho aceite, es graso o está grasiento.

oler (28) v.tr. **1** Percibir los olores. **2** Fam. Procurar enterarse con disimulo de una información. **3** Adivinar o sospechar una cosa oculta. ◆ v.intr. **4** Despedir olor. **5** Fam. Parecer o tener un aspecto determinado, generalmente malo.
OBS La o- pasa a **hue-** en las sílabas tónicas.

olfatear v.tr. **1** Aspirar el aire por la nariz repetidas veces para percibir los olores. **2** Fam. Indagar, intentar averiguar algo.

olfativo, a adj. Relativo al olfato.

olfato s.m. **1** Sentido que permite percibir y distinguir los olores. **2** Capacidad para descubrir lo que está oculto o percibir lo que no es evidente.

oligarca s.m. y f. Persona que forma parte del gobierno de una oligarquía.

oligarquía s.f. **1** Forma de gobierno en la que el poder está en manos de unas pocas personas pertenecientes a una clase social o grupo privilegiados. **2** Estado que se gobierna de esta manera.

oligisto s.m. Mineral opaco muy duro y pesado que es de color negruzco o pardo rojizo.

oligoceno, a adj. y s.m. **1** Se dice de la época geológica que es la tercera y última del período paleógeno y se extiende desde hace unos 40 millones de años hasta hace unos 25 millones de años. ◆ adj. **2** Relativo a esta época geológica.

oligoelemento s.m. Elemento químico que aparece en muy pequeñas cantidades en los seres vivos.

oligofrenia s.f. Discapacidad mental grave que se caracteriza por una deficiencia en el desarrollo intelectual y alteraciones nerviosas.

oligofrénico, a adj. **1** Relativo a la oligofrenia. ◆ adj. y s. **2** Se dice de la persona que padece oligofrenia.

olimpiada u olimpíada s.f. Competición deportiva de carácter internacional que tiene lugar cada cuatro años. □ Se escribe normalmente con mayúscula inicial.
OBS Suele usarse en plural con valor singular.

olímpicamente adv. De manera desconsiderada, despreciativa o altanera.

olímpico, a adj. **1** Relativo a las olimpiadas. ◆ adj. y s. **2** Se dice de la persona que ha participado en una o más Olimpiadas. ◆ adj. **3** Relativo al monte Olimpo. **4** Se dice de la actitud que es soberbia y altanera.

olimpismo s.m. Conjunto de todas las normas y valores olímpicos.

olimpo s.m. Punto más alto o mayor grado de perfección, intensidad o grandeza en algo.

olisquear v.tr. **1** Aspirar el aire por la nariz repetidas veces para percibir los olores. **2** Curiosear o fisgar una persona entre las cosas de otra.

oliva s.f. **1** Fruto del olivo, de tamaño pequeño, forma ovalada, color verde o negro y con hueso duro en su interior. **2** Olivo (árbol).

olivar s.m. Lugar poblado de olivos.

olivarero, a adj. **1** Relativo al cultivo o comercio del olivo y el aceite de oliva. ◆ s. **2** Persona que se dedica al cultivo o comercio del olivo y el aceite de oliva.

olivino s.m. Mineral compuesto de silicato de hierro y magnesio, de color verde amarillento.

olivo s.m. **1** Árbol de tronco corto cuyo fruto es la oliva o aceituna. **2** Madera de este árbol.

olla s.f. **1** Recipiente redondo y hondo, de barro o metal que se usa para cocinar. **2** Guiso hecho con carne, legumbres y hortalizas que se cuecen juntas. ◇ **olla de grillos** Fam. Lugar donde hay mucho ruido y alboroto.

olmedo s.m. Lugar poblado de olmos.

olmo s.m. Árbol de tronco fuerte y derecho, copa ancha, hojas caducas ovaladas con el borde dentado y flores de color blanco rosado.

olor s.m. **1** Emanación de ciertos cuerpos o sustancias que percibe el olfato y que produce algún tipo de sensación. **2** Aspecto extraño que mueve a sospechar algo malo. ◇ **en olor de** Con fama de.

oloroso, a adj. **1** Que despide olor, especialmente si es agradable. ◆ s.m. y adj. **2** Vino de Jerez de color dorado oscuro y muy aromático.

olvidadizo, a adj. Que se olvida de las cosas con facilidad y con frecuencia.

olvidar v.tr. y prnl. **1** Perder la memoria o el recuerdo de una cosa. **2** Perder el trato o el afecto con una persona. **3** No tener en cuenta algo.

olvido s.m. **1** Hecho de perder la memoria o no recordar una cosa. **2** Hecho de dejar de hacer una cosa que debe hacerse. **3** Hecho de perder el trato o el afecto.

omatidio s.m. Cada una de las unidades que forman los ojos de insectos y crustáceos.

ombligo s.m. **1** Cicatriz que queda al cortar el cordón umbilical que unía el feto con su madre. **2** Cordón umbilical.

omega s.f. Nombre de la vigésima cuarta y última letra del alfabeto griego; se escribe Ω/ω y se transcribe como o.

omeya adj. y s.m. y f. De una dinastía islámica de califas y emires fundada en el siglo VII.

ómicron u omicrón s.f. Nombre de la decimoquinta letra del alfabeto griego; se escribe O/o y se transcribe como la o breve del alfabeto latino.

omisión s.f. **1** Abstención de decir o hacer algo voluntaria o involuntariamente. **2** Falta que se comete por haber dejado de decir o de hacer una cosa.

omitir v.tr. **1** Dejar de decir o consignar una cosa voluntaria o involuntariamente. **2** Dejar de hacer algo voluntaria o involuntariamente.

ómnibus s.m. Vehículo automóvil de gran capacidad, que sirve para transportar personas.

omnipotente adj. **1** Que tiene un poder que lo abarca todo. **2** Que tiene un poder muy grande.

omnipresente adj. **1** Que está presente en varios lugares al mismo tiempo. ◆ adj. y s.m. y f. **2** Que parece que está en todas partes o interviene en todos los asuntos. □ Frec. humorístico.

omnisciente adj. Que conoce todas las cosas.

omnívoro, a adj. y s.m. Se dice del animal que se alimenta de toda clase de sustancias orgánicas.

omóplato u omoplato s.m. Hueso triangular situado en la parte posterior del hombro.

once adj.num.cardin. **1** Diez más uno. ◆ adj.num.ordin. **2** Que ocupa el lugar número 11 en una serie ordenada. ◆ s.m. **3** Número 11. **4** Equipo de fútbol.

onceavo, a adj.num.partit. Undécimo.

oncogén s.m. Gen que por su gran capacidad de mutación o transformación induce a la formación de cáncer en una célula.

oncología s.f. Parte de la medicina que se ocupa de los tumores y de su tratamiento.

onda s.f. **1** Elevación o círculo concéntrico que se forman en la superficie de una masa líquida a causa de una agitación o de un movimiento. **2** Curva con forma de ola en un cuerpo no líquido. **3** Vibración periódica a través de un medio o del vacío. **4** Adorno con forma de arco o de medio círculo con el que se rematan los bordes de vestidos y de otras prendas. **5** Fam. Estilo o moda. **6** Fam. MÉX Asunto o tema. ◇ **captar la onda** Fam. Entender una cosa que se dice de modo indirecto. ◇ **estar en la onda** Fam. Estar al corriente de lo que ocurre o de las últimas tendencias. ◇ **írsele a alguien la onda** Fam. AMÉR Olvidarse repentinamente de algo. ◇ **¿qué onda?** Fam. MÉX Se usa para preguntarle a una persona sobre su estado. ◇ **tener buena,** o **mala, onda** Fam. AMÉR CENTRAL, ARG, CH, PAR, URUG Tener, o no tener, integridad moral. ◇ **tener onda** Fam. ARG, MÉX Tener buenas cualidades.

ondear v.intr. **1** Moverse formando ondas a causa del aire o viento. ◆ v.tr. **2** Agitar algo en el aire de manera que haga ondas.

ondulación s.f. **1** Onda en una superficie. **2** Movimiento de onda que se produce en un cuerpo flexible. **3** Acción de ondular.

ondulado, a adj. Que tiene o forma ondas.

ondular v.tr. **1** Hacer ondas. ◆ v.intr. **2** Moverse formando ondas.

ondulatorio, a adj. Que se extiende o se propaga mediante ondas o en forma de ondas.

ONG s.f. Sigla de **organización no gubernamental.**
OBS Pronunc. 'o-ene-ge'.

ónice s.m. Mineral que constituye una variedad de ágata.

onírico, a adj. Formal. Relativo a los sueños.

onomástica s.f. **1** Formal. Día del santo de una persona. **2** Disciplina que estudia el origen y la transformación de los nombres propios.

onomatopeya s.f. **1** Imitación de un sonido por medio del lenguaje. **2** Palabra formada mediante esta imitación.

onomatopéyico, a adj. **1** Relativo a la onomatopeya. **2** Que está formado por onomatopeya.

ontogénesis s.f. Ontogenia.

ontogenia s.f. En biología, formación y desarrollo de un organismo individual durante el período embrionario.

ontológico, a adj. Relativo a la ontología.

onubense adj. y s.m. y f. De Huelva.

onza s.f. **1** Medida de masa que equivale a 28,70 gramos. **2** Antigua medida de masa que equivalía a la duodécima parte de ciertas medidas. **3** Antigua moneda española de oro con el valor de 320 reales. □ También onza de oro. **4** Cada una de las partes o cuadros iguales en que viene dividida una tableta de chocolate.

oocito u ovocito s.m. Célula germinal femenina derivada de la oogonia.

oogénesis u ovogénesis s.f. Proceso de formación de las células sexuales femeninas, desde la oogonia hasta el óvulo.

oogonia o **ovogonia** s.f. Célula germinal femenina que representa el primer estadio evolutivo de las células sexuales femeninas.

oosfera s.f. Célula sexual femenina de las plantas angiospermas.

1. **opa u OPA** s.f. Oferta pública para adquirir más del 25 % de una sociedad, normalmente a un precio superior al del mercado.

2. **opa** adj. y s.m. y f. Fam. ARG, BOL, CH, PAR, PERÚ, URUG Tonto, idiota.

opacar v.tr. CUBA, MÉX, PERÚ Hacer que las virtudes de alguien no destaquen, por exponer cualidades propias superiores.

opaco, a adj. **1** Que no deja pasar la luz. **2** Que no tiene brillo ni luz. **3** Que no destaca.

ópalo s.m. Mineraloide compuesto por sílice que se usa en joyería como piedra preciosa.

opción s.f. **1** Posibilidad que se presenta de elegir entre varias cosas. **2** Posibilidad que se elige en un caso determinado. **3** Derecho que se tiene a un oficio, honor, cargo o título.

opcional adj. Que se puede elegir según una preferencia y por tanto no es obligatorio.

op. cit. Abreviatura de la expresión latina **ópere citato**, 'en la obra citada', que se emplea en las citas internas de un escrito para referirse a la obra de un autor citada anteriormente.

open s.m. Competición deportiva en la que participan jugadores profesionales y aficionados. **OBS** Invariable en número.

1. **ópera** s.f. **1** Obra dramática y musical en la que los actores se expresan mediante el canto, acompañados por una orquesta. **2** Género dramático y musical constituido por este tipo de obras. **3** Teatro o sala donde se representa este tipo de obras.

2. **ópera** s.f. ◇ **ópera prima** Primera obra de un artista o autor.

operación s.f. Acción y efecto de operar.

operador, ra adj. y s. **1** Que opera. ◆ s. **2** Técnico encargado de manejar y hacer que funcionen ciertos aparatos. **3** Persona que en un servicio telefónico establece las comunicaciones que no son automáticas.

operar v.tr. **1** Intervenir quirúrgicamente a un enfermo abriendo y cortando el tejido o el órgano dañado. ◆ **v.intr. 2** Combinar números o expresiones matemáticas aplicando unas reglas para obtener un resultado. **3** Ejecutar acciones, especialmente comerciales, militares o ilegales. **4** Formal. Producir un efecto. **5** Realizar maniobras militares un ejército.

operario, a s. Persona que se dedica a hacer un trabajo de tipo manual.

operativo, a adj. **1** Que produce el resultado esperado. **2** Que funciona o es válido para algo.

opereta s.f. Obra teatral cantada y hablada en la que se cuenta una historia festiva.

operista s.m. y f. Persona que compone óperas.

opiáceo, a adj. **1** Relativo al opio. **2** Que está compuesto con opio.

opinar v.tr. e intr. **1** Expresar una opinión de palabra o por escrito. **2** Tener una opinión.

opinión s.f. **1** Forma propia de pensar sobre algún asunto. **2** Fama, reputación. ◇ **opinión pública** Manera de pensar común a la mayoría.

opio s.m. **1** Sustancia narcótica que se obtiene de la adormidera. **2** Fam. ARG, URUG Persona o cosa que resulta muy aburrida.

opíparo, a adj. Formal. Se dice de la comida que es muy abundante y muy buena.

oponente adj. y s.m. y f. Que se opone o es contrario a algo.

oponer (36) v.tr. **1** Exponer razones contrarias a una idea o un proyecto. **2** Poner un obstáculo para impedir una acción. ◆ **oponerse** v.prnl. **3** Ser contrario a cierta cosa. **4** Manifestar desacuerdo con una acción o con una persona. **5** Estar una cosa colocada frente a otra.

oporto s.m. Vino dulce elaborado en Oporto.

oportunidad s.f. **1** Circunstancia favorable u oportuna. **2** Cualidad de oportuno. **3** Producto que se vende a bajo precio.

oportunismo s.m. Desp. Habilidad para aprovechar cualquier oportunidad en beneficio propio.

oportunista adj. **1** Desp. Relativo al oportunismo. ◆ adj. y s.m. y f. **2** Desp. Se dice de la persona que actúa con oportunismo.

oportuno, a adj. **1** Que se hace u ocurre en un momento adecuado o conveniente. **2** Ocurrente, ingenioso.

oposición s.f. **1** Acción y efecto de oponer u oponerse. **2** Situación de las cosas o personas enfrentadas. **3** Grupo político o social que no está en el poder y que representa las opiniones contrarias a las de los dirigentes. **4** ESP, MÉX Procedimiento de selección para un puesto de trabajo que consiste en una serie de exámenes. □ Suele usarse en plural con valor singular.

opositar v.intr. ESP Prepararse para unas oposiciones o presentarse a ellas.

opositor, ra s. **1** Persona que se opone a otra. **2** ESP Persona que aspira a un puesto que se concede por oposición.

opresión s.f. **1** Acción de oprimir. **2** Sensación de presión sobre el pecho que dificulta la respiración.

opresivo, a adj. Que oprime.

opresor, ra adj. y s. Que domina o manda con autoridad excesiva o injusta.

oprimir v.tr. **1** Ejercer presión sobre algo. **2** Apretarle a una persona algo. **3** Dominar o mandar con autoridad excesiva o injusta. **4** Producir algo angustia.

optar v.intr. **1** Escoger o preferir una posibilidad de un conjunto. **2** Aspirar a un empleo u otra cosa a la que se tenga derecho.

optativo, a adj. **1** Que se puede elegir según una preferencia. ◆ adj. y s.m. **2** Se dice del modo verbal indoeuropeo y griego que expresaba deseo. ◆ adj. y s.f. **3** Se dice de la oración desiderativa.

óptica s.f. **1** Establecimiento en el que se venden instrumentos ópticos. **2** Parte de la física que estudia la luz y los fenómenos que tienen relación con ella. **3** Punto de vista. **4** Arte de construir espejos, lentes e instrumentos ópticos.

óptico, a adj. **1** Relativo a la vista. **2** Relativo a la óptica. ◆ s. **3** Persona que se dedica a fabricar o vender instrumentos de óptica.

optimismo s.m. **1** Tendencia a ver y a juzgar las cosas o a las personas en su aspecto más positivo. **2** Doctrina filosófica que afirma que este mundo es el mejor de los mundos posibles.

optimista adj. y s.m. y f. **1** Se dice de la persona que tiende a ver y juzgar las cosas o a las otras personas en su aspecto más positivo. ◆ adj. y s.m. y f. **2** Relativo a la filosofía del optimismo.

optimizar v.tr. Planificar algo para obtener los mejores resultados.

óptimo, a adj. Que es extraordinariamente bueno o el mejor.

opuesto, a 1 Participio irregular de **oponer**. ◆ adj. **2** Se dice de la persona o cosa que es totalmente diferente a otra. **3** Se dice de la persona que es contraria a algo. **4** Que está enfrente o al otro extremo de algo.

opulencia s.f. Riqueza grande o abundancia de una cosa.

opulento, a adj. **1** Muy rico. **2** Muy abundante.

opus s.m. Palabra latina que significa 'obra' y precede al número que corresponde a una obra musical en la producción de un compositor.

opúsculo s.m. Publicación de pocas páginas dedicada generalmente a un único tema.

opusdeísta adj. y s.m. y f. Se dice de la persona que es partidaria del Opus Dei, prelatura personal de la Iglesia católica.

oquedad s.f. Espacio hueco en el interior de un cuerpo u objeto.

ora conj. Formal. Indica que dos o más acciones alternan o se oponen.

oración s.f. **1** Conjunto de enunciados con que el creyente se dirige a Dios, a una divinidad, a un santo, etc. **2** Máxima unidad lingüística con sentido completo.

oracional adj. **1** Relativo a la oración gramatical. ◆ s.m. **2** Libro con oraciones dirigidas a Dios.

oráculo s.m. **1** Respuesta de un dios a una consulta. **2** Representación de la deidad a la que se ruega o pregunta. **3** Persona sabia y autorizada cuya opinión se considera verdadera.

orador, ra s. **1** Persona que habla en público. **2** Persona que tiene facilidad para hablar en público y que lo hace bien.

oral adj. **1** Relativo a la lengua hablada, en oposición a la escrita. **2** Relativo a la boca. **3** Se dice de la medicina que se toma por la boca. **4** Se dice de la articulación cuya resonancia se produce en la cavidad bucal, por cerrar el velo del paladar la entrada del aire en las fosas nasales.

orangután s.m. Mamífero primate de tamaño similar al gorila y pelo marrón o rojizo.

orar v.intr. **1** Rogar a Dios o a los santos. **2** Hablar en público.

oratoria s.f. Arte de saber hablar bien en público.

oratorio, a adj. **1** Relativo a la oratoria. ◆ s.m. **2** Lugar donde se acude para rezar. **3** Palco o tribuna reservado en una iglesia para los dignatarios. **4** Coro de los clérigos en las iglesias de los conventos. **5** Composición musical religiosa para coro, solistas y orquesta. **6** Congregación religiosa fundada por san Felipe Neri.

orbe s.m. **1** Formal. Mundo o universo. **2** Formal. Esfera terrestre o celeste.

órbita s.f. **1** Trayectoria que describe un cuerpo alrededor de otro en el espacio, especialmente un planeta, cometa, satélite, etc. **2** Trayectoria que recorre un electrón alrededor del núcleo del átomo. **3** Cavidad del cráneo en la que se encuentra el ojo. **4** Ámbito de acción o de influencia de una persona o cosa. ◇ **estar fuera de órbita** No conocer un ambiente o asunto.

orbital adj. **1** Relativo a la órbita. ◆ s.m. **2** Región del espacio atómico que está ocupada por una nube electrónica.

orca s.f. Mamífero cetáceo marino de la familia de los delfines que tiene el lomo negro y el vientre blanco.

órdago s.m. Jugada del mus en la que se apuesta todo lo que falta para ganar. ◇ **de órdago** Fam. ESP Muy bueno, grande o intenso.

orden s.m. **1** Forma de estar colocadas adecuadamente las cosas, personas o hechos en un lugar o de sucederse en el tiempo según un determinado criterio. **2** Estado de normalidad y sin alteraciones. **3** Clase, tipo o categoría. **4** En arquitectura, conjunto formado por una columna y la porción de elementos horizontales que se encuentran sobre ella. **5** Categoría de clasificación de los seres vivos inferior a la de clase y superior a la de familia. **6** Formación de tropas para desempeñar una misión. ◆ s.f. **7** Aquello que un superior manda obedecer y realizar. ◆ s.m. **8** Sacramento de la Iglesia en virtud del cual un cristiano es nombrado sacerdote, diácono u obispo. ◆ s.f. **9** Cada uno de los grados de este sacramento. **10** Comunidad de religiosos aprobada por la Iglesia que vive bajo unas reglas establecidas por su fundador. **11** Antigua organización civil o militar, especialmente en la Edad Media, creada para proteger o defender ciertas personas o cosas con un fin moral o virtuoso. ◇ **a la orden** Expresión que indica que se va a obedecer en lo que se ha mandado. ◇ **del orden de** Se usa para indicar una cantidad aproximada. ◇ **en orden** Indica que una cosa está en la debida manera o se realiza de la manera adecuada. ◇ **estar a la orden del día** Ser muy frecuente, ocurrir de manera habitual. ◇ **sin orden ni concierto** Fam. De forma desorganizada, sin seguir un criterio.

ordenación s.f. **1** Acción de ordenar u ordenarse. **2** Efecto de ordenar u ordenarse.

ordenada s.f. **1** Distancia que hay, en un plano, entre un punto y un eje horizontal, medida en la dirección de un eje vertical. **2** Segunda coordenada de un punto.

ordenado, a adj. Que guarda orden y método en sus acciones y en sus cosas.

ordenador s.m. ESP Computadora. ◇ **ordenador personal** ESP Ordenador de tamaño reducido que incluye unidad central, teclado, pantalla y una o más unidades de disco. ◇ **ordenador portátil** ESP Ordenador personal que se puede transportar como si fuera un maletín. □ También simplemente portátil.

ordenanza s.f. **1** Conjunto de normas u órdenes que regulan el funcionamiento de algo, especialmente de una comunidad. □ Suele usarse en plural con valor singular. ◆ s.m. y f. **2** Empleado de ciertas oficinas que realiza funciones diversas, como hacer recados. **3** Soldado que está bajo las órdenes de un oficial o de un jefe.

ordenar v.tr. **1** Poner una cosa o a una persona en el lugar que le corresponde según un criterio determinado. **2** Dar un mandato. **3** Orientar o encaminar una cosa a un fin. **4** Conferir órdenes sagradas. ◆ **ordenarse** v.prnl. **5** Recibir órdenes sagradas.

ordeñar v.tr. **1** Sacar la leche de los animales hembra exprimiendo las ubres. **2** Fam. Sacar todo el provecho posible de una situación o de una persona.

ordinal adj. **1** Relativo al orden. ◆ adj. y s.m. **2** Se dice del adjetivo o pronombre numeral que indica orden de sucesión o colocación.

ordinariez s.f. Acción o expresión que demuestra mal gusto y falta de educación.

ordinario, a adj. **1** Habitual. **2** Que no se distingue por ser el mejor ni el peor. **3** Vulgar, que no tiene refinamiento. **4** Se dice del juez o tribunal que pertenece a la justicia civil. **5** Se dice del correo que se envía por tierra o por mar siguiendo el proceso más habitual. ◆ adj. y s. **6** Se dice de la persona que es poco educada o tiene escasa formación cultural. ◇ **de ordinario** Por lo común, frecuentemente.

ordovícico, a adj. y s.m. **1** Se dice del período geológico que es el segundo de la era paleozoica y se extiende desde hace unos 500 millones de años hasta hace unos 430 millones de años. ◆ adj. **2** Relativo a este período geológico.

orear v.tr. **1** Dejar que el aire dé en una cosa para enfriarla, secarla o quitarle el olor. ◆ **orearse** v.prnl. **2** Fam. Salir a tomar el aire.

orégano s.m. Hierba aromática de tallos vellosos con las hojas pequeñas y ovaladas.

oreja s.f. **1** Formación cutánea situada en cada parte lateral de la cabeza y que forma la parte exterior del oído. **2** Capacidad para oír o para enterarse de las cosas. **3** Parte de un objeto que se parece a ese órgano. ◇ **agachar,** o **bajar, las orejas** Fam. Ceder de modo humilde o aceptar sin protestar. ◇ **con las orejas caídas,** o **gachas** Con tristeza por no haber conseguido lo que se deseaba o avergonzado. ◇ **ver las orejas al lobo** Encontrarse en una situación de mucho peligro.

orejera s.f. **1** Pieza en los laterales de una gorra que cubre la oreja. **2** Oreja del respaldo de un sillón.

orejón, na adj. **1** Orejudo. ◆ s.m. **2** Trozo de melocotón o albaricoque desecado al aire o al sol que se toma como dulce. **3** Saliente de un baluarte. ◆ adj. y s. **4** Se dice de ciertas tribus indias de América.

orejudo, a adj. Que tiene orejas grandes o más grandes de lo que se considera normal.

orensano, a adj. y s. De Orense.

orfanato s.m. Establecimiento dedicado a recoger, criar y educar niños huérfanos.

orfanatorio s.m. MÉX Orfanato.

orfandad s.f. **1** Condición de huérfano. **2** Pensión asignada a algunos huérfanos.

orfebre s.m. y f. Persona que se dedica a trabajar o vender objetos hechos de metales preciosos.

orfebrería s.f. Arte de trabajar objetos de oro, plata u otros metales preciosos.

orfelinato s.m. Orfanato.

orfeón s.m. Asociación coral.

orfismo s.m. Tendencia pictórica desarrollada en Francia caracterizada por el empleo de vivos colores en composiciones no figurativas.

organicismo s.m. Tendencia arquitectónica que toma como modelo las formas y procesos de los organismos vivos.

orgánico, a adj. **1** Se dice del cuerpo o ser que tiene vida. **2** Relativo al organismo o a los órganos de los seres vivos. **3** Relativo a la constitución y las funciones de una entidad pública. **4** Que está organizado en partes separadas que cumplen una función determinada y que están relacionadas entre sí. **5** Se dice de la sustancia que se compone principalmente de compuestos de carbono.

organigrama s.m. **1** Representación gráfica de la estructura de una empresa o una institución. **2** En informática, esquema lógico de un proceso de cálculo.

organillero, a s. Persona que toca el organillo.

organillo s.m. Instrumento musical en forma de pequeño piano u órgano con un mecanismo interior que funciona al girar mediante una manivela.

organismo s.m. **1** Conjunto de los órganos que forman un ser vivo. **2** Ser vivo capacitado para intercambiar materia y energía con el medio y para reproducirse. **3** Conjunto de oficinas, dependencias o empleos dedicados a un fin determinado.

organista s.m. y f. Persona que toca el órgano.

organización s.f. **1** Acción de organizar u organizarse. **2** Efecto de organizar u organizarse. **3** Forma en que está organizado el cuerpo animal o vegetal. **4** Grupo de personas y medios organizados con un fin determinado. ◇ **organización no gubernamental** Institución que no depende de la administración del Estado y realiza actividades de interés social. □ Se usa la forma abreviada ONG.

organizador, ra adj. y s. Que organiza o que tiene especial capacidad para organizar.

organizar v.tr. **1** Preparar una cosa pensando y cuidando todos sus detalles. **2** Disponer y preparar un conjunto de personas y medios para un fin determinado. **3** Fam. Poner en orden. **4** Formar una cosa. ◆ **organizarse** v.prnl. **5** Fam. Imponerse uno mismo un orden.

órgano s.m. **1** Conjunto de tejidos que forman una estructura y tienen una función determinada. **2** Parte de un conjunto organizado que puede considerarse separadamente. **3** Instrumento musical de viento formado por una serie de grandes tubos de diferente tamaño y uno o más teclados. ◇ **órgano eléctrico** Órgano que produce el sonido por medios eléctricos sin intervención del aire.

organografía s.f. **1** Parte de la biología que estudia los órganos de los animales o de los vegetales. **2** Estudio de los instrumentos musicales.

orgánulo s.m. Estructura celular que cumple una función determinada.

orgasmo s.m. Momento de mayor satisfacción en la excitación sexual.

orgía s.f. Fiesta desenfrenada en que los asistentes se entregan, de manera desinhibida, a todo tipo de placeres, especialmente sexuales.

orgullo s.m. **1** Exceso de valoración propia. **2** Sentimiento de satisfacción por un comportamiento bueno o por una obra bien hecha.

orgulloso, a adj. y s. **1** Que se valora excesivamente y se cree superior a los demás. **2** Que siente satisfacción por un comportamiento bueno o por una obra bien hecha.

orientación s.f. **1** Acción y efecto de orientar. **2** Información o pauta que se da sobre alguna cuestión para que se lleve a cabo correctamente.

oriental adj. **1** Relativo al oriente. **2** Relativo a los países de Oriente. ◆ s.m. y f. y adj. **3** Persona que es de uno de los países de Oriente.

orientar v.tr. **1** Colocar en una posición determinada respecto a los puntos cardinales. **2** Ocupar una posición respecto a los puntos cardinales. **3** Determinar una posición para situar todos los puntos cardinales. **4** Informar sobre un asunto o negocio. **5** Dirigir hacia un fin determinado. **6** Dirigir hacia un lugar determinado.

oriente s.m. **1** Punto cardinal situado en el lado donde nace el Sol. **2** Parte de un lugar situada hacia este punto. **3** Viento que sopla desde este punto. **4** Conjunto de países de Asia, o parte de este conjunto.

orificio s.m. Abertura o agujero.

origen s.m. **1** Principio o causa de una cosa. **2** Lugar de donde procede originalmente una persona o una cosa. **3** Clase social de la familia a la que se pertenece.

original adj. **1** Que no ha sido copiado ni imitado de otro. ◆ adj. y s.m. y f. **2** Se dice de la persona o cosa singular o poco corriente. ◆ adj. **3** Se dice de la persona que produce obras o ideas nuevas y diferentes. ◆ adj. y s.m. **4** Se dice de la obra o el documento que ha sido producido directamente por su autor. ◆ s.m. **5** Texto que se da a la imprenta para que con arreglo a él se haga la impresión de una obra. **6** Cosa que sirve de modelo para una copia.

originalidad s.f. **1** Cualidad de original. **2** Obra, dicho o hecho original.

originar v.tr. **1** Ser causa u origen de una cosa. ◆ **originarse** v.prnl. **2** Tener origen o principio una cosa.

originariamente adv. En el momento de origen o procedencia.

originario, a adj. **1** Que da origen o principio a una cosa. **2** Que procede de un lugar determinado. **3** Se dice del lugar que es el de origen o procedencia de una persona o cosa.

orilla s.f. **1** Parte de la tierra que está tocando a una masa de agua. **2** Parte extrema o borde de una superficie. **3** En las calles sin acera, camino junto a las casas destinado a los peatones. ◆ **orillas** s.f.pl. **4** ARG, MÉX Arrabales, suburbios.

orillero, a adj. y s. Fam. y desp. AMÉR CENTRAL, ARG, CUBA, URUG, VENEZ Arrabalero.

1. **orín** s.m. Capa de color rojizo que se forma en la superficie del hierro y otros metales.

2. **orín** s.m. Orina.
OBS Suele usarse en plural con valor singular.

orina s.f. Líquido de color amarillo que se forma en el riñón y se expulsa por la uretra.

orinal s.m. Recipiente portátil que se usa para recoger la orina o los excrementos.

orinar v.intr. **1** Expulsar la orina por la uretra. ◆ v.tr. **2** Expulsar por la uretra. ◆ **orinarse** v.prnl. **3** Expulsar la orina sobre uno mismo de forma involuntaria.

oriundo, a adj. Originario.

orla s.f. **1** Adorno que figura alrededor de un papel o una tela. **2** Franja o banda que se coloca a lo largo del borde de una tela, vestido, cortina u otra cosa. **3** ESP Cuadro en el que se reúnen las fotografías de los estudiantes de una misma promoción.

ornamentación s.f. **1** Colocación de adornos para embellecer una cosa. **2** Conjunto de cosas que sirven de adorno en un lugar.

ornamental adj. Formal. Relativo a la ornamentación o que sirve para ornamentar.

ornamento s.m. **1** Adorno. **2** Ornamentación.

ornitología s.f. Parte de la zoología que estudia las aves.

ornitólogo, a s. Persona que se dedica a la ornitología.

ornitorrinco s.m. Mamífero ovíparo de cuerpo aplastado, hocico similar al pico del pato, pies palmeados y cola muy ancha y aplanada.

oro s.m. **1** Elemento químico de símbolo **Au** y número atómico 79; es un metal precioso de color amarillo rojizo brillante. **2** Sustancia que resulta de la mezcla o aleación de este metal con otros metales y que se usa en joyería, odontología, orfebrería, etc. **3** Moneda de este metal. **4** Caudal, dinero y riquezas. **5** Cosa muy importante, que tiene mucho valor o mérito. **6** Primer premio en una competición que consiste en una medalla de este metal. **7** Carta de la baraja española en la que aparecen representadas una o varias monedas de oro. ◆ **s.m. y adj. 8** Color amarillo como el del oro. ◆ **oros s.m.pl. 9** Palo de la baraja española que se representa con una o varias monedas de oro. ◇ **hacerse de oro** Ganar mucho dinero. ◇ **oro negro** Petróleo. ◇ **prometer el oro y el moro** Fam. Ofrecer cosas imposibles o exageradas.

orogénesis s.f. Proceso geológico de formación de las montañas.

orogenia s.f. **1** Orogénesis. **2** Parte de la geología que estudia la formación de las montañas.

orógeno s.m. En geología, cordillera o serie de montañas de características comunes unidas entre sí.

orografía s.f. **1** Parte de la geografía física que describe y clasifica las formas de la superficie terrestre. **2** Conjunto de montañas de una región o de un país.

orondo, a adj. **1** Muy gordo o redondo. **2** Fam. Se dice de la persona que se muestra muy satisfecha de sí misma.

oropéndola s.f. Ave de plumaje amarillo o verde con las alas y la cola negras.

orquesta s.f. **1** Conjunto de músicos instrumentistas que tocan conjuntamente una pieza musical siguiendo las indicaciones de un director. **2** Lugar de un teatro en el que se coloca este conjunto de músicos.

orquestación s.f. **1** Acción de orquestar. **2** Efecto de orquestar.

orquestar v.tr. **1** Preparar y adaptar una obra musical para que pueda ser interpretada por una orquesta. **2** Organizar o dirigir una cosa.

orquidáceo, a u orquiídeo, a adj. y s.f. **1** Se dice de la planta herbácea con flores de formas y colores raros y raíces tuberosas. ◆ **orquidáceas** s.f.pl. **2** Grupo taxonómico, con categoría de familia, constituido por estas plantas.

orquídea s.f. **1** Flor de jardín, grande y de colores vistosos, que tiene un pétalo más desarrollado que los otros. **2** Planta que da esa flor.

ortiga s.f. Planta herbácea silvestre cuyas hojas están cubiertas por unos pelos que segregan un líquido que pica e irrita la piel.

ortocentro s.m. Punto donde se cortan las alturas de un triángulo.

ortodoncia s.f. **1** Parte de la odontología que se ocupa de tratar y corregir la posición o malformación de los dientes. **2** Tratamiento que consiste en corregir la posición de los dientes.

ortodoxia s.f. **1** Conformidad con una doctrina, una tendencia o unas reglas tradicionales y generalizadas. **2** Conformidad con el dogma o la doctrina de la Iglesia católica. **3** Conjunto de las Iglesias cristianas orientales separadas de la Iglesia de Roma en el siglo XI.

ortodoxo, a adj. y s. **1** Que sigue fielmente los principios de una doctrina o una tendencia o que cumple unas normas tradicionales y generalizadas. **2** Que sigue los principios de la doctrina de la Iglesia católica. ◆ **adj. 3** Relativo a la ortodoxia cristiana. ◆ **adj. y s. 4** Se dice de la persona que sigue esta doctrina religiosa.

ortoedro s.m. Cuerpo geométrico de seis caras rectangulares con todos los ángulos rectos.

ortogénesis s.f. Teoría evolutiva según la cual la evolución sigue procesos definidos, como si estuviesen programados.

ortogonal adj. Que forma ángulo recto.

ortografía s.f. **1** Parte de la gramática que estudia las reglas de uso de las letras y los signos auxiliares de la escritura para escribir correctamente. **2** Forma correcta de escribir las palabras y de utilizar los signos auxiliares de una lengua.

ortográfico, a adj. Relativo a la ortografía.

ortología s.f. Parte de la gramática que establece las normas de pronunciación correcta de los sonidos de una lengua.

ortopedia s.f. **1** Parte de la medicina que se ocupa de prevenir o corregir las deformaciones del cuerpo. **2** Establecimiento donde se pueden adquirir aparatos y accesorios ortopédicos.

ortopédico, a adj. **1** Relativo a la ortopedia. ◆ s. **2** Médico especialista en ortopedia.

ortóptero, a adj. y s.m. **1** Se dice del insecto dotado de aparato bucal masticador, patas posteriores adaptadas al salto y dos pares de alas. ◆ **ortópteros** s.m.pl. **2** Grupo taxonómico, con categoría de orden, constituido por estos insectos.

oruga s.f. **1** Larva de los lepidópteros que se alimenta de hojas. **2** Cadena o cinta articulada situada en el lateral de un vehículo y rodeando sus ruedas que permite que este pueda desplazarse por terrenos blandos o irregulares. **3** Vehículo que tiene las ruedas de cada lado unidas entre sí por esta cinta articulada.

orujo s.m. **1** Residuo de la uva o de la aceituna después de prensada. **2** Licor transparente y de alta graduación que se obtiene por destilación de la piel de la uva prensada.

orzuelo s.m. Bulto pequeño que nace en el borde del párpado debido a una infección.

os pron. **1** Forma átona del pronombre de segunda persona, en número plural, que realiza la función de complemento directo e indirecto. **2** Forma átona de segunda persona del plural en las construcciones pronominales.

osadía s.f. **1** Formal. Capacidad para enfrentarse sin miedo a situaciones difíciles o peligrosas. **2** Formal. Descaro, insolencia.

osado, a adj. **1** Formal. Valiente. **2** Formal. Se dice de la acción o palabra que implica osadía o valentía. **3** Formal. Descarado.

osamenta s.f. Conjunto de huesos del cuerpo de los vertebrados.

osar v.tr. e intr. Formal. Atreverse.

óscar (pl. óscars u óscar) s.m. Premio que da anualmente la academia norteamericana de artes y ciencias cinematográficas.
OBS Se escribe normalmente con mayúscula inicial. Puede encontrarse la grafía inglesa Oscar.

oscense adj. y s.m. y f. De Huesca.

oscilación s.f. **1** Acción de oscilar. **2** Espacio recorrido por el cuerpo que oscila. **3** En física, variación de una magnitud alrededor de un punto a lo largo del tiempo.

oscilador s.m. Aparato que produce ondas eléctricas oscilatorias.

oscilante adj. Que oscila.

oscilar v.intr. **1** Moverse alternativamente un cuerpo primero hacia un lado y luego hacia el contrario desde una posición de equilibrio determinada por un punto fijo o un eje. **2** Variar en sentidos opuestos y alternativamente.

oscilatorio, a adj. Que tiene un movimiento que oscila o va de un lado a otro.

osciloscopio s.m. Dispositivo electrónico que permite observar sobre una pantalla las oscilaciones de un haz de electrones.

oscurantismo u obscurantismo s.m. Actitud contraria a que se extienda la cultura entre las clases bajas de la sociedad.

oscurantista u obscurantista adj. **1** Relativo al oscurantismo. ◆ adj. y s.m. y f. **2** Partidario del oscurantismo.

oscurecer u obscurecer (30) v.impersonal **1** Hacerse de noche, empezar a desaparecer la luz del Sol. ◆ v.tr. **2** Disminuir la luz y la claridad. **3** Hacer disminuir el valor o la importancia. **4** Hacer difícil el entendimiento de una idea. ◆ **oscurecerse** v.prnl. **5** Ocultar las nubes el cielo, el Sol o la Luna.

oscurecimiento u obscurecimiento s.m. Descenso de la intensidad de la luz o la claridad de una cosa o un lugar.

oscuridad u obscuridad s.f. **1** Condición de oscuro. **2** Falta de luz. **3** Falta de información, incerteza.

oscuro, a u obscuro, a adj. **1** Que no tiene luz o que tiene poca. **2** Se dice del día o cielo que está tapado por las nubes. **3** Se dice del color que se acerca al negro y que se opone a otro más claro de su misma tonalidad. **4** Difícil de entender. **5** Se dice del suceso o asunto que parece contener algo sospechoso o delictivo. **6** Que destaca poco o que tiene poco prestigio.

óseo, a adj. **1** Relativo al hueso. **2** Que está hecho de hueso o que es parecido al hueso.

osera s.f. Guarida del oso.

osezno s.m. Cría del oso.

osmio s.m. Elemento químico de símbolo Os y número atómico 76; es un metal duro de color blanco azulado.

ósmosis u osmosis s.f. **1** Paso de las moléculas de disolvente a través de una membrana semipermeable que separa dos disoluciones de distinta concentración. **2** Formal. Influencia recíproca entre dos individuos o elementos.

oso, a s. **1** Animal mamífero de tamaño grande y pelo largo y espeso, que tiene el cuerpo macizo, el hocico alargado y las patas cortas y provistas de fuertes garras; es omnívoro. ◆ adj. y s.m. y f. **2** Fam. CUBA Se dice de la persona que hace bravuconadas. ◆ s.m. **3** Fam. CUBA Guardaespaldas de un político. **4** Fam. MÉX Acción o actitud ridícula y vergonzosa de una persona. ◇ **hacerse el oso** Fam. ARG, BOL, URUG Fingir o simular una persona que no ve o no entiende algo para no verse obligado a contestar o a actuar en consecuencia. ◇ **oso hormiguero** Animal mamífero de pelo áspero y gris, con cola larga y sin dientes, que tiene una larga lengua que usa para atrapar hormigas.

ossobuco s.m. Guiso con la parte de la rodilla de la vaca o la ternera.

osteíctio, a adj. y s.m. **1** Se dice del pez que tiene parte del esqueleto parcial o totalmente osificado. ◆ **osteíctios** s.m.pl. **2** Grupo taxonómico, con categoría de clase, constituido por estos peces.

ostensible adj. Que se ve o comprueba con facilidad.

ostentación s.f. Acción y efecto de ostentar.

ostentar v.tr. **1** Exhibir abiertamente y con orgullo una cosa. **2** Ocupar un cargo o estar en posesión de una cosa que resulte ventajosa.

ostentoso, a adj. **1** Que muestra un lujo y riqueza excesivos. **2** Que se hace con cierta exageración para que los demás lo vean.

osteopatía s.f. Enfermedad de los huesos.

osteoporosis s.f. Fragilidad anormal de los huesos.

ostinato s.m. Patrón melódico y rítmico que se repite a lo largo de una pieza musical.

ostra s.f. Molusco que tiene dos valvas rugosas y que vive en aguas poco profundas. ◇ **aburrirse como una ostra** Fam. Estar muy aburrido.

ostracismo s.m. **1** Formal. Destierro político en la antigua Grecia. **2** Formal. Aislamiento que sufre una persona por parte de una colectividad.

ostrogodo, a adj. y s. De un pueblo germánico de origen godo que se estableció al noroeste del mar Negro y finalmente en Italia.

otear v.tr. **1** Mirar desde un lugar alto. **2** Mirar con cuidado para descubrir algo.

otero s.m. Elevación del terreno aislada.

otitis s.f. Inflamación del oído.

otología s.f. Parte de la medicina que se ocupa del estudio del oído y de sus enfermedades.

otólogo, a s. Médico especialista en otología.

otomano, a adj. y s. **1** De la dinastía turca de los Otomanos. **2** Turco.

otoñal adj. **1** Relativo al otoño. ◆ adj. y s.m. y f. **2** Se dice de la persona con una edad madura.

otoño s.m. **1** Estación templada del año comprendida entre el verano y el invierno. **2** Tiempo en el que se inicia el declive de una actividad o el final de la vida de una persona.

otorgar v.tr. **1** Dar una cosa a una persona quien tiene autoridad o poder para ello. **2** Hacer testamento o contrato ante notario.

otorrino s.m. y f. Otorrinolaringólogo.

otorrinolaringología s.f. Parte de la medicina que se ocupa de oído, nariz y garganta.

otorrinolaringólogo, a s. Médico especialista en otorrinolaringología.

otro, a det. y pron. **1** Indica que una persona o cosa es diferente de la que se habla pero de la misma clase. **2** Indica una cosa más de la misma clase. **3** Indica que una persona o cosa parece reproducir algo o a alguien a quien se asemeja. ◆ adj. **4** Indica un pasado cercano. **5** Indica el tiempo futuro que sigue inmediatamente.

otrora adv. Formal. En otros tiempos.

ouija s.m. Tablero alfabético que se utiliza para hacer espiritismo.
OBS Pronunc. 'uija'.

ovación s.f. Aplauso sostenido, fuerte, ruidoso y entusiasta de un grupo grande de personas.

ovacionar v.tr. Realizar una ovación.

oval adj. Ovalado.

ovalado, a adj. Que tiene forma de óvalo.

óvalo s.m. Curva cerrada y alargada con dos ejes diferentes que forman ángulo recto.

ovárico, a adj. Relativo al ovario.

ovario s.m. **1** Órgano del aparato reproductor femenino que produce los óvulos y las hormonas sexuales. **2** Órgano sexual de la flor.

oveja s.f. Animal mamífero rumiante hembra que tiene el cuerpo cubierto de lana. ◇ **oveja negra** Persona cuya conducta o cuyas ideas se apartan de las aceptadas por un grupo.

ovejería s.f. **1** AMÉR SUR Lugar donde se crían ovejas. **2** AMÉR SUR Gran cantidad de ovejas.

overbooking s.m. Venta de más plazas de las disponibles.
OBS Pronunc. aprox. 'overbukin'.

overol s.m. AMÉR Ropa de una pieza que se usa para trabajar en diversos oficios manuales.

ovetense adj. y s.m. y f. De Oviedo (ciudad y provincia de Asturias).

óvido, a adj. y s.m. **1** Ovino. ◆ **óvidos** s.m.pl. **2** Ovinos.

oviducto s.m. Conducto que conduce los óvulos desde los ovarios hasta el útero.

ovillo s.m. Bola que se forma enrollando un hilo sobre sí mismo. ◇ **hacerse un ovillo** Acurrucarse. □ Hacerse un lío.

ovino, a adj. **1** Relativo al ganado que tiene lana. ◆ adj. y s.m. **2** Se dice del rumiante de pequeño tamaño, con pelo en el hocico y cuernos en los machos y en las hembras. ◆ **ovinos** s.m.pl. **3** Grupo taxonómico, con categoría de subfamilia, constituido por estos animales.

ovíparo, a adj. y s.m. Se dice del animal que nace de un huevo.

ovni s.m. Objeto volador de origen desconocido.

ovocito s.m. Oocito.

ovogénesis s.f. Oogénesis.

ovogonia s.f. Oogonia.

ovoide adj. **1** Que tiene forma de huevo. ◆ s.m. **2** Cosa que tiene esta forma.

ovovivíparo, a adj. Se dice del animal que pasa el proceso de gestación en un huevo que permanece en el cuerpo de la madre hasta después de abrirse la cáscara.

ovulación s.f. Acción de ovular.

ovular v.intr. Desprenderse el óvulo del ovario que lo ha formado.

óvulo s.m. **1** Célula sexual femenina que se forma en el ovario. **2** Célula en forma de saco que se forma en el interior del ovario de la flor. **3** Medicamento en forma de pequeño huevo que se introduce en la vagina.

oxácido s.m. Ácido que contiene oxígeno.

oxidación s.f. **1** Acción de oxidar u oxidarse. **2** Efecto de oxidar u oxidarse.

oxidante adj. y s.m. Se dice de la sustancia que es capaz de producir oxidación.

oxidar v.tr. **1** Cubrir de óxido un metal. **2** Transformar un cuerpo mediante la acción del oxígeno. **3** Disminuir el número de electrones de un elemento químico.

óxido s.m. **1** Capa de color rojizo que se forma en la superficie del hierro y otros metales a causa de la humedad o del aire. **2** Compuesto formado por oxígeno y otro elemento químico.

oxigenado, a adj. **1** Que tiene oxígeno. **2** Se dice del pelo cuyo color ha sido aclarado con un producto químico, especialmente agua oxigenada.

oxigenar v.tr. **1** Dejar que aire puro y limpio entre en un lugar. **2** Aclarar el color del pelo con un producto químico, especialmente con agua oxigenada. **3** Combinar el oxígeno con otro elemento químico. ◆ **oxigenarse** v.prnl. **4** Respirar aire puro y limpio, generalmente fuera de la ciudad.

oxígeno s.m. Elemento químico de símbolo O y número atómico 8; es un gas insípido, incoloro e inodoro, y es indispensable para la respiración de los organismos aerobios.

oxímoron (pl. oxímoros) s.m. Figura retórica en la que se asocian dos palabras de sentido contrario.

oxitocina s.f. Hormona segregada por la hipófisis que tiene la propiedad de provocar contracciones uterinas y estimular la subida de la leche.

oxítono, a adj. y s.f. Se dice de la palabra que lleva el acento de intensidad en la última sílaba.

oxiuro s.m. Gusano parásito del filo nematodos que se aloja en el intestino del ser humano y de algunos animales.

oxoácido s.m. Oxácido.

oye interj. Fam. Expresión que se usa para llamar la atención de alguien que no atiende.

oyente adj. y s.m. y f. **1** Se dice de la persona que escucha, especialmente un programa de radio. **2** Se dice de la persona que asiste a un curso para oír, pero sin estar matriculado.

ozono s.m. Gas incoloro formado por tres átomos de oxígeno que protege la Tierra de la acción de los rayos ultravioletas del Sol.

ozonosfera s.f. Capa de la atmósfera en la que se concentra el ozono.

P

p s.f. Decimoséptima letra del alfabeto español; su nombre es pe.

p. o **pág.** Abreviatura de página.

pabellón s.m. **1** Edificio que depende de otro principal, del que se encuentra más o menos alejado. **2** Edificio que forma parte de un conjunto. **3** Pequeño edificio aislado, construido en un jardín o en un parque, que sirve generalmente de refugio. **4** Tienda de campaña cónica. **5** Dosel. **6** Bandera nacional. **7** Nacionalidad de un barco de mercancías. **8** Extremo ensanchado de un tubo o de algunos instrumentos de viento. **9** Extremo de un tubo o conducto que se hace más ancho. ◇ **pabellón auditivo** Parte visible del oído externo del ser humano y de los mamíferos.

pabilo o **pábilo** s.m. **1** Mecha de una vela. **2** Parte carbonizada de la mecha de una vela.

pacato, a adj. y s. Se dice de la persona que muestra excesivos escrúpulos y recato.

pacay s.m. AMÉR SUR Árbol americano de corteza rica en tanino y fruto comestible.

pacaya s.f. AMÉR CENTRAL Arbusto en forma de palmera y cuyo cogollo es comestible.

pacense adj. y s.m. y f. De Badajoz.

pacer (30) v.tr. e intr. **1** Comer el ganado la hierba en el campo. ◆ v.tr. **2** Dar pasto al ganado.

pachá s.m. En la antigua Turquía, funcionario con un cargo equivalente al de gobernador.

pachaco, a adj. y s. AMÉR CENTRAL Débil, enclenque.

pachanga s.f. **1** Fam. Diversión muy animada con ruido y desorden. **2** Fam. AMÉR Fiesta o reunión festiva. **3** Fam. CUBA Intercambio de bromas y de chistes.

pachanguero, a adj. Se dice del espectáculo, fiesta o música que es ruidoso, movido y anima a bailar. □ Frec. despectivo.

pacharán s.m. Licor dulce y fuerte que se obtiene de la destilación de la endrina.

pachón, na adj. y s.m. **1** Se dice del perro con el hocico cuadrado, las patas cortas y el pelo amarillo con manchas marrones. ◆ adj. y s. **2** Fam. Se dice de la persona que es excesivamente tranquila. ◆ adj. **3** AMÉR Peludo, lanudo. ◆ s.m. **4** AMÉR Fam. Hombre flemático.

pachorra s.f. Fam. Calma, tranquilidad.

pachucho, a adj. **1** ESP Se dice de la fruta, flor o planta que no está fresca. **2** ESP Que está débil y se encuentra mal de salud.

pachulí o **pachuli** s.m. **1** Planta muy olorosa originaria de Asia y Oceanía. **2** Perfume que se obtiene de esta planta.

paciencia s.f. **1** Capacidad de sufrir y tolerar las adversidades con valor y sin quejarse. **2** Capacidad de esperar con tranquilidad una cosa que tarda. **3** Capacidad para realizar un trabajo difícil, pesado o minucioso con perseverancia.

paciente adj. **1** Que tiene paciencia. **2** Se dice del sujeto que en una oración pasiva recibe la acción realizada por el complemento agente. ◆ s.m. y f. **3** Persona que recibe tratamiento médico o quirúrgico.

pacificación s.f. Acción y efecto de pacificar.

pacificar v.tr. **1** Establecer la paz entre los bandos en conflicto. ◆ **pacificarse** v.prnl. **2** Quedarse en calma lo que estaba alterado.

pacífico, a adj. **1** Que no usa la violencia o que no es propenso a fomentar conflictos. **2** Relativo al océano Pacífico.

pacifismo s.m. Movimiento que defiende la paz.

pacifista adj. **1** Relativo al pacifismo. ◆ adj. y s.m. y f. **2** Partidario del pacifismo.

pacotilla s.f. Mercancía que los marineros u oficiales de un barco pueden embarcar sin pagar por ello. ◇ **de pacotilla** Fam. De poca calidad o de escaso valor.

pacotillero, a s. Desp. AMÉR Mercachifle.

pactar v.tr. e intr. Acordar una serie de condiciones con la obligación de cumplirlas.

pacto s.m. Acuerdo entre dos o más personas o grupos que obliga a cumplir unas condiciones.

paddle s.m. Pádel.
OBS Pronunc. 'pádel'.

padecer v.tr. **1** Sufrir un daño físico o moral. **2** Aguantar con paciencia, dolor o resignación una cosa que no es agradable. ◆ **v.intr. 3** Sufrir dolor físico o moral.

padecimiento s.m. **1** Acción de padecer. **2** Efecto de padecer.

pádel s.m. Deporte parecido al tenis que se practica con raqueta de madera en una pista limitada por paredes altas.
OBS Pueden encontrarse las grafías inglesas **paddle** y **paddle tennis**.

padrastro s.m. **1** Marido de la madre de una persona, con respecto a los hijos que esta tiene de un matrimonio anterior. **2** Trozo pequeño de piel junto a las uñas, roto y levantado, que causa dolor y molestia.

padrazo s.m. Padre que cuida mucho a sus hijos.

padre s.m. **1** Hombre o animal macho que ha engendrado algún hijo. **2** En la religión cristiana, primera persona de la Santísima Trinidad, es decir, Dios. □ Se escribe con mayúscula inicial. **3** Sacerdote o religioso. **4** Causa u origen de una cosa. **5** Persona que ha creado o inventado una cosa o que ha hecho avanzar mucho una ciencia o una rama del saber. **6** Animal macho que se destina a la cría. ◆ **adj. 7** Fam. ESP Muy grande o muy intenso. □ Invariable en número. ◆ **padres** s.m.pl. **8** Padre y madre de una persona. **9** Antepasados. ◇ **de padre y muy señor mío** ESP Muy grande o muy intenso.

padrenuestro o **padre nuestro** s.m. Oración cristiana que, según el Evangelio, Jesucristo enseñó a sus discípulos.
OBS Se suele escribir con mayúscula inicial.

padrino s.m. **1** Hombre que presenta o acompaña a una persona cuando esta recibe un sacramento. **2** Hombre que presenta o acompaña a una persona cuando esta va a participar en una competición o desafío, o a recibir un honor. **3** Hombre que protege y favorece a una persona para que esta consiga sus deseos o pretensiones.

padrón s.m. Lista oficial en que figuran el nombre y los apellidos, la edad, la actividad laboral y otros datos de las personas que viven en un término municipal.

paella s.f. **1** Comida hecha a base de arroz, al que se le añaden otros ingredientes como mariscos, carne, pescado, verduras, legumbres, etc. **2** Recipiente de metal, de poco fondo y con dos asas, que sirve para cocinar esta comida.

paellera s.f. Paella, recipiente.

pág. o **p.** Abreviatura de **página**.

paga s.f. **1** Entrega de dinero que se debe por un trabajo. **2** Cantidad de dinero que se cobra o se paga por un trabajo. **3** Cantidad de dinero que se da a los niños o a los jóvenes para sus gastos.

paganismo s.m. Para los cristianos, conjunto de las religiones o creencias que adoran a varios dioses.

pagano, a adj. **1** Relativo al paganismo. ◆ **adj. y s. 2** Se dice de la persona que adora a varios dioses o imágenes, especialmente en la antigua Grecia y Roma. **3** Se dice de la persona que no cree en la doctrina cristiana.

pagar v.tr. e intr. **1** Dar una cantidad de dinero a cambio de una cosa, un servicio o un trabajo. **2** Dar una cantidad de dinero para cubrir una deuda o una carga pública. **3** Cumplir una pena o castigo. **4** Corresponder al cariño o al favor de otra persona. **5** Sufrir las consecuencias de una equivocación. ◆ **pagarse** v.pr. **6** Presumir, hacer ostentación de una cosa de la que se está muy satisfecho.

pagaré s.m. Documento con el que una o varias personas se comprometen a pagar una cantidad de dinero en un tiempo determinado.

pagel o **pajel** s.m. Breca, pez.

página s.f. **1** Cara de la hoja de un libro o escrito. **2** Texto escrito o impreso en esta cara de la hoja. **3** Hecho ocurrido en el curso de una vida o una actividad y que será recordado por su importancia. ◇ **página web** Documento de Internet que puede contener texto, gráficos, sonidos o animaciones que permite la relación con otros documentos, mediante enlaces. □ También simplemente web.

pago s.m. **1** Entrega de una cantidad de dinero. **2** Cantidad de dinero que se paga. **3** Premio con el que se corresponde a algo recibido.

pagoda s.f. Edificio religioso oriental.

paidofilia s.f. Pedofilia.

paidófilo, a ▷ pedófilo, a.

pailero s.m. CUBA Hombre homosexual.

pailón, na s.m. **1** BOL, ECUAD, HOND Terreno bajo y redondo. ◆ **adj. y s. 2** CH Se dice de la persona joven que es extremadamente alta para su edad. **3** Fam. CH Se dice de la persona que tiene las orejas muy grandes. **4** Fam. CH Se dice de la persona que es torpe o necia. ◆ **s.m. 5** COL Vasija cilíndrica de metal, porcelana o barro, que tiene gran tamaño. **6** VENEZ Romolino que se forma en los ríos caudalosos.

paipay (pl. paipáis) s.m. Abanico plano de forma redondeada y con mango.

país s.m. **1** Estado independiente. **2** Territorio que constituye una unidad geográfica o política, limitada natural o artificialmente. **3** Conjunto de los habitantes de este estado o territorio.

paisaje s.m. **1** Extensión de terreno que se ve desde un lugar determinado. **2** Cuadro o fotografía que representa esta extensión.

paisajístico, a adj. Relativo al paisaje.

paisano, a adj. y s. **1** Se dice de la persona que ha nacido en el mismo lugar que otra. ◆ **s. 2** Persona que vive y trabaja en el campo. ◆ **s.m. 3** Hombre que no es militar ni religioso. ◇ **de paisano** Que no lleva uniforme.

paja s.f. **1** Tallo de un cereal, una vez seco y separado del grano. **2** Conjunto de estos tallos secos. **3** Brizna de hierba o de otra cosa parecida. **4** Tubo muy delgado de plástico flexible que sirve para beber líquidos absorbiéndolos. **5** Parte poco importante de un escrito, una conversación o un asunto. ◆ **adj. 6** Se dice del color que es amarillo claro como el de la paja seca. ◆ **s.f. 7** AMÉR CENTRAL, COL Grifo, llave del agua. ◇ **hacerse una paja** Vulg. Masturbarse. ◇ **por un quítame allá esas pajas** Fam. ESP Por una cosa poco importante.

pajar s.m. Lugar donde se guarda la paja.

pájara s.f. ESP Pérdida de fuerzas que sufren algunos deportistas al hacer un esfuerzo grande.

pajarería s.f. Establecimiento donde se venden pájaros y otros animales domésticos.

pajarero, a adj. **1** Relativo al pájaro. **2** Fam. ESP Que es excesivamente alegre y bromista. □ Frec. despectivo. **3** Fam. ESP Hecho con colores muy chillones y mal combinados. □ Frec. despectivo. ◆ **s. 4** Persona que se dedica a cazar, criar o vender pájaros. ◆ **adj. 5** AMÉR Espantadizo, receloso.

pajarita s.f. **1** Figura que se hace con un papel doblado varias veces y que recuerda la forma de un pájaro. **2** Lazo de tela que se pone alrededor del cuello de una camisa como adorno.

pájaro, a s.m. **1** Ave voladora, especialmente si es de pequeño tamaño. ◆ **s. 2** Fam. y desp. ESP Persona astuta que provoca desconfianza. ◇ **matar dos pájaros de un tiro** Hacer o lograr dos cosas de una sola vez. ◇ **pájaro bobo** Ave palmípeda marina de plumaje negro y blanco que no puede volar.

pajarraco, a s.m. **1** Fam. Pájaro cuyo nombre se desconoce, especialmente el que es grande y feo. ◆ **s. 2** Fam. y desp. Persona astuta que provoca desconfianza.

paje s.m. **1** Hombre joven que servía a un caballero, lo acompañaba en sus salidas, le servía la mesa y realizaba otras tareas domésticas. **2** Muchacho que aprende el oficio de marinero en una embarcación.

pajel s.m. Pagel.

pajizo, a adj. **1** De color amarillo claro, como el de la paja. **2** Que está hecho de paja.

pajuato, a adj. y s. ARG, COL, CUBA, PAR, URUG, VENEZ Tonto, paleto.

pala s.f. **1** Herramienta para cavar o para recoger materiales consistente en una pieza plana sujeta a un mango largo. **2** Utensilio de forma semejante a esta herramienta que sirve para coger y servir ciertos alimentos. **3** Cantidad de materia que se recoge con una pala (herramienta) de una sola vez. **4** Instrumento para golpear la pelota en ciertos juegos o deportes, que tiene una parte ancha y un mango. **5** Plancha que gira alrededor de un eje. **6** Parte en que termina el brazo de ciertas máquinas y que sirve para recoger una carga. **7** Parte ancha y plana de ciertas herramientas o utensilios. **8** Parte superior del calzado que cubre el empeine.

palabra s.f. **1** Sonido o conjunto de sonidos articulados que representan una idea. **2** Unidad lingüística constituida por uno o más monemas que, en la escritura, aparece entre dos espacios blancos. **3** Capacidad de expresar el pensamiento por medio del lenguaje articulado. **4** Acto o derecho de hablar a alguien. **5** Promesa de que una cosa es verdad o de que se va a hacer lo que se dice. ◇ **dejar a alguien con la palabra en la boca** Dejar de escuchar lo que dice una persona, generalmente como forma de desprecio. ◇ **quitar la palabra de la boca** Decir lo que otra persona estaba a punto de expresar. □ Interrumpir a la persona que habla. ◇ **tener unas palabras** Discutir dos personas de forma airada o desagradable.

palabrear v.tr. **1** CH Insultar a alguien. **2** CH, COL, CUBA, ECUAD Convenir verbalmente algún asunto con una persona y comprometerla en un proyecto o actividad.

palabrería s.f. Abundancia de palabras sin sustancia ni utilidad.

palabrota s.f. Palabra o expresión que se considera ofensiva.

palacete s.m. Mansión lujosa parecida a un palacio pero más pequeña.

palaciego, a adj. **1** Relativo al palacio real. **2** Relativo a la corte que vivía en el palacio real. ◆ **adj. y s. 3** Miembro de la corte.

palacio s.m. **1** Mansión grande y lujosa en que residen reyes, aristócratas o personajes importantes. **2** Edificio monumental destinado a celebrar actos públicos.

paladar s.m. **1** Parte interior y superior de la boca de los vertebrados, que separa esta de las fosas nasales. **2** Capacidad para percibir el sabor de los alimentos.

paladear v.tr. **1** Disfrutar el sabor de un alimento o de una bebida masticándolo lentamente o manteniéndolo en la boca. **2** Disfrutar pensando con detenimiento una cosa que agrada.

paladín s.m. **1** Caballero que en la guerra se distinguía por sus hazañas valientes y nobles. **2** Formal. Persona que defiende con fervor una causa noble.

paladio s.m. Elemento químico de símbolo Pd y número atómico 46; es un metal de color blanco plateado.

palafito s.m. Vivienda propia de civilizaciones primitivas, construida sobre estacas de madera, normalmente dentro de un lago o un río.

palanca s.f. **1** Máquina simple que consiste en una barra que se apoya en un punto o puede girar sobre él; sirve para vencer una fuerza (resistencia) mediante la aplicación de otra fuerza (potencia). **2** Manecilla o pieza que sirve para poner en funcionamiento un aparato. **3** Fam. Influencia que permite conseguir un beneficio.

palangana s.f. Recipiente circular, ancho y poco profundo, usado para lavarse.

palangre s.m. Aparejo de pesca formado por un cordel largo del cual penden unas cuerdas más finas con anzuelos en sus extremos.

palanquear v.tr. **1** Fam. ARG, BOL, CUBA, URUG Emplear una persona su influencia en beneficio de alguien. **2** ARG, URUG Sujetar un animal, generalmente un caballo, a un poste.

palanquín s.m. Silla de manos para transportar a personas importantes.

palatal adj. **1** Relativo al paladar. **2** Se dice del sonido o fonema que se articula acercando la lengua al paladar. ◆ s.f. y adj. **3** Consonante que se articula en este punto.

palatalizar v.tr. **1** Dar a un sonido carácter palatal. ◆ v.intr. y prnl. **2** Adquirir carácter palatal.

1. **palatino, a** adj. **1** Relativo al paladar. ◆ s.m. y adj. **2** Hueso que forma la parte posterior del paladar.

2. **palatino, a** adj. **1** Relativo al palacio. ◆ adj. y s. **2** Se dice de la persona que ocupaba un cargo destacado en palacio.

palco s.m. **1** En un teatro o sala de espectáculos, departamento independiente en forma de balcón. **2** Tarima elevada para ver un desfile u otro espectáculo.

palé o **palet** s.m. Plataforma de madera sobre la que se apila mercancía pesada.

palenque s.m. **1** Valla de madera con que se delimita un terreno. **2** Terreno cercado con esta valla. **3** ASUR Madero o poste clavado con firmeza en la tierra al que se atan los caballos.

palentino, a adj. y s. De Palencia.

paleoceno, a adj. y s.m. **1** Se dice de la época geológica que es la primera del período paleógeno de la era cenozoica que se extiende desde hace unos 60 millones de años hasta hace unos 46 millones de años. ◆ adj. **2** Relativo a esta época geológica.

paleocristiano, a adj. Relativo a las primeras comunidades cristianas.

paleógeno, a adj. y s.m. **1** Se dice del período geológico que es el primero de la era cenozoica y se extiende desde hace unos 65 millones de años hasta hace unos 25 millones de años. ◆ adj. **2** Relativo a este período geológico.

paleografía s.f. Técnica de interpretar documentos e inscripciones antiguos que permite descifrarlos y determinar su fecha, lugar de origen y autor.

paleógrafo, a s. Persona que se dedica a la paleografía.

paleolítico, a adj. y s.m. **1** Se dice del período más antiguo de los períodos prehistóricos, que se caracteriza por la fabricación de herramientas de piedra tallada, la caza, pesca y recolección y el nomadismo. ◆ adj. **2** Relativo a este período.

paleología s.f. Parte de la lingüística que estudia las lenguas antiguas.

paleólogo, a s. Especialista en paleología.

paleontografía s.f. Descripción de los restos orgánicos fosilizados.

paleontología s.f. Ciencia que estudia los seres vivos extinguidos a partir de los fósiles con el fin de reconstruir sus formas de vida.

paleontólogo, a s. Especialista en paleontología.

paleozoico, a adj. y s.m. **1** Se dice de la era geológica que sigue a la era precámbrica y precede a la era mesozoica o secundaria; comprende un período que se extiende desde hace unos 570 millones de años hasta hace unos 245 millones de años. ◆ adj. **2** Relativo a esta era geológica.

palestino, a adj. y s. De Palestina.

palestra s.f. **1** Lugar en el que se celebraban justas y torneos. **2** Lugar en el que se celebran ejercicios literarios públicos o desde donde se habla al público. ◇ **salir,** o **saltar, a la palestra** ESP Darse a conocer en los medios de comunicación.

palet s.m. Palé.

paleta s.f. **1** Herramienta de albañilería que consiste en una plancha triangular metálica unida a un mango. **2** Utensilio de cocina que tiene forma semejante a la de una pala y sirve para coger y servir ciertos alimentos. **3** Pala usada en ciertos deportes. **4** Plancha que gira alrededor de un eje. **5** Tabla pequeña que sirve para poner y mezclar los colores de pintura al óleo. **6** Conjunto de colores utilizados en una pintura o que suele utilizar un pintor.

1. **paletada** s.f. **1** Cantidad de materia que se recoge con una pala (herramienta) de una sola vez. **2** Golpe dado con una pala o una paleta. ◇ **a paletadas** Fam. En mucha cantidad.

2. **paletada** s.f. Fam. ESP Dicho o hecho propios de un paleto.

paletilla s.f. **1** Omóplato. **2** Carne de la pata delantera del cerdo u otro animal, curada o preparada para comer.

paleto, a adj. y s. **1** Fam. y desp. ESP Se dice de la persona que ha nacido en un pueblo pequeño o en el campo. **2** Fam. ESP Palurdo.

paliar (1f) v.tr. **1** Calmar o hacer menos intenso algo negativo, como una pena, un dolor, etc. **2** Disimular o hacer menos visible algo.

paliativo, a adj. y s.m. Que palia o sirve para paliar.

palidecer (30) v.intr. **1** Ponerse pálido. **2** Perder o disminuir el valor o la importancia de una cosa al ser comparada con otra.

palidez s.f. Cualidad de lo que es o está pálido.

pálido, a adj. **1** Que ha perdido el color natural de la piel. **2** Se dice del color que es apagado o poco intenso.

paliducho, a adj. Fam. Pálido, más claro y menos rosado de lo normal.

palillero s.m. Recipiente para mondadientes.

palillo s.m. **1** Mondadientes. **2** Palo largo y delgado que se usa, junto con otro igual, para coger los alimentos y llevarlos a la boca en algunos países orientales. **3** Palo para tocar el tambor y otros instrumentos similares. **4** Fam. Persona muy delgada.

palíndromo s.m. Palabra o conjunto de palabras que se leen igual de izquierda a derecha que de derecha a izquierda.

palio s.m. **1** Pieza de tela lujosa colocada sobre un armazón de cuatro o más barras bajo la cual va el Santo Sacramento, una imagen religiosa o una persona importante en una ceremonia. **2** Insignia que llevan el Papa y los arzobispos sobre los hombros.

palique s.m. **1** Fam. ESP Conversación larga y sobre temas poco trascendentes. **2** Fam. ESP Facilidad para conversar.

palisandro s.m. Madera de color rojo oscuro que se obtiene de varios árboles tropicales.

paliza s.f. **1** Serie numerosa de golpes que se dan a una persona para hacerle daño. **2** Fam. Derrota contundente en una competición deportiva o en un juego. **3** Fam. ESP Trabajo, acción o situación que producen gran cansancio. ◆ s.m. y f. **4** Fam. ESP Persona muy pesada.

pallador o **payador** s.m. ARG, CH, URUG Cantor que con una guitarra improvisa canciones compitiendo con otros de su mismo oficio.

palma s.f. **1** Parte interior de la mano, entre la muñeca y el inicio de los dedos. **2** Parte inferior de la pata de las caballerías. **3** Palmera (árbol). **4** Hoja de esta planta que se utiliza para confeccionar cestos, escobas, abanicos, etc., y en la ceremonia católica del Domingo de Ramos. **5** Victoria, fama y honor que es reconocido por una multitud. **6** Planta de tronco leñoso, hojas grandes reunidas en un penacho, flores agrupadas en racimos y fruto en baya. ◆ **palmas** s.f.pl. **7** Grupo taxonómico, con categoría de familia, constituido por estas plantas. **8** Palmadas. ◇ **conocer algo como la palma de la mano** Fam. Conocer una cosa muy bien. ◇ **llevarse la palma** Sobresalir o destacar sobre otras personas en una actividad.

palmada s.f. **1** Golpe dado con la palma de la mano. **2** Golpe que se da chocando las palmas de las manos una contra la otra. ◆ **palmadas** s.f.pl. **3** Ruido que produce este golpe.

palmar v.intr. Fam. ESP Morir. □ También palmarla.

palmarés s.m. **1** Conjunto de éxitos, victorias o méritos conseguidos por alguien. **2** Lista de ganadores de una competición.

palmario, a adj. Claro, patente y manifiesto.

palmatoria s.f. Utensilio para sostener una vela.

palmeado, a adj. **1** Que tiene forma semejante a una palmera. **2** Se dice de la hoja de una planta que tiene forma de mano abierta. **3** Que tiene los dedos unidos por una membrana.

palmense adj. y s.m. y f. De Las Palmas de Gran Canaria.

palmer s.m. Instrumento que sirve para medir espesores pequeños.

palmera s.f. **1** Árbol de tronco recto y alto, con la copa formada por hojas muy grandes y verdes en forma de penacho. **2** Dulce de hojaldre que tiene forma de hoja de palmera.

1. **palmero, a** adj. y s. De La Palma

2. **palmero, a** s. Persona que acompaña el cante o baile flamenco tocando las palmas.

palmesano, a adj. y s. De Palma de Mallorca.

palmeta s.f. Adorno arquitectónico que tiene forma de hoja de palma.

palmípedo, a adj. y s.f. Se dice del ave acuática, como el pato o la gaviota, que tiene los dedos unidos por una membrana.

1. **palmito** s.m. **1** Árbol de la familia de las palmas, con el tronco subterráneo o poco saliente y las hojas en forma de abanico. **2** Tallo comestible, blanco, grueso y cilíndrico, que se encuentra dentro del tronco de este árbol.

2. **palmito** s.m. Fam. Talle esbelto de mujer.

palmo s.m. Medida de longitud que equivale a 21 centímetros. ◇ **dejar con un palmo de narices** Fam. ESP Hacer que una persona sufra una decepción. ◇ **palmo a palmo** Con lentitud o con dificultad. □ Con atención, detalle y minuciosidad.

palo s.m. **1** Trozo de madera más largo que grueso y generalmente de forma cilíndrica. **2** Golpe que se da con este trozo de madera. **3** Madera. **4** Madero largo colocado perpendicular a la quilla de una embarcación que sirve para sujetar las velas. **5** Poste de una portería de un deporte. **6** Utensilio alargado con el que se golpea la pelota en ciertos deportes. **7** Trazo de una letra escrita que sobresale de la línea de escritura hacia arriba o hacia abajo. **8** Serie de cartas que, junto con otras tres series, forma una baraja. **9** Modalidad del cante flamenco. **10** Fam. ESP Experiencia desagradable o situación difícil que causa molestias o daños. ◇ **a palo seco** Sin acompañamiento, accesorio o ayuda.

paloduz s.m. **1** Planta de tallos gruesos, hojas en punta, flores pequeñas en racimo y fruto con pocas semillas. **2** Raíz de esta planta, que se chupa o se masca como golosina.

paloma ▷ palomo, a.

palomar s.m. Lugar donde se refugian o se crían palomas.

palometa s.f. **1** Pez marino de cuerpo aplastado, cabeza pequeña y dientes finos, largos y apretados. □ También palometa blanca. **2** Palomilla, soporte.

palomilla s.f. **1** Mariposa nocturna pequeña de color gris. **2** Mariposa pequeña. **3** Soporte para sostener tablas, estantes o cosas semejantes en forma de triángulo rectángulo. **4** Tuerca que tiene dos aletas u orejas para poder enroscarla o desenroscarla con la mano. □ También tuerca de palomilla.

palomino s.m. **1** Cría de la paloma silvestre. **2** Fam. ESP Mancha de excrementos en la ropa interior. **3** Fam. ESP Hombre joven inexperto y cándido.

palomita s.f. **1** Grano de maíz reventado por la acción del calor y convertido en una masa blanca y esponjosa. **2** Estirada espectacular del portero de fútbol para parar el balón.

palomo, a s. **1** Ave de cuello corto y cabeza pequeña, cuello, patas y pico cortos, y alas largas y afiladas. □ Se usa paloma como nombre genérico del animal. **2** Fam. Persona bondadosa a la que resulta fácil engañar. ◇ **paloma mensajera** Paloma que se usa para enviar mensajes escritos breves por su capacidad para volver al palomar aunque se encuentre muy lejos de él.

palote s.m. Trazo recto y vertical de escritura que se hace en papel pautado cuando se está aprendiendo a escribir.

palpable adj. **1** Que se palpa o percibe claramente. **2** Que puede tocarse con las manos.

palpación s.f. Acción de palpar.

palpar v.tr. **1** Tocar una cosa con las manos dándole pequeños golpes o recorriéndola para examinarla o reconocerla. **2** Percibir cierto estado de ánimo o cierta situación de forma clara.

palpitación s.f. Acción de palpitar.

palpitante adj. **1** Que palpita más fuerte y rápido de lo normal. **2** Que despierta la atención y el interés, en especial por ser de actualidad y considerarse polémico.

palpitar v.intr. **1** Contraerse y dilatarse alternativamente el corazón para bombear la sangre. **2** Aumentar la intensidad de este movimiento a causa de una emoción intensa. **3** Moverse o agitarse un órgano del cuerpo de forma involuntaria, rápida y repetida. **4** Manifestarse un sentimiento o pasión con vehemencia.

pálpito s.m. **1** Sensación que tiene una persona de que una cosa va a ocurrir sin tener pruebas. **2** Palpitación.

palpo s.m. Cada uno de los apéndices articulados que tienen cerca de la boca los insectos y otros animales para palpar y sujetar la comida.

palta s.f. AMÉR SUR Aguacate, fruto y árbol.

paludismo s.m. Enfermedad infecciosa transmitida por la picadura del mosquito anofeles hembra.

palurdo, a adj. y s. Fam. Que se comporta de forma grosera y demuestra poca educación o escasa formación cultural. □ Frec. insulto.

1. **palustre** s.m. Paleta, herramienta de albañilería.

2. **palustre** adj. Relativo a los pantanos, lagos o lagunas.

pamela s.f. Sombrero femenino con el ala ancha y flexible.

pampa s.f. Llanura extensa que carece de vegetación arbórea, propia de América del Sur y concretamente de Argentina.

pamplina s.f. Fam. ESP Cosa banal, insignificante o sin importancia.

pamplonés, sa adj. y s. De Pamplona.

pamplonica adj. y s.m. y f. Pamplonés.

pan s.m. **1** Alimento básico que consiste en una masa a base de harina, normalmente de trigo, agua, sal y levadura, y cocinada al horno. **2** Pieza de este alimento que puede tener varias formas. **3** Alimento elaborado con ingredientes prensados o picados y ligados con huevo, que para comerlo se corta a rebanadas como el pan. **4** Alimento necesario para vivir. **5** Lámina muy fina de oro, plata u otro metal que sirve para recubrir o adornar cosas. ◇ **pan de molde** ESP Pan que se elabora con leche y materias grasas, y se cocina en el horno dentro de un molde rectangular. ◇ **ser pan comido** Fam. Ser algo muy fácil de hacer o de conseguir.

pana s.f. Tela gruesa de algodón, con pelo muy corto y suave que en la superficie presenta acanaladuras de ancho variable.

panacea s.f. **1** Medicina o sustancia a la que se le atribuye la propiedad de curar distintas enfermedades. **2** Remedio para cualquier tipo de problema. □ También panacea universal.

panadería s.f. **1** Establecimiento en el que se elabora y se vende pan. **2** Oficio de panadero.

panadero, a adj. **1** Relativo al pan. ◆ s. **2** Persona que se dedica a hacer o vender pan.

panadizo s.m. Inflamación aguda de un dedo, principalmente de la zona próxima a la uña.

panal s.m. Estructura de cera en el interior de una colmena, constituida por pequeñas celdas o casillas de forma hexagonal donde las abejas ponen sus huevos y depositan la miel.

panamá s.m. **1** Tejido de algodón de trama gruesa. **2** Sombrero de paja muy flexible con el ala plana y la copa baja y cilíndrica.

panameño, a adj. y s. De Panamá.

panamericanismo s.m. Doctrina política que propugna la cooperación entre todos los países americanos.

panamericano, a adj. Relativo a toda América.

panavisión s.f. Técnica de filmación y proyección cinematográfica que emplea grandes formatos.

pancarta s.f. Papel, cartulina o tela de gran tamaño con frases o consignas que se muestra en una manifestación.

panceta s.f. Tocino con vetas de carne magra del cerdo.

pancho, a adj. Fam. Se dice de la persona que está tranquila o no se altera.

páncreas s.m. Órgano de los vertebrados que segrega las hormonas insulina y glucagón, y produce los jugos pancreáticos.

pancreático, a adj. Relativo al páncreas.

1. **panda** s.f. **1** Fam. y desp. Grupo de personas que realizan acciones ilícitas o que se consideran moralmente negativas. **2** Pandilla (amigos).

2. **panda** s.m. y f. Mamífero de aspecto parecido al oso, que tiene el pelaje blanco con manchas negras. □ También oso panda.

pandear v.tr. Curvar algo, especialmente por el centro.

pandereta s.f. Instrumento musical de percusión formado por un parche de cuero fino y tensado en un marco, el cual lleva insertados sonajas o cascabeles.

pandero s.m. **1** Instrumento musical de percusión semejante a la pandereta pero de mayor tamaño. **2** Fam. Nalgas, especialmente si son grandes.

pandilla s.f. **1** Grupo de personas que se reúnen habitualmente para divertirse o para realizar una actividad determinada en común. **2** Fam. y desp. Panda.

panecillo s.m. Pan pequeño y esponjoso.

panegírico, a s.m. **1** Discurso o composición poética de tono solemne en el que se alaba a una persona. ◆ adj. **2** Relativo a este discurso o que tiene sus características.

panel s.m. **1** Porción de una pared, puerta u otra superficie, que tiene forma geométrica y está limitada por molduras o franjas de distinto color. **2** Plancha prefabricada de diversos materiales que se usa en construcción para dividir o separar espacios, o como aislante térmico o acústico. **3** Plancha de madera u otro material que se coloca en un lugar público para colgar anuncios, avisos, etc. **4** Cartel grande montado sobre un soporte metálico que sirve para colocar información o propaganda. **5** Superficie de una máquina o aparato en la que se encuentran los mandos y los interruptores necesarios para su funcionamiento. **6** Conjunto de personas que participan en un debate o en una discusión pública sobre un tema determinado.

panera s.f. **1** Cestilla o recipiente que sirve para guardar el pan. **2** Lugar donde se guarda el pan, la harina o el grano.

panettone s.m. Pan dulce con pasas y frutas confitadas, típico de Italia.

pánfilo, a adj. y s. **1** Fam. Que actúa con mucha lentitud y no tiene voluntad ni energía para actuar. **2** Fam. Que tarda en comprender las cosas, es ingenuo y se deja engañar con facilidad.

panfletario, a adj. Relativo al panfleto o que tiene sus características.

panfleto s.m. **1** Escrito breve de carácter crítico o satírico cuyo fin es difamar a alguien, hacer propaganda política o crear polémica sobre algo. **2** Acción o cosa que tiene las características del panfleto.

pangea s.f. Continente primitivo a partir del cual se formaron los continentes actuales.

pangolín s.m. Mamífero desdentado de cabeza pequeña, cuerpo cubierto de escamas duras que puede erizar para defenderse, y lengua larga que le permite comer hormigas y termitas.

panhispanismo s.m. Movimiento ideológico que propugna la unión de todos los pueblos de habla hispana.

pánico, a s.m. y adj. Miedo o temor intenso.

panificadora s.f. Fábrica donde se hace pan.

panislamismo s.m. Doctrina política y religiosa que propugna la unión de los pueblos islámicos.

panizo s.m. **1** Planta de tallos rectos, con las hojas grandes y las flores agrupadas en racimo, que da un grano comestible. **2** Grano de esta planta, redondo, de color amarillo rojizo y brillante.

panocha s.f. Fruto de algunas plantas, especialmente del maíz, que se presenta formando una espiga grande de granos gruesos.

panoli adj. y s.m. y f. Fam. ESP Tonto, que se deja engañar con facilidad.

panorama s.m. **1** Vista de una gran extensión de terreno desde un lugar determinado. **2** Aspecto general de un asunto o una situación.

panorámica s.f. Panorama.

panorámico, a adj. Relativo al panorama.

panqué s.m. **1** MÉX Bizcocho de masa suave y esponjosa, por lo general de forma alargada. **2** P RICO, VENEZ Bizcocho.

pantagruélico, a adj. Se dice de la comida que es abundante o excesiva.

pantaleta s.f. COL, MÉX, VENEZ Prenda interior femenina, de tejido suave, que cubre desde la cintura hasta la ingle, con dos aberturas por donde pasan las piernas. **GEOSIN** bombacha, braga, calzón, calzonarias.

pantalla s.f. **1** Superficie blanca, plana y lisa, cuadrada o rectangular, sobre la que se proyectan imágenes cinematográficas o fotográficas. **2** Superficie de vidrio sobre la que se forma la imagen de un televisor, ordenador o aparato semejante. **3** Mundo del cine y la televisión. **4** Imagen que se ve en la zona de visualización del monitor de un ordenador. **5** Lámina que se coloca ante una fuente de luz. **6** AMÉR Paipay.

pantalón s.m. Prenda de vestir que se ajusta a la cintura, cubriendo cada pierna por separado. **OBS** Suele usarse en plural con valor singular.

pantaloncillo s.m. COL, P RICO, R DOM Calzoncillos.

pantano s.m. **1** Depresión del terreno, generalmente de poca profundidad, en la que se acumula y estanca agua de forma natural. **2** Depósito artificial de agua construido generalmente en la boca de un valle mediante un dique.

pantanoso, a adj. **1** Relativo a los pantanos. **2** Se dice del terreno donde hay pantanos. **3** Difícil o lleno de peligros u obstáculos.

panteísmo s.m. Creencia o conjunto de doctrinas que identifican a Dios con el universo.

panteísta adj. **1** Relativo al panteísmo. ◆ adj. y s.m. y f. **2** Partidario del panteísmo.

panteón s.m. **1** Monumento funerario destinado a enterrar a varias personas, normalmente de la misma familia. **2** En la antigüedad griega y romana, templo dedicado a todos los dioses. **3** Conjunto de dioses de una religión o una cultura. **4** AMÉR Cementerio.

pantera s.f. Mamífero felino de color totalmente negro o rojizo amarillento con manchas anilladas oscuras y blancuzco en el vientre.

pantocrátor s.m. Representación de Cristo triunfante sentado en su trono.

pantógrafo s.m. Instrumento que sirve para ampliar o reducir planos y dibujos.

pantomima s.f. **1** Representación de teatro en la que los actores se expresan por medio de gestos y movimientos en lugar de palabras. **2** Comedia, farsa.

pantorrilla s.f. Parte posterior de la pierna de una persona, por debajo de la rodilla y hasta el tobillo, que es musculosa y abultada.

pantufla s.f. Zapatilla sin talón y muy cómoda que se usa para estar en casa.

panty (pl. pantis o pantys) s.m. Prenda de vestir femenina hecha de un tejido elástico fino o tupido, que cubre cada una de las piernas desde los pies hasta la cintura.

panza s.f. **1** Fam. Barriga, vientre. **2** Parte convexa de un recipiente u otro objeto. **3** Primera de las cuatro cavidades en que se divide el estómago de los rumiantes.

panzada s.f. **1** Fam. Hartazgo de comida. **2** Fam. Acción que se realiza en exceso. **3** Fam. Panzazo.

panzazo s.m. Fam. Golpe en la panza.

panzudo, a adj. Que tiene panza.

pañal s.m. **1** Tira o braga de material absorbente, generalmente celulosa, que se coloca entre las piernas para retener la orina o los excrementos. □ Suele usarse en plural con valor singular. ◆ **pañales** s.m.pl. **2** Conjunto de prendas en las que se envuelve a un bebé ◇ **en pañales** En el comienzo o con poca experiencia en cierta actividad.

paño s.m. **1** Tejido tupido de lana, generalmente gruesa. **2** Pieza de tela de diversas clases, generalmente cuadrada o rectangular, que se usa para limpiar, secar o cubrir algo. **3** Pañito. **4** Lienzo de tela que se cuelga en la pared o un balcón como adorno. **5** Mancha oscura que sale en la piel. **6** Cosa que disminuye el brillo o la transparencia de algo. ◆ **paños** s.m.pl. **7** Vestidura o ropa que lleva una persona. ◇ **conocer el paño** Fam. Conocer muy bien un asunto del que se trata o a la persona de la que se habla. ◇ **en paños menores** Con ropa interior.

pañoleta s.f. **1** Pieza de tela triangular o cuadrada y doblada en diagonal que se lleva en la cabeza, alrededor del cuello, sobre los hombros, etc., como adorno o abrigo. **2** Corbata estrecha y corta del traje de luces de los toreros.

pañuelo s.m. **1** Pieza de tela fina o de papel, pequeña y cuadrada. **2** Pañoleta de adorno o de abrigo.

1. **papa** s.m. **1** Representante de máxima autoridad en la Iglesia católica. □ Se escribe normalmente con mayúscula inicial. **2** ▷ papá.

2. **papa** s.f. **1** AMÉR Planta herbácea de tallos ramosos, hojas ovaladas, flores blancas o moradas y fruto en baya carnosa. **GEOSIN** patata. **2** AMÉR Tubérculo de esta planta, de forma redonda o alargada y de color marrón por fuera y blanco o amarillento por dentro. **GEOSIN** patata. **3** Fam. ARG, CH, PAR, URUG Problema de fácil solución. **4** Fam. ARG, CH, PAR, PERÚ, URUG Agujero de una media o un calcetín. **5** Fam. CH Mentira. ◇ **papa de la guagua** CH Leche materna. ◇ **papa suave** Fam. CUBA Beneficio que se obtiene con poco esfuerzo.

3. **papa** s.f. Paparrucha, tontería. ◇ **ni papa** Fam. Nada.

papá o **papa** s.m. **1** Fam. Nombre que dan los hijos al padre. □ Se usa como apelativo cariñoso. ◆ **papás** o **papas** s.m.pl. **2** Fam. Padre y madre de una persona.

papada s.f. **1** Pliegue de la piel que sobresale en el borde inferior del cuello de ciertos animales, como el cerdo. **2** Abultamiento carnoso que se forma bajo la barbilla de una persona.

papado s.m. **1** Dignidad de papa. **2** Conjunto de papas a lo largo de la historia. **3** Tiempo que dura el mandato de un papa.

papagayo s.m. **1** Ave trepadora de pico fuerte, grueso y curvo, plumaje de colores variados y vistosos. **2** Fam. Persona que habla mucho y dice cosas sin sentido o poco interesantes.

papal adj. Relativo al papa.

papanatas s.m. y f. Fam. y desp. Persona que es excesivamente simple o crédula, o que se asombra por cualquier cosa.

paparrucha s.f. Fam. ESP Tontería.

papaya s.f. Fruto comestible, de forma alargada y pulpa de color amarillo anaranjado y dulce, semejante al melón.

papear v.tr. Fam. ESP Comer.

papel s.m. **1** Lámina delgada hecha con pasta de fibras vegetales que se utiliza para escribir o dibujar en ella, envolver objetos y muchos otros usos. **2** Trozo de esta lámina. **3** Documento, carta o certificado que se necesita para solucionar un asunto. **4** Documentación con que se identifica una persona o una cosa. □ Suele usarse en plural con valor singular. **5** Parte de una obra de cine o teatro que tiene que representar un actor. **6** Personaje representado por un actor. **7** Función que una persona desempeña en un lugar o en una situación. ◇ **hacer un buen,** o **mal, papel** Quedar bien (o mal) en un asunto o situación. ◇ **papel mojado** Documento o cosa que no tiene valor legal. ◇ **papel moneda** Billete de banco.

papeleo s.m. Conjunto de trámites, papeles y documentos que son necesarios para llevar a cabo cualquier gestión.

papelera s.f. **1** Recipiente en forma de cubo o cesto que sirve para tirar el papel y las cosas que no sirven. **2** Escritorio para guardar papeles.

papelería s.f. Establecimiento en el que se vende papel y otros utensilios e instrumentos para escribir o dibujar.

papeleta s.f. **1** Hoja pequeña de papel en la que se acreditan derechos u obligaciones, o en la que consta algún dato de interés. **2** Fam. ESP Asunto o situación que son difíciles de resolver.

papelina s.f. ESP Paquete pequeño de papel fino que contiene una dosis de droga.

papelón s.m. **1** AMÉR Pan de azúcar sin refinar, que se presenta habitualmente con forma cónica alargada. **2** ARG, URUG Acción ridícula que realiza una persona y por la cual ella misma y otras personas implicadas sienten incomodidad y vergüenza.

papelote s.m. **1** ESP Conjunto de papeles usados para hacer papel reciclado. **2** AMÉR CENTRAL, CUBA, MÉX Cometa (juguete).

papeo s.m. Fam. ESP Comida.

papera s.f. **1** Desarrollo excesivo de la glándula tiroides que causa un aumento del tamaño de la parte anterior e inferior del cuello. **2** Tumor inflamatorio y contagioso que se forma en la primera parte del aparato respiratorio de los équidos jóvenes. ◆ **paperas** s.f.pl. **3** Enfermedad vírica que causa la inflamación de las glándulas salivales situadas en la parte posterior de la boca; afecta principalmente a los niños y a los adolescentes.

papi s.m. Fam. Papá.

papiamento s.m. Lengua criolla hablada en las islas de Curazao, Oruba y Buen Aire.

papila s.f. **1** Pequeña prominencia de forma cónica en que terminan las ramificaciones nerviosas y vasculares de debajo de la epidermis y de las membranas mucosas. **2** Pequeña prominencia cónica que hay en ciertos órganos de algunos vegetales.

papilla s.f. **1** Alimento de consistencia cremosa que consiste en una mezcla de alimentos triturados para niños y personas que no pueden masticar. **2** Sustancia opaca a los rayos X que debe ingerirse para hacer un análisis radiológico del aparato digestivo. ◇ **hacer papilla** Fam. Vencer moral o materialmente a alguien, dejarle sin fuerzas o ánimos. □ Fam. Destrozar completamente una cosa.

papiloma s.m. Pequeño tumor debido a la hipertrofia de las papilas.

papiro s.m. **1** Planta de tallo alto, hueco y liso, hojas estrechas y flores pequeñas y verdosas. **2** Lámina flexible y delicada obtenida del tallo de esta planta y utilizada, especialmente por egipicios, griegos y romanos, para escribir o dibujar en ella.

papiroflexia s.f. Arte y técnica de realizar figuras doblando papel.

papista adj. y s.m. y f. **1** Desp. Denominación que aplican los protestantes y los cismáticos a los católicos. **2** Defensor de las disposiciones del Papa. ◇ **ser más papista que el Papa** Fam. Seguir una norma o recomendación con excesivo rigor.

papo s.m. **1** Parte del aparato digestivo de las aves consistente en una bolsa donde se depositan los alimentos antes de ser triturados. **2** Pliegue de la piel que sobresale en el borde inferior del cuello de ciertos animales, como el cerdo o el toro. **3** Fam. Mejilla, especialmente cuando es abultada. **4** Fam. Desfachatez.

papú adj. y s.m. y f. De Papúa Nueva Guinea.

paquebote s.m. Embarcación que transporta viajeros y lleva correo de un puerto a otro.

paquete s.m. **1** Objeto o conjunto de objetos que están atados o envueltos para ser transportados con facilidad. **2** Envoltorio de este objeto o conjunto de objetos. **3** Conjunto de cosas del mismo tipo, que comparten alguna función o se complementan de algún modo y están agrupadas de una determinada manera. **4** En informática, conjunto de aplicaciones independientes, aunque compatibles entre sí. **5** Fam. ESP Persona que acompaña al conductor de un vehículo, especialmente la que acompaña al conductor de una motocicleta. **6** Fam. ESP Castigo, bronca o multa que recibe una persona por su mal comportamiento. **7** Fam. ESP Persona torpe o poco eficiente. **8** Fam. ESP Bulto que forman en los pantalones los testículos y el órgano sexual masculino.

paquidermo adj. y s.m. **1** Se dice del mamífero herbívoro de gran tamaño y peso, que tiene la piel muy gruesa y dura, como el elefante, el hipopótamo, el cerdo o el jabalí ◆ **paquidermos** s.m.pl. **2** Grupo sin categoría taxonómica constituido por estos animales.

paquistaní adj. y s.m. y f. De Paquistán.

par s.m. **1** Conjunto de dos personas, animales o cosas de la misma naturaleza o que tienen alguna característica en común. **2** Cosa que es igual a otra y con la cual se complementa. ◆ adj. **3** Se dice del número que puede ser dividido por dos un número exacto de veces. **4** Se dice del órgano que es igual a otro y ocupa una posición simétrica. **5** Igual o muy parecido a otro. ◆ s.m. **6** En el juego del golf, máximo número de golpes de que dispone el jugador para meter la pelota en un hoyo. **7** En el juego del golf, número de golpes que en cada campo se fija para cada hoyo como el apropiado para embocar la pelota. **8** En física, conjunto de dos cuerpos heterogéneos que, en condiciones determinadas, producen una corriente eléctrica. **9** En la Edad Media, título de alta dignidad que el rey concedía a algunos nobles. ◇ **a la par** A la vez o además. ◇ **de par en par** Completamente abierto. ◇ **sin par** Que es único en su especie, o no puede ser superado por nada o nadie.

para prep. **1** Indica la utilidad o función de alguien o algo. **2** Indica la finalidad de la acción que expresa el verbo principal de la oración. **3** Introduce la persona o cosa a la que se destina algo. **4** Indica la dirección de un movimiento. **5** Indica el tiempo aproximado en el que será ejecutada una acción. **6** Expresa contraposición, comparación o relación de cantidades o ideas, indicando su adecuación o inadecuación. **7** Indica causa o razón de una acción. **8** Fam. Indica la proximidad de que ocurra una acción. **9** Forma parte de ciertas expresiones que introducen el último elemento de una enumeración de hechos o circunstancias adversas. **10** Fam. Indica que la acción expresada por un verbo de locución es interior y no se comunica a otros. ◇ **para con** Con respecto a.

parabién s.m. Palabra o expresión que indica alegría y satisfacción ante un hecho positivo que le ha ocurrido a una persona.

parábola s.f. **1** Narración alegórica que pretende expresar una verdad importante o una enseñanza moral. **2** En geometría, curva abierta formada por dos líneas simétricas respecto de un eje y en que todos sus puntos están a la misma distancia tanto del foco como de la directriz.

parabólico, a adj. **1** Relativo a la parábola (narración). **2** Que tiene forma de parábola o es parecida a ella. ◆ adj. y s.f. **3** Se dice de la antena que capta señales transmitidas vía satélite.

parabrisas s.m. Cristal de la parte delantera del automóvil que protege del viento al conductor y su acompañante.

paraca s.f. AMÉR Brisa muy fuerte del Pacífico.

paracaídas s.m. Aparato para moderar la velocidad de caída de los cuerpos que consiste en una gran pieza de tela, ligera y resistente que se sujeta al cuerpo o al objeto que se arroja por medio de cuerdas.

paracaidismo s.m. Actividad militar o deportiva que consiste en saltar con un paracaídas.

paracaidista adj. **1** Relativo al paracaidismo. ◆ adj. y s.m. y f. **2** Se dice de la persona que se dedica al paracaidismo.

parachoques s.m. Pieza de un vehículo automóvil que se encuentra en la parte delantera y en la trasera y sirve para proteger la carrocería de pequeños choques o impactos.

paraciencia s.f. Estudio de los fenómenos de la naturaleza que la ciencia no puede explicar.

parada s.f. **1** Interrupción o finalización de un movimiento, acción o actividad. **2** Lugar en el que se detienen los vehículos de transporte público para recoger o dejar viajeros. **3** En fútbol y otros deportes, acción de detener el balón o la pelota un portero. **4** Conjunto de tropas militares dispuestas para desfilar o pasar revista.

paradero s.m. **1** Lugar donde está, vive o ha ido a parar alguien o algo. **2** AMÉR Parada de algunos transportes públicos.

paradigma s.m. **1** Ejemplo o modelo de algo. **2** Conjunto de formas que sirven de modelo de flexión. **3** Conjunto de elementos de la misma categoría gramatical que pueden aparecer en un mismo contexto.

paradigmático, a adj. **1** Relativo al paradigma. **2** En lingüística, se dice de la relación que existe entre elementos o palabras pertenecientes a un mismo paradigma.

paradisíaco, a o **paradisiaco, a** adj. Que recuerda al paraíso por su belleza.

parado, a adj. y s. **1** ESP Se dice de la persona que no tiene trabajo. **2** Se dice de la persona que es tímida y tiene poca iniciativa. ◆ adj. **3** Fam. Sorprendido, sin capacidad para reaccionar. **4** AMÉR Que está de pie, derecho. **5** CH, P RICO, PERÚ Se dice de la persona que es orgullosa y engreída. ◇ **dar un parado a alguien** Fam. VENEZ Hacer que una persona deje de hacer o decir algo perjudicial. ◇ **estar bien parado** Fam. AMÉR Tener una persona una buena situación económica. □ MÉX, PAN Tener influencias políticas o institucionales. ◇ **salir,** o **quedar,** o **resultar, bien,** o **mal, parado** Resultar una persona favorecida (o desfavorecida) de determinada manera en un asunto.

paradoja s.f. **1** Hecho o dicho que es contrario a la opinión general de la gente o que encierra una contradicción. **2** Figura retórica que consiste en formular una contradicción aparente.

paradójico, a adj. Que contiene una paradoja.

parador s.m. **1** ESP Establecimiento de hostelería que ofrece servicios de gran calidad y que depende de algún organismo oficial. □ También parador nacional o parador de turismo. **2** Establecimiento o casa particular que ofrece habitaciones de alquiler.

parafarmacia s.f. Establecimiento donde se encuentran productos que, aunque no son medicamentos, ayudan a mejorar la salud y el bienestar personal.

parafernalia s.f. Conjunto aparatoso de ritos o de cosas que acompañan a una persona o un acto importante.

parafina s.f. Sustancia sólida, blanca en estado puro, que se funde fácilmente; se obtiene de la destilación de petróleo crudo.

paráfrasis s.f. **1** Interpretación, más o menos libre, que se hace de un texto para aclarar su significado. **2** Traducción libre en verso.

paragoge s.f. Adición de una o más letras, generalmente vocales, al final de una palabra; suele hacerse por ultracorrección como licencia poética.

paragógico, a adj. Relativo a la paragoge.

parágrafo s.m. Párrafo.

paraguas s.m. Utensilio portátil que sirve para protegerse de la lluvia, formado por una tela impermeable tensada por unas varillas plegables que se doblan alrededor de un mango.

paraguaya s.f. ESP Fruto del paraguayo, comestible, dulce, redondo y aplastado.

paraguayo, a adj. y s. **1** De Paraguay. ◆ s.m. **2** ESP Variedad de melocotonero que da un fruto comestible (paraguaya).

paragüero, a s.m. **1** Recipiente para dejar o guardar paraguas. **2** Mueble para dejar abrigos, paraguas o bastones. ◆ s. **3** Persona que se dedica a fabricar o vender paraguas.

paraíso s.m. **1** Lugar maravilloso donde Dios puso a vivir a Adán y Eva, según el Antiguo Testamento. □ Se escribe normalmente con mayúscula inicial. **2** Lugar ideal en el que las personas purificadas del pecado gozan de la compañía de Dios o los dioses, según algunas religiones. □ Se escribe normalmente con mayúscula inicial. **3** Lugar muy bello, tranquilo y agradable. **4** Lugar que reúne las características más adecuadas para el desarrollo de algo. ◇ **paraíso fiscal** País en el que existe un régimen tributario de impuestos muy bajos o nulos.

paraje s.m. Lugar al aire libre, generalmente aislado o alejado de la civilización.

paralela s.f. **1** Línea geométrica cuyos puntos están a la misma distancia que los que forman otra. ◆ **paralelas** s.f.pl. **2** Aparato de gimnasia masculina constituido por dos barras paralelas duras y elásticas que están a la misma altura del suelo. □ También barras paralelas.

paralelepípedo s.m. Cuerpo geométrico constituido por seis paralelogramos, de los cuales son iguales y paralelos los opuestos entre sí.

paralelismo s.m. **1** Cualidad de paralelo. **2** Figura retórica que consiste en la repetición de una misma estructura gramatical o de un mismo pensamiento, con una leve variación final. **3** Doctrina filosófica que niega la acción recíproca entre los procesos fisiológicos y los psíquicos.

paralelo, a adj. **1** Que está colocado al lado de otra cosa, en la misma dirección y sin llegar a tocarse nunca con ella. **2** Se dice de la cosa que es semejante a otra en algunos aspectos. **3** Se dice de la acción simultánea a otra. **4** Se dice de la línea o el plano que no corta nunca otra línea u otro plano porque todos los puntos que los componen están a la misma distancia. ◆ s.m. **5** Paralelismo. **6** Cada una de las circunferencias imaginarias paralelas al Ecuador, entre este y los polos, que rodean la superficie terrestre.

paralelogramo s.m. Figura geométrica de cuatro lados, de los cuales son iguales y paralelos los opuestos entre sí.

paralimpiada o **paralimpíada** s.f. Paraolimpiada.

paralímpico, a adj. Paraolímpico.

parálisis s.f. **1** Pérdida total o parcial de la capacidad de movimiento. **2** Cese momentáneo o definitivo de una actividad.

paralítico, a adj. y s. Se dice de la persona que padece parálisis de una o más partes del cuerpo, especialmente de las piernas.

paralización s.f. Acción de paralizar.

paralizante adj. Que paraliza.

paralizar v.tr. **1** Hacer que alguien o algo pierda la capacidad de movimiento. **2** Detener el desarrollo de una actividad.

paramecio s.m. Protoctista unicelular, protozoo de forma ovalada, con cilios que le permiten desplazarse y alimentarse.

paramento s.m. **1** Tela o cosa que cubre y a la vez adorna una superficie. **2** Cara de una pared, muro o sillar labrado.

parámetro s.m. **1** Elemento o constante que debe considerarse al realizar un estudio o análisis. **2** En estadística, magnitud medible que permite presentar de forma más simple las características principales de un conjunto estadístico. ◆ **parámetros** s.m.pl. **3** En la expresión algebraica de una familia de funciones, indeterminación explícita cuyo recorrido en un conjunto de constantes numéricas determina las distintas funciones de la familia y sus lugares geométricos correspondientes.

paramilitar adj. Se dice de la asociación que tiene la disciplina, estructura y organización propias de un cuerpo militar sin serlo.

páramo s.m. **1** Terreno llano, pedregoso y desprovisto de vegetación. **2** Llanura elevada, árida y fría. **3** AMÉR SUR Llovizna.

parangón s.m. Comparación o símil.

paraninfo s.m. Sala grande de una universidad u otro centro de enseñanza donde se celebran los actos públicos.

paranoia s.f. Enfermedad psíquica que se caracteriza por tener ideas fijas y obsesivas.

paranoico, a adj. **1** Relativo a la paranoia. ◆ adj. y s. **2** Que padece paranoia.

paranoide adj. Que tiende a la paranoia.

paranomasia s.f. Paronomasia.

paranormal adj. Se dice del fenómeno que no tiene explicación científica.

paraolimpiada o **paraolimpíada** o **paralimpiada** o **paralimpíada** s.f. Competición paralela a los Juegos Olímpicos cuyos participantes son disminuidos físicos.
OBS Suele usarse en plural con valor singular.

paraolímpico, a o **paralímpico, a** adj. Relativo a la paraolimpiada.

parapente s.m. **1** Actividad deportiva que consiste en lanzarse corriendo desde una pendiente pronunciada con un paracaídas. **2** Paracaídas con que se practica este deporte.

parapetar v.tr. **1** Resguardar o proteger a alguien o algo detrás de un parapeto u otra cosa para que no sufra daño. ◆ **parapetarse** v.prnl. **2** Utilizar algo como excusa o justificación.

parapeto s.m. **1** Valla o barandilla que cierra un lugar alto para evitar caídas. **2** Barrera hecha con sacos de arena, piedras u otra cosa para protegerse en una batalla o lucha.

paraplejía o **paraplejia** s.f. Parálisis de la mitad inferior del cuerpo.

parapléjico, a adj. y s. Que padece paraplejía.

parapsicología o **parasicología** s.f. Estudio de los fenómenos psicológicos que no tienen todavía una explicación científica.

parapsicólogo, a o **parasicólogo, a** s. Persona que se dedica a la parapsicología.

parar v.intr. y prnl. **1** Dejar de moverse o avanzar. ◆ v.intr. **2** Tener un medio de transporte parada en un lugar determinado. **3** Llegar a un lugar o circunstancia determinados. **4** Estar durante un tiempo o de manera habitual en un lugar. **5** Llegar una cosa determinada a ser propiedad de una persona. ◆ v.tr. **6** Hacer que una cosa o una persona dejen de moverse o avanzar. **7** Hacer que una cosa deje de funcionar o realizar su actividad. **8** AMÉR Poner una cosa en posición vertical. ◆ **pararse** v.prnl. **9** AMÉR Ponerse de pie. **10** MÉX Despertarse una persona después de haber dormido. ◇ **parar de + infinitivo** Cesar una acción o dejar de realizarla. ◇ **pararse a + infinitivo** Pasar a dedicar tiempo y atención a pensar sobre algo. □ Realizar una acción de pensamiento poniendo mucha atención y cuidado.

pararrayos s.m. Aparato que se coloca en lo alto de los edificios para protegerlos de los rayos.

parasicología ▷ parapsicología.

parasicólogo, a ▷ parapsicólogo, a.

parasimpático, a adj. Se dice del componente del sistema nervioso vegetativo que estimula o retarda la actividad de los órganos.

parasíntesis s.f. Procedimiento para la formación de palabras mediante la combinación de composición y derivación.

parasintético, a adj. Se dice de la palabra que se ha formado por parasíntesis.

parasitar v.tr. **1** Vivir como parásito de otro ser vivo. ◆ v.tr. e intr. **2** Vivir o estar sin hacer nada y a costa de otra persona o de la sociedad.

parasitario, a adj. Relativo a los parásitos.

parasitismo s.m. **1** Asociación entre dos seres vivos de especies distintas en la que uno de ellos vive a expensas de otro. **2** Comportamiento o forma de vida de la persona que vive a costa de otra.

parásito, a adj. y s.m. **1** Se dice del organismo que vive en el interior o en la superficie de otro de distinta especie y se alimenta de las sustancias que elabora este último, causándole un daño. ◆ s. **2** Persona que vive a costa de otra y se aprovecha de ella sin darle nada a cambio.

parasitología s.f. Parte de la biología que estudia los parásitos.

parasol s.m. **1** Utensilio para dar sombra, parecido a un paraguas pero más grande, que se fija en el suelo mediante un soporte; se usa en la playa y en las terrazas de restaurantes o bares. **2** Visera de un automóvil. **3** Accesorio de una cámara fotográfica que se coloca sobre el objetivo para impedir la entrada de un exceso de luz. **4** Seta comestible muy común en los claros de bosque en otoño. **5** Umbela.

parataxis s.m. En gramática, relación que se produce cuando no hay entre las proposiciones ninguna relación de dependencia sintáctica mutua.

parca s.f. En la mitología griega, cada una de las tres deidades hermanas con figura de viejas, de las cuales una hilaba, otra devanaba y otra cortaba el hilo de la vida de cada persona. ◇ **la parca** Formal. La Muerte.

parcela s.f. **1** Parte de un terreno destinada al cultivo de algo o a la construcción de una vivienda. **2** Terreno que es propiedad de una persona según el catastro o registro legal. **3** Parte de una cosa inmaterial.

parcelar v.tr. **1** Dividir un terreno en parcelas. **2** Medir y señalar los límites de un terreno para determinar su valor y registrarlos legalmente.

parche s.m. **1** Pedazo de tela, plástico u otro material flexible que se pega sobre una superficie para tapar un agujero o una rotura. **2** Pieza de tela o plástico empapada en una sustancia medicamentosa que se pega sobre una parte del cuerpo para que produzca el efecto deseado. **3** Retoque o añadido que estropea el conjunto o desentona en él. **4** Arreglo provisional. **5** Piel del tambor y otros instrumentos de percusión.

parchís s.m. Juego de mesa en el que cada jugador debe completar un recorrido y hacer llegar sus cuatro fichas a un cuadro central antes que los contrincantes, avanzando tantas casillas como indique un dado.

parcial adj. **1** Que solo afecta a una parte. **2** Que implica parcialidad. **3** Que actúa o juzga con parcialidad. ◆ adj. y s.m. **4** Se dice del examen que solo trata una parte de la materia.

parcialidad s.f. Cualidad de parcial.

parco, a adj. **1** Se dice de la persona que hace algo sin excederse. **2** Escaso aunque suficiente.

pardiez interj. ESP Se usa para expresar enfado, contrariedad o sorpresa.

pardillo, a adj. y s. **1** Fam. ESP Incauto, ingenuo. ◆ s.m. **2** Pájaro cantor con el plumaje pardo rojizo.

pardo, a s.m. y adj. **1** Color marrón como el de la tierra. ◆ adj. **2** Que es de este color. **3** AMÉR Mulato.

pardusco, a o **parduzco, a** adj. Que tiene un tono pardo o marrón.

pareado, a adj. **1** Se dice de la columna que es doble o geminada. ◆ s.m. **2** Estrofa constituida por dos versos de arte mayor o menor y rima generalmente consonante. ◆ adj. y s.m. **3** Se dice de uno de estos versos.

1. **parecer** (30) v.copulativo **1** Tener un aspecto determinado. ◆ v.intr. **2** Tener una opinión o creer una cosa. **3** Dar motivos para creer una cosa. ◆ v.tr. **4** Causar una impresión determinada. ◆ **parecerse** v.prnl. **5** Tener una persona o una cosa características iguales a otra.

2. **parecer** s.m. **1** Opinión o idea que tiene una persona sobre alguien o algo. **2** Aspecto físico de una persona.

parecido, a adj. **1** Que se parece a otra persona o a otra cosa. ◆ s.m. **2** Conjunto de características comunes que tienen dos cosas o personas que se parecen.

pared s.f. **1** Construcción perpendicular al suelo y de superficie continua que sirve para dividir un espacio, sostener un techo o proteger algo. **2** Superficie lisa que protege o envuelve un espacio. **3** Vertiente de una montaña que presenta una pendiente vertical o casi vertical. **4** Jugada de fútbol que consiste en pasar la pelota a un compañero de equipo para sortear a uno o varios adversarios y después recuperarla. ◇ **entre cuatro paredes** Encerrado en la propia casa y aislado de los demás. ◇ **subirse por las paredes** Fam. Estar muy enfadado.

paredón s.m. **1** Pared que se mantiene en pie entre las ruinas de un edificio. **2** Pared muy gruesa. **3** Pared junto a la que se coloca a los condenados para ejecutarlos.

pareja s.f. **1** Conjunto de dos personas, animales o cosas que tienen alguna relación entre sí. **2** Cosa que es igual a otra y con la cual se complementa. **3** Persona que mantiene una relación sentimental con otra. **4** Persona que realiza habitualmente una actividad con otra. **5** Conjunto de dos guardias civiles que patrullan juntos.

parejero, a adj. y s. **1** AMÉR Se dice del caballo que es veloz. **2** AMÉR Engreído, vanidoso.

parejo, a adj. **1** Igual o muy parecido a otro u otros. **2** Que es uniforme o no presenta diferencias notables.

parénquima s.m. **1** Tejido celular de relleno, de apariencia esponjosa. **2** Tejido conjuntivo esencial de ciertos órganos glandulares.

parentela s.f. Conjunto de los parientes de una persona.

parentesco s.m. **1** Relación entre personas por consanguinidad o por vínculos matrimoniales. **2** Relación entre dos o más cosas que tienen un origen común.

paréntesis s.m. **1** Signo ortográfico dentro del cual se introduce un elemento sintáctico con entonación independiente de la oración en la que se acomoda; se representa mediante (paréntesis de apertura y) paréntesis de cierre. **2** Frase incidental que no tiene enlace necesario con lo que se dice. **3** Interrupción.

pareo s.m. Prenda de vestir que consiste en un pañuelo grande, generalmente rectangular, que se ciñe alrededor del cuerpo.

paria s.m. y f. **1** Persona que pertenece a la casta más baja en la India. **2** Persona a la que se considera inferior y a la que se le niega el trato y las ventajas de que gozan las demás. ◆ s.f.pl. **3** ◇ **parias** Tributo que pagaban los soberanos musulmanes a los estados cristianos peninsulares.

parida s.f. Fam. ESP Tontería que se dice sin reflexionar o que resulta poco oportuna.

paridad s.f. **1** Formal. Relación de igualdad o semejanza de dos o más cosas. **2** Valor que tiene una moneda con relación a otra o a la unidad de referencia internacional.

pariente adj. y s. **1** Que tiene parentesco de consanguinidad o por vínculo matrimonial con alguien. ◆ s. **2** Fam. ESP Esposo o compañero sentimental de una persona. □ Frec. humorístico. Femenino: parienta.

parietal s.m. y adj. **1** Hueso plano que forma, junto con otro igual, la parte central superior del cráneo. **2** Lóbulo situado en la zona media del encéfalo debajo de estos huesos.

parietaria s.f. Planta de tallos rojizos y ramas muy cortas que crece en las grietas de paredes viejas, en las rocas y en terrenos incultos.

parihuela s.f. Utensilio que sirve para transportar cosas pesadas entre dos personas, formado por dos varas gruesas con unas tablas atravesadas en medio.

OBS Suele usarse en plural con valor singular.

paripé s.m. Fam. Engaño o fingimiento que se hace para guardar las apariencias o para conseguir lo que se desea.

parir v.tr. e intr. **1** Expulsar una hembra vivípara el feto que tiene en su vientre. ◆ v.tr. **2** Fam. Producir o crear una cosa.

parisilábico, a adj. Parisílabo.

parisílabo, a adj. Se dice de la palabra o verso con el mismo número de sílabas que otro.

parisino, a adj. y s. De París.

paritario, a adj. **1** Se dice de la organización o asamblea que está constituida por varias partes que tienen el mismo número de representantes. **2** Que está basado en un criterio de paridad o igualdad.

parka s.f. Prenda de abrigo con capucha y a menudo de tejido impermeable.

parking (pl. parkings) s.m. Edificio o local para aparcar vehículos automóviles.

párkinson s.m. Enfermedad crónica y degenerativa del sistema nervioso que se manifiesta por falta de coordinación muscular y temblores.

parlamentario, a adj. **1** Relativo al parlamento. ◆ s. **2** Político que forma parte de un parlamento.

parlamentarismo s.m. Sistema político parlamentario.

parlamento s.m. **1** Asamblea legislativa. **2** Edificio donde se realiza esta asamblea. **3** Conversación o diálogo. **4** Intervención larga que hace un actor en una obra de teatro.

parlanchín, na adj. y s. Fam. Se dice de la persona que habla mucho.

parlante s.m. ARG, BOL, CH, ECUAD, EL SALV, PAR, PERÚ, URUG Aparato que transforma las modulaciones eléctricas de una corriente alterna en modulaciones perceptibles por el oído humano. **GEOSIN** altavoz, altoparlante, bocina.

parmesano, a adj. y s. **1** De Parma. ◆ s.m. y adj. **2** Queso de vaca de pasta granulosa y olor y sabor fuerte.

parnasianismo s.m. Movimiento poético francés de la segunda mitad del siglo XIX que se caracteriza por una tendencia a la objetividad en el fondo y una perfección clásica en la forma.

parnasiano, a adj. **1** Relativo al parnasianismo. ◆ adj. y s. **2** Se dice del poeta que pertenece a la escuela parnasiana.

parnaso s.m. **1** Formal. Grupo de poetas representativo de una época, lugar o género. **2** Formal. Conjunto de poemas de un autor, época, lugar o género.

paro s.m. **1** Interrupción o cese de un movimiento, actividad o acción. **2** Interrupción voluntaria de la actividad laboral. **3** ESP Desempleo, falta de trabajo. **4** ESP Conjunto de las personas que están en esta situación. **5** ESP Subsidio que recibe la persona que está en esta situación.

parodia s.f. Imitación burlesca o irónica de alguien o algo.

parodiar (1d) v.tr. Hacer una parodia.

parónimo, a adj. y s.m. Se dice de la palabra que tiene una forma semejante a otra palabra o se pronuncia de forma parecida a ella pero tiene un significado distinto.

paronomasia o **paranomasia** s.f. **1** Semejanza fonética entre dos o más vocablos, bien por parentesco etimológico, bien por semejanza casual. **2** Conjunto de vocablos entre los cuales hay semejanza fonética. **3** Figura retórica que consiste en la colocación próxima de dos o más parónimos.

paroxismo s.m. **1** Exaltación máxima y violenta de un sentimiento o una pasión. **2** Período de máxima intensidad de un fenómeno natural u orgánico.

paroxítono, a adj. y s.f. **1** Se dice de la palabra que lleva el acento de intensidad en la penúltima sílaba. ◆ adj. y s.m. **2** Se dice del verso que termina con una palabra que tiene el acento tónico en la penúltima sílaba.

parpadear v.intr. **1** Abrir y cerrar los párpados repetidamente y de forma rápida. **2** Apagarse y encenderse una luz, o variar su intensidad, de forma intermitente.

parpadeo s.m. Acción de parpadear.

párpado s.m. Membrana movible de la piel que cubre y protege el ojo.

parque s.m. **1** Terreno acotado de gran extensión, con plantas y árboles, destinado a usos diversos, especialmente a pasear. **2** Lugar que dispone de instalaciones y servicios destinados a un uso determinado. **3** Conjunto de medios, instrumentos y materiales destinados a un servicio público. **4** Recinto militar en el que se guarda la maquinaria y la munición de guerra. ◇ **parque de atracciones** Recinto en el que hay variedad de atracciones. ◇ **parque nacional** Figura oficial de protección de una determinada área de especial valor natural, cuya conservación es compatible con el aprovechamiento de sus recursos y las actividades de sus habitantes. ◇ **parque zoológico** Zoo.

parqué s.m. Pavimento de madera formado por una serie de tablillas de madera ensambladas.
OBS Puede encontrarse la grafía **parquet**.

parquear v.tr. AMÉR Aparcar un vehículo.

parqueo s.m. AMÉR Acción de parquear.

parquímetro s.m. Aparato que mide el tiempo de permanencia de un vehículo automóvil en un estacionamiento de pago en la vía pública.

parra s.f. Planta de vid cuyos tallos crecen en alto al sujetarlos convenientemente en un armazón o soporte pegado a la pared.

parrafada s.f. **1** Discurso largo y pronunciado sin interrupción. **2** Charla entre amigos.

párrafo s.m. **1** Parte de un escrito comprendida entre dos puntos y aparte. **2** Signo ortográfico (§) que se emplea a veces para señalar cada una de estas partes.

parranda s.f. Fam. Juerga o diversión muy animada y ruidosa.

parricida adj. y s.m. y f. Que mata a un familiar.

parricidio s.m. Delito que comete un parricida.

parrilla s.f. **1** Utensilio para asar o tostar alimentos a la brasa que consiste en una rejilla provista de un mango soportada por una estructura metálica. **2** Restaurante en el que se sirven alimentos cocinados con este utensilio. **3** Espacio de un circuito o pista de carreras en que deben colocarse los vehículos en la salida. □ También parrilla de salida. **4** ESP Conjunto de programas de la radio o televisión, con su horario correspondiente.

parrillada s.f. Comida que consiste en un surtido de alimentos asados a la parrilla.

párroco s.m. Sacerdote encargado del servicio religioso de una parroquia.

parroquia s.f. **1** Territorio que está bajo la jurisdicción espiritual de un párroco. **2** Iglesia principal de este territorio. **3** Conjunto de fieles de esta iglesia. **4** ESP Conjunto de personas que compran de manera frecuente en un mismo establecimiento o utilizan sus servicios.

parroquial adj. Relativo a la parroquia.

parroquiano, a s. **1** Persona que pertenece a una determinada parroquia. **2** Fam. Cliente habitual de un establecimiento o servicio.

parsec s.m. Unidad astronómica de longitud que equivale a 3,27 años luz.

parsimonia s.f. Calma y lentitud excesivas en la manera de actuar o de realizar una cosa.

parsimonioso, a adj. Excesivamente calmado y lento.

parte s.f. **1** Elemento independiente o determinado que puede considerarse o establecerse en un todo. **2** División que puede establecerse en un todo, según ciertos criterios temáticos o formales. **3** Cantidad determinada o indeterminada de una cosa. **4** Cantidad de una cosa que corresponde a cada uno en un reparto. **5** Obra literaria, teatral o cinematográfica que mantiene relación temática con otra u otras. **6** Aspecto que puede considerarse en algo. **7** Persona o grupo que se opone a otro en una discusión o en lucha armada, o que interviene en un negocio. **8** Lugar cualquiera. ◆ s.m. **9** Informe o comunicación breve. ◆ **partes** s.f.pl. **10** Órganos sexuales externos. ◇ **dar parte de algo a alguien** Comunicar unos hechos o noticias a la autoridad. ◇ **de parte a parte** De un extremo al opuesto. ◇ **de parte de** o **de mi, tu, etc., parte** A favor o en defensa de algo o alguien. □ En nombre o por orden de alguien. ◇ **en parte** No del todo o de manera incompleta. ◇ **tomar parte en algo** Intervenir en algo.

parteluz s.m. Columna delgada que divide verticalmente en dos partes el vano o hueco de una puerta o ventana.

partenariado s.m. Asociación que se establece entre dos o más personas o entidades.

partero, a s. Persona que tiene por oficio asistir a las mujeres en el parto.

parterre s.m. Zona de un jardín que tiene anchos paseos y en la que se ha plantado césped.

partición s.f. **1** Reparto o división de un todo en varias partes. **2** Parte que resulta de hacer el reparto o divisón de un todo.

participación s.f. **1** Intervención, junto con otros, en un suceso o actividad. **2** Comunicación oral o escrita que se hace de un acontecimiento o suceso. **3** Inversión que una persona hace en una empresa o negocio. **4** Recibo que tiene el valor de una parte de un décimo de lotería.

participante adj. y s.m. y f. Que participa con otros en una actividad, especialmente en una competición, concurso o sorteo.

participar v.intr. **1** Intervenir, junto con otros, en un suceso o actividad. **2** Recibir una parte proporcional de un todo. **3** Compartir con alguien un sentimiento, estado de ánimo, opinión, cualidad, etc. ◆ v.tr. **4** Comunicar una noticia.

participativo, a adj. Que participa o toma parte activa en algo.

partícipe adj. y s.m. y f. Que participa en un suceso o actividad.

participio s.m. Forma no personal del verbo que presenta el proceso verbal como acabado y participa a la vez de la esencia del verbo y del adjetivo.

partícula s.f. **1** Parte muy pequeña de alguna cosa o cuerpo muy pequeño. **2** En gramática, elemento invariable de la oración que puede funcionar como una palabra (conjunción, preposición o adverbio) o como afijo. ◇ **partícula elemental** En física, partícula fundamental de la materia que no puede dividirse en otras más pequeñas.

particular adj. **1** Propio o característico de una persona o cosa, o que le corresponde con singularidad. **2** Extraordinario, raro o poco corriente. **3** Que pertenece únicamente a una persona o es utilizado de forma exclusiva por ella. **4** Que es concreto o determinado y no uno cualquiera. **5** Que se tiene o se realiza de manera privada o no oficial, fuera de un cargo o empleo público. ◆ adj. y s.m. y f. **6** Se dice de la persona que no representa a ningún organismo o no tiene título o empleo que la distinga de los demás. ◆ s.m. **7** Asunto o materia de que se trata.

particularidad s.f. **1** Característica o cualidad que distingue una cosa de otras de la misma clase o especie. **2** Cualidad de lo que es particular o poco común.

particularizar v.tr. **1** Dar carácter particular a una persona o una cosa. **2** Mencionar a una persona o una cosa concretas al hablar en general. ◆ **particularizarse** v.prnl. **3** Distinguirse o destacar por alguna característica.

partida s.f. **1** Acción de partir o salir de un lugar. **2** Formal. Muerte. **3** Cantidad de una mercancía que se entrega, se envía o se recibe de una vez. **4** Cantidad que se anota o se asienta por separado en una cuenta, factura o presupuesto. **5** Mano de un juego o conjunto de ellas que se juegan hasta que alguien se proclama vencedor. **6** Anotación de ciertos hechos o circunstancias referentes a un persona en el libro oficial de una parroquia o registro civil. **7** Documento certificado en la que consta este registro. **8** Grupo pequeño de personas armadas.

partidario, a adj. y s. Se dice de la persona que sigue o defiende una idea, una tendencia, un movimiento o a una persona.

partidismo s.m. Tendencia exagerada en favor de una ideología, una opinión, una persona o un partido político.

partidista adj. **1** Relativo al partidismo. ◆ adj. y s.m. y f. **2** Se dice de la persona que actúa con partidismo.

partido, a s.m. **1** Conjunto de personas agrupadas en una institución política que comparten y defienden las mismas ideas económicas y sociales. **2** Prueba deportiva en la que se enfrentan dos equipos o dos jugadores. **3** Territorio que comprende varias poblaciones de una provincia que tienen en común el juzgado de primera instancia. □ También partido judicial. ◇ **sacar partido a algo** Obtener éxito o provecho de algo. ◇ **tomar partido** Mostrarse partidario de una opinión determinada o de la persona que la defiende.

partir v.tr. **1** Dividir o separar en partes un todo. **2** Rajar una cosa o romperla en pedazos con cierta violencia. **3** Cortar y separar un trozo de una cosa grande. **4** Fam. Causar un perjuicio o contrariedad. ◆ v.intr. **5** Salir de un lugar para dirigirse a otro lejano. **6** Tener origen una cosa en un punto o momento determinados. ◆ **partirse** v.prnl. **7** Fam. ESP Reírse mucho.

partisano, a s. Miembro de un grupo civil organizado para la resistencia clandestina contra la autoridad o el ejército invasor; alude especialmente a los miembros de la resistencia durante la Segunda Guerra Mundial.

partitivo, a adj. En gramática, se dice del elemento que expresa una parte determinada de un todo.

partitura s.f. Representación gráfica de una composición musical, constituida por una serie de pentagramas en los que se colocan las notas y en los que se dan las indicaciones pertinentes sobre ritmo, carácter e intensidad.

parto s.m. **1** Acción de parir. **2** Producción o creación de obras.

parturienta adj. y s.f. Se dice de la mujer que está pariendo o que acaba de hacerlo.

parvulario s.m. ESP Centro educativo donde se cuida y educa a los niños en edad preescolar.

párvulo, a adj. y s. **1** ESP Se dice del niño que asiste a un parvulario. ◆ adj. **2** ESP Propio de un niño de parvulario.

pasa adj. y s.f. Se dice del grano de uva desecado de forma natural o artificial.

pasable adj. Que puede darse por bueno aunque podría mejorarse.

pasacalle s.m. Composición musical de ritmo muy vivo que tocan las bandas de música en las fiestas populares, generalmente por las calles.

pasada s.f. **1** Acción de pasar alguien o algo de una parte a otra. **2** Acción de pasar o aplicar una cosa sobre otra. **3** Repaso que se da a una cosa que se ha hecho para detectar errores, mejorarla o perfeccionarla. **4** Serie de puntadas largas que se hacen en una prenda de vestir antes de coserla definitivamente. **5** Fam. ESP Cosa o acción extraordinarias o poco comunes, que superan el límite de lo normal o aceptable.

pasadizo s.m. Pasillo estrecho.

pasado, a adj. **1** Se dice del período que es anterior al presente, o inmediatamente anterior al presente. **2** Que ha existido o sucedido en un período anterior al presente. **3** Se dice del alimento que está estropeado. **4** Que está anticuado o no es de actualidad. ◆ s.m. **5** Época o tiempo que es anterior al presente. **6** Conjunto de vivencias pasadas o de recuerdos de una persona. **7** Forma verbal que expresa una acción anterior al presente o a otra acción.

pasador s.m. **1** Horquilla en forma de pinza que sirve para sujetar o adornar el pelo. **2** Joya o adorno en forma de pinza que sirve para sujetar la corbata a la camisa. **3** Barra de metal del cerrojo o pestillo de una ventana o puerta.

pasaje s.m. **1** Acción de pasar de un lugar a otro. **2** Calle estrecha y corta o paso entre dos calles, a veces cubierto. **3** Lugar por donde se pasa, en especial el que está situado entre montañas, entre dos islas o entre una isla y la tierra. **4** Documento o billete que da derecho a viajar. **5** Conjunto de personas que viajan en un medio de transporte. **6** Fragmento de un discurso o una obra literaria o musical.

pasajero, a adj. **1** Que pasa pronto o dura poco tiempo. ◆ s. **2** Persona que viaja en un vehículo sin conducirlo.

pasamanería s.f. Conjunto de adornos elaborados con hilos o cordones trenzados, borlas, flecos.

pasamano o **pasamanos** s.m. Barra o listón que une los balaustres de una barandilla.

pasamontañas s.m. Gorro de lana o punto que cubre toda la cabeza hasta el cuello y deja libre la cara o los ojos y la nariz.

pasante adj. **1** Que pasa, en especial de un lugar a otro. ◆ s.m. y f. **2** Ayudante de un abogado que trabaja con él para adquirir práctica en el oficio.

pasaporte s.m. **1** Documento personal acreditativo que permite ir a otros países. **2** Cosa que garantiza el reconocimiento o éxito de una persona.

pasapurés s.m. Utensilio de cocina para deshacer o colar alimentos que consiste en un cono o una media esfera agujereados y con un mango. **OBS** Invariable en número.

pasar v.intr. **1** Entrar en un lugar. ◆ v.tr. e intr. **2** Atravesar o cruzar un río, una carretera u otro lugar parecido. ◆ v.intr. y prnl. **3** Andar, moverse o ir por un lugar determinado. ◆ v.intr. **4** Ir de un sitio a otro determinado. ◆ v.tr. **5** Dar una cosa que se tiene, se posee o está al alcance a otra persona. ◆ v.tr. e intr. **6** Dar una nota, una información u otra cosa a alguien. ◆ v.tr. **7** Trasladar a alguien o algo de un lugar a otro. **8** Introducir una cosa por el hueco de otra. **9** Distribuir mercancías de forma ilegal. **10** Deslizar una cosa por una superficie. **11** Colar o filtrar un líquido con partículas gruesas. **12** Fam. Hacer que un alimento llegue al estómago. **13** Tolerar o consentir algo. **14** Superar a alguien o algo en una cualidad o característica determinada, o en cierta actividad. **15** Adelantar a alguien o algo que está en movimiento. **16** Aprobar un examen o superar cualquier tipo de prueba. ◆ v.intr. **17** Cambiar de estado o condición una cosa. ◆ v.tr. **18** Sufrir o padecer una situación desfavorable o una enfermedad. **19** Contagiar una enfermedad a alguien. ◆ v.intr. **20** Acabar o terminar algo. **21** Dejar de tener cierto estado de ánimo, sentimiento o sufrimiento. **22** Ocurrir o suceder algo. **23** Estar una cosa en condiciones de ser usada. **24** Transcurrir un tiempo determinado. ◆ v.tr. **25** Ocupar un tiempo determinado en una actividad. ◆ v.intr. **26** En partidas de cartas, dominó, etc., abandonar la partida o no intervenir en ella cuando llega el turno por falta de juego. **27** Fam. Mostrar desinterés por algo. **28** Conformarse con algo. **29** Venir una idea o pensamiento a la imaginación. **30** Ser tenido o considerado por la gente como lo que se expresa. ◆ v.tr. **31** Proyectar una película. ◆ **pasarse** v.prnl. **32** Estropearse o pudrirse un alimento con el tiempo. **33** Fam. Excederse una persona en sus funciones o mostrar excesiva confianza o atrevimiento. ◇ **pasar a + infinitivo** Empezar a realizar la acción que expresa el infinitivo. ◇ **pasarse de + adjetivo** Tener en exceso la cualidad o propiedad que se expresa.

pasarela s.f. **1** Puente pequeño, a menudo provisional, hecho de materiales ligeros que sirve para salvar un espacio, como una carretera o las vías del tren, o como el que se coloca entre el barco y el muelle. **2** Prolongación alargada y estrecha de un escenario que queda rodeada por los espectadores y por la que los modelos desfilan o los artistas se aproximan al público.

pasatiempo s.m. Entretenimiento, diversión.

pascal (pl. pascals) s.m. Unidad de presión atmosférica del Sistema Internacional, de símbolo Pa.

pascana s.f. AMÉR SUR Lugar en que descansan los arrieros y caminantes al final de la jornada.

pascua s.f. **1** Fiesta solemne en que la Iglesia católica celebra la resurrección de Jesucristo. □ Se escribe normalmente con mayúscula inicial. **2** Fiesta solemne en que la Iglesia católica celebra la Navidad, la Epifanía o Pentecostés. □ Se escribe normalmente con mayúscula inicial. **3** Fiesta solemne de los hebreos, en la que celebran la libertad y el fin de la esclavitud de su pueblo en Egipto. □ Se escribe normalmente con mayúscula inicial. ◆ **pascuas** s.f.pl. **4** Período que va de Navidad al día de Reyes. □ Se escribe normalmente con mayúscula inicial. ◇ **como unas pascuas** Fam. Muy alegre. ◇ **hacer la pascua a alguien** Fam. ESP Molestar o fastidiar a alguien.

pase s.m. **1** Acción de pasar una cosa o una persona a otro lugar. **2** Hecho de pasar de un lugar a otro o de una categoría o estado a otro. **3** Documento que permite el acceso a un lugar. **4** Proyección de una película en el cine o en la televisión. **5** Desfile de modas. **6** En tauromaquia, lance en el que el toro pasa por debajo del capote. **7** AMÉR Pasaporte.

pasear v.intr. y prnl. **1** Andar por placer o para hacer ejercicio, generalmente despacio, al aire libre y sin un destino fijo. **2** Ir montado en un vehículo, un caballo u otro animal por placer o para hacer ejercicio. ◆ v.tr. **3** Llevar a andar a una persona, en especial a un niño o un anciano, para distraerla o para que le dé el aire. **4** Llevar a un perro a la calle para que haga ejercicio o sus necesidades. **5** Llevar por distintos sitios a una persona o ani mal.

paseíllo s.m. Desfile por el ruedo de los toreros y sus cuadrillas antes de empezar la corrida.

paseo s.m. **1** Acción de pasear o pasearse. **2** Lugar por donde se puede pasear con comodidad. **3** Distancia corta que puede recorrerse en poco tiempo. **4** Paseíllo. ◇ **a paseo** Fam. ESP Se usa para rechazar a alguien o algo por enfado o disgusto.

paseriforme adj. y s.m. **1** Se dice del ave de pequeño tamaño, alas bien desarrolladas y patas provistas de cuatro dedos. ◆ **paseriformes** s.m.pl. **2** Grupo taxonómico, con categoría de orden, constituido por estas aves.

pasillo s.m. **1** Pieza larga y estrecha dentro de una casa o de un edificio que comunica unas estancias con otras. **2** Paso estrecho que se forma entre un conjunto de personas o cosas.

pasión s.f. **1** Sentimiento muy intenso que domina la voluntad y puede perturbar la razón, como el amor, el odio, los celos o la ira. **2** Sentimiento de amor muy intenso manifestado con gran deseo sexual. **3** Afición o inclinación viva por alguien o algo. **4** Persona o cosa por las que se muestra afición o inclinación viva. **5** Entusiasmo que se pone en algo que se hace o se defiende. **6** Sufrimiento muy intenso, especialmente el de Jesucristo desde su detención hasta su muerte en la cruz.

pasional adj. **1** Relativo a la pasión. **2** Se dice de la persona que actúa con pasión.

pasionaria s.f. **1** Planta trepadora cuyo fruto es el maracuyá. **2** Flor de esta planta.

pasividad s.f. Actitud de la persona pasiva.

pasivo, a adj. **1** Que recibe o padece el efecto de una acción sin intervenir en ella. **2** Se dice de la persona que no actúa cuando debería hacerlo. **3** Se dice de la pensión que recibe un funcionario por jubilación, retiro, viudedad u orfandad. **4** En gramática, se dice de la oración formada por un verbo en voz pasiva y, explícitos o implícitos, un sujeto paciente y un complemento agente. ◆ **adj. y s.f. 5** Se dice de la voz o categoría verbal que expresa que el sujeto recibe la acción o el proceso ejecutado por otro. ◆ **s.m. 6** Conjunto de las deudas y obligaciones de una persona, empresa o institución. ◇ **pasiva refleja** Construcción que expresa la voz pasiva mediante el pronombre **se** y el verbo en voz activa.

pasma s.f. Fam. ESP Cuerpo de policía.

pasmado, a adj. y s. Se dice de la persona que no se entera de lo que se dice o se hace a su alrededor.

pasmar v.tr. **1** Causar pasmo o gran asombro o sorpresa. **2** Causar pasmo o parálisis. ◆ **pasmarse** v.prnl. **3** Fam. Resfriarse.

pasmarote s.m. Fam. ESP Persona que se ha quedado pasmada.

pasmo s.m. **1** Asombro o sorpresa grandes que impiden a una persona hablar o reaccionar. **2** ESP Parálisis general o de una parte del cuerpo.

pasmoso, a adj. Asombroso, sorprendente.

paso s.m. **1** Movimiento que se hace al caminar que consiste en levantar un pie y volver a ponerlo en el suelo, hacia adelante o hacia atrás. **2** Espacio que se recorre en cada uno de estos movimientos. **3** Acción de pasar alguien o algo por un lugar. **4** Manera de moverse o de andar una persona. **5** Manera de andar de los animales cuadrúpedos cuando lo hacen lentamente. **6** Lugar por donde se puede pasar de un lugar a otro. **7** Señal que queda en el suelo al pisar. **8** Movimiento con los pies de los que componen una danza o baile. **9** Avance que realiza un aparato al medir o contar una cantidad determinada y que se registra con números. **10** Progreso o avance en una actividad o ámbito. **11** Gestión, trámite o cosa que es necesario para conseguir algo. **12** Suceso importante o significativo en la vida de una persona. **13** Escultura o grupo escultórico que representa una escena de la Pasión de Jesucristo y que se pasea por la calle en las procesiones de Semana Santa. **14** Pieza teatral muy breve de carácter cómico o satírico, que se intercalaba en obras dramáticas para alargar la representación. **15** Tránsito de las aves de un lugar a otro para invernar. **16** Distancia entre dos vueltas de la rosca de un tornillo. ◆ **pasos s.m.pl. 17** En baloncesto y balonmano, falta que comete el jugador que lleva la pelota al dar más de un número determinado de pasos sin botarla. ◇ **abrir paso** Eliminar los obstáculos para poder pasar por un lugar. ◇ **abrirse paso** Tener éxito en la vida. ◇ **a cada paso** Con frecuencia o de forma repetida. ◇ **dar un paso en falso,** o **un mal paso** Tomar una decisión equivocada. ◇ **de paso** Ir de camino o estar en un sitio provisionalmente. □ Aprovechando la oportunidad o situación. □ Sin prestar atención en lo que se hace, de manera superficial. ◇ **paso a nivel** Lugar donde la vía del tren se cruza con un camino o carretera al mismo nivel. ◇ **paso a paso** Con lentitud. ◇ **paso de cebra** o **paso de peatones** Lugar señalizado por donde los peatones pueden cruzar la calle con preferencia sobre los vehículos. ◇ **salir al paso** Darse alguien por enterado de algo e impugnar su veracidad o fundamento. ◇ **salir del paso** Hacer algo solamente para cumplir con una necesidad o una obligación, pero sin poner interés, cuidado o atención. ◇ **seguir los pasos** Vigilar a una persona. □ Tener la misma profesión que otra persona con la que se ha convivido.

pasodoble s.m. **1** Baile español de ritmo rápido y vivo. **2** Composición musical con la que se acompaña este baile.

pasota adj. y s.m. y f. Fam. ESP Que muestra indiferencia o desinterés por todo.

pasotismo s.m. ESP Actitud de desinterés e indiferencia por todo.

paspartu (pl. paspartús) s.m. Recuadro de cartón o de tela que se coloca alrededor de un objeto, por la parte interior del marco, para que resalte más.
OBS Puede encontrarse la grafía **passe-partout**.

pasta s.f. **1** Masa consistente y maleable compuesta de una mezcla de sustancias sólidas, machacadas o pulverizadas y sustancias líquidas. **2** Masa elaborada con harina, manteca o aceite y otros ingredientes que se utiliza para hacer pasteles, hojaldre, empanadas, etc. **3** Pieza pequeña de pastelería o de bollería. **4** Masa no fermentada de harina de trigo y agua que se deja secar. **5** Producto elaborado con esa masa, que tiene distintas formas y a veces lleva otros ingredientes. □ También pasta alimenticia o pasta italiana. **6** Encuadernación de los libros, hecha de cartón. **7** Material duro y resistente hecho de papel o cartón machacado. **8** Fam. ESP Dinero. **9** Fam. ESP Carácter o modo de ser de una persona. ◇ **pasta gansa** Fam. ESP Cantidad grande de dinero.

pastar v.intr. Comer el ganado pasto en el campo.

pastel s.m. **1** Dulce elaborado con una masa de harina, azúcar, aceite o mantequilla cocida al horno, que se rellena o se cubre de chocolate, crema, nata, frutas u otros ingredientes. **2** Alimento consistente en una masa de harina, huevos y mantequilla que se rellena de carne, pescado o verduras y se cuece en el horno en un molde. **3** Lápiz o barra de color aglutinado con una pasta acuosa de caolín, carbonato cálcico, yeso o goma arábiga, que se usa para pintar. **4** Técnica de pintura que emplea estos lápices sobre un papel rugoso y áspero. **5** Obra pictórica hecha con esta técnica. ◆ **adj. 6** Se dice del color o el tono que es suave y pálido. □ Invariable en número. ◆ **s.m. 7** Fam. Dinero u otro beneficio que se reparten las personas que han intervenido en un negocio. **8** Fam. ESP Asunto ilegal o que se pretende mantener oculto.

pastelería s.f. **1** Establecimiento donde se elaboran y venden dulces, como pasteles, pastas y bombones. **2** Técnica de elaborar pasteles, pastas y otros dulces. **3** Conjunto de pasteles, pastas y otros dulces.

pastelero, a s. **1** Persona que tiene por oficio elaborar y vender dulces, como pasteles, pastas y bombones. ◆ **adj. 2** Relativo a la pastelería.

pasterización s.f. Pasteurización.

pasterizar v.tr. Pasteurizar.

pasteurización o **pasterización** s.f. Acción de pasteurizar.

pasteurizar o **pasterizar** v.tr. Someter un alimento, generalmente líquido, a una temperatura de 80 grados durante unos segundos para destruir los gérmenes y prolongar su conservación.

pastiche s.m. **1** Desp. Imitación que consiste en tomar diversos elementos y combinarlos de manera que el resultado parezca una creación original. **2** Mezcla desordenada de distintos objetos, colores o ideas.

pastilla s.f. **1** Pequeña porción de alguna sustancia dura o endurecida y de forma cuadrada o redonda. **2** Porción pequeña y sólida de una sustancia medicinal que se ingiere. **3** Pieza pequeña de forma cuadrada y plana de un mecanismo o aparato. ◇ **a toda pastilla** Fam. ESP Muy rápido o a gran velocidad.

pastillero, a adj. Relativo a las drogas en forma de pastilla.

pasto s.m. **1** Hierba que come el ganado en el campo. **2** Terreno en el que hay pasto. ◇ **a (todo) pasto** Fam. En abundancia.

pastor, ra s. **1** Persona que se dedica a cuidar, guiar y apacentar el ganado. ◆ **adj. 2** Se dice del perro que está adiestrado para ayudar al pastor en el cuidado del rebaño. ◆ **adj. y s.m. y f. 3** Se dice del perro que pertenece a una raza que está dotada para esta función o que la realizó antiguamente. ◆ **s.m. 4** Sacerdote cristiano en cuanto cuidador y guía de sus fieles. **5** Sacerdote de una Iglesia reformada.

pastoral adj. y s.f. **1** Se dice de la composición literaria o musical cuyo tema es la vida de los pastores. ◆ **adj. 2** Relativo al pastor o sacerdote. ◆ **adj. y s.f. 3** Se dice de la carta o el escrito que dirige un pastor a sus fieles para instruirlos o guiarlos en materia de fe. ◆ **s.f. 4** Actividad evangelizadora del pastor.

pastoreo s.m. Actividad del pastor de ganado.

pastoril adj. **1** Relativo a los pastores de ganado. **2** Se dice del género literario que trata de la vida plácida y feliz de unos pastores idealizados y de sus relaciones amorosas.

1. **pastoso, a** adj. **1** Que tiene la blandura y maleabilidad propias de la pasta. **2** Espeso y pegajoso. **3** Se dice de la voz timbrada y agradable.

2. **pastoso, a** adj. AMÉR Se dice del campo de buenos pastos.

pastún adj. Relativo al grupo racial que constituye aproximadamente la mitad de la población de Afganistán.
OBS Invariable en número.

pata s.f. **1** Pie o pierna de un animal. **2** Pieza de un mueble u otro objeto que sirve para que se apoye en el suelo o en otra superficie. **3** Fam. Pierna de una persona. **4** Parte baja de la pernera de un pantalón. ◇ **a cuatro patas** Se dice de la manera de andar apoyándose en el suelo con las manos y los pies o las rodillas. ◇ **a pata** Fam. Andando, sin usar ningún medio de transporte. ◇ **estirar la pata** Fam. Morirse. ◇ **mala pata** Fam. Mala suerte. ◇ **meter la pata** Fam. Cometer un error o decir o hacer algo inoportuno. ◇ **patas arriba** Fam. Del revés, con la parte superior debajo y la inferior encima. □ Se dice del lugar que está muy desordenado. ◇ **patas de gallo** Arrugas que se forman en la comisura de los ojos.

patada s.f. **1** Golpe que una persona da con el pie. **2** Fam. Gestiones que hay que hacer para solucionar algo. ◇ **a patadas** Fam. En abundancia o exceso. □ Fam. Con gran desconsideración.

patalear v.intr. **1** Mover las piernas o las patas repetidamente y con fuerza. **2** Dar patadas en el suelo, con fuerza y repetidamente, en señal de enfado o disgusto.

pataleo s.m. **1** Acción de patalear. **2** Fam. Queja o enfado grandes.

pataleta s.f. Fam. Manifestación violenta y de poca duración de un disgusto o enfado.

patán adj. y s.m. **1** Fam. Maleducado, grosero. ◆ **s.m. 2** Hombre que vive y trabaja en el campo.

patata s.f. **1** ESP Planta herbácea de tallos ramosos, hojas ovaladas, flores blancas o moradas y fruto en baya carnosa. **GEOSIN** papa. **2** ESP Tubérculo de esta planta, de forma redonda o alargada y de color marrón por fuera y blanco o amarillento por dentro. **GEOSIN** papa. **3** Fam. ESP Cosa mal hecha o de mala calidad. ◇ **patata caliente** Fam. ESP Asunto complicado que se pasa de una persona a otra por no saber o no poder solucinarlo.

patatín ◇ **que si patatín, que si patatán** Fam. Se usa para resumir un discurso poco importante.

patatús s.m. Fam. Impresión muy fuerte o ataque de nervios.

patchwork s.m. Tejido hecho por la unión de pequeñas piezas de tela cosidas por los bordes entre sí.
OBS Pronunc. aprox. 'páchguor'.

paté s.m. Pasta comestible hecha de carne o hígado picados y condimentados.

patear v.tr. **1** Dar golpes con los pies a alguien o algo. ◆ v.intr. **2** Fam. Patalear en señal de enfado o disgusto. ◆ v.tr. **3** Fam. Tratar a una persona o cosa sin delicadeza o de forma desconsiderada. ◆ v.tr. e intr. **4** Fam. Ir de un sitio a otro andando para realizar alguna gestión o conseguir algo. ◆ v.tr. **5** Manifestar impotencia, dolor o enfado golpeando el suelo con los pies. ◆ v.intr. **6** ARG, CH, PAR, URUG Sentar mal un alimento. **7** ARG, CH, PAR, URUG Molestar la conducta de una persona a alguien. ◆ **patearse** v.prnl. **8** Fam. Gastarse una persona gran cantidad de dinero.

patena s.f. Plato pequeño de oro u otro metal en el que se coloca la hostia durante la misa. ◇ **limpio como una patena** o **más limpio que una patena** Muy limpio o reluciente.

patentar v.tr. Registrar un invento.

patente adj. **1** Que se percibe con claridad o sin necesidad de razonamientos o explicaciones. ◆ s.f. **2** Documento oficial en el que se reconoce la propiedad sobre un invento. **3** Documento en el que se acredita una condición, mérito o autorización para hacer una cosa. ◇ **patente de corso** Autorización para hacer una cosa que está prohibida a los demás.

patera s.f. ESP Embarcación elemental de quilla plana y poco calado, que se usa para pescar en aguas poco profundas.

paternal adj. Propio del afecto o solicitud de los padres.

paternalismo s.m. Actitud paternal.

paternalista adj. y s.m. y f. Se dice de la persona que muestra una actitud paternal.

paternidad s.f. **1** Condición o circunstancia de ser padre. **2** Condición de ser el autor o creador de una cosa.

paterno, a adj. Relativo al padre.

patético, a adj. **1** Que causa una gran impresión y mueve a compasión. ◆ adj. y s.m. **2** Se dice del nervio que mueve el músculo oblicuo mayor del ojo.

patetismo s.m. Cualidad de patético.

patíbulo s.m. Lugar, generalmente alto, en el que se ejecuta a los condenados a muerte.

patidifuso, a adj. Fam. Sorprendido o extrañado por algo extraordinario o inesperado.

patilla s.f. **1** Franja de pelo que crece delante de las orejas. **2** Varilla lateral de la armazón de las gafas. **3** Pieza o parte saliente de una cosa por donde se sujeta o encaja a otra. **4** COL, P RICO, R DOM, VENEZ Sandía.

patín s.m. **1** Aparato deportivo que se ajusta al pie y que consta de una plataforma ajustable a la suela del calzado o una bota con esta plataforma adherida, montada sobre ruedas o sobre una hoja de metal con filo, según sea para deslizarse sobre una superficie dura y lisa o sobre hielo. **2** Patinete. **3** Embarcación de recreo que está constituida por dos flotadores paralelos unidos con dos o más travesaños.

pátina s.f. **1** Capa fina de óxido de color pardo o verdoso que se forma en el bronce y en otros metales a causa de la humedad. **2** Debilitamiento del color que produce el paso del tiempo en algunos objetos. **3** Distinción u otra cualidad que adquiere alguien o algo con el tiempo.

patinador, ra s. Persona que practica el patinaje, en especial si se dedica a ello profesionalmente.

patinaje s.m. Deporte que consiste en deslizarse con patines.

patinar v.intr. **1** Deslizarse con patines. **2** Escurrirse o deslizarse una persona o una cosa sobre una superficie dura y lisa. **3** Estar una superficie resbaladiza. **4** Fam. Cometer una equivocación.

patinazo s.m. **1** Acción de patinar bruscamente sobre una superficie lisa y resbaladiza. **2** Fam. Equivocación o indiscreción.

patinete s.m. Aparato para deslizarse por superficies duras y lisas que consiste en una plataforma alargada montada sobre dos o cuatro ruedas y provista de una barra y un manillar.

patio s.m. Espacio descubierto, o cubierto por cristales, en el interior de un edificio. ◇ **patio de butacas** Planta baja de un cine o un teatro en la que las butacas están dispuestas en filas frente al escenario.

patitieso, a adj. **1** Fam. Patidifuso. **2** Fam. Que tiene las piernas o las patas inmovilizadas.

patizambo, a adj. y s. Que tiene las piernas torcidas de modo que se le juntan a la altura de las rodillas y se le separan hacia los pies.

pato, a s. **1** Ave acuática de pico ancho y aplanado, cuello corto y patas cortas cuyos dedos están unidos por una membrana que les permite nadar. ◆ s.m. **2** Fam. Persona sosa o de movimientos torpes. **3** ARG Deporte en el que dos equipos de cuatro jugadores intentan introducir en un aro una pelota de seis asas. **4** ARG Pelota usada en este deporte. **5** Fam. COL, CUBA, MÉX Orinal que suelen usar los hombres enfermos. **6** Fam. CUBA, P RICO, VENEZ Hombre afeminado. ◆ adj. **7** Fam. ARG, CH, PAR, URUG Se dice de la persona que está sin dinero. **8** CH Se dice de la persona que está muy mal de salud o de ánimos. ◇ **pagar el pato** Fam. Cargar con una culpa o un castigo sin merecerlos. ◇ **patos malos** CH Pandilla de jóvenes gamberros que deambulan por la vía pública con actitud provocativa. ◇ **ser el pato de la boda** Fam. ARG Ser la persona a quien se le atribuyen culpas o responsabilidades ajenas.

patochada s.f. Fam. Dicho o acción inoportunos o disparatados.

patógeno, a adj. Que produce una enfermedad.

patología s.f. **1** Parte de la medicina que estudia la naturaleza de las enfermedades. **2** Conjunto de enfermedades de una persona.

patológico, a adj. **1** Relativo a la patología. **2** Que indica enfermedad.

patólogo, a s.m. y f. Especialista en patología.

patoso, a adj. y s. **1** Se dice de la persona que es torpe, especialmente la que al andar tropieza o resbala con facilidad. **2** Se dice de la persona que presume de chistosa o aguda sin serlo.

patraña s.f. Mentira complicada que se explica a alguien.

patria s.f. Lugar o país en el que una persona ha nacido o al que se siente vinculada por razones legales, históricas o sentimentales.

patriarca s.m. **1** Personaje del Antiguo Testamento que fue jefe o cabeza de una numerosa descendencia. **2** Hombre que goza de la mayor autoridad y respeto en una gran familia o comunidad. **3** Título de dignidad concedido a algunos obispos.

patriarcado s.m. **1** Dignidad del patriarca. **2** Gobierno de un patriarca.

patriarcal adj. **1** Relativo al patriarca o al patriarcado. **2** Se dice de la autoridad o el gobierno que se ejerce con sencillez y sin dureza.

patricio, a adj. y s. **1** Se dice de la persona que pertenecía en la antigua Roma a la clase social con más privilegios. ◆ adj. **2** Relativo a los patricios. ◆ s. **3** Formal. Persona que sobresale entre sus conciudadanos por su nobleza o distinción.

patrimonial adj. Relativo al patrimonio.

patrimonio s.m. **1** Conjunto de bienes que una persona adquiere por herencia familiar. **2** Conjunto de bienes que posee una persona o institución y que son susceptibles de estimación económica. **3** Cosa material o inmaterial que es propia de algo o de alguien.

patrio, a adj. **1** Formal. Relativo a la patria. **2** Se dice de la potestad que los padres tienen sobre los hijos que viven con ellos. □ Va antepuesto al sustantivo.

patriota adj. y s.m. y f. Se dice de la persona que ama a su patria y procura su prosperidad.

patriotero, a adj. y s. **1** Fam. Se dice de la persona que muestra un patriotismo exagerado y superficial. ◆ adj. **2** Que denota un patriotismo exagerado y superficial.

patriótico, a adj. Relativo a la patria.

patriotismo s.m. Amor a la patria.

patrocinador, ra adj. y s. Que patrocina.

patrocinar v.tr. **1** Pagar una entidad los gastos de una actividad deportiva o cultural a cambio de publicidad. **2** Ayudar o proteger a una persona o promover un proyecto o idea.

patrocinio s.m. Acción de patrocinar.

patrón, na s. **1** Persona que emplea obreros o trabajadores en su propiedad o negocio, generalmente para realizar algún trabajo manual. **2** Jefe respecto de sus obreros o trabajadores. **3** Persona que es propietaria de una pensión, casa de huéspedes o establecimiento similar. **4** Defensor o protector de alguien o algo. □ Frec. irónico. ◆ s.m. **5** Persona que manda y dirige una embarcación pequeña. ◆ s. **6** Santo que una localidad, congregación o cofradía elige como protector, o al cual está dedicada una iglesia, capilla, etc. ◆ s.m. **7** Modelo de papel, cartón o tela según el cual se corta un material determinado. **8** Cosa o conjunto de elementos que sirven como punto de referencia para evaluar algo.

patronal adj. **1** Relativo al patrono. ◆ s.f. **2** Conjunto de patronos o propietarios que actúa colectivamente para defender sus intereses.

patronato s.m. **1** Sociedad u organización dedicada a fines benéficos. **2** Junta que dirige o vigila los asuntos de un organismo social o cultural para que cumpla sus fines. **3** Patronazgo.

patronazgo s.m. Protección o ayuda prestadas a alguien para realizar un proyecto.

patronímico, a adj. y s.m. Se dice del apellido que se ha formado por derivación del nombre del padre o de un antecesor.

patrono, a s. **1** Patrón, propietario o jefe. **2** Patrón, santo. **3** Defensor o protector de alguien o algo.

patrulla s.f. **1** Grupo pequeño de soldados o personas armadas que vigilan una zona o están encargadas de realizar una misión militar. **2** Conjunto de barcos o aviones utilizados en la defensa o vigilancia de una zona. **3** ARG, CH, CUBA, MÉX, PAR, URUG Automóvil en el que patrullan los policías.

patrullar v.tr. e intr. Circular una patrulla por un lugar para vigilarlo.

patrullero, a adj. y s.m. **1** Se dice de la persona, el barco o el automóvil que está destinado a patrullar. ◆ **adj. y s.f. 2** Se dice de la lancha que está destinada a patrullar por un lugar. ◆ **s.m. 3** ARG, CUBA, ECUAD, URUG Patrulla, automóvil. **4** PERÚ Agente de policía de carretera.

patuco s.m. ESP Peúco.

patuleco, a adj. Fam. AMÉR Que tiene las piernas o los pies torcidos y camina como los patos.

paulatino, a adj. Que se produce o se realiza de forma lenta o gradual.

paupérrimo, a adj. Formal. Superlativo de pobre.

pausa s.f. **1** Interrupción breve de una acción o movimiento. **2** Lentitud al hacer una cosa o al moverse.

pausado, a adj. **1** Se dice de la persona que actúa con lentitud y sin precipitarse. **2** Que ocurre o se realiza con lentitud.

pauta s.f. **1** Norma o modelo que se tiene en cuenta para realizar algo. **2** Conjunto de rayas paralelas de un papel, como el que se traza para no torcerse al escribir o el que se utiliza para la notación musical.

pava s.f. AMÉR SUR Vasija para calentar agua, café, té, etc., o para tomar mate.

pavada s.f. **1** ARG Dicho o hecho grosero. **2** Fam. ARG, PERÚ, URUG Dicho o hecho poco serio o que manifiesta poca inteligencia.

pavear v.intr. **1** ARG, URUG Decir o hacer cosas sin importancia y poco inteligentes. ◆ **pavearse** v.prnl. **2** PAN No asistir a clase o a un lugar donde se debe cumplir una obligación.

pavero, a adj. y s. **1** Presumido y vanidoso. **2** CH, PERÚ Gracioso o chistoso.

pavimentación s.f. Revestimiento de un suelo con pavimento para que esté firme.

pavimento s.m. **1** Capa de asfalto, cemento, madera, adoquines u otros materiales, lisa, dura y resistente, con que se recubre el suelo para que esté firme y llano. **2** Material que se emplea para pavimentar.

pavo, a s. **1** Ave gallinácea de la familia del faisán pero de mayor tamaño, que tiene el cuello largo y carnosidades rojas en este y en la cabeza. **GEOSIN** chompipe, guajolote, pisco. ◆ **adj. y s. 2** Fam. Se dice de la persona con poca gracia o desenvoltura. ◆ **s.m. 3** Fam. ESP Duro (moneda de cinco pesetas). ◇ **pavo real** Ave gallinácea, cuyo macho posee un plumaje de vistoso colorido y una cola que abre en forma de abanico. ◇ **pelar la pava** Fam. ESP Tener conversaciones amorosas una pareja de novios.

pavoneo s.m. Alarde u ostentación presuntuosa de algo que se posee o que se ha hecho.

pavor s.m. Miedo muy intenso.

pavoroso, a adj. Que causa pavor.

payada s.f. ARG, CH, URUG Composición poética y musical cantada por un payador.

payador s.m. Pallador.

payar v.intr. ARG, CH, URUG Cantar payadas.

payasada s.f. Obra o dicho que hace reír, propios de un payaso.

payaso, a s.m. **1** Artista de circo, generalmente vestido y maquillado de forma llamativa, que cuenta chistes o hace mímica para divertir y hacer reír al público. ◆ **adj. y s. 2** Fam. Se dice de la persona que hace reír a los demás.

payés, sa s. Campesino de Cataluña o de las islas Baleares.

payo, a adj. y s. **1** Entre los gitanos, se dice de la persona que no pertenece a su raza. ◆ **adj. 2** Propio de estas personas.

paz s.f. **1** Situación en la que no hay guerra ni enfrentamientos entre dos o más países o partes enfrentadas. **2** Acuerdo para poner fin a la guerra. **3** Situación de tranquilidad y buena relación entre los miembros de un grupo. **4** Tranquilidad o silencio. **5** Parte de la misa católica en que los asistentes se desean la paz unos a otros mediante algún gesto o saludo, como estrecharse la mano. ◇ **dejar en paz a alguien** Fam. No molestar ni importunar a una persona, o no mover o tocar una cosa. ◇ **descansar en paz** Morir o estar muerta una persona, o estar enterrada en un determinado lugar. ◇ **estar**, o **quedar, en paz** No tener ninguna deuda o haber devuelto un favor u ofensa recibidos. ◇ **hacer las paces** Reconciliarse dos o más personas que han discutido.

pazguato, a adj. y s. **1** Que se extraña o se escandaliza por cualquier cosa que ve u oye. **2** ARG, COL, CUBA, PAR, URUG, VENEZ Tonto, que tiene poca rapidez mental.

pazo s.m. Casa antigua y señorial que es característica de Galicia.

PC s.m. Sigla de la expresión inglesa personal computer, 'ordenador personal'. □ También pecé.

P. D. Abreviatura de la expresión latina post datam, 'posdata'.

pe s.f. Nombre de la letra p. ◇ **de pe a pa** Fam. Desde el principio hasta el fin.

peaje s.m. **1** Pago obligatorio de una cantidad de dinero para transitar por un lugar. **2** Lugar donde se paga esta cantidad de dinero.

peana s.f. **1** Base o apoyo que sirve para colocar encima una escultura u otro objeto. **2** Tarima que hay delante de un altar.

peatón, na s. Persona que va a pie.

peatonal adj. **1** Que está destinado al paso exclusivo de peatones. **2** Se dice del cartero que hace el reparto de la correspondencia a pie.

pebete s.m. **1** Pasta hecha con sustancias aromáticas que al quemarse desprende un olor agradable. **2** ARG, URUG Niño.

pebetero s.m. **1** Recipiente para quemar sustancias aromáticas. **2** Recipiente en el que arde la llama olímpica.

peca s.f. Mancha pequeña de color marrón que aparece en la piel.

pecado s.m. **1** Falta cometida con conciencia contra la ley de Dios o de algún precepto de la doctrina, en algunas religiones. **2** Acto que se aparta de lo que es recto y justo. **3** Fam. Acción o cosa lamentable, especialmente cuando se considera un despilfarro.

pecador, ra adj. y s. Se dice de la persona que peca, ha pecado o puede pecar.

pecaminoso, a adj. Que implica pecado.

pecar v.intr. Cometer un pecado u otra falta.

pecarí o **pécari** (pl. pecaríes, pecarís o pécaris) s.m. Mamífero omnívoro parecido al jabalí, que tiene el hocico largo, el pelaje de color pardo con una franja blanca y no tiene cola.

peccata minuta Fam. Expresión latina que significa 'error o falta leve' y que indica que algo es poco importante o tiene poco valor.

pecera s.f. Recipiente o pequeño depósito de agua acondicionado para tener peces.

1. **pechar** v.intr. **1** Asumir una carga, responsabilidad u obligación. ◆ v.tr. **2** Pagar un pecho o tributo al rey o señor por los bienes o haciendas. **3** AMÉR Sablear, estafar.

2. **pechar** v.tr. AMÉR Empujar a alguien.

pechera s.f. **1** Parte que cubre el pecho de la camisa u otra prenda de vestir. **2** Fam. Pecho o senos de la mujer.

pechero, a adj. **1** Se dice de la persona que estaba obligada a pagar impuestos al rey o señor. ◆ s. **2** Plebeyo obligado a pagar impuestos.

pechina s.f. **1** Concha vacía de los moluscos bivalvos. **2** Triángulo de lados curvos sobre el que se sostiene una cúpula.

pecho s.m. **1** Parte superior del tronco del cuerpo humano, que va desde el cuello hasta el abdomen, en la que se encuentran el corazón y los pulmones. **2** Zona externa que corresponde a esta parte del cuerpo. **3** Parte delantera del tronco de los animales mamíferos o de las aves que está situada debajo del cuello. **4** Conjunto de órganos que forman el aparato respiratorio de una persona. **5** Órgano de la mujer que produce leche. **6** Conjunto de estos dos órganos. **7** Parte de la persona que correspone a sus sentimientos y pensamientos más íntimos. ◇ **a pecho descubierto** Sin protección. ◇ **dar el pecho** Amamantar a un bebé. ◇ **echarse,** o **meterse, algo entre pecho y espalda** Fam. Comer o beber algo. ◇ **tomarse a pecho algo** Ofenderse por una cosa o considerarla demasiado en serio. □ Poner una persona gran empeño e interés en una cosa.

pechuga s.f. **1** Pecho de las aves. **2** Cada una de las dos partes simétricas que forman el pecho de las aves. **3** Fam. Pecho de una persona, especialmente de una mujer.

pechugón, na adj. y s.f. **1** Fam. Que tiene el pecho muy abultado. ◆ adj. y s. **2** AMÉR CENTRAL, AMÉR SUR Sinvergüenza, cínico, fresco.

pecíolo o **peciolo** s.m. Pedúnculo o rabillo de la hoja de una planta.

pécora s.f. Persona muy mala, capaz de hacer daño y de disfrutar haciéndolo.

pecoso, a adj. Que tiene pecas.

pectoral adj. **1** Relativo al pecho. ◆ s.m. y adj. **2** Medicamento que alivia la tos o las molestias del pecho. **3** Músculo que está situado en la parte anterior del pecho. ◆ s.m. **4** Cruz que llevan los obispos y el Papa sobre el pecho. ◆ **pectorales** s.m.pl. **5** Fam. Pechos de la mujer.

peculiar adj. **1** Propio y único de una persona o una cosa. **2** Se dice de la persona extraña o rara.

peculiaridad s.f. Cualidad de lo que es peculiar.

pecuniario, a adj. Relativo al dinero.

pedagogía s.f. **1** Ciencia que se ocupa de la educación de los niños y los jóvenes. **2** Manera que tiene una persona de enseñar o educar.

pedagógico, a adj. **1** Relativo a la pedagogía. **2** Que enseña las cosas con mucha claridad.

pedagogo, a s. **1** Persona que se dedica a la pedagogía. ◆ adj. **2** Se dice del maestro que realiza muy bien su labor educativa.

pedal s.m. Pieza de una máquina o un aparato que se acciona mediante el pie y transmite el movimiento a un mecanismo.

pedalear v.intr. Poner en movimiento los pedales con los pies, especialmente los de una bicicleta.

pedaleo s.m. Acción de pedalear.

pedante adj. y s.m. y f. **1** Se dice de la persona que presume de manera inoportuna de ser un erudito. ◆ adj. **2** Propio de estas personas.

pedantería s.f. **1** Cualidad de la persona que es pedante. **2** Cosa pedante.

pedazo s.m. **1** Parte separada de una cosa que se ha partido o roto. **2** Parte de un todo o unidad, que se considera de manera independiente. ◇ **caerse a pedazos** Estar una cosa en mal estado, a punto de derrumbarse. □ Fam. Estar una persona muy decaída por cansancio. ◇ **hacer pedazos algo** Romper una cosa en muchos trozos pequeños. ◇ **pedazo de pan** Fam. Persona muy bondadosa y generosa.

pederasta s.m. y f. Persona que abusa sexualmente de un niño.

pederastia s.f. Abuso sexual de un niño.

pedernal s.m. **1** Piedra muy dura, compuesta principalmente de sílice que al romperse forma unos bordes muy cortantes. **2** Dureza de una cosa material o inmaterial.

pedestal s.m. **1** Cuerpo sólido sobre el que se apoya una columna, una estatua u otro objeto. **2** Fundamento en que se apoya o asegura algo.

◇ **en un pedestal** En muy buena opinión o consideración.

pediatra s.m. y f. Especialista en pediatría.

pediatría s.f. Parte de la medicina que se ocupa del desarrollo y cuidado de los niños.

pedicelo s.m. Pie de la setas.

pedicura s.f. Cuidado de los pies o tratamiento de sus problemas.

pedido s.m. Encargo de mercancías o materiales que se hace a un fabricante o a un vendedor.

pedigrí (pl. pedigríes o pedigrís) s.m. **1** Conjunto de los antepasados de un animal con un origen de calidad. **2** Documento donde figura la genealogía de un animal.
OBS Puede encontrarse la grafía inglesa **pedigree.**

pedigüeño, a adj. y s. Se dice de la persona que pide cosas con frecuencia.

pedipalpo s.m. Apéndice bucal de los arácnidos.

pedir (31) v.tr. **1** Decir una persona a otra que le dé o le deje una cosa, o que haga algo por ella o para ella. ◆ **v.tr. e intr. 2** Decir una persona a la gente que le dé una cantidad de dinero para poder vivir o para colaborar en una buena causa. ◆ **v.tr. 3** Pensar o expresar algo que se desea con la intención de que ocurra. ◆ **v.tr. e intr. 4** Rogar a Dios o a otra divinidad. ◆ **v.tr. 5** Necesitar o requerir una cosa. **6** Poner o fijar un precio a una mercancía que se vende. **7** Expresar un hombre a los padres o responsables de una mujer la autorización para casarse con ella.

pedo s.m. **1** Fam. Ventosidad que se expulsa por el ano. **2** Fam. Estado de embriaguez.

pedofilia o **paidofilia** s.f. Conducta sexual de la persona que tiene relaciones sexuales con niños o siente atracción hacia ellos.

pedófilo, a o **paidófilo** adj. **1** Relativo a la pedofilia. ◆ **adj. y s. 2** Que muestra pedofilia.

pedorrear v.intr. y prnl. Fam. Expeler ventosidades de forma repetida.

pedorreta s.f. **1** Sonido que se hace con la boca imitando el ruido del pedorreo. **2** Ruido parecido al de una ventosidad. **3** Ventosidad corta y poco ruidosa.

pedorro, a adj. y s. Fam. Que se tira pedos frecuentemente.

pedrada s.f. **1** Acción que consiste en lanzar o arrojar con impulso una piedra. **2** Golpe o señal de una piedra lanzada.

pedrea s.f. **1** ESP Conjunto de números premiados con una cantidad pequeña en la lotería nacional. **2** Lucha a pedradas.

pedregal s.m. Terreno en el que hay muchas piedras sueltas.

pedregoso, a adj. Se dice del lugar que tiene muchas piedras o está cubierto de piedras.

pedrería s.f. Conjunto de piedras preciosas que adornan algo.

pedrusco s.m. Trozo de piedra grande.

pedúnculo s.m. **1** Tallo por el que una hoja, flor o fruto se une a la planta. **2** Prolongación del cuerpo de algunos animales por la cual se fijan al suelo o a cualquier superficie.

pega s.f. **1** ESP Obstáculo, dificultad o inconveniente que dificulta la realización de algo. **2** Fam. Pegamento. **3** AMÉR Trabajo, empleo. ◇ **de pega** ESP Que no es real o auténtico.

pegadizo, a adj. **1** Que se graba fácilmente en la memoria. **2** Pegajoso.

pegado, a adj. **1** Se dice del lugar que está inmediatamente junto a otro. **2** Fam. Se dice de la persona que no sabe qué decir o cómo reaccionar por sorpresa o ignorancia. **3** Se dice de la prenda de vestir que queda ajustada al cuerpo, sin vuelo. **4** Se dice de la manga que va cosida por el extremo exterior del hombro.

pegajoso, a adj. **1** Que se pega fácilmente. **2** Que se contagia o extiende fácilmente. **3** Se dice de la persona excesivamente cariñosa y afectuosa. **4** Se dice del calor que provoca un sudor espeso y continuo.

pegamento s.m. Sustancia líquida o pastosa que sirve para pegar o adherir una cosa a otra.

pegar v.tr. **1** Unir una cosa a otra mediante una sustancia adhesiva. **2** Unir la cola u otra sustancia adhesiva dos cosas. **3** Unir una cosa a otra cosiéndola, atándola o de otro modo parecido. **4** Colocar una cosa o a una persona junto a otra de manera que se toquen o estén en contacto. ◆ **v.intr. 5** Fam. Estar una cosa junto a otra o próxima a ella. ◆ **v.tr. 6** Fam. Contagiar una persona a otra una enfermedad, una costumbre, una cualidad, etc. ◆ **v.tr. e intr. 7** Dar una persona golpes a alguien o algo. ◆ **v.intr. 8** Chocar o golpear con fuerza una cosa contra otra. ◆ **v.tr. 9** Fam. Realizar la acción que se expresa. ◆ **v.intr. 10** Fam. Armonizar una cosa con otra. ◆ **pegarse** v.prnl. **11** Quedar un guiso adherido al recipiente en que se cocina al quemarse ligeramente. ◇ **pegársela** Fam. ESP Sufrir una caída, un choque o cualquier golpe violento. ◇ **pegársela a alguien** Fam. ESP Engañar una persona a otra.

pegatina s.f. ESP Adhesivo. **GEOSIN** autoadhesivo, calcomanía.

pego s.m. ◇ **dar el pego** ESP Aparentar una cosa lo que no es en realidad.

pegote s.m. **1** Porción de una sustancia espesa y pegajosa. **2** Fam. Añadido hecho de manera tosca y torpe sobre una cosa. **3** Fam. ESP Mentira.

peinado s.m. **1** Acción de peinar. **2** Modo de llevar arreglado el pelo.

peinar (1i) v.tr. **1** Arreglar o colocar de una forma determinada el cabello de una persona. **2** Arreglar, desenredar o limpiar el pelo de un animal o de un tejido. **3** Examinar o registrar con mucho cuidado una zona para encontrar a una persona o cosa.

peine s.m. Utensilio que se utiliza para desenredar, arreglar y colocar bien el pelo.

peineta s.f. Especie de peine, de forma ligeramente curva, que se utiliza para sujetar un peinado o para adornar el pelo.

pekinés, sa ▷ pequinés, sa.

pelacables s.m. Tenazas que sirven para pelar cables eléctricos sin cortar el hilo interior.

pelada s.f. **1** Fam. Corte de cabello, especialmente cuando se lo deja muy corto. **2** Fam. AMÉR Cabeza de una persona que tiene el pelo muy corto o que no tiene pelo. ◇ **la Pelada** Fam. ARG, CH, CUBA, ECUAD La Muerte.

peladilla s.f. **1** Golosina que está formada por una almendra recubierta con un baño de azúcar. **2** Canto rodado pequeño.

pelado, a adj. **1** Que no tiene una cosa o una característica que habitualmente lo adorna, cubre o rodea. **2** Que no tiene dinero o se ha quedado sin él. **3** Se dice del número o cantidad que consta de decenas, centenas, millares, etc., justos. **4** Con el pelo muy corto o totalmente rapado. ◆ s.m. **5** Acción de cortar el cabello de una persona y manera de llevarlo cortado. ◆ adj. y s. **6** Fam. ARG, CH, ECUAD, PAR, URUG Se dice de la persona que es calva o ha perdido parte del cabello. **7** ECUAD Se dice de la persona que es joven. **8** MÉX Se dice de la persona de la clase social más humilde. **9** MÉX Se dice de la persona que es maleducada y grosera.

pelagatos s.m. y f. Fam. y desp. Persona insignificante de baja posición social o económica.

pelágico, a adj. **1** Relativo al piélago. **2** Se dice de la zona de alta mar.

pelaje s.m. Pelo o lana de un animal, para referirse a su naturaleza o calidad.

pelambrera s.f. Cantidad abundante de pelo o de vello.

pelandusca s.f. Fam. ESP Prostituta.

pelapatatas s.m. Utensilio provisto de una cuchilla que se utiliza para pelar patatas.

pelar v.tr. **1** Quitar, cortar o arrancar el pelo de algo o alguien. **2** Quitar la piel, la cáscara o la corteza que recubre un fruto o un tubérculo. **3** Despellejar a un animal. **4** Quitarle las plumas a un ave. **5** Fam. Quitarle a una persona todos los bienes o todo el dinero de manera violenta o engañándola. **6** Criticar o hacer murmuraciones acerca de una persona. **7** AMÉR Acompañado de algunos sustantivos, como **dientes, ojos** u **oreja**, significa 'morirse una persona o un animal'. **8** Fam. ARG Sacar por sorpresa algo que estaba guardado, y exhibirlo. **9** Fam. ARG, COL, CUBA Desenvainar un arma con la intención de usarla en contra de otra persona. ◆ **pelarse** v.prnl. **10** Desprendérsele a una persona la piel poco a poco por haber tomado con exceso el sol. **11** Fam. GUAT, MÉX Morirse una persona o un animal. **12** MÉX Irse una persona de un lugar. ◇ **pelársela** Vulg. Masturbarse un hombre.

peldaño s.m. Cada una de las pequeñas plataformas horizontales de una escalera donde se apoya el pie al subir o bajar.

pelea s.f. Acción de pelear o pelearse.

pelear v.intr. **1** Emplear entre sí dos o más personas o animales la fuerza, las armas o cualquier otro recurso con la intención de hacerse daño, matarse o imponer su voluntad. **2** Mantener una discusión o enfrentamiento verbal. **3** Realizar un esfuerzo grande y continuado para conseguir una cosa. ◆ **pelearse** v.prnl. **4** Enemistarse o perder la buena relación.

pelele s.m. **1** Muñeco de figura humana hecho de paja o de trozos viejos de tela. **2** Persona débil o de poco carácter.

peleón, na adj. **1** Fam. Muy aficionado a pelear o discutir, o que lo hace con frecuencia. **2** ESP Se dice del vino que es de mala calidad.

peletería s.f. **1** Establecimiento en el que se venden o se confeccionan prendas de vestir de piel. **2** Oficio del que prepara las pieles o fabrica con ellas prendas de vestir.

peli s.f. Fam. ESP Película cinematográfica.

peliagudo, a adj. Fam. Muy difícil de entender o de resolver.

pelícano s.m. Ave acuática palmípeda cuyo pico, largo y ancho, tiene una membrana en su parte inferior que forma una especie de bolsa.

película s.f. **1** Conjunto de imágenes cinematográficas que componen un asunto o una historia. **2** Cinta que contiene un conjunto de imágenes grabadas con una cámara de cine o de vídeo. **3** Cinta de material sensible a la luz que se introduce en el interior de una cámara fotográfica sobre la cual se imprimen fotografías. **4** Piel delgada y delicada o capa muy fina que cubre una cosa.

peliculero, a adj. **1** Relativo a las películas de cine. ◆ adj. y s. **2** Se dice de la persona aficionada al cine.

peligrar v.intr. Estar en peligro.

peligro s.m. **1** Situación en la que es posible que ocurra un daño o un mal. **2** Persona o cosa que puede suponer un daño.

peligrosidad s.f. Posibilidad o riesgo de que ocurra un daño o un mal.

peligroso, a adj. **1** Que tiene peligro o puede causar un daño o un mal. **2** Se dice de la persona que puede causar daño o cometer actos delictivos y que habitualmente lo hace.

pelín s.m. ◇ **un pelín** Fam. Un poco.

pelirrojo, a adj. y s. Que tiene el pelo de color tirando a rojo.

pellejo s.m. **1** Piel o trozo de piel de una persona o de un animal. **2** Piel fina de algunas frutas y hortalizas. **3** Recipiente hecho de piel de cabra o de otro animal tratada y cosida convenientemente que se utiliza para contener líquidos, especialmente vino o aceite. ◇ **estar,** o **ponerse, en el pellejo de alguien** Estar o ponerse una persona en la misma situación o condiciones que otra. ◇ **jugarse el pellejo** Fam. Poner en peligro algo muy importante, especialmente la vida.

pelliza s.f. ESP Prenda de vestir de abrigo hecha o forrada de piel.

pellizcar v.tr. **1** Coger con dos dedos de la mano una pequeña porción de piel y carne de una persona, apretándola o retorciéndola, especialmente para que produzca dolor. **2** Coger o pillar con fuerza la piel o la carne de una persona. **3** Coger con dos dedos de la mano una pequeña porción de algo.

pellizco s.m. **1** Acción que consiste en pellizcar a una persona. **2** Señal que queda en la carne al pellizcarla. **3** Pequeña cantidad de una cosa que se toma o se quita con los dedos.

pelma adj. y s.m. y f. **1** Fam. Se dice de la persona que es excesivamente pesada y molesta. **2** Fam. Se dice de la persona que es muy lenta en sus acciones.

pelmazo, a adj. y s. Fam. Pelma.

pelo s.m. **1** Fibra o filamento delgado, en forma de hilo, que nace de la piel de todos los mamíferos y de otros animales. **2** Conjunto de estas fibras que cubre el cuerpo de algunos animales o algunas partes del cuerpo de las personas. **3** Conjunto de estas fibras de la cabeza humana. **4** Filamento muy fino que hay en la cáscara o la piel de algunos frutos y en algunas partes de las plantas. **5** Conjunto de fibras que forman parte de ciertos utensilios, como el cepillo. **6** Hilo o filamento fino que sobresale o queda en la superficie de algunas telas o tejidos. **7** Sierra muy fina que se usa para cortar maderas delgadas. **8** Cantidad muy pequeña o insignificante de una cosa. **9** Raya opaca en piedras de joyería. ◇ **al pelo** Oportunamente. ◇ **a pelo** Se utiliza para indicar que una cosa se realiza sin ningún tipo de protección. ◇ **no tener pelos en la lengua** Expresar abiertamente una persona sus pensamientos o sentimientos sin tener ningún reparo para ello. ◇ **no tener un pelo de tonto** Ser una persona muy despierta e inteligente, en contra de lo que pudiera creerse. ◇ **no vérsele el pelo a alguien** Fam. No aparecer una persona o no dejarse ver durante largo tiempo por un lugar que solía frecuentar. ◇ **poner los pelos de punta** Causar una cosa en una persona un fuerte sentimiento de asombro, miedo o terror. ◇ **por los pelos** A punto de no suceder o conseguirse. ◇ **tomar el pelo a alguien** Fam. Burlarse de una persona para ponerla en ridículo. □ Engañar a una persona haciéndole creer algo que es mentira.

pelón, na adj. y s. **1** Que no tiene pelo o tiene muy poco. **2** Que lleva el pelo muy corto o rapado totalmente. **3** Pobre.

pelota s.f. **1** Bola hecha de cuero, goma u otro material flexible, llena de aire o maciza, que se utiliza para jugar o para practicar determinados deportes. **2** Juego que se practica con esta bola. **3** Bola hecha con cualquier materia blanda o flexible. ◆ **adj. y s.m. y f. 4** Fam. ESP Se dice de la persona que alaba a alguien o trata de agradar, movido por el interés y con el único objetivo de conseguir un favor o un beneficio. ◆ **pelotas** s.f.pl. **5** Vulg. Testículos. ◇ **devolver la pelota a alguien** Responder una persona a una acción o un dicho de manera semejante. ◇ **en pelota** o **en pelotas** Fam. Completamente desnudo. ◇ **hacer la pelota a alguien** Fam. Alabar o tratar de agradar a alguien con el único objetivo de conseguir un favor o un beneficio. ◇ **pelota vasca** Juego que se practica lanzando una pelota con la mano o con distintos instrumentos contra una pared para que rebote.

pelotazo s.m. **1** Golpe dado con una pelota. **2** Fam. ESP Copa o trago de una bebida alcohólica.

pelotear v.intr. Jugar con una pelota.

pelotera s.f. Fam. Disputa, pelea.

pelotón s.m. **1** Grupo numeroso de personas, que van juntas y sin orden. **2** Conjunto numeroso de ciclistas que durante una carrera van agrupados circulando al mismo ritmo. **3** Pequeña unidad militar comandada por un sargento o por un cabo.

peluca s.f. Cabellera postiza.

peluche s.m. **1** Tejido muy suave, con pelo largo por una de sus caras. **2** Muñeco hecho de este tejido, que suele tener forma de animal.

peludo, a adj. Que tiene mucho pelo.

peluquería s.f. **1** Establecimiento en el que se peina, se corta y se cuida el pelo. **2** Oficio y técnica del peluquero.

peluquero, a s. Persona que se dedica profesionalmente a peinar, cortar y cuidar el pelo.

peluquín s.m. Peluca pequeña que solamente cubre una parte de la cabeza.

pelusa s.f. **1** Vello de ciertas frutas y plantas. **2** Vello de una persona. **3** Pelo fino que sueltan las prendas de punto o algunos tejidos con el uso. **4** ESP Sentimiento de envidia o de celos propio de los niños.

pelvis s.f. Parte del esqueleto situada en la zona inferior del tronco de los mamíferos y en la que se articulan las extremidades inferiores.

pena s.f. **1** Castigo que una autoridad impone a una persona responsable de una falta o delito. **2** Sentimiento de dolor, sufrimiento o tristeza que provoca en una persona un hecho adverso o desgraciado. **3** Cosa o hecho que produce estos sentimientos. **4** Dificultad, trabajo o esfuerzo que le cuesta a una persona hacer una cosa. **5** AMÉR CENTRAL, COL, CUBA, R DOM, VENEZ Vergüenza. ◇ **a duras penas** Se utiliza para indicar que una cosa se hace con mucha dificultad o muy apuradamente. ◇ **de pena** Fam. Se utiliza para indicar que una cosa se hace muy mal. ◇ **merecer,** o **valer, la pena** Ser una cosa suficientemente valiosa como para que se considere bien empleado el esfuerzo que cuesta.

penacho s.m. **1** Conjunto de plumas levantadas que tienen algunas aves en la parte superior de la cabeza. **2** Conjunto de plumas que se ponen como adorno sobre la cabeza de una persona o animal o en cascos o sombreros.

penal adj. **1** Relativo a los delitos y las faltas o a las penas con las que estos se castigan. ◆ s.m. **2** Edificio o local en el que se cumple una pena privativa de libertad.

penalidad s.f. **1** Sufrimiento o adversidad grande que padece alguien. □ Suele usarse en plural con valor singular. **2** Sanción impuesta por la ley.

penalista adj. y s.m. y f. Especialista en derecho penal.

penalización s.f. Castigo, sanción.

penalizar v.tr. Imponer un castigo, sanción o multa.

penalti (pl. penaltis) s.m. **1** Falta que en el fútbol y otros deportes comete un jugador dentro del área de gol de su propio equipo, y que es sancionada con el máximo castigo. **2** Lanzamiento de la pelota que debe efectuar el equipo contrario al que ha cometido esta falta.
OBS Puede encontrarse la grafía inglesa **penalty**.

penates s.m.pl. Divinidades de los antiguos romanos que protegían el hogar.

penca s.f. **1** Nervio central carnoso que tienen las hojas de algunas plantas. **2** Hoja tierna y carnosa de ciertas plantas.

penco s.m. **1** Caballo flaco, débil y de poco valor. **2** Persona torpe, inútil o despreciable.

pendejo, a s. **1** Fam. ESP Persona que lleva una vida irregular, viciosa y desordenada. ◆ adj. y s. **2** ECUAD, HOND, MÉX, NIC Tonto, torpe.

pendencia s.f. Pelea o riña.

pendenciero, a adj. y s. Se dice de la persona que es muy aficionada a pelear, reñir o discutir.

pender v.intr. **1** Estar colgada, suspendida o inclinada una cosa. **2** Estar sin resolver o terminar un juicio o un asunto.

pendiente adj. **1** Que todavía está sin resolver o sin terminar. **2** Que pone mucha atención en una persona o una cosa o se preocupa mucho por ella. **3** Que está inclinado o tiene inclinación. ◆ s.m. **4** ESP Adorno que una persona se pone o lleva colgando de alguna parte del cuerpo, generalmente del lóbulo de la oreja. **GEOSIN** aro. ◆ s.f. **5** Terreno que está inclinado o tiene inclinación. **6** Ángulo que forma el terreno con respecto a la horizontal. **7** En matemáticas, inclinación que tiene una recta del plano con respecto al eje de las x.

pendón s.m. **1** Bandera más larga que ancha que se usaba como insignia distintiva. **2** Fam. ESP Persona que lleva una vida irregular, viciosa y desordenada.

pendular adj. Relativo al péndulo.

péndulo s.m. Cuerpo sólido que pende de un punto fijo y puede oscilar libremente primero hacia un lado y luego hacia el contrario.

pene s.m. Órgano del aparato reproductor masculino que permite la cópula y que forma parte del último tramo del aparato urinario.

penetración s.f. **1** Acción de penetrar. **2** Comprensión de algo difícil u oculto. **3** Capacidad de pensar con gran inteligencia, rapidez y claridad.

penetrante adj. **1** Que es profundo o penetra muy adentro en un cuerpo. **2** Se dice del sonido que es agudo o de volumen elevado. **3** Que piensa con rapidez y claridad y comprende fácilmente lo más profundo u oculto de las cosas.

penetrar v.tr. e intr. **1** Introducirse una cosa en un lugar o en otra cosa. **2** Hacerse sentir de manera intensa y violenta el frío, la humedad u otra sensación molesta. **3** Afectar algo a una persona de manera intensa y profunda. **4** Llegar a entender el pensamiento o las intenciones de una persona o el sentido más profundo de una cosa difícil. ◆ v.intr. **5** Introducirse en el interior de un recinto o dentro de un grupo de personas. ◆ v.tr. **6** Introducir el hombre el pene en la vagina de la mujer al hacer el acto sexual. ◆ **penetrarse** v.prnl. **7** Comprender bien algo.

penibético, a adj. Relativo a la Cordillera Penibética.

penicilina s.f. Sustancia antibiótica extraída de los cultivos de un hongo, que se usa para curar algunas enfermedades infecciosas.

penillanura s.f. Llanura con escasos desniveles formada tras un largo proceso de erosión.

península s.f. Extensión de tierra que está rodeada de agua por todas partes menos por una, por donde se une con un territorio de mayor tamaño.

peninsular adj. **1** Relativo a la península. **2** ESP De la Península Ibérica. ◆ s.m. y f. y adj. **3** Persona que es de una península. **4** ESP Persona que es de la Península Ibérica.

penique s.m. Centésima parte de una libra esterlina.

penitencia s.f. **1** Sacramento de la Iglesia católica en virtud del cual el sacerdote perdona los pecados cometidos por un fiel que está arrepentido de ellos. **2** Acto o acción que el fiel arrepentido debe hacer para manifestar exteriormente este arrepentimiento o bien para reparar el daño efectuado. **3** Acción sacrificada que una persona realiza como manifestación exterior de su devoción. **4** Fam. Cosa muy molesta que una persona debe hacer o soportar.

penitenciaría s.f. **1** Cárcel, prisión. **2** Tribunal eclesiástico de Roma encargado de dispensar bulas y gracias. □ Se escribe normalmente con mayúscula inicial.

penitenciario, a adj. **1** Relativo a la penitenciaría. **2** Se dice del sarcedote encargado de confesar en una iglesia y el cargo que lleva aneja esta obligación. ◆ **s.m. 3** Cardenal que preside la Penitenciaría de Roma.

penitente s.m. y f. **1** Persona que cumple una pena, generalmente impuesta por un sacerdote, para que Dios le perdone sus pecados. **2** Persona que hace penitencia.

penoso, a adj. **1** Que produce pena o dolor. **2** Que exige mucho esfuerzo o presenta una gran dificultad. **3** De muy mala calidad. **4** AMÉR CENTRAL, COL, CUBA, MÉX, R DOM, VENEZ Vergonzoso.

pensador, ra adj. **1** Se dice de la persona que piensa. ◆ **s. 2** Persona que se dedica a estudios muy elevados y profundiza mucho en ellos.

pensamiento s.m. **1** Capacidad de pensar. **2** Sitio imaginario en el que se guardan las ideas formadas por la mente. **3** Idea o representación mental de una persona, cosa o situación. **4** Deseo, intención o propósito que tiene una persona de hacer una cosa. **5** Idea o conjunto de ideas. **6** Planta herbácea de jardín de pequeño tamaño que da unas flores aterciopeladas y tricolores. **7** Flor de esta planta.

pensar (32) v.tr. e intr. **1** Formar una persona ideas y representaciones de la realidad en su mente, relacionando unas con otras. **2** Examinar una persona con mucho cuidado un asunto o una cuestión para tomar una decisión o formarse una opinión sobre ella. **3** Tomar una persona una decisión después de haber examinado detenidamente una cuestión o un asunto. **4** Tener una persona la intención o el propósito de hacer una cosa o hacer proyectos sobre una cosa. **5** Usar la inteligencia para inventar una idea útil o un buen método o sistema para hacer una cosa. **6** Tener una persona determinada opinión respecto de algo. ◇ **dar que pensar** Preocupar una cosa a alguien. ◇ **ni pensarlo** Se utiliza para rechazar una idea o propuesta o negar el permiso para hacer una cosa. ◇ **sin pensar** Forma de hacer una cosa de manera rápida e inesperada. □ Forma de hacer una cosa de manera involuntaria.

pensativo, a adj. Que está pensando con mucha atención en una cosa.

pensión s.f. **1** Establecimiento público que ofrece alojamiento y comida a cambio de dinero, y que es de categoría inferior al hostal. **2** Cantidad de dinero que se cobra por este alojamiento. **3** Conjunto de servicios de alojamiento y comida que se ofrece al cliente en un hotel u otro establecimiento de hostelería. **4** Cantidad de dinero que un organismo oficial paga a una persona de manera periódica y como ayuda económica por un motivo determinado. **5** Cantidad de dinero que una persona paga a otra como ayuda económica.

pensionista s.m. y f. **1** Persona que recibe una pensión. **2** Persona que vive en una pensión.

pentadecaedro s.m. Cuerpo geométrico de quince caras.

pentadecágono s.m. Polígono de quince lados.

pentadecasílabo, a adj. **1** Que tiene quince sílabas. ◆ **adj. y s.m. 2** Se dice del verso que tiene quince sílabas.

pentaedro s.m. Cuerpo geométrico de cinco caras.

pentagonal adj. Que tiene forma de pentágono.

pentágono s.m. Figura geométrica de cinco lados.

pentagrama o **pentágrama** s.m. Serie de cinco líneas horizontales y paralelas que sirve de pauta para escribir sobre ellas las notas musicales.

pentasílabo, a adj. y s.m. Se dice del verso que tiene cinco sílabas.

pentatlón s.m. Conjunto de cinco pruebas deportivas que realiza un mismo atleta.

pentatónico, a adj. **1** Se dice de la escala musical de cinco tonos con ausencia de semitonos. **2** Relativo a esta escala.

Pentecostés s.m. Fiesta cristiana que conmemora la venida del Espíritu Santo sobre los apóstoles.

penúltimo, a adj. y s. Que ocupa el lugar inmediatamente anterior al último.

penumbra s.f. **1** Estado o situación en que hay poca luz pero no se llega a la oscuridad. **2** En un eclipse, sombra parcial entre la parte iluminada y la que está completamente oscura.

penuria s.f. **1** Falta o escasez de lo necesario. **2** Situación de la persona que no tiene lo necesario para vivir.

peña s.f. **1** Piedra grande que se encuentra en estado natural, o que no ha sido trabajada por el ser humano. **2** Monte o altitud que tiene muchas rocas grandes y elevadas. **3** Asociación deportiva, recreativa o cultural. **4** Fam. ESP Grupo de amigos. **5** Fam. ESP Gente o grupo de personas muy grande.

peñasco s.m. Roca grande y elevada.

peñista s.m. y f. Miembro de una peña deportiva.

peñón s.m. Monte o montaña en que hay muchas rocas o peñascos.

peón s.m. **1** Obrero no especializado que tiene la categoría profesional más baja. **2** Pieza del ajedrez que es la de menos valor y se mueve siempre de frente, avanzando un solo cuadro en cada movimiento. **3** Pieza o ficha de otros juegos de tablero. **4** ESP Peonza, trompo.

peonza s.f. ESP Trompo.

peor adj. **1** Más malo o de inferior calidad respecto de otra cosa con la que se compara. **2** Que no es preferible. ◆ **adv. 3** Se utiliza para indicar que una cosa está o se hace más mal respecto de otra cosa con la que se compara o de manera más contraria a lo bueno o conveniente.

pepinillo s.m. Variedad de pepino, de pequeño tamaño, conservado en sal y vinagre.

pepino s.m. **1** Planta herbácea de tallos largos, blandos y rastreros, con hojas grandes y vellosas, flores amarillas y fruto comestible. **2** Fruto de esta planta, de forma cilíndrica con una corteza áspera y rugosa, verde o amarilla. ◆ **adj. y s.m. 3** Se dice del melón que está poco maduro. ◇ **importarle un pepino a alguien** Fam. No importarle nada una cosa a una persona.

pepita s.f. **1** Semilla de las frutas y hortalizas carnosas. **2** Trozo pequeño y pulido de oro o de otro metal. **3** Enfermedad que ataca a las gallinas y otras aves domésticas en la lengua.

pepito s.m. **1** ESP Bollo de forma alargada que tiene dentro crema o chocolate. **2** ESP Bocadillo que tiene en su interior un filete de carne.

pepitoria s.f. Guiso a base de pollo o gallina en trozos con una salsa espesa.

pepona adj. y s.f. ESP Se dice de la muñeca que es grande y tosca.

pepsina s.f. Enzima que interviene en la digestión de las proteínas.

peptídico, a adj. Relativo a los péptidos.

péptido s.m. Compuesto químico formado por la unión de dos o más aminoácidos.

pequeñez s.f. **1** Cualidad de pequeño. **2** Cosa insignificante o de poca importancia.

pequeño, a adj. **1** Que tiene un tamaño reducido o unas dimensiones menores de lo que es normal. **2** Que tiene poca altura o es de corta estatura. **3** De poca importancia, duración o intensidad. ◆ **adj. y s.m. 4** Se dice de la persona que tiene muy poca edad.

pequeñoburgués, sa adj. y s. **1** Que pertenece a la clase burguesa media, acomodada pero sin llegar a ser rica. ◆ **adj. 2** Relativo a estas personas.

pequinés, sa o **pekinés, sa** adj. y s. **1** De Pequín o Pekín. **2** Se dice del perro que es pequeño, tiene los ojos prominentes y el morro corto y aplastado.

per se adv. Formal. Expresión latina que significa 'por sí mismo' o 'en sí mismo'.

pera s.f. **1** Fruto del peral, comestible, de color verde o amarillo, ancho por la parte de abajo y delgado por la de arriba, con la piel fina y la carne blanca, muy jugoso. **2** Recipiente de goma con la forma de este fruto, que se usa para impulsar un líquido o un gas. **3** ESP Interruptor para llamar a un timbre o para encender y apagar la luz. **4** Barba recortada formada con los pelos que crecen en la barbilla de los hombres. ◆ **adj. y s.m. y f. 5** Fam. Se dice de la persona que es muy presumida y demasiado elegante y refinada. ◇ **pedir peras al olmo** Pedir o pretender algo que es imposible. ◇ **ser la pera** Fam. ESP Destacar por una cualidad muy buena o muy mala.

peral s.m. **1** Árbol de tronco recto y liso, cuyo fruto es la pera. **2** Madera de este árbol.

peralte s.m. En una carretera o vía, mayor elevación que tiene la parte exterior de una curva en relación con la interior.

perca s.f. Pez comestible de agua dulce, de cuerpo oblongo el vientre plateado y los costados dorados.

percal s.m. Tejido de algodón, de poco precio y calidad, generalmente estampado. ◇ **conocer el percal** Fam. Conocer muy bien a una persona o el verdadero trasfondo de un asunto.

percance s.m. Contratiempo inesperado y de poca gravedad.

percatarse v.prnl. Darse cuenta de una cosa.

percebe s.m. **1** Crustáceo comestible, de forma cilíndrica y alargada, con un caparazón en su extremo y un pedúnculo carnoso. **2** Fam. Persona que es torpe o ignorante.

percentil s.m. Valor de una variable estadística que separa un determinado porcentaje de valores de la misma.

percepción s.f. **1** Acción y efecto de percibir. **2** Conocimiento, idea o comprensión de una cosa mediante la inteligencia.

percha s.f. **1** Utensilio que sirve para mantener colgadas prendas de vestir. **2** Perchero. **3** Gancho que está diseñado para colgar en él prendas de vestir u otros objetos. **4** Fam. Tipo o figura de una persona.

perchero s.m. Mueble que tiene unos ganchos para colgar la ropa.

percherón, na adj. y s. Se dice del caballo o yegua que es de una raza de origen francés, de gran fuerza y corpulencia.

percibir v.tr. **1** Tener conocimiento del mundo exterior por medio de las impresiones que comunican los sentidos. **2** Recibir una persona una cosa material, especialmente dinero. **3** Comprender o conocer una cosa por medio de la inteligencia.

percusión s.f. **1** Acción que consiste en dar uno o varios golpes, especialmente cuando ocurre repetidamente. **2** Conjunto de instrumentos que producen música al ser golpeados con una baqueta, maza u otro objeto, o al ser golpeados entre sí.

percusionista s.m. y f. Persona que toca uno o más instrumentos de percusión.

percutir v.tr. **1** Dar uno o varios golpes, especialmente cuando se hace de manera repetida. **2** Explorar una parte del cuerpo dando golpes secos con los dedos.

percutor s.m. Pieza que golpea en alguna máquina, especialmente la que provoca la explosión en las armas de fuego.

perdedor, ra adj. y s. **1** Que pierde o es vencido. **2** Se dice de la persona que nunca o casi nunca tiene éxito en lo que emprende o realiza.

perder (33) v.tr. **1** Dejar de tener una persona algo que poseía, o no saber dónde está. **2** Resultar vencido en un lucha, una competición u otro tipo de enfrentamiento. **3** Verse privado de la compañía de una persona, generalmente a causa de su muerte. **4** Dejar de tener un sentimiento o una actitud. **5** Desperdiciar una cosa o no aprovecharla debidamente. **6** No conseguir una persona algo que necesita. **7** Producir una cosa un daño o un perjuicio grave a una persona. **8** Disminuir una determinada magnitud relativa a una persona o una cosa. ◆ **v.intr. 9** Tener una cosa peor calidad o aspecto o peores cualidades de las que tenía. ◆ **v.tr. 10** Disminuir poco a poco el contenido de un recipiente. ◆ **perderse** v.prnl. **11** Equivocarse de camino o no ser capaz de encontrar un camino o una salida correcta. **12** Distraerse o despistarse una persona y no poder seguir el hilo de lo que estaba diciendo, leyendo o escuchando. **13** Caer una persona en un estado o modo de vida deshonesto y entregado a los vicios.

perdición s.f. **1** Caída de una persona en la ruina, la deshonra o la destrucción moral. **2** Persona o cosa que provoca un daño o un perjuicio grave a alguien. **3** Amor apasionado. **4** Condenación eterna. **5** Cosa o persona que apasiona a alguien pero le comporta algún problema.

pérdida s.f. **1** Acción de perder o perderse lo que se poseía. **2** Daño grave que se produce en una cosa. **3** Cantidad o cosa que se pierde. **4** Escape o fuga de un fluido. ◇ **no tener pérdida** Fam. Ser una cosa fácil de encontrar, especialmente una calle o un lugar.

perdido, a adj. **1** Que no tiene o no lleva un destino determinado. **2** Se utiliza para aumentar y reforzar el sentido de ciertos adjetivos peyorativos. ◆ adj. y s. **3** Se dice de la persona que vive entregada a los vicios o tiene malas costumbres. ◇ **estar perdido** No tener escapatoria ni salida en una situación comprometida. ◇ **poner perdido** Fam. Ensuciar mucho a una persona o mancharla mucho con algo.

perdigón s.m. **1** Bola pequeña de plomo que, junto con otras, forma la munición de un arma de caza. **2** Cría de la perdiz. **3** Fam. Partícula de saliva que se despide al hablar.

perdigonada s.f. **1** Disparo hecho con una escopeta de perdigones. **2** Herida producida por un disparo de perdigón.

perdiguero, a adj. **1** Se dice del animal que caza perdices. **2** Relativo a la perdiz o a su caza. ◆ adj. y s. **3** Se dice del perro que es de tamaño mediano y tiene el cuello ancho y fuerte, la cabeza fina, el morro alargado, las orejas muy grandes y caídas, las patas altas y nervudas, la cola larga y el pelo corto y suave.

perdiz s.f. Ave gallinácea del tamaño de una paloma, con la cabeza pequeña y el cuerpo grueso, plumaje ceniciento y el pico y las patas rojas.

perdón s.m. Acción y efecto de perdonar. ◇ **con perdón** Expresión que se usa para disculparse una persona por algo.

perdonar v.tr. **1** Olvidar una persona la falta que ha cometido otra persona contra ella o contra otros y no guardarle rencor ni querer castigarle por ella. **2** Librar a una persona de una deuda, un castigo o una obligación. **3** Dejar pasar o escapar algo, especialmente un medio, una ocasión o un esfuerzo.

perdurar v.intr. **1** Existir todavía una cosa o mantenerse en el mismo estado o situación. **2** Durar o mantenerse de manera indefinida una cosa.

perecedero, a adj. Que dura poco tiempo o que es temporal.

perecer (30) v.intr. **1** Perder la vida una persona como consecuencia de un accidente, una catástrofe o una acción violenta. **2** Dejar de existir una cosa o llegar a su fin. ◆ **perecerse** v.prnl. **3** Desear mucho una cosa.

peregrinación s.f. Acción de peregrinar.

peregrinar v.intr. **1** Ir a visitar un lugar sagrado, generalmente andando, por motivos religiosos. **2** Andar o viajar una persona por tierras extrañas.

peregrino, a adj. y s. **1** Se dice de la persona que peregrina. ◆ adj. **2** Se dice del ave que emigra de un lugar a otro. **3** Extraño, raro o sorprendente por original o poco frecuente.

perejil s.m. Planta herbácea de color verde oscuro, que se usa como condimento.

perengano, a s. Fam. Se usa para designar a una persona cuyo nombre se desconoce o no se quiere expresar, especialmente después de haber nombrado a otras con palabras como **fulano**, **mengano** y **zutano**.

perenne adj. **1** Que dura indefinidamente o se mantiene completo o con vida durante un período muy largo. **2** Continuo, sin interrupción. **3** Se dice de la planta u órgano vegetal que vive más de dos años.

perennifolio, a adj. Se dice del árbol o arbusto que cambia sus hojas gradualmente.

perentorio, a adj. **1** Se dice del plazo que es el último o el único que se concede, y no se puede aumentar o prorrogar. **2** Que es determinante, decisivo o definitivo, y no se puede modificar. **3** Urgente o inaplazable.

perestroika s.f. Política reformista que se llevó a cabo en la Unión Soviética tras la llegada al poder de Mijail Gorbachov en 1985.

pereza s.f. **1** Falta de ánimo o de disposición para hacer cierta cosa, especialmente para moverse o trabajar. **2** Flojedad o tardanza en las acciones o movimientos.

perezoso, a adj. y s. **1** Que no tiene ganas de hacer lo que debe, especialmente de trabajar o levantarse de la cama. ◆ **adj. 2** Lento o torpe. ◆ s.m. **3** Mamífero desdentado, de cabeza pequeña, pelaje largo y espeso, que se desplaza con movimientos lentos y pesados.

perfección s.f. **1** Ausencia total de defectos o errores. **2** Cosa perfecta. **3** Perfeccionamiento. ◇ **a la perfección** De manera perfecta.

perfeccionamiento s.m. Mejora que se hace para que una cosa sea más perfecta.

perfeccionar v.tr. **1** Acabar una cosa enteramente, dándole el mayor grado de perfección. **2** Mejorar una cosa que está muy bien o hacerla más perfecta.

perfeccionismo s.m. Tendencia a mejorar continuamente un trabajo sin llegar a considerarlo nunca acabado.

perfeccionista adj. y s.m. y f. Se dice de la persona que tiende al perfeccionismo.

perfectamente adv. **1** De manera perfecta. **2** Totalmente o por completo. **3** Indica asentimiento o conformidad.

perfectivo, a adj. Se dice del aspecto del verbo que expresa la acción como acabada.

perfecto, a adj. **1** Que tiene todas las cualidades deseables o que no posee defectos. **2** Muy adecuado para hacer alguna cosa. **3** Antepuesto a un calificativo negativo, completo o total. **4** Que tiene plena eficacia jurídica. **5** Perfectivo.

pérfido, a adj. y s. Formal. Desleal o que no guarda fidelidad.

perfil s.m. **1** Línea que marca el límite de una cosa mirada desde un punto determinado. **2** Vista lateral de una persona o cosa. **3** Contorno de una figura representado en un plano por líneas que determinan su forma. **4** Aspecto particular con el que se presenta una cosa. **5** Conjunto de cualidades o rasgos propios de una persona o cosa. **6** Figura que representa un cuerpo cortado real o imaginariamente por un plano vertical.

perfilar v.tr. **1** Dibujar o marcar un perfil. **2** Completar algo para dejarlo perfecto. ◆ **perfilarse** v.prnl. **3** Empezar una cosa a tomar forma y adquirir un aspecto más claro y exacto.

perforación s.f. **1** Acción y efecto de perforar. **2** Rotura de las paredes de un órgano hueco del cuerpo humano.

perforar v.tr. Hacer un agujero en una superficie atravesándola en parte o en su totalidad.

performance s.f. Espectáculo representado en directo en el que se combinan diferentes formas de expresión, como la danza, el teatro, la música, el cine y las artes plásticas.
OBS Pronunc. aprox. 'perfórmans'.

perfumador s.m. Recipiente que sirve para pulverizar y esparcir el perfume que contiene.

perfumar v.tr. Dar un olor agradable a una persona o cosa mediante una sustancia olorosa.

perfume s.m. **1** Sustancia líquida o sólida que se usa para dar buen olor. **2** Olor muy agradable.

perfumería s.f. **1** Establecimiento en el que se venden perfumes y otros productos de tocador. **2** Industria que se dedica a la fabricación y comercialización de perfumes y otros productos de tocador. **3** Conjunto de productos y materias de esta industria.

pergamino s.m. **1** Piel de las reses limpia y seca, convenientemente preparada y estirada, que se utilizaba antiguamente para escribir. **2** Documento escrito en esta piel.

pérgola s.f. **1** Armazón que sostiene un enrejado adintelado, por donde trepan plantas ornamentales. **2** Jardín que algunas casas tienen sobre la techumbre.

periantio s.m. Conjunto de hojas que rodean los órganos reproductores de una planta.

pericardio s.m. Tejido membranoso que recubre el corazón.

pericarpio o **pericarpo** s.m. Parte exterior del fruto que envuelve la semilla.

pericia s.f. Habilidad para resolver con acierto, facilidad y rapidez una cosa de cierta dificultad.

pericial adj. Relativo al perito o al peritaje.

perico s.m. **1** Periquito. **2** Abanico antiguo de gran tamaño. **3** Fam. ESP Orinal. **4** Argot. ESP Cocaína.

peridoto s.m. Mineral que suele encontrarse en las rocas volcánicas y se utiliza como piedra preciosa.

periferia s.f. **1** Zona que rodea un espacio geográfico considerado como centro o núcleo. **2** Contorno de una figura curvilínea.

periférico, a adj. **1** Relativo a la zona de la periferia. ◆ s.m. **2** Dispositivo exterior conectado a un ordenador, que no forma parte de la unidad central de memoria.

perifollo s.m. **1** Planta herbácea de tallos finos y ramosos, con las hojas muy recortadas y olorosas, flores blancas y semilla pequeña y negra. ◆ **perifollos** s.m.pl. **2** Fam. Adornos excesivos y de mal gusto en un traje o peinado.

perífrasis s.f. **1** Figura retórica que consiste en expresar mediante un rodeo un concepto único, generalmente con fines eufemísticos o como alarde de ingenio. **2** Construcción constituida por un verbo en forma personal seguido de un infinitivo, un gerundio o un participio.

perifrástico, a adj. Relativo a la perífrasis.

perihelio s.m. Punto más próximo al Sol en la órbita elíptica de un planeta del sistema solar.

perilla s.f. **1** Barba recortada formada con los pelos que crecen en la barbilla de los hombres. **2** Adorno en forma de pera. ◇ **de perilla** o **de perillas** Fam. Muy bien.

perimetral adj. Relativo al perímetro.

perímetro s.m. **1** Segmento o conjunto de segmentos que forman el contorno de una superficie o una figura. **2** Suma de todas las longitudes de este conjunto de segmentos.

periné o **perineo** s.m. Parte del cuerpo que está situada entre el ano y los órganos genitales.

periodicidad s.f. Repetición regular de una cosa cada cierto tiempo.

periódico, a adj. **1** Que ocurre o se hace con intervalos regulares de tiempo o con frecuencia. **2** Se dice de la fracción decimal en la que se repite una cifra o conjunto de ellas de forma indefinida. ◆ s.m. **3** Publicación de información general de aparición regular, en especial la que sale a la venta todos los días.

periodificar v.tr. Dividir en varios períodos.

periodismo s.m. **1** Profesión que comprende el conjunto de actividades relacionadas con la recogida, elaboración y difusión de la información que se transmite al público a través de la prensa, la radio o la televisión. **2** Conjunto de estudios necesarios para conseguir el título de periodista.

periodista s.m. y f. Persona que se dedica al periodismo.

periodístico, a adj. Relativo a los periódicos o a los periodistas.

periodo o **período** s.m. **1** Espacio de tiempo durante el cual se realiza una acción o se desarrolla algo. **2** Espacio de tiempo que tarda una cosa en volver al estado o posición que tenía al principio. **3** Menstruación. **4** Espacio de tiempo que tarda en producirse cada fase del curso de una enfermedad. **5** Cifra o conjunto de cifras decimales que se repiten indefinidamente en el cociente de una división no exacta. **6** Valor T de una función f dada, para el cual se verifica que $f(x) = f(x + T)$. **7** Conjunto formado por una serie de oraciones simples, relacionadas entre sí, que tienen un sentido completo. **8** Espacio de tiempo en que se dividen las eras geológicas. **9** Cada una de las filas de elementos de la tabla periódica. **10** Tiempo transcurrido durante una vibración completa en un movimiento ondulatorio.

periostio s.m. Membrana conjuntiva que rodea los huesos.

peripecia s.f. Suceso imprevisto y repentino que altera el transcurso de una acción.

periplo s.m. **1** Viaje largo por numerosos países. **2** Navegación alrededor de un lugar o dando la vuelta al mundo.

peripuesto, a adj. Fam. Se dice de la persona que se viste y se arregla con demasiado esmero y cuidado.

periquete s.m. ◇ **en un periquete** Fam. En un momento, en un tiempo muy breve.

periquito s.m. Ave prensora más pequeña que el loro, con el plumaje de colores vistosos y el pico fuerte, grueso y curvo.

periscopio s.m. Instrumento óptico, formado por un sistema de espejos montados en un tubo colocado en vertical, que permite observar un objeto situado por encima del alcance de la visión directa.

perisodáctilo, a adj. y s. **1** Se dice del animal mamífero que tiene un número impar de dedos y con el dedo central más desarrollado. ◆ **perisodáctilos** s.m.pl. **2** Grupo taxonómico, con categoría de orden, constituido por estos animales.

perista s.m. y f. Persona que se dedica a la compra y venta de objetos robados.

peristáltico, a adj. Se dice del movimiento ondulatorio de contracción y dilatación que producen los músculos de ciertos órganos tubulares.

peristilo s.m. **1** Patio rodeado de columnas, típico de la casa griega. **2** Galería de columnas que rodea un edificio o patio interior.

peritaje s.m. **1** Estudio o trabajo realizado por un perito. **2** Carrera de perito.

perito, a adj. y s. **1** Que tiene experiencia, práctica o habilidad en determinada ciencia o arte. ◆ s. **2** Persona que tiene el título de técnico de grado medio en ingeniería. **3** Persona que por su profesión tiene conocimientos sobre ciertos puntos e informa al juez bajo juramento. **OBS** Doble femenino: **perito** o **perita**.

peritoneo s.m. Membrana que cubre el interior del abdomen.

peritonitis s.f. Inflamación del peritoneo.

perjudicar v.tr. Causar un daño material o moral.

perjudicial adj. Que causa o puede causar un daño moral o material.

perjuicio s.m. Daño moral o material.

perjurar v.intr. **1** Jurar con falsedad. ◆ v.tr. **2** Jurar con mucha frecuencia por costumbre o para añadir intensidad al juramento. ◆ v.intr. **3** Incumplir un juramento.

perjurio s.m. **1** Juramento en falso. **2** Incumplimiento de un juramento.

perjuro, a adj. y s. Se dice de la persona que jura en falso o que incumple un juramento.

perla s.f. **1** Bola pequeña de nácar, de color blanco o gris con reflejos brillantes, que suele formarse en el interior de la concha de algunos moluscos, en especial de la madreperla y la ostra. **2** Gota de un líquido muy claro. **3** Persona o cosa muy apreciada por su gran valor o sus buenas cualidades. ◇ **de perlas** Muy bien o de manera oportuna.

perlé s.m. Hilo de algodón que se utiliza para bordar o para hacer punto o ganchillo.

permanecer (30) v.intr. **1** Estar en un lugar durante un tiempo. **2** Mantenerse sin cambios en un determinado estado, condición o cualidad.

permanencia s.f. **1** Estancia en un lugar durante un tiempo. **2** Mantenimiento o duración de un estado, condición o situación.

permanente adj. **1** Que se mantiene en un mismo lugar, estado o situación sin experimentar cambio alguno. ◆ s.f. **2** Fam. Rizado artificial del pelo que se mantiene durante largo tiempo.

permeabilidad s.f. Cualidad de permeable.

permeable adj. **1** Que puede ser atravesado por un líquido, especialmente por el agua, o por una radiación o campo magnético. **2** Se dice de la persona que se deja influir por los sentimientos o las ideas de los demás.

pérmico, a adj. y s.m. **1** Se dice del período geológico que es el sexto y último de la era paleozoica y se extiende desde hace unos 280 millones de años hasta hace unos 245 millones de años. ◆ adj. **2** Relativo a este período geológico.

permisible adj. Que puede ser permitido.

permisivo, a adj. Que permite o consiente hacer cierta cosa.

permiso s.m. **1** Consentimiento dado por una persona que tiene autoridad para hacerlo. **2** Autorización para abandonar por un tiempo el trabajo, el servicio militar u otras obligaciones. **3** Tiempo que dura esta autorización.

permitir v.tr. **1** Autorizar o aprobar quien tiene autoridad para ello que se haga una cosa determinada. **2** No impedir una cosa que se debe o se debería evitar. **3** Hacer posible que una cosa se realice. ◆ **permitirse** v.prnl. **4** Tener los medios o tomarse la libertad de decir o hacer una cosa.

permuta s.f. Permutación.

permutación s.f. Acción y efecto de permutar.

permutar v.tr. **1** Cambiar una cosa por otra, de la misma o distinta clase, sin que en el cambio entre el dinero a no ser que sea para igualar el valor de las cosas cambiadas. **2** Cambiar entre sí el empleo dos personas que ocupan puestos públicos. **3** Variar el orden o la colocación en que estaban dos o más cosas.

pernera s.f. **1** Parte del pantalón que cubre la pierna. **2** Parte de una prenda por donde se mete la pierna.

pernicioso, a adj. Que es muy perjudicial.

pernil s.m. Pata posterior de un animal, en especial la del cerdo.

perno s.m. Pieza metálica cilíndrica que se asegura por el extremo opuesto con una tuerca, una chaveta o un remache y que sirve para afirmar piezas de gran volumen.

pernoctar v.intr. Pasar la noche en algún lugar fuera de la vivienda habitual.

pero conj. **1** Indica que el significado del enunciado al que precede es opuesto o contrario al significado de otro anterior. **2** Indica que el significado del enunciado al que precede restringe, matiza o atenúa el significado de otro anterior. **3** Se utiliza siempre al inicio de la frase para expresar con más fuerza e intensidad lo que se dice. ◆ s.m. **4** Fam. Inconveniente o dificultad.

perogrullada s.f. Verdad tan clara o tan conocida que resulta tonto decirla.

perol s.m. Recipiente de metal en forma de media esfera que se usa para cocinar.

peroné s.m. Hueso largo y delgado, situado en la parte externa de la pierna junto a la tibia.

perorata s.f. Discurso o conversación larga e inoportuna que resulta molesta o aburrida para el que la oye.

peróxido s.m. **1** Ion O_2^{-2}. **2** Conjunto de compuestos que contienen este anión.

perpendicular adj. y s.f. Se dice de la recta o plano que forma un ángulo recto con otra recta o plano.

perpendicularidad s.f. Cualidad de perpendicular.

perpetrar v.tr. Cometer un delito o falta grave.

perpetuar (1b) v.tr. Hacer que una cosa dure mucho tiempo o para siempre.

perpetuidad s.f. Duración de una cosa para siempre o para mucho tiempo.

perpetuo, a adj. **1** Que dura mucho tiempo o para siempre. **2** Se dice del cargo o empleo que dura toda la vida, hasta la jubilación de la persona que lo desempeña.

perplejidad s.f. Asombro o confusión que se siente cuando no se sabe cómo reaccionar en una situación determinada.

perplejo, a adj. Confuso, asombrado.

perra s.f. **1** Fam. ESP Rabieta o berrinche, especialmente el de un niño. **2** Fam. ESP Deseo exagerado o idea fija. **3** Fam. ESP Dinero o moneda.

perrera s.f. Lugar donde se guardan o encierran perros que no tienen dueño.

perrería s.f. Fam. Obra o dicho que causa un daño o está hecho con mala intención.

perrito s.m. Panecillo blando y alargado con una salchicha alemana dentro que suele untarse con ketchup o mostaza. □ También perrito caliente.

perro, a s. **1** Mamífero carnívoro de la familia de los cánidos, doméstico, con cuatro patas, un olfato muy fino y de gran diversidad de tamaños, formas y pelajes, que sirve al ser humano como animal de compañía o para cazar. **2** Persona despreciable y malvada por cualquier causa. ◇ **de perros** Fam. Muy malo, molesto o desagradable. ◇ **perro viejo** Persona astuta y hábil a la que su larga experiencia ha hecho muy difícil de engañar.

persa adj. y s.m. y f. **1** De Persia. ◆ **s.m. y adj. 2** Antigua lengua indoeuropea hablada en Persia y lengua moderna derivada de esta, hablada en Irán y Afganistán.

persecución s.f. Acción de perseguir.

persecutorio, a adj. Que implica persecución o acoso.

perseguir (31) v.tr. **1** Seguir a una persona o animal que huye con intención de alcanzarlo. **2** Seguir a una persona o buscarla por todas partes, molestándola e importunándola. **3** Tratar de conseguir o alcanzar una cosa poniendo todos los medios para ello. **4** Acompañar una cosa, que produce malestar o angustia, a una persona sin abandonarla nunca. **5** Proceder la justicia contra una persona o un delito.

perseverancia s.f. **1** Dedicación y firmeza en la manera de pensar o actuar. **2** Duración permanente o muy larga de una cosa.

perseverante adj. Que persevera.

perseverar v.intr. **1** Mantenerse firme y constante en una manera de ser o de obrar. **2** Durar por mucho tiempo.

persiana s.f. Cierre que se coloca en las ventanas, balcones o puertas exteriores, formado por varias láminas finas y estrechas engarzadas unas con otras.

persignar v.tr. **1** Hacer la señal de la cruz con los dedos tres veces, una en la frente, otra en la boca y otra en el pecho. **2** Hacer estas tres cruces y después santiguar. ◆ **persignarse** v.prnl. **3** Fam. Manifestar una persona un gran asombro haciéndose la señal de la cruz.

persistencia s.f. **1** Existencia o duración de una cosa durante mucho tiempo. **2** Insistencia o firmeza en las acciones, ideas o intenciones.

persistente adj. Que persiste.

persistir v.intr. Perseverar.

persona s.f. **1** Individuo de la especie humana. **2** Hombre o mujer cuyo nombre se ignora o se omite. **3** Individuo o entidad capaz de tener derechos y deberes. **4** Categoría que comparten el verbo y el pronombre mediante la cual se señala el ejecutor de la acción verbal o el objeto de la conversación. **5** En teología, cada uno de los tres seres, Padre, Hijo y Espíritu Santo, que constituyen la Santísima Trinidad. ◇ **en persona** Uno mismo; estando presente.

personaje s.m. **1** Persona que destaca o sobresale en una determinada actividad o ambiente social. **2** Ser ficticio, inventado por un autor de una obra literaria o de una película.

personal adj. **1** Relativo a la persona. **2** De una sola persona o para una sola persona. **3** Que pertenece a la vida privada. **4** Característico de la personalidad de un individuo. **5** En gramática, se dice del elemento lingüístico que comporta la noción de persona. **6** Se dice del pronombre que tiene la misión especial de representar a las tres personas que intervienen en la comunicación y de sustituir palabras e incluso oraciones o proposiciones enteras. ◆ **s.m. 7** Conjunto de las personas que trabajan en el mismo lugar o en el mismo organismo o empresa. **8** Fam. ESP Grupo indeterminado de personas. ◆ **adj. y s.f. 9** Se dice de la falta que comete un jugador de baloncesto.

personalidad s.f. **1** Conjunto de rasgos y cualidades que configuran la manera de ser de una persona. **2** Circunstancia de ser una determinada persona. **3** Persona que destaca en una determinada actividad o ambiente social.

personalizar v.tr. **1** Referirse a una persona en particular al decir o relatar algo. **2** Adaptar algo a las características, al gusto o a las necesidades de una persona.

personarse v.prnl. **1** Presentarse una persona en un lugar. **2** Presentarse ante el juez para llevar a cabo un trámite legal.

personificación s.f. **1** Persona o cosa que representa una cualidad o una característica. **2** Representación de una cosa, generalmente de un sentimiento o de otra cosa abstracta, en forma de persona. **3** Prosopopeya, figura retórica.

personificar v.tr. **1** Atribuir vida, acciones o cualidades propias de las personas a los animales o a las cosas. **2** Representar o servir de ejemplo de algo una persona, por tener una determinada cualidad muy marcada o desempeñar un papel muy destacado.

perspectiva s.f. **1** Sistema de representación espacial sobre una superficie plana. **2** Obra o representación ejecutada con esta técnica. **3** Paisaje o conjunto de cosas vistas desde un punto determinado, especialmente desde lejos. **4** Punto de vista o modo de ver y considerar las cosas. **5** Circunstancia que puede preverse en un asunto o un negocio, en especial si es beneficiosa. **6** Distancia o alejamiento desde los que se observa y considera un hecho o una situación con la intención de ganar objetividad.

perspicacia s.f. Cualidad de perspicaz.

perspicaz adj. **1** Se dice de la persona que tiene perspicacia. **2** Se dice de la inteligencia o ingenio que es agudo y rápido. **3** Se dice de la vista que percibe las cosas con gran detalle.

persuadir v.tr. Conseguir mediante razones que una persona piense de una manera determinada o que haga cierta cosa.

persuasión s.f. Capacidad o habilidad para persuadir a alguien.

persuasivo, a adj. Hábil y eficaz para persuadir.

pertenecer (30) v.intr. **1** Ser algo propiedad de una persona. **2** Ser una cosa obligación de una persona o de un cargo determinado. **3** Formar parte de un conjunto o grupo.

perteneciente adj. Que pertenece a algo o a alguien.

pertenencia s.f. **1** Propiedad o cosa que pertenece a una persona o a una entidad. □ Suele usarse en plural. **2** Cosa que pertenece a otra como parte o accesorio. □ Suele usarse en plural. **3** Integración en un conjunto o grupo.

pértiga s.f. **1** Vara larga y flexible que utilizan los atletas en las pruebas de salto de altura. **2** Vara larga y fuerte.

pertinaz adj. **1** Obstinado, terco. **2** Que dura mucho tiempo o que se mantiene sin cambios.

pertinente adj. **1** Que está relacionado con lo que se discute o habla. **2** Que se refiere o atañe a lo que se expresa a continuación. **3** Se dice de cada uno de los rasgos fonológicos distintivos que caracterizan a un elemento.

pertrechar v.tr. Suministrar lo necesario o prepararlo para el desarrollo de una actividad.

perturbación s.f. Acción y efecto de perturbar.

perturbado, a adj. y s. Se dice de la persona que tiene trastornadas sus facultades mentales.

perturbar v.tr. **1** Alterar el orden, la tranquilidad o el desarrollo normal de algo. **2** Hacer que una persona pierda la calma o se altere. **3** Hacer perder el juicio o volver loco.

Perú n.pr. ◇ **costar un Perú** Fam. ARG, MÉX Ser muy cara una cosa.

peruano, a adj. y s. De Perú.

perversidad s.f. Maldad muy grande que lleva a hacer daño intencionadamente.

perversión s.f. Acción y efecto de pervertir.

perverso, a adj. y s. Que obra con mucha maldad y que disfruta con ello.

pervertido, a adj. y s. **1** Se dice de la persona que tiene un comportamiento o gusto sexual anormal y extraño. ◆ adj. **2** Que sexualmente es anormal y extraño.

pervertir (45) v.tr. Corromper o dañar las costumbres, el gusto o las ideas de una persona.

pervivencia s.f. Acción de pervivir.

pervivir v.intr. Durar, permanecer o seguir viviendo algo.

pesa s.f. **1** Pieza de metal de peso conocido que se usa en una balanza para determinar lo que pesa una cosa. **2** Pieza de mucho peso que se cuelga en el extremo de una cuerda o cadena y que se usa como contrapeso. **3** Aparato gimnástico formado por una barra de metal con una o más piezas pesadas en cada extremo, que se usa en halterofilia y para hacer ejercicios musculares.

pesadez s.f. **1** Lentitud o torpeza de movimiento por estar excesivamente grueso, cansado o por vejez. **2** Cosa aburrida. **3** Cosa que resulta trabajosa o exige mucha atención. **4** Sensación de molestia, fatiga o cansancio que se experimenta en la cabeza, en los ojos, en el estómago o en otra parte del cuerpo.

pesadilla s.f. **1** Sueño desagradable que produce miedo o angustia. **2** Preocupación grave y continua.

pesado, a adj. **1** Que pesa mucho. **2** Que cuesta mucho esfuerzo o que requiere mucha atención. **3** Se dice del sueño que es profundo y del que cuesta mucho despertarse. **4** Muy lento o tranquilo en sus movimientos. **5** Se dice de la cosa que es molesta, aburrida o que no despierta interés. **6** Se dice de la cosa que ofende o enfada. **7** Se dice del órgano que produce una sensación de molestia, fatiga o cansancio. **8** Se dice de la comida que puede sentar mal. ◆ adj. y s. **9** Se dice de la persona que es latosa, molesta o difícil de soportar.

pesadumbre s.f. Sentimiento de pena o disgusto.

pésame s.m. Expresión con la que se muestra a una persona allegada a un difunto que se participa de su dolor y de su pena.

1. **pesar** v.tr. **1** Tener un peso determinado. ◆ v.intr. **2** Tener peso, especialmente tener mucho peso. **3** Tener una persona o cosa la suficiente importancia para influir considerablemente en algo. **4** Constituir una cosa una carga moral o física para una persona. **5** Producir a una persona arrepentimiento, pena o dolor un dicho o hecho. ◆ v.tr. **6** Determinar el peso o la masa de una persona o cosa por medio de ciertos aparatos. **7** Examinar con detalle la importancia o trascendencia de una cosa. ◇ **a pesar de** Contra la voluntad o el gusto de una persona, o contra la fuerza o la resistencia de una cosa.

2. **pesar** s.m. **1** Sentimiento de pena o dolor por una desgracia. **2** Arrepentimiento por haber hecho o haber dejado de hacer algo.

pesca s.f. **1** Conjunto de técnicas y actividades para pescar peces, moluscos, crustáceos y otros animales. **2** Conjunto de peces y animales que viven en el agua y que se pescan o se pueden pescar.

pescadería s.f. Establecimiento o puesto en el que se vende pescado.

pescadero, a s. Persona que se dedica a vender pescado y otros alimentos del mar.

pescadilla s.f. ESP Cría de la merluza.

pescado s.m. **1** Pez comestible una vez sacado del agua donde vive. **2** Carne de pescado como alimento.

pescador, ra s. Persona que pesca o se dedica a pescar.

pescar v.tr. **1** Coger peces y otros animales que viven en el mar o en aguas dulces con redes, cañas u otros instrumentos. **2** Fam. Sacar cualquier cosa del fondo del mar, de un río o de otro líquido. **3** Fam. Coger o agarrar alguna cosa, especialmente una enfermedad o una borrachera. **4** Fam. Conseguir una cosa que se desea. **5** Fam. Entender o captar con rapidez y perspicacia el significado de una cosa. **6** Fam. Sorprender o descubrir a una persona haciendo una cosa a escondidas.

pescuezo s.m. **1** Parte del cuerpo de un animal entre la cabeza y el tronco. **2** Fam. Cuello de las personas.

pesebre s.m. **1** Especie de cajón, hecho de obra de albañilería, donde se pone de comer al ganado vacuno y a las caballerías. **2** Lugar donde se coloca este cajón. **3** Conjunto de figuras y objetos que representan escenas o lugares relacionados con el nacimiento de Jesucristo.

peseta s.f. **1** Unidad monetaria de España desde 1868 hasta su sustitución por el euro en el año 2002. ◆ **pesetas** s.f.pl. **2** Fam. ESP Dinero o riqueza.

pesetero, a adj. y s. Fam. y desp. ESP Se dice de la persona que da mucha importancia al dinero o que intenta ganar lo máximo.

pesificación s.f. Medida económica, aplicada en Argentina en el año 2001, que consiste en transformar a pesos una deuda o un crédito adquiridos en otra moneda.

pesimismo s.m. Tendencia a ver y a juzgar las cosas en su aspecto más negativo.

pesimista adj. y s.m. y f. Se dice de la persona que tiende a ver y a juzgar las cosas en su aspecto más negativo o desfavorable.

pésimo, a adj. Extraordinariamente malo.

peso s.m. **1** Fuerza con la que los cuerpos son atraídos hacia el centro de la Tierra por acción de la gravedad. **2** Valor que tiene esta fuerza. **3** Instrumento que sirve para conocer lo que pesa algo. **4** Cantidad que debe pesar una cosa por ley o convenio. **5** Cosa pesada. **6** Unidad monetaria de distintos países americanos, de Filipinas y de Guinea-Bissau. **7** Carga, preocupación u obligación que sufre una persona. **8** Influencia o valor. **9** Categoría deportiva del boxeo en la que se encuadran los boxeadores atendiendo a su peso. **10** Bola o esfera metálica utilizada por los atletas en determinadas pruebas de lanzamiento. ◇ **caer por su peso,** o **por su propio peso** Fam. Ser una cosa lógica y razonable. ◇ **de peso** Importante o influyente. ◇ **valer su peso en oro** Valer mucho, tener muy buenas cualidades.

pespunte s.m. Labor de costura que consiste en dar una serie de puntadas seguidas e iguales.

pesquero, a adj. **1** Relativo a la actividad de la pesca. **2** Se dice del pantalón largo que no cubre el tobillo. ◆ s.m. **3** Embarcación que se dedica a la pesca.

pesquisa s.f. Indagación o investigación hecha para descubrir o averiguar una cosa.
OBS Suele usarse en plural.

pestaña s.f. **1** Pelo que crece en el borde de los párpados que sirve para protección de los ojos. **2** Pieza estrecha y saliente en el borde de cualquier cosa. ◇ **quemarse las pestañas** Fam. Esforzar mucho la vista estudiando, leyendo o trabajando.

pestañear v.intr. Abrir y cerrar los párpados rápida y repetidamente. ◇ **sin pestañear** Con mucha atención. □ Con sumisión y sin titubear.

peste s.f. **1** Enfermedad infecciosa y contagiosa que se propaga por seres humanos o animales y causa muchas muertes. **2** Pestilencia. **3** Desgracia o cosa mala que causa un grave daño entre la población. **4** Fam. Gran cantidad o abundancia de una cosa que molesta o es perjudicial. ◆ **pestes** s.f.pl. **5** Palabras de enfado, de amenaza o de insulto.

pesticida s.m. Sustancia o compuesto natural o químico que evita la acción perjudicial de insectos, hierbas u hongos en los cultivos.

pestilencia s.f. Mal olor.

pestilente adj. Que despide mal olor.

pestillo s.m. **1** Barra de hierro que pasa a través de unas anillas y con la que se cierran puertas y ventanas. **2** Pieza prismática que sale de la cerradura, al girar la llave.

pestiño s.m. **1** ESP Dulce que se fríe en aceite y luego se baña en miel o azúcar. **2** Fam. ESP Persona o cosa que aburre o molesta.

petaca s.f. **1** Estuche de cuero, metal u otro material, que sirve para llevar cigarros o tabaco picado. **2** Botella plana y de pequeño tamaño que sirve para llevar licor. **3** AMÉR Baúl hecho de cuero, que se utilizaba para trasladar ropa y otras cosas en animales de carga.

pétalo s.m. Cada una de las hojas modificadas de color que constituyen la corola de una flor.

petanca s.f. ESP Juego en el que cada jugador tira por turno unas bolas procurando acercarse todo lo posible a una bolita.

petardo s.m. **1** Tubo de papel o cartón, lleno de pólvora o explosivos, que explota produciendo un ruido muy fuerte. **2** Fam. ESP Persona o cosa muy aburrida, pesada o de escasas cualidades. **3** ESP Persona o cosa fea o poco atractiva. **4** Argot. ESP Porro.

petate s.m. **1** Lío o paquete grande de ropa que llevan los marineros, los soldados o los presos. **2** Estera de hojas de palmera, usada como colchón en lugares tropicales. ◇ **liar el petate** Fam. ESP Marcharse de un lugar.

petenera s.f. Cante flamenco de gran intensidad dramática. ◇ **salir por peteneras**

Fam. ESP Decir o hacer algo que no tiene nada que ver con lo que se está hablando o haciendo.

petición s.f. **1** Acción de pedir. **2** Palabras o escrito en que se pide una o varias cosas.

petimetre, a s. Persona que se preocupa en exceso de su aspecto y de vestir según la moda.

petirrojo s.m. Pájaro que tiene el cuello, la garganta y el pecho de color rojo.

petiso, a adj. **1** ARG, BOL, CH, PERÚ, URUG Se dice de la persona de poca estatura. **2** ARG, BOL, CH, PERÚ, URUG Se dice del animal de tamaño menor al común de su especie.

peto s.m. **1** Prenda de ropa o parte de ella que cubre el pecho. **2** Pantalones con una pieza de tela que cubre el pecho. **3** Armadura defensiva que servía para proteger el pecho.

petrarquismo s.m. Estilo poético propio de Petrarca o de sus seguidores.

pétreo, a adj. **1** De piedra. **2** Parecido a la piedra o con algunas de sus características. **3** Cubierto de piedras.

petrificar v.tr. **1** Convertir en piedra, o endurecer una cosa de manera que lo parezca. **2** Dejar a una persona inmóvil por el asombro.

petroglifo s.m. Dibujo grabado sobre piedra o roca, propio de la época prehistórica.

petróleo s.m. Líquido natural de color oscuro, formado principalmente por una mezcla de hidrocarburos, que se encuentra en estado natural en yacimientos subterráneos.

petrolero, a adj. **1** Relativo al petróleo. ◆ s.m. **2** Buque destinado al transporte de petróleo.

petrolífero, a adj. Que produce o contiene petróleo.

petroquímica s.f. **1** Ciencia y técnica que estudia los productos químicos derivados del petróleo y del gas natural. **2** Industria que usa el petróleo o el gas natural como materias primas para la obtención de productos químicos.

petroquímico, a adj. Relativo a la petroquímica.

petulancia s.f. Cualidad de petulante.

petulante adj. y s.m. y f. Que presume en exceso y de modo ridículo de sus cualidades o sus actos y se cree superior a los demás.

petunia s.f. **1** Planta herbácea muy ramosa y de hojas ovaladas. **2** Flor de esta planta, en forma de campanilla, muy olorosa, grande y de diversos colores.

peúco s.m. Calzado hecho de punto o de tela y normalmente en forma de bota, en especial el que se pone a los bebés que no andan.

peyorativo, a adj. Se dice de la palabra o expresión que se usa o se entiende en el valor más negativo, o desfavorable de los que tiene.

1. **pez** s.m. **1** Animal vertebrado acuático de cuerpo alargado y generalmente protegido por escamas, con las extremidades en forma de aletas, que respira por branquias y se reproduce por huevos. ◆ **peces** s.m.pl. **2** Grupo taxonómico, con categoría de superclase, constituido por estos vertebrados acuáticos. ◇ **como pez en el agua** Fam. Estar cómodo o sentirse bien en un lugar o en un ambiente determinado. ◇ **estar pez** Fam. ESP No saber nada sobre un asunto. ◇ **pez gordo** Fam. Persona con mucho poder e influencia y mucho dinero.

2. **pez** s.f. Sustancia negra o de color oscuro, muy espesa y pegajosa, que se saca del alquitrán y se utiliza para impermeabilizar superficies.

pezón s.m. **1** Parte que sobresale más en los pechos de las hembras de los mamíferos, de donde maman las crías. **2** Extremo o parte saliente de donde se agarran ciertas cosas. **3** Tallo muy fino que sostiene la hoja, la flor o el fruto de las plantas.

pezuña s.f. **1** Conjunto de dedos de una misma pata de algunos animales, como el cerdo, la vaca o el caballo, cubiertos con uñas o cascos. **2** Fam. y desp. Mano o pie de las personas.

pH s.m. Índice del grado de acidez o basicidad de una disolución acuosa; generalmente se mide en una escala numérica de 0 a 14.

phi s.f. Nombre de la vigésima primera letra del alfabeto griego; se escribe Φ/φ y se transcribe como f o ph.
OBS Pronunc. 'fi'.

pi s.f. Nombre de la decimosexta letra del alfabeto griego; se escribe Π/π y se transcribe como p.

piadoso, a adj. **1** Que siente pena o dolor hacia quienes sufren. **2** Que es muy religioso y lo demuestra con sus actos.

piafar v.intr. Alzar el caballo, estando parado, las patas delanteras alternativamente dejándolas caer con fuerza.

pianissimo adv. En música, se emplea como acotación interpretativa para indicar que un fragmento o una pieza deben ejecutarse muy suavemente, con muy poca intensidad.
OBS Pronunc. 'pianísimo'.

pianista s.m. y f. Persona que toca el piano.

1. **piano** s.m. Instrumento musical de cuerda percutida formado por un conjunto de cuerdas metálicas de diferente longitud y grosor, ordenadas de mayor a menor en una caja de resonancia, y unos martillos que las golpean al ser accionados por las teclas.

2. **piano** adv. **1** En música, se emplea como acotación interpretativa para indicar que un fragmento o una pieza deben ejecutarse suavemente, con poca intensidad. **2** Fam. Poco a poco, sin precipitación.

pianola s.f. Instrumento musical parecido a un piano pequeño que se acciona mediante pedales o mediante la corriente eléctrica.

piar (1e) v.intr. **1** Emitir los pollos y otras aves su voz característica. **2** Fam. Pedir una cosa con insistencia.

piara s.f. Manada de cerdos.

piastra s.f. Moneda fraccionaria usada en varios países, como Turquía, Egipto, Siria o Líbano.

PIB s.m. Sigla de **producto interior bruto.** **OBS** Pronunc. 'pe-i-be'.

pibe, a s. ARG Fam. Chaval, chico o muchacho.

pica s.f. **1** Lanza larga con una punta de hierro cortante en su extremo, usada antiguamente por los soldados de infantería. **2** Vara usada por los picadores en las corridas de toros. **3** Carta de la baraja francesa en la que aparecen uno o varios dibujos de color negro con forma de corazón invertido y sostenido por una base. ◆ **picas** s.f.pl. **4** Palo de la baraja francesa con uno o varios dibujos de color negro con forma de corazón invertido y sostenido por una base. ◇ **poner una pica en Flandes** Fam. ESP Realizar con éxito una acción difícil.

picada s.f. **1** Mordedura de un reptil o picotazo que da un ave o un insecto. **2** Marca o señal que deja en la piel la mordedura de un reptil o el picotazo de un ave o un insecto. **3** Acción de picar el pez el anzuelo. **4** AMÉR Senda o vereda estrecha que se abre en un bosque o en un monte espeso. **5** AMÉR CENTRAL, ARG, BOL, PAR, URUG Carrera ilegal de automotores. **6** ARG, URUG Conjunto de porciones de alimentos que se sirven como acompañamiento de una bebida, en general alcohólica. **7** Fam. COL Punzada o dolor agudo que siente una persona.

picadero s.m. **1** Lugar donde se doman los caballos. **2** Fam. ESP Casa o piso que se utiliza solamente para tener relaciones sexuales.

picadillo s.m. **1** Comida hecha con carne, tocino, verduras y ajos picados, que se prepara cociendo y sazonando todo con especias y huevos revueltos. **2** Carne de cerdo que se pica y se adoba. ◇ **hacer picadillo** Fam. Dejar o quedar algo en malas condiciones físicas o anímicas.

picado, a adj. **1** Que tiene agujeros, señales o marcas. **2** Que está cortado a trozos pequeños. **3** Fam. Que está enfadado o disgustado por alguna razón. ◆ **s.m. 4** Golpe fuerte y seco que se da en la parte baja de la bola de billar. **5** Toma que la cámara realiza desde arriba hacia abajo en cinematografía. ◆ **adj. 6** AMÉR Que está ligeramente ebrio. ◇ **en picado** Con mucha rapidez. □ Descenso muy rápido y casi vertical.

picador, ra s. **1** Persona montada a caballo que se dedica a picar a los toros. **2** Persona que se dedica a la doma de caballos. **3** Persona que se dedica a sacar minerales picando en la pared de una mina.

picadora s.f. Máquina que sirve para picar.

picadura s.f. **1** Mordedura de un ave o reptil o punzada que da un insecto con la trompa o aguijón. **2** Señal que deja esta morderdura o punzada. **3** Señales o marcas oscuras que se forman en los dientes por acción de la caries. **4** Tabaco desmenuzado en hebras o en partículas pequeñas. **5** Agujero o grieta que se produce en una superficie metálica a causa de la herrumbre.

picaflor s.m. **1** AMÉR SUR Colibrí. **2** Fam. AMÉR SUR Hombre enamoradizo.

picante adj. y s.m. **1** Se dice del alimento que produce una sensación de picor en el paladar. ◆ **adj. 2** Se dice del chiste o historia que tiene intención o gracia llena de malicia, normalmente relacionado con el sexo.

picapica s.m. o f. Fam. Sustancia vegetal o mineral en forma de polvos o de pelusilla que produce picor o que hace estornudar.

picapleitos s.m. y f. Fam. y desp. Abogado.

picaporte s.m. **1** Dispositivo sujeto a una puerta o una ventana que sirve para abrirla o cerrarla. **2** Aldaba.

picar v.tr. **1** Cortar un alimento en trozos muy pequeños. **2** Tomar las aves su comida con el pico. **3** Morder un pez el cebo puesto en el anzuelo. **4** Morder las aves y los reptiles o pinchar un insecto. **5** Hacer agujeros en algún material. **6** Marcar el billete de un medio de transporte o servicio. **7** Golpear una superficie con un pico o herramienta con punta. **8** Comer trozos pequeños de alimento o cogerlos de uno en uno. **9** Escribir un texto en un ordenador. **10** Golpear con las espuelas en los cuartos traseros del caballo. **11** Herir al toro con la pica. **12** Fam. Excitar o provocar a una persona. **13** Fam. Causar disgusto o enfado a una persona. **14** Producir caries. **15** Corroer o desgastar. **16** Golpear suavemente la bola de billar con el taco. ◆ **v.intr. 17** Causar picor o escozor en una parte del cuerpo. **18** Producir un alimento una sensación de picor en el paladar. **19** Caer en un engaño o trampa o dejarse convencer por una cosa. **20** Descender un pájaro o un avión en línea casi perpendicular al suelo. **21** Calentar el sol con intensidad. ◆ **picarse** v.prnl. **22** Tener o empezar a tener agujeros. **23** Empezar a estropearse un alimento o bebida. **24** Agitarse la superficie del mar formando olas pequeñas a impulso del viento. **25** Argot. Inyectarse droga.

picardía s.f. **1** Cualidad de pícaro. **2** Acción o dicho pícaros.

picaresca s.f. **1** Subgénero literario al que pertenecen las novelas cuyo protagonista es un pícaro. **2** Conjunto de costumbres que se consideran propias de los pícaros.

picaresco, a adj. **1** Relativo al pícaro. **2** Se dice de la obra literaria que tiene como tema la vida y las aventuras de un pícaro.

pícaro, a adj. y s. **1** Que tiene picardía o que se comporta con astucia. **2** Se dice del niño que hace travesuras de poca importancia. ◆ **adj. 3** Ligeramente erótico u obsceno. ◆ **s. 4** Personaje central del subgénero literario de la picaresca, que representa al antihéroe desgraciado y de mal vivir.

picatoste s.m. ESP Rebanada pequeña de pan tostada o frita en aceite.

picazón s.f. Sensación molesta que se produce en una parte del cuerpo y que hace rascarse.

piccolo s.m. Flauta pequeña y de sonido más agudo y penetrante que la flauta ordinaria.
OBS Pronunc. 'pícolo'.

picha s.f. Fam. ESP Pene.

pichi s.m. ESP Prenda de vestir parecida a un vestido sin mangas y con escote.

pichicata s.f. Fam. ARG, PAR, URUG Sustancia narcotizante, o medicamento en general.

pichicato, a adj. y s. AMÉR Mezquino, cicatero.

pichichi s.m. **1** Trofeo que recibe en España el jugador de fútbol que más goles ha marcado en el campeonato nacional de liga. **2** Futbolista que más goles ha marcado en el campeonato nacional de liga.

pichincha s.f. Fam. AMÉR SUR Ganga, mercancía.

pichón, na s.m. **1** Cría de la paloma doméstica. ◆ s. **2** Término que se aplica cariñosamente a las personas.

picnic s.m. Comida o merienda al aire libre, especialmente la que se hace en el campo.
OBS Pronunc. 'pícnic'.

pícnico, a adj. y s. Se dice de la persona o el cuerpo que es de baja estatura, rechoncho y con tendencia a la obesidad.

1. **pico** s.m. **1** Parte saliente de la cabeza de las aves, formada por dos piezas duras. **2** Parte saliente del borde de un recipiente por donde se vierte el líquido que contiene. **3** Fam. Boca de una persona. **4** Fam. Facilidad o soltura para hablar muy bien. **5** Argot. Inyección de una dosis de droga. ◇ **abrir el pico** Fam. Hablar. ◇ **cerrar el pico** Fam. Callar. ◇ **irse,** o **andar, de picos pardos** Fam. ESP Irse de juerga o a divertirse.

2. **pico** s.m. **1** Parte puntiaguda que sale de la superficie o del borde de un objeto. **2** Herramienta para picar consistente en una pieza de metal duro que termina en dos puntas opuestas y un mango largo. **3** Extremo más alto y agudo de una montaña. **4** Montaña que tiene la cumbre puntiaguda. **5** Parte que pasa de una cantidad o de una unidad de tiempo determinada.

picor s.m. **1** Picazón. **2** Sensación molesta que se produce en la lengua o el paladar por haber comido una cosa picante.

picota s.f. **1** Columna que se utilizaba para exponer a los reos a la vergüenza pública. **2** ESP Variedad de cereza. ◇ **poner en la picota** Señalar públicamente las faltas o errores de una persona.

picotazo s.m. **1** Golpe o mordisco que dan las aves con el pico. **2** Pinchazo o punzada que da un insecto. **3** Señal o herida producida por el pico de un ave o por un insecto.

picotear v.tr. **1** Herir o golpear repetidamente las aves con el pico. **2** Comer cosas distintas y en pequeñas cantidades.

pictograma s.m. Signo o dibujo que tiene un significado en un lenguaje de símbolos.

pictórico, a adj. **1** Relativo al arte o técnica de la pintura. **2** Adecuado para ser representado en pintura.

pidgin s.m. Lengua híbrida o criolla; especialmente la desarrollada a partir del inglés.
OBS Pronunc. 'pidyin'.

pie s.m. **1** Parte del cuerpo del ser humano donde terminan las extremidades inferiores, que va desde el tobillo hasta la punta de los dedos. **2** Parte del cuerpo de algunos animales que está en el extremo de cada una de las patas, especialmente de las posteriores. **3** Parte ventral del cuerpo de los moluscos. **4** Parte de un calcetín, media o calzado que cubre esta extremidad de la pierna. **5** Parte inferior o base de una cosa. **6** Parte de una cosa que se opone a la principal o cabecera. **7** Tallo o tronco de una planta. **8** Parte inferior de un escrito y espacio en blanco que queda al final de un papel. **9** Texto corto que aparece debajo de un dibujo, una pintura o una fotografía y que sirve de explicación o comentario. **10** Última palabra que dice un personaje en una representación teatral, que indica a otro el momento en que debe empezar hablar. **11** Medida de longitud de valor variable en los distintos lugares en que se usa. **12** Unidad rítmica de la prosa y la poesía en lengua española que se manifiesta por la distribución de acentos y la sucesión de sílabas tónicas y átonas en la línea o el verso; constituye una de las bases del versículo. **13** Cada una de las unidades métricas con que se mide un verso en las poesías que atienden a la cantidad silábica, como la latina y la griega. ◇ **al pie de la letra** De forma completa y fiel. ◇ **al pie del cañón** Atento y sin desatender una obligación. ◇ **a pie** Andando o caminando. ◇ **a pie,** o **pies, juntillas** Sin ninguna duda, con gran convencimiento. ◇ **buscarle tres,** o **cinco, pies al gato** Empeñarse en encontrar complicaciones o problemas donde no existen. ◇ **con buen pie** De una manera acertada o con buena suerte. ◇ **con el pie derecho** De una manera acertada o con buena suerte. ◇ **con el pie izquierdo** Sin acierto o con mala suerte. ◇ **con los pies por delante** Sin vida, muerto. ◇ **con mal pie** Sin acierto o con mala suerte. ◇ **con pies de plomo** Con mucho cuidado o cautela. ◇ **dar pie** Dar un motivo para que una persona haga algo. ◇ **de pie** o **en pie** En posición erguida o vertical. ◇ **de pies a cabeza** o **de los pies a la cabeza** De forma total o completa. ◇ **en pie de guerra** Dispuesto a enfrentarse. ◇ **hacer pie** Llegar a tocar el suelo con los pies cuando se está en el agua. ◇ **nacer de pie** Tener mucha suerte en todo lo que se hace. ◇ **no dar pie con bola** Equivocarse varias veces seguidas o muy a menudo. ◇ **no tener ni pies ni cabeza** No tener lógica o sentido una determinada acción o cosa. ◇ **parar los pies a alguien** Hacer que una persona no siga haciendo algo que se considera malo. ◇ **poner pies en polvorosa** Fam. Irse o escapar rápidamente una persona de un lugar. ◇ **saber de qué pie cojea alguien** Saber cuáles son los defectos o el punto débil de una persona.

piedad s.f. **1** Sentimiento de pena o dolor que se tiene hacia quienes sufren. **2** Devoción o fervor religioso. **3** Formal. Respeto afectuoso hacia los padres. **4** Pintura o escultura en la que se representa a la Virgen María con Jesucristo muerto entre sus brazos.

piedra s.f. **1** Materia mineral muy dura y de estructura compacta. **2** Trozo de esta materia mineral dura, generalmente de pequeño o medio tamaño y sin una forma determinada. **3** Trozo de materia mineral dura al que se da determinada forma. **4** Acumulación anormal de pequeños trozos de materia mineral u orgánica que se forma en algunos órganos huecos del cuerpo, generalmente en las vías urinarias y biliares. **5** Pieza de los encendedores con la que se produce una chispa que enciende la llama. **6** Objeto grande de forma circular y compuesto de materia mineral muy dura, que gira sobre un eje y que sirve para moler. **7** Granizo de gran tamaño. **8** Variedad de cuarzo que da chispa en las armas de fuego. **9** Argot. Porción de hachís. ◇ **de piedra** Muy sorprendido o impresionado ante un hecho inesperado. ◇ **piedra angular** Piedra que está en la esquina de la base de una construcción. □ Fundamento o base de una cosa.

piel s.f. **1** Tejido resistente y flexible que cubre y protege el cuerpo de muchos animales, entre ellos el ser humano. **2** Cuero curtido. **3** Cuero curtido de forma que conserva su pelo natural. **4** Capa delgada que cubre la carne de ciertos frutos. ◇ **dejarse la piel** Fam. Esforzarse mucho en un trabajo o tarea hasta acabar agotado. ◇ **piel de gallina** Piel de las personas cuando, por el frío o el miedo, toma un aspecto parecido al de las aves sin plumas. ◇ **piel de naranja** Fam. Celulitis.

pienso s.m. Alimento, especialmente el seco, que se da al ganado.

pierna s.f. **1** Miembro inferior del cuerpo que une el tronco con el pie. **2** Parte de este miembro que va desde la rodilla hasta el pie. **3** Muslo de algunos animales. **4** Cada una de las dos piezas que forman el compás. **5** Trazo vertical de algunas letras, como la m y la n. ◇ **dormir a pierna suelta,** o **tendida** Dormir muy bien y profundamente.

pierrot s.m. Personaje cómico del teatro clásico francés que se caracteriza por llevar la cara enharinada, un traje blanco de pantalones anchos y grandes botones.

pieza s.f. **1** Cada una de las partes de que se compone un conjunto u objeto. **2** Elemento que forma parte de un mecanismo. **3** Trozo de tela, especialmente la que se cose a otra que está rota o vieja. **4** Animal que se caza o se pesca. **5** Obra de teatro formada por un solo acto. **6** Composición musical. **7** Fam. Persona que destaca por tener un comportamiento poco adecuado. **8** Figura o ficha que se utiliza en ciertos juegos de mesa como el ajedrez o las damas. **9** Habitación o cuarto de una casa. **10** ARG BOL, CH, COL, MÉX, PAR, PERÚ, URUG Dormitorio. ◇ **de una pieza** ESP Muy sorprendido o impresionado ante un hecho inesperado.

piezoelectricidad s.f. Propiedad de algunos cuerpos de producir electricidad cuando son sometidos a presión o a otra fuerza mecánica.

pifia s.f. **1** Fam. Obra o dicho equivocado o sin acierto de una persona. **2** Golpe malo que se da con el taco en la bola de billar.

pifiada s.f. Fam. ARG, CH, CUBA, PAR, PERÚ, URUG Pifia (obra o dicho equivocado).

pifiar (1d) v.intr. **1** Fam. Hacer o decir una cosa equivocada o sin acierto. **2** Dar un golpe malo o poco acertado con el taco en la bola de billar.

pigmalión s.m. Persona que actúa como protectora de otra.

pigmentación s.f. **1** Formación del pigmento de la piel o de un tejido. **2** Coloración anormal de la piel o de un tejido que puede estar originada por distintas causas.

pigmento s.m. **1** Sustancia de diversa naturaleza química que se encuentra en las células de los seres vivos y que da color. **2** Sustancia natural o artificial que da color y que se usa en la fabricación de pinturas.

pigmeo, a adj. y s. De un grupo étnico constituido por personas que se caracterizan por su estatura muy baja y la piel oscura.

pijada s.f. Fam. ESP Cosa que tiene poca importancia.

pijama s.m. Prenda de ropa ligera y cómoda, formada por dos piezas, que se usa para dormir.

pijo, a adj. y s. **1** Fam. y desp. ESP Se dice de la persona joven que pertenece a una familia con dinero y que se comporta de manera superficial y presumida. ◆ adj. **2** ESP Muy refinado, llamativo y propio de personas adineradas. ◆ s.m. **3** Vulg. ESP Pene. ◇ **un pijo** Vulg. ESP Nada absolutamente o poquísimo.

1. **pila** s.f. **1** Dispositivo que suministra una corriente eléctrica continua. **2** Recipiente cóncavo hecho de un material resistente donde cae o se echa el agua para diversos usos.

2. **pila** s.f. **1** Conjunto de cosas puestas unas sobre otras. **2** Fam. Cantidad grande de una cosa.

pilar s.m. **1** Elemento vertical de soporte, más alto que ancho, que sirve para aguantar una estructura arquitectónica. **2** Persona o cosa que sirve de apoyo o base.

pilastra s.f. Pilar adosado a un muro, con función de soporte u ornamental.

píldora s.f. **1** Pastilla de medicamento de pequeño tamaño, generalmente redonda. ◇ **dorar la píldora a alguien** Fam. Suavizar una noticia desagradable. □ Fam. Decir cosas agradables a una persona para ganar su voluntad o conseguir su favor.

pileta s.f. **1** Recipiente pequeño, generalmente de piedra, que contiene agua bendita. **2** ARG, COL, MÉX Piscina. **GEOSIN** alberca.

pilila s.f. Fam. ESP Pene.

pillaje s.m. Robo, rapiña.

pillar v.tr. **1** Fam. Coger o alcanzar una cosa o a una persona. **2** Fam. Atropellar. **3** Fam. Ponerse a la misma altura o nivel. **4** Fam. Sorprender a una persona en el momento en que está cometiendo una falta o engaño. **5** Fam. Sorprender o coger desprevenido. **6** Fam. Contraer o llegar a tener una enfermedad o un estado de ánimo determinado. **7** Fam. Entender algo que es difícil o que tiene doble sentido. **8** Robar o tomar algo por la fuerza. **9** Sujetar o aprisionar una cosa, generalmente haciendo daño. ◆ v.intr. **10** Fam. Encontrarse en una posición determinada con respecto a algo o a alguien.

pillastre s.m. Fam. Chico astuto, que sabe cómo engañar a los demás.

pillo, a adj. y s. **1** Se dice de la persona que es hábil para engañar con el objeto de conseguir una cosa. **2** Se dice de la persona que es pícara y actúa sin honradez.

pilono s.m. Estructura arquitectónica troncopiramidal situada en la entrada de los antiguos templos egipcios.

píloro s.m. Orificio del estómago que comunica con el intestino delgado.

piloso, a adj. Relativo al pelo o que lo tiene.

pilotaje s.m. Acción de pilotar.

pilotar v.tr. **1** Dirigir o conducir un buque o aeronave. **2** Dirigir o conducir un vehículo, especialmente cuando es veloz.

pilote s.m. Pieza gruesa y larga que se clava en la tierra para asegurar los cimientos de un edificio o de otra construcción.

piloto s.m. y f. **1** Persona que conduce un barco o una aeronave. **2** Persona que conduce un coche o una moto de competición. ◆ s.m. **3** Luz de un vehículo que sirve para marcar su posición. **4** Indicador luminoso en el panel de mandos de un vehículo. **5** Luz en un aparato eléctrico que indica si está en funcionamiento. **6** Muestra o modelo que sirve de experimento.

piltra s.f. Fam. Cama.

piltrafa s.f. **1** Trozo de carne con muchos nervios y con pellejo, que no se puede aprovechar como alimento. **2** Persona que está muy delgada y débil. **3** Cosa que tiene mal aspecto o no se puede aprovechar.

pimentero s.m. **1** Arbusto de tallos nudosos, hojas ovaladas, flores en espiga y fruto comestible. **2** Recipiente que contiene pimienta.

pimentón s.m. Polvo que se obtiene al moler pimientos rojos secos y que sirve para condimentar comidas.

pimienta s.f. Fruto del pimentero, comestible, que tiene un sabor muy picante.

pimiento s.m. **1** Planta herbácea de flores blancas, hojas lanceoladas y fruto comestible. **2** Fruto de esta planta, comestible, hueco y alargado, de color verde, rojo o amarillo. ◇ **un pimiento** Nada o muy poco. □ Expresión que se usa en frases exclamativas para negar o rechazar algo con rotundidad.

pimpollo s.m. **1** Árbol pequeño que está creciendo, especialmente el pino. **2** Brote, yema o tallo nuevo de una planta. **3** Flor de la rosa cuando todavía no se han abierto sus capullos. **4** Persona, especialmente si es joven, que llama la atención por ser bella o graciosa.

pin (pl. pins) s.m. Pequeño adorno, generalmente metálico, que se pincha en una prenda de vestir y que puede tener diversas formas.

pinacoteca s.f. Museo o galería en el que se exponen o se guardan pinturas.

pináculo s.m. **1** Remate puntiagudo que corona los elementos verticales de algunos edificios, especialmente los de estilo gótico. **2** Elemento arquitectónico en forma de cono o de pirámide que adorna un contrafuerte, muro o arbotante. **3** Cima o punto culminante de algo inmaterial.

pinar s.m. Lugar en el que la especie dominante es el pino.

pincel s.m. Instrumento que sirve para pintar, formado por un mango con un conjunto de pelos o cerdas en un extremo.

pincelada s.f. **1** Trazo hecho con un pincel en una superficie. **2** Toque o matiz.

pinchadiscos s.m. y f. Persona que se dedica a poner música en la radio, en una discoteca o en otro establecimiento.

pinchar v.tr. **1** Clavar en una superficie un objeto puntiagudo, como una espina, un clavo o un alfiler. **2** Poner una inyección a alguien. **3** Sujetar o coger un objeto clavando en él un instrumento acabado en punta. **4** Molestar o provocar a una persona para que se enfade. **5** Animar a una persona para que haga determinada cosa. **6** Intervenir una línea telefónica para espiar las conversaciones que se producen a través de ella. **7** Poner música variada para que la escuchen varias personas. ◆ v.intr. **8** Sufrir un pinchazo en la rueda de un coche. **9** ESP No tener éxito o fracasar en algo que se quiere conseguir. ◆ **pincharse** v.prnl. **10** Argot. Inyectarse droga.

pinchazo s.m. **1** Acción de pinchar o pincharse. **2** Herida o señal que deja un instrumento que pincha. **3** Sensación dolorosa y aguda en alguna parte del cuerpo, parecida a la que produce algo puntiagudo al clavarse.

pinche s.m. y f. Ayudante de cocina.

pinchito s.m. Comida ligera hecha con trozos pequeños de alimentos, que generalmente va pinchada con un palillo y se toma como aperitivo o como comida informal.

pincho s.m. **1** Punta afilada. **2** Pinchito.

pineal adj. Se dice de la glándula situada en la base del encéfalo.

pingajo s.m. Trozo de tela roto o viejo que cuelga de un lugar o de una cosa.

pingo s.m. **1** Pingajo. **2** Prenda de vestir, rota, vieja o sucia. **3** ESP Persona a la que le gusta mucho salir a divertirse.

ping-pong s.m. Deporte parecido al tenis que se juega sobre una mesa rectangular con una pelota pequeña y dos paletas.

pingüe adj. Muy abundante.

pingüino s.m. Ave de las zonas polares, que tiene las patas cortas, con la espalda y las alas negras y el pecho y el vientre blancos, que nada muy bien y no puede volar.

pinitos s.m.pl. **1** Primeros pasos que da un niño que está aprendiendo a andar. **2** Primeros pasos en el aprendizaje o la práctica de una actividad.

pinna s.f. División primaria de las que forman una hoja compuesta de una planta.

pinnípedo, a adj. y s.m. **1** Se dice del animal mamífero que tiene los dedos de las patas delanteras unidos por membranas, las patas traseras en forma de aleta, una gruesa capa de grasa bajo la piel y vive en el mar. ◆ **pinnípedos** s.m.pl. **2** Grupo taxonómico, con categoría de orden, constituido por estos mamíferos.

pino s.m. **1** Árbol resinoso de tronco fuerte y rugoso, con las hojas estrechas en forma de aguja. **2** Madera de este árbol. ◆ **pinos** s.m.pl. **3** Pinitos. ◇ **en el quinto pino** Fam. ESP Muy lejos.

pinocitosis s.f. Proceso por el cual la membrana celular atrapa una gota de líquido y la introduce en el citoplasma.

pinrel s.m. Fam. ESP Pie de una persona. □ Frec. humorístico.

pinsapo s.m. Árbol conífero parecido al abeto que tiene hojas cortas y punzantes, y piñas derechas y más grandes que las del abeto.

1. **pinta** s.f. **1** Mancha o señal redondeada y pequeña en la piel, el pelo o las plumas de los animales, y en las alas de ciertos insectos. **2** Dibujo en forma de mancha redondeada muy pequeña con el que se adorna una tela. **3** Aspecto o apariencia exterior de una persona o cosa. ◆ s.m. **4** Fam. ESP Hombre que habla u obra sin vergüenza ni respeto hacia los demás.

2. **pinta** s.f. Medida anglosajona de capacidad para líquidos o para áridos.

pintada s.f. **1** Escrito de gran tamaño hecho a mano sobre una superficie, generalmente una pared. **2** Ave de la familia de la gallina, con las plumas negras y manchas blancas.

pintalabios s.m. **1** Barra pequeña hecha de una pasta compacta y grasa que se usa como cosmético para dar color a los labios. **2** Sustancia grasa que se usa como cosmético para dar color a los labios.

pintar v.tr. e intr. **1** Representar algo en una superficie por medio de colores y líneas. ◆ v.tr. **2** Cubrir una superficie con pintura. **3** Describir con palabras el aspecto o carácter de algo o alguien. **4** Dar color, cubrir defectos y hacer más bella la cara, usando productos naturales o artificiales. ◆ v.intr. **5** Hacer trazos o colorear un lápiz o un objeto de características parecidas. **6** Tener importancia o una determinada función.

pintarrajar o **pintarrajear** v.tr. e intr. **1** Pintar sin arte ni cuidado. ◆ v.tr. **2** Maquillar la cara de una persona de forma excesiva.

pintarroja s.f. Pez marino comestible, de cuerpo alargado y la piel muy áspera.

pintaúñas s.m. Laca que se usa para dar color y brillo a las uñas.

pinto, a adj. Se dice del animal que tiene manchas de color en la piel, el pelo o las plumas.

pintor, ra s. **1** Persona que se dedica a la pintura artística. **2** Persona que se dedica a pintar puertas, paredes, casas y superficies en general.

pintoresco, a adj. **1** Que presenta una imagen bella, agradable y única, muy adecuada para ser pintada. **2** Que llama la atención por ser peculiar o extraño.

pintura s.f. **1** Arte de pintar. **2** Obra que se hace aplicando este arte. **3** Conjunto de obras pintadas de un autor, de un estilo, de un país o de un período determinados. **4** Producto con un color determinado que se usa para pintar. **5** Técnica o procedimiento usado para pintar una obra o una superficie. **6** Descripción de personas o cosas por medio de palabras. ◆ **pinturas** s.f.pl. **7** Conjunto de productos que sirven para pintarse la cara. ◇ **no poder ver ni en pintura** Sentir mucha antipatía hacia una persona.

pinza s.f. **1** Instrumento para sujetar o apretar cosas formado por dos piezas alargadas que hacen presión por uno de sus extremos. **2** Pieza articulada que tienen algunos animales en el extremo de las patas, que está dividida en dos partes que se cierran con fuerza para coger o apretar algo. **3** Pliegue cosido en la tela de una prenda de vestir.

pinzamiento s.m. Opresión de un órgano, de un nervio o de un músculo que se encuentra entre dos superficies.

pinzón s.m. Pájaro pequeño de pico cónico que se alimenta de insectos.

piña s.f. **1** Fruto del pino y otras coníferas, que tiene forma ovalada o de cono, termina en punta y está formado por muchas piezas duras y colocadas en forma de escamas. **2** Planta originaria de América con hojas rígidas acabadas en punta, flores moradas y fruto comestible. **3** Fruto de esta planta, de forma cónica y tamaño grande, con corteza rugosa y áspera, terminado en un penacho de hojas y de carne amarilla y jugosa. **4** Conjunto de personas unidas estrechamente por un sentimiento de lealtad y fidelidad. **5** Fam. Golpe muy fuerte contra algo. **6** Fam. Golpe dado con el puño.

piñata s.f. **1** Juego que consiste en tratar de romper con un palo y los ojos tapados un recipiente lleno de dulces o regalos que se cuelga del techo. **2** Recipiente que se usa en este juego.

1. **piñón** s.m. **1** Semilla del pino. **2** Parte interior comestible de la semilla del pino piñonero.

2. **piñón** s.m. Rueda pequeña y con dientes en el borde, que ajusta con otra en una máquina para transmitir movimiento.

piñonero, a adj. y s.m. Se dice del pino que produce semillas comestibles.

1. **pío** s.m. Voz del pollo o de los pájaros. ◇ **no decir ni pío** Fam. No decir ni una sola palabra.

2. **pío, a** adj. y s. Devoto, piadoso.

piojo s.m. Insecto parásito muy pequeño que vive fijado al pelo de los seres humanos y de otros animales.

piojoso, a adj. **1** Que tiene muchos piojos. **2** Se dice de la persona harapienta que merece desprecio.

piolet (pl. piolets) s.m. Utensilio de metal en forma de pico que utilizan los alpinistas para asegurarse cuando escalan sobre nieve o hielo.

pionero, a adj. y s. **1** Se dice de la persona que realiza los primeros descubrimientos o los primeros trabajos en una actividad determinada. ◆ s. **2** Persona que inicia la exploración o colonización de nuevas tierras.

piorrea s.f. Enfermedad de la boca que consiste en la aparición de pus en las encías.

1. **pipa** s.f. **1** Pepita, semilla. **2** Semilla negra y comestible del girasol.

2. **pipa** s.f. **1** Utensilio para fumar consistente en un pequeño recipiente, en el que se quema tabaco picado, unido a un tubo por el que se aspira el humo. **2** Argot. Pistola. ◇ **pasarlo pipa** ESP Divertirse mucho.

pipeta s.f. Tubo de cristal alargado y estrecho que se usa en los laboratorios.

pipí (pl. pipís) s.m. Fam. Orina.

pique s.m. **1** Enfado o disgusto pasajero provocado por una discusión o un enfrentamiento. **2** Empeño en hacer una cosa por amor propio o para demostrar la superioridad con respecto a otras personas. ◇ **irse a pique** Hundirse un barco hasta llegar al fondo. □ Estropearse o no llegar a su fin un proyecto.

piqueta s.f. **1** Herramienta formada por una cabeza de metal, plana por un extremo y acabada en punta por el otro, y un mango. **2** Objeto puntiagudo que se clava en la tierra.

piquete s.m. **1** Grupo de personas que recorren las calles o se colocan en ciertos lugares para impedir que se trabaje cuando se ha declarado una huelga. **2** Grupo de soldados designado para hacer un servicio extraordinario.

pira s.f. Hoguera, especialmente la que se prepara para hacer sacrificios o para quemar cadáveres.

pirado, a adj. y s. Fam. Se dice de la persona que tiene muy alterada la razón.

piragua s.f. Embarcación de remos muy ligera, estrecha y alargada.

piragüismo s.m. Deporte que consiste en navegar en una piragua.

piragüista s.m. y f. Persona que practica el piragüismo.

piramidal adj. **1** Que tiene forma de pirámide. ◆ adj. y s.m. **2** Se dice de cada uno de los músculos pares del abdomen y la pelvis. **3** Se dice del músculo impar situado debajo de la nariz.

pirámide s.f. **1** Cuerpo geométrico que tiene como base un polígono cualquiera y cuyas caras laterales son triángulos que se juntan en un vértice o punto común. **2** Construcción que tiene esta forma. **3** Monumento funerario del Egipto faraónico, realizado en piedra y que tiene esta forma. **4** Construcción que sostiene el templo en la América precolombina.

piraña s.f. Pez tropical carnívoro de agua dulce, de 30 cm de longitud, cabeza ancha y dientes muy fuertes y afilados.

pirarse v.prnl. **1** Fam. Irse de un sitio. **2** Fam. Volverse loco.

pirata s.m. y f. **1** Persona que navega sin licencia y que se dedica a asaltar los barcos en alta mar o en las costas para robar lo que contienen. **2** Persona que se aprovecha del trabajo o de las obras de otros. ◆ adj. **3** Relativo a la persona que practica la piratería o a este tipo de asalto en el mar. **4** Que va contra la ley o que no la sigue. ◇ **pirata informático** Persona que se dedica a acceder ilegalmente a sistemas informáticos ajenos y a manipularlos.

piratear v.intr. **1** Actuar como un pirata. ◆ v.tr. **2** Aprovecharse ilegalmente del trabajo o de las obras de otros.

piratería s.f. **1** Asalto de naves y robo de lo que contienen. **2** Robo o destrucción de los bienes de una persona. **3** Apropiación del trabajo o las obras de otros.

pirca s.f. AMÉR SUR Pared hecha de piedras en seco, sin argamasa.

pirenaico, a adj. Relativo a los Pirineos.

pírex s.m. Material transparente, parecido al cristal, que es muy resistente al calor.

piripi adj. Fam. ESP Se dice de la persona que se ha emborrachado ligeramente.

pirita s.f. Mineral muy duro, de color dorado.

pirograbado s.m. Grabado de dibujos sobre madera o cuero con un instrumento de metal incandescente.

pirómano, a s. Persona que tiene una tendencia patológica a provocar incendios.

piropear v.tr. Dirigir piropos a una persona.

piropo s.m. **1** Palabra o frase que dirige una persona a otra para expresar admiración, generalmente por su belleza. **2** Granate de color de fuego que se emplea en joyería.

pirotecnia s.f. Técnica que se ocupa de la fabricación de fuegos artificiales y explosivos.

piroxeno s.m. Mineral muy duro compuesto de silicato y calcio y magnesio o hierro.

pirrar v.tr. **1** Fam. ESP Gustar mucho una cosa. ◆ **pirrarse** v.prnl. **2** Fam. ESP Desear una cosa con mucha pasión o tener gran afición por ella.

pirueta s.f. **1** Movimiento ágil y rápido que se hace con el cuerpo sobre una superficie o en el aire. **2** Giro completo que realiza una persona sobre sí misma. **3** Acción con la que se resuelve una situación difícil o se sale de un aprieto. **4** Vuelta rápida que se hace dar al caballo, obligándole a levantar las manos y a girar apoyado sobre las patas traseras.

pirula s.f. Fam. ESP Acción que molesta, causa un daño o está hecha con mala intención.

piruleta s.f. Caramelo de forma plana y circular que va unido a un palito para poderlo coger.

pirulí (pl. pirulíes) s.m. Caramelo, generalmente largo y en forma de cono, y con un palo muy fino que sirve de mango para sujetarlo.

pis s.m. Fam. Orina.

pisada s.f. **1** Colocación de un pie sobre algo, especialmente en el suelo para andar. **2** Huella que deja un pie al pisar.

pisapapeles s.m. Objeto pesado que se pone sobre los papeles para sujetarlos.

pisar v.tr. **1** Poner el pie sobre una persona o cosa. **2** Estrujar o apretar con el pie o con un instrumento adecuado. **3** Aparecer por un lugar. **4** Tratar mal o despreciar a una persona, causándole un daño moral. **5** Adelantarse a otra persona en lograr un objetivo o proyecto. **6** Pulsar una tecla o cuerda de un instrumento. **7** Cubrir parcialmente una cosa a otra. **8** Cubrir el ave macho a la hembra. ◆ **v.intr. 9** Poner los pies en el suelo al andar.

piscicultura s.f. Técnica de criar y fomentar la reproducción de peces y mariscos.

piscifactoría s.f. Conjunto de instalaciones donde se crían peces y mariscos.

piscina s.f. **1** Recipiente de grandes dimensiones que se llena de agua para poder bañarse en él. **GEOSIN** alberca, pileta. **2** Recipiente de gran tamaño que se llena de agua para tener peces u otros animales.

piscis adj. y s.m. y f. Se dice de la persona que ha nacido entre el 19 de febrero y el 20 de marzo.
OBS Suele escribirse con mayúscula inicial.
OBS Invariable en número.

piscívoro, a adj. y s. Se dice del animal que se alimenta de peces.

pisco s.m. **1** AMÉR Aguardiente de uva. **2** COL, VENEZ Pavo, ave gallinácea. **GEOSIN** chompipe, guajolote.

piscolabis s.m. Fam. Comida ligera que se toma entre horas.

piso s.m. **1** ESP Vivienda en un edificio de varias plantas. **GEOSIN** departamento. **2** Planta de un edificio o medio de transporte. **3** Capa o estrato de un terreno o de una roca. **4** Pavimento, suelo. **5** Capa superpuesta que con otras forma una unidad.

pisotear v.tr. **1** Pisar repetidamente a una persona, animal o cosa maltratando o estropeando. **2** Maltratar o despreciar a una persona.

pisotón s.m. Pisada que se hace con fuerza, especialmente sobre el pie de otra persona.

pispás o **pis-pas** o **pis pas** s.m. ◇ **en un pispás** o **en un pis-pas** o **en un pis pas** Fam. En un momento, con gran rapidez.

pista s.f. **1** Señal que queda al pisar o al pasar por un lugar una persona o un animal. **2** Señal que sirve para descubrir una cosa o para llegar a una conclusión. **3** Superficie donde despegan y toman tierra los aviones. **4** Superficie que se utiliza para practicar deportes o hacer carreras con vehículos. **5** Superficie que se utiliza para bailar. **6** Superficie donde se representan espectáculos o funciones de circo. **7** Superficie lineal en que se divide un disco o una cinta magnética y que sirve para grabar información.

pistacho s.m. **1** Fruto seco comestible de forma ovalada, cáscara muy dura y una semilla carnosa verde. ◆ **s.m. y adj. 2** Color verde claro muy brillante. ◆ **adj. 3** Que es de este color. □ Invariable en número.

pistilo s.m. Órgano reproductor femenino de las plantas fanerógamas.

pisto s.m. **1** ESP Comida hecha a base de hortalizas picadas en trozos muy pequeños. **2** AMÉR CENTRAL, MÉX Dinero. ◇ **darse pisto** Fam. Presumir o darse mucha importancia.

pistola s.f. **1** Arma de fuego de cañón corto, que puede usarse con una sola mano. **2** Utensilio que permite esparcir un determinado líquido a presión. **3** ESP Barra pequeña de pan.

pistolera s.f. **1** Funda para guardar un arma. **2** Fam. ESP Gordura en las caderas.

pistolero, a s. Persona que usa la pistola para robar, atacar o matar a otras.

pistoletazo s.m. **1** Disparo hecho con una pistola. **2** Ruido producido por este disparo. **3** Herida producida por este disparo.

pistón s.m. **1** Pieza cilíndrica de un cilindro o una bomba que se mueve de forma alternativa y rectilínea de arriba abajo impulsando un fluido o recibiendo su impulso. **2** Llave de algunos instrumentos musicales de viento. **3** Parte de la cápsula de un arma de fuego donde se coloca el fulminante.

pistonudo, a adj. Fam. ESP Muy bueno o admirable.

1. **pita** s.f. **1** Planta de hojas grandes y carnosas que nacen directamente de la raíz y están bordeadas de pinchos. **2** Cuerda o hilo que se hace con una fibra que produce esta planta.

2. **pita** s.f. **1** Fam. Gallina. **2** Se utiliza para llamar a las gallinas.

3. **pita** s.f. Torta redondeada con forma de bolsa en la que se introducen alimentos para comerla.

pitada s.f. **1** Sonido o golpe producido por un pito. **2** Conjunto de silbidos, pitos y gritos como muestra de rechazo o descontento por algo. **3** AMÉR SUR Chupada que se da a un cigarrillo o a otra cosa que se fuma para absorber el humo.

pitagórico, a adj. **1** Relativo a Pitágoras o a su filosofía. ◆ **adj. y s. 2** Seguidor de Pitágoras.

pitar v.intr. **1** Hacer sonar un pito. **2** Producir un sonido agudo y continuo. **3** Hacer sonar pitos o silbar para demostrar disgusto o rechazo. **4** Hacer de árbitro en una competición deportiva. **5** Fam. ESP Funcionar o dar el rendimiento esperado. ◆ **v.tr. 6** Señalar o indicar una falta usando un pito en una competición deportiva. ◇ **pitando** Con mucha rapidez o de manera precipitada.

pitbull (pl. pitbulls) **s.m. y f. y adj.** Perro de pequeño tamaño, cuerpo musculoso, cabeza ovalada y ojos pequeños y juntos.

pitecántropo s.m. Mamífero homínido que vivió en el pleistoceno.

pitido s.m. **1** Sonido producido por un pito. **2** Sonido agudo y continuado.

pitillera s.f. ESP Estuche para pitillos.

pitillo s.m. Cilindro pequeño y delgado de tabaco picado envuelto en un papel especial muy fino, que se fuma.

pitiminí (pl. pitiminíes) s.m. **1** Rosal de tallos trepadores. **2** Rosa muy pequeña que florece en este rosal. ◇ **de pitiminí** De un tamaño tan pequeño que resulta gracioso o delicado.

pito s.m. **1** Instrumento sonoro pequeño y hueco con una boquilla por la que se sopla y se produce un sonido agudo y penetrante. **2** Instrumento que tienen algunos vehículos y que produce un sonido fuerte. **3** Voz o sonido muy agudo. **4** Fam. Pitillo. **5** Fam. Pene. **6** Chasquido de dedos. **7** Ficha del dominó que en alguna de sus mitades tiene marcado el valor de un punto. ◇ **entre pitos y flautas** Fam. Considerando todos los aspectos que afectan a una cosa en conjunto. ◇ **importarle un pito a alguien** Fam. No importarle nada una cosa a una persona o no tener ningún valor o interés para ella.

1. **pitón** s.m. **1** Punta del cuerno de algunos animales, especialmente de un toro, o cuerno que empieza a salir. **2** Pitorro, tubo.

2. **pitón** s.f. Serpiente no venenosa de gran tamaño con la cabeza alargada.

pitonisa s.f. Mujer que tiene poderes mágicos con los que adivina cosas.

pitorrearse v.prnl. Fam. ESP Reírse o burlarse de una persona o cosa, especialmente para ponerla en ridículo.

pitorreo s.m. Fam. ESP Acción de pitorrearse.

pitorro s.m. Pieza que sobresale de un objeto, con un agujero por donde entra o sale un fluido.

pitote s.m. Fam. ESP Barullo o jaleo.

pituitario, a adj. y s.f. **1** Se dice de la membrana que reviste la cavidad de las fosas nasales. **2** Se dice de la glándula que está situada en la base del cráneo y se encarga de controlar la actividad de otras glándulas.

pívot (pl. pívots) s.m. Jugador de baloncesto, generalmente de gran estatura, que se ocupa de recoger los rebotes y encestar a corta distancia.

pivotante adj. Se dice de la raíz de la planta que se hunde o penetra en la tierra verticalmente como una prolongación del tronco.

pivotar v.intr. **1** Girar sobre un pivote. **2** Girar sobre un pie un jugador de baloncesto para cambiar de posición.

pivote s.m. **1** Extremo de una pieza en el que se apoya otra pieza, de manera que una pueda girar. **2** Jugador de balonmano que se coloca frente a la portería para recibir pases interiores. **3** Poste u objeto cilíndrico que se clava en el suelo para impedir el paso.

píxel (pl. píxels o píxeles) s.m. Unidad básica de una imagen digitalizada en pantalla a base de puntos de color o en escala de grises.

piyama s.m. AMÉR Pijama.

pizarra s.f. **1** Roca metamórfica de color negro o gris, que se exfolia con facilidad en hojas planas y delgadas. **2** Superficie de forma rectangular que se usa para escribir o dibujar en ella.

pizca s.f. Cantidad muy pequeña de una cosa. ◇ **ni pizca** Nada en absoluto.

pizza s.f. Masa de harina de trigo plana y redonda sobre la que se pone queso, tomate y otros ingredientes, y que se cocina al horno.
OBS Pronunc. aprox. 'pidsa'.

pizzería s.f. Establecimiento en el que se hacen, se venden y se pueden comer pizzas.
OBS Pronunc. aprox. 'pidsería'.

pizzicato s.m. Modo de producir el sonido en los instrumentos de arco, como el violín, pellizcando las cuerdas con los dedos.
OBS Pronunc. aprox. 'pidsicato'.

placa s.f. **1** Pieza plana y delgada, generalmente de metal, en la que se graba o escribe un texto. **2** Pieza rectangular de metal que llevan los vehículos en la parte posterior y anterior para indicar el lugar y número de registro legal. **3** Lámina o capa rígida y fina que se forma sobre una cosa. **4** Pieza de metal, generalmente plana, que forma parte de un aparato y que se calienta mediante una llama o eléctricamente. **5** Objeto que llevan los agentes de policía como distintivo. **6** Pieza de metal delgada sobre la que se hacen determinadas fotografías. **7** Parte que, junto con otras, forma la capa exterior de la Tierra. **8** Polo negativo o ánodo en un tubo de descarga eléctrica de gases. **9** Electrodo de un condensador. ◇ **placa base** Placa principal de un ordenador. ◇ **placa dental** Capa endurecida de bacterias y proteínas que se forma en la base de los dientes.

placaje s.m. Acción de placar.

placar v.tr. En rugby, detener con las manos al jugador contrario.

placebo s.m. Sustancia que carece de acción curativa pero que produce un efecto terapéutico si el enfermo la toma convencido de que es una medicina realmente eficaz.

placenta s.f. **1** Órgano que se desarrolla en el interior del útero durante el embarazo, y a través del cual el embrión recibe de la madre oxígeno y sustancias nutritivas. **2** Parte interna del ovario de la flor.

placentario, a adj. **1** Relativo a la placenta. ◆ adj. y s.m. **2** Se dice del mamífero que se desarrolla en una placenta. ◆ **placentarios** s.m.pl. **3** Grupo taxonómico, con categoría de infraclase, constituido por estos mamíferos.

placentero, a adj. Que es muy agradable y produce mucho placer.

1. **placer** s.m. **1** Satisfacción o sensación agradable producida por algo que gusta mucho. **2** Diversión o cosa que produce alegría. ◇ **a placer** Con todo gusto y sin impedimento.

2. **placer** (34) v.tr. Producir una sensación agradable a una persona.

placidez s.f. Cualidad de plácido.

plácido, a adj. Que está tranquilo y transmite sensación de paz.

plafón s.m. **1** Lámpara plana traslúcida que se coloca pegada al techo o a una pared y que sirve para ocultar una bombilla y difuminar su luz. **2** Adorno en relieve que se coloca en el centro del techo de una sala, donde está el soporte de la lámpara. **3** Tablero.

plaga s.f. **1** Enfermedad o desgracia que afecta a gran parte de una población y que causa un daño grave. **2** Cantidad grande de personas, animales o cosas que causan un daño.

plagar v.tr. Llenar o cubrir una cosa de otra desagradable o nociva.

plagiar (1d) v.tr. Copiar una idea o una obra de otro autor, presentándola como si fuera propia.

plagio s.m. **1** Acción y efecto de plagiar. **2** AMÉR Secuestro de una persona. **3** PERÚ Papelito con apuntes que los estudiantes ocultan para copiar de él en los exámenes. **GEOSIN** acordeón, ayudamemoria, chiva, chuleta, machete.

plaguicida adj. y s.m. Se dice de la sustancia que destruye las plagas de animales y plantas.

plan s.m. **1** Proyecto o idea que se tiene de alcanzar o realizar una cosa. **2** Programa detallado de la realización de una cosa y conjunto de medios para llevarla a cabo. **3** Fam. Relación amorosa o sexual que se establece de forma pasajera. **4** Fam. Persona con la que se mantiene esta relación. **5** Fam. Situación. ◇ **en plan (de)** En actitud de lo que se dice a continuación.

plana s.f. **1** Cara de una hoja de papel. **2** Conjunto de jefes y personas al mando de una empresa o comunidad.

plancha s.f. **1** Utensilio formado por una pieza de metal pesada y un mango que, por la acción de su peso y del calor, elimina las arrugas de la ropa. **2** Lámina de metal u otra materia, lisa y delgada. **3** Pieza de metal, plana y delgada, que se usa para cocinar sobre ella. **4** Conjunto de ropa planchada o para planchar. **5** Acción de quitar las arrugas a la ropa. **6** Fam. ESP Equivocación que hace quedar en ridículo. **7** Posición horizontal del cuerpo en la que este no tiene apoyo. ◇ **a la plancha** Se dice de los alimentos cocinados o tostados sobre una plancha metálica caliente, y al modo de prepararlos de esta manera.

planchar v.tr. **1** Pasar una plancha caliente sobre una prenda de ropa para quitarle las arrugas. **2** Quitar las arrugas de una prenda de ropa mediante procedimientos mecánicos.

planchazo s.m. **1** Fam. Equivocación que hace quedar en ridículo. **2** Golpe que una persona se da en el vientre al caer al agua en posición horizontal. **3** Planchado rápido y superficial que se da a la ropa. **4** Plantillazo.

plancton s.m. Conjunto de microorganismos vegetales y animales que flotan y derivan en suspensión en aguas dulces o saladas.

planctónico, a adj. Relativo al plancton.

planeador s.m. Aeronave ligera y sin motor, que vuela aprovechando las corrientes de aire.

1. **planear** v.tr. **1** Pensar o preparar una acción para realizarla en el futuro. **2** Pensar la forma de llevar a cabo una obra o idea.

2. **planear** v.intr. **1** Volar un ave con las alas quietas y extendidas. **2** Volar una aeronave sin motor o con el motor parado.

planeta s.m. Cuerpo celeste opaco que gira en órbita alrededor de una estrella y que no emite luz propia.

planetario, a adj. **1** Relativo a los planetas. ◆ s.m. **2** Aparato que refleja en una gran pantalla con forma de bóveda los planetas del sistema solar y reproduce sus movimientos. **3** Lugar en el que está instalado este aparato.

planicie s.f. Extensión grande de terreno que tiene el mismo nivel en todas sus partes.

planificación s.f. Acción de planificar.

planificar v.tr. Elaborar un plan general, detallado y generalmente de gran amplitud, para la consecución de un fin.

planilla s.f. Impreso o formulario que tiene espacios en blanco para rellenar y que se usa para hacer informes, declaraciones o peticiones.

planisferio s.m. Mapa de la esfera terrestre o la celeste.

plano, a adj. **1** Llano y liso. ◆ s.m. **2** Representación gráfica y a escala de un terreno, de una población o de la planta de un edificio. **3** Espacio en el que se encuentran objetos que están a una misma distancia desde el punto de vista de la persona que los observa. **4** Punto de vista desde el que se observa o se considera a una persona o un asunto. **5** En geometría, superficie en la que puede haber una línea recta en cualquier posición. **6** Fragmento de una película que se ha rodado desde un lugar determinado o con unas características determinadas.

planta s.f. **1** Ser orgánico con células que forman tejidos, que vive y crece sin poder moverse, y es capaz de producir su alimento mediante la fotosíntesis. **2** Planta que, a diferencia del árbol, tiene tallo en lugar de tronco leñoso. **3** Plantío (terreno). **4** Parte inferior del pie que soporta todo el cuerpo y que está en contacto con el suelo. **5** División horizontal que forma, junto con otras, un edificio o medio de transporte. **6** Instalación industrial en la que se transforman materiales o se fabrican cosas. **7** Aspecto físico de una persona. **8** Dibujo que representa la sección horizontal de un edificio o de un objeto.

plantación s.f. **1** Gran extensión de tierra dedicada al cultivo de plantas de una determinada especie. **2** Acción de poner o meter una planta o una semilla en la tierra.

plantar v.tr. **1** Poner o meter en tierra una planta para que viva en ella o una semilla para que crezca una planta. **2** Poblar de plantas un terreno. **3** Fijar un objeto verticalmente en un lugar. **4** Colocar una cosa en un lugar determinado. **5** No acudir a una cita con una persona. **6** Pegar o golpear a una persona. **7** Dar un beso a una persona sin que esta se lo espere. **8** Poner a una persona en un lugar o estado contra su voluntad. ◆ **plantarse** v.prnl. **9** Ponerse una persona o animal en un determinado lugar sin moverse. **10** Mantenerse firme en una idea u opinión. **11** En ciertos juegos, no querer más cartas de las que se tienen. **12** Llegar a un lugar que está a cierta distancia en un espacio corto de tiempo.

planteamiento s.m. Acción y efecto de plantear.

plantear v.tr. **1** Proponer problemas o cuestiones para intentar buscar una solución. **2** Exponer la solución de un problema con un enfoque determinado. **3** Pensar la forma de llevar a cabo una obra o idea. ◆ **plantearse** v.prnl. **4** Examinar o considerar un asunto antes de tomar una decisión o hacer algo respecto a él.

plantel s.m. **1** Conjunto de personas que destacan por sus cualidades en alguna actividad o profesión. **2** Lugar donde se forman estas personas. **3** Lugar donde se crían y crecen las plantas.

plantígrado, a adj. y s. Se dice del animal mamífero de cuatro patas que al andar apoya en el suelo toda la planta de los pies y de las manos.

plantilla s.f. **1** Pieza delgada de material flexible que se introduce en el interior del calzado. **2** Pieza de material rígido y delgada, que sirve de modelo o de guía para dibujar o recortar el contorno de un objeto o figura. **3** ESP Conjunto de personas que trabajan de forma fija en una empresa, una oficina u otro lugar. **4** ESP Conjunto de jugadores que forman un equipo.

plantío s.m. Terreno plantado recientemente de vegetales.

planto s.m. Composición literaria de lamento.

plantón s.m. **1** Espera muy larga por una persona que se retrasa o no acude a la cita. **2** Árbol nuevo que ha de ser cambiado de sitio.

plañidera s.f. Mujer que llora en los entierros a cambio de dinero.

plaqueta s.f. Célula de la sangre de los mamíferos, en forma de disco ovalado o redondo sin núcleo, que interviene en la coagulación de la sangre.

plasma s.m. **1** Parte líquida de la sangre que contiene las células o elementos sólidos de esta. □ También plasma sanguíneo. **2** Materia gaseosa fuertemente ionizada, con el mismo número de cargas libres negativas y positivas.

plasmar v.tr. **1** Representar una cosa sobre una superficie o dar una forma determinada a un material que no la tiene. **2** Representar o formar una idea por medio de palabras o explicaciones.

plasta s.f. **1** Masa blanda y de poca solidez. **2** Cosa blanda y espesa que debería estar suelta. ◆ adj. y s.m. y f. **3** Se dice de la persona o cosa que resulta fastidiosa o pesada.

plastelina s.f. Plastilina.

plástica s.f. **1** Arte de plasmar o modelar objetos con materiales dúctiles y blandos. **2** Conjunto de cualidades de una obra que la hacen expresiva. **3** Cualidad principal de una obra realizada en materias plásticas.

plasticidad s.f. Cualidad de plástico.

plástico, a adj. y s.m. **1** Se dice del material sintético, obtenido mediante determinados procesos químicos, que forma estructuras flexibles y rígidas muy resistentes. ◆ adj. **2** Se dice del material que se puede moldear con facilidad. **3** Relativo a la plástica. **4** Se dice del lenguaje que consigue crear una representación clara en la mente de una idea o concepto.

plastificar v.tr. Cubrir con material plástico.

plastilina o **plastelina** s.f. Material blando que se moldea con facilidad, que no se seca y que se presenta en diferentes colores.

plasto s.m. Orgánulo de la célula vegetal en el que se acumulan sustancias orgánicas.

plata s.f. **1** Elemento químico de símbolo Ag y número atómico 47; es un metal precioso de color blanco grisáceo. **2** Conjunto de objetos hechos de este metal. **3** Medalla de este metal que se entrega a la persona que queda en segundo lugar en una competición. **4** Fam. Dinero o riqueza. ◆ **adj. 5** Que tiene un color parecido al de la plata. ◇ **hablar en plata** Hablar sin dar rodeos o utilizando palabras malsonantes.

platabanda s.f. **1** Moldura lisa y plana, con más anchura que vuelo. **2** Dintel de sillería realizado en un único bloque de piedra.

plataforma s.f. **1** Superficie o tablero horizontal descubierto y puesto a cierta altura sobre el suelo, donde se colocan personas o cosas. **2** Conjunto de personas que han sido elegidas para representar a otras con un fin social. **3** Medio que sirve para conseguir un fin determinado. **4** Parte ancha que hay en los autobuses, trenes y otros medios de transporte y por la cual se accede a la parte en que están los asientos. **5** Instalación sobre una superficie elevada a cierta distancia del suelo o del mar.

platanero, a adj. **1** Relativo al plátano. ◆ **s.m. 2** Planta tropical de tallo alto, parecida a la palmera, con hojas grandes y partidas, cuyo fruto es el plátano. ◆ **s. 3** Persona que se dedica a cultivar o vender plátanos. ◆ **adj. 4** CUBA, P RICO Se dice del viento que tiene fuerza suficiente para abatir las plantas de los plátanos.

plátano s.m. **1** Platanero (planta tropical). **2** Fruto del platanero, comestible, de forma alargada y algo curvada y piel amarilla. **3** Árbol de tronco cilíndrico y hojas abundantes, anchas y palmeadas.

platea s.f. **1** Planta baja de un cine o teatro donde se disponen los asientos en filas frente al escenario. **2** Palco situado casi al nivel del patio de butacas. □ También palco platea.

plateado, a adj. **1** Que tiene un color parecido al de la plata. **2** Que tiene un baño de plata.

platelminto, a adj. y s.m. **1** Se dice del gusano de cuerpo aplanado, que carece de sistema circulatorio y de órganos respiratorios, como la duela y la tenia. ◆ **platelmintos** s.m.pl. **2** Grupo taxonómico, con categoría de filo, constituido por estos animales.

plateresco, a s.m. **1** Estilo de la arquitectura española de finales del siglo XV y principios del XVI. ◆ **adj. 2** Relativo a este estilo.

plática s.f. **1** Conversación amistosa y relajada. **2** Discurso o sermón corto y de contenido moral, generalmente pronunciado en público por un sacerdote.

platicar v.tr. Conversar.

platija s.f. Pez marino comestible de cuerpo plano, parecido al lenguado.

platillo s.m. **1** Objeto plano y redondo, que tiene forma parecida a un plato. **2** Soporte de la balanza en la que se coloca lo que se quiere pesar, especialmente la que tiene forma de plato. **3** Disco de metal que produce un sonido al ser golpeado con un palo o con otro disco, y que forma parte de algunos instrumentos musicales de percusión. ◆ **platillos** s.m.pl. **4** Instrumento musical de percusión formado por dos discos de metal en forma de plato que suenan al chocar entre ellos. ◇ **platillo volador** o **platillo volante** Ovni.

platina s.f. **1** Parte del microscopio en la que se coloca el objeto que se quiere observar. **2** Parte de una cadena de música, de forma rectangular, donde se coloca una cinta magnética y que sirve para reproducir el sonido o grabar en ella.

platino s.m. **1** Elemento químico de símbolo Pt y número atómico 78; es un metal blanco plateado, brillante, dúctil y maleable. ◆ **s.m. y adj. 2** Color rubio muy claro, casi blanco. □ Normalmente en aposición a los sustantivos color y rubio. ◆ **platinos** s.m.pl. **3** Piezas que sirven para establecer el contacto eléctrico en el encendido de un motor de explosión.

plato s.m. **1** Recipiente bajo, hundido por el centro y generalmente redondo, que se usa para poner alimentos u otras cosas. **2** Cantidad de alimento que cabe en uno de estos recipientes. **3** Comida que se prepara para ser consumida. **4** Pieza redondeada y plana del tocadiscos sobre la que se coloca el disco y que gira alrededor de un pivote. **5** Objeto más o menos plano y de forma circular. **6** Rueda dentada grande de una bicicleta donde se engrana la cadena. **7** Pieza de un motor, generalmente circular, que unida a un eje permite transmitir el movimiento de giro de este a otro eje o pieza. ◇ **no haber roto (nunca) un plato** No haber hecho nunca nada malo. ◇ **pagar los platos rotos** Ser castigado injustamente o sin tener culpa.

plató s.m. Recinto cubierto en un estudio de cine o televisión que sirve de escenario para filmar o grabar.

platón s.m. AMÉR Plato grande, hondo o plano, que se usa para poner alimentos.

platónico, a adj. **1** Se dice del amor que es desinteresado, puro e imposible o muy idealizado. **2** Relativo a Platón o a su doctrina. ◆ **adj. y s. 3** Se dice de la persona seguidora de la doctrina filosófica de Platón.

platonismo s.m. Doctrina filosófica de Platón, que distingue entre el mundo material y el mundo de las ideas.

platudo, a adj. y s. AMÉR Se dice de la persona que posee mucho dinero y hacienda.

plausible adj. **1** Se dice de la cosa que merece aprobación o recomendación. **2** Se dice de la cosa que merece ser aplaudida o elogiada.

playa s.f. Extensión casi plana, formada por arena o piedras, que está en la orilla del mar, de un río o de un lago.

play-back s.m. Interpretación sincrónica mediante la mímica de un sonido pregrabado.
OBS Pronunc. aprox. 'pléibac'.

play-boy s.m. Hombre joven que lleva una vida ociosa y de seductor.
OBS Pronunc. aprox. 'pleiboy'.

playera s.f. Calzado ligero de tela fuerte y suela de goma, generalmente con cordones.

playero, a adj. **1** Relativo a la playa. ◆ adj. y s. **2** Aficionado a la playa.

plaza s.f. **1** Lugar espacioso dentro de una población al que, generalmente, van a parar varias calles. **2** Lugar o espacio que puede ocupar una persona o cosa. **3** Puesto o empleo. **4** ESP, MÉX Mercado, edificio público. **5** Lugar o población, especialmente la que está rodeada por muros de defensa. ◇ **sentar plaza** Conseguir reputación de lo que se expresa.

plazo s.m. **1** Período en que se puede o se debe hacer una cosa. **2** Parte en que se divide una cantidad de dinero que hay que pagar por una cosa.

plazoleta s.f. Plaza de extensión reducida.

pleamar s.f. **1** Nivel más alto que alcanza el agua del mar durante la marea alta. **2** Tiempo en que el agua se mantiene en estas condiciones.

plebe s.f. Pueblo, populacho. □ Frec. despectivo.

plebeyo, a adj. y s. **1** Relativo a la plebe. □ Frec. despectivo. **2** Se dice de la persona que no pertenece a la nobleza.

plebiscito s.m. Referéndum.

plectro s.m. **1** Pieza pequeña y plana que sirve para tocar ciertos instrumentos de cuerda, como la guitarra o el laúd. **2** Formal. Inspiración o estilo de un poeta.

plegable adj. Se dice del objeto que puede ser plegado o doblado sin romperse.

plegamiento s.m. Fenómeno geológico por el que las capas horizontales de la corteza terrestre se deforman o se pliegan.

plegar (32) v.tr. **1** Doblar una cosa sobre sí misma de manera que una parte se junte con la otra. **2** Hacer pliegues o dobleces en una cosa. **3** Doblar sobre sí mismo un objeto articulado, para reducir su volumen y hacerlo más manejable. ◆ **plegarse** v.prnl. **4** Darse por vencida una persona o actuar según la voluntad de otra sin oponer resistencia.

plegaria s.f. Rezo dirigido a Dios o a un santo.

pleistoceno, a adj. y s.m. **1** Se dice de la época geológica que es la primera de la era cuaternaria y se extiende desde hace unos 2 millones de años hasta hace unos 10 000 años. ◆ adj. **2** Relativo a esta época geológica.

pleito s.m. **1** Discusión y resolución en juicio de un problema o diferencia entre dos personas. **2** Discusión o enfrentamiento por una diferencia de opiniones o de intereses entre entre dos o más personas.

plementería s.f. Conjunto de materiales con los que se rellenan los espacios libres entre los arcos de una bóveda gótica.

plemento s.m. Espacio rellenado con piedras o dovelas, entre los arcos de una bóveda gótica de crucería.

plenario, a adj. **1** Completo o entero. ◆ s.m. **2** Reunión general de un grupo o conjunto de personas determinado.

plenilunio s.m. Fase de la luna durante la cual se ve entera o llena.

plenipotenciario, a adj. y s. Se dice del diplomático que tiene plenos poderes para tratar o negociar un asunto.

plenitud s.f. Momento de mayor importancia o intensidad.

pleno, a adj. **1** Total o completo. **2** Indica que algo ocurre en el momento culminante, central o de mayor intensidad. □ Va antepuesto al sustantivo. **3** Formal. Se dice del espacio o lugar que está lleno o completo. ◆ s.m. **4** Reunión o junta general de una sociedad o institución.

pleonasmo s.m. Figura retórica que consiste en emplear más palabras de las necesarias para la expresión precisa de un contenido.

pletina s.f. **1** Platina de la cadena de música. **2** Pieza metálica de forma rectangular que tiene poco espesor.

pletórico, a adj. Que está llena de alegría o de otra característica positiva.

pleura s.f. Bolsa de tejido conjuntivo que recubre los pulmones.

pliego s.m. **1** Hoja de papel de forma cuadrada o rectangular y doblada por la mitad. **2** Hoja de papel que se vende sin doblar. **3** Hoja de papel que se imprime sin ser doblada y que luego se dobla, según la impresión y formato del libro. **4** Carta o documento que se envía a una persona para comunicarle algo. **5** Conjunto de papeles contenidos en un mismo sobre o cubierta.

pliegue s.m. **1** Parte que se dobla o se pliega en una cosa flexible. **2** Señal que queda al doblar o plegar una cosa flexible. **3** Plegamiento.

plinto s.m. **1** Aparato de gimnasia, de forma rectangular y alargada que se usa para hacer saltos sobre él. **2** Pieza cuadrada o rectangular que se coloca como base de una columna.

plioceno, a adj. y s.m. **1** Se dice de la época geológica que es la segunda y última del período neógeno de la era cenozoica o terciaria y se extiende desde hace unos 5 millones de años hasta hace unos 2 millones de años. ◆ adj. **2** Relativo a esta época geológica.

plisar v.tr. Formar pliegues de adorno en una tela u otro material flexible.

plomada s.f. Pesa de metal que, colgada de una cuerda, sirve para señalar una línea vertical.

plomería s.f. **1** AMÉR Oficio del plomero. **GEOSIN** fontanería. **2** AMÉR Conjunto de conducciones de agua e instalaciones sanitarias que regulan, canalizan y distribuyen el agua en un edificio. **GEOSIN** fontanería. **3** AMÉR Establecimiento en el que se venden los materiales para estas instalaciones. **GEOSIN** fontanería.

plomero, a s. AMÉR Persona que se dedica a instalar o reparar conducciones de agua. **GEOSIN** fontanero.

plomizo, a adj. Que tiene un color gris azulado parecido al del plomo.

plomo s.m. **1** Elemento químico de símbolo Pb y número atómico 82; es un metal denso, blando y de color gris azulado. **2** Persona o cosa pesada y molesta. **3** Bala o perdigón. ◆ adj. **4** De color gris azulado, como el plomo. □ También gris plomo. ◆ **plomos** s.m.pl. **5** ESP, MÉX Fusibles, especialmente los de una instalación doméstica. ◇ **a plomo** De manera vertical. □ Pesadamente.

plóter o **plotter** s.m. Impresora para trazar gráficos.

pluma s.f. **1** Pieza que cubre el cuerpo de las aves, que es ligera y resistente y tiene un eje central del que salen unos pelillos muy suaves. **2** Conjunto de estas piezas con el que se rellenan almohadas, colchones y objetos parecidos. **3** Pluma de ave o instrumento de metal para escribir. **4** Persona que se dedica a escribir, especialmente obras literarias. **5** Estilo propio de escribir de un autor. **6** Rasgo o característica propios de una mujer adoptados por un hombre. **7** MÉX Bolígrafo. **GEOSIN** birome. □ También pluma atómica. ◇ **a vuela pluma** Deprisa y sin detenerse mucho a pensar o corregir.

plumaje s.m. Conjunto de plumas que cubren el cuerpo de un ave.

plumazo s.m. Trazo que se hace con la pluma de una sola vez.

plúmbeo, a adj. Formal. De plomo.

plumcake s.m. Bizcocho que se elabora con frutas confitadas y uvas pasas.
OBS Pronunc. aprox. 'plumqueic'.

plumero s.m. **1** Utensilio que sirve para quitar el polvo, compuesto de un manojo de plumas unidas a un mango. **2** Conjunto de plumas que sirve como adorno. ◇ **vérsele el plumero a alguien** ESP Notársele a alguien su intención o su pensamiento.

plumier (pl. plumieres) s.m. Estuche o caja en el que se guardan utensilios de escritura.

plumífero, a adj. y s.m. Que tiene plumas.

plumilla s.f. **1** Plumín. **2** Yema pequeña de ciertas plantas, que da lugar al tallo.

plumín s.m. Punta pequeña de metal con una incisión o corte en el centro, que se coloca en el extremo de una pluma para escribir.

plumón s.m. **1** Pluma corta, delgada y suave que tienen las aves debajo del plumaje exterior, especialmente en el pecho y el abdomen. **2** CH, CUBA, EL SALV, MÉX, PERÚ Útil de escritura que funciona con tinta especial y tiene una punta, generalmente de fieltro, que permite dibujar con un trazo más grueso que el habitual. **GEOSIN** marcador, rotulador.

plural adj. y s.m. **1** Se dice del número gramatical que denota la existencia de dos o más seres. ◆ adj. **2** Que presenta varios aspectos o varias características a la vez.

pluralismo s.m. Sistema por el cual se acepta o reconoce la pluralidad de doctrinas o métodos.

pluralista adj. **1** Relativo al pluralismo. ◆ adj. y s.m. y f. **2** Se dice de la persona que es partidaria del pluralismo.

pluralizar v.tr. **1** Poner en plural una palabra. ◆ v.intr. **2** Atribuir a varias personas o cosas una característica propia de una.

pluricelular adj. Se dice del organismo vivo que está formado por un conjunto de células.

pluriculturalismo s.m. Coexistencia de distintas culturas en un mismo lugar.

pluridisciplinar adj. Que concierne a varias disciplinas o las engloba.

pluriempleado, a adj. y s. Se dice de la persona que desempeña varios empleos.

pluriempleo s.m. Desempeño de dos o más empleos por parte de una misma persona.

plurilingüe adj. **1** Que habla varios idiomas. **2** Se dice del libro escrito en diversos idiomas.

plurilingüismo s.m. Coexistencia de distintas lenguas en un mismo país o territorio.

plurinacional adj. Que está compuesto por varias naciones.

pluripartidismo s.m. Sistema político en el que existe más de un partido.

plurisilva s.f. Nombre con el que se designa a los bosques tropicales y las selvas ecuatoriales.

plus s.m. **1** Sobresueldo. **2** Característica o cualidad suplementaria de una persona o cosa.

plusmarca s.f. Mejor resultado o puntuación más alta conseguida por una persona en una modalidad deportiva, especialmente en atletismo.

plusmarquista s.m. y f. Deportista que tiene la mejor marca conseguida en una competición de su especialidad.

plusvalía s.f. **1** Aumento del valor de una cosa, especialmente terrenos o valores inmobiliarios, sin que se produzcan cambios en ella. **2** Cantidad de dinero que se debe pagar por este aumento de valor. **3** En la doctrina marxista, diferencia entre el salario del trabajador y el valor de los bienes producidos.

plutónico, a adj. Se dice de la roca que se forma por la solidificación del magma en el interior de la corteza terrestre.

plutonio s.m. Elemento químico de símbolo Pu y número atómico 94; es un metal radiactivo de color plateado.

pluvial adj. Relativo a la lluvia.

pluviometría s.f. Parte de la meteorología que estudia la distribución geográfica de las lluvias o las precipitaciones.

pluviómetro s.m. Aparato que sirve para medir la cantidad de lluvia que cae.

pluviosidad s.f. Cantidad de lluvia que cae en un lugar y en un período determinados.

pluvisilva s.f. Bosque tropical o ecuatorial.

p. m. Abreviatura de la expresión latina **post merídiem**, 'después del mediodía', que se usa en la indicación de la hora.

PNB s.m. Sigla de **producto nacional bruto**.

p. o. Abreviatura de **por orden**, indicación que se pone al pie de un escrito cuando lo firma una persona distinta de la que se indica en él.

población s.f. **1** Acción de poblar. **2** Conjunto de personas que habitan en la Tierra o en cualquier unidad territorial de ella. **3** Lugar con edificios, calles y otros espacios públicos, donde habita un conjunto de personas. **4** Conjunto limitado de individuos o elementos con una característica común que son objeto de estudio estadístico.

poblado, a adj. **1** Se dice del lugar que está habitado por personas. **2** Se dice del lugar que está lleno de determinados animales o plantas. **3** Se dice de la barba que es muy espesa y abundante. ◆ **s.m. 4** Población, lugar edificado y habitado por personas.

poblador, ra s. Persona que habita en un lugar.

poblar (11) v.tr. **1** Ocupar un lugar y establecerse en él. **2** Ocupar un lugar con personas u otros seres vivos para que habiten en él. **3** Habitar o vivir en un lugar. **4** Estar alguna cosa en gran número en un lugar determinado. ◆ **poblarse** v.prnl. **5** Llenarse en gran cantidad de una cosa determinada.

pobre adj. y s.m. y f. **1** Se dice de la persona que no tiene lo necesario para vivir o que lo tiene con escasez. ◆ **adj. 2** Escaso o incompleto. **3** Que tiene poco valor o calidad. **4** Se dice de la persona que es desgraciada o despierta compasión. □ Va antepuesto al sustantivo. ◆ **interj. 5** Se usa para expresar compasión hacia una persona o un animal.

OBS Superlativo: **paupérrimo** o **pobrísimo**.

pobreza s.f. **1** Falta o escasez de lo necesario para vivir. **2** Escasez de una cosa determinada. **3** Falta de calidad o valor de una cosa.

pocha s.f. Judía blanca que todavía no está madura pero se puede comer.

pocho, a adj. **1** Que no está fresco y tiene un aspecto feo. **2** Débil, que se encuentra mal de salud. **3** Pálido, descolorido.

pocilga s.f. **1** Lugar cubierto en el que se encierra a los cerdos. **2** Lugar muy sucio o desordenado y, generalmente, con mal olor.

pocillo s.m. Taza pequeña que se usa para tomar chocolate.

pócima s.f. **1** Bebida elaborada con hierbas que tiene virtudes medicinales y curativas. **2** Líquido que tiene un sabor desagradable.

poción s.f. Bebida, especialmente medicinal.

poco, a det. **1** Indica una cantidad o número pequeño de personas o cosas. ◆ **pron. 2** Cantidad o número pequeño de personas o cosas. ◆ **adv. 3** En una cantidad o grado pequeño o menos de lo que se considera normal. **4** Se usa para expresar escasez de una cualidad. **5** Se usa para expresar un corto espacio de tiempo. ◇ **a poco de** En un breve período después de determinada acción. ◇ **poco a poco** Se usa para indicar que una acción se realiza lentamente. — Se usa para indicar que algo se toma en pequeñas cantidades. — Se usa para indicar que una acción se realiza de manera gradual. ◇ **por poco** Casi.

poda s.f. **1** Acción de podar. **2** Época del año en que se realiza la poda.

podadera s.f. **1** Herramienta para podar.

podar v.tr. Cortar o quitar las ramas que no son necesarias de los árboles o plantas para que crezcan y se desarrollen con más fuerza.

podenco, a adj. y s. Se dice del perro de cabeza redonda, orejas tiesas, cola enroscada y patas fuertes y largas.

1. **poder** (35) v.tr. **1** Tener una persona o cosa capacidad para hacer algo. **2** Tener una persona facilidad o tiempo para hacer una cosa. **3** Tener autorización o permiso para hacer una cosa. ◆ **v.impersonal 4** Ser posible que ocurra una cosa. ◆ **v.intr. 5** Tener fuerza para vencer o derrotar a otro.

2. **poder** s.m. **1** Autoridad para mandar, dominar o influir sobre los demás. **2** Gobierno de un estado. **3** Cada una de las tres funciones básicas del gobierno de un país. **4** Capacidad de una persona para actuar de determinada manera. **5** Fuerza o eficacia que tiene una cosa para producir un efecto. **6** Autorización que da una persona a otra para que haga alguna cosa en su lugar. □ Suele usarse en plural con valor singular. **7** Propiedad o posesión de una cosa.

poderío s.m. **1** Influencia o autoridad para dominar a una persona o una cosa. **2** Fuerza o energía grande para hacer una cosa. **3** Conjunto de bienes y riquezas.

poderoso, a adj. y s. **1** Se dice de la persona que tiene autoridad para mandar, dominar o influir sobre los demás. **2** Se dice de la persona que es muy rica y tiene mucha influencia o autoridad. ◆ **adj. 3** Se dice del país que es muy rico y que influye económica o políticamente sobre otros países. **4** Que produce el efecto que se quiere conseguir.

podiatra s.m. y f. AMÉR Podólogo.

podio s.m. **1** Plataforma en la que se sube el deportista que ha ganado una competición. **2** Plataforma donde se colocan una o varias personas para presidir un acto o para ser homenajeadas. **3** Plataforma más larga que ancha que sirve de base a un conjunto de columnas.

pódium s.m. Podio.

podología s.f. Parte de la medicina que se ocupa del cuidado de los pies.

podólogo, a s. Especialista en podología.

podómetro s.m. Aparato que sirve para contar el número de pasos que da una persona.

podredumbre s.f. **1** Descomposición de la materia. **2** Inmoralidad o vicio que corrompe a una persona o cosa.

podrido, a adj. **1** Que está descompuesto por la acción de las bacterias. **2** Que está dominado por el vicio o la inmoralidad.

podrir ▷ pudrir. (Solo se usa en infinitivo o en participio; las demás formas verbales se obtienen de **pudrir**.)

poema s.m. **1** Obra literaria escrita en verso, con unidad temática y estructural. **2** Cosa que se considera cómica o ridícula.

poemario s.m. Libro o colección de poemas.

poesía s.f. **1** Arte del lenguaje cuyo fin inmediato es expresar o sugerir por medio de la palabra, el ritmo, la armonía y la imagen. **2** Poema. **3** Conjunto de poemas y manera de practicar el arte de la poesía. **4** Conjunto de cualidades que se consideran propios de la poesía y que pueden aparecer en cualquier obra de arte.

poeta, tisa s. Persona que se dedica a componer poesía.
OBS Doble femenino: **poetisa** o **poeta**.

poética s.f. **1** Ciencia que estudia el lenguaje literario, especialmente el poético. **2** Obra o tratado que estudia la esencia y las reglas de la poesía. **3** Arte de componer obras literarias.

poético, a adj. **1** Relativo a la poesía. **2** Que tiene un conjunto de cualidades que se consideran propias de la poesía. **3** Que emociona por su belleza o su encanto.

poetisa ▷ poeta.

pogromo s.m. Matanza y saqueo de una comunidad étnica o religiosa, especialmente de las comunidades judías en el Imperio ruso.

pointer s.m. y f. y adj. Perro que se caracteriza por tener la cabeza alargada, las orejas caídas y el pelo corto y de color variable.

poiquilotermo, a adj. y s.m. Se dice del animal cuya temperatura corporal varía según la del medio ambiente.

póker s.m. Póquer.

polaco, a adj. y s. **1** De Polonia. ◆ **s.m. y adj. 2** Lengua eslava que se habla en Polonia.

polaina s.f. Prenda de paño o cuero, que cubre la pierna desde el pie a la rodilla y que se abrocha por fuera o se ajusta al pie con una tira.

polar adj. Relativo a los polos de la Tierra.

polaridad s.f. Propiedad que tiene un cuerpo magnético de orientarse en dirección norte o sur dentro de un campo magnético.

polarizar v.tr. **1** Modificar los rayos luminosos por medio de la refracción o la reflexión. **2** Acumular en dos partes determinadas de un cuerpo cargas eléctricas opuestas. **3** Concentrar una persona la atención o el ánimo en una cosa determinada.

polaroid s.f. **1** Cámara fotográfica que realiza fotografías instantáneas. **2** Fotografía realizada con esta cámara.

polca s.f. **1** Baile de pareja originario del centro de Europa, de movimiento rápido. **2** Composición musical con que se acompaña este baile.

pólder (pl. pólders o pólderes) s.m. Terreno pantanoso que se ha ganado al mar y que se dedica al cultivo.

polea s.f. Rueda giratoria que tiene en el borde un canal por el que se hace pasar una cuerda o un cable y que sirve para levantar cuerpos con facilidad.

polémica s.f. Discusión o enfrentamiento entre dos o más personas que defienden opiniones contrarias, especialmente por escrito.

polémico, a adj. Que provoca críticas o protestas.

polemizar v.intr. Sostener una polémica.

polemología s.f. Estudio de la guerra y de sus formas, causas y efectos como fenómeno social.

polen s.m. Conjunto de granos contenidos en los estambres, que contienen las células masculinas de la flor.

poleo s.m. **1** Planta de hojas pequeñas, verdes y de olor agradable, que tiene unas flores de color azulado o morado formando racimos. **2** Hojas secas de esta planta que se usan para hacer infusión. **3** Infusión que se hace con estas hojas.

poliamida s.f. Compuesto químico que se utiliza en la industria textil.

poliandria s.f. Estado de la mujer que está casada con más de un hombre.

policarbonato s.m. Plástico que se emplea en la fabricación de gran cantidad de objetos.

polichinela s.m. Personaje burlesco de teatro que tiene la nariz grande y arqueada, y una joroba por delante y por detrás.

policía s.f. **1** Conjunto de personas y medios a las órdenes de las autoridades políticas, que se encarga de vigilar el mantenimiento del orden público, la seguridad de los ciudadanos y el cumplimiento de las leyes. ◆ s.m. y f. **2** Persona que se dedica a vigilar el mantenimiento del orden público, la seguridad de los ciudadanos y el cumplimiento de las leyes.

policíaco, a o **policiaco, a** adj. **1** Relativo a la policía. **2** Se dice del género novelístico o cinematográfico que basa su argumento en la investigación de casos criminales y misteriosos.

policial adj. Relativo a la policía.

policlínica s.f. Centro médico privado que ofrece el servicio de distintas especialidades.

policoral adj. Se dice de la composición musical que es ejecutada por dos o tres grupos de músicos o cantantes.

policromar v.tr. Pintar una cosa de varios colores, especialmente esculturas, tallas, etc.

policromía s.f. Cualidad de policromo.

policromo, a o **polícromo, a** adj. Que tiene varios colores.

policultivo s.m. Sistema de cultivo que consiste en dedicar toda la tierra disponible a producir diversas especies vegetales.

polideportivo, a adj. y s.m. Se dice de la instalación que está acondicionada para practicar distintos deportes.

poliedro s.m. Cuerpo geométrico limitado por polígonos llamados caras.

poliéster s.m. Resina plástica muy resistente a la humedad y a los productos químicos.

polietileno s.m. Plástico que se emplea en la fabricación de gran cantidad de objetos de uso corriente.

polifacético, a adj. **1** Se dice de la persona que realiza varias actividades distintas. **2** Que tiene varias facetas o aspectos.

polifásico, a adj. Se dice de la corriente eléctrica alterna que está constituida por la combinación de varias corrientes monofásicas con distinta fase.

polifonía s.f. Música que combina armónicamente los sonidos de dos o más voces o instrumentos de diferente altura.

polifónico, a adj. Relativo a la polifonía.

polifonista s.m. y f. Compositor de música polifónica.

poligamia s.f. Estado civil o situación de la persona que está casada o convive con dos o más personas.

polígamo, a adj. y s. **1** Se dice de la persona que está casada o convive con dos o más personas. **2** Se dice del animal macho que se aparea con dos o más hembras de su especie. ◆ adj. **3** Se dice de la planta que tiene flores masculinas, femeninas y hermafroditas.

polígloto, a o **poligloto, a** adj. y s. **1** Se dice de la persona que habla varias lenguas. ◆ adj. **2** Que está escrito en varias lenguas. **OBS** Doble masculino: **polígloto** o **políglota**.

poligonal adj. **1** Relativo al polígono. **2** Se dice del prisma y la pirámide que tienen por base un polígono.

polígono s.m. **1** Figura geométrica plana y cerrada limitada por tres o más segmentos llamados lados. **2** Superficie de terreno limitada y destinada a fines administrativos, industriales, militares o de otro tipo.

polilla s.f. **1** Mariposa de pequeño tamaño, grisácea, de alas estrechas y antenas casi verticales, que suele volar por la noche. **2** Larva o gusano de esta mariposa. **3** Cosa que progresivamente va destruyendo otra.

polimerización s.f. Reacción química en la que varias moléculas se combinan para formar otra, de elevado peso molecular.

polímero s.m. Compuesto químico formado por polimerización.

polimétrico, a adj. Se dice de la estrofa o el poema con versos de diferente medida.

polímetro s.m. Aparato eléctrico que sirve para medir la diferencia de potencial entre dos puntos de un circuito.

polimorfo, a adj. Que tiene o puede tener varias formas.

polinización s.f. Proceso por el cual el polen es transportado desde el estambre de una flor hasta el estigma de otra para que se produzca la fecundación.

polinizar v.tr. Transportar el polen desde el estambre de una flor hasta el estigma de otra para que se produzca la fecundación.

polinomio s.m. Expresión algebraica formada por dos o más monomios.

polio s.f. Fam. Poliomielitis.

poliomielitis s.f. Enfermedad infecciosa producida por un virus que ataca la médula espinal.

polipasto s.m. Polispasto.

polipétalo, a adj. Que tiene muchos pétalos.

polipiel s.f. Material sintético que imita la piel.

pólipo s.m. **1** Masa de células que se forma y crece en los tejidos que cubren el interior de algunos conductos del cuerpo que se comunican con el exterior. **2** Animal invertebrado que posee tentáculos y vive sujeto al fondo del mar o a las rocas mediante un pedúnculo.

polipropileno s.m. Plástico de gran resistencia al desgaste.

políptico s.m. Obra pictórica o escultórica formada por un conjunto de paneles o tableros unidos entre sí.

polirritmia s.f. Ejecución de dos ritmos musicales diferentes de manera simultánea.

polis s.f. En la Antigüedad, comunidad independiente formada por una ciudad y su territorio.

polisacárido s.m. Glúcido formado por la unión de varios monosacáridos.

polisemia s.f. Fenómeno del lenguaje que consiste en que una misma palabra tenga varios significados.

polisémico, a adj. Que tiene más de un significado.

polisépalo, a adj. Que tiene muchos sépalos.

polisílabo, a adj. y s.m. Se dice de la palabra que tiene más de una sílaba.

polisíndeton s.m. Figura retórica que consiste en unir varios elementos lingüísticos mediante conjunciones, que no son necesarias.

polispasto o **polipasto** s.m. Sistema formado por dos grupos de poleas.

politécnico, a adj. Se dice del centro de enseñanza que engloba y trata varias ramas de la ciencia o de la técnica.

politeísmo s.m. Creencia religiosa que admite la existencia de varios dioses.

politeísta adj. **1** Relativo al politeísmo. ◆ s.m. y f. **2** Persona que cree en varios dioses.

política s.f. **1** Ciencia que trata del gobierno o la dirección de los estados, las ciudades o las colectividades en general. **2** Conjunto de acciones encaminadas a gobernar un estado, autonomía, ciudad, etc. **3** Actividad del conjunto de los ciudadanos que participa en los asuntos de un estado, una ciudad, una autonomía, etc., con su voto, sus peticiones, sus protestas o de otra forma. **4** Modo que tiene una entidad o una persona de llevar o dirigir sus asuntos. **5** Habilidad o diplomacia para tratar un asunto.

político, a adj. y s. **1** Se dice de la persona que se dedica a la política. ◆ adj. **2** Relativo a la política. **3** Se dice del parentesco por afinidad y no por consanguinidad. **4** Hábil o diplomático para tratar un asunto.

politizar v.tr. Dar contenido político a acciones o pensamientos que no lo tenían.

politonal adj. Se dice de la composición musical en la que se emplean dos o más tonalidades.

politraumatismo s.m. Conjunto de varias fracturas en el cuerpo.

poliuretano s.m. Sustancia sintética para fabricar plásticos, fibras sintéticas y resinas.

polivalente adj. **1** Que tiene varios valores. **2** Que puede ser usado con distintos fines. **3** Se dice del elemento químico que puede actuar con varias valencias.

polivinilo s.m. Sustancia sintética que se utiliza para fabricar materiales plásticos.

póliza s.f. **1** Documento que sirve para demostrar la validez de un contrato, en seguros, bolsa y en otros negocios. **2** Sello que el Estado obligaba a poner sobre ciertos documentos y que se usaba como impuesto.

polizón s.m. Persona que sube a un barco o un avión de forma clandestina.

polizonte s.m. Fam. y desp. Agente de policía.

polla s.f. **1** Gallina joven. **2** Vulg. ESP Pene.

pollería s.f. Establecimiento donde se venden huevos y aves comestibles.

pollero, a s. Persona que se dedica a criar o vender pollos.

pollino, a s. **1** Asno joven. ◆ adj. y s. **2** Persona poco inteligente o ignorante.

1. **pollo, a** s. **1** Cría de un ave, especialmente de la gallina. ◆ s.m. **2** Gallo o gallina joven, especialmente el destinado al consumo. **3** Fam. ESP Muchacho joven.

2. **pollo** s.m. Saliva o mucosidad que se escupe por la boca de una vez.

polluelo, a s. Cría de un ave.

1. **polo** s.m. **1** Extremo del eje alrededor del cual gira una esfera, especialmente cada uno de los dos polos de la Tierra. **2** Zona cercana a cada uno de los extremos del eje imaginario alrededor del cual gira la Tierra. **3** ESP Helado hecho con agua, colorante y azúcar, de forma alargada y con un palo que lo atraviesa para cogerlo. **4** Parte extrema de un cuerpo magnético, en la que se acumula gran energía. **5** Cada uno de los terminales, positivo y negativo, de un aparato eléctrico entre los cuales fluye una corriente eléctrica. **6** Lugar, cosa o persona que atrae la atención o el interés por algún motivo. ◇ **polo magnético** Cada uno de los puntos del globo terrestre situados en las regiones polares.

2. **polo** s.m. **1** Deporte en el que se enfrentan dos equipos de cuatro jinetes y que tiene como objetivo meter una pequeña pelota de madera en la meta del equipo contrario con mazos. **2** ESP Prenda de vestir con cuello, que cubre la parte superior del cuerpo hasta la cintura y tiene botones desde el cuello hasta el pecho. **GEOSIN** chomba.

pololear v.tr. **1** Fam. y desp. AMÉR Molestar e importunar a alguien insistentemente. **2** BOL, CH, COL, ECUAD Mantener dos personas una relación amorosa que no alcanza el nivel de compromiso del noviazgo. **3** CH Hacer bromas.

polonesa s.f. **1** Baile cortesano originario de Polonia. **2** Composición musical con que se acompaña este baile.

polonio s.m. Elemento químico de símbolo Po y número atómico 84 que pertenece al grupo de los anfígenos; es un metal raro muy tóxico y muy radiactivo.

poltrona s.f. Asiento bajo con brazos, ancho y cómodo.

poltronería s.f. Pereza, holgazanería.

polución s.f. **1** Contaminación intensa y dañina del agua, del aire o del medio ambiente. **2** Expulsión involuntaria de semen.

polvareda s.f. **1** Cantidad de polvo que se levanta de la tierra. **2** Alboroto de la opinión pública.

polvera s.f. Caja de pequeño tamaño que contiene polvos cosméticos y la borla con que se aplican.

polvillo s.m. AMÉR Nombre genérico dado a varios hongos que atacan los cereales.

polvo s.m. **1** Conjunto de partículas muy pequeñas que se levantan del suelo y flotan en el aire o caen sobre los objetos formando una capa de suciedad. **2** Conjunto de partes muy pequeñas que resultan de moler una sustancia sólida o de extraer toda el agua que contiene. **3** Vulg. Acto sexual. **4** Argot. Droga en forma de partículas muy pequeñas. ◆ **polvos** s.m.pl. **5** Producto hecho de partículas muy pequeñas que sirve para maquillarse la cara. ◇ **echar un polvo** Vulg. Realizar el acto sexual. ◇ **hacer polvo algo o a alguien** Fam. Dejar muy cansada o deprimida a una persona. □ Causar daño físico o moral. □ Destrozar una cosa. ◇ **morder el polvo** Fam. Ser vencida, derribada o humillada una persona.

pólvora s.f. Mezcla explosiva que se enciende a una determinada temperatura y arde desprendiendo una gran cantidad de gases.

polvoriento, a adj. Que está lleno o cubierto de polvo.

polvorín s.m. **1** Lugar preparado para guardar pólvora y otras sustancias explosivas. **2** Pólvora o mezcla de trozos de metal triturados con que se cargan las armas de fuego. **3** Lugar en el que hay una situación conflictiva.

polvorón s.m. Dulce de forma redonda hecho con harina, manteca y azúcar, que se deshace en polvo al comerlo.

pomada s.f. Mezcla hecha con grasa y otras sustancias, que se emplea como cosmético o como medicina de uso exterior.

pomelo s.m. **1** Árbol de tronco recto, copa redonda y fruto comestible. **2** Fruto de este árbol, de forma parecida a la naranja pero achatado, de color amarillo y sabor muy ácido.

pomo s.m. **1** Tirador redondo de una puerta o un mueble. **2** Recipiente pequeño de cristal o metal, que sirve para contener y conservar licores, aceites o perfumes. **3** Parte de la espada que está entre el puño y la hoja y que sirve para mantenerlos fuertemente unidos.

pompa s.f. **1** Burbuja de aire que se forma en un líquido. **2** Gran despliegue de medios que acompañan un acto importante o una ceremonia. ◇ **pompas fúnebres** Acto o ceremonia que se organiza en honor de un difunto.

pompi o **pompis** s.m. Fam. ESP Culo, trasero.

pompón s.m. Borla.

pomposo, a adj. **1** Que muestra un lujo y una riqueza excesivos. **2** Se dice del estilo o modo de expresión demasiado culto y rebuscado.

pómulo s.m. **1** Hueso saliente de la cara, situado bajo los ojos y a ambos lados de la nariz. **2** Parte de la cara que corresponde a este hueso.

ponchada s.f. **1** ARG, BOL, CH, PERÚ, URUG Gran cantidad de una cosa. **2** ARG, BOL, CH, PERÚ, URUG Cantidad de ponche.

ponche s.m. **1** Bebida alcohólica hecha con ron u otro licor, agua, limón y azúcar. **2** Bebida caliente hecha con leche, huevo, azúcar o frutas y ron u otro licor.

poncho s.m. Prenda de vestir de abrigo que consiste en una manta con una abertura en el centro para pasar la cabeza.

ponderación s.f. **1** Cuidado, consideración o mesura con que se hace o se dice una cosa. **2** Expresión exagerada de alabanza o elogio que se hace a una cosa o a una persona.

ponderado, a adj. Se dice de la persona que se comporta con tacto, consideración o mesura.

ponderar v.tr. **1** Considerar o examinar con cuidado un asunto. **2** Alabar de forma exagerada las buenas cualidades de una persona o cosa.

ponderativo, a adj. Que pondera o alaba exageradamente.

ponedero s.m. Nidal, nido.

ponedor, ra adj. Se dice del ave que pone huevos, especialmente la gallina.

ponencia s.f. Exposición sobre un tema concreto que se presenta ante una asamblea que debe discutir sobre ella.

ponente adj. y s.m. y f. Se dice de la persona que realiza una ponencia.

poner (36) v.tr. **1** Colocar o situar una cosa en un lugar. **2** Añadir una cosa a algo para completarlo o rellenarlo. **3** Disponer o preparar una cosa con un fin determinado. **4** Hacer uso de una cualidad o de una habilidad con un fin determinado. **5** Adoptar un gesto o una expresión, especialmente en la cara, para expresar un estado de ánimo o una manera de ser. **6** Hacer que funcione un aparato eléctrico apretando el botón que lo activa. **7** Establecer o instalar un negocio. **8** Considerar o suponer una cosa como cierta. **9** Escribir alguna cosa en un lugar. **10** Representar una obra de teatro o proyectar una película o un programa sobre una pantalla. **11** Exponer una cosa a la acción de un agente determinado. **12** Dejar que un asunto lo decida o lo resuelva otra persona. **13** Dar un nombre o apodo a una persona o animal. **14** Imponer o señalar una obligación a alguien. **15** Utilizar a una persona o cosa que se expresa para un fin determinado. **16** Considerar de la manera que se expresa a una persona. **17** Dar una nota o calificación a alguien. **18** Aportar una cosa o una cierta cantidad de dinero. **19** Arriesgar una cantidad determinada de dinero, especialmente en un juego o una apuesta. ◆ **v.impersonal 20** Haber una cosa escrita en algún lugar. ◆ **v.tr. 21** Soltar un ave sus huevos. **22** Colocar o ajustar una prenda u adorno en el cuerpo de una persona o en parte de él. **23** Situar a una persona en un lugar o posición determinada. **24** Untar o aplicar una sustancia sobre algo. **25** Dedicar a una persona a un empleo o profesión. **26** Hacer que una persona o una cosa adquiera un estado o una condición determinados. ◆ **ponerse v.prnl. 27** Mancharse una persona o una cosa con algo. **28** Hartarse de comer una persona. **29** Fam. Enfrentarse con una persona. **30** Ocultarse un astro. **31** Llegar a un lugar determinado. **32** Fam. Empeñarse en una cosa.

póney (pl. poneis) s.m. Poni.

poni s.m. Caballo de poca alzada y pelo generalmente largo.

poniente s.m. **1** Punto cardinal situado en el lado por donde se oculta el Sol. □ Se escribe normalmente con mayúscula inicial. **2** Parte de un lugar situada hacia este punto. **3** Viento que sopla desde este punto.

pontevedrés, sa adj. y s. De Pontevedra.

pontífice s.m. Sacerdote cristiano de grado más elevado que gobierna una diócesis.

pontón s.m. **1** Puente hecho de maderos que sirve para pasar un río pequeño. **2** Barco con su parte anterior de forma redonda, que se usa para pasar ríos, construir puentes y limpiar el fondo de un río o un puerto con ayuda de máquinas. **3** Barco viejo que, amarrado en un puerto, sirve de almacén, hospital o cárcel.

ponzoña s.f. **1** Sustancia venenosa. **2** Doctrina que se considera un veneno moral para la sociedad.

pop s.m. Estilo musical que tiene elementos de la música rock y de la música popular británica.

pop art s.m. Tendencia artística caracterizada por la representación de imágenes relacionadas con los medios de masas.

popa s.f. Parte trasera de una embarcación.

pope s.m. Sacerdote de la Iglesia ortodoxa.

populachero, a adj. **1** Relativo al populacho. **2** Desp. Que halaga al populacho.

populacho s.m. Desp. Conjunto de personas del nivel social y cultural más bajo.

popular adj. **1** Que pertenece al pueblo. **2** Que tiene su origen en el pueblo. **3** Que pertenece a las clases más bajas de la sociedad. **4** Que tiene aceptación y fama entre la mayoría de la gente. **5** Se dice de la persona que tiene a favor muchos amigos o personas. **6** Que está al alcance de las personas de escasa formación cultural. **7** Barato y al alcance de las personas con menos medios económicos. ◆ **adj. y s.m. y f. 8** Seguidor o miembro del Partido Popular.

popularidad s.f. Aceptación y fama que tiene una persona o una cosa entre la mayoría de la gente.

popularizar v.tr. Dar carácter popular.

populismo s.m. **1** Tendencia o afición a lo popular. **2** Teoría y práctica políticas que se presentan como defensoras de los intereses del pueblo.

populista adj. **1** Relativo al populismo. ◆ **adj. y s.m. y f. 2** Partidario del populismo.

popurrí s.m. **1** Conjunto de fragmentos de varias piezas musicales enlazadas entre sí formando una sola composición. **2** Mezcla de cosas diferentes, especialmente si es extraña o confusa.

póquer o **póker** s.m. **1** Juego de cartas o dados que consiste en combinar de diversas formas cinco cartas o dados del mismo valor o del mismo color. **2** En este juego, combinación de cuatro cartas o dados del mismo valor.

por prep. **1** Indica el lugar a través del cual se pasa. **2** Indica un lugar o una fecha de manera aproximada. **3** Indica una parte o lugar concreto. **4** Indica el espacio de tiempo en que sucede o se realiza una cosa. **5** Indica la causa o razón de algo. **6** Indica medio o instrumento a través del cual se hace una cosa. **7** Indica el modo en que se hace una cosa. **8** Indica la finalidad de una acción. **9** Indica el precio o el valor de una cosa o lo que se obtiene, se da o se sustituye en un intercambio. **10** Indica la proporción de una cantidad. **11** Se usa para multiplicar cantidades. **12** Introduce el complemento agente de una oración pasiva. **13** Indica que una cantidad se reparte con igualdad. **14** Indica la persona o la cosa en favor o en defensa de la cual se hace algo. **15** Indica que la persona que se expresa no se opone a una acción determinada. **16** Indica la calidad o condición en que actúa o se considera una cosa. **17** Indica que se va a buscar o recoger una cosa. **18** Indica separación de los elementos de una serie. **19** Introduce muchas locuciones adverbiales. ◆ **s.m. 20** Signo que indica multiplicación de cantidades; se representa x. ◇ **por qué** Se usa para preguntar la causa o razón de algo.

porcelana s.f. **1** Loza fina, traslúcida y brillante, que se usa para hacer objetos de adorno. **2** Objeto hecho con este material. **3** Esmalte de color blanco azulado que usan los plateros.

porcentaje s.m. Proporción de una cantidad respecto de otra, evaluada sobre cien.

porche s.m. Espacio exterior cubierto que hay a la entrada de algunos edificios.

porcino, a adj. Relativo al cerdo.

porción s.f. **1** Cantidad separada de otra mayor o de una cosa que puede ser dividida. **2** Parte que corresponde a cada persona al repartir una cosa.

pordiosero, a s. Mendigo.

porexpán s.m. Material artificial parecido al corcho, bastante rígido, de color blanco que se emplea como aislante y para embalajes.

porfía s.f. Acción de porfiar.

porfiado, a adj. y s. Terco, obstinado.

porfiar (1e) v.intr. **1** Discutir de manera obstinada y tenaz. **2** Pedir una cosa de forma repetida, insistiendo hasta molestar. **3** Insistir en una acción para lograr una cosa difícil.

porífero adj. y s.m. **1** Se dice del invertebrado acuático en forma de saco, con el cuerpo cubierto por poros. ◆ **poríferos** s.m.pl. **2** Grupo taxonómico, con categoría de filo, constituido por estos animales.

pormenor s.m. **1** Detalle o circunstancia particular de un asunto. **2** Detalle poco importante de un asunto.

pormenorizar v.tr. Describir o referir una cosa con todo detalle o minuciosamente.

porno adj. **1** Fam. Pornográfico. □ Invariable en número. ◆ s.m. **2** Fam. Pornografía.

pornografía s.f. **1** Conjunto de rasgos o características de las obras literarias o artísticas que presentan o describen actos sexuales con realismo o dureza. **2** Obra artística que presenta o describe actos sexuales con realismo.

pornográfico, a adj. **1** Que presenta o describe actos sexuales con realismo o dureza. **2** Relativo a la pornografía.

poro s.m. **1** Agujero muy pequeño de la piel por donde se expulsan el sudor y las toxinas. **2** Agujero pequeño que hay en la superficie de las plantas por el que pasa el vapor de agua y los gases.

poroso, a adj. Que tiene poros.

poroto s.m. **1** AMÉR SUR Planta leguminosa de tallo delgado y en espiral, hojas grandes, flores blancas o amarillas y fruto en vaina. **GEOSIN** alubia, fríjol, habichuela, judía. **2** AMÉR SUR Fruto comestible de esa planta, con forma de vaina flexible y alargada que encierra las semillas en hilera. **GEOSIN** alubia, chaucha, ejote, fríjol, habichuela, judía. **3** AMÉR SUR Semilla comestible contenida en esta vaina, de color blanco o rojizo y forma arriñonada. **GEOSIN** alubia, fríjol, habichuela, judía. **4** AMÉR Guiso preparado con esta legumbre.

porque conj. **1** Se usa para introducir la causa o razón que explica una determinada acción. **2** Se usa para indicar finalidad.

porqué s.m. Motivo o razón.

porquería s.f. **1** Suciedad o basura que hay en un lugar. **2** Acción que atenta contra la moral, especialmente en el plano sexual. **3** Cosa sucia o que mancha. **4** Cosa mal hecha o de poco valor.

porqueriza s.f. Lugar cubierto en el que se encierra a los cerdos.

porra s.f. **1** Palo con un extremo muy abultado o en forma de bola que se usa para golpear. **2** Objeto en forma de palo cilíndrico corto que usan como arma la policía y otros cuerpos de seguridad. **3** ESP Masa de harina de forma alargada que se fríe en aceite y se cubre de azúcar o chocolate. **4** ESP Apuesta que se hace entre varias personas y que gana quien acierta un número o un resultado.

porrada s.f. Fam. Cantidad grande o abundante de una cosa.

porrazo s.m. **1** Golpe dado con una porra o con otro objeto. **2** Golpe fuerte que recibe una persona al caer o chocar contra un cuerpo duro.

porrillo ◇ **a porrillo** loc. Fam. ESP Expresión que indica que una cosa existe o se da en gran abundancia o cantidad.

porro s.m. Cigarro que contiene droga, generalmente hachís o marihuana, mezclada con tabaco.

porrón s.m. Recipiente de cristal, con el cuello estrecho y la base ancha, de la que sale un tubo largo en forma de cono y que sirve para beber a chorro.

portaaviones o **portaviones** s.m. Buque de grandes dimensiones cuya cubierta está preparada para que puedan despegar y aterrizar aviones.

portabilidad s.f. Servicio de telefonía que permite a los usuarios cambiar de compañía sin renunciar a su número de teléfono.

portada s.f. **1** Primera página de un periódico o de una revista. **2** Página inicial de un libro en la que aparece el título, el nombre del autor y el lugar y fecha de impresión. **3** Fachada o cara principal de un edificio. **4** Adorno arquitectónico que se coloca alrededor de una puerta o en la fachada de un edificio.

portador, ra adj. y s. **1** Que porta o lleva. ◆ s.m. **2** Persona que tiene en su poder un documento público o un valor comercial que le da ciertos derechos por el simple hecho de poseerlo.

portaequipaje o **portaequipajes** s.m. **1** Espacio cerrado de un automóvil destinado a llevar maletas y otros objetos. **2** Estructura metálica que se coloca sobre el techo de un automóvil y sirve para llevar maletas y bultos; tiene forma de parrilla.

portafolio o **portafolios** s.m. Cartera o carpeta de forma rectangular y plana que se usa para guardar y llevar papeles.

portal s.m. **1** Parte de un edificio que está a continuación de la puerta principal. **2** Conjunto de arcos y columnas que están situados a lo largo de un muro o alrededor de una plaza.

portalámpara o **portalámparas** s.m. Pieza metálica en la que se enrosca el casquillo de una bombilla para conectarla a la electricidad.

portalón s.m. **1** Puerta grande. **2** Abertura en forma de puerta que se hace en el costado de un buque.

portaminas s.m. Lápiz de mina recambiable.

portaobjeto o **portaobjetos** s.m. Plaquilla de cristal sobre la que se pone un objeto para observarlo con el microscopio.

portapapeles s.m. Área para copiar información y pasarla de un programa a otro.

portar v.tr. **1** Formal. Llevar una cosa. ◆ v.prnl. **2 portarse** Tener un comportamiento o actitud determinados.

portarretrato o **portarretratos** s.m. Marco con un soporte para colocar retratos.

portátil adj. **1** Se dice del objeto que es fácil de transportar. ◆ s.m. **2** Ordenador portátil.

portaviones s.m. Portaaviones.

portavoz s.m. y f. Persona que es elegida para representar a un grupo y hablar en su nombre.

portazo s.m. Golpe fuerte que da una puerta al cerrarse.

porte s.m. **1** Transporte de una mercancía de un lugar a otro. **2** Cantidad de dinero que se paga por transportar una mercancía de un lugar a otro. □ Suele usarse en plural con valor singular. **3** Aspecto que muestra una persona y que se hace evidente en sus gestos, su modo de vestir, su educación o su comportamiento.

portear v.tr. Llevar o transportar una cosa de un lugar a otro a cambio de un dinero.

portento s.m. **1** Cosa o hecho extraordinario. **2** Persona que sobresale por tener una cualidad extraordinaria.

portentoso, a adj. Que produce gran admiración, por ser extraño, novedoso o singular.

porteño, a adj. y s. Bonaerense.

portería s.f. **1** Parte inmediata a la puerta principal de una casa o un edificio desde donde vigila el portero. **2** Vivienda del portero a la que se accede desde esta parte. **3** Cuarto o garita del portero de un edificio. **4** En ciertos deportes, armazón formado por dos palos verticales, uno horizontal y una red al fondo en el que debe entrar la pelota para marcar un tanto.

portero, a s. **1** Persona que se dedica a la vigilancia y mantenimiento de la parte no habitable de un edificio. **2** Persona que juega en un equipo deportivo y defiende la portería de su equipo. ◇ **portero automático** o **portero electrónico** Mecanismo electrónico que sirve para abrir la puerta principal de un edificio desde el interior de una vivienda.

pórtico s.m. **1** Espacio exterior cubierto y con columnas que se construye en la parte delantera de un edificio. **2** Conjunto de arcos y columnas que están situados a lo largo de un muro o alrededor de una plaza.

portorriqueño, a adj. y s. De Puerto Rico.

portuario, a adj. Relativo al puerto de mar.

portugués, sa adj. y s. **1** De Portugal. ◆ s.m. y adj. **2** Lengua románica que se habla principalmente en Portugal y en Brasil.

portuguesismo s.m. Palabra o modo de expresión propio de la lengua portuguesa y que se usa en otro idioma.

portuñol s.m. Variedad lingüística en la que se mezclan elementos de las lenguas española y portuguesa.

porvenir s.m. **1** Tiempo o suceso futuro. **2** Situación o desenvolvimiento profesional de una persona en el futuro.

pos de algo ◇ **en pos de algo** loc. Con el objetivo de conseguir determinada cosa.

posada s.f. **1** Establecimiento que hospeda a las personas que viajan o van de paso y donde pueden dormir y comer. **2** Alojamiento que se da a una persona.

posaderas s.f.pl. Fam. Nalgas.

posadero, a s. Persona que es dueña de una posada o que está a su cargo.

posar v.intr. **1** Colocarse una persona en una posición determinada para retratarse o servir de modelo a un fotógrafo, un pintor, etc. **2** Adoptar una actitud fingida o exagerada con la que se intenta producir un efecto determinado. ◆ v.tr. **3** Poner suavemente una cosa sobre otra. ◆ **posarse** v.prnl. **4** Detenerse en un lugar las aves, los insectos o los aparatos aeronáuticos, después de haber volado. **5** Caer y acumularse en el fondo de un líquido la materia sólida que está flotando en él. **6** Caer el polvo que está suspendido en el aire.

posavasos s.m. Objeto plano que se pone debajo de un vaso para evitar que se manche la mesa o el mantel.

posdata o **postdata** s.f. Frase o mensaje que se añade al final de una carta ya firmada.

pose s.f. **1** Postura o posición que adopta una persona que va ser fotografiada, retratada o pintada. **2** Actitud fingida o exagerada.

poseedor, ra adj. y s. Que posee una cosa.

poseer (26) v.tr. **1** Tener una cosa o ser dueño de ella. **2** Disponer de una cosa o contar con ella. **3** Tener conocimientos suficientes de un arte, un idioma, una ciencia, etc. **4** Tener relaciones sexuales con una persona.

poseído, a adj. y s. **1** Dominado por un impulso, un sentimiento apasionado o un determinado estado de ánimo. **2** Poseso. **3** Que se comporta con superioridad y engreimiento.

posesión s.f. **1** Hecho o acto de poseer una cosa, tenerla o ser dueño de ella. **2** Cosa que tiene o posee una persona. **3** Hecho de entrar un espíritu en el cuerpo de una persona y dominar su carácter y su voluntad.

posesivo, a adj. **1** Se dice de la persona que tiene un carácter muy absorbente y pretende tener siempre cerca a las personas que quiere. ◆ adj. y s.m. **2** Se dice del adjetivo y pronombre que expresan posesión o pertenencia.

poseso, a adj. y s. Se dice de la persona que está dominada por un espíritu maligno.

posgrado s.m. Estudios universitarios posteriores a la licenciatura.

posguerra o **postguerra** s.f. Período inmediatamente posterior al final de una guerra.

posibilidad s.f. **1** Circunstancia u ocasión de que una cosa ocurra o suceda. **2** Cosa que es posible que ocurra o suceda. **3** Opción que tiene una persona de hacer o no hacer una cosa. ◆ **posibilidades** s.f.pl. **4** Conjunto de medios, bienes o riquezas de los que se dispone para hacer algo.

posibilitar v.tr. Hacer que una cosa sea posible.

posible adj. **1** Que puede ser o suceder o que se puede realizar. ◆ **posibles** s.m.pl. **2** Conjunto de medios, bienes o riquezas de los que se dispone para hacer algo.

posición s.f. **1** Manera de estar o colocarse físicamente una persona, un animal o un objeto. **2** Lugar o situación que ocupa una persona o una cosa. **3** Manera de pensar o de actuar. **4** Condición social o económica. **5** Punto situado en un lugar estratégico y ventajoso para realizar ciertas operaciones militares.

posicionar v.tr. **1** Colocar a una persona o cosa en una posición determinada. **2** Situar a una persona en una posición o actitud ideológica determinada. ◆ **posicionarse** v.prnl. **3** Adoptar una posición, actitud o postura determinadas.

posimpresionismo s.m. Postimpresionismo.

positivismo s.m. **1** Actitud realista y práctica de una persona ante la vida. **2** Doctrina filosófica y científica que considera que el único medio de conocimiento es la experiencia.

positivista adj. **1** Relativo al positivismo. ◆ adj. y s.m. y f. **2** Se dice de la persona positiva ante la vida. **3** Partidario del positivismo.

positivo, a adj. **1** Que indica o expresa afirmación. **2** Que es cierto, real o que no ofrece duda alguna. **3** Que indica la presencia o la existencia de una cosa y no la falta de ella. **4** Útil, práctico o favorable. **5** Que tiende a ver y juzgar las cosas en su aspecto mejor o más agradable. **6** Se dice del polo de un generador que atrae los electrones. **7** Se dice del adjetivo que presenta una cualidad del sustantivo en grado neutro. **8** Se dice del número que es mayor que cero. ◆ s.m. y adj. **9** Copia fotográfica que reproduce los claros y oscuros tal y como aparecen en la realidad.

positrón s.m. Partícula que tiene igual masa eléctrica que el electrón y carga positiva.

poso s.m. **1** Sedimento de un líquido. **2** Señal o huella que queda en el espíritu tras haber sufrido.

posología s.f. Parte de la medicina que se ocupa de las dosis en que deben administrarse los medicamentos.

posoperatorio, a ▷ postoperatorio, a.

posparto o **postparto** adj. **1** Que afecta a la mujer después del parto. □ Invariable en número. ◆ s.m. **2** Período que sigue al parto.

posponer (36) v.tr. **1** Aplazar algo. **2** Poner una cosa detrás de otra.

posposición s.f. **1** Acción de posponer. **2** Retraso o aplazamiento.

pospuesto, a Participio irregular de posponer.

posromanticismo o **postromanticismo** s.m. Movimiento cultural que sigue al Romanticismo y que conserva algunos de sus rasgos y características.

posta s.f. **1** Conjunto de caballerías de refresco que relevaban a las que ya venían cansadas. **2** Lugar o casa donde estaba este conjunto de caballerías. **3** Bala pequeña de plomo que sirve de munición para cargar las armas de fuego. ◇ **a posta** Adrede.

postal adj. **1** Relativo al servicio de correos. **2** Que se envía por correo. ◆ **adj. y s.f. 3** Se dice de la tarjeta que se envía por correo sin sobre y tiene en una de sus caras una fotografía o un dibujo.

postdata s.f. Posdata.

poste s.m. **1** Madero, piedra o columna alargado que se coloca de forma vertical para servir de apoyo o señal. **2** Palo vertical que hay a los lados de una portería en algunos deportes.

póster s.m. Cartel con una imagen o una fotografía que se cuelga en una pared.

postergación s.f. Acción de postergar.

postergar v.tr. **1** Formal. Dejar una cosa para hacerla después de otra a la que debería preceder. **2** Colocar a una persona o una cosa en un lugar inferior al que le corresponde.

posteridad s.f. **1** Conjunto de personas que pertenecen a las generaciones futuras. **2** Fama que se tiene después de la muerte.

posterior adj. **1** Que está después en el tiempo o el espacio. **2** Que está situado en la parte de atrás de una cosa vista frontalmente. **3** Se dice del fonema o sonido que se articula en la parte trasera de la cavidad bucal.

posteriori ◇ **a posteriori** loc. Expresión latina que se usa para indicar que una cosa se juzga después de haber sucedido.

posterioridad s.f. Circunstancia de ser una cosa posterior a otra.

postguerra s.f. Posguerra.

postigo s.m. **1** Puerta de madera que se coloca en la parte exterior o interior de una ventana o balcón para resguardar de la luz, del agua, del frío, etc. **2** Puerta de una sola hoja, que se asegura con cerrojo, con llave, etc. **3** Puerta pequeña que está incluida en otra más grande.

postimpresionismo o **posimpresionismo** s.m. Época de finales del siglo XIX, posterior al impresionismo, que rechaza los postulados de este movimiento pictórico.

postín s.m. **1** Elegancia y distinción. **2** Actitud arrogante y afectada. ◇ **de postín** Rico, lujoso y elegante.

postizo, a adj. **1** Que es añadido o imitado y puede sustituir de manera artificial a una cosa natural y propia. ◆ s.m. **2** Pelo o cabellera artificial o natural que sirve para aumentar el volumen de un peinado.

postónico, a adj. Se dice del elemento que sigue a la sílaba tónica de una palabra.

postoperatorio, a o **posoperatorio, a** adj. **1** Posterior a una operación quirúrgica. ◆ s.m. **2** Período que sigue a una intervención quirúrgica y que requiere una atención y vigilancia especial del paciente.

postor, ra s. Persona que puja por un objeto en una subasta.

postparto ▷ posparto.

postración s.f. Estado de abatimiento o decaimiento en que se encuentra una persona.

postrar v.tr. **1** Quitar a una persona la energía y la fuerza física y moral. ◆ **postrarse** v.prnl. **2** Ponerse una persona de rodillas ante otra en señal de respeto, súplica, adoración o humillación.

postre s.m. Alimento que se toma al final de una comida, generalmente fruta o dulces. ◇ **a los postres** En la situación que se da al final de una comida o de un acto o celebración.

postrimería s.f. **1** Último período o últimos años de la vida de una persona. **2** Última parte de un período o de una época.
OBS Suele usarse en plural con valor singular.

postromanticismo s.m. Posromanticismo.

postulación s.f. Postulado.

postulado s.m. Principio que se admite como cierto sin necesidad de ser demostrado y que sirve como base para otros razonamientos.

postular v.tr. **1** Defender una idea o un principio de interés general. ◆ v.intr. **2** Pedir dinero para utilizarlo con fines benéficos o religiosos.

póstumo, a adj. Que nace o sale a la luz después de la muerte del padre o del autor.

postura s.f. **1** Manera de estar o colocarse físicamente una persona, un animal o un objeto. **2** Manera de pensar o de actuar. **3** Cantidad de dinero que se ofrece en una subasta por una cosa. **4** Conjunto de huevos que pone un ave de una sola vez.

potabilizar v.tr. Hacer potable.

potable adj. **1** Se dice del agua que se puede beber. **2** Fam. Que puede ser admitido o aceptado como bueno.

potaje s.m. **1** Guiso de caldo, verduras y legumbres. **2** Mezcla de cosas distintas.

potasa s.f. Hidróxido de potasio.

potasio s.m. Elemento químico de símbolo K y número atómico 19; es un metal alcalino, muy reactivo, de color plateado, blando y ligero.

pote s.m. **1** Recipiente redondo de pequeño tamaño que sirve para beber o contener diferentes sustancias. **2** Fam. Olla.

potencia s.f. **1** Capacidad para realizar una acción o producir un efecto determinado. **2** Poder y fuerza con que cuenta un estado para imponerse a los demás. **3** País o nación que tiene un gran poder político o económico a escala internacional. **4** Trabajo realizado por una fuerza en la unidad de tiempo. **5** Resultado de dividir el trabajo eléctrico realizado por una máquina por el tiempo empleado en realizarlo. **6** Posibilidad o capacidad que tiene una cosa de convertirse en otra. **7** Producto que resulta de multiplicar un número por sí mismo una o varias veces. **8** Facultad de las tres que componen el alma en la religión católica. ◇ **en potencia** Que no es o no existe, pero tiene posibilidad de ser o de existir en el futuro.

potencial adj. **1** Que no es o no existe, pero tiene la posibilidad de ser o de existir en el futuro. ◆ s.m. **2** Fuerza o poder del que se dispone para lograr un fin. **3** Energía que tiene un cuerpo al estar situado en un campo de fuerzas. **4** Tiempo del verbo que sirve para expresar una acción futura en relación con el pasado o probabilidad.

potenciar (1d) v.tr. **1** Comunicar fuerza o energía a una cosa. **2** Aumentar la fuerza o el poder de una cosa. **3** Impulsar algo.

potenciómetro s.m. Aparato que sirve para medir la diferencia de potencial en un circuito.

potentado, a s. Persona rica y poderosa.

potente adj. **1** Que tiene mucha potencia. **2** Que tiene riquezas, autoridad e importancia. **3** Muy grande o desmesurado.

potestad s.f. Formal. Poder o autoridad que se tiene sobre una persona o una cosa.

potingue s.m. **1** Medicamento oral o ungüento. □ Frec. despectivo. **2** Producto cosmético de belleza que tiene una textura cremosa. **3** Comida o bebida de aspecto, sabor u olor extraños.

potito s.m. Pote de cristal que contiene alimentos para niños pequeños.

poto s.m. Planta trepadora que tiene las hojas en forma de corazón.

potosí (pl. potosíes) s.m. Riqueza extraordinaria o muy grande. ◇ **valer un potosí** Tener una persona o una cosa un gran valor.

potra s.f. Fam. ESP Suerte favorable que tiene una persona.

potro, a s. **1** Cría de la yegua desde que nace hasta que cambia los dientes de leche. ◆ s.m. **2** Plinto. **3** Aparato antiguo de tortura en el que se sentaba e inmovilizaba a los procesados.

poyo s.m. ESP Banco de piedra u otro material pegado a una pared o junto a la puerta.

poza s.f. **1** Hueco de un terreno donde se acumula el agua. **2** Parte de un río que tiene más profundidad.

pozo s.m. **1** Agujero profundo que se hace en la tierra para sacar el agua que procede de manantiales subterráneos. **2** Agujero que se hace en la tierra para bajar a una mina. **3** Persona o cosa que posee en abundancia la cualidad que se expresa. **4** Parte de un río que tiene más profundidad. ◇ **pozo negro** Agujero para acumular las aguas sucias y residuales. ◇ **pozo sin fondo** Persona o cosa a la que se da algo y cada vez reclama o necesita más.

práctica s.f. **1** Realización de una actividad de una forma continuada y conforme a sus reglas. **2** Habilidad o experiencia que se adquiere con la realización continuada de una actividad. **3** Aplicación de una idea, teoría o doctrina. **4** Uso continuado o habitual que se hace de una cosa. **5** Ejercicio o prueba que se hace bajo la dirección de un profesor para conseguir habilidad o experiencia en una profesión o trabajo.

practicable adj. **1** Factible. **2** Transitable.

prácticamente adv. **1** De manera experimentada o con el uso. **2** En la práctica o en la realidad. **3** Casi o por poco.

practicante adj. y s.m. y f. **1** Se dice de la persona que profesa y practica una religión. ◆ s.m. y f. **2** Persona titulada para ejercer operaciones de cirugía menor.

practicar v.tr. **1** Realizar de forma continuada una actividad. **2** Hacer o realizar una cosa. **3** Repetir varias veces una cosa que se ha aprendido para adquirir habilidad o experiencia sobre ella. **4** Profesar y aplicar los principios e ideas de una religión.

práctico, a adj. **1** Muy útil. **2** Relativo a la práctica. **3** Se dice de la persona que tiene experiencia y habilidad para hacer una cosa determinada. **4** Se dice de la persona que tiene un concepto de la vida muy realista. ◆ s.m. **5** Persona que dirige o conduce una embarcación en las maniobras difíciles o complicadas.

pradera s.f. **1** Campo extenso, llano y con hierba. **2** Conjunto de prados.

prado s.m. Terreno llano y muy húmedo donde crece o se cultiva la hierba.

pragmática s.f. **1** Parte de la lingüística que estudia la relación del lenguaje con sus usuarios y con el contexto en que se realiza la comunicación. **2** Ley que promulgaba directamente el rey.

pragmático, a adj. **1** Relativo a la práctica. **2** Relativo a la pragmática. **3** Relativo al pragmatismo.

pragmatismo s.m. Doctrina filosófica que considera que el único medio de juzgar la verdad de algo es considerar sus efectos prácticos.

praguense adj. y s.m. y f. De Praga.

praliné s.m. Crema elaborada con chocolate y almendra o avellana molida.

prana s.m. En la práctica del yoga, fuerza o energía responsable del funcionamiento de nuestro cuerpo y de nuestra mente.

praseodimio s.m. Elemento químico de símbolo Pr y número atómico 59 de la familia de los lantánidos; es un metal raro, sólido, de color plateado.

praxis s.f. Actividad práctica.

preámbulo s.m. **1** Introducción a un discurso o escrito. **2** Rodeo o explicación que se da antes de decir claramente una cosa.

prebenda s.f. **1** Dinero o favor que se recibe por algunos cargos u oficios. **2** Oficio o empleo en el que se gana mucho y se trabaja poco.

precalentamiento s.m. Conjunto de ejercicios para calentar los músculos antes de hacer un gran esfuerzo físico.

precámbrico, a adj. y s.m. **1** Se dice de la era geológica más antigua; se extiende desde la formación de la corteza terrestre hace unos 4 500 millones de años hasta el comienzo de la vida en los mares hace unos 570 millones de años. ◆ adj. **2** Relativo a esta era geológica.

precariedad s.f. **1** Carencia o falta de los medios o recursos necesarios para algo. **2** Carencia o falta de estabilidad o seguridad.

precario, a adj. **1** Poco estable, seguro o duradero. **2** Que no tiene los medios o recursos necesarios o suficientes.

precarizar v.tr. Convertir en precaria una situación social o política.

precaución s.f. Medida de seguridad o de prevención que se toma para evitar que suceda una cosa que no es deseable.

precavido, a adj. Que actúa o se comporta con cautela y precaución.

precedente adj. **1** Que está o va delante en el tiempo o en el espacio. ◆ s.m. **2** Cosa, dicho o circunstancia del pasado que influye en hechos posteriores y sirve para juzgarlos, entenderlos o preverlos.

preceder v.tr. **1** Estar o ir delante en el tiempo o en el espacio. **2** Tener una persona o una cosa más importancia o superioridad que otra.

preceptivo, a adj. Que debe ser cumplido o acatado de manera obligatoria.

precepto s.m. Orden o mandato relativo a una conducta y establecido por una autoridad.

precesión s.f. Movimiento de un cuerpo que gira sobre su eje y, además, se traslada.

preciado, a adj. **1** Muy estimado o querido. **2** Que tiene mucho valor.

preciar (1d) v.tr. **1** Valorar a una persona o cosa. **2** Determinar el valor aproximado de algo. ◆ **preciarse** v.prnl. **3** Presumir de una cualidad.

precintar v.tr. **1** Poner un precinto a una cosa. **2** Mantener cerrado un lugar por orden judicial.

precinto s.m. Cuerda, tira de papel o de plástico u otro material que sirve para mantener cerrado algo.

precio s.m. **1** Cantidad de dinero que hay que pagar por una cosa. **2** Esfuerzo o sufrimiento que cuesta conseguir una cosa.

preciosidad s.f. Fam. Persona, animal o cosa que es muy bello y agradable a la vista.

preciosismo s.m. Tendencia al refinamiento en el estilo.

preciosista adj. **1** Relativo al preciosismo. ◆ adj. y s.m. y f. **2** Se dice del artista que tiende a aplicar el preciosismo en sus obras.

precioso, a adj. **1** Que tiene mucho valor. **2** Fam. Muy bello y agradable a la vista.

precipicio s.m. **1** Corte vertical y profundo de un terreno. **2** Ruina espiritual o material.

precipitación s.f. **1** Acción de precipitar o precipitarse. **2** Caída de agua en forma de partículas líquidas o sólidas que alcanzan el suelo. □ Suele usarse en plural con valor singular.

precipitado, a adj. **1** Que se hace o se dice de una manera apresurada. **2** Se dice de la persona que hace o dice las cosas de manera rápida o apresurada. ◆ s.m. **3** Sustancia sólida que se deposita en el fondo de un recipiente con una disolución.

precipitar v.tr. **1** Lanzar a una persona o una cosa desde un lugar alto. **2** Hacer que una cosa se haga o suceda de una manera más rápida, acelerada o apresurada. ◆ v.tr. e intr. **3** Hacer que una sustancia sólida suspendida en el líquido de una disolución se deposite en el fondo del recipiente. ◆ **precipitarse** v.prnl. **4** Hacer o decir una cosa de manera rápida o con mucha prisa y sin pensar en las consecuencias.

precisamente adv. **1** Con precisión. **2** Se usa para enfatizar que la cosa, persona o situación que se expresa es o ha de ser como se indica y no de otra manera.

precisar v.tr. e intr. **1** Necesitar a una persona o una cosa para un fin determinado. ◆ v.tr. **2** Expresar una cosa de un modo exacto y completo.

precisión s.f. Exactitud o determinación.

preciso, a adj. **1** Necesario o indispensable para un fin determinado. **2** Exacto o riguroso. **3** Fijo, puntual o determinado.

precocidad s.f. Cualidad de precoz.

precocinado, a adj. y s.m. Se dice del alimento que se compra ya cocinado y que solo hay que calentar para ser consumido.

preconcebir (31) v.tr. Pensar o proyectar una acción con anterioridad a su realización.

preconizar v.tr. Defender o apoyar una cosa que se considera buena o recomendable.

precoz adj. **1** Se dice del niño que destaca por tener cualidades morales o físicas superiores a las de su edad. **2** Que se da, se hace o se desarrolla antes del tiempo habitual.

precursor, ra adj. y s. Que precede o va delante en el tiempo o en el espacio.

predador, ra adj. y s. Se dice del animal que se alimenta de otros animales a los que mata.

predecesor, ra s. **1** Persona que precedió en un puesto o cargo a determinada persona. **2** Antepasado familiar.

predecir (37) v.tr. Anunciar un hecho que va a ocurrir en el futuro.

predela s.f. Parte inferior o banco horizontal de un retablo o un políptico.

predestinación s.f. Hecho de estar predestinado.

predestinar v.tr. **1** Decidir con anticipación el destino de una persona o de una cosa. **2** Elegir Dios a las personas que gozarán de la salvación o condenación eternas.

predeterminar v.tr. Determinar una cosa de una manera anticipada.

predicado s.m. **1** Cosa que se afirma o se niega de un sujeto en una proposición. **2** Función que desempeña el sintagma verbal como constituyente inmediato de la oración.

predicador, ra adj. y s. Se dice de la persona que enseña o da a conocer la palabra de Dios.

predicar v.tr. e intr. **1** Pronunciar un discurso o un sermón. **2** Propagar unas ideas o una doctrina. **3** Aconsejar o reprender a una persona. **4** Enunciar o expresar una característica acerca del sujeto de una oración gramatical.

predicativo, a adj. **1** En gramática, perteneciente al predicado. **2** Se dice del verbo que tiene significado pleno. ◆ adj. y s.m. **3** Se dice del complemento que funciona a la vez como atributo del sujeto y complemento del verbo.

predicción s.f. Acción de predecir o anunciar un hecho del futuro que va a ocurrir.

predicho, a Participio irregular de predecir.

predilección s.f. Preferencia o favoritismo que se muestra hacia una persona o cosa.

predilecto, a adj. Preferido de manera especial y preferente sobre otras personas o cosas.

predisponer (36) v.tr. **1** Influir en el ánimo de una persona para conseguir que tenga una actitud determinada ante algo. **2** Preparar con anticipación una cosa para conseguir un fin determinado.

predisposición s.f. Inclinación o actitud que se tiene ante una cosa.

predispuesto, a **1** Participio irregular de predisponer. ◆ adj. **2** Se dice de la persona que tiene el ánimo preparado o dispuesto para adoptar una determinada actitud.

predominante adj. Más importante, más característico o más numeroso entre los elementos de su clase.

predominar v.intr. **1** Existir en mayor número un tipo de personas o cosas dentro de un grupo. **2** Ser una persona o una cualidad más importante que otras de la misma clase.

predominio s.m. Hecho de predominar.

preescolar adj. y s.m. Se dice de la etapa educativa que precede a la enseñanza primaria.

prefabricado, a adj. Se dice de la construcción o elemento constructivo que ya está fabricado total o parcialmente antes de su instalación.

prefacio s.m. Introducción, prólogo.

prefecto s.m. **1** Persona que dirige y gobierna una comunidad eclesiástica. **2** Persona que gobierna o dirige un departamento en Francia e Italia. **3** Jefe de la policía de París. **4** Jefe militar y civil de la antigua Roma.

preferencia s.f. **1** Ventaja que una persona o cosa tiene sobre otra. **2** Inclinación favorable hacia una persona o cosa. **3** Conjunto de las mejores localidades en una sala de espectáculos.

preferencial adj. Que tiene preferencia o superioridad sobre algo.

preferente adj. Que tiene preferencia.

preferible adj. Mejor, más adecuado o más conveniente.

preferir (45) v.tr. Considerar a una persona o cosa mejor, más adecuada o más conveniente que otra u otras.

prefijación s.f. Procedimiento para formar una palabra nueva mediante la adición de un prefijo a otra palabra ya existente.

prefijal adj. Se dice del elemento o morfema que tiene la forma o la función de un prefijo.

prefijo, a adj. y s.m. **1** Afijo que se añade al comienzo de una palabra para formar otra nueva. ◆ s.m. **2** Combinación de cifras o letras que se añade a los números de teléfono de una zona para distinguirlos de los de otro lugar.

pregón s.m. **1** Discurso público con que se da comienzo a una fiesta o un acontecimiento. **2** Publicación o aviso oficial de una noticia o un hecho que se hace en voz alta en un lugar público para que sea conocido por todos.

pregonar v.tr. **1** Anunciar o hacer público algo mediante un pregón. **2** Hacer pública una cosa.

pregonero, a adj. y s. **1** Que pregona. ◆ s. **2** Persona que pronuncia un pregón.

pregunta s.f. **1** Acción de preguntar. **2** Enunciado que se formula en un ejercicio, una prueba o un examen y que debe ser contestado. ◇ **pregunta retórica** Figura retórica que consiste en formular una pregunta sin pretender que se le dé respuesta.

preguntar v.tr. e intr. **1** Pedir cierta información acerca de una cosa que despeje una duda o que niegue o afirme algo. **2** Exponer una cuestión en forma interrogativa para dar a entender una duda o para dar fuerza a una expresión dicha.

prehistoria s.f. **1** Período de la historia de la humanidad que abarca desde la aparición del hombre hasta los primeros documentos escritos. **2** Parte de la disciplina histórica que estudia este período.

prehistórico, a adj. **1** Relativo a la prehistoria. **2** Muy viejo o muy anticuado.

prejubilar v.tr. **1** Jubilar a alguien antes de la edad que establece la ley. ◆ **prejubilarse** v.prnl. **2** Jubilarse antes de la edad que establece la ley.

prejuicio s.m. Juicio u opinión preconcebida que muestra rechazo hacia un individuo, un grupo o una actitud social.

prelado, a s.m. Hombre que tiene un cargo o una dignidad superior dentro de la Iglesia católica.

preliminar adj. **1** Que sirve de introducción para tratar un tema o una materia. ◆ adj. y s.m. **2** Que se hace con anterioridad a una cosa y sirve como preparación. ◆ **preliminares** s.m.pl. **3** Serie de negociaciones y reglas generales que se establecen antes de firmar un tratado o llegar a un acuerdo.

prelitoral adj. y s.m. Se dice del territorio cercano a la línea de la costa que está separado de ella por un accidente geográfico.

preludio s.m. **1** Cosa o acción que precede a otra y que le sirve de entrada, preparación o comienzo. **2** Composición instrumental breve que sirve de introducción a una obra musical.

premamá adj. Relativo a la mujer embarazada. **OBS** Invariable en número.

prematrimonial adj. Previo al matrimonio.

prematuro, a adj. **1** Que se da, ocurre o sucede antes del tiempo debido o conveniente. **2** Que no está maduro. ◆ adj. y s. **3** Se dice del bebé que nace antes de los nueve meses de embarazo.

premeditación s.f. Acción de premeditar.

premeditar v.tr. Pensar una cosa detenida y cuidadosamente antes de hacerla.

premiar (1d) v.tr. Dar un premio a una persona como reconocimiento por una obra, una actividad o una cualidad.

première s.f. Función de estreno de una obra teatral o de cine.
OBS Pronunc. aprox. 'premier'.

premio s.m. **1** Cosa que se da a una persona como reconocimiento por una obra, una actividad o una cualidad. **2** Objeto o dinero que se gana en un juego de azar. **3** Nombre que reciben algunas competiciones literarias, deportivas o de otro tipo.

premisa s.f. **1** Afirmación o idea probada que se da como cierta y que sirve de base a un razonamiento o una discusión. **2** Cada una de las dos primeras proposiciones del silogismo.

premolar adj. y s.m. Se dice del diente que está situado entre el colmillo y los molares.

premonición s.f. **1** Presentimiento. **2** Adivinación de los hechos futuros. **3** Advertencia moral.

premonitorio, a adj. Que se interpreta como el anuncio o la adivinación de un hecho que sucederá en el futuro.

premura s.f. Formal. Prisa o urgencia.

prenda s.f. **1** Objeto que forma parte del vestido o del calzado de una persona. **2** Cosa que se deja como garantía del cumplimiento de una obligación. **3** Acción o gesto con el que se demuestra una cosa. **4** Cualidad física o moral de una persona. **5** Fam. Persona a la que se quiere mucho. □ Frec. apelativo cariñoso. ◆ **prendas** s.f.pl. **6** Juego en el que cada participante que pierde entrega un objeto personal y debe hacer lo que se le mande para recuperarlo.

prendar v.tr. **1** Gustar o agradar mucho una persona a otra. **2** Tomar un objeto como garantía del cumplimiento de una obligación. ◆ **prendarse** v.prnl. **3** Enamorarse.

prender v.tr. **1** Sujetar dos cosas o una cosa a otra mediante un objeto adecuado para ello. **2** Detener a una persona y encerrarla en una prisión. **3** Encender un fuego o una luz. ◆ **v.intr. 4** Empezar a arder una materia. **5** Arraigar una planta en la tierra.

prensa s.f. **1** Máquina que sirve para aplastar o reducir el volumen de una cosa por medio de dos superficies que se juntan. **2** Máquina que sirve para imprimir sobre papel. **3** Conjunto de publicaciones periódicas que se imprimen generalmente a diario y en las que se informa de las noticias tanto de ámbito nacional como internacional. **4** Conjunto de personas que se dedican al periodismo. ◇ **prensa amarilla** o **prensa del corazón** Conjunto de publicaciones periódicas que trata temas relacionados con la vida privada y amorosa de personas famosas, populares o de cierta importancia social.

prensado s.m. Acción de prensar.

prensar v.tr. Aplastar o reducir el volumen de una materia sometiéndola a presión.

prensil adj. Que sirve para agarrar o sujetar.

prensor, ra adj. **1** Prensil. ◆ adj. y s.f. **2** Se dice del ave que tiene el pico robusto y dos de los dedos de las patas dirigidos hacia atrás. ◆ **prensoras** s.f.pl. **3** Grupo taxonómico, con categoría de orden, constituido por estas aves.

preñada adj. Se dice de la hembra de animales vivíparos que va a tener un hijo.

preñar v.tr. Fecundar a una hembra.

preocupación s.f. **1** Sentimiento de inquietud, temor o intranquilidad que se tiene por una persona, una cosa o una situación determinada. **2** Persona, cosa o situación que preocupa.

preocupar v.tr. **1** Hacer que una persona tenga un sentimiento de inquietud, temor o intranquilidad por otra persona, una cosa o una situación determinadas. ◆ **preocuparse** v.prnl. **2** Dedicar atención y cuidados a una persona o una cosa de forma voluntaria.

preparación s.f. **1** Acción que consiste en arreglar o disponer las cosas necesarias para realizar algo. **2** Conjunto de conocimientos que una persona posee sobre una determinada materia. **3** Sustancia orgánica o inorgánica que está dispuesta para ser observada a través de un microscopio.

preparado, a s.m. **1** Sustancia que se elabora de manera industrial para un fin determinado. **2** Medicamento.

preparador, ra s. **1** Persona que se dedica a dar clases o lecciones a alguien sobre una determinada materia. **2** Entrenador deportivo.

preparar v.tr. **1** Disponer a una persona o cosa para un fin determinado. **2** Estudiar una materia. **3** Dar una clase sobre una materia. **4** Entrenar a una persona para realizar una prueba deportiva. **5** Disponer a una persona para realizar o afrontar una cosa. **6** Elaborar un producto químico o farmacéutico. ◆ **prepararse** v.prnl. **7** Darse las condiciones necesarias para que ocurra cierta cosa.

preparativo, a adj. **1** Preparatorio. ◆ s.m. **2** Acción de disponer una cosa para un fin determinado. □ Suele usarse en plural.

preparatorio, a adj. **1** Que prepara o dispone para un fin determinado. ◆ **s.m. 2** Conjunto de estudios preliminares que se realizan en algunas carreras.

preponderancia s.f. Superioridad que tiene una cosa frente a otra.

preposición s.f. Palabra invariable que se utiliza para unir o relacionar términos o sintagmas dentro de una oración.

preposicional adj. Relativo a la preposición.

prepositivo, a adj. **1** Relativo a la preposición. **2** Se dice de la locución que desempeña la función de preposición.

prepotencia s.f. **1** Poder o influencia muy grande. **2** Abuso o alarde de poder.

prepotente adj. **1** Muy poderoso o influyente. **2** Que abusa o alardea de su poder.

prepucio s.m. Piel móvil que recubre el glande.

prerrogativa s.f. Privilegio o derecho de que disfruta una persona o una autoridad.

prerrománico, a adj. y s.m. Se dice del arte desarrollado en Europa occidental durante los primeros siglos de la Edad Media.

prerromano, a adj. Anterior a la antigua civilización romana.

prerromanticismo s.m. Movimiento cultural que precede al Romanticismo.

presa s.f. **1** Animal que es cazado y sirve de alimento a otro animal. **2** Dique hecho en una corriente de agua para retenerla o desviarla y poderla aprovechar. **3** Acequia o canal para regar. **4** Persona que sufre o padece un temor, un dolor, una enfermedad o un sentimiento.

presagiar (1d) v.tr. **1** Anunciar mediante ciertas señales un hecho futuro. **2** Adivinar o prever un hecho futuro.

presagio s.m. **1** Señal o signo que anuncia un hecho futuro. **2** Adivinación del futuro.

presbicia s.f. Defecto visual que hace ver confusamente los objetos cercanos.

presbiterianismo s.m. Doctrina religiosa calvinista que tuvo su origen en Escocia en el siglo XVI.

presbiteriano, a adj. **1** Relativo al presbiterianismo. ◆ adj. y s. **2** Se dice de la persona que profesa esta doctrina.

presbiterio s.m. **1** Parte de la iglesia donde está situado el altar mayor, que suele estar cercada por una reja o barandilla. **2** Reunión de los presbíteros o sacerdotes con el obispo.

presbítero s.m. Hombre que ha sido ordenado para administrar los sacramentos y decir misa.

prescindir v.intr. **1** Dejar de tener en cuenta a una persona o cosa. **2** Renunciar a una persona o una cosa o privarse de ella.

prescribir v.tr. **1** Mandar u ordenar una cosa. **2** Recetar un medicamento. ◆ v.intr. **3** Perder efectividad o valor una cosa por haber transcurrido el tiempo fijado por la ley.
OBS Participio: **prescrito.**

prescripción s.f. **1** Acción de prescribir. **2** Cosa que se ordena, manda o determina hacer. **3** Conclusión de un derecho o una obligación.

prescrito, a Participio irregular de **prescribir.**

presencia s.f. **1** Circunstancia de estar presente o de existir una persona, un animal o una cosa en un lugar determinado. **2** Apariencia o aspecto externo de una persona.

presencial adj. **1** Que implica la presencia de una persona o cosa. **2** Que presencia una cosa o está presente cuando sucede.

presenciar (1d) v.tr. **1** Ver una persona un hecho o un acontecimiento estando presente durante su desarrollo. **2** Ver una persona un hecho o un espectáculo.

presentable adj. Que está en condiciones de ser presentado en público.

presentación s.f. Acción de presentar o presentarse.

presentador, ra s. Persona que presenta o conduce cara al público un programa de televisión o de radio o un espectáculo.

presentar v.tr. **1** Poner a la vista una cosa para que pueda ser examinada con detenimiento. **2** Mostrar una cosa unas características o rasgos determinados. **3** Dar a conocer a una persona indicando su nombre. **4** Dar a conocer una cosa al público. **5** Conducir un programa de televisión o de radio o un espectáculo. **6** Proponer a una persona para ejercer un cargo o empleo. ◆ **presentarse** v.prnl. **7** Aparecer una persona en un lugar o ante otra persona, especialmente de forma inesperada. **8** Mostrarse una cosa de una manera determinada. **9** Ofrecerse una persona voluntariamente para hacer una cosa.

presente adj. y s.m. y f. **1** Que está en un lugar al mismo tiempo que otra persona o en el momento en que sucede alguna cosa. ◆ adj. **2** Que está o existe en un lugar determinado. **3** Que ocurre o existe actualmente. ◆ s.m. y adj. **4** Tiempo verbal no marcado, que indica que la acción del verbo se realiza en el mismo momento en que se emite el mensaje. ◆ s.m. **5** Tiempo en que se está cuando se habla, en oposición al pasado y al futuro. **6** Regalo o cosa que se da voluntariamente en señal de agradecimiento o afecto. ◆ interj. **7** Contestación que da quien ha sido nombrado al pasar lista.

presentimiento s.m. Sensación que tiene una persona de que una cosa va a ocurrir sin tener pruebas.

presentir (45) v.tr. Tener un presentimiento.

preservación s.f. Cuidado o protección que se tiene sobre una persona o cosa para evitar que sufra un daño o un peligro.

preservar v.tr. Proteger de un daño o peligro.

preservativo, a adj. **1** Que protege o resguarda de algo. ◆ s.m. **2** Funda plástica muy fina que se coloca en el pene al realizar el coito y sirve para impedir el embarazo y prevenir enfermedades de transmisión sexual.

presidencia s.f. **1** Hecho de tener una persona el primer puesto o cargo en un gobierno, una reunión, una empresa o un tribunal. **2** Cargo de presidente. **3** Tiempo que dura este cargo. **4** Oficina o lugar que ocupa un presidente.

presidencial adj. Relativo a la presidencia o al presidente.

presidencialismo s.m. Sistema político propio de los estados republicanos en el que el presidente es también jefe del Gobierno.

presidente, a s. Persona que preside o dirige un gobierno, una reunión, una empresa o un tribunal.

presidiario, a s. Persona que está en la cárcel cumpliendo una condena judicial que le priva de libertad.

presidio s.m. **1** Cárcel, prisión. **2** Situación en la que se encuentran las personas que cumplen una condena que les priva de libertad.

presidir v.tr. **1** Ocupar una persona el primer puesto o cargo en un gobierno, en una reunión, en una empresa o en un tribunal. **2** Predominar o destacar una cosa sobre las demás.

presilla s.f. **1** Anilla de tela, hilo o cordón que se cose en el borde de una prenda de vestir para pasar por ella un botón o enganchar un cierre. **2** Costura que se hace en el borde de un ojal para que la tela no se abra.

presintonía s.f. Frecuencia que queda memorizada en un receptor de radio o televisión.

presión s.f. **1** Fuerza o empuje que se ejerce sobre una cosa. **2** Fuerza ejercida por unidad de superficie de contacto. **3** Influencia que se ejerce sobre una persona o una colectividad para determinar sus actos o su conducta. **4** Pressing.

presionar v.tr. **1** Realizar una fuerza o empuje sobre una cosa. ◆ v.tr. e intr. **2** Ejercer influencia sobre una persona o una colectividad para determinar sus actos o su conducta. **3** Acosar insistentemente un jugador o un equipo a otro para dificultar sus jugadas.

preso, a s. y adj. **1** Persona que está encerrada o recluida en una cárcel. ◆ adj. **2** Dominado por un sentimiento o una pasión.

prestación s.f. **1** Servicio o ayuda que una persona, una institución o una empresa ofrece a otra. **2** Cada una de las características técnicas que una máquina ofrece al usuario.

prestamista s.m. y f. Persona que se dedica a prestar dinero cobrando por ello un interés.

préstamo s.m. **1** Acción de prestar. **2** Cantidad de dinero o cosa que se presta. **3** Elemento lingüístico que una lengua toma de otra.

prestancia s.f. **1** Aspecto distinguido y elegante. **2** Excelencia o superioridad de una persona o cosa entre otras de su misma clase.

prestar v.tr. **1** Dejar una cosa a una persona para que la use durante un tiempo y después la devuelva. **2** Comunicar o transmitir una cosa. **3** Dar u ofrecer una cosa inmaterial de manera desinteresada. **4** Conceder o dedicar una cosa. ◆ **prestarse** v.prnl. **5** Ofrecerse para hacer una cosa de manera desinteresada. **6** Acceder o avenirse a realizar una cosa. **7** Dar motivo u ocasión para que ocurra una cosa.

prestidigitación s.f. Arte, técnica o habilidad para hacer juegos de manos y otros trucos.

prestidigitador, ra s. Persona que hace juegos de manos y otros trucos.

prestigio s.m. Influencia, autoridad, valor o buena fama que tiene una persona o una cosa.

prestigioso, a adj. Que tiene prestigio.

prestissimo adv. Indica que una composición musical o parte de ella debe interpretarse con un tempo o ritmo muy rápido.
OBS Pronunc. 'prestísimo'.

1. **presto, a** adj. **1** Muy rápido en actuar. **2** Que está preparado o dispuesto. ◆ adv. **3** Formal. Con prontitud o al instante.

2. **presto** s.m. Indica que una composición musical o parte de ella debe interpretarse con un tempo o ritmo rápido.

presumido, a adj. y s. **1** Que presume de una cosa. **2** Que se arregla mucho y cuida con exageración su aspecto exterior.

presumir v.intr. **1** Mostrarse una persona orgullosa de sí misma y alardear de sus propias cualidades. **2** Cuidar mucho el aspecto personal para resultar atractivo. ◆ v.tr. **3** Sospechar o suponer una cosa a partir de indicios.

presunción s.f. **1** Acción y efecto de presumir. **2** Hecho que según la ley se tiene como verdadero hasta que no se demuestre lo contrario.

presunto, a adj. Que se supone o se sospecha.

presuntuoso, a adj. y s. **1** Se dice de la persona que muestra presunción, vanidad u orgullo. ◆ adj. **2** Que quiere aparentar lujo y elegancia.

presuponer (36) v.tr. **1** Dar por cierta o conocida una cosa sin que haya pruebas o indicios que lo demuestren. **2** Requerir o necesitar una cosa como condición previa e indispensable para que ocurra otra.

presupuestar v.tr. **1** Calcular los gastos y los ingresos que resultan de un negocio. **2** Incluir una partida en un presupuesto.

presupuestario, a adj. Relativo a un presupuesto, especialmente el de un estado.

presupuesto **1** Participio irregular de **presuponer**. ◆ s.m. **2** Cálculo anticipado de lo que va a costar una cosa. **3** Cálculo de los gastos e ingresos que se producirán en un período determinado. **4** Cantidad de dinero que se calcula necesaria o que se destina para hacer frente a unos gastos determinados.

presura s.f. ESP Sistema de repoblación que se llevó a cabo durante la Reconquista española.

presuroso, a adj. Que tiene prisa o implica prisa.

prêt-à-porter adj. Prenda de vestir confeccionada en serie según unas medidas fijas.
OBS Pronunc. aprox. 'pret-a-porté'.

pretemporada s.f. Tiempo que transcurre antes de una temporada deportiva y durante el cual se realizan torneos y pequeñas ligas.

pretencioso, a adj. y s. **1** Se dice de la persona que pretende ser más de lo que en realidad es, aparentando virtudes o valores que no posee. ◆ adj. **2** Que pretende aparentar lujo, grandeza o importancia.

pretender v.tr. **1** Querer una cosa que se considera difícil o exagerada. **2** Querer una cosa sobre la que se cree tener derecho. **3** Querer una persona tener relaciones formales con otra, especialmente un hombre con una mujer. **4** Afirmar una cosa dudosa.

pretendiente adj. y s.m. y f. **1** Se dice de la persona que pide o solicita un cargo o un puesto. ◆ s.m. y f. **2** Persona que pretende tener relaciones formales con otra, especialmente un hombre con una mujer. **3** Príncipe que reivindica el trono de un país al que cree tener derecho.

pretensión s.f. **1** Acción de pretender. **2** Cosa que se pretende conseguir. □ Frec. despectivo. **3** Derecho que una persona cree tener sobre una cosa. ◆ **pretensiones** s.f.pl. **4** Voluntad vanidosa de ser una persona lo que se expresa o de ser considerada como tal. □ Frec. despectivo. **5** Apariencia de lujo, grandeza o importancia. □ Frec. despectivo.

pretérito, a adj. **1** Formal. Que existió, se dio u ocurrió en el pasado. ◆ s.m. y adj. **2** Tiempo verbal que expresa una acción anterior al presente.

pretexto s.m. Razón o causa que se expone para justificar un comportamiento, un fallo o un error.

pretil s.m. Muro o barandilla construida en un puente o en un lugar alto para impedir que las personas puedan caerse.

pretónico, a adj. Se dice del elemento que precede a la sílaba tónica de una palabra.

pretor s.m. Magistrado o alto funcionario que administraba justicia o gobernaba una de las provincias del Imperio romano.

pretoriano, a adj. **1** Relativo al pretor. ◆ adj. y s.m. **2** Se dice del soldado que pertenecía a la guardia de un emperador romano.

prevalecer (30) v.intr. **1** Sobresalir o imponerse una persona o una cosa entre otras. **2** Continuar existiendo una cosa no material.

prevaricación s.f. Acción de prevaricar.

prevaricar v.intr. Cometer un funcionario, un juez o un abogado un delito de incumplimiento de las obligaciones propias de sus cargos.

prevención s.f. **1** Acción y efecto de prevenir. **2** ESP Puesto de policía o de vigilancia de un distrito adonde se lleva a las personas detenidas.

prevenir (51) v.tr. **1** Tratar de evitar o impedir que se produzca un daño o peligro que se conoce con anterioridad. **2** Avisar o informar de una cosa que va a ocurrir. **3** Influir en una persona poniéndola en contra de otra persona o de una cosa. **4** Preparar o disponer con anterioridad las cosas necesarias para un fin determinado.

preventivo, a adj. Que previene un mal o un peligro o sirve para prevenirlo.

prever (52) v.tr. **1** Conocer o suponer por medio de señales una cosa que va a ocurrir. **2** Preparar o disponer con antelación los medios necesarios para evitar algo.

previo, a adj. **1** Que es anterior a una cosa o la precede. ◆ s.m. **2** Grabación del sonido que se realiza en cine antes de impresionar la imagen.

previsible adj. Que puede ser previsto.

previsión s.f. Acción y efecto de prever.

previsor, ra adj. y s. Que piensa y prepara con antelación las cosas que hará o necesitará.

previsto, a Participio irregular de prever.

prieto, a adj. **1** Que está muy apretado, ajustado o ceñido. **2** Duro o denso.

1. **prima** s.f. **1** Cantidad de dinero que se concede como estímulo para animar a una persona en su trabajo. **2** Cantidad de dinero que se paga por tener un seguro.

2. **prima** s.f. **1** Cuerda primera o la más delgada de ciertos instrumentos musicales. **2** Primera de las cuatro partes iguales en que los romanos dividían el día. **3** Oficio religioso diario del clero católico, posterior a laudes y anterior a la tercia.

primacía s.f. **1** Superioridad o ventaja de una persona o una cosa sobre otras de su misma clase. **2** Cargo o dignidad del primado.

primar v.intr. Destacar, sobresalir o distinguirse una persona o cosa entre otras.

primario, a adj. **1** Que es el primero en orden o importancia. **2** Necesario, principal o esencial. **3** Primitivo o rudimentario. **4** Se dice del color que es puro y que, mezclado con otro u otros, puede producir todos los colores existentes. ◆ adj. y s.f. **5** Se dice de la enseñanza o educación que proporciona los conocimientos que se consideran básicos en la alfabetización. ◆ adj. y s.m. **6** Paleozoico.

primate adj. y s.m. **1** Se dice del mamífero plantígrado que presenta extremidades terminadas en cinco dedos, ojos frontales y un cerebro altamente desarrollado. ◆ **primates** s.m.pl. **2** Grupo taxonómico, con categoría de orden, constituido por estos animales.

primavera s.f. **1** Estación templada del año comprendida entre el invierno y el verano. **2** Planta herbácea y perenne de pequeño tamaño, con las hojas anchas y largas y flores amarillas. ◆ adj. y s.m. y f. **3** Fam. y desp. ESP Se dice de la persona que es fácil de engañar. ◆ **primaveras** s.f.pl. **4** Años de edad de una persona joven.

primaveral adj. Relativo a la primavera.

primer Apócope de primero.
OBS Se usa ante sustantivos masculinos en singular.

primera s.f. adj. y s.f. Se dice de la clase que, en los medios de transporte donde se hace distinción de clases o categorías, se caracteriza por ser la de categoría superior por la comodidad de sus equipamientos o el lujo y por tener el precio más alto. □ También primera clase. ◇ **de primera** Muy bueno o excelente. ◇ **de primera necesidad** Imprescindible o básico.

primerizo, a adj. y s. **1** Que hace por primera vez una cosa o es nuevo en un trabajo o profesión. ◆ adj. y s.f. **2** Se dice de la hembra que va a dar a luz por primera vez.

primero, a adj.num.ordin. **1** Que ocupa el lugar número 1 en una serie ordenada. ◆ adj. **2** Se dice de la persona o cosa que es la más importante o mejor dentro de un grupo o una serie. **3** Antiguo o anterior. ◆ adv. **4** En primer

lugar, antes que nada. **5** Expresa una preferencia entre dos posibilidades.
OBS Ante un sustantivo masculino, se usa la forma apocopada **primer**.

primicia s.f. **1** Noticia que se hace pública por primera vez. ◆ **primicias** s.f.pl. **2** Fruto o producto primero que da cualquier cosa.

primigenio, a adj. Primitivo, originario o primero en el tiempo.

primípara adj. y s.f. Se dice de la hembra que pare por primera vez.

primitiva s.f. ESP Juego público de azar en el que los participantes intentar acertar seis números de un boleto con los números del 1 al 49. □ También lotería primitiva.

primitivismo s.m. **1** Conjunto de costumbres y características que se consideran propias de los pueblos primitivos. **2** Comportamiento rudo, tosco o poco delicado. **3** Conjunto de características de un artista que se encuentra en la etapa anterior al período clásico de un estilo.

primitivo, a adj. **1** Que pertenece a los orígenes o primeros tiempos de una cosa. **2** Muy elemental y poco desarrollado. **3** Se dice de la persona ruda, que se comporta sin educación. ◆ adj. y s. **4** Se dice del pueblo o civilización que tiene un desarrollo y una cultura poco avanzados. ◆ adj. y s.m. **5** Se dice de la palabra que no se deriva de otra palabra de la misma lengua. ◆ adj. y s. **6** Se dice del artista o a la obra anteriores al período clásico de un estilo.

primo, a s. **1** Hijo o hija de los tíos de una persona. ◆ adj. y s. **2** Fam. ESP Se dice de la persona que no tiene malicia y que se deja engañar fácilmente. ◆ adj. **3** Se dice del número que solo es divisible por sí mismo y por la unidad.

primogénito, a adj. y s. Se dice del hijo que nace primero.

primor s.m. **1** Habilidad, cuidado o delicadeza al hacer o decir una cosa. **2** Cosa muy bella hecha con habilidad, cuidado o delicadeza.

primordial adj. Fundamental, necesario.

primoroso, a adj. **1** Bello y hecho con habilidad, cuidado o delicadeza. **2** Se dice de la persona que tiene habilidad, cuidado o delicadeza al hacer o decir una cosa.

principado s.m. **1** Título o dignidad de príncipe. **2** Territorios que pertenecen a un príncipe.

principal adj. **1** Básico o fundamental. **2** Que es el primero en estimación o importancia. ◆ adj. y s.m. **3** ESP Se dice del piso que está encima del bajo o del entresuelo de un edificio. **4** Se dice de la oración o proposición que rige o subordina a otra.

príncipe, cesa s. **1** Hijo del rey o del príncipe de un principado, especialmente el heredero de la corona. **2** Jefe de Estado de un principado. **3** Persona que pertenece a una familia real. ◆ s.m. **4** Título de honor que da el rey a una persona por su mérito o su valor. **5** Hombre que es el primero o el mejor en una cosa. ◆ s.f. **6** Mujer del príncipe. ◇ **príncipe azul** Hombre ideal del que una mujer se enamora.

principesco, a adj. Propio de un príncipe.

principiante adj. y s.m. y f. Se dice de la persona que empieza a ejercer una profesión o un oficio y no tiene demasiada experiencia.

principio s.m. **1** Primer momento o primera parte de la existencia de una cosa. **2** Origen o causa de una cosa. **3** Idea en la que se apoya un razonamiento o una doctrina. **4** Idea o norma que orienta la manera de pensar o de obrar de una persona. □ Suele usarse en plural. **5** Elemento que entra con otro en la composición de un cuerpo o una sustancia. ◇ **a principios** En los primeros días de un período. ◇ **en principio** De modo inicial o sin analizar en detalle.

pringado, a adj. y s. **1** Fam. ESP Se dice de la persona que es ingenua y se deja engañar con facilidad. **2** Fam. ESP Se dice de la persona que paga las culpas de una falta o delito que ha cometido otra.

pringar v.tr. **1** ESP Untar o mojar el pan u otro alimento con grasa o pringue. **2** ESP Manchar una cosa con pringue u otra materia grasa. **3** Fam. ESP Comprometer a una persona en un asunto que no le interesa o que le puede traer problemas. ◆ v.intr. **4** Fam. ESP Trabajar más que los demás, especialmente en cosas duras y desagradables. **5** Fam. ESP Pagar una persona las culpas de una falta o delito que ha cometido otra.

pringoso, a adj. ESP Que tiene pringue.

pringue s.m. o f. **1** ESP Grasa que suelta el tocino u otro alimento grasiento sometido a la acción del fuego. **2** ESP Suciedad grasienta que se pega a la ropa o a otra cosa.

prion o **prión** s.m. Partícula infecciosa de naturaleza proteica que carece de ácido nucleico.

prior, ra s. Superior de un convento o monasterio de rango inmediatamente inferior al del abad o la abadesa.

priori ◇ **a priori** loc. Expresión latina que se usa para indicar que una cosa que afecta a un determinado hecho o asunto se decide o se hace antes de conocer su resultado o fin.

prioridad s.f. **1** Ventaja o preferencia que una persona o cosa tiene sobre otra. **2** Cosa que es más importante que otra o tiene ventaja sobre ella.

prioritario, a adj. Que tiene prioridad o preferencia respecto de otra cosa.

prisa s.f. **1** Rapidez o diligencia con que ocurre o se hace una cosa. **2** Deseo o necesidad de hacer una cosa con rapidez. ◇ **correr prisa** Ser una cosa muy necesaria y urgente. ◇ **de prisa** Deprisa.

prisión s.f. **1** Edificio en el que están las personas que cumplen una condena judicial que les priva de libertad. **2** Pena de privación de libertad.

prisionero, a s. **1** Persona que está privada de libertad a causa de un secuestro, una captura u otras causas. **2** Persona que está dominada por una pasión o una emoción.

prisma s.m. **1** Poliedro que tiene dos caras iguales y paralelas (bases) y, como caras laterales, tantos paralelogramos como lados tiene cada base. **2** Punto de vista o manera de entender o considerar una cosa.

prismático, a adj. **1** Que tiene forma de prisma. ◆ **prismáticos** s.m.pl. **2** Aparato óptico para ver a distancia con los dos ojos, formado por dos tubos que tienen en su interior una combinación de prismas y lentes.

privación s.f. **1** Pérdida de una cosa que se tenía o se poseía, o se debería tener. **2** Carencia, falta o escasez de lo necesario para vivir.

privado, a adj. **1** Que se realiza en presencia de muy poca gente o de manera muy familiar. **2** Íntimo, personal o particular de cada persona. **3** Que pertenece a una o varias personas y solamente ellas pueden disponer de su uso. **4** Que se tiene o se realiza de manera particular, fuera de una actividad, un cargo o un empleo públicos. ◆ s.m. **5** Válido.

privar v.tr. **1** Dejar a una persona sin una cosa que le pertenece o sobre la que tiene derecho, o dejar algo sin lo que le es propio. ◆ v.intr. **2** ESP Gustar mucho a una persona una cosa. **3** ESP Estar una cosa de moda. ◆ **privarse** v.prnl. **4** Renunciar una persona voluntariamente a una cosa agradable o útil.

privativo, a adj. **1** Propio o peculiar de una persona o de una cosa. **2** Que supone o causa privación o pérdida de una cosa.

privatizar v.tr. Hacer pasar al sector privado bienes y entidades públicas.

privilegiado, a adj. y s. **1** Se dice de la persona que disfruta de algún privilegio. ◆ adj. **2** Que destaca entre las cosas de su clase por ser extraordinario o muy bueno.

privilegio s.m. **1** Ventaja, derecho o exención de que disfruta una persona. **2** Documento en el que figura la concesión de una ventaja, un derecho, un provecho o una exención.

pro s.m. **1** Ventaja y provecho en alguna cosa. □ Suele usarse en plural. ◆ prep **2** En favor o en ayuda de una persona o de una entidad. ◇ **de pro** Se dice de la persona que tiene prestigio o es importante, o se comporta honrada y honestamente. ◇ **en pro de** En defensa de una persona o una entidad.

proa s.f. Parte delantera de una embarcación.

proactinio s.m. Protactinio.

proactivo, a adj. Se dice de la postura o comportamiento que apoya la iniciativa, la diligencia y la decisión.

probabilidad s.f. **1** Posibilidad de que una cosa se cumpla o suceda. **2** Cálculo matemático que permite determinar hasta qué punto se puede esperar que ocurra un suceso.

probable adj. **1** Que es muy posible que se cumpla o suceda. **2** Que puede ser probado o demostrado.

probador s.m. Cuarto o cabina para probarse prendas de vestir.

probar (11) v.tr. **1** Usar una cosa o ponerla a prueba para ver cómo funciona o qué resultado tiene. **2** Tomar una pequeña cantidad de comida o bebida para comprobar el sabor o la calidad. **3** Demostrar la verdad de un hecho mediante pruebas y razones. **4** Poner a prueba a una persona. ◆ v.intr. **5** Intentar hacer una cosa.

probeta s.f. **1** Tubo de vidrio, con pie, generalmente graduado, que se usa en los laboratorios. ◆ adj. y s.m. y f. **2** Se dice de la persona o animal que ha sido engendrado en una probeta. □ Como adjetivo, es invariable en número.

problema s.m. **1** Obstáculo o inconveniente que impide o entorpece la realización o consecución de una cosa. **2** Persona o cosa que plantea alguna dificultad o inconveniente. **3** Enunciado que plantea unos datos y una pregunta a partir de los cuales hay que dar una respuesta. **4** Asunto que tiene una solución difícil.

problemática s.f. Conjunto de problemas relativos a una ciencia o actividad determinada.

problemático, a adj. Que supone o causa un problema.

problematizar v.tr. Causar o provocar problemas en un asunto.

probóscide s.f. **1** Trompa del elefante, el elefante marino, el tapir y otros animales. **2** Órgano bucal de forma alargada, propio de algunos insectos.

proboscidio, a adj. y s.m. **1** Se dice del animal mamífero con trompa prensil e incisivos muy desarrollados. ◆ **proboscidios** s.m.pl. **2** Grupo taxonómico, con categoría de orden, constituido por estos animales.

procariota o **procarionte** adj. **1** Se dice de la célula que carece de estructuras internas especializadas u orgánulos. ◆ adj. y s.m. **2** Se dice del organismo que está constituido por una de estas células.

procaz adj. Desvergonzado, grosero.

procedencia s.f. **1** Lugar, cosa o persona del que procede alguien o algo. **2** Adecuación o conformidad de una acción a la moral, a la razón o al derecho.

procedente adj. **1** Que procede de una persona, lugar o cosa. **2** Conforme a la moral, a la razón o al derecho.

1. **proceder** v.intr. **1** Tener origen una persona o cosa en el lugar, persona o cosa que se expresa. **2** Comportarse una persona de una

manera determinada. **3** Ser una cosa conforme a la moral, a la razón o al derecho. **4** Iniciar una serie de acciones ordenadas, según lo acordado o dispuesto. **5** Iniciar o comenzar un juicio o un procedimiento judicial.

2. **proceder** s.m. Procedimiento.

procedimiento s.m. **1** Método o trámite necesario para ejecutar una cosa. **2** Actuación que se sigue mediante trámites judiciales o administrativos.

procesado, a s. Persona a quien el juez imputa un delito.

procesador s.m. **1** Componente electrónico de un ordenador donde se realizan cálculos, se controlan procesos y se gestionan datos. **2** Programa informático que procesa o somete a una serie de operaciones la información introducida en el ordenador.

procesal adj. Relativo al proceso judicial.

procesamiento s.m. Acción de procesar.

procesar v.tr. **1** Someter a una persona a un juicio o proceso judicial mediante el cual un juez decide si es responsable de un delito. **2** Someter una cosa a un proceso de elaboración o de transformación. **3** Someter un conjunto de datos a un determinado programa informático ejecutando instrucciones sobre él.

procesión s.f. **1** Marcha de personas que caminan en orden por la calle con algún fin público, generalmente religioso. **2** Sucesión de personas, animales o vehículos que van de un lugar a otro formando una hilera.

procesionaria s.f. Oruga de algunas mariposas que está cubierta de pelo.

proceso s.m. **1** Conjunto de las diferentes fases o etapas sucesivas que tiene una acción o un fenómeno complejos. **2** Procesamiento. **3** Conjunto de actuaciones que realiza un tribunal de justicia en un procedimiento.

proclamación s.f. Acción de proclamar.

proclamar v.tr. **1** Decir una cosa en voz alta y públicamente, especialmente si se hace de forma solemne. **2** Hacer público el comienzo de un gobierno de una manera solemne. **3** Otorgar a alguien un cargo o un título una mayoría unánime de personas. **4** Mostrar una cosa ciertas señales.

proclítico, a adj. Se dice de la palabra átona que se pronuncia unida a la palabra siguiente aunque al escribirla se mantenga separada.

proclive adj. Que tiene inclinación o propensión natural a una cosa.

procónsul s.m. **1** Cónsul de una provincia en la antigua Roma. **2** Gobernador de una colonia u otro territorio ocupado.

procordado, a adj. y s.m. Se dice del animal marino cordado poco evolucionado.

procreación s.f. Acción de procrear.

procrear v.tr. e intr. Tener descendencia mediante la reproducción sexual.

procurador, ra s. Persona autorizada legalmente para representar a otra ante los tribunales en un juicio.

procurar v.tr. **1** Intentar conseguir o lograr un objetivo o un fin. **2** Proporcionar una cosa necesaria a una persona. ◆ **v.intr. 3** Formal. Ocuparse o encargarse del bienestar de una persona.

prodigar v.tr. **1** Dar una cosa con profusión o en gran abundancia. **2** Gastar el dinero de forma insensata y sin necesidad. **3** Producir abundante o excesivamente lo que se expresa. ◆ **prodigarse** v.prnl. **4** ESP Aparecer en público de forma muy frecuente.

prodigio s.m. **1** Hecho extraordinario y maravilloso que no puede explicarse por causas naturales. **2** Milagro. **3** Persona, cosa o hecho extraordinario que produce admiración por tener unas determinadas cualidades.

prodigioso, a adj. **1** Que resulta sorprendente y causa admiración porque no se puede explicar por causas naturales. **2** Que produce admiración por ser extraordinario.

pródigo, a adj. y s. **1** Se dice de la persona que gasta el dinero de forma insensata y sin necesidad. ◆ **adj. 2** Que es muy generoso y da a los demás todo lo que tiene. **3** Que produce o da en abundancia una cosa.

producción s.f. **1** Acción de producir. **2** Conjunto de las cosas producidas. **3** Financiación de los gastos de realización de una película, un programa de radio o televisión o un espectáculo. **4** Realización material de una película, un programa de radio o televisión, o un espectáculo teatral.

producir (10) v.tr. **1** Dar fruto la tierra, las plantas o los árboles. **2** Fabricar o elaborar un producto a través del trabajo. **3** Fabricar o elaborar una sustancia u otra cosa que resulta útil para uno mismo. **4** Causar u ocasionar una cosa un efecto sobre otra. **5** Financiar los gastos de realización de una película, un programa de radio o televisión o un espectáculo teatral. **6** Crear una persona una obra de arte. **7** Dar una cosa ganancias o beneficios económicos. ◆ **producirse** v.prnl. **8** Ocurrir o suceder una cosa.

productividad s.f. **1** Capacidad de la industria o la naturaleza para producir. **2** Relación entre la producción obtenida y los factores utilizados para obtenerla.

productivo, a adj. **1** Que produce o es capaz de producir. **2** Relativo a la producción. **3** Que da un resultado favorable al comparar los precios con los costes. **4** Útil o provechoso.

producto s.m. **1** Cosa que es producida de manera natural o artificial. **2** Resultado o consecuencia de una determinada situación o circunstancia. **3** Provecho o ganancia económica que se obtiene de una cosa. **4** Cantidad que resulta de multiplicar un número por otro. ◇ **producto interior bruto** Valor total de la producción de bienes y servicios de un país en un determinado período. □ Se usa la forma abreviada PIB. ◇ **producto nacional bruto** Suma total de todos los ingresos percibidos por un país durante un período determinado. □ Se usa la forma abreviada PNB.

productor, ra adj. y s. **1** Que produce. ◆ s. **2** Persona que paga o financia los gastos que supone realizar una película, un programa de radio o televisión o un espectáculo teatral.

proeza s.f. Acción de gran esfuerzo y valor.

prof., prof.ª Abreviaturas de **profesor y profesora.**

profanación s.f. Acción de profanar.

profanar v.tr. **1** Tratar sin el debido respeto una cosa que se considera sagrada. **2** Dañar con palabras o acciones la dignidad, la estima y la respetabilidad de una persona o de una cosa.

profano, a adj. **1** Que no es sagrado ni está relacionado con la religión. ◆ **adj. y s. 2** Que no tiene conocimientos sobre determinada materia.

profase s.f. Primera fase de la mitosis.

profecía s.f. **1** Predicción o anuncio de un hecho futuro. **2** Predicción sobre un hecho futuro a partir de ciertos indicios o por intuición.

proferir (45) v.tr. Pronunciar o decir palabras o sonidos, especialmente violentos.

profesar v.tr. **1** Aceptar y seguir una religión, doctrina o creencia. **2** Tener una persona una determinada inclinación o un sentimiento hacia alguien. **3** Ejercer una persona una profesión, un arte o un oficio. ◆ **v.intr. 4** Ingresar una persona de manera voluntaria en una orden religiosa comprometiéndose a cumplir los votos propios de la orden.

profesión s.f. **1** Empleo, oficio o trabajo que una persona ejerce a cambio de una retribución económica. **2** Conjunto de profesionales de un ámbito determinado. **3** Ingreso voluntario de una persona en una orden religiosa.

profesional adj. **1** Relativo a la profesión. ◆ **adj. y s.m. y f. 2** Se dice de la persona que realiza una actividad que constituye su profesión o medio de ganarse la vida. ◆ **s.m. y f. 3** Persona que realiza su trabajo con aplicación, seriedad, honradez y eficacia.

profesionalidad s.f. Cualidad de profesional.

profesionalizar v.tr. **1** Convertir en profesión una actividad habitualmente no profesional. **2** Convertir a alguien en profesional.

profeso ◇ **ex profeso** loc. Expresión latina que indica que algo se hace adrede.

profeso, a adj. y s. Se dice de la persona que ha profesado en una orden religiosa.

profesor, ra s. **1** Persona que se dedica a enseñar una ciencia, un arte, una técnica, etc. **2** Músico que toca en una orquesta.

profesorado s.m. **1** Conjunto de profesores. **2** Cargo de profesor.

profeta, tisa s. **1** Persona que tiene el don, inspirado por Dios, de predecir hechos que van a suceder. **2** Persona que hace predicciones de hechos futuros.

profético, a adj. Relativo al profeta o la profecía.

profetizar v.tr. **1** Anunciar una persona un hecho futuro por inspiración divina. **2** Hacer una persona suposiciones o juicios sobre un hecho futuro observando unas determinadas señales.

profiláctico, a adj. **1** Que sirve para proteger de una enfermedad. ◆ **s.m. 2** Preservativo.

profilaxis s.f. Conjunto de medidas que se toman para proteger de las enfermedades.

prófugo, a adj. y s. **1** Que ha escapado de la justicia o de otra autoridad. ◆ **s.m. 2** Hombre que se oculta para no hacer el servicio militar.

profundidad s.f. **1** Distancia que hay desde el punto tomado como referencia hasta el fondo de una cosa o de un lugar. **2** Lugar profundo. □ Suele usarse en plural con valor singular. **3** Fuerza o intensidad de una idea, un sentimiento o una sensación. **4** Cualidad de lo que ahonda hasta lo más íntimo u oculto, o lo que afecta a lo más esencial de algo.

profundizar v.intr. **1** Estudiar o examinar un tema, una idea o un asunto con gran atención y cuidado para conocerlo y comprenderlo mejor. ◆ **v.tr. 2** Hacer una cosa más profunda.

profundo, a adj. **1** Que tiene el fondo a mucha distancia del punto tomado como referencia. **2** Fuerte o intenso. **3** Que llega hasta muy adentro. **4** Que resulta difícil de entender. **5** Se dice del pensamiento que resulta difícil de comprender o interpretar. **6** Que penetra o ahonda hasta lo más íntimo u oculto y no se detiene en lo superficial. **7** Se dice del sonido que tiene un tono muy grave.

profusión s.f. Abundancia o cantidad excesiva.

profuso, a adj. Muy abundante, copioso.

progenitor, ra s. Padre o madre biológicos de una persona.

progesterona s.f. Hormona sexual producida por el ovario durante la segunda parte del ciclo menstrual y durante el embarazo.

programa s.m. **1** Proyecto o planificación ordenada de las distintas partes o actividades que componen una cosa que se va a realizar. **2** Exposición o declaración previa de las cosas que se tratarán o realizarán. **3** Escrito en el que figura este proyecto y esta exposición. **4** Emisión independiente y con un tema propio que retransmite una cadena de radio o de televisión. **5** Conjunto de operaciones que realizan algunas máquinas. **6** Conjunto de instrucciones detalladas y codificadas que se dan a un ordenador para que realice o ejecute determinadas operaciones.

programación s.f. **1** Acción y efecto de programar. **2** Conjunto de emisiones o programas que se retransmiten por radio o televisión. **3** Técnica de programar los ordenadores.

programador, ra s.m. **1** Dispositivo automático que programa los mecanismos de un aparato. ◆ s. **2** Persona que se dedica a elaborar programas para ordenador.

programar v.tr. **1** Establecer o planificar el programa de una serie de actividades. **2** Dar las instrucciones necesarias a una máquina para que realice su función de manera automática. ◆ v.tr. e intr. **3** Elaborar y aplicar programas para un ordenador.

progre s.m. y f. y adj. Fam. Progresista.

progresar v.intr. **1** Pasar una persona, una cosa o una materia a un estado mejor, más avanzado o más adelantado. **2** Desarrollarse una sociedad.

progresión s.f. **1** Avance, evolución o mejora de una cosa. **2** Serie o sucesión no interrumpida. **3** Serie de números matemáticos ordenados según una constante. **4** Procedimiento musical por el que una frase melódica y rítmica se repite de manera simétrica a distinta altura.

progresismo s.m. **1** Ideología y doctrina que defiende y busca el desarrollo de una sociedad en el aspecto económico, social, científico y cultural. **2** Movimiento político que defiende y apoya esta ideología.

progresista adj. y s.m. y f. **1** Partidario del progresismo. ◆ adj. **2** Relativo al progresismo.

progresivo, a adj. Que avanza o progresa de forma continuada.

progreso s.m. **1** Cambio que experimenta una persona o una cosa a un estado mejor, más avanzado o más desarrollado. **2** Desarrollo de una sociedad.

prohibición s.f. Acción de prohibir.

prohibir (3b) v.tr. Imponer quien tiene autoridad para ello que no se haga cierta cosa.

prohibitivo, a adj. **1** Que prohíbe o sirve para prohibir. **2** Muy caro.

prohijar (1g) v.tr. **1** Adoptar como hijo a una persona. **2** Acoger o defender como propias ideas u opiniones ajenas.

prohombre s.m. Hombre famoso e ilustre.

prójimo, a s.m. **1** Persona considerada en relación con cualquier otra, con la que forma parte de la humanidad. ◆ s. **2** Fam. y desp. Individuo o sujeto cualquiera.

pról. Abreviatura de **prólogo**.

prolactina s.f. Hormona que estimula la secreción de la leche tras el parto.

prole s.f. Conjunto de hijos que tiene una persona.

prolegómeno s.m. **1** Tratado preliminar de una obra o escrito que establece los principios generales de la materia que se va a tratar. ◆ **prolegómenos** s.m.pl. **2** Momentos inmediatamente anteriores a un acontecimiento.

proletariado s.m. Clase social formada por los proletarios.

proletario, a adj. **1** Relativo al proletariado. ◆ s. **2** Persona que vende su fuerza de trabajo a cambio de un sueldo o salario.

proliferación s.f. Acción de proliferar.

proliferar v.intr. **1** Aumentar una cosa de manera rápida en cantidad o en número. **2** Reproducirse por división una célula.

prolífico, a adj. **1** Que tiene facilidad para reproducirse abundante y rápidamente. **2** Que tiene una extensa producción artística o científica.

prolijo, a adj. **1** Que es demasiado largo o extenso. **2** Se dice de la persona que se extiende demasiado o se detiene mucho en los detalles.

prologar v.tr. Escribir el prólogo de una obra.

prólogo s.m. **1** Escrito que precede a la obra y sirve de justificación o presentación. **2** Exordio o principio para hacer alguna cosa. **3** En algunas obras literarias, relato breve que sirve de introducción a la acción principal de la obra.

prolongación s.f. **1** Acción que consiste en alargar una cosa. **2** Parte de una cosa que se extiende o se alarga fuera de ella. **3** Pieza que se añade a una cosa para hacerla más larga.

prolongar v.tr. **1** Hacer que una cosa tenga más longitud. **2** Hacer que una cosa dure más tiempo de lo normal.

promedio s.m. Resultado que se obtiene al dividir la suma de varias cantidades por el número de sumandos.

promesa s.f. **1** Acción de prometer. **2** Persona que tiene unas cualidades especiales en una determinada actividad y tiene posibilidades de triunfar en el futuro.

prometedor, ra adj. Que promete u ofrece buenas perspectivas para el futuro.

prometer v.tr. **1** Decir una persona que va a hacer o decir una cosa, obligándose a ello. **2** Asegurar la verdad de lo que se dice. **3** Declarar una persona mediante una promesa solemne que se compromete a cumplir los deberes y obligaciones de un cargo. **4** Dar muestras o indicios una cosa de que será tal como se expresa. **5** Comprometer a una persona con otra para que se casen. ◆ v.intr. **6** Dar muestras una persona o una cosa de que va a triunfar o a resultar bueno en el futuro. ◆ **prometerse** v.prnl. **7** Establecer una pareja relaciones amorosas formales.

prometido, a s. Persona que está comprometida para casarse con otra.

prometio s.m. Elemento químico de símbolo Pm y número atómico 61; es un metal radiactivo obtenido artificialmente.

prominencia s.f. Elevación o abultamiento de una cosa sobre lo que está alrededor.

prominente adj. **1** Que se eleva, se levanta o sobresale con relación a lo que está alrededor. **2** Se dice de la persona que es ilustre o famosa.

promiscuidad s.f. Cualidad de promiscuo.

promiscuo, a adj. **1** Que está mezclado y confuso. **2** Se dice de la persona que cambia de pareja sexual con frecuencia.

promoción s.f. **1** Acción de promocionar a una persona, un producto, un servicio, etc. **2** Conjunto de personas que consiguen un grado, un título o un empleo al mismo tiempo. **3** Ascenso profesional o social de una persona.

promocionar v.tr. **1** Dar publicidad a un producto, un servicio, etc., para que sea conocido públicamente, o a una persona para hacerla famosa, especialmente con intereses comerciales. **2** Ayudar a una persona a subir de categoría social o profesional. ◆ **promocionarse** v.prnl. **3** Subir una persona de categoría social o profesional.

promontorio s.m. **1** Elevación del terreno o monte de poca altura, especialmente si se mete dentro del mar. **2** Elevación del terreno o punta rocosa que se adentra en el mar.

promotor, ra adj. y s. Que realiza las acciones necesarias para promocionar algo o a alguien.

promover (28) v.tr. **1** Impulsar la realización o el desarrollo de una actividad. **2** Producir o causar una cosa. **3** Ascender a alguien de categoría social o profesional.

promulgación s.f. Acción de promulgar.

promulgar v.tr. Publicar una cosa de forma oficial, especialmente una ley u otra disposición de la autoridad.

pronombre s.m. Categoría gramatical constituida por aquellas palabras que pueden sustituir a un nombre o a un sintagma nominal y desempeñar en la oración las funciones propias del sustantivo.

pronominal adj. **1** Relativo al pronombre. **2** Se dice del verbo que se conjuga en todas sus formas con pronombres reflexivos (**me, te, se, nos, os**), sin tener necesariamente significado reflexivo. **3** Se dice del adverbio que puede utilizarse como pronombre.

pronosticar v.tr. Emitir un pronóstico.

pronóstico s.m. **1** Anuncio de un hecho futuro o de la evolución de un proceso a partir de criterios lógicos o científicos. **2** Juicio que hace el médico sobre el estado o el desarrollo de una enfermedad. **3** Predicción.

prontitud s.f. Velocidad o rapidez con la que se realiza una cosa.

pronto, a adj. **1** Que se produce, actúa o reacciona con rapidez. **2** Que está dispuesto o preparado para hacer una cosa. ◆ s.m. **3** Fam. Reacción o impulso inesperado y generalmente brusco. ◆ adv. **4** En un breve espacio de tiempo. **5** Antes de lo acostumbrado, o con anticipación al tiempo previsto. ◇ **de pronto** Sin que nadie se lo espere.

pronunciación s.f. **1** Acción de pronunciar sonidos. **2** Manera de pronunciar de una persona. **3** Pronunciamiento, declaración.

pronunciado, a adj. Que se nota o sobresale mucho.

pronunciamiento s.m. **1** Declaración de la decisión o sentencia de un juez o un tribunal. **2** Alzamiento o golpe de Estado de un ejército. **3** Declaración pública de una opinión o una respuesta que va en contra o a favor de algo.

pronunciar (1d) v.tr. **1** Emitir y articular sonidos al hablar. **2** Decir una cosa en voz alta y ante un público. **3** Hacer pública una sentencia un juez o un tribunal. **4** Destacar o resaltar mucho una cosa. ◆ **pronunciarse** v.prnl. **5** Declararse a favor o en contra de un hecho o de una situación. **6** Rebelarse un grupo militar contra el gobierno para derribarlo.

propagación s.f. Acción de propagar.

propaganda s.f. **1** Acción que consiste en dar a conocer al público un producto, una opinión, una idea, etc., con un fin determinado. **2** Conjunto de medios o materiales para publicitar un producto, una opinión o a una persona, con un fin determinado.

propagandista adj. **1** Relativo a la propaganda. ◆ s.m. y f. **2** Persona que hace propaganda, especialmente política o religiosa.

propagandístico, a adj. Que hace propaganda o difusión de una cosa.

propagar v.tr. Extender o hacer llegar una cosa a muchos lugares y en todas las direcciones.

propano s.m. Gas incoloro que se emplea como combustible.

proparoxítono, a adj. y s.f. **1** Se dice de la palabra que lleva el acento de intensidad en la antepenúltima sílaba. ◆ adj. y s.m. **2** Se dice del verso que acaba en una palabra paroxítona.

propasarse v.prnl. **1** Hacer o decir una cosa que va más allá de lo debido o permitido. **2** Faltar al respeto, especialmente en el terreno sexual.

propelente adj. y s.m. Se dice del gas que sirve para expulsar el líquido de un aerosol.

propensión s.f. Tendencia o inclinación que una persona o cosa tiene hacia algo, especialmente a lo que es de su gusto o naturaleza.

propenso, a adj. Que tiene inclinación o disposición natural hacia una cosa.

propiciar (1d) v.tr. **1** Hacer que algo sea propicio. **2** Atraer, conseguir o ganar la admiración o la benevolencia de una persona.

propiciatorio, a adj. Que tiene la capacidad de hacer propicia o adecuada una cosa.

propicio, a adj. Oportuno o favorable.

propiedad s.f. 1 Derecho o poder que tiene una persona de poseer una cosa y poder disponer de ella dentro de los límites legales. **2** Cosa que pertenece a una persona. **3** Cualidad esencial y característica de una persona o cosa. **4** Adecuación exacta entre el uso que se hace de una palabra o una frase y lo que significan exactamente. **5** Parecido o semejanza casi perfecta que hay entre una cosa y su imitación.

propietario, a adj. y s. 1 Que tiene derecho de propiedad sobre una cosa. **2** Que ocupa un puesto de trabajo que le pertenece permanentemente.

propina s.f. Cantidad de dinero que se da voluntariamente para agradecer un servicio.

propinar v.tr. 1 Dar un golpe o una paliza. **2** Hacer experimentar una cosa desagradable, molesta o incómoda.

propio, a adj. 1 Que pertenece a una persona, un animal o una cosa. **2** Característico de una persona, un animal o una cosa. **3** Conveniente y adecuado para un fin determinado. **4** Se utiliza para hacer referencia a la misma cosa o persona de la que se habla. □ Va antepuesto al sustantivo. **5** Se dice del nombre que se refiere a una persona o cosa en concreto.

proponer (36) **v.tr. 1** Exponer un proyecto o una idea para que otra persona lo acepte. **2** Presentar o recomendar a una persona para que ocupe un determinado cargo o empleo. ◆ **proponerse v.prnl. 3** Decidirse a conseguir o a realizar una cosa.

proporción s.f. 1 Relación de correspondencia y equilibrio entre las partes y el todo, o entre varias cosas relacionadas entre sí, en cuanto a tamaño y cantidad. **2** Igualdad entre dos razones. ◆ **proporciones s.f.pl. 3** Importancia, extensión o intensidad que tiene una cosa.

proporcionado, a adj. 1 Que tiene proporción o armonía entre sus diferentes partes. **2** Que tiene una dimensión justa o adecuada sin ser ni demasiado grande ni demasiado pequeño.

proporcional adj. Que guarda o respeta una proporción.

proporcionalidad s.f. Relación o correspondencia de las partes con el todo o de una cosa con otra.

proporcionar v.tr. 1 Dar a una persona o cosa lo que necesita o le conviene para un fin determinado. **2** Producir o causar una cosa, especialmente un sentimiento. **3** Colocar u ordenar las partes de una cosa con la debida proporción.

proposición s.f. 1 Ofrecimiento o invitación para hacer una cosa determinada. **2** Entidad gramatical con estructura oracional que se une a otra para constituir una oración compuesta o compleja. **3** En retórica, parte del discurso en que se expone aquello de lo que se quiere convencer a los oyentes. **4** En matemáticas y lógica, enunciado susceptible de ser verdadero.

propósito s.m. 1 Voluntad o intención de hacer una cosa. **2** Objetivo que tiene una cosa o una acción. ◇ **a propósito** De forma voluntaria o deliberada. □ De forma adecuada y conveniente para un fin. ◇ **a propósito de** En relación con el tema del que se está hablando.

propuesta s.f. 1 Ofrecimiento o invitación para hacer una cosa determinada. **2** Idea o proyecto sobre un asunto o negocio que se presenta ante una o varias personas que tienen autoridad para aprobarlo o rechazarlo. **3** Presentación o recomendación de una persona para que ocupe un determinado cargo o empleo.

propuesto, a Participio irregular de **proponer**.

propugnar v.tr. Defender una idea u otra cosa que se considera útil o adecuada.

propulsar v.tr. Aplicar la fuerza necesaria para que una cosa se mueva.

propulsión s.f. Acción de aplicar la fuerza suficiente a una cosa para que se mueva.

propulsor, ra adj. 1 Que propulsa. ◆ **s.m. 2** Motor que produce movimiento mediante la expulsión de los gases que en él se producen.

prórroga s.f. 1 Prolongación de la duración de una cosa, o del plazo de tiempo que se tiene para hacerla. **2** Aplazamiento del servicio militar obligatorio.

prorrogable adj. Que puede ser prorrogado.

prorrogar v.tr. 1 Alargar o prolongar la duración de una cosa por un período determinado. **2** Aplazar o suspender la ejecución de una cosa.

prorrumpir v.intr. 1 Mostrar un sentimiento de forma repentina e intensa. **2** Salir con fuerza.

prosa s.f. 1 Forma de expresión del lenguaje oral o escrito que no está sujeta a una rima o a una medida. **2** Conjunto de obras escritas de esta forma por un autor o en una época histórica o un país.

prosaico, a adj. Que resulta vulgar y no tiene ninguna emoción o interés especial.

proscenio s.m. 1 Lugar de un antiguo teatro griego o latino que está situado entre la escena y la orquesta. **2** Parte del escenario que está situada más cerca del público.

proscrito, a 1 Participio irregular de **proscribir**. ◆ **adj. y s. 2** Que ha sido expulsado de su patria, generalmente por causas políticas.

proseguir (31) **v.tr. e intr. 1** Continuar con una actividad que se ha empezado. ◆ **v.intr. 2** Continuar una persona o una cosa en un estado o actitud determinado.

proselitismo s.m. Empeño exagerado en ganar prosélitos.

proselitista adj. y s.m. y f. Se dice de la persona que pone mucho empeño en convencer y ganar seguidores o partidarios para una causa o doctrina.

prosélito, a s. Persona que se ha adherido recientemente a una causa, una ideología, una religión, un partido político, etc.

prosificar v.tr. Poner en prosa un poema.

prosimio adj. y s.m. **1** Se dice del primate arborícola de larga cola prensil y el segundo dedo provisto de una garra. ◆ **prosimios** s.m.pl. **2** Grupo taxonómico, con categoría de suborden, constituido por estos primates.

prosista s.m. y f. Persona que escribe prosa.

prosodia s.f. **1** Parte de la gramática que enseña la pronunciación y acentuación correctas. **2** Parte de la fonología que estudia los rasgos suprasegmentales de una lengua, como el acento, el tono y la cantidad. **3** Estudio de los rasgos fonéticos que afectan a la métrica de un poema.

prosódico, a adj. **1** Relativo a la prosodia. **2** Se dice del rasgo sonoro que afecta a unidades superiores o inferiores al fonema.

prosopopeya s.f. **1** Figura retórica que consiste en atribuir a un animal o a una cosa cualidades propias de los seres humanos. **2** Gravedad o solemnidad afectada en la manera de hablar o actuar.

prospección s.f. **1** Exploración del terreno para descubrir la existencia de minerales, agua, yacimientos geológicos u otra cosa. **2** Estudio de las posibilidades futuras de un negocio teniendo en cuenta los datos de que se dispone. **3** CUBA Reconocimiento médico.

prospecto s.m. **1** Papel en el que están escritas las características de un determinado producto y las instrucciones para utilizarlo. **2** Exposición o anuncio breve que se hace al público sobre una obra, un espectáculo, una mercancía u otra cosa.

prosperar v.intr. **1** Mejorar de situación, especialmente de posición social y económica. **2** Tener éxito o imponerse una idea, una opinión o una iniciativa.

prosperidad s.f. Condición de próspero.

próspero, a adj. **1** Que es favorable y que tiene o conlleva éxito o felicidad. **2** Que se desarrolla de forma favorable, especialmente en el ámbito económico y social.

próstata s.f. Glándula del aparato genital masculino de los mamíferos.

prostíbulo s.m. Establecimiento en el que trabajan personas que se prostituyen.

próstilo, a adj. Se dice del templo o edificio con columnas en la fachada principal.

prostitución s.f. Actividad de la persona que mantiene relaciones sexuales a cambio de dinero.

prostituir (23) v.tr. **1** Hacer que una persona mantenga relaciones sexuales a cambio de dinero. **2** Deshonrar o envilecer una cosa.

prostituto, a s. Persona que mantiene relaciones sexuales a cambio de dinero.

protactinio s.m. Elemento químico de símbolo Pa y número atómico 91; es un metal radiactivo sólido.

protagonismo s.m. Condición de protagonista.

protagonista s.m. y f. **1** Personaje principal de una obra literaria, una película u otra creación artística. **2** Persona o cosa que desempeña el papel principal en una obra, un hecho o un acontecimiento.

protagonizar v.tr. **1** Representar el personaje principal de una obra literaria, una película u otra creación artística. **2** Desempeñar el papel principal en una obra o un acontecimiento.

prótalo o **protalo** s.m. Órgano que aparece en una fase del ciclo vital de las plantas pteridofitas.

prótasis s.f. En una oración condicional, proposición que expresa una hipótesis o condición y va introducida por la conjunción si.

protección s.f. **1** Acción que consiste en proteger a una persona o cosa de un daño o peligro. **2** Cosa que protege.

proteccionismo s.m. Sistema de política económica que favorece la producción nacional.

proteccionista adj. **1** Relativo al proteccionismo. ◆ adj. y s.m. y f. **2** Se dice de la persona que es partidaria del proteccionismo.

protector, ra adj. y s. Que protege.

protectorado s.m. **1** Soberanía parcial que un estado ejerce sobre un territorio que no está incorporado por completo a esa nación. **2** Territorio en el que se ejerce esta soberanía.

proteger v.tr. **1** Hacer que una persona o cosa no sufra daño o no esté en peligro. **2** Emplear influencia o dinero para ayudar a alguien o para apoyar el desarrollo de una acción.

protegido, a s. Persona que recibe la protección, el apoyo y la confianza de otra que tiene más poder social o económico.

proteico, a adj. Relativo a las proteínas.

proteína s.f. Principio inmediato formado por una o varias cadenas polipeptídicas que desempeña multitud de funciones.

proteínico, a adj. Proteico.

proteómica s.f. Parte de la biología molecular que se ocupa de la caracterización de las proteínas codificadas por un genoma humano.

protésico, a adj. **1** Relativo a la prótesis. ◆ s. **2** Persona que se dedica a la fabricación de prótesis dentales.

prótesis s.f. **1** Pieza o aparato artificial que se coloca en el cuerpo de un ser vivo para sustituir un órgano o un miembro. **2** Operación en la que se lleva a cabo esta sustitución. **3** Adición de una o más letras o sonidos al principio de una palabra.

protesta s.f. **1** Muestra de disconformidad, oposición o queja por alguna cosa. **2** Documento o acto con el que se protesta.

protestante adj. **1** Relativo al protestantismo. ◆ adj. y s.m. y f. **2** Se dice de la persona que profesa el protestantismo.

protestantismo s.m. Movimiento religioso que surgió de la reforma planteada por Martín Lutero en el siglo XVI.

protestar v.intr. **1** Mostrar disconformidad, oposición o queja por alguna cosa. ◆ v.tr. **2** Declarar alguien su intención de ejecutar una cosa.

protestón, na adj. y s. Fam. Se dice de la persona que protesta mucho o por cualquier cosa.

prótido s.m. Sustancia orgánica compuesta de nitrógeno y otros elementos.

protio s.m. Isótopo del hidrógeno.

protista ▷ protoctista.

protocolario, a adj. **1** Que se hace según el protocolo o se ajusta a él. **2** Que se hace solamente por cortesía o por cumplir unas determinadas reglas o costumbres.

protocolo s.m. **1** Conjunto de reglas que se siguen en la celebración de determinados actos oficiales o formales. **2** Normas de cortesía que deben seguirse en el comportamiento cotidiano. **3** Conjunto de escrituras y documentos que una persona autorizada guarda siguiendo ciertas formalidades. **4** Documento en el que se recoge un acuerdo o las conclusiones extraídas de una reunión.

protoctista adj. y s.m. **1** Se dice del organismo eucariota unicelular o pluricelular que no forma tejidos diferenciados ni órganos. ◆ **protoctistas** s.m.pl. **2** Grupo taxonómico, con categoría de reino, constituido por estos organismos.

protón s.m. Partícula elemental que se encuentra en el núcleo del átomo y tiene carga eléctrica positiva.

protónico, a adj. Pretónico.

protórax s.m. Parte más anterior de las tres que forman el tórax de los insectos.

prototípico, a adj. Relativo al prototipo.

prototipo s.m. **1** Primer ejemplar que se fabrica de algo, que sirve de modelo para fabricar otros iguales, o molde original con el que se fabrica. **2** Persona o cosa que reúne en grado máximo una cualidad.

protozoo s.m. y adj. Microorganismo heterótrofo formado por una sola célula o por una colonia de células.

protuberancia s.f. Bulto de forma redondeada que sobresale de una superficie.

protuberante adj. Que sobresale más de lo que se considera normal.

provecho s.m. **1** Efecto beneficioso o positivo para una persona o una cosa que resulta de algo. **2** Capacidad de una cosa de servir para algo. **3** Eructo.

provechoso, a adj. Que es útil y produce un beneficio.

proveedor, ra adj. y s. Que provee.

proveer (26) v.tr. **1** Proporcionar a alguien lo necesario para un fin determinado. **2** Reunir las cosas necesarias para un fin determinado. **3** Resolver o dar salida a un asunto. **4** Dar un cargo o empleo a una persona. **5** Dictar un juez o un tribunal una resolución que puede llegar a ser sentencia. **OBS** Participio provisto.

provenir (51) v.intr. Proceder o tener origen en el lugar, cosa o persona que se expresa.

provenzal adj. y s.m. y f. **1** De Provenza. ◆ s.m. **2** Forma literaria de la lengua de oc, utilizada por los trovadores desde Limoges hasta el Mediterráneo, entre los siglos XI y XV. ◆ s.m. y adj. **3** Conjunto de dialectos procedentes de la lengua de oc que se hablan actualmente en el sudeste francés.

proverbial adj. **1** Relativo al proverbio. **2** Muy conocido por todos o desde siempre.

proverbio s.m. **1** Refrán, expresión, dicho o sentencia de origen popular. **2** Obra dramática que pretende ejemplificar un refrán.

providencia s.f. **1** Previsión y cuidado que tiene Dios del mundo y de los seres humanos, según algunas religiones. □ Se escribe normalmente con mayúscula inicial. **2** Medida que se toma para lograr un fin determinado o para prevenir un peligro. **3** Resolución dictada por un juez en un asunto de poca trascendencia.

providencial adj. **1** Relativo a la providencia divina. **2** Se dice del acontecimiento o hecho que se produce de forma inesperada o casual y evita un daño o un suceso desgraciado.

provincia s.f. **1** División territorial y administrativa en que se organizan algunos países. **2** Distrito que forma parte del territorio de una orden religiosa y que contiene una cantidad determinada de casas y conventos. ◆ **provincias** s.f.pl. **3** ESP Territorio de un país o autonomía, por oposición a la capital.

provincial adj. **1** Relativo a la provincia. ◆ s.m. **2** Religioso que dirige y gobierna las casas y conventos de una provincia.

provincialismo s.m. Palabra o modo de expresión propio de una provincia.

provincianismo s.m. Apego excesivo a la mentalidad y costumbres de un lugar determinado. □ Frec. despectivo.

provinciano, a adj. y s. **1** Que ha nacido o vive en una provincia, en oposición a una persona de la capital. **2** Que tiene una mentalidad cerrada y unas ideas atrasadas y poco desarrolladas. □ Frec. despectivo. ◆ adj. **3** Muy poco elegante o refinado.

provisión s.f. **1** Acción de proveer. **2** Conjunto de cosas que se guardan o se reservan para un fin determinado. □ Suele usarse en plural con valor singular. **3** Reserva de dinero, útiles de mantenimiento u otras cosas para atender una necesidad determinada. **4** Resolución o sentencia dictada por un juez o un tribunal.

provisional adj. Que no es definitivo sino que depende de ciertas circunstancias.

provisto, a Participio irregular de **proveer**.

provocación s.f. **1** Acción de provocar. **2** Cosa o hecho que provoca la ira o el deseo.

provocador, ra adj. y s. Que provoca.

provocar v.tr. **1** Provocar una cosa que ocurra otra como reacción o respuesta a ella. **2** Hacer enfadar a alguien mediante palabras o acciones. ◆ v.tr. e intr. **3** Despertar el deseo sexual.

provocativo, a adj. Que provoca.

proxeneta s.m. y f. Persona que induce a otra a ejercer la prostitución y se beneficia de las ganancias económicas obtenidas.

proximidad s.f. **1** Cercanía o poca distancia en el espacio o en el tiempo. ◆ **proximidades** s.f.pl. **2** Lugar cercano.

próximo, a adj. **1** Que está cerca de algo en el espacio o en el tiempo. ◆ adj. y s. **2** Que sigue a otra cosa o persona, o que está inmediatamente después.

proyección s.f. **1** Lanzamiento o impulso de una cosa hacia adelante con fuerza para que llegue a gran distancia. **2** Influencia o manifestación de una cosa en otra. **3** Acción que consiste en reflejar una imagen o una película sobre una pantalla o superficie. **4** Imagen que se presenta sobre una pantalla u otra superficie. **5** En psicología, mecanismo por el cual una persona le atribuye a otra un comportamiento o un sentimiento propio que ella misma no se atreve a reconocer. **6** Representación de un cuerpo en un plano que se consigue trazando líneas rectas desde todos los puntos del cuerpo.

proyectar v.tr. **1** Lanzar o impulsar una cosa hacia delante con fuerza para que llegue a gran distancia. **2** Planear algo. **3** Reflejar una imagen o una película sobre una pantalla o una superficie. **4** Enviar rayos de luz o radiaciones sobre una cosa. **5** Hacer que algo llegue o se extienda a otra cosa, o que se manifieste en ella. **6** Reflejar un sentimiento, una idea o una pasión en una cosa, especialmente en una obra artística o literaria. ◆ **proyectarse** v.prnl. Hacerse visible una figura o sombra sobre una superficie.

proyectil s.m. Cuerpo que se lanza con fuerza a distancia, generalmente con armas de fuego.

proyecto s.m. **1** Idea de una cosa que se piensa hacer. **2** Conjunto de cálculos, análisis e investigaciones que se hacen para llevar a cabo un trabajo o una actividad importante. **3** Redacción provisional que se hace de un tratado, ley o reglamento.

proyector s.m. **1** Aparato eléctrico que sirve para proyectar imágenes. **2** Aparato que concentra y orienta la luz de un foco.

prudencia s.f. Cualidad de prudente.

prudencial adj. Relativo a la prudencia.

prudente adj. Que pone cuidado, moderación o sensatez al hacer algo para evitar inconvenientes, dificultades o daños.

prueba s.f. **1** Acción que consiste en usar una cosa o ponerla a prueba para ver cómo funciona o qué resultado tiene. **2** Examen que se hace para demostrar unos conocimientos o unas capacidades. **3** Razón o testimonio que demuestra la verdad o la falsedad de una cosa. **4** Señal o muestra de una cosa. **5** Situación o circunstancia triste y difícil. **6** Cantidad muy pequeña que se extrae de una cosa para examinar su calidad. **7** Análisis médico. **8** Muestra provisional de un texto escrito que se utiliza para corregir los errores que tiene el texto antes de imprimirlo definitivamente. **9** Operación que sirve para comprobar la exactitud de otra que ya está hecha. **10** Competición deportiva. ◇ **a prueba** En una situación que permite comprobar una cualidad o la calidad de una cosa o persona. ◇ **a prueba de** Fam. Indica que una cosa es muy fuerte o resistente a lo que se expresa.

prurito s.m. **1** Picor que se siente en una parte del cuerpo o en todo él. **2** Deseo constante, y a veces excesivo, de hacer algo lo mejor posible.

prusiano, a adj. y s. De Prusia.

pseudónimo ▷ seudónimo.

pseudópodo ▷ seudópodo.

psi s.f. Nombre de la vigésima tercera letra del alfabeto griego; se escribe Ψ/ψ y se transcribe como ps.

psicoanálisis o **sicoanálisis** s.m. Método de tratamiento de enfermedades mentales a partir del análisis de los impulsos instintivos reprimidos por la conciencia.

psicoanalista o **sicoanalista** adj. y s.m. y f. Se dice del psiquiatra que practica el psicoanálisis.

psicoanalizar o **sicoanalizar** v.tr. Aplicar el psicoanálisis a una persona.

psicodelia o **sicodelia** s.f. **1** Excitación sensorial producida por el consumo de drogas alucinógenas. **2** Movimiento artístico, especialmente musical, que intenta plasmar o crear experiencias sensoriales como las que provocan las drogas alucinógenas.

psicodélico, a o **sicodélico, a** adj. **1** Se dice del estado psíquico provocado por la ingestión de drogas alucinógenas. **2** Se dice de la droga que causa o provoca este estado psíquico. **3** Relativo a la psicodelia. **4** Fam. Raro o extravagante.

psicofármaco o **sicofármaco** s.m. Fármaco o medicamento que tiene efectos psíquicos.

psicología o **sicología** s.f. **1** Ciencia que estudia los fenómenos y procesos psíquicos y el comportamiento del ser humano en relación con el medio que lo rodea y condiciona. **2** Manera de sentir, de pensar y de comportarse de una persona o un grupo. **3** Fam. Capacidad para comprender y conocer a las personas.

psicológico, a o **sicológico, a** adj. Relativo a la psicología.

psicólogo, a o **sicólogo, a** s. **1** Especialista en psicología. **2** Persona que tiene especial capacidad para conocer el carácter de las personas.

psicomotricidad o **sicomotricidad** s.f. Relación que se establece entre la actividad psíquica de la mente humana y la capacidad de movimiento o función motriz del cuerpo.

psicópata o **sicópata** s.m. y f. y adj. Persona que padece una psicopatía.

psicopatía o **sicopatía** s.f. Enfermedad o trastorno mental que se caracteriza por una alteración de la personalidad en cuanto a las relaciones personales y la conducta social.

psicosis o **sicosis** s.f. **1** Enfermedad mental grave que se caracteriza por una alteración global de la personalidad. **2** Miedo o angustia irracional.

psicosomático, a o **sicosomático, a** adj. Que produce una acción de la mente sobre el cuerpo o del cuerpo sobre la mente.

psicoterapia o **sicoterapia** s.f. Tratamiento de ciertas enfermedades mediante determinados procedimientos psicológicos.

psique o **sique** s.f. Formal. Conjunto de procesos conscientes e inconscientes propios de la mente humana.

psiquiatra o **siquiatra** s.m. y f. Médico especialista en psiquiatría.

psiquiatría o **siquiatría** s.f. Parte de la medicina especializada en el estudio y tratamiento de las enfermedades mentales.

psiquiátrico, a o **siquiátrico, a** adj. **1** Relativo a la psiquiatría. ◆ adj. y s.m. **2** Se dice del hospital o clínica que alberga a los enfermos mentales mientras reciben tratamiento.

psíquico, a o **síquico, a** adj. Relativo a la mente.

pteridofito, a adj. y s.f. **1** Se dice de la planta con tallos, hojas y raíces y con un sistema vascular bien desarrollado, aunque carente de cámbium, como el helecho. ◆ **pteridofitas** s.f.pl. **2** Grupo taxonómico, con categoría de división, constituido por estas plantas.

pterodáctilo s.m. Reptil volador de gran tamaño del cual se han hallado restos fósiles que pertenecían al período jurásico, en la era secundaria.

ptialina o **tialina** s.f. Enzima de la saliva que transforma el almidón de los alimentos en azúcares simples.

púa s.f. **1** Cuerpo pequeño, delgado y firme, que acaba en una punta afilada. **2** Pincho o espina de un animal. **3** Diente de un peine o de un cepillo del pelo. **4** Plectro de un instrumento de cuerda. **5** Trozo de tallo de una planta o de un árbol que se mete en otro para hacer un injerto.

pub s.m. Establecimiento en el que se toman bebidas y se escucha música.
OBS Pronunc. 'pab'.

pubalgia s.f. Inflamación de la inserción de los músculos abductores del muslo en el pubis.

púber adj. y s.m. y f. Adolescente.

pubertad s.f. Primera fase de la adolescencia en la que se producen ciertos cambios físicos.

pubis s.m. **1** Parte inferior del vientre, próxima a los órganos sexuales. **2** Hueso de los dos que componen la pelvis, que se unen al ilion y al isquion.

publicación s.f. **1** Acción de publicar algo. **2** Acción de hacer pública una información o una noticia. **3** Obra impresa que se pone a la venta, especialmente un libro o una revista.

publicano s.m. Recaudador de impuestos o rentas públicas del Imperio romano.

publicar v.tr. **1** Dar a conocer a mucha gente una información o una noticia. **2** Hacer pública una cosa, especialmente la que era secreta y se debía ocultar. **3** Hacer copias de un periódico, un libro, un disco, un vídeo, etc., y ponerlo a la venta. **4** Escribir una obra literaria o realizar un disco, un vídeo, etc., y editarlo.

publicidad s.f. **1** Acción que consiste en dar a conocer al público un producto, una opinión, una noticia o a una persona, con un fin determinado. **2** Conjunto de medios o materiales que se utilizan para dar a conocer al público un producto, una opinión o a una persona.

publicista s.m. y f. Persona que se dedica a la publicidad.

publicitario, a adj. Relativo a la publicidad.

público, a adj. **1** Sabido o conocido por mucha gente. **2** Que se realiza ante un grupo de personas atentas a lo dicho o hecho o para que sea difundido y conocido por la gente. **3** Se dice de la persona que es muy conocida por la mayoría de la gente. **4** Que está a disposición de todos los ciudadanos. **5** Que pertenece al Estado o a su administración. ◆ s.m. **6** Conjunto de personas que hay reunidas en un lugar para ver un espectáculo. **7** Conjunto de personas que forman una colectividad indefinida. **8** Conjunto de personas que forman un colectivo o participan de las mismas aficiones.

publirreportaje s.m. Reportaje publicitario extenso que se emite por televisión.

pucherazo s.m. Fraude electoral que consiste en falsear el recuento de votos.

puchero s.m. **1** ESP Recipiente redondo, alto y un poco abombado, con la boca ancha y una o dos asas, que sirve para cocinar. **2** Fam. Comida de todos los días. **3** Gesto de la cara que se hace cuando se empieza a llorar. □ Suele usarse en plural con valor singular.

pucho s.m. **1** Fam. AMÉR SUR Resto de un cigarro. **GEOSIN** chinga, colilla, magaya, yegua. **2** AMÉR SUR Cigarrillo. ◇ **de a puchos** Fam. AMÉR SUR Indica que algo se hace poco a poco. ◇ **no importar,** o **no valer, un pucho** Fam. y desp. AMÉR SUR No tener una cosa valor. ◇ **sobre el pucho** Fam. AMÉR SUR Enseguida.

pudelado s.m. Procedimiento metalúrgico para conseguir hierro o acero con menos carbono.

pudibundo, a adj. Muy pudoroso.

púdico, a adj. Pudoroso.

pudiente adj. y s.m. y f. Que tiene poder y riqueza.

pudin o **pudín** s.m. **1** Dulce de consistencia esponjosa que se elabora con pan o bizcocho mojados en leche. **2** Alimento no dulce que se elabora con ingredientes muy variados y se cocina en un molde alargado.
OBS Puede encontrarse la grafía inglesa **pudding.**

pudor s.m. **1** Sentimiento que impide mostrar el propio cuerpo o tratar sobre temas relacionados con el sexo. **2** Sentimiento que mueve a ocultar los sentimientos, pensamientos o acciones que se consideran íntimos. **3** Sentimiento de la persona que teme perder su dignidad.

pudoroso, a adj. Que tiene o muestra pudor, especialmente ante el sexo.

pudridero s.m. **1** Lugar en que se ponen los desperdicios para que se pudran. **2** Lugar donde se tiene durante un tiempo un cadáver antes de colocarlo en un panteón.

pudrir v.tr. **1** Descomponer o corromper una sustancia animal o vegetal. **2** Causar degradación o corrupción en una persona o cosa. ◆ **pudrirse** v.prnl. **3** Permanecer encerrada una cosa o persona en un lugar, olvidada y sufriendo deterioro u otra cosa negativa.
OBS Participio: **podrido.** Para el infinitivo, también **podrir.**

pueblerino, a adj. **1** Relativo al pueblo. ◆ s. **2** Persona que ha nacido o que vive en un pueblo. ◆ adj. y s. **3** Desp. Se dice de la persona que tiene malos modales o es poco refinada.

pueblo s.m. **1** Población más pequeña y con menos habitantes que una ciudad. **2** Conjunto de personas que viven en un lugar, región o país determinados. **3** Conjunto de personas que forman una comunidad y están unidas por un vínculo. **4** Conjunto de habitantes de un país considerados en relación con sus gobernantes. **5** Conjunto de personas que tienen un nivel socioeconómico humilde.

puente s.m. **1** Construcción que se hace sobre los ríos, los fosos y otros lugares para poder pasar de un lado a otro. **2** Día en que no se trabaja por estar entre dos festivos. **3** Conjunto de los días seguidos de vacaciones cuando entre ellos hay un día de puente. **4** Pieza de metal que sirve para sujetar los dientes artificiales a los naturales. **5** Conexión entre dos cables que permite el paso de la corriente eléctrica. **6** Curvatura de la parte interior de la planta del pie. **7** Pieza central de las gafas que sirve para unir los dos cristales. **8** Plataforma con barandilla que hay en la cubierta de una embarcación, desde la que los oficiales comunican las órdenes a los marineros. **9** Pieza pequeña y curva de madera colocada en la parte inferior de un instrumento musical de cuerda, que sirve esencialmente para sujetar las cuerdas y transmitir el sonido a la caja de resonancia. **10** Persona o cosa que sirve para poner en contacto dos cosas o lugares o para acercarlos. ◇ **puente aéreo** Sistema de transporte aéreo frecuente y regular que se establece entre dos lugares. □ Conjunto de instalaciones que están al servicio de este tipo de transporte aéreo.

puentear v.tr. Colocar un puente en un circuito eléctrico.

puerco, a s. **1** Cerdo, animal. ◆ adj. y s. **2** Se dice de la persona que no cuida su aseo personal o que produce asco por su falta de limpieza. □ Frec. despectivo. ◆ adj. **3** Fam. Que está muy sucio. ◇ **puerco espín** Animal mamífero roedor, nocturno, que tiene la espalda y la cola cubiertas de espinas. □ Plural: puercos espinos.

puericultor, ra s. Especialista en puericultura.

puericultura s.f. Estudio y práctica de la crianza y cuidado de los niños durante los primeros años de vida.

pueril adj. **1** Propio de los niños pequeños. **2** Que tiene poco valor, poco interés o poca importancia.

puerilidad s.f. **1** Característica de lo que es propio de un niño. **2** Hecho o dicho que es propio de un niño. **3** Cosa que tiene poco valor o importancia.

puerro s.m. Hortaliza de tallo largo, grueso, blanco y comestible.

puerta s.f. **1** Abertura que hay en una pared, normalmente de forma rectangular, que va desde el suelo hasta una altura adecuada para poder entrar y salir por ella. **2** Abertura que permite acceder al interior de un lugar. **3** Plancha movible que se coloca en estas aberturas. **4** Entrada a una población, que antiguamente era una puerta monumental en su muralla. **5** Marco rectangular por el que tiene que entrar la pelota para marcar un tanto en un juego o deporte. **6** Puerto de comunicación. ◇ **a las puertas** Muy cerca de lo que se expresa. ◇ **a puerta cerrada** En secreto o de forma privada. ◇ **coger la puerta** Fam. ESP Irse o salir de un sitio.

puerto s.m. **1** Lugar de la costa o del lado de un río, preparado para que las embarcaciones se puedan refugiar y detener para la carga y descarga de mercancías o para el embarque y desembarque de pasajeros. **2** Localidad en la que se encuentra este lugar. **3** Paso alto y estrecho entre montañas. □ También puerto de montaña. **4** Montaña, sierra o cordillera en que hay alguno de estos pasos. **5** Lugar, situación o persona que sirve de amparo o refugio. **6** En informática, conexión que permite conectar dispositivos de entrada y salida.

puertorriqueño, a adj. y s. Portorriqueño.

pues conj. **1** Sirve de enlace gramatical con valor ilativo o consecutivo, y relaciona la frase con lo que se ha dicho inmediatamente antes. **2** Sirve de enlace gramatical con valor causal, para explicar el motivo de lo que se dice en la oración principal. **3** Sirve de enlace gramatical con valor condicional.

puesta s.f. **1** Acción de ocultarse tras el horizonte el sol u otro cuerpo celeste. **2** Acción de poner en marcha una cosa, especialmente un asunto o un negocio. **3** Acción que consiste en poner huevos las aves. **4** Conjunto de huevos que pone un ave de una vez. ◇ **puesta a punto** Operación que consiste en regular un mecanismo o una máquina para que funcione correctamente. ◇ **puesta de largo** Fiesta que se celebra para presentar a una joven en sociedad. ◇ **puesta en escena** Preparación del decorado y escenario de una obra de teatro o de una película.

puesto, a 1 Participio irregular de **poner**. ◆ adj. **2** Fam. Se dice de la persona que va muy bien vestida o muy arreglada. **3** Fam. Que tiene muchos conocimientos sobre una materia o un tema determinado. ◆ s.m. **4** Lugar o espacio que ocupa o que le corresponde a una persona o cosa. **5** Trabajo o cargo que tiene una persona. **6** Establecimiento comercial que se coloca en lugares públicos. **7** Destacamento de soldados, guardias, policías o cualquier otro grupo de profesionales que están en acto de servicio. ◇ **puesto que** Introduce una oración subordinada que expresa la causa o el motivo de lo que se dice en la oración principal.

puf s.m. Asiento bajo y blando, sin respaldo, sin brazos y sin patas.

púgil s.m. Persona que practica el boxeo.

pugna s.f. Lucha o enfrentamiento.

pugnar v.intr. **1** Formal. Luchar o combatir, utilizando o no las armas o la fuerza. **2** Insistir con esfuerzo para lograr una cosa.

puja s.f. **1** Acción de pujar. **2** Cantidad de dinero que se ofrece de esta manera.

pujante adj. Que se desarrolla con mucha fuerza y cada vez tiene más importancia.

pujanza s.f. Fuerza o vigor con la que se desarrolla una cosa o se realiza una acción.

pujar v.tr. Ofrecer una cantidad de dinero mayor que las ofrecidas en una subasta.

pulcritud s.f. **1** Cuidado en el aseo y la apariencia personal. **2** Manera pulcra, limpia y cuidada de hacer una cosa.

pulcro, a adj. **1** Que tiene un aspecto muy limpio y cuidado. **2** Se dice de la persona que hace las cosas con cuidado, limpieza y delicadeza. **3** Se dice de la cosa que está hecha con cuidado y delicadeza.

OBS Superlativo: **pulquérrimo** o **pulcrísimo**.

pulga s.f. Insecto de color negro rojizo que vive como parásito de los mamíferos y las aves y se alimenta de su sangre. ◇ **tener malas pulgas** Fam. Tener mal humor y enfadarse con facilidad.

pulgada s.f. Medida de longitud de diversos países y de valor variable.

pulgar s.m. y adj. Dedo que es el más grueso de la mano.

pulgón s.m. Insecto muy pequeño de color marrón o verde y forma ovalada, dotado de una boca chupadora.

pulgoso, a adj. Que tiene pulgas.

pulidor, ra adj. **1** Que pule. ◆ s. **2** Persona que se dedica a pulir. ◆ s.m. **3**

pulidora s.f. Máquina para pulir.

pulimentar v.tr. Pulir, alisar.

pulimento s.m. **1** Operación que consiste en alisar o dar tersura a una superficie para dejarla brillante. **2** Sustancia que sirve para pulimentar una superficie.

pulir v.tr. **1** Alisar una superficie para que quede suave y brillante. **2** Revisar y corregir una cosa, especialmente un escrito o un dibujo, para perfeccionarla. **3** Fam. Robar o hurtar una cosa a una persona. **4** Educar a una persona para que tenga buenos modales y sepa comportarse en sociedad. ◆ **pulirse** v.prnl. **5** Fam. Gastarse una cantidad de dinero sin orden ni cuidado.

pulla s.f. Expresión irónica con la que se pretende herir u ofender a una persona.

pulmón s.m. **1** Cada uno de los dos órganos del aparato respiratorio de la mayoría de los vertebrados, situados en la cavidad torácica. **2** Órgano respiratorio de los moluscos terrestres. ◆ **pulmones** s.m.pl. **3** Fam. Capacidad para emitir una voz fuerte o para hacer ejercicios físicos que exigen un gran esfuerzo.

pulmonado, a adj. y s.m. **1** Se dice del molusco gasterópodo que respira mediante una cavidad pulmonar. ◆ **pulmonados** s.m.pl. **2** Grupo taxonómico, con categoría de subclase, constituido por estos moluscos.

pulmonar adj. Relativo a los pulmones.

pulmonía s.f. Inflamación y congestión de los pulmones, o de una parte de ellos, debido generalmente a un virus o una bacteria.

pulpa s.f. **1** Parte blanda y carnosa de la fruta. **2** Parte blanda de algunas plantas leñosas que se encuentra en el interior del tronco o del tallo. **3** Carne de los animales limpia de huesos y ternilla. **4** Masa que se obtiene después de triturar un fruto o una planta.

pulpejo s.m. Parte carnosa, blanda y redondeada de algunas partes pequeñas del cuerpo, especialmente el lóbulo de la oreja o las zonas blandas del dorso de cada dedo.

pulpería s.f. AMÉR Tienda de comestibles.

púlpito s.m. Plataforma pequeña con antepecho desde donde predica el sacerdote.

pulpo s.m. **1** Molusco marino comestible, con el cuerpo redondo, cabeza grande y ovalada, y ocho largos tentáculos con dos filas de ventosas. ◆ s.m. y f. **2** Fam. Persona que toca mucho con las manos a los demás.

pulquérrimo, a adj. Formal. Superlativo de pulcro.

pulsación s.f. **1** Golpe producido por el movimiento de la sangre en las arterias. **2** Golpe o toque que se da en el teclado de un ordenador, una máquina de escribir o un instrumento musical.

pulsador s.m. Botón que sirve para poner en funcionamiento un mecanismo o aparato.

pulsar v.tr. **1** Tocar una cosa con la yema de los dedos presionando de forma suave. **2** Estudiar o tratar de conocer una opinión o el estado de un asunto.

púlsar s.m. Estrella de neutrones que resulta de la explosión de una supernova.

pulsera s.f. **1** Adorno o joya en forma de aro o de cadena que se pone en la muñeca. **2** Correa o cadena con que se sujeta el reloj a la muñeca.

pulso s.m. **1** Conjunto de golpes o latidos producidos por el movimiento de la sangre en las arterias. **2** Parte de la muñeca donde se notan estos golpes. **3** Seguridad o firmeza en la mano para ejecutar una acción delicada con precisión. **4** Habilidad o cuidado para tratar un asunto o llevar a cabo un negocio. **5** Situación en que se miden las fuerzas o se desafían personas o grupos. ◇ **a pulso** Haciendo fuerza con la mano y la muñeca, sin apoyar el brazo, para sostener o levantar una cosa en alto. □ Trabajando solo, con el propio esfuerzo y sin ayuda de nadie.

pulsómetro s.m. Instrumento para medir la fuerza y frecuencia del pulso.

pulular v.intr. Abundar y moverse mucho en un lugar personas, animales o cosas.

pulverizador s.m. Instrumento que sirve para esparcir un líquido en gotas muy pequeñas sobre un lugar.

pulverizar v.tr. **1** Reducir a polvo una cosa sólida. **2** Esparcir un líquido sobre un lugar en forma de gotas muy pequeñas. **3** Destruir por completo una cosa material o inmaterial.

puma s.m. Animal felino de pelo suave de color marrón claro.

puna s.f. **1** Extensión de terreno seco, llano y con escasa vegetación de los Andes. **2** Terreno llano y seco. **3** AMÉR CENTRAL Malestar que se siente en las grandes alturas a causa del enrarecimiento del aire.

punción s.f. Operación que consiste en introducir un instrumento afilado y puntiagudo en el organismo para examinar o vaciar su contenido.

pundonor s.m. Sentimiento que empuja a una persona a cuidar de su fama y de su honra personal y a tratar de quedar bien ante los demás.

punible adj. Que merece castigo.

púnico, a adj. y s. **1** De Cartago. ◆ **s.m. y adj. 2** Lengua fenicia hablada por los cartagineses.

punk (pl. punks) s.m. y adj. **1** Movimiento juvenil y musical que surgió como protesta ante el convencionalismo de la sociedad y la crisis económica. ◆ **adj. y s.m. y f. 2** Se dice de la persona que es seguidora de este movimiento. **OBS** Pronunc. 'pank' o 'punk'.

punta s.f. **1** Extremo o parte final de una cosa, especialmente si sobresale. **2** Extremo agudo de un objeto que corta o pincha. **3** Clavo de pequeño tamaño, generalmente sin cabeza. **4** Lengua de tierra alargada, baja y de poca extensión que entra en el mar. **5** Grado máximo de desarrollo de una cosa. □ Siempre en aposición a otro sustantivo: tecnología punta. **6** En fútbol, cada uno de los jugadores que forman la parte más adelantada del equipo y que tienen la misión de marcar goles. **7** Pequeña cantidad de una cosa. **8** Cuerno del toro. **9** CUBA Hoja de tabaco. ◇ **de punta** De manera que queda recto, tieso o con la punta hacia arriba. ◇ **de punta a punta** De un extremo al otro.

puntada s.f. **1** Pasada que se da con aguja e hilo sobre una cosa que se está cosiendo. **2** Espacio que hay entre dos de estas pasadas. **3** Porción de hilo que ocupa este espacio.

puntal s.m. **1** Madero o barra de un material fuerte y resistente que sirve para sostener un muro u otra estructura. **2** Persona o cosa que constituye el elemento principal de un sistema o de un asunto. **3** Altura de una embarcación desde su parte inferior hasta la cubierta superior. **4** AMÉR Refrigerio, piscolabis.

puntapié s.m. Golpe dado con el pie.

puntear v.tr. **1** Dibujar, pintar o grabar con puntos. **2** Marcar con puntos una superficie. **3** Pulsar por separado, con una púa o con los dedos, las cuerdas de una guitarra u otro instrumento de cuerda. **4** Comprobar que estén todos los elementos de una lista o de una cuenta.

punteo s.m. **1** Dibujo o señal que se hace con puntos. **2** Acción de puntear.

puntera s.f. **1** Parte del calzado, del calcetín o de la media que cubre la punta del pie. **2** Pieza que adorna o hace más fuerte la parte del calzado que cubre la punta del pie.

puntería s.f. **1** Habilidad de una persona para apuntar al blanco y acertar. **2** Acción de apuntar con un arma arrojadiza o de fuego. **3** Dirección en que se apunta con un arma arrojadiza o de fuego.

puntero, a adj. **1** Que destaca o sobresale dentro de su género, especie o categoría. ◆ s.m. **2** Palo o vara acabado en punta que sirve para señalar cosas en un texto o en un dibujo. **3** Cincel de punta aguda y cabeza plana. **4** Señal, normalmente con forma de flecha, que se mueve sobre la pantalla del ordenador mediante el ratón.

puntiagudo, a adj. Que tiene la punta aguda.

puntilla s.f. **1** Encaje estrecho con ondas o puntas. **2** Cuchillo corto para rematar a las reses. ◇ **de puntillas** Sobre las puntas de los pies y sin apoyar los talones.

puntillismo s.m. Técnica pictórica neoimpresionista que se caracteriza por pinceladas yuxtapuestas semejantes a pequeños puntos.

puntillo s.m. Amor propio muy exagerado y basado en cosas sin importancia.

puntilloso, a adj. **1** Quisquilloso. **2** Exigente y cuidadoso en sus acciones.

punto s.m. **1** Señal circular de pequeño tamaño que destaca por el contraste de color o de relieve sobre una superficie. **2** Signo de escritura que se pone sobre las letras i y j. **3** Signo de puntuación (.) que indica el fin de una oración o que aparece después de una abreviatura. **4** Posición o lugar preciso y concreto. **5** Parte o aspecto de una materia o de un asunto del que se trata. **6** Unidad que sirve para valorar o calificar en algunos juegos o ejercicios. **7** Instante o momento en el que sucede o se realiza una cosa o fase en la que se encuentra un asunto o el desarrollo de un proceso. **8** Extremo o grado que se puede alcanzar con algo. **9** Grado de temperatura necesario para que ocurra un determinado fenómeno físico. **10** Parte de una recta o plano al que se le puede dar una posición pero que no posee extensión en ninguna de las dimensiones posibles. **11** Parte o aspecto de una persona o de una cosa. **12** Pasada que se da con aguja e hilo sobre una cosa que se está cosiendo. **13** Trozo de hilo que va de una puntada a otra en una tela, piel, etc., en especial cuando se pasa y se combina con otros de cierta manera. **14** Roto que se hace en las medias al soltarse uno de los nudos del tejido. **15** Tejido elástico fabricado mecánicamente con todo tipo de fibras. **16** Puntillo. **17** Fam. Acción que causa sorpresa porque es buena o favorable. **18** Fam. Borrachera pequeña y ligera. ◇ **al punto** Al momento o con gran rapidez. ◇ **a punto** Preparado para hacer algo. □ A tiempo o en el momento adecuado. ◇ **a punto de + infinitivo** Expresión que indica que una acción está muy próxima a realizarse. ◇ **dos puntos** Signo de puntuación (:) que suele introducir una cita textual o preceder una enumeración. ◇ **en punto** Exactamente. ◇ **punto cardinal** Cada uno de los cuatro puntos del espacio (Norte, Sur, Este y Oeste) que sirven para orientarse. ◇ **punto débil** o **punto flaco** Aspecto o parte de una persona o cosa que es vulnerable, tiene poca fuerza y puede ser dañado con facilidad. ◇ **punto de vista** Manera de considerar un asunto o una cosa. ◇ **punto final** Punto que se usa cuando acaba un escrito. ◇ **puntos suspensivos** Signo de puntuación (...) que se usa para indicar que falta o se ha omitido algo en el texto. ◇ **punto y aparte** Punto que se usa cuando acaba un párrafo y el texto continúa en una nueva línea. ◇ **punto y coma** Signo de puntuación (;) que se usa para señalar una pausa algo mayor que la que representa la coma. ◇ **punto y seguido** Punto que se usa cuando acaba una oración y el texto continúa en la misma línea.

puntocom adj. y s.f. Se dice de la empresa que se vale de Internet como plataforma fundamental para el desarrollo de su actividad.

puntuación s.f. **1** Conjunto de puntos que se le dan a una persona por hacer un ejercicio. **2** Conjunto de signos de ortografía que se aplican a un texto y que sirven para distinguir las palabras y separar las oraciones y sus partes.

puntual adj. **1** Que llega a un lugar a la hora convenida. **2** Que hace las cosas a tiempo y sin retraso. **3** Concreto o específico. **4** Exacto y detallado. **5** Que tiene la extensión de un punto o que no tiene extensión.

puntualidad s.f. Cualidad que tienen las personas o las cosas de ser puntuales y hacer una cosa a su debido tiempo.

puntualismo s.m. Teoría que defiende que la evolución de las especies de seres vivos no es gradual, sino que las especies están adaptadas a un ambiente determinado.

puntualización s.f. Acción de puntualizar.

puntualizar v.tr. Especificar una cosa que se ha dicho para que no quede incompleta o imprecisa y no haya malas interpretaciones.

puntuar (1b) v.tr. **1** Poner los signos de ortografía necesarios para la comprensión correcta de un período gramatical. **2** Calificar con puntos un ejercicio o una prueba. ◆ v.tr. e intr. **3** Ganar o conseguir puntos en una competición deportiva. **4** Contar una prueba o un ejercicio para la puntuación de una competición.

punzada s.f. **1** Herida pequeña y poco profunda producida por un objeto que tiene punta. **2** Dolor repentino, agudo y breve.

punzante adj. Que punza.

punzar v.tr. **1** Pinchar. **2** Molestar o provocar a una persona para que se enfade. ◆ v.intr. **3** Avivarse un dolor dando pinchazos momentáneos.

punzón s.m. Instrumento para hacer agujeros en las telas y para grabar metales.

puñado s.m. **1** Cantidad de cualquier cosa o materia que se puede contener en un puño. **2** Cantidad pequeña de cualquier cosa o materia. ◇ **a puñados** En grandes cantidades.

puñal s.m. Arma de acero de hoja corta y puntiaguda que solamente hiere con la punta.

puñalada s.f. Herida hecha con un puñal u otra arma blanca parecida.

puñeta s.f. **1** Adorno de bordados y puntillas que se pone en la parte que rodea la muñeca en la manga de una toga. **2** Fam. ESP Cosa o persona que molesta. ◆ **interj. 3** ESP Se usa para expresar enfado, desagrado o mal humor. □ También puñetas. ◇ **hacer la puñeta a alguien** Fam. ESP Molestar o hacer daño a una persona. ◇ **mandar a alguien a hacer,** o **a freír, puñetas** Fam. ESP Rechazar o despedir a una persona o cosa con desconsideración o enfado.

puñetazo s.m. Golpe dado con el puño.

puñetero, a adj. **1** Fam. ESP Que molesta, fastidia o incordia. **2** Fam. ESP Difícil y complicado de hacer.

puño s.m. **1** Mano cerrada. **2** Parte de la manga de una prenda de vestir que rodea la muñeca. **3** Parte por donde se cogen con la mano algunos utensilios, herramientas o armas de filo.

pupa s.f. **1** Erupción en cualquier parte del cuerpo, especialmente la que se forma en los labios a causa de la fiebre. **2** Costra de una herida. **3** Fam. ESP Dolor o herida que siente o tiene un niño en el cuerpo. □ Se usa en el lenguaje infantil. **4** Fase larvaria intermedia del desarrollo de ciertos insectos, como la mariposa.

pupila s.f. Abertura circular, de color negro, situada en el centro del iris ocular.

pupilaje s.m. **1** Estado o condición de pupilo o huésped. **2** Vigilancia de vehículos en un garaje u otro lugar parecido por un precio convenido.

pupilo, a s. **1** Huérfano menor de edad que es educado por un tutor. **2** Huésped de una pensión. **3** Alumno de un maestro o educador.

pupitre s.m. Mueble de madera parecido a una mesa, que tiene una tapa en forma de plano inclinado y sirve para escribir sobre él.

purasangre adj. y s.m. Se dice del caballo que es de una raza pura.

puré s.m. Comida que se hace cociendo y triturando hortalizas, legumbres o verduras hasta conseguir una crema espesa.

pureza s.f. **1** Cualidad que tienen las cosas o las personas puras. **2** Estado de la persona que no ha tenido relaciones sexuales.

purga s.f. **1** Acción de purgar. **2** Medicina que sirve para evacuar el vientre.

purgante adj. **1** Que purga, limpia o purifica. ◆ adj. y s.m. **2** Se dice de la sustancia que sirve para evacuar el vientre.

purgar v.tr. **1** Limpiar y purificar una cosa quitándole lo malo, lo peligroso o lo que no conviene. **2** Evacuar el vientre mediante una medicina o una sustancia medicinal. **3** Sufrir un castigo o una pena por haber cometido una falta o un delito. **4** Purificar el alma de pecados para poder alcanzar la gloria.

purgatorio s.m. **1** Según la Iglesia católica, lugar en el que las almas de los muertos pagan sus faltas antes de poder alcanzar la gloria eterna. **2** Lugar donde se sufren penalidades.

purificación s.f. Acción de purificar.

purificar v.tr. **1** Quitar los elementos malos o extraños a una cosa para dejarla pura. **2** Hacer perfecta o mejor una cosa no material.

purismo s.m. **1** Actitud que pretende preservar la lengua de palabras extranjeras o neologismos. **2** Corriente ideológica que pretende mantener un arte, una técnica o una práctica dentro de la más estricta ortodoxia.

purista adj. y s.m. y f. Que defiende el purismo.

puritanismo s.m. **1** Movimiento religioso de inspiración calvinista que defiende una rigidez moral extrema y la más absoluta adecuación de las costumbres a la moral evangélica. **2** Rigidez y dureza excesivas en el modo de pensar y de actuar.

puritano, a adj. **1** Relativo al puritanismo. ◆ adj. y s. **2** Se dice de la persona que practica el puritanismo. **3** Se dice de la persona que presume de mostrar una rigidez y una dureza excesivas en el terreno moral.

puro, a adj. **1** Que no tiene mezcla de otra cosa. **2** Que no tiene sustancias sucias o contaminantes. **3** Moralmente recto, honesto y respetuoso. **4** Que es solo y exclusivamente lo que se expresa. □ Va antepuesto al sustantivo. **5** Se dice del lenguaje que es correcto y sigue estrictamente las normas de la gramática. ◆ s.m. **6** Cilindro hecho de hojas de tabaco enrolladas que se enciende por un extremo y se chupa o fuma por el otro. □ También cigarro puro.

púrpura s.m. y adj. **1** Color rojo fuerte, casi morado. ◆ adj. **2** Que es de este color. □ Invariable en número. ◆ s.f. **3** Sustancia de color rojo fuerte que se usa para teñir o dar color. **4** Tela de este color, generalmente de lana, que sirve para hacer los trajes de los reyes y las personas que tienen algún cargo importante.

purpúreo, a adj. De color púrpura.

purpurina s.f. **1** Polvo muy fino que se extrae del bronce o de metal blanco y se utiliza para decorar cosas. **2** Pintura brillante que se hace con estos polvos.

purulento, a adj. Que tiene pus.

pus s.m. Líquido espeso que se forma en los tejidos infectados.

pusilánime adj. y s.m. y f. Se dice de la persona que no tiene ánimo, valor o energía.

pústula s.f. Ampolla llena de pus en la piel.

puta ▷ puto, a.

putada s.f. Vulg. ESP Acción o dicho que se hace con mala intención y molesta o perjudica.

putativo, a adj. Se dice del familiar que se tiene como propio o legítimo sin serlo.

putear v.tr. Vulg. Fastidiar, perjudicar.

puticlub (pl. puticlubs o puticlubes) s.m. Fam. Establecimiento donde se ejerce la prostitución.

puto, a adj. **1** Vulg. Se dice de las cosas para denigrarlas. ◆ s. **2** Desp. Prostituto. <> **de puta madre** Vulg. Muy bien.

putrefacción s.f. Descomposición de una materia animal o vegetal.

putrefacto, a adj. Que está podrido, descompuesto o corrompido.

puya s.f. Punta de hierro colocada en el extremo de una vara larga con la que se pincha a los toros y vacas para estimularlos o castigarlos.

puyazo s.m. **1** Herida producida con una puya. **2** Expresión irónica con la que se pretende herir u ofender a una persona.

puzle s.m. Juego que consiste en recomponer una figura combinando de manera correcta unas determinadas fichas o piezas.
OBS Puede encontrarse la grafía inglesa **puzzle**.

PVC s.m. Plástico que se obtiene por polimerización de un compuesto orgánico.

PVP s.m. Sigla de **precio de venta al público**.

pyme o **PYME** s.f. Empresa de pequeño o mediano tamaño.
OBS Pronunc. 'pime'.

pza. Abreviatura de **plaza**.

Q

q s.f. Decimoctava letra del alfabeto español; su nombre es **cu**.

quad s.m. Vehículo motorizado de cuatro ruedas en el que se monta como en una moto. **GEOSIN** cuatriciclo, cuatrimoto.

quark (pl. quarks) s.m. Partícula elemental en que puede dividirse la materia atómica.

quásar (pl. quásares) s.m. Fuente de radiación celeste muy intensa, cuya naturaleza exacta no se conoce.

1. **que** pron. Introduce una proposición de relativo en la que se indican ciertas características del sustantivo al que complementa; equivale a **el cual, la cual, los cuales, las cuales.**

2. **que** conj. **1** Nexo que introduce una proposición subordinada sustantiva y la une con la principal. **2** En correlación con **más** y **menos**, introduce el segundo término de una comparación de superioridad o inferioridad. **3** Introduce una explicación o una aclaración. **4** Fam. Introduce una proposición con matiz causal. **5** Fam. Introduce la consecuencia de lo que se expresa; generalmente está en correlación con **tal, tan, tanto** u otro elemento parecido. **6** Fam. Introduce una proposición en la que se expresa la finalidad de una cosa; equivale a **para**. **7** Precedido y seguido del mismo verbo, indica el progreso de una acción e incrementa su intensidad. **8** Introduce una condición y equivale a **si**. **9** En combinación con una preposición, adverbio o participio, introduce una circunstancia, un hecho, etc., que estos indican.

qué adj. y pron. **1** Introduce preguntas sobre cosas concretas o abstractas. **2** Con un sustantivo, adjetivo o adverbio, introduce oraciones exclamativas que expresan emoción, admiración o disgusto. ◇ **¿por qué?** Se utiliza para preguntar la causa o razón de una cosa.

quebracho s.m. Árbol americano de gran altura y madera muy dura.

quebrada s.f. **1** Paso estrecho y abrupto entre montañas. **2** AMÉR Riachuelo que corre por el fondo de una quiebra.

quebradero s.m. ◇ **quebradero de cabeza** Preocupación o problema.

quebrado, a adj. **1** Que está roto. **2** Desigual, tortuoso. **3** AMÉR Se dice de la persona que no tiene dinero. **4** COL Que está bajo los efectos de alguna sustancia alucinógena. **5** Fam. VENEZ Jorobado. **6** VENEZ Se dice del estudiante que ha suspendido un examen. ◆ **adj. y s.m. 7** Se dice del número que expresa una o varias porciones de un todo dividido en partes iguales.

quebrantahuesos s.m. Ave rapaz de gran tamaño, de plumaje gris negruzco y blanco.

quebrantamiento s.m. Acción de quebrantar.

quebrantar v.tr. **1** Romper de forma violenta una cosa dura, especialmente sin que lleguen a separarse del todo sus partes. **2** Poner una cosa en estado o situación de que se rompa con facilidad. **3** No cumplir una ley, una palabra dada o una obligación. **4** Debilitar la fuerza, la salud o el ánimo de una persona.

quebrar (32) v.tr. **1** Romper de forma violenta una cosa dura, especialmente sin que lleguen a separarse del todo sus partes. **2** Doblar o torcer el cuerpo, especialmente por la cintura. **3** Interrumpir o cortar la continuación de una cosa no material. ◆ **v.intr. 4** Fracasar y dejar de funcionar un comercio o una industria por tener deudas.

quechua o **quichua** adj. y s.m. y f. **1** De un pueblo amerindio que ocupa la franja que abarca Ecuador, Perú, Bolivia y el norte de Argentina, descendiente de los antiguos incas. ◆ **s.m. y adj. 2** Lengua hablada por este pueblo.

queda s.f. Hora a partir de la cual la población civil tiene prohibida la libre circulación.

quedar v.intr. **1** Estar en un sitio durante un tiempo determinado. **2** Mantenerse una persona o cosa en un estado o situación igual al que ya tenía. **3** Pasar una persona o cosa a tener un estado final determinado. **4** Haber, estar o existir todavía. **5** Terminar o acabar. **6** Citarse con una persona. **7** Estar situado en un sitio determinado. **8** Producir una cosa una impresión determinada al colocarla en un lugar, llevarla alguien o combinarla con algo. **9** Producir una persona una impresión determinada a otra. **10** Ponerse de acuerdo en algo. ◆ **quedarse**

v.prnl. **11** Coger una cosa y retenerla en su poder. **12** Fam. MÉX Llegar a la edad madura una mujer sin casarse.

quehacer s.m. Ocupación o tarea que se tiene la obligación de hacer.

queimada s.f. Bebida alcohólica que se elabora con orujo quemado, azúcar y corteza de limón.

queja s.f. Acción y efecto de quejarse.

quejarse v.prnl. **1** Expresar con la voz el dolor o la pena que se siente. **2** Mostrar disconformidad, oposición o queja por alguna cosa.

quejica adj. y s.m. y f. Fam. ESP Que se queja con frecuencia o de manera exagerada.

quejido s.m. Expresión de dolor, pena, descontento o enfado.

quejigo s.m. Variedad de roble que se caracteriza por tener el tronco grueso y copa recogida.

quelícero s.m. Apéndice generalmente acabado en pinza que tienen algunos artrópodos.

quelonio adj. y s.m. **1** Se dice del reptil que se caracteriza por tener el cuerpo protegido por un caparazón duro, cuatro extremidades cortas y mandíbulas sin dientes. ◆ **quelonios** s.m.pl. **2** Grupo taxonómico, con categoría de orden, constituido por estos reptiles.

quema s.f. **1** Acción de quemar o quemarse. **2** Destrucción con fuego de una cosa.

quemado, a adj. **1** Fam. Que está enfadado, descontento, cansado o molesto con una persona o con alguna actividad. ◆ s. **2** Persona que ha sufrido quemaduras.

quemador s.m. Pieza que regula la salida de combustible en las cocinas y otros aparatos.

quemadura s.f. **1** Herida en la piel producida por el fuego, el calor, por el contacto con sustancias corrosivas, la electricidad, la radiación o la fricción. **2** Debilidad y mal aspecto de las hojas y partes verdes de una planta.

quemar v.tr. **1** Destruir a una persona o cosa con fuego. **2** Hacer que una cosa caliente mucho por estar expuesta al fuego o a una temperatura elevada, especialmente hasta el punto de estropearla. **3** Causar una sensación de ardor. **4** Secar una planta el calor o el frío excesivos. **5** Fam. Hacer enfadar, molestar o cansar a alguien. **6** Derrochar o malgastar una cantidad de dinero o una fortuna. **7** Estropear algo una sustancia corrosiva. **8** Hacer que un elemento orgánico se consuma o se transforme en el organismo. ◆ v.intr. **9** Estar muy caliente una cosa. ◆ **quemarse** v.prnl. **10** Experimentar un sentimiento o una pasión con mucha intensidad. **11** Desgastarse o deteriorarse una persona por el ejercicio continuado de una actividad.

quemarropa ◇ **a quemarropa** loc. **1** Se dice del disparo que se hace desde muy cerca. **2** Se usa para indicar que una cosa se hace o se dice de forma directa y brusca.

quemazón s.f. **1** Sensación desagradable de calor o de picor. **2** Sensación desagradable de disgusto, tristeza o incomodidad.

quena s.f. Flauta hecha de caña utilizada por pueblos andinos.

quepis o **kepis** s.m. Gorra militar de forma cilíndrica y visera horizontal.

queratina s.f. Proteína de la epidermis y de órganos como las uñas, el pelo, las plumas, las escamas, las pezuñas o los cuernos.

querella s.f. **1** Acusación que se presenta ante un juez o un tribunal competente. **2** Disputa.

querellarse v.prnl. Presentar una querella contra alguien ante un tribunal para pedir justicia.

querer (38) v.tr. **1** Tener el deseo, la voluntad o la intención de hacer o conseguir una cosa. **2** Sentir afecto, cariño o amor hacia una persona o cosa. **3** Se usa para preguntar la cantidad de dinero que hay que pagar por una cosa. **4** Se usa para pedir educadamente a una persona lo que se expresa. **5** Pedir o requerir una cosa que es necesaria o conveniente. ◇ **querer decir** Significar lo que se expresa. ◇ **sin querer** Sin intención deliberada.

querido, a s. Fam. Amante.

quermés s.f. Kermés.

queroseno o **keroseno** s.m. Líquido inflamable, mezcla de hidrocarburos, que se obtiene de la destilación del petróleo natural.

querubín s.m. **1** Ángel que está junto al trono de Dios y tiene un grado jerárquico inferior al serafín. **2** Persona de delicada belleza.

quesera s.f. Recipiente para guardar y conservar el queso.

quesería s.f. Establecimiento en el que se elaboran y se venden quesos.

quesito s.m. Porción de queso envuelta y empaquetada individualmente.

queso s.m. **1** Alimento que se obtiene a partir de una masa de leche cuajada y salada. **2** Fam. Pie de una persona. ◇ **dársela a alguien con queso** Fam. ESP Engañar a una persona.

queta s.f. Cada una de las cerdas quitinosas de los gusanos anélidos.

quetzal s.m. **1** Ave trepadora de plumaje verde y rojo. **2** Unidad monetaria de Guatemala.

quevedesco, a adj. Relativo a Francisco de Quevedo o a su obra.

quevedos s.m.pl. Lentes de forma circular que se sujetan únicamente a la nariz.

quiasmo s.m. Figura retórica que consiste en intercambiar o cruzar los elementos de dos secuencias paralelas.

quibla s.f. Muro de la mezquita que está orientado hacia La Meca.

quiche s.f. Tarta salada de pasta de hojaldre rellena con una mezcla de huevos batidos y otros alimentos.
OBS Pronunc. aprox. 'quich'.

quichua ▷ quechua.

quicio s.m. Parte de una puerta o ventana en la que están los goznes y las bisagras. ◇ **sacar a alguien de quicio** Exasperar a alguien. ◇ **sacar algo de quicio** Interpretar o entender una cosa de modo equivocado.

1. **quico** s.m. Kiko.

2. **Quico** n.pr. ◇ **ponerse como el Quico** Fam. ESP Hartarse una persona de comida.

quid s.m. Razón, causa o punto más importante o esencial de una cosa o asunto.

quiebra s.f. **1** Cese de la actividad de una empresa o un comercio por no poder pagar sus deudas. **2** Falta de medios de un estado o administración para pagar deudas o realizar operaciones financieras. **3** Separación de una cosa en varias partes, especialmente la que se produce de manera violenta. **4** Abertura o hendidura que aparece en un terreno. **5** Pérdida, ruptura o disminución.

quiebro s.m. **1** Movimiento que se hace al doblar el cuerpo hacia un lado por la cintura. **2** Elevación del tono de la voz al cantar, que sirve de adorno a una nota principal.

quien pron. **1** Introduce una proposición de relativo y tiene como antecedente a una persona. **2** Sin antecedente expreso, designa a personas de forma indeterminada.

quién pron. **1** Introduce oraciones interrogativas en las que se pregunta por la identidad de una persona. **2** Introduce oraciones exclamativas que expresan deseo o admiración.

quienesquiera det. y pron. Plural de quienquiera.

quienquiera (pl. quienesquiera) det. y pron. Cualquier persona indeterminada.

quieto, a adj. **1** Que no se mueve. **2** Que está tranquilo y lleno de paz.

quietud s.f. **1** Falta de movimiento. **2** Sosiego, reposo o ausencia de agitación y ruido.

quif s.m. Kif.

quijada s.f. Cada uno de los huesos en los que se alberga la dentadura de los mamíferos vertebrados.

quijotada s.f. Acción que se considera propia de un quijote.

1. **quijote** s.m. Pieza de una armadura que cubre y protege el muslo.

2. **quijote** s.m. y adj. Persona que tiene altos ideales y que lucha y defiende causas nobles y justas de forma desinteresada.

quijotesco, a adj. Que tiene las características de don Quijote o de cualquiera que se comporta como un quijote.

quilate s.m. **1** Unidad de masa de las perlas y piedras preciosas. **2** Unidad que expresa la cantidad de oro puro contenida en una aleación. ◆ **quilates** s.m.pl. **3** Calidad, valor o bondad de una cosa no material.

quilla s.f. **1** Pieza en que se asienta el armazón de una embarcación de proa a popa. **2** En las aves, parte saliente de su esternón.

1. **quilo** s.m. Kilo.

2. **quilo** s.m. Líquido procedente de la transformación del quimo a su paso por el intestino delgado.

3. **quilo** s.m. CH Arbusto de ramas trepadoras y fruto comestible y azucarado.

quilogramo s.m. Kilogramo.

quilolitro s.m. Kilolitro.

quilométrico, a adj. Kilométrico.

quilómetro s.m. Kilómetro.

quimba s.f. **1** AMÉR Movimiento garboso del cuerpo al andar o bailar. **2** COL, ECUAD, VENEZ Sandalia rústica de cuero.

quimera s.f. **1** Sueño o creación imaginaria que se toma como real. **2** Animal imaginario con cabeza de león, vientre de cabra y cola de dragón, que vomita llamas por la boca.

química s.f. Ciencia que estudia la composición y las propiedades de la materia, las transformaciones que esta experimenta y sus reacciones.

químico, a adj. **1** Relativo a la química. ◆ s. **2** Persona que se dedica a la química.

quimiorreceptor, ra s.m. y adj. Receptor sensorial que capta estímulos químicos.

quimioterapia s.f. Tratamiento de ciertas enfermedades por medio de sustancias químicas.

quimo s.m. Pasta homogénea y ácida, de color blanquecino, en que se transforman los alimentos dentro del estómago.

quimono s.m. Kimono.

quina s.f. **1** Corteza del quino. **2** Líquido medicinal febrífugo que se extrae de esta corteza.

quincalla s.f. Conjunto de objetos de escaso valor, generalmente de metal.

quince adj.num.cardin. **1** Diez más cinco. ◆ adj.num.ordin. **2** Que ocupa el lugar número 15 en una serie ordenada. ◆ s.m. **3** Número 15.

quinceañero, a adj. y s. Se dice de la persona que tiene alrededor de quince años.

quinceavo, a adj.num.partit. Se dice de cada una de las partes que resultan de dividir un todo en quince partes iguales.

quincena s.f. **1** Conjunto formado por quince unidades. **2** Período de quince días.

quincenal adj. **1** Que se repite cada quince días. **2** Que dura quince días.

quincuagenario, a adj. Formal. Que tiene entre cincuenta y cincuenta y nueve años.

quincuagésimo, a adj.num.ordin. **1** Que ocupa el lugar número 50 en una serie ordenada. ◆ adj.num.partit. **2** Se dice de cada una de las partes que resultan de dividir un todo en cincuenta partes iguales.

quingentésimo, a adj.num.ordin. **1** Que ocupa el lugar número 500 en una serie ordenada. ◆ adj.num.partit. **2** Se dice de cada una de las partes que resultan de dividir un todo en quinientas partes iguales.

quiniela s.f. **1** ESP Sistema de apuestas que consiste en pronosticar los resultados de una determinada competición deportiva, de fútbol, hípica, etc. **2** ARG, PAR, R DOM, URUG Juego que consiste en apostar a la terminación del número premiado en la lotería.

quinientos, as adj.num.cardin. **1** Cuatrocientos más cien. ◆ adj.num.ordin. **2** Que ocupa el lugar número 500 en una serie ordenada. ◆ s.m. **3** Número 500.

quinina s.f. Sustancia alcaloide vegetal que se obtiene de la quina, que se utiliza como febrífugo y como preventivo y curativo de la malaria.

quino s.m. **1** Árbol tropical de origen americano, de hojas ovaladas y fruto seco en forma de cápsula. **2** Sustancia medicinal que se extrae de la corteza de este árbol.

quinqué s.m. Lámpara de aceite o petróleo.

quinquenal adj. **1** Que ocurre o se repite cada cinco años. **2** Que dura cinco años.

quinquenio s.m. Período de cinco años.

quinqui s.m. y f. Fam. ESP Persona que pertenece a un grupo social marginado y que se dedica a robar o a otras actividades ilegales.

quinta s.f. **1** Casa de campo o de veraneo. **2** ESP Conjunto de nuevos soldados que ingresan cada año en el ejército. **3** ESP Conjunto de personas que han nacido el mismo año o tienen la misma edad.

quintaesencia o **quinta esencia** s.f. Sentido último o más importante de una cosa, o cualidad más pura, fina y elevada que tiene esta.

quintal s.m. **1** Medida de masa antigua que en Castilla equivalía a 46 kilogramos. **2** Medida de masa que equivale a 100 kilogramos. □ También quintal métrico.

quinteto s.m. **1** Conjunto de cinco instrumentistas o cantantes. **2** Composición musical escrita para ser interpretada por este conjunto. **3** Estrofa de cinco versos de arte mayor.

quintilla s.f. Estrofa de cinco versos de arte menor y rima consonante.

quintillizo, a adj. y s. Que ha nacido a la vez que otros cuatro de la misma madre.

quinto adj.num.ordin. **1** Que ocupa el lugar número 5 en una serie ordenada. ◆ adj.num.partit. **2** Se dice de cada una de las partes que resultan de dividir un todo en cinco partes iguales. ◆ s.m. **3** ESP Joven que ha sido llamado para hacer el servicio militar obligatorio. **4** Botella de cerveza de 20 centilitros.

quíntuple adj. y s.m. **1** Quíntuplo. ◆ adj. **2** Que está formado por cinco elementos o se repite cinco veces.

quintuplicar v.tr. Hacer cinco veces mayor una cosa o multiplicar por cinco una cantidad.

quíntuplo, a adj. y s.m. Que es cinco veces el número o cantidad de cierta cosa.

quiosco o **kiosco** o **kiosko** s.m. **1** Construcción pequeña destinada a la venta de periódicos, revistas, golosinas y otros artículos. **2** Construcción de pequeño tamaño, con forma de templete, que se instala en parques y jardines.

quiosquero, a o **kioskero, a** s. Persona que trabaja en un quiosco.

quiquiriquí (pl. quiquiriquíes) s.m. Palabra con la que se representa el canto del gallo.

quirie s.m. Kirie.

quirófano s.m. Sala de una clínica u hospital destinada a realizar operaciones quirúrgicas.

quiromancia o **quiromancía** s.f. Adivinación del futuro por la lectura e interpretación de las rayas de la mano.

quiromántico, a adj. **1** Relativo a la quiromancia. ◆ s. **2** Persona que practica la quiromancia.

quiromasaje s.m. Masaje corporal que se realiza únicamente con las manos.

quiropráctica s.f. Método curativo que se basa en manipulaciones y presiones sobre la columna vertebral.

quiróptero, a adj. y s.m. **1** Se dice del animal mamífero volador, de hábitos nocturnos, cuyas alas están provistas de una membrana o patagio que se extiende entre el cuello, las extremidades y la cola, como el murciélago. ◆ **quirópteros** s.m.pl. **2** Grupo taxonómico, con categoría de orden, constituido por estos animales.

quirquincho s.m. AMÉR SUR Armadillo con muchas cerdas en su caparazón.

quirúrgico, a adj. Relativo a la cirugía.

quisco s.m. CH Nombre genérico con el que se conocen varios cactos.

quisque o **quisqui** s.m. Fam. ESP Individuo o persona.

quisquilla s.f. Crustáceo similar a la gamba pero más pequeño, que vive en aguas saladas y dulces.

quisquilloso, a adj. y s. **1** Se dice de la persona muy susceptible. **2** Se dice de la persona que da demasiada importancia a cosas que no la tienen.

quiste s.m. Bolsa que se forma en los tejidos del cuerpo y que puede contener un líquido o sustancia perjudicial.

quitaesmalte o **quitaesmaltes** s.m. y adj. Sustancia líquida para quitar el esmalte de las uñas, y que está compuesta de acetona.

quitamanchas s.m. y adj. Sustancia o producto para limpiar o quitar las manchas.

quitamiedos s.m. Parapeto o barra que se coloca en lugares en los que hay peligro de caer.

quitanieves adj. y s.m. Se dice de la máquina que sirve para quitar la nieve de una vía.

quitar v.tr. **1** Coger una cosa y separarla o apartarla del lugar en que estaba. **2** Hacer desaparecer. **3** Robar o coger una cosa de otra persona. **4** Impedir o prohibir una cosa a una persona. **5** Liberar a una persona de una obligación, pena, cargo, etc. **6** Arrebatarle a alguien una cosa que le pertenece o de la que disfruta. **7** Fam. Impedir una cosa. **8** Quedarse sin una o varias prendas de vestir. ◆ **quitarse** v.prnl. **9** Fam. Dejar una cosa o apartarse totalmente de ella.

quite s.m. **1** Movimiento del torero para librar a otro de la acometida del toro. **2** En la esgrima, movimiento que detiene una acometida del contrario. <> **estar al quite** Fam. Estar preparado para ayudar o defender a alguien.

quitina s.f. Polisacárido que constituye el material principal del que está formado el esqueleto externo de los artrópodos.

quivi s.m. Kiwi.

quizá o **quizás** adv. Expresa posibilidad o duda.

quórum s.m. Número de personas necesario para que una votación o deliberación sea válida.

R

r s.f. Decimonovena letra del alfabeto español.

rabadilla s.f. **1** Extremo inferior de la columna vertebral. **2** Extremidad movible de las aves en la que están las plumas de la cola.

rábano s.m. **1** Planta herbácea de tallo ramoso, hojas ásperas y grandes, y flores blancas, amarillas o moradas. **2** Raíz comestible de esta planta, carnosa, redondeada, de color blanco por dentro y rojo por fuera y de sabor ligeramente picante. ◇ **coger, o tomar, el rábano por las hojas** Fam. Interpretar o entender equivocadamente una cosa. ◇ **¡(y) un rábano!** Fam. Expresión que se usa para rehusar una idea o propuesta.

rabia s.f. **1** Enfermedad infecciosa vírica que padecen especialmente los perros, y que se transmite por mordedura. **2** Enfado grande y violento.

rabiar (1d) v.intr. **1** Dar muestras de enfado o enojo grandes. **2** Padecer un dolor muy fuerte.

rabieta s.f. Fam. Enfado o llanto grande y de poca duración por motivos insignificantes.

rabillo s.m. Rabo o pedúnculo fino y delgado que une una hoja, un fruto o una flor al tallo.

rabino s.m. Jefe espiritual de la religión hebrea que tiene, entre otras funciones, la de interpretar la Biblia hebrea y la de hacer sermones.

rabión s.m. ESP Corriente impetuosa del río en los cauces estrechos o de mucha pendiente.

rabioso, a adj. **1** Que padece la enfermedad de la rabia. **2** Muy enfadado, enojado o molesto. **3** Que está violento por padecer un dolor muy fuerte o por desear una cosa con vehemencia. **4** Que excede en mucho a lo normal. **5** Total, grande o absoluto.

rabo s.m. **1** Cola de ciertos animales, especialmente de los cuadrúpedos. **2** Rabillo. **3** Parte delgada y alargada que sobresale de un objeto. **4** Vulg. Pene.

rabón, na adj. **1** Se dice del animal que tiene el rabo más corto de lo normal o que carece de él. **2** Fam. ARG, MÉX Se dice de la prenda de vestir que es más corta de lo normal. ◆ adj. y s.m. **3** Fam. CH Se dice del hombrre que está desnudo o vestido solo con la camisa. ◆ s.m. **4** Fam. ECUAD Machete pequeño y de punta corta que se usa en trabajos de limpieza de los cultivos.

racanería s.f. **1** Actitud de la persona avara o poco generosa con los demás.

rácano, a adj. y s. **1** Fam. Que es muy avaro y poco generoso. **2** Que se comporta como un vago.

racha s.f. **1** Período corto de buena o mala suerte. **2** Golpe de viento violento y corto.

racheado, a adj. Se dice del viento que sopla a rachas, o de manera violenta y durante espacios de tiempo muy cortos y seguidos.

racial adj. Relativo a la raza.

racimo s.m. **1** Conjunto de frutos dispuestos sobre un eje o tallo principal. **2** Conjunto de flores dispuestas a distinta altura sobre un eje principal. **3** Conjunto apretado de personas o cosas.

raciocinio s.m. **1** Facultad de pensar o razonar. **2** Conjunto de argumentos e ideas sobre un asunto pensados por alguien.

ración s.f. Cantidad de alimento que corresponde a una persona o animal.

racional adj. y s.m. y f. **1** Dotado de razón y con capacidad de pensar o de razonar. ◆ adj. **2** Ajustado a la razón, lógico. **3** Relativo a la razón. **4** En matemáticas, se dice del número que puede ser expresado en forma de fracción.

racionalidad s.f. Actitud de la persona que actúa de acuerdo con la razón.

racionalismo s.m. **1** Doctrina filosófica que considera que la razón es la principal o única fuente de conocimiento. **2** Actitud de dar prioridad a la razón frente a los sentimientos, intuiciones, etc.

racionalista adj. y s.m. y f. Relativo al racionalismo.

racionalización s.f. Acción de racionalizar.

racionalizar v.tr. **1** Formular u organizar un asunto siguiendo normas racionales. **2** Organizar una actividad social, laboral o comercial de forma que se abaraten los costos y se incremente el rendimiento. **3** Ahorrar, gastar menos, ajustándose a una norma racional. **4** Quitar las raíces del denominador de una fracción matemática, multiplicando el numerador y el denominador de la fracción por la expresión adecuada.

racionamiento s.m. Reparto controlado y limitado de ciertos artículos que son escasos.

racionar v.tr. **1** Distribuir en raciones. **2** Limitar una cosa y someterla a una distribución ordenada.

racismo s.m. **1** Actitud de rechazo y desprecio hacia las personas que pertenecen a una raza o etnia distinta de la propia. **2** Doctrina que defiende la superioridad de la raza propia.

racista adj. **1** Relativo al racismo. ◆ adj. y s.m. y f. **2** Se dice de la persona que siente rechazo y desprecio por quienes pertenecen a otra raza.

rad (pl. rads) s.m. Unidad de dosis de radiación absorbida, que equivale a la energía de 100 ergios por gramo de materia irradiada.

rada s.f. Entrada de mar en la costa, de pequeñas dimensiones, y que forma una bahía abierta apta para proteger las embarcaciones del viento y del embate del mar.

radar s.m. **1** Sistema para localizar la presencia y la posición de objetos mediante la reflexión de ondas electromagnéticas. **2** Aparato detector de objetos que utiliza este sistema.

radiación s.f. **1** Transmisión de un suceso por radio. **2** Emisión de energía o de partículas, por parte de una sustancia radiactiva, que se propaga por el espacio y a través de los cuerpos con un determinado poder de penetración. **3** Emisión de luz, calor u otra energía. **4** Elemento de una onda electromagnética o luminosa.

radiactividad o **radioactividad** s.f. Capacidad que tienen algunas sustancias de emitir partículas y energía en forma de radiación cuando se desintegran sus átomos inestables.

radiactivo, a o **radioactivo, a** adj. Que emite radiaciones de energía cuando se produce la descomposición de sus átomos.

radiador s.m. **1** Aparato que calienta un lugar u otra cosa. **2** Aparato formado por un conjunto de tubos por los que circula agua para enfriar el motor de un automóvil.

radial adj. **1** Relativo al radio de una circunferencia o a los radios de una rueda. **2** Dispuesto como los radios de una circunferencia.

radián s.m. Unidad de medida de ángulos del Sistema Internacional, de símbolo **rad**, que equivale a un ángulo plano al que, teniendo su vértice en el centro de una circunferencia, le corresponde un arco de longitud igual al radio de la circunferencia.

radiante adj. **1** Que brilla o emite mucha luz. **2** Que expresa gozo o alegría.

radiar (1d) v.tr. **1** Emitir o transmitir un suceso por radio. **2** Despedir un cuerpo radiaciones de energía. **3** Tratar una enfermedad o una lesión con rayos X u otro tipo de radiación.

radical adj. **1** Relativo a la raíz. **2** Que afecta a la parte fundamental o al principio de una cosa y es total o completo. **3** Tajante, extremo. ◆ adj. y s.m. y f. **4** En política, partidario de reformas extremas y arriesgadas. ◆ s.m. **5** En gramática, parte de una palabra que se mantiene fija en todas sus formas. **6** Signo matemático con que se indica la operación de extraer raíces. **7** Grupo de átomos libre o integrado como una unidad en un compuesto químico y que pasa inalterado de unas combinaciones a otras.

radicalismo s.m. **1** Conjunto de ideas y doctrinas que pretenden reformar totalmente o en parte el ámbito político, científico, moral o religioso. **2** Actitud tajante e intolerante.

radicalizar v.tr. Llevar al extremo y hacer poco flexible y tolerante una idea.

radicando s.m. Número del que se extrae la raíz.

radicar v.intr. **1** Echar raíces, arraigar o establecerse una persona o una cosa en un lugar. **2** Estar o encontrarse una cosa en un lugar determinado. **3** Consistir, tener origen una cosa en otra.

radícula s.f. Parte del embrión de una planta que al desarrollarse constituye la raíz.

1. **radio** s.f. **1** Aparato eléctrico que recibe señales emitidas por el aire y las transforma en sonidos. **2** Técnica de emisión de ondas o señales que pueden recibirse y transformarse en sonidos. **3** Conjunto de personas, medios e instalaciones destinadas a la emisión de información, música y otros eventos usando esta técnica.

2. **radio** s.m. **1** Segmento que une el centro de un círculo o una esfera con cualquier punto del borde. **2** Vara metálica recta que une el centro de una rueda con la llanta. **3** Espacio que cubre la influencia de una cosa. **4** Hueso más externo y fino de los dos que unen el codo con la mano. **5** Elemento químico de símbolo **Ra** y número atómico 88; es un metal alcalinotérreo, de color blanco plateado.

radioactividad s.f. Radiactividad.

radioactivo, a adj. Radiactivo.

radioaficionado, a s. Persona que por afición se pone en comunicación con otras a través de un aparato de radio.

radioantena s.f. Antena destinada a emitir emisiones radiotelefónicas.

radiobaliza s.f. Transmisor de radio que emite señales para guiar en la navegación.

radiocasete s.m. Aparato que consta de una radio y un casete.

radiocirugía s.f. Tratamiento médico que consiste en aplicar una dosis única de radiación de alta energía a un tumor o malformación.

radiocomunicación s.f. Comunicación a distancia realizada por medio de ondas de radio.

radiocontrol s.m. Control a distancia por medio de ondas de radio.

radiodifusión s.f. **1** Emisión de noticias, música o programas, destinados al público, a través de ondas de radio. **2** Conjunto de personas y medios destinados a llevar a cabo esta emisión.

radiodirigir v.tr. Dirigir un objeto a distancia mediante ondas de radio.

radioescucha s.m. y f. Radioyente.

radiofaro s.m. Aparato que, mediante la emisión de ciertas señales, determina la posición de un barco o avión.

radiofonía s.f. Técnica de emisión de ondas que pueden recibirse y transformarse en sonidos.

radiofónico, a adj. Relativo a la radiofonía.

radiofrecuencia s.f. Radiación electromagnética utilizada en las radiocomunicaciones.

radiografía s.f. **1** Procedimiento que permite hacer fotografías por medio de rayos X. **2** Imagen obtenida con este procedimiento.

radiolario, a adj. y s.m. Se dice del protozoo marino con un esqueleto interno de sílice.

radiología s.f. Parte de la medicina que estudia las aplicaciones médicas de las sustancias radiactivas y las radiaciones.

radiólogo, a s. Especialista en radiología.

radionovela s.f. Obra radiofónica dialogada que se transmite en capítulos sucesivos.

radiorreceptor s.m. y adj. Aparato eléctrico que recibe señales emitidas por el aire y las transforma en sonidos.

radioscopia s.f. Examen mediante rayos X del interior del cuerpo humano o un objeto opaco.

radiotaxi s.m. Taxi provisto de un emisor y receptor de radio conectado con una central que comunica al taxista los servicios solicitados por los clientes.

radiotelefonía s.f. Sistema de comunicación telefónica por medio de ondas radioeléctricas o hertzianas.

radiotelegrafía s.f. Sistema de comunicación telegráfica sin hilos que utiliza las ondas radioeléctricas o hertzianas.

radiotelegrafista s.m. y f. Persona encargada de enviar y recibir mensajes telegráficos por medio de un aparato de radio.

radioterapia s.f. Tratamiento de enfermedades mediante radiaciones, especialmente de rayos X.

radiotransmisor o **radiotrasmisor** s.m. Aparato usado en radiotelegrafía y radiotelefonía.

radioyente s.m. y f. Persona que oye la radio.

radón s.m. Elemento químico de símbolo Rn y número atómico 86; es un gas noble radiactivo.

raedera s.f. Instrumento que sirve para raer.

raer (39) v.tr. Raspar una superficie por el rozamiento con otra superficie dura o áspera, o bien con un instrumento duro o cortante.

ráfaga s.f. **1** Golpe de viento corto y violento. **2** Golpe de luz vivo e instantáneo. **3** Serie de disparos ininterrumpidos de un arma automática.

rafia s.f. Fibra muy resistente y flexible que se saca de las hojas de un tipo de palmera.

raglán o **ranglán** adj. **1** Se dice de la manga que llega hasta la línea del cuello y cubre también el hombro. **2** Se dice de la prenda de vestir que tiene esta clase de mangas.
OBS Invariable en número.

ragtime s.m. Estilo de música bailable nacido a finales del siglo XIX.
OBS Pronunc. aprox. 'rágtaim'.

ragú (pl. ragúes o ragús) s.m. Guiso de carne en trozos pequeños, con patatas y verduras.

raï s.m. Estilo musical que mezcla la música pop con la música argelina.

raído, a adj. Se dice de la tela o el vestido que está muy gastado o estropeado por el uso pero que no ha llegado a romperse.

raigambre s.f. **1** Conjunto de antecedentes, intereses, hábitos, creencias o afectos que hacen que una cosa sea estable o segura o que ligan a una persona a un lugar determinado. **2** Serie de raíces unidas entre sí.

raigón s.m. **1** Raíz de una muela o diente. **2** Raíz que permanece al arrancar una planta.

raíl o **rail** s.m. **1** Barra de hierro que, paralela a otra igual, sirve para construir el camino sobre el que circulan los trenes, vagonetas y tranvías. **2** Guía sobre la que se desplaza una cosa.

rais s.m. Presidente de uno de los países árabes.

raíz s.f. **1** Órgano no fotosintético de una planta que crece en sentido contrario al tallo y le sirve como sostén y para absorber de la tierra las sustancias minerales y el agua necesarias para su crecimiento y desarrollo. **2** Parte de una cosa que, como la raíz de una planta, se inserta en un lugar. **3** Origen, principio o causa de una cosa. **4** Parte de los dientes de los vertebrados que queda inserta en los alveolos. **5** En gramática, parte de una palabra que se mantiene fija en todas sus formas. **6** Cantidad que, multiplicada por sí misma una o más veces, da un número determinado. ◇ **a raíz de** Desde, a partir de. ◇ **de raíz** Enteramente o del principio al fin de una cosa. ◇ **echar raíces** Establecerse o afirmarse de manera permanente en un lugar. ◇ **raíz cuadrada** Cantidad que, elevada al cuadrado (multiplicada dos veces por sí misma), da un número determinado; es la operación inversa de una potencia de exponente 2. ◇ **raíz cúbica** Cantidad que, elevada al cubo (multiplicada tres veces por sí misma), da un número determinado; es la operación inversa de una potencia de exponente.

raja s.f. **1** Abertura, corte o hendidura. **2** Trozo delgado y alargado que se corta de un alimento. **3** Parte de un tronco cortado con hacha. **4** Vulg. Vulva.

rajá (pl. rajaes) s.m. Soberano indio.

rajar v.tr. **1** Producir una abertura en una superficie, generalmente con un objeto cortante. **2** Producir una herida a alguien con arma blanca. **3** Fam. AMÉR Desacreditar a una persona, contar mentiras sobre ella. **4** Fam. CH, COL, P RICO Reprobar a un alumno en un examen. **5** Fam. MÉX Delatar o confesar alguna transgresión. ◆ v.intr. **6** Fam. Hablar mucho. ◆ v.intr. y prnl. **7** Fam. ARG, BOL, URUG Abandonar precipitadamente un lugar. ◆ **rajarse** v.prnl. **8** Fam. Abandonar, volverse atrás o desistir de algo a última hora. **9** CH Gastar mucho dinero en obsequios y fiestas.

rajatabla ◇ **a rajatabla** loc. Fam. Rigurosamente, sin contemplaciones y sin apartarse lo más mínimo de lo previsto, por mucho que cueste.

ralea s.f. Desp. Clase, condición o género.

ralentí (pl. ralentíes) s.m. **1** Número mínimo de revoluciones por minuto que debe tener el motor de un vehículo cuando no está acelerado. **2** En cine, cámara lenta.

ralentizar v.tr. Hacer lenta una actividad o proceso, o disminuir su velocidad.

rallador s.m. Instrumento de cocina formado por una chapa de metal con agujeritos de puntas salientes que sirve para desmenuzar ciertos alimentos, como el queso o el pan.

ralladura s.f. Conjunto de trozos pequeños de un cuerpo pasado por el rallador.

rallar v.tr. Desmenuzar un cuerpo raspándolo con un rallador.

rally s.m. Prueba deportiva de velocidad y resistencia para automóviles, que sigue un recorrido accidentado y se desarrolla por etapas.

ralo, a adj. Se dice del cabello y de la vegetación más separado de lo normal o poco espeso.

RAM s.f. Sigla de la expresión inglesa Random Access Memory ('memoria de acceso aleatorio'), memoria del ordenador sobre la que se pueden efectuar operaciones de lectura y escritura.

rama s.f. **1** Parte que crece a partir del tallo o del tronco de ciertas plantas y en la que brotan las hojas, las flores y los frutos. **2** Conjunto de personas que tienen un origen común. **3** Parte secundaria de otra principal. **4** Cada una de las partes de una ciencia, arte o actividad.

ramadán s.m. Noveno mes del calendario musulmán, durante el cual se guarda riguroso ayuno desde la salida hasta la puesta del sol.

ramal s.m. **1** Parte que arranca de algo principal y que se bifurca, como una cordillera, un río o una vía de comunicación. **2** Cada uno de los hilos o cabos de que se compone una soga o cuerda. **3** Cuerda que se sujeta a la cabeza de una caballería para tirar de ella o para dirigirla. **4** Cada uno de los tramos que concurren en el mismo rellano de una escalera.

ramalazo s.m. **1** Fam. Aparición brusca y pasajera de un dolor, enfermedad o emoción. **2** Fam. Pérdida pasajera del juicio o la razón. **3** Fam. Actitud o aspecto afeminado en un hombre.

rambla s.f. **1** Cauce con fondo plano y paredes abruptas que forman las aguas cuando llueve de forma torrencial. **2** Avenida o calle ancha y con árboles, generalmente con acera en el centro.

ramera s.f. Fam. y desp. Prostituta.

ramificación s.f. **1** Extensión y división de las ramas de un árbol o planta. **2** Parte de una cosa que se deriva de otra principal. **3** División y prolongación de las arterias, venas y nervios para extenderse por todo el organismo. **4** Consecuencia de un hecho o acontecimiento.

ramificarse v.prnl. **1** Extenderse y dividirse en ramas. **2** Ampliarse o difundirse.

ramillete s.m. Ramo pequeño de flores o plantas.

ramo s.m. **1** Conjunto natural o artificial de flores, ramas o hierbas que se arreglan de modo que formen un conjunto bonito y agradable. **2** Rama de segundo orden que nace de otra rama principal. **3** Rama cortada de un árbol. **4** Cada una de las partes en que se divide una ciencia, una industria, un arte o una actividad.

1. **rampa** s.f. Plano o superficie inclinada dispuesta para subir o bajar, o para lanzar algo.

2. **rampa** s.f. Contracción involuntaria y dolorosa de un músculo.

ramplón, na adj. **1** Que no tiene buen gusto. **2** Aburrido, que no provoca interés.

rana s.f. **1** Animal anfibio sin cola en la edad adulta, de agua dulce, de piel lisa y húmeda y patas posteriores muy desarrolladas; sufre metamorfosis y se alimenta de insectos. **2** Juego que consiste en lanzar desde cierta distancia una chapa o moneda para que entre por la boca abierta de una figura de metal con la forma de este animal.

ranchera s.f. **1** Canción popular mexicana, alegre y de carácter rural. **2** Automóvil con gran espacio en la parte posterior, que permite aumentar la capacidad de pasajeros o de carga.

ranchero, a s. **1** Persona que posee un rancho y lo dirige o administra. **2** Persona que trabaja o vive en un rancho, y se ocupa de él.

rancho s.m. **1** Comida para muchas personas. **2** Granja americana en la que se cría ganado.

rancio, a adj. **1** Se dice del vino o alimento que con el tiempo toma un sabor y olor más fuertes mejorándose o echándose a perder. **2** Se dice de la cosa que es muy antigua o de larga tradición, o de la persona apegada a ella. **3** Se dice de la persona que es antipática o seca en el trato.

ranglán adj. Raglán.

rango s.m. **1** Categoría social o profesional de una persona. **2** Diferencia entre el mayor y el menor de los valores que toma una variable estadística. **3** Clase, índole o categoría. **4** AMÉR Rumbo, esplendidez.

ranking s.m. Tabla o lista en que se clasifican una serie de elementos por orden de mayor a menor categoría o puntuación.
OBS Pronunc. aprox. 'rankin'.

ranura s.f. Hendidura larga y estrecha que se abre en un cuerpo sólido con diversos fines.

rap (pl. raps) s.m. **1** Estilo de música de baile de ritmo monótono y muy sincopado, largos textos cantados casi como recitándolos.

rapapolvo s.m. Fam. Reprimenda severa.

rapar v.tr. **1** Cortar el pelo al rape a alguien o algo. **2** Afeitar la barba.

1. **rapaz** adj. y s.f. Se dice del ave dotada de pico robusto, vista aguda, alas fuertes, vuelo rápido y garras muy afiladas.

2. **rapaz, za** s. Muchacho, chico.

1. **rape** s.m. Pez marino comestible de color pardo, cuerpo comprimido, cabeza muy grande, redonda y aplanada, ojos salientes y boca muy ancha.

2. **rape** s.m. **1** Corte descuidado de la barba. **2** Corte excesivo del pelo. ◇ **al rape** Se dice del pelo que está cortado de raíz, muy corto.

rapé s.m. Tabaco en polvo que se aspira por la nariz para provocar el estornudo.

rápel o **rapel** s.m. **1** Descuento comercial que se hace a un cliente al alcanzar un cierto volumen de compras. **2** Rappel.

rapidez s.f. **1** Velocidad con la que se realiza una actividad, movimiento o proceso u ocurre un suceso. **2** Magnitud física que relaciona la distancia recorrida por un móvil con el tiempo que tarda en recorrerla.

rápido, a adj. **1** Que se mueve, actúa, evoluciona o se hace con una gran velocidad o prontitud. **2** Que se hace de forma superficial o con prisas. ◆ **s.m. 3** Parte de un río o de otra corriente en la que el agua corre de forma violenta y con rapidez. **4** ESP Tren de viajeros que solamente se detiene en las estaciones principales de su recorrido. ◆ **adv. 5** A gran velocidad.

rapiña s.f. Robo rápido y violento, aprovechándose del descuido ajeno o de la falta de defensa.

raposo, a s. **1** ESP Zorro (mamífero salvaje). **2** Fam. ESP Zorro (persona astuta).

rappel o **rápel** o **rapel** s.m. Técnica alpina de descenso rápido en paredes verticales mediante el deslizamiento por una cuerda enlazada al cuerpo.
OBS Pronunc. 'rápel' o 'rapel'.

rapsoda s.m. y f. **1** Persona que recita poesías propias o ajenas. ◆ **s.m. 2** Persona de la antigua Grecia que se dedicaba a recitar poemas.

rapsodia s.f. **1** Composición instrumental de forma libre constituida por fragmentos de otras obras o con trozos de aires populares. **2** Fragmento de un poema épico que se suele recitar de manera independiente.

raptar v.tr. Llevarse y retener a una persona contra su voluntad con el fin de exigir dinero o el cumplimiento de determinadas condiciones.

rapto s.m. **1** Acción y efecto de raptar. **2** Impulso súbito y violento provocado en una persona por una fuerte emoción o sentimiento.

raptor, ra s. Persona que rapta.

raqueta s.f. **1** Instrumento ovalado, de madera o de metal, con cuerdas cruzadas en su interior y con un mango, para golpear una pelota en distintos juegos, especialmente el tenis. **2** Objeto parecido a este instrumento, con una base ancha y ovalada, que se sujeta bajo el calzado para andar por la nieve.

raquídeo, a adj. Relativo al raquis (columna vertebral).

raquis s.m. **1** Columna vertebral, constituida por un conjunto de huesos pequeños y planos que recorre la espalda de los animales vertebrados. **2** Eje de una pluma de ave. **3** Nervio o eje principal de una hoja, un racimo o una espiga.

raquítico, a adj. **1** Que es pequeño y débil. **2** Se dice de la cosa que es muy pequeña o insuficiente. ◆ **adj. y s. 3** Que padece raquitismo.

raquitismo s.m. Enfermedad propia de la infancia, producida por la falta de vitamina D debido a una mala alimentación, que se caracteriza por la deformación de los huesos, dolores musculares, degeneración del hígado y del bazo y estado general de debilidad.

raramente adv. Pocas veces.

rareza s.f. **1** Cualidad de la cosa rara, extraña o poco común. **2** Objeto extraño o poco común. **3** Comportamiento característico de una persona rara, extravagante o difícil de tratar.

raro, a adj. **1** Poco común o poco frecuente. **2** Que es extraordinario o que hay muy pocos de su clase. ◆ **adj. y s. 3** Se dice de la persona de carácter o conducta extravagante o poco común.

ras s.m. Igualdad en la altura de la superficie de las cosas. ◇ **a ras de** Al mismo nivel que otra otra cosa, casi rozándola.

rasa s.f. Terreno allanado por la abrasión marina.

rasante adj. **1** Que pasa rozando el suelo u otra superficie. ◆ **s.f. 2** Línea de una calle o camino en relación con el plano horizontal.

rasca s.f. **1** Fam. ESP Frío. **2** Fam. AMÉR Borrachera. ◆ **adj. y s.m. y f. 3** Fam. ARG Se dice de la persona que es vulgar y poco distinguida. **4** Fam. ARG, CH Se dice del objeto que es vulgar o poco distinguido.

rascacielos s.m. Edificio de gran altura y de muchos más pisos que lo habitual.

rascar v.tr. **1** Hacer rayas en una superficie lisa con un objeto áspero o cortante, generalmente para alisarla o levantar la capa que la cubre. **2** Frotar la piel con una cosa aguda o áspera. **3** Arañar a alguien o algo. ◆ **v.intr. 4** Producir una sensación desagrable en la piel un tejido o un objeto.

rasero ◇ **por el mismo rasero** Con igualdad o sin hacer la menor diferencia, en especial cuando se trata de juzgar a las personas.

rasgadura s.f. Rotura o desgarrón en una tela o vestido.

rasgar v.tr. Romper o hacer pedazos sin la ayuda de ningún instrumento cosas de poca consistencia y resistencia como el papel o la tela.

rasgo s.m. **1** Línea trazada con un instrumento de escritura, especialmente la que se hace para adornar las letras al escribir. **2** Forma o línea característica del rostro de una persona. □ Suele usarse en plural. **3** Característica o particularidad en la manera de ser o de actuar de una persona.

rasguear v.tr. Tocar la guitarra u otro instrumento musical rozando varias cuerdas a la vez con la punta de los dedos.

rasguño s.m. Herida o señal hecha en la piel o en un objeto con las uñas o algo cortante.

1. **raso, a** adj. **1** Plano, liso y sin obstáculos. **2** Se dice del cielo que está despejado y sin nubes. **3** Que está completamente lleno, pero sin rebasar el borde. **4** Que no tiene un título, una categoría o una característica que lo distinga. **5** Que pasa rozando el suelo o se mueve a poca altura de él. ◇ **al raso** En pleno campo y a cielo descubierto, sin resguardo alguno.

2. **raso** s.m. Tela de seda muy brillante, ligera y suave.

raspa s.f. **1** Espina del pescado, en especial la central. **2** AMÉR Reprimenda, rapapolvo. **3** AMÉR CENTRAL Chanza, burla, particularmente la de mal gusto.

raspado s.m. **1** Acción de raspar una superficie con otra rugosa o áspera. **2** Operación quirúrgica que consiste en raer ciertos tejidos enfermos para limpiarlos de sustancias extrañas o para obtener muestras del tejido.

raspar v.tr. **1** Frotar una superficie con otra rugosa o áspera o con un objeto cortante o punzante para quitarle alguna parte superficial. **2** Producir una cosa áspera o cortante un arañazo o sensación desagradable al rozar la piel. **3** Causar un licor, en especial el vino, una sensación de picor al beberlo. **4** Pasar rozando ligeramente un cuerpo con otro.

raspón s.m. **1** Lesión superficial causada por un roce violento. **2** COL Sombrero campesino.

rasquiña s.f. **1** AMÉR CENTRAL Picor en alguna parte del cuerpo. **2** ECUAD Sarna (enfermedad cutánea).

rasta s.f. **1** Mechón de cabello cardado propio de los rastafaris. **2** Rastafari.

rastafari o **rasta** adj. **1** Que pertenece a un movimiento religioso, social y cultural de origen jamaicano que defiende la libertad de las personas de origen africano y que cree en la divinidad de Ras Tafari, antiguo emperador de Etiopía. ◆ **adj. y s.m. y f. 2** Se dice de la persona que es seguidora de este movimiento.

rastra ◇ **a rastras** Arrastrándose, moviéndose hacia adelante con el cuerpo pegado al suelo. — Contra la voluntad de uno, por obligación.

rastrear v.tr. Seguir o buscar a una persona o cosa guiándose por su rastro o señal.

rastreo s.m. Búqueda de una persona o cosa siguiendo su rastro o señal.

rastrero, a adj. **1** Se dice de la persona mezquina y ruin que se vale de cualquier medio para conseguir lo que quiere. **2** Fam. Se dice de la actuación y procedimientos despreciables e innobles de esta persona. **3** Se dice del tallo que no es erecto y se halla en su totalidad en contacto con el suelo, o de la planta que tiene este tipo de tallo.

rastrillo s.m. Instrumento que sirve para recoger hierba, paja o plantas secas, formado por un travesaño con púas o dientes, puesto en el extremo de un mango largo y delgado.

rastro s.m. **1** Señal o huella que queda al pisar o al pasar una persona o una cosa por un lugar. **2** ESP Mercado callejero al aire libre en el que se venden todo tipo de objetos, generalmente usados. **3** Rastrillo.

rastrojo s.m. **1** Resto de las cañas de la mies que quedan en la tierra después de segar. **2** Campo o terreno después de segar la mies y antes de recibir una nueva cosecha.

rasurar v.tr. Cortar el pelo del cuerpo al nivel de la piel con una cuchilla u otro instrumento.

rata s.f. **1** Mamífero roedor más grande que el ratón, de pelo marrón o gris, con cola larga, patas cortas, cabeza pequeña, hocico puntiagudo y orejas tiesas. **2** Fam. Persona despreciable por sus malas artes y por el daño que procura a otros. ◆ **s.m. y f. 3** Fam. Persona muy tacaña. ◆ **adj. y s.m. y f. 4** Fam. MÉX Ladrón o ratero. ◇ **hacerse la rata** Fam. ARG, URUG Faltar a clase un alumno y ocultárselo a sus padres.

ratear v.tr. **1** Robar con maña cosas que tienen poco valor. ◆ **v.intr. 2** Actuar con tacañería.

ratero, a adj. y s. Se dice de la persona que roba con maña y habilidad cosas de poco valor.

raticida adj. y s.m. Se dice del producto que se usa para matar ratas y ratones.

ratificación s.f. Aprobación y confirmación de la validez o veracidad de algo.

ratificar v.tr. Aprobar y confirmar la validez de algo dicho o hecho antes, generalmente una creencia u opinión.

ratio s.f. Relación entre dos cantidades que expresa en qué medida es mayor una que otra.

rato s.m. **1** Espacio breve de tiempo. **2** Distancia o espacio físico. ◇ **a ratos** En unos momentos sí y en otros no. ◇ **a ratos perdidos** En tiempo libre de ocupaciones.

1. **ratón** s.m. Mamífero roedor más pequeño que la rata, de pelo blanco o gris, con cola larga, patas cortas, cabeza pequeña y orejas tiesas. ◇ **ratón de biblioteca** Fam. Persona que siempre está estudiando o leyendo libros.

2. **ratón** s.m. Dispositivo externo de un ordenador que se mueve con la mano arrastrándolo sobre la mesa de trabajo y sirve para dar instrucciones al ordenador sin utilizar el teclado.

ratonera s.f. **1** Trampa para coger o cazar ratones. **2** Agujero que hace el ratón en un muro o pared para entrar y salir por él. **3** Lugar en el que viven y crían los ratones. **4** Trampa preparada para coger o engañar a una persona.

raudal s.m. **1** Masa abundante de agua u otro líquido que corre con fuerza y rapidez. **2** Cantidad grande de cosas que brota o sale de un sitio. ◇ **a raudales** En gran cantidad.

raudo, a adj. Muy rápido o veloz.

raviolis o **ravioles** s.m.pl. Pequeños cuadrados de pasta rellenos de carne picada o queso.

1. **raya** s.f. **1** Línea larga y delgada en un cuerpo o superficie. **2** Línea que resulta al separar el pelo con un peine hacia los lados. **3** Pliegue o doblez vertical de un pantalón. **4** Signo ortográfico que consiste en un guion largo (—) y que se usa para separar oraciones incidentales o para indicar el diálogo en los escritos. **5** Límite físico o moral que se pone a algo. **6** Fam. En el lenguaje de la droga, dosis de cocaína o de otra droga en polvo, que normalmente se inhala por la nariz. ◇ **a raya** Dentro de los límites tolerados, sin permitir que se propase en nada. ◇ **pasarse de la raya** Fam. Propasarse o excederse en el límite de lo tolerable.

2. **raya** s.f. Pez marino de color gris, cuerpo aplastado, cola larga y delgada y aletas pectorales muy grandes.

rayar v.tr. **1** Hacer o trazar rayas o líneas. ◆ v.intr. **2** Estar una cosa o situación muy próxima a otra o parecerse a ella. **3** Lindar una cosa con otra.

rayo s.m. **1** Línea de luz que procede de un cuerpo luminoso, especialmente del Sol. **2** Chispa eléctrica producida por la descarga entre dos nubes o entre una nube y la tierra. **3** Fam. Persona o cosa que actúa con gran fuerza, eficacia y rapidez. ◇ **a rayos** Con muy mal sabor u olor. ◇ **rayos ultravioleta** o **rayos UVA** Radiación electromagnética que desprende el Sol o un aparato especial que hace que la piel humana adquiera un color moreno u oscuro. ◇ **rayos X** o **rayos Roentgen** Radiación electromagnética muy energética y con un gran poder de penetración, usada para impresionar placas fotográficas y para el diagnóstico y tratamiento en medicina.

rayón s.m. Fibra artificial obtenida de la celulosa y que imita a la seda.

rayuela s.f. **1** Juego que consiste en tocar una raya con monedas o piedras lanzadas a cierta distancia. **2** Juego de niños que consiste en llevar un tejo empujándolo con un solo pie, llevando el otro levantado, sobre varios cuadros dibujados en el suelo, procurando no pisar las rayas y que la piedra no se pare sobre ellas.

raza s.f. **1** Grupo de la especie humana constituido por personas con unas mismas características físicas transmitidas por herencia. **2** Grupo en que están subdivididas algunas especies de animales y plantas, constituido por ejemplares con las mismas características físicas, de comportamiento, etc., que se transmiten por herencia.

razón s.f. **1** Facultad del ser humano para conocer y pensar, y que le permite formar ideas, juicios y representaciones de la realidad. **2** Motivo o causa de algo. **3** Verdad o acierto en lo que una persona dice o hace. **4** Argumento o explicación para demostrar o justificar algo. **5** Palabras con que se expresa una idea o pensamiento. □ Suele usarse en plural. **6** Información, recado o aviso. **7** En matemáticas, cociente de dos números o de dos cantidades comparables entre sí que corresponde a cada parte en un reparto. ◇ **atender a razones** Admitir lo que es razonable o darse cuenta de ello. ◇ **en razón de** Por causa de. ◇ **entrar en razón** Darse cuenta una persona de lo que es razonable y lo que no lo es, y admitirlo. ◇ **perder la razón** Volverse loco.

razonable adj. **1** Que está de acuerdo con la razón, la lógica o la justicia. **2** Suficiente en calidad o en cantidad. **3** Se dice de la persona prudente o sensata, que se atiene a razones.

razonamiento s.m. **1** Acción de pensar o relacionar ideas, pensamientos o razones. **2** Demostración de una cosa mediante ideas y razones.

razonar v.intr. **1** Usar la capacidad de pensar y unir de manera lógica una serie de ideas o razones. ◆ v.tr. **2** Dar una serie de ideas o razones para demostrar lo que se dice.

re s.m. Segunda nota de la escala musical.

reacción s.f. **1** Acción provocada por otra y de efectos contrarios a ella. **2** Respuesta a una acción o estímulo externo. **3** Cambio de un estado físico, provocado por una enfermedad, medicamento o vacuna. **4** Proceso por el cual unas sustancias químicas se transforman en otras nuevas, con propiedades y comportamientos totalmente diferentes a los iniciales. ◆ s.m. **5** Actitud de oposición ante las innovaciones políticas, sociales, religiosas, literarias, etc. **6** Conjunto de fuerzas sociales que muestran esta actitud de oposición y que, debido a su favorable situación, se oponen a cualquier movimiento que pueda dañar sus intereses. ◇ **a reacción** o **de reacción** Se dice del sistema de propulsión en el que el movimiento de un vehículo se origina por la fuerza de los gases que, producidos a gran presión por el motor, salen en dirección contraria a la marcha, haciendo mover el aparato hacia adelante.

reaccionar v.intr. **1** Responder o actuar de una manera determinada como respuesta a un estímulo. **2** Mejorar una persona en su salud o en sus funciones vitales, o volver una cosa a su actividad normal. **3** Combinarse dos o más sustancias químicas para producir otra nueva.

reaccionario, a adj. y s. Que defiende la tradición y se opone a las reformas y al progreso.

reacio, a adj. Que se opone o no está decidido a hacer una cosa determinada.

reactivación s.f. **1** Arranque o funcionamiento que se hace o se produce de nuevo. **2** En economía, recuperación de la actividad económica tras un período de recesión.

reactivar v.tr. **1** Volver a activar o a hacer funcionar una cosa. **2** Dar más actividad.

reactividad s.f. Capacidad que tiene una sustancia de provocar reacciones químicas.

reactivo, a adj. y s.m. **1** Que produce reacción. ◆ s.m. **2** Sustancia que, añadida a otra, provoca una reacción química

reactor s.m. **1** Motor de reacción cuyo movimiento se origina mediante la expulsión de una corriente de gases. **2** Avión que usa este tipo de motor. **3** Dispositivo destinado a provocar y controlar la producción de energía nuclear.

readaptarse v.prnl. Adaptarse o acostumbrarse una persona o animal a una nueva situación.

readmisión s.f. Recibimiento o admisión como mínimo por segunda vez.

readmitir v.tr. Volver a admitir o a recibir.

reafirmante adj. Que reafirma la piel, que la hace más firme y tersa.

reafirmar v.tr. **1** Volver a afirmar o a asegurar lo dicho o expuesto anteriormente. **2** Hacer más firme una cosa.

reagrupar v.tr. Formar de nuevo un grupo.

reajustar v.tr. **1** Volver a ajustar o a fijar una cosa. **2** Aumentar o disminuir los precios, los salarios o los impuestos en función de las circunstancias o necesidades del momento.

reajuste s.m. Cambio o adecuación que se realiza según las circunstancias o necesidades.

1. **real** adj. Que existe, que es verdadero y auténtico y se puede ver, sentir o tocar.

2. **real** adj. **1** Relativo al rey, la reina o la realeza. **2** En matemáticas, se dice del número que es racional o irracional. ◆ s.m. **3** Antigua moneda española que valía 25 céntimos de peseta.

3. **real** s.m. **1** Campamento militar y, más concretamente, lugar donde está la tienda del rey o del general. **2** Campo abierto donde se celebra una feria.

realce s.m. Adorno o labor que sobresale en la superficie de una cosa.

realengo, a adj. y s.m. **1** Se dice del territorio o de la población que estaban sometidos a la autoridad directa del rey o la reina. ◆ adj. **2** AMÉR Vago, holgazán. **3** MÉX, P RICO Se dice de lo que no tiene dueño, especialmente de los animales.

realeza s.f. **1** Dignidad o poder de rey. **2** Conjunto de familias reales y de personas emparentadas con la monarquía.

realidad s.f. **1** Existencia verdadera y efectiva de una cosa. **2** Conjunto formado por todo lo existente en el mundo real. **3** Verdad o hecho que ocurre verdaderamente por contraposición a lo que podría imaginarse. ◇ **en realidad** Verdaderamente o sin ninguna duda. ◇ **realidad virtual** Simulación informática de la realidad, que crea imágenes realistas en tres dimensiones y permite al usuario manipular los objetos recreados.

1. **realismo** s.m. **1** Forma de ver los hechos o las cosas tal como son en realidad. **2** Tendencia artística y literaria basada en la representación objetiva y no idealizada de la realidad. **3** Movimiento literario de la segunda mitad del siglo XIX. **4** Doctrina que afirma la existencia de una verdad previa e independiente del conocimiento o conciencia de la misma. ◇ **realismo mágico** Movimiento literario suramericano del siglo XX que se caracteriza por la inclusión de elementos fantásticos dentro de una estructura realista.

2. **realismo** s.m. Doctrina u opinión favorable a la monarquía.

1. **realista** adj. **1** Que actúa de manera práctica y en su conducta se ajusta a la realidad. **2** Relativo al realismo artístico y literario. ◆ adj. y s.m. y f. **3** Que pertenece al realismo estético o filosófico.

2. **realista** adj. y s.m. y f. Se dice de la persona que es partidaria del realismo o monarquía.

reality show s.m. Programa de televisión que presenta protagonistas reales de la sociedad con sus problemas.
OBS Pronunc. aprox. 'réaliti shou'.

realización s.f. **1** Ejecución de una obra o de una acción. **2** Dirección de la ejecución de una película, vídeo o programa de televisión. **3** Desarrollo completo de las aspiraciones, posibilidades o deseos de una persona.

realizador, ra adj. y s. **1** Se dice de la persona que realiza una cosa. ◆ s. **2** Persona que dirige la ejecución de una película, vídeo o programa de televisión.

realizar v.tr. **1** Ejecutar una acción o llevar a cabo una cosa. **2** Convertir en dinero bienes o mercancías mediante su venta. **3** Dirigir la ejecución de una película, vídeo o programa de televisión. **4** Convertir en realidad un proyecto, aspiración o deseo. ◆ **realizarse** v.prnl. **5** Conseguir una persona cumplir o desarrollar por completo sus aspiraciones, deseos o posibilidades y sentirse satisfecha por ello.

realmente adv. **1** Expresa la verdad o eficacia de una cosa o de un hecho. **2** Precedido de un adjetivo, enfatiza lo expresado por este.

realquilado, a adj. y s. **1** Que vive de alquiler en una vivienda que ya está alquilada por otra persona. **2** Que vive de alquiler en una habitación de una vivienda en la que residen otras personas.

realquilar v.tr. Alquilar una cosa que se tiene en alquiler.

realzar v.tr. **1** Destacar o poner de relieve la importancia o las cualidades de una persona o cosa. **2** Hacer que una persona o cosa destaque.

reanimar v.tr. **1** Devolver las fuerzas o la energía física a una persona. **2** Hacer recuperar el conocimiento, la respiración o el movimiento del corazón a una persona. **3** Dar ánimo o valor a una persona que está desanimada o abatida.

reanudación s.f. Continuación de una actividad que había sido interrumpida.

reanudar v.tr. Continuar o seguir haciendo una actividad que había sido interrumpida.

reaparecer (30) v.intr. Volver a aparecer o a mostrarse.

reaparición s.f. Acción de reaparecer.

reapertura s.f. Apertura de una cosa o de un lugar cerrado durante un tiempo, o inicio de un proceso interrumpido.

reaprovechar v.tr. Aprovechar algo ya utilizado.

rearmar v.tr. Equipar de nuevo con armamento militar o reforzar el que ya existía.

rearme s.m. Equipamiento con nuevo armamento militar o refuerzo del que ya existía.

reavivar v.tr. Volver a avivar una cosa o darle más fuerza e intensidad.

rebaba s.f. Porción de materia sobresaliente en los bordes de un objeto o en las junturas.

rebaja s.f. **1** Descuento o disminución de una cosa, especialmente un precio. ◆ **rebajas** s.f.pl. **2** Venta de productos a precios reducidos durante un período. **3** Período en que se establece este tipo de venta.

rebajar v.tr. **1** Disminuir una cantidad o el precio de un producto o de un servicio. **2** Disminuir el nivel o la altura de una cosa. **3** Disminuir la intensidad, la fuerza o el brillo de una cosa. **4** Disminuir el sabor, el color o el grado de una bebida con agua u otro líquido. **5** Humillar o despreciar a una persona. **6** Dispensar a alguien de un servicio.

rebanada s.f. Porción delgada y ancha de una cosa, especialmente de pan.

rebanar v.tr. **1** Hacer rebanadas de una cosa. **2** Cortar una cosa de un extremo a otro y de una sola vez.

rebañar v.tr. ESP Recoger o apurar los restos de una cosa, especialmente de un plato de comida.

rebaño s.m. **1** Conjunto grande de cabezas de ganado, especialmente de ovejas. **2** Grupo de fieles que forma la base de la Iglesia. **3** Grupo de personas que actúan en grupo y se dejan manejar o dirigir sin manifestar su opinión o gustos.

rebasar v.tr. **1** Pasar o superar cierto límite, marca o señal. **2** Adelantar o dejar atrás a una persona o a una cosa en una carrera o marcha.

rebatir v.tr. Rechazar con razones y argumentos una decisión u opinión.

rebeca s.f. ESP Chaqueta femenina de punto de lana o algodón, sin cuello y abotonada por delante.

rebeco s.m. Animal mamífero rumiante, parecido a una cabra, con pelo pardo, cola corta, patas fuertes y cuernos lisos y rectos que se curvan en sus extremos.

rebelarse v.prnl. **1** Negarse una persona a obedecer a otra que tiene cierta autoridad o que la ejerce por la fuerza. **2** Oponer total resistencia.

rebelde adj. y s.m. y f. **1** Que se rebela o subleva contra algo o alguien. ◆ **adj. 2** Se dice de la persona o del animal que es difícil de educar, dirigir o controlar porque no hace caso de lo que se le manda. **3** Se dice de la cosa difícil de dominar o manejar.

rebeldía s.f. **1** Cualidad de la persona que es rebelde. **2** Actitud o hecho propios de la persona rebelde. **3** Estado procesal de quien no comparece a juicio una vez citado o de quien desobedece una orden judicial.

rebelión s.f. Levantamiento contra una autoridad o gobierno.

reblandecer (30) v.tr. Poner blanda una cosa o a una persona.

reblandecimiento s.m. Pérdida de la dureza de un material o disminución de la consistencia normal de los tejidos orgánicos.

rebobinado s.m. Operación de rebobinar.

rebobinar v.tr. **1** Enrollar hacia atrás un hilo, cinta o película fotográfica. **2** Volver a enrollar el hilo de una bobina.

reborde s.m. Saliente doblado o curvado y estrecho a lo largo del borde de un objeto o superficie.

rebosante adj. Se dice de la persona que tiene en abundancia aquello que se expresa.

rebosar v.intr. **1** Salirse un líquido por los bordes del recipiente o depósito que lo contiene. **2** Estar un recipiente lleno hasta los bordes.

3 Mostrar o dar a entender con energía un sentimiento o estado de ánimo.

rebotar v.intr. **1** Botar una cosa contra otra después de haber botado anteriomente contra otra. **2** Cambiar de dirección un cuerpo en movimiento tras chocar contra un obstáculo. **3** En baloncesto, resultar despedida la pelota del aro o del tablero sin salir del terreno de juego. ◆ v.tr. **4** Rechazar una cosa, generalmente una superficie, a otra que choca contra ella. ◆ **rebotarse** v.prnl. **5** Fam. ESP Molestarse o enfadarse una persona.

rebote s.m. **1** Bote que da un cuerpo tras chocar contra un obstáculo o contra una superficie. **2** En baloncesto, jugada que se produce cuando el balón golpea en el tablero o en la canasta pero no entra en el aro y cae de nuevo al terreno de juego. **3** Fam. ESP Enfado o disgusto de una persona. ◇ **de rebote** Como consecuencia de un hecho anterior. — Por casualidad o indirectamente.

rebotica s.f. ESP Pieza o habitación que está detrás de la principal en una botica o farmacia.

rebozar v.tr. **1** Cubrir un alimento con harina, huevo batido y pan rallado para freírlo. **2** Cubrir la cara hasta los ojos con una prenda de vestir.

rebrotar v.intr. Volver a brotar o a salir de una planta tallos, hojas o flores.

rebrote s.m. **1** Tallo nuevo que nace después de cortar o podar una planta. **2** Reaparición de un peligro o de algo perjudicial.

rebufo s.m. Salida de aire alrededor de la boca de un arma de fuego o por su parte posterior al realizar un disparo.

rebullir (16) v.intr. y prnl. **1** Empezar a moverse lo que estaba quieto. **2** Moverse una cosa más de lo normal, generalmente un líquido.

rebuscado, a adj. Demasiado complicado o raro, o falto de naturalidad y espontaneidad.

rebuscar v.tr. Buscar una cosa repetidamente y con mucho cuidado.

rebuznar v.intr. Emitir el asno su voz.

rebuzno s.m. Voz del asno.

recabar v.tr. **1** Alcanzar o conseguir lo que se desea insistiendo mucho o suplicando. **2** Pedir una cosa inmaterial, como honor o derechos, por considerar que se tiene derecho a ella.

recadero, a s. Persona que tiene por oficio hacer o llevar recados o mensajes.

recado s.m. **1** Mensaje o respuesta que se da o se envía de palabra. **2** Quehacer que requiere que una persona salga a la calle.

recaer (8) v.intr. **1** Volver a caer enfermo de una misma enfermedad o empeorar una persona que se estaba recuperando o que había recobrado la salud. **2** Volver a caer en el mismo error o vicio, o en un comportamiento poco adecuado. **3** Ir a parar una cosa sobre alguien o algo.

recaída s.f. Empeoramiento que experimenta una persona en una enfermedad de la que se estaba recuperando o de la que se había curado.

recalar v.tr. **1** Penetrar poco a poco un líquido en un cuerpo seco, dejándolo húmedo o mojado. ◆ v.intr. **2** Llegar una embarcación a un puerto o a un punto de la costa.

recalcar v.tr. Hablar lentamente e insistiendo en lo que se quiere decir.

recalcitrante adj. Obstinado, aferrado a una opinión, decisión o conducta.

recalentamiento s.m. Calentamiento en exceso que experimenta una cosa.

recalentar (32) v.tr. **1** Volver a calentar una cosa o calentarla en exceso. ◆ **recalentarse** v.prnl. **2** Estropearse o echarse a perder ciertos frutos por el excesivo calor.

recámara s.f. **1** Parte del cañón de un arma de fuego opuesta a la boca y en la que se coloca el cartucho o la bala que se va a disparar. **2** Habitación situada detrás de la cámara o habitación principal, destinada a guardar joyas o vestidos. **3** AMÉR Alcoba o dormitorio.

recambio s.m. **1** Pieza destinada a sustituir a otra igual que se ha estropeado. **2** Sustitución de una pieza por otra igual.

recapacitar v.intr. Pensar o reflexionar sobre un asunto con detenimiento y atención.

recapitalizar v.tr. Aumentar el capital de una empresa con nuevas aportaciones.

recapitulación s.f. Exposición resumida y ordenada de lo tratado o explicado anteriormente.

recapitular v.tr. Exponer de forma resumida y ordenada un asunto ya tratado o explicado.

recargable adj. Que puede ser cargado de nuevo cuando el depósito que lleva está vacío.

recargado, a adj. Demasiado adornado.

recargar v.tr. **1** Volver a cargar, o poner un repuesto de un material en el interior de una cosa. **2** Aumentar la carga de algo o cargar demasiado. **3** Adornar excesivamente. **4** Aumentar la cantidad de dinero que hay que pagar en un impuesto, cuota o deuda.

recargo s.m. Cantidad de dinero que se aumenta al pago de un impuesto, cuota o deuda.

recatado, a adj. **1** Que se comporta ante los demás con cuidado o reserva. **2** Que procede con honestidad y decencia.

recato s.m. Cautela o reserva con que se hace o se dice una cosa.

recauchutar v.tr. Reparar un neumático desgastado cubriéndolo con una capa de caucho.

recaudación s.f. **1** Cobro de dinero o de bienes. **2** Cantidad de dinero o de bienes que se obtiene mediante este cobro.

recaudador, ra adj. y s. Que se encarga de cobrar dinero o bienes.

recaudar (1i) v.tr. **1** Cobrar una cantidad de dinero o bienes. **2** Reunir dinero o fondos para una determinada causa.

recaudo ◇ **a buen recaudo** Custodiado o vigilado con mucha atención.

rección s.f. Relación sintáctica entre dos elementos lingüísticos en la que uno de ellos depende gramaticalmente del otro.

recelo s.m. Sospecha o falta de confianza.

receloso, a adj. Que sospecha algo malo ante cierta cosa o muestra falta de confianza.

recensión s.f. Reseña, noticia o comentario de una obra literaria, de arte o científica.

recentísimo, a adj. Superlativo de **reciente**.

recepción s.f. **1** Acción de recibir. **2** Captación a través de un receptor de ondas radioeléctricas. **3** Oficina o dependencia de un establecimiento en el que se recibe o informa al público. **4** Fiesta de sociedad dada por un personaje importante.

recepcionista s.m. y f. Persona encargada de atender al público en una recepción.

receptáculo s.m. **1** Cavidad en la que se contiene o puede contenerse una cosa. **2** Extremo del pedúnculo de la flor donde se asientan las diferentes partes que la constituyen.

receptivo, a adj. **1** Se dice de la persona que recibe o tiene capacidad para recibir estímulos externos y para escuchar o aceptar con facilidad e interés lo que alguien dice o propone. **2** Se dice de la persona que es sensible a las enfermedades o a las infecciones.

receptor, ra adj. y s. **1** Que acepta o recibe. ◆ adj. y s.m. **2** Se dice del aparato que recibe señales eléctricas, telegráficas, telefónicas o radiofónicas y las convierte en señales que se pueden oír o ver. ◆ s. **3** En lingüística, factor de la comunicación que recibe y descifra el mensaje.

recesión s.f. **1** Disminución de la actividad económica, generalmente pasajera, que a veces trae consigo un descenso de los beneficios empresariales y del empleo. **2** Movimiento de un planeta cuando se aleja del Sol.

recesivo, a adj. **1** Que produce una disminución de la actividad económica, comercial e industrial. **2** Se dice del carácter hereditario que no se manifiesta en el aspecto exterior del individuo que lo posee, pero que puede aparecer en la descendencia de este.

receso s.m. **1** Separación o alejamiento de un lugar o de una actividad. **2** Interrupción o descanso momentáneo que se hace en una actividad. **3** AMÉR Suspensión temporal de actividades en los cuerpos colegiados, asambleas, instituciones educativas, etc., generalmente por descanso o vacaciones.

receta s.f. **1** Nota en la que se indican los componentes de una cosa y el modo de prepararla, especialmente referido a una comida. **2** Prescripción médica escrita. **3** Procedimiento adecuado para hacer o conseguir una cosa.

recetar v.tr. Indicar el médico al paciente la medicina que debe tomar, su dosis y su uso.

recetario s.m. **1** Libro con fórmulas para preparar diversos productos, generalmente sobre la preparación de comidas. **2** Talonario de recetas médicas.

rechace s.m. Golpe que el portero da a la pelota en algunos deportes para que no entre en la portería.

rechazar v.tr. **1** Hacer retroceder una cosa o una persona un cuerpo en su curso o movimiento. **2** Negarse una persona a aceptar lo que otra dice o no admitir lo que propone u ofrece. **3** Reaccionar un organismo contra una sustancia, un tejido o contra un órgano trasplantado de otro individuo, creando anticuerpos que lo atacan e intentan expulsarlo. **4** Resistir el ataque del enemigo obligándolo a retroceder.

rechazo s.m. Acción y efecto de rechazar.

rechinar v.intr. Producir un sonido desagradable el roce de dos cuerpos.

rechistar v.intr. Decir algo o emitir un sonido como para empezar a hablar, en especial para protestar.

rechoncho, a adj. Se dice de la persona o animal gruesos y de poca altura.

rechupete ◇ **de rechupete** loc. Fam. Muy bueno o muy agradable.

recibidor s.m. Parte de una casa situada junto a la entrada principal.

recibimiento s.m. Acogida (buena o mala) que se hace a personas que llegan de fuera.

recibir v.tr. **1** Tomar o aceptar una persona lo que se le da o se le envía. **2** Salir al encuentro de una persona que llega de fuera. **3** Admitir visitas una persona. **4** Admitir una persona o una institución a otra en su compañía o en su comunidad. **5** Experimentar o sufrir una acción. **6** Admitir o recoger dentro de sí una cosa a otra. **7** Esperar o hacer frente a un ataque o peligro con la intención de resistirlo o rechazarlo. **8** Captar un aparato las diferentes ondas radioeléctricas o frecuencias. **9** Esperar el torero, en la suerte de matar, el ataque del toro sin mover los pies al clavarle la estocada.

recibo s.m. Documento firmado que justifica por escrito que se ha recibido una cantidad de dinero, una mercancía o un servicio. ◇ **ser de recibo** Tener una cosa las cualidades necesarias para ser consideradada aceptable.

reciclado, a adj. **1** Se dice del material que es el resultado de un proceso de tratamiento y transformación de un residuo por el cual es nuevamente utilizable. ◆ s.m. **2** Reciclaje.

reciclaje s.m. Acción y efecto de reciclar.

reciclar v.tr. **1** Someter materiales usados o desperdicios a un proceso de transformación o aprovechamiento para que puedan ser nuevamente utilizables. **2** Ofrecer una nueva preparación o una formación complementaria a técnicos o a profesionales para que amplíen y pongan al día sus conocimientos.

recién adv. Desde hace muy poco tiempo, o inmediatamente antes del momento en que se expresa.

reciente adj. **1** Nuevo, fresco o acabado de hacer. **2** Que ha sucedido hace poco tiempo.
OBS Superlativo: **recentísimo.**

recientemente adv. En un tiempo muy próximo al presente.

recinto s.m. Espacio cerrado y comprendido dentro de unos límites.

recio, a adj. **1** Fuerte, grueso o robusto. **2** Duro o difícil de soportar. **3** Se dice de la persona gruesa o corpulenta.

recipiente s.m. Utensilio hueco, generalmente cóncavo, para contener o conservar una cosa en su interior.

recíproco, a adj. **1** Se dice de la acción o sentimiento que se da entre dos personas o cosas y se ejerce simultáneamente de una hacia otra, y a la inversa. ◆ **adj. y s. 2** Se dice de la oración o verbo que expresan una acción que es intercambiada entre dos o más sujetos y que recae sobre todos ellos, y de los pronombres que indican dicha correspondencia.

recitación s.f. Acción y efecto de recitar.

recital s.m. **1** Espectáculo musical en el que un instrumentista o cantante interpreta varias obras. **2** Lectura o recitación de poesía.

recitar v.tr. **1** Decir en voz alta un texto literario con la entonación adecuada para realzar su contenido poético. **2** Decir en voz alta un texto o unas palabras que se saben de memoria.

recitativo s.m. **1** Estilo de canto con muy pocas variaciones melódicas y que imita el habla natural por sus ligeras inflexiones y variaciones rítmicas. **2** Parte de una ópera que se canta imitando el habla natural, con poca variación melódica y un escueto acompañamiento instrumental.

reclamación s.f. **1** Protesta u oposición que se hace a una cosa que se considera injusta o insatisfactoria. **2** Exigencia de una cosa que se hace con derecho o con insistencia.

reclamar v.intr. **1** Mostrar oposición contra una decisión o asunto que se considera injusto o insatisfactorio. ◆ v.tr. **2** Pedir o exigir con derecho o con insistencia una cosa. **3** Llamar a una persona para que acuda a un lugar determinado.

reclamo s.m. **1** Ave amaestrada que se lleva a la caza para que con su canto atraiga a otras de su especie. **2** Instrumento que imita la voz de las aves y que sirve para atraer a estas en la caza. **3** Voz con la que un ave llama a otras de su especie. **4** Procedimiento para atraer la atención de una persona o incitarla a algo.

reclinable adj. Que se puede inclinar.

reclinar v.tr. **1** Inclinar y apoyar la cabeza u otra parte del cuerpo sobre algo. **2** Inclinar una cosa apoyándola sobre otra.

reclinatorio s.m. Mueble en forma de silla, con las patas muy cortas y el respaldo muy alto, que se utiliza para arrodillarse sobre él.

recluir (23) v.tr. Encerrar o meter a una persona o animal en un lugar para que permanezca en él sin salir (de manera voluntaria o forzada).

reclusión s.f. Encierro (voluntario o forzado) de una persona en un lugar.

recluso, a s. Persona que está recluida o encerrada en una cárcel.

recluta s.m. Soldado recién alistado en el servicio militar y que aún no ha terminado la instrucción básica.

reclutamiento s.m. **1** Llamamiento o inscripción para el servicio militar o para formar un ejército. **2** Búsqueda o inscripción de personas para una actividad o un fin determinados.

reclutar v.tr. **1** Llamar o alistar a una persona para el cumplimiento del servicio militar o para formar un ejército. **2** Buscar o reunir a personas para una actividad o un fin determinados.

recobrar v.tr. **1** Volver a tener lo que antes se poseía. ◆ **recobrarse** v.prnl. **2** Ponerse bien o recuperarse alguien de una enfermedad, de una impresión fuerte, de una pérdida del conocimiento o de un daño recibido.

recochineo s.m. ESP Burla hecha con ensañamiento a costa de una desgracia ajena.

recodo s.m. Ángulo o curva que forman las calles, caminos o ríos al variar su dirección.

recogedor s.m. Utensilio en forma de pala y provisto de mango, que sirve para recoger cosas del suelo, especialmente la basura que se barre.

recogepelotas s.m. y f. Persona encargada de recoger las pelotas que salen fuera del campo de juego en algunos deportes.

recoger v.tr. **1** Coger una cosa que se ha caído. **2** Ir a buscar a una persona o cosa al lugar en que se encuentra. **3** Guardar y poner de forma ordenada una cosa en su sitio, especialmente después de haber acabado un trabajo. **4** Guardar o poner en lugar seguro una cosa. **5** Guardar o juntar poco a poco una cosa, especialmente dinero u otra cosa de interés. **6** Volver a plegar o enrollar una cosa que se había desenvuelto o estirado para que ocupe menos espacio. **7** Juntar a personas o cosas dispersas. **8** Recibir u obtener una persona la consecuencia o el resultado, bueno o malo, de algo que ha hecho. **9** Acoger o dar asilo a una persona o animal. **10** Coger los frutos de la tierra. **11** Peinar el pelo de modo que quede retirado de la cara y nuca. ◆ **recogerse** v.prnl. **12** Retirarse una persona o animal a su casa o guarida, generalmente para dormir o descansar. **13** Irse una persona a un lugar tranquilo para vivir retirado o meditar o rezar.

recogida s.f. Acción de recoger o recogerse.

recogido, a adj. **1** Retirado del trato y de la comunicación con la gente. **2** Se dice del lugar que resulta acogedor y agradable. ◆ s.m. **3** Peinado que se hace retirando el pelo de la cara y elevándolo sobre la nuca.

recogimiento s.m. Estado y actitud de la persona que se aísla.

recolección s.f. Recogida de los frutos de la tierra y época durante la que se lleva a cabo este trabajo.

recolectar v.tr. Recoger los frutos de la tierra.

recolector, ra adj. y s. Que se dedica a la recolección de los frutos de la tierra.

recoleto, a adj. **1** Se dice del lugar que es tranquilo, solitario y apartado de la gente. **2** Se dice de la persona modesta, que vive con retiro y austeridad.

recomendable adj. Que se puede recomendar o es conveniente.

recomendación s.f. **1** Consejo que se da a una persona por considerarse ventajoso o beneficioso. **2** Elogio verbal o escrito con el que se habla en favor de una persona.

recomendado, a s. Persona a favor de la cual se ha hecho una recomendación, generalmente para conseguir una ventaja laboral.

recomendar (32) v.tr. **1** Indicar a alguien lo que cree que debe hacer, o cómo hacerlo, en una situación determinada. **2** Dar buenas referencias o hablar bien de una persona.

recompensa s.f. Compensación o premio que se obtiene por un servicio o una buena acción.

recompensar v.tr. **1** Premiar a alguien voluntariamente en reconocimiento a un servicio o una buena acción. **2** Dar una cosa o hacer algo para disminuir un daño o perjuicio irreparables.

recomponer (36) v.tr. Reparar o componer de nuevo una cosa.

reconcentrar v.tr. **1** Reunir personas o cosas que estaban esparcidas. **2** Hacer más densa una cosa disminuyendo el volumen que ocupa. ◆ **reconcentrarse** v.prnl. **3** Fijar intensamente la atención en los propios pensamientos.

reconciliación s.f. **1** Restablecimiento de la concordia o amistad perdidas entre dos personas que se habían enfrentado. **2** Vuelta al seno de la Iglesia católica después de un alejamiento.

reconciliar (1d) v.tr. **1** Restablecer la concordia o amistad perdidas entre dos personas. **2** Restituir al seno de la Iglesia católica a una persona que se había separado de ella.

reconcomerse v.prnl. Sentir un profundo descontento o impaciencia que se mantiene oculto debido a una causa moral.

recóndito, a adj. Que está muy escondido, reservado y oculto.

reconfortante adj. Que devuelve la fuerza, el bienestar o el ánimo perdidos, o que los da de nuevo con energía y eficacia.

reconfortar v.tr. **1** Dar ánimos, apoyo y consuelo a una persona para que sea fuerte en una situación triste o adversa. **2** Renovar las fuerzas y el vigor a una persona cansada o débil.

reconocer (30) v.tr. **1** Distinguir o identificar a una persona o cosa entre varias por una serie de características propias. **2** Examinar detenidamente a una persona o cosa. **3** Mostrar o manifestar agradecimiento por un bien o un favor recibidos. **4** Declarar una persona que tiene con otra un parentesco y aceptar los deberes y derechos que trae consigo. **5** Admitir o aceptar la certeza o realidad de lo que se dice o sucede, en ocasiones en contra de lo que se había defendido o de los propios gustos. **7** En las relaciones internacionales, aceptar un nuevo estado o gobierno.

reconocido, a adj. Que agradece un bien o un favor recibidos.

reconocimiento s.m. **1** Examen u observación cuidadosa de una persona o cosa para formarse un juicio. **2** Muestra o manifestación de agradecimiento por los bienes o favores recibidos.

reconquista s.f. **1** Recuperación de una cosa querida que se ha perdido, como el cariño, la amistad o el afecto. **2** Conquista o toma de un territorio que se había perdido anteriormente.

reconquistar v.tr. **1** Recuperar una cosa querida que se había perdido, como el cariño, la amistad o el afecto. **2** Volver a conquistar o a tomar un territorio que se había perdido.

reconsideración s.f. Consideración o pensamiento que se hace de nuevo, y que puede provocar el cambio de una decisión ya tomada.

reconsiderar v.tr. Volver a considerar o pensar.

reconstituir (23) v.tr. **1** Volver a constituir o restablecer. **2** Hacer que un organismo vuelva a tener sus condiciones normales o fortalecerlo.

reconstituyente s.m. y adj. Medicamento o remedio que reconstituye al organismo.

reconstrucción s.f. **1** Acción de reconstruir. **2** Reproducción de un suceso para llegar al completo conocimiento de él.

reconstruir (23) v.tr. **1** Volver a construir o reparar una cosa destruida o deshecha. **2** Reproducir o reorganizar las circunstancias de un suceso mediante datos, recuerdos o declaraciones, para llegar al completo conocimiento de él.

reconversión s.f. Proceso de reconvertir una empresa o sector industrial.

reconvertir (45) v.tr. **1** Hacer que vuelva a su estado normal una cosa que había sufrido un cambio. **2** Transformar una empresa o un sector industrial o someterlo a un proceso de modernización con el fin de mejorar su rendimiento o de adaptarlo a la demanda del mercado.

recopilación s.f. Reunión de cosas dispersas, bajo un criterio que da unidad al conjunto.

recopilar v.tr. Juntar o reunir varias cosas dispersas bajo un criterio que dé unidad al conjunto.

recopilatorio, a adj. y s.m. Se dice del libro o disco que contiene una recopilación.

récord (pl. récords) s.m. **1** Marca máxima conseguida por un deportista en una competición. **2** Resultado máximo conseguido hasta un momento determinado en una actividad.
OBS Pronunc. aprox. 'récor'.

recordar (11) v.tr. **1** Traer a la memoria o retener una cosa, idea o imagen en la mente. **2** Hacer que una persona tenga presente algo que debe hacer. **3** Parecerse una cosa a otra o sugerir esta algo por cierta semejanza o relación.

recordatorio s.m. **1** Tarjeta o impreso en el que se recuerda la fecha de un acontecimiento. **2** Aviso o nota para recordar alguna cosa.

recorrer v.tr. **1** Atravesar un espacio en toda su extensión o longitud. **2** Hacer un trayecto determinado. **3** Registrar una cosa pasando la vista por ella con cuidado para encontrar lo que se desea.

recorrido s.m. **1** Espacio que se recorre o que ha de recorrer una persona o cosa. **2** Distintos lugares que conforman este espacio.

recortable adj. y s.m. Se dice de la figura o del dibujo, papel o cartulina, que puede ser recortado y usado como juego o enseñanza.

recortado, a adj. **1** Que tiene los bordes o el contorno muy irregulares, con notables y numerosos entrantes y salientes. ◆ **adj. y s.f. 2** Se dice de la escopeta que tiene el cañón acortado.

recortar v.tr. **1** Cortar o separar de una cosa la parte que sobresale. **2** Cortar un trozo de papel u otra materia para separarlo de la superficie en que está. **3** Disminuir o hacer más pequeña una cosa. ◆ **recortarse** v.prnl. **4** Dibujarse claramente el perfil de una cosa sobre otra.

recorte s.m. **1** Trozo que sobra de una materia que se ha recortado. **2** Parte de un papel que ha sido cortada y separada de él. **3** Disminución o reducción de una cosa. **4** En tauromaquia, quiebro que se hace ante el toro.

recostar (11) v.tr. **1** Inclinar y apoyar la cabeza u otra parte del cuerpo sobre algo. **2** Inclinar una cosa apoyándola sobre otra.

recoveco s.m. **1** Vuelta o curva pronunciada de una calle, vía, río o conducto. **2** Rincón o lugar escondido. **3** Aspecto poco claro o complicado de la manera de ser de una persona, o de una cosa.

recreación s.f. **1** Creación o producción de una cosa a partir de otra ya existente. **2** Diversión o distracción durante el tiempo libre.

recreacional adj. Que está destinado a divertir o entretener.

recrear v.tr. **1** Crear o producir una cosa a partir de otra ya existente. **2** Divertir, deleitar o entretener a una persona. ◆ **recrearse** v.prnl. **3** Disfrutar con una cosa, en particular deteniéndose en ello.

recreativo, a adj. Se dice de la cosa que divierte o entretiene.

recreo s.m. **1** Diversión, distracción. **2** Tiempo durante el cual se interrumpen las clases para que los alumnos descansen o jueguen. **3** Lugar destinado al descanso o a la diversión.

recriminación s.f. Crítica que se hace de una persona por algo que ha dicho o hecho.

recriminar v.tr. **1** Censurar o criticar un comportamiento o conducta. **2** Responder a unas acusaciones con otras similares.

recrudecerse (30) v.prnl. Aumentar la intensidad o los efectos de un mal físico o moral, o de algo desagradable que había perdido fuerza.

recrudecimiento s.m. Acción y efecto de recrudecerse.

recta ▷ recto, a.

rectangular adj. De forma de rectángulo.

rectángulo adj. **1** Se dice de la figura geométrica de uno o más ángulos rectos. ◆ **s.m. 2** Paralelogramo con los cuatro ángulos rectos.

rectificación s.f. Corrección de un error o defecto.

rectificar v.tr. **1** Corregir, enmendar o perfeccionar una cosa ya dicha o hecha. **2** Corregir o modificar la propia conducta, opinión o comportamiento. **3** Llevar la contraria, expresar una opinión opuesta. **4** Poner recta una cosa.

rectilíneo, a adj. **1** Que está formado por líneas rectas o se desarrolla en línea recta. **2** Se dice del carácter o comportamiento recto, escrupuloso y firme desde el punto de vista ético.

rectitud s.f. **1** Carácter de aquello que es recto y justo en el sentido ético o moral. **2** Cualidad de recto, que no tiene curvas ni ángulos.

recto, a adj. y s.f. **1** Se dice de la línea que está formada por una serie continua de puntos en una misma dirección. ◆ **adj. 2** Que no se tuerce o desvía. **3** Que no se desvía del punto al que se dirige. **4** Que se comporta de manera justa y firme. **5** Se dice del significado o del sentido literal y primitivo de una palabra o frase, a diferencia del sentido figurado. **6** Se dice del folio o plana que queda del lado derecho del libro o cuaderno en relación con la persona que lee. **7** Se dice del ángulo que tiene 90°. ◆ **s.m. 8** Parte final del intestino grueso de los vertebrados. ◆ **adv. 9** En línea recta.

rector, ra adj. **1** Que marca o dirige la orientación o sentido de una cosa. ◆ **s. 2** Autoridad máxima que dirige una universidad o un centro de estudios superiores. ◆ s.m. **3** Sacerdote encargado del servicio religioso de una parroquia.

rectorado s.m. **1** Cargo de rector. **2** Edificio u oficina del rector. **3** Período durante el cual se ejerce el cargo de rector.

recua s.f. **1** Conjunto de animales de carga para transportar mercancías. **2** Fam. Grupo numeroso de personas o cosas que van unas detrás de otras.

recuadro s.m. **1** Línea o división en forma de cuadrado o rectángulo, y superficie limitada por esta línea. **2** Espacio delimitado por líneas para resaltar una noticia en un periódico.

recubierto, a Participio irregular de **recubrir**.

recubrir v.tr. Cubrir una cosa del todo o volverla a cubrir.
OBS Participio: **recubierto**.

recuento s.m. Cuenta hecha por segunda vez.

recuerdo s.m. **1** Acción de recordar. **2** Imagen o conjunto de imágenes de situaciones o hechos pasados que vienen a la mente. **3** Regalo que se trae de algún lugar con el fin de que quien lo recibe conserve ese objeto y no olvide el lugar o a la persona en cuestión. ◆ **recuerdos** s.m.pl. **4** Saludo afectuoso que se envía por escrito o a través de un intermediario.

recular v.intr. **1** Ir hacia atrás o retroceder una persona, animal o vehículo. **2** Fam. Ceder o cambiar una persona de opinión.

recuperación s.f. **1** Acción y efecto de recuperar(se). **2** Fase en el ciclo económico que sigue a la depresión y que se caracteriza por la reactivación del sector productivo. **3** Examen que se realiza para aprobar una asignatura que se ha suspendido en otro examen anterior.

recuperar v.tr. **1** Volver a tener lo que antes se tenía o lo que se había perdido. **2** Volver a poner en servicio alguna cosa que estaba inservible. **3** Trabajar un tiempo determinado para compensar el que se ha perdido por una causa cualquiera. **4** Aprobar una asignatura o parte de ella después de no haberla aprobado en un examen anterior. ◆ **recuperarse** v.prnl. **5** Volver una persona o cosa a su estado normal después de atravesar una enfermedad o una situación negativa.

recurrente adj. Que vuelve a ocurrir o a aparecer.

recurrir v.intr. **1** Acudir en busca de la ayuda o el favor de una persona o cosa en caso de necesidad o para conseguir un fin. ◆ v.tr. **2** Interponer un recurso contra una sentencia o resolución.

recursividad s.f. Característica del hecho que se repite indefinidamente.

recurso s.m. **1** Ayuda o medio al que se puede recurrir para conseguir un fin o satisfacer una necesidad. **2** Reclamación mediante escrito contra una resolución judicial o administrativa. ◆ **recursos** s.m.pl. **3** Bienes, riquezas o medios de vida. **4** Conjunto de elementos que se poseen para afrontar una situación, proyecto o empresa. ◇ **recurso literario** Recurso lingüístico usado en literatura para lograr un efecto determinado y mayor expresividad. ◇ **recursos naturales** Forma de energía o materia presente en la naturaleza que puede ser utilizada por los seres vivos.

recusación s.f. Rechazo u oposición a admitir una cosa por no considerarla propia.

red s.f. **1** Tejido de malla hecho con hilos, cuerdas o alambres unidos y cruzados entre sí. **2** Conjunto organizado de calles, vías, cañerías o hilos conductores. **3** Conjunto organizado de personas, establecimientos o servicios distribuidos por varios lugares y pertenecientes a una misma empresa. **4** Conjunto de ordenadores conectados entre sí.

redacción s.f. **1** Expresión que se hace por escrito. **2** Lugar u oficina donde se redacta una publicación periódica. **4** Conjunto de los redactores de una publicación periódica.

redactar v.tr. Expresar por escrito ideas o pensamientos, o relatar unos hechos.

redactor, ra adj. y s. Que se dedica profesionalmente a la redacción.

redada s.f. **1** Lanzamiento de la red para pescar. **2** Conjunto de peces o animales cogidos de una vez. **3** Operación policial consistente en detener de una sola vez y en un mismo lugar a un grupo de personas sospechosas.

redecilla s.f. **1** Bolsa pequeña hecha con malla muy fina que se usa para sujetar el pelo. **2** Segunda de las cuatro cavidades en que se divide el estómago de los rumiantes.

rededor s.m. Zona que rodea un lugar o población. ◇ **al rededor** o **en rededor** Formal. Alrededor de alguien o algo.

redención s.f. **1** Liberación de una obligación, un trabajo, una situación desfavorable o de un dolor. **2** Salvación y liberación del género humano que, según el cristianismo, hizo Jesucristo dando su vida en la cruz.

redentor, ra adj. y s. Que redime o pone fin a un dolor, un trabajo u otra molestia, referido especialmente a Jesucristo.
OBS Con mayúscula inicial cuando hace referencia a Jesucristo.

redil s.m. Terreno cercado en el que se guarda el ganado.

redimir v.tr. **1** Librar a una persona de una obligación, dolor o situación penosa. **2** Conseguir la libertad de una persona o sacarla de una situación comprometida pagando un precio.

rédito s.m. Cantidad de dinero que produce periódicamente un capital.

redoblar v.tr. **1** Aumentar una cosa el doble de lo que antes era o aumentarla mucho. ◆ v.intr. **2** Tocar o hacer redobles con el tambor.

redoble s.m. Toque vivo y sostenido que se produce golpeando con las baquetas un tambor de manera rápida y seguida.

redoma s.f. Recipiente de cristal de fondo ancho, que se va estrechando hacia la parte superior.

redomado, a adj. Que tiene en alto grado la cualidad negativa que se le aplica.

redonda s.f. **1** Nota musical cuya duración equivale a dos blancas. ◆ **adj. y s.f. 2** Se dice del tipo de letra de forma derecha y circular, usado muy comúnmente. ◇ **a la redonda** Alrededor de un punto concreto.

redondear v.tr. **1** Dar forma redonda a una cosa. **2** Terminar o completar una cosa de forma satisfactoria. **3** Añadir o quitar a una cifra una parte de una cantidad hasta llegar a otra determinada, de más fácil comprensión o cálculo, mediante unidades de orden superior o inferior.

redondel s.m. **1** Fam. Círculo o circunferencia. **2** Zona central de la plaza de toros, cubierta de tierra, en la cual se torea.

redondez s.f. Cualidad de la cosa que es curva o redondeada, en vez de recta o con ángulos.

redondilla s.f. **1** Estrofa formada por cuatro versos octosílabos con rima consonante, que siguen el esquema abba. ◆ **adj. y s.f. 2** Redonda (tipo de letra).

redondo, a adj. **1** De forma circular o esférica o parecida a ellas. **2** Fam. Perfecto, completo o bien logrado. **3** Que es exacto y claro o no ofrece dudas. **4** Se dice de la cifra o del número al que se le ha restado o sumado una cantidad, mediante unidades superiores, para que resulte más sencillo de calcular o comprender. ◆ **s.m. 5** ESP Pieza de carne de forma casi cilíndrica de la parte trasera de las reses. ◇ **en redondo** En círculo, dando una vuelta completa alrededor de sí mismo.

reducción s.f. **1** Disminución de la fuerza, cantidad, tamaño o intensidad de una cosa. **2** Reacción química en la que una sustancia se combina con otra de tal forma que gana electrones y disminuye su número de oxidación. **3** Descomposición de un cuerpo en sus elementos o principios. **4** Antigua población de indios americanos convertidos al cristianismo y organizados de forma comunitaria por los jesuitas españoles.

reducido, a adj. Estrecho, pequeño o limitado en cantidad, intensidad o importancia.

reducir (10) v.tr. **1** Disminuir la cantidad, el tamaño, la intensidad o la importancia de una cosa. **2** Cambiar un cuerpo de un estado a otro, generalmente para convertirlo en algo más pequeño o de menos valor. **3** Resumir o hacer una cosa más corta o más simple. **4** Someter u obligar a obedecer a una persona. **5** Cambiar una marcha de largo recorrido a otra más corta en un vehículo.

reducto s.m. **1** País, lugar o grupo que conserva unas ideas, unas tradiciones u otros elementos antiguos o a punto de desaparecer. **2** Territorio natural en el que se conservan especies raras o que están a punto de desaparecer.

reductor, ra adj. **1** Que reduce o sirve para reducir. ◆ **s.m. 2** Sustancia química que provoca la reducción de otra.

redundancia s.f. **1** Exceso o abundancia de algo. **2** Repetición innecesaria de un concepto.

redundante adj. Que sobra o que se repite.

redundar v.intr. Tener una cosa un resultado o consecuencia, ya sea beneficioso o perjudicial.

reduplicación s.f. Figura retórica que consiste en la repetición consecutiva de una palabra o de varias en la misma frase o verso.

reduplicar v.tr. Redoblar, aumentar al doble.

reedición s.f. **1** Edición de una obra escrita o musical ya editada o publicada anteriormente. **2** Conjunto de ejemplares de esta edición.

reedificar v.tr. Construir de nuevo.

reeditar v.tr. Editar una obra escrita o musical ya editada o publicada anteriormente.

reeducación s.f. Acción y efecto de reeducar.

reeducar v.tr. **1** Enseñar nuevas formas de comportamiento para reintegrar en la sociedad a quienes han perdido, cambiado o desviado los hábitos adquiridos inicialmente. **2** Hacer que un órgano o un miembro del cuerpo cuya función había disminuido o se había perdido vuelva a desarrollar su actividad con normalidad.

reelegir (31) v.tr. Volver a elegir o a escoger.

reembolsar o **rembolsar** v.tr. Devolver una cantidad de dinero a la persona que la había pagado con anterioridad.

reembolso o **rembolso** s.m. Devolución de una cantidad de dinero a la persona que la ha pagado con anterioridad. ◇ **a reembolso** o **contra reembolso** Se dice del envío de un objeto (por correo, por una agencia de transporte, etc.) que la persona receptora ha de pagar en el momento de la entrega.

reemplazar o **remplazar** v.tr. **1** Sustituir una persona o cosa por otra. **2** Suceder una persona a otra en el cargo o empleo que tenía.

reemplazo o **remplazo** s.m. **1** Sustitución de una persona o cosa por otra. **2** ESP Conjunto de nuevos soldados que ingresan en el ejército.

reemprender v.tr. Reanudar un trabajo o actividad que se había interrumpido.

reencarnación s.f. **1** Creencia según la cual el alma humana se traslada a otro cuerpo, tras la muerte. **2** Encarnación de un alma en un cuerpo nuevo, tras separarse de otro por la muerte. **3** Ser en el que se encarna de nuevo esta alma.

reencarnarse v.prnl. Volver a encarnarse el alma en un cuerpo nuevo, tras la muerte.

reencontrarse v.prnl. Coincidir en un mismo lugar personas que no se veían desde hacía tiempo.

reencuentro s.m. Coincidencia en un mismo lugar de personas que no se veían desde hacía tiempo.

reengancharse v.prnl. **1** Permanecer en el ejército una vez terminado el servicio militar. **2** Seguir participando en una partida de cartas, una vez eliminado de ella, pagando dinero y poniéndose en las condiciones del jugador peor situado.

reenganche s.m. Permanencia en el ejército, una vez terminado el servicio militar.

reestrenar v.tr. Volver a estrenar o a presentar, especialmente un espectáculo.

reestreno s.m. Presentación de un espectáculo con las características de estreno, aunque no lo sea.

reestructurar v.tr. Cambiar la estructura de algo o darle una nueva.

refajo s.m. Falda corta de paño que usaban las mujeres, bien encima de las enaguas, bien como prenda interior de abrigo.

refectorio s.m. Comedor de monasterios, conventos y algunos colegios.

referencia s.f. **1** Explicación o relación de un acontecimiento, de palabra o por escrito. **2** Nota que remite a otra parte de un escrito o a otro escrito, donde el lector puede encontrar lo que busca. **3** Dato o información sobre algo. **4** Informe acerca de las cualidades de una persona. **5** Persona o cosa que sirve como base, modelo o punto de comparación. **6** Indicación que se pone como encabezamiento de una carta comercial. ◇ **con referencia a** En relación con.

referenciar v.tr. Hacer referencia a algo.

referéndum o **referendo** (pl. referéndum, referéndums o referendos) s.m. Procedimiento jurídico por el que se somete a votación popular una ley o asunto.

referente adj. **1** Que expresa relación con otra persona o cosa. ◆ s.m. **2** Elemento extralingüístico al que alude una palabra.

referir (45) v.tr. **1** Contar o dar a conocer un acontecimiento o suceso. ◆ **referirse** v.prnl. **2** Aludir a una persona o cosa directa o indirectamente.

refilón ◇ **de refilón** loc. **1** Fam. De lado o de forma oblicua. **2** De pasada, sin profundizar o sin prestarle mucha atención.

refinado, a adj. **1** Que tiene educación y buenos modales. **2** Que es resultado de mucha elaboración. **3** Que ha sido purificado en un proceso industrial. ◆ s.m. **4** Refino.

refinamiento s.m. **1** Educación y buenos modales. **2** Cuidado extremo en la elaboración o realización de algo.

refinar v.tr. Hacer más fina o pura una sustancia, eliminando las impurezas.

refinería s.f. Fábrica donde se refina o se hace más puro un producto.

refino s.m. Proceso industrial mediante el cual se eliminan las impurezas de una sustancia.

reflectante adj. Que refleja.

reflectar v.tr. Hacer retroceder o cambiar de dirección la luz u otra radiación oponiéndole una superficie lisa.

reflector, ra adj. y s. **1** Se dice de la sustancia o a la superficie que refleja los rayos de luz. ◆ s.m. **2** Aparato que concentra y orienta la luz de un foco en una dirección determinada.

reflejar v.tr. **1** Formarse en una superficie lisa y brillante la imagen de algo. **2** Rechazar o hacer cambiar de dirección la luz, el calor, el sonido u otra radiación oponiéndoles una superficie lisa. **3** Expresar o mostrar de manera clara un estado o una cualidad.

reflejo, a adj. y s.m. **1** Se dice del sentimiento, acto o movimiento que se produce involuntariamente, como una respuesta inconsciente a un estímulo externo. ◆ adj. **2** Se dice del dolor que aparece localizado en cierta parte del cuerpo cuando realmente está en otro. ◆ s.m. **3** Luz reflejada. **4** Imagen de una persona o cosa reflejada en una superficie. **5** Representación, imagen o muestra de algo. ◆ **reflejos** s.m.pl. **6** Capacidad que tiene una persona para reaccionar de forma rápida y eficaz ante un hecho no previsto. **7** Mechas de distinto color en el pelo.

reflexión s.f. **1** Pensamiento o consideración de una cosa con detenimiento y cuidado. **2** Advertencia o consejo para inducir a actuar de manera razonable. **3** Cambio de dirección o de sentido de la luz, del calor o del sonido cuando se les interpone un obtáculo.

reflexionar v.intr. Pensar o considerar una cosa con detenimiento y cuidado.

reflexivo, a adj. **1** Que piensa y considera detenidamente un asunto antes de hablar o actuar. **2** Que refleja. **3** Se dice de la oración o del verbo que expresa una acción que es realizada y recibida a la vez por el sujeto.

reflexoterapia s.f. Tratamiento de ciertas enfermedades mediante la provocación de reflejos beneficiosos en una región del organismo situada a cierta distancia de la zona afectada.

reflujo s.m. **1** Movimiento de descenso de la marea, causado por la atracción del Sol y la Luna. **2** Retroceso de una actividad o tendencia.

refocilarse v.prnl. Recrearse, divertirse, disfrutar o entretenerse con algo grosero.

reforestación s.f. Acción y efecto de reforestar.

reforestar v.tr. Plantar árboles en un lugar del que habían desaparecido.

reforma s.f. **1** Arreglo, modificación o cambio cuyo objetivo es el de mejorar algo. **2** Movimiento religioso nacido en Europa en el siglo XVI a partir de las ideas de Martín Lutero y que dio lugar al protestantismo. □ Se escribe normalmente con mayúscula inicial.

reformador, ra adj. **1** Que reforma. ◆ adj. y s. **2** De alguno de los movimientos de la Reforma protestante.

reformar v.tr. **1** Arreglar, modificar o cambiar una cosa con el fin mejorarla. **2** Corregir a una persona para que abandone costumbres o comportamientos negativos o perjudiciales.

reformatorio s.m. Establecimiento penitenciario donde se trata de recuperar socialmente a delincuentes menores de edad.

reformismo s.m. Tendencia o doctrina que propone cambios y mejoras políticas, sociales, religiosas o de otro tipo.

reformista adj. **1** Relativo al reformismo. ◆ adj. y s.m. y f **2** Partidario del reformismo.

reforzar (11) v.tr. Hacer más fuerte o resistente una cosa, o aumentar su cantidad.

refracción s.f. Fenómeno físico por el cual una onda cambia de dirección cuando pasa de un medio a otro de diferente densidad.

refractar v.tr. Hacer que cambie de dirección un rayo de luz u otra radiación al pasar oblicuamente de un medio a otro de distinta densidad.

refractario, a adj. **1** Se dice del cuerpo o del material que resiste la acción del fuego sin cambiar de estado ni destruirse. **2** Que se opone a aceptar una idea, opinión o costumbre.

refrán s.m. Frase o dicho de uso común que encierra una advertencia o enseñanza moral.

refranero s.m. Conjunto de los refranes.

refregar v.tr. **1** Frotar una cosa con otra. **2** Fam. Poner insistentemente de manifiesto una persona a otra algo que le resulta molesto.

refreír (40) v.tr. Volver a freír, o freír mucho un alimento.
OBS Doble participio: refreído y refrito.

refrenar v.tr. **1** Contener o sujetar la fuerza o la violencia de algo. **2** Sujetar o reducir a un caballo con el freno.

refrendar v.tr. **1** Dar validez a un documento firmándolo la persona o grupo de personas que tiene capacidad legal para ello. **2** Manifestar públicamente la aprobación de algo o alguien.

refrescante adj. Que tiene el efecto de devolver la energía o el frescor perdidos.

refrescar v.tr. **1** Hacer que baje la temperatura o el calor de alguien o de algo. **2** Recordar o renovar un sentimiento, recuerdo o acción. ◆ v.intr. **3** Disminuir o bajar el calor del aire.

refresco s.m. **1** Bebida sin alcohol que suele tomarse fría. **2** Conjunto de bebidas, dulces y otros alimentos que se ofrece en ciertas reuniones. ◇ **de refresco** Se dice de la persona o animal que se añade o se incorpora para sustituir al que ya está cansado por un trabajo fuerte.

refriega s.f. **1** Batalla o combate de poca importancia. **2** Riña, disputa de poca importancia.

refrigeración s.f. **1** Disminución del calor o de la temperatura de un cuerpo. **2** Sistema eléctrico de un edificio para mantener el aire fresco.

refrigerador, ra adj. **1** Que sirve para refrigerar. ◆ s.m. **2** Electrodoméstico que sirve para enfriar y conservar alimentos y bebidas. **GEOSIN** frigorífico, heladera, nevera.

refrigerante adj. y s.m. Se dice de la sustancia o producto que sirve para refrigerar.

refrigerar v.tr. **1** Refrescar o enfriar un lugar o un cuerpo mediante métodos artificiales. **2** Enfriar un alimento en una cámara especial para que se conserve.

refrigerio s.m. Alimento ligero.

refringente adj. Que refracta la luz.

refrito, a **1** Participio irregular de refreír. ◆ s.m. **2** Condimento hecho con ajo, cebolla, tomate y otras verduras picadas y ligeramente fritas en aceite que se añade a un guiso durante su preparación. **3** Escrito u obra hechos mezclando partes y elementos de otras obras.

refuerzo s.m. **1** Fortalecimiento o aumento de la fuerza o solidez de una cosa. **2** Pieza que se pone a una cosa para aumentar su fuerza, grosor o resistencia. **3** Conjunto de personas que acuden a un lugar para socorrer o ayudar a otras.

refugiado, a s. Persona que, por una catástrofe o guerra o por sus ideas políticas o religiosas, ha de buscar refugio.

refugiar (1d) v.tr. **1** Dar refugio o acogida. ◆ **refugiarse** v.prnl. **2** Encontrar refugio.

refugio s.m. **1** Acogida que se da a una persona en una casa o lugar seguro. **2** Lugar apropiado para refugiarse, protegerse o defenderse.

refundición s.f. **1** Acción de fundir de nuevo un metal o transformarlo en líquido. **2** Forma y estructura nuevas que se da a una obra literaria adaptada de otra. **3** Obra nueva refundida o adaptada de otra.

refundir v.tr. **1** Fundir de nuevo un metal o transformarlo en líquido. **2** Unir, comprender o incluir varias cosas en una sola. **3** Dar forma y estructura nuevas a una composición escrita con el fin de mejorarla o modernizarla.

refunfuñar v.intr. Hablar entre dientes, en señal de enojo o desagrado.

refunfuñón, na adj. Fam. Que refunfuña, se queja y protesta por cosas poco importantes.

refutar v.tr. Contradecir las razones o explicaciones de alguien.

regadera s.f. **1** Recipiente portátil para regar, compuesto por un depósito del que sale un tubo acabado en una boca ancha con agujeros pequeños por donde sale el agua. **2** AMÉR CENTRAL, ARG, BOL, COL, MÉX, VENEZ Ducha (aparato para ducharse). ◇ **estar como una regadera** ESP Estar una persona loca o chiflada.

regadío s.m. Terreno que se puede regar o está dedicado a cultivos que se fertilizan con riego.

regalar v.tr. **1** Dar u ofrecer una cosa como muestra de afecto o de consideración. **2** Dar toda clase de comodidades, placeres y diversiones. **3** Halagar o deleitar los sentidos.

regalía s.f. **1** Privilegio que el Papa concedía a los reyes o soberanos en algún asunto relacionado con la disciplina de la Iglesia. **2** Derecho particular y privativo que tiene un rey u otro soberano en su estado.

regaliz s.m. **1** Planta de tallos gruesos cuyos rizomas medicinales se utilizan para mascar y para preparar expectorantes, dulces y cerveza. **2** Raíz o rizoma de esta planta. **3** Golosina hecha con esta planta.

regalo s.m. **1** Cosa que una persona da u ofrece como muestra de afecto o de consideración. **2** Conjunto de cosas agradables o comodidades con que vive una persona.

regañadientes ◇ **a regañadientes** loc. A disgusto, protestando o de mala gana.

regañar v.tr. **1** Reñir o reprender. ◆ **v.intr. 2** Enfrentarse dos personas o disputar una persona con otra por algún motivo.

regañina s.f. ESP Llamada de atención por error o mal comportamiento.

regar (32) v.tr. **1** Echar o esparcir agua sobre una superficie o una planta. **2** Atravesar un río o canal un terreno o un territorio.

1. **regata** s.f. Arroyo de un huerto o jardín.

2. **regata** s.f. Competición deportiva hecha con embarcaciones ligeras.

regate s.m. ESP En fútbol y otros deportes, movimiento brusco para esquivar al contrario. **GEOSIN** dribling, gambeta.

1. **regatear** v.tr. **1** Discutir el comprador y el vendedor el precio de una mercancía. **2** Hacer o dar lo menos posible. ◆ **v.intr. 3** ESP En fútbol y otros deportes, engañar al contrario mediante un movimiento brusco para esquivarlo. **GEOSIN** driblar, gambetear.

2. **regatear** v.intr. Competir en una regata.

regateo s.m. **1** Discusión entre un comprador y un vendedor sobre el precio de una mercancía. **2** Acción de hacer regates un jugador.

regazo s.m. **1** Hueco que se forma en la falda de una mujer sentada. **2** Formal. Refugio o consuelo.

regencia s.f. **1** Gobierno del regente, ejercido mientras el rey o la reina no pueden gobernar. **2** Período en que gobierna un regente.

regeneración s.f. Acción y efecto de regenerar.

regeneracionismo s.m. Movimiento ideológico originado en España como consecuencia de la pérdida de las colonias en 1898, que proponía una serie de reformas políticas, sociales y culturales para regenerar o mejorar el país.

regenerador, ra adj. y s.m. Se dice del producto que mejora una cosa gastada o vuelve a ponerla en buen estado.

regenerar v.tr. **1** Dar nuevo ser, reformar o mejorar algo que se degeneró. **2** Generar o producir de nuevo una cosa. **3** Hacer que una persona abandone un modo de vida que se considera perjudicial desde un punto de vista moral. **4** Aplicar un tratamiento a materiales usados o a desperdicios para que puedan ser nuevamente utilizables.

regenta s.f. Mujer del regente.

regentar v.tr. Gobernar o dirigir una persona un establecimiento o negocio.

regente adj. y s.m. y f. **1** Se dice de la persona que gobierna o dirige un estado mientras el rey legítimo no puede gobernar. **2** Que gobierna o dirige un establecimiento o negocio sin ser el dueño.

reggae s.m. **1** Estilo musical de origen jamaicano derivado del rock.
OBS Pronunc. aprox. 'regue' o 'rigui'.

regicidio s.m. Asesinato o intento de asesinato de un rey o una reina.

regidor, ra adj. y s. **1** Se dice de la persona que dirige o gobierna. ◆ **s. 2** Persona que en el teatro, el cine y la televisión se encarga del orden y realización de los movimientos y efectos escénicos dispuestos por el director. **3** Concejal de un ayuntamiento, especialmente el que no ejerce ningún otro cargo municipal.

régimen (pl. regímenes) s.m. **1** Conjunto de normas o reglas que dirigen o gobiernan una cosa, un estado o una entidad. **2** Sistema político por el que se rige, gobierna o administra una nación. **3** Conjunto de normas que limitan el consumo de determinados alimentos, o excluye otros, generalmente por motivos de salud o de peso. **4** Conjunto de circunstancias que provocan un fenómeno y que constituyen el modo habitual o regular de producirse este. **5** Relación de dependencia que guardan entre sí algunas palabras dentro de una oración. **6** Preposición que exige cada verbo.

regimiento s.m. **1** Unidad militar compuesta por varios batallones y mandada por un coronel. **2** Conjunto muy numeroso de personas.

regio, a adj. **1** Propio del rey o de la realeza. **2** Magnífico o suntuoso. **3** Se dice de la sala o salón espléndido y majestuoso.

región s.f. **1** Porción de territorio con características geográficas, políticas, climáticas, sociales o de otro tipo comunes. **2** División de una nación, definida por rasgos geográficos, históricos y sociales, y que puede subdividirse en provincias, departamentos u otras unidades administrativas. **3** Cada una de las partes en que se dividide el cuerpo de una persona o animal.

regional adj. Relativo a la región.

regionalismo s.m. **1** Doctrina o tendencia política que defiende que el gobierno de un estado debe considerar y ratificar el modo de ser, las aspiraciones y el carácter propios de cada región. **2** Amor a la propia región. **3** Palabra o modo de expresión propio de una región.

regionalista adj. y s.m. y f. Partidario del regionalismo político.

regir (31) v.tr. **1** Dirigir, gobernar o administrar un asunto o lugar. **2** Guiar o dirigir una cosa. **3** Exigir una palabra la presencia de otra determinada para tener un significado completo y correcto. ◆ **v.intr. 4** Estar vigente una ley o una norma. **5** Funcionar bien o estar en plenas facultades la mente de una persona.

registrador, ra adj. y s. **1** Se dice del aparato o máquina que anota automáticamente una serie de datos y en el que se ingresa el importe de las ventas. ◆ s. **2** Persona encargada de un registro público, especialmente el de la propiedad.

registrar v.tr. **1** Mirar o examinar una cosa, un lugar o a una persona con cuidado y detenimiento para encontrar algo. **2** Anotar o incluir una cosa en una lista o relación. **3** Apuntar o anotar una cosa o un nombre en un registro o en un documento oficial. **4** Apuntar o inscribir de manera jurídica o comercial una determinada marca comercial. **5** Grabar un sonido o una imagen. **6** Recoger, marcar o indicar un aparato una determinada cantidad o magnitud.

registro s.m. **1** Acción que consiste en mirar o examinar una cosa, un lugar o a una persona con cuidado y detenimiento para encontrar algo. **2** Inscripción jurídica o comercial de una determinada marca comercial. **3** Libro o documento oficial en que se anotan regularmente hechos o informaciones. **4** Lugar u oficina en el que se inscriben hechos o informaciones que pertenecen a la administración pública. **5** Modalidad expresiva que adopta el hablante según la situación o el contexto comunicativos, como familiar, coloquial, técnico o científico, académico. □ También registro idiomático. **6** Extensión o parte del ámbito total de notas musicales que puede emitir una voz o un instrumento o que contiene una composición. ◇ **registro civil** Libro o dependencia oficial que recoge la información sobre los nacimientos, muertes, bodas y otros estados de los ciudadanos.

regla s.f. **1** Instrumento delgado y plano graduado en centímetros y milímetros que sirve para medir y trazar líneas rectas. **2** Norma que sirve para dirigir o ejecutar una cosa. **3** Principio, precepto o máxima de una ciencia o arte. **4** Método para hacer una operación matemática. **5** Conjunto de principios o normas por los que se rige la vida de una orden religiosa. **6** Proceso fisiológico por el que las mujeres y las hembras de ciertas especies animales expulsan periódicamente un óvulo maduro no fecundado con sangre. **7** Flujo sanguíneo procedente del útero que se evacua durante este proceso fisiológico. ◇ **en regla** Expresión que indica que una cosa se realiza de manera correcta o como corresponde o debe ser. ◇ **regla de tres** En relación a magnitudes que son proporcionales, operación que se realiza para averiguar una cantidad que no se conoce a partir de otras tres conocidas. — Manera de razonar que pretende indicar lo erróneo de un argumento.

reglamentación s.f. **1** Sometimiento de una actividad o proceso a determinadas normas, reglas o leyes. **2** Reglamento.

reglamentar v.tr. Someter una actividad o proceso a determinadas normas, reglas o leyes.

reglamentario, a adj. **1** Hecho según el reglamento. **2** Obligado o exigido por el reglamento.

reglamento s.m. Conjunto de normas, reglas o leyes creadas por una autoridad para regir una actividad o un organismo.

reglar v.tr. **1** Someter a reglas o normas. **2** Ajustar un mecanismo para su mejor funcionamiento.

regleta s.f. **1** Soporte aislante sobre el cual se disponen los componentes de un circuito eléctrico. **2** Objeto pequeño que se utiliza con fines didácticos, en especial para enseñar a contar.

regocijar v.tr. Dar o causar regocijo, alegría o diversión a alguien.

regocijo s.m. Alegría, gusto o satisfacción interior muy intensos.

regodearse v.prnl. **1** Complacerse de una cosa que agrada mucho, deleitarse. **2** Alegrarse una persona con lo que para otra es una desgracia.

regodeo s.m. **1** Placer intenso que se experimenta al hacer algo que gusta mucho. **2** Placer que una persona encuentra en algo molesto o perjudicial para otra.

regordete, a adj. Fam. Se dice de la persona que es pequeña y gruesa.

regresar v.intr. **1** Volver al lugar de donde se partió. ◆ v.tr. **2** AMÉR Devolver una cosa a su dueño. ◆ **regresarse** v.prnl. **3** AMÉR Regresar.

regresión s.f. Retroceso o vuelta hacia atrás de una cosa.

regresivo, a adj. Que provoca un retroceso o vuelta hacia atrás.

regreso s.m. Vuelta al lugar de donde se partió.

reguero s.m. **1** Arroyo pequeño. **2** Chorro fino de agua. **3** Señal continuada que queda de una cosa que se va derramando.

regulación s.f. Acción de regular.

regulador, ra adj. **1** Que regula o ajusta una cosa o una actividad. ◆ s.m. **2** Mecanismo que ordena o ajusta el funcionamiento de una máquina o de una de sus piezas. **3** Signo musical en figura de ángulo agudo que indica, según la dirección de su abertura, que la intensidad del sonido se ha de aumentar o disminuir.

1. **regular** adj. **1** Que no sufre grandes cambios o alteraciones. **2** Se dice de la persona o cosa que sigue unas pautas ordenadas y previsibles, sin altibajos ni cambios bruscos. **3** Mediano o intermedio. **4** Que vive sometido a la regla de una comunidad religiosa. **5** Se dice de la figura geométrica que tiene todos los lados y los ángulos iguales entre sí. **6** Se dice de la palabra que se forma a partir de una regla morfológica general. ◆ adv. **7** Ni bien ni mal o de manera pasable. ◇ **por lo regular** Expresión que indica que una cosa sucede de una manera habitual, normal o común.

2. **regular** v.tr. **1** Someter o ajustar una cosa a una norma o regla. **2** Ajustar el funcionamiento de un aparato o mecanismo.

regularidad s.f. Uniformidad en la manera de desarrollarse algo, sin grandes cambios o alteraciones.

regularizar v.tr. **1** Hacer regular una cosa que había dejado de serlo. **2** Hacer que algo funcione de acuerdo con una norma o regla.

regularmente adv. **1** De manera regular o siguiendo unas pautas ordenadas y previsibles. **2** De manera proporcionada, con el mismo espacio entre una cosa y otra.

regurgitar v.tr. Volver la comida no digerida del estómago a la boca y sin vomitarla.

regusto s.m. **1** Gusto o sabor que queda en la boca de lo que se ha comido o bebido. **2** Sensación o sentimiento que permanece después de que la experiencia o el estímulo que lo producen ha desaparecido.

rehabilitación s.m. **1** Conjunto de técnicas y métodos para recuperar una función o actividad del cuerpo que ha disminuido o se ha perdido por un traumatismo o enfermedad. **2** Acción que consiste en devolver a una cosa el estado que tenía.

rehabilitar v.tr. **1** Devolver un empleo, cargo o función. **2** Recuperar una función o actividad del cuerpo que había disminuido o se había perdido por un traumatismo o una enfermedad.

rehacer (22) v.tr. **1** Volver a hacer lo que está deshecho o mal hecho. **2** Arreglar, reparar. ◆ **rehacerse** v.prnl. **3** Recuperarse volviendo a tener fuerzas o valor para dominar las emociones.

rehecho, a Participio irregular de **rehacer.**

rehén s.m. y f. Persona detenida de modo ilegal para obligar a alguien a obedecer una petición o a cumplir unas condiciones.

rehogar v.tr. Freír un alimento a fuego lento en aceite, mantequilla u otra grasa.

rehuir v.tr. **1** Evitar o eludir una cosa, una situación o a una persona. **2** Rechazar una cosa, situación o persona por miedo o sospecha.

rehusar (1h) v.tr. Rechazar o no aceptar algo.

reimplantar v.tr. Introducir de nuevo una ley, forma de gobierno o costumbre.

reimpresión s.f. **1** Impresión de un texto ya publicado utilizando la misma base de impresión. **2** Conjunto de estos ejemplares reimpresos.

reimpreso, a Participio irregular de **reimprimir.**

reimprimir (40) v.tr. Volver a imprimir un texto utilizando la misma base de impresión. **OBS** Doble participio: **reimprimido** y **reimpreso.**

reina ▷ rey, reina.

reinado s.m. **1** Período en que un rey o una reina ejercen su mandato. **2** Período en que domina o está en auge una cosa.

reinante adj. **1** Que reina u ocupa un trono. **2** Que domina en una situación.

reinar (1i) v.intr. **1** Gobernar un rey o una reina un estado. **2** Prevalecer o persistir una cosa de manera general.

reincidencia s.f. Hecho de incurrir o volver a caer en un mismo error, falta o delito.

reincidente adj. y s.m. y f. Que incurre o vuelve a caer en el mismo error, falta o delito.

reincidir v.intr. Incurrir o volver a caer una persona en el mismo error, falta o delito.

reincorporar v.tr. Volver a incorporar a una persona o una cosa a su empleo o lugar.

reingresar v.intr. **1** Entrar de nuevo en un lugar tras un tiempo de haberlo abandonado. **2** Volver a ser miembro de una colectividad o asociación.

reino s.m. **1** Estado en el que el jefe de gobierno es un rey o una reina. **2** Categoría taxonómica de rango más alto en la clasificación de los seres vivos. ◇ **reino de Dios** o **reino de los cielos** Paraíso o cielo, según las religiones judía y cristiana.

reinserción s.f. Reintegración o nueva adaptación de una persona en la sociedad.

reinsertar v.tr. Volver a integrar o a adaptar a una persona en la sociedad después de haber estado durante un tiempo al margen de ella.

reinstaurar (1i) v.tr. Instaurar o introducir de nuevo una ley, forma de gobierno o costumbre.

reintegrar v.tr. **1** Restituir, satisfacer o devolver íntegramente una cosa a una persona, generalmente dinero. **2** Hacer que una persona vuelva a un determinado lugar o situación, o a realizar una actividad.

reintegro s.m. **1** Restitución o devolución de una cantidad de dinero que se debe. **2** ESP En la lotería, premio igual a la cantidad jugada.

reír (40) v.intr. **1** Manifestar una persona alegría, placer o felicidad moviendo la boca, los ojos y otras partes de la cara y emitiendo unos peculiares sonidos. ◆ **v.tr. 2** ESP Celebrar con risa una cosa. ◆ **reírse** v.prnl. **3** Burlarse.

reiteración s.f. **1** Repetición. **2** En derecho, circunstancia agravante derivada de otras condenas de la persona a la que se juzga.

reiterado, a adj. Hecho o dicho repetidamente.

reiterar v.tr. **1** Volver a hacer o decir algo. ◆ **reiterarse** v.prnl. **2** Mantenerse o reafirmarse alguien en una idea, opinión o actitud.

reiterativo, a adj. **1** Que se repite con frecuencia. **2** Se dice del verbo o perífrasis que expresa la repetición de un hecho.

reivindicación s.f. Solicitud o petición de una cosa que no se tiene y a la que se tiene derecho.

reivindicar v.tr. **1** Reclamar o pedir una cosa a la que se tiene derecho. **2** Reclamar como propia la autoría de una acción.

1. **reja** s.f. Estructura formada por barras de hierro que se coloca en las ventanas y puertas para proteger o adornar. ◇ **entre rejas** Fam. En la cárcel.

2. **reja** s.f. Pieza de hierro del arado que sirve para surcar, remover y levantar la tierra.

rejilla s.f. **1** Tela metálica o lámina calada. **2** Tejido delgado y fuerte hecho con tiras entrecruzadas de fibras vegetales.

rejón s.m. Asta de madera con punta de lanza empleada para rejonear o herir al toro.

rejoneador, ra s. Persona que torea a caballo hiriendo al toro con el rejón.

rejonear v.tr. **1** Pinchar al toro con rejones dejando la punta clavada en el lomo. **2** Torear a caballo.

rejuvenecer (30) v.tr. **1** Dar a una persona o cosa un aspecto más joven. ◆ **v.intr. y prnl. 2** Tomar alguien o algo un aspecto más joven. **3** Renovarse una cosa, tomar un aspecto más actual.

relación s.f. **1** Correspondencia o conexión entre dos o más cosas. **2** Relato de un hecho de palabra o por escrito. **3** Lista de personas o cosas. **4** Trato o unión que hay entre dos o más personas. **5** Resultado numérico que se obtiene de comparar dos magnitudes o cantidades. ◆ **relaciones** s.f.pl. **6** Trato amoroso o sexual entre dos personas. **7** Conjunto de personas importantes o influyentes con las que alguien mantiene un trato personal o social.

relacionar v.tr. **1** Establecer una relación o correspondencia. **2** Relatar un hecho de palabra o por escrito. ◆ **relacionarse** v.prnl. **3** Tener trato o relación una persona con otra. **4** Entablar un trato personal o social con personas importantes.

relajación s.f. **1** Estado de tranquilidad, reposo o descanso físico o mental. **2** Disminución de la fuerza, la actividad o la tensión de una parte del cuerpo. **3** Serie de ejercicios físicos y mentales para conseguir el reposo muscular o psíquico. **4** Disminución de la severidad de una regla o norma.

relajado, a adj. **1** Que está sereno o muy tranquilo. **2** Que no causa tensión o nerviosismo. **3** Que se pronuncia con escasa tensión muscular.

relajamiento s.m. Relajación.

relajar v.tr. **1** Disminuir la tensión, la presión o la fuerza a que está sometida una cosa. **2** Reducir o disminuir la fuerza, la actividad o la tensión de una parte del cuerpo. **3** Hacer menos severo y rígido el cumplimiento de ciertas normas sociales.

relajo s.m. **1** Descanso o estado de tranquilidad. **2** Disminución de la severidad de una regla o norma o degradación de las costumbres que provoca el vicio y la inmoralidad. **3** Desorden. **4** AMÉR Lío (situación o asunto confuso). **5** Fam. AMÉR CENTRAL Alboroto, barullo. **6** ARG, CH, MÉX Hecho o dicho que es inmoral o deshonesto. **7** ARG, CH, CUBA, P RICO Burla que se hace a una persona. **8** EL SALV, HOND, MÉX Pelea o riña.

relamer v.tr. **1** Chupar con la lengua de manera repetida e insistente. ◆ **relamerse** v.prnl. **2** Pasarse una persona la lengua por los labios repetidamente. **3** Sentir una persona mucho gusto, placer o satisfacción pensando en algo.

relamido, a adj. Que no viste de manera natural, excesivamente aseado o con demasiados adornos.

relámpago s.m. **1** Resplandor o luz viva y momentánea que se produce en las nubes por una descarga eléctrica. **2** Persona o cosa muy rápida y fugaz. □ Normalmente en aposición a otro sustantivo: visita relámpago.

relampaguear v.impersonal **1** Haber relámpagos. ◆ **v.intr. 2** Destellar una cosa o brillar de manera especial.

relanzar v.tr. Volver a presentar al público una persona o cosa, reintroducir una costumbre o tendencia que habían perdido impulso o vigor.

relatar v.tr. Contar un hecho o suceso.

relativamente adv. Según un punto de vista relativo.

relatividad s.f. **1** Cualidad de las cosas que no se consideran de una manera absoluta sino dependiendo de una serie de factores, elementos o circunstancias. **2** Teoría según la cual las leyes físicas se transforman cuando se cambia el sistema de referencia y para la cual es imposible hallar un sistema de referencia absoluto.

relativismo s.m. Doctrina basada en la relatividad o falta de valores absolutos.

relativizar v.tr. Conceder a algo un valor o importancia menor.

relativo, a adj. **1** Que tiene relación o conexión con una persona o cosa o hace refencia a ello. **2** Que no es total ni absoluto y depende de una serie de factores, elementos o circunstancias. **3** Que existe o se da en poca cantidad o intensidad. ◆ adj. y s.m. **4** Se dice del pronombre, adjetivo o adverbio que hace referencia a elementos aparecidos anteriormente en el discurso e introduce una oración subordinada adjetiva. ◆ adj. y s.f. **5** Se dice de la oración subordinada que funciona dentro de la oración compuesta como un adjetivo.

relato s.m. **1** Cuento o narración breve de carácter literario. **2** Narración de un hecho.

relax s.m. Relajación producida por una situación de tranquilidad y bienestar, por la práctica de ejercicio físico y respiratorio, o por un estado de descanso o reposo físico y mental.

relé s.m. Dispositivo electromagnético que interrumpe o dirige la corriente de circuitos eléctricos.

relegar v.tr. Apartar o dejar de lado.

relente s.m. Humedad que hay en la atmósfera en las noches serenas.

relevancia s.f. Importancia o utilidad de algo.

relevante adj. Significativo o importante.

relevar v.tr. **1** Destituir de un puesto o cargo. **2** Librar de un peso, carga o empleo. **3** Reemplazar o sustituir una persona a otra en un trabajo o actividad. **4** En una competición deportiva de relevos, sustituir un deportista a otro.

relevo s.m. **1** Sustitución de una persona o cosa por otra en un trabajo o actividad. **2** Persona que sustituye a otra en un trabajo o función. ◆ **relevos** s.m.pl. **3** Competición deportiva de atletismo en la que los miembros de cada equipo se van sustituyendo una vez que han corrido una determinada distancia.

relicario s.m. **1** Lugar o caja en el que se guardan reliquias. **2** Estuche donde se guarda un objeto o recuerdo de una persona.

relieve s.m. **1** Obra escultórica en una superficie plana. **2** Conjunto de accidentes geográficos que configuran una superficie. **3** Importancia o influencia de una persona o cosa. ◇ **poner de relieve** Destacar o subrayar una cosa.

religión s.f. Creencias, normas morales y ceremonias de oración o sacrificio que relacionan al ser humano con la divinidad.

religiosamente adv. **1** De manera religiosa. **2** Puntualmente o con exactitud.

religiosidad s.f. **1** Cualidad de religioso (que pertenece a una religión). **2** Práctica y cumplimiento esmerado de las obligaciones que marca una religión. **3** Puntualidad y exactitud en realizar una cosa.

religioso, a adj. **1** Relativo a la religión. **2** Que practica y sigue los preceptos de una religión. ◆ adj. y s. **3** Que ha ingresado en una orden religiosa. ◆ adj. **4** Fiel y exacto en el cumplimiento de su deber.

relinchar v.intr. Emitir el caballo su voz.

relincho s.m. Voz del caballo.

reliquia s.f. **1** Parte del cuerpo de un santo u objeto relacionado con él que se venera como objeto de culto. **2** Resto que queda de una época o una cosa pasada. **3** Objeto viejo o antiguo que se tiene en gran aprecio o estima. **4** Cosa muy vieja e inútil.

rellano s.m. Superficie llana entre tramos de escalera que da entrada a una casa o habitación.

rellenar v.tr. **1** Llenar de nuevo algo vaciado total o parcialmente. **2** Llenar una cosa hueca metiendo algo en ella. **3** Escribir en los huecos en blanco de un documento la información necesaria.

relleno, a adj. **1** Que está lleno en su interior de alguna cosa. **2** Que tiene escritos los datos necesarios. **3** Que está algo grueso. ◆ s.m. **4** Cosa con la que se rellena otra. **5** Llenado de un hueco. **6** Parte superflua o poco importante que se añade a un escrito o discurso para alargarlo.

reloj s.m. Aparato que sirve para medir el tiempo o dividir el día en horas, minutos y segundos. ◇ **como un reloj** De forma exacta, precisa y regular. ◇ **contra reloj** En el menor tiempo posible o muy deprisa. □ Modalidad de carrera ciclista en la que los corredores salen de uno en uno e intentan llegar a la meta en el menor tiempo posible.

relojería s.f. **1** Arte y técnica de fabricar relojes. **2** Establecimiento en el que se venden y se arreglan relojes.

relojero, a s. Persona que se dedica a fabricar, arreglar o vender relojes.

reluciente adj. **1** Que brilla o emite luz. **2** Muy limpio.

relucir (27) v.intr. **1** Despedir o reflejar luz. **2** Destacar una persona por una virtud o cualidad.

rem s.m. Unidad de medida de los efectos de emisiones radiactivas en el ser humano.

remachado s.m. Unión mediante remaches.

remachar v.tr. **1** Golpear la punta o cabeza de un clavo. **2** Sujetar con remaches o piezas de metal. **3** Asegurar o recalcar una cosa que se ha dicho o hecho para que quede clara.

remache s.m. **1** Pieza de metal parecida a un clavo que se remacha por el extremo opuesto formando otra cabeza y sirve para unir o fijar dos piezas planas entre sí. **2** Remachado.

remanente s.m. Residuo que queda de algo.

remanso s.m. Lugar donde se detiene el agua de una corriente o donde fluye muy despacio. ◇ **remanso de paz** Lugar muy tranquilo.

remar v.intr. Mover los remos de una embarcación para hacerla avanzar.

remarcar v.tr. Poner de relieve una cosa, especialmente una idea o asunto.

rematadamente adv. Seguido de un adjetivo que expresa una cualidad negativa, indica que alguien tiene en grado alto dicha cualidad.

rematado, a adj. Total o absoluto.

rematar v.tr. **1** Acabar o poner fin a una cosa. **2** Asegurar las últimas puntadas de una costura para que no se deshaga. **3** Acabar de estropear una cosa o una situación. **4** Acabar de matar a una persona o animal que está a punto de morir. **5** Adjudicar un objeto en una subasta, poniendo fin a esta. **6** Vender lo último que queda de una mercancía a un precio rebajado. **7** En fútbol y otros deportes, lanzar el balón contra la portería contraria, poniendo fin a una jugada. ◆ **v.intr. 8** Terminar una cosa de cierta manera.

remate s.m. **1** Fin o conclusión de una cosa. **2** Elemento que constituye el final de una cosa. **3** Adorno que se pone en el extremo de una cosa. **4** Adjudicación de una cosa en una subasta. **5** Acción que consiste en vender lo último que queda de un producto o mercancía a un precio rebajado o más barato. **6** En el fútbol, lanzamiento o tiro del balón a portería. ◇ **de remate** Completa o totalmente, sin remedio.

rembolsar v.tr. Reembolsar.

rembolso s.m. Reembolso.

remedar v.tr. **1** Fam. Hacer una cosa intentando que sea igual a otra. **2** Fam. Imitar una persona las acciones o los gestos de otra con intención de burlarse de ella o ridiculizarla.

remediable adj. Que tiene remedio.

remediar (1d) v.tr. **1** Poner un remedio o dar una solución a una cosa. **2** Evitar que suceda una cosa negativa.

remedio s.m. **1** Medida que se toma para reparar un daño o para evitar un inconveniente. **2** Medio o sustancia que sirve para curar o mejorar una enfermedad. **3** Solución a una equivocación o a un error. ◇ **no tener remedio** Aplicado a personas, ser incorregible.

remedo s.m. Imitación imperfecta o caricaturesca de una cosa.

rememorar v.tr. Recordar o traer a la memoria o al pensamiento un hecho pasado.

remendar (32) v.tr. Poner un remiendo a algo viejo o roto.

remendón, na adj. y s. Se dice de la persona que remienda, especialmente al sastre o al zapatero que arregla prendas usadas.

remero, a s. **1** Persona que rema o mueve los remos en una embarcación. ◆ **adj. y s.f. 2** Se dice de cada una de las plumas largas y rígidas con que terminan las alas de las aves.

remesa s.f. **1** Envío que se hace de una cosa de un lugar a otro. **2** Conjunto de cosas enviadas de una vez.

remeter v.tr. **1** Meter una cosa más adentro o volver a meter algo que se ha salido de su sitio. **2** Empujar una cosa para meterla en un lugar o dentro de otra.

remezón s.m. **1** AMÉR Temblor de tierra de menor intensidad que la producida por un terremoto. **2** AMÉR Movimiento brusco y breve.

remiendo s.m. **1** Trozo de tela que se cose a otra vieja o rota para reforzarla o cubrir un agujero. **2** Reparación o arreglo para reparar un desperfecto. **3** Enmienda o añadidura.

remilgado, a adj. y s. Delicado o escrupuloso en exceso en sus gestos y acciones.

remilgo s.m. Delicadeza o escrúpulo excesivos que se muestran con gestos expresivos. **OBS** Suele usarse en plural.

reminiscencia s.f. **1** Recuerdo impreciso de un hecho o una imagen del pasado que viene a la memoria. **2** Trazo o característica de una obra de arte que influye en la creación de otra.

remisión s.f. **1** Indicación que se hace en un escrito para enviar al lector a otra parte o lugar. **2** Pérdida o disminución de intensidad. **3** Perdón de una culpa o condena. ◇ **sin remisión** Sin que exista otra posibilidad o salida.

remite s.m. Nota en un sobre o paquete que se envía por correo que indica el nombre y dirección de la persona que lo manda.

remitente adj. y s.m. y f. **1** Que envía un paquete o carta o se hace cargo de un envío. ◆ **adj. 2** Que remite o pierde su vigor.

remitir v.tr. **1** Enviar una cosa o a una persona de un sitio a otro. **2** Perdonar una culpa o condena que priva de libertad. ◆ **v.intr. 3** Perder una cosa parte de su intensidad o fuerza. ◆ **remitirse v.prnl. 4** Atenerse una persona a lo dicho o hecho por ella misma o por otro respecto de un asunto.

remo s.m. **1** Instrumento de madera, en forma de pala larga y estrecha, para mover o hacer avanzar una embarcación haciendo fuerza en el agua. **2** Deporte que se practica con embarcaciones movidas por remos. **3** Fam. Brazo o pierna de una persona o de un animal de cuatro patas. **4** Ala de un ave.

remodelación s.f. **1** Operación por la cual se da nueva forma o estructura a algo. **2** Cambio de la forma en que algo está estructurado.

remodelar v.tr. Cambiar o modificar la forma o la estructura de una cosa o de un edificio.

remojar v.tr. **1** Introducir una cosa en un líquido para mojarlo completamente. **2** Celebrar algo convidando a beber a los amigos.

remojo s.m. Acción que consiste en introducir una cosa en un líquido para mojarla completamente.

remojón s.m. Baño de gran cantidad de agua, a veces sin esperarlo.

remolacha s.f. **1** Planta que posee un tallo derecho, grueso y ramoso, hojas ovaladas con un nervio central y flores pequeñas **2** Raíz de esta planta, grande, carnosa y comestible.

remolcador, ra adj. **1** Que sirve para remolcar. ◆ adj. y s.m. **2** Se dice de la embarcación que se usa para remolcar a otras.

remolcar v.tr. Arrastrar un vehículo o embarcación a otro tirando de él con un cable o cadena.

remolienda s.f. CH, PERÚ Juerga, parranda.

remolino s.m. **1** Movimiento rápido y giratorio de una masa de aire, agua, polvo o humo. **2** Conjunto de pelos que crecen en diferente dirección y difíciles de peinar o alisar. **3** Cantidad grande de gente que se mueve sin orden. **4** Persona que se mueve mucho y es muy inquieta.

remolón, na adj. y s. Fam. Que intenta evitar o eludir cualquier trabajo u obligación.

remolonear v.intr. Hacerse el remolón.

remolque s.m. **1** Vehículo sin motor que se lleva remolcado por otro. **2** Acción de arrastrar un vehículo o una embarcación tirando de ellos por medio de un cable o cadena. ◇ **a remolque** Por impulso o incitación de otra persona.

remontador s.m. Aparato que se utiliza para remontar una pista de esquí.

remontar v.tr. **1** Subir una pendiente para alcanzar su parte superior. **2** Navegar aguas arriba en contra de la corriente. **3** Elevar una cosa en el aire. **4** Superar una persona un obstáculo o dificultad. ◆ **remontarse** v.prnl. **5** Retroceder en el tiempo hasta un momento del pasado. **6** Situarse un hecho o una cosa en una época lejana en el tiempo.

remonte s.m. **1** Acción de remontar o remontarse. **2** Remontador.

rémora s.f. **1** Pez marino tropical que se pega fuertemente a los objetos flotantes o a otros peces gracias a un disco ovalado que tiene sobre la cabeza. **2** Cosa que detiene, impide o dificulta un proceso, un proyecto o una acción.

remorder (28) v.tr. Inquietar interiormente una cosa por sentimiento de culpa.

remordimiento s.m. Sentimiento de culpa a causa de una acción censurable.

remotamente adv. **1** En un espacio apartado o en un tiempo lejano a aquel en que se habla. **2** Sin probabilidad de que exista o sea cierta una cosa. **3** De manera poco clara o precisa.

remoto, a adj. **1** Muy lejos o muy apartado en el tiempo o el espacio. **2** Poco probable. **3** Se dice de la idea vaga o casi olvidada.

remover (28) v.tr. **1** Agitar o mover repetidamente una cosa dándole vueltas. **2** Tratar de nuevo un asunto que se consideraba olvidado. ◆ **removerse** v.prnl. **3** Moverse mucho una persona sentada o acostada.

remplazar v.tr. Reemplazar.

remplazo s.m. Reemplazo.

remuneración s.f. Cantidad de dinero o cosa con que se paga un trabajo.

remunerar v.tr. Pagar a una persona por un trabajo o servicio.

renacentista adj. **1** Relativo al Renacimiento. ◆ adj. y s.m. y f. **2** Se dice de la persona que cultiva los estudios o sigue las tendencias propias del Renacimiento.

renacer (30) v.intr. **1** Volver a nacer. **2** Recuperar la fuerza, la energía o la importancia.

renacimiento s.m. **1** Circunstancia de volver a nacer. **2** Movimiento de renovación cultural y artística desarrollado en Europa en los siglos XV y XVI. □ Se escribe normalmente con mayúscula inicial. **3** Período durante el cual se desarrolló este movimiento. □ Se escribe normalmente con mayúscula inicial.

renacuajo s.m. **1** Cría o larva de la rana y de otros animales anfibios que vive en el agua, tiene cola, carece de patas y respira por branquias. **2** Fam. Niño pequeño que es muy vivaracho.

renal adj. Relativo a los riñones.

rencilla s.f. Riña o pelea de la que queda algún resentimiento o rencor.
OBS Suele usarse en plural.

rencor s.m. Sentimiento de hostilidad o enemistad hacia una persona motivado por una ofensa, daño o perjuicio sufridos.

rencoroso, a adj. y s. Que guarda rencor.

rendición s.f. Vencimiento, derrota o sometimiento de un bando a otro en una guerra.

rendidamente adv. Con sumisión y veneración.

rendido, a adj. **1** Se dice de la persona que dedica todo su amor, esfuerzo o tiempo a otra. **2** Se dice de la persona que está muy cansada.

rendija s.f. Abertura o raja estrecha y alargada en una superficie o entre dos cuerpos.

rendimiento s.m. **1** Producto o utilidad que da una persona o cosa. **2** Resultado de dividir la energía útil obtenida de una máquina por la energía que consume.

rendir (31) v.tr. **1** Vencer, ganar o someter un bando a otro en una guerra. **2** Someter una cosa inmaterial al dominio o influencia de algo o de alguien. **3** Cansar mucho una cosa o actividad. ◆ v.intr. **4** Dar fruto o ser de utilidad una persona o cosa. ◆ **rendirse** v.prnl. **5** Tener que admitir o aceptar una persona una cosa, dándose por vencida.

renegado, a adj. y s. Que abandona sus ideales o su religión públicamente para seguir otros.

renegar (32) v.intr. **1** Abandonar una persona sus creencias o su religión para seguir otras diferentes. **2** Decir o proferir insultos o juramentos. **3** Rechazar con desprecio, o negar la relación que existe con una persona o con una cosa. **4** Fam. Refunfuñar, murmurar en voz baja como muestra de gran enfado. ◆ **v.tr. 5** Negar una cosa con mucha insistencia.

renegociar (1d) v.tr. Tratar de nuevo un asunto, sobre el que ya se había llegado a un acuerdo, para introducir algunas modificaciones.

renglón s.m. **1** Serie de letras o palabras escritas en una misma línea horizontal. **2** Línea horizontal en un papel para no torcerse al escribir. ◆ **renglones** s.m.pl. **3** Carta o escrito breve. ◇ **a renglón seguido** Indica que una cosa sucede inmediatamente después de algo o a continuación de otra cosa.

reniego s.m. **1** Dicho u ofensa contra la dignidad o el honor de una persona, especialmente mediante acusaciones injustas. **2** Palabra o expresión contra Dios, la Virgen o los santos.

renio s.m. Elemento químico de símbolo Re y número atómico 75; es un metal.

reno s.m. Animal mamífero rumiante que tiene dos cuernos divididos en ramas.

renombrado, a adj. Se dice de la persona o cosa que es muy conocida y admirada.

renombre s.m. **1** Fama o reconocimiento público de una persona. **2** Nombre que se añade al que es propio de una persona.

renovable adj. Que puede ser renovado.

renovación s.f. **1** Cambio o sustitución de una cosa por otra similar más nueva. **2** Reanudación de la fuerza o intensidad de una cosa.

renovar (11) v.tr. **1** Restablecer una relación u otra cosa que se había interrumpido. **2** Cambiar o sustituir una cosa por otra nueva o más moderna. **3** Cambiar una cosa que ya no es válida o efectiva por otra de la misma clase.

renquear v.intr. **1** Andar con dificultad inclinando el cuerpo a un lado más que a otro por no poder pisar igual con ambos pies. **2** Marchar una empresa o quehacer con dificultad.

renta s.f. **1** Cantidad de dinero que rinde o produce periódicamente un bien. **2** Cantidad de dinero o de bienes que se paga o se recibe por un arrendamiento o alquiler. **3** Beneficio que se obtiene de alguna actividad o esfuerzo.

rentabilidad s.f. Capacidad de producir un beneficio que compense la inversión hecha.

rentabilizar v.tr. Hacer rentable.

rentable adj. Que produce un beneficio que compensa la inversión o esfuerzo realizados.

rentar v.tr. **1** Producir una inversión, un alquiler u otro bien un determinado beneficio cada cierto tiempo. **2** AMÉR CENTRAL, CUBA, MÉX, P RICO, R DOM Alquilar.

renting s.m. Contrato de alquiler en el que el mantenimiento del bien cedido corre por cuenta de quien ofrece dicho bien.

rentista s.m. y f. **1** Persona que vive de sus rentas o de los ingresos que producen sus inversiones. **2** Persona que cobra o percibe una renta.

renuevo s.m. Tallo que echa un árbol o planta después de podados o cortados.

renuncia s.f. **1** Acción de renunciar. **2** Documento en el que se da a conocer el abandono voluntario de algo.

renunciar (1d) v.intr. **1** Abandonar voluntariamente una cosa que se posee o a lo que se tiene derecho. **2** Desistir de hacer lo que se proyectaba o deseaba hacer.

renuncio s.m. ESP Mentira o contradicción en que se coge a alguien.

reñido, a adj. **1** Se dice de la elección, concurso o competición en que existe mucha igualdad y el ganador no se decide hasta el último momento. **2** Incompatible, opuesto.

reñir (9) v.tr. **1** Reprender severamente. ◆ v.intr. **2** Discutir o pelear. **3** ESP Romper las relaciones o enemistarse una persona con otra.

reo, a s. Persona que ha sido declarada culpable y condenada a sufrir una pena.

reoca ◇ **ser la reoca** Fam. ESP Ser extraordinario, salirse de lo corriente.

reojo ◇ **mirar,** o **ver, de reojo** Mirar o ver de forma disimulada, dirigiendo la vista desde el extremo de los ojos.

reorganización s.f. Cambio de la forma en que algo está organizado.

reorganizar v.tr. Cambiar la forma en que algo está estructurado.

reóstato s.m. Dispositivo que permite vaciar a voluntad la resistencia dentro de un circuito eléctrico.

repanchigarse v.prnl. Repantigarse.

repanocha ◇ **ser la repanocha** Fam. ESP Ser extraordinario, salirse de lo corriente.

repantigarse o **repantingarse** v.prnl. Fam. Sentarse con comodidad, extendiendo y recostando el cuerpo.

reparación s.f. **1** Arreglo de lo que está estropeado. **2** Compensación por un daño físico o moral.

reparador, ra adj. y s. **1** Que repara, arregla o remedia. ◆ **adj. 2** Que sirve para reparar o restablecer las fuerzas y dar aliento o vigor.

reparar v.tr. **1** Arreglar una cosa estropeada. **2** Remediar un daño o desagraviar una ofensa. **3** Restablecer las fuerzas perdidas o dar aliento y vigor. ◆ **v.intr. 4** Pararse a considerar una acción antes de llevarla a cabo. **5** Fijarse o darse cuenta.

reparo s.m. **1** Observación o advertencia sobre una cosa, sobre todo para señalar en ella una falta o defecto. **2** Dificultad, duda o inconveniente para hacer una cosa.

repartición s.f. División y entrega por partes de una cosa.

repartidor, ra s. Persona que se dedica a entregar envíos o mercancías a domicilio.

repartir v.tr. **1** Hacer partes de una cosa y distribuirla entre personas diferentes. **2** Distribuir los elementos de un conjunto en diferentes lugares o destinos. **3** Entregar a su destinatario. **4** Extender uniformemente una materia sobre una superficie. **5** Ordenar o clasificar las partes de un todo y distribuirla entre cosas diferentes. **6** Fam. Dar golpes a diferentes personas.

reparto s.m. **1** Acción y efecto de repartir. **2** Lista de los actores que intervienen en una obra y papel asignado.

repasar v.tr. **1** Hacer otra vez una cosa para corregir sus imperfecciones. **2** Examinar o volver a mirar una cosa para comprobar que está bien. **3** Leer otra vez lo estudiado para retenerlo mejor en la memoria. **4** Volver a explicar una cosa para recordarla. **5** Leer un escrito deprisa y por encima, sin prestar mucha atención. **6** Coser y arreglar los desperfectos de la ropa.

repaso s.m. **1** Examen o revisión de una obra terminada para corregir los errores. **2** Lectura que se hace de nuevo para retener mejor en la memoria. **3** Rememoración de los puntos más importantes de un asunto ya concluido o de una lección ya explicada. **4** Lectura rápida sin prestar demasiada atención. **5** Arreglo de los desperfectos de una prenda o tejido. ◇ **dar un repaso a alguien** Reñir o reprender. — Demostrar superioridad en conocimientos o habilidades.

repatear v.intr. Fam. Causar profundo disgusto o desagrado una cosa.

repatriación s.f. Devolución de una persona o cosa a su patria o país de origen.

repatriado, a adj. y s. Se dice de la persona que es devuelta a su patria por las autoridades.

repatriar (1f) v.tr. Devolver a una persona o cosa a su patria o país de origen.

repecho s.m. Cuesta del terreno pronunciada y no muy larga.

repelente adj. **1** Que causa asco o repulsión. ◆ adj. y s.m. y f. **2** Que resulta impertinente por su afectación o porque cree saberlo todo. ◆ adj. y s.m. **3** Se dice de la sustancia o producto que aleja a los insectos u otros animales.

repeler v.tr. **1** Echar o arrojar una cosa con impulso o violencia. **2** Tender a separarse un cuerpo de otro o no admitirlo en su propia masa o composición. ◆ v.intr. **3** Causar repulsión o repugnancia una persona o cosa a alguien.

repelús s.m. Escalofrío producido por miedo, desagrado o asco.

repente s.m. Movimiento o impulso inesperado y brusco de una persona o animal. ◇ **de repente** De manera inesperada y brusca.

repentino, a adj. Que se produce u ocurre de pronto o sin preparación o aviso.

repercusión s.f. **1** Consecuencia indirecta de un hecho o decisión. **2** Comentario que suscita un hecho o decisión.

repercutir v.intr. **1** Causar un efecto o incidir una cosa en otra o en una persona, o causarlo indirectamente. **2** Rebotar un sonido en una superficie y producir eco o resonancia. **3** Cambiar de dirección o retroceder un cuerpo al chocar.

repertorio s.m. Conjunto de obras que una persona o compañía tiene estudiadas y preparadas para representar o ejecutar.

repesca s.f. ESP Segunda oportunidad de conseguir un fin, generalmente en un examen o competición.

repetición s.f. **1** Acción de decir o expresar una idea varias veces, o de volver a hacer algo. **2** Cosa que resulta de decir o expresar una idea varias veces, o de volver a hacer algo. **3** Figura retórica que consiste en repetir a propósito palabras o conceptos.

repetidor, ra adj. y s. **1** Que repite. **2** Que vuelve a matricularse y estudiar un mismo curso. ◆ s.m. **3** Aparato que recibe señales de televisión o radio y las reenvía amplificadas.

repetir (31) v.tr. **1** Volver a decir una cosa ya dicha. **2** Volver a hacer una cosa ya hecha. ◆ v.intr. **3** Volver a estudiar un curso o una asignatura que no se ha aprobado. **4** Volver a la boca el sabor de lo que se ha comido o bebido. **5** Tomar de nuevo un manjar o alimento que ya se ha probado. ◆ **repetirse** v.prnl. **6** Usar siempre una misma idea, actitud o perspectiva. **7** Volver a suceder una cosa de una manera regular.

repetitivo, a adj. Que se repite continuamente.

repicar v.intr. **1** Producir una campana u otro instrumento un sonido repetido y continuado. **2** Producir un sonido repetitivo una cosa al golpear sobre algo.

repipi adj. y s.m. y f. Fam. ESP Que habla pronunciando las palabras con perfección fingida y afectación, o empleando términos demasiado cultos o impropios de su edad.

repique s.m. Conjunto de toques vivos y repetidos de una campana.

repisa s.f. **1** Estante horizontal en la pared para poner objetos diversos. **2** Saliente de un muro que soporta un peso o sirve de piso a un balcón.

replantar v.tr. **1** Volver a plantar donde antes ya se había plantado. **2** Trasladar una planta con sus raíces a otro lugar.

replantear v.tr. Volver a plantear un problema o asunto.

replegar (32) v.tr. **1** Plegar muchas veces. **2** Retirar ordenadamente a posiciones defensivas las tropas o los jugadores de un equipo.

repleto, a adj. Muy lleno o lleno hasta no poder contener más.

réplica s.f. **1** Discurso en el que se ponen obstáculos o se dice lo contrario de lo que otro ha dicho. **2** Copia exacta o muy parecida de una obra artística hecha con sus mismos materiales.

replicar v.tr. **1** Responder con viveza oponiéndose a una cosa. ◆ **v.tr. e intr. 2** Responder con impertinencia o poniendo inconvenientes a lo que se indica u ordena.

repliegue s.m. **1** Pliegue doble u ondulación que se forma en una superficie. **2** Retirada o retroceso ordenado a posiciones defensivas de las tropas o de los jugadores de un equipo.

repoblación s.f. **1** Acción de repoblar un lugar o territorio con personas de otros lugares. **2** Acción de repoblar un lugar con fauna y flora que habían desaparecido.

repoblar (11) v.tr. Volver a poblar un territorio con habitantes, flora o fauna.

repóker s.m. Repóquer.

repollo s.m. **1** Hortaliza comestible de hojas tan unidas y apretadas entre sí que forman una especie de pelota. **GEOSIN** col. **2** Variedad de col de hojas grandes y firmes unidas por la base.

reponedor, ra s. Persona que trabaja en un supermercado reemplazando los productos que se han agotado por otros del mismo tipo.

reponer (36) v.tr. **1** Volver a poner o a adquirir lo perdido. **2** Volver a poner en el lugar, estado o empleo anterior. **3** Repetir la representación de una obra de teatro o la proyección de una película. ◆ **reponerse** v.prnl. **4** Recuperarse de una enfermedad o de un malestar. **5** Recuperar la serenidad.

repóquer o **repóker** s.m. En el póquer, combinación de cinco cartas o dados del mismo valor.

reportaje s.m. Género periodístico de carácter informativo, en el que son relatados unos hechos de forma testimonial por el reportero.

reportero, a adj. y s. Que elabora reportajes o recoge noticias en el lugar en que se producen.

reposabrazos s.m. Parte de determinados asientos para apoyar los brazos.

reposacabezas s.m. Parte superior de un asiento para apoyar la cabeza.

reposado, a adj. **1** Que se comporta con calma, sosiego y tranquilidad. **2** Se dice de la cosa que se muestra tranquila, quieta, sosegada. **3** Que no exige mucha actividad o esfuerzo.

reposar v.intr. **1** Parar en el trabajo o en otra actividad para recuperar fuerzas. **2** Dormir durante un corto tiempo. **3** Permanecer en quietud y paz y sin alteración una persona o una cosa. ◆ **v.intr. 4** Estar un cuerpo sin vida en la tumba. **5** Dejar sin alteración o actividad una mezcla, masa o guiso para que espese o se consuma el líquido que contiene.

reposición s.f. Representación de una obra de teatro, proyección de una película o emisión de una serie de radio o televisión estrenadas en una temporada anterior.

reposo s.m. **1** Descanso de un trabajo o una actividad para recuperar fuerzas. **2** Falta de agitación, movimiento o ruido. **3** Inmovilidad de un cuerpo cuando ocupa siempre la misma posición respecto a un sistema de referencia fijado.

repostar v.tr. Volver a abastecerse de provisiones, combustible, etc.

repostería s.f. **1** Oficio y técnica del repostero. **2** Productos que elaboran los reposteros. **3** Establecimiento en el que se hacen o venden.

reprender v.tr. Expresar severamente a una persona la desaprobación por lo que ha hecho.

represalia s.f. **1** Daño hecho por venganza o para satisfacer un agravio. **2** Medida de rigor que adopta un estado contra otro.

representación s.f. **1** Signo, símbolo o imitación que hace pensar en una persona o cosa. **2** Signo o imagen que sustituye a la realidad. **3** Ejecución e interpretación en público de una obra de teatro. **4** Conjunto de personas que representan a una entidad.

representante s.m. y f. **1** Persona que actúa en representación de otra o de una institución o colectivo. **2** Persona que hace propaganda y concierta las ventas de los productos de una o varias empresas. **3** Persona que se ocupa de los intereses de un deportista o artista profesional.

representar v.tr. **1** Hacer presente una cosa en la mente por medio de signos, imágenes o imitaciones. **2** Interpretar una obra teatral en público. **3** Actuar en nombre de una persona, de una institución o de un colectivo. **4** Aparentar una persona una determinada edad. **5** Tener importancia para alguien cierta cosa o persona.

representativo, a adj. Que sirve para representar o que tiene capacidad para hacerlo.

represión s.f. **1** Proceso por el que se moderan o frenan impulsos o sentimientos considerados inconvenientes. **2** Uso de la fuerza para controlar las acciones de un grupo de personas.

represivo, a adj. **1** Que reprime desde el poder el ejercicio de las libertades. **2** Que reprime con energía o violencia.

represor, ra adj. y s. **1** Que provoca el rechazo de ciertos impulsos o sentimientos considerados inconvenientes. **2** Que usa la fuerza para controlar las acciones de un grupo de personas.

reprimenda s.f. Expresión muy severa de desaprobación por un comportamiento.

reprimir v.tr. y prnl. **1** No dejar que un sentimiento o impulso se exprese abiertamente. ◆ v.tr. **2** Usar la fuerza para controlar las acciones de un grupo de personas.

reprís s.m. **1** Capacidad del motor de un automóvil para acelerar mucho en poco tiempo. **2** Potencia en el arranque.

reprobar (11) v.tr. Desaprobar una cosa o la conducta de una persona.

reprochar v.tr. Decir a una persona o echarle en cara lo que se cree que no ha hecho bien.

reproche s.m. Crítica que se hace a una persona por algo que ha dicho o hecho.

reproducción s.f. **1** Proceso por el que un ser vivo origina otro ser vivo al que transmite su información genética. **2** Acción y resultado de reproducir una cosa que ya existe o ha existido.

reproducir (10) v.tr. **1** Volver a producir una cosa. **2** Hacer una copia o una representación de una cosa. **3** Ser copia o representación de una cosa. ◆ **reproducirse** v.prnl. **4** Producir los seres vivos descendencia de su misma especie.

reproductivo, a adj. Relativo a la reproducción, especialmente de seres vivos.

reproductor, ra adj. **1** Que está destinado a la creación de una nueva vida o interviene en ese proceso. **2** Se dice de la máquina que sirve para producir una copia de imágenes o sonidos.

reprografía s.f. Conjunto de técnicas de reproducción de escritos o dibujos.

reptar v.intr. Desplazarse arrastrándose por el suelo como los reptiles.

reptil adj. y s.m. **1** Animal vertebrado con respiración pulmonar, de extremidades cortas o bien carente de ellas y con la piel recubierta por escamas o por un caparazón. ◆ **reptiles** s.m.pl. **2** Grupo taxonómico, con categoría de clase, constituido por estos animales.

república s.f. **1** Forma de gobierno representativo en que el poder reside en el pueblo, personificado en un presidente que es el jefe del estado y se elige por votación. **2** País que se gobierna de esta manera.

republicano, a adj. **1** Relativo a la república. ◆ adj. y s. **2** Partidario de la república.

repudiar (1d) v.tr. **1** Rechazar por razones morales. **2** Rechazar legalmente al propio cónyuge.

repuesto, a s.m. Pieza que es igual a otra y puede sustituirla en un mecanismo o aparato.

repugnancia s.f. **1** Alteración del estómago causada por algo desagradable que produce ganas de vomitar. **2** Aversión o sentimiento de rechazo hacia ciertas ideas o actos, desde el punto de vista moral o intelectual.

repugnante adj. Que causa asco o aversión.

repugnar v.intr. **1** Causar asco profundo o disgusto. ◆ v.tr. **2** Ser opuesta una cosa a otra.

repujado s.m. **1** Labrado de una lámina metálica o de un trozo de cuero que se hace con un martillo, cincel o punzón para hacer figuras en relieve. **2** Objeto labrado de esta manera.

repujar v.tr. Labrar objetos de metal o cuero con un martillo, cincel o punzón.

repulsa s.f. Condena enérgica de una cosa.

repulsivo, a adj. Que causa repugnancia.

reputación s.f. **1** Opinión que se tiene sobre alguien. **2** Buena fama de una persona o cosa.

reputado, a adj. Se dice de la persona o cosa que es muy conocida y admirada.

requemar v.tr. **1** Tostar en exceso una cosa. **2** Resecar las plantas. **3** Causar a alguien ardor una comida o bebida. **4** Causar gran desazón un sentimiento, idea, etc.

requerir (45) v.tr. **1** Necesitar una persona o una cosa que se le dedique algo. **2** Notificar algo con autoridad pública.

requesón s.m. Masa blanca y mantecosa que se hace cuajando la leche y colándola después para dejar escapar el suero.

requiebro s.m. Expresión de admiración que generalmente dirige un hombre a una mujer.

réquiem s.m. **1** Misa que se celebra en recuerdo de un difunto para rezar por su alma. **2** Oración que se reza por un difunto al comienzo de esta misa. **3** Composición musical para coro, solistas e instrumentos que tiene como texto las partes de esta misa.
OBS Invariable en número.

requisar v.tr. Tomar el Estado una propiedad de una persona o empresa para remediar una necesidad de interés público.

requisito s.m. Condición necesaria para una cosa.

res s.f. Animal cuadrúpedo de ciertas especies domésticas, como las vacas o las ovejas, o de las especies salvajes como los jabalíes o los ciervos.

resabiado, a adj. **1** Que reacciona con desconfianza o agresividad ante hechos de los que tiene experiencia negativa o desfavorable. **2** Se dice del animal que ha adquirido una mala costumbre. **3** Se dice del toro que embiste al torero en lugar de al capote por haber sido ya toreado.

resabio s.m. **1** Mala costumbre adquirida por alguna circunstancia. **2** Sabor desagradable que deja una cosa.

resaca s.f. **1** Fuerza de las olas del mar al retirarse de la orilla. **2** Malestar que se sufre al día siguiente de haber bebido mucho alcohol.

resaltar v.intr. **1** Sobresalir mucho una persona o cosa entre otras. **2** Sobresalir una parte de un cuerpo. ◆ v.tr. **3** Destacar la importancia de una cosa o poner énfasis en ella.

resalte o **resalto** s.m. Saliente de una superficie, particularmente de una pared.

resarcir v.tr. Compensar por un daño o por un perjuicio.

resbaladizo, a adj. **1** Que hace resbalar o que escurre fácilmente. **2** Se dice del asunto que lleva fácilmente a caer en una falta o error.

resbalar v.intr. y prnl. **1** Moverse los pies hacia adelante y perder el equilibrio al pisar una superficie deslizante. **2** Desplazarse una cosa sobre una superficie deslizante. ◆ v.intr. **3** Fam. No importarle en absoluto una cosa a una persona.

resbalón s.m. **1** Movimiento brusco que se produce al resbalar. **2** Falta de discreción o metedura de pata que se comete hablando.

rescatar v.tr. **1** Recuperar a cambio de dinero o por la fuerza a una persona o una cosa de la que alguien se ha apoderado. **2** Librar a una persona de un trabajo, de un mal o de una situación desagradable.

rescate s.m. **1** Recuperación de una persona o una cosa a cambio de dinero o por la fuerza. **2** Dinero que se pide o se paga para liberar a una persona o volver a tener una cosa.

rescindir v.tr. Dejar sin efecto un contrato u otra obligación legal.

rescisión s.f. Acción que consiste en anular o dejar sin efecto un contrato o un acuerdo.

rescoldo s.m. **1** Brasa pequeña que se conserva entre la ceniza. **2** Resto de un sentimiento, pasión o afecto.

resecar v.tr. Hacer que algo quede sin gota de humedad o jugo.

reseco, a adj. **1** Que está demasiado seco. **2** Que está demasiado flaco.

resentido, a adj. y s. Que se muestra dolido o enfadado por haber recibido una ofensa o un daño.

resentimiento s.m. Sentimiento contenido de disgusto o enfado avivado por el recuerdo de una ofensa o un daño recibidos.

resentirse (45) v.prnl. **1** Empezar a flaquear o a estropearse una cosa por la acción de otra. **2** Sentir dolor o molestia por una dolencia, especialmente si es pasada. **3** Sentir disgusto o enfado por haber recibido una ofensa o un daño.

reseña s.f. **1** Escrito breve en el que se da noticia y comenta una obra escrita de reciente publicación. **2** Noticia breve de un acto reciente.

reserva s.f. **1** Guarda que se hace de una cosa. **2** Cuidado que se pone en no decir todo lo que se piensa o todo lo que se sabe. **3** Ejército de una nación que terminó su servicio activo pero que puede ser movilizado. **4** Territorio protegido por ley en un país destinado de forma exclusiva a una comunidad indígena y sometido a un régimen especial. **5** Zona de la naturaleza protegida para preservar su ecosistema. **6** Conjunto de cosas guardadas disponibles para ser usadas en el momento oportuno. □ Suele usarse en plural con valor singular. **7** Conjunto de sustancias que se acumulan en las células de los seres vivos y que el organismo utiliza para nutrirse cuando las necesita. □ Suele usarse en plural con valor singular. ◆ s.m. y f. **8** Jugador que sustituye a otro en un deporte. ◆ s.m. **9** Vino con una crianza mínima de tres años.

reservado, a adj. **1** Cauteloso y que no exterioriza los sentimientos. **2** Que es privado o no debe darse a conocer. ◆ s.m. **3** Habitación o lugar separado destinado a usos privados.

reservar v.tr. **1** Guardar algo para más adelante o para cuando sea necesario. **2** Tomar con anterioridad plaza en un hotel, tren, avión u otro servicio. **3** Separar o apartar una cosa que se reparte reteniéndola para sí o para otro. **4** Ocultar alguna cosa. ◆ **reservarse** v.prnl. **5** Conservarse o dejar de actuar esperando una mejor ocasión.

reset s.m. Botón destinado a reiniciar el ordenador.
OBS Pronunc. 'réset' o 'reset'.

resfriado s.m. Malestar físico caracterizado por la inflamación de las membranas mucosas del aparato respiratorio, aumento de la secreción nasal junto con tos, fiebre y dolores musculares.

resfriarse (1e) v.prnl. Contraer un resfriado.

resguardar v.tr. **1** Proteger, especialmente del frío, de la lluvia o del mal tiempo. ◆ **resguardarse** v.prnl. **2** Prevenirse contra un daño.

resguardo s.m. **1** Documento que da garantía de que se ha hecho una entrega o un pago. **2** Lugar que sirve para proteger o defender.

residencia s.f. **1** Lugar en que se reside o se vive habitualmente. **2** Edificio en el que conviven personas que tienen una característica en común y que se sujetan a unas normas. **3** Hospital grande, generalmente público. **4** Casa grande y lujosa. **5** Establecimiento para huéspedes de menor categoría que un hotel pero superior a una pensión.

residencial adj. Se dice de la zona destinada casi exclusivamente a las viviendas.

residente adj. y s.m. y f. **1** Que reside o vive habitualmente en un lugar determinado. **2** Se dice del funcionario que debe vivir en el mismo sitio donde tiene el empleo.

residir v.intr. **1** Vivir habitualmente en un lugar determinado. **2** Radicar en un punto o cosa el aspecto importante de aquello de que se trata.

residual adj. Que queda como residuo.

residuo s.m. **1** Restos que quedan tras la descomposición o destrucción de una cosa. **2** Materiales de desecho que quedan tras la fabricación, transformación o utilización de algo. **3** Resto que queda de un todo.

resignación s.f. Aceptación con paciencia y conformidad de una adversidad.

resignarse v.prnl. Aceptar con conformidad un estado o situación que perjudica o hace daño.

resina s.f. Sustancia pegajosa, sólida o pastosa, que se disuelve en el alcohol pero no en el agua.

resistencia s.f. **1** Oposición a la acción de una fuerza. **2** Capacidad para resistir, para aguantar, soportar o sufrir. **3** Capacidad para soportar un esfuerzo o un peso. **4** Fuerza que se opone al movimiento de una máquina. **5** Elemento que se intercala en un circuito para hacer más difícil el paso de la corriente eléctrica o para que esta se transforme en calor. □ También resistencia eléctrica. **6** Oposición que los cuerpos conductores presentan al paso del calor o la electricidad. **7** Movimiento u organización de los habitantes de un país para luchar contra el invasor.

resistente adj. **1** Que aguanta un esfuerzo o una fuerza sin romperse ni estropearse. **2** Capaz de resistir una fuerza contraria o un ataque.

resistir v.tr. e intr. **1** Mantener las cualidades propias a pesar del paso del tiempo o de otros agentes perjudiciales. **2** Oponerse un cuerpo a la acción de otro. ◆ v.tr. **3** Tolerar o sufrir una cosa o a una persona. ◆ **resistirse** v.prnl. **4** Rechazar con fuerza una idea o una situación.

resol s.m. ESP Reflejo del sol, y luz y calor que produce este reflejo.

resolana s.f. AMÉR Luz y calor producidos por la reverberación del sol en un lugar que está a la sombra.

resolución s.f. **1** Decisión que se toma después de considerar todos los factores de un problema o de una duda. **2** Determinación y seguridad para hacer una cosa. **3** Exactitud o claridad en la reproducción de una imagen.

resolutivo, a adj. Capaz de decidir o resolver un asunto rápidamente.

resolver (28) v.tr. **1** Hallar la solución a un problema. **2** Elegir entre varias opciones o formar un juicio definitivo sobre una cuestión dudosa. **3** Hacer que una cosa se acabe o tenga un resultado claro.
OBS Participio: **resuelto.**

resonancia s.f. **1** Prolongación de un sonido en el espacio una vez ha sido producido, y que disminuye gradualmente hasta desaparecer. **2** Sonido que se produce por esta prolongación del sonido original a través del espacio. **3** Gran divulgación o fama que adquiere un hecho.

resonar (11) v.intr. **1** Sonar con fuerza. **2** Reproducirse en la memoria un sonido.

resoplar v.intr. Respirar fuertemente haciendo ruido.

resoplido s.m. Respiración fuerte y ruidosa.

resorte s.m. **1** Pieza elástica sobre la que se aplica una presión y que es capaz de recuperar su forma inicial cuando esta presión desaparece. **2** Medio material o inmaterial del que una persona se vale para lograr un fin determinado.

respaldar v.tr. Ayudar a una cosa o persona a conseguir algo.

respaldo s.m. **1** Parte de un asiento en la que descansa la espalda. **2** Protección o apoyo.

respectar v.intr. Referirse o atañer.

respectivamente adv. Indica que a cada elemento de un conjunto le corresponde otro que es equivalente u ocupa el mismo lugar en otro conjunto.

respectivo, a adj. Se dice del miembro de una serie que tiene correspondencia con un miembro de un grupo o conjunto diferente.

respecto ◇ **al respecto** En relación con lo que se trata. ◇ **con respecto a** o **respecto a** o **respecto de** Por lo que se refiere a.

respetable adj. **1** Que merece respeto o consideración. **2** Considerable por su número, por su tamaño o por su intensidad. ◆ s.m. **3** Fam. Público que se encuentra en un espectáculo.

respetar v.tr. Sentir o mostrar respeto o consideración por una persona o cosa.

respeto s.m. **1** Consideración y reconocimiento del valor de una persona o de una cosa. **2** Temor o recelo que infunde una persona o cosa. ◆ **respetos** s.m.pl. **3** Formal. Saludos de cortesía.

respetuoso, a adj. Que guarda respeto.

respingo s.m. **1** Sacudida violenta del cuerpo por un sobresalto o sorpresa. **2** Gesto que manifiesta enfado o desagrado a la hora de hacer algo.

respingón, na adj. Fam. Se dice de la nariz que tiene la punta un poco levantada.

respiración s.f. **1** Intercambio de gases entre un organismo y su medio. **2** Aire que se toma cada vez que se respira.

respiradero s.m. Abertura por donde entra y sale el aire de un lugar cerrado.

respirar v.intr. **1** Absorber y expulsar el aire los seres vivos. **2** Tener entrada y salida de aire un lugar cerrado. **3** Recobrar el aliento. **4** Descansar o cobrar aliento después de un trabajo. ◆ v.tr. **5** Mostrar una actitud.

respiratorio, a adj. Relativo a la respiración.

respiro s.m. Descanso corto en el trabajo que se hace para volver a él con más fuerzas.

resplandecer (30) v.intr. **1** Brillar fuertemente o emitir rayos de luz. **2** Sobresalir o destacar por una virtud. **3** Reflejar gran alegría el rostro.

resplandeciente adj. Que resplandece.

resplandor s.m. **1** Luz que emite un cuerpo luminoso. **2** Brillo muy intenso.

responder v.tr. e intr. **1** Dar una contestación a lo que se pregunta o propone. ◆ v.tr. **2** Contestar a quien llama. **3** Contestar con viveza oponiéndose a una cosa. ◆ v.intr. **4** Corresponder con una acción a la acción de otra persona. **5** Tener una cosa un efecto que se desea o se busca. **6** Asegurar o garantizar el funcionamiento o la calidad de algo o alguien.

responsabilidad s.f. **1** Obligación moral o jurídica de responder de algo propio o ajeno. **2** Capacidad de compromiso o de cuidado de una persona consigo misma y con otros.

responsabilizar v.tr. **1** Hacer responsable de alguna cosa. ◆ **responsabilizarse** v.prnl. **2** Asumir la responsabilidad de algo.

responsable adj. **1** Que cumple con lo que se ha comprometido. ◆ **adj. y s.m. y f. 2** Que se encarga de una cosa o que la dirige. **3** Autor de una cosa. **4** Que responde de una persona o cosa.

responso s.m. Oración que, separada del rezo, se dice por los que han muerto.

respuesta s.f. **1** Contestación a lo que se pregunta, se dice o escribe. **2** Efecto o resultado que se desea o busca. **3** Acto provocado por un estímulo. **4** Acción con la que una persona corresponde a la de otra.

resquebrajar v.tr. Hacer o causar grietas en un cuerpo sólido sin acabar de romperlo.

resquemor s.m. Sentimiento desagradable que causa en el ánimo una sensación de desazón, angustia o pesadumbre.

resquicio s.m. **1** Abertura o grieta pequeña y estrecha. **2** Abertura entre el quicio y la puerta. **3** Ocasión oportuna para conseguir un fin.

resta s.f. **1** Operación que consiste en quitar una cantidad de otra y averiguar la diferencia. **2** Cantidad que resulta de esta operación.

restablecer (30) v.tr. **1** Volver a establecer en un estado anterior. ◆ **restablecerse** v.prnl. **2** Recuperarse de una enfermedad o malestar.

restablecimiento s.m. **1** Acción de volver a establecer una cosa. **2** Acción de recuperar la salud tras una enfermedad o dolencia.

restante adj. y s.m. Que resulta de una resta.

restar v.tr. **1** Separar o sacar una parte de un todo y hallar la parte que queda. **2** Hallar la diferencia entre dos cantidades. **3** Hacer que una cosa baje en cantidad, fuerza o intensidad. ◆ v.intr. **4** Faltar o quedar. **5** Devolver la pelota del saque en deportes como el tenis o el frontón.

restauración s.f. **1** Reparación de una obra de arte o un objeto antiguo dañado o deteriorado. **2** Acción de volver a poner una cosa en el estado que antes tenía. **3** Restablecimiento en un país del régimen político que existía.

restaurante s.m. Establecimiento público donde se preparan y sirven comidas.

restaurar (1i) v.tr. **1** Arreglar o reparar una obra de arte de los daños que ha sufrido. **2** Volver a poner una cosa en el estado que antes tenía. **3** Volver a establecer un régimen político.

restitución s.f. **1** Acción de devolver una cosa a quien antes la tenía o a su verdadero dueño. **2** Proceso de formación de nuevos tejidos u órganos en plantas que han sufrido alguna lesión.

restituir (23) v.tr. **1** Dar una cosa a quien la tenía antes. **2** Volver a poner una cosa en el estado que antes tenía.

resto s.m. **1** Parte que queda de un todo. **2** Resultado de una resta. **3** Cantidad que sobra al dividir, en una división de enteros. ◆ **restos** s.m.pl. **4** Parte que queda de una cosa después de haberla consumido. ◇ **restos mortales** Cadáver de una persona.

restregar (32) v.tr. Frotar o hacer que se rocen con fuerza dos superficies.

restricción s.f. **1** Disminución o reducción a límites menores. **2** Disminución impuesta en el suministro de productos que escasean.

restrictivo, a adj. Que tiene capacidad para reducir o restringir a límites menores.

restringir v.tr. Disminuir o reducir a límites menores.

resucitar v.tr. **1** Devolver la vida a un ser muerto. ◆ v.intr. **2** Volver a vivir. ◆ v.tr. **3** Dar vigencia a algo pasado.

resuello s.m. **1** Respiración, especialmente fuerte y ruidosa. **2** Fuerza o energía.

resuelto, a 1 Participio irregular de resolver. ◆ **adj. 2** Que es decidido y tiene ánimo o valor para hacer una cosa.

resultado s.m. **1** Efecto de un hecho, operación o razonamiento. **2** Solución de una operación matemática. **3** Tanteo de una competición deportiva.

resultar v.intr. **1** Nacer, originarse o ser consecuencia de algo. **2** Parecer, manifestarse o comprobarse una cosa. **3** Llegar a ser o a obtener un resultado. **4** Fam. Producir una impresión.

resultas ◇ **a resultas** o **de resultas** loc. Como consecuencia o efecto de lo que se expresa.

resumen s.m. Explicación corta en la que se presenta lo principal de un asunto o materia. ◇ **en resumen** Como conclusión.

resumir v.tr. Hacer un resumen.

resurgimiento s.m. Acción de recobrar nuevas fuerzas o capacidades.

resurgir v.intr. **1** Volver a surgir o a aparecer. **2** Volver a la vida, tener nuevas fuerzas o energía.

resurrección s.f. **1** Vuelta a la vida de un ser muerto. **2** Vuelta a la existencia de una cosa.

retablo s.m. **1** Conjunto de pinturas o esculturas que representa una historia o hecho, generalmente de tema religioso. **2** Obra de arquitectura pintada o esculpida que compone la decoración del muro que hay detrás de un altar.

retaco s.m. Fam. Persona de poca altura y más bien gorda.

retaguardia s.f. **1** Parte del ejército que avanza en último lugar o más alejada del enemigo. **2** Zona más alejada del frente de un terreno ocupado por un ejército. **3** Parte final de algo.

retahíla s.f. Serie larga de cosas que están, se suceden o se mencionan una tras otra.

retal s.m. ESP Retazo (trozo de tela).

retama s.f. Arbusto con muchas ramas largas, hojas pequeñas y escasas, y flores amarillas.

retar v.tr. Provocar a una persona para tener un enfrentamiento físico o verbal con ella.

retardar v.tr. Hacer que una cosa ocurra después del tiempo debido o previsto.

retazo s.m. **1** Trozo de tela o de otro material que sobra después de cortar una pieza mayor. **2** Parte breve de una obra literaria o musical.

retén s.m. Grupo de personas preparado para ayudar o actuar en caso de necesidad.

retención s.f. **1** Marcha muy lenta o detención de coches en una carretera. **2** Dinero que se descuenta en un pago o en un cobro. **3** Conservación en el organismo de una materia, especialmente un líquido, que debería expulsarse.

retener (48) v.tr. **1** Conservar o guardar para sí. **2** Descontar un dinero en un pago o cobro. **3** Conservar en la memoria. **4** Impedir que una persona se vaya o se aleje de un lugar.

retentiva s.f. Capacidad o facultad de acordarse de las cosas.

reticencia s.f. Reserva o falta de confianza.

reticente adj. Que tiene o muestra reserva o falta de confianza.

retícula s.f. Conjunto de hilos o líneas en el foco de instrumentos ópticos para ajustar la visión.

reticular adj. Que tiene forma de red.

retículo s.m. **1** Tejido en forma de red, especialmente el formado por fibras vegetales. **2** Retícula. **3** Segunda de las cuatro cavidades en que se divide el estómago de los rumiantes.

retina s.f. Membrana interior del ojo que recibe las impresiones luminosas y las transmite al cerebro.

retintín s.m. **1** Sonido que deja en los oídos una campana u otro cuerpo sonoro. **2** Tono y modo de hablar malicioso o irónico.

retirada s.f. **1** Retroceso ordenado de un ejército alejándose del enemigo. **2** Toque militar que indica dicho retroceso. **3** Separación o alejamiento de un lugar o circunstancia.

retirado, a adj. **1** Que está muy alejado o distante. ◆ adj. y s. **2** Que ha alcanzado la situación de retiro o jubilación.

retirar v.tr. **1** Apartar o separar de un sitio. **2** Hacer abandonar a alguien una actividad. **3** Apartar de la vista. **4** Declarar que no se mantiene algo dicho. **5** Negar o dejar de dar. ◆ **retirarse** v.prnl. **6** Abandonar un trabajo o una profesión por haber alcanzado una edad y pasar a percibir una pensión. **7** Apartarse o separarse del trato social. **8** Irse a descansar; irse a la cama o a casa. **9** Retroceder ordenadamente un ejército apartándose del enemigo.

retiro s.m. **1** Abandono de un lugar o de una ocupación habitual, para reflexionar, reconfortar el espíritu, etc. **2** Retirada definitiva de un trabajo por edad o enfermedad. **3** Cantidad de dinero que cobra una persona cuando se retira del trabajo. **4** Lugar tranquilo y apartado.

reto s.m. **1** Provocación para tener un enfrentamiento físico o verbal. **2** Objetivo difícil de conseguir en el que se pone mucho esfuerzo.

retocar v.tr. Perfeccionar los detalles de algo.

retomar v.tr. Reanudar una cosa interrumpida.

retoño s.m. **1** Tallo nuevo que brota de una planta. **2** Fam. Hijo, especialmente de corta edad.

retoque s.m. Detalle con que se termina o corrige una obra.

retorcer (28) v.tr. **1** Torcer mucho una cosa dándole vueltas. **2** Tergiversar una cosa dándole un sentido distinto al que tiene. ◆ **retorcerse** v.prnl. **3** Hacer movimientos exagerados con el cuerpo a causa del dolor o de la risa.

retorcido, a adj. **1** Que tiene mala intención. **2** Que usa un lenguaje difícil de entender y poco claro. **3** Fam. Que tiene un carácter difícil.

retórica s.f. **1** Arte y técnica de hablar y escribir con eficacia para lograr convencer, provocar un sentimiento determinado o deleitar. **2** Desp. Manera de expresarse artificiosa o rebuscada y difícil de comprender.

retórico, a adj. **1** Relativo a la retórica. **2** Se dice del lenguaje demasiado rebuscado.

retornar v.intr. **1** Volver al lugar de donde se partió. **2** Volver a una situación o estado anterior. **3** Volver algo a estar en posesión de quien lo tenía. ◆ v.tr. **4** Dar una cosa a quien la tenía antes.

retorno s.m. Vuelta al punto de partida.

retortijón s.m. Dolor intermitente y agudo que se siente en la tripa o en el estómago.

retozar v.intr. **1** Jugar dando saltos y moviéndose alegremente. **2** Realizar juegos amorosos una pareja.

retractar v.tr. y prnl. Retirar algo dicho.

retráctil adj. Que puede adelantarse y esconderse por sí mismo.

retraer (49) v.tr. **1** Disuadir a una persona de hacer algo. **2** Encoger un órgano o miembro del cuerpo para que quede oculto.

retraído, a adj. Que es tímido y hace vida retirada o apartada del trato social.

retranca s.f. **1** Correa ancha que sirve para frenar el carruaje y hacerlo retroceder. **2** Intención oculta o disimulada en la forma de actuar o de expresarse una persona.

retransmisión o **retrasmisión** s.f. Acción y efecto de retransmitir.

retransmitir o **retrasmitir** v.tr. Transmitir una información a través de un medio de comunicación desde el lugar donde se produce.

retrasado, a adj. **1** Que lleva retraso en su desarrollo. ◆ adj. y s. **2** Desp. Deficiente, subnormal.

retrasar v.tr. **1** Hacer que una cosa ocurra después del tiempo previsto. **2** Hacer que un reloj señale una hora anterior a la actual. **3** Echar o llevar hacia atrás. ◆ v.intr. y prnl. **4** Marcar un reloj un tiempo anterior al actual. ◆ **retrasarse** v.prnl. **5** Quedar alguien rezagado. **6** Llegar tarde.

retrasmisión ▷ retransmisión.

retrasmitir ▷ retransmitir.

retraso s.m. **1** Atraso en la realización de algo. **2** Desarrollo inferior al normal o más tardío.

retratar v.tr. **1** Hacer retratos. **2** Describir detalladamente con palabras algo o a alguien.

retrato s.m. **1** Imagen de una persona reproducida en pintura, escultura, dibujo, fotografía, etc. **2** Descripción de la apariencia o el carácter de una persona.

retrete s.m. **1** Recipiente conectado con una tubería de desagüe y cisterna con agua para orinar y evacuar los excrementos. **2** Habitación en la que está el váter y el lavabo.

retribución s.f. Lo que se paga por un trabajo.

retribuir (23) v.tr. Pagar por un trabajo.

retro adj. Fam. Que imita un tiempo pasado.

retroactivo, a adj. Con efecto sobre lo pasado.

retroceder v.intr. Volver hacia atrás en el tiempo o en el espacio.

retroceso s.m. **1** Movimiento hacia atrás en el tiempo o en el espacio. **2** Reavivamiento de una enfermedad que declinaba. **3** Movimiento brusco hacia atrás de un arma al dispararla.

retrógrado, a adj. y s. Partidario de ideas o instituciones políticas o sociales propias de tiempos pasados.

retropropulsión s.f. Sistema de movimiento a partir de la expulsión de gases hacia atrás.

retroproyector s.m. Aparato que proyecta una imagen mediante un foco que incide sobre una base en la que esta se coloca.

retrospección s.f. Mirada que se hace de un tiempo pasado para recordarlo.

retrospectivo, a adj. Relativo a un tiempo pasado.

retrotraer (49) v.tr. y prnl. Retroceder con la memoria a una época pasada.

retrovirus s.m. Virus cuyo material genético es un ácido ribonucleico que posee una enzima que convierte este en ácido desoxirribonucleico al penetrar en una célula viva.

retrovisor adj. y s.m. Se dice del espejo que llevan los automóviles para ver lo que está detrás.

retumbar v.intr. **1** Hacer mucho ruido una cosa. **2** Reproducirse o ampliarse el sonido de algo debido a las características del lugar.

reuma o **reúma** s.m. o f. Enfermedad en la que duelen o se inflaman las articulaciones o los músculos del cuerpo.

reumático, a adj. **1** Relativo al reumatismo. ◆ adj. y s. **2** Que padece reuma.

reumatismo s.m. Reuma.

reunificación s.f. Unificación de cosas que habían estado unidas y se habían separado.

reunión s.f. **1** Acción y efecto de reunir o reunirse. **2** Conjunto de personas que se reúnen.

reunir (3a) v.tr. **1** Congregar a varias personas. **2** Juntar cosas para coleccionar o con otro fin.

revalidar v.tr. Confirmar la validez de algo.

revalorizar v.tr. **1** Aumentar el valor de una cosa. **2** Volver a tener algo su justo valor.

revaluar (1b) v.tr. **1** Aumentar el valor de una cosa. **2** Volver a evaluar una cosa.

revancha s.f. Venganza.

revelación s.f. Descubrimiento de algo desconocido.

revelado s.m. Conjunto de operaciones necesarias para revelar una imagen fotográfica.

revelar v.tr. **1** Mostrar algo desconocido. **2** Proporcionar muestra de algo. **3** Hacer que se vea una imagen impresa en una placa o película fotográfica.

revenirse v.prnl. **1** Ponerse blando y correoso un alimento por la humedad o el calor. **2** Avinagrarse un alimento en conserva o un licor.

reventa s.f. **1** Acción de revender. ◆ s.m. y f. **2** Fam. Persona que se dedica a esta actividad.

reventar (32) v.tr. e intr. **1** Hacer que algo se rompa por no poder soportar una presión interior. ◆ v.intr. **2** Tener un deseo muy fuerte difícil de superar. **3** Fam. Molestar o provocar enfado. **4** Deshacerse en espuma las olas del mar. ◆ v.tr. **5** Cansar mucho o agotar. **6** Hacer fracasar un espectáculo.

reventón, na adj. **1** Que parece que va a reventar. ◆ s.m. **2** Abertura y rotura brusca de una cosa sometida a una presión interna. **3** ARG, CH Afloramiento de mineral.

reverberación s.f. **1** Reflejo de la luz en una superficie. **2** Persistencia de un sonido en un lugar cerrado.

reverberar v.intr. Reflejar las ondas luminosas o sonoras un cuerpo.

reverdecer (30) v.tr. e intr. Tomar color verde de nuevo las plantas, los árboles o la tierra.

reverencia s.f. **1** Inclinación del cuerpo en señal de respeto. **2** Respeto que se siente hacia una persona. **3** Tratamiento que se da a los religiosos condecorados

reverendo, a adj. **1** Digno de reverencia. ◆ adj. y s. **2** Se aplica como tratamiento a los sacerdotes o las personas que pertenecen a una orden religiosa.

reversible adj. **1** Que puede volver a un estado o situación anterior. **2** Que se puede usar indistantemente por el derecho y por el revés.

reverso s.m. Cara o lado opuesto al anverso.

revertir (45) v.intr. **1** Volver una cosa a su dueño. **2** Ir a parar una cosa o acción en otra. **3** Formal. Volver una cosa a un estado anterior.

revés s.m. **1** Lado opuesto a la parte principal. **2** Golpe que se da con la mano vuelta. **3** Situación difícil o desgraciada. **4** En deporte, golpe que se da con la raqueta cruzando el brazo por delante del cuerpo. ◇ **al revés** De manera contraria.

revestimiento s.m. Capa de material con la que se protege o adorna una superficie.

revestir (31) v.tr. **1** Cubrir una superficie con una capa de material. **2** Formal. Presentar un determinado aspecto, cualidad o carácter. ◆ **revestirse** v.prnl. **3** Armarse de una cualidad o virtud ante una dificultad grave.

revisar v.tr. **1** Examinar algo con atención y cuidado para corregir los errores. **2** Examinar algo para comprobar que funciona correctamente.

revisión s.f. Acción de revisar.

revisor, ra s. **1** Persona que revisa algo. **2** ESP Persona que revisa que los viajeros en un medio de transporte han pagado o validado sus billetes.

revista s.f. **1** Publicación periódica con información sobre distintas materias o sobre una específica. **2** Espectáculo teatral de carácter ligero y de humor en el que alternan números musicales con otros dialogados. **3** Reconocimiento que un jefe hace de las personas o cosas que están bajo su autoridad. **4** Formación de parte de un ejército para que un jefe la pueda reconocer.

revistero s.m. Pieza de mobiliario en la que se guardan revistas o periódicos.

revitalizar v.tr. Dar a algo nueva energía o actividad.

revivir v.intr. **1** Volver a vivir. **2** Volver en sí un ser vivo que parecía muerto. **3** Resurgir un deseo o sensación que parecía muerto.

revocar v.tr. **1** Dejar sin valor o efecto una ley o una orden. **2** Cubrir una pared con cemento u otro material.

revolcar (11) v.tr. **1** Derribar a alguien y darle vueltas por el suelo. ◆ **revolcarse** v.prnl. **2** Echarse sobre una superficie y refregarse sobre ella. **3** Fam. Reírse mucho.

revolcón s.m. **1** Hecho de caer y dar vueltas por el suelo. **2** Fam. ESP Acción de abrazarse, besarse o hacer el amor dos personas.

revolotear v.intr. **1** Volar dando vueltas y giros en un espacio reducido. **2** Moverse una cosa ligera por el aire dando vueltas y giros.

revoltijo s.m. **1** Conjunto de cosas diversas y desordenadas. **2** Confusión o enredo.

revoltillo s.m. **1** Revoltijo. **2** Revuelto, plato elaborado con huevos.

revoltoso, a adj. y s. Se dice del niño que no se está quieto y es travieso.

revolución s.f. **1** Cambio político y social radical alcanzado normalmente de forma violenta. **2** Cambio brusco y no violento en el ámbito social, económico o moral de una sociedad o en la manera de tratarse o hacerse algo. **3** Movimiento de un cuerpo alrededor de un eje o punto fijo. **4** Movimiento que describe un astro alrededor de otro.

revolucionar v.tr. **1** Cambiar un estado de cosas. **2** Producir un desorden y una agitación que llevan a un cambio violento en el orden político, social y económico de un país. **3** Hacer que un motor gire a más revoluciones por minuto.

revolucionario, a adj. **1** Relativo a la revolución política, social o económica. ◆ **adj. y s. 2** Partidario de la revolución política, social y económica. **3** Que constituye un cambio profundo.

revolver (28) v.tr. **1** Remover algo dándole vueltas. **2** Cambiar ciertas cosas de lugar desordenándolas. **3** Alterar un orden o un estado. ◆ **revolverse** v.prnl. **4** Moverse de un lado a otro con inquietud en un espacio reducido. **5** Volverse con rapidez para enfrentarse a una persona o cosa. **OBS** Participio: **revuelto**.

revólver s.m. Arma corta de fuego con un tambor giratorio donde se colocan las balas.

revuelo s.m. Alboroto producido por varias personas.

revuelta s.f. **1** Cambio violento en el orden político, social o económico de un país. **2** Enfrentamiento entre varias personas implicadas.

revuelto, a 1 Participio irregular de **revolver**. ◆ **adj. 2** Lleno de cosas mezcladas sin coherencia. **3** Agitado o intranquilo. **4** Se dice del tiempo atmosférico que está muy variable. **5** Se dice del líquido turbio. ◆ **s.m. 6** Plato que se elabora con un alimento frito o rehogado en aceite, con el que se mezclan unos huevos.

revulsivo, a adj. y s.m. Que produce un cambio importante, generalmente favorable.

rey, reina s. **1** Soberano de una monarquía o reino. □ Con mayúscula inicial cuando hace referencia al rey o la reina de un reino en concreto. ◆ **s.m. 2** Pieza del ajedrez que representa un rey. **3** Carta de la baraja española o francesa que representa a un rey. ◆ **s.f. 4** Esposa del rey. **5** Pieza del ajedrez que representa una reina. **6** Carta de la baraja francesa que lleva la letra Q. **7** Insecto hembra de una comunidad que tiene la capacidad y la función de reproducirse. ◆ **s.m. y f. 8** Persona, animal o cosa que destaca entre las demás de su clase o especie.

reyerta s.f. Enfrentamiento violento entre dos o más personas.

rezagar v.tr. Dejar atrás algo.

rezar v.tr. **1** Decir una oración, mentalmente o de palabra. ◆ **v.tr. e intr. 2** Dirigir una oración, mentalmente o de palabra, a una divinidad o a un santo. ◆ **v.tr. 3** Decir o figurar en un escrito.

rezo s.m. **1** Acción de rezar. **2** Oración o ruego a una divinidad. **3** Liturgia correspondiente a cada festividad religiosa.

rezongar v.intr. Emitir voces confusas o palabras mal articuladas en señal de enfado o desagrado.

rezumar v.tr. **1** Transpirar un líquido a través de un cuerpo. **2** Dejar translucir una cualidad o característica en alto grado.

rho s.f. Nombre de la decimoséptima letra del alfabeto griego; se escribe Ρ/ρ.

rhythm and blues o **rhythm'n'blues** s.m. Estilo musical nacido como derivación del blues y emparentado con el jazz, el soul y el gospel.
OBS Pronunc. aprox. 'ritman-blus'.

ría s.f. **1** Valle fluvial invadido por el mar a causa del hundimiento de las tierras costeras o por una elevación del nivel del mar. **2** Ensenada amplia. **3** Balsa de agua que se pone como obstáculo en algunas pruebas hípicas.

riachuelo s.m. Río pequeño con poca agua.

riada s.f. **1** Crecida impetuosa del nivel de las aguas de un río o arroyo. **2** Inundación provocada por esta crecida. **3** Cantidad grande de gente.

ribazo s.m. **1** Parte de terreno que tiene una elevación o inclinación. **2** Elevación o inclinación entre dos terrenos a diferente nivel.

ribera s.f. **1** Orilla del mar o del río. **2** Terreno cercano al mar o al río.

ribereño, a adj. Relativo a la ribera.

ribete s.m. **1** Cinta o tira con la que se refuerza o adorna el borde de una cosa. ◆ **ribetes** s.m.pl. **2** Indicio que da a conocer una cosa.

ribetear v.tr. Poner ribetes a una cosa.

ricacho, a o **ricachón, na** adj. y s. Fam. y desp. Se dice de la persona que tiene mucho dinero o muchos bienes materiales.

ricamente adv. **1** Con opulencia y ostentación. **2** ESP Muy a gusto o con toda comodidad.

ricino s.m. Árbol procedente de África de cuyas semillas se saca un aceite medicinal.

rico, a adj. y s. **1** Que tiene mucho dinero o bienes. **2** Que tiene abundancia o gran cantidad de una cosa. **3** De sabor agradable. **4** Fam. Se utiliza aplicado a personas como expresión de cariño.

rictus s.m. **1** Contracción de los labios que deja al descubierto los dientes y da a la boca un aspecto parecido a la sonrisa. **2** Gesto que manifiesta determinado sentimiento.

ricura s.f. **1** Cualidad de rico o apetitoso. **2** Fam. Apelativo cariñoso que se aplica a los niños.

ridiculez s.f. **1** Acto o dicho ridículos o extravagantes. **2** Cantidad o intensidad escasa o de poca importancia.

ridiculizar v.tr. Hacer burla de alguien por sus extravagancias o defectos.

ridículo, a adj. **1** Que provoca risa por resultar muy extraño, grotesco o extravagante. **2** De poca consideración. ◆ s.m. **3** Situación o hecho que provoca la risa o la burla de los demás.

riego s.m. Acción de regar.

riel s.m. **1** Pieza metálica alargada sobre la que se acopla algo para que se deslice. **2** Barra de hierro sobre la que van los trenes.

rienda s.f. **1** Correa para gobernar las caballerías. ◆ **riendas** s.f.pl. **2** Gobierno o dirección de una cosa.

riesgo s.m. **1** Posibilidad de que ocurra un peligro. **2** Daños que cubre un seguro.

riesgoso, a adj. AMÉR Arriesgado.

rifa s.f. **1** Sorteo de una cosa entre varias personas. **2** Tenderete ambulante donde se rifa.

rifar v.tr. **1** Sortear una cosa. ◆ **rifarse** v.prnl. **2** Fam. Disputarse a una persona.

rifle s.m. Arma de fuego de cañón largo y con estrías en espiral en su interior.

rigidez s.f. **1** Cualidad de rígido.

rígido, a adj. **1** Que no se puede doblar ni torcer. **2** Que cumple o hace cumplir las normas de forma excesivamente rigurosa.

rigor s.m. **1** Dureza o severidad excesiva. **2** Punto de mayor intensidad del frío o del calor en el clima. **3** Cualidad de exacto o fiel. **4** Pérdida de la flexibilidad de los músculos. ◇ **en rigor** En realidad, atendiendo a la verdad.

rígor mortis Rigidez de los músculos de un cuerpo pocas horas después de la muerte.

riguroso, a adj. **1** Extremado o duro. **2** Que cumple o hace cumplir las normas con excesiva exactitud. **3** Exacto y preciso.

rijoso, a adj. Que siente deseo sexual.

rima s.f. **1** Semejanza o igualdad de sonidos finales de verso, a partir de la última sílaba acentuada. **2** Poema, composición escrita en verso.

rimar v.intr. **1** Tener rima una palabra con otra u otras. **2** Componer en verso. ◆ v.tr. **3** Hacer que dos o más palabras rimen entre sí.

rimbombante adj. **1** Que resulta llamativo u ostentoso. **2** Se dice de la forma de hablar o escribir exagerada y artificial.

rímel s.m. Cosmético para las pestañas.

rincón s.m. **1** Ángulo entrante formado por dos superficies. **2** Espacio de dimensiones pequeñas.

rinconera s.f. Mueble con forma adecuada para colocar en un rincón.

ring s.m. Tarima elevada y limitada por cuerdas en que se disputan los combates de boxeo.

rinoceronte s.m. Mamífero grande de piel gruesa, patas cortas con tres dedos, cabeza puntiaguda y uno o dos cuernos en el hocico.

riña s.f. **1** Enfrentamiento entre personas por no estar de acuerdo sobre algo. **2** Llamada de atención a una persona por haber cometido un error o por su mal comportamiento.

riñón s.m. **1** Órgano situado en la zona lumbar de los animales vertebrados, que purifica la sangre y produce la orina. **2** Figura u objeto que tiene la forma de ese órgano. ◆ **riñones** s.m.pl. **3** Zona del cuerpo que se encuentra en la parte baja de la espalda. ◇ **costar,** o **valer, un riñón** Fam. Ser muy caro.

riñonera s.f. **1** Faja que protege la zona del cuerpo en la que están los riñones. **2** Bolsa pequeña unida a un cinturón y que se lleva atada a la cintura para guardar objetos personales.

río s.m. **1** Corriente de agua más o menos caudalosa y continua que fluye por un cauce natural que va a desembocar a otra corriente, a un lago o al mar. **2** Abundancia o gran cantidad de personas o cosas.

rioja s.m. Vino que se elabora en La Rioja.

riojano, a adj. y s. De La Rioja (comunidad autónoma española).

rioplatense adj. y s.m. y f. Del Río de la Plata (territorio de América del Sur).

R. I. P. s.m. Abreviatura de la expresión latina requiescat in pace, 'descanse en paz'.

ripio s.m. **1** Palabra superflua o frase hecha para completar un verso o lograr la rima fácilmente y que degrada la calidad del poema. **2** AMÉR SUR Piedra pequeña usada para pavimentar.

riqueza s.f. **1** Abundancia de dinero o de bienes materiales. **2** Gran cantidad o calidad de algo.

risa s.f. **1** Acción de reír. **2** Movimiento de la boca, y del rostro en general, que expresa contento. **3** Situación o acción que induce a reír. ◇ **mearse,** o **morirse,** o **partirse, de risa** Fam. Reírse mucho.

risco s.m. Roca alta y escarpada.

risotada s.f. Risa impetuosa y ruidosa.

ristra s.f. **1** Conjunto de ajos o cebollas unidos por los tallos. **2** Serie de cosas colocadas en fila.

risueño, a adj. **1** Que muestra un gesto de risa en el semblante. **2** Que ríe con facilidad. **3** De aspecto agradable. **4** Favorable o prometedor.

ritardando adv. En música, disminuyendo gradualmente la velocidad de ejecución.

rítmico, a adj. **1** Relativo al ritmo. **2** Que tiene un ritmo determinado.

ritmo s.m. **1** Periodicidad en la sucesión de una serie de cosas. **2** En música, proporción que se guarda entre el tiempo de un movimiento y el de otro diferente. **3** Forma de distribuirse una serie de sonidos, acentos y pausas. **4** Cadencia del verso o de un escrito en general.

rito s.m. **1** Costumbre o ceremonia que se repite siempre de la misma forma. **2** Conjunto de reglas para el culto y ceremonias religiosas.

ritual adj. **1** Relativo al rito. ◆ s.m. **2** Rito.

rival adj. y s.m. y f. Que compite con otros o se opone a ellos para conseguir un mismo fin.

rivalidad s.f. **1** Enfrentamiento entre personas que aspiran a lograr una misma cosa. **2** Enemistad entre dos o más personas.

rivalizar v.intr. Luchar con otros para conseguir un mismo fin.

rivera s.f. **1** Arroyo o riachuelo de pequeño caudal. **2** Cauce por el que corre.

rizar v.tr. Formar rizos u ondas en el pelo o en otra cosa.

rizo s.m. **1** Conjunto de pelos que se enrolla formando ondas o bucles. **2** Movimiento de un avión que consiste en dar una vuelta sobre sí mismo. ◇ **rizar el rizo** Fam. Hacer algo más difícil de lo necesario.

rizoide adj. y s.m. **1** Se dice de la estructura filamentosa que en ciertos vegetales, como musgos, líquenes y helechos, hace las funciones de raíz. ◆ s.m. **2** Parte común con forma de raíz de una colonia de cnidarios.

rizoma s.m. Tallo subterráneo de ciertas plantas, generalmente horizontal, donde se almacenan las sustancias de reserva.

RNA ▷ ARN.

ro s.m. Voz que se repite para arrullar niños.

róbalo s.m. Pez marino de color gris metálico, cola recta y aletas espinosas; es comestible.

robar v.tr. **1** Despojar a otro por medios ilícitos de lo que por derecho le pertenece. **2** Coger cartas o fichas de un montón en los juegos de mesa. **3** Cautivar el afecto de una persona.

roble s.m. **1** Árbol de tronco alto y fuerte con la copa ancha, las hojas ovaladas con el contorno lobulado y flores pequeñas y cuyo fruto es un tipo de bellota. **2** Madera de ese árbol. **3** Fam. Persona fuerte y con buena salud.

robleda s.f. Robledal.

robledal s.m. Robledo de gran extensión.

robledo s.m. Lugar poblado de robles.

robo s.m. **1** Acción de robar. **2** Abuso en el precio de algún producto.

robot (pl. robots) s.m. **1** Máquina programable que realiza automáticamente movimientos y acciones propios de un ser animado. **2** Persona que actúa sin pensar, por inercia.

robótica s.f. Ciencia que estudia los sistemas que permiten diseñar y construir robots.

robustecer (30) v.tr. Hacer una persona o una cosa más robusta o más fuerte.

robusto, a adj. **1** Se dice de la persona que es fuerte y sana. **2** Se dice de la cosa que es resistente y vigorosa.

roca s.f. **1** Materia compuesta por un agregado de minerales que forma parte de la corteza terrestre. **2** Trozo de materia mineral sólida y dura. **3** Piedra de gran tamaño que se levanta en la tierra o en el mar.

rocalla s.f. Motivo decorativo de forma asimétrica que representa formas naturales.

rocambolesco, a adj. Difícil de creer por exagerado o fantástico.

roce s.m. **1** Efecto que se produce al tocarse dos superficies en movimiento. **2** Desgaste que se produce al tocarse dos superficies en movimiento. **3** Trato frecuente entre personas. **4** Fam. Enfrentamiento ligero entre dos personas.

rociada s.f. **1** Esparcimiento de un líquido en forma de gotas pequeñas. **2** Rocío (gotas pequeñas).

rociar (1e) v.tr. **1** Esparcir un líquido en forma de gotas pequeñas. **2** Lanzar una cosa para esparcirla sobre una superficie.

rocín s.m. **1** Caballo de mala raza y de poca altura. **2** Caballo de trabajo. **3** Desp. Hombre torpe y de poca formación cultural.

rocío s.m. **1** Gotas de agua muy pequeñas que se forman en la tierra y en las plantas al condensarse el vapor de la atmósfera a causa del frío de la noche. **2** Lluvia fina y pasajera.

rock (pl. rocks) s.m. Estilo musical surgido como derivación del rock and roll. ◇ **rock and roll** Estilo musical surgido a partir de los blues de ritmo más rápido. □ También simplemente rock. Se pronuncia aprox. 'rokanrol'.

rockabilly s.m. Estilo musical muy similar al rock and roll pero con mayor influencia del country.
OBS Pronunc. 'rocabili'.

rocker s.m. y f. Persona que sigue con gran pasión la música del rock and roll.

rockero, a adj. **1** Relativo al rock (estilo musical). ◆ adj. y s. **2** Se dice de la persona a la que le gusta mucho el rock. **3** Que canta o forma parte de un grupo de música rock.

rococó s.m. Estilo arquitectónico y decorativo surgido en Francia en el siglo XVIII.

rocoso, a adj. Lleno de rocas.

rodaballo s.m. Pez marino de cuerpo plano y casi circular, con los dos ojos en el lado izquierdo; es comestible.

rodada s.f. Señal de una rueda en una superficie.

rodado, a adj. Se dice de la circulación y del transporte sobre vehículos con ruedas.

rodaja s.f. **1** Trozo delgado y circular que se corta de un alimento. **2** Estrella de la espuela.

rodaje s.m. **1** Filmación de una película de cine. **2** Período de ajuste en el funcionamiento de un automóvil nuevo. **3** Fam. Período en que se aprende algo.

rodamiento s.m. Dispositivo mecánico para reducir el rozamiento entre dos piezas que giran; consta de dos cilindros con bolas en medio que giran libremente.

rodapié s.m. Banda que se coloca en la parte baja de la pared como protección o decoración.

rodar (11) v.intr. **1** Dar vueltas un cuerpo alrededor de su eje. **2** Caer dando vueltas por una pendiente. **3** Moverse por medio de ruedas. **4** Ir de un sitio para otro. ◆ v.tr. **5** Grabar una película.

rodear v.tr. **1** Estar algo alrededor de una persona o cosa. **2** Colocar algo alrededor de algo o de alguien. ◆ v.tr. e intr. **3** Andar o ir alrededor de un lugar. ◆ v.intr. **4** Ir por un camino que no es el más corto. ◆ v.tr. e intr. **5** Explicar de forma poco directa. ◆ v.tr. **6** AMÉR Reunir el ganado disperso. ◆ **rodearse** v.prnl. **7** Llegar a tener determinadas personas o cosas a su alrededor.

rodeo s.m. **1** Camino que no es el directo y resulta más largo. **2** Explicación o modo de hacer poco claro o poco directo. **3** Espectáculo en el que se montan caballos y toros salvajes.

rodilla s.f. **1** Parte de la pierna constituida por la articulación que une el fémur y la tibia y por otras partes blandas. **2** Parte externa delantera de esta articulación. **3** Articulación de los cuadrúpedos que une el antebrazo y la caña.

rodillazo s.m. Golpe dado con la rodilla.

rodillera s.f. **1** Pieza que se pone en la rodilla como defensa o adorno. **2** Remiendo o parche que se pone en el pantalón a la altura de la rodilla.

rodillo s.m. **1** Utensilio de cocina cilíndrico, de madera y con un mango a cada lado que sirve para extender una masa. **2** Instrumento cilíndrico de distintos mecanismos.

rodio s.m. Elemento químico de símbolo Rh y número atómico 45; es un metal.

rododendro s.m. Arbusto de hojas fuertes y persistentes y flores sonrosadas o de color púrpura, que crece en alta montaña.

rodríguez s.m. Fam. ESP Hombre que debido a su trabajo está solo en casa mientras su mujer e hijos están de vacaciones.

roedor, ra adj. y s.m. **1** Se dice del animal mamífero, de pequeño tamaño, que tiene los incisivos preparados para roer. ◆ **roedores** s.m.pl. **2** Grupo taxonómico, con categoría de orden, constituido por estos animales.

roer (41) v.tr. **1** Raspar con los dientes una cosa arrancando parte de ella. **2** Gastar poco a poco. **3** Atormentar o causar preocupación persistente.

rogar (11) v.tr. Solicitar o pedir por favor.

rojizo, a adj. Que tiene un tono rojo.

rojo, a s.m. y adj. **1** Color como el de la sangre. ◆ adj. **2** Que es de este color. ◆ adj. y s. **3** Fam. Que tiene una ideología de izquierdas.

rol (pl. roles) s.m. **1** Parte de una obra de teatro o de una película que es representada por un actor. **2** Función que una persona desempeña en una situación.

rollizo, a adj. Que está grueso y fuerte.

rollo s.m. **1** Objeto de forma cilíndrica. **2** Película fotográfica o de película enrollada. **3** Fam. ESP Persona o cosa pesada o desagradable. **4**

Fam. ESP Cuento o historia falsa. **5** Fam. ESP Asunto o tema sobre el que se trata. **6** Comida o alimento al que se le da una forma cilíndrica.

ROM s.f. Sigla de la expresión inglesa **Read Only Memory** ('memoria de solo lectura'), memoria de un ordenador que se puede leer pero no modificar. □ También memoria ROM.

romana s.f. Balanza de brazos desiguales.

romance s.m. **1** Estrofa característica de los siglos XIV y XV, que consta de un número indeterminado de versos octosílabos con rima asonante en los pares y libre en los impares. **2** Género literario constituido por este tipo de composiciones. **3** Relación amorosa o sexual pasajera. ◆ **adj. y s.m. 4** Se dice de la lengua que deriva del latín.

romancero, a s.m. **1** Colección o conjunto de romances. ◆ **s. 2** Persona que canta romances.

romancillo s.m. Romance formado por versos de arte menor.

romaní (pl. romaníes) **adj. 1** Argot. Gitano. ◆ **s.m. y adj. 2** Lengua del pueblo gitano español.

románico, a s.m. **1** Estilo artístico de los siglos XI al XIII; se caracteriza, en arquitectura, por el empleo del arco de medio punto y la bóveda de cañón; y en pintura y escultura, por las representaciones religiosas antinaturalistas. ◆ **adj. 2** Se dice de la lengua que procede del latín.

romanización s.f. Difusión o adopción de la civilización romana o de su lengua.

romanizar v.tr. Extender las características de la civilización romana o de su lengua.

romano, a adj. y s. **1** De Roma (capital de Italia). **2** De la antigua Roma. ◆ **adj. 3** Relativo a la religión católica.

romanó s.m. Romaní

romanticismo s.m. **1** Movimiento cultural, ideológico y artístico desarrollado en Europa y América entre fines del siglo XVIII hasta mediados del XIX. □ Se escribe normalmente con mayúscula inicial. **2** Tendencia a dar excesiva importancia a los sentimientos y a la imaginación.

romántico, a adj. **1** Relativo al Romanticismo. ◆ **adj. y s. 2** Que sigue las tendencias del Romanticismo. ◆ **adj. 3** Que da excesiva importancia a los sentimientos y a la imaginación.

romanza s.f. Composición musical instrumental de carácter sencillo y tierno.

rombo s.m. **1** Paralelogramo con ángulos opuestos iguales (dos obtusos y dos agudos). ◆ **rombos** s.m.pl. **2** Palo de la baraja francesa que se representa con uno o varios rombos rojos.

romboedro s.m. Cuerpo geométrico de seis caras en forma de rombo.

romboide s.m. Paralelogramo cuyos lados opuestos son iguales.

romería s.f. **1** Peregrinación que hace un grupo de personas para visitar un lugar donde hay un santo o una virgen. **2** Fiesta popular, en torno a una ermita o santuario, que se celebra el día de la festividad de un santo. **3** Grupo numeroso de gente que acude a un lugar.

1. **romero** s.m. Planta muy olorosa de hojas pequeñas y flores pequeñas azules o blancas.

2. **romero, a** adj. y s. Participante en una romería.

romo, a adj. **1** Que no tiene punta o que no la tiene aguda. **2** De nariz pequeña y achatada.

rompecabezas s.m. **1** Juego que consiste en componer una figura dividida en piezas pequeñas. **2** Acertijo de difícil solución.

rompecorazones adj. y s.m. y f. Que enamora con facilidad a muchas personas que finalmente acaban tristes por no ser correspondidas.

rompeolas s.m. Muro que se construye en los puertos para protegerlos de la fuerza del agua.

romper v.tr. **1** Partir una cosa en trozos irregulares de modo violento. **2** Separar violentamente dos cosas que estaban unidas. **3** Estropear algo. **4** Hacer una abertura o una raja. **5** Interrumpir la continuidad de algo. **6** Ir contra una ley, una norma o una tendencia. ◆ **v.intr. 7** Empezar una acción repentinamente. ◆ **v.tr. e intr. 8** Dejar un compromiso o una relación. ◆ **v.intr. 9** Deshacerse en espuma las olas del mar. **OBS** Participio: **roto**.

rompiente s.m. Lugar donde el agua del mar o de un río rompe y se levanta.

ron s.m. Bebida alcohólica obtenida por destilación de una mezcla de caña de azúcar y melazas.

roncar v.intr. **1** Hacer un ruido bronco al respirar mientras se duerme. **2** Gritar el gamo en celo.

roncha s.f. Bulto de color rojo en la piel a causa de una picadura o por una enfermedad.

ronco, a adj. **1** Se dice del sonido áspero y bronco. **2** Que padece ronquera.

ronda s.f. **1** Recorrido fijo que sigue un grupo de personas que vigila un lugar. **2** Grupo de personas que realiza un recorrido fijo por un lugar para vigilarlo. **3** ESP Paseo o calle que rodea una ciudad o una parte de ella. **4** Distribución de tabaco o bebida a un grupo de personas. **5** En algunos juegos de naipes, vuelta o suerte de todos los jugadores. **6** Conjunto de personas que se reúnen por la noche para tocar y cantar por las calles. **7** Carrera ciclista que se hace por etapas. **8** CH Juego del corro.

rondalla s.f. ESP, MÉX Ronda (personas que cantan).

rondar v.tr. e intr. **1** Circular por un lugar para vigilarlo. **2** Pasear de noche por las calles. **3** Reunirse por la noche para tocar y cantar por las calles. ◆ **v.intr. 4** Estar cerca o alrededor. **5** Andar cerca de una persona para conseguir un provecho o un favor.

ronquera s.f. Voz ronca que se produce debido a una afección en la laringe.

ronquido s.m. Ruido ronco que se produce al respirar mientras se duerme.

ronronear v.intr. **1** Emitir un ronroneo. **2** Emitir un motor un ruido parecido a los ronquidos.

ronroneo s.m. Sonido parecido a un ronquido que emite el gato cuando está contento o satisfecho.

roña s.f. **1** Suciedad grasienta que se acumula en una superficie. **2** Orín de los metales. **3** Enfermedad de diversos vegetales producida por hongos. ◆ adj. y s.m. y f. **4** Fam. Se dice de la persona que se resiste a gastar el dinero. **5** Fam. CUBA Sentimiento de irritación y enojo. **6** Fam. VENEZ Pereza o lentitud para hacer una tarea o trabajo. **7** Fam. VENEZ Erupción cutánea. **8** Fam. VENEZ Avería o desperfecto de un aparato mecánico.

roñoso, a adj. **1** Que tiene suciedad fuertemente pegada. **2** Oxidado o cubierto de óxido. ◆ adj. y s. **3** Fam. Roña (persona).

ropa s.f. Conjunto de prendas de tela, especialmente las de vestir. ◇ **ropa blanca** Ropa de uso doméstico como sábanas, toallas, manteles, etc. ◇ **ropa interior** Ropa que se coloca encima de la piel y debajo de las prendas que se ven exteriormente.

ropaje s.m. **1** Conjunto de prendas de tela, especialmente las de vestir. **2** Prenda de vestir lujosa o propia de una autoridad.

ropero s.m. **1** Armario o habitación donde se guarda la ropa. **2** Conjunto de prendas de vestir de una persona.

roque adj. Fam. ESP Que está dormido.

roqueda s.f. Lugar en que hay muchas rocas.

roquefort s.m. Queso de oveja de sabor y olor fuertes y color blanco y verdoso.

rosa s.f. **1** Flor del rosal. **2** Mancha redonda de color rosado que sale a veces en el cuerpo. ◆ s.m. y adj. **3** Color que resulta de mezclar el rojo con el blanco. ◆ adj. **4** Que es de este color. ◇ **rosa de los vientos** Figura circular que tiene marcadas alrededor las 32 partes en que se divide la vuelta al horizonte.

rosáceo, a adj. De color parecido al rosa.

rosado, a adj. **1** Que tiene un tono rosa. ◆ s.m. **2** Vino de color rosáceo, más claro y suave que el tinto.

rosal s.m. Planta de tallo ramoso y con espinas que produce rosas.

rosario s.m. **1** Sarta de cuentas separadas de diez en diez para rezar. **2** Oración de los cristianos que se reza con ese objeto en la que se recuerdan los misterios de la Virgen y de la vida de Jesucristo. **3** Reunión de personas para rezar esa oración. **4** Serie larga de cosas o personas.

rosbif s.m. Carne de vaca asada ligeramente.

rosca s.f. **1** Objeto redondo con un agujero en el centro. **2** Relieve helicoidal del tornillo, la tuerca y otros objetos cilíndricos. **3** Figura que forma un círculo con un agujero en el centro. **4** Espacio de un arco delimitado por el trasdós y el intradós. ◇ **no comerse una rosca** Fam. ESP No conseguir lo que se desea, especialmente en asuntos amorosos. ◇ **pasarse de rosca** No sujetarse un tornillo o una tuerca por estar desgastado. — Ir más allá de lo debido en lo que se dice o se hace.

rosco s.m. **1** ESP Bollo de forma redonda con un agujero en el centro. **2** Fam. ESP Calificación de cero en una prueba o examen.

roscón s.m. Bollo grande de forma redonda y con un agujero en el centro.

roseta s.f. **1** Mancha de color rosado que sale en las mejillas. **2** Anillo o pendiente con una piedra preciosa rodeada de otras más pequeñas.

rosetón s.m. **1** Ventana o vano de forma circular que tiene una vidriera calada y adornada. **2** Adorno de forma circular que se coloca en el techo en forma de una flor. **3** Flor que decora el capitel corintio y compuesto.

rosquilla s.f. Dulce pequeño de forma redonda y con un agujero en el centro.

rostro s.m. **1** Parte anterior de la cabeza de las personas en la que están la boca, la nariz y los ojos. **2** Fam. Falta de vergüenza o descaro al actuar. **3** Pico del ave.

rotación s.f. **1** Acción que consiste en ir alternando la actuación o secuencia de una persona o una cosa en un lugar. **2** Movimiento giratorio de un cuerpo alrededor de su eje.

rotar v.intr. **1** Rodar (dar vueltas). ◆ v.tr. e intr. **2** Alternar de forma sucesiva un trabajo o una función con otra.

rotativa s.f. Máquina que imprime los ejemplares de un periódico con movimiento continuo y a gran velocidad.

rotatorio, a adj. Que tiene un movimiento circular.

roto, a **1** Participio irregular de **romper**. ◆ adj. **2** Partido en trozos irregulares. **3** Que no sirve, no funciona o no se puede usar. ◆ s.m. **4** ESP Desgarrón en la ropa o en cualquier tejido. **5** CH Persona de la clase social más baja. **6** MÉX Petimetre, especialmente el que acompaña su elegancia con gestos ostentosos.

rotonda s.f. **1** Plaza redonda alrededor de la cual circulan los vehículos. **2** Habitación, cenador o edificio de planta circular, especialmente si tiene cúpula.

rotor s.m. **1** Pieza de una máquina electromagnética que gira dentro de un elemento fijo. **2** Parte giratoria de las hélices y turbinas.

rótula s.f. **1** Hueso redondo situado en la parte anterior de la rodilla. **2** Pieza que une otras dos y permite que se muevan.

rotulador s.m. ESP Útil de escritura con tinta especial y punta generalmente de fieltro. **GEOSIN** marcador, plumón.

rotular v.tr. Poner un rótulo.

rótulo s.m. **1** Mensaje o texto que se pone en un lugar público. **2** Título que se coloca al comienzo de un capítulo o de un escrito.

rotundo, a adj. **1** Definitivo, seguro. **2** Claro y sonoro.

rotura s.f. **1** Separación de una cosa en trozos irregulares de manera violenta. **2** Abertura, grieta o agujero en alguna superficie.

roturar v.tr. Arar las tierras por primera vez.

roulotte s.f. ESP Vehículo con motor propio o remolcado por un automóvil que está acondicionado para vivir en él. **GEOSIN** caravana, casa rodante.
OBS Pronunc. aprox. 'rulot'.

round s.m. Cada uno de los asaltos o enfrentamientos en que se divide un combate de boxeo.
OBS Pronunc. aprox. 'raun'.

royalty (pl. royalties) s.m. Derecho que debe pagarse al titular de una patente por utilizarla comercialmente.
OBS Pronunc. 'royalti'.

rozadura s.f. **1** Herida superficial en la piel. **2** Señal producida por un roce en una superficie.

rozamiento s.m. **1** Fuerza que se opone al movimiento de un cuerpo sobre una superficie. **2** Desgaste que se produce al tocarse dos superficies en movimiento.

rozar v.tr. e intr. **1** Tocarse dos cosas cuando una de ellas o ambas están en movimiento. ◆ v.tr. **2** Desgastar al juntar dos superficies. **3** Desbrozar la tierra. ◆ **rozarse** v.prnl. **4** Tener trato o relación dos o más personas.

r.p.m. Abreviatura de **revoluciones por minuto**.

Rte. Abreviatura de **remitente**, persona que envía por correo una carta o un paquete.

rúa s.f. ESP Calle de un pueblo o una población.

ruana s.f. AMÉR SUR Poncho abierto por delante.

rubeola o **rubéola** s.f. Enfermedad que provoca fiebre, dolor de garganta, inflamación de los ganglios y aparición de granos rojos.

rubí (pl. rubíes) s.m. Piedra preciosa de color rojo que se usa como adorno en joyería.

rubicundo, a adj. Rojizo, especialmente referido a una persona.

rubidio s.m. Elemento químico de símbolo Rb y número atómico 37; es un metal.

rubio, a s.m. y adj. **1** Color amarillo parecido al oro. ◆ adj. **2** Que es de este color. ◆ adj. y s. **3** Se dice de la persona que tiene el cabello de este color. ◆ adj. y s.m. **4** Se dice del tabaco de sabor suave y generalmente con alto contenido en nicotina. ◆ s.m. **5** Pez marino de color rosado y carne muy sabrosa.

rublo s.m. Unidad monetaria de Rusia.

rubor s.m. **1** Color rojo que aparece en la cara en determinadas circunstancias, generalmente por vergüenza. **2** Vergüenza que se puede notar. **3** ARG, MÉX Maquillaje que se aplican las mujeres en las mejillas para avivar el color.

ruborizarse v.prnl. **1** Ponerse roja la cara por vergüenza. **2** Tener o sentir vergüenza.

ruboroso, a adj. **1** Que muestra rubor. **2** Que tiene facilidad para sentir rubor.

rúbrica s.f. Trazo que forma parte de una firma y se hace encima o alrededor del nombre.

rubricar v.tr. **1** Poner la firma. **2** Formal. Asegurar o certificar que una cosa es cierta.

rucio, a adj. y s. Se dice del animal de color pardo o canoso.

rudeza s.f. Cualidad de rudo.

rudimentario, a adj. Sencillo o elemental.

rudimento s.m. **1** Formal. Embrión o estado primitivo de un ser vivo. **2** Parte de un ser vivo que no está completamente desarrollada. ◆ **rudimentos** s.m.pl. **3** Primeros estudios o experiencias en una ciencia o profesión.

rudo, a adj. **1** Poco delicado en el trato y en el comportamiento. **2** Que tiene escasa formación cultural. **3** Violento y duro.

rúe s.f. Fam. ESP Calle (vía pública).

rueca s.f. Instrumento para hilar con una vara larga en cuyo extremo se coloca la lana.

rueda s.f. **1** Objeto de forma circular que puede girar sobre un eje. **2** Círculo formado por personas. **3** Trozo circular que se corta de una fruta o de un alimento sólido. ◇ **sobre ruedas** Fam. Muy bien, sin problemas.

ruedo s.m. **1** Zona central de la plaza de toros en la cual se torea. **2** Círculo formado por personas o cosas que rodean a algo. **3** Contorno de una cosa redonda.

ruego s.m. Deseo o petición que se expresa mediante palabras.

rufián s.m. Hombre que engaña y estafa.

rugby s.m. Deporte que se juega entre dos equipos de 15 jugadores y que consiste en llevar un balón ovalado más allá de una línea protegida por el contrario o en meterlo en su meta.

rugido s.m. **1** Voz característica de un animal salvaje. **2** Grito de una persona enfadada. **3** Ruido fuerte y grave del mar o el viento.

rugir v.intr. **1** Emitir rugidos un animal salvaje, especialmente el león. **2** Dar fuertes gritos. **3** Hacer un ruido fuerte y grave el mar o el viento.

rugosidad s.f. Cualidad de rugoso.

rugoso, a adj. Que tiene arrugas o asperezas.

ruibarbo s.m. **1** Planta herbácea de hojas grandes, flores amarillas o verdosas y fruto seco. **2** Raíz de esta planta.

ruido s.m. **1** Sonido confuso, desagradable y generalmente fuerte. **2** Sonido que rompe la tranquilidad y produce alboroto. **3** En electrónica, señal extraña que impide o dificulta una comunicación.

ruidoso, a adj. **1** Que produce mucho ruido. **2** Se dice del hecho que da mucho que hablar.

ruin adj. y s.m. y f. **1** Desp. Que es despreciable y tiene mala intención. **2** Desp. Que se resiste a gastar el dinero u otras cosas.

ruina s.f. **1** Pérdida total o casi total de bienes o dinero. ◆ **ruinas** s.f.pl. **2** Restos de uno o más edificios destruidos o caídos.

ruindad s.f. **1** Característica de la persona que se comporta de forma ruin, con maldad o vileza. **2** Acción baja y ruin.

ruinoso, a adj. **1** Que amenaza ruina o destrucción. **2** Que supone ruina.

ruiseñor s.m. Pájaro con el dorso y la cabeza marrón, el vientre más claro y la cola roja.

ruleta s.f. **1** Juego de azar que consiste en lanzar una bola pequeña sobre una rueda horizontal que gira y que está dividida en 36 casillas. ◇ **ruleta rusa** Juego de azar que consiste en dispararse por turnos en la cabeza con un revólver cargado con una sola bala.

rulo s.m. **1** Cilindro pequeño y generalmente hueco que se usa para dar forma al pelo. **2** Cilindro que gira alrededor de un eje.

rumano, a adj. y s. **1** De Rumanía (país de Europa). ◆ s.m. y adj. **2** Lengua románica que se habla en Rumanía.

rumba s.f. **1** Baile típico de Cuba, de procedencia africana. **2** Canción o composición musical con que se acompaña este baile. **3** Estilo musical de ritmo rápido y carácter alegre mezcla de la música flamenca y los ritmos afrocubanos. □ También rumba flamenca.

rumbo s.m. **1** Dirección que se sigue para llegar a un lugar. **2** Línea en un mapa para señalar la dirección que debe seguir una embarcación. **3** Dirección que sigue una embarcación.

rumen s.m. Cavidad que, junto con otras tres, forma el estómago de los rumiantes.

rumiante adj. y s.m. **1** Se dice del animal mamífero que se alimenta de vegetales, tragándolos y devolviéndolos después a la boca para masticarlos. ◆ **rumiantes** s.m.pl. **2** Grupo taxonómico, con categoría de suborden, constituido por estos animales.

rumiar (1d) v.tr. **1** Masticar por segunda vez un alimento que vuelve desde el estómago. **2** Fam. Considerar o pensar con cuidado. ◆ v.intr. **3** Fam. Emitir voces confusas o palabras mal articuladas en señal de enfado o desagrado.

rumor s.m. **1** Comentario o noticia no verificada que corre entre la gente. **2** Ruido confuso de voces. **3** Ruido sordo y continuado.

rumorearse v.prnl. Correr un rumor.

runrún s.m. **1** Murmullo continuado y bronco. **2** Fam. Noticia o rumor que circula.

rupestre adj. Se dice del arte prehistórico, surgido en el paleolítico superior (entre los años 30 000 y 10 000 a. C., aproximadamente).

rupia s.f. Unidad monetaria de la India, Indonesia, Pakistán y otros países.

ruptura s.f. Fin o interrupción.

rural adj. **1** Relativo al campo y a las labores propias de la agricultura y la ganadería. **2** Que muestra gustos o costumbres del campo.

ruso, a adj. y s. **1** De Rusia (país de Europa y Asia). ◆ s.m. y adj. **2** Lengua hablada en Rusia.

rústico, a adj. **1** Rural. **2** Que tiene malos modos o que es poco delicado. ◆ s.m. **3** Hombre del campo. ◇ **en rústica** Referido a un libro, encuadernado con papel o cartulina.

ruta s.f. **1** Camino establecido para un viaje. **2** Camino o dirección que se toma para conseguir una cosa. ◇ **en ruta** En la carretera.

rutenio s.m. Elemento químico de símbolo Ru y número atómico 44; es un metal.

rutherfordio s.m. Elemento químico de símbolo Rf y número atómico 104.

rutina s.f. **1** Hábito de hacer algo maquinalmente. **2** Habilidad aprendida por la práctica.

rutinario, a adj. **1** Que se hace por rutina. **2** Se dice de la persona o animal que hace las cosas siempre de la misma manera.

S

s s.f. Vigésima letra del alfabeto español; su nombre es ese.

s. **1** Abreviatura de **siglo**. **2** Abreviatura de **segundo**. **3** Abreviatura de **san** y **santo**.

S. A. Sigla de **sociedad anónima**.

sábado s.m. Sexto día de la semana.

sabana s.f. **1** Llanura extensa característica de las regiones con clima tropical de África, América del Sur y el noroeste de Australia, cuya vegetación está compuesta principalmente por arbustos, hierbas altas y árboles aislados. **2** Formación vegetal que se da en esta llanura.

sábana s.f. Pieza de tela fina que se pone en la cama.

sabandija s.f. **1** Reptil o insecto pequeño. **2** Persona despreciable.

sabanilla s.f. CH Tejido de lana fina a modo de colcha.

sabañón s.m. Bulto rojo que sale en manos, pies y orejas a causa del frío y produce picor.

sabático, a adj. **1** Relativo al sábado. **2** Se dice del año que se dedica al descanso o a una actividad diferente de la habitual.

sabelotodo adj. y s.m. y f. Fam. y desp. Se dice de la persona que presume de sabio sin serlo. **OBS** Invariable en número.

1. **saber** (42) v.tr. **1** Tener conocimiento o información de una cosa. **2** Tener capacidad o habilidad para hacer una cosa. ◆ v.intr. **3** Tener sabor. **4** Ser muy inteligente y rápido de mente.

2. **saber** s.m. **1** Conocimiento profundo de una materia, ciencia o arte. **2** Ciencia o conjunto de conocimientos.

sabiduría s.f. **1** Capacidad de pensar y de considerar las situaciones y circunstancias distinguiendo lo positivo de lo negativo. **2** Conocimiento profundo en ciencias, letras o artes.

sabiendas ◇ **a sabiendas** loc. Con conocimiento del resultado o de las consecuencias.

sabihondo, a o **sabiondo, a** adj. y s. Fam. y desp. Sabelotodo.

sabina s.f. Arbusto conífero de hojas pequeñas y fruto de color negro o rojizo.

sabio, a adj. **1** Que demuestra o contiene sabiduría. ◆ adj. y s. **2** Que posee muchos conocimientos adquiridos a fuerza de estudio. **3** Que tiene sabiduría.
OBS Superlativo: **sapientísimo**.

sablazo s.m. **1** Corte hecho con un sable. **2** Fam. Acción de conseguir dinero pidiéndolo con habilidad y sin intención de devolverlo.

sable s.m. Arma blanca parecida a la espada, curvada y afilada solamente por un lado.

sabor s.m. **1** Propiedad de un cuerpo de producir sensaciones en el órgano del gusto. **2** Sensación que producen esos cuerpos en el órgano del gusto. **3** Impresión que una cosa produce en el ánimo. ◇ **mal sabor de boca** Mal recuerdo de una cosa.

saborear v.tr. **1** Reconocer con agrado y detenimiento el sabor de algo. **2** Disfrutar con detenimiento de una cosa que agrada.

sabotaje s.m. Daño que se hace intencionadamente en servicios como forma de lucha contra los organismos que los dirigen.

sabotear v.tr. Realizar actos de sabotaje.

sabroso, a adj. **1** Que tiene un sabor agradable. **2** Interesante o sustancioso.

sabueso adj. y s.m. **1** Se dice del perro que es de tamaño grande y que, por su vista y olfato, es adecuado para la caza. ◆ s.m. **2** Persona que investiga o que tiene especial capacidad para ello.

saca s.f. Saco grande de tela fuerte para transportar cosas.

sacabocados s.m. Instrumento con boca hueca para taladrar superficies de poco espesor.

sacacorchos s.m. Utensilio para sacar el corcho que cierra una botella.

sacapuntas s.m. Utensilio para sacar punta a los lápices.

sacar v.tr. **1** Extraer una cosa del interior de otra. **2** Conseguir una cosa de una persona con esfuerzo y trabajo o con violencia. **3** Echar hacia adelante. **4** Poner en circulación algo o darlo a conocer. **5** Comprar una entrada o billete. **6** Retirar el dinero de un banco o negocio. **7** En algunos deportes, poner en juego la pelota dándole el primer impulso. **8** Quitar o apartar de un sitio o de una situación. **9** Averiguar o descubrir algo.

sacarina s.f. Sustancia o producto de sabor muy dulce que se usa en sustitución del azúcar.

sacarosa s.f. Glúcido disacárido formado por una molécula de glucosa y otra de fructosa.

sacerdocio s.m. **1** Cargo, estado y ejercicio del sacerdote. **2** Dedicación a una profesión o un trabajo con gran empeño y fidelidad.

sacerdotal adj. Relativo al sacerdote.

sacerdote s.m. **1** Hombre que dedica su vida a alguna divinidad y dirige los servicios religiosos. **2** Hombre de la religión católica, ortodoxa y anglicana que ha sido ordenado para administrar los sacramentos y decir misa.

sacerdotisa s.f. Mujer que dedica su vida a alguna divinidad y dirige los servicios religiosos.

saciar (1d) v.tr. Satisfacer un deseo o apetito, ya sea de tipo material o de tipo espiritual.

saciedad s.f. Sensación que se produce cuando se satisface con exceso el deseo de una cosa.

saco s.m. **1** Bolsa generalmente grande, de tela u otro material flexible, de forma alargada y abierta por uno de los extremos. **2** Material contenido en una bolsa de ese tipo. **3** Órgano en un ser vivo que tiene forma de bolsa y contiene generalmente un fluido. **4** AMÉR Chaqueta de vestir de tejido fuerte, con solapas, abierta por delante y con botones. **GEOSIN** americana, leva, vestón. ◇ **saco de dormir** Saco que se usa para dormir dentro de él al aire libre o en tiendas de campaña. ◇ **saco de huesos** Fam. Persona delgada. ◇ **saco de pingüino** CH, MÉX, P RICO, PAN Frac. ◇ **saco leva** COL Saco de pingüino.

sacralizar v.tr. Dar o atribuir carácter sagrado.

sacramental adj. Relativo a los sacramentos.

sacramento s.m. Signo material que en el cristianismo simboliza la relación entre una persona y Jesucristo.

sacratísimo, a adj. Superlativo de sagrado.

sacrificar v.tr. **1** Ofrecer sacrificios. **2** Matar las reses en el matadero. **3** Perjudicar algo o a alguien para conseguir un fin beneficioso. ◆ **sacrificarse** v.prnl. **4** Hacer algo que no gusta o renunciar a una cosa para beneficiar a alguien o para obtener algo.

sacrificio s.m. **1** Ofrecimiento a un dios en señal de obediencia o para pedir su favor. **2** Acción que se hace por obligación, necesidad o altruismo. **3** Esfuerzo o dolor que se sufre por un ideal o un sentimiento. **4** En la religión cristiana, acto de la misa en el que el sacerdote transforma el pan y el vino en el cuerpo y la sangre de Cristo, en virtud del sacramento de la eucaristía.

sacrilegio s.m. Falta de respeto hacia una persona, cosa o lugar sagrados.

sacrílego, a adj. **1** Relativo al sacrilegio o que lo contiene. ◆ adj. y s. **2** Que falta al respeto debido hacia una persona, cosa o lugar sagrados.

sacristán, na s. Persona que se dedica a cuidar de los adornos y la limpieza de la iglesia.

sacristía s.f. Lugar en las iglesias donde se visten los sacerdotes y están guardados los objetos que se usan en las ceremonias religiosas.

sacro, a adj. **1** Formal. Sagrado. ◆ s.m. y adj. **2** Hueso formado por cinco vértebras soldadas en el extremo inferior de la columna vertebral y que forma la parte posterior de la pelvis. ◆ adj. **3** Relativo a este hueso.

sacrosanto adj. Formal. Que reúne las cualidades de sagrado y santo.

sacudida s.f. **1** Movimiento violento. **2** Impresión fuerte que recibe una persona.

sacudir v.tr. **1** Mover violentamente algo de un lado a otro. **2** Golpear o agitar en el aire una cosa generalmente para quitarle el polvo o la suciedad. **3** Fam. Golpear o dar golpes. ◆ **sacudirse** v.prnl. **4** Quitarse de encima una cosa o a una persona pesada.

sádico, a adj. **1** Relativo al sadismo. ◆ adj. y s. **2** Que siente placer sexual causando daño o dolor físico a otro.

sadismo s.m. **1** Práctica sexual en la que se experimenta placer causando dolor físico. **2** Crueldad con la que se trata a alguien o se aborda algo.

sado-maso adj. Relativo al sadomasoquismo.

sadomasoquismo s.m. Tendencia o inclinación sexual que consiste en obtener placer mediante el dolor o el sufrimiento físico o psíquico que se provoca a la pareja o se recibe de ella.

saeta s.f. **1** Formal. Flecha (proyectil). **2** Manecilla de un reloj o de otro instrumento parecido. **3** Canción religiosa propia de Andalucía, de tono triste y dramático, que se canta sin acompañamiento de instrumentos, especialmente en la Semana Santa.

safari s.m. Expedición en la que se trata de cazar animales de gran tamaño, especialmente en África.

saga s.f. **1** Narración de la historia de una familia a lo largo de varias generaciones. **2** Dinastía familiar. **3** Leyenda poética basada en las antiguas tradiciones heroicas y mitológicas.

sagacidad s.f. Cualidad de sagaz.

sagaz adj. **1** Que es hábil e inteligente y se da cuenta de lo que puede ocurrir. **2** Se dice del perro experto en levantar la caza.

sagitario adj. y s.m. y f. Nacido entre el 23 de noviembre y el 21 de diciembre, tiempo en que el Sol, visto desde la Tierra, recorre Sagitario, noveno signo del Zodiaco.

OBS Se escribe normalmente con mayúscula inicial. Invariable en número.

sagrado, a adj. **1** Que está dedicado al culto religioso. **2** Digno de respeto y adoración y no puede ser profanado o puesto en duda, por estar relacionado con la divinidad. **3** Que ha de ser respetado y no puede ser transgredido o dañado. **OBS** Superlativo: **sacratísimo.**

sagrario s.m. **1** Urna o mueble donde se guardan las hostias consagradas. **2** Lugar del interior de una iglesia en el que se guardan las cosas sagradas. **3** Capilla parroquial con que cuentan algunas catedrales.

saharaui adj. y s.m. y f. Sahariano.

sahariano, a adj. y s. Del Sáhara (desierto y territorio del norte de África).

sahumar (1h) v.tr. Esparcir humo aromático.

sahumerio s.m. **1** Acción de sahumar. **2** Humo con que se sahúma. **3** Sustancia que se quema y sirve para sahumar.

sainete s.m. Pieza dramática en un acto, de carácter satírico, cómico y popular, que se representaba como intermedio o final de una función teatral.

sajar v.tr. Hacer un corte en la carne como forma de curación.

sajón, na adj. y s. **1** De un antiguo pueblo germánico del norte de la actual Alemania que invadió territorios del Imperio romano (a partir del siglo III d. C.) y Gran Bretaña. **2** De Sajonia (región de Alemania).

sake s.m. Bebida alcohólica que se obtiene a partir de la fermentación del arroz.

sal s.f. **1** Sustancia blanca cristalina soluble en agua que se usa para dar sabor a los alimentos. □ También sal común. **2** Elegancia o gracia en el movimiento. **3** Capacidad de pensar y hacer o decir con facilidad cosas divertidas y graciosas. **4** Persona o cosa divertida que rompe la seriedad o el aburrimiento. **5** Sustancia que se forma al reaccionar un ácido con una base.

sala s.f. **1** Habitación principal de una casa donde generalmente se reciben las visitas. **2** Conjunto de muebles de esa habitación. **3** Habitación de grandes dimensiones. **4** Habitación destinada a un uso determinado. **5** Local donde se reúne un tribunal de justicia para celebrar audiencia. **6** Conjunto de jueces que forman un tribunal. **7** Local destinado a un espectáculo.

salacot (pl. salacots) s.m. Sombrero muy ligero hecho generalmente con un tejido de tiras de caña, con la copa de forma semiesférica y rígida.

salado, a adj. **1** Se dice del alimento que tiene sal. **2** Se dice del alimento que tiene demasiada sal. **3** Se dice de la persona que es aguda, viva y tiene gracia. **4** AMÉR Se dice de la persona que tiene mala suerte. **5** Fam. ARG, CH, PAR, URUG Se dice de la mercancía que es muy cara. **6** MÉX Se dice de la persona que es víctima de un maleficio. ◆ s.m. **7** Operación que consiste en poner sal a un alimento para su conservación.

salamandra s.f. Anfibio de piel lisa, cola larga y cuatro extremidades, parecida a la lagartija, que habita en bosques húmedos.

salamanqués, sa adj. y s. Salmantino.

salamanquesa s.f. Reptil pequeño de cuerpo gris, cabeza y ojos grandes, piel granulosa, cuatro patas de dedos anchos con los que se agarra a las paredes y la cola larga.

salami s.m. Embutido parecido al salchichón, elaborado con carne de vaca y cerdo mezcladas y muy picadas.

salar v.tr. **1** Poner sal a los alimentos para que se conserven o darles más sabor. **2** Echar a un alimento más sal de la necesaria. **3** C RICA, COL Provocar mala suerte a una persona. **4** C RICA, GUAT, NIC, P RICO, PERÚ Echar a perder a una persona o cosa, o malograr o impedir el desarrollo de algo.

salarial adj. Relativo al salario.

salario s.m. Dinero que se recibe por un servicio o un trabajo, especialmente manual.

salazón s.f. **1** Operación de poner sal a un alimento para su conservación. **2** Industria que sala alimentos para su conservación. **3** Fam. AMÉR CENTRAL, CUBA Mala suerte de una persona. ◆ **salazones** s.f.pl. **4** Conjunto de carnes y pescados conservados con sal.

salchicha s.f. Embutido pequeño y alargado hecho de carne cruda y picada y con especias.

salchichón s.m. Embutido curado de forma alargada hecho con carne, tocino y pimienta en grano que se come frío.

saldar v.tr. **1** Pagar completamente una deuda o una cuenta. **2** Dar algo por terminado. **3** Vender a un precio muy bajo las mercancías de un comercio para agotarlas.

saldo s.m. **1** Acción de saldar mercancías. **2** Conjunto de las mercancías de un comercio que se venden a un precio más bajo de lo normal. □ Suele usarse en plural con valor singular. **3** Estado de una cuenta corriente, en cuanto al dinero que hay en ella. **4** Resultado final a favor o en contra de un asunto.

salero s.m. **1** Recipiente que se usa para guardar la sal y servirla. **2** Fam. ESP Elegancia o gracia en el movimiento.

saleroso, a adj. y s. ESP Salado (persona aguda, viva y que tiene gracia).

salesa adj. y s.f. Se dice de la religiosa perteneciente a la orden de la Visitación de Nuestra Señora.

salesiano, a adj. y s. Relativo a las congregaciones religiosas fundadas por san Juan Bosco en el siglo XIX, que se dedican a la enseñanza.

salicílico, a adj. Se dice del ácido desinfectante extraído de la corteza del sauce y empleado en medicina, especialmente como analgésico.

salida s.f. **1** Acción de pasar del interior de un lugar al exterior. **2** Acción de irse de un lugar. **3** Parte por donde se pasa del interior de un lugar al exterior. **4** Excursión o viaje. **5** Lugar o punto en el que comienza una carrera en distintos deportes. **6** Aparición de un cuerpo celeste. **7** Solución o medio para vencer una adversidad. **8** Cosa ocurrente que se dice o se hace en un momento determinado. **9** Acción y resultado de vender una mercancía. ◆ **salidas** s.f.pl. **10** Posibilidades profesionales que ofrecen los estudios. ◇ **salida de tono** Cosa que se dice o se hace y que no resulta conveniente.

salido, a adj. **1** Que sobresale de un cuerpo más de lo normal. **2** ESP Se dice de la hembra que está en celo. ◆ adj. y s. **3** Fam. y desp. ESP Se dice de la persona que siente un gran deseo sexual.

salidor, ra adj. y s. Fam. AMÉR Aficionado a viajar o salir con frecuencia a divertirse.

saliente adj. y s.m. **1** Se dice de la parte de una cosa que sale. ◆ adj. **2** Que sobresale por su importancia.

salina s.f. **1** Cuenca propia de zonas áridas donde se acumulan sales debido a la evaporación de aguas salobres. **2** Lago o depósito poco profundo donde se forma la sal. ◆ **salinas** s.f.pl. **3** Instalación para obtener sal por evaporación.

salinidad s.f. **1** Cualidad de salino. **2** Cantidad relativa de sales disueltas en un líquido.

salinización s.f. **1** Proceso por el cual el agua dulce de un lugar se transforma en agua salina. **2** Proceso de acumulación de sal en los suelos y en el agua hasta un nivel que produce degradación e impide que crezcan plantas.

salino, a adj. **1** Que contiene sal. **2** Que tiene una característica propia de la sal.

salir (43) v.intr. y prnl. **1** Pasar del interior de un lugar al exterior. ◆ v.intr. **2** Aparecer públicamente. **3** Aparecer o dejarse ver. **4** Nacer o brotar algo. **5** Borrar o desaparecer una mancha. **6** Ocurrir u ofrecerse. **7** Ser elegido o sacado por votación o azar. **8** Terminar bien o mal una cosa. **9** Partir o irse de un lugar a otro. **10** Ir a divertirse con una persona o en grupo. **11** Mantener una relación sentimental. **12** Librarse o escapar de una situación. **13** Decir o hacer una cosa que sorprende o no se espera. **14** Corresponder una cantidad igual a diversas personas. **15** Costar una cantidad de dinero. **16** Obtener un resultado de una operación. **17** Pasar a realizar una acción, generalmente delante de un público. **18** Iniciar un juego. **19** Presentar cierto carácter o índole. **20** Tener parecido. **21** Proceder de algo. ◆ v.intr. y prnl. **22** Sobresalir una cosa de otra. ◆ **salirse** v.prnl. **23** Escaparse un líquido por una grieta o agujero. **24** Pasar un líquido por encima del borde del recipiente que lo contiene al hervir. **25** Separarse de una actitud o cesar en un cargo. ◇ **salir algo de alguien** Hacer cierta cosa espontáneamente o por voluntad propia. ◇ **salirse con la suya** Hacer una persona su voluntad contra el deseo de los demás.

salitre s.m. **1** Sustancia que contiene sal. **2** Sal de nitrógeno y potasio que se forma en el suelo por la descomposición de materias animales y vegetales. **3** CH Nitrato de sodio.

saliva s.f. Líquido transparente y acuoso que segregan las glándulas salivales. ◇ **gastar saliva** Fam. Hablar sin conseguir el fin deseado.

salivar v.intr. **1** Segregar saliva. ◆ adj. **2** Salival.

salmantino, a adj. y s. De Salamanca (ciudad y provincia de Castilla y León).

salmo s.m. Poema o canto religioso de los hebreos, dedicado generalmente a alabar a Dios.

salmodia s.f. **1** Canto eclesiástico o música con que se acompañan o recitan los salmos. **2** Fam. Canto monótono y aburrido.

salmón s.m. **1** Pez comestible que vive cerca de las costas y remonta los ríos en el período de la cría; su carne, rosada, se come ahumada o fresca. ◆ s.m. y adj. **2** Color entre rosa y naranja. ◆ adj. **3** De este color. □ Invariable en número.

salmonella s.f. Bacteria de la salmonelosis. **OBS** Pronunc. 'salmonela'.

salmonelosis s.f. Intoxicación alimentaria o infección intestinal que se produce por consumir alimentos con salmonella.

salmonete s.m. Pez marino comestible de color rojizo y con unas barbillas en la mandíbula inferior.

salmorejo s.m. **1** ESP Especie de gazpacho hecho con pan, huevo, pimiento, tomate, ajo, sal y agua. **2** ESP Salsa hecha con vinagre, aceite, sal, pimienta y algo de agua.

salmuera s.f. **1** Agua con mucha sal. **2** Líquido con sal y otros condimentos en el que se conservan pescados, carne, etc. **3** Agua que desprenden las cosas saladas. **4** Solución de sal común.

salobre adj. Que contiene sal.

salomónico, a adj. **1** Relativo a Salomón (rey de Israel del siglo X a. C.). **2** Se dice del juicio o decisión que es justa, sabia y equilibrada. **3** Se dice de la columna que tiene el fuste contorneado en espiral o en forma helicoidal.

salón s.m. **1** Habitación principal de una casa, generalmente más grande que una sala, que se suele usar para reunirse, comer o recibir visitas. **2** Conjunto de muebles de esa habitación. **3** Local grande donde se celebran actos. **4** Local donde se celebran las comidas importantes en un establecimiento hotelero. **5** Establecimiento donde se proporcionan ciertos servicios al público. **6** Exposición de productos para su venta. **7** ARG, MÉX Aula de un centro de enseñanza.

8 ECUAD Lugar en el que se venden o ingieren bebidas alcohólicas, y en el que se escucha música generalmente de estilo popular.

salpicadero s.m. ESP Tablero de mandos de un automóvil.

salpicadura s.f. **1** Acción de salpicar. **2** Mancha que produce un líquido al salpicar. ◆ **salpicaduras** s.f.pl. **3** Efecto indirecto y negativo de un hecho.

salpicar v.tr. e intr. **1** Saltar un líquido en forma de gotas pequeñas. **2** Manchar o mojar con gotas pequeñas. ◆ v.tr. **3** Esparcir sobre algo. **4** Poner elementos sueltos por un lugar, una situación o una cosa. **5** Afectar o alcanzar un asunto a alguien, generalmente de forma negativa.

salpicón s.m. **1** Plato que se elabora con pescado o marisco cocido, picado en trozos pequeños junto con otros ingredientes y aderezado todo ello con sal, vinagre, aceite y cebolla. **2** Cualquier cosa desmenuzada. **3** Salpicadura de un líquido u otra cosa semejante.

salpimentar (32) v.tr. **1** Aderezar con sal y pimienta. **2** Amenizar con agudezas e ingenio.

salsa s.f. **1** Sustancia líquida o espesa hecha con varios comestibles triturados y mezclados, para acompañar y dar sabor a las comidas. **2** Cosa que hace gracia o que anima. **3** Baile popular originario del Caribe, de ritmo rápido y alegre. **4** Canción o composición musical con que se acompaña este baile. ◇ **en su salsa** Fam. En un ambiente familiar y cómodo.

salsera s.f. Recipiente en el que se sirve salsa.

saltador, ra adj. **1** Que salta o que puede saltar. ◆ s. **2** Deportista especializado en una prueba de salto. ◆ s.m. **3** Cuerda para saltar.

saltamontes s.m. Insecto de cuerpo alargado con patas anteriores cortas y posteriores muy largas que le sirven para dar saltos.

saltar v.intr. **1** Levantarse de una superficie con un impulso para caer en el mismo lugar o en otro. **2** Tirarse desde una altura. **3** Levantarse o desprenderse algo con un impulso fuerte. **4** Caer el agua de una corriente salvando un desnivel. **5** Romperse o explotar violentamente. **6** Dar muestras repentinas de enfado o desacuerdo. **7** Decir o hacer una cosa que sorprende por ser inesperada. ◆ v.intr. y prnl. **8** Desprenderse una cosa. ◆ v.tr. **9** Mover una pieza de un juego, como el ajedrez o las damas, pasándola por encima de otra. ◆ v.tr. y prnl. **10** Pasar de una cosa a otra sin orden. ◆ **saltarse** v.prnl. **11** Dejar de cumplir una ley o una norma. **12** Omitir algo al leer o escribir. ◇ **saltar a la vista** Ser una cosa muy evidente.

saltarín, na adj. **1** Que salta o se mueve. ◆ adj. y s. **2** Se dice de la persona inquieta y movida.

salteador, ra s. Ladrón que ataca y roba a las personas que van por el campo o un camino.

saltear v.tr. Freír ligeramente un alimento crudo o previamente hervido.

salterio s.m. **1** Instrumento musical de cuerda compuesto por una caja de resonancia plana y cuerdas metálicas; se toca pulsando las cuerdas con los dedos o con una púa. **2** Libro canónico del Antiguo Testamento que está formado por 150 salmos. **3** Libro de coro que solamente contiene salmos. **4** Rezo en honor a la Virgen.

saltimbanqui s.m. y f. **1** Persona que realiza acrobacias y ejercicios de saltos y equilibrios. **2** Persona muy alborotadora.

salto s.m. **1** Movimiento realizado al saltar. **2** Paso brusco de un lugar a otro o de una parte a otra. **3** Ejercicio deportivo en el que se salta. **4** Avance o progreso importante. **5** Omisión de una parte de un escrito al leerlo o copiarlo. ◇ **a salto de mata** Fam. Sin orden ni previsión, pasando de una cosa a otra sin pensar lo que se hace. ◇ **salto de cama** Prenda de vestir femenina que se usa al acostarse y al levantarse de la cama.

saltón, na adj. **1** Se dice del ojo o diente que sobresale más de lo normal, que parece que se sale de su sitio. **2** Que salta mucho o camina dando saltos.

salubérrimo, a adj. Superlativo de **salubre**.

salubre adj. Que no es perjudicial para la salud.
OBS Superlativo: **salubérrimo**.

salubridad s.f. **1** Cualidad de salubre. **2** Estado general de la salud pública en un lugar.

salud s.f. **1** Estado del ser vivo que ejerce con normalidad todas sus funciones orgánicas. **2** Estado físico o psíquico de un ser vivo. **3** Estado o funcionamiento bueno de una cosa. ◆ **interj. 4** Se usa como fórmula de despedida con la que se desea que todo vaya bien a una persona. ◇ **curarse en salud** Prevenir un daño.

saludable adj. **1** Que sirve para conservar o recuperar la salud. **2** Que tiene buena salud. **3** Útil y beneficioso para un fin.

saludar v.tr. **1** Dar muestras de afecto o cortesía mediante expresiones o gestos al encontrarse con una persona. **2** Expresar afecto o cortesía hacia una persona que, aunque no está presente, puede tener noticia de esta acción. **3** Expresar un militar respeto mediante un saludo.

saludo s.m. **1** Expresión o gesto hecho al saludar. **2** Gesto que hace un militar con la mano en señal de respeto.

salutación s.f. **1** Saludo (expresión). **2** Oración destinada a la Virgen, según la Iglesia católica.

salva s.f. Disparo al aire de un arma de fuego sin munición, solo pólvora, que se hace en señal de saludo o como honor en las celebraciones.

salvación s.f. **1** Solución de un problema grave o liberación de un peligro. **2** Según el cristianismo, obtención de la gloria o el estado de felicidad y gracia eterna que provoca estar en el Cielo en unión con Dios.

salvado s.m. Cáscara del grano del cereal molida.

salvador, ra adj. y s. Se dice de la persona que salva a otra.
OBS Con mayúscula inicial cuando hace referencia a Jesucristo.

salvadoreño, a adj. y s. De El Salvador (país de América).

salvaguarda s.f. **1** Defensa o protección. **2** Documento o señal que permite a una persona circular libremente sin ser detenida.

salvaguardar v.tr. Defender o proteger.

salvaguardia s.f. **1** Salvaguarda. **2** Persona que salvaguarda. **3** Señal militar en un lugar para que sea respetado en tiempo de guerra.

salvajada s.f. Dicho o hecho propio de un salvaje.

salvaje adj. **1** Se dice del animal que vive en libertad, que está sin domesticar. **2** Se dice de la planta no cultivada. **3** Se dice del terreno no transformado por el ser humano, especialmente cuando es abrupto y escabroso. **4** Se dice de la acción cruel y violenta. **5** Que no se puede controlar ni detener. ◆ adj. y s.m. y f. **6** Se dice de la persona que no está civilizada y mantiene formas de vida primitivas. **7** Que comete actos crueles e inhumanos. **8** Se dice de la persona que no está educada o no se sujeta a las normas sociales.

salvajismo s.m. **1** Modo de comportarse de personas salvajes. **2** Acción de una persona con espíritu de destrucción y sin respeto a nada.

salvamanteles s.m. ESP Pieza de metal, madera u otro material que se pone en la mesa debajo de recipientes muy calientes.

salvamento s.m. **1** Liberación de un peligro, especialmente en un siniestro. **2** Sitio en que uno se protege de un peligro.

salvapantallas s.m. Programa informático que tiene como finalidad evitar que los píxeles del monitor se quemen por estar mucho tiempo con la misma intensidad.

salvar v.tr. **1** Librar de un peligro o un daño. **2** Solucionar un problema grave. **3** Entre los católicos, perdonar los pecados y obtener la gloria eterna. **4** Vencer un obstáculo pasando por encima de él. **5** Recorrer una distancia en menos tiempo o con menos dificultades de lo previsto. **6** Grabar o guardar un documento en soporte informático.

salvavidas s.m. Flotador de emergencia en una embarcación.

salve s.f. **1** Oración católica que se reza a la Virgen María y que comienza con las palabras **Dios te salve, Reina y madre. 2** Composición musical hecha para cantar esta oración.

salvedad s.f. Excepción de una cosa o advertencia que limita lo que se dice o hace.

salvia s.f. Planta herbácea de flores azuladas que se utiliza como desinfectante bucal o de la garganta y como condimento.

salvo, a adj. **1** Que ha salido ileso de un peligro. ◆ prep. **2** Indica que determinada persona o cosa no está incluida en lo que se dice y que constituye una excepción. ◇ **a salvo** Fuera de peligro.

salvoconducto s.m. **1** Permiso extendido por una autoridad para poder viajar por un lugar determinado sin ser detenido. **2** Libertad para hacer una cosa sin temer un castigo.

samario s.m. Elemento químico de símbolo S y número atómico 62; es un metal radiactivo.

samba s.f. **1** Baile popular típico de Brasil, de procedencia africana, ritmo rápido y tono alegre y festivo. **2** Canción o composición musical con que se acompaña este baile.

sambenito s.m. Calificativo de connotaciones negativas que se pone a una persona y que resalta un defecto.

samovar s.m. Recipiente de origen ruso que se utiliza para hacer té, en el que se hierve el agua y se conserva caliente.

sámpler (pl. sámplers) s.m. Aparato o dispositivo electrónico para grabar, modificar o manipular sonidos y usarlos para tocar o componer música.
OBS Puede encontrarse la grafía inglesa **sampler.**

samuray o **samurái** (pl. samuráis) s.m. Guerrero que en la antigua sociedad feudal japonesa, entre los siglos XII y XIX, estaba al servicio de un shogún o señor feudal.

san adj. Apócope de **santo.**

sanar v.intr. **1** Recuperar la salud. ◆ v.tr. **2** Hacer recuperar la salud.

sanatorio s.m. Establecimiento sanitario donde determinados enfermos, especialmente los que padecen enfermedades de larga convalecencia, heridos o enfermos sometidos a una operación quirúrgica son ingresados para recibir atención médica.

sanción s.f. **1** Pena que la ley establece para el que no la cumple. **2** Mal que se sufre como consecuencia de un error o falta y puede entenderse como un castigo. **3** Formal. Autorización o aprobación de un acto, uso o costumbre. **4** Confirmación de una ley por el jefe del Estado.

sancionar v.tr. **1** Poner una sanción a quien infringe una ley o comete una falta o delito. **2** Autorizar o aprobar un acto, uso o costumbre. **3** Dar fuerza o carácter de ley a una disposición.

sancocho s.m. **1** Comida a medio cocer. **2** AMÉR Guiso compuesto principalmente de carne, yuca y plátano. **3** CUBA Restos de comida que se destinan al engorde de los cerdos.

sandalia s.f. **1** Calzado formado por una suela que se asegura al pie con correas o cuerdas. **2** Zapato ligero y muy abierto.

sándalo s.m. **1** Árbol con las hojas verdes y gruesas; crece en zonas tropicales de la India y en Oceanía. **2** Madera de este árbol. **3** Esencia que se extrae de esta madera.

sandez s.f. Hecho o dicho torpe o tonto.

sandía s.f. **1** Fruta redonda de gran tamaño, corteza verde muy dura y carne roja con pepitas negras; su pulpa es muy dulce y jugosa. **2** Planta herbácea que produce esta fruta.

sandunga s.f. **1** Forma de decir o hacer las cosas con gracia y salero. **2** AMÉR Jolgorio, jarana.

sándwich (pl. sándwiches) s.m. Bocadillo hecho con dos rebanadas de pan de molde, entre las cuales se pone un alimento.
OBS Pronunc. aprox. 'sángüich'.

saneamiento s.m. **1** Acondicionamiento de un lugar o una cosa a una situación de higiene. **2** Mejora que se hace en una cosa para que sea más beneficiosa o rentable.

sanear v.tr. **1** Dar condiciones de sanidad a un terreno o edificio. **2** Hacer que la economía o los bienes den ganancias.

sanedrín s.m. Durante la dominación romana, consejo de los judíos con poder supremo en materia religiosa y con atribuciones políticas.

sangrado s.m. **1** Espacio blanco que queda en la primera línea de un párrafo cuando empieza más a la derecha que el resto de las líneas del párrafo. **2** Acción de sangrar.

sangrar v.intr. **1** Echar sangre. ◆ v.tr. **2** Quitar sangre a una persona o a un animal abriéndole una vena. **3** Sacar resina u otra sustancia de un árbol por medio de un corte hecho en la corteza. **4** Empezar una línea de texto más hacia dentro que las demás. **5** Fam. Quitar a alguien una cantidad de dinero o de bienes poco a poco.

sangre s.f. **1** Líquido rojo compuesto por plasma y células que, impulsado por el corazón, recorre el cuerpo de los animales y cuya función es transportar los nutrientes y el oxígeno y retirar los desechos metabólicos. **2** Raza, familia o condición social a la que pertenece por nacimiento una persona. ◇ **de sangre caliente** Se dice del animal que tiene una temperatura del cuerpo que no depende de la del ambiente. ◇ **de sangre fría** Se dice del animal que tiene una temperatura del cuerpo que depende de la del ambiente. ◇ **mala sangre** Fam. Carácter malo, cruel y vengativo de una persona. ◇ **pura sangre** Se dice del caballo que es de raza pura. ◇ **quemar,** o **alterar,** o **encender, la sangre a alguien** Hartar o enfadar a una persona. ◇ **sangre azul** Origen o procedencia noble. ◇ **sangre ligera** AMÉR SUR Se dice de la persona simpática. ◇ **sangre pesada** AMÉR SUR Se dice de la persona antipática.

sangría s.f. **1** Bebida refrescante hecha con vino tinto, limonada, azúcar y trozos de frutas. **2** Corte o rotura de una vena que se hace para que salga una determinada cantidad de sangre. **3** Salida o pérdida abundante de sangre. **4** Gasto de dinero que se hace poco a poco pero de forma continuada y que, sumado en su conjunto, supone una pérdida considerable. **5** Comienzo de una línea de escritura más a la derecha que las demás. **6** Corte que se hace en el tronco de un árbol para que salga la resina.

sangriento, a adj. **1** Que echa sangre. **2** Sanguinario.

sanguijuela s.f. **1** Gusano parásito que posee dos ventosas con las que se adhiere a sus víctimas; los individuos adultos se alimentan de la sangre de otros animales y los jóvenes son carnívoros. **2** Fam. Persona que poco a poco va apoderándose del dinero de otra.

sanguina s.f. **1** Lápiz de color rojo oscuro. **2** Dibujo realizado con este lápiz.

sanguinario, a adj. y s. Que es cruel y violento y goza con el derramamiento de sangre.

sanguíneo, a adj. **1** Relativo a la sangre. **2** Se dice del temperamento que se caracteriza por la tendencia a la ira.

sanguinolento, a adj. Manchado de sangre o mezclado con ella.

sanidad s.f. **1** Conjunto de servicios organizados para cuidar de la salud pública de una comunidad. **2** Calidad de sano.

sanitario, a adj. **1** Relativo a la sanidad o que sirve para preservar la salud. ◆ s. **2** Persona que trabaja en los servicios de sanidad. ◆ **sanitarios** s.m.pl. **3** Conjunto de aparatos de higiene que están en el cuarto de baño.

sano, a adj. **1** Se dice del ser vivo u órgano que se encuentra físicamente bien y que ejerce normalmente todas sus funciones. **2** Que sirve para conservar o recuperar la salud física. **3** Que está entero, que no tiene ningún defecto. **4** Se dice de la persona que es sincera y tiene buena intención. **5** Que no tiene vicios. ◇ **cortar por lo sano** Acabar con una situación de forma expeditiva y sin consideración. ◇ **sano y salvo** En buen estado de salud o que no ha sufrido ningún daño.

sánscrito, a s.m. y adj. Lengua indoeuropea de Asia conservada en los textos sagrados y cultos del brahmanismo.

sanseacabó interj. Fam. Se usa para dar por terminado un asunto o una acción.

santanderino, a adj. y s. De Santander (ciudad y provincia de Cantabria).

santateresa s.f. Insecto de cuerpo largo y estrecho que tiene las patas delanteras largas, erguidas y dotadas de fuertes espinas para sujetar a sus presas.

santero, a adj. y s. **1** Se dice de la persona que adora de manera exagerada las imágenes de santos. ◆ s. **2** Persona que cuida una ermita o santuario. **3** Persona que se dedica a curar utilizando la magia, especialmente si se considera que tiene poderes divinos. **4** Persona que se ayuda de la imagen de un santo para pedir limosna.

santiamén ◇ **en un santiamén** Fam. En muy poco tiempo.

santidad s.f. Cualidad del que es santo o que está dedicado a Dios y a la religión. ◇ **Su Santidad** Tratamiento que se da al Papa.

santificar v.tr. **1** Declarar la Iglesia santa a una persona. **2** Consagrar o dedicar algo a Dios. **3** Adorar a un santo o a Dios.

santiguar (1a) v.tr. **1** Hacer la señal de la cruz, generalmente desde la frente al pecho y desde el hombro izquierdo al derecho. ◆ **santiguarse** v.prnl. **2** Fam. Manifestar una persona un gran asombro haciéndose la señal de la cruz.

santo, a adj. y s. **1** Se dice de la persona que ha sido canonizada por la Iglesia y recibe culto. ◆ adj. **2** Tratamiento que se utiliza precediendo al nombre propio de una de estas personas. □ Delante de nombre propio de varón, se usa la forma apocopada san, excepto ante Tomás, Tomé, Toribio, Domingo y Job. ◆ adj. y s. **3** Se dice de la persona que es muy buena, muy entregada a los demás. ◆ adj. **4** Que está dedicado a la divinidad o a la religión. **5** Fam. Intensifica el valor del sustantivo que le sigue. □ Va antepuesto al sustantivo. ◆ s.m. **6** Imagen de una persona canonizada por la Iglesia. **7** Fiesta de una persona que se celebra el día dedicado al santo cuyo nombre coincide con el suyo. ◇ **a santo de qué** Expresión con la que se desaprueba la inconveniencia de una cosa. ◇ **írsele el santo al cielo** Fam. Olvidarse una persona de lo que se tiene que hacer o lo que se va a decir. ◇ **llegar y besar el santo** ESP Conseguir lo que se quiere en el primer intento. ◇ **santo y seña** Contraseña que sirve para que un centinela pueda identificar por la noche a la persona que se acerca a un puesto militar.

santón, na s. Persona no cristiana que lleva una vida religiosa y de sacrificio, especialmente entre los musulmanes e hinduistas.

santoral s.m. **1** Libro que narra la vida y obra de los santos. **2** Lista de los santos cuya fiesta se celebra en cada uno de los días del año.

santuario s.m. **1** Templo o lugar sagrado donde se venera la imagen o la reliquia de un santo, una divinidad o un espíritu de los muertos o de la naturaleza. **2** Lugar donde se goza de impunidad y que se usa como refugio.

santurrón, na adj. y s. Que aparenta devoción religiosa de forma hipócrita.

saña s.f. **1** Violencia y crueldad con la que se trata a una persona o cosa provocada por un enfado muy grande. **2** Insistencia cruel en un daño provocada por un sentimiento de odio.

sapientísimo, a adj. Superlativo de sabio.

sapo s.m. Animal vertebrado anfibio del orden anuros, parecido a la rana, pero de cuerpo más grueso.

saprófago, a adj. Se dice del organismo que se alimenta de materia orgánica en descomposición.

saprofito, a o **saprófito, a** adj. Se dice del hongo u organismo vegetal que se alimenta de materias orgánicas en descomposición.

saque s.m. **1** Impulso que se da a la pelota para ponerla en movimiento y comenzar una jugada en un juego o deporte. **2** Fam. ESP Capacidad para comer o beber mucho.

saquear v.tr. e intr. **1** Robar por la fuerza las cosas que se encuentran en un lugar que se ha dominado militarmente. ◆ v.tr. **2** Fam. Coger todo o casi todo lo que hay guardado en un lugar.

saqueo s.m. Acción de saquear.

sarampión s.m. Enfermedad vírica infecciosa y contagiosa con aparición de muchos granos rojos en la piel, fiebre alta y síntomas catarrales.

sarao s.m. Fiesta nocturna con baile y música.

sarape s.m. Manta mexicana de vivos colores que suele tener una abertura en el centro y que utilizan los campesinos como poncho o capote.

sarasa s.m. Fam. y desp. ESP Hombre afeminado.

sarcasmo s.m. Dicho irónico y cruel con que indirectamente se molesta o insulta.

sarcástico, a adj. y s. Se dice de la persona que acostumbra a usar el sarcasmo.

sarcófago s.m. Sepulcro, generalmente de piedra, que se construía levantado del suelo.

sardana s.f. **1** Baile popular catalán de ritmo moderado que ejecutan varias personas tomadas de la mano que forman un círculo. **2** Composición musical o canción que acompaña este baile.

sardina s.f. Pez marino comestible, de color azul por encima y plateado en los lados y en el vientre, que vive en las zonas costeras.

sardo, a adj. y s. **1** De Cerdeña (isla italiana). ◆ s.m. y adj. **2** Lengua que se habla en Cerdeña.

sardónico, a adj. Se dice de la sonrisa y la risa de poca naturalidad o que tiene mala intención.

sargazo s.m. Alga propia de mares templados.

sargento, a s. **1** Militar del cuerpo de suboficiales de categoría superior a la de cabo primero e inferior a la de sargento primero. □ Doble femenino: sargento o sargenta. **2** Fam. Persona autoritaria, dominante y brusca. □ Doble femenino: sargento o sargenta. ◆ s.m. **3** Herramienta formada por dos piezas (como unas tenazas), una de las cuales se puede deslizar hacia adelante o hacia atrás (para hacer que la boca sea mayor o menor) a lo largo de una ranura que hay en la otra pieza; sirve para hacer fuerza sobre un objeto o fijarlo con firmeza a otro. ◇ **sargento primero** Militar del cuerpo de suboficiales de categoría superior a la de sargento e inferior a la de brigada.

sari s.m. **1** Traje largo femenino usado en la India y otros países. **2** Tela de este traje.

sarmiento s.m. **1** Tallo largo, delgado, flexible y nudoso de la vid. **2** Tallo largo y nudoso capaz de enrollarse o enroscarse.

sarna s.f. Enfermedad contagiosa de la piel de las personas y algunos animales domésticos que se manifiesta por una multitud de vesículas que producen picor.

sarnoso, a adj. y s. Que tiene sarna.

sarpullido s.m. Granos o manchas que salen en la piel y que desaparecen pronto.

sarraceno, a adj. y s. Relativo a las tribus árabes que invadieron la Península Ibérica en el siglo VIII.

sarro s.m. **1** Sustancia amarillenta que forma una capa que cubre los dientes. **2** Sustancia que dejan los líquidos en las paredes de distintos recipientes.

sarta s.f. **1** Serie de cosas metidas por orden en un hilo o cuerda. **2** Serie de personas o cosas dispuestas una tras otra. **3** Serie de cosas o hechos que se suceden uno tras otro.

sartén s.f. Recipiente de cocina metálico, redondo, poco profundo y con un mango largo, que se usa para freír o tostar. ◇ **tener la sartén por el mango** Dominar una persona una situación y someter a otras.

sartorio s.m. y adj. Músculo del muslo.

sasánida adj. y s.m. y f. De una antigua dinastía que gobernó Persia (siglo III-VII d. C.).

sastre, a s. Persona que corta y cose prendas de vestir, especialmente de hombre.

sastrería s.f. Establecimiento en el que se hacen, arreglan o venden prendas de vestir.

Satán o **Satanás** s.m. En el cristianismo y el judaísmo, diablo o ser sobrenatural que representa las fuerzas del mal.

satánico, a adj. **1** Relativo a Satanás. **2** Propio de Satanás, por su perversidad, inteligencia y astucia. **3** Extremadamente perverso.

satanismo s.m. **1** Conjunto de creencias y prácticas con las que se rinde culto a Satán o al demonio. **2** Perversidad o maldad extrema.

satélite s.m. **1** Cuerpo celeste sin luz propia que gira alrededor de un planeta. ◆ **adj. y s.m. 2** Se dice del estado que está dominado política y económicamente por otro estado más poderoso. **3** Se dice de la persona que siempre acompaña a otra y que depende de ella. ◆ **s.m. 4** Vehículo, en ocasiones tripulado, que se coloca en órbita alrededor de un astro, que lleva aparatos apropiados para recoger información y retransmitirla a la Tierra. □ También satélite artificial.

satén s.m. Tela de seda brillante, ligera y suave.

satinado, a adj. De aspecto liso y brillante.

satinar v.tr. Abrillantar y alisar la tela o el papel ejerciendo una presión fuerte sobre ellos.

sátira s.f. **1** Dicho corrosivo y mordaz con el que se critica algo o a alguien. **2** Composición poética con intención crítica y mordaz.

satírico, a adj. Que critica de forma mordaz o pone en ridículo a una persona o cosa.

sátiro s.m. **1** Ser mitológico habitante de los bosques que se representa con pequeños cuernos, el cuerpo cubierto de vello, rabo y las patas de macho cabrío. **2** Hombre lascivo, con excesiva tendencia al deseo sexual.

satisfacción s.f. **1** Sentimiento de bienestar o placer que se tiene cuando se ha colmado un deseo o cubierto una necesidad. **2** Cosa que satisface, que produce placer. **3** Razón o acción con que se responde a una queja o a una ofensa. **4** Respuesta acertada a una pregunta, queja o duda.

satisfacer (44) v.tr. **1** Cubrir una necesidad, conceder un deseo o realizar aspiraciones. **2** Dar respuesta o solución a una cosa. **3** Pagar o dar lo que se debe. **4** Resultar suficiente o convincente. **5** Deshacer una ofensa. **6** Premiar por una acción. ◆ **v.tr. e intr. 7** Gustar o agradar a alguien. ◆ **v.tr. 8** Cumplir la pena correspondiente a un delito o falta. **9** Cumplir una cosa ciertas condiciones o exigencias.

satisfactorio, a adj. **1** Que satisface. **2** Agradable o bueno. **3** Que soluciona o recompensa.

satisfecho, a 1 Participio irregular de satisfacer. ◆ **adj. 2** Que siente satisfacción por un comportamiento bueno o una obra bien hecha. **3** Que ha comido y bebido lo suficiente. **4** Orgulloso de uno mismo.

saturación s.f. **1** Estado de una cosa que ocupa o usa un espacio por completo o se llena en exceso. **2** Estado de saciedad que produce el exceso de una cosa. **3** Disolución de una sustancia en otra hasta su límite de solubilidad. **4** Exceso de oferta de un producto en el mercado.

saturar v.tr. **1** Llenar, ocupar o usar por completo o en exceso. **2** Satisfacer por completo o en exceso. **3** Combinar o mezclar dos sustancias en las proporciones máximas. **4** Poner un exceso de un producto en el mercado.

sauce s.m. Árbol de tronco alto, corteza gris, ramas finas y flexibles y hojas estrechas y largas. ◇ **sauce llorón** Árbol procedente de Asia de ramas largas y delgadas que caen hasta el suelo.

saúco s.m. Arbusto de corteza corchosa y agrietada y flores olorosas y grandes.

saudí adj. y s.m. y f. De Arabia Saudí (país de Asia).

sauna s.f. **1** Baño de vapor a muy alta temperatura que produce mucho sudor. **2** Local o habitación donde se puede tomar ese baño.

saurio adj. y s.m. Se dice del reptil que no incuba sus propios huevos, posee escamas, cola larga, cuatro patas y ojos con párpados móviles, como el lagarto, la lagartija, la iguana, el camaleón y la salamandra.

savia s.f. **1** Líquido que circula por los conductos de las plantas. **2** Energía o elemento que da vida o ánimo. ◇ **savia bruta** Savia transportada desde las raíces hasta las hojas. ◇ **savia elaborada** Savia constituida por sustancias nutritivas, fabricadas durante la fotosíntesis que circulan desde las hojas hacia el resto de la planta.

saxofón o **saxo** s.m. **1** Instrumento musical de viento de la familia del metal, formado por un tubo cónico doblado en forma parecida a una J, con varios pistones. ◆ s.m. y f. **2** Persona que toca este instrumento.

sayo s.m. **1** Prenda de vestir ancha y sin botones que cubre el cuerpo hasta la rodilla. **2** Fam. Vestido muy ancho y con poca hechura.

sazón s.f. **1** Punto de madurez de una cosa, especialmente de la fruta. **2** Ocasión o tiempo oportuno o adecuado. **3** Estado adecuado de la tierra para plantar y cultivar. **4** Gusto y sabor de una comida. ◇ **a la sazón** Formal. En aquel momento, entonces.

sazonar v.tr. **1** Echar especias u otras sustancias a una comida para que tenga más sabor o el sabor deseado. **2** Poner las cosas en su punto de madurez, hacer que se complete su desarrollo.

scherzo s.m. Pieza musical a tres voces de estilo ligero y casi popular que forma parte de la sinfonía y la sonata.
OBS Pronunc. aprox. 'esquerzo' o 'esquerso'.

scooter s.f. ESP Motocicleta de pequeña cilindrada con un espacio libre entre el manillar y el asiento y con una plataforma inferior en la que el conductor apoya los pies.
OBS Pronunc. aprox. 'escúter'.

1. **se** pron. Forma átona de tercera persona de construcciones pronominales, pasivo-reflejas e impersonales.

2. **se** pron. Forma átona del pronombre de tercera persona, en género masculino y femenino y en número singular o plural, que realiza la función de complemento indirecto cuando va acompañado de un pronombre personal de tercera persona con función de objeto directo; si no, se usa el pronombre **le** o **les**.

sebáceo, a adj. **1** Relativo al sebo. **2** Se dice de las glándulas que segregan el sebo.

sebo s.m. **1** Grasa saturada, sólida y dura, que se saca de los animales herbívoros. **2** Grasa que segregan las personas y los animales para proteger la piel de la desecación. **3** Grasa que se forma en exceso en las personas y animales.

seborrea s.f. Secreción excesiva de grasa en algunas regiones de la piel.

seboso, a adj. **1** Que tiene sebo. **2** Fam. Que está sucio.

secado s.m. Operación de secar.

secador s.m. y adj. Aparato o máquina eléctrica que sirve para secar.

secadora s.f. Aparato electrodoméstico que sirve para secar la ropa.

secano s.m. Terreno de cultivo que no es necesario regar.

1. **secante** adj. y s.m. Que seca o puede secar.

2. **secante** adj. y s.f. **1** Se dice de la línea o superficie que corta a otra línea o superficie. ◆ s.f. **2** En trigonometría, razón inversa del coseno.

secar v.tr. **1** Quitar la humedad, el líquido o las gotas que hay en una superficie o en otra cosa. **2** Consumir el jugo. **3** Cerrar o cicatrizar una herida. ◆ **secarse** v.prnl. **4** Quitarse o perderse la humedad de una cosa mediante la evaporación. **5** Perder una planta su aspecto verde y fresco. **6** Quedarse sin agua un río, una fuente u otra cosa. **7** Hacerse extremadamente delgado una persona o animal.

sección s.f. **1** Cada una de las partes en que se divide una cosa o un conjunto de personas. **2** Cada una de las unidades de trabajo en que se divide una empresa, un establecimiento comercial, un organismo, etc. **3** Figura que resultaría si se cortara un cuerpo por un plano para mostrar su estructura interna. **4** Unidad militar compuesta por varios pelotones dirigida por un oficial.

seccionar v.tr. **1** Hacer un corte en un cuerpo geométrico para obtener un plano. **2** Cortar una materia vegetal o animal. **3** Cortar una parte del cuerpo de una persona.

secesión s.f. Separación de una parte del pueblo o del territorio de un país para formar un estado independiente o unirse a otro estado.

seco, a adj. **1** Que no tiene agua o humedad. **2** Que no tiene o no recibe lluvia o que no tiene humedad atmosférica. **3** Se dice del vegetal que no está verde y le falta lozanía o que está muerto. **4** Se dice del terreno que es poco verde porque tiene poca vegetación o su vegetación está muerta. **5** Se dice del fruto que tiene la cáscara dura y no tiene jugo. **6** Se dice de la fruta que se ha desecado y se conserva sin humedad. **7** Se dice del alimento que no tiene caldo o jugo. **8** Se dice del alimento que está duro o que no es reciente. **9** Se dice de la herida curada y cicatrizada. **10** Fam. Se dice de la persona que está muy delgada. **11** Se dice de la persona o carácter brusco y poco cariñoso en el trato. **12** Se dice de la palabra o estilo que es muy escueto, pero muy tajante y categórico. **13** Poco ameno. **14** Se dice del sonido que es grave o áspero y sin resonancia. **15** Se dice del golpe que es fuerte y rápido, especialmente cuando produce un sonido corto, intenso y sin eco. **16** Se dice de la bebida que tiene un sabor poco dulce. **17** Poco fervoroso. ◇ **a secas** Solamente, sin otra cosa. ◇ **dejar seco** Fam. Matar en el acto. ◇ **en seco** Sin agua. — De repente, de forma brusca. ◇ **quedarse seco** Fam. Morirse en el acto.

secoya s.m. Secuoya.

secreción s.f. **1** Expulsión de una sustancia elaborada por una glándula. **2** Sustancia elaborada y expulsada por una glándula.

secretar v.tr. Elaborar y expulsar una glándula una sustancia que el organismo utiliza con un fin determinado.

secretaría s.f. **1** Oficina donde trabaja un secretario. **2** Empleados que trabajan en esta oficina. **3** Destino o cargo de secretario. **4** En algunos estados, cargo de ministro. **5** Organismo del Antiguo Régimen que se encargaba de la organización administrativa o ejecutiva de los asuntos de gobierno.

secretario, a s. **1** Persona empleada en una oficina o asociación o al cargo de otra para escribir la correspondencia, ordenar y guardar los documentos, tramitar asuntos y realizar otros trabajos administrativos. **2** Dirigente de un grupo, un partido político o un sindicato. **3** Persona que está al frente de una secretaría o de un despacho ministerial. ◆ s.m. **4** Persona que en la Edad Moderna tenía la confianza del soberano o rey y le ayudaba en el despacho o solución de los asuntos de estado. ◇ **primer secretario de estado** Ministro del estado. ◇ **secretario de estado** En España, persona que ocupa un cargo intermedio entre el de ministro y el de subsecretario.

secreter s.m. Mueble que está formado por un tablero para escribir y muchos cajones pequeños y departamentos para guardar papeles.

secreto, a adj. **1** Que está oculto o que no se conoce. **2** Que no se dice a todo el mundo, solamente reservado a unos cuantos. ◆ s.m. **3** Conocimiento que exclusivamente tiene alguien de una cosa. **4** Reserva o discreción sobre una cosa que se sabe. **5** Cosa que no se puede entender. ◇ **secreto a voces** Secreto que se ha hecho público o que conoce mucha gente.

secretor, ra adj. Se dice de la glándula u órgano que elabora y expulsa una sustancia.

secta s.f. **1** Grupo de personas seguidor de una doctrina religiosa que se separa de la considerada ortodoxa. **2** Grupo de personas que viven en comunidad bajo la dirección de un líder religioso o una cúpula directiva que en realidad esconde fines lucrativos.

sectario, a adj. y s. **1** Que defiende y sigue con fanatismo una idea o doctrina, sin admitir crítica alguna sobre la misma. **2** Que pertenece a una secta.

sector s.m. **1** Parte de una clase o grupo que presenta caracteres particulares. **2** Distrito de una ciudad o departamento de una empresa. **3** Ámbito en el que se desarrolla una actividad económica. **4** División de la actividad económica de un país en función de la propiedad de las empresas. **5** Porción de un círculo comprendida entre dos radios y el arco que los une. □ También sector circular. **sector primario** Sector que comprende las actividades que suponen una explotación de los recursos naturales, principalmente la agricultura, la ganadería y la pesca. ◇ **sector secundario** Sector que comprende la industria y la construcción. ◇ **sector terciario** Sector que comprende las actividades de servicios, es decir, que no producen bienes directamente.

sectorial adj. Relativo al sector (distintas partes de un grupo de personas).

secuaz adj. y s.m. y f. Desp. Que sigue las ideas, opiniones y tendencias de otra persona.

secuela s.f. Consecuencia o resultado de un hecho, generalmente de carácter negativo.

secuencia s.f. **1** Sucesión ordenada de cosas que guardan alguna relación entre sí. **2** Sucesión de imágenes o escenas que forman una unidad.

secuenciado, a adj. Ordenado de manera que forma una secuencia.

secuestrado, a adj. y s. Se dice de la persona que ha sido secuestrada.

secuestrador, ra s. Persona que secuestra.

secuestrar v.tr. **1** Retener a una persona contra su voluntad y de modo ilegal con el fin de exigir dinero o el cumplimiento de determinadas condiciones para su rescate. **2** Apoderarse del control de un vehículo por las armas o con violencia con el fin de exigir dinero o el cumplimiento de ciertas condiciones. **3** Embargar o retirar una cosa o un bien por orden judicial.

secuestro s.m. **1** Acción de secuestrar. **2** Conjunto de personas secuestradas. **3** Embargo de una cosa o de un bien por orden judicial.

sécula ◇ **in sécula seculorum** o **per sécula seculórum** Formal. Expresión latina que se utiliza para poner énfasis en la larga duración de una cosa.

secular adj. **1** Que dura un siglo o más. **2** Que ocurre o se repite cada siglo. ◆ adj. y s.m. **3** Se dice del sacerdote o religioso que no vive sujeto a una regla monástica en un convento o monasterio, sino que depende de un obispo y vive integrado en el mundo laico. ◆ adj. **4** Que no está relacionado con la religión.

secularismo s.m. Tendencia a ignorar o negar los principios de la fe y la religión en la interpretación del mundo y de la existencia.

secularizar v.tr. **1** Hacer secular lo que era eclesiástico; especialmente, incautarse el Estado de los bienes de la Iglesia. ◆ **secularizarse** v.prnl. **2** Hacerse seglar un eclesiástico tras la obtención de un permiso.

secundar v.tr. Ayudar, favorecer o apoyar una cosa o a una persona.

secundario, a adj. **1** Menos importante que otra cosa que es la principal. **2** Que deriva de una cosa o que depende de lo principal. **3** Que es el segundo en orden o importancia. ◆ adj. y s.f. **4** Se dice de la enseñanza o educación que sigue a la primaria y proporciona estudios con un grado más alto de especialización. ◆ **adj. y s.m. 5** Se dice de la era geológica que sigue a la era primaria; se extiende desde hace unos 245 millones de años hasta hace unos 65 millones de años. ◆ **adj. 6** Relativo a esta era geológica.

secuoya o **secoya** s.m. Árbol de tronco recto y grueso que puede sobrepasar los 100 m de altura; crece en bosques de América del Norte.

sed s.f. **1** Necesidad o deseo de beber. **2** Necesidad de agua o de humedad que tienen los campos o las plantas. **3** Deseo o necesidad muy fuerte de una cosa.

seda s.f. **1** Hilo flexible que segregan ciertas larvas y con el que forman el capullo. **2** Hilo fino, suave y brillante formado por varias de estas hebras. **3** Tela hecha con esos hilos. ◇ **como una,** o **la, seda** Con mucha facilidad, sin ninguna dificultad u obstáculo. — Dócil y amable con una persona.

sedal s.m. Hilo o cuerda fina de la caña de pescar del que pende el anzuelo.

sedante adj. **1** Que calma o tranquiliza. ◆ **s.m. y adj. 2** Medicamento que calma los dolores o disminuye la excitación nerviosa.

sedar v.tr. **1** Disminuir o hacer desaparecer la excitación nerviosa. **2** Dar un sedante.

sede s.f. Lugar donde se encuentra la dirección o el domicilio de un grupo, una sociedad, una empresa o una actividad. ◇ **Santa Sede** Vaticano, lugar donde reside el Papa.

sedentario, a adj. **1** Se dice de la persona o animal que se establece a vivir permanentemente en un sitio. **2** Se dice de la costumbre o modo de vida que conlleva poco movimiento.

sedentarismo s.f. Forma social de vida de una comunidad humana que se establece de forma estable en un lugar concreto.

sedición s.f. **1** Acción violenta y colectiva para levantar al pueblo contra el poder establecido, el orden público o la disciplina militar; es menos grave que la rebelión. **2** Formal. Sublevación de las pasiones.

sediento, a adj. y s. **1** Que tiene sed. **2** Se dice del campo, tierra o planta que necesita humedad o riego. **3** Que necesita o desea una cosa con mucha fuerza.

sedimentación s.f. **1** Formación de sedimento en el fondo de un líquido. **2** Proceso de acumulación de material en un medio lacustre, continental o marino.

sedimentar v.tr. **1** Depositar sedimento un líquido. ◆ **sedimentarse** v.prnl. **2** Constituirse en sedimento las partículas suspendidas en un líquido. **3** Estabilizarse o sosegarse algo.

sedimentario, a adj. **1** Relativo al sedimento. **2** Se dice del mineral o roca formado por un proceso de sedimentación.

sedimento s.m. **1** Materia sólida que después de haber estado flotando en un líquido se queda en el fondo del recipiente. **2** Señal o rastro, principalmente emocional, que deja un hecho. **3** Conjunto de conocimientos o sentimientos que quedan depositados en el carácter de una persona con el paso del tiempo.

sedoso, a adj. Que tiene parecido con la seda.

seducción s.f. Fascinación o atracción que ejerce una persona sobre otra.

seducir (10) v.tr. **1** Cautivar o atraer la voluntad. **2** Conseguir tener relaciones sexuales con una persona. **3** Gustar mucho, atraer una cosa a una persona.

seductor, ra adj. y s. Que seduce.

sefardí o **sefardita** (pl. sefardíes o sefarditas) **adj. y s.m. y f.** De la comunidad de judíos españoles antes de ser expulsados en 1492 y de sus descendientes que han mantenido la lengua y las costumbres judeoespañolas del siglo XV.

segador, ra adj. **1** Que siega hierba. ◆ **s. 2** Persona que trabaja segando. ◆ **s.m. 3** Araña pequeña de patas muy largas, con el cuerpo redondeado y el vientre comprimido.

segadora s.f. Máquina que siega.

segar (32) v.tr. Cortar la hierba o una planta con una herramienta o una máquina adecuada.

seglar adj. **1** Que no está relacionado con la religión. ◆ **adj. y s.m. y f. 2** Que no es sacerdote ni pertenece a una orden religiosa.

segmentar v.tr. Dividir en trozos o partes.

segmento s.m. **1** Trozo o parte cortada de una cosa. **2** Parte de una clase o grupo que presenta caracteres particulares. **3** Parte del cuerpo de ciertos insectos o crustáceos que es igual a otras con las que está dispuesta en línea y con las que se articula. **4** Parte de una recta comprendida entre dos puntos.

segoviano, a adj. y s. De Segovia (ciudad y provincia de Castilla y León).

segregación s.f. Acción y efecto de segregar.

segregacionismo s.m. Doctrina que propugna la separación de un grupo de personas por su raza, religión o cultura.

segregar v.tr. **1** Elaborar y expulsar una glándula una sustancia que el organismo utiliza con un fin determinado. **2** Separar una cosa de otra de la que forma parte. **3** Separar y excluir de la sociedad a un grupo de personas de otra etnia o religión por motivos discriminatorios y racistas.

segueta s.f. Sierra pequeña y muy fina que se usa para cortar maderas delgadas.

seguida s.f. Acción que se hace cuando se sigue algo o a alguien. ◇ **en seguida** Enseguida.

seguidilla s.f. **1** Estrofa popular de cuatro versos de 5 y 7 sílabas que se combinan según el esquema 7a 5b 7c 5b. **2** Canción y baile folclóricos basados en esta composición.

seguido, a adj. **1** Que sigue a otra cosa o está inmediatamente a continuación de ella en el tiempo o en el espacio. **2** Que no está interrumpido en el tiempo. **3** Que está dispuesto en línea recta, uno al lado del otro. ◆ **adv. 4** Sin cambiar de dirección. **5** A continuación, inmediatamente.

seguidor, ra adj. y s. Se dice de la persona que sigue a una persona o cosa de la cual es partidaria.

seguimiento s.m. **1** Acción de seguir a una persona para vigilar sus movimientos o para detenerla. **2** Observación minuciosa de la evolución y el desarrollo de un proceso.

seguir (31) v.tr. **1** Ir después o detrás de una persona o cosa. **2** Perseguir algo o a alguien allá donde vaya. **3** Mantener la vista sobre un objeto o persona que se mueve. **4** Observar el desarrollo o la evolución de un hecho. **5** Actuar según la opinión de otra persona. **6** Cursar una carrera o unos estudios. **7** Profesar o ejercer una doctrina, creencia, ciencia o arte. ◆ **v.tr. e intr. 8** Ir por un camino o dirección. **9** Continuar un proceso o una situación. ◆ **v.intr. 10** Continuar con una situación. ◆ **seguirse v.prnl. 11** Sacar una conclusión a partir de una cosa.

según prep. **1** Expresa el origen de cierto conocimiento o de cierta opinión o quién tiene esa opinión. **2** Expresa conformidad entre una cosa y el sustantivo al cual precede. ◆ **adv. 3** Indica que una cosa depende de lo que viene a continuación. **4** Indica que lo que se hará o se decidirá con respecto a algo de lo que se habla dependerá de las circunstancias y que en el momento de hablar no se está seguro. **5** Indica que las acciones van progresando simultáneamente. **6** Introduce una frase que expresa el modo en que sucede una cosa. **7** Indica que una cosa se hace de la misma manera que otra. ◇ **según como** Expresa dependencia de alguna condición. □ Indica que una cosa se hace o se dice de la misma manera que otra. ◇ **según cómo** o **según y cómo** Dependiendo de cómo se mire. ◇ **según que** Indica que una cosa depende de lo que viene a continuación. ◇ **según y conforme** Indica que una cosa depende de.

segunda ◇ **con segundas** Con doble intención.

segundero s.m. **1** Aguja del reloj que señala los segundos. ◆ adj. **2** Se dice del segundo fruto que dan ciertas plantas dentro del año.

segundo, a adj.num.ordin. **1** Que ocupa el lugar número 2 en una serie ordenada. ◆ s. **2** Persona que sigue a la principal en una jerarquía. ◆ **s.m. 3** Unidad de tiempo en el Sistema Internacional que equivale a una de las sesenta partes en que se divide un minuto; su símbolo es s. **4** Parte que resulta de dividir el minuto de una circunferencia en 60 partes iguales. **5** Fam. Período muy breve.

seguramente adv. **1** De manera bastante probable. **2** Con seguridad, de forma segura.

segurata s.m. y f. Fam. Guardia de seguridad.

seguridad s.f. **1** Ausencia de peligro o daño. **2** Confianza en una cosa. **3** Certeza o conocimiento de una cosa. **4** Garantía que se da sobre el cumplimiento de un acuerdo.

seguro, a adj. **1** Que está libre de peligro o daño. **2** Que es cierto y no admite duda. **3** Que confía en algo o que no tiene ninguna duda acerca de algo. **4** Que no es probable que falle o funcione mal. ◆ **s.m. 5** Contrato por el cual una compañía se compromete a pagar una cantidad de dinero en caso de que se produzca una muerte, un daño o una pérdida, a cambio del pago de una cuota. **6** Mecanismo que impide que un objeto se abra o que una máquina funcione cuando uno no quiere. **7** Muelle, que en algunas armas de fuego, impide que se dispare. **8** Certeza o seguridad de una cosa. ◆ **adv. 9** Con toda certeza, sin ninguna duda.

seis adj.num.cardin. **1** Cinco más uno. ◆ **adj.num.ordin. 2** Que ocupa el lugar número 6 en una serie ordenada. ◆ **s.m. 3** Número 6. □ Plural: seises.

seiscientos, as adj.num.cardin. **1** Quinientos más cien. ◆ **adj.num.ordin. 2** Que ocupa el lugar número 600 en una serie ordenada. ◆ **s.m. 3** Número 600.

seísmo s.m. Movimiento en la superficie de la Tierra producido por fuerzas internas.

selección s.f. **1** Elección de una persona o cosa entre otras. **2** Conjunto de cosas escogidas. **3** Conjunto de deportistas elegidos para participar en una competición, especialmente en representación de un país.

seleccionador, ra adj. **1** Que selecciona. ◆ s. **2** Persona que elige y prepara a los jugadores de un equipo.

seleccionar v.tr. Elegir a una persona o cosa de un conjunto por una razón determinada.

selectividad s.f. **1** Cualidad de selectivo. **2** Conjunto de pruebas que se hacen en España para determinar qué estudiantes pueden acceder a la universidad.

selectivo, a adj. **1** Que hace o exige una selección. ◆ **adj. y s.m. 2** Se dice del curso que es el primero o el previo en ciertas carreras universitarias.

selecto, a adj. **1** Que es o se considera el mejor entre otras cosas de su especie y por ello ha sido elegido. **2** Exquisito, destinado a personas entendidas o con gusto refinado capaces de apreciar lo bueno.

selenio s.m. Elemento químico de símbolo Se y número atómico 34; es un sólido no metal.

self-service s.m. Autoservicio, establecimiento en que el cliente elige lo que quiere comprar o consumir.

sellar v.tr. **1** Imprimir o poner un sello. **2** Cerrar, tapar o cubrir. **3** Concluir o poner fin.

sello s.m. **1** Papel de pequeño tamaño emitido por el gobierno y con valor oficial que se pega a las cartas y paquetes para enviarlos por correo o que se usa para dar validez a ciertos documentos. **2** Instrumento que sirve para estampar figuras y signos. **3** Conjunto de figuras y signos que queda impreso con ese instrumento. **4** Disco de lacre, cera o metal que lleva un dibujo impreso con ese instrumento y que cuelga de ciertos documentos de importancia. **5** Sortija que lleva grabadas las iniciales de una persona, un escudo de armas, etc. **6** Conjunto de características diferentes o particulares de una persona o cosa que revelan su origen o procedencia. **7** Marca comercial.

seltz s.m. Bebida gaseosa transparente y sin alcohol, hecha con agua y ácido carbónico.

selva s.f. Ecosistema sin cultivar, muy poblado de árboles y con un sotobosque impenetrable que es característico de la zona ecuatorial amazónica y de los bosques de la zona intertropical.

selvático, a adj. Relativo a la selva.

semáforo s.m. **1** Dispositivo de señalización luminoso para la regulación del tráfico en las vías públicas que consta generalmente de tres luces. **2** Dispositivo de señalización óptica que se utiliza para comunicarse con los barcos, los trenes y otros medios de transporte.

semana s.f. **1** Período de siete días, de lunes a domingo. **2** Período de siete días consecutivos. **3** Fam. Período de lunes a viernes, por contraposición al fin de semana. ◇ **Semana Santa** Semana anterior al Domingo de Resurrección que la Iglesia dedica a recordar la pasión y muerte de Jesucristo.

semanal adj. **1** Que se repite cada semana. **2** Que dura una semana.

semanario s.m. Periódico o publicación que aparece cada semana.

semántica s.f. Parte de la lingüística que estudia el significado de las palabras y de sus cambios y evolución en el tiempo.

semántico, a adj. **1** Relativo al significado. **2** Relativo a la semántica.

semblante s.m. **1** Cara de una persona. **2** Expresión de la cara de una persona y que revela su estado físico y anímico. **3** Aspecto que tiene una cosa y que permite formar una opinión.

semblanza s.f. Descripción física o moral de una persona, generalmente acompañada de una breve historia de su vida.

sembrar (32) v.tr. **1** Esparcir semillas en un terreno preparado para que germinen y den plantas o frutos. **2** Llenar o cubrir un lugar con determinadas cosas, especialmente sin orden y como adorno. **3** Motivar una opinión o causar una sensación con palabras o acciones.

semejante adj. **1** Parecido o casi igual que otra persona u otra cosa. **2** Desp. Indica ponderación y equivale a **tal** cuando no aparece el término de la comparación. **3** Se dice de la figura geométrica que tiene exactamente la misma forma que otra, pero es de diferente tamaño. ◆ s.m. **4** Persona cualquiera con respecto a otra.

semejanza s.f. Conjunto de características que hace que dos o más cosas o personas sean parecidas.

semejar v.tr. Ser parecida una persona o cosa a otra.

semen s.m. Líquido espeso y blanquecino producido por los órganos de reproducción masculinos, que contiene los espermatozoides.

semental adj. y s.m. **1** Se dice del animal macho que se destina a la reproducción. **2** Fam. Hombre de gran potencia sexual.

semestral adj. **1** Que ocurre o se realiza cada seis meses. **2** Que dura seis meses.

semestre s.m. Período de seis meses.

semicircular adj. **1** Que tiene forma de medio círculo. **2** Relativo al semicírculo.

semicírculo s.m. Mitad de un círculo.

semicircunferencia s.f. Mitad de una circunferencia.

semicorchea s.f. Nota musical cuya duración equivale a la mitad de una corchea.

semidesnatado, a adj. Se dice del producto lácteo del que se ha eliminado parte de la nata o la grasa.

semidiós, sa adj. y s. **1** En la mitología griega y romana, se dice del hijo de un dios y un mortal. ◆ s. **2** Héroe a quien los dioses daban la inmortalidad como premio a sus hazañas. **3** Dios secundario de una religión politeísta, como el fauno romano y la ninfa griega.

semiesfera s.f. Mitad de una esfera.

semiesférico, a adj. Que tiene forma de media esfera.

semiespacio s.m. Cada una de las dos partes en que un plano divide el espacio.

semifinal s.f. Cada uno de los encuentros o pruebas de una competición o concurso para determinar los finalistas.

semifinalista adj. y s.m. y f. Que participa en una semifinal.

semifusa s.f. Nota musical cuya duración equivale a la mitad de una fusa.

semilla s.f. **1** Parte del fruto producto de la fecundación del óvulo que contiene el embrión de una nueva planta. **2** Causa u origen de otra cosa, especialmente de opiniones o de estados de ánimo.

semimetal s.m. Sólido con brillo y color del metal y cierta conductividad que, al reaccionar para dar compuesto, parece un no metal.

seminal adj. **1** Relativo al semen. **2** Relativo a la semilla.

seminario s.m. **1** Centro de enseñanza en el que se educan y se forman los futuros sacerdotes. **2** Conjunto de actividades que realizan en común un profesor y sus discípulos, y que tiene la finalidad de encaminarlos a la práctica y la investigación de alguna disciplina. **3** Despacho en el que trabajan y se reúnen los profesores de una misma asignatura en un centro de enseñanza. **4** Conjunto de profesores de una misma asignatura que trabajan en el mismo centro de enseñanza.

seminarista s.m. y f. Persona que estudia en un seminario y se prepara para ser sacerdote.

semiología s.f. Ciencia que estudia los sistemas de signos en la sociedad, y que forma parte de la psicología social.

semiótica s.f. **1** Ciencia que estudia los signos como instrumentos de comunicación en sociedad. **2** Semiología.

semiplano s.m. Superficie que resulta de dividir un plano geométrico en dos mediante una recta.

semirrecta s.f. Cada una de las dos partes en que un punto divide a una recta.

semirrecto adj. Se dice del ángulo de 45 grados.

semita adj. y s.m. y f. De los pueblos que se establecieron en Mesopotamia y el Próximo Oriente antes del primer milenio antes de Cristo y que tenían lenguas con un origen común y paralelismos en sus religiones.

semítico, a adj. Relativo a los semitas.

semitono s.m. Mitad de un tono musical, que constituye la unidad más pequeña de la escala.

sémola s.f. **1** Trigo candeal sin corteza. **2** Pasta alimenticia con forma de granos muy pequeños de harina de arroz, trigo u otros cereales.

sempiterno, a adj. Formal. Que perdura eternamente o durante largo tiempo y se mantiene invariable y constante.

senado s.m. **1** Órgano político que forma parte del parlamento y se encarga de aceptar o rechazar los proyectos de ley que propone el congreso. **2** Edificio en el que se reúnen los miembros de este órgano político. **3** Asamblea del Imperio romano cuyos miembros tenían como función asesorar al gobernante.
OBS Con mayúscula inicial cuando hace referencia al senado de un país en concreto.

senador, ra s. Miembro del senado.

sencillez s.f. **1** Ausencia de adornos o de lujo. **2** Falta de dificultad o de complicación, especialmente al hablar o al escribir.

sencillo, a adj. **1** Formado por un solo elemento, no compuesto de varias partes. **2** Que no presenta dificultad ni complicación. **3** Que no tiene lujos ni adornos excesivos. **4** Que da a los demás un trato de igualdad, aunque sea superior a ellos por cultura, clase social o en algún otro sentido. **5** Incauto y sin maldad. **6** Se dice del estilo o lenguaje que es claro y natural, sin artificios retóricos. ◆ **adj. y s.m. 7** Se dice del disco fonográfico de corta duración en el que solo se reproducen una o dos canciones en cada cara.

senda s.f. **1** Camino estrecho, especialmente el se ha formado por el paso de personas o animales. **2** Plan de actuación o procedimiento.

senderismo s.m. Actividad deportiva o turística que consiste en hacer excursiones a pie por el campo o la montaña recorriendo senderos.

sendero s.m. Senda.

sendos, as det. Establece una relación de uno a uno entre los miembros de un conjunto y los de otro conjunto denotado por el sustantivo al cual acompaña.

senectud s.f. Formal. Último período de la vida de una persona, cuando tiene edad avanzada.

senegalés, sa adj. y s. De Senegal (país de África).

senil adj. **1** Relativo a la vejez. **2** Se dice de la persona de edad avanzada que presenta señales de decadencia física o psíquica.

sénior (pl. séniors) adj. **1** Se dice de la persona que tiene el mismo nombre que otro pero es de mayor edad. ◆ **adj. y s.f. 2** Se dice de la categoría deportiva superior a la de júnior, corresponde generalmente a deportistas de más de veinte o veintiún años. ◆ **adj. y s.m. y f. 3** Se dice del deportista que compite en esta categoría.

seno s.m. **1** Formal. Pecho o mama de la mujer. **2** Espacio que queda entre la ropa y el pecho de la mujer. **3** Agujero o hueco, especialmente dentro del cuerpo de las personas y animales. **4** Matriz de las hembras de los mamíferos en general, y especialmente cuando es de una mujer y está embarazada. **5** Porción del mar que entra en la tierra entre dos cabos o puntas. **6** Cociente que existe entre el cateto opuesto a un ángulo agudo de un triángulo rectángulo y la hipotenusa; es una razón trigonométrica.

sensación s.f. **1** Impresión recogida por los sentidos y que es conducida a la mente por medio del sistema nervioso. **2** Sorpresa o impresión producida por una cosa importante o novedosa.

sensacional adj. **1** Que causa una fuerte sensación. **2** Muy bueno, estupendo o maravilloso.

sensacionalismo s.m. Tendencia a destacar los aspectos más llamativos o espectaculares de una información para provocar emoción.

sensacionalista adj. y s.m. y f. Que muestra los aspectos más llamativos o escandalosos de un asunto para impresionar y llamar la atención.

sensatez s.f. Cualidad de sensato.

sensato, a adj. **1** Que muestra buen juicio, prudencia y madurez en sus actos y decisiones. **2** Se dice de la persona equilibrada en sus actos.

sensibilidad s.f. **1** Capacidad para percibir sensaciones a través de los sentidos. **2** Tendencia a dejarse llevar por los sentimientos de compasión y amor. **3** Tendencia del ser humano a apreciar lo bello. **4** Capacidad que tiene una película fotográfica para ser impresionada por la luz.

sensibilizar v.tr. **1** Aumentar o excitar la capacidad de sentir. **2** Hacer que una persona se dé cuenta de la importancia o el valor de una cosa, o que preste atención a lo que se dice o se pide. **3** En fotografía, hacer que ciertos materiales sean sensibles a la luz.

sensible adj. **1** Capaz de percibir una realidad a través de los sentidos. **2** Que se deja llevar fácilmente por sentimientos como la ternura, la compasión y el amor. **3** Capaz de distinguir con facilidad la belleza y los valores artísticos. **4** Que presta atención a lo que se dice o se pide. **5** Se dice de la sustancia que reacciona fácilmente a ciertos agentes naturales. **6** Se dice del aparato que puede acusar, registrar o medir fenómenos de muy poca intensidad, o notar cambios muy pequeños porque reacciona con facilidad. **7** Que puede ser notado por los sentidos. **8** Claro, evidente y fácil de percibir por los sentidos.

sensiblero, a adj. Exageradamente sensible o sentimental.

sensitivo, a adj. **1** Relativo a las sentidos corporales. **2** Que estimula o excita la sensibilidad de las personas.

sensor s.m. Dispositivo que capta variaciones de luz, temperatura o sonido a corta y larga distancia y sirve para activar un mecanismo.

sensorial adj. Relativo a los sentidos.

sensual adj. **1** Relativo a las sentidos corporales. **2** Que provoca placer al ser percibido por los sentidos. **3** Que provoca excitación sexual. **4** Que se siente inclinado a los placeres de los sentidos.

sensualidad s.f. **1** Capacidad para provocar o satisfacer los placeres de los sentidos. **2** Tendencia a satisfacer el placer de los sentidos.

sentada s.f. **1** Acción de protesta o en apoyo de una causa, que consiste en sentarse en el suelo en un lugar determinado por un largo período. **2** Tiempo durante el cual alguien permanece sentado. ◇ **de una sentada** De una vez, sin pausas y sin levantarse del asiento.

sentado, a adj. Que obra juiciosamente.

sentar (32) v.tr. **1** Colocar a una persona en un asiento de modo que quede descansando apoyada sobre las nalgas. **2** Fundamentar una teoría o doctrina, especialmente si servirá de base para otro razonamiento o información. ◆ v.intr. **3** Ser una comida o bebida bien o mal digerida por el estómago. **4** Producir una cosa un efecto bueno o malo en el ánimo o en el estado físico de una persona. **5** Favorecer a una persona una prenda de vestir, un adorno o un color determinado. ◇ **dar por sentado** Dar por supuesta o por cierta una cosa.

sentencia s.f. **1** Frase o dicho con un contenido moral o doctrinal. **2** Decisión de un tribunal que pone fin a un juicio o un proceso. **3** Orden o decisión que toma una persona para resolver una discusión entre varias partes.

sentenciar (1d) v.tr. **1** Pronunciar un juez o un tribunal una sentencia. **2** Culpar o condenar a alguien.

sentencioso, a adj. **1** Que encierra una sentencia o enseñanza moral. **2** Se dice de la persona que se expresa con afectada gravedad, como si hablara con sentencias. **3** Se dice del modo de hablar contundente y que parece pronunciar continuas sentencias.

sentido, a adj. **1** Que expresa con sinceridad un sentimiento muy intenso. **2** Que se enfada o se molesta con facilidad. ◆ s.m. **3** Capacidad de percibir un tipo de estímulos del mundo exterior mediante ciertos órganos del cuerpo. **4** Capacidad que se tiene específicamente para realizar un tipo de actividad. **5** Capacidad para razonar y ser consciente del mundo exterior. **6** Razón de ser, finalidad o lógica que tiene una cosa. **7** Significado de una palabra o de un conjunto de palabras. **8** Interpretación de un escrito. **9** Manera particular que tiene cada persona de entender o interpretar una cosa. **10** Cada una de las dos formas opuestas de recorrer una línea o un camino. **11** AMÉR Sien. ◇ **con los cinco sentidos** Con toda la atención puesta en una cosa. ◇ **sentido común** Capacidad para juzgar razonablemente las situaciones de la vida cotidiana y decidir con acierto. ◇ **sexto sentido** Habilidad especial que tiene una persona para percibir realidades que pasan inadvertidas a otros.

sentimental adj. **1** Que contiene elementos que emocionan o conmueven, o que expresa sentimientos dulces, como amor, pena o ternura. **2** Relacionado con los sentimientos. ◆ adj. y s.m. y f. **3** Se dice de la persona que es muy sensible y se emociona con facilidad.

sentimentalismo s.m. Desp. Cualidad que tienen las cosas que pretenden emocionar o hacer llorar, o que provocan intencionadamente sentimientos de afecto, compasión o ternura.

sentimiento s.m. **1** Estado de ánimo o disposición emocional hacia una cosa o persona. **2** Estado de ánimo triste o afectado por una impresión dolorosa. **3** Parte afectiva o emotiva del ser humano, por oposición a la razón o el intelecto. □ Suele usarse en plural con valor singular.

1. **sentir** (45) v.tr. **1** Percibir una sensación a través de los sentidos, provenga de un estímulo externo o del propio cuerpo. **2** Percibir un sonido, a través del oído. **3** Recibir sensaciones provenientes de una parte del cuerpo. **4** Experi-

mentar un sentimiento. **5** Lamentar una cosa o experimentar pena por ella. **6** Tener la impresión de que va a ocurrir una cosa. ◆ **sentirse** v.prnl. **7** Encontrarse en cierto estado físico o moral.

2. **sentir** s.m. **1** Opinión, juicio o sentimiento sobre una cosa. **2** Sentimiento.

seña s.f. **1** Gesto con alguna parte del cuerpo para indicar una cosa. **2** Convención establecida entre varias personas para comunicarse. **3** Nota o detalle característico que permite reconocer o identificar una cosa o persona. **4** Signo utilizado para recordar algo. ◆ **señas** s.f.pl. **5** Conjunto de datos como nombre de la calle y el nombre de la población donde vive una persona.

señal s.f. **1** Marca o característica que distingue a una persona o cosa de las demás. **2** Huella o marca que queda en una superficie. **3** Indicio que demuestra alguna cosa. **4** Gesto con el que se quiere decir o indicar una cosa. **5** Signo o símbolo convenido entre varias personas. **6** Cantidad de dinero que se paga como anticipo antes de abonar el precio total de una cosa. **7** Sonido característico de algunos aparatos para avisar o informar sobre su funcionamiento. **8** Onda electromagnética que permite transmitir información a un circuito electrónico.

señalado, a adj. Se dice del día o fecha que es importante o especial por algún motivo.

señalar v.tr. **1** Poner una marca o una señal. **2** Indicar o mostrar una cosa o persona dirigiendo el dedo o la mano hacia ella o por otros medios. **3** Ser señal o indicio de una cosa. **4** Hacer un gesto como si se tuviera la intención de hacer una cosa, pero sin llegar a hacerla. **5** Dejar una marca en una superficie, especialmente en la piel. ◆ **señalarse** v.prnl. **6** Hacerse notar o distinguirse por una cualidad o una circunstancia.

señalizar v.tr. Colocar indicaciones en un lugar, especialmente señales de tráfico.

señera s.f. Bandera de Cataluña y Valencia.

señero, a adj. Que sobresale por sus cualidades únicas y extraordinarias.

señor, ra s. **1** Tratamiento de respeto y cortesía que se da a una persona adulta. **2** Título nobiliario. **3** Dueño de una cosa, o que tiene poder o dominio sobre ella, especialmente si se trata de tierras. **4** Persona para la que trabaja un criado. ◆ s.m. **5** Tratamiento de devoción o respeto con que los fieles cristianos se dirigen a Dios o a Jesucristo. □ Se escribe con mayúscula inicial. ◆ s.f. **6** Tratamiento de devoción o respeto con que los fieles cristianos se dirigen a la Virgen María. □ Se escribe con mayúscula inicial. **7** Mujer, esposa. ◆ adj. **8** Fam. Bueno o grande, o muy señorial. □ Va antepuesto al sustantivo.

señorear v.tr. **1** Dominar o mandar en una cosa como dueño de ella. **2** Estar una cosa a mayor altura que otras de su alrededor, y sobresalir sobre ellas.

señoría s.f. **1** Tratamiento que se da a ciertas personas por su cargo o dignidad. **2** Persona a quien se da este tratamiento.

señorial adj. **1** Propio del señorío. **2** Que provoca respeto por su grandeza o nobleza.

señorío s.m. **1** Autoridad o mando sobre una cosa. **2** Autoridad otorgada por un monarca a un señor sobre un territorio y sobre sus vasallos. **3** Territorio perteneciente a un señor. **4** Gravedad, moderación y elegancia en el aspecto físico, o en la forma de comportarse y de actuar.

señorito, a s. **1** Hijo o hija de un señor o de una señora importante. **2** Fam. Persona joven que no está acostumbrada a trabajar. **3** Tratamiento que da un criado a las personas jóvenes de la casa en que trabaja. ◆ s.f. **4** Tratamiento que se da a las mujeres que no están casadas. **5** Tratamiento que se da a las mujeres que desempeñan ciertos trabajos.

señuelo s.m. **1** Objeto para atraer a las aves que se quiere cazar, u otra ave utilizada para el mismo fin. **2** Incentivo que se utiliza para atraer o convencer a una persona de una cosa con engaños. **3** ARG, BOL Grupo de cabestros o mansos que guían al ganado.

seo s.f. Catedral en algunas regiones españolas.

sépalo s.m. Hoja modificada y dura que forma parte del cáliz de una flor que envuelve y protege los estambres y el ovario de la flor.

separación s.f. **1** Acción de separar o distanciar dos cosas que estaban juntas en el espacio o en el tiempo. **2** Espacio o distancia entre dos cosas. **3** Interrupción de la vida en común de dos personas casadas sin que se rompa definitivamente el matrimonio.

separar v.tr. **1** Hacer que una cosa deje de estar junto a otra o cerca de ella. **2** Considerar individualmente. **3** Formar grupos con elementos iguales o parecidos que antes estaban mezclados con otros distintos. **4** Reservar una cosa para más tarde. **5** Hacer que alguien abandone un trabajo, una actividad o un cargo. **6** Interrumpir una pelea haciendo que las personas implicadas dejen de luchar. ◆ **separarse** v.prnl. **7** Distanciar sus posiciones dos personas o cosas al tomar caminos o tendencias diferentes. **8** Dejar de vivir juntas dos personas que formaban una pareja o que estaban casadas. **9** Hacerse independiente una comunidad política de otra.

separata s.f. Artículo de una revista o parte de un libro que se publica por separado.

separatismo s.m. Doctrina política que defiende la independencia de un territorio y su separación del Estado al que pertenece.

separatista adj. **1** Relativo al separatismo. ◆ adj. y s.m. y f. **2** Partidario del separatismo.

sepelio s.m. Entierro de un cadáver y ritos y ceremonias religiosas o civiles correspondientes.

sepia s.f. **1** Invertebrado marino parecido al calamar pero con la cabeza más grande y provisto de una concha caliza en el dorso. **2** Líquido colorante que se extrae de la sepia. ◆ **s.m. y adj. 3** Color pardo negruzco. ◆ **adj. 4** Que es de este color. □ Invariable en número.

septentrional adj. Relativo al Norte.

septeto s.m. **1** Conjunto musical formado por siete voces o instrumentos. **2** Composición musical hecha para ser tocada por este conjunto.

septiembre o **setiembre** s.m. Noveno mes del año.

séptima s.f. Intervalo de la escala musical entre una nota y la séptima superior o inferior.

séptimo, a adj.num.ordin. **1** Que ocupa el lugar número 7 en una serie ordenada. ◆ **adj.num.partit. 2** Se dice de cada parte que resulta de dividir un todo en siete partes iguales.

septingentésimo, a adj.num.ordin. **1** Que ocupa el lugar número 700 en una serie ordenada. ◆ **adj.num.partit. 2** Se dice de cada una de las partes que resultan de dividir un todo en setecientas partes iguales.

septuagenario, a adj. y s. Formal. Que tiene entre setenta y setenta y nueve años.

septuagésimo, a adj.num.ordin. **1** Que ocupa el lugar número 70 en una serie ordenada. ◆ **adj.num.partit. 2** Se dice de cada una de las partes que resultan de dividir un todo en setenta partes iguales.

septuplicar v.tr. Multiplicar por siete.

sepulcral adj. Relativo al sepulcro.

sepulcro s.m. **1** Construcción funeraria que se levanta para enterrar cadáveres. **2** Hueco de un altar en el que se guardan selladas y cubiertas algunas reliquias. **3** Urna con una imagen de Jesucristo muerto o yacente.

sepultar v.tr. Enterrar un cadáver o introducirlo en una sepultura.

sepultura s.f. **1** Acción que consiste en enterrar un cadáver. **2** Lugar excavado en la tierra o construido sobre ella en el que se entierra el cuerpo muerto de una persona. **3** Construcción funeraria levantada para enterrar cadáveres.

sepulturero, a s. Persona que tiene como oficio enterrar los cadáveres.

sequedad s.f. **1** Falta de líquido o de humedad. **2** Falta de amabilidad o cariño en un comportamiento, especialmente al hablar.

sequía s.f. Déficit de lluvia prolongado.

séquito s.m. Conjunto de personas que acompañan y siguen a alguien famoso o importante.

1. **ser** (46) **v.copulativo 1** Tener una cualidad intrínseca o natural, o poseerla de modo permanente. **2** Tener un oficio o profesión. **3** Estar hecho de un material. **4** Pertenecer a una persona o cosa. **5** Haber sido creada una obra por un autor. **6** Haber nacido en un lugar determinado, proceder de un lugar. **7** Formar parte de una comunidad o sociedad. ◆ **v.auxiliar 8** Seguido de un participio forma la voz pasiva de los verbos. ◆ **v.intr. 9** Ocurrir o tener lugar un acontecimiento. **10** Valer o costar dinero. **11** Expresa el resultado de una operación matemática. **12** Servir o estar destinado. **13** Existir o haber. ◆ **v.impersonal 14** Indica una hora, una fecha o un momento. ◇ **a no ser que** Excepto si se cumple la condición que sigue. ◇ **como sea** De cualquier manera o cueste lo que cueste. ◇ **es que** Expresión con la que se introduce una disculpa, razón o explicación. ◇ **por si era,** o **fuera, poco** Se usa para indicar un nuevo inconveniente o contrariedad. ◇ **puede ser** Se usa como respuesta que no niega ni afirma.

2. **ser** s.m. **1** Persona, animal o cosa que existe, especialmente si está viva. **2** Conjunto de características esenciales de una persona, animal o cosa. **3** Vida o existencia.

serbio, a o **servio, a** adj. y s. **1** De Serbia (país de Europa). ◆ **s.m. y adj. 2** Lengua eslava que se habla en Serbia.

serbocroata o **servocroata** adj. **1** Relativo a Serbia y Croacia. ◆ **s.m. y f. y adj. 2** Persona que es de Serbia o de Croacia. ◆ **s.m. y adj. 3** Lengua eslava meridional que se habla principalmente en Serbia, Croacia, Bosnia-Herzegovina y Montenegro.

serenar v.tr. **1** Hacer desaparecer la agitación, la preocupación o los nervios. **2** Volver una cosa, especialmente el tiempo o las aguas, a su estado normal de calma. **3** Aplacar la ira. **4** Apaciguar disturbios o disputas.

serenata s.f. **1** Composición musical o poema hecho para ser cantado al aire libre y durante la noche. **2** Música que se toca durante una ronda de noche.

serenidad s.f. **1** Estado de ánimo de tranquilidad y calma. **2** Falta de agitación, movimiento o ruido. **3** Título de honor de algunos príncipes.

serenísimo, a adj. Se aplica como tratamiento a los príncipes y otras altas jerarquías.

sereno, a adj. **1** Claro y despejado. **2** Sosegado y tranquilo. **3** Que no está borracho. ◆ **s.m. 4** Humedad que hay en la atmósfera durante la noche. ◇ **al sereno** Al aire libre durante la noche.

serial s.m. Serie larga de radio o televisión que se emite por episodios.

serie s.f. **1** Conjunto de cosas que tienen una relación entre sí y se suceden unas a otras siguiendo un orden. **2** Conjunto de cosas o personas que tienen algo en común, aunque no estén ordenadas. **3** Obra que se emite por capítulos en radio o televisión. **4** Conjunto de sellos, billetes u otras cosas que forman parte de una misma emisión. ◇ **en serie** Procedimiento de fabricación que consiste en realizar muchos aparatos iguales generalmente mediante una cadena de montaje. ◇ **fuera de serie** Especialmente bueno en su clase.

seriedad s.f. Cualidad de serio.

serigrafía s.f. **1** Técnica de grabado por filtración del color a través de una trama de seda mediante la presión de una paleta de goma o un rodillo. **2** Imagen impresa con este sistema.

serio, a adj. **1** De aspecto severo y sobrio. **2** Que es responsable y riguroso y obra pensando bien sus actos, sin hacer bromas y sin engañar. **3** Que muestra preocupación, enfado o disgusto. **4** Grave o importante, o que provoca preocupación.

sermón s.m. **1** Discurso pronunciado por el sacerdote durante la misa para explicar los textos bíblicos u otro tema religioso o social. **2** Consejos y enseñanzas morales destinados a reñir o corregir un comportamiento.

sermonear v.tr. **1** Echar un sermón para dar algún consejo o corregir una actitud. ◆ **v.intr. 2** Pronunciar el sacerdote un discurso.

seronegativo, a adj. y s. Se dice de la persona que no tiene anticuerpos en el suero sanguíneo, especialmente anticuerpos del sida.

seropositivo, a adj. y s. Se dice de la persona que tiene anticuerpos en el suero sanguíneo, especialmente anticuerpos del sida.

serpentear v.intr. Moverse en zigzag, avanzando haciendo curvas como las serpientes.

serpentín s.m. Tubo hueco en espiral que sirve para enfriar líquidos o gases calientes.

serpentina s.f. **1** Tira de papel muy larga y estrecha enrollada en forma de disco y que se lanza sujetándola por un extremo para que se desenrolle. **2** Mineral de sílice de color verde con manchas oscuras.

serpiente s.f. Reptil sin extremidades, de cuerpo largo y cilíndrico, cabeza aplastada, boca grande y piel escamosa; especialmente, el de tamaño medio o superior. ◇ **serpiente de cascabel** Serpiente muy venenosa que tiene al final de la cola un conjunto de anillos.

serrado, a adj. Que tiene dientecillos que recuerdan a los de una sierra.

serranía s.f. Espacio de terreno cruzado por montañas y sierras.

serrano, a adj. y s. **1** Relativo a la sierra o que vive en ella. **2** Fam. Muy sano y hermoso.

serrar (32) v.tr. Cortar con una sierra.

serrería s.f. Taller en el que se sierra la madera.

serrín s.m. Polvo o conjunto de partículas que se desprenden de la madera al serrarla.

serrucho s.m. Herramienta formada por una hoja ancha de acero con dientes unida a un mango para cortar madera y otros materiales.

servicial adj. **1** Que sirve con atención, cuidado y rapidez. **2** Que siempre está dispuesto a servir y a satisfacer a los demás.

servicio s.m. **1** Trabajo, especialmente cuando se hace para otra persona. **2** Utilidad o función que desempeña una cosa. **3** Favor o beneficio que se le hace a una persona. **4** Organización que se encarga de realizar un trabajo que satisface determinadas necesidades de una comunidad. **5** Conjunto de personas que trabajan como criados en una casa. **6** Habitación en la que está el váter, el lavabo y otros sanitarios. **7** Conjunto de utensilios que se utilizan para un fin determinado, especialmente para servir comidas o bebidas. **8** Impulso que se da a la pelota para ponerla en movimiento y comenzar una jugada en tenis y deportes similares. ◇ **servicio militar** Servicio que se presta al Estado siendo soldado durante un período determinado. ◇ **servicio público** Servicio realizado a favor de la comunidad. ◇ **servicio social** Servicio que se presta al Estado colaborando en trabajos de interés social.

servidor, ra s. **1** Persona que realiza los trabajos domésticos. **2** Persona encargada de manejar un arma, máquina o aparato. **3** Ordenador conectado a una red informática que ofrece servicios a otros ordenadores conectados a él. **4** Expresión que, por cortesía y respeto, se utiliza hablando en tercera persona para referirse formalmente a uno mismo.

servidumbre s.f. **1** Conjunto de personas que trabajan como criados en una casa. **2** Condición y trabajo propios del sirviente. **3** Dependencia excesiva que una persona tiene de un sentimiento o idea, o carga exagerada que le supone depender de otra persona.

servil adj. **1** Que muestra una actitud exageradamente humilde y servicial ante los superiores o poderosos. **2** Relativo a los criados.

servilismo s.m. Tendencia exagerada a servir o satisfacer ciegamente a una autoridad.

servilleta s.f. Pieza de tela o papel que sirve para limpiarse la boca y los dedos, o para proteger la ropa durante las comidas.

servilletero s.m. **1** Utensilio para recoger o guardar una servilleta enrollada. **2** Utensilio dispensador de servilletas o usado para guardarlas.

servio, a ▷ serbio, a.

servir (31) v.intr. **1** Estar capacitada una persona o ser útil una cosa para un fin determinado. **2** Tener un utensilio un fin determinado. ◆ **v.tr. e intr. 3** Trabajar para una persona. **4** Trabajar para el ejército, ser soldado en activo. ◆ **v.tr. 5** Atender a los clientes en una tienda. **6** Obrar con entrega y lealtad al servicio de una persona o de una cosa. **7** Mostrar adoración, obediencia y respeto hacia Dios. **8** Suministrar una mercancía a una empresa o a un cliente. ◆ **v.tr. e intr 9** Llevar a la mesa la comida o la bebida y distribuirlas en platos o vasos. **10** Asistir a la mesa trayendo los manjares y la bebida. **11** Hacer las veces de otra cosa. ◆ **servirse** v.prnl. **12** Dignarse o acceder a realizar una acción. **13** Utilizar una cosa para alcanzar un fin.

servocroata ▷ serbocroata.

sésamo s.m. **1** Planta de tallo recto y flores blancas o rosas. **2** Semilla de esta planta.

sesear v.intr. Pronunciar la c y la z como una s.

sesenta adj.num.cardin. **1** Cincuenta más diez. ◆ adj.num.ordin. **2** Que ocupa el lugar número 60 en una serie ordenada. ◆ s.m. **3** Número 60.

sesentavo, a adj.num.partit. Se dice de cada una de las partes que resultan de dividir un todo en sesenta partes iguales.

sesentón, na adj. y s. Fam. Que tiene entre sesenta y sesenta y nueve años de edad.

seseo s.m. Fenómeno del habla que consiste en pronunciar como **s** la **c** y la **z**.

sesera s.f. **1** Parte de la cabeza de los animales en la que se encuentran los sesos. **2** Fam. Cabeza de las personas y de los animales. **3** Fam. Inteligencia y juicio que posee una persona.

sesgado, a adj. **1** Cortado de manera inclinada. **2** Que no es objetivo o imparcial, sino condicionado por determinados intereses.

sesgo s.m. **1** Orientación o dirección que toma un asunto, especialmente cuando es desfavorable o hacia un lado poco adecuado. **2** Inclinación de una cosa hacia un lado.

sesión s.f. **1** Reunión para realizar una actividad o tratar un asunto que se desarrolla sin interrupciones. **2** Fase de una actividad o parte de un proceso que se desarrolla en un intervalo temporal determinado. **3** Cada representación teatral o proyección de una película o un programa de cine que se celebra en un día.

seso s.m. **1** Masa de tejido nervioso en el interior del cráneo y que se encarga de las funciones cognitivas. □ Suele usarse en plural con valor singular. **2** Fam. Capacidad para pensar y juzgar.

sesquicentenario, a adj. Que tiene ciento cincuenta años.

sestercio s.m. Antigua moneda romana de plata que equivalía a dos ases y medio.

sesudo, a adj. **1** Fam. Que muestra buen juicio y madurez. **2** Fam. Muy inteligente y culto.

set (pl. sets) s.m. **1** Parte en que se divide un partido en ciertos deportes, como el tenis y el voleibol. **2** Conjunto de varios utensilios con una finalidad común o relacionados entre sí.

seta s.f. Hongo con forma de sombrero sostenido por un pie, en muchos casos comestible.

setecientos, as adj.num.cardin. **1** Seiscientos más cien. ◆ adj.num.ordin. **2** Que ocupa el lugar número 700 en una serie ordenada. ◆ s.m. **3** Número 700.

setenta adj.num.cardin. **1** Sesenta más diez. ◆ adj.num.ordin. **2** Que ocupa el lugar número 70 en una serie ordenada. ◆ s.m. **3** Número 70.

setentavo, a adj.num.partit. Se dice de cada una de las partes que resultan de dividir un todo en setenta partes iguales.

setentón, na adj. y s. Fam. Que tiene entre setenta y setenta y nueve años de edad.

setiembre s.m. Septiembre.

seto s.m. Valla hecha con palos o ramas de arbustos o de otras plantas entretejidas.

setter adj. y s.m. y f. Se dice del perro de una raza de pelo largo, suave y ondulado, y el hocico alargado, y que es muy apropiada para la caza.

seudónimo o **pseudónimo** s.m. Nombre falso que usa una persona para ocultar su identidad.

severidad s.f. Cualidad de severo.

severo, a adj. **1** Riguroso o intransigente con las faltas o las debilidades de los demás o las propias. **2** Estricto y riguroso al aplicar una ley o una regla. **3** Se dice del aspecto o expresión que es grave, seria o poco expresiva.

seviche s.m. Cebiche.

sevillana s.f. **1** Baile popular originario de Sevilla, de ritmo rápido o moderado, que se baila en pareja o en grupo. **2** Canción o composición musical que acompaña este baile.

sevillano, a adj. y s. De Sevilla (ciudad y provincia de Andalucía).

sexagenario, a adj. y s. Formal. Que tiene entre sesenta y sesenta y nueve años de edad.

sexagesimal adj. Se dice del sistema de medida que está basado en el número sesenta.

sexagésimo, a adj.num.ordin. **1** Que ocupa el lugar número 60 en una serie ordenada. ◆ adj.num.partit. **2** Se dice de cada una de las partes que resultan de dividir un todo en sesenta partes iguales.

sex-appeal s.m. Características que hacen a una persona atractiva física o sexualmente. **OBS** Pronunc. aprox. 'secsapil'.

sexcentésimo, a adj.num.ordin. **1** Que ocupa el lugar número 600 en una serie ordenada. ◆ adj.num.partit. **2** Se dice de cada una de las partes que resultan de dividir un todo en seiscientas partes iguales.

sexenio s.m. Período de seis años.

sexi adj. Sexy.

sexismo s.m. Actitud sexista.

sexista adj. y s.m. y f. Que hace discriminación de las personas según su sexo.

sexo s.m. **1** Conjunto de características de un animal o una planta por las que se distingue entre individuos machos y hembras. **2** Conjunto de los individuos de una especie que comparten una de estas dos series de características. **3** Órganos sexuales o reproductores, especialmente los externos. **4** Actividad física relacionada con la reproducción y el placer sexual.

sexología s.f. Parte de la medicina y de la psicología que estudia y trata problemas relacionados con la sexualidad.

sexólogo, a s. Persona que estudia la fisiología y psicología de la sexualidad humana.

sex-shop s.m. Tienda en la que se venden objetos relacionados con el erotismo.
OBS Pronunc. aprox. 'sec-shop'.

sex-symbol s.m. y f. Persona famosa que es considerada como representante del modelo de belleza erótica.
OBS Pronunc. aprox. 'sec-símbol'.

sexta s.f. Oficio religioso del clero católico, posterior a la tercia y anterior a la nona, que se celebra hacia el mediodía.

sextante s.m. **1** Sexta parte de una circunferencia. **2** Instrumento náutico que sirve para determinar la posición de un barco a través del cálculo de la altura de los astros.

sexteto s.m. **1** Conjunto musical de seis voces o seis instrumentos. **2** Composición musical para ser interpretada por este conjunto de músicos.

sexto, a adj.num.ordin. **1** Que ocupa el lugar número 6 en una serie ordenada. ◆ adj.num.partit. **2** Se dice de cada una de las partes que resultan de dividir un todo en seis partes iguales.

sextuplicar v.tr. Hacer seis veces mayor una cosa o multiplicar por seis una cantidad.

séxtuplo, a adj. y s.m. Se dice del número que resulta de multiplicar por seis una cantidad.

sexuado, a adj. Se dice del ser vivo que tiene órganos sexuales para reproducirse.

sexual adj. Relativo al sexo.

sexualidad s.f. **1** Conjunto de características físicas y psicológicas propias de cada sexo. **2** Conjunto de actividades y comportamientos relacionados con la atracción entre los sexos, con la reproducción y con el placer sexual.

sexy o **sexi** adj. Que es muy atractivo y despierta el deseo sexual.
OBS Pronunc. 'sexi'.

sfumato s.m. Recurso pictórico basado en el difumino de los contornos para conseguir un mayor efecto de integración en el ambiente.

sha s.m. Monarca de Irán o de la antigua Persia.

shakespeariano, a adj. Relativo a William Shakespeare (escritor inglés, 1564-1616).

sherpa adj. y s.m. y f. De un pueblo del Nepal situado en la cordillera asiática del Himalaya.

shock s.m. Impresión intensa que, debida a un golpe o a una conmoción, altera profundamente el estado mental o los sentimientos.
OBS Pronunc. 'shoc'.

short (pl. shorts) s.m. Pantalón corto que cubre hasta la mitad del muslo como máximo.

show s.m. Espectáculo de variedades.
OBS Pronunc. 'shou'.

SI s.m. Sigla de **Sistema Internacional**, sistema de unidades que ha sustituido al sistema métrico decimal.

1. **si** conj. **1** Introduce una oración condicional. **2** Introduce oraciones interrogativas indirectas. **3** Expresa énfasis en oraciones exclamativas. **4** Introduce una oración que expresa una petición o un deseo. **5** Introduce una oración que expresa sorpresa o protesta. **6** Formal. Introduce una oración concesiva.

2. **si** (pl. sis) s.m. Séptima nota de la escala musical.

1. **sí** adv. **1** Expresa afirmación, asentimiento, especialmente como respuesta a una pregunta. **2** Enfatiza el caracter afirmativo de una frase. ◆ s.m. **3** Permiso, consentimiento o respuesta afirmativa a una petición o pregunta. □ Plural: síes. ◇ **para sí** Mentalmente o sin hablar. ◇ **porque sí** Sin una causa o motivo explicado, sino por voluntad o capricho.

2. **sí** pron. Forma del pronombre personal de la segunda persona del singular y del plural que se emplea en los complementos con preposición.

sial s.m. Capa superior de la corteza terrestre.

siamés, sa adj. y s. **1** Se dice de la persona que ha nacido unido a su hermano gemelo por una parte del cuerpo. **2** Se dice del gato que tiene el pelo muy corto de color pardo o grisáceo, más oscuro en la cara, las orejas y la cola que en el resto del cuerpo. **3** De Siam (antiguo país de Asia correspondiente a la actual Tailandia). ◆ s.m. y adj. **4** Lengua hablada en Tailandia.

sibarita adj. y s.m. y f. Aficionado al lujo y a los placeres caros y refinados.

siberiano, a adj. y s. De Siberia (región del norte de Asia).

sibila s.f. Mujer que predecía el futuro, según los antiguos griegos y romanos.

sibilante adj. Se dice del sonido que es como un silbido suave.

sibilino, a adj. **1** Que es oscuro o parece encerrar un secreto importante. **2** Se dice del lenguaje que crea un clima de misterio, con pretensiones de profundidad.

sic Palabra latina que significa 'así, de este modo' y en textos escritos indica que una palabra o expresión es una transcripción o copia textual, aunque sea incorrecta o lo parezca.

sicario s.m. Formal. Asesino a sueldo.

siciliano, a adj. y s. **1** De Sicilia (isla italiana).

sicoanálisis ▷ psicoanálisis.

sicoanalista ▷ psicoanalista.

sicodelia ▷ psicodelia.

sicodélico, a ▷ psicodélico, a.

sicofármaco ▷ psicofármaco.

sicología ▷ psicología.

sicológico, a ▷ psicológico, a.

sicólogo, a ▷ psicólogo, a.

sicomotricidad ▷ psicomotricidad.

sicópata ▷ psicópata.

sicopatía ▷ psicopatía.

sicosis ▷ psicosis.

sicosomático, a ▷ psicosomático, a.

sicoterapia ▷ psicoterapia.

sida s.m. Enfermedad producida por un virus que hace disminuir las defensas del organismo.

sidecar (pl. sidecares) s.m. Especie de cochecito con un solo asiento y rueda lateral que algunas motocicletas llevan unido a un lado.

sideral adj. Relativo a las estrellas.

siderurgia s.f. Sector de la industria del metal que se ocupa de extraer hierro y elaborar productos derivados de él, como el acero.

siderúrgico, a adj. Relativo a la siderurgia.

sidra s.f. Bebida alcohólica hecha con el zumo de las manzanas fermentado.

sidrería s.f. Establecimiento en el que se vende principalmente sidra.

siega s.f. **1** Actividad agrícola que consiste en segar. **2** Época del año en que se siega. **3** Conjunto de hierbas o cereales maduros cortados.

siembra s.f. **1** Acción de sembrar. **2** Época del año en que se realiza. **3** Tierra en la que se han puesto semillas.

siempre adv. **1** Todo el tiempo. **2** En todo caso, por lo menos. ◇ **siempre que** Introduce una oración subordinada temporal. ◇ **siempre y cuando** Introduce una oración subordinada condicional.

siempreviva s.f. **1** Planta herbácea cuyas flores se mantienen frescas mucho tiempo después de haber sido cortadas. **2** Flor de esta planta.

sien s.f. Cada una de las dos partes de la cabeza situadas entre la frente, la oreja y la mejilla.

sierra s.f. **1** Herramienta para cortar madera y otros materiales duros formada por una hoja de acero con dientes unida a un mango. **2** Lugar en el que se sierra. **3** Alineación de montañas con cimas no muy altas y con pocos kilómetros de longitud, especialmente cuando es resultado de un plegamiento geológico.

siervo, a s. **1** Persona que sirve a otra y está sujeta a su autoridad. **2** Persona enteramente sometida o entregada al servicio de otra. **3** Denominación de los miembros de alguna orden o comunidad religiosa.

siesta s.f. **1** Sueño corto que se echa después de comer. **2** Momento del día destinado a este sueño corto, y en el cual aprieta más el calor.

siete adj.num.cardin. **1** Seis más uno. ◆ **adj.num.ordin. 2** Que ocupa el lugar número 7 en una serie ordenada. ◆ **s.m. 3** Número 7. **4** Roto con forma de ángulo en una tela o una prenda de vestir.

sietemesino, a adj. y s. Se dice del niño que ha nacido a los siete meses de ser engendrado.

sífilis s.f. Enfermedad infecciosa producida por una bacteria que se contagia por vía sexual.

sifón s.m. **1** Botella con un mecanismo en su parte superior que abre y cierra la salida del agua con gas que contiene en su interior. **2** Agua carbónica que hay en el interior de esa botella. **3** Tubo curvo en forma de U que se utiliza para que circulen líquidos salvando algún desnivel, o para obstruir la salida de gases en cañerías de retretes y lavabos. **4** Tubo largo que tienen ciertos moluscos como las ostras, los mejillones, etc., para la circulación del agua necesaria para su alimentación y respiración.

sigilo s.m. **1** Secreto con que se trata un asunto o se hace una cosa. **2** Silencio cuidadoso.

sigiloso, a adj. **1** Que se realiza en secreto o que se comporta con discreción. **2** Silencioso.

sigla s.f. **1** Letra inicial de una palabra que se usa como abreviatura. **2** Palabra formada por las iniciales de otras palabras.

siglo s.m. **1** Período de cien años. **2** *Fam.* Período indeterminado que se considera muy largo. ◇ **por los siglos de los siglos** Eternamente.

sigma s.f. Decimoctava letra del alfabeto griego; se escribe Σ/σ y se transcribe como s.

significación s.f. **1** Representación o sentido de un fenómeno o hecho determinado. **2** Sentido de una palabra u oración. **3** Importancia, influencia o valor que tiene un hecho.

significado s.m. **1** Sentido de una cosa, especialmente el de un signo, una palabra o una oración. **2** Uno de los dos elementos componentes del signo lingüístico; es el concepto que se evoca en la mente cuando se oye o se lee este signo. ◆ **adj. 3** Importante o conocido.

significante s.m. Uno de los dos elementos componentes del signo lingüístico; es el que aporta la imagen acústica o visual.

significar v.tr. **1** Representar una cosa, fenómeno o hecho, o ser señal de ello. **2** Ser una palabra u oración signo o expresión de una idea. **3** Manifestar una idea o un sentimiento. ◆ **significarse v.prnl. 4** ESP, MÉX Llamar la atención o distinguirse una persona por una cualidad o circunstancia. **5** Demostrar una persona mediante sus actos o palabras que tiene ciertas ideas.

significativo, a adj. **1** Importante por lo que representa. **2** Que es señal de una cosa.

signo s.m. **1** Cosa perceptible por los sentidos, principalmente vista y oído, que se emplea para representar algo. **2** Indicio o señal que da a conocer algo sobre una persona o cosa. **3** Gesto o movimiento que se hace con una parte del cuerpo para expresar algo. **4** Señal, marca o dibujo que se emplea en la escritura, en la música y en matemáticas. **5** Cada una de las doce partes iguales que forman el zodiaco. **6** En medicina, manifestación objetiva y evidente de una enfermedad que puede ser observada por el médico mediante una exploración.

siguiente adj. Que va inmediatamente después de otra cosa.

siguiriya s.f. Cante flamenco de carácter triste y solemne y ritmo alterno.

sílaba s.f. Grupo fonético elemental de la lengua constituido de uno o varios sonidos que se pronuncian en una sola emisión de voz.

silábico, a adj. Que pertenece a la sílaba.

silbante adj. **1** Que silba. **2** Sibilante (sonido).

silbar v.tr. e intr. **1** Producir un silbido soplando con los labios muy juntos o formando con los dedos y la lengua un conducto estrecho en la boca o soplando en un cuerpo hueco. ◆ v.intr. **2** Producir un silbido el viento o una cosa que agita el aire.

silbato s.m. Instrumento sonoro pequeño y hueco con una boquilla por la que se sopla y se produce un sonido agudo y penetrante.

silbido s.m. Sonido agudo que se produce cuando el aire roza con algo a mucha velocidad.

silenciador s.m. Pieza o dispositivo que se pone en la salida de un motor o en el cañón de ciertas armas de fuego y que sirve para hacer menos fuerte el ruido que producen.

silenciar (1d) v.tr. **1** Callar u omitir intencionadamente una cosa. **2** Hacer que no se oiga ningún ruido o voz, o que no se pueda expresar algo.

silencio s.m. **1** Estado en el que no hay ningún ruido o no se oye ninguna voz. **2** Ausencia de noticias o palabras sobre un asunto. **3** En música, intervalo en que se deja de tocar o cantar.

silencioso, a adj. **1** Se dice de la persona que no suele hablar. **2** Se dice del aparato o motor que no hace ruido o hace muy poco. **3** Se dice del lugar en que no hay ruido o hay muy poco.

sílex s.m. Piedra muy dura formada principalmente por sílice, de color gris amarillento y que al romperse forma bordes muy cortantes.

sílfide s.f. **1** Mujer que es muy esbelta y guapa. **2** Ninfa del aire.

silicato s.m. Sal formada a partir de un ácido del silicio y una base.

sílice s.f. Combinación de silicio con oxígeno que constituye un sólido vítreo insoluble en agua que se encuentra en ciertos minerales.

silicio s.m. Elemento químico de símbolo Si y número atómico 14; es un no metal sólido muy abundante en la corteza terrestre, y forma parte de la arena y las rocas.

silicona s.f. Producto químico elástico, resistente y aislante de la humedad, del calor y de la electricidad.

silicosis s.f. Enfermedad que afecta al aparato respiratorio producida por aspirar polvo de sílice u otros minerales en gran cantidad.

silla s.f. **1** Asiento para una sola persona, con respaldo y generalmente con cuatro patas. **2** Armazón de madera y cuero que se coloca sobre el lomo de un animal de montar para que una persona se siente y cabalgue cómodamente. **3** Cargo de un sacerdote en la Iglesia. ◇ **silla de la reina** Asiento formado entre dos personas con sus cuatro manos. ◇ **silla de ruedas** Asiento que en lugar de patas tiene ruedas y sirve para que se desplace una persona que no puede andar. ◇ **silla de tijera** Asiento plegable.

sillar s.m. Piedra labrada que se emplea en construcción.

sillarejo s.m. Sillar pequeño y tosco que no atraviesa todo el grosor del muro.

1. **sillería** s.f. **1** Conjunto de asientos que tienen el mismo estilo y que, generalmente, están en una misma sala o habitación. **2** Conjunto de asientos unidos unos a otros. **3** Establecimiento en el que se hacen o se venden sillas.

2. **sillería** s.f. Obra hecha con sillares asentados unos sobre otros y en hiladas de juntas finas.

sillín s.m. ESP Asiento individual pequeño, especialmente el de la bicicleta y otros vehículos.

sillón s.m. Asiento para una sola persona, con respaldo y brazos generalmente acolchado y forrado con tela.

silo s.m. **1** Lugar seco y preparado para guardar el trigo u otras semillas o plantas cortadas. **2** Cualquier lugar subterráneo profundo y oscuro.

silogismo s.m. Razonamiento formado por dos premisas y una conclusión que es el resultado lógico de la relación entre las dos premisas.

silueta s.f. **1** Línea exterior que delimita el dibujo de una figura, especialmente cuando representa una persona o animal. **2** Forma que presenta un objeto cuando está sobre un fondo más claro que él.

silvestre adj. **1** Se dice del vegetal que crece o se cría en el campo o en la selva sin la intervención del ser humano. **2** Desp. Que tiene malos modos o que es poco delicado.

silvicultura s.f. **1** Cultivo, cuidado y explotación de los bosques y los montes. **2** Ciencia que se ocupa de estas actividades.

1. **sima** s.f. Grieta o pozo muy profundo que se abre en el terreno y, generalmente, comunica la superficie con cuevas o corrientes subterráneas.

2. **sima** s.m. Capa interior de la corteza terrestre, compuesta de silicatos de hierro y magnesio y otros materiales pesados, y situada bajo el sial.

simbiosis s.f. **1** Asociación en la que dos organismos de especies diferentes se asocian para beneficiarse mutuamente en su desarrollo vital. **2** Relación de ayuda mutua que se establece entre dos personas o entidades.

simbólico, a adj. **1** Que representa o simboliza una cosa. **2** Que se expresa por medio de símbolos. **3** Que tiene significado afectivo o moral, o valor representativo, más que material.

simbolismo s.m. **1** Conjunto de símbolos que se utilizan para representar alguna cosa. **2** Significado de lo que se expresa con uno o varios símbolos. **3** Tendencia artística que consiste en sugerir ideas o evocar objetos mediante símbolos e imágenes.

simbolista adj. y s.m. y f. Relativo al simbolismo (movimiento artístico).

simbolizar v.tr. Servir una cosa, fenómeno o hecho como representación o explicación de algo, por haber entre las dos cosas una relación natural o convencional.

símbolo s.m. **1** Signo que representa un objeto sin tener ningún parecido o relación con él, por una asociación convencional. **2** Cualquier representación de algo. **3** Letra o par de letras que sirven para nombrar un elemento químico. □ También símbolo químico. **4** Figura retórica o estilística mediante la cual un elemento o palabra trasciende su significado normal para evocar otra realidad. **5** En filosofía, representación de una realidad inaccesible al intelecto.

simbología s.f. Conjunto de símbolos en una cosa, especialmente en una obra artística.

simetría s.f. **1** Correspondencia entre los puntos del plano o del espacio situados a uno y otro lado del centro, eje o plano de simetría y a la misma distancia de él. **2** Proporción adecuada de las partes de un todo o de las cosas de un conjunto.

simétrico, a adj. Que guarda simetría.

simiente s.f. **1** Parte del fruto producto de la fecundación del óvulo que contiene el embrión de una nueva planta. **2** Causa u origen de otra cosa, como opiniones o estados de ánimo.

símil s.m. **1** Figura retórica mediante la cual se comparan dos cosas para resaltar una de ellas. **2** Semejanza entre dos cosas.

similar adj. Formal. Parecido o semejante a otra persona, animal o cosa.

similitud s.f. Parecido o semejanza.

simio, a s. Nombre genérico de los primates del suborden de los antropoides (hocico reducido y ojos en posición frontal).

simpatía s.f. **1** Modo de ser o de actuar de una persona que la hace agradable a los demás. **2** Sentimiento de afecto hacia alguien o algo. **3** Relación patológica o fisiológica entre dos órganos del cuerpo que no tienen conexión directa.

simpático, a adj. Que inspira simpatía. ◇ **gran simpático** o **sistema nervioso simpático** Parte del sistema nervioso que dirige el funcionamiento de ciertos órganos del cuerpo sin intervención de la voluntad.

simpatizante adj. y s.m. y f. Que se siente atraído por un club, partido o ideología.

simpatizar v.intr. Sentir atracción o simpatía.

simple adj. **1** Formado por un solo elemento. **2** Que no tiene complicación ni dificultad. **3** Se utiliza para indicar que lo que se expresa no es tan importante, complicado o difícil como podía ser. □ Va antepuesto al sustantivo. **4** Se dice del tiempo verbal que se conjuga sin auxilio de otro verbo. **5** Se dice de la oración que tiene como núcleo del predicado un solo verbo en forma personal. **6** Se dice de la palabra compuesta por un solo monema, que puede ser un morfema libre (como en y el) o un lexema (como **raíz** y **luna**). ◆ adj. y s.m. y f. **7** Que no es inteligente ni rápido cuando razona y resulta fácil de engañar.

OBS Superlativo: **simplicísimo** o **simplísimo**.

simpleza s.f. **1** Falta de inteligencia y rapidez en una persona al razonar. **2** Acto o dicho poco inteligente. **3** Cosa poco importante o de poco valor.

simplicidad s.f. **1** Ausencia total de complicación en una cosa. **2** Ingenuidad o carácter simple que tiene una persona. **3** Ausencia de adornos en una obra artística.

simplicísimo, a adj. Superlativo de **simple**.

simplificación s.f. Acción y efecto de simplificar.

simplificar v.tr. **1** Hacer más sencilla o fácil una cosa. **2** Reducir una expresión o una ecuación a una forma más sencilla y equivalente.

simplista adj. **1** Basado en ideas demasiado elementales. ◆ adj. y s.m. y f. **2** Que hace razonamientos con ideas demasiado elementales.

simposio s.m. Reunión de personas especializadas, menos numerosa que un congreso, que se proponen estudiar o exponer un tema.

simulación s.f. Presentación de una cosa haciendo que parezca real.

simulacro s.m. Acción que se realiza imitando un suceso real para tomar las medidas necesarias de seguridad en caso de que ocurra realmente.

simulador s.m. Aparato o conjunto de aparatos que reproduce las funciones de otro, pero sin producir el efecto propio de él.

simular v.tr. **1** Presentar como cierto o real lo que es falso o imaginado. **2** Presentar una cosa haciendo que parezca real.

simultaneidad s.f. Circunstancia de coincidir dos o más hechos o acciones en un mismo momento o período.

simultáneo, a adj. Que se hace u ocurre al mismo tiempo que otra cosa.

sin prep. **1** Indica falta o carencia de una cosa material o inmaterial. **2** Indica que lo que se dice a continuación no queda incluido o no se tiene en cuenta dentro de lo dicho antes.

sinagoga s.f. Edificio donde una comunidad judía reza o realiza ceremonias religiosas.

sinalefa s.f. Fusión de la vocal final de una palabra con la vocal inicial de la palabra siguiente, de modo que se integren en una sílaba.

sinapsis s.f. **1** Zona de conexión entre dos neuronas por medio de una sustancia química. **2** Transmisión del impulso nervioso entre neuronas que se produce en esta zona.

sincerarse v.prnl. Contar un hecho o sentimiento personal sin fingir ni ocultar información.

sinceridad s.f. Cualidad de sincero.

sincero, a adj. Que habla y se expresa abiertamente, que actúa o se hace sin fingimiento.

sinclinal adj. y s.m. En geología, se dice del plegamiento en forma de U.

síncopa s.f. Figura retórica o fenómeno lingüístico consistente en la supresión de una o más letras en medio de una palabra.

síncope s.m. **1** Paralización momentánea de los movimientos del corazón y de la respiración, que puede producir una pérdida del conocimiento. **2** Síncopa (fenómeno lingüístico).

sincretismo s.m. **1** Sistema filosófico o religioso que trata de armonizar corrientes de pensamiento o ideas diferentes. **2** Coincidencia de dos o más funciones gramaticales en una forma.

sincronía s.f. **1** Coincidencia en el tiempo de varios hechos o circunstancias. **2** En gramática, conjunto de fenómenos que presenta una lengua en su aspecto estático.

sincrónico, a adj. Que ocurre al mismo tiempo que otro hecho o circunstancia.

sincronizar v.tr. Hacer que coincidan dos fenómenos o movimientos en un momento.

sindical adj. Relativo al sindicato.

sindicalismo s.m. Movimiento social y político que defiende el establecimiento de sindicatos para defender sus intereses.

sindicalista adj. **1** Relativo al sindicalismo. ◆ adj. y s.m. y f. **2** Que pertenece a un sindicato.

sindicato s.m. Unión o agrupación de trabajadores destinada a la defensa de sus intereses económicos y laborales.

síndico, a s.m. **1** Persona elegida por un grupo o comunidad para cuidar de sus intereses, especialmente económicos o sociales. **2** Persona encargada de pagar los bienes de un deudor en quiebra.

síndrome s.m. Conjunto de signos o señales que caracterizan una enfermedad o un trastorno físico o mental. ◇ **síndrome de abstinencia** Estado de malestar producido por interrumpir el consumo de una droga u otra sustancia que crea dependencia. ◇ **síndrome de Down** Enfermedad que origina retraso mental y de crecimiento y que produce determinadas anomalías físicas. ◇ **síndrome de inmunodeficiencia adquirida** Enfermedad infecciosa producida por un virus, que destruye los mecanismos de defensa del cuerpo humano.

sine qua non Expresión latina que significa 'sin la cual no' y se aplica a una condición que necesariamente ha de cumplirse o es indispensable para que suceda o se cumpla algo.

sinécdoque s.f. Figura retórica consistente en dar al todo el nombre de una de sus partes o, al revés, en dar a una parte el nombre del todo.

sinéresis s.f. Licencia poética que consiste en medir dos sílabas como una cuando existen dos vocales contiguas en diferentes sílabas.

sinfín s.m. Cantidad muy grande de alguna cosa, imposible de calcular o limitar.

sinfonía s.f. **1** Composición musical para orquesta, que puede tener instrumentos o voces solistas y consta de varios movimientos o partes. **2** Conjunto numeroso de elementos combinados entre sí de manera harmónica y bella.

sinfónica s.f. Orquesta formada aproximadamente por cien músicos que tocan instrumentos de cuerda, madera, metal y percusión. □ También orquesta sinfónica.

sinfónico, a adj. Relativo a la sinfonía.

singladura s.f. **1** Distancia recorrida por una nave en 24 horas, empezando a contar el tiempo a partir de las 12. **2** Dirección real o imaginaria seguida por algo o alguien.

single s.m. Disco compacto con solo una o dos canciones.
OBS Pronunc. aprox. 'sínguel'.

singular adj. y s.m. **1** Se dice de la categoría gramatical de número que indica una sola persona o cosa. ◆ adj. **2** Raro o extravagante. **3** Extraordinario o muy bueno entre varias posibilidades.

singularidad s.f. **1** Característica principal de la cosa que es única o que es extraordinaria o rara. **2** Carácter especial de una persona o cosa que la hace destacar entre las demás.

siniestra s.f. Mano o pierna situada en el lado que corresponde al corazón en el ser humano.

siniestro, a adj. **1** Hecho con mala intención. **2** Desgraciado o causado por la mala suerte. **3** Que causa cierto temor o angustia por su carácter sombrío o macabro o por su relación con la muerte. **4** Formal. Que está en el lado izquierdo. ◆ s.m. **5** Daño o pérdida importante de propiedades o personas a causa de una desgracia, como una muerte, incendio o naufragio.

sinnúmero s.m. Cantidad muy grande de una cosa, imposible de calcular o limitar.

1. **sino** conj. **1** Indica que lo que se dice a continuación queda excluido del conjunto que se ha dicho antes. **2** Se usa para añadir un elemento nuevo a otro que se ha dicho antes.

2. **sino** s.m. Fuerza supuesta y desconocida que determina lo que ha de ocurrir.

sínodo s.m. **1** Reunión de eclesiásticos católicos para tratar asuntos de una diócesis o un territorio, o de toda la Iglesia. **2** Reunión de delegados protestantes para tratar asuntos generales. **3** Coincidencia de dos planetas en el mismo grado de la trayectoria que describe la Tierra en su movimiento de traslación alrededor del Sol.

sinonimia s.f. Coincidencia en el significado entre dos o más palabras.

sinónimo, a adj. y s.m. Se dice de la palabra que posee el mismo significado que otra.

sinopsis s.f. **1** Esquema o exposición gráfica de los puntos generales de un tema o materia. **2** Resumen muy breve y general de una cosa.

sinóptico, a adj. Que presenta las partes principales de un asunto de manera clara, rápida y resumida.

sinovia s.f. Líquido transparente que se encuentra en las articulaciones de los huesos y que sirve para lubricarlas.

sinovial adj. **1** Relativo a la sinovia. **2** Se dice de la membrana que segrega sinovia.

sinrazón s.f. Acción hecha contra la justicia o fuera de lo que se considera razonable.

sinsentido s.m. Dicho o hecho que no tiene lógica.

sintáctico, a adj. Relativo a la sintaxis.

sintagma s.m. Grupo de palabras que, en una oración o proposición, poseen sentido unitario y desempeñan entre todas la misma función.

sintagmático, a adj. **1** Relativo al sintagma. **2** Se dice de la relación que mantiene una palabra con las otras del mismo sintagma u oración.

sintaxis s.f. Parte de la gramática que estudia la oración y, dentro de ella, la función de las palabras y sus interrelaciones.

síntesis s.f. **1** Explicación corta en la que se presenta lo principal de un asunto o materia. **2** Composición o formación de un todo mediante la unión de varios elementos. **3** Proceso por el que un ser vivo elabora en el interior de sus células las moléculas de sus componentes, a partir de sustancias tomadas del exterior. **4** Proceso por el que se obtiene una sustancia a partir de la combinación de elementos químicos o de sustancias más simples. **5** Método de razonamiento deductivo, que parte de lo más simple para llegar a lo más complejo.

sintético, a adj. **1** Relativo a la síntesis. **2** Se dice del material que se obtiene mediante procedimientos industriales o químicos y que imita una materia natural.

sintetizador s.m. Aparato electrónico o instrumento musical que lleva incorporado un gran número de sonidos de intrumentos musicales, efectos sonoros, etc.

sintetizar v.tr. **1** Hacer una síntesis o resumen. **2** Formar un elemento o sustancia compuesta mediante la combinación de elementos o sustancias simples.

sintoísmo s.m. Religión de origen japonés basada en la adoración de las fuerzas naturales y el culto a los antepasados.

síntoma s.m. **1** Manifestación subjetiva de una enfermedad que no es observable por el médico, como el cansancio o el dolor. **2** Señal o signo de que una cosa ocurre o va a ocurrir.

sintomático, a adj. **1** Relativo al síntoma. **2** Que indica que una cosa ocurre o va a ocurrir.

sintomatología s.f. Conjunto de síntomas de un enfermo o de una enfermedad.

sintonía s.f. **1** Música que marca el comienzo o el fin de un espacio de radio o de televisión y lo identifica. **2** Igualdad de frecuencia entre un aparato receptor y otro emisor. **3** Relación de acuerdo o de correspondencia entre varias personas o cosas.

sintonización s.f. **1** Ajuste de la frecuencia de onda de un aparato receptor con un emisor. **2** Correspondencia en los sentimientos o pensamientos de dos personas.

sintonizador s.m. Sistema que permite aumentar o disminuir la longitud de onda en un aparato receptor, para adaptarla a la de un emisor.

sintonizar v.tr. **1** Poner un aparato receptor en la misma frecuencia que un aparato emisor para poder recibir su señal. ◆ **v.intr. 2** Entenderse bien dos o más personas o cosas por tener ideas y gustos parecidos o un carácter similar.

sinuoso, a adj. **1** Se dice del trayecto que tiene curvas, ondulaciones o recodos. **2** Que es poco claro y pretende ocultar la verdadera intención o propósito.

sinusitis s.f. Enfermedad que consiste en una inflamación de las membranas que cubren los huesos de la frente a ambos lados de la nariz.

sinvergonzonería s.f. Comportamiento o acción propios de la persona sinvergüenza.

sinvergüenza adj. y s.m. y f. **1** Que habla u obra con atrevimiento, sin vergüenza ni respeto. **2** Que tiene habilidad para engañar sin maldad y para no dejarse engañar.

sionismo s.m. Movimiento político judío que defiende la colonización de los territorios árabes de Palestina y la creación del estado de Israel.

sionista adj. **1** Relativo al sionismo. ◆ **adj. y s.m. y f. 2** Partidario del sionismo.

sioux adj. y s.m. y f. **1** De las tribus indígenas que vivían en las llanuras centrales de América del Norte. ◆ **s.m. y adj. 2** Lengua hablada por estas tribus.
OBS Pronunc. aprox. 'siucs'.

sique ▷ psique.

siquiatra ▷ psiquiatra.

siquiatría ▷ psiquiatría.

siquiátrico, a ▷ psiquiátrico, a.

síquico, a ▷ psíquico, a.

siquiera adv. **1** Indica que lo que se dice a continuación es lo mínimo que se espera de una cosa solicitada o dada. ◆ **conj. 2** Sirve para unir oraciones e indica que lo que se dice a continuación es lo mínimo que se espera sobre lo dicho antes. ◇ **ni siquiera** o **ni tan siquiera** Se usa para reforzar una negación de manera que lo que se dice a continuación representa lo más básico de una totalidad que tampoco se cumple.

sirena s.f. **1** Ser mitológico que vive en el mar, con cuerpo de mujer hasta la cintura y cola de pez, que atrae a los navegantes con su canto. **2** Aparato que emite un sonido fuerte y que sirve para avisar de alguna cosa.

sirimiri s.m. Chirimiri.

siringa s.f. AMÉR Nombre genérico que engloba tanto los distintos árboles que producen látex cauchífero como a las distintas faenas que se realizan para industrializarlo.

sirio, a adj. y s. De Siria (país de Asia).

siroco s.m. Viento muy caliente y seco que sopla del desierto del Sáhara hacia el Mediterráneo.

sirope s.m. Sustancia líquida y espesa, parecida al jarabe, pero más viscosa, que se usa para hacer refrescos o para endulzar y adornar postres.

sirtaki s.m. Danza típica griega que se baila generalmente en grupo, formando una hilera con ambos brazos extendidos y dando pasos cortos.

sirviente, a s. Persona que se dedica a la limpieza y servicio doméstico en una casa.

sisa s.f. **1** Corte curvo hecho en el cuerpo de una prenda de vestir que corresponde a la parte de la axila y por donde se une la manga. **2** ESP Cantidad pequeña de dinero que se sisa.

sisar v.tr. **1** ESP Quedarse con una cantidad pequeña de dinero de otra persona al hacer una compra para ella. **2** Hacer un corte curvo en una prenda de vestir por la parte de la axila.

sísmico, a adj. Relativo al sismo.

sismo s.m. Movimiento violento de la superficie de la Tierra producido por fractura y deslizamiento de la corteza terrestre.

sismógrafo s.m. Instrumento que sirve para registrar la intensidad, duración y otras características de los movimientos sísmicos.

sismograma s.m. Gráfico de los movimientos vibratorios de la corteza terrestre.

sismología s.f. Parte de la geología que estudia los sismos.

sistema s.m. **1** Conjunto ordenado de normas y procedimientos que regula el funcionamiento de una colectividad. **2** Conjunto de reglas, principios o medidas que tienen relación entre sí. **3** Conjunto de elementos que forman un todo. **4** Conjunto de órganos que intervienen en una función principal dentro del cuerpo. **5** Medio o manera con que se hace una cosa. ◇ **por sistema** Se usa para indicar que una cosa se hace siempre obstinadamente o sin una lógica determinada. ◇ **Sistema Internacional** Sistema de unidades que ha sustituido al sistema métrico decimal. ◇ **sistema métrico (decimal)** Sistema de pesos y medidas que tiene por unidades básicas el metro, el kilogramo y el segundo. ◇ **sistema montañoso** Conjunto de montañas que se considera como una unidad. ◇ **sistema operativo** Programa que asigna los recursos de un sistema informático a los demás programas para que se optimice el rendimiento del sistema. ◇ **sistema planetario** o **sistema solar** Conjunto formado por el Sol y los demás cuerpos celestes que giran a su alrededor.

sistemática s.f. Ciencia que estudia los principios, métodos y fines de la clasificación de los seres vivos en función de su semejanza.

sistemático, a adj. **1** Que sigue o se ajusta a un sistema o conjunto de elementos ordenados. **2** Se dice de la persona que actúa con un método determinado y mucha constancia.

sistematizar v.tr. Organizar un conjunto de elementos dándoles un orden determinado y lógico.

sístole s.m. Movimiento de contracción del corazón que impulsa la sangre al sistema arterial.

site s.m. Sitio web.
OBS Pronunc. 'sait'.

sitiar (1d) v.tr. **1** Rodear una ciudad, una fortaleza u otro lugar para atacar a las fuerzas enemigas que están dentro o para impedir que salgan o reciban ayuda. **2** Hacer que una persona no tenga más remedio que aceptar lo que se le propone con mucha insistencia.

1. **sitio** s.m. **1** Parte o punto de un espacio. **2** Puesto que corresponde a una persona o una cosa en un determinado momento. **3** Espacio libre o disponible para un determinado fin. ◇ **sitio web** Lugar de Internet compuesto por un conjunto de páginas web con una dirección común. □ También simplemente sitio.

2. **sitio** s.m. Acción y efecto de sitiar.

situación s.f. **1** Colocación o posición de una persona, animal o cosa en un lugar. **2** Estado o condición en que se halla una persona, animal o cosa en un momento determinado.

situar (1b) v.tr. **1** Poner a una persona, animal o cosa en un lugar o espacio determinado. ◆ **situarse** v.prnl. **2** Lograr una persona buena posición social, económica o profesional.

skay o **escay** s.m. Material plástico que imita el cuero.
OBS Pronunc. aprox. 'escay'.

sketch (pl. sketchs o sketches) s.m. Escena de corta duración y de tono humorístico en teatro, cine o televisión.
OBS Pronunc. aprox. 'esquech'.

S. L. Sigla de sociedad limitada.

slalom o **eslálom** o **eslalon** s.m. Competición de esquí en la que los deportistas siguen un trazado con pasos obligados.
OBS Pronunc. aprox. 'eslálom'.

slip (pl. slips) s.m. Prenda íntima masculina que cubre desde la cintura hasta las ingles y se ajusta al cuerpo.
OBS Pronunc. aprox. 'eslip'. Suele usarse en plural con valor singular.

slogan (pl. slogans) s.m. Eslogan.
OBS Pronunc. aprox. 'eslogan'.

smash (pl. smashes) s.m. En el tenis, golpe muy fuerte que se da con la raqueta de arriba hacia abajo cuando la pelota llega muy alta.
OBS Pronunc. aprox. 'esmash'.

smog s.m. Niebla de humos contaminantes que cubre grandes extensiones por encima de las ciudades industriales.
OBS Pronunc. aprox. 'esmoc'.

smoking (pl. smokings) s.m. Esmoquin.
OBS Pronunc. aprox. 'esmoquin'.

snob (pl. snobs) adj. y s.m. y f. Esnob.
OBS Pronunc. aprox. 'esnob'.

snobismo s.m. Esnobismo.
OBS Pronunc. aprox. 'esnobismo'.

1. **so** prep. Indica que alguna cosa está, real o figuradamente, bajo otra; en la actualidad se utiliza solamente en las expresiones **so capa**, **so pretexto** y **so pena**.

2. **so** adv. Se usa para enfatizar el valor despectivo de una cualidad que se expresa.

3. **so** interj. Se usa para hacer que se detenga un caballo, un burro u otra caballería.

sobaco s.m. Cavidad o hueco en la unión de la parte interior del brazo con el cuerpo.

sobado, a adj. **1** Muy gastado o estropeado por usarlo continuadamente. **2** Se dice del tema o asunto que está muy tratado y por ello es muy poco original. ◆ s.m. **3** Bollo hecho con harina, abundante manteca o aceite y azúcar.

sobar v.tr. **1** Tocar mucho una cosa, de manera que se estropee o desgaste. **2** Acariciar o toquetear una cosa o a una persona repetidamente con las manos. **3** Oprimir y remover una cosa para que se ablande. **4** Fam. Golpear a una persona. ◆ v.intr. **5** Fam. ESP Dormir.

soberanía s.f. **1** Autoridad más elevada sobre el poder político de un pueblo o una nación. **2** Gobierno o dominio que un pueblo o una nación ejerce sobre sí mismo, en oposición al gobierno impuesto por otro pueblo u otra nación.

soberanismo s.m. Sistema político partidario de la soberanía de un territorio.

soberano, a adj. y s. **1** Se dice de la persona que posee y ejerce la autoridad más elevada sobre los asuntos sociales, económicos y políticos de un pueblo o nación. ◆ adj. **2** Se dice del pueblo o nación que se gobierna a sí mismo sin estar sometido políticamente a otro. **3** Fam. Muy grande o muy difícil de superar.

soberbia s.f. **1** Orgullo o sentimiento de superioridad frente a los demás que provoca un trato despectivo y desconsiderado hacia ellos. **2** Rabia o enfado que muestra una persona de manera exagerada ante una contrariedad.

soberbio, a adj. **1** Se dice de la persona que muestra orgullo o se cree muy importante. **2** Que destaca o sobresale entre los demás por sus buenas cualidades.

sobornar v.tr. Ofrecer dinero u objetos de valor a una persona para conseguir un favor o un beneficio injusto o ilegal o para que no cumpla con una determinada obligación.

soborno s.m. **1** Acción de sobornar. **2** Dinero u objetos de valor con que se soborna.

sobra s.f. **1** Cantidad de una cosa además de la necesaria o útil. ◆ **sobras** s.f.pl. **2** Restos de una cosa después de haberla usado o consumido. ◇ **de sobra** Más de lo que es necesario.

sobradamente adv. **1** De manera muy abundante o excesiva. **2** De manera suficiente.

sobrado, a adj. **1** Que existe en gran cantidad o más de lo que es necesario. ◆ s.m. **2** Último piso de una casa que queda justo debajo del tejado, con el techo inclinado, que suele usarse para guardar objetos viejos o que ya no se usan.

sobrar v.intr. **1** Haber más cantidad de algo de la necesaria. **2** Molestar o no ser necesaria una persona o cosa en un determinado lugar o situación. **3** Quedar alguna cosa después de su uso.

sobrasada s.f. ESP Embutido de consistencia pastosa hecho con carne y grasa de cerdo muy picadas con sal y mucho pimentón.

1. **sobre** prep. **1** Indica la posición más alta o en un lugar superior de una cosa. **2** Indica de qué materia o asunto trata una cosa. **3** Indica que una cantidad es aproximada. **4** Indica la proximidad y elevación de una cosa respecto a otra. **5** Indica superioridad o situación dominante de una persona en relación con otra en una jerarquía. **6** Indica dirección hacia un lugar determinado. **7** Indica control o vigilancia constante hacia una persona.

2. **sobre** s.m. **1** Envoltorio plano para meter en él cartas, documentos o papeles de cualquier tipo. **2** Envoltorio similar para contener líquidos, polvos y otras cosas. **3** Fam. Cama.

sobrealimentación s.f. **1** Consumo excesivo de alimentos. **2** Régimen dietético en el que hay un aporte continuo de alimentos excesivamente ricos en calorías.

sobrealimentar v.tr. **1** Dar a una persona o a un animal más alimentos de lo normal o de lo necesario. **2** Aumentar la presión del combustible en un motor de explosión para incrementar su potencia.

sobreático s.m. Piso situado encima del ático.

sobrecarga s.f. **1** Exceso de carga, especialmente de un vehículo. **2** Sufrimiento, pena o molestia que se añade a otros. **3** Molestia que se produce por haber sometido una parte del cuerpo a un trabajo o un peso excesivos. **4** Exceso de aparatos eléctricos que funcionan a la vez en un circuito.

sobrecargar v.tr. Cargar más de lo debido.

sobrecargo s.m. y f. **1** Persona que, bajo la autoridad del comandante de un avión, coordina y supervisa los trabajos de cada miembro de la tripulación a su cargo. **2** Persona que se ocupa de la carga de un barco.

sobrecogedor, ra adj. Que causa una impresión fuerte en el ánimo, como sorpresa o miedo.

sobrecoger v.tr. Causar una impresión fuerte en el ánimo, como sorpresa o miedo.

sobrecubierta s.f. **1** Cubierta que se pone encima de otra para proteger mejor una cosa. **2** Forro externo, protector y decorativo, que se pone sobre las tapas de un libro.

sobredosis s.f. Cantidad excesiva de una medicina o de una droga que suele causar intoxicación o incluso la muerte.

sobreentender v.tr. Sobrentender.

sobreentendido s.m. Sobrentendido.

sobreesdrújulo, a adj. y s.f. Sobresdrújulo.

sobreexplotación s.f. Explotación excesiva de un recurso natural.

sobrehumano, a adj. Que está por encima de las posibilidades o capacidad humana.

sobrellevar v.tr. Soportar con resignación una enfermedad, una pena o una situación.

sobremanera adv. De un modo extraordinario.

sobremesa s.f. Período de después de la comida en el que se continúa sentado alrededor de la mesa, generalmente conversando.

sobrenatural adj. Que no sigue las reglas conocidas de la naturaleza o supera sus límites.

sobrenombre s.m. **1** Nombre que se da a una persona en lugar del suyo propio. **2** Nombre que se añade al propio de una persona para expresar una de sus características particulares.

sobrentender o **sobreentender** (33) v.tr. Entender algo que no se expresa con palabras pero que se supone o se deduce a través de ellas o de determinados actos.

sobrentendido o **sobreentendido** s.m. Cosa que se sobrentiende.

sobrepasar v.tr. **1** Pasar o dejar atrás a una persona o a un vehículo que están en movimiento. **2** Llegar a ser mejor que otra persona en alguna actividad. **3** Pasar de cierta cosa o de cierta cantidad que se expresa. ◆ **sobrepasarse** v.prnl. **4** Ir una persona más allá de lo que se considera moralmente correcto.

sobrepeso s.m. **1** Exceso de carga. **2** Exceso de peso que se valora en relación con la estatura y la edad.

sobreponer (36) v.tr. **1** Añadir o poner una cosa encima de otra. ◆ **sobreponerse** v.prnl. **2** Superar un problema o una situación difícil, o no dejarse abatir por un estado de ánimo.

sobrepuesto, a Participio irregular de sobreponer.

sobresaliente adj. **1** Que destaca o sobresale entre varias cosas, especialmente por su anchura o su altura. ◆ s.m. **2** Calificación académica inmediatamente inferior a la de matrícula de honor y superior a la de notable.

sobresalir (43) v.intr. **1** Destacar una cosa entre otras por su anchura o su altura. **2** Distinguirse o destacarse una persona por alguna cualidad.

sobresaltar v.tr. Alarmar, asustar o angustiar un ruido o hecho inesperado.

sobresalto s.m. Alarma, susto o miedo producidos por un ruido o hecho inesperado.

sobresdrújulo, a o **sobreesdrújulo, a** adj. y s.f. Se dice de la palabra que lleva el acento de intensidad en la sílaba anterior a la antepenúltima.

sobreseer (26) v.tr. e intr. Parar o suspender indefinidamente un juez o tribunal un proceso judicial, por falta de pruebas o por otra causa.

sobresueldo s.m. Cantidad de dinero que se añade al sueldo.

sobrevenir (51) v.intr. **1** Ocurrir inesperadamente un hecho negativo. **2** Ocurrir una cosa después de otra o añadida a las existentes.

sobrevivir v.intr. **1** Seguir vivo después de un hecho, especialmente tras un peligro o una catástrofe en el que se hubiera podido morir. **2** Seguir vivo después de la muerte de otra persona. **3** Vivir con estrecheces y dificultades.

sobrevolar (11) v.tr. Volar por encima de un lugar determinado.

sobriedad s.f. **1** Cualidad de sobrio.

sobrino, a s. Hijo o hija de un hermano o una hermana (sobrino carnal), o de un primo o una prima (sobrino segundo).

sobrio, a adj. **1** Moderado en su forma de actuar, especialmente al comer y al beber. **2** Se dice del estilo que es sencillo y sin adornos. **3** Se dice de la persona que no ha bebido o que no se encuentra bajo los efectos del alcohol.

socapar v.tr. BOL, ECUAD, MÉX Disimular u ocultar las faltas ajenas para que no haya castigo.

socarrar v.tr. Quemar la parte superficial de una cosa o las puntas de algo filamentoso.

socarrón, na adj. y s. Se dice de la persona que se burla de los demás de manera graciosa e irónica y lo hace con gran astucia y disimulo.

socavar v.tr. **1** Excavar algo por debajo, dejándolo sin apoyo y expuesto a hundirse. **2** Debilitar una ideología o la firmeza de un valor.

socavón s.m. Agujero producido al hundirse el suelo por haber debajo un hueco o galería.

sociable adj. Que le gusta relacionarse con otros miembros de su especie y tiene facilidad para ello.

social adj. **1** Relativo a la sociedad humana. **2** Se dice del animal que vive en grupo formando colonias. **3** Relativo a una compañía o sociedad económica.

socialdemocracia s.f. Corriente política moderada dentro del socialismo que defiende que la transformación de la sociedad puede llevarse a cabo desde una democracia parlamentaria.

socialismo s.m. Sistema político, social y económico que se opone al capitalismo y defiende, principalmente, la igualdad de todos los individuos, la abolición de la propiedad privada y el repartimiento equitativo de la riqueza.

socialista adj. **1** Relativo al socialismo. ◆ adj. y s.m. y f. **2** Partidario del socialismo.

socializar v.tr. **1** Transferir bienes que pertenecen a personas o instituciones particulares al Estado o a un órgano colectivo. **2** Hacer que una cosa que afecta a la sociedad favorezca el desarrollo de cada una de las personas que la forman. **3** Enseñar o promover el aprendizaje de pautas sociales que favorezcan la integración y el desarrollo de las personas en la sociedad.

sociedad s.f. **1** Conjunto de personas o animales que habitan la Tierra y establecen relaciones organizadas. **2** Conjunto de personas que se relacionan organizadamente y que pertenecen a un lugar determinado o tienen características en común. **3** Grupo formado por personas que se unen con un fin determinado. **4** Grupo constituido legalmente por personas que aportan dinero o bienes en una actividad comercial o industrial para obtener unas ganancias. ◇ **sociedad anónima** Sociedad formada por un grupo de personas que invierten dinero en una actividad económica y cuya responsabilidad respecto a esta depende de la cantidad de dinero que ha invertido cada una. ◇ **sociedad limitada** Sociedad con menos capital que una sociedad anónima y cuyos miembros no se responsabilizan de manera personal de las deudas que el grupo pueda contraer.

socio, a s. **1** Persona que pertenece a un grupo con un fin determinado. **2** Persona que participa en un negocio junto con otra o más personas. **3** Fam. Compañero o amigo.

sociocultural adj. Relativo al estado cultural de una sociedad.

socioeconómico, a adj. Relativo a la sociedad y la economía conjuntamente.

sociolingüística s.f. Parte de la lingüística que estudia la relación entre los fenómenos lingüísticos y los fenómenos socioculturales.

sociología s.f. Ciencia que estudia la formación, el desarrollo y las características de las sociedades humanas.

sociológico, a adj. Relativo a la sociología.

sociólogo, a s. Persona que se dedica a la sociología.

socorrer v.tr. Ayudar a alguien que ha sufrido un accidente, está en peligro o tiene una necesidad urgente.

socorrido, a adj. **1** Se dice del medio o la cosa que se usa a menudo para evitar una dificultad, problema o molestia. **2** Se dice del lugar que tiene u ofrece muchas cosas útiles o que no se encuentran con facilidad.

socorrismo s.m. Conjunto de técnicas destinadas a socorrer a alguien.

socorrista s.m. y f. Persona que se dedica a ayudar en caso de peligro o necesidad.

socorro s.m. **1** Ayuda que se presta en una situación de peligro o necesidad. **2** Cosa que sirve de ayuda en una situación de peligro o necesidad. ◆ interj. **3** Se usa para pedir ayuda en una situación de peligro.

soda s.f. **1** Bebida gaseosa, transparente y sin alcohol, que está hecha con agua y ácido carbónico. **2** Sosa cáustica.

sódico, a adj. Relativo al sodio.

sodio s.m. Elemento químico de símbolo Na y número atómico 11; es un metal alcalino; es esencial para los seres vivos.

sodomía s.m. Relación sexual en la que se practica la penetración anal.

sodomizar v.tr. Someter a sodomía.

soez adj. De mal gusto o poco educado.

sofá s.m. Asiento grande y blando, con respaldo y brazos en el que se puede sentar más de una persona.

sofisma s.m. Argumento falso, pero de apariencia verdadera, con que se pretende confundir a alguien.

sofisticado, a adj. **1** Que se comporta de forma distinguida pero poco natural. **2** Que no es natural ni sencillo. **3** Se dice del aparato que es muy complicado y tiene un uso muy completo.

soflama s.f. ESP Discurso de tono encendido.

sofocante adj. Que sofoca o hace difícil la respiración.

sofocar v.tr. **1** Impedir o hacer difícil la respiración. **2** Molestar repetidamente a una persona consiguiendo que se ponga nerviosa. **3** Apagar o dominar una cosa que se extiende o se desarrolla, especialmente un fuego. **4** Hacer que una persona sienta vergüenza o se sonroje.

sofoco s.m. **1** Calor excesivo que impide o hace difícil la respiración o sensación de ahogo.

2 Molestia y nerviosismo que se provoca a una persona cuando se la molesta repetidamente. **3** Sentimiento de vergüenza o ridículo.

sofocón s.m. Sentimiento de pena o tristeza causado por una cosa que no se puede conseguir o por una contrariedad.

sofreír (40) v.tr. Freír ligeramente un alimento con fuego bajo y lentamente.
OBS Doble participio: **sofreído** y **sofrito**.

sofrito, a 1 Participio irregular de **sofreír**. ◆ s.m. **2** Condimento de ajo, cebolla, tomate y otras verduras picadas y ligeramente fritos en aceite.

software s.m. Conjunto de programas, lenguajes de programación y datos que controlan el funcionamiento del ordenador y la realización de las tareas.
OBS Pronunc. aprox. 'sófgüer'.

soga s.f. Cuerda gruesa hecha de fibras vegetales, como el cáñamo, o artificiales. ◇ **con la soga al cuello** Se usa para indicar que una persona se siente amenazada por un peligro grave o está en una situación comprometida.

soja s.f. **1** Planta de tallo recto, hojas compuestas, flores en racimo y fruto en legumbre comestible. **2** Fruto leguminoso de esta planta.

1. **sol** s.m. **1** Estrella alrededor de la cual gira la Tierra y los demás planetas del sistema solar. □ Se escribe normalmente con mayúscula inicial. **2** Luz y calor que desprende esa estrella. **3** Parte de un espacio a la que llega esta luz. **4** Estrella que es el centro de un sistema de planetas. **5** Unidad monetaria de Perú. **6** Fam. Persona muy buena y simpática. ◇ **no dejar a alguien ni a sol ni a sombra** Seguir a una persona a cualquier lugar al que va, estar continuamente con ella.

2. **sol** s.m. Quinta nota de la escala musical.

solamente adv. Se usa para indicar que no se incluye ninguna otra cosa además de lo que se expresa.

solana s.f. Lugar o parte de un terreno donde el sol da de lleno.

solanera s.f. **1** Luz y calor excesivos del sol. **2** Lugar no protegido de los rayos del sol.

solano s.m. Viento que viene de donde nace el Sol.

solapa s.f. **1** Parte de las prendas de vestir abiertas por delante, que está unida al cuello y se dobla hacia afuera sobre el pecho. **2** Parte de la cubierta de un libro que se dobla hacia dentro y donde se suele colocar un comentario sobre el libro o su autor. **3** Pieza que cubre una abertura. **4** Parte del sobre que se dobla para cerrarlo y donde se escribe el remite.

solapar v.tr. **1** Ocultar o disimular una intención o deseo para que no se advierta. **2** Colocar una cosa sobre otra, cubriéndola parcialmente.

1. **solar** adj. Relativo al sol.

2. **solar** s.m. Terreno donde se ha construido o que se destina a construir en él.

solariego, a adj. Que tiene un linaje noble y antiguo.

solario s.m. **1** Terraza o lugar reservado y acondicionado para poder tomar el sol. **2** Casa o sanatorio situados en un lugar bien soleado o donde se practica el tratamiento de algunas afecciones mediante radiaciones solares.

solárium (pl. soláriums) s.m. Solario.

soldado s.m. **1** Persona que forma parte de un ejército. **2** Miembro del ejército que no tiene ningún grado militar. □ También soldado raso. ◆ adj. y s.m. y f. **3** Se dice del insecto que tiene el cuerpo adaptado para luchar y defender la comunidad en la que vive.

soldador, ra adj. y s.m. **1** Se dice del aparato que sirve para soldar. ◆ s. **2** Persona que se dedica a soldar.

soldadura s.f. **1** Unión de dos piezas o partes de una cosa, generalmente de metal, mediante calor y una sustancia igual o semejante a las que se pretende unir. **2** Material que sirve para este fin. **3** Unión de dos piezas o partes de una cosa.

soldar (11) v.tr. **1** Unir firmemente dos piezas o partes de una cosa, generalmente de metal, mediante calor y una sustancia igual o semejante a las que se pretende unir. **2** Unir firmemente dos piezas de las mismas características.

soleá (pl. soleares) s.f. **1** Estrofa compuesta de tres versos, generalmente octosílabos, que riman en asonancia el primero y el tercero y el segundo queda suelto. **2** Cante flamenco con este tipo de estrofas. **3** Baile flamenco al compás de este cante.

soleado, a adj. **1** Se dice del día o tiempo atmosférico que presenta un cielo sin nubes y en el que brilla el sol. **2** Que recibe mucho sol.

solecismo s.m. Error sintáctico que consiste en poner en un orden incorrecto los elementos de una frase.

soledad s.f. **1** Falta de compañía. **2** Pesar y tristeza que se siente por la falta, muerte o ausencia de una persona.

solemne adj. **1** Se dice del acto o celebración que se hace públicamente y con una ceremonia extraordinaria. **2** Se dice del compromiso que es formal y firme. **3** Que provoca admiración y respeto por su grandeza, superioridad o nobleza. **4** Desp. Se dice de la acción o dicho que tiene una cualidad negativa en grado muy alto. □ Va antepuesto al sustantivo.

solemnidad s.f. **1** Importancia o significación de un acto o celebración. **2** Formalidad y firmeza con que se dice o hace una cosa. **3** Acto o celebración que se hace públicamente y con una ceremonia extraordinaria. ◇ **de solemnidad** Desp. Se usa para indicar que una determinada cualidad negativa es muy intensa o completa.

soler (28) v.intr. **1** Tener costumbre o hábito de hacer una determinada cosa. **2** Suceder con frecuencia una cosa.

solera s.f. **1** Carácter tradicional de una cosa o costumbre. **2** Calidad que adquiere el vino con el paso de los años.

solfa s.f. **1** Sistema de signos con que se escribe la música. **2** Solfeo.

solfatara s.f. Abertura en los terrenos volcánicos por donde salen vapores sulfurosos.

solfeo s.m. Técnica y práctica de leer una partitura cantando las notas con la melodía y el ritmo adecuados.

solicitar v.tr. **1** Pedir una cosa, generalmente siguiendo un procedimiento establecido. **2** Enamorar o tratar de enamorar a una persona, especialmente tratándola de manera agradable y cortés.

solícito, a adj. Se dice de la persona que está dispuesta a servir y satisfacer a los demás.

solicitud s.f. **1** Documento formal en el que se pide algo. **2** Actitud de la persona solícita.

solidaridad s.f. Apoyo a una causa o al interés de otros.

solidario, a adj. Que muestra solidaridad.

solidarizarse v.prnl. Unirse una persona a otra en solidaridad.

solidez s.f. **1** Firmeza o seguridad de una cosa material. **2** Lógica o fundamentación sobre la que se ordenan las ideas. **3** Organización de una cosa, especialmente de una empresa o institución, que permite que funcione.

solidificación s.f. Paso de una sustancia del estado líquido o gaseoso al sólido.

solidificar v.tr. Convertir un líquido o un gas en sólido.

sólido, a adj. **1** Firme, seguro, fuerte y capaz de resistir. **2** Que está basado en razonamientos que no se pueden negar. **3** Que está bien organizado y funciona. ◆ **adj. y s.m. 4** Se dice del cuerpo que, a diferencia de los líquidos y los gases, presenta forma propia y opone resistencia a ser dividido a causa de su gran cohesión molecular. ◆ **s.m. 5** Figura que tiene tres dimensiones (longitud, altura y anchura).

soliloquio s.m. **1** Monólogo de una persona consigo misma sin interlocutores presentes. **2** Monólogo dramático de un personaje solo en escena.

solista adj. y s.m. y f. **1** Se dice del cantante o músico que interpreta un solo en una obra musical. **2** Se dice del instrumento o la voz con el que se interpreta un solo. **3** Se dice del cantante o músico que actúa solo, que no forma parte de un grupo.

solitaria s.f. Gusano parásito de color blanco con forma larga y plana y con el cuerpo segmentado en muchos anillos; el adulto vive en el intestino de los vertebrados.

solitario, a adj. **1** Se dice del lugar que está desierto o que no está habitado. **2** Se dice de la persona, animal o cosa que está sola o que no tiene compañía. ◆ **adj. y s. 3** Se dice de la persona a la que le gusta estar sin compañía. ◆ **s.m. 4** Juego para practicarlo una sola persona, generalmente de cartas. **5** Brillante que se pone solo en una joya, generalmente en un anillo.

soliviantar v.tr. **1** Incitar a una persona a que tenga una actitud violenta o de protesta. **2** Alterar el ánimo de una persona.

sollozar v.intr. Respirar con movimientos cortos y rápidos, generalmente al llorar.

sollozo s.m. Respiración con movimientos cortos y rápidos que se produce al llorar.

solo, a adj. **1** Que está sin otra cosa o que se considera separado de otra cosa. **2** Se dice de la persona que está sin compañía o que no tiene familia o amigos. **3** Que es único en su especie. ◆ **adj. y s.m. 4** ESP Se dice del café que se sirve sin leche. ◆ **s.m. 5** Pieza musical o pasaje de una obra que es interpretado por uno o varios cantantes o instrumentistas, que tienen un papel predominante sobre el resto. **6** Obra de danza o parte de ella que es ejecutada por un solo bailarín. ◇ **a solas** Con la única asistencia de las personas implicadas en un asunto.

solo o **sólo** adv. Solamente.

solomillo s.m. Trozo alargado y muy tierno de carne de una res, entre las costillas y el lomo.

solsticio s.m. Cada uno de los dos momentos del año en que se da la máxima diferencia de duración entre el día y la noche y el Sol se encuentra en el punto más alejado del Ecuador.

soltar (11) v.tr. **1** Dejar libre a una persona o animal que estaba encerrado. **2** Desatar o dejar que se mueva una cosa que estaba atada o retenida. **3** Dejar de tener cogida una cosa, especialmente abriendo la mano. **4** Expresar un determinado sentimiento o decir una cosa, especialmente cuando se hace con violencia o excesiva sinceridad. **5** Desprender o despedir una cosa, generalmente líquida o pastosa. **6** Dar algún tipo de golpe, como una bofetada. ◆ **soltarse** v.prnl. **7** Desarrollar habilidad o desenvoltura para hacer una cosa

soltería s.f. Estado de la persona soltera.

soltero, a adj. y s. Que no se ha casado.

solterón, na adj. y s. Que tiene edad avanzada y no se ha casado.

soltura s.f. Facilidad y rapidez para hacer una cosa o para moverse.

solubilidad s.f. Cantidad máxima de una sustancia que puede disolverse en un volumen dado de líquido.

soluble adj. **1** Se dice del cuerpo sólido que se puede dividir en partículas muy pequeñas que se mezclan con las de un líquido. **2** Se dice de la duda o problema que se puede resolver.

solución s.f. **1** Resolución o respuesta a un problema, duda o cuestión. **2** Fin o resultado de un proceso o acción. **3** Número o expresión algebraica que aparece como resultado de un problema u operación matemática. **4** Mezcla homogénea de sustancias separables por métodos físicos sencillos. **5** Sustancia que resulta de disolver un cuerpo sólido en un líquido.

solucionar v.tr. Dar una solución o una respuesta a un problema, duda o cuestión.

soluto s.m. Componente de una disolución que se encuentra en menor proporción.

solvencia s.f. **1** Situación económica desahogada que permite pagar deudas. **2** Capacidad para dar solución a asuntos difíciles.

solventar v.tr. **1** Pagar una deuda. **2** Solucionar.

solvente adj. **1** Que dispone de dinero o recursos económicos para pagar deudas. **2** Que está libre de deudas. ◆ adj. y s.m. **3** Se dice de la sustancia que puede disolver un cuerpo sólido.

somalí (pl. somalíes) adj. y s.m. y f. **1** De Somalia (país de África). ◆ s.m. y adj. **2** Lengua hablada en Somalia y otros países africanos.

somanta s.f. Fam. Cantidad grande de golpes que se da o se recibe.

somático, a adj. Relativo a la parte material o corpórea de un ser animado.

sombra s.f. **1** Oscuridad o falta de luz. **2** Parte de un terreno donde casi nunca da el sol. **3** Imagen oscura que proyecta un cuerpo opaco sobre una superficie, al interceptar los rayos de luz. **4** Forma oscura que no se percibe con claridad. **5** Color oscuro con que se representa la falta de luz o la oscuridad en un dibujo o pintura para obtener un efecto visual de volumen o perspectiva. **6** Apariencia o semejanza de una cosa. **7** Mancha de color oscuro. **8** Persona que sigue a otra por todas partes. ◇ **a la sombra** Fam. En la cárcel. ◇ **en la sombra** De manera oculta o secreta. ◇ **hacer sombra** Impedir que una persona destaque. ◇ **mala sombra** Fam. Intención de hacer un daño. — Falta de gracia o simpatía de una persona, especialmente en el trato con los demás. — Mala suerte. ◇ **sombra de ojos** Capa de color que se pone sobre el párpado para embellecerlo o resaltarlo.

sombrear v.tr. **1** Dar o producir sombra con una cosa. **2** Dar sombra a un dibujo o pintura.

sombrerete s.m. Sombrerillo.

sombrerillo s.m. Parte abombada de una seta, en cuya cara inferior se forman las esporas.

sombrero s.m. **1** Prenda de vestir que cubre la cabeza. **2** Sombrerillo. ◇ **quitarse el sombrero** Demostrar admiración y respeto por una persona.

sombrilla s.f. Objeto parecido a un paraguas para dar sombra.

sombrío, a adj. **1** Se dice del lugar que está poco iluminado. **2** Que está o parece triste.

somero, a adj. **1** Ligero o superficial. **2** Que está casi encima o muy cerca de la superficie.

someter v.tr. **1** Exponer a una acción determinada para conseguir una cosa, especialmente un efecto. **2** Obligar a una persona por la fuerza o con violencia a que acepte una autoridad. **3** Proponer una cosa para que sea valorada. ◆ **someterse** v.prnl. **4** Actuar según la voluntad de otra persona sin oponer resistencia.

sometimiento s.m. Imposición de una autoridad sobre otra persona.

somier (pl. somieres) s.m. Soporte sobre el que se coloca el colchón en una cama.

somnífero, a adj. y s.m. Se dice del fármaco empleado para producir sueño.

somnolencia s.f. **1** Sopor. **2** Gana o deseo de dormir.

somnoliento, a adj. Que está adormilado o con mucho sueño.

somormujo s.m. Ave con el pico corto y plumaje de colores variados que se alimenta de peces y construye sus nidos sobre el agua.

son s.m. **1** Sonido agradable, especialmente musical. **2** Modo o manera de hacer una cosa.

sonado, a adj. **1** Que llama la atención o que provoca admiración. **2** Muy conocido o famoso. **3** Se dice de la persona que ha perdido parte de su capacidad mental y hace o dice cosas sin sentido.

sonajero s.m. Juguete para entretener a los bebés formado por un mango con cascabeles.

sonambulismo s.m. Enfermedad del sueño que consiste en realizar actos automáticos, como andar, y no recordarlos al despertar.

sonámbulo, a adj. y s. **1** Que padece sonambulismo. **2** Que actúa de manera automática por no haber dormido.

1. **sonar** (11) v.intr. **1** Emitir un sonido o hacer ruido una cosa. **2** Fam. Resultar una cosa o una persona vagamente conocida por haberla visto u oído antes. **3** Ser comentada o mencionarse una cosa. **4** Fam. ARG, CH, PAR, URUG Fracasar en el intento de una actividad. ◆ v.tr. **5** Limpiar la nariz de una persona haciendo que suelte fuertemente el aire por ella. **6** Fam. MÉX, VENEZ Golpear a alguien con fuerza. ◇ **hacer sonar a alguien** Fam. ARG, CH, PAR, URUG Castigar o golpear con contundencia a una persona.

2. **sonar** s.m. Aparato para descubrir y localizar objetos u obstáculos debajo del agua al emitir vibraciones de alta frecuencia.

sonata s.f. Composición musical para uno o varios instrumentos solistas, formada por varios movimientos o partes.

sonatista s.m. y f. Músico que toca sonatas.

sonda s.f. **1** Cuerda con un peso en un extremo que sirve para medir la profundidad de las aguas. **2** Aparato alargado, delgado y liso para explorar cavidades. **3** Globo o nave espacial que lleva instrumentos de medida y se emplea para estudiar la atmósfera o el espacio.

sondar v.tr. **1** Echar un peso atado a una cuerda al agua para averiguar la profundidad del fondo. **2** Averiguar la profundidad del agua o la composición del suelo de un terreno con instrumentos especiales. **3** Indagar con cautela la intención de una persona o las circunstancias o estado de una cosa. **4** Introducir una sonda en una parte del cuerpo.

sondear v.tr. **1** Sondar, averiguar la profundidad del agua o la composición del suelo. **2** Sondar, indagar con cautela.

sondeo s.m. Encuesta que se hace a un grupo de personas para saber lo que opinan sobre una cosa e intentar prever un resultado.

soneto s.m. Composición poética formada por catorce versos endecasílabos, generalmente de rima consonante y distribuidos en dos cuartetos y dos tercetos.

sonido s.m. **1** Sensación o impresión producida en el oído por un conjunto de vibraciones que se propagan por un medio elástico, como el aire. **2** Manera especial y propia de sonar que tiene una determinada cosa. **3** Conjunto de aparatos y sistemas que producen, modifican, graban o reproducen la voz, el ruido o la música.

soniquete s.m. **1** Sonido continuado que resulta molesto, especialmente el producido por una máquina o mecanismo. **2** Entonación monótona del habla de una persona.

sonoridad s.f. **1** Capacidad para transmitir el sonido. **2** Resonancia que se produce al vibrar las cuerdas vocales en la boca o en la nariz.

sonorizar v.tr. **1** Incorporar el sonido de la voz, el ruido de ambiente o la música a una película cinematográfica. **2** Convertir un sonido consonántico sordo en sonoro.

sonoro, a adj. **1** Que suena o puede sonar. **2** De sonido recio y agradable. **3** Se dice de lo que tiene buenas condiciones acústicas. ◆ **adj. y s.f. 4** Se dice del sonido y fonema consonántico que se emite con vibración de las vocales.

sonorreductor, ra adj. Que reduce la intensidad del sonido.

sonotone s.m. Fam. ESP Audífono.

sonreír (40) v.intr. **1** Curvar la boca hacia arriba como si se fuese a reír, pero sin hacer ruido, para mostrar alegría, felicidad o placer. **2** Ser favorable para una persona alguna cosa o situación.

sonriente adj. Que sonríe.

sonrisa s.f. Gesto de alegría, felicidad o placer hecho al sonreír.

sonrojar v.tr. Hacer que la cara de una persona adquiera color rojo por vergüenza.

sonrojo s.m. Color rojo que aparece en la cara por un sentimiento de vergüenza.

sonrosado, a adj. **1** Se dice de la piel que tiene un color parecido al rosa. **2** De color rosa.

sonsacar v.tr. Lograr con habilidad que una persona diga algo que sabe y pretende ocultar.

sonsera s.f. **1** ARG, PAN, URUG, VENEZ Asunto, dicho o hecho poco importante. **2** ARG, URUG Objeto de poco valor.

sonso, a adj. y s. ARG, MÉX, PERÚ, URUG, VENEZ Se dice de la persona que dice o hace cosas inoportunas o sin importancia.

soñador, ra adj. **1** Que sueña mucho mientras duerme. ◆ **adj. y s. 2** Que vive sin tener en cuenta la realidad. **3** Que imagina con facilidad.

soñar (11) v.tr. e intr. **1** Representarse cosas o sucesos en la mente mientras se está dormido. **2** Creer que es cierta una cosa que se ha imaginado o que es imposible que suceda. ◆ **v.intr. 3** Desear intensamente o durante mucho tiempo.

soñoliento, a adj. Que está adormilado o con mucho sueño.

sopa s.f. **1** Comida compuesta de un caldo en el que se hierven o cuecen otros alimentos; se toma con cuchara. ◇ **como,** o **hecho, una sopa** Se usa para indicar que una persona está muy mojada, especialmente por la lluvia. — ESP Se usa para indicar que una persona está muy resfriada. ◇ **hasta en la sopa** Fam. Se usa para indicar que una persona o una cosa está, se ve o se encuentra en todas partes. ◇ **sopa boba** Sopa que se da a los pobres en los centros religiosos y que solo contiene alimentos básicos. ◇ **sopa de letras** Pasatiempo que consiste en encontrar determinadas palabras entre una serie de letras dispuesta en columnas y filas. ◇ **sopa juliana** Sopa con verduras troceadas.

sopapo s.m. Golpe fuerte dado con la mano abierta sobre la cara.

sopera s.f. Recipiente para la sopa.

sopero, a adj. **1** Que sirve para tomar sopa. **2** Se dice de la persona a la que le gusta mucho tomar sopa.

sopesar v.tr. **1** Levantar una cosa para calcular aproximadamente el peso que tiene. **2** Examinar con atención las ventajas e inconvenientes.

sopetón ◇ **de sopetón** loc. De forma inesperada y brusca.

soplar v.tr. e intr. **1** Despedir aire con fuerza por la boca, formando con los labios un conducto estrecho y redondeado. **2** Despedir aire con fuerza un instrumento. ◆ **v.tr. 3** Apartar una cosa mediante el aire. **4** Hinchar con aire. **5** Fam. Informar sin darse a conocer sobre alguna mala acción o sobre la persona que la ha cometido, especialmente a la policía. **6** Fam. Decir en voz baja a una persona y de forma disimulada lo que debe decir, especialmente entre estudiantes y actores de teatro. **7** Fam. Robar o quitar una cosa sin que se note. **8** En el juego de las damas y otros semejantes, quitar al contrario una pieza con la que debería haber hecho determinado movimiento. ◆ **v.intr. 9** Correr el viento. ◆ **v.intr. y prnl. 10** Fam. Beber mucho alcohol.

soplete s.m. Instrumento para soldar piezas de metal; consiste en un tubo del que sale un gas inflamable que produce una llama muy energética.

soplido s.m. Expulsión de aire por la boca que se hace formando con los labios un conducto estrecho y redondeado.

soplo s.m. **1** Cantidad de aire que se expulsa de una vez por la boca o con algún instrumento. **2** Movimiento del viento que se percibe. **3** Período que es o parece muy corto. **4** Fam. Información que se da sin darse a conocer sobre alguna mala acción o sobre la persona que la ha cometido. **5** Ruido peculiar que produce un órgano del cuerpo en movimiento, especialmente el corazón, y que puede ser normal o patológico.

soplón, na adj. y s. Fam. Se dice de la persona que informa sobre alguna mala acción o sobre la persona que la ha cometido.

soponcio s.m. Fam. Pérdida pasajera del sentido y del conocimiento.

sopor s.m. Sensación de pesadez y torpeza en los movimientos y en los sentidos provocada por el sueño.

soporífero, a adj. **1** Que es tan aburrido que provoca ganas de dormir. ◆ **adj. y s.m. 2** Se dice de la medicina que relaja hasta producir sueño.

soportable adj. Que se puede soportar.

soportal s.m. Espacio exterior cubierto junto a un edificio cuya estructura se sujeta con columnas y precede a las entradas principales.

soportar v.tr. **1** Sostener o llevar encima una carga o peso. **2** Aguantar con paciencia, dolor o resignación una cosa que no es agradable.

soporte s.m. **1** Cosa que sirve para sostener o soportar un peso. **2** Persona o cosa que sirve de apoyo, base o ayuda.

soprano s.m. **1** Voz femenina o infantil más aguda, bajo la cual están las de mezzosoprano y contralto. ◆ **s.m. y f. 2** Persona que tiene esta voz.

sor s.f. **1** Mujer que pertenece a una comunidad religiosa. **2** Tratamiento que se utiliza antepuesto al nombre propio de las monjas.

sorber v.tr. **1** Beber aspirando con la boca o a través de un tubito hueco. **2** Atraer y retener un cuerpo sólido a otro en estado líquido o gaseoso. **3** Aguantar la mucosidad aspirando aire con fuerza por la nariz.

sorbete s.m. Refresco helado, dulce y pastoso, hecho con agua, zumo de frutas y azúcar.

sorbo s.m. **1** Cantidad de líquido que se toma de una sola vez aspirando con la boca. **2** Cantidad muy pequeña de un líquido que se toma para probar su sabor.

sordera s.f. Falta completa o disminución del sentido del oído.

sórdido, a adj. **1** Se dice del lugar que es o parece muy pobre y sucio. **2** Que está en contra de las normas morales socialmente establecidas, especialmente a las de carácter sexual.

sordina s.f. **1** Pieza pequeña de madera, concha u otro material que se ajusta a la parte superior del puente de un instrumento de cuerda y arco para que la resonancia sea más débil. **2** Cuerpo cónico que se coloca en el pabellón de salida del aire en un instrumento de viento, de modo que el sonido suena más débil o amortiguado. ◇ **con sordina** Sin hacer mucho ruido para no llamar la atención.

sordo, a adj. y s. **1** Que no oye nada o no oye con claridad. **2** Que suena de forma apagada. **3** Que no hace ruido o lo hace muy poco. **4** Que no hace caso de las ideas, peticiones o consejos que recibe. ◆ **adj. y s.f. 5** Se dice del sonido o fonema consonántico que se articula sin vibración de las cuerdas vocales.

sordomudo, a adj. y s. Que no ha aprendido a hablar por ser sordo de nacimiento.

sorgo s.m. **1** Planta forrajera de tallos largos, hojas planas y largas, y flores agrupadas en racimos colgantes. **2** Semilla de esta planta.

soriano, a adj. y s. De Soria (ciudad y provincia de Castilla y León).

soriasis s.f. Enfermedad crónica de la piel que se caracteriza por el enrojecimiento de algunas zonas y la aparición de escamas.

sorna s.f. Entonación irónica o burlona que pone una persona al decir una cosa.

soroche s.m. **1** AMÉR SUR Mal de altura, angustia que se siente en algunos lugares muy elevados. **2** CH Galena (mineral de color gris azulado compuesto de azufre y plomo).

sorprendente adj. **1** Que produce sorpresa. **2** Extraño o extraordinario.

sorprender v.tr. **1** Coger sin preparación o aviso a una persona. **2** Descubrir una cosa que se esconde u oculta. **3** Experimentar una alteración emocional ante algo no previsto.

sorpresa s.f. **1** Alteración emocional que causa algo no previsto o no esperado. **2** Motivo que hace que una persona se sorprenda.

sortear v.tr. **1** Hacer que la suerte decida quién se queda una cosa que se da o reparte, usando medios diversos. **2** Evitar con habilidad o astucia un compromiso, peligro u obstáculo.

sorteo s.m. Acción de sortear.

sortija s.f. **1** Aro que se lleva en el dedo. **2** Rizo del pelo en forma de círculo.

sortilegio s.m. **1** Adivinación basada en la magia. **2** Acción que se consigue realizando determinados actos mágicos.

sosa s.f. Carbonato de sodio. ◇ **sosa cáustica** Hidróxido de sodio que se usa para limpiar y para fabricar jabón duro.

sosegar (32) v.tr. **1** Hacer que desaparezca la agitación, la preocupación o los nervios. **2** Hacer que alguien o algo no esté agitado.

sosiego s.m. Falta de agitación o ruido.

soslayo ◇ **de soslayo** Indica que un asunto se trata por encima o sin profundizar en él, generalmente porque implica una dificultad o causa molestia. ◇ **de soslayo** o **al soslayo** Indica que una cosa se hace de lado.

soso, a adj. **1** Se dice del alimento que tiene poca sal o no tiene. **2** Que no tiene gracia, viveza ni atractivo.

sospecha s.f. Cosa que se sospecha.

sospechar v.tr. **1** Pensar, imaginar o formar una suposición o juicio a partir de una información o señal. ◆ v.intr. **2** Desconfiar de alguien por intuir que ha cometido una mala acción.

sospechoso, a adj. **1** Que da motivos para sospechar algo malo. ◆ s. **2** Persona que da motivos para creer que ha cometido una mala acción.

sostén s.m. **1** Sujeción que evita que una persona o cosa se caiga o se incline. **2** Persona o cosa que ayuda, mantiene o protege a otra. **3** Apoyo moral o protección que una persona da a otra. **4** Prenda interior femenina que sirve para ajustar y sostener el pecho. **GEOSIN** ajustador, brasier, sujetador.

sostener (48) v.tr. **1** Sujetar o evitar que una persona o cosa se caiga o se incline. **2** Aguantar una cosa con las manos o con los dos brazos. **3** Defender o mantener una idea, opinión o actitud con seguridad y confianza. ◆ **sostenerse** v.prnl. **4** Mantenerse un cuerpo en un medio sin caer o haciéndolo muy lentamente.

sostenibilidad s.f. Cualidad de sostenible.

sostenible adj. **1** Que se puede sostener, soportar o tolerar. **2** Se dice del desarrollo o la evolución que es compatible con los recursos de que dispone una región, una sociedad, etc.

sota s.f. Carta de la baraja española que lleva el número 10 y representa a un paje de pie.

sotana s.f. Vestido largo de color negro que cubre hasta los tobillos y que usan algunos religiosos, especialmente los sacerdotes católicos.

sótano s.m. Piso de un edificio que está bajo el nivel del suelo de la calle.

sotavento s.m. Parte opuesta al lado que recibe el viento en un barco, lugar, edificio, etc.

soto s.m. Lugar poblado de árboles y arbustos que se encuentra a la orilla de un río.

sotobosque s.m. Formación vegetal compuesta por las hierbas y arbustos que crecen bajo los árboles de un bosque.

soufflé s.m. Comida que se hace con yemas de huevo batidas a punto de nieve a las que se añaden otros ingredientes, y que se cuece en el horno hasta que queda bien dorado.
OBS Pronunc. aprox. 'suflé'.

soul s.m. Estilo musical nacido en la década de 1950 como derivación de diversas formas musicales afroamericanas.

soutien s.m. ARG, URUG Sostén, sujetador.
OBS Pronunc. aprox. 'sutién'.

souvenir s.m. Objeto característico de un lugar que sirve como recuerdo de un viaje.
OBS Pronunc. aprox. 'suvenir'.

soviético, a adj. y s. De la Unión de Repúblicas Socialistas Soviéticas (antiguo estado de Europa y Asia).

soya s.f. AMÉR Soja.

spaghetti s.m. Espagueti.

spam s.m. Propaganda abusiva recibida por medios electrónicos, generalmente mediante correos electrónicos no solicitados.

spanglish s.m. Variedad lingüística en la que se mezclan elementos de las lenguas española e inglesa, que hablan algunos hispanos de los Estados Unidos de América.

sparring s.m. Persona que ayuda a un boxeador a entrenarse peleando con él.
OBS Pronunc. aprox. 'esparrin'.

sponsor s.m. Patrocinador.
OBS Pronunc. aprox. 'espónsor'.

sport ◇ **de sport** Se dice de la ropa cómoda e informal.
OBS Pronunc. aprox. 'espor'.

spot s.m. Anuncio de publicidad que se emite en la televisión o en el cine.
OBS Pronunc. aprox. 'espot'.

spray s.m. Recipiente o envase para almacenar un líquido a presión y poder lanzarlo en finas partículas en suspensión.
OBS Pronunc. aprox. 'esprái'.

sprint s.m. Esfuerzo momentáneo que hace un deportista, generalmente al final de una carrera, para conseguir la máxima velocidad.
OBS Pronunc. aprox. 'esprín'.

sprintar v.intr. Realizar un sprint.
OBS Pronunc. aprox. 'esprintar'.

squash s.m. Deporte parecido al frontenis que se practica en un recinto cerrado por los cuatro lados y bastante más pequeño, en el que la pelota puede rebotar en cualquiera de las paredes.
OBS Pronunc. aprox. 'escuash'.

Sr., Sra. Abreviaturas de **señor** y **señora**, tratamientos de respeto.

Srta. Abreviatura de **señorita**, tratamiento que se da a las mujeres que no están casadas.

stage (pl. stages) s.m. **1** Período de prácticas o de aprendizaje de una actividad profesional. **2** Etapa de preparación de un deportista o equipo, previa a su participación en una competición.
OBS Pronunc. aprox. 'estash'.

stalinismo s.m. Estalinismo.

stalinista adj. y s.m. y f. Estalinista.

stand s.m. Caseta o pabellón desmontable y provisional en el que se expone o se vende un producto en una gran feria o mercado.
OBS Pronunc. aprox. 'están'.

standard adj. y s.m. Estándar.
OBS Pronunc. aprox. 'estándar'.

starter s.m. Dispositivo que facilita la entrada de aire en el carburador del motor y sirve para arrancar un vehículo automóvil cuando el motor de explosión está frío.
OBS Pronunc. aprox. 'estárter'.

status s.m. Estatus.
OBS Pronunc. aprox. 'estatus'.

stick s.m. Bastón curvo que se utiliza en el hockey para controlar e impulsar la pelota.
OBS Pronunc. aprox. 'estic'.

Sto., Sta. Abreviaturas de santo y santa, usadas delante de un nombre propio. □ Como abreviatura de santo se usa también S.

stock (pl. stocks) s.m. Conjunto de productos que tiene almacenados un comercio y que están destinados a la venta.
OBS Pronunc. aprox. 'estoc'.

stop s.m. **1** Señal de tráfico que indica que debe hacerse una parada para comprobar si pasan coches o personas por una vía preferente. **2** Parada breve. **3** En un telegrama, palabra o signo que equivale al punto en la escritura.
OBS Pronunc. aprox. 'estop'.

striptease s.m. Espectáculo en el que una persona se va quitando la ropa progresivamente hasta quedarse desnuda al ritmo de una música.
OBS Pronunc. aprox. 'estriptís'.

su det. Forma del determinante posesivo en tercera persona del singular o del plural.

suajili s.m. y adj. Lengua bantú que se habla sobre todo en países de la zona oriental del continente africano.

suave adj. **1** Que tiene una superficie lisa, blanda y agradable al tacto. **2** Que resulta agradable porque no causa impresiones fuertes o bruscas a los sentidos. **3** Que se maneja sin brusquedad y sin necesidad de hacer mucha fuerza.

suavidad s.f. **1** Lisura y blandura que presenta un objeto al ser tocado y que resulta agradable al tacto. **2** Falta de brusquedad o violencia con que se hace un movimiento.

suavizante adj. **1** Se dice de la sustancia que quita la aspereza o rugosidad de una cosa. ◆ s.m. **2** Líquido que hace que la ropa quede suave, esponjosa y huela bien.

suavizar v.tr. Hacer que una cosa que es áspera o rugosa deje de serlo.

subacuático, a adj. **1** Que se realiza debajo del agua. **2** Que se encuentra debajo del agua.

subalquiler s.m. Alquiler que una persona paga a otra por algo que esta ya tiene alquilado.

subalterno, a adj. **1** Que en un conjunto de cosas tiene menos importancia que otras. ◆ s.m. **2** Persona que trabaja para otra haciendo trabajos que no requieren conocimientos técnicos. **3** Torero que forma parte de la cuadrilla de un matador.

subarrendar (32) v.tr. Alquilar una cosa que ya ha sido alquilada previamente.

subasta s.f. Acción de subastar.

subastar v.tr. **1** Vender en público adjudicando lo vendido a la persona que ofrece más dinero por ello. **2** Adjudicar la realización de un trabajo a quien ofrece las mejores condiciones.

subcampeón, na adj. y s. Que queda en segunda posición en una competición o un concurso.

subconjunto s.m. Conjunto de elementos que tienen las mismas características y que está incluido dentro de otro conjunto.

subconsciencia s.f. Estado inferior de la conciencia psicológica en el que, por la poca intensidad de las percepciones, la persona no advierte su actividad ni su realidad.

subconsciente adj. **1** Que no se analiza con la razón porque está en el nivel de la subconsciencia. ◆ s.m. **2** Subconsciencia.

subcontratar v.tr. Contratar una persona a otra para que realice un trabajo o un servicio para el que ella ha sido contratada.

subcutáneo, a adj. Se dice de la inyección que se pone debajo de la piel.

subdelegado, a adj. y s. Que está inmediatamente bajo las órdenes del delegado u, ocasionalmente, lo sustituye en sus funciones.

subdesarrollado, a adj. Se dice del país o sociedad que no ha alcanzado el desarrollo económico completo.

subdesarrollo s.m. **1** Desarrollo que no es completo o perfecto. **2** Situación del país con un desarrollo económico, político, social y cultural muy bajo o pobre respecto a otros.

subdirector, ra s. Persona que está directamente a las órdenes de un director u, ocasionalmente, lo sustituye en sus funciones.

súbdito, a adj. y s. **1** Se dice de la persona sujeta a la autoridad de otra persona y que tiene la obligación de obedecerla. ◆ s. **2** Ciudadano de un país sujeto a las autoridades políticas de este.

subdividir v.tr. Dividir en partes más pequeñas las partes que resultan de haber dividido algo.

subdivisión s.f. Parte que resulta de subdividir una cosa.

subeibaja s.m. Aparato de entretenimiento para balancearse consistente en una pieza alargada con uno o dos asientos en cada extremo y un punto de apoyo en el centro.

subempleo s.m. Situación económica en la que la mano de obra no está empleada o aprovechada en su totalidad o lo está por debajo de su cualificación profesional.

súber s.m. Tejido con función protectora que se halla en la corteza de las plantas adultas leñosas.

subestimar v.tr. Valorar una cosa o a una persona en menos de lo que merece o vale.

subgénero s.m. División menor dentro de un género literario.

subida s.f. **1** Paso de un lugar a otro que está más alto. **2** Aumento de la cantidad o del valor de una cosa. **3** Aumento de la intensidad o tonalidad de una cosa. **4** Terreno inclinado, considerado de abajo arriba.

subido, a adj. **1** Se dice del color u olor que causa en el sentido de la vista o del olfato una impresión fuerte o intensa. **2** De precio elevado o superior al habitual o al que parece adecuado.

subidón s.m. Fam. Sensación intensa producida por un hecho muy emocionante.

subíndice s.m. Letra o número de pequeño tamaño que se coloca en el lado derecho inferior de un símbolo para indicar algo.

subinspector, ra s. Persona que ocupa un cargo inmediatamente inferior al de inspector y lo sustituye en determinadas circunstancias.

subir v.intr. y prnl. **1** Pasar de un lugar a otro más alto. **2** Colocarse encima de un animal o entrar en un medio de transporte. ◆ v.tr. **3** Poner en un lugar más alto. **4** Aumentar la cantidad o valor de una cosa. **5** Aumentar la intensidad o el tono de una cosa. **6** Recorrer de abajo arriba una cosa inclinada. **7** Otorgar a una persona una mayor dignidad o categoría profesional. ◆ v.intr. **8** Ascender en dignidad, categoría profesional o posesiones. **9** Alcanzar una cuenta cierta cantidad.

súbito, a adj. Que se produce de pronto o sin preparación o aviso.

subjetividad s.f. Manera de pensar en la que para juzgar u opinar sobre las cosas y los hechos intervienen los sentimientos, vivencias o intereses de una persona.

subjetivismo s.m. **1** Subjetividad. **2** Doctrina filosófica que basa el conocimiento en el individuo o conjunto de individuos con capacidad para percibir, conocer y juzgar.

subjetivo, a adj. **1** Que depende de sentimientos, vivencias o intereses personales. **2** Relativo al modo personal de pensar o de sentir.

subjuntivo, a adj. y s.m. Se dice del modo verbal que expresa una acción, un proceso o un estado como dudoso, posible, deseado o necesario; suele aparecer en oraciones subordinadas.

sublevación s.f. Acción de sublevar.

sublevar v.tr. **1** Incitar a una persona o a un grupo a que se enfrente a un poder establecido, utilizando la fuerza o las armas. **2** Provocar a una persona para que se enfade o irrite mucho.

sublimación s.f. Acción de sublimar.

sublimar v.tr. **1** Alabar o exaltar mucho a una persona o una cosa, engrandeciendo mucho sus cualidades. **2** Hacer que un cuerpo en estado sólido pase directamente al estado gaseoso, sin pasar por el estado líquido.

sublime adj. Que destaca enormemente por sus extraordinarias cualidades o que tiene gran valor moral, científico o artístico.

subliminal adj. Se dice de la percepción que se capta a través del subconsciente.

submarinismo s.m. Conjunto de actividades que se realizan bajo la superficie del mar, de un río o de un lago.

submarinista adj. **1** Relativo al submarinismo. ◆ adj. y s.m. y f. **2** Que practica el submarinismo.

submarino, a adj. **1** Relativo a la zona que se encuentra bajo la superficie del mar. ◆ s.m. **2** Embarcación que puede navegar bajo el agua.

submúltiplo, a adj. y s.m. Se dice de la cantidad que está contenida en otra un número exacto de veces.

subnormal adj. y s.m. y f. Fam. Que tiene una capacidad mental inferior a la media o a la que se considera normal.

suboficial s.m. y f. Militar que pertenece a una categoría superior a la de la tropa e inferior a la de los oficiales.

subordinación s.f. **1** Dependencia de una persona o una cosa respecto de otra, por la que está regida o a la que está sometida. **2** Relación existente entre dos proposiciones cuando una de estas desempeña una función gramatical dentro de la otra.

subordinado, a adj. y s. **1** Se dice de la persona que depende o está sometida a la orden o a la voluntad de otra. ◆ adj. y s.f. **2** Se dice de la proposición que depende de otra llamada proposición principal.

subordinante adj. **1** Que subordina un elemento a otro. **2** Se dice de los elementos gramaticales que subordinan y de los nexos que enlazan la proposición principal con la subordinada.

subordinar v.tr. **1** Hacer que una persona o una cosa dependa de otra o de otras. **2** Hacer que una proposición tenga una relación de dependencia con respecto a otras.

subproducto s.m. Producto que se obtiene en un proceso de elaboración, fabricación o extracción de otro de más valor.

subrayar v.tr. **1** Hacer una raya debajo de una letra, palabra o frase escrita, para señalarla o resaltarla. **2** Hablar lentamente e insistiendo en lo que se quiere decir, con la ayuda de la entonación o repitiéndolo muchas veces.

subrepticio, a adj. Que se hace o se busca con disimulo o de forma oculta.

subsanar v.tr. **1** Remediar, reparar un daño o corregir una falta. **2** Resolver un problema o dar una solución para una dificultad.

subscribir ▷ suscribir.

subscripción ▷ suscripción.

subscriptor, ra ▷ suscriptor, ra.

subscrito, a ▷ suscrito, a.

subsidiario, a adj. **1** Que se da como ayuda o apoyo. **2** Se dice de la acción o la responsabilidad que sustituye o apoya a otra principal.

subsidio s.m. Cantidad de dinero que, de manera excepcional, se da o recibe como ayuda para satisfacer una necesidad determinada, especialmente la que da un organismo oficial.

subsistencia s.f. **1** Conservación y permanencia de una cosa. **2** Vida de una persona o de cualquier ser vivo.

subsistir v.intr. Existir todavía una cosa o mantenerse en el mismo estado o situación.

substancia ▷ sustancia.

substancial ▷ sustancial.

substancioso, a ▷ sustancioso, a.

substantivación ▷ sustantivación.

substantivar ▷ sustantivar.

substantivo, a ▷ sustantivo, a.

substitución ▷ sustitución.

substituir ▷ sustituir.

substitutivo, a ▷ sustitutivo, a.

substituto, a ▷ sustituto, a.

substracción ▷ sustracción.

substraendo ▷ sustraendo.

substraer ▷ sustraer.

substrato ▷ sustrato.

subsuelo s.m. Capa o capas de terreno debajo de la superficie terrestre o de la tierra cultivable.

subteniente, a s. Militar del cuerpo de suboficiales de categoría inmediatamente superior a la de brigada.

OBS Doble femenino: **subteniente** o **subtenienta**.

subterfugio s.m. Pretexto o excusa fingida para librarse de una obligación, esquivar una situación difícil o escapar de un compromiso.

subterráneo, a adj. **1** Que está por debajo de la superficie terrestre. **2** Se dice de la parte de una planta que se desarrolla debajo de la superficie del suelo. ◆ s.m. **3** Conducto, habitación o cualquier espacio que está bajo tierra.

subtitular v.tr. **1** Poner o escribir un subtítulo en un libro. **2** Poner subtítulos a una película.

subtítulo s.m. **1** Título secundario que algunas obras tienen después del título principal. **2** Texto escrito que aparece en algunas películas sobre las imágenes y que traduce el texto original de los diálogos que interpretan los actores.

subtropical adj. Que se encuentra cerca del trópico pero en una latitud más elevada.

suburbano, a adj. **1** Se dice del edificio, terreno o campo que está cerca de una ciudad. **2** Relativo al suburbio. ◆ adj. y s.m. **3** Se dice del ferrocarril que comunica el centro de una gran ciudad con los suburbios o la periferia.

suburbio s.m. Barrio o zona a las afueras de una ciudad, especialmente el habitado por personas de bajo nivel económico.

subvención s.f. Cantidad de dinero que recibe una persona, una entidad o una institución como ayuda económica para realizar una obra o para su mantenimiento.

subvencionar v.tr. Dar una subvención.

subversión s.f. Alteración del orden público, destrucción de la estabilidad política o social.

subversivo, a adj. Que pretende alterar el orden público o la estabilidad política o social.

subyacer v.intr. Estar una cosa por debajo de otra u oculta tras ella.

subyugar v.tr. **1** Someter o dominar completamente por medio de la violencia. **2** Agradar o atraer intensamente a una persona.

succión s.f. Acción de succionar.

succionar v.tr. **1** Extraer un líquido de su recipiente, aspirándolo o chupándolo con los labios. **2** Absorber un líquido o un gas y atraerlo hacia el interior de un cuerpo o un mecanismo.

sucedáneo, a adj. y s.m. **1** Se dice de la sustancia que tiene propiedades parecidas a las de otra y puede sustituirla. **2** Fam. Que es una imitación, de peor calidad que el original.

suceder v.tr. **1** Sustituir a una persona en el empleo, cargo o puesto que ha dejado. **2** Estar o ir detrás en el tiempo o en el espacio. ◆ v.intr. **3** Ocurrir o producirse un hecho.

sucesión s.f. **1** Serie de elementos que se suceden unos a otros, ya sea en el espacio, en el tiempo o en un orden. **2** Sustitución por otra persona de alguien que ha dejado un empleo, cargo o puesto. **3** Conjunto de descendientes directos de una persona o familia. **4** Transmisión de los derechos, bienes y obligaciones que recibe una persona por herencia. **5** Conjunto de estos derechos, bienes y obligaciones. **6** Serie de números ordenados según un criterio.

sucesivo, a adj. Que va inmediatamente después de otra cosa.

suceso s.m. **1** Hecho que sucede u ocurre, especialmente de cierta importancia. **2** Hecho lamentable o desafortunado, como un delito o un accidente. **3** En cálculo de probablilidades, parte de un conjunto de elementos que cumple unas condiciones determinadas.

sucesor, ra adj. y s. Se dice de la persona que sustituye a otra en un puesto o cargo.

suciedad s.f. **1** Cualidad de lo que es o está sucio. **2** Conjunto de manchas, de polvo o de impurezas que hay en una cosa o en un lugar. **3** Acción o expresión falta de ética, que va contra las reglas o que se considera obscena o inmoral.

sucinto, a adj. Que está expresado con pocas palabras, resumido, conciso y preciso.

sucio, a adj. **1** Que tiene manchas, polvo, impurezas o cualquier sustancia que estropea el buen aspecto. **2** Que se mancha fácilmente o se mantiene limpio durante poco tiempo. **3** Que produce suciedad o ensucia mucho. **4** Que no cuida su higiene personal, o descuida la limpieza de su ropa o de sus cosas. **5** Falto de ética, que va contra las reglas o que se considera obsceno, inmoral o innoble. ◆ **adv. 6** Se utiliza para indicar que una acción, especialmente un juego, se realiza sin cumplir las reglas o las normas.

sucre s.m. Unidad monetaria de Ecuador.

suculento, a adj. **1** Se dice del alimento que es jugoso, tiene mucho sabor y es nutritivo. **2** Se dice de la planta propia de regiones desérticas o tropicales, de hojas y tallos gruesos que son capaces de almacenar agua para poder sobrevivir largo tiempo sin que llueva, como el cactus y la pita. **3** Que tiene mucho valor o importancia.

sucumbir v.intr. **1** Rendirse o ceder ante una presión. **2** Morir una persona. **3** Dejar de existir una institución o desaparecer una entidad.

sucursal adj. y s.f. Se dice del establecimiento que depende de otro central o principal y que desempeña las mismas funciones que este.

sudadera s.f. **1** Prenda de vestir de algodón de manga larga, que cubre la parte superior del cuerpo. **2** Sudor muy abundante.

sudafricano, a o **surafricano, a** adj. y s. **1** Del sur de África. **2** De la República Sudafricana (país de África).

sudamericano, a o **suramericano, a** adj. y s. De América del Sur.

sudanés, sa adj. y s. De Sudán (país de África).

sudar v.intr. **1** Expulsar el sudor a través de los poros de la piel. **2** Expulsar algunas cosas ciertos líquidos de su interior. **3** Fam. Trabajar una persona muy duramente y esforzándose mucho. ◆ v.tr. **4** Mojar la ropa con sudor. **5** Fam. Conseguir una cosa con mucho esfuerzo.

sudario s.m. Lienzo con que se cubre el rostro o cuerpo de un difunto.

sudeste o **sureste** s.m. **1** Punto cardinal situado entre el sur y el este, a la misma distancia de ambos. **2** Parte de un lugar situada hacia este punto. **3** Viento que sopla desde este punto.

sudoccidental o **suroccidental** adj. Relativo al sudoeste.

sudoeste o **suroeste** s.m. **1** Punto cardinal situado entre el sur y el oeste, a la misma distancia de ambos. **2** Parte de un lugar situada hacia este punto. **3** Viento que sopla desde este punto.

sudor s.m. **1** Líquido transparente que producen las glándulas sudoríparas de los animales homeotermos. **2** Conjunto de gotas de agua o de otro líquido que expulsan ciertas cosas cuando están húmedas o las plantas. **3** Trabajo o esfuerzo muy grande que cuesta conseguir algo.

sudoración s.m. Expulsión de sudor a través de la piel.

sudoriental o **suroriental** adj. Relativo al sudeste.

sudoríparo, a adj. Se dice de la glándula que segrega o produce sudor.

sueco, a adj. y s. **1** De Suecia (país de Europa). ◆ s.m. y adj. **2** Lengua germánica que se habla en Suecia. ◇ **hacerse el sueco** Fam. ESP Fingir una persona que no entiende o que no se da cuenta de una cosa, para desentenderse de ella.

suegro, a s. Padre o madre del cónyuge de una persona.

suela s.f. **1** Parte del calzado que queda debajo del pie y que está en contacto con el suelo. **2** Cuero curtido del que está hecha esta parte del calzado. ◇ **no llegarle a la suela del zapato** Fam. Ser una persona o una cosa de cualidades muy inferiores a otra.

sueldo s.m. Cantidad de dinero que recibe una persona regularmente por su trabajo.

suelo s.m. **1** Superficie de la corteza terrestre. **2** Superficie sobre la que se pisa, generalmente plana y cubierta con algún material. **3** Terreno que se destina al cultivo de plantas. **4** Terreno que se destina a la construcción de edificios. **5** Territorio de un país. **6** Superficie inferior sobre la que se apoyan algunas cosas. ◇ **por el suelo** o **por los suelos** Fam. Se utiliza para indicar que una cosa está muy barata, o tiene muy poco valor. — Se utiliza para indicar que una cosa o una persona se encuentra en muy mala situación, en un estado muy abatido.

suelto, a adj. **1** Que no está pegado o unido de manera compacta. **2** Que está libre, que no está sujeto, atado ni encerrado. **3** Que está separado de otras cosas con las cuales forma un conjunto, una colección o una serie. **4** Que se vende sin empaquetar y se puede comprar por unidades. **5** Que se expresa o actúa con facilidad y desenvoltura. **6** Que tiene diarrea. **7** Se dice de la prenda de vestir que es ancha y permite moverse con facilidad. ◆ **adj. y s.m. 8** Se dice del dinero que está en forma de moneda fraccionaria, generalmente de poco valor. ◆ **adj. 9** Se dice del verso que no rima con el conjunto de los de un poema.

sueño s.m. **1** Estado de reposo en que se encuentra la persona o animal que está durmiendo. **2** Deseo o necesidad de dormir. **3** Conjunto de imágenes y sucesos que vienen a la mente mientras se duerme. **4** Imagen mental irreal fruto de la imaginación. **5** Deseo muy difícil o imposible de conseguir. ◇ **echar,** o **descabezar, un sueño** Dormir durante un corto período.

suero s.m. **1** Sustancia acuosa rica en proteínas y sales que se separa de la parte coagulada de algunos líquidos orgánicos, como la sangre, la linfa o la leche. **2** Mezcla de agua y sales que sirve para alimentar los tejidos del organismo.

suerte s.f. **1** Causa que supuestamente hace que ocurra una cosa no condicionada por la relación de causa y efecto ni por la intervención humana o divina. **2** Sucesos o circunstancias, sean positivas o negativas, que no han sido intencionadas o previstas sino que se atribuyen a la acción del azar o la casualidad. **3** Condiciones de vida de una persona o grupo de personas. **4** Hecho o tiempo futuro en el que una persona cree que va a vivir. **5** Género, clase o especie de una cosa. **6** Parte de una corrida de toros.

suertudo, a adj. y s. Fam. Se dice de la persona que tiene buena suerte.

suéter s.m. Prenda de vestir de punto, de manga larga, que cubre la parte superior del cuerpo. **GEOSIN** chomba, jersey.

suevo, a adj. y s. Relativo a un antiguo pueblo germánico que en el siglo V se estableció en la Península Ibérica.

suficiencia s.f. **1** Aptitud de la persona que reúne las condiciones que se necesitan o tiene la capacidad para desempeñar un trabajo u otra cosa. **2** Presunción o pedantería de la persona que cree tener mayor capacidad que los demás.

suficiente adj. **1** Que es bastante o llega a la cantidad, grado o número mínimo imprescindible. **2** Que está capacitado o es adecuado para lo que se necesita. **3** Que presume de manera inoportuna de tener muchos conocimientos. ◆ **s.m. 4** Calificación académica inferior a la de notable y superior a la de suspenso.

sufijación s.f. Procedimiento para formar palabras nuevas mediante la adición de un sufijo.

sufijo, a adj. y s.m. Se dice del afijo o morfema derivativo que se añade al final de un lexema para formar palabras derivadas.

sufragar v.tr. **1** Pagar los gastos que ocasiona una cosa. ◆ **v.intr. 2** AMÉR Votar a un candidato.

sufragio s.m. **1** Elección mediante votación. **2** Voto por cada una de las personas que son consultadas. **3** Ayuda económica que se ofrece a una colectividad. **4** Obra que ofrecen los creyentes por las almas del purgatorio.

sufragismo s.m. Movimiento político que surgió en el siglo XIX y que reivindicaba el derecho al voto de las mujeres.

sufrido, a adj. **1** Que sufre resignadamente una situación dolorosa o soporta con paciencia las desgracias. **2** Se dice del color o material que disimula la suciedad o aguanta mucho tiempo sin ensuciarse o estropearse.

sufrimiento s.m. **1** Dolor o padecimiento físico o psíquico que experimenta una persona. **2** Paciencia con que se sufre una desgracia.

sufrir v.tr. **1** Sentir con intensidad un dolor físico o moral o experimentar una situación desagradable o penosa. **2** Aguantar con paciencia, dolor o resignación una cosa que no es agradable. **3** Sostener o resistir un peso. **4** Ser objeto de un cambio, una acción o un fenómeno determinado, especialmente si es negativo.

sugerencia s.f. **1** Acción de sugerir. **2** Idea que se sugiere.

sugerente adj. Sugestivo.

sugerir (45) v.tr. **1** Proponer o dar una idea a una persona para que la tenga en consideración a la hora de hacer algo. **2** Evocar o inspirar una idea, un recuerdo o una sensación.

sugestión s.f. Influencia sobre la manera de pensar o de actuar de una persona.

sugestionar v.tr. **1** Influir en la manera de pensar o de actuar de una persona y llevarla a obrar involuntariamente de una forma determinada. ◆ **sugestionarse** v.prnl. **2** Dejarse llevar por una idea o una sensación obsesiva.

sugestivo, a adj. **1** Que sugiere o provoca ideas. **2** Que provoca emoción y resulta muy atrayente.

sui géneris Expresión latina que significa 'de género propio' y se aplica a las personas o cosas que se consideran muy peculiares u originales.

suicida adj. **1** Relativo al suicidio. **2** Se dice del acto o conducta imprudente que puede provocar la muerte. ◆ **s.m. y f. 3** Persona que se quita o ha intentado quitarse voluntariamente la vida.

suicidarse v.prnl. Quitarse voluntariamente la vida.

suicidio s.m. Acción de suicidarse.

suite (pl. suites) s.f. **1** Composición musical para instrumentos que reúne varias piezas de ritmos variados que tienen carácter de danzas. **2** Selección de fragmentos de una obra extensa para ser interpretada en un concierto. **3** Conjunto de dos o más habitaciones de un hotel que forman una unidad.
OBS Pronunc. 'suit'.

suiza s.f. **1** AMÉR CENTRAL Zurra que da o recibe una persona. **2** AMÉR CENTRAL, CUBA Comba (juego de niños).

suizo, a adj. y s. De Suiza (país de Europa). ◆ **s.m. y adj. 2** ESP Bollo esponjoso cubierto de azúcar. ◆ **s.m. 3** ESP Chocolate a la taza con nata.

sujeción s.f. **1** Acción de sujetar. **2** Cosa con la que se sujeta otra.

sujetador s.m. ESP Sostén (prenda). **GEOSIN** ajustador, brasier.

sujetar v.tr. **1** Coger o sostener con firmeza a una persona o a una cosa de manera que no se mueva, ni se caiga o se escape. **2** Dominar o someter una persona o entidad a otra.

sujeto, a adj. **1** Cogido o agarrado con firmeza por una persona o cosa, de manera que no se puede mover, caer o escapar. **2** Que depende de otra persona o cosa, o está expuesto o sometido a lo que se indica. ◆ s.m. **3** Desp. Persona cuyo nombre no se indica. **4** Función que desempeña el sintagma nominal que posee el significado estructural de persona, animal o cosa que realiza, experimenta en sí o padece el proceso expresado por el verbo. **5** Individuo pensante, en oposición a su mundo exterior.

sulfamida s.f. Compuesto químico que combate las enfermedades producidas por bacterias.

sulfatar v.tr. Pulverizar con un producto químico, compuesto por cobre y azufre.

sulfato s.m. Sal que se obtiene a partir del ácido sulfúrico y un radical mineral u orgánico.

sulfurar v.tr. **1** Combinar azufre con otro compuesto químico. **2** Causar enojo o enfado.

sulfuro s.m. Sal que se obtiene del ácido sulfhídrico, compuesta por azufre y un radical.

sulfuroso, a adj. Que contiene azufre o participa de sus propiedades.

sultán s.m. **1** Emperador de los turcos, en la antigüedad. **2** Príncipe o gobernador de algunos países islámicos.

suma s.f. **1** Operación matemática que consiste en reunir varias cantidades en una sola. **2** Cantidad que resulta de esa operación. **3** Conjunto homogéneo de cosas, especialmente una cantidad grande de dinero. **4** Resumen o recopilación de las diversas partes de una ciencia.

sumamente adv. Formal. En el grado máximo de una determinada cualidad.

sumando s.m. Cada una de las cantidades que se operan en una suma.

sumar v.tr. **1** Efectuar la operación matemática de la suma. **2** Ser una cantidad el resultado total de una suma. **3** Unir o juntar varias cosas similares. ◆ **sumarse** v.prnl. **4** Unirse una persona a una doctrina, a un grupo o a una acción determinada.

sumario, a adj. **1** Breve y conciso o resumido. ◆ s.m. **2** Conjunto de actuaciones que se llevan a cabo para preparar un juicio, en las que se aportan datos del delito, circunstancias y testimonios de que se dispone. **3** Compendio o exposición resumida. **4** Índice temático de una obra.

sumergible adj. **1** Se dice de la máquina o aparato que puede introducirse en el agua sin estropearse. ◆ s.m. **2** Embarcación que puede navegar bajo el agua, diseñada para subir a la superficie o sumergirse según las necesidades.

sumergido, a adj. Que evita el pago de impuestos.

sumergir v.tr. **1** Introducir completamente a una persona o cosa en un líquido, especialmente dentro del agua. ◆ **sumergirse** v.prnl. **2** Concentrar completamente la atención en un pensamiento, abstrayéndose de la realidad.

sumerio, a adj. y s. De Sumeria (antigua región del suroeste de Asia).

sumidero s.m. Agujero y conducto por donde sale el agua del lugar en que está contenida.

suministrar v.tr. Dar o proporcionar a una persona o entidad una cosa que necesita.

suministro s.m. **1** Acción de suministrar. **2** Cosa o conjunto de cosas que se suministran.

sumir v.tr. **1** Hacer caer a una persona en un estado negativo o de desgracia. **2** Hundir en el agua o bajo tierra. ◆ **sumirse** v.prnl. **3** Sumergirse una persona en un estado de concentración profunda.

sumisión s.f. Actitud de la persona o animal sumisos.

sumiso, a adj. Se dice de la persona o animal que se somete y se deja dominar por otros aceptando su voluntad y obedeciendo lo que le imponen.

súmmum s.m. Grado más alto.

1. **sumo, a** adj. **1** Que tiene el grado más alto. **2** Muy grande en intensidad. ◇ **a lo sumo** Indica el punto o el nivel máximo de una cosa.

2. **sumo** s.m. Deporte de lucha japonés en el que los dos participantes intentan derribar al contrario o hacerlo salir de un círculo trazado en el suelo.

suní, sunita, sunní o **sunnita** (pl. suníes, sunitas, sunníes o sunnitas) **adj. 1** Relativo a la corriente mayoritaria del Islam, considerada ortodoxa, que, junto al Corán, acepta la Sunna o libro de pensamientos de Mahoma frente a la corriente chiíta, que no acepta la Sunna. ◆ adj. y s.m. y f. **2** Que practica la religión islámica en su vertiente más ortodoxa.

suntuosidad s.f. Gran cantidad de lujo y riquezas, especialmente en una vivienda.

suntuoso, a adj. De un lujo extraordinario.

supeditar v.tr. **1** Subordinar. ◆ **supeditarse** v.prnl. **2** Someterse a una persona o a algún tipo de normas.

súper adj. **1** Fam. Que sobresale entre lo demás por ser estupendo. ◆ adj. y s.f. **2** Se dice de la gasolina que es de 98 octanos. ◆ s.m. **3** Fam. Supermercado. ◆ adv. **4** Fam. De forma estupenda. **OBS** Invariable en número.

superación s.f. **1** Acción de sobrepasar un límite o vencer un obstáculo o una dificultad. **2** Resultado de mejorar o de hacer mejor las cosas.

superar v.tr. **1** Ser superior o mejor. **2** Sobrepasar una cantidad o un límite. **3** Vencer un obstáculo, una dificultad o una situación adversa. **4** Aprobar o pasar satisfactoriamente una prueba o examen. ◆ **superarse** v.prnl. **5** Hacer las cosas mejor que en otras ocasiones.

superávit s.m. **1** Abundancia de algo necesario o beneficioso. **2** Situación en que los ingresos son mayores que los gastos.
OBS Invariable en número.

superchería s.f. **1** Engaño que se hace para sacar provecho o beneficio. **2** Superstición.

superdotado, a adj. y s. Se dice de la persona que tiene cualidades muy por encima de lo normal, principalmente la inteligencia.

superestructura s.f. Parte de la estructura de una construcción que se eleva por encima del nivel del suelo o del agua.

superficial adj. **1** Relativo a la superficie. **2** Que está o se queda en la superficie sin entrar más hacia el fondo. **3** Poco serio o profundo en lo que dice o en lo que hace.

superficie s.f. **1** Parte externa de un cuerpo que lo limita o separa de lo que lo rodea. **2** Extensión de tierra. **3** Aspecto exterior de una persona o situación, que se percibe a primera vista.

superfluo, a adj. Que no es necesario.

superhéroe, oína s. Personaje de ficción con poderes extraordinarios.

superíndice s.m. Letra o número de pequeño tamaño que se coloca en el lado derecho y en la parte de arriba de un signo gráfico.

superintendente s.m. y f. Persona encargada de la dirección y que ejerce autoridad sobre el resto de las personas que trabajan en lo mismo.

superior adj. **1** Que está más alto, encima o en un lugar más elevado. **2** Mejor que otra persona o cosa, por cantidad, calidad, grado o importancia. **3** Estupendo o magnífico. **4** Se dice del animal o especie más evolucionado porque tiene una estructura más compleja. **5** Se dice de la educación o estudio posterior al bachillerato. ◆ s.m. **6** Persona con poder o autoridad sobre un grupo para dirigir su trabajo o sus actividades. ◆ s.m. y f. **7** Persona que gobierna una comunidad religiosa. □ Femenino: superiora.

superioridad s.f. **1** Cualidad o situación de la persona o cosa que tiene el grado o la posición supremos en una escala. **2** Persona u organismo de autoridad superior.

superlativo, a adj. **1** Formal. Que tiene alguna cualidad en su grado más alto. ◆ adj. y s.m. **2** Se dice del adjetivo que indica el grado más alto de la cualidad que expresa.

supermercado s.m. Establecimiento comercial donde se venden productos alimenticios y otro tipo de artículos, y en el que el cliente elige o coge lo que quiere comprar y lo paga a la salida.

supernova s.f. Estrella en la última fase de su existencia que explota y libera gran cantidad de energía y luminosidad.

superpoblado, a adj. Poblado u ocupado por un número excesivo de habitantes.

superponer (36) v.tr. Añadir o poner una cosa encima de otra.

superpotencia s.f. Nación con gran poder político y económico sobre otras naciones y con los mayores adelantos científicos y técnicos.

superproducción s.f. **1** Producción excesiva de algo por encima de las necesidades del mercado. **2** Obra de cine o teatro muy importante y espectacular, hecha con grandes medios económicos.

superpuesto, a Participio irregular de superponer.

superrealismo s.m. Surrealismo.

supersónico, a adj. **1** De velocidad mayor que la velocidad del sonido. **2** Se dice del avión o nave que puede moverse a una velocidad superior a la del sonido.

superstición s.f. Creencia que no tiene fundamento racional y que atribuye carácter mágico u oculto a determinados acontecimientos.

supersticioso, a adj. **1** Relativo a la superstición. ◆ adj. y s. **2** Que cree en supersticiones.

supervisar v.tr. Inspeccionar el trabajo realizado por otro.

supervisión s.f. Acción de supervisar.

supervisor, ra adj. y s. Que supervisa un trabajo o una actividad.

supervivencia s.f. **1** Conservación de la vida, especialmente en una situación difícil o tras de un hecho o un momento muy significativos. **2** Continuación de la existencia de una cosa.

superviviente adj. y s.m. y f. Que sobrevive a un peligro o catástrofe en el que podría haber muerto.

supino, a adj. **1** Estirado y con la espalda tocando al suelo. **2** Se dice de la cualidad negativa que está en su grado máximo. ◆ s.m. **3** Forma nominal del verbo en la gramática latina.

suplantación s.f. Acción de suplantar.

suplantar v.tr. Ocupar el lugar de otra persona ilegalmente o hacerse pasar por ella.

suplementario, a adj. **1** Que suple. **2** Se dice del ángulo que con otro suma 180°.

suplemento s.m. **1** Cosa que sirve para completar a otra o para aumentarla en algún aspecto. **2** Publicación independiente que se añade a una obra ya completa, a un periódico o a otra publicación y que se entrega por separado. **3** Ángulo que le falta a otro para medir dos rectos. **4** Complemento de un verbo que exige una preposición para determinar su significado.

suplencia s.f. Sustitución que hace una persona a otra en un trabajo.

suplente adj. y s.m. y f. Se dice de la persona que sustituye o reemplaza a otra en un trabajo, generalmente de forma temporal.

supletorio, a adj. **1** Suplementario. ◆ adj. y s.m. **2** ESP Se dice del aparato telefónico que está conectado a un aparato principal.

súplica s.f. **1** Demanda o ruego humilde que trata de provocar compasión. **2** Palabras y gestos con los que una persona hace esta demanda.

suplicar v.tr. Pedir con gran humildad y sentimiento, tratando de provocar compasión.

suplicio s.m. **1** Sufrimiento físico intenso o lesión grave infligido como castigo. **2** Sufrimiento o dolor físico o moral de gran intensidad. **3** Persona o cosa que ocasiona molestias o sufrimientos.

suplir v.tr. **1** Completar o añadir algo que falta. **2** Sustituir a una persona para realizar su trabajo, generalmente de forma temporal.

suponer (36) v.tr. **1** Considerar posible o probable una cosa, sin estar completamente seguro. **2** Tener como resultado o producir como consecuencia directa. **3** Conllevar un gasto o esfuerzo. **4** Ser importante o significativo para una persona o una cosa.

suposición s.f. Consideración de que una cosa o una idea es posible o probable, sin estar completamente seguro de ello.

supositorio s.m. Medicamento de forma alargada que se introduce por el ano.

supranacional adj. Se dice de la institución u organismo que no depende de una nación en concreto o que está por encima de una o más naciones.

suprarrenal adj. Se dice del órgano o parte del cuerpo situado encima de los riñones.

supremacía s.f. **1** Superioridad de la persona o la cosa que tiene el grado o la posición suprema o más alta en una escala. **2** Grado más alto en una jerarquía de poder.

supremo, a adj. **1** Que tiene el grado más alto. **2** Situado en la posición o categoría más alta entre los de su especie.

supresión s.f. **1** Acción de suprimir. **2** Cosa que se suprime.

suprimir v.tr. Hacer que desaparezca una cosa o que algo que existía deje de existir.

supuesto, a 1 Participio irregular de suponer. ◆ adj. **2** Que no es verdadero pero se pretende hacer pasar por cierto. □ Va antepuesto al sustantivo. **3** Que es posible que sea cierto o verdadero, pero no se ha demostrado. ◆ s.m. **4** Idea, juicio o teoría que se supone verdadera, aunque no se haya demostrado o confirmado. ◇ **por supuesto** Indica la completa certeza que se tiene en lo que se expresa o la rotundidad de la afirmación que se hace.

supurar v.intr. Formar o echar pus una herida que se ha infectado.

sur s.m. **1** Punto cardinal opuesto al Norte. □ Se escribe normalmente con mayúscula inicial. **2** Parte de un lugar situada hacia este punto. **3** Viento que sopla desde este punto.

sura s.f. **1** Revelación hecha por Alá al profeta Mahoma. **2** Sección del Corán que contiene esta revelación.

surafricano, a adj. y s. Sudafricano.

suramericano, a adj. y s. Sudamericano.

surcar v.tr. **1** Atravesar o desplazarse navegando a través del agua, o por el aire o el espacio. **2** Hacer surcos en la tierra. **3** Formar rayas, hendiduras o estrías.

surco s.m. **1** Abertura o hendidura alargada que se hace en la tierra, generalmente con el arado. **2** Arruga profunda y larga en el rostro o en otra parte de la piel.

surcoreano, a adj. y s. De Corea del Sur (país de Asia).

sureño, a adj. y s. Que procede del sur o que está situado hacia este punto o en la parte sur de un país, región o territorio.

sureste s.m. Sudeste.

surf s.m. Deporte que consiste en deslizarse por el agua de pie sobre una tabla que es empujada por las olas.

surfear v.intr. **1** Practicar el surf. **2** Practicar el snowboard.

surfing s.m. Surf.
OBS Pronunc. aprox. 'surfin'.

surfista s.m. y f. Persona que practica el surf.

surgir v.intr. **1** Salir una cosa desde el interior de la tierra o de otro lugar hacia la superficie. **2** Aparecer, presentarse o hacerse notar de repente.

suroccidental adj. Sudoccidental.

suroeste s.m. Sudoeste.

suroriental adj. Sudoriental.

surrealismo s.m. Movimiento artístico de vanguardia gestado en la década de 1920 que afirmó el poder creativo del subconsciente.

surrealista adj. **1** Relativo al surrealismo. ◆ adj. y s.m. y f. **2** Partidario del surrealismo.

surtido, a adj. y s.m. **1** Se dice del producto o artículo que se ofrece como un conjunto de cosas variadas de la misma especie. ◆ s.m. **2** Conjunto de varias cosas de una misma especie.

surtidor s.m. **1** Chorro de agua que sale hacia arriba. **2** Aparato para extraer combustible de un depósito y suministrarlo.

surtir v.tr. **1** Proporcionar o poner al alcance de una persona o de una cosa algo que necesita. ◆ v.intr. **2** Brotar el agua o un líquido de algún sitio. ◆ v.tr. **3** Producir algo efecto.

susceptible adj. **1** Capaz de recibir modificación o impresión. **2** Que se enfada u ofende frecuentemente y por cosas poco importantes.

suscitar v.tr. Provocar o causar una cosa, especialmente sentimientos de duda o interés o comentarios, polémicas o discusiones.

suscribir o **subscribir** v.tr. **1** Firmar al pie o al final de un documento. **2** Estar de acuerdo

con una opinión, propuesta o dictamen. **3** Inscribir a una persona en un lugar para recibir una publicación de forma periódica.
OBS Participio: **suscrito.**

suscripción o **subscripción** s.f. **1** Abono a una publicación periódica. **2** Cantidad que se paga por este abono.

suscriptor, ra o **subscriptor, ra** s. Persona suscrita a una publicación periódica.

suscrito, a o **subscrito, a** Participio irregular de **suscribir** o **subscribir**.

susodicho, a adj. y s. Que ha sido citado o mencionado con anterioridad.

suspender v.tr. **1** Colgar o levantar una cosa en alto de manera que quede sostenida desde arriba por algún punto. **2** Detener o interrumpir durante un tiempo o indefinidamente el desarrollo de una acción. **3** Apartar a una persona durante un tiempo de sus funciones o su trabajo. **4** Calificar a una persona con una nota de suspenso. ◆ v.intr. **5** Obtener una persona una nota de suspenso.

suspense s.m. **1** En una historia, mantenimiento constante del interés o la emoción mediante sorpresas, desenlaces imprevisibles y detenciones momentáneas de la acción. **2** Sensación de ansiedad y angustia que produce la espera o el interés por conocer una cosa.

suspensión s.f. **1** Detención o interrupción del desarrollo de una acción durante un tiempo o indefinidamente. **2** Conjunto de mecanismos destinados a hacer más suave y elástico el apoyo de la carrocería de un automóvil sobre los ejes de las ruedas y amortiguar así las irregularidades del suelo. **3** Mezcla formada por pequeñas partículas de una sustancia dispersas en un fluido en el que no se disuelven.

suspensivo, a adj. Que tiene la fuerza de suspender o interrumpir algo.

suspenso, a adj. **1** Que está o se queda por un momento desconcertado e indeciso, sin saber qué hacer o qué decir. ◆ adj. y s. **2** Que ha suspendido un examen o una prueba. ◆ s.m. **3** Calificación o nota inferior a la de aprobado obtenida en una prueba o examen. ◇ **en suspenso** Se usa para indicar que una acción ha quedado interrumpida o que falta conocer el desenlace.

suspicacia s.f. Cualidad de suspicaz.

suspicaz adj. Se dice de la persona que tiene tendencia a desconfiar de los demás o que frecuentemente sospecha o ve malas intenciones en lo que hacen o dicen.

suspirar v.intr. **1** Dar uno o varios suspiros, generalmente como expresión de cierto sentimiento. **2** Querer conseguir o desear a una persona o una cosa con mucha intensidad.

suspiro s.m. Aspiración fuerte y prolongada seguida de una espiración profunda y a veces acompañada de un gemido.

sustancia o **substancia** s.f. **1** Materia de la que está formado un cuerpo. **2** Parte o aspecto más importante o esencial de una cosa. **3** Conjunto de elementos nutritivos de un alimento o jugo que se extrae de ciertas materias alimenticias. **4** Valor, importancia o estimación que tiene una cosa. **5** Fam. Sensatez, juicio o madurez. ◇ **en sustancia** En resumen.

sustancial o **substancial** adj. **1** Relativo a la sustancia. **2** Que es fundamental.

sustancioso, a o **substancioso, a** adj. **1** Que tiene gran valor, importancia o estimación. **2** Que tiene muchos elementos nutritivos o alimenta mucho.

sustantivación o **substantivación** s.f. Atribución de la función de sustantivo o nombre a una parte de la oración.

sustantivar o **substantivar** v.tr. Hacer que una palabra o una expresión pase a funcionar como un sustantivo.

sustantivo, a o **substantivo, a** adj. **1** Esencial, muy importante o fundamental. **2** Se dice de la proposición subordinada que, dentro de la oración compleja, desempeña funciones propias de un sustantivo. ◆ s.m. **3** Palabra que designa una persona, un animal o una cosa que pueden ser sujetos u objetos de una acción o estado. ◆ adj. **4** Que posee existencia real o independiente.

sustentar v.tr. **1** Sujetar o servir de apoyo a una cosa para que no se caiga o no se tuerza. **2** Basar, fundamentar o apoyar una cosa en una opinión o idea. **3** Conservar una cosa en un estado o una situación, impidiendo que desaparezca, que se extinga o que cambie. **4** Dar a una persona lo necesario para vivir. **5** Defender o sostener una opinión o una idea.

sustento s.m. **1** Alimento o elementos básicos que se necesitan para vivir. **2** Persona o cosa que sustenta.

sustitución o **substitución** s.f. **1** Acción de sustituir. **2** Efecto de sustituir. **3** Método matemático para resolver un sistema de ecuaciones, que consiste en despejar en una de las ecuaciones el valor de una de las incógnitas.

sustituir o **substituir** (23) v.tr. **1** Poner a una persona o cosa en lugar de otra para realizar su trabajo o desempeñar su función. **2** Pasar una persona o cosa a ocupar el lugar de otra para realizar su trabajo o desempeñar su función.

sustitutivo, a o **substitutivo, a** adj. y s.m. Que puede sustituir algo.

sustituto, a o **substituto, a** s. Persona que sustituye a otra en un trabajo o función.

susto s.m. Impresión brusca y repentina, producida por el miedo o por una sorpresa.

sustracción o **substracción** s.f. **1** Acción de sustraer o robar una cosa. **2** Acción de apartar, separar o llevarse una cosa del conjunto del que formaba parte. **3** Resta, operación matemática.

sustraendo o **substraendo** s.m. En la resta, cantidad que se sustrae.

sustraer o **substraer** (49) v.tr. **1** Robar sin utilizar la violencia. **2** Apartar, separar o llevarse una cosa del conjunto del que formaba parte. **3** Restar. ◆ **sustraerse** v.prnl. **4** Evitar o eludir una obligación, una dificultad o una cosa que se considera perjudicial.

sustrato o **substrato** s.m. **1** Medio en el que se desarrollan una planta o un animal fijo. **2** Capa de terreno que está por debajo de otra. **3** Lengua invadida y sustituida por otra, a la que lega ciertos rasgos fonéticos o gramaticales. **4** Sustancia sobre la que se ejerce la acción de un fermento.

susurrar v.tr. e intr. **1** Hablar una persona con voz muy baja, casi imperceptible. ◆ v.intr. **2** Producir de forma natural un ruido muy suave y agradable ciertas cosas.

susurro s.m. **1** Ruido suave que produce una persona al hablar con voz muy baja, casi imperceptible. **2** Ruido suave y agradable que producen de forma natural algunas cosas.

sutil adj. **1** Fino y delicado. **2** Que tiene agudeza e ingenio para comprender el sentido más profundo de las cosas. **3** Que refleja una gran agudeza o ingenio para comprender el sentido más profundo de las cosas.

sutileza s.f. **1** Cualidad de sutil. **2** Dicho o idea aguda e ingeniosa.

sutura s.f. **1** Cosido que se realiza para cerrar una herida o para unir tejidos u órganos. **2** Línea sinuosa que forma la unión de ciertos huesos del cráneo.

suyo, a det. y pron. Forma del determinante y pronombre posesivo de tercera persona del singular o del plural. ◇ **hacer de las suyas** Realizar una persona o animal travesuras o malas acciones que son características de él. ◇ **ir a lo suyo** Actuar una persona pensando solamente en su propio interés. ◇ **los suyos** Las personas que pertenecen al mismo grupo, familia o partido que la persona de la que se habla. ◇ **lo suyo** Actividad que hace muy bien o en la que destaca la persona de la que se habla. ◇ **salirse alguien con la suya** Conseguir una persona lo que se propone o desea después de muchos intentos o de vencer muchas dificultades. ◇ **ser alguien muy suyo** ESP Tener cierta persona un carácter muy independiente y extraño o imprevisible.

swing s.m. **1** Estilo de jazz, interpretado generalmente por una gran orquesta, de ritmo vivo y flexible orientado al baile.
OBS Pronunc. aprox. 'suin'.

T

t s.f. Vigésima primera letra del alfabeto español; su nombre es te.

taba s.f. **1** Hueso corto del pie que se articula con la tibia y el peroné. **2** Juego infantil en que se utiliza este hueso.

tabacalero, a adj. **1** Del cultivo, fabricación o comercio del tabaco. ◆ **adj. y s. 2** Tabaquero.

tabaco s.m. **1** Planta de olor fuerte, tallo grueso, con muchas ramas y hojas grandes y con nervios marcados. **2** Producto elaborado con hojas secas y picadas de esa planta y que se fuma. ◆ **s.m. y adj. 3** Color marrón como el de las hojas secas de esa planta.

tabanco s.m. AMÉR CENTRAL Desván.

tábano s.m. Insecto parecido a la mosca pero de mayor tamaño, de cuerpo grueso, dos alas transparentes y aparato bucal chupador.

tabaquero, a adj. **1** Relativo al tabaco. ◆ adj. y s. **2** Que cultiva, fabrica o vende tabaco.

tabaquismo s.m. Intoxicación que padece una persona por consumo abusivo de tabaco.

tabardo s.m. Prenda de abrigo ancha y larga.

tabarra s.f. ESP Cosa que molesta o que resulta pesada e impertinente. ◇ **dar la tabarra** Fam. ESP Molestar o fastidiar con insistencia.

tabasco s.m. Salsa roja y muy picante hecha fundamentalmente con guindillas.

taberna s.f. Establecimiento de carácter popular en el que se venden y se consumen bebidas alcohólicas y en algunos casos comidas.

tabernáculo s.m. **1** Urna o mueble donde se guardan las hostias consagradas. **2** Templo portátil donde los antiguos judíos guardaban el arca de la alianza.

tabernero, a s. Persona que tiene una taberna o sirve en una taberna.

tabique s.m. **1** Pared delgada que separa las habitaciones de una casa. **2** División plana y delgada que separa dos huecos.

tabla s.f. **1** Pieza de madera plana, más larga que ancha, poco gruesa y cuyas dos caras son paralelas entre sí. **2** Pieza plana y poco gruesa, más larga que ancha, hecha de cualquier material y destinada a un uso determinado. **3** Conjunto de datos o informaciones representados gráficamente, generalmente en forma de columnas. **4** Doble pliegue ancho y plano que se hace en una tela. **5** Pintura hecha sobre una pieza plana de madera. ◆ **tablas** s.f.pl. **6** Situación final o resultado al que se llega en un juego en el que ningún jugador puede ganar la partida. **7** Soltura y facilidad que ha adquirido una persona con la experiencia para actuar ante un público o para realizar una actividad. **8** Escenario de un teatro. ◇ **hacer tabla rasa** Olvidar o no tener en cuenta una persona cierta cosa, generalmente sin una razón objetiva.

tablao s.m. **1** Suelo de tablas colocado en alto sobre un armazón, que se usa en los espectáculos de cante y baile flamencos. **2** Local donde se desarrollan esos espectáculos.

tablero s.m. **1** Plancha de madera, plana, formada por una o varias tablas ensambladas por el canto. **2** Superficie cuadrada de madera o de otro material que sirve para jugar a ciertos juegos de mesa, y que tiene dibujados una serie de recuadros, casillas o figuras. **3** Plancha de madera o de otro material para fijar sobre ella carteles, papeles o anuncios. **4** En algunos deportes, cuadro en el que aparecen los puntos que lleva conseguidos cada equipo. **5** En baloncesto, superficie de madera o de metacrilato a la que está unido el aro o canasta.

tableta s.f. **1** Pieza de chocolate o de turrón con forma plana y rectangular dividida en porciones. **2** Medicamento en forma de pastilla, generalmente plana. **3** ARG Golosina.

tablilla s.f. **1** Tabla pequeña en la que se cuelgan listas o anuncios. **2** Tableta. **3** Tabla de un material duro que estaba recubierta de cera y se utilizaba para escribir con un punzón.

tabloide s.m. AMÉR Periódico cuyo formato es la mitad del normal, de carácter sensacionalista y con abundancia de fotografías.

tablón s.m. **1** Tabla gruesa y de gran tamaño. **2** Fam. Borrachera. ◇ **tablón de anuncios** Tabla que se cuelga en algún lugar y sirve para fijar sobre ella anuncios, avisos o noticias.

tabú (pl. tabús o tabúes) **s.m. 1** Prohibición religiosa impuesta sobre ciertos objetos, personas o cualquier otra realidad, por considerarlos sagrados. **2** Cosa o palabra que no se puede decir, hacer o tratar debido a ciertos prejuicios, convenciones sociales o motivos de índole religiosa o supersticiosa.

tabulador s.m. Tecla de las máquinas de escribir y de los ordenadores para colocar un margen en un punto predeterminado.

tabular v.tr. Expresar u ordenar unos datos en forma de tablas.

taburete s.m. Asiento para una persona sin apoyabrazos ni respaldo.

tacañería s.f. Cualidad de tacaño.

tacaño, a adj. y s. Se dice de la persona que valora el dinero en exceso y tiene un interés exagerado en gastar lo menos posible.

tacatá s.m. ESP Aparato que sirve para que los niños pequeños aprendan a andar sin caerse.

tacataca s.m. ESP Tacatá.

tacha s.f. **1** Falta o defecto. **2** Motivo legal para rechazar la declaración de un testigo.

tachadura s.f. **1** Acción de tachar. **2** Raya o rayas con las que se tacha lo escrito.

tachar v.tr. **1** Trazar rayas o borrones sobre lo escrito para indicar que se suprime o que no vale. **2** Atribuir a una persona o a una cosa una falta, un defecto o una característica negativa.

tacho s.m. **1** AMÉR SUR Cacerola, cazuela. **2** AMÉR SUR Recipiente de latón, hojalata o plástico destinado a diversos usos. **3** Fam. ARG Taxi. ◇ **irse al tacho** Fam. ARG, CH Morirse una persona. — Fam. ARG, CH, PAR, URUG Fracasar un proyecto.

1. **tachón** s.m. Tachadura.

2. **tachón** s.m. Clavo de adorno.

tachuela s.f. **1** Clavo corto y de cabeza grande usado para clavar objetos o como adorno. **2** COL Recipiente metálico que se usa para calentar alimentos o líquidos. **3** Fam. MÉX Visita prolongada y aburrida. ◆ **adj. y s.m. y f. 4** Fam. MÉX Se dice de la persona que es de baja estatura y regordeta.

tácito, a adj. Que no se expresa o no se dice pero se supone o se sobreentiende.

taciturno, a adj. Que muestra tristeza o tiene un carácter melancólico y triste.

taco s.m. **1** Trozo corto y grueso de madera, metal u otro material, que se encaja en un hueco. **2** ESP Trozo pequeño, grueso y en forma de dado que se corta de un alimento. **3** En el juego del billar, palo con el que se golpea la bola. **4** Pieza pequeña y alargada, que se mete en un agujero hecho en una pared para introducir en ella un tornillo. **5** Conjunto de hojas de papel que forman un bloque. **6** Pieza puntiaguda o cónica que llevan en la suela ciertos zapatos de deporte. **7** Fam. ESP Palabrota. **8** Fam. ESP Embrollo. **9** AMÉR Tacón del calzado. **10** MÉX Tortilla de maíz arrollada con algún ingrediente en el centro, como carne, verduras, etc. ◆ **tacos** s.m.pl. **11** Fam. ESP Años que tiene una persona. ◇ **darse taco** Fam. CUBA, EL SALV, HOND, MÉX Darse importancia o presumir. ◇ **hacer taco** Fam. MÉX Enrollar o envolver algo hasta convertirlo en un bulto compacto.

tacómetro s.m. Aparato que indica las vueltas que da un eje o la velocidad de un mecanismo según su número de revoluciones por minuto.

tacón s.m. Parte del calzado unida a la suela por la parte del talón que lo levanta.

taconazo s.m. Golpe dado con el tacón del calzado sobre el suelo o contra el otro tacón.

taconear v.intr. Hacer ruido con los tacones.

táctica s.f. **1** Procedimiento o método para conseguir un fin determinado o ejecutar algo. **2** Conjunto de reglas y procedimientos que se utilizan para dirigir las operaciones militares.

táctico, a adj. **1** Relativo a la táctica. ◆ **s. 2** Persona que es experta en táctica o la practica.

táctil adj. Relativo al tacto (sentido corporal).

tacto s.m. **1** Sentido del cuerpo localizado en la piel que permite apreciar la forma, el tamaño, la rugosidad o la temperatura de las cosas por contacto. **2** Cualidad de una cosa que se percibe a través de este sentido. **3** Habilidad que tienen algunas personas para tratar con otras o para llevar un asunto delicado.

taekwondo s.m. Deporte de lucha en el que se dan golpes secos con puños y pies y en el que se han desarrollado las técnicas de salto.
OBS Pronunc. aprox. 'taecuondo'.

tafetán s.m. Tejido de seda muy tupido, delgado y de brillo más apagado que el de la seda virgen.

tagalo, a adj. y s. **1** De un pueblo indígena que habita en la isla filipina de Luzón. ◆ **s.m. y adj. 2** Lengua indonesia que se habla en Filipinas.

tahona s.f. ESP Panadería.

tahúr, ra adj. y s. **1** Muy aficionado a los juegos de azar o de gran habilidad en ellos. ◆ **s.m. 2** Persona que engaña o hace trampas en el juego.

taichi o **tai-chi** s.m. Gimnasia china de movimientos coordinados muy lentos y precisos.
OBS Pronunc. 'taichí'.

taifa s.f. División política y administrativa del territorio musulmán de la Península Ibérica tras la época del califato cordobés.

taiga s.f. Bosque típico de los climas fríos y húmedos del norte, compuesto básicamente por coníferas que crecen sobre un subsuelo helado.

tailandés, sa adj. y s. De Tailandia.

taimado, a adj. y s. Que es hábil para engañar.

taiwanés, sa adj. y s. De Taiwan.

tajada s.f. **1** Trozo que ha sido cortado de una cosa, como un alimento. **2** Fam. Borrachera.

tajamar s.m. CH, ECUAD Dique.

tajante adj. **1** Que no admite discusión o corta cualquier posibilidad de réplica. **2** Que es claro y no admite un término medio.

tajo s.m. **1** Corte, generalmente profundo, hecho con un instrumento afilado. **2** Corte profundo y casi vertical que se forma en un terreno. **3** Fam. ESP Trabajo o tarea.

tal adj. **1** Se utiliza como determinante para indicar que el sustantivo al que acompaña ya ha sido mencionado antes o es conocido. **2** Se utiliza para hacer referencia a una cosa que no está determinada o no se quiere determinar. **3** Se utiliza junto a un nombre propio de persona y precedido de un determinante para indicar que la persona de que se trata no es muy conocida. ◆ adv. **4** De esa manera, así. **5** En correlación con **cual**, forma subordinadas comparativas o de modo. **6** En correlación con **que**, introduce una consecuencia. ◇ **tal como** Se utiliza para establecer una comparación de igualdad entre dos oraciones. ◇ **tal cual** Indica que una cosa está en su estado natural o en el mismo estado en que estaba antes de sufrir un supuesto cambio. ◇ **tal para cual** Expresión que se utiliza para indicar que dos personas son muy semejantes o coinciden exactamente en ciertas cualidades o características.

tala s.f. Acción de talar.

taladrado s.m. Operación de taladrar.

taladradora s.f. Máquina eléctrica que sirve para taladrar o hacer agujeros en una superficie.

taladrar v.tr. **1** Hacer un agujero en una cosa con un taladro u otro utensilio. **2** Causar una molestia intensa y desagradable en el oído.

taladro s.m. **1** Instrumento o máquina para hacer agujeros en la madera o en otro material. **2** Agujero hecho con este instrumento.

talante s.m. **1** Manera de ser o carácter de una persona. **2** Estado de ánimo o actitud ante *una situación o ante la vida en general.*

talar v.tr. Cortar un árbol por la base.

talco s.m. **1** Mineral compuesto por silicato de magnesio hidratado, blando y suave al tacto. **2** Polvo blanco y suave que se extrae de este mineral y que se usa para el cuidado de la piel.

talego s.m. **1** Saco grande y de tela fuerte para guardar o llevar una cosa. **2** Argot. ESP Cárcel.

talento s.m. **1** Capacidad intelectual o habilidad para aprender con facilidad o para desarrollar con mucha habilidad una actividad. **2** Persona que lo posee.

talio s.m. Elemento químico de símbolo Tl y número atómico 81; es un metal blando.

talión s.m. Pena con que se castiga a alguien causándole el mismo daño que ha causado.

talismán s.m. Objeto que se lleva encima y al que se le atribuye poderes sobrenaturales.

talla s.f. **1** Obra de escultura. **2** Estatura de una persona. **3** Medida de las prendas de vestir, expresada en unas magnitudes convencionales. **4** Importancia o valor intelectual o moral de una persona. **5** Acción de tallar. **6** Forma de tallar o labrar materiales. ◇ **dar la talla** Tener una persona o una cosa las cualidades o aptitudes mínimas que exige una determinada situación o tarea.

tallar v.tr. **1** Dar forma a un cuerpo sólido y uniforme cortando o separando parte de él. **2** Medir la estatura de una persona.

tallarín s.m. Tira delgada y larga hecha de pasta de harina de trigo y agua.

talle s.m. **1** Cintura del cuerpo humano. **2** Parte de un vestido que corresponde a la cintura.

taller s.m. **1** Lugar en el que se hacen trabajos manuales o artísticos. **2** Escuela o lugar de formación en el que se hacen ejercicios o trabajos prácticos. **3** Lugar en el que se realizan reparaciones de máquinas, aparatos o coches.

tallo s.m. **1** Parte de las plantas que crece en sentido contrario a la raíz y sirve de soporte a las hojas, las flores y los frutos. **2** Brote nuevo de una planta.

talmud s.m. Textos en que se encuentran recopilados los preceptos sobre la ley judía.

1. **talón** s.m. **1** Parte posterior del pie humano. **2** Parte del calzado, del calcetín o de la media que cubre esa zona del pie. ◇ **talón de Aquiles** Punto débil o vulnerable de una persona o de una cosa.

2. **talón** s.m. Hoja cortada de un cuadernillo en el que queda una parte que se corresponde con ella y permite acreditar su legitimidad.

talonario s.m. Cuadernillo de talones.

talud s.m. Inclinación de un muro o de un terreno.

tamal s.m. **1** AMÉR Empanada que se hace con harina gruesa de maíz y relleno de carne, queso u otros ingredientes, que varían de una zona a otra. **2** Fam. AMÉR Situación complicada en la que hay intriga y de la que es difícil salir.

tamalero, a adj. y s. AMÉR Que hace o vende tamales, generalmente en puestos callejeros.

tamaño, a s.m. **1** Conjunto de las dimensiones de una cosa, por las cuales tiene mayor o menor volumen. ◆ adj. **2** De dimensiones muy grandes o muy intenso.

tamarindo s.m. **1** Árbol de tronco grueso y copa amplia que se cultiva en zonas cálidas. **2** Fruto en legumbre que da este árbol.

tambalearse v.prnl. **1** Moverse una persona o una cosa de un lado a otro dando la impresión de estar a punto de caer. **2** Estar a punto de perder su fuerza o firmeza una persona o una cosa.

también adv. De la misma manera, igualmente.

tambor s.m. **1** Instrumento musical de percusión formado por una caja con forma cilíndrica cerrada por una parte o por las dos con un parche; se toca con baquetas, con mazos o con las manos. ◆ **s.m. y f. 2** Persona que toca este instrumento. ◆ **s.m. 3** Pieza cilíndrica que forma parte de algunos aparatos o máquinas. **4** Recipiente cilíndrico. **5** Pieza cilíndrica giratoria de un revólver en la que se ponen las balas. **6** Membrana o tejido delgado que se encuentra en el interior del oído y que transmite las vibraciones que llegan del exterior a la zona interna del oído. **7** Disco de acero sobre el que va acoplada la rueda de los automóviles.

tamboril s.m. Tambor pequeño que se lleva colgado del brazo y se toca con una sola baqueta.

tamborilero, a s. Persona que toca el tamboril o el tambor.

tamiz s.m. Utensilio para separar las partes finas de las gruesas de algunas cosas formado por una tela metálica o rejilla tupida sujeta a un aro.

tamizar v.tr. Hacer pasar una cosa por el tamiz.

tampoco adv. Se utiliza para añadir una negación a otra negación anterior o para incluir un nuevo elemento en una negación.

tampón s.m. **1** Cajita plana con un material empapado con tinta que se utiliza para entintar los sellos antes de estamparlos. **2** Rollo alargado de material muy absorbente que se introduce en la vagina de las mujeres para que absorba el flujo de la menstruación.

tam-tam (pl. tam-tams) s.m. Tambor africano grande que se toca con las manos.

tan adv. **1** Delante de un adjetivo, un adverbio o una locución adverbial encarece o intensifica su significado. **2** En una comparación indica igualdad de grado o equivalencia. **3** En una correlación expresa una consecuencia de lo dicho anteriormente.

tanatorio s.m. Lugar en el que se velan los cadáveres y se preparan para ser enterrados o incinerados.

tanda s.f. **1** Grupo en que se distribuye un conjunto de personas o cosas para realizar una actividad de manera ordenada. **2** ESP Turno, vez u orden. **3** Número no determinado de cosas de la misma clase que se dan o se hacen sin interrupción. **4** AMÉR Sección o parte de una representación teatral. **5** ARG, URUG Sucesión de anuncios que se intercalan durante la emisión de un programa de televisión o radio.

tándem (pl. tándemes) s.m. **1** Bicicleta para dos personas. **2** Unión de dos personas o dos grupos que realizan una misma actividad en equipo o que combinan sus esfuerzos para hacer algo.

tanga s.m. **1** Traje de baño de hombre o de mujer de tamaño muy reducido. **2** Calzoncillo o braguita de tamaño muy pequeño.

tangencia s.f. Punto único en el que coinciden dos figuras planas tangentes entre sí.

tangente adj. y s.f. **1** Se dice de la línea o superficie que se toca en un único punto con otra línea o superficie sin llegar a cortarla. ◆ **s.f. 2** Resultado de dividir el cateto opuesto a un ángulo entre el cateto contiguo al mismo ángulo. ◇ **irse,** o **salirse,** o **escaparse, por la tangente** Utilizar una persona evasivas para escapar de una situación difícil o un apuro.

tangible adj. **1** Que se puede tocar o percibir por medio del tacto. **2** Que se puede percibir de manera clara y precisa.

tango s.m. **1** Baile de origen argentino de movimientos que varían de lento a rápido y variedad de pasos, que se ejecuta por una pareja enlazada. **2** Canción o composición musical con que se acompaña este baile.

tanque s.m. **1** Vehículo pesado de guerra fuertemente blindado y que se mueve sobre cadenas que le permiten circular sobre terrenos muy irregulares o escabrosos. **2** Recipiente, generalmente de gran tamaño y cerrado, que sirve para contener líquidos o gases.

tanqueta s.f. Tanque ligero de guerra que tiene ruedas en lugar de cadenas.

tántalo s.m. Elemento químico de símbolo Ta y número atómico 73; es un metal de transición.

tantear v.tr. **1** Calcular el peso, el tamaño, la cantidad o el valor de una cosa de manera aproximada. **2** Intentar descubrir con cuidado o disimuladamente las intenciones o la actitud de una persona frente a una cosa. **3** Probar o ensayar una cosa antes de realizarla. ◆ **v.tr. e intr. 4** Registrar o señalar los tantos o puntos que se consiguen en un juego o en una competición deportiva.

tanteo s.m. **1** Acción de tantear. **2** Número de tantos o puntos que se consiguen en un juego o en una competición deportiva.

tanto, a det. y pron. **1** En correlación con **como** y con **cuanto**, establece comparaciones de igualdad en la cantidad. **2** En correlación con **que**, añade un significado ponderativo. ◆ **adv. 3** Se utiliza con sentido ponderativo para indicar una cantidad muy grande o un grado muy elevado. **4** Indica que una cosa se realiza o sucede empleando gran cantidad de tiempo. **5** En correlación con **cuanto** y con **como**, indica idea de equivalencia o igualdad. ◆ **s.m. 6** Objeto con que se registran o se señalan los puntos que se ganan en ciertos juegos. **7** Punto que se consigue o unidad de cuenta que se utiliza en un juego o en una competición deportiva. **8** Cantidad determinada de una cosa, especialmente de dinero. ◇ **en tanto** o **entre tanto** o **mientras tanto** En el mismo tiempo en que se hace u ocurre una cosa. ◇ **las tantas** Fam. Expresión que indica una hora muy avanzada de la noche. ◇ **por tanto** o **por lo tanto** Indica que una cosa es la consecuencia de otra hecha o dicha anteriormente. ◇ **tanto**

por ciento Número o cantidad que representa proporcionalmente una parte de un total que se considera dividido en cien unidades.

tantra s.m. Conjunto de textos sagrados y rituales religiosos esotéricos budistas e hindúes.

tantrismo s.m. Sistema religioso y filosófico inspirado en los tantras.

tañer (47) v.tr. **1** Tocar un instrumento musical de percusión o uno de cuerda que se pulsa con los dedos. **2** Llamar con las campanas.

tañido s.m. **1** Sonido que produce un instrumento musical, especialmente un instrumento de cuerda o de percusión. **2** Sonido de las campanas. **3** Acción de tañer.

taoísmo s.m. Doctrina religiosa y filosófica expuesta principalmente en la obra de Lao-Tse, que defiende la unión del ser humano con la naturaleza y la no sumisión a los códigos sociales.

taoísta adj. **1** Relativo al taoísmo. ◆ adj. y s.m. y f. **2** Que cree en esta doctrina religiosa.

tapa s.f. **1** Pieza que se encuentra en la parte superior de un objeto y que sirve para cerrarlo o cubrirlo. **2** Cubierta de papel o cartón que tiene un libro u otra obra encuadernada. **3** Pieza que se pone en la suela de un zapato por la parte del tacón. **4** ESP Alimento ligero o en pequeña cantidad que se sirve en los bares y restaurantes como acompañamiento de una bebida.

tapacubos s.m. Pieza redonda y plana que se sujeta a la parte exterior de la rueda de un automóvil y cubre la llanta.

tapadera s.f. **1** Tapa (cubierta de un recipiente). **2** Persona o cosa que encubre lo que otra desea que se ignore.

tapado s.m. **1** ARG, BOL, CH, PAR, PERÚ, URUG Abrigo (prenda de vestir). **2** COL, HOND Comida que preparan los indígenas en un hoyo hecho en la tierra, donde ponen para asar carne y plátanos. **3** MÉX Candidato político de un partido a las elecciones nacionales cuyo nombre se mantiene oculto hasta poco antes de los comicios. ◆ adj. y s. **4** ARG Se dice de la persona que posee valores y los mantiene ocultos.

tapar v.tr. **1** Poner una tapa. **2** Cerrar o llenar un orificio o conducto con alguna cosa. **3** Cerrar alguna cosa un orificio o conducto. **4** Cubrir una persona o una cosa poniendo algo delante o encima. **5** Estar una cosa delante o encima de otra de manera que quede cubierta, protegida u oculta. **6** Hacer una persona que no se descubran las faltas cometidas por otra, ocultándolas o disimulándolas.

taparrabo o **taparrabos** s.m. Pieza de tela o de otro material con que los individuos de algunos pueblos se cubren los genitales.

tapete s.m. **1** Pieza generalmente de tela que se pone encima de un mueble como adorno o para protegerlo. **2** Paño grueso que se pone encima de las mesas de juego.

tapia s.f. Muro o pared que rodea un terreno y que sirve como valla.

tapiar (1d) v.tr. **1** Cercar un terreno o superficie con tapias. **2** Cerrar un hueco mediante un muro o un tabique.

tapicería s.f. **1** Tela o tejido con el que se tapiza un mueble o parte de él. **2** Lugar donde se tapizan muebles o se hacen tapices.

tapioca s.f. **1** Harina blanca que se saca de la raíz de la mandioca. **2** Sopa que se hace con esa harina.

tapir s.m. Mamífero herbívoro de hocico prolongado en forma de una pequeña trompa, cuatro dedos en las patas anteriores y tres en las traseras.

tapiz s.m. Tejido de lana o seda en el que la trama recubre por completo la urdimbre.

tapizar v.tr. Cubrir o forrar con tela u otro material un mueble o una pared.

tapón s.m. **1** Pieza que se introduce en un conducto, orificio o abertura, y que sirve para cerrarlos impidiendo la comunicación con el exterior. **2** Cosa que impide o dificulta el paso de algo a través de un conducto, un orificio u otro lugar. **3** Acumulación excesiva de vehículos en un punto de una vía. **4** En baloncesto, jugada mediante la cual se impide que la pelota que ha lanzado un contrario llegue a la canasta interceptándola con la mano. **5** Fam. Persona de corta estatura, de cuerpo grueso y rechoncho.

taponar v.tr. Cerrar con un tapón.

tapujo s.m. Manera de hablar o de actuar mediante la cual se oculta o disimula la verdad.

taquicardia s.f. Velocidad excesiva del ritmo de los latidos del corazón.

taquigrafía s.f. Técnica de escritura con signos y abreviaturas especiales para escribir a la velocidad con que se habla o dicta.

taquigrafiar (1e) v.tr. Escribir mediante la técnica de taquigrafía.

taquilla s.f. **1** Ventanilla, mostrador o sitio donde se venden billetes para un medio de transporte o entradas para un espectáculo. **2** Dinero que se recauda en una sesión de un espectáculo. **3** ESP Armario individual para guardar ropa u objetos personales.

taquillero, a adj. Se dice del espectáculo o artista que consigue atraer gran cantidad de público o consigue recaudar mucho dinero.

taquimecanografía s.f. Técnicas de la taquigrafía y la mecanografía.

taquímetro s.m. **1** Instrumento que se utiliza para medir sobre un terreno los ángulos verticales y horizontales y las distancias entre sus vértices. **2** Tacómetro.

tara s.f. **1** Defecto físico o psíquico de una persona. **2** Defecto o mancha que disminuye el valor de una cosa. **3** Peso que corresponde al recipiente, envase o vehículo que contiene o transporta una mercancía.

taracea s.f. **1** Técnica ornamental que consiste en incrustar pequeños trozos de madera o nácar en un objeto de madera para decorarlo. **2** Labor decorativa hecha con esta técnica.

tarado, a adj. y s. Se dice de la persona que tiene un defecto físico o psíquico.

tarambana adj. y s.m. y f. Fam. Que se comporta de manera alocada o poco sensata.

taranta s.f. **1** Taranto. **2** ARG, C RICA, ECUAD Arrebato, locura. **3** HOND Desvanecimiento, mareo.

taranto s.m. Cante minero andaluz de carácter triste y fatalista.

tarántula s.f. Araña venenosa de cuerpo velloso y patas muy fuertes.

tararear v.tr. Cantar una canción o imitar los sonidos de una melodía con la voz sin articular bien las palabras y en voz baja.

tardanza s.f. Retraso o empleo de más tiempo del necesario o del normal en hacer una cosa.

tardar v.intr. **1** Emplear un espacio de tiempo determinado en hacer una cosa. **2** Emplear más tiempo del necesario o normal en hacer algo.

tarde s.f. **1** Período que va desde el mediodía hasta el anochecer. **2** Últimas horas del día. ◆ adv. **3** Indica que una cosa se hace a una hora avanzada del día o de la noche. **4** Indica que una cosa se hace en un momento posterior al considerado conveniente, oportuno o previsto. ◇ **de tarde en tarde** Con muy poca frecuencia o dejando transcurrir mucho tiempo entre una vez y la siguiente.

tardío, a adj. **1** Que tarda más tiempo del normal en llegar a la madurez. **2** Que ocurre después del tiempo adecuado o esperado.

tardofranquismo s.m. Última etapa del franquismo, entre 1972 y 1975.

tardón, na adj. y s. Fam. Que tarda mucho en hacer las cosas o suele retrasarse en llegar a un sitio.

tarea s.f. **1** Trabajo, obra o actividad que realiza una persona o una máquina. **2** Trabajo que debe hacerse en un tiempo determinado.

tarifa s.f. **1** Precio fijado o establecido de forma oficial y unitaria por el estado, una compañía o una entidad por los servicios que ofrece. **2** Tabla de precios, derechos o tasas.

tarima s.m. **1** Plataforma hecha con tablas y colocada a poca altura del suelo. **2** Suelo de tablas de madera, parecido al parqué pero hecho con tablas de mayor tamaño.

tarjeta s.f. **1** Pieza rectangular y pequeña que contiene cierta información o tiene un uso determinado. **2** Cartulina de un determinado color que el árbitro enseña a un jugador para indicarle que ha cometido una falta de cierta gravedad o que le corresponde una sanción. **3** Placa de circuito impreso que puede ser agregada a un ordenador para permitirle realizar unas funciones específicas e incrementar las capacidades de la máquina. ◇ **tarjeta de crédito** Tarjeta de plástico que sirve para pagar sin utilizar dinero en efectivo. ◇ **tarjeta de visita** Cartulina que contiene el nombre y otros datos de una persona, como cargo, domicilio o teléfono.

tarjetero s.m. Cartera para llevar ordenadas las tarjetas de visita.

tarot s.m. **1** Baraja de cartas que se usa para adivinar el futuro. **2** Práctica adivinatoria que utiliza estas cartas.

tarraconense adj. y s.m. y f. De Tarragona.

tarrina s.f. Recipiente pequeño de vidrio o cerámica que sirve para contener un alimento.

tarro s.m. **1** Recipiente de vidrio o de porcelana, con forma cilíndrica y generalmente más alto que ancho. **2** Fam. ESP Cabeza, mente o inteligencia de una persona.

tarso s.m. **1** Conjunto de huesos cortos que forman la parte trasera del pie del ser humano uniendo el pie con la tibia, y de las extremidades posteriores del resto de vertebrados de cuatro extremidades. **2** Parte más delgada de las patas de las aves. **3** Último segmento de las patas de los insectos.

tarta s.f. Pastel grande, generalmente con forma redonda y muy adornado.

tartaleta s.f. Pastel pequeño de base de hojaldre o de galleta con algún ingrediente dulce.

tartamudear v.intr. Hablar de manera entrecortada y repitiendo sílabas y sonidos.

tartamudeo s.m. Acción de tartamudear.

tartamudez s.f. Trastorno del habla que se caracteriza por hablar repitiendo sonidos, sílabas o palabras.

tartamudo, a adj. y s. Que tartamudea.

tartana s.f. **1** Carruaje de dos ruedas tirado por un caballo, con cubierta en forma de bóveda y asientos laterales. **2** Fam. Cosa vieja que funciona mal, como un automóvil.

tártaro, a adj. y s. **1** De un pueblo mongol que en el siglo XIII se estableció en el este de Europa y hoy habita en el nordeste de Mongolia. ◆ s.m. y adj. **2** Lengua turca de este pueblo.

tartera s.f. **1** ESP Fiambrera. **2** Recipiente de cocina de base circular, ancho y poco profundo, generalmente de barro y con dos asas y tapa.

tarugo s.m. **1** Trozo de madera corto y grueso que queda al cortarlo de una pieza mayor. **2** Pedazo de pan grueso e irregular. **3** Fam. y desp. Persona que tiene poca inteligencia o pocos conocimientos y se comporta con torpeza.

tasa s.f. **1** Pago o tributo que se exige por el uso o disfrute de determinados servicios. **2** Cantidad que expresa de forma proporcional la relación entre dos magnitudes.

tasación s.f. Cálculo o determinación del precio o del valor global de una cosa.

tasar v.tr. **1** Poner precio o valor a una cosa la persona que tiene autoridad o capacidad para ello. **2** Fijar o establecer de manera oficial el precio límite o máximo de una cosa.

tasca s.f. Establecimiento de carácter popular en el que se venden y consumen bebidas alcohólicas y en algunos casos comidas.

tata s.f. **1** Fam. ESP Niñera o sirvienta. ◆ s.m. **2** AMÉR Fam. Papá.

tatami s.m. Tapiz acolchado que sirve de pista para practicar artes marciales y otros deportes.

tatarabuelo, a s. Abuelo o abuela del abuelo o de la abuela de una persona.

tataranieto, a s. Nieto o nieta del nieto o de la nieta de una persona.

tatuaje s.m. **1** Dibujo tatuado en la piel. **2** Acción de tatuar.

tatuar (1b) v.tr. Grabar dibujos en la piel introduciendo sustancias colorantes bajo la epidermis mediante una técnica especial que impide que se borren.

tau s.m. Nombre de la decimonovena letra del alfabeto griego; se escribe T/τ y se transcribe como t.

taurino, a adj. Relativo al toro o al toreo.

tauro adj. y s.m. y f. Se dice de la persona que ha nacido entre el 20 de abril y el 21 de mayo. **OBS** Se escribe normalmente con mayúscula inicial. Invariable en número.

tauromaquia s.f. **1** Arte y técnica de lidiar toros. **2** Obra o libro que trata de este arte.

tautología s.f. Repetición de un mismo pensamiento o concepto expresado con distintas palabras o añadiendo otras innecesarias.

taxativo, a adj. Que no admite discusión o corta cualquier posibilidad de réplica.

taxi s.m. Automóvil con un conductor que transporta de un lugar a otro a las personas que lo solicitan a cambio de dinero.

taxidermia s.f. Arte de disecar animales.

taxidermista s.m. y f. Persona que se dedica a la taxidermia.

taxímetro s.m. Aparato de los taxis que va marcando automáticamente la cantidad de dinero que se debe pagar por el trayecto recorrido.

taxista s.m. y f. Persona que conduce un taxi.

taxón s.m. Unidad sistemática que designa un nivel jerárquico en la clasificación de los seres vivos, como la especie, el género o la familia.

taxonomía s.f. **1** Ciencia que estudia los principios, métodos y fines de la clasificación de los seres vivos. **2** Clasificación u ordenación en grupos de cosas que tienen unas características comunes.

taxonómico, a adj. Relativo a la taxonomía.

taza s.f. **1** Recipiente pequeño con un asa, más ancho que alto y usado generalmente para tomar ciertas bebidas. **2** Contenido de este recipiente. **3** Receptáculo que forma parte del váter, en el que se orina y se hace de vientre.

tazón s.m. **1** Recipiente parecido a una taza pero de mayor tamaño y sin asa. **2** Contenido de este recipiente.

1. **te** s.f. Nombre de la letra t.

2. **te** pron. Forma átona del pronombre de segunda persona, en género masculino y femenino y en número singular, que realiza la función de complemento directo e indirecto y se usa en las construcciones pronominales.

té (pl. tés) s.m. **1** Arbusto originario del sureste de Asia. **2** Conjunto de hojas de este arbusto, convenientemente secadas y ligeramente tostadas. **3** Infusión que se prepara hirviendo estas hojas.

tea s.f. Palo de madera empapado en resina que se enciende para alumbrar o prender fuego.

teatral adj. **1** Relativo al teatro. **2** Que es exagerado y busca llamar la atención.

teatrero, a adj. y s. **1** Muy aficionado al teatro. **2** Fam. Que actúa de manera teatral.

teatro s.m. **1** Género literario al que pertenecen las obras dramáticas compuestas para ser representadas en un escenario. **2** Conjunto de obras de este género. **3** Edificio destinado a la representación de estas obras. **4** Lugar o situación en la que ocurren acontecimientos importantes o se desarrolla cierta actividad. **5** Fingimiento o exageración en la forma de actuar de una persona.

tebeo s.m. ESP Revista o publicación infantil que contiene una serie de dibujos y textos mediante los que se cuenta una historia.

teca s.f. **1** Árbol de tronco delgado, corteza grisácea, copa esférica y hojas ovaladas de gran tamaño que crece en el Asia tropical. **2** Madera de este árbol, de gran resistencia y duración.

techar v.tr. Cubrir con un techo.

techo s.m. **1** Cubierta o parte superior que cubre y cierra una construcción, espacio o recinto. **2** Cara interior de la parte superior de una construcción, espacio o recinto. **3** Casa o lugar donde vivir o refugiarse. **4** Altura máxima que puede alcanzar un avión en un vuelo. **5** Punto más alto a que puede llegar y del que no puede pasar un asunto, un proceso u otra cosa.

techumbre s.f. Estructura que forma la cubierta de un edificio junto con los diferentes elementos de cierre.

tecla s.f. **1** Pieza de algunos instrumentos musicales que se presiona con el dedo para producir una nota. **2** Pieza de algunos aparatos y máquinas que se presiona con el dedo y sirve para producir un efecto determinado.

teclado s.m. **1** Serie de teclas de un instrumento musical o de un aparato o máquina. **2**

Instrumento musical electrónico provisto de una serie de teclas similares a las del piano.

teclear v.intr. **1** Accionar o pulsar las teclas de un instrumento musical o de un mecanismo. ◆ v.tr. **2** Escribir un texto apretando las teclas de una máquina de escribir o un ordenador.

teclista s.m. y f. **1** Persona que se dedica a pasar obras escritas o gráficas a un formato adecuado para ser impreso. **2** Persona que toca un teclado en una orquesta o conjunto musical.

tecnecio s.m. Elemento químico de símbolo Tc y número atómico 43; es un metal de transición.

técnica s.f. **1** Conjunto de procedimientos o recursos que se usan en una ciencia o en una actividad determinada. **2** Habilidad de una persona para hacer uso de estos procedimientos o recursos. **3** Aplicación práctica de los métodos y conocimientos relativos a las diversas ciencias.

tecnicismo s.m. Término que posee un sentido concreto y determinado dentro del lenguaje propio de un oficio, ciencia, arte o industria.

técnico, a adj. **1** Relativo a la técnica. **2** Se dice de la palabra o del lenguaje que es propio de una ciencia, un arte, una profesión o una actividad determinada. ◆ s. **3** Persona que posee conocimientos o habilidades especializadas en relación con una ciencia o actividad determinada.

tecnicolor s.m. Procedimiento usado en cinematografía que permite ver el color de los objetos en la pantalla.

tecno s.m. Estilo de música de baile caracterizado por el empleo de sintetizadores, secuenciadores y otros instrumentos electrónicos.

tecnocracia s.f. Sistema político en el que los cargos públicos son desempeñados por técnicos o especialistas.

tecnología s.f. **1** Conjunto de los conocimientos propios de una técnica. **2** Conjunto de instrumentos, recursos técnicos o procedimientos empleados en un determinado campo o sector.

tecnológico, a adj. Relativo a la tecnología.

tecolote s.m. AMÉR CENTRAL, MÉX Búho o lechuza.

tedéum s.m. Canto de la liturgia católica para alabar y dar gracias a Dios.
OBS Invariable en número.

tedio s.m. **1** Formal. Aburrimiento. **2** Estado de ánimo de la persona que no siente interés por nada de lo que le rodea.

teflón s.m. Material plástico muy resistente al calor y a la corrosión.

tegumento s.m. **1** Tejido vegetal que cubre ciertas partes de las plantas. **2** Tejido orgánico que cubre el cuerpo de un animal o alguno de sus órganos internos.

teína s.f. Sustancia alcaloide presente en las hojas del té.

teja s.f. Pieza que forma parte de la cubierta de un tejado.

tejadillo s.m. Tejado de una sola vertiente adosado a una pared para cubrir una puerta o una ventana.

tejado s.m. Parte exterior de la cubierta superior de un edificio.

tejano, a adj. **1** ESP Se dice de la prenda de vestir hecha de una tela fuerte de algodón, generalmente azul, y usada de manera informal. ◆ s.m. y adj. **2** ESP Pantalón hecho con esta tela. □ Suele usarse en plural con valor singular. ◆ adj. y s. **3** De Texas.

tejedor, ra adj. y s. Que teje.

tejedora s.f. Máquina de tejer.

tejemaneje s.m. **1** Fam. Actividad intensa o movimiento constante que desarrolla una persona en la realización de algo. **2** Fam. Medio poco claro o sospechoso para conseguir una cosa.

tejer v.tr. **1** Hacer o formar un tejido cruzando y uniendo unos hilos con otros. **2** Formar sus capullos o telas los gusanos de seda o las arañas. **3** Hacer punto o ganchillo. **4** Pensar o idear un plan o un proyecto.

tejido s.m. **1** Material que resulta de tejer o entrelazar muchos hilos. **2** Estructura formada por células de la misma clase y ordenadas para desempeñar una misma función.

1. **tejo** s.m. **1** Trozo de teja o de piedra con forma plana y redondeada, que se usa para jugar a ciertos juegos. **2** Juego en que se usa, y que consiste en lanzarlo sobre unas casillas dibujadas en el suelo que se van recorriendo a la pata coja. <> **echar,** o **tirar, los tejos a alguien** Fam. ESP Dar a conocer una persona a otra el sentimiento de amor o el interés que tiene por ella.

2. **tejo** s.m. Árbol con hojas de color verde oscuro y venenosas, corteza escamosa rojiza y porte piramidal, que vive muchísimos años.

tejón s.m. Mamífero de color grisáceo, pelo largo y espeso, y mechones blancos y negros en la cabeza, que vive en madrigueras profundas y se alimenta de pequeños animales y de frutos.

tela s.f. **1** Tejido hecho con hilos cruzados entre sí. **2** Trozo de ese tejido. **3** Tejido orgánico con forma de lámina. **4** Fam. ESP Asunto o materia de la que hay que hablar o que se presta a comentarios. **5** Fam. ESP Dinero. **6** Cuadro o pintura realizado sobre un lienzo. <> **en tela de juicio** En duda.

telar s.m. Máquina que sirve para tejer.

telaraña s.f. Tejido en forma de red que construyen las arañas.

tele s.f. Fam. Televisión.

telebasura s.f. Programación televisiva de muy baja calidad y mucha audiencia.

telecabina s.f. Teleférico provisto de cabinas que se mueven por un único cable.

telecomunicación s.f. **1** Sistema de comunicación a distancia por medio de cables y ondas electromagnéticas. **2** Conjunto de medios de comunicación a distancia. □ Suele usarse en plural con valor singular.

telediario s.m. Programa de televisión donde se informa de las noticias del día.

teledirigir v.tr. Dirigir y controlar un vehículo o un aparato a distancia.

teleevangelismo s.m. Práctica que consiste en hacer propaganda del Evangelio a través de la televisión.

telefax s.m. **1** Sistema de comunicación que permite mandar y recibir información escrita a través del teléfono. **2** Aparato que lo permite. **3** Documento que se manda o se envía a través de este aparato.

teleférico s.m. Sistema de transporte que consiste en una serie de vehículos suspendidos de un cable de tracción y que se usa para superar grandes diferencias de altitud.

telefilm o **telefilme** s.m. Película hecha para televisión.

telefonear v.intr. Llamar por teléfono.

telefonía s.f. **1** Sistema de comunicación que transmite la voz y el sonido a larga distancia por medios eléctricos o electromagnéticos. **2** Servicio de comunicaciones telefónicas.

telefónico, a adj. Relativo al teléfono.

telefonillo s.m. ESP Aparato en forma de teléfono conectado a un portero automático.

telefonista s.m. y f. Persona que trabaja en el servicio de aparatos telefónicos.

teléfono s.m. **1** Telefonía. **2** Aparato que recibe y emite comunicaciones a larga distancia. **3** Número que corresponde a uno de esos aparatos y que se asigna a cada usuario.

telegrafía s.f. Sistema de comunicación que permite la transmisión de información a larga distancia por medio de impulsos eléctricos y utilizando un código de signos preestablecido.

telegrafiar (1e) v.tr. Comunicar un mensaje por medio del telégrafo.

telegráfico, a adj. **1** Relativo al telégrafo. **2** Se dice de la escritura o habla que es breve y concisa, con frases cortas y pocas palabras.

telegrafista s.m. y f. Persona que tiene como profesión el manejo de aparatos telegráficos y atiende el servicio de telégrafos.

telégrafo s.m. **1** Telegrafía. **2** Aparato que emite y recibe mensajes mediante este sistema de comunicación.

telegrama s.m. **1** Mensaje que se transmite por telégrafo. **2** Impreso normalizado en que se recibe escrito el mensaje telegráfico.

telele s.m. **1** Fam. Desmayo. **2** Fam. Ataque de nervios, disgusto o impresión muy fuerte.

telemarketing s.m. Servicio de venta o promoción de productos por teléfono.
OBS Pronunc. aprox. 'telemárquetin'.

telemática s.f. Industria que emplea ordenadores y sistemas informáticos conjuntamente con las telecomunicaciones.

telenovela s.f. Historia filmada y grabada que se emite por televisión dividida en capítulos.

teleobjetivo s.m. Lente o conjunto de lentes para filmar o tomar fotografías de cosas o personas que están a gran distancia de la cámara.

teleoperador, ra s.m. **1** Empresa que ofrece servicios telefónicos o televisivos. ◆ s. **2** Persona que por teléfono atiende al público.

teleósteo adj. y s.m. Se dice del pez de esqueleto completamente óseo, como la mayoría de los peces actuales.

telepatía s.f. Fenómeno que consiste en la transmisión o la coincidencia de pensamientos entre personas producido sin intervención de los sentidos o de agentes físicos conocidos.

telepático, a adj. Relativo a la telepatía.

telequinesia o **telekinesia** s.f. En parapsicología, desplazamiento de objetos sin causa física apreciable.

telescopio s.m. Instrumento óptico para observar y ver agrandados objetos lejanos, especialmente las estrellas y otros cuerpos celestes.

telesilla s.m. Sistema de transporte formado por una serie de asientos suspendidos de un cable y que se utiliza principalmente para subir a la cumbre de una montaña.

telespectador, ra s. Persona que mira la televisión.

telesquí (pl. telesquís o telesquíes) s.m. Instalación para transportar a los esquiadores con los esquís puestos a la parte más alta de las pistas.

teletexto s.m. Sistema de transmisión de información escrita a través de una pantalla de televisor.

teletipo s.m. **1** Sistema de recepción y envío de mensajes escritos por medio de un teclado que permite también la impresión. **2** Aparato provisto de un teclado que permite la recepción y el envío de mensajes escritos mediante este sistema. **3** Mensaje escrito que se recibe y se envía usando este aparato.

teletrabajador, ra s. Persona que realiza un teletrabajo.

teletrabajo s.m. Trabajo realizado fuera de la empresa y comunicándose con ella por un sistema de telecomunicación.

televidente s.m. y f. Telespectador.

televisar v.tr. Emitir imágenes por televisión.

televisión s.f. **1** Sistema de transmisión de imágenes y sonidos a distancia por medio de ondas hertzianas. **2** Televisor. **3** Medios y conjunto de personas que transmiten información y programas diversos usando esta técnica.

televisivo, a adj. **1** Relativo a la televisión. **2** Que tiene buenas condiciones para ser emitido por televisión y para gustar al público.

televisor s.m. Aparato eléctrico que recibe y reproduce imágenes y sonidos transmitidos por televisión.

telón s.m. Cortina grande que puede subirse y bajarse, y que cubre el escenario de un teatro o la pantalla de un cine.

telonero, a adj. y s. Se dice del artista o cantante que en un espectáculo musical actúa antes que el cantante o el grupo principal.

telúrico, a adj. **1** Que surge del interior de la tierra. **2** Formal. Relativo a la Tierra.

teluro s.m. Elemento químico de símbolo Te y número atómico 52, que pertenece al grupo de los anfígenos.

tema s.m. **1** Asunto principal o materia sobre la que se trata en una conversación, un discurso o un escrito. **2** Parte de un manual o de un libro de texto que forma una unidad independiente. **3** Canción o composición musical.

temario s.m. Lista de temas tratados en un libro, curso, asignatura o conferencia.

temática s.f. Tema general o conjunto de temas parciales de una obra, autor o asunto.

temático, a adj. Relativo al tema.

temblar (32) v.intr. **1** Agitarse una persona o un animal con movimientos rápidos, continuos e involuntarios. **2** Moverse o agitarse una cosa de esa manera. **3** Tener miedo o estar nervioso.

tembleque s.m. Fam. Temblor.

temblor s.m. Agitación o movimiento rápido, involuntario y continuo del cuerpo o de una parte de él, provocado principalmente por miedo, frío, enfermedad o nerviosismo. ◇ **temblor de tierra** Movimiento violento de la superficie de la Tierra.

tembloroso, a adj. Que tiembla.

temer v.tr. **1** Tener miedo de algo o alguien. **2** Creer o sospechar que va a pasar o que ha pasado algo negativo. ◆ **v.intr. 3** Sentir temor.

temerario, a adj. y s. **1** Que tiene o muestra imprudencia. ◆ **adj. 2** Que no tiene fundamento ni razón, y se hace o se dice sin pensar en las consecuencias negativas que pueda tener.

temeridad s.f. **1** Cualidad de temerario. **2** Acción temeraria.

temible adj. Que causa temor.

temor s.m. **1** Sentimiento de inquietud y angustia que mueve a rechazar o evitar las cosas que se consideran peligrosas, arriesgadas o dañinas. **2** Creencia o sospecha de que va a pasar o que ha pasado algo negativo.

témpano s.m. Trozo de hielo plano y delgado que flota sobre el agua.

témpera s.f. **1** Técnica pictórica en la que los pigmentos se diluyen en agua combinada con un aglutinante. **2** Obra realizada con este tipo de pintura.

temperamental adj. **1** Propio del temperamento de una persona. **2** Se dice de la persona que tiene un carácter muy fuerte y difícil de prever y que cambia de humor con facilidad.

temperamento s.m. **1** Carácter o manera de ser de una persona. **2** Carácter fuerte, enérgico, firme y vivo de una persona.

temperante adj. y s.m. y f. AMÉR Abstemio.

temperatura s.f. **1** Propiedad que establece el equilibrio térmico entre dos cuerpos. **2** Fam. Fiebre (síntoma de enfermedad).

tempestad s.f. **1** Fenómeno meteorológico producido por variaciones de temperatura en la atmósfera, que se manifiesta con viento, grandes nubes y violentas precipitaciones acompañadas de rayos, truenos y relámpagos. **2** Agitación violenta de las aguas del mar causada por vientos fuertes.

tempestuoso, a adj. **1** Relativo a la tempestad. **2** Que provoca tensión o que implica problemas y discusiones.

templado, a adj. **1** Que tiene una temperatura media y no está ni frío ni caliente. **2** Que está tranquilo y sereno. **3** Que no es exagerado, sino que está en un punto medio entre los extremos.

templanza s.f. Moderación en el ánimo, en las pasiones y en los placeres de los sentidos.

templar v.tr. **1** Quitar el frío de una cosa calentándola ligeramente. ◆ **v.intr. y prnl. 2** Calentarse ligeramente una cosa. ◆ **v.tr. 3** Bajar rápidamente la temperatura de un material que está muy caliente. **4** Hacer más suave o menos intensa la fuerza de una cosa. **5** Poner un instrumento musical en el tono adecuado. ◆ **templarse v.prnl. 6** AMÉR SUR Enamorarse.

templario, a adj. **1** Relativo a la orden religiosa y militar del Temple. ◆ **s.m. y adj. 2** Hombre que pertenecía a esta orden.

temple s.m. **1** Carácter valiente, fuerte y tranquilo en las situaciones difíciles. **2** Estado de ánimo de una persona. **3** Técnica pictórica basada en la aplicación de pigmento diluido en agua con un aglutinante sobre muro, tabla o lienzo. **4** Obra pictórica realizada mediante esta técnica. **5** Preparación de un instrumento musical para que suene en el tono adecuado y produzca los sonidos que le son propios. **6** Tratamiento térmico que consiste en calentar un material como vidrio, acero, etc., hasta cierta temperatura y enfriarlo rápidamente para endurecerlo.

templete s.m. Construcción pequeña que imita la de un templo para cobijar una imagen.

templo s.m. **1** Edificio o recinto público destinado al culto religioso. **2** Lugar real o imaginario donde se rinde culto a una ciencia o un arte.

tempo s.m. **1** Velocidad con que se ejecuta una composición musical. **2** Velocidad con que sucede la acción en una novela, una obra teatral o cinematográfica.

temporada s.f. **1** Espacio de tiempo que se considera formando una unidad. **2** Tiempo durante el cual se realiza habitualmente alguna actividad. ◇ **de temporada** Propio de una determinada época del año.

1. **temporal** adj. **1** Que no es para siempre sino que dura un tiempo determinado. **2** Relativo al tiempo (duración). ◆ s.m. **3** Fenómeno atmosférico que provoca un cambio de la presión y fuertes vientos, generalmente acompañados de lluvia o nieve, truenos y relámpagos. **4** Agitación violenta de las aguas del mar causada por vientos fuertes. ◆ adj. **5** En lingüística, que expresa idea de tiempo.

2. **temporal** s.m. y adj. Hueso situado en la zona de la cabeza correspondiente a las sienes.

temporalidad s.f. Cualidad de temporal (pasajero).

temporero, a adj. y s. **1** Que desempeña un oficio o empleo durante un período corto. **2** Que trabaja en el campo solamente durante el período de recogida de determinados frutos o plantas.

temporizador s.m. Dispositivo eléctrico que regula de forma automática el encendido y el apagado de una máquina, un instrumento, etc.

temprano, a adj. **1** Que ocurre o se realiza pronto o antes de lo normal. ◆ adv. **2** En las primeras horas del día o de la noche. **3** En un tiempo anterior al señalado o acostumbrado.

tempura s.f. Fritura japonesa de pescado o de verduras, generalmente acompañada de salsa.

tenacidad s.f. **1** Cualidad de tenaz. **2** Resistencia de un material a romperse o deformarse.

tenaz adj. Que se mantiene firme en sus ideas o intenciones y no para hasta conseguir lo que desea.

tenaza s.f. **1** Herramienta de metal compuesta por dos brazos movibles unidos por un eje o por un muelle y que sirve para cortar, arrancar o sujetar una cosa con fuerza. □ Suele usarse en plural con valor singular. **2** Parte final de las patas de algunos animales que tiene forma de pinza.

tendalada s.f. Fam. AMÉR Conjunto de cosas o personas tendidas en desorden en el suelo por alguna causa violenta.

tendedero s.m. Lugar donde se tiende una cosa, como la ropa mojada para secarse.

tendencia s.f. **1** Inclinación o disposición natural que una persona tiene hacia una cosa determinada. **2** Idea u opinión que se orienta hacia una dirección determinada.

tendencioso, a adj. Que muestra parcialidad y se orienta hacia una tendencia.

tender (33) v.tr. **1** Desdoblar o extender una cosa con un fin determinado. **2** Alargar una cosa y aproximarla a otra. **3** Suspender, colocar o construir una cosa apoyándola sobre dos o más puntos. **4** Colocar una cosa en posición horizontal. ◆ v.intr. **5** Mostrar o tener una inclinación o una disposición natural hacia un estado o una cualidad. **6** Tener una característica difícil de precisar, pero aproximada a otra. **7** En matemáticas, aproximarse progresivamente una variable o una función a un valor determinado.

tenderete s.m. ESP Puesto de venta instalado al aire libre en el que se tienen las mercancías extendidas y se venden al por menor.

tendero, a s. Persona que se dedica a vender en una tienda, especialmente de comestibles.

tendido, a adj. **1** Se dice del galope o de la carrera más veloces. ◆ s.m. **2** Conjunto de asientos no cubiertos que están próximos a la barrera en una plaza de toros. **3** Conjunto de cables que conducen la electricidad.

tendinitis s.f. Inflamación de un tendón.

tendón s.m. Cordón resistente de tejido que une los músculos a los huesos o a otros músculos. ◇ **tendón de Aquiles** Tendón en la parte posterior de la pierna que une el talón con la pantorrilla.

tenebroso, a adj. **1** Que es oscuro y cubierto de tinieblas y da miedo. **2** Que es misterioso y oculto o tiene mala intención.

tenedor s.m. **1** Instrumento con un mango y tres o cuatro púas en uno de sus extremos que se usa para pinchar los alimentos sólidos. **2** Signo que reproduce la figura de ese instrumento y cuyo número sirve para indicar la categoría de un restaurante.

tenencia s.f. Ocupación y posesión de algo.

tener (48) v.tr. **1** Poseer o ser dueño de una cosa. **2** Coger o sujetar con las manos. **3** Contener o comprender en sí una cosa. **4** Deber hacer una cosa u ocuparse de ella. **5** Haber cumplido o alcanzado una edad o un período. **6** Experimentar o padecer un sentimiento, una enfermedad o una sensación. **7** Poseer una característica física o moral. ◆ **tenerse** v.prnl. **8** Estar en posición vertical.

tenia s.f. Gusano parásito de color blanco con forma larga y plana, con el cuerpo segmentado en muchos anillos; el adulto vive en el intestino de los vertebrados.

teniente, a s. **1** Militar de los ejércitos de Tierra y Aire que tiene categoría inmediatamente superior a la de alférez. **2** Persona que ejerce el cargo o la función de otra de categoría superior y a la que sustituye. ◆ adj. **3** Fam. Se dice de la persona que está un poco sorda. ◇ **teniente coronel** Militar de los ejércitos de Tierra y Aire que tiene categoría inmediatamente superior a la de comandante. ◇ **teniente de navío** Militar de la Armada que tiene categoría inmediatamente superior a la de alférez de navío. ◇ **teniente general** Militar de los ejércitos de Tierra y Aire que tiene categoría inmediatamente superior a la de general de división.
OBS Doble femenino: teniente o tenienta.

tenis s.m. Deporte en el que participan dos o cuatro jugadores y que consiste en impulsar una pelota con una raqueta por encima de una red e intentar que el contrario no la pueda devolver. ◇ **tenis de mesa** Deporte que se practica sobre una mesa rectangular dividida en dos mitades por una red, con una pelota pequeña de plástico y una pala.

tenista s.m. y f. Persona que juega al tenis.

tenístico, a adj. Relativo al tenis.

tenor s.m. **1** Voz masculina más aguda, por debajo de la cual están las de barítono y bajo. **2** Hombre que tiene esta voz. ◆ adj. **3** Se dice del instrumento musical de viento de registro medio. ◆ s.m. **4** Carácter o forma de ser de determinada cosa. ◇ **a tenor de** Teniendo en cuenta cierta cosa.

tensar v.tr. Estirar una cosa para dejarla tirante.

tensión s.f. **1** Estado en el que se encuentra un cuerpo sometido a la acción de fuerzas opuestas. **2** Situación de enfrentamiento entre personas o entre grupos humanos que no se manifiesta abiertamente. **3** Estado emocional de una persona que está exaltada o nerviosa por estar sometida a preocupaciones o a un exceso de trabajo. **4** Diferencia de voltaje entre dos puntos o dos cuerpos distintos. **5** Presión que ejerce la sangre sobre la pared de las arterias.

tenso, a adj. **1** Se dice del objeto que está estirado por la acción de fuerzas opuestas. **2** Que está nervioso o no se muestra relajado.

tensor, ra adj. y s. **1** Que pone tensa una cosa o produce tensión. ◆ s.m. **2** Mecanismo que sirve para poner tensa una cosa.

tentación s.f. **1** Impulso o estímulo espontáneo que nos empuja a hacer algo, especialmente algo malo o no conveniente. **2** Cosa o persona que provoca ese impulso o estímulo.

tentáculo s.m. Miembro largo, blando y flexible de ciertos animales invertebrados que les sirve para tocar, desplazarse y atrapar a sus presas.

tentador, ra adj. Que atrae con mucha fuerza y hace caer en la tentación.

tentar (32) v.tr. **1** Influir o empujar a una persona para que haga una cosa, especialmente si es algo malo o poco conveniente. **2** Tocar una cosa con las manos u otra parte del cuerpo para examinarla.

tentativa s.f. **1** Acción que consiste en intentar hacer una cosa. **2** Principio de ejecución de un delito que no llega a realizarse por motivos ajenos al culpable.

tentempié s.m. **1** Fam. Alimento ligero que se suele tomar entre horas. **2** Tentetieso.

tentetieso s.m. Muñeco con la base semiesférica y un peso que le permite tambalearse y volver siempre a la posición vertical.

tenue adj. **1** Fino, delgado o poco grueso. **2** Débil, suave o poco fuerte.

teñir (9) v.tr. Darle a una cosa un color distinto del que tenía.

teocentrismo s.m. Doctrina que considera a Dios o a la divinidad como centro y fin último de la realidad y de todo el pensamiento y actividad humana.

teocracia s.f. **1** Sistema de gobierno ejercido por la autoridad religiosa en nombre de Dios. **2** Comunidad gobernada por este sistema.

teogonía s.f. Relato que explica el nacimiento y las relaciones de parentesco entre los dioses en las religiones politeístas.

teología s.f. Ciencia que trata de Dios y del conocimiento que el ser humano tiene sobre Él.

teológico, a adj. Relativo a la teología.

teólogo, a s. Persona que estudia teología.

teorema s.m. Afirmación que se hace dentro de un sistema lógico y que puede ser demostrada a patrir de los axiomas.

teoría s.f. **1** Conocimiento que se tiene de una cosa y que está basado en lo que se supone o se piensa y no en la experiencia o en la práctica. **2** Conjunto de reglas, principios y conocimientos que forman la base de una ciencia, una técnica o un arte. **3** Conjunto de leyes o razonamientos que intentan explicar un fenómeno determinado. ◇ **en teoría** Sin haberlo comprobado por medio de la práctica.

teórica s.f. Conjunto de conocimientos, reglas y principios que resultan fundamentales para aprender a realizar una actividad.

teórico, a adj. **1** Relativo a la teoría. ◆ adj. y s. **2** Que conoce bien la teoría de una ciencia gracias a la reflexión y al pensamiento, pero no tanto por la práctica.

tequila s.m. Bebida transparente con un grado de alcohol muy elevado, de sabor muy fuerte y que procede de México.

terapeuta s.m. y f. Especialista en terapéutica.

terapéutica s.f. Parte de la medicina que se ocupa del tratamiento de las enfermedades.

terapéutico, a adj. Relativo a la terapéutica.

terapia s.f. **1** Terapéutica. **2** Tratamiento que se pone en práctica para curar una enfermedad.

terbio s.m. Elemento químico de símbolo Tb y número atómico 65; es un metal sólido.

tercer Apócope de **tercero**; se usa ante sustantivos masculinos en singular.

tercera s.f. Intervalo de la escala musical entre una nota y la tercera superior o inferior a esta.

tercermundismo s.m. Características propias de los países del Tercer Mundo.

tercermundista adj. **1** Relativo al Tercer Mundo. **2** Desp. Propio o característico de los países menos desarrollados.

tercero, a adj.num.ordin. **1** Que ocupa el lugar número 3 en una serie ordenada. ◆

adj.num.partit. **2** Se dice de cada una de las partes que resultan de dividir un todo en tres partes iguales. ◆ s. y adj. **3** Persona que no es ninguna de las que intervienen en un asunto. ◇ **tercero en discordia** Persona que media en una discusión o conflicto entre dos personas para solucionar el problema.

terceto s.m. **1** Estrofa formada por tres versos de arte mayor que siguen el esquema ABA, CDC, EFE, etc. **2** Conjunto musical formado por tres voces o instrumentos. **3** Composición musical escrita para ser interpretada por ese conjunto.

tercia s.f. **1** Segunda de las cuatro partes iguales en que los romanos dividían el día, posterior a la prima y anterior a la sexta, y comprendida entre las nueve de la mañana y el mediodía. **2** Oficio religioso diario del clero católico que se celebra hacia las nueve de la mañana.

terciar (1d) v.intr. **1** Intervenir en un asunto o enfrentamiento entre dos personas para intentar solucionarlo o hacer que termine. **2** Participar en una acción que estaba realizando otra persona, especialmente intervenir en una conversación. ◆ **terciarse** v.prnl. **3** Darse el momento adecuado o presentarse la oportunidad para hacer una cosa determinada.

terciario, a adj. Que es el tercero en orden o importancia.

tercio adj.num.partit. **1** Parte que resulta de dividir un todo en tres partes iguales. ◆ s.m. **2** ESP Botella de cerveza de 33 centilitros.

terciopelo s.m. Tejido espeso y delicado, que tiene pelo muy corto y suave en la superficie.

terco, a adj. Que se mantiene firme en una opinión o actitud a pesar de las razones o las dificultades que pueda haber en contra.

teresiano, a adj. **1** Relativo a santa Teresa de Jesús. ◆ adj. y s.f. **2** Se dice de la religiosa carmelita que pertenece a la institución fundada por santa Teresa de Jesús.

tergal s.m. Tejido hecho de fibra sintética de poliéster.

tergiversar v.tr. Deformar el significado de algo y hacer que se entienda de forma equivocada.

termal adj. **1** Se dice del agua que brota de la tierra a temperatura superior a la del ambiente. **2** Relativo a las termas.

termas s.f.pl. **1** Baños de aguas minerales que brotan de la tierra a temperatura superior a la del ambiente. **2** Baños públicos de los antiguos romanos.

termes s.m. Termita.

térmico, a adj. **1** Relativo al calor o a la temperatura. **2** Que conserva una temperatura.

terminación s.f. **1** Acción de terminar. **2** Extremo o parte final de una cosa.

terminal adj. **1** Que está al final o que pone fin. **2** Se dice de la enfermedad o persona que no se puede curar ni puede mejorar. ◆ s.f. **3** Instalación o lugar donde empieza o termina una línea de transporte público. **4** Conjunto de edificios destinados a acoger personas o mercancías en los puertos y aeropuertos. ◆ s.m. **5** Dispositivo, generalmente una pantalla y un teclado, de entrada o de salida de información que se comunica de manera remota con un ordenador central. **6** Extremo de un hilo conductor de electricidad.

terminante adj. Que no admite discusión.

terminar v.tr. **1** Hacer que una cosa llegue a su fin. **2** Consumir completamente. ◆ v.intr. **3** Llegar una cosa a su fin. **4** Formal. Morir. **5** Tener una cosa determinada en el extremo.

término s.m. **1** Fin o conclusión de una cosa. **2** Último punto hasta donde llega o se extiende una cosa en el tiempo o en el espacio. **3** Línea que divide los territorios según su organización política. **4** Palabra de una lengua, especialmente la que se usa en una actividad o ámbito determinado. **5** Objetivo o finalidad que se busca al hacer una cosa. **6** Estado o situación a la que puede llegar una cosa. **7** Palabra o grupo de palabras que está introducido por una preposición. ◆ **términos** s.m.pl. **8** Punto de vista con que se plantea un asunto. **9** Condiciones con las que se soluciona un asunto o se establece una relación. ◇ **término medio** Estado o situación en que se encuentra un asunto cuando está entre dos posiciones opuestas. — En matemáticas, cantidad igual o aproximada a la media aritmética de un conjunto de cantidades.

terminología s.f. Conjunto de palabras propias de una profesión, ciencia o materia.

terminológico, a adj. Relativo a la terminología.

termita s.f. Insecto muy pequeño, social, que se alimenta de la madera.

termitero s.m. Nido que construyen las termitas compuesto por cámaras y galerías construidas bajo el suelo o en un montículo de tierra.

termo s.m. Recipiente que se cierra herméticamente y que sirve para mantener la temperatura de los líquidos que se guardan en su interior.

termodinámica s.f. Parte de la física que estudia la relación mecánica del calor con los otros tipos de energía.

termodinámico, a adj. Relativo a la termodinámica.

termoelectricidad s.f. Electricidad producida por medio de la energía térmica.

termoestable adj. Se dice de la sustancia que no se altera físicamente ni pierde sus propiedades al aplicarle calor.

termómetro s.m. Instrumento que sirve para medir la temperatura.

termorreceptor s.m. Receptor sensorial que reacciona ante los cambios de temperatura.

termorregulación s.f. Capacidad de los animales de regular la temperatura corporal mediante mecanismos fisiológicos.

termosfera s.f. Capa de la atmósfera entre los 80 y los 500 km de altitud aproximadamente y cuya temperatura aumenta con la altura.

termostato s.m. Aparato que mantiene la temperatura constante de forma automática.

ternario, a adj. **1** Que está compuesto por tres elementos o unidades. **2** Se dice del compás musical que está compuesto por tres tiempos, uno fuerte y dos débiles.

ternasco s.m. **1** ESP Cordero que todavía mama o ha dejado de hacerlo recientemente. **2** ESP Cría de la cabra desde que nace hasta que deja de mamar.

ternera s.f. ESP Carne de ternero o de ternera.

ternero, a s. Cría de la vaca.

terno s.m. **1** Conjunto de tres cosas de una misma especie. **2** CUBA, P RICO Aderezo de joyas compuesto de pendientes, collar y alfiler.

ternura s.f. **1** Cualidad de la persona tierna. **2** Muestra de afecto, cariño y dulzura.

terquedad s.f. Firmeza excesiva en las ideas o intenciones aunque puedan ser erróneas.

terracota s.f. **1** Arcilla modelada y endurecida al horno. **2** Escultura de pequeño tamaño que se hace con esta arcilla.

terrado s.m. Cubierta plana de un edificio sobre la cual se puede andar.

terraplén s.m. **1** Desnivel del terreno que tiene una cierta inclinación. **2** Montón de tierra que sirve para rellenar un hueco o que se levanta con un fin determinado.

terráqueo, a adj. Relativo a la Tierra.

terrario s.m. Instalación en la cual se mantienen artificialmente las condiciones de hábitat adecuadas para ciertos animales de tierra.

terrateniente s.m. y f. Dueño de tierras, especialmente de grandes extensiones de cultivo.

terraza s.f. **1** Espacio exterior y elevado que sobresale en la fachada de un edificio, al que se llega desde el interior de una vivienda y que está limitado por una barandilla o muro. **2** Cubierta plana de un edificio sobre la cual se puede andar. **3** ESP Lugar al aire libre situado junto a un café, un bar o un restaurante, donde los clientes se pueden sentar a comer o a tomar algo. **4** Espacio de terreno llano en la ladera de una montaña que suele utilizarse para el cultivo.

terremoto s.m. **1** Movimiento violento de la superficie de la Tierra. **2** Fam. Persona que se mueve mucho y produce desconcierto o agitación.

terrenal adj. Relativo a la tierra, en contraposición al cielo.

terreno, a s.m. **1** Espacio de tierra. ◆ adj. **2** Terrenal. ◆ s.m. **3** Campo en el que mejor se muestra una característica o una cualidad de alguien. **4** Conjunto de materias o ideas de las que se trata. **5** Conjunto de sustancias minerales que tienen un origen común o cuya formación corresponde a una misma época.

terrestre adj. **1** Relativo a la Tierra. **2** Relativo a la tierra, en contraposición al aire y al mar.

terrible adj. **1** Que causa mucho miedo. **2** Que produce o puede producir mucho daño y es difícil de aguantar. **3** Fam. Muy grande o extraordinario.

terrícola s.m. y f. Habitante de la Tierra.

terrier adj. y s.m. Se dice de un perro que tiene un tamaño mediano y es de origen inglés.

terrina s.f. **1** Tarrina. **2** Plato elaborado con ingredientes diversos mezclados que se cuece al horno en un recipiente o molde.

territorial adj. Relativo al territorio.

territorio s.m. **1** Extensión de tierra que pertenece a una nación, a una región o a cualquier otra división política. **2** Terreno o espacio donde vive un determinado animal o un grupo de animales de la misma familia y que es defendido por ellos. **3** Campo en el que mejor se muestra una característica o una cualidad de alguien.

terrón s.m. **1** Masa compacta de tierra o de otra sustancia. **2** Masa pequeña y compacta de azúcar en forma de cubo.

terror s.m. **1** Miedo muy fuerte e intenso. **2** Persona o cosa que provoca mucho miedo.

terrorífico, a adj. **1** Que causa terror. **2** Fam. Muy grande, muy fuerte o muy intenso.

terrorismo s.m. Forma violenta de lucha política que persigue destruir el orden establecido o provocar el terror en sus adversarios.

terrorista adj. **1** Relativo al terrorismo. ◆ adj. y s.m. y f. **2** Partidario del terrorismo o que lo practica.

terso, a adj. **1** Liso y sin arrugas. **2** Que está limpio, claro y brillante.

tertulia s.f. Reunión de personas que se juntan habitualmente para conversar.

tertuliar (1d) v.intr. Fam. AMÉR Participar en una reunión o una tertulia.

tesela s.f. Pequeña pieza cúbica que se utiliza para confeccionar un mosaico.

tesina s.f. Trabajo de investigación escrito que se exige para conseguir un grado académico superior al de licenciado e inferior al de doctor.

tesis s.f. **1** Opinión o idea que se explica y se defiende con razonamientos. **2** Trabajo de investigación escrito para conseguir el grado académico de doctor.

tesón s.m. Firmeza, decisión y ganas que se ponen al hacer un trabajo o una actividad.

tesorería s.f. **1** Cargo u oficio de tesorero. **2** Oficina o despacho del tesorero. **3** Conjunto de bienes en efectivo de los que dispone una empresa u organismo.

tesorero, a s. Persona encargada de cobrar, guardar y administrar el dinero de un colectivo o de una sociedad.

tesoro s.m. **1** Conjunto de dinero, joyas y otros objetos de valor. **2** Conjunto de bienes y rentas del estado de un país. □ También tesoro público. **3** Persona o cosa muy buena o de mucho valor y que es digna de admiración o de cariño.

test (pl. test o tests) s.m. Prueba escrita en la que hay que contestar de forma breve a una serie de preguntas o problemas y que sirve para medir una determinada capacidad o aptitud.

testaferro s.m. y f. Persona que presta su nombre en un asunto o negocio que no es suyo.

testamento s.m. Documento o declaración voluntaria en la que una persona expresa a dónde deben ir a parar sus bienes una vez que haya muerto.

testar v.intr. Hacer testamento.

testarazo s.m. **1** Fam. Cabezazo. **2** Golpe o choque.

testarudez s.f. Terquedad.

testarudo, a adj. y s. Terco.

testículo s.m. Órgano del aparato reproductor masculino que produce los espermatozoides y secreta las hormonas masculinas.

testificar v.tr. **1** Dar a conocer o explicar unos hechos en un juicio. ◆ v.tr. e intr. **2** Afirmar con seguridad una cosa, especialmente si se ha visto o se tienen testigos de ella.

testigo s.m. y f. **1** Persona que está presente en un acto o en una acción, especialmente la que habla en un juicio para explicar los hechos que ha presenciado. ◆ s.m. **2** Cosa que demuestra o atestigua la verdad o la existencia de algo. **3** Palo que se pasan los corredores de relevos para demostrar que la sustitución ha sido correcta.

testimonio s.m. **1** Declaración para demostrar o asegurar un hecho. **2** Prueba que sirve para confirmar la verdad o la existencia de una cosa. **3** Documento legalizado en el que se da fe de algo, se resume un documento, etc.

testosterona s.f. Hormona sexual masculina segregada por los testículos en la mayoría de los machos mamíferos.

testuz s.m. o f **1** Frente o parte superior de la cara de algunos animales, especialmente de los caballos. **2** Nuca de algunos animales, especialmente del toro, el buey o la vaca.

teta s.f. Órgano de las hembras de los mamíferos que produce leche. ◇ **de teta** Fam. Se dice del bebé o cría que está en período de mamar.

tétano o **tétanos** s.m. Enfermedad grave que se produce por la infección de algunas heridas y que ataca al sistema nervioso.

tetera s.f. **1** Recipiente con una tapadera y un pitorro para preparar y servir el té. **2** AMÉR CENTRAL, COL, CUBA, R DOM, VENEZ Biberón. **3** R DOM Tetina.

tetería s.f. Establecimiento en el que se preparan y se sirven diferentes tipos de té.

tetilla s.f. **1** Teta no desarrollada de los mamíferos machos. **2** Tetina de biberón.

tetina s.f. Pieza de goma con un agujero en su extremo, que se pone en la boca de un biberón o en un vaso para que chupen los niños.

tetrabrik (pl. tetrabriks) s.m. Envase de cartón opaco impermeabilizado con aluminio y generalmente con forma de tetraedro que se usa para envasar líquidos.

tetraedro s.m. Cuerpo geométrico de cuatro caras.

tetragésimo, a adj.num.ordin. **1** Que ocupa el lugar número 40 en una serie ordenada. ◆ adj.num.partit. **2** Se dice de cada una de las partes que resultan de dividir un todo en cuarenta partes iguales.

tetragonal adj. De forma de tetrágono.

tetrágono s.m. Poliedro de cuatro lados.

tetraplejia o **tetraplejía** s.f. Parálisis conjunta de las cuatro extremidades del cuerpo.

tetrapléjico, a adj. **1** Relativo a la tetraplejia. ◆ adj. y s. **2** Que padece tetraplejia.

tetrápodo, a adj. y s.m. Se dice del animal vertebrado que tiene cuatro extremidades.

tetrasílabo, a adj. Que tiene cuatro sílabas.

tétrico, a adj. Que es muy oscuro, triste y grave, y hace pensar en la muerte.

teutón, na adj. y s. **1** De un antiguo pueblo germánico establecido en la costa báltica hacia el siglo II. **2** Fam. Alemán.

textil adj. **1** Relativo al tejido. **2** Se dice de la materia que puede tejerse y sirve para fabricar telas y tejidos.

texto s.m. **1** Unidad total de comunicación oral o escrita, cualesquiera que sean sus dimensiones. **2** Pasaje citado de una obra literaria. **3** Libro de texto.

textual adj. **1** Relativo al texto. **2** Que reproduce exactamente las palabras de un texto o de un discurso.

textura s.f. Forma en que están colocadas y combinadas entre sí las partículas o elementos de una cosa, especialmente los hilos de una tela.

tez s.f. Formal. Piel de la cara de las personas.

theta s.f. Nombre de la octava letra del alfabeto griego; se escribe Θ/θ y se transcribe como th.

thriller s.m. Película o novela de suspense, terror e intriga.
OBS Pronunc. aprox. 'zrfler'.

ti pron. Forma del pronombre personal de la segunda persona del singular que se emplea en los complementos con preposición.

tiara s.f. Mitra alta usada por el Papa, formada por tres coronas que simbolizan su autoridad.

tibetano, a adj. y s. **1** Del Tíbet (región de Asia). ◆ s.m. y adj. **2** Lengua hablada en el Tíbet.

tibia s.f. Hueso situado en la parte más anterior de la pierna, desde el pie hasta la rodilla, en el ser humano o en las extremidades posteriores del resto de animales con cuatro extremidades.

tibio, a adj. **1** Que tiene una temperatura media entre el frío y el calor. **2** Que no muestra sentimientos o afecto. ◇ **poner tibio a alguien** Fam. ESP Hablar mal de una persona.

tiburón s.m. Pez marino con una gran aleta dorsal de forma triangular, boca muy grande en la parte inferior de la cabeza y dientes muy afilados; su esqueleto es cartilaginoso y no óseo.

tic s.m. Movimiento repetido e involuntario de una parte del cuerpo producido por la contracción de uno o varios músculos.

tictac s.m. Sonido seco y acompasado que hacen algunos relojes al marcar los segundos.

tiempo s.m. **1** Magnitud con la que se mide la duración. **2** Período determinado durante el cual sucede algo. **3** Edad de una persona. **4** Período del pasado que se caracteriza por una circunstancia. **5** Período adecuado o reservado para una acción o para su término. **6** Parte en que se divide una actividad o un proceso. **7** Estado de la atmósfera en un período y en un lugar determinados. **8** Accidente del verbo que sitúa lo que dice la oración en un tiempo simultáneo, anterior o posterior al momento en que se habla. **9** Conjunto de formas del verbo en el que se reúnen las que indican una misma expresión temporal. **10** Parte de igual duración que otras en que se divide un compás musical. **11** Parte autónoma de ciertas composiciones musicales. **12** Velocidad con que se ejecuta una composición musical. ◇ **al mismo tiempo** o **a un tiempo** Expresión que indica que dos cosas suceden en el mismo momento. ◇ **a tiempo** Expresión que indica que algo se hace en el momento oportuno o cuando todavía no es tarde. ◇ **dar tiempo** No meter prisa, esperar. — Disponer de un período para hacer una cosa. ◇ **dar tiempo al tiempo** Esperar el momento oportuno; esperar a que se arregle por sí sola una cosa. ◇ **del tiempo** A temperatura ambiente. ◇ **tiempo libre** Período que se dedica a la diversión o al descanso. ◇ **tiempo muerto** En algunos deportes, período breve durante el que se interrumpe el juego.

tienda s.f. **1** Establecimiento comercial en el que se vende al por menor. **2** Armazón de madera o de barras metálicas cubierto con una gran pieza de tela o con pieles que se utiliza como alojamiento al aire libre.

tienta s.f. Prueba que se hace a un becerro para comprobar su bravura y si es apto para la lidia. ◇ **a tientas** Palpando o tocando con las manos para conducirse cuando no se puede ver. — Con gran incertidumbre o inseguridad.

tiento s.m. **1** Cuidado y prudencia con que se comporta una persona ante una situación delicada o especial. **2** Acción de tentar (palpar).

tierno, a adj. **1** Blando, flexible y fácil de romper o partir. **2** Que demuestra fácilmente afecto y dulzura o que despierta estos sentimientos. **3** Que no se ha desarrollado todavía por completo.

tierra s.f. **1** Tercer planeta del sistema solar, en el que habitamos. □ Se escribe con mayúscula inicial. **2** Parte de la superficie de la Tierra que no está ocupada por el agua. **3** Materia formada por granos de arena y arcilla y por materia orgánica, que cubre gran parte del suelo terrestre. **4** Terreno dedicado al cultivo. **5** Parte o división del territorio. **6** Nación, región o lugar en que ha nacido una persona. ◇ **tierra adentro** Lugar que está lejos de la costa. ◇ **tierra firme** Masa de tierra que forman los continentes.

tieso, a adj. **1** Duro, firme y difícil de doblar o romper. **2** Que está levantado, que se mantiene erguido. **3** Tenso o tirante. **4** Se dice de la persona que se mantiene firme en sus ideas o intenciones. **5** Se dice de la persona que se muestra seria, orgullosa y antipática. **6** Fam. Muerto.

tiesto s.m. **1** Recipiente para cultivar plantas; suele tener forma de vaso ancho. **2** Conjunto de este recipiente y la tierra y la planta que contiene.

tifoideo, a adj. Relativo al tifus.

tifón s.m. **1** Viento extremadamente fuerte que avanza rápidamente girando sobre sí mismo y acompañado de fuertes lluvias. **2** Nube de forma cónica que se eleva desde la superficie de la tierra o del mar por efecto de un torbellino y gira rápidamente sobre sí misma.

tifus s.m. Nombre de varias enfermedades contagiosas que producen una fiebre muy alta y estados de delirios cerebrales.

tigre, esa s. **1** Mamífero felino carnívoro de gran tamaño y pelo amarillo con rayas negras. **2** Persona muy fuerte y valiente. **3** Persona cruel y que no tiene compasión. ◆ s.f. **4** Fam. Mujer provocativa y que toma la iniciativa en las relaciones sexuales.

tijera s.f. Utensilio para cortar, formado por dos hojas de un solo filo, unidas en forma de aspa por un eje central, que se abren y se cierran. □ Suele usarse en plural con valor singular.

tijereta s.f. Insecto de cuerpo aplanado que tiene dos piezas curvas en su parte posterior similares a unas tijeras que se abren y se cierran.

tijeretazo s.m. Corte rápido y brusco hecho de un golpe con las tijeras.

tila s.f. **1** Infusión que se prepara hirviendo las flores del tilo y tiene efectos tranquilizantes o sedantes. **2** Tilo. **3** Flor de este árbol.

tildar v.tr. Atribuir a una persona un defecto o una característica mala.

tilde s.f. Rasgo que forma parte de algunas letras (como la ñ) o que marca el acento gráfico.

tilín s.m. Sonido de una campana o una campanilla. ◇ **hacer tilín** Fam. ESP Gustar una cosa o una persona a alguien.

tilo s.m. **1** Árbol alto, de tronco recto, hojas anchas en forma de corazón y flores olorosas, blancas o amarillas. **2** AMÉR Tila (infusión y flor).

timador, ra s. Persona que roba con engaño.

timar v.tr. **1** Quitar o robar con engaño. **2** Engañar a una persona en una venta o trato con promesas que no se van a cumplir.

timba s.f. **1** Fam. Partida de un juego de azar, especialmente de cartas. **2** Casa de juego. **3** AMÉR Vientre hinchado.

timbal s.m. **1** Tambor de forma semiesférica y cubierto por la parte superior con un solo parche. **2** Instrumento musical de percusión que se utiliza en la orquesta occidental moderna; es metálico y de gran tamaño.

timbrado, a adj. Se dice de la carta o papel que tiene membrete.

timbre s.m. **1** Dispositivo electromagnético o mecánico que emite un sonido que sirve de llamada o de aviso. **2** Pulsador que acciona el mecanismo de este dispositivo eléctrico. **3** Cualidad de un sonido que lo hace propio y característico, y lo distingue de otros aunque tengan el mismo tono e intensidad. **4** Sello que se pone en algunos documentos para indicar que se han pagado las tasas o los impuestos.

timidez s.f. Cualidad de tímido.

tímido, a adj. Que siente vergüenza e inseguridad y tiene dificultades para relacionarse con los demás.

timo s.m. **1** Acción de timar. **2** Efecto de timar.

timón s.m. **1** Pieza o mecanismo situado en la parte trasera de un barco o un avión que sirve para conducirlos o controlar la dirección. **2** Palanca o rueda que se mueve para accionarlo. **3** Dirección o gobierno de un negocio o un asunto.

timonel s.m. y f. Persona que maneja el timón de una embarcación.

timorato, a adj. **1** Indeciso y tímido. **2** Que se escandaliza con facilidad ante hechos o cosas que no se ajustan a la moral convencional.

tímpano s.m. Membrana de tejido delgado situada entre los oídos externo y medio que vibra al recibir los sonidos y los comunica al interior del oído.

tinaja s.f. Vasija grande de barro, más ancha por el centro que por el fondo y la boca.

tinerfeño, a adj. y s. De Tenerife (isla del archipiélago canario).

tinglado s.m. **1** ESP Asunto o situación que oculta una trama complicada. **2** ESP Situación confusa, agitada, que presenta bastante desorden y alboroto. **3** Lugar cubierto para almacenar mercancías temporalmente.

tiniebla s.f. **1** Oscuridad o falta de luz. □ Suele usarse en plural con valor singular. ◆ **tinieblas** s.f.pl. **2** Falta de conocimientos y de cultura. **3** Falta de luz en lo abstracto o moral.

tino s.m. **1** Habilidad o facilidad para acertar cuando se apunta a un blanco determinado. **2** Juicio o acierto para conducir un asunto delicado. **3** Moderación, prudencia.

tinta s.f. **1** Líquido coloreado que se utiliza para escribir, dibujar o imprimir. **2** Líquido negro que producen ciertos animales invertebrados marinos y que expulsan para protegerse de sus depredadores. ◇ **cargar las tintas** Exagerar demasiado acerca de un tema o cuestión conflictiva. ◇ **con medias tintas** De modo impreciso o poco claro, sin dar toda la información. ◇ **sudar tinta** Realizar un gran esfuerzo, un trabajo muy duro.

tinte s.m. **1** Color o sustancia que se aplica sobre una cosa o con la que se la cubre para teñirla. **2** Acción de teñir. **3** ESP Tintorería.

tintero s.m. Vaso o recipiente de boca ancha que se usa para guardar la tinta de escribir. ◇ **dejarse algo en el tintero** Olvidarse de decir o escribir una cosa.

tintinear v.intr. Producir un sonido agudo, suave y repetido una campanilla o, en general, un metal o un cristal.

tintineo s.m. **1** Acción de tintinear. **2** Efecto de tintinear.

tinto, a adj. y s.m. **1** Se dice del vino que es de color rojo muy oscuro, obtenido de la uva negra. ◆ s.m. y adj. **2** Color rojo muy oscuro, como el del vino. ◆ adj. **3** Que es de este color.

tintorera s.f. Pez marino de gran tamaño, del grupo de los tiburones.

tintorería s.f. Establecimiento donde se limpia la ropa o se cambia de color.

tiña s.f. **1** Enfermedad contagiosa de la piel que produce escamas, costras y la caída del pelo. **2** Fam. Miseria, tacañería.

tío, a s. **1** Hermano o hermana del padre o de la madre de una persona, o cónyuge de uno de estos hermanos. **2** Tratamiento que se usa en algunos lugares, especialmente en los pueblos, para dirigirse a personas casadas o de edad avanzada. **3** Fam. Individuo, persona en general.

tiovivo s.m. Atracción de feria que consiste en una base redonda sobre la que giran caballitos y otras figuras en que montan los niños.

tipi s.m. Tienda constituida por un armazón de palos o cañas dispuestos en forma cónica y cubierto con pieles, utilizada por las tribus norteamericanas como vivienda.

típico, a adj. **1** Propio, característico o representativo de un tipo o clase. **2** Característico o representativo de un lugar.

tipificar v.tr. Clasificar u organizar en tipos o clases una realidad o un conjunto de cosas.

tiple s.m. **1** Instrumento musical de viento formado por un tubo de madera en forma de cono con llaves y agujeros. **2** Voz femenina más aguda, bajo la cual están las de mezzosoprano y contralto. ◆ s.m. y f. **3** Persona que tiene esta voz.

tipo, a s.m. **1** Modelo o clase que reúne las características más representativas que distinguen a un grupo o conjunto. **2** Modelo ideal con las características principales que caracterizan a un conjunto. □ Normalmente en aposición a otro sustantivo: curso tipo. **3** Clase o modalidad de una cosa. ◆ s. **4** Hombre o mujer. ◆ s.m. **5** Figura o línea del cuerpo humano, especialmente el talle. **6** Clase de letra. ◇ **jugarse el tipo** ESP Exponerse a un peligro o riesgo.

tipografía s.f. **1** Técnica relacionada con los diferentes tipos de letra impresa. **2** Tipo concreto de letra impresa de un texto.

tipográfico, a adj. Relativo a la tipografía.

tipología s.f. Clasificación y estudio en tipos o clases de un conjunto de elementos.

tipológico, a adj. Relativo a la tipología.

tique o **tíquet** (pl. tiques o tíquets) s.m. **1** Papel que se da a un cliente en el que está anotado el precio que este ha pagado por una compra o por un servicio. **2** Billete que permite usar un medio de transporte o entrar en un establecimiento público o espectáculo.

tiquismiquis s.m. y f. **1** Persona excesivamente escrupulosa, que se fija en detalles insignificantes y que ve problemas o defectos en todo. ◆ **tiquismiquis** s.m.pl. **2** Escrúpulos o *reparos exagerados y de poca importancia.*

tira s.f. **1** Pedazo largo, estrecho y delgado de cualquier material, especialmente de papel o tela. **2** Serie de viñetas o dibujos que narran una historia o parte de ella.

tirabuzón s.m. Rizo de pelo largo que cuelga en forma de espiral.

tirachinas s.m. Tirador en forma de Y con una tira elástica sujeta a sus dos extremos que se utiliza para lanzar piedras u objetos pequeños. **GEOSIN** gomera, resortera.

tirada s.f. **1** Acción que consiste en tirar una cosa con la mano de una sola vez. **2** Conjunto de cosas que se hacen o dicen de una sola vez. **3** Número de ejemplares de una edición.

tirado, a adj. **1** Fam. Muy fácil de conseguir. **2** Fam. Se dice de la persona que se queda sin medios o sin ayuda en un momento determinado.

tirador, ra s. **1** Persona que lanza una cosa o dispara un arma. ◆ s.m. **2** Asidero para abrir y cerrar puertas, cajones, etc. **3** Cordón del que se tira para hacer sonar una campanilla.

tiralíneas s.m. Utensilio de dibujo para trazar líneas más o menos finas con ayuda de una regla.

tiramisú s.m. Postre que se prepara con láminas de masa de bizcocho que se alternan con una crema compuesta de claras a punto de nieve, queso suave, azúcar y nata líquida.

tiranía s.f. **1** Gobierno de un tirano. **2** Abuso de la superioridad o del poder en el trato con los demás.

tiránico, a adj. Relativo a la tiranía.

tiranizar v.tr. Gobernar con tiranía.

tirano, a adj. y s. **1** Se dice de la persona que abusa del poder político y gobierna de manera despótica, sin límites legales y, generalmente, de forma corrupta y cruel. **2** Se dice de la persona que abusa de su superioridad, de su fuerza o de su poder en su relación con los demás. ◆ adj. **3** Se dice de la pasión o sentimiento que domina completamente el ánimo y la voluntad.

tiranosaurio s.m. Dinosaurio carnívoro de gran corpulencia que tenía las patas delanteras más cortas que las traseras.

tirante adj. **1** Que está estirado o tenso por estar expuesto a unas fuerzas opuestas. **2** Se dice de la relación que es fría o difícil y está próxima a romperse o complicarse. ◆ s.m. **3** Tira elástica que se pasa por encima de cada hombro y se engancha a la cinturilla del pantalón o de la falda, por la espalda y por el abdomen, para impedir que se caiga. **4** Pieza mecánica destinada a sostener un gran peso o tensión.

tirantez s.f. **1** Característica de lo que está estirado o tenso. **2** Situación de tensión o frialdad entre dos o más personas.

tirar v.tr. **1** Lanzar a una persona o cosa hacia un lugar. **2** Hacer caer una cosa. **3** Desechar una cosa o echarla a la basura. **4** Desperdiciar una cosa o no sacar provecho de ella. **5** Derribar o hacer caer a una persona o cosa. **6** Disparar proyectiles con un arma de fuego. **7** Lanzar un artefacto explosivo o hacerlo explotar. **8** Disparar con una cámara de fotografiar. **9** Lanzar una pieza de un juego, especialmente una pelota, dados o cartas. **10** Reproducir un texto mediante impresión. **11** Dibujar o trazar una línea. **12** Fam. ESP Suspender a una persona en una prueba o no aprobarla en un examen. ◆ v.intr. **13** Atraer de manera natural a una persona o cosa. **14** Hacer fuerza para atraer o acercar una cosa. **15** Fam. Atraer o gustar mucho una cosa. **16** Quedar estrecha o corta una prenda de vestir. **17** Funcionar correctamente el mecanismo de un objeto o un aparato. **18** Avanzar caminando o circular en una dirección determinada. **19** Ir un corredor delante de los demás marcando el ritmo. ◆ **tirarse** v.prnl. **20** Lanzarse una persona desde una determinada altura. **21** Pasar un tiempo determinado realizando una actividad o manteniéndose una persona en un estado. **22** Vulg. Realizar el acto sexual.

tirita s.f. Tira pequeña de esparadrapo o de otro material con una gasa en el centro que se pega sobre una herida pequeña para protegerla. **GEOSIN** curita.

tiritar v.intr. Temblar de frío o de miedo.

tiro s.m. **1** Disparo hecho con un arma de fuego. **2** Ruido que produce. **3** Señal o herida que produce. **4** Conjunto de deportes que consisten en derribar un blanco o acertar en él con armas de fuego o arcos y flechas. **5** Conjunto de caballos o de otros animales que tiran de un carruaje. **6** Distancia que va desde el lugar de unión de las piernas hasta la cintura de un pantalón. **7** Lanzamiento de la pelota a la meta o a la canasta del equipo contrario, en fútbol, baloncesto y otros deportes. **8** Corriente de aire con la que se absorbe el humo en una chimenea o un horno. ◇ **a tiro** Al alcance de una persona. ◇ **a un tiro de piedra** Muy cerca. ◇ **ni a tiros** Fam. De ninguna manera. ◇ **salirle el tiro por la culata** Fam. Obtener un resultado negativo, contrario al esperado. ◇ **tiro de gracia** Tiro que se da a una persona o animal ya herido de gravedad para que muera rápidamente.

tiroideo, a adj. Relativo al tiroides.

tiroides adj. y s.m. Se dice de la glándula situada en la parte superior y delantera de la tráquea que regula el metabolismo y el crecimiento.

tirolés, sa adj. y s. Del Tirol (región de Austria).

tirón s.m. **1** Acción de tirar con fuerza. **2** Procedimiento de robo que consiste en tirar rápida y violentamente de una cosa y huir con ella. **3** Movimiento brusco de un vehículo que está circulando. **4** ESP Atractivo especial o capacidad para conseguir seguidores que tiene una persona o una idea. **5** Agarrotamiento o contracción de un músculo del cuerpo. ◇ **de un tirón** Fam. Expresión que indica que una cosa se hace de una sola vez y sin interrupciones ni intervalos.

tirotear v.tr. Disparar repetidamente un arma de fuego contra una persona o una cosa.

tiroteo s.m. Acción de tirotear.

tirria s.f. Fam. Sentimiento de odio o antipatía que una persona siente hacia alguien o algo.

tisana s.f. Infusión que se prepara con varias hierbas y tiene propiedades medicinales.

tísico, a adj. **1** Relativo a la tisis. ◆ adj. y s. **2** Se dice de la persona que padece tisis.

tisis s.f. Tuberculosis que afecta a los pulmones.

titán s.m. **1** Hombre excepcional o que destaca en alguna cosa. **2** Cada uno de los doce gigantes de la mitología griega, hijos de Gea y Urano, que quisieron asaltar el cielo.

titánico, a adj. **1** Que exige un gran esfuerzo. **2** Relativo a los titanes.

titanio s.m. Elemento químico de símbolo Ti y número atómico 22; es un metal de transición.

títere s.m. **1** Muñeco articulado que puede ser movido desde arriba por medio de hilos o bien metiendo la mano en su interior. **2** Persona de poca voluntad y carácter débil que se deja manejar por los demás. ◆ **títeres** s.m.pl. **3** Espectáculo público que se realiza con estos muñecos. ◇ **no dejar,** o **quedar, títere con cabeza** Fam. Destruir o destrozar una cosa por completo. — Criticar o hablar muy mal de una persona.

tití (pl. titís) s.m. Mono pequeño de color gris, con rayas, de cara blanca y pelada y cola muy larga.

titilar v.intr. **1** Centellear con un ligero temblor un cuerpo luminoso. **2** Temblar ligeramente una cosa.

titiritero, a s. **1** Persona que maneja títeres o marionetas. **2** Persona que participa en un espectáculo haciendo ejercicios de saltos y equilibrios en el aire o sobre un alambre.

titubear v.intr. **1** Dudar al elegir unas palabras determinadas o tropezar al pronunciarlas. **2** Dudar a la hora de tomar una decisión. **3** Tambalearse una persona o una cosa poco estable.

titubeo s.m. Acción de titubear.

titulación s.f. **1** Obtención de un título académico. **2** Elección de un título o nombre.

titulado, a adj. y s. Se dice de la persona que tiene un título académico.

1. **titular** adj. y s.m. y f. **1** Que ha sido nombrado para ocupar un cargo o ejercer una profesión y posee el título o nombramiento que le acredita para hacerlo. ◆ s.m. **2** Título de una publicación o de una noticia que aparece al principio y en letras de mayor tamaño. ◆ s.m. y f. **3** Persona o entidad que consta como propietario o sujeto activo de un derecho.

2. **titular** v.tr. **1** Poner título o nombre a una obra. ◆ **titularse** v.prnl. **2** Obtener un título académico.

titularidad s.f. Ejercicio de una profesión o cargo con el título o nombramiento oportuno.

título s.m. **1** Palabra o palabras que dan nombre a una obra científica o artística. **2** Documento con valor académico que acredita que se han cursado unos estudios y se han superado los exámenes correspondientes. **3** Dignidad o categoría nobiliaria y persona que la posee. **4** Parte o división de un texto jurídico o un código de leyes. **5** Documento que acredita que una persona es propietaria de algún bien o está en posesión de un derecho.

tiza s.f. **1** Barra pequeña de arcilla blanca que se usa para escribir en una pizarra o encerado. **2** Compuesto de yeso y greda que se aplica en la punta de los tacos de billar.

tiznar v.tr. Manchar una cosa con tizne, humo, hollín o ceniza.

tizne s.m. o f. Ceniza y polvo negro que produce el fuego o el humo y que se pega a los objetos.

tizón s.m. **1** Palo o trozo de madera a medio quemar. **2** Hongo parásito del trigo y otros cereales.

toalla s.f. **1** Pieza de tela de tejido suave y esponjoso que sirve para secarse el cuerpo. **2** Tejido de rizo con el que se fabrica esta pieza de tela. ◇ **arrojar,** o **tirar, la toalla** Abandonar una tarea o darse por vencida una persona.

toallero s.m. Mueble o soporte para guardar o colgar las toallas.

toba s.f. Roca caliza muy porosa y ligera.

tobera s.f. Abertura tubular en un horno o en una forja, por donde entra el aire.

tobillera s.f. Venda, generalmente elástica, que se pone en el tobillo.

tobillo s.m. Parte del cuerpo humano donde el pie se articula con la pierna.

tobogán s.m. Rampa artificial por la que se deslizan las personas para divertirse.

toca s.f. Prenda que usan las monjas para cubrirse la cabeza.

tocadiscos s.m. Aparato electrónico que reproduce los sonidos grabados en un disco.

1. **tocado** s.m. **1** Peinado femenino. **2** Prenda o adorno que se lleva en la cabeza.

2. **tocado, a** adj. **1** Fam. Que está algo trastornado mentalmente. **2** Se dice de la fruta que ha empezado a estropearse. **3** Se dice de la persona que no se encuentra en una forma física óptima a causa de alguna lesión o enfermedad.

tocador s.m. **1** Mesa con espejo que se usa para el peinado y el aseo personal. **2** Habitación para el peinado y el aseo personal.

tocamiento s.m. Acción de tocar; especialmente, de hacerlo con las manos en alguna zona erógena o sensible a la excitación sexual.

tocar v.tr. **1** Palpar con las manos. **2** Poner en contacto la mano u otra parte del cuerpo con una persona o cosa. **3** Estar en contacto una cosa con otra. **4** Estar una cosa cerca de otra de modo que haya muy poca distancia entre ellas. **5** Hacer sonar un instrumento musical u otra cosa. **6** Ejecutar una pieza musical. **7** Tratar un asunto o hablar de él sin profundizar. ◆ **v.intr. 8** Haber llegado el momento de una cosa. **9** Llegar una embarcación o un avión a un lugar por el que están de paso. **10** Ser una cosa una obligación, una responsabilidad o un derecho. **11** Corresponder a una persona una cosa que se reparte o se sortea. ◆ **tocarse** v.prnl. **12** Tener dos o más personas una relación de parentesco.

1. **tocata** s.f. Composición musical breve para un instrumento de teclado, en un solo movimiento y con abundantes pasajes que requieren un gran virtuosismo.

2. **tocata** s.m. Fam. Tocadiscos.

tocateja ◇ **a tocateja** loc. ESP Pagando al contado y en el momento de la compra.

tocayo, a s. Persona que tiene el mismo nombre que otra.

tocho s.m. **1** Ladrillo basto y tosco. **2** Fam. ESP Libro que es muy grueso o de lectura pesada. **3** ARG, EL SALV Garrote.

tocino s.m. Capa de grasa que hay entre la piel y la carne del cerdo. ◇ **tocino,** o **tocinillo, de cielo** Dulce de yema de huevo y almíbar.

tocología s.f. Parte de la medicina especializada en la salud de las mujeres durante el embarazo, el parto y el período posterior a este.

tocólogo, a s. Especialista en tocología.

tocón, na adj. y s. **1** Fam. Se dice de la persona que tiene tendencia a tocarlo todo. ◆ **s.m. 2** Parte de un árbol talado que sobresale de la tierra y está unido a la raíz.

todavía adv. **1** Hasta ahora. **2** Indica mayor fuerza o grado en una comparación. **3** Indica 'a pesar de' o 'sin embargo'.

todo, a det. y pron. **1** Indica que lo referido por el nombre al que acompaña se toma en su totalidad, sin excluir ninguna parte ni ninguno de los elementos que lo integran. **2** Indica intensificación o grado máximo de una característica o una cualidad. ◆ **s.m. 3** Cosa entera o tomada en su integridad sin excluir ninguna parte. ◆ **adv. 4** Enteramente o por completo. ◇ **ante todo** Primero o principalmente. ◇ **con todo** Incluso así, a pesar de todo, no obstante. ◇ **estar en todo** Ocuparse a un tiempo de muchas cosas sin descuidar ningún detalle. ◇ **sobre todo** En primer lugar o principalmente.

todopoderoso, a adj. Que lo puede todo o tiene un poder ilimitado. ◇ **el Todopoderoso** Dios. □ Se escribe con mayúscula inicial.

todoterreno adj. y s.m. **1** Se dice del vehículo muy potente preparado para adaptarse a todo tipo de terrenos. **2** Se dice de la persona que se adapta a cualquier situación o es útil para cualquier tipo de trabajo.

tofu s.m. Requesón de soja.

toga s.f. **1** Prenda de vestir larga, generalmente negra, que se ponen los jueces, los abogados y otros profesionales sobre la ropa cuando están ejerciendo su función o en algunos actos. **2** Prenda de vestir con forma de manto grande y largo que llevaban los romanos sobre la túnica.

tojo s.m. Arbusto de ramas con espinas y flores amarillas que alcanza hasta 2 m de altura.

toldo s.m. Cubierta de tela gruesa o lona que se tiende para que dé sombra en un lugar.

toledano, a adj. y s. De Toledo.

tolerable adj. Que se puede tolerar aunque no guste o no se apruebe del todo o sea una situación dura o dolorosa.

tolerancia s.f. **1** Respeto a las opiniones, ideas o actitudes de los demás, aunque no coincidan con las propias. **2** Capacidad que tiene un organismo para resistir y aceptar el aporte de determinadas sustancias. **3** Diferencia máxima entre el valor nominal y el valor real de la cualidad o la cantidad de una sustancia o de un material.

tolerante adj. Que respeta las opiniones, ideas o actitudes de los demás.

tolerar v.tr. **1** Soportar, admitir o permitir una cosa que no gusta o no se aprueba del todo. **2** Respetar una persona las opiniones, ideas o actitudes de los demás, aunque no coincidan con las propias. **3** Resistir y aceptar un organismo el aporte de determinadas sustancias.

tolete s.m. **1** AMÉR CENTRAL, COL, CUBA, R DOM, VENEZ Garrote corto. **2** CUBA Bastón pequeño y fuerte que usan los agentes de policía. ◆ **adj.** y s.m. y f. **3** Fam. y desp. CUBA Lerdo, tonto.

toma s.f. **1** Acción de tomar. **2** Parte de un alimento o un medicamento que se ingiere de una vez. **3** Lugar por donde se deriva una corriente de fluido o de electricidad. **4** Fragmento de una película de fotografía o cine que se impresiona o se graba de una vez. **5** Conquista u ocupación de un lugar mediante las armas.

tomado, a adj. Se dice de la voz ronca o afónica.

tomador, ra adj. y s. Fam. AMÉR Aficionado a las bebidas alcohólicas.

tomadura s.f. Acción de tomar una cosa. ◇ **tomadura de pelo** Acción o dicho con que una persona trata de reírse, engañar o poner en ridículo a alguien.

tomahawk s.m. Hacha de guerra usada por los indios norteamericanos.

tomar v.tr. **1** Coger o sujetar una cosa con la mano o con un objeto. **2** Escoger una cosa entre varias posibilidades. **3** Comer o beber algún alimento. **4** Imitar o copiar una cosa de otra persona. **5** Conquistar u ocupar un lugar por la fuerza. **6** Hacer uso de algo. **7** Poner por obra lo que se expresa. **8** Adquirir o recibir lo que se expresa. **9** Recibir o aceptar una cosa que se ofrece. **10** Entender o juzgar unas palabras en un sentido determinado. **11** Grabar o registrar imágenes en una película fotográfica o de cine. **12** Anotar o registrar por escrito. **13** Contratar a una persona para que preste un servicio. **14** Aceptar como compañero. **15** Juzgar o formar una opinión acerca de una cosa. **16** Medir una determinada magnitud o medida. ◆ **v.tr. e intr. 17** Seguir una persona un camino o una dirección. **18** Fam. AMÉR Ingerir bebidas alcohólicas hasta alcanzar cierto grado de ebriedad.

tomate s.m. **1** Fruto de la tomatera, de piel roja, lisa y brillante y carne muy jugosa. **2** Tomatera. **3** Salsa hecha con este fruto. **4** Fam. ESP Momento de escándalo, confusión o desorden, generalmente con ruido y alboroto. ◇ **como un tomate** Fam. Rojo de vergüenza o indignación.

tomatera s.f. Planta de tallos vellosos de 1 a 2 m de altura, hojas alternas y flores amarillas.

tómbola s.f. **1** Sorteo o rifa de objetos diversos en la que los premios están consignados dentro de sobres. **2** Local donde se celebra.

tómbolo s.m. Islote cercano a la costa y unido a esta por un cordón de arena.

tomillo s.m. Planta silvestre aromática, con muchas ramas, hojas pequeñas y flores blancas o rosas en forma de espiga.

tomo s.m. Parte encuadernada de manera independiente y con paginación propia, que forma con otras una obra escrita muy extensa. ◇ **de tomo y lomo** Muy grande o importante.

ton ◇ **sin ton ni son** Sin razón o lógica alguna.

tonada s.f. Composición métrica para ser cantada.

tonadilla s.f. Canción alegre y ligera de carácter popular o folclórico.

tonadillero, a s. Persona que compone o canta tonadillas.

tonal adj. Relativo al tono o a la tonalidad.

tonalidad s.f. **1** Gradación de diferentes colores y tonos. **2** En lingüística, entonación que se da a una frase o a un discurso.

tonel s.m. **1** Recipiente de gran tamaño para contener líquidos; está formado por listones de madera unidos con aros metálicos y extremos circulares. **2** Fam. Persona muy gorda.

tonelada s.f. **1** Unidad de masa, de símbolo t, igual a 1 000 kilogramos. □ También tonelada métrica. **2** Unidad de capacidad de las embarcaciones equivalente a 2,83 metros cúbicos.

tonelaje s.m. Capacidad de carga que tiene una embarcación u otro vehículo de transporte.

tóner (pl. tóners) s.m. Tinta en polvo de las impresoras láser, fotocopiadoras y aparatos de fax.

tongo s.m. Engaño o trampa del deportista que acepta dinero y se deja ganar.

tónica s.f. **1** Bebida gaseosa, transparente y sin alcohol de sabor ligeramente amargo. **2** Rasgo o cualidad característicos de una cosa.

tónico, a adj. **1** Se dice de la vocal o la sílaba sobre la que recae el acento de la palabra. **2** Se dice de la palabra que tiene intensidad. ◆ **adj.** y s.m. **3** Que da fuerza y energía al organismo. ◆ s.m. **4** Producto cosmético para limpiar y refrescar la piel o dar fuerza y vigor al cabello.

tonificación s.f. Acción de tonificar.

tonificar v.tr. Dar fuerza o vigor al organismo o a una parte de él.

tono s.m. **1** Número de vibraciones por segundo que caracteriza a cada sonido, por el cual es más o menos agudo o grave. **2** Inflexión de la voz. **3** Carácter de una obra literaria. **4** Tónica, nivel de un escrito, discurso o conducta. **5** Grado de intensidad de un color. **6** Estado del cuerpo o de una parte de él cuando se encuentra en buena forma y cumple sus funciones. **7** Intervalo musical formado por dos semitonos, o conjunto de las notas que lo forman. ◇ **a tono** Expresión que indica que una cosa está en correspondencia con otra o de acuerdo con ella. ◇ **fuera de tono** Expresión que indica que una cosa está fuera de lugar o es inoportuna. ◇ **subido de tono** Expresión que indica que una palabra o un comentario es una grosería o una obscenidad. ◇ **subir de tono** Hacerse más fuerte o violento.

tonsura s.f. **1** Ceremonia de la Iglesia católica en la que se concedía a un hombre el grado preparatorio para el sacerdocio. **2** Ese grado. **3** Corte de pelo en forma de círculo rasurado que llevaban algunos religiosos en la coronilla.

tontaina adj. y s.m. y f. Fam. Se dice de la persona que no tiene gracia y es aburrido.

tontear v.intr. **1** Decir o hacer tonterías. **2** Fam. Coquetear o flirtear una persona con otra.

tontería s.f. **1** Falta de inteligencia o de sentido común. **2** Hecho o dicho tonto. **3** Acción, comentario o cosa que tiene poca importancia.

tonto, a adj. y s. **1** Se dice de la persona que es torpe de entendimiento o poco inteligente. **2** Fam. Ingenuo y sin malicia. ◆ adj. **3** Propio de un tonto. **4** Fam. Que es absurdo y no tiene sentido o que ocurre sin una causa aparente. ◇ **hacer el tonto** Perder el tiempo en cosas sin importancia y no hacer lo que se debería. — Hacer payasadas. ◇ **hacerse el tonto** Aparentar una persona que no nota o advierte una cosa que le conviene no advertir.

tontorrón, na adj. y s. Se dice de la persona que es ingenua o poco perspicaz.

top (pl. tops) s.m. **1** Prenda de vestir femenina que va ajustada al cuerpo y cubre solamente el pecho. ◇ **top model** Modelo profesional de alta costura muy cotizado. □ Pronunc. 'top módel'. Invariable en número.

topacio s.m. Mineral compuesto de silicato de aluminio y flúor; es una piedra preciosa de color amarillo, verde, azul o rojo.

topar v.intr. **1** Chocar o tropezar. **2** Encontrar un obstáculo o dificultad que impide avanzar y obliga a detenerse. **3** Embestir con la cabeza un animal con cuernos. **4** Encontrarse por azar o casualmente con una persona.

1. **tope** s.m. **1** Parte saliente de una cosa que suele estar situada en un extremo y sirve para protegerla de los golpes. **2** Pieza que detiene el movimiento de un mecanismo.

2. **tope** s.m. Límite o punto máximo al que se puede llegar en una cosa. □ Normalmente en aposición a otro sustantivo: fecha tope. ◇ **a tope** Fam. Hasta el máximo posible.

topetazo s.m. Golpe dado con la cabeza contra una cosa o una persona.

tópico, a adj. y s.m. **1** Se dice de la opinión, idea o expresión que se usa y repite con mucha frecuencia, y no resulta original. ◆ adj. **2** Se dice del medicamento o tratamiento de uso externo, que se suministra o realiza sobre la zona del cuerpo afectada.

topless s.m. Hecho de estar desnuda una mujer de cintura para arriba.
OBS Pronunc. aprox. 'top-les'.

topo s.m. **1** Animal mamífero del tamaño de un ratón, pelo fino, ojos muy pequeños y atrofiados, y manos provistas de uñas fuertes con las que excava conductos por debajo de la tierra. **2** Fam. Persona que ve poco. **3** Persona que se introduce de incógnito en una organización para averiguar sus actos y planes. **4** ESP Lunar (dibujo redondo pequeño).

topografía s.f. **1** Técnica para describir y representar con detalle la superficie o el relieve de un terreno. **2** Conjunto de características que presenta la superficie o el relieve de un terreno.

topográfico, a adj. Relativo a la topografía.

topógrafo, a s. Persona que se dedica a la topografía.

toponimia s.f. **1** Estudio del origen y el significado de los nombres propios de lugar. **2** Conjunto de los nombres propios que forman parte de un territorio o de un lugar.

topónimo s.m. Nombre propio de un lugar.

toque s.m. **1** Acción de tocar. **2** Golpe débil. **3** Sonido tocado de ciertos instrumentos musicales o de campanas, especialmente cuando se hace para dar un aviso o como señal. **4** Aviso o advertencia. **5** Matiz o detalle que caracteriza una cosa. **6** Pequeña modificación que sirve para retocar, pulir o rematar una cosa.

toquetear v.tr. Tocar repetida e insistentemente una cosa con la mano.

toqueteo s.m. Acción de toquetear.

toquilla s.f. Prenda de punto, generalmente triangular, con que se cubre los hombros y la espalda o con la que se abriga a un niño pequeño.

torá o **torah** s.f. **1** Para el judaísmo, conjunto de los cinco primeros libros de la Biblia. **2** Conjunto de las leyes religiosas del judaísmo.
OBS Normalmente con mayúscula inicial.

torácico, a adj. Relativo al tórax.

tórax s.m. **1** Cavidad de los vertebrados en la cual están alojados el corazón, los pulmones y otros órganos. **2** Parte central de las tres en que se divide el cuerpo de los insectos y otros animales articulados, entre la cabeza y el abdomen.

torbellino s.m. **1** Movimiento rápido de aire que gira sobre sí mismo. **2** Abundancia de cosas que producen sensación de aturdimiento o mareo. **3** Fam. Persona inquieta y muy movida.

torcedura s.f. **1** Acción de torcer. **2** Efecto de torcer.

torcer (28) v.tr. **1** Doblar o dar forma curva a una cosa que estaba recta. **2** Girar los dos extremos de una cosa flexible en sentido inverso u opuesto. **3** Hacer cambiar una cosa de dirección o posición. **4** Hacer cambiar a una persona su conducta o su línea habitual. **5** Dar un movimiento brusco o forzado a un miembro o una articulación del cuerpo. ◆ v.intr. **6** Cambiar de dirección al caminar o circular. ◆ **torcerse** v.prnl. **7** Hacerse difícil o imposible un asunto o proyecto.

torcido, a adj. **1** Que no es o no está recto. **2** Que sigue una dirección que no es recta.

tórculo s.m. Prensa de tornillo, especialmente la utilizada en la estampación de grabados en acero, cobre u otros materiales.

tordo, a adj. y s. **1** Se dice del animal que tiene el pelo mezclado de color blanco y negro. ◆ s.m. **2** Nombre común que se da a ciertas aves de color oscuro y pico delgado y negro, como el mirlo o el ruiseñor.

torear v.tr. e intr. **1** Provocar a un toro para que acometa o embista incitándolo con el movimiento de un capote o una capa y esquivarlo cuando el animal embiste. ◆ v.tr. **2** Engañar, evitar o esquivar a una persona. **3** Conducir hábilmente un asunto sorteando las dificultades.

toreo s.m. **1** Acción de torear. **2** Arte de torear o lidiar un toro en una plaza.

torera s.f. Chaqueta corta que se ciñe al cuerpo y que no pasa de la cintura.

torero, a adj. **1** Relativo al toreo. ◆ s. **2** Persona que se dedica a torear.

toril s.m. Lugar de una plaza de toros donde se encierra a los toros antes de salir al ruedo.

torio s.m. Elemento químico de símbolo Th y número atómico 90; es un metal radiactivo.

tormenta s.f. Tempestad (fenómeno meteorológico).

tormento s.m. **1** Sufrimiento o dolor físico o moral que padece una persona. **2** Persona o cosa que lo produce. **3** Tortura.

tormentoso, a adj. **1** Que causa u ocasiona tormenta. **2** Se dice de la situación o ambiente muy tenso, conflictivo o violento.

tornado s.m. Torbellino gigantesco de viento que gira hacia arriba a gran velocidad.

tornasol s.m. **1** Brillo de una tela o una superficie que cambia de color con el reflejo de la luz. **2** Girasol. **3** Sustancia colorante de origen orgánico y color azul violáceo que se emplea para reconocer los ácidos.

tornasolado, a adj. Que hace o tiene tornasoles.

torneado, a adj. Se dice de la parte del cuerpo que está bien moldeada y presenta curvas suaves.

torneo s.m. **1** Competición deportiva en la que participan varias personas o varios equipos. **2** Competición de la Edad Media entre caballeros que luchaban entre sí a caballo.

tornero, a s. Persona que se dedica a trabajar con el torno.

tornillo s.m. **1** Pieza cilíndrica, generalmente metálica, provista de un saliente helicoidal que la recorre, terminada en punta y con una cabeza con una ranura; sirve para sujetar una cosa a otra. **2** Instrumento de hierro o acero provisto de un tope graduable a diferentes medidas que se utiliza para sostener piezas pequeñas mientras se realiza algún trabajo en ellas. ◇ **faltar un tornillo** Fam. Expresión que indica que una persona tiene poco juicio o se comporta de forma imprudente.

torniquete s.m. **1** Medio con el que se detiene la hemorragia de una herida presionando sobre un vaso sanguíneo. **2** Mecanismo que gira horizontalmente sobre un eje y que se coloca en la entrada de un lugar o un establecimiento para que pasen las personas de una en una.

torno s.m. **1** Máquina que sirve para hacer girar un objeto sobre sí mismo. **2** Máquina para levantar o arrastrar pesos, que consiste en un cilindro que puede girar manual o mecánicamente y cuyo eje lleva enrollada una cuerda a la que se ata un objeto. **3** Instrumento eléctrico con un brazo articulado y provisto de una pieza giratoria en la punta que usan los dentistas para limpiar y arreglar los dientes. **4** Cilindro con divisiones verticales que se coloca en el hueco de una pared y que al girarlo sirve para intercambiar objetos entre personas sin que estas se vean. ◇ **en torno a** Alrededor. — Aproximadamente. — Acerca.

1. **toro** s.m. **1** Animal mamífero macho, adulto, rumiante, de pelo corto, ungulado, cola larga y cabeza gruesa provista de dos cuernos. □ La hembra del toro es la vaca. **2** Fam. Hombre que tiene mucha fuerza. **3** Vehículo de pequeño tamaño, provisto de unas horquillas móviles en su parte frontal, que sirve para transportar y apilar mercancías. ◆ **toros** s.m.pl. **4** Fiesta o corrida en que se torean reses de lidia. ◇ **coger el toro por los cuernos** Enfrentarse a un problema sin tratar de evitarlo y con decisión.

2. **toro** s.m. Moldura convexa de perfil semicircular.

toronja s.f. Fruto del toronjo, comestible, de forma parecida a la naranja pero achatado, de color amarillo y sabor muy ácido.

toronjo s.m. Árbol de tronco recto, copa redonda y abundante, hojas ovaladas de color verde oscuro, flores blancas y fruto comestible.

torpe adj. **1** Que se mueve con dificultad o poca agilidad. **2** Que tiene poca habilidad o destreza para hacer una cosa. **3** Que es lento en comprender. **4** Que no es conveniente o puede molestar.

torpedear v.tr. **1** Lanzar torpedos contra un barco. **2** Impedir o dificultar una acción.

torpedo s.m. **1** Proyectil en forma de huso provisto de una carga explosiva que se lanza bajo el agua y puede dirigirse o apuntarse hacia un determinado objetivo. **2** Pez marino de cuerpo aplanado que posee dos órganos en la cabeza que producen descargas eléctricas con las que se defienden y paralizan a sus presas.

torpeza s.f. **1** Falta de agilidad en los movimientos. **2** Acción o dicho poco oportunos o desacertados.

torrar v.tr. Tostar un alimento.

torre s.f. **1** Construcción alta aislada o formando parte de un edificio. **2** ESP Pieza del ajedrez con figura de torre. **3** Estructura de metal muy alta que se utiliza para sostener cables eléctricos, antenas emisoras de ondas u otros usos. **4** Caja que protege los componentes internos de un ordenador y contiene, entre otras cosas, el botón para encenderlo y apagarlo.

torrefacto, a adj. ESP Se dice del café que está tostado al fuego con un poco de azúcar.

torrencial adj. Se dice de la lluvia o corriente de agua que es muy fuerte o intensa.

torrente s.m. **1** Corriente de agua de arroyada caracterizada por una fuerte pendiente y un cauce corto, que se origina cuando llueve mucho o se produce el deshielo. **2** Sangre que circula por las venas, las arterias y los capilares del organismo.

torrentera s.f. Cauce de un torrente o parte del terreno por donde circula.

torreón s.m. Torre grande que sirve para la defensa de una plaza o de un castillo.

torrezno s.m. ESP Trozo de tocino frito.

tórrido, a adj. **1** Muy caluroso. **2** Se dice de la zona de la Tierra más calurosa, situada entre los trópicos.

torrija s.f. Rebanada de pan mojada en leche o vino, rebozada en huevo, frita en aceite y cubierta de azúcar o miel.

torsión s.f. Acción de una fuerza en un cuerpo para retorcerlo sobre su eje central.

torso s.m. **1** Parte principal del cuerpo de una persona o animal, diferenciada de la cabeza y las extremidades. **2** Escultura que representa el cuerpo humano, sin cabeza ni extremidades.

torta s.f. **1** Masa plana y redonda de harina, huevos, azúcar y otros ingredientes que se cuece al horno o se fríe. **2** Tortazo. ◇ **ni torta** Fam. Nada.

tortazo s.m. **1** Golpe dado en la cara con la palma de la mano. **2** Fam. Golpe, choque o caída violenta y accidental.

tortícolis o **torticolis** s.f. Contracción involuntaria de los músculos del cuello que hace que resulte doloroso mover la cabeza.

tortilla s.f. Comida que se prepara con un huevo batido al que se pueden añadir otros ingredientes y que se fríe o cuaja con un poco de aceite. ◇ **tortilla de patatas** o **tortilla española** Tortilla que lleva patatas. ◇ **tortilla francesa** Tortilla de forma alargada hecha solamente con huevo.

tortillera s.f. Desp. Lesbiana.

tortita s.f. Torta individual que se hace con una masa de agua y harina y puede rellenarse de un ingrediente generalmente dulce.

tórtolo, a s. **1** Ave de la familia de la paloma, de cuerpo esbelto y plumaje gris o marrón. □ Se usa tórtola como nombre genérico del animal. **2** Persona muy cariñosa con su pareja.

tortuga s.f. Reptil marino o terrestre cuyo cuerpo está protegido por un caparazón, de patas cortas y boca sin dientes.

tortuoso, a adj. **1** Que tiene muchas curvas, vueltas y rodeos. **2** Que es poco claro y pretende ocultar la verdadera intención o propósito.

tortura s.f. **1** Castigo físico o psíquico que se realiza sobre una persona con el fin de mortificarla o para que confiese algo. **2** Sufrimiento físico o moral muy intenso.

torturar v.tr. **1** Someter a tortura. **2** Causar a una persona sufrimiento físico o moral muy intenso.

tos s.f. Salida o expulsión violenta y ruidosa del aire contenido en los pulmones. ◇ **tos ferina** Enfermedad infecciosa bacteriana que se caracteriza por una tos muy violenta e intensa que produce sensación de asfixia.

tosco, a adj. **1** Elaborado con materiales de poca calidad y de manera poco cuidada. ◆ adj. y s. **2** Poco educado o que tiene escasa formación cultural.

tosedera s.f. AMÉR Tos persistente y continuada que afecta a una persona.

toser v.intr. Tener tos o provocarla de forma voluntaria.

tosquedad s.f. **1** Cualidad de la persona tosca o ruda. **2** Cualidad de lo que es tosco o basto.

tostada s.f. **1** Rebanada de pan puesta al fuego o expuesta a un calor intenso y que ha tomado color sin llegar a quemarse. **2** MÉX Tortilla de maíz que se cocina hasta alcanzar una consistencia rígida y luego se fríe para comerla sola o con otros ingredientes.

tostado, a adj. **1** Que tiene un color oscuro, parecido al marrón. ◆ s.m. **2** Tueste.

tostadora s.f. Aparato eléctrico para tostar el pan.

tostar (11) v.tr. **1** Poner un alimento al fuego o exponerlo a un calor intenso hasta que toma color sin llegar a quemarse. **2** Tomar color la piel de una persona.

tostón s.m. **1** ESP Persona o cosa pesada o que causa molestia. **2** ESP Cochinillo asado.

total adj. **1** Que es completo, general o incluye todos los elementos o partes de una cosa. ◆ s.m. **2** Resultado de una suma. **3** Totalidad. ◆ adv. **4** Fam. En fin o en conclusión. ◇ **en total** Expresión que indica el resultado de una suma o de una situación.

totalidad s.f. Conjunto de todas las personas o cosas que forman una clase o especie.

totalitario, a adj. **1** Que incluye todas las partes de una cosa. **2** Relativo al totalitarismo.

totalitarismo s.m. Sistema político en el que el poder es ejercido por una sola persona o partido de manera autoritaria, impidiendo la intervención de otros y controlando todos los aspectos de la vida del estado.

tótem (pl. tótemes) s.m. Objeto de la naturaleza al que se otorga un valor protector y que se usa como símbolo de una tribu o individuo.

tour s.m. **1** Viaje o excursión que se hace para conocer un lugar. **2** Gira artística de un cantante o grupo teatral. **3** Vuelta ciclista, en particular la que se celebra anualmente en Francia.
OBS Pronunc. 'tur'.

tournée s.f. Gira artística de un cantante o grupo teatral.
OBS Pronunc. 'turné'.

toxicidad s.f. Cualidad de lo que es tóxico.

tóxico, a adj. y s.m. Se dice de la sustancia que puede causar trastornos graves o la muerte de un ser vivo por envenenamiento.

toxicología s.f. Parte de la medicina que se ocupa del estudio y tratamiento de los productos tóxicos o venenosos.

toxicomanía s.f. Hábito y necesidad patológica de consumir sustancias que procuran sensaciones agradables o que suprimen el dolor.

toxicómano, a adj. y s. Que padece toxicomanía.

toxina s.f. Sustancia venenosa producida por la actividad metabólica de ciertos organismos.

tozudo, a adj. y s. **1** Se dice de la persona que se mantiene firme en una opinión o actitud a pesar de las razones o las dificultades que pueda haber en contra. ◆ adj. **2** Se dice del animal que no obedece con facilidad o es difícil de dominar.

traba s.f. **1** Cosa que sirve para sujetar o unir una cosa con otra. **2** Cosa que impide o retrasa el desarrollo de una acción. **3** Cuerda o cadena que se usa para atar los pies a los caballos.

trabajador, ra s. y adj. **1** Persona que realiza un trabajo a cambio de un salario. ◆ adj. **2** Muy aplicado en el trabajo.

trabajar v.intr. **1** Realizar una actividad que requiere un esfuerzo físico o mental. **2** Ocuparse en un oficio o profesión recibiendo a cambio un salario. **3** Desarrollar un aparato o una máquina su actividad. ◆ v.tr. **4** Someter una materia a una acción continua y ordenada. **5** Cultivar la tierra. ◆ **trabajarse** v.prnl. **6** Tratar con esfuerzo e insistencia de convencer a una persona para que actúe de una forma determinada.

trabajo s.m. **1** Actividad o dedicación que requiere un esfuerzo físico o mental. **2** Oficio o profesión. **3** Lugar donde se ejerce. **4** Obra o resultado de una actividad. **5** Sufrimiento, dolor o penalidad que padece una persona. **6** Esfuerzo y dificultad.

trabajoso, a adj. Que exige mucho trabajo y esfuerzo.

trabalenguas s.m. Palabra o frase difícil de pronunciar que suele proponerse como juego.

trabar v.tr. **1** Juntar o unir dos o más cosas. **2** ESP Espesar o dar mayor consistencia a un líquido o a una masa. **3** Comenzar o emprender una cosa. **4** Rellenar con masa de mortero las juntas de una obra de construcción. **5** Impedir o dificultar la realización de una cosa. ◆ **trabarse** v.prnl. **6** Pelearse o enfrentarse dos o más personas de forma física o de palabra. **7** Tartamudear o atascarse una persona al hablar.

trabilla s.f. **1** ESP Tira de tela pequeña y estrecha que va cosida por los dos extremos a la cintura de una prenda de vestir y sirve para sujetar el cinturón. **2** ESP Tira de tela o cuero que se cose en el bajo de ciertos pantalones y sirve para sujetarlos por debajo de la planta del pie.

trabuco s.m. Arma de fuego más corta y ancha que la escopeta.

traca s.f. Serie de petardos o cohetes a lo largo de una cuerda que estallan uno tras otro.

tracalada s.f. AMÉR Desp. Multitud.

tracción s.f. **1** Fuerza que arrastra a un vehículo sobre una superficie. **2** Acción de una fuerza o un par de fuerzas en un cuerpo para alargarlo.

tractor s.m. Vehículo de motor que se adhiere fuertemente al terreno y se emplea para el trabajo en el campo.

tradición s.f. **1** Conjunto de ideas, usos o costumbres que se comunican, se transmiten o se mantienen de generación en generación. **2** Transmisión o comunicación de este conjunto de ideas, usos o costumbres mantenidas de generación en generación. **3** Desarrollo de una misma actividad que se produce en un lugar determinado a lo largo del tiempo.

tradicional adj. **1** Relativo a la tradición. **2** Que sigue las ideas, los usos o las costumbres del pasado o de un tiempo anterior.

traducción s.f. **1** Acción de traducir. **2** Obra o texto que ha sido traducido por el traductor.

traducir (10) v.tr. **1** Expresar en un idioma lo que se ha dicho o escrito en otro distinto. **2** Equivaler una palabra o forma de expresión de una lengua a otra de otra lengua. **3** Mostrar o hacer entendible una cosa, especialmente un sentimiento.

traductor, ra s. Persona que traduce.

traer (49) v.tr. **1** Transportar o llevar una cosa hasta el lugar en que se encuentra el hablante. **2** Vestir una persona una prenda o llevarla puesta. **3** Ser una cosa causa o razón de que suceda algo. **4** Contener una cosa otra que se expresa a continuación. **5** Poner a una persona en un estado o situación. **6** Sentir o experimentar una persona una sensación física o psíquica. ◇ **traer algo consigo** Causar, conllevar o provocar cierta cosa. ◇ **traérselas** Expresión que indica que una persona o una cosa presenta más problemas o es más difícil de lo que parece.

traficante adj. y s.m. y f. Que trafica.

traficar v.intr. Comerciar o negociar con una cosa, en especial con mercancías ilegales.

tráfico s.m. **1** Circulación de vehículos por una vía pública o una carretera. **2** Comercio o negocio, en especial el que se hace con mercancías ilegales. **3** Comunicación y movimiento de personas, equipajes o mercancías.

tragacanto s.m. **1** Arbusto de ramas abundantes y hojas compuestas que segrega una goma blanca y pegajosa. **2** Esta goma.

tragaderas s.f.pl. **1** Fam. ESP Garganta o faringe. **2** Fam. ESP Tendencia o inclinación de una persona a creérselo todo con gran facilidad. **3** Fam. ESP Facilidad de una persona para admitir o tolerar una cosa que no es justa o verdadera.

tragaluz s.m. Ventana pequeña abierta en el techo o en la parte alta de una pared.

tragaperras adj. y s.f. ESP Se dice de la máquina de juego que funciona automáticamente al introducirle monedas y da premios en dinero.

tragar v.tr. **1** Hacer pasar un alimento o una cosa desde la boca al estómago. **2** Absorber un terreno o el agua lo que está en la superficie. **3** Gastar o consumir una cosa. ◆ v.tr. e intr. **4** Comer mucho una persona. **5** Soportar o tolerar una cosa o a una persona. ◆ **tragarse** v.prnl. **6** Creerse una cosa con facilidad.

tragedia s.f. **1** Hecho desgraciado. **2** Pieza literaria dramática elaborada en un estilo elevado y con desenlace generalmente funesto.

trágico, a adj. **1** Relativo a la tragedia (género dramático). **2** Que es muy triste y produce dolor y sufrimiento moral. **3** Se dice de la persona que exagera mucho sus manifestaciones de dolor.

tragicomedia s.f. Obra literaria con elementos propios de la tragedia y de la comedia.

tragicómico, a adj. **1** Relativo a la tragicomedia. **2** Con elementos trágicos y cómicos.

trago s.m. **1** Cantidad de líquido que se bebe o puede ser bebida de una sola vez. **2** Fam. Bebida alcohólica. **3** Desgracia, sufrimiento o situación difícil que padece una persona.

tragón, na adj. y s. Fam. Se dice de la persona que come mucho.

traición s.f. Falta que comete una persona que no es fiel y no es firme en sus afectos o ideas o no cumple su palabra. ◇ **alta traición** Delito que comete una persona cuando atenta contra la soberanía, la seguridad o la independencia del estado al que pertenece.

traicionar v.tr. **1** Cometer traición. **2** Ser la causa del fracaso o el fallo de un intento.

traicionero, a adj. **1** Que está hecho con traición. ◆ adj. y s. **2** Traidor.

traidor, ra adj. y s. **1** Que comete traición. ◆ adj. **2** Que es muy hábil para engañar o se comporta con disimulo para conseguir una cosa. **3** Que es señal de traición.

tráiler s.m. **1** ESP Publicidad de una película en la que se muestran secuencias de esta en pantalla. **2** Remolque de un camión, especialmente si es de grandes dimensiones.

trainera s.f. **1** Embarcación pequeña y alargada que se usa para la pesca con red. **2** Embarcación de remos que se usa en competiciones deportivas.

traje s.m. **1** Vestido exterior completo de una persona. **2** Vestido formado por una chaqueta y unos pantalones o una falda de la misma tela. **3** Vestido de mujer formado por una sola pieza. **4** Vestido típico o característico de una región o un país, o de unas determinadas personas. ◇ **traje de luces** Traje que lleva adornos de oro o plata y que se ponen los toreros para torear.

trajear v.tr. Vestir con traje o de forma más elegante que la habitual.

trajín s.m. Movimiento intenso o gran actividad que se produce en un lugar.

trajinar v.tr. **1** Llevar o transportar una cosa de un lugar a otro. ◆ v.intr. **2** Realizar una actividad que implica mucho movimiento.

trallazo s.m. Golpe o sacudida violenta.

trama s.f. **1** Disposición interna de las partes de un asunto. **2** Argumento de una obra literaria. **3** Acción preparada en la que un grupo de personas se une para causar daño a otras. **4** Conjunto de los hilos que, cruzados y enlazados con los de la urdimbre, forman la tela.

tramar v.tr. Preparar o planear una cosa, especialmente en secreto y con intriga.

tramitar v.tr. Hacer pasar un asunto por los trámites oportunos o necesarios para solucionarlo.

trámite s.m. Estado de un proceso administrativo por el que tiene que pasar un asunto para ser solucionado.

tramo s.m. **1** Parte de un camino o una vía. **2** Parte de una escalera situada entre dos rellanos.

tramontana s.f. Viento frío, seco y desapacible que sopla del norte en Cataluña y en las islas Baleares.

tramoya s.f. Máquina para hacer los cambios de decorado y los efectos especiales en el escenario de un teatro.

tramoyista s.m. y f. Persona que diseña o maneja las tramoyas de un teatro.

trampa s.f. **1** Artificio para cazar animales. **2** Plan o acción para engañar a una persona. **3** Trampilla. **4** Acción que va contra una regla o una ley y que se hace con disimulo para conseguir algún beneficio. **5** Deuda que se tarda en pagar.

trampantojo s.m. Representación pictórica que pretende confundir al espectador sobre los límites entre lo real y lo representado.

trampear v.intr. **1** Fam. Ir sorteando la miseria o las adversidades, aunque con dificultades. ◆ v.tr. **2** Fam. Pedir prestada una cosa con la intención de no devolverla.

trampilla s.f. Puerta en el suelo o en el techo que comunica una habitación con otra inferior o superior.

trampolín s.m. **1** Tabla flexible sujeta por un extremo que sirve para saltar al agua o tomar impulso al realizar un salto acrobático. **2** Medio utilizado para conseguir un beneficio.

tramposo, a adj. y s. Se dice de la persona que hace trampas en el juego.

tranca s.f. **1** Palo grueso y fuerte. **2** Palo grueso con el que se aseguran por detrás las puertas y ventanas que están cerradas. **3** Fam. Borrachera. ◇ **a trancas y barrancas** Expresión que indica que una cosa se hace con grandes dificultades y superando muchos obstáculos.

trancazo s.m. **1** Fam. Golpe fuerte dado con una tranca o un objeto contundente. **2** Fam. ESP Gripe o enfermedad.

trance s.m. **1** Momento o situación muy difícil o apurada de la vida de una persona. **2** Estado en el que se suspenden las funciones mentales normales de una persona.

tranquera s.f. AMÉR Puerta rústica de un cercado que consta de travesaños de madera asegurados con alambre o con clavos.

tranquilidad s.f. Cualidad de tranquilo.

tranquilizante adj. **1** Que tranquiliza. ◆ s.m. **2** Medicamento que calma o tranquiliza.

tranquilizar v.tr. Hacer desaparecer la excitación del ánimo de una persona.

tranquillo s.m. Hábito o habilidad que se adquiere al repetir una misma acción muchas veces y que ayuda a hacer más fácilmente un trabajo.

tranquilo, a adj. **1** Que no presenta agitación, movimiento o ruido. **2** Que tiene un estado de ánimo sereno y sosegado, con ausencia de toda preocupación o nerviosismo.

transacción s.f. Trato o negocio comercial, generalmente de compraventa.

transatlántico, a o **trasatlántico, a** adj. **1** Relativo a las regiones situadas al otro lado del océano Atlántico. **2** Que atraviesa el océano Atlántico. ◆ s.m. **3** Embarcación de gran tamaño destinada al transporte de pasajeros que recorre grandes distancias.

transbordador o **trasbordador** s.m. **1** Embarcación de gran tamaño destinada al transporte de pasajeros y cargas pesadas que suele hacer siempre el mismo recorrido. **2** Vehículo espacial que despega como un cohete y vuelve a la tierra aterrizando como un avión.

transbordo o **trasbordo** s.m. **1** Cambio o traslado que realiza una persona de un tren a otro. **2** Cambio de línea de metro que realiza una persona en un trayecto o viaje.

transcendencia ▷ trascendencia.

transcendental ▷ trascendental.

transcendente ▷ trascendente.

transcender ▷ trascender.

transcribir o **trascribir** v.tr. **1** Copiar un escrito trasladándolo a un sistema de escritura distinto. **2** Copiar un texto en otro lugar.
OBS Participio: transcrito.

transcripción o **trascripción** s.f. **1** Copia de un escrito trasladándolo a otro sistema de escritura. **2** Copia de un texto en otro lugar.

transcrito, a o **trascrito, a** Participio irregular de transcribir.

transcurrir o **trascurrir** v.intr. Pasar o correr el tiempo.

transcurso o **trascurso** s.m. Paso del tiempo.

transepto s.m. Nave transversal de una iglesia de cruz latina.

transeúnte adj. y s.m. y f. Se dice de la persona que pasa andando por un lugar.

transexual adj. y s.m. y f. Se dice de la persona que se siente del sexo opuesto y adapta su anatomía y su comportamiento a ese sexo.

transferencia o **trasferencia** s.f. Acción de transferir.

transferir o **trasferir** (45) v.tr. **1** Cambiar dinero de una cuenta a otra. **2** Ceder una persona a otra un cargo, un poder o un conjunto de bienes.

transfiguración o **trasfiguración** s.f. Acción de transfigurar.

transfigurar o **trasfigurar** v.tr. Cambiar radicalmente el aspecto de una cosa o de una persona.

transfondo ▷ trasfondo.

transformación o **trasformación** s.f. Acción y efecto de transformar.

transformador, ra o **trasformador, ra** adj. **1** Que transforma o modifica. ◆ s.m. **2** Aparato o instalación que cambia o transforma el voltaje de una corriente eléctrica alterna sin modificar su potencia.

transformar o **trasformar** v.tr. **1** Hacer que una persona o cosa cambie de forma o de aspecto. **2** Hacer que una cosa cambie o sea distinta, pero sin alterar sus características esenciales. **3** Hacer que una cosa se convierta en otra distinta. ◆ **v.tr. e intr. 4** Hacer que un lanzamiento se convierta en un tanto en algunos deportes. ◆ **transformarse v.prnl. 5** Cambiar una persona de aspecto, de carácter, etc.

transformista o **trasformista** s.m. y f. Actor que cambia rápidamente de traje y de aspecto para interpretar personajes diferentes.

tránsfuga o **trásfuga** s.m. y f. **1** Persona que huye de un lugar a otro. **2** ESP Persona que deja un partido político para pertenecer a otro.

transfusión o **trasfusión** s.f. **1** Operación que consiste en hacer pasar sangre de una persona donante a otra receptora. **2** Transvase.

transgénico, a adj. Se dice del organismo a cuya dotación genética se incopora un gen procedente de otra especie.

transgredir o **trasgredir** v.tr. Actuar en contra de una ley, norma o costumbre.

transgresión o **trasgresión** s.f. Acción de transgredir.

transgresor, ra o **trasgresor, ra** adj. y s. Se dice de la persona que actúa en contra de una ley, una norma o una costumbre.

transiberiano, a adj. **1** Que atraviesa Siberia, región oriental de Rusia. ◆ **adj. y s.m. 2** Se dice del tren que comunica Moscú con Vladivostok a través de los Urales y Siberia.

transición s.f. **1** Situación o estado intermedio entre uno pasado y otro nuevo, al que se llega tras un cambio. **2** Paso de un estado o modo de ser a otro distinto. **3** Período de la historia de España a partir de la muerte del general Franco en 1975 y hasta 1982 en que se efectuó y consolidó el paso de la dictadura a la democracia.

transigencia s.f. Condición o actitud del que transige.

transigir v.intr. **1** Admitir o aceptar una persona una cosa que no le gusta o que va en contra de su opinión con el fin de llegar a un acuerdo. **2** Tolerar o admitir una cosa que no gusta o que va contra los propios principios.

transistor s.m. **1** Componente electrónico conectado a un circuito que amplifica las señales eléctricas. **2** Aparato de radio de pequeño tamaño provisto de estos componentes.

transitar v.tr. e intr. Ir o pasar por una vía pública al ir de un lugar a otro.

transitivo, a adj. y s. **1** Se dice del verbo que puede llevar un complemento directo. **2** Se dice de la oración que tiene por núcleo un verbo que puede llevar complemento directo.

tránsito s.m. **1** Acción de transitar. **2** Paso de vehículos por una vía pública. **3** Paso de un estado o empleo a otro. **4** Muerte considerada como un paso de una vida a otra.

transitorio, a adj. **1** Que dura relativamente poco tiempo. **2** Que dura un tiempo determinado y no es para siempre.

translación ▷ traslación.

transliteración o **trasliteración** s.f. Copia que se hace de un escrito trasladándolo a otro sistema de escritura.

transliterar o **trasliterar** v.tr. Copiar un escrito trasladándolo a un sistema de escritura distinto.

translúcido, a ▷ traslúcido, a.

translucir ▷ traslucir.

transmigración o **trasmigración** s.f. **1** Emigración a otro país, especialmente de todo un pueblo. **2** Creencia religiosa según la cual las almas pueden pasar después de la muerte a otro cuerpo humano o animal.

transmisión o **trasmisión** s.f. Acción de transmitir.

transmisor, ra o **trasmisor, ra** adj. y s. **1** Que transmite alguna cosa. ◆ **s.m. 2** Aparato para transmitir señales eléctricas o telefónicas.

transmitir o **trasmitir** v.tr. **1** Hacer llegar a una persona un mensaje, una información o una noticia. **2** Emitir o difundir la radio o la televisión un programa. **3** Comunicar un dispositivo energía o movimiento desde un punto de un mecanismo a otro. **4** Contagiar una enfermedad o un estado de ánimo.

transparencia o **trasparencia** s.f. **1** Cualidad de transparente. **2** Fotografía o diapositiva hecha sobre un material transparente. **3** Técnica de cine que consiste en sustituir un fondo real por una imagen fija.

transparentar o **trasparentar** v.tr. **1** Dejar pasar la luz un objeto y permitir ver a través de su masa lo que hay detrás. **2** Dejar entrever una cosa que a través de los indicios se intuye indirectamente.

transparente o **trasparente** adj. **1** Se dice del cuerpo que deja pasar la luz y permite ver a través de su masa lo que hay detrás. **2** Claro, fácil de comprender. ◆ **s.m. 3** Tela o papel u otro material que se coloca ante una luz para suavizarla o hacerla menos intensa o directa.

transpiración o **traspiración** s.f. Acción de transpirar.

transpirar o **traspirar** v.tr. e intr. **1** Desprender sudor una persona o un animal a través de los poros de la piel. **2** Expulsar una planta vapor de agua. **3** Dejar salir una prenda de vestir el sudor u otro fluido.

transplantar ▷ trasplantar.

transplante ▷ trasplante.

transportador, ra o **transportador, ra** adj. **1** Que lleva una cosa de un lugar a otro. ◆ **s.m. 2** Regla que tiene forma de semicírculo graduado y sirve para medir y dibujar ángulos.

transportar o **trasportar** v.tr. **1** Llevar o trasladar una persona o una cosa de un lugar a otro. **2** Hacer perder una cosa la razón o el sentido a una persona.

transporte o **trasporte** s.m. **1** Acción de llevar o trasladar una persona o cosa de un lugar a otro. **2** Vehículo o medio que se usa para trasladar personas o cosas.

transportista o **trasportista** adj. y s.m. y f. Que se dedica al transporte de mercancías.

transpuesto, a o **traspuesto, a** **1** Participio irregular de transponer. ◆ adj. **2** Ligeramente dormido.

transvasar o **trasvasar** v.tr. Pasar un líquido de un recipiente a otro.

transvase o **trasvase** s.m. **1** Paso de un líquido de un recipiente a otro. **2** Resultado de pasar un líquido de un recipiente a otro.

transversal o **trasversal** adj. **1** Que está atravesado de una parte a otra de una cosa de manera perpendicular a su dimensión longitudinal. **2** Que se cruza en dirección perpendicular con otra cosa. ◆ s.f. **3** Calle o carretera que cruza a otra en dirección perpendicular.

tranvía s.m. Vehículo de transporte público que circula por vías en las calles de una ciudad.

trapecio s.m. **1** Barra horizontal suspendida de dos cuerdas que se usa para hacer ejercicios físicos, gimnásticos o circenses. **2** Figura geométrica de cuatro lados, de los cuales dos son paralelos entre sí. **3** Hueso del cuerpo humano que es el primero de la segunda fila del carpo. **4** Músculo plano y triangular situado en la parte superior de la espalda y posterior de la cabeza.

trapecista s.m. y f. Acróbata o artista de circo que hace ejercicios en el trapecio.

trapero, a s. Persona que se dedica a recoger, comprar y vender trapos y otros objetos usados.

trapezoidal adj. Que tiene forma de trapecio o de trapezoide.

trapezoide s.m. **1** Figura geométrica de cuatro lados, de los cuales ninguno es paralelo a otro. ◆ s.m. y adj. **2** Hueso del cuerpo humano que es el segundo de la segunda fila del carpo.

trapichear v.intr. **1** Fam. Utilizar medios poco lícitos o claros para conseguir un fin determinado. **2** Comerciar con mercancías en pequeñas cantidades de una manera ilegal.

trapicheo s.m. Fam. Uso de medios poco lícitos o claros para conseguir un fin determinado.

trapío s.m. ESP Gallardía, bravura y buena planta de un toro de lidia.

trapo s.m. **1** Trozo de tela, generalmente viejo o de baja calidad, que se usa para diversos fines, especialmente para limpiar, secar o cubrir una cosa. **2** Tela de lana, seda, hilo o algodón, especialmente la que se utiliza para confeccionar ropa o forrar alguna cosa. **3** Conjunto de velas de una embarcación. **4** Tela de la capa de torear de un torero. ◆ **trapos** s.m.pl. **5** Fam. Prendas de vestir, especialmente femeninas. ◇ **trapos sucios** Fam. Errores, defectos o faltas que se cometen o se tienen y que deberían permanecer en el ámbito privado.

tráquea s.f. Conducto formado por anillos cartilaginosos, que comunica la laringe con los bronquios y lleva el aire a los pulmones.

traqueotomía s.f. Intervención quirúrgica en la que se practica una abertura en la tráquea para comunicarla con el exterior.

traqueteo s.m. Movimiento repetitivo de una cosa que traquetea.

tras prep. **1** Indica que una cosa sucede a continuación de otra. **2** Indica que una cosa está detrás de algo, especialmente si está oculta. **3** Indica que se persigue o se busca alguna cosa.

trasatlántico, a ▷ transatlántico, a.

trasbordador ▷ transbordador.

trasbordo ▷ transbordo.

trascendencia o **transcendencia** s.f. **1** Consecuencia o resultado de carácter grave o muy importante que tiene una cosa. **2** Importancia que tiene una cosa.

trascendental o **transcendental** adj. **1** Trascendente. **2** Básico o principal para fundar o sostener una cosa.

trascendente o **transcendente** adj. **1** Se dice del hecho que tiene consecuencias muy importantes. **2** Que está relacionado con lo que trasciende los límites de la realidad sensible, en especial, lo que se relaciona con lo espiritual.

trascender o **transcender** (33) v.intr. **1** Empezar a ser conocida una cosa que estaba oculta. **2** Extenderse las consecuencias o los efectos de un hecho. **3** Sobrepasar una cosa un límite.

trascribir ▷ transcribir.

trascripción ▷ transcripción.

trascrito, a ▷ transcrito, a.

trascurrir ▷ transcurrir.

trascurso ▷ transcurso.

trasdós s.m. Cara exterior convexa de un arco o una bóveda.

trasdosar v.tr. Recubrir de material el trasdós.

trasero, a adj. **1** Situado en la parte de atrás de una cosa vista frontalmente. ◆ s.m. **2** Parte del cuerpo de un animal vertebrado constituida por el extremo superior y posterior de los muslos y la zona inferior de la espalda o el lomo.

trasferencia ▷ transferencia.

trasferir ▷ transferir.

trasfiguración ▷ transfiguración.

trasfigurar ▷ transfigurar.

trasfondo o **transfondo** s.m. Cosa, situación o intención que está detrás de la apariencia externa y visible de una acción o una situación.

trasformación ▷ transformación.

trasformador, ra ▷ transformador, ra.

trasformar ▷ transformar.

trasformista ▷ transformista.

trásfuga ▷ tránsfuga.

trasfusión ▷ transfusión.

trasgredir ▷ transgredir.

trasgresión ▷ transgresión.

trasgresor, ra ▷ transgresor, ra.

trashumancia s.f. Traslado de los rebaños de ganado desde los pastos de las dehesas de verano a las de invierno y viceversa.

trashumante adj. Se dice del ganado que practica la trashumancia.

trasiego s.m. **1** Cambio de una cosa de un lugar a otro, especialmente de un líquido de un recipiente a otro. **2** Gran actividad y movimiento de gente.

traslación o **translación** s.f. **1** Movimiento que describe la Tierra alrededor del Sol siguiendo una trayectoria elíptica. **2** En matemáticas, transformación geométrica que mantiene la forma, el tamaño y la orientación de las figuras.

trasladar v.tr. **1** Cambiar a una persona o una cosa de lugar. **2** Cambiar a una persona de un puesto o cargo a otro, generalmente de la misma categoría. **3** Cambiar o modificar la hora o la fecha en que debe celebrarse un acto.

traslado s.m. **1** Cambio de domicilio o de sede social. **2** Cambio de lugar de trabajo dentro de la misma empresa o institución.

trasliteración ▷ transliteración.

trasliterar ▷ transliterar.

traslúcido, a o **translúcido, a** adj. Se dice del cuerpo que deja pasar la luz pero que no permite ver con nitidez a través de él.

traslucir o **translucir** (27) v.tr. **1** Dejar ver una cosa a través de unos indicios. ◆ **traslucirse** *v.prnl.* **2** *Ser un objeto traslúcido.*

trasluz s.m. Luz que pasa a través de un cuerpo traslúcido o transparente.

trasmigración ▷ transmigración.

trasmisión ▷ transmisión.

trasmisor, ra ▷ transmisor, ra.

trasmitir ▷ transmitir.

trasmundo s.m. Mundo fantástico o imaginario.

trasnochado, a adj. Que está anticuado o ya no es vigente.

trasnochar v.intr. Pasar una persona la noche sin dormir o acostarse muy tarde.

traspapelar v.tr. Extraviar un papel o un documento que se encuentra en un lugar que no le corresponde.

trasparencia ▷ transparencia.

trasparentar ▷ transparentar.

trasparente ▷ transparente.

traspasar v.tr. **1** Pasar una cosa de una parte de un cuerpo a otra opuesta de este. **2** Pasar de una parte a otra de un lugar. **3** Trasladar o llevar una cosa de un lugar a otro. **4** Entregar el alquiler o la venta de un local o un establecimiento a una persona a cambio de dinero. **5** Vender un club deportivo a alguno de sus jugadores.

traspaso s.m. Acción de traspasar.

traspatio s.m. AMÉR Patio interior, que suele encontrarse al fondo o detrás del patio principal de las casas de pueblo.

traspié s.m. **1** Tropezón o resbalón al andar o al correr. **2** Equivocación o error.

traspiración ▷ transpiración.

traspirar ▷ transpirar.

trasplantar o **transplantar** v.tr. **1** Trasladar una planta con sus raíces del lugar en que estaba plantada a otro. **2** Introducir en el cuerpo de una persona una parte de tejido o un órgano sanos para sustituir a los que estaban dañados.

trasplante o **transplante** s.m. Acción de trasplantar.

trasponer ▷ transponer.

trasportador, ra ▷ transportador, ra.

trasportar ▷ transportar.

trasporte ▷ transporte.

trasportista ▷ transportista.

traspuesto, a ▷ transpuesto, a.

trasquilar v.tr. **1** Cortar el pelo o la lana a ciertos animales. **2** Cortar el pelo a una persona de forma desigual y mal cortado.

trasquilón s.m. **1** Corte desigual y mal hecho de un mechón de pelo. **2** Mechón de pelo desigual y mal cortado.

trastada s.f. Fam. Travesura.

trastazo s.m. Fam. Golpe fuerte que recibe *una persona al caer o chocar contra un cuerpo* duro.

traste s.m. **1** Saliente de metal, hueso u otro material que va colocado junto con otros de manera transversal a lo largo del mástil de la guitarra o de otros instrumentos de cuerda. **2** Espacio entre dos de esos salientes. **3** AMÉR Trasto, cacharro. **4** Fam. ARG, PAR, URUG Culo de una persona. **5** Fam. ARG, PAR, URUG Buena suerte de una persona. ◇ **dar al traste con algo** ESP, MÉX Estropear o echar a perder una cosa.

trastear v.intr. **1** Revolver, remover o cambiar trastos o cosas de un lugar a otro. **2** Hacer travesuras.

trastero s.m. Habitación que se usa para guardar trastos o cosas que no se utilizan a menudo.

trastienda s.f. **1** Habitación situada detrás de la tienda que queda oculta al cliente y en la que generalmente se guarda género. **2** Fam. Pensamiento o intención que una persona esconde, por astucia, cautela o hipocresía.

trasto s.m. **1** Objeto que no sirve para nada, que carece de valor o que está estorbando en un sitio. **2** Máquina, aparato o mecanismo, especialmente el que está muy viejo, funciona mal o es difícil de manejar. **3** ESP Persona, especialmente niño, que no tiene formalidad, es inquieta o es un estorbo. ◆ **trastos** s.m.pl. **4** Herramientas o utensilios que se emplean habitualmente en un oficio o una actividad.

trastocar v.tr. **1** Alterar el orden que mantenían ciertas cosas o el desarrollo normal de algo. ◆ **trastocarse** v.prnl. **2** Perder el juicio o la razón.

trastornar v.tr. **1** Trastocar. **2** Hacer que una persona sufra un problema, una molestia o tenga un cambio negativo en su vida. **3** Gustar mucho una persona o una cosa a alguien. **4** Perturbar o alterar el estado físico o anímico de una persona o su estado mental. ◆ **trastornarse** v.prnl. **5** Trastocarse.

trastorno s.m. **1** Cambio o alteración en el orden que mantenían ciertas cosas o en el desarrollo normal de algo. **2** Molestia, problema o perturbación que altera la vida de una persona o su estado de ánimo. **3** Alteración leve en el funcionamiento de un órgano corporal.

trasvasar ▷ transvasar.

trasvase ▷ transvase.

trasversal ▷ transversal.

trata s.f. Tráfico o comercio en el que se venden seres humanos como esclavos.

tratado s.m. **1** Ajuste o acuerdo al que se llega después de haber debatido sobre un asunto. **2** Obra que trata sobre una materia determinada.

tratamiento s.m. **1** Trato (manera de actuar). **2** Manera de dirigirse a una persona según su categoría, condición, edad u otras características. **3** Conjunto de cuidados y remedios que se aplican a una persona para curarle una enfermedad. **4** Manera de trabajar una materia para su transformación o modificación.

tratante s.m. y f. Persona que se dedica a comprar cosas o animales para después revenderlos.

tratar v.tr. **1** Actuar, comportarse o proceder una persona de una manera determinada en relación con los demás o con los animales. **2** Usar o manejar una cosa de la manera que se expresa. **3** Dar a una persona un tratamiento determinado. **4** Calificar a una persona de manera despectiva o insultante. **5** Someter una materia a un tratamiento para su transformación o para la obtención de determinado resultado. **6** Someter a un paciente a una serie de cuidados y remedios para curarle una enfermedad. **7** Negociar, discutir o analizar un asunto o un tema. ◆ v.tr. e intr. **8** Tener relación una persona con otra. ◆ v.intr. **9** Ocuparse o hablar de cierto tema, asunto o materia. **10** Intentar conseguir o lograr un objetivo o un fin. **11** Comerciar o comprar cosas para después venderlas.

trato s.m. **1** Manera de actuar, de comportarse o de proceder una persona en su relación con los demás o con los animales. **2** Manera de usar o manejar alguna cosa. **3** Relación de una persona con otra. **4** Acuerdo al que llegan dos o más personas sobre un asunto.

trauma s.m. **1** Choque emocional que produce una impresión intensa y duradera en el subconsciente de una persona. **2** Traumatismo.

traumático, a adj. **1** Relativo al traumatismo. **2** Que produce un trauma emocional.

traumatismo s.m. Daño de los tejidos orgánicos o de los huesos producido por un golpe, una torcedura u otra circunstancia.

traumatizar v.tr. Producir un trauma en una persona.

traumatología s.f. Parte de la medicina que se ocupa de los traumatismos y sus efectos.

traumatólogo, a s. Médico especialista en traumatología.

travelín s.m. Técnica cinematográfica que consiste en mover la cámara para acercarla o alejarla de lo que se desea filmar.
OBS Puede encontrarse la grafía inglesa **travelling**.

travertino s.m. Roca calcárea blanca o amarillenta de gran belleza.

través ◇ **al través** o **de través** En dirección o posición transversal u oblicua. ◇ **a través de** Indica que una cosa se hace u ocurre pasando o cruzando por en medio o de un lado a otro de algo. — Indica que una cosa se hace u ocurre mediante la utilización de otra o gracias a otra.

travesaño s.m. **1** Pieza alargada de madera o de otro material que atraviesa una cosa de una parte a otra. **2** Palo superior de la portería que une horizontalmente los dos postes.

travesía s.f. **1** ESP Calle estrecha que va de una calle principal a otra. **2** ESP Parte de una carretera que atraviesa una población. **3** Viaje por mar o por aire.

travesti o **travestí** s.m. y f. Persona que se viste con ropas propias del otro sexo.

travestido, a adj. **1** Disfrazado. ◆ s. y adj. **2** Travesti.

travestir (31) v.tr. Vestir a una persona con ropas propias del otro sexo.

travesura s.f. Acción mala de poca importancia, cometida sin malicia, especialmente la que comete un niño para divertirse o para burlarse.

traviesa s.f. Pieza alargada de madera, metal u hormigón que se atraviesa junto con otras en una vía férrea para asentar sobre ella los raíles.

travieso, a adj. **1** Se dice de la persona que hace muchas travesuras, especialmente un niño. **2** Propio de estas personas. **3** Se dice de la persona que no se está quieta o es muy revoltosa.

trayecto s.m. **1** Espacio o camino que se recorre entre dos puntos o lugares. **2** Acción de recorrer el espacio entre dos puntos o lugares.

trayectoria s.f. **1** Línea descrita en el espacio por un punto que se mueve. **2** Camino o recorrido que sigue alguien o algo al desplazarse. **3** Curso, desarrollo o evolución que sigue una persona o una cosa a lo largo del tiempo.

traza s.f. **1** Aspecto o apariencia que presenta una persona o una cosa. **2** Diseño o proyecto de una obra de ingeniería o de arquitectura. **3** Habilidad que tiene una persona para hacer una cosa determinada.

trazado s.m. **1** Traza (diseño o proyecto). **2** Recorrido o dirección que sigue sobre el terreno un camino o una vía.

trazar v.tr. **1** Dibujar una cosa mediante rayas o líneas. **2** Pensar, idear o preparar un plan o un proyecto. **3** Describir o explicar con palabras los rasgos característicos de una persona o asunto.

trazo s.m. Línea o raya hecha al escribir o dibujar.

trébol s.m. **1** Planta herbácea cuyas hojas están compuestas por tres folíolos redondeados, o, en raras ocasiones, por cuatro. **2** Carta de la baraja francesa en la que aparecen representados uno o varios tréboles de color negro. ◆ **tréboles** s.m.pl. **3** Palo de la baraja francesa que se representa con tréboles de color negro.

trece adj.num.cardin. **1** Diez más tres. ◆ adj.num.ordin. **2** Que ocupa el lugar número 13 en una serie ordenada. ◆ s.m. **3** Número 13.

treceavo, a adj.num.partit. Se dice de cada una de las partes que resultan de dividir un todo en trece partes iguales.

trecho s.m. Espacio o distancia que hay entre dos puntos o lugares.

tregua s.f. **1** Suspensión temporal de una lucha o de una guerra. **2** Interrupción temporal de una actividad, un trabajo u otra cosa.

treinta adj.num.cardin. **1** Veinte más diez. ◆ adj.num.ordin. **2** Que ocupa el lugar número 30 en una serie ordenada. ◆ s.m. **3** Número 30.

treintañero, a adj. y s. Se dice de la persona que tiene más de treinta años de edad y menos de cuarenta.

treintavo, a adj.num.partit. Se dice de cada una de las partes que resultan de dividir un todo en treinta partes iguales.

treintena s.f. Conjunto formado por treinta unidades.

trekking s.m. Modalidad de excursionismo que consiste en recorrer a pie largas distancias o una zona determinada.
OBS Pronunc. aprox. 'trequin'.

tremebundo, a adj. **1** Que causa terror o hace temblar. **2** Muy grande o intenso.

tremendismo s.m. Tendencia artística y literaria desarrollada en España después de la Guerra Civil que presenta de forma cruda situaciones desagradables y violentas, incluso repulsivas, en un lenguaje también crudo y directo.

tremendo, a adj. **1** Que produce un fuerte sentimiento de sobrecogimiento, susto, miedo o terror. **2** Muy grande en tamaño o intensidad. **3** Fam. Se dice de la persona que hace cosas sorprendentes o fuera de lo común. ◇ **por la tremenda** De forma brusca o violenta. — Por el aspecto más negativo.

trementina s.f. Resina oleosa y pegajosa de color amarillo que desprenden algunos árboles.

trémulo, a adj. Que tiembla o se agita con movimientos rápidos y continuos.

tren s.m. **1** Medio de transporte formado por vagones enganchados y arrastrados sobre unos raíles por una locomotora. **2** Conjunto de máquinas o aparatos empleados para una misma operación y colocados en serie uno tras otro. **3** Manera o modo de vivir una persona con determinados lujos y comodidades. ◇ **para parar un tren** Fam. Se utiliza para indicar que una cosa es muy abundante o existe en gran cantidad.

trenca s.f. ESP Abrigo de lana tupida, que cubre el cuerpo hasta por encima de las rodillas, con capucha y bolsillos con tapa en el frente.

trenza s.f. **1** Tejido que resulta de entrelazar tres cuerdas, hebras u otras cosas cruzándolas alternativamente entre sí y apretándolas. **2** Mechón de pelo entrelazado de esa manera.

trenzar v.tr. Hacer trenzas con mechones, cuerdas o con otra clase de fibras o hebras.

trepa s.m. y f. Fam. ESP Persona que intenta ascender profesional o socialmente aprovechando cualquier circunstancia y sin importarle los medios que utilice para ello.

trepador, ra adj. **1** Se dice de la planta enredadera que asciende verticalmente apoyándose en cualquier saliente elevado. **2** Se dice del tallo propio de este tipo de plantas.

trepanación s.f. Perforación de un hueso, especialmente el cráneo.

trepanar v.tr. Perforar un hueso, especialmente el cráneo.

trepar v.intr. **1** Subir a un lugar alto valiéndose de los pies y de las manos. **2** Crecer ciertas plantas y subir agarrándose y sujetándose a lo largo de un árbol, una pared, una reja, etc. **3** Fam. ESP Ascender profesional o socialmente aprovechando cualquier circunstancia y sin importar los medios.

trepidante adj. **1** Que vibra y tiembla con movimientos pequeños y rápidos. **2** Que se desarrolla de forma muy rápida y emocionante.

trepidar v.intr. **1** Temblar o vibrar una cosa con movimientos pequeños y rápidos. **2** AMÉR Titubear una persona antes de tomar una decisión importante o hacer algo.

tres adj.num.cardin. **1** Dos más uno. ◆ adj.num.ordin. **2** Que ocupa el lugar número 3 en una serie ordenada. ◆ s.m. **3** Número 3. □ Plural: treses. ◇ **de tres al cuarto** De poco valor o categoría. ◇ **ni a la de tres** Fam. Se utiliza para indicar que una cosa es muy difícil o imposible de realizar, por mucho que se intente.

trescientos, as adj.num.cardin. **1** Doscientos más cien. ◆ adj.num.ordin. **2** Que ocupa el lugar número 300 en una serie ordenada. ◆ s.m. **3** Número 300.

tresillo s.m. ESP Conjunto de un sofá y dos sillones a juego.

treta s.f. Medio que se emplea con astucia y habilidad para conseguir una cosa, y en el que hay oculto un engaño o una trampa.

tríada s.f. Grupo de tres elementos o seres vinculados entre sí.

trial s.m. Modalidad de motociclismo que se practica por terrenos accidentados y con diversos obstáculos.

triangulación s.f. **1** Unión de tres puntos de una cosa o un lugar mediante líneas rectas, formando un triángulo. **2** En algunos deportes, movimiento de la pelota entre varios jugadores, formando un triángulo imaginario.

1. **triangular** adj. **1** Que tiene forma de triángulo. **2** Que se realiza con la participación de tres grupos.

2. **triangular** v.tr. **1** Unir tres puntos de una cosa o un lugar mediante líneas rectas, formando un triángulo. **2** En algunos deportes, mover la pelota entre varios jugadores, formando un triángulo imaginario.

triángulo s.m. **1** Polígono de tres lados. **2** Instrumento musical de percusión formado por una barra de metal doblada en forma de triángulo que se toca golpeándola con una baqueta o varilla metálica.

triatlón s.m. Prueba deportiva que consiste en tres carreras: una de natación, una de ciclismo y una pedestre.

tribal adj. Relativo a la tribu.

tribalismo s.m. Forma de organización social que se basa en la tribu.

tribu s.f. **1** Organización social, política y económica integrada por un conjunto de personas que comparten un origen, una lengua, unas costumbres y unas creencias y que obedecen a un mismo jefe. **2** Fam. Familia, especialmente numerosa.

tribulación s.f. **1** Pena o preocupación muy grande que tiene una persona. **2** Situación adversa o desfavorable que padece una persona.

tribuna s.f. **1** Plataforma elevada y generalmente con una barandilla, donde se coloca un orador para hablar al público o donde se instalan las autoridades o los espectadores que contemplan un desfile o un espectáculo público, generalmente al aire libre. **2** Medio de comunicación social que se utiliza para expresar o manifestar una opinión. **3** Localidad preferente de algunos estadios, pabellones o campos de deporte. **4** Galería de una iglesia, situada sobre las naves laterales y abierta en la nave principal, donde se pueden situar los fieles. **5** Ventana o balcón desde donde se puede asisitir a los oficios religiosos sin ser visto. **6** Mirador o palco.

tribunal s.m. **1** Conjunto de personas que se encarga de administrar justicia en un estado. **2** Edificio o lugar donde se administra justicia. **3** Conjunto de personas reunidas para emitir un juicio sobre algo, como un examen o una oposición.

tribuno s.m. Magistrado o alto cargo de la antigua Roma con funciones militares o políticas.

tributar v.tr. e intr. **1** Pagar un tributo. ◆ v.tr. **2** Manifestar hacia una persona una muestra de reconocimiento, respeto o consideración como prueba de agradecimiento o admiración.

tributario, a adj. **1** Relativo al tributo. ◆ adj. y s. **2** Se dice de la persona que paga tributos.

tributo s.m. **1** Dinero que un ciudadano debe pagar al estado o a otro organismo para sostener el gasto público. **2** Dinero o cosa que el vasallo debía entregar a su señor como reconocimiento de obediencia y sometimiento. **3** Muestra de reconocimiento, respeto o consideración hacia una persona como prueba de agradecimiento o admiración.

tricentésimo, a adj.num.ordin. **1** Que ocupa el lugar número 300 en una serie ordenada. ◆ adj.num.partit. **2** Se dice de cada una de las partes que resultan de dividir un todo en trescientas partes iguales.

tríceps s.m. y adj. Músculo formado por tres partes o porciones que se unen en un tendón.

triceratops s.m. Reptil dinosaurio parecido al rinoceronte, con un pequeño cuerno en la nariz y dos cuernos más largos en la parte posterior del cráneo.
OBS Pronunc. 'tricerátops'.

triciclo s.m. Vehículo de tres ruedas, dos traseras y una delantera, especialmente el movido por dos pedales y usado por los niños.

tricolor adj. Que tiene tres colores.

tricoma s.m. Apéndice de la epidermis de las plantas formado por una o varias células y con forma de pelo.

tricornio s.m. Sombrero de color negro que tiene el ala dura y doblada de manera que forma tres picos.

tricotar v.tr. Hacer labores de punto, especialmente a máquina.

tricotosa s.f. Máquina para hacer punto.

tricúspide adj. y s.f. Se dice de la válvula del corazón que separa la aurícula y el ventrículo derechos.

tridecasílabo, a adj. Que tiene trece sílabas.

tridente adj. y s.m. Se dice del utensilio que tiene tres puntas o dientes.

tridimensional adj. Que tiene tres dimensiones: altura, anchura y largura.

trienal adj. **1** Que se repite cada tres años. **2** Que dura tres años.

trienio s.m. **1** Período de tres años. **2** Incremento económico que se efectúa sobre un sueldo o salario por cada tres años de servicio.

trifásico, a adj. Se dice del sistema eléctrico formado por tres corrientes alternas iguales con fases que se distancian un tercio de período.

triforio s.m. Serie de ventanas abiertas en los muros de la nave central de algunas iglesias, por encima de las arcadas que dan a las naves laterales, y que conforma un estrecho pasadizo.

trifulca s.f. Fam. Discusión o pelea, generalmente con mucho ruido y alboroto.

trigal s.m. Terreno sembrado de trigo.

trigémino adj. y s.m. Se dice del nervio del cráneo que sensibiliza varias partes de la cara.

trigésimo, a adj.num.ordin. **1** Que ocupa el lugar número 30 en una serie ordenada. ◆ adj.num.partit. **2** Se dice de cada una de las partes que resultan de dividir un todo en treinta partes iguales.

triglifo o **tríglifo** s.m. Ornamento del friso de orden dórico, que consiste en un rectángulo saliente con acanaladuras verticales.

trigo s.m. **1** Planta de la familia de las gramíneas cuyo tallo termina en una espiga con cuatro o más hileras de granos, de los cuales se saca la harina con la que se hace el pan. **2** Semilla o grano de esta planta. ◇ **no ser trigo limpio** *Fam. No ser una persona, asunto o negocio* honrado o de buenas intenciones.

trigonometría s.f. Parte de las matemáticas que estudia las relaciones entre los lados de un triángulo rectángulo y las razones goniométricas correspondientes a sus ángulos.

trigueño, a adj. Se dice del color moreno dorado como el del trigo.

triguero, a adj. **1** Relativo al trigo. **2** Se dice de la planta que crece entre el trigo.

trilero, a s. Fam. ESP Persona que dirige el juego de los triles.

triles s.m.pl. ESP Juego de apuestas callejero que consiste en adivinar en cuál de los tres posibles sitios está escondido un objeto que previamente se ha mostrado y se ha movido de sitio varias veces con rapidez.

trilingüe adj. y s.m. y f. **1** Que habla tres lenguas. ◆ adj. **2** Escrito en tres lenguas.

trilita s.f. Trinitrotolueno.

trilla s.f. **1** Acción de triturar el cereal cortado para separar el grano de la paja. **2** Tiempo o época en que se efectúa esta operación. **3** Trillo.

trillado, a adj. Muy conocido o utilizado.

trilladora s.f. Máquina que sirve para trillar los cereales, especialmente el trigo.

trillar v.tr. Triturar el cereal cortado para separar el grano de la paja.

trillizo, a adj. y s. Se dice de la persona que ha nacido de un parto triple.

trillo s.m. Instrumento para trillar los cereales; está formado por una tabla ancha con trozos de piedra o hierro en su lado inferior.

trillón s.m. Conjunto formado por un millón de billones de unidades.

trilobites s.m. Invertebrado marino, actualmente extinguido, del filo de los artrópodos, de cuerpo oval y aplanado, con un caparazón articulado formado por tres lóbulos.

trilogía s.f. **1** Conjunto de tres obras literarias o cinematográficas de un mismo autor relacionadas por el argumento o los personajes. **2** Conjunto de tres tragedias que un autor presentaba a los concursos públicos de la antigua Grecia.

trimestral adj. **1** Que sucede o se repite cada tres meses. **2** Que dura tres meses.

trimestre s.m. Período de tres meses.

trinar v.intr. Emitir trinos un pájaro. ◇ **estar alguien que trina** Estar muy enfadada o muy nerviosa una persona por algún motivo.

1. **trincar** v.tr. **1** Fam. ESP Robar una cosa. **2** Fam. ESP Atrapar a una persona, sujetándola fuertemente de manera que no se pueda escapar, especialmente cuando ha cometido un delito.

2. **trincar** v.tr. Fam. Beber o tomar una bebida.

trinchar v.tr. Cortar en trozos la comida para servirla.

trinchera s.f. **1** *Zanja excavada en la tierra* donde se meten los soldados para protegerse de los disparos del enemigo y disparar desde ella. **2** Corte hecho en el terreno para construir una vía de comunicación.

trineo s.m. Vehículo para deslizarse sobre la nieve y el hielo, provisto de esquíes o patines en lugar de ruedas.

trinidad s.f. **1** Grupo de tres personas. **2** En el catolicismo, conjunto de las tres personas divinas (Padre, Hijo y Espíritu Santo) en la esencia de Dios. □ También Santísima Trinidad. Se escribe con mayúscula inicial.

trinitrotolueno s.m. Explosivo muy potente que se obtiene por la reacción de un hidrocarburo (tolueno) con ácido nítrico y ácido sulfúrico.

trino s.m. **1** Canto o sonido emitido por los pájaros, que consiste en un sonido agudo y repetido con mucha rapidez. **2** Nota musical que se emite produciendo una gran vibración del sonido de modo que se llega a alcanzar la nota contigua superior.

trinomio s.m. Polinomio de tres términos.

1. **trinquete** s.m. **1** En un barco de vela, palo más cercano a la proa. **2** Frontón cerrado con doble pared lateral. **3** Modalidad de la pelota vasca que se juega en este tipo de frontón.

2. **trinquete** s.m. Mecanismo en forma de lengüeta que obliga a que algo gire hacia un lado y no hacia el otro.

trío s.m. **1** Conjunto de tres personas o cosas. **2** Conjunto musical formado por tres voces o instrumentos. **3** Composición musical hecha para ser interpretada por este conjunto.

tripa s.f. **1** Intestino de una persona o animal. **2** Fam. ESP Vientre o barriga de una persona o animal. **3** ESP Panza de una vasija o un envase. ◆ **tripas** s.f.pl. **4** Fam. Parte interior de algunos aparatos y objetos, especialmente los que están formados por muchas piezas.

tripartito, a adj. **1** Formado por tres partes o miembros. **2** Se dice del contrato, acuerdo o reunión formado por tres grupos de personas.

triple adj. y s.m. **1** Que es tres veces la cantidad, número o tamaño de cierta cosa. ◆ adj. **2** Que está formado por tres elementos o se repite tres veces. ◆ s.m. y adj. **3** En baloncesto, canasta que tiene un valor de tres puntos.

triplete s.m. Serie de tres éxitos o victorias en un corto período, especialmente en deporte.

triplicado s.m. Tercer ejemplar o tercera copia de un documento o escrito original, de idénticas características que este.

triplicar v.tr. Hacer tres veces mayor una cosa o multiplicar por tres una cantidad.

trípode s.m. Armazón de tres pies para sostener ciertos instrumentos.

tríptico s.m. **1** Pintura o relieve realizado sobre tres tablas o lienzos articulados, de manera que los dos laterales se pueden cerrar sobre el del centro. **2** Libro o tratado que consta de tres partes. **3** Folleto doblado en tres partes.

triptongo s.m. Agrupación silábica formada por una semiconsonante, una vocal y una semivocal.

tripudo, a adj. y s. Fam. Se dice de la persona que tiene la tripa o barriga muy grande.

tripulación s.f. Personas que se encargan de manejar un barco, un avión o una nave espacial, o que prestan servicio en ellos.

tripulante s.m. y f. Persona que se encarga de conducir o manejar un barco, un avión o una nave espacial, o que presta servicio en ellos.

tripular v.tr. Conducir o manejar un barco, un avión o una nave espacial, o prestar servicio en ellos.

triquina s.f. Gusano parásito que vive en los músculos de algunos animales.

triquinosis s.f. Enfermedad parasitaria de algunos animales y del ser humano, caracterizada por fiebre alta, dolores musculares y vómitos o diarreas.

triquiñuela s.f. Fam. Treta.

tris ◇ **en un tris** Se utiliza para indicar que una cosa no sucede o se realiza por muy poco.

trisílabo, a adj. Que tiene tres sílabas.

triste adj. **1** Que siente melancolía, pena o tristeza. **2** De carácter melancólico o que tiende a sentir y mostrar pena o tristeza. **3** Que expresa melancolía, pena o tristeza. **4** Que produce melancolía, pena o tristeza. **5** Que causa un gran dolor o es muy difícil de soportar. **6** Insignificante, insuficiente o ineficaz para una cosa.

tristeza s.f. **1** Sentimiento de melancolía que provoca falta de ánimo y de alegría e ilusión por las cosas. **2** Característica de las cosas que muestran o producen este sentimiento.

tritón s.m. Anfibio de aspecto similar a la salamandra, de unos 12 cm de longitud, piel parda con manchas y cola larga y aplanada.

trituración s.f. Acción de triturar.

trituradora s.f. Máquina para triturar.

triturar v.tr. **1** Partir o desmenuzar en trozos pequeños una materia sólida, pero sin llegar a convertirla en polvo. **2** Masticar o partir una cosa con los dientes, especialmente los alimentos. **3** Rechazar, censurar o rebatir de modo claro una idea o algo que se examina o se juzga.

triunfador, ra adj. y s. Se dice de la persona que triunfa en una cosa determinada o que generalmente triunfa en las cosas.

triunfal adj. Relativo al triunfo.

triunfalismo s.m. Actitud exagerada de seguridad y de superioridad.

triunfalista adj. y s.m. y f. Que muestra triunfalismo.

triunfante adj. Que triunfa o lo parece.

triunfar v.intr. **1** Ganar o conseguir la victoria en una lucha o competición. **2** Tener éxito una persona o conseguir unos objetivos.

triunfo s.m. **1** Acción de ganar o conseguir la victoria en una lucha o competición. **2** Trofeo (objeto). **3** En algunos juegos de naipes, carta de la baraja que tiene mayor valor que otras. **4** Éxito o resultado favorable que se consigue en una cosa.

triunvirato s.m. **1** Gobierno de la antigua república romana que estaba formado por tres personas. **2** Grupo de tres personas que dirigen algo o están al frente de algo.

trivalente adj. **1** Que vale o sirve para tres cosas. **2** Se dice del elemento o radical químico que tiene tres valencias.

trivial adj. **1** Que no tiene importancia, trascendencia o interés. **2** Común y sabido por todos.

trivialidad s.f. **1** Falta de importancia, de interés o de trascendencia. **2** Cosa que no tiene importancia, trascendencia o interés, o que es común y sabida por todos.

trivium o **trivio** s.m. Conjunto de las tres artes liberales (gramática, retórica y dialéctica) que se estudiaban como un bloque en la Edad Media, además del cuadrivium.

trizas ◇ **hacer trizas algo** Fam. Romper algo en trozos muy pequeños.

trocar (11) v.tr. **1** Entregar una cosa y recibir otra a cambio. **2** Transformar una cosa en otra diferente.

trocear v.tr. Cortar en trozos una cosa entera.

trofeo s.m. **1** Objeto que se da en señal de victoria o como premio por haber vencido en una competición o haber obtenido uno de los mejores puestos. **2** Cabeza disecada o parte de un animal que una persona conserva como recuerdo de su caza.

troglodita adj. y s.m. y f. **1** Se dice de la persona que vive en una caverna o vivienda excavada en una roca. **2** Fam. Se dice de la persona que es tosca y poco educada.

troika s.f. **1** Carruaje ruso grande montado sobre patines y tirado por tres caballos. **2** Grupo de dirigentes de la antigua Unión Soviética formado por el presidente de la república, el jefe de gobierno y el secretario general del Partido Comunista. **3** Grupo de dirigentes formado por tres políticos de alto nivel.

trola s.f. Fam. ESP Mentira.

trolebús s.m. Vehículo de tracción eléctrica que se usa para el transporte de personas dentro de la ciudad y que toma la corriente de un cable suspendido en el aire.

trolero, a adj. y s. Fam. ESP Que miente o exagera mucho.

tromba s.f. **1** Columna de agua que se levanta en el mar y que gira sobre sí misma a causa de un torbellino. **2** Lluvia muy intensa, violenta y de corta duración. □ También tromba de agua. ◇ **en tromba** Indica que una cosa aparece o se produce en masa, brusca o violentamente.

trombo s.m. Coágulo de sangre que se forma en el interior de una vena.

tromboflebitis s.f. Inflamación de una vena producida por un trombo.

trombón s.m. Instrumento musical de viento formado por una pieza tubular metálica en forma de U muy larga que es móvil y permite modificar la longitud del instrumento para producir los diferentes sonidos; el tubo termina en un ancho pabellón. □ También trombón de varas. ◇ **trombón de pistones** Trombón que tiene pistones que se pulsan para producir los sonidos, en lugar de la pieza tubular móvil.

trombosis s.f. Formación de un coágulo de sangre en el interior de un vaso sanguíneo o en el corazón.

trompa s.f. **1** Prolongación muscular, hueca y flexible, de la nariz del elefante y el tapir. **2** Aparato chupador que tienen algunos insectos que se puede dilatar y contraer. **3** Instrumento musical de viento de la familia del metal formado por un tubo enroscado circularmente que se va ensanchando hasta terminar en un ancho pabellón en forma de cono; se toca pulsando una serie de pistones que tiene en el tubo. **4** Fam. ESP Borrachera, estado de embriaguez de una persona. ◇ **trompa de Eustaquio** Conducto que comunica el oído medio con la faringe en los animales vertebrados. ◇ **trompa de Falopio** Conducto del aparato reproductor femenino de los mamíferos que une los ovarios con el útero.

trompazo s.m. Fam. Golpe fuerte al caer o chocar contra un cuerpo duro.

trompeta s.f. **1** Instrumento musical de viento de la familia del metal formado por un tubo doblado dos veces sobre sí mismo, con una boquilla en un extremo y una abertura en forma de cono en el otro y tres pistones. ◆ **s.m. y f. 2** Trompetista.

trompetilla s.f. Instrumento con forma de trompeta pequeña que utilizaban los sordos para percibir mejor los sonidos.

trompetista s.m. y f. Persona que toca la trompeta.

trompicón s.m. Tropezón o resbalón que sufre una persona al andar o al correr. ◇ **a trompicones** Dando traspiés. — Con dificultades.

trompo s.m. **1** Juguete con forma de cono, generalmente de madera y con una punta de hierro, que se enrolla en una cuerda y se lanza para hacer que gire sobre sí mismo. **2** Giro que da un automóvil sobre sí mismo, derrapando sus ruedas sobre el suelo.

trompudo, a adj. y s. **1** Fam. AMÉR Se dice de la persona que tiene los labios prominentes o gruesos. ◆ **adj. 2** Fam. AMÉR SUR Se dice de la persona que está enojada.

trona s.f. Asiento para bebé o niño pequeño que consiste en una silla de patas altas con reposabrazos y un tablero pequeño delante que sirve para dejar el plato de comida.

tronado, a adj. Fam. Se dice de la persona que ha perdido el juicio.

tronar (11) v.impersonal **1** Haber o sonar truenos. ◆ **v.intr. 2** Causar una cosa un estampido o un ruido muy fuerte, como el de los truenos. **3** Fam. Hablar o escribir una persona de manera violenta contra algo o alguien. ◆ **v.tr. 4** AMÉR CENTRAL Suspender a alguien. **5** CUBA Echar a alguien de su puesto de trabajo. ◆ **v.tr. y prnl. 6** MÉX Matar a una persona. **7** Fam. MÉX Poseer sexualmente a una mujer.

troncal adj. **1** Relativo al tronco (cuerpo, conducto, origen). **2** Se dice de la asignatura que forma parte de las obligatorias en un determinado ciclo de estudios.

tronchar v.tr. **1** Partir o romper sin usar herramientas el tronco, el tallo o las ramas de una planta o cosas de figura o consistencia parecidas. ◆ **troncharse** v.prnl. **2** Fam. ESP Reírse una persona mucho y con muchas ganas.

troncho s.m. Tallo de las hortalizas.

tronco, a s.m. **1** Tallo leñoso, fuerte y macizo de los árboles y arbustos. **2** Cuerpo de una persona o de un animal, considerado sin la cabeza y sin las extremidades. **3** Conducto principal del que salen o al que llegan otros secundarios o menos importantes. **4** Ascendiente común de dos o más ramas, líneas o familias. ◆ s. **5** Fam. ESP Amigo o compañero. ◇ **como un tronco** Fam. Profundamente dormido.

tronera s.f. **1** Abertura o agujero estrecho en el costado de un barco, en un muro o en otro lugar, hecho para asomar por él las armas de fuego y disparar con protección. **2** Ventana estrecha y de pequeño tamaño. **3** Agujero en las bandas y en las esquinas de algunas mesas de billar, donde se han de colar las bolas.

trono s.m. **1** Asiento elevado, con gradas y dosel, en el que se sientan los reyes y otras personas de muy alta dignidad. **2** Cargo o dignidad de rey o de soberano.

tropa s.f. **1** Grupo muy numeroso de personas. **2** Conjunto de militares sin grado (soldados rasos) o con grado de soldado de primera, cabo o cabo primero. **3** Conjunto de militares o de gente armada y organizada para la lucha en la guerra. ◆ **tropas** s.f.pl. **4** Cuerpos militares que componen un ejército, una división, etc.

tropecientos, as adj. Fam. Se usa en lugar de un numeral para expresar una cantidad muy elevada de algo.

tropel s.m. **1** Conjunto numeroso de personas, animales o cosas que avanzan o se mueven de forma rápida, ruidosa y desordenada. **2** Conjunto de cosas desordenadas. ◇ **de,** o **en, tropel** Se utiliza para indicar que una cosa se realiza o sucede con amontonamiento de personas o cosas, y de manera desordenada y confusa.

tropelía s.f. Acción violenta, cometida por alguien que abusa de su poder o autoridad, que va en contra de la ley y produce un daño.

tropezar (32) v.intr. **1** Dar con los pies en un obstáculo al ir andando o corriendo, o pisar mal perdiendo equilibrio. **2** Encontrar una persona o una cosa un obstáculo o una dificultad que le impide avanzar en su trayectoria o en su desarrollo normal. **3** Encontrar por azar e inesperadamente a una persona o una cosa.

tropezón s.m. **1** Traspié o resbalón que sufre una persona al andar o al correr. **2** ESP Trozo pequeño de un alimento que se encuentra mezclado con la sopa u otro guiso.

tropical adj. Relativo al trópico.

trópico s.m. **1** Círculo imaginario trazado en la esfera de la Tierra y que es paralelo al Ecuador. **2** Región comprendida entre estos dos círculos.

tropiezo s.m. **1** Tropezón al andar o al correr. **2** Falta, equivocación o error que comete una persona al hacer una cosa.

troposfera s.f. Capa de la atmósfera terrestre que está en contacto con la superficie de la Tierra y se extiende hasta una altitud de unos 10 km aproximadamente; en ella se desarrollan todos los procesos meteorológicos y climáticos.

troquel s.m. Molde que se usa para grabar un objeto de metal, especialmente una moneda.

troqueladora s.f. Máquina con bordes cortantes que se usa para acuñar objetos de metal.

troquelar v.tr. **1** Acuñar monedas, medallas u otros objetos parecidos con un troquel. **2** Recortar piezas de cuero, de cartón o de otro material mediante presión.

trotamundos s.m. y f. Persona a la que le gusta viajar y recorrer países.

trotar v.intr. **1** Ir un caballo al trote. **2** Cabalgar sobre un caballo que va al trote. **3** Fam. Andar mucho o muy deprisa una persona.

trote s.m. **1** Manera de caminar el caballo con paso ligero, dando pequeños saltos y levantando a la vez el pie de un lado y la mano del lado contrario. **2** Trabajo o actividad muy intensa, que conlleva mucho ajetreo.

troupe s.m. Compañía de espectáculos. OBS Pronunc. 'trup'.

trovador, ra s. **1** Poeta medieval cuyos orígenes estaban en la Provenza francesa; su poesía, a diferencia de la del juglar, era elaborada y minoritaria, de tema generalmente amoroso y dedicada a reyes, nobles y grandes señores. **2** Poeta popular.

trovadoresco, a adj. De los trovadores.

troyano, a adj. y s. **1** De Troya (antigua ciudad de Asia Menor). ◆ adj. **2** Se dice del virus informático que se activa cuando un usuario carga un fichero sin haber advertido su presencia.

trozo s.m. Parte de una cosa que ha sido separada de ella o que se considera como elemento individual.

trucaje s.m. Acción y efecto de trucar.

trucar v.tr. **1** Hacer cambios en una cosa para modificar su estructura original. **2** Realizar trucos para conseguir que una cosa adquiera una apariencia real, especialmente en cinematografía.

trucha s.f. Pez de agua dulce propio de los ríos de montaña, de color gris verdoso con manchas negras por encima y blanco en el vientre.

truco s.m. **1** Medio que se emplea con astucia y habilidad para conseguir una cosa, y en el que hay oculto un engaño o una trampa. **2** Técnica o procedimiento que se utiliza para conseguir efectos que parecen reales. **3** Arte o habilidad que se adquiere en el desarrollo de un oficio o actividad para hacer mejor o con menos esfuerzo un trabajo determinado.

truculento, a adj. Que produce horror por su excesiva crueldad o dramatismo.

trueno s.m. **1** Ruido fuerte que sigue al rayo durante una tormenta. **2** Ruido muy fuerte, como el de un arma de fuego o de fuegos artificiales.

trueque s.m. **1** Acción de entregar una cosa y recibir otra a cambio, especialmente cuando se trata de un intercambio de productos sin que intervenga el dinero. **2** Transformación de una cosa en otra diferente.

trufa s.f. **1** Hongo de forma redonda de color negro por fuera y blanco o marrón por dentro y muy aromático. **2** Crema hecha con chocolate y mantequilla. **3** Dulce hecho con esta crema de chocolate.

truhan, na o **truhán, na** adj. y s. **1** Que no tiene vergüenza y vive engañando y estafando a los demás. **2** Se dice de la persona que hace reír o trata de divertir a los demás con sus gestos, chistes u ocurrencias.

truncar v.tr. **1** Cortar una parte de una cosa, especialmente uno de los extremos. **2** Interrumpir y dejar incompleta una obra o una acción, o algo que se está diciendo o escribiendo.

trusa s.f. **1** ARG, PERÚ, URUG Prenda interior femenina, consistente en unos calzones de tela elástica y resistente, generalmente con una especie de refuerzo en la parte del abdomen, que se usa con fines estéticos o terapéuticos. **2** COL, MÉX Panty. **3** CUBA Bañador de hombre o mujer. **4** MÉX, PERÚ Calzoncillo.

trust (pl. trusts) s.m. Agrupación o concentración de empresas bajo una sola directiva para controlar los precios y dominar o monopolizar el mercado.

tsunami s.m. Ola marina de grandes dimensiones originada por una erupción volcánica o un movimiento sísmico en alta mar.

tu det. Forma del determinante posesivo en segunda persona del singular.

tú pron. Pronombre personal de segunda persona de singular.

tuareg adj. y s.m. y f. De un pueblo bereber que habita en el norte de África.
OBS Invariable en número.

tuba s.f. Instrumento musical de viento de la familia del metal, de grandes dimensiones, formado por un tubo enroscado varias veces sobre sí mismo; se toca pulsando tres o cuatro pistones que tiene en un lateral.

tubérculo s.m. **1** Parte de una raíz o de un tallo generalmente subterráneo que se desarrolla y engruesa considerablemente. **2** Bulto redondo o tumoración que aparece en cualquier parte del cuerpo, que al principio tiene consistencia dura y que más tarde se reblandece.

tuberculosis s.f. Enfermedad infecciosa caracterizada por la formación de tubérculos; puede afectar a diferentes órganos del cuerpo, especialmente a los pulmones, produciendo tos seca, fiebre, expectoraciones sanguinolentas y pérdida de peso.

tuberculoso, a adj. **1** Relativo a la tuberculosis. ◆ adj. y s. **2** Que padece tuberculosis.

tubería s.f. Conducto que sirve para transportar líquidos o gases y que está formado por una serie de tubos empalmados.

tuberoso, a adj. **1** Se dice de la planta que tiene abultamientos en la raíz o el tallo. **2** Que tiene tumores o abultamientos.

tubo s.m. **1** Objeto cilíndrico, hueco y alargado que está abierto por sus dos extremos. **2** Recipiente flexible cerrado con un tapón por uno de sus extremos y abierto por el otro y que sirve para contener sustancias blandas como crema o pasta dentífrica. **3** Recipiente de forma cilíndrica que se cierra con un tapón por uno de sus extremos y sirve para contener objetos de pequeño tamaño. **4** Conducto que tienen algunos órganos animales o vegetales.

tubular adj. **1** Que tiene tubos o forma de tubo. ◆ s.m. **2** Parte de la rueda de una bicicleta de carreras que contiene aire a presión.

tucán s.m. Ave trepadora de pico muy grueso, curvado y casi tan largo como su cuerpo, que tiene las plumas negras con manchas de colores vivos en el pecho y en el cuello.

tuerca s.f. Pieza, generalmente metálica y de cuatro o seis lados, con un agujero en el centro cuya superficie tiene marcada una espiral que se ajusta a la rosca de un tornillo. ◇ **apretar las tuercas** Forzar a una persona para que haga o diga una cosa.

tuerto, a adj. y s. Se dice de la persona o animal que no ve por un ojo.

tueste s.m. Acción de tostar.

tuétano s.m. Sustancia grasa y blanca que se encuentra en el interior de los huesos largos.

tufo s.m. **1** Olor molesto y desagradable. **2** Emanación gaseosa procedente de las fermentaciones y combustiones imperfectas que dificulta la respiración. **3** Sospecha de una trampa o un engaño en un asunto.

tugurio s.m. Lugar mal acondicionado para vivir o para estar.

tul s.m. Tejido fino, delicado y transparente, que puede estar hecho de seda, algodón o hilo.

tulio s.m. Elemento químico de símbolo Tm y número atómico 69; es un metal.

tulipa s.f. Pantalla de lámpara que tiene forma de tulipán.

tulipán s.m. **1** Planta bulbosa de hojas enteras y tallo recto y liso en cuyo extremo nace una única flor de seis pétalos, con forma de campana y colores brillantes. **2** Flor de esta planta.

tullido, a adj. y s. Se dice de la persona o parte del cuerpo que está herida o no tiene movimiento debido a un accidente o enfermedad.

tumba s.f. **1** Agujero en la tierra para enterrar el cadáver de una persona. **2** Construcción funeraria que se construye levantada del suelo y que sirve para guardar el cadáver de una persona. ◇ **ser una tumba** Fam. Guardar muy bien un secreto.

tumbar v.tr. **1** Derribar o hacer caer una cosa o persona, generalmente al suelo. **2** Poner una cosa o a una persona en posición horizontal. **3** Fam. Hacer perder el sentido. **4** Fam. ESP Suspender a una persona en un examen. ◆ **tumbarse** v.prnl. **5** Echarse sobre una superficie horizontal, especialmente para dormir.

tumbo s.m. **1** Movimiento violento de un cuerpo, primero hacia un lado y después hacia el contrario, que se produce generalmente por falta de equilibrio. **2** Vuelta que se da apoyando las manos en el suelo, enroscando el cuerpo e impulsando las piernas en alto para caer y reincorporarse siguiendo la trayectoria inicial. ◇ **dar tumbos** Tener problemas o dificultades.

tumbona s.f. ESP Silla baja con dos brazos y un respaldo largo que se puede inclinar, y que se usa para echarse o recostarse horizontalmente.

tumefacción s.f. Hinchazón o bulto que se produce en una parte del cuerpo.

tumefacto, a adj. Se dice de la parte del cuerpo que está hinchada por haber recibido un golpe o por otra causa anormal.

tumor s.m. Tejido de una parte del organismo cuyas células sufren un crecimiento anormal.

túmulo s.m. **1** Elevación artificial del terreno que cubre una sepultura. **2** Armazón cubierto con tela negra que imita un sepulcro sobre el que se coloca el ataúd durante la celebración del entierro.

tumulto s.m. **1** Agitación desordenada y ruidosa producida por una multitud. **2** Desorden o confusión de un conjunto de cosas.

tumultuoso, a adj. Desordenado y ruidoso.

tuna s.f. ESP Grupo de estudiantes universitarios que tocan en un conjunto musical que representa la facultad en la que estudian.

tunante adj. y s.m. y f. **1** Que es muy astuto y sabe cómo engañar a los demás. **2** Se dice de la persona a la que le gusta la fiesta y el jolgorio.

tunco, a adj. y s. **1** GUAT, HOND, MÉX Se dice de la persona a la que le falta un brazo o una mano, o que ha perdido su uso. ◆ s.m. **2** HOND, MÉX Cerdo (animal).

tunda s.f. Fam. Serie de golpes.

tundra s.f. **1** Bioma propio de las regiones árticas y las zonas montañosas muy altas, en las que el suelo permanece helado; su vegetación comprende musgos, líquenes y algunos árboles enanos. **2** Terreno cubierto por esta vegetación.

tunecino, a adj. y s. De Túnez (país de África).

túnel s.m. Paso subterráneo que se construye para pasar por debajo de la tierra o del agua.

tungsteno s.m. Nombre con que se denominaba antiguamente al volframio, elemento químico.

túnica s.f. **1** Prenda de vestir muy ancha, suelta y sin mangas. **2** Membrana fina que cubre distintas partes del cuerpo. **3** Telilla que está pegada a la cáscara de distintos frutos.

tuno, a adj. **1** Que es muy astuto y sabe cómo engañar a los demás. ◆ s.m. **2** ESP Estudiante universitario que forma parte de una tuna.

tupé s.m. Mechón de pelo levantado que se lleva sobre la frente.

tupido, a adj. Que está formado por elementos muy juntos y apretados.

1. **turba** s.f. Carbón de poco valor energético que se produce en lugares húmedos por la descomposición de restos vegetales.

2. **turba** s.f. Grupo grande y desordenado de gente. □ Frec. despectivo.

turbación s.f. Acción y efecto de turbar.

turbante s.m. Prenda de vestir oriental formada por una tira ancha y larga de tela que se enrolla a la cabeza.

turbar v.tr. **1** Alterar el estado o el curso normal de una cosa. **2** Alterar el ánimo de una persona confundiéndola o aturdiéndola hasta dejarla sin saber qué hacer ni qué decir.

turbera s.f. **1** Zona pantanosa o encharcada donde hay turba. **2** Vegetación que crece en lugares encharcados.

turbina s.f. Máquina que transforma la energía cinética y potencial de un fluido para producir un movimiento de rotación que se transfiere a un eje.

turbio, a adj. **1** Se dice del líquido que no es claro ni transparente. **2** Falto de claridad y orden por la mezcla de elementos diversos. **3** Sospechoso, deshonesto o de legalidad dudosa.

turbo adj. y s.m. **1** Se dice del motor que tiene una turbina que aumenta su potencia. **2** Se dice del vehículo con este motor.
OBS Como adjetivo, es invariable en número.

turbulencia s.f. **1** Estado de agitación en que se encuentra un líquido o un gas. **2** Alteración de la tranquilidad, de la paz, del orden o del desarrollo normal de una cosa.

turbulento, a adj. **1** Se dice del líquido o gas que está turbio y agitado. **2** Que está en un estado de desorden, confusión o agitación. ◆ adj. y s. **3** Se dice de la persona que provoca discusiones, desorden y alboroto entre la gente.

turco, a adj. y s. **1** De Turquía (país de Europa). ◆ s.m. y adj. **2** Lengua que se habla en Turquía.

turgente adj. Formal. Abultado, firme y tirante, especialmente referido a una parte del cuerpo.

turismo s.m. **1** Actividad recreativa que consiste en viajar a un país u otra zona que no es la propia por diversión o placer. **2** Conjunto de personas que hacen ese tipo de viajes. **3** Coche o vehículo automóvil destinado al uso particular.

turista s.m. y f. Persona que hace turismo.

turístico, a adj. Relativo al turismo.

turnarse v.prnl. Alternar con una o varias personas una actividad o un servicio siguiendo un orden determinado.

turno s.m. **1** Orden según el cual se alternan varias personas o grupos en la realización de una actividad o un servicio. **2** Momento u ocasión en que a una persona le corresponde hacer, dar o recibir una cosa. **3** Intervención prevista para hablar en una asamblea.

turolense adj. y s.m. y f. De Teruel (ciudad y provincia de Aragón).

turón s.m. Mamífero carnívoro de pequeño tamaño que es de color marrón con manchas blancas en el rostro y tiene el hocico puntiagudo y las patas cortas.

turquesa s.f. **1** Mineral muy duro, compuesto de fosfato de hierro, aluminio y cobre, de color azul verdoso, que se usa para hacer joyas y otros artículos de adorno. ◆ s.m. y adj. **2** Color azul un poco verdoso. □ También azul turquesa.

turrón s.m. Dulce de forma plana y rectangular que se elabora principalmente con azúcar y almendras u otros frutos secos, es típico de las fiestas navideñas.

turulato, a adj. Fam. Pasmado o alelado y sin poder reaccionar a causa del asombro.

tute s.m. **1** Cierto juego de cartas. **2** Jugada de ese juego que consiste en reunir los cuatro reyes o los cuatro caballos de la baraja. **3** Fam. Esfuerzo o trabajo penoso, duro y muy cansado.

tutear v.tr. Dirigirse a una persona usando el pronombre tú para indicar familiaridad o confianza.

tutela s.f. **1** Autoridad que se da por ley a un adulto para cuidar de otra persona que no puede hacerlo por sí misma, como un niño o un huérfano. **2** Protección y cuidado de una cosa.

tutelar v.tr. **1** Cuidar de otra persona que no puede hacerlo por sí misma. **2** Proteger o favorecer a una persona y ayudarla en el desarrollo de una actividad, especialmente proporcionándole dinero.

tuteo s.m. Tratamiento que consiste en el uso del pronombre tú en lugar de **usted**.

tutifruti s.m. Pasta a base de nata o crema con pequeños trozos de frutas confitadas.
OBS Puede encontrarse la grafía italiana **tutti frutti**.

tutor, ra s. **1** Persona que se encarga de cuidar de otra persona que no puede hacerlo por sí misma. **2** Profesor particular que se encarga de la educación de un alumno. **3** Profesor encargado de dirigir y aconsejar a un grupo determinado de estudiantes.

tutoría s.f. **1** Autoridad que se da por ley a un adulto para cuidar de otra persona que no puede hacerlo por sí misma, como un niño o un huérfano. **2** Cargo del profesor que se encarga de ayudar y orientar a los estudiantes a lo largo de un curso. **3** Tiempo que emplea ese profesor en ejercer su cargo.

tutti frutti s.m. Tutifruti.
OBS Pronunc. aprox. 'tuti fruti'.

tutú (pl. tutús) s.m. Falda de tejido vaporoso que usan las bailarinas de ballet clásico.

tuyo, a det. y pron. Forma del determinante y pronombre posesivo de segunda persona del singular. ◇ **los tuyos** Las personas que pertenecen al mismo grupo, familia o partido que la persona a la que se dirige el hablante. ◇ **lo tuyo** Actividad que hace muy bien o en la que destaca la persona a la que se dirige el hablante.

twist s.m. **1** Baile de ritmo rápido y movimientos vivos y marcados, que se caracteriza por el balanceo de hombros, caderas y rodillas sin apenas mover los pies. **2** Canción con que se acompaña este baile.
OBS Pronunc. 'tuist'.

U

1. **u** (pl. úes) s.f. Vigésima segunda letra del alfabeto español; su nombre es u.

2. **u** conj. Sustituye a la conjunción o cuando la palabra siguiente comienza por o- o por ho-.

ubérrimo, a adj. Formal. Muy abundante y muy fértil.

ubicación s.f. Situación o lugar en el que se encuentra una cosa.

ubicar v.tr. **1** Situar en un espacio o lugar determinado. **2** ARG, CH, COL, CUBA, PAR, PERÚ, URUG Encontrar algo o a alguien después de haberlo buscado. **3** ARG, CH, CUBA, PAR, URUG, VENEZ Reconocer o identificar algo o a alguien. ◆ **ubicarse** v.prnl. **4** Estar en un espacio o lugar determinado.

ubicuidad s.f. Cualidad de ubicuo.

ubicuo, a adj. Que está o puede estar presente en varios lugares al mismo tiempo.

ubre s.f. Teta de un mamífero hembra.

UCI s.f. Sigla de unidad de cuidados intensivos, sección de un centro hospitalario donde se ingresa a los enfermos muy graves.

ucraniano, a o **ucranio, a** adj. y s. **1** De Ucrania. ◆ s.m. y adj. **2** Lengua eslava que se habla en Ucrania.

Ud. o **Vd.** Abreviatura de usted.

ufanarse v.prnl. Mostrarse orgulloso y presumir exageradamente de ser o de poseer una cosa.

ufano, a adj. **1** Que presume de sí mismo o se muestra orgulloso de poseer una cosa. **2** Que está alegre y satisfecho.

ufología s.f. Disciplina que estudia los ovnis.

ujier s.m. y f. **1** Portero de un palacio o de un tribunal. **2** Empleado de un organismo público o un tribunal que lleva a cabo tareas que no requieren especialización.

ukelele s.m. Instrumento musical de cuerda, parecido a la guitarra, pero más pequeño.

úlcera s.f. Herida abierta en la piel o en los tejidos que cubren los conductos del interior del cuerpo.

ulcerar v.tr. Causar úlcera.

ulterior adj. Que se dice, se hace o sucede después de otra cosa.

ultimación s.f. Acción de ultimar.

últimamente adv. En un período cercano al presente.

ultimar v.tr. **1** Terminar o dar fin a una cosa. **2** AMÉR Matar a un ser vivo.

ultimátum s.m. Propuesta o decisión definitiva que suele ir acompañada de una amenaza, en la que alguien da un plazo de tiempo para hacer algo.

último, a adj. **1** Que no tiene otra cosa detrás de él. **2** Que es lo más reciente en el tiempo. **3** Que es definitivo y no admite ningún cambio. **4** Que está muy alejado o escondido. ◇ **a la última** Al tanto de las modas o conocimientos más actuales. ◇ **por último** Finalmente, para acabar.

ultra adj. y s.m. y f. Se dice de la persona de ideas extremistas.

ultracorrección s.f. Corrección innecesaria de una palabra, que la deforma por creerse que era incorrecta.

ultraderecha s.f. Ideología política conservadora radical.

ultraísmo s.m. Movimiento poético surgido en 1918 que proponía técnicas renovadoras y un nuevo espíritu.

ultrajar v.tr. Insultar u ofender la dignidad o el honor de una persona.

ultraje s.m. Formal. Insulto u ofensa contra la dignidad o el honor de una persona.

ultraligero, a adj. **1** Muy ligero, de poco peso. ◆ s.m. **2** Aeronave de poco peso, fuselaje simple y escaso consumo.

ultramar s.m. País o territorio que está al otro lado del mar.

ultramarino, a adj. **1** Relativo a ultramar. **2** Que está al otro lado del mar. ◆ **ultramarinos** s.m.pl. **3** Tienda de comestibles.

ultramicroscopio s.m. Microscopio más potente que un microscopio ordinario.

ultranza ◇ **a ultranza** loc. Con total convencimiento y sin escatimar esfuerzos.

ultrarrojo, a adj. y s.m. Se dice de la parte invisible del espectro luminoso, que está a continuación del color rojo.

ultrasónico, a adj. **1** Se dice de la onda sonora que vibra con una frecuencia superior a la más alta frecuencia audible por el oído humano. **2** Relativo a esta onda.

ultrasonido s.m. Sonido que no puede ser percibido por el oído humano por tener una frecuencia de vibraciones muy alta.

ultraterreno, a adj. Relativo a lo que está más allá de la vida terrenal.

ultratumba s.f. Mundo que se cree o se supone que existe después de la muerte.

ultravioleta adj. y s.m. **1** Se dice del espacio del espectro electromagnético que va desde la luz visible violeta hasta la región de los rayos X. ◆ adj. **2** Se dice de la radiación situada en este espacio.

ulular v.intr. **1** Dar aullidos. **2** Producir el viento un sonido grave y largo.

umbela s.f. Conjunto de flores que se elevan a igual altura formando una especie de paraguas.

umbilical adj. Relativo al ombligo.

umbral s.m. **1** Parte inferior de la puerta de una casa. **2** Comienzo o primer paso de un proceso. **3** Valor mínimo de un agente físico para que su efecto sea perceptible.

umbría s.f. Lugar o parte de un terreno donde casi nunca da el sol.

umbrío, a adj. Se dice del lugar que recibe poco sol o está en la sombra.

un det. Apócope de **uno**.
OBS Se usa ante sustantivos masculinos en singular, y también ante sustantivos femeninos en singular que empiecen por **a-** o **ha-** tónicas.

unánime adj. **1** Se dice de la decisión u opinión que es común a todo un grupo de personas. **2** Se dice del conjunto de personas que tienen la misma opinión.

unanimidad s.f. Acuerdo común de todos los miembros de un grupo de personas.

unción s.f. **1** Acción de ungir. **2** Devoción y fervor con que se realiza una acción o se expresa un sentimiento.

undécimo, a adj.num.ordin. **1** Que ocupa el lugar número 11 en una serie ordenada. ◆ adj.num.partit. **2** Se dice de cada una de las partes que resultan de dividir un todo en once partes iguales.

ungir v.tr. **1** Extender una sustancia grasa sobre la superficie de una cosa. **2** Hacer la señal de la cruz con aceite sagrado sobre el cuerpo de una persona, para administrarle un sacramento o darle un cargo determinado.

ungüento s.m. Sustancia líquida o pastosa que se unta en el cuerpo y sirve para curar.

ungulado, a adj. y s. Se dice del mamífero cuyas patas están terminadas en pezuña.

únicamente adv. Solo, sin nada más.

unicameral adj. Se dice del sistema político que solamente tiene una cámara.

unicelular adj. Que está formado por una sola célula.

único, a adj. **1** Que no hay otro igual en su especie. **2** Extraordinario, fuera de lo común.

unicornio s.m. Animal imaginario de forma de caballo con un cuerno en la frente.

unidad s.f. **1** Propiedad que tienen las cosas de no poder dividirse ni fragmentarse sin alterarse o destruirse. **2** Cosa completa y diferenciada que se encuentra dentro de un conjunto. **3** Cantidad que se toma como medida o como término de comparación de las demás de su misma especie. **4** Coincidencia o parecido entre dos cosas o dos ideas. **5** Conjunto de personas y aparatos mandados por un jefe.

unidireccional adj. Que tiene una sola dirección.

unifamiliar adj. Que pertenece o corresponde a una sola familia.

unificación s.f. Acción de unificar.

unificador, ra adj. Que unifica.

unificar v.tr. **1** Hacer que varias cosas o personas distintas formen un todo. **2** Hacer que varias cosas distintas sean iguales o semejantes entre sí.

uniformar v.tr. **1** Hacer que varias cosas distintas sean iguales o semejantes entre sí. **2** Vestir o hacer que una persona vista un uniforme.

uniforme adj. **1** Que no presenta variaciones en su conjunto o en su duración. **2** Que tiene la misma forma o las mismas características. ◆ s.m. **3** Traje especial que usan los miembros de un grupo y que los distingue de otros.

uniformidad s.f. **1** Semejanza o igualdad que existe en las características de los distintos elementos de un conjunto. **2** Continuidad, o falta de cambio o variación.

uniformismo s.m. Teoría geológica que defiende la constancia de los fenómenos geológicos y de las leyes que los rigen.

unigénito, a adj. Se dice de la persona que es hijo único. ◇ **el Unigénito** Jesucristo.

unilateral adj. Que se refiere a una sola parte o aspecto de una cosa.

unimembre adj. Compuesto de un solo miembro.

unión s.f. **1** Acción y efecto de unir. **2** Alianza, asociación.

unipersonal adj. **1** Que pertenece a una sola persona o que está formado por una sola persona. **2** Se dice del verbo que solo se usa en tercera persona del singular.

uniprovincial adj. De una sola provincia.

unir v.tr. **1** Juntar dos o más elementos distintos para formar un todo o realizar una misma actividad. **2** Casar a dos personas. **3** Relacionar o comunicar dos cosas distintas. ◆ **unirse** v.prnl. **4** Juntarse dos o más personas para un fin.

unisex adj. Que puede ser usado por personas de los dos sexos.
OBS Invariable en número.

unisexual adj. Se dice del ser vivo que tiene un solo sexo.

unísono, a adj. **1** Que tiene el mismo tono o sonido que otra cosa, o que se produce al mismo tiempo que otra cosa. ◆ s.m. **2** Intervalo musical formado por dos notas iguales. ◇ **al unísono** Al mismo tiempo o de manera conjunta.

unitario, a adj. **1** Relativo a la unidad. **2** Que está formado por una sola unidad. **3** Que busca la unidad o desea conservarla.

univalvo, a adj. Que tiene una sola valva.

universal adj. **1** Relativo al universo. **2** Que pertenece o se refiere a todos los países, a todas las personas o a todos los tiempos. **3** Famoso o conocido en todas partes.

universalidad s.f. Característica principal de lo que es universal.

universidad s.f. **1** Institución que se dedica a la enseñanza superior. **2** Conjunto de edificios e instalaciones de esta institución.

universitario, a adj. **1** Relativo a la universidad. ◆ adj. y s. **2** Se dice de la persona que trabaja, estudia o ha estudiado en la universidad.

universo s.m. Conjunto de todo lo que existe.

univitelino, a adj. Se dice del mamífero que ha sido originado a partir del mismo óvulo fecundado del que se ha originado su hermano.

unívoco, a adj. y s. Que solamente tiene un significado o una interpretación posible.

uno, a adj.num.cardin. **1** Se emplea para designar la unidad. □ Antepuesto a un sustantivo masculino singular, adopta la forma un. ◆ adj.num.ordin. **2** Que ocupa el lugar número 1 en una serie ordenada. ◆ s.m. **3** Número 1. ◆ det. **4** En plural, indica una cantidad que no se determina, generalmente reducida; seguido de un numeral, indica que hay aproximadamente lo que se dice. ◆ pron. **5** Indica indeterminación al referirse a personas o cosas. **6** Hace referencia a la primera persona en estructuras de tipo impersonal. **7** Se utiliza en contraposición a otro con sentido distributivo. ◆ adj. **8** Formal. Que no está dividido, que forma una unidad. **9** Formal. Idéntico, igual. ◇ **a una** A la vez o al mismo tiempo. — De común acuerdo. ◇ **no dar una** Fam. Fallar o equivocarse en todo.

untar v.tr. **1** Cubrir una cosa o una superficie con una sustancia grasa. **2** Extender una sustancia grasa sobre una superficie. **3** Fam. Ofrecer dinero o bienes a una persona a cambio de un favor que no es justo o legal. ◆ **untarse** v.prnl. **4** Mancharse con materia grasa.

unto s.m. **1** Sustancia líquida o pastosa que se usa para untar o engrasar. **2** ARG, MÉX, URUG Soborno.

untuosidad s.f. Cualidad de untuoso.

untuoso, a adj. **1** Se dice de la sustancia que es grasa y pegajosa. **2** Se dice de la persona que es empalagosa, cargante o pesada.

uña s.f. **1** Placa dura y delgada que cubre la parte superior de la punta de los dedos del ser humano y de otros animales vertebrados. **2** Conjunto de los dedos de una misma pata de algunos animales, como el cerdo, la vaca o el caballo. **3** Pezuña de estos animales. **4** Marca o agujero que se hace en algunas piezas para poder moverlas empujándolas con el dedo. ◇ **con uñas y dientes** Fam. Con mucha fuerza o intensidad. ◇ **enseñar,** o **sacar, las uñas** Fam. Amenazar a una persona o portarse de forma violenta con ella. ◇ **ser uña y carne** Fam. Ser dos personas muy amigas o llevarse muy bien.

uñero s.m. **1** Inflamación en la raíz de la uña. **2** Herida que sale en el dedo cuando la uña crece.

uperizar o **uperisar** v.tr. Someter un alimento líquido a una inyección de vapor durante menos de un segundo, con el fin de destruir los gérmenes y prolongar su conservación.

uralita s.f. Material hecho de una mezcla de cemento y amianto con el que se fabrican materiales de construcción.

uranio s.m. Elemento químico de símbolo U y número atómico 92; es un metal radiactivo que se utiliza para producir energía nuclear.

urbanidad s.f. Comportamiento correcto y con buenos modales.

urbanismo s.m. Conjunto de conocimientos, estudios y proyectos dedicados a la planificación y desarrollo de las poblaciones.

urbanista s.m. y f. Persona que se dedica al urbanismo.

urbanístico, a adj. Relativo al urbanismo.

urbanita adj. y s.m. y f. Se dice de la persona que ha nacido o que vive en una ciudad.

urbanización s.f. **1** Acción y efecto de urbanizar. **2** Conjunto unitario de viviendas situado generalmente en las afueras de una población y que tiene sus propios servicios municipales.

urbanizar v.tr. **1** Convertir un terreno en un centro de población, creando calles y servicios y construyendo viviendas. **2** Hacer que una persona aprenda a comportarse con buenos modales.

urbano, a adj. **1** Relativo a la ciudad. **2** ESP Guardia de la ciudad que depende del ayuntamiento de esta.

urbe s.f. Ciudad, especialmente si es grande.

urdimbre s.f. **1** Conjunto de hilos colocados paralelamente en el telar para formar un tejido. **2** Planificación de un proyecto o argumento.

urdir v.tr. Preparar un plan contra alguien.

urea s.f. Sustancia orgánica que se forma en el hígado como producto final del metabolismo y se expulsa con la orina y el sudor.

uréter s.m. Conducto por el que desciende la orina desde el riñón a la vejiga.

uretra s.f. Conducto por el que se expulsa al exterior la orina contenida en la vejiga.

urgencia s.f. **1** Característica principal de las cosas que son urgentes. **2** Falta de lo que es totalmente necesario. **3** Asunto que se debe solucionar con mucha rapidez. ◆ **urgencias** s.f.pl. **4** Sección de los hospitales en la que se trata a los enfermos o heridos graves.

urgente adj. **1** Que necesita ser realizado o solucionado con mucha rapidez. **2** Que se cursa o se envía rápidamente o lo antes posible.

urgir v.intr. **1** Correr prisa y tener que hacerse una cosa con rapidez o lo antes posible. **2** Obligar una autoridad, una ley o una norma a hacer una cosa determinada.

úrico, a adj. **1** Se dice del ácido orgánico que se encuentra en la orina de los mamíferos. **2** Relativo a la orina.

urinario, a adj. **1** Relativo a la orina. ◆ s.m. **2** Local público donde se acude para orinar.

urna s.f. **1** Caja con una ranura que se usa para echar las papeletas en las votaciones. **2** Recipiente o caja de piedra o de metal que se usa para guardar cosas de valor. **3** Caja de material transparente que se utiliza para guardar y proteger objetos de valor y mostrarlos al público al mismo tiempo.

urodelo adj. y s.m. **1** Se dice del anfibio de cuerpo y cola largos, piel lisa y sin escamas, como la salamandra. ◆ **urodelos** s.m.pl. **2** Grupo taxonómico, con categoría de orden, constituido por estos anfibios.

urogallo s.m. Ave gallinácea que tiene las plumas y el pico oscuros, y las patas con plumas.

urología s.f. Parte de la medicina que estudia y trata las enfermedades del aparato urinario.

urólogo, a s. Médico especialista en urología.

urraca s.f. Pájaro de color negro brillante con reflejos verdosos, con el vientre blanco y la cola larga.

ursulino, a adj. **1** Relativo a la orden religiosa fundada bajo la protección de santa Úrsula. ◆ s.f. y adj. **2** Religiosa perteneciente a esta orden.

urticaria s.f. Enfermedad de la piel caracterizada por picores intensos y manchas rojas.

uruguayo, a adj. y s. De Uruguay.

usado, a adj. Gastado y estropeado por el uso.

usanza s.f. Costumbre o uso.

usar v.tr. **1** Utilizar algo. **2** Gastar o consumir un producto determinado. **3** Llevar o ponerse habitualmente una prenda de vestir. **4** Aprovechar una cosa. ◆ **usarse** v.prnl. **5** Practicar habitualmente o estar de moda.

usía pron. **1** Tratamiento de respeto y cortesía que se usaba antiguamente. **2** Tratamiento que se da a algunos militares.

uso s.m. **1** Empleo o utilización de una cosa para un fin determinado. **2** Funcionamiento o forma de utilizar una cosa, especialmente un aparato o una máquina. **3** Moda, costumbre o modo habitual de actuar de un grupo de personas en un país o un lugar determinado. ◇ **uso de razón** Capacidad para pensar y para juzgar.

usted pron. Tratamiento de segunda persona que indica respeto o cortesía. □ Se usa con el verbo en tercera persona.

usual adj. Frecuente, habitual.

usuario, a adj. y s. Se dice de la persona que usa habitualmente una cosa.

usufructo s.m. Derecho por el que una persona puede usar los bienes de otra persona con la obligación de conservarlos y cuidarlos como si fueran propios.

usura s.f. Préstamo de dinero con un interés excesivamente alto.

usurero, a s. **1** Persona que se dedica a prestar dinero que hay que devolver a un interés excesivamente alto. **2** Persona que saca un provecho muy alto en cualquier negocio.

usurpación s.f. Acción de usurpar.

usurpar v.tr. Apropiarse injustamente del cargo, derecho o propiedad de otra persona.

utensilio s.m. Instrumento o herramienta que se utiliza para realizar una actividad o trabajo.

uterino, a adj. Relativo al útero.

útero s.m. Órgano muscular interno del aparato reproductor de las hembras de los mamíferos en el que se desarrolla el embrión.

1. **útil** adj. **1** Que produce provecho, beneficio o interés. **2** Que puede servir o ser aprovechado para un fin determinado.

2. **útil** s.m. Utensilio.

utilidad s.f. **1** Capacidad que tiene una cosa de servir o de ser aprovechada para un fin determinado. **2** Provecho o beneficio.

utilitario, a adj. **1** Que considera la utilidad de las cosas como lo más importante. ◆ s.m. **2** ESP Automóvil de pequeño tamaño y que consume poco combustible.

utilización s.f. Empleo o utilización de una cosa para un fin determinado.

utilizar v.tr. Emplear o hacer funcionar una cosa para un fin determinado.

utillaje s.m. Conjunto de útiles necesarios para realizar un trabajo o una actividad.

utopía s.f. Proyecto, idea o plan ideal y muy bueno, pero imposible de realizar.

utópico, a adj. Relativo a la utopía.

uva s.f. **1** Fruto comestible de la vid, pequeño y de forma redonda u ovalada, que se utiliza para elaborar vino. **2** Racimo formado por varios de esos frutos. ◇ **mala uva** Fam. ESP Mala intención o mal carácter.

uve s.f. Nombre de la letra v. ◇ **uve doble** Nombre de la letra w. □ Plural: uves dobles.

UVI s.f. Sigla de **unidad de vigilancia intensiva**, sección de un centro hospitalario donde se ingresa a los enfermos muy graves.

úvula s.f. Masa carnosa situada en la entrada de la garganta que cuelga del velo del paladar.

uvular adj. **1** Relativo a la úvula. **2** Se dice del sonido consonántico que se articula con la intervención de la úvula. ◆ s.f. y adj. **3** Letra que representa este sonido.

uxoricida adj. y s.m. y f. Se dice de la persona que mata a su mujer.

uxoricidio s.m. Muerte causada de manera intencionada por una persona a su mujer.

uy interj. Indica sorpresa, dolor o miedo.

uzbeco, a o **uzbeko, a** adj. y s. De Uzbekistán.

V

v s.f. **1** Vigésima tercera letra del alfabeto español; su nombre es **uve**. **2** En la numeración romana, cinco. □ Se escribe con mayúscula.

vaca s.f. **1** Hembra del toro. **2** Fam. y desp. Mujer muy gorda. **3** Fam. AMÉR Acción de reunir dinero entre dos o más personas para hacer una compra común. **4** Fam. MÉX Dinero que queda de una apuesta en la que no hay ganador.

vacación s.f. Período durante el cual se descansa y se dejan los trabajos o los estudios que se realizan normalmente.
OBS Suele usarse en plural.

vacante adj. y s.f. Se dice del lugar o puesto que no está ocupado por nadie.

vacceo, a adj. y s. De un pueblo prerromano asentado en las llanuras centrales del Duero.

vaciar (1e) v.tr. **1** Sacar lo que está en el interior de una cosa sin dejar nada dentro. **2** Hacer un hueco en un cuerpo sólido. **3** Fabricar un objeto llenando un molde con un metal derretido u otra sustancia blanda.

vacilación s.f. **1** Acción y efecto de vacilar. **2** Indecisión ante una situación determinada.

vacilar v.intr. **1** Moverse una persona o una cosa de un lado a otro dando la impresión de estar a punto de caer. **2** Tener poca firmeza o poca seguridad al hablar o al actuar. **3** Ser inestable o poco firme. **4** Fam. Tomar el pelo a una persona. **5** Fam. Presumir o darse importancia. **6** AMÉR CENTRAL, CUBA Divertirse una persona mientras está de fiesta.

vacilón, na adj. y s. **1** Fam. Que le gusta hablar en broma. ◆ adj. **2** Fam. Que llama la atención.

vacío, a adj. **1** Que no tiene nada dentro. **2** Que no está ocupado por nadie. **3** Se dice del lugar que no tiene gente o que tiene muy poca. **4** Que no tiene contenido, es superficial y no despierta interés. ◆ s.m. **5** Espacio hueco. **6** Corte vertical y profundo de un terreno. **7** Falta o ausencia de una persona o cosa que se echa de menos. **8** Espacio que no contiene aire ni otra materia. ◇ **al vacío** Sin aire dentro.

vacuna s.f. **1** Sustancia que se introduce en el organismo para evitar que se desarrollen determinadas enfermedades. **2** Viruela que se produce en las ubres de las vacas.

vacunación s.f. Administración de una vacuna.

vacunar v.tr. Administrar una vacuna.

vacuno, a adj. Relativo al ganado bovino.

vacuo, a adj. Que no tiene contenido, es superficial y no despierta interés.

vacuola s.f. Pequeña cavidad de las varias existentes en el citoplasma de una célula eucariota.

vadear v.tr. **1** Atravesar un río u otra corriente de agua por un sitio poco profundo. **2** Saber obrar adecuadamente, o saber solucionar o evitar los problemas y las situaciones difíciles.

vado s.m. **1** Parte de la acera que está rebajada al nivel de la calzada para facilitar el acceso de vehículos a locales situados en los edificios. **2** Parte de un río con fondo firme y poco profunda, por la cual se puede pasar andando o en determinados vehículos.

vagabundear v.intr. Andar o pensar libremente sin una finalidad ni un destino determinado.

vagabundo, a adj. y s. **1** Se dice de la persona que no tiene casa ni trabajo y va de un lugar a otro. ◆ adj. **2** Que va de un lugar a otro sin un fin determinado.

vagancia s.f. Falta de ánimo o de disposición para hacer una cosa.

vagar v.intr. Vagabundear, deambular.

vagina s.f. Conducto fibroso muscular del aparato reproductor de las hembras de los mamíferos que comunica el útero con el exterior.

vaginal adj. Relativo a la vagina.

1. **vago, a** adj. y s. Poco o nada trabajador.

2. **vago, a** adj. **1** Que no es exacto o detallado. **2** Se dice del nervio que va desde el bulbo raquídeo hasta el tórax y el abdomen.

vagón s.m. Coche de un tren o de un metro que transporta mercancías o pasajeros.

vagoneta s.f. Vagón pequeño y sin techo que sirve para el transporte de mercancías.

vaguada s.f. Parte más profunda de un valle por donde corre el agua.

vaguear v.intr. Holgazanear, hacer el vago.

vaguedad s.f. **1** Falta de claridad o de exactitud. **2** Expresión o frase imprecisa.

vahído s.m. Desmayo.

vaho s.m. **1** Vapor que despiden los cuerpos en determinadas circunstancias. **2** Aliento de las personas o los animales.

vaina s.f. **1** Cáscara flexible y alargada en la que están encerradas en hilera las semillas de ciertas plantas. **2** Ensanchamiento del peciolo o de la hoja de una planta, que envuelve el tallo. **3** Funda de un arma blanca u otro instrumento cortante. **4** Cartucho metálico donde se aloja la carga de proyección de un disparo. **5** AMÉR Contrariedad, molestia. **6** AMÉR Lío, situación o asunto confuso. **7** BOL, GUAT Funda de cuero que se pone a los espolones de los gallos. ◆ **adj. y s.m. y f. 8** Fam. y desp. Se dice de la persona que es poco seria, molesta o presumida.

vainilla s.f. **1** Planta trepadora de tallos muy largos y verdes. **2** Fruto muy oloroso de esta planta que se utiliza como condimento y aromatizante.

vaivén s.m. **1** Movimiento alternativo de un cuerpo, primero hacia un lado y después hacia el contrario. **2** Cambio o variación inesperada en la situación o estado de las cosas.

vajilla s.f. Conjunto de platos, tazas y otros objetos que se usan en el servicio de la mesa.

1. **vale** s.m. **1** Papel que se puede cambiar por una cantidad de dinero, por un objeto o por un servicio. **2** Entrada gratuita para un espectáculo público o atracción. **3** Comprobante que demuestra que se ha hecho la entrega. **4** ARG, CUBA, URUG Comprobante o factura que se entrega como confirmación de pago. ◆ **s.m. y f. 5** Fam. COL, MÉX, VENEZ Camarada, amigo o compinche.

2. **vale** interj. Fam. ESP Indica acuerdo o conformidad.

valedor, ra s. Persona que ayuda o apadrina a otra.

valencia s.f. Número que expresa la capacidad de combinación de un átomo con otros para formar compuestos.

valencianismo s.m. **1** Amor o admiración por la cultura y las tradiciones valencianas. **2** Palabra o modo de expresión propio del español hablado en la Comunidad Valenciana. **3** Palabra o modo de expresión propio del valenciano y que se usa en otra lengua.

valenciano, a adj. y s. **1** De la Comunidad Valenciana o de Valencia. ◆ **s.m. y adj. 2** Variedad lingüística hablada en la mayor parte de la Comunidad Valenciana.

valentía s.f. **1** Valor, energía y voluntad para afrontar situaciones difíciles o adversas. **2** Hazaña que se realiza con heroicidad.

valer (50) v.tr. **1** Tener un precio o un valor determinado. **2** Mantener una cosa con otra una relación de igualdad de función, valor, potencia o eficacia, siendo ambas diferentes entre sí. **3** Merecer una cosa. **4** Ayudar o proteger a una persona. ◆ **v.intr. 5** Ser útil o adecuada una cosa para realizar una determinada función. **6** Tener una persona cierta cualidad o capacidad para desempeñar una función. **7** Ser válida o efectiva una cosa. ◆ **valerse v.prnl. 8** Usar algo o a alguien para un fin. **9** Manejarse o desenvolverse sin problemas de forma autónoma, sin depender de otra persona. ◇ **hacer valer** Hacer que una persona o una cosa sea tenida en cuenta.

valeriana s.f. Planta herbácea cuya raíz tiene propiedades sedantes.

valeroso, a adj. Que tiene valor para enfrentarse a situaciones arriesgadas o difíciles.

valet s.f. Carta de la baraja francesa que lleva la letra J.

valía s.f. Cualidad por la que una persona o cosa merece consideración o aprecio.

validar v.tr. Hacer firme o legal una cosa.

validez s.f. Característica principal de lo que es correcto o eficaz o de lo que se ajusta a la ley.

valido s.m. Persona que gozaba de la confianza de un rey y que ejercía el poder político.

válido, a adj. **1** Que tiene valor y fuerza legal o capacidad para producir su efecto. **2** Que se puede aceptar o dar por bueno.

valiente adj. y s.m. y f. **1** Que tiene valor o que actúa con mucha determinación ante situaciones arriesgadas o difíciles. **2** Que tiene poco valor. □ Frec. irónico.

valija s.f. **1** Saco de cuero en el que se transporta la correspondencia. **2** Maleta o cartera. ◇ **valija diplomática** Cartera en la que se transportan documentos oficiales de un estado.

valioso, a adj. Que tiene mucho valor o importancia.

valium s.m. Medicamento ansiolítico que a dosis bajas tiene un efecto calmante o sedante.

valla s.f. **1** Cerca de poca altura para rodear, señalar o proteger un terreno. **2** Superficie colocada en calles, carreteras u otros lugares en la que se fijan anuncios publicitarios. **3** Obstáculo que se debe saltar en algunas carreras atléticas.

vallar v.tr. Poner límites a un lugar rodeándolo con un vallado.

valle s.m. Depresión del terreno situada entre alturas montañosas y formada por la acción erosiva de un curso fluvial.

valleinclanesco, a adj. Relativo a Ramón María del Valle-Inclán.

vallenato s.m. Estilo musical popular de Colombia que se interpreta básicamente con acordeón e instrumentos tradicionales.

vallisoletano, a adj. y s. De Valladolid.

valor s.m. **1** Cualidad por la que una persona o cosa merece consideración o aprecio. **2** Precio de una cosa. **3** Importancia o significación de un dicho o un hecho. **4** Característica principal de lo que es correcto o efectivo, o de lo que se ajusta a la ley. **5** Energía y voluntad para afrontar situaciones difíciles o adversas. **6** Capacidad para soportar situaciones desagradables. **7** Falta de vergüenza o de respeto. **8** Persona que tiene buenas cualidades o capacidad para alguna cosa. **9** Equivalencia de una moneda con referencia a la tomada como patrón. **10** Cantidad o magnitud que se da a una variable. **11** Duración de una nota musical, según la figura con que esté representada. ◆ **valores** s.m.pl. **12** Conjunto de normas o principios morales e ideológicos que dirigen el comportamiento de una persona o sociedad. **13** Conjunto de documentos que representan la cantidad de dinero prestada a una empresa o sociedad para conseguir unas ganancias.

valoración s.f. **1** Determinación del precio de una cosa. **2** Reconocimiento del valor, del mérito o de las cualidades de una persona o cosa. **3** Procedimiento de análisis cuantitativo, basado en la medición del volumen de reactivo que hay que gastar hasta que se produce un determinado fenómeno en el líquido analizado.

valorar v.tr. **1** Poner precio a una cosa. **2** Reconocer o estimar el valor, el mérito o las cualidades de una persona o cosa. **3** Tener en cuenta una cosa para determinar su importancia. **4** Aumentar el precio de una cosa.

valorización s.f. **1** Determinación del precio de una cosa. **2** Aumento del precio de una cosa.

valquiria o **walkiria** s.f. Divinidad de la mitología nórdica que determinaba en los combates quién debía morir.

vals s.m. **1** Baile de pareja de ritmo moderado y movimientos giratorios suaves y de gran elegancia. **2** Composición musical con que se acompaña este baile.

valva s.f. **1** Pieza dura que forma la concha de los moluscos y otros invertebrados. **2** Parte de la vaina de algunos frutos que se abre al madurar.

válvula s.f. **1** Dispositivo que abre o cierra el paso de un fluido por un conducto en una máquina o en un instrumento. **2** Pliegue membranoso situado en las venas y en el corazón que permite el paso de los fluidos por los conductos del organismo. **3** Lámpara especial de algunos aparatos eléctricos, como ciertos amplificadores de sonido. ◇ **válvula de escape** Actividad que permite salir de una situación aburrida o librarse de un trabajo excesivo o problema.

vampiresa s.f. Fam. Mujer que aprovecha su belleza y atractivo para conquistar a los hombres y conseguir sus favores.

vampirismo s.m. Conducta de los vampiros o de las personas que actúan como ellos.

vampiro s.m. **1** Ser imaginario que sale de su tumba de noche y se alimenta con la sangre que chupa a las personas vivas. **2** Murciélago que se alimenta de la sangre de otros animales. **3** Persona que se aprovecha de los demás.

vanadio s.m. Elemento químico de símbolo V y número atómico 23; es un metal blando y dúctil, de color blanco grisáceo y brillante.

vanagloria s.f. Muestra excesiva de orgullo que hace una persona de lo que considera que son sus virtudes o bienes propios.

vanagloriarse (1d) v.prnl. Presumir de forma exagerada.

vandálico, a adj. **1** Relativo al vandalismo. **2** Relativo a los pueblos vándalos.

vandalismo s.m. **1** Actitud destructiva y violenta. **2** Destrucción propia de los vándalos.

vándalo, a adj. y s. **1** De un pueblo germánico que invadió el Imperio romano y creó un reino en el norte de África. ◆ s. **2** Persona que hace gamberradas o provoca destrozos.

vanguardia s.f. **1** Conjunto de personas o ideas que están avanzadas a su tiempo. **2** Parte de un ejército que va delante del cuerpo principal.

vanguardismo s.m. En arte y literatura, tendencia hacia nuevas formas de expresión con intención renovadora.

vanguardista adj. **1** Relativo al vanguardismo. ◆ adj. y s.m. y f. **2** Se dice de la persona que es partidaria del vanguardismo o lo practica.

vanidad s.f. **1** Orgullo o sentimiento de superioridad frente a los demás. **2** Cosa que solamente sirve para ostentar y que carece de valor moral.

vanidoso, a adj. y s. Que se muestra excesivamente orgulloso y satisfecho de sus propios actos y cualidades.

vano, a adj. **1** Que no tiene razón de ser o que se basa en la imaginación. **2** Que no produce el provecho, resultado o interés adecuado al que era de esperar. **3** Que está vacío o falto de contenido. **4** Presuntuoso, frívolo. ◆ s.m. **5** Hueco abierto en un muro. ◇ **en vano** Sin efecto ni resultado.

vapor s.m. **1** Gas en que se transforma un cuerpo por acción del calor. **2** Embarcación movida por una máquina que funciona con este gas.

vaporización s.f. Paso de una sustancia del estado líquido al gaseoso.

vaporizador s.m. Aparato que sirve para vaporizar un líquido.

vaporizar v.tr. **1** Transformar un líquido en vapor por la acción del calor. **2** Esparcir un líquido en forma de gotas muy pequeñas.

vaporoso, a adj. **1** Se dice del tejido que es ligero, muy fino o transparente. **2** Que tiene o produce vapores.

vapulear v.tr. **1** Golpear o azotar con violencia. **2** Criticar o reprender duramente.

vapuleo s.m. Acción de vapulear.

vaquería s.f. **1** Lugar donde se tienen y se crían vacas. **2** Establecimiento en el que se vende leche de vaca y productos derivados.

vaqueriza s.f. Lugar donde se recoge el ganado durante el invierno, especialmente las vacas.

vaquero, a adj. **1** Se dice de la tela de algodón que es muy resistente, gruesa y generalmente de color azul. **2** Se dice de la ropa que está hecha con esta tela y que se usa de manera informal. ◆ s. **3** Persona que se dedica a cuidar ganado vacuno. ◆ **vaqueros** s.m.pl. **4** Pantalones hechos con esta tela, generalmente ajustados.

vaquilla s.f. **1** ESP Ternera o cría de la vaca. **2** CH, NIC Ternera de entre un año y medio y dos años.

vara s.f. **1** Palo delgado y largo. **2** Rama de un árbol o arbusto delgada, larga y sin hojas. **3** Antigua medida de longitud. **4** Bastón que representaba la autoridad de un alcalde o juez.

varadero s.m. Lugar en el que se varan o colocan las embarcaciones para protegerlas de la acción del mar o para limpiarlas o arreglarlas.

varal s.m. ARG Armazón de palos para tender al sol y al aire la carne de la que se hace la cecina.

varapalo s.m. ESP Crítica o reprensión muy dura.

varar v.tr. **1** Sacar una embarcación fuera del agua y colocarla sobre la playa para protegerla de la acción del mar o para limpiarla o arreglarla. ◆ v.intr. **2** Encallar una embarcación.

variabilidad s.f. Cualidad de las cosas que tienden a cambiar o a transformarse.

variable adj. **1** Que varía o puede variar. **2** Que está sujeto a cambios frecuentes o probables. **3** Se dice de la palabra que puede presentar formas diferentes. ◆ s.f. **4** Factor o característica que puede variar en un determinado grupo de individuos o hechos, especialmente cuando se analizan para una investigación o un experimento. **5** Magnitud que sustituye un conjunto de valores y que puede representarlos dentro de un conjunto.

variación s.f. **1** Cambio o transformación de una cosa. **2** Repetición de un tema musical introduciendo cambios de tono o de ritmo. **3** Cambio que experimenta en su forma una palabra para expresar distintas categorías gramaticales. **4** En combinatoria, agrupación ordenada de n elementos no repetidos que se puede formar a partir de un conjunto de m elementos distintos.

variado, a adj. **1** Que está formado por partes de características diferentes. **2** Se dice de las cosas diferentes entre sí.

variante s.f. **1** Diferencia o variación entre las diversas clases y formas de una misma cosa. **2** Forma en que se puede presentar una cosa. **3** Diferencia en el texto de una misma obra al cotejarse copias de distinta época o edición. **4** ESP Desvío provisional o definitivo de un tramo de un camino o carretera.

varianza s.f. Media aritmética de los cuadrados de las desviaciones de la media.

variar (1e) v.tr. **1** Hacer diferente o distinto de como era antes. **2** Dar variedad o diversidad a una cosa. ◆ v.intr. **3** Cambiar de forma, estado o cualidad. **4** Ser distinta un cosa de otra.

varicela s.f. Enfermedad caracterizada por la aparición de fiebre y erupciones en la piel.

variedad s.f. **1** Cualidad de las cosas que tienen características o partes diferentes. **2** Cada una de las distintas formas en que se presenta una unidad. **3** Cada uno de los tipos o clases que se establecen en algunas especies de plantas o animales y que se diferencian entre sí por ciertos caracteres secundarios. ◆ **variedades** s.f.pl. **4** Espectáculo teatral ligero formado por varios números de diferente naturaleza.

varietés s.f.pl. Espectáculo de variedades.

varilla s.f. Barra larga y delgada generalmente de metal o de madera.

vario, a adj. **1** Diferente, distinto. **2** Que tiene variedad o que tiene características o elementos distintos. **3** Inestable o inconstante. ◆ **varios** det. y pron. **4** Más de uno, diversos.

variopinto, a adj. **1** Que tiene elementos distintos. **2** Que muestra distintos colores o aspectos.

varita s.f. Palo delgado y largo que usan los magos para hacer algunos de sus trucos de magia.

variz s.f. Dilatación anormal y permanente de una vena.

varón s.m. Persona de sexo masculino.

varonil adj. **1** Relativo al varón. **2** Que tiene las características que tradicionalmente se consideran propias de un varón.

vasallaje s.m. Vínculo o relación entre un vasallo y su señor.

vasallo, a adj. y s. **1** Se dice de la persona que se ponía al servicio de un señor feudal, el cual la protegía a cambio de unos determinados servicios. ◆ s. **2** Persona que está bajo la autoridad de un rey o un país.

vasco, a adj. y s. **1** Del País Vasco. ◆ s.m. y adj. **2** Lengua que se habla en el País Vasco, en parte de Navarra y en el territorio vascofrancés.

vascofrancés, sa adj. y s. Del País Vasco francés.

vascón, na adj. y s. Relativo a un antiguo pueblo prerromano que habitó la región entre los Pirineos y la cordillera Cantábrica.

vascongado, a adj. Del País Vasco.

vascuence s.m. Lengua vasca.

vascular adj. Relativo a los vasos o los conductos circulatorios de animales o las plantas.

vasectomía s.f. Operación quirúrgica a que se somete un hombre para que quede estéril y no pueda procrear.

vaselina s.f. **1** Sustancia grasa obtenida del petróleo y de la parafina, que se usa como aceite y en la fabricación de medicamentos. **2** Fam. Cuidado y suavidad para comunicar una noticia desagradable. **3** En un deporte, elevación suave del balón para pasarlo por encima del contrario.

vasija s.f. Recipiente, generalmente cóncavo y pequeño, que sirve para contener líquidos o alimentos.

vaso s.m. **1** Recipiente que sirve para contener y para beber líquidos, generalmente de cristal, de forma cilíndrica y cóncava. **2** Cantidad que cabe en este recipiente. **3** Recipiente que sirve para contener algún líquido. **4** Tubo o conducto por el que circulan la sangre y otros líquidos del organismo de los animales y de los vegetales. **5** Escultura con forma de vasija o jarrón. ◇ **vasos comunicantes** Sistema de dos o más recipientes que están unidos entre sí.

vasoconstrictor adj. y s.m. Se dice de la sustancia o el agente que disminuye el diámetro de los conductos por los que circula la sangre.

vasquismo s.m. **1** Palabra o modo de expresión propio de la lengua vasca y que se usa en otro idioma. **2** Amor o admiración por la cultura y las tradiciones del País Vasco.

vástago s.m. **1** Tallo nuevo que brota de una planta. **2** Hijo o descendiente. **3** Barra o varilla metálica que sirve para unir o sostener otras piezas. **4** C RICA, VENEZ Tallo del plátano.

vasto, a adj. Formal. Muy extenso o grande.

váter s.m. **1** Recipiente conectado con una tubería de desagüe y dotado con una cisterna de agua en el que se orina y se hace de vientre. **2** Habitación en la que está este recipiente.

vaticano, a adj. **1** De la Ciudad del Vaticano. **2** Relativo al Papa o a la corte pontificia.

vaticinar v.tr. Adivinar o anunciar el futuro.

vaticinio s.m. Adivinación o pronóstico.

vatio s.m. Watt.

vaya interj. Fam. Expresión que se usa para expresar sorpresa, admiración o desagrado.

Vd. o **Ud.** Abreviatura de usted.

vecinal adj. Relativo a los vecinos.

vecindad s.f. **1** Situación o condición de vivir una persona en un mismo edificio, barrio o pueblo que otras. **2** Vecindario. **3** Proximidad entre dos o más personas o cosas.

vecindario s.m. Conjunto de los vecinos de un mismo edificio, barrio o pueblo.

vecino, a adj. y s. **1** Se dice de la persona que vive en el mismo edificio, barrio, pueblo o ciudad que otras. ◆ adj. **2** Que está cercano o próximo. **3** Que es parecido o que coincide.

vector s.m. Segmento de una recta que representa una magnitud física que puede ser medida.

vectorial adj. Relativo a los vectores.

veda s.f. **1** Prohibición de una cosa establecida por una ley. **2** Tiempo durante el cual está prohibido cazar o pescar.

vedar v.tr. **1** Prohibir una cosa por ley o mandato. **2** Rechazar o poner un impedimento.

vedette s.f. Mujer que actúa como artista principal en espectáculos de revista o variedades.

vega s.f. Terreno bajo, llano y apto para el cultivo que está a la orilla de un río.

vegetación s.f. **1** Conjunto de palntas propias de una región o un clima. ◆ **vegetaciones** s.f.pl. **2** Crecimiento excesivo de las glándulas situadas en la parte posterior de la nariz.

vegetal adj. **1** Relativo a las plantas. ◆ s.m. **2** Ser orgánico pluricelular que vive y crece fijado al suelo y es capaz de realizar la fotosíntesis. ◆ **vegetales** s.m.pl. **3** Grupo taxonómico, con categoría de reino, constituido por estos seres.

vegetar v.intr. **1** Germinar, alimentarse, crecer y multiplicarse las plantas. **2** Vivir una persona sin desarrollar funciones emotivas o intelectuales. **3** Fam. Llevar una vida sin trabajo ni preocupaciones.

vegetariano, a adj. **1** Relativo al vegetarianismo. ◆ adj. y s. **2** Partidario del vegetarianismo.

vegetativo, a adj. **1** Que vegeta. **2** Se dice del órgano que realiza todas las funciones vitales excepto la reproducción sexual.

vehemencia s.f. Pasión, entusiasmo.

vehemente adj. **1** Que se manifiesta con fuerza, viveza y pasión. **2** Que obra con pasión y de forma irreflexiva.

vehículo s.m. **1** Aparato que por tierra, agua o aire sirve para transportar personas o cosas. **2** Cosa que sirve para llevar o conducir algo.

veinte adj.num.cardin. **1** Diez más diez. ◆ adj.num.ordin. **2** Que ocupa el lugar número 20 en una serie ordenada. ◆ s.m. **3** Número 20. ◇ **los veinte** Década comprendida entre los años 1920 y 1929.

veinteañero, a adj. y s. Que tiene más de veinte años de edad y menos de treinta.

veinteavo, a adj.num.partit. Se dice de cada una de las partes que resultan de dividir un todo en veinte partes iguales.

veintena s.f. Conjunto de veinte unidades.

veinticinco adj.num.cardin. **1** Veinte más cinco. ◆ adj.num.ordin. **2** Que ocupa el lugar número 25 en una serie ordenada. ◆ s.m. **3** Número 25.

veinticuatro adj.num.cardin. **1** Veinte más cuatro. ◆ adj.num.ordin. **2** Que ocupa el lugar número 24 en una serie ordenada. ◆ s.m. **3** Número 24.

veintidós adj.num.cardin. **1** Veinte más dos. ◆ **adj.num.ordin. 2** Que ocupa el lugar número 22 en una serie ordenada. ◆ **s.m. 3** Número 22.

veintinueve adj.num.cardin. **1** Veinte más nueve. ◆ **adj.num.ordin. 2** Que ocupa el lugar número 29 en una serie ordenada. ◆ **s.m. 3** Número 29.

veintiocho adj.num.cardin. **1** Veinte más ocho. ◆ **adj.num.ordin. 2** Que ocupa el lugar número 28 en una serie ordenada. ◆ **s.m. 3** Número 28.

veintiséis adj.num.cardin. **1** Veinte más seis. ◆ **adj.num.ordin. 2** Que ocupa el lugar número 26 en una serie ordenada. ◆ **s.m. 3** Número 26.

veintisiete adj.num.cardin. **1** Veinte más siete. ◆ **adj.num.ordin. 2** Que ocupa el lugar número 27 en una serie ordenada. ◆ **s.m. 3** Número 27.

veintitantos, as adj.num.cardin. **1** Veinte y algunos más, sin llegar a treinta. ◆ **adj. num.ordin. 2** Que ocupa un lugar posterior al 20 y anterior al 30 en una serie ordenada.

veintitrés adj.num.cardin. **1** Veinte más tres. ◆ **adj.num.ordin. 2** Que ocupa el lugar número 23 en una serie ordenada. ◆ **s.m. 3** Número 23.

veintiún Apócope de **veintiuno**.
OBS Se usa ante sustantivos masculinos en singular, y también ante sustantivos femeninos en singular que empiecen por **a-** o **ha-** tónicas.

veintiuno, a adj.num.cardin. **1** Veinte más uno. ◆ **adj.num.ordin. 2** Que ocupa el lugar número 21 en una serie ordenada. ◆ **s.m. 3** Número 21.

vejación s.f. Maltrato o humillación.

vejatorio, a adj. Se dice de la obra o dicho que veja o humilla.

vejestorio s.m. Fam. y desp. Persona muy vieja.

vejez s.f. **1** Estado natural de la persona que ha llegado a una edad avanzada **2** Último período de la vida de una persona, cuando tiene una edad avanzada. **3** Cualidad de lo que es viejo o está gastado por el uso.

vejiga s.f. Órgano muscular de los vertebrados en forma de bolsa en el que se deposita la orina producida por los riñones.

1. **vela** s.f. **1** Cilindro de cera u otra materia grasa, con un hilo en el centro que lo recorre de un extremo a otro y que se enciende para dar luz. **2** Situación o estado del que está despierto en las horas destinadas al sueño. **3** Acción de velar a un muerto. **4** Tiempo durante el que se vela por cualquier motivo. ◆ **velas s.f.pl. 5** Mocos que cuelgan de la nariz. ◇ **a dos velas** Fam. ESP Con poco dinero.

2. **vela** s.f. **1** Pieza de lona que hace que una embarcación se mueva al recibir el empuje del viento. **2** Competición deportiva en la que participan embarcaciones que llevan esta pieza de tela. **3** Formal. Barco de vela. ◇ **a toda vela** Muy rápidamente.

velada s.f. **1** Reunión o tertulia nocturna. **2** Sesión musical, literaria o deportiva que se celebra por la noche.

velador, ra adj. y s. **1** Se dice de la persona que vela o cuida algo. ◆ **s.m. 2** ESP Mesa pequeña, generalmente redonda, que tiene un solo pie en su base. **3** AMÉR Mesilla de noche. **4** ARG, CUBA, ECUAD, MÉX, URUG Lámpara pequeña que suele colocarse en la mesa de noche.

veladora s.f. **1** MÉX Velador (lámpara). **2** MÉX Vela gruesa y corta que se enciende por devoción a un santo.

veladura s.f. **1** Tinta transparente que se aplica en una pintura para suavizar o fundir los tonos. **2** Técnica fotográfica que utiliza la luz artificial para colorear u oscurecer la película.

velamen s.m. Conjunto de las velas de una embarcación.

1. **velar** v.tr. **1** Acompañar por la noche a un muerto o a un enfermo. ◆ **v.intr. 2** Estar sin dormir el tiempo normalmente destinado al sueño. **3** Cuidar con diligencia algo. ◆ **v.tr. 4** Permanecer por turnos vigilando algo por la noche.

2. **velar** adj. **1** Relativo al velo del paladar. **2** Se dice del sonido o fonema en cuya articulación la parte posterior de la lengua toca el velo del paladar o se aproxima a él. ◆ **adj. y s.f. 3** Se dice de la consonante o vocal articulada en este punto.

3. **velar** v.tr. **1** Cubrir con un velo. **2** Borrar la imagen de una fotografía o de una película fotográfica por la acción indebida de la luz. **3** Ocultar o disimular.

velarizar v.tr. Dar a un sonido carácter velar.

velatorio s.m. **1** Lugar preparado para velar a un difunto. **2** Acción de velar a un difunto.

velcro s.m. Sistema de cierre que consiste en dos tiras de tela de distinta urdimbre que al unirse quedan enganchadas entre sí.

veleidad s.f. **1** Cualidad de veleidoso. **2** Capricho pasajero.

veleidoso, a adj. Inconstante, caprichoso.

velero s.m. Embarcación muy ligera que se mueve por medio de la vela.

veleta s.f. **1** Objeto de metal giratorio, generalmente en forma de flecha, que se coloca en lugares altos y sirve para señalar la dirección del viento. ◆ **s.m. y f. 2** Persona que cambia con frecuencia de ideas, sentimientos o gustos.

vello s.m. **1** Pelo fino y suave que cubre ciertas partes del cuerpo de una persona. **2** Pelo corto y fino que cubre la piel de ciertas frutas o plantas.

1. **vellón** s.m. Conjunto de lana que se le quita a una oveja o a un carnero al esquilarlo.

2. **vellón** s.m. Aleación de plata y cobre con que se hacían monedas antiguamente.

vellosidad s.f. Vello de las personas, especialmente cuando es abundante.

velloso, a adj. Que tiene vello.

velludo, a adj. Que tiene mucho vello.

velo s.m. **1** Tela, generalmente fina, que cubre u oculta algo. **2** Tela fina y transparente que sirve para cubrir generalmente la cabeza o la cara de las mujeres. **3** Manto con el que las religiosas se cubren la cabeza y la parte superior del cuerpo. **4** Cosa ligera y flotante que impide ver otra con claridad. **5** Cosa que encubre la verdad o impide que se vea con claridad. ◇ **correr,** o **echar, un tupido velo** Intentar que se olvide una cosa que no conviene recordar. ◇ **velo del paladar** Tejido muscular delgado que separa la boca de la faringe.

velocidad s.f. **1** Rapidez o prontitud en el movimiento o en la acción. **2** Magnitud vectorial física que relaciona el desplazamiento que realiza un móvil entre dos posiciones con el tiempo que tarda en desplazarse. **3** Posición de la caja de cambio de un automóvil que permite variar el número de vueltas que dan las ruedas en función del número de vueltas que da el motor. **4** Relación existente entre el desarrollo de una acción, proceso o fenómeno físico y el tiempo transcurrido.

velocímetro s.m. Aparato que indica la velocidad a la que circula un vehículo.

velocípedo s.m. Vehículo formado por un asiento y por dos o tres ruedas, de las cuales una es de mayor tamaño que las otras, que se mueve por medio de pedales.

velocirráptor s.m. Dinosaurio terrestre de 3 m de longitud, carnívoro y muy rápido.

velocista s.m. y f. **1** Atleta que participa en carreras de 100, 200 o 400 metros. **2** Ciclista que participa en carreras en pista en las que es necesario ser muy veloz.

velódromo s.m. Instalación donde se celebran carreras de bicicletas.

veloz adj. Que se mueve o actúa de manera muy rápida.

vena s.f. **1** Vaso sanguíneo que conduce la sangre al corazón. **2** Cualidad natural o facilidad de una persona para realizar cierta actividad. **3** Estado de ánimo o humor de una persona en un momento determinado. **4** Fibra que sobresale en la cara posterior de las hojas de una planta. **5** Masa mineral que rellena un agujero o una abertura de una formación rocosa. **6** Lista o faja de diversos colores que tienen en su superficie distintas piedras o maderas. **7** Lista o faja de tierra o piedra que por su color y otras características se distingue de la masa de la que forma parte. **8** Conducto natural por el que circula el agua en el interior de la tierra.

venablo s.m. Lanza corta y arrojadiza.

venado s.m. Ciervo.

vencedor, ra adj. y s. Se dice de la persona o animal que gana o vence.

vencejo s.m. Pájaro insectívoro semejante a la golondrina pero de alas más estrechas.

vencer v.tr. e intr. **1** Resultar ganador en un concurso, oposición o cualquier prueba o quedar por encima de los demás. **2** Dominar o someter al enemigo. ◆ v.tr. **3** Afrontar y superar con éxito un obstáculo, problema o dificultad. **4** Controlar una persona sus pasiones o sentimientos. **5** Rendir o superar a una persona una cosa física o moral que es difícil de resistir. **6** Torcer o hundir una cosa el peso de algo. ◆ v.intr. **7** Terminar o acabar el plazo o tiempo fijado para una deuda, una obligación o un contrato.

vencimiento s.m. **1** Cumplimiento de un plazo. **2** Torcimiento o inclinación de una cosa por el peso de otra.

venda s.f. Trozo de tela o gasa largo y estrecho que sirve para cubrir las heridas o para impedir el movimiento de una parte del cuerpo.

vendaje s.m. **1** Colocación de una venda alrededor de una parte del cuerpo. **2** Venda o conjunto de vendas que se colocan de esta forma.

vendar v.tr. Cubrir con una venda cualquier parte del cuerpo.

vendaval s.m. Viento muy fuerte.

vendedor, ra adj. y s. Que vende o tiene por oficio vender.

vender v.tr. **1** Dar u ofrecer una cosa a cambio de una determinada cantidad de dinero. **2** Traicionar la amistad o la confianza de una persona. ◆ **venderse** v.prnl. **3** Dejarse corromper.

vendimia s.f. **1** Recogida de la uva. **2** Tiempo en el que se recoge la uva.

vendimiador, ra s. Persona que vendimia.

vendimiar (1d) v.tr. e intr. Realizar la vendimia.

veneciano, a adj. y s. De Venecia.

veneno s.m. **1** Sustancia que provoca trastornos graves o incluso la muerte. **2** Cualquier cosa que puede ser perjudicial para la salud.

venenoso, a adj. **1** Que contiene veneno. **2** Que tiene mala intención al hacer o decir una cosa.

venera s.f. **1** Concha del molusco de la vieira. **2** Antigua insignia militar colgada del pecho de los caballeros de las órdenes militares.

venerable adj. **1** Que merece respeto, especialmente por su edad o antigüedad. ◆ adj. y s.m. y f. **2** Se aplica como título que la Iglesia católica concede a la persona que muere con fama de santidad.

veneración s.f. Acción y efecto de venerar.

venerar v.tr. **1** Demostrar gran amor y respeto a una persona por su virtud, dignidad o santidad. **2** Rendir culto a Dios, a los santos o a las cosas sagradas.

venéreo, a adj. Se dice de la enfermedad que se contagia a través del acto sexual.

venero s.m. **1** Corriente de agua que brota de la tierra. **2** Lugar donde se encuentra de manera natural un mineral.

venezolano, a adj. y s. De Venezuela.

venganza s.f. Acción de vengar.

vengar v.tr. Responder a una ofensa o daño recibido con otra ofensa o daño dirigido a la persona que lo ha hecho.

vengativo, a adj. y s. Se dice de la persona que quiere vengarse.

venia s.f. Permiso o licencia para hacer una cosa concedido por una autoridad.

venial adj. Se dice del pecado o falta que se opone ligeramente a la ley o la norma y es fácil de perdonar.

venida s.f. **1** Acción de venir. **2** Regreso o vuelta.

venidero, a adj. Que está por venir.

venir (51) v.intr. **1** Ir o desplazarse hacia el lugar donde está el que habla. **2** Llegar al lugar donde está el que habla para quedarse en él. **3** Ocurrir, producirse o llegar cierto suceso. **4** Proceder de un lugar. **5** Tener una persona o cosa su origen. **6** Surgir o aparecer, especialmente un deseo o un sentimiento. **7** Adaptarse una prenda de vestir de un modo determinado. **8** Convenir o ser adecuado. **9** Figurar, estar incluido o llevar incorporado. **10** Seguir, en una serie, una cosa a otra. ◇ **¡venga!** Expresión que se usa para animar o meter prisa. □ Expresión que se usa para indicar rechazo. ◇ **venir + gerundio** Insistir en la acción que se expresa. ◇ **venir + participio** Expresa significado pasivo y equivale a ser, estar o resultar. ◇ **venir a + infinitivo** Acercarse o tener una equivalencia aproximada. — Realizarse o llegar a cumplirse. ◇ **venir a menos** Pasar de una situación o un estado bueno a otro peor.

venoso, a adj. **1** Relativo a las venas. **2** Que tiene venas o que las tiene muy perceptibles.

venta s.f. Acción y efecto de vender.

ventaja s.f. **1** Característica o situación que hace que una persona o una cosa sea mejor en comparación con otra. **2** Circunstancia o condición a favor. **3** Provecho o ganancia de algo.

ventajoso, a adj. Que tiene u ofrece una ventaja o beneficio.

ventana s.f. **1** Abertura que se hace en una pared o muro a cierta distancia del suelo para dar luz y ventilación al interior de una construcción. **2** Marco de madera o metal con una o más hojas y con cristales que cierran esta abertura. **3** Cada uno de los dos orificios de la nariz. **4** Área de la pantalla de un ordenador donde se visualiza un programa, una aplicación o un documento.

ventanal s.m. Ventana grande en la pared o en el muro de un edificio.

ventanilla s.f. **1** Abertura pequeña que hay en la pared de distintos establecimientos, a través de la cual los empleados se comunican con el público. **2** Ventana pequeña lateral de un vehículo. **3** Ventana de la nariz.

ventilación s.f. **1** Entrada o renovación de aire en un lugar. **2** Abertura que se hace para que se renueve o entre aire en un lugar.

ventilador s.m. Aparato formado por un aspa giratoria que sirve para ventilar o refrigerar un lugar o una cosa al mover el aire.

ventilar v.tr. **1** Hacer que entre o se renueve el aire en un lugar. **2** Sacar una cosa al aire libre para que se le vaya el olor o el polvo. **3** Tratar o resolver un asunto con rapidez. **4** Dar a conocer al público un asunto privado o íntimo. ◆ **ventilarse** v.prnl. **5** Fam. ESP Comerse o beberse por completo una cosa.

ventisca s.f. **1** Tormenta de viento o de viento y nieve. **2** Viento muy fuerte.

ventolera s.f. **1** Golpe de viento fuerte y de corta duración. **2** Fam. ESP Decisión o pensamiento extraño e inesperado.

ventosa s.f. **1** Pieza cóncava de material elástico que se adhiere a una superficie lisa por presión, al producirse el vacío en su interior. **2** Órgano que permite a algunos animales sujetarse o adherirse fuertemente a los objetos haciendo el vacío.

ventosidad s.f. Conjunto de gases intestinales que se expulsan por el ano.

ventoso, a adj. Se dice del lugar, tiempo o día en que hace un fuerte viento.

ventral adj. Relativo al vientre.

ventricular adj. Relativo a los ventrículos del corazón o del encéfalo.

ventrículo s.m. Cavidad de la parte inferior del corazón de mamíferos, aves y reptiles que recibe la sangre procedente de las aurículas y la impulsa hacia las arterias.

ventrílocuo, a adj. y s. Se dice de la persona que puede hablar cambiando su voz natural sin mover los labios ni los músculos de la cara.

ventura s.f. **1** Formal. Dicha o felicidad. **2** Suerte o fortuna. ◇ **por ventura** Formal. Quizá o acaso.

venus s.f. **1** Estatuilla con forma de mujer desnuda. **2** Mujer que posee una gran belleza.

1. **ver** (52) v.tr. e intr. **1** Percibir una cosa a través del sentido de la vista. ◆ v.tr. **2** Darse cuenta de una cosa con cualquier sentido o mediante la inteligencia. **3** Entender o darse cuenta de un hecho, una realidad o una situación. **4** Tratar un tema o asunto. **5** Estudiar o examinar cualquier cosa con atención. **6** Asistir a un espectáculo o acontecimiento. **7** Comprobar o hacer lo necesario para informarse de una cosa. **8** Sospechar o presentir lo que va a pasar, en especial si es desagradable. **9** Juzgar o considerar de una manera

determinada. **10** Visitar o encontrarse con una persona. **11** Aceptar la apuesta de otro jugador para obligarle a mostrar el juego, generalmente en los juegos de cartas. ◆ v.intr. **12** Tratar de conseguir una cosa. ◆ **verse** v.prnl. **13** Imaginarse o encontrarse en una situación determinada. ◇ **a ver** Expresión con la que una persona indica la curiosidad por conocer una cosa. ◇ **estar por ver** No haberse confirmado o demostrado cierta cosa. ◇ **no veas** Expresión con la que se destaca lo que se dice. ◇ **vérselas** Fam. Tener un enfrentamiento con una persona.

2. **ver** s.m. **1** Sentido de la vista. **2** Aspecto exterior.

vera s.f. Orilla de un camino o de un río. ◇ **a la vera** Muy cerca.

veracidad s.f. Cualidad de lo que está conforme con la verdad.

veraneante adj. y s.m. y f. Se dice de la persona que veranea.

veranear v.intr. Pasar el verano o las vacaciones de verano en un lugar.

veraneo s.m. Acción y efecto de veranear.

veraniego, a adj. Relativo al verano.

veranillo s.m. Breve temporada calurosa que hay en otoño.

verano s.m. Estación del año comprendida entre la primavera y el otoño.

veras ◇ **de veras** loc. De verdad, realmente.

veraz adj. **1** Se dice de la persona o medio que habitualmente dice la verdad. **2** Se dice de la información o dato que es verdadero porque se ha comprobado su autenticidad.

verbal adj. **1** Relativo al habla. **2** Se dice del acuerdo que se hace de palabra y no por escrito. **3** Relativo al verbo.

verbena s.f. **1** ESP Fiesta popular que se celebra al aire libre y por la noche la víspera de algunas festividades. **2** Planta de tallo largo y piloso, con hojas ásperas y flores en espiga de colores variados.

verbo s.m. **1** Categoría gramatical constituida por las palabras que expresan la acción, el estado, la existencia o el proceso de una persona o cosa en un tiempo pasado, presente o futuro con relación al momento de la enunciación. **2** Formal. Palabra. **3** Jesucristo, como segunda persona de la Santísima Trinidad. □ Se escribe con mayúscula inicial.

verborrea s.f. Desp. Tendencia a hablar usando demasiadas palabras.

verdad s.f. **1** Conocimiento de lo que es o de lo que ha pasado realmente. **2** Expresión de este conocimiento. **3** Conformidad entre lo que se dice y lo que se cree o se piensa. **4** Carácter de lo que existe, ha existido o existirá realmente. **5** Afirmación que se hace de forma clara y directa. ◇ **de verdad** Como debe ser. — En serio. ◇ **en verdad** Según la verdad.

verdadero, a adj. **1** Que es conforme a la verdad. **2** Se dice del sentimiento que es real. **3** Que es realmente lo que se indica de algo.

verde s.m. y adj. **1** Color como el de la hierba fresca o el de las hojas de los árboles. ◆ adj. **2** Que es de este color. **3** Se dice de la planta o leña que no está seca. **4** Se dice del fruto que todavía no está maduro. **5** Se dice de la legumbre que se consume fresca para distinguirla de la que se guisa seca. **6** Se dice del proyecto que está en sus inicios o que todavía falta mucho para que se lleve a cabo. **7** Se dice de la persona que todavía no está preparada para realizar alguna actividad. **8** Obsceno. **9** Se dice de la zona que no puede destinarse a la edificación porque se utiliza como parque o jardín. ◆ adj. y s.m. y f. **10** Se dice de la persona que defiende la conservación y la mejora del medio ambiente. ◆ s.m. **11** Hierba o follaje. ◇ **poner verde** Criticar o hablar mal.

verderón s.m. Pájaro cantor parecido al gorrión pero de plumaje verde amarillento.

verdín s.m. **1** Capa que forman las algas y otras plantas sin flor en lugares húmedos y en la superficie del agua estancada. **2** Capa de color verde que se forma sobre los objetos de cobre, de bronce o de latón. **3** Capa verde que forma el moho sobre la corteza de frutos podridos.

verdor s.m. Color verde intenso propio de las plantas en su lozanía.

verdoso, a adj. Que tiene un tono verde.

verdugo s.m. **1** Persona que se encarga de ejecutar a los condenados a muerte. **2** Persona muy cruel que maltrata a los demás. **3** Gorro de punto que abriga toda la cabeza y el cuello, con una abertura para dejar al descubierto los ojos, la nariz y la boca. **4** Brote nuevo de un árbol.

verdulería s.f. Establecimiento en el que se venden verduras.

verdulero, a s. **1** Persona que se dedica a vender verduras. ◆ s. **2** Fam. ESP Persona vulgar y maleducada.

verdura s.f. **1** Hortaliza o planta comestible. **2** Verdor.

vereda s.f. **1** Camino estrecho que se ha formado por el paso de las personas y del ganado. **2** AMÉR SUR, CUBA Acera (de la calle). **GEOSIN** andén, banqueta. ◇ **meter, o hacer entrar, en vereda a alguien** Fam. Hacer que una persona formalice su comportamiento y cumpla sus deberes.

veredicto s.m. **1** Decisión final de un tribunal. **2** Opinión o juicio que da una persona.

verga s.f. **1** Órgano sexual masculino de los mamíferos. **2** Palo colocado perpendicularmente en un mástil para sujetar las velas.

vergel s.m. **1** Huerto con gran abundancia de flores y árboles frutales. **2** Lugar con gran abundancia y variedad de plantas y flores.

vergonzante adj. Se dice de la persona que siente vergüenza de su actividad o de su condición.

vergonzoso, a adj. **1** Se dice del hecho que causa vergüenza. ◆ **adj. y s. 2** Se dice de la persona que siente vergüenza con facilidad.

vergüenza s.f. **1** Turbación que se siente ante los demás al cometer una falta o al hacer algo que se considera ridículo o humillante. **2** Turbación producida por el miedo a cometer ante los demás una falta o a hacer algo que uno mismo considera ridículo o humillante. **3** Valoración que una persona tiene de sí misma. **4** Persona o cosa que causa deshonra o indignación. ◆ **vergüenzas** s.f.pl. **6** ESP Órganos genitales. ◇ **vergüenza ajena** Vergüenza que se siente por la falta cometida por otra persona.

vericueto s.m. **1** Camino estrecho y accidentado por el que es difícil andar. **2** Complicación que entorpece una acción o un proceso.

verídico, a adj. Que se ajusta a la verdad.

verificación s.f. Acción de verificar.

verificar v.tr. **1** Demostrar o comprobar que es verdadera una cosa de la que se dudaba. **2** Comprobar que un aparato funciona bien. **3** Formal. Realizar o llevar a cabo. ◆ **verificarse** v.prnl. **4** Cumplirse algo anunciado o pronosticado.

verismo s.m. **1** Cualidad de representar las cosas con mucho realismo. **2** Movimiento estético que se desarrolló en Italia y que representaba la realidad sin idealizaciones.

verja s.f. **1** Enrejado que limita un espacio abierto. **2** Reja de una puerta o ventana.

vermú o **vermut** (pl. vermús o vermuts) s.m. **1** Bebida alcohólica amarga compuesta de vino aromatizado con ajenjo. **2** Aperitivo que se toma antes de comer.

vernáculo, a adj. Propio de un país o región.

verosímil adj. Que parece verdadero y cierto.

verosimilitud s.f. Cualidad de lo que parece verdadero o creíble.

verruga s.f. Bulto marronáceo pequeño que sale en la piel de las personas.

versado, a adj. Experto en una materia.

versal adj. y s.f. Se dice de la letra mayúscula.

versalita adj. y s.f. Se dice de la letra mayúscula que tiene el mismo tamaño que las minúsculas del texto en que figura.

versar v.intr. Tratar acerca de una materia o un tema determinado.

versátil adj. **1** Que es inconstante o cambia con facilidad. **2** Adaptable.

versatilidad s.f. Facilidad excesiva para cambiar de opinión, de gustos o de humor.

versículo s.m. **1** Cada una de las divisiones breves y numeradas de los capítulos de ciertos libros, especialmente la Biblia o el Corán. **2** Verso que carece de rima y acentos regulares.

versificación s.f. Técnica o arte de versificar.

versificar v.intr. **1** Componer versos. ◆ v.tr. **2** Poner en verso lo que estaba en prosa.

versión s.f. **1** Modo particular de entender o relatar un hecho. **2** Presentación diferente o adaptación de una obra artística o literaria. **3** Traducción de una obra escrita. ◇ **versión original** Película que se presenta en su lengua original sin haber sido doblada.

verso s.m. **1** Conjunto de palabras o palabra que constituye una unidad métrica sujeta a una rima y un ritmo cuyas leyes varían según la tendencia literaria y el idioma. **2** Género literario de las obras compuestas en verso.

vértebra s.f. Hueso corto que forma la columna de los vertebrados.

vertebrado, a adj. **1** Se dice del animal que tiene esqueleto interno con un eje formado por la columna vertebral, la cual, junto con el cráneo, contiene el centro del sistema nervioso. ◆ **vertebrados** s.m.pl. **2** Grupo taxonómico, con categoría de subfilo, constituido por estos animales.

vertebral adj. Relativo a las vértebras.

vertebrar v.tr. Organizar o estructurar internamente algo, dándole consistencia y cohesión.

vertedero s.m. Lugar donde se tiran las basuras y otros residuos de una población. **GEOSIN** basural, basurero, botadero.

verter (33) v.tr. **1** Echar un líquido o una materia no sólida de un recipiente a otro. **2** Dejar caer un líquido o un material fuera del recipiente que lo contiene. **3** Traducir de una lengua a otra. ◆ **v.intr. 4** Desembocar una corriente de agua en otra.

vertical adj. y s.f. **1** Perpendicular al horizonte. ◆ **adj. 2** Se dice de la estructura u orden que está organizado de manera jerárquica.

verticalidad s.f. Posición vertical o perpendicular.

vértice s.m. **1** Punto en el que concurren los dos lados de un ángulo o polígono, o tres o más aristas de un poliedro. **2** Parte más elevada de una cosa.

verticilo s.m. Conjunto de hojas, flores, o ramas que nacen a igual altura en torno al tallo.

vertido s.m. **1** Derramamiento o salida de un líquido. **2** Conjunto de materiales de desecho que se vierten en algún lugar.

vertiente s.f. **1** Cada una de las pendientes de una montaña que van de la cima a la base. **2** Cada una de las inclinaciones que tiene una cubierta o tejado para hacer correr el agua. **3** Territorio por donde circula el agua de los ríos. **4** Punto de vista.

vertiginoso, a adj. **1** Que produce vértigo. **2** Muy rápido o intenso.

vértigo s.m. **1** Sensación de miedo a perder el equilibrio que se experimenta en lugares elevados o por trastornos orgánicos. **2** Sensación producida por una impresión fuerte.

vesical adj. Relativo a la vejiga.

vesícula s.f. **1** Vacuola. **2** Bulto pequeño lleno de líquido que se forma en la piel.

vespertino, a adj. Relativo a la tarde o que tiene lugar en este momento del día.

vestíbulo s.m. **1** Parte de la casa que hay junto a la puerta principal. **2** Estancia amplia en la entrada de edificios. **3** Hueco del oído interno.

vestido s.m. **1** Prenda de vestir femenina que une cuerpo y falda formando una sola pieza. **2** Prenda de vestir.

vestidor s.m. Habitación para vestirse.

vestidura s.f. **1** Conjunto de prendas de vestir. **2** Vestido de los sacerdotes para celebrar la misa. ◇ **rasgarse las vestiduras** Escandalizarse con ostentación o hipocresía por algo nimio. **OBS** Suele usarse en plural.

vestigio s.m. Señal o resto que queda de una cosa pasada o antigua.

vestimenta s.f. Conjunto de prendas de vestir.

vestir (31) v.tr. **1** Cubrir el cuerpo de una persona con ropa. ◆ **v.tr. e intr. 2** Llevar puesto un vestido o traje. ◆ **v.tr. 3** Proporcionar vestido. **4** Hacer vestidos. **5** Disimular con alguna acción compensatoria una carencia o defecto. **6** Cubrir o resguardar una cosa con otra para adornarla o protegerla. **7** Adoptar cierto gesto o actitud para mostrar o aparentar un estado de ánimo. **8** Expresar un concepto con un lenguaje elegante. ◆ **v.intr. 9** Resultar elegante o apropiado algo, especialmente un vestido, una tela, un material o un color.

vestón s.m. Chaqueta de vestir, americana. **GEOSIN** leva, saco.

vestuario s.m. **1** Lugar destinado a cambiarse de ropa. **2** Conjunto de prendas de vestir de una persona o un espectáculo.

veta s.f. **1** Franja que forma un dibujo en un material por ser de diferente color o de un material distinto. **2** Estrato alargado de un mineral diferente a la formación rocosa que le rodea. **3** ECUAD Correa para enlazar y sujetar reses.

vetar v.tr. **1** Poner el veto a un acuerdo. **2** Impedir que una cosa se haga.

veteado, a adj. Que tiene vetas.

veteranía s.f. Cualidad de veterano.

veterano, a adj. y s. **1** Experto en una profesión o actividad por haberla realizado durante mucho tiempo. **2** Persona que ha combatido en una guerra. ◆ **adj. 3** Se dice de la cosa que lleva más tiempo activa o funcionando que otras de la misma clase.

veterinaria s.f. Ciencia que estudia la prevención y curación de las enfermedades de los animales.

veterinario, a s. Especialista en veterinaria.

veto s.m. Derecho de una persona o de un organismo para impedir o prohibir algo.

vetusto, a adj. Formal. Muy viejo o antiguo.

vez s.f. **1** Momento en que se realiza o se repite una acción. **2** Ocasión en que se realiza o se repite una acción. **3** ESP Puesto que corresponde a una persona en una cola. **4** ESP Momento u ocasión en que a una persona le corresponde por orden hacer una cosa. ◇ **a la vez** Al mismo tiempo. ◇ **a veces** En algunas ocasiones. ◇ **de una vez** De manera definitiva. ◇ **de vez en cuando** En ciertas ocasiones. ◇ **en vez de** En lugar de. ◇ **tal vez** Posiblemente, quizá. ◇ **una vez** o **una vez que** Después de que.

v. gr. Abreviatura de la expresión latina **verbi** gratia, 'por ejemplo'.

vía s.f. **1** Camino que conduce de un lugar a otro. **2** Sistema de transporte o comunicación. **3** Barra de hierro que sirve para construir el camino por el que circulan los trenes. **4** Camino formado por dos barras de hierro, paralelas y unidas entre sí, por el que circulan los trenes. **5** Conducto del cuerpo humano o animal. **6** Procedimiento o medio que sirve para hacer o conseguir una cosa. ◆ **prep. 7** Indica el medio o sistema para transmitir algo. **8** Indica un sitio o punto principal que se atraviesa en un trayecto o recorrido. ◇ **de vía estrecha** Se dice de la persona que tiene poco valor o importancia. ◇ **en vías de** En camino de o a punto de.

viabilidad s.f. **1** Posibilidad de llevarse a cabo un proyecto. **2** Capacidad de vivir, especialmente la que tienen los niños recién nacidos.

viable adj. **1** Que puede realizarse. **2** Se dice del camino que se puede usar. **3** Se dice del feto que puede vivir fuera del útero.

viacrucis o **vía crucis** s.m. **1** Conjunto de catorce cuadros que representan los pasos que dio Jesucristo en su camino al Calvario. **2** Conjunto de oraciones que se rezan en estos catorce pasos. **3** Sufrimiento o aflicción continuos y prolongados.

viaducto s.m. Puente largo que salva un desnivel del terreno y sobre el cual discurre una vía férrea o una carretera.

viagra s.m. o f. Medicamento que estimula la erección del pene.

viajante s.m. y f. Persona que se dedica a viajar para vender los productos de una empresa.

viajar v.intr. **1** Trasladarse a un lugar que está alejado. **2** Recorrer un trayecto un medio de transporte. **3** Ser transportada una mercancía.

viaje s.m. **1** Traslado a un lugar que está lejos. **2** Acción de recorrer el espacio que hay entre dos puntos. **3** Recorrido que se hace de un lugar llevando algo o para algún fin. **4** Carga que se transporta de una vez. **5** Fam. ESP Golpe dado con la mano o con un instrumento.

viajero, a adj. y s. Que viaja.

1. **vial** adj. **1** Relativo a la vía. ◆ s.m. **2** ESP Calle flanqueada por árboles u otras plantas.

2. **vial** s.m. ESP Ampolla que contiene un medicamento inyectable o bebible.

viandante s.m. y f. Persona que va a pie.

víbora s.f. **1** Serpiente venenosa de longitud mediana. **2** Persona malévola que gusta de hablar mal de los demás.

vibración s.f. **1** Movimiento repetido muy corto y rápido alrededor de una posición de equilibrio. **2** Sonido o estremecimiento producto de este movimiento. ◇ **buenas,** o **malas, vibraciones** Fam. Sentimiento o sensación de simpatía (o antipatía) hacia una persona o una cosa.

vibrador, ra adj. **1** Que vibra. ◆ s.m. **2** Dispositivo que vibra o que hace vibrar. **3** Aparato eléctrico manual con movimiento vibratorio y de formas variadas que se utiliza para hacer masajes o en la actividad sexual.

vibráfono s.m. Instrumento musical de percusión formado por una serie de placas de metal con un tubo resonador debajo de cada placa.

vibrante adj. **1** Que vibra o hace vibrar. **2** Se dice del discurso, espectáculo o acto que provoca una excitación o alteración del ánimo. ◆ adj. y s.f. **3** Se dice de la consonante que se articula con una vibración rápida de la lengua.

vibrar v.intr. **1** Moverse una cosa repetidamente, con gran rapidez a uno y otro lado de su posición de equilibrio. **2** Resonar una cosa por efecto de la vibración. **3** Emocionarse ante la belleza de algo o por sentirse identificado con algo que se escucha. **4** Temblar por efecto de la emoción, especialmente la voz o algo inmaterial.

vibrato s.m. Vibración del sonido producido por la voz o por un instrumento musical.

vibratorio, a adj. Que oscila de manera intermitente o puede hacerlo.

vibrión s.m. Bacteria con forma de coma, dotada de movimiento ondulatorio

vicaría s.f. **1** Oficio o dignidad del vicario. **2** Oficina del vicario. **3** Territorio de la jurisdicción del vicario. ◇ **pasar por la vicaría** Fam. Casarse.

vicario, a adj. y s. **1** Se dice de la persona que sustituye a otra en sus funciones o la ayuda. ◆ s.m. **2** Sacerdote que está bajo la autoridad del párroco en una iglesia. **3** Sacerdote que sustituye a otro o le ayuda en sus funciones.

vicealmirante s.m. Militar de la Armada que tiene categoría inmediatamente superior a la de contraalmirante.

vicepresidente, a s. Persona que ocupa el cargo inferior al del presidente y lo sustituye en determinados trabajos.

vicerrector, ra s. Persona que ocupa el cargo inferior al del rector y lo sustituye en determinados trabajos.

vicetiple s.f. Cantante femenina que interviene en los números de conjunto de las operetas, zarzuelas, revistas y otras representaciones musicales.

viceversa adv. Al contrario, al revés.

viciar (1d) v.tr. **1** Hacer que alguien adquiera un vicio o una costumbre considerada mala. **2** Hacer que algo se estropee o se deforme. **3** Anular la validez de un acto o de un documento.

vicio s.m. **1** Costumbre o uso que se considera malo, sobre todo desde el punto de vista moral. **2** Gusto excesivo por una cosa, generalmente mala. **3** Cosa que gusta de modo excesivo. **4** Cosa incorrecta. ◇ **de vicio** Fam. Muy bueno o muy bien. — Sin ningún motivo o por sistema.

vicioso, a adj. y s. **1** Que se entrega al vicio. **2** Que le gusta algo de modo excesivo. **3** Que puede llegar a gustar de modo excesivo.

vicisitud s.f. **1** Formal. Acontecimiento que dificulta el desarrollo de algo. **2** Formal. Sucesión de hechos positivos y negativos.
OBS Suele usarse en plural.

víctima s.f. **1** Persona o animal que ha sufrido un daño. **2** Persona o animal que muere por culpa de alguien o de alguna cosa. **3** Persona o animal destinado al sacrificio.

victoria s.f. **1** Superioridad o ventaja que se consigue sobre el contrario en una lucha o competición. ◆ interj. **2** Expresión que indica alegría por haber ganado al contrario en una lucha o una competición.

victorioso, a adj. **1** Que ha conseguido una victoria. **2** Que tiene como resultado una victoria.

vicuña s.f. **1** Mamífero rumiante parecido a la llama pero más pequeño y esbelto y con el pelo más fino. **2** Lana de este animal.

vid s.f. Arbusto de tronco leñoso y retorcido, cuyo fruto es la uva.

vid. Abreviatura del latín **vide** ('véase'), que sirve en un escrito para remitir a otro escrito, o a otra parte del mismo escrito.

vida s.f. **1** Propiedad de los seres orgánicos por la cual crecen, se reproducen y responden a estímulos. **2** Existencia de los seres que tienen esta propiedad. **3** Período que va desde el momento de nacer hasta el momento de morir. **4** Duración de una cosa. **5** Conjunto de lo necesario para vivir, especialmente el alimento. **6** Modo de vivir. **7** Trabajo en una actividad determinada. **8** Narración de lo que ha vivido una persona. **9** Cosa que hace interesante la existencia. **10** Cosa que contribuye a que otra exista o se desarrolle. ◇ **a vida o muerte** Con riesgo grave de morir. ◇ **buscarse la vida** Fam. Intentar conseguir lo necesario para vivir o para un fin determinado. ◇ **de por vida**

Para siempre. ◇ **de toda la vida** Desde siempre. ◇ **pasar a mejor vida** Morir.

vidente s.m. y f. **1** Persona que es capaz de predecir el futuro. ◆ adj. y s.m. y f. **2** Que puede ver.

vídeo s.m. **1** Sistema de grabación de imágenes y sonidos en una cinta que después pueden reproducirse en un televisor. **2** Aparato que sirve para grabar imágenes y sonidos en una cinta magnética que después pueden ser reproducidos en una pantalla de televisión. **3** Grabación realizada mediante este sistema. **4** Fam. Videocasete.

videocámara s.f. Cámara de vídeo.

videocasete s.f. Cinta magnética de vídeo.

videoclip (pl. videoclips) s.m. Cortometraje que se realiza poniendo como banda sonora una canción que se quiere promocionar.

videoclub s.m. Establecimiento en el que se pueden alquilar y comprar películas de vídeo ya grabadas.

videoconferencia s.m. Comunicación entre interlocutores distantes que se pueden observar a través de una pantalla.

videojuego s.m. Juego que se visualiza por medio de una pantalla de televisión y cuyos mandos se accionan electrónicamente.

videoproyector s.m. Proyector de imágenes de un vídeo.

videoteca s.f. **1** Colección de videocasetes. **2** Lugar en el que se guarda esta colección.

vidorra s.f. Fam. Vida cómoda y sin preocupaciones.

vidriera s.f. **1** Estructura de cristales que con fines decorativos va colocada en una ventana o una puerta. **2** AMÉR Espacio cerrado con cristales y situado al frente o a la entrada de un establecimiento, que sirve para exponer los productos ante el público. **GEOSIN** aparador, esparate. **3** AMÉR Vitrina.

vidrio s.m. **1** Material duro, frágil, generalmente incoloro y transparente, que se obtiene al fundir diversas sustancias y enfriarlas con rapidez. **2** Objeto hecho con este material. **3** Placa hecha con este material.

vidrioso, a adj. **1** Se dice del ojo que parece cubierto de una capa transparente y líquida. **2** Se dice del objeto o superficie que se parece al vidrio por su brillo o por su fragilidad.

vieira s.f. **1** Molusco marino comestible, grande, de concha formada por dos valvas semicirculares y estriadas. **2** Concha de este molusco.

viejo, a adj. y s. **1** Se dice de la persona que tiene mucha edad. ◆ adj. **2** Que tiene mucha edad. **3** Que parece tener más edad de la que tiene en realidad. **4** Que existe desde hace mucho tiempo. **5** Se dice de la cosa que está gastada de tanto usarla. ◆ s. **6** Fam. Padre o madre.

vienés, sa adj. y s.m. y f. De Viena.

viento s.m. **1** Corriente de aire que se produce en la atmósfera. **2** Impulso o influencia que reina en un ambiente. □ Suele usarse en plural con valor singular. **3** Cuerda o alambre que se ata para mantener derecha una cosa. **4** Conjunto de instrumentos de una orquesta que producen música al soplar por ellos. ◇ **a los cuatro vientos** De modo que todo el mundo se entere. ◇ **beber los vientos por alguien** Desvivirse por una cosa o estar perdidamente enamorado de alguien. ◇ **contra viento y marea** A pesar de los problemas y los obstáculos. ◇ **irse a tomar viento** Fam. Desvanecerse un proyecto o fracasar un asunto. ◇ **irse,** o **marcharse, con viento fresco** Fam. Expresión que se usa para rechazar a alguien con enfado o disgusto o para despreciarle. ◇ **viento en popa** Sin problemas y prósperamente.

vientre s.m. **1** Cavidad del cuerpo del ser humano y los animales vertebrados en la que se contienen los órganos principales del aparato digestivo, genital y urinario. **2** Parte exterior de esta cavidad, comprendida entre el pecho y las extremidades inferiores. **3** Parte inferior y opuesta al dorso de los animales en general. **4** Parte abombada de un recipiente. ◇ **bajo vientre** Órganos sexuales de las personas. ◇ **hacer de,** o **del, vientre** Fam. Defecar, expulsar excrementos por el ano.

viernes s.m. Quinto día de la semana.

vietnamita adj. y s.m. y f. De Vietnam.

viga s.f. Barra gruesa de madera, de metal o de cemento armado que se usa como soporte horizontal en las construcciones en general.

vigencia s.f. Período durante el cual una ley está en vigor o una costumbre está en uso.

vigente adj. Se dice de la ley o costumbre que tiene validez o está en uso.

vigesimal adj. Se dice del sistema de contar de veinte en veinte.

vigésimo, a adj.num.ordin. **1** Que ocupa el lugar número 20 en una serie ordenada. ◆ adj.num.partit. **2** Se dice de cada una de las partes que resultan de dividir un todo en veinte partes iguales.

vigía s.m. y f. **1** Persona que vigila desde un lugar apropiado, generalmente alto. ◆ s.f. **2** Torre construida en un lugar alto para vigilar la lejanía. **3** Vigilancia desde un lugar apropiado.

vigilancia s.f. **1** Atención que se presta a una persona o cosa para observarla y controlarla y así evitar algún dañoo peligro. **2** Conjunto de personas o medios preparados para vigilar.

vigilante adj. **1** Que no deja de vigilar. **2** Que vela. ◆ s.m. y f. **3** Persona que vigila un lugar.

vigilar v.tr. Prestar atención a una persona o cosa para observarla y controlarla.

vigilia s.f. **1** Permanencia de una persona en vela o despierta. **2** Falta de sueño o dificultad para dormir. **3** Día inmediatamente anterior a otro que es festivo para la Iglesia. **4** Día de abstinencia de comer carne, según los preceptos de la Iglesia.

vigor s.m. **1** Fuerza y energía de un ser vivo. **2** Fuerza en la expresión de un discurso o en las actividades artísticas o literarias. **3** Hecho de tener validez o uso una ley o costumbre.

vigorexia s.f. Enfermedad mental que se caracteriza por querer desarrollar excesivamente la musculatura.

vigorizar v.tr. Dar fuerza y energía.

vigoroso, a adj. Que tiene fuerza y energía.

vigués, sa adj. y s. De Vigo.

vigueta s.f. Viga corta de acero laminado o de cemento.

vihuela s.f. Antiguo instrumento musical de cuerda parecido a la guitarra, con cuerdas dobles.

vikingo, a adj. y s. De un pueblo escandinavo de guerreros y navegantes que vivió entre los siglos VII y XI.

vil adj. **1** Formal. Se dice de la persona o acción que es despreciable o indigna. **2** Formal. Se dice de la cosa que es despreciable porque no posee ningún valor, sobre todo espiritual.

vileza s.m. **1** Acción vil. **2** Cualidad de vil.

vilipendiar (1d) v.tr. Ofender a alguien gravemente por la palabra o el trato.

villa s.f. **1** Casa con jardín separada de las demás, especialmente la que está en el campo. **2** Población que tiene ciertos privilegios o cierta importancia histórica. **3** ESP Corporación municipal.

villancico s.m. **1** Canción popular que se canta en Navidad y cuyo tema central es el nacimiento de Jesús. **2** Composición poética formada por un estribillo y una o más estrofas.

villano, a adj. y s. **1** Formal. Vil. ◆ adj. **2** Se dice de la persona o acción que demuestra falta de educación o de cultura. ◆ adj. y s. **3** Se dice de la persona que, en la Edad Media, habitaba en una villa y pertenecía al estado llano (campesinos, comerciantes y artesanos, fundamentalmente).

vilo ◇ **en vilo** loc. **1** Sin apoyo o sin seguridad. **2** Con preocupación e inquietud.

vinagre s.m. **1** Líquido de sabor agrio y olor fuerte derivado del vino que se usa para aderezar alimentos. **2** Fam. Persona de mal genio.

vinagrera s.f. Recipiente que sirve para contener el vinagre que se usa a diario.

vinagreta s.f. Salsa fría hecha con aceite, vinagre, cebolla picada y otros ingredientes variables.

vinajera s.f. Jarro pequeño que se utiliza durante la celebración de la misa para servir el vino o el agua.

vinatero, a adj. **1** Relativo al vino. ◆ s. **2** Persona que comercia con vino o lo transporta de un lugar a otro para su venta.

vinchuca s.f. AMÉR Insecto, parecido a la chinche, que chupa la sangre de los mamíferos.

vinculación s.f. **1** Acción de vincular. **2** Efecto de vincular.

vincular v.tr. **1** Unir cosas inmateriales de manera firme o duradera. **2** Relacionar un efecto con su causa. **3** Hacer que una cosa dependa de otra. **4** Obligar a hacer o cumplir una cosa.

vínculo s.m. Unión o relación no material entre una persona o cosa y otra.

vinícola adj. Relativo a la vinicultura.

vinicultor, ra s. Especialista en vinicultura.

vinicultura s.f. Elaboración y crianza del vino.

vinilo s.m. **1** Radical químico monovalente que se deriva del etileno. **2** Resina plastificada derivada de este radical químico.

vino s.m. Bebida alcohólica obtenida de la fermentación del zumo de la uva.

vinoteca s.f. Establecimiento para la exposición y venta de vino.

viña s.f. Terreno en el que se cultiva la vid.

viñedo s.m. Viña.

viñeta s.f. **1** Recuadro que contiene uno de los dibujos de la serie que forma una historieta o cómic. **2** Dibujo que se pone como adorno al comienzo y al final de los capítulos de los libros.

viola s.f. **1** Instrumento musical de cuerda y arco parecido al violín pero de tamaño un poco mayor. ◆ s.m. y f. **2** Persona que toca este instrumento en una orquesta o un conjunto musical.

violáceo, a adj. Formal. Que tiene un tono violeta.

violación s.f. Acción de violar.

violador, ra adj. y s. Que viola.

violar v.tr. **1** Desobedecer una ley o norma. **2** Tener una relación sexual con una persona por la fuerza y en contra de su voluntad. **3** Profanar un lugar sagrado o protegido por la ley.

violencia s.f. **1** Uso de la fuerza para conseguir un fin. **2** Cualidad de violento. **3** Acción violenta.

violentar v.tr. **1** Poner en una situación incómoda o embarazosa. **2** Utilizar la violencia contra una persona o una cosa para conseguir un objetivo, especialmente para abrir algo. ◆ **violentarse** v.prnl. **3** Molestarse una persona por una situación que considera perjudicial.

violento, a adj. **1** Se dice de la persona que tiende a usar la fuerza o a actuar con violencia. **2** Se dice del fenómeno o acción que tiene mucha fuerza o intensidad. **3** Se dice del fenómeno o acción que tiene un efecto intenso sobre los sentidos. **4** Brusco o intenso. **5** Se dice de la situación embarazosa o incómoda. **6** Se dice de la persona que se siente incómoda en un lugar determinado o en una situación.

violeta s.f. **1** Planta herbácea que da unas flores pequeñas de color morado claro y de perfume dulzón más o menos intenso. **2** Flor de esta planta. ◆ s.m. y adj. **3** Color como el de esta flor. ◆ adj. **4** Que es de este color.

violín s.m. **1** Instrumento musical de cuerda y arco formado por una caja de resonancia y por un mástil corto con cuatro cuerdas. ◆ s.m. y f. **2** Persona que toca este instrumento en una orquesta o conjunto musical.

violinista s.m. y f. Persona que toca el violín.

violón s.m. Instrumento musical de cuerda y arco, de forma semejante a la del violín pero de tamaño mucho mayor.

violoncelista o **violonchelista** s.m. y f. Persona que toca el violoncelo.

violoncelo o **violonchelo** s.m. Instrumento musical de cuerda más grande que el violín y más pequeño que el contrabajo.

vip (pl. vips) s.m. y f. Persona importante por su poder o influencia social.

viperino, a adj. Que intenta ofender o desacreditar con palabras.

viraje s.m. Acción de virar.

viral adj. Vírico.

virar v.intr. **1** Cambiar de dirección un vehículo. **2** Cambiar de ideas o de manera de actuar. ◆ v.tr. **3** Someter un papel fotográfico a la acción de un líquido para que tome los colores.

virgen adj. y s.m. y f. **1** Se dice de la persona que nunca ha realizado el acto sexual con introducción del pene en la vagina. ◆ adj. **2** Se dice de la cosa que permanece en su estado original porque no se ha utilizado. **3** Se dice del territorio que no ha sido cultivado o explorado por el ser humano. **4** Se dice del producto que no ha sufrido procesos o transformaciones artificiales. ◆ s.f. **5** María, la madre de Jesucristo. □ Se escribe con mayúscula inicial. ◇ **viva la Virgen** Fam. y desp. ESP Vivalavirgen.

virginal adj. **1** Relativo a la Virgen María o a la virginidad. **2** Formal. Puro.

virginidad s.f. Estado o cualidad de virgen.

virgo adj. y s.m. y f. **1** Virgen. ◆ s.m. **2** Himen. ◆ adj. y s.m. y f. **3** Se dice de la persona que ha nacido entre el 23 de agosto y el 22 de septiembre. □ Se escribe normalmente con mayúscula inicial. Invariable en número.

virguería s.f. **1** Fam. ESP Cosa hecha con gran habilidad. **2** Fam. ESP Adorno o accesorio que se añade innecesariamente.

virguero, a adj. **1** Fam. ESP Que está hecho con mucho detalle y extraordianaria perfección. **2** Fam. ESP Se dice de la persona que hace virguerías.

vírico, a adj. Relativo al virus.

viril adj. **1** Propio del sexo masculino. **2** Que posee alguna de las características que se atribuyen tradicionalmente al hombre.

virilidad s.f. Cualidad de viril.

virreina ▷ virrey, virreina.

virreinato s.m. **1** Cargo de virrey o virreina. **2** Período en el cual el virrey o la virreina desempeñaban su cargo. **3** Territorio gobernado por un virrey o una virreina.

virrey, virreina s. **1** Persona que gobernaba un territorio en lugar de un rey o reina. ◆ s.f. **2** Mujer del virrey.

virtual adj. **1** Que es muy probable porque reúne las características precisas. **2** Que existe solo aparentemente y no es real.

virtualidad s.f. Cualidad de virtual.

virtualizar v.tr. Convertir en virtual una cosa, concederle una existencia aparente y no real.

virtud s.f. **1** Cualidad moral que se considera buena. **2** Capacidad para producir un efecto determinado, especialmente de carácter positivo. ◇ **en virtud de** Como resultado de o según.

virtuosismo s.m. Gran habilidad para hacer una cosa, especialmente para tocar un instrumento musical.

virtuoso, a adj. y s. **1** Que tiene habilidad para hacer una cosa, especialmente para tocar un instrumento musical. **2** Que tiene buenas virtudes.

viruela s.f. **1** Enfermedad muy grave y contagiosa caracterizada por provocar fiebre y por la aparición de ampollas de pus en la piel. **2** Ampolla de pus provocada por esta enfermedad.

virulé ◇ **a la virulé** ESP En mal estado, estropeado o torcido en la forma de llevarlo.

virulencia s.f. Cualidad de virulento.

virulento, a adj. **1** Se dice de la enfermedad maligna e intensa. **2** Se dice de la enfermedad producida por un virus. **3** Se dice de la crítica o expresión violenta e hiriente.

virus s.m. **1** Agente infecioso acelular. **2** Programa informático que se reproduce y se propaga para dañar los archivos de un ordenador.

viruta s.f. Tira delgada y enrollada que sale de la madera o de otro material al pulirlo o rebajarlo con algún instrumento cortante.

vis à vis o **vis-à-vis** adv. **1** Frente a frente, estando una persona en presencia de otra. ◆ s.m. **2** Entrevista privada de un preso con un familiar o amigo.

visa s.f. Visado.

visado s.m. Señal o palabras que se ponen en un pasaporte o en otro documento para certificar que ha sido revisado y autorizado.

víscera s.f. Órgano contenido en el interior del tronco del ser humano y de los animales.

visceral adj. **1** Intenso e irracional. **2** Relativo a las vísceras.

viscosa s.f. **1** Producto que se obtiene mediante tratamiento de la celulosa. **2** Fibra textil obtenida a partir de este producto.

viscosidad s.f. **1** Cualidad de viscoso. **2** En física, resistencia que ofrece un fluido al movimiento relativo de sus moléculas.

viscoso, a adj. **1** Se dice de la sustancia que es espesa y pegajosa. **2** Se dice de la superficie o cuerpo que es de tacto desagradable por ser blando, húmedo y pegajoso.

visera s.f. **1** Ala plana y dura que tienen por delante ciertas gorras y que protege los ojos de la luz del sol. **2** Pieza movible del casco que protege la cara. **3** Pieza plana, rectangular y movible colocada en el interior de un coche a la altura de la cabeza del conductor para evitar el reflejo del sol en los ojos.

visibilidad s.f. Cualidad de visible.

visible adj. **1** Que se puede percibir con la vista. **2** Evidente.

visigodo, a o **visigótico, a** adj. y s. De un pueblo germánico que invadió el Imperio romano y se estableció en la Península Ibérica.

visillo s.m. Cortina pequeña de tela fina y casi transparente que se pone contra los cristales.

visión s.f. **1** Percepción a través del sentido de la vista. **2** Capacidad de ver. **3** Percepción general que permite comprender las cosas. **4** Manera de ver las cosas y de interpretarlas. **5** Aparición de una cosa que no es natural.

visionar adj. Ver determinadas imágenes cinematográficas o televisivas.

visionario, a adj. y s. **1** Se dice de la persona que cree ver la verdad de algo y lo defiende fanáticamente, sin someterlo a crítica ni demostración ninguna. **2** Se dice de la persona que tiene o cree tener visiones o revelaciones sobrenaturales. ◆ adj. **3** Capaz de anticipar una visión justa del futuro.

visir s.m. Persona que antiguamente ocupaba el cargo de ministro de un soberano musulmán.

visita s.f. **1** Acción de visitar. **2** Persona o conjunto de personas que va a ver a otra u otras. **3** Examen de un médico a una persona.

visitación s.f. **1** Visita que la Virgen María hizo a santa Isabel. □ Se escribe normalmente con mayúscula inicial. **2** Representación pictórica o escultórica de esta visita.

visitante adj. y s.m. y f. **1** Que visita a alguien o visita un lugar. **2** Se dice del jugador o equipo deportivo que juega en el campo o en el terreno del contrincante. ◆ s.m. **3** Fam. Piojo.

visitar v.tr. **1** Ir a un lugar para ver a una persona. **2** Ir a un lugar para conocerlo. **3** Ir a un sitio de manera repetida. **4** Ir a un templo por devoción. **5** Examinar el médico a los enfermos.

vislumbrar v.tr. **1** Ver con dificultad por la distancia o la falta de luz. **2** Intuir o sospechar algo.

viso s.m. **1** Prenda interior femenina de tela fina, y parecida a una falda. **2** Formal. Apariencia. □ Suele usarse en plural. **3** Brillo que cambia con el reflejo de la luz. □ Suele usarse en plural.

visón s.m. **1** Mamífero carnívoro con patas cortas y cuerpo y cola largos, de orejas muy pequeñas y pelaje suave blanco, gris o marrón. **2** Prenda fabricada con la piel de este animal, especialmente un abrigo.

visor s.m. Parte de una cámara que sirve para enfocar o delimitar la imagen.

víspera s.f. **1** Día inmediatamente anterior a otro, especialmente si este es día de fiesta. ◆ **vísperas** s.f.pl. **2** Oficio religioso diario del clero católico, posterior a la nona y anterior a completas, que se celebra al anochecer. ◇ **en vísperas** En un tiempo inmediatamente anterior a algo.

vista s.f. **1** Sentido del cuerpo con el que se perciben la luz o parte visible del espectro electromagnético y, con ella, la forma y el color de los objetos. **2** Conjunto de los dos ojos en tanto que órganos de la visión. **3** Mirada. **4** Apariencia o aspecto de una cosa al ser vista. **5** Conjunto de cosas que pueden verse desde un lugar. **6** Fotografía de un lugar o pintura que lo representa. **7** Habilidad, acierto para conseguir lo que se quiere. **8** Actos de un juicio celebrados ante el tribunal, en presencia del acusado, en los que se escucha a su defensa y a la acusación. ◇ **a la vista** En un lugar visible o de manera que puede verse. — En perspectiva, previsible. ◇ **a primera,** o **simple, vista** Sin necesidad de fijarse mucho, en una primera impresión. ◇ **a vista de pájaro** Desde el aire o desde lo alto. ◇ **con vistas a** Con la finalidad de. ◇ **en vista de** Se utiliza para expresar una causa. ◇ **hacer la vista gorda** Hacer ver que no se repara en una falta. ◇ **¡hasta la vista!** Expresión que se usa para despedirse. ◇ **volver la vista atrás** Recordar o pensar en el pasado.

vistazo s.m. Mirada rápida y superficial, para comprobar algo o como primera aproximación a una cosa.

visto, a adj. **1** Fórmula que se utiliza para indicar que se da por terminado un proceso judicial o se anuncia el pronunciamiento de la decisión del juez. **2** Fam. Ser una persona o cosa demasiado conocida por abundar o aparecer con mucha frecuencia. ◇ **por lo visto** Indica que lo que se dice a continuación se deduce de determinados indicios conocidos. ◇ **visto bueno** Fórmula que se pone al final de ciertos documentos o escritos y que, junto con la firma que la acompaña, sirve para autorizarlo. ◇ **visto que** Indica que lo que se dice a continuación es la causa de lo que se dice en la oración principal. ◇ **visto y no visto** Fam. Con gran rapidez.

vistosidad s.f. Cualidad de vistoso.

vistoso, a adj. Que atrae la mirada por sus cualidades llamativas.

visual adj. **1** Relativo a la vista. ◆ s.f. **2** Línea recta imaginaria que une el ojo con un objeto observado.

visualizar v.tr. **1** Hacer visible mediante algún aparato o dispositivo lo que no se puede ver a simple vista. **2** Formarse en el pensamiento la imagen de una cosa que no se tiene delante o de un concepto abstracto. **3** Representar por medio de imágenes fenómenos abstractos.

vital adj. **1** Relativo a la vida. **2** Muy necesario o de gran importancia. **3** Se dice de la persona que despliega mucha actividad y energía.

vitalicio, a adj. **1** Se dice del cargo o renta que dura toda la vida. **2** Se dice de la persona que tiene este cargo. ◆ s.m. **3** Pensión que dura toda la vida.

vitalidad s.f. **1** Energía y actividad para vivir o desarrollarse. **2** Característica de la persona o animal que manifiesta una energía considerable. **3** Cualidad de tener vida.

vitalismo s.m. **1** Característica de las personas que viven demostrando una gran energía. **2** Teoría filosófica y científica que considera que existe un principio de vida que no se puede explicar solamente a partir de fuerzas físicas o químicas.

vitalista adj. **1** Se dice de la persona que vive mostrando una gran energía y actividad. **2** Relativo al vitalismo. ◆ adj. y s.m. y f. **3** Partidario del vitalismo.

vitamina s.f. Sustancia orgánica proteica necesaria para el desarrollo de los seres vivos.

vitaminado, a adj. Que contiene vitaminas.

vitamínico, a adj. **1** Relativo a la vitamina. **2** Que contiene vitaminas.

vitelo s.m. Conjunto de sustancias nutritivas almacenadas para alimentar al embrión de los animales.

vitícola adj. Relativo a la viticultura.

viticultor, ra s. Persona que se dedica a la viticultura.

viticultura s.f. Técnica de cultivar las vides.

vitivinicultura s.f. Técnica de cultivar las vides y elaborar el vino.

vitola s.f. Anilla de papel que suelen llevar los cigarros puros con la marca del fabricante.

vítor s.m. Aclamación de alegría con que se aplaude a una persona o un suceso.
OBS Suele usarse en plural.

vitorear v.tr. Gritar y aplaudir en apoyo de una persona o de una acción.

vitoriano, a adj. y s. De Vitoria.

vitral s.m. Vidriera.

vítreo adj. **1** Relativo al vidrio. **2** Semejante al vidrio.

vitrificar v.tr. **1** Convertir una sustancia en vidrio. **2** Hacer que una cosa adquiera la apariencia o el aspecto del vidrio.

vitrina s.f. Mueble o escaparate con puertas de cristal para poder ver los objetos de su interior.

vitro ◇ **in vitro** En medio artificial, en laboratorio.

vitrocerámica s.f. Cerámica tratada con un procedimiento especial que le da una gran dureza y la hace muy resistente al calor.

vitrola s.f. **1** AMÉR Fonógrafo. **2** CH, CUBA Máquina automática que reproduce temas musicales cuando se le inserta una moneda.

vituperar v.tr. Criticar con mucha dureza o reñir a una persona.

vituperio s.m. **1** Acción de vituperar. **2** Efecto de vituperar.

viudedad s.f. **1** Viudez. **2** Pensión o paga que recibe una persona viuda.

viudo, a adj. y s. **1** Se dice de la persona cuyo cónyuge ha muerto. **2** Fam. Se dice del alimento, principalmente patata, que se sirve sin carne.

viva interj. **1** Expresión de alegría o entusiasmo que se utiliza al recibir una buena noticia. **2** Expresión que se utiliza para vitorear a lo que se menciona.

vivac (pl. vivaques o vivacs) s.m. Acampada al aire libre.

vivace adv. Se emplea como acotación musical para indicar que un fragmento o una pieza deben interpretarse con ritmo animado.
OBS Pronunc. 'vivache'.

vivacidad s.f. Cualidad de vivaz.

vivalavirgen o **viva la Virgen** s.m. y f. Fam. ESP Persona informal, muy despreocupada.

vivaque s.m. Vivac.

vivaracho, a adj. Vivaz, despierto y alegre.

vivaz adj. **1** Que muestra entusiasmo, pasión y gran animación. **2** Inteligente y rápido en comprender y actuar. **3** Que tiene mucho brillo, intensidad o fuerza. **4** Se dice de la planta que cada año desarrolla brotes que florecen y mueren según un ciclo anual.

vivencia s.f. Experiencia vivida por una persona que influye en su carácter.

víveres s.m.pl. Alimentos necesarios para las personas.

vivero s.m. **1** Terreno en el que se plantan árboles pequeños y otras especies vegetales para que crezcan. **2** Lugar delimitado para la cría intensiva de una especie determinada de pez, crustáceo o molusco.

viveza s.f. **1** Rapidez en los movimientos o en las reacciones. **2** Agudeza de ingenio. **3** Manifestación de fuerza vital, de energía o pasión. **4** Brillo, luminosidad de los colores.

vividor, ra adj. y s. Desp. Que vive bien, generalmente a expensas de los demás.

vivienda s.f. Casa, construcción preparada para que vivan en ella las personas.

viviente adj. Que tiene vida o movimiento.

vivificar v.tr. Dar vitalidad o fuerza.

vivíparo, a adj. y s. Se dice del animal que en su fase reproductiva desarrolla el embrión dentro del útero de la madre.

1. **vivir** v.intr. **1** Tener vida. **2** Tener las cosas necesarias para la vida. **3** Pasar la vida o parte de ella en un lugar determinado o con una compañía determinada. **4** Desenvolverse, actuar de cierta manera o en determinadas circunstancias. **5** Quedar en la memoria, seguir presente en el pensamiento. **6** Durar o seguir vigente. ◆ v.tr. **7** Pasar por una situación determinada, experimentarla.

2. **vivir** s.m. Vida y medios de subsistencia.

vivisección s.f. Disección practicada en un animal vivo.

vivo, a adj. **1** Que tiene vida. **2** Que continúa vigente o que no ha dejado de existir. **3** Intenso o fuerte. **4** Se dice del recuerdo que se mantiene en la memoria. **5** Se dice del rasgo que tiene fuerza y claridad. **6** Se dice del ritmo o movimiento que es rápido y alegre. ◆ adj. y s. **7** Inteligente y rápido para comprender. ◆ adj. **8** Se dice de la arista o ángulo muy agudos. ◆ s.m. **9** Tira de tela que adorna el borde de ciertas prendas de vestir. ◇ **en vivo** En persona, directamente.

vizcaíno, a adj. y s. De Vizcaya.

vizconde, esa s. Miembro de la nobleza que tiene un título de categoría inferior a la de conde y superior a la de barón.

v. o. Abreviatura de **versión original**, aplicado a una película o una obra de teatro no traducidas.

vocablo s.m. **1** Palabra, sonido o secuencia de sonidos con significado. **2** Representación escrita de estos sonidos.

vocabulario s.m. **1** Conjunto de palabras de una lengua. **2** Conjunto de palabras de una lengua que una persona conoce o emplea. **3** Conjunto de palabras que se usan en una región, un grupo social, una actividad o un tiempo determinados. **4** Lista de palabras ordenadas y acompañadas de pequeñas explicaciones.

vocación s.f. **1** Inclinación, interés que siente una persona hacia una forma de vida o un trabajo. **2** Llamada al sacerdocio o a la vida religiosa.

vocacional adj. Relativo a la vocación.

vocal adj. **1** Relativo a la voz. **2** Se dice de la música que solo se canta, sin acompañamiento de otros instrumentos. ◆ s.f. **3** Sonido que se produce al vibrar las cuerdas de la laringe y salir el aire sin encontrar ninguna obstrucción. **4** Letra que representa ese sonido. ◆ s.m. y f. **5** Persona que tiene derecho a hablar en una reunión; especialmente, miembro de una junta que no tiene un cargo especial.

vocálico, a adj. Relativo a la vocal.

vocalista s.m. y f. Cantante de un grupo musical o de una pequeña orquesta.

vocalización s.f. Acción de vocalizar.

vocalizar v.tr. e intr. **1** Articular claramente los sonidos de una lengua, las vocales, consonantes y sílabas de las palabras. **2** Cantar recorriendo una escala de notas con una sola vocal o sílaba. **3** Transformarse una consonante en vocal.

vocativo s.m. y adj. Caso de la declinación de algunas lenguas con el que se invoca, llama o nombra a una persona o cosa.

vocear v.intr. **1** Hablar en voz muy alta y agitadamente. ◆ v.tr. **2** Anunciar dando voces. **3** Decir una cosa que debería callarse por discreción.

vociferar v.intr. Hablar en voz muy alta y agitadamente.

vocinglero, a adj. **1** Que grita o habla en voz muy grave. **2** Que habla mucho y de forma insustancial.

vodevil s.m. Comedia ligera, con canciones intercaladas, de temas atrevidos y picantes.

vodka s.m. o f. Aguardiente incoloro que se obtiene de la destilación de cereales.

vol. Abreviatura de **volumen**.

voladizo, a adj. y s.m. Se dice del elemento de construcción que sobresale de la vertical de un edificio.

volado, a adj. Se dice del signo que se coloca al escribir en la parte superior derecha o izquierda de otro signo y es de tamaño más pequeño que él.

volador, ra adj. **1** Que vuela o puede volar. ◆ s.m. **2** Molusco marino comestible, parecido al calamar pero más grande y no tan apreciado. **3** Pez marino provisto de unas aletas pectorales muy desarrolladas que le permiten dar grandes saltos fuera del agua. □ También pez volador. **4** P RICO Molinillo (juguete).

volandas ◇ **en volandas** loc. **1** Por el aire y sin tocar el suelo. **2** Rápidamente.

volantazo s.m. Giro rápido y brusco del volante, para cambiar la dirección de un vehículo.

volante adj. **1** Que vuela o puede volar. ◆ s.m. **2** Pieza en forma de rueda que sirve para dirigir un vehículo automóvil y está situada frente al asiento del conductor. **3** Tira de tela rizada o fruncida que sirve para adornar una prenda de vestir o de tapicería. **4** Hoja de papel pequeña en la que se comunica, ordena, pide o certifica una cosa dentro de una institución u organismo. **5** Rueda de una máquina que sirve para regularizar el movimiento de un mecanismo.

volar (11) v.intr. **1** Sostenerse y moverse por el aire un insecto o animal usando las alas, o un avión o aparato similar por un medio artificial.

2 Ir por el aire un objeto que ha sido lanzado con fuerza. **3** Viajar en avión. **4** Elevarse o moverse por el aire una cosa a causa del viento. **5** Fam. Desaparecer con mucha rapidez o inesperadamente una persona o cosa. **6** Pasar con mucha rapidez el tiempo. **7** Fam. Desplazarse muy rápido. **8** Hacer una cosa muy deprisa. ◆ v.tr. **9** Hacer que algo vuele por el aire. **10** Destruir totalmente una cosa mediante explosivos.

volátil adj. **1** Se dice de la sustancia que se transforma fácilmente en vapor o en gas cuando está expuesta al aire. **2** Voluble, inconstante. **3** Que vuela o puede volar.

volatilizar v.tr. **1** Transformar un cuerpo sólido o líquido en vapor o gas. ◆ **volatilizarse** v.prnl. **2** Desaparecer con mucha rapidez y por sorpresa una cosa o persona.

volatinero, a s. Acróbata.

volcán s.m. **1** Abertura o monte en la corteza terrestre que está conectada por un conducto o chimenea por el que expulsa magma. **2** Persona o lugar en el que se producen pasiones intensas, agitadas o ardientes.

volcánico, a adj. **1** Relativo al volcán. **2** Se dice de la roca que se forma por la solidificación del magma.

volcar (11) v.tr. **1** Inclinar una cosa de modo que pierda su posición normal y quede apoyada sobre un lado. **2** Hacer caer el contenido de un recipiente inclinándolo o dándole la vuelta. ◆ v.intr. **3** Tumbarse o dar una vuelta un vehículo. ◆ **volcarse** v.prnl. **4** Esforzarse mucho una persona o hacer esta todo lo posible para agradar o beneficiar a otra.

volea s.f. Golpe dado a una cosa en el aire, generalmente una pelota, antes de que toque el suelo.

voleibol s.m. Deporte de pelota que se practica en una cancha dividida en dos mitades iguales por una red alta y se juega entre dos equipos de seis jugadores.

voleo ◇ **a,** o **al, voleo** En la siembra, indica que se arroja la semilla a puñados y esparciéndola al aire. □ Fam. Indica que algo se hace al azar o sin pensar. ◇ **de,** o **en, un voleo** Fam. Indica que algo se hace rápidamente.

volframio, wolframio o **wólfram** s.m. Elemento químico de símbolo W y número atómico 74; es un metal de color blanco plateado, muy dúctil y maleable, difícil de fundir.

volitivo, a adj. **1** Se dice del acto o fenómeno de la voluntad. **2** Se dice de la construcción o término lingüístico que expresan voluntad.

volquete s.m. Vehículo provisto de un dispositivo que permite volcar su caja para dejar caer lo que transporta.

volt o **voltio** (pl. volts o voltios) s.m. Unidad de tensión eléctrica, potencial eléctrico y fuerza electromotriz del Sistema Internacional, de símbolo V.

voltaje s.m. Diferencia de potencial entre dos puntos de un circuito eléctrico.

volteado, a s. Fam. MÉX Homosexual.

voltear v.tr. **1** Hacer que una persona o cosa dé vueltas. **2** Girar o dar la vuelta a una persona o cosa, o ponerla del revés. **3** AMÉR Derribar con violencia. **4** AMÉR Volcar un recipiente u otra cosa. ◆ v.intr. **5** Dar vueltas o volteretas. ◆ **voltearse** v.prnl. **6** CH, COL, P RICO Cambiar de partido político.

voltereta s.f. Vuelta que da una persona en el aire, o apoyando las manos en el suelo, enroscando el cuerpo e impulsando las piernas en alto para caer y reincorporarse siguiendo la trayectoria inicial.

voltímetro s.m. Aparato que mide la diferencia de potencial entre dos puntos de un circuito eléctrico.

voltio s.m. Volt.

voluble adj. **1** Se dice de la persona que cambia fácilmente de opinión o tiene un carácter débil y se deja influenciar. **2** Se dice del material que gira, cambia de dirección o se enrolla fácilmente. **3** Se dice de la planta o del tallo que crece en espiral en torno a un soporte.

volumen s.m. **1** Espacio que ocupa un cuerpo. **2** Espacio, tamaño o medidas expresadas en tres dimensiones. **3** Libro encuadernado. **4** Intensidad del sonido. **5** Cantidad global o importancia de algo.

volumetría s.f. Procedimiento de análisis basado en la medición de volúmenes.

voluminoso, a adj. Se dice de la cosa o al objeto que ocupa mucho espacio o es grande.

voluntad s.f. **1** Facultad del ser humano para gobernar sus actos, decidir con libertad y optar por un tipo de conducta determinado. **2** Capacidad de esforzarse lo que sea necesario para hacer una cosa. **3** Intención, gana o deseo de hacer una cosa. **4** Disposición o mandato de una persona. **5** Cantidad de dinero que una persona decide dar voluntariamente. ◇ **a voluntad** Según el deseo de cada persona.

voluntariado s.m. **1** Servicio desinteresado que realiza una persona como mienbro de un grupo o entidad. **2** Alistamiento voluntario de una persona a un ejército.

voluntario, a adj. **1** Se dice de la acción que se decide hacer libremente y no por obligación. **2** Se dice de la acción que se decide o se hace conscientemente. ◆ s. **3** Persona que hace una cosa sin estar obligada a ello. **4** Persona que se alista a un ejército sin haber sido llamada a filas.

voluntarioso, a adj. **1** Se dice de la persona que pone mucha voluntad y empeño en hacer una cosa. **2** Se dice de la persona que quiere imponer su voluntad.

voluptuosidad s.f. Satisfacción o complacencia por el placer que proporcionan los sentidos.

voluptuoso, a adj. **1** Que produce un intenso placer en los sentidos. ◆ adj. y s. **2** Que busca los placeres sensuales.

voluta s.f. **1** Adorno en forma de espiral que se coloca en los capiteles de los órdenes jónico y compuesto. **2** Objeto o cosa con esta forma de espiral.

volver (28) v.intr. **1** Regresar al lugar del que se ha salido o en el que se ha estado antes. **2** Ocurrir de nuevo un suceso. **3** Tomar de nuevo el hilo de un asunto, tema o negocio. **4** Torcer, cambiar de sentido o tomar otra dirección. ◆ v.tr. **5** Dar la vuelta o hacer girar una cosa, de manera que quede a la vista lo que antes estaba oculto. **6** Poner la cara exterior de una cosa, especialmente de una prenda de ropa, en el interior, de modo que el interior o el revés quede a la vista. **7** Dirigir o llevar hacia un lugar o hacia un fin. **8** Poner de nuevo una cosa en el estado o lugar original. **9** Devolver lo prestado o dar lo debido. **10** Transformar una cosa o hacer que cambie de aspecto o estado. ◆ v.tr. y prnl. **11** Inclinar o girar el cuerpo o parte de él hacia atrás. ◇ **volver a** + **infinitivo** Repetir lo que antes se ha hecho. ◇ **volver en sí** Recobrar el sentido o la consciencia una persona.
OBS Participio: vuelto.

vomitar v.tr. **1** Expulsar violentamente por la boca lo que está en el estómago. **2** Arrojar fuera de sí una cosa algo que tiene dentro. **3** Proferir injurias, insultos y otras palabras desagradables. **4** Fam. Revelar un secreto.

vomitivo, a adj. **1** Fam. Que es muy desagradable o que produce asco o repugnancia. ◆ adj. y s.m. **2** Que provoca el vómito.

vómito s.m. **1** Acción de vomitar. **2** Cosa vomitada.

1. **vomitorio, a** adj. Se dice de la sustancia que provoca el vómito.

2. **vomitorio** s.m. Puerta de acceso a las gradas de un teatro o circo romanos o un estadio.

voracidad s.f. Cualidad de voraz.

vorágine s.f. **1** Remolino de gran fuerza e intensidad que se forma en las aguas. **2** Aglomeración o encadenamiento de personas, sucesos o cosas que se amontonan confusamente. **3** Mezcla de sentimientos muy intensos que se manifiestan de forma desenfrenada.

voraz adj. **1** Se dice del animal o de la persona que come mucho y con ganas. **2** Se dice de la sensación que incita a comer así. **3** Se dice del fenómeno que destruye completamente y con rapidez.

vos pron. Se utilizaba antiguamente como pronombre de segunda persona del singular (en lugar de tú) o del plural (en lugar de **vosotros**) y en la actualidad se usa así en poesía o como forma culta de cortesía, y también en algunos países hispanoamericanos como segunda persona del singular.
OBS Como sujeto, exige el verbo en plural, pero concuerda en singular con los adjetivos.

vosear v.intr. Usar el pronombre personal vos para referirse a la segunda persona del singular.

voseo s.m. Uso del pronombre personal **vos** para referirse a la segunda persona del singular.

vosotros, as pron. Pronombre personal de segunda persona de plural.

votación s.f. **1** Emisión de votos hecha por un grupo de personas. **2** Conjunto de votos emitidos. **3** Sistema de emitir votos.

votante adj. y s.m. y f. Se dice de la persona que vota o emite su voto.

votar v.intr. **1** Emitir una persona su voto en una elección o consulta. ◆ v.tr. **2** Aprobar o desaprobar una cosa por votación.

voto s.m. **1** Opinión expresada en una asamblea o elección para aprobar o rechazar una medida o elegir a una persona o partido. **2** Papel o escrito en el que se expresa esta opinión. **3** Derecho a expresar en votación esta opinión. **4** Obligación que se contrae ante Dios, especialmente la de las personas que entran en estado religioso. **5** Promesa que una persona hace a Dios, a la Virgen o a un santo, que está obligada a cumplir si se le concede lo que pide.

vox pópuli Expresión latina que significa 'voz del pueblo' y que se utiliza para expresar que una cosa es conocida y sabida por todo el mundo, y que por tanto se da como aceptada o verdadera.

voyeur s.m. y f. Persona aficionada a espiar o mirar a escondidas a otras personas

voyeurismo s.m. Conducta o condición del voyeur.

voz s.f. **1** Sonido que se produce cuando el aire expulsado de los pulmones pasa por la garganta y hace que vibren las cuerdas vocales. **2** Conjunto de características de este sonido en cada persona. **3** Grito o sonido fuerte que emite una persona al hablar. **4** Melodía de las varias que conforman una composición musical instrumental o coral. **5** Persona que se dedica a cantar. **6** Derecho a opinar, sin votar, en una asamblea o reunión. **7** Persona o medio de comunicación que habla o expresa la opinión de otras personas o de un colectivo. **8** Palabra o vocablo. **9** Noticia o rumor, verdadero o falso, que corre entre la gente. **10** Categoría que expresa la relación del verbo con el sujeto gramatical. ◇ **a voces** De manera muy evidente o con urgencia. ◇ **a voz en cuello,** o **en grito** Dando gritos. ◇ **de viva voz** De palabra u oralmente.

vozarrón s.m. Voz muy fuerte y grave.

vs. Abreviatura de la preposición latina **versus**, 'hacia', que se utiliza en escritos para indicar oposición entre dos ideas u opciones.

vudú s.m. Religión muy difundida en las Antillas, en la que se mezclan elementos de religiones africanas y del cristianismo.

vuecencia pron. Tratamiento que se da a algunos militares.

vuelco s.m. **1** Cambio, generalmente inesperado, de la posición normal o natural de una cosa. **2** Cambio brusco o transformación completa que sufre una cosa.

vuelo s.m. **1** Movimiento o mantenimiento en el aire. **2** Viaje en avión o en otro vehículo aéreo. **3** Extensión de una prenda de vestir en una parte ancha o que no se ajusta al cuerpo. **4** Parte que cuelga en una tela. **5** Parte saliente de una construcción. ◆ **vuelos** s.m.pl. **6** Conjunto de plumas de las alas de un ave; también, las alas. ◇ **al vuelo** Rápidamente.

vuelta s.f. **1** Movimiento circular alrededor de un punto. **2** Cada uno de los giros que da una cosa alrededor de ella misma o de otra. **3** Parte de una cosa que se ha girado sobre ella misma o sobre otra. **4** Paseo corto. **5** Regreso desde un lugar al punto primero o inicial. **6** ESP Dinero que sobra cuando, al pagar algo, la cantidad entregada es superior al precio. □ Suele usarse en plural con valor singular. **7** Curva en un camino. **8** Serie de puntos que se dan al tejer. **9** Carrera ciclista por etapas alrededor de un país o región. **10** Pieza de tela que se pone en las mangas o el cuello de una prenda de vestir. **11** Vez o parte en la que se divide un proceso o acción que se repite varias veces. **12** Repetición. **13** Devolución de una cosa a quien la tenía o poseía. ◇ **a la vuelta de** Cuando pase el tiempo expresado. ◇ **no tener vuelta de hoja** Ser indiscutible. ◇ **poner a alguien de vuelta y media** Hablar muy mal de una persona o reprenderla e insultarla duramente.

vuelto, a 1 Participio irregular de volver. ◆ adj. **2** Se dice de la página o folio que queda en la parte posterior de una hoja. ◆ s.m. **3** AMÉR Vuelta, dinero sobrante de una compra.

vuestro, a det. y pron. Forma del determinante y pronombre posesivo de segunda persona del plural. ◇ **la vuestra** Ocasión más favorable para hacer algo las personas a las que se dirige el hablante. ◇ **los vuestros** Las personas que pertenecen al mismo grupo, familia o partido que las personas a las que se dirige el hablante. ◇ **lo vuestro** Actividad que hacen muy bien o en la que destacan las personas a las que se dirige el hablante.

vulcanismo s.m. Conjunto de fenómenos geológicos relacionados con la actividad de los volcanes.

vulcanizar v.tr. Mezclar el caucho natural con azufre para hacerlo más elástico y resistente.

vulcanología s.f. Parte de la geología que estudia los volcanes y los fenómenos que tienen relación con ellos.

vulgar adj. **1** Común o general. **2** Que es muy normal o que no tiene nada de original. **3** Se dice del lenguaje que utiliza la gente corriente. **4** Se dice de la persona, lenguaje o costumbre que es poco refinada, de poca educación o de mal gusto. **5** Desp. Se dice de la persona o cosa que no es más que lo que se expresa. **6** Se dice del latín propio de la comunicación oral y que se opone al latín clásico.

vulgaridad s.f. **1** Cualidad de vulgar. **2** Obra o dicho vulgar o de mal gusto e impropio de personas cultas.

vulgarismo s.m. Vocablo, giro o construcción considerados vulgares.

vulgarizar v.tr. **1** Hacer que una persona o cosa pierda la distinción, la originalidad o el buen gusto. **2** Divulgar o hacer accesible una ciencia o técnica reservada a una minoría al gran público no especializado.

vulgo s.m. Conjunto de personas del pueblo, especialmente las que no tienen cultura ni posición social destacada.

vulnerable adj. Que es débil o que puede ser dañado o afectado fácilmente.

vulnerar v.tr. **1** Ir en contra de una ley o norma o no cumplirla. **2** Herir, dañar o perjudicar.

vulva s.f. Parte externa del aparato genital femenino y de las hembras de los mamíferos que rodea y constituye la abertura de la vagina.

W

w s.f. Vigésima cuarta letra del alfabeto español; su nombre es **uve doble**.

wahabí o **wahabita** adj. Relativo a una rama de la religión islámica que tuvo su origen en las enseñanzas de Abd al-Wahhab.

walkie-talkie s.m. Aparato portátil que permite a una persona comunicarse con otra que se encuentra a corta distancia.
OBS Pronunc. aprox. 'ualqui-talqui'.

walkiria s.f. Valquiria.
OBS Pronunc. 'valquiria'.

walkman (pl. walkmans) s.m. Aparato portátil reproductor de casetes.
OBS Pronunc. aprox. 'ualman'.

wapití s.m. Ciervo norteamericano.
OBS Pronunc. 'uapití'.

wáter s.m. Váter.
OBS Puede encontrarse la grafía inglesa **water**. Pronunc. 'váter'.

waterpolo s.m. Deporte acuático de equipo que consiste en tratar de introducir un balón en la portería contraria.
OBS Pronunc. 'uaterpolo' o 'vaterpolo'.

watt o **vatio** (pl. watts o vatios) s.m. Unidad de potencia del Sistema Internacional, de símbolo W.
OBS Pronunc. 'vat'.

wau s.m. o f. Sonido de u que puede ser semiconsonántico o semivocálico.
OBS Pronunc. 'vau'.

web s.f. **1** Documento de Internet que puede contener texto, gráficos, sonidos o animaciones, generalmente escrito en lenguaje HTML y que permite la relación con otros documentos, mediante enlaces. □ También página web. ◆ adj. **2** Relativo a la web.
OBS Pronunc. aprox. 'ueb'.

wéber o **weber** o **weberio** (pl. wébers o weberios) s.m. Unidad de flujo magnético del Sistema Internacional, de símbolo **Wb**.
OBS Pronunc. 'béber'.

website s.m. o f. Lugar de Internet compuesto por un conjunto de páginas web.
OBS Pronunc aprox 'uébsait'

western (pl. westerns) s.m. **1** Género cinematográfico al que pertenecen las películas ambientadas en el Oeste norteamericano durante el período de su colonización. **2** Película cinematográfica que pertenece a este género.
OBS Pronunc. aprox. 'uéster'.

whisky o **güisqui** s.m. Bebida alcohólica que se obtiene de la destilación de cereales, especialmente cebada.
OBS Pronunc. 'uisqui'.

windsurf s.m. Deporte náutico que consiste en deslizarse por el agua con una tabla en la que va ajustada una vela.
OBS Pronunc. aprox. 'uínsurf' o 'uinsurf'.

windsurfing s.m. Windsurf.
OBS Pronunc. aprox. 'uinsurfin'.

windsurfista s.m. y f. Persona que practica el windsurf.
OBS Pronunc. aprox. 'uinsurfista'.

wok s.m. Sartén de hierro de origen chino, de fondo redondeado que se usa para saltear los alimentos.

wolframio o **wólfram** s.m. Volframio.
OBS Pronunc. 'volframio' o 'vólfram'.

www Sigla de la expresión inglesa **World Wide Web**, 'telaraña mundial', que se utiliza en las direcciones electrónicas para indicar que se trata de una dirección de Internet.

X-Y

x s.f. **1** Vigésima quinta letra del alfabeto español; su nombre es **equis**. **2** En la numeración romana, diez. □ Se escribe con mayúscula. **3** Signo que se emplea en lugar de un nombre que no se quiere o no se puede decir. **4** Signo matemático que representa una incógnita. **5** Signo geométrico que representa la abscisa.

xantofila s.f. Pigmento amarillo que participa en la fotosíntesis.

xenofilia s.f. Simpatía hacia lo extranjero.

xenófilo, a adj. y s. **1** Se dice de la persona que tiene xenofilia. ◆ adj. **2** Que denota xenofilia.

xenofobia s.f. Odio u oposición hacia lo extranjero o los extranjeros.

xenófobo, a adj. y s. **1** Se dice de la persona que tiene xenofobia. ◆ adj. **2** Que denota xenofobia.

xenón s.m. Elemento químico de símbolo Xe y número atómico 54; es un gas noble, incoloro e inodoro.

xerocopia s.f. Copia de un texto o imagen hecha por xerografía.

xerocopiar (1d) v.tr. Reproducir un texto o imagen utilizando la técnica de la xerografía.

xerófilo, a adj. Se dice del organismo que está adaptado para vivir en lugares secos.

xerófito, a adj. Xerófilo.

xerografía s.f. Sistema de reproducción que, por medios fotoeléctricos, permite obtener en seco y sin contacto copias de un texto o imagen.

xerografiar (1e) v.tr. Reproducir un texto o imagen por medio de la xerografía.

xi s.f. Nombre de la decimocuarta letra del alfabeto griego; se escribe Ξ/ξ y se transcribe como x.

xifoides s.m. Cartílago final del esternón.

xilema s.m. Tejido vegetal constituido por los vasos leñosos de una planta.

xilófago adj. y s.m. Se dice del insecto que se alimenta de madera.

xilofonista s.m. y f. Persona que toca el xilófono.

xilófono s.m. Instrumento musical de percusión formado por una serie de láminas de madera.

xilografía s.f. **1** Técnica de grabado en madera. **2** Impresión tipográfica obtenida por medio de planchas de madera grabadas.

xocoyote s.m. MÉX Hijo menor de una familia o hijo preferido.

xola s.f. MÉX Hembra del pavo.

xoxalero, a s. MÉX Hechicero indígena.

1. **y** s.f. **1** Vigésima sexta letra del alfabeto español; su nombre es **i griega** o **ye**. **2** Signo matemático que representa la segunda incógnita, cuando hay más de una. **3** Signo geométrico que representa la ordenada.

2. **y** conj. **1** Se usa para unir dos elementos que están al mismo nivel y que tienen la misma función; indica una adición o una relación de igualdad entre ellas. **2** Se usa para dar énfasis al principio de una pregunta o exclamación.
OBS Se sustituye por la conjunción e cuando la palabra siguiente comienza por i- o hi-: **Juan e Isabel.**

ya adv. **1** Indica que una acción había concluido o que la situación expresada había cambiado en el momento mencionado. **2** Indica que una acción ha concluido o que la situación expresada ha cambiado del pasado al momento presente. **3** Se utiliza para indicar que lo expresado no ha sucedido todavía, pero que sucederá en el futuro. **4** Se utiliza para enfatizar una respuesta o afirmación. ◆ conj. **5** Se utiliza con valor distributivo para enlazar dos o más posibilidades que se alternan. ◆ interj. **6** Se utiliza para indicar que se recuerda algo, o que se acaba de descubrir. **7** Se utiliza para mostrar incredulidad o para negar una cosa. ◇ **ya que** Expresa una causa. □ Expresa una condición.

yac s.m. Yak.

yacaré s.m. Caimán suramericano, de piel negruzca.

yacente adj. **1** Que yace. **2** Se dice de la escultura que representa a una persona tumbada.

yacer (53) v.intr. **1** Estar echada o tendida una persona. **2** Estar un cuerpo sin vida en la tumba. **3** Formal. Realizar el acto sexual.

yacimiento s.m. Lugar en el que se encuentran de forma natural minerales, rocas o fósiles. ◇ **yacimiento arqueológico** ESP Lugar en el que se encuentran restos arqueológicos. □ También simplemente yacimiento. **GEOSIN** sitio arqueológico.

yacuzzi s.m. Jacuzzi.

yagruma s.f. CUBA, R DOM Árbol de hasta 20 m de altura, con grandes hojas palmeadas con propiedades medicinales.

yagrumo s.m. Yagruma.

yagua s.f. VENEZ Nombre genérico que se da a diversas especies de palmas.

yaguar s.m. Jaguar (mamífero carnívoro).

yak o **yac** s.m. Mamífero rumiante domesticable, de gran tamaño, con el cuerpo cubierto de pelos largos y con dos cuernos, que vive en el Tíbet.

yambo s.m. Árbol de gran tamaño cuyo fruto es la pomarrosa.

yanacón, na adj. y s. PERÚ Se dice del indio que es arrendatario de la tierra que cultiva.

yanacona s.m. y f. **1** Indio que estaba al servicio de los españoles en determinados países de América del Sur. **2** BOL, PERÚ Indio yanacón.

yang s.m. Principio activo y masculino de la filosofía china que, junto con el yin, constituye el principio fundamental del orden universal.

yanqui adj. y s.m. y f. Fam. Estadounidense. □ Frec. despectivo.

yapar v.tr. AMÉR Añadir el vendedor gratuitamente algo a lo comprado.

yarda s.f. Medida de longitud del sistema inglés que equivale a 91,4 centímetros.

yate s.m. Embarcación de recreo o deportiva.

yaya s.f. **1** CH, COL, CUBA En lenguaje infantil, herida pequeña o cicatriz. **2** COL Llaga. **3** CUBA Árbol de gran altura y tronco y ramas delgadas.

yayo, a s. Fam. ESP Abuelo.

ye s.f. Nombre de la letra y.

yedra s.f. Hiedra.

yegua s.f. **1** Hembra del caballo. **2** AMÉR CENTRAL, BOL Resto de un cigarro o cigarrillo que se deja sin fumar. **GEOSIN** chinga, colilla, magaya, puche. ◆ adj. y s.m. y f. **3** AMÉR CENTRAL Estúpido, tonto. ◆ adj. y s.f. **4** Fam. ARG, PAR, URUG Se dice de la mujer que es muy sensual y exuberante. **5** Fam. y desp. ARG, PAR, URUG Se dice de la mujer que es vulgar y ordinaria. ◆ s.f. **6** Fam. CUBA Hombre homosexual.

yeguada s.f. **1** Manada de caballos o de ganado caballar. **2** Fam. AMÉR CENTRAL, P RICO Dicho o hecho tonto o disparatado.

yeísmo s.m. Fenómeno del habla que consiste en pronunciar la ll como y.

yeísta adj. **1** Relativo al yeísmo. ◆ adj. y s.m. y f. **2** Se dice de la persona que practica el yeísmo.

yelmo s.m. Parte de la armadura que servía para proteger la cabeza y el rostro.

yema s.f. **1** Núcleo o parte central del huevo de las aves y de otros vertebrados ovíparos. **2** Dulce elaborado con azúcar y yema de huevo. **3** Parte central del extremo de un dedo opuesta a la uña. **4** Brote pequeño de los vegetales que surge del tallo.

yen s.m. Unidad monetaria de Japón.

yerba s.f. Hierba.

yerbabuena s.f. Hierbabuena.

yerbaluisa o **yerba luisa** s.f. Hierbaluisa.

yermo, a adj. y s.m. **1** Se dice del terreno que está despoblado o sin habitar. **2** Se dice del terreno que está sin cultivar o es estéril.

yerno s.m. Marido de una hija, con respecto a los padres de esta.

yerra s.f. Hierra.

yerro s.m. **1** Equivocación que se comete por ignorancia o por descuido. **2** Formal. Falta contra reglas morales o religiosas.

yerto, a adj. Que está tieso o rígido.

yesca s.f. Materia muy seca preparada para arder con facilidad.

yesería s.f. **1** Establecimiento en el que se fabrica o vende yeso. **2** Obra o decoración hecha con yeso.

yeso s.m. Mineral blando, compuesto de sulfato cálcico hidratado y generalmente de color blanco, que molido y mezclado con agua forma una pasta usada en construcción y en escultura.

yesquero s.m. P RICO, URUG, VENEZ Encendedor, mechero.

yeta s.f. **1** ARG, MÉX, URUG Desgracia, mala suerte. ◆ adj. y s.m. y f. **2** Fam. ARG, URUG Gafe.

yeyé adj. **1** Se dice de la música pop de la década de 1960. **2** Relativo a esta música. ◆ adj. y s.m. y f. **3** Seguidor de la música pop de esta década.

yeyuno s.m. Parte media del intestino delgado de los mamíferos, comprendida entre el duodeno y el íleon.

yibutiano, a adj. y s. De Yibuti (país de África).

yiddish s.m. y adj. Lengua hablada por los judíos de origen alemán.

yihad s.m. o f. Esfuerzo que todo musulmán debe realizar para que la ley divina reine en la Tierra.
OBS Pronunc. aprox. 'yijad'.

yin s.m. Principio pasivo y femenino de la filosofía china que, junto con el yang, constituye el principio fundamental del orden universal.

yiro s.m. **1** Fam. ARG, URUG Paseo breve e informal. **2** Fam. y desp. ARG, URUG Prostituta.

yo pron. **1** Pronombre personal de primera

persona de singular. ◆ s.m. **2** Individualidad y personalidad de un ser humano, en oposición al mundo exterior.

yod s.f. Sonido de i que puede ser semiconsonántico o semivocálico.

yodado, a adj. Que contiene yodo.

yodo s.m. Elemento químico no metálico, de símbolo I y número atómico 53; es sólido y de color negro brillante.

yoduro s.m. Compuesto de yodo en estado de oxidación.

yoga s.m. **1** Conjunto de técnicas de concentración que se practica para conseguir un mayor control físico y mental. **2** Sistema filosófico y ascético de la India que busca conseguir la perfección espiritual.

yogui s.m. y f. **1** Asceta hindú adepto al yoga. **2** Persona que practica el yoga.

yogur s.m. Alimento o producto que se obtiene por fermentación de la leche.

yogurtera s.f. Electrodoméstico para fabricar yogur.

yonqui s.m. y f. Argot. ESP Heroinómano.

yóquey o **yoqui** s.m. Jinete profesional de carreras de caballos.

yoyó o **yo-yo** s.m. Juguete formado por dos pequeños discos unidos en su centro por un eje en el que se ata un cordón que le hace subir y bajar.

yuca s.f. **1** Arbusto de tallo cilíndrico y hojas grandes y palmeadas dispuestas desordenadamente, cuya raíz es comestible. **2** Tubérculo de este arbusto, de gran valor alimenticio.

yudo s.m. Judo.

yudoca o **yudoka** s.m. y f. Judoca.

yugo s.m. **1** Pieza de madera que se pone en la cabeza o el cuello de dos animales de tiro para que tiren de un arado o de un carro. **2** Atadura u opresión impuestas.

yugoslavo, a o **yugoeslavo, a** adj. y s. De Yugoslavia.

yugular adj. y s.f. **1** Se dice de la vena que está situada a un lado del cuello y recoge la mayor parte de la sangre de este y de la cabeza. ◆ adj. **2** Relativo al cuello.

yunque s.m. **1** Hueso del oído medio de los mamíferos. **2** Bloque de hierro sobre el que se trabajan los metales al rojo vivo golpeándolos con un martillo.

yunta s.f. **1** Pareja de animales usados para trabajar y labrar el campo o para tirar de carros. **2** AMÉR Amigo íntimo, de mucha confianza. ◇ **andar en yunta** Fam. ARG, URUG Estar dos personas siempre juntas.

yuppie s.m. y f. Persona joven que tiene un trabajo y una situación económica de muy alto nivel.
OBS Pronunc. 'yupi'.

yusivo, a adj. Se dice del modo verbal que expresa un mandato o una orden.

yute s.m. **1** Planta herbácea tropical de tallos leñosos, corteza fibrosa, flores pequeñas y fruto en forma de cápsula. **2** Fibra textil que se obtiene de esta planta.

yuto, a adj. ARG, BOL Rabón.

yuxtaponer (36) v.tr. **1** Formal. Poner una cosa junto a otra sin interposición de ningún nexo o elemento de relación. **2** Unir dos proposiciones, coordinadas o subordinadas, sin emplear una conjunción o nexo para formar una oración compleja.

yuxtaposición s.f. Acción de yuxtaponer.

yuxtapuesto, a Participio irregular de yuxtaponer.

yuyo s.m. AMÉR Hierba silvestre que es perjudicial para los cultivos.

Z

z s.f. Vigésima séptima y última letra del alfabeto español; su nombre es **zeta** o **ceta**.

zafacoca s.f. AMÉR Trifulca o pendencia aparatosa que se origina por causas nimias.

zafado, a adj. y s. **1** ARG, URUG Atrevido, descarado o insolente. **2** COL, MÉX Loco, chiflado.

zafadura s.f. Fam. AMÉR Dislocación o luxación de los huesos.

zafaduría s.f. Fam. ARG, CH, PAR, URUG Dicho o hecho desvergonzado, grosero o atrevido.

zafarrancho s.m. **1** Acción que consiste en dejar dispuesta y preparada una embarcación para una actividad determinada. **2** Limpieza general y organizada de un cuartel o de otro lugar. □ Frec. humorístico. **3** Agitación desordenada y ruidosa. ◇ **zafarrancho de combate** Preparación para afrontar una acción de guerra.

zafarse v.prnl. **1** Escaparse o esconderse para evitar un encuentro o peligro. **2** Librarse de una obligación o molestia.

zafio, a adj. y s. Que tiene malos modos o se comporta con poco tacto.

zafiro s.m. Piedra preciosa de color azul.

zaga s.f. **1** Parte posterior o trasera de una cosa. **2** En algunos deportes, conjunto de jugadores que forman la línea más retrasada de un equipo. ◇ **a la zaga** Detrás.

zagal, la s. Muchacho, persona joven o adolescente.

zaguán s.m. Parte de una casa situada junto a la entrada principal.

zaherir (45) v.tr. Decir o hacer algo para humillar, maltratar o censurar a una persona.

zahorí (pl. zahorís o zahoríes) s.m. y f. **1** Persona a quien se atribuye el poder de descubrir lo oculto, especialmente corrientes o pozos subterráneos de agua. **2** Persona perspicaz.

zaino, a adj. **1** Se dice de la caballería que tiene el pelaje completamente castaño oscuro. **2** Se dice del ganado vacuno que tiene el pelo completamente negro. **3** Falso, traidor.

zaireño, a adj. y s. De Zaire.

zalamería s.f. Demostración exagerada o fingida de cariño.

zalamero, a adj. y s. Que muestra zalamería, generalmente para conseguir una cosa.

zamarro s.m. **1** Zamarra. ◆ **zamarros** s.m.pl. **2** AMÉR Calzones para montar a caballo.

zambo, a adj. y s. **1** Que tiene las piernas torcidas de modo que se le juntan a la altura de las rodillas. **2** AMÉR Se dice del hijo de negro e india, o viceversa.

zambomba s.f. Instrumento musical de percusión formado por un recipiente atravesado por un palo.

zambombazo s.m. **1** Fam. Golpe fuerte. **2** Fam. Explosión fuerte.

zambullir (16) v.tr. **1** Meter debajo del agua con ímpetu. ◆ **zambullirse** v.prnl. **2** Concentrarse en una actividad intelectual.

zamorano, a adj. y s. De Zamora.

zampabollos s.m. y f. Fam. ESP Persona que come mucho y con avidez. □ Frec. humorístico.

zampar v.tr. e intr. Fam. Comer con avidez.

zampoña s.f. Instrumento musical de viento parecido a una flauta o gaita.

zanahoria s.f. **1** Planta herbácea de raíz comestible. **2** Raíz de esta planta, alargada y de color naranja, que es muy rica en vitaminas. ◆ adj. y s.m. y f. **3** Fam. y desp. ARG, NIC, URUG Necio, torpe o tonto.

zancada s.f. Paso largo.

zancadilla s.f. **1** Acción de cruzar una pierna con las de otra persona para que esta tropiece y caiga. **2** Acción con la que se pretende perjudicar a alguien.

zancadillear v.tr. Poner la zancadilla.

zanco s.m. Palo largo con un apoyo sobre el que se pone el pie y que sirve, junto con otro, para andar a cierta altura del suelo.

zancudo, a adj. **1** Se dice del ave que tiene el cuello, el pico y los tarsos muy largos, adaptadas a la vida en zonas pantanosas. ◆ adj. y s. **2** Fam. Se dice de la persona que tiene las piernas muy largas y delgadas. □ Frec. humorístico. ◆ s.m. **3** AMÉR Mosquito.

zanfoña s.f. Instrumento musical de cuerda, de aspecto externo similar al de un violín, que se toca con un pequeño teclado.

zanganear v.intr. Holgazanear, haraganear.

zángano, a s.m. **1** Abeja macho. ◆ adj. y s. **2** Fam. Holgazán. ◆ s. **3** Fam. Persona que vive a costa de otras.

zanguango, a s. Fam. AMÉR SUR Persona, generalmente corpulenta, que se comporta de manera torpe.

zanja s.f. Excavación alargada y estrecha hecha en la tierra.

zanjar v.tr. **1** Excavar una zanja en el suelo. **2** Resolver y concluir de un modo definitivo cierto asunto.

zapa s.f. **1** Pala de metal de corte duro unida a un palo o mango. **2** Excavación de una zanja u otro agujero en el suelo.

zapador s.m. Soldado encargado de cavar para abrir trincheras y zanjas.

zapapico s.m. Herramienta para cavar o picar piedra.

zapata s.f. **1** Pieza de un sistema de freno que roza contra una rueda o su eje para disminuir la velocidad del movimiento o para detenerlo. **2** Pedazo de madera o goma que sirve para calzar muebles o para impedir que una puerta se cierre.

zapateado s.m. Baile popular que se ejecuta golpeando vigorosamente el suelo con los zapatos. **2** Composición musical con que se acompaña este baile.

zapatear v.intr. **1** Dar golpes en el suelo u otra superficie con los pies calzados. ◆ v.tr. **2** Bailar una música con zapateado.

zapatería s.f. **1** Establecimiento donde se venden o se fabrican zapatos. **2** Oficio de zapatero.

zapatero, a adj. **1** Relativo a los zapatos o al calzado. ◆ s. **2** Persona que se dedica a fabricar, arreglar o vender zapatos. ◆ s.m. **3** Mueble o parte de un mueble que sirve para guardar zapatos. **4** Insecto que se desliza a gran velocidad sobre la superficie de las aguas.

zapatilla s.f. **1** Calzado ligero y cómodo que se usa para estar en casa. **2** Calzado especial que se usa para practicar ciertos deportes.

zapatista adj. **1** Relativo al movimiento revolucionario agrario liderado por el mexicano Emiliano Zapata. ◆ adj. y s.m. y f. **2** Seguidor de Emiliano Zapata o del Ejército Zapatista de Liberación Nacional mexicano.

zapato s.m. Calzado que cubre el pie hasta el tobillo y que tiene la suela de cuero u otro material más duro que el resto.

zapear v.intr. Hacer zapping.

zapoteca adj. **1** Relativo a un pueblo amerindio que habita en la parte oriental del estado mexicano de Oaxaca y que fue el origen de una importante cultura precolombina. ◆ adj. y s.m. y f. **2** Que pertenece a este pueblo.

zapping s.m. Cambio rápido y continuo del canal del televisor por medio del mando a distancia.

zar, rina s. **1** Emperador de Rusia. **2** Soberano de Bulgaria. ◆ s.f. **3** Esposa del emperador de Rusia o del soberano de Bulgaria.

zarabanda s.f. **1** Jaleo, alboroto o confusión que se produce en un lugar. **2** Danza popular española de los siglos XVI y XVII, que se bailaba acompañada de una música alegre y ruidosa.

zaragate adj. y s.m. y f. AMÉR CENTRAL Se dice de la persona que es irresponsable y pícara.

zaragozano, a adj. y s. De Zaragoza.

zarandear v.tr. **1** Agitar o mover de un lado a otro con rapidez y energía a alguien o algo. ◆ **zarandearse** v.prnl. **2** P RICO, PERÚ, VENEZ Contonearse una persona o mover con afectación los hombros y las caderas al andar.

zarandeo s.m. Acción de zarandear.

zarcillo s.m. **1** ESP Pendiente en forma de aro. **2** Órgano filamentoso de una planta que se enrosca en los soportes o se agarra a las paredes y le permite trepar.

zarigüeya s.f. Mamífero marsupial omnívoro, de aspecto parecido a la rata.

zarpa s.f. **1** Mano del animal que tiene uñas fuertes y afiladas. **2** Fam. Mano de una persona.

zarpar v.intr. **1** Salir a navegar un barco. ◆ **zarparse** v.prnl. **2** Fam. ARG, URUG Actuar una persona de forma inoportuna, atrevida o grosera.

zarpazo s.m. **1** Golpe dado con la zarpa. **2** Herida o arañazo que produce este golpe.

zarrapastroso, a adj. Que está sucio, viejo o descuidado.

zarza s.f. Arbusto espinoso, cuyo fruto es la mora.

zarzal s.m. Lugar poblado de zarzas.

zarzamora s.f. **1** Fruto comestible que se obtiene de la zarza, pequeño, redondeado y granuloso, que es de color verde y rojo o negro cuando madura, y que tiene un sabor dulce. **2** Zarza.

zarzaparrilla s.f. **1** Arbusto trepador espinoso, con flores verdes en racimo y fruto en forma de bola pequeña. **2** Bebida refrescante elaborada con la raíz de este arbusto.

zarzuela s.f. **1** Obra musical y dramática española en la que se alternan partes cantadas y partes declamadas. **2** Género musical y dramático formado por este tipo de obras. **3** ESP Guiso elaborado con varios tipos de pescado y marisco.

zascandil s.m. Fam. ESP Persona chismosa y entrometida, que provoca enredos y problemas.

zeda s.f. Nombre de la letra z.

zéjel s.m. Estrofa de origen hispanomusulmán, especialmente apta para el canto, que dio origen al villancico.

zelota o **zelote** s.m. y f. Celota.

zen s.m. Escuela filosófica de la religión budista que da gran importancia a la meditación o contemplación y al ejercicio físico riguroso.

zenit o **zénit** s.m. Cenit.

zepelín s.m. Globo aerostático ovalado, con un motor y un sistema de dirección.

zeta o **ceta** s.f. **1** Nombre de la letra z. **2** Nombre de la sexta letra del alfabeto griego; se escribe Θ/θ y se transcribe como **ds**.

zeugma s.m. Ceugma.

zigoto s.m. Cigoto.

zigurat (pl. zigurats) s.m. Construcción religiosa de la antigua Mesopotamia formada por una torre o pirámide de varios pisos superpuestos en forma escalonada.

zigzag (pl. zigzagues o zigzags) s.m. Línea quebrada constituida por segmentos unidos formando ángulos entrantes y salientes alternativamente.

zigzaguear v.intr. Moverse o estar dispuesto en forma de zigzag.

zinc s.m. Cinc.

zíngaro, a o **cíngaro, a** adj. y s. Del pueblo gitano, especialmente el que vive en algunos países del este de Europa.

zíper s.m. AMÉR CENTRAL, CUBA, MÉX, VENEZ Cierre consistente en dos tiras de tela con pequeños dientes por los que se desliza un mecanismo que los une o los separa. **GEOSIN** cremallera.

zirconio s.m. Circonio.

zócalo s.m. **1** Banda que se coloca en la parte baja de la pared como protección o como decoración. **2** Parte inferior de un edificio que sirve para poner los basamentos a un mismo nivel. **3** Parte inferior del pedestal de la columna.

zocato, a adj. **1** Se dice del fruto que adquiere un aspecto rugoso y amarillento antes de madurar. ◆ adj. y s. **2** Fam. Zurdo.

1. **zoco** s.m. Mercado, generalmente cubierto, propio de algunos países árabes.

2. **zoco, a** adj. y s. Fam. Zurdo.

zódiac s.f. Pequeña embarcación de caucho, dotada de un motor fueraborda.

zodiacal adj. Relativo al zodiaco.

zodiaco o **zodíaco** s.m. **1** Zona de la esfera celeste dividida en doce partes iguales que el Sol, la Luna y algunos planetas recorren en el período de un año. **2** Representación gráfica de esta zona.

zombi s.m. y f. **1** Según ciertas leyendas antillanas, persona muerta que ha sido resucitada mediante la brujería. ◆ adj. y s.m. y f. **2** Fam. Se dice de la persona que está aturdida.
OBS Puede encontrarse la grafía inglesa **zombie**.

zona s.f. **1** Superficie acotada, que se distingue de lo que la rodea. **2** Parte delimitada de cualquier superficie. **3** Parte de un campo de baloncesto próxima a la canasta que está limitada por líneas pintadas en el suelo y tiene forma de trapecio. **4** En geometría, parte de la esfera comprendida entre dos planos paralelos que la cortan.

zonal adj. Que se realiza en una zona o espacio delimitado.

zoncera s.f. **1** ARG, PAN, URUG, VENEZ Asunto, dicho o hecho poco importante. **2** ARG, URUG Objeto de poco valor.

zonzo, a adj. y s. AMÉR Que tiene un desarrollo mental inferior al que se considera normal.

zoo s.m. Instalación de gran extensión donde se cuidan, se estudian o se crían animales, generalmente poco comunes, para que el público pueda verlos.

zoofilia s.f. Conducta sexual de la persona que tiene relaciones sexuales con animales.

zoología s.f. Parte de la biología que estudia los animales.

zoológico, a adj. **1** Relativo a la zoología. ◆ s.m. **2** Zoo.

zoólogo, a s. Especialisita en zoología.

zoom s.m. Objetivo fotográfico o cinematográfico que mantiene enfocada la imagen al variar la distancia focal.
OBS Pronunc. 'zum'.

zooplancton s.m. Conjunto de organismos protozoos que forman parte del plancton.

zootecnia s.f. Técnica de la cría y mejora de los animales domésticos.

zopenco, a adj. y s. Fam. Se dice de la persona que es torpe para aprender y ruda en su manera de actuar. □ Frec. insulto.

zoquete adj. y s.m. y f. **1** Fam. Se dice de la persona a la que le resulta difícil comprender las cosas aunque sean sencillas. ◆ s.m. **2** Taco de madera corto y grueso. **3** Pedazo de pan grueso y duro. **4** ARG, CH, PAR, URUG Calcetín. **5** MÉX Puñetazo.

zorcico s.m. **1** Baile popular vasco ejecutado por hombres. **2** Composición musical con que se acompaña este baile.
OBS Puede encontrarse la grafía vasca **zortzico**.

zorra s.f. **1** Hembra del zorro. **2** Vulg. Prostituta. □ Frec. insulto.

zorro, a s. **1** Mamífero carnívoro salvaje, parecido al perro pero con el hocico más alargado, el pelo entre marrón y rojo y la cola larga y peluda. **2** Fam. Persona que es astuta o hábil para engañar y para evitar el engaño. □ Frec. despectivo. ◆ s.m. **3** Piel de zorro utilizada en la confección de prendas de vestir.

zortzico s.m. Zorcico.

zorzal s.m. **1** Pájaro cantor de color marrón, con el pecho de color amarillo. **2** Pez marino de color más o menos oscuro, cabeza grande y lisa y hocico puntiagudo.

zotal s.m. ESP Desinfectante para lugares donde hay ganado o animales encerrados.

zote adj. y s.m. y f. Fam. Zopenco.

zozobra s.f. **1** Hundimiento de una embarcación. **2** Sentimiento de tristeza o inquietud.

zozobrar v.intr. **1** Hundirse en el agua una embarcación. **2** Peligrar una embarcación debido al oleaje o al viento. **3** Peligrar una cosa.

zueco s.m. **1** Calzado hecho en una única pieza de madera. **2** Calzado de cuero con suela gruesa de corcho o de madera.

zulo s.m. ESP Habitáculo de dimensiones reducidas y generalmente subterráneo que sirve para esconder a alguien o algo.

zulú (pl. zulúes) adj. **1** Relativo a una tribu de raza negra que habita en el sudoeste de África. ◆ adj. y s.m. y f. **2** Que pertenece a esta tribu.

zumba s.f. **1** Fam. Burla o chanza ligera. **2** Cencerro grande. **3** AMÉR Paliza o tunda de palos que da o recibe una persona. **4** MÉX Borrachera, embriaguez.

zumbador, ra s.m. **1** Timbre que emite un sonido continuado y sordo. ◆ adj. **2** Que produce un zumbido.

zumbar v.intr. **1** Producir un zumbido. **2** Sentir un zumbido dentro de los oídos. ◆ v.tr. **3** Fam. Golpear o pegar a una persona. ◆ **zumbarse** v.prnl. **4** Fam. Volverse loco o majareta.

zumbido s.m. Ruido continuado y sordo que produce molestia o resulta desagradable.

zumo s.m. **1** Líquido contenido en las frutas, que puede extraerse por presión o cocción. **2** Utilidad o provecho que se obtiene de algo

zurcido s.m. Remiendo que se hace en el roto de una tela para que no se note.

zurcir v.tr. Remendar un roto en una tela para que no se note. ◇ **¡que te, le, etc., zurzan!** Fam. ESP Indica que la persona que habla se desentiende de algo malo que le pasa a otra.

zurda s.f. Mano o pierna situada en el lado que corresponde al corazón en el ser humano.

zurdazo s.m. Golpe fuerte que se da con la mano o el pie izquierdos.

zurdo, a adj. y s. **1** Que tiene mayor habilidad con la mano y la pierna izquierdas. ◆ adj. **2** Que está situado en el lado izquierdo.

zurear v.intr. Emitir arrullos la paloma.

zurra s.f. Fam. Paliza o cachete.

zurrapa s.f. Sedimento de un líquido.

zurrar v.tr. **1** Fam. Dar golpes o azotes a una persona. **2** Adobar la piel curtida para que quede blanda y suave.

zurriagazo s.m. **1** Golpe dado con un zurriago u otra cosa larga y flexible. **2** Desgracia o calamidad inesperadas.

zurriago s.m. Látigo para golpear.

zurrón s.m. **1** Bolsa grande de piel o de cuero. **2** Planta de hojas verdes triangulares y comestibles.

zutano, a s. Fam. Se usa para designar a una persona cuyo nombre no se expresa, especialmente la que va en tercer lugar, después de haber nombrado a otras con las palabras **fulano** y **mengano**.

Apéndice gramatical

ÍNDICE DE CONTENIDOS

LAS MAYÚSCULAS

La letra mayúscula es una letra que tiene un tamaño mayor que la letra minúscula. Su uso es indicativo de una cualidad de la palabra o frase en que se usa.

Mayúsculas a principio de palabra

A principio de palabra, se escribe mayúscula inicial en función de la puntuación, en los nombres propios y en algunos casos especiales.

En función de la puntuación

Se escriben con mayúscula inicial:

— La primera palabra de un texto escrito.

— La palabra que va después de un signo de puntuación que cierra un enunciado, ya sea punto (.), puntos suspensivos (...), interrogación (?) o exclamación (!).

— La palabra que va después de los dos puntos (:) cuando sigue a la fórmula de saludo de una carta o anuncia la reproducción de una cita textual.

Nombres propios

Se escriben con mayúscula inicial:

— Los nombres de persona o animal *(Luis, Platero)*, apellidos *(López)*, apodos y sobrenombres *(el Manco de Lepanto)*.

— Los nombres geográficos *(Asia)*. Si el artículo forma parte de un nombre geográfico, llevan mayúscula inicial ambas palabras *(La Habana)*.

— Los nombres de constelaciones *(Osa Menor)*, astros *(Sol)* y planetas *(Marte, Tierra)*. Las palabras *Sol* y *Luna* suelen escribirse con mayúscula inicial solo en textos de astronomía.

— Los nombres de los puntos cardinales *(Sur, Este)*. Si indican orientación, van con minúscula *(vamos al sur del país)*.

— Los nombres de divinidades *(Dios, Alá, Zeus)*.

— Los nombres de las festividades religiosas o civiles *(Navidad, Día de la Hispanidad)*.

— Los sustantivos y adjetivos que forman el nombre de una organización o institución *(el Museo del Prado, la Real Academia de la Historia)*.

— La primera palabra del título de una obra *(Las meninas, Guerra y paz)*. En los nombres de publicaciones periódicas llevan también mayúscula inicial los sustantivos y adjetivos *(La Gaceta Deportiva)*.

— Los nombres de determinadas épocas históricas *(el Barroco)*, acontecimientos históricos *(la Revolución francesa)*, movimientos religiosos *(la Reforma)* y culturales *(el Modernismo)*, etcétera.

Otros casos

Se escriben con mayúscula inicial:

— Los tratamientos de cortesía en su forma abreviada *(Sr., D., Ud.)* y en ocasiones en la no abreviada *(Excelencia, Ilustrísimo, san/San)*.

— Los títulos *(Rey, Conde)*, cargos *(Presidente, Ministro)* y dignidades *(Papa)*, cuando se usan para referirse a una persona en concreto sin mencionar su nombre *(el Rey, el Sr. Presidente;* pero *el rey Luis XIV, el presidente de Panamá)*.

— Ciertos nombres cuando designan un organismo o entidad en concreto *(la Universidad, el Gobierno, el Estado)*.

Mayúsculas en palabras enteras

Se escriben con mayúscula en todas sus letras:

— Las siglas *(ESO, UNESCO)*.

— Los números romanos *(Luis XIV)*. Para los siglos es habitual usar versalitas *(el siglo XIX)*.

ACENTUACIÓN

El **acento gráfico** (o **tilde**) es el signo que se coloca sobre la vocal de la sílaba tónica de una palabra según determinadas reglas de acentuación.

Reglas generales de acentuación

- Las **palabras agudas** (las que tienen tónica la última sílaba) llevan tilde si terminan en vocal *(bambú)* o en *-n* o *-s* precedidas de vocal *(camión, autobús)*.

- Las **palabras llanas** o **graves** (las que tienen tónica la penúltima sílaba) llevan tilde si terminan en consonante que no sea *-n* o *-s* precedidas de vocal *(árbol, bíceps)*.

- Las **palabras esdrújulas** (las que tienen tónica la antepenúltima sílaba) y **sobresdrújulas** (las que tienen tónica la sílaba anterior a la antepenúltima) llevan siempre tilde *(ácido, regálaselo)*.

- Los **monosílabos** no llevan tilde, salvo en los casos de acento diacrítico (ver más abajo).

- Las palabras con **diptongo** y **triptongo** siguen las reglas generales de acentuación. A efectos gráficos, un diptongo consta de una vocal abierta *(a, e, o)* y una cerrada *(i, u)* o dos cerradas; el triptongo está formado por una vocal abierta entre dos cerradas. Cuando le corresponde llevar tilde a una palabra con un diptongo tónico formado por una vocal abierta *(a, e, o)* y una vocal cerrada *(i, u)*, la tilde se coloca sobre la vocal abierta: *náutica, averigüéis*. Si el diptongo tónico está formado por dos vocales cerradas *(i, u)*, la tilde se coloca sobre la segunda: *cuídate, ventiún*. La presencia de *h* intercalada entre dos vocales no impide que puedan formar diptongo *(ahumar, ahijado)*.

- Las palabras con **hiato** siguen las reglas generales de acentuación si el hiato lo forman dos vocales iguales *(poseer, chiita)* o dos vocales abiertas *(a, e, o)* distintas *(deán, loar)*. Si el hiato lo forman una vocal abierta *(a, e, o)* átona y una cerrada *(i, u)* tónica, se coloca siempre tilde sobre la cerrada tónica *(reír, lío)*. La presencia de una *h* intercalada entre dos vocales no exime de la obligación de tildar la palabra *(búho, prohíbe)*.

Hay un pequeño grupo de palabras que pueden escribirse con tilde o sin ella según si se pronuncian como monosílabas (con diptongo) o como bisílabas (con hiato). Es el caso de *guion/guión, ion/ión, truhan/truhán, hui/huí* (del verbo *huir*), *riais/riáis* (del verbo *reír*) y algunas otras.

Acento diacrítico

El **acento diacrítico** o **tilde diacrítica** es el acento gráfico que sirve para diferenciar una palabra de otra que se escribe igual pero que tiene distinto significado y distinta categoría gramatical.

- ***Aún* y *aun*:** El adverbio *aún* (que significa 'todavía') lleva tilde para diferenciarse de la conjunción *aun* (que significa 'hasta', 'también' o 'incluso'):

  Aún no sabemos los resultados del examen.
  Todos sus amigos, aun los que viven en el extranjero, fueron a la fiesta.

- **El adverbio *solo:*** El adverbio *solo* (que puede sustituirse por *solamente* o *únicamente*) debe llevar acento diacrítico, para diferenciarse del adjetivo *solo,* si la frase es ambigua:

  Ayer estuvo solo en la oficina (no había nadie más).
  Ayer estuvo sólo en la oficina (no fue a ningún otro sitio).

- **Pronombres demostrativos:** Los pronombres demostrativos *este, esta, estos, estas, ese, esa, esos, esas, aquel, aquella, aquellos* y *aquellas* deben llevar acento diacrítico, para diferenciarse de los determinantes demostrativos, si existe ambigüedad:

  Dame esa carpeta (determinante).
  No quiero esta, dame la otra (pronombre).

- **Interrogativos y exclamativos:** Las palabras *adonde, como, cual, cuales, cuan, cuando, cuanto, cuanta, cuantos, cuantas, donde, que, quien* y *quienes* llevan tilde cuando tienen valor interrogativo o exclamativo:

  La blusa que llevo es mía (relativo).
  ¿Qué estás buscando? (interrogativo).
  No sé qué piensa de mí (interrogativo indirecto).
  ¡Qué novela tan interesante! (exclamativo).

- **Monosílabos:** Los monosílabos no se tildan, salvo en los casos de acento diacrítico:

MONOSÍLABOS Y ACENTO DIACRÍTICO					
SIN TILDE			CON TILDE		
Palabra	Categoría	Ejemplo	Palabra	Categoría	Ejemplo
de	preposición	*gorro de lana*	dé	verbo *(dar)*	*no se lo dé a él*
el	determinante	*el lápiz*	él	pronombre	*él es rico*
mas	conjunción	*oigo, mas no veo*	más	adverbio	*quiero más café*
mi	determinante sustantivo	*mi bicicleta* *un mi de guitarra*	mí	pronombre	*dámelo a mí*
se	pronombre	*se lava la cara*	sé	verbo *(ser)* verbo *(saber)*	*sé bueno* *lo sé muy bien*
si	conjunción sustantivo	*si te llama, ve* *un si de violín*	sí	adverbio pronombre	*sí quiero* *lo quiere para sí*
te	pronombre	*te lo regalo*	té	sustantivo	*una taza de té*
tu	determinante	*tu casa*	tú	pronombre	*tú sabes mucho*

Palabras con doble acentuación

Algunas palabras se pueden escribir con tilde o sin ella, según cómo se pronuncien: *austría-co/austriaco, período/periodo,* etc.

Casos especiales

- **Palabras compuestas sin guion:** Siguen las reglas generales de acentuación. No se tienen en cuenta las tildes que tenían las palabras antes de unirse: *baloncesto* (*balón* + *cesto*), *dieciséis* (*diez* + *y* + *seis*).

- **Palabras compuestas con guion:** No siguen las reglas generales de acentuación. Se mantienen las tildes que tenían las palabras antes de unirse: *físico-químico* (*físico* + *químico*).

- **Adverbios acabados en *-mente:*** No siguen las reglas generales de acentuación. Llevan tilde si la lleva el adjetivo del que derivan *(prácticamente, comúnmente).*

- **Formas verbales con pronombre:** Siguen las reglas generales de acentuación: *escúchame, dáselo, acabose.*

- **Palabras y expresiones latinas usadas en español:** Siguen las reglas generales de acentuación: *currículum, alma máter.*

PUNTUACIÓN

Los signos de puntuación se usan para representar por escrito algunas características de las oraciones de la lengua oral, como las pausas o la entonación. La puntuación contribuye a facilitar la comprensión de los mensajes escritos, y por ello es necesario conocer el valor de todos los signos.

El punto (.)

El **punto** indica la pausa que se produce al final de una oración; con este valor hay tres tipos: el punto y seguido, el punto y aparte y el punto final.

También se usa:

— En las abreviaturas: *Dr.* (doctor), *avda.* (avenida).

— Para separar en grupos de tres las expresiones numéricas de cuatro o más cifras: *4.500 kilos, 25.000 espectadores.* Excepto en expresiones numéricas de años *(año 1492),* códigos postales *(Madrid 28080),* números de página *(pág. 1100)* y números de leyes *(Real Decreto 1099/1986).*

— En las indicaciones horarias, para separar las horas de los minutos (también se pueden usar los dos puntos): *21.45 h.*

La coma (,)

La **coma** indica normalmente una pausa breve dentro de una oración. Se usa:

— Para separar los elementos de una enumeración*: Las estaciones del año son: primavera, verano, otoño e invierno.*

— Para separar las proposiciones de una oración que tienen la misma función sintáctica: *En México visitaron las pirámides mayas, comieron comida picante y escucharon mariachis.*

— Para separar el vocativo del resto de la oración: *Adela, ¿qué opinas tú?*

— Para enmarcar un inciso en una oración (el inciso aclara, precisa o amplía lo que se ha dicho): *El precio de la gasolina, según el Gobierno, bajará este año.*

— Delante de las proposiciones coordinadas adversativas (introducidas por *pero, aunque, sino,* etc.), de las proposiciones consecutivas (introducidas por *conque, así que,* etc.) y de las proposiciones causales lógicas y explicativas (introducidas por *puesto que, ya que,* etc.).

— Para separar del resto de la oración enlaces como *es decir, o sea, en fin, por último, por consiguiente, sin embargo, no obstante, además, en tal caso, por lo tanto, en cambio,* etc. *(En fin, no pienso seguir discutiendo)* y adverbios y locuciones adverbiales que modifican a toda la oración *(Generalmente, llega pronto a casa).*

— Para indicar que se ha omitido el verbo, porque es el mismo de la proposición anterior o se sobreentiende: *Su madre le regaló un bolso; su padre, una chaqueta.*

— En las expresiones numéricas, para separar la parte entera de la decimal: *14,50 euros.*

El punto y coma (;)

El **punto y coma** indica una pausa mayor que la de la coma y menor que la del punto. Se usa:

— Para separar oraciones que forman parte de una serie o enumeración, cuando están muy relacionadas semánticamente y tienen comas en su interior: *No tiene ni un minuto libre: por la mañana, lleva a los niños al colegio, va al trabajo y hace la comida; y por la tarde, va a clases de inglés y prepara la cena.*

— Para separar oraciones entre las cuales hay una estrecha relación semántica: *El niño, emocionado, se abrazó a su madre; quería mostrarle todo su afecto.*

Los dos puntos (:)

Los **dos puntos** indican una pausa que se produce en el discurso para destacar lo que viene a continuación. Se usan:

— Para introducir los elementos de una enumeración: *Las provincias de Aragón son: Zaragoza, Huesca y Teruel.*

— Para introducir una cita textual: *Sócrates dijo: «Sólo sé que no sé nada».*

— Después de las fórmulas de saludo que encabezan una carta o un documento:

Mi querida amiga:
Como te dije en mi anterior carta...

— Para unir una oración a otra que expresa una relación de causa-efecto *(Se ha esforzado mucho este curso: aprobará todas las asignaturas)*, una explicación, una ejemplificación o un resumen *(Todo el mundo gritaba y nadie escuchaba a los demás: la reunión fue un caos).*

— En las indicaciones horarias, para separar las horas de los minutos (también se puede usar el punto): *23:15 h.*

— En las expresiones matemáticas, para indicar la operación de dividir (también se puede usar la barra): *10 : 2 = 5.*

Los puntos suspensivos (...)

Los **puntos suspensivos** se usan:

— Para señalar que una oración está incompleta: *Si lo hubiera sabido antes...*

— Para dejar inacabada una enumeración: *Sobre la mesa había de todo: libros, carpetas, papeles, lápices...*

— Para expresar duda, temor o vacilación: *Esto..., no sé si... ¿tú puedes ayudarme?*

— Para indicar que una frase conocida por todos está incompleta *(Ya se sabe que quien a buen árbol se arrima...).*

— Entre corchetes (o paréntesis), para señalar que se ha suprimido una parte de una cita textual: *«En un lugar de la Mancha [...] no ha mucho tiempo que vivía un hidalgo [...]».*

Los signos de interrogación (¿?)

Los **signos de interrogación** indican la presencia de una oración interrogativa directa *(¿Cuánto cuesta esta chaqueta?).* Son dos: el de apertura (¿) y el de cierre (?). Tras el signo que cierra una interrogación no se escribe punto.

El signo de cierre de interrogación puede usarse, escrito entre paréntesis, para expresar duda (a veces con ironía): *Su hermano, presuntamente implicado en un asunto turbulento (?), prestará declaración mañana.*

Los signos de exclamación (¡!)

Los **signos de exclamación** indican la presencia de una oración exclamativa directa *(¡Qué frío hace!)* o una interjección *(¡Qué va!).* Son dos: el de apertura (¡) y el de cierre (!). Tras el signo que cierra una exclamación no se escribe punto.

El signo de cierre de exclamación puede usarse, escrito entre paréntesis, para expresar sorpresa o asombro: *En Malí, más de un 80% de la población es analfabeta (!), según la UNICEF.*

Los paréntesis ( )

Los **paréntesis** enmarcan elementos dentro de un enunciado. Son dos: el de apertura [( ] y el de cierre [ )]. Se usan:

— Para intercalar una aclaración o comentario en una oración: *Hoy vendrá Juan (el hermano de Ana) a visitarnos.*

— Para añadir un dato concreto (una fecha, lugar, nombre, etc.): *El descubrimiento de América (1492) fue un hecho histórico de gran relevancia.*

— Para introducir opciones en un texto sin tener que repetir palabras. Pueden incluir una palabra completa o una parte: *Indique a continuación el (los) mes(es) en que desea recibir la revista.*

Los corchetes ([ ])

Los **corchetes** son dos: el de apertura ([ ) y el de cierre ( ]). Se usan para enmarcar un elemento u oración dentro de otra oración que está entre paréntesis: *Pérez Reverte (autor de* El maestro de esgrima *[1988]) nació en 1951.*

Las comillas (« », " ", ' ')

Hay distintos tipos de **comillas:** « », " " y ' '. Son dos: las de apertura («, ", ') y las de cierre (», ", '). Se usan:

— Para enmarcar una cita textual: *Dijo Felipe II: «Yo no mandé mi escuadra a luchar contra los elementos».*

— Para destacar una palabra o expresión porque se usa irónicamente *(La condesa lucía un vestido muy «elegante»: parecía un árbol navideño)* o porque es impropia o vulgar *(El niño decía que había muchos «biciclistas»).*

— Para citar el título de un poema, capítulo o artículo: *El segundo capítulo, «Geografía» es el más extenso.*

— Para presentar el significado de una palabra. En este caso se prefiere el uso de las comillas simples: *La palabra* neviscar *('nevar ligeramente o en corta cantidad') es un derivado de* nevisca.

La raya (—)

Es una raya horizontal más larga que el signo de puntuación llamado *guion* o *guion corto.* La **raya** (o **guion largo**) se usa:

— Para encerrar una aclaración o inciso: *En la puerta esperaban a Julia —vestidas con sus mejores galas— sus amigas Carmen y Celia.*

— Para señalar en un diálogo cada una de las intervenciones:

—¿Dónde está Luis?

—Nos está esperando en su casa.

— Para marcar los comentarios o precisiones del narrador en un diálogo:

—Amigos —dijo el capitán—, ¡brindemos por la victoria!

—¡Brindemos! —respondieron todos.

El guion (-)

El **guion** (o **guion corto**) es una raya horizontal más corta que la raya o guion largo. Se usa:

— Para separar los dos elementos de determinadas palabras compuestas *(teórico-práctico, franco-alemán)* o expresar ciertas relaciones *(relación calidad-precio, partido Betis-Sevilla).*

— Para dividir una palabra a final de renglón.

— Para indicar que un elemento es un prefijo o un sufijo (o el principio o el final de una palabra): *-ción, -mente, -geo, -pre.*

— Para unir dos expresiones numéricas que marcan un intervalo: *años 1915-1993, páginas 12-15.*

La barra (/)

La **barra** se usa:

— Para sustituir una preposición en ciertas expresiones, como *km/h* (kilómetros por hora) o *€/mes* (euros al mes).

— Para introducir opciones en un texto sin tener que repetir palabras: *El/los candidato/s presente/s... Los hombres y/o mujeres que...*

— Para separar los versos en un texto poético: *Con cien cañones por banda, / viento en popa a toda vela, / no corta el mar sino vuela / un velero bergantín.*

— En las expresiones matemáticas, para indicar la operación de dividir (también se pueden usar los dos puntos): *14 / 2 = 7.*

La diéresis (¨)

La **diéresis** (o **crema**) se coloca sobre la *u* en las sílabas *güe, güi* para indicar que ha de pronunciarse la vocal *u: cigüeña, averigüéis.*

El asterisco (*)

El **asterisco** se usa:

— Para indicar una remisión a otra parte del texto, especialmente a una nota a pie de página.

— Para señalar que una expresión lingüística es incorrecta ortográfica o gramaticalmente: **vonito, *pienso de que llegaremos tarde.*

DIVISIÓN DE PALABRAS A FINAL DE RENGLÓN

Cuando una palabra no puede escribirse entera al final de un renglón porque no cabe, es necesario dividirla. Las normas que establecen por dónde pueden partirse las palabras son:

— No pueden quedar separadas las letras que forman una sílaba.

— No pueden quedar separadas dos o más vocales seguidas, formen diptongo, triptongo o hiato.

— Las palabras formadas con un prefijo más una palabra que funciona independientemente en la lengua y empieza con vocal *(desatar)* pueden dividirse a final de renglón teniendo en cuenta las sílabas *(de-satar; desa-tar)* o teniendo en cuenta su formación *(des-atar).*

— Cuando la primera sílaba de una palabra es una vocal, esta no puede quedar separada: *Áfri-ca* (y no **Á-frica*).

— Cuando una palabra tiene una *h* precedida de una consonante, el guion se coloca justo antes de la *h: des-hacer.*

— Las abreviaturas y siglas no se dividen: *Excmo., UNESCO.*

FORMAS ABREVIADAS

Abreviaturas

La **abreviatura** es la representación de una o más palabras en la escritura con menos letras de las que consta(n). Se forma seleccionando la(s) primera(s) letra(s) de una palabra (*D.* [don], *tel.* [teléfono]) o bien la(s) primera(s) y las última(s) (*Sr.* [señor], *admón.* [administración]). Llevan al final un punto, salvo en los casos en que llevan una barra: *c/* (calle), *s/n* (sin número).

Aunque la mayoría de las abreviaturas son simples (formadas a partir de una sola palabra), también las hay compuestas (dos o más palabras): *a. C.* (antes de Cristo).

Las abreviaturas suelen escribirse con mayúscula o con minúscula según corresponda a la palabra o expresión abreviadas: *av.* (avenida), *FF. AA.* (Fuerzas Armadas). Las abreviaturas de los tratamientos de cortesía se escriben con mayúscula inicial: *Ud.* (usted), *Sr.* (señor).

Se ofrecen aquí algunas de las abreviaturas más usuales en español.

ABREVIATURA	EXPRESIÓN ABREVIADA
a. C.	antes de Cristo
apdo.	apartado
av. o **avda.**	avenida
c. o **c/**	calle
D. / D.ª	don / doña
d. C.	después de Cristo
dcha.	derecha
Dr. / Dra.	doctor / doctora
entlo.	entresuelo
etc.	etcétera
Excmo. / Excma.	Excelentísimo / Excelentísima
fig.	figura
Ilmo. / Ilma.	Ilustrísimo / Ilustrísima
izqda.	izquierda
n.º o **núm**	número
p. ej.	por ejemplo
p. o **pág.**	página
pl. o **pza.**	plaza
Prof. / Prof.ª	profesor / profesora
rte.	remitente
S.	San
s.	siglo
s/n	sin número
Sr. / Sra.	señor / señora
Srta.	señorita
Sto. / Sta.	santo / santa
tel. o **tfno.**	teléfono
U., Ud., V. o **Vd.**	usted

Siglas

La **sigla** es la representación gráfica de una unidad conceptual formada por varias palabras que funcionan como un sintagma. Se forma con las letras iniciales de dichas palabras.

Las siglas se escriben con mayúsculas y sin puntos entre las letras: *IRPF* (impuesto sobre la renta de las personas físicas), *ESO* (Enseñanza Secundaria Obligatoria).

No varían de forma en plural: solo cambian las palabras que acompañan a la sigla: *las ONG españolas.*

Algunas siglas se lexicalizan y pasan a escribirse con minúsculas: *ovni* (objeto volador no identificado). Su plural es como el de cualquier otro sustantivo *(ovnis).*

Si la sigla tiene estructura silábica, se lee como una palabra: *UNICEF, OTAN.* Si no, se debe deletrear: *ONG* (o-ene-ge), *IPC* (i-pe-ce).

Símbolos

Los **símbolos** son signos convencionales que representan conceptos técnicos y científicos.

Los más frecuentes son los que representan los elementos químicos (*K* [potasio], *Au* [oro]), las unidades de medida (*kg* [kilogramo], *m* [metro]) y los puntos cardinales (*N* [Norte], *E* [Este]).

Suelen estar formados por letras (*Na* [sodio]), pero también pueden constar de otros elementos (como ciertos símbolos matemáticos [+, –, √] o monetarios , [€, $, £]).

Se escriben sin punto y no varían de forma en plural.

La morfología es la parte de la gramática que estudia la estructura de las palabras, las clases de palabras que existen y las reglas que explican cómo se forman.

EL MORFEMA

El morfema es la unidad morfológica más pequeña. Se pueden distinguir varias clases:

<table>
<tr><th colspan="4">CLASES DE MORFEMAS</th></tr>
<tr><td colspan="4">raíz o lexema</td></tr>
<tr><td rowspan="7">afijos</td><td rowspan="3">derivativos</td><td>prefijos</td><td></td></tr>
<tr><td>sufijos</td><td></td></tr>
<tr><td>interfijos</td><td></td></tr>
<tr><td rowspan="4">flexivos</td><td rowspan="2">nominales</td><td>género</td></tr>
<tr><td>número</td></tr>
<tr><td rowspan="2">verbales</td><td>tiempo, aspecto y modo</td></tr>
<tr><td>persona y número</td></tr>
</table>

Raíz

La **raíz** (o **lexema**) de una palabra es el segmento que tienen en común todas las palabras de su misma familia. Por ejemplo, la raíz de las palabras *negro, negrura* y *ennegrecer* es *negr.* A veces la raíz coincide exactamente con una de las palabras de la familia (por ejemplo, la raíz de la palabra *flor* es *flor*).

Afijos

Los **afijos** son segmentos que se unen a una raíz para formar una nueva palabra o para crear diferentes formas de la misma palabra.

Afijos derivativos

Son los que se unen a una raíz para crear palabras nuevas. Por ejemplo, la palabra *limonero* se forma uniendo el afijo derivativo *ero* a la raíz *limón.*
Existen tres clases de afijos derivativos según la posición que ocupan respecto a la raíz:

- **Prefijo.** Se coloca delante de una raíz para crear una nueva palabra. Por ejemplo, el prefijo *sub* se une a la raíz *marino* y forma *submarino.*

- **Sufijo.** Se coloca detrás de una raíz para crear una nueva palabra. Por ejemplo, el sufijo *ción* se une a la raíz *investiga* y forma *investigación.*
  — *Sufijo apreciativo.* Añade un matiz subjetivo; por ejemplo, de valoración, como en el caso del sufijo *ucho (debilucho),* o de tamaño, como el sufijo *ete (pisete).*
  — *Sufijo no apreciativo.* No añade un matiz subjetivo, como el sufijo *ismo (modernismo).*

- **Interfijo.** Sirve de enlace entre la raíz y los sufijos y no aporta ningún valor significativo. Ejemplos: *ec (pececito), ad (panadero).*

Afijos flexivos

Son los que se unen a una raíz para crear diferentes formas de la misma palabra. Por ejemplo, la palabra *casas* está formada por la raíz *casa* y el afijo *s;* la *s* es un morfema flexivo de número que indica plural.

Hay dos clases de afijos flexivos:

- **Afijo flexivo nominal.** Forma parte de un sustantivo, adjetivo, determinante o pronombre. Los hay de género (masculino, femenino, neutro) y de número (singular, plural). Por ejemplo, en la palabra *gatas*, la *a* es un afijo flexivo de género y la *s* final lo es de número.

- **Afijo flexivo verbal.** Forma parte de un verbo. Los hay de persona, de número, de tiempo, de aspecto y de modo. Estos morfemas se presentan muchas veces soldados, de ahí que se diferencien dos bloques de afijos flexivos verbales: los de tiempo, aspecto y modo, por un lado; y los de persona y número, por otro. Así, en la forma verbal *cantáramos* se pueden distinguir el sufijo flexivo verbal de tiempo, aspecto y modo *-ra* (que indica imperfecto de subjuntivo) y el de persona y número *-mos* (que indica primera persona de plural). En ocasiones no es posible señalar estos bloques de afijos flexivos verbales (por ejemplo, en la forma *soy*).

La morfología se ocupa de clasificar las palabras en distintas clases o categorías teniendo en cuenta sus características formales, funcionales y semánticas. Existen ocho clases de palabras: sustantivo, adjetivo, verbo, adverbio, determinante, pronombre, preposición y conjunción.

SUSTANTIVO

El **sustantivo** tiene las siguientes características:

— Formales: admite afijos flexivos de género y número, así como sufijos apreciativos.

— Funcionales: es el núcleo del sintagma nominal y puede realizar las funciones de sujeto, complemento directo, complemento circunstancial, atributo y complemento del nombre. El sintagma nominal, cuyo núcleo es un sustantivo, puede estar encabezado por una preposición, en cuyo caso el nombre desempeña las funciones de complemento directo, complemento indirecto, complemento de régimen, complemento circunstancial, complemento agente, complemento del nombre, complemento del adjetivo o complemento del adverbio.

— Semánticas: designa una persona, animal o cosa (material o inmaterial).

Género de los sustantivos

El género gramatical en los sustantivos atiende a la distinción entre masculino y femenino. Se pueden encontrar los siguientes casos:

- **Un solo género.** La mayoría de los sustantivos tienen un solo género: masculino o femenino (*casa* es femenino, *techo* es masculino).

- **Sustantivos epicenos.** Son sustantivos de un solo género (masculino o femenino) que se refieren a personas o animales y designan indistintamente a los individuos de ambos sexos. Ejemplos: *ballena, loro, persona.*

- **Distinción de género mediante afijos flexivos.** En muchos sustantivos, los afijos flexivos de género permiten diferenciar el masculino del femenino (*niño* tiene el afijo flexivo de género masculino *o* y *niña* tiene el sufijo flexivo de género femenino *a*). Los afijos flexivos de género en español son: *-o, -e, -Ø* (ausencia de afijo) para el masculino *(gat**o**, cond**e**, señor)*; *a, esa, isa, ina, triz* para el femenino *(gat**a**, cond**esa**, pap**isa**, hero**ína**, empera**triz**)*.

- **Género común.** Hay sustantivos que comparten la misma forma sin variación de flexión para el masculino y femenino. En ellos el género se manifiesta a través de los determinantes y adjetivos que los acompañan *(pianista: una pianista; pianista famoso)*.
- **Heterónimos.** En algunos sustantivos, la diferencia entre el sexo masculino y el femenino se manifiesta con palabras diferentes. Ejemplos: *toro/ vaca; hombre/mujer.*
- **Género ambiguo.** Hay sustantivos que se pueden usar como masculinos o como femeninos (*mar: la mar está tranquila; el mar está tranquilo*).

Número de los sustantivos

El número gramatical en los sustantivos atiende a la distinción entre singular y plural. Generalmente, los sustantivos en singular designan una sola realidad *(casa)* y los sustantivos en plural designan varios seres u objetos de la misma clase *(casas)*. Sin embargo, algunos sustantivos solo presentan una forma, ya sea singular *(salud)* o plural *(honorarios)*.

La formación del plural de un sustantivo depende de la forma que este tenga en singular:

- En general, se añade el afijo flexivo de número *s* a los sustantivos que acaban:
  — En vocal átona: *carro-carros.*
  — En *a, e, u* tónicas: *papá-papás, café-cafés, buró-burós.*
  — En dos consonantes seguidas: *iceberg-icebergs.*
- En general, se añade el afijo flexivo de número *es* a los sustantivos que acaban:
  — En *i, u* tónicas: *rubí-rubíes, iglú-iglúes.*
  — En una consonante distinta de *s: panel-paneles, dólar-dólares.*
  — En *s* precedida de vocal tónica: *compás-compases, revés-reveses.*
- No añaden ningún sufijo flexivo de número:
  — Los sustantivos llanos o esdrújulos que acaban en *s* o *x: crisis, tórax.* En ellos el número se manifiesta a través de los determinantes y adjetivos que los acompañan (*crisis: una crisis; crisis agudas)*.

Clases de sustantivos según su significado

- **Concretos o abstractos.** Los sustantivos concretos son aquellos que hacen referencia a seres o cosas que se pueden percibir por los sentidos, como *coche, ruido* o *gorrión.* Los abstractos se refieren a cosas que no se pueden percibir por los sentidos, como *inteligencia* o *bondad.* No todos los sustantivos son siempre concretos o abstractos; por ejemplo, *paseo* es abstracto en una oración como *Voy a dar un paseo* (donde significa 'acción de pasear') y concreto en *Hay farolas en el paseo* (donde significa 'calle amplia destinada a que la gente pasee').
- **Comunes** o **propios.** Un nombre común hace referencia a una clase de elementos que comparten unas mismas características. Por ejemplo, *silla* ('mueble para sentarse con respaldo y sin brazos'): todos los muebles que tengan estas características recibirán el nombre de *silla.* Un nombre propio distingue un elemento entre todos los que pertenecen a su misma clase. Por ejemplo, el nombre propio *Tajo* diferencia a este río de todos los demás, que tienen otros nombres propios *(Ebro, Danubio, Nilo...)*.

- **Contables** o **no contables.** Los sustantivos contables designan realidades que se pueden contar por unidades. Por ejemplo: *hoja (una hoja, dos hojas, tres hojas...).* Los no contables designan realidades que no se pueden contar por unidades. Por ejemplo: *harina, felicidad, niebla.*

- **Individuales** o **colectivos.** Los sustantivos individuales son nombres en singular que designan un solo ser o cosa *(abeto, libro).* Los colectivos son nombres en singular que designan un conjunto de seres o cosas *(pinar, rebaño, público).*

ADJETIVO

El **adjetivo** tiene las siguientes características:

— Formales: admite afijos flexivos de género y número, sufijos apreciativos y sufijos de grado.

— Funcionales: es el núcleo del sintagma adjetivo y puede realizar las funciones de complemento del nombre, atributo y complemento predicativo.

— Semánticas: expresa una cualidad del sustantivo al que acompaña.

Género

El adjetivo concuerda en género con el sustantivo al que acompaña. Se pueden distinguir:

- **Adjetivos de dos terminaciones:** una para el masculino y otra para el femenino. Los afijos flexivos son *o, Ø* (ausencia de afijo) para el masculino *(duro, francés)* y *a* para el femenino *(dura, francesa).*

- **Adjetivos de una sola terminación:** común para el masculino y el femenino. Por ejemplo: *triste (la triste canción, el triste final); azul (un cielo azul, una casa azul).*

Número

El adjetivo concuerda en número con el sustantivo al que acompaña. Las reglas de formación del plural son las mismas que para los sustantivos.

Grado

El adjetivo puede estar en grado comparativo, superlativo o positivo.

- **Grado comparativo.** Se establece una comparación entre la cualidad de una realidad y la de otra. Hay tres tipos de grado comparativo: de *superioridad* (se utiliza la fórmula *más... que: Marte es más grande que la Tierra*); de *inferioridad* (se utiliza la fórmula *menos... que: Este libro es menos interesante que ese*); y de *igualdad* (se utilizan las fórmulas *tan... como* e *igual de... que: Viena es tan bonita como Londres; Él era igual de serio que su padre*).

  Hay adjetivos que tienen formas especiales para el grado comparativo: el comparativo de *bueno* es *mejor;* el de *malo, peor;* el de *pequeño, menor;* el de *grande, mayor.*

- **Grado superlativo.** Se expresa una cualidad en su mayor intensidad. Hay dos tipos de grado superlativo: el *superlativo absoluto,* que expresa una cualidad en su mayor intensidad y se construye añadiendo al adjetivo el sufijo *ísimo (buenísimo)* o acompañándolo con el adverbio *muy (muy bueno);* y el *superlativo relativo,* que establece una comparación entre la cualidad de una realidad y la del conjunto al que pertenece, y se construye con un artículo determinado *(el, la, los, las)* seguido del adverbio *más* o el adverbio *menos (la más bromista; el menos afortunado).*

Hay adjetivos que tienen formas especiales para el grado superlativo absoluto: de *bueno, óptimo;* de *malo, pésimo;* de *pequeño, mínimo;* de *grande, máximo.*

- **Grado positivo.** Cuando un adjetivo no está en grado comparativo ni en grado superlativo, se dice que está en grado positivo. Por ejemplo: *lento, alegre, hablador.*

VERBO

El verbo tiene las siguientes características:

— Formales: admite afijos flexivos verbales.
— Funcionales: es el núcleo del sintagma verbal, que funciona como predicado.
— Semánticas: indica proceso y tiempo.

Afijos flexivos verbales

Hay afijos flexivos verbales de persona, de número, de tiempo, de aspecto y de modo. Estos morfemas se presentan muchas veces soldados, de ahí que se diferencien dos bloques: los de tiempo, aspecto y modo, por un lado; y los de persona y número, por otro. Así, en la forma verbal *cantáramos* se pueden distinguir los sufijos flexivos verbales de tiempo, aspecto y modo *ra* (que indica imperfecto de subjuntivo) y el de persona y número *mos* (que indica primera persona de plural).

Persona. Indica la relación entre hablante y oyente. La primera persona está relacionada con el hablante *(yo, nosotros, nosotras);* la segunda, con el oyente *(tú, vosotros, vosotras);* y la tercera, con alguien o algo que no es ni el hablante ni el oyente *(él, ella, ello, ellos, ellas).*

Número. Indica si el sujeto es singular *(yo, tú, él, ella, ello)* o plural *(nosotros, nosotras, vosotros, vosotras, ellos, ellas).*

Tiempo. Indica si una acción verbal se sitúa en el presente, el pasado (pretérito) o el futuro.

Aspecto. Informa acerca del desarrollo de la acción verbal, es decir, de si se sigue realizando (aspecto imperfectivo o imperfecto) o ya ha acabado (aspecto perfectivo o perfecto).

Modo. El modo indicativo se usa para expresar realidades objetivas. El modo subjuntivo sirve para expresar realidades que no se pueden verificar de manera objetiva, así como deseos, dudas, temores, etc. El modo imperativo se usa para expresar órdenes o mandatos.

Vocal temática

Entre la raíz y los afijos flexivos se encuentra la llamada *vocal temática.* Según la vocal temática, los verbos españoles se organizan en: primera conjugación (vocal temática *a: cantar, bailar, soñar*); segunda conjugación (vocal temática *e: temer, valer, poder*); y tercera conjugación (vocal temática *i: partir, vivir, escribir*).

Verbos regulares y verbos irregulares

Los verbos regulares no presentan cambios en la raíz verbal en ninguna de sus formas conjugadas y toman los mismos afijos flexivos verbales que el modelo de su conjugación. Ejemplos: *cantar, temer, partir...* Los verbos irregulares presentan cambios en la raíz verbal de alguna de sus formas conjugadas o no toman los mismos afijos flexivos que el modelo de su conjugación. Hay muchos verbos irregulares: *entender, elegir, seguir, reír, errar, huir, andar, dar, decir, estar, haber, hacer, ir, poner, ser...*

Tiempos verbales

Son los grupos de formas verbales de una conjugación que expresan el momento o período en que sucede o es ejecutada la acción, en relación con el momento en que el hablante sitúa la acción o estado. Se distinguen:

- **Tiempos simples.** Presente, pretérito imperfecto, pretérito perfecto simple, futuro imperfecto y condicional simple de indicativo; presente, pretérito imperfecto y futuro simple de subjuntivo; e imperativo.

- **Tiempos compuestos.** Pretérito perfecto compuesto, pretérito pluscuamperfecto, pretérito anterior y futuro compuesto de indicativo; pretérito perfecto, pretérito pluscuamperfecto y futuro compuesto de subjuntivo.

Formas simples y formas compuestas

Las formas simples están formadas por una raíz y afijos flexivos verbales *(ganaba, canto, escribiré).* Las formas compuestas constan de una forma verbal conjugada del verbo auxiliar *haber* más el participio del verbo *(había ganado, has corrido, habrán escrito).*

Formas personales y formas no personales

Las formas personales son las que admiten afijos flexivos verbales. Las formas no personales no expresan persona gramatical, número ni modo (sí aspecto) y son el infinitivo *(cantar),* el gerundio *(cantando)* y el participio *(cantado);* además, se caracterizan por poder funcionar como verbos y como otras clases de palabras: el infinitivo puede funcionar como sustantivo *(Comer me gusta mucho);* el gerundio puede funcionar como adverbio *(Saltó del asiento gritando)* y el participio puede funcionar como adjetivo *(El baúl estaba abierto).*

Voz activa y voz pasiva

La voz condiciona la estructura sintáctica de la oración y la forma del verbo. En las oraciones en activa, el sujeto realiza la acción del verbo *(La Orquesta Platería amenizó la verbena),* mientras que en las oraciones en pasiva, el sujeto padece o recibe la acción del verbo *(La verbena fue amenizada por la Orquesta Platería),* que la realiza el complemento agente. La voz pasiva se expresa de dos maneras:

- **Pasiva perifrástica.** Se construye con una forma verbal conjugada del verbo auxiliar *ser* más el participio de otro verbo: *Finalmente, el criminal fue descubierto.*

- **Pasiva refleja.** Se construye con el pronombre *se* y un verbo conjugado: *Finalmente, se descubrió al criminal.*

ADVERBIO

El adverbio tiene las siguientes características:

- Formales: no admite afijos flexivos; los adverbios son, pues, palabras invariables.

- Funcionales: es el núcleo del sintagma adverbial y realiza la función de complemento circunstancial. También puede modificar a un adjetivo, a otro adverbio o a una oración.

- Semánticas: indica aspectos relacionados con el tiempo, lugar, modo, cantidad, etc., del elemento al que modifica.

Los adverbios pueden ser simples (formados por una única palabra), como *ahora, allí* o *amablemente*, o compuestos (formados por un grupo de palabras, y también denominados *locuciones adverbiales*), como *de pronto* o *desde luego.*

Clases de adverbios según su significado

- De tiempo: *pronto, tarde, siempre,* etc.
- De lugar: *arriba, lejos, fuera,* etc.
- De modo: *bien, mal, tranquilamente,* etc.
- De cantidad: *mucho, poco, bastante,* etc.

DETERMINANTE

El determinante tiene las siguientes características:

— Formales: la mayoría admiten afijos flexivos de género y número.
— Funcionales: determina a un nombre común.
— Semánticas: fija la referencia del nombre común, que pasa a designar un ser concreto.

Género y número

La mayoría de los determinantes admiten afijos flexivos de género y número y establecen concordancia con el nombre al que determinan: *esa casa; algunos problemas.*

Clases de determinantes

- **Artículos**

— *Artículos determinados.* Son los siguientes:

ARTÍCULOS DETERMINADOS	masculino	femenino	neutro
singular	el	la	lo
plural	los	las	

Admiten afijos flexivos de género (masculino, femenino, neutro) y número (singular, plural) y se usan ante sustantivos que apuntan a una realidad conocida por la persona que habla y la que escucha (en *Voy a la panadería,* el hablante y el oyente conocen la panadería de la que se habla) y para establecer generalizaciones (*La vaca es un rumiante,* todas las vacas lo son).

El artículo determinado masculino *el* se usa con los sustantivos masculinos y también con los sustantivos femeninos que empiezan por *a* o *ha* tónicas (*el águila, el hambre*).

Las preposiciones *a* y *de* seguidas del artículo determinado masculino *el* forman las contracciones *al* y *del.*

El artículo determinado neutro *lo* acompaña a adjetivos que funcionan como sustantivos *(lo desconocido).*

— *Artículos indeterminados.* Son los siguientes:

ARTÍCULOS INDETERMINADOS	masculino	femenino
singular	un	una
plural	unos	unas

Admiten afijos flexivos de género (masculino, femenino) y número (singular, plural).
El artículo indeterminado masculino *un* se usa con los sustantivos masculinos y también con los sustantivos femeninos que empiezan por *a* o *ha* tónicas (*un águila, un hacha*).

- **Adjetivos determinativos**
  — *Demostrativos.* Son los siguientes:

DEMOSTRATIVOS	singular		plural	
	masculino	femenino	masculino	femenino
proximidad	este	esta	estos	estas
distancia intermedia	ese	esa	esos	esas
lejanía	aquel	aquella	aquellos	aquellas

Admiten afijos flexivos de género (masculino, femenino) y número (singular, plural) y se usan para señalar algo, ya sea indicando proximidad, distancia intermedia o lejanía con respecto a la persona que habla. Esta distancia puede ser en el espacio *(esta moto)* o en el tiempo *(aquel día)*. También se usan para referirse a seres o cosas mencionado antes en el discurso: *Javi pasó el balón a López y este remató a gol.*

— *Posesivos.* Son los siguientes:

POSESIVOS (FORMAS APOCOPADAS)		singular		plural	
		masculino	femenino	masculino	femenino
un poseedor	1.ª pers.	mi		mis	
	2.ª pers.	tu		tus	
	3.ª pers.	su		sus	
varios poseedores	3.ª pers.	su		sus	

POSESIVOS (FORMAS PLENAS)		singular		plural	
		masculino	femenino	masculino	femenino
un poseedor	1.ª pers.	mío	mía	míos	mías
	2.ª pers.	tuyo	tuya	tuyos	tuyas
	3.ª pers.	suyo	suya	suyos	suyas
varios poseedores	1.ª pers.	nuestro	nuestra	nuestros	nuestras
	2.ª pers.	vuestro	vuestra	vuestros	vuestras
	3.ª pers.	suyo	suya	suyos	suyas

Relacionan el sustantivo al que acompañan con uno o varios poseedores. Las formas apocopadas *(mi, mis, tu, tus, su, sus)* se anteponen al sustantivo: *mi casa, sus libros.* Las formas plenas *mío, mía, míos, mías, tuyo, tuya, tuyos, tuyas, suyo, suya, suyos, suyas* se posponen al sustantivo: *un tío mío, aquella respuesta suya.* Las formas plenas *nuestro, nuestra, nuestros, nuestras, vuestro, vuestra, vuestros, vuestras* se pueden anteponer o posponer al sustantivo: *nuestro coche, el coche nuestro.*

— *Indefinidos.* Indican cantidad, intensidad o grado de manera imprecisa. Algunos indefinidos admiten afijos flexivos de género y número *(alguno, alguna, algunos, algunas)* y otros solo los admiten de género *(varios, varias)* o de número *(bastante, bastantes).*

Son los siguientes:

algún	*todo*
ningún	*otro*
mucho	*varios*
poco	*cualquier*
bastante	*cada*
demasiado	*sendos*
cierto	

— *Numerales.* Indican cantidad exacta.

— *Cardinales.* Son los números naturales: *uno, dos, tres,* etc.

— *Ordinales.* Expresan orden: *primero, segundo, tercero,* etc.

— *Partitivos.* Dividen el contenido del sustantivo al que determinan: *medio, tercio, cuarto, onceavo, veinteavo,* etc.

— *Múltiplos.* Multiplican el contenido del sustantivo al que determinan: *doble, triple, cuádruple, undécimo, vigésimo,* etc.

— *Interrogativos.* Acompañan al sustantivo en enunciados que expresan pregunta *(¿Qué coche te has comprado?; ¿Cuántos libros hay?).* El interrogativo *qué* no admite afijos flexivos. El interrogativo *cuánto* sí *(cuánto, cuánta, cuántos, cuántas).*

— *Exclamativos.* Acompañan al sustantivo en enunciados que expresan exclamación *(¡Qué castillo tan bonito!; ¡Cuántas cosas has comprado!).* El exclamativo *qué* no admite afijos flexivos. El exclamativo *cuánto* sí *(cuánto, cuánta, cuántos, cuántas).*

PRONOMBRE

El **pronombre** tiene las siguientes características:

— Formales: la mayoría admiten afijos flexivos de género y número; los pronombres personales tienen diferentes formas según qué función desempeñen y variación de persona gramatical.

— Funcionales: sustituye al sustantivo, es núcleo de un sintagma nominal y puede desempeñar las mismas funciones que un sustantivo.

— Semánticas: no tiene significado propio (lo recibe en la oración).

Clases de pronombres

- **Personales.** Son los siguientes:

PRONOMBRES PERSONALES			**pronombres tónicos**		**pronombres átonos**	
			sujeto	**complemento (con preposición)**	**complemento (sin preposición)**	
					c. directo	**c. indirecto**
singular	**1.ª pers.**	**masc.**	yo	mí, conmigo	me	
		fem.				
	2.ª pers.	**masc.**	tú	ti, contigo	te	
		fem.				
	3.ª pers.	**masc.**	él	sí, consigo, él	lo, se	le, se
		fem.	ella	sí, consigo, ella	la, se	
		neutro	ello		lo	
plural	**1.ª pers.**	**masc.**	nosotros		nos	
		fem.	nosotras			
	2.ª pers.	**masc.**	vosotros		os	
		fem.	vosotras			
	3.ª pers.	**masc.**	ellos	sí, consigo, ellos	los, se	les, se
		fem.	ellas	sí, consigo, ellas	las, se	

Una particularidad de estos pronombres es la existencia del género neutro, cuyas formas se refieren a una idea, situación o cosa.

El español cuenta, además, con el pronombre personal de cortesía o respeto *usted* (plural: *ustedes*), que es un pronombre de segunda persona pero concuerda con el verbo en tercera persona.

- **Relativos.** Encabezan una oración de relativo y se refieren a un elemento anterior del discurso (denominado *antecedente*). En la oración de relativo, el pronombre funciona como un sustantivo (excepto *cuyo, cuya, cuyos* y *cuyas*, que funcionan como un adjetivo y concuerdan con el sustantivo al que acompañan). Algunos pronombres relativos son invariables (*que*), otros admiten afijos flexivos de número (*quien, quienes; cual, cuales*), el pronombre *cual* presenta la variación de género a través del artículo *(el cual, la cual, lo cual; los cuales, las cuales)* y, finalmente, hay pronombres que admiten afijos flexivos de género y de número (*cuanto, cuanta, cuantos, cuantas; cuyo, cuya, cuyos, cuyas*).

- **Posesivos.** Comparten las características principales de los adjetivos determinados posesivos, con algunas diferencias: no tienen formas apocopadas, pero sí formas neutras (*mío, tuyo, suyo, nuestro* y *vuestro*) y funcionan como un sustantivo. Son los siguientes:

PRONOMBRES POSESIVOS		singular			plural	
		masculino	femenino	neutro	masculino	femenino
un poseedor	1.ª pers.	mío	mía	mío	míos	mías
	2.ª pers.	tuyo	tuya	tuyo	tuyos	tuyas
	3.ª pers.	suyo	suya	suyo	suyos	suyas
varios poseedores	1.ª pers.	nuestro	nuestra	nuestro	nuestros	nuestras
	2.ª pers.	vuestro	vuestra	vuestro	vuestros	vuestras
	3.ª pers.	suyo	suya	suyo	suyos	suyas

- **Demostrativos.** Comparten las características principales de los adjetivos determinativos demostrativos, con algunas diferencias: tienen formas neutras (*esto, eso* y *aquello*) y funcionan como un sustantivo. Son los siguientes:

	singular			plural	
	masculino	femenino	neutro	masculino	femenino
proximidad	este	esta	esto	estos	estas
distancia intermedia	ese	esa	eso	esos	esas
lejanía	aquel	aquella	aquello	aquellos	aquellas

- **Indefinidos.** Aportan un significado de imprecisión y funcionan como un sustantivo. Son los pronombres *nadie, alguien, nada, algo* y las formas que pertenecen a los adjetivos determinativos indefinidos (excepto *algún, ningún, cualquier, cierto, cierta, ciertos, ciertas, demás, cada* y *sendos*).
- **Numerales.** Indican cantidad precisa y funcionan como un sustantivo. Coinciden en forma con los adjetivos determinativos numerales.
- **Interrogativos.** Se usan en enunciados que expresan pregunta. Son tónicos, llevan siempre tilde y funcionan como un sustantivo. Son los siguientes: *qué, quién, quiénes, cuál, cuáles, cuánto, cuánta, cuántos, cuántas.*
- **Exclamativos.** Se usan en enunciados que expresan exclamación. Son tónicos, llevan siempre tilde y funcionan como un sustantivo. Son los siguientes: *qué, quién, quiénes, cuál, cuáles, cuánto, cuánta, cuántos, cuántas.*

PREPOSICIÓN

La **preposición** tiene las siguientes características:

— Formales: no admite afijos flexivos (son palabras invariables).

— Funcionales: sirve para relacionar un elemento sintáctico con otro; esta relación es siempre de dependencia.

— Semánticas: algunas preposiciones tienen significado propio (como *sobre* 'encima de'), el de otras se deduce del contexto (como *con,* que indica compañía en unos contextos e instrumento en otros) y las hay que no tienen significado léxico y únicamente son índices funcionales, como la preposición *a* del complemento directo de persona.

Son las siguientes: *a, ante, bajo, cabe, con, contra, de, desde, en, entre, hacia, hasta, para, por, según, sin, so, sobre, tras.* Algunas de ellas son anticuadas y apenas se usan (como *cabe* 'junto a' y *so* 'debajo de').

A veces se agrupan formando locuciones prepositivas. Ejemplo: *hasta por (no vino hasta por la mañana).*

Hay palabras que originariamente no eran preposiciones pero que comparten sus características, como *durante, excepto, mediante* o *salvo.*

Las preposiciones se diferencian de las conjunciones subordinantes en que no pueden introducir oraciones, excepto si van acompañadas de las conjunciones subordinantes *si* o *que.*

CONJUNCIÓN

La **conjunción** tiene las siguientes características:

— Formales: no admite afijos flexivos (son palabras invariables).

— Funcionales: sirve para relacionar palabras, sintagmas u oraciones.

— Semánticas: indica el tipo de relación que se establece entre los elementos que relaciona.

Las conjunciones pueden ser simples (formadas por una única palabra), como *y, pero* o *si,* o locuciones conjuntivas (formadas por una preposición más una conjunción, como *para que,* o por un adverbio más una conjunción, como *después que*).

Clases de conjunciones

- **Conjunciones coordinantes.** Sirven para unir palabras, sintagmas u oraciones que tienen el mismo nivel sintáctico y, por tanto, igual función.

  — *Copulativas: y, e* y *ni,* que aportan un significado de suma *(cantar y bailar).*

  — *Disyuntivas: o, u* y la locución conjuntiva *o bien,* que indican alternativas *(tres o cuatro).*

  — *Adversativas: mas, pero, aunque, sino* y las locuciones conjuntivas *no obstante* y *sin embargo,* que indican oposición total o parcial *(Lo estuve esperando pero no vino).*

  — *Explicativas: o sea, es decir* y *esto es* (locuciones conjuntivas), que aportan un significado de explicación *(Vendrá María, es decir, la hermana de Juan).*

- **Conjunciones subordinantes.** Sirven para unir una oración subordinada a una principal.

  — *Completivas: que* y *si,* que introducen oraciones que desempeñan la función sintáctica de un sustantivo *(No quiero que vengas tarde).*

  — *Causales: porque, como, pues* y las locuciones conjuntivas *puesto que* y *ya que,* que indican causa o motivo *(No ha venido porque está cansado).*

  — *Consecutivas: conque, luego* y las locuciones conjuntivas *así pues, pues bien, de forma que, de manera que, así que* y *de modo que,* que indican una consecuencia de lo que se ha expresado *(Ya te lo advertí, así que no te quejes).*

  — *Finales: para que* y *a fin de que* (locuciones conjuntivas), que aportan un significado de finalidad *(Le retiró el plato para que no comiera más).*

  — *Concesivas: aunque* y las locuciones conjuntivas *a pesar de que* y *si bien,* que indican un posible obstáculo que no impide que se realice lo expresado *(Aunque llores, no te lo voy a comprar).*

  — *Temporales: cuanto* y las locuciones conjuntivas *tan pronto como* y *cada vez que,* que aportan un significado de tiempo *(Tan pronto como pueda, te llamaré).*

  — *Condicionales: si, cuando* y las locuciones conjuntivas *con tal que, siempre y cuando, siempre que* y *a no ser que,* que aportan un significado de condición o hipótesis *(Si estudias más, aprobarás).*

  — *Comparativas: que* y *como,* que se usan en comparaciones *(Lees más que yo).*

EL SINTAGMA

Un sintagma es una palabra sola o un conjunto de palabras que, en una oración, constituyen una unidad sintáctica y desempeñan una determinada función. Tiene siempre un núcleo, que puede ir acompañado por una o más palabras.
Hay distintos tipos de sintagmas, según la clase de palabra que sea el núcleo.

Sintagma nominal

Tiene como núcleo un sustantivo o una palabra que funciona como sustantivo. Puede desempeñar las siguientes funciones sintácticas:

— Sujeto: ***Mi amiga** vive cerca de aquí.*

— Complemento directo: *Ana compró **un libro** a su hermano.*

— Complemento indirecto: *Ese chico **me** dio un susto.*

— Complemento circunstancial: *Este melón pesa **dos kilos**.*

— Atributo: *Marte es **un planeta**.*

— Complemento del nombre: *Vimos a Laura, **la amiga de Eva.***

Cuando un sintagma nominal va precedido por una preposición, el conjunto formado por todas esas palabras se denomina **sintagma preposicional**. Puede desempeñar las siguientes funciones:

— Complemento directo: *Llevó **a la niña** a casa.*

— Complemento indirecto: *Dio un beso **a su madre**.*

— Complemento regido: *Se arrepintió **de su decisión**.*

— Complemento circunstancial: *La comida está **en la mesa**.*

— Complemento agente: *El acto fue presentado **por un famoso escritor**.*

— Complemento del nombre: *Se puso un vestido **de volantes**.*

— Complemento del adjetivo: *El cesto está lleno **de fruta**.*

— Complemento del adverbio: *Trabaja lejos **de casa**.*

Sintagma adjetivo

Tiene como núcleo un adjetivo o una palabra que funciona como adjetivo. Puede desempeñar las siguientes funciones sintácticas:

— Complemento del nombre: *Compró una chaqueta **azul**.*

— Atributo: *La miel es **dulce**.*

— Complemento predicativo: *La niña dormía **tranquila**.*

Sintagma verbal

Tiene como núcleo un verbo. Desempeña la función de predicado: *El público **aplaudió con entusiasmo**.*

Sintagma adverbial

Tiene como núcleo un adverbio o una palabra que funciona como un adverbio. Desempeña la función de complemento circunstancial: *Escuchó sus razones* ***atentamente***.

También puede hacer de modificador de un adjetivo *(**muy** bonito)*, de otro adverbio *(**bastante** bien)* o de una oración *(**Finalmente**, llegó solo)*.

LA ESTRUCTURA DE LA ORACIÓN

La oración es una unidad sintáctica formada por una o varias palabras que tiene las características siguientes:

— Comunica un mensaje de significado completo.

— Es autónoma (no está incluida en una unidad lingüística mayor).

— Está delimitada por dos pausas mayores y se emite con una determinada entonación.

— Consta de sujeto y predicado.

Sujeto

El **sujeto** designa la persona, animal o cosa que realiza o experimenta la acción verbal. El núcleo del sintagma nominal sujeto concuerda en persona y número con el núcleo del sintagma verbal predicado.

Predicado

El **predicado** es lo que se dice del sujeto en una oración. Según el tipo de verbo del sintagma, es nominal o verbal.

Predicado nominal

Un predicado es nominal si su verbo es copulativo (es decir, carece de significación y tiene como función servir de enlace entre sujeto y atributo, como los verbos *ser, estar* y *parecer)*. Las oraciones de predicado nominal se denominan *oraciones atributivas* u *oraciones copulativas.* Ejemplo: *La jarra está llena.*

El predicado nominal también puede tener un verbo semicopulativo (un verbo con significado pero que se construye con un atributo): *Su amiga se volvió insoportable.*

En un predicado nominal siempre hay un sintagma con función de atributo. El atributo suele ser un sintagma adjetivo *(Sara es muy alta)*, aunque también puede ser un sintagma nominal (*Sara es profesora)*.

Predicado verbal

Un predicado es verbal si su verbo es predicativo (o sea, es un verbo con pleno significado léxico). Las oraciones de predicado verbal se denominan *oraciones predicativas.* Ejemplo: *Su madre trabaja en el hospital.*

En un predicado verbal pueden encontrarse sintagmas con diversas funciones sintácticas:

- **Complemento directo.** Está formado por un sintagma nominal (encabezado por la preposición *a* si se refiere a personas). Indica la persona o cosa sobre la cual recae directamente la acción del verbo: *Carla leyó* ***una carta****; Pedro visitó* ***a su madre****.*

- **Complemento indirecto.** Está formado por un sintagma nominal encabezado por la preposición *a* (o, a veces, *para).* Indica la persona o cosa que recibe el beneficio o daño de la acción verbal: *Le dio un abrazo* ***a Juan****.*

- **Complemento circunstancial.** Puede estar formado por un sintagma nominal (con o sin preposición) o por un sintagma adverbial. Indica las circunstancias (tiempo, lugar, modo, compañía...) en que se desarrolla la acción del verbo: *He recibido tu carta* ***esta semana****; Bajó* ***lentamente*** *las escaleras.*

- **Complemento agente.** Está formado por un sintagma nominal encabezado por la preposición *por* (o, a veces, *de).* Indica quién realiza la acción del verbo en una oración pasiva: *El museo fue inaugurado* ***por los duques****.*

- **Complemento predicativo.** Está formado por un sintagma adjetivo, cuyo núcleo (un adjetivo) concuerda en género y número con el sujeto: *El chico contestó* ***nervioso*** *la pregunta.*

- **Complemento regido (o de régimen).** Está formado por un sintagma nominal con preposición. El verbo impone la utilización de una determinada preposición: *Juan se preocupa* ***por cualquier cosa****; Ella no se acordaba* ***de mí****.*

- **Complemento del nombre.** Puede estar formado por un sintagma adjetivo o por un sintagma nominal con preposición. Delimita el significado del sustantivo: *Lleva una camisa* ***de cuadros*** *y un pantalón* ***azul****.*

  Cuando un sintagma nominal complementa el núcleo de otro sintagma nominal sin unirse a él a través de una preposición, hablamos de *aposición: Fui al cine con Mónica,* ***la hermana de Javi****.*

- **Complemento del adjetivo.** Está formado por un sintagma nominal con preposición. Califica a un adjetivo: *Lucía está cansada* ***de trabajar****.*

CLASES DE ORACIONES SEGÚN SU VERBO

- **Oraciones de verbo transitivo.** Son aquellas cuyo verbo lleva un complemento directo: *Ana compró un abrigo.*

- **Oraciones de verbo intransitivo.** Son aquellas cuyo verbo no lleva complemento directo: *La joven dormía plácidamente.*

- **Oraciones activas.** Son aquellas cuyo verbo está en voz activa: *Colón descubrió América.*

- **Oraciones pasivas.** Son aquellas cuyo verbo está en voz pasiva: *América fue descubierta por Colón.*

- **Oraciones impersonales.** Son las que no tienen sujeto. Puede ser porque el predicado sea un verbo unipersonal (normalmente expresando fenómenos atmosféricos que no admiten sujeto: *Llueve mucho; Ya ha amanecido)* o un verbo que se utiliza como unipersonal *(Hace frío; Hay dos libros),* o bien porque el sujeto no se especifique *(Se os ve tristes).*

- **Oraciones reflexivas.** Son aquellas en que el sujeto y el complemento directo o indirecto son el mismo: *Luis se afeita.*

- **Oraciones recíprocas.** Son aquellas en que hay varios sujetos y se interpreta que cada sujeto realiza una acción que tiene como complemento a los otros: *Los tres hermanos se quieren mucho* (se entiende que cada uno quiere a sus dos hermanos).

CLASES DE ORACIONES SEGÚN SU SIGNIFICADO

- **Oraciones enunciativas.** Presentan lo enunciado como un hecho real o cierto. Pueden ser afirmativas *(Ella vive aquí)* o negativas *(No quiero sopa).*

- **Oraciones interrogativas.** Plantean preguntas. En las interrogativas totales se pregunta por el contenido de la oración y las únicas respuestas posibles son *sí* y *no (¿Ha llegado María?);* en las parciales se pregunta por un elemento de la oración y se admiten múltiples respuestas *(¿Dónde vives?).*

- También pueden ser directas (se escriben entre signos de interrogación: *¿Vendrá Juan?*) o indirectas (se escriben sin signos de interrogación y son proposiciones subordinadas sustantivas: *No sé si vendrá Juan).*

- **Oraciones imperativas o exhortativas.** Formulan un mandato, una prohibición o un ruego: *Salid del coche.*

- **Oraciones exclamativas.** Expresan alegría, admiración, sorpresa, etc.: *¡Hace mucho calor!*

- **Oraciones dubitativas.** Enuncian una duda o posibilidad: *Quizá venga mañana.*

- **Oraciones optativas o desiderativas.** Manifiestan el deseo de que algo se realice o suceda: *Ojalá nos toque la lotería.*

LA ORACIÓN COMPLEJA

Una **oración simple** es una oración que tiene un solo predicado, es decir, un solo verbo en forma personal. Una **oración compleja** (o **compuesta**) es una oración con dos o más predicados, es decir, dos o más verbos en forma personal. Las oraciones complejas están formadas por varias proposiciones. Una **proposición** es un conjunto de palabras que tiene estructura oracional (consta de sujeto y predicado) y que se combina en la oración compleja con otros conjuntos de palabras con estructura oracional.

En las oraciones complejas, las proposiciones pueden relacionarse entre sí de dos maneras: por coordinación o por subordinación.

Coordinación

Dos o más proposiciones se unen mediante **coordinación** cuando ninguna de ellas depende de la otra. Las proposiciones coordinadas tienen sentido pleno, pueden funcionar de manera autónoma y no establecen una relación de dependencia con otras proposiciones (están en el mismo nivel sintáctico en la oración compleja).

En función de las conjunciones con que se unen, las proposiciones pueden ser:

Proposiciones copulativas
Suman sus significados. Se unen por medio de conjunciones copulativas *(y, e, ni): Cantaba y bailaba.*

Proposiciones disyuntivas
Presentan alternativas. Se unen mediante nexos disyuntivos *(o, u, bien): Iremos al cine o saldremos a bailar.*

Proposiciones distributivas
Presentan acciones que se alternan. Se unen con nexos como *bien… bien, ya… ya* o *tan pronto… como: Tan pronto ríe como llora.*

Proposiciones adversativas
Indican oposición total o parcial al enunciado anterior. Se unen por medio de nexos adversativos (*mas, pero, aunque, no obstante, sin embargo, sino, excepto, salvo,* etc.): *Es un coche muy bonito pero lo veo demasiado caro.*

Proposiciones explicativas
Aclaran el significado de la proposición principal. Se unen mediante nexos como *esto es, es decir, o sea: El nenúfar es una planta acuática, o sea, vive en el agua.*

Subordinación

Dos o más proposiciones se unen mediante **subordinación** cuando una de ellas (la subordinada) depende de la otra (la principal). La proposición subordinada desempeña una función sintáctica dentro de la proposición principal. Las proposiciones subordinadas (y a veces las principales) no pueden funcionar como oraciones simples, pues sólo tienen sentido completo como parte de una oración compleja.

Proposiciones sustantivas
Desempeñan las mismas funciones que un sustantivo y pueden estar encabezadas por una preposición.

Las proposiciones subordinadas sustantivas se pueden unir a la principal mediante las conjunciones *que* (a veces precedida de una preposición) y *si,* así como con un pronombre o adverbio interrogativos: *Quiero* ***que vuelvas****; No supo* ***qué decir****.*

Proposiciones adjetivas
Realizan la función característica del adjetivo, es decir, sirven de complemento de un sustantivo que está en la proposición principal: *Comprará una casa* ***que tiene cinco habitaciones****.*

La proposición adjetiva se subordina a un sustantivo (llamado *antecedente)* y se une a él por medio de un pronombre relativo (por eso las proposiciones adjetivas se denominan también *ora-*

ciones de relativo). El pronombre relativo puede ir precedidos de preposición: *El pueblo* ***en que nos conocimos*** *es muy bonito.*

Las proposiciones adjetivas pueden ser:

- **Explicativas.** Destacan una cualidad que se refiere al antecedente en su conjunto: *Los alumnos, que llegaron cansados, se acostaron pronto* (todos los alumnos llegaron cansados y se acostaron pronto). Se escriben entre comas.

- **Especificativas.** Seleccionan personas u objetos dentro de un grupo: *Los alumnos que llegaron cansados, se acostaron pronto* (en este caso, se especifica que únicamente los que llegaron cansados se acostaron pronto).

Proposiciones adverbiales

Realizan la función característica del adverbio, es decir, sirven de complemento circunstancial del verbo de la proposición principal.
Pueden distinguirse nueve tipos:

- **De lugar.** Señalan un lugar relacionado con la acción principal, generalmente el lugar donde ocurre esta acción. El nexo más frecuente es el adverbio *donde*, a veces precedido por una preposición (*a donde, por donde*, etc.): *Iremos* ***por donde diga Paco***.

- **De tiempo.** Informan sobre una acción que se realiza antes, después o a la vez que la acción principal. Los nexos más usados son *cuando, apenas, antes (de) que, mientras (que)* y *tan pronto como: Todos se levantaron* ***cuando entró el juez***.

- **De modo.** Indican de qué manera se realiza la acción principal. Los principales nexos son *como* y *según: Hice el pastel* ***como tú querías***.

- **Comparativas.** Establecen una comparación. El verbo de la proposición subordinada se omite cuando es el mismo que el de la principal: *Álex es* ***más alto que Sergio***. Podemos distinguir:
  - — **Comparativas de igualdad.** Se construyen con fórmulas como *tan… como* o *igual de… que: Es* ***igual de bromista que su padre***.
  - — **Comparativas de superioridad.** Se construyen con la fórmula *más… que* (o *más… de lo que*): *Madrid tiene* ***más habitantes que Valencia***; *El viaje fue* ***más largo de lo que pensaba***.
  - — **Comparativas de inferioridad.** Se construyen con la fórmula *menos… que* (o *menos… de lo que*): *Mi trabajo es* ***menos complicado que el tuyo***; *Bucear es* ***menos arriesgado de lo que parece***.

- **Causales.** Señalan la causa por la cual se produce la acción principal. Los nexos más usuales son *porque, pues, puesto que, ya que* y *como: Voy a acostarme* ***porque estoy muy cansada***.

- **Consecutivas.** Indican una consecuencia de la acción principal. Son nexos frecuentes *luego, conque, por (lo) tanto, de forma que, así que*, etc.: *Está lloviendo mucho*, ***luego es mejor que no salgamos***.

- **Condicionales.** Expresan una condición necesaria para que se cumpla la acción principal. El nexo más utilizado es *si: **Si estudias**, aprobarás.*

- **Concesivas.** indican un posible obstáculo que no impide el cumplimiento de la acción principal. Los nexos más usados son *aunque* y *a pesar de que: Iré a la playa* ***aunque haga frío***.

- **Finales.** Explican para qué se realiza la acción principal, es decir, su finalidad. Los nexo más frecuentes son *para que* y *a fin de que: Sube el volumen de la radio* ***para que podamos oírla***.

Yuxtaposición

La **yuxtaposición** se produce cuando las proposiciones de una oración (ya sean coordinadas o subordinadas) se unen sin utilizar una conjunción. La pausa que hay entre dos proposiciones yuxtapuestas se señala en la escritura con signos como los dos puntos, el punto y coma o el punto:

El nenúfar es un planta acuática: vive en el agua.
Voy a acostarme; estoy muy cansada.

LA CONJUGACIÓN REGULAR

Se llama **conjugación** al conjunto de formas que puede tomar un verbo. En un verbo hay tiempos simples y tiempos compuestos. Las distintas formas de los tiempos simples se obtienen añadiendo a la raíz y su vocal temática afijos de tiempo, aspecto, modo, persona y número. Las formas de los tiempos compuestos se obtienen con el verbo auxiliar *haber* en forma personal seguido del participio del verbo.

Distinguimos tres tipos de verbos diferentes en función de la vocal temática: verbos de la primera conjugación, con vocal temática *-a-* (modelo *cantar*); verbos de la segunda conjugación, con la vocal temática *-e-* (modelo *beber*); y verbos de la tercera conjugación, con la vocal temática *-i-* (modelo *vivir*).

En las oraciones en voz activa, el sujeto realiza la acción del verbo, pero en las oraciones en pasiva, el sujeto recibe la acción del verbo. Las oraciones en voz pasiva pueden llevar complemento agente, que expresa la persona o cosa que realiza realmente la acción. La voz pasiva puede expresarse por medio de una construcción pasiva refleja (verbo + *se*) *[Se venden chalets en la sierra.]* o con una pasiva perifrástica, construida con el verbo auxiliar *ser* y el participio del verbo principal *(Los polluelos son observados por la hembra.)*.

Verbos regulares terminados en *-iar* y *-uar*

Los verbos terminados en *-iar* y *-uar* son regulares: no presentan cambios en la raíz ni en las desinencias. Sin embargo, pueden seguir dos esquemas acentuales distintos: algunos verbos acentúan la *-i-* o la *-u-* en algunas personas (de presente de indicativo, presente de subjuntivo e imperativo) y otros no acentúan esas vocales.

Verbos terminados en *-iar*

Los verbos que acaban en ***-iar*** se conjugan mayoritariamente siguiendo el esquema acentual de *cambiar*, aunque no son pocos los verbos cuya acentuación sigue el modelo de *desviar*.

- Se conjugan como *cambiar* (no acentúan la vocal *-i-* en los tiempos señalados anteriormente), por ejemplo: *acariciar, aliviar, beneficiar, copiar, despreciar, ensuciar, estudiar, iniciar, limpiar, odiar, premiar, renunciar...*
- Se conjugan como *desviar* (sí acentúan la vocal *-i-* en los tiempos señalados anteriormente), por ejemplo: *ampliar, confiar, criar, desafiar, enviar, espiar, fotografiar, guiar, liar, malcriar, vaciar, variar...*
- Por último, hay un pequeño grupo de verbos que pueden conjugarse como *desviar* y como *cambiar*, como *paliar* o *repatriar*.

Verbos terminados en *-uar*

Los verbos que acaban en ***-uar*** se conjugan siguiendo el esquema acentual de *actuar*, excepto los acabados en *-guar*, cuya acentuación sigue el modelo de *averiguar*.

- Se conjugan como *actuar* (acentúan la vocal *-u-* en los tiempos señalados anteriormente), por ejemplo: *acentuar, continuar, efectuar, evaluar, exceptuar, graduar, insinuar, puntuar, situar...*
- Se conjugan como *averiguar* (no acentúan la vocal *-u-* en los tiempos señalados anteriormente), por ejemplo, *aguar, amortiguar, apaciguar, fraguar, santiguar...*
- Por último, hay un pequeño grupo de verbos que pueden conjugarse como *actuar* y como *averiguar*, como *adecuar, evacuar* o *licuar*.

CANTAR		primera conjugación	
INDICATIVO		**SUBJUNTIVO**	
presente	**pret. perf. compuesto o antepresente**	**presente**	**pret. perf. compuesto o antepresente**
canto cantas canta cantamos cantáis cantan	he cantado has cantado ha cantado hemos cantado habéis cantado han cantado	cante cantes cante cantemos cantéis canten	haya cantado hayas cantado haya cantado hayamos cantado hayáis cantado hayan cantado
pret. imperf. o copretérito	**pret. pluscuamperfecto o antecopretérito**	**pret. imperfecto o pretérito**	**pret. pluscuamperfecto o antepretérito**
cantaba cantabas cantaba cantábamos cantabais cantaban	había cantado habías cantado había cantado habíamos cantado habíais cantado habían cantado	cantara o cantase cantaras o cantases cantara o cantase cantáramos o cantásemos cantarais o cantaseis cantaran o cantasen	hubiera cantado *o* hubiese cantado hubieras cantado *o* hubieses cantado hubiera cantado *o* hubiese cantado hubiéramos cantado *o* hubiésemos cantado hubierais cantado *o* hubieseis cantado hubieran cantado *o* hubiesen cantado
pret. perf. simple o **pretérito**	**pret. anterior** o **antepretérito**	**futuro simple** o **futuro**	**futuro compuesto** o **antefuturo**
canté cantaste cantó cantamos cantasteis cantaron	hube cantado hubiste cantado hubo cantado hubimos cantado hubisteis cantado hubieron cantado	cantare cantares cantare cantáremos cantareis cantaren	hubiere cantado hubieres cantado hubiere cantado hubiéremos cantado hubiereis cantado hubieren cantado
futuro simple o futuro	**futuro compuesto o antefuturo**	**IMPERATIVO** canta (tú) cantad (vosotros)	
cantaré cantarás cantará cantaremos cantaréis cantarán	habré cantado habrás cantado habrá cantado habremos cantado habréis cantado habrán cantado	**FORMAS NO PERSONALES**	
condicional simple o pospretérito	**condicional compuesto o antepospretérito**	**infinitivo simple** **infinitivo compuesto** **gerundio simple** **gerundio compuesto** **participio**	cantar haber cantado cantando habiendo cantado cantado
cantaría cantarías cantaría cantaríamos cantaríais cantarían	habría cantado habrías cantado habría cantado habríamos cantado habríais cantado habrían cantado		

BEBER		**segunda conjugación**	
INDICATIVO		**SUBJUNTIVO**	
presente	**pret. perf. compuesto** o **antepresente**	**presente**	**pret. perf. compuesto** o **antepresente**
bebo bebes bebe bebemos bebéis beben	he bebido has bebido ha bebido hemos bebido habéis bebido han bebido	beba bebas beba bebamos bebáis beban	haya bebido hayas bebido haya bebido hayamos bebido hayáis bebido hayan bebido
pret. imperf. o **copretérito**	**pret. pluscuamperfecto** o **antecopretérito**	**pret. imperfecto** o **pretérito**	**pret. pluscuamperfecto** o **antepretérito**
bebía bebías bebía bebíamos bebíais bebían	había bebido habías bebido había bebido habíamos bebido habíais bebido habían bebido	bebiera o bebiese bebieras o bebieses bebiera o bebiese bebiéramos o bebiésemos bebierais o bebieseis bebieran o bebiesen	hubiera bebido *o* hubiese bebido hubieras bebido *o* hubieses bebido hubiera bebido *o* hubiese bebido hubiéramos bebido *o* hubiésemos bebido hubierais bebido *o* hubieseis bebido hubieran bebido *o* hubiesen bebido
pret. perf. simple o **pretérito**	**pret. anterior** o **antepretérito**	**futuro simple** o **futuro**	**futuro compuesto** o **antefuturo**
bebí bebiste bebió bebimos bebisteis bebieron	hube bebido hubiste bebido hubo bebido hubimos bebido hubisteis bebido hubieron bebido	bebiere bebieres bebiere bebiéremos bebiereis bebieren	hubiere bebido hubieres bebido hubiere bebido hubiéremos bebido hubiereis bebido hubieren bebido
futuro simple o **futuro**	**futuro compuesto** o **antefuturo**	**IMPERATIVO** bebe (tú) bebed (vosotros)	
beberé beberás beberá beberemos beberéis beberán	habré bebido habrás bebido habrá bebido habremos bebido habréis bebido habrán bebido	**FORMAS NO PERSONALES**	
condicional simple o **pospretérito**	**condicional compuesto** o **antepospretérito**	**infinitivo simple** **infinitivo compuesto** **gerundio simple** **gerundio compuesto** **participio**	beber haber bebido bebiendo habiendo bebido bebido
bebería beberías bebería beberíamos beberíais beberían	habría bebido habrías bebido habría bebido habríamos bebido habríais bebido habrían bebido		

VIVIR		tercera conjugación	
INDICATIVO		**SUBJUNTIVO**	
presente	**pret. perf. compuesto o antepresente**	**presente**	**pret. perf. compuesto o antepresente**
vivo vives vive vivimos vivís viven	he vivido has vivido ha vivido hemos vivido habéis vivido han vivido	viva vivas viva vivamos viváis vivan	haya vivido hayas vivido haya vivido hayamos vivido hayáis vivido hayan vivodo
pret. imperf. o copretérito	**pret. pluscuamperfecto o antecopretérito**	**pret. imperfecto o pretérito**	**pret. pluscuamperfecto o antepretérito**
vivía vivías vivía vivíamos vivíais vivían	había vivido habías vivido había vivido habíamos vivido habíais vivido habían vivido	viviera o viviese vivieras o vivieses viviera o viviese viviéramos o viviésemos vivierais o vivieseis vivieran o viviesen	hubiera vivido *o* hubiese vivido hubieras vivido *o* hubieses vivido hubiera vivido *o* hubiese vivido hubiéramos vivido *o* hubiésemos vivido hubierais vivido *o* hubieseis vivido hubieran vivido *o* hubiesen vivido
pret. perf. simple o **pretérito**	**pret. anterior** o **antepretérito**	**futuro simple** o **futuro**	**futuro compuesto** o **antefuturo**
viví viviste vivió vivimos vivisteis vivieron	hube vivido hubiste vivido hubo vivido hubimos vivido hubisteis vivido hubieron vivido	viviere vivieres viviere viviéremos viviereis vivieren	hubiere vivido hubieres vivido hubiere vivido hubiéremos vivido hubiereis vivido hubieren vivido
futuro simple o futuro	**futuro compuesto o antefuturo**	**IMPERATIVO** vive (tú) vivid (vosotros)	
viviré vivirás vivirá viviremos viviréis vivirán	habré vivido habrás vivido habrá vivido habremos vivido habréis vivido habrán vivido	**FORMAS NO PERSONALES**	
condicional simple o pospretérito	**condicional compuesto o antepospretérito**	**infinitivo simple** **infinitivo compuesto** **gerundio simple** **gerundio compuesto** **participio**	vivir haber vivido viviendo habiendo vivido vivido
viviría vivirías viviría viviríamos viviríais vivirían	habría vivido habrías vivido habría vivido habríamos vivido habríais vivido habrían vivido		

LA CONJUGACIÓN IRREGULAR

La mayoría de los verbos españoles son regulares, es decir, en los distintos tiempos y personas la raíz no sufre ninguna alteración y se añaden las mismas desinencias que en *cantar, beber* o *vivir* (según la conjugación). Sin embargo, hay un número considerable de verbos que presentan cambios en la raíz verbal en alguna de sus formas conjugadas o no toman los mismos afijos flexivos que los modelos de la conjugación regular.
Cuando se produce una irregularidad, existe correlación entre distintos tiempos:

1. Si un verbo es irregular en el presente de indicativo, lo es también en el presente de subjuntivo y a menudo en el imperativo:

SENTIR	**(yo) siento**	**presente de indicativo**
	(yo) sienta	**presente de subjuntivo**
	(tú) siente	**imperativo**

2. Si un verbo es irregular en el pretérito perfecto simple, lo es también en el pretérito imperfecto de subjuntivo y en el futuro imperfecto de subjuntivo:

PONER	**(yo) puse**	**pretérito perfecto simple**
	(yo) pusiera / pusiese	**pretérito imperfecto de subjuntivo**
	(tú) pusiere	**futuro simple de subjuntivo**

3. Si un verbo es irregular en el futuro de indicativo, lo es también en el condicional simple:

PODER	**(yo) podré**	**futuro simple de indicativo**
	(yo) podría	**condicional simple**

Además, hay varios tipos de irregularidades, lo que permite establecer modelos para saber cómo se conjugan los verbos irregulares. A continuación ofrecemos estos verbos modelo agrupados según el tipo de irregularidad que se produce. De cada modelo se ofrecen únicamente los tiempos simples en que se produce alguna irregularidad, y las irregularidades aparecen en negrita; el resto de los tiempos siguen la conjugación regular.

MODELOS DE CONJUGACIÓN IRREGULAR

1a averiguar

INDICATIVO
Presente: averiguo, averiguas, averigua, averiguamos, averiguáis, averiguan
SUBJUNTIVO
Presente: averigüe, averigües, averigüe, averigüemos, averigüéis, averigüen
IMPERATIVO
averigua, averigüe, averigüemos, averiguad, averigüen

1b actuar

INDICATIVO
Presente: actúo, actúas, actúa, actuamos, actuáis, actúan
SUBJUNTIVO

Presente: actúe, actúes, actúe, actuemos, actuéis, actúen
IMPERATIVO
actúa, actúe, actuemos, actuad, actúen

1c adecuar
INDICATIVO
Presente: adecúo o adecuo, adecúas o adecuas, adecúa o adecua, adecuamos, adecuáis, adecúan o adecuan
SUBJUNTIVO
Presente: adecúe o adecue, adecúes o adecues, adecúe o adecue, adecuemos, adecuéis, adecúen o adecuen
IMPERATIVO
adecúa, adecúe, adecuemos, adecuad, adecúen

1d cambiar
INDICATIVO
Presente: cambio, cambias, cambia, cambiamos, cambiáis, cambian
SUBJUNTIVO
Presente: cambie, cambies, cambie, cambiemos, cambiéis, cambien
IMPERATIVO
cambia, cambie, cambiemos, cambiad, cambien

1e desviar
INDICATIVO
Presente: desvío, desvías, desvía, desviamos, desviáis, desvían
SUBJUNTIVO
Presente: desvíe, desvíes, desvíe, desviemos, desviéis, desvíen
IMPERATIVO
desvía, desvíe, desviemos, desviad, desvíen

1f auxiliar
INDICATIVO
Presente: auxilio, auxilias, auxilia, auxiliamos, auxiliáis, auxilian
SUBJUNTIVO
Presente: auxilie, auxilies, auxilie, auxiliemos, auxiliéis, auxilien
IMPERATIVO
auxilia, auxilie, auxiliemos, auxiliad, auxilien

1g aislar
INDICATIVO
Presente: aíslo, aíslas, aísla, aislamos, aisláis, aíslan
SUBJUNTIVO
Presente: aísle, aísles, aísle, aislemos, aisléis, aíslen
IMPERATIVO
aísla, aísle, aislemos, aislad, aíslen

1h aunar
INDICATIVO
Presente: aúno, aúnas, aúna, aunamos, aunáis, aúnan
SUBJUNTIVO
Presente: aúne, aúnes, aúne, aunemos, aunéis, aúnen
IMPERATIVO
aúna, aúne, aunemos, aunad, aúnen

1i bailar
INDICATIVO
Presente: bailo, bailas, baila, bailamos, bailáis, bailan
SUBJUNTIVO
Presente: baile, bailes, baile, bailemos, bailéis, bailen
IMPERATIVO
baila, baile, bailemos, bailad, bailen

3a reunir
INDICATIVO
Presente: reúno, reúnes, reúne, reunimos, reunís, reúnen
SUBJUNTIVO
Presente: reúna, reúnas, reúna, reunamos, reunáis, reúnan
IMPERATIVO
reúne, reúna, reunamos, reunid, reúnan

3b prohibir
INDICATIVO
Presente: prohíbo, prohíbes, prohíbe, prohibimos, prohibís, prohíben
SUBJUNTIVO
Presente: prohíba, prohíbas, prohíba, prohibamos, prohibáis, prohíban
IMPERATIVO
prohíbe, prohíba, prohibamos, prohibid, prohíban

3c aplaudir
INDICATIVO
Presente: aplaudo, aplaudes, aplaude, aplaudimos, aplaudís, aplauden
SUBJUNTIVO
Presente: aplauda, aplaudas, aplauda, aplaudamos, aplaudáis, aplaudan
IMPERATIVO
aplaude, aplauda, aplaudamos, aplaudid, aplaudan

4 adquirir
INDICATIVO
Presente: adquiero, adquieres, adquiere, adquirimos, adquirís, adquieren
SUBJUNTIVO
Presente: adquiera, adquieras, adquiera, adquiramos, adquiráis, adquieran
IMPERATIVO
adquiere, adquiera, adquiramos, adquirid, adquieran

5 andar
INDICATIVO
Presente: ando, andas, anda, andamos, andáis, andan
SUBJUNTIVO
Presente: ande, andes, ande, andemos, andéis, anden
IMPERATIVO
anda, ande, andemos, andad, anden

6 asir
INDICATIVO
Presente: asgo, ases, ase, asimos, asís, asen
SUBJUNTIVO
Presente: asga, asgas, asga, asgamos, asgáis, asgan
IMPERATIVO
ase, asga, asgamos, asid, asgan

7 caber
INDICATIVO
Presente: quepo, cabes, cabe, cabemos, cabéis, caben
Pretérito imperfecto o copretérito: cabía, cabías, cabía, cabíamos, cabíais, cabían
Pretérito perfecto simple o pretérito: cupe, cupiste, cupo, cupimos, cupisteis, cupieron
Futuro simple o futuro: cabré, cabrás, cabrá, cabremos, cabréis, cabrán
Condicional simple o pospretérito: cabría, cabrías, cabría, cabríamos, cabríais, cabrían
SUBJUNTIVO
Presente: quepa, quepas, quepa, quepamos, quepáis, quepan
Pretérito imperfecto o pretérito: cupiera *o* cupiese, cupieras *o* cupieses, cupiera *o* cupiese, cupiéramos *o* cupiésemos, cupierais *o* cupieseis, cupieran *o* cupiesen
Futuro simple o futuro: cupiere, cupieres, cupiere, cupiéremos, cupiereis, cupieren
IMPERATIVO
cabe, quepa, quepamos, cabed, quepan
FORMAS NO PERSONALES
Infinitivo: caber
Gerundio: cabiendo
Participio: cabido

8 caer
INDICATIVO
Presente: caigo, caes, cae, caemos, caéis, caen
Pretérito imperfecto o copretérito: caía, caías, caía, caíamos, caíais, caían
Pretérito perfecto simple o pretérito: caí, caíste, cayó, caímos, caísteis, cayeron
Futuro simple o futuro: caeré, caerás, caerá, caeremos, caeréis, caerán
Condicional simple o pospretérito: caería, caerías, caería, caeríamos, caeríais, caerían
SUBJUNTIVO
Presente: caiga, caigas, caiga, caigamos, caigáis, caigan
Pretérito imperfecto o pretérito: cayera *o* cayese, cayeras *o* cayeses, cayera *o* cayese, cayéramos *o* cayésemos, cayerais *o* cayeseis, cayeran *o* cayesen
Futuro simple o futuro: cayere, cayeres, cayere, cayéremos, cayereis, cayeren
IMPERATIVO

cae, caiga, caigamos, caed, caigan
FORMAS NO PERSONALES
Infinitivo: caer
Gerundio: cayendo
Participio: caído

9 ceñir
INDICATIVO
Presente: ciño, ciñes, ciñe, ceñimos, ceñís, ciñen
Pretérito imperfecto o copretérito: ceñía, ceñías, ceñía, ceñíamos, ceñíais, ceñían
Pretérito perfecto simple o pretérito: ceñí, ceñiste, ciñó, ceñimos, ceñisteis, ciñeron
Futuro simple o futuro: ceñiré, ceñirás, ceñirá, ceñiremos, ceñiréis, ceñirán
Condicional simple o pospretérito: ceñiría, ceñirías, ceñiría, ceñiríamos, ceñiríais, ceñirían
SUBJUNTIVO
Presente: ciña, ciñas, ciña, ciñamos, ciñáis, ciñan
Pretérito imperfecto o pretérito: ciñera *o* ciñese, ciñeras *o* ciñeses, ciñera *o* ciñese, ciñéramos *o* ciñésemos, ciñerais *o* ciñeseis, ciñeran *o* ciñesen
Futuro simple o futuro: ciñere, ciñeres, ciñere, ciñéremos, ciñereis, ciñeren
IMPERATIVO
ciñe, ciña, ciñamos, ceñid, ciñan
FORMAS NO PERSONALES
Infinitivo: ceñir
Gerundio: ciñendo
Participio: ceñido

10 conducir
INDICATIVO
Presente: conduzco, conduces, conduce, conducimos, conducís, conducen
Pretérito imperfecto o copretérito: conducía, conducías, conducía, conducíamos, conducíais, conducían
Pretérito perfecto simple o pretérito: conduje, condujiste, condujo, condujimos, condujisteis, condujeron
Futuro simple o futuro: conduciré, conducirás, conducirá, conduciremos, conduciréis, conducirán
Condicional simple o pospretérito: conduciría, conducirías, conduciría, conduciríamos, conduciríais, conducirían
SUBJUNTIVO
Presente: conduzca, conduzcas, conduzca, conduzcamos, conduzcáis, conduzcan
Pretérito imperfecto o pretérito: condujera *o* condujese, condujeras *o* condujeses, condujera *o* condujese, condujéramos *o* condujésemos, condujerais *o* condujeseis, condujeran *o* condujesen
Futuro simple o futuro: condujere, condujeres, condujere, condujéremos, condujereis, condujeren
IMPERATIVO
conduce, conduzca, conduzcamos, conducid, conduzcan
FORMAS NO PERSONALES
Infinitivo: conducir
Gerundio: conduciendo
Participio: conducido

11 contar
INDICATIVO
Presente: cuento, cuentas, cuenta, contamos, contáis, cuentan
SUBJUNTIVO
Presente: cuente, cuentes, cuente, contemos, contéis, cuenten
IMPERATIVO
cuenta, cuente, contemos, contad, cuenten

12 dar
INDICATIVO
Presente: doy, das, da, damos, dais, dan
Pretérito perfecto simple: di, diste, dio, dimos, disteis, dieron
SUBJUNTIVO
Presente: dé, des, dé, demos, deis, den
Pretérito imperfecto o pretérito: diera *o* diese, dieras *o* dieses, diera *o* diese, diéramos *o* diésemos, dierais *o* dieseis, dieran *o* diesen
Futuro simple o futuro: diere, dieres, diere, diéremos, diereis, dieren
IMPERATIVO
da, dé, demos, dad, den

13 decir
INDICATIVO
Presente: digo, dices, dice, decimos, decís, dicen
Pretérito imperfecto o copretérito: decía, decías, decía, decíamos, decíais, decían
Pretérito perfecto simple o pretérito: dije, dijiste, dijo, dijimos, dijisteis, dijeron
Futuro simple o futuro: diré, dirás, dirá, diremos, diréis, dirán
Condicional simple o pospretérito: diría, dirías, diría, diríamos, diríais, dirían
SUBJUNTIVO
Presente: diga, digas, diga, digamos, digáis, digan
Pretérito imperfecto o pretérito: dijera *o* dijese, dijeras *o* dijeses, dijera *o* dijese, dijéramos *o* dijésemos, dijerais *o* dijeseis, dijeran *o* dijesen
Futuro simple o futuro: dijere, dijeres, dijere, dijéremos, dijereis, dijeren
IMPERATIVO
di, diga, digamos, decid, digan
FORMAS NO PERSONALES
Infinitivo: decir
Gerundio: diciendo
Participio: dicho

14 discernir
INDICATIVO
Presente: discierno, disciernes, discierne, discernimos, discernís, disciernen
SUBJUNTIVO
Presente: discierna, disciernas, discierna, discernamos, discernáis, disciernan
IMPERATIVO
discierne, discierna, discernamos, discernid, disciernan

15 dormir

INDICATIVO

Presente: duermo, duermes, duerme, dormimos, dormís, duermen

Pretérito imperfecto o copretérito: dormía, dormías, dormía, dormíamos, dormíais, dormían

Pretérito perfecto simple o pretérito: dormí, dormiste, durmió, dormimos, dormisteis, durmieron

Futuro simple o futuro: dormiré, dormirás, dormirá, dormiremos, dormiréis, dormirán

Condicional simple o pospretérito: dormiría, dormirías, dormiría, dormiríamos, dormiríais, dormirían

SUBJUNTIVO

Presente: duerma, duermas, duerma, durmamos, durmáis, duerman

Pretérito imperfecto o pretérito: durmiera *o* durmiese, durmieras *o* durmieses, durmiera *o* durmiese, durmiéramos *o* durmiésemos, durmierais *o* durmieseis, durmieran *o* durmiesen

Futuro simple o futuro: durmiere, durmieres, durmiere, durmiéremos, durmiereis, durmieren

IMPERATIVO

duerme, duerma, durmamos, dormid, duerman

FORMAS NO PERSONALES

Infinitivo: dormir

Gerundio: durmiendo

Participio: dormido

16 engullir

INDICATIVO

Pretérito perfecto simple o pretérito: engullí, engulliste, engulló, engullimos, engullisteis, engulleron

SUBJUNTIVO

Pretérito imperfecto o pretérito: engullera *o* engullese, engulleras *o* engulleses, engullera *o* engullese, engulléramos *o* engullésemos, engullerais *o* engulleseis, engulleran *o* engullesen

Futuro simple o futuro: engullere, engulleres, engullere, engulléremos, engullereis, engulleren

FORMAS NO PERSONALES

Gerundio: engullendo

17 erguir

INDICATIVO

Presente: irgo *o* yergo, irgues *o* yergues, irgue *o* yergue, erguimos, erguís, irguen *o* yerguen

Pretérito imperfecto o copretérito: erguía, erguías, erguía, erguíamos, erguíais, erguían

Pretérito perfecto simple o pretérito: erguí, erguiste, irguió, erguimos, erguisteis, irguieron

Futuro simple o futuro: erguiré, erguirás, erguirá, erguiremos, erguiréis, erguirán

Condicional simple o pospretérito: erguiría, erguirías, erguiría, erguiríamos, erguiríais, erguirían

SUBJUNTIVO

Presente: irga *o* yerga, irgas *o* yergas, irga *o* yerga, irgamos *o* yergamos, irgáis *o* yergáis, irgan *o* yergan

Pretérito imperfecto o pretérito: irguiera *o* irguiese, irguieras *o* irguieses, irguiera *o* irguiese, irguiéramos *o* irguiésemos, irguierais *o* irguieseis, irguieran *o* irguiesen

Futuro simple o futuro: irguiere, irguieres, irguiere, irguiéremos, irguiereis, irguieren

IMPERATIVO

irgue *o* yergue, irga *o* yerga, irgamos *o* yergamos, erguid, irgan *o* yergan

FORMAS NO PERSONALES

Infinitivo: erguir
Gerundio: irguiendo
Participio: erguido

18 errar
INDICATIVO
Presente: yerro, yerras, yerra, erramos, erráis, yerran
SUBJUNTIVO
Presente: errare, errares, errare, erráremos, errareis, erraren
IMPERATIVO
yerra, yerre, erremos, errad, yerren

19 estar
INDICATIVO
Presente: estoy, estás, está, estamos, estáis, están
Pretérito imperfecto o copretérito: estaba, estabas, estaba, estábamos, estabais, estaban
Pretérito perfecto simple o pretérito: estuve, estuviste, estuvo, estuvimos, estuvisteis, estuvieron
Futuro simple o futuro: estaré, estarás, estará, estaremos, estaréis, estarán
Condicional simple o pospretérito: estaría, estarías, estaría, estaríamos, estaríais, estarían
SUBJUNTIVO
Presente: esté, estés, esté, estemos, estéis, estén
Pretérito imperfecto o pretérito: estuviera *o* estuviese, estuvieras *o* estuvieses, estuviera *o* estuviese, estuviéramos *o* estuviésemos, estuvierais *o* estuvieseis, estuvieran *o* estuviesen
Futuro simple o futuro: estuviere, estuvieres, estuviere, estuviéremos, estuviereis, estuvieren
IMPERATIVO
está, esté, estemos, estad, estén
FORMAS NO PERSONALES
Infinitivo: estar
Gerundio: estando
Participio: estado

20 grunir
INDICATIVO
Pretérito perfecto simple o pretérito: gruñí, gruñiste, gruñó, gruñimos, gruñisteis, gruñeron
SUBJUNTIVO
Pretérito imperfecto o perfecto: gruñera *o* gruñese, gruñeras *o* gruñeses, gruñera *o* gruñese, gruñéramos *o* gruñésemos, gruñerais *o* gruñeseis, gruñeran *o* gruñesen
Futuro simple o futuro: gruñere, gruñeres, gruñere, gruñéremos, gruñereis, gruñeren
FORMAS NO PERSONALES
Gerundio: gruñendo

21 haber
INDICATIVO
Presente: he, has, ha, hemos, habéis, han
Pretérito imperfecto o copretérito: había, habías, había, habíamos, habíais, habían

Pretérito perfecto simple o pretérito: hube, hubiste, hubo, hubimos, hubisteis, hubieron
Futuro simple o futuro: habré, habrás, habrá, habremos, habréis, habrán
Condicional simple o pospretérito: habría, habrías, habría, habríamos, habríais, habrían
SUBJUNTIVO
Presente: haya, hayas, haya, hayamos, hayáis, hayan
Pretérito imperfecto o pretérito: hubiera *o* hubiese, hubieras *o* hubieses, hubiera *o* hubiese, hubiéramos *o* hubiésemos, hubierais *o* hubieseis, hubieran *o* hubiesen
Futuro simple o futuro: hubiere, hubieres, hubiere, hubiéremos, hubiereis, hubieren
IMPERATIVO
he, haya, hayamos, habed, hayan
FORMAS NO PERSONALES
Infinitivo: haber
Gerundio: habiendo
Participio: habido

22 hacer
INDICATIVO
Presente: hago, haces, hace, hacemos, hacéis, hacen
Pretérito imperfecto o copretérito: hacía, hacías, hacía, hacíamos, hacíais, hacían
Pretérito perfecto simple o pretérito: hice, hiciste, hizo, hicimos, hicisteis, hicieron
Futuro simple o futuro: haré, harás, hará, haremos, haréis, harán
Condicional simple o pospretérito: haría, harías, haría, haríamos, haríais, harían
SUBJUNTIVO
Presente: haga, hagas, haga, hagamos, hagáis, hagan
Pretérito imperfecto o pretérito: hiciera *o* hiciese, hicieras *o* hicieses, hiciera *o* hiciese, hiciéramos *o* hiciésemos, hicierais *o* hicieseis, hicieran *o* hiciesen
Futuro simple o futuro: hiciere, hicieres, hiciere, hiciéremos, hiciereis, hicieren
IMPERATIVO
haz, haga, hagamos, haced, hagan
FORMAS NO PERSONALES
Infinitivo: hacer
Gerundio: haciendo
Participio: hecho

23 huir
INDICATIVO
Presente: huyo, huyes, huye, huimos, huís, huyen
Pretérito imperfecto o copretérito: huía, huías, huía, huíamos, huíais, huían
Pretérito perfecto simple o pretérito: huí, huiste, huyó, huimos, huisteis, huyeron
Futuro simple o futuro: huiré, huirás, huirá, huiremos, huiréis, huirán
Condicional simple o pospretérito: huiría, huirías, huiría, huiríamos, huiríais, huirían
SUBJUNTIVO
Presente: huya, huyas, huya, huyamos, huyáis, huyan
Pretérito imperfecto o pretérito: huyera *o* huyese, huyeras *o* huyeses, huyera *o* huyese, huyéramos *o* huyésemos, huyerais *o* huyeseis, huyeran *o* huyesen
Futuro simple o futuro: huyere, huyeres, huyere, huyéremos, huyereis, huyeren
IMPERATIVO
huye, huya, huyamos, huid, huyan
FORMAS NO PERSONALES

Infinitivo: huir
Gerundio: huyendo
Participio: huido

24 ir
INDICATIVO
Presente: voy, vas, va, vamos, vais, van
Pretérito imperfecto o copretérito: iba, ibas, iba, íbamos, ibais, iban
Pretérito perfecto simple o pretérito: fui, fuiste, fue, fuimos, fuisteis, fueron
Futuro simple o futuro: iré, irás, irá, iremos, iréis, irán
Condicional simple o pospretérito: iría, irías, iría, iríamos, iríais, irían
SUBJUNTIVO
Presente: vaya, vayas, vaya, vayamos, vayáis, vayan
Pretérito imperfecto o pretérito: fuera *o* fuese, fueras *o* fueses, fuera *o* fuese, fuéramos *o* fuésemos, fuerais *o* fueseis, fueran *o* fuesen
Futuro simple o futuro: fuere, fueres, fuere, fuéremos, fuereis, fueren
IMPERATIVO
ve, vaya, vayamos, id, vayan
FORMAS NO PERSONALES
Infinitivo: ir
Gerundio: yendo
Participio: ido

25 jugar
INDICATIVO
Presente: juego, juegas, juega, jugamos, jugáis, juegan
Pretérito perfecto simple o pretérito: jugué, jugaste, jugó, jugamos, jugasteis, jugaron
SUBJUNTIVO
Presente: juegue, juegues, juegue, juguemos, juguéis, jueguen
IMPERATIVO
juega, juegue, juguemos, jugad, jueguen

26 leer
INDICATIVO
Pretérito perfecto simple o pretérito: leí, leíste, leyó, leímos, leísteis, leyeron
SUBJUNTIVO
Pretérito imperfecto o pretérito: leyera *o* leyese, leyeras *o* leyeses, leyera *o* leyese, leyéramos *o* leyésemos, leyerais *o* leyeseis, leyeran *o* leyesen
Futuro simple o futuro: leyere, leyeres, leyere, leyéremos, leyereis, leyeren
FORMAS NO PERSONALES
Gerundio: leyendo

27 lucir
INDICATIVO
Presente: luzco, luces, luce, lucimos, lucís, lucen
SUBJUNTIVO
Presente: luzca, luzcas, luzca, luzcamos, luzcáis, luzcan

IMPERATIVO
luce, luzca, luzcamos, lucid, luzcan

28 mover
INDICATIVO
Presente: muevo, mueves, mueve, movemos, movéis, mueven
SUBJUNTIVO
Presente: mueva, muevas, mueva, movamos, mováis, muevan
IMPERATIVO
mueve, mueva, movamos, moved, muevan

29 oír
INDICATIVO
Presente: oigo, oyes, oye, oímos, oís, oyen
Pretérito imperfecto o copretérito: oía, oías, oía, oíamos, oíais, oían
Pretérito perfecto simple o pretérito: oí, oíste, oyó, oímos, oísteis, oyeron
Futuro simple o futuro: oiré, oirás, oirá, oiremos, oiréis, oirán
Condicional simple o pospretérito: oiría, oirías, oiría, oiríamos, oiríais, oirían
SUBJUNTIVO
Presente: oiga, oigas, oiga, oigamos, oigáis, oigan
Pretérito imperfecto o pretérito: oyera u oyese, oyeras u oyeses, oyera u oyese, oyéramos u oyésemos, oyerais u oyeseis, oyeran u oyesen
Futuro simple o futuro: oyere, oyeres, oyere, oyéremos, oyereis, oyeren
IMPERATIVO
oye, oiga, oigamos, oíd, oigan
FORMAS NO PERSONALES
Infinitivo: oír
Gerundio: oyendo
Participio: oído

30 parecer
INDICATIVO
Presente: parezco, pareces, parece, parecemos, parecéis, parecen
SUBJUNTIVO
Presente: parezca, parezcas, parezca, parezcamos, parezcáis, parezcan
IMPERATIVO
parece, parezca, parezcamos, pareced, parezcan

31 pedir
INDICATIVO
Presente: pido, pides, pide, pedimos, pedís, piden
Pretérito imperfecto o copretérito: pedía, pedías, pedía, pedíamos, pedíais, pedían
Pretérito perfecto simple o pretérito: pedí, pediste, pidió, pedimos, pedisteis, pidieron
Futuro simple o futuro: pediré, pedirás, pedirá, pediremos, pediréis, pedirán
Condicional simple o pospretérito: pediría, pedirías, pediría, pediríamos, pediríais, pedirían
SUBJUNTIVO
Presente: pida, pidas, pida, pidamos, pidáis, pidan

Pretérito imperfecto o pretérito: pidiera *o* pidiese, pidieras *o* pidieses, pidiera *o* pidiese, pidiéramos *o* pidiésemos, pidierais *o* pidieseis, pidieran *o* pidiesen
Futuro simple o futuro: pidiere, pidieres, pidiere, pidiéremos, pidiereis, pidieren
IMPERATIVO
pide, pida, pidamos, pedid, pidan
FORMAS NO PERSONALES
Infinitivo: pedir
Gerundio: pidiendo
Participio: pedido

32 pensar
INDICATIVO
Presente: pienso, piensas, piensa, pensamos, pensáis, piensan
SUBJUNTIVO
Presente: piense, pienses, piense, pensemos, penséis, piensen
IMPERATIVO
piensa, piense, pensemos, pensad, piensen

33 perder
INDICATIVO
Presente: pierdo, pierdes, pierde, perdemos, perdéis, pierden
SUBJUNTIVO
Presente: pierda, pierdas, pierda, perdamos, perdáis, pierdan
IMPERATIVO
pierde, pierda, perdamos, perded, pierdan

34 placer
INDICATIVO
Presente: plazco, places, place, placemos, placéis, placen
Pretérito imperfecto o copretérito: placía, placías, placía, placíamos, placíais, placían
Pretérito perfecto simple o pretérito: plací, placiste, plació, placimos, placisteis, placieron
Futuro simple o futuro: placeré, placerás, placerá, placeremos, placeréis, placerán
Condicional simple o pospretérito: placería, placerías, placería, placeríamos, placeríais, placerían
SUBJUNTIVO
Presente: plazca, plazcas, plazca, plazcamos, plazcáis, plazcan
Pretérito imperfecto o pretérito: placiera *o* placiese, placieras *o* placieses, placiera *o* placiese, placiéramos *o* placiésemos, placierais *o* placieseis, placieran *o* placiesen
Futuro simple o futuro: placiere, placieres, placiere, placiéremos, placiereis, placieren
IMPERATIVO
place, plazca, plazcamos, placed, plazcan
FORMAS NO PERSONALES
Infinitivo: placer
Gerundio: placiendo
Participio: placido

35 poder
INDICATIVO
Presente: puedo, puedes, puede, podemos, podéis, pueden
Pretérito imperfecto o copretérito: podía, podías, podía, podíamos, podíais, podían
Pretérito perfecto simple o pretérito: pude, pudiste, pudo, pudimos, pudisteis, pudieron
Futuro simple o futuro: podré, podrás, podrá, podremos, podréis, podrán
Condicional simple o pospretérito: podría, podrías, podría, podríamos, podríais, podrían
SUBJUNTIVO
Presente: pueda, puedas, pueda, podamos, podáis, puedan
Pretérito imperfecto o pretérito: pudiera *o* pudiese, pudieras *o* pudieses, pudiera *o* pudiese, pudiéramos *o* pudiésemos, pudierais *o* pudieseis, pudieran *o* pudiesen
Futuro simple o futuro: pudiere, pudieres, pudiere, pudiéremos, pudiereis, pudieren
IMPERATIVO
puede, pueda, podamos, poded, puedan
FORMAS NO PERSONALES
Infinitivo: poder
Gerundio: pudiendo
Participio: podido

36 poner
INDICATIVO
Presente: pongo, pones, pone, ponemos, ponéis, ponen
Pretérito imperfecto o copretérito: ponía, ponías, ponía, poníamos, poníais, ponían
Pretérito perfecto simple o pretérito: puse, pusiste, puso, pusimos, pusisteis, pusieron
Futuro simple o futuro: pondré, pondrás, pondrá, pondremos, pondréis, pondrán
Condicional simple o pospretérito: pondría, pondrías, pondría, pondríamos, pondríais, pondrían
SUBJUNTIVO
Presente: ponga, pongas, ponga, pongamos, pongáis, pongan
Pretérito imperfecto o pretérito: pusiera *o* pusiese, pusieras *o* pusieses, pusiera *o* pusiese, pusiéramos *o* pusiésemos, pusierais *o* pusieseis, pusieran *o* pusiesen
Futuro simple o futuro: pusiere, pusieres, pusiere, pusiéremos, pusiereis, pusieren
IMPERATIVO
pon, ponga, pongamos, poned, pongan
FORMAS NO PERSONALES
Infinitivo: poner
Gerundio: poniendo
Participio: puesto

37 predecir
INDICATIVO
Presente: predigo, predices, predice, predecimos, predecís, predicen
Pretérito imperfecto o copretérito: predecía, predecías, predecía, predecíamos, predecíais, predecían
Pretérito perfecto simple o pretérito: predije, predijiste, predijo, predijimos, predijisteis, predijeron
Futuro simple o futuro: predeciré, predecirás, predecirá, predeciremos, predeciréis, predecirán
Condicional simple o pospretérito: predeciría, predecirías, predeciría, predeciríamos, predeciríais, predecirían

SUBJUNTIVO
Presente: prediga, predigas, prediga, predigamos, predigáis, predigan
Pretérito imperfecto o pretérito: predijera *o* predijese, predijeras *o* predijeses, predijera *o* predijese, predijéramos *o* predijésemos, predijerais *o* predijeseis, predijeran *o* predijesen
Futuro simple o futuro: predijere, predijeres, predijere, predijéremos, predijereis, predijeren
IMPERATIVO
predice, prediga, predigamos, predecid, predigan
FORMAS NO PERSONALES
Infinitivo: predecir
Gerundio: prediciendo
Participio: predicho

38 querer
INDICATIVO
Presente: quiero, quieres, quiere, queremos, queréis, quieren
Pretérito imperfecto o copretérito: quería, querías, quería, queríamos, queríais, querían
Pretérito perfecto simple o pretérito: quise, quisiste, quiso, quisimos, quisisteis, quisieron
Futuro simple o futuro: querré, querrás, querrá, querremos, querréis, querrán
Condicional simple o pospretérito: querría, querrías, querría, querríamos, querríais, querrían
SUBJUNTIVO
Presente: quiera, quieras, quiera, queramos, queráis, quieran
Pretérito imperfecto o pretérito: quisiera *o* quisiese, quisieras *o* quisieses, quisiera *o* quisiese, quisiéramos *o* quisiésemos, quisierais *o* quisieseis, quisieran *o* quisiesen
Futuro simple o futuro: quisiere, quisieres, quisiere, quisiéremos, quisiereis, quisieren
IMPERATIVO
quiere, quiera, queramos, quered, quieran
FORMAS NO PERSONALES
Infinitivo: querer
Gerundio: queriendo
Participio: querido

39 raer
INDICATIVO
Presente: raigo *o* rayo, raes, rae, raemos, raéis, raen
Pretérito imperfecto o copretérito: raía, raías, raía, raíamos, raíais, raían
Pretérito perfecto simple o pretérito: raí, raíste, rayó, raímos, raísteis, rayeron
Futuro simple o futuro: raeré, raerás, raerá, raeremos, raeréis, raerán
Condicional simple o pospretérito: raería, raerías, raería, raeríamos, raeríais, raerían
SUBJUNTIVO
Presente: raiga *o* raya, raigas *o* rayas, raiga *o* raya, raigamos *o* rayamos, raigáis *o* rayáis, raigan *o* rayan
Pretérito imperfecto o pretérito: rayera *o* rayese, rayeras *o* rayeses, rayera *o* rayese, rayéramos *o* rayésemos, rayerais *o* rayeseis, rayeran *o* rayesen
Futuro simple o futuro: rayere, rayeres, rayere, rayéremos, rayereis, rayeren
IMPERATIVO
rae, raiga *o* raya, raigamos *o* rayamos, raed, raigan *o* rayan
FORMAS NO PERSONALES
Infinitivo: raer
Gerundio: rayendo
Participio: raído

40 reír

INDICATIVO

Presente: río, ríes, ríe, reímos, reís, ríen

Pretérito imperfecto o copretérito: reía, reías, reía, reíamos, reíais, reían

Pretérito perfecto simple o pretérito: reí, reíste, rió *o* rio, reímos, reísteis, rieron

Futuro simple o futuro: reiré, reirás, reirá, reiremos, reiréis, reirán

Condicional simple o pospretérito: reiría, reirías, reiría, reiríamos, reiríais, reirían

SUBJUNTIVO

Presente: ría, rías, ría, riamos, riáis *o* riais, rían

Pretérito imperfecto o pretérito: riera *o* riese, rieras *o* rieses, riera *o* riese, riéramos *o* riésemos, rierais *o* rieseis, rieran *o* riesen

Futuro simple o futuro: riere, rieres, riere, riéremos, riereis, rieren

IMPERATIVO

ríe, ría, riamos, reíd, rían

FORMAS NO PERSONALES

Infinitivo: reír

Gerundio: riendo

Participio: reído

41 roer

INDICATIVO

Presente: roo *o* roigo *o* royo, roes, roe, roemos, roéis, roen

Pretérito perfecto simple o pretérito: roí, roíste, royó, roímos, roísteis, royeron

SUBJUNTIVO

Presente: roa *o* roiga *o* roya, roas *o* roigas *o* royas, roa *o* roiga *o* roya, roamos *o* roigamos *o* royamos, roáis *o* roigáis *o* royáis, roan *o* roigan *o* royan

Pretérito imperfecto o pretérito: royera *o* royese, royeras *o* royeses, royera *o* royese, royéramos *o* royésemos, royerais *o* royeseis, royeran *o* royesen

Futuro simple o futuro: royere, royeres, royere, royéremos, royereis, royeren

IMPERATIVO

roe, roa *o* roiga *o* roya, roamos *o* roigamos *o* royamos, roed, roan *o* roigan *o* royan

FORMAS NO PERSONALES

Gerundio: royendo

42 saber

INDICATIVO

Presente: sé, sabes, sabe, sabemos, sabéis, saben

Pretérito imperfecto o copretérito: sabía, sabías, sabía, sabíamos, sabíais, sabían

Pretérito perfecto simple o pretérito: supe, supiste, supo, supimos, supisteis, supieron

Futuro simple o futuro: sabré, sabrás, sabrá, sabremos, sabréis, sabrán

Condicional simple o pospretérito: sabría, sabrías, sabría, sabríamos, sabríais, sabrían

SUBJUNTIVO

Presente: sepa, sepas, sepa, sepamos, sepáis, sepan

Pretérito imperfecto o pretérito: supiera *o* supiese, supieras *o* supieses, supiera *o* supiese, supiéramos *o* supiésemos, supierais *o* supieseis, supieran *o* supiesen

Futuro simple o futuro: supiere, supieres, supiere, supiéremos, supiereis, supieren

IMPERATIVO

sabe, sepa, sepamos, sabed, sepan

FORMAS NO PERSONALES

Infinitivo: saber
Gerundio: sabiendo
Participio: sabido

43 salir
INDICATIVO
Presente: salgo, sales, sale, salimos, salís, salen
Pretérito imperfecto o copretérito: salía, salías, salía, salíamos, salíais, salían
Pretérito perfecto simple o pretérito: salí, saliste, salió, salimos, salisteis, salieron
Futuro simple o futuro: saldré, saldrás, saldrá, saldremos, saldréis, saldrán
Condicional simple o pospretérito: saldría, saldrías, saldría, saldríamos, saldríais, saldrían
SUBJUNTIVO
Presente: salga, salgas, salga, salgamos, salgáis, salgan
Pretérito imperfecto o pretérito: saliera *o* saliese, salieras *o* salieses, saliera *o* saliese, saliéramos *o* saliésemos, salierais *o* salieseis, salieran *o* saliesen
Futuro simple o futuro: saliere, salieres, saliere, saliéremos, saliereis, salieren
IMPERATIVO
sal, salga, salgamos, salid, salgan
FORMAS NO PERSONALES
Infinitivo: salir
Gerundio: saliendo
Participio: salido

44 satisfacer
INDICATIVO
Presente: satisfago, satisfaces, satisface, satisfacemos, satisfacéis, satisfacen
Pretérito imperfecto o copretérito: satisfacía, satisfacías, satisfacía, satisfacíamos, satisfacíais, satisfacían
Pretérito perfecto simple o pretérito: satisfice, satisficiste, satisfizo, satisficimos, satisficisteis, satisficieron
Futuro simple o futuro: satisfaré, satisfarás, satisfará, satisfaremos, satisfaréis, satisfarán
Condicional simple o pospretérito: satisfaría, satisfarías, satisfaría, satisfaríamos, satisfaríais, satisfarían
SUBJUNTIVO
Presente: satisfaga, satisfagas, satisfaga, satisfagamos, satisfagáis, satisfagan
Pretérito imperfecto o pretérito: satisficiera *o* satisficiese, satisficieras *o* satisficieses, satisficiera *o* satisficiese, satisficiéramos *o* satisficiésemos, satisficierais *o* satisficieseis, satisficieran *o* satisficiesen
Futuro simple o futuro: satisficiere, satisficieres, satisficiere, satisficiéremos, satisficiereis, satisficieren
IMPERATIVO
satisfaz *o* satisface, satisfaga, satisfagamos, satisfaced, satisfagan
FORMAS NO PERSONALES
Infinitivo: satisfacer
Gerundio: satisfaciendo
Participio: satisfecho

45 sentir

INDICATIVO

Presente: siento, sientes, siente, sentimos, sentís, sienten

Pretérito imperfecto o copretérito: sentía, sentías, sentía, sentíamos, sentíais, sentían

Pretérito perfecto simple o pretérito: sentí, sentiste, sintió, sentimos, sentisteis, sintieron

Futuro simple o futuro: sentiré, sentirás, sentirá, sentiremos, sentiréis, sentirán

Condicional simple o pospretérito: sentiría, sentirías, sentiría, sentiríamos, sentiríais, sentirían

SUBJUNTIVO

Presente: sienta, sientas, sienta, sintamos, sintáis, sientan

Pretérito imperfecto o pretérito: sintiera *o* sintiese, sintieras *o* sintieses, sintiera *o* sintiese, sintiéramos *o* sintiésemos, sintierais *o* sintieseis, sintieran *o* sintiesen

Futuro simple o futuro: sintiere, sintieres, sintiere, sintiéremos, sintiereis, sintieren

IMPERATIVO

siente, sienta, sintamos, sentid, sientan

FORMAS NO PERSONALES

Infinitivo: sentir

Gerundio: sintiendo

Participio: sentido

46 ser

INDICATIVO

Presente: soy, eres, es, somos, sois, son

Pretérito imperfecto o copretérito: era, eras, era, éramos, erais, eran

Pretérito perfecto simple o pretérito: fui, fuiste, fue, fuimos, fuisteis, fueron

Futuro simple o futuro: seré, serás, será, seremos, seréis, serán

Condicional simple o pospretérito: sería, serías, sería, seríamos, seríais, serían

SUBJUNTIVO

Presente: sea, seas, sea, seamos, seáis, sean

Pretérito imperfecto o pretérito: fuera *o* fuese, fueras *o* fueses, fuera *o* fuese, fuéramos *o* fuésemos, fuerais *o* fueseis, fueran *o* fuesen

Futuro simple o futuro: fuere, fueres, fuere, fuéremos, fuereis, fueren

IMPERATIVO

sé, sea, seamos, sed, sean

FORMAS NO PERSONALES

Infinitivo: ser

Gerundio: siendo

Participio: sido

47 tañer

INDICATIVO

Pretérito perfecto simple o pretérito: tañí, tañiste, tañó, tañimos, tañisteis, tañeron

SUBJUNTIVO

Pretérito imperfecto o pretérito: tañera *o* tañese, tañeras *o* tañeses, tañera *o* tañese, tañéramos *o* tañésemos, tañerais *o* tañeseis, tañeran *o* tañesen

Futuro simple o futuro: tañere, tañeres, tañere, tañéremos, tañereis, tañeren

FORMAS NO PERSONALES

Gerundio: tañendo

48 tener

INDICATIVO

Presente: tengo, tienes, tiene, tenemos, tenéis, tienen

Pretérito imperfecto o copretérito: tenía, tenías, tenía, teníamos, teníais, tenían

Pretérito perfecto simple o pretérito: tuve, tuviste, tuvo, tuvimos, tuvisteis, tuvieron

Futuro simple o futuro: tendré, tendrás, tendrá, tendremos, tendréis, tendrán

Condicional simple o pospretérito: tendría, tendrías, tendría, tendríamos, tendríais, tendrían

SUBJUNTIVO

Presente: tenga, tengas, tenga, tengamos, tengáis, tengan

Pretérito imperfecto o pretérito: tuviera *o* tuviese, tuvieras *o* tuvieses, tuviera *o* tuviese, tuviéramos *o* tuviésemos, tuvierais *o* tuvieseis, tuvieran *o* tuviesen

Futuro simple o futuro: tuviere, tuvieres, tuviere, tuviéremos, tuviereis, tuvieren

IMPERATIVO

ten, tenga, tengamos, tened, tengan

FORMAS NO PERSONALES

Infinitivo: tener

Gerundio: teniendo

Participio: tenido

49 traer

INDICATIVO

Presente: traigo, traes, trae, traemos, traéis, traen

Pretérito imperfecto o copretérito: traía, traías, traía, traíamos, traíais, traían

Pretérito perfecto simple o pretérito: traje, trajiste, trajo, trajimos, trajisteis, trajeron

Futuro simple o futuro: traeré, traerás, traerá, traeremos, traeréis, traerán

Condicional simple o pospretérito: traería, traerías, traería, traeríamos, traeríais, traerían

SUBJUNTIVO

Presente: traiga, traigas, traiga, traigamos, traigáis, traigan

Pretérito imperfecto o pretérito: trajera *o* trajese, trajeras *o* trajeses, trajera *o* trajese, trajéramos *o* trajésemos, trajerais *o* trajeseis, trajeran *o* trajesen

Futuro simple o futuro: trajere, trajeres, trajere, trajéremos, trajereis, trajeren

IMPERATIVO

trae, traiga, traigamos, traed, traigan

FORMAS NO PERSONALES

Infinitivo: traer

Gerundio: trayendo

Participio: traído

50 valer

INDICATIVO

Presente: valgo, vales, vale, valemos, valéis, valen

Pretérito imperfecto o copretérito: valía, valías, valía, valíamos, valíais, valían

Pretérito perfecto simple o pretérito: valí, valiste, valió, valimos, valisteis, valieron

Futuro simple o futuro: valdré, valdrás, valdrá, valdremos, valdréis, valdrán

Condicional simple o pospretérito: valdría, valdrías, valdría, valdríamos, valdríais, valdrían

SUBJUNTIVO
Presente: valga, valgas, valga, valgamos, valgáis, valgan
Pretérito imperfecto o pretérito: valiera *o* valiese, valieras *o* valieses, valiera *o* valiese, valiéramos *o* valiésemos, valierais *o* valieseis, valieran *o* valiesen
Futuro simple o futuro: valiere, valieres, valiere, valiéremos, valiereis, valieren
IMPERATIVO
vale, valga, valgamos, valed, valgan
FORMAS NO PERSONALES
Infinitivo: valer
Gerundio: valiendo
Participio: valido

51 venir
INDICATIVO
Presente: vengo, vienes, viene, venimos, venís, vienen
Pretérito imperfecto o copretérito: venía, venías, venía, veníamos, veníais, venían
Pretérito perfecto simple o pretérito: vine, viniste, vino, vinimos, vinisteis, vinieron
Futuro simple o futuro: vendré, vendrás, vendrá, vendremos, vendréis, vendrán
Condicional simple o pospretérito: vendría, vendrías, vendría, vendríamos, vendríais, vendrían
SUBJUNTIVO
Presente: venga, vengas, venga, vengamos, vengáis, vengan
Pretérito imperfecto o pretérito: viniera *o* viniese, vinieras *o* vinieses, viniera *o* viniese, viniéramos *o* viniésemos, vinierais *o* vinieseis, vinieran *o* viniesen
Futuro simple o futuro: viniere, vinieres, viniere, viniéremos, viniereis, vinieren
IMPERATIVO
ven, venga, vengamos, venid, vengan
FORMAS NO PERSONALES
Infinitivo: venir
Gerundio: viniendo
Participio: venido

52 ver
INDICATIVO
Presente: veo, ves, ve, vemos, veis, ven
Pretérito imperfecto o copretérito: veía, veías, veía, veíamos, veíais, veían
SUBJUNTIVO
Presente: vea, veas, vea, veamos, veáis, vean
Pretérito imperfecto o pretérito: viera *o* viese, vieras *o* vieses, viera *o* viese, viéramos *o* viésemos, vierais *o* vieseis, vieran *o* viesen
Futuro simple o futuro: viere, vieres, viere, viéremos, viereis, vieren
IMPERATIVO
ve, vea, veamos, ved, vean
FORMAS NO PERSONALES
Infinitivo: ver
Gerundio: viendo
Participio: visto

53 yacer

INDICATIVO

Presente: yazco *o* yazgo *o* yago, yaces, yace, yacemos, yacéis, yacen

SUBJUNTIVO

Presente: yazca *o* yazga *o* yaga, yazcas *o* yazgas *o* yagas, yazca *o* yazga *o* yaga, yazcamos *o* yazgamos *o* yagamos, yazcáis *o* yazgáis *o* yagáis, yazcan *o* yazgan *o* yagan

IMPERATIVO

yace *o* yaz, yazca *o* yazga *o* yaga, yazcamos *o* yazgamos *o* yagamos, yaced, yazcan *o* yazgan *o* yagan